AF906340

Möstl/Bäuerle
Polizei- und Ordnungsrecht Hessen

Polizei- und Ordnungsrecht Hessen

Kommentar

Herausgegeben von

Prof. Dr. Markus Möstl

Professor an der Universität Bayreuth

Prof. Dr. Michael Bäuerle

Professor an der Hessischen Hochschule für öffentliches Management und Sicherheit, Campus Gießen

2. Aufl. 2025

C.H.BECK

Zitiervorschlag:
BeckOK PolR Hessen/Bearbeiter HSOG § 1 Rn. 1

beck.de

ISBN 978 3 406 81846 2

Wilhelmstraße 9, 80801 München
info@beck.de
Druck und Bindung: Beltz Grafische Betriebe GmbH
Am Fliegerhorst 8, 99947 Bad Langensalza

Satz: Meta Systems Publishing & Printservices GmbH, Wustermark
Umschlag: Martina Busch, Grafikdesign, Homburg Saar

chbeck.de/nachhaltig
produktsicherheit.beck.de

Gedruckt auf säurefreiem, alterungsbeständigem Papier
(hergestellt aus chlorfrei gebleichtem Zellstoff)

Verzeichnis der Bearbeiterinnen und Bearbeiter

Prof. Dr. Michael Bäuerle, LL.M.	Professor an der Hessischen Hochschule für öffentliches Management und Sicherheit, Lehrbeauftragter der Universität Gießen und stv. Direktor des hessischen Zentrums verantwortungsbewusste Digitalisierung (ZEVEDI)
Prof. Dr. Mattias G. Fischer	Professor an der Hessischen Hochschule für öffentliches Management und Sicherheit
Dr. Doris Göttlicher	Regierungsdirektorin, Ständige Vertreterin der Leitung und Justiziarin des Dezernats Ausländerrecht, Regierungspräsidium Kassel
Dr. Ute Lambrecht	Richterin am Hessischen Verwaltungsgerichtshof a.D., Kassel
Rainer Leggereit	Regierungsdirektor, Fachhochschullehrer an der Hessischen Hochschule für öffentliches Management und Sicherheit, Campus Kassel
Prof. Dr. Markus Möstl	Professor an der Universität Bayreuth
Lothar Mühl	Regierungsdirektor a.D., Hessische Hochschule für öffentliches Management und Sicherheit
Jennifer Müller	Regierungsdirektorin, Fachhochschullehrerin an der Hessischen Hochschule für öffentliches Management und Sicherheit
Prof. Dr. Sebastian Müller-Franken ...	Professor an der Philipps-Universität Marburg
Prof. Dr. Meinhard Schröder	Professor an der Universität Passau
Prof. Dr. Katrin Stein	Professorin an der Hessischen Hochschule für öffentliches Management und Sicherheit

Vorwort zur 2. Auflage

Das Sicherheitsrecht ist in ständiger Bewegung. Dies gilt auch und gerade für das Polizei- und Ordnungsrecht in Hessen. Seit der ersten Auflage der Printfassung des Online Kommentars hat der Gesetzgeber auch als Reaktion auf aktuelle Entwicklungen im Bereich der inneren Sicherheit sechs „Gesetzespakete" zum HSOG erlassen. Mit diesen wurden nicht weniger als 57 der 115 Paragraphen des HSOG – teilweise grundlegend bzw. mehrfach – geändert und sieben neue Paragraphen hinzugefügt. Mit den Möglichkeiten zum Einsatz künstlicher Intelligenz im Rahmen automatisierter Datenanalysen und zur automatisierten Musterkennung und biometrischer Echtzeitidentifizierung im Rahmen von Videoüberwachung stehen den Polizeibehörden nunmehr ganz neue digitale Instrumente zur Verfügung. Eine auf ein solches Instrument zugeschnittene Vorschrift musste bereits infolge eines Urteils des Bundesverfassungsgerichts gänzlich neu gefasst werden.

Bei der Anwendung des Gesetzes musste in den vergangenen Jahren auch auf unvorhergesehene Anforderungen reagiert werden. So standen während der Coronapandemie plötzlich die Zuständigkeiten der Ordnungsbehörden für die Um- und Durchsetzung der nach dem Infektionsschutz getroffenen Maßnahmen im Zentrum des Interesses.

Die Neuauflage versucht, diesen Entwicklungen umfassend Rechnung zu tragen. Die Herausgeber danken den Autorinnen und Autoren sehr für ihre Bereitschaft, den Weg einer zügigen und zugleich tiefgründigen Bearbeitung mitzugehen. Besonderer Dank gebührt darüber hinaus dem Verlag, insbesondere Herrn Dr. Ulrich Eisenried, der die Kommentierung seit ihrer Entstehung überaus engagiert und professionell lektoriert, die Herausgeber und Autorinnen und Autoren berät und unterstützt und stets zeitnah für die erforderlichen technischen Umsetzungen sorgt. Die Herausgeber hoffen, dass die Kommentierungen auch weiter freundlich aufgenommen werden und damit zugleich die wissenschaftliche Durchdringung und die praktische Anwendung des Hessischen Polizei und Ordnungsrechts fördern.

Bayreuth und Gießen im Mai 2025

Markus Möstl
Michael Bäuerle

Inhaltsverzeichnis

Systematische und begriffliche Vorbemerkungen

Hessisches Gesetz über die öffentliche Sicherheit und Ordnung (HSOG)

Erster Teil. Aufgaben und Befugnisse

Erster Abschnitt. Aufgaben und allgemeine Vorschriften

Zweiter Abschnitt. Befugnisse

Seite

Dritter Abschnitt. Polizeidienststellen

Vierter Abschnitt. Örtliche Zuständigkeit

Dritter Teil. Kosten

Vierter Teil. Übergangs- und Schlussvorschriften

Verzeichnis der abgekürzt zitierten Literatur

Albrecht/Jotzo DatenschutzR	Albrecht/Jotzo, Das neue Datenschutzrecht der EU, Handbuch, 2017.
BeckOK DatenschutzR	Wolff/Brink/v. Ungern-Sternberg, Beck'scher Online-Kommentar Datenschutzrecht.
BeckOK GewO	Pielow, Beck'scher Online-Kommentar GewO.
BeckOK GG	Epping/Hillgruber, Beck'scher Online-Kommentar Grundgesetz.
BeckOK PolR Bayern	Möstl/Schwabenbauer, Beck'scher Online-Kommentar Polizei- und Sicherheitsrecht Bayern.
BeckOK PolR Bbg	Möstl/Fickenscher, BeckOK Polizei- und Ordnungsrecht Brandenburg.
BeckOK PolR BW	Möstl/Trurnit, Beck'scher Online-Kommentar Polizeirecht Baden-Württemberg.
BeckOK PolR NRW	Kugelmann/Möstl, Beck'scher Online-Kommentar Polizei- und Ordnungsrecht Nordrhein-Westfalen.
BeckOK StPO	Graf, BeckOK StPO mit RiStBV und MiStra
BeckOK Verfassung Hessen	Ogorek/Poseck, BeckOK Verfassung Hessen
BeckOK VwGO	Posser/Wolff/Decker, Beck'scher Online-Kommentar VwGO.
BeckOK VwVfG	Bader/Ronellenfitsch, Beck'scher Online-Kommentar VwVfG.
BHKM BayÖffR	Becker/Heckmann/Kempen/Manssen, Öffentliches Recht in Bayern, 8. Aufl. 2022.
BKK BayPAG	Berner/Köhler/Käß, Polizeiaufgabengesetz, Kommentar, 20. Aufl. 2010.
Calliess/Ruffert	Calliess/Ruffert, EUV/AEUV – Das Verfassungsrecht der Europäischen Union mit Europäischer Grundrechtecharta, Kommentar, 6. Aufl. 2022.
Detterbeck AllgVerwR	Detterbeck, Allgemeines Verwaltungsrecht mit Verwaltungsprozessrecht, 22. Aufl. 2024.
DHS	Dürig/Herzog/Scholz, Grundgesetz, Kommentar, Loseblatt.
Dietlein/Hellermann NRWÖffR	Dietlein/Hellermann, Öffentliches Recht in Nordrhein-Westfalen, 10. Aufl. 2024.
Dreier	Dreier, Grundgesetz Kommentar: GG, Band 1 (Hrsg.: Brosius-Gersdorff), 4. Aufl. 2023; Bände 2–3 (Hrsg. Dreier), 3. Aufl. 2013.
DWVM Gefahrenabwehr	Drews/Wacke/Vogel/Martens, Gefahrenabwehr, 9. Aufl. 1986.
EFP BesVerwR	Ehlers/Fehling/Pünder, Besonderes Verwaltungsrecht, Band 3, 4. Aufl. 2021.
Ehlers/Pünder AllgVerwR	Ehlers/Pünder, Allgemeines Verwaltungsrecht, 16. Aufl. 2022.
Ehmann/Selmayr	Ehmann/Selmayr, Datenschutz-Grundverordnung, Kommentar, 3. Aufl. 2024.
EMS BesVerwR	Erbguth/Mann/Schubert, Besonderes Verwaltungsrecht – Kommunalrecht, Polizei- und Ordnungsrecht, Baurecht, 13. Aufl. 2019.
Eyermann	Eyermann, Verwaltungsgerichtsordnung: VwGO, Kommentar, 16. Aufl. 2022.
FLS PolR Hessen	Fischer/Leggereit/Sommer, Polizei- und Ordnungsrecht Hessen, 6. Aufl. 2021.
Fredrich	Fredrich, Hessisches Gesetz über die öffentliche Sicherheit und Ordnung, Kommentar, 13. Aufl. 2021 (Vorauflage: Meixner/Fredrich, Hessisches Gesetz über die öffentliche Sicherheit und Ordnung: HSOG, 12. Aufl. 2016, abgekürzt zitiert: Meixner/Fredrich).
GHN	Grabitz/Hilf/Nettesheim, Das Recht der Europäischen Union: EUV/AEUV, Kommentar, Loseblatt.
GLW BayPolR	Gallwas/Lindner/Wolff, Bayerisches Polizei- und Sicherheitsrecht, 4. Aufl. 2015.
Göhler	Göhler, Gesetz über Ordnungswidrigkeiten: OWiG, Kommentar, 19. Aufl. 2024.
Götz/Geis PolR	Götz/Geis, Allgemeines Polizei- und Ordnungsrecht, 17. Aufl. 2022.
Grüneberg	Grüneberg, Bürgerliches Gesetzbuch: BGB, Kommentar, 84. Aufl. 2025.
Gusy/Eichenhofer PolR	Gusy/Eichenhofer, Polizei- und Ordnungsrecht, 11. Aufl. 2023 (Vorauflage: Gusy, Polizei- und Ordnungsrecht, 10. Aufl. 2017, abgekürzt zitiert: Gusy PolR).

Verzeichnis der abgekürzt zitierten Literatur

Hermes/Reimer	Hermes/Reimer, Landesrecht Hessen, 11. Aufl. 2024.
HessPolFHa	Polizei-Fach-Handbuch, Ausgabe Hessen, Loseblatt.
HK-DS-GVO/BDSG	Sydow/Marsch, Datenschutz-Grundverordnung/Bundesdatenschutzgesetz: DS-GVO/BDSG, Kommentar, 3. Aufl. 2022.
HK-VerwR	Fehling/Kastner/Störmer, Verwaltungsrecht, Kommentar, 5. Aufl. 2021.
Hornmann HSOG	Hornmann, Hessisches Gesetz über die öffentliche Sicherheit und Ordnung, 2. Aufl. 2008.
Ipsen AllgVerwR	Ipsen, Allgemeines Verwaltungsrecht, 11. Aufl. 2019.
Ipsen NdsPolR	Ipsen, Niedersächsisches Polizei- und Ordnungsrecht, 4. Aufl. 2010.
Isensee/Kirchhof StaatsR-HdB	Isensee/Kirchhof, Handbuch des Staatsrechts, 3. Aufl., Band II: Verfassungsstaat, 2004; Band V: Rechtsquellen, Organisation, Finanzen, 2007; Band IX: Allgemeine Grundrechtslehren, 2011.
Jarass GRCh	Jarass, Charta der Grundrechte der Europäischen Union: GRCh, Kommentar, 4. Aufl. 2021.
Jarass/Pieroth	Jarass/Pieroth, Grundgesetz für die Bundesrepublik Deutschland: GG, Kommentar, 18. Aufl. 2024.
Johannes/Weinhold Neues DatenschutzR	Johannes/Weinhold, Das neue Datenschutzrecht bei Polizei und Justiz, Handbuch, 2018.
Kingreen/Poscher POR	Kingreen/Poscher, Polizei- und Ordnungsrecht, 13. Aufl. 2024.
Knemeyer PolR SuP	Knemeyer, Polizei- und Ordnungsrecht, 11. Aufl. 2007.
Kopp/Ramsauer	Kopp/Ramsauer, Verwaltungsverfahrensgesetz, Kommentar, 25. Aufl. 2024.
Kopp/Schenke	Kopp/Schenke, Verwaltungsgerichtsordnung, Kommentar, 30. Aufl. 2024.
Kramer HessPolR	Kramer, Hessisches Polizei- und Ordnungsrecht, 3. Aufl. 2021.
Kugelmann PolR	Kugelmann, Polizei- und Ordnungsrecht, 2. Aufl. 2011.
Kühne StrafProzR	Kühne, Strafprozessrecht, 9. Aufl. 2015.
LMW	Lindner/Möstl/Wolff, Kommentar zur Verfassung des Freistaates Bayern, 2. Aufl. 2017.
Lisken/Denninger PolR-HdB	Lisken/Denninger, Handbuch des Polizeirechts, 7. Aufl. 2021.
Löwe/Rosenberg	Löwe/Rosenberg, Die Strafprozessordnung und das Gerichtsverfassungsgesetz: StPO, Kommentar, 27. Aufl. 2016 ff.
Maurer/Waldhoff AllgVerwR .	Maurer/Waldhoff, Allgemeines Verwaltungsrecht, 21. Aufl. 2024.
Merten/Papier Grundrechte-HdB	Merten/Papier, Handbuch der Grundrechte, Band I: Grundrechte in Deutschland – Allgemeine Lehren I, 2006; Band III: Grundrechte in Deutschland – Allgemeine Lehren II, 2009.
Meyer/Borgs-Maciejewski	Meyer/Borgs-Maciejewski, Verwaltungsverfahrensgesetz, Kommentar, 2. Aufl. 1982.
Meyer-Goßner/Schmitt	Meyer-Goßner/Schmitt, Strafprozessordnung: StPO, Kommentar, 67. Aufl. 2024.
Michael/Morlok Grundrechte	Michael/Morlok, Grundrechte, 9. Aufl. 2025.
Möller/Warg PolR	Möller/Warg, Allgemeines Polizei- und Ordnungsrecht, 2011.
Möstl Sicherheitsgewährleistung	Möstl, Die staatliche Garantie für die öffentliche Sicherheit und Ordnung: Sicherheitsgewährleistung im Verfassungsstaat, im Bundesstaat und in der Europäischen Union, 2002.
MüKoStGB	Erb/Schäfer, Münchener Kommentar zum StGB, 5. Aufl. 2024.
Nungesser HDSG	Nungesser, Hessisches Datenschutzgesetz, Kommentar, 2. Aufl. 2001.
Paal/Pauly	Paal/Pauly, Datenschutz-Grundverordnung/Bundesdatenschutzgesetz: DS-GVO/BDSG, Kommentar, 3. Aufl. 2021.
Pausch/Dölger PolR Hessen ..	Pausch/Dölger, Polizei- und Ordnungsrecht in Hessen, 5. Aufl. 2010.
PdK-Hessen	Praxis der Kommunalverwaltung, Landesausgabe Hessen, Loseblatt.
RRSSBERS HGO	Rauber/Rupp/Stein/Schmidt/Bennemann/Euler/Ruder/Stöhr, Hessische Gemeindeordnung, Kommentar, 4. Aufl. 2021.
RSPHFMW HSOG/HundeVO	Rasch/Schulze/Pöhlker/Hoja/Fischer/Maier/Weingarten, Hessisches Gesetz über die öffentliche Sicherheit und Ordnung (HSOG)/Gefahrenabwehrverordnung über das Halten und Führen von Hunden (HundeVO), Kommentar, Loseblatt.
SBS	Stelkens/Bonk/Sachs, Verwaltungsverfahrensgesetz: VwVfG, Kommentar, 10. Aufl. 2023.

Verzeichnis der abgekürzt zitierten Literatur

Schantz/Wolff Neues DatenschutzR	Schantz/Wolff, Das neue Datenschutzrecht, 2017.
Schenke PolR	Schenke, Polizei- und Ordnungsrecht, 12. Aufl. 2023.
Schmidbauer/Steiner	Schmidbauer/Steiner, Bayerisches Polizeiaufgabengesetz/Polizeiorganisationsgesetz: PAG/POG, Kommentar, 6. Aufl. 2023.
Schmidt-Aßmann AllgVerwR	Schmidt-Aßmann, Das Allgemeine Verwaltungsrecht als Ordnungsidee, 2. Aufl. 2006.
Schmidt HSOG/HSOG-DVO	Schmidt, Hessisches Gesetz über die öffentliche Sicherheit und Ordnung mit Durchführungsverordnung (HSOG und HSOG-DVO), 5. Aufl. 2023.
Schmidt PolR	Schmidt, Polizei- und Ordnungsrecht, 22. Aufl. 2022.
Schoch/Eifert BesVerwR	Schoch/Eifert, Besonderes Verwaltungsrecht, 2. Aufl. 2023 (Vorauflage: Schoch, Besonderes Verwaltungsrecht, 2018, abgekürzt zitiert: Schoch BesVerwR).
Schoch/Schneider	Schoch/Schneider, Verwaltungsgerichtsordnung/Verwaltungsverfahrensgesetz: VwGO/VwVfG, Kommentar, Loseblatt.
SDRR HGO	Schneider/Dreßler/Rauber/Risch, Hessische Gemeindeordnung, Kommentar, Loseblatt.
SGR	Schenke/Graulich/Ruthig, Sicherheitsrecht des Bundes, 2. Aufl. 2019.
Schmidt-Bleibtreu	Schmidt-Bleibtreu/Hofmann/Henneke, Grundgesetz: GG, Kommentar, 15. Aufl. 2021.
SK-StPO	Wolter, Systematischer Kommentar zur Strafprozessordnung, 5. Aufl. 2016.
Specht/Mantz DatenschutzR-HdB	Specht/Mantz, Handbuch Europäisches und deutsches Datenschutzrecht, 2019.
Spindler/Schuster	Spindler/Schuster, Recht der elektronischen Medien, Kommentar, 4. Aufl. 2019.
SSM StaatsR	Stern/Sodan/Möstl, Das Staatsrecht der Bundesrepublik Deutschland im europäischen Staatenverbund, Gesamtwerk in 4 Bänden, 2. Aufl. 2022.
Streinz	Streinz, EUV/AEUV, Kommentar, 3. Aufl. 2018.
Tegtmeyer/Vahle PolG NRW	Tegtmeyer/Vahle, Polizeigesetz Nordrhein-Westfalen (PolG NRW), 13. Auflage 2022.
Thiel PolR	Thiel, Polizei- und Ordnungsrecht, 5. Aufl. 2022.
VEM GVwR	Voßkuhle/Eifert/Möllers, Grundlagen des Verwaltungsrechts, 3. Aufl. 2022.
v. Münch/Kunig	v. Münch/Kunig, Grundgesetz-Kommentar: GG, Band 1 und 2, 7. Aufl. 2021.
von der Groeben/Schwarze/Hatje	von der Groeben/Schwarze/Hatje, Europäisches Unionsrecht, Kommentar, 7. Aufl. 2015.
WBSK VerwR I, II	Wolff/Bachof/Stober/Kluth, Verwaltungsrecht, Band 1, 13. Aufl. 2017; Band 2, 8. Aufl. 2023.
Wysk	Wysk, Verwaltungsgerichtsordnung: VwGO, Kommentar, 4. Aufl. 2025.

Systematische und begriffliche Vorbemerkungen

Vorbemerkungen zum Polizeirecht in Deutschland

Überblick

Sicherheit und Frieden im Innern zu gewährleisten sowie für eine verlässliche Durchsetzung des Rechts zu sorgen, ist eine Aufgabe des Staates, aus der dieser seine erste und wichtigste Rechtfertigung herleitet. Die Erfüllung dieser Aufgabe durch die präventive **Abwehr von Gefahren für die öffentliche Sicherheit und Ordnung** ist Gegenstand eines Rechtsgebiets, das nach der bundesstaatlichen Kompetenzordnung Deutschlands prinzipiell **Ländersache** ist und – je nach der landesüblichen Terminologie – als **Polizeirecht** (zB Baden-Württemberg), **Polizei- und Ordnungsrecht** (zB Nordrhein-Westfalen, Niedersachsen, Hessen) bzw. als **Polizei- und Sicherheitsrecht** (Bayern) bezeichnet wird.

Sicherheitsgewährleistung ist nicht nur die älteste und beständigste Staatsaufgabe, sondern – trotz ihrer lückenhaften Normierung in GG und Landesverfassungen – auch eine **Aufgabe von Verfassungsrang** mit der Bindungskraft einer Staatszielbestimmung; in ihrem Kern, den **grundrechtlichen Schutzpflichten,** kann sie sich nach Maßgabe des je einschlägigen Grundrechts sowie des Untermaßverbots auch zu einem – subjektive Rechte hervorbringenden – „Grundrecht auf Sicherheit" verdichten (→ Rn. 4 ff.). Die Grundrechte indes sind (als Schutzpflichten) nicht allein Grund, sondern (als Abwehrrechte) vor allem auch Grenze polizeilichen Handelns (→ Rn. 26 ff.); **Sicherheit und Freiheit** stehen in einem komplexen, ambivalenten Spannungsverhältnis (→ Rn. 1 ff.). Das Polizeirecht hat sich als das klassische Referenzgebiet **rechtsstaatlicher Eingriffsabwehr** entwickelt; als solches bildet es das rechtsstaatliche Herzstück des deutschen Verwaltungsrechts; seine wesentlichen dogmatischen Grundbegriffe (**Gefahr, Störer, Verhältnismäßigkeit**) sind allesamt grundrechtlich fundiert (→ Rn. 33 ff.). Gleiches gilt für das Erfordernis eines effektiven Rechtsschutzes (→ Rn. 61). Vor neuen rechtsstaatlichen Herausforderungen steht das Polizeirecht im Bereich der polizeilichen Datenerhebung und **Informationsverarbeitung;** seine diesbezüglich dogmatischen Konturen sind noch im Werden; zu den grundrechtlichen Grenzen liegt eine umfangreiche Judikatur des BVerfG vor (→ Rn. 50 ff.).

Sicherheit gewährleistet der gewaltenteilige Rechtsstaat mittels einer institutionell ausdifferenzierten, kompetenzteiligen **Sicherheitsarchitektur** (→ Rn. 62 ff.). Das institutionelle Verhältnis von (Vollzugs-) **Polizei** und **Ordnungs-/Sicherheitsverwaltung** ist in Deutschland, je nachdem wie konsequent in den Ländern das Programm der sog. „Entpolizeilichung" der Ordnungs-/Sicherheitsverwaltung durchgeführt worden ist (Trennungs-/Einheitssystem), kein völlig einheitliches (→ Rn. 62 f., auch zur Entwicklung der **Polizeibegriffe** in Deutschland). Das allen Ländern gemeinsame Spezifikum gerade der **(Vollzugs-) Polizei** im Konzert der Gewalten liegt in ihrer **subsidiären Allzuständigkeit** zur Veranlassung des (vor allem im Eilfall) zum Schutz der öffentlichen Sicherheit und Ordnung Unerlässlichen, und zwar nicht allein im Verhältnis zur Sicherheits-/Ordnungsverwaltung (bei der Gefahrenabwehr), sondern auch im Verhältnis zur Zivilgerichtsbarkeit (beim Schutz privater Rechte) und zur Strafjustiz (bei der Strafverfolgung), ja selbst – aufgrund ihrer generalklauselartigen Befugnisse – im Verhältnis zum Gesetzgeber, wenn dieser eine spezialgesetzliche Regelung bislang unterlassen hat (→ Rn. 64). Die Polizei im institutionellen Sinne vereint in sich präventivpolizeiliche und strafprozessuale Aufgaben, die in der deutschen bundesstaatlichen Ordnung indes auf grundverschiedenen **Gesetzgebungskompetenzen (Polizeirecht, Strafprozessrecht)** beruhen (→ Rn. 67 ff.). Die **allgemeine Polizeigewalt** liegt bei den **Ländern;** der **Bund** bleibt – trotz Ausweitungstendenzen – auf **sonderpolizeiliche Befugnisse** beschränkt (→ Rn. 70). Ergänzt wird die deutsche Sicherheitsarchitektur durch zunehmend an Bedeutung gewinnende Elemente eines **europäischen Polizeirechts;** im Europa der offenen Grenzen fügt sich die klassische staatliche Garantie für die öffentliche Sicherheit und Ordnung in einen staatenübergreifenden europäischen **„Raum der Freiheit, der Sicherheit und des Rechts"** ein (→ Rn. 72 ff.).

Die spezifischen **dogmatischen Konturen** des Polizeirechts lassen sich nur erfassen, wenn man Klarheit über das Zusammenspiel bzw. die Abgrenzung einiger das Rechtsgebiet prägender Grundkategorien gewinnt. Das Zusammentreffen von Aufgaben der Gefahrenabwehr und der Strafverfolgung in der Polizei verlangt zunächst nach einer trennscharfen Unterscheidung von **Prävention und Repression,** gerade auch bei in der Praxis häufigen Gemengelagen (→ Rn. 97 f.). Das große und der rechtsstaatlichen Einhegung harrende Feld der polizeilichen Datenerhebung und Informationsverarbeitung kann angemessene dogmatische Strukturen (gerade auch hinsichtlich von Befugnissen im **Gefahrenvorfeld**) nur gewinnen, wenn man sich vergegenwärtigt, dass (in Kausalverläufe eingreifende) klassische **Gefahrbeseitigung** eine vorgelagerte (zunächst rein informationelle) **Gefahraufklärung** geradezu zwingend voraussetzt und dass beides notwendig zur polizeilichen Gefahrenabwehraufgabe gehört; die Rede von informationeller Vorsorge als einer (neuartigen) „dritten Aufgabenkategorie" (neben Gefahrenabwehr und Strafverfolgung) führt hingegen in die Irre; etwaige doppelfunktionale Gemengelagen sind nach den üblichen Kriterien aufzulösen (→ Rn. 99 ff., → Rn. 39, → Rn. 52). Die Unterscheidung von **Aufgabe** und **Befugnis** ist eine rechtsstaatliche Errungenschaft des Polizeirechts (→ Rn. 103 f.). Der Vorrang (rechtsstaatlich wünschenswerter) **Spezialermächtigungen** bei gleichzeitiger Vorhaltung einer subsidiären **Generalklausel,** mithilfe derer sich das zum Schutz der öffentlichen Sicherheit und Ordnung Unerlässliche in möglichst jeder (auch untypischen) Situation verfügen lässt, ist für das Polizeirecht charakteristisch (→ Rn. 105 ff.). **Polizeiverordnungen, Polizeiverfügungen** und **Realakte,** dh normative und einzelfallbezogene, regelnde und nicht-regelnde Handlungsformen, wirken im Polizei- und Ordnungsrecht zusammen (→ Rn. 113 ff.). Für die Vollzugspolizei charakteristisch ist ihre Fähigkeit, das zur Gefahrenabwehr Erforderliche nicht nur verfügen, sondern auch an Ort und Stelle und nötigenfalls mit Gewalt vollstrecken zu können; Verfügungen und Vollstreckungsmaßnahmen wiederum können Kosten- und Entschädigungsfragen nach sich ziehen; erst die Gesamtschau der drei Ebenen **Primärmaßnahme, Zwang, Kosten/Entschädigung** gibt dem Polizeirecht daher seine spezifische Gestalt (→ Rn. 117 ff.).

Übersicht

A. Sicherheit und Freiheit

Sicherheit und Freiheit sind zwei für die Ausmessung des materiell-verfassungsrechtlichen Rahmens des Polizeirechts zentrale Leitbegriffe. Sicherheit und Freiheit stehen dabei in einem ambivalenten und komplexen Spannungsverhältnis (Masing JZ 2011, 753; Di Fabio NJW 2008, 421; Voßkuhle FS Würtenberger, 2013, 1101; Möstl Sicherheitsgewährleistung 37 ff.). Einerseits kann der Einzelne grundrechtliche Freiheit nur genießen, wenn seine Rechtsgüter und Freiheitsrechte nicht nur gegen staatliche Eingriffe, sondern auch gegen private Übergriffe und Beeinträchtigungen geschützt und gesichert werden; „ohne Sicherheit ist" so gesehen (aus dem Blickwinkel des vom Staat zu Schützenden) „keine Freiheit" (so bereits v. Humboldt, Ideen zu einem Versuch, die Grenzen der Wirksamkeit des Staats zu bestimmen, 1792, Kap. IV, 58). Andererseits sind Unsicherheit und Risiko eine notwendige Folge der Freiheit; staatliche Maßnahmen der Sicherheitsgewährleistung können mit den Rechten und Freiheiten der von den staatlichen Maßnahmen Betroffenen in Kollision geraten; Sicherheit ist so gesehen (aus dem Blickwinkel des Adressaten staatlicher Sicherheitsmaßnahmen) potentiell immer auch Schranke und Bedrohung grundrechtlicher Freiheit (Gusy/Eichenhofer PolR Rn. 72). 1

Das Spannungsverhältnis von Sicherheit und Freiheit lässt sich nicht im Sinne einer einseitigen Priorisierung auflösen (weder im Sinne eines „in dubio pro libertate" noch eines „in dubio pro securitate", vgl. Lisken/Denninger PolR-HdB/Denninger B Rn. 13; Thiel, Die „Entgrenzung" der Gefahrenabwehr, 2011, 179 ff.); vielmehr ist es eine Aufgabe des **Rechts** – dh des demokratischen Gesetzgebers und in den Spielräumen des Gesetzes auch der von den Gerichten kontrollierten Exekutive – zwischen Freiheit und Sicherheit eine **angemessene Balance** herzustellen (BVerfGE 115, 320 (358)). Das im europäischen Unionsrecht maßgebliche Leitbild eines **„Raums der Freiheit, der Sicherheit und des Rechts"** (Art. 3 Abs. 2 EUV, Art. 67 ff. AEUV) bringt die grundlegende Bedeutung des Wertedreiecks „Freiheit – Sicherheit – Recht" treffend zum Ausdruck (Lisken/Denninger PolR-HdB/Denninger B Rn. 1 ff.). 2

Freilich dürfen die Erwartungen an derartige auf hoher Abstraktionsebene angesiedelte Leitbegriffe nicht überspannt werden (Gusy/Eichenhofer PolR Rn. 73): Welches Maß an Sicherheit der Einzelne zu erwarten berechtigt ist und welches Maß an Freiheitseinbußen er ggf. zum Zwecke der Sicherheitsgewährleistung hinzunehmen hat, lässt sich nicht abstrakt bestimmen, sondern nur aufgrund einer konkreten Betrachtung der sich im jeweiligen Fall aus den **grundrechtlichen Schutzpflichten** (in Verbindung mit dem Untermaßverbot) ergebenden Direktiven und Mindestanforderungen einerseits (die Schutzpflichtdimension thematisiert den positiven Zusammenhang von Sicherheit und Freiheit: ohne Sicherheit keine Freiheit; → Rn. 4 ff.) und der sich aus den **Grundrechten als Abwehrrechten** (in Verbindung mit dem Übermaßverbot) ergebenden Rechtfertigungslasten und Grenzen andererseits (die abwehrrechtliche Dimension der Grundrechte thematisiert das Spannungsverhältnis von Freiheit und Sicherheit: Sicherheit als Schranke der Freiheit → Rn. 26 ff.). Es ist dieser **Spielraum zwischen abwehrrechtlichem Übermaß- und schutzpflichtrechtlichem Untermaßverbot** (Möstl Sicherheitsgewährleistung 114), in dem sich das Polizeirecht zu bewähren hat. 3

I. Die verfassungsrechtliche Fundierung der polizeilichen Aufgabe

Dass der Staat als Inhaber des **Gewaltmonopols** für Sicherheit und Frieden im Innern zu sorgen habe, gehört seit Thomas Hobbes zu den Grundfesten der Idee neuzeitlicher Staatlichkeit. Bei allen Wandlungen des Umfangs der Staatsaufgaben und auch der konkreten Erscheinungsformen staatlicher Sicherheitsgewährleistung ist es in der Geschichte des neuzeitlichen Staates nie strittig gewesen, dass Sicherheitsgewährleistung im Innern als solche 4 zu den **notwendigen Aufgaben** des Staates gehört und ein wesentliches Element seiner Rechtfertigung darstellt (Isensee/Kirchhof StaatsR-HdB/Götz § 85 Rn. 18 ff.; Möstl Sicherheitsgewährleistung 3 ff.; Stern/Sodan/Möstl, Staatsrecht/Gärditz, Bd. I, § 22).

5 Die Staatsaufgabe Sicherheit findet sich im deutschen Verfassungsrecht nur unvollkommen normiert (eine wichtige Ausnahme ist allerdings Art. 99 BV: Schutz der Einwohner als Aufgabe der Gesetze, der Rechtspflege und der Polizei). Namentlich das GG hat sie als **selbstverständlich** vorausgesetzt und (anders als die neueren Errungenschaften: Sozialstaat, Umweltstaat) keiner kompakten Normierung aus einem Guss zugeführt (Isensee/Kirchhof StaatsR-HdB/Götz § 85 Rn. 21); vielmehr muss sie aus einer Vielzahl an Bestimmungen und Wertungen erschlossen und zusammengeführt werden (Möstl Sicherheitsgewährleistung 42). Dennoch hat das BVerfG nicht gezögert, der Staatsaufgabe Sicherheit **Verfassungsrang** zuzusprechen: „Die Sicherheit des Staates als verfasster Friedens- und Ordnungsmacht und die von ihm – unter Achtung von Würde und Eigenwert des Menschen – zu gewährleistende Sicherheit der Bevölkerung sind Verfassungswerte, die mit anderen hochwertigen im gleichen Rang stehen" „und unverzichtbar sind, weil die Institution Staat von ihnen die eigentliche und letzte Rechtfertigung herleitet" (zusammengesetztes Zitat aus BVerfGE 49, 24 (56 f.); 115, 320 (346); 120, 274 (319); 141, 220 = BeckRS 2016, 44821 Rn. 100, 220; BVerfGE 143, 101 (138) = NVwZ 2017, 137 Rn. 124; BVerfGE 156, 63 (120) = BeckRS 2020, 40592 Rn. 202; BVerfG BeckRS 2024, 25710 Rn. 91; zum Verfassungsrang der Staatsaufgabe Sicherheit Möstl Sicherheitsgewährleistung 42 ff. mwN; Thiel, Die „Entgrenzung" der Gefahrenabwehr, 2011, 140 ff.).

1. Gegenstand der Aufgabe: öffentliche Sicherheit und Ordnung (Rechtsgüterschutz, Rechtsdurchsetzung, innerer Friede)

6 Die verfassungsrechtliche Verankerung der Staatsaufgabe Sicherheit setzt sich aus verschiedenen Strängen und Einzelgewährleistungen zusammen, die in ihrer Gesamtheit den klassischen Gegenstand der polizeilichen Aufgabe – den Schutz der **öffentlichen Sicherheit und Ordnung** – in seiner ganzen Breite abdecken und verfassungsrechtlich fundieren (Möstl Sicherheitsgewährleistung 119 ff.).

7 **Öffentliche Sicherheit** als Schutzgut des Polizeirechts umfasst nach ganz gefestigter Lehre und Praxis die Unversehrtheit der Rechtsgüter des Einzelnen (Schutz von **Individualrechtsgütern**), des Staates und seiner Einrichtungen (Schutz von **Gemeinschaftsrechtsgütern**) sowie der Rechtsordnung an sich (**Rechtsdurchsetzung**/Rechtsnormenschutz; vgl. Kingreen/Poscher POR § 7 Rn. 2, 7 ff.; Wolff VVDStRL 81 (2021) 437 (452 f.)).

8 Soweit öffentliche Sicherheit in ihrem Kern den Schutz der Unversehrtheit der **Individualrechtsgüter** Leben, Gesundheit, Freiheit, Ehre, Vermögen meint, ist diese Aufgabe verfassungsrechtlich in den **grundrechtlichen Schutzpflichten** fundiert. Die Existenz grundrechtlicher Schutzpflichten ist vom BVerfG in einer langen Rechtsprechungsreihe anerkannt worden (zB BVerfGE 39, 1 (42); 46, 160 (164); 77, 170 (214); 77, 381 (405); 115, 320 (346)) und kann auch in der Literatur als im Grundsatz gesichert gelten (Dietlein, Die Lehre von den grundrechtlichen Schutzpflichten, 2. Aufl. 2005; Isensee/Kirchhof StaatsR-HdB/Isensee § 191 Rn. 1 ff.; Stern DÖV 2010, 241; Stern/Sodan/Möstl Staatsrecht/Möstl, Band III, 2. Aufl. 2022, § 68).

9 Als wichtige **Gemeinschaftsgüter** stehen auch der **Staat** mit seinen Einrichtungen (zum Schutz des Staates als verfasster Friedens- und Ordnungsmacht s. BVerfGE 49, 24 (56 f.); 115, 320 (346); 120, 274 (319)) sowie die freiheitliche und demokratische **Verfassungsordnung** als solche (Möstl Sicherheitsgewährleistung 55 ff.; Isensee/Kirchhof StaatsR-HdB/Götz § 85 Rn. 25) unter dem Schutz des GG (vgl. BVerfGE 143, 101 (138 ff.) = NVwZ 2017, 137 Rn. 123 ff.).

9.1 Wegen dieser aus dem GG selbst folgenden Schutzgutsqualität der freiheitlich-demokratischen Grundordnung kann es nicht als prinzipiell illegitim angesehen werden, wenn der Gesetzgeber die Polizei, wie zB in Art. 11 Abs. 2 S. 1 Nr. 1 BayPAG iVm Art. 11 Abs. 2 S. 4 BayPAG geschehen, zum Einschreiten auch gegen solche „verfassungsfeindlichen Handlungen" ermächtigt, die (noch) nicht den Tatbestand einer Straftat oder Ordnungswidrigkeit erfüllen (aA Kingreen/Poscher POR § 7 Rn. 18; näher zur – hier befürworteten – Auffangfunktion des Rechtsgüterschutzes im Verhältnis zum Schutz der Rechtsordnung in Fallgruppen, die bislang durch keine speziellen Straf-/Ordnungswidrigkeitentatbestände erfasst werden, → Rn. 13). Allerdings darf sich die Polizei bei ihrem Einschreiten gegen „verfassungsfeindliche Handlungen" weder in Widerspruch zu speziellen Schutzvorkehrungen des Verfassungsrechts setzen (die bestimmte Maßnahmen an besondere Voraussetzungen knüpfen oder sie besonderen Stellen vorbehalten, so zB Art. 9 Abs. 2 GG, Art. 18, 21 Abs. 2 GG) noch gegen Wertungen des einfachen Rechts verstoßen (zB wenn bei einer von Gesetzgeber ausdrücklich geregelten Fallgruppe die Handlung gerade nicht unter die Verbotsvoraussetzungen fällt und daher – im Umkehrschluss – als erlaubt zu gelten hat; → Rn. 12).

Auch schließlich der Schutz der **Unversehrtheit der Rechtsordnung** hat eine verfassungsrechtliche Basis: nämlich den aus dem Rechtsstaatsprinzip abzuleitenden Auftrag zur **Durchsetzung des Rechts,** das als Sollens-Ordnung auf tatsächliche Verwirklichung hin angelegt ist, sodass dem Rechtsstaatsprinzip – neben seinen auf Staatsbegrenzung zielenden Gehalten – auch die Dimension einer den Staat in die Pflicht nehmenden Aufgabe zukommt, (private) Normverstöße möglichst zu verhindern und die allseitige Beachtung des Rechts sicherzustellen (vgl. Isensee/Kirchhof StaatsR-HdB/Götz § 85 Rn. 22; ausf. Möstl Sicherheitsgewährleistung 63 ff., 130 mwN). Zur Rechtsdurchsetzungsaufgabe der Polizei gehört insbesondere auch die Dimension der präventiven **Kriminalitätsbekämpfung,** dh der Verhütung und Unterbindung von Straftaten (dazu Kniesel, Kriminalitätsbekämpfung durch Polizeirecht, 2022). 10

Was die innere Ordnung der polizeilichen Schutzgüter anbelangt, ist es wichtig zu erkennen, dass die Unversehrtheit der Rechtsordnung kein polizeiliches Schutzgut wie jedes andere ist. Vielmehr fungieren das Abstellen auf die Unversehrtheit der Rechtsordnung (**Rechtsdurchsetzung**/Rechtsnormenschutz) einerseits und auf die Unversehrtheit bestimmter Individual- und Gemeinschaftsrechtsgüter (**Rechtsgüterschutz**) andererseits als **zwei verschiedenartige Methoden der Beschreibung der Sicherheitsaufgabe,** die durch den Begriff der **öffentlichen Sicherheit** miteinander kombiniert und verklammert werden (Möstl Sicherheitsgewährleistung 130 ff. mwN; Möstl DVBl 2023, 330 (331 f.). Dass die Unversehrtheit der Rechtsordnung kein gewöhnliches, alternativ neben die anderen Rechtsgüter zu stellendes polizeiliches Schutzgut ist, wird namentlich daraus ersichtlich, dass polizeiliches Einschreiten die öffentliche Sicherheit typischerweise – **kumulativ** – sowohl unter dem Aspekt der Abwehr von Gefahren für die Rechtsordnung (Rechtsdurchsetzung) als auch unter dem Aspekt der Abwehr von Gefahren für ein bestimmtes Rechtsgut (Rechtsgüterschutz) schützt: Handelt die Polizei zB zur Verhinderung einer Körperverletzung, dient dies sowohl der Verhinderung der **Verletzung einer Norm** (§ 223 StGB), also dem Schutz der Unversehrtheit der Rechtsordnung (Rechtsdurchsetzung), als auch der Verhinderung der **Verletzung eines Rechtsguts,** nämlich der körperlichen Unversehrtheit (Rechtsgüterschutz). Zu einem **Auseinanderfallen von Rechtgüterschutz und Rechtsdurchsetzung** kann es (ausnahmsweise) nur dann kommen, wenn entweder eine Gefahr für ein Rechtsgut vorliegt, obwohl die gefahrträchtige Handlung bislang spezialgesetzlich nicht geregelt ist und daher (noch) nicht zugleich den Tatbestand einer speziellen Verbotsnorm erfüllt, oder aber, wenn umgekehrt die Gefahr eines Verstoßes gegen ein gesetzliches Ge-/Verbot gegeben ist, obwohl diese Norm ihrerseits mit Rechtsgüterschutz nichts zu tun hat (sondern zB sozialgestalterisch motiviert ist) oder (zB als abstraktes Gefährdungsdelikt) bereits im Vorfeld konkreter Rechtsgutsgefährdungen greift (sodass die konkrete Gefahr eines Normverstoßes, nicht aber einer Rechtsgutsverletzung gegeben ist; näher → Rn. 13). 11

In der Literatur herrscht Einigkeit, dass die **Unversehrtheit der Rechtsordnung** – im Vergleich zu den anderen polizeilichen Schutzgütern (den Individual- und Gemeinschaftsrechtsgütern) – das **erstrangige und auch vorrangig zu prüfende Schutzgut** öffentlicher Sicherheit darstellt (Kingreen/Poscher POR § 7 Rn. 5 f.; DWVM Gefahrenabwehr 236; Lisken/Denninger PolR-HdB/Bäcker D Rn. 48, 50; Möstl Sicherheitsgewährleistung 131 ff.): Steht eine Normverletzung im Raum, muss die Frage einer Rechtsgutsgefährdung nicht gesondert geprüft werden. Der Vorrang des polizeilichen Schutzguts Rechtsordnung hat nicht nur praktische Gründe (die weit fortgeschrittene Verrechtlichung aller Lebensbereiche), sondern ist auch **verfassungsrechtlich zwingend:** Denn es ist rechtsstaatlich vorzugswürdig, wenn sich die Polizei hinsichtlich der Frage, was ein zum Eingriff berechtigender Verstoß gegen die öffentliche Sicherheit ist, an klare gesetzliche Wertungen in ausdrücklichen (und ggf. durch unselbstständige polizeiliche Verfügungen zu konkretisierenden) Verbotsnormen anlehnen kann, statt im Wege selbstständiger Polizeiverfügungen eigenmächtig erschlie- 12 ßen zu müssen, welche Handlungen zum Schutz bestimmter Rechtsgüter tolerierbar sind oder unterbunden werden müssen, und auf diese Weise – ohne nähere gesetzliche Anleitung – einen eigenständigen exekutivischen Rechtsgüterschutz zu verwirklichen (Käß BayVBl. 2008 225 (229); Möstl DVBl 2010, 808 (812)). Das polizeiliche Mandat zum Rechtsgüterschutz ermächtigt die Polizei insbesondere nicht dazu, sich mit ihren Verfügungen in Widerspruch zu klaren gesetzlichen Wertungen zu setzen und in Situationen einzuschreiten, in denen sie unter dem Aspekt der Rechtsdurchsetzung nicht handlungsbefugt wäre (wenn eine Norm zB mit dem Ziel des Gesundheitsschutzes Lärm erst ab 22:00 Uhr verbietet, darf die Polizei nicht, weil sie meint, besseren Rechtsgüterschutz verwirklichen zu müssen, Lärm bereits ab 21:00 Uhr untersagen). Der Vorrang der Rechtsordnung als polizeiliches Schutzgut (dh auch: eine Sichtweise, nach der die Polizei in erster Linie Organ der Rechtsdurchsetzung und nur subsidiär ein Organ eigenständigen Rechtsgüterschutzes ist) setzt in Deutschland mit seinen historisch durchaus unterschiedlichen Polizeirechtstraditionen in gewisser Weise auf der Traditionslinie des süddeutschen Polizeirechts auf, das mit seinem System der Spezialermächtigungen die Polizei allein zum Einschreiten gegen Gefahren durch verbotswidriges Handeln ermächtigte und noch keine generalklauselartige Befugnis zu einem eigenständigen Rechtsgüterschutz kannte (für Bayern s. zB GLW BayPolR Rn. 3 ff.; BeckOK PolR Bayern/Schwabenbauer → PAG EntwStruktPolRBay Rn. 30, → PAG EntwStruktPolRBay Rn. 37). Für die in der Tradition des preußischen Polizeirechts stehenden Länder bedeutet der Vorrang des Schutzguts Rechtsordnung dagegen ein gewisses Umdenken, denn noch das PrPVG (Preußisches Polizeiverwaltungsgesetz v. 1.6.1931) stellte nach damaligem Verständnis in seiner Generalklausel allein auf den Schutz von Rechtsgütern ab; ob eine Normverletzung vorlag oder nicht, wurde allein als Frage der Modalität der Rechtsgutsgefährdung angesehen; ein selbstständiges polizeiliches Schutzgut war die Unversehrtheit der Rechtsordnung dagegen noch nicht (DWVM Gefahrenabwehr 236).

12.1 Die Erstrangigkeit der Rechtsordnung als polizeiliches Schutzgut bringt es mit sich, dass es von der Gestaltungsfreiheit des Gesetzgebers voll und ganz gedeckt ist (und prinzipiell sogar vorzugswürdig erscheint), dass Befugnisnormen nicht allein **rechtsgutsbezogen** (Befugnis bei Gefahren für bestimmte Rechtsgüter), sondern auch **straftatenbezogen** (Befugnis zur Verhütung bestimmter Straftaten unter dem Aspekt der Unversehrtheit der Rechtsordnung) ausgestaltet sein können. Namentlich im Bereich der informationellen Eingriffsbefugnisse ist eine auf bestimmte Straftatenkataloge abstellende Regelungstechnik üblich geworden (zur Problematik Bäcker FS Schenke, 2011, 331 (345 ff.)). Ob die jeweilige (in einem solchen Straftatenkatalog enthaltene) Straftat wirklich gewichtig genug ist, um den Eingriff zu rechtfertigen, oder ob sie, weil sie zB als abstraktes Gefährdungsdelikt ausgestaltet ist, zu einer nicht mehr hinnehmbaren Vorverlagerung des Eingriffs führt, ist eine Frage der grundrechtlichen Verhältnismäßigkeit, die im Einzelfall zu klären ist, nicht jedoch ein grundsätzlicher Einwand gegen die prinzipielle Zulässigkeit einer straftatenbezogenen Fassung des Eingriffstatbestands. Es ist deswegen ein durch nichts zu rechtfertigender Eingriff in die Gestaltungsfreiheit des Gesetzgebers, ein rechtsstaatlicher Rückschritt sowie ein schwer verständlicher Bruch mit einer inzwischen fest etablierten Polizeirechtsdogmatik (in der die Rechtsordnung zum erstrangigen Schutzgut avanciert ist), wenn das BVerfG phasenweise pauschal behauptet hat, es sei im Bereich polizeilicher Informationsbefugnisse „keine geeignete Regelungstechnik", den Datenzugriff unter Bezugnahme auf Kataloge bestimmter Straftaten zu eröffnen; stattdessen sei auf (gefährdete) Rechtsgüter abzustellen (so BVerfGE 122, 120 (142); 125, 260 (329); krit. Möstl DVBl 2010, 808, (811 ff.); erneut allein auf Rechtsgüter abgestellt wird auch in BVerfGE 141, 220 (270) = BeckRS 2016, 44821 Rn. 108, siehe allerdings Rn. 112 auch zur Straftatenverhütung). Abzulehnen ist auch die Ansicht des VerfGH Thüringen (DVBl 2013, 111 (115 f.)), die – erneut unter der ganz einseitigen Prämisse, Gefahrenabwehr sei (allein) Rechtsgüterschutz – ein Abstellen auf Straftatenkataloge im Bereich heimlicher Datenerhebungen unter dem Aspekt der Normenklarheit für bedenklich und nur in engen Grenzen zulässig hält. Dass ausgerechnet unter dem Aspekt des Gebots rechtsstaatlicher Bestimmtheit dem Schutz nicht näher konkretisierter Rechtsgüter gegenüber der Bezugnahme auf konkrete, vom Gesetzgeber spezialgesetzlich normierte Verbotstatbestände der Vorzug gegeben wird, ist eine eigentümliche Umkehrung seines ursprünglichen Bedeutungsgehalts. Das alleinige Abstellen auf Rechtsgüterschutz verkennt, dass unter dem Rechtsstaatsprinzip auch die Verhütung von – vom Gesetzgeber zu Recht mit einer bestimmten Strafsanktion belegten – Rechtsverstößen (Rechtsdurchsetzung) verfassungsrechtlichen Eigenwert hat. Es ist daher zu begrüßen, dass das BVerfG neuerdings von seiner kritischen Haltung in Bezug auf straftatenbezogene Befugnisnormen wieder abzurücken scheint und ausdrücklich akzeptiert, dass polizeiliche Eingriffsschwellen statt auf den Schutz von Rechtsgütern eines bestimmten Gewichts auch auf die Verhütung von Straftaten eines entsprechenden Gewichts gerichtet sein können (besonders deutlich in BVerfGE 155, 119 (189, 202, 204 f.) = BeckRS 2020, 16236 Rn. 150, 180 f., 187 zB: Schutz besonders gewichtiger Rechtsgüter oder Verhütung zumindest schwerer Straftaten; BVerfGE 162, 1 = BeckRS 2022, 8427 Rn. 244, problematisch dann allerdings die recht strenge Linie zur dynamischen Anknüpfung an bundesrechtliche Straftatenkataloge (BeckRS 2022, 8427 Rn. 383 ff.), die das in der zuvor genannten Entscheidung explizit betonte Zugeständnis, dass bei der Anknüpfung an Straftaten auch auf bestehende Kataloge zurückgegriffen werden kann, geradezu konterkariert). In seiner Entscheidung vom 28.9.2022 (BeckRS 2022, 29785 Rn. 131, 134, 159; dies bestätigend auch BVerfG BeckRS 2022, 41609 Rn. 92; 2023, 1828 Rn. 104, 169; ebenso VerfGH Sachsen BeckRS 2024, 1212) hat das BVerfG erneut bekräftigt, dass gegen die tatbestandliche Anknüpfung von Eingriffsbefugnissen an Straftaten eines eingriffsadäquaten Gewichts (analog zu den strafprozessualen Gewichtungen) kein prinzipieller Einwand besteht; hierbei dürfe auch an Straftaten angeknüpft werden, die Vorbereitungshandlungen oder bestimmte abstrakte Gefährdungslagen pönalisieren – dies jedoch nur, wenn zugleich sichergestellt sei, dass (je nach Eingriffsgewicht) in jedem Einzelfall auch eine hinreichend verdichtete Gefahr für das durch den Straftatbestand geschützte Rechtsgut bestehe. Dass hier – was den Grad der zulässigen Vorverlagerung anbelangt – letztlich doch wieder allein auf das durch die Straftat geschützte Rechtsgut abgestellt wird, ist nicht unproblematisch und verkennt, dass sich Gefahrenabwehr – wie dargelegt – nicht im Rechtsgüterschutz erschöpft, sondern gleichermaßen (bzw. sogar vorrangig) dem Rechtsnormenschutz und der Durchsetzung des Rechts dient, so dass das Ziel, die Verletzung von Normen zu verhindern, die der Gesetzgeber zu Recht mit einer bestimmten – die Schwere des Delikts charakterisierenden – Strafandrohung versehen hat, verfassungsrechtlichen Selbststand hat, ohne dass es (wenn die hinreichend konkretisierte Gefahr der Begehung dieser Straftat besteht) notwendigerweise auf den Grad der Gefährdung auch des durch sie geschützten Rechtsguts ankommen müsste (Möstl DVBl 2023, 330 (332)).

Eigenständige Bedeutung erhalten Rechtsdurchsetzung/Rechtsnormenschutz einerseits und Rechtsgüterschutz andererseits, wenn sie nicht – wie regelmäßig – kumulativ gegeben sind, sondern **auseinanderfallen** (→ Rn. 11). Auch soweit Ge-/Verbotsnormen nicht rechtsgutsbezogen konzipiert sind oder einen vor die Schwelle konkreter Gefährdungen vorgelagerten Rechtsgüterschutz verwirklichen, vermag der rechtsstaatliche Auftrag zur Durchsetzung des Rechts ein polizeiliches Eingreifen prinzipiell zu legitimieren (ob der Eingriff letztlich gerechtfertigt ist, hängt freilich von einer Prüfung der Grundrechte im jeweiligen Einzelfall ab). Eine wichtige **Auffangfunktion** entfaltet der Auftrag zum Rechtsgüterschutz andererseits in all den Fällen, in denen Gefahren für bestimmte Rechtsgüter im Raum stehen, die der Gesetzgeber jedoch bislang keiner Regelung durch spezialgesetzliche Ge-/Verbotsnormen zugeführt hat oder die auf (durch Ge-/Verbotsnormen nicht erfassbare) Naturereignisse zurückzuführen sind. Es ist ein Gebot der verfassungsrechtlichen (insbesondere grundrechtlichen) Schutzpflichten, dass die Polizei – gestützt auf ihre Befugnisse zum Schutz der öffentlichen Sicherheit, namentlich die Generalklausel – auch in solchen Fällen (hier unter dem Aspekt Rechtsgüterschutz, und nicht Rechtsdurchsetzung) das zum Schutz der gefährdeten Rechtsgüter Notwendige verfügen kann (DWVM Gefahrenabwehr 236; für Bayern GLW BayPolR Rn. 284; Möstl Sicherheitsgewährleistung 132 f., 426 ff.). Ein auf ihre allgemeinen Befugnisse gestütztes Einschreiten der Polizei zur Einlösung verfassungsrechtlicher Schutzpflichten kann in solchen – von speziellen Verhaltenspflichten (bislang) nicht erfassten – Fällen grundsätzlich nicht mit dem Argument als rechtsstaatlich bedenklich angegriffen werden, dass das gefahrträchtige Verhalten nicht den Tatbestand einer ausdrücklichen Verbotsnorm erfülle (so im Kontext des Schutzes gegen verfassungsfeindliche Handlungen, → Rn. 9.1). Denn der rechtsstaatliche Auftrag zur Durchsetzung ausdrücklicher Verhaltensnormen ist das **erstrangige, nicht aber das ausschließliche** polizeiliche Schutzgut; der in den grundrechtlichen und sonstigen verfassungsrechtlichen Schutzpflichten angelegte Auftrag zum Rechtsgüterschutz bleibt daneben und **subsidiär** anwendbar. 13

Der Begriff der **öffentlichen Ordnung** ist im modernen Polizeirecht jeglichen Elements der gestalterischen Herstellung einer guten Ordnung (im Sinne „guter Policey") entkleidet (grdl. PrOVGE 9, 353 (374 ff.); s. DWVM Gefahrenabwehr 6 f.) und meint nur noch die Durchsetzung solcher ungeschriebenen Regeln, deren Beachtung nach den herrschenden Anschauungen als unerlässliche Voraussetzung eines geordneten Zusammenlebens angesehen wird (vgl. § 3 Nr. 2 SOG LSA; § 54 Nr. 2 ThürOBG; BVerfGE 69, 315 (352)). Die Gestaltung einer wünschenswerten Sozialordnung hingegen obliegt allein dem Gesetzgeber; dies gilt auch für das sog. „Ordnungsrecht", soweit es über Gefahrenabwehr im engeren Sinne 14 hinausgeht und sozialgestalterische Elemente enthält (hier lebt der ältere umfassende Begriff im Sinne guter Ordnung weiter; Möstl Sicherheitsgewährleistung 136 ff.). Die Verwaltung hat die gesetzliche Ordnung zu vollziehen (Rechtsdurchsetzung, dh Schutz der öffentlichen Sicherheit); ein eigenständiges Mandat der Polizei zur Gestaltung einer guten Ordnung auf der Basis ihrer allgemeinen Befugnisse gibt es dagegen nicht mehr.

15 Das solchermaßen eng verstandene Schutzgut der öffentlichen Ordnung hat stark an Bedeutung eingebüßt; rechtspolitisch und (trotz seiner Erwähnung im GG: zB Art. 13 Abs. 7, Art. 35 Abs. 2 GG) auch verfassungsrechtlich ist es **umstritten** (zB Lisken/Denninger PolR-HdB/Bäcker D Rn. 73 ff.; Kingreen/Poscher POR § 7 Rn. 42 ff.; Kugelmann PolR Kap. 15 Rn. 89 ff.; Götz/Geis PolR § 11 Rn. 1 ff.; Poscher FS Würtenberger, 2013, 1029, jeweils mwN); es wird ihm nur vergleichsweise geringe Legitimationskraft zur Rechtfertigung von Grundrechtseingriffen zugetraut (im Kontext von Versammlungen zB BVerfGE 111, 147 (155 ff.)); insbesondere, dass es bei der öffentlichen Ordnung nur um den Schutz **ungeschriebener** Verhaltensregeln geht, wird dabei als Problem gesehen. Nach hier vertretener Ansicht hat das Schutzgut der öffentlichen Ordnung dennoch eine – wenngleich selten zum Einsatz kommende – wichtige **Auffangfunktion,** die verfassungsrechtlich durch den Grundauftrag des Staates zur Sicherung des **inneren Friedens** legitimiert ist (Möstl Sicherheitsgewährleistung 139 ff.; s. auch Vogel FS Wacke, 1972, 383 (294 f.); Götz/Geis PolR § 11 Rn. 5, 22): Der Staat muss als „Friedens- und Ordnungsmacht" (BVerfGE 49, 24 (56 f.)) in der Lage sein, in Situationen, in denen der innere Friede durch Handlungen bedroht ist, die nach den herrschenden Anschauungen als unerträglich empfunden werden, das zur Wahrung des inneren Friedens Notwendige zu verfügen; gerade weil der Bürger aufgrund des allgemeinen Friedlichkeitsgebots nicht selbst gegen als unerträglich empfundene Verhaltensweisen einschreiten darf, muss der Staat zu deren Verbot in der Lage sein. Dass er dabei ggf. (soweit es – ausnahmsweise – noch keine spezialgesetzlichen Verbotstatbestände gibt) auch ungeschriebene Verhaltensregeln durchsetzt, ist bei genauerer Betrachtung nicht so ungewöhnlich, wie es auf den ersten Blick erscheinen mag; denn nichts anderes geschieht – wie gesehen (→ Rn. 13) – auch im Rahmen des Schutzes der öffentlichen Sicherheit, soweit dort einem Rechtsgut Gefahren durch eine bislang noch nicht ausdrücklich (durch eine spezielle Verhaltensnorm) verbotene Handlung drohen und die Polizei dennoch in der Lage ist, durch eine selbstständige Polizeiverfügung das zum Schutz des Rechtsguts notwendige Handlungsverbot auszusprechen. Das im Verhältnis zur Durchsetzung der geschriebenen (und ohnehin fast lückenlosen) Rechtsordnung **subsidiäre Mandat** der Polizei zur eigenständigen Verfügung von (bislang nicht ausdrücklich normierten) Handlungsverboten ist rechtsstaatlich jedenfalls dann hinnehmbar, wenn es zur Erfüllung verfassungsrechtlicher Schutzaufträge (sei es der grundrechtlichen Schutzpflichten im Rahmen der Schutzes der öffentlichen Sicherheit, sei es – hier – der Sicherung des inneren Friedens beim Schutz der öffentlichen Ordnung) unerlässlich ist.

16 In einem freiheitlichen Rechtsstaat dürfen die dem Begriff der öffentlichen Ordnung zugrunde liegenden **herrschenden Anschauungen** freilich nicht absolut gesetzt werden; zu einem Grundrechtseingriff – hierin liegt eine weitere wichtige Einschränkung – können sie vielmehr nur berechtigen, wenn sie sich mit der **freiheitlichen Wertordnung der Grundrechte** vereinbaren lassen (BVerfGE 111, 147 (156): „nach den jeweils herrschenden und mit dem Wertgehalt des Grundgesetzes zu vereinbarenden sozialen und ethischen Anschauungen"; s. auch Poscher FS Würtenberger, 2013, 1029 (1037 ff.)); die Grundrechte sind daher stets wichtiger Prüfstein und Grenze dessen, was zum Schutze der öffentlichen Ordnung verfügt werden kann. Problematisch ist es umgekehrt, wenn versucht wird, mithilfe der grundrechtlichen Wertordnung positiv zu begründen, was öffentliche Ordnung ist (in diese Richtung aber zB BVerwG NVwZ 2002, 598; OVG Münster DVBl 2001, 584); die grundrechtliche Wertordnung zur Stützung ungeschriebener Verhaltensregeln heranzuziehen, wo klare herrschende Anschauungen vielleicht gar nicht mehr feststellbar sind, gerät leicht in die Gefahr, in einen Bereich der gestalterischen Verwirklichung einer „guten" öffentlichen Ordnung zurückzufallen, der der Polizei seit langem verschlossen ist (→ Rn. 14; krit. Kingreen/Poscher POR § 7 Rn. 51; Störmer VERW 1997, 233 (244 ff.)).

17 Soweit einzelne Bundesländer (zeitweise oder noch immer) das Schutzgut der öffentlichen Ordnung aus ihren Polizeigesetzen **eliminiert** haben (Götz/Geis PolR § 11 Rn. 32 mwN), mag dies angesichts der gesunkenen Bedeutung dieses Polizeiguts keine allzu großen praktischen Auswirkungen haben. Bei prinzipieller Betrachtung bleibt es nichtsdestoweniger problematisch, wenn die Polizei auf diese Weise – auf dem Felde einer Kernfunktion der Staatlichkeit: der Sicherung des inneren Friedens – einer wichtigen Auffangbefugnis beraubt wird.

2. Bindungskraft der Aufgabe: objektive und subjektive Gehalte (Staatszielbestimmung, das „Grundrecht auf Sicherheit")

Die grundrechtlichen Schutzpflichten (→ Rn. 8), der Schutzauftrag zugunsten von Staat und Verfassung (→ Rn. 9), das rechtsstaatliche Gebot zur Durchsetzung des Rechts (→ Rn. 10) und der subsidiäre Grundauftrag zur Sicherung des inneren Friedens (→ Rn. 15) fügen sich zu einer verfassungsrechtlichen Sicherheitsaufgabe zusammen, die auf ihrer gesamten Breite (zumindest) die Bindungskraft einer **Staatszielbestimmung** aufweist (Möstl Sicherheitsgewährleistung 73 ff.; Thiel, Die „Entgrenzung" der Gefahrenabwehr, 2011, 149 f. mwN). Zwar findet sich das Staatsziel Sicherheit – anders als die neueren Staatsziele Sozial- und Umweltstaatlichkeit (Art. 20 Abs. 1 GG, Art. 20a GG) – im GG nicht kompakt normiert; bedenkt man jedoch, dass die Staatsaufgabe Sicherheit diesen neueren und weitaus weniger selbstverständlichen (und daher auch normierungsbedürftigen) Staatszielen zeitlich und sachlich vorausliegt und hierbei von einer noch weitaus fundamentaleren, für die Rechtfertigung der Staatlichkeit schlechthin unverzichtbaren Bedeutung ist (→ Rn. 4), wird klar, dass nur die Annahme einer Staatszielqualität, die hinter der Wirkung des Sozial- und Umweltstaatssatzes nicht zurückbleibt, dieser fundamentalen Bedeutung einen angemessenen Ausdruck verleiht. Auch das BVerfG geht von einem Verfassungsrang der Staatsaufgabe Sicherheit aus (→ Rn. 5). 18

Als Staatszielbestimmung weist die Staatsaufgabe Sicherheit die **rechtliche Bindungskraft** aller Staatszielbestimmungen auf (allg. Badura, Staatsrecht, 7. Aufl. 2018, D 42 mwN): Sie ist eine bindende Direktive, die dem Staat objektive Pflichten auferlegt, dem Bürger jedoch grundsätzlich und für sich genommen keine subjektiven Rechte verleiht (zu subjektiven Rechten auf dem engeren Felde der grundrechtlichen Schutzpflichten → Rn. 21 ff.). Dem Staat wird die Verfolgung eines Ziels verbindlich aufgegeben, nicht jedoch werden ihm bestimmte Mittel der Zielverfolgung vorgeschrieben. Verletzt ist die aus der Staatszielbestimmung folgende Pflicht nur, wenn der Staat gänzlich untätig bleibt oder das Ziel mit derart untauglichen oder gar kontraproduktiven Mitteln verfolgt, dass von keiner ernsthaften Zielverfolgung mehr gesprochen werden kann oder wenn er die Bedeutung des Staatsziels bei seinen Entscheidungen in einer „krassen Weise" verkennt (so eine treffende Formulierung des VerfGH Bayern zB in BayVerfGHE 48, 119 (122); 59, 109 (116)). Zwar ist die Staatszielbestimmung in ihrer Direktivkraft nicht auf ein Untermaßverbot beschränkt, dh sie vermag auch eine über ein Mindestmaß an Schutz hinausgehende, möglichst gute Zielverwirklichung zu legitimieren (Optimierung) und drängt auf eine solche, sie schreibt den staatlichen Gewalten jedoch – jenseits der oben genannten äußersten Grenzen (Untätigkeit, offensichtliche Untauglichkeit, krasse Verkennung) – typischerweise kein (justiziables) bestimmtes (Mindest-) Niveau der Zielerreichung vor, die Rede vom „Optimierungsgebot" ist insoweit missverständlich (Möstl Sicherheitsgewährleistung 82 ff.). Sie richtet sich in erster Linie an den Gesetzgeber, im Rahmen ihrer gewaltenteiligen Funktionsgrenzen aber auch an die Exekutive und die Gerichtsbarkeit (vgl. die Formulierung in Art. 20a GG). Vor allem auch im Rahmen der Auslegung des einfachen Rechts vermag die Staatszielbestimmung Direktivkraft zu entfalten. 19

Soweit umgekehrt die Abwehr von Grundrechtseingriffen in Rede steht, die der Staat zum Zwecke der Sicherheitsgewährleistung vornimmt, so ändert der **Verfassungsrang** der Staatsaufgabe Sicherheit nichts daran, dass der Staat dem Bürger gegenüber solche Eingriffe **grundrechtlich rechtfertigen** muss, dh insbesondere dass diese auf einer ausreichenden gesetzlichen Ermächtigungsgrundlage beruhen und materiell dem Verhältnismäßigkeitsprinzip (Übermaßverbot) genügen müssen; das sog. **rechtsstaatliche Verteilungsprinzip** (Isensee/Kirchhof StaatsR-HdB/Isensee § 191 Rn. 9) wird durch den Verfassungsrang der Staatsaufgabe Sicherheit also in keiner Weise modifiziert. Innerhalb der im Rahmen der Verhältnismäßigkeitsprüfung zu leistenden Abwägung schlägt jedoch zu Buche, dass Sicherheitsgewährleistung nicht allein eine legitime Staatsaufgabe wie jede andere darstellt, sondern dass es sich, wie das BVerfG sagt (BVerfGE 115, 310 (346); 120, 274 (319)), bei der Sicherheit 20 des Staates und seiner Bürger um „Verfassungswerte" handelt, „die mit anderen hochwertigen" (namentlich den Grundrechten) „im gleichen Rang stehen" (im Einzelnen Möstl Sicherheitsgewährleistung 69 ff.).

21 Auf dem engeren Felde der **grundrechtlichen Schutzpflichten,** soweit also der Schutz der grundrechtlich gewährleisteten **Individualrechtsgüter** in Rede steht (→ Rn. 8), können aus der Verfassung auch **subjektive Rechte auf Schutz** entspringen. Die Frage, wann und inwieweit den aus den grundrechtlichen Schutzaufträgen folgenden Pflichten subjektive Rechte entsprechen (Subjektivierung), kann als noch nicht ins Letzte geklärt gelten, wie überhaupt die grundrechtliche Schutzpflicht weitaus weniger gefestigte und klar handhabbare dogmatische Konturen trägt als das klassische Abwehrrecht; dass eine solche Subjektivierung überhaupt möglich ist, dass es also grundrechtliche Schutzansprüche geben kann, die grundsätzlich auch justiziabel sind (insbesondere auch vor den Verwaltungsgerichten) und in letzter Konsequenz mittels Verfassungsbeschwerde auch vor dem BVerfG geltend gemacht werden können, ist in der Literatur und Rechtsprechung mittlerweile jedoch weitgehend unstreitig (Isensee/Kirchhof StaatsR-HdB/Isensee § 191 Rn. 321 mwN; zB BVerfGE 77, 170 (214); Möstl DÖV 1998, 1029; Stern/Sodan/Möstl, Staatsrecht/Möstl, Band III, 2. Aufl. 2022, § 68 Rn. 11 ff.; deutlich nunmehr BVerfG NJW 2021, 1723 Rn. 145: „Die aus der objektiven Funktion des Grundrechts abgeleiteten Schutzpflichten sind grundsätzlich Teil der subjektiven Grundrechtsberechtigung. Werden Schutzpflichten verletzt, so liegt darin zugleich eine Verletzung des Grundrechts […], gegen die sich Betroffene mithilfe der Verfassungsbeschwerde zur Wehr setzen können"). Soweit aus den grundrechtlichen Schutzpflichten subjektive Rechtspositionen ableitbar sind, ist es – im Sinne einer plakativen Sammelbezeichnung – auch zulässig, von einem **„Grundrecht auf Sicherheit"** zu sprechen (Isensee, Das Grundrecht auf Sicherheit, 1983; Robbers, Sicherheit als Menschenrecht; Möstl Sicherheitsgewährleistung 84 ff.; str., zum Teil krit. Thiel, Die „Entgrenzung" der Gefahrenabwehr, 2011, 154 ff. mwN; am klarsten im deutschen Verfassungsraum ist das „Grundrecht auf Sicherheit" in Art. 99 BV normiert; s. LMW BV Art. 99), wobei diesem Sammelbegriff gegenüber den aus den einzelnen Grundrechten entspringenden Schutzaufträgen jedoch kein juristischer Mehrwert zukommt.

22 Was die genaue **Reichweite** der grundrechtlichen Schutzpflichten und der aus ihnen entspringenden subjektiven Rechte anbelangt, so sind die Gerichte aus verschiedenen Gründen (Gesetzesmediatisiertheit, mannigfaltige Erfüllbarkeit und besondere Abwägungsbedürftigkeit der Schutzpflichten, Achtung vor der Gestaltungsfreiheit des Gesetzgebers und dem Ermessen der Behörden) mit der Ableitung konkreter Rechtsfolgen zu Recht zurückhaltend. Im Allgemeinen wird eine Verletzung der Schutzpflichten (und korrespondierende Rechtsverletzung des Bürgers) nur angenommen, wenn der Staat hinsichtlich des gebotenen Schutzes gänzlich untätig bleibt oder (zur Erreichung des Schutzziels) offensichtlich ungeeignete oder gänzlich unzulängliche Maßnahmen ergreift bzw. wenn seine Maßnahmen erheblich hinter dem Schutzziel zurückbleiben (BVerfGE 77, 179 (215); BVerfG NJW 1996, 651; BeckRS 2013, 46932 Rn. 5; BVerfGE 157, 30 (114 ff.) = NJW 2021, 1723 Rn. 152 ff.). Bisweilen hat das BVerfG indes auch einen strengeren Vertretbarkeitsmaßstab angelegt und in diesem Kontext insbesondere die Figur des sog. Untermaßverbotes ins Spiel gebracht, bezüglich dessen Einhaltung – im Sinne eines verfassungsrechtlichen Mindestmaßes – die staatlichen Gewalten der Kontrolle durch das BVerfG unterlägen (BVerfGE 88, 203 (254, 262 f.)).

23 Das **Untermaßverbot** als Figur zur Bemessung des justiziablen Mindestmaßes an Schutz ist in der Literatur überwiegend auf prinzipielle Zustimmung gestoßen (Ullrich VerwArch 2011, 383 (397)); ein anerkanntes und klar handhabbares Prüfprogramm hat sich – trotz vieler in eine ähnliche Richtung gehender Vorschläge – bislang jedoch nicht etablieren können (zum Untermaßverbot und zum Stand der Forschung Klein JuS 2006, 960; Cremer DÖV 2008, 102). Wichtig ist es insbesondere, das Untermaßverbot – als auf die Schutzpflichten zugeschnittene, im Verhältnis zum abwehrrechtlichen Übermaßverbot gleichsam entgegengesetzte – Ausprägung des Verhältnismäßigkeitsprinzips so zu konzipieren, dass den staatlichen Organen in Respektierung der ihnen zukommenden Gestaltungs- und Ermessensspielräumen zwischen Unter- und Übermaßverbot ein ausreichender Spielraum verbleibt. Nach hier vertretener Ansicht (Möstl Sicherheitsgewährleistung 99 ff.; LMW BV Art. 99 Rn. 10; Stern/Sodan/Möstl, Staatsrecht/Möstl, Band III, 2. Aufl. 2022, § 68 Rn. 41;

ähnlich: Sodan NVwZ 2000, 601 (605 f.); Michael JuS 2001, 148 (151 f.); Merten/Papier Grundrechte-HdB II/Callies § 44 Rn. 31) ist das Untermaßverbot, das die Zweck-Mittel-Relation des Verhältnismäßigkeitsprinzips in einer zum Übermaßverbot spiegelbildlichen Weise thematisiert, verletzt,

- wenn die staatlichen Gewalten bislang keinerlei geeignete Maßnahmen ergriffen haben (Geeignetheit),
- wenn es ein besseres (besseren Schutz gewährendes), ebenso mildes (dh Rechte Dritter und öffentliche Interessen nicht stärker beeinträchtigendes) Schutzmittel gibt (Effektivität) oder
- wenn die (ohne verbesserte Maßnahmen) verbleibende Gefährdung des Grundrechtsgutes dem Schutzsuchenden – auch angesichts der gegen zusätzliche Maßnahmen sprechenden Rechte Dritter und öffentlichen Interessen – bei einer Gesamtabwägung nicht zumutbar erscheint (Zumutbarkeit).

Für das Polizeirecht haben die grundrechtlichen Schutzpflichten (als subjektive Rechtspositionen) zur Folge, dass die Befugnisnormen, die die Polizei zur Abwehr von Gefahren für die öffentliche Sicherheit ermächtigen, **Drittschutz** entfalten können, soweit es um den Schutz grundrechtlicher Individualrechtsgüter oder um die Durchsetzung solcher Verhaltensnormen geht, die (auch im Lichte der Schutzpflichten) ihrerseits drittschützend sind. Konsequenz ist in diesen Fällen, nimmt man das prinzipielle Entschließungs- und Auswahlermessen (Opportunitätsprinzip) hinzu, dass dem schutzsuchenden Bürger zumindest (regelmäßig) ein **Anspruch auf ermessensfehlerfreie Entscheidung über das polizeiliche Einschreiten** oder – je nach dem im jeweiligen Fall in Betracht kommenden Maß an Ermessensreduzierung – (ausnahmsweise) ein **Anspruch auf polizeiliches Einschreiten** oder (sehr selten) sogar ein **Anspruch auf eine bestimmte polizeiliche Maßnahme** erwachsen kann; für die Sicherheits-/Ordnungsbehörden gilt Entsprechendes. Das so umrissene „Recht auf polizeiliches/ordnungsbehördliches Einschreiten" (s. Kingreen/Poscher POR § 10 Rn. 41 ff., 46 ff.; Möstl Sicherheitsgewährleistung 428 ff.; Ullrich VerwArch 2011, 383) ist eine mit der Erschließung der grundrechtlichen Schutzpflichten eng verwobene Errungenschaft des neueren Polizei-/Ordnungsrechts, welche im Verhältnis zum älteren Polizeirecht, das den Einzelnen allein als Repräsentanten der Allgemeinheit, dh nur reflexartig schützte, eine wichtige Kehrtwende und Neuausrichtung bedeutet. Die in Literatur und Rechtsprechung entwickelten **Kriterien für das Bestehen polizeilicher Schutzansprüche** – qualifizierte Gefahr (Intensität der Gefährdung; Gewicht des Rechtsguts; BVerwGE 11, 95 (97); Schoch/Eifert BesVerwR/Schoch/Kießling Kap. 1 Rn. 65, 326 f.), legitime polizeitaktische Erwägungen (Kollision mit anderen Aufgaben, Aufwand des Einschreitens), zumutbare Möglichkeiten des Selbstschutzes (zum Ganzen s. Lisken/Denninger PolR-HdB/Graulich E Rn. 114 f.; Kingreen/Poscher POR § 10 Rn. 41 ff.; Waechter VerwArch 1997, 298; Dietlein DVBl 1991, 685; Möstl Sicherheitsgewährleistung 432 ff.) – können als Ausfluss und Konkretisierung des schutzpflichtrechtlichen **Untermaßverbotes** (→ Rn. 23) verstanden werden. 24

3. Zeitliche Dimensionen der Aufgabe: Prävention und Repression

In **zeitlicher** Hinsicht lassen sich zwei Phasen der Sicherheitsaufgabe unterscheiden: die Verhütung und Unterbindung von (bevorstehenden oder gegenwärtigen) Störungen der öffentlichen Sicherheit und Ordnung (**Prävention**) und die Ahndung von (bereits abgeschlossenen) Verstößen, soweit diese sanktionsbewehrt sind (**Repression**) (zu aktuellen Herausforderungen dieser klassischen Unterscheidung: Möstl DVBl 2023, 330 (332 ff.), auch zur Grundsatzkritik von Danne, Prävention und Repression im Sicherheitsrecht, 2022). Beide zeitlichen Dimensionen sind prinzipiell von der verfassungsrechtlichen Sicherheitsaufgabe mitumfasst; unmittelbarer Gegenstand des (einfachgesetzlichen) Polizei- und Ordnungs-/Sicherheitsrechts ist jedoch allein die präventive Sicherheitsaufgabe (**Gefahrenabwehr;** zur Abgrenzung von Prävention und Repression und den zugrunde liegenden – polizei- und strafprozessrechtlichen – Gesetzgebungskompetenzen → Rn. 67 ff., → Rn. 97 ff.). In dem Sinne, dass die präventive Verhütung im Vergleich zur repressiven Ahndung von Schutzgutsverletzungen vor den verfassungsrechtlichen Schutzpflichten vorzugswürdig erscheint, kann – in der Zeitachse – von einem Leitgedanken des **Vorrangs der Prävention vor der Repression** gesprochen werden (BVerfGE 30, 336 (350); 39, 1 (44); 25

Möstl Sicherheitsgewährleistung 147 ff., 152 ff.; Kniesel, Kriminalitätsbekämpfung durch Polizeirecht, 2022, 151).

II. Die Grundrechte als Grenze polizeilicher Befugnisse

26 Maßnahmen der Gefahrenabwehr sind typischerweise der **Eingriffsverwaltung** zuzurechnen (Schoch/Eifert BesVerwR/Schoch/Kießling Kap. 1 Rn. 187). Das Polizeirecht – mit seinen charakteristischen Maßgaben und Begrenzungen der polizeilichen Handlungsbefugnis – hat sich als das klassische Referenzgebiet **rechtsstaatlicher Eingriffsabwehr** entwickelt; als solches bildet es das rechtsstaatliche Herzstück des deutschen Verwaltungsrechts (Albers, Die Determination polizeilicher Tätigkeit in den Bereichen der Straftatenverhütung und der Verfolgungsvorsorge, 2001, 15). Unter dem GG sind die aus dem liberalen Rechtsstaat überkommenen rechtsstaatlichen Errungenschaften des Polizeirechts durch eine bis dahin unbekannte und das gesamte Polizeirecht durchformende Wirkkraft der Grundrechte weiter vervollkommnet worden (DWVM Gefahrenabwehr 18, 267; Möstl Sicherheitsgewährleistung 15 ff.). In den **Grundrechten (als Abwehrrechten)** findet das Polizeirecht seine wichtigste verfassungsrechtliche **Grenze.**

1. Einschränkbarkeit und Polizeifestigkeit von Grundrechten – rechtsstaatliche Maßgaben für Grundrechtseingriffe

27 So beachtlich die grundrechtlichen Grenzen für die Polizei sind, gibt es – außer der schlechthin „unantastbaren" Menschenwürde (Art. 1 Abs. 1 GG) – doch **keine „polizeifesten" Grundrechte** in dem Sinne, dass der polizeiliche Zugriff auf bestimmte Grundrechte (auf der Basis einer entsprechenden Ermächtigung) etwa von vornherein und in jedem Fall ausgeschlossen wäre. Überhaupt ist die ältere Rede von der **„Polizeifestigkeit"** bestimmter Grundrechte unter dem GG eher verwirrend (EMS BesVerwR/Mann Rn. 411; Brenneisen DVBl 2021, 931); „Polizeifestigkeit" meint – genau besehen – jedenfalls nicht, dass bestimmte Grundrechte dem polizeilichen Zugriff (kraft einer verfassungsrechtlichen Weichenstellung) a priori entzogen sind, sondern folgt zumeist (einfachgesetzlich) aus dem Vorrang einer abschließenden spezialgesetzlichen Sonderregelung, die im Schutzbereich eines bestimmten Grundrechts den Rückgriff auf Befugnisgrundlagen des allgemeinen Polizei- und Ordnungsrechts ausschließt und das Grundrecht in diesem Sinne als „polizeifest" (dh nicht auf der Basis des allgemeinen Polizei- und Ordnungsrechts einschränkbar) erscheinen lässt; dies gilt namentlich für die sog. „Polizeifestigkeit" der Pressefreiheit (Vorrang der Landespressegesetze, soweit Einschränkungen gegen den Inhalt des Presseerzeugnisses gerichtet sind; s. Schenke PolR Rn. 347; VGH München NJW 1983, 1339; OVG Frankfurt (Oder) NJW 1997, 1387), der Versammlungsfreiheit (Vorrang der Versammlungsgesetze, soweit sie Versammlungen abschließend regeln; s. EMS BesVerwR/Mann Rn. 763 f.; BVerfG NVwZ 2005, 80 (81); BVerwGE 129, 142 (147)) oder der Gewerbefreiheit, soweit § 1 Abs. 1 GewO Beschränkungen hinsichtlich des „ob" (nicht des „wie") der Gewerbeausübung dem Bundesrecht vorbehält (BeckOK GewO/Pielow GewO § 1 Rn. 198 ff.; BVerwGE 115, 189 (192 f.)). Im Einzelnen ist hinsichtlich der **Einschränkbarkeit von Grundrechten** wie folgt zu differenzieren:

28 Soweit Grundrechte unter einem ausdrücklichen **Gesetzesvorbehalt** oder einem sonstigen Schranken-, Regelungs- oder Ausgestaltungsvorbehalt stehen, kommen die Befugnisse des Polizei- und Ordnungsrechts (auch die Generalklausel) grundsätzlich ohne weiteres als taugliche Basis für Grundrechtseingriffe in Betracht (Schenke PolR Rn. 342 ff., 346 ff.; zum Zitiergebot → Rn. 31). Gegebenenfalls muss die gesetzliche Ermächtigungsgrundlage grundrechtskonform reduziert und ausgelegt werden, um den speziellen Anforderungen eines qualifizierten Gesetzesvorbehalts oder einer ausdrücklichen Schranken-Schranke zu genügen (für Art. 11 Abs. 2 GG zB VGH Mannheim NJW 2005, 88; für Art. 5 Abs. 1 S. 3 GG Kingreen/Poscher POR § 10 Rn. 9).

29 Bei **vorbehaltlos** gewährleisteten Grundrechten kommt eine Einschränkung nach stRspr nur zum Schutz kollidierender Grundrechte Dritter sowie anderer mit Verfassungsrang ausgestatteter Rechtswerte in Betracht (BVerfGE 28, 243 (261); 30, 173 (193); 83, 130 (139)); dies gilt auch für das Polizeirecht (Schenke PolR Rn. 345). An dieser Stelle kommt der oben dargelegte (→ Rn. 4 ff.) **Verfassungsrang** der staatlichen Sicherheitsaufgabe ins Spiel:

Jedenfalls soweit das polizeiliche Einschreiten der Einlösung **grundrechtlicher Schutzpflichten** (→ Rn. 8) oder dem Schutz **verfassungsrechtlich geschützter Gemeinschaftsgüter** (→ Rn. 9) dient, soweit also die **öffentliche Sicherheit** unter dem Aspekt des Schutzes von Rechtsgütern des Einzelnen und der Allgemeinheit betroffen ist, kommt demnach (freilich nach Maßgabe einer strikten Verhältnismäßigkeitsprüfung) eine Einschränkung auch vorbehaltlos gewährleisteter Grundrechte in Betracht. Ob unabweisbare Bedürfnisse einer effektiven präventiven **Rechtsdurchsetzung** (zum Verfassungsauftrag der Durchsetzung des Rechts als Teilaspekt öffentlicher Sicherheitsgewährleistung → Rn. 10) auch unabhängig von derartigem verfassungsrechtlich gebotenen Rechtsgüterschutz (dh wenn die Durchsetzung des Rechts nicht zugleich dem Schutz eines Grundrechts oder sonstigen Verfassungsguts dient) zum Eingriff in vorbehaltlos gewährleistete Grundrechte legitimieren können, kann noch nicht als geklärt gelten; einerseits hat das BVerfG im Kontext der verwandten Figur der Wirksamkeit und Funktionstüchtigkeit der Strafrechtspflege (dh der repressiven Rechtsdurchsetzung) eine solche Einschränkbarkeit in Betracht gezogen (BVerfGE 29, 24 (54, 56); Stern, Das Staatsrecht der Bundesrepublik Deutschland, Bd. 3, Halbd. 2, 1994, 808); andererseits besteht bei einer solchen Sichtweise die Gefahr, dass die (in ihrer Unversehrtheit zu schützende) einfache Rechtsordnung über den Verfassungsauftrag der Rechtsdurchsetzung durch die Hintertür zu einer verfassungsimmanenten Schranke hochgezont würde (zum Ganzen Möstl Sicherheitsgewährleistung 72 f.). Hinterfragbar ist nach hier vertretener These die weit verbreitete Ansicht, der bloße Schutz der **öffentlichen Ordnung** könne niemals zur Rechtfertigung der Einschränkung vorbehaltloser Grundrechte taugen (so zB Kugelmann PolR Kap. 27 Rn. 27; Schenke PolR Rn. 345); denn jedenfalls soweit das Schutzgut der öffentlichen Ordnung eng konzipiert wird (Gefährdung allein, wenn Handlungen in mit den Wertungen der Grundrechte konformer Weise als so unerträglich empfunden werden, dass der innere Friede bedroht erscheint), ist auch der Schutz der öffentlichen Ordnung in einem Verfassungsauftrag zum Schutz eines Verfassungswertes (innerer Friede) fundiert, der anderen verfassungsrechtlichen Schutzaufträgen im Range nicht nachsteht (→ Rn. 15; Möstl Sicherheitsgewährleistung 73).

Will die Polizei/Ordnungsverwaltung in Grundrechte eingreifen, bedarf sie hierzu – auf- **30**
grund des **rechtsstaatlichen Vorbehalts des Gesetzes** – in jedem Fall einer gesetzlichen Eingriffsermächtigung (dh einer über die Aufgabenzuweisung hinausgehenden **Befugnisnorm,** im Einzelnen → Rn. 103 f.), die sowohl dem allgemeinen rechtsstaatlichen Gebot der **Normenklarheit und Normenbestimmtheit** als auch den (unter Umständen je nach Grundrechtsrelevanz weiterreichenden) Bestimmtheitsanforderungen der **Wesentlichkeitstheorie** genügt (Lisken/Denninger PolR-HdB/Denninger B Rn. 57 ff., 61 ff.). Während die Rechtsprechung mit den rechtsstaatlichen Bestimmtheitsanforderungen im klassischen Polizeirecht zurückhaltend umgegangen ist und selbst die – in jahrzehntelanger Rechtspraxis konkretisierte und angesichts der unvorhersehbaren Vielgestaltigkeit des Lebens unvermeidliche – polizeiliche **Generalklausel** als unbedenklich ansieht, obwohl sie die Polizei an sich in der denkbar allgemeinsten Weise ermächtigt, das zur Erfüllung ihrer Aufgabe Notwendige zu verfügen (BVerfGE 54, 143 (144); BVerwGE 115, 189 (195); zu den Grenzen der Generalklausel und zur Notwendigkeit von Spezialermächtigungen BVerwGE 115, 189 (193 ff.); ausf. → Rn. 108), hat das BVerfG die Bestimmtheitsanforderungen im Bereich der neuartigen **informationellen Eingriffsbefugnisse** – in einer teilweise bedenklichen und an die Grenzen der Normierbarkeit stoßenden – Weise sehr streng bemessen (zB BVerfGE 113, 348 (375 ff.); krit. Möstl DVBl 2010, 808 (813); ausf. → Rn. 56).

Soweit das **Zitiergebot** (Art. 19 Abs. 1 S. 2 GG) reicht, sind polizeiliche/behördliche **31**
Grundrechtseingriffe nur zulässig, wenn der Gesetzgeber dem Zitiergebot genügt hat; alle Polizei- und Ordnungsbehördengesetze enthalten dementsprechend Normen über die Einschränkbarkeit von Grundrechten. Ein Änderungsgesetz, das zu einem neuartigen Grundrechtseingriff ermächtigt, muss dem Zitiergebot auch dann (aufs Neue) genügen, wenn das geänderte Stammgesetz hinsichtlich des berührten Grundrechts bereits eine allgemeine Zitiervorschrift enthält (BVerfGE 113, 348 (366 f.)). Nicht alle Grundrechte – namentlich nicht solche, die bereits von vornherein nur unter einem Schranken-, Regelungs- oder Ausgestaltungsvorbehalt gewährleistet sind oder als vorbehaltlose Grundrechte verfassungsimmanenten Schranken unterliegen – unterfallen dem Zitiergebot (Schenke PolR Rn. 345 f.), sodass insbesondere die allgemeine Handlungsfreiheit (Art. 2 Abs. 1 GG) als das maßgebliche

Auffanggrundrecht gegenüber aktionellen Polizeibefugnissen sowie das Recht auf informationelle Selbstbestimmung als das maßgebliche Auffanggrundrecht gegenüber informationellen Polizeibefugnissen nicht zitiert werden müssen. Ob das Zitiergebot bei diesen ihm eigentlich unterfallenden Grundrechten im konkreten Einzelfall allein deswegen nicht gilt, weil die Polizei zum Schutz von Verfassungsgütern handelt, um derentwillen selbst vorbehaltlose Grundrechte eingeschränkt werden dürften, oder weil sie von einer Befugnis (zB der Generalklausel) Gebrauch macht, die in ihrer Substanz vorkonstitutioneller Natur ist, ist umstritten (s. zB v. Münch/Kunig/Kunig/Graf v. Kielmansegg GG Art. 11 Rn. 45: „Polizeiliche Maßnahmen").

32 Die wichtigste rechtsstaatliche Maßgabe für die Einschränkbarkeit von Grundrechten, der **Verhältnismäßigkeitsgrundsatz,** findet sich im Polizeirecht trotz seiner verfassungsunmittelbaren Geltung traditionell (zusätzlich) einfachgesetzlich (Art. 4 BayPAG, § 4 NPOG, § 4 HSOG, § 2 PolG NRW, § 5 BWPolG normiert und ausgestaltet (Schenke PolR Rn. 331 ff.; näher → Rn. 49). Auch das Gebot **pflichtgemäßer Ermessensausübung** wird gesondert statuiert (Schoch/Eifert BesVerwR/Schoch/Kießling Kap. 1 Rn. 306; Art. 5 BayPAG, § 5 NPOG, § 5 HSOG, § 3 PolG NRW, § 3 BWPolG).

2. Die grundrechtliche Fundierung polizeirechtlicher Grundbegriffe: Gefahr – Störer – Verhältnismäßigkeit

33 Die **drei dogmatischen Zentralbegriffe** des Polizeirechts Gefahr – Störer – Verhältnismäßigkeit sind rechtsstaatliche Errungenschaften, die, obgleich ihre Entstehung zeitlich weit vor das GG zurückreicht (vgl. zB §§ 14, 18 ff. PrPVG; Kingreen/Poscher POR § 1 Rn. 12), heute, unter der Geltung des GG, als **wesentliche Ausprägungen verfassungsrechtlicher Wertungen** begriffen werden müssen, mit deren Hilfe sichergestellt werden soll, dass das Polizeihandeln hinsichtlich der zu beachtenden **Eingreifschwellen (Gefahr,** → Rn. 34 ff.), der in Betracht kommenden **Adressaten (Störer,** → Rn. 47 f.) und der zu ergreifenden **Maßnahmen (Verhältnismäßigkeit,** → Rn. 49) mit den Grundrechten im Einklang steht.

34 **a) Gefahr.** Präventive Sicherheitsgewährleistung, die künftigen Schäden möglichst zuvorkommen und ihren Eintritt verhüten möchte, muss zwangsläufig **Prognoseentscheidungen** anstellen; die Verwirklichung eines rechtlich geregelten Umgangs mit **Ungewissheit** ist daher das unweigerliche Charakteristikum jeglichen Rechts präventiver Sicherheitsgewährleitung (Di Fabio DÖV 1991, 629 (631); Gusy/Eichenhofer PolR Rn. 111). Kern dieses rechtlich geregelten Umgangs ist die Festlegung von **Eingriffsschwellen,** die das präventive Einschreiten angesichts der bestehenden Ungewissheit über den künftigen Kausalverlauf erst ab einem bestimmten Grad an Risiko/Wahrscheinlichkeit/Möglichkeit/Verdacht eines Schadenseintritts gestatten. Derartigen Eingriffsschwellen kommt die Funktion zu, das **Risiko der Ungewissheit** zwischen Staat und Störer und ihren Sicherheits- und Freiheitsinteressen zu verteilen: Oberhalb der Schwelle wird dem Sicherheitsinteresse der Vorrang gegeben, dh ein präventives Einschreiten ist auch auf das Risiko hin zulässig, dass es zum Schadenseintritt vielleicht gar nicht gekommen wäre; unterhalb der Schwelle dagegen schlägt das Freiheitsinteresse durch; der Staat hat sich eines Einschreitens zu enthalten, auch auf das Risiko hin, dass es wider Erwarten doch zum Schadenseintritt kommt (Möstl Sicherheitsgewährleistung 158 f.; 186 f.).

35 Die klassische Antwort, die das Polizeirecht für diesen rechtlich geregelten Umgang mit Ungewissheit bereithält, ist der Begriff der (konkreten) **Gefahr,** der – das ist seine wesentliche Aussage – (im Einzelfall) eine **hinreichende Wahrscheinlichkeit** des Schadenseintritts verlangt, dh gerade nicht bereits jedes unterhalb dieser Schwelle verbleibende Risiko ausreichen lässt (Kingreen/Poscher POR § 8 Rn. 1 ff.; Götz/Geis PolR § 12 Rn. 3 ff.; Krüger JuS 2013, 985). Mit diesem Begriff verbindet sich in der Tradition des liberalen Rechtsstaats eine limitierende Konzeption: In potentiell schadensträchtige Kausalverläufe soll der Staat – im Interesse der Freiheit – erst ab der Schwelle der hinreichenden Wahrscheinlichkeit, und nicht bereits in deren Vorfeld eingreifen. Präventive Sicherheitsgewährleistung ist im freiheitlichen Rechtsstaat prinzipiell **Gefahrenabwehr** und nicht umfassende Risikosteuerung und -vorsorge (Möstl Sicherheitsgewährleistung 159; zur Kritik an einem weiter reichenden „Präventionsstaat": Lisken/Denninger PolR-HdB/Denninger, 6. Aufl. 2018, D Rn. 7).

Der Gefahrbegriff beschreibt keine starre Wahrscheinlichkeitsschwelle, vielmehr handelt es sich um einen **flexiblen Wertungsbegriff,** der je nach den besonderen Umständen des Falles **abgestufte Wahrscheinlichkeitsgrade** verlangt (DWVM Gefahrenabwehr 224). Der zu fordernde Wahrscheinlichkeitsgrad hängt – das ist völlig unstrittig – insbesondere von dem **Gewicht des gefährdeten Rechtsguts** und dem **Ausmaß des drohenden Schadens** ab (**Je-Desto-Formel:** je gewichtiger das gefährdete Rechtsgut und je größer der mögliche Schaden, desto geringer der zu fordernde Wahrscheinlichkeitsgrad; stRspr, BVerwGE 47, 31 (40); 116, 347 (356); Kingreen/Poscher POR § 8 Rn. 7; Schoch/Eifert BesVerwR/Schoch/Kießling Kap. 1 Rn. 286), richtigerweise aber auch von der **Tiefe des in Aussicht genommenen Eingriffs** (je gravierender der Grundrechtseingriff, desto höhere Wahrscheinlichkeitsgrade sind nötig; Lisken/Denninger PolR-HdB/Graulich E Rn. 121; BVerfGE 115, 320 (360 f.); Möstl Sicherheitsgewährleistung 188) sowie von der **Eilbedürftigkeit der Entscheidung** und den noch zur Verfügung stehenden **Möglichkeiten weiterer Ermittlung** (je dringlicher die Entscheidung und je weniger Möglichkeiten zu weiteren Ermittlungen, desto geringer die Anforderungen an die Wahrscheinlichkeit; Möstl Sicherheitsgewährleistung 189 f.; Schenke PolR Rn. 77; VerfGH Sachsen BeckRS 2024, 1212 Rn. 493). Was die Verteilung des Risikos der Ungewissheit anbelangt, ist der Gefahrbegriff auf diese Weise vom Ziel eines **verhältnismäßigen Ausgleichs von Freiheits- und Sicherheitsinteressen in Ungewissheitslagen** geprägt. In dem Korridor zwischen Über- und Untermaßverbot beschreibt der Gefahrbegriff weder einen Punkt des frühestmöglichen Eingreifens noch des längstmöglichen Zuwartens, sondern einen Punkt des beiderseitig schonenden Ausgleichs. Als solcher ist der Gefahrbegriff Ausdruck einer **verfassungsrechtlichen Normalvorstellung der rechtsstaatlichen Konkordanz von Freiheit und Sicherheit unter Ungewissheitsbedingungen,** die insbesondere für die polizeiliche Generalklausel prinzipiell alternativlos ist (Möstl Sicherheitsgewährleistung 195 ff.; Barczak, Der nervöse Staat, 2020, 477 ff.; zu immanenten Grenzen dieser Aussage → Rn. 37, → Rn. 39, zu Ausnahmen → Rn. 38, → Rn. 52.1; für eine Verabschiedung des Gefahrenbegriffs als dogmatischen Fixpunkt des Gefahrenabwehrrechts dagegen Kulick AöR 143 (2018), 175 (213); zu Gefahrenvorfeldbefugnissen s. Ogorek JZ 2019, 63; allg. zu Eingriffsschwellen Trurnit JA 2019, 258). Kraft dieser verfassungsrechtlichen Normalvorstellung müssen in Kausalverläufe eingreifende Polizeibefugnisse regelmäßig an die Eingriffsschwelle der (konkreten) Gefahr gebunden sein. Die so umrissene Aussage darf freilich nicht überhöht werden: Abweichungen von der Gefahrenschwelle (für aktionelle Befugnisse) mögen rechtfertigungsbedürftig sein, sie sind – bei Vorliegen entsprechender sachlicher Gründe – jedoch durchaus möglich; namentlich bei den Standardbefugnissen sind besondere, auf den jeweiligen Maßnahmetyp zugeschnittene Eingriffsschwellen seit jeher üblich; erst recht haben sich im besonderen Sicherheitsrecht ganze Rechtsgebiete, soweit diese von Risiken geprägt sind, die sich mit den Mitteln klassischer Gefahrenabwehr nicht adäquat bekämpfen lassen, von der Gefahrenschwelle als maßgeblicher Eingriffsschwelle entfernt. Für das Polizeirecht bildet die Gefahrenschwelle jedoch weiterhin einen Ausgangs- und Orientierungspunkt von besonderem verfassungsrechtlichem Gewicht. Von dieser Ausgangsvermutung sind jedoch sogleich zwei wichtige Abstriche zu machen, die beide die aktuelle Diskussion um die sog. **drohende bzw. konkretisierte Gefahr** betreffen. 36

Erstens: Die verfassungsrechtliche Vermutung zugunsten einer prinzipiellen Alternativlosigkeit der Gefahrenschwelle ist an die Prämisse geknüpft, dass dem Gefahrbegriff auch jene breite, wertungsoffene Bedeutung beigemessen wird, die ihm von Verfassungs wegen ursprünglich zukommt; Gefahr meint insoweit (unter Verhältnismäßigkeitsgesichtspunkten) hinreichende Wahrscheinlichkeit eines Schadens – sonst nichts. In dem Moment, in dem die Praxis beginnt, dem Gefahrbegriff eine engere Bedeutung beizumessen, als dies verfassungsrechtlich zwingend ist, ihn dogmatisch also an zusätzliche einengende tatbestandliche Voraussetzungen zu binden als das bloße Erfordernis hinreichender Wahrscheinlichkeit, besteht für den Gesetzgeber auch Raum (und zwar auch in der Generalklausel), Eingriffsbefugnisse neben der (solchermaßen unnötig eng verstandenen) Gefahrenschwelle auch auf der Basis zusätzlicher, alternativ formulierter Eingriffsschwellen zuzulassen, solange sich diese an das verfassungsrechtliche Grunderfordernis hinreichender Wahrscheinlichkeit halten (zum Ganzen s. Möstl DVBl 2020, 160 ff.). Dies zu betonen besteht deswegen Anlass, weil die jüngere Zeit tatsächlich von einer zunehmend engen Auslegung des traditionellen Begriffs 37 der konkreten Gefahr geprägt ist (iE → Rn. 41); immer öfter wird insbesondere nicht mehr als ausreichend erachtet, dass im Einzelfall (also auf der Basis konkreter Erkenntnisse) die hinreichende Wahrscheinlichkeit eines Schadens bejaht werden kann, sondern es wird zusätzlich gefordert, dass auch das Schadensereignis selbst bereits (hinsichtlich Ort, Art und Zeit) hinreichend konturiert und konkret beschreibbar sein muss (dass dies zum ursprünglichen Bedeutungsgehalt des Gefahrbegriffs gehört, lässt sich bezweifeln, → Rn. 41). Auch das BVerfG scheint teilweise implizit diesen verengten Begriff der konkreten Gefahr zugrunde zu legen (BVerfGE 141, 220 = BeckRS 2016, 44821 Rn. 112; ebenso BVerfGE 155, 119 (186 ff., 202) = BeckRS 2020, 16236 Rn. 146 ff., 179; BVerfGE 163, 43 = BeckRS 2022, 29785 Rn. 134; in der Tendenz anders hingegen BVerfGE 162, 1 = NJW 2022, 1583, dazu → Rn. 39b). Hierdurch entstehen unweigerlich Schutzlücken (PAG-Kommission zur Begleitung des neuen bayerischen Polizeiaufgabengesetzes, Abschlussbericht, 30.8.2019, 26, abrufbar unter http://www.pag.bayern.de/assets/stmi/direktzu/190830_abschlussbericht_pag-kommission.pdf; BayLT-Drs. 18/13716, 1), die das BVerfG selbst dadurch schließt, dass es (selbst intensive, erst recht weniger gewichtige) Eingriffe alternativ auch auf der Basis einer Eingriffsschwelle („**drohende Gefahr**“, näher → Rn. 41, → Rn. 42, → Rn. 50, → Rn. 57, → Rn. 100; seit BVerfGE 155, 119 = BeckRS 2020, 16236, zB Rn. 148, 152, 179 f. spricht es stattdessen, ohne in der Sache etwas anderes zu meinen, von **„konkretisierte Gefahr“** bzw. „hinreichend konkretisierte Gefahr“) zulässt, die zwar sehr wohl die im Einzelfall bestehende hinreichende Wahrscheinlichkeit eines Schadens verlangt, jedoch Abstriche an die konkrete Vorhersehbarkeit und Beschreibbarkeit des zum Schaden führenden Kausalverlaufs (hinsichtlich wann, wo und wie) gestattet. Die Polizeigesetzgeber haben diese vom BVerfG vorgezeichnete Schwelle in jüngerer Zeit auf breiterer Front aufgegriffen (dazu Möstl GSZ 2021, 89), am weitestgehenden der bayerische Gesetzgeber, der auch seine Generalklausel ergänzt hat (zunächst Art. 11 Abs. 3 BayPAG, jetzt Art. 11a BayPAG). Aus verfassungsrechtlicher Sicht ist hiergegen nichts zu erinnern, solange sich auch die drohende Gefahr (was der Fall ist) im Rahmen des aus dem Verhältnismäßigkeitsgebot folgenden Grunderfordernisses einer im Einzelfall bestehenden hinreichenden Wahrscheinlichkeit eines Schadens hält, also nur einen Grenzbereich der konkreten Gefahr näher ausformt, ohne eigentlich aus dem Verfassungsbegriff der konkreten Gefahr auszubrechen. Schon unter diesem Gesichtspunkt ist die Ergänzung polizeilicher Befugnisse um Fallgruppen der drohenden Gefahr (selbst in der Generalklausel) unbedenklich (s. Möstl BayVBl. 2018, 156; Leisner-Egensperger DÖV 2018, 677). Treffend hat der VerfGH Sachsen (BeckRS 2024, 1212 Rn. 492) die konkretisierte Gefahr als eine „rechtsstaatlich präzisierte Ausformung des polizeirechtlichen Gefahrenbegriffs“ angesehen; sie markiert also gerade nicht eine Schwelle im Vorfeld der polizeilichen Gefahr, vielmehr zerfällt die polizeiliche Gefahr nach neuerer Dogmatik in konkrete und konkretisierte Gefahr (vgl. BVerfGE 162, 1 Rn. 158, 163, 181).

38 Hinzu kommt **zweitens,** dass die verfassungsrechtliche Vermutung zugunsten der Gefahrenschwelle als Regelschwelle für polizeiliche Eingriffe bereits seit jeher nicht ohne Ausnahme gilt (zu entsprechenden Beispielen s. Baldus VERW 2014, 1 (20)). Solche Ausnahmen sind nicht per se verfassungswidrig (es handelt sich ja nur um eine – Ausnahmen gestattende – Normalvorstellung des regelmäßig Verfassungsgebotenen), aber in jedem Fall besonders rechtfertigungsbedürftig (→ Rn. 100). Rechtfertigbar sind (ausnahmsweise) bereits im Gefahrenvorfeld einsetzende Kausalverlaufseingriffe insbesondere in Bezug auf solche (zB terroristische) Gefahrenlagen, die sich jederzeit und ohne großen Vorbereitungsaufwand realisieren können (BVerfG BeckRS 2017, 118574 Rn. 39), dh sehr plötzlich in akute Bedrohungen umschlagen, denn in solchen Situationen erscheint es oftmals problematisch, im Gefahrenvorfeld (ohne ansonsten einzuschreiten) allein auf Gefahrbeobachtung zu setzen, da das Risiko, dass sich die Gefahr vielleicht plötzlich realisiert, noch bevor sie aufgeklärt ist, angesichts der auf dem Spiel stehenden Rechtsgüter als zu hoch erscheint; ebenso kommt eine Rechtfertigung in Betracht, wenn sich reine Gefahraufklärung (zB in Gestalt permanenter Beobachtung) als zu aufwändig erweist, um eine realistische und praktisch durchführbare Alternative zu einer auch aktionellen Vorgehensweise zu sein. In all diesen Fällen spricht nichts dagegen, wenn der Gesetzgeber der Polizei (ausnahmsweise) bereits im Gefahrenvorfeld die Befugnis einräumt, die notwendigen Maßnahmen zu ergreifen, um die weitere Entstehung der Gefahr zu verhindern (Kniesel, Kriminalitätsbekämpfung durch Polizeirecht, 2022, S. 348 ff.). Die jüngere Novellierungsgesetzgebung zeigt auch in der Tat eine Tendenz in diese Richtung: So hat zB der Bundesgesetzgeber dem Bundeskriminalamt die Befugnis eingeräumt, zur Terrorbekämpfung Aufenthaltsanordnungen und Kontaktverbote zu erlassen (§ 55 BKAG), die an eine Eingriffsschwelle anknüpfen (drohende/konkretisierte Gefahr), die das BVerfG (wenngleich auf der Basis eines sehr engen Begriffsverständnisses der konkreten Gefahr, → Rn. 37) als Vorfeldschwelle begreift; Ähnliches gilt für die meisten Landespolizeigesetzgeber (Möstl GSZ 2021, 89 (92) mwN). Weiter ist der bayerische Gesetzgeber gegangen, der zum Schutz bedeutender Rechtsgüter gegen Angriffe von erheblicher Intensität oder Auswirkung sogar die Generalklausel um eine entsprechende Befugnis zur Verhinderung der Gefahrentstehung bei **„drohenden Gefahren"** ergänzt hat (zunächst Art. 11 Abs. 3 BayPAG, nunmehr Art. 11a BayPAG); verfassungsrechtlich unbedenklich ist eine solche Ergänzung der Generalklausel (selbst soweit mit „drohender Gefahr" eine echte Vorfeldschwelle gemeint sein sollte, was sich – wie gezeigt, → Rn. 37 – bezweifeln lässt), sofern der Einsatz der aktionellen Vorfeldbefugnis stets an die zusätzliche Prüfung gebunden bleibt, dass kausalverlaufsrelevante Eingriffe tatsächlich (ausnahmsweise, dh entgegen der verfassungsrechtlichen Normalvorstellung) unerlässlich sind, weil reine Gefahraufklärungsmaßnahmen (→ Rn. 39) im konkreten Fall zu aufwändig sind oder keinen hinreichenden Erfolg versprechen.

Zu beachten ist des Weiteren (zum Folgenden Möstl Sicherheitsgewährleistung 180 ff. mwN; Möstl DVBl 2007, 581 (584 ff.); 2010, 808 (810); Barczak, Der nervöse Staat, 2020, 496 ff.; zu Gefahraufklärungs-/-beseitigungseingriffen s. Gusy/Eichenhofer PolR 185 ff.; Gusy JA 2011, 641; zu aktionellen/informationellen Maßnahmen Kingreen/Poscher POR § 11 Rn. 6), dass der Gefahrbegriff – als rechtsstaatliche Systembildung eines verhältnismäßigen Ausgleichs von Freiheits- und Sicherheitsinteressen in Ungewissheitslagen – von vornherein allein auf **aktionelle Befugnisse** zugeschnitten ist, mithilfe derer die Polizei **in den schadensträchtigen Kausalverlauf eingreifen** und diesen unterbrechen möchte **(Gefahrbeseitigungseingriff);** in das Geschehen eingreifen soll die Polizei regelmäßig erst ab der Schwelle der Gefahr (also hinreichender Wahrscheinlichkeit) und nicht bereits im Gefahrenvorfeld. Nicht zugeschnitten ist der Gefahrbegriff dagegen auf rein **informationelle Befugnisse,** mithilfe derer die Polizei gerade noch **nicht in Kausalverläufe eingreifen** möchte, sondern zunächst nur Informationen erhebt, um eine valide Prognosegrundlage zu erhalten, auf deren Basis (bei festgestellter Gefahr) sodann ggf. eingeschritten wird, dh mithilfe derer die Polizei erst herausfinden möchte, ob und wo eine Gefahr besteht **(Gefahraufklärungseingriff).** Gerade weil der Gefahrbegriff für kausalverlaufsrelevante Gefahrbeseitigungseingriffe eine tatsachengestützte, dh auf entsprechenden Informationen beruhende Wahrscheinlichkeitsprognose verlangt, setzt er geradezu begriffsnotwendig voraus, dass im Vorfeld der Gefahrbeseitigung auch diejenigen Informationen erhoben werden dürfen, die sodann die Gefahrenprognose tragen: **Die polizeiliche Informationserhebung darf daher bereits im Gefahrenvorfeld ansetzen** (Gusy JA 2011, 641: „Gefahrenabwehr setzt Gefahraufklärung voraus"). Dabei ist unstreitig, dass derartige, bereits im Gefahrenvorfeld ansetzende Informationstätigkeit in besonderer Weise der rechtsstaatlichen Eingrenzung und hierfür auch einer geeigneten rechtsstaatlichen Systembildung (dh einer an die Stelle des Gefahrbegriffs tretende Eingriffsschwelle) bedarf. Es gibt jedoch **keine verfassungsrechtliche Wertung** dahingehend, dass sich die polizeiliche Informationstätigkeit dogmatisch zwingend am Gefahrbegriff orientieren müsste, oder dass sie, soweit sie sich hiervon löst und bereits im Gefahrenvorfeld ansetzt, etwa per se rechtsstaatlich problematisch wäre; Informationserhebung im Gefahrenvorfeld ist eingrenzungsbedürftig, nicht aber, bloß weil sie vom Gefahrenbegriff abweicht, besonders rechtfertigungsbedürftig (nicht zweifelsfrei so gesehen, zB BVerfGE 115, 320 (360); 133, 277 Rn. 120); auch die Begriffsbildung der **drohenden/konkretisierten Gefahr** ist daher (soweit man in ihr überhaupt eine Abweichung von der klassischen konkreten Gefahr bzw. der Gefahr im polizeilichen Sinne erblicken will, → Rn. 37, → Rn. 41; → Rn. 43) jedenfalls für den Bereich des rein informationellen Handelns der Polizei von vornherein unproblematisch. **Nicht richtig** ist es auch, wenn im Gefahrenvorfeld ansetzende Gefahraufklärung, die klassische Gefahrenabwehr und Gefahrbeseitigung ja nur informationell vorbereitet und keinerlei Abkehr von ihr bedeutet, mit neuartiger **Risikosteuerung/Gefahrenvorsorge** gleichgesetzt wird, dh einer – vor allem im Umwelt- und Technikrecht partiell anzutreffenden – echten Abkehr von klassischer Gefahrenabwehr, die bewusst bereits im Gefahrenvorfeld zu Kausalverlaufseingriffen schreitet und die Entste- 39 hung von Gefahren möglichst bereits in deren Vorfeld zu verhindern trachtet (Möstl Sicherheitsgewährleistung 198 ff.; in diese Richtung aber zB Voßkuhle FS Würtenberger, 2013, 1101 (1105 ff.)); das Polizeirecht wandelt sich nicht insgesamt von einem reagierenden klassischen Gefahrenabwehrrecht hin zu einem proaktiven modernen Risikosteuerungsrecht (s. Aulehner, Polizeiliche Gefahren- und Informationsvorsorge, 1999), sondern bleibt im Kern das alte Gefahrbeseitigungsrecht, das jedoch um ein auf diesen Kern bezogenes informationelles Vorfeld ergänzt werden muss (Möstl DVBl 2007, 581 (584 f.)). Ebenso **unzutreffend** ist es, wenn im Gefahrenvorfeld ansetzende Gefahraufklärung zu einer neuartigen, neben klassische Gefahrenabwehr und Strafverfolgung tretenden **„dritten Aufgabenkategorie"** hochstilisiert wird (so zB Lisken/Denninger PolR-HdB/Denninger B Rn. 14 ff.: „Prävention II"; zu Recht abl. Thiel, Die „Entgrenzung der Gefahrenabwehr, 2011, 134 ff.; Kniesel, Kriminalitätsbekämpfung durch Polizeirecht, 2022, 419); Gefahraufklärung ist vielmehr selbstverständlicher Bestandteil der klassischen Gefahrenabwehraufgabe (zum Ganzen näher → Rn. 51 f.).

40 Der Gefahrbegriff hat, soweit er als Instrument zur Steuerung von Entscheidungen unter Ungewissheitsbedingungen in einer bestimmten Entscheidungssituation fungiert, sollen etwaige verfassungsrechtliche Schutzpflichten in dieser Entscheidungssituation rechtmäßig einlösbar sein, zwingend auf den dem jeweiligen Gefahrenabwehrorgan (subjektiv) in der jeweiligen Entscheidungssituation („ex ante") bei verständiger Betrachtung (dh objektivierbar) möglichen Wissenshorizont, und nicht auf einen idealen Beobachter, das „Weltwissen" oder auf erst „ex post" erlangte Erkenntnisse abzustellen (Möstl Sicherheitsgewährleistung 169 ff.; zum Streit um den **objektiven oder subjektiven Gefahrbegriff** Kingreen/Poscher POR § 8 Rn. 33 ff.; Schoch/Eifert BesVerwR/Schoch/Kießling Kap. 1 Rn. 288; Poscher, Gefahrenabwehr, 1999; zum Unterschied zwischen **konkreter Gefahr** (Eingriffsschwelle für Einzelfallmaßnahmen) und **abstrakte Gefahr** (Eingriffsschwelle für den Verordnungserlass; → Rn. 116).

41 Das **BVerfG** hat sich in neueren Entscheidungen teilweise weit auf das Feld der einfachgesetzlichen Dogmatik vorgewagt und **Überlegungen zur Definition** des Begriffs der (konkreten) Gefahr angestellt, die für ein erhebliches Maß an Verunsicherung gesorgt haben (Thiel VERW 2020, 1 (3 f.). Als begriffsbestimmend hat es dabei drei Kriterien angesehen: „den konkreten Einzelfall, die zeitliche Nähe des Umschlagens der Gefahr in einen Schaden und den Bezug auf individuelle Personen als Verursacher" (BVerfGE 120, 274 (329 f.); 125, 260 (330)). Gerade die letzten beiden Kriterien sind indes nicht frei von Zweifeln (krit. Schoch/Eifert BesVerwR/Schoch/Kießling Kap. 1 Rn. 133, 279, 280, der den Gefahrbegriff des BVerfG als „frei erfunden" bezeichnet hat). Der Gefahrbegriff setzt nach klassischer Sichtweise, solange nur die hinreichende Wahrscheinlichkeit des Schadens gegeben ist, insbesondere nicht eine besondere zeitliche Nähe des Schadenseintritts voraus (ein solches Erfordernis muss vielmehr durch einen Zusatz – wie zB „gegenwärtige Gefahr" besonders zum Ausdruck kommen); allenfalls, dass das Ereignis überhaupt in überschaubarer Zukunft (was indes auch ein längerer Zeitraum sein kann) eintritt, kann verlangt werden (DWVM Gefahrenabwehr 225; präziser insoweit BVerfGE 141, 220 = BeckRS 2016, 44821 Rn. 111). Die Frage der individuellen Verursachung und Zurechnung wird im klassischen Polizeirecht durch einen eigenständigen (vom Gefahrbegriff verschiedenen) dogmatischen Begriff (den des Störers; → Rn. 47 f.) verarbeitet; eine Gefahr kann auch vorliegen, wenn noch unklar ist, wer als Störer für diese Gefahr verantwortlich ist (Möstl DVBl 2010, 808 (810)). Als besonders **problematisch** muss es indes angesehen werden, dass das BVerfG im BKAG-Urteil (BVerfGE 141, 220 = BeckRS 2016, 44821 Rn. 112; dies fortsetzend: BVerfGE 155, 119 = BeckRS 2020, 16236 Rn. 146 ff., 179 ff.) – insoweit aufbauend auf einer jüngeren, den **Gefahrenbegriff unnötig einengenden Tendenz** der Literatur (Poscher VERW 2008, 345 (356, 363 ff.), Kingreen/Poscher POR § 8 Rn. 15 ff.) – die Tendenz erkennen lässt, das Vorliegen einer konkreten Gefahr in Situationen abzulehnen, in denen (zB aufgrund konkreter Vorbereitungshandlungen oder individuellen Vorverhaltens) zwar durchaus eine hinreichende Wahrscheinlichkeit bejaht werden kann, dass es überhaupt zu einem wenigstens der Art oder der Zielrichtung nach bestimmbaren Schaden kommt, in denen aber noch unklar ist, wann, wo und auf welche Weise sich der Schaden realisieren könnte (das wahrscheinliche Schadensereignis lässt sich also noch nicht so konkret beschreiben, dh der genaue Kausalverlauf lässt sich noch nicht so genau vorhersehen, wie man das sonst bei konkreten

Gefahren gewohnt ist; vgl. Darnstädt DVBl 2017, 88 (92)). Denn das Beispiel eines gefährlichen Hundes (gegen den zB ein Maulkorbzwang angeordnet wird) zeigt, dass im Sicherheits- und Ordnungsrecht normalerweise nicht ein so strenger Maßstab angelegt wird (denn auch in diesen Fällen kann zwar mit hinreichender Wahrscheinlichkeit damit gerechnet werden, dass es überhaupt zu Beißvorfällen kommt, es kann jedoch noch in keiner Weise vorhergesehen werden, wann, wo und in welchem konkreten Kausalverlauf sich diese Gefahr realisieren wird; und dennoch hindert dies die ständige Praxis nicht, in solchen Fällen eine konkrete Gefahr anzunehmen, die zu entsprechenden Maßnahmen ermächtigt). Auch das Polizeirecht ist voll von Rechtsprechungsbeispielen, in denen traditionell (jedenfalls soweit schwerwiegende Schäden drohen) eine konkrete Gefahr angenommen werden durfte, obwohl noch nicht näher vorhergesagt werden konnte, wann, wo und wie sich dieser Schaden realisieren würde, solange es im konkreten Fall nur hinreichend wahrscheinlich erschien, dass es überhaupt in überschaubarer Zeit zu einem solchen Schaden kommen wird (zB OVG Bautzen BeckRS 2000, 30473563; OVG Münster BeckRS 2013, 53569). Es lässt sich daher bezweifeln, ob das erst in der jüngeren Literatur und nunmehr auch vom BVerfG zugrunde gelegte Erfordernis, zusätzlich zur im Einzelfall bestehenden Wahrscheinlichkeit eines Schadens müsse auch noch das Schadensereignis selbst konkret konturiert und vorhersehbar sein, wirklich zum ursprünglichen Anforderungsprofil der konkreten Gefahr gehört (im Einzelnen Möstl DVBl 2020, 160 ff.; wie hier auch Wolff VVDStRL 81 (2021), 437 (480 f.)). Nach hier vertretener Ansicht sollte es für eine konkrete Gefahr prinzipiell ausreichen, dass auf im konkreten Einzelfall gewonnenen Erkenntnissen beruhend eine (insbesondere auf eine konkrete Gefahrenquelle zurückgehende) hinreichende Wahrscheinlichkeit eines Schadens bejaht werden kann; auf die genaue Vorhersehbarkeit der Kausalverlaufs in örtlicher oder zeitlicher oder die Art und Weise betreffender Hinsicht sollte es dagegen nicht ankommen. Sieht man dies anders oder enger, entstehen Schutzlücken, die dann auf andere Weise (nämlich durch Befugnisse im Vorfeld eines solchermaßen eng verstandenen Gefahrbegriffs) geschlossen werden müssen (vgl. die ausdrückliche Zulassung entsprechender „Vorfeld"-Befugnisse – auf der Basis **„drohender Gefahren"** bzw. **„konkretisierter Gefahren" –** in BVerfGE 141, 220 = BeckRS 2016, 44821 Rn. 112 und BVerfGE 155, 119 = BeckRS 2020, 16236 Rn. 146 ff., 179 ff. sowie – dies aufgreifend – zB in Art. 11a BayPAG; näher dazu sogleich → Rn. 42 ff.).

42 Seine Rechtsprechung zur **drohenden Gefahr** bzw. (gleichbedeutend) zur (hinreichend) **konkretisierten Gefahr** hat das BVerfG im BKAG-Urteil (BVerfGE 141, 220 = BeckRS 2016, 44821 Rn. 112; Andeutungen in diese Richtung zuvor zB bereits in BVerfGE 125, 260 (330)) erstmals systematisch **entfaltet** und seither zunächst in zwei weiteren Entscheidungen **konsolidiert** (zur Bestandsdatenauskunft: BVerfGE 155, 119 = BeckRS 2020, 16236 Rn. 146 ff. 179 ff., 225 ff.; dazu Möstl BayVBl. 2020, 649; zur elektronischen Aufenthaltsüberwachung: BVerfGE 156, 65 = BeckRS 2020, 40592 Rn. 200 ff., 252 ff., 275, 280 f.); hinzugenommen werden müssen nunmehr aber auch die Entscheidungen BVerfGE 162, 1 = NJW 2022, 1583, dazu → Rn. 43, sowie BVerfG BeckRS 2022, 29785; 2022, 41609; 2023, 1828; 2024, 25710 Rn. 105 ff.; angesichts dieser langen Rechtsprechungsreihe kann mittlerweile von einer gefestigten, in stRspr anerkannten Rechtsfigur gesprochen werden. Die **Landespolizeigesetze** haben hierauf aufbauend eine zT erhebliche Umgestaltung erfahren (am weitgehendsten dabei das BayPAG; vgl. den Überblick bei Möstl GSZ 2021, 89). In der **Literatur** ist darüber eine intensive Debatte entbrannt (Müller BayVBl. 2018, 109; Löffelmann BayVBl. 2018, 145; Möstl BayVBl. 2018, 156; Leisner-Egensperger DÖV 2018, 677; Shirvani DVBl 2018, 1393; Petri ZD 2018, 453; Pieroth GSZ 2018, 133; Weinrich NVwZ 2018, 1680; Waechter NVwZ 2018, 459; Holzner DÖV 2018, 946; Enders DÖV 2019, 205; Schmid/Wenner BayVBl. 2019, 109; Welzel/Ellner DÖV 2019, 211; Trurnit JA 2019, 258; Ogorek JZ 2019, 53; Brodmerkel DPolBl 2019, 1; PAG-Kommission zur Begleitung des neuen bayerischen Polizeiaufgabengesetzes, Abschlussbericht, 30.8.2019, 16–37, abrufbar unter http://www.pag.bayern.de/assets/stmi/direktzu/190830_abschlussbericht_pag-kommission.pdf; Möstl DVBl 2020, 160 (165 f.); Möstl VERW 2020, 21 (27 ff.); Pieroth VERW 2020, 39 (44 ff.); EFP BesVerwR/Pünder § 69 Rn. 194 ff.; Möstl GSZ 2021, 89; Kniesel, Kriminalitätsbekämpfung durch Polizeirecht, 2022, 354 f.). Aus dem Bereich der Landesverfassungsgerichte liegt nun eine Entscheidung des VerfGH Sachsen (BeckRS 2024, 1212) vor.

43 Die **drohende/konkretisierte Gefahr** markiert und verselbstständigt nach hier vertretener Ansicht (bereits → Rn. 37, → Rn. 41) – in rechtsstaatlich präzisierter Gestalt – nur einen **Grenzbereich der konkreten Gefahr** traditioneller Prägung, den es seit jeher gegeben hat, der aus dem wesentlichen Anforderungsprofil der konkreten Gefahr (tatsachenbasierte, einzelfallbezogene hinreichende Wahrscheinlichkeit eines Schadens) letztlich in keiner Weise ausbricht, der früher in der Tat innerhalb des Gefahrbegriffs (mit seiner flexiblen Je-Desto-Formel) verarbeitet wurde und der der Polizei somit nicht etwa ein problematisches weites Gefahrenvorfeld eröffnet, das ihr früher verschlossen gewesen wäre. Das BVerfG freilich hat die drohende/konkretisierte Gefahr hingegen (mE angreifbar) anfänglich unter dem dogmatischen Vorzeichen betrachtet, dass in ihr – angeblich – eine Abweichung vom „tradierten sicherheitsrechtlichen Modell der Abwehr konkreter, unmittelbar bevorstehender oder gegenwärtiger Gefahren" zum Ausdruck komme (BVerfGE 141, 220 Rn. 112); im Urteil zum BayVSG vom 26.4.2022 (BVerfGE 162, 1 = NJW 2022, 1583 Rn. 158, 163, 181 insbesondere) hingegen kommt in gewisser Abkehr von diesem Ausgangspunkt nunmehr korrekt zum Ausdruck, wie nahe sich konkrete und konkretisierte Gefahr sind und dass auch die konkretisierte Gefahr letztlich dem Modell polizeilicher Gefahrenabwehr voll und ganz verhaftet bleibt: Im gesamten Urteil wird deutlich, dass das Gericht unter „polizeilicher Gefahr" gleichermaßen die konkrete wie die konkretisierte Gefahr versteht (zB BVerfGE 162, 1 = NJW 2022, 1583 Rn. 181: „konkrete oder konkretisierte Gefahr im polizeilichen Sinne"); die mindestens konkretisierte Gefahr im polizeilichen Sinne erscheint geradezu als Gegenbegriff zu jenem (echten) Gefahrenvorfeld, wie es zB dem Verfassungsschutz offensteht (wiederum anders allerdings BVerfGE 163, 43 = BeckRS 2022, 29785 Rn. 134). Auch die beiden Entscheidungen BVerfG BeckRS 2022, 41609 Rn. 147 und BeckRS 2023, 1828 Rn. 111 machen deutlich, dass das BVerfG die konkretisierte Gefahr der Fallgruppe „Bestehen einer Gefahr" und nicht dem Vorfeld (der vorbeugenden Bekämpfung von Straftaten) zurechnen. Völlig zu Recht hat insbesondere der VerfGH Sachsen (BeckRS 2024, 1212 Rn. 492) die konkretisierte Gefahr als „rechtsstaatlich präzisierte Ausformung des polizeirechtlichen Gefahrenbegriffs" eingestuft. Wie dem auch sei: Nach beiderlei Ansicht unterscheidet sich die drohende/konkretisierte Gefahr von der klassischen konkreten Gefahr jedenfalls **nicht** durch abgesenkte Anforderungen an die Tatsachenbasiertheit der anzustellende Prognose (gefordert sind jeweils bestimmte Tatsachen, bloße Vermutungen, Gesinnungen und sonstige diffuse Anhaltspunkte reichen gerade nicht), nicht auch durch abgesenkte Anforderungen an deren Einzelfallbezug („im Einzelfall drohende Gefahr") und ebenso nicht durch absenkte Anforderungen an die **hinreichende Wahrscheinlichkeit,** dass es überhaupt zu einem Schaden für das polizeiliche Schutzgut kommen wird (vom Erfordernis einer „konkreten Wahrscheinlichkeit" wird kein prinzipieller Abstricht gemacht). Der wesentliche Unterschied vom Normalfall der klassischen konkreten Gefahr besteht vielmehr ausschließlich darin, dass die **Anforderungen an die Vorhersehbarkeit des** (zum Schaden führenden) **Kausalverlaufs reduziert** sind, dass sich also nicht in der sonst meist üblichen Weise bereits vorhersagen lässt, wann, wie und wo es zum (als solchen durchaus hinreichend wahrscheinlichen) Schaden kommen wird.

44 Der **wesentliche Ertrag** der Rechtsprechung des BVerfG zur drohenden/konkretisierten Gefahr besteht darin, dass sie – ungeachtet der genauen dogmatischen Einordnung: verselbstständigte Unterfallgruppe der konkreten Gefahr oder aliud zur konkreten Gefahr – für die (in der Tat nicht unproblematischen) Fälle abgesenkter Vorhersehbarkeit des zum Schaden führenden Kausalverlaufs **klarstellt,** unter welchen rechtsstaatlichen Voraussetzungen polizeiliche Eingriffe zulässig sein sollen. Das BVerfG unterscheidet dabei **zwei Fallgruppen** der drohenden/konkretisierten Gefahr (an die die Gesetzgeber auch weithin angeknüpft haben). Entweder müssen Tatsachen den Schluss auf ein wenigstens **der Art nach konkretisiertes** und zeitlich absehbares Geschehen zulassen; außerdem muss der Schluss darauf möglich sein, dass bestimmte Personen beteiligt sein werden, über die zumindest so viel bekannt ist, dass die Maßnahme gezielt gegen sie eingesetzt und weitgehend auf sie beschränkt werden kann. Alternativ (dh auch wenn sich noch kein der Art nach und konkretisiertes Geschehen absehen lässt, dh bei noch weiter abgesenkten Anforderungen an die Vorhersehbarkeit des Kausalverlaufs) soll es auch genügen können, dass zumindest das **individuelle Verhalten** einer Person die konkrete Wahrscheinlichkeit begründet, dass sie bestimmte Straftaten/schädigende Handlungen in überschaubarer Zukunft begehen wird (die weitere Absenkung der Vorhersehbar-

keit des Kausalverlaufs wird hier gleichsam durch eine stärkere Individualisierung des Gefährders kompensiert, denn während in der ersten Fallgruppe eine gruppenmäßige Eingrenzung des potentiell verantwortlichen Personenkreises genügt, muss hier auf das individuelle Verhalten einer ganz bestimmten Person rekurriert werden). In beiden Fallgruppen ist schließlich – dies ist eine ganz entscheidende Eigenart der drohenden/konkretisierten Gefahr – ein eingriffsadäquat **qualifizierter Rechtsgüterschutz** zu fordern, dh je nach Eingriffsgewicht darf sich die Maßnahme ausschließlich auf den Schutz eines hinreichend eingegrenzten Kreises an qualifizierten Rechtsgütern beziehen (die Spanne kann dabei je nach Eingriffsgewicht vom Schutz von Rechtsgütern von zumindest erheblichem Gewicht bis zu überragend wichtigen Rechtsgütern reichen (während BVerfGE 141, 220 Rn. 112 zunächst allein von einem „überragend wichtigen Rechtsgut" sprach, wird die verfassungsrechtlich zulässige Flexibilität in der Eingrenzung der Schutzgüter je nach Eingriffsgewicht in BVerfGE 155, 119 = BeckRS 2020, 16263 Ls. 4 deutlich; dazu auch BVerfG BeckRS 2023, 1828 Rn. 106). Zusammengenommen gibt sich eine Systembildung an Eingriffsvoraussetzungen (vgl. zB Art. 11a BayPAG), die weitaus **präzisere Tatbestandsvoraussetzungen** beschreibt, als dies früher auf der Basis der allgemeinen Je-desto-Formel möglich war. Hierin liegt der maßgebliche **rechtsstaatliche Gewinn,** der mit der neuen Eingriffsschwelle der drohenden/konkretisierten Gefahr verbunden ist.

Der zulässige **Anwendungsbereich** der drohenden/konkretisierten Gefahr war anfangs recht umstritten. Die wesentlichen Streitfragen hat das BVerfG inzwischen **klären** können (vgl. Möstl GSZ 2021, 89 (93 f.)): Klargestellt hat es zunächst, dass die drohende/konkretisierte Gefahr **nicht allein auf terroristische Gefährdungen** (wie im BKAG-Urteil streitgegenständlich) zugeschnitten ist, sondern auch zur Bekämpfung anderer Gefahren zum Einsatz kommen kann (dies gilt auch für die zweite Fallgruppe „individuelles Vorverhalten"; BVerfGE 155, 119 = BeckRS 2020, 16263 Rn. 149 f., 179 f., 225; missverständlich: BVerfG BeckRS 2022, 41609 Rn. 91). Deutlich wurde sodann (in der Entscheidung zur Elektronischen Aufenthaltsüberwachung, die eine aktionelle Stoßrichtung hat, BVerfGE 156, 65 = BeckRS 2020, 40592 Rn. 254 sowie Rn. 100 ff., 252 ff., 275, 280 f.), dass die Eingriffsschwelle der drohenden /konkretisierten Gefahr **nicht allein bei informationellen, sondern auch bei aktionellen** (kausalverlaufsrelevanten) Eingriffen zum Einsatz kommen kann (bereits → Rn. 37 f.); dass auch aktionelle/imperative Eingriffe auf die Eingriffsschwelle der konkretisierten Gefahr gestützt werden, hat auch der VerfGH Sachsen klargestellt (BeckRS 2024, 1212 Rn. 488 ff.). Klargestellt wurde schließlich, dass die Eingriffsschwelle von Verfassungs wegen **nicht allein bei besonders schwerwiegenden** Eingriffen zum Einsatz kommen darf, sondern Eingriffe von ganz unterschiedlichem Gewicht zu tragen vermag; im Gegenzug muss die drohende Gefahr von Verfassungs wegen auch **keineswegs stets** allein auf den Schutz **überragend wichtiger** Rechtsgüter bezogen sein; je nach Eingriffsgewicht können vielmehr auch Rechtsgüter von (nur) erheblichem, besonderem oder hervorgehobenem Gewicht ausreichen (vgl. BVerfGE 155, 119 = BeckRS 2020, 16236 Ls. 4). Dies alles lässt nur den Schluss zu, dass das BVerfG die drohende/konkretisierte Gefahr als eine **reguläre, prinzipiell verallgemeinerungsfähige Systembildung** des Polizeirechts begreift, die keineswegs nur exzeptionell zum Einsatz kommen darf. Dagegen, dass zB der bayerische Gesetzgeber die drohende Gefahr in sehr viele Standardbefugnisse und auch in die Generalklausel integriert hat, ist deswegen nichts einzuwenden (→ Rn. 37 f.). 45

Die neue Eingriffsschwelle der drohenden/konkretisierten Gefahr ist der Sache nach (wenngleich nur selten explizit unter dieser Bezeichnung) von fast **allen Polizeigesetzgebern** in Deutschland in der einen oder anderen Form aufgegriffen worden (vom Bund zB in §§ 51 ff., 55 f. BKAG und § 22a BPolG). Im Bereich der **Landespolizeigesetze** zeichnen sich **drei Modelle** des Aufgriffs ab (ausführlich Möstl GSZ 2021, 89 (91 ff.)): Der Mainstream der Länder hat die neue Schwelle (ohne sie ausdrücklich als „drohende" bzw. „konkretisierte" Gefahr zu bezeichnen) allein in Bezug auf bestimmte eingriffsintensive Maßnahmen (v.a. schwerwiegende Ermittlungsbefugnisse sowie Aufenthaltsvorgaben, ggf. samt elektronischer Aufenthaltsüberwachung) aufgegriffen (zB §§ 20c, 34b, 34c PolG NRW, §§ 31 f., 54 PolG BW; §§ 21, 61, 55 SächsPVDG, §§ 17b, 17c, 33a, 33d NPOG), ohne zu thematisieren, welche Rückwirkungen dieser punktuelle Aufgriff auf die allgemeine Gefahrendogmatik haben soll; man kann nur vermuten, dass es im Übrigen beim alten, weiten Gefahrbegriff bleiben soll (der nötigenfalls auch Fälle abgesenkter Vorhersehbarkeit des Kausalverlaufs tra- 46 gen kann), weil es ansonsten (d.h. bei einem durchgehend engen Gefahrbegriff) zu erheblichen Schutzlücken käme. Explizit verselbstständigt und zu einer eigenen Gefahrkategorie erhoben hat die drohende Gefahr allein der bayerische Gesetzgeber (zunächst in Art. 11 Abs. 3, nunmehr in Art. 11a BayPG), wobei die jüngste Novellierung eine etwas veränderte Verhältnisbestimmung von konkreter Gefahr einerseits und drohender Gefahr andererseits erkennen lässt. Eine Tendenz zur Rückführung der drohenden Gefahr in klassische Gefahrkategorien lässt hingegen das Schleswig-Holsteinische Recht erkennen (§ 185a SchlHLVwG), wobei es wenig überzeugend erscheint, dass dort die drohende Gefahr als Sonderfall nicht der konkreten, sondern der dringenden Gefahr ausgestaltet ist. Alle drei Modelle sind nach hier vertretener Ansicht **prinzipiell zulässig.** Dem Gesetzgeber muss ein großer Gestaltungsspielraum dahingehend eingeräumt werden, wie genau er die Vorgaben des BVerfG zur drohenden/konkretisierten Gefahr dogmatisch verarbeitet (va was das genaue dogmatische Verhältnis von konkreter und drohender/konkretisierter Gefahr anbelangt). Verfassungsrechtlich zwingend kann der Rückgriff auf die vom BVerfG erarbeitete Eingriffsschwelle allenfalls in Fällen schwerwiegender Eingriffe oder besonderer grundrechtlicher Gefährdung sein, bei denen es unter dem Aspekt **rechtsstaatlicher Bestimmtheit** zweifelhaft erscheint, ob die klassische Gefahrenschwelle in ihrer ursprünglichen Unbestimmtheit und Weite (Je-desto-Formel) wirklich präzise genug ist, um einen Eingriff von derartigem Gewicht oder Gefährdungspotential auch in Fällen abgesenkter Vorhersehbarkeit des Kausalverlaufs zu tragen (bei denen es – mit anderen Worten rechtsstaatlich vorzugswürdig erscheint, in solchen Fällen auf die in ihren tatbestandlichen Voraussetzungen wesentlich präzisere (→ Rn. 44) Eingriffsschwelle der drohenden/konkretisierten Gefahr zurückzugreifen, egal ob man sie ausdrücklich so bezeichnet oder nicht). In allen übrigen Fällen sollte der Gesetzgeber hingegen als frei angesehen werden, es auch bei der alten Gefahrdogmatik (dh beim Gefahrbegriff in seiner ursprünglichen Flexibilität und Weite, der nach Maßgabe der Je-desto-Formel auch Grenzfälle abgesenkter Vorhersehbarkeit des Kausalverlaufs hinsichtlich wann, wo und wie zu tragen vermag) zu belassen (dh nicht stets den unnötig verengten Gefahrbegriff gemäß der Sicht des BVerfG zugrunde zulegen, → Rn. 41). In diese Richtung scheint sich nunmehr (nach der erneuten Novellierung des BayPAG) auch ein gewisser **Konsens der Landespolizeigesetzgeber** abzuzeichnen (Möstl GSZ 2021, 89 (95 ff.)): Denn indem der bayerische Gesetzgeber in Art. 11, 11a BayPAG nF erstens die althergebrachte (d.h. weite) Definition der konkreten Gefahr ausdrücklich bekräftigt hat (Art. 11 Abs. 1 S. 2 BayPAG), zweitens die ausdrückliche Nachrangigkeit der Prüfung der drohenden gegenüber der konkreten Gefahr normiert hat (Art. 11a Abs. 1 BayPAG) und drittens die drohende Gefahr nunmehr (unter Einengung der Schutzgüter) durchgehend nur noch auf überragend wichtige Rechtsgüter bezieht (Art. 11a Abs. 2 BayPAG), hat er nach hier vertretener Ansicht zum Ausdruck gebracht, dass er die drohende Gefahr als eine Systembildung ansieht, die vor allem für Eingriffe von herausgehobenem Gewicht gedacht ist (für die dann auch der eng gefasste Schutzgutskatalog passt), während es ansonsten (zB bei Gefährderansprachen ohne besonderes Gewicht) bei der alten Gefahrdoktrin in ihrer ursprünglichen Weite bleibt, die ggf. auch Fälle abgesenkter Vorhersehbarkeit des Kausalverlaufs zu tragen vermag (so dass zB die Gefährderansprache weiter auf der Basis der allgemeinen Generalklausel – konkrete Gefahr – möglich ist, ohne dabei auf den Schutz überragend wichtiger Rechtsgüter beschränkt zu sein).

47 **b) Störer.** Auch die Regeln über die sog. **Störerhaftung/Polizeipflichtigkeit/Verantwortlichkeit,** wonach regelmäßig (nur) derjenige als Adressat für Gefahrbeseitigungsmaßnahmen in Anspruch genommen werden darf, der die Gefahr durch sein Verhalten (Verhaltensstörer) oder den Zustand seiner Sachen (Zustandsstörer) verursacht hat (zur Verantwortlichkeit im Polizeirecht Goldhammer Jura 2021, 638), haben eine **verfassungsrechtliche Dimension** und Wurzel (Lindner, Die verfassungsrechtliche Dimension der allgemeinen polizeirechtlichen Adressatenpflichten, 1997): Sie sind Ausdruck einer in den Grundrechten angelegten (durch entsprechende einfachgesetzliche Ermächtigungsgrundlagen zu konkretisierenden) **allgemeinen Nichtstörungspflichtigkeit** (Pflichtigkeit zur Unterlassung und Beseitigung von Störungen), die ihren Grund in den verfassungsimmanenten Schranken hat, die jeglicher Grundrechtsausübung durch die ihrerseits mit Verfassungsrang ausgestattete Garantie für die öffentliche Sicherheit (→ Rn. 4 ff.) gesetzt sind (Möstl Sicherheitsgewährleistung 333 f.); paradigmatisch ist für die Verhaltensstörerschaft die der

allgemeinen Handlungsfreiheit gezogene Schranke der verfassungsmäßigen Ordnung und der Rechte anderer (Art. 2 Abs. 1 GG) zu nennen, sowie für die Zustandsstörerschaft die Sozialpflichtigkeit des Eigentums (Art. 14 Abs. 2 GG; zu letzterem BVerfGE 102, 1 (18 f.)); der Störer wird, wenn er zur Verhütung und Unterbindung von Rechtsverstößen und Rechtsgutsverletzungen herangezogen wird, „nur in die Schranken seiner Rechte zurückgewiesen" (DWVM Gefahrenabwehr 293). Besondere **Zumutbarkeitsgrenzen** hat das BVerfG für die **Inanspruchnahme des Zustandsstörers** entwickelt (BVerfGE 102, 1; krit. Kingreen/Poscher POR § 9 Rn. 70 ff.). Dass der **Nichtstörer** nur im Falle des polizeilichen Notstandes und auch dann in der Regel nur gegen Entschädigung herangezogen werden darf, hat seine verfassungsrechtliche Wurzel im Gedanken der Ausgleichspflichtigkeit (an sich) unzumutbarer oder gleichheitswidriger **Sonderopfer** (Ossenbühl/Cornils, Staatshaftungsrecht, 6. Aufl. 2013, 130 f.). Soweit Polizeigesetze in jüngerer Zeit an **drohende Gefahren** (→ Rn. 41, → Rn. 42 ff., → Rn. 50, → Rn. 57, → Rn. 100) anknüpfen, gelten die Regeln über die Störerverantwortlichkeit entsprechend, dh Maßnahmen sind prinzipiell gegen den für die drohende Gefahr Verantwortlichen zu richten (Möstl BayVBl. 2018, 156 (163); Schenke JuS 2018, 505 (514); näher zur jeweils zu fordernden gruppenmäßigen oder individuellen Konkretisierung je nach Fallgruppe der drohenden Gefahr BVerfGE 141, 220 = BeckRS 2016, 44821 Rn. 112).

Wie bereits für den Gefahrbegriff (→ Rn. 39) ist auch für die Störerhaftung festzuhalten, dass diese rechtsstaatliche Systembildung von vornherein allein auf (kausalverlaufsrelevante) klassische **Gefahrbeseitigungseingriffe** zugeschnitten und für diese verfassungsrechtlich zwingend ist, **nicht** dagegen für **rein informationelle** (noch nicht kausalverlaufsrelevante) **Gefahraufklärungseingriffe** (Möstl DVBl 2007, 581 (585 f., 588 f.); s. auch BVerfG BeckRS 2020, 16236 Rn. 146). Dass für die Unterbrechung des schadensträchtigen Kausalverlaufs der Verursacher dieser Gefahr in Anspruch genommen werden soll, ist folgerichtig; für rein informationelle, den Kausalverlauf noch unberührt lassende, Datenerhebungseingriffe passt dieses Abstellen auf Verursachung und Zurechenbarkeit dagegen nicht; namentlich im Gefahrenvorfeld, wo die Gefahr noch nicht feststeht, sondern erst aufgeklärt werden soll, ob und wo ggf. Gefahren bestehen, kann es auch noch keinen Störer geben. Freilich ist unbestreitbar, dass auch rein informationelle Befugnisse in der Adressatenfrage eingrenzungsbedürftig sind und dass die **Streubreite** von Ermittlungseingriffen mit zunehmender Eingriffstiefe abnehmen muss. Unzutreffend ist es jedoch, Ermittlungseingriffe gerade am rechtsstaatlichen Leitbild der Störerhaftung zu messen, also zB auch hier in jedem Fall auf eine besondere Nähebeziehung zur Rechtsgutsgefährdung zu pochen (in diese Richtung aber BVerfGE 115, 320 (362); aA Sondervotum BVerfGE 115, 320 (378)), im Nichtanknüpfen an individuelle Handlungsbeiträge per se ein rechtsstaatliches Problem zu sehen (so Lepsius JURA 2006, 929 (931 ff.)) oder zu kritisieren, Nichtstörer würden durch im Gefahrenvorfeld ansetzende Ermittlungseingriffe auf Verdacht wie Störer behandelt (so LVerfG Mecklenburg-Vorpommern DÖV 2003, 71 (739)); ähnlich wie hier Horn DÖV 2003, 746 (749)). Notwendig ist in der Adressatenfrage (bei wem und über wen dürfen Informationen erhoben werden?) stattdessen eine vom Störerbegriff abweichende, auf die strukturellen Besonderheiten von Ermittlungseingriffen zugeschnittene rechtsstaatliche Systembildung. 48

c) Verhältnismäßigkeit. Der ursprünglich im Polizeirecht entwickelte und dort weiterhin durch gesonderte einfachgesetzliche Bestimmungen normierte Grundsatz der Verhältnismäßigkeit (Art. 4 BayPAG, § 4 NPOG, § 4 HSOG, § 2 PolG NRW, § 5 BWPolG) ist verfassungsrechtlich im **rechtsstaatlichen Übermaßverbot** (Voßkuhle JuS 2007, 429) fundiert und inhaltlich, auch soweit er in den Polizeigesetzen polizeirechtsspezifisch formuliert ist (Bsp.: Austauschmittel), mit diesem deckungsgleich; die durch ihn thematisierte Zweck-Mittel-Relation kann nur in Bezug auf ein konkret betroffenes Grundrecht geprüft werden (Kingreen/Poscher POR § 10 Rn. 15 ff.). Der Verhältnismäßigkeitsgrundsatz gilt als verfassungsunmittelbare Schranken-Schranke der Grundrechte für klassische Gefahrbeseitigungseingriffe und informationelle Gefahraufklärungseingriffe gleichermaßen (zu seiner Wirkkraft und Bedeutung im Vorfeldbereich → Rn. 55; zur diesbezüglichen Problematik Lisken/Denninger PolR-HdB/Rachor E Rn. 141 ff.; Möstl Sicherheitsgewährleistung 229 ff.). 49

3. Insbesondere: Grenzen der polizeilichen Datenerhebung und Informationsverarbeitung

50 Das erst seit der „Entdeckung" des **Grundrechts auf informationelle Selbstbestimmung** durch das BVerfG im Jahre 1983 (BVerfGE 65, 1) systematisch normierte und seither laufend fortentwickelte (Lisken/Denninger PolR-HdB/Schwabenbauer G Rn. 1 f.) **Recht der polizeilichen Datenerhebung und -verarbeitung** ist das dynamischste und das umstrittenste Teilgebiet des Polizeirechts. Die umfangreichen Normen zum polizeilichen Informationsrecht, die neben die klassischen Polizeibefugnisse getreten sind, haben die Gestalt des Polizeirechts grundlegend verändert; das BVerfG hat in einer ehrgeizigen Rechtsprechungsreihe versucht, dem neuen Rechtsgebiet verfassungsrechtliche Grenzlinien zu ziehen (hier nur: BVerfGE 113, 348; 115, 320; 120, 274; 125, 260; s. Möstl DVBl 2010, 809; Voßkuhle FS Würtenberger, 2013, 1101 (1112 ff.); ausf. Tanneberger, Die Sicherheitsverfassung, 2014); die Literatur ringt um seine angemessene dogmatische Struktur (Aulehner, Polizeiliche Gefahren- und Informationsvorsorge, 1999; Albers, Die Determination polizeilicher Tätigkeit in den Bereichen Straftatenverhütung und Verfolgungsvorsorge, 2001; Möstl DVBl 2007, 581; Kral, Die polizeilichen Vorfeldbefugnisse als Herausforderung für Dogmatik und Gesetzgebung des Polizeirechts, 2012; Park, Wandel des klassischen Polizeirechts zum neuen Sicherheitsrecht, 2013; Schwabenbauer, Heimliche Grundrechtseingriffe, 2013; Baldus VERW 2014, 1 ff.; Kugelmann VERW 2014, 25; Bäcker, Kriminalpräventionsrecht, 2015; Rademacher/Perkowski JuS 2020, 713) – all dies insbesondere, soweit das neue Informationsrecht die klassischen rechtsstaatlichen Systembildungen (Gefahr/Störer) verlässt und der Polizei sog. informationelle **Vorfeldbefugnisse** einräumt. Eine (partiell) **neue dogmatische Gestalt** des Polizeirechts deutet sich an, die jedoch – trotz aller Eingrenzungsbedürftigkeit des Rechtsgebiets und mancher Fingerzeige des BVerfG – noch nicht fertig, sondern erst in Umrissen erkennbar ist (Pieroth/Schlink/Kniesel, Polizei- und Ordnungsrecht, 7. Aufl. 2012, Vorwort; Kniesel, Kriminalitätsbekämpfung durch Polizeirecht, 2022, 345 ff.). Für eine gewisse Konsolidierung sorgt das (erste) **Urteil des BVerfG zum BKAG** (BVerfGE 141, 220 = BeckRS 2016, 44821), das eine Art Summe einer langen Rechtsprechungsreihe darstellt und diese zu übergreifenden Ergebnissen zusammenzuführen versucht (vgl. auch Pressemitteilung Nr. 19/2016 des BVerfG v. 20.4.2016). Zu bedenken ist dabei allerdings, dass dieses Urteil Aussagen nur zu einem ganz bestimmten Typus von Eingriffsbefugnissen zu liefern vermag, nämlich zu solchen einerseits tief in die Privatsphäre eingreifenden, andererseits relativ gezielt (ohne große Streubreite) sowie zum Schutze hochrangiger Rechtsgüter (Schutz vor Terrorismus) vorgenommenen Ermittlungsmaßnahmen, um die es in diesem Verfahren ging (vgl. BVerfGE 141, 220 = BeckRS 2016, 44821 Rn. 101, 103). Für weniger tief in die Privatsphäre eingreifende, unspezifischere Maßnahmen sind die zulässigen Gestaltungsspielräume der Straftatenverhütung, wie das Gericht selbst betont (BVerfGE 141, 220 = BeckRS 2016, 44821 Rn. 104), weiter. Nicht unproblematisch ist auch, dass die Aussagen des Gerichts Folgewirkungen für das (nach Zielrichtung anders gelagerte, nämlich nicht allein auf Terrorismusbekämpfung ausgerichtete) Polizeirecht der Länder hat, ohne dass diese Konsequenzen im Verfahren hinreichend thematisiert worden sind (vgl. die Kritik der abweichenden Meinung des Richters Schluckebier, BVerfGE 141, 220 = BeckRS 2016, 44821 Rn. 2). Ins Gewicht fällt schließlich, dass, wie die zwei vielerlei Grundsatzkritik äußernden Sondervoten zeigen, auch innerhalb des Senats keine Einigkeit hinsichtlich der anzulegenden Maßstäbe bestand; Kritik an der zum Teil überbordenden, tief in die Dogmatik des einfachen Rechts hinabsteigenden Detaildichte und Strenge der Vorgaben ist auch in der Literatur geübt worden (zB Lindner/Unterreitmeier DÖV 2017, 90; Menzel/Müller-Terpitz, Verfassungsrechtsprechung/Gärditz, 3. Aufl. 2017, 988; das BVerfG gegen Kritik verteidigend dagegen Beaucamp DVBl 2017, 534). Der Befund eines insgesamt noch nicht konsolidierten, im Flusse befindlichen Rechtsgebietes bleibt daher bestehen. Der Streit um die sog. **drohende Gefahr** (Art. 11a BayPAG; → Rn. 36, → Rn. 41, → Rn. 57, → Rn. 100), welche unmittelbar an Aussagen des BVerfG im BKAG-Urteil (BVerfGE 141, 220 = BeckRS 2016, 44821 Rn. 112) anknüpft, macht deutlich, wie groß die Unsicherheiten jedenfalls anfänglich waren und zT noch immer sind (s. die Nachweise in → Rn. 42). Für eine weitere **Konsolidierung** hat in der Folge jedoch die Entscheidung des **BVerfG zur Bestandsdatenauskunft** vom 27.5.2020 (BVerfGE 155, 119 = BeckRS 2020, 16236 Rn. 146 ff., 179 ff.)

gesorgt, in der dieses deutlich macht, dass es die von ihm entwickelten Figuren der **drohenden Gefahr** bzw. der (hinreichend) **konkretisierten Gefahr** (das BVerfG scheint nunmehr letzteren Begriff zu bevorzugen, ohne etwas anderes zu meinen) als **verallgemeinerungsfähige** (dh nicht allein bei eingriffsintensiven, sondern auch bei weniger gewichtigen Überwachungsmaßnahmen in Betracht kommende) Systembildungen des polizeilichen Informationsrechts ansieht, solange diese an einen (je nach Eingriffsgewicht differenzierenden) qualifizierten Rechtsgüterschutz gekoppelt sind (bereits → Rn. 42 ff.).

Die richtige Erfassung des Rechtsgebiets wird **nach hier vertretener Ansicht** (→ Rn. 39, → Rn. 48 mwN) durch **zwei weit verbreitete Fehleinschätzungen** behindert: Zum einen die These, es sei an sich problematisch oder besonders rechtfertigungsbedürftig, wenn sich informationelle Eingriffsbefugnisse von der klassischen Systembildung Gefahr-Störer lösten und bereits im Gefahrenvorfeld ansetzten. Zum anderen die Ansicht, die polizeiliche Informationstätigkeit zur „vorbeugenden Bekämpfung von Straftaten" (so die Formulierung mancher Polizeigesetze, zB § 1 Abs. 4 HSOG, § 1 Abs. 1 S. 2 PolG NRW; § 2 Abs. 1 SOG LSA) verdichte sich zu einem neuartigen, von klassischer Gefahrenabwehr verschiedenartigen präventiven Aufgabenfeld (s. zB Lisken/Denninger PolR-HdB/Denninger B Rn. 14 ff.). 51

Festzuhalten ist demgegenüber: 52

- Informationserhebungen zur Gefahraufklärung hat es, so sehr diese erst in jüngerer Zeit normiert worden sind und seither zusätzliche Bedeutung gewonnen haben, im Grunde seit jeher gegeben – auch damals schon, als dergleichen Datenerhebungen noch nicht als Grundrechtseingriffe gewertet wurden und daher in den Polizeigesetzen auch nicht normiert waren; informationelle Vorfeldmaßnahmen sind für das Polizeirecht also **nichts wesensmäßig Neues** (Kingreen/Poscher POR § 1 Rn. 32).
- Rein informationelle Maßnahmen, mit denen gerade noch nicht in einen (potentiell) schadensträchtigen Kausalverlauf eingegriffen wird, sind (auch von Verfassung wegen) **nicht zwingend an die** (für kausalverlaufsrelevante Eingriffe konzipierte) **Systembildung Gefahr-Störer gebunden** (→ Rn. 39, → Rn. 48 mwN). Zwar können Datenerhebungen/-verarbeitungen auch noch Sinn machen, wenn Gefahr und Störer bereits feststehen (etwa um genauer herauszufinden, wie und wo sich die Gefahr realisieren könnte, und umso besser gegen sie einschreiten zu können); völlig legitimerweise können sie jedoch auch bereits im Gefahrenvorfeld ansetzen und dem Ziel dienen herauszufinden, ob und wo ggf. Gefahren bestehen, gegen die dann eingeschritten werden muss. Der Gefahrbegriff, der eine tatsachengestützte Wahrscheinlichkeitsprognose, dh einen hinreichenden Informationsstand verlangt, setzt im Gefahrenvorfeld ansetzende Informationserhebung geradezu begriffsnotwendig voraus. **Ein informationelles Vorfeld ist der Gefahrenabwehr daher wesensmäßig inhärent** (Gusy JA 2011, 641: „Gefahrenabwehr setzt Gefahraufklärung voraus").
- Im Gefahrenvorfeld ansetzende Gefahraufklärung ist deswegen auch keine im Verhältnis zur klassischen Gefahrenabwehraufgabe andersartige und eigenständige Aufgabe (Schoch/Eifert BesVerwR/Schoch/Kießling Kap. 1 Rn. 19, 29), sondern auf diese klassische Gefahrenabwehraufgabe – als deren notwendiges informationelles Vorfeld und **unselbstständige Vorbereitungsaufgabe** (Gusy ZJS 2012, 155: „dienende Funktion") – funktional bezogen und von ihr selbstverständlich mitumfasst. Sie bedeutet keinerlei Abkehr von klassischer Gefahrenabwehr (namentlich verwirklicht sie keine bereits im Gefahrenvorfeld zu Kausalverlaufseingriffen berechtigende Gefahrenvorsorge, die Gefahren erst gar nicht entstehen lassen will), sondern legt im Gefahrenvorfeld nur das informatorische Fundament für klassische Gefahrbeseitigungsmaßnahmen, die ihrerseits auch weiterhin regelmäßig erst ab der Gefahrenschwelle zulässig sind.
- Dass informationelle Gefahraufklärung von der klassischen Gefahrenabwehraufgabe mitumfasst ist und keine andersartige neue Polizeiaufgabe darstellt, gilt auch, soweit diese in den Polizeigesetzen – etwas hochtrabend (da tatsächlich ja nur aufgeklärt und regelmäßig gerade noch nicht „bekämpft" wird) – als **„vorbeugende Bekämpfung von Straftaten"** (→ Rn. 51) bezeichnet wird (so zB auch ausdrücklich § 1 Abs. 4 HSOG, § 1 Abs. 1 S. 2 PolG NRW: „im Rahmen" der Gefahrenabwehraufgabe). Da sich die Gefahrenabwehraufgabe – auch von Verfassungs wegen (→ Rn. 7 ff.) – gleichermaßen auf den Schutz von Rechtsgütern wie auf die Durchsetzung der Rechtsordnung bezieht, spricht nichts dage-

gen, polizeiliche Aufgaben- und Befugnisnormen statt rechtsgutsbezogen (Schutz bestimmter Rechtsgüter) auch **straftatenbezogen** (**Straftatenverhütung** als Aspekt des Schutzes der Unversehrtheit der Rechtsordnung) zu konzipieren (→ Rn. 12.1 mwN, auch zu den – abzulehnenden – neueren Tendenzen, Befugnisse, die straftatenbezogen konzipiert sind, generell für verfassungsrechtlich bedenklich zu halten); allein die Straftatenbezogenheit lässt die Aufgabe also nicht aus der Gefahrenabwehr herausfallen. Nach hier vertretener Ansicht sollte der Begriff **„Straftatenverhütung"** auch keineswegs zwingend mit einem Agieren im Gefahrenvorfeld gleichgesetzt werden (im Gegensatz zur „Verhinderung" von Straftaten ab der Gefahrenschwelle, so aber Kniesel, Kriminalitätsbekämpfung durch Polizeirecht, 2022, 254 ff., 266), denn beispielsweise in Bayern wird der Begriff Straftatenverhütung traditionell als Synonym zur Gefahrenabwehr gebraucht (Art. 11 Abs. 2 S. 1 Nr. 1 BayPAG). Zuzugeben ist, dass es bei Ermittlungsmaßnahmen im Vorfeld konkreter Gefahren nicht selten zu **doppelfunktionalen Gemengelagen** kommen wird, in denen nicht sicher ist, ob die zu gewinnenden Informationen noch zur Verhütung oder nur noch zur Verfolgung von Straftaten eingesetzt werden können. Gegen die Zugehörigkeit zur (in den Polizeigesetzen geregelten) Gefahrenabwehraufgabe ist auch in solchen Fällen nichts zu erinnern (mit der Folge, dass die Vorsorge für die Verfolgung künftiger Straftaten in den Polizeigesetzen, wie zB in § 1 Abs. 4 HSOG, auch unselbstständig mitgenannt werden darf), solange die Ermittlungsmaßnahme zumindest **schwerpunktmäßig** dem Ziel der präventiven Straftatenverhütung und nur nachrangig etwaiger Verfolgungsvorsorge dient (Möstl DVBl 2010, 808 (814 f.); VGH Mannheim BeckRS 2014, 52255: „primär"; allg. zur Schwerpunkttheorie bei doppelfunktionalen Maßnahmen BVerwG NVwZ 2001, 1285; VGH München BeckRS 2009, 41748; OVG Münster BeckRS 2012, 45958). Dient die Maßnahme hingegen gleich- oder vorrangig der Verfolgungsvorsorge, kann eine polizeirechtliche Regelung nur insoweit in Betracht kommen, als das Strafprozessrecht diesbezüglich (noch) **keine abschließende Regelung** enthält (BVerwG NVwZ 2012, 757). Im Übrigen jedoch ist es kompetenziell unzulässig, die Verfolgungsvorsorge im Rahmen des präventiven Polizeirechts zu einem vorrangigen oder gar eigenständigen Tatbestandsmerkmal auszubauen (BVerfGE 113, 348 (367 ff.); BVerfG BeckRS 2022, 41609 Rn. 164 ff.; zum Ganzen auch Kingreen/Poscher POR § 3 Rn. 7; näher → Rn. 69, → Rn. 98; zu (zulässigen) Überschneidungen präventiver und repressiver Zwecke im Bereich der Informationsgewinnung s. auch BVerfG BeckRS 2018, 37186: Der Landesgesetzgeber ist demnach nicht dadurch an einer der Gefahrenabwehr dienenden Regelung gehindert, dass deren tatsächliche Wirkungen auch die Strafverfolgung befördern. Die Regelung muss jedoch strikt von der – präventiven – Zwecksetzung her bestimmt sein, für die die Kompetenz des Landes besteht).

52.1 Eine gewisse Sonderstellung nehmen solche Informationserhebungsbefugnisse ein, die, weil sie offen erfolgen (zB **Videoüberwachung im öffentlichen Raum,** s. zB Ogorek DÖV 2018, 688; Wysk VerwArch 2018, 141; VerfGH Sachsen BeckRS 2024, 1212 Rn. 340 ff.), aufgrund ihrer Abschreckungswirkung mittelbar kausalverlaufsrelevant wirken. Hier kommen – ausnahmsweise – in der Tat Elemente echter Gefahrenvorsorge (die klassische Gefahrenabwehr nicht allein informationell vorbereitet, sondern das Entstehen von Gefahren von vornherein verhindern möchte) zum Tragen (Kniesel FS Schlink, 2014, 447 (455)). Auch hier kann es zu Gemengelagen von Zielen der Straftatenverhütung und der Verfolgungsvorsorge kommen (dazu, dass derartige Maßnahmen dennoch im präventiven Polizeirecht geregelt werden und grundrechtskonform sein können, s. BVerwG NVwZ 2012, 757: zur Grundrechtskonformität ist zu bedenken, dass der Gefahrbegriff, wie → Rn. 36 dargelegt, für kausalverlaufsrelevante Eingriffe nur eine verfassungsrechtliche „Normalvorstellung" des verhältnismäßigen Ausgleichs von Freiheits- und Sicherheitsinteressen in Ungewissheitslagen darstellt, der nicht ausschließt, dass der Gesetzgeber für besondere Fälle auch zu abweichenden Lösungen greifen kann). Kausalverlaufsrelevante (aktionelle) Wirkungen können insbesondere auch Maßnahmen der **Identitätsfeststellung** haben (Kniesel Die Polizei 2017, 189 (197)). Gleiches gilt zB für die **elektronische Aufenthaltsüberwachung** (→ Rn. 99.1), vgl. BVerfGE 156, 65 = BeckRS 2020, 40592 Rn. 254).

53 Gegen die polizeiliche Erhebung und Verarbeitung personenbezogener (zum notwendigen Personenbezug Gusy ZJS 2012, 155 (156)) Daten gewährleistet das GG einen **lückenlosen Grundrechtsschutz** (Volkmann AnwBl. 2009, 118; Becker NVwZ 2015, 1335; zu den in Betracht kommenden Grundrechten im Einzelnen Lisken/Denninger PolR-HdB/Schwabenbauer G Rn. 62 ff.; Pieper JA 2018, 598). Die nötige **Auffangfunktion** in Fällen, in denen der Eingriff nicht mit Befehl und Zwang erfolgt und daher nicht bereits die allgemeine Handlungsfreiheit berührt und in denen auch sonst keine spezielle Garantie zugunsten bestimmter Aspekte des Persönlichkeitsschutzes (zB Art. 10, 13 GG) einschlägig ist, kommt hierbei dem **allgemeinen Persönlichkeitsrecht** aus Art. 2 Abs. 1 GG iVm Art. 1 Abs. 1 GG insbesondere in seiner Ausprägung als **Recht auf informationelle Selbstbestimmung** zu, ggf. aber – lückenschließend und entwicklungsoffen – auch weiteren Ausprägungen zur Abwehr neuartiger Persönlichkeitsgefährdungen (wie dem „Computergrundrecht" des Schutzes der Integrität und Vertraulichkeit informationstechnischer Systeme; s. BVerfGE 120, 274 (303 ff.)). Für Datenerhebungen, die einem speziellen Grundrecht (wie Art. 10, 13 GG) unterfallen, hat das BVerfG angesichts deren besonderen Schutzgehalts teilweise gesteigerte Anforderungen entwickelt (BVerfGE 133, 277 Rn. 224 ff.), die sich nicht ohne weiteres auf alle Datenerhebungen übertragen lassen; eine Sonderrolle nehmen insbesondere Art. 13 GG sowie das Grundrecht auf Integrität und Vertraulichkeit informationstechnischer Systeme ein, bezüglich derer zur Eingriffsrechtfertigung (für die Wohnraumüberwachung und den Zugriff auf informationstechnische Systeme) besonders hohe Hürden zu beachten sind (BVerfGE 141, 220 = BeckRS 2016, 44821 Rn. 105, 115, 283, 291; krit. Sondervotum Eichberger, BVerfGE 141, 220 = BeckRS 2016, 44821 Rn. 16). Umgekehrt können die allgemeinen zum Schutz personenbezogener Daten aus Art. 2 Abs. 1 GG iVm Art. 1 Abs. 1 GG entwickelten materiellen und prozeduralen Maßgaben grundsätzlich auch auf die spezielleren Garantien übertragen werden (BVerfGE 115, 166 (189)) und können sich aus dem allgemeinen Persönlichkeitsrecht – je nach Gewicht des Eingriffs – im Einzelfall auch Maßgaben ergeben, die dem im Kontext der Art. 10, 13 GG geltenden Standard nahe- oder gleichkommen (für das neue „Computergrundrecht" vgl. Spiecker FS Würtenberger, 2013, 803 (818) am Bsp. des Richtervorbehalts). Auch wenn sich auf diese Weise gewisse Chancen für Elemente einer grundrechtsübergreifenden Dogmatik des Persönlichkeitsschutzes gegen polizeiliche Informationseingriffe ergeben, muss zuallererst doch an die Notwendigkeit einer nach Eingriffstiefe differenzierten Betrachtung erinnert werden: Nicht alle Anforderungen, die das BVerfG etwa hinsichtlich Eingriffsschwellen, Kernbereichsschutz, Benachrichtigungspflichten etc im Kontext bestimmter schwerwiegender Eingriffe entwickelt hat, lassen sich verallgemeinern und auch auf Datenerhebungen geringeren Gewichts übertragen (zB BVerfGE 115, 320 (361) zur Eingriffsschwelle bei „intensive[n] Grundrechtseingriffe[n]"; BVerfGE 120, 274 (336): besonderer prozeduraler Kernbereichsschutz nur bei „gesteigerte[r] Gefahr" entsprechender Eingriffe; BVerfGE 130, 151 (209 f.): keine zwingende Benachrichtigungspflicht „angesichts der geringen Eingriffstiefe"; BVerfGE 141, 220 = BeckRS 2016, 44821 Rn. 104: weiterreichende Gestaltungsmöglichkeiten der Straftatenverhütung bei weniger tief in die Privatsphäre eingreifenden Maßnahmen). Die Entwicklung eines **differenzierten Systems dogmatischer Maßgaben für Informationseingriffe** ist so gesehen wichtiger als die vorschnelle Postulierung vermeintlicher übergreifender Strukturen (vgl. Möstl DVBl 2007, 581 (589)).

Ein **Eingriff** in das Recht auf informationelle Selbstbestimmung bzw. ein spezielles **54**
Grundrecht ist – nach Maßgabe der allgemeinen Kriterien zur Eingriffsqualität mittelbar-faktischer Grundrechtsbeeinträchtigungen (Enders FS Würtenberger, 2013, 655) – nicht nur gegeben, wenn die Datenerhebung mit Befehl und Zwang einhergeht, sondern grundsätzlich auch dann, wenn sie durch schlichtes Realhandeln (dh insbesondere auch heimlich und ohne Wissen des Betroffenen) erfolgt (Lisken/Denninger PolR-HdB/Petri/Schwabenbauer G Rn. 73; BeckOK GG/Lang Art. 2 Rn. 51; BVerwG NVwZ 2012, 757 (758)). Noch kein Eingriff liegt in der bloßen Kenntnisnahme von Informationen aus öffentlich zugänglichen Quellen (zB im Internet, s. BVerfGE 120, 274 (344 f.)), anders jedoch für die systematische Erfassung solcher Daten (zur Problematik s. auch Oermann/Staben STAAT 2013, 630); umgekehrt verliert eine Datenerfassung, die nach allgemeinen Kriterien (etwa aufgrund einer besonderen Art der Informationserhebung oder etwaiger mittelbarer Lenkungswirkungen) als Eingriff zu qualifizieren ist, ihre Eingriffsqualität nicht allein dadurch, dass sie im öffentlichen Raum stattfindet (für die Videoüberwachung BVerfG NVwZ 2007, 688 (690); BVerwG NVwZ 2012, 757 (759)). Nicht allein die **Datenerhebung,** sondern auch **jeder weitere Akt der Datenverarbeitung** und -nutzung (zB durch Speicherung, Übermittlung etc) kann ein gesonderter Grundrechtseingriff sein (Lisken/Denninger PolR-HdB/Schwabenbauer G

Rn. 20; für Art. 10 GG zB BVerfGE 100, 313 (366 f.)); die Polizeigesetze mit ihren gestuften Befugnisnormen für die Erhebung und Verarbeitung von Daten tragen dieser grundrechtlichen Vorgabe Rechnung (Möstl Sicherheitsgewährleistung 221); speziell für die vorsorgende Speicherung polizeilicher Daten zum Zweck der Verhütung und Verfolgung von Straftaten hat das BVerfG in seiner Entscheidung Bundeskriminalamtgesetz II (BVerfG BeckRS 2024, 25710 Rn. 164 ff. Ls. 3) Grundsätze aufgestellt. Einen gesonderter gesetzlicher Ermächtigung und besonderer sachlicher Rechtfertigung bedürftigen Eingriff stellt insbesondere die zweckändernde Nutzung oder Weitergabe von Daten dar (Gusy ZJS 2012, 155 (156); zum Grundsatz der Zweckbindung Lisken/Denninger PolR-HdB/Schwabenbauer G Rn. 12 ff.); in seinem Urteil zum BKAG hat das BVerfG (BVerfGE 141, 220 = BeckRS 2016, 44821 Rn. 284 ff.; krit. Lindner/Unterreitmeier DÖV 2017, 90 (92 f.)) die für Zweckänderungen geltenden Anforderungen präzisiert, indem einerseits das Kriterium der **hypothetischen Datenneuerhebung** zum Leitmaßstab verdichtet wurde (dient die zweckändernde Nutzung von Daten dem Schutz von Rechtsgütern oder der Aufdeckung von Straftaten eines solchen Gewichts, die verfassungsrechtlich ihre Neuerhebung mit vergleichbar schwerwiegenden Mitteln rechtfertigen könnten?), andererseits aber regelmäßig Abstriche hinsichtlich des (im Zeitpunkt der Zweckänderung) jeweils zu fordernden Konkretisierungsgrades der Gefahrenlage oder des Tatverdachts erlaubt wurden (regelmäßig ausreichend: konkrete Ermittlungsansätze); nach Selbstauskunft der das Urteil tragenden Richter soll hierin keine Verschärfung, sondern eine behutsame Einschränkung der Anforderungen zu erblicken sein (BVerfGE 141, 220 = BeckRS 2016, 44821 Rn. 292); das Sondervotum Schluckebier hingegen (BVerfGE 141, 220 = BeckRS 2016, 44821 Rn. 3, 13) befürchtet infolge des Kriteriums der hypothetischen Datenneuerhebung erhebliche Defizite für den Schutz der Grundrechte Dritter und der Rechtsgüter der Allgemeinheit und kritisiert, dem Rechtsstaat werde dadurch ein gezieltes „Wegsehen“ vor (ggf. zufällig erkannten) Gefahren angesonnen; ein Abrücken von diesem Grundsatz ist in der Folgerechtsprechung nicht erkennbar (bekräftigend zuletzt BVerfG BeckRS 2023, 1828 Rn. 55 ff.; 2024, 25710 Rn. 137 ff.). Seine ursprüngliche Rechtsprechung dazu, dass die automatisierte Erfassung von Daten dann keinen Eingriff bewirkt, wenn sie nach unverzüglichem Datenabgleich im Nichttrefferfall spurenlos und ohne Möglichkeit, einen Personenbezug herzustellen, sofort wieder gelöscht werden (BVerfGE 120, 378 (399)), hat das BVerfG in seiner zweiten Entscheidung zur Kennzeichenerfassung (BVerfGE 150, 244 = BeckRS 2018, 37186 Rn. 35 ff.) präzisiert und modifiziert. Im Falle der gesetzlichen Etablierung eines Auskunfts- und Datenübermittlungs-/-abrufverfahrens sieht das BVerfG in der Befugnis/Pflicht zur Datenübermittlung einerseits und in dem Recht auf Datenabruf andererseits zwei zu unterscheidende, eigenständige Grundrechtseingriffe, die grundsätzlich jeweils einer eigenständigen gesetzlichen Regelung bedürfen (**„Doppeltür“**-Modell, siehe dazu BVerfGE 155, 119 = BeckRS 2020, 16236 Rn. 95 f., 128); schon dem Gesetzgeber der Übermittlungsregelung obliegt dabei die normenklare Begrenzung der Zwecke der möglichen Datenverwendung.

55 Das **Verhältnismäßigkeitsprinzip** – und hierbei insbesondere die Prüfung der **Angemessenheit** (Verhältnismäßigkeit im engeren Sinne) – ist in der Rechtsprechung des BVerfG zum wichtigsten materiellen Maßstab der Beurteilung von Informationseingriffen avanciert (vgl. zB BVerfG NJW 2013, 1499 Rn. 107 ff., wo die Geeignetheit und Erforderlichkeit nur noch formelhaft angesprochen wird und sodann ganz die Angemessenheitsprüfung im Zentrum steht; ähnlich BVerfGE 141, 220 = BeckRS 2016, 44821 Rn. 97 f., krit. Sondervotum Eichberger, BVerfGE 141, 220 = BeckRS 2016, 44821 Rn. 3). Eine intensive Prüfung der Erforderlichkeit und Angemessenheit (bereits) der gesetzlichen Befugnisnorm zum Informationseingriff (Makro-Verhältnismäßigkeit) ist insbesondere in den Fällen rechtsstaatlich zwingend, in denen die Prüfung der Verhältnismäßigkeit der (sodann) auf die Befugnis gestützten konkreten Einzelmaßnahme (Mikro-Verhältnismäßigkeit), weil diese im Gefahrenvorfeld ansetzt und nicht mehr an einen konkreten personenbezogenen Gefahrverdacht, sondern an abstraktere Lagebeurteilungen anknüpft, strukturell erschwert ist (zur Problematik Möstl Sicherheitsgewährleistung 229 ff. mwN). Soll die Verhältnismäßigkeitsprüfung nicht „freischwebend“ erfolgen (vgl. Lisken/Denninger PolR-HdB/Denninger B Rn. 65) und einigermaßen berechenbar/vorhersehbar bleiben, bedarf sie vor allem einer sorgfältigen Herausarbeitung und Bestimmung der mit der Befugnis einhergehenden **Eingriffstiefe** (die freilich häufig umstritten und angreifbar bleibt, zB BVerfGE 115, 320 (347 ff.) einerseits und Sondervotum 371 ff. andererseits; s. auch Tanneberger, Die Sicherheitsverfassung, 2014, 236 ff.). Zur Bestimmung der Eingriffstiefe stellt das BVerfG unter anderem auf Art und Umfang der betroffenen Daten (Persönlichkeitsrelevanz), die Methoden der Informationsgewinnung/-verarbeitung (Verwendung von Technik) sowie auf etwaige einschüchternde Effekte bzw. das Risiko von Folgeeingriffen ab (zu den Kriterien im Einzelnen Lisken/Denninger PolR-HdB/Schwabenbauer G Rn. 66 ff.; Gusy/Eichenhofer PolR Rn. 192, jeweils mwN); eingriffserhöhende Wirkung wird in ständiger Rechtsprechung insbesondere dem Umstand der Heimlichkeit (Schwabenbauer, Heimliche Grundrechtseingriffe, 2013) sowie der Streubreite der Maßnahme beigemessen. Das Kriterium der Streubreite erscheint dabei nicht unproblematisch, da es das Gewicht eines Eingriffs nicht erhöht, wenn auch andere von dem Eingriff betroffen sind, und da eine etwaige (zu großer Streubreite) führende Anlass- und Verdachtlosigkeit der Maßnahme auch dazu führen kann, dass dieser Maßnahme (die jedermann in gleicher Weise betreffen kann) gerade keine stigmatisierende Wirkung zukommt; dennoch ist im Ergebnis – als Leitgedanke – richtig, dass die Streubreite informationeller Maßnahmen mit zunehmender Eingriffsintensität abnehmen muss; dies ist jedoch keine Frage einer eingriffserhöhenden Wirkung, sondern der verhältnismäßigen Ausgestaltung des zulässigen Adressatenkreises bei eingriffsintensiven Maßnahmen (vgl. → Rn. 48). Für heimliche Ermittlungsmaßnahmen, die tief in das Privatleben eingreifen, verlangt das BVerfG (BVerfGE 141, 220 = BeckRS 2016, 44821 Rn. 108) aus Verhältnismäßigkeitsgründen, dass diese nur zum Schutze besonders gewichtiger **Rechtsgüter** zulässig sind (insbesondere Leib, Leben und Freiheit der Person sowie Bestand und Sicherheit des Bundes oder eines Landes, ggf. – bei gemeiner Gefahr bzw. bei Gütern, die die Existenz des Menschen berühren – auch gewichtige Sachgüter). Zu ergänzen wäre nach hier vertretener Ansicht (vgl. → Rn. 12.1 mwN), dass solche Eingriffe auch zur Verhütung besonders schwerwiegender Straftaten in Frage kommen; dafür, dass das BVerfG die rechtfertigende Kraft der Straftatenverhütung zeitweise skeptisch sah und ausschließlich auf Rechtsgüterschutz abstellen wollte, ist kein verfassungsrechtlich tragfähiger Grund ersichtlich (anders daher nunmehr zu Recht BVerfGE 155, 119 (188 f., 202 f.) = BeckRS 2020, 16236 Rn. 150, 180 f.). Bei Eingriffen geringeren Gewichts kommen prinzipiell alle polizeilichen Schutzgüter als verhältnismäßiger Eingriffszweck in Betracht (vgl. allg. BVerfGE 141, 220 = BeckRS 2016, 44821 Rn. 104). Bei Maßnahmen, denen eine Eingriffsqualität von „erheblichem Gewicht" beigemessen wurde, hat das BVerfG eine entsprechende Beschränkung auf Schutzgüter „von zumindest erheblichem Gewicht" gefordert (BVerfG BeckRS 2018, 37186 Rn. 95 ff.). Eine noch feiner differenzierende Abstufung nach dem Gewicht der Rechtsgüter lässt – je nach Eingriffsgewicht und Ausmaß der Vorverlagerung – die BVerfG-Entscheidung zur Bestandsdatenauskunft vom 27.5.2020 (BVerfGE 155, 119 = BeckRS 2020, 16236) erkennen (Rechtsgüter von „erheblichem", von „hervorgehobenem" und von „besonderem" Gewicht, siehe Ls. 6 und 7). Die neuere Rechtsprechung hat noch deutlicher gemacht, dass je nach Eingriffsgewicht dem Angemessenheitserfordernis uU auch alternativ entweder durch einen entsprechend eng gezogenen Rechtsgüterschutz oder einer entsprechend anspruchsvoll ausgestaltete Eingriffsschwelle genügt werden kann (strenge kumulative Anforderungen an Rechtsgüterschutz und Eingriffsschwelle gelten demnach nur bei eingriffsintensiven Maßnahmen; BVerfG BeckRS 2022, 41609 Rn. 173; 2023, 1828 Rn. 106).

Dem rechtsstaatlichen Gebot hinreichender **Bestimmtheit** und **Normenklarheit** misst **56**
das BVerfG im Bereich Datenschutz traditionell einen besonderen Stellenwert zu (BVerfGE 65, 1 (46); 133, 277 Rn. 158); dies gilt auch für die verfassungsrechtliche Kontrolle des polizeilichen Informationsrechts (Lisken/Denninger PolR-HdB/Schwabenbauer G Rn. 176 ff.; Tanneberger, Die Sicherheitsverfassung, 2014, 335 ff.; zur hinreichenden Bestimmtheit der Normierung des Verwendungszwecks zB BVerfGE 120, 378 (408 ff.)). Nochmals gesteigerte Bestimmtheitsanforderungen fordert das BVerfG zum einen bei Vorfeldmaßnahmen (wegen der für diese Phase typischen Ambivalenz der häufig diffusen Anhaltspunkte und des besonderen Risikos von Fehlprognosen; BVerfGE 113, 348 (377 f.)) sowie zum anderen für heimliche Maßnahmen (wegen des für sie typischen Ausfalls der üblichen Normkonkretisierung im Wechselspiel von Verwaltungsakt und gerichtlicher Kontrolle; BVerfGE 133, 277 Rn. 184). So berechtigt anspruchsvolle Bestimmtheitsanforderungen im Ansatz erscheinen, haben sie doch dazu geführt, dass die Befugnisnormen des polizeilichen Informationsrechts inzwischen eine Länge, einen Detaillierungsgrad, aber auch ein

Maß an Komplexität und Unübersichtlichkeit erreicht haben, die nicht nur in auffallendem Kontrast zur oft lapidaren Kürze klassischer Polizeibefugnisse stehen, sondern auch zunehmend die Rechtsanwendung erschweren, denn das Leitziel der Klarheit und verlässlichen Handhabbarkeit von Normen kann durch ein übertriebenes Maß an Detailgenauigkeit und Unübersichtlichkeit auch Schaden nehmen (Trute VERW 2009, 85 (89) mit Fn. 29; Möstl DVBl 2010, 808 (813); sehr krit. auch Sondervotum Schluckebier, BVerfGE 141, 220 = BeckRS 2016, 44821 Rn. 29, der von „einer das Gegenteil von Normenklarheit bewirkenden textlichen Aufblähung des ohnehin schon überbordenden, nur schwer lesbaren und verständlichen Regelwerks" spricht). Es lässt sich so gesehen bezweifeln, ob das Streben nach immer größerer Bestimmtheit hinsichtlich des Ziels einer angemessenen rechtsstaatlichen Systembildung wirklich in die richtige Richtung weist („dogmatische Sackgasse", vgl. Möstl DVBl 2007, 581 (586); 2020, 160 ff.). Auch hinsichtlich der Frage, wann die gesetzlichen Ermächtigungen „keine Unklarheit" mehr lassen dürfen und wann es im Gegenteil ausreicht, dass unbestimmte Rechtsbegriffe nach den üblichen Methoden ausleg- handhabbar sind, bzw. wann Unklarheiten der Konkretisierung entweder durch Rechtsverordnung bedürfen oder aber eine Konkretisierung durch (publizierte) Verwaltungsvorschriften genügt, lässt die Rechtsprechung des BVerfG keine konsolidierte Linie erkennen (s. BVerfGE 133, 277 Rn. 149, 181, 139 ff., 179 ff.). Zur Aufteilung des Erlasses der erforderlichen Regelungen zwischen Gesetzgeber und Verwaltung siehe BVerfG BeckRS 2023, 1828 Ls. 5. Abzulehnen ist eine neuere Ansicht, die eine straftatenbezogene Fassung von Eingriffstatbeständen (Verhütung von Katalogstraftaten) unter dem Aspekt der Normenklarheit für problematisch hält (→ Rn. 12.1 mwN).

57 Während es für schlichte Datenerhebungen (insbesondere auf der Basis der in der Polizeigesetzen normierten informationellen Befugnisgeneralklauseln, zB Art. 32 Abs. 1 BayPAG) völlig ausreichend ist, diese an die Voraussetzung zu knüpfen, dass die Datenerhebung zur polizeilichen Aufgabenerledigung erforderlich ist (vgl. BVerfGE 130, 151 (195, 196 f.); Möstl DVBl 2007, 581 (586 f.); tendenziell strenger: BVerfG BeckRS 2020, 16236 Rn. 146), verlangt das BVerfG jedenfalls für intensive Grundrechtseingriffe, dass diese erst von – besonders zu normierenden – **Eingriffsschwellen** (dh Gefahr- oder Verdachtsstufen) an zulässig sein dürfen (zB BVerfGE 115, 320 (361); 120, 274 (326 f.); s. Poscher VERW 2008, 345; Trute VERW 2009, 85; Möstl DVBl 2007, 581 (587); 2010, 808 (809 ff.)). Hinsichtlich der Frage, ob diese Eingriffsschwellen für Informationseingriffe auch bereits im **Vorfeld** konkreter Gefahren einsetzen dürfen, ging das BVerfG lange Zeit von der nach hier vertretenen Ansicht falschen Prämisse aus, derartige informationelle Vorfeldbefugnisse seien besonders rechtfertigungsbedürftig und nur ausnahmsweise zulässig (vgl. BVerfGE 115, 320 (360); BVerfGE 133, 277 Rn. 120; problematisch auch die Rede von einer „Absenkung der Eingriffsschwellen für Maßnahmen der Straftatenverhütung" in BVerfGE 141, 220 = BeckRS 2016, 44821 Rn. 104; → Rn. 39, → Rn. 51 f.), und hat auch im Ergebnis lange zu keiner konsistenten Linie gefunden: Im Urteil zur Telekommunikationsüberwachung (TKÜ; BVerfGE 113, 248) hat es Vorfeldbefugnisse selbst in Bezug auf das starke Grundrecht des Art. 10 GG nicht für per se ausgeschlossen betrachtet, aber an strenge Voraussetzungen gebunden; zur Rasterfahndung (BVerfGE 115, 320) hingegen hat es, obwohl (vom Einzelnen aus betrachtet) einen eher geringfügigeren Grundrechtseingriff betreffend, eine konkrete Gefahr gefordert (bekräftigend: BVerfG BeckRS 2022, 41609 Rn. 189); im Urteil zur Online-Durchsuchung (BVerfGE 120, 274 (328 ff.)) hat es sodann (obwohl dieses den wohl tiefgreifendsten Eingriff betraf) eine Eingriffsschwelle formuliert, die nahezu einhellig als zumindest leichte Vorverlagerung verstanden wurde, im Urteil zur Vorratsdatenspeicherung (BVerfGE 125, 260 (330)) jedoch genau diese Schwelle dann wieder mit dem Begriff der konkreten Gefahr gleichgesetzt (zum Ganzen s. Möstl DVBl 2010, 808 (809) mwN); vollends undeutlich werden die Kategorien, wenn, wie im Beschluss zum Bestandsdatenabruf I (BVerfGE 130, 151 (205 f.)) erst eine konkrete Gefahr gefordert wird, um dann klarzustellen, diese Schwelle sei niedrig und umfasse auch den Gefahrenverdacht (s. auch BVerfGE 155, 119 (186) = BeckRS 2020, 16236 Rn. 146). Nach hier vertretener Ansicht (Möstl DVBl 2010, 808 (810) mwN) dürfen sich rein informationelle Eingriffsbefugnisse legitimerweise vom Begriff der konkreten Gefahr lösen; sie bedürfen freilich einer rechtsstaatlichen Eingrenzung und Systembildung; hierfür eignet sich insbesondere der Begriff des **Gefahrverdachts** in seinen vielfältigen Abstufungen und Ausprägungen (abstrakt/konkret, lagebezogen/personenbezogen; s. auch Gusy/Eichenhofer PolR Rn. 189 ff.; Meyer JZ 2017, 429). Einen prinzipiell tauglichen Anknüpfungspunkt für eine gelungene Systembildung stellt es nach hier vertretener Ansicht dar, wenn das **BVerfG im Urteil zum BKAG** nunmehr in prinzipiellerer Weise als vormals zugesteht, dass der Gesetzgeber sich von dem tradierten Modell der Abwehr konkreter Gefahren selbst im Falle tiefgreifender Grundrechtseingriffe auch lösen darf, solange zumindest tatsächliche Anhaltspunkte für die Entstehung einer konkreten Gefahr bestehen, wenn sich also zwar der schadensträchtige Kausalverlauf noch nicht mit hinreichender Wahrscheinlichkeit vorhersehen lässt, andererseits aber doch bestimmte Tatsachen den Schluss auf ein wenigstens seiner Art nach konkretisiertes und zeitlich absehbares Geschehen zulassen sowie die Prognose erlauben, dass bestimmte Personen beteiligt sein werden, über deren Identität zumindest so viel bekannt ist, dass die Überwachungsmaßnahmen gezielt gegen sie eingesetzt und weitgehend auf sie beschränkt bleiben können. Gleiches soll gelten, wenn zwar ein noch nicht seiner Art nach konkretisiertes Geschehen erkennbar ist, aber das individuelle Verhalten einer Person die konkrete Wahrscheinlichkeit begründet, dass sie terroristische Straftaten in überschaubarer Zukunft begehen wird (BVerfGE 141, 220 = BeckRS 2016, 44821 Rn. 112 f.); in der Sache angeknüpft wird dadurch nämlich an bestimmte gruppen- oder personenbezogene Gefahrverdachtsgrade, wie sie auch hier befürwortet werden (für ausreichend angesehen wird offenbar entweder ein zwar hinsichtlich des Schadensereignisses noch eher abstrakt bleibender, aber immerhin bereits auf eine konkrete, individualisierte Person verdichteter Gefahrverdacht oder aber ein [hinsichtlich der Art des Geschehens] bereits stärker konkretisierter, im Gegenzug allerdings in persönlicher Hinsicht noch weniger dichter, nämlich eher gruppenbezogener Gefahrverdacht). Für eine zusätzliche Konsolidierung sorgt diesbezüglich die Entscheidung des **BVerfG zur Bestandsdatenauskunft** vom 27.5.2020 (BVerfGE 155, 119 (186 ff., 202 ff.) = BeckRS 2020, 16236 Rn. 146 ff., 179 ff.), die deutlich macht, dass erstens an der im Urteil zum BKAG entwickelten Linie festgehalten wird, dass zweitens die dort definierte Eingriffsschwelle der **„drohenden Gefahr“** bzw. (wie nunmehr, ohne dass damit etwas anderen gemeint ist, zumeist gesagt wird) der (hinreichend) **„konkretisierten Gefahr“** für grundsätzlich alle Datenerhebungseingriffe welchen Gewichts auch immer in Betracht kommt, also verallgemeinerbar ist und dass drittens namentlich die zweite Fallgruppe der konkretisierten Gefahr, die auf das individuelle Verhalten einer Person abstellt, keineswegs allein, sondern allenfalls insbesondere auf terroristische Gefahrenlagen anwendbar, also ihrerseits verallgemeinerungsfähig ist (vgl. BVerfGE 155, 119 (188) = BeckRS 2020, 16236 Rn. 149, 179, 225); ein besonderer Wert wurde vom BVerfG bei alledem darauf gelegt, dass die Eingriffsschwelle der „drohenden“ bzw. „konkretisierten“ Gefahr an einen – je nach Eingriffsgewicht differenzierenden – Rechtsgüterschutz (Schutz von Rechtsgütern von erheblichem, hervorgehobenem bzw. besonderem Gewicht) gekoppelt ist (vgl. Ls. 4; → Rn. 36; zum Ganzen bereits → Rn. 42 ff.). Zwar wurde bereits (→ Rn. 37, → Rn. 41) aufgezeigt, dass die Ausführungen des BVerfG im BKAG-Urteil zur Zulässigkeit einer Vorfeldschwelle an einem unnötig eng gezogenen Begriff der konkreten Gefahr leiden und dass die von ihm beschriebenen Fallgruppen bei traditionellem Verständnis sich durchaus auch noch mit dem Begriff der konkreten Gefahr hätten bewältigen lassen; auch wenn demnach in der Sache keine wesentliche Vorverlagerung bewirkt, sondern nur ein bislang umstrittener Grenzbereich der konkreten Gefahr näher präzisiert wird, bleibt es dennoch richtig, Überwachungsbefugnisse dogmatisch prinzipiell als Vorfeldbefugnisse auszugestalten, wie dies das BVerfG nunmehr auch vorschlägt (zur Zulässigkeit aktioneller Vorfeldbefugnisse → Rn. 37, → Rn. 38, → Rn. 45). Sowohl der Bundesgesetzgeber (bei der Novellierung des BKAG, Gesetz v. 1.6.2017, BGBl. I 1354) als auch mehrere Landesgesetzgeber (namentlich der bayerische Gesetzgeber) haben die vom BVerfG im BKAG-Urteil definierte Vorfeldschwelle inzwischen aufgegriffen (Möstl GSZ 2021, 89) und für vielfältige Eingriffsbefugnisse umgesetzt; der bayerische Gesetzgeber hat die Vorfeldschwelle hierbei als **„drohende Gefahr“** bezeichnet und dadurch die überkommenen Kategorien des Gefahrbegriffs um eine neue Facette bereichert (vgl. zunächst Art. 11 Abs. 3, jetzt Art. 11a BayPAG; zum diesbezüglichen Streitstand → Rn. 42 ff., → Rn. 50 mwN); das BVerfG spricht in seiner Entscheidung vom 27.5.2020 (BeckRS 2020, 16236 nunmehr zumeist von **„konkretisierter Gefahr“** (im Gegensatz zur konkreten Gefahr). Dass nach Ansicht des BVerfG einer noch weiter in das Vorfeld einer in ihren Konturen noch nicht absehbaren konkreten Gefahr verlegten Ermittlungstätigkeit, bei der nur relativ diffuse Anhaltspunkte für mögliche Gefahren bestehen, das Verhältnismäßigkeitsprinzip entgegenstehen soll, wird man beipflichten können, soweit es um besonders schwere, eingriffsintensive Maßnahmen geht (wie sie das BVerfG im Urteil zum BKAG auch ausschließlich zu behandeln hatte). Gleichermaßen festzuhalten ist jedoch, dass derartige – noch eher diffus und abstrakt bleibende – zB lage-, orts-, situations- oder milieuabhängige Gefahrverdachtsmomente jedenfalls Vorfeldermittlungen von geringerer Eingriffsintensität sehr wohl zu rechtfertigen imstande sind (so am Bsp. der Kennzeichenerfassung auch zu Recht BVerfGE 150, 244 (282) = BeckRS 2018, 37186 Rn. 93; s. auch BVerfGE 155, 119 (188 f.) = BeckRS 2020, 16236 Rn. 150); es ist vor diesem Hintergrund zu begrüßen, dass gerade die neueste Rechtsprechung des BVerfG deutlicher betont, dass bei Eingriffen minderen Gewichts (bzw. unter der Prämisse eines eng gezogenen Rechtsgüterschutzes) Ermittlungsmaßnahmen auch bereits **im Vorfeld konkretisierter Gefahren** zulässig sein können (BVerfG BeckRS 2022, 41609 Rn. 173; BeckRS 2023, 1828 Rn. 106). **Anlasslosen Kontrollen** steht das BVerfG jedoch prinzipiell skeptisch gegenüber; die (verdachts- und ereignisunabhängig durchgeführte) Schleierfahndung bleibt dennoch zulässig (da sie die seit jeher anlasslosen Grenzkontrollen substituiert; BVerfGE 155, 244 (282, 298 ff.) = BeckRS 2018, 37186 Rn. 93, 143 ff.). Zu Angemessenheitsanforderungen im Kontext von **automatisierten Datenanalysen** hat BVerfG BeckRS 2023, 1828 erste Leitplanken gesetzt. Dazu, dass es entgegen einer zeitweise erkennbaren, inzwischen jedoch aufgegebenen Tendenz in der verfassungsgerichtlichen Rechtsprechung völlig einwandfrei ist, informationelle Eingriffsbefugnisse nicht allein **rechtsgutsbezogen** (Gefahrverdacht der Verletzung bestimmter Rechtsgüter), sondern auch **straftatenbezogen** (Gefahrverdacht der Begehung bestimmter Straftaten) zu formulieren (→ Rn. 12.1, → Rn. 52 mwN).

57.1 Eine von der Frage der Zulässigkeit des polizeilichen Datenabrufs ab bestimmten Eingriffsschwellen völlig zu trennende – und auch nicht polizeirechtliche – Fragestellung ist es, ob der Staat – im Sinne einer Art elektronischer Spurensicherung – anordnen darf, dass bestimmte bei Unternehmen anfallende Daten von diesen vorsorglich anlasslos gespeichert und vorgehalten werden müssen, um einem etwaigen (dann an bestimmte Eingriffsschwellen gebundenen) polizeilichen Datenzugriff zur Verfügung zu stehen. Das Urteil des BVerfG zur sog. **Vorratsdatenspeicherung** von Telekommunikationsverkehrsdaten (BVerfGE 125, 260) hat deutlich gemacht, dass die Anordnung einer solchen vorsorglichen anlasslosen Datensicherung (als informationelle Basis etwaiger polizeilicher Eingriffe) nicht per se verfassungswidrig ist (ähnlich zur Speicherung von Telekommunikationsbestandsdaten BVerfGE 130, 151; zur Neuregelung der Bestandsdatenauskunft s. BT-Drs. 17/12034). Im Gegenteil wäre es vor den grundrechtlichen Schutzpflichten bedenklich, wenn (zumal im Internet) infolge der Nichtexistenz von Mindestspeicherungspflichten ein virtueller Raum elektronischer Kommunikation entstünde, in dem, obwohl er für die Vorbereitung und Begehung von Straftaten höchst relevant ist, strukturell keine Spuren hinterlassen werden, an die die Gefahrenabwehr und die Strafverfolgung anknüpfen kann, und wenn infolgedessen bestimmte (sich elektronischer Kommunikation bedienende) Vorbereitungs- und Begehungsformen strukturell nicht mehr aufklärbar wären (Möstl ZRP 2011, 225 (227 f.)). Dennoch hat der EuGH (NJW 2014, 2169) die Vorratsdatenspeicherungs-RL (RL 2006/24/EG v. 15.3.2006, ABl. 2006 L 105, 54) – in das BVerfG noch überholender Weise (krit. Haltern NZZ v. 31.7.2014, 15) – für ungültig erklärt; die grundsätzliche Zulässigkeit der Vorratsdatenspeicherung hat jedoch auch der EuGH nicht in Frage gestellt (Simitis NJW 2014, 2158). Durch das Gesetz zur Einführung einer Speicherpflicht und einer Höchstspeicherfrist für Verkehrsdaten v. 10.12.2015 (BGBl. I 2218) ist in Deutschland erneut eine Pflicht zur Vorratsdatenspeicherung statuiert worden. Tendenziell noch einmal strengere Maßstäbe hat der EuGH jedoch in seiner Entscheidung v. 21.12.2016 entwickelt (BeckEuRS 2016, 490102; s. Roßnagel NJW 2017, 696); das OVG Münster hat den Vollzug der deutschen Regelungen zur Vorratsdatenspeicherung daraufhin ausgesetzt (OVG Münster BeckRS 2017, 114873). Differenzierter fallen hingegen die Aussagen des EuGH in seiner weiteren Leitentscheidung vom 6.10.2020 (NJW 2021, 531) aus; nunmehr auch EuGH BeckRS 2022, 6441; insgesamt zur aktuellen Rechtsprechung des EuGH und zu den Anforderungen der Unionsgrundrechte: Müller/Schwabenbauer NJW 2021, 2079. Zu einer Konsolidierung der unionsrechtlichen Maßstäbe hat schließlich die das deutsche Recht betreffende Entscheidung des EuGH vom 20.9.2022 (NJW 2022, 3135) geführt.

58 In der **Adressatenfrage** sind polizeiliche Gefahraufklärungsbefugnisse, wie bereits dargelegt (→ Rn. 48, → Rn. 52) nicht zwingend an den Störerbegriff gebunden; eingriffslegitimierend sind im Ausgangspunkt nicht individuelle schadensträchtige Handlungsbeiträge, sondern das staatliche Informationsinteresse; auch ist die Adressatenfrage im informationellen

Bereich von vornherein komplexer als im aktionellen Polizeirecht (nicht nur „über wen“, sondern auch „bei wem“ werden Informationen erhoben?); schließlich ist zu bedenken, dass Ermittlungen naturgemäß ein Eingrenzungsvorgang sind, denen eine gewisse (freilich sukzessiv zu reduzierende) Streubreite immanent ist (Möstl DVBl 2007, 581 (585 f., 588, auch zum Folgenden). Richtig ist hingegen, dass informationelle Befugnisse auch in der Adressatenfrage der rechtsstaatlichen Eingrenzung und einer angemessenen Systembildung bedürfen. Vor allem zwei Regeln lassen sich aufstellen: Die Streubreite informationeller Eingriffe muss – erstens – mit zunehmender Eingriffstiefe abnehmen; während geringfügigere Eingriffe auch auf der Basis rein lagebezogener Verdachtsmomente oder sogar anlasslos zulässig sein können (Bsp. Videoüberwachung, BVerwG NVwZ 2012, 757; Schleierfahndung, VerfGH Bayern BeckRS 9998, 90104, differenzierend BVerfG NVwZ 2019, 827; → Rn. 57), werden intensive Grundrechtseingriffe regelmäßig nur bei einem personenbezogenen Gefahrverdacht in Betracht kommen und auf die solchermaßen persönlich Verdächtigen zu beschränken sein (für die Online-Durchsuchung zB BVerfGE 120, 274 (329)). Soweit sich der Gefahrverdacht bereits auf einen bestimmten Personenkreis verdichtet hat, bedarf es – zweitens – besonderer Rechtfertigung, wenn die Überwachung auch auf den Verdächtigenumkreis erstreckt werden soll; der Begriff der „Kontakt- und Begleitperson“ ist in diesem Kontext nicht generell untauglich, kann (vor allem bei gravierenden Eingriffen) jedoch näherer Eingrenzung (BVerfGE 113, 348 (380 f.)) oder einer abgestuften Behandlung (BVerfGE 133, 277 Rn. 162 ff.) bedürfen. Im Urteil zum BKAG hat das BVerfG resümiert (BVerfGE 141, 220 = BeckRS 2016, 44821 Rn. 104, 114 ff.), der Adressat der Ermittlungsmaßnahme müsse, auch soweit er nicht Handlungs- oder Zustandsverantwortlicher im klassischen Sinne sei, in die mögliche Rechtsgutsverletzung „verfangen“ sein, wobei dadurch (außer bei der Wohnraumüberwachung und Onlinedurchsuchung) auch Überwachungsmaßnahmen im Umfeld der Zielperson nicht etwa ausgeschlossen seien, solange eine spezifische individuelle Nähe der Betroffenen zur aufzuklärenden Gefahr bestehe; eine noch weitergehende Einbeziehung von Kontaktpersonen komme bei Maßnahmen geringerer Eingriffstiefe in Betracht. In den Sondervoten (Eichberger BVerfGE 141, 220 = BeckRS 2016, 44821 Rn. 4, Schluckebier BVerfGE 141, 220 = BeckRS 2016, 44821 Rn. 5) wurde kritisiert, dass hinsichtlich der Miterfassung Unbeteiligter zu wenig bedacht worden sei, dass diese unter dem Gesichtspunkt eines für die öffentliche Sicherheit zu erbringenden Sonderopfers gerechtfertigt werden könnte. In seiner Entscheidung Bundeskriminalamtgesetz II (BVerfG BeckRS 2024, 25710 Rn. 109 ff. Ls. 1) hat das BVerfG klargestellt, dass bei eingriffsintensiven heimlichen Überwachungsmaßnahmen Kontaktpersonen nur dann überwacht werden dürfen, wenn die Überwachung der verantwortlichen Person entsprechend zulässig wäre. Besondere Anforderungen gelten, soweit durch polizeiliche Überwachungsmaßnahmen die Kommunikation mit Berufsgeheimnisträgern betroffen ist; prinzipiell gebilligt hat das BVerfG hierbei ein abgestuftes System von Erhebungs- und Verwendungsverboten, das einen absoluten Schutz bezüglich solcher Berufsgeheimnisträger anordnet, bei denen typischerweise der nach Art. 1 Abs. 1 GG unantastbare Bereich privater Lebensgestaltung (→ Rn. 60) berührt ist, und den Eingriff ansonsten nur nach Maßgabe einer Abwägung gestattet (BVerfGE 129, 208 (258 ff.); eher noch offener BVerfGE 141, 220 = BeckRS 2016, 44821 Rn. 131 ff., wonach der Gesetzgeber in der Regel nicht verpflichtet sei, bestimmte Personengruppen von bestimmten Überwachungsmaßnahmen von vornherein auszunehmen, sondern der Schutz der Vertraulichkeit auch von einer Abwägung abhängig gemacht werden dürfe; zu diesbezüglichen Bestimmtheitsanforderungen VerfGH Thüringen DVBl 2013, 111 (113 f.); zur Frage der Übertragbarkeit strafprozessualer Wertungen auf das Polizeirecht Kugelmann/Möstl, Polizei unter dem Grundgesetz, 2010, 27 (52 f.)).

Kennzeichnend für das polizeiliche Informationsrecht ist, dass die geforderte Grundrechts- **59**
sicherung in erheblichem Umfang auch durch **prozedurale Vorkehrungen** erfolgt (s. Lisken/Denninger PolR-HdB/Schwabenbauer G Rn. 282 ff.). Diese können die Einschränkung der Anordnungsbefugnis (bis hin zum Richtervorbehalt in Fällen besonders hoher Eingriffsintensität; BVerfGE 120, 274 (331)), die Gewährleistung der Datensicherheit (BVerfGE 125, 260 (325)), Pflichten zur Protokollierung, Dokumentation und Kennzeichnung (namentlich bei gewichtigen Eingriffen in Art. 10 und 13 GG, BVerfGE 133, 277 Rn. 225) sowie die Gewährleistung von Transparenz und Kontrolle (BVerfGE 125, 260 (334); 133, 277 Rn. 204 ff.) betreffen. Von besonderer Bedeutung für die Realisierbarkeit effektiven

Rechtsschutzes (Art. 19 Abs. 4 GG) gegenüber heimlich erfolgenden Maßnahmen ist das Bestehen von (nachträglichen) Auskunftsrechten und ggf. Benachrichtigungspflichten (BVerfGE 113, 348 (383 f., 389 f.)); allerdings wird man die Pflicht zu einer von Amts wegen erfolgenden Benachrichtigung (statt bloßen Auskunftsrechten) zumal bei geringfügigen Eingriffen nicht generell fordern können (BVerfGE 130, 151 (209 f.); BVerfG BeckRS 2018, 37186 Rn. 154; zu weitgehend VerfGH Thüringen DVBl 2013, 111 (116) und Ls. 4); und auch soweit eine prinzipielle Benachrichtigungspflicht besteht, kommen Ausnahmen nach Maßgabe einer Abwägung in Betracht (s. BVerfGE 125, 260 (336 f.); zu den Anforderungen an Transparenz, individuellen Rechtsschutz und aufsichtliche Kontrolle zusf. BVerfGE 141, 220 = BeckRS 2016, 44821 Rn. 134 ff.).

60 Eine wichtige äußere Grenze polizeilicher Ermittlungsbefugnisse markiert der Schutz des **unantastbaren Kernbereichs privater Lebensgestaltung** (Poscher JZ 2009, 269; Lisken/Denninger PolR-HdB/Schwabenbauer G Rn. 143 ff.; Tanneberger, Die Sicherheitsverfassung, 2014, 130 ff.; Reichert, Der Schutz des Kernbereichs privater Lebensgestaltung in den Polizeigesetzen des Bundes und der Länder, 2015). Dieser Schutz folgt verfassungsunmittelbar aus Art. 1 Abs. 1 GG und setzt jeder polizeilichen Ermittlungstätigkeit entsprechende materiell-rechtliche Grenzen. Darüber hinaus verlangt das BVerfG – allerdings nicht generell, sondern nur in Bezug auf solche Eingriffe, die die „gesteigerte Gefahr" bergen, dass Daten höchstpersönlichen Inhalts erhoben werden (BVerfGE 120, 274 (336)), bzw. „typischerweise zur Erhebung kernbereichsrelevanter Daten führen" (verletzungsgeneigte Befugnisse; s. BVerfGE 141, 220 = BeckRS 2016, 44821 Rn. 123) – dass der Gesetzgeber auch durch besondere prozedurale Schutzvorkehrungen sicherstellt, dass der an sich bereits verfassungsunmittelbar aus Art. 1 Abs. 1 GG folgende Kernbereichsschutz gewahrt wird. Herauskristallisiert hat sich hierbei in der Rechtsprechung des BVerfG ein zweistufiges Schutzkonzept (BVerfGE 120, 274 (338 f.); zusf. BVerfGE 129, 208 (245 ff.); 141, 220 = BeckRS 2016, 44821 Rn. 126 ff.; BVerfG BeckRS 2022, 41609 Rn. 100 ff.): So hat die gesetzliche Ermächtigung auf der ersten Stufe so weit wie möglich sicherzustellen, dass Daten mit Kernbereichsbezug nicht erhoben werden; soweit es jedoch praktisch unvermeidbar ist, dass die ermittelnde Polizei Informationen zur Kenntnis nimmt, bevor sie deren Kernbereichsbezug erkennt, ist es von Verfassung wegen nicht gefordert, den Zugriff von vornherein zu unterlassen; vielmehr ist dann – in einer zweiten Stufe – für hinreichenden Schutz in der Auswertungsphase zu sorgen; kernbereichsrelevante Daten sind dabei unverzüglich zu löschen; die Verfassung verlangt nicht in allen Fällen, dass die Auswertung durch eine unabhängige Stelle erfolgt (BVerfGE 129, 208 (249 f.); tendenziell strenger jetzt BVerfGE 141, 220 = BeckRS 2016, 44821 Rn. 129, wonach die Sichtung durch eine unabhängige Stelle „in der Regel" vorzusehen sei). Da die verfassungsrechtlichen Anforderungen an die konkrete Ausgestaltung des Kernbereichsschutzes je nach Art der Informationserhebung und die durch sie erfassten Informationen unterschiedlich sein können (BVerfGE 120, 274 (339); 129, 208 (245)), kann vom Gesetzgeber nicht verlangt werden, vor die Klammer gezogen (dh unabhängig vom Maßnahmetyp) eine einheitliche Kernbereichsschutzregelung zu schaffen (zum Ganzen s. Kugelmann/Möstl, Polizei unter dem Grundgesetz, 2010, 27 (49 ff.)).

III. Die verfassungsrechtliche Garantie effektiven Rechtsschutzes im Polizeirecht

61 Die **Garantie effektiven Rechtsschutzes** (Art. 19 Abs. 4 GG; allg. zum Rechtsschutz im Polizeirecht Lisken/Denninger PolR-HdB/Buchberger K Rn. 1 ff.; Gusy/Eichenhofer PolR Rn. 481 ff.) stößt im Polizeirecht auf das strukturelle Problem der typischerweise sofortigen **Erledigung** polizeilicher Maßnahmen. Mit Art. 19 Abs. 4 GG ist es zwar prinzipiell vereinbar, wenn die Fachgerichte ein Rechtsschutzinteresse nur so lange als gegeben ansehen, wie ein gerichtliches Verfahren dazu dienen kann, eine gegenwärtige Beschwer auszuräumen, einer Wiederholungsgefahr zu begegnen oder eine fortwirkende Beeinträchtigung durch einen an sich beendeten Eingriff zu beseitigen; allerdings gebietet das Grundrecht auf effektiven Rechtsschutz darüber hinaus, dass im Falle sich typischerweise, noch bevor gerichtlicher Rechtsschutz zu erlangen ist, erledigender tiefgreifender oder gewichtiger Grundrechtseingriffe zumindest ein nachträglicher Hauptsacherechtsbehelf offen stehen muss (BVerfGE 110, 77 (85 ff.), auch zum Verhältnis zum einstweiligen Rechtsschutz; OVG Koblenz BeckRS 2013, 45160, auch zum Sonderfall von Gefahrenabwehrverordnungen;

VGH München NJW 2017, 2779). Zur Gewährleistung einer effektiven Rechtsschutzmöglichkeit gegenüber **heimlichen Polizeimaßnahmen** kann aus Art. 19 Abs. 4 GG folgen, dass entsprechende Benachrichtigungspflichten oder zumindest Auskunftsrechte statuiert werden müssen (→ Rn. 59; zur Möglichkeit einer vorbeugenden Unterlassungsklage BVerfGE 150, 309 (329 ff.) = BeckRS 2018, 37208 Rn. 50 f.).

B. Sicherheitsarchitektur

I. Der Ort der Polizei in der deutschen Sicherheitsarchitektur

1. Die Entwicklung der Polizeibegriffe – Polizei und Sicherheits-/Ordnungsbehörden

Der **Polizeibegriff** hat seit seinem Aufkommen im frühneuzeitlichen Staat vielerlei 62
Wandlungen erfahren (DWVM Gefahrenabwehr 1–43; Götz/Geis PolR § 1 Rn. 1 ff.): Bezeichnete er zunächst (weit) die Vorstellung einer guten Ordnung des Gemeinwesens und wurde er sodann im (so die spätere kritische Wertung) „polizeistaatlichen" Absolutismus gar zum Synonym für die gesamte innere Verwaltung, war es die Errungenschaft der vom aufgeklärten Absolutismus zum liberalen Rechtsstaat führenden Entwicklung, den Polizeibegriff (enger) mit Gefahrenabwehr gleichzusetzen (dh die sog. „Wohlfahrtspolizei" auszuscheiden). Die jüngere Tendenz vor allem nach dem Zweiten Weltkrieg hat an die Stelle dieses sog. materiellen Polizeibegriffs (Polizei = Gefahrenabwehr) einen institutionellen Polizeibegriff treten lassen: als Polizei wird überwiegend nur noch die Vollzugspolizei als Institution (zB Art. 1 BayPAG) und nicht mehr die Tätigkeit der sonstigen, zuvor als Verwaltungspolizei bezeichneten, gefahrenabwehrenden Verwaltung bezeichnet; aus der Verwaltungspolizei werden – mit beträchtlicher föderaler Begriffsvielfalt – „Ordnungsbehörden" (zB Nordrhein-Westfalen) bzw. „Sicherheitsbehörden" (Bayern), „Gefahrenabwehrbehörden" (Hessen), „Verwaltungsbehörden" (Niedersachsen) oder Ähnliches (Kingreen/Poscher POR § 2 Rn. 32). Grund für diese Entwicklung ist nicht nur – vordergründig – das von den Westalliierten angestoßene Programm der „Entpolizeilichung" der Verwaltung, sondern – tiefer liegend – auch die Unterschiedlichkeit der jeweiligen Art der Aufgabenerledigung (Vollzugspolizei: vor Ort und mit der Möglichkeit sofortigen Vollzugs; Ordnungsbehörden: vom Schreibtisch aus) sowie ein zunehmendes Auseinanderdriften der jeweiligen Aufgabenstruktur jenseits des Schnittbereichs Gefahrenabwehr (Anreicherung der ordnungsbehördlichen Aufgaben um planerische, gestalterische und risikosteuernde Elemente einerseits; charakteristische und über bloße Gefahrenabwehr hinausgehende Doppelzuständigkeit der Polizei für Prävention und Repression andererseits; s. Möstl Sicherheitsgewährleistung 392 ff.). Soweit das Polizeirecht und das allgemeine Sicherheits-/Ordnungsrecht von einer einheitlichen dogmatischen Struktur (Gefahr/Störerdogmatik) geprägt bleiben (dh im Schnittbereich klassischen Gefahrenabwehrrechts), behält der überkommene materielle Polizeibegriff gleichwohl wissenschaftlichen Wert.

Das Programm der **Entpolizeilichung** der Sicherheits-/Ordnungsverwaltung ist in den 63
deutschen Ländern **unterschiedlich weitreichend** durchgeführt worden. Zwar unterscheiden alle Bundesländer in der einen oder anderen Form zwischen der Vollzugspolizei zugewiesenen Eil- und Vollzugsaufgaben vor Ort einerseits und den verwaltungsmäßig zu erledigenden regulären Gefahrenabwehraufgaben andererseits (Kingreen/Poscher POR § 1 Rn. 26, § 2 Rn. 24). Vier Länder (darunter Baden-Württemberg) haben organisatorisch jedoch am **Einheitssystem** festgehalten; die mit Gefahrenabwehr betrauten Verwaltungsbehörden heißen demnach weiter „Polizeibehörden" und bilden gemeinsam mit dem Polizeivollzugsdienst die „Polizei" (§ 104 BWPolG), deren Aufgaben, Befugnisse und Organisation konsequenterweise in einem einzigen Gesetz, dem „Polizeigesetz" geregelt sind (umfassend novelliert durch Gesetz vom 6.10.2020, GBl. 2020, 1092). Alle anderen Bundesländer hingegen folgen dem **Trennungssystem,** dh sie unterscheiden die Polizei (im Sinne von Vollzugspolizei) von den sonstigen, als Sicherheits-/Ordnungsbehörden oder ähnlich (dh nicht als Polizeibehörden) bezeichneten allgemeinen Gefahrenabwehrbehörden, wobei gewisse organisatorische Querverbindungen bestehen bleiben können (zB Weisungsrecht der Sicherheitsbehörden gegenüber der Polizei nach Art. 9 Abs. 2 BayPAG iVm Art. 10 S. 2 LStVG; Landräte

als Kreispolizeibehörden gem. § 2 Abs. 1 POG NRW). Unterschiedliche Wege gehen die Länder (mit Trennsystem) auch in der Frage, ob sie die Tätigkeit und Organisation der solchermaßen unterschiedenen Polizei und Ordnungs-/Sicherheitsbehörden dennoch **in einem einzigen Gesetz** (so zB Niedersachsen und Hessen) oder aber in unterschiedlichen, dann typischerweise **drei verschiedenen Gesetzen** regeln (zB Bayern: BayPAG, BayPOG, LStVG; Nordrhein-Westfalen: PolG NRW, POG NRW, NRWOBG).

2. Die besondere Funktion der Polizei im Konzert der Gewalten

64 Der herrschende institutionelle Polizeibegriff darf den Blick nicht dafür verstellen, dass es sehr wohl möglich ist, das, was die (Vollzugs-) Polizei macht, auch funktional zu beschreiben und in diesem Sinne materiell zu erfassen (auf die Funktion der Polizei im institutionellen Sinn bezogener materieller Polizeibegriff, s. Möstl Sicherheitsgewährleistung 382 ff., 398 ff.). Für die materielle Erfassung der Polizei entscheidend ist ihr Charakter einer gegenüber allen staatlichen Sicherheitsfunktionen (aller Gewalten) subsidiären (dh **subsidiär allzuständigen**) und zugleich mit den effektivsten tatsächlichen und rechtlichen Mitteln ausgestatteten (dh **schlagkräftigsten**) **Grund- und Auffangfunktion** des Staates zur Einlösung der staatlichen Garantie für die öffentliche Sicherheit und Ordnung. Subsidiär zuständig ist die Polizei nicht nur (im Rahmen der Gefahrenabwehr) gegenüber der allgemeinen und besonderen Ordnungsverwaltung, sondern auch (im Rahmen ihrer strafprozessualen Eil- und Hilfszuständigkeiten) gegenüber den Organen der Strafverfolgung sowie (beim Schutz privater Rechte) auch gegenüber der Zivilgerichtsbarkeit; Strukturen faktisch-rechtlicher Hilfsverfügbarkeit bestehen schließlich sogar im Verhältnis zum Gesetzgeber, denn immer dann, wenn der Gesetzgeber es bislang unterlassen hat, für spezielle Schutzregelungen zu sorgen, ist die Polizei aufgrund ihrer Generalklausel in der Lage, das zum Schutz der öffentlichen Sicherheit und Ordnung Notwendige zu verfügen. Charakteristische Kehrseite ihrer nur subsidiären Allzuständigkeit ist es (und hierin liegt die trotz aller rechtlichen Subsidiarität ganz eminente faktische Bedeutung der Polizei begründet), dass die Polizei im Gegenzug über die im Vergleich zu den anderen Sicherheitsfunktionen effektivsten rechtlichen und faktischen Mittel verfügt, auch tatsächlich in jeder Situation für ausreichenden Schutz sorgen zu können: sie ist (anders als fast alle anderen Staatsfunktionen) nicht nur prinzipiell jederzeit und überall einsetzbar, sondern verfügt auch über eine an Breite (Generalklausel) und Tiefe (Fähigkeit, Entscheidungen nicht nur zu treffen, sondern nötigenfalls auch sofort und ggf. mit Gewalt bis hin zum Schusswaffengebrauch zu vollstrecken; vgl. § 80 Abs. 2 Nr. 2 VwGO und die Regeln zum polizeilichen Zwang) ganz exzeptionelle Befugnisstruktur. Ihre subsidiäre Allzuständigkeit gegenüber der gesamten gewaltenteiligen Sicherheitsarchitektur und diese bis zur zwangsweisen Durchsetzung an Ort und Stelle reichende besondere Befugnisstruktur lassen die Polizei – im Konzert der Gewalten und der rechtsstaatlich ausdifferenzierten Sicherheitsfunktionen – als reinste Verkörperung der staatlichen Garantie für die öffentliche Sicherheit und Ordnung sowie des staatlichen Gewaltmonopols erscheinen.

3. Polizei und Nachrichtendienste

65 Das Verhältnis von Polizei und Nachrichtendiensten wird – seit dem „Polizeibrief" der Westalliierten v. 14.9.1949 und seither einfachgesetzlich verwirklicht – vom sog. **Trennungsgebot** beherrscht (Nehm NJW 2004, 3289; Fremuth AöR 139 (2014), 32; kritisch: Linzbach/Gärditz ZG 2020, 314; Stern/Sodan/Möstl, Staatsrecht/Gärditz, Band I, 2. Aufl. 2022, § 22 Rn. 45 ff.). Neben dem Gebot organisatorischer Trennung folgt aus ihm in funktionaler Hinsicht insbesondere das Verbot, den Nachrichtendiensten „polizeiliche Befugnisse" einzuräumen (zB § 8 Abs. 3 BVSG). Was damit genau gemeint ist, ist infolge von Tendenzen einer zunehmenden „Vernachrichtendienstlichung der Polizei" (Einräumung informationeller Vorfeldbefugnisse) und einer „Verpolizeilichung der Nachrichtendienste" (Indienstnahme für die Verbrechensbekämpfung) teilweise unsicher geworden (vgl. Kniesel Schriftenreihe der Polizeiführungsakademie 3/1996, 77 (82 ff.); Wolff DÖV 2009, 597). Kern des Verbots polizeilicher Befugnisse ist es (im Sinne der Verhinderung einer Kumulation weitreichender Ermittlungsbefugnisse und weitreichender Exekutivbefugnisse in einer Hand), dass die Nachrichtendienste als diejenigen Stellen, die dazu berufen sind, bereits weit im Gefahrenvorfeld und mit heimlichen Methoden zu ermitteln, und die in diesem Sinne legitimerweise „viel

wissen", niemals selbst die Konsequenzen aus ihrem Wissen ziehen und unmittelbar zu Maßnahmen der Gefahrenabwehr oder Strafverfolgung schreiten dürfen; diejenige Behörde, die viel wissen darf, soll nicht selbst handeln dürfen – das ist der eigentliche Sinn des Trennungsgebots. Das Trennungsgebot beschränkt die Nachrichtendienste somit auf den rein informationellen Bereich, die resultierenden Konsequenzen sind stets von anderen zu ziehen; die Nachrichtendienste üben eine rein informationelle Hilfstätigkeit für andere aus, sie sind, wie der Name schon sagt, „Nachrichten"-Dienst, dh Informationsquelle für andere (vgl. auch BVerfG NJW 2022, 1583 Ls. 1 und Rn. 153 ff.; das BVerfG leitet hieraus ab, dass die Eingriffsbefugnisse von Nachrichtendiensten im Vergleich zur Polizei an modifizierte Eingriffsschwellen gebunden werden können). Legt man diese Sichtweise zugrunde, so folgt hieraus nach hier vertretener Ansicht (Möstl Sicherheitsgewährleistung 404 ff., 412) zwingend, dass es keine Verletzung des Trennungsgebots sein kann, wenn die Nachrichtendienste (freilich in den Grenzen des grundrechtlich Zulässigen) im Rahmen ihrer informationellen Aufgaben Informationen an die ggf. zum Handeln berufene Polizei weiter geben (kein Gebot auch informationeller Trennung); im Gegenteil ist der Informationsaustausch zwischen Nachrichtendiensten und Polizei geradezu funktionale Kehrseite und notwendige Konsequenz des Trennungsgebots, denn wenn die Nachrichtendienste nicht selbst die Konsequenzen aus ihrem Wissen ziehen dürfen und wenn ihr Wissen andererseits nicht völlig vergebens sein soll, dann müssen sie prinzipiell in der Lage sein, ihr Wissen an diejenigen weiterzugeben, die zur Ziehung der Konsequenzen berufen sind (zum Teil strenger indes BVerfGE 162, 1 = NJW 2022, 1583 Ls. 1 und Rn. 170 ff.). Dies folgt auch aus einer verfassungsrechtlichen Wertung, denn das GG hat die Nachrichtendienste bewusst in den Kontext der sicherheitsbehördlichen Zusammenarbeit gestellt (Art. 73 Abs. 1 Nr. 10 GG; vgl. auch BVerfGE 133, 277 Rn. 97–99). Freilich sind bei der Informationsweitergabe stets die Grundrechte zu beachten; die Informationsweitergabe ist insbesondere vor dem Grundrecht auf informationelle Selbstbestimmung rechtfertigungsbedürftig; aus dem Trennungsgebot folgen nach hier vertretener Ansicht allerdings keine über diese grundrechtlichen Grenzen hinausgehenden Hindernisse.

Das **BVerfG** hat sich mit Fragen eines Informationsaustauschs zwischen Nachrichten- **66**
diensten und Polizei in seinem Urteil zur strategischen Fernmeldeüberwachung befasst (BVerfGE 100, 313) und hierbei einen systematischen polizeilichen Verwendungszusammenhang von im Rahmen der spezifisch nachrichtendienstlichen Aufgaben gewonnenen Erkenntnissen in bestimmten grundrechtlichen Grenzen erlaubt, ohne das Trennungsgebot als solches zu thematisieren. In seinem Urteil zur **Antiterrordatei** v. 24.4.2013 (BVerfGE 133, 277; hieran anknüpfend auch BVerfGE 162, 1 = NJW 2022, 1583 Rn. 171 sowie BVerfGE 163, 43 = BeckRS 2022, 29785 Rn. 120) hat es weitergehend unmittelbar aus den Grundrechten ein **informationelles Trennungsprinzip** dergestalt abgeleitet, dass ein Datenaustausch grundsätzlich verboten und nur ausnahmsweise erlaubt sein soll (s. Gärditz JZ 2013, 633; Käß BayVBl. 2013, 709; Tanneberger VBlBW 2014, 41; Volkmann JA 2014, 820); in BVerfGE 162, 1 = NJW 2022, 1583 Rn. 170 ff., 225 ff. klingt dieses Prinzip weniger kategorisch und beschränkt sich auf die Geltung des Kriteriums der hypothetischen Datenneuerhebung. Dieses informationelle Trennungsprinzip ist nach hier vertretener Ansicht fragwürdig hergeleitet (die Aussagen zum Regel-Ausnahme-Verhältnis, die eigentlich nur das Ergebnis einer Abwägung sein können, erfolgen gegen die Regeln der Kunst, noch bevor überhaupt eine Abwägung stattgefunden hat; die Unterschiede der Aufgaben- und Befugnisstruktur von Nachrichtendiensten und Polizei werden überpointiert, ohne auch die Überschneidungsbereiche zu würdigen); auch fragt sich, welchen Mehrwert ein aus den Grundrechten abgeleitetes Trennungsprinzip gegenüber der grundrechtlichen Selbstverständlichkeit haben soll, dass Informationsweitergaben vor den Grundrechten rechtfertigungsbedürftig sind; schließlich entbehrt es nicht einer gewissen Widersprüchlichkeit, wenn im Rahmen der Eingriffsrechtfertigung auf das legitime Interesse an einem gezielten informationellen Verbund der organisatorisch enorm ausdifferenzierten Sicherheitsbehörden (im Fall über 60 zuständige Behörden und Stellen!) abgestellt wird (BVerfGE 133, 277 Rn. 130 f.), obwohl dieser organisatorischen Zersplitterung zuvor sogar eine „grundrechtliche Dimension" und Schutzfunktion zugesprochen worden war (BVerfGE 133, 277 Rn. 113). Trotz dieser Einwände wird das vom BVerfG aufgestellte Gebot informationeller Trennung sein Eigenleben entfalten und für die Beurteilung von Strukturen der informationellen Zusammenarbeit maßgeblich bleiben (siehe im Gefolge zB BVerfGE 156, 11 = NJW 2021, 690;

dazu Golla NJW 2021, 667; BVerfGE 162, 1 = NJW 2022, 1583 Rn. 171). Immerhin ist entschieden worden, dass dieses Trennungsgebot selbst einer systematischen Verbunddatei zur Informationsanbahnung wie der Antiterrordatei (ATDG – Gesetz zur Errichtung einer standardisierten zentralen Antiterrordatei von Polizeibehörden und Nachrichtendiensten von Bund und Ländern v. 22.12.2006, BGBl. I 3409) nicht prinzipiell entgegensteht; dies ist auch für die sog. Rechtsextremismusdatei (RED-G – Gesetz zur Errichtung einer standardisierten zentralen Datei von Polizeibehörden und Nachrichtendiensten von Bund und Ländern zur Bekämpfung des gewaltbezogenen Rechtsextremismus v. 20.8.2012, BGBl. I 1798) von Bedeutung. Umstritten ist, ob das seit 2004 betriebene Gemeinsame Terrorismusabwehrzentrum (**GTAZ**) von Polizeien, Nachrichtendiensten und anderen Sicherheitsbehörden einer gesetzlichen Grundlage bedarf (SZ v. 23.8.2013; Wissenschaftliche Dienste des Deutschen Bundestages v. 19.12.2018 – WD 3 - 3000 - 406/18; zum GTAZ SGR/Graulich BKAG § 2 Rn. 17 ff.). Im **Grundsatzurteil zum BayVSG** (BVerfGE 162, 1 = NJW 2022, 1583 Ls. 3) ist näher ausbuchstabiert worden, was aus dem informationellen Trennungsgedanken folgt; im Wesentlichen geht es um die Beachtung des Kriteriums hypothetischer Datenneuerhebung; Datenübermittlungen an Gefahrenabwehrbehörden setzen demnach voraus, dass sie dem Schutz eines besonders gewichtigen Rechtsguts dienen, für das wenigstens eine konkretisierte Gefahr besteht (hieran anknüpfend auch BVerfGE 163, 43 = BeckRS 2022, 29785). Deutlich wird im Ergebnis, dass sich das nach hier vertretener Ansicht etwas überhöht so bezeichnete informationelle Trennungsprinzip letztlich in einer normalen Anwendung grundrechtlicher Verhältnismäßigkeitsmaßstäbe erschöpft.

II. Polizeiliche Sicherheitsgewährleistung im Bundesstaat

1. Die polizeirechtliche Landes- und die strafprozessuale Bundesgesetzgebungskompetenz

67 Die für den deutschen Bundesstaat charakteristische Unterscheidung zwischen der originären Gesetzgebungskompetenz der Länder für das allgemeine **Gefahrenabwehrrecht** einerseits (Art. 70 Abs. 1 GG) und der (konkurrierenden) Gesetzgebungszuständigkeit des Bundes für das **Strafprozessrecht** andererseits (Art. 74 Abs. 1 Nr. 1 GG) bringt es mit sich, dass die Tätigkeit der Polizei, die traditionell präventive und repressive Aufgaben in sich vereint und insofern von einer funktionellen Doppelrolle geprägt ist, auf zwei sehr unterschiedlichen, einmal landes- und einmal bundesrechtlichen, Rechtsregimen beruht: dem Polizeirecht der Länder, das tatsächlich nur einen Teilbereich der polizeilichen Aufgaben (nämlich die gefahrenabwehrenden) abschließend regelt, sowie der StPO des Bundes, welche repressive Aufgaben und Eingriffsbefugnisse hinzufügt (weitere spezialgesetzlich geregelte Aufgaben, etwa im Ordnungswidrigkeiten-, Straßenverkehrs- oder Versammlungsrecht kommen hinzu; zum Ganzen s. Schenke PolR Rn. 23 ff.). Obwohl offensichtlich ist, dass zwischen präventiven und repressiven Aufgaben der Verhütung und Verfolgung von Straftaten in der polizeilichen Arbeit ein enger sachlicher Zusammenhang und häufig auch schwer aufzulösende **Gemengelagen** bestehen können (Kingreen/Poscher POR § 2 Rn. 7 ff.; BVerfGE 150, 244 (272, 274 ff.) = BeckRS 2018, 37186 Rn. 63, 71 ff.), und obwohl das Polizei- und das Strafprozessrecht der Polizei zumeist durchaus vergleichbare (und beinahe austauschbar erscheinende) Eingriffsbefugnisse für bestimmte Standardmaßnahmen einräumen (so die Perspektive des sog. **polizeilichen Eingriffsrechts,** das gleichartige Maßnahmetypen des Polizei- und Strafprozessrechts parallel und vergleichend darstellt; zB Benfer/Bialon, Rechtseingriffe von Polizei und Staatsanwaltschaft, 4. Aufl. 2010; Trurnit, Eingriffsrecht, 4. Aufl. 2017; zur verfassungsrechtlichen Zulässigkeit dieses Nebeneinanders BVerfGE 150, 244 (275) = BeckRS 2018, 37186 Rn. 72), macht es die für das deutsche Recht typische kompetenzielle Trennung von Polizei- und Strafprozessrecht zwingend notwendig, polizeiliche Maßnahmen trennscharf (und schärfer als dies in anderen europäischen Rechtsordnungen typisch ist, die Prävention und Repression oft mehr im Zusammenhang sehen; vgl. für das EU-Polizeirecht → Rn. 93) **entweder dem präventiven Polizei- oder dem repressiven Strafprozessrecht** mit ihren jeweiligen Eingriffsermächtigungen zuzuordnen (zB Benfer/Bialon, Rechtseingriffe von Polizei und Staatsanwaltschaft, 4. Aufl. 2010, Rn. 16 ff.; Kniesel Die Polizei 2017, 189; 2018, 265). Zu dieser Notwendigkeit einer kompe-

tenziell scharfkantigen Zuordnung trotz faktischer Überschneidungen hat das BVerfG in seiner Entscheidung v. 18.12.2018 (BVerfGE 150, 244 (274 ff.) = BeckRS 2018, 37186 Rn. 71 ff.) grundsätzlich ausgeführt, dass es der kompetenziellen Zuordnung einer Eingriffsbefugnis zum Gefahrenabwehrrecht, solange die Norm strikt von einer präventiven Zwecksetzung her bestimmt und auf sie ausgerichtet ist, nicht entgegensteht, dass sie in ihren tatsächlichen Wirkungen auch die Strafverfolgung befördert (und umgekehrt); auch doppelfunktionale Regelungen seien zulässig; für die kompetenzielle Zuordnung sei insoweit der Schwerpunkt der Zweckrichtung maßgeblich; wo ein klarer Schwerpunkt nicht erkennbar sei, bestehe ein gesetzgeberischer Entscheidungsspielraum und sei es auch zulässig, dass entsprechende Befugnisse auf Bundes- und Landesebene geregelt werden. Die scharfkantige Unterscheidung von präventivem und repressivem Recht bringt es auch mit sich, dass es als eine (einer besonderen Rechtsgrundlage und Rechtfertigung bedürfende) **Zweckänderung** anzusehen ist, wenn von der Polizei ursprünglich zu präventiven Zwecken erhobene Daten nunmehr zu repressiven Zwecken verwendet werden sollen oder umgekehrt (Gusy/Eichenhofer PolR Rn. 260; BVerfG BeckRS 2018, 37186, Rn. 80) – und das obwohl Daten prinzipiell „neutral" sind (Lisken/Denninger PolR-HdB/Denninger, 6. Aufl. 2018, D Rn. 205), dh prinzipiell in unterschiedlichen Kontexten nützlich sein können (gerade für in Bezug auf ein und denselben strafbaren Geschehensablauf erhobene Daten liegt auf der Hand, dass sie sowohl für die Verhütung als auch für die Verfolgung der Straftat relevant werden können).

Die kompetenziell notwendige Unterscheidung von präventivem und repressivem Recht 68
ist **rechtsstaatlich sinnvoll,** denn die sehr unterschiedlichen Entscheidungssituationen bei der Gefahrenabwehr einerseits (ereignisbezogen, prognostisch, ggf. eilbedürftig, auf Effektivität und Flexibilität bedacht) und bei der Strafverfolgung andererseits (tat- und täterbezogen, vergangenheitsorientiert, auf Gerechtigkeit und Rechtsförmigkeit bedacht) machen es notwendig, die parallelen Befugnisgrundlagen des Polizei- und des Strafprozessrechts für bestimmte Standardmaßnahmen an unterschiedliche tatbestandliche Voraussetzungen und prozedurale Maßgaben zu knüpfen (Möstl Sicherheitsgewährleistung 157 f.). Gerade auch angesichts dieser Unterschiedlichkeit umso schärfer stellt sich freilich die Frage, nach welchen Kriterien bei den in der Praxis häufigen **Gemengelagen** aus präventiven und repressiven Zwecken eine verlässliche Zuordnung zu dem einen oder anderen Rechtsregime erfolgen soll. Die Rechtsprechung und hM bedienen sich des Kriteriums des Schwerpunkts der Maßnahme (**Schwerpunkttheorie,** BVerwGE 47, 255 (264 f.), VGH München BayVBl. 2010, 220; OVG Münster BeckRS 2012, 45958; Roggan Die Polizei 2008, 112) dieses Kriterium ist nunmehr vom BVerfG bestätigt worden (BVerfGE 150, 244 (275) = BeckRS 2018, 37186 Rn. 72); strittiger ist es, ob und inwieweit im Rahmen des Schwerpunktkriteriums bei Zweifelsfällen von einem **Vorrang der Gefahrenabwehr** (so zB Kingreen/Poscher POR § 2 Rn. 14) oder aber einem **Primat der Strafverfolgung** (Benfer/Bialon, Rechtseingriffe von Polizei und Staatsanwaltschaft, 4. Aufl. 2010, Rn. 25; aA Möstl DVBl 2010, 808 (815) mwN) auszugehen ist (näher → Rn. 98, auch zur diesbezüglichen Leitentscheidung BGHSt 62, 123 = BeckRS 2017, 118214).

Seit BVerfGE 113, 348 (367 ff.; bekräftigend BVerfGE 150, 244 (273 ff.) = BeckRS 2018, 69
37186 Rn. 67 ff.; BeckRS 2022, 41609 Rn. 164 ff.) im Grundsatz geklärt ist die lange strittige (vgl. Möstl DVBl 2010, 808 (814 f.) mwN, auch zum Folgenden; s. auch VGH Mannheim BeckRS 2014, 52255) Frage der kompetenziellen Verortung von Regelungen zu polizeilichen Ermittlungsmaßnahmen, die bereits im Vorfeld von Gefahr und Tatverdacht ansetzen (**vorbeugende Bekämpfung von Straftaten,** → Rn. 52; s. auch Kniesel Die Polizei 2017, 189 ff.; Möstl DVBl 2023, 330 ff., auch zur Grundsatzkritik von Danne, Prävention und Repression im Sicherheitsrecht, 2022). Während die **Straftatenverhütung,** und zwar auch, wenn sie vorbeugend im Gefahrenvorfeld greift, vollumfänglich der Landesmaterie Polizeirecht zuzuordnen ist, soll für die Vorsorge für die Verfolgung von Straftaten (**Verfolgungsvorsorge**) prinzipiell die Bundesmaterie Strafprozessrecht einschlägig sein (kritisch: Kniesel, Kriminalitätsbekämpfung durch Polizeirecht, 2022, 173 f., 417), wobei freilich für landesrechtliche Regeln in den Polizeigesetzen Raum bleibt, soweit der Bundesgesetzgeber (wie im Bereich der Verfolgungsvorsorge häufig der Fall, vgl. BVerwG NVwZ 2012, 757 (760); Schenke PolR Rn. 30) in der StPO noch keine abschließenden Regelungen getroffen hat. Nach den Regeln der Schwerpunkttheorie (→ Rn. 68) unschädlich ist es des Weiteren,

wenn Ermittlungsmaßnahmen, die auf der Basis der Polizeigesetze mit im Schwerpunkt präventiver Zwecksetzung angestellt werden, zugleich einen potentiell verfolgungsvorsorgenden Nebenzweck dergestalt aufweisen, dass die im Zuge der präventiven Ermittlungen erhobenen Daten später möglichweise (im Wege zweckändernder Umwidmung) auch für repressive Zwecke nutzbar gemacht werden können (Möstl DVBl 2010, 808 (815); so nunmehr ausdrücklich auch BVerfG BeckRS 2018, 37186 Rn. 80). Im Übrigen jedoch ist es nicht zulässig, die Verfolgungsvorsorge im Rahmen der Polizeigesetze zu einem eigenständigen Eingriffsgrund auszubauen (BVerfGE 113, 348 (369); Kingreen/Poscher POR § 5 Rn. 4).

2. Die Polizeihoheit der Länder und die sonderpolizeilichen Aufgaben des Bundes

70 Die **allgemeine Polizeigewalt** kommt in der bundesstaatlichen Ordnung Deutschlands traditionell den Ländern zu (Lisken/Denninger PolR-HdB/Bäcker B Rn. 99; Möstl Sicherheitsgewährleistung 464 ff.; Härtel/Kugelmann, Handbuch Föderalismus, Bd. II, 2012, § 52); der Bund verfügt unter dem GG nur über bestimmte **sonderpolizeiliche Aufgaben.** Für den vor allem auf Art. 87 Abs. 1 S. 2 GG basierenden früheren Bundesgrenzschutz hat das **BVerfG** (BVerfGE 97, 198) ausdrücklich entschieden, dass dessen Aufgabenspektrum über die engere Grenzschutzaufgabe hinaus zwar auch um andere dem Bund durch das GG zugewiesene Polizeiaufgaben (insbesondere die Aufgaben der Bahnpolizei) erweitert werden darf (mit der Tendenz seiner Wandlung hin zu einer „multifunktional einsetzbaren Polizei des Bundes"), zugleich hat es jedoch (BVerfGE 97, 198 (218)) festgehalten, dass dieser nicht zu einer allgemeinen, mit den Landespolizeien konkurrierenden Bundespolizei ausgebaut werden und damit sein Gepräge als Polizei mit begrenzten Aufgaben verlieren darf. Die im Jahre 2005 vollzogene Umbenennung des Bundesgrenzschutzes in **„Bundespolizei"** mag angesichts dessen veränderten Aufgabenspektrums verständlich sein (Götz/Geis PolR § 16 Rn. 19) und, da sie nur zu einem neuen Namen, nicht aber als solche zu einer zusätzlichen Aufgabenerweiterung führte, auch noch nicht die Grenze zur Verfassungswidrigkeit überschreiten (Kingreen/Poscher POR § 2 Rn. 41); verfassungspolitisch problematisch bleibt sie angesichts der vom BVerfG bekräftigten Grundentscheidung des GG gegen eine allgemeine Bundespolizei allemal. Umgekehrt ist seit langem, und jüngst (seit Wiedereinführung einer eigenen **Grenzpolizei** durch den Freistaat Bayern) aufs Neue streitig, inwieweit auch die Länder – neben den Bundeskompetenzen aus Art. 73 Abs. 1 Nr. 5 und Art. 87 Abs. 1 S. 2 GG – Grenzschutzaufgaben regeln und wahrnehmen dürfen (s. Walter NVwZ 2018 1685; Kingreen/Schönberger NVwZ 2018, 1825; Parma BayVBl. 2019, 181; Walter BayVBl. 2020, 7). Das BVerfG hat hierzu (wenngleich am speziellen Beispiel der Schleierfahndung) eine restriktive Linie eingenommen und den Ländern ohne ausdrücklich bundesgesetzliche Ermächtigung iSv Art. 71 GG eine eigenständige Regelungsbefugnis abgesprochen (BVerfG BeckRS 2018, 27186 Rn. 55.). Übersehen wird dabei nach hier vertretener Ansicht die prinzipiell subsidiäre Auffangzuständigkeit der Landespolizeien gegenüber allen sonderpolizeilichen Funktionen (auch des Bundes); zumindest bei Unaufschiebbarkeit und Gefahr im Verzug, im Übrigen aber mit Zustimmung des Bundes oder aufgrund Verwaltungsvereinbarung mit ihm sind daher – wie bislang auch das Bundesrecht anerkannt hat (§ 1 Abs. 7 BPolG, § 2 Abs. 1, Abs. 4 BPolG, § 64 Abs. 1 Nr. 1 und Nr. 2 BPolG) – auch die Länder zur Wahrnehmung von Grenzschutzaufgaben in der Lage. Wo aber eine (und sei es auch subsidiäre) Verwaltungskompetenz besteht, müssen die Länder, zumindest solange das BPolG diesbezüglich auf das Landesrecht verweist, auch zum Erlass entsprechender Regelungen imstande sein (s. Möstl GSZ 2019, 101 (107 f.)). Die subsidiäre Auffangkompetenz der Landespolizeien ist Ausdruck der alten bundesstaatlichen Tradition, dass der Verfassungsauftrag der Gefahrenabwehr möglichst nicht an Zuständigkeitsgrenzen scheitern darf (DWVM Gefahrenabwehr 122). Sie führt (auch hier; zu Prävention und Repression → Rn. 67) zu charakteristischen Doppel- und Mischzuständigkeiten (hier in Gestalt von Primär- und Auffangkompetenz). Der sonst gültige Grundsatz des Kompetenzrechts, dass es Doppelzuständigkeiten nicht geben kann (entweder Bundes- oder Landeskompetenz; tertium non datur) gilt im Polizeibereich (auch im Bereich Grenzschutz) also gerade nicht (Möstl GSZ 2019, 101 (108) gegen Kingreen/Schönberger NVwZ 2018, 1825 f.). Gelegenheit zu einer tiefergehenden Klärung der Streitfrage hatte nunmehr der gegen die Wiedererrichtung

der Bayerischen Grenzpolizei angerufene VerfGH Bayern (BeckRS 2020, 20887). Der VerfGH Bayern hat darin bestätigt, dass ein Land zur Erfüllung sowohl originär landespolizeilicher (grenzbezogener) Aufgaben des grenzpolizeilichen Fahndungsdienstes (Schleierfahndung) wie zur (subsidiären) Erfüllung von Aufgaben nach §§ 2, 64 BPolG (Erfüllung bundesgrenzpolizeilicher Aufgaben mit Zustimmung des Bundes) eine eigene Grenzpolizei einrichten darf (Art. 5 BayPOG). Er ist dem BVerfG jedoch darin gefolgt, dass es dem Land im Blick auf die ausschließliche Gesetzgebungskompetenz des Bundes nach Art. 73 Abs. 1 Nr. 5 GG (und mangels ausdrücklicher Ermächtigung nach Art. 71 GG) verwehrt ist, hierzu spezifisch grenzpolizeiliche Befugnisse zu regeln (und zwar selbst dann, wenn das Bundesrecht insoweit auf das für die Polizei des Landes geltende Recht verweist); eine solche Befugnis folge auch nicht aus der subsidiären Regelungskompetenz für das allgemeine Polizeirecht, die ausschließlich mit allgemeinpolizeilichen Regelungen zu erfüllen sei, die allgemein der Gefahrenabwehr in Grenznähe und nicht speziell dem Schutz der Grenze dienen. Prämisse dieser Sichtweise ist es (wie bereits in der Entscheidung des BVerfG), dass die allgemeinpolizeilichen Befugnisse des Landes – und wie zu ergänzen wäre: diejenigen Befugnisse, die das Bundesrecht und das Unionsrecht jeder mit der Aufgabe der polizeilichen Kontrolle des grenzüberschreitenden Verkehrs betrauten Stelle einräumen (zB § 71 Abs. 3 Nr. 1 AufenthG; Befugnisse des Schengener Grenzkodex) – dafür ausreichen, dass die Landespolizei die ihr ggf. nach §§ 2, 64 BPolG übertragenen grenzpolizeilichen Aufgaben erfüllen kann, so dass es der Schaffung spezifischen Landesgrenzschutzrechts nicht bedürfe. Bei der Auslegung dieser Normen muss diese von beiden Verfassungsgerichten zugrunde gelegte Prämisse berücksichtigt werden; es ist also eine Auslegung zu wählen, die eine hinreichend effektive Erfüllung von nach §§ 2, 64 BPolG übertragenen Aufgaben tatsächlich ermöglicht. Das **Bundeskriminalamt** hat – über seine traditionellen Aufgaben einer Zentralstelle für das polizeiliche Auskunfts- und Nachrichtenwesen und für die Kriminalpolizei (Art. 87 Abs. 1 S. 2 GG) hinaus – auf der Basis des 2006 eingefügten Art. 73 Abs. 1 Nr. 9a GG eine (allerdings auf die Bekämpfung des internationalen Terrorismus beschränkte) beträchtliche Aufgabenerweiterung im Bereich des präventivpolizeilichen Tätigwerdens erfahren (s. Wolff DÖV 2009, 597). Die Befugnisse der Länder bleiben hiervon unberührt (§ 5 Abs. 2 S. 1 BKAG; Kniesel Die Polizei 2018 265 (268)) – auch dies eine auffallende Doppelzuständigkeit von Bund und Ländern im Polizeibereich, die unterstreicht, dass das ansonsten gültige kompetenzielle Entweder-Oder im Polizeibereich nicht gilt.

3. Polizeiliche Kooperation und Koordination im Bundesstaat

Der von einer prinzipiell dezentralen Polizeihoheit der Länder (→ Rn. 70) geprägte deutsche Bundesstaat steht vor der Aufgabe, wie in dem durch das GG konstituierten gesamtstaatlichen Raum innerer Sicherheit trotz der prinzipiell auf das je eigene Landesstaatsgebiet beschränkten Gebietshoheit der Länder aus den vielen Einzelzuständigkeiten ein sinnvoll gegliedertes Ganzes geformt werden kann. Der Bundesstaat hat hierbei eine Fülle von Techniken **horizontaler und vertikaler Kooperation und Koordination** entwickelt, die als für jedes Mehrebenensystem prinzipiell dezentraler Sicherheitsgewährleistung exemplarisch angesehen werden können (namentlich auch für das sogleich zu behandelnde, im Entstehen begriffene europäische Mehrebenensystem polizeilicher Zusammenarbeit, → Rn. 72 ff.). Es reicht von der schlichten wechselseitigen Koordination je eigener Aufgabenerfüllung, über Techniken der Amts- und Vollstreckungshilfe, der Herstellung eines Informationsverbundes (zB durch Informationshilfe oder informationelle Zentralstellen), Regelungen über das Tätigwerden auf fremdem Territorium und über die grenzüberschreitende Geltung/Anerkennung von Entscheidungen, Gemeinschaftseinrichtungen bis hin zu sonderpolizeilichen Befugnissen der zentralen Ebene. Die erforderliche Verklammerung kann durch einseitiges Landesrecht (zB Gestattung des Tätigwerdens anderer Polizeien im Landesgebiet, zB Art. 11 BayPOG), durch bi- und multilaterale Regelungen (Staatsverträge, Verwaltungsabkommen), oder durch Bundesrecht (Art. 35 Abs. 2, Abs. 3 GG, § 167 GVG, BKAG, BPolG) geregelt sein (zum Ganzen ausf. Möstl VERW 2008, 309 (314 ff.)); zu Art. 73 Abs. 1 Nr. 10 (Zusammenarbeit des Bundes und der Länder) siehe zB BVerfG BeckRS 2022, 29785 Ls. 1. Zur Tradition des Polizeirechts in der Bundesrepublik gehört es, dass Bund und Länder immer wieder Anstrengungen unternommen haben, ihre je autonome Polizeirechtsgesetzgebung 71 einander auf der Basis entsprechender Musterentwürfe anzunähern (zum MEPolG und zu den gegenwärtigen Bemühungen einer neuen Musterpolizeigesetzgebung Kaiser/Struzina ZG 2018, 111; Thiel VERW 2020, 1).

III. Polizeiliche Zusammenarbeit in der EU

1. Der europäische Raum der Freiheit, der Sicherheit und des Rechts

72 Polizeiliche Sicherheitsgewährleistung gilt zu Recht als ein klassisches Herzstück souveräner Staatlichkeit. Dennoch unterliegt auch das Polizeirecht einem Prozess der (partiellen) **Europäisierung;** ein **europäisches Polizeirecht** ist im Entstehen (s. Böse, Europäisches Strafrecht/Kugelmann, 2013, 631 ff.; Lisken/Denninger PolR-HdB/Aden M Rn. 1 ff.; Möstl EuR-Beih. 3/2009, 33; Schöndorf-Haubold, Europäisches Sicherheitsverwaltungsrecht, 2010; Kadelbach, Europäische Bürgerschaft, Anfang oder Ende einer Utopie?/Kugelmann, 2020, 169). Erst seit dem Vertrag von Maastricht verfügt die Union über ein ausdrückliches innen- und justizpolitisches Mandat; zuvor konnte europäische polizeiliche Zusammenarbeit nur auf informaler Basis (zB TREVI-Gruppe) oder außerhalb des EU-Rechts (zB Schengen) verwirklicht werden. Seit dem Vertrag von Amsterdam steht das europäische polizeiliche Kooperationsrecht unter dem programmatischen Leitbild eines europäischen **Raums der Freiheit, der Sicherheit und des Rechts** (jetzt Art. 3 Abs. 2 EUV, Art. 67 ff. AEUV). Erst jedoch mit dem Vertrag von Lissabon konnte das zuvor intergouvernemental organisierte (frühere dritte Säule) Polizeikooperationsrecht in eine prinzipiell vollständige Supranationalisierung überführt werden. Primärrechtlich verankert findet es sich nunmehr in **Art. 87 ff. AEUV** und steht dabei in engem Zusammenhang zu anderen Politikbereichen des Raums der Freiheit, der Sicherheit und des Rechts, namentlich zur justiziellen Zusammenarbeit in Strafsachen (Art. 82 ff. AEUV).

73 Der **Raum der Freiheit, der Sicherheit und des Rechts** (Art. 3 Abs. 2 EUV; s. Möstl Sicherheitsgewährleistung 618 ff.; Müller-Graff, Der Raum der Freiheit, der Sicherheit und des Rechts, 2005; Pache, Die Europäische Union – ein Raum der Freiheit, der Sicherheit und des Rechts?, 2007; Walker, Europe's Area of Freedom, Security and Justice, 2004; Frenz JURA 2012, 701) ist für die **politische Union** Europas eine Zielsetzung von ähnlicher Bedeutung und Tragweite, wie es einst das Binnenmarktziel für die Wirtschaftsgemeinschaft gewesen ist (Möstl, Vertrag von Lissabon, 2010, 125 f., auch zum Folgenden). Der dem Raum der Freiheit, der Sicherheit und des Rechts zugrunde liegende **Leitgedanke** besteht darin, dass in dem Maße, in dem Europa zu einem Raum ohne Binnengrenzen wird (dh auch zu einem einheitlichen kriminalgeografischen Raum), in dem die Lebenswirklichkeit an den Grenzen keinerlei Halt mehr macht, auch die klassischen Staatsaufgaben der Gewährleistung von Sicherheit und Recht an den Grenzen nicht mehr auf unüberwindliche Hindernisse stoßen dürfen. Soll die Aufgabe der Gewährleistung von Sicherheit und Recht auch in einem staatenübergreifenden „Raum der Freiheit" erfüllbar bleiben, muss die Union zu einem auch um ein innen- und justizpolitisches Mandat erweiterten „Raum der Sicherheit und des Rechts" heranwachsen. Prägend ist also vor allem der „spill over" zwischen Personenfreizügigkeit einerseits und innen- und justizpolitischer Integrationsnotwendigkeit andererseits; Art. 3 Abs. 2 EUV bringt dies klar zum Ausdruck.

74 Verwirklicht wird der Raum der Freiheit, der Sicherheit und des Rechts durch Strukturen eines sowohl **horizontalen wie vertikalen Verbundes** innerer Sicherheitsgewährleistung (Möstl EuR-Beih. 3/2009, 33 (39 f.)). Die überkommenen nationalstaatlichen Garantien je eigener innerer Sicherheit werden zu einem Raum gemeinsamer innerer Sicherheit verbunden, indem sie zum einen horizontal miteinander verklammert werden – in der Weise, dass die Mitgliedstaaten kooperieren und sich wechselseitig auch für die Sicherheit und die Durchsetzung des Rechts des jeweils anderen Staates in Dienst nehmen lassen (horizontaler Verbund) – und indem sie zum anderen um Elemente einer auch unmittelbar überstaatlichen Funktionswahrnehmung durch EU-Organe ergänzt werden (vertikaler Verbund). Beide Techniken schließen sich nicht aus, sondern gehen – in unterschiedlichem Mischungsgrad – zumeist Hand in Hand: Auch horizontal-zwischenstaatliche Kooperation (Bsp. Schengen) muss durch EU-Rechtsakte organisiert werden; auch vertikal-europäische Funktionswahrnehmung (Bsp. Europol) kann im Dienste zwischenstaatlicher Zusammenarbeit stehen.

Das Konzept des Raums der Freiheit, der Sicherheit und des Rechts unterliegt indes auch **immanenten Schranken.** Denn vergleicht man es mit dem älteren Binnenmarktkonzept, so sticht eine gleichsam umgekehrte Hauptstoßrichtung ins Auge: Dem Binnenmarkt ging es um die Ermöglichung grenzüberschreitender Wirtschaftsfreiheit, um eine „Entgrenzung“ der Freiheit. Der Raum der Freiheit, der Sicherheit und des Rechts hingegen will, dass die Wirksamkeit staatlicher Sicherheits- und Rechtsgewähr an den Grenzen nicht mehr auf unnötige Hindernisse stößt, es geht um eine „Entgrenzung“ der Staatsgewalt (Möstl EuR-Beih. 3/2009, 33 (36 ff.), auch zum Folgenden; Satzger, Internationales und Europäisches Strafrecht, 8. Aufl. 2016, 204). Soll eine solche „Entgrenzung“ der Staatsgewalt dem Einzelnen, aber auch den Mitgliedstaaten nicht gefährlich werden, bedarf sie dringend zweier immanenter Schranken, die Art. 67 Abs. 1 AEUV sehr treffend benennt: „Die Union bildet einen Raum der Freiheit, der Sicherheit und des Rechts, in dem die Grundrechte und die verschiedenen Rechtsordnungen und Traditionen der Mitgliedstaaten geachtet werden“, heißt es dort. Was zunächst die **Mitgliedstaaten** betrifft: Die Union, die selbst kein Staat werden will, darf ihren Mitgliedstaaten nicht ihre ureigenste Aufgabe streitig machen, in einem bestimmten Territorium für Freiheit, Sicherheit und Recht zu sorgen. Europäische Sicherheitsgewährleistung muss daher auf der tradierten staatlichen Verantwortung für die je eigene innere Sicherheit aufbauen und darf sie, ohne sie als solche in Frage zu stellen, nur dort durch Integration öffnen und verstärken, wo die Mitgliedstaaten im europäischen Raum der Freiheit auf sich allein gestellt an Grenzen stoßen (Möstl Sicherheitsgewährleistung 640 ff.; zu diesbezüglichen Integrationsschranken s. auch BVerfGE 123, 267 = BeckRS 2009, 35262 Rn. 252 ff., 351 ff.). Zu Recht bringen die Verträge mehrfach zum Ausdruck, dass die **Primärverantwortung der Mitgliedstaaten** für die innere Sicherheit unberührt bleibt und als grundlegende Staatsfunktion geachtet wird (Art. 4 Abs. 2 EUV, Art. 72 AEUV). Auch kann es nicht um eine billige Einebnung der sehr unterschiedlichen Rechtstraditionen der Mitgliedstaaten gehen; europäische Sicherheitspolitik muss einem intelligenten Umgang mit Rechtsvielfalt verpflichtet sein (Art. 67 Abs. 1 AEUV). Der staatliche Kernfunktionen tangierende Raum der Freiheit, der Sicherheit und des Rechts ist eine **Bewährungsprobe für das Subsidiaritätsprinzip,** wie die Verträge zu Recht besonders zu betonen (Art. 69, 82 Abs. 2 AEUV). Was sodann den **Einzelnen** anbetrifft: In ähnlicher Weise ist ein Raum „entgrenzter“ Sicherheitsgewährleistung eine **Bewährungsprobe für die Freiheit.** Sicherheit und Freiheit stehen in einem Spannungsverhältnis. Das schillernde Leitbild des Raums der Freiheit, der Sicherheit und des Rechts, ist keine Groß- und Zauberformel, mithilfe derer sich einfach bestimmen ließe, in welcher Weise dieses Spannungsverhältnis von Freiheit und Sicherheit aufzulösen wäre; an der mühsamen Kleinarbeit der Suche nach verhältnismäßigen Lösungen führt auch hier kein Weg vorbei. Zu Recht aber wird man der Formel vom Raum der Freiheit, der Sicherheit und des Rechts einen doppelten Sinn dergestalt zugestehen müssen, dass Freiheit (in Gestalt grenzüberschreitender Freizügigkeit) nicht nur Grund, sondern (in Gestalt **grundrechtlicher Freiheit**) auch Grenze des justiz- und innenpolitischen Mandats der Union darstellt. 75

2. Quellen des europäischen Polizeikooperationsrechts

Die für den Raum der Freiheit, der Sicherheit und des Rechts unerlässliche Effektuierung grenzüberschreitender Sicherheitsgewähr vollzieht sich – hierin liegt ein wichtiger Unterschied zum Binnenmarkt – nicht kraft unmittelbar anwendbaren Primärrechts, sondern bedarf durchgehend sekundärrechtlicher Verwirklichung (ähnlich Müller-Graff, Der Raum der Freiheit, der Sicherheit und des Rechts/Müller-Graff, 2005, 11 (19, 21 f.)). Binnenmarktliche Freiheit lässt sich – in Gestalt der Grundfreiheiten – vertragsunmittelbar gewährleisten; Einschränkungen bedürfen der Rechtfertigung. Die grenzüberschreitende Effektuierung der öffentlichen Gewalt dagegen geht typischerweise mit Einschränkungen grundrechtlicher Freiheit einher; es wäre eine eklatante Verkennung des rechtsstaatlichen Verteilungsprinzips, sollte sich derartige „Entgrenzung“ der Staatsgewalt vertragsunmittelbar ereignen dürfen. 76

Blickt man vor diesem Hintergrund auf den Rechtsbestand und das System der Rechtsquellen des polizeilichen Kooperationsrechts, so suggeriert die Struktur der **primärrechtlichen Ermächtigungsgrundlagen** (Art. 87 AEUV: polizeiliche Zusammenarbeit; Art. 88 77

AEUV: Europol; Art. 89 AEUV: grenzüberschreitendes Tätigwerden) eine Übersichtlichkeit, die tatsächlich jedoch nicht gegeben ist. Nimmt man nämlich auch das **Sekundärrecht** und sonstige **Nebenrecht** (vgl. Böse, Europäisches Strafrecht/Kugelmann, 2013, § 17 Rn. 93 ff.) in den Blick, sticht eine außergewöhnliche **Komplexität** der Quellen ins Auge (Möstl EuR-Beih. 3/2009, 33 (41 f.), auch zum Folgenden). Das polizeiliche Kooperationsrecht in Europa ist nicht nur von vielerlei nationalen **opt-outs** und andere Formen **asymmetrischer Integration** geprägt, sondern es hat auch einen langen **Weg von intergouvernementalen Rechtsformen hin zu zunehmender Vergemeinschaftung** hinter sich, der erst unter dem Lissabon-Vertrag schrittweise seinem Abschluss entgegen geht; intergouvernementale Altrechtsakte gelten fort und können jetzt sukzessive durch nach neuem Recht erlassene Rechtsakte ersetzt werden (Art. 10 Übergangsbestimmungen-Protokoll; Zeder EuR 2013, 454). Hinzu kommt, dass die zum Teil lückenhaften oder unbefriedigenden EU-Rechtsakte vielfach durch außerhalb des EU-Rechts zustande gekommene bi- oder multilaterale Verträge zwischen den Mitgliedstaaten (zB **Polizeiverträge**) ergänzt werden (Nebenrecht), die sachlich über das EU-Recht hinausgehen. Häufig war es auch so (Stichwort Schengen oder Prümer Vertrag), dass von einigen Mitgliedstaaten im Wege des pionierhaften Vorpreschens zunächst außerhalb des EU-Rechts verwirklichte Vertragswerke erst nach und nach in das EU Recht überführt werden konnten (Zeder EuR 2013, 454). Auch künftig erlaubt **Art. 73 AEUV** den Mitgliedstaaten ausdrücklich, in eigener Verantwortung bi- oder multilateral Intensivierungen ihrer Zusammenarbeit vorzunehmen. Der Lissabon-Vertrag erkennt damit an, dass man im Blick auf den präzedenzlosen Vorgang einer Integration in dem so sensiblen Sicherheitsbereich für experimentelles Voranschreiten der einen und einstweiliges Zurückbleiben der anderen offen sein muss.

78 Der zum Politikbereich „Raum der Freiheit, der Sicherheit und des Rechts" zählende Rechtsbestand weist im Fundstellenverzeichnis des geltenden Unionsrechts (https://eur-lex.europa.eu/browse/directories/legislation.html) mehrere hunderte Rechtsakte auf und kann hier nicht erschöpfend dargestellt werden. Als die **wichtigsten europäischen Rechtsakte** im Bereich des polizeilichen Kooperationsrechts wird man anzusehen haben (vgl. Böse, Europäisches Strafrecht/Kugelmann, 2013, § 17 Rn. 87 ff., 93 ff.):

- der in Unionsrecht überführte (vgl. BGBl. 1998 II 428) sog. **Schengen-Aquis,** insbesondere das SDÜ (Schengener Durchführungsübereinkommen v. 19.6.1990, ABl. 2000 L 239, 19), in dem grundlegende Standards polizeilicher Kooperation normiert und das Schengener Informationssystem eingerichtet wird (zum Schengener Informationssystem der zweiten Generation s. SIS II-Beschluss – B 2007/533/JI v. 12.6.2007, ABl. 2007 L 205, 63);
- die Europol-VO (VO (EU) 2016/794 v. 11.5.2016, ABl. 2016 L 135, 53), mit der das Europäische Polizeiamt Europol als EU-Agentur konstituiert und hinsichtlich Aufgaben, Befugnissen und Rechtsschutz geregelt wird;
- der (aus dem völkerrechtlichen Vertrag von Prüm hervorgegangene) sog. Prümer Ratsbeschluss (B 2008/615/JI v. 23.6.2008, ABl. 2008 L 210, 12), der den wechselseitigen Austausch bestimmter Datenkategorien (Fingerabdrücke, DNA-Daten) sowie bestimmte gemeinsame Einsatzformen regelt und gegenwärtig als eines der „modernsten" Instrumente europäischer polizeilicher Kooperation angesehen werden muss; die den sog. Prümer Ratsbeschluss ergänzende Prüm-II-VO, die den bestehenden Rahmen technisch fortentwickelt und den Datenaustausch erweitert (Gesichtsbilder und polizeiliche Aufzeichnungen) sowie zugleich die Wahrung der betroffenen Grundrechte sicherstellen soll, soll demnächst in Kraft treten;
- die sog. **Schwedische Initiative** (RB 2006/960/JI v. 18.12.2006, ABl. 2006 L 386, 89), die zur Verwirklichung des Grundsatzes der „Verfügbarkeit von Daten" einen wechselseitigen diskriminierungsfreien Zugang zu mitgliedstaatlichen Daten ins Werk setzen möchte;
- die gemeinsam mit der DS-GVO (VO (EU) 2016/679 v. 27.4.2016, ABl. 2016 L 119, 1) verabschiedete und überwiegend bis 2018 umzusetzende **JI-RL** (RL (EU) 2016/680 v. 27.4.2016, ABl. 2016 L 119, 89; ausf. → DatenschutzrechtlicheEinfuehrungJI-Richtlinie Rn. 18 ff.).

79 Mit all seinen Nachbarstaaten hat Deutschland auf der Basis des Völkerrechts **bilaterale Polizeiverträge** geschlossen (Böse, Europäisches Strafrecht/Kugelmann, 2013, § 17 Rn. 137 ff.), so mit Belgien (Abkommen v. 27.3.2000, BGBl. 2002 II 1533), Dänemark (v.

21.3.2001, BGBl. 2002 II 1536), Frankreich (v. 9.10.1997, BGBl. 1998 II 2479), Luxemburg (v. 24.10.1995, BGBl. 1996 II 1203), Niederlande (v. 2.3.2005, BGBl. 2006 II 194), Österreich (v. 10.11.2003, BGBl. 2005 II 858), Polen (v. 15.5.2014, BGBl. 2015 II 234, 834), Schweiz (Abkommen v. 27.4.1999, BGBl. 2001 II 946), Tschechische Republik (v. 28.4.2015, BGBl. 2016 II 474). Inhaltlich reichen diese Verträge unterschiedlich weit und sie gehen teils über den unionsrechtlich geforderten Mindeststandard hinaus. Auf ihrer Basis sind **Gemeinsame Zentren** der beteiligten Nachbarstaaten eingerichtet worden, die in der Praxis der grenzüberschreitenden Kooperation an Bedeutung gewinnen. Durch die gem. der außenpolitischen Verantwortung des Bundes (Art. 32 GG) von der Bundesrepublik abgeschlossenen Polizeiverträgen werden auch die jeweils betroffenen Landespolizeien gebunden.

3. Bauformen der Kooperation

Aus der unübersichtlichen Vielfalt der Rechtsquellen schält sich doch eine (nicht ganz überschneidungsfreie) Stufenfolge an Kooperationsformen heraus (vgl. Möstl VERW 2008, 309 (335 ff.)): 80

Grundform jeglicher Kooperation ist die **wechselseitige Koordination und Abstimmung je eigener Aufgabenerfüllung.** Die Verträge gestatten der EU den Erlass entsprechender Bestimmungen zur Gewährleistung der Kooperation, auch hinsichtlich der – allerdings begrifflich nicht leicht abgrenzbaren – sog. „operativen Zusammenarbeit" (Art. 88 Abs. 2, Abs. 3 AEUV). Über die behutsamen Regeln des SDÜ mit seiner vorrangig über Zentralstellen herzustellenden Kontaktaufnahme gehen neuere Rechtsakte sowie das bilaterale Ergänzungsrecht der Staaten inzwischen deutlich hinaus; der Trend geht von punktueller Zusammenarbeit hin zu institutionell verfestigten Netzwerkstrukturen sowie von über Zentralstellen zu direkt abgewickelter Kommunikation und Kooperation (Möstl EuR-Beih. 3/2009, 33 (44)). Gemeinsame Einsatzformen, sei es in Form Gemeinsamer Ermittlungsgruppen oder kooperativer Gefahrenabwehr, spielen eine zunehmende Rolle (zB Art. 17 Prümer Ratsbeschluss; RB 2002/465/JI v. 13.6.2002, ABl. 2002 L 162, 1). 81

Das wichtigste und grundlegendste Instrument zur Herstellung eines echten Verwaltungsverbundes, in dem je eigene Zuständigkeiten nicht nur koordiniert, sondern wechselseitig verschränkt und füreinander in Dienst genommen werden, ist die **Amts- und Rechtshilfe.** Art. 39 SDÜ ist die exemplarische Basisnorm hierfür; vielerlei Intensivierungen finden sich in neueren und ergänzenden Rechtsakten (Art. 4 ff. PolV DE/CH; Art. 7 ff. PolV D/A – Vertrag zwischen der Bundesrepublik Deutschland und der Republik Österreich über die grenzüberschreitende Zusammenarbeit zur polizeilichen Gefahrenabwehr und in strafrechtlichen Angelegenheiten v. 10.11.2003, BGBl. 2005 II 858). 82

Herzstück einer funktionierenden Kooperation ist eine informationelle Verklammerung der dezentralen Polizeieinheiten, dh ein funktionierender Informationsfluss zwischen ihnen. Zu Recht nennt Art. 87 Abs. 2 AEUV den **Informationsaustausch** an erster Stelle; europäisches Polizeirecht ist in erster Linie Informationsrecht (so bereits Pitschas ZRP 1993, 124). Grundform einer Informationshilfe auf entsprechendes Ersuchen ist die Amtshilfe; ein echter Informationsverbund muss hierüber jedoch weit hinausgehen und auch Formen der spontanen Übermittlung sowie der planmäßigen Vernetzung einschließen. Der ursprüngliche Musterfall, das Schengener Informationssystem (Art. 92 SDÜ) ist mittlerweile durch vielerlei andere Instrumente ergänzt worden. Von besonderer Bedeutung sind die sog. „Schwedische Initiative" sowie der Prümer Ratsbeschluss (zu beidem → Rn. 78); beide Rechtsakte dienen der Umsetzung des Grundsatzes der sog. „Verfügbarkeit von Informationen" (s. Haager Programm, Ratsdok. 16054/04, 28; Böse, Der Grundsatz der Verfügbarkeit von Informationen in der strafrechtlichen Zusammenarbeit der Europäischen Union, 2007; Meyer NStZ 2008, 188). 83

In einem System dezentraler Polizeien mit abgegrenzten territorialen Hoheitsbereichen ist es notwendig, Polizeien unter Umständen ein **Tätigwerden auf fremdem Hoheitsgebiet** zu ermöglichen (s. Art. 89 AEUV). Zwei Grundformen des grenzüberschreitenden Einsatzes kommen dabei in Betracht: die gleichsam „selbsthilfeweise" Fortsetzung eines Einsatzes über die Grenze hinweg im Interesse des Entsendestaates, oder aber die planmäßigere Unterstützung fremder Polizeien auf entsprechende Anforderung hin im Interesse des Gebietsstaates. Bereits das SDÜ (vgl. Art. 41 SDÜ zur Nacheile) enthielt ansatzweise Rege- 84 lungen, die durch vielerlei bilaterale Abkommen präzisiert und ergänzt werden (bis hin zur Unterstellung fremder Polizeieinheiten etwa bei Großereignissen); namentlich auch der Prümer Ratsbeschluss enthält weitgehende Bestimmungen (zB zu gemeinsamen Einsätzen); zB Art. 6, 11 f., 14, 16, 21, 23 PolV D/A – Vertrag zwischen der Bundesrepublik Deutschland und der Republik Österreich über die grenzüberschreitende Zusammenarbeit zur polizeilichen Gefahrenabwehr und in strafrechtlichen Angelegenheiten v. 10.11.2003, BGBl. 2005 II 858; Art. 17 Prümer Ratsbeschluss).

85 Eine Polizeikooperation über die Grenzen ganz unterschiedlicher Rechtstraditionen hinweg kann nur funktionieren, wenn sie die Bereitschaft einschließt, ggf. auch nach fremdem, anderem Recht ergangene Entscheidungen „anzuerkennen" und entsprechend zu vollziehen. Zu Recht spielt der Grundsatz der **gegenseitigen Anerkennung** im Raum der Freiheit, der Sicherheit und des Rechts deswegen eine prominente Rolle (Art. 82 Abs. 1 AEUV; s. Möstl COMMON MARKET LAW REVIEW 47 (2010), 405). Paradebeispiel ist der Europäische Haftbefehl (Euro-Haftbefehl-Beschluss – RB 2002/584/JI v. 13.6.2002, ABl. 2002 L 190, 1; s. BVerfGE 113, 273; BVerfG NJW 2016, 1149; kritisch am Beispiel der Europäischen Ermittlungsanordnung: Ambos/Rackow JZ 2021, 329). Der Anerkennungsgrundsatz verwirklicht eine Art Herkunftslandprinzip des Raums der Freiheit, der Sicherheit und des Rechts; sein informationelles Seitenstück ist der für die Polizeikooperation wichtige Grundsatz der Verfügbarkeit von Informationen trotz unterschiedlicher Datenschutzstandards (→ Rn. 83; zu den Grenzen des Anerkennungsprinzips und des Verfügbarkeitsgrundsatzes → Rn. 94).

86 Schlussstein und höchste Stufe möglicher Polizeikooperation ist die **Wahrnehmung polizeilicher Aufgaben** auf Unionsebene. Vor allem **Europol** (Art. 88 AEUV; zum Sekundärrecht → Rn. 78), das sich mehr und mehr zu einer europäischen Zentralstelle für das polizeiliche Nachrichtenwesen entwickelt, aber auch die Grenzschutzagentur **Frontex** sind hier zu nennen (zu beidem → Rn. 88).

4. Grundzüge einer institutionellen Architektur des Kooperationsrechts

87 Auch hinsichtlich der institutionellen Ordnung polizeilicher Kooperation in Europa zeichnet sich aus der Vielfalt der Quellen – jedenfalls in den Grundzügen – eine Architektur europäischer Sicherheitsgewährleistung im Mehrebenensystem (Möstl EuR-Beih. 3/2009, 33 (48 ff.)) ab:

88 Im Ausgangspunkt wird die Polizeiorganisation, auch künftig eine **dezentrale** sein; denn Polizeiarbeit ist Arbeit vor Ort und noch heute stammen die Mehrzahl der Verdächtigen aus dem Kreis der Tatbegehung (Zuleeg, Europa als Raum der Freiheit, der Sicherheit und des Rechts/Gusy, 2007, 61 (65); Dölling ZFIS 1998, 145 (150)). Für europäische Behörden besteht nur begrenzter Bedarf. Dass mit dem Europäischen Polizeiagentur **Europol** eine Behörde entstanden ist (zunächst errichtet durch Europol-Übereinkommen (v. 26.7.1995, ABl. EG 1995 C 316, 1), dann Europol-Beschluss (B 2009/371/JI v. 6.4.2009, ABl.2009 L 121, 37), jetzt Europol-VO (VO (EG) 2016/794 v. 11.5.2016, ABl. 2016 L 135, 53); zu Europol s. Lindner BayVBl. 2001, 193; Petri, Europol, 2001; Kröger, Europol, 2004; Wolter/Schenke/Hilger/Ruthig/Zöller, Alternativentwurf Europol und Europäischer Datenschutz, 2008; Degenhardt, Europol und Strafprozeß, 2003; Ellermann, Europol und FBI, 2005; Kretschmer JURA 2007, 169; Niemeier, Integration, 2007, 292; Lisken/Denninger PolR-HdB/Aden M Rn. 99 ff.; Böse, Europäisches Strafrecht/Ruthig, 2013, 749 ff.), die dem Bundeskriminalamt in seiner Funktion als Zentralstelle für das polizeiliche Auskunfts- und Nachrichtenwesen (Art. 87 Abs. 1 S. 2 GG) immerhin ähnelt (Möstl VERW 2008, 309 (340 ff.); Kretschmer JURA 2007, 169 (170)), und dass mit der Grenzschutzagentur **Frontex** (jetzt basierend auf VO (EG) 2016/1624 v. 14.9.2016, ABl. 2016 L 251, 1; s. v. Arnauld JA 2008 327 (328); Holzberger CILIP 84 (2006), 56 ff.) eine zumindest im Ansatz an den früheren Bundesgrenzschutz (Art. 87 Abs. 1 S. 2 GG) erinnernde Einrichtung ins Leben gerufen wurde, – dass also Verwandtschaften zwischen europäischer und bundesstaatlicher Sicherheitsarchitektur aufscheinen, verweist auf unabweisbare Integrationsbedürfnisse hinsichtlich Informationsverbund und Außengrenzschutz, wie sie jedem Mehrebenensystem prinzipiell dezentraler Sicherheitsgewährleistung eigen sind (Möstl VERW 2008, 309 (342)).

Die Befugnisse europäischer Sicherheitsbehörden beschränken sich bei alledem beinahe stets auf die bloß **koordinierende und vor allem informationelle Verklammerung** von nach außen hin weiter mitgliedstaatlichen Zuständigkeiten; Europäisches Polizeirecht ist im Kern Informationsrecht (→ Rn. 83). **„Operative"** Befugnisse, und seien es nur Ermittlungsrechte, bleiben die große Ausnahme und sind zB Europol auch künftig nur in Verbindung und Absprache mit den zuständigen Stellen der Mitgliedstaaten gestattet (Art. 88 Abs. 3 S. 1 AEUV). Das Europarecht bleibt insoweit deutlich hinter den eigenen Ermittlungsrechten und sonderpolizeilichen Befugnissen von Bundeskriminalamt und Bundespolizei zurück; der Abstand zur Integrationsdichte des Bundesstaates bleibt gewahrt. Durchgehendes Leitbild ist bislang, dass die Union jedenfalls zur Ausübung von Zwangsbefugnissen auf die Mitgliedstaaten angewiesen bleibt (für Europol Art. 88 Abs. 3 S. 2 AEUV). Ob das staatliche Gewaltmonopol absolut integrationsfest ist, mag unsicher sein (Möstl Sicherheitsgewährleistung 643 ff.); und doch bleibt es folgerichtiger Ausdruck der bei den Mitgliedstaaten verbliebenen Primärverantwortung für die innere Sicherheit, dass sie selbst es sind, die in letzter Konsequenz – nämlich wenn es auf die zwangsweise Durchsetzung ankommt – für die europäische Sicherheitspolitik einzustehen haben. 89

5. Problemfelder

Die Union hat in dem historisch präzendenzlosen Vorgang, in einem so sehr zum klassischen Kernbereich souveräner Staatlichkeit gehörenden Aufgabenfeld wie der polizeilichen Sicherheitsgewährleistung zu einer substantiellen Vergemeinschaftung und europäischen Überformung zu kommen, seit dem Vertrag von Maastricht beträchtliche Fortschritte erzielt. Dennoch leidet das europäische polizeiliche Kooperationsrecht auch noch an einigen **strukturellen Problemen:** 90

a) Kohärenz. Die Vielfalt der sich teilweise inhaltlich überlappenden, unterschiedlich weit reichenden und unterschiedliche Integrationsstufen widerspiegelnden Rechtsakte, die dann auch noch im Kontext von opt-outs und bilateralem Ergänzungsrecht gesehen werden müssen, werfen ein beträchtliches und auch die praktische Rechtsanwendung beeinträchtigendes **Komplexitätsproblem** auf; das Rechtsgebiet ist insgesamt zu unübersichtlich geworden (Hecker EuR 2001, 826 (831 ff.); KOM(2009), 262 endgültig, 7). Auch institutionell ist eine Vielfalt an Akteuren und Netzwerken entstanden, deren wechselseitige Koordination und Abgrenzung verbesserungsbedürftig ist (Stockholmer Programm, Ratsdok. 17024/09, 7; Niemeier ERA Forum 11 (2010), 197 (200)). Der in Art. 71 AEUV vorgesehene und inzwischen eingerichtete ständige Ausschuss für die operative Zusammenarbeit im Bereich der inneren Sicherheit (COSI) soll für mehr Kohärenz im institutionellen Geflecht der europäischen Sicherheitsbehörden sorgen (GHN/Röben AEUV Art. 71 Rn. 5). 91

b) Effizienz. Die komplexen Strukturen der früheren intergouvernementalen „dritten Säule" (umständliche Ratifikations- und Umsetzungsverfahren, fehlendes Recht der Kommission, Vertragsverletzungsverfahren einzuleiten) haben es mit sich gebracht, dass das Rechtsgebiet – jedenfalls bis Lissabon – auch an einem erheblichen **Effizienzproblem** litt – mit der Folge, dass die Umsetzung in den Mitgliedstaaten oft schleppend verlief und ein Teil der Rechtsvorschriften des Raums der Freiheit, der Sicherheit und des Rechts gleichsam nur „virtuell" existierte (vgl. KOM(2009), 262 endgültig, 3.). Seit Dezember 2014 kann die Kommission gemäß den Übergangsbestimmungen zum Lissabon-Vertrag auch bezüglich intergouvernementalen Altrechtsakten das Vertragsverletzungsverfahren einleiten (Art. 10 Abs. 3 Übergangsbestimmungen-Protokoll); für neue supranationale Rechtsakte unter dem Rechtsregime des Lissabon-Vertrages gilt dies ohnehin. 92

c) Prävention und Repression. Ein strukturelles Problem liegt auch darin, wie das EU-Recht mit der für das deutsche Recht prägenden Unterscheidung von Prävention und Repression umgeht und beide bisweilen in einer Art übergreifendem Ziel des „law enforcement" aufgehen lässt, welches der Verhütung und Verfolgung von Straftaten gleichermaßen dient (vgl. Art. 87 Abs. 1 AEUV, wo in der englischen Fassung von „law enforcement services in relation to the prevention, detection and investigation of criminal offences" die Rede ist; s. Böse, Europäisches Strafrecht/Kugelmann, 2013, § 17 Rn. 45 ff.). Das deutsche Recht ist aus kompetenziellen und rechtsstaatlichen Gründen von einer ausgesprochen scharfkantigen Unterscheidung zwischen Prävention und Repression sowie Polizei und Staatsanwaltschaft 93 geprägt (→ Rn. 67 f.). Auch das Unionsrecht differenziert zwischen polizeilicher und justizieller Zusammenarbeit (Art. 82 ff., 87 ff. AEUV), errichtet Europol und Eurojust (Art. 85, 88 AEUV), spricht von Verhütung und Bekämpfung von Straftaten (Art. 88 AEUV), und doch ist offensichtlich, dass die Abgrenzung weniger ausgereift ist und oft geradezu in der Schwebe bleibt, wenn zB an Eurojust auch Polizeibeamte entsandt werden können, das institutionelle Verhältnis von Europol und Eurojust unklar geregelt bleibt oder wenn Befugnisnormen nicht zwischen Prävention und Repression differenzieren (Möstl VERW 2008, 309 (335); Lindner BayVBl. 2001, 193 (194); Wolter/Schenke/Hilger/Ruthig/Zöller, Alternativentwurf Europol und europäischer Datenschutz/Gärditz, 2008, 192 ff.) bzw. das Kapitel des AEUV über die polizeiliche Zusammenarbeit die Verhütung und die Aufdeckung von Straftaten ganz generell in einem Atemzug und ohne Unterschied als gemeinsame Gegenstände der polizeilichen Kooperation zu benennen scheint (Art. 87 Abs. 1 AEUV, s. GHN/Röben AEUV Art. 87 Rn. 12); zB auch die JI-RL (RL (EU) 2016/680 v. 27.4.2016, ABl. 2016 L 119, 89) gilt für die Verhütung und Verfolgung von Straftaten gleichermaßen (krit. Kugelmann DuD 2012, 581 (582)). Hierüber sollte aus deutscher Sicht nicht vorschnell der Stab gebrochen werden: Zu bedenken ist, dass die Traditionen der Mitgliedstaaten hier sehr unterschiedlich sind (Ellermann, Europol und FBI, 2005, 299 ff.) und jede Festlegung des Europarechts leicht in stärkere Spannung zum deutschen Recht treten könnte als die gegenwärtige Offenheit. Hinzu kommt, dass im Bereich der polizeilichen Informationsverarbeitung auch in Deutschland die Grenzen zwischen Prävention und Repression oft kaum sachgerecht gezogen werden können – so zB bei der (wie Europol) auf die „Verhütung und Verfolgung" von Straftaten bezogenen Zentralstellenarbeit des Bundeskriminalamtes (§ 2 Abs. 1 BKAG) oder bei der häufig doppelfunktionalen „vorbeugenden Bekämpfung von Straftaten" (→ Rn. 52, → Rn. 69); europäisches Polizeirecht ist aber vor allem Informationsrecht (→ Rn. 83).

94 **d) Voraussetzungen und Grenzen des Anerkennungsprinzips und des Grundsatzes der Datenverfügbarkeit.** Die Gewährleistung einer effektiven Polizeikooperation in Europa steht vor der Schwierigkeit, recht unterschiedliche Rechtstraditionen und Schutzstandards der Mitgliedstaaten zusammenbringen zu müssen und zugleich zur Achtung dieser unterschiedlichen Rechtstraditionen verpflichtet zu sein (Art. 76 Abs. 1 AEUV; → Rn. 85). Als Königsweg der Gewährleistung funktionierender Kooperation trotz Rechtsvielfalt erscheint vor diesem Hintergrund der Grundsatz der wechselseitigen Anerkennung von nach unterschiedlichem Recht ergangenen Entscheidungen, der im Raum der Freiheit, der Sicherheit und des Rechts tatsächlich eine zunehmende Rolle spielt (Bsp. Europäischer Haftbefehl); informationelles Seitenstück des Anerkennungsgrundprinzips ist der Grundsatz der wechselseitigen Verfügbarkeit von Informationen trotz unterschiedlicher Datenschutzstandards, wie er seit dem Haager Programm proklamiert wird (→ Rn. 83). In rechtsstaatlicher Hinsicht ist die so umrissene Anerkennungslogik indes hochproblematisch (Möstl COMMON MARKET LAW REVIEW 47 (2010), 405 ff.; EuR-Beih. 3/2009, 33 (46 ff.)). Insbesondere verbieten sich vorschnelle Analogien zum Erfolg des Anerkennungsprinzips in seinem ursprünglichen Anwendungsfeld, dem Politikbereich Binnenmarkt. Im Binnenmarkt nämlich gestattet das Anerkennungsprinzip die freiheitsermöglichende Mitnahme begünstigender Standards des Herkunfts- in das Bestimmungsland, im Raum der Freiheit, der Sicherheit und des Rechts dagegen bedeutet Anerkennung (zB Haftbefehl oder Informationsweitergabe) die freiheitseinschränkende Unterwerfung unter belastende Hoheitsakte und Standards einer fremden Staatsgewalt. Wenn das Anerkennungsprinzip schon im Binnenmarkt nicht ohne ein Mindestmaß an entweder existierender oder durch Harmonisierung herzustellender funktioneller Äquivalenz der Rechtsordnungen zulässig ist, so ist es im Raum der Freiheit, der Sicherheit und des Rechts noch viel mehr an die Bedingung geknüpft, dass der Unionsgesetzgeber für ein ausreichendes Mindestniveau rechtsstaatlichen Grundrechtsschutzes gesorgt hat. Dies gilt insbesondere für die Gewährleistung eines unionsweit hinreichenden Datenschutzes, ohne den sich der Grundsatz der wechselseitigen Verfügbarkeit von Daten nicht verwirklichen lässt.

95 **e) Zum Stand des unionalen Datenschutzes.** Lange Zeit konnte bezweifelt werden, ob der Unionsgesetzgeber, was die Gewährleistung ausreichenden Datenschutzes anbelangt, bereits zu einer wirklich befriedigenden Linie gefunden hat (zu rechtsstaatlichen Defiziten im Allgemeinen zB Griebenow, Demokratie- und Rechtsstaatsdefizite in Europa, 2003; zum

Datenschutz Kugelmann FS Würtenberger, 2013, 517; speziell zu Europol Petri, Europol, 2001; Wolter/Schenke/Hilger/Ruthig/Zöller, Alternativentwurf Europol und europäischer Datenschutz, 2008; Böhm, Information Sharing and Data Protection in the Area of Freedom, Security and Justice, 2011, 177 ff.; zur Prüm-Kooperation Pellengahr, Datenschutz in der europäischen polizeilichen Kooperation, 2012). Bisweilen regelten Unionsrechtsakte den nötigen Datenschutz recht ausführlich selbst, in anderen Fällen beschränkten sie sich indes auf den unübersichtlichen Verweis auf anderwärts verwirklichte, allgemeine und teils veraltete Datenschutzstandards (vgl. Erwägungsgrund 39 und 40 RB 2008/977/JI v. 27.11.2008, ABl. 2008 L 350, 60; krit. Böse, Europäisches Strafrecht/Esser, 2013, § 19 Rn. 28; Böse, Europäisches Strafrecht/Kugelmann, 2013, § 17 Rn. 37). Der Ansatz der Schwedischen Initiative, ausländischen Stellen trotz fehlender Harmonisierung gleichberechtigten Zugang wie inländischen Stellen zu verschaffen, ist nicht unproblematisch (vgl. Entschließung der 76. Konferenz der Datenschutzbeauftragten des Bundes und der Länder am 6./7.11.2008). Die Schaffung einer verbesserten, konsolidierten Datenschutzregelung im Bereich der Polizeikooperation wurde und wird deswegen allgemein, auch von den EU-Organen, als Desiderat empfunden (KOM(2009) 262 endgültig, 9; Stockholmer Programm, Ratsdok. 17024/09, 37 f.; Ratsdok. 16637/09 zum Informationsmanagement; KOM(2010) 385 endgültig, 3; KOM(2012) 10 endgültig, 1 mwN). Einen Fortschritt gebracht hatte bereits der RB 2008/977/JI (v. 27.11.2008, ABl. 2008 L 350, 60), der erstmalig eine übergreifende Auffangregelung bereitzustellen versuchte, allerdings nur schleppend umgesetzt wurde (KOM(2012) 12 endgültig). Von besonderem Interesse ist daher die gemeinsam mit der neuen DS-GVO verabschiedete (und erstmals auch innerstaatliche Datenverarbeitungsvorgänge erfassende) **JI-RL** (RL (EU) 2016/680 v. 27.4.2016, ABl. 2016 L 119, 89); zum Entwurf der JI-RL KOM(2012) 10 endgültig; Kugelmann DuD 2012, 581; Bäcker/Hornung ZD 2012, 147, ausf. → DatenschutzrechtlicheEinfuehrungJI-Richtlinie Rn. 18 ff.). Die JI-RL war bis zum 6.5.2018 umzusetzen (teilweise gelten auch spätere Zeitpunkte). Sie wird nicht unerhebliche Auswirkungen auf das polizeiliche Informationsrecht (auch in den Ländern) haben; auch könnte es, was die maßgebliche Grundrechtsjudikatur anbelangt, zu einer Kräfteverschiebung zwischen BVerfG und EuGH kommen (Bäcker/Hornung ZD 2012, 147 (150, 152)). Für die Intensität und dogmatische Gestalt des polizeilichen Datenschutzes folgenreich ist diese Entwicklung deswegen, weil das Unionsrecht im Ansatz eine andersartige Technik des Datenschutzes verfolgt als das klassische deutsche Polizeirecht. Das deutsche Polizeirecht setzt zum Zwecke des Schutzes des Rechts auf informationelle Selbstbestimmung traditionell vor allem auf eine (hinsichtlich Eingriffsschwellen, erfasstem Personenkreis, Anordnungskompetenz etc) möglichst normenklare und fein ausdifferenzierte Fassung der jeweiligen Datenerhebungs-Eingriffsbefugnisse; auch die weitere Datenverwendung knüpft dogmatisch hieran an (Grundsatz der hypothetischen Datenneuerhebung). Eben diese materiellen Eingriffsvoraussetzungen spielen in der JI-RL hingegen eine eher untergeordnete Rolle (sichtbar zB an Art. 8 JI-RL: „wenn und soweit diese Verarbeitung für die Erfüllung einer Aufgabe erforderlich ist, die von der zuständigen Behörde zu den in Artikel 1 Absatz 1 genannten Zwecken wahrgenommen wird"; nicht ansatzweise wird hier nach Eingriffstiefe und Eingriffsschwellen differenziert, wie das für das deutsche Recht typisch ist; auch sonstige für das deutsche Recht wichtige Sicherungsmechanismen wie Kernbereichsschutz, Richtervorbehalte etc fehlen). Stattdessen setzt die JI-RL vor allem auf horizontal und strukturell wirkende Techniken des Datenschutzes, die bislang im deutschen Recht eine eher untergeordnete Rolle spielen und insbesondere an der Qualität und Validität von Daten ansetzen (zB Art. 6, 7, 10 JI-RL), Verfahrensanforderungen statuieren (zB Art. 27 JI-RL) oder Betroffenenrechte ausgestalten (Art. 12 ff. JI-RL). Erste Umsetzungen in das deutsche Polizeirecht (in Bayern zB durch Gesetz v. 18.5.2018, BayGVBl. 301, zB Art. 30 BayPAG) sind dadurch geprägt, dass sie beide Ansätze – das klassische Datenschutzkonzept des deutschen Rechts und das neuartige Konzept des unionalen Richtlinienrechts – miteinander kombinieren und durch diese Kumulation von Anforderungen gleichsam einen doppelten – und besonders starken – Schutz des informationellen Selbstbestimmungsrechts verwirklichen.

f) Fragen des Rechtsschutzes. Das Gebot effektiven Rechtsschutzes ist ein allgemeiner, **96**
jetzt auch in Art. 47 GRCh niedergelegter Grundsatz des Unionsrechts. Dennoch war der Rechtsschutz im Bereich polizeilicher Kooperation lange unbefriedigend ausgestaltet, da nach dem Recht der früheren dritten Säule (Art. 35 EUV aF) nur eine eingeschränkte

Zuständigkeit und Zugänglichkeit des EuGH bestand und der Rechtsschutz gegen verselbstständigte Einrichtungen der EU generell mit Unsicherheiten behaftet war. Der Vertrag von Lissabon hat hier prinzipiell Abhilfe geschaffen, indem er den Rechtsschutz auch für das polizeiliche Kooperationsrecht unter Beseitigung der bisherigen Beschränkungen in die allgemeinen Strukturen des supranationalen Rechtsschutzsystems überführt (für Altrechtsakte fallen die früheren Beschränkungen spätestens ab Dezember 2014) und indem er in Art. 263 AEUV nF nunmehr auch eine klare Regelung zum Rechtsschutz gegen verselbstständigte EU-Einrichtungen trifft (insbesondere für Stellen wie Europol oder Eurojust ist dies relevant; s. Böse, Europäisches Strafrecht/Gärditz, 2013, § 24 Rn. 47 ff., 55 ff., 72; Böse, Europäisches Strafrecht/Ruthig, 2013, § 20 Rn. 79 ff.; Böse, Europäisches Strafrecht/Kugelmann § 17 Rn. 159 Fn. 11 f.). Zulässig bleibt es, den Rechtsschutz gegen EU-Einrichtungen an ein vorgängiges Vorverfahren zu knüpfen, wie dies zB in Bezug auf Europol geschehen ist (Art. 263 Abs. 5 AEUV; Art. 47 f. Europol-VO). Bestehen bleibt auch die Unzuständigkeit des EuGH für die Überprüfung der Gültigkeit oder Verhältnismäßigkeit bestimmter mitgliedstaatlicher Polizeimaßnahmen (Art. 276 AEUV); insoweit obliegt es den Mitgliedstaaten, für ausreichenden Rechtsschutz zu sorgen. Besondere Rechtsschutzprobleme können auftreten, wenn aus der Perspektive des Bürgers Rechtsbeeinträchtigungen aus dem grenzüberschreitenden Zusammenwirken verschiedener mitgliedstaatlicher Polizeien resultieren. Die Gewährleistung eines effektiven gerichtlichen Rechtsschutzes gegenüber Akten der Polizeikooperation macht es in diesen Fällen nämlich nötig, die verschiedenen in der Kooperationsbeziehung zusammenfließenden Handlungsbeiträge der einzelnen Staaten möglichst sauber zu trennen, um einen prinzipiell nach Staaten und Verantwortungsbeiträgen getrennten Rechtsschutz zu verwirklichen. Und selbst wenn dies gelingt, ist es für den Bürger eine unbefriedigende Perspektive, gegen den Handlungsbeitrag eines Fremdstaates ggf. Gerichte im Ausland anrufen zu müssen, sodass sich die Frage stellt, ob – in Abweichung vom Trennungsprinzip – nicht doch inländischer Rechtsschutz zugelassen werden sollte (Möstl VERW 2008, 309 (333 f.) mwN). Das jüngere Polizeikooperationsrecht geht mittlerweile in diese Richtung, wenn etwa der Prüm-Beschluss klarstellt, dass der grenzüberschreitende Einsatz einer fremden Polizei im Inland nicht nur dem Recht und der Weisungsgewalt des Einsatzstaates unterliegt, sondern ihm auch als eigene Handlung zugerechnet wird, sodass vollumfänglicher inländischer Rechtsschutz möglich wird (Art. 17 Abs. 2 Prümer Ratsbeschluss; ähnlich die „gesamtschuldnerische Stellvertreterhaftung" jedes teilnehmenden Mitgliedstaates im Rahmen des Schengener Informationssystems, s. Hofmann, Rechtsschutz und Haftung im europäischen Verwaltungsverbund, 2004, 236 ff., 348 f., 355).

C. Dogmatische Grundkategorien des Polizeirechts

I. Prävention und Repression

97 Die prinzipielle **Doppelzuständigkeit** der Polizei sowohl für **präventive Aufgaben der Gefahrenabwehr** (einschließlich Straftatenverhütung; → Rn. 52, → Rn. 69) als auch für **repressive Aufgaben der Strafverfolgung,** die aus kompetenziellen (→ Rn. 67) und rechtsstaatlichen (→ Rn. 68) Gründen in materiell-rechtlicher Hinsicht auf jeweils ganz **unterschiedlichen Rechtsgrundlagen** beruhen (Landespolizeigesetze auf der einen Seite und StPO auf der anderen Seite) sowie in prozessrechtlicher Hinsicht zu einem **unterschiedlichen Rechtsweg** führen (Verwaltungsrechtsweg einerseits, Rechtsbehelfe vor den ordentlichen Gerichten andererseits; Kingreen/Poscher POR § 2 Rn. 13; vgl. exemplarisch den deklaratorischen Art. 12 Abs. 1 BayPOG), macht es – trotz in der Praxis häufiger faktischer Gemengelagen aus präventiver und repressiver Handlungsmotivation – notwendig, das jeweils in Rede stehende Polizeihandeln trennscharf entweder der Aufgabe Gefahrenabwehr oder der Aufgabe Strafverfolgung zuzuweisen. Die Rechtsprechung und herrschende Literatur sind sich einig, dass diese Zuordnung im Falle **doppelfunktionaler Maßnahmen** der Polizei nach dem Kriterium des **Schwerpunkts** der Maßnahme (**Schwerpunkttheorie**) vorzunehmen ist (BVerfGE 150, 244 (275) = BeckRS 2018, 37180 Rn. 72; BVerfG BeckRS 2022, 41609 Rn. 167; BVerwGE 47, 255 (264 f.); VGH München BayVBl. 2010, 220; OVG Münster BeckRS 2012, 45958, Roggan Die Polizei 2008, 112; Kingreen/Poscher POR § 2 Rn. 14 mwN; zum Teil krit. Schoch JURA 2013, 1115).

Teilweise streitig ist indes (zum Streitstand nunmehr ausf. BGHSt 62, 123 = BeckRS 2017, 118214 Rn. 21 ff.), ob bei der Bestimmung des Handlungsschwerpunkts in Zweifelsfällen von einem **Vorrang der Prävention** (so zB Kingreen/Poscher POR § 2 Rn. 9, 14; s. auch Möstl Sicherheitsgewährleistung 152 ff.; → Rn. 25 mwN zur Rspr. und Lit.) oder von einem **Primat der Strafverfolgung** (zB Benfer, Rechtseingriffe von Polizei und Staatsanwaltschaft, 4. Aufl. 2010, Rn. 24 f.) auszugehen ist. Namentlich im Bereich informationeller Eingriffsbefugnisse im Rahmen der sog. **vorbeugenden Bekämpfung von Straftaten** (zu deren prinzipieller kompetenzieller Verortung, insbesondere zur grundsätzlichen Zugehörigkeit der Straftatenverhütung zur Gefahrenabwehr und der Verfolgungsvorsorge zum Strafprozessrecht, → Rn. 69) wird zum Teil vertreten, dass in Gemengelagen, in denen die Polizei zB eine künftige Straftat (zB einen Anschlag) verhindern möchte, zugleich aber bereits der Verdacht strafbarer Vorbereitungshandlungen im Raum steht (zB illegale Beschaffung von Waffen), ein Vorrang der Repression vor der Prävention dergestalt besteht, dass ab der Schwelle eines wie auch immer gearteten strafprozessualen Anfangsverdachts der Rückgriff auf polizeirechtliche Befugnisse (selbst wenn tatsächlich Straftaten zu verhüten sind) gesperrt sein soll und prinzipiell nur noch die StPO (samt Sachleitungsbefugnis der Staatsanwaltschaft gegenüber der Polizei) anwendbar sein soll (zB Roggan Die Polizei 2008, 112 (114 f.); Roggan, Online-Durchsuchungen/Roggan, 2008, 97 (107 f.); Benfer, Rechtseingriffe von Polizei und Staatsanwaltschaft, 4. Aufl. 2010, Rn. 24 f.). Dieser These muss strikt widersprochen werden (Möstl DVBl 2010, 808 (815) mwN). Zu Ende gedacht würde sie nämlich dazu führen, dass mit der Staatsanwaltschaft ein Organ und mit der StPO ein Gesetz für die objektiv gebotene Gefahrenabwehr „zuständig" würden, die hierfür keinerlei Mandat haben und auch in der Sache überhaupt nicht auf diese Aufgabe ausgelegt sind; Polizei und Polizeigesetze, die eigentlich zuständig und für die Gefahrenabwehr gerüstet sind, würden hingegen strukturell blockiert, obwohl eine Gefahr besteht. Mit den grundrechtlichen Schutzpflichten, die verlangen, dass zumindest geeignete Schutzinstrumente existieren (und nicht strukturell blockiert sind; → Rn. 22), wäre eine solche Situation nicht zu vereinbaren; die Schutzpflichten verlangen, dass die Polizei, gestützt auf die Polizeigesetzte, stets aus eigenem Recht dasjenige zu tun imstande ist, was zur Gefahrenabwehr erforderlich ist. Auch hier also ist von einem prinzipiellen Nebeneinander präventiver und repressiver Befugnisse auszugehen, das nach den üblichen Kriterien aufzulösen ist. Einen exemplarischen Leitfaden für die Bewältigung derartiger Situationen bietet insbesondere Anhang A RiStBV „Gemeinsame Richtlinien der Justizminister/-senatoren des Bundes und der Länder über die Anwendung unmittelbaren Zwangs durch Polizeibeamte auf Anordnung der Staatsanwaltschaft" (hier geht es um präventiv-repressive Gemengelagen, in denen unmittelbarer Zwang anzuwenden ist, wie zB im Kontext von Geiselnahmefällen), in dem vorgesehen ist, dass Polizei und Staatsanwaltschaft im Rahmen ihrer jeweiligen Befugnisse vertrauensvoll zusammenarbeiten, um ein möglichstes Einvernehmen über das zu wählende Vorgehen zu erzielen, dass der Polizei im Zweifelsfall aber auch das Letztentscheidungsrecht darüber zusteht, welche Maßnahmen zur Gefahrenabwehr zu ergreifen sind. Rechnung getragen wird damit dem Umstand, dass auch von Verfassung wegen Rechtsgutsverletzungen – in der Zeitachse – möglichst präventiv zu verhindern statt nur zu ahnden sind und in diesem Sinne in der Tat von einem **Vorrang der Prävention vor der Repression** auszugehen ist. Mit erfreulicher Deutlichkeit hat der **BGH** in einer neueren Entscheidung (BGHSt 62, 123 = BeckRS 2017, 118214, nachfolgend auch BGH NStZ-RR 2018, 84) festgestellt, dass es bei „echten" doppelfunktionalen Maßnahmen einem präventivpolizeilichen Vorgehen zum Zwecken der Gefahrenabwehr nicht entgegensteht, dass bereits ein strafprozessualer Anfangsverdacht vorliegt, der unter Umständen auch ein strafprozessuales Vorgehen erlauben würde. Der BGH geht hierbei davon aus, dass es weder einen allgemeinen Vorrang der StPO gegenüber dem Gefahrenabwehrrecht gebe noch umgekehrt, sondern dass bei präventiv-repressiven Gemengelagen strafprozessuale und gefahrenabwehrrechtliche Maßnahmen grundsätzlich nebeneinander anwendbar blieben. Die Polizei könne daher auch während eines bereits laufenden Ermittlungsverfahrens aufgrund präventiver Ermächtigungsgrundlagen zum Zwecke der Gefahrenabwehr tätig werden. Ob auf präventiv-polizeilicher Grundlage gewonnene Beweise im Strafverfahren verwendet werden dürfen, bestimme sich nach § 161 Abs. 2 S. 1 StPO (zu einer solchen Umwidmung präventiv erhobener Daten für repressive Zwecke sowie zur Inanspruchnahme präventiv-polizeilicher Befugnisse in präventiv-repressiven Gemengelagen nunmehr auch BVerfGE 150, 244 (272 ff., 278) = BeckRS 2018, 37186 Rn. 61 ff., 80). 98

II. Gefahraufklärung und Gefahrbeseitigung – Gefahr und Gefahrenvorfeld

99 Das Polizeirecht in seiner heutigen Gestalt, die dadurch geprägt ist, dass die klassische Generalklausel und die klassischen Standardbefugnisse um vielerlei (vor allem) informationelle Eingriffsbefugnisse ergänzt worden sind, welche zum Teil bereits im Gefahrenvorfeld ansetzen, lässt sich dogmatisch nur noch zutreffend erfassen, wenn man sich vor Augen hält, dass es aus **zwei verschiedenartigen Befugnisschichten** besteht (→ Rn. 39, → Rn. 48, → Rn. 50 ff. mwN, die hier nur noch einmal bündig zusammengefasst werden; s. auch Möstl DVBl 2007, 581 ff.; Gusy/Eichenhofer PolR Rn. 165 ff.; Baldus VERW 2014, 1 (19) spricht insoweit von einem „Zwei-Blöcke-Konzept").

99.1 Dass informationelle Eingriffsbefugnisse, soweit sie offen erfolgen, bisweilen aufgrund ihrer Abschreckungswirkung auch (bewusst intendierte) aktionelle Nebenfolgen hervorbringen (→ Rn. 52.1) und dass es in diesem Sinne einen Überschneidungsbereich der hier unterschiedenen Befugnisblöcke gibt, lässt sich dogmatisch bewältigen und stellt die prinzipielle dogmatische Unterscheidung von informationellen und aktionellen Eingriffsbefugnissen nicht in Frage.

100 Auf der einen Seite stehen die klassischen, die Polizei (auch) zu in Kausalverläufe eingreifenden Maßnahmen (dh zur Unterbrechung des schadensträchtigen Kausalverlaufs) ermächtigenden **aktionellen Befugnisse (Befugnisse zur Gefahrbeseitigung).** Diese Befugnisschicht, namentlich die polizeiliche Generalklausel und die klassischen Standardbefugnisse, bleibt von der traditionellen polizeirechtlichen Gefahr-Störer-Dogmatik geprägt. Ausnahmen sind möglich, da es dem Gesetzgeber bei Vorliegen entsprechender Gründe nicht von vornherein verwehrt ist, die Polizei – in Abweichung von der rechtsstaatlichen Normalvorstellung der konkreten Gefahr als Regeleingriffsschwelle für aktionelle Maßnahmen – ausnahmsweise auch bereits im Gefahrenvorfeld zu kausalverlaufsrelevanten Maßnahmen zu ermächtigen; auch entsteht Raum für Ergänzungen, soweit der Begriff der konkreten Gefahr enger ausgelegt wird als verfassungsrechtlich geboten (allg. → Rn. 37, → Rn. 38). Wie bereits (→ Rn. 42 ff.) dargestellt, zeigt gerade die jüngere Reformgesetzgebung eine Tendenz, der Polizei zum Schutz hochrangiger Rechtsgüter gegen (sich typischerweise plötzlich und unvermittelt realisierende) terroristische Anschläge oder sonstige Gewalttaten und Angriffe hoher Intensität und Auswirkung auch Befugnisse einzuräumen, um unter Umständen bereits im Vorfeld konkreter Gefahren (in einem eng verstandenen Sinne) durch kausalverlaufsrelevante Eingriffe die weitere Entstehung der Gefahr zu verhindern (aktionelle Befugnisse zur Verhinderung der Gefahrentstehung); besonders deutlich ist dies in Art. 11a BayPAG, wo eine entsprechende (bereits bei **drohender/konkretisierter Gefahr** greifende) Befugnis sogar Einzug in die Generalklausel erhalten hat; dass derartige aktionelle Befugnisse in verfassungskonformer Weise auf die Eingriffsschwelle der konkretisierten Gefahr gestützt werden können, hat der VerfGH Sachsen klargestellt (BeckRS 2024, 1212 Rn. 488 ff.). Hierdurch entsteht eine neue dogmatische Zwischenschicht zwischen reiner Gefahraufklärung im Gefahrenvorfeld und echter Gefahrbeseitigung ab der Gefahrenschwelle, die, soweit sie der bereits (→ Rn. 37 f.; → Rn. 42 ff.) beschriebenen Rechtfertigungsprüfung standhält, auch verfassungsrechtlich legitim ist (vgl. auch Kniesel, Kriminalitätsbekämpfung durch Polizeirecht, 2022, 348 ff.). Dass die insoweit einschlägige „drohende/konkretisierte Gefahr" ihrerseits ein hybrides Gebilde ist, das dogmatisch zwar als Vorfeldschwelle ausgestaltet ist, der Sache nach aber nur einen Grenzfall der konkreten Gefahr beschreibt (→ Rn. 41, → Rn. 43), passt hierzu.

101 Von vornherein anderes gilt für rein **informationelle** (dh der Informationsgewinnung und -verarbeitung dienende, nicht aber in Kausalverläufe eingreifende) **Befugnisse der Gefahraufklärung.** Informationelle Befugnisse sind ihrer Natur nach nicht zwingend an die Gefahr-Störer-Dogmatik gebunden, sondern dürfen legitimerweise bereits im Gefahrenvorfeld ansetzen. Sie bedürfen insoweit einer neuen, von der klassischen Gefahr-Störer-Dogmatik abweichenden rechtsstaatlichen Systembildung (bezüglich Eingriffsschwellen, Adressaten etc), die sich zunehmend konsolidiert, aber weiterhin vielerlei Streitfragen aufwirft (im Einzelnen → Rn. 50 ff.).

102 Im Gefahrenvorfeld ansetzende Gefahraufklärung ist dabei – trotz ihrer dogmatischen Andersartigkeit im Vergleich zu den klassischen Gefahrbeseitigungsbefugnissen – **nicht als eine neuartige „dritte" Aufgabenkategorie** (in Abkehr von klassischer Gefahrenabwehr und Strafverfolgung) einzustufen, sondern als **unselbstständige (dienende) Vorberei-**

tungsaufgabe selbstverständlich **von der klassischen Gefahrenabwehraufgabe mitumfasst** (→ Rn. 52; Schoch/Eifert BesVerwR/Schoch/Kießling Kap. 1 Rn. 19, 29 mwN), die, was die zugehörigen Eingriffsermächtigungen anbelangt, wie ausgeführt eben von zwei Befugnisschichten geprägt ist: klassischen Gefahrbeseitigungsbefugnissen einerseits und diese vorbereitenden (dh auf sie bezogenen und keinerlei Abkehr von ihnen bedeutenden) Gefahraufklärungsbefugnissen andererseits, die beide gemeinsam der übergreifenden Aufgabe der Gefahrenabwehr dienen. Zu einer neuartigen präventiven Aufgabenkategorie wird das im Gefahrenvorfeld ansetzende Tätigwerden der Polizei auch nicht dadurch, dass der Gesetzgeber der Polizei im Gefahrenvorfeld ausnahmsweise (über bloß informationelle Befugnisse hinausgehend) auch kausalverlaufsrelevante Befugnisse einräumen darf (→ Rn. 100), denn auch hierbei handelt es sich nicht um einen prinzipiellen Paradigmenwechsel weg von klassischer Gefahrenabwehr hin zu umfassenderer Gefahrenvorsorge, sondern um nichts weiter als punktuelle (und insoweit besonderer Rechtfertigungslast unterliegende) Ausnahmen von der regelmäßig maßgeblich bleibenden Gefahr-Störer-Dogmatik. Als für die richtige dogmatische Erfassung des Polizeirechts insgesamt **nicht geeignet** erweist nach hier vertretener Ansicht damit das Konzept der **Gefahrenvorsorge** bzw. der **Präventionsgedanke** (aA Aulehner, Polizeiliche Gefahren- und Informationsvorsorge, 1998; Baldus VERW 2014, 1 (6 ff.)), denn soweit es um im Gefahrenvorfeld ansetzende informationelle Befugnisse geht, dienen diese allein der (informationellen) Vorbereitung klassischer Gefahrenabwehr (dh gerade nicht einer hiervon zu unterscheidenden aktionellen Risikosteuerung bereits im Gefahrenvorfeld), soweit es hingegen um ausnahmsweise aktionelle Befugnisse im Gefahrenvorfeld geht, handelt es sich allein um punktuelle Ausnahmen von der fortbestehenden Regel, dass aktionelle Befugnisse prinzipiell an die Gefahrenschwelle gebunden sind; es besteht hingegen kein Bedürfnis und wäre auch verfassungsrechtlich problematisch, das klassische Gefahrenabwehrrecht (was aktionelle Befugnisse anbelangt) generell zu einem umfassenderen Gefahrenvorsorgerecht auszubauen (zu den – im Polizeirecht nicht gegebenen – Voraussetzungen eines solchen generellen Paradigmenwechsels, wie wir ihn von einigen modernen Materien des Besonderen Verwaltungsrechts (BImSchG, GenTG, AMG etc) her kennen, Möstl Sicherheitsgewährleistung 252 ff.). Einen bedenklichen Umstieg auf Elemente der Gefahrenvorsorge bedeutet es nicht, wenn der Gesetzgeber aktionelle Eingriffsbefugnisse neuerdings vermehrt auch bereits bei „drohender Gefahr" (→ Rn. 36 ff., → Rn. 41, → Rn. 42 ff., → Rn. 50, → Rn. 57, → Rn. 100) zulässt, denn diese Schwelle – obgleich dogmatisch nunmehr als Vorfeldschwelle ausgestaltet – präzisiert, wie dargelegt, nur einen Grenzbereich der konkreten Gefahr, der bislang auch mittels des klassischen Gefahrbegriffs bewältigt werden konnte; eine problematische Ausdehnung in ein weites Gefahrenvorfeld ist damit nicht verbunden. Das BVerfG bezeichnet die **„drohende Gefahr"** seit seiner Entscheidung vom 27.5.2020 (BVerfGE 155, 119 = BeckRS 2020, 16236) nunmehr als **„konkretisierte Gefahr"** und hat deutlich gemacht, dass es sich bei ihr um eine verallgemeinerungsfähige Figur des Polizeirechts handelt.

III. Aufgabe und Befugnis

Schärfer als in anderen Rechtsgebieten üblich und in vorbildlicher Umsetzung des rechtsstaatlichen Grundsatzes, dass von der Aufgabe nicht auf die Befugnis (zu Rechtseingriffen) geschlossen werden darf (**kein Schluss von der Aufgabe auf die Befugnis,** Isensee/Kirchhof StaatsR-HdB/Isensee § 73 Rn. 21 f.; Reimer FS Würtenberger, 2013, 1047; der umgekehrte Schluss von der Befugnis auf die Aufgabe ist dagegen zulässig; vgl. BKK BayPAG Vor Art. 2 Rn. 2), unterscheiden alle Landespolizeigesetze zwischen polizeilicher **Aufgabe** einerseits und polizeilichen **Befugnisnormen** andererseits; diese scharf ausgeprägte Unterscheidung von Aufgabe und Befugnis ist insbesondere Erbe des süddeutschen Polizeirechts, in Preußen wurde sie ursprünglich weniger betont (zum Ganzen s. Götz/Geis PolR § 7 Rn. 1 ff.). **103**

Der Begriff der **polizeilichen Aufgabe** deckt sich mit dem der **sachlichen Zuständigkeit** der Polizei (GLW BayPolR Rn. 69); sie betrifft also einen Aspekt der **formellen Rechtmäßigkeit** des Polizeihandelns. Die Aufgabennorm umschreibt und eröffnet den kompetentiellen Raum und Tätigkeitsbereich der Polizei; als solche ist sie ausreichende Basis für das polizeiliche Handeln, soweit dieses nicht in Rechte und Freiheiten des Einzelnen eingreift; **104** sobald das polizeiliche Handeln dagegen einen Grundrechtseingriff bewirkt, bedarf es – nach dem rechtsstaatlichen Grundsatz des **Vorbehalts des Gesetzes** – zusätzlich einer zum Rechtseingriff ermächtigenden **Befugnisnorm** (Götz/Geis PolR § 7 Rn. 1 f.; am Bsp. der polizeilichen Gefährderansprache: OVG Lüneburg NJW 2006, 391; VGH Kassel BeckRS 2012, 46297); die Frage des Gegebenseins einer ausreichenden Befugnisnorm/Eingriffsermächtigung ist ein Aspekt der **materiellen Rechtmäßigkeit** des Polizeihandelns. Soweit sowohl die Aufgaben- wie die Befugnisnorm (insbesondere die Generalklausel) in auf den ersten Blick scheinbar ähnlicher Weise auf die Abwehr von Gefahren für die öffentliche Sicherheit und Ordnung abstellen, unterscheiden sich diese in ihren Anforderungen dennoch dadurch, dass Befugnisnormen Rechtseingriffe normalerweise nur ab der Schwelle der Gefahr (oder eines anderen Verdachtsgrads) zulassen, während die polizeiliche Aufgabe selbstverständlich auch das gesamte Gefahrenvorfeld umfasst (→ Rn. 52); für die Eröffnung der polizeilichen Gefahrenabwehraufgabe reicht es bereits aus, dass die Polizei **zur Gefahrenabwehr,** dh mit dem Zweck der Abwehr von (vielleicht sogar noch unbekannten) Gefahren für die öffentliche Sicherheit und Ordnung handelt (vgl. das Bsp. der unzweifelhaft von der Aufgabennorm umfassten polizeilichen Streifenfahrt); ob dagegen im konkreten Fall tatsächlich eine Gefahr (bzw. ein anderer Verdachtsgrad) gegeben ist, ist eine Frage, die sich erst im Rahmen der Prüfung der Befugnisnorm stellt (Poscher/Rusteberg JuS 2011, 888 (893); Funke/Kraus BayVBl. 2018, 725).

IV. Generalklausel und Spezialermächtigung/Standardbefugnis

105 Das deutsche Landespolizeirecht ist mittlerweile durchgehend von einem Nebeneinander einer **polizeilichen Generalklausel** einerseits und einer großen (und tendenziell weiter wachsenden) Zahl an **Spezialermächtigungen/Standardbefugnissen** andererseits geprägt (Möstl JURA 2011, 840). Es verbindet damit zwei Traditionslinien, die süddeutsche Tradition der Spezialermächtigungen (GLW BayPolR Rn. 3–5) und die preußische Tradition der Generalklausel (noch das PrPVG – Preußisches Polizeiverwaltungsgesetz v. 1.6.1931 – kannte nur drei Standardbefugnisse; Knemeyer PolR SuP Rn. 154).

106 **Funktion der Generalklausel** (im Verbund mit den allgemeinen Regeln über Störerhaftung, Verhältnismäßigkeit, Zwang etc) ist es dabei, es der Polizei in grundsätzlich jeder (auch unvorhergesehenen) Situation zu ermöglichen, das zur Gefahrenabwehr Nötige zu verfügen und durchzusetzen, ohne dass der genaue Inhalt dieser Maßnahmen von vornherein gesetzlich determiniert wäre (unbenannte Maßnahmen; vgl. Gusy/Eichenhofer PolR Rn. 179). **Funktion der Standardbefugnisse** ist es hingegen, für bestimmte in der Praxis häufiger vorkommende Maßnahmetypen (benannte Maßnahmen) gesondert und genauer zu bestimmen, unter welchen Voraussetzungen und mit welchen Maßgaben diese typischen Standardmaßnahmen zulässig sein sollen. Standardbefugnisse sind dabei nicht darauf beschränkt, das bereits aus der allgemeinen Polizeirechtsdogmatik Folgende nur zu präzisieren oder zu bekräftigen; vielmehr sind sie in der Lage, auch von der allgemeinen Dogmatik abweichende Sonderregeln zu treffen; von grundsätzlich allen tatbestandlichen Voraussetzungen der allgemeinen Polizeirechtsdogmatik (Schutzgüter, Gefahrenschwelle, Adressaten) können Standardbefugnisse Modifikationen vorsehen (**Modifikationswirkung;** vgl. Kingreen/Poscher POR § 11 Rn. 2). Soweit sie derartige (abweichende oder bekräftigende) Regelungen treffen, sind sie als spezielle Befugnisnormen und abschließende Sonderregelungen zu begreifen, die in ihrem Anwendungsbereich den Rückgriff auf die allgemeine Polizeirechtsdogmatik, namentlich auf die Generalklausel, aber ggf. auch auf sonstige allgemeine Regeln (zB zur Störerhaftung) ausschließen (**Verdrängungswirkung,** vgl. Schoch/Eifert BesVerwR/Schoch/Kießling Kap. 1 Rn. 197 ff., 232 ff., 257, 532).

107 Das **Nebeneinander** von Generalklausel und Standardbefugnissen hat sich bewährt und dürfte – **auch verfassungsrechtlich gesehen – ohne Alternative** sein (Möstl JURA 2011, 840): Ohne generalklauselartige Ermächtigung der Polizei, nötigenfalls auch atypische, unbenannte Maßnahmen ergreifen zu dürfen, lässt sich der in den grundrechtlichen Schutzpflichten und im Rechtsstaatsprinzip wurzelnde Auftrag zu effektivem Rechtsgüterschutz und effektiver Rechtsdurchsetzung (→ Rn. 6 ff.) nicht einlösen. Umgekehrt ist es ein rechtsstaatliches und grundrechtliches Desiderat (Bestimmtheit und Rechtsklarheit, Gesetzesvorbehalt und Wesentlichkeitslehre; grundrechtliche Verhältnismäßigkeit), dass häufig wiederkehrende

Maßnahmen möglichst nicht auf der Basis weit gefasster Generalermächtigungen, sondern aufgrund spezieller Befugnisnormen erfolgen, die präziser festlegen, unter welchen Voraussetzungen die Maßnahme zulässig sein soll.

Für die Auflösung dieses Nebeneinanders im konkreten Fall sehen die Polizeigesetze übereinstimmend vor (zB Art. 11 Abs. 1 BayPAG, § 8 Abs. 1 PolG NRW), dass auf die Generalklausel nur zurückgegriffen werden kann, soweit Spezialermächtigungen die Befugnisse der Polizei nicht besonders regeln. Die Anwendung dieser auf den ersten Blick klaren Regelung einer **Spezialität** der Standardbefugnisse und **Subsidiarität** der Generalklausel kann im Einzelfall schwierig sein (ausf. zur Problematik Schucht, Generalklausel und Standardmaßnahme, 2010, 128 ff.). Im Einzelnen sind folgende Fragenkreise auseinanderzuhalten (zum Folgenden Möstl JURA 2011, 840 (842 ff.) mwN): 108

- **Sperrwirkung** entfalten die Standardbefugnisse, soweit ein bestimmter Maßnahmetyp speziell geregelt ist; dh ein Rückgriff auf die Generalklausel ist in diesen Fällen insbesondere ausgeschlossen, soweit die – ggf. strengeren – Voraussetzungen der Standardbefugnis nicht gegeben sind (die durch einen Rückgriff auf die Generalklausel nicht umgangen werden dürfen); die im Rahmen dieses Prüfschritts zu klärende Frage, ob und inwieweit die polizeiliche Maßnahme von einer Standardbefugnis erfasst wird oder nicht (und wie weit dementsprechend ihre Verdrängungswirkung reicht), ist dabei zuallererst eine Frage der richtigen Auslegung der Spezialermächtigung, dh des einfachen Rechts. 109
- Gesetzessystematisch **zulässig bleibt der Rückgriff** auf die Generalklausel dagegen bei ihrer Art nach nicht speziell geregelten Maßnahmen. Dabei spielt es nach hM prinzipiell keine Rolle, wie eingriffsintensiv die Maßnahme ist, dh die Generalklausel kommt durchaus auch für schwerwiegende Grundrechtseingriffe in Betracht (Gusy/Eichenhofer PolR Rn. 184; implizit auch BVerfG BeckRS 2012, 51046). Nach aA soll hingegen die Generalklausel bereits dann gesperrt sein, wenn die Maßnahme eine vergleichbare oder höhere Eingriffsintensität aufweise als ausdrücklich geregelte Standardbefugnisse (Lisken/Denninger PolR-HdB/Graulich E Rn. 273; Schenke PolR Rn. 38). Diese Ansicht ist abzulehnen, da sie der Generalklausel ihren vor der grundrechtlichen Schutzpflichten unverzichtbaren Anwendungsbereich raubt sowie zu einer unklaren Vermengung gesetzessystematischer (einfachrechtliche Fragen von Spezialität und Subsidiarität) und verfassungsrechtlicher Fragen (→ Rn. 111) führt. 110
- Auch außerhalb des Anwendungsbereichs einer Standardbefugnis, dh wenn aufgrund gesetzessystematischer Überlegungen (→ Rn. 110) nichts gegen einen Rückgriff auf die Generalklausel spricht, können gleichwohl grundrechtliche, also **verfassungsrechtliche** Überlegungen dafür sprechen, den Rückgriff auf die Generalklausel nur für eine Übergangszeit zuzulassen, soweit es nämlich um **schwerwiegende und typisierbare Grundrechtseingriffe** geht, zu deren spezialgesetzlicher Regelung der Gesetzgeber nach einer angemessenen Zeit der Beobachtung und Erprobung der bislang atypischen Maßnahme in der Lage ist (BVerwGE NVwZ 2002, 598 (602); BVerfG BeckRS 2012, 51046; Kingreen/Poscher POR § 8 Rn. 20). Denn zwar wird in ständiger Rechtsprechung gesagt (BVerfGE 54, 143 (144 f.)), die in jahrzehntelanger Rechtspraxis konkretisierte und hinsichtlich ihrer Tatbestandsvoraussetzungen im juristischen Sprachgebrauch verfestigte Generalklausel verstoße nicht per se gegen das Gebot rechtsstaatlicher Bestimmtheit. Dennoch kann es ein Gebot der grundrechtlichen Wesentlichkeitslehre sein, schwerwiegende Grundrechtseingriffe ab dem Zeitpunkt ihrer Typisierbarkeit (dh nach einer Übergangszeit, in der die Maßnahme von einer atypischen zu einer typischen geworden ist) nicht länger auf die Generalklausel zu stützen, sondern dann auch tatsächlich einer speziellen und präziseren Regelung zuzuführen. 111

Zu beachten ist, dass in den Polizeigesetzen neben die klassische polizeiliche Generalklausel inzwischen auch eine besondere, zu nicht näher bestimmten Datenerhebungen berechtigende **informationelle Generalklausel** (zB Art. 32 BayPAG) getreten ist, die gegenüber der klassischen Generalklausel speziell, gegenüber den speziellen Datenerhebungs-Standardmaßnahmen (zu dieser „neuen Generation von Standardmaßnahmen" s. Glaser JURA 2009, 742) dagegen subsidiär ist (Kingreen/Poscher POR § 11 Rn. 8). Im Entstehen ist also eine Doppelstruktur von aktioneller Generalklausel/aktionellen Standardbefugnissen einerseits und informationeller Generalklausel/informationellen Standardbefugnissen andererseits, die die hier vertretene These vom Auseinandertreten zweier Befugnisschichten (aktionelle Befug- 112 nisse der Gefahrbeseitigung und informationelle Befugnisse der Gefahraufklärung, → Rn. 99 ff.) untermauert (Möstl DVBl 2007, 581 (586, 589)). Es ist folgerichtig, dass die informationelle Generalklausel in verfassungsrechtlich unbedenklicher Weise prinzipiell nicht an die klassische Gefahr-Störer-Dogmatik gebunden ist (VerfGH Bayern BeckRS 1995, 20259 = BayVerfGHE 47, 241 (256)). Aufgrund der besonderen grundrechtlichen Vorgaben im Datenschutzbereich (Gebot der Normierung spezifischer Eingriffsschwellen bei intensiven Eingriffen, zB BVerfGE 110, 33 (68); 113, 348 (382)), aber auch weil es „nur“ um Informationserhebung und noch nicht um unmittelbare Gefahrbeseitigung geht (und so auch die Schutzpflichten weniger stark zu Buche schlagen), dürfte sich das Verhältnis von Generalklausel und Standardbefugnis im informationellen Bereich jedoch von demjenigen zwischen klassischer Generalklausel und klassischen Standardbefugnissen (→ Rn. 108) unterscheiden, dh keine gleich weitreichende Auffangwirkung gegeben sein (zum Teil missverständlich insoweit Kingreen/Poscher POR § 13 Rn. 31). Anders als die klassische Generalklausel, die (jedenfalls für eine Übergangszeit) auch schwerwiegende Grundrechtseingriffe zu rechtfertigen vermag, dürfte die informationelle Generalklausel bereits von vornherein nur auf „einfache“ Datenerhebungsvorgänge zugeschnitten sein, während der Gesetzgeber für (hinsichtlich Erhebungsmethode, Art der erfassten Daten, betroffenen Grundrechten, Tiefe und Streubreite des Grundrechtseingriffs etc) qualifizierte Eingriffe, will er diese zulassen, stets detailliertere Spezialermächtigungen vorsehen muss (Lisken/Denninger PolR-HdB/Müller/Schwabenbauer G Rn. 629; Möstl DVBl 2007, 581 (586 f.); offener BKK BayPAG Art. 31 aF Rn. 3; zur Frage, inwieweit die Generalklausel auch auf Fallgruppen der drohenden Gefahr erstreckt werden darf, → Rn. 37 f.).

V. Verwaltungsakte und Realakte, Verfügungen und Verordnungen

113 Was die **Handlungsformen der Polizei** und der Ordnungsbehörden anbelangt (Schoch/Eifert BesVerwR/Schoch/Kießling Kap. 1 Rn. 872 ff.; Lisken/Denninger PolR-HdB/Graulich E Rn. 62 ff.), sind insbesondere Verwaltungsakte, Realakte und Rechtsverordnungen zu nennen und ggf. voneinander abzugrenzen (vgl. zB § 2 Nr. 7 NPOG: „Maßnahme: Verordnungen, Verwaltungsakte und andere Eingriffe“; s. Götz/Geis PolR § 18 Rn. 1).

114 Klassische Handlungsform polizeilicher/ordnungsbehördlicher **Einzelfallmaßnahmen** ist der **Verwaltungsakt** („Polizeiverfügung“, s. Schenke PolR Rn. 482). Soweit Befugnisnormen (namentlich die Generalklausel) zur Vornahme der „notwendigen Maßnahmen“ ermächtigen, schließen sie selbstverständlich auch die Ermächtigung, durch Verwaltungsakt zu handeln (**Verwaltungsaktsbefugnis**), ein (Gusy/Eichenhofer PolR Rn. 180); auch die Standardbefugnisse gestatten der Polizei typischerweise, den Adressaten, soweit dieser anwesend und nicht von sich aus einverstanden ist, durch ausdrückliche Anordnung zu einem Tun, Dulden oder Unterlassen zu verpflichten und tragen so die Verwaltungsaktsbefugnis in sich (Möstl JURA 2011, 840 (848)). Allerdings gestattet die Generalklausel, soweit für die Gefahrenabwehr erforderlich und ausreichend, auch das Handeln durch schlichten **Realakt;** Gleiches gilt für viele Standardbefugnisse, soweit sie sog. Ausführungsermächtigungen enthalten (Gusy/Eichenhofer PolR Rn. 181). Die **Abgrenzung zwischen Verwaltungsakt und Realakt** kann, namentlich bei den Standardmaßnahmen, bei Maßnahmen des polizeilichen Zwangs und bei der unmittelbaren Ausführung von Maßnahmen, schwierig sein; sie ist nach den allgemeinen Kriterien vorzunehmen (Möstl JURA 2011, 840 (848); Heintzen DÖV 2005, 1038). Aus einer nunmehr seit langem überwundenen Zeit, als nur gegen Polizeiverfügungen, nicht aber gegen Realakte verwaltungsrechtlicher Rechtsschutz offenstand (anders jetzt seit vielen Jahrzehnten die Rechtslage unter dem GG und unter der VwGO: Art. 19 Abs. 4 GG, § 40 VwGO), schleppt das Polizeirecht noch immer die Gewohnheit mit, auch in Situationen, in denen eine dem reellen Tun vorgelagerte ausdrückliche Anordnung einer Maßnahme tatsächlich nicht feststellbar ist (zB weil der Betroffene abwesend war oder sofort gehandelt werden musste), in einer künstlichen Weise einen **konkludenten Duldungsbefehl** (dh einen Verwaltungsakt) in den Sachverhalt hineinzulesen. Die neuere Tendenz in Literatur und Praxis nimmt davon zu Recht mehr und mehr Abstand (Lisken/Denninger PolR-HdB/Rachor, 6. Aufl. 2018, E Rn. 35 ff.; Gusy/Eichenhofer PolR Rn. 182; Götz/Geis PolR § 18 Rn. 11). An der Verwaltungsaktqualität von (faktischen) Zwangsmaßnahmen sollte – einem überkommenen Grundsatz des Vollstreckungsrechts folgend (vgl. § 18 Abs. 2

VwVG) – jedoch festgehalten werden, soweit diese ausnahmsweise im Wege des Sofortvollzugs ohne vorausgehenden Verwaltungsakt ergangen sind; Grund hierfür ist nicht ein künstliches Hineinlesen eines Duldungsbefehls, sondern die gesetzliche Entscheidung, dass hier schlichtes Realhandeln ausnahmsweise an die Stelle eines normalerweise (als Voraussetzung des Zwangs) unverzichtbaren Verwaltungsakts treten kann und damit seine Regelungswirkung in sich aufnimmt.

Den Ordnungs- und Sicherheitsbehörden (dagegen grundsätzlich nicht der Vollzugspolizei; vgl. Kugelmann PolR Kap. 9 Rn. 16) ist neben den Befugnissen für Einzelfallmaßnahmen auch das Recht zum Erlass abstrakt-genereller Regelungen in Gestalt von **Rechtsverordnungen** eingeräumt worden (die nur noch vereinzelt, soweit nämlich in einigen Ländern am Einheitssystem festgehalten wird (→ Rn. 63) als „Polizeiverordnungen" bezeichnet werden; Götz/Geis PolR § 19 Rn. 1 ff.; Kingreen/Poscher POR § 11 Rn. 1; Burke, Die Polizeiverordnung, 2019). Basis ist zumeist eine generalklauselartige Verordnungsermächtigung (was als verfassungskonform angesehen wird; Götz/Geis PolR § 19 Rn. 4; Kingreen/Poscher POR § 23 Rn. 3); Bayern hält hinsichtlich des Verordnungserlasses an seiner Tradition der Spezialermächtigung fest. Abzugrenzen sind diese Gefahrenabwehrverordnungen von den ebenfalls möglichen Allgemeinverfügungen (s. Kingreen/Poscher POR § 23 Rn. 7 f.). Durch die Befugnis zum Erlass von Rechtsverordnungen ist den Behörden – im Vergleich zur Einzelfallmaßnahme – ein Instrument exekutivischer Breitensteuerung an die Hand gegeben (Ehlers/Pünder AllgVerwR/Möstl § 19 Rn. 1). Auch steht dem Verordnungsgeber – im Vergleich zu dem regelmäßig nur zur Statuierung schlichter Ge- und Verbote fähigen Einzelfallhandeln – beim Verordnungserlass ein weitaus differenzierteres Instrumentarium an Regelungsoptionen zur Verfügung, das etwa auch Regelungstechniken wie die Statuierung eines präventiven Verbots mit Erlaubnisvorbehalt oder von Befugnissen der Gefahrerforschung einschließt. 115

Regelmäßige Tatbestandsvoraussetzung für Verordnungsermächtigungen ist die **abstrakte Gefahr** (s. Möstl JURA 2005, 48 (52 ff.); Kingreen/Poscher POR § 8 Rn. 9 ff.; Götz/Geis PolR § 12 Rn. 19 ff., auch zum Folgenden; Burke, Die Polizeiverordnung, 2019, 129 ff.). Die abstrakte Gefahr ist im Vergleich zur **konkreten Gefahr** (wie sie für Einzelfallmaßnahmen zu fordern ist, → Rn. 36) grundsätzlich nicht durch einen geringeren Wahrscheinlichkeitsgrad des Schadenseintritts gekennzeichnet (sie ist kein minus, sondern ein aliud zur konkreten Gefahr; vgl. BVerwGE 116, 347 (351); schief sind daher Definitionen, die etwa sagen, die abstrakte Gefahr sei eine Sachlage, aus der nach allgemeiner Lebenserfahrung Gefahren im Einzelfall entstehen können, so aber GLW BayPolR Rn. 87); vielmehr setzt auch die abstrakte Gefahr eine „hinreichende" Wahrscheinlichkeit voraus; nur der Blickwinkel der Gefahrprognose (nicht auf einen konkreten Einzelfall, sondern auf abstrakt gedachte, typische Fallkonstellationen bezogen) ist eine andere (zur abstrakten Gefahr VerfGH Bayern NVwZ-RR 2018, 953 Rn. 40). So sehr daher die abstrakte Gefahr im Grundsatz eine gedachte/hypothetische Sachlage ist, die im Falle ihres Eintritts dann auch tatsächlich eine konkrete Gefahr darstellt (vgl. § 2 Nr. 1 NPOG), so sehr also grundsätzlich von einer Identität der Wahrscheinlichkeitsschwelle bei der konkreten und der abstrakten Gefahr ausgegangen werden muss (bei freilich unterschiedlicher, einmal konkreter/einmal abstrakter Perspektive der anzustellenden Prognose), bestehen andererseits doch auch wichtige Unterschiede (Möstl JURA 2005, 48 (53)): So kann bei der konkreten Gefahr der Grad der Wahrscheinlichkeit je nach Eilbedürftigkeit der Entscheidung abgesenkt sein (→ Rn. 36); dies ist eine Erleichterung, die dem Verordnungsgeber nicht zugutekommt. Umgekehrt ist der Verordnungsgebung (und damit auch dem Begriff der abstrakten Gefahr) ein Moment der Typisierung immanent; sie knüpft Rechtsfolgen an gedachte Sachlagen, die im Falle ihres Eintritts typischerweise (nicht aber unbedingt in jedem einzelnen Fall) eine konkrete Gefahr darstellen würden; denkbare Ausreißerfälle, in denen bei konkreter Betrachtung (aufgrund besonderer Umstände) im Einzelfall keine Gefahr vorläge, hindern also noch nicht daran, dennoch von einer abstrakten Gefahr auszugehen. Ins Gewicht fällt schließlich das differenzierte Instrumentarium möglicher Rechtsfolgen, das der Verordnungsgeber anordnen kann; verzichtet er nämlich darauf, schlicht ein Verbot der gefahrträchtigen Handlung zu normieren (wie das beim Einzelfallhandeln üblich ist), sondern begnügt er sich – im Vorfeld eines solchen Totalverbots – mit einem bloßen Verbot mit Erlaubnisvorbehalt für die möglichweise (keinesfalls aber in jedem einzelnen Fall) gefahrträchtige Handlung oder greift er gar nur zur Statuierung 116 von Gefahrforschungsbefugnissen (die nur einen Gefahrverdacht voraussetzen), so muss (aufgrund dieser besonderen Rechtsfolgen) auch die Wahrscheinlichkeitsschwelle entsprechend abgesenkt und effektiv in das Gefahrenvorfeld erstreckt werden (es reicht also, dass bei typisierender Betrachtung ein entsprechender Gefahrverdacht besteht). Alles in allem erweist sich der Begriff der abstrakten Gefahr als ein sehr komplexer, der weder vorschnell als ein Minus im Vergleich zur konkreten Gefahr missverstanden, noch vorschnell mit dieser gleichgesetzt werden darf.

VI. Primärmaßnahmen, Zwang und Kostentragung/Entschädigung

117 Für das Polizei- und Ordnungsrecht der Länder ist kennzeichnend, dass die jeweils einschlägigen Gesetze jedenfalls für die Vollzugspolizei, zum Teil auch für die Sicherheits- und Ordnungsbehörden, nicht allein die Ebene der **Primärmaßnahmen,** sondern auch die Ebene ihrer zwangsweisen Durchsetzung (**Zwang**) und ggf. auch die Ebene der **Kostentragung** und **Entschädigung** für Primär- bzw. Zwangsmaßnahmen mitregeln, obwohl diese Regeln normalerweise in eigenständigen Gesetzen (Gesetze über die Verwaltungsvollstreckung, Kostengesetze, allgemeines Staatshaftungsrecht) enthalten sind, die hier durch polizeirechtliches Sonderrecht (partiell) überlagert und verdrängt werden.

118 Was **Kosten und Entschädigung** anbelangt, ist dies insbesondere durch den engen Zusammenhang mit den Regeln zur Störerhaftung gerechtfertigt. So scheint insbesondere die Inanspruchnahme oder sonstige Schädigung des Nichtstörers nur bei angemessener Entschädigung hinnehmbar (vgl. → Rn. 47); das Polizeirecht ist daher ein klassischer Regelungsstandort für die sog. Aufopferungsentschädigung. Soweit andererseits der Störer – regelmäßig – die Gefahr auf eigene Kosten zu beseitigen hat (Verursacherprinzip, Götz/Geis PolR § 14 Rn. 1), erübrigen sich zusätzliche Kostenregelungen (Kingreen/Poscher POR § 25 Rn. 22 ff.); besonderer Regeln der Kostenüberwälzung auf den Störer bedarf es nur, soweit die Polizei die Gefahr ausnahmsweise selbst beseitigt hat (unmittelbare Ausführung, Ersatzvornahme) oder ihr sonst besondere Kosten entstanden sind (zB bei Zwangsmaßnahmen oder bestimmten Standardbefugnissen, zB der Sicherstellung). Der von der Polizei zu Schützende trägt grundsätzlich, von Ausnahmen besonderer Veranlassung oder Zurechnung abgesehen (Kingreen/Poscher POR § 25 Rn. 21 ff.), keine Kosten; dies ist auch ein Gebot der grundrechtlichen Schutzpflichten und Ausfluss der staatlichen Garantie für die öffentliche Sicherheit und Ordnung (Gemeinlastprinzip, Götz/Geis PolR § 21 Rn. 2).

119 Bereits oben (→ Rn. 64) wurde ausgeführt, dass die Fähigkeit der (Vollzugs-) Polizei, die zur Sicherheitsgewährleistung nötigen Verfügungen nicht nur zu treffen, sondern auch an Ort und Stelle und nötigenfalls bis hin zum Einsatz von Gewalt zu vollstrecken und durchzusetzen, als ein wesentliches Charakteristikum anzusehen ist, das die Polizei im Konzert der staatlichen Gewalten als die reinste Verkörperung der staatlichen Garantie für die öffentliche Sicherheit und Ordnung und des staatlichen Gewaltmonopols im Innern erscheinen lässt. Es ist nur folgerichtig, dass die Polizeigesetze besondere Regeln über den **polizeilichen Zwang** enthalten; die dort vorgesehenen Regeln bewegen sich in einem Spannungsfeld, in dem der Polizei einerseits die für ihre Aufgabe nötigen Zwangsbefugnisse eingeräumt werden sollen (bis hin zum Schusswaffengebrauch, nötigenfalls auch unter Überspringung ansonsten rechtsstaatlich unverzichtbarer Verfahrensschritte, wie der zB der Androhung des Zwangsmittels oder unter Umständen sogar der zugrundeliegenden Primärmaßnahme beim Sofortvollzug ohne vorausgehenden Verwaltungsakt) und in dem diese ganz exzeptionellen Befugnisse andererseits rechtsstaatlich begrenzt und kontrolliert werden sollen. Eine für die Fähigkeit zur zwangsweisen Rechtsdurchsetzung an Ort und Stelle ganz entscheidende Regelung findet sich freilich außerhalb des Landespolizeirechts und tritt kraft Bundesrechts ergänzend hinzu: die Regel des **§ 80 Abs. 2 Nr. 2 VwGO** nämlich, dass Rechtbehelfen gegen unaufschiebbare Anordnungen und Maßnahmen von Polizeivollzugsbeamten keine aufschiebende Wirkung zukommt, diese Maßnahmen also sofort vollziehbar sind.

Entwicklung und Strukturen des Polizei- und Ordnungsrechts in Hessen

Übersicht

A. Entwicklung des Polizei- und Ordnungsrechts in Hessen

I. Ausgangslage 1945

1 Das Bundesland Hessen ist in seiner heutigen Form Ergebnis des Zweiten Weltkrieges, des staatlichen Zusammenbruchs in Deutschland und des von den alliierten Siegermächten verordneten Neuanfangs. Formal wurde das **Land „Groß-Hessen"** durch die **Proklamation Nr. 2 der amerikanischen Militärregierung v. 19.9.1945** gegründet. Damit wurden die in der Proklamation genannten Gebiete formal zusammengeführt. Bis zur faktischen Abschaffung der Länder durch die Nationalsozialisten gehörten Teile des heutigen Bundeslandes zu Preußen (Kurhessen, Nassau und Frankfurt sowie Teile des früheren Kurherzogtums Hessen wurden 1866 von Preußen annektiert), andere Teile zum 1918 gegründeten Volksstaat Hessen (vgl. Hermes/Reimer/Stolleis § 1 Rn. 25). Der Landesname „Groß-Hessen" wurde mit der Annahme der Landesverfassung Ende 1946 offiziell in **„Hessen"** geändert.

2 Bereits während des Krieges entstanden alliierte Pläne für einen **staatlichen Neuaufbau** in Deutschland. Diese wurden durch die jeweiligen Besatzungsmächte umgesetzt. Dabei richtete sich das besondere Augenmerk auf die **Neuordnung des polizeilichen Bereichs,** da die deutsche Polizei stark in das nationalsozialistische Unrechtsregime verstrickt war. Die Zeit ab 1933 war geprägt von einer Ausweitung polizeilicher Tätigkeiten und Befugnisse (weg von der reinen Gefahrenabwehr), einer Zentralisierung und Militarisierung. Die Polizei, insbesondere in Form der Gestapo, war wichtiger Baustein und Instrument der Gewaltherrschaft. Im Bereich der Polizei zeigte sich die Verknüpfung von Partei und Staat besonders deutlich (Heinrich Himmler war seit 1936 Chef der deutschen Polizei und der SS). Der Polizeiapparat löste sich von rechtsstaatlichen Bindungen und entzog sich zunehmend der Kontrolle durch Justizbehörden, was der Willkür Tür und Tor öffnete (vgl. Kogon, Der SS-Staat: Das System der deutschen Konzentrationslager, 2014, 50 f.).

3 Vor diesem Hintergrund war die **Neuordnung des polizeilichen Bereichs** durch die Alliierten naheliegend. Die auf den Konferenzen von Jalta und Potsdam beschlossenen Pläne dazu waren vage, die Ziele jedenfalls der westlichen Alliierten aber klar. Die Alliierten wollten eine Entnazifizierung, Entmilitarisierung und Demokratisierung des polizeilichen Bereichs. Dies sollte durch eine **„Entpolizeilichung"** der Verwaltung, eine **Dezentralisierung** und in den amerikanischen Besatzungszonen durch eine **Kommunalisierung** der Polizei geschehen. Nach der Kapitulation und dem Zusammenbruch der staatlichen Gewalt übernahmen zunächst die Siegermächte die Polizeigewalt in ihren Besatzungszonen. Aus Gründen der Sicherheit und vor dem Hintergrund zum Teil chaotischer Verhältnisse war es aus pragmatischen Gründen auch aus alliierter Sicht erforderlich, möglichst schnell wieder eine deutsche Polizei aufzubauen.

4 Die **Neuorganisation der hessischen Polizei** erfolgte gem. **Titel 9 der Vorschriften der Militärregierung** nach amerikanischem Vorbild. Danach wurden der Polizei alle Aufgaben entzogen, die nicht unmittelbar der Aufrechterhaltung der öffentlichen Sicherheit und Ordnung dienten. Aufgaben, die früher als polizeiliche Aufgaben wahrgenommen worden waren, (zB Baupolizei, Gewerbepolizei) wurden weitgehend in die Kompetenz der allgemei-

nen Verwaltung verschoben (**Entpolizeilichung);** Polizei war nur noch der Vollzugsdienst der uniformierten Polizei.

5 Dem Ziel der Dezentralisierung diente auch die **Kommunalisierung polizeilicher Aufgaben.** Gemeinden mit über 5.000 Einwohnern hatten eine eigene Gemeindepolizei aufzustellen, kleineren Gemeinden war dies freigestellt. Zwar gab es parallel zur kommunalen Polizei auch staatliche Polizei, die polizeiliche Aufgaben dort wahrnahm, wo kleinere Kommunen keine eigene Polizei eingerichtet hatten, das Übergewicht lag aber eindeutig auf der kommunalen Ebene.

6 Die **Aufstellung einer Landespolizei** erfolgte mit Billigung der US-Behörden. Zu nennen sind die Aufstellung einer Landgendarmerie noch 1945, die Schaffung eines Landeskriminalamtes zur Erfassung von Straftaten und Spuren, die Einrichtung einer Grenzpolizei zur Sicherung der Grenzübergänge zu den anderen Besatzungszonen (aufgelöst nach Gründung der Bundesrepublik). Ab 1950 erfolgte die Aufstellung von Bereitschaftspolizei. Diese war umstritten, geschah aber vor dem Hintergrund des zunehmenden Ost-West-Konfliktes in Europa.

7 Mit der Zeit und zunehmendem Ost-West-Konflikt ließ das Interesse der Alliierten an Überwachung und Beschränkung nach. Dies und vor allem die Gründung der Bundesrepublik ermöglichte es, die Polizei in den Bundesländern und damit auch in Hessen neu zu gliedern und auf **neue gesetzliche Grundlagen** zu stellen und damit bestehende rechtliche Unsicherheiten abzubauen. Der Landesgesetzgeber schuf zunächst **das Gesetz über die Anwendung des unmittelbaren Zwangs bei der Ausübung öffentlicher Gewalt** v. 11.11.1950 (HessGVBl. 5247). Bis zu einer gesetzlichen Neuregelung des Polizeirechts dauerte es noch bis zum Jahre1954. **Das HPolG (Hessische Polizeigesetz** v. 10.11.1954, HessGVBl. 203) trat zum 1.1.1955 in Kraft.

7.1 Bis zu diesem Zeitpunkt galten formal die früheren rechtlichen Bestimmungen fort, in den ehemals preußischen Gebieten das Preußische Polizeiverwaltungsgesetz v. 1.6.1931 (GS, 77), im Bereich des früheren Volksstaates Hessen die Art. 129a–129c des Hessischen Gesetzes die Städteordnung betreffend v. 8.7.1919 (Reg.Bl. 367) und Art. 63 Ziff. III und IV, 64–67 des Gesetzes betreffend die Innere Verwaltung und die Vertretung der Kreise und der Provinzen v. 12.6.1874 idF v. 8.7.1911 (Reg.Bl. 324).

II. Das HPolG von 1954

8 Mit dem HPolG (Hessischen Polizeigesetz v. 10.11.1954, HessGVBl. 203) erfolgte eine Neuregelung des Polizeirechts, die zusammen mit dem bereits zuvor geschaffenen Gesetz über die Ausübung des unmittelbaren Zwangs für Rechtssicherheit sorgte. Das Gesetz beschränkte sich weitgehend auf die Regelung des materiellen Polizeirechts für die Polizeibehörden. **§ 1 HPolG** bildete eine **polizeiliche Generalklausel,** die sowohl Aufgaben- als auch Befugnisnorm war. Die Aufgabe der Gefahrenabwehr wurde der Polizei zugewiesen. Das Gesetz definierte den Begriff der **polizeilichen Verfügung** (§ 6 HPolG) und deren Voraussetzungen. Es enthielt allgemeine Vorschriften über **polizeiliche Erlaubnisse** einschließlich der Regelungen zur Rücknahme und zum Widerruf (§ 10 HPolG). Die Regelungen der **polizeilichen Verantwortlichkeit** entsprachen den noch heute üblichen. In § 16 ff. HPolG enthielt das HPolG **besondere Befugnisse,** die noch auf die **„klassischen" Standardmaßnahmen** beschränkt waren. Auch die zwangsweise Durchsetzung polizeilicher Verfügungen war geregelt. Allerdings kannte das Gesetz noch nicht das Zwangsgeld und verwies für die Anwendung des unmittelbaren Zwangs auf die **gesonderte Regelung des unmittelbaren Zwangs.** Schließlich sah das Gesetz die Möglichkeit abstrakt genereller Regelungen zur Gefahrenabwehr in Form von **Polizeiverordnungen** (§§ 47 ff. HPolG) vor. Deren Erlass oblag aber nicht der Polizei, sondern wie heute den Ministerien, Kreistagen und Gemeindevertretungen, je nach Ebene bzw. Geltungsbereich; ein Verordnungsrecht der Regierungspräsidenten war nicht vorgesehen.

9 Wichtig war die Regelung in § 58 HPolG, die **den Geltungsbereich des Gesetzes** auf andere Behörden ausdehnte, die nach den bis dahin geltenden Bestimmungen des PrPVG bzw. des hessischen Gesetzes die Städteordnung betreffend und des Gesetzes betreffend die innere Verwaltung und die Vertretung der Kreise und der Provinzen zur Gefahrenabwehr berufen waren. Auch diese Behörden konnten sich damit auf die Befugnisse des Gesetzes

stützen, auch für sie galt die polizeiliche Generalklausel. Diese Rechtslage galt bis zum **Erlass des HSOG 1964 (Hessisches Gesetzes über die Sicherheit und Ordnung v. 17.12.1964,** GVBl. I 209).

III. Das HSOG von 1964

Mit dem Gesetz von 1964 wurden die bisher geltenden oben genannten Vorschriften des HPolG, des Preußischen Polizeiverwaltungsgesetzes und des Gesetzes betreffend die innere Verwaltung und Vertretung der Kreise und Provinzen aufgehoben und das bisherige Polizeirecht materiell und formell neu gestaltet. Allerdings blieb es dabei in der preußischen Tradition, war vor allem auf die Abwehr konkreter Gefahren für die öffentliche Sicherheit und Ordnung ausgerichtet. 10

Das Gesetz unterschied **zwischen Gefahrenabwehr durch Verwaltungsbehörden, Polizeibehörden** (Oberbürgermeister und Bürgermeister auf örtlicher Ebene) und **Vollzugspolizei.** Dabei wies das Gesetz in § 1 Abs. 3 HSOG 1964 bei der Aufgabenverteilung die Aufgabe der Gefahrenabwehr vorrangig den Behörden der allgemeinen Verwaltung als **allgemeine Verwaltungsaufgabe** zu. Die Aufgabe sollte von den Landkreisen und Gemeinden als Weisungsaufgabe wahrgenommen werden. Die Polizei (Polizeibehörden und Vollzugspolizei) sollte zur Gefahrenabwehr nur noch tätig werden, soweit eine Störung der öffentlichen Sicherheit und Ordnung unaufschiebbar zu beseitigen oder von der Allgemeinheit oder dem Einzelnen eine unmittelbar bevorstehende Gefahr abzuwehren ist (§ 1 Abs. 2 HSOG 1964). Die Vollzugspolizei sollte den anderen Behörden im Bedarfsfalle Vollzugshilfe leisten (vgl. § 45 Abs. 3 HSOG 1964). Die Neuausrichtung bedeutete eine **Verlagerung** bisher **polizeilicher Aufgaben** auf die allgemeine Verwaltung und folgte damit dem Gedanken einer „Entpolizeilichung der Verwaltung". 11

Formell bedeutsam war die mit dem Gesetz vorgenommene **Teilverstaatlichung** der bisher kommunalen Vollzugspolizei. Diese Frage spielte bei den Gesetzesberatungen eine wichtige Rolle und wurde zwischen Land und Kommunen kontrovers diskutiert. Ergebnis war eine Kompromisslösung (vgl. Fredrich Einf. Rn. 23). Danach konnten kreisfreie Städte und Gemeinden mit mehr als 20.000 Einwohnern ihre kommunale Vollzugspolizei behalten (§ 66 Abs. 1 HSOG 1964), die kreisangehörigen Gemeinden hatten allerdings das Recht, einen Antrag auf Übernahme der Aufgaben der Vollzugspolizei durch das Land zu stellen (§ 66 Abs. 3 HSOG 1964). 12

Im Bereich des materiellen Rechts fielen die Neuerungen geringer aus. § 1 HSOG 1964 diente sowohl als Aufgaben- als auch Befugnisgeneralklausel. Mit § 3 HSOG 1964 wurde eine Regelung aufgenommen, die – allerdings nur bezogen auf die Polizei – die **Tätigkeit zum Schutz privater Rechte** auf Fälle beschränkt, in denen gerichtlicher Rechtsschutz nicht rechtzeitig erreichbar ist. Keine wesentlichen Änderungen gab es bei den **Standardmaßnahmen,** die nach wie vor auf wenige klassische Maßnahmen beschränkt waren, an der Aufgabenerfüllung anknüpften und damit einer konkreten Gefahr bedurften. Regelungen zur **Polizeiverfügung** und zu polizeilichen Erlaubnissen blieben erhalten. Neu waren die Einführung des **Zwangsgeldes** als zusätzliches Zwangsmittel (§ 29 HSOG 1964) und die Erweiterung der Ermächtigung zum Erlass von Polizeiverordnungen auf die **Regierungspräsidenten** (§ 35 HSOG 1964). 13

In den Folgejahren kam es zu weiteren Veränderungen. **Wichtige Änderungen** am HSOG 1964 erfolgten vor allem durch das **Änderungsgesetz v. 17.12.1971** (HessGVBl. I 333), das eine **endgültige Verstaatlichung der bisher kommunalen Vollzugspolizei** in zwei Stufen vorsah. In der **erste Stufe** wurden die Aufgaben der Schutzpolizei in den kreisangehörigen Städten, soweit sie nach der bisherigen Regelung noch Aufgabenträger waren, auf die Regierungspräsidenten und Landräte als Behörden der Landesverwaltung übergeleitet. In der **zweite Stufe** folgten die kreisfreien Städte mit Überleitung auf die Regierungspräsidenten. Gleichzeitig wurden in den kreisfreien Städten die Schutz- und Kriminalpolizeidienststellen einem staatlichen Polizeiverwalter, dem **Polizeipräsidenten,** unterstellt. Der Polizeipräsident nahm zusätzlich im Auftrag des Oberbürgermeisters dessen Aufgaben als allgemeine Polizeibehörde wahr. Mit Gesetz v. 11.5.1988 (HessGVBl. I 191) wurde mit § 14a HSOG 1964 die **unmittelbare Ausführung** in das Gesetz aufgenommen. 14

15 Mit **Veränderungsgesetz v. 18.12.1989** (HessGVBl. I 469) erfolgten **Ergänzungen zum bereichsspezifischen Datenschutz.** Die Änderungen sind (späte) Konsequenz des sog. **Volkszählungsurteils** des BVerfG v. 15.12.1983 (BVerfGE 65, 1 = NJW 1984, 419). Schließlich wurde mit dem HSOG 1990 (Hessischen Gesetz über die öffentliche Sicherheit und Ordnung v. 26.6.1990, HessGVBl. 197) das **Gesetz neu gefasst** und das alte HSOG 1964 mit seinen Änderungen aufgehoben.

IV. Das HSOG 1990, Neufassungen von 1994 und 2005

16 Mit dem HSOG v. 26.6.1990 (HessGVBl. 197) trat am 1.1.1991 ein neues Gesetz mit zahlreichen und **wesentlichen Veränderungen** vor allem für die polizeiliche Arbeit in Kraft. Das Gesetz orientiert sich weitgehend am **MEPolG** (Musterentwurf eines einheitlichen Polizeigesetzes) und berücksichtigt die neuen Herausforderungen an die innere Sicherheit und die sich aus der Rechtsprechung des BVerfG (NJW 1984, 419) ergebenden Anforderungen an den bereichsspezifischen Datenschutz und gesteigerten Anforderungen an Gesetzesvorbehalt und Befugnisnormen.

16.1 Der frühere MEPolG wurde nach dem Volkszählungsurteil des BVerfG und der Diskussion um einen möglichen Datenverbund auf Beschluss der IMK v. 23.6.1984 überarbeitet, was zu einem „Vorentwurf zur Änderung des Musterentwurfs eines einheitlichen Polizeigesetzes des Bundes und der Länder" führte. Zusammen mit dem durch die „Arbeitsgruppe Polizei" des Fachausschusses Innen und Recht der FDP erarbeiteten Entwurf zur Änderung des MEPolG von 1988 hat dies die Neufassung des HSOG stark beeinflusst (vgl. Fredrich Einf. Rn. 35).

17 Das Gesetz enthält jetzt eine klare **Trennung von Aufgaben (§ 1 HSOG 1990) und Befugnissen (§§ 11 ff. HSOG 1990).** Zu den Aufgaben der Polizei gehört auch ausdrücklich die **vorbeugende Bekämpfung von Straftaten** (§ 1 Abs. 4 HSOG 1990). Bei den Befugnisnormen findet sich ein **erweiterter Katalog von Standardmaßnahmen** mit ausdifferenzierten speziellen Maßnahmen und Anforderungen insbesondere für Erhebung und Verarbeitung von Daten. Es gibt Regelungen zur Vollzugshilfe und mit **Aufnahme der Regelungen über die Anwendung des unmittelbaren Zwangs** konnte die bisher eigenständige gesetzliche Regelung aufgehoben werden. Die im MEPolG enthaltene Möglichkeit des sog. finalen Rettungsschusses wurde 1990 noch nicht übernommen.

18 In den Folgejahren kam es zu zahlreichen **Änderungen** inhaltlicher aber auch organisatorischer Art. Die ersten Änderungen in 1992 und 1994 betrafen zum Teil Veränderungen bei der Datenerhebung, vor allem aber auch redaktionelle Änderungen, um den Gesetzestext, der früher die übliche männliche Personenbezeichnung enthielt, um eine weibliche zu ergänzen. Am **31.3.1994** wurde das Gesetz **erneut bekannt gemacht** (HessGVBl. 1994 I 174). Danach erfolgten weitere Änderungen (zB Einführung der Videoüberwachung, verdachtsunabhängiger Kontrollen, Aufenthaltsverbote), die schließlich zu der **Neufassung v. 14.1.2005** führten (HessGVBl. I 14). Neben inhaltlichen Änderungen, vor allem im Bereich der Standardmaßnahmen, erfolgten mit dem **HPUOG** (Gesetz über die Umorganisation der Polizei v. 22.12.2000, HessGVBl. I 577) auch organisatorische Veränderungen. Zu nennen ist auch das **HFPG** (Hessisches Freiwilligen-Polizeidienst-Gesetz v. 13.6.2000, HessGVBl. I 294), das die Möglichkeit eines ehrenamtlich tätigen Freiwilligenpolizeidienstes eröffnete. Eine wichtige Änderung war ferner die nach langjähriger Diskussion erfolgte **Einführung des sog. finalen Rettungsschusses** (§ 60 Abs. 2) mit dem Achten Gesetz zur Änderung des Hessischen Gesetzes über die öffentliche Sicherheit und Ordnung v. 15.12.2004 (HessGVBl. I 444). Gelegentlich schoss der Gesetzgeber auch übers Ziel hinaus. So wurde die mit dem Änderungsgesetz v. 15.12.2004 in § 14 Abs. 5 geregelte Möglichkeit eines automatisierten verdachtsunabhängigen Kfz-Kennzeichenabgleichs mit dem Fahndungsbestand vom BVerfG für verfassungswidrig und nichtig erklärt (BVerfG NJW 2008, 1505).

V. Änderung seit der Neufassung von 2005

19 Auch nach der Neufassung in 2005 wurde das Gesetze **weiteren Änderungen.** Unterzogen. Der Schwerpunkt lag hier zunächst im organisatorischen Bereich. Mit Art. 7 des **Gesetzes zur Kommunalisierung des Landrats sowie des Oberbürgermeisters** als Behörden der Landesverwaltung v. 21.3.2005 (HessGVBl. I 229) wurde auch der Landrat als Ordnungs-

behörde (vgl. § 85 Abs. 1 Nr. 3) und als Aufsichtsbehörde (vgl. § 83 Abs. 1 Nr. 2) **kommunalisiert.** Mit der **HSOG-DVO** (Verordnung zur Durchführung des Hessischen Gesetzes über die öffentliche Sicherheit und Ordnung und des Hessischen Freiwilligen-Polizeidienst-Gesetzes v. 12.6.2007, HessGVBl. I 323) wurden die bestehenden Verordnungen (die Zuweisungsverordnung v. 18.7.1972, HessGVBl. 255, und die Verordnung zur Durchführung des Hessischen Freiwilligen-Polizeidienst-Gesetzes v. 11.8.2004, HessGVBl. I 289) zusammengefasst. Änderungen gab es mit dem Gesetz zur Änderung des Hessischen Gesetzes über die öffentliche Sicherheit und Ordnung und anderer Gesetze v. 14.12.2009 (HessGVBl. I 635) und mit Gesetz v. 27.6.2013 (HessGVBl. 444), mit dem die Entscheidung des BVerfG v. 24.1.2012 zur Bestandsdatenabfrage in § 15a umgesetzt wurde. Aufgehoben wurde mit diesem Gesetz auch mit § 115 die bis dahin geltende Regelung über das Außerkrafttreten; das **HSOG gilt seitdem** wieder **unbefristet.** Weitere Änderungen brachte Art. 7 des Gesetzes zur Änderung des Melderechts, des Hessischen Gesetzes über die öffentliche Sicherheit und Ordnung und des Hessischen Glücksspielgesetzes v. 28.9.2015 (HessGVBl. 346). Zu nennen sind Regelungen über Zuverlässigkeitsüberprüfungsverfahren in § 13a und § 13b, die Ergänzung der Videoüberwachung zur Eigensicherung um Tonaufnahmen in § 14 Abs. 6, die Einführung der gezielten Kontrolle einschließlich Folgeänderungen (§§ 17, 18, 36, 37), die Aufzeichnung von Notrufen in § 20 Abs. 11 sowie die Eilzuständigkeit des Zolls in § 102 Abs. 3. Kleinere Änderungen ergaben sich auch mit dem Gesetz zur Regelung des Rechts der Hilfen und Unterbringung bei psychisch Kranken v. 4.5.2017 (HessGVBl. 66).

Änderungen erfolgten auch in 2018. So kam es zu Änderungen datenschutzrechtlicher Vorschriften in Folge der **Anpassung des Datenschutzes an die europäischen Vorgaben** (Art. 18 DSRAnpG – Hessisches Gesetze zur Anpassung des Hessischen Datenschutzrechts an die Verordnung (EU) Nr. 2016/679 und zur Umsetzung der Richtlinie (EU) Nr. 2016/680 und zur Informationsfreiheit v. 3.5.2018, HessGVBl. 82). Kurz darauf erfolgten bedeutsame **Änderungen durch Art. 3 des Gesetzes zur Neuausrichtung des Verfassungsschutzes in Hessen** (v. 25.6.2018, HessGVBl. 302), mit denen insbesondere den Bedrohungen durch Terroranschläge und Extremismus begegnet werden soll, indem den Sicherheitsbörden zusätzliche Instrumente durch den Gesetzgeber geschaffen wurden. Zu nennen sind die Quellen-Telekommunikationsüberwachung (TKÜ) und Online Durchsuchung (§ 15c), die ausdrückliche Zulassung automatischer Anwendung zur Datenanalyse (§ 25a), Meldeauflagen (§ 30a), Kontaktverbot (Ergänzung in § 31) sowie in § 31a die Möglichkeit elektronischer Aufenthaltsüberwachung, Aufenthaltsvorgaben und Kontaktverboten zur Verhütung terroristischer Straftaten. 20

Weniger bedeutende Änderungen erfolgten im September 2018 mit Gesetz zur **Anpassung des Hessischen Brand- und Katastrophenschutzgesetzes und des Hessischen Gesetzes über die öffentliche Sicherheit und Ordnung** (v. 23.8.2018, HessGVBl. 374). Neben redaktionellen Anpassungen (durchgängige Verwendung des Begriffs „Polizeibehörden" statt „Polizeidienststellen") sieht die Änderung eine Umbenennung des „Präsidiums für Technik, Logistik und Verwaltung" in „Polizeipräsidium für Technik" vor und weist dieser Behörde Aufgaben für die Digitalfunkversorgung und Koordinierung der Behörden zu. 21

Durch Art. 3 **des Hessischen Versammlungsrecht-Neuregelungsgesetz** vom 22.3.2023 (GVBl. 150) wurde § 18 Abs. 2 geändert, um die Regelung an Vorgaben des BVerfG anzupassen (Beschl. v. 18.12.2018, NJW 2019, 842 = BGBl. 2019 I 195); weitere durchaus weitereichend Änderungsvorschläge befanden sich seit März 2022 im Gesetzgebungsverfahren, innerhalb dessen am 15.7.2022 und am 4.5.2023 jeweils öffentliche Anhörungen stattfanden. 22

Grundlage des Verfahrens war der **Gesetzentwurf zur Änderung sicherheitsrechtlicher Vorschriften** v. 22.3.2022 (LT-Drs. 20/8129), der neben Änderungen des HSOG umfangreiche Umgestaltungen des Hessischen Verfassungsschutzgesetzes enthielt. Dieser Entwurf erfuhr im Verlauf des Verfahrens sodann seinerseits etliche Änderungen und Ergänzungen (LT-Drs. 20/10821; 20/11194; 20/11235) und wurde schließlich auf der Grundlage der Beschlussempfehlung und des zweiten Berichts des Innenausschusses (LT-Drs. 20/11292) am 29.6.2023 verabschiedet (GVBl. 2023, 456). 23

Das Gesetzgebungsverfahren war insoweit bemerkenswert, als der letztlich verabschiedete Gesetzestext – mangels einer in dem Verfahren vorgelegten Synopse und/oder Lesefassung – 24 zum Zeitpunkt der parlamentarischen Beschlussfassung aus einer Zusammenschau des – inhaltlich durchaus komplexen – ursprünglichen Entwurfs mit den Änderungsantragen und deren nachfolgenden Änderungen hätte herausgearbeitet werden müssen. Dies war umso schwieriger, als bei den Änderungen der Änderungsentwürfe teilweise die ursprünglichen Änderungsanträge wiederholt wurden, obwohl an ihnen keine (erneuten) Änderungen vorgenommen worden waren (vgl. LT-Drs. 20/8129; 20/10821; 20/11194; 20/11235; 20/11292).

24.1 Die letzte Änderung des Entwurfs (LT-Drs. 20/11292) wurde am 27.6.2023 in den Landtag eingebracht, also nur zwei Tage vor der Abstimmung.

25 Vor diesem Hintergrund dürfte es weitgehend auszuschließen sein, dass die Abgeordneten bei der Abstimmung am 29.6.2023 ein klares Bild von dem im Ergebnis vorgeschlagenen Text der zwei zentralen hessischen Sicherheitsgesetze hatten. Dass ein solches Verfahren parlamentsrechtlich bedenklich ist, bedarf keiner Betonung. Um es zu vermeiden, sieht denn auch die Gemeinsame Geschäftsordnung der Gemeinsamen Geschäftsordnung der Staatskanzlei, der Ministerien des Landes Hessen sowie der Landesvertretung Berlin (GGO) v. 29.12.2021 (StAnz. 2022, 76) in § 35 Abs. 3 vor, dass Entwürfen von Änderungsgesetzen „möglichst eine Synopse oder ein ähnliches Dokument beigefügt werden" soll.

26 Die Erstellung einer solchen Synopse und/oder Lesefassung wäre auch im Hinblick auf das aus dem Demokratieprinzip abzuleitenden Erfordernis der Ermöglichung einer öffentlichen Diskussion über geplante Gesetze wünschenswert gewesen (vgl. dazu aus der Rechtsprechung des Bundesverfassungsgerichts nur BVerfGE 70, 324 (355); 130, 318 (344)).

27 Eine öffentliche Diskussion setzt voraus, dass Gesetzentwürfe sprachlich nicht nur für Expertinnen und Experten, sondern für jedermann verständlich sind. Dies ist schon bei „reinen" Änderungsentwürfen oftmals fraglich; bei Änderungen von Änderungsentwürfen, die zudem – wie der vorliegende – teilweise die ursprünglichen Änderungen wiederholen, obwohl an ihnen keine (erneuten) Änderungen vorgenommen wurden, dürfte Allgemeinverständlichkeit schließlich ausgeschlossen sein.

27.1 Vgl. zur Problematik im Ganzen auch Herbert, Die Lesbarkeit von Gesetzentwürfen: Über unverständliche Änderungsbefehle, zweckmäßige Synopsen und verfassungsrechtliche Anforderungen, VerfBlog, 2021/3/04, https://verfassungsblog.de/die-lesbarkeit-von-gesetzentwurfen/, DOI: 10.17176/20210305-033813-0.

28 Vor diesem Hintergrund dürfte diese Novelle des HSOG – ungeachtet grundrechtlicher Bedenken, die bei den einzelnen Vorschriften (etwa § 14 Abs. 3a, § 25a nF) zu erörtern sind – schon unter formell-verfassungsrechtlichen Gesichtspunkten angreifbar sein.

29 Das gleiche gilt für die jüngste Änderung des HSOG durch das „Gesetz zur Stärkung der Inneren Sicherheit in Hessen". Dieses sah im ersten Entwurf v. 1.10.2024 (LT-Drs. 21/1151) etliche Änderungen vor. Im Einzelnen sollte eine Ermächtigungsgrundlage für den Einsatz unbemannter Luftfahrtsysteme („Polizeidrohnen") geschaffen (§ 15d HSOG-E) und Befugnis zur Videoüberwachung des öffentlichen Raums erweitert werden (vgl. § 14 Abs. 3, 3a, 4 HSOG-E); des Weiteren soll die Befugnis zum Einsatz körpernah getragener Aufzeichnungsgeräte („Body-Cam", vgl. § 14 Abs. 6 HSOG-E) deutlich erweitert werden, indem deren Beschränkung auf öffentlich zugängliche Orte gestrichen wird. Zudem sollen die Befugnisse zur anlasslosen Identitätsfeststellung (§ 18 Abs. 2 HSOG-E) um eine auf Waffenverbotszonen bezogene Alternative erweitert und die Voraussetzungen für eine elektronische Aufenthaltsüberwachung (§ 31a HSOG-E) um eine neue Alternative ergänzt und deren mögliche Dauer verlängert werden. Schließlich sollen die Voraussetzungen für den sog. Unterbindungsgewahrsam (§ 32 Abs. 1 HSOG-E) erweitert und dessen mögliche Dauer ausgedehnt werden.

30 Nachdem am 12.11.2024 eine öffentliche Anhörung stattgefunden, wurde der Gesetzentwurf in Teilen geändert (Änderungsantrag v. 5.12.2024 (LT-Drs. 21/1448)). So wurde nach entsprechenden Hinweisen der Anzuhörenden die Befugnis zur Videoüberwachung tatbestandlich etwas enger gefasst, die Befugnis zur anlasslosen Identitätsfeststellung im Umfeld von Waffenverbotszonen im Hinblick auf eine bereits existierende bundesrechtliche Norm (§ 42c WaffG) gestrichen und eine Befugnisnorm für die Abwehr von Gefahren durch Drohnen geschaffen.

Überraschend und unabhängig von der Anhörung sah der Änderungsentwurf v. 5.12.2024, der fünf bzw. sieben Tage vor der zweiten und dritten Lesung vorgelegt wurde, jedoch auch völlig neue umfangreiche – in der ersten Lesung und der Anhörung also nicht erörterte – Regelungen von großer Reichweite vor. So wurde die Befugnis zur Videoüberwachung auf den Einsatz von Techniken zur Mustererkennung und zur biometrischen Echtzeit-Fernidentifizierung erstreckt, der Ausschluss der Verwendung von künstlicher Intelligenz bei der automatisierten Anwendung zur Datenanalyse gestrichen, ein neuer Straftatbestand geschaffen sowie eine Ermächtigungsgrundlage für sog. Opferschutzmaßnahmen eingeführt. 31

Da auch bei dem textlich umfangreichen Änderungsentwurf v. 5.12.2024 eine Synopse bzw. Lesefassung fehlte (vgl. → Rn. 26), sich die Abgeordneten sich in der Kürze der Zeit kaum ein Bild von den zu beschließenden Regelungen machen konnten (vgl. → Rn. 24 f.) und eine öffentliche Diskussion nicht stattfinden konnte (vgl. → Rn. 26 f.) bestehen die formell-verfassungsrechtlichen Bedenken auch hier. 32

B. Struktur und Grundzüge des heutigen HSOG

I. Trennungssystem bei einheitlicher gesetzlicher Grundlage

Das HSOG ist kein reines Polizeigesetz, sondern ein **Gefahrenabwehrgesetz.** Es regelt Gefahrenabwehr durch Polizeibehörden und Verwaltungsbehörden, es beinhaltet Polizei- und Ordnungsrecht. Hessen folgt damit dem sog. **Trennungssystem.** Die Aufgabe der Gefahrenabwehr ist infolge der „Entpolizeilichung" von unterschiedlichen Verwaltungsbereichen wahrzunehmen, vorrangig von Verwaltungsbehörden. § 1 weist die Gefahrenabwehr zwar als **gemeinsame Aufgabe** den Gefahrenabwehrbehörden und den Polizeibehörden zu. Dabei ist die Kompetenzverteilung im Bereich Gefahrenabwehr aber klar zugunsten der Verwaltungsbehörden geregelt. Die Aufgaben der Polizei sind enumerativ aufgeführt; außerhalb dieser Aufzählung ist die Polizei im Bereich der Gefahrenabwehr nur **subsidiär zuständig,** wenn die eigentlich zuständigen Verwaltungsbehörden nicht oder nicht rechtzeitig eingreifen können, sog. **Eilzuständigkeit der Polizei** (vgl. § 2). 33

Eine **hessische Besonderheit** besteht darin, dass die Aufgabe der Gefahrenabwehr **drei Behördenbereichen** zugewiesen wird; in den meisten Länderregelungen sind es zwei, die in der Regel als Ordnungsbehörden und Polizei bzw. Polizeibehörden bezeichnet werden (zB Berlin, Brandenburg, Mecklenburg-Vorpommern, Nordrhein-Westfalen). Hessen kommt auf drei Bereiche, da sich die in § 1 Abs. 1 genannten **Gefahrenabwehrbehörden** noch einmal in voneinander getrennte **Verwaltungs- und Ordnungsbehörden** unterteilen (→ Rn. 49, → Rn. 51). 34

Anders als zB Bayern, Thüringen, Nordrhein-Westfalen, die die Trennung konsequent vollziehen und diese durch getrennte gesetzliche Regelungen zum Ausdruck bringen, gehört Hessen mit dem zu den Ländern (wie zB Niedersachsen) mit einer **einheitlichen gesetzlichen Regelung,** die sowohl die polizeiliche als auch die verwaltungsbehördliche Gefahrenabwehr regelt. In dieser einheitlichen gesetzlichen Regelung sind auch **organisatorische Regeln** für alle betroffenen Bereiche einschließlich der Polizei (vgl. § 91 ff.) enthalten, sodass es keines besonderen Polizeiorganisationsgesetzes (wie zB in Bayern und Thüringen) bedarf. Auch die früher in einem selbständigen Gesetz geregelten Vorschriften über die Anwendung unmittelbaren Zwangs sind seit 1990 Bestandteil des HSOG. 35

Damit existiert in Hessen im Bereich der allgemeinen Gefahrenabwehr eine relativ „schlanke" Gesetzeslage, bestehend aus dem HSOG, das durch eine **Durchführungsverordnung (HSOG-DVO)** ergänzt wird. Die Verordnung weist den Aufgabenbereich den allgemeinen Ordnungsbehörden (§ 1 HSOG-DVO) zu, enthält in §§ 2 ff. HSOG-DVO Vorschriften zur Organisation und Zuständigkeit der Polizeibehörden, regelt die Ausbildung und Bestellung von Hilfspolizeibeamten (§§ 10 ff. HSOG-DVO), die Prüffristen bei Datenspeicherung (§§ 14 ff. HSOG-DVO) und Aufnahmeregeln und Entschädigung beim freiwilligen Polizeidienst (§§ 19, 20 HSOG-DVO). 36

II. Aufbau und Inhalt des Gesetzes

In **Aufbau und Inhalt** orientiert sich das HSOG im Ersten Teil weitgehend am **MEPolG** (Musterentwurf eines einheitlichen Polizeigesetzes) des Bundes und der Länder von 1977 37 und am Vorentwurf zur Änderung des MEPolG von 1986. Der **Erste Teil des Gesetzes** regelt **Aufgaben und Befugnisse,** wobei eine klare **Trennung** zwischen Aufgaben und Befugnissen erfolgt. Die Aufgabe der Gefahrenabwehr, bei der Hessen neben der öffentlichen Sicherheit am **Begriff der öffentlichen Ordnung** festhält, wird als **gemeinsame Aufgabenzuweisung** den genannten Behördenbereichen (§ 1 Abs. 1) mit dem **Gebot der Zusammenarbeit** (§ 1 Abs. 6) zugewiesen. Es gilt der übliche Subsidiaritätsgrundsatz beim Schutz privater Rechte (§ 1 Abs. 3). Als Aufgabe der Polizeibehörden ist die **vorbeugende Bekämpfung von Straftaten** (§ 1 Abs. 4) gesondert aufgeführt. Die **Aufgabenabgrenzung** im Bereich Gefahrenabwehr erfolgt in § 2 mit einem **Vorrang für die Verwaltungsbehörden;** Ordnungs- und Polizeibehörden werden danach nur subsidiär tätig, wenn die anderen Behörden nicht oder nicht rechtzeitig handeln.

38 In den allgemeinen Vorschriften sind **Geltungsbereich, Verhältnismäßigkeitsgrundsatz und Ermessen** und in §§ 6 ff. die **Verantwortlichkeit** geregelt, einschließlich einer Normierung der **Unmittelbaren Ausführung** in § 8. Die Regelungen über die polizeiliche Verantwortlichkeit sind allerdings durch die sukzessive Ausdehnung der Befugnisnormen (→ Rn. 39) zum Zweck der vorbeugenden Bekämpfung von Straftaten (→ Rn. 37) insoweit relativiert worden, als viele polizeiliche Maßnahmen auch gegen Personen gerichtet werden können, die nach dem klassischen System nicht polizeipflichtig sind.

39 Schwerpunkt des ersten Teils bilden die **Befugnisnormen.** § 11 beinhaltet die **gefahrenabwehrrechtliche Generalklausel.** In den §§ 12–43 folgen die sog. **Standardmaßnahmen.** Dabei stehen die umfangreichen Vorschriften zur Datenerhebung und Verarbeitung am Anfang (§§ 12–29a), gefolgt von den klassischen Maßnahmen (Platzverweis, Gewahrsam, Durchsuchungen usw). Die Standardmaßnahmen enthalten nicht nur die speziellen Befugnisse und deren Voraussetzungen, sondern zum Teil auch Differenzierungen hinsichtlich der Ermächtigungsadressaten. Viele der Standardmaßnahmen sind ausdrücklich den Polizeibehörden vorbehalten.

40 Die Standardmaßnahmen sind den Bedürfnissen und rechtlichen Standards laufend angepasst worden. So wurde bspw. der frühere Platzverweis (§ 31 Abs. 1) um die Möglichkeiten eines **Aufenthaltsverbots** (Siebtes Gesetz zur Änderung des Hessischen Gesetzes über die öffentliche Sicherheit und Ordnung v. 6.12.2003, HessGVBl. I 308) und eines **Wohnungsverweises** (Gesetz zum effektiven Rechtsschutz der Bevölkerung vor häuslicher Gewalt v. 6.9.2002, HessGVBl. I 547) ergänzt. Im besonderen Maße gilt dies für den Bereich der **Datenerhebung und Datenverarbeitung.** Die erweiterten und ausdifferenzierten Standardbefugnisse schmälern nicht nur den Anwendungsbereich der Generalklausel, sondern führen zum Teil zu einer Verlagerung von Eingriffsbefugnissen in das Gefahrenvorfeld und zu einer Erweiterung des Adressatenkreises.

41 Den Befugnissen folgen Regelungen **zur Vollzugshilfe** durch die Polizeibehörden (§§ 44–46) und zur **Zwangsanwendung** (§§ 47–63). Die Vorschriften über den Zwang regeln die **zwangsweise Durchsetzung ordnungsbehördlicher oder polizeilicher Verwaltungsakte,** die auf Vornahme einer Handlung, auf Duldung oder Unterlassung gerichtet sind. Für diesen Bereich geht das HSOG als spezielle Regelung den allgemeinen vollstreckungsrechtlichen Regelungen des **HessVwVG** vor. Dagegen erfolgt die zwangsweise Durchsetzung von Maßnahmen der allgemeinen Verwaltungsbehörden sowie von Verwaltungsakten, die auf eine Geldforderung gerichtet sind, nach den Vorschriften des HessVwVG, auch wenn sie ihre Grundlage im HSOG haben. Die Vorschriften über den Zwang enthalten auch den **unmittelbaren Zwang** (§§ 54 ff.), der bis 1990 in einem eigenen Gesetz verankert war. Hier hat Hessen nach langjähriger Diskussion mit Änderungsgesetz v. 15.12.2005 (HessGVBl. I 444) auch den sog. **finalen Rettungsschuss** entsprechend der Regelung des MEPolG eingeführt (vgl. § 60 Abs. 1 S. 2).

42 Der fünfte Abschnitt enthält Regeln zu **Schadensausgleich, Erstattungs- und Ersatzansprüchen.** Die §§ 64–70 entsprechen den §§ 45 ff. MEPolG. Es folgen in §§ 71 ff. Vorschriften zur **Gefahrenabwehrverordnung.** Das HSOG enthält Ermächtigungen zum Erlass solcher Verordnungen auf unterschiedlichen Ebenen für unterschiedliche Verordnungsgeber (vom Ministerium für landesweite Regelungen bis zur Gemeinde für kommunale Verordnungen). Polizeibehörden können keine Verordnungen erlassen. Soweit früher für kommunale Gefahrenabwehrverordnungen Genehmigungsvorbehalte bestanden, sind diese entfallen. Es besteht die Möglichkeit, für Zuwiderhandlungen gegen die Verordnungen Ordnungswidrigkeitstatbestände zu schaffen (§ 77).

Mit **§ 71a** hat der hessische Gesetzgeber mit Änderungsgesetz v. 26.11.2002 (HessGVBl. I 704) eine spezielle Ermächtigung für von Hunden ausgehende Gefahren geschaffen, die ausdrücklich **Gebote und Verbote zur Gefahrenvorsorge** ermöglicht. Auf dieser Grundlage beruht die **HundeVO** (Gefahrenabwehrverordnung über das Halten und Führen von Hunden v. 22.1.2003, HessGVBl. I 54, zuletzt geändert 2013 (HessGVBl. I 640). **43**

Der **Zweite Teil** des (§§ 81–103) regelt **Organisation und Zuständigkeiten.** Hier werden zunächst die **Behörden der allgemeinen Verwaltung** und die **Ordnungsbehörden** näher beschrieben und Art und Umfang der **Weisungsbefugnisse** geregelt. Die §§ 91 ff. enthalten Regelungen zu den **Polizeidienststellen** (Polizeibehörden und bis 2006 eine Polizeieinrichtung). Aus ihnen folgt (in Verbindung mit der HSOG-DVO) die **Organisation der staatlichen Polizei** in Hessen. § 99 eröffnet die Möglichkeit zur **Bestellung von Hilfspolizeibeamtinnen und Hilfspolizeibeamten.** **44**

Der **Dritte Teil** behandelt die **Kosten für Personal- und Sachausgaben** für die Gefahrenabwehr sowie die durch die Aufgabenerfüllung entstehenden **Ausgaben und Einnahmen.** Dabei regeln die §§ 104–109 nur die **Kostenträgerschaft,** sie ordnen die Kostenlast grundsätzlich den Aufgabenträgern zu. Zur Frage, ob ein Kostenträger Ersatz von Dritten fordern kann, enthalten die Vorschriften keine Aussagen. Zur Geltendmachung entstandener Kosten gegenüber Dritten bedarf es eigener Anspruchsgrundlagen, die sich je nach Art der Kosten entweder an anderer Stelle des HSOG finden (zB Kosten der unmittelbaren Ausführung in § 8 Abs. 2, Kosten der Sicherstellung in § 43 Abs. 3) oder für die klassischen Verwaltungskosten im **HVwKostG** (Hessisches Verwaltungskostengesetz v. 12.1.2004, HessGVBl. I 36, zuletzt geändert 2018 (HessGVBl. I 330)) und der **VwKostO-MdIS** (Verwaltungskostenordnung für den Geschäftsbereich des Ministeriums des Innern und für Sport v. 7.6.2013, HessGVBl. I 410, zuletzt geändert 2018 (HessGVBl. I 717)). **45**

III. Behördenstruktur / Organisation und Zuständigkeiten

1. Übersicht

Gefahrenabwehr ist, soweit keine anderen Rechtsvorschriften Abweichendes bestimmen, Angelegenheit des Landes (vgl. § 81). Gefahrenabwehr ist **staatliche Aufgabe.** Diese staatliche Aufgabe erfüllt das Land Hessen zum Teil mit eigenen Behörden, zum überwiegenden Teil bedient sich das Land der kommunalen Ebene, indem es die Aufgabe der Gefahrenabwehr auf Landkreise und Gemeinden bzw. kommunale Behörden überträgt, die sog. **Kommunalisierung** der Gefahrenabwehraufgabe. Ergebnis dieser Regelungen ist, dass drei voneinander zu unterscheidende Behördenbereiche existieren: **die Polizeibehörden, die Verwaltungsbehörden und die Ordnungsbehörden.** **46**

Dabei sind die Polizeibehörden ausschließlich staatliche Behörden. Im **Bereich der allgemeinen Ordnungsbehörden** handeln auf der unteren Verwaltungsebene kommunale Behörden (Landräte, Oberbürgermeister als Kreisordnungsbehörden bzw. Oberbürgermeister und Bürgermeister als örtliche Ordnungsbehörden, vgl. § 85 Abs. 1 Nr. 3 und Nr. 4). Diesen sind die Aufgaben zur Gefahrenabwehr als sog. **Auftragsangelegenheiten** nach § 4 Abs. 2 HGO und HKO übertragen. Auf den oberen Ebenen agieren staatliche Behörden, nämlich die Regierungspräsidien als Bezirksordnungsbehörden und Ministerien als Landesordnungsbehörden (§ 85 Abs. 1 Nr. 1 und Nr. 2). Im **Bereich der allgemeinen Verwaltungsbehörden** handeln – von Aufsichtsmaßnahmen und wenigen Ausnahmen abgesehen – mit den Kreisausschüssen der Landkreise bzw. den Gemeindevorständen / Magistraten kommunale Behörden. Sie nehmen die Aufgabe der Gefahrenabwehr als sog. **Weisungsaufgaben** iSv § 4 Abs. 1 HGO und HKO wahr. Verwaltungsbehörden und Ordnungsbehörden fasst das unter dem **Oberbegriff Gefahrenabwehrbehörden** zusammen (vgl. § 1 Abs. 1). **47**

Auf **kommunaler Ebene** existieren damit zwei voneinander zu trennende Behörden (Gemeindevorstand und Bürgermeister als Ordnungsbehörde), denen Aufgaben der Gefahrenabwehr obliegen. Diese Konstruktion trägt nicht gerade zur Übersichtlichkeit bei und wird zum Teil als verwirrend empfunden (vgl. Hermes/Reimer/Lange § 4 Rn. 193; Rumpf NVwZ 1990, 315). Dennoch ist es erforderlich, im Einzelfall zu klären, welcher Verwaltungsbereich und welche Behörde zuständig sind. Zwar mögen innerhalb der kommunalen Verwaltung (insbesondere in den Ordnungsämtern) unterschiedliche Aufgaben bei den gleichen **48**

Mitarbeitern angesiedelt sein, für die Entscheidung nach außen muss aber die Behörde (Gemeindevorstand oder Bürgermeister) klar erkennbar sein (vgl. auch § 37 Abs. 3 HVwVfG). Fehler führen zu Mängeln in der Zuständigkeit und damit grundsätzlich zur Rechtswidrigkeit der Entscheidung.

2. Verwaltungsbehörden

49 Das HSOG deklariert in § 2 die „sonstigen Aufgaben der Gefahrenabwehr" als allgemeine Verwaltungsaufgaben und weist sie den Landkreisen und Gemeinden zu. Soweit somit keine speziellen Zuweisungen bestehen, sind vorrangig die Verwaltungsbehörden grundsätzlich bei der Gefahrenabwehr **zuständig.** § 82 Abs. 1 stellt klar, dass es sich dabei um Aufgaben zur Erfüllung nach Weisung iSv § 4 Abs. 2 HGO und HKO handelt. Diese werden vor Ort von den für die Träger handelnden Behörden erfüllt. Auf Kreisebene ist dies der **Kreisausschuss,** bei den Gemeinden und Städten der **Gemeindevorstand bzw. Magistrat.** Diese Organe sind kollegial besetzt.

50 Daneben können auf Bezirks- oder Landesebene auch staatliche Behörden als allgemeine Verwaltungsbehörden Aufgaben der Gefahrenabwehr vornehmen, soweit deren Zuständigkeit durch Rechtsvorschrift begründet ist. In der Regel sind staatliche Behörden aber in diesem Bereich nur als **Aufsichtsbehörden** tätig (vgl. § 83). Wie allgemein im Bereich der Weisungsaufgaben (vgl. § 4 Abs. 1 HGO, HKO) sind auch hier die **Weisungsbefugnisse** nach § 84 grundsätzlich auf allgemeine Weisungen beschränkt.

3. Ordnungsbehörden

51 Die in § 1 Abs. 1 genannten Ordnungsbehörden sind in den §§ 85 ff. näher geregelt. Das Gesetz unterscheidet hier noch zwischen den Allgemeinen Ordnungsbehörden (§ 85) und den Sonderordnungsbehörden (§ 90). Die **Allgemeinen Ordnungsbehörden (§ 85)** sind dem gegliederten Landesaufbau folgend instanziell gegliedert in Landesordnungsbehörden (fachlich zuständige Ministerien), Bezirksordnungsbehörden (Regierungspräsidien), Kreisordnungsbehörden (Landräte und Oberbürgermeister in kreisfreien Städten) und örtliche Ordnungsbehörden (Bürgermeister, Oberbürgermeister).

52 Damit finden sich in diesem Bereich sowohl staatliche als auch kommunale Behörden. Der Schwerpunkt der Aufgabenwahrnehmung liegt eindeutig im kommunalen Bereich, da in der Regel die örtliche Ordnungsbehörde zuständig ist (vgl. § 89 Abs. 2). Die staatlichen Behörden üben vorrangig nach § 86 die **Aufsicht** aus. Die Aufgabenübertragung erfolgt hier als sog. **Auftragsangelegenheit** iSv § 4 Abs. 2 HGO und § 4 Abs. 2 HKO. Anders als im Bereich der allgemeinen Verwaltung wird die Aufgabe nicht auf die kommunale Körperschaft übertragen, sondern auf den Landrat bzw. Bürgermeister. Landrat und Bürgermeister nehmen die staatliche Aufgabe der Ordnungsbehörden in alleiniger Verantwortung wahr, handeln heute aber als kommunale Behörden (bis 2005 handelten Landräte und Oberbürgermeister in diesem Bereich als staatliche Behörden). Folge der Übertragung als Auftragsangelegenheit ist, dass im Bereich der Ordnungsbehörden eine Fachaufsicht mit umfassendem Weisungsrecht auch im Einzelfall (§ 87) bis hin zum **Selbsteintrittsrecht** (§ 88) besteht.

53 Die Betrachtung der beiden Bereiche lässt erkennen, warum der hessische Gesetzgeber an der zumindest auf kommunaler Ebene zum Teil als verwirrend empfundenen Differenzierung festhält. Sie macht aus staatlicher Sicht Sinn, da sich durch die unterschiedliche Zuordnung von Aufgaben **differenzierte Einwirkungsmöglichkeiten des Staates** bei der Aufgabenerfüllung ergeben. Bei einer Übertragung als Weisungsaufgabe an die Kommune unterliegt diese zwar einer staatlichen Aufsicht, die Aufsichtsbefugnisse beschränken sich jedoch auf allgemeine Weisungen (§ 84), was den allgemeinen kommunalrechtlichen Regeln in § 4 Abs. 1 HGO entspricht. Einzelweisungen können nur unter den engen Voraussetzungen des § 84 erteilt werden. Werden diese nicht befolgt, kann die nach § 83 zuständige Aufsichtsbehörde nicht auf die Aufsichtsmittel in §§ 139 ff. HGO zurückgreifen, sondern muss sich dazu der Kommunalaufsichtsbehörde bedienen (vgl. § 145 S. 2 HGO). Abgesehen davon ist der Gemeindevorstand, der im Bereich der Weisungsaufgaben zuständige Behörde ist, bei seinen Entscheidungen in die kommunalen Entscheidungsabläufe und eventuell auch Rücksichtnahmen eingebunden. Der Gemeindevorstand ist ein Kollegialorgan, in dem sich die politischen Kräfteverhältnisse der Gemeindevertretung widerspiegeln. Der Vorstand unter-

liegt zudem auch im Bereich der Weisungsaufgaben der Kontrolle durch die Gemeindevertretung (§ 50 Abs. 2 HGO).

Demgegenüber steht bei einer Aufgabenübertragung auf die Ordnungsbehörde eine erweiterte Weisungsbefugnis bis hin zum **Selbsteintrittsrecht** (§ 88). Der **Bürgermeister / Oberbürgermeister** nimmt hier die Aufgabe in alleiniger Verantwortung wahr (vgl. § 4 Abs. 2 HGO), er muss sich weder mit der Gemeindevertretung noch mit dem Gemeindevorstand abstimmen. Er unterliegt insoweit auch nicht der Überwachung durch die Gemeindevertretung (§ 50 Abs. 2 HGO). Damit behält das Land bzw. seine staatlichen Behörden ein Zugriffsrecht auf spezielle Aufgaben der Gefahrenabwehr, ohne dafür eigene staatliche Behörden auf unterer Ebene vorzuhalten. 54

Die **Zuständigkeit der allgemeinen Ordnungsbehörden** im Bereich der Gefahrenabwehr ergibt sich vor allem aus **§ 1 HSOG-DVO,** der bestimmte Aufgaben der Gefahrenabwehr den allgemeinen Ordnungsbehörden zuweist. Daneben gibt es Zuweisungen auch in speziellen Regelungen (zB § 16 HundeVO). Außerhalb ausdrücklicher Zuweisungen sind die Ordnungsbehörden wie die Polizeibehörden nur in **„Eilfällen"** zuständig, wenn die Gefahrenabwehr durch die eigentlich zuständige Behörde nicht möglich ist (§ 2) 55

Neben den allgemeinen Ordnungsbehörden kennt das HSOG noch die in § 90 gennannten **Sonderordnungsbehörden.** Es sind Behörden außerhalb der allgemeinen Verwaltung, denen durch besondere Rechtsvorschriften Aufgaben der Gefahrenabwehr zugewiesen sind. Ihre Organisation und Zuständigkeiten sind in speziellen Gesetzen geregelt, die dem HSOG vorgehen (vgl. § 3). Sonderordnungsbehörden sind in Bereichen tätig, in denen es um spezielle Aufgaben der Gefahrenabwehr geht, in denen es einer speziellen sachlichen und vor allem personellen Ausstattung bedarf. Zu nennen ist hier beispielhaft die hessische Eichverwaltung, die als Sonderordnungsbehörde arbeitet. Die **Bedeutung der Sonderordnungsbehörden** ist rückläufig, da im Zuge der Verwaltungsreformen auch ein Ziel ist, Sonderverwaltungen möglichst zurückzuführen. So wurden in den vergangenen Jahren in Hessen frühere Sonderordnungsbehörden wie die Bergämter und die Gewerbeaufsichtsämter in die allgemeine Verwaltung eingegliedert. Die gesetzgeberische Absicht zeigt sich auch in **§ 2 S. 2 HGO und § 2 Abs. 2 HKO,** wonach vorhandene Sonderverwaltungen auf kommunale Verwaltungen überführt und neue Sonderverwaltungen grundsätzlich nicht errichtet werden sollen. 56

4. Polizeibehörden

Das HSOG verwendet sowohl bei der Aufgabenzuweisung als auch bei den Befugnisnormen den Begriff der Polizeibehörden, der Begriff steht für die staatliche hessische Polizei. Das Gesetz verwendet den Polizeibegriff im Sinne des **formellen Polizeibegriffs.** Neben den den Polizeibehörden durch andere Vorschriften zugewiesenen Aufgaben (vgl. § 1 Abs. 2, vor allem Aufgaben der Strafverfolgung) und der vorbeugenden Bekämpfung von Straftaten (§ 1 Abs. 4) ist die Polizei **zur Gefahrenabwehr nur subsidiär zuständig** (§ 2). Zu beachten ist aber, dass zahlreiche Standardmaßnahmen nur den Polizeibehörden vorbehalten sind, sodass insoweit aus den Befugnissen auch eine **„Exklusivzuständigkeit"** der Polizei für solche Maßnahmen folgt. 57

Die **Organisation der hessischen Polizei** ist in den §§ 91–99 und den §§ 2–9 HSOG-DVO geregelt. Danach werden die polizeilichen Aufgaben von **Polizeibehörden** (§ 91) wahrgenommen. Der **Begriff der Vollzugspolizei** mit der Untergliederung in Schutzpolizei, Kriminalpolizei, Bereitschaftspolizei und Wasserschutzpolizei (vgl. § 64 HSOG 1972, HessGVBl. I 23) taucht seit der Fassung von 1990 im Gesetz nicht mehr auf (nur noch im Zusammenhang mit der Pflicht, Dienstkleidung zu tragen, vgl. § 98 Abs. 2). Der Gesetzgeber trägt damit dem Bestreben nach einer Integration von Schutz- und Kriminalpolizei Rechnung, die nicht mehr gesondert erwähnt werden. Die Aufgabe der **Bereitschaftspolizei** obliegt nach § 93 dem Hessischen Bereitschaftspolizeipräsidium, dem auch die Aufgaben der Wasserschutzpolizei zugewiesen sind (§ 93 Abs. 2). 58

Die Polizeibehörden sind seit 2001 (vgl. Hessisches Gesetz über die Umorganisation der Polizei v. 22.12.200, HessGVBl. I 577) vollständig aus der allgemeinen inneren Verwaltung herausgelöst und damit als Sonderverwaltung einzustufen (vgl. § 91 Abs. 2). Davor waren auf Kreisebene die Landräte als Behörden der Landesverwaltung für polizeiliche Aufgaben 59 in den Kreisen zuständig. Auch gab es auf Ebene der Regierungspräsidien Bezirkspolizeibehörden. Heute besteht ein **zweistufiger Verwaltungsaufbau:** Oberste Polizeibehörde ist das Hessische Ministerium des Innern und für Sport **als Landespolizeipräsidium** (bis 2000: Abteilung III des Ministeriums), dem **sieben Polizeipräsidien** nachgeordnet sind (vgl. § 5 HSOG-DVO). Die Polizeipräsidien sind grundsätzlich für die Erfüllung der polizeilichen Aufgaben in ihrem Bereich zuständig (§ 94).

60 Neben den Polizeipräsidien gibt es für spezielle Aufgaben das **Hessische Landeskriminalamt** (§ 92), das bereits erwähnte Hessische Bereitschaftspolizeipräsidium (§ 93) mit ihm unterstellten Bereitschaftspolizeiabteilungen und das **Hessische Polizeipräsidium für Technik** (§ 95). Sie alle unterstehen der Dienst- und Fachaufsicht des Landespolizeipräsidiums, das auch Weisungen im Einzelfall erteilen kann (§ 97). Das Gesetz enthält in § 101 **Regeln zur örtlichen Zuständigkeit** der Polizeibehörden.

61 Der klare Weg zu einer rein staatlichen Polizei unter Verzicht auf kommunale Polizei wird – zumindest in der Wahrnehmung durch den Bürger – durch gesetzliche Möglichkeiten durchbrochen und kann beim Bürger für Verwirrung sorgen. Zum einen hat der Landesgesetzgeber mit dem **HFPG** (Hessisches Freiwilligen-Polizeidienst-Gesetz v. 13.6.2000, HessGVBl. I 294, zuletzt geändert 2017 (HessGVBl. 294)) auch in Hessen die Möglichkeit eines freiwilligen **ehrenamtlichen Polizeidienstes** eröffnet. Dieser soll die Polizeibehörden bei ihrer Arbeit unterstützen. Die ehrenamtlichen Polizeihelfer handeln rechtlich für die Polizei. Ihre Tätigkeit bzw. die Handlungen werden dem Land als Träger der staatlichen Polizei zugeordnet, ihr Einsatz erfolgt aber auf kommunaler Ebene in Abstimmung und durch Finanzierung der Kommune. Es bedarf dazu einer entsprechenden kommunalen Entscheidung durch die kommunalen Gremien und einer vertraglichen Vereinbarung zwischen Land und Kommune. Gesetz und Umsetzung waren von Anfang an politisch, aber auch rechtlich umstritten (zur rechtlichen Seite vgl. Hornmann HSOG § 81 Rn. 28).

62 Nach **§ 99** können zur Wahrnehmung bestimmter Aufgaben der Gefahrenabwehr oder zur hilfsweisen Wahrnehmung bestimmter polizeilicher Aufgaben **Hilfspolizeibeamtinnen und Hilfspolizeibeamte** bestellt werden. Sie haben im Rahmen ihrer Aufgaben zwar die Befugnisse von Vollzugsbeamtinnen bzw. -beamten, sie können auch zur Anwendung unmittelbaren Zwangs ermächtigt werden, sind aber weder Polizei noch Beamte im beamtenrechtlichen Sinne. § 99 eröffnet die Möglichkeit, die Details der Bestellung sind in der HSOG-DVO geregelt. In der Praxis bestellen vor allem die kreisfreien Städte Hilfspolizeibeamten, die oft Aufgaben der allgemeinen Ordnungsbehörden (zB Überwachung des ruhenden Verkehrs) wahrnehmen.

63 Daneben sorgt der Begriff der **Ordnungspolizei** für Diskussionen. Seit Neufassung des v. 14.1.2005 können die genannten Hilfspolizeibeamtinnen bzw. Hilfspolizeibeamten in den Landkreisen und Gemeinden die Bezeichnung Ordnungspolizeibeamtinnen oder Ordnungspolizeibeamte führen (vgl. § 99 Abs. 1). Dies wird kritisch diskutiert, da die Bezeichnung „Ordnungspolizei" durch ihre Verwendung in der NS-Zeit als belastet gilt (vgl. Hornmann HSOG § 99 Rn. 8). Der Begriff blieb jedoch bisher im Gesetz erhalten.

64 Die Praxis ist jedoch zum Teil zu anderen Begriffen übergegangen. So wählte die Stadt Frankfurt die Bezeichnung **„Stadtpolizei"**. Dies mag politisch/historisch gesehen „korrekter" sein, ist aber irritierend, da es den Eindruck nährt, es gebe neben der staatlichen Polizei auch wieder eine kommunale Polizei in Hessen. Überhaupt dürfte dem Bürger eine Differenzierung schwerfallen, wenn er zwischen einem hessischen Vollzugspolizeibeamten, einem Ordnungspolizeibeamten und einem ehrenamtlich Tätigen im freiwilligen Polizeidienst unterscheiden soll, zumal alle von Hoheitszeichen abgesehen vergleichbare Uniformen tragen. Die frühere gesetzliche Regelung, nach der Dienstkleidung, Abzeichen und genutzte Fahrzeuge der Hilfspolizeibeamten nicht mit denen der Polizei zu Verwechslungen führen durften (vgl. § 99 Abs. 5 idF v. 26.6.1990, HessGVBl. I 197), ist zwischenzeitlich entfallen.

Einführung in die Datenschutz-Richtlinie (EU) 2016/680 (JI-RL)

Überblick

Die Europäisierung macht auch vor dem Polizei- und Sicherheitsrecht nicht Halt. Zwar ist es im Kern nach wie vor national, in Deutschland sogar föderal geprägt und das Bundesverfassungsgericht zählt „die Verfügung über das Gewaltmonopol polizeilich nach innen und militärisch nach außen" sogar zu den integrationsfesten Teilen des Grundgesetzes (BVerfGE 123, 167 Rn. 252), aber Querschnittskompetenzen der EU können gleichwohl einen Anpassungsbedarf hervorrufen. Besonders deutlich wird dies im Bereich des Polizeidatenschutzes. Während dieser bis zur europäischen Datenschutzreform des Jahres 2016 nahezu ausschließlich national geregelt war, hat die EU seitdem, gestützt auf ihre Kompetenz aus Art. 16 Abs. 2 AEUV (→ Rn. 8 ff.), neben der Datenschutz-Grundverordnung (DS-GVO) die Richtlinie (EU) 2016/680 erlassen („Justiz und Inneres-Richtlinie", kurz „JI-RL" oder auch „Polizei-Richtlinie"), die Datenverarbeitungen „durch die zuständigen Behörden zum Zwecke der Verhütung, Ermittlung, Aufdeckung oder Verfolgung von Straftaten oder der Strafvollstreckung, einschließlich des Schutzes vor und der Abwehr von Gefahren für die öffentliche Sicherheit" betrifft. Wenngleich die Reichweite dieser Formulierung und damit die Abgrenzung zur Datenschutz-Grundverordnung noch nicht völlig geklärt ist (→ Rn. 21 ff.), ist die Relevanz der Richtlinie zumindest für die meisten polizeilichen Tätigkeiten offensichtlich.

Inhaltlich weist die JI-RL viele Gemeinsamkeiten mit der DS-GVO auf, es finden sich aber auch einige gravierende Unterschiede, die über die durch die unterschiedliche Handlungsform bedingten hinausgehen (→ Rn. 36 ff.). Die JI-RL musste bis Mai 2018 umgesetzt werden, was in Bund und Ländern mit unterschiedlichen Regelungstechniken erfolgt ist (→ Rn. 55). In der Folge gelten nun im Bereich des Polizeidatenschutzes die Unionsgrundrechte und es kommt zu einer Überlagerung unterschiedlicher Datenschutzkonzepte (→ Rn. 63 ff.).

Übersicht

A. Einführung und Entstehungsgeschichte der JI-RL

Die Arbeit von Polizei- und Sicherheitsbehörden geht schon immer damit einher, dass personenbezogene Daten verarbeitet werden, und zwar sowohl im präventiven wie im repressiven Bereich. Einige Maßnahmen wie die Identitätsfeststellung (§ 27 BWPolG, Art. 13 BayPAG, § 18 HSOG, § 13 NPOG, § 12 PolG NRW), die Telekommunikationsüberwachung (TKÜ; §§ 23a f. BWPolG, Art. 42 BayPAG, §§ 15a f. HSOG, §§ 33a f. NPOG, § 20c PolG NRW) oder die elektronische Aufenthaltsüberwachung (§ 27c BWPolG, Art. 34 BayPAG, § 31a HSOG, § 34c PolG NRW) zielen gerade darauf ab, solche Daten zu erlangen. Für andere Maßnahmen, etwa die Vorladung (§ 28 BWPolG, Art. 15 BayPAG, § 30 HSOG, § 16 NPOG, § 10 PolG NRW) oder die Übersendung eines Kostenbescheids für eine Maßnahme, sind die Adressdaten des Verantwortlichen notwendige Voraussetzung. Zahlrei- 1 che personenbezogene Daten sind zudem in Vorgangsbearbeitungssystemen wie IGVP, im Informationssystem INPOL sowie in Fallbearbeitungssystemen gespeichert.

2 Hieraus ergeben sich datenschutzrechtliche Fragen, die ursprünglich allein durch das nationale Recht beantwortet wurden. Zwar gehörte die Bundesrepublik Deutschland 1981 zu den Erstunterzeichnern des 1985 in Kraft getretenen Übereinkommens zum Schutz des Menschen bei der automatischen Verarbeitung personenbezogener Daten (v. 28.1.1981, BGBl. 1985 II 538), dieses entfaltete als völkerrechtlicher Vertrag aber nur mittelbare Wirkung. Auch die Datenschutz-RL (RL 95/46/EG v. 24.10.1995, ABl. 1995 L 281, 31) änderte nichts daran, dass das Datenschutzrecht der Polizei- und Sicherheitsbehörden national geprägt blieb, da sie gem. Art. 3 Abs. 2 Datenschutz-RL keine Anwendung auf die Verarbeitung personenbezogener Daten „betreffend die öffentliche Sicherheit, die Landesverteidigung, die Sicherheit des Staates (einschließlich seines wirtschaftlichen Wohls, wenn die Verarbeitung die Sicherheit des Staates berührt) und die Tätigkeiten des Staates im strafrechtlichen Bereich" fand.

3 Der EU und ihren Rechtsvorgängerinnen fehlte es lange Zeit an der notwendigen Einzelermächtigung (vgl. heute Art. 5 Abs. 1 S. 1 und Abs. 2 EUV), um den Datenschutz auch für den Polizei- und Sicherheitsbereich umfassend zu regeln (vgl. Streinz EUV/AEUV/Schröder, 3. Aufl. 2018, AEUV Art. 16 Rn. 2). Die Datenschutz-RL stützte sich auf die Binnenmarktkompetenz des damaligen Art. 100a EGV (jetzt Art. 114 AEUV), die für das Polizei- und Sicherheitsrecht offensichtlich nicht einschlägig war und ist. Allerdings wurden unter Berufung auf die binnenmarktrelevante Tätigkeit von Telekommunikationsunternehmen Sekundärrechtsakte erlassen, die auch für das Polizei- und Sicherheitsrecht relevante Bestimmungen enthielten, etwa die **ePrivacy-RL** (RL 2002/58/EG v. 12.7.2002, ABl. 2002 L 201, 37) und die **Vorratsdatenspeicherungs-RL** (RL 2006/24/EG v. 15.3.2006, ABl. 2006 L 105, 54). Für letztere war allerdings schon damals umstritten, ob die Binnenmarktkompetenz eine geeignete Rechtsgrundlage darstellte (bejahend EuGH NJW 2009, 1801). Alternativ hätte die Harmonisierungskompetenz des Art. 34 Abs. 2 lit. b EUV aF, einer Norm aus der „dritten Säule" der EU (polizeiliche und justizielle Zusammenarbeit in Strafsachen), zur Verfügung gestanden, welche aber Einstimmigkeit im Rat erfordert hätte, die im Fall der Vorratsdatenspeicherung nicht zu erzielen war. Anders war dies im Jahr 2008, als gestützt auf Art. 34 Abs. 2 lit. b EUV aF der RB 2008/977/JI (v. 27.11.2008, ABl. 2008 L 350, 60) erlassen wurde, der die Verarbeitung personenbezogener Daten zum Zwecke der Verhütung, Ermittlung, Feststellung oder Verfolgung von Straftaten oder der Vollstreckung strafrechtlicher Sanktionen betraf. Sein Anwendungsbereich beschränkte sich allerdings auf die Fälle des Datenaustauschs unter den Mitgliedstaaten sowie zwischen diesen und besonderen EU-Einrichtungen (Art. 1 Abs. 2 RB 2008/977/JI). Rein innerstaatliche Datenverarbeitungsvorgänge im Polizei- und Sicherheitsbereich waren nicht erfasst.

4 Durch das Inkrafttreten des Vertrags von Lissabon 2009 änderte sich die Lage: Mit Art. 16 Abs. 2 UAbs. 1 S. 1 AEUV steht seitdem eine Rechtsgrundlage zur Verfügung, die nicht auf einen der klassischen Politikbereiche der Union bezogen ist, sondern es – vorbehaltlich der Grenzen des Subsidiaritäts- und Verhältnismäßigkeitsprinzips (Art. 5 Abs. 3 und Abs. 4 EUV) – ermöglicht, allein mit dem Ziel des Schutzes des Grundrechts auf Datenschutz (Art. 16 Abs. 1 AEUV, Art. 8 GRCh) tätig zu werden (zur Reichweite → Rn. 8 ff.). In Ausnutzung der neuen Kompetenz hatte die Europäische Kommission schon 2010 eine große **Datenschutzreform** initiiert (Details bei Ehmann/Selmayr/Selmayr/Ehmann DS-GVO Einf. Rn. 39 ff.), deren Verabschiedung sich aber wegen Differenzen zwischen den beteiligten Akteuren, insbesondere zwischen Rat und Parlament, bis April 2016 hinzog und die bis heute nicht vollständig abgeschlossen ist (es fehlt nach wie vor die e-Privacy-Verordnung, → Rn. 7). Die Reform beinhaltet bisher den Erlass mehrerer Rechtsakte von unterschiedlicher Harmonisierungsintensität, die seit Mai 2018 Wirkung entfalten.

5 Der wichtigste Baustein der Reform ist die **DS-GVO** (VO (EU) 2016/679 v. 27.4.2016, ABl. 2016 L 119, 1). Sie erhebt grundsätzlich den Anspruch, eine Vollharmonisierung zu bewirken (Ehmann/Selmayr/Selmayr/Ehmann DS-GVO Einf. Rn. 75); dieser Anspruch wird allerdings durch eine Reihe von Öffnungs- und Spezifizierungsklauseln zugunsten der Mitgliedstaaten abgeschwächt (vgl. Erwägungsgrund 10 DS-GVO).

6 Neben der DS-GVO steht die als „kleine Schwester" bezeichnete (Schwichtenberg DuD 2016, 605; HK-DS-GVO/Ennöckl, 3. Aufl. 2022, DS-GVO Art. 2 Rn. 14) **JI-RL** (RL

(EU) 2016/680 v. 27.4.2016 zum Schutz natürlicher Personen bei der Verarbeitung personenbezogener Daten durch die zuständigen Behörden zum Zwecke der Verhütung, Ermittlung, Aufdeckung oder Verfolgung von Straftaten oder der Strafvollstreckung sowie zum freien Datenverkehr und zur Aufhebung des Rahmenbeschlusses 2008/977/JI des Rates, ABl. 2016 L 119, 89; von der Europäischen Kommission und dem Europäischen Datenschutzbeauftragten meist als **Polizeirichtlinie** bezeichnet). Im Gegensatz zur DS-GVO bewirkt sie keine Voll-, sondern nur eine Mindestharmonisierung (vgl. Art. 1 Abs. 3 JI-RL) und lässt den Mitgliedstaaten zudem die richtlinientypischen Spielräume bei der Umsetzung (vgl. Art. 288 Abs. 3 AEUV). Damit wird dem Umstand Rechnung getragen, dass schon auf der Regierungskonferenz zum Vertrag von Lissabon erklärt wurde, „dass es sich aufgrund des spezifischen Charakters der Bereiche justizielle Zusammenarbeit in Strafsachen und polizeiliche Zusammenarbeit als erforderlich erweisen könnte, in diesen Bereichen spezifische [...] Vorschriften über den Schutz personenbezogener Daten und den freien Datenverkehr zu erlassen“ (Nr. 21 Schlussakte Lissabonvertrag). Die Mitgliedstaaten waren nicht bereit, in diesen Bereichen einer umfassenden Harmonisierung des Datenschutzes, wie sie ursprünglich auf europäischer Ebene angestrebt war, zuzustimmen.

Die geplante Verabschiedung einer **ePrivacy-VO,** die als dritter Baustein der EU-Daten- **7**
schutzreform die ePrivacy-RL (RL 2002/58/EG v. 12.7.2002, ABl. 2002 L 201, 37) ersetzen soll, verzögert sich weiterhin; sie soll aber auf den Polizei- und Sicherheitsbereich ohnehin keine Anwendung finden (Art. 2 Abs. 2 lit. d ePrivacy-VO-E: „Diese Verordnung gilt nicht für [...] Tätigkeiten zuständiger Behörden zu Zwecken der Verhütung, Ermittlung, Aufdeckung oder Verfolgung von Straftaten oder der Strafvollstreckung, einschließlich des Schutzes vor und der Abwehr von Gefahren für die öffentliche Sicherheit.“). Vorgesehen ist allerdings die Möglichkeit der Einschränkung der durch die Verordnung gewährten Rechte (Art. 11 ePrivacy-VO-E), die auch zu Zwecken der öffentlichen Sicherheit erfolgen kann.

B. Datenschutz-Kompetenz der EU

Art. 16 Abs. 2 UAbs. 1 S. 1 AEUV enthält zwei Einzelermächtigungen, einerseits für den **8**
Datenschutz natürlicher Personen bei der Verarbeitung personenbezogener Daten durch die Organe, Einrichtungen und sonstigen Stellen der Union sowie durch die Mitgliedstaaten, soweit sie Tätigkeiten im Anwendungsbereich des Unionsrechts ausüben, und andererseits für den freien Datenverkehr. Die Reichweite der Formulierung ist umstritten: Die Frage, welcher der beiden Ermächtigungen der Datenschutz durch nicht-öffentliche Stellen unterfällt (vgl. dazu Streinz/Schröder AEUV Art. 16 Rn. 9 f.), interessiert hier nicht weiter. Für die im Kontext der JI-RL bedeutsamen Datenverarbeitungen durch öffentliche Stellen ist klar, dass, abgesehen von den Fällen des Datenaustauschs zwischen den Sicherheitsbehörden der Mitgliedstaaten, die möglicherweise auch unter den Begriff „Datenverkehr“ zu subsumieren sein können (vgl. Erwägungsgrund 4 JI-RL), Art. 16 Abs. 2 S. 1 Alt. 1 AEUV einschlägig ist. Damit gewinnt die zweite (und wichtigere) Streitfrage an Bedeutung, wann die Mitgliedstaaten Tätigkeiten im **„Anwendungsbereich des Unionsrechts“** ausüben, denn nur hierauf bezieht sich die Kompetenz der Union.

Diese Frage wird nicht durch eine Entscheidung des EuGH zum Anwendungsbereich der **9**
Datenschutz-RL aus dem Jahr 2003 beantwortet. Zwar hatte der Gerichtshof zu Art. 3 Abs. 2 Datenschutz-RL entschieden, dass der Begriff des Anwendungsbereichs des Unionsrechts weit auszulegen und nicht auf die Fälle der Ausübung von Grundfreiheiten, also grenzüberschreitende Sachverhalte, beschränkt sei (EuGH EuR 2004, 276 Rn. 41 f.). Diese Aussage ist aber im Kontext zum konkreten Fall und zur Rechtsgrundlage des Art. 100a EGV (jetzt Art. 114 AEUV) zu sehen: Der EuGH bestätigte in seinem Urteil lediglich, dass die Binnenmarktfinalität ausreicht, um ein Rechtsgebiet zu harmonisieren, und dass in der Folge die harmonisierten Vorschriften anzuwenden sind, ohne zuvor im Einzelfall zu prüfen, ob der jeweilige Sachverhalt einen besonderen Binnenmarktbezug aufweist. Damit ist aber keine Aussage darüber getroffen, wie der Begriff des Anwendungsbereichs des Unionsrechts in der Kompetenznorm in Art. 16 Abs. 2 UAbs. 1 S. 1 Alt. 1 AEUV, die (im Gegensatz zu Alt. 2) mit dem Binnenmarkt nichts zu tun hat, auszulegen ist.

Zweck der Kompetenznorm ist es, die Union in den Stand zu versetzen, den durch Art. 8 **10**
Abs. 1 GRCh gebotenen Datenschutz sekundärrechtlich zu realisieren (so auch Ehmann/

Selmayr/Selmayr/Ehmann DS-GVO Einf. Rn. 36). Angesichts dieses Grundrechtsbezugs der Kompetenznorm liegt es nahe, zur Bestimmung der Reichweite des Art. 16 Abs. 2 UAbs. 1 S. 1 AEUV an den **Anwendungsbereich der Unionsgrundrechte** anzuknüpfen, der durch Art. 51 Abs. 1 GRCh festgelegt wird; hierfür spricht auch die ähnliche Formulierung von Art. 51 Abs. 1 GRCh und Art. 16 Abs. 2 UAbs. 1 S. 1 Alt. 1 AEUV (s. bereits Streinz/Schröder AEUV Art. 16 Rn. 9; ähnlich GHN/Sobotta AEUV Art. 16 Rn. 31; aA Ehmann/Selmayr/Zerdick DS-GVO Art. 2 Rn. 5; wohl auch Stevens/Limberger JZ 2022, 657 (658 ff.), die sogar die JI-RL zum Anlass nehmen, eine Bindung der Mitgliedstaaten an Art. 7, 8 GRCh im JI-Bereich anzunehmen). Mit Blick auf die Bindung der Mitgliedstaaten an die Unionsgrundrechte versteht der EuGH den Begriff der „Durchführung des Rechts der Union" als Handeln „im Anwendungsbereich" des Unionsrechts (grundlegend EuGH NVwZ 2013, 561 Rn. 20 – Åkerberg Fransson), was voraussetzt, dass das Unionsrecht dem Mitgliedstaat bestimmte Verpflichtungen auferlegt (EuGH EuZW 2014, 795 Rn. 35 – Hernandez). Hierunter fällt nicht nur die klassische Agency-Situation des administrativen Vollzugs von Unionsrecht; erfasst sind nach der (in den Details allerdings nicht ganz unumstrittenen) Rechtsprechung des EuGH auch die legislative Umsetzung des Unionsrechts, insbesondere im Zusammenhang mit Richtlinien (→ Rn. 64), sowie die Fälle der Beschränkung von Grundfreiheiten („ERT-Konstellation").

11 Parallelisiert man die Reichweite des Art. 16 Abs. 2 UAbs. 1 S. 1 Alt. 1 AEUV in dieser Weise mit dem Anwendungsbereich der Unionsgrundrechte, besteht in der Theorie keine Kompetenz der Union zur Regelung der Datenverarbeitung durch öffentliche Stellen in **Bereichen, die vom Unionsrecht unberührt sind** (so auch Lisken/Denninger PolR-HdB/Müller/Schwabenbauer G Rn. 422; Klement JZ 2017, 161 (165)). In der Praxis dürfte es aber nahezu unmöglich sein, auszuschließen, dass Behörden auch mit Fällen in Kontakt kommen, in denen Unionsrecht eine Rolle spielt. Dabei geht es nicht nur um die Fälle der Art. 82 ff. AEUV (so aber wohl Schantz/Wolff Neues DatenschutzR/Wolff, 2017, Rn. 235). Neben einschlägigem Sekundärrecht auf anderer Rechtsgrundlage (etwa dem Schengener Grenzkodex im Zusammenhang mit der Schleierfahndung, s. EuGH NVwZ 2017, 1608) kann hier vor allem die Fallgruppe der Beschränkung von Grundfreiheiten (insbesondere, wenn man auch das Freizügigkeitsrecht aus Art. 21 AEUV mit einbezieht) Ursache sein: Auch unterschiedslos wirkende Maßnahmen sind unter relativ geringen Voraussetzungen als Eingriff in eine Grundfreiheit zu qualifizieren (vgl. EuGH NJW 1996, 579 Rn. 37 – Gebhard), sodass letztlich fast immer, wenn ein EU-Ausländer einer (Sicherheits-) Behörde gegenübertritt, der Anwendungsbereich des Unionsrechts eröffnet sein kann (in diese Richtung auch Albrecht/Jotzo DatenschutzR, 2017, Teil 1 Rn. 24; zurückhaltender Lisken/Denninger PolR-HdB/Müller/Schwabenbauer G Rn. 422).

12 Daraus ergibt sich die Folgefrage, ob es für eine Harmonisierungsmaßnahme des Unionsgesetzgebers auf der Grundlage von Art. 16 Abs. 2 UAbs. 1 S. 1 Alt. 1 AEUV ausreicht, dass **auch** Sachverhalte im Anwendungsbereich des Unionsrechts auftreten können, oder ob sich die europäische Rechtsetzung auf die Regelung **nur** dieser Sachverhalte beschränken muss. Für die Binnenmarktkompetenz wird grundsätzlich ersteres angenommen: Die Binnenmarktfinalität der Maßnahme reicht aus, um den Bereich umfassend zu regeln und auch Sachverhalte mit einzubeziehen, denen im Einzelfall der Binnenmarktbezug fehlen mag (→ Rn. 9). Im Gegensatz zum Binnenmarkt, für den die Union eine zwar geteilte (Art. 4 Abs. 2 lit. a AEUV), aber gegenständlich unbeschränkte Kompetenz besitzt, ist die Regelung des Datenschutzes (wenn es nicht um den freien Datenverkehr geht) aber nur Sache der Union, soweit in Anwendung ihres Rechts das Grundrecht aus Art. 8 GRCh betroffen sein kann. Die Rechtsetzungskompetenz ist mithin **akzessorisch zur Grundrechtsbindung,** deren Reichweite sich aus Art. 51 GRCh ergibt; das Sekundärrecht darf keine Fälle außerhalb des Anwendungsbereichs des Unionsrechts erfassen (→ Rn. 10).

12.1 Dieselben Erwägungen liegen der verbreiteten Auffassung zugrunde, dass Art. 16 Abs. 2 UAbs. 1 S. 1 AEUV keine Rechtsgrundlage für Bestimmungen über den Schutz der Daten juristischer Personen ist (Albrecht/Jotzo DatenschutzR, 2017, Teil 3 Rn. 23; Streinz EUV/AEUV/Schröder, 3. Aufl. 2018, AEUV Art. 16 Rn. 9). Hintergrund ist, dass auch diese Daten nach überwiegender Auffassung nicht im Schutzbereich des Art. 8 GRCh liegen (vgl. Jarass GRCh Art. 8 Rn. 7).

13 Der Begrenztheit ihrer Datenschutzkompetenz trägt die Union dadurch Rechnung, dass sie die Geltung ihres Datenschutzrechts für Fälle, die nicht in den Anwendungsbereich des

Unionsrechts fallen, durch **Bereichsausnahmen** ausschließt (Art. 2 Abs. 2 lit. a DS-GVO, Art. 2 Abs. 3 lit. a JI-RL). Diese Zurückhaltung bringt den Mitgliedstaaten allerdings in der Praxis wenig: Vielfach erweist es sich bspw. erst ex post, ob ein Sachverhalt einen Unionsrechtsbezug aufweist, etwa, ob unter den Adressaten einer polizeilichen Maßnahme auch ein EU-Ausländer ist; die Rechtsgrundlage für eine allfällige Datenverarbeitung muss aber ex ante gewählt werden. Auch wenn der nationale Gesetzgeber zur Umsetzung einer Richtlinie berufen ist, muss er den Regelungsrahmen so formulieren, dass er jedenfalls die Fälle im Anwendungsbereich des Unionsrechts korrekt erfasst. Sind diese aber nicht klar vorhersehbar, bleibt den Mitgliedstaaten faktisch keine Wahl, als auch rein nationale Sachverhalte den auf Art. 16 Abs. 2 UAbs. 1 S. 1 Alt. 1 AEUV gestützten, eigentlich begrenzten Vorgaben des Unionsrechts zu unterwerfen; es kommt mithin zu **Spill-over-Effekten** des europäischen Datenschutzrechts. Für die Praxis bietet eine solche Vorgehensweise, wie sie etwa auch in Art. 2 BayDSG gewählt wurde, den Vorzug einer einheitlichen Rechtsanwendung (vgl. HK-BayDSG/Schröder, 2021, BayDSG Art. 2 Rn. 2 ff.).

Angesichts des potentiell kaum auszuschließenden Unionsrechtsbezugs einzelner Fälle, die schon ein Tätigwerden der Union rechtfertigen können, ist Art. 16 Abs. 2 UAbs. 1 S. 1 AEUV bei isolierter Betrachtung auch kaum geeignet, mitgliedstaatliche **Residualbereiche** des Datenschutzrechts erkennen zu lassen. Solche ergeben sich nur aus der Zusammenschau mit anderen Vorschriften des Vertragswerks, die den Anwendungsbereich des Unionsrechts klarer limitieren oder den Erlass bereichsspezifischen Datenschutzrechts verlangen. **14**

In dieser Hinsicht ist zunächst die ausdrücklich dem Zugriff der Union entzogene „**nationale Sicherheit**" zu nennen (Art. 4 Abs. 2 S. 3 EUV). Es liegt nahe, diesen Begriff eng auszulegen, jedenfalls enger als den (allerdings verwandten) Begriff der öffentlichen Sicherheit (so auch Wolff BayVBl. 2017, 797). Gemeint ist das Bestandsinteresse des Staates, aus dem Anwendungsbereich des Unionsrecht fallen mithin nur Situationen, in denen „existenzielle Sicherheitsbelange der Mitgliedstaaten" betroffen sind (von der Groeben/Schwarze/Hatje/Obwexer EUV Art. 4 Rn. 45). Wie weit diese Ausnahme, auf die auch Erwägungsgrund 14 JI-RL verweist, in den Datenschutzbereich hineinwirkt, ist unklar. Teilweise wird vertreten, dass alle Datenverarbeitungsregelungen im G 10, BNDG, MADG, BVerfSchG und den entsprechenden Gesetzen der Länder dazuzuzählen sind (Bäcker/Hornung ZD 2012, 147 (149); ähnlich Schantz/Wolff Neues DatenschutzR/Wolff, 2017, Rn. 244); andernorts wird dagegen auch diesen Gesetzen ein Anpassungsbedarf an das neue Datenschutzrecht der Union attestiert (Johannes/Weinhold Neues DatenschutzR § 1 Rn. 386). Jedenfalls die Bereiche Verteidigung und Auslandsnachrichtendienst dürften außerhalb des Anwendungsbereichs der Union liegen. **15**

Neben der nationalen Sicherheit als Ausnahme vom Anwendungsbereich des Unionsrechts ist weiterhin auf Art. 16 Abs. 2 UAbs. 2 AEUV hinzuweisen, demgemäß die Bestimmung des Art. 39 EUV über den **Datenschutz im Bereich der GASP** unberührt bleibt. Dies bedeutet, dass die Union Datenschutzrecht, das die Mitgliedstaaten bindet (die Union selbst ist in Art. 39 EUV nicht genannt!), für den Bereich der GASP **nur** auf der Grundlage von Art. 39 EUV, also einstimmig, ohne Beteiligung des Parlaments (vgl. Art. 31 EUV) und in Form eines Beschlusses erlassen kann (und soll, was aber bisher nicht geschehen ist). Regelungen auf der Grundlage von Art. 16 AEUV müssen daher entweder den Bereich der GASP ausdrücklich ausklammern, wie dies in der DS-GVO geschehen ist (Art. 2 Abs. 2 lit. b DS-GVO), oder positiv einen Anwendungsbereich benennen, der nichts mit der GASP zu tun hat. Im Fall der JI-RL bedarf es hierfür einer einschränkenden Auslegung (→ Rn. 23). **16**

Das **Subsidiaritätsprinzip** (Art. 5 Abs. 3 EUV) findet, da der Union in Art. 3 AEUV keine ausschließliche Zuständigkeit für den Datenschutz zugewiesen ist, grundsätzlich auf Rechtsakte Anwendung, die auf Art. 16 Abs. 2 UAbs. 1 S. 1 AEUV basieren. Es ist aber kaum geeignet, der Gesetzgebungstätigkeit der Union Grenzen zu setzen. Auch wenn man gerade für den JI-Bereich am Harmonisierungsbedarf für rein innerstaatliche Datenverarbeitungsvorgänge gewisse Zweifel anmelden kann (Schantz/Wolff Neues DatenschutzR/Wolff, 2017, Rn. 237), ist jedenfalls nach der auch vom EuGH zugrunde gelegten großzügigen Betrachtungsweise ein hinreichender Grund für die Harmonisierung vorhanden (so auch Ehmann/Selmayr/Selmayr/Ehmann DS-GVO Einf. Rn. 51). **17**

C. Anwendungsbereich der JI-RL

18 Die JI-RL enthält Vorgaben für die **Verarbeitung personenbezogener Daten** durch die zuständigen Behörden zum Zwecke der Verhütung, Ermittlung, Aufdeckung oder Verfolgung von Straftaten oder der Strafvollstreckung, einschließlich des Schutzes vor und der Abwehr von Gefahren für die öffentliche Sicherheit (Art. 2 Abs. 1 JI-RL iVm Art. 1 Abs. 1 JI-RL).

19 Die Begriffe „personenbezogene Daten" und „Verarbeitung" werden in Art. 3 Nr. 1 und Nr. 2 JI-RL inhaltsgleich mit Art. 4 Nr. 1 und Nr. 2 DS-GVO definiert. Beide **Definitionen** sind weit gefasst. Der Begriff der personenbezogenen Daten knüpft ausschließlich an natürliche Personen an und erfasst insbesondere auch den Fall, dass eine Person nicht identifiziert, sondern nur irgendwie identifizierbar ist (s. EuGH NJW 2016, 3579 – Breyer); der Begriff der Verarbeitung umfasst, anders als früher im deutschen Recht, jede Form des Umgangs mit solchen Daten, beginnend mit der Erhebung. Hinsichtlich der Details wird auf die einschlägigen Kommentierungen zur DS-GVO verwiesen.

20 Eine Einschränkung erfährt der Anwendungsbereich (wie in der DS-GVO) dadurch, dass gem. Art. 2 Abs. 2 JI-RL nur die ganz oder teilweise **automatisierte Verarbeitung** personenbezogener Daten sowie die nichtautomatisierte Verarbeitung personenbezogener Daten, die in einem **Dateisystem** gespeichert sind oder gespeichert werden sollen, erfasst sind. Damit fallen insbesondere unstrukturierte (Hand-) Akten aus dem Anwendungsbereich; ebenso die im Rahmen einer Identitätsfeststellung durch einen Polizeibeamten erhobenen Daten (aber nur, bis sie bspw. mit einem Fahndungsbestand abgeglichen werden). Das schließt freilich nicht aus, dass sich die Mitgliedstaaten für eine überschießende Umsetzung entscheiden und auch solche Daten dem zur Umsetzung erlassenen JI-Recht unterwerfen (so etwa in Bayern in Art. 2 und 28 BayDSG, dazu HK-BayDSG/Schröder, 2021, BayDSG Art. 28 Rn. 16).

I. Abgrenzungsfragen, insbesondere zur DS-GVO

21 Grundsätzlich findet auch auf Datenverarbeitungen durch öffentliche Stellen die **DS-GVO** Anwendung, die anders als das deutsche Datenschutzrecht im Ansatz nicht kategorial zwischen öffentlichen und nicht-öffentlichen Stellen als Verantwortlichen differenziert. Die DS-GVO nimmt allerdings unter anderem Datenverarbeitungen aus ihrem Anwendungsbereich aus, die „durch die zuständigen Behörden zum Zwecke der Verhütung, Ermittlung, Aufdeckung oder Verfolgung von Straftaten oder der Strafvollstreckung, einschließlich des Schutzes vor und der Abwehr von Gefahren für die öffentliche Sicherheit" erfolgen (Art. 2 Abs. 2 lit. d DS-GVO). Für genau diese Bereiche gilt gem. Art. 2 Abs. 1 iVm Art. 1 Abs. 1 JI-RL die JI-RL, sodass sich die beiden Rechtsakte als **komplementär** erweisen.

22 Diese Komplementarität besteht allerdings nur aus der Perspektive des Unionsgesetzgebers. Sie darf nicht zu dem Fehlschluss verleiten, dass deutsche öffentliche Stellen je nach Tätigkeit entweder die DS-GVO oder die JI-RL anzuwenden hätten. Im Gegensatz zur DS-GVO, die unmittelbare Anwendung findet und die nationale Regelungen nur im Rahmen der „Öffnungsklauseln" zulässt (→ Rn. 5), bedarf die JI-RL der **Umsetzung durch die Mitgliedstaaten** (Art. 288 Abs. 3 AEUV, Art. 63 JI-RL), an die sie gerichtet ist (Art. 65 JI-RL). Daher ist im Anwendungsbereich der JI-RL grundsätzlich allein das sie umsetzende nationale Recht (→ Rn. 55 ff.) anzuwenden; ggf. ist es richtlinienkonform auszulegen.

22.1 Anderes kann dann gelten, wenn die Voraussetzungen für eine **unmittelbare Anwendbarkeit** der Richtlinie gegeben sind. Nach der Rechtsprechung des EuGH setzt dies voraus, dass die Umsetzungsfrist abgelaufen ist, die Richtlinie aber gleichwohl nicht vollständig und korrekt umgesetzt wurde, und dass die anzuwendende Richtlinienvorschrift inhaltlich unbedingt und hinreichend genau erscheint (EuGH NJW 1982, 499 Rn. 25). Angesichts des Detaillierungsgrads der JI-RL wird man das für zahlreiche Vorschriften, namentlich für die Betroffenenrechte aus Kapitel III, annehmen können. Sollte eine Bestimmung der Richtlinie zu Lasten des Bürgers wirken, kommt eine unmittelbare Anwendung nicht in Betracht (dazu schon EuGH NJW 1986, 2178 Rn. 48).

23 Von dem Grundsatz, dass für Datenverarbeitungen durch öffentliche Stellen entweder die DS-GVO (ggf. in Verbindung mit nationalem Recht, das im Rahmen von Öffnungs- oder Präzisierungsklauseln erlassen wurde) oder das die JI-RL umsetzende Recht maßgeblich ist,

gibt es zwei **Ausnahmen:** Fällt erstens die Tätigkeit einer Behörde vollständig aus dem **Anwendungsbereich des Unionsrechts** heraus, ist weder die DS-GVO noch die JI-RL einschlägig (→ Rn. 11 ff.); es gilt dann das für solche Konstellationen erlassene nationale Recht (das allerdings auch wieder freiwillig die DS-GVO für anwendbar erklären kann, so etwa in Art. 2 BayDSG). Zweitens ist auch im Bereich der **GASP** weder die DS-GVO noch die JI-RL anwendbar (→ Rn. 16). Während die DS-GVO das klar zum Ausdruck bringt, erfolgt der Ausschluss in der JI-RL nicht ausdrücklich, insbesondere nicht durch Art. 2 Abs. 3 lit. a, denn auch die GASP ist Unionsrecht im Sinne dieser Bestimmung, was sich nicht zuletzt daran zeigt, dass die DS-GVO in Art. 2 Abs. 2 lit. a und lit. b DS-GVO beide Bereichsausnahmen trennt. Um gleichwohl ein Übergreifen der JI-RL in den Bereich der GASP zu vermeiden, ist der in ihrem Art. 1 JI-RL beschriebene Anwendungsbereich so zu interpretieren, dass Tätigkeiten, die mit der „äußeren Sicherheit" der Bundesrepublik im Zusammenhang stehen, nicht erfasst sind, selbst wenn man sie terminologisch vielleicht als „Schutz vor Gefahren" bezeichnen könnte.

Können Daten von den zuständigen Behörden (→ Rn. 25) sowohl für Zwecke im JI-Bereich als auch für Zwecke, die der DS-GVO unterfallen, verwendet werden (etwa für die Steuererhebung und die Verfolgung von Steuerstraftaten), gilt nach der Rechtsprechung des EuGH für die Erhebung dieser Daten die DS-GVO (EuGH BeckRS 2022, 2616 Rn. 45 f. – „SS" SIA). Diese Handhabung von (potentiellen) Dual-Use-Fällen überzeugt angesichts der Tatsache, dass die DS-GVO die Ausnahmen in Art. 2 Abs. 2 DS-GVO, zu denen eben auch die „zugunsten" der JI-RL gehört, eng auszulegen sind (so schon EUGH NJW 2020, 2613 Rn. 84 – Schrems II). 24

II. Behördentätigkeit im „JI-Bereich", insbesondere zur Gefahrenabwehr

Grundvoraussetzung für die Anwendbarkeit der JI-RL ist, dass es um die Tätigkeit einer **„Behörde"** geht, wobei der Behördenbegriff (wie auch bspw. in Art. 120 BV) untechnisch zu verstehen ist und auch Gerichte erfasst (vgl. Erwägungsgrund 80 JI-RL), außerdem ggf. Beliehene (vgl. Art. 3 Nr. 7 lit. b JI-RL; andere Private unterliegen, soweit sie der Strafverfolgung inklusive Gefahrenabwehr dienende Pflichten treffen, der DS-GVO, vgl. Ehmann/Selmayr/Zerdick DS-GVO Art. 2 Rn. 13). Die Behörde muss für die Verhütung, Ermittlung, Aufdeckung oder Verfolgung von Straftaten oder die Strafvollstreckung, einschließlich des Schutzes vor und der Abwehr von Gefahren für die öffentliche Sicherheit (Art. 1 Abs. 1 JI-RL) **zuständig** sein; maßt sich eine unzuständige Behörde solche Aufgaben an, hat sie gleichwohl die DS-GVO zu beachten (HK-DS-GVO/Ennöckl, 3. Aufl. 2022, DS-GVO Art. 2 Rn. 15). 25

Im letzten Hs. des Art. 1 Abs. 1 JI-RL liegt – neben dem Verzicht auf eine grenzüberschreitende Datenverarbeitungssituation – die wesentlichste Neuerung im Vergleich zur früheren Rechtslage: Während die Bestimmungen des RB 2008/977/JI (→ Rn. 3) allein die „Verhütung, Ermittlung, Feststellung oder Verfolgung von Straftaten sowie Vollstreckung strafrechtlicher Sanktionen" betrafen, also praktisch ausschließlich das „repressive" polizeiliche Handeln sowie die Tätigkeit der Staatsanwaltschaften und Gerichte in diesem Bereich, erfasst die JI-RL nun ausdrücklich auch Tätigkeiten von Polizei und Sicherheitsbehörden im **präventiven Bereich** (daher auch die bei den Stellen der EU bevorzugte Bezeichnung „Polizeirichtlinie", → Rn. 6). Mit dieser Erweiterung des Anwendungsbereichs geht einher, dass die „Umsetzungslast" in Deutschland nun verstärkt die Länder trifft, in deren Zuständigkeit große Teile des Gefahrenabwehrrechts fallen. 26

Die Formulierung des Anwendungsbereichs in Art. 2 Abs. 1 iVm Art. 1 Abs. 1 JI-RL ist **aufgabenbezogen, nicht institutionsbezogen.** Ein und dieselbe Behörde (beispielsweise die Polizei) kann also in einem Fall die DS-GVO anwenden müssen (etwa bei der Verarbeitung der Daten ihrer Beschäftigten) und in einem anderen Fall das die JI-RL umsetzende Recht, weil sie im JI-Bereich tätig wird. Maßgeblich ist also der jeweilige **Zweck der Datenverarbeitung** (vgl. EuGH BeckRS 2021, 15289 Rn. 69 ff.). Der JI-Bereich wird in Art. 1 Abs. 1 JI-RL in der Weise beschrieben, dass es um die „Verhütung, Ermittlung, Aufdeckung oder Verfolgung von Straftaten oder (die) Strafvollstreckung, einschließlich des Schutzes vor und der Abwehr von Gefahren für die öffentliche Sicherheit" geht. Die Tatbestandsmerkmale sind als Begriffe des Unionsrechts autonom zu definieren. Schwierigkeiten 27 ergeben sich dabei vor allem beim Begriff der „Straftat" und in Bezug auf den letzten Hs. („einschließlich…").

28 Der **Begriff der Straftat** ist unionsrechtlich autonom zu interpretieren (Erwägungsgrund 13 JI-RL). Für das deutsche Recht besonders relevant ist die Frage, ob darunter auch **Ordnungswidrigkeiten** fallen. Im Schrifttum wird dies meist bejaht (Johannes/Weinhold Neues DatenschutzR § 1 Rn. 84; Wölfl KommP BY 2018, 340 (342); Specht/Mantz DatenschutzR-HdB/Roggenkamp, 2019, § 21 Rn. 5; Schantz/Wolff Neues DatenschutzR/Wolff, 2017, Rn. 242; Lisken/Denninger PolR-HdB/Müller/Schwabenbauer G Rn. 448). Auch die Gesetzgebungspraxis in Deutschland geht unisono davon aus, dass die Verfolgung von Ordnungswidrigkeiten in den Anwendungsbereich der Richtlinie fällt (→ Rn. 55 ff.).

28.1 Für eine Einbeziehung der Ordnungswidrigkeiten spricht in der Tat, dass der EuGH den Begriff der Straftat in anderem Kontext anhand materieller, vor allem den Sanktionsgedanken berücksichtigender Kriterien ausgelegt hat (s. Jarass GRCh Art. 48 Rn. 8; Stern/Tettinger/Alber, Die Europäische Grundrechte-Charta im wertenden Verfassungsvergleich, 2005, GRCh Art. 50 Rn. 3). Diese tendenziell weite Auslegung dient allerdings dazu, einen möglichst lückenlosen Grundrechtsschutz zu gewährleisten. Im Kontext der JI-RL würde dagegen mit einer weiten Auslegung der Anwendungsbereich der Richtlinie zu Lasten der DS-GVO ausgedehnt, was dem Ziel der DS-GVO, ein möglichst einheitliches Datenschutzniveau in der Union sicherzustellen (vgl. Nr. 21 Schlussakte Lissabonvertrag, → Rn. 6), zuwiderliefe. Dies spräche für eine eher enge Auslegung des Begriffs der Straftat, der Ordnungswidrigkeiten nicht erfasst (dafür auch Ehmann/Selmayr/Zerdick DS-GVO Art. 2 Rn. 12). Allerdings bietet die JI-RL mit einigen Bestimmungen (Art. 6, 7) sogar einen besseren, jedenfalls aber spezifischeren Schutz als die DS-GVO. Auch die partielle Austauschbarkeit von Straftaten und Ordnungswidrigkeitenbestimmungen sowie die gemeinsame Qualifikation als Sanktion spricht dafür, auch Ordnungswidrigkeiten als „Straftat" iSd JI-RL anzusehen.

29 Schwieriger ist die Auslegung der Formulierung „einschließlich des Schutzes vor und der **Abwehr von Gefahren für die öffentliche Sicherheit**" (Hervorhebung durch den Verfasser) in Art. 1 JI-RL. Da die JI-RL eine Ausnahme vom Ziel eines möglichst einheitlichen Datenschutzniveaus in der Union darstellt (vgl. Nr. 21 Schlussakte Lissabonvertrag, → Rn. 6), sollten die Begriffe grundsätzlich restriktiv ausgelegt werden (so iErg auch Schantz/Wolff Neues DatenschutzR/Wolff, 2017, Rn. 245). Im Schrifttum wird hierzu vorgeschlagen, auch für die Gefahrenabwehr zumindest einen (potentiellen) **„Straftatbezug"** der behördlichen Tätigkeit zu verlangen (etwa Specht/Mantz DatenschutzR-HdB/Roggenkamp, 2019, § 21 Rn. 9). Hierfür spricht nicht nur die Formulierung „einschließlich" in Art. 1 Abs. 1 JI-RL, der die Gefahrenabwehr nicht als Aliud zur Strafverfolgung oder als eigenständigen Bereich qualifiziert, sondern auch der Erwägungsgrund 12 JI-RL, der den Bereich des „Vorfelds" von (möglichen) Straftaten beschreibt und ausdrücklich darauf hinweist, dass andere Tätigkeiten, für welche dieselben Behörden möglicherweise zuständig sind, der DS-GVO unterliegen. Einen Straftatbezug zu verlangen, entspricht außerdem der historischen Entwicklung des JI-Bereichs aus der polizeilichen und justiziellen Zusammenarbeit in Strafsachen und den Zuständigkeiten der Union gem. Art. 82 und 87 AEUV sowie der Entstehungsgeschichte der JI-RL (s. Albrecht/Jotzo DatenschutzR, 2017, Teil 3 Rn. 27).

29.1 Erwägungsgrund 12 JI-RL nennt einige **Beispiele** (polizeiliche Tätigkeiten bei Demonstrationen, großen Sportveranstaltungen und Ausschreitungen), bei denen noch nicht „bekannt ist, ob es sich um Straftaten handelt oder nicht", erwähnt aber auch die Aufrechterhaltung der öffentlichen Ordnung, soweit es um den Schutz vor und die Abwehr von „Bedrohungen der öffentlichen Sicherheit und Bedrohungen für durch Rechtsvorschriften geschützte grundlegende Interessen der Gesellschaft, die zu einer Straftat führen können", geht.

29.2 Während das Unionsrecht andernorts durchaus zwischen öffentlicher Sicherheit und Ordnung differenziert (vgl. nur Art. 36 AEUV oder Art. 28 und 32 Freizügigkeits-RL), werden die beiden Begriffe hier also miteinander vermischt. Daher überzeugt es auch nicht völlig, die Definitionen des Begriffs der öffentlichen Sicherheit, die der EuGH in anderem Kontext vorgenommen hat (etwa zur Ausweisung von Personen wegen Gefährdung der öffentlichen Sicherheit, EuGH NVwZ 2011, 221 – Tsakouridis), zu übertragen (so aber Johannes/Weinhold Neues DatenschutzR § 1 Rn. 26). Angesichts des unterschiedlichen Kontexts und der offensichtlich wenig durchdachten Begriffsverwendung in der JI-RL wäre jedenfalls die „äußere Sicherheit", die stets Teil der Definitionen des EuGH ist, auszunehmen, weil sie nicht Teil des JI-Bereichs, sondern der GASP ist (→ Rn. 16).

Welche **Konsequenzen** sich aus dem Erfordernis eines „Straftatbezugs" für die Anwendbarkeit der JI-RL ergeben, ist **strittig.** Im Schrifttum wird bspw. eine (wie auch immer zu handhabende) Trennlinie zwischen „Strafverfolgung und Gefahrenabwehr", die der JI-RL unterfällt, und „allgemeiner Gefahrenabwehr", die der DS-GVO unterfällt, gezogen (Johannes/Weinhold Neues DatenschutzR § 1 Rn. 27). Ähnlich gemeint ist wohl die Unterscheidung zwischen „straftatenbezogener Gefahrenabwehr" und „polizeilicher Gefahrenabwehr" (Johannes/Weinhold Neues DatenschutzR § 1 Rn. 81). Andernorts werden „reine Ordnungsbehörden" aus dem Anwendungsbereich der JI-RL ausgeschlossen (Ehmann/Selmayr/Zerdick DS-GVO Art. 2 Rn. 12). 30

Die Datenschutzgesetze von Bund und Ländern (Beispiele → Rn. 55 ff.) gehen davon aus, dass sich einige **Behörden benennen** lassen, die häufig im JI-Bereich tätig sind. Erwähnt werden beispielsweise in Art. 28 Abs. 1 S. 1 BayDSG die Polizei (im formellen Sinne), Gerichte in Strafsachen und Staatsanwaltschaften, Strafvollstreckungs- und Justizvollzugsbehörden sowie Behörden des Maßregelvollzugs. Da auch diese Behörden aber gelegentlich Daten zu Zwecken außerhalb des JI-Bereichs verarbeiten (→ Rn. 27), etwa zur Personalverwaltung, zur Betreuung von Besuchergruppen usw, musste die Anwendbarkeit des JI-Rechts trotzdem mit dem Vorbehalt versehen werden, dass die Behörde im JI-Bereich tätig wird. Ein solcher Vorbehalt, wie er sich beispielsweise am Ende von Art. 28 Abs. 2 S. 1 BayDSG findet, führt aber nur dazu, dass Datenverarbeitungsvorgänge der Polizei außerhalb des JI-Bereichs (wie auch von Art. 9 Abs. 2 JI-RL gefordert) im Anwendungsbereich der DS-GVO verbleiben; er vermag nicht den unionsrechtlich vorgegebenen Begriff der Gefahrenabwehr weiter zu erhellen. So bleibt beispielsweise unklar, ob die Polizei das JI-Recht anzuwenden hat, wenn sie zum Schutz von Rechtsgütern handelt, deren Schädigung nicht als Ordnungswidrigkeit sanktioniert ist (zur entsprechenden Zuständigkeit BeckOK PolR Bayern/Holzner BayPAG Art. 2 Rn. 11 f.; → § 2 Rn. 11). Die mit der ausdrücklichen Benennung einhergehende Annahme, dass Polizeibehörden typischerweise im JI-Bereich handeln, kann jedenfalls auf Vollzugsebene dazu führen, dass Fälle, die eigentlich unter die DS-GVO fallen würden, deren Anwendungsbereich entzogen und fälschlich der JI-RL unterworfen werden. 31

Mit Blick auf alle **anderen, unbenannten (Gefahrenabwehr-) Behörden** besteht die umgekehrte Situation. Sie werden nach einhelliger Vorgehensweise der deutschen Gesetzgeber dem JI-Recht nur unterworfen, soweit sie personenbezogene Daten verarbeiten, um Straftaten oder Ordnungswidrigkeiten zu verfolgen oder zu ahnden (Beispiele → Rn. 55 ff.). Dass solche Verfahren nach dem zur Umsetzung der JI-RL erlassenen Datenschutzrecht zu führen sind, ist, wenn man der herrschenden Auffassung zur Auslegung des Begriffs der Straftat folgt (→ Rn. 28), zwar korrekt. Zweifelhaft erscheint aber, ob erst die Durchführung konkreter Ordnungswidrigkeiten- oder Strafverfahren den Anwendungsbereich der JI-RL eröffnet (so etwa Art. 28 Abs. 1 S. 2 BayDSG; ebenso die Gesetzesbegründung zu § 45 BDSG in BT-Drs. 18/11325, 110 f.; Johannes/Weinhold Neues DatenschutzR § 1 Rn. 82; Wölfl KommP BY 2018, 340 (342)). Gefahrenabwehrbehörden verfügen mitunter über Eingriffsbefugnisse, bei deren Ausübung sie zum Schutz von durch Strafrecht geschützten Rechtsgütern handeln (können); dies gilt namentlich für die Behörden, deren Aufgabenkreis gesetzlich sehr allgemein beschrieben ist (vgl. Art. 6, 7 LStVG). In solchen Fällen unterscheidet sich ihre Tätigkeit nicht so sehr von jener der Polizei, dass eine unterschiedliche Betrachtungsweise gerechtfertigt wäre, sondern liegt vielmehr genauso im Anwendungsbereich der JI-RL. Die Tatsache, dass die Tätigkeit der Polizeibehörden im weiten, materiellen Begriffsverständnis (→ SystVorbPolRDe Rn. 62) sich möglicherweise seltener auf Straftatbestände im unionsrechtlichen Sinne bezieht (→ Rn. 28), was angesichts der Tendenz zur umfassenden Pönalisierung von gesetzeswidrigem Verhalten in der Sache auch schon fraglich ist, rechtfertigt jedenfalls keine typisierende institutionelle Einordnung im Widerspruch zu der rein aufgabenbezogenen Formulierung in Art. 1 JI-RL (so auch Stevens/Limberger JZ 2022, 657 (663)). 32

Zusammenfassend lässt sich festhalten, dass die klassische Abgrenzung zwischen repressiven und präventiven Maßnahmen, die anhand des Schwerpunkts der Tätigkeit erfolgt (BeckOK PolR Bayern/Holzner BayPAG Art. 2 Rn. 47), datenschutzrechtlich um eine **zusätzliche Abgrenzung innerhalb des präventiven Bereichs** zu ergänzen ist, und zwar zwischen straftatnaher und sonstiger Gefahrenabwehr. Erstere unterfällt (zusammen mit dem gesamten repressiven Bereich) der „souveränitätsschonenderen" JI-RL (und zwar nicht nur bei der 33

Polizei, sondern auch bei den Sicherheitsbehörden); letztere verbleibt grundsätzlich (zu Ausnahmen → Rn. 23) im Anwendungsbereich der DS-GVO.

34 Wo genau diese zusätzliche Grenze liegt, ist weiterhin mit **Unsicherheiten** behaftet (s. schon Johannes/Weinhold Neues DatenschutzR § 1 Rn. 27). Dies gilt nicht nur angesichts der noch nicht geklärten Auslegung der unionsrechtlichen Begriffe, sondern auch mit Blick auf einzelne Schritte der Datenverarbeitung, die angesichts der im Gefahrenabwehrrecht stets notwendigen Abgrenzung zwischen der Betrachtung **ex ante** und **ex post** unterschiedlich zuzuordnen sein können. Während für eine Datenerhebung sicherlich maßgeblich ist, ob aus der Sicht **ex ante** eine Gefahr mit Straftatbezug im Sinne der JI-RL vorliegt, ist es, wenn sich dieser Straftatbezug **ex post** als nicht gegeben herausstellt, nicht zuletzt angesichts der Regelung des Art. 9 Abs. 1 JI-RL durchaus naheliegend, für weitere Verarbeitungsschritte das Rechtsregime der JI-RL zu verlassen und die DS-GVO anzuwenden (so wohl auch Erwägungsgrund 34 JI-RL; großzügiger Specht/Mantz DatenschutzR-HdB/Roggenkamp, 2019, § 21 Rn. 9).

35 Für die **Praxis** sind die Aufspaltung des Datenschutzrechts (→ Rn. 30 f.) und die Unsicherheiten im Anwendungsbereich (→ Rn. 11 ff.) ausgesprochen misslich. Dies gilt nicht nur für die mit dem Vollzug betrauten Behörden, sondern vorgelagert auch schon für den Gesetzgeber, der die JI-RL umzusetzen und dabei ihren Anwendungsbereich zu bestimmen hat. Die unionsrechtlichen Formulierungen zu übernehmen, vermeidet zwar Vertragsverletzungen, schafft aber weder Rechtssicherheit noch Praktikabilität im Vollzug; präzisere Formulierungen wie Art. 28 Abs. 1 S. 2 BayDSG bergen das Risiko von Vertragsverletzungen. Im Einzelfall können gleichwohl bestimmte Fälle klar sein, so etwa die Kennzeichnung von Polizeivollzugsbediensteten, die dem JI-Bereich zuzurechnen ist (BVerwG NVwZ 2020, 247 Rn. 61).

D. Zentrale Vorgaben der JI-RL

I. Pflicht zur Umsetzung, Mindestharmonisierung

36 Die JI-RL verpflichtet die Mitgliedstaaten, in ihrem Anwendungsbereich (→ Rn. 18 ff.) für ein den Vorgaben der Richtlinie entsprechendes Datenschutzniveau zu sorgen. Die **Umsetzungsfrist** lief gem. Art. 63 Abs. 1 JI-RL grundsätzlich bis zum 6.5.2018; Art. 63 Abs. 2 und Abs. 3 JI-RL gewähren zur Vermeidung unverhältnismäßigen Anpassungsaufwands von automatisierten Datenverarbeitungssystemen, die schon vor dem 6.5.2016 eingerichtet wurden, sowie unter außergewöhnlichen Umständen längere Fristen. Die Kommission überwacht die Umsetzung und hat gegen Spanien bereits mit Erfolg ein Vertragsverletzungsverfahren geführt (EuGH BeckRS 2021, 2522).

37 Die JI-RL bezweckt nur eine **Mindestharmonisierung.** Gemäß Art. 1 Abs. 3 JI-RL bleibt es den Mitgliedstaaten unbenommen, „zum Schutz der Rechte und Freiheiten der betroffenen Person bei der Verarbeitung personenbezogener Daten durch die zuständigen Behörden Garantien festzulegen, die strenger sind als die Garantien dieser Richtlinie". Machen die Mitgliedstaaten von dieser Möglichkeit Gebrauch, hat dies die Konsequenz, dass sich die Gewichtung zwischen den beiden in Art. 1 Abs. 2 JI-RL genannten Zielen der JI-RL – Grundrechtsschutz einerseits, ungehinderter behördlicher Datenaustausch andererseits – zu Lasten des letzteren verschiebt.

38 Die Vorgaben der JI-RL sind teilweise so präzise, dass sie nur **geringe Umsetzungsspielräume** belassen („Die Mitgliedstaaten sehen vor, dass […]", worauf teilweise wörtlich Formulierungen aus der DS-GVO übernommen werden); insoweit verschwimmen die Grenzen zu einer Verordnung. Beispielhaft hierfür sind die Bestimmungen über die Betroffenenrechte (Art. 12 ff. JI-RL) oder über die Aufsichtsbehörden (Art. 41 ff. JI-RL). Insofern kann es punktuell genügen, wenn die Mitgliedstaaten Formulierungen der Richtlinie wörtlich übernehmen.

39 Dies gilt allerdings dann nicht, wenn die Richtlinie den Mitgliedstaaten einen **Konkretisierungsauftrag** erteilt. Dies ist bspw. mit Blick auf die Formulierung „geeignete Garantien für die Rechte und Freiheiten der betroffenen Personen" der Fall. Zwar sieht nur Art. 11 Abs. 2 JI-RL ausdrücklich vor, dass diese Garantien im Recht der Mitgliedstaaten normiert sein müssen, man wird im Interesse einer effektiven Richtlinienumsetzung aber bspw. für

Art. 4 Abs. 3 JI-RL und Art. 10 JI-RL das Gleiche annehmen müssen, da eine Richtlinienumsetzung grundsätzlich normativ zu erfolgen hat. Die Mitgliedstaaten dürfen in einem solchen Fall nicht einfach den Text der Richtlinie übernehmen, sondern müssen die entsprechenden Garantien ausdrücklich formulieren.

Im Übrigen sind Form und Mittel der Umsetzung im Einklang mit Art. 288 Abs. 3 AEUV 40 den Mitgliedstaaten überlassen. Diesen verbleiben insbesondere **regelungstechnische Fragen,** etwa, inwieweit sie die Umsetzung (soweit möglich) in allgemeinen Datenschutzgesetzen vornehmen oder bereichsspezifische Bestimmungen, namentlich im Polizeirecht, vorsehen. Sie können auch vielfach die DS-GVO für entsprechend anwendbar erklären, nämlich soweit deren Formulierungen mit denen der JI-RL übereinstimmen oder ein besseres Schutzniveau enthalten. Eine solche Vorgehensweise hat den Vorzug, das Datenschutzrecht möglichst einheitlich zu gestalten und den Vollzug zu erleichtern.

Eine **überschießende Richtlinienumsetzung** ist an sich unproblematisch, darf aber 41 nicht dazu führen, dass der unionsrechtlich vorgegebene Mindeststandard unterschritten wird. Kontrovers diskutiert wird vor diesem Hintergrund bspw. die Frage, ob und inwieweit im Anwendungsbereich der Richtlinie durch das nationale Recht auch die **Einwilligung** als Basis für die Rechtmäßigkeit einer Datenverarbeitung vorgesehen werden darf.

Art. 8 JI-RL verlangt von den Mitgliedstaaten vorzusehen, dass eine Datenverarbeitung **„nur" dann rechtmäßig ist,** wenn sie zur Wahrnehmung einer Aufgabe im JI-Bereich erforderlich und im Unionsrecht oder im Recht des Mitgliedstaats vorgesehen ist. Darin liegt ein wesentlicher Unterschied zur DS-GVO, wo in Art. 6 Abs. 1 lit. a DS-GVO auch eine freiwillige Einwilligung als Grundlage einer rechtmäßigen Datenverarbeitung dienen kann. Im nationalen (Straf-) Recht knüpft allerdings traditionell eine Reihe von Maßnahmen, die mit einer Datenverarbeitung einhergehen, an eine Einwilligung der betroffenen Person an (etwa §§ 81e, 81g oder 81h StPO). Diese Regelungstechnik wird nun teilweise als problematisch angesehen (Petri ZD 2018, 389 (390); aA Gruber KommP BY 2018, 379 (380); Schwichtenberg DuD 2016, 605 (606)). 41.1

Gemäß **Erwägungsgrund 35** JI-RL soll zwar eine Einwilligung nichts zur Rechtmäßigkeit der Datenverarbeitung beitragen können, weil sie angesichts rechtlicher Verpflichtungen regelmäßig nicht freiwillig erfolgen kann. Dies soll die Mitgliedstaaten aber nicht daran hindern, „durch Rechtsvorschriften vorzusehen, dass die betroffene Person der Verarbeitung ihrer personenbezogenen Daten für die Zwecke dieser Richtlinie zustimmen kann, bspw. im Falle von DNA-Tests in strafrechtlichen Ermittlungen oder zur Überwachung ihres Aufenthaltsorts mittels elektronischer Fußfessel zur Strafvollstreckung". Auch **Erwägungsgrund 37** JI-RL erwähnt, sogar im Zusammenhang mit den besonders sensiblen Daten iSv Art. 10 DS-GVO, diese Zustimmung, die aber allein keine rechtliche Grundlage liefern können soll. 41.2

Die damit vorgenommene Differenzierung zwischen **Einwilligung und Zustimmung** ist schwer greifbar. Dass die Freiwilligkeit einer Einwilligung (vgl. Art. 4 Nr. 11 DS-GVO, Art. 7 Abs. 4 DS-GVO) im JI-Bereich schwerlich anzunehmen ist, überzeugt grundsätzlich, gilt allerdings auch mit Blick auf die trotzdem als zulässig genannten Maßnahmen. Richtigerweise muss man Erwägungsgrund 35 JI-RL wohl so lesen, dass er vor allem eine „freie" Einwilligung ausschließen soll, die – ohne Rücksicht darauf, ob ansonsten eine gesetzliche Rechtsgrundlage gegeben ist – konstitutiv als Rechtsgrundlage einer Datenverarbeitung dienen kann; deshalb wird die Einwilligung auch nicht in Art. 8 JI-RL genannt. Nicht ausgeschlossen werden soll hingegen die Situation, dass eine gesetzliche Grundlage vorhanden ist, die als eines von mehreren Tatbestandsmerkmalen (vgl. Erwägungsgrund 37 JI-RL) die (hier als Zustimmung bezeichnete) Einwilligung der betroffenen Person vorsieht (so auch Stief StV 2017, 470 (474)). 41.3

Keinesfalls darf durch eine überschießende Bestimmung des Anwendungsbereichs der JI-RL (→ Rn. 35) der Anwendungsbereich der DS-GVO geschmälert werden. Diese würde sich im Konfliktfall gegenüber dem nationalen Recht, das in rechtsfehlerhafter Annahme der Anwendbarkeit der JI-RL oder gar des Handelns außerhalb des Unionsrechts erfolgte, aufgrund des Anwendungsvorrangs des Unionsrechts zwar ohnehin durchsetzen. Einer EU-Verordnung widersprechendes nationales Recht ohne jeden Anwendungsbereich ist aber sowohl im Interesse einer effektiven Anwendung des Unionsrechts als auch aus rechtsstaatlichen Gründen (Normenklarheit und -wahrheit) auf Dauer nicht zulässig (vgl. EuGH BeckRS 2004, 76201 Rn. 13). 42

Zumindest im Ergebnis dürfte (trotz dogmatischer Bedenken hinsichtlich des ggf. einschlägigen Normwiederholungsverbots, vgl. Calliess/Ruffert/Ruffert AEUV Art. 288 Rn. 20) 43 der sicherste Weg darin liegen, unter Inkaufnahme von Spill-over-Effekten die DS-GVO so weit wie möglich auch für die der JI-RL unterfallenden Bereiche für anwendbar zu erklären, wie dies auch bspw. in Bayern geschehen ist (Art. 28 Abs. 2 BayDSG; s. Knoblauch/Wölfl KommP BY 2018, 206 (207)). Eine Umsetzungstabelle findet sich für Bayern bei HK-BayDSG/Schröder, 2021, BayDSG Art. 28 Rn. 53.

II. Schutzkonzept und Unterschiede zur DS-GVO

44 Die JI-RL verfolgt grundsätzlich (und angesichts der Entstehungsgeschichte (→ Rn. 4) nicht überraschend) ein mit dem der DS-GVO vergleichbares Schutzkonzept. Dies zeigt sich schon an der weitgehend parallelen Gliederungsstruktur, den praktisch identischen Grundbegriffen (Art. 3 JI-RL und Art. 4 DS-GVO) sowie zahlreichen weiteren fast gleichlautend formulierten Vorschriften beider Rechtsakte. Insbesondere im Detail gibt es freilich doch Unterschiede (Übersicht bei Hornung/Schindler/Schneider ZIS 2018, 566 (568 f.)), die eine unbesehene Übertragung der zur DS-GVO entwickelten Überlegungen verhindern.

45 Ausgangspunkt ist auch für die JI-RL, dass jede Datenverarbeitung (zum Begriff → Rn. 19) auf rechtmäßige Weise und nach Treu und Glauben erfolgen muss (Art. 4 Abs. 1 lit. a JI-RL). Während die **Rechtmäßigkeit** nach Art. 6 DS-GVO durch eine Reihe unterschiedlicher Gründe, darunter auch eine Einwilligung (Art. 6 Abs. 1 lit. a DS-GVO), generiert werden kann, sieht Art. 8 JI-RL als einzige Basis eine hinreichend bestimmte (vgl. Art. 8 Abs. 2 JI-RL) **Rechtsgrundlage** im Recht der Union oder der Mitgliedstaaten vor (zum Umgang mit Einwilligungen im JI-Bereich → Rn. 41.1 ff.). Die Anforderungen daran, wie eine solche Rechtsgrundlage auszusehen hat, sind formal gering; gem. Art. 8 Abs. 2 JI-RL sind lediglich Ziele der Verarbeitung, die zu verarbeitenden Daten und die Zwecke der Verarbeitung verpflichtend anzugeben (zur Zweckbindung siehe nun EuGH ZD 2023, 147). Aus dem Gebot des Grundrechtsschutzes durch Verfahren können sich allerdings zusätzliche Anforderungen ergeben; die Richtlinie wird insofern grundrechtlich aufgeladen (vgl. schon Bäcker/Hornung ZD 2012, 147 (150); zur Geltung der Unionsgrundrechte und ggf. der mitgliedstaatlichen Grundrechte → Rn. 64 ff.). Änderungen des Verarbeitungszwecks sind im Bereich der JI-RL nur unter strengeren Voraussetzungen zulässig als nach der DS-GVO (Art. 4 Abs. 2 JI-RL). Umgekehrt ist von den Datenverarbeitungsgrundsätzen des Art. 5 DS-GVO der Transparenzgrundsatz gar nicht und der Grundsatz der Datenminimierung nur abgeschwächt in Art. 4 JI-RL übernommen worden; insofern dürfte aber erneut die grundrechtliche Aufladung des JI-Rechts helfen.

46 Etwas höhere, aber nicht der DS-GVO vergleichbare Anforderungen werden an die Rechtsgrundlage gestellt, wenn es um **besondere Kategorien personenbezogener Daten** geht (Art. 10 JI-RL). Ihre Verarbeitung muss „unbedingt erforderlich" sein, „vorbehaltlich geeigneter Garantien für die Rechte und Freiheiten der betroffenen Person" erfolgen und gesetzlich vorgesehen sein (letztere Voraussetzung muss nicht erfüllt sein, wenn es um die Wahrung lebenswichtiger Interessen einer Person geht oder wenn die betroffene Person die Daten öffentlich gemacht hat). Für den Polizei- und Sicherheitsbereich sind diese Einschränkungen etwa mit Blick auf biometrische oder genetische Daten maßgeblich (s. Petri ZD 2018, 453 (456 f.)). Insgesamt ist die Regelung großzügiger als Art. 9 DS-GVO (formuliert), hat aber in der Praxis schon zur Unzulässigkeit von Datenerhebungen geführt (EuGH ZD 2023, 266).

47 Die JI-RL verpflichtet weiterhin dazu, zwischen unterschiedlichen, der DS-GVO unbekannten **Kategorien von betroffenen Personen** (Verdächtige, Straftäter, Opfer, Zeugen usw; Art. 6 JI-RL) sowie zwischen faktenbasierten Daten und auf persönlichen Einschätzungen beruhenden Daten (Art. 7 Abs. 1 JI-RL) zu unterscheiden. Abgesehen davon, dass der betroffenen Person gem. Art. 16 Abs. 1 JI-RL ein Anspruch auf Berichtigung der Kategorie eingeräumt werden muss, werden an die Unterscheidungen aber keine Rechtsfolgen geknüpft; die Aufsichtsbehörden haben die Einhaltung aber zu überwachen (vgl. schon Bäcker/Hornung ZD 2012, 147 (148)).

48 Eine zentrale Rolle nimmt auch nach der JI-RL der **Verantwortliche** ein; das ist die zuständige Behörde (Art. 3 Nr. 8 JI-RL; → Rn. 25). Ihn trifft umfassend die Rechenschaftspflicht des Art. 4 Abs. 4 JI-RL, die aufgrund der Nachweispflicht wohl nicht als schon durch die generelle Gesetzesbindung (Art. 20 Abs. 3 GG) umgesetzt angesehen werden kann.

Der nationale Gesetzgeber muss dem Verantwortlichen die in Art. 19 ff. JI-RL genannten **Pflichten** auferlegen, bspw. die zur Datenschutzfolgenabschätzung (die allerdings in Art. 27 JI-RL weniger präzise als in der DS-GVO beschrieben wird; zur Auslegung s. BVerfG NVwZ 2021, 1361 Rn. 57 ff.) oder zum technischen Datenschutz. Ohne Pendant in der DS-GVO ist Art. 25 JI-RL, wonach eine Protokollierungspflicht für bestimmte Datenverarbeitungsvorgänge vorgesehen sein muss (s. Piltz NVwZ 2018, 696); umgekehrt fehlen in der JI-RL Bestimmungen zur Zertifizierung (Art. 42, 43 DS-GVO). In organisatorischer Hinsicht muss es einen behördlichen Datenschutzbeauftragten geben, seine Stellung ist allerdings weniger stark als die des Datenschutzbeauftragten nach der DS-GVO (vgl. Hornung/Schindler/Schneider ZIS 2018, 566 (568)). **49**

Der Verantwortliche ist auch Adressat der in Art. 12 ff. JI-RL genannten **Betroffenenrechte,** die die Mitgliedstaaten zugunsten der betroffenen Person zu kodifizieren haben. Hier bestehen einige Parallelen zur DS-GVO, aber auch eigenständige Regelungen, insbesondere in den Art. 12, 17, 18 JI-RL. Zu Letzteren gehört die Möglichkeit, dass Betroffenenrechte auch über die Aufsichtsbehörde ausgeübt werden können (dazu EuGH ZD 2024, 85). Ein Widerspruchsrecht und ein Recht auf Datenübertragbarkeit (vgl. Art. 20 f. DS-GVO) muss es nach der JI-RL nicht geben; letzteres erschiene im Kontext der Richtlinie auch unpassend. **50**

Spezifische Pflichten nach der JI-RL bestehen weiterhin gem. Art. 7 Abs. 2 und Abs. 3 JI-RL, wonach die **Qualität der Daten** vor einer Übermittlung oder Bereitstellung durch die zuständigen Behörden, dh den Verantwortlichen, überprüft werden muss. Die Mitgliedstaaten müssen außerdem bestimmte **Fristen** vorgeben, innerhalb derer der Verantwortliche periodisch prüfen muss, ob eine Notwendigkeit für eine weitere Datenspeicherung besteht oder ob sie zu löschen sind, und die Einhaltung der Fristen verfahrensrechtlich absichern (Art. 5 JI-RL; s. dazu EuGH BeckRS 2024, 772). **51**

Die **Übermittlung von personenbezogenen Daten an Drittländer und internationale Organisationen** muss gem. Art. 35 ff. JI-RL besonderen Voraussetzungen unterworfen werden, weil die Daten den harmonisierten Bereich verlassen und dadurch besondere Risiken entstehen können. Auch dies ist in der DS-GVO ganz ähnlich geregelt (Art. 44 ff. DS-GVO); die Ausnahmen für Übermittlungen an Länder mit nicht-angemessenem Datenschutzniveau sind in der JI-RL großzügiger geregelt, zudem ist noch auf Art. 9 Abs. 4 JI-RL hinzuweisen sowie auf die besonderen Bestimmungen der Art. 39, 40 JI-RL. **52**

Die schon durch Art. 16 Abs. 2 UAbs. 1 S. 2 AEUV verlangte **Datenschutzaufsicht** müssen die Mitgliedstaaten gemäß den Bestimmungen der Art. 41 ff. JI-RL einrichten. Auch insoweit finden sich zahlreiche Parallelen zur DS-GVO (Art. 51 ff. DS-GVO), sodass diese Behörden im Vollzug nicht mit grundsätzlich verschiedenen Rechtsregimen operieren müssen; die Befugnisse sind in Art. 47 JI-RL allerdings deutlich knapper vorausbestimmt als in Art. 57 DS-GVO, sodass die Mitgliedstaaten ihre JI-Behörden vor der Datenschutzaufsicht besser schützen können. Eine JI-Besonderheit ohne Vorbild in der DS-GVO ist Art. 48 JI-RL, der die Mitgliedstaaten auffordert, das **„Whistleblowing"** im Datenschutzbereich zu fördern. Im Rahmen der Zusammenarbeit der Aufsichtsbehörden in Europa gibt es eine Verpflichtung zur gegenseitigen Amtshilfe (Art. 50 JI-RL), aber kein Kohärenzverfahren; entsprechend begrenzt sind auch die Aufgaben des Ausschusses nach Art. 51 JI-RL im Vergleich zu Art. 70 DS-GVO. **53**

Auch das Kapitel **„Rechtsbehelfe, Haftung und Sanktionen"** (Art. 52 ff. JI-RL) weist eine vergleichbare Grundstruktur wie in der DS-GVO auf (zu Abweichungen im Detail Hornung/Schindler/Schneider ZIS 2018, 566 (569)) und verpflichtet die Mitgliedstaaten, entsprechende Parallelregelungen zu treffen. Auf den ersten Blick mag man einen Unterschied zur DS-GVO darin erblicken, dass die Festlegung der Sanktionen für Verstöße durch Art. 57 JI-RL vollständig in die Hand der Mitgliedstaaten gelegt ist und anders als in Art. 83 DS-GVO keine „allgemeinen Bedingungen" für Bußgelder vorgegeben sind. Allerdings weist auch die DS-GVO eine souveränitätsschonende Tendenz auf, wenn es um Sanktionen gegenüber öffentlichen Stellen geht (Art. 83 Abs. 7 DS-GVO), sodass hier letztlich kein gravierender Unterschied zwischen den beiden Rechtsakten festzustellen ist. **54**

E. Umsetzungsaktivitäten

I. Umsetzung auf Bundesebene

55 Auf Bundesebene wurde mit dem neuen **BDSG,** das Teil des (ersten) Datenschutz-Anpassungs- und Umsetzungsgesetz EU (v. 30.6.2017, BGBl. I 2097) war, ein erster wesentlicher Beitrag zur Umsetzung der JI-RL geleistet. Relevant sind einerseits die „Gemeinsamen Bestimmungen" aus Teil 1, andererseits Teil 3, der „Bestimmungen für Verarbeitungen zu Zwecken gemäß Artikel 1 Absatz 1 der Richtlinie (EU) 2016/680" enthält.

55.1 Der **Anwendungsbereich** des Teil 3 des BDSG wird in § 45 BDSG bestimmt, der Art. 1 Abs. 1 JI-RL paraphrasiert und dabei Ordnungswidrigkeiten und Straftaten gleichsetzt sowie einige wenige Stellen ausdrücklich benennt. Da diese unzweifelhaft in den JI-Bereich fallen und die Formulierung im Übrigen offen ist, werden im Unionsrecht wurzelnde Unsicherheiten im Anwendungsbereich auf die Vollzugsebene weitergereicht. Anders wird mit dem Begriff der Ordnungswidrigkeit umgegangen, der ohne weiteres als vom unionsrechtlichen Straftatbegriff erfasst angesehen wird (→ Rn. 28).

55.2 **Regelungstechnisch** wiederholt das BDSG weitgehend die Vorgaben der JI-RL. Mit diesen für den gesamten JI-Bereich relevanten Querschnittsbestimmungen lässt sich ein großer Teil des Umsetzungsbedarfs erfüllen. Den einzelnen Fachgesetzen bleiben insbesondere die richtlinienkonforme Formulierung der einzelnen Verarbeitungsbefugnisse (dh die Übereinstimmung mit den Art. 8, 10 JI-RL), die Bestimmung der Löschungsfristen (Art. 5 JI-RL) und ggf. das bereichsspezifische Ausnutzen von (Quasi-) Ausnahmen (zB Art. 13 Abs. 3 JI-RL, Art. 15 JI-RL, Art. 16 Abs. 4 JI-RL) überlassen. Kritisiert wird, dass die Aufsichtsbefugnisse des BfDI sich (vorbehaltlich fachrechtlicher Erweiterungen) auf die unverbindlichen Instrumente der Warnung und Beanstandung beschränken (Art. 16 Abs. 2 BDSG), was mit Art. 47 JI-RL unvereinbar sein dürfte.

56 Obwohl das BDSG Auffangcharakter hat (§ 1 Abs. 2 Satz 1 BDSG), erfordert(e) die JI-RL auch im Fachrecht des Bundes Änderungen und Anpassungen, insbesondere um „sektorspezifische" Anforderungen umzusetzen, deren Normierung im BDSG dieses überfrachtet hätte. Dies betrifft im Einklang mit dem Anwendungsbereich der Richtlinie (→ Rn. 25) vor allem die **Strafprozessordung,** das **BKA-Gesetz,** das **Bundespolizeigesetz** und das **Zollfahndungsdienstgesetz.**

56.1 Am 26.11.2019 ist das Gesetz zur Umsetzung der Richtlinie (EU) 2016/680 im Strafverfahren sowie zur Anpassung datenschutzrechtlicher Bestimmungen an die Verordnung (EU) 2016/679 in Kraft getreten. Es passt insbesondere die Datenverarbeitungsbestimmungen der **Strafprozessordnung** an die Vorgaben der JI-RL an, baut dabei aber auf Teil 3 des BDSG auf. Ziel des Gesetzes ist es also nicht, den Datenumgang der Strafverfolgungsbehörden umfassend in der StPO zu regeln, sondern nur punktuell Ergänzungen vorzunehmen. Die Gesetzesbegründung führt dazu aus, dass in der Anwendungspraxis „Ausgangspunkt für die Bestimmung der datenschutzrechtlichen Pflichten immer Teil 3 des BDSG (2018) sein wird und dann ergänzend zu prüfen ist, ob bereichsspezifische Sonderregelungen bestehen" (BR-Drs. 433/18, 44). Erwähnenswert ist, dass gem. § 500 StPO die Vorschriften des BDSG zur Umsetzung der JI-RL grundsätzlich und mit Ausnahme der Aufsichtszuständigkeit des BfDI auch für die Tätigkeit von **Landesbehörden** im Bereich der Strafverfolgung gelten.

56.2 Der schon vor der Datenschutzreform vorhandene Globalverweis auf die StPO in § 46 Abs. 1 OWiG führt nun dazu, dass auch für **Ordnungswidrigkeitenverfahren vor Landesbehörden** wegen § 500 StPO grundsätzlich das BDSG, namentlich dessen Teil 3, gilt.

56.3 Das **BKA-Gesetz** musste nach dem Urteil des Bundesverfassungsgerichts vom 20.4.2016 (1 BvR 966/09 und 1 BvR 1140/09) sowieso geändert werden. Der Gesetzgeber entschied sich für eine Neufassung, die zugleich der Umsetzung der JI-RL in diesem Bereich diente (Gesetz vom. 1.6.2017, in Kraft getreten am 25.5.2018). Hinzuweisen ist insbesondere auf § 69 Abs. 2 BKAG, der dem BfDI (im Gegensatz zum BDSG, → Rn. 55.2) die durch Art. 47 JI-RL geforderten Kompetenzen einräumt, sowie auf die §§ 74 ff. BKAG, die Spezialregelungen enthalten.

56.4 Eine speziell auf die JI-RL bezogene Anpassung des **Bundespolizeigesetzes** ist, soweit ersichtlich, bislang nicht erfolgt. Es normiert aber immerhin detailliert Datenverarbeitungsbefugnisse und in § 35 BPolG Löschungsfristen. In einer Novelle des BPolG sollten nach dem Regierungsentwurf (BT-Drs. 20/10406) die Vorgaben des BDSG „an einigen Stellen im Hinblick auf die Erfordernisse der Bundespolizei ergänzt und spezifiziert werden". Verbindliche Anordnungsbefugnisse des BfDI sollten zur Umsetzung von Art. 47 JI-RL in § 76 vorgesehen werden. Der Entwurf fiel mit der Auflösung des Bundestags 2024/25 der Diskontinuität zum Opfer.

Das **Zollfahndungsdienstgesetz** ist durch das Gesetz zur Neustrukturierung des Zollfahndungsdienstgesetzes vom 30.3.2021 (BGBl. I 402) völlig neu gefasst worden und enthält nun detaillierte Regelungen zum Datenschutz, die auch der Umsetzung der JI-RL dienen. Die Befugnisse des BfDI als Aufsichtsbehörde sind in § 84 Abs. 2 ZFdG denkbar weit formuliert: Er darf „geeignete Maßnahmen anordnen, wenn dies zur Beseitigung eines erheblichen Verstoßes gegen datenschutzrechtliche Verstöße erforderlich ist". Das dürfte, wenngleich der Begriff des erheblichen Verstoßes unbestimmt ist, zur Umsetzung des Art. 47 JI-RL ausreichen. **56.5**

II. Umsetzung auf Länderebene

In **Baden-Württemberg** sieht § 30 BWLDSG vor, dass bis zur Verabschiedung von Umsetzungsgesetzen das allgemeine Datenschutzrecht und die DS-GVO gelten sollen. Geht man davon aus, dass die DS-GVO generell einen höheren Standard enthält als die JI-RL, dürfte der Verweis auf sie im Grundsatz eine zulässige Form der Umsetzung darstellen. Spezifische Anforderungen der JI-RL, wie die Bestimmung von Löschungsfristen (Art. 5 JI-RL), die Schaffung besonderer Datenkategorien (Art. 6 und 7 JI-RL) oder die Protokollierungspflichten (Art. 25 JI-RL), müssen aber andernorts, dh im Fachrecht erfüllt werden. Mit großer Verspätung hat man hier inzwischen die Umsetzung begonnen und dabei insoweit einen Sonderweg beschritten, als die Umsetzung **ausschließlich im Fachrecht,** nicht dagegen im LDSG erfolgt. **57**

Erster Umsetzungsschritt war ein Gesetz zur Anpassung des besonderen Datenschutzrechts an die Verordnung (EU) 2016/679 und zur Umsetzung der Richtlinie (EU) 2016/680 für Justiz- und Bußgeldbehörden sowie zur Änderung vollzugsrechtlicher Gesetze (v. 21.5.2019, BWGBl. 189). Hinsichtlich des Anwendungsbereichs ist allerdings für das Ordnungswidrigkeitenverfahren auf den Vorrang des Bundesrechts hinzuweisen (→ Rn. 56.2). **57.1**

Für den zentralen Anwendungsbereich der JI-RL, den Polizeibereich, ist die Umsetzung erst mit einer politisch lange kontrovers diskutierten Novelle des Polizeigesetzes erfolgt, die am 17.1.2021 in Kraft getreten ist (Gesetz v. 6.10.2020, GBl. 735). Im neuen Polizeigesetz findet sich neben allgemeinen Regelungen in den §§ 11-16 und neben Befugnissen zu datenschutzrelevanten Einzelmaßnahmen ein eigener Abschnitt „Weitere Regelungen der Datenverarbeitung", welcher der Richtlinienumsetzung dient. **57.2**

In **Bayern** erklärt Art. 2 S. 1 BayDSG die DS-GVO für die Verarbeitung personenbezogener Daten durch öffentliche Stellen auch außerhalb des sachlichen Anwendungsbereichs des Art. 2 Abs. 1 und Abs. 2 DS-GVO für anwendbar; mithin also grundsätzlich auch, soweit diese Stellen im Anwendungsbereich der JI-RL handeln. Dies gilt allerdings nur „vorbehaltlich anderweitiger Regelungen". Solche Regelungen finden sich einerseits in Art. 28–37 BayDSG und andererseits im Fachrecht (→ Rn. 58.1 ff.). **58**

Art. 28 BayDSG beschreibt den **Anwendungsbereich** des JI-Rechts in der Weise, dass zunächst vier Kategorien von Behörden, nämlich Polizei, Gerichte in Strafsachen und Staatsanwaltschaften, Strafvollstreckungs- und Justizvollzugsbehörden, sowie Behörden des Maßregelvollzugs grundsätzlich dem JI-Recht unterfallen. Etwas entwertet wird diese Aufzählung durch die Einschränkung, dass dies nur gilt, soweit sie im (ausdrücklich um Ordnungswidrigkeiten ergänzten) Anwendungsbereich der JI-RL tätig sind. Alle anderen Sicherheitsbehörden im weiteren Sinne sind nur erfasst, soweit sie personenbezogene Daten verarbeiten, um Straftaten oder Ordnungswidrigkeiten zu verfolgen oder zu ahnden. Diese Anordnung ist allerdings bedeutungslos, weil für Ordnungswidrigkeitenverfahren auch vor Landesbehörden gem. § 46 Abs. 1 OWiG iVm § 500 StPO der JI-Teil des BDSG gilt (→ Rn. 56.2). Umgekehrt ist die Annahme, dass die Sicherheitsbehörden – jenseits der Verfolgung von Straftaten oder Ordnungswidrigkeiten – nicht im Anwendungsbereich der Richtlinie agieren, möglicherweise zu pauschal (→ Rn. 32). **58.1**

Regelungstechnisch hebt **Art. 28 Abs. 2 BayDSG** den Globalverweis des Art. 2 S. 1 BayDSG auf die DS-GVO auf und benennt positiv, welche ihrer Vorschriften anwendbar sind. **Art. 28 Abs. 3 BayDSG** erklärt zudem eine Reihe von Vorschriften aus dem BayDSG selbst, die die Öffnungsklauseln der DS-GVO ausfüllen, im JI-Bereich für unanwendbar. Gegenüber der Regelungstechnik des BDSG bietet diese Vorgehensweise den Vorzug, in geringerem Maße Bestimmungen wiederholen zu müssen, die in JI-RL und DS-GVO ohnehin identisch sind; dementsprechend ist der JI-Teil des BayDSG auch relativ kurz. Nachteilig ist dagegen, dass die Maßgabe-Bestimmungen der Art. 29 ff. BayDSG teilweise aus sich heraus kaum verständlich sind und mit der Verweisungstechnik die mitunter subtilen Unterschiede zwischen DS-GVO und JI-RL verwischt werden können. **58.2**

58.3 Vorrangig gegenüber den Bestimmungen der Art. 28–37 BayDSG sind wiederum spezialgesetzliche Bestimmungen über Datenverarbeitungsvorgänge im Anwendungsbereich der JI-RL. Solche finden sich vor allem im **Polizeiaufgabengesetz,** und zwar in den Art. 30 ff. BayPAG. Das BayDSG findet hier nur ergänzend Anwendung (Art. 66 BayPAG), allerdings auch nicht beschränkt auf seinen Teil 3. Insgesamt ist die Umsetzung in Bayern tendenziell etwas stärker im Fachrecht erfolgt als bspw. im Bund.

59 In **Brandenburg** hat man 2018 ein eigenes Gesetz zur Umsetzung der Richtlinie (EU) 2016/680 für die Verarbeitung personenbezogener Daten durch die Polizei sowie den Justiz- und Maßregelvollzug des Landes Brandenburg (Brandenburgisches Polizei-, Justizvollzugs- und Maßregelvollzugsdatenschutzgesetz – BbgPJMDSG; → Rn. 59.1 f.) beschlossen, das sich eng an den Vorgaben der JI-RL orientiert.

59.1 Hinsichtlich des **Anwendungsbereichs** ist bemerkenswert, dass § 1 BbgPJMDSG einerseits Gerichte in Strafsachen und Staatsanwaltschaften nicht erwähnt (Abs. 1), andererseits aber auch nichtöffentliche Stelle einbezieht, wenn sie hoheitliche Aufgaben nach Absatz 1 wahrnehmen (Abs. 2). Letzteres steht mit Art. 3 Nr. 7 lit. b JI-RL im Einklang. Die Polizei ist insgesamt erfasst, ausdrücklich auch für die Abwehr von Gefahren für die öffentliche Ordnung sowie für die Verfolgung und Ahndung von Ordnungswidrigkeiten.

59.2 Dem **Fachrecht** bleiben vor allem die richtlinienkonforme Formulierung der einzelnen Verarbeitungsbefugnisse (dh die Übereinstimmung mit den Art. 8, 10 JI-RL), die Bestimmung der Löschungsfristen (Art. 5 JI-RL) und ggf. das bereichsspezifische Ausnutzen von (Quasi-) Ausnahmen (zB Art. 13 Abs. 3 JI-RL, Art. 15 JI-RL, Art. 16 Abs. 4 JI-RL) überlassen.

60 In **Hessen** hat man sich bei der Umsetzung besonders streng an der JI-RL orientiert und ihre Bestimmungen, soweit möglich, wörtlich in §§ 40 ff. HDSIG übernommen (→ Rn. 60.1 f.). Weitere Umsetzungsbestimmungen finden sich im Fachrecht, insbesondere im HSOG.

60.1 Das gilt auch für die Beschreibung des **Anwendungsbereichs in § 40 Abs. 1 HDSIG,** der Art. 1 JI-RL fast völlig entspricht – eine „Klarstellung" findet sich nur dergestalt, dass Ordnungswidrigkeiten ausdrücklich erwähnt und damit Straftaten gleichgestellt werden (→ Rn. 28). Die Vorgehensweise sichert hinsichtlich der „Behördenauswahl" die Unionsrechtskonformität, überantwortet das Risiko der Anwendung des falschen Rechts aber den Behörden, die selbst entscheiden müssen, ob sie der mit Unsicherheiten behafteten Definition unterfallen (→ Rn. 35).

60.2 Mit der weitgehenden Übernahme der Richtlinie in das HDSIG verfolgt der hessische Gesetzgeber eine ähnliche **Regelungstechnik** wie der Bund: Es wird möglichst viel im Datenschutzgesetz geregelt; dem Fachrecht bleiben vor allem die richtlinienkonforme Formulierung der einzelnen Verarbeitungsbefugnisse (dh die Übereinstimmung mit den Art. 8, 10 JI-RL), die Bestimmung der Löschungsfristen (Art. 5 JI-RL) und ggf. das bereichsspezifische Ausnutzen von (Quasi-) Ausnahmen (zB Art. 13 Abs. 3 JI-RL, Art. 15 JI-RL, Art. 16 Abs. 4 JI-RL) überlassen.

61 Auch in **Niedersachsen** hat man sich bei der allgemeinen Umsetzung im NDSG besonders streng an der JI-RL orientiert und ihre Bestimmungen soweit möglich wörtlich in die §§ 23 ff. NDSG übernommen (→ Rn. 61.1 f.). Daneben treten fachrechtliche Bestimmungen vor allem im NPOG.

61.1 Der Anwendungsbereich des Umsetzungsrechts wird zunächst in § 23 Abs. 1 S. 1 NDSG identisch mit dem der JI-RL bestimmt. In § 23 Abs. 1 S. 2 NDSG werden (deklaratorisch) einige Behörden benannt; § 23 Abs. 2 NDSG erstreckt den Anwendungsbereich auch auf diejenigen öffentlichen Stellen, die Ordnungswidrigkeiten verfolgen und ahnden sowie Sanktionen vollstrecken. Hier gelten die bereits geäußerten Bedenken hinsichtlich des Begriffs (→ Rn. 28); immerhin ermöglicht § 23 Abs. 1 S. 1 NDSG jedenfalls auch ein Tätigwerden von anderen Sicherheitsbehörden als der Polizei im präventiven Bereich, wenn die JI-RL so auszulegen ist (→ Rn. 31).

61.2 Mit der weitgehenden Übernahme der Richtlinie in das NDSG verfolgt der niedersächsische Gesetzgeber eine ähnliche Regelungstechnik wie der Bund: Es wird möglichst viel im Datenschutzgesetz geregelt; dem Fachrecht bleiben vor allem die richtlinienkonforme Formulierung der einzelnen Verarbeitungsbefugnisse (dh die Übereinstimmung mit den Art. 8, 10 JI-RL), die Bestimmung der Löschungsfristen (Art. 5 JI-RL) und ggf. das bereichsspezifische Ausnutzen von (Quasi-) Ausnahmen (zB Art. 13 Abs. 3, Art. 15 oder Art. 16 Abs. 4 S. 2 JI-RL) überlassen.

61.3 Gleichwohl ist insbesondere das NPOG von einem anderen Ansatz geprägt. Es erklärt den JI-Teil des NDSG nur punktuell für anwendbar (§ 49 NPOG) und versucht, die die Ordnungs- und

Polizeibehörden betreffenden Datenschutzfragen umfassend zu kodifizieren. Das stärkt zwar den Selbststand des NPOG und erleichtert die Rechtsanwendung, birgt aber zugleich die Gefahr der unvollständigen Umsetzung, der gerade durch ein Anpassungsgesetz begegnet werden muss (LT-Drs. 18/8111).

In **Nordrhein-Westfalen** hat man sich bei der Umsetzung streng an der JI-RL orientiert und ihre Bestimmungen soweit möglich wörtlich in die §§ 35 ff. DSG NRW übernommen. **62**

§ 35 DSG NRW beschreibt den **Anwendungsbereich** des JI-Rechts in der Weise, dass zunächst fünf Kategorien von Behörden, nämlich Polizei, Gerichte in Strafsachen und Staatsanwaltschaften, Strafvollstreckungs- und Justizvollzugsbehörden, Behörden des Maßregelvollzugs sowie Behörden der Finanzverwaltung dem entsprechenden Teil des DSG NRW unterfallen, soweit sie im Anwendungsbereich der JI-RL, der als Ordnungswidrigkeiten erfassend verstanden wird, tätig sind. Ordnungsbehörden sind dagegen nur erfasst, soweit sie Ordnungswidrigkeiten verfolgen, ahnden sowie Sanktionen vollstrecken. Die Annahme, dass die Ordnungsbehörden jenseits von Ordnungswidrigkeitenverfahren nicht im Anwendungsbereich der JI-RL agieren, ist möglicherweise zu pauschal (→ Rn. 32). **62.1**

Mit der weitgehenden Übernahme der JI-RL in das DSG NRW verfolgt der nordrhein-westfälische Gesetzgeber eine ähnliche Regelungstechnik wie der Bund: Es wird möglichst viel im DSG NRW geregelt; dem Fachrecht bleiben vor allem die richtlinienkonforme Formulierung der einzelnen Verarbeitungsbefugnisse (dh die Übereinstimmung mit den Art. 8, 10 JI-RL), die Bestimmung der Löschungsfristen (Art. 5 JI-RL) und ggf. das bereichsspezifische Ausnutzen von (Quasi-) Ausnahmen (zB Art. 13 Abs. 3 JI-RL, Art. 15 JI-RL, Art. 16 Abs. 4 JI-RL) überlassen. **62.2**

F. Konsequenzen der Europäisierung des Datenschutzes im JI-Bereich

Die wohl wichtigste Konsequenz der Europäisierung des Datenschutzes durch die JI-RL liegt darin, dass die Unionsgrundrechte anwendbar werden und damit auch die Rechtsprechung des EuGH an Bedeutung gewinnt (→ Rn. 64 ff.). Inhaltlich kommt es zudem zu einer Überlagerung der klassischen Strukturen des deutschen Datenschutzrechts mit den teilweise ein abweichendes Konzept verfolgenden Vorgaben des Unionsrechts (→ Rn. 70 ff.). **63**

I. Geltung der Unionsgrundrechte

Nach der ständigen Rechtsprechung des EuGH müssen die Mitgliedstaaten bei der Umsetzung von Richtlinien und bei der Anwendung des umgesetzten Rechts die **Unionsgrundrechte beachten** (EuGH EuZW 2008, 113 Rn. 68). Hieran hat sich nach der Rechtsprechung in der Rechtssache Åkerberg Fransson auch durch das Inkrafttreten der Grundrechtecharta, die in Art. 51 Abs. 1 GRCh von „Durchführung des Rechts der Union" spricht, nichts geändert (EuGH NJW 2013, 1415 Rn. 18 ff.); die Richtlinienumsetzung ist insofern legislative Durchführung, die Anwendung des in Umsetzung der Richtlinie geschaffenen nationalen Rechts „mittelbarer Vollzug" und damit ebenfalls Durchführung des Unionsrechts (s. Jarass GRCh Art. 51 Rn. 22 ff.). **64**

Nicht notwendig ist dabei, dass eine Norm ausdrücklich oder nur zur Umsetzung einer Richtlinie bestimmt ist. Es genügt, dass eine (ggf. auch schon ältere) Norm auch dazu dient, Verpflichtungen aus einer Richtlinie zu erfüllen (vgl. EuGH NJW 2013, 1415 Rn. 28). Dass eine Norm des deutschen Rechts (auch) der Umsetzung der Richtlinie dient, bedeutet aber umgekehrt nicht, dass sie **immer** am Maßstab der Unionsgrundrechte zu messen oder mit deren Hilfe auszulegen wäre. Soweit der Anwendungsbereich der nationalen Norm über den der Richtlinie hinausgeht, spielen die Unionsgrundrechte grundsätzlich keine Rolle; es kommt vielmehr darauf an, ob auch der konkrete Sachverhalt im Anwendungsbereich des Unionsrechts liegt (EuGH NVwZ 2014, 575 Rn. 26). Spill-over-Effekte der Richtlinie führen also nicht zu Spill-over-Effekten der Unionsgrundrechte. **65**

Soweit die Unionsgrundrechte demnach Anwendung finden, kommt im Bereich der JI-RL dem Datenschutzgrundrecht des Art. 8 GRCh besondere Relevanz zu. Dieses wird vom EuGH bisher stets in Kombination mit Art. 7 GRCh geprüft (EuGH NJW 2014, 2257 Rn. 69 – Google Spain; NJW 2015, 3151 Rn. 39 – Schrems), für dessen Auslegung wiederum Art. 8 EMRK und die dazugehörige Rechtsprechung des EGMR eine besondere Rolle spielen (vgl. Art. 52 Abs. 3 GRCh). Während der EuGH früher wegen seiner nicht immer den deutschen Traditionen entsprechenden Grundrechtsprüfung einige Kritik auf sich gezogen hat und eher als „Motor der Integration" denn als Grundrechtsschützer wahrge- **66** nommen wurde, hat er in den letzten Jahren gerade das Datenschutzgrundrecht dazu genutzt, um sich auch als Grundrechtsgericht zu profilieren. Dabei hat er etwa mit Blick auf die Vorratsdatenspeicherung (EuGH NJW 2014, 2169 – Digital Rights Ireland; EuGH NJW 2017, 717 – Tele2 Sverige) sogar die Standards des BVerfG zu den parallelen deutschen Gewährleistungen übertroffen. Ebenfalls Bedeutung erlangt hat bereits das Verbot der Doppelbestrafung (Art. 50 GRCh, dazu EuGH NJW 2021, 2348).

67 Die Kehrseite der Geltung der Unionsgrundrechte ist die teilweise Verdrängung der nationalen Grundrechte, insbesondere des „Rechts auf informationelle Selbstbestimmung" aus Art. 2 Abs. 1 GG iVm Art. 1 Abs. 1 GG, weshalb schon vom „Abschied von den Grundrechten" gesprochen wurde (Masing SZ v. 9.1.2012, 10).

67.1 Diese Verdrängung ist vollständig, wo die JI-RL **abschließende Vorgaben** enthält (was die Handlungsform „Richtlinie" nicht ausschließt, → Rn. 38). Aufgrund des Anwendungsvorrangs des Unionsrechts können diese Vorgaben nicht an nationalen Grundrechten gemessen werden – weder in Gestalt des Umsetzungsgesetzes noch bei dessen Vollzug. Allerdings hat das Bundesverfassungsgericht in seiner Entscheidung „Recht auf Vergessen II" (NJW 2020, 314) einen Weg gefunden, trotzdem als Akteur „im Gespräch zu bleiben": Es prüft in solchen Fällen nun auch die Vereinbarkeit von Akten deutscher Hoheitsgewalt mit den Unionsgrundrechten und legt Zweifelsfragen dem EuGH vor. Damit bleibt ihm (wenn nicht die Fachgerichte schon den EuGH involviert haben) die Möglichkeit, eine Auslegung der Unionsgrundrechte vorzuschlagen, welcher der EuGH dann bei überzeugender Argumentation folgen wird.

67.2 Anders ist die Lage, wo die JI-RL **Umsetzungsspielräume** eröffnet: Das BVerfG hat seinen früheren Widerstand gegen eine parallele Anwendung von Unionsgrundrechten und nationalen Grundrechten (zB in NVwZ 2007, 937; NJW 2010, 833), wie sie der EuGH immer schon befürwortet hat, solange der Anwendungsvorrang des Unionsrechts dadurch nicht beeinträchtigt wird (EuGH NJW 2013, 1415 Rn. 29), in der Entscheidung „Recht auf Vergessen I" aufgegeben (BVerfG NJW 2020, 300). Das Bundesverfassungsgericht geht insoweit sogar von einer (formal) größeren Bedeutung der Grundrechte des Grundgesetzes aus, deren Beachtung zugleich die Beachtung der europäischen Grundrechte vermuten lässt. Freilich werden, um diese Vermutung zu rechtfertigen, die nationalen Grundrechte (wie schon früher im Fall der „Parallelgewährleistungen" in der EMRK), nun „im Lichte" der Unionsgrundrechte ausgelegt, gegebenenfalls die Charta-Grundrechte zusätzlich herangezogen und bei Bedarf auch der EuGH im Wege des Vorabentscheidungsverfahrens involviert (BVerfG NJW 2020, 300 Rn. 55 ff.).

68 Eine Bewertung dieses Wandels kann aus mehreren Perspektiven erfolgen: **Materiell** ist angesichts der verbesserten Grundrechtsrechtsprechung des EuGH nicht davon auszugehen, dass der Grundrechtsschutz nennenswert hinter dem des GG zurückbleibt (so auch Ehmann/Selmayr/Selmayr/Ehmann DS-GVO Einf. Rn. 52). Allerdings kann die notwendige Abwägung zwischen Freiheit und Sicherheit (→ SystVorbPolRDe Rn. 1) im Einzelfall (in beide Richtungen) anders ausgehen als unter Zugrundelegung der verfassungsrechtlichen Maßstäbe, insbesondere angesichts der geringeren Zahl von Entscheidungen, die als Referenzpunkt für eine Weiterentwicklung der Rechtsprechung dienen können. Hierunter kann während einer Übergangszeit die Vorhersehbarkeit der Rechtsprechung leiden, die aber gerade in Grenzfällen ohnehin überschätzt wird. Bleibt es bei der tendenziell strengeren Linie des EuGH, beispielsweise bei der Vorratsdatenspeicherung, schränken diese Vorgaben allerdings die Handlungsmöglichkeiten der Sicherheitsgesetzgebung ein.

69 Die Stärkung der Bedeutung der Unionsgrundrechte hat auch eine **institutionelle Dimension:** Nicht nur in den Bereichen, in denen die deutschen Grundrechte verdrängt sind, sondern auch im Fall der „Parallelgewährleistungen" wird die Rolle des EuGH, der die Unionsgrundrechte in letzter Instanz auszulegen hat, gestärkt und die des BVerfG geschwächt. Nationale Gerichte können und müssen ggf. aufgrund des Anwendungsvorrangs der Unionsgrundrechte nationales Recht unangewendet lassen; dabei müssen sie ggf. nicht einmal den EuGH vorher anrufen; sogar im Eilverfahren ist eine solche Vorgehensweise möglich (OVG Münster NVwZ-RR 2018, 43). Damit wird das innerstaatlich bestehende Verwerfungsmonopol des BVerfG für formelle Gesetze faktisch entwertet (Bäcker/Hornung ZD 2012, 147 (152)). Dieser Trend wird noch durch die unterschiedlich hohen Anforderungen an die Einleitung der jeweiligen Vorlageverfahren befördert. Für ein Normenkontrollverfahren nach Art. 100 Abs. 1 GG bedarf es der Darlegung der Verfassungswidrigkeit der Norm, woran das BVerfG hohe Anforderungen stellt. Die Vorlage nach Art. 267 AEUV hingegen ist schon zulässig, wenn bei unklarer Auslegung des Unionsgrundrechts eine (mehr oder weniger suggestiv formulierte) Frage gestellt wird (zB „Steht Art. 8 GRCh einer Bestimmung des nationalen Rechts entgegen, wonach [...]"). Insgesamt erscheint es daher – trotz der Bemühungen des Bundesverfassungsgerichts, „im Gespräch zu bleiben" (→ Rn. 67.1 f.) – nicht fernliegend, dass der EuGH perspektivisch „zur zentralen Institution des Grundrechtsschutzes im Sicherheitsrecht werden könnte" (Bäcker/Hornung ZD 2012, 147 (150)).

II. Überlagerung unterschiedlicher Datenschutzkonzepte

Mit den Vorgaben der JI-RL wird das Datenschutzrecht im JI-Bereich um eine vor allem **strukturell-prozedurale Ebene** ergänzt, wie sich etwa an den Protokollierungsvorgaben (Art. 25 JI-RL), an der Verpflichtung zur Gewährleistung der Datenqualität (Art. 7 Abs. 2 JI-RL), an der Verpflichtung zur verfahrensmäßigen Absicherung der Fristen (Art. 5 S. 2 JI-RL) sowie an weiteren bereits aus der DS-GVO bekannten Elementen wie der Datenschutz-folgenabschätzung (Art. 27 JI-RL), den Konsultationspflichten (Art. 28 JI-RL) oder ganz generell der Rechenschaftspflicht des Verantwortlichen (Art. 4 Abs. 4 JI-RL) zeigt. **70**

Diese Vorgehensweise steht im Einklang mit dem generellen Trend des Unionsrechts, stärker als das deutsche Recht auf **Richtigkeitsgewähr durch Verfahren** zu setzen. Während dem Verfahren im deutschen Recht vielfach eine vor allem dienende Funktion beigemessen wird und stattdessen strenge materielle Standards gelten, geht man im Unionsrecht davon aus, dass die Beachtung von Verfahrensvorschriften einen wichtigen Beitrag zur Richtigkeit einer Entscheidung leistet. **71**

Berücksichtigt man, dass sich gerade das Datenschutzrecht in der Vergangenheit durch ein unübersehbares Vollzugsdefizit ausgezeichnet hat, dass mit anderen Worten die strengen materiellen Vorgaben zur Zulässigkeit von Datenverarbeitungsvorgängen nur bedingt das Ziel des Grundrechtsschutzes erreicht haben, wäre es auch aus der Perspektive des deutschen Rechts konsequent, verstärkt auf „**Grundrechtsschutz durch Verfahren**" zu setzen, um diesem Defizit abzuhelfen. **72**

Die Kumulation von materiellen Standards und strukturell-prozeduralen Anforderungen birgt allerdings die Gefahr, das Recht zu überfrachten und einen im Vollzug nur noch schwer zu beherrschenden **Komplexitätsgrad** zu generieren. Da sich die unionsrechtlichen Vorgaben angesichts des schwierigen Gesetzgebungsprozesses auf absehbare Zeit kaum ändern lassen werden, stellt sich die Frage, ob die materiellen Standards im deutschen Recht abgesenkt werden sollten, etwa durch großzügigere Datenverarbeitungsvoraussetzungen. Neben verfassungsrechtlichen Bedenken (die deutschen Grundrechte beanspruchen im nicht richtliniendeterminierten Bereich unverändert Geltung; → Rn. 67.2) ist zu berücksichtigen, dass insbesondere die Technik einen Beitrag dazu leisten kann, die unionsrechtlichen Verfahrensvorgaben benutzerfreundlich umzusetzen. Dass die Anpassung an die Vorgaben des Unionsrechts letztlich den Aufwand bei der Datenschutz-Compliance erhöht, ist der Preis eines effektiven Datenschutzes. Zumindest im JI-Bereich haben ihn (unmittelbar) immerhin nicht Private, sondern der Staat zu zahlen. **73**

Hessisches Gesetz über die öffentliche Sicherheit und Ordnung (HSOG)

in der Fassung vom 14. Januar 2005 (GVBl. I S. 14)
FFN 310-63
Zuletzt geändert durch Art. 1 G zur Stärkung der Inneren Sicherheit in Hessen vom 13.12.2024 (GVBl. Nr. 83)

Erster Teil. Aufgaben und Befugnisse

Erster Abschnitt. Aufgaben und allgemeine Vorschriften

§ 1 Aufgaben der Gefahrenabwehr- und der Polizeibehörden

(1) [1]Die Gefahrenabwehrbehörden (Verwaltungsbehörden, Ordnungsbehörden) und die Polizeibehörden haben die gemeinsame Aufgabe der Abwehr von Gefahren für die öffentliche Sicherheit oder Ordnung (Gefahrenabwehr), soweit dieses Gesetz nichts anderes bestimmt. [2]Sie haben im Rahmen dieser Aufgabe auch die erforderlichen Vorbereitungen für die Hilfeleistung in Gefahrenfällen zu treffen.

(2) Die Gefahrenabwehr- und die Polizeibehörden haben ferner die ihnen durch andere Rechtsvorschriften zugewiesenen weiteren Aufgaben zu erfüllen.

(3) Der Schutz privater Rechte obliegt den Gefahrenabwehr- und den Polizeibehörden nach diesem Gesetz nur dann, wenn gerichtlicher Schutz nicht rechtzeitig zu erlangen ist und wenn ohne gefahrenabwehrbehördliche oder polizeiliche Hilfe die Verwirklichung des Rechts vereitelt oder wesentlich erschwert werden würde.

(4) Die Polizeibehörden haben auch zu erwartende Straftaten zu verhüten sowie für die Verfolgung künftiger Straftaten vorzusorgen (vorbeugende Bekämpfung von Straftaten).

(5) Die Polizeibehörden leisten anderen Behörden Vollzugshilfe (§§ 44 bis 46).

(6) [1]Alle Behörden haben bei der Gefahrenabwehr zusammenzuarbeiten. [2]Insbesondere haben sie sich unverzüglich gegenseitig über Vorgänge, deren Kenntnis für die Aufgabenerfüllung der anderen Behörde bedeutsam erscheint, zu unterrichten. [3]Die Gefahrenabwehrbehörden und die Polizeibehörden sollen im Rahmen der Gefahrenabwehr gemeinsame Arbeitsgruppen (Kriminalpräventionsräte) bilden; diese sollen auch Personen und Institutionen aus unterschiedlichen Bereichen und Aufgabenfeldern, die zur Kriminalprävention beitragen können, aufnehmen. [4]Die Vorschriften über den Schutz personenbezogener Daten (§§ 12 bis 29a) bleiben unberührt.

(7) Im Rahmen der Aufgabenwahrnehmung der Gefahrenabwehr- und der Polizeibehörden kommen der Kriminalprävention, der Demokratieförderung, der Extremismusprävention und der Stärkung des Sicherheitsgefühls der Bevölkerung besondere Bedeutung zu.

Überblick

Auszug aus der VVHSOG (nicht an die aktuelle Gesetzeslage angepasst und gem. Erlass des Hessischen Ministeriums des Innern und für Sport v. 29.11.2022 (StAnz. 50/2022, 1384) zum 1.1.2025 mangels eines erneuten Verlängerungserlasses ersatzlos außer Kraft getreten):

Zu § 1
1. Aufgaben der Gefahrenabwehr- und der Polizeibehörden
1.0
Die Vorschrift enthält die umfassende Aufgabenbeschreibung für die Gefahrenabwehr- und die Polizeibehörden. Sie ist reine Aufgabenzuweisungs- und keine Befugnisnorm.
1.1 Zu Abs. 1
1.1.1
Der Begriff der Gefahrenabwehr umfasst abstrakte und konkrete Gefahren sowie die Verhütung zu erwartender Straftaten (siehe Nr. 1.4). Die Vorschrift ist daher auch Rechtsgrundlage für ein vorbeugendes Tätigwerden zum Schutz der öffentlichen Sicherheit oder Ordnung ohne Eingriffscharakter (zum Beispiel Streifenfahrten oder Verkehrsbeobachtung). Die Vorbereitung auf die Hilfeleistung in besonderen Gefahrenfällen ist ebenfalls Teil der Gefahrenabwehr (zum Beispiel Bereithalten von Adressen von Abschleppunternehmen, um verkehrswidrig abgestellte Kraftfahrzeuge entfernen zu können).
1.1.2
Gefahrenabwehrbehörden sind die Verwaltungsbehörden, die allgemeinen Ordnungsbehörden sowie die Sonderordnungsbehörden. Die Polizeibehörden sind in § 91 Abs. 2 genannt.
1.2 Zu Abs. 2
Zu den durch andere Rechtsvorschriften zugewiesenen Aufgaben gehören insbesondere auch die Tätigkeit der Polizeibehörden nach der Strafprozessordnung (§§ 161, 163) sowie dem Gesetz über Ordnungswidrigkeiten (§ 53) und die den allgemeinen Ordnungsbehörden nach § 1 HSOG-DVO zugewiesenen Aufgaben. Die Befugnis, nach Maßgabe der §§ 56, 57 Abs. 2 OWiG mündliche Verwarnungen zu erteilen, steht grundsätzlich allen Polizeivollzugsbeamtinnen und Polizeivollzugsbeamten zu. Studierende der Hochschule für Polizei und Verwaltung erwerben die Befugnis mit Bestehen des Pflichtmoduls „Verkehrsüberwachung" (§ 18 APOgD PVD beziehungsweise § 14 APOgPVD).
1.3 Zu Abs. 3
Die Vorschrift ist Aufgabenbeschränkungsnorm für den Schutz privater Rechte. Die wichtigste Form des Schutzes privater Rechte ist die Identitätsfeststellung (§ 18 Abs. 1).
1.4 Zu Abs. 4
Die vorbeugende Bekämpfung von Straftaten hat durch die Polizeibehörden zu erfolgen. Die Aufgabe ist nur im Hinblick auf die Verhütung zu erwartender Straftaten Teil der Gefahrenabwehr. Die Vorsorge für die Verfolgung zukünftiger Straftaten ist Teil der Repression und kann im HSOG geregelt werden, soweit der Bundesgesetzgeber nicht abschließend von der konkurrierenden Gesetzgebungszuständigkeit Gebrauch gemacht hat.

Als **Aufgabenzuweisungsnorm** eröffnet § 1 den sachlichen Zuständigkeitsbereich der Gefahrenabwehrbehörden (Verwaltungsbehörden, Ordnungsbehörden) und Polizeibehörden. Da das Gesetz klar zwischen Aufgaben (§§ 1 f.) und Befugnissen (§§ 11 ff.) unterscheidet, können aus § 1 **keinerlei Befugnisse zu Grundrechtseingriffen** hergeleitet werden. Zentrale Aufgabe der Gefahrenabwehr- und Polizeibehörden ist nach **Abs. 1** die **Abwehr von Gefahren** (→ Rn. 52) **für die öffentliche Sicherheit** (→ Rn. 15) **oder Ordnung** (→ Rn. 36). Das Gesetz weist die Aufgabe der Gefahrenabwehr (sog. Prävention) den Behörden als **gemeinsame Aufgabe** zu (→ Rn. 6) und verpflichtet sie in Abs. 6 zur **Zusammenarbeit** (→ Rn. 143). Die wegen der Aufgabenidentität erforderliche Abgrenzung der Zuständigkeiten zwischen den Behörden wird in § 2, durch den Grundsatz der Erstbefassung und durch spezielle Normen geregelt. **Abs. 2** enthält eine Klarstellung, nach der die Gefahrenabwehr- und Polizeibehörden neben der Aufgabe nach Abs. 1 auch die ihnen durch andere Rechtsvorschriften zugewiesenen Aufgaben zu erfüllen haben. Für die Polizei sind dies vor allem Aufgaben der **Strafverfolgung** (→ Rn. 105) und der **Verfolgung von Ordnungswidrigkeiten** (→ Rn. 117) – sog. Repression –, für die Ordnungsbehörden die ihnen in § 1 HSOG-DVO zugewiesenen Aufgaben (→ Rn. 98). Die Polizeibehörden kennzeichnet damit eine **Doppelzuständigkeit** (Prävention und Repression), was zu **Abgrenzungs- und Zuordnungsfragen** (→ Rn. 110) führen kann. **Abs. 3** enthält eine **Aufgabenbeschränkung.** Danach obliegt der **Schutz privater Rechte** (→ Rn. 122) den Gefahrenabwehr- und Polizeibehörden nur, wenn gerichtlicher Schutz nicht oder nicht rechtzeitig zu erlangen ist und ohne behördliche Hilfe die Verwirklichung des Rechts vereitelt oder wesentlich erschwert würde. Es gilt damit der **Vorrang gerichtlichen Rechtsschutzes** (→ Rn. 125); der Schutz privater Rechte ist eine subsidiäre Aufgabe. **Abs. 4 und Abs. 5** betreffen nur die Polizeibehörden. Nach **Abs. 4** gehört es zur (gefahrenabwehrenden) Aufgabe der Polizei, zu erwartende Straftaten zu verhüten; zudem hat sie für die Verfolgung künftiger Straftaten vorzusorgen. Der Gesetzgeber hat diese beiden Aufgaben unter den Begriff **„vorbeugende Bekämpfung von Straftaten“** (→ Rn. 128) zusammengefasst. Nach **Abs. 5** ist es ferner Aufgabe der Polizeibehörden, anderen Behörden **Vollzugshilfe** (→ Rn. 129) zu leisten. **Abs. 6** verpflichtet die Behörden zur **Zusammenarbeit und gegenseitigen Unterrichtung** (→ Rn. 143). Als besondere Form der Zusammenarbeit zwischen Gefahrenabwehr- und Polizeibehörden sollen **Kriminalpräventionsräte** (→ Rn. 146) gebildet werden. In **Abs. 7** wird schließlich hervorgehoben, dass die Behörden im Rahmen ihrer Aufgabenwahrnehmung der **Kriminalprävention,** der **Demokratieförderung,** der **Extremismusprävention** und der **Stärkung des Sicherheitsgefühls** der Bevölkerung besondere Bedeutung beizumessen haben.

Übersicht

A. Aufgabenzuweisung

§ 1 beschreibt Aufgaben und weist sie den Gefahrenabwehr- und Polizeibehörden zu. **1**
Ausnahmslos jedes behördliche Handeln – ob grundrechtsrelevant oder nicht – muss von einer Aufgabenzuweisung gedeckt sein. Im Mittelpunkt steht die Aufgabe der **Gefahrenabwehr** (Prävention).

Da das Gesetz strikt zwischen Aufgaben (§§ 1 f.) und Befugnissen (§§ 11 ff.) differenziert, **2**
können aus § 1 **keinerlei Befugnisse zu Grundrechtseingriffen** abgeleitet werden. Als Regelung der sachlichen Zuständigkeit **eröffnet und begrenzt** die Aufgabennorm **das Betätigungsfeld** der Gefahrenabwehr- und Polizeibehörden; sie steckt den äußeren Hand-

lungsrahmen dieser Behörden ab. Unter der Voraussetzung, dass behördliches Handeln zu keinerlei Grundrechtseingriff führt, genügt eine Aufgabennorm als Rechtsgrundlage (vgl. Kugelmann PolR Kap. 5 Rn. 4). Beispiele sind der polizeiliche Streifendienst, die polizeiliche Beratung oder die Verkehrsbeobachtung (vgl. auch Nr. 1.1.1 VVHSOG). Kann das behördliche Handeln auf keine Aufgabennorm gestützt werden, so ist es von vornherein rechtswidrig; auf die Frage eines Grundrechtseingriffs kommt es nicht an. Ist eine Aufgabennorm einschlägig und bewirkt das behördliche Handeln einen Grundrechtseingriff, so muss die Maßnahme zudem auf eine Befugnisnorm gestützt werden können.

3 Im Fall einer wirksamen **Einwilligung** des Betroffenen liegt kein Grundrechtseingriff vor, sodass für die Rechtmäßigkeit der Maßnahme eine einschlägige Aufgabennorm genügt.

4 Soweit **spezielle Aufgabenzuweisungen** für Polizei- oder Gefahrenabwehrbehörden existieren (zB § 44 StVO, § 29 LuftVG, § 61 Abs. 2 HBO), gehen diese vor.

5 Abs. 1 ist eine **Aufgabengeneralklausel,** die die Aufgabe der Gefahrenabwehr definiert und diese Aufgabe den Gefahrenabwehr- und Polizeibehörden als **gemeinsame Aufgabe** zuweist. Das Gesetz unterscheidet bei den Gefahrenabwehrbehörden zwischen **Verwaltungsbehörden** (vgl. §§ 82 ff.) und **Ordnungsbehörden** (§§ 85 ff.) und bei den Ordnungsbehörden nochmals zwischen **allgemeinen Ordnungsbehörden** (§ 85) und **Sonderordnungsbehörden** (§ 90). Eine **Zusammenarbeit** von Polizei- und Gefahrenabwehrbehörden **mit Privatpersonen** (zB mit privaten Sicherheitsdiensten) oder **nicht-öffentlichen Einrichtungen** zum Zweck der Gefahrenabwehr ist nicht ausgeschlossen (zu Möglichkeiten und Formen der Zusammenarbeit → § 81 Rn. 30).

6 Die Zuweisung der Gefahrenabwehraufgabe an unterschiedliche Behörden begründet zwar eine gemeinsame Verantwortung. Sie kann aber nicht bedeuten, dass die Aufgabe tatsächlich unter Beteiligung aller genannten Behörden erfüllt werden muss. Schon aus Gründen der Effektivität ist im konkreten Fall von der **Zuständigkeit (nur) einer Behörde** auszugehen. Die konkrete Zuständigkeit folgt entweder aus einer speziellen Regelung (s. etwa Abs. 4; für die allgemeinen Ordnungsbehörden gilt insbesondere § 1 HSOG-DVO) oder ergibt sich aus der in § 2 vorgenommenen **Aufgabenabgrenzung** und dem – ungeschriebenen – **Grundsatz der Erstbefassung.**

7 **Abs. 2** stellt klar, dass die Gefahrenabwehr- und Polizeibehörden neben den (allgemeinen) im HSOG geregelten Aufgaben auch die besonderen, ihnen durch andere Rechtsvorschriften zugewiesenen **weiteren Aufgaben** zu erfüllen haben.

B. Gefahrenabwehr

I. Gefahrenabwehr als Pflichtaufgabe mit Verfassungsrang

8 Abs. 1 definiert die Gefahrenabwehr als Abwehr von Gefahren für die öffentliche Sicherheit oder Ordnung. Die Norm bezieht sich auf die **Abwehr** sowohl **konkreter** als auch **abstrakter Gefahren** (→ Rn. 62). Zentrales Kriterium des Gefahrenbegriffs ist die hinreichende Wahrscheinlichkeit eines Schadenseintritts (FLS PolR Hessen Kap. G Rn. 58). **Sicherheit und Ordnung** sind die beiden tradierten **Schutzgüter** des Gefahrenabwehrrechts.

9 Schon aus der Formulierung, dass die Behörden die Aufgabe der Gefahrenabwehr „haben" (Abs. 1 S. 1), folgt eine **Pflicht zur Aufgabenwahrnehmung** (FLS PolR Hessen Kap. G Rn. 3 und 59), die insbesondere bei der Ausübung des Ermessens gem. § 5 zu beachten ist. Die einfachgesetzliche Pflicht korrespondiert mit einer **verfassungsrechtlichen Pflicht** des Staates **zur Gefahrenabwehr,** die das Bundesverfassungsgericht aus den grundrechtlichen Schutzpflichten (zB BVerfGE 141, 220 (267 f.); 120, 274 (319)) und dem Rechtsstaatsprinzip (BVerfGE 74, 257 (261 f.)) herleitet. Dieser Rechtsrahmen wird verkannt, wenn lediglich von der Zulässigkeit („berechtigt", so etwa Kugelmann DÖV 2003, 781 (782)), nicht aber von der Verpflichtung zu gefahrenabwehrendem Handeln die Rede ist. Die Aufgabe der Gefahrenabwehr ausschließlich oder auch nur primär aus der Perspektive ihrer (verfassungs-)rechtlichen Begrenzung zu verstehen, wird ihrer (verfassungs-)rechtlichen Bedeutung nicht gerecht; Gefahrenabwehr ist als solche nicht etwa grundrechtsfeindlich, sondern ein **grundrechtliches Gebot.**

II. Gefahrenabwehr als Verhinderung eines Schadens

Die Aufgabe der Gefahrenabwehr zielt darauf ab, Schäden an den Schutzgütern „öffentliche Sicherheit" oder „öffentliche Ordnung" zu verhindern (FLS PolR Hessen Kap. G Rn. 4). Das Verständnis der Gefahrenabwehr als **Verhinderung eines Schadens** bzw. als Schadensbegrenzung und -beseitigung ist das Ergebnis einer historischen Entwicklung des **Polizeibegriffs** (zum Ganzen immer noch instruktiv Maier, Die ältere deutsche Staats- und Verwaltungslehre, 2. Aufl. 1980, S. 163 f., 203–207). Schadensverhinderung bedeutet (nur) „die Erhaltung dessen, was schon da ist". Die Gefahrenabwehr dient also der **Bewahrung des Bestehenden;** dessen Förderung und Vermehrung ist nicht mehr Gefahrenabwehr, sondern **„Wohlfahrtspflege"** – so der tradierte verwaltungswissenschaftliche Begriff. Der Ausschluss der Wohlfahrtspflege aus der polizeilichen Aufgabe geht insbesondere auf die sog. **Kreuzbergurteile** des Preußischen Oberverwaltungsgerichts von 1880 und 1882 zurück (abgedruckt in DVBl. 1985, 216 ff.). 10

III. Weites Verständnis von Gefahrenabwehr in der Aufgabennorm

Gefahrenabwehrendes Handeln ist grundsätzlich erst dann gestattet, wenn die **hinreichende Wahrscheinlichkeit** eines Schadenseintritts besteht (→ Rn. 62). Die sog. Gefahrenvorsorge und damit auch Spezialbefugnisse, die bereits das **Vorfeld von Gefahren** betreffen (zB §§ 12 Abs. 1, 18 Abs. 2, 31 Abs. 3), wären infolgedessen nicht vom tradierten Gefahrenbegriff erfasst (BVerwG NVwZ 2007, 1439 (1440 f.)), also in der Konsequenz auch nicht von der Aufgabenzuweisung (Abs. 1 S. 1). Klassische polizeiliche Handlungsformen wie Streifengänge oder -fahrten lassen sich ebenfalls nicht der Gefahrenabwehraufgabe zuordnen, wenn diese die hinreichende Wahrscheinlichkeit eines Schadenseintritts verlangt (vgl. Seebode, BKA-Vortragsreihe, Bd. 26, 1981, S. 101, 106). Um solche (leider nach wie vor bestehenden) Regelungswidersprüche bzw. – lücken zu vermeiden, wird der **Begriff der Gefahrenabwehr** in der Aufgabennorm **weiter verstanden** als in den in §§ 11 ff. verankerten Befugnisnormen (so im Ergebnis auch BVerfGE 113, 348 (368), indem die **Straftatenverhütung** (Abs. 4 Alt. 1) als **Unterfall der Gefahrenabwehr** angesehen wird). Dieses gesetzessystematisch nicht unproblematische Verständnis, das die Aufgabe der Gefahrenvorsorge als von der Aufgabenzuweisung (Abs. 1 S. 1) mit erfasst ansieht, bringt auch das Gesetz selbst zum Ausdruck, indem es die **Kriminalprävention** ausdrücklich der Aufgabe der Gefahrenabwehr zuordnet (Abs. 6 S. 3). 11

Die **Aufgabe der Gefahrenabwehr** ist also bereits dann **eröffnet,** wenn das Vorliegen einer **Gefahr** (nur) **möglich erscheint.** Ob tatsächlich die hinreichende Wahrscheinlichkeit eines Schadenseintritts besteht, bleibt der Prüfung einer etwaig erforderlichen Befugnisnorm vorbehalten, sofern diese tatbestandlich das Vorliegen einer Gefahr verlangt (so iErg auch Schenke PolR Rn. 71; Vogel, Der Verwaltungsrechtsfall, 8. Aufl. 1980, S. 86 f.). 12

Die Aufgabennormen einiger Landespolizeigesetze bestimmen ausdrücklich, dass die Behörden im Rahmen der Gefahrenabwehr auch „Vorbereitungen" zu treffen haben, „um künftige Gefahren abwehren zu können" (zB § 1 Abs. 1 S. 2 NPOG). Das HSOG nennt diese **Vorbereitung auf die Gefahrenabwehr** nicht explizit; dass die zur Gefahrenabwehr berufenen Behörden auf diese Aufgabe personell, organisatorisch und sachlich nicht unvorbereitet sein dürfen, versteht sich von selbst. In Abs. 1 S. 2 wird allerdings ausdrücklich auf die **Vorbereitung für Hilfeleistungen** in Gefahrenfällen abgestellt, und auch diese der Aufgabe der Gefahrenabwehr zugerechnet. Hierunter fällt zB das Vorhalten von Informationen über lokal verfügbare Rettungsdienste, ärztliche Notdienste oder Abschleppunternehmen. 13

IV. Schutz der öffentlichen Sicherheit

Der **Begriff der öffentlichen Sicherheit** ist im HSOG – anders als zB in den Landesgesetzen von Sachsen-Anhalt und Thüringen – nicht definiert. Nach der **Legaldefinition** in § 3 Nr. 1 SOG LSA bedeutet öffentliche Sicherheit „die Unverletzlichkeit der Rechtsordnung, der subjektiven Rechte und Rechtsgüter des Einzelnen sowie des Bestandes, der Einrichtungen und Veranstaltungen des Staates oder sonstiger Träger der Hoheitsgewalt". Diese Definition, die das Schutzgut „öffentliche Sicherheit" in **drei Teilschutzgüter** unterteilt, entspricht weitgehend den gängigen **Definitionen in Rechtsprechung und Lehre** 14 (vgl. BVerfGE 69, 315 (352); VGH Kassel NVwZ 1990, 386; Schoch JURA 2006, 664 (667)), ist also auch für das hessische Recht einschlägig. Unter den Begriff der öffentlichen Sicherheit fallen definitionsgemäß sowohl Allgemein- als auch Individualrechtsgüter; das Bundesverfassungsgericht spricht in seiner neueren Rechtsprechung abstrahierend vom „Rechtsgüterschutz" (BVerfGE 125, 260 (330)). Die drei **Teilschutzgüter überschneiden sich** (Kingreen/Poscher POR § 7 Rn. 3) und sind ihrerseits in hohem Maße interpretationsbedürftig (Gusy POR Rn. 79).

1. Unverletzlichkeit der Rechtsordnung

15 Durch die Einbeziehung der „Unverletzlichkeit der Rechtsordnung" begründet jede Verletzung oder drohende Verletzung einer Rechtsvorschrift eine Gefährdung der öffentlichen Sicherheit, was angesichts der Regelungsdichte in Deutschland die besondere Bedeutung dieses Elements der öffentlichen Sicherheit ausmacht. Der Schutz der **Unversehrtheit der Rechtsordnung** als Aufgabe folgt aus dem Rechtsstaatsprinzip, das nicht nur eine Bindung staatlicher Gewalt an das Recht beinhaltet, sondern auch eine Verpflichtung, die Einhaltung des Rechts zu gewährleisten (→ SystVorbPolRDe Rn. 1). Dem Schutz der Rechtsordnung kommt im Vergleich zu den anderen Schutzgütern eine besondere Bedeutung zu, weshalb es bei Prüfung der öffentlichen Sicherheit an **erster Stelle** stehen sollte (Kingreen/Poscher POR § 7 Rn. 6 und 20).

16 Zur **Rechtsordnung** zählen sowohl öffentlich-rechtliche als auch zivilrechtliche Normen einschließlich des Europarechts (Lindner JuS 2005, 302 (305)) und nicht nur formelle Gesetze, sondern auch Rechtsverordnungen und Satzungen.

17 Im Vordergrund steht der **Schutz des öffentlichen Rechts;** bei privatrechtlichen Regelungen ist der so genannte Subsidiaritätsgrundsatz nach Abs. 3 zu beachten. Besondere Bedeutung in der Praxis haben **Straf- und Ordnungswidrigkeitsnormen.** Hier ist das Schutzgut der öffentlichen Sicherheit unter dem Aspekt der Unversehrtheit der Rechtsordnung bereits gefährdet, wenn es zu einer **tatbestandsmäßigen rechtswidrigen** Verletzung oder drohenden Verletzung einer Norm kommt. Entscheidend ist das **objektive Unrecht** (vgl. auch die Definition der Straftat in § 2 Nr. 4 PolG Bremen; § 2 Nr. 13 NPOG); auf subjektive Elemente (zB Schuld als Voraussetzung für eine Strafbarkeit) kommt es nicht an (BVerwG NJW 1982, 1008 (1009)). Dabei ist es bei Straftaten grundsätzlich unerheblich, ob die **Straftat (eines Deutschen) im Inland oder im Ausland** droht (BVerwG NVwZ 2007, 1439 (1440); VGH Mannheim NJW 2000, 3658 (3660)). Bei **Antragsdelikten** (zB Hausfriedensbruch, § 123 StGB oder Beleidigung, § 185 StGB) ist die Rechtsordnung auch dann gefährdet, wenn kein Strafantrag vorliegt. Allerdings ist ein fehlender Strafantrag für das behördliche Entschließungsermessen von Bedeutung.

18 Unterschiedlich beantwortet wird, ob auch die **Grundrechte,** die als Kerninhalt des Grundgesetzes und der Hessischen Verfassung selbstverständlich Teil der Rechtsordnung sind, zum **Schutzgut „öffentliche Sicherheit"** zählen (bejahend BVerwG NJW 1986, 2655 (2656); Haurand/Vahle Kriminalistik 2004, 429 (431), verneinend Kingreen/Poscher POR § 7 Rn. 15). Dabei geht es vor allem um die Frage, ob und inwieweit Grundrechte nicht nur durch Träger öffentlicher Gewalt (vgl. Art. 1 Abs. 3 GG), sondern auch durch Privatpersonen („Dritte") verletzt werden und damit gefahrenabwehrende Maßnahmen nicht nur begrenzen, sondern auch begründen können. Das sächsische Polizeigesetz weist den Behörden ausdrücklich die Aufgabe zu, „die **ungehinderte Ausübung der Grundrechte** und der staatsbürgerlichen Rechte **zu gewährleisten**", ohne darin eine Erweiterung der tradierten Schutzgüter zu sehen (§ 1 Abs. 1 S. 2 Nr. 1 SächsPolG; ähnlich § 1 Abs. 1 S. 2 BWPolG). Hinsichtlich der Frage nach der Schutzgutrelevanz der Grundrechte verbieten sich pauschale Antworten. Zunächst ist der Grundsatz des **Anwendungsvorrangs des einfachen Rechts** zu beachten: Nur wenn einfachrechtliche Regelungen Lücken aufweisen, kommt die Heranziehung von Grundrechten überhaupt in Betracht (Hermes/Reimer § 5 Rn. 39). Schon deshalb ist die gefahrenabwehrbehördliche Verhinderung eines Diebstahls mit § 242 StGB und nicht mit die Eigentumsgarantie (Art. 14 Abs. 1 GG) oder der Schutz einer friedlichen Demonstration vor Störungen mit § 7 Abs. 1 HVersFG und nicht mit Art. 8 Abs. 1 GG zu begründen. Dem Problem der Schutzgutrelevanz der Grundrechte kommt deshalb praktisch nur begrenzte Bedeutung zu. Im Übrigen ist die Schutzgutrelevanz für jedes Grundrecht gesondert zu

prüfen. So betont das Bundesverfassungsgericht etwa hinsichtlich der Garantie der **Unantastbarkeit der Menschenwürde** (Art. 1 Abs. 1 S. 1 GG), dass dieses Grundrecht nicht nur vor Übergriffen des Staates, sondern auch vor Übergriffen Dritter schützt (BVerfGE 115, 118 (153)). Auf Art. 1 Abs. 1 S. 1 GG gestützte gefahrenabwehrende Maßnahmen sind also nicht ausgeschlossen (so auch Schenke POR Rn. 59a). Entsprechendes soll für das durch Art. 2 Abs. 1 iVm Art. 1 Abs. 1 GG geschützte **allgemeine Persönlichkeitsrecht** gelten (VGH Mannheim NVwZ-RR 2008, 700 f.). Auch der **Koalitionsfreiheit** (Art. 9 Abs. 3 S. 1 GG) wird im Hinblick auf Art. 9 Abs. 3 S. 2 GG unmittelbare Drittwirkung zugesprochen (BVerfGE 57, 220 (245)), gleiches dem Grundrecht auf **ungestörte Religionsausübung** aus Art. 4 Abs. 2 GG (Götz/Geis PolR § 4 Rn. 18; implizit BVerfGE 102, 370 (393); 93, 1 (16)) und der **Meinungsfreiheit** gem. Art. 5 Abs. 1 S. 1 GG (Alexy, Theorie der Grundrechte, 1994, 487 ff.; implizit BVerfGE 25, 256 (268)). Demgegenüber soll der **allgemeine Gleichheitssatz** (Art. 3 Abs. 1 GG) grundsätzlich nicht unmittelbar zwischen Privatpersonen wirken (BVerfGE 148, 267 (283)) und kann deshalb insoweit auch keine gefahrenabwehrenden Maßnahmen auslösen. Bei einer etwaigen Heranziehung von Grundrechten als polizeirechtliche Schutzgüter sind – auf der Ebene der Verhältnismäßigkeitsprüfung – schließlich **Grundrechtskollisionen** zu beachten, denn auch der Adressat der Maßnahme ist Grundrechtsträger (vgl. BVerfGE 148, 267 (280)).

Da die Unversehrtheit der Rechtsordnung Teil der öffentlichen Sicherheit ist, ist das Polizei- und Ordnungsrecht ein wichtiges **Instrument zum Schutz der Rechtsordnung** bzw. zur **Durchsetzung des Rechts** (vgl. ausf. Möstl Sicherheitsgewährleistung 63 ff.), das den Schutz durch gesetzliche Verbote, Gebote und Sanktionsmöglichkeiten wirksam ergänzt. Viele Gesetze enthalten häufig zwar Verbote, Gebote und Bußgeldtatbestände, aber keine Befugnisnormen für ein präventives behördliches Vorgehen im Falle der Verletzung. In diesen Fällen bietet das HSOG insbesondere über die Generalklausel (§ 11) die Möglichkeit, Rechtsverstöße zu verhindern. 19

2. Schutz der subjektiven Rechte und Rechtsgüter des Einzelnen

Auch alle subjektiven Rechte und Individualrechtsgüter (zB Leben, Gesundheit, körperliche Unversehrtheit, Würde, Ehre, Vermögen, Freiheit) fallen uneingeschränkt in den Schutzbereich der öffentlichen Sicherheit. Dieser Schutz ist die rechtslogische Voraussetzung des grundsätzlichen Verbots jeder Selbsthilfe, die nur gestattet wird, „wenn obrigkeitliche Hilfe nicht rechtzeitig zu erlangen ist" (§ 229 BGB). In dem Umfang, in dem der Staat die Selbsthilfe durch ein staatliches Gewaltmonopol ersetzt, steht dem Einzelnen ein Schutzanspruch gegenüber dem Staat zu (BVerfGE 74, 257 (261 f.); Kirchhof DÖV 1976, 449 (455)). 20

Bei den auch gesetzlich (insbesondere durch das StGB) geschützten Rechtsgütern und Rechten kommt es zu einer **Überschneidung mit dem Schutz der objektiven Rechtsordnung.** So ist zB bei drohenden Körperverletzungen, Beleidigungen, Eigentumsbeeinträchtigungen durch Dritte neben den privaten Rechtsgütern gleichzeitig die objektive Rechtsordnung tangiert (drohender Verstoß gegen die entsprechenden Strafvorschriften). In solchen Fällen ist vorrangig auf die Verletzung der Rechtsordnung abzustellen (Kingreen/Poscher POR § 7 Rn. 6). So droht bei der Anfertigung von ungewollten Bildaufnahmen Dritter mit dem Ziel einer Veröffentlichung nicht nur ein Eingriff in das allgemeine Persönlichkeitsrecht, sondern auch ein Verstoß gegen §§ 22, 33 KUG. Lässt sich eine Gefahr der Veröffentlichung und damit ein drohender Gesetzesverstoß nicht belegen, kommt, je nach Fallgestaltung, ein Eingriff in das Persönlichkeitsrecht (Recht am eigenen Bild) in Betracht (Schoch JURA 2013, 468; Penz NVwZ 2016, 53 (54)). 21

Geht es um die **Gefährdung privatrechtlicher Ansprüche und Rechte,** die der Einzelne gegenüber Dritten hat, ist der in Abs. 3 enthaltene **Subsidiaritätsgrundsatz** zu beachten. Danach obliegt der Schutz privater Rechte vorrangig den Gerichten; die Gefahrenabwehr- und Polizeibehörden sind hier nur in Ausnahmefällen zur Gefahrenabwehr berufen (→ Rn. 121). 22

Zum Teil wird der Schutz privater Rechtsgüter und Rechte nur dann als Aufgabe der Gefahrenabwehr angesehen, wenn neben dem privaten auch ein **öffentliches Interesse** besteht (vgl. DWVM Gefahrenabwehr 228; vgl. auch § 1 Abs. 1 S. 1 BWPolG, der insgesamt die Aufgabe der Gefahrenabwehr unter den Vorbehalt eines öffentlichen Interesses stellt). 23

Diese Auffassung ist abzulehnen (Kingreen/Poscher POR § 3 Rn. 16), denn die subjektiven Rechte und Rechtsgüter des Einzelnen sind im Kern grundrechtlich geschützt und unterliegen insoweit einer umfassenden verfassungsrechtlichen Schutzpflicht seitens des Staates, sodass es auf ein gesondert zu prüfendes öffentliches Interesse nicht ankommen kann.

24 Die verfassungsrechtliche Schutzpflicht greift allerdings grundsätzlich nur dann, wenn den Individualrechtsgütern **Gefahren durch Dritte bzw. von außen** (Naturereignisse) drohen. Demgegenüber fallen eigenverantwortliche **Selbstgefährdungen und -schädigungen** nicht unter das Schutzgut der öffentlichen Sicherheit (Kingreen/Poscher POR § 7 Rn. 23). Sie sind grundrechtlich geschützt durch die allgemeine Handlungsfreiheit (Art. 2 Abs. 1 GG) und das allgemeine Persönlichkeitsrecht (Art. 2 Abs. 1 GG iVm Art. 1 Abs. 1 GG), insoweit weitere Personen nicht betroffen sind.

24.1 **Beispiele:** Ausübung gefährlicher Sportarten, artistische Darbietungen, übermäßiger Alkoholkonsum, medizinische Selbstversuche

25 Auch **freiwillige Obdachlosigkeit** tangiert im Unterschied zur unfreiwilligen Obdachlosigkeit das Schutzgut der öffentlichen Sicherheit nicht (VGH Kassel NVwZ-RR 2011, 474; Ruder NVwZ 2012, 1283); zu Maßnahmen bei unfreiwilliger Obdachlosigkeit → § 9 Rn. 18 ff.).

25.1 **Unfreiwillige Obdachlosigkeit** tangiert die öffentliche Sicherheit, da dieser Zustand geeignet ist, Gesundheit, Leben und Menschenwürde der obdachlosen Person zu gefährden (Fischer NVwZ 2015, 1644 (1645)). Eine solche Gefährdung besteht grundsätzlich auch bei freiwilliger Obdachlosigkeit; hier handelt es sich aber um einen Fall von grundrechtlich geschützter eigenverantwortlicher Selbstgefährdung (OVG Münster NJW 1997, 1596). Bei unfreiwilliger Obdachlosigkeit ist ein eventueller **Nachrang** des Gefahrenabwehrrechts **gegenüber dem Sozialrecht** zu beachten (vgl. VG Berlin LKV 2017, 571); ein behördliches Eingreifen kommt deshalb nur in akuten Notlagen in Betracht.

26 Treten allerdings zur Selbstgefährdung bestimmte **weitere Faktoren** hinzu – sind etwa unbeteiligte Dritte betroffen – oder erfolgt die Selbstgefährdung **nicht eigenverantwortlich,** ist das Schutzgut der öffentlichen Sicherheit tangiert.

26.1 So ist das Schutzgut der öffentlichen Sicherheit berührt, wenn

- durch das selbstgefährdende Verhalten zugleich **andere unmittelbar gefährdet werden,**
- erkennbar **mittelbar Dritte betroffen sind,** zB durch Rettungsmaßnahmen (VGH Mannheim NJW 1998, 2235),
- die Selbstgefährdung zugleich **Rechtsnormen** und damit die objektive Rechtsordnung **verletzt** (zB Verstöße gegen BtMG, Verletzung der Gurtpflicht, § 21a Abs. 1 StVO),
- die sich selbst gefährdende Person „erkennbar in einem **die freie Willensbestimmung ausschließenden Zustand**“ befindet (vgl. § 32 Abs. 1 Nr. 1) bzw. die Tragweite ihres Handelns nicht erfassen kann, sodass unter Umständen auch spezielle gesetzliche Regelungen greifen (vgl. § 32 Abs. 4).

27 Zu Recht ist anerkannt, dass die Gefahrenabwehr- bzw. Polizeibehörden bei **Suizidversuchen** eingreifen können, unter Umständen eingreifen müssen. Zwar wird aus Art. 2 Abs. 1 iVm Art. 1 Abs. 1 GG für jedermann das Recht abgeleitet, „selbstbestimmt die Entscheidung zu treffen, sein Leben eigenhändig bewusst und gewollt zu beenden“ (BVerfG NJW 2020, 905 Rn. 203). Potenzielle Selbstmörder befinden sich aber erfahrungsgemäß oft in einer Ausnahmesituation, die an einem vollumfänglichen eigenverantwortlichen Handeln zweifeln lässt. Wenn die Behörden von Versuchen der Selbsttötung erfahren, sollten sie deshalb grundsätzlich von dem Verdacht ausgehen, dass sich die betroffene Person „in einem die freie Willensbildung ausschließenden Zustand oder sonst in hilfloser Lage befindet“ (vgl. § 32 Abs. 1 Nr. 1), also annehmen, dass gerade **kein Fall der eigenverantwortlichen Selbstschädigung** vorliegt (Kingreen/Poscher POR § 7 Rn. 27). Unter diesen Umständen ist das Schutzgut der öffentlichen Sicherheit betroffen.

3. Schutz des Bestandes, der Einrichtungen und Veranstaltungen des Staates und sonstiger Träger der Hoheitsgewalt

28 Die praktische Bedeutung dieser Schutzgüter ist insoweit gering, als ein umfassender strafrechtlicher Schutz besteht (§§ 80 ff. StGB), sodass die öffentliche Sicherheit regelmäßig bereits unter dem Gesichtspunkt des Schutzes der objektiven Rechtsordnung betroffen ist.

Hinsichtlich der Einrichtungen des Staates und sonstiger Träger der Hoheitsgewalt geht es primär um die **Funktionsfähigkeit.** 29

Das Schutzgut erfasst eine **Vielzahl von Hoheitsträgern.** Neben dem Staat (Bund und Länder) fallen auch Gemeinden und Gemeindeverbände und sonstige juristische Personen des öffentlichen Rechts in den Schutzbereich dieses Aspektes der öffentlichen Sicherheit (zB Kammern, öffentliche Hochschulen, Stiftungen des öffentlichen Rechts). 30

Zu den **Einrichtungen** zählen die in den Kommunalgesetzen (in Hessen §§ 19 ff. HGO und §§ 16 ff. HKO) genannten öffentlichen Einrichtungen, die Kommunen ihren Bürgern zur Verfügung stellen (zB Sportstätten, Museen, Bibliotheken, Theater, Kindergärten); der Begriff der Einrichtung erfasst aber auch Behörden, Parlamente und Gerichte, wobei sowohl die Gebäude als auch die Tätigkeiten geschützt sind. Die hoheitlichen Tätigkeiten lassen sich zum Teil auch unter dem Begriff der **Veranstaltungen** subsumieren. Beim Schutz hoheitlicher Einrichtungen und zum Teil auch bei Veranstaltungen ist zu beachten, dass der Schutz auch über das **Hausrecht** erfolgen kann. 31

So steht dem Behördenleiter in der Regel das Hausrecht am Behördengebäude zu, der Präsident des Bundestages übt nach Art. 40 Abs. 2 GG das Hausrecht und die Polizeigewalt im Gebäude des Bundestages aus (entsprechendes gilt für Landtagspräsidenten), der Vorsitzende der Gemeindevertretung hat nach § 58 Abs. 4 HGO das Ordnungs- und Hausrecht während der Sitzungen der Gemeindevertretung. In all diesen Fällen sind diese vorrangig selbst zur Gefahrenabwehr auf der Grundlage der ihnen zustehenden Rechte berufen. Erst wenn dies nicht möglich ist, besteht eine Zuständigkeit der Gefahrenabwehr- und Polizeibehörden (vgl. Kingreen/Poscher POR § 7 Rn. 41). 31.1

Will man zwischen den Begriffen Einrichtung und Veranstaltung differenzieren, so fallen unter den Begriff der Einrichtung hoheitliche Tätigkeiten, die von gewisser Dauer bzw. „greifbare" Erscheinungen (so Thiel PolR Rn. 165) sind. Dagegen erfasst der Begriff der Veranstaltung mehr vorübergehende „ad hoc gebildete Handlungskomplexe" (Kingreen/Poscher POR § 7 Rn. 30). Als **Beispiele geschützter Veranstaltungen** können genannt werden: Staatsbesuche (G8-Gipfel in Heiligendamm, vgl. BVerfG NJW 2007, 2167), Gelöbnisse oder ähnliche Veranstaltungen der Bundeswehr („Großer Zapfenstreich", vgl. BVerwG NJW 1990, 2076), schulische oder universitäre Prüfungen (Gromitsaris JuS 1997, 49). 32

Über eine weite Auslegung der Begriffe „Einrichtungen" und „Veranstaltungen" wird auch die Störung bzw. **Behinderung behördlichen Handelns** als schutzgutrelevant angesehen (OVG Koblenz 27.3.2014 – 7 A 10993/13.OVG, juris Rn. 29 = BeckRS 2014, 51003). Entsprechendes soll auch für **Warnung vor** behördlichen **Geschwindigkeitskontrollen** gelten (VGH Mannheim NVwZ-RR 2003, 117; OVG Münster NJW 1997, 1596). 33

Nach der Rechtsprechung stellt die Radarkontrolle eine hoheitliche Einrichtung dar, deren Funktionsfähigkeit durch die Warnung gestört wird; die Warnung behindere die Durchführung präventiv-polizeilicher Aufgaben. Radarmessungen seien geeignet, nicht nur an den konkreten Stellen, sondern generell dazu beizutragen, dass Verkehrsteilnehmer Geschwindigkeitsregeln einhalten. Eine Warnung sei geeignet, diese Funktion zu beeinträchtigen. 33.1

Die Entscheidungen sind auf Kritik gestoßen. Dabei wird betont, dass derartige Warnungen anderer Verkehrsteilnehmer nicht verboten seien und letztlich dazu beitrügen, Verkehrsverstöße zu verhindern (so Schenke PolR Rn. 60). Ungeachtet differenzierter juristische Argumentation ist dem Bürger allerdings schwer zu vermitteln, dass seine Warnung eine Gefährdung der öffentlichen Sicherheit bedeutet, gleichzeitig aber Warnungen über die Medien (Hörfunk) erfolgen, teils auch durch die Behörden selbst und in Hessen sogar die Behörden durch ministerielle Anordnung verpflichtet worden sind (inzwischen wieder aufgehoben), vor festinstallierten Geschwindigkeitsmessgeräten Warnschilder aufzustellen. 33.2

Anders als die Warnung Dritter ist das Betreiben bzw. betriebsbereite Mitführen von technischen Geräten mit Warn- oder Störfunktion nach § 23 Abs. 1b StVO gesetzlich verboten. Verstößt ein Verkehrsteilnehmer gegen dieses Verbot, stellt dies auch eine Gefährdung der öffentlichen Sicherheit unter dem Aspekt Verletzung der Rechtsordnung dar und kann zu präventiven Maßnahmen (zB Sicherstellung der Geräte nach § 40) führen. 33.3

Oft geht mit der **Behinderung hoheitlicher Tätigkeit** die Verletzung objektiven Rechts einher (zB Nötigung, § 240 StGB; Widerstand gegen Vollstreckungsbeamte, § 113 StGB), sodass die öffentliche Sicherheit unter diesem Aspekt gefährdet ist. Zum Teil finden sich spezielle Befugnisse, die die Behinderung behördlicher Tätigkeit ausdrücklich erfassen (§ 31 Abs. 1 S. 2). Auch das HessBKG enthält Pflichten für den Brand- oder Katastrophenfall und 34 spezielle Anordnungsbefugnisse sowie Bußgeldvorschriften (zB unerlaubte Betätigung von Brandmeldern, unberechtigte Alarmierung der Feuerwehr, § 65 Abs. 1 Nr. 6 HessBKG; Behinderung von Anordnungen der Einsatzleitung, § 65 Abs. 1 Nr. 14 HessBKG). Fehlt es an derartigen Regelungen, ist eine schutzgutrelevante Beeinträchtigung hoheitlicher Tätigkeit folglich nur **restriktiv** zu bejahen.

V. Schutz der Öffentlichen Ordnung

1. Begriff und Kritik

35 Auch der **Begriff der öffentlichen Ordnung** ist im HSOG nicht definiert. Daher muss auf die Legaldefinition anderer Landespolizeigesetze (§ 3 Nr. 2 SOG LSA) und tradierte Begriffsbestimmungen durch Rechtsprechung (BVerfGE 69, 315 (352); BVerfG NJW 2001, 2072, Rn. 39) und Lehre (Erbel DVBl 2001, 1714 (1717)) zurückgegriffen werden. Daran anknüpfend kann unter der öffentlichen Ordnung die **Gesamtheit der ungeschriebenen Regeln** verstanden werden, **deren Befolgung** nach den jeweils herrschenden und dem Wertgehalt des Grundgesetzes entsprechenden sozialen und ethischen Anschauungen **für ein friedliches Zusammenleben unerlässlich ist.**

36 Gegen das Schutzgut der öffentlichen Ordnung bestehen in Teilen der Literatur **Bedenken** (vgl. Hornmann HSOG § 11 Rn. 20; Kingreen/Poscher POR § 7 Rn. 44 ff.; Götz NVwZ 1998, 679 (685 f.)). Insbesondere dessen rechtspraktische Erforderlichkeit wird in Zweifel gezogen (Kingreen/Poscher POR § 7 Rn. 47; Waechter NVwZ 1997, 729 (736)).

37 Die **Rechtsprechung** (BVerfGE 69, 315 (352); BVerwG NVwZ 2002, 598 (602); VGH Kassel NJW 1989, 1448) und ein **Großteil der Literatur** (Hermes/Reimer § 5 Rn. 52; Fredrich Rn. 5; Erbel DVBl 2001, 1714 (1717 f.); Schoch JuS 1994, 570 (575)) **teilen diese Kritik** zu Recht **nicht.** Verfassungsrechtlich ist der Begriff der öffentlichen Ordnung schon deshalb unbedenklich, weil er im GG selbst Verwendung findet (Art. 13 Abs. 7 GG, Art. 35 Abs. 2 GG).

37.1 Das BVerfG (BVerfGE 69, 315 (352)) sieht den unbestimmten Rechtsbegriff der öffentlichen Ordnung durch die jahrzehntelange Anwendungspraxis in Rechtsprechung und Lehre als hinreichend präzisiert an. Zu bedenken ist auch, dass der Gesetzgeber in einer Vielzahl von Vorschriften (zB §§ 138, 242 BGB, § 118 OWiG) an gesellschaftliche Anschauungen anknüpft, die in der Praxis von Behörden und Gerichten angewandt und ausgelegt werden, ohne dass hier ein Verstoß gegen das Demokratieprinzip gesehen wird (vgl. Schenke PolR Rn. 65). Der Annahme, dass die heutige Normendichte den Begriff der öffentlichen Ordnung überflüssig mache, steht entgegen, dass immer wieder neue „Erscheinungen" auftreten, die keiner Normierung unterliegen und die zumindest von der Praxis und Rechtsprechung unter Rückgriff auf den Ordnungsbegriff betrachtet werden (Bsp. → Rn. 46 ff.; Fechner JuS 2003, 734).

38 Hervorzuheben bleibt, dass die meisten Landesgesetzgeber am Schutzgut der öffentlichen Ordnung festhalten. Das gilt auch für Hessen (vgl. Regierungsbegründung, LT-Drs. 12/5794, 51). Den geäußerten Bedenken kann durch einen **zurückhaltenden Rückgriff** auf dieses Schutzgut Rechnung getragen werden (Schoch JuS 1994, 570 (575)). Dies sollte zunächst dadurch geschehen, dass die öffentliche Ordnung als Schutzgut nur **subsidiär** herangezogen wird. Vorrangig ist die öffentliche Sicherheit zu prüfen; ist diese betroffen, erübrigt sich ein Rückgriff auf die öffentliche Ordnung. Diesem Schutzgut kommt insofern nur eine **Reservefunktion** zu (Hermes/Reimer § 5 Rn. 52; Schoch JuS 1994, 570 (575)). Zudem ist eine restriktive Prüfung des Vorliegens der Begriffsmerkmale der öffentlichen Ordnung angezeigt (Schenke PolR Rn. 65).

2. Begriffsmerkmale der öffentlichen Ordnung

39 Während die öffentliche Sicherheit den Schutz der objektiven Rechtsordnung und damit den Schutz des gesamten geschriebenen Rechts und des Gewohnheitsrechts umfasst, adressiert die öffentliche Ordnung die nicht als Rechtquellen anzusehenden **ungeschriebenen Sozialnormen** (Gusy PolR Rn. 98). Es geht um Wertvorstellungen in der Gesellschaft, die sich auf **ethisch-moralische, religiöse und sittliche Inhalte** beziehen. Die ungeschriebe-

nen Regeln müssen den **verfassungsrechtlichen Wertungen** entsprechen und dürfen nicht im Widerspruch zur sonstigen Rechtsordnung stehen.

Nach der gängigen Definition muss es um Regeln für das **Verhalten in der Öffentlichkeit** gehen. Relevant kann deshalb nur Verhalten sein, das **nach außen wirkt** und von Dritten wahrgenommen werden kann. Verhalten, das in der Privatsphäre bleibt (zB Verhalten in der eigenen Wohnung oder in geschlossenem Rahmen) kann von vornherein nicht zu einer Gefährdung der öffentlichen Ordnung führen (vgl. BVerwG NVwZ 2003, 603 (604): Betrieb eines Swinger-Clubs). **40**

Voraussetzung ist weiter, dass die Regel von der **jeweils herrschenden Anschauung** getragen ist. Die Feststellung dieser Voraussetzung bereitet in der Praxis die größten Schwierigkeiten. Welche Anschauungen existieren, sind sie herrschend, auf welche bzw. wessen Anschauungen kommt es an? Die Definition beinhaltet eine zeitliche Vorgabe, wonach es auf die **jeweils** herrschende Anschauung ankommt. Damit ist die **gegenwärtige** herrschende Anschauung relevant. Dies ist wichtig, da gerade in den für den Ordnungsbegriff relevanten Bereichen der **Ethik, Moral und Sitte** die Anschauungen im Laufe der Zeit wechseln.). Lässt sich eine herrschende Auffassung nicht ermitteln oder bleiben Zweifel, ist eine Betroffenheit der öffentlichen Ordnung zu verneinen (Schoch JuS 1994, 570 (574)). **41**

Die Aufführung eines Films wie „Die Sünderin" (BVerwGE 1, 303) stellt heute kein ordnungsrechtliches Problem mehr dar. Gleiches gilt für Kondomautomaten in der Öffentlichkeit (BVerwGE 10, 165; OVG Münster NJW 1988, 787 (789)). Gewandelt hat sich auch die Auffassung zu „Damenbox- und Ringkämpfen", die früher kritisch gesehen wurden (PrOVGE 91, 139), aber schon seit längerer Zeit in der Regel als zulässig angesehen werden (VG Gelsenkirchen GewA 1978, 164; aA VGH München NVwZ 1984, 254 zu „oben ohne Catch"). **42**

Neben dem zeitlichen Aspekt (derzeitige Anschauungen) ist entscheidend, dass die ungeschriebenen Regeln von der großen Mehrheit der Bevölkerung getragen werden. Die gängige Definition spricht von **„herrschenden Anschauungen".** Vorstellungen Einzelner oder auch von Gruppen können deshalb keine Sozialnormen vorgeben. Die Bestimmung der herrschenden Auffassung ist allerdings schwierig. Sie lässt sich in der Praxis nicht durch Umfragen oder Zählungen ermitteln; weder Behörden noch Gerichte sind dazu in der Lage. Eine derartige „Volksbefragung" wird von der Rechtsprechung auch abgelehnt (BVerwG NJW 1996, 1423 (1424)). **43**

Letztlich erfolgt eine Abwägung, die sich insbesondere an der **Werteordnung des Grundgesetzes** orientiert (BVerwG DVBl 2004, 237). Es können nur solche Anschauungen in den Begriff der öffentlichen Ordnung einfließen, die sich mit der freiheitlichen Werteordnung des Grundgesetzes vereinbaren lassen (BVerfGE 111, 147 (156)). Folglich werden **regionale bzw. lokale „Sondernormen"** auch kritisch gesehen (Kohl NVwZ 1991, 620 (622); Discher JuS 1991, 642 (643)). **44**

Die Beachtung der ungeschriebenen Regeln muss **unerlässliche Voraussetzung für ein geordnetes Zusammenleben** sein. Dieses Merkmal dient dazu, die Gefährdung der öffentlichen Ordnung von **bloßen Belästigungen** oder störenden Verhaltensweisen („Bagatellstörungen", vgl. Thiel PolR Rn. 191) abzugrenzen. Es müssen Regeln verletzt sein, die zu einer erheblichen Beeinträchtigung des Zusammenlebens führen (VGH Kassel NJW 1989, 1448). Bestimmte Verhaltensweisen mögen als störend empfunden werden, tangieren damit aber noch nicht das polizeiliche Schutzgut der öffentlichen Ordnung. So stellt das **Betteln** als solches keine Gefahr für die öffentliche Ordnung dar (VGH Mannheim NVwZ 1999, 560); Entsprechendes gilt für den bloßen **Alkoholkonsum im öffentlichen Raum.** **45**

Der Alkoholkonsum im öffentlichen Raum wird in vielen Kommunen als Problem gesehen, er führt häufig zu Beschwerden von Anwohnern und Geschäftsleuten. Die Kommunen versuchen zum Teil, den Alkoholkonsum durch Verbote zu unterbinden. Zum Teil geschieht dies durch Allgemeinverfügungen, zum Teil durch Gefahrenabwehrverordnungen. Diese Versuche sind rechtlich bedenklich, da jedenfalls nach ganz überwiegender Auffassung allein durch den Alkoholkonsum noch keine Gefahr für die öffentliche Sicherheit und auch nicht die öffentliche Ordnung besteht (VGH Mannheim NVwZ-RR 2010, 55; Götz NVwZ 1994, 652; Hecker NVwZ 2009, 1016; Ruder KomJur 2009, 46; aA wohl OVG Lüneburg BeckRS 2012, 60161). **45.1**

3. Anwendungsbeispiele

46 Gerade im **sittlich sexuellen Bereich,** in dem in früheren Zeiten der Ruf nach der öffentlichen Ordnung laut wurde, hat sich in den letzten Jahrzehnten ein starker Wandel in den Anschauungen vollzogen (vgl. Hornmann HSOG § 11 Rn. 22 mit weiteren Beispielen). **Prostitution** ist in Deutschland grundsätzlich legal und kann nicht mehr als Verstoß gegen die öffentliche Ordnung gewertet werden. Anders, wenn **besondere Umstände** vorliegen, die von ordnungsrechtlicher Relevanz sind (zB Bordellbetrieb neben Schulen, Kindergärten, vgl. VGH Kassel DÖV 1984, 521 (522)). Auch die Einstellung zur Nacktheit hat sich gewandelt. **Nacktbaden** in an bestimmten Orten ist durchaus üblich und stellt deshalb grundsätzlich keine Gefährdung der öffentlichen Ordnung dar. In anderen Fällen kann **Nacktheit in der Öffentlichkeit** durchaus die öffentliche Ordnung beeinträchtigen (OVG Münster NJW 1997, 1180), insbesondere dann, wenn die Öffentlichkeit unfreiwillig mit der Nacktheit konfrontiert wird und der Anblick von Nacktheit aufgedrängt wird. Oft erfüllt ein solches Verhalten allerdings auch den Tatbestand von **§ 118 OWiG,** sodass in dem Verhalten eine Verletzung der öffentlichen Sicherheit zu sehen ist (Verbot einer „Nacktradel-Aktion" wegen Verstoßes gegen § 118 OWiG, VG Karlsruhe NJW 2005, 3658).

47 Das Schutzgut der öffentlichen Ordnung kann bei verbalen sexuellen Belästigungen im öffentlichen Raum betroffen sein (obszöne Gesten, anzügliche Bemerkungen), die sich unterhalb der Strafbarkeitsschwelle (§§ 185, 184i StGB) bewegen (sog. **Catcalling**).

48 **Obdachlosigkeit** wird heute nicht mehr als Gefährdung der öffentlichen Ordnung angesehen (anders noch BVerwGE 17, 83 (86)). Freiwillige Obdachlosigkeit ist von der allgemeinen Handlungsfreiheit gedeckt (OVG Münster NJW 1997, 1596). In Fällen unfreiwilliger Obdachlosigkeit kann die öffentliche Sicherheit gefährdet sein, da es um Schutz von Gesundheit und Eigentum der von der Obdachlosigkeit bedrohten Person geht (→ Rn. 25.1).

49 Standen früher vor allem Verhaltensweisen im moralisch sittlichen Bereich im Vordergrund, geht es in neuerer Zeit um andere – oft der Unterhaltung dienende – Angebote bzw. Betätigungen, die Ordnungsbörden veranlassen, unter dem Aspekt der öffentlichen Ordnung einzugreifen. So wurden gewerblich veranstaltete **Laserspiele** (sog. Quasar-Spiel, Betrieb eines Laserdromes) verboten (BVerwG NVwZ 2002, 598; OVG Münster NVwZ-RR 1996, 39; OVG Koblenz NVwZ-RR 1995, 30 (31)), ebenso **Paintballspiel** mit Farbmarkierungswaffen (VGH München BayVBl. 2001, 689 (691); aA VG Dresden NVwZ-RR 2003, 852); **Verbot einer Kampfsportveranstaltung** (VG Gießen BeckRS 2011, 48391).

49.1 Nach der Rechtsprechung gefährden solche Spiele die öffentliche Ordnung, da in ihnen Tötungshandlungen simuliert und zum Gegenstand eines Spiels gemacht werden. Nach Auffassung des BVerwG ist die simulierte Tötung von Menschen zum spielerischen Zeitvertreib nicht mit der Menschenwürde gem. Art. 1 Abs. 1 GG vereinbar.

49.2 Einen Verstoß gegen die Menschenwürde sieht das VG Gießen (BeckRS 2011, 48391) bei einer Mixed Martial Arts Veranstaltung. Die Behörde hatte die Veranstaltung verboten, da sich die Kampfsportveranstaltung durch besondere Brutalität auszeichnet (es darf getreten und geschlagen werden, auch wenn Gegner am Boden liegt). Das VG Gießen sieht zwar ein höheres Gewaltpotential, aber letztlich keinen Verstoß gegen die Menschenwürde. Es bestehe jederzeit die Möglichkeit, den Kampf durch Abklopfen zu beenden; auch seien Ringrichter und Ringärzte vorhanden, die den Kampf abbrechen könnten. Damit werde der Unterlegene nicht zum bloßen Objekt degradiert und die Menschenwürde nicht verletzt. Kritische Stimmen gibt es zur öffentlichen Ausstrahlung derartiger Veranstaltungen mit Blick auf die Menschenwürde des Jugendschutzes (vgl. Kugelmann PolR Kap. 5 Rn. 89 f.; Thiel PolR Rn. 192).

50 Auf den Ordnungsbegriff greifen Behörden und Gerichte auch im Zusammenhang mit **extremistischen Aktivitäten** zurück (vgl. Erlass des Hessischen Ministeriums des Innern v. 13.9.1993, HeStAnz 1993, 2354; VGH Kassel NVwZ-RR 1994, 86 (87)). Der Rückgriff ist nicht unumstritten. Auch hier muss vorrangig geklärt werden, ob ein Verhalten gesetzliche Bestimmungen tangiert, wodurch das Schutzgut der öffentlichen Sicherheit betroffen ist (Verbot einer rechtsextremen Versammlung am Volkstrauertag wegen Verstoßes gegen das Feiertagsgesetz, OVG Koblenz NVwZ-RR 2013, 641). Zu klären ist auch, ob Verstöße gegen § 130 StGB drohen. Droht kein Gesetzesverstoß, kann ein Verstoß gegen die öffentliche Ordnung in Betracht kommen. **Beispiele aus der Rechtsprechung** sind das Hissen der Reichskriegsflagge (OVG Münster NJW 1994, 2909; aA VGH Mannheim NJW 2006,

635; OVG Münster NJW 2001, 2111) und rechtsextremistische **Aufzüge am Holocaust-Gedenktag** (BVerfG NJW 2001, 1409; BVerfG BeckRS 2008, 40863 Rn. 18; BVerwG NVwZ 2014, 883).

VI. Gefahrenbegriff und Gefahrenmerkmale

Dem Gefahrenbegriff kommt im Polizei- und Ordnungsrecht zentrale Bedeutung zu. Liegt eine Gefahr vor, eröffnet dies den Aufgaben- und damit Tätigkeitsbereich der Behörden. Zudem setzen zahlreiche Befugnisnormen das Bestehen einer Gefahr voraus. Das Vorliegen einer Gefahr entscheidet damit regelmäßig nicht nur über das „Ob", sondern auch über das „Wie" des behördlichen Handelns. 51

Anders als Polizeigesetze anderer Bundesländer (zB § 2 Nr. 1 NPOG; § 3 Nr. 3 SOG LSA; § 2 Nr. 3 BremPolG, jeweils hinsichtlich konkreter Gefahren) enthält das HSOG keine Legaldefinition der Gefahr. Nach der tradierten, durch Rechtsprechung und Literatur entwickelten und allgemein anerkannten Begriffsbestimmung stellt eine **Gefahr** eine Sachlage dar, bei der bei ungehindertem Geschehensablauf die **hinreichende Wahrscheinlichkeit** besteht, dass in absehbarer Zeit ein **Schaden** für die öffentliche Sicherheit oder Ordnung eintreten wird (BVerfG NVwZ 2020, 1102 Rn. 46; BVerwGE 45, 55 (57); VGH Kassel NJW 1993, 1009 (1010)). 52

Tritt tatsächlich ein **Schaden** ein – gefahrenabwehrrechtlich wird auch von einer **Störung** gesprochen –, so kommt (nur) noch **Schadens- bzw. Störungsbegrenzung und -beseitigung** in Betracht. Auch diese Aufgabe wird der Gefahrenabwehr zugerechnet (so explizit § 3 Abs. 1 HmbSOG), kann darin doch „eine besonders dringliche Form der Gefahrenabwehr" gesehen werden (Schoch JURA 2003, 472 (473)). Erst wenn keine weiteren Schäden mehr zu erwarten sind, stellt sich die Aufgabe der Gefahrenabwehr nicht mehr (FLS PolR Hessen Kap. G Rn. 62). 53

Beispiele: anhaltender Verstoß gegen Halteverbotszeichen; anhaltende Hausbesetzung; umgefallener Baum blockiert weiterhin eine Straße. 53.1

Ein **Schaden** liegt vor, wenn die **Schutzgüter** der öffentlichen Sicherheit oder Ordnung objektiv **verletzt** werden (Kingreen/Poscher POR § 8 Rn. 3). Gelegentlich wird ein **„nicht unerheblicher"** Schaden verlangt. Diese Einschränkung ist schon wegen ihrer fehlenden Bestimmtheit **abzulehnen.** Allerdings werden bloße Belästigungen (zB unaufdringliches Betteln), Unbequemlichkeiten und Geschmacklosigkeiten von dem polizeirechtlichen Schadensbegriff nicht erfasst (VGH Mannheim NVwZ 2003, 115 (116)). 54

Hinsichtlich des Schutzes der objektiven Rechtsordnung ist ein Schaden immer dann anzunehmen, wenn ein **Normverstoß** vorliegt. Ein Schaden für die öffentliche Ordnung verlangt einen Verstoß gegen ungeschriebene Normen. 55

Zentrales Tatbestandsmerkmal des polizeirechtlichen Gefahrenbegriffs ist die **hinreichende Wahrscheinlichkeit** des Schadenseintritts. Eine hinreichende Wahrscheinlichkeit besteht, wenn **mehr als die bloße Möglichkeit** oder Vermutung eines Schadenseintritts besteht. Gewissheit wird nicht verlangt (zum Gefahrenverdacht → Rn. 70). 56

Damit bedarf es zur Feststellung der Gefahr einer **Prognoseentscheidung.** Die hinreichende Wahrscheinlichkeit des Schadenseintritts muss auf der Grundlage konkreter und nachvollziehbarer, insbes. beweisbarer **Tatsachen** erfolgen; bloße Verdachtsmomente oder Vermutungen reichen nicht aus (BVerfG NVwZ 2020, 1102 Rn. 46; VGH Kassel BeckRS 2023, 35668 Rn. 6). Die Tatsachen müssen dann mit der **Lebens- und Berufserfahrung** hinsichtlich bestimmter **Kausalverläufe** in Verbindung gebracht werden, um abschließend zu entscheiden, ob eine Gefahr vorliegt. Dabei sind die behördlichen Kenntnisse einzubeziehen sowie der anerkannte Stand von Wissenschaft und Technik. Ob die Prognose richtig war, muss aus einer **Ex-ante-Betrachtung** heraus beurteilt werden. Entscheidend ist also der Erkenntnisstand zum Zeitpunkt der Prognoseentscheidung. 57

Auch wenn jede Prognose notwendig auf einer subjektiven Einschätzung der Tatsachengrundlage beruht, kommt es auf einen **objektiven Maßstab** an. Abzustellen ist auf das Urteil eines fähigen, besonnenen und sachkundigen Amtswalters (BVerwGE 45, 51 (58); OVG Lüneburg NJW 2006, 391; Hornmann HSOG § 11 Rn. 28; ausf. zur Prognose hinsichtlich gewaltsamer Auseinandersetzungen bei Fußballspielen VG Braunschweig Beck RS 58

2006, 24209). Fehleinschätzungen, die auf fehlendem Sachverstand, Unfähigkeit oder besonderer Ängstlichkeit eines Amtswalters beruhen, können keine Gefahrenlage begründen (vgl. → Rn. 67 ff.).

59 In **zeitlicher Hinsicht** muss nach den gesetzlichen Definitionen eine hinreichende Wahrscheinlichkeit dafür vorliegen, dass der Schaden in **absehbarer Zeit** eintritt, womit eine gewisse Schadensnähe erforderlich ist. Für das Vorliegen einer „normalen" Gefahr muss die Schädigung des Rechtsgutes aber noch nicht begonnen haben und auch nicht unmittelbar oder in „allernächster Zeit" bevorstehen, was daraus folgt, dass das Gesetz neben der Gefahr noch die besondere Stufe der „gegenwärtigen Gefahr" (vgl. zB § 9 Abs. 1 Nr. 1, → § 9 Rn. 3) kennt.

60 Die Feststellung einer hinreichenden Wahrscheinlichkeit kann schwierig und die Grenze zwischen Gefahr und Nicht-Gefahr bzw. „Noch-nicht-Gefahr" damit fließend sein. Allgemein anerkannt ist die sog. **„Je-desto-Formel":** Je hochwertiger das bedrohte Rechtsgut oder je größer der befürchtete Schaden ist, desto geringer sind die Anforderungen an die Wahrscheinlichkeit des Schadenseintritts (BVerwGE 88, 348 (351); BVerfGE 113, 348 (386)). Für polizeiliche Maßnahmen zum Schutz von Leben und Gesundheit kann daher bereits eine „entferntere Wahrscheinlichkeit" ausreichen (OVG Bautzen Beck RS 2000, 30473563; VGH Mannheim VBlBW 1990, 347).

61 Jede behördliche Prognoseentscheidung über das Vorliegen einer Gefahr ist voll gerichtlich nachprüfbar; ein der gerichtlichen Kontrolle entzogener **Beurteilungsspielraum besteht** insoweit **nicht.**

VII. Gefahrenarten

1. Konkrete Gefahr und abstrakte Gefahr

62 Der Begriff der **konkreten Gefahr** hat die **Gefahr im Einzelfall** im Auge. Soweit in Landesgesetzen (zB in § 2 Nr. 1 NPOG; § 3 Nr. 3 lit. a SOG LSA und § 2 Nr. 3 lit. a BremPolG) unter den Begriffsbestimmungen die Gefahr legal definiert wird, wird die Gefahr als konkrete Gefahr, dh als Gefahr im einzelnen Falle beschrieben. Insoweit muss die **hinreichende Wahrscheinlichkeit bestehen,** dass in absehbarer Zeit – im Sinne einer überschaubaren Zukunft – ein Schaden für die öffentliche Sicherheit oder Ordnung eintreten wird. Eine besondere zeitliche Nähe des Schadenseintritts und ein Bezug auf eine individuelle Person des Verursachers (so BVerfGE 120, 274 (329 f.); 125, 260 (330)) sind Indizien, aber nicht zwingende Voraussetzung für eine konkrete Gefahr.

63 Im HSOG wird die „im einzelnen Falle" bestehende Gefahr in **§ 11** als Voraussetzung für Maßnahmen der Gefahrenabwehr genannt. Durch den Klammerzusatz in § 11 macht der Gesetzgeber deutlich, dass zumindest bei den Befugnisnormen in §§ 11 ff. der Begriff der Gefahr (soweit keine besonderen Aussagen vorhanden sind) durchweg im Sinne einer Gefahr im Einzelfall und damit einer konkreten Gefahr zu verstehen ist (vgl. Regierungsbegründung, LT-Drs. 12/5794, 54; Hornmann HSOG § 11 Rn. 23).

64 Eine **abstrakte Gefahr** (ausf. Möstl JURA 2005, 48 (52 ff.)) liegt vor, wenn nach allgemeiner Lebenserfahrung oder den Erkenntnissen fachkundiger Stellen eine Sachlage gegeben ist, die im Falle ihres Eintritts eine Gefahr im Einzelfall darstellt (so die gesetzliche Definition in § 3 Nr. 3 lit. f SOG LSA und § 2 Nr. 2 NPOG; vgl. auch BVerwG DVBl 2002, 1562 (1564)). Damit unterscheiden sich konkrete und abstrakte Gefahr nicht in der Wahrscheinlichkeit eines Schadenseintritts, sondern allein in der Betrachtung der Gefahrensituation (VGH München NVwZ RR 2011, 193).

64.1 So erfordern zB Alkoholverbote im öffentlichen Raum die Darlegung einer hinreichenden Wahrscheinlichkeit, dass der Alkoholkonsum zu Beeinträchtigung der öffentlichen Sicherheit oder Ordnung führt. Das Vorliegen einer abstrakten Gefahr wird hier häufig verneint, da in der Regel keine sichere Prognose gegeben werden kann, dass Personen, die Alkohol konsumieren, regelmäßig gewalttätig werden oder lärmen (vgl. zur Problematik Hecker NVwZ 2009, 1016; Ruder KommJur 2009, 46 ff.; VGH Mannheim NVwZ-RR 2010, 55; im Ergebnis anders OVG Lüneburg BeckRS 2012, 60161).

65 Die abstrakte Gefahr ist Voraussetzung für den Erlass abstrakt genereller Regeln in einer Gefahrenabwehrverordnung (§§ 71 ff.).

Für die **Aufgabenzuweisung in § 1** ist diese Unterscheidung des Gefahrenbegriffs noch nicht relevant. Die Aufgabe der Gefahrenabwehr erfasst nicht nur die konkrete, sondern auch die abstrakte Gefahrenlage. **66**

2. Anscheinsgefahr und Scheingefahr

Da der Gefahrenbegriff eine Prognoseentscheidung aus „ex ante Sicht" beinhaltet, kann es vorkommen, dass sich nachträglich (bei einer ex post Betrachtung) herausstellt, dass tatsächlich kein Schadenseintritt drohte. In Literatur und Rechtsprechung finden sich in diesem Zusammenhang die Begriffe der Anscheinsgefahr und der Scheingefahr (ausf. Erichsen/Wernsmann JURA 1995, 219). **67**

Eine **Anscheinsgefahr** liegt vor, wenn zum Zeitpunkt der Prognoseentscheidung die Behörde bei verständiger Würdigung des Sachverhalts von einer Gefahr ausgehen musste oder konnte. Erst nachträglich stellt sich heraus, dass in Wirklichkeit kein Schaden drohte. **Beispiel:** Die Polizei vernimmt echt klingende Hilferufe aus einer Wohnung, die auf eine Gewalttat hindeuten. Nach dem Eingriff der Polizei stellt sich heraus, dass der Wohnungsinhaber nur „zum Scherz" um Hilfe gerufen hat. Es ist allgemein anerkannt, dass in einem solchen Fall **eine Gefahr im Sinne des Polizei- und Ordnungsrechts** vorliegt, die zu behördlichem Handeln berechtigt (BVerwGE 45, 41 (58); Knemeyer PolR SuP Rn. 95; Schoch JuS 1994, 667 (668); Schenke PolR Rn. 80). Eine Prognoseentscheidung birgt notwendigerweise die Ungewissheit, dass sich im Nachhinein die Dinge anders darstellen. Eine effektive Gefahrenabwehr wäre nicht möglich, wenn nur diejenige Prognose zur Rechtmäßigkeit einer Maßnahme führen würde, die sich auch ex post als zutreffend erweist. **68**

Die **Kritik am Begriff der Anscheinsgefahr** wendet sich nicht dagegen, in derartigen Fällen von einer Gefahr und rechtmäßigen Maßnahme auszugehen, sondern gegen die begriffliche Verselbstständigung der Anscheinsgefahr. Der Begriff sei verzichtbar, da die Konstellation auch ohne Umweg über die Anscheinsgefahr als Gefahr erfasst werden könne und der Begriff daher nur zur Verwirrung beitrage (Hermes/Reimer § 5 Rn. 70; Di Fabio JURA 1996, 566 (569)). **68.1**

Allein mit Blick auf die Eingriffsebene ist eine Differenzierung in Gefahr und Anscheinsgefahr in der Tat entbehrlich, insoweit hat die unterschiedliche Auffassung auch keine praktische Relevanz. Eine Relevanz kann sich aber bei Kostenfragen (wer trägt die Kosten einer Maßnahme, die eigentlich entbehrlich gewesen wäre?) und Entschädigungsfragen ergeben, bei deren Beurteilung nicht zwingend aus Effektivitätsgründen auf den Zeitpunkt der Prognose abgestellt werden muss. **68.2**

Von der Anscheinsgefahr zu unterscheiden ist die **Schein- oder Putativgefahr.** Die Schein- oder Putativgefahr soll den Fall erfassen, in dem weder objektive Anhaltspunkte für einen drohenden Schadenseintritt sprechen noch sich die Situation für einen objektiven besonnenen Beobachter als gefährlich darstellt, sondern die Annahme einer Gefahr allein auf einer irrigen Vorstellung des handelnden Beamten beruht. Diese irrige Vorstellung kann auf falschen Tatsachenannahmen oder falschen Schlussfolgerungen beruhen. **Beispiel:** Trotz deutlich sichtbarer Hinweise erkennt ein Polizeibeamter nicht, dass es sich um eine für Filmaufnahmen gestellte Szene handelt. In diesen Fällen liegt **keine Gefahr im Sinne des Polizei- und Ordnungsrechts** vor. Die Aufgabe der Gefahrenabwehr ist nicht eröffnet, Maßnahmen zur Abwehr der Scheingefahr sind rechtswidrig. **69**

3. Gefahrenverdacht

Es gibt Situationen, in denen zwar Anhaltspunkte für eine Gefahr vorliegen, die handelnden Beamten aber hinsichtlich des Sachverhalts oder der Prognose eines Schadenseintritts **unsicher** sind. Die Situation kann der der sog. Anscheinsgefahr ähneln, ist aber von dieser zu unterscheiden. Bei der Anscheinsgefahr geht der Beamte irrig von Umständen aus, bei deren Vorliegen eine hinreichende Wahrscheinlichkeit für einen Schadenseintritt vorliegt. Beim **Gefahrenverdacht** ist die hinreichende Wahrscheinlichkeit eines Schadenseintritts aus Sicht der Behörde **lediglich möglich;** eine gesicherte Prognose hinsichtlich der erforderlichen Wahrscheinlichkeit kann (noch) nicht abgegeben werden (BVerwG NVwZ 2003, 95 (96); Schenke JuS 2018, 505 (508); Meyer JA 2017, 1259 (1265); → Rn. 70.1). **70**

70.1 **Beispiele:** Es gibt Anhaltspunkte dafür, dass ein Baum morsch ist und deshalb bei einem Sturm umfallen könnte. Auf einem Grundstück liegen verdächtige Fässer, die möglicherweise das Grundwasser gefährdende Substanzen enthalten.

71 Da in diesen Fällen eine hinreichende Schadenswahrscheinlichkeit noch nicht prognostizierbar ist, liegt beim Gefahrenverdacht unter Zugrundelegung des oben genannten Gefahrenbegriffs **noch keine Gefahr** (auch keine Anscheinsgefahr) vor, gleichwohl sieht die hM. den Gefahrenverdacht als grundsätzlich von dem Gefahrenbegriff erfasst an (BVerfGE 130, 151 (205 f.); Knemeyer PolR SuP Rn. 96, der von einer Gefahr „geringerer Wahrscheinlichkeit" spricht). Jedenfalls sind die Übergänge zwischen Gefahr, Anscheinsgefahr und Gefahrenverdacht fließend, zumal bei der Bedrohung hochwertiger Rechtsgüter die Anforderungen an die Wahrscheinlichkeit eines Schadenseintritts sinken (→ Rn. 60).

72 Unabhängig von Begriff und genauer Zuordnung sind die Gefahrenabwehr- und Polizeibehörden in solchen Situationen berechtigt und ggf. dazu verpflichtet, im Rahmen ihrer Gefahrenabwehraufgabe tätig zu werden (Götz/Geis PolR § 6 Rn. 29). Problematisch bleibt, ob und inwieweit der Gefahrenverdacht zu Grundrechtseingriffen berechtigt.

73 Dabei ist zu beachten, dass für bestimmte Lebensbereiche, in denen Verdachtsfälle häufig auftreten können, teilweise spezielle Regelungen existieren, so zB beim **Bodenschutz und der Altlastensanierung.** So eröffnet **§ 9 Abs. 2 BBodSchG** Grundrechtseingriffe auch im Verdachtsfall.

73.1 Das BBodSchG v. 17.3.1998 (BGBl. I 502) regelt auch den Umgang mit Altlasten bzw. Altlastenflächen. Zum Schutz des Bodens sind bereits frühzeitige Maßnahmen erforderlich und zulässig. So besteht nach § 9 Abs. 2 BBodSchG die Möglichkeit, notwendige Untersuchungen zur Gefährdungsabschätzung anzuordnen. Den nach § 4 Abs. 3, Abs. 5 und Abs. 6 BBodSchG sanierungspflichtigen Personen kann zB die Untersuchung durch Sachverständige oder Untersuchungsstellen aufgegeben werden. § 5 Abs. 1 HAltBodSchG sieht Betretungsrechte der Behörden vor.

73.2 Weitere **Beispiele für spezialgesetzliche Regelungen** sind Maßnahmen nach § 26 Abs. 1 BImSchG, § 26 GenTG, § 19 Abs. 3 AtG, § 5 TierGesG, §§ 16, 24 ff. IfSG. Diese Regelungen gehen dem allgemeine Gefahrenabwehrrecht vor. Auch einige Standardmaßnahmen des HSOG knüpfen ausdrücklich an eine Verdachtssituation an, was dort durch die Formulierung, „**wenn Tatsachen die Annahme rechtfertigen**", zum Ausdruck kommt (zB § 31 Abs. 3; § 36 Abs. 1 Nr. 1; § 38 Abs. 2 Nr. 1).

74 Abgesehen von speziellen Regelungen kommen bei einem Gefahrenverdacht vorrangig solche Handlungen in Betracht, die der weiteren Aufklärung des Sachverhalts dienen (sog. **Gefahrenerforschung**). Soweit derartige Handlungen nicht in Rechte von Betroffenen eingreifen, sind sie rechtlich unproblematisch, weil von der Aufgabeneröffnungsnorm (Abs. 1) gedeckt. Sie entsprechen auch dem in § 24 HVwVfG enthaltenen Untersuchungsgrundsatz, wonach die Behörde den Sachverhalt von Amts wegen zu ermitteln hat (vgl. FLS PolR Hessen Kap. G Rn. 84). Problematischer sind Grundrechtseingriffe zur Gefahrerforschung (sog. **Gefahrenerforschungseingriffe**).

74.1 **Beispiele:** Betreten fremder Grundstücke, Untersuchungen an fremden Sachen; Aufforderung, Gutachten beizubringen.

75 Erfolgen solche Maßnahmen gegen den Willen der Betroffenen, haben sie Eingriffscharakter und bedürfen nach dem Gesetzesvorbehalt einer Ermächtigung. Anders als die genannten speziellen Sonderregelungen enthält das HSOG dazu keine ausdrücklichen Aussagen und Ermächtigungen. Mangels fehlender Grundlage wird deshalb zum Teil die **Zulässigkeit solcher Gefahrenerforschungseingriffe** auf Grundlage des allgemeinen Polizei- und Ordnungsrechts mangels gesetzlicher Ermächtigung verneint (Schenke PolR Rn. 88 ff.; Papier DVBl 1985, 873). Konsequenz dieser Auffassung wäre, dass solche Eingriffsmaßnahmen rechtswidrig wären, jedenfalls in den Fällen, in denen sich nachträglich herausstellt, dass objektiv keine Gefahr bestanden hat. Vom Ergebnis ist dies unbefriedigend, da solche Maßnahmen im Sinne einer effektiven Gefahrenabwehr zwingend erforderlich sein können, da ein Abwarten zu Schäden führen kann. Eingriffe auch auf der Grundlage der gefahrenabwehrrechtlichen Generalklausel des § 11 sollten deshalb möglich sein.

75.1 Die hM bejaht die **Zulässigkeit von Gefahrenerforschungseingriffen** in Fällen des Gefahrenverdachts; zum Teil wird aus dem Untersuchungsgrundsatz des § 24 HVwVfG zumindest eine Duldungsplicht der Betroffenen abgeleitet (VGH Kassel NVwZ 1991, 498; 1993, 1009 (1010); OVG Koblenz NVwZ 1992, 499 (501)). Auch komme die gefahrenabwehrrechtliche Generalklausel als Grundlage in Betracht. Die Gefahr- und Ursachenforschung wird zum Teil als notwendige Vorstufe der Gefahrenabwehr gesehen, die von der Generalbefugnis mitumfasst sei (VGH Mannheim DÖV 1985, 687), sodass zumindest vorläufige Maßnahmen in entsprechender Anwendung der Generalklausel möglich sein sollen (Götz NVwZ 1994, 652 (655)). Weniger Probleme mit der Zulässigkeit von Gefahrenerforschungseingriffen haben die Meinungen, die im Gefahrenverdacht einen Unterfall der Gefahr sehen (DWVM Gefahrenabwehr 226; Weiß NJW 1997, 737 (742); wohl auch Hornmann HSOG § 11 Rn. 31); unter dieser Annahme kann direkt auf § 11 zurückgegriffen werden.

Soweit die hM auch beim Gefahrenverdacht in § 11 eine gesetzliche Grundlage sieht, 76 sind damit grundsätzlich nicht nur Erforschungsmaßnahmen, sondern auch Maßnahmen der Gefahrenabwehr bereits im Verdachtsfalle möglich, zumindest wenn ein durch Tatsachen erhärteter begründeter Gefahrenverdacht vorliegt (BVerwGE 39, 190 (193 f.)). **Einschränkungen und Grenzen** sind hier auf der **Rechtsfolgenseite** zu ziehen. Dem Verhältnismäßigkeitsgrundsatz kommt dabei besondere Bedeutung zu. Danach kommen als Maßnahmen grundsätzlich nur **vorläufige Maßnahmen** zur Sicherung oder Aufklärung in Betracht. **Endgültige Maßnahmen** sind dagegen grundsätzlich nicht gedeckt, können aber ausnahmsweise zulässig sein, wenn sie die einzige Möglichkeit zum Schutz besonders wichtiger Rechtsgüter darstellen (BVerwGE 39, 190 (196)).

Neben der Frage nach der Ermächtigung stellt sich in Fällen des Gefahrenverdachts die 77 Frage, wen die Behörde im Verdachtsfalle unter welchen Voraussetzungen in Anspruch nehmen kann. Hier geht es um Fragen der **Verantwortlichkeit bei Verdachtsstörung** (→ § 6 Rn. 36). Eng damit im Zusammenhang steht die Frage, wer die **Kosten von Gefahrenerforschungsmaßnahmen** letztlich zu tragen hat (→ § 6 Rn. 38).

4. Weitere Gefahrenbegriffe

Neben dem Begriff der „einfachen" Gefahr (vgl. § 11) kennt das Polizei- und Ordnungs- 78 recht **weitere – qualifizierte – Gefahrenbegriffe,** die **gesteigerte Anforderungen an die Gefahrensituation** stellen. Gesteigerte Anforderungen können hinsichtlich der Qualität (Bedeutung der bedrohten Rechtsgüter), der Quantität (Ausmaß bzw. Umfang des drohenden Schadens), der zeitlichen Nähe sowie – damit oft, aber nicht zwingend zusammenhängend – der Wahrscheinlichkeit des drohenden Schadens bestehen. Entsprechende besondere Situationen verlangt das Gesetz insbesondere zur Rechtfertigung intensiverer Grundrechtseingriffe; die damit gesteigerten Voraussetzungen sind letztlich Ausfluss des Verhältnismäßigkeitsgrundsatzes (BVerfGE 115, 329 (346, 361)). Das HSOG enthält folgende qualifizierte Gefahrenbegriffe:

Eine **„gegenwärtige" Gefahr** verlangt das Gesetz in den §§ 9 Abs. 1 Nr. 1, 15a Abs. 4, 79 31 Abs. 2 S. 1, 38 Abs. 2 Nr. 2, 40 Abs. 1 Nr. 1, 58 Abs. 2, 60 Abs. 2 S. 2, Abs. 3 S. 2 u. Abs. 4 S. 2, 61 Abs. 1 Nr. 1, 62 Abs. 1 S. 2. Sie liegt vor, wenn das schädigende Ereignis bereits begonnen hat (und noch fortdauert) oder unmittelbar oder in allernächster Zeit mit an Sicherheit grenzender Wahrscheinlichkeit bevorsteht (vgl. die Legaldefinitionen in § 2 Nr. 2 NPOG, § 3 Nr. 3 lit. b SOG LSA und § 2 Nr. 3 lit. b BremPolG). Gefordert wird also eine gegenüber der „einfachen" Gefahr gesteigerte zeitliche Nähe und erhöhte Wahrscheinlichkeit des Schadenseintritts.

Bei einer **„erheblichen" Gefahr** (gefordert in §§ 9 Abs. 1 Nr. 1 und 102 Abs. 1 Nr. 3) 80 muss eine Gefahr für ein bedeutsames Rechtsgut bestehen; als bedeutsame Rechtsgüter gelten beispielsweise der Bestand des Staates, die Güter Leben, Gesundheit und Freiheit, nicht unwesentliche Vermögenswerte sowie andere strafrechtlich geschützte Güter von vergleichbarem Gewicht (vgl. die Legaldefinitionen in § 2 Nr. 3 NPOG, § 3 Nr. 3 lit. c SOG LSA und § 2 Nr. 3 lit. c BremPolG). Eine **„dringende" Gefahr** wird in den §§ 15 Abs. 4 S. 1, 15a Abs. 1 S. 1, 15c Abs. 1, 38 Abs. 6 verlangt; dieser Gefahrenbegriff wurde aus dem Verfassungsrecht (Art. 13 Abs. 4 S. 1 und Abs. 7 GG) übernommen. Das Begriffsverständnis ist uneinheitlich. Überwiegend wird insoweit – wie für die „erhebliche" Gefahr – eine Gefahr für ein bedeutsames Rechtsgut verlangt (BVerwGE 47, 31 (40); OLG Frankfurt a. M. NVwZ 2002, 626 (627)); das BVerfG spricht auch von einem besonderen Ausmaß des drohenden Schadens (BVerfGE 130, 1 (32)), das sich auch auf weniger bedeutsame Rechtsgüter beziehen könnte und verlangt zudem eine erhöhte Wahrscheinlichkeit des Schadenseintritts (BVerfGE 141, 220 (271); ähnlich Schoch JURA 2003, 472 (475)). Darüber hinaus für eine „dringende" Gefahr noch eine **besondere zeitliche Nähe des drohenden Schadens zu fordern** (so Krugmann NVwZ 2006, 152 (156 f.)), **überzeugt nicht.** Zwar deutet der allgemeine Sprachgebrauch in diese Richtung – „dringend" verstanden als „eilige Erledigung verlangend" –, doch spricht die Gesetzessystematik gegen ein solches Verständnis. So geht Art. 13 Abs. 4 S. 1 GG ungeachtet des Erfordernisses einer „dringenden" Gefahr davon aus, dass vor der Durchführung gefahrenabwehrender Maßnahmen im Regelfall ausreichend Zeit besteht, eine richterliche Anordnung einzuholen; letztere soll nur ausnahmsweise bei Gefahr im Verzug entfallen dürfen (Art. 13 Abs. 4 S. 2 GG). Wäre aber für jede „dringende" Gefahr tatsächlich eine Lage erforderlich, in der das schädigende Ereignis unmittelbar bevorsteht, so müsste eine solche differenzierende Regelung von vornherein leerlaufen.

81 Die **Gefahr für Leib und Leben (oder Freiheit)** ist in einigen Normen gefordert (zB in § 12 Abs. 2 S. 3, § 15 Abs. 2 S. 1 Nr. 1, § 31 Abs. 2 S. 1, § 32 Abs. 1 Nr. 1, § 38 Abs. 2 Nr. 2). Eine Gefahr für Leib und Leben besteht, wenn nicht nur eine leichte Körperverletzung oder der Tod droht (so § 3 Nr. 3 lit. d SOG LSA und § 2 Nr. 3 lit. d BremPolG).

82 Insbesondere im Bereich der Datenerhebung ist neben der Gefahr für Leib und Leben auch die **Gefahr für Güter der Allgemeinheit** genannt, **deren Bedrohung die Grundlagen oder den Bestand des Bundes oder eines Landes oder die Grundlagen der Existenz der Menschen** berührt (zB § 15 Abs. 2, §§ 15a, 15c).

83 Zu nennen ist noch die **Gefahr im Verzug** (zB in § 15 Abs. 3 S. 1, Abs. 5 S. 1 und S. 6, § 18 Abs. 2 Nr. 5, § 36 Abs. 5 S. 2). Diese liegt vor, wenn eine Sachlage besteht, bei der ein Schaden eintreten würde, wenn nicht an Stelle der zuständigen Behörde oder Person eine andere Behörde oder Person tätig wird (so § 2 Nr. 8 NPOG, § 3 Nr. 6 SOG LSA). Bei den im genannten Fällen geht es dabei zum Teil um Zuständigkeitserweiterungen, häufiger aber um Verfahrenserleichterungen beim Richtervorbehalt, die bestimmte behördliche Maßnahmen bei Gefahr im Verzug auch ohne die sonst notwendige richterliche Anordnung ermöglichen.

C. Weitere Aufgaben (Abs. 2)

I. Allgemeines

84 Nach Abs. 2 haben die Gefahrenabwehr- und Polizeibehörden weitere ihnen durch Rechtsvorschrift zugewiesene Aufgaben zu erfüllen. Abs. 2 hat eine klarstellende Funktion. Die Aufgabenzuweisung selbst erfolgt über andere Rechtsvorschriften. **Rechtliche Relevanz** erlangt diese Klarstellung im Zusammenhang mit § 3 Abs. 1 S. 1. Danach sind die Vorschriften des HSOG anwendbar bei der Erfüllung von Aufgaben der Gefahrenabwehr und weiterer Aufgaben nach § 1, womit auch die in Abs. 2 genannten weiteren Aufgaben grundsätzlich dem Anwendungsbereich des HSOG unterliegen, soweit keine spezielleren Regelungen bestehen (vgl. § 3 Abs. 1 S. 2).

85 Als **andere Rechtsvorschriften** kommen sowohl landesrechtliche als auch bundesrechtliche Regelungen in Betracht. Die Zuweisung kann durch formelle Gesetze oder Rechtsverordnungen erfolgen, nicht aber durch Satzungen oder Verwaltungsvorschriften (Gusy PolR Rn. 133). Eine Aufgabenzuweisung aus anderen Rechtsvorschriften setzt nicht zwingend eine ausdrückliche Aufgabezuweisungsnorm voraus. Sie kann sich auch aus Zuständigkeits- oder Befugnisnormen ergeben, da nicht alle Gesetze die im HSOG vollzogene klare Trennung zwischen Aufgaben- und Befugnisnormen kennen. In diesen Fällen – wenn also explizite Aufgabenzuweisungsnormen fehlen – ist ein **Schluss von der Befugnis auf die Aufgabe** zulässig.

86 **Weitere** durch andere Rechtsvorschriften **zugewiesene Aufgaben** können solche der Gefahrenabwehr, aber auch andere Aufgaben, etwa solche der Strafverfolgung oder der Gefahrenabwehr sein (Fredrich Rn. 22).

II. Den Verwaltungsbehörden zugewiesene Aufgaben

87 Nach § 2 sind die sonstigen Aufgaben der Gefahrenabwehr allgemeine Verwaltungsaufgaben, die von den Landkreisen und Gemeinden zu erfüllen sind, soweit nicht die Zuständigkeit

einer Behörde der Landesverwaltung begründet ist. Sie werden von den Gemeindevorständen/Magistraten bzw. Kreisausschüssen wahrgenommen. Daneben gibt es **spezielle Aufgaben,** die den Verwaltungsbehörden der Gemeinden und Landkreise oder Behörden der Landesverwaltung durch Rechtsvorschriften besonders zugewiesen werden, von denen die **wichtigsten** sind: Im Bereich des **Gesundheitswesens** ist der **Schutz vor Infektionskrankheiten** eine typische Aufgabe der Gefahrenabwehr. Das IfSG (Gesetz zur Verhütung und Bekämpfung von Infektionskrankheiten beim Menschen v. 20.7.2000, BGBl. I 1045) enthält Befugnisse für Maßnahmen zur Verhütung (§§ 16 ff. IfSG) und Bekämpfung (§§ 24 ff. IfSG) übertragbarer Krankheiten.

Das Gesetz überträgt den Gesundheitsämtern die Eilzuständigkeit bei Gefahr im Verzuge (vgl. § 16 Abs. 7 und § 28 Abs. 2 IfSG). Die **Gesundheitsämter** sind auch nach dem HGöGD (Hessisches Gesetz über den öffentlichen Gesundheitsdienst v. 28.9.2007, HessGVBl. I 659) mit der Durchführung des IfSG betraut (§ 5 HGöGD). Die Gesundheitsämter sind Teil des Magistrats der kreisfreien Städte bzw. des Kreisausschusses, die die unteren Gesundheitsbehörden in Hessen sind (vgl. § 2 Abs. 2 HGöGD). **87.1**

Gesundheitliche Aspekte der Gefahrenabwehr finden sich auch in den Regelungen zu **Hilfen und Unterbringung bei psychischen Krankheiten** und im **Bereich des Friedhofs- und Bestattungswesens.** **88**

Grundlage für die Unterbringung bei psychischen Krankheiten ist das HessPsychKHG (Hessisches Gesetz über Hilfen bei psychischen Krankheiten v. 4.5.2017, HessGVBl. 66), das in § 16 HessPsychKHG Zuständigkeiten für den Gemeindevorstand und das Gesundheitsamt vorsieht. Grundlage im Bestattungswesen ist das HessFBG (Friedhofs- und Bestattungsgesetz v. 5.7.2007, HessGVBl. I 338) Das Friedhofswesen regelt vor allem die Nutzung von Friedhöfen und obliegt den Gemeinden nach § 2 Abs. 1 HessFBG als Selbstverwaltungsangelegenheit; es stellt daher keine Gefahrenabwehraufgabe im Sinne des HSOG dar. Anders sieht es im Bereich der Bestattung aus, wo das HessFBG Aufgaben der Gefahrenabwehr im Auge hat und entsprechende Ermächtigungen (zB Anordnung vorzeitige Bestattung, § 16 Abs. 2 HessFBG) oder Erlaubnisvorbehalte (Umbettung von Leichen, § 26 Abs. 2 HessFBG) vorsieht. Zuständig Behörde in diesem Bereich ist der Gemeindevorstand. **88.1**

Sonstige Aufgaben der Gefahrenabwehr finden sich auch im **Bereich des Umweltschutzes.** Wichtige Bereiche sind hier das Immissionsschutz-, das Abfall-, das Bodenschutz- und das Wasserrecht. **89**

Das BImSchG (Bundes-Immissionsschutzgesetz v. 17.5.2013, BGBl. I 1274) dient dem Schutz vor schädlichen Umwelteinwirkungen durch Immissionen und bei genehmigungspflichtigen Anlagen vor anderen Nachteilen und Belästigungen, die von den Anlagen ausgehen. Die Abwehr dieser Gefahren erfolgt bei bestimmten Anlagen durch ein präventives Verbot mit Erlaubnisvorbehalt (§§ 4 ff. BImSchG), im Übrigen durch die Möglichkeit behördlicher Anordnungen zum Schutz vor schädlichen Umwelteinwirkungen (§ 24 BImSchG). **Zuständige Behörde** für Genehmigungen und Untersagungs- bzw. Stilllegungsverfügungen ist das Regierungspräsidium, bei kleineren Anlagen liegt die Zuständigkeit zum Teil auch beim Magistrat in kreisfreien Städten bzw. beim Kreisausschuss (§§ 1 und 4 HessImSchZuV – Immissionsschutz-Zuständigkeitsverordnung v. 26.11.2014, HessGVBl. 331). **89.1**

Im **Bereich des Abfallrechts** stellen das KrWG (Kreislaufwirtschaftsgesetz v. 24.2.2012, BGBl. I 212) und das HAKrWG (Hessisches Ausführungsgesetz zum Kreislaufwirtschaftsgesetz v. 6.3.2013, HessGVBl. 80) die wesentlichen rechtlichen Grundlagen dar, um eine ordnungsgemäße Abfallentsorgung sicherzustellen. Soweit hier keine speziellen Befugnisnormen greifen, kann zur Verhinderung gesetzeswidriger Abfallentsorgung nach § 3 S. 3 auf die gefahrenabwehrrechtliche Generalklausel (§ 11) zurückgegriffen werden. **Zuständig für die Gefahrenabwehr** in diesem Bereich ist das Regierungspräsidium (§ 19 Abs. 1 HAKrWG), für die Überwachung von Abfällen außerhalb von Deponien der Gemeindevorstand/Magistrat (§ 20 Abs. 1 HAKrWG). **90**

Im Bereich des Bodenschutzes ist für die Durchführung des **BBodSchG** (Bundes-Bodenschutzgesetz v. 17.3.1998, BGBl. I 502) und des **HAltBodSchG** (Hessisches Gesetz zur Ausführung des Bundes-Bodenschutzgesetzes und zur Altlastensanierung v. 28.9.2007, HessGVBl. I 652) der Kreisausschuss auf Kreisebene bzw. der Magistrat bei kreisfreien Städten zuständig. **91**

Im **Bereich des Wasserrechts** gilt es, den von der Benutzung der Gewässer ausgehenden Gefahren bzw. den den Gewässern drohenden Gefahren gerecht zu werden. Regelungen dazu **92** finden sich im **WHG** (Wasserhaushaltsgesetz v. 31.7.2009, BGBl. I 2585) und im **HessWG** (Hessisches Wassergesetz v. 14.12.2010, HessGVBl. I 548). Dabei enthält das HessWG in § 63 Abs. 2 HessWG eine eigene (generalklauselartige) Ermächtigung zur Gefahrenabwehr. Zuständig sind auf unterer Ebene die Kreisausschüsse und Magistrate der kreisfreien Städte (§ 64 Abs. 3 HessWG).

93 Auch die **Aufgabe der Bauaufsicht,** die der Gefahrenabwehr im Zusammenhang mit baulichen Anlagen dient, ist den Landkreisen und Gemeinden mit über 50.000 Einwohnern nach § 60 HBO als Weisungsaufgabe übertragen.

93.1 Sie kann auch Gemeinden mit weniger Einwohnern übertragen werden. Zuständige Behörden sind die Kreisausschüsse bzw. Gemeindevorstände. Die **HBO** geht als speziellere Regelung dem HSOG vor (vgl. § 3) und sie enthält eigene **Befugnisse zur Gefahrenabwehr** in Form einer Generalklausel in § 61 Abs. 2 HGO und spezielle Befugnisse in §§ 80 ff. HBO (zB Nutzungsverbot, Beseitigungsanordnung in § 82 HBO).

94 Den allgemeinen Verwaltungsbehörden obliegt ferner die **Gewerbeaufsicht.**

94.1 Es geht hier um den Schutz vor speziellen Gefahren, die infolge gewerblicher Betätigung auftreten können. Soweit für bestimmte Gewerbe (zB für Gaststätten das HGastG) keine speziellen Regelungen existieren, greift die **GewO als rechtliche Grundlage.** Sie sieht für bestimmte Gewerbe eine **Erlaubnispflicht** vor (§§ 29 ff. GewO) und die Möglichkeit, die Fortführung eines ohne erforderliche Erlaubnis betriebenen Gewerbes zu untersagen (§ 15 Abs. 2 GewO). Zuständige Behörden sind hier Kreisausschüsse und Gemeindevorstände. Daneben sieht die GewO in § 35 GewO die **Gewerbeuntersagung** wegen Unzuverlässigkeit des Gewerbetreibenden vor, für die die Regierungspräsidien zuständig sind (Zuständigkeiten ergeben sich aus § 1 HessGewZustV – Gewerberecht-Zuständigkeitsverordnung v. 20.6.2002, HessGVBl. I 395).

95 Für das **Gaststättengewerbe** enthält § 9 HGastG eine eigene Ermächtigung zur Untersagung gastgewerblicher Tätigkeit, eine Erlaubnispflicht besteht nicht mehr. Spezielle Vorschriften bestehen auch für **Spielhallen** mit dem **HessSpielhG** (Hessisches Spielhallengesetz v. 28.6.2012, HessGVBl. I 213), das in § 9 HessSpielhG eine Erlaubnispflicht vorsieht und in § 10 HessSpielhG die Aufsicht regelt. Zuständig sind hier nach der HessGewZustV die Gemeindevorstände.

96 Sonderregelungen gibt es noch für die gefahrenabwehrrechtliche Überwachung der Gewerbebetriebe in sicherheitstechnischer, arbeitsmedizinischer und hygienischer Hinsicht, wo die Zuständigkeit inzwischen beim Regierungspräsidium als allgemeine Verwaltungsbehörde liegt. Dem Regierungspräsidium Darmstadt ist die **Aufsicht über Apotheken** übertragen.

96.1 Die Apothekenaufsicht soll sicherstellen, dass Apothekeninhaber ihrer Aufgabe nach § 1 ApoG, der Sicherstellung einer ordnungsgemäßen Arzneimittelversorgung der Bevölkerung, nachkommen. Weitere **Aufgaben ergeben sich aus dem AMG** (Arzneimittelgesetz v. 12.12.2005, BGBl. I 3394) für Gefahren, die von einer nicht ordnungsgemäß geführten Apotheke ausgehen (vgl. § 69 AMG) oder bei Herstellung, Inverkehrbringen und Umgang mit Arzneimitteln entstehen (die Zuständigkeit des Regierungspräsidiums Darmstadt ergibt sich hier aus der GVwZustVO – Verordnung zur Bestimmung von Zuständigkeiten nach dem Arzneimittelrecht, nach dem Heilpraktikerrecht sowie in der staatlichen Gesundheitsverwaltung v. 13.5.2011, HessGVBl. I 195).

III. Den allgemeinen Ordnungsbehörden zugewiesene Aufgaben

97 Zu nennen sind hier vor allem die den allgemeinen Ordnungsbehörden nach **§ 1 HSOG-DVO** zugewiesenen Aufgaben. Die Vorschrift beruht auf der in § 89 Abs. 1 enthaltenen Ermächtigung und entspricht der **früheren ZuwVO** (Verordnung über die Zuweisung von Aufgaben an die allgemeinen Polizeibehörden – seit 1998 Ordnungsbehörden – v. 18.7.1972, HessGVBl. I 255). Sie dient der Aufgabenabgrenzung zwischen den Gefahrenabwehrbehörden und wird durch **weitere Zuständigkeitsvorschriften** ergänzt, die nähere Regelungen über die instanzielle Zuständigkeit für die allgemeinen Ordnungsbehörden enthalten. Soweit solche fehlen, ist nach § 89 Abs. 2 S. 1 die untere Ordnungsbehörde und damit der Bürgermeister bzw. Oberbürgermeister als örtliche Ordnungsbehörde (vgl. § 85 Abs. 1 Nr. 4) zuständig. Nach § 1 HSOG-DVO sind den allgemeinen Ordnungsbehörden **folgende Aufgaben** zugewiesen:

- Pass-, Personalausweis- und Ausländerwesen (§ 1 Nr. 1 HSOG-DVO; → Rn. 97.1),
- Versammlungswesen (§ 1 Nr. 2 HSOG-DVO; → Rn. 97.2),
- Waffenwesen (§ 1 Nr. 3 HSOG-DVO; → Rn. 97.3),
- Straßenverkehrsbereich (§ 1 Nr. 4 und Nr. 5 HSOG-DVO; → Rn. 97.4)
- Überwachung des Straßenverkehrs auch durch Verwendung technischer Mittel (§ 1 Nr. 5 HSOG-DVO; → Rn. 97.5),
- Aufsicht über die Beförderung radioaktiver Stoffe sowie über Beförderung und Lagerung gefährlicher Güter (§ 1 Nr. 6 HSOG-DVO; → Rn. 97.6),
- Aufgabe der Lärmbekämpfung, soweit sie nicht durch besondere Rechtsvorschriften anderen Behörden übertragen ist (§ 1 Nr. 7 HSOG-DVO; → Rn. 97.7),
- Festsetzung von Sperrzeiten (§ 1 Nr. 8 HSOG-DVO; → Rn. 97.8),
- Bekämpfung verbotener Prostitution (§ 1 Nr. 9 HSOG-DVO; → Rn. 97.9).

Es geht um Aufgaben, die sich aus dem Personalausweisgesetz und dem Passgesetz ergeben. Die Regelungen zur Ausweis- und Passpflicht und zur Ausreisefreiheit dienen überwiegen der Gefahrenabwehr. Dagegen ist das **Ausländerrecht** heute nur noch teilweise als Gefahrenabwehrrecht zu verstehen; gefahrenabwehrende Bedeutung haben insbesondere die Befugnisse zur Ausweisung und zur Abschiebung. Als weiterführende Zuständigkeitsregeln dienen das HAG PStG (Hessisches Ausführungsgesetz zum Personenstandsgesetz v. 19.11.2008, HessGVBl. I 964), die AuslBehZustVO (Verordnung über die Zuständigkeiten der Ausländerbehörden und zur Durchführung des Aufenthaltsgesetzes und des Asylgesetzes v. 4.6.2018, HessGVBl. 251). **97.1**

Hier trifft die HSOG-DVO auch eine Aussage zur instanziellen Zuständigkeit, in dem sie die Zuständigkeit in Gemeinden unter 7.500 Einwohnern den Kreisordnungsbehörden und damit dem Landrat zuweist (s. § 85 Abs. 1 Nr. 3). Es geht um Maßnahmen (zB Verbote, Auflagen) im Zusammenhang mit Versammlungen. Als Grundlagen kommen vorrangig das Versammlungsgesetz bei öffentlichen Versammlungen, aber auch das in Betracht. Zu beachten ist, dass für die **Auflösung** von Versammlungen in geschlossenen Räumen nach § 13 VersammlG die Polizei zuständig ist. **97.2**

Die Ordnungsbehörden sind zuständig für das Waffenwesen und die damit verbundene Gefahrenabwehr. Sie sind Erlaubnisbehörden für Erwerb, Besitz, Führen und Einfuhr von Waffen. Die Aufgabe, insbesondere Kontrolltätigkeit bei der Aufbewahrung von Waffen hat nach Amokläufen in den letzten Jahren besondere Bedeutung erlangt. Rechtliche Grundlage bildet das WaffenG, das durch die WaffGDurchfVO (Verordnung zur Durchführung des Waffengesetzes v. 17.12.2007, HessGVBl. I 926) ergänzt wird und wonach die Kreisordnungsbehörden zuständig sind. **97.3**

Im Bereich des Straßenverkehrs nehmen die allgemeinen Ordnungsbehörden verschiedene Aufgaben der Gefahrenabwehr wahr. Nach **§ 1 Nr. 4 HSOG-DVO** obliegt ihnen die Zulassung von Personen und Fahrzeugen zum Straßenverkehr und Angelegenheiten der StVO. Sie sind damit vor allem zuständig für die **Erteilung und Entziehung der Fahrerlaubnis** nach dem StVG und der Straßenverkehrszulassungsordnung. Sie sind ebenfalls **Straßenverkehrsbehörde** und damit für die Ausführung der StVO (vgl. § 44 StVO) zuständig. Ergänzt wird die Zuweisung durch die HessVRZustVO (**Verordnung zur Bestimmung verkehrsrechtlicher Zuständigkeiten** v. 12.11.2007, HessGVBl. I 800). Für Maßnahmen nach der StVO hängt die Zuständigkeit von der **Klassifizierung der Straßen** ab. Es geht von der Zuständigkeit des Hessen Mobil-, Straßen- und Verkehrsmanagements für die Bundesautobahnen bis zur Zuständigkeit des Bürgermeisters als örtliche Ordnungsbehörde bei Kreis- bzw. Gemeindestraßen bei Gemeinden mit 7.500 und mehr Einwohnern. **97.4**

Es geht um die **Überwachung des sog. ruhenden Verkehrs** (Parkverstöße), aber vor allem auch um **Geschwindigkeitskontrollen mittels Messgeräten** und den Einsatz von Rotlichtüberwachungsanlagen. Damit erwachsen auch Aufgaben repressiver Art, nämlich die **Verfolgung und Ahndung der Verkehrsverstöße.** Nach der HessVRZustVO sind die örtlichen Ordnungsbehörden für die Verfolgung von Ordnungswidrigkeiten nach §§ 24, 24a, 24c StVG und zur Ahndung durch Verwarnungen zuständig. In allen anderen Fällen liegt die zentrale Zuständigkeit für die Verfolgung und Ahndung von Verkehrsordnungswidrigkeiten für ganz Hessen (mit Ausnahme der Stadt Frankfurt a. M.) beim Regierungspräsidium in Kassel. **97.5**

Die genaueren Zuständigkeiten ergeben sich aus der HessVRZustVO (Verordnung zur Bestimmung verkehrsrechtlicher Zuständigkeiten v. 12.11.2007, HessGVBl. I 800). **97.6**

Wenn auch die frühere landesrechtliche Regelung in Form der Lärmverordnung außer Kraft getreten ist, bleibt der Lärmschutz eine Aufgabe der Gefahrenabwehr, die den allgemeinen Ordnungsbehörden zugewiesen ist. Soweit besondere Rechtsvorschriften bestehen, die die Lärmbekämpfung anderen Behörden übertragen, gehen diese vor (→ § 89 Rn. 12). Zu beachten sind die Zuständigkeitsregelungen **97.7** zur Ausführung des BImSchG, wenn es um Lärm von Anlagen im Sinne des Gesetzes geht (Immissionsschutz-Zuständigkeitsverordnung v. 26.11.2014, HessGVBl. 331).

97.8 Nach der **SperrV** (Verordnung über die Sperrzeit v. 10.12.2012, HessGVBl. I 669) können die Behörden die Sperrzeit abweichend von der gesetzlichen Sperrzeit festlegen. Die Zuständigkeit liegt grundsätzlich bei den örtlichen Ordnungsbehörden mit Ausnahme genereller Regelungen auf Bezirks- bzw. Kreisebene (vgl. § 5 SperrV).

97.9 Prostitution ist in Deutschland generell nicht verboten, ein Verbot kann sich aber aus der **Festsetzung von Sperrgebieten** ergeben. Grundlage dafür ist Art. 297 EGStGB (zur Reglementierung durch Sperrgebietsverordnungen vgl. BVerfG NVwZ 2009, 905; VGH Kassel BeckRS 2013, 48070). Zuständig für den Erlass einer solchen Verordnung ist die Bezirksordnungsbehörde, in Hessen die Regierungspräsidien (§ 2 DelegVO – Verordnung zur Übertragung von Ermächtigungen der Landesregierung im Bereich der hessischen Landesverwaltung v. 12.12.2007, HessGVBl. 859). Die Umsetzung der Verordnung vor Ort erfolgt durch die örtlichen Ordnungsbehörden (VGH Kassel NVwZ 1995, 922: Nutzungsverbot für bordellartigen Betrieb). Maßnahmen der Gefahrenabwehr im Zusammenhang mit nicht verbotener Prostitution sind sonstige Aufgaben der Gefahrenabwehr iSv § 2 S. 2, die den Gemeindevorständen als Verwaltungsbehörden obliegen.

98 Neben der zentralen Zuweisungsnorm in § 1 HSOG-DVO gibt es **weitere Aufgabenzuweisungen in speziellen Rechtsvorschriften.** Zu nennen sind:

99 • **Aufgaben nach der HessHundeVO** (Gefahrenabwehrverordnung über das Halten und Führen von Hunden v. 22.1.2003, HessGVBl. I 54), für deren Durchführung nach § 16 Abs. 1 HessHundeVO der Bürgermeister als örtliche Ordnungsbehörde zuständig ist. Nach § 16 Abs. 2 HessHundeVO ist die örtliche Ordnungsbehörde auch für die Durchführung des HundVerbrEinfG (Hundeverbringungs- und -einfuhrbeschränkungsgesetz v. 12.4.2001, BGBl. I 530) einschließlich der Verfolgung und Ahndung von Ordnungswidrigkeiten zuständig.

100 • **Maßnahmen bei vorläufigen Unterbringungen nach dem HessPsychKHG.** Nach dem neu eingefügten § 32 Abs. 4 kann die allgemeine Ordnungsbehörde (oder die Polizei) eine Person in Gewahrsam nehmen und in ein Krankenhaus verbringen. Ordnungsbehörden und Polizei sind hier gleichberechtigt zuständig.

101 • **Maßnahmen nach dem HFeiertagsG.** Das Gesetz enthält in §§ 7 ff. HFeiertagsG zahlreiche Verbote und Gebote, in § 14 HFeiertagsG die Möglichkeit von Befreiungen. Zuständig ist die örtliche Ordnungsbehörde, die auch für die Verfolgung und Ahndung von Ordnungswidrigkeiten in diesem Bereich zuständig ist (§ 16 Abs. 4 HFeiertagsG).

102 • Aufgaben der **Veterinäraufsicht und Lebensmittelüberwachung.**

102.1 Die Veterinäraufsicht umfasst Aufgaben nach der Tier-LMHV (Tierische Lebensmittel-Hygieneverordnung v. 18.4.2018, BGBl. I 480) und dem TierGesG (Tiergesundheitsgesetz v. 21.11.2018, BGBl. I 1938). Sie soll Gefahren im Zusammenhang mit der Herstellung, Behandlung und Inverkehrbringen tierischer Lebensmittel vorbeugen und vor den Gefahren von Tierseuchen schützen. Dem Gesundheitsschutz dient auch die Lebensmittelüberwachung. Grundlage ist das LFGB (Lebensmittel-, Bedarfsgegenstände- und Futtermittelgesetzbuch v. 3.6.2013, BGBl. I 1426). Das Gesetz enthält Gebote und Verbote, aber keine eigenen Ermächtigungsgrundlagen, sodass die zuständigen Behörden hier auf § 11 zurückgreifen müssen. Zuständig für die Veterinäraufsicht und die Lebensmittelüberwachung sind die Ämter für Lebensmittelüberwachung, Tierschutz und Veterinärwesen, die auf Kreisebene beim Landrat und in den kreisfreien Städten beim Oberbürgermeister angesiedelt sind, die diese Aufgaben in ihrer Funktion als Kreisordnungsbehörden wahrnehmen (§ 1 VetWAufgVG – Gesetz zum Vollzug von Aufgaben auf dem Gebiet des Veterinärwesens und der Lebensmittelüberwachung v. 21.3.2005, HessGVBl. 229).

103 Aus den genannten Zuständigkeiten für die Gefahrenabwehr folgen in der Regel auch **repressive Aufgaben, nämlich die Verfolgung und Ahndung von Ordnungswidrigkeiten** in diesen Bereichen. Die allgemeinen Ordnungsbehörden sind hier als Verwaltungsbehörden iSv § 36 OWiG tätig. Neben den bereits genannten Zuständigkeitszuweisungen für Verkehrsordnungswidrigkeiten, Ordnungswidrigkeiten aus der HessHundeVO und dem HFeiertagsG kann noch die OWiZustVO-MdIS (Verordnung über Zuständigkeiten für die Verfolgung und Ahndung von Ordnungswidrigkeiten im Geschäftsbereich des Ministeriums des Innern und für Sport v. 6.9.2007, HessGVBl. I 571) genannt werden (vgl. weitere Beispiele bei Hornmann HSOG Rn. 30).

IV. Den Polizeibehörden zugewiesene Aufgaben

1. Verfolgung von Straftaten

Zu den wichtigsten „weiteren Aufgaben", die den Polizeibehörden zugewiesen sind, zählt die **Verfolgung von Straftaten** (und Ordnungswidrigkeiten). Dies sind keine Aufgaben der Gefahrenabwehr, sondern **repressive Aufgaben,** die anderen rechtlichen Regeln und Grundsätzen folgen und denen eine andere Gesetzgebungskompetenz zugrunde liegt. Rechtsschutz gegen Maßnahmen in diesem Aufgabenbereich findet vor den ordentlichen Gerichten statt (→ Rn. 108). **104**

Die **Verfolgung von Straftaten** stellt neben der Gefahrenabwehr die **zentrale Aufgabe der Polizei** dar. Gesetzliche Grundlage bildet die **StPO.** Nach § 163 Abs. 1 StPO haben die Behörden und Beamten des Polizeidienstes Straftaten zu erforschen und alle keinen Aufschub gestattenden Anordnungen zu treffen, um eine Verdunkelung zu verhüten. Dabei stellt § 163 Abs. 1 S. 1 StPO eine Aufgabenzuweisungsgeneralklausel dar, keine Befugnisnorm. Eine Eingriffsermächtigung enthält aber § 163 Abs. 1 S. 2 StPO. Die Polizei ist nach § 161 Abs. 1 S. 2 StPO dabei verpflichtet, dem Ersuchen oder Auftrag der Staatsanwaltschaft zu genügen. Die polizeiliche Aufgabenwahrnehmung ist **Teil des staatsanwaltlichen Ermittlungsverfahrens.** Die Polizeibeamten werden als **Ermittlungspersonen der Staatsanwaltschaft** tätig, sodass die Polizei grundsätzlich weisungsgebunden agiert (BVerwG NJW 1975, 893; Schenke PolR Rn. 413). Der **Umfang des Weisungsrechts der Staatsanwaltschaft** ist allerdings umstritten. **105**

Zum **Umfang des Weisungsrechts** der Staatsanwaltschaft wird vertreten, dass sich die Weisungsbefugnis nur auf das „Ob" des polizeilichen Handelns beziehe (Kaiser NJW 1972, 14, 15). Diese Einschränkung findet allerdings keine Stütze im Gesetz und wird von der hM abgelehnt (vgl. Schenke PolR Rn. 413). Zu beachten ist allerdings, dass sich das Weisungsrecht aus der StPO auf die Ermittlungstätigkeit der Polizei bezieht und nicht auf Vollstreckungsmaßnahmen. Vollstreckungsmaßnahmen, insbesondere die Anwendung unmittelbaren Zwangs, sind nicht in der StPO geregelt. Schusswaffengebrauch ist keine Ermittlungstätigkeit, sondern ein Vollstreckungsakt (vgl. Schenke PolR Rn. 413 mwN). Von daher ist fraglich, ob und inwieweit hier Weisungsbefugnisse bestehen. Sicherlich kann die Staatsanwaltschaft nach den Grundsätzen über die polizeiliche Vollzugshilfe die Polizei um die Anwendung unmittelbaren Zwangs ersuchen (so Schenke PolR Rn. 413). Nach überwiegender Auffassung (Fredrich § 56 Rn. 3) und gängiger Praxis ist die Staatsanwaltschaft bei der Anwendung unmittelbaren Zwangs im Bereich der Strafverfolgung auch weisungsbefugt iSv § 56 Abs. 1 S. 1. Begründet wird dies mit der Verantwortung der Staatsanwaltschaft für das Ermittlungsverfahren und damit auch für die Vollständigkeit der Ermittlungen und ihre Rechtmäßigkeit (so die „Gemeinsame Richtlinien der Justizminister/-senatoren und der Innenminister/-senatoren des Bundes und der Länder über die Anwendung unmittelbaren Zwanges durch Polizeibeamte auf Anordnung des Staatsanwalts", Anlage 1 VVHSOG, die auch die Einzelheiten klären). Klar ist, dass im Bereich der Gefahrenabwehr keine Anordnungs- und Weisungsbefugnisse der Staatsanwaltschaft existieren. **105.1**

Werden Polizeibeamte nach § 161 Abs. 1 S. 2 StPO auf Ersuchen oder im Auftrag der Staatsanwaltschaft tätig, so handeln sie als **Ermittlungspersonen der Staatsanwaltschaft** (§ 152 GVG), was Bedeutung für die Kompetenzen hat. So haben Ermittlungspersonen (bei Gefahr im Verzuge) erweiterte Kompetenzen. Sie sind zur Beschlagnahme (§ 105 Abs. 1 StPO), körperlichen Untersuchung Beschuldigter einschließlich der Entnahme von Blutproben (§ 81a StPO), Untersuchung von Zeugen (§ 81c StPO), Beschlagnahme (§§ 94 ff. StPO) und zur Errichtung von Straßenkontrollstellen (§ 11 Abs. 2 StPO) befugt. Welche Polizeibeamten als Ermittlungspersonen der Staatsanwaltschaft fungieren können, wird gem. § 152 Abs. 2 GVG durch Rechtsverordnung der Landesregierungen bestimmt, in Hessen durch die StAErmittPVO (Verordnung über die Ermittlungspersonen der Staatsanwaltschaft v. 26.9.2011, HessGVBl. I 582). **105.2**

Die gesetzliche Ausgestaltung der Staatsanwaltschaft als **„Herrin des Verfahrens"** (vgl. BVerfG NJW 1976, 231) entspricht nur bedingt der Praxis der Strafverfolgung. Zwar liegen Gesamtverantwortung und Entscheidungsbefugnisse bei der Staatsanwaltschaft, die faktische Herrschaft bei der Ermittlungstätigkeit liegt aber weitgehend bei der Polizei. **106**

Soweit die Polizei Aufgaben der Strafverfolgung wahrnimmt, kann sie sich auf die Befugnisse der **StPO** stützen, sie kann nicht auf Befugnisse aus dem HSOG zurückgreifen. Die Gesetzgebungskompetenz liegt hier beim Bund. Nach Art. 74 Nr. 1 GG sind das materielle **107**

Strafrecht, die Strafverfolgung und das gerichtliche Verfahren Gegenstände der konkurrierenden Gesetzgebung. Mit der StPO hat der Bundesgesetzgeber davon Gebrauch gemacht. Zum gerichtlichen Verfahren iSv Art. 14 Nr. 1 GG gehört auch die polizeiliche Tätigkeit im Ermittlungsverfahren (DHS/Uhle GG Art. 74 Rn. 82). Anders als in der insoweit unklaren Formulierung in § 8 Abs. 2 MEPolG wäre nach § 3 Abs. 1 S. 2 ein **Rückgriff auf das HSOG** nur zulässig, wenn die StPO keinen abschließenden Charakter hätte. Der Gesetzgeber wollte aber die polizeilichen Befugnisse im Ermittlungsverfahren erschöpfend und abschließend regeln.

108 Die polizeiliche Tätigkeit im Bereich der Strafverfolgung unterliegt – anders als im präventiven Tätigkeitsbereich – dem **Legalitätsprinzip,** das über die § 163 Abs. 1 StPO und § 152 Abs. 2 StPO, §§ 160, 161 StPO für die Tätigkeit der Polizei ausdrücklich festgeschrieben ist. Unterschiede zum präventiven Bereich ergeben sich schließlich beim **Rechtsschutz.** Rechtsschutz gegen Gefahrenabwehrmaßnahmen geht nach § 40 VwGO vor die Verwaltungsgerichte, während für Rechtschutz gegen Maßnahmen der Strafverfolgung der ordentliche Rechtsweg gegeben ist. Nach hM greifen die §§ 23 EGGVG, da sich polizeiliches Handeln bei der Strafverfolgung funktional als Justizaufgabe darstellt und die Polizei insoweit als **Justizbehörde iSv § 23 EGGVG** handelt (Schenke PolR Rn. 419). Dies gilt unabhängig davon, ob die Polizei auf Ersuchen oder im Auftrag der Staatsanwaltschaft oder in eigener Initiative handelt (Hornmann HSOG Rn. 41).

2. Doppelzuständigkeit der Polizei

109 Die Polizei hat damit zwei wichtige Aufgabenbereiche zu erfüllen. Neben der **präventiven Aufgabe der Gefahrenabwehr,** die ihr durch Abs. 1 zugewiesen ist, steht die **repressive Aufgabe der Strafverfolgung.** Diese sog. **Doppelzuständigkeit** der Polizei bedingt, dass je nach Bereich unterschiedliche Rechtsgrundlagen (→ Rn. 107) und Handlungsgrundsätze (→ Rn. 108) gelten sowie unterschiedliche Rechtswege (→ Rn. 108). Diese Unterschiede erfordern, dass im Rahmen polizeilicher Tätigkeit zwischen präventivem und repressivem Handeln zu unterscheiden ist und eine Zuordnung zu erfolgen hat.

110 Die Doppelfunktion der Polizei führt dazu, dass oft mehrere polizeiliche Maßnahmen nebeneinander in einem engen zeitlichen und räumlichen Zusammenhang erfolgen, von denen einige Maßnahmen präventiven, andere repressiven Charakter haben können, sog. **Gemengelage** (vgl. BVerwG NVwZ 2001,1285).

110.1 **Beispiel:** Razzia an gefährlichen Orten mit Identitätsfeststellung und Durchsuchung nach gefährlichen Gegenständen (präventive Tätigkeit). Nach Feststellung, dass Betroffener wegen einer Straftat gesucht wird, erfolgt Festnahme und Wohnungsdurchsuchung nach Beweismitteln (repressive Tätigkeit).

111 Ist wie hier eine Trennung bei natürlicher Betrachtung möglich, ist diese geboten und die jeweilige Maßnahme einem der Bereiche zuzuordnen. Bei einer eventuellen Überprüfung sind die Maßnahmen isoliert zu betrachten und können getrennt entweder vor dem Verwaltungsgericht oder einem ordentlichen Gericht überprüft werden.

112 Problematischer sind (echte) **doppelfunktionale Maßnahmen** der Polizei, die zugleich der Gefahrenabwehr als auch der Strafverfolgung oder Aufklärung dienen und eine Trennung in Handlungsabschnitte nicht möglich ist.

112.1 **Beispiel:** Sicherstellung / Beschlagnahme von Waffen im Vorfeld einer Demonstration zur Verhinderung von Gefahren für die Versammlungsteilnehmer und zur Beweissicherung im Strafverfahren (vgl. Ehrenberg/Frohne Kriminalistik 2003, 737 (738) mit weiteren Beispielen).

113 Nach der herrschenden **Schwerpunkttheorie,** die sich vorrangig an der Frage des Rechtsweges entwickelt hat, erfolgt die Abgrenzung nach dem Schwerpunkt bzw. Schwergewicht. Liegt dieser im präventiven Bereich, ist der Verwaltungsrechtsweg eröffnet, bei repressivem Schwerpunkt der ordentliche Rechtsweg (BVerwGE 47; 255 (265); VGH Kassel NJW 1999, 3739; krit. Schenke PolR Rn. 423).

113.1 Dabei soll neben dem objektiven Gesamteindruck entscheidend sein, welchen Zweck die Polizei vorrangig verfolgt. Maßgeblich sei der **Wille der handelnden Beamten,** der sich vor allem aus der dem Bürger gegebenen Begründung erschließen lasse. Unabhängig davon, ob man nach dem Schwerpunkt fragt, ist sicher die Zielrichtung, soweit diese erkennbar ist, ein entscheidendes Kriterium. Die

Zielrichtung ist in der Regel auch feststellbar, da zwar die Begründungspflicht nach § 39 Abs. 1 HVwVfG vom Wortlaut her nur schriftliche Verwaltungsakte erfasst, aus rechtsstaatlichen Gründen aber ein Auskunftsanspruch besteht; auch kann der Betroffene nach § 37 Abs. 2 HVwVfG eine schriftliche Bestätigung verlangen, die dann der Begründungspflicht des § 39 Abs. 1 HVwVfG unterliegt. Im Zusammenhang mit doppelfunktionalen Maßnahmen bestehen nach wie vorunterschiedliche Ansätze und Auffassungen.

Die Schwerpunkttheorie sucht mit Blick auf den Rechtsweg nach einer eindeutigen Zuordnung **113.2** und verlangt letztlich eine Entscheidung für eine Zielrichtung. Sie wird der polizeilichen Praxis damit nicht immer gerecht. So sind in der Praxis durchaus Maßnahmen denkbar, die nach der Zielsetzung sowohl präventiven als auch repressiven Zwecken dienen, ohne aus polizeilicher Sicht einen Schwerpunkt setzen zu wollen. Es muss möglich sein, sich bei bestimmten Maßnahmen sowohl auf das Polizeigesetz als auch auf die StPO zu berufen (so Schenke PolR Rn. 423). Unterschiedliche Auffassungen bestehen hier, welche Auswirkung dieser Ansatz auf den Rechtsweg hat. Nach Schenke (PolR Rn. 424) müsste der Betroffene in diesen Fällen konkret doppelfunktionaler polizeilicher Maßnahmen sowohl den Verwaltungs- als auch den ordentlichen Rechtsweg beschreiten, wobei die Gerichte in ihrer Kompetenz jeweils auf die Fragen beschränkt wären, die ihrer Gerichtsbarkeit unterfallen. Diese Trennung wird der Praxis nicht gerecht, die darin doch einen einheitlichen Lebenssachverhalt sieht. Dieser rechtfertigt es, von einem Streitgegenstand auszugehen mit der Folge, dass ein Gericht des zulässigen Rechtsweges nach § 17 Abs. 2 GVG den Rechtsstreit umfassend prüfen kann; ihm kommt eine rechtswegübergreifende Prüfungskompetenz zu.

Die Tatsache, dass den Polizeibehörden Gefahrenabwehr und Aufgaben der Strafverfolgung **114** zugewiesen sind, kann zu einer **Aufgabenkollision** führen, wenn im Einzelfall sowohl präventive als auch repressive Aufgaben anstehen und zu entscheiden ist, welche Aufgabe / Maßnahme vorrangig zu erfolgen hat.

Beispiel: Polizei beobachtet, wie Täter Gegenstände von einer Brücke auf die Fahrbahn werfen, **114.1** worauf die Täter flüchten. Die Polizei hat die präventive Aufgabe, die von den auf der Fahrbahn liegenden Gegenständen ausgehenden Gefahren zu beseitigen als auch die Täter zu verfolgen und zu ermitteln.

Auf die Frage, welche Aufgabe vorrangig zu erfüllen ist, gibt es keine schematische Ant- **115** wort. Vielmehr kommt es auf den konkreten Einzelfall und die betroffenen Rechtsgüter an. Es ist eine Güterabwägung vorzunehmen (VGH Kassel DÖV 1999, 916). Geht es – wie im Beispielfall (→ Rn. 114.1) – um den Schutz bedeutender Rechtsgüter (insbesondere Leben oder Gesundheit), so **hat die Gefahrenabwehr Vorrang vor der Strafverfolgung.** Im Zweifel ist die Abwehr von Schäden wichtiger als die Verfolgung schon begangener Straftaten (BVerfGE 39, 1 (44); Kingreen/Poscher POR § 2 Rn. 11, 14).

3. Aufgaben im Bereich des Ordnungswidrigkeitenrechts

Den Polizeibehörden sind weitere **Aufgaben im Bereich des Ordnungswidrigkeiten- 116 rechts** zugewiesen. Nach § 53 Abs. 1 S. 1 OWiG haben Behörden und Beamte des Polizeidienstes nach pflichtgemäßen Ermessen Ordnungswidrigkeiten zu erforschen und dabei alle unaufschiebbaren Anordnungen zu treffen, um eine Verdunkelung der Sache zu verhüten. Die Tätigkeit der Polizei im Bereich der Ordnungswidrigkeiten unterliegt wie insgesamt das Ordnungswidrigkeitenrecht (vgl. § 47 OWiG) dem **Opportunitätsprinzip,** dh die Polizei handelt nach pflichtgemäßem Ermessen.

Die Polizeibeamten haben dabei nach § 53 Abs. 1 S. 2 OWiG **dieselben Rechte und Pflichten 116.1 wie bei der Verfolgung von Straftaten.** Nach § 53 Abs. 2 OWiG haben die Beamten, die zu Ermittlungspersonen der Staatsanwaltschaft bestellt sind, die Befugnis zur Anordnung von Beschlagnahmen, Durchsuchungen, Untersuchungen und sonstigen Maßnahmen nach den für sie geltenden Vorschriften der StPO. Der **Schwerpunkt polizeilicher Tätigkeit im Bereich der Ordnungswidrigkeiten** liegt bei der Erforschung, die Polizei **unterstützt** hier die eigentlich **zuständigen Verwaltungsbehörden,** denen grundsätzlich die Verfolgung und Ahndung von Ordnungswidrigkeiten obliegt (vgl. § 46 Abs. 2 OWiG, §§ 35 ff. OWiG). Das Verhältnis der Verwaltungsbehörde zur Polizei entspricht in etwa dem der Staatsanwaltschaft zur Polizei bei der Strafverfolgung. Damit ist im Ordnungswidrigkeitsverfahren grundsätzlich die Verwaltungsbehörde „Herrin des Verfahrens" und weisungsberechtigt gegenüber der Polizei.

116.2 **Entscheidungsbefugnisse verleiht § 57 OWiG.** Nach § 57 Abs. 2 OWiG steht die Befugnis zur unentgeltlichen oder entgeltlichen **Verwarnung** nach § 56 OWiG auch den dazu ermächtigten Polizeibeamten zu, die eine Ordnungswidrigkeit entdecken oder im ersten Zugriff verfolgen und sich durch Dienstkleidung oder in anderer Weise ausweisen.

117 Beim **Rechtsschutz gegen polizeiliches Handeln** in diesem Bereich ist zu differenzieren. Soweit die Polizei ausnahmsweise selbst Ahndungsbehörde ist und Bußgeldbescheide erlässt (möglich wäre dies, wenn die Polizei über § 26 StVG durch Verordnung der Landesregierung selbst Verwaltungsbehörde für die Verfolgung und Ahndung von Verkehrsordnungswidrigkeiten nach §§ 24, 24a und 24c StVG würde), richtet sich der Rechtsschutz dagegen nach §§ 62 ff. OWiG. Von der Polizei erteilte Verwarnungen sind grundsätzlich nicht mehr gerichtlich überprüfbar. Gerichtlicher Rechtsschutz gegen Eingriffe der Polizei bei der Erforschung und Verfolgung von Ordnungswidrigkeiten ist nach hM nur möglich, soweit in der StPO geregelte Rechtsbehelfe (§ 98 Abs. 2 S. 2 StPO, § 132 Abs. 3 S. 2 StPO) in Betracht kommen (Göhler OWiG § 53 Rn. 29). In anderen Fällen verweist die hM auf die Beschwerdemöglichkeiten, was zum Teil mit Blick auf Art. 19 Abs. 4 GG als bedenklich angesehen wird. Deshalb wird ein Rechtsschutz analog zu § 62 OWiG bejaht (so Götz JuS 1995, 869, 872; Schenke PolR Rn. 429). Nach Auffassung des BayOblG (NVwZ 1990, 195) soll auch im Bereich der Ordnungswidrigkeiten der § 23 EGGVG herangezogen werden.

4. Weitere polizeiliche Aufgaben

118 Eine weitere wichtige Aufgabenzuweisung betrifft die **Überwachung des Straßenverkehrs.** Es geht um Kontrolle und Überwachung, aber auch um die Regelung des Verkehrs, wo die Polizei neben den Straßenverkehrsbehörden (in Hessen sind das die allgemeinen Ordnungsbehörden) Kompetenzen hat. Es handelt sich um einen speziellen Bereich der Gefahrenabwehr mit eigenen gesetzlichen Regeln. Die **Grundlage bildet § 44 Abs. 2 StVO,** der eine Zuständigkeitsregelung und Befugnisnorm für die Polizei darstellt. Danach ist die Polizei befugt, den Verkehr durch Zeichen und Weisungen und durch die Betätigung von Lichtzeichenanlagen zu regeln. Nach § 44 Abs. 2 S. 2 StVO kann die Polizei bei Gefahr im Verzuge anstelle der eigentlich zuständigen Straßenverkehrsbehörde tätig werden und die zur Aufrechterhaltung der Sicherheit und Ordnung des Straßenverkehrs notwendigen **vorläufigen Maßnahmen** treffen. Dies ist ein spezieller Fall der sonst in § 2 S. 1 verankerten „Eilkompetenz" der Polizei. Eine weitere Befugnis ergibt sich aus **§ 36 Abs. 2 StVO,** wonach Polizeibeamte Verkehrsteilnehmer zur Verkehrskontrolle und zu Verkehrserhebungen anhalten können.

119 Neben den bisher genannten klassischen Aufgaben gibt es **weitere Aufgabenzuweisungen** durch Gesetze und Rechtsverordnungen (vgl. auch Übersicht bei Fredrich Rn. 26), von denen die wichtigsten Aufgaben sind:

- Die Polizei hat **Aufgaben und Befugnisse bei öffentlichen Versammlungen.** Die Zuständigkeit für das Versammlungswesen liegt zwar nach § 1 Nr. 2 HSOG-DVO grundsätzlich bei den allgemeinen Ordnungsbehörden. Daneben gibt es aber eigene Zuständigkeiten für die Polizei. So ist für die **Auflösung einer öffentlichen Versammlung in geschlossenen Räumen nach § 13 VersammlG** eine ausschließliche Zuständigkeit der Polizei gegeben. Dies gilt auch für den **Ausschluss von Teilnehmern** einer Versammlung bzw. von Aufzügen nach § 18 Abs. 3 VersammlG und § 19 Abs. 4 VersammlG. Bei der Auflösung von Versammlungen unter freiem Himmel nach § 15 Abs. 2 VersammlG liegt dagegen die Zuständigkeit bei der zuständigen Behörde, dh der allgemeinen Ordnungsbehörde. Eine Zuständigkeit der Polizei kann sich hier allenfalls im „Eilfall" über § 2 S. 1 ergeben.
- Auch im **Bereich des Ausländerrechts** kommen der Polizei neben den Ordnungsbehörden Aufgaben zu. Die Polizei ist für die Durchführung der Abschiebung zuständig (§ 71 Abs. 5 AufenthG). Dabei können erkennungsdienstliche Maßnahmen nach § 71 Abs. 4 AufenthG auch von der Polizei getroffen werden, die Polizei kann einen Abschiebehaftantrag beim Amtsgereicht beantragen. Im **Bereich Asylrecht** obliegt nach § 59 Abs. 3 Nr. 3 AsylG die Durchsetzung der Verlassungspflicht der Polizei; nach § 19 Abs. 2 AsylG iVm § 16 AsylG hat auch die Polizei die Aufgabe zur erkennungsdienstlichen Behandlung von asylsuchenden Ausländern.

- Im **Bereich der Lebensmittelüberwachung** hat die Polizei nach § 42 Abs. 2 LFGB bei Gefahr im Verzuge ein Betretungsrecht von Betriebs- und Geschäftsräumen.
- Nach **§ 34 Abs. 4 in Verbindung mit dem HessPsychKHG** ist bei Gefahr im Verzug die Polizeibehörde gleichrangig neben der allgemeinen Ordnungsbehörde zuständig und befugt, eine einzuweisende Person vorläufig in Gewahrsam zu nehmen und in ein Krankenhaus zu verbringen.

Daneben gibt es zahlreiche **weitere Aufgaben und Kompetenzen für Polizeibehörden,** die sich aus bundes- oder landesrechtlichen Regelungen ergeben können. 120

Beispiele für **weitere Aufgaben / Kompetenzen:** 120.1

- Verfolgung und Ergreifen von Flüchtigen nach § 167 GVG,
- Unterstützung von Gerichtsvollziehern nach § 758 ZPO,
- Unterstützung von Vollziehungsbeamten nach § 287 Abs. 3 AO,
- Unterstützung von Behörden nach § 87 Abs. 3 FamFG, § 283 Abs. 2 FamFG und § 326 Abs. 2 FamFG sowie Vorführungen nach § 420 FamFG,
- Polizeibeamte als Zeugen (§ 759 ZPO, § 288 AO),
- Vorführungen von Wehrpflichtigen (§ 44 Abs. 2 und Abs. 3 WPflG),
- Aufgaben zur Sicherheit und Leichtigkeit des Schiffsverkehrs in Häfen nach § 3 Abs. 3 HafenGefabwVO (Gefahrenabwehrverordnung für Häfen v. 19.12.2008, HessGVBl. I 1031),
- Mitzuständigkeit bei der Überwachung der Beförderung gefährlicher Güter und beim Be- und Entladen in Binnenhäfen (Verordnung zur Bestimmung verkehrsrechtlicher Zuständigkeiten v. 12.11.2007, HessGVBl. I 800),
- Unterstützung von Vollziehungsbeamten nach § 8 HessVwVG,
- Überwachung des Jugendschutzrechts (§§ 49, 50 HKJGB),
- Vorläufige Maßnahmen zum Denkmalschutz (§ 6 Abs. 3 HDSchG),
- Überwachung von Verboten des Artenschutzes (§ 17 HAGBNatSchG),
- Einsichtnahme in Meldescheine und Verzeichnisse (§ 27 Abs. 3 HessMG, § 28 HessMG).

D. Schutz privater Rechte (Abs. 3)

I. Private Rechte

Zum Schutzgut der öffentlichen Sicherheit zählt auch der Schutz subjektiver Rechtsgüter und Rechte, wozu grundsätzlich auch private Ansprüche zählen (→ Rn. 20). Abs. 3 postuliert aber einen **Vorrang des gerichtlichen Schutzes zum Schutz privater Rechte.** Gefahrenabwehr- und Polizeibehörden sollen hier nur tätig werden, wenn gerichtlicher Schutz nicht oder nicht rechtzeitig erreicht werden kann und wenn ohne behördliche Hilfe die Verwirklichung des Rechts vereitelt oder wesentlich erschwert würde (**Subsidiaritätsprinzip**). Um den gerichtlichen Schutz muss sich der private Rechtsträger dabei selbst bemühen. 121

Bei Abs. 3 handelt es sich um eine **Aufgabenbeschränkungsnorm.** Abs. 3 ist keine Befugnisnorm zum Eingriff zugunsten privater Rechte, auch keine Anspruchsnorm für den privaten Rechtsträger. Als Befugnisnormen zum Schutz privater Rechte kommen sowohl die Generalklausel (§ 11) als auch Standardbefugnisse in Betracht. In einigen Standardbefugnissen ist der Schutz privater Rechte ausdrücklich normiert (§ 18 Abs. 1, Identitätsfeststellung zum Schutz privater Rechte; § 32 Abs. 1 Nr. 4, Gewahrsam zum Schutz privater Rechte und § 40 Nr. 2, Sicherstellung zum Schutz von Eigentum und Besitz). 122

Ausgehend von Abs. 1 fällt zunächst auch der Schutz privater Rechte unter die Aufgabe der Gefahrenabwehr. Subjektive Rechtsgüter und Rechte sind Teil der öffentlichen Sicherheit, was auch dann gilt, wenn es „nur" um Rechte Einzelner geht (Schoch JURA 2013, 468 (468 f.)). Unter den **Begriff private Rechte** fallen zunächst die **absoluten Rechte,** dh Rechte, die gegenüber jedermann gelten (zB Leben, Gesundheit, Eigentum, Persönlichkeitsrecht, zB Recht am eigenen Bild, vgl. VGH Mannheim NVwZ-RR 2008, 700). Zu privaten Rechten zählen ferner **zivilrechtliche Ansprüche** (vgl. § 194 BGB) gegen Dritte, zB Unterhaltsansprüche, Mietforderungen, Beseitigungsansprüche usw. Dabei ist zu beachten, dass viele subjektive Rechtsgüter und Rechte auch durch die objektive Rechtsordnung geschützt sind. Insbesondere sind Verletzungen absoluter Rechte wie Leben, Gesundheit, Eigentum und Freiheit durch entsprechende Strafnormen sanktioniert. Werden solche 123

Rechte verletzt oder droht eine Rechtsverletzung, tangiert dies die öffentliche Sicherheit auch unter dem Aspekt des Schutzes der objektiven Rechtsordnung. Hier geht es um mehr als um den Schutz „nur" privater Rechte iSv Abs. 3, sodass in diesen Fällen der Vorrang gerichtlicher Hilfe nicht greift.

123.1 So liegt im Falle einer **Hausbesetzung** die Verletzung des Eigentumsrechtes des Hauseigentümers vor. Eine rechtswidrige Hausbesetzung kann aber auch Hausfriedensbruch sein und damit eine Straftat. Der Subsidiaritätsgrundsatz greift dann nicht.

123.2 Wird ein Fahrzeug auf einem Privatgrundstück zugeparkt, liegt darin regelmäßig eine Eigentums- und Besitzverletzung, sodass ein behördliches Einschreiten grundsätzlich nur unter Beachtung des Subsidiaritätsgrundsatzes zulässig ist (OVG Koblenz NJW 1988, 929). Stellt sich das Zuparken allerdings als Fall einer rechtswidrigen Nötigung dar, dient ein behördlicher Eingriff auch dem Schutz der Rechtsordnung und unterliegt dann nicht den Beschränkungen des Abs. 3 (OVG Saarlouis NJW 1994, 878).

II. Vorrang des gerichtlichen Rechtsschutzes

124 Abs. 3 hat vorrangig die privatrechtlichen Ansprüche bzw. Rechtspositionen im Blick, die nicht unmittelbar durch die objektive Rechtsordnung geschützt sind. Der Schutz solcher privaten Rechte obliegt den **Gerichten,** in der Regel den ordentlichen Gerichten und Arbeitsgerichten. Gefahrenabwehr- und Polizeibehörden dürfen hier nur unter den Voraussetzungen von Abs. 3 tätig werden. Danach darf **gerichtlicher Schutz nicht oder nicht rechtzeitig möglich** sein. Auf Gründe, warum gerichtlicher Schutz nicht möglich ist, kommt es dabei nicht an, auch nicht auf Verschuldensfragen (hat es der Betroffene schuldhaft versäumt, rechtzeitig um gerichtlichen Schutz nachzusuchen?). In der Regel wird es um zeitliche Gründe gehen. Bei der Frage, ob gerichtlicher Rechtsschutz rechtzeitig erreichbar ist, ist insbesondere auch der **gerichtliche Eilrechtschutz** (vgl. §§ 916 ff., 936 ff. ZPO) zu berücksichtigen. Neben dem fehlenden gerichtlichen Schutz ist für ein Eingreifen der Behörden zum Schutz privater Rechte erforderlich, dass ohne die behördliche Hilfe die **Verwirklichung des Rechts vereitelt oder wesentlich erschwert** würde. Dies kann der Fall sein, wenn zB ein Schuldner sich absetzen oder seine Identität nicht preisgeben will oder Sachen zu verschwinden oder unterzugehen drohen.

124.1 In Fällen unberechtigten Parkens auf privaten Stellplätzen, in denen nur eine Eigentums- bzw. Besitzstörung vorliegt, ist der Eigentümer in der Regel selbst in der Lage, ein Abschleppunternehmen mit der Beseitigung zu beauftragen (Hofstätter NJW 1978, 256; OVG Koblenz NJW 1988, 929). In diesen Fällen ist die Kostenfrage bzw. die Gefahr, dass der Eigentümer auf den Abschleppkosten sitzen bleibt, bei der Frage nach der wesentlichen Erschwernis nicht relevant. Die wesentliche Erschwernis muss sich auf solche Umstände beziehen, die die Rechtsverwirklichung selbst betreffen; es geht beim Abschleppfall um den Eigentums- bzw. Besitzschutz, nicht um das Risiko der Kostentragung (so VG Saarlouis NVwZ 1991, 47 (48); aA VG Freiburg NJW 1979, 2060 (2061)).

125 Aus den genannten Voraussetzungen folgt für die handelnden Behörden, dass sie sich bei den Maßnahmen zur Gefahrenabwehr in diesen Fällen auf die erforderlichen rechtssichernden Maßnahmen beschränken müssen (Schlink NVwZ 1982, 529, (330)). Dies sind vorrangig **einstweilige Sicherungsmaßnahmen;** die Behörden dürfen keine endgültigen Regelungen treffen (Kingreen/Poscher POR § 3 Rn. 49).

125.1 **Beispiele:** Vorläufige Sicherstellung eines Films zum Schutz des Rechts am eigenen Bild (VGH Mannheim NVwZ-RR 2008, 700 (701)); Identitätsfeststellung nach Unfall, um Ansprüche geltend machen zu können.

126 Kann die Behörde zum Schutz privater Rechte tätig werden, bedarf es dazu **keines Antrags** des Berechtigten (so § 3 aF). Da es um den Schutz des Berechtigten geht, muss eine Hilfeleistung aber mit Zustimmung des Berechtigten erfolgen, zumindest aber in dessen mutmaßlichem Interesse liegen. Maßnahmen gegen den ausdrücklichen Willen des Rechtsinhabers scheiden aus (Gusy PolR Rn. 96).

E. Vorbeugende Bekämpfung von Straftaten (Abs. 4)

I. Allgemeines

Abs. 4 fasst unter dem Oberbegriff der **„vorbeugenden Bekämpfung von Straftaten"** 127
die Verhütung von Straftaten und die Vorsorge für die Verhütung künftiger Straftaten zusammen und weist diese Aufgaben exklusiv den **Polizeibehörden** zu. Die Vorschrift knüpft an § 1 Abs. 1 MEPolG idF des Vorentwurfs an.

Die Aufgabe der **Verhütung von Straftaten** (Abs. 4 Alt. 1) ist als Spezialfall der **Gefahrenabwehr** anzusehen (→ Rn. 15). Ihre ausdrückliche Nennung rechtfertigt sich aus der 128
herausgehobenen Bedeutung, die sie im Rahmen der Gefahrenabwehr einnimmt (FLS PolR Hessen Kap. G Rn. 5). Demgegenüber bewegt sich die **Strafverfolgungsvorsorge** (Abs. 4 Alt. 2) im Grenzbereich zwischen Gefahrenabwehr und Strafverfolgung. Diese Aufgabe war erst durch Änderungsgesetz v. 3.11.1998 (HessGVBl. I 399) in das HSOG aufgenommen worden und entsprach zunächst der Formulierung im MEPolG idF des Vorentwurfs, wonach auch diese Aufgabe der Polizei „im Rahmen der Gefahrenabwehr" obliegt. Mit Änderungsgesetz v. 14.12.2009 (HessGVBl. I 635) wurde Abs. 4 neu gefasst. Zwar blieb die Zweiteilung in Verhütung von Straftaten und Verfolgungsvorsorge und die Zusammenfassung unter dem Oberbegriff der „vorbeugenden Bekämpfung von Straftaten" erhalten" (krit. Schenke PolR Rn. 12); die Zuordnung zur Gefahrenabwehr wurde aber gestrichen. Der Gesetzgeber wollte damit der Rechtsprechung des BVerfG Rechnung tragen (BVerfGE 113, 348 (369 f.)), nach der Maßnahmen, die sich auf künftige Strafverfahren beziehen, der konkurrierenden Gesetzgebung des Bundes für das gerichtliche Verfahren nach Art. 74 Abs. 1 Nr. 1 GG unterliegen (vgl. LT-Drs. 18/861, 10). Nach dem BVerfG erfolgt die Verfolgungsvorsorge zwar „in zeitlicher Hinsicht präventiv", betrifft aber „gegenständlich das repressiv ausgerichtete Strafverfahren" (BVerfGE 113, 348 (369 f.)).

Unabhängig von der Frage der Zuordnung zeigt sich in Abs. 4 die **Erweiterung der polizeilichen Aufgabenstellung** von der klassischen Gefahrenabwehr in das **Vorfeld** der 129
Gefahrenabwehr, in dem die Konturen nicht so scharf sind. Denn während die klassische Gefahrenabwehr eine konkrete bzw. abstrakte Gefahrenlage voraussetzt und grundsätzlich gegen konkrete Verantwortliche gerichtet ist, fehlt es daran bei den Vorsorgemaßnahmen (krit. deshalb Hornmann HSOG Rn. 54 ff.). Die Polizei koppelt sich in diesem Bereich also von den klaren Strukturen und auch Grenzen des Gefahrenabwehrrechts zumindest teilweise ab (Hermes/Reimer § 5 Rn. 24). Den Bedenken sollte bei der Schaffung von Befugnisnormen für polizeiliche Maßnahmen im Vorfeld Rechnung getragen werden, sie sprechen aber nicht dagegen, die vorbeugende Bekämpfung von Straftaten den Polizeibehörden als Aufgabe zuzuweisen.

II. Verhütung von Straftaten (Abs. 4 Alt. 1)

Die Aufgabe, Straftaten zu verhüten, stellt einen **Unter- bzw. Spezialfall der allgemeinen Aufgabe der Gefahrenabwehr** dar (BVerfGE 113, 348 (368)), denn die Straftatbe- 130
stände zählen zur objektiven Rechtsordnung, und diese ist zentraler Bestandteil des Schutzgutes der öffentlichen Sicherheit (→ Rn. 15). Dessen ungeachtet kann Abs. 4 Alt. 1 als **eigenständige zuständigkeitsbegründende Norm** für die Polizeibehörden angesehen werden (vgl. VGH Kassel NVwZ-RR 2012, 344). Die Norm spricht von der Verhütung **zu erwartender Straftaten,** was eine gewisse Erweiterung gegenüber der Aufgabenbeschreibung in Abs. 1 bedeutet. Eine Gefahrenlage iSv Abs. 1 verlangt eine hinreichende Wahrscheinlichkeit mit zeitlicher Nähe der Gefahrenverwirklichung und Maßnahmen zur Verhinderung grundsätzlich eine drohende konkrete Straftat. Abs. 4 Alt. 1 stellt insoweit eine Erweiterung der polizeilichen Aufgabe in zeitlicher, aber auch sachlicher Hinsicht (weg von der konkreten Tat) dar (zu den Anforderungen an die Gefahrenlage vgl. BVerfG BeckRS 2016, 44821; → Rn. 61). Die Verhütung von Straftaten ist damit auch dann Gefahrenabwehr und unterliegt folglich der Gesetzgebungskompetenz der Länder nach Art. 70 GG, wenn sie vorbeugend im Vorfeld konkreter Straftaten erfolgt (BVerfG NJW 2005, 2603 (2605); BVerwG NVwZ 2012, 757).

Die Aufgabe der Straftatenverhütung erfordert keine unmittelbar bevorstehende Straftat 131
(Fredrich Rn. 41), wohl aber, dass **in absehbarer Zeit mit einem Delikt zu rechnen ist.**

Der **Begriff der Straftat** ist im HSOG (anders als zB in § 11 Abs. 2 S. 2 BayPAG; § 2 Nr. 13 NPOG) nicht definiert. Eine Straftat ist eine **rechtswidrige** Tat, die den Tatbestand eines Strafgesetzes verwirklicht.

132 Die Aufgabe weist Abs. 4 Abs. 1 **originär den Polizeibehörden** zu. Dies ist sinnvoll, da die Polizei auch Straftaten zu verfolgen und somit einen sachlichen Bezug und Nähe zu Straftaten und deren Bekämpfung hat. Auch stehen der Polizei zum Teil weitergehende – im Vergleich zu den Gefahrenabwehrbehörden – Befugnisse in §§ 12 ff. zu. Die Aufgabenzuweisung an die Polizeibehörden zur Verhütung zu erwartender Straftaten führt aber nicht dazu, dass die Gefahrenabwehrbehörden bei konkret drohenden Straftaten nicht auch im Rahmen ihrer Befugnisse zur Verhinderung einer Straftat berufen wären (zB Sicherstellung einer Waffe nach § 40 Nr. 4 durch die Ordnungsbehörde zur Verhinderung einer Straftat).

133 **Maßnahmen** in diesem Aufgabenbereich sind insbesondere polizeiliche Maßnahmen der Datenerhebung (zB Befragung, Identitätsfeststellungen an gefährlichen Orten oder Kontrollstellen, Observationsmaßnahmen, Videoüberwachung) und der Speicherung und Weitergabe von Daten.

III. Strafverfolgungsvorsorge (Abs. 4 Alt. 2)

134 Als weitere Aufgabe der Polizeibehörden nennt Abs. 4 Alt. 2 die **Vorsorge für die Verfolgung künftiger Straftaten.** In der Sache geht es vor allem um die Erhebung, Speicherung und Nutzung von personenbezogenen Daten und Informationen aus polizeilichen Ermittlungen, die für zukünftige Aufklärungsarbeit und Ermittlungsverfahren genutzt werden sollen, wobei auch insoweit entsprechende Befugnisnormen erforderlich sind. Wichtigstes Beispiel für eine dieser Aufgabe zuzuordnenden Befugnisnorm ist § 81b Alt. 2 StPO. Während nach § 1 Abs. 2 MEPolG idF des Vorentwurfs auch die Strafverfolgungsvorsorge „im Rahmen der Gefahrenabwehr" erfolgen soll, hat der hessische Gesetzgeber diese früher als Klarstellung gemeinte Formulierung in der heute gültigen Fassung des Abs. 4 mit Blick auf die Entscheidung des BVerfG (NJW 2005, 2603 ff.) aufgegeben.

134.1 Die Frage, ob auch die Strafverfolgungsvorsorge Teil der Gefahrenabwehr oder eher dem repressivem Aufgabenbereich zuzuordnen ist, war lange Zeit umstritten (vgl. Möstl DVBl 2010, 808 (814 f.)). Das BVerfG ordnet die Vorsorge für die Verfolgung von Straftaten kompetenzmäßig dem „gerichtlichen Verfahren" iSd Art. 74 Abs. 1 S. 1 GG zu. Dies soll jedenfalls dann gelten, wenn die Maßnahmen (zB erhobene Daten) nicht mehr der Verhütung von Straftaten dienen, sondern nur noch der Verwertung in einem künftigen Strafverfahren.

135 Die **Gesetzgebungskompetenz** für die Strafverfolgungsvorsorge liegt damit nach der Rechtsprechung des BVerfG als Teil der konkurrierenden Gesetzgebungskompetenz beim Bund; eine Sperrwirkung für die Länder besteht nach der Rechtsprechung aber nur, soweit der Bund von seiner Kompetenz tatsächlich Gebrauch gemacht hat. Der Bund hat bisher von Ausnahmen abgesehen keine abschließende Regelung hinsichtlich der Verfolgungsvorsorge getroffen, weder im Sinne einer Aufgabenzuweisung noch damit einhergehender Befugnisnormen (BVerwG NVwZ 2012, 757 (760)). Damit tritt keine generelle Sperrwirkung ein; der Landesgesetzgeber ist also grundsätzlich nicht gehindert, Befugnisse zum Zwecke der Gefahrenvorsorge zu schaffen. Dies soll selbst dann möglich sein, wenn der Bundesgesetzgeber parallel dazu Reglungen zur Strafverfolgungsvorsorge getroffen habe (BVerwG NVwZ 2012, 757). Bei Befugnisnormen für konkrete Maßnahmen in diesem Aufgabenbereich ist zu prüfen, ob und inwieweit der Bund von seiner Gesetzgebungskompetenz Gebrauch gemacht hat (Hornmann HSOG Rn. 53; Schenke PolR Rn. 30). Ist dies nicht der Fall, können Landesrechtliche Regelungen ergehen, sie müssen aber eine präventive Zweckbestimmung haben; Regelungen, die allein der Vorsorge für die Verfolgung von Straftaten dienen, sind nicht zulässig.

136 Abs. 4 stellt klar, dass neben der Verhütung von Straftaten auch die Vorsorge für die Verfolgung künftiger Straftaten **Aufgabe der Polizei** bleibt. Die Gefahrenabwehrbehörden sind hier nicht gefordert. Die **Zuständigkeit der Polizei** in diesem Bereich beurteilt sich nicht nach der StPO, sondern nach den Polizeigesetzen der Länder (BVerwG NJW 2006, 1225).

F. Vollzugshilfe (Abs. 5)

Nach Abs. 5 leisten die **Polizeibehörden** anderen Behörden **Vollzugshilfe.** Diese Aufgabenzuweisung ist auf die Polizeibehörden beschränkt, die nähere Regelung erfolgt in den **§§ 44–46.** Danach wird zwischen Vollzugshilfe zugunsten der allgemeinen Ordnungsbehörden und zugunsten anderer Behörden unterschieden. Begünstigte sind damit nur Behörden, keine **Gerichte** (anders zB in Bayern (vgl. Art. 2 Abs. 3 BayPAG, Art. 50 Abs. 2 BayPAG) und Baden-Württemberg (vgl. § 60 Abs. 4 BWPolG); die Regelung in § 1 Abs. 4 Nds. SOG entspricht der in Hessen). Vollstreckungsbedürftige Entscheidungen von Gerichten können aber über das Weisungsrecht der Staatsanwaltschaft nach § 36 Abs. 2 StPO, § 161 StPO, § 152 GVG durchgesetzt werden. **137**

Die Vollzugshilfe stellt eine besondere **Form polizeilicher Amtshilfe** dar (so auch Hornmann HSOG Rn. 81; aA Schenke PolR Rn. 409, der eine „enge Verwandtschaft" zur Amtshilfe sieht). Entscheidend ist, dass nach § 44 Abs. 2 S. 2 neben den speziellen Regelungen in §§ 44–46 die allgemeinen Vorschriften über die Amtshilfe (§§ 4 ff. HVwVfG) gelten. Soweit § 44 Abs. 3 S. 1 klarstellt, dass die Polizeibehörden nur für die Art und Weise der Vollzugshilfe verantwortlich sind, entspricht dies der allgemeinen Regelung in § 7 Abs. 2 HVwVfG. **138**

Voraussetzungen und Verfahren der Vollzugshilfe sind in den §§ 44 ff. geregelt. Liegen die Voraussetzungen vor, besteht grundsätzlich die **Pflicht zur Vollzugshilfe.** Die Aufnahme der Vollzugshilfe ist sinnvoll mit Blick auf vorrangige Zuständigkeit der Gefahrenabwehrbehörden und deren beschränkten Möglichkeiten, ihre gefahrenabwehrrechtlichen Maßnahmen notfalls auch zwangsweise durchzusetzen. Sie können zwar die Mittel der Ersatzvornahme und des Zwangsgeldes selbst einsetzen und vollstrecken, den Verwaltungs- und Ordnungsbehörden fehlt aber weitgehend die Kompetenz zur Durchsetzung ihrer Verfügungen mit Mitteln des unmittelbaren Zwanges. **139**

Die **Anwendung unmittelbaren Zwangs** zur Durchsetzung der von den Gefahrenabwehrbehörden erlassenen Verfügungen ist der klassische Anwendungsfall der Vollzugshilfe. Die Vollzugshilfe ist allerdings nicht darauf beschränkt. Anders als § 25 MEPolG und einigen gesetzlichen Regelungen in anderen Bundesländern (zB Bayern, Niedersachsen und Nordrhein-Westfalen) sieht das HSOG auch andere Vollzugshandlungen vor. Zu nennen ist die **Durchführung erkennungsdienstlicher Maßnahmen,** wenn diese von anderen Behörden angeordnet worden ist. Ferner die Hilfe in Form von **polizeilicher Schutzgewährung** (§ 44 Abs. 2 Nr. 2) bei Vollzugshandlungen anderer Behörden, die damit jedenfalls in Hessen als Fall der Vollzugshilfe anzusehen ist (anders Schenke PolR Rn. 409 mit Blick auf rechtliche Regelungen iSv § 25 MEPolG). Das HSOG geht damit von einem **weiten Begriff der Vollzugshilfe** aus. **140**

Andere, nicht in § 44 genannte Formen der Hilfeleistung (zB Auskünfte, Botendienste, Ermittlungen), sind **keine Vollzugshilfe,** sondern Amtshilfe iSv § 4 HVwVfG. Diese Aufgaben werden nicht von Abs. 5 erfasst. Nicht erfasst vom Begriff der Vollzugshilfe wird auch die Zusammenarbeit und die Amtshilfe im Verhältnis zur Bundespolizei und Polizeibehörden andere Länder; hier gelten eigene Regelungen (Art. 35 Abs. 2 GG; §§ 64 f. BPolG; §§ 102, 103). **141**

G. Zusammenarbeit der Behörden und Kriminalpräventionsräte (Abs. 6)

I. Pflicht zur Zusammenarbeit

Nach Abs. 6 sind die Behörden verpflichtet, bei der Gefahrenabwehr **zusammenzuarbeiten.** Der **Behördenbegriff** ist nicht auf Gefahrenabwehr- und Polizeibehörden beschränkt, sondern umfasst alle **hessischen Behörden,** dh Behörden des Landes, der Gemeinden und Gemeindeverbände und der sonstigen der Aufsicht des Landes unterstehenden Körperschaften, Anstalten und Stiftungen des öffentlichen Rechts (vgl. § 1 Abs. 1 HVwVfG). Das Gebot der Zusammenarbeit richtet sich aber nicht an Bundesbehörden oder Behörden in anderen Bundesländern, da diese nicht der Gesetzgebungskompetenz des hessischen Gesetzgebers unterliegen (Hornmann HSOG Rn. 82). Die Pflicht zur Zusammenarbeit bezieht sich auf Aufgaben der Gefahrenabwehr; Abs. 6 begründet keine generelle **142**

Verpflichtung unabhängig vom Aufgabenbereich. Die geforderte Zusammenarbeit stellt **keinen Unterfall der Amtshilfe** iSv Art. 35 GG und §§ 4 ff. HVwVfG dar. Anders als die Amtshilfe setzt die Pflicht zur Zusammenarbeit nach Abs. 6 kein Ersuchen voraus, sondern ist **von Amts wegen** zu beachten und zu leisten.

143 Abs. 6 hebt als Form der Zusammenarbeit ausdrücklich die Pflicht zur **gegenseitigen Information** hervor. Damit soll der Informationsaustauch zwischen den Behörden, der gerade im Bereich der Gefahrenabwehr wichtig ist, sichergestellt werden. Gemeint ist nicht der allgemeine Informationsaustausch, sondern es geht um die Unterrichtung über Vorgänge, die für die Aufgabenerfüllung der anderen Behörden **bedeutsam erscheinen,** womit eine gewisse Relevanz verbunden ist. Anders als in den speziellen Regelungen in § 87 Abs. 2 und § 97 Abs. 2 geht § 1 Abs. 6 aber über eine Unterrichtung über „wichtige Ereignisse" hinaus. Zeitlich gesehen ist **unverzüglich** zu unterrichten. Nach § 121 BGB bedeutet unverzüglich „ohne schuldhaftes Zögern", wobei diese Legaldefinition zunächst nur im Bereich des Privatrechts gilt und deshalb nicht direkt übertragbar ist. Sie kann zur Auslegung des Begriffs aber mitherangezogen werden, es sollten vor allem objektive Umstände berücksichtigt werden.

144 § 1 ist eine Aufgabennorm, keine Befugnisnorm. Dies gilt auch für Abs. 6, der zwar eine gegenseitige Unterrichtung fordert, aber keine Befugnisse für Eingriffe in schutzwürdige Rechte bei der Erhebung, Verarbeitung und Weitergabe von Daten enthält (Fredrich Rn. 54). Abs. 6 S. 4 stellt ausdrücklich klar, dass die Vorschriften über den Schutz personenbezogener Daten (vgl. § 12 Abs. 3) unberührt bleiben. Für die Übermittlung von Daten bedarf es ausdrücklicher Befugnisse (s. etwa §§ 21, 22).

II. Kriminalpräventionsräte

145 Als spezielle Form der Zusammenarbeit sieht Abs. 6 die Bildung von **Kriminalpräventionsräten** vor. Dabei geht es um eine **formalisierte Zusammenarbeit** zwischen Gefahrenabwehr- und Polizeibehörden **auf kommunaler Ebene** in Form von Arbeitsgruppen. Derartige Arbeitskreise gab es bereits vor der gesetzlichen Verankerung, die erst mit Gesetz v. 22.5.2000 (HessGVBl. I 278) erfolgte.

146 Eine genauere Aufgabenbeschreibung enthält das Gesetz nicht. **Hauptaufgabe** der Räte ist die Kriminalprävention, dh die **Verhütung von Straftaten.** Dies folgt aus der Namensgebung und der Tatsache, dass Aufklärung und Verfolgung von Straftaten der Gesetzgebungskompetenz des Bundes unterliegen (Hornmann HSOG Rn. 87). Eine erfolgreiche Verhütung von Straftaten erfordert nach der Vorstellung des Gesetzgebers eine Zusammenarbeit zwischen den Gefahrenabwehr- und Polizeibehörden auf der örtlichen Ebene. Hier obliegt die Aufgabe der Gefahrenabwehr vorrangig kommunalen Behörden (Gemeindevorstand bzw. Magistrat als Verwaltungsbehörden und Bürgermeister bzw. Oberbürgermeister als Ordnungsbehörden); diese kommunalen Behörden sollen möglichst eng und dauerhaft mit den staatlichen Polizeibehörden zusammenarbeiten (vgl. LT-Drs. 15/848). Die örtliche Ebene vermittelt zudem Bürgernähe und kommt dem subjektiven Sicherheitsempfinden der Bürger entgegen. Abs. 6 räumt den Präventionsräten aber **keine Befugnisse** ein, sie haben lediglich **beratende Funktion.**

147 Die gesetzliche Regelung in Abs. 6 ist entgegen dem ursprünglichen Entwurf (LT-Drs. 15/848) als **Sollvorschrift** erfolgt, sowohl hinsichtlich der Einrichtung der Räte als auch der **Zusammensetzung.** Neben Vertretern der örtlichen Gefahrenabwehr- und Polizeibehörden sollen auch Personen und Institutionen aus Bereichen teilnehmen, die zur Kriminalprävention beitragen können. Dies lässt Spielräume vor Ort zu. Üblicherweise sind Vertreter aus Bereichen der Justiz (Strafgerichte, Staatsanwaltschaften), der Jugendarbeit (Jugendämter, freie Träger der Kinder- und Jugendhilfe) der Kirchen und Vereine eingebunden. Der **Vorsitz** liegt in der Regel beim Bürgermeister bzw. Oberbürgermeister; die Räte verfügen über eine Geschäftsstelle, die an die kommunale Verwaltung angebunden ist. Die Präventionsräte haben keine eigene Rechtspersönlichkeit.

148 Die örtlichen Präventionsräte sind Teil eines **Präventionsnetzwerkes,** welches auf ein früheres Programm der Innenministerkonferenz zurückgeht. So existiert auf der Landesebene seit 1992 (ähnlich wie in anderen Bundesländern) ein **Landespräventionsrat Hessen,** der die offizielle Bezeichnung „Sachverständigenkommission für Kriminalprävention der Hessi-

schen Landesregierung" trägt. Der Kommission gehören derzeit circa 30 Personen an, die als Vertreter der Ministerien und nichtstaatlicher gesellschaftlicher Organisationen (Kirchen, Gewerkschaften, Arbeitgeberverbänden, Wissenschaft usw.) in Arbeitsgruppen mitarbeiten. Ziel der Arbeit ist es, die Präventionsarbeit auf örtlicher Ebene anzuregen und zu unterstützen (vgl. https://landespraeventionsrat.hessen.de/, Stand: 11.11.2019). Auf **Bundesebene** existiert das als Stiftung des Bundes und der Länder gegründete **Deutsche Forum für Kriminalprävention.** Das Forum versteht sich als Service- und Informationsstelle, es soll den Informationsaustausch auf nationaler und internationaler Ebene gewährleisten.

H. Kriminalprävention, Demokratieförderung, Extremismusprävention und Stärkung des Sicherheitsgefühls (Abs. 7)

I. Allgemeines

Abs. 7 wurde durch Gesetz v. 13.12.2024 (GVBl. 2024 Nr. 83) aufgenommen. Die Norm **149** weist die **Kriminalprävention,** die **Demokratieförderung,** die **Extremismusprävention** und die **Stärkung des Sicherheitsgefühls** als Aufgaben sowohl der Gefahrenabwehr- als auch Polizeibehörden aus. Allein die ausdrückliche Nennung dieser vier Aufgaben zeigt, dass diesen nach dem Willen des Gesetzgebers „eine besondere Bedeutung" (LT-Drs. 21/1448, 6) zukommen soll. Der Wortlaut der Norm („im Rahmen der Aufgabenwahrnehmung") erweckt den Eindruck, als werde das **bereits bestehende Aufgabenspektrum** der Behörden mit dieser Regelung **lediglich präzisiert** bzw. mit einer neuen Schwerpunktsetzung versehen, nicht aber erweitert. Dementsprechend sieht auch die Gesetzesbegründung die Neuregelung (lediglich) als Bekräftigung der Bedeutung der vier Aufgaben an (LT-Drs. 21/1448, 6). Dieses Verständnis ist **problematisch.** Während die Kriminalprävention (s. dazu bereits Abs. 6 S. 3), die Extremismusprävention und die Stärkung des Sicherheitsgefühls noch der sicherheitsbehördlichen **Gefahrenabwehraufgabe im weitesten Sinne** zugerechnet werden können, lässt sich die Aufgabe der Demokratieförderung nur um den Preis begrifflicher Konturenlosigkeit als Teil der Gefahrenabwehr verstehen (→ Rn. 15). Die Übertragung der Aufgabe der **Demokratieförderung** auf die Gefahrenabwehr- und Polizeibehörden bedeutet damit faktisch eine **Aufgabenerweiterung.**

II. Kriminalprävention

Die in Abs. 7 verankerte Zuständigkeit der Gefahrenabwehr- und Polizeibehörden für **150** die **Kriminalprävention** folgt bereits aus **Abs. 6 S. 3** und ist zudem **von Abs. 1 S. 1 erfasst,** wenn man die Aufgabe der Gefahrenabwehr weit versteht (s. auch Abs. 6 S. 3 Hs. 1: „im Rahmen der Gefahrenabwehr"). Abs. 7 weist der Kriminalprävention nunmehr ausdrücklich „besondere Bedeutung" zu. Eine „starke und umfassende Präventionsarbeit" wird nach der Gesetzesbegründung insbesondere vor dem Hintergrund der **Zunahme extremistischer Straftaten** als notwendig angesehen (LT-Drs. 21/1448, 6). Insoweit überschneiden sich freilich Kriminal- und Extremismusprävention (→ Rn. 15). Die Kriminalprävention, die in § 1 Abs. 9 S. 1 RhPfPOG als „Vermeidung strafbarer Verhaltensweisen" legaldefiniert wird, umfasst nach der Gesetzesbegründung „die Summe aller staatlichen und privaten Bemühungen, Programme und Maßnahmen, welche die Kriminalität als gesellschaftliches Phänomen oder als individuelles Ereignis verhüten, mindern oder deren Folgen minimieren sollen" (LT-Drs. 21/1448, 6).

III. Demokratieförderung

Die Übertragung der Aufgabe der **Demokratieförderung** auf die Gefahrenabwehr- und **151** Polizeibehörden bedeutet faktisch eine **Aufgabenerweiterung,** auch wenn der Wortlaut der Norm („im Rahmen der Aufgabenwahrnehmung") und die Gesetzesbegründung den Eindruck erwecken, als werde das bereits bestehende Aufgabenspektrum durch Abs. 7 lediglich präzisiert bzw. mit einer neuen Schwerpunktsetzung versehen (→ Rn. 15). Tatsächlich wird die Aufgabe der Demokratieförderung **nicht von der Aufgabe der Gefahrenabwehr erfasst.** Wie die Geschichte des Polizeibegriffs zeigt, die nicht zuletzt als Geschichte der Konturierung von Inhalt und Grenzen der Gefahrenabwehraufgabe verstanden werden kann, bedeutet Gefahrenabwehr auch im weitesten Sinne (nur) „die Erhaltung dessen, was schon da ist" (→ Rn. 15). Gefahrenabwehr ist **Bewahrung** des Bestehenden; dessen **Förderung** ist „Wohlfahrtspflege" – so der tradierte verwaltungswissenschaftliche Begriff –, jedenfalls nicht mehr Gefahrenabwehr (zum Ganzen immer noch instruktiv Maier, Die ältere deutsche Staats- und Verwaltungslehre, 2. Aufl. 1980, S. 163 f., 203–207). Demokratie**förderung** ist also eine den Gefahrenabwehr- und Polizeibehörden übertragene **eigenständige neue Aufgabe,** die sich, weil im Gefahrenabwehrrecht verortet, zugleich als **Fremdkörper** erweist.

152 Die Erweiterung des Aufgabenspektrums der Gefahrenabwehr- und Polizeibehörden um die Aufgabe der Demokratieförderung, der nach dem Gesetzeswortlaut „besondere Bedeutung" zukommen soll, ist nicht nur gesetzessystematisch, sondern auch inhaltlich und rechtspolitisch **problematisch.** Zwar können die Bewahrung des demokratischen Selbstverständnisses der Behörden und die Bekämpfung demokratiegefährdender Tendenzen **innerhalb** der Behörden **demokratieschützend** wirken. Auch kann von der rechtsstaats-, insbesondere grundrechtssensiblen Erfüllung der tradierten Aufgabe der Gefahrenabwehr faktisch eine solche Wirkung ausgehen. Demokratieförderung als eigenständige polizeigesetzliche Aufgabe verlangt aber anderes bzw. mehr: Im Kern geht es dabei um **politische Bildungsarbeit,** und zwar nicht innerhalb, sondern **außerhalb** der Behördenorganisation (zum Verständnis von Demokratieförderung näher: Bundesregierung, Strategie der Bundesregierung zur Extremismusprävention und Demokratieförderung, 2016, S. 11, abrufbar unter https://www.bmfsfj.de/bmfsfj/service/publikationen/strategie-der-bundesregierung-zur-extremismuspraevention-und-demokratiefoerderung-109024). Ob und inwieweit die Gefahrenabwehr- und Polizeibehörden diese Aufgabe tatsächlich erfüllen können, bleibt völlig offen und wird auch in der Gesetzesbegründung nicht ausgeführt. Ohnehin ist fraglich, ob sich das polizeiliche „Aufgaben- und Befugnisprofil", das von operativen Maßnahmen geprägt ist, die erforderlichenfalls zwangsweise durchgesetzt werden (BVerfGE 133, 277 (327)), überhaupt mit der (pädagogischen) Aufgabe der Demokratieförderung vereinbaren lässt. Schließlich bleibt klärungsbedürftig, ob und inwieweit sich die neue Aufgabe zukünftig auf **Ermessensentscheidungen** der Behörden auswirken soll, die sich zwingend an den Aufgabenzuweisungsnormen auszurichten haben.

IV. Extremismusprävention

153 Unter **Extremismusprävention** können Aktivitäten verstanden werden, „die der Ablehnung der Werteordnung des Grundgesetzes und des demokratischen Verfassungsstaates vorbeugen und entgegenwirken und in diesem Kontext auch der Sicherheit der Bürgerinnen und Bürger dienen" (Bundesregierung, Strategie der Bundesregierung zur Extremismusprävention und Demokratieförderung, 2016, S. 11, abrufbar unter https://www.bmfsfj.de/bmfsfj/service/publikationen/strategie-der-bundesregierung-zur-extremismuspraevention-und-demokratiefoerderung-109024). Auch wenn die sicherheitsbehördliche Extremismusprävention der tradierten Aufgabenabgrenzung zwischen Polizeibehörden und Nachrichtendiensten entsprechend (dazu BVerfGE 133, 277 (324 ff.)) primär den **Verfassungsschutzbehörden** obliegt, ist diese Aufgabe grundsätzlich **von Abs. 1 S. 1 erfasst,** wenn man die Aufgabe der Gefahrenabwehr weit versteht. Die nunmehr ausdrückliche Nennung der Extremismusprävention als Aufgabe (auch) der Gefahrenabwehr- und Polizeibehörden soll ihre besondere Bedeutung unterstreichen, die in der Gesetzesbegründung nachvollziehbar mit der **Zunahme extremistischer Straftaten** gerechtfertigt wird (LT-Drs. 21/1448, 6). Insoweit überschneiden sich freilich Extremismus- und Kriminalprävention (→ Rn. 15). Der praktischen Extremismusprävention dient das bereits im Jahr 2013 gegründete und im Landespolizeipräsidium verortete **Hessische Informations- und Kompetenzzentrum gegen Extremismus** (HKE), das alle hessischen Programme und Projekte zur Extremismusprävention erfassen, koordinieren und optimieren soll (dazu Ben Slama/Kemmesies, Handbuch Extremismusprävention/Dietz/Gansewig, 2020, S. 563, 570 ff.).

V. Stärkung des Sicherheitsgefühls

154 Mit der Normierung der an die Gefahrenabwehr- und Polizeibehörden adressierten Aufgabe, das **Sicherheitsgefühl** zu stärken, wird die subjektive Sicherheit bundesweit erstmals in einem Polizeigesetz thematisiert. Damit trägt der Gesetzgeber der Erkenntnis Rechnung,

dass der individuellen und gesellschaftlichen Wahrnehmung von (Un-)Sicherheit und dem Bedürfnis nach „Freiheit von Furcht" (AEMR, Präambel) für den sozialen Zusammenhalt „große Relevanz" zukommen (Gusy KritV 93 (2010), 111 (114)). Die kriminologische Forschung hat aufgezeigt, dass die subjektive und die statistisch erfasste (Un-)Sicherheitslage oft divergieren und letztere schon aufgrund der Dunkelfeldproblematik keineswegs als Abbild der tatsächlichen (objektiven) Sicherheitslage (miss-)verstanden werden darf. Die Aufgabe, öffentliche Sicherheit (und Ordnung) zu gewährleisten, ist deshalb umfassend zu verstehen und schließt die subjektive Sicherheit mit ein (so bereits Schreiber/Birkl, Zwischen Sicherheit und Freiheit, 1977, S. 10 f., 13; zurückhaltend Schewe, Das Sicherheitsgefühl und die Polizei, 2009, S. 230 f.). Die Wahrung – auch – der subjektiven Sicherheit kann also als **bereits von Abs. 1 S. 1 erfasst** angesehen werden, wenn man die Aufgabe der Gefahrenabwehr weit versteht. Abs. 7 knüpft an dieses Verständnis an („im Rahmen der Aufgabenwahrnehmung") und weist der Stärkung des Sicherheitsgefühls nunmehr ausdrücklich „besondere Bedeutung" zu.

Unterschiedlich beantwortet wird, welche Handlungsmöglichkeiten, u.U. sogar Handlungspflichten aus dieser Aufgabenzuweisung folgen, ob und inwieweit insbesondere auch **Grundrechtseingriffe** mit der Stärkung des Sicherheitsgefühls begründet werden können (zu grundrechtsneutralen Maßnahmen näher Schewe, Das Sicherheitsgefühl und die Polizei, 2009, S. 274 ff.). Zwar setzen rechtmäßige Grundrechtseingriffe einschlägige Befugnisnormen voraus, und Abs. 7 ist eine Aufgabennorm. Zu klären bleibt aber, ob und inwieweit bei Maßnahmen, die auf existierende Befugnisnormen gestützt werden können, die Bekämpfung von Unsicherheitsgefühlen eine (grundrechtseinschränkende) Rolle spielen darf (abl. Schewe, Das Sicherheitsgefühl und die Polizei, 2009, S. 259, 274). Dieses Problem wird insbesondere im Zusammenhang mit der **Videoüberwachung** öffentlicher Orte diskutiert. Das Bundesverfassungsgericht hat neben der objektiven Sicherheit ausdrücklich auch die Stärkung des Sicherheitsgefühls als **legitime Zielgröße** anerkannt (BVerfG BeckRS 1998, 22268 Rn. 20). Und das OVG Lüneburg hat festgestellt, dass die Befriedigung des „(subjektiven) Sicherheitsbedürfnisses" einen **Rechtfertigungsgrund für die flächendeckende Kameraüberwachung** des Öffentlichen Personennahverkehrs darstellen kann (OVG Lüneburg ZD 2018, 50 Rn. 41). Problematisch ist auch die **Messbarkeit** und damit Objektivierbarkeit von Graden subjektiver (Un-)Sicherheit. Die bloße Behauptung, eine bestimmte Maßnahme stärke das Sicherheitsgefühl, ist jedenfalls kein Beleg für die Aufgabenerfüllung und rechtfertigt erst recht keine Grundrechtseinschränkung. Die „rein subjektiv empfundene Bedrohlichkeit" von **Einzelpersonen** lässt bei diesen Grundrechtseingriffe nicht zu (VGH Kassel NVwZ 2022, 1742 Rn. 28). 155

§ 2 Aufgabenabgrenzung

[1]Die Ordnungsbehörden (allgemeine Ordnungsbehörden, Sonderordnungsbehörden) und die Polizeibehörden werden in Erfüllung der Aufgaben der Gefahrenabwehr außer in den Fällen des § 1 Abs. 1 Satz 2 nur tätig, soweit die Abwehr der Gefahr durch andere Behörden, die Aufgaben der Gefahrenabwehr zu erfüllen haben, nicht oder nicht rechtzeitig möglich erscheint. [2]Die sonstigen Aufgaben der Gefahrenabwehr sind allgemeine Verwaltungsaufgaben. [3]Sie sind von den Landkreisen und Gemeinden zu erfüllen, soweit nicht die Zuständigkeit einer Behörde der Landesverwaltung durch Rechtsvorschrift begründet ist.

Überblick

Auszug aus der VVHSOG (gem. Erlass des Hessischen Ministeriums des Innern und für Sport v. 29.11.2022 (StAnz. 50/2022, 1384) zum 1.1.2025 mangels eines erneuten Verlängerungserlasses ersatzlos außer Kraft getreten):

Zu § 2

2. Aufgabenabgrenzung

2.1

Die Aufgaben der Gefahrenabwehr sind primär von den Landkreisen und Gemeinden zu erfüllen. Dies gilt dann nicht, wenn die Zuständigkeit einer Behörde der Landesverwaltung (zum Beispiel

Regierungspräsidien) gegeben ist, den Ordnungsbehörden oder den Polizeibehörden diese Aufgaben nach Maßgabe des § 1 Abs. 2, 4 oder 5 zugewiesen worden sind oder ein Eilfall vorliegt.

2.2

Erscheint die Abwehr der Gefahr durch die primär zuständige Behörde nicht oder nicht rechtzeitig möglich (Eilfall), sind für die Abwehr der Gefahr Ordnungsbehörden und Polizeibehörden zur Vornahme unaufschiebbarer Maßnahmen der Gefahrenabwehr sachlich zuständig. Diejenige Ordnungs- oder Polizeibehörde, die mit einer Angelegenheit zuerst befasst wird, hat die erforderlichen Maßnahmen zu treffen; eine Zuständigkeitsabstufung zwischen den Ordnungs- und den Polizeibehörden sieht das Gesetz nicht vor. Von der Subsidiaritätsregel wird die Vorbereitung für die Hilfeleistung in Gefahrenfällen (§ 1 Abs. 1 Satz 2) nicht erfasst.

Nach § 1 Abs. 1 ist die Aufgabe der Gefahrenabwehr den Gefahrenabwehrbehörden (Verwaltungsbehörden und Ordnungsbehörden) und den Polizeibehörden als **gemeinsame Aufgabe** zugewiesen. Damit können drei Verwaltungsbereiche mit der Gefahrenabwehr befasst sein, was zu **Zuständigkeitskonkurrenzen** führen kann. § 2 nimmt eine Aufgabenqualifizierung und vor allem **Aufgabenabgrenzung** bei der den Verwaltungs-, Ordnungs- und Polizeibehörden in § 1 noch gemeinsam zugewiesenen Aufgabe der Gefahrenabwehr vor. Die Vorschrift enthält damit eine allgemeine Vorgabe für die **sachliche Zuständigkeit** bei Maßnahmen der Gefahrenabwehr, die maßgeblich ist, wenn speziellere Zuweisungs- bzw. Zuständigkeitsregeln fehlen. Diese können sich bspw. aus den Befugnisnormen ergeben; so sind bspw. für Ingewahrsamnahmen gem. § 32 Abs. 1 ausschließlich die Polizeibehörden zuständig. Befugnisse begründet § 2 nicht. Die Vorschrift stellt klar, dass die Aufgaben der Gefahrenabwehr vorrangig **allgemeine Verwaltungsaufgaben** sind. Sie sind von den Landkreisen und Gemeinden zu erfüllen, soweit nicht ausnahmsweise die Zuständigkeit einer Landesbehörde begründet ist. Damit sind vorrangig die **Verwaltungsbehörden** (§§ 82 ff.) auf kommunaler Ebene zuständig, denen nach § 2 S. 2 **sonstige Aufgaben der Gefahrenabwehr** (→ Rn. 11) zugewiesen sind. Die Vorschrift trägt dem Anliegen nach „Entpolizeilichung" der Gefahrenabwehr und der Kommunalisierung von Aufgaben Rechnung. Die Ordnungsbehörden und Polizeibehörden sind nach S. 1 außerhalb spezieller Zuweisungen für die Gefahrenabwehr nur **subsidiär zuständig** in Fällen, in denen die Gefahrenabwehr durch andere Behörden der Gefahrenabwehr nicht oder nicht rechtzeitig möglich erscheint (sog. **Eilfallzuständigkeit;** → Rn. 1). Die darin enthaltene Aufgabenbeschränkung der Polizei findet sich sowohl in § 1 MEPolG als auch in den Polizeigesetzen der Bundesländer wieder (zB § 2 Abs. 1 BWPolG, § 60 Abs. 2 BWPolG; Art. 3 BayPAG; § 1 Abs. 2 NPOG, § 1 Abs. 1 S. 3 PolG NRW). Allein die in § 1 Abs. 1 S. 2 erwähnte Vorbereitung für Hilfeleistungen haben alle Behörden unabhängig von der genannten Aufgabenabgrenzung gleichermaßen zu treffen. Bei der Aufgabenabgrenzung zwischen den Ordnung- und Polizeibehörden gilt in Eilfällen der **Grundsatz der Erstbefassung** (→ Rn. 7). Keine ausdrückliche Aussage trifft § 2 darüber, welche Maßnahmen (nur vorläufige oder auch endgültige?) im Eilfall auf welcher Grundlage (→ Rn. 9) möglich sind.

A. Subsidiäre Zuständigkeit der Ordnungs- und Polizeibehörden (S. 1)

I. Eilfallzuständigkeit

1 Während § 1 Abs. 1 die Aufgabe der Gefahrenabwehr den Gefahrenabwehr- und Polizeibehörden gemeinsam zuweist, erfolgt in § 2 eine Aufgabenabgrenzung. S. 1 weist dabei den **Ordnungs- und Polizeibehörden** eine nachrangige bzw. **subsidiäre Zuständigkeit** zu. Sie dürfen danach nur tätig werden, wenn die Gefahrenabwehr durch andere Behörden, die Aufgaben der Gefahrenabwehr zu erfüllen haben, nicht oder nicht rechtzeitig möglich erscheint. Diese Aufgabenbeschränkung begrenzt die Zuständigkeit der Ordnungs- und Polizeibehörden; die Praxis spricht hier von der **sog. Eilzuständigkeit.** Diese Subsidiarität ist insbesondere für das Verständnis der polizeilichen Tätigkeiten im Bereich der Gefahrenabwehr wichtig und prägend. Soweit Aufgaben der Gefahrenabwehr den Ordnungs- oder Polizeibehörden speziell zugewiesen sind, bleiben diese von der Regelung in § 2 S. 1 unberührt.

2 Entscheidende Voraussetzung für einen **Eilfall** im Sinne der Vorschrift ist neben der **Dringlichkeit der Maßnahme,** dass ein Eingreifen der primär zuständigen Behörde **nicht**

oder nicht rechtzeitig möglich erscheint. Damit ist auch in zeitlich dringenden Fällen zunächst die primär zuständige Behörde am Zuge. Nur wenn dies nicht möglich erscheint, ist für Ordnungs- und Polizeibehörden die Zuständigkeit gegeben und sie können tätig werden.

Die Vorschrift dient der Aufgabenabgrenzung zwischen den Verwaltungsbehörden auf der einen und den Ordnungs- und Polizeibehörden auf der anderen Seite. Sie begründet keine Eilzuständigkeit zB der allgemeinen Verwaltungsbehörde, wenn originär kraft spezieller Zuweisung die Ordnungsbehörde oder die Polizei zuständig wären. 3

Beispiel: Keine Eilzuständigkeit des Gemeindevorstandes im Bereich der durch § 1 HSOG-DVO den Ordnungsbehörden zugewiesenen Aufgaben. 3.1

Allerdings gilt die **Eilzuständigkeit der Polizei** auch in Fällen, in denen originär die Ordnungsbehörde zuständig wäre. Dies steht zwar so nicht ausdrücklich in § 2, ist aber aus Gründen einer effektiven Gefahrenabwehr notwendig. Für die **Annahme eines Eilfalles** reicht aus, dass die Aufgabenwahrnehmung durch die eigentlich zuständige Behörde **nicht möglich erscheint.** Die Anforderungen in § 2 S. 1 sind damit geringer als in § 88 Abs. 2 S. 1, der für einen Eilfall verlangt, dass die eigentlich zuständige Behörde nicht tätig wird oder nicht rechtzeitig tätig werden kann. 4

Aus Gründen der **Effektivität der Gefahrenabwehr** darf hier auch der Handlungsspielraum nicht zu sehr verengt werden. Wie auch beim Gefahrenbegriff geht es um eine **Prognoseentscheidung,** die die subsidiär handelnde Behörde aus ex ante Sicht zu treffen hat (vgl. VGH Mannheim NJW 1990, 1618 (1619); VG Frankfurt a. M. NVwZ 1990, 190). Liegen objektive Umstände vor und ist die Entscheidung nachvollziehbar, so sind getroffenen Maßnahmen jedenfalls nicht wegen fehlender Zuständigkeit rechtswidrig. Dies gilt auch dann, wenn sich nachträglich herausstellen sollte, dass die eigentlich zuständige Behörde doch in der Lage gewesen wäre, einzugreifen (vgl. Hornmann HSOG Rn. 4). Ein Rechtsverstoß kann nur dann angenommen werden, wenn die falsche Prognose auf einer offensichtlich subjektiven Fehleinschätzung beruht. 5

Gründe für die fehlende Möglichkeit der Gefahrenabwehr durch die eigentlich zuständige Behörde können tatsächlicher oder rechtlicher Art sein. In den meisten Fällen wird es um **tatsächliche Gründe** gehen, insbesondere den der Verhinderung der zuständigen Mitarbeiter außerhalb der regulären Dienstzeiten. In der Regel sind Verwaltungsbehörden bzw. deren Mitarbeiter nach Dienstschluss und an Wochenenden nicht erreichbar, sodass die Polizei tätig werden muss. Der Grund kann aber auch in einer fehlenden personellen oder sachlichen Ausstattung der zuständigen Behörde liegen. **Rechtliche Hinderungsgründe** können gegeben sein, wenn die eigentlich zuständige Behörde zu erforderlichen Maßnahmen nicht befugt ist, zB der Anwendung von unmittelbarem Zwang oder auch bestimmter Standardmaßnahmen. Neben der Verhinderung muss die Gefahrenabwehr **dringlich** sein. Dies ist der Fall, wenn bereits eine Störung der öffentlichen Sicherheit oder Ordnung eingetreten ist oder unmittelbar bevorsteht. 6

II. Grundsatz der Erstbefassung

Liegen die Voraussetzungen einer Eilzuständigkeit vor, führt dies nach S. 1 zu einer **Doppelzuständigkeit von Ordnungs- und Polizeibehörden,** da das Gesetz beide Behördenbereiche gleichberechtigt nennt. In der Praxis gilt zur Abgrenzung der ungeschriebene **Grundsatz der Erstbefassung.** Zuständig ist also diejenige Behörde, die zuerst von der Gefahrenlage Kenntnis erlangt. Es gibt das **Recht,** aber auch die **Pflicht des ersten Zugriffs.** Der erste Zugriff wird in der Regel durch die Polizei erfolgen, da sie auch außerhalb der Dienstzeiten der Verwaltung- und Ordnungsbehörden erreichbar und handlungsfähig ist. Fälle, in denen die Ordnungsbehörde anstelle der Verwaltungsbehörde handelt, kommen in der Praxis kaum vor (vgl. auch § 2 Abs. 2 Nr. 2 HSOG-DVO). Dabei bleibt die Behörde zuständig, die im Wege des ersten Zugriffs tätig wird, sie darf grundsätzlich die Fortführung der von ihr ergriffenen Maßnahmen nicht der anderen subsidiär zuständigen Behörde überlassen (vgl. VGH Kassel NJW 1984, 1197; Hornmann HSOG Rn. 7). 7

Anders sieht dies im Verhältnis zur originär zuständigen (Verwaltungs-)Behörde aus. Ist diese zur Gefahrenabwehr wieder in der Lage, so muss sie auch tätig werden; die zunächst 8 subsidiär zuständige Ordnungs- oder Polizeibehörde muss ihr die weiteren Maßnahmen überlassen.

III. Maßnahmen und Befugnisnorm im Eilfall

9 Zu klären bleibt, **wie weit die subsidiäre Zuständigkeit reicht** bzw. zu welchen Maßnahmen sie berechtigt. In einigen Bundesländern hat die Polizei im Rahmen ihrer subsidiären Zuständigkeit nur die Kompetenz, **vorläufige oder unaufschiebbare Maßnahmen** zu treffen (vgl. § 2 Abs. 1 BWPolG; § 3 Abs. 2 HbgSOG). § 2 enthält diese Beschränkung nicht ausdrücklich (anders als beim Selbsteintrittsrecht der Ordnungsbehörden nach § 88 Abs. 2). Die Differenzierung des Gesetzgebers spricht dafür, in S. 1 keine zwingende Beschränkung auf solche Maßnahmen zu sehen (so wohl auch Hornmann HSOG Rn. 7). Betrachtet man den Begriff der unaufschiebbaren Maßnahmen rein zeitlich, so enthält S. 1 sicher eine Beschränkung auf solche Maßnahmen. Wäre die Maßnahme zeitlich aufschiebbar, läge keine Eilzuständigkeit vor, dh es fehlt bereits an der Grundvoraussetzung für ein Tätigwerden.

10 Der in § 2 verankerte Subsidiaritätsgrundsatz bezieht sich zunächst auf die Zuständigkeitsfrage und begründet eine Eilkompetenz, kann sich aber auch auf die zugrunde liegende Befugnisnorm auswirken. Die **Ermächtigungsgrundlage für die subsidiär handelnde Behörde** ist dabei grundsätzlich dem Recht dieser ersatzweise handelnden Behörde zu entnehmen und nicht den Fachgesetzen der eigentlich zuständigen Behörde (Kingreen/Poscher POR § 3 Rn. 19).

10.1 **Beispiele:**
- Ordnet die Polizei vorläufig die Einstellung von illegalen Bauarbeiten an, so erfolgt dies auf Grundlage des HSOG und nicht auf Grundlage der HBO.
- Unterbindet die Polizei im Rahmen ihrer Eilkompetenz eine laufende Flatrate-Party, so kann sie sich dabei auf die polizeiliche Generalklausel und nicht auf das Gaststättengesetz stützen (Bsp. bei Kingreen/Poscher POR § 3 Rn. 20; VGH München NVwZ-RR 2008, 26).

10.2 Diese Sicht ist allerdings nicht unproblematisch. Keine Probleme bestehen, wenn es um Maßnahmen der allgemeinen Gefahrenabwehr auf Grundlage des HSOG geht, in denen unabhängig von der originären Zuständigkeit eine einheitliche Befugnisnorm zur Verfügung steht.

10.3 **Beispiel:** Platzverweis durch allgemeine Verwaltungsbehörde oder im Eilfall durch die Polizei; beide können auf § 31 Abs. 1 als Befugnisnorm zurückgreifen.

10.4 Problematischer sind die Fälle wie oben, in denen die Polizei aufgrund eines Eilfalls für eine Behörde handelt, der eine spezielle Befugnisnorm zur Verfügung steht (zB HBO, HGastG). Wenn auch hier ein Rückgriff der im Eilfall handelnden Polizei auf die polizeiliche Generealklausel bejaht wird, so erfolgt dies unter Hinweis auf die Tradition des Gefahrenabwehrrechts und letztlich die Notwendigkeit und Effektivität der Gefahrenabwehr (Poscher/Rusteberg JuS 2011, 888 (891)).

10.5 Nicht zulässig ist der Rückgriff auf das allgemeine Gefahrenabwehrrecht und seine Befugnisse allerdings dort, wo abschließende spezialgesetzliche Reglungen bestehen, wie zB im VersammlG und HPresseG (FLS PolR Hessen Kap. K Rn. 2; → § 3 Rn. 6). Unabhängig davon können bei bestehenden spezialgesetzlichen Befugnissen und Kompetenzen auf die Generalklausel gestützte Maßnahmen nur sichernde und vorläufige Maßnahmen sein. So kann in den oben genannten Beispielsfällen die Polizei zwar die vorläufige Einstellung der Bauarbeiten, nicht aber die Beseitigung der illegal errichteten Anlage fordern. Im Gaststättenfall kann im Wege der Eilkompetenz auf Grundlage der Generalklausel zwar die laufende Flatrate-Party gestoppt, aber kein generelles Verbot solcher Veranstaltungen ausgesprochen werden.

B. Sonstige Aufgaben der Gefahrenabwehr, Zuständigkeit der Verwaltungsbehörden (S. 2)

11 S. 2 stellt klar, dass Aufgaben der Gefahrenabwehr, die nicht durch spezielle Zuweisung bestimmten Behörden übertragen sind, **allgemeine Verwaltungsaufgaben** darstellen, die von den **Landkreisen und Gemeinden** zu erfüllen sind, soweit nicht die Zuständigkeit einer Behörde der Landesverwaltung durch Rechtsvorschrift begründet ist. Dies führt zu einer Art **Grundzuständigkeit der Verwaltungsbehörden auf kommunaler Ebene,** womit die Entpolizeilichung und die Kommunalisierung der Gefahrenabwehr deutlich zum Ausdruck kommen. Die originär staatliche Aufgabe der Gefahrenabwehr (vgl. § 81) ist

weitgehend auf die kommunalen Körperschaften als Weisungsaufgabe iSv § 4 Abs. 1 HGO übertragen (vgl. die Erläuterungen zu §§ 82 ff.). Damit handeln die kommunalen Verwaltungsbehörden, für den Landkreis der Kreisausschuss, für die Gemeinden und Städte der Gemeindevorstand bzw. der Magistrat. Über die Aufgabenverteilung zwischen Landkreisen und Gemeinden enthält § 2 keine Aussagen. Diese sind besonderen Zuweisungsregeln vorbehalten.

Zum Teil sind diesen allgemeinen Verwaltungsbehörden Aufgaben durch gesetzliche Regelungen ausdrücklich zugewiesen. Beispiele für zugewiesene Aufgaben sind: Bauaufsicht (vgl. § 61 Abs. 1 HBO), Wasseraufsicht (§ 64 Abs. 3 HessWG), Gaststättenaufsicht nach Gewerberecht-Zuständigkeitsverordnung. Soweit Aufgaben der Gefahrenabwehr nicht speziell zugewiesen sind, ergibt sich die Zuständigkeit der allgemeinen Verwaltungsbehörden aus S. 2 über den **Begriff der sonstigen Aufgaben der Gefahrenabwehr.** Dies sind Aufgaben, in denen eine spezielle Regelung fehlt und für das HSOG eine Grundlage bietet. Beispiele sind: Bekämpfung unfreiwilliger Obdachlosigkeit, Maßnahmen gegen nicht verbotene Prostitution. 12

Die in S. 3 genannte Zuständigkeitszuweisung an **Behörden der Landesverwaltung** stellt die Ausnahme dar, die zunehmend weniger Bedeutung hat, da die Tendenz klar in Richtung Kommunalisierung geht, womit Behörden der Landesverwaltung im Bereich der Gefahrenabwehr weniger in Erscheinung treten. So wurden durch das Gesetz zur Neuordnung der Aufgaben des Landrats sowie des Oberbürgermeisters als Behörden der Landesverwaltung v. 21.3.2005 (HessGVBl. I 229) Aufgaben der Gefahrenabwehr auf kommunale Behörden überführt. **Beispiele für Gefahrenabwehr durch allgemeine Landesbehörden** sind die den Regierungspräsidien zugewiesenen Aufgaben (Gewerbeuntersagung nach§ 35 GewO, Anordnungen auf dem Gebiet des Immissionsschutzes bei genehmigungsbedürftigen Anlagen, Aufgaben im Bereich der Abfallentsorgung, §§ 18 f. HAKrWG, Apothekenaufsicht nach § 1 ApoG und Zuständigkeiten auf dem Gebiet des Arzneimittelrechts). 13

§ 3 Geltungsbereich

(1) [1]Die Vorschriften dieses Gesetzes finden Anwendung bei der Erfüllung von Aufgaben der Gefahrenabwehr und weiterer Aufgaben nach § 1. [2]Vorschriften des Bundes- oder des Landesrechts, in denen die Gefahrenabwehr und die weiteren Aufgaben besonders geregelt sind, gehen diesem Gesetz vor. [3]Soweit die besonderen Rechtsvorschriften keine abschließenden Regelungen enthalten, ist dieses Gesetz ergänzend anzuwenden.

(2) Bei der Gefahrenabwehr sowie bei der Erforschung und Verfolgung von Straftaten und Ordnungswidrigkeiten sind die Vorschriften des Justizvergütungs- und -entschädigungsgesetzes vom 5. Mai 2004 (BGBl. I S. 718, 776) in der jeweils geltenden Fassung entsprechend anzuwenden.

(3) Bei der Erforschung und Verfolgung von Straftaten und Ordnungswidrigkeiten sind die Vorschriften der §§ 55 bis 62 über die Art und Weise der Anwendung unmittelbaren Zwanges anzuwenden, soweit die Strafprozessordnung keine abschließenden Regelungen enthält.

(4) [1]Soweit dieses Gesetz keine abschließenden Regelungen enthält, ist auf die Verarbeitung personenbezogener Daten durch die Gefahrenabwehr- und die Polizeibehörden zur Erfüllung ihrer Aufgaben nach diesem Gesetz ergänzend das Hessische Datenschutz- und Informationsfreiheitsgesetz in der jeweils geltenden Fassung anzuwenden. [2]Die Vorschriften dieses Gesetzes finden keine Anwendung, soweit das Recht der Europäischen Union, insbesondere die Verordnung (EU) Nr. 2016/679 des Europäischen Parlaments und des Rates vom 27. April 2016 zum Schutz natürlicher Personen bei der Verarbeitung personenbezogener Daten, zum freien Datenverkehr und zur Aufhebung der Richtlinie 95/46/EG (Datenschutz-Grundverordnung) (ABl. EU Nr. L 119 S. 1, Nr. L 314 S. 72) in der jeweils geltenden Fassung, unmittelbar gilt.

Überblick

Auszug aus der VVHSOG (nicht an die aktuelle Gesetzeslage angepasst und gem. Erlass des Hessischen Ministeriums des Innern und für Sport v. 29.11.2022 (StAnz. 50/2022, 1384) zum 1.1.2025 mangels eines erneuten Verlängerungserlasses ersatzlos außer Kraft getreten):

Zu § 3

3. Geltungsbereich

3.1 Zu Abs. 1

Die Befugnisgeneralklausel (§ 11) kann als Ermächtigungsgrundlage zur Ergänzung spezialgesetzlicher Regelungen, die keine abschließenden Vorschriften enthalten, herangezogen werden. Daneben können auch die übrigen Vorschriften für die besonderen Gebiete des Gefahrenabwehrrechts Anwendung finden.

3.2 Zu Abs. 2

3.2.1

Abs. 2 erfasst die Fälle der Heranziehung von Sachverständigen, Dolmetscherinnen und Dolmetschern, Übersetzerinnen und Übersetzern, Zeuginnen und Zeugen sowie Dritten, die nicht dem unmittelbaren Geltungsbereich des Justizvergütungs- und -entschädigungsgesetzes (JVEG) unterliegen.

3.2.2

Verantwortliche Personen nach §§ 6 und 7 sowie Beschuldigte in Strafverfahren sind weder Zeugen noch Dritte und erhalten keine Entschädigung. Für die Entschädigung nicht verantwortlicher Personen im Sinne des § 9 gelten daneben die §§ 64 bis 70.

3.3 Zu Abs. 3

Die Strafprozessordnung enthält keine abschließenden Regelungen über die Ausübung unmittelbaren Zwanges. Die Vorschriften des (§§ 52 bis 61) sind ergänzend anzuwenden. Für die Anwendung unmittelbaren Zwanges durch Polizeibeamtinnen und Polizeibeamte auf Anordnung des Staatsanwalts gelten die Gemeinsamen Richtlinien der Justizminister/-senatoren und der Innenminister/-senatoren des Bundes und der Länder über die Anwendung unmittelbaren Zwanges durch Polizeibeamte auf Anordnung des Staatsanwalts (Anlage 1).

§ 3 regelt den **Geltungs- bzw. Anwendungsbereich** des Gesetzes. Es gilt bei der Erfüllung von Aufgaben der Gefahrenabwehr und den sonst in § 1 genannten weiteren Aufgaben (→ Rn. 1). Eine vergleichbare Regelung findet sich in § 3 NPOG. **Abs. 1** enthält Aussagen zum **Verhältnis des Gesetzes zu speziellen Regelungen** der Gefahrenabwehr und der weiteren in § 1 genannten Aufgaben in Bundes- und Landesrecht. Das Gesetz verweist auf den **Vorrang besonderer Regelungen** (→ Rn. 5) und auf Möglichkeit einer **ergänzenden Anwendung** (→ Rn. 7), wenn die speziellen Gesetze keine abschließende Regelung enthalten. Abs. 1 verweist damit auf die allgemeinen **Grundsätze der Spezialität und Subsidiarität** bei der Anwendung von Gesetzen. Vergleichbare Regelungen finden sich in Art. 11 Abs. 3 S. 2 BayPAG, § 8 Abs. 3 PolG NRW und § 14 Abs. 3 S. 2 BPolG. **Abs. 2** erklärt sowohl bei der Gefahrenabwehr als auch bei der Erforschung und Verfolgung von Ordnungswidrigkeiten die **Vorschriften des JVEG** (Justizvergütungs- und -entschädigungsgesetzes v. 5.5.2004, BGBl. I 718) für entsprechend anwendbar (→ Rn. 18). Damit soll auch im Bereich der Gefahrenabwehr und polizeilich veranlasster Maßnahmen im Zusammenhang mit Ordnungswidrigkeiten eine Grundlage für die im Gesetz genannten Leistungen geschaffen werden. Nach **Abs. 3** sind die Vorschriften im HSOG **über Art und Weise der Anwendung des unmittelbaren Zwangs (§§ 55–62)** auch im Bereich repressiver Maßnahmen bei der Erforschung und Verfolgung von Straftaten und Ordnungswidrigkeiten anwendbar, soweit die in diesem Bereich geltende StPO keine abschließenden Regelungen enthält (→ Rn. 21). **Abs. 4** enthält Aussagen zum **Verhältnis zum allgemeinen Datenschutzrecht** bei der Verarbeitung personenbezogener Daten durch die Gefahrenabwehr- und Polizeibehörden.

Übersicht

A. Geltungs-und Anwendungsbereich (Abs. 1)

I. Grundsätzliche Anwendbarkeit des HSOG

Die Norm stellt klar, dass die Vorschriften des Gesetzes bei der Erfüllung von Aufgaben der Gefahrenabwehr (vgl. § 1 Abs. 1, § 1 Abs. 3 und Abs. 4) und den weiteren Aufgaben nach § 1 (vgl. § 1 Abs. 2, Abs. 5 und Abs. 6) Anwendung finden. Soweit es um Aufgaben der Gefahrenabwehr geht, ist dies naheliegend. 1

Nach Abs. 1 S. 1 finden die Vorschriften des Gesetzes nicht nur bei der „Erfüllung von Aufgaben der Gefahrenabwehr" Anwendung, sondern auch bei **„weiteren Aufgaben nach § 1"**, zu denen über § 1 Abs. 2 insbesondere auch die Aufgabe der Verfolgung von Straftaten und Ordnungswidrigkeiten zählt. Für die Anwendung des Gesetzes in diesem Bereich enthält Abs. 3 eine Sonderregelung. 2

In Abs. 1 S. 2 wird das **Konkurrenzverhältnis zwischen dem HSOG und besonderen Regelungen** thematisiert. Die Vorschrift stellt klar, dass Vorschriften des Bundes- oder Landesrechts, in denen die Gefahrenabwehr und die weiteren Aufgaben gesondert geregelt sind, vorgehen. Damit wird dem **Grundsatz der Spezialität** Rechnung getragen. Von besonderer Bedeutung ist die Aussage, dass das HSOG **ergänzend** anzuwenden ist, soweit die besonderen Rechtsvorschriften keine abschließende Regelung enthalten. Insoweit dient das HSOG der **„Lückenfüllung"** in Bereichen, die das spezielle Ordnungsrecht nicht erfasst. 3

Diese Aussagen zum Konkurrenzverhältnis beziehen sich nur auf die genannten besonderen Vorschriften, in denen Aufgaben der Gefahrenabwehr bzw. der weiteren in § 1 genannten Aufgaben geregelt sind. Abs. 1 enthält **keine Aussagen zum Verhältnis zu allgemeinen Normen,** die in einem Verwaltungsverfahren unabhängig vom Aufgabenbereich relevant sein können, zB Vorschriften aus dem HVwVfG oder dem HessVwVG. Das Konkurrenzverhältnis zu diesen Normen regelt sich in der Sache nach den allgemeinen Grundsätzen von Spezialität und Subsidiarität, wobei hier das HSOG die spezielleren Regelungen enthalten kann (zB die §§ 47 ff. gegenüber den Regelungen im HessVwVG). 4

II. Vorrang spezieller Vorschriften

Abs. 1 S. 2 weist auf den Vorrang spezieller Vorschriften des Bundes- oder des Landesrechts hin, in denen die Gefahrenabwehr und die weiteren Aufgaben geregelt sind. Spezielle Gesetze im Bereich der Gefahrenabwehr finden sich sowohl im Bundes- wie auch im Landesrecht. **Wichtige Beispiele aus dem Bundesrecht** sind: Ausländerrecht (AufenthG), Waffen- und Sprengstoffrecht (WaffenG, SprengstoffG) Vereinsrecht (VereinsG), Gewerberecht (GewO), Verkehrsrecht (StVG, StVO usw), Atomrecht (AtG), Immissionsschutzrecht (BImSchG), Seuchenrecht (IfSG, TierGesG). **Landesrechtliche Beispiele** sind: Bauordnungsrecht (HBO), Versammlungsrecht (HVersFG), Gaststättenrecht (HGastG), Forstrecht (HWaldG), Brandschutz- und Katastrophenrecht (HessBKG), Wasserrecht (HessWG). Spezielle Vorschriften für weitere in § 1 genannte Aufgaben sind insbesondere die StPO und das OWiG. 5

Diese gesetzlichen Vorschriften gehen den Vorschriften des HSOG vor. Soweit sie Regelungen enthalten, insbesondere eigene Ermächtigungen für Maßnahmen der Gefahrenabwehr oder auch im repressiven Bereich, sind diese sowohl hinsichtlich der Voraussetzungen als auch der möglichen Rechtsfolgen maßgebend; das HSOG findet insoweit keine Anwendung. 6

6.1 **Beispiele:**
- Beschränkungen, Verbote oder Auflösungen von Versammlung nach § 14 HVersFG,
- Vereinsverbot nach § 3 VereinsG,
- Endgültige Gewerbeuntersagung nach § 35 GewO,
- Bauaufsichtliche Verfügungen nach § 61 oder § 82 HBO,
- Untersagung gastgewerblicher Tätigkeit nach § 4 HGastG.

III. Ergänzende Anwendung des HSOG

7 Enthält das Spezialgesetz keine für den Fall passende Regelung, ist zu klären, ob und inwieweit auf das HSOG zurückgegriffen werden kann. Nach Abs. 1 S. 3 ist das HSOG **ergänzend anwendbar,** soweit die besonderen Rechtsvorschriften keine abschließende Regelung enthalten. Ob und inwieweit dies der Fall ist, ist im Einzelfall im Wege der **Auslegung** zur ermitteln. Dabei sollte zwischen Eingriffsvoraussetzungen und Maßnahmen auf der Rechtsfolgenseite differenziert werden (vgl. Schoch JuS 1994, 479 (480) mwN).

8 Beispielhaft sei hier das **Versammlungsrecht** genannt, dessen Verhältnis zum allgemeinen Gefahrenabwehrrecht und damit zum HSOG sowohl in der Praxis als auch in der juristischen Ausbildung besonders relevant ist.

9 Seit Inkrafttreten der Föderalismusreform (Gesetz zur Änderung des Grundgesetzes v. 28.8.2006, BGBl. I 2034) besteht keine Gesetzgebungskompetenz des Bundes mehr für das Versammlungsrecht. Gemäß Art. 125a Abs. 1 S. 1 GG gilt das VersammlG allerdings als Bundesrecht fort, solange es nicht durch Landesrecht ersetzt wird. Dies ist in Hessen mit dem am 4.4.2023 in Kraft getretenen Hessischen Versammlungsfreiheitsgesetz (HVersFG) geschehen (GVBl. 2023, 150).

10 Das HVersFG stellt gegenüber dem HSOG eine grundsätzlich abschließende Regelung dar. Maßnahmen gegen Versammlungen sind danach nur auf der Grundlage des HVersFG möglich (zB Verbote, Auflösungen), nicht aber nach dem allgemeinen Landespolizeirecht.

11 Allerdings kann diese **Sperrwirkung durchbrochen** bzw. aufgelöst sein. Dies kann unter Berücksichtigung der **Zielrichtung** eines speziellen Gesetzes der Fall sein. So ist die Sperrwirkung des HVersFG auf versammlungsspezifische Gefahrenlagen beschränkt. Bei Maßnahmen, die nicht versammlungsspezifische Gefahren abwehren sollen, kann auf das HSOG zurückgegriffen werden. Im Übrigen findet sich in § 10 HVersFG eine ausdrückliche Regelung zur Frage der ergänzenden Anwendung des HSOG.

11.1 **Beispiele:** Versammlungsverbot oder Beendigung, wenn die Versammlungsstätte einzustürzen droht; Auflösung eines Skinheadkonzertes wegen Brandgefahr (VGH Mannheim BeckRS 2010, 52002).

12 Hier geht es um Gefahrenlagen und Maßnahmen, die nicht in den Regelungsbereich des speziellen Gesetzes fallen. Deshalb ist bei der Frage einer ergänzenden Anwendung zu klären, welche Materie **Gegenstand der Sonderregelung** ist und wieweit deren Regelungsbereich reicht. So können Sondergesetze nur spezielle Bereiche einer Materie regeln, sie sind dann auch nur insoweit abschließend, während in anderen Bereichen ein Rückgriff auf das allgemeine Polizei- und Ordnungsrecht möglich ist.

12.1 **Beispiel:** Die GewO regelt vorrangig die Zulassung zum Gewerbe, nicht die Art der Ausübung, sodass der Betrieb eines Laserdromes unter Umständen auf der Grundlage der ordnungsrechtlichen Generalklausel untersagt werden kann (BVerwG NVwZ 2002, 598).

13 Auch kann sich eine **Begrenzung der Sperrwirkung aus zeitlichen oder örtlichen Aspekten** ergeben. Das HVersFG greift während einer Versammlung, dh grundsätzlich vom Versammlungsbeginn bis zum Ende der Versammlung.

13.1 **Beispiel:** Nach erfolgter Auflösung einer Versammlung ist ein polizeirechtlicher Platzverweis möglich (BVerfG NVwZ-RR 2005, 80).

14 Oft beschränkt sich die Sperrwirkung auf die Befugnisse und deren Voraussetzungen, während mangels eigener Regelung zB ein **Rückgriff auf die Vorschriften zur Verantwortlichkeit** (§§ 6 ff.) durchaus möglich ist. So richtet sich auch im Versammlungsrecht die Frage nach dem richtigen Adressaten einer Verfügung nach den in §§ 6 ff. genannten Grundsätzen. Anderes gilt, wenn ein Spezialgesetz auch dazu eigene Regelungen enthält wie zB § 4 BBodSchG (vgl. VG Frankfurt a. M. NVwZ 2000, 107 (109)).

15 Nicht nur Bundesgesetze, sondern auch **Landesgesetze,** in denen die Gefahrenabwehr oder die weiteren in § 1 genannten Aufgaben besonders geregelt sind, können abschließenden Charakter haben. So sind bspw. **Maßnahmen der Bauaufsicht** abschließend in der HBO geregelt. Auch hier ist zu klären, wie weit der abschließende Charakter und damit die Sperrwirkung gehen. Häufig – so auch im Verhältnis HBO zum HSOG – beschränkt sich wie oben erläutert die abschließende Regelung auf die Art der Maßnahme und deren jeweilige Voraussetzungen und damit vorrangig auf die Befugnisnormen. Ein Rückgriff auf andere Regeln (zB Grundsatz der Verhältnismäßigkeit, § 4; Verantwortlichkeit, §§ 6 ff.) ist in der Regel möglich. Zum Teil finden sich entsprechende ausdrückliche Verweise (zB in § 53 Abs. 4 HessWG und § 74 HessWG; § 15 Abs. 2 S. 2 HAKrWG). In diesen Fällen werden die Vorschriften des HSOG entsprechend angewandt. Auch wenn Verweise fehlen, ist ein Rückgriff mangels eigener Regelung möglich, zB die Vorschriften des zur Verantwortlichkeit im Bereich des Bauordnungsrechts (vgl. VGH Kassel NVwZ-RR 1989, 137). § 3 Abs. 1 S. 3 spricht von der ergänzenden Anwendung des Gesetzes. In diesem Fall werden die Vorschriften des HSOG direkt und nicht nur entsprechend angewandt.

16 Der ergänzenden Anwendung des Gesetzes kommt besondere Bedeutung in den Bereichen zu, in denen es zwar **spezialgesetzlich geregelte Verbote oder Gebote** oder Erlaubnisvorbehalte zur Gefahrenabwehr gibt, das spezielle Gesetz **aber keine eigenen Befugnisnormen** enthält (zB HFeiertagsG, HLöG, HessNRSG). Häufig ist dies auch im Bereich von Gefahrenabwehrverordnungen der Fall. In diesen Fällen kommt insbesondere der gefahrenabwehrrechtlichen **Generalklausel** in § 11 eine ergänzende Funktion zu, um Verstöße gegen in anderen Gesetzen bzw. Verordnungen geregelte Verbote und Gebote durch Verwaltungsakte zu konkretisieren und zu unterbinden (→ § 11 Rn. 14).

17 Eine ergänzende Funktion mit Rückgriff auf die Generalklausel des § 11 kann auch bei **vorläufigen Maßnahmen im Rahmen der Eilzuständigkeit** (→ § 2 Rn. 11) in Betracht kommen (Poscher/Rusteberg JuS 2011, 888 (890)). Zwar kann zB die im Wege der Eilzuständigkeit nach § 2 S. 1 handelnde Polizei keine Maßnahme nach dem Spezialgesetz treffen (zB Gewerbeuntersagung nach § 35 GewO), sie kann aber vorläufige Maßnahmen – vorläufige Schließung des Betriebes – auf der Grundlage von § 11 treffen (vgl. BVerwG NJW 1991, 1475; OVG Koblenz NVwZ-RR 1999, 244). Versperrt ist dieser Weg allerdings, wenn Sondergesetze den Lebenssachverhalt auch mit Blick auf Eilfälle abschließend regeln, so zB das HPresseG (vgl. § 2 Abs. 1 HPresseG).

B. Anwendbarkeit des Justizvergütungs- und entschädigungsgesetzes (Abs. 2)

18 Nach Abs. 2 sind bei der Gefahrenabwehr sowie bei der Erforschung und Verfolgung von Straftaten und Ordnungswidrigkeiten die Vorschriften des JVEG (Justizvergütungs- und entschädigungsgesetzes v. 5.5.2004, BGBl. I 718) in der jeweils gültigen Fassung **entsprechend anwendbar.** Das JVEG sieht grundsätzlich Fahrtkostenersatz (§ 5 JVEG), Aufwandsentschädigung (§ 6 JVEG) und sonstigen Aufwendungsersatz (§ 7 JVEG) vor, für Sachverständige, Dolmetscher und Übersetzer zusätzlich noch Honorare auf Stundenbasis (§ 9 ff. JVEG).

19 Unmittelbar gilt das Gesetz nur für vom Gericht oder der Staatsanwaltschaft bzw. im Bereich der Ordnungswidrigkeiten von den Verwaltungsbehörden (vgl. auch § 59 OWiG) herangezogene Zeugen, Sachverständige, Dolmetscher und Übersetzer. Für von Polizeibehörden (die keine Verwaltungsbehörden iSd § 35 OWiG sind) veranlasste Maßnahmen oder im Bereich der Gefahrenabwehr greift das JVEG nicht unmittelbar. Mit der Regelung in § 3 Abs. 2 will der hessische Gesetzgeber eine Rechtsgrundlage für Entschädigungen auch in diesen Bereichen schaffen (Fredrich § 3 Rn. 8). Soweit Zeugen und Sachverständige **im Rahmen eines Verwaltungsverfahrens** iSd § 9 HVwVfG herangezogen werden, sieht übrigens auch **§ 26 Abs. 3 HVwVfG** eine entsprechende Andendung des JVEG vor.

20 Im **Bereich der Gefahrenabwehr** ist die Regelung in § 2 Abs. 3 insbesondere bei **Vorladungen** von Zeugen und Sachverständigen relevant (vgl. § 11 Abs. 4 MEPolG), sie geht aber über die Fälle einer Vorladung hinaus. Die Regelung gilt jedoch **nicht für Verantwortliche** iSv §§ 6, 7, da diese keine Zeugen im Sinne des JVEG sind. Da die Anwendbarkeit des JVEG nach § 2 Abs. 2 sowohl bei der Gefahrenabwehr als auch bei der Erforschung und Verfolgung von Straftaten und Ordnungswidrigkeiten eröffnet wird, ist hinsichtlich der

Entschädigungsfragen die oft schwierige Abgrenzung zwischen präventivem und repressivem Handeln entbehrlich.

C. Anwendung von Vorschriften des unmittelbaren Zwanges (Abs. 3)

21 Nach Abs. 3 sind bei der Erforschung und Verfolgung von Straftaten und Ordnungswidrigkeiten die Vorschriften der **§§ 55–62 über die Art und Weise der Anwendung unmittelbaren Zwanges** anzuwenden, soweit die Strafprozessordnung keine abschließenden Regelungen enthält. Damit richtet sich im Ergebnis die Anwendung unmittelbaren Zwanges auch im repressiven Bereich grundsätzlich nach den landesrechtlichen Vorgaben im (vgl. § 54).

22 Es kommt hier zu einer **Überschneidung bzw. Verzahnung von repressiven und präventiven Rechtsvorschriften,** von strafprozessualem Bundesrecht und gefahrenabwehrrechtlichem Landesrecht. Die Regelungskompetenz des Landes ergibt sich daraus, dass die Gesetzgebungskompetenz des Bundes nach Art. 74 Nr. 1 GG auf das „gerichtliche Verfahren" beschränkt ist. Damit ist das Verfahren vor den Strafgerichten und bei den Staatsanwaltschaften einschließlich polizeilicher Ermittlungsverfahren gemeint. Damit fallen Ermächtigungen für Maßnahmen im Rahmen der Ermittlungen in die konkurrierende Gesetzgebungskompetenz des Bundes, nicht aber die Regelung der Art und Weise der zwangsweisen Durchsetzung im Wege des unmittelbaren Zwanges; hier ist die Gesetzgebungskompetenz des Landes eröffnet (vgl. Hornmann HSOG Rn. 12).

23 Der Gesetzgebungskompetenz folgend enthält die StPO zwar zahlreiche Ermächtigungsgrundlagen (in Form von Standardmaßnahmen) für Ermittlungsmaßnahmen, sie enthält aber grundsätzlich keine Regelungen zur Art und Weise der zwangsweisen Durchsetzung dieser Maßnahmen (Schenke PolR Rn. 417; aA wohl OLG Dresden NJW 2001, 3643, wonach § 81a StPO die Befugnis zur Anwendung unmittelbaren Zwanges enthalten soll). Damit ist der Anwendungsbereich der Vorschriften über den unmittelbaren Zwang aus dem HSOG eröffnet, beschränkt allerdings auf die Vorschriften der §§ 55–62 über die **Art und Weise der Zwangsanwendung.** Darunter fällt zB die Frage nach den zulässigen Hilfsmitteln und Waffen bei der Anwendung unmittelbaren Zwanges; ebenso die Voraussetzungen für den Schusswaffengebrauch. Diese Verzahnung führt dazu, dass die Art und Weise der Anwendung unmittelbaren Zwanges einem einheitlichen Regime unterstellt ist, unabhängig davon, ob es um die Durchsetzung einer repressiven oder präventiven Maßnahme geht. Dies ist sachgerecht, da in beiden Bereichen die Polizei den unmittelbaren Zwang ausübt und in der Praxis häufig Situationen auftreten, in denen eine klare Trennung ohnehin schwerfällt.

D. Anwendung des HDSIG

24 Mit dem Hessischen Gesetz zur Anpassung des Hessischen Datenschutzrechts an die Verordnung (EU) Nr. 2016/679 und zur Umsetzung der Richtlinie (EU) Nr. 2016/680 und zur Informationsfreiheit (v. 3.5.2018, HessGVBl. 82) wurde § 3 um den Abs. 4 ergänzt. Das HSOG verfügte zuvor über keine Regelung, inwieweit die Bestimmungen des allgemeinen Datenschutzrechts auch im Polizeirecht Anwendung finden. Dem soll mit dem neuen Abs. 4 Rechnung getragen werden. Nach Abs. 4 S. 1 ist bei der Verarbeitung personenbezogener Daten durch Gefahrenabwehr- oder Polizeibehörden nach dem HSOG das HDSIG (Hessisches Datenschutz- und Informationsfreiheitsgesetz v. 3.5.2018, HessGVBl. 82) subsidiär anwendbar, soweit das HSOG keine abschließende Regelung enthält. Dies gilt allerdings nicht, soweit Datenverarbeitungsvorgänge im Rahmen der Gefahrenabwehr unter den Anwendungsbereich der DS-GVO (VO (EU) 2016/679 v. 27.4.2016, ABl. 2016 L 119, 1) und die ihrer Durchführung dienenden Vorschriften im zweiten Teil des HDSIG fallen, da insofern das Recht der EU unmittelbar gilt (zB Datenverarbeitung zum Schutz privater Rechte).

§ 4 Grundsatz der Verhältnismäßigkeit

(1) Von mehreren möglichen und geeigneten Maßnahmen haben die Gefahrenabwehr- und die Polizeibehörden diejenigen Maßnahmen zu treffen, die die einzelne Person und die Allgemeinheit voraussichtlich am wenigsten beeinträchtigen.

(2) Eine Maßnahme darf nicht zu einem Nachteil führen, der zu dem erstrebten Erfolg erkennbar außer Verhältnis steht.

(3) Eine Maßnahme ist nur so lange zulässig, bis ihr Zweck erreicht ist oder sich zeigt, dass er nicht erreicht werden kann.

Überblick

Auszug aus der VVHSOG (gem. Erlass des Hessischen Ministeriums des Innern und für Sport v. 29.11.2022 (StAnz. 50/2022, 1384) zum 1.1.2025 mangels eines erneuten Verlängerungserlasses ersatzlos außer Kraft getreten):

Zu § 4

4. Grundsatz der Verhältnismäßigkeit

4.0

Der Grundsatz der Verhältnismäßigkeit hat Verfassungsrang. Die Vorschrift ist bei jeder Maßnahme zu berücksichtigen.

4.1 Zu Abs. 1 und 2

Abs. 1 beinhaltet den Grundsatz des geringstmöglichen Eingriffs. Abs. 2 enthält den Grundsatz der Verhältnismäßigkeit im engeren Sinne. Ein Nachteil steht erkennbar außer Verhältnis zum Erfolg, wenn zwischen verfolgtem Zweck und dadurch bewirktem Nachteil bei der betroffenen Person ein offenbares Missverhältnis besteht.

Unter der amtlichen Überschrift **Grundsatz der Verhältnismäßigkeit** normiert § 4 die wichtigste **materielle Grenze** des Handelns der Gefahrenabwehr- und Polizeibehörden. Die Vorschrift stellt Anforderungen an die **Mittel-Zweck-Relation** polizeilichen Handelns, indem sie bestimmt, welche Maßnahmen die Behörden zu wählen haben (Ossenbühl JURA 1997, 617 (618)): Die Behörden dürfen nur Maßnahmen treffen, die **möglich** (Grundsatz der Möglichkeit, → Rn. 35) und **geeignet** (Grundsatz der Geeignetheit, → Rn. 41) sind, den angestrebten **Zweck** (Gebot der Zweckverfolgung, → Rn. 30) zu erreichen, sowie von mehreren gleich geeigneten und möglichen nur diejenigen, die die einzelne Person und die Allgemeinheit am **wenigsten beeinträchtigen** (Grundsatz der Erforderlichkeit, → Rn. 46; Abs. 1). Die Behörden dürfen sodann auch keine Maßnahme wählen, die zu einem Nachteil führt, der zu dem erstrebten Erfolg erkennbar außer Verhältnis steht (Grundsatz der Verhältnismäßigkeit im engeren Sinne,→ Rn. 63; Abs. 2). Die Maßnahmen der Gefahrenabwehr- und Polizeibehörden sind zudem nur solange zulässig, bis ihr Zweck erreicht ist oder sich zeigt, dass er nicht erreicht werden kann (Verbot eines zeitlichen Übermaßes,→ Rn. 76; Abs. 3). Die Auswahl von Mitteln unter den Aspekten der Möglichkeit, Eignung, Erforderlichkeit und Verhältnismäßigkeit im engeren Sinne setzt zudem voraus, dass der verfolgte Zweck **legitim** ist (Gebot der Legitimität des Zwecks). Der Grundsatz der Verhältnismäßigkeit will die **Grundrechte schützen,** indem er den im öffentlichen Interesse der Gefahrenabwehr erfolgenden Eingriff in das geschützte Gut auf das unbedingt Notwendige beschränkt und den unangemessenen Eingriff verbietet (BVerfGE 30, 1 (20); Pausch/Dölger PolR Hessen 133). Zugleich dient er wie das den Gefahrenabwehr- und Polizeibehörden eingeräumte Ermessen der **Einzelfallgerechtigkeit** (VGH Mannheim NVwZ-RR 1997, 225 (226); NVwZ 2003, 115 (116); Voßkuhle JuS 2007, 429) wie auch der **Sachgerechtigkeit** der polizeilichen Maßnahme.

Übersicht

A. Allgemeines

I. Herleitung und Geltungsgrund

1. Herleitung

1 Ideengeschichtlich hat der Grundsatz der Verhältnismäßigkeit seine Wurzeln in der **griechischen Philosophie** als einer Kultur des Maßes („Nichts im Übermaß"). In der **europäischen Aufklärung** setzte sich der Gedanke durch, dass Staat und Recht nicht als Zwecke an sich, sondern nur im Dienst des Menschen zu rechtfertigen sind (Merten/Papier Grundrechte-HdB/Merten § 68 Rn. 6 ff.; Wieacker FS Fischer, 1979, 867 (874 f., 878)). Als Gebot des Rechts hatte der Grundsatz der Verhältnismäßigkeit seinen Durchbruch in der zweiten Hälfte des 19. Jahrhunderts im **Polizeirecht** vor allem in der Rechtsprechung des Preußischen Oberverwaltungsgerichts (PrOVGE 13, 424 (425 f.); 37, 401 (403 f.); 44, 342 (343)).

2. Geltungsgrund

2 Unter der Geltung des Grundgesetzes ist der verwaltungsrechtliche Grundsatz der Verhältnismäßigkeit von Anfang an auf die Ebene des **Bundesverfassungsrechts** gehoben (BVerfGE 3, 383 (399)) und dort als Leitlinie **„allen staatlichen Handelns"** begriffen worden (BVerfGE 23, 127 (133)). Seine Grundlage wird – vor allem (zu den zahlreichen anderen Herleitungen: Merten/Papier Grundrechte-HdB/Merten § 68 Rn. 24 ff.) – sowohl im **Rechtsstaatsprinzip** (BVerfGE 57, 250 (270); 76, 256 (359); 113, 154 (162)) als auch in den **Grundrechten** gesehen (BVerfGE 19, 342 (348 f.); 65, 1 (44); 76, 1 (50 f.)), nach einer prominent vertretenen Ansicht im Schrifttum im hierüber hinausweisenden **„dirigierenden Teil der Verfassung"** (Lerche, Übermaß und Verfassungsrecht, 2. Aufl. 1999, 81 ff.). Aufgrund der Grundrechtsbindung aller staatlichen Gewalt (Art. 1 Abs. 3 GG) gilt er im Verfassungsraum der **Länder** unmittelbar (Merten/Papier Grundrechte-HdB/Merten § 68 Rn. 41). Er würde für das Handeln der hessischen Gefahrenabwehr- und Polizeibehörden nach dem HSOG daher auch dann gelten, wenn er nicht in § 4 geregelt wäre (VGH Kassel ESVGH 33, 223 (225) zu § 16 HessStrG; Ipsen NdsPolR Rn. 291). Der **Anwendungsvorrang** des rangniederen Rechts (Kategorie: Maurer/Waldhoff AllgVerwR § 4 Rn. 59) steht jedoch einem direkten Zugriff auf das verfassungsrechtliche Prinzip nicht entgegen, jedoch verlangt nach einer Anwendung des geltenden einfachen Rechts (Kingreen/Poscher POR § 10 Rn. 2).

3 Im Grundsatz der Verhältnismäßigkeit fließen das demokratische (Art. 20 Abs. 1 und Abs. 2 GG) und das rechtsstaatliche Prinzip (Art. 20 Abs. 3 GG, Art. 28 Abs. 1 S. 1 GG) zusammen: Über den der Gefahrenabwehr- und Polizeibehörden gesetzlich vorgegebenen **Zweck** der Gefahrenabwehr verwirklicht sich die **demokratische Herrschaft** des Volkes, über die Begrenzung ihrer **Mittel** am Maßstab der Geeignetheit, Erforderlichkeit und Verhältnismäßigkeit im engeren Sinne deren **rechtsstaatliche Bindung** (Heun/Starck/Müller-Franken, Grundrechte, Rechtsstaat und Demokratie als Grundlagen des Verwaltungsrechts, 2015, 143 (149 f.)).

II. Grundsatz der Verhältnismäßigkeit und Grundrechte

4 Die Gefahrenabwehr- und Polizeibehörden müssen zum Zwecke der Gefahrenabwehr nicht selten in Rechte der Bürger eingreifen, die als Grundrechte verfassungsrechtlich

geschützt sind; aufgrund des umfassenden Verständhisses der Garantie des Art. 2 Abs. 1 GG im Sinne einer Gewährleistung der allgemeinen menschlichen Handlungsfreiheit (BVerfGE 6, 32 (36)) bedeutet eine den Bürger belastende Maßnahme der Behörden regelmäßig einen Eingriff zumindest in dieses Grundrecht (Kingreen/Poscher POR § 10 Rn. 2). Für ihr belastendes Handeln bedürfen die Gefahrenabwehr- und Polizeibehörden nach der Lehre vom **Vorbehalt des Gesetzes** (Art. 20 Abs. 3 GG, Art. 2 Abs. 2 HessVerf) damit in jedem Falle einer gesetzlichen Grundlage (Isensee/Kirchhof StaatsR-HdB/Ossenbühl § 101 Rn. 21; → SystVorbPolRDe Rn. 1 ff.). Auf die Frage, in welches Grundrecht genau eingegriffen wird, kommt es für dieses Erfordernis nicht an.

Die Grundrechtseingriffe, die in Anwendung der Generalklausel (§ 11) oder einer Spezia- 5
lermächtigung (§§ 12 ff.) erfolgen, haben dann im konkreten Fall dem in § 4 kodifizierten Grundsatz der Verhältnismäßigkeit zu genügen. In das Schutzgut der Grundrechte mit **qualifiziertem Gesetzesvorbehalt** (zB Art. 5 Abs. 2 GG, Art. 6 Abs. 3 GG, Art. 11 Abs. 2 GG; ausf. SSM StaatsR/Guckelberger § 83 Rn. 34 ff.) darf nur zur Verfolgung eines **bestimmten Zieles** eingegriffen werden, sodass bei diesen auf der Stufe der Legitimität des Eingriffszieles (→ Rn. 31) das Erfülltsein des grundrechtlichen Tatbestandes zu prüfen ist. Für die Geeignetheit und Möglichkeit der Maßnahme spielt die Frage, welches Grundrecht von dem Eingriff betroffen ist, dagegen keine Rolle, sodass sie an dieser Stelle nicht beantwortet zu werden braucht (Götz/Geis PolR § 16 Rn. 14). Für die Erfüllung des Gebotes, die Maßnahme auszuwählen, welche die einzelne Person und die Allgemeinheit voraussichtlich am wenigsten beeinträchtigen wird (Abs. 1), sind die möglicherweise betroffenen Güter in ihrem Gewicht in die Abwägung einzustellen, sodass, falls noch nicht geschehen, jedenfalls hier der Schutzbereich des betroffenen Grundrechts zu bestimmen ist (Michael JuS 2001, 148 (149)). Bei der Entscheidung, ob die Maßnahme zu einem Nachteil führt, der zu dem erstrebten Erfolg erkennbar außer Verhältnis steht (Abs. 2), ist nach dem Verhältnis der betroffenen Güter des Bürgers zur Bedeutung des verfolgten Zieles zu fragen (→ Rn. 69). Im Rahmen der Untersuchung der Maßnahme auf ihre Verhältnismäßigkeit im engeren Sinne wirken sich so ebenfalls die konkret betroffenen Grundrechte des Bürgers aus, die in die Abwägung einzustellen sind (Hermes/Reimer/Reimer § 5 Rn. 141). Die Anwendung des § 4 erfordert es mithin, iRv Abs. 1 und Abs. 2 an einer geeigneten Stelle eine inzidente Prüfung des Schutzbereichs des betroffenen Grundrechts vorzunehmen, spätestens bei der Verhältnismäßigkeit im engeren Sinne (Götz/Geis PolR § 16 Rn. 14). Die Frage nach der Vereinbarkeit einer Maßnahme mit den Grundrechten wird so zu einer Frage nach ihrer Vereinbarkeit mit dem Verhältnismäßigkeitsgrundsatz; eine eigenständige und originäre Bedeutung als Grenze des Handelns der Gefahrenabwehr- und Polizeibehörden besitzen Grundrechte damit grundsätzlich nicht (Schoch BesVerwR Kap. 1 Rn. 307; Michael/Morlok Grundrechte Rn. 626; zu sonstigen Begrenzungen des polizei- und ordnungsrechtlichen Eingriffs durch Grundrechte Schenke PolR Rn. 413 ff. und → SystVorbPolRDe Rn. 1; zu Grundrechten als Grund für eine Ermessensreduktion → § 5 Rn. 45).

III. Untermaßverbot

Aus den Grundrechten des Grundgesetzes ergibt sich nicht nur die Pflicht des Staates, 6
Eingriffe in die geschützten Güter und Freiheiten des Bürgers zu unterlassen und zu mäßigen, sondern auch die Pflicht, diese zu schützen (Schmidt-Bleibtreu/Henneke/Müller-Franken GG Vor Art. 1 Rn. 17 mwN). Der Inhalt dieser grundrechtlichen **Schutzpflichten** bemisst sich spiegelbildlich zum Übermaßverbot (Grundsatz der Verhältnismäßigkeit, zur Terminologie → Rn. 15) nach den Grundsätzen des **Untermaßverbotes** (→ SystVorbPolRDe Rn. 1 ff.). Gegenüber den Gefahrenabwehr- und Polizeibehörden kann das Untermaßverbot zu einer Schrumpfung des Ermessens (§ 5) im Sinne einer Pflicht zum Einschreiten (→ § 5 Rn. 45) sowie zu korrespondierenden Ansprüchen des Bürgers auf ein solches Einschreiten führen (→ § 5 Rn. 45).

IV. Rechtliche Qualität und gerichtliche Kontrolle

1. Rechtliche Qualität

7 Der Grundsatz der Verhältnismäßigkeit markiert eine **rechtliche Grenze** des Handelns der Gefahrenabwehr- und Polizeibehörden. Als Maßstab des Rechts unterliegt seine Wahrung **gerichtlicher Kontrolle** (Hornmann HSOG Rn. 2). Verstößt die Maßnahme einer Gefahrenabwehr- oder Polizeibehörde gegen den Grundsatz der Verhältnismäßigkeit, ist sie rechtswidrig (Maurer/Waldhoff AllgVerwR § 7 Rn. 23; Pausch/Dölger PolR Hessen 133). Der Betroffene hat bei rechtswidrigen Maßnahmen in Form von Verwaltungsakten einen **Aufhebungs-** bzw., im Falle der Erledigung, einen **Nichtigkeitsfeststellungsanspruch** (§ 113 Abs. 1 S. 1, S. 4 VwGO); zudem kommt bei Verschulden des handelnden Beamten ein Anspruch auf **Schadensersatz** aus dem Gesichtspunkt der **Amtshaftung** gem. Art. 34 GG iVm § 839 BGB in Betracht (LG Baden-Baden NVwZ 1991, 1118 (1119): unverhältnismäßige vorläufige Festnahme; RSPHFMW HSOG/HundeVO Anm. 1.1; DWVM Gefahrenabwehr 390 mwN).

2. Gerichtliche Kontrolle

8 **Uneingeschränkt** gerichtlich kontrollierbar sind die Elemente des Grundsatzes der Verhältnismäßigkeit, bei deren Anwendung das Gesetz die Gefahrenabwehr- und Polizeibehörden nicht normativ zur Letztentscheidung ermächtigt hat (Kategorie: BVerfGE 61, 82 (111)). Von einer solchen Programmierung abgesehen hat das Gesetz im Hinblick auf die Entscheidung der Behörden, welche **Ziele** sie verfolgen dürfen sowie ob eine Maßnahme **möglich und geeignet** ist (OVG Münster OVGE 7, 27 (34); OVG Lüneburg OVGE 10, 341 (349)). Hier besitzen die Behörden **keinen Beurteilungsspielraum,** sondern ihre Auslegung und Anwendung des Rechts unterliegt im Ausgangspunkt der vollen richterlichen Kontrolle (DWVM Gefahrenabwehr 420).

9 Die Beurteilung der **Möglichkeit** und **Geeignetheit** einer Maßnahme erfordert allerdings eine **Prognose.** Die gerichtliche Kontrolle kann hier daher nicht auf die Sicht ex post, sondern nur auf die Sicht **ex ante** abstellen (VG Frankfurt a. M. BeckRS 2023, 4309 Rn. 18; VGH Mannheim DVBl 1997, 153 (154); Ossenbühl JURA 1997, 617 (618); unzutr. Pausch/Dölger PolR Hessen 137, die eine Beurteilung ex post für maßgebend halten). Maßstab der Prognose ist der pflichtgetreue **„Durchschnittsbeamte"** (BVerwGE 45, 51 (60); EFP BesVerwR/Pünder § 69 Rn. 99 („typisch sorgfältiger und sachkundiger Beamter")), dh weder der im konkreten Fall handelnde Beamte noch ein idealisierter Beamter ist maßgebend. Konnte ein pflichtgetreuer Durchschnittsbeamter aus einer Perspektive ex ante davon ausgehen, dass das Mittel geeignet etc sein würde, ist die Entscheidung auch dann rechtmäßig, wenn sich ex post herausstellt, dass dies nicht der Fall gewesen ist (VG Kassel BeckRS 2022, 35234 Rn. 52). Es gelten die gleichen Grundsätze, wie sie auch bei der Frage des Vorliegens einer Gefahr für die öffentliche Sicherheit oder Ordnung anzuwenden sind (→ § 1 Rn. 60 ff.). Da bei einer Prognoseentscheidung nur gefragt werden kann, ob die Behörde von einem zutreffenden Sachverhalt ausgegangen ist und sich einer angemessenen und wissenschaftlich vertretbaren Methode bedient hat (iE allg. DHS/Schmidt-Aßmann GG Art. 19 Abs. 4 Rn. 200), ist deren gerichtliche Prüfung zwar **nicht** wegen eines **Einschätzungs- und Prognosespielraums** der Behörde im engeren Sinne, wohl aber als Folge ihrer geringen materiell-rechtlichen Bindungen im Einzelnen dann doch beschränkt (Kahl/Waldhoff/Walter/Schenke, Bonner Kommentar zum Grundgesetz, GG Art. 19 Abs. 4 Rn. 574; Kugelmann PolR Kap. 8 Rn. 36). Auch wenn die gerichtliche Kontrolle hierbei **nicht** – wie bei der Kontrolle der Angemessenheit (→ Rn. 10) – auf eine bloße **Evidenzkontrolle** beschränkt ist (Vosskuhle JuS 2007, 429 (430)), muss eine Maßnahme **in jeder Hinsicht untauglich** sein („vollkommen", BHKM BayÖffR/Heckmann Teil 3 Rn. 156), damit ihr die Eignung abgesprochen werden kann.

10 Die **Auswahl** der möglichen und geeigneten Maßnahme, die den Betroffenen und die Allgemeinheit im Vergleich zu anderen gleichermaßen geeigneten und möglichen Maßnahmen am wenigsten beeinträchtigt (Abs. 1), kann das Recht dagegen nicht eindeutig steuern; eine **Wertung** der Gefahrenabwehr- und Polizeibehörden, welche Maßnahme erforderlich ist, ist nicht zu vermeiden (Isensee/Kirchhof StaatsR-HdB/Isensee § 191 Rn. 136; sa den

Hinweis von Lerche, Übermaß und Verfassungsrecht, 2. Aufl. 1999, IX, wonach es mehrere erforderliche Mittel geben könne). Die hier notwendige eigene **Ermessensentscheidung** (§ 5 HSOG 1954, § 5 HSOG 1964: „nach pflichtgemäßem Ermessen") der Behörden kann vom Verwaltungsgericht nur **eingeschränkt** kontrolliert werden (DWVM Gefahrenabwehr 372, 426; Ossenbühl JURA 1997, 617 (619); Pausch/Dölger PolR Hessen 136; aA Schlink FS 50 Jahre BVerfG II, 2001, 445 (456 ff.)).

Für die Entscheidung der Frage, ob eine Maßnahme zu einem Nachteil führen wird, der zu dem erstrebten Erfolg erkennbar außer Verhältnis steht (Abs. 2), gilt hingegen wieder das **Dogma** der **uneingeschränkten verwaltungsgerichtlichen** Kontrolle (EFP BesVerwR/Pünder § 69 Rn. 160). Diese Kontrolle hat jedoch zu beachten, dass das Gesetz nicht gebietet, ein **angemessenes** Verhältnis herzustellen, sondern es sich darauf beschränkt, lediglich ein **unangemessenes** Verhältnis zu verbieten (Merten/Papier Grundrechte-HdB/Merten § 68 Rn. 50). Die Gefahrenabwehr- oder Polizeibehörde braucht also nicht ein „optimales" Ergebnis zu treffen, sondern es genügt, wenn sie ein untragbares Ergebnis vermeidet (Voßkuhle JuS 2007, 429 (430)). Das Gesetz nimmt damit die Anforderungen an das Ergebnis der behördlichen Abwägung zurück, womit es zugleich die **gerichtliche Kontrolldichte** (Terminus: Lerche, Übermaß und Verfassungsrecht, 2. Aufl. 1999, S. 327) reduziert. Die Beurteilung der Schwere der Nachteile einer Maßnahme ist notwendig das Ergebnis einer **Wertung.** Da das Gesetz ein „voraussichtliches " Außer-Verhältnis-Stehen verbietet, bedarf es auch hier einer **Prognose** über den Verlauf und die Wirkungen der Maßnahme. Das Erfordernis der **„Erkennbarkeit"** des Missverhältnisses beschränkt das Gericht hierbei (wiederum) auf eine **negative Evidenzkontrolle** (Kloepfer FS 50 Jahre BVerwG, 2003, 329 (336)), was im Einzelnen eine Abwägungsprärogative der Behörde auch in dieser Frage bedeutet (krit. Schenke PolR Rn. 410). 11

Beim Erlass von **Verordnungen** zur Gefahrenabwehr (§§ 71 ff.) besitzen die Gefahrenabwehrbehörden in Hinblick auf die von ihnen ins Auge gefassten Regelungsziele wie auch bei der Beurteilung dessen, was sie zur Verwirklichung dieser Ziele für geeignet und erforderlich halten dürfen, einen weiten **Einschätzungs-** und **Prognosespielraum,** der je nach der Eigenart des in Rede stehenden Sachbereichs, den Möglichkeiten, sich ein hinreichend sicheres Urteil zu bilden, und den auf dem Spiel stehenden Rechtsgütern nur in begrenztem Umfang überprüft werden kann (OVG Lüneburg BeckRS 2017, 111238). Insbesondere bei der gerichtlichen Kontrolle der **Zwecktauglichkeit** einer Rechtsvorschrift ist Zurückhaltung geboten (VGH München BeckRS 2001, 25298 Rn. 20; BVerwG BeckRS 2008, 33761 Rn. 10). Bei der Einschätzung von Gefahren, die der Allgemeinheit drohen, und bei der Beurteilung der Maßnahmen, die der Verhütung und Bewältigung dieser Gefahren dienen sollen, ist der Entscheidungsspielraum des **Normgebers** erst überschritten, wenn die Erwägungen so fehlerhaft sind, dass sie vernünftigerweise keine Grundlage für die getroffenen Maßnahmen abgeben können (BVerfG NVwZ 2004, 597 (599); OVG Lüneburg BeckRS 2014, 48311). 12

V. Abschichtung der Entscheidung des Gesetzgebers vom Handeln der Verwaltung

Unter dem Grundgesetz ist nicht nur die Verwaltung, sondern auch der **Gesetzgeber** an den Grundsatz der Verhältnismäßigkeit gebunden (BVerfGE 30, 292 (315 f.); 83, 1 (19); 90, 145 (172 f.)). Die alle staatlichen Funktionen erfassende Bindungswirkung des Verhältnismäßigkeitsgrundsatzes verlangt damit nach einer Abschichtung der Entscheidung des Gesetzgebers vom Handeln der Verwaltung. Räumt das Gesetz der Verwaltung kein Ermessen ein, sondern sieht eine **gebundene** Entscheidung vor (zB § 14 Abs. 2 S. 2 HessHundeVO), signalisiert der Gesetzgeber damit, dass er den Eintritt einer bestimmten Rechtsfolge für rechtens und damit auch für verhältnismäßig hält. Eine Prüfung des Grundsatzes der Verhältnismäßigkeit bei der Anwendung gebundener Entscheidungen kommt so nur ausnahmsweise in Betracht (Mehde DÖV 2014, 541 (544 ff.); zB im Ausländerrecht weitergehend aber BVerfG (K) NVwZ 2007, 1300 (1301)). Räumt das Gesetz der Verwaltung dagegen **Ermessen** ein, kommt der Grundsatz der Verhältnismäßigkeit als Grenze der Wahlmöglichkeit der Verwaltung hingegen uneingeschränkt zum Tragen (Schoch JURA 2004, 462 (466 f.)). Genügt ein im Gesetz vorgesehenes Mittel den Anforderungen des Verhältnismäßigkeitsgrundsatzes, kann das Mittel im Falle seiner Festsetzung in einer Verwaltungsentscheidung 13 dabei jedoch grundsätzlich nicht mehr als solches als unverhältnismäßig angesehen werden (BVerwG NJW 1974, 807 (809)). Der Grundsatz der Verhältnismäßigkeit ist, was die Frage der Verhältnismäßigkeit der im Gesetz genannten Maßnahme an sich betrifft, durch das Gesetz absorbiert.

13.1 **Beispiel:** Nach § 32 Abs. 1 Nr. 2 können die Polizeibehörden eine Person in Gewahrsam nehmen, wenn dies unerlässlich ist, um die unmittelbar bevorstehende Begehung oder Fortsetzung einer Straftat oder einer Ordnungswidrigkeit mit erheblicher Bedeutung für die Allgemeinheit zu verhindern. Da die Polizei die Aufgabe hat, den Einzelnen und das Gemeinwesen vor einer drohenden Verletzung des Rechts zu schützen und jede mit Strafe bedrohte Handlung die Rechtsordnung verletzt, fordert der rechtsstaatliche Grundsatz der Verhältnismäßigkeit keine weitere Konkretisierung der durch Polizeigewahrsam zu bekämpfenden Gefahr dahin, dass dieses Mittel nur zur Bekämpfung bestimmter – besonders schwerwiegender – strafbarer Handlungen angewendet werden dürfe (BVerfG NJW 1974, 807 (809)). Die gesetzliche Ermächtigung zur Verfügung des Abrisses formell und materiell baurechtswidriger Anlagen des § 72 Abs. 1 S. 1 HBO verleiht der Baubehörde die Befugnis, bauliche Anlagen auch mit einem hohen materiellen Wert abreißen zu lassen (VGH München BayVBl. 1981, 89 (90); VG Frankfurt a. M. LKRZ 2010, 383 (386); 2011, 436).

14 Lediglich aus Gründen der besonderen **Umstände** des **Einzelfalls** (zur Einzelfallgerechtigkeit als Ziel der Norm s. im Überblick) ist es möglich, eine im Gesetz vorgesehene Maßnahme als unverhältnismäßig zu qualifizieren.

14.1 **Beispiel:** Die Anordnung der Beseitigung einer baulichen Anlage von hohem materiellem Wert kann im Einzelfall bei einer nur geringfügigen Überschreitung der Abstandsfläche unverhältnismäßig sein (OVG Lüneburg BauR 1984, 277 f.: baurechtswidrige Abweichung von 3–6 cm auf einer Länge von 6,11 m; Hornmann HSOG § 72 Rn. 122).

VI. Begriffliches

1. Übermaßverbot

15 Abweichend von der Normüberschrift des § 4 werden die Grundsätze der Erforderlichkeit und Angemessenheit im Schrifttum vielfach **terminologisch** unter dem Oberbegriff **Übermaßverbot** zusammengefasst (Lerche, Übermaß und Verfassungsrecht, 2. Aufl. 1999, 21; Isensee/Kirchhof StaatsR-HdB/Schmidt-Aßmann § 26 Rn. 87; DWVM Gefahrenabwehr 389). Die Verwendung des Begriffs „Grundsatz der Verhältnismäßigkeit" macht es erforderlich, das Verbot des Abs. 2, einen erkennbar außer Verhältnis zum Erfolg stehenden Nachteil herbeizuführen, zur Unterscheidung als Verhältnismäßigkeit „im engeren Sinne" (Lisken/Denninger PolR-HdB/Graulich E Rn. 44; Schenke PolR Rn. 410; s. auch Kingreen/Poscher POR § 10 Rn. 30 („Angemessenheit")) zu bezeichnen.

2. Zumutbarkeit

16 Der Grundsatz der Verhältnismäßigkeit dient auch der Herstellung von Einzelfallgerechtigkeit. Einer Kategorie der **Zumutbarkeit** der Maßnahme, die nach deren Hinnehmbarkeit speziell für den Betroffenen unter Berücksichtigung aller Umstände des Einzelfalles fragt, bedarf es zusätzlich zum Erfordernis der Verhältnismäßigkeit der Maßnahme damit nicht (Schlink FS 50 Jahre BVerfG II, 2001, 445 (452 f.); aA Merten/Papier Grundrechte-HdB/Merten § 68 Rn. 76 mwN). Alle Gesichtspunkte, die unter dem Aspekt der Zumutbarkeit zu berücksichtigen sein sollen, gehen in die Prüfung der Verhältnismäßigkeit der Maßnahme im engeren Sinne (Abs. 3) ein (→ Rn. 56; → Rn. 70).

VII. Parallelvorschriften im Bundes- und Landesrecht

17 Im Bundespolizeirecht findet sich mit § 15 BPolG eine inhaltsgleiche Vorschrift zu § 4. Andere Bundesländer haben den Grundsatz der Verhältnismäßigkeit ebenfalls in ihren Polizeigesetzen bzw. Gesetzen über die öffentliche Sicherheit und Ordnung in einer eigenen Vorschrift geregelt. So zB:

- Baden-Württemberg: § 5 BWPolG;
- Bayern: Art. 4 BayPAG; Art. 8 LStVG;

- Niedersachsen: § 4 NPOG;
- Nordrhein-Westfalen: § 2 PolG NRW; § 15 NRWOBG.

B. Verhältnis zu anderen Bestimmungen

Die Norm steht gleich am Anfang des Ersten Abschnitts des Ersten Teils des HSOG nach der Nennung der nach diesem Gesetz zu erledigenden Aufgaben und der mit diesen Aufgaben betrauten Behörden (§ 1), der Abgrenzung der Aufgaben (§ 2) und dem Geltungsbereich des Gesetzes (§ 3). Der hessische Landtag unterstreicht mit der ausdrücklichen Erwähnung des Grundsatzes der Verhältnismäßigkeit an dieser **herausgehobenen Stelle** im Gesetz dessen hohen **Rang** und zentrale **Bedeutung** für das behördliche Handeln zur Gefahrenabwehr (FLS PolR Hessen Abschn. I Rn. 27). Bei polizeirechtlichen Befugnisnormen, die wie die des § 11 an keine einschränkenden tatbestandlichen Voraussetzungen gebunden sind, bildet der Verhältnismäßigkeitsgrundsatz neben dem Gleichheitsgrundsatz die einzig materielle Grenze (Hornmann HSOG Rn. 8). 18

Spezialermächtigungen (→ SystVorbPolRDe Rn. 1 ff. und → § 13 Rn. 1 ff.) zu Eingriffen im Bereich der Datenerhebung und -verarbeitung knüpfen die Zulässigkeit bestimmter Maßnahmen an Voraussetzungen, die nur sprachlich, nicht aber in der Sache vom Grundsatz der Erforderlichkeit abweichen. So geht etwa das Erfordernis des § 13 Abs. 6 S. 2 für die Beschaffung personenbezogener Daten von anderen Behörden oder öffentlichen Stellen oder von Dritten ohne Mitwirkung der betroffenen Person, dass sonst die Erfüllung gefahrenabwehrbehördlicher oder polizeilicher Aufgaben **gefährdet** oder **erheblich erschwert** würde, nicht über das Gebot der Erforderlichkeit hinaus (Pieroth/Schlink/Kniesel, Polizei- und Ordnungsrecht, 9. Aufl. 2016, § 10 Rn. 27; aA Albers, Die Determinanten polizeilicher Tätigkeit in den Bereichen der Straftatenverhütung und der Verfolgungsvorsorge, 2001, 305 ff.). Auch der in dieser Norm genannte Eingriff ist, nicht anders als jede andere polizeiliche, dem Gebot der Erforderlichkeit unterstehende Maßnahme, nur zulässig, wenn es kein anderes Mittel gibt, dass mit gleicher Wirksamkeit, aber geringeren Belastungen den konkreten polizeilichen Zweck erreicht. Denn bei der Wirksamkeit der Maßnahme kommen Abstriche nicht in Betracht (Kingreen/Poscher POR § 10 Rn. 27). 19

Genauso sind auch Regelungen wie die des § 20 Abs. 2, wonach die dort beschriebenen Datenverarbeitungsvorgänge nur erfolgen dürfen, wenn **tatsächliche Anhaltspunkte** dafür vorliegen, dass ohne ihre Verarbeitung die Verhütung oder die Verfolgung einer schwerwiegenden Straftat gegen Leib, Leben oder Freiheit einer Person **aussichtslos** oder **wesentlich erschwert** wäre (Pieroth/Schlink/Kniesel, Polizei- und Ordnungsrecht, 9. Aufl. 2016, § 10 Rn. 27), oder die des § 32 Abs. 1, wonach die Polizeibehörden eine Person unter anderem dann in Gewahrsam nehmen können, wenn dies **unerlässlich** ist, um die unmittelbar bevorstehende Begehung oder Fortsetzung einer Straftat oder einer Ordnungswidrigkeit mit erheblicher Bedeutung für die Allgemeinheit zu verhindern, im Sinne von Erforderlichkeit zu verstehen (BVerwG NJW 1974, 807 (808); Pieroth/Schlink/Kniesel, Polizei- und Ordnungsrecht, 9. Aufl. 2016, § 10 Rn. 27; aA indes BVerfGE 83, 24 (35) für das Merkmal des „Unerlässlichen"). 20

Sachlich zur Verhältnismäßigkeit der polizeirechtlichen Maßnahme gehört der Anspruch des Bürgers gegen die Gefahrenabwehr- und Polizeibehörden, ein **Austauschmittel** anbieten zu dürfen. Dieses Recht hat das Gesetz in § 5 Abs. 2 S. 2 systematisch falsch platziert; richtigerweise wäre es in § 4 Abs. 1 in einem S. 2 zu normieren gewesen. 21

I. Struktur der Vorschrift

Die verschiedenen Elemente des Verhältnismäßigkeitsgrundsatzes des § 4 bauen **logisch** aufeinander auf, sodass sie in der Reihenfolge des gesetzlichen Tatbestandes zu prüfen sind. So stellt sich die Frage nach der Möglichkeit einer Maßnahme nicht, wenn bereits der verfolgte Zweck nicht legitim ist, auf die Frage der Erforderlichkeit braucht nicht mehr eingegangen zu werden, wenn die Maßnahme schon nicht geeignet ist (ausf. Merten/Papier Grundrechte-HdB/Merten § 68 Rn. 51). Aus Gründen der Effizienz der Verwaltung (Müller-Franken, Maßvolles Verwalten, 2004, 74 ff.) kann in der Praxis die Prüfung eines vorrangigen Elements allerdings dahingestellt bleiben, wenn die Voraussetzungen eines folgenden 22

Elements eindeutig nicht gegeben sind (Merten/Papier Grundrechte-HdB/Merten § 68 Rn. 51; VG Wiesbaden BeckRS 2013, 45701).

II. Anwendbarkeit

1. „Maßnahme"

23 Das Gesetz knüpft den sachlichen Anwendungsbereich des § 4 in seinen drei Absätzen an das Vorliegen einer **Maßnahme.** Die Verwendung des Plurals „Maßnahmen" in Abs. 1 bedeutet nicht, dass die Gefahrenabwehr- und Polizeibehörden gegenüber den Betroffenen stets mehrere Entscheidungen zu treffen hätten. Vielmehr lässt die Norm, wie sich aus, einen Singular verwendenden, Abs. 2 und Abs. 3 indirekt erschließt, auch nur **eine** Maßnahme genügen (vgl. § 2 Abs. 1 MEPolG: „von mehreren und geeigneten Maßnahmen hat die Polizei diejenige zu treffen, die […]"). Der Plural in Abs. 1 ist lediglich als Ausdruck der abstrakt generellen Wirkungsweise des Gesetzes zu verstehen.

24 Da der Grundsatz der Verhältnismäßigkeit alles staatliche Handeln erfasst (→ Rn. 2), ist der Begriff **weit** zu verstehen. Gemeint sind **nicht nur** konkret-individuelle Akte zur Gefahrenabwehr in **rechtlicher** Form wie Verwaltungsakte (§ 35 S. 1 HVwVfG: „Maßnahme"), sondern **auch** zu diesem Zweck vorgenommene **tatsächliche** Handlungen (Realakte), sei es mit eigenen Mitteln der Polizei, sei es durch beauftragte Dritte (Fredrich Rn. 2; Kingreen/Poscher POR § 2 Rn. 47), wie etwa die Durchsuchung einer Wohnung (OLG Frankfurt a. M. FGPrax 2007, 42) oder der Einsatz von Verwaltungszwang (§§ 47 ff.; Fredrich Rn. 2). Die Gefahrenabwehr- und Polizeibehörden haben daher auch bei tatsächlichen Handlungen wie zB dem Herantreten an eine Person als „Gefährder", durch das diesem zwar nicht verbindlich aufgegeben, wohl aber ausdrücklich „nahelegt" wird, sich an geplanten Ausschreitungen im Rahmen einer bevorstehenden Demonstration nicht zu beteiligen (OVG Lüneburg NJW 2006, 391), den Grundsatz der Verhältnismäßigkeit zu wahren. Ein solches **„Gefährderanschreiben"** setzt für die angesprochene Person zwar keine Rechtsfolge, ist mangels Regelung also kein Verwaltungsakt (§ 35 S. 1 HVwVfG); es stellt jedoch gleichwohl einen Grundrechtseingriff dar, wenn und weil es auf die Willensentschließungsfreiheit seines Adressaten einwirken und diesen von der Ausübung seiner grundrechtlichen Freiheiten abbringen soll (VG München BeckRS 2020, 5093 Rn. 13;VGH Mannheim BeckRS 2017, 137291; OVG Lüneburg 22.9.1995 – 11 LC 51/04, juris Rn. 27 = BeckRS 2005, 30227 = NJW 2006, 391; Hebeler NVwZ 2011, 1361 (1365)). Darüber hinaus haben nicht nur Einzelakte, sondern auch abstrakt-generelle Akte zur Gefahrenabwehr, wie **Verordnungen** zur Gefahrenabwehr (§§ 71 ff.), dem Verhältnismäßigkeitsgrundsatz zu genügen (VGH Kassel NVwZ-RR 2002, 650 (651); VG Kassel BeckRS 2011, 56179; Fredrich Rn. 2).

25 Aufgrund der systematischen Stellung ist § 4 gleichermaßen anzuwenden bei einem Einschreiten aufgrund der **Generalklausel,** auf der Grundlage von **Spezialermächtigungen** (Kingreen/Poscher POR § 10 Rn. 15) oder auf der Grundlage von **sondergesetzlichen Eingriffsbefugnissen** (Schoch BesVerwR Kap. 1 Rn. 307).

26 Der Verhältnismäßigkeitsgrundsatz begrenzt vor allem die **Ermessensausübung** der Gefahrenabwehr- und Polizeibehörden (§ 5 Abs. 1, Hermes/Reimer/Reimer § 5 Rn. 139) und wirkt sich aus bei **allen Entscheidungen** über polizeiliches Handeln: bei der Entscheidung über die **Auswahl** zwischen mehreren möglichen und geeigneten **Maßnahmen** (Abs. 1 und Abs. 2: Auswahlermessen in sachlicher Hinsicht), ob **überhaupt** zu **handeln** sei (Entschließungsermessen), zwischen den in **Anspruch zu nehmenden Personen** (Auswahlermessen in personeller Hinsicht), über die Heranziehung eines **Notstandspflichtigen** sowie ob und mit welchen Zwangsmitteln eine Maßnahme **vollstreckt** werden soll (Hornmann HSOG Rn. 3). Der Grundsatz der Verhältnismäßigkeit des § 4 wirkt sich jedoch nicht nur auf der **Rechtsfolgenseite** polizeirechtlicher Normen im Rahmen der Ermessensentscheidung, sondern außerdem auch auf der **Tatbestandsseite** bei der Auslegung und Anwendung der einzelnen Merkmale aus (Hornmann HSOG Rn. 6; DWVM Gefahrenabwehr 390: Beurteilung der Erforderlichkeit einer Maßnahme).

2. Staatlicher Binnenraum

Obwohl der Grundsatz der Verhältnismäßigkeit seine verfassungsrechtliche Grundlage nicht nur in den Grundrechten, sondern auch im **Rechtsstaatsprinzip** besitzt (→ Rn. 2) und sich dessen Ausprägungen nicht nur gegenüber dem Bürger, sondern auch im **Binnenraum** des Staates zur Geltung bringen (BVerfGE 89, 132 (141) zum Willkürverbot), lehnt das **BVerfG** die Anwendung des Verhältnismäßigkeitsgrundsatzes im Bund-Länder-Verhältnis ab; dem Grundsatz der Verhältnismäßigkeit komme „eine die individuelle Rechts- und Freiheitssphäre verteidigende Funktion zu" (BVerfGE 81, 310 (338)). Danach bräuchten die Gefahrenabwehr- und Polizeibehörden in den Fällen, in denen sie Maßnahmen zur Gefahrenabwehr gegenüber **Hoheitsträgern** ergreifen dürfen (Lisken/Denninger PolR-HdB/Bäcker D Rn. 18 ff.), den Verhältnismäßigkeitsgrundsatz nicht zu wahren. Die **Verwaltungsgerichte** entscheiden in dieser Frage anders und wenden den Grundsatz der Verhältnismäßigkeit auch beim Eingreifen gegen Hoheitsträger an (VGH Mannheim NVwZ-RR 1997, 267 (269); sa das Urteil des BVerwG NVwZ 1999, 421, in der die Geltung des Übermaßverbotes im Verhältnis zwischen Hoheitsträgern als solches nicht in Zweifel gezogen wird). Sie tun dies zu Recht, denn ein maßloses Handeln muss einem Rechtsstaat in jedem Falle aus objektiv-verfassungsrechtlichen Gründen versagt sein (Lerche, Übermaß und Verfassungsrecht, 2. Aufl. 1999, XI). 27

Von dieser Frage zu unterscheiden ist die Geltung des Verhältnismäßigkeitsgrundsatzes für den Inhalt innengerichteter Akte in Form konkret-individueller oder abstrakt-genereller **Weisungen.** Da Weisungen der übergeordneten an die nachgeordneten Gefahrenabwehr- und Polizeibehörden deren Verhalten nach außen gegenüber den Bürgern steuern sollen, hängt deren Rechtmäßigkeit ab von der Einhaltung der im Außenverhältnis bestehenden rechtlichen Bindungen (DWVM Gefahrenabwehr 394). Um rechtmäßig zu sein, müssen sie daher unter anderem auch den Verhältnismäßigkeitsgrundsatz wahren (DWVM Gefahrenabwehr 395 f.). 28

3. Notwehr und Notstand

Für die zivil- und strafrechtlichen Regeln über **Notwehr** und **Notstand** (§§ 226 ff. BGB, §§ 32 ff. StGB) gilt der Verhältnismäßigkeitsgrundsatz des § 4 nicht (Fredrich Rn. 21). Jene Normen, die nach § 54 Abs. 2 durch das HSOG nicht berührt werden, sind keine Ermächtigungsgrundlagen für ein polizeiliches Tätigwerden, sondern besitzen Bedeutung allein für die persönliche Verantwortlichkeit des handelnden Beamten nach Zivil- oder Strafrecht (hM; statt aller: Schenke PolR Rn. 621). 29

III. Elemente des Grundsatzes der Erforderlichkeit (Abs. 1)

1. Gebot der Zweckverfolgung; Legitimität des Zwecks

Der Grundsatz der Verhältnismäßigkeit beschreibt eine Mittel-Zweck-Relation. Damit setzt das Gesetz implizit voraus, dass die Gefahrenabwehr- und Polizeibehörden nur handeln dürfen, wenn sie einen Zweck verfolgen. Der rechtsstaatliche Grundsatz der **Rationalität** steht einem irrationalen, dh nicht auf einen vernunftgeleiteten Zweck hin orientierten Handeln entgegen (Löwer, Cessante ratione legis cessat ipsa lex, 1989, 12 f.). Erste Voraussetzung ist mithin die Verfolgung eines **Zwecks.** 30

Beispiel: Einem Polizeibeamten ist es versagt, ins Blaue hinein, aus Langeweile ausführlich eine Person zu durchsuchen (§ 36). Dieser Fall berührt sich zwar mit der Frage des Entschließungsermessens (→ § 5 Rn. 8); anders als dort geht es hier jedoch nicht um das „Ob" des Handelns, sondern um das „Warum" (BHKM BayÖffR/Heckmann Teil 3 Rn. 153). 30.1

Der angestrebte Zweck muss sodann als **legitim** anzusehen sein (Kugelmann PolR Kap. 8 Rn. 35). Anders als der Gesetzgeber, der im Rahmen der Verfassung die Zwecke seines Handelns selbst wählen kann, sind der Verwaltung die von ihr zu verfolgenden Zwecke vorgegeben durch das **Gesetz.** Im Rahmen des Polizei- und Ordnungsrechts ergibt sich damit folgende Weichenstellung: Die Gefahrenabwehr- und Polizeibehörden können grundsätzlich überhaupt nur dann legitim handeln, wenn sie zur Verfolgung des ihr im HSOG 31 vorgegebenen Zwecks der **Gefahrenabwehr** tätig werden (Ipsen NdsPolR Rn. 293; zur Legitimität des Zwecks des Polizeirechts → SystVorbPolRDe Rn. 1.). Wird eine Gefahrenabwehr- oder Polizeibehörde hingegen nicht tätig, um einen polizeilichen Zweck zu erreichen, so handelt sie grundsätzlich (zu den Ausnahmen → § 1 Rn. 1) ohne Ermächtigungsgrundlage; auf die Verhältnismäßigkeit der Maßnahme kommt es dann nicht mehr an (Kingreen/Poscher POR § 10 Rn. 16).

32 Um über die Mittel-Zweck-Relation des Grundsatzes der Verhältnismäßigkeit etwas sagen zu können, genügt es jedoch **nicht,** nur **abstrakt** auf das Ziel „Gefahrenabwehr" zu verweisen. Es muss vielmehr, nicht anders als dies beim eingesetzten Mittel der Fall ist, der **konkret** verfolgte Zweck feststehen (Ossenbühl JURA 1997, 617 (618); Ipsen NdsPolR Rn. 292). Der Zweck der konkreten Maßnahme muss stets benannt, das abstrakte Ziel der Gefahrenabwehr also heruntergebrochen werden auf die konkrete Lage, die ein Handeln einer Gefahrenabwehr- oder Polizeibehörde verlangt. Dieses Ziel ist sodann zu verankern im geltenden Recht (Hermes/Reimer/Reimer § 5 Rn. 140).

33 Geht es um einen Eingriff in ein Grundrecht mit einem **qualifizierten Gesetzesvorbehalt** (→ Rn. 5), so müssen die Gefahrenabwehr- und Polizeibehörden zum Schutz eines Gutes tätig werden, das den Anforderungen dieses Gesetzesvorbehaltes genügt. Bei einem Eingriff in ein **vorbehaltlos gewährleistetes Grundrecht** muss die Behörde das Ziel verfolgen, ein Grundrecht oder ein anderes Gut von Verfassungsrang zu schützen (Schmidt-Bleibtreu/Müller-Franken GG Vor Art. 1 Rn. 48). Bei Grundrechten mit einem **einfachen Gesetzesvorbehalt** ist es der Behörde hingegen möglich, nicht nur zum Schutz solcher Güter tätig zu werden, die unabhängig von konkreten Entscheidungen des handelnden Gesetzgebers aus verfassungsrechtlichen Gründen schützenswert sind („absolute Gemeinwohlziele"), sondern auch zum Schutze solcher Güter, die erst durch eine Entscheidung des Gesetzgebers zu schützenswerten Gütern werden („relative Gemeinwohlziele", Pausch/Dölger PolR Hessen 134 im Anschluss an BVerfGE 13, 97 (107)).

34 Neben dem **präventiven** Handeln zum Zweck der Gefahrenabwehr auf der Grundlage des HSOG haben die Gefahrenabwehr- und Polizeibehörden auch **repressiv** zum Zweck der Strafverfolgung tätig zu werden (§ 1 Abs. 2; → SystVorbPolRDe Rn. 1). Die den Gefahrenabwehr- und Polizeibehörden außerdem aufgegebene **„vorbeugende Bekämpfung von Straftaten"** (§ 1 Abs. 4) umfasst zum einen die Verhütung zu erwartender Straftaten (§ 1 Abs. 4 Alt. 1), die noch zu den klassischen Aufgaben der Gefahrenabwehr gehört (Fredrich § 1 Rn. 40; DWVM Gefahrenabwehr 132). Die von der Polizei ebenso zu betreibende Vorsorge für die Verfolgung künftiger Straftaten (§ 1 Abs. 4 Alt. 2) ermöglicht dieser dagegen ein **repressives** Handeln in Lagen, in denen noch keine den Verdacht einer Straftat begründenden Tatsachen gegeben sind (Fredrich § 1 Rn. 41). Um hier Aussagen über die Verhältnismäßigkeit polizeilichen Handelns treffen zu können, ist die gesetzlich wenig konturierte Zweckbestimmung durch Anschauung der geregelten Tätigkeit zu konkretisieren (Lisken/Denninger PolR-HdB/Graulich E Rn. 173 f.).

2. Möglichkeit der Maßnahme

35 Abs. 1 gibt den Gefahrenabwehr- und Polizeibehörden auf, von mehreren möglichen und geeigneten Maßnahmen diejenigen zu treffen, die die einzelne Person und die Allgemeinheit voraussichtlich am wenigsten beeinträchtigen. Ohne dies besonders hervorzuheben, fordert das Gesetz mit dem Gebot, von mehreren möglichen und geeigneten Maßnahmen die am wenigsten beeinträchtigende einzusetzen zugleich, dass die Maßnahme zunächst einmal überhaupt **möglich** ist (Grundsatz der Möglichkeit der Maßnahme). Maßnahmen der Polizei- und Gefahrenabwehrbehörden haben mithin möglich, dh überhaupt einsetzbar zu sein (Kingreen/Poscher POR § 10 Rn. 17). Das mit der Maßnahme dem Bürger **Aufgegebene** muss von diesem verwirklicht werden können. Dies bedeute zunächst die Möglichkeit in **tatsächlicher** Hinsicht (Kingreen/Poscher POR § 10 Rn. 18). Die Maßnahme muss sowohl **objektiv,** dh unabhängig von der Person des Adressaten jedermann, als auch **subjektiv,** dh dem Adressaten selbst, tatsächlich zu verwirklichen sein.

35.1 **Beispiel:** Auf einem Grundstück soll eine Anlage angebracht werden, die aufgrund der Beschaffenheit des Grundstücks dort nicht ausführbar ist (PrOVGE 52, 419 (420 f.)): objektive tatsächliche Unmöglichkeit. An einem Ort, an dem Wohnungsmangel herrscht, wird einem Obdachlosen aufgegeben, sich binnen einer bestimmten Frist eine Wohnung zu beschaffen (PrOVGE 95, 121 (123)): subjektive tatsächliche Unmöglichkeit.

Die tatsächliche Möglichkeit einer Maßnahme beurteilt sich auf der Grundlage einer **Prognose** aus der Sicht **ex ante.** Die Rechtsfolge einer Verletzung des Gebotes, nur mögliche Maßnahmen zu setzen, regelt § 44 Abs. 2 Nr. 4 HVwVfG. Danach ist ein Verwaltungsakt, der etwas verlangt, „was aus tatsächlichen Gründen niemand ausführen kann", nichtig. 36

Allein das wirtschaftliche, dh aus seiner fehlenden finanziellen Leistungsfähigkeit herrührende, Unvermögen des **Adressaten** ist für die Rechtmäßigkeit der Maßnahme dagegen unerheblich (OVG Koblenz NVwZ 1987, 240; 1992, 499 (500); Kingreen/Poscher POR § 10 Rn. 18). So kann der Betroffene zB einen Kredit aufnehmen, um die Kosten der Maßnahme zu decken. Ist er dazu außerstande, können die Gefahrenabwehr- und Polizeibehörden die Verfügung im Wege der Ersatzvornahme vollstrecken (DWVM Gefahrenabwehr 418). Nur in der Begründung, nicht aber am Ergebnis ändert sich etwas, wenn man in Fällen der wirtschaftlichen Unmöglichkeit die Maßnahme zwar als ungeeignet und damit rechtswidrig, den Betroffenen wohl aber weiterhin als Störer und damit als verantwortlich für die Kosten einer behördlichen unmittelbaren Ausführung ansehen will (EFP BesVerwR/Würtenberger, 3. Aufl. 2013, § 69 Rn. 293). 37

Beispiel: Dem Betroffenen wird aufgegeben, eine rechtswidrig errichtete bauliche Anlage zu beseitigen. Ob er den hiermit verbundenen Aufwand finanzieren kann, ist für die Rechtmäßigkeit einer entsprechenden Verfügung ohne Bedeutung (OVG Münster NJW 1984, 883 (885)). 37.1

Das Erfordernis meint zudem die Möglichkeit in **rechtlicher** Hinsicht. Die Maßnahme darf dem Adressaten nicht etwas abverlangen, was dieser aus rechtlichen Gründen nicht vornehmen kann (DWVM Gefahrenabwehr 418 f.). Wie beim Erfordernis der tatsächlichen Möglichkeit der Maßnahme (→ Rn. 35) ist wiederum zwischen einer **objektiven,** dh einer für jedermann, und einer **subjektiven,** dh einer nur in der Person des Adressaten bestehenden, rechtlichen Unmöglichkeit des Aufgegebenen zu unterscheiden (Kingreen/Poscher POR § 10 Rn. 20). Die subjektive Unmöglichkeit kann sich hierbei vor allem aus privatrechtlichen Hindernissen ergeben (DWVM Gefahrenabwehr 418). 38

Beispiele: Dem Besitzer eines ständig durch Bellen die Ruhe störenden Hundes wird aufgegeben, seinen Hund ausschließlich in geschlossenen Räumen zu halten: wegen eines Verstoßes gegen § 2 Nr. 1 und Nr. 2 TierSchG wäre diese Maßnahme **objektiv rechtlich unmöglich** (OVG Lüneburg OVGE 27, 321 (325)). Dem Mieter eines baufälligen Gebäudes wird aufgegeben, dieses abzureißen: wegen fehlenden Eigentums wäre die Maßnahme dem Betroffenen **subjektiv rechtlich unmöglich** (Pausch/Dölger PolR Hessen 135). 38.1

Ist der Pflichtige mit anderen Personen an der Sache privatrechtlich berechtigt, die Objekt einer Maßnahme zur Gefahrenabwehr sein soll, ist nicht zwingend rechtliche Unmöglichkeit für jenen gegeben (Schoch BesVerwR Kap. 1 Rn. 312). In diesen Fällen liegt es anders, wenn sich das rechtliche Hindernis durch die **Zustimmung** der Mitberechtigten oder den Erlass einer (Duldungs-)Verfügung gegen diese beheben lässt (BVerwGE 40, 101 (103); VGH Kassel HessVGRspr. 1990, 73 (74)). Ein hier bestehendes zeitweiliges Unvermögen führt nicht zur Rechtswidrigkeit der Maßnahme, sondern hindert nur deren Vollstreckung (VGH Kassel NJW 1983, 2282). Zudem kann in solchen Fällen auch ohne ausdrückliche Zustimmung des Dritten die Maßnahme rechtmäßig sein, wenn sich das Einverstandensein des Dritten mit der Maßnahme aus dessen bisherigem Verhalten schließen lässt (DWVM Gefahrenabwehr 419 mwN). 39

Ein Verstoß gegen das Gebot rechtlicher Möglichkeit des Aufgegebenen macht die Maßnahme rechtswidrig, unter Umständen auch nur nicht vollstreckbar, nicht aber ist die Maßnahme nichtig; § 44 Abs. 2 Nr. 4 HVwVfG gilt in diesem Fall nicht (Kopp/Ramsauer VwVfG § 44 Rn. 40 mwN). 40

3. Geeignetheit der Maßnahme

Eine Maßnahme ist **geeignet,** wenn sie die Erreichung des Zieles **fördert,** zu dessen Erreichung **beiträgt.** Dass sie das Ziel voraussichtlich vollständig oder auch nur besonders effektiv erreicht, ist nicht nötig (VGH Kassel DÖV 1987, 260). Die Gefahrenabwehr- und 41

Polizeibehörden können sich auch darauf beschränken, die Gefahr nur zu mindern, sofern ihr Beitrag nicht ganz unwesentlich ist (DWVM Gefahrenabwehr 420 f.). Eine nur teilweise Beseitigung der Gefahr ist für das Merkmal der Eignung genügend (OVG Münster OVGE 17, 85 (87)).

41.1 **Beispiele:** Ein Aufenthaltsverbot für Drogenhändler in bestimmten Stadtteilen leistet zur Bekämpfung der offenen Drogenszene einen Beitrag, auch wenn es an dem allem zugrundeliegenden Problem, der Verfügbarkeit von Drogen auf der einen und der Abhängigkeit der Süchtigen von diesen Drogen auf deren Seite, nichts ändert. Der Verfestigung einer Drogenszene wird entgegengewirkt und der Drogenhandel erschwert (VGH München NVwZ 2000, 454 (456)). Eine Allgemeinverfügung, die das öffentliche Konsumieren von Cannabis auf einer (auch) an Familien gerichteten Großveranstaltung (Hessentag) verbietet, ist geeignet, das Ziel des Gesundheits- sowie des Kinder- und Jugendschutzes zu erreichen, da bei einem Verbot des öffentlichen Konsumierens von Cannabis insoweit keine Gesundheitsgefahren insbesondere für Kinder und Jugendliche eintreten können, VG Kassel NVwZ 2024, 1036 Rn. 23.

42 Die Maßnahme ist ungeeignet, wenn sie etwas völlig Untaugliches auferlegt, etwas, womit der Zweck überhaupt nicht erreicht werden kann (DWVM Gefahrenabwehr 421).

42.1 **Beispiele:** Der Zwang zur Anlegung eines Maulkorbs für einen ruhestörenden Hund ist nicht geeignet, das Ziel einer Beendigung der Ruhestörung zu erreichen, da ein Maulkorb Bellen und Jaulen eines Hundes nicht verhindern kann (Pausch/Dölger PolR Hessen 135). Das Gebot, an einem Steilhang ein Geländer anzubringen, ist nicht geeignet, bei Glatteis oder Nebel Kfz vor einem Abstürzen zu bewahren (OVG Münster DVBl 1972, 508 (509)). Bei einer Wohnungsdurchsuchung zum Zweck der Beschlagnahme von Computern und Routern mit dem Ziel, die Versendung von E-Mails an die Polizei zu unterbinden, ist es angesichts der weit verbreiteten Möglichkeiten der Versendung von E-Mails insbesondere mit Mobilgeräten zweifelhaft, ob sie als tauglich anzusehen ist (OLG Karlsruhe NJW 2017, 90 (92)).

43 Die Beurteilung der Eignung einer Maßnahme bedarf wie die Möglichkeit der Maßnahme (→ Rn. 36) einer **Prognose,** keiner Wertung (Schlink FS 50 Jahre BVerfG II, 2001, 445 (456)). Sie ist eine **Rechtsfrage** und steht damit nicht im Ermessen der Gefahrenabwehr- und Polizeibehörden (§ 5).

43.1 **Beispiel:** So kann ein Zwangsgeld auch gegen einen mittellosen Vollstreckungsschuldner in einer dessen Verhältnissen angemessenen Höhe festgesetzt werden, da dieser sich sonst unter Hinweis auf seine Mittellosigkeit seiner Ordnungspflicht entziehen könnte (VG Gelsenkirchen BeckRS 2016, 50004). Etwas anderes gilt nur dann, wenn von vornherein feststeht, dass der Betroffene nicht in der Lage ist, ein solches Zwangsgeld aufzubringen; das Zwangsgeld ist als ein ungeeignetes Beugemittel dann unzulässig (VG Gelsenkirchen BeckRS 2016, 50004).

44 Die Zweckförderlichkeit hängt ab vom vorhandenen **gesellschaftlichen Wissen** über die Wirklichkeit (Schlink FS 50 Jahre BVerfG II, 2001, 445 (453)), in der Verwaltungspraxis regelmäßig von der Alltagserfahrung eines pflichtgetreuen Durchschnittsbeamten. Die Erkenntnisse der „Neuen Verwaltungsrechtwissenschaft" mögen hier ein Betätigungsfeld finden (Hoffmann-Riem/Schmidt-Aßmann/Voßkuhle, Grundlagen des Verwaltungsrechts/Voßkuhle, 2. Aufl. 2012, § 1 Rn. 29 ff., 32 ff.). Die Eignung unterliegt uneingeschränkt der Kontrolle der Verwaltungsgerichte (OVGE 7, 27 (34); DWVM Gefahrenabwehr 420; Pausch/Dölger PolR Hessen 135). Maßgebend ist wie bei der Entscheidung der Frage auf der Primärebene, ob eine Gefahr vorliegt (§§ 1, 11), die Sicht im Zeitpunkt des Erlasses der Maßnahme, dh die Sicht **ex ante.** Der Umstand, dass sich eine Maßnahme im Nachhinein, dh aus der Sicht **ex post,** als nicht förderlich erweist, stellt die Rechtmäßigkeit der Maßnahme daher nicht in Frage. Eine solche Erkenntnis ist jedoch ein Grund, eine noch andauernde Maßnahme nicht weiter aufrecht zu erhalten (Abs. 3, → Rn. 78).

45 Das Erfordernis der Eignung hat eine Dimension in der **Zeit.** Einer Maßnahme kann zur Erreichung des Zwecks nichts mehr beitragen und damit nicht mehr geeignet sein, wenn der Zweck erreicht ist; eine Maßnahme kann die Erreichung des Zwecks zudem dann nicht fördern, wenn sich zeigt, dass sich der Zweck überhaupt nicht erreichen lässt (Kingreen/Poscher POR § 10 Rn. 24). Das HSOG regelt diese Fragen speziell in Abs. 3 (→ Rn. 78).

4. Erforderlichkeit der Maßnahme

Die Gefahrenabwehr- und Polizeibehörden haben von mehreren möglichen und geeigneten diejenige Maßnahme zu treffen, die die einzelne Person und die Allgemeinheit voraussichtlich am wenigsten beeinträchtigen wird (Grundsatz der Erforderlichkeit, der Notwendigkeit, des „Interventionsminimums", des Einsatzes des mildesten Mittels). Das Interventionsminimum ist **passgenau** auf den Störer und die konkrete Lage **abzustimmen.** 46

Beispiel: Soll ein gewaltbereiter Fußballfan („Ultra") an der Begehung von Körperverletzungsdelikten bei Fußballspielen der Mannschaften des von ihm favorisierten Vereins durch ein Betretungs- und Aufenthaltsverbot gehindert werden, so ist dieses auf die Spieltage und hierbei auf den für Fanausschreitungen regelmäßig bedeutsamen Zeitraum wie auch örtlich auf den hierfür in Frage kommenden Bereich zu beschränken (VG Freiburg BeckRS 2016, 49927). Die Straßenbaubehörde darf Maßnahmen nach § 27 HStrG nicht pauschal und ohne Abstufungen auf allen Straßen und Wege anordnen, sondern nur dort, wo auf Grund der Verkehrsbelastung einer Straße (zB erhebliche durchschnittliche tägliche Verkehrsstärke) oder auf Grund ihrer besonderen Beschaffenheit (zB unübersichtlicher oder kurvenreicher Straßenverlauf) konkrete Gefahren für die Sicherheit und Leichtigkeit des Verkehrs drohen, wenn Sichtdreiecke nicht freigehalten werden oder die Übersichtlichkeit der Straße in sonstiger Weise durch Anlagen im Sinne des § 27 Abs. 2 HStrG beeinträchtigt wird (VG Augsburg BeckRS 2021, 30683 Rn. 32 zu Art. 29 BayStrWG). 46.1

Der polizeiliche Zweck darf nicht durch ein **gleich wirksames,** den Betroffenen und die Allgemeinheit **weniger belastendes** Mittel erreichbar sein (Kingreen/Poscher POR § 10 Rn. 25). Um die Frage zu entscheiden, welche von mehreren denkbaren Maßnahmen die mildeste ist, hat der Rechtsanwender die Folgen verschiedener Mittel für den Betroffenen und die Allgemeinheit im Hinblick auf ein bestimmtes Ziel zu **vergleichen** (Schneider FG 25 Jahre BVerfG, 1976, 390 (392)). Aus demselben Gedanken, aus dem sich das Gebot der Erforderlichkeit polizeilichen Handelns ableitet, ergibt sich die Regelung des § 5 Abs. 2 S. 2, wonach dem Betroffenen auf Antrag der Einsatz eines **Austauschmittels** zu gestatten ist (zu ihrem richtigen Standort in § 4 Abs. 1 → Rn. 21). Das Gebot, Eingriffe möglichst schonend vorzunehmen, ist der **Kern** des Übermaßverbotes (Ossenbühl JURA 1997, 617 (618)). 47

Beispiele: Geht von einer Ölfeuerungsanlage die Gefahr eines Waldbrandes aus, so ist die Anlage nicht zu beseitigen, wenn die Gefahr durch geeignete Auflagen abgewehrt werden kann (VGH Kassel ESVGH 18, 129 (132 ff.)). Kann der Fahrer eines verbotswidrig abgestellten Kfz ohne Schwierigkeiten und ohne Verzögerung festgestellt und dazu veranlasst werden, das Fahrzeug kurzfristig aus seiner verkehrsordnungswidrigen Lage zu entfernen, ist ein Abschleppen des Fahrzeugs nicht erforderlich (BVerwG NJW 1990, 931; VGH Kassel NVwZ-RR 1991, 28). Ist die Polizei selbst ohne besonderen Aufwand mit eigenen sachkundigen Kräften und eigener Ausrüstung zur unmittelbaren Ausführung einer polizeilichen Maßnahme in der Lage, kann sich die kostenintensivere Beauftragung eines Dritten als ermessensfehlerhaft darstellen (VGH Mannheim BeckRS 2010, 57075); es ist jedoch nicht zu beanstanden, wenn die Polizei ein nicht verkehrssicher abgestelltes Kraftfahrzeug wegen schlechter Erfahrungen in der Vergangenheit aus haftungsrechtlichen Gründen nicht selbst in einen verkehrssicheren Zustand versetzt, sondern durch ein privates Unternehmen abschleppen lässt (VGH Mannheim BeckRS 2022, 3575 Rn. 47; VG Düsseldorf BeckRS 2023, 26186 Rn. 21). Bietet jemand Craniosacral-Therapien an, ohne über eine Ausbildung in einem Gesundheits- bzw. Gesundheitsfachberuf zu verfügen, so darf diesem diese Tätigkeit wegen der mit ihr verbundenen potentiellen Gefahren nicht generell, wohl aber für Neugeborene und Kleinstkinder untersagt werden, solange deren Erlaubnispflicht nicht abschließend geklärt ist (VGH Mannheim BeckRS 2019, 4378 Rn. 15 ff.). Gegenüber einer unerlaubt gewerbsmäßigen Hundezüchterin ist als milderes Mittel zunächst die Zucht zu untersagen, bevor die Hunde auf der Grundlage des § 40 sichergestellt und anschließend veräußert werden (VG Kassel BeckRS 2002, 168901). Um die Versendung von E-Mails an die Polizei zu unterbinden, bedarf es keiner Wohnungsdurchsuchung zum Zweck der Beschlagnahme von Computern und Routern auf Seiten des Betroffenen, sondern es kommen technische Maßnahmen auf der Empfängerseite als mildere Mittel in Betracht (OLG Karlsruhe NJW 2017, 90 (92)). Bevor die Behörde gegenüber dem Halter die Sicherstellung eines gefährlichen Hundes anordnet, hat sie in Erwägung zu ziehen, ob der Hund anstelle einer Unterbringung in einem Tierheim an eine geeignete Person oder Stelle abgegeben werden kann (VG Düsseldorf BeckRS 2021, 22301 Rn. 13). Ein generelles Verbot des Mitsichführens von Glasflaschen an bestimmten Orten und zu bestimmten Zeiten einer Gefahrenabwehrbehörde ist nicht erforderlich, 47.1

wenn der Polizeivollzugsdienst je nach Lage im Einzelfall ein modifiziertes Glasverbot (Wegpacken bzw. Aufräumen von Glasbehältnissen, dabei Nutzung bereitgestellter Glassammelbehälter) aussprechen kann, etwa, wenn sich abzeichnet, dass Flaschen in erheblicher Zahl nicht entsorgt werden und es dadurch zu erheblichem (unabsichtlichem) Glasbruch und Verletzungsgefahr kommt (VG Freiburg BeckRS 2021, 20331 Rn. 30). Gegenüber einem Kletteraktivisten ist eine verdeckte Observation nicht erforderlich, da eine offene Observation gleich geeignet wie eine verdeckte Observation ist, die von diesem ausgehende Gefahr abzuwehren (VG Hannover BeckRS 2023, 24611)

48 Beim Erlass von **Verordnungen** zur Gefahrenabwehr (§§ 71 ff.) sind die Gefahrenabwehrbehörden bei **Massenerscheinungen** insbesondere zur Abwehr erheblicher Gefahren für höchste Rechtsgüter zu **typisierenden** Regelungen ermächtigt (OVG Berlin-Brandenburg BeckRS 2010, 52668); sie sind in diesem Bereich nicht verpflichtet, differenziert nach dem Grad der jeweiligen Gefährlichkeit ihre die Betroffenen belastenden Regeln zu setzen.

48.1 **Beispiel:** Bei der Massenerscheinung der Hundehaltung darf eine Verordnung zur Gefahrenabwehr für den Bereich einer Innenstadt einen Leinenzwang anordnen, ohne nach Art, Größe oder Gefährlichkeit des einzelnen Hundes differenzieren zu müssen (OVG Lüneburg BeckRS 2014, 48311; 2017, 111238).

49 Im Rahmen der **Störerauswahl** (§ 6) ist bei mehreren verantwortlichen Personen eine Maßnahme gegen denjenigen zu richten, der die Gefahr mit dem geringsten Aufwand abwehren kann.

49.1 **Beispiel:** Geht es um das Wegfahren eines verbotswidrig abgestellten Kfz und ist dessen Fahrer am Ort erreichbar, wäre es nicht erforderlich, den ortsabwesenden Halter in Anspruch zu nehmen (FLS PolR Hessen Abschn. I Rn. 35).

50 Die weniger belastende Maßnahme muss **gleich wirksam** sein (BVerfGE 70, 1 (29); 81, 156 (192)) und **eindeutig** zur **Verfügung** stehen (BVerfGE 39, 210 (231); 53, 135 (145); VG München BeckRS 2015, 52842: „offensichtlich"; Merten/Papier Grundrechte-HdB/Merten § 68 Rn. 69).

50.1 **Beispiele:** Ist ein Kfz vorschriftswidrig abgestellt, ist es wegen der ungewissen Erfolgsaussicht grundsätzlich nicht erforderlich, dass die Gefahrenabwehr- und Polizeibehörden Nachforschungen zum Verbleib des Fahrers anstellen, ehe sie das Fahrzeug abschleppen lassen (VGH Kassel DÖV 1999, 916 (917) im Anschluss an BVerwG DVBl 1983, 1066; zuletzt BVerwG BeckRS 2002, 22308); wer sich nicht in Ruf- oder Sichtweite seines Fahrzeugs aufhält, kann von der Polizei keine personal- und zeitaufwendigen Ermittlungen erwarten (BVerwG 18.2.2002 – 3 B 149/01, juris Rn. 7 = BeckRS 2002, 21364; VGH München BeckRS 2001, 25298 Rn. 20; 2009, 43974 Rn. 2; VG München BeckRS 2017, 111005). Etwas anderes gilt nur dann, wenn zB durch eine präzise Ortsangabe des Betroffenen sichergestellt ist, dass die Störung durch seine Inanspruchnahme (zB durch Anruf auf dem Mobiltelefon bei Hinterlassen der Rufnummer hinter der Windschutzscheibe) schneller und effektiver beseitigt werden kann, als dies durch die mit einem gewissen Zeitaufwand verbundene Beauftragung eines Abschleppunternehmers möglich ist (Schoch JURA 2004, 462 (467) mit OVG Schleswig NVwZ-RR 2003, 647 (648)).

50.2 Die Bauaufsichtsbehörde muss bei einer baurechtlich unerlaubten Nutzung dem Betroffenen nur dann anstelle einer Nutzungsuntersagung die Stellung eines Bauantrages aufgeben, wenn das Vorhaben nach ihrer Auffassung offensichtlich genehmigungsfähig ist und der Erteilung der Baugenehmigung auch sonst keine Hindernisse entgegenstehen (VG Düsseldorf BeckRS 2016, 41616).

50.3 Für einen gewaltbereiten Fußballfan ist gegenüber einer Auflage, sich an einem bestimmten Tag zu drei unterschiedlichen Uhrzeiten persönlich unter Vorlage eines amtlichen Lichtbildausweises bei einer Polizeidienststelle seines Wohnortes zu melden, ein Betretungsverbot für das Stadion und seine Umgebung ein zwar milderes, nicht aber ein gleich wirksames Mittel, die Gefahr gewalttätiger Ausschreitungen der Fangruppen auf dem An- und Abreiseweg zum Stadion zuverlässig zu verhüten (VGH München BeckRS 2017, 124694). Die Einrichtung sog. Kifferzonen stellt gegenüber dem Verbot des öffentlichen Konsumierens von Cannabis auf einer (auch) an Familien gerichteten Großveranstaltung (Hessentag) kein gleich geeignetes, weniger einschneidendes Mittel dar, das Ziel des Gesundheits- und Kinder- und Jugendschutzes zu erreichen. Denn würden sie eingerichtet, müssten sie kenntlich gemacht und das Gelände mit Wegweisern versehen werden, was einen Anreiz für Kinder und Jugendliche schaffen würde, der ja gerade zu verhindern ist (VG Kassel NVwZ 2024, 1036 Rn. 24).

51 Eine weitergehende, dh mit schwereren Eingriffen einhergehende Maßnahme darf immer erst dann getroffen werden, wenn die zunächst gesetzte Maßnahme nicht zum gewünschten

Erfolg geführt hat (RSPHFMW HSOG/HundeVO Anm. 1.1) oder nach **sorgfältiger Prüfung** der Schluss gerechtfertigt ist, dass diese Maßnahme nicht zum Ziel führen würde (Fredrich Rn. 19). Stehen die Gefahrenabwehr- und Polizeibehörden vor der Wahl zwischen einem Mittel, das den Betroffenen weniger belastet, dafür aber die Gefahr nicht vollständig beseitigt, und einem anderen Mittel, das den Betroffenen stärker belastet, dafür aber die Gefahr **zur Gänze (vollständig)** abwehrt, dürfen sie sich allerdings gleich für das stärker eingreifende Mittel entscheiden (Schmidbauer/Steiner BayPAG Art. 4 Rn. 14; VGH Mannheim BeckRS 2016, 56016 Rn. 16). Die Behörden dürfen bei der Wahl ihrer Mittel, vorbehaltlich der Frage ihrer Unverhältnismäßigkeit im engeren Sinne (Abs. 2), immer das Mittel auswählen, das die Gefahr **wirksam beseitigt** (BVerwGE 13, 258 (259): Entziehung oder Vernichtung des Eigentums des Betroffenen als erforderliche Maßnahme; DWVM Gefahrenabwehr 427; Pausch/Dölger PolR Hessen 137).

Beispiel: Der Verkehr des Publikums bei einer Gaststätte stört die Nachbarschaft. Die Behörde braucht sich nicht darauf zu beschränken, das für den Betroffenen mildere Mittel der Auflage zu wählen, sondern kann sich auch für das schwerwiegendere Mittel der Vorverlegung der Polizeistunde entscheiden (VGH Mannheim ESVGH 17, 227 (230)). **51.1**

Setzt die Behörde ein möglicherweise in Betracht kommendes milderes Mittel nicht ein, muss sie **darlegen,** weshalb sie das verfolgte Ziel nicht unter Einsatz dieses Mittels erreichen kann (OLG Karlsruhe NJW 2017, 90 (92); OVG Münster BeckRS 2017, 102604). Die Gefahrenabwehr- und Polizeibehörden dürfen auch mehrere Maßnahmen miteinander kombinieren, wenn dies im konkreten Einzelfall zur effektiven Gefahrenabwehr unabdingbar ist. **52**

Beispiel: Gegenüber dem Halter eines gefährlichen Hundes darf ein kombinierter Leinen- und Maulkorbzwang angeordnet werden, wenn eine hinreichende Wahrscheinlichkeit besteht, dass der Hund auch angeleint zubeißen oder sich von der Leine losreißen würde (VG Würzburg BeckRS 2015, 47165; s. auch OVG Bautzen BeckRS 2021, 5611 Rn. 4). **52.1**

Hat eine Gefahrenabwehr- oder eine Polizeibehörde gegen einen Betroffenen eine gefahrenabwehrrechtliche Anordnung erlassen, darf sie **einschneidendere** Maßnahmen grundsätzlich **erst** dann treffen, wenn sie zunächst erfolglos versucht hat, die **bestehende** Anordnung mit Zwangsmitteln **durchzusetzen.** Allerdings können in Einzelfällen auch ohne dies einschneidendere Maßnahmen gesetzt werden, wenn sie allein geeignet sind, die Gefahr abzuwehren. **53**

Beispiel: Eine umfassende Untersagung der Hundehaltung als die für einen Hundehalter einschneidendste denkbare Maßnahme darf erst dann getroffen werden, wenn dieser generell nicht für die Haltung von Hunden geeignet ist (VGH München BeckRS 2018, 4348). Dies ist der Fall, wenn der Halter sich dauerhaft und nachhaltig weigert, einer gegen ihn bestehenden gefahrenabwehrbehördlichen Anordnung nachzukommen. Generell gilt: Je weniger ein Halter bereit ist, der von seinem Hund ausgehenden Gefahr durch andere Maßnahmen entgegenzuwirken, umso eher ist eine Untersagung verhältnismäßig (VGH München BeckRS 2018, 4348; 2021, 24877 Rn. 11; 2022, 22148 Rn. 9). Diese fehlende Bereitschaft kann sich darin zeigen, dass der Halter gegen ihn erlassenen Anordnungen nicht nachkommt und Zwangsmittel zu deren Durchsetzung erfolglos bleiben (VG Augsburg BeckRS 2023, 28235 Rn. 47 f.). Ausnahmsweise darf einem Halter die Haltung von Hunden auch ohne den grundsätzlich notwendigen Versuch, die Anordnung mit Zwangsmitteln durchzusetzen, untersagt werden, wenn die fehlende Eignung auch ohnedies von vornherein feststeht (VGH München BeckRS 2014, 48658 Rn. 4; 2015, 43087 Rn. 8; 2016, 40756 Rn. 26) oder der Halter nach einem Beißvorfall ein völlig uneinsichtiges Verhalten an den Tag gelegt hat (VGH München BeckRS 2018, 2295). Bei der Prüfung der Verhältnismäßigkeit des Verbotes der Haltung von Hunden ist zudem zu berücksichtigen, ob sich dieses auf sämtliche Hunde (grundsätzlich nicht verhältnismäßig, da nicht erforderlich) oder nur auf gefährliche Hunde iSv § 2 HessHundeVO bezieht (verhältnismäßig, da das Halten von und der Umgang mit Hunden nicht völlig ausgeschlossen wird; VGH München BeckRS 2018, 4348; VG Augsburg BeckRS 2017, 138484 Rn. 23). **53.1**

Für die Beurteilung der Erforderlichkeit einer Maßnahme maßgebend ist die Sicht im Zeitpunkt ihres Erlasses, dh die Sicht **ex ante** (VGH Mannheim DVBl 1997, 153 (154); Schoch BesVerwR Kap. 1 Rn. 313; Ossenbühl JURA 1997, 617 (618); → Rn. 9). Wie das Erfordernis der Eignung (→ Rn. 43) besitzt das Kriterium der Erforderlichkeit eine Dimension in der Zeit. Die Gefahrenabwehr- und Polizeibehörden dürfen dem Betroffenen eine **54** belastende Maßnahme nicht auf unbestimmte Zeit auferlegen, ohne die Maßnahme auf ihre Notwendigkeit hin unter Kontrolle zu halten und dabei im Einzelfall auch die Möglichkeiten abzuklären, wie der Pflichtige die Gefahr auf andere Weise abwenden kann (OVG Münster BeckRS 2021, 4827 Rn. 55).

54.1 **Beispiel:** Lässt die Behörde im Wege der Ersatzvornahme im Sofortvollzug ein an einem Gehweg gelegenes (teilweise) baufälliges Gebäude zum Schutz von Fußgängern auf unbestimmte Zeit durch Absperrmaßnahmen sichern, hat sie ihre Maßnahme zu kontrollieren und dabei auch die Möglichkeiten abzuklären, ob der Pflichtige die erforderliche Absicherung selbst übernehmen und/oder die Gefahrenquelle beseitigen kann (OVG Münster BeckRS 2021, 4827 Rn. 55); welche Zeitspanne für den Zeitpunkt anzunehmen ist, ab dem es in einem solchen Fall (ausnahmsweise) bei der durch den rechtmäßigen Sofortvollzug entstandenen Sachlage nicht sein Bewenden haben kann, sondern weitere bzw. ersetzende Gefahrenabwehrmaßnahmen zu ergreifen sind („Überwechseln" in ein gestrecktes Verfahren), ist eine Frage des Einzelfalls (OVG Münster BeckRS 2021, 4827 Rn. 55).

55 Nach der Formulierung des Gesetzes kommt es nicht nur auf die Folgen für den **Betroffenen,** sondern ausdrücklich auch auf die Folgen für die **Allgemeinheit** an (→ Rn. 10). Das BVerfG dagegen beschränkt seine Erforderlichkeitsprüfung auf die grundrechtlichen Belastungen des Betroffenen und nimmt die Beeinträchtigungen der Allgemeinheit nicht zusätzlich mit in den Blick (BVerfGE 39, 210 (230)). Ob der einfach-rechtliche Grundsatz der Erforderlichkeit des Abs. 1 deshalb über den des Verfassungsrechts hinausgeht oder, anders als das BVerfG dies meint, auch auf der Ebene des Verfassungsrechts eine Maßnahme nur dann als erforderlich anzusehen ist, wenn sie nicht nur den Einzelnen, sondern zugleich auch die Allgemeinheit am wenigsten belastet (Kingreen/Poscher POR § 10 Rn. 25; SSM StaatsR/Sodan § 87 Rn. 15; Kirchhof FS Lerche, 1993, 133 (144): für das Eingriffsrecht sei der Verhältnismäßigkeitsgrundsatz „in polizeirechtlicher Striktheit und freiheitsschützender Justitiabilität zu handhaben"; aA Gusy PolR Rn. 398), hängt ab von dessen verfassungsrechtlichen Herleitung und ist wie diese umstritten (→ Rn. 2). Die Streitfrage bedarf für das Handeln der Gefahrenabwehr- und Polizeibehörden jedoch keiner weiteren Erörterung, da aufgrund des Anwendungsvorranges des rangniederen Rechts (→ Rn. 2) der Rechtsanwender seiner Entscheidung in jedem Fall den umfassenden Maßstab des Abs. 1 zugrunde zu legen hat.

56 In den **Vergleich** zwischen den Größen „Erfolg", der mit der polizeilichen Maßnahme angestrebt, und „Schaden", der dem Betroffenen, unbeteiligten Dritten und der Allgemeinheit zugefügt wird, können folgende **Gesichtspunkte** eingestellt werden: auf der einen Seite das Rechtsgut, das als Bestandteil der öffentlichen Sicherheit und Ordnung gefährdet ist, die Intensität seiner Gefährdung oder Störung sowie die Nähe und Wahrscheinlichkeit eines Schadenseintritts sowie darüber hinaus die Unverbrüchlichkeit der Rechtsordnung als solche (BVerwG NJW 1974, 807 (809); DWVM Gefahrenabwehr 392); auf der anderen Seite das betroffene Interesse des Bürgers, der unbeteiligten Dritten und der Allgemeinheit und die Intensität von dessen Gefährdung oder Störung (RSPHFMW HSOG/HundeVO Anm. 2). Relevante Interessen können seine rechtlich geschützten Güter, wie das Leben und die körperliche Unversehrtheit (Art. 2 Abs. 2 S. 1 GG, Art. 3 HessVerf), das Eigentum (Art. 14 Abs. 1 S. 1 HessVerf, Art. 45 Abs. 1 S. 1 HessVerf) oder das Vermögen (Art. 2 Abs. 1 GG, Art. 2 Abs. 1 HessVerf), wie aber auch das tatsächliche Interesse, vor Nachteilen, Störungen, Belästigungen und Unbequemlichkeiten verschont zu bleiben (VGH Kassel HessVGRspr. 1983, 17 (18); RSPHFMW HSOG/HundeVO Anm. 1.3).

57 Ein Interesse ist einzustellen, wenn es **beeinträchtigt** ist, dh durch die polizeiliche Maßnahme auf es ein- bzw. beschränkend eingewirkt wird. Die **Allgemeinheit** ist dann als betroffen anzusehen, wenn die Interessen einer unbestimmten Vielzahl von Personen in Mitleidenschaft gezogen werden. Zu den Belangen des Betroffenen und der Allgemeinheit treten, so ist das Gesetz zu ergänzen, die Belange unbeteiligter **Dritter** hinzu (DWVM Gefahrenabwehr 391; Hornmann HSOG Rn. 8). Die Wirkungen für unbeteiligte Dritte können mitunter gravierender sein als die drohenden Schäden an einem Schutzgut der öffentlichen Sicherheit oder Ordnung, sodass die Gefahrenabwehr- und Polizeibehörden in einem solchen Fall von der beabsichtigten Maßnahme absehen müssen.

57.1 **Beispiel:** Einrichtung eines Lagers im Wald für „Zigeuner" sowie Obdachlose neben einem landwirtschaftlichen Gut (BGHZ 12, 206 (208)).

Es gibt **keinen abstrakten Maßstab,** mit dessen Hilfe abgelesen werden kann, welche Maßnahme mehr oder weniger beeinträchtigend wirkt (RSPHFMW HSOG/HundeVO Anm. 1.3). Noch nicht einmal dann, wenn sich Erfolg und Schaden in einem Geldwert ausdrücken lassen, ist die Entscheidung eindeutig vorgegeben (so aber VGH Mannheim VerwRspr 1957, 492 (494)), da mit der **Unverbrüchlichkeit der Rechtsordnung** ein nicht in Geld messbarer Wert hinzutritt (→ Rn. 56). Stets bedarf es einer **Wertung,** welche Maßnahme die am geringsten eingreifende ist (Schlink FS 50 Jahre BVerfG II, 2001, 445 (454)). Diese Wertung eröffnet den Gefahrenabwehr- und Polizeibehörden notwendig einen Entscheidungsspielraum. Geht es allerdings um Gefahren für Leib und Leben von Menschen, so bestand schon für das PrOVG an der Eindeutigkeit der Wertung kein Zweifel, dass geldliche Rücksichten zurückzutreten haben (PrVBl. 27, 123 (124); im Anschluss etwa VGH Mannheim VerwRspr 1957, 492 (494 f.); VG Gießen BeckRS 2000, 167577: Tötung eines Hundes, der einen Menschen angefallen und schwer verletzt hat, ist nicht unverhältnismäßig). 58

Abs. 1 verpflichtet die Gefahrenabwehr- und Polizeibehörden, diejenige Maßnahme zu treffen, die den Einzelnen und die Allgemeinheit am wenigsten beeinträchtigt. Da die Interessen des Einzelnen in der Regel nicht unbedingt die gleichen sind wie die der Allgemeinheit, sondern sich von diesen unterscheiden können (OVG Münster NJW 1980, 2210 (2211)), kann zwischen den beiden Schutzaufträgen ein Zielkonflikt bestehen (DWVM Gefahrenabwehr 426). Damit zeichnet das Gesetz die Entscheidung der Behörde nicht genau vor (so aber Knemeyer VVDStRL 35 (1977), 221, 245 Fn. 66), sondern eröffnet der Behörde einen **Spielraum** für eine **eigenverantwortliche, wertende Ermessensentscheidung,** ob sie mehr den Einzelnen oder die Allgemeinheit belasten will (→ Rn. 10). 59

Der **Aufwand,** den die Gefahrenabwehr- und Polizeibehörden an sächlichen und persönlichen Mitteln zur Erreichung des angestrebten Zweckes benötigen, ist in der Verhältnismäßigkeitsprüfung nicht zu berücksichtigen (DWVM Gefahrenabwehr 393). Die Abwehr einer Gefahr darf nicht deswegen unterbleiben oder nicht hinreichend ausfallen, weil die in Betracht kommenden geeigneten Maßnahmen mit hohen Kosten verbunden sind (OVG Münster OVGE 14, 265 (270); VG Freiburg VBlBW 1987, 349 (351); Schmidt-Jortzig JuS 1970, 507 (509); Pappermann JZ 1970, 286 (287); Schlink FS 50 Jahre BVerfG II, 2001, 445 (457 f.) Fn. 28: „aller Aufwand, über den sie verfügt"). Führt die Behörde eine Maßnahme durch, bei der ihr ein **höherer** Aufwand entsteht, als er ihr bei einer gleich wirksamen anderen Maßnahme entstehen würde, führt sogar auch ein solcherart überhöhter Aufwand für sich allein nicht zur **Rechtswidrigkeit** der Maßnahme gegenüber dem **Bürger.** 60

Beispiel: Die Behörde setzt ein Vielfaches an Polizeivollzugsbeamten anstelle der objektiv benötigten ein, ohne dass dies durch Sachgründe gerechtfertigt gewesen wäre (Bsp. nach DWVM Gefahrenabwehr 393). 60.1

Anders ist der Einsatz objektiv nicht benötigter polizeilicher Mittel allerdings dann zu beurteilen, wenn sich aus dem Übermaß an polizeilichem Einsatz selbst eine Grundrechtsverletzung ergibt. 61

Beispiel: Eine beidseitige „Begleitung" eines Demonstrationszuges durch massive Kräfte der Polizei, die das Erscheinungsbild der Versammlung nachteilig verändert und damit die Selbstdarstellung der Versammlungsteilnehmer sowie deren Kommunikation mit Passanten beeinflusst, ist ein Eingriff in das Grundrecht des Art. 8 Abs. 1 GG, Art. 14 Abs. 1 HessVerf (OVG Bremen NVwZ 1990, 1188 (1191 f.)). 61.1

Die Gefahrenabwehr- und Polizeibehörden sind jedoch aus **haushaltsrechtlichen Gründen** verpflichtet, wirtschaftlich zu handeln (Art. 114 GG, § 7 HessLHO). Dieses Gebot ist bei der Ermessensausübung (§ 5) zu beachten (Kugelmann PolR Kap. 8 Rn. 17) und gegenüber der Kontrolle durch den Rechnungshof wie auch gegenüber Parlament und Öffentlichkeit zu verantworten. Insoweit wird der Aufwand der Behörde zu einem abwägungserheblichen Belang (Lerche, Übermaß und Verfassungsrecht, 2. Aufl. 1999, XI). Allerdings haben aufgrund der reinen Innenwirkung des Wirtschaftlichkeitsgebots (zur Innenwirkung des Haushaltsplans: § 3 Abs. 2 HGrG; § 3 Abs. 2 BHO, § 3 Abs. 2 HessLHO, Gröpl/Gröpl, Bundeshaushaltsordnung/Landeshaushaltsordnung (BHO/LHO), 1. Aufl. 2011, BHO/LHO § 3 Rn. 27 ff.) die Verwaltungsgerichte dessen Einhaltung nicht zu kontrollieren (DWVM Gefahrenabwehr 393). Im Verhältnis zum Bürger und damit auch für die Kontrolle durch 62 die Verwaltungsgerichte wird ein übertriebener Aufwand jedoch etwa dann relevant, wenn die Behörde vom Bürger Ersatz ihrer Kosten verlangt (DWVM Gefahrenabwehr 393).

IV. Verbot eines Missverhältnisses zwischen Nachteilen und erstrebtem Erfolg

63 Nach Abs. 2 darf eine Maßnahme nicht zu einem Nachteil führen, der zu dem erstrebten Erfolg **erkennbar außer Verhältnis** steht (Verhältnismäßigkeit im engeren Sinne, Angemessenheit, Proportionalität). Der hier auch verwandte Begriff der Zumutbarkeit, mit dem die mit Blick auf die Person des Betroffenen begründete Unverhältnismäßigkeit im engeren Sinne bezeichnet sein soll, hat keine andere Bedeutung (→ Rn. 16).

64 Die Verhältnismäßigkeit im engeren Sinne betrifft, anders als der Grundsatz der Erforderlichkeit, der sich nur auf die **Auswahl** der Mittel bezieht, auch die Frage des **Einschreitens** überhaupt. Die Gefahrenabwehr- und Polizeibehörden haben, bevor sie eine mögliche, geeignete und erforderliche Maßnahme zur Gefahrenabwehr treffen, zwischen der Maßnahme, dem Eingriff in die Belange des Betroffenen, von Dritten sowie der Allgemeinheit auf der einen Seite und dem verfolgten Zweck, dem Schutz von Belangen der Allgemeinheit auf der anderen Seite eine **Güterabwägung** vorzunehmen (Schneider FG 25 Jahre BVerfG I, 1976, 390 (392)). Im Ergebnis kann die Prüfung dazu führen, dass eine Maßnahme, die die Gefahr wirksam beseitigt und dabei im Vergleich zu anderen die am wenigsten beeinträchtigende ist, unterbleiben muss (Pausch/Dölger PolR Hessen 138; DWVM Gefahrenabwehr 390). Das Recht will keine Gefahrenabwehr um jeden Preis (Ossenbühl JURA 1997, 617 (619)).

65 Eine Maßnahme ist aufgrund des Gebotes des Abs. 2 allerdings nicht schon dann unzulässig, wenn der beabsichtigte Eingriff und die zu erwartenden Nebenwirkungen für unbeteiligte Dritte und die Allgemeinheit dem abzuwendenden Schaden **gleichwertig** sind oder diesen Schaden sogar **überwiegen** (DWVM Gefahrenabwehr 392).

65.1 **Beispiel:** Die Androhung eines Zwanges zur Durchsetzung einer wohnungsrechtlichen Anordnung, die auf Wiederherstellung und Nutzung des Wohnraums gerichtet ist, von jeweils 10.000 EUR für jede von insgesamt vier Wohneinheiten (Gesamtsumme: 40.000 EUR), ist nicht unverhältnismäßig (VGH Kassel NVwZ-RR 1995, 118 (119)).

66 Aussagen über die Schwere der Nachteile einer Maßnahme sind das Ergebnis einer **Wertung.** Da das Gesetz ein „voraussichtliches" Außer-Verhältnis-Stehen von Maßnahme und Nachteil verbietet, bedarf es einer **Prognose** über den Verlauf und die Wirkungen der Maßnahme; maßgebend ist auch hier (→ Rn. 9, → Rn. 36, → Rn. 43, → Rn. 54) die Perspektive **ex-ante** (VG Kassel BeckRS 2022, 35234 Rn. 79). Das Gesetz steuert diese Güterabwägung in der Weise, dass es nicht gebietet, ein **angemessenes** Verhältnis herzustellen. Es beschränkt sich vielmehr darauf, lediglich ein **unangemessenes** Verhältnis zu verbieten (→ Rn. 11). Der Rechtsanwender muss also nicht ein optimales Ergebnis treffen, sondern es genügt, wenn er ein untragbares Ergebnis vermeidet. Das Gesetz nimmt damit die Anforderungen an das Ergebnis der behördlichen Abwägung zurück, womit es zugleich die **Dichte** der **verwaltungsgerichtlichen Kontrolle beschränkt** (→ Rn. 11).

1. Maßstäbe

67 Für diese Abwägung selbst hält das Gesetz keine Maßstäbe bereit (Erichsen JURA 1988, 387). Um die unvermeidliche Wertung des Rechtsanwenders zu strukturieren, haben Rechtsprechung und Lehre eine Abfolge aufeinander aufbauender Prüfungsschritte entwickelt (Schenke PolR Rn. 410 ff.).

68 In einem **ersten Prüfungsschritt** sind die **Interessen** zu **ermitteln,** auf die sich die polizeiliche Maßnahme belastend und begünstigend auswirken kann. Unter dem Aspekt möglicher Belastungen gehören hierzu die Interessen des Betroffenen, unbeteiligter Dritter (Hornmann HSOG Rn. 3) und der Allgemeinheit, unter dem Aspekt möglicher Begünstigungen die Interessen der Allgemeinheit oder Einzelner, zu deren Schutz eingegriffen werden soll.

69 Sodann sind in einem **zweiten Prüfungsschritt** die Belange beider Seiten anhand der Wertungen der Rechtsordnung in ihrer **abstrakten Bedeutung** zu **gewichten** (OVG Münster NJW 1980, 2210 (2211)). Ihre Wertungen trifft die Rechtsordnung sowohl in der

Verfassung als auch im einfachen Recht. Der Umstand, dass ein Belang nicht nur im einfachen Recht, sondern auch in der Verfassung als Grundrecht, Staatsziel oder anderweit als Wert geschützt ist, verleiht ihm einen besonderen Rang. Bei grundrechtlich geschützten Gütern ist die Zuordnung zu den einzelnen Schutzbereichen bedeutsam. So ergeben sich aus dem Grundgesetz unterschiedliche Anforderungen an staatliche Eingriffe, je nachdem, ob ein Gut durch die allgemeine Handlungsfreiheit, ein spezielles Grundrecht, ein Grundrecht mit einem qualifizierten Gesetzesvorbehalt, ein vorbehaltlos gewährleistetes Grundrecht oder ein Grundrecht, dessen Kernbereich die Menschenwürde berührt, geschützt wird (Michael/Morlok Grundrechte Rn. 624). Da sich alle Grundrechte in der Normenhierarchie auf der gleichen Stufe befinden, ist es zwar nicht zulässig, in diesen Zuordnungen eine starre Rangordnung zu sehen (SSM StaatsR/Sodan § 87 Rn. 23; SSM StaatsR/Berger § 96 Rn. 14; Merten/Papier Grundrechte-HdB/Rupp § 36 Rn. 33); wohl aber ist es erlaubt, diese normativen Differenzierungen des Grundgesetzes nach den Umständen des konkreten Falles zu beachten (Merten/Papier Grundrechte-HdB/Rupp § 36 Rn. 33). Hierbei kann es außerdem eine Rolle spielen, ob ein Belang den Schutz durch das Recht der Europäischen Union oder das Völkerrecht, hier speziell die EMRK mit der dazugehörigen Rechtsprechung des EGMR, gefunden hat (Michael/Morlok Grundrechte Rn. 624; Kramer HessPolR Rn. 69).

In einem **dritten Prüfungsschritt** schließlich sind die betroffenen Interessen unter Berücksichtigung ihres rechtlichen Stellenwertes und ihrer konkreten Beeinträchtigung unter Berücksichtigung der Lage des Betroffenen gegeneinander abzuwägen. Für die Abwägung erheblich sind die **Schwere** des drohenden Schadens und der Grad der **Wahrscheinlichkeit** des Schadenseintritts. Je geringer die Wahrscheinlichkeit eines Schadenseintritts ist, desto schonender muss der Eingriff sein; umgekehrt gilt: je größer die Wahrscheinlichkeit, desto schwerwiegendere Grundrechtseingriffe sind zulässig (Pausch/Dölger PolR Hessen 134). In die Abwägung ist nicht nur der im Einzelfall abzuwendende Schaden einzusetzen, sondern auch die **Aufrechterhaltung der Rechtsordnung** als solche ist ein schützenswertes Gut, das hier Beachtung verdient (BVerwG NJW 1974, 807 (809); DWVM Gefahrenabwehr 392; → Rn. 56). Die Gefahrenabwehr- und Polizeibehörden dürfen zur Verteidigung der Rechtsordnung auch eine **abschreckende Wirkung** (Generalprävention) erreichen wollen (VGH München BayVBl. 1981, 89 (90)). Die Behörde darf zudem auch schon bei einem erstmaligen Verstoß ggf. empfindliche Maßnahmen setzen, wenn der Verstoß erheblich und eine Wiederholung auf andere Weise nicht zu verhindern ist (VGH Mannheim MDR 1980, 696). Schließlich spielt der **Grad der Zielerreichung** eine Rolle: ist eine Maßnahme nur wenig geeignet, die Gefahr abzuwehren, erscheint ein mit ihr verbundener erheblicher Eingriff eher als unverhältnismäßig im engeren Sinne (Merten/Papier Grundrechte-HdB/Merten § 68 Rn. 71). 70

2. Erkennbarkeit

Das Gebot der Verhältnismäßigkeit im engeren Sinne des Abs. 2 ist nicht schon dann verletzt, wenn zwischen Nachteil und Erfolg ein Missverhältnis besteht, sondern erst dann, wenn dieses auch **„erkennbar"**, dh evident ist; das bloße Missverhältnis als solches genügt also nicht. Die Verwaltung besitzt einen **Einschätzungsspielraum** (OVG Münster NJW 1980, 2210 (2211)). Erkennbar ist das Missverhältnis, wenn es ohne langwierige Ermittlungen und Nachprüfungen als solches wahrnehmbar ist (Fredrich Rn. 20). Die Verwaltungsgerichte dürfen eine Maßnahme nur bei einem groben, jedermann ersichtlichen Missverhältnis als rechtswidrig beanstanden (zur Kontrolle → Rn. 11). 71

Beispiel: Der Gebrauch von Schusswaffen gegen eine Person zur Abwehr einer Gefahr für Sachen von geringem Wert steht in einem offensichtlichen Missverhältnis. 71.1

Stehen Nachteil und Erfolg außer Verhältnis, ist dies aber nicht erkennbar, so ist das Missverhältnis dagegen hinzunehmen. Wenn es vielfach heißt, dass nicht mit „Kanonen auf Spatzen geschossen werden" soll (Ursprung: Fleiner, Institutionen des deutschen Verwaltungsrechts, 1911, 323; heute etwa: Kingreen/Poscher POR § 10 Rn. 30), dann ist dieser Satz als allgemeine Charakterisierung des Grundsatzes der Verhältnismäßigkeit im engeren Sinne zwar zutreffend; er erweckt jedoch ein falsches Bild, dass immer nur Fälle dieser Evidenz dem Verdikt „unverhältnismäßig im engeren Sinne" unterfallen können. Die Hürde kann vielmehr auch niedriger liegen. 72

72.1 **Beispiel:** Die Polizeibehörde stellt ein gestohlenes und beschädigtes Kfz nach § 40 Nr. 2 im Wege der unmittelbaren Ausführung (§ 8 Abs. 1 S. 1) sicher, um weitere Beschädigungen und Ausschlachtungen zu verhindern. Nach dem Gutachten einer Versicherung betragen die Abschleppkosten (400 DM) etwa die Hälfte des Restwerts des Kfz (800 DM). Nach Ansicht des VGH Kassel führt hier die Maßnahme zu einem Nachteil, der zu dem erstrebten Erfolg erkennbar außer Verhältnis steht, sodass sie wegen Unverhältnismäßigkeit im engeren Sinne rechtswidrig ist (VGH Kassel DÖV 1999, 916 (917 f.)).

73 Mit der Kategorie der Verhältnismäßigkeit im engeren Sinne ist in jedem Falle zurückhaltend umzugehen. Sachverhalte, die als Anwendungsfall des Grundsatzes der Verhältnismäßigkeit im engeren Sinne angesehen werden, können vielfach einer vorgelagerten, weniger wertungsanfälligen Stufe der Verhältnismäßigkeitsprüfung zugeordnet werden.

73.1 **Beispiel:** Die Behörde verbietet einem Ausländer „jegliche politische Tätigkeit", um die Gefahr seiner Agitation gegen die Innenpolitik seines Heimatlandes abzuwehren. Ein solches Verbot ist kein Fall fehlender Verhältnismäßigkeit im engeren Sinne (so aber Gusy PolR Rn. 399), sondern fehlender Erforderlichkeit. Möglich wären inhaltlich, örtlich und zeitlich abgestufte Verbote, die ein milderes, aber ebenso wirksames Mittel darstellen würden, um die beschriebene Gefahr abzuwehren (OVG Münster OVGE 21, 300 (303); Kingreen/Poscher POR § 10 Rn. 30 f.). Ist erkennbar, dass auf einem Informationsstand auch rechtswidrige Inhalte ausgelegt werden sollen, bedarf es keines Totalverbotes des Standes, sondern ist die Untersagung des Auslegens der rechtswidrigen Schriften hinreichend (VGH Kassel NVwZ 1987, 1004).

3. Anwendungsfälle

74 In der Praxis spielt der Grundsatz der Verhältnismäßigkeit im engeren Sinne eine besondere Rolle beim Vorgehen gegen **verkehrswidrig abgestellte Kfz,** bei der Abgabe eines mit an Sicherheit grenzender Wahrscheinlichkeit den **Tod** eines **Menschen verursachenden Schusses** („Todesschuss") und bei der **Räumung besetzter Häuser** (zu Anforderungen des Grundsatzes der Verhältnismäßigkeit bei der Auswahl zwischen mehreren Störern → § 6 Rn. 1).

74.1 Ob und wie lange die Gefahrenabwehr- und Polizeibehörden mit dem Abschleppen eines verkehrswidrig abgestellten Kfz **warten** müssen, hängt von der Art des Verkehrsverstoßes ab. Wird ein Kfz in einem **absoluten Halteverbot** (Zeichen 283 Anlage 2 StVO) oder vor einem **ausgewiesenen Rettungsweg** abgestellt, können die Behörden das Fahrzeug **sofort** abschleppen lassen, **ohne** eine **Wartezeit** einhalten zu müssen (VGH Kassel NVwZ-RR 1995, 29 (30)); eine Ausnahme gilt in diesen Fällen lediglich dann, wenn zu erkennen ist, dass der Fahrer unverzüglich zurückkehren und sein Fahrzeug entfernen wird (VGH Kassel NVwZ-RR 1991, 28). Ein in einer Halteverbotszone abgestelltes Kfz kann im Wege der unmittelbaren Ausführung (§ 8 Abs. 1 S. 1) auch dann abgeschleppt werden, wenn das Halteverbot erst **nach dem Abstellen** des Fahrzeugs wirksam geworden ist (VGH Kassel NVwZ 1997, 1023). Eine solche Abschleppmaßnahme löst allerdings nicht stets eine Haftung des Fahrers oder Halters des abgeschleppten Fahrzeugs für die **Abschleppkosten** aus. Unverhältnismäßig ist das Verlangen nach Kostenerstattung in solchen Fällen in der Regel dann, wenn nicht festgestellt werden kann, dass Fahrer oder Halter des abgeschleppten Fahrzeugs vor der Abschleppmaßnahme Kenntnis von dem Halteverbot hatten und das Halteverbot für den konkreten Abstellort nicht mindestens **drei Werktage** vor dem Abschleppen angekündigt oder ohne Ankündigung in Kraft gesetzt war (VGH Kassel NVwZ 1997, 1023).

74.2 Bei einem in einem stark frequentierten großstädtischen Innenstadtbereich nichtberechtigt auf einem **Behindertenparkplatz** parkenden Fahrzeug (Zeichen 1044-10 zu § 39 StVO) müssen in der Regel **15 Minuten** gewartet werden, ehe das Fahrzeug abgeschleppt werden darf (VGH Kassel NVwZ 1987, 910 (911)); einer konkreten Verkehrsstörung bedarf es nicht. Ein auf einem **Behindertenparkplatz** vor dem **Eingang** einer **Klinik** abgestelltes Fahrzeug darf jedenfalls dann abgeschleppt werden, wenn die Polizei die Mobiltelefonnummer des Fahrers ermittelt, die Nummer zweimal erfolglos angerufen und den Fahrer im Krankenhaus ausrufen lassen hat (VG Saarland BeckRS 2017, 130975 Rn. 30 ff.). Die Kosten dieser Maßnahme dürfen dem Fahrer auferlegt werden, wenn dieser sein Fahrzeug nicht entfernt, nachdem er seine **hochschwangere Ehefrau** an das fachkundige **Klinikpersonal übergeben** und so eine drohende Gefahr für Leib und Leben der Mutter und/oder des ungeborenen Kindes abgewendet hat (OVG Saarlouis BeckRS 2018, 29882 Rn. 9).

74.3 Wird das Fahrzeug verbotswidrig an einem **Taxistand** (Zeichen 229 Anlage 2 StVO) geparkt, ist eine Abschleppmaßnahme dagegen regelmäßig **ohne** Einhaltung einer bestimmten **Wartezeit** rechtmäßig

(BVerwGE 149, 254 (256); die 30-Minuten-Regel des VGH Kassel (BeckRS 2013, 48071) ist damit überholt. Nach Maßgabe der konkreten Umstände kann es allerdings geboten sein, von Abschleppmaßnahmen abzusehen, etwa wenn eine **Beeinträchtigung** des reibungslosen Taxenverkehrs **ausgeschlossen** ist, oder mit der Abschleppanordnung zu warten, etwa wenn **konkrete** Anhaltspunkte dafür vorliegen, dass der Verantwortliche **kurzfristig** wieder am Fahrzeug erscheinen und es **unverzüglich** selbst entfernen wird.

Steht ein Kfz in einer **relativen (eingeschränkten) Halte- oder Parkverbotszone** (Zeichen 286 Anlage 2 StVO und § 13 StVO), müssen die Gefahrenabwehr- und Polizeibehörden eine Wartezeit von **einer Stunde** vergehen lassen, ehe sie das Fahrzeug abschleppen lassen (VGH Kassel NVwZ-RR 1999, 23 (26); VG Gießen BeckRS 2017, 101984 Rn. 33). Dabei spielt es für die Rechtmäßigkeit des Abschleppens eines Fahrzeugs, das unter Verstoß gegen die von einem Parkscheinautomaten ausgehende Anordnung, nur mit dem einem Parkschein zu parken, geparkt worden ist, keine Rolle, ob die ursprünglich mit dem Lösen eines Parkscheins erlaubte Parkzeit abgelaufen ist oder von vornherein kein Parkschein gelöst worden ist (VGH Kassel NVwZ-RR 1999, 23 (26)). Entsprechendes hat zu gelten für das Parken an einer Parkuhr unter Verstoß gegen die von dieser ausgehenden Anordnung, ein Kfz nur bei Einwurf der für die geplante Parkdauer erforderlichen Münzen abzustellen. 74.4

Ein Verstoß gegen das Verbot des **Gehwegparkens** und die Berufung auf die bloße negative **Vorbildwirkung** (Gedanke der Generalprävention) eines verkehrswidrig abgestellten Kfz reichen allein nicht ohne weiteres aus, um eine Abschleppmaßnahme zu rechtfertigen; von dem Kfz muss zudem tatsächlich eine konkrete **Verkehrsbehinderung** ausgehen (BVerwGE 149, 254 (256); VGH München BeckRS 2017, 100321 Rn. 10, 12; aA noch VGH Kassel NVwZ 1988, 655; NVwZ-RR 1991, 28; 1999, 23 (26 f.)). 74.5

Ähnliches gilt, wenn ein Fahrzeug zur **Nachtzeit** abgeschleppt werden soll, das im Bereich eines eingeschränkten Halteverbotes teilweise so auf dem **Bürgersteig** geparkt wurde, dass für die Fußgänger eine Restbreite von weniger als 50 cm verbleibt. Das Abschleppen eines solcherart verkehrsordnungswidrig abgestellten Fahrzeugs ist „insbesondere" dann verhältnismäßig, wenn auf der schmalen Straße auch nachts ein hohes Verkehrsaufkommen zu verzeichnen ist (VG Frankfurt a. M. BeckRS 2008, 37574). 74.6

Gibt es in der Nähe eines verkehrswidrig abgestellten Kfz eine Fläche, auf der das Fahrzeug ohne großen Aufwand sicher abgestellt werden kann, darf es nicht zu einem weit entfernten Verwahrplatz abgeschleppt, sondern muss auf diese Fläche **versetzt** werden (VGH München BeckRS 2007, 30390 Rn. 8; aA VG Düsseldorf BeckRS 2023, 26186 Rn. 21). 74.7

Wird ein Kfz in einer **scharfen Kurve iSd § 12 Abs. 1 Nr. 2 StVO** geparkt, bei der die straßenbauliche Gestaltung erkennen lässt, dass der Kurvenbereich von parkenden Fahrzeugen freigehalten werden soll, so darf dieses nach einer **Wartezeit von 15 Minuten** abgeschleppt werden, ohne dass es zu einer konkreten Behinderung anderer Verkehrsteilnehmer gekommen sein muss (VG München BeckRS 2020, 9568 Rn. 22 iVm Rn. 2; VG München BeckRS 2020, 9765 Rn. 22). 74.8

Im Recht des Schusswaffengebrauchs gegenüber Personen ist der mit an Sicherheit grenzender Wahrscheinlichkeit **tödlich** wirkende **Schuss** („Todesschuss", „finaler Rettungsschuss") in § 60 Abs. 2 S. 2 spezialgesetzlich geregelt. Die Anwendung der Norm verstößt unter den in ihr beschriebenen Voraussetzungen nicht gegen das Gebot der Verhältnismäßigkeit im engeren Sinne, da der Nachteil für den Betroffenen, der Verlust seines Lebens, nicht erkennbar außer Verhältnis steht zum Erfolg der Maßnahme, der Rettung des Lebens oder der schwerwiegenden Verletzung der körperlichen Unversehrtheit einer anderen Person (Lisken/Denninger PolR-HdB/Graulich E Rn. 984 ff.; Schenke PolR Rn. 619, Kugelmann PolR Kap. 9 Rn. 26 unter Hinweis auf BVerfGE 115, 118 (160 ff.)). Der Grundsatz der Verhältnismäßigkeit im engeren Sinne erfordert keine Gleichwertigkeit oder Gleichrangigkeit der betroffenen Rechtsgüter des in Anspruch Genommenen auf der einen Seite und den Gütern, zu deren Schutz die Gefahrenabwehr- und Polizeibehörden handeln, auf der anderen Seite (Pausch/Dölger PolR Hessen 283 f.). In das Leben des Störers kann im konkreten Fall daher auch zugunsten einer schwerwiegenden Verletzung der körperlichen Unversehrtheit einer anderen Person eingegriffen werden. Art. 2 Abs. 2 lit. a EMRK steht bei Vorhandensein eines angemessenen rechtlichen und verwaltungsmäßigen Rahmens dem (auch tödlichen) polizeilichen Schusswaffengebrauch nicht entgegen (EGMR NJW 2005, 3405 (3407 f.) – Makaratsis / Griechenland). 74.9

Die Beeinträchtigungen, die mit der zwangsweisen **Räumung** eines besetzten Hauses für die körperliche Unversehrtheit der Hausbesetzer und – hiervon abgesetzt – der Polizeibeamten verbunden sein können, stehen nicht erkennbar außer Verhältnis zu den mit einer solchen Maßnahme verteidigten Schutzgütern der öffentlichen Sicherheit (Überlegungen dazu bei Schlink NVwZ 1982, 529 (533)) und sind auch sonst nicht illegitim (so aber Denninger ZRP 1973, 268 (269 ff.)). Nicht nur der Schutz des privaten Eigentums (Art. 14 Abs. 1 S. 1 GG, Art. 45 Abs. 1 S. 1 HessVerf), sondern vor allem auch der 74.10

Schutz der Rechtsordnung vor offenen und schwerwiegenden Rechtsbrüchen sind in diesem Fällen Rechtsgüter, deren Verteidigung nicht erkennbar außer Verhältnis zu den Nachteilen für die Besetzer und Polizeibeamten steht (VG Freiburg VBlBW 1987, 349 (351); Martens DÖV 1982, 89 (97 f.); EFP BesVerwR/Würtenberger, 3. Aufl. 2013, § 69 Rn. 297).

V. Begrenzung der Dauer der Maßnahme (Abs. 3)

75 In Abs. 3 (zuvor § 9 HSOG 1964/HSOG 1972) trifft das HSOG eine Aussage zur Dauer polizeilicher Maßnahmen und statuiert hier das Verbot eines zeitlichen Übermaßes, das sich aus allen Teilelementen des Verhältnismäßigkeitsgrundsatzes erschließt (Götz/Geis PolR § 16 Rn. 13). Eine gegenüber Abs. 3 speziellere Regelung trifft § 9 Abs. 2 für den Fall der Inanspruchnahme eines Nichtstörers (§ 9).

76 Eine Maßnahme darf nach Abs. 3 Alt. 1 nur solange vorgenommen werden, bis ihr **Zweck erreicht** ist. Der polizeiliche Zweck ist erreicht, wenn die Gefahr erfolgreich abgewehrt oder die bereits eingetretene Störung beseitigt ist (Fredrich Rn. 22).

76.1 **Beispiel:** Der volltrunkene Randalierer, der am Rand der Fahrbahn einer stark befahrenen Straße entlang taumelt, wird zu seinem eigenen Schutz (§ 32 Nr. 1) in polizeilichen Gewahrsam genommen. Nach seiner Ausnüchterung ist er wieder auf freien Fuß zu setzen (Fredrich Rn. 22).

77 Eine Maßnahme darf nach Abs. 3 Alt. 2 nicht weiter aufrechterhalten werden, wenn ihr **Zweck nicht** oder, so ist das Gesetz zu ergänzen, **nicht mehr** (Fredrich Rn. 23) erreicht werden kann. In einer solchen Lage müssen die Gefahrenabwehr- und die Polizeibehörden zu einer anderen Maßnahme übergehen oder von der weiteren Verfolgung des polizeilichen Zwecks ganz absehen.

77.1 **Beispiel:** Die Durchsuchung einer Person ist abzubrechen, wenn der handelnde Beamte erfährt, dass sich der gesuchte Gegenstand im Gewahrsam einer anderen Person befindet (Fredrich Rn. 23).

78 Abs. 3 Alt. 2 ist bedeutsam insbesondere bei **Verwaltungsakten mit Dauerwirkung,** dh bei Maßnahmen der Gefahrenabwehr- und Polizeibehörden, die ein auf Dauer berechnetes und in ihrem Bestand vom Verwaltungsakt abhängiges Rechtsverhältnis begründen oder inhaltlich ändern (WBSK VerwR I § 46 Rn. 27), indem sie etwa dem Betroffenen ein fortdauerndes Handeln oder Unterlassen oder einen dauernden Zustand gebieten oder verbieten (DWVM Gefahrenabwehr 423 f.).

78.1 **Beispiel:** Gehen von Gebäuden angesichts ihres maroden Zustands Gefahren für Leib, Leben und Gesundheit von Menschen aus, so ist es um diese einzudämmen erforderlich, die Grundstücke **dauerhaft einzufrieden,** damit die Gebäude, insbesondere nicht von Kindern unbefugt für Abenteuer genutzt werden (OVG Bautzen BeckRS 2018, 36639 Rn. 22).

79 Eine solche Maßnahme wird iSd Abs. 3 Alt. 2 unzulässig, wenn die Voraussetzungen für ihre Aufrechterhaltung entfallen sind (Fredrich Rn. 24). Die Behörde darf bei Verwaltungsakten mit Dauerwirkung den geregelten Sachverhalt deshalb auch nicht als erledigt abtun, sondern hat ihn zu **beobachten** (Beobachtungspflicht) und von Amts wegen zu **prüfen,** ob die Gefahr noch besteht und die Maßnahme fortgesetzt oder beendet bzw. eine Maßnahme der Vollstreckung eingestellt werden muss (Hornmann HSOG Rn. 11; DWVM Gefahrenabwehr 424). Entfallen die tatsächlichen oder rechtlichen Voraussetzungen einer Maßnahme mit Dauerwirkung, ist deren Vollzug einzustellen und ist die Maßnahme auf Antrag des Betroffenen aufzuheben. Der Betroffene hat hierauf einen Anspruch, sodass er die Ablehnung seines Antrags anfechten kann (VGH Mannheim DÖV 1972, 428 (429); Hornmann HSOG Rn. 11; DWVM Gefahrenabwehr 423 f.).

79.1 **Beispiel:** Eine Sache wird von der Behörde sichergestellt, weil von ihr eine Gefahr für die öffentliche Sicherheit ausgeht (§ 40 Nr. 1). Nach Wegfall dieser Gefährlichkeit ist die Sicherstellungsverfügung aufzuheben und die Sache an den Berechtigten zurückzugeben.

80 In Fällen einer Missachtung des Verbots eines zeitlichen Übermaßes kann neben dem Anspruch auf Aufhebung der Maßnahme (bei Verwaltungsakten: § 49 Abs. 1 HVwVfG) ein Folgenbeseitigungsanspruch (OVG Münster DÖV 1991, 1077; DWVM Gefahrenabwehr 424, 624 ff.) wie auch im Falle schuldhafter behördlicher Untätigkeit ein Amtshaftungsanspruch (Art. 34 S. 1 GG iVm § 839 BGB) gegeben sein.

Die Frage, ob der polizeiliche Zweck erreicht wurde sowie ob er noch erreichbar ist, betrifft eine **Rechtsfrage,** keine Ermessensfrage (Meixner/Fredrich Rn. 26). Sie ist daher verwaltungsgerichtlich uneingeschränkt überprüfbar. 81

Unabhängig von der genauen Zuordnung zu einer der Alternativen des Abs. 3 können auch Verfügungen allein aufgrund der **Dauer** des in ihnen dem Pflichtigen Aufgegebenen das Verbot eines zeitlichen Übermaßes verletzen. 82

Beispiel: Eine Behörde verstößt gegen ihre Verpflichtung, Gefahren für die öffentliche Sicherheit und Ordnung mit im Hinblick auf ihre Dauer verhältnismäßigen Maßnahmen abzuwehren, wenn sie einem in ihren Augen potenziellen Handlungsstörer für ein die Dauer eines Jahres umfassenden Zeitraum ein Aufenthaltsverbot auferlegt, ohne jeweils im Einzelfall zu prüfen, ob die aus ihrer Sicht das Verbot rechtfertigenden Umstände weiterhin bestehen (VG Frankfurt a. M. NVwZ-RR 2002, 575 (576): Ein polizeiliches Aufenthaltsverbot gegenüber einem Hütchenspieler für einen Zeitraum von einem Jahr verstößt gegen das Verbot des zeitlichen Übermaßes. Diese Aussage ist unabhängig davon, dass sich ein bereits in der Vergangenheit verhängtes Aufenthaltsverbot von einem Jahr aus der Sicht der Behörde als erfolglos erwiesen hat). Die einmalige Beschlagnahme einer Wohnung zum Zwecke der Einweisung eines Obdachlosen für einen Zeitraum von vier bis sechs Monaten entspricht demgegenüber noch dem Verhältnismäßigkeitsgrundsatz in zeitlicher Hinsicht (VG Frankfurt a. M. NVwZ 1990, 498). 82.1

§ 5 Ermessen, Wahl der Mittel

(1) Die Gefahrenabwehr- und die Polizeibehörden treffen ihre Maßnahmen nach pflichtgemäßem Ermessen.

(2) [1]Kommen zur Abwehr einer Gefahr mehrere Mittel in Betracht, so genügt es, wenn eines davon bestimmt wird. [2]Der betroffenen Person ist auf Antrag zu gestatten, ein anderes, ebenso wirksames Mittel anzuwenden, sofern die Allgemeinheit dadurch nicht stärker beeinträchtigt wird.

Überblick

Auszug aus der VVHSOG (gem. Erlass des Hessischen Ministeriums des Innern und für Sport v. 29.11.2022 (StAnz. 50/2022, 1384) zum 1.1.2025 mangels eines erneuten Verlängerungserlasses ersatzlos außer Kraft getreten):

Zu § 5

5. Ermessen, Wahl der Mittel

5.0

Die Vorschrift umschreibt das Opportunitätsprinzip.

5.1

Zu Abs. 1 Den Gefahrenabwehr- und den Polizeibehörden steht grundsätzlich ein Ermessen zu, ob sie eine zulässige Maßnahme treffen und welche von mehreren zulässigen Maßnahmen sie wählen. Von einer zulässigen Maßnahme kann insbesondere abgesehen werden, wenn mehrere Gefahren zugleich abzuwehren sind und die vorhandenen Kräfte und Mittel nur zur Abwehr einer dieser Gefahren oder einiger dieser Gefahren ausreichen. Eine Verpflichtung zum Einschreiten besteht grundsätzlich dann, wenn eine gegenwärtige erhebliche Gefahr (§ 9 Abs. 1 Nr. 1) abzuwehren ist und eine Selbstschutzmöglichkeit für die betroffene Person nicht besteht.

5.2 Zu Abs. 2

Die Vorschrift des Abs. 2 Satz 2 regelt das so genannte Austauschmittel.

Im Recht der **Gefahrenabwehr** ist seit jeher das **Opportunitätsprinzip** bestimmend (→ Rn. 2). Sind die Voraussetzungen für ein Tätigwerden der Gefahrenabwehr- und Polizeibehörden gegeben, können sie entscheiden, ob, wann, wem gegenüber und wie sie handeln wollen. Die Kompetenz der Gefahrenabwehr- und Polizeibehörden, über ihr Tätigwerden zu disponieren, wird traditionell und so auch in Abs. 1 als **Ermessen** (→ Rn. 4) bezeichnet. Gemeint ist damit die gesetzliche Ermächtigung der Gefahrenabwehr- und Polizeibehörden, ihren **Entscheidungsmaßstab** in einem gegebenen Rahmen und in Übereinstimmung mit einem vorgegebenen Ziel selbst zu bilden (→ Rn. 4). Bei dieser **Selbstprogrammierung** sind die Behörden nicht frei, sondern einer Vielzahl rechtlicher Bindungen unterworfen (→ Rn. 4). Zu unterscheiden sind **Ermessensschranken,** die der Behörde durch das Gesetz vorgegeben sind und deren Einhaltung von den **Verwaltungsgerichten** zu kontrollieren ist (→ Rn. 22), und **Ermessensdirektiven,** die von der Behörde in Ausrichtung auf das gesetzlich vorgegebene Ziel in **eigener Verantwortung** einander zuzuordnen und in einen Entscheidungsmaßstab zusammenzuführen sind (→ Rn. 22.). Ein Teil der Schranken ergibt sich aus der allgemeinen Grenze des **§ 40 HVwVfG,** die auch einen Handlungsauftrag an die Behörden formuliert (→ Rn. 23). In eigener Verantwortung haben die Behörden die ihr Ermessen dirigierenden Ziele der **Zweckmäßigkeit,** der **(Einzelfall-)Gerechtigkeit** sowie das – letztlich alle staatlichen Ziele überwölbende – Ziel der Wahrung des **Gemeinwohls** in einen Ausgleich zu bringen (→ Rn. 46).

Übersicht

A. Allgemeines

I. Opportunitätsprinzip im Polizeirecht

1 Liegen die gesetzlichen Voraussetzungen für das Handeln einer staatlichen Stelle vor, kann sich hieraus für sie eine Pflicht oder auch nur das Recht zum Tätigwerden ergeben (Gusy PolR Rn. 391). Ist die staatliche Stelle zum Handeln verpflichtet, unterliegt sie dem **Legalitätsprinzip,** ist sie lediglich zum Handeln berechtigt, unterliegt sie dem **Opportunitätsprinzip** (Kingreen/Poscher POR § 2 Rn. 5; Kugelmann PolR Kap. 8 Rn. 2 ff.).

2 Im Recht der **Gefahrenabwehr** gilt seit jeher das Opportunitätsprinzip (DWVM Gefahrenabwehr 370 f.; Lisken/Denninger PolR-HdB/Graulich E Rn. 118 f.): Die Behörden sind durch das Vorliegen einer Gefahr lediglich zum Einschreiten ermächtigt, nicht sind sie dazu auch verpflichtet (Schoch BesVerwR Kap. 1 Rn. 302). Sie entscheiden, ob, wann und wie sie handeln wollen. Im Unterschied hierzu gilt auf dem Gebiete der **Strafverfolgung** grundsätzlich das Legalitätsprinzip (§ 163 StPO; Schenke PolR Rn. 107): Beim Verdacht einer Straftat sind die Beamten des Polizeidienstes zu deren Erforschung verpflichtet; eine Ausnahme hiervon gilt lediglich dann, wenn es sich bei der Tat um ein Vergehen handelt, die Schuld des Täters als gering anzusehen wäre und an der Verfolgung kein öffentliches Interesse besteht (§ 153 StPO). Ebenso gilt bei der Verfolgung von Ordnungswidrigkeiten das Opportunitätsprinzip (§ 47 Abs. 1 OWiG, § 53 OWiG).

3 Bei der Entscheidung über ein Tätigwerden spielt im Recht der Gefahrenabwehr eine Vielzahl an Gesichtspunkten eine Rolle (→ § 4 Rn. 58), sodass eine Einschreitenspflicht nicht sachgerecht wäre. In einem staatlichen Gemeinwesen können zu viele Gefahren auftre-

ten, als dass die Behörden gegen alle vorgehen könnten, schon gar nicht könnten sie dies zur gleichen Zeit (Kingreen/Poscher POR § 10 Rn. 34; Ipsen NdsPolR Rn. 263). **Sinn** des Opportunitätsprinzips im Polizeirecht ist daher nicht, den Gefahrenabwehr- und Polizeibehörden ein Untätigbleiben bei Bestehen einer Gefahr und damit eine Vernachlässigung ihrer Aufgabe der Gefahrenabwehr zu ermöglichen (Götz/Geis PolR § 16 Rn. 4). Das Gesetz will vielmehr erreichen, dass die Behörden zeitlich, räumlich, personell und sachlich **Schwerpunkte** setzen und so mit den ihr zur Verfügung stehenden Mitteln ihre Aufgabe **bestmöglich** („optimal") erfüllen und die **Gerechtigkeit des Einzelfalles** anstreben können (Schoch BesVerwR Kap. 1 Rn. 303; Waechter VerwArch 88 (1997), 298 (300 ff.)). Die Behörden sollen Wichtiges von Unwichtigem scheiden und Banalitäten unbeachtet lassen können (Götz/Geis PolR § 16 Rn. 4).

II. Ermessen

1. Dogmatik „strenger" und „gelockerter" rechtlicher Bindungen

Die Kompetenz einer Behörde, über das Ob, Wann und Wie ihres Tätigwerdens zu entscheiden, heißt seit jeher und so auch in Abs. 1 **Ermessen.** Ermessen als Entscheidungskategorie ist zu verstehen vor dem Hintergrund der nach wie vor die rechtliche Wirklichkeit prägenden dogmatischen Vorstellung des deutschen Verwaltungsrechts, dass im Verhältnis zwischen Gesetz und Verwaltung eine **strenge** und eine **gelockerte** rechtliche **Bindung** zu unterscheiden und Ermessensnormen der Kategorie gelockerter rechtlicher Bindung zuzuordnen sind (Maurer/Waldhoff AllgVerwR § 1 Rn. 26, Maurer/Waldhoff AllgVerwR § 7 Rn. 6; WBSK VerwR I § 31 Rn. 1 f.; Ipsen AllgVerwR Rn. 512 ff.). Für den Fall der **strengen rechtlichen** Bindung ist zwar inzwischen nahezu unbestritten, dass aus dem Gesetz nicht „die eine richtige Entscheidung" im Wege der Subsumtion erschlossen werden kann; jeder Vorgang der Rechtsanwendung zergliedert sich in einen fremdprogrammierten Abschnitt der Rechtserkenntnis sowie einen selbstprogrammierten Abschnitt der Rechtserzeugung (Mayer-Maly/Schambeck/Grussmann, Gesammelte Schriften/Merkl, Bd. I/1, 1993, 227 ff.), was bei verschiedenen Rechtsanwendern notwendig zu unterschiedlichen Ergebnissen führen kann. Aus dieser rechtstheoretischen Einsicht folgt jedoch nicht, dass die Unterscheidung zwischen streng gebundener und gelockerter Rechtsbindung aufzugeben und die Kategorie des Ermessens in Frage zu stellen wäre (so aber Ehlers/Pünder AllgVerwR/Jestaedt § 11 Rn. 14 ff.). Denn im Bereich der strengen rechtlichen Bindung bleibt die Vorstellung einer im Gesetz vorgezeichneten richtigen Entscheidung erhalten als eine **regulative Idee,** an der sich dessen Auslegung und Anwendung zu orientieren haben (Ehlers/Pünder AllgVerwR/Ehlers/Pünder § 2 Rn. 9 ff.; WBSK VerwR I § 31 Rn. 6; Isensee FS Winkler, 1997, 367 (369 ff.)). Räumt das Gesetz der Verwaltung Ermessen ein, erhebt es diesen Anspruch dagegen nicht. Es ermächtigt vielmehr die Verwaltung, ihren Entscheidungsmaßstab in einem gegebenen Rahmen und in Übereinstimmung mit einem vorgegebenen Ziel **selbst** zu bilden (Meyer/Borgs-Maciejewski/Meyer VwVfG § 40 Rn. 6). Angesichts dessen ist es dann aber nicht ein gradueller, sondern ein **kategorialer Unterschied,** ob der Rechtsanwender seinen Anteil an der Rechtserzeugung in Ausrichtung hin auf eine vom Gesetz ihm vorgegebene und als einzig richtig gedachte Entscheidung oder in einem vom Gesetz bewusst offen gelassenen Rahmen nach seinen Vorstellungen vom Gemeinwohl zu erbringen hat. 4

Verwaltungsermessen im Rechtsstaat ist niemals „frei" (BVerfGE 69, 161 (169)), sondern immer ein rechtlich gebundenes Ermessen (Maurer/Waldhoff AllgVerwR § 7 Rn. 17; → Rn. 21). Die Einhaltung der vorgegebenen gesetzlichen Bindungen unterliegt der Kontrolle der Verwaltungsgerichte (→ Rn. 23). Allein die Entscheidung darüber, in welches Verhältnis die vom Gesetz bewusst offengelassenen Ermessensdirektiven der Zweckmäßigkeit, der (Einzelfall-) Gerechtigkeit und der überwölbenden Direktive der Wahrung des Gemeinwohls zueinander zu setzen sind, trifft die Verwaltung selbst, ohne dass die Verwaltungsgerichte diese Gewichtung kontrollieren dürften. „Lockerung der rechtlichen Bindung" meint damit also nicht, dass die Behörde in geringerem Maße durch das Recht gebunden ist. Gemeint ist vielmehr lediglich eine Lockerung der **Kontrolle,** wie die Verwaltung diese Bindungen bei der ihr aufgegebenen Bildung des konkreten Entscheidungsmaßstabs in einem einzelnen 5

Fall umgesetzt hat, durch die **Verwaltungsgerichte** (Ehlers/Pünder AllgVerwR/Ehlers/Pünder § 1 Rn. 66 ff.; DWVM Gefahrenabwehr 373 ff.).

2. Verfassungsrechtlicher Rahmen

6 Prinzipielle verfassungsrechtliche Einwände gegen die Kategorie des Verwaltungsermessens bestehen nicht (BVerfGE 61, 82 (111); 88, 40 (56); 103, 142 (156 f.); krit. Rupp, Grundfragen der heutigen Verwaltungsrechtslehre, 2. Aufl. 1991, 177 ff.). Die rechtlich relevanten Lebenssachverhalte sind zu vielgestaltig, als dass das Gesetz sie alle in abstrakt-generellen Normen abschließend regeln könnte (Schoch JURA 2010, 358 (362)). Das GG stellt jedoch Anforderungen an gesetzliche Ermessensermächtigungen zum Erlass **belastender Verwaltungsakte,** wie sie typischerweise auf dem Gebiete der Gefahrenabwehr ergehen. Derartige Ermächtigungen müssen nach Inhalt, Gegenstand, Zweck und Ausmaß hinreichend **bestimmt** und **begrenzt** sein, sodass Eingriffe **messbar** und in gewissem Umfang für den Betroffenen **voraussehbar** und **berechenbar** sind (BVerfGE 8, 274 (325); 9, 137 (146 ff.)). Die polizei- und ordnungsrechtlichen Generalklauseln, wie die des § 11, sind in einer bis auf die Spruchtätigkeit des PrOVG in das 19. Jahrhundert zurückreichenden gefestigten **Rechtsprechung** der deutschen Verwaltungsgerichte in der beschriebenen Weise konkretisiert worden (DWVM Gefahrenabwehr 375 mwN). Die Anforderungen des GG an Ermessensnormen, die zu Eingriffen ermächtigen, sind aufgrund dessen erfüllt (BVerfGE 54, 143 (144 f.)).

3. Entschließungs- und Auswahlermessen

7 Das Verwaltungsrecht unterscheidet final, dh auf ein Ziel hin ausgerichtete, und konditional, dh nach Tatbestand und Rechtsfolge programmierte Normen (Ehlers/Pünder AllgVerwR/Jestaedt § 11 Rn. 8). Bei den **final** programmierten Normen werden die Behörden zu einer **eigenständigen Gestaltung** nach gesetzlichen Zielvorstellungen und Abwägungsrichtlinien ermächtigt (SBS/Sachs VwVfG § 40 Rn. 42), bei den **konditional** programmierten Normen wird ihnen auf der **Rechtsfolgenseite** der Norm eine **Wahlmöglichkeit** eröffnet (Schoch JURA 2004, 462). Liegen die Voraussetzungen der Norm vor, ist die Behörde grundsätzlich nicht verpflichtet, eine in der Norm vorgesehene Rechtsfolge zu setzen, sondern sie kann wählen, ob sie die Rechtsfolge A, B oder C festlegen will (Maurer/Waldhoff AllgVerwR § 7 Rn. 8). Dabei bedeutet das „Wählen" der Rechtsfolge richtigerweise, dass die Behörde lediglich über die Vervollständigung ihres Entscheidungsmaßstabs und die sich hieraus ergebende Entscheidung des konkreten Falles zu befinden hat (Meyer/Borgs-Maciejewski/Meyer VwVfG § 40 Rn. 6; Schmidt-Aßmann AllgVerwR C Rn. 49); eine Ausnahme gilt nur bei einer „Ermessensreduktion auf Null" (Schoch JURA 2004, 462 (462) Fn. 14; → Rn. 48). Der für die Wahlmöglichkeiten der Behörde geläufige Begriff des **„Ermessensspielraums"** (Lisken/Denninger PolR-HdB/Graulich E Rn. 120) weckt die unzutreffende Assoziation eines aleatorischen Verwaltungshandelns, sodass er vermieden und statt seiner besser von **Bewegungsräumen** gesprochen werden sollte (Lerche EuZÖR 1992, 309 (319)).

8 Die Vorschriften des HSOG sind nicht final programmierte, sondern **konditional** aus Tatbestand und Rechtsfolge bestehende Normen. Das Ermessen der Gefahrenabwehr- und Polizeibehörden ist damit ein **Rechtsfolgeermessen** (Ipsen AllgVerwR Rn. 527; Kopp/Ramsauer VwVfG § 40 Rn. 22; WBSK VerwR I § 31 Rn. 36: Handlungsermessen). Es bezieht sich sowohl auf das „Ob" (**Entschließungsermessen**) als auch auf das „Wie" des Tätigwerdens (**Auswahlermessen**), dh welche Art von Maßnahme, in welchem Umfang, auf welche Art und Weise, wann und wem gegenüber sie zu treffen ist (Fredrich Rn. 1; FLS PolR Hessen Abschn. I Rn. 46; Kingreen/Poscher POR § 10 Rn. 35). Bei der Entscheidung über ein Tätigwerden in einer konkreten Situation fallen die Entscheidungen über das Ob und das Wie in der Regel zwar tatsächlich zusammen (insoweit zutr. Götz/Geis PolR § 16 Rn. 2); die Aspekte sollten jedoch unterschieden werden, da die Betätigung des Ermessens nur dann fehlerfrei ist, wenn die Vorgaben für die Rechtmäßigkeit der Ermessensausübung bei beiden eingehalten worden sind (Ipsen AllgVerwR Rn. 530; Schoch JURA 2004, 462 (463)).

Das HSOG modifiziert mitunter das Auswahlermessen (s. Schoch JURA 2004, 462 (463 f.)). Anstelle der Behörde die Auswahl der Maßnahme ganz zu überlassen (§ 11 Abs. 1: die Behörden können „die erforderlichen Maßnahmen treffen"), schreibt es mitunter ihr auch die in Betracht kommenden Maßnahmen vor (§ 31 Abs. 1: die Behörden können „eine Person vorübergehend von einem Ort verweisen oder ihr vorübergehend das Betreten eines Ortes verbieten"). 9

Unterscheidet man zwischen einem taktischem Ermessen, einem Dispensermessen, einem Planungsermessen und einem Managementermessen (Bullinger JZ 1984, 1001 (1007)), wird man das polizeirechtliche Ermessen in dieser Ordnung dem **taktischen Ermessen** zuzuordnen haben (Schoch JURA 2004, 462 (463)): die Behörde hat ihre Entscheidung danach zu richten, ob und wie sie ihre Ziele am besten erfüllen kann. Zugleich trägt das polizeirechtliche Ermessen jedoch auch dem Umstand Rechnung, dass die Ressourcen der Behörde notwendig begrenzt sind (Schoch JURA 2004, 462 (463); Götz/Geis PolR § 16 Rn. 4) und sie deshalb entscheiden können muss, an welchem Ort welcher Einsatz ihrer Mittel am dringlichsten ist. Das Ermessen hat hier einen planerischen Einschlag (Waechter VerwArch 88 (1997), 298 (304 ff.)). 10

4. Individuelle und generelle Ausübung des Ermessens

Die Verwaltung kann ihr Ermessen nicht nur individuell, sondern auch generell ausüben. Die **individuelle** Ermessensausübung dient der Herstellung von **Einzelfallgerechtigkeit** (→ Rn. 3). Die Behörde soll unter Berücksichtigung des Zwecks des Gesetzes und der konkreten Umstände eine dem Einzelfall angemessene und gerechte Lösung finden (Maurer/Waldhoff AllgVerwR § 7 Rn. 13). 11

Die **generelle** Ermessensausübung ermöglicht es den vorgesetzten Behörden, auf eine einheitliche Handhabung des Ermessens durch die nachgeordneten Behörden hinzuwirken und so auch im Bereich des Ermessens das Gebot der Gleichbehandlung (Art. 3 Abs. 1 GG, Art. 1 HessVerf) zu verwirklichen. Die generelle Ausübung des Ermessens ist wie die individuelle Ermessensausübung ebenso an die Zwecke des HSOG gebunden. Anders als diese zielt die generelle jedoch nicht auf die Gerechtigkeit des konkreten, sondern nur die des **typischen Falles** (Maurer/Waldhoff AllgVerwR § 7 Rn. 14). 12

Die nachgeordneten Behörden und Amtswalter sind aufgrund ihrer organisations- bzw. dienstrechtlichen Unterworfenheit unter die Weisungen der vorgesetzten Behörde verpflichtet, deren Anweisungen im **Regelfall** zu folgen (Maurer/Waldhoff AllgVerwR § 7 Rn. 14; Maurer/Waldhoff AllgVerwR § 24 Rn. 18). Da Richtlinien jedoch notwendig typisieren, greift die starre Bindung an sie in **atypischen** Fällen nicht. In diesen haben die nachgeordneten Behörden zu entscheiden, ob sie von der Richtlinie abweichen und das Ermessen anders ausüben wollen (Maurer/Waldhoff AllgVerwR § 7 Rn. 15; DWVM Gefahrenabwehr 394 f.). 13

III. Parallelvorschriften im Bundes- und Landesrecht

Im Bundespolizeirecht findet sich mit § 16 BPolG eine inhaltsgleiche Vorschrift zu § 5. Andere Bundesländer haben eine Regelung zum Ermessen ebenfalls in ihren Polizeigesetzen bzw. Gesetzen über die öffentliche Sicherheit und Ordnung in einer eigenen Vorschrift geregelt. So zB: 14

- Baden-Württemberg: § 3 BWPolG;
- Bayern: Art. 5 BayPAG; Art. 7 LStVG;
- Niedersachsen: § 5 NPOG;
- Nordrhein-Westfalen: § 3 PolG NRW; § 16 NRWOBG.

B. Wechsel von Rechts- und Ermessensfragen bei der Anwendung von Eingriffsbefugnissen des HSOG

Bei der Anwendung von Eingriffsbefugnissen des HSOG wechseln damit Rechtsfragen und Ermessensfragen einander ab. Am Beispiel des **§ 11** stellt sich dies wie folgt dar (DWVM Gefahrenabwehr 373; Pausch/Dölger PolR Hessen 130 f.): 15

- Bestehen einer Gefahr für die öffentliche Sicherheit oder Ordnung bzw. Eingetretensein einer Störung: Rechtsfrage;

- Entscheidung über das Einschreiten zur Beseitigung dieser Gefahr oder Störung: Ermessensfrage (Entschließungsermessen);
- Bestimmung der Person(en), die polizei- bzw. notstandspflichtig sind (§§ 6 ff.): Rechtsfrage;
- falls mehrere Personen polizei- bzw. notstandspflichtig sind: Auswahl der Person, gegen die eingeschritten werden soll: Ermessenfrage;
- Bestimmung der möglichen, geeigneten und erforderlichen Maßnahmen (§ 4 Abs. 1): Rechtsfrage;
- falls mehrere Maßnahmen möglich, geeignet und erforderlich sind: Auswahl der Maßnahme, die eingesetzt werden soll: Ermessenfrage (Auswahlermessen, → Rn. 10);
- Entscheidung über die Verhältnismäßigkeit der Maßnahme im engeren Sinne (§ 4 Abs. 2): Rechtsfrage;
- beim Angebot eines Austauschmittels durch einen Betroffenen: Entscheidung, ob das angebotene Austauschmittel ebenso wirksam ist wie das von der Behörde ausgewählte Mittel (Abs. 2 S. 2): Rechtsfrage.

C. Verhältnis des § 5 zu anderen Normen

16 Die Norm des § 5 entspricht bis auf den Adressaten, der in seinem Abs. 1 der hessischen Rechtslage (§ 1 Abs. 1) angepasst als die „Gefahrenabwehr- und Polizeibehörden" statt nur als „die Polizei" angesprochen wird (§ 3 MEPolG, abgedruckt in Arbeitskreis Polizeirecht, Alternativentwurf eines einheitlichen Polizeigesetzes des Bundes und der Länder, 1979, Anhang II). Das HSOG normiert das Opportunitätsprinzip in § 5 Abs. 1 im Ersten Abschnitt über die „Aufgaben und allgemeinen Vorschriften" nach dem Prinzip des „Vor-die-Klammer-Ziehens" für alle Vorschriften des Gesetzes. Dabei finden sich in den einzelnen Befugnisnormen zusätzlich **konkrete Ermessensermächtigungen,** wenn dort von einem „Können" (zB § 11 Abs. 1) oder „Dürfen" (zB § 59) die Rede ist (zur Zuweisung von Ermessen durch diese Wendungen s. Maurer/Waldhoff AllgVerwR § 7 Rn. 9; Kopp/Ramsauer VwVfG § 40 Rn. 30). Die Bedeutung des § 5 Abs. 1 liegt damit weniger darin, den Gefahrenabwehr- und Polizeibehörden Ermessen überhaupt zu eröffnen. Die Bedeutung der Norm besteht vielmehr darin, das Erfordernis der **Pflichtgemäßheit** der Ermessensausübung **ausdrücklich** zu erwähnen; sie begründet das Erfordernis zwar nicht rechtlich konstitutiv, sondern wirkt nur deklaratorisch. Durch ihre schlichte Existenz an herausgehobener Stelle führt sie es aber dem Rechtsanwender eindringlich vor Augen. Sehen einzelne Befugnisnormen eine **gebundene Entscheidung** vor (zB § 41 Abs. 1 S. 1), so gehen diese der allgemeinen Norm nach der Regel „lex specialis derogat legi generali" (zu dieser s. Bydlinski, Juristische Methodenlehre und Rechtsbegriff, 2. Aufl. 1991, 572 f.) vor.

17 Zwischen den Normen, welche die Bestimmung der Rechtsfolge völlig in das Ermessen der Behörde stellen, und solchen Normen, die der Behörde eine „strikte rechtliche Bindung" auferlegen (→ Rn. 4), liegen sog. **„Soll"-Vorschriften** (Voßkuhle JuS 2008, 117). Sagt das Gesetz, dass die Behörde bei Vorliegen der Voraussetzungen der Norm eine bestimmte Rechtsfolge setzen „soll", dann bedeutet dies, dass die Behörde regelmäßig die beschriebene Rechtsfolge zu setzen hat und nur ausnahmsweise bei Vorliegen besonderer Umstände von ihr absehen darf (Schoch JURA 2004, 462 (463)). Das HSOG kennt Normen dieses Typs zB in den § 29 Abs. 1 S. 2, § 30 Abs. 2 S. 2 und § 34 Abs. 2 S. 2.

D. Der Inhalt des Abs. 1

I. Gefahrenabwehr- und Ordnungsbehörden

18 § 5 ermächtigt die Gefahrenabwehr- und Ordnungsbehörden, nach ihrem Ermessen zu handeln. Gemeint sind damit die Behörden, die im konkreten Fall **örtlich** (§§ 100 ff.) und **sachlich** (§§ 1, 2) für die Gefahrenabwehr **zuständig** sind. Nicht ermächtigt werden die Behörden in ihrer Gesamtheit (SBS/Sachs VwVfG § 40 Rn. 51; aA DWVM Gefahrenabwehr 394; Ehlers/Pünder AllgVerwR/Jestaedt § 11 Rn. 77). Übergeordnete Stellen können das Ermessen selbst daher nur dann ausüben, wenn ihnen ein Selbsteintrittsrecht zusteht (SBS/Sachs VwVfG § 40 Rn. 51).

19 Hiervon zu unterscheiden ist die Kompetenz der **übergeordneten Behörden,** den ihnen nachgeordneten zuständigen Behörden Weisungen zu erteilen (→ Rn. 18) und das in § 5

eröffnete gefahrenabwehrrechtliche Ermessen durch den Erlass von Ermessensrichtlinien steuern (→ Rn. 12). Hat die übergeordnete Behörde Richtlinien für die Ausübung des Ermessens erlassen, hängt die Ordnungsgemäßheit der Ermessensausübung im Blick auf eine konkrete Maßnahme davon ab, dass die Richtlinie ermessensgerecht ist (DWVM Gefahrenabwehr 394 f.) und die handelnde Behörde einer eventuellen Atypik des konkreten Falles Rechnung getragen hat (→ Rn. 13). Wird eine Polizeibehörde von einer anderen Behörde gebeten, eine Maßnahme gegenüber einer polizeipflichtigen Person vorzunehmen, kann sie diese nicht ohne Weiteres ausführen, sondern hat ihr Entschließungsermessen auszuüben; unterlässt sie dies, handelt sie wegen Ermessensnichtgebrauchs (→ Rn. 18) ermessensfehlerhaft (VGH Mannheim BeckRS 2017, 137291).

II. Maßnahmen

Der Begriff der **Maßnahme** entspricht dem Begriff des § 4 Abs. 1 und ist wie dieser weit 20 zu verstehen (→ § 4 Rn. 23). Das Gesetz spricht lediglich davon, dass die Gefahrenabwehr- und Polizeibehörden ihre Maßnahmen nach pflichtgemäßem Ermessen zu treffen haben. Der hierdurch entstehende Eindruck, dass den Behörden lediglich ein Auswahlermessen hinsichtlich der Maßnahme gegeben wäre, wäre unzutreffend. Die Behörde besitzt ein Ermessen auch im Hinblick auf die **Auswahl** der **Person** des Pflichtigen und des **Zeitpunkts** ihres Einschreitens sowie hinsichtlich der Frage, ob sie überhaupt tätig werden will, also ein **Entschließungsermessen** (DWVM Gefahrenabwehr 371).

III. Pflichtgemäßes Ermessen

1. Ermessen als Wahlfreiheit in rechtlicher Bindung

Der Rechtsstaat kennt kein „freies", sondern immer nur ein „pflichtgemäßes", dh rechtlich 21 gebundenes Ermessen der Verwaltung. Die ausdrückliche Erwähnung des Gebotes der Pflichtgemäßheit in Abs. 1 hat damit keine konstitutive, sondern nur eine **deklaratorische** Bedeutung (→ Rn. 16).

2. Unterschiede in der verwaltungsgerichtlichen Kontrolle

Bei den rechtlichen Bindungen des Ermessens sind zwei Kategorien zu unterscheiden: 22 zum einen **Ermessensschranken,** die der Behörde durch das Gesetz vorgegeben sind und deren Einhaltung von den Verwaltungsgerichten zu kontrollieren ist, und zum anderen **Ermessensdirektiven,** die von der Behörde in Ausrichtung auf das ihr im Gesetz vorgegebene Ziel einander zuzuordnen und in einen konkreten Entscheidungsmaßstab zusammenzuführen sind. Die Bildung dieses eigenen Maßstabs haben die Behörden in eigener Verantwortung vorzunehmen, ohne dass das Gesetz ihnen hierfür Vorgaben machen würde und sie von den Verwaltungsgerichten zu kontrollieren wären (→ Rn. 5).

IV. Rechtliche Bindungen unter verwaltungsgerichtlicher Kontrolle

1. Allgemeines

Der Kontrolle der Verwaltungsgerichte unterliegen die Schranken der Ermessensentschei- 23 dung, die den Gefahrenabwehr- und Polizeibehörden durch das **Gesetz** vorgegeben sind. Die Schranken, welche die Gefahrenabwehr- und Polizeibehörden bei der Ausübung ihres Ermessens einzuhalten haben, sind nicht spezifisch nur für das Recht der öffentlichen Sicherheit und Ordnung normiert. Es gilt vielmehr zum einen die allgemeine Grenze des **§ 40 HVwVfG,** in denen ein Teil dieser Bindungen formuliert ist (Hermes/Reimer/Reimer § 5 Rn. 134). Die Bindungen sind dabei nicht nur Schranken, sondern auch Auftrag, entsprechend zu handeln. Danach sind die Gefahrenabwehr- und Polizeibehörden verpflichtet, ihr Ermessen (überhaupt) zu gebrauchen, es dabei entsprechend dem Zweck der Ermächtigung auszuüben sowie die ihnen gesetzten gesetzlichen Grenzen einzuhalten. Dem vorgelagert müssen zum anderen die im Gesetz normierten **Voraussetzungen** des **Tätigwerdens** gegeben und das **Verfahren ordnungsgemäß** abgelaufen sein. Auch in dieser Hinsicht unterscheidet sich das Recht der öffentlichen Sicherheit und Ordnung nicht von anderen Bereichen des Verwaltungsrechts.

24 Die Ordnungsmäßigkeit des Verfahrens sowie das Vorliegen der Tatbestandsvoraussetzungen der Ermessensnorm haben die **Verwaltungsgerichte** zu prüfen. Zudem („auch") ist von den Verwaltungsgerichten die Einhaltung der in § 40 HVwVfG normierten Pflichten durch die Gefahrenabwehr- und Polizeibehörden zu kontrollieren (**§ 114 S. 1 VwGO**). Bei diesen Fragen geht es ebenso um Rechtsbindungen, sodass deren gerichtliche Prüfung eine rechtsstaatliche Selbstverständlichkeit ist. Die VwGO erweitert hier damit nicht den Prüfungsumfang der Verwaltungsgerichte, sondern verdeutlicht lediglich dessen Begrenztheit; klarer gewesen wäre das Wort „nur" anstelle des missverständlichen Wortes „auch" (Starck FS Sendler, 1991, 167 (175)). Für die Frage, ob ein der Behörde eingeräumtes Ermessen ordnungsgemäß ausgeübt worden ist, kommt es an auf den Widerspruchsbescheid (BeckOK VwGO/Posser/Wolff VwGO § 114 Rn. 27). In den Fällen, in denen Hessen für das Recht der öffentlichen Sicherheit und Ordnung das Widerspruchsverfahren abgeschafft hat (Nr. 2 Anlage HessAGVwGO), ist im Ausgangspunkt auf den ursprünglichen Bescheid abzustellen. Nach **§ 114 S. 2 VwGO** kann die Behörde ihre Ermessenserwägungen hinsichtlich des Verwaltungsakts auch noch im verwaltungsgerichtlichen Verfahren ergänzen (VG Augsburg BeckRS 2015, 47855 Rn. 57), dies allerdings nur unter der Voraussetzung, dass die nachträglich von der Behörde angegebenen Gründe schon bei Erlass des Verwaltungsaktes vorlagen, der Verwaltungsakt durch sie nicht in seinem Wesen geändert und der Betroffene nicht in seiner Rechtsverteidigung beeinträchtigt wird (VGH München BeckRS 2020, 6708 Rn. 26 mwN); fehlen Ermessenserwägungen dagegen ganz, können sie nicht ergänzt werden (BVerwG NJW 1999, 2912; VG Darmstadt BeckRS 2016, 47728 Rn. 70; VG Augsburg BeckRS 2016, 46233 Rn. 46). Ob das Ermessen ordnungsgemäß ausgeübt worden ist, ist immer eine Frage des konkreten Einzelfalls, den das Verwaltungsgericht unter Berücksichtigung aller tatsächlichen Gesamtumstände zu würdigen hat (VGH München BeckRS 2016, 48794 Rn. 20).

2. Vorliegen der Tatbestandsvoraussetzungen der Ermächtigungsgrundlage

25 Die Frage, ob das Ermessen fehlerfrei ausgeübt wurde, stellt sich nur und erst, wenn die **Tatbestandsvoraussetzungen** der das Ermessen begründenden Norm vorliegen (VGH München BeckRS 2022, 19869 Rn. 7). Nur dann ist die Behörde berechtigt, nach Ermessen zu handeln. Ob die Voraussetzungen für das Tätigwerden gegeben, dh die Tatbestandsmerkmale der ermächtigenden Norm erfüllt sind, ist keine Frage des Ermessens. Geht die Behörde von **falschen tatsächlichen Voraussetzungen** der ihr eingeräumten Befugnis aus, liegt der gerichtlich kontrollierbare Fehler eines **Erwägungsdefizits** vor (BVerwGE 85, 163 (165); VG Gießen BeckRS 2008, 34226). Dasselbe gilt, wenn die Behörde von falschen **rechtlichen Voraussetzungen** ausgegangen ist (VG Gießen BeckRS 2008, 34226).

26 Bei den Begriffen Gefahr, öffentliche Sicherheit und öffentliche Ordnung handelt es sich um Rechtsbegriffe, deren Inhalt und Umfang von den Verwaltungsgerichten vollumfänglich kontrolliert werden kann; die Behörde besitzt hier **keinen Beurteilungsspielraum,** der gerichtlich nur eingeschränkt auf Beurteilungsfehler zu kontrollieren wäre (Fredrich Rn. 1; FLS PolR Hessen Abschn. G Rn. 56). Der Gesichtspunkt, dass bei der Entscheidung über das Vorliegen der tatsächlichen Voraussetzungen der Befugnisnormen **Prognosen** anzustellen sind (§ 11), ändert daran nichts (Schenke PolR Rn. 54).

3. Ordnungsgemäßheit des Verfahrens

27 Die Gefahrenabwehr- und Polizeibehörden müssen das Verfahren ordnungsgemäß durchführen. Anforderungen ergeben sich hier aus Regeln des **Allgemeinen Verwaltungsrechts** (zB §§ 24, 28, 39 HVwVfG), des **Kommunalrechts** (zB §§ 53, 56, 58 HGO) sowie aus dem HSOG (zB § 15 Abs. 3, § 20 Abs. 9, § 30 Abs. 4) selbst. Die Verwaltungsgerichte haben die Einhaltung der hier maßgebenden Normen zu kontrollieren; zu beachten sind Regeln über die Heilung (zB § 45 Abs. 2 HVwVfG) und Unbeachtlichkeit von Verfahrensfehlern (zB § 46 HVwVfG, § 5 Abs. 4 HGO).

28 Für Ermessenentscheidungen statuiert § 39 Abs. 1 S. 3 HVwVfG besondere Anforderungen an die Begründung (s. Kopp/Ramsauer VwVfG § 39 Rn. 57 ff.; VG Würzburg BeckRS

2015, 43375; 2015, 43376). Die Behörde hat hierin die für und gegen ein Einschreiten sprechenden Belange anzuführen (VG Augsburg BeckRS 2021, 2173 Rn. 20). Eine Ausnahme kann hier nur dann anzuerkennen sein, wenn die der Entscheidung zugrundeliegenden Überlegungen so auf der Hand liegen, dass es einer ausdrücklichen Begründung nicht mehr bedarf (OLG Frankfurt a. M. NJW 1966, 465; für keine hohen Anforderungen an die Begründung des Entschließungsermessens bei Vorliegen einer konkreten Gefahr regelmäßig VG Würzburg BeckRS 2015, 47165). Ebenso sind aufwändige Abwägungen mit Interessen Privater, die eine nach §§ 229, 230 Abs. 1 BGB, § 859 Abs. 3 BGB unzulässige Selbsthilfe begehen, im Rahmen von Anordnungen nach § 11 iVm § 32 Abs. 1, § 49 Abs. 1 Nr. 27 StVO nicht angezeigt (VGH München BeckRS 2011, 46503 Rn. 15; VG Regensburg BeckRS 2021, 12748 Rn. 39).

Durfte die Behörde ermessensfehlerfrei von einer Reduktion ihres Entschließungsermessens ausgehen, muss sie immer noch ausreichende und nachvollziehbare Ermessenserwägungen dahingehend anstellen, welche Maßnahmen geeignet, erforderlich und dem Betroffenen zumutbar waren (VGH München BeckRS 2014, 59676 Rn. 32). **29**

4. Vorgaben des § 40 HVwVfG

Die Vorgaben des § 40 HVwVfG wirken als Grenze wie auch als Auftrag für die Gefahrenabwehr- und Polizeibehörden bei der Ausübung ihres Ermessens (→ Rn. 23). Für die Verletzung der verschiedenen in der Norm statuierten Gebote haben sich die Begriffe Ermessensnichtgebrauch (→ Rn. 31), Ermessensüberschreitung (→ Rn. 35) und Ermessensmissbrauch (→ Rn. 42) durchgesetzt (Kingreen/Poscher POR § 10 Rn. 38). **30**

a) Gebrauch des Ermessens. Einer Behörde, der das Gesetz Ermessen eingeräumt hat, ist es nicht überlassen zu entscheiden, ob sie diese Kompetenz in Anspruch nehmen will, sondern sie „hat" nach § 40 HVwVfG „ihr Ermessen […] auszuüben". Die Zuweisung von Ermessen an die Behörde begründet für diese die **Rechtspflicht,** dieses auch zu gebrauchen. Kommt die Behörde dem nicht nach, führt der Ermessensfehler des **Ermessensnichtgebrauchs** (Ermessensunterschreitung, Ermessensausfall) zur Rechtswidrigkeit der Maßnahme. Die Verwaltungsgerichte haben diesen Fehler nach § 114 S. 1 VwGO zu kontrollieren (VG Gießen BeckRS 2008, 34226). Der Pflicht, ihr Ermessen entsprechend dem Zweck der Ermächtigung auszuüben, kommt die Behörde nur nach, wenn sie von ihrem Ermessen überhaupt Gebrauch macht (Hübschmann/Hepp/Spitaler/Wernsmann, Abgabenordnung – Finanzgerichtsordnung, AO § 5 Rn. 155). **31**

Beispiel: Die Behörde denkt irrtümlich oder aus Nachlässigkeit, sie sei gebunden und müsse handeln. Die Behörde denkt, sie dürfe bei der Gefährdung privater Rechte nichts tun und bleibt untätig. **31.1**

Auf der Grundlage kriminalwissenschaftlicher Erkenntnisse der **„Broken-windows-Theorie",** wonach ungeahndet bleibende geringfügige Straftaten zu einer Senkung der Hemmschwelle für weitere Delikte führen sollen, haben die Behörden in einigen Städten an der Ostküste der USA eine Strategie der **„zero tolerance"** erprobt, die ein polizeiliches Vorgehen gegen jeden Rechtsverstoß fordert (Volkmann NVwZ 1999, 225 (226)). Auf Deutschland ließe sich dieses Konzept nicht übertragen, da es das Entschließungsermessen der Gefahrenabwehrbehörden komplett negieren und damit gegen eine Grundregel der Ermessenslehre verstoßen würde (Schenke PolR Rn. 113; Kugelmann PolR Kap. 8 Rn. 6). **32**

Aus dem gleichen Grunde ist die von der Rechtsprechung entwickelte Kategorie des **intendierten Ermessens** nicht anzuerkennen (SBS/Sachs VwVfG § 40 Rn. 30; aA für das polizeiliche Entschließungsermessen bei Vorliegen einer Gefahr VG München BeckRS 2014, 55588 Rn. 23; 2015, 53495). Hiernach sollen Betätigungen des Ermessens in einer Weise vorgezeichnet sein, dass „ein bestimmtes Ergebnis dem Gesetz nähersteht, sozusagen gewollt ist und davon nur ausnahmsweise abgesehen werden darf" (BVerwGE 72, 1 (6); VGH Kassel VerkMitt 1992, 23 (24); NJW 2005, 2411 (2414); NuR 2011, 508 (514); VG Frankfurt a. M. LKRZ 2010, 383 (385 f.); Lisken/Denninger PolR-HdB/Buchberger K Rn. 81). Folge die Behörde in einem solchen Fall der Intention des Gesetzes, brauche sie keine Ermessenserwägungen anzustellen und ihre Entscheidung zu begründen (BVerwGE 72, 1 (6); 91, 82 (90); 105, 55 (57); VGH Kassel VerkMitt 1992, 23 (24)). Zum Ermessen gehört jedoch gerade die Berücksichtigung der **Umstände des Einzelfalles** unter dem Aspekt des Zwecks **33** des Gesetzes (VGH München BeckRS 2014, 57768 Rn. 44; Detterbeck AllgVerwR Rn. 323). Die Auslegung einer Ermessensnorm im Sinne eines intendierten Ermessens macht aus einer „Kann-Vorschrift" eine „Soll-"Vorschrift und setzt sich so über das Gesetz hinweg (Maurer/Waldhoff AllgVerwR § 7 Rn. 12). Allerdings bedeutet die Pflicht der Behörde, die konkreten Umstände des Einzelfalles zu ermitteln und zu würdigen, nicht, dass am Ende dieser Prüfung die Entscheidung offen zu sein hat (Schoch JURA 2010, 358 (362)). Das Ergebnis der Prüfung kann vielmehr auch darin bestehen, dass sich das Ermessen reduziert und eine im Gesetz vorgezeichnete Regelrechtsfolge zu wählen ist. Ein solches Ergebnis ist jedoch nicht die Folge eines intendierten Ermessens, sondern einer den herkömmlichen Regeln folgenden Ausübung behördlichen Ermessens (Schoch JURA 2010, 358 (362)). Ein solches Ergebnis ist zu begründen (VG Darmstadt BeckRS 2016, 47728 Rn. 69).

33.1 **Beispiele:** Bei der Sperrung eines öffentlichen Weges durch einen Grundstückseigentümer kommt eine andere Ermessensentscheidung als die Beseitigung der Sperre nur in Ausnahmefällen in Betracht (VGH Mannheim BeckRS 2016, 56016 Rn. 14). Besteht der Schaden für die öffentliche Sicherheit in einem Verstoß gegen Strafgesetze, hat die Behörde von vornherein einen geringeren Ermessenspielraum, ob sie einschreiten will (VG München BeckRS 2016, 54334 Rn. 55). Ist es bei einem Hund zu einem gefährlichen Zwischenfall gekommen, ist ein Leinen- und Maulkorbzwang nicht nur zulässig, sondern sogar geboten (VGH München BeckRS 45075 Rn. 46). Bei der Haltung eines gefährlichen Hundes ohne die erforderliche Erlaubnis ist die Haltung des Hundes regelmäßig zu unterbinden und die Abgabe anzuordnen (VG Augsburg BeckRS 2022, 34255 Rn. 45) Hat eine Behörde darüber zu befinden, ob sie die Eltern bei Vorliegen einer Ordnungswidrigkeit iSd § 181 Abs. 1 Nr. 2 HSchulG dazu verpflichtet, dafür zu sorgen, dass ihr Kind die Schule besucht, ist das Ergebnis der Ermessensausübung im Sinne einer Durchsetzung der Schulpflicht in aller Regel vorgezeichnet (für Art. 119 Abs. 1 Nr. 2 BayEUG VG Ansbach BeckRS 2022. 10773 Rn. 48).

34 Der Ermessensunterschreitung steht der Fall nahe, dass die Behörde Gesichtspunkte **außer Acht** lässt, die zu berücksichtigen waren (VGH Kassel Beil. zum HeStAnz 1983, 17 (18); Kopp/Schenke VwGO § 114 Rn. 12). Eine fehlerfreie Ermessensausübung ist nur dann gegeben, wenn die Behörde sämtliche Gesichtspunkte tatsächlicher und rechtlicher Art berücksichtigt, die nach Sinn und Zweck des Gesetzes, aufgrund anderer Rechtsvorschriften oder allgemeiner Rechtsgrundsätze zu berücksichtigen sind (VGH Kassel RiA 1989, 274 (276); Kopp/Schenke VwGO § 114 Rn. 12).

35 **b) Einhaltung der gesetzlichen Grenzen des Ermessens.** Bei ihrer Ermessensentscheidung haben die Gefahrenabwehr- und Polizeibehörden die **„gesetzlichen Grenzen des Ermessens"** einzuhalten (§ 40 Alt. 1 HVwVfG). Geschieht dies nicht, begehen sie den Ermessensfehler einer **Ermessensüberschreitung.** Ergeben können sich Grenzen des Ermessens hierbei zum einen aus der das Ermessen einräumenden Norm selbst.

35.1 **Beispiel:** Ein Polizist gibt aus seiner Schusswaffe auf eine Person einen mit an Sicherheit grenzender Wahrscheinlichkeit tödlichen Schuss ab, um Sachgüter zu schützen. Das Gesetz erlaubt einen solchen Einsatz von Schusswaffen gegen Personen in § 60 Abs. 2 S. 2 indes nur zur Abwehr einer gegenwärtigen Lebensgefahr oder einer gegenwärtigen Gefahr einer schwerwiegenden Verletzung der körperlichen Unversehrtheit.

36 Grenzen des Ermessens können sich zum anderen aber auch aus anderen Normen der Rechtsordnung ergeben (Kopp/Ramsauer VwVfG § 40 Rn. 80). Neben einfachen Bundes- und Landesgesetzen (SBS/Sachs VwVfG § 40 Rn. 73, 82) kommen hier Normen der Verfassung in Betracht. Eine besondere Rolle spielen hier der **Grundsatz der Verhältnismäßigkeit,** durch den die (Freiheits-) Grundrechte als Grenze des polizeilichen Handelns wirksam werden (→ § 4 Rn. 8), wie auch der **allgemeine Gleichheitssatz** (Art. 3 Abs. 1 GG, Art. 1 HessVerf). Die Gefahrenabwehr- und Polizeibehörden sind verpflichtet, ihr Ermessen gleichmäßig auszuüben und damit gleichgelagerte Fälle gleich zu behandeln. Den Behörden ist durch den Gleichheitssatz zudem aufgegeben, folgerichtig zu handeln (VGH Kassel Beil. zum HeStAnz 1980, 39 (40); allg. BVerfGE 117, 1 (30); 123, 111 (121)). Schreitet die Behörde in vergleichbaren Fällen nicht gleichzeitig gegen alle Störer ein, bedarf ihr Vorgehen eines nachvollziehbaren Konzepts (OVG Münster BeckRS 2014, 50479). Macht der Betroffene geltend, dass die Behörde nur gegen ihn vorgegangen sei und willkürlich gehandelt habe, hat er zur Untermauerung seiner Behauptung Vergleichsfälle bzw. eine entsprechende Verwaltungspraxis der Behörde aufzuzeigen (VGH München BeckRS 2016, 52296 Rn. 7).

Allerdings kann niemand unter Berufung auf Art. 3 Abs. 1 GG, Art. 1 HessVerf verlangen, dass von einem Einschreiten gegen ihn abgesehen wird, nur weil gegen andere in einer vergleichbaren Lage nicht ebenso Maßnahmen getroffen werden. Die Behörde ist nicht verpflichtet, in allen Fällen gleichzeitig einzuschreiten. Sie hat das Recht, schrittweise vorzugehen, solange sie sich dabei nicht von unsachlichen Erwägungen leiten lässt (VGH Kassel BB 1959, 135). So kann sie etwa auf ein Urteil in der einen Sache warten, um dann ggf. in gleichgelagerten Fällen einschreiten zu können (VGH Kassel BB 1959, 135). Die Behörde darf in vergleichbaren Fällen nicht willkürlich, sondern muss **planvoll** und **systematisch** vorgehen, wozu auch die Durchsetzung vollstreckbarer Verfügungen gehört (VGH Kassel NJW 1984, 318 (319); NVwZ 1986, 683 (684); NVwZ-RR 1992, 346 (348)). Sie verletzt den Gleichheitssatz, wenn sie untätig bleibt, obwohl die rechtlichen Voraussetzungen dafür gegeben sind (VGH Kassel NJW 1984, 318 (319)). **37**

Ein längeres Nichteinschreiten hat nicht zur Folge, dass die Behörde nicht später einschreiten dürfte; behördliche Untätigkeit setzt das Recht nicht außer Kraft. Ebenso wenig kann aus einem solchen Nichtstun auf eine gewollte **Duldung** oder eine **konkludente** Erteilung einer **Erlaubnis** geschlossen werden. Derartige rechtliche Wirkungen können nur aufgrund besonderer Umstände angenommen werden (VG Düsseldorf BeckRS 2020, 13750 Rn. 115). Auch kann das Recht zum Einschreiten nicht verwirkt werden (RSPHFMW HSOG/HundeVO Anm. 1.3.2). **38**

Beispiel: Eine Behörde, die längere Zeit nicht gegen den Betrieb eines illegalen Bordells vorgegangen ist, obwohl sie hiervon Kenntnis hatte, behält das Recht, sich auch noch später für ein Einschreiten gegen das Bordell zu entscheiden (LVG Hannover DÖV 1955, 28 (29); VGH Kassel Beil. zum HeStAnz 1995, 10 (11)). **38.1**

Ist die Behörde aufgrund einer **rechtswidrigen Verwaltungsvorschrift** in anderen Fällen nicht eingeschritten, kann sich ein Betroffener auf diese Verwaltungsvorschrift gegen ein rechtmäßiges Vorgehen gegen ihn nicht berufen (VGH Kassel UPR 1988, 75). Eine falsche behördliche Praxis ist nicht in der Lage, das Recht zu ändern, und der Gleichheitssatz setzt diese Regel nicht außer Kraft. Es gibt keinen Anspruch auf **Gleichheit im Unrecht** (OVG Koblenz NJW 1997, 1174 (1176)), keinen **Anspruch auf Fehlerwiederholung** (Fredrich Rn. 2). **39**

Beispiel: Es verletzt nicht den allgemeinen Gleichheitssatz, auf einer auch an Familien gerichteten Großveranstaltung (Hessentag) nur das öffentliche Konsumieren von Cannabis, nicht aber auch die Abgabe von Alkohol und das Rauchen von Zigaretten zu verbieten (VG Kassel NVwZ 2024, 1036 Rn. 29 f.). **39.1**

Dauert eine rechtswidrige Lage mit Wissen der Behörde schon längere Zeit an und benötigt der Betroffene, der sich darauf eingerichtet hat, seinerseits einen größeren **Zeitraum** zur Umstellung, so kann die lang andauernde Untätigkeit der Behörde allerdings zur Folge haben, dass eine von ihr ggf. zu setzende **Frist** eher großzügig bemessen werden sollte (VGH Kassel DÖV 1994, 879). **40**

Auf die Tatsache, dass in einer **anderen Gemeinde** die Gefahrenabwehrbehörden gegen einen vergleichbaren Rechtsverstoß des Betroffenen nicht vorgehen, kann sich der Betroffene ebenfalls nicht berufen. Die Verhältnisse in den verschiedenen Gemeinden sind unterschiedlich (VGH Kassel Beil. zum HeStAnz 1971, 34 (35), vor allem aber wirkt der Gleichheitssatz nur innerhalb eines Verbandes (BVerfGE 42, 20 (27); 52, 42 (57 f.); 93, 319 (351); BVerwGE 70, 127 (132)). **41**

c) Ausübung des Ermessens entsprechend dem Zweck der Ermächtigung. Die Behörde hat ihr Ermessen schließlich entsprechend dem **„Zweck der Ermächtigung"** auszuüben (§ 40 Alt. 2 HVwVfG). Maßgebend ist der Zweck des Gesetzes, das die Entscheidung trägt (VG Frankfurt a. M. BeckRS 9998, 91351); der Zweck anderer Sätze des geschriebenen und ungeschriebenen Rechts kann zusätzlich zu beachten sein, sofern diese Rechtssätze für die Entscheidung von Bedeutung sind (Kopp/Schenke VwGO § 114 Rn. 9). Auf der Grundlage des HSOG dürfen die Gefahrenabwehrbehörden nur tätig werden, um den vorgegebenen Zweck der Gefahrenabwehr zu verfolgen. Ziel ihres Handelns muss immer die **Wirksamkeit der Gefahrenabwehr** sein (Kopp/Ramsauer VwVfG § 40 Rn. 41). **42**

42.1 **Beispiel:** Gegenüber einem in erster Linie in den späten Abend- und Nachstunden vor allem in den Sommermonaten auffällig gewordenen **Auto-Poser** kann eine Untersagungs- bzw. Unterlassungsverfügung in zeitlicher und örtlicher Hinsicht weitgehend unbeschränkt erlassen werden, wenn aufgrund konkreter Tatsachen zu befürchten ist, dass es anderenfalls zu einer zeitlichen und örtlichen Verlagerung des Auto-Posens kommt (VG Karlsruhe BeckRS 2018, 40265 Rn. 92).

43 Die Behörde verstößt hiergegen, wenn sie die gesetzliche Zielvorstellung nicht beachtet oder sie nicht hinreichend in ihre Erwägungen einbezieht. Behördliches Handeln nicht entsprechend dem Zweck der Ermächtigung wird als **Ermessensmissbrauch** bezeichnet (Ermessensfehlgebrauch).

43.1 **Beispiel:** Die Behörde spricht eine Person als „Gefährder" an, nicht um eine von dieser Person ausgehende Gefahr, sondern um deren politische oder weltanschauliche Meinung zu bekämpfen. Die für die Behörden handelnden Personen ergreifen Maßnahmen gegen den Pflichtigen aus Willkür, persönlicher Rachsucht oder Schikane (DWVM Gefahrenabwehr 409; VGH München BeckRS 2014, 47092 Rn. 21).

44 Zur Ausübung des Ermessens entsprechend dem Zweck der Ermächtigung gehört auch, dass die Ermessensentscheidung **sachlich** zu sein hat (VGH Kassel NVwZ-RR 2011, 474). Sachlichkeit bedeutet, dass die Behörde nicht nur persönliche Gesichtspunkte ausklammern muss, sondern auch nicht handeln darf, um sich die Arbeit zu erleichtern (BVerwG BayVBl. 2000, 380 (381); VGH Kassel DÖV 1964, 61 (63)) oder um sich Arbeit oder Kosten zu sparen, wie dies noch in § 6 Abs. 2 HSOG 1972 ausdrücklich normiert war und auch heute als allgemeiner Rechtsgrundsatz anerkannt ist (VG Gießen BeckRS 2008, 34226). Das Ziel, sich die Arbeit erleichtern zu wollen, macht auch als Nebenmotiv/-zweck eine Maßnahme fehlerhaft (OVG Lüneburg OVGE 25, 411 (414); VG Gießen BeckRS 2008, 34226). Davon zu unterscheiden ist die Pflicht, das Gebot der Wirtschaftlichkeit zu beachten (→ Rn. 46).

45 Mit dem Gebot, das Ermessen entsprechend dem Zweck der Ermächtigung auszuüben, ist es außerdem unvereinbar, einzelnen der einschlägigen Tatsachen und Gesichtspunkte ein **Gewicht beizumessen,** das diesen nach einer objektiven, am Zweck des Gesetzes orientierten Betrachtung nicht zukommt (VGH Kassel Beil. zum HeStAnz 1983, 17 (18); Kopp/Schenke VwGO § 114 Rn. 13).

V. Rechtliche Bindungen in eigener Verantwortung

46 Innerhalb des Rahmens, den das Gesetz bewusst offengelassen hat, haben die Gefahrenabwehr- und Polizeibehörden ihren Entscheidungsmaßstab im konkreten Fall selbst zu bilden. Die Behörden sind hierbei allerdings nicht „frei", sondern rechtlich verpflichtet, verschiedene Direktiven in einen Ausgleich zu bringen: das Ziel der **Zweckmäßigkeit** (zur vorausgesetzten rechtlichen Bindung an dieses Ziel in § 68 Abs. 1 S. 1 VwGO: Ehlers/Pünder AllgVerwR/Ehlers/Pünder § 1 Rn. 66 ff.), das Ziel der **(Einzelfall-) Gerechtigkeit** (VGH Kassel NVwZ 1992, 1101 (1102, Ls. 6); auch: Billigkeit) sowie das – letztlich alle staatlichen Ziele überwölbende (Isensee/Kirchhof StaatsR-HdB/Isensee § 71 Rn. 2, 11) – Ziel der Wahrung des **Gemeinwohls** (WBSK VerwR I § 29 Rn. 1 f.; WBSK VerwR I § 23 Rn. 42a; DWVM Gefahrenabwehr 373 ff.; Götz/Geis PolR § 16 Rn. 1: „Erfüllung des öffentlichen Interesses"). Außerdem ist die Behörde verpflichtet, das Gebot der **Wirtschaftlichkeit** in ihre Maßstabbildung einzubeziehen (→ § 4 Rn. 64).

47 Über die vom Gesetz nicht vorbestimmte Maßstabbildung der Ermessensentscheidung entscheiden die Behörden in **eigener Verantwortung.** Die Verwaltungsgerichte besitzen hier keine Kompetenz, die Maßstabbildung und die hieraus abgeleitete Entscheidung über das Ob, Wie und Wann des Tätigwerdens der Behörden zu kontrollieren (DWVM Gefahrenabwehr 373 ff.). Der Umstand, dass nach Ansicht des Gerichts eine andere Entscheidung als die getroffene zweckmäßiger, gerechter oder dem Gemeinwohl dienlicher gewesen wäre, begründet keinen von diesem kontrollierbaren Rechtsfehler (VGH Kassel Beil. zum HeStAnz 1983, 17 (18)). Zweckmäßigkeit, Einzelfallgerechtigkeit (Billigkeit) und Gemeinwohldienlichkeit einer Maßnahme sind in erster Linie im **Widerspruchsverfahren** zu kontrollieren, in dem nach § 68 Abs. 1 S. 1 VwGO neben der Rechtmäßigkeit auch die Zweckmäßigkeit des Verwaltungsakts zu prüfen sind (zur Einschränkung in Hessen für das Recht der öffentli-

chen Sicherheit und Ordnung → Rn. 24); im Übrigen kommt nur eine **Fachaufsichtsbeschwerde** in Betracht (DWVM Gefahrenabwehr 374).

VI. Pflicht zum Einschreiten (Ermessensreduzierung)

Ermessen bedeutet, dass die Verwaltung ihren Maßstab teilweise selbst bilden und so zwischen verschiedenen Handlungsalternativen wählen kann (→ Rn. 7). Da diese Wahlmöglichkeit aber durch das Recht begründet und begrenzt wird, kann das **Recht** sie im **Einzelfall** auch auf eine Entscheidungsalternative wieder verengen mit der Folge, dass dann nur diese eine Entscheidung ermessensfehlerfrei ist und alle anderen Entscheidungen ermessensfehlerhaft und damit rechtswidrig wären – **„Ermessensreduzierung auf Null"** (VGH Kassel NJW 1994, 1750). Das Ermessen der Verwaltung kann schrumpfen, sodass eine **Pflicht zum Einschreiten** besteht. 48

Eine Pflicht zum Einschreiten kann aufgrund der Vielzahl der polizeilichen Aufgaben und der Begrenztheit der polizeilichen Mittel (→ Rn. 3) allerdings immer nur **ausnahmsweise** bestehen. Als ausschlaggebend werden die **Bedeutung** des bedrohten **Schutzgutes** sowie die **Intensität** der **Gefahr** angesehen (BVerwGE 11, 95 (97); Schenke PolR Rn. 114 f.; FLS PolR Hessen Abschn. I Rn. 57). Nach allgemeiner Meinung kommt eine Pflicht zum Einschreiten daher am ehesten bei einer erheblichen Gefahr für ein besonders hochwertiges Rechtsgut (Leib oder Leben) in Betracht (Götz/Geis PolR § 16 Rn. 6; Schoch BesVerwR Kap. 1 Rn. 327). 49

Beispiel: Erfährt die Polizei, dass sich in dem Garten eines von Menschen bewohnten Grundstückes Minen befinden, ist sie zum Einschreiten verpflichtet (BGH VerwRspr 1953, 319 (320)). 49.1

Eine schematische und ausnahmslose Verengung der Kategorie der Ermessensreduktion allein auf solche Lagen würde der Aufgabenstellung der Gefahrenabwehr- und Polizeibehörden, Gefahren von den polizeirechtlichen Schutzgütern abzuwehren, indes nicht gerecht (Kingreen/Poscher POR § 10 Rn. 43). Zwar muss den Gefahrenabwehr- und Polizeibehörden die Kompetenz zugestanden werden, Einsatzreserven für die Abwehr drohender größerer Gefahren vorsorglich bereit zu halten (Kingreen/Poscher POR § 10 Rn. 43). Ebenso müssen sie das Recht haben, bei mehreren gleichzeitig bestehenden Gefahren über ihren Einsatz nach der Dringlichkeit der Gefahr zu entscheiden (Götz/Geis PolR § 16 Rn. 4; Waechter PolR Rn. 431). Sind vordringliche Gefahren aber nicht abzuwehren und die Einsatzreserve gesichert, muss auch bei **anderen** als hochrangigen **Rechtsgütern** eine Ermessensreduktion in Betracht kommen können (Kingreen/Poscher POR § 10 Rn. 43; Kugelmann PolR Kap. 8 Rn. 16; aA Schenke PolR Rn. 115; Schmidbauer/Steiner BayPAG Art. 11 Rn. 187). 50

Beispiel: Ein strafunmündiges Kind stiehlt einen wertvollen Gegenstand. Sofern keine vordringlichere Gefahr abzuwehren ist, sind in der Nähe des Ereignisses befindliche Beamte der Vollzugspolizei verpflichtet, die Verfolgung des Kindes aufzunehmen und diesem den Gegenstand abzunehmen. 50.1

Damit über die Figur der Ermessensreduktion das behördliche Ermessen aber nicht ausgezehrt wird, wird in der Regel eine gewisse **Evidenz** zu verlangen sein (Ipsen AllgVerwR Rn. 544). Allerdings gilt in Fragen des Ermessens generell und so auch im Recht der Gefahrenabwehr, dass es keine starren Regeln geben, sondern immer nur auf die Umstände des konkreten Falles ankommen kann (Schoch BesVerwR Kap. 1 Rn. 327). 51

Im Normalfall reduziert sich nur das **Entschließungsermessen,** während beim Auswahlermessen in der Regel mehrere Möglichkeiten zur Gefahrenabwehr weiterhin in Betracht kommen können (Schoch BesVerwR Kap. 1 Rn. 332). 52

Beispiel: Bei drohender Obdachlosigkeit besteht eine Pflicht der Behörden aus dem Gesichtspunkt der grundrechtlichen Schutzpflicht für die Güter des Art. 2 Abs. 2 S. 1 GG, diese durch ein Einschreiten abzuwenden (LSG Berlin-Brandenburg BeckRS 2020, 5816 Rn. 53; VGH Kassel NVwZ 1992, 503 (504)). Der Behörde stehen jedoch mehrere Möglichkeiten offen, auf welche Weise sie die Obdachlosigkeit beseitigen (OVG Münster DVBl 1992, 1316; VGH Mannheim NVwZ 1993, 1220; DÖV 1994, 569; NVwZ-RR 1995, 326 f.), insbesondere wie sie die Betroffenen unterbringen kann (VG Würzburg BeckRS 2020, 7905 Rn. 20). Hält jemand einen gefährlichen Hund im Sinne von § 2 Abs. 1 S. 1 HundeVO ohne die erforderliche Erlaubnis, so besteht für die Behörde im Hinblick auf die in dieser Bestimmung getroffene Wertung der Gefahrenlage grundsätzlich kein Ermessenspielraum, ob sie gegen den Halter einschreiten will. (VGH München BeckRS 2020, 6708 Rn. 28; 2024, 1371 Rn. 23). 52.1

53 Ausnahmsweise kann jedoch in Fällen der Ermessensreduktion über das Entschließungsermessen hinaus auch das **Auswahlermessen** erfasst und dieses auf nur eine Maßnahme reduziert sein.

53.1 **Beispiel:** Ein gefährlicher Hund iSv § 2 Abs. 1 S. 1 HundeVO reißt sich von seinem Führer los und rennt auf einer ansonsten menschenleeren Wiese mit voller Geschwindigkeit unaufhaltsam auf ein spielendes Kind zu. Hier ist ein in der Nähe des Geschehens befindlicher Polizist nicht nur zum Einschreiten an sich, sondern auch zum sofortigen Einsatz seiner Schusswaffe mit dem Ziel der Unschädlichmachung des Hundes als des zur wirksamen Abwehr der Gefahr in dieser Lage einzig geeigneten Mittels (§ 60 Abs. 1 Alt. 2) verpflichtet.

54 **Auslöser** einer Ermessensreduktion können Gefahren insbesondere für **grundrechtliche Güter** oder andere **Güter von Verfassungsrang** sein. Eine Gefahr für die Garantie der **Menschenwürde** des Art. 1 Abs. 1 GG begründet regelmäßig eine Pflicht zum Einschreiten (BVerwGE 115, 189 (202); Schoch BesVerwR Kap. 1 Rn. 328). Bei den **Freiheitsrechten** leitet sich eine Pflicht zum Tätigwerden ab aus den Regeln des grundrechtlichen **Untermaßverbotes** (Schenke PolR Rn. 114).

55 Aus dem **allgemeinen Gleichheitssatz** des Art. 3 Abs. 1 GG, Art. 1 HessVerf kann sich unter dem Gesichtspunkt der Selbstbindung der Verwaltung im Falle einer gleichbleibenden Verwaltungspraxis eine Pflicht zum Einschreiten in vergleichbaren Fällen ergeben (Schoch BesVerwR Kap. 1 Rn. 329).

55.1 **Beispiel:** Die Behörden sind verpflichtet, wenn sie gegen eine Missachtung des Feiertagsschutzgesetzes einschreiten, hierbei **einheitlich** und **gleichmäßig** auch in Fällen anderer Missachtungen des Gesetzes vorzugehen (OVG Hamburg NVwZ 1991, 180 (183)). Hat sich in einer Stadt eine Szene von **Auto-Posern** entwickelt und nehmen die Behörden nur eine Person hieraus mit einer Untersagungsverfügung in Anspruch, so verstoßen sie damit nicht gegen den in Art. 3 Abs. 1 GG verankerten Grundsatz der Gleichbehandlung, wenn diese Maßnahme Bestandteil einer **Strategie** ist, mit der die Behörden auf der Grundlage insbesondere von Erfahrungs- und Ergebnisberichten diese Szene in einem mehrstufigen Verfahren bekämpfen wollen (VG Karlsruhe BeckRS 2018, 40265 Rn. 92).

56 Will die Behörde bei Bestehen einer einheitlichen Verwaltungspraxis von einem Einschreiten absehen, bedarf sie hierfür sachlicher Gründe (Schoch BesVerwR Kap. 1 Rn. 329). Fehlt es an diesen Gründen, folgt hieraus für den betroffenen Bürger jedoch in der Regel kein „Anspruch auf Fehlerwiederholung" (→ Rn. 39); es gibt keine „Gleichheit im Unrecht" (OVG Koblenz NJW 1997, 1174 (1176); VG Gera NVwZ-RR 1999, 579 (580)).

57 Neben dem deutschen Verfassungsrecht kann sich auch aus dem Recht der **Europäischen Union** eine Reduktion des Ermessens der Gefahrenabwehr- und Polizeibehörden ergeben (Schoch BesVerwR Kap. 1 Rn. 330).

57.1 **Beispiel:** Wird auf dem Gebiet eines Mitgliedstaates der Union der Transport von Gütern auf dessen Verkehrswegen blockiert, ist der Staat verpflichtet, zum Schutz der Freiheit des Warenverkehrs (Art. 28 ff. AEUV) gegen solche Blockaden einzuschreiten (EuGH BeckRS 9998, 155582 Rn. 30 ff. – Kommission / Französische Republik; BeckRS 9998, 92859 Rn. 71 ff. – Schmidberger / Republik Österreich).

58 Entsprechendes muss gelten bei Gefahren, die völkerrechtlich garantierten Schutzgütern drohen, wie etwa für Gefahren für ein Schutzgut der **EMRK.** Schließlich kann sich auch aus **einfachem Bundes-** oder **Landesrecht** eine Reduktion des polizeilichen Ermessens ergeben (Schoch BesVerwR Kap. 1 Rn. 331).

58.1 **Beispiel:** Das HFeiertagsG (Hessisches Feiertagsgesetz v. 29.12.1971, HessGVBl. I 344) verbietet in § 6 Abs. 1 HFeiertagsG Arbeiten, die geeignet sind, die äußere Ruhe des Tages zu beeinträchtigen. Setzt sich ein privates Unternehmen darüber hinweg, ohne über eine Befreiung der örtlichen Ordnungsbehörde zu verfügen, besitzt die Behörde kein Ermessen, hier von einem Einschreiten abzusehen (VGH Mannheim NVwZ-RR 1991, 634 (635); Schoch BesVerwR Kap. 1 Rn. 331).

VII. Anspruch auf Einschreiten

59 Der Umstand, dass die Gefahrenabwehr- und Polizeibehörden zum Einschreiten gegen eine Gefahr verpflichtet sind, bedeutet nicht automatisch, dass der Einzelne hierauf auch einen Anspruch hat (DWVM Gefahrenabwehr 402). Einen Anspruch auf polizeiliches Ein-

schreiten hat der Betroffene nur dann, wenn er ein entsprechendes **subjektives öffentliches Recht** besitzt (Schoch BesVerwR Kap. 1 Rn. 329).

Die allgemeinen und besonderen polizei- und ordnungsrechtlichen Ermächtigungsgrundlagen bestehen nicht nur im Interesse der Allgemeinheit, sondern auch im Interesse des Einzelnen (Kingreen/Poscher POR § 5 Rn. 7 ff.; Kugelmann PolR Kap. 8 Rn. 23). Sie vermitteln daher dem Einzelnen ein subjektives öffentliches Recht (Begriff und Kriterien: Maurer/Waldhoff AllgVerwR § 8 Rn. 2, 6 ff.) und kommen so als **Grundlage** für einen **Anspruch** auf polizeiliches Einschreiten in Betracht (VGH Kassel NJW 1994, 1750). **60**

Besteht eine Gefahr für ein **Schutzgut** des Einzelnen, so hat dieser in jedem Fall zumindest einen Anspruch auf **ermessensfehlerfreie Entscheidung** darüber, ob die Behörde zu seinen Gunsten eine individualschützende Maßnahme trifft oder nicht (VGH Kassel DVBl 1970, 66 (67); NJW 1984, 2305; BeckRS 2005, 23175). Ergibt sich die Gefahr aus der Verletzung einer **Rechtsvorschrift,** ist es für die Zuerkennung eines derartigen Anspruchs entscheidend, dass die Vorschrift, die durch die Handlung Dritter oder einen Zustand verletzt wird, nicht nur dem öffentlichen Interesse dient, sondern daneben **Belange Einzelner** schützen will (VGH Mannheim BeckRS 2023, 21339 Rn. 86 mN). **61**

Darüber hinaus kann nach den Umständen des Falles das Ermessen der Behörde derart eingeschränkt sein, dass dem Betroffenen ein **Anspruch** der Behörde auf ein **Tätigwerden** erwächst (VGH Kassel DVBl 1970, 66 (67)). Voraussetzung ist hierfür, dass **62**

- ein subjektives Recht oder Rechtsgut des Betroffenen gefährdet (VGH Kassel BauR 2000, 873 (877); VG Frankfurt a. M. BeckRS 2011, 55932) und
- die Behörde wegen einer Reduktion ihres Ermessens aufgrund des Ausmaßes und der Schwere der drohenden Gefahr zum Einschreiten verpflichtet ist (VGH Kassel NJW 1984, 2305; so bei spürbaren Beeinträchtigungen im Baurecht OVG Bautzen BeckRS 2014, 45200 Rn. 52; im Straßenverkehrsrecht dagegen grundsätzlich nur Anspruch auf ermessensfehlerfreie Entscheidung OVG Bautzen BeckRS 2022, 18223 Rn. 15),
- alle Rechtmäßigkeitsvoraussetzungen für die beanspruchte Maßnahme erfüllt sind,
- keine anderweitige Schutzmöglichkeit gegeben und
- der Anspruch nicht wegen Unmöglichkeit ausgeschlossen ist (Gusy PolR Rn. 396).

Ist nur das Entschließungs-, nicht aber auch das Auswahlermessen reduziert, kann nur ein Tätigwerden an sich, nicht aber die Vornahme einer bestimmten Maßnahme verlangt werden. **63**

Beispiel: Drohende sowie eine bereits bestehende (VGH Kassel NJW 1992, 503) unfreiwillige (VG Freiburg BeckRS 2021, 7553 Rn. 9 f. (wobei es nicht darauf ankommt, ob den Betroffenen an ihrem Eintritt ein Verschulden trifft)) **Obdachlosigkeit** begründet einen Anspruch des Betroffenen auf Einschreiten der Gefahrenabwehrbehörde durch Zurverfügungstellung einer den Mindestanforderungen an ein menschenwürdiges Dasein genügenden Unterkunft (VGH Kassel NJW 1984, 2305; zu den Anforderungen s. VGH Kassel BeckRS 2005, 23175; VG Würzburg BeckRS 2022, 2928 Rn. 21 (beheizbarer Wohncontainer)), aber auch nicht darüber hinaus: Die Grenzen zumutbarer Einschränkungen sind erst erreicht, wo die Anforderungen an eine menschenwürdige, das Grundrecht auf körperliche Unversehrtheit achtende Unterbringung nicht mehr eingehalten sind (VG Würzburg BeckRS 2020, 7905 Rn. 18; 2020, 7909 Rn. 18; VGH München 26.4.1993 – 21 B 91.1461, juris Rn. 28). Einen Anspruch auf die Überlassung einer bestimmten Wohnung besitzt der Betroffene dagegen nicht (VGH Kassel NJW 1984, 2306). Ebenso hat der obdachlosenrechtlich Untergebrachte grundsätzlich keinen Anspruch darauf, in der ihm einmal zugewiesenen Unterkunft dauerhaft zu bleiben, sondern muss es hinnehmen, in eine andere Unterkunft verlegt zu werden (VGH München BeckRS 2017, 138437 Rn. 11; 2017, 122985 Rn. 8; OVG Greifswald NJW 2010, 1096 (1097)). Die Umsetzung eines Obdachlosen von seiner bisherigen in eine andere Wohnung muss sich dann wiederum von sachlichen Gründen leiten lassen (VGH Kassel NVwZ-RR 2011, 474), wie etwa von dem Gedanken, Kosten zu sparen (VGH München BeckRS 2017, 122985 Rn. 9) oder die kommunalrechtliche Pflicht erfüllen zu wollen, für künftige Bedarfsfälle Unterkünfte in ausreichender Zahl und Größe vorzuhalten (VGH Mannheim DÖV 1987, 256 f.). Die Behörde besitzt bei der Auswahl der konkreten Unterkunft ein weites Ermessen, solange die Mindestanforderungen an eine menschenwürdige Unterbringung beachtet sind (VG München BeckRS 2023, 8020 Rn. 7). **63.1**

Umstritten ist der Fall des Einschreitens gegen eine **Hausbesetzung.** Nach einer verbreiteten Meinung steht es im Ermessen der Polizeibehörde, ob sie gegen Hausbesetzer vorgehen will. Der Hauseigentümer habe keinen Anspruch auf deren Tätigwerden (VG Berlin NJW 1981, 1749; zust. Götz NVwZ 1984, 211 (216)). Diese Sicht ist dann abzulehnen, wenn der **64**

Bürger die Besetzer namentlich nicht kennt. Hier ist ihm ein zivilrechtliches Vorgehen gegen die Hausbesetzer nicht möglich, da der Zivilprozess einen Titel gegen Unbekannt nicht zulässt (Jauernig, Zwangsvollstreckungs- und Insolvenzrecht, 21. Aufl. 1999, 122). Da bei einer Untätigkeit auch der Polizei in einem solche Falle „keine andere Abhilfe" besteht, dürfte der Bürger zur Selbsthilfe greifen (§ 229 BGB; Jauernig, Zwangsvollstreckungs- und Insolvenzrecht, 21. Aufl. 1999, 122). Den offenen, gewaltsamen Konflikt zwischen Privaten darf es in einem Rechtsstaat, der die Ausübung legaler Gewalt bei sich monopolisiert, aber nicht geben (Merten, Rechtsstaat und Gewaltmonopol, 1975, 56 ff.). Aus diesem Grunde müssen in diesem Fall sowohl das Entschließungs- als auch das Auswahlermessen der Gefahrenabwehrbehörden auf Null reduziert sein. Allenfalls in der Frage des **Zeitpunktes** des Einschreitens ist den Gefahrenabwehr- und Polizeibehörden ein – eingeschränktes – Ermessen zuzugestehen (Schlink NVwZ 1982, 529 (532); Kugelmann PolR Kap. 8 Rn. 19, 24; Schoch BesVerwR Kap. 1 Rn. 328). Dieses Ermessen kann sich aber nur auf die Tageszeit beziehen und bedarf einer Entscheidung in einem überschaubaren Zeitraum. Ein Recht auf Zuwarten aus polizeitaktischen Gründen, dem keine zeitlichen Grenzen gesetzt wären, ist nicht anzuerkennen.

65 Der Anspruch auf polizeiliches Einschreiten kann durch **Verpflichtungs-** oder **allgemeine Leistungsklage** vor dem Verwaltungsgericht durchgesetzt werden, je nachdem, welche Rechtsnatur die gewünschte polizeiliche Maßnahme hat. Hat sich das Ermessen zu einem Anspruch auf Tätigwerden verdichtet, kommt eine Vornahmeklage, besteht nur ein Anspruch auf ermessensfehlerfreie Entscheidung, kommt eine Bescheidungsklage in Betracht. Ein Nichteinschreiten trotz bestehender Handlungspflicht kann eine **Amtspflichtverletzung** (§ 839 BGB iVm Art. 34 S. 1 GG) darstellen und einen Anspruch des Betroffenen auf Schadensersatz begründen (Fredrich Rn. 5).

65.1 **Beispiel:** Die Polizei schreitet gegen eine auf einem Wohngrundstück befindliche Bombe nicht ein und stellt auch keine Prüfung an, wie die Gefahr beseitigt werden könnte (BGH VerwRspr 1953, 319 (320)).

E. Der Inhalt des Abs. 2

I. Pflicht zur Benennung eines Mittels bei mehreren denkbaren Mitteln (Abs. 2 S. 1)

66 Der Grundsatz der Verhältnismäßigkeit (§ 4) schließt es nicht aus, dass mehrere gleich geeignete, erforderliche und auch angemessene Mittel zur Abwehr einer Gefahr in Betracht kommen können (→ § 4 Rn. 10). In einer solchen Lage muss die Behörde die in Frage kommenden Mittel dem Betroffenen jedoch nicht alle aufzeigen und wahlweise aufgeben, sondern Abs. 2 S. 1 lässt es **genügen,** wenn sie **lediglich eines** davon **bestimmt.** Daraus folgt jedoch nicht zwingend, dass die Behörde sich auf eine Maßnahme festlegen muss, sondern sie kann in ihrer Verfügung auch mehrere geeignete Mittel konkretisieren und dem Betroffenen vorschlagen, dem dann die Auswahl des ihm genehmen Mittels überlassen ist (RSPHFMW HSOG/HundeVO Anm. 2; Fredrich Rn. 7 f.; FLS PolR Hessen Abschn. I Rn. 53). Nicht zulässig ist es allerdings, nur die abzuwehrende Gefahr für die öffentliche Sicherheit oder Ordnung zu beschreiben und überhaupt kein Mittel zu benennen, sondern dem Betroffenen die Auswahl einer Maßnahme völlig zu überlassen. In diesem Fall würde es an der notwendigen Bestimmtheit des Verwaltungsakts (§ 37 Abs. 1 HVwVfG) fehlen, was zu dessen Rechtswidrigkeit führen würde.

II. Pflicht zur Gestattung eines Austauschmittels (Abs. 2 S. 2)

1. Inhalt der Norm

67 Nach Abs. 2 S. 2 ist der betroffenen Person auf Antrag zu gestatten, unter näher bezeichneten Voraussetzungen ein Austauschmittel anzuwenden. Bei diesem Gebot handelt es sich um eine Ausprägung des **Grundsatzes der Verhältnismäßigkeit,** sodass die Norm systematisch falsch platziert ist; richtigerweise hätte sie in § 4 Abs. 1 als ein S. 2 angefügt werden müssen (→ § 4 Rn. 21).

Die Regelung des Abs. 2 S. 2 bezieht sich auf eine Gefahrenlage, zu deren Abwehr mehrere gleich geeignete Mittel in Frage kommen. Hier genügt es, wenn die Behörde nur eines der Mittel bestimmt und es dann dem Betroffenen überlässt, ihr ein anderes, gleich geeignetes Mittel vorzuschlagen, dessen Anwendung sie dann zu gestatten hat. Ist das vom Betroffenen angebotene Austauschmittel bereits objektiv gegenüber der von der Gefahrenabwehr- oder Polizeibehörde ihm aufgegebenen Maßnahme ein milderes Mittel, muss die Behörde dem Antrag entsprechen, denn sie hätte in einem solchen Fall **schon von sich** aus das mildere Mittel wählen müssen (OVG Münster NJW 1980, 2210 (2211); BeckRS 2017, 102604); der Antrag des Betroffenen, ihm den Einsatz des milderen Mittels zu gestatten, hat hier nur die Funktion eines Hinweises auf die Rechtslage (§ 4 Abs. 1; Kingreen/Poscher POR § 10 Rn. 28). 68

Die Pflicht der Behörde, einem Antrag auf die Verwendung eines Austauschmittels stattzugeben, erlangt eigenständige Bedeutung, wenn das Austauschmittel nicht objektiv, sondern allein aus der Sicht des Betroffenen subjektiv das mildere Mittel ist (Kingreen/Poscher POR § 10 Rn. 28). Da der Betroffene in diesem Fall über seine Güter verfügt, steht es ihm frei, das ihn stärker belastende Mittel zu wählen (OVG Münster DÖV 1962, 617). 69

Beispiel: Einem Störer, dem aufgegeben wird, die Stützmauern eines einsturzgefährdeten Gebäudes zu sanieren, ist auf Antrag zu gestatten, das ganze Gebäude abzureißen (EFP BesVerwR/Pünder § 69 Rn. 165). 69.1

Die Behörde muss in ihrer Verfügung auf das Vorschlagsrecht nicht hinweisen (RSPHFMW HSOG/HundeVO Anm. 2). Schließt die Behörde in ihrer Verfügung die Anwendung eines anderen geeigneten Mittels ausdrücklich oder stillschweigend aus, handelt sie rechtswidrig (OVG Münster DÖV 1962, 617). 70

2. Tatbestand

Das Gesetz erlaubt der **betroffenen Person,** gegenüber der Behörde die Anwendung eines anderen Mittels zu beantragen. Gemeint ist die Person, gegen die sich die polizeiliche Maßnahme richtet, dh der Störer (§§ 6 f.) oder aber auch der Nichtstörer (§ 9). 71

Das Gesetz spricht davon, dass auf **Antrag** der Einsatz eines Austauschmittels zu gestatten ist. Dieses Erfordernis ist nicht wörtlich zu verstehen, sondern gemeint sein soll mit diesem Erfordernis, dass der Betroffene der Behörde das Austauschmittel ausdrücklich anbieten muss (VGH Kassel ESVGH 15, 222 (224)). Hat die Behörde zur Abwehr der Gefahr durch das von ihr bestimmte Mittel eine Frist gesetzt, kann das Austauschmittel auch nur innerhalb der **Frist** angeboten werden (Fredrich Rn. 9); s. zur Notwendigkeit, den Antrag innerhalb der Frist zu stellen, § 8 S. 3 HSOG 1964). 72

Der Betroffene kann das Austauschmittel anbieten **bis zur zwangsweisen Durchsetzung** der gegen ihn gerichteten Maßnahme (OVG Bremen DÖV 1986, 704 (705); Schenke PolR Rn. 409; aA Gusy PolR Rn. 400). Eine gesetzliche oder behördliche Befristung der Maßnahme steht dem Angebot eines Austauschmittels in diesem Fall nur dann entgegen, wenn dessen Einsatz zu einer Verzögerung führen würde (unabhängig vom Erfordernis einer Verzögerung in diesen Fall abl. Kingreen/Poscher POR § 10 Rn. 28). 73

Einem Austauschmittel vergleichbar ist der von der Behörde angebotene Abschluss eines **öffentlich-rechtlichen Vertrages** (VG Gießen NVwZ-RR 2003, 211). Da ein Rechtsanspruch auf den Abschluss eines öffentlich-rechtlichen Vertrages nicht besteht, sondern der Abschluss eines solchen Vertrages im Ermessen der Behörde liegt, ist es dann Sache des Betroffenen, durch Annahme des Angebotes sich die für ihn günstige Form seiner Verpflichtung zu sichern (VG Gießen NVwZ-RR 2003, 211). 74

Das Austauschmittel muss **ebenso wirksam** sein wie das Mittel, das die Behörde dem Betroffenen gegenüber bestimmt hat (Abs. 2 S. 1). Die Beurteilung dieser Frage ist gerichtlich überprüfbar, das Gesetz hat der Behörde keinen Einschätzungsspielraum eingeräumt (OVG Münster NJW 1980, 2210 (2211); BeckRS 2017, 102604; aA wohl Gornig/Horn/Will, Öffentliches Recht in Hessen/Horn, 2018, Rn. 405). 75

Beispiel: Die Behörde gibt dem Betroffenen auf, ein Gebäude instand zu setzen; der Betroffene bietet an, das Gebäude abzureißen (Kingreen/Poscher POR § 10 Rn. 28). 75.1

76 Bei der Beurteilung der gleichen Eignung der Maßnahme spielt die Dimension der **Zeit** eine wichtige Rolle; führt das Austauschmittel zu einer zeitlichen Verzögerung der Abwehr der Gefahr, so wird sich in der Regel die gleiche Wirksamkeit des Mittels nicht bejahen lassen (Kingreen/Poscher POR § 10 Rn. 28 f.).

77 Gleich wirksam kann das Austauschmittel zudem nur dann sein, wenn es **rechtlich zulässig** ist.

77.1 **Beispiel:** Dem Eigentümer eines Kulturdenkmals wird zur Abwendung einer Gefährdung seines Denkmals aufgegeben, für die vorzunehmenden Erhaltungsmaßnahmen ein Stahlrohrgerüst aufzustellen. Ist in einem solchen Fall die (billigere) Lösung des Einsatzes eines Hubwagens verboten, so ist dem Betroffenen das Angebot dieses Austauschmittels verwehrt (VGH Kassel FHOeffR 43 Nr. 13471).

78 Das Austauschmittel darf nicht zu einer stärkeren Belastung der Allgemeinheit führen. Eine stärkere Belastung des Betroffenen selbst ist dagegen unerheblich (→ Rn. 69).

3. Rechtsfolge

79 Liegen die Voraussetzungen der Norm vor, ist die Gefahrenabwehr- oder Polizeibehörde verpflichtet, dem Betroffenen die Anwendung des Austauschmittels zu gestatten (Fredrich Rn. 9); sie besitzt kein Ermessen. Lehnt die Behörde das angebotene Austauschmittel ab, kann der Bürger dagegen mit der Verpflichtungsklage vorgehen (Fredrich Rn. 9).

§ 6 Verantwortlichkeit für das Verhalten von Personen

(1) Verursacht eine Person eine Gefahr, so sind die Maßnahmen gegen diese Person zu richten.

(2) [1]Ist die Person noch nicht vierzehn Jahre alt, so können die Maßnahmen auch gegen die Person gerichtet werden, die zur Aufsicht über sie verpflichtet ist. [2]Ist für die Person eine Betreuerin oder ein Betreuer bestellt, so können die Maßnahmen auch gegen die Betreuerin oder den Betreuer im Rahmen des jeweiligen Aufgabenkreises gerichtet werden.

(3) Verursacht eine Person, die zu einer Verrichtung bestellt ist, die Gefahr in Ausführung der Verrichtung, so können Maßnahmen auch gegen diejenige Person gerichtet werden, die die andere Person zu der Verrichtung bestellt hat.

Überblick

Auszug aus der VVHSOG (gem. Erlass des Hessischen Ministeriums des Innern und für Sport v. 29.11.2022 (StAnz. 50/2022; 1384) zum 1.1.2025 mangels eines erneuten Verlängerungserlasses ersatzlos außer Kraft getreten):

Zu § 6

6. Verantwortlichkeit für das Verhalten von Personen

6.1 Zu Abs. 1

Die Vorschrift setzt in der Regel voraus, dass eine Person unmittelbar durch ihr Verhalten oder ihren Zustand die Gefahr hervorgerufen hat. Ein Unterlassen einer Handlung kann nur dann eine Gefahr im Sinne des Abs. 1 verursachen, wenn die Person rechtlich zum Handeln verpflichtet ist. Auf ein Verschulden kommt es nicht an. Eingriffsmaßnahmen gegen Hoheitsträger sind grundsätzlich unzulässig. Eingriffsmaßnahmen in deren hoheitlichen Tätigkeitsbereich gegen Dritte sind nur zulässig auf Ersuchen oder wenn der Hoheitsträger nicht oder nicht rechtzeitig tätig werden kann. In der Regel wird es genügen, den Hoheitsträger auf die Gefahr hinzuweisen und gegebenenfalls dessen Aufsichtsbehörde zu unterrichten (vergleiche auch § 1 Abs. 6, § 22).

6.2 Zu Abs. 2

Der Kreis der zur Aufsicht Verpflichteten ist größer als der der Sorgeberechtigten. Aufsichtspflichten können auch durch Vertrag oder tatsächliche Gewährübernahme entstehen.

§ 6 regelt ebenso wie der folgende § 7 die gefahrenabwehrrechtliche Verantwortlichkeit von Personen, wobei das HSOG der im Gefahrenabwehrrecht üblichen Unterscheidung zwischen der **Verhaltensverantwortlichkeit** (§ 6) und der **Zustandsverantwortlichkeit**

(§ 7) folgt. Beide Vorschriften stellen klar, dass die Behörden Maßnahmen der Gefahrenabwehr vorrangig an die Verantwortlichen zu richten haben, sie geben damit den **Adressaten** der behördlichen Maßnahmen vor. Dabei knüpft die Verantwortlichkeit an die **Verursachung der Gefahr** (→ Rn. 18) an. Die Vorschriften begründen **keine Befugnisse,** sie ergänzen aber die Befugnisnormen. Die Vorschriften zur Verantwortlichkeit entsprechen im Wesentlichen den Regelungen des MEPolG (§§ 4 ff. MEPolG), vergleichbare Regelungen (→ Rn. 6) finden sich im Gefahrenabwehrrecht anderer Bundesländer (§§ 6 ff. BWPolG, Art. 7 ff. BayPAG, Art. 9 BayLStVG, §§ 6 ff. NPOG, §§ 4 ff. PolG NRW und §§ 17 ff. NRWOBG) sowie §§ 17 ff. BPolG. Nach § 6 **Abs. 1** kann die Behörde Maßnahmen an die **Person** (→ Rn. 9) richten, die die Gefahr selbst (→ Rn. 41) verursacht (sog. **Handlungsstörer**). **Abs. 2** erweitert die Verantwortlichkeit auch auf Verhalten Dritter und schafft damit eine **Zusatzverantwortlichkeit** (→ Rn. 45). Danach kann die Behörde in Fällen, in denen eine verantwortlich handelnde Person nach Abs. 1 noch nicht vierzehn Jahre alt ist, die Maßnahme auch gegen die **aufsichtspflichtige Person** (→ Rn. 46) richten. Gleiches gilt bei unter Betreuung stehenden Personen, wo neben den Betreuten auch die **Betreuer** verantwortlich sind. Verursacht eine Person, die zu einer Verrichtung bestellt ist (sog. **Verrichtungsgehilfe)** eine Gefahr, können Maßnahmen auch gegen die Person gerichtet werden, die die andere Person zur Verrichtung bestellt hat. Aus der Systematik der §§ 6 und 7 folgt, dass im Einzelfall auch **mehrere Personen** verantwortlich sein und als Adressaten einer Maßnahme in Betracht kommen können. In diesen Fällen liegt es im pflichtgemäßen Ermessen der Behörden, gegen wen sie vorgehen; sie haben insoweit ein **Auswahlermessen** (→ Rn. 54). Die nach §§ 6 und 7 verantwortlichen Personen kommen nicht nur als Adressaten behördlicher Maßnahmen der Gefahrenabwehr in Betracht, die Verantwortlichkeit kann auch **Kostentragungspflichten** (→ Rn. 2) begründen.

Übersicht

A. Allgemeines

1 § 6 regelt ebenso wie § 7 die **Verantwortlichkeit für Gefahren.** Beide Normen stellen klar, dass behördliche Maßnahmen der Gefahrenabwehr vorrangig gegen die Verantwortlichen für die Gefahr, die sog. **Störer,** zu richten sind. Die Vorschriften werden ergänzt durch die in § 9 vorgesehene Möglichkeit, ausnahmsweise auch Nichtverantwortliche in Anspruch nehmen zu können. Damit wird der Kreis möglicher **Adressaten** einer Gefahrenabwehrmaßnahme festgelegt und begrenzt. Insoweit ergänzen die Vorschriften die Befugnisnormen, jedenfalls soweit diese keine eigenen Adressatenregelungen enthalten. Die gesetzliche Festlegung der in Anspruch zu nehmenden Personen schafft eine zusätzliche **Rechtmäßigkeitsvoraussetzung** und begrenzt damit gefahrenabwehrrechtliche Eingriffsmaßnahmen.

2 Die Adressatenregelung in §§ 6 und 7 sind Elemente des klassischen Gefahrenabwehrrechts. Sie knüpfen an den klassischen Gefahrenbegriff und einer kausalen Betrachtung an. Ziel der Gefahrenabwehrmaßnahmen ist es, den Kausalverlauf zu stoppen, indem der Störer in Anspruch genommen wird. Für Maßnahmen auf Grundlage der Generalklausel und die klassischen Standardmaßnahmen ist dies passend und sinnvoll. Bei vielen neueren Maßnahmen im Gefahrenvorfeld und insbesondere bei rein informellen Befugnissen wird aber nicht in Kausalverläufe eingegriffen (Möstl DVBl 2007, 581 (586)), womit hier die §§ 6 und 7 in

den Hintergrund treten und durch speziellere Regelungen des Adressatenkreises ersetzt werden. So bestehen insbesondere im Bereich der Datenerhebung erweiterte Möglichkeiten, die auch Maßnahmen gegen Nichtverantwortliche iSd §§ 6 und 7 zulassen (zB § 15 Abs. 2 Nr. 1; § 15a Abs. 1 Nr. 3; § 15c Abs. 2).

3 Die Verantwortlichkeit für Gefahren bestimmt nicht nur den richtigen Adressaten auf der Eingriffsebene, sondern hat auch **Relevanz für Kosten- und Entschädigungsfragen** (Sekundärebene). So trägt der nach §§ 6 oder 7 Verantwortliche die **Kosten behördlicher Maßnahmen** (zB Kosten der unmittelbaren Ausführung nach § 8 Abs. 2, Kosten der Sicherstellung nach § 43 Abs. 3, Kosten der Gefahrenabwehr nach der VwKostO-MdIS – Verwaltungskostenordnung für den Geschäftsbereich des Ministeriums des Innern und für Sport v. 7.6.2013, HessGVBl. I 410). Anders als Nichtverantwortliche haben Verantwortliche grundsätzlich **keine Ersatz- oder Entschädigungsansprüche** (vgl. §§ 64 ff.). Die nach § 68 ausgleichspflichtige Körperschaft hat nach § 69 einen Anspruch auf Aufwendungsersatz gegen die nach §§ 6 oder 7 Verantwortlichen.

4 Diese Folgen sind Ausfluss einer **materiellen „Polizeipflicht“,** die sich in der Inanspruchnahme konkretisiert, die eine „Zurückweisung in die Schranken des Rechts“ (Schoch JURA 2005, 324) darstellt und deshalb grundsätzlich entschädigungslos hinzunehmen ist (BGHZ 45, 23 (25); BVerwG NVwZ 1992, 480). Eine ausdrückliche Verpflichtung zu polizei- und ordnungspflichtigem Verhalten ist in den §§ 6 ff. (anders als zum Teil in speziellen Gesetzen, zB § 4 BBodSchG, § 55 HBO, → SystVorbPolRDe Rn. 1) zwar nicht normiert. Die Vorschriften regeln ausdrücklich nur die Adressaten- und Kostenfragen. Dennoch wird teilweise angenommen, dass sich aus den Vorschriften zur Verantwortlichkeit auch eine **materielle „Polizeipflicht“** von Personen dahingehend ergibt, dass das eigene Verhalten oder der Zustand der eigenen Sachen und Tiere so einzurichten sei, dass daraus keine Gefahren für die öffentliche Sicherheit oder Ordnung ausgehen (BVerwG JZ 2006, 1224; Schoch JURA 2005, 324; aA Kingreen/Poscher POR § 9 Rn. 4). Eine allgemeine **Nichtstörungspflicht** kann auch verfassungsrechtlich aus den Grundrechten und ihren verfassungsimmanenten Schranken hergeleitet werden (→ SystVorbPolRDe Rn. 1). So manifestiert sich in der Verhaltensverantwortlichkeit die die Handlungsfreiheit begrenzende Schranke der verfassungsmäßigen Ordnung und der Rechte anderer (Art. 2 Abs. 1 GG), in der Zustandsverantwortlichkeit die Sozialpflichtigkeit des Eigentums (Art. 14 Abs. 2 GG).

5 Die Regeln in §§ 6 ff. geben auch eine **Rangfolge** vor. Die Inanspruchnahme Verantwortlicher nach § 6 und § 7 hat nicht nur Vorrang vor der Inanspruchnahme Nichtverantwortlicher, sondern grundsätzlich auch vor eigenen Maßnahmen der Behörden, was deutlich in § 8 zum Ausdruck kommt. Danach können Behörden Maßnahmen der Gefahrenabwehr selbst oder durch beauftragte Dritte nur dann ausführen, wenn eine Inanspruchnahme der nach §§ 6 oder 7 Verantwortlichen nicht möglich ist. Der Vorrang einer Inanspruchnahme Verhaltensverantwortlicher nach § 6 vor einer Inanspruchnahme Zustandsverantwortlicher nach § 7 kann aus den Vorschriften aber nicht entnommen werden (→ Rn. 58).

6 Die Vorschriften zur Verantwortlichkeit entsprechen im Wesentlichen den **Regelungen des MEPolG** (§§ 4 ff. MEPolG) und – mit kleineren Unterschieden – den **Regelungen im Gefahrenabwehrrecht anderer Bundesländer** (§§ 6 ff. BWPolG, Art. 7 ff. BayPAG, Art. 9 BayLStVG, §§ 6 ff. NPOG, §§ 4 ff. PolG NRW und §§ 17 ff. NRWOBG) sowie §§ 17 ff. BPolG.

6.1 Während die Reglungen in Niedersachsen und der Bundespolizei mit den hessischen Regelungen weitgehend identisch sind, finden sich zum Teil **kleinere Unterschiede.** So verzichten die Regelungen zur Zustandsverantwortlichkeit in Baden-Württemberg und Bayern auf die ausdrückliche Erwähnung der von Tieren ausgehenden Gefahren. Auch findet sich in § 7 BWPolG keine ausdrückliche Regelung zur Verantwortlichkeit bei Eigentumsaufgabe. Während die anderen Bundesländer die Verantwortlichkeit von Aufsichtspflichtigen für das Verhalten von Minderjährigen auf Kinder (unter 14 Jahren) beschränken, sieht § 6 Abs. 2 BWPolG diese Regelung für die unter 16-Jährigen vor. Unterschiede finden sich auch bei der Zusatzverantwortlichkeit von Betreuern. Die in Hessen in § 6 Abs. 2 S. 2 ausdrücklich vorgesehene Beschränkung auf den jeweiligen Aufgabenbereich der Betreuung findet sich so nicht in allen Gesetzen wieder (zB Art. 7 Abs. 2 BayPAG, Art. 9 Abs. 1 BayLStVG, § 7 Abs. 2 PolG NRW und § 17 Abs. 2 NRWOBG). Einige Gesetze beinhalten auch hinsichtlich der Vorschriften zur Verantwortlichkeit ausdrückliche **Subsidiaritätsklauseln** (zB in § 7 Abs. 4 PolG NRW und § 8 Abs. 4 PolG NRW, § 4 Abs. 4 PolG NRW und § 5 Abs. 4 PolG NRW und § 17 Abs. 4 NRWOBG und § 18

Abs. 4 NRWOBG). In Niedersachsen bezieht sich die in § 9 NPOG enthaltene Subsidiaritätsklausel nur auf die Regelungen der Standardmaßnahmen.

Wie allgemein im Gefahrenabwehrrecht (vgl. § 3) gehen auch bei der Klärung der Verantwortlichkeit **spezialgesetzliche Reglungen** den §§ 6 ff. vor. So enthalten zB §§ 28 ff. IfSG eigene Vorschriften über Adressaten von Maßnahmen, andere Regeln enthalten positiv bestimmte Pflichten, aus denen sich die Verantwortlichkeit ergibt (§ 4 BBodSchG, § 5 BImSchG). Zum Teil folgt die Adressatenfrage aus dem logischen Zusammenhang (zB § 20 BImSchG: Maßnahmen richten sich gegen den Anlagenbetreiber; § 35 GewO: Gewerbeuntersagung trifft zwangsläufig den Gewerbetreibenden). Soweit eigene Regelungen bestehen, sind diese in der Regel abschließend (VG Frankfurt a. M. NVwZ 2000, 107 (109) zu § 4 BBodSchG). Bestehen keine spezialgesetzlichen Regeln, sind die Vorschriften zur Verantwortlichkeit nach §§ 6 ff. übertragbar bzw. haben **Ergänzungsfunktion** (ausdrücklich erwähnt in § 63 Abs. 5 HessWG; VGH Kassel NVwZ-RR 1989, 137). 7

Spezielle Regelungen hinsichtlich der Adressaten von Maßnahmen der Gefahrenabwehr finden sich auch in den sog. **Standardmaßnahmen** in §§ 12 ff. Diese Standardmaßnahmen nennen nicht nur die Maßnahmen und ihre Voraussetzungen, sondern können auch den Adressatenkreis abweichend von §§ 6 ff. beschreiben. Oft handelt es sich um einen erweiterten Kreis (zB § 18 Abs. 5: Identitätsfeststellung; § 19: Erkennungsdienstliche Behandlung, §§ 14, 15: Datenerhebung), zum Teil aber auch um einen engeren bzw. genauer konkretisierten Kreis (zB in § 31 Abs. 2 und Abs. 3). Enthalten die Standardbefugnisse keine eigenen Regeln zum Kreis möglicher Adressaten, gelten die §§ 6, 7 und 9. 8

B. Verantwortlichkeit

I. Verantwortliche Personen

In § 6 ist vorgesehen, dass sich die Maßnahmen der Behörden gegen **Personen** richten. Auch die Zustandsverantwortlichkeit nach § 7 trifft letztlich Personen. Personen im Sinne der Vorschriften und damit subjektiv polizeipflichtig sind zunächst alle natürlichen und juristischen Personen (zur Verantwortlichkeit juristischer Personen des öffentlichen Rechts → Rn. 13). Bei den **natürlichen Personen** ist die Verantwortlichkeit nicht an Schuld-, Delikts- oder Geschäftsfähigkeit gebunden, sodass auch Minderjährige und unter Betreuung stehende oder sonst schuldunfähige Personen verantwortlich sein können (vgl. Regelung in Abs. 2). Dies gilt grundsätzlich nicht nur für die Frage der Inanspruchnahme (Primärebene), sondern auch bei den Kostenfolgen für Verantwortliche (VG Berlin NVwZ 2001, 132; Hornmann HSOG Rn. 70). Von der gefahrenrechtlichen Verantwortlichkeit zu trennen sind **Fragen der Beteiligten- und Handlungsfähigkeit im Verwaltungsverfahren** (§§ 11, 12 HVwVfG). Hier ist zu beachten, dass Minderjährige zwar Beteiligte am Verfahren sein können, selbst aber in der Regel nicht handlungsfähig sind mit der Folge, dass Verfahrenshandlungen (zB Anhörung nach § 28 HVwVfG) und die Bekanntgabe der Verfügung gegenüber dem gesetzlichen Vertreter zu erfolgen haben. 9

Auch **juristische Personen des Privatrechts** (AG, GmbH, eV) können verantwortlich sein. Relevant ist dies eher im Bereich der Zustandsverantwortlichkeit (AG oder GmbH als Grundstückseigentümerin), denkbar aber auch im Bereich der Verhaltensverantwortlichkeit. Juristische Personen handeln durch ihre **Vertreter,** müssen sich aber deren Verhalten zurechnen lassen. Anders als bei den in Abs. 2 genannten Fällen ergibt sich dies nicht direkt aus dem Gesetzeswortlaut, sondern folgt aus dem Recht der juristischen Personen und mit Blick auf das Verwaltungsverfahren aus § 11 Nr. 1 HVwVfG. Die Einstandspflicht der juristischen Person für ihre Vertreter führt allerdings nicht zum Ausschluss der Verantwortlichkeit der Vertreter. Hier tritt ähnlich der in Abs. 2 geregelten Zusatzverantwortlichkeit die Verantwortlichkeit der juristischen Person neben die des Vertreters (OVG Bremen NVwZ 2010, 200). 10

Den juristischen Personen gleichgestellt sind **nichtrechtsfähige privatrechtliche Vereinigungen,** die ein Mindestmaß an Organisation aufweisen, auf gewisse Dauer angelegt sind und denen ein Recht zustehen kann, wodurch die Beteiligtenfähigkeit im Verfahren nach § 11 Nr. 2 HVwVfG folgt (Hornmann HSOG Rn. 7), zB nicht rechtsfähige Vereine (OVG Lüneburg NJW 1979, 735), OHG oder KG (VGH Mannheim VBlBW 1993, 298), Parteien, Gewerkschaften (VGH Kassel NvwZ 1990, 386). 11

12 **Einschränkungen der Verantwortlichkeit** können sich aus Regeln außerhalb des HSOG ergeben, die zumindest einer Inanspruchnahme dieser Personen durch Gefahrenabwehr- oder Polizeibehörden (formelle Polizeipflicht) entgegenstehen. Dies gilt für **Mitglieder diplomatischer oder konsularischer Vertretungen,** Mitglieder in Deutschland stationierter **ausländischer Streitkräfte** und unter Umständen auch für **Abgeordnete im Bundestag oder in Landtagen.**

12.1 So sind **Mitglieder diplomatischer oder konsularischer Vertretungen** privilegiert. Hier gelten Völkerrecht sowie völkerrechtliche Übereinkommen (Wiener Übereinkommen über diplomatische Beziehungen v. 18.4.1961, BGBl. 1964 II 957; Wiener Konsularübereinkommen v. 24.4.1963, BGBl. 1969 II 1585), aus denen weitgehende Einschränkungen für Behörden und Polizei sowohl im präventiven als auch repressiven Bereich folgen. Die hier erfassten Personen können in der Regel nur ausnahmsweise zur Gefahrenabwehr in Notwehr- oder Notstandssituationen herangezogen werden.

12.2 Einschränkungen bei Maßnahmen zur Gefahrenabwehr ergeben sich auch gegenüber **Mitgliedern der in der Bundesrepublik stationierten ausländischen Streitkräfte.** Diese betreffen nicht nur die Soldaten selbst, sondern auch Angehörige und Zivilbeschäftigte. Zwar unterliegen die Personen grundsätzlich dem deutschen Recht und sind auch materiell polizeipflichtig, dennoch ist die Behördengewalt ihnen gegenüber beschränkt. Dies gilt jedenfalls innerhalb der Liegenschaften, wo die eigene Militärpolizei die Polizeigewalt ausübt (vgl. Art. VII Abs. 10 lit. a NTS und Art. 53 Abs. 5 NTS-ZA – Zusatzabkommen zu dem Abkommen zwischen den Parteien des Nordatlantikvertrags über die Rechtsstellung ihrer Truppen hinsichtlich der in der Bundesrepublik Deutschland stationierten ausländischen Truppen v. 3.8.1959, BGBl. 1961 II 1218; zuletzt geändert am 18.3.1993, BGBl. 1994 II 2494, 2598; vgl. auch VGH Kassel NJW 1989, 470 (473)).

12.3 Schließlich können sich Einschränkungen für **Mitglieder von Bundestag und Landtagen** aus der parlamentarischen **Immunität** ergeben (Art. 46 Abs. 2–4 GG, Art. 96 HessVerf). Dieser verfassungsrechtliche Schutz umfasst vorrangig Maßnahmen der Strafverfolgung einschließlich der Verfolgung von Ordnungswidrigkeiten, nicht aber Maßnahmen der Gefahrenabwehr. Nach den Bestimmungen bedarf allerdings jede **Beschränkung der persönlichen Freiheit** der Aufhebung der Immunität, womit die Relevanz auch bei präventiven Maßnahmen, die die persönliche Freiheit tangieren gegeben ist. Dies betrifft nicht nur die Freiheitsentziehung (zB durch Gewahrsam), sondern auch freiheitsbeschränkende Maßnahmen (zB Platzverweis, Aufenthaltsverbot, Festhalten).

II. Verantwortlichkeit von Hoheitsträgern

13 Gefahren können auch von juristischen Personen des öffentlichen Rechts bzw. von deren handelnden Vertretern ausgehen, womit sich die Frage stellt, ob die Verantwortlichkeit nach auch Hoheitsträger trifft. Generell anerkannt ist, dass auch Hoheitsträger (Bund, Länder, Kommunen bzw. deren Verwaltungen) als Träger öffentlicher Gewalt nach Art. 20 GG an Gesetz und Recht gebunden sind und damit auch an die Polizei- und Ordnungsgesetze der Länder (BVerwGE 29, 52 (58); VGH Kassel NVwZ 1997, 304 (305)).

14 Problematischer ist die Frage, ob und inwieweit Gefahrenabwehr- oder Polizeibehörden gegenüber anderen Hoheitsträgern **Anordnungsbefugnisse** haben und ob sie überhaupt zuständig sind. Die **hM** lehnt ausgehend von den Entscheidungen des OVG Lüneburg im sog. Paketpostfall (OVGE 12, 340) und des BVerwG im Forst-Fall (BVerwGE 29, 52) eine **Anordnungs- und Befugniskompetenz** ab – jedenfalls in Fällen, in denen die Maßnahme in den hoheitlichen Tätigkeitsbereich des anderen Hoheitsträgers eingreifen würde (Hornmann HSOG Rn. 16). Diesem Ansatz folgen auch die hessische Praxis (vgl. Nr. 6.1 VVHSOG) und die Rechtsprechung (VGH Kassel NVwZ 1997, 304 (305); 2002, 889).

15 Das HSOG selbst (anders als zB § 85 SOG M-V) trifft keine Aussage dazu. Allerdings schließt § 73 HessVwVG Zwangsmittel gegen Behörden aus, was zum Teil als Argument für eine fehlende Anordnungskompetenz herangezogen wird (VGH Kassel NVwZ 1997, 304 (305)). Ganz zwingend ist dies nicht, da aus dem ausdrücklichen Verbot von Vollstreckungsmaßnahmen auch der Umkehrschluss möglich ist, wonach zwar Vollstreckungsmaßnahmen, nicht aber Anordnungen im vorausgehenden Verwaltungsverfahren ausgeschlossen sind (Schoch JURA 2005, 324 (327 f.)).

16 Die Beschränkung der Anordnungsbefugnis soll verhindern, dass es zu Kompetenzverschiebungen kommt, da grundsätzlich jeder Hoheitsträger selbst in seinem Aufgabenbereich zur Gefahrenbeseitigung verantwortlich ist. Ausgehend von diesem Begründungssatz erfährt der Grundsatz **Ausnahmen:** So in Fällen, in denen der hoheitliche Bereich durch die

Gefahrenabwehrmaßnahme nicht tangiert wird (VGH Kassel DÖV 1992, 752; VG Kassel NJW 1980, 305 (307)), was auch bei rein **fiskalischem Verwaltungshandeln** der Fall ist; ferner in sog. **Eilfällen,** wenn der betroffene Hoheitsträger nicht oder nicht rechtzeitig in der Lage ist, selbst tätig zu werden (vgl. Nr. 6.1 VVHSOG). Abgesehen von anerkannten Ausnahmefällen wird der Grundsatz von Teilen der Literatur zunehmend in Frage gestellt (Hermes/Reimer § 5 Rn. 117; Schoch JURA 2005, 324 (326)). Auch in der Rechtsprechung wird der Grundsatz zum Teil durch eine weite Anwendung und Auslegung der Ausnahmen eingeschränkt (BVerwG NVwZ 2003, 1252; 1999, 421).

Das BVerwG hat die bodenrechtliche Verantwortlichkeit des Bundes und damit verbunden die Pflicht zur Kostenerstattung einer Ersatzvornahme anerkannt (BVerwG NVwZ 1999, 421). In einem anderen Fall hat das BVerwG auf der Grundlage von § 24 S. 1 BImSchG eine Anordnungsbefugnis staatlicher Immissionsschutzbehörden gegenüber einem kommunalen Betreiber einer Anlage bejaht (BVerwG NVwZ 2003, 1252) und damit eine anderslautende Entscheidung des VGH Kassel (NVwZ 2002, 889) korrigiert. 16.1

Unabhängig von den rechtlichen Möglichkeiten sollten die Gefahrenabwehr- und Polizeibehörden andere Hoheitsträger auf Gefahren in deren Bereich hinweisen (vgl. § 1 Abs. 6 und § 22). Denkbar ist auch, sich an die zuständigen Aufsichtsbehörden zu wenden, damit diese im Wege der Aufsicht zur Einhaltung der materiellen Polizeipflicht drängen. 17

III. Verursachung der Gefahr

1. Zurechnungskriterien

Nach Abs. 1 sind Maßnahmen der Gefahrenabwehr gegen die Person zu richten, die die Gefahr **verursacht** (auch bei der Zustandsverantwortlichkeit kommt es auf **Kausalität** an, da die Gefahr von der Sache bzw. dem Tier ausgehen muss). Maßgeblich für die Zurechnung einer Gefahr sind damit objektive Gesichtspunkte, auf Verschulden kommt es nicht an. Anders als bei repressiven Maßnahmen geht es im präventiven Bereich nicht um Bestrafung, die eine persönliche Verantwortlichkeit voraussetzt, sondern um eine möglichst effektive Gefahrenabwehr. 18

Dies vereinfacht die Zuordnung, bedarf aber einer besonderen Klärung, wann ein Verhalten bzw. welches Verhalten eine Gefahr verursacht. Auch in anderen Rechtsgebieten (Strafrecht, Zivilrecht) sind Kausalitätsfragen relevant. Die hier geltenden Ansätze (**Äquivalenztheorie und Adäquanztheorie**) werden aber im Gefahrenabwehrrecht als ungeeignet angesehen, da sie den besonderen Anforderungen nicht gerecht werden. 19

Die im Strafrecht verwendete **Äquivalenztheorie** kann im Gefahrenabwehrrecht allenfalls als Einstieg taugen. Nach diesem Ansatz ist jedes Verhalten ursächlich, welches nicht hinweggedacht werden kann, ohne dass der Erfolg (hier Gefahreneintritt) entfiele. Fehlt es danach an einer Ursächlichkeit, kann damit sicher auch im Gefahrenabwehrrecht die Ursächlichkeit verneint werden (VGH Kassel NJW 1999, 3650 (3651)). Zur Bejahung eine Ursächlichkeit ist dieser Ansatz allein aber nicht geeignet, da danach auch entfernte Ursachen kausal und der Kreis der Verantwortlichen unüberschaubar groß sein könnte. Anders als im Strafrecht, wo neben der Kausalität noch weitere Strafbarkeitsvoraussetzungen, insbesondere das Verschulden, greifen, ist die Äquivalenztheorie im Gefahrenabwehrrecht zu weit und damit ungeeignet (Hornmann HSOG Rn. 23; Schenke PolR Rn. 241). Auch die im Zivilrecht herrschende **Adäquanztheorie,** die darauf abstellt, ob nach allgemeiner Lebenserfahrung eine Bedingung generell geeignet ist, einen Erfolg herbeizuführen, wird den Anforderungen des Gefahrenabwehrrechts nicht gerecht (Schenke PolR Rn. 242; Schoch JuS 1994, 932). Dieser Ansatz ist zum Teil zu eng, da die Gefahrenabwehr auch atypischen Situationen gerecht werden muss, zum Teil zu weit. So setzt der Vermieter, der seinem Mieter kündigt und die Räumung betreibt, eine adäquate Ursache und wäre damit für die Obdachlosigkeit als typische Folge einer Zwangsräumung verantwortlich (vgl. Bsp. bei Hornmann HSOG Rn. 22). 19.1

Es besteht weitgehend Einigkeit, dass das Gefahrenabwehrrecht eigene Ansätze braucht, die den Anforderungen besser Rechnung tragen. Zu nennen ist die **Theorie der rechtswidrigen Verursachung,** nach der nur rechtswidriges Verhalten ursächlich sein soll (Schnur DVBl 1962, 1). Ähnlich der Ansatz der sog. **Sozialadäquanztheorie,** die die Verantwortlichkeit nur bei sozialinadäquatem Verhalten sieht (Gusy PolR Rn. 339). Diese Ansätze 20 führen in vielen Fällen zu sachgerechten Ergebnissen, haben aber Schwächen in Fällen, in denen Gefahren nicht aus Verstößen gegen Ge- bzw. Verbotsnormen resultieren. Auch praktische Überlegungen sprechen gegen diese Ansätze; Maßnahmen der Gefahrenabwehr müssen in der Regel schnell getroffen werden, während die Klärung der Rechtswidrigkeit oder Sozialadäquanz oft schwierig und zeitaufwendig sein kann.

21 Im Gefahrenabwehrrecht **herrschend** ist die **Theorie der unmittelbaren Verursachung.** Danach ist das Verhalten ursächlich, welches die letzte unmittelbare Ursache für einen Gefahreneintritt setzt bzw. die Gefahrengrenze überschreitet (VGH Kassel NVwZ 1989, 137; NJW 1986, 1829; Hornmann HSOG Rn. 26). Liegen mehrere Ursachen in einer Kausalkette vor, ist danach grundsätzlich die letzte Ursache relevant und begründet die Verantwortlichkeit. Dabei kommt es aber nicht zwingend auf zeitliche Aspekte an. Unmittelbar ursächlich und damit verantwortlich ist, wer die **Gefahrengrenze oder -schwelle** überschreitet, was nicht zwingend zeitlich die letzte Ursache sein muss (VGH Kassel NJW 1986, 1829).

22 Auch dieser Ansatz wird durch eine **wertende Betrachtung** ergänzt im Sinne eines engen Wirkungs- und Verantwortungszusammenhangs (VGH Kassel NVwZ 1992, 1111). So ist auch bei den Vertretern der Theorie der unmittelbaren Verursachung anerkannt, dass derjenige, der nur ein ihm ausdrücklich zustehendes Recht wahrnimmt (zB Kündigungsrecht), damit nicht für eine daraus resultierende Gefährdung (zB drohende Obdachlosigkeit) verantwortlich sein soll. Von daher fließen über die wertende Betrachtung Elemente der Ansätze zur rechtswidrigen oder sozialadäquaten Verursachung mit ein, sodass die unterschiedlichen theoretischen Ansätze oft zum gleichen Ergebnis gelangen (Schenke PolR Rn. 243). Auch Effektivitätsüberlegungen fließen mit ein, die gelegentlich dazu führen, dass der Ansatz der unmittelbaren Verursachung nicht nur eingeschränkt, sondern auch erweitert werden kann, wie sich an der Figur des sog. **Zweckveranlassers** zeigt (ausf. Schoch JURA 2009, 360).

2. Zweckveranlasser

23 Die Figur des Zweckveranlassers hat Fälle im Auge, in denen eine zunächst neutrale Handlung noch keine Gefahrengrenze überschreitet, Dritte aber dazu veranlasst, diese Grenze unmittelbar zu überschreiten. Während die Verantwortlichkeit der Dritten unproblematisch ist, da sie die unmittelbare Ursache setzen, stellt sich die Frage, ob nicht auch ausnahmsweise der nur mittelbare Verursacher verantwortlich ist, indem ihm das Verhalten Dritter zugerechnet wird. Ausgangspunkt der Überlegungen sind Entscheidungen des PrOVG im sog. Borkumlied-Fall (PrOVGE 80, 176; → Rn. 23.1) und „Schaufensterfall" (PrOVGE 85, 270; → Rn. 23.2; vgl. Knemeyer PolR SuP Rn. 329).

23.1 Im sog. Borkumlied-Fall spielte eine Kapelle eine nicht verbotene „harmlose" Melodie, woraufhin Zuhörer regelmäßig ein antisemitisches Lied anstimmten. Die Behörde verbot den Mitgliedern der Kapelle, die Melodie zukünftig zu spielen. In der gerichtlichen Entscheidung lehnte das PrOVG eine polizeirechtliche Verantwortlichkeit der Kapelle letztlich ab, da die Kapelle beim Spielen der Melodie nicht den unerwünschten Gesang „bezweckte".

23.2 Im Schaufensterfall verursachte eine Modenschau im Schaufenster eines Geschäfts eine Menschentraube vor dem Fenster, die zu Behinderungen führte. Hier bejahte das Gericht eine Zweckveranlassung und eine Verantwortlichkeit des Geschäftsinhabers für die Behinderung. Für die Zweckveranlassung reiche es aus, wenn die Gefahr (hier die Behinderung des Verkehrs) eine naheliegende typische Folge der Veranstaltung darstelle.

24 Entscheidend ist in diesen Fällen, ob bzw. wann sich ein mittelbarer Verursacher das Verhalten der unmittelbar Verantwortlichen zurechnen lassen muss, wann im Sinne der Terminologie der Zweckveranlassung also ein **„Bezwecken"** vorliegt. Die Auffassungen dazu sind durchaus unterschiedlich. Ein **subjektiver Ansatz** bringt die Vorsatzfrage mit ins Spiel, es soll auf Wissen und Wollen des Hintermanns ankommen, der die durch das Verhalten Dritter eingetretene Gefahr zumindest billigend in Kauf nehmen muss (vgl. VGH München DVBl 1979, 737 (738); Knemeyer PolR SuP Rn. 328). Der **objektive Ansatz** stellt auf den Wirkungs- und Verantwortungszusammenhang ab und bejaht ein „Bezwecken", wenn die Gefahr eine zwangsläufige oder jedenfalls typische Folge des mittelbaren Verhaltens ist (OVG Lüneburg NVwZ 1988, 638 (639); VGH Kassel NVwZ-RR 1996, 84; zum Streitstand ausf.

Schoch JURA 2009, 360). Zu beobachten ist, dass die Entscheidungen und die Annahme einer Zweckveranlassung vor allem von Effektivitätsüberlegungen und einem sinnvollen Ergebnis geprägt sind, woran sich auch die Schadens- und Risikozurechnung orientiert und dabei sowohl subjektive und objektive als auch weitere Zurechnungskriterien ins Feld geführt werden. So wird nach einer „natürlichen Einheit" zwischen den Beiträgen gefragt oder einem „engen inneren Zusammenhang" (VG Schleswig BeckRS 2014, 59071). Es erfolgt eine **wertende Betrachtung,** in die auch die Rechts- und Pflichtwidrigkeit eines Verhaltens einbezogen werden soll (VGH Mannheim BeckRS 2011, 50039; VG Karlsruhe MDR 2012, 134 (135, 136); Neumann NVwZ 2011, 1171 (1176) zur Verantwortlichkeit von **Initiatoren von Flashmobs / Massenpartys**).

Bei der Entscheidung des **VG Karlsruhe** ging es um die polizeirechtliche Verantwortlichkeit eines **Domaininhabers** für den Inhalt verlinkter (pornografischer) Seiten. Dabei sieht das Gericht eine Verantwortlichkeit des Domaininhabers auch für nachträglich (nach der Freischaltung) durch den Inhaber der freigeschalteten Webseite veränderte Inhalte. Nach Auffassung des Gerichts muss sich der Domaininhaber dieses Verhalten eines Dritten unter dem Aspekt der Zweckveranlassung zurechnen lassen. Die Schadens- und Risikozurechnung erfolge nach einer wertenden Betrachtung unter ergänzender Berücksichtigung eines Rechts- und Pflichtwidrigkeitsurteils. Danach sei dem Domaininhaber das Risiko von Gesetzesverstößen durch den Vertragspartner zuzurechnen. 24.1

Der **VGH Kassel** hat den **Betreiber eines Bordells** als Zweckveranlasser angesehen und damit als verantwortlich für die durch die Prostituierten ausgeübte verbotene Prostitution (VGH Kassel NVwZ 1992, 1111). Er hat dabei subjektive und objektive Aspekte einfließen lassen und vor allem eine wertende Betrachtung vorgenommen, nach der sich der Bordellbetreiber das Verhalten der Prostituierten zurechnen lassen muss. 24.2

Die Entscheidungen zeigen, dass die Figur des Zweckveranlassers in der Rechtsprechung anerkannt ist (BVerwG NVwZ 2008, 684). Allerdings finden sich im Schrifttum auch **Kritiker,** die die Figur ablehnen, da die Lehre der Unmittelbarkeit damit modifiziert werde, was zu Unklarheiten und auch zur Verantwortlichkeit legalen Verhaltens führe (Erbel JuS 1985, 257 (261 ff.); Poscher JURA 2007, 801 (807)). 25

In der Praxis erfolgt teilweise eine Zurechnung fremden Verhaltens auch ohne die Figur des Zweckveranlassers ausdrücklich zu bemühen, wenn ein unmittelbarer Wirkungszusammenhang zwischen den Verhaltensweisen besteht. Auch hier erfolgt eine erweiterte Auslegung der Unmittelbarkeit. 26

Beispiele: 26.1

- Verantwortlichkeit eines Gastwirtes für von Gästen ausgehenden Lärm (VG Wiesbaden NVwZ-RR 2011, 444),
- Verantwortlichkeit einer Band für das Verhalten von Konzertbesuchern (OVG Bremen BeckRS 2011, 56338).

Zurückhaltung bei der Annahme einer Zweckveranlassung ist in Fällen geboten, in denen jemand seine Rechte und Freiheiten legal ausübt, damit aber mittelbar Gefahren durch andere auslöst. 27

Beispiele: eine Demonstration führt zu gewaltsamen Gegendemonstrationen; Personen fühlen sich durch Meinungsäußerungen anderer provoziert und üben Gewalt aus. 27.1

In diesen Fällen setzen diejenigen, die ihr Recht (Versammlungsrecht, Meinungsfreiheit) ausüben, mittelbar Ursachen für (drohende) Gewaltanwendung. Je nach Fallgestaltung muss mit Gewalt auch als typische Folge gerechnet werden. Auch wenn hier aufgrund von Erfahrungswerten mit Gewalt Dritter als typische Folge zu rechnen ist, können die, die „nur" ihre Rechte ausüben, nicht als Zweckveranlasser angesehen werden. Sowohl Art. 8 Abs. 1 GG als auch Art. 5 Abs. 1 GG dienen auch dem Minderheitenschutz. Die Ausübung dieser Rechte sind hinzunehmen und zu gewährleisten, auch wenn sich andere dadurch gestört fühlen (BVerwGE 111, 147 (155 f.)). Drohen hier Gefahren, sind vorrangig Maßnahmen gegen die unmittelbaren Störer zu richten, die die Ausübung von Rechten anderer zum Anlass der Gewaltanwendung nehmen. Die hier mittelbaren Verursacher können allenfalls unter den restriktiven Voraussetzungen des § 9 in Ausnahmefällen als Nichtverantwortliche in Anspruch genommen werden (BVerfG (K) DVBl 2001, 797 (799)). An Zweckveranlassung ist in derartigen Fällen allenfalls dann zu denken, wenn es um **gezielte Provokationen** geht 28 und die gewaltsame Auseinandersetzung das eigentliche Ziel des eignen Verhaltens ist (vgl. BVerwG DVBl 2001, 62; OVG Bautzen SächsVBl. 2005, 48).

3. Latenter Störer

29 In Literatur und Rechtsprechung findet sich auch die Figur des sog. **latenten Störers,** der unter Umständen verantwortlich sein soll, wenn sich sog. latente Gefahren realisieren. Auch hier geht es um die Zurechnung von Gefahrenlagen bei mehreren Ursachen. Die Figur des latenten Störers geht zurück auf die sog. **Schweinemäster-Entscheidung des OVG Münster** (OVGE 11, 250).

29.1 Der Entscheidung des OVG Münster lag ein Konflikt zwischen einem Schweinemastbetrieb und heranrückender Wohnbebauung zugrunde. Der Mastbetrieb lag zunächst abseits von Wohnbebauung. Im Laufe der Jahre rückte die Bebauung immer näher an den Betrieb heran und es kam zu Beschwerden der Nachbarn wegen übermäßiger Gerüche und einer Rattenplage, woraufhin die zuständige Behörde wegen der Gesundheitsgefahren den Weiterbetrieb der Schweinemästerei untersagte. Das OVG Münster sah in dem Betrieb eine latente Gefahrenlage, die sich durch die heranrückende Wohnbebauung realisiert habe und für die der Betreiber als latenter Störer verantwortlich sei.

30 Wie der Begriff der latenten Gefahr ist auch der des latenten Störers entbehrlich. Die latente Gefahr ist eine konkrete Gefahr im Sinne des Polizei- und Ordnungsrechts; für diese ist der Betrieb auch verantwortlich, da die Gefahren von diesem ausgehen und damit verursacht werden. Es geht im sog. Schweinemästerfall ähnlich wie in anderen Nutzungskonflikten (vgl. OVG Lüneburg OVGE 14, 396; 17, 447; Schenke PolR Rn. 250) um Wertungs- und Zurechnungsfragen, die auch vom Ergebnis her geprägt sind. Lösungen für derartige Nutzungskonflikte sollten heute über die Vorschriften des Immissionsschutzes und des Bau- und Planungsrechts erfolgen (vgl. Schoch JuS 1994, 937).

4. Verantwortlichkeit des Anscheinsstörers

31 Mit den Überlegungen und Ansätzen zur Anscheinsgefahr (→ § 1 Rn. 68) korrespondiert die Frage, ob der sog. Anscheinsstörer als Verantwortlicher in Anspruch genommen werden kann (ausf. Schenke PolR Rn. 259 ff.). Wer bereits den Begriff der Anscheinsgefahr für verzichtbar hält, sieht grundsätzlich kein Bedürfnis, bei der Verantwortlichkeit zwischen „echtem" Störer und „Anscheinsstörer" zu differenzieren (Schenke PolR Rn. 264). Die hM arbeitet mit dem Begriff des Anscheinsstörers (VGH Mannheim NVwZ-RR 2011, 231; OVG Münster NJW 1993, 2698; Schoch JuS 1994, 934). **Anscheinsstörer** ist die Person, die ex post betrachtet tatsächlich keine Gefahr verursacht hat, aus ex-ante Sicht der handelnden Behörde bei verständiger Würdigung der Sachlage aber den Eindruck erweckt hat. Anscheinsstörer kann danach derjenige sein, der eine sog. Anscheinsgefahr hervorgerufen bzw. verursacht hat.

31.1 **Beispiel:** Händler vertreibt ein Produkt, welches aus ex ante Sicht gefährlich ist, sich aber im Nachhinein als ungefährlich herausstellt.

32 Anscheinsstörer ist aber auch, wer aus ex ante Sicht irrtümlich für eine tatsächlich bestehende Gefahrenlage als verantwortlich erscheint.

32.1 **Beispiel:** Ein Fahrzeug wird durch zwei andere Fahrzeuge eingeparkt. Aufgrund von Zeugenaussagen, die sich später als falsch herausstellen, geht die Behörde davon aus, dass ein bestimmter Fahrer zuletzt geparkt und damit das Zuparken verursacht hat (OVG Münster NJW 1993, 2698).

33 Voraussetzung für die Annahme einer Anscheinsverantwortlichkeit ist aber auf jeden Fall – jedenfalls bei der Verhaltensverantwortlichkeit – ein Verhalten des Betroffenen. Abs. 1 setzt nach dem Wortlaut ein Verhalten voraus, woraus folgt, dass bei fehlendem Verhalten auch keine Anscheinsverantwortlichkeit nach Abs. 1 gefolgert werden kann, auch wenn – zB aufgrund von Zeugenaussagen – ein „Anschein" erzeugt wird.

33.1 **Beispiel:** Zeugen behaupten, A habe Giftstoffe in ein Gewässer eingeleitet; tatsächlich hat gar keine Einleitung durch A stattgefunden (vgl. Bsp. bei Schenke PolR Rn. 256). In diesem Fall kann mangels eigenen Verhaltens von A auch keine Anscheinsverantwortlichkeit greifen.

Es mag sein, dass der Begriff des Anscheinsstörers dogmatische Schwächen aufweist; er kann aber hilfreich sein, um Problemlagen exakt zu beschreiben. Tatsächlich kann es im Sinne effektiver Gefahrenabwehr notwendig sein, sich zunächst an denjenigen zu wenden, der nach den erkennbaren Umständen als Verantwortlicher erscheint (Fredrich § 6 Rn. 9). So wie die Anscheinsgefahr als Gefahr gilt und zu Maßnahmen berechtigt, kann der Anscheinsstörer auf der **Eingriffsebene als Verantwortlicher** betrachtet und in Anspruch genommen werden. Stellt sich später heraus, dass tatsächlich keine Gefahr vorlag bzw. der vermutlich Verantwortliche tatsächlich nicht verantwortlich war, kann bei den Maßnahmenfolgen wie Kostenfrage oder eventuell Entschädigung (BGHZ 117, 303 (307)) eine **Korrektur** erfolgen. **34**

Anders als auf der Eingriffsebene ist bei diesen Fragen keine ex ante Betrachtung erforderlich, hier kann auf die zwischenzeitlich gewonnenen Erkenntnisse zurückgegriffen werden (VGH München BayVBl. 1999, 999). Nach hM ist hier zu fragen, ob der Betroffene den „Anschein" in zurechenbarer Weise gesetzt hat. Ist dies der Fall, kann er auch auf der **Sekundärebene** (Kostenfrage, Entschädigung) als Verantwortlicher angesehen werden (VGH Mannheim NVwZ-RR 1991, 24 (26); OVG Hamburg NJW 1996, 2005; Finger DVBl 2007, 798 (800 f.)). **35**

5. Verantwortlichkeit des Verdachtsstörers

In Fällen eines Gefahrenverdachts (→ § 1 Rn. 70) ist zu klären, ob und inwieweit die Behörde den sog. **Verdachtsstörer** in Anspruch nehmen kann. Dabei kann es um Personen gehen, die für einen bestehenden Gefahrenverdacht als verantwortlich gelten. **36**

Beispiel: Es besteht der Verdacht, dass Tiere eines Landwirtes mit Hormonen behandelt wurden (VG Münster NVwZ 1983, 238; BGH NJW 1992, 2639). **36.1**

Verdachtsstörer kann aber auch sein, wer im Verdacht steht, für eine bestehende Gefahr verantwortlich zu sein. **37**

Beispiel: Es besteht der Verdacht, dass eine festgestellte Wasserverunreinigung durch einen bestimmten Anlieger erfolgt sein könnte. **37.1**

Weitgehend anerkannt ist, dass die Behörden im Falle eines Gefahrenverdachts tätig werden und Maßnahmen ergreifen dürfen (→ § 1 Rn. 74). Dabei geht es in der Regel um einen **Gefahrenerforschungseingriff,** der grundsätzlich als vorläufige Maßnahme erfolgen soll. Denkbar sind auch Erforschungsmaßnahmen zur Feststellung der Verantwortlichkeit. Fraglich ist aber, ob die Behörden dabei den **„Verdachtsstörer" als Verantwortlichen** in Anspruch nehmen können. Dies wird zum Teil bejaht. Der Verdachtsstörer könne vorläufig als Verantwortlicher in Anspruch genommen werden (vgl. VGH Mannheim NVwZ-RR 1991, 24 (25)). Sollte sich später herausstellen, dass der Verdacht unbegründet war, soll allerdings auch nach dieser Auffassung bei Fragen der Kostenlast und eventueller Entschädigungen eine Korrektur erfolgen und der Betroffene nachträglich als Nichtverantwortlicher angesehen werden (BGH NJW 1992, 2639). **38**

Bejaht man zunächst eine Verantwortlichkeit, kann zB die Erforschung der Gefahr dem „Verdachtsstörer" aufgeben werden (VGH Mannheim NVwZ-RR 1991, 24 (25); wohl auch VGH München NVwZ 1986, 942 (944)). Demgegenüber hat der VGH Kassel eine Verpflichtung des Grundstückeigentümers zu Sicherungs- und Erforschungsmaßnahmen im Verdachtsfalle abgelehnt und lediglich eine **Pflicht zur Duldung behördlicher Maßnahmen** gesehen (VGH Kassel NVwZ 1991, 498; so auch OVG Münster NWVBl. 1990, 159). Solange nur ein Verdacht besteht, sollte der Betroffene noch **nicht als Verantwortlicher** iSd §§ 6, 7 angesehen werden. Die Behörde, die am Vorliegen der Gefahr bzw. der Verantwortlichkeit zweifelt, würde andernfalls im Zweifel zu Lasten des Betroffenen agieren, was aus rechtsstaatlichen Gründen bedenklich ist (Schenke PolR Rn. 263). Damit ist behördliches Handeln zwar nicht ausgeschlossen. Eine Inanspruchnahme der bloß verdächtigen Person sollte aber nur unter den engeren Voraussetzungen von § 9 erfolgen. Mit Blick auf § 9 Abs. 1 Nr. 3 ist zunächst die Behörde selbst gefordert. Bestätigt sich der Verdacht, kann der Betroffene auf der Kostenebene nachträglich als Verantwortlicher angesehen werden (FLS PolR Hessen Kap. G Rn. 93 f.). **39**

40 Die Situation des Gefahrenverdachts stellt sich häufig im Bereich der **Altlastenproblematik.** Hier existieren spezielle gesetzliche Reglungen, die diesen Besonderheiten Rechnung tragen sollen. So bestehen nach **§ 4 und § 5 HAltBodSchG** bestimmte Mitwirkungs- und Duldungspflichten. Das BBodSchG erwähnt ausdrücklich den Fall eines hinreichenden Verdachts einer schädlichen Bodenverunreinigung oder einer Altlast und eröffnet die Möglichkeit, bereits im Verdachtsfalle bestimmte Personen in Anspruch zu nehmen (§ 9 Abs. 2 BBodSchG iVm § 4 BBodSchG).

C. Verhaltensverantwortlichkeit

I. Verantwortlichkeit für eigenes Verhalten

41 Nach **Abs. 1** sind Maßnahmen der Gefahrenabwehr gegen die Person zu richten, die die Gefahr durch ihr **eigenes Verhalten** verursacht. Die Verhaltensverantwortlichkeit in § 6 knüpft – wie schon der Name sagt – an ein **Verhalten** an, was vorrangig einem **aktiven Tun** entspricht. Das Verhalten muss dabei nicht zwingend bewusst erfolgen und nicht willensgetragen sein. Es kommt weder auf Vorsatzfragen noch darauf an, ob das Verhalten der handelnden Person vorwerfbar ist. Damit kann auch Verhalten von Kindern oder im strafrechtlichen Sinne nicht vorwerfbares Verhalten eine Verantwortlichkeit der handelnden Personen begründen.

42 **Bloße Untätigkeit** begründet zunächst keine Verantwortlichkeit nach Abs. 1. Verhaltensverantwortlichkeit kann sich allerdings dann aus einem bloßen **Unterlassen** ergeben, wenn eine **Rechtspflicht zum Handeln** verletzt wird. Nach hM sind dabei nur öffentlich-rechtliche Handlungspflichten (dh auf öffentlich rechtlichen Normen beruhende Pflichten, zB auf einer Satzung basierende Räumungspflichten, Sicherungspflichten bei baulichen Anlagen) geeignet, eine Verantwortlichkeit zu begründen (OVG Münster DVBl 1970, 735; aA Schenke PolR Rn. 239, die auch zivilrechtlich begründete Handlungspflichten anerkennen). Das OVG Münster leitet aus den Handlungspflichten des **Verwalters einer Wohnungseigentümergemeinschaft** aus § 27 Abs. 3 WEG die Möglichkeit ab, den Verwalter im Falle eines Unterlassens als Handlungsstörer heranzuziehen (NVwZ-RR 2011, 351).

43 Die allgemeine Verpflichtung des Eigentümers oder Besitzers von Sachen oder Tieren dafür zu sorgen, dass von der Sache bzw. dem Tier keine Gefahren ausgehen, kann für sich allein keine Verhaltensverantwortlichkeit begründen. Diese Verpflichtung wird allein von der Zustandsverantwortlichkeit nach § 7 erfasst (BVerwGE 126, 326 (332); Schenke PolR Rn. 240). Allerdings kann eine Verhaltensverantwortlichkeit neben eine Zustandsverantwortlichkeit treten, wenn der gefahrenverursachende Zustand durch eine Handlung gesetzt wird.

43.1 **Beispiele:**
- Stellt ein Pkw-Eigentümer sein Fahrzeug selbst illegal ab, ist er sowohl verhaltens- als auch zustandsverantwortlich.
- Ein Hundehalter, der seinen gefährlichen Hund entgegen einer Anleinpflicht frei laufen lässt, ist Verhaltens- und Zustandsverantwortlicher.

44 Ebenso wie beim Verhalten muss das **Unterlassen ursächlich** für die Gefahr sein. So handelt derjenige, der beim Verkauf eines Kfz entgegen § 27 Abs. 3 S. 1 StVO seinen Mitteilungspflichten gegenüber der Zulassungsstelle nicht nachkommt, zwar pflichtwidrig, dieses Unterlassen ist aber nicht ursächlich für Gefahren, die später von dem Fahrzeug ausgehen (VGH Kassel DÖV 1999, 918; OVG Bautzen NJW 1997, 2253; aA VGH Mannheim NVwZ 1996, 511; OVG Münster NWVBl. 2003, 320).

II. Verantwortlichkeit für fremdes Verhalten

1. Zusatzverantwortlichkeit bei Kindern und betreuten Personen (Abs. 2)

45 Abs. 2 erweitert den Kreis der Verantwortlichen in Fällen, in denen die Gefahr von **Kindern** (Personen, die noch nicht 14 Jahre alt sind) oder **betreuten Personen** verursacht wird. Zwar bleiben die Kinder und Betreuten nach Abs. 1 selbst verantwortlich, daneben sind aber auch die Personen verantwortlich, die zur Aufsicht verpflichtet sind. Der Gesetzgeber schafft hier eine **Zusatzverantwortlichkeit.** Es liegt in diesen Fällen im pflichtgemäßen

Ermessen der Behörden, ob sie die unter Aufsicht bzw. Betreuung stehenden Personen selbst oder deren Aufsichtspflichtigen bzw. Betreuer in Anspruch nehmen. Maßgeblich sind, wie auch sonst in Fällen mehrerer Verantwortlicher (→ Rn. 55) vor allem Effektivitätsüberlegungen. Das Gesetz postuliert jedenfalls **keinen Vorrang bzw. keine Reihenfolge.** Die Vorschrift trägt dem Gedanken Rechnung, dass die Inanspruchnahme von Kindern und betreuten Personen in der Praxis schwierig sein kann und die Übernahme von Aufsicht und Betreuung Verpflichtungen begründet.

Die durch Abs. 2 normierte Zusatzverantwortlichkeit knüpft dabei allein an das **Bestehen eines Aufsichts- bzw. Betreuungsverhältnisses,** sie verlangt weder eine Verletzung dieser Pflichten noch schuldhaftes Verhalten. Auch die Zusatzverantwortlichkeit ist verschuldensunabhängig. Bei einer Pflichtverletzung kann sich eine Verantwortlichkeit auch nach Abs. 1 unter dem Aspekt des Unterlassens ergeben. Die **Zusatzverantwortlichkeit** nach Abs. 2 **entfällt** mit Erlöschen der Aufsicht- bzw. Betreuungspflicht. 46

Aufsichtspflichten für die unter 14-Jährigen können sich aus Gesetz, aber auch aus vertraglichen oder sonstigen Übertragungen ergeben. Der in der Praxis häufigste Fall betrifft die **kraft Gesetzes** bestehende Pflicht der **Eltern,** denen nach §§ 1626 ff. BGB die elterliche Sorge obliegt. Es kann aber auch den **Vormund** (vgl. §§ 1773 ff. BGB) treffen. Neben gesetzlichen Fällen ergibt sich eine Zusatzverantwortlichkeit, wenn Aufsichtspflichten **vertraglich oder sonst durch Übernahme** begründet werden (zB Aufsichtspflicht von Erziehern und Erzieherinnen im Kindergarten; Au-pair-Mädchen). 47

In den **Betreuungsfällen** trifft die Zusatzverantwortlichkeit die Betreuerin oder den Betreuer. Sie erfasst Fälle, in denen aufgrund Krankheit oder Behinderung ein Betreuungsverhältnis besteht (vgl. §§ 1896 ff. BGB). 48

§ 4 Abs. 2 MEPolG spricht noch von entmündigten oder vorläufig unter Vormundschaft gestellten Personen, was auf der früheren Rechtslage beruht. Mit dem Wegfall der Entmündigung und der Ablösung der Vormundschaft und Pflegschaft über Volljährige durch das BtG (Betreuungsgesetz v. 12.9.1990, BGBl. I 2002) mussten auch die gesetzlichen Regelungen im Bereich der Gefahrenabwehr angepasst und neu gefasst werden. In Hessen ist dies durch Art. 11 des Hessischen Gesetzes zur Anpassung des Betreuungsgesetzes und zur Anpassung des hessischen Landesrechts an das Betreuungsgesetz v. 5.2.1992 (HessGVBl. I 66) erfolgt (vgl. Fredrich Rn. 17). 48.1

Bei der Verantwortlichkeit der Betreuer ist zu beachten, dass nach Abs. 2 (ebenso wie in § 17 Abs. 2 BPolG, § 6 Abs. 2 BWPolG und § 6 Abs. 2 NPOG) die Verantwortlichkeit auf den **Aufgabenkreis der Betreuer beschränkt** ist. 49

Beispiel: Bei einer Vermögensbetreuung besteht keine Zusatzverantwortlichkeit für sonstiges Verhalten der betreuten Person (vgl. Fredrich Rn. 17). 49.1

Diese Einschränkung und Klarstellung ist so nicht in allen Ländergesetzen enthalten (vgl. Art. 7 Abs. 2 BayPAG, Art. 9 Abs. 1 BayLStVG und § 4 Abs. 2 PolG NRW, § 17 Abs. 2 NRWOBG), woraus dort gefolgert wird, dass die Verantwortlichkeit der Betreuer sämtliche Fälle der Betreuung umfasst und es auf den Aufgabenbereich letztlich nicht ankommt, der deshalb auch nicht zu prüfen ist (vgl. Nr. 4 ff. VVHSOG). 49.2

2. Zusatzverantwortlichkeit für Verrichtungsgehilfen (Abs. 3)

Abs. 3 begründet eine Zusatzverantwortlichkeit in Fällen, in denen eine zur Verrichtung bestellte Person in Ausführung der Verrichtung eine Gefahr verursacht. In diesen Fällen können Maßnahmen der Gefahrenabwehr auch gegen diejenige Person gerichtet werden, die die andere Person zur Verrichtung bestellt hat. Die Vorschrift knüpft an die Regelung in **§ 831 BGB** (Haftung für den Verrichtungsgehilfen) an, sodass auf die dort entwickelten Grundsätze zurückgegriffen werden kann. **Verrichtungsgehilfe ist,** wem die Ausübung einer Tätigkeit von einer anderen Person (Geschäftsherr, Dienstherr, Auftraggeber) übertragen wurde, dessen Weisungen der Verrichtungsgehilfe unterliegt. Der Begriff ist allerdings nicht völlig identisch mit dem zivilrechtlichen Verrichtungsgehilfen (vgl. OVG Münster BeckRS 2007, 23389), sodass sich eine Zusatzverantwortlichkeit auch für eine juristische Person für den handelnden Geschäftsführer ergeben kann. Auch soll eine Muttergesellschaft für das Verhalten ihrer nach Weisung handelnden Tochtergesellschaft verantwortlich sein (OVG Schleswig BeckRS 2011, 49253). 50

51 Auf die **Art des Rechtsverhältnisses bzw. der Übertragung** kommt es nicht entscheidend an (VGH Mannheim NJW 1993, 1543 (1544)). Es muss nicht vertraglich gestaltet sein, kann entgeltlich oder unentgeltlich, dauerhaft oder nur vorübergehend sein. Entscheidend ist, dass die beauftragende Person **tatsächlich Einwirkungsmöglichkeiten** hat und die beauftragte Person den **Weisungen unterliegt** (Hornmann HSOG Rn. 44).

51.1 **Beispiel:** Ein Dachdeckergehilfe wirft Ziegel vom Dach, die teilweise auf die Straße fallen und Dritte gefährden. Neben die Verantwortlichkeit des Gehilfen nach Abs. 1 tritt hier die Verantwortlichkeit des Dachdeckunternehmers nach Abs. 3. Dagegen ist der Hauseigentümer / Bauherr nicht nach Abs. 3 verantwortlich, da der Gehilfe nicht seinen direkten Weisungen unterliegt.

52 Voraussetzung ist weiter, dass die Gefahrenverursachung durch den Verrichtungsgehilfen **in Ausübung der Verrichtung** erfolgt. Erfolgt sie nur bei Gelegenheit, ohne inneren Zusammenhang mit der übrigen Tätigkeit, greift die Zusatzverantwortlichkeit des Geschäftsherrn nicht.

52.1 **Beispiel:** Der Dachdeckergehilfe parkt sein Privatfahrzeug in der Nähe der Baustelle im Halteverbotsbereich.

53 Da die gefahrenabwehrrechtliche Verantwortlichkeit verschuldensunabhängig ist, sieht § 6 Abs. 3 anders als § 831 Abs. 1 S. 2 BGB **keine Exkulpationsmöglichkeit** vor. Danach greift die Zusatzverantwortlichkeit auch in Fällen, in denen der Geschäftsherr die zur Verrichtung bestellte Person sorgfältig ausgesucht, angewiesen und kontrolliert hat.

54 Enthalten Spezialgesetze eigene Regeln zur Verantwortlichkeit ohne die im allgemeinen Polizei- und Ordnungsrecht verankerte Zusatzverantwortlichkeit, stellt sich die Frage nach deren ergänzender Anwendung. So ist umstritten, inwieweit eine **Zusatzverantwortlichkeit im Bereich des Bodenschutzes** durch die Regelungen in § 4 Abs. 3 BBodSchG ausgeschlossen ist. § 4 Abs. 3 BBodSchG nennt Verantwortliche, sieht aber keine mit § 6 Abs. 2 und Abs. 3 vergleichbare Zusatzverantwortlichkeit vor. Daraus ist zu schließen, dass der Gesetzgeber die Zusatzverantwortlichkeit ausschließen wollte (BVerwG NVwZ 2000, 1179; 2004, 1505). In der Praxis kann dies allerdings zu einer Verantwortlichkeitslücke führen, wenn Unternehmen nicht für ihre Arbeitnehmer „haften" würden, was einem effektiven Bodenschutz zuwiderliefe, was in der Sache für eine Verantwortlichkeit auch des Geschäftsherrn spricht (Schenke PolR Rn. 266 mwN; Schlabach/Heck VBlBW 2001, 46 (51)).

D. Mehrheit von Verantwortlichen

55 Es kommt vor, dass mehrere Personen für einen Gefahrenzustand verantwortlich sind. Dabei können mehrere Verhaltensverantwortliche, aber auch Verhaltens- und Zustandsverantwortliche bzw. mehrere Zustandsverantwortliche vorhanden sein.

55.1 **Beispiele:** Illegale Abfallentsorgung durch den Fahrer F (vgl. Abs. 1) des Unternehmers U (vgl. Abs. 3) auf dem Grundstück des Eigentümers E (vgl. § 7). Geparktes Kfz im absoluten Halteverbot, Fahrer und Halter des Kfz sind nicht identisch.

56 In diesen Fällen ist zu entscheiden, wen die Behörde in Anspruch nehmen kann. Das enthält keine klare Aussage im Sinne einer Rangfolge (auch das BBodSchG legt in § 4 BBodSchG keine Rangfolge fest, VGH Kassel NVwZ-RR 2006, 781). Die Auswahl steht vielmehr im pflichtgemäßen Ermessen **(Auswahlermessen)** der Gefahrenabwehr- bzw. Polizeibehörden (vgl. VGH Kassel NVwZ 1992, 1111 (1113)). Die Eröffnung des Auswahlermessens begründet die Pflicht der Behörde, dieses Ermessen sachgerecht auszuüben. Dazu gehört, dass die Behörde zunächst die möglichen Verantwortlichen erfasst und deren Verantwortlichkeit prüft. Ergibt sich eine Mehrzahl von Verantwortlichen, ist eine bewusste Entscheidung darüber zu treffen, welche dieser Personen die Behörde in Anspruch nehmen will (OVG Magdeburg NVwZ-RR 2008, 615). Die Ermessensentscheidung hat unter Beachtung von § 40 HVwVfG vor allem zwei Gesichtspunkte zu berücksichtigen, die Effektivität der Gefahrenabwehr und die Verhältnismäßigkeit.

57 Unter **Effektivitätsgesichtspunkten** geht es darum, wer von mehreren Verantwortlichen die Gefahr am wirkungsvollsten und schnellsten beseitigen kann, wobei Aspekte wie **Leis-**

tungsfähigkeit, Sach- und Schadensnähe, aber auch Fragen des Verwaltungsaufwandes zu berücksichtigen sind (vgl. VGH Mannheim NVwZ 1990, 179 (180); OVG Lüneburg NVwZ 1990, 786). Nach einer Entscheidung des OVG Münster ist es nicht zu beanstanden, wenn die Behörde statt der Wohnungseigentümergemeinschaft bzw. einzelner Eigentümer dieser Gemeinschaft den Verwalter in Anspruch nimmt, wenn dies effektiver ist (OVG Münster NVwZ-RR 2011, 351 (354)). Im Rahmen der **Verhältnismäßigkeitsüberlegungen** können die jeweilige Belastung der Verantwortlichen, aber auch Zumutbarkeitsgesichtspunkte und Billigkeitsaspekte berücksichtigt werden (vgl. BVerfGE 102, 1; VGH München NJW 2004, 2768; VGH Kassel NJW 1995, 2123; VGH Mannheim NVwZ 1990, 781).

Es gibt Versuche, feste **Regeln der Ermessensbetätigung** aufzustellen. Dazu gehört der **58** Grundsatz, Verhaltensstörer vor Zustandsstörern in Anspruch zu nehmen (vgl. VGH München NJW 1984, 1197; VG Münster DÖV 1988, 87, 88). Eine solche Regel findet allerdings keine Stütze im Gesetz und garantiert für sich allein keine sachgerechte Entscheidung. Sie ist als Ausgangspunkt (aus Gründen der Effektivität und Verhältnismäßigkeit) brauchbar, entbindet aber nicht davon, im Einzelfall zu fragen, ob nicht sachliche Gründe vorliegen, von diesem Grundsatz abzuweichen (VG Darmstadt BeckRS 2011, 56485; VGH Kassel NVwZ-RR 2006, 781 zu § 4 Abs. 3 BBodSchG; Schenke PolR Rn. 285 f.).

Im Auswahlermessen steht nicht nur, wer richtiger Adressat einer Gefahrenabwehrmaß- **59** nahme ist (Primärebene), sondern auch, wer bei bereits vollzogenen Maßnahmen die **Kosten** zu tragen hat (Sekundärebene, vgl. § 8 Abs. 2, § 43 Abs. 3). Auch hier liegt es im Auswahlermessen der Behörde, wem sie einen Kostenbescheid zusendet. Dabei gelten ähnliche Überlegungen wie auf der primären Ebene (vgl. OVG Lüneburg NVwZ 1990, 786), wobei allerdings der Grundsatz der Effektivität der Gefahrenabwehr zurücktritt. Kriterien sind die Leistungsfähigkeit, die sachliche Nähe und eventuelle Nachteile der Verantwortlichen (vgl. Fredrich § 43 Rn. 7). Praktische Relevanz hat dies vor allem bei der Frage, wer in den **Abschleppfällen die Abschleppkosten** (als Kosten einer unmittelbaren Ausführung, § 8 Abs. 2, Kosten einer Ersatzvornahme, § 49, oder Kosten einer Sicherstellung, § 43 Abs. 3, zu tragen hat; → § 8 Rn. 47). Hier wendet sich die Behörde in der Regel vorrangig an den Halter des Fahrzeuges. Soweit der Behörde keine Hinweise dafür vorliegen, dass neben dem Halter noch eine andere Person als Fahrer verantwortlich ist, kann sie sich grundsätzlich an den Halter als Zustandsverantwortlichen wenden. Es ist Sache des Halters, auf eine eventuelle Verantwortlichkeit Dritter hinzuweisen (VGH Kassel NVwZ 1988, 655).

Die in § 8 Abs. 2 und § 43 Abs. 3 vorgesehene **gesamtschuldnerische Haftung** bedeutet nicht, **59.1** dass die Behörde von der Ermessensentscheidung entbunden ist, wen sie von mehreren Verantwortlichen in welcher Höhe in Anspruch nimmt. Der Verweis auf die Gesamtschuld stellt lediglich klar, dass die Behörde grundsätzlich berechtigt ist, die gesamten Kosten – nach vorheriger Ermessensausübung – auch von einem Verantwortlichen zu fordern. Daraus folgt nicht, dass die Auswahl nicht mehr anhand der genannten öffentlich-rechtlichen Kriterien, sondern nur nach zivilrechtlichen Grundsätzen erfolgen kann (so aber wohl Pausch/Dölger PolR Hessen 253).

Aus dem Verweis in den genannten Vorschriften auf die gesamtschuldnerische Haftung lässt sich **59.2** auch eine gesetzgeberische Aussage zum Innenausgleich herauslesen, dh den finanziellen Lastenausgleich zwischen mehreren Verantwortlichen (vgl. § 426 BGB). § 24 Abs. 2 BBodSchG sieht diesen Gesamtschuldnerausgleich ausdrücklich vor. Sachlich spricht einiges dafür, diese Regelung generell auf den Innenausgleich mehrerer Verantwortlicher untereinander zu übertragen (so die hM, vgl. nur Schenke PolR Rn. 288 ff.). Zwar hat der BGH die Anwendung des § 426 BGB auf das Verhältnis mehrerer Störer abgelehnt (BGH NJW 1981, 2457 (2458)). Diese Rechtsprechung ist jedoch auf breite Kritik gestoßen (vgl. VGH Kassel NJW 1984, 1197 (1199); Schoch JuS 1994, 1026 (1029); Kohler-Gehring NVwZ 1992, 1049; → § 8 Rn. 19). In einer neueren Entscheidung hält der BGH zumindest § 426 Abs. 1 BGB auf den Innenausgleich zwischen den Störern für anwendbar, wenn ein Gesetz ausdrücklich die gesamtschuldnerische Haftung mehrerer Störer vorsieht (BGH NVwZ-RR 2014, 759 (760 ff.)).

E. Rechtsnachfolge bei Verhaltensverantwortlichkeit

In Fällen von Rechtsnachfolge (Gesamtrechtsnachfolge oder Einzelrechtsnachfolge) stellt **60** sich die Frage, ob der Rechtsnachfolger auch in die gefahrenabwehrrechtliche Verantwortlichkeit eintritt bzw. diese auf ihn übergeht. Für Behörden würde ein Übergang bedeuten, dass sie den Rechtsnachfolger als Verantwortlichen in Anspruch nehmen können (bei Übergang einer abstrakten Verantwortlichkeit) bzw. sich ihm gegenüber ihm auf bereits gegen den Vorgänger ergangene Verfügungen (bei Übergang einer durch Verfügung konkretisierten Verantwortlichkeit) stützen können. Für den Nachfolger wäre die Folge, dass er als Verantwortlicher in Anspruch genommen werden kann bzw. eine an den Vorgänger ergangene Verfügung gegen sich gelten lassen muss.

61 In einigen **Spezialgesetzen** finden sich dazu Klarstellungen (**zB § 4 Abs. 3 BBodSchG, § 61 Abs. 5 HBO;** → Rn. 62.4). Das HSOG enthält ebenso wie die anderen allgemeinen Polizei- und Ordnungsgesetze dazu keine Aussagen, weshalb sich die Situation außerhalb der speziellen gesetzlichen Regelungen komplex darstellt und **kontrovers diskutiert** wird (s. Peine JuS 1997, 984; Schenke PolR Rn. 292 ff.).

62 Die **Rechtsprechung** bejaht die Möglichkeit einer Rechtsnachfolge (insbesondere BVerwGE 125, 325), ist aber in der Regel am Einzelfall und oft am Ergebnis orientiert, dogmatisch ist die Nachfolgefrage schwer zu fassen. Eine Rechtsnachfolge in die Verhaltensverantwortlichkeit scheidet aber aus, wenn es um höchstpersönliche Pflichten geht, die ein anderer nicht erfüllen kann (unvertretbare Handlungen).

62.1 Zu unterscheiden ist zunächst, ob zum Zeitpunkt der Rechtsnachfolge bereits eine Inanspruchnahme des Rechtsvorgängers durch Verfügung der Behörde erfolgt ist und damit bereits ein Fall **konkretisierter Verantwortlichkeit** vorliegt oder ob eine Verantwortlichkeit lediglich **„abstrakt"** besteht. Während sich die Frage eines Übergangs einer abstrakten Verantwortlichkeit bei der Zustandsverantwortlichkeit in der Praxis nicht stellt (→ § 7 Rn. 29), ist die Frage bei der Verhaltensverantwortlichkeit von größerer Bedeutung. Dies gilt insbesondere im Bereich von **Altlasten,** weshalb hier **§ 4 Abs. 3 BBodSchG** neben dem Verursacher ausdrücklich auch dessen Gesamtrechtsnachfolger verpflichtet. Nach der **Rechtsprechung des BVerwG** soll ein Übergang der Verantwortlichkeit **in Fällen einer Gesamtrechtsnachfolge** auch nach dem allgemeinen Polizei- und Ordnungsrecht möglich sein (BVerwGE 125, 325; s. auch VGH München ZfW 1989, 147; OVG Lüneburg NJW 1998, 98).

62.2 Das BVerwG hat aber über diese Fälle hinaus auch eine Übertragung auf Erben für möglich erachtet, wobei die Nachfolge auf eine analoge Anwendung von §§ 1922, 1967 BGB gestützt wurde. Die überwiegende Meinung lehnt dagegen eine Nachfolge in eine abstrakte Verhaltensverantwortlichkeit mangels gesetzlicher Regelung und zum Teil unter Hinweis auf den höchstpersönlichen Charakter der Verhaltensverantwortlichkeit ab (Kugelmann PolR Kap. 8 Rn. 68; Schenke PolR Rn. 296; Schoch JuS 1994, 2013). Kein Übergang einer abstrakten Verhaltensverantwortlichkeit findet außerhalb spezieller Regelungen auch nach der Rechtsprechung in Fällen einer Einzelrechtsnachfolge statt.

62.3 Die überwiegende Auffassung in der Literatur lehnt auch einen Übergang einer bereits durch Verfügung **konkretisierten Verhaltensverantwortlichkeit** auf den Rechtsnachfolger ab, jedenfalls in Fällen der Einzelrechtsnachfolge (Gusy PolR Rn. 364; Knemeyer PolR SuP Rn. 335; Kugelmann PolR Kap. 8 Rn. 68). Bei einer Gesamtrechtsnachfolge und vertretbarer Handlung wird zum Teil ein Übergang bejaht (VGH Kassel NVwZ 1998, 1315 (1316)).

62.4 Eine **erweiterte Auslegung der Rechtsnachfolge** vertritt der VGH Kassel (BeckRS 2014, 59673) zu **§ 61 Abs. 5 HBO.** Der Begriff des Rechtsnachfolgers im Sinne der Vorschrift sei dahingehend auszulegen, dass insbesondere bei wechselnden Besitzverhältnissen neben den zivilrechtlichen Rechtsnachfolgetatbeständen Rechtsnachfolger auch sei, wer als Inhaber der tatsächlichen Gewalt in diejenige bauordnungsrechtlich relevante Nutzung eintritt und diese fortführt, die Gegenstand einer bauordnungsrechtlichen Verfügung gewesen ist. Danach muss ein neuer Besitzer einer Liegenschaft ein gegen den Vorbesitzer ergangenes Nutzungsverbot zum Betrieb einer Spielhalle gegen sich gelten lassen. Der VGH Kassel sieht in bauordnungsrechtlichen Beseitigungs- oder Nutzungsuntersagungsverfügungen auf die Liegenschaft bezogene dingliche Verwaltungsakte, die sachbezogen mit der Liegenschaft verbunden sind und dies auch bleiben, wenn ein Eigentums- oder Besitzerwechsel stattgefunden hat.

63 Auch bei Bejahung einer Rechtsnachfolge bei durch Verfügung konkretisierter Verantwortlichkeit ist zu beachten, dass dem Rechtsnachfolger der **Inhalt der Verfügung bekanntzugeben** ist (VGH Kassel NVwZ 1985, 82; vgl. § 84 Abs. 1 SOG M-V, wonach mit einer Vollstreckung erst begonnen werden darf, wenn der Rechtsnachfolger von dem Verwaltungsakt in Kenntnis gesetzt wurde). Der Rechtsnachfolger soll Gelegenheit haben, aus seiner Sicht bestehende Einwände im weiteren Verfahren geltend zu machen (OVG Münster NVwZ 1987, 427).

§ 7 Verantwortlichkeit für den Zustand von Tieren und Sachen

(1) [1]Geht von einem Tier oder einer Sache eine Gefahr aus, so sind die Maßnahmen gegen die Inhaberin oder den Inhaber der tatsächlichen Gewalt zu richten. [2]Die nachfolgenden für Sachen geltenden Vorschriften sind auch auf Tiere anzuwenden.

(2) [1]Maßnahmen können auch gegen die Eigentümerin oder den Eigentümer oder eine andere berechtigte Person gerichtet werden. [2]Dies gilt nicht, wenn die Inhaberin oder der Inhaber der tatsächlichen Gewalt diese ohne den Willen der Eigentümerin oder des Eigentümers oder der berechtigten Person ausübt.

(3) Geht die Gefahr von einer herrenlosen Sache aus, so können die Maßnahmen gegen diejenige Person gerichtet werden, die das Eigentum an der Sache aufgegeben hat.

Überblick

Auszug aus der VVHSOG (gem. Erlass des Hessischen Ministeriums des Innern und für Sport v. 29.11.2022 (StAnz. 50/2022, 1384) am 31.12.2024 mangels eines erneuten Verlängerungserlasses ersatzlos außer Kraft getreten):

Zu § 7

7. Verantwortlichkeit für den Zustand von Tieren und Sachen

7.1 Zu Abs. 1

7.1.1

Zur so genannten Zustandshaftung gehört auch die Verantwortlichkeit für das Verhalten oder den Zustand eines Tieres. Tiere sind keine Sachen; auf sie sind jedoch die für die Sachen geltenden Vorschriften anzuwenden.

7.1.2

Nr. 6.1 Satz 4 und 5 gilt entsprechend.

§ 7 begründet eine Verantwortlichkeit für **den Zustand von Sachen und Tieren,** die folglich als **Zustandsverantwortlichkeit** bezeichnet wird. Genauer geht es um die Verantwortlichkeit für die von Sachen oder Tieren ausgehenden Gefahren (→ Rn. 1). Das Gesetz erwähnt in § 7 Abs. 1 S. 2 ausdrücklich die Tiere, verwendet im Weitern nur noch den Sachenbegriff, stellt aber klar, dass die für Sachen geltenden Vorschriften auch auf Tiere anwendbar sind. Wie bereits § 6 regelt auch § 7, an wen die Behörden Maßnahmen richten können, gibt also den möglichen **Adressaten** vor. Nach **Abs. 1** sind Maßnahmen gegen die **Inhaberin oder den Inhaber der tatsächlichen Gewalt** (→ Rn. 5) zu richten. **Abs. 2** erweitert den Adressatenkreis auf die **Eigentümer der Sachen und Tiere** (→ Rn. 10) oder **andere berechtigte Personen** (→ Rn. 15), schränkt diese Verantwortlichkeit aber ein, wenn die tatsächliche Sachherrschaft ohne den Willen der zuvor genannten Personen ausgeübt (→ Rn. 16) wird. Da die Verantwortlichkeiten in Abs. 1 an die Ausübung der tatsächlichen Gewalt und die in Abs. 2 an die Rechtsstellung (Eigentum, andere Berechtigung) geknüpft sind, sind sie zeitlich an die Ausübung bzw. an das Bestehen der Rechtsstellung gebunden und enden mit deren Aufgabe. Deshalb sieht **Abs. 3** ausdrücklich die Möglichkeit vor, im Falle einer **Eigentumsaufgabe (Dereliktion)** Maßnahmen an die Person zu richten, die das Eigentum aufgeben hat (→ Rn. 19). Wie bei der Verhaltensverantwortlichkeit trifft die Zustandsverantwortung **Personen** (natürliche und juristische Personen), auch greifen die Einschränkungen zur **Verantwortlichkeit von Hoheitsträgern** (→ § 6 Rn. 13). Auch die Verantwortlichkeit nach § 7 ist **alters- und verschuldensunabhängig.** Eine Zusatzverantwortlichkeit iSd § 6 Abs. 2 und Abs. 3 sieht § 7 nicht vor; sie ist auch entbehrlich, da mit den Inhabern der tatsächlichen Gewalt, den Eigentümern und sonstigen Berechtigten alle relevanten Personen erfasst werden, deren Inanspruchnahme zur Gefahrenabwehr sinnvoll ist (Kingreen/Poscher POR § 9 Rn. 33). Unterschiede bzw. Abweichungen zur Verhaltensverantwortlichkeit können sich auch bei Fragen der **Rechtsnachfolge** ergeben (→ Rn. 28). Die Regelungen zur Zustandsverantwortlichkeit sind **verfassungsrechtlich nicht zu beanstanden.** Die Verantwortlichkeit aus Eigentum stellt eine Inhalts- und Schrankenbestimmung iSd Art. 14 Abs. 1 S. 2 GG dar, sie ist Ausdruck der **Sozialbindung des Eigentums** (BVerwG NJW 2000, 2573; NVwZ 2001, 65). Zu klären bleibt aber, ob sich aus dem Eigentumsrecht und der Eigentumsgarantie Grenzen der Inanspruchnahme in speziellen Fällen ergeben können (→ Rn. 23). Die in § 7 geregelte Zustandsverantwortlichkeit entspricht weitgehend dem § 5 MEPolG (der allerdings Tiere nicht ausdrücklich nennt), gleiche oder vergleichbare Regelungen finden sich in allen Polizei- und Ordnungsgesetzen. So sind zB die Regelungen in § 18 BPolG, Art. 8 BayPAG, § 7 NPOG und § 5 PolG NRW inhaltlich mit § 7 identisch; zum Teil finden sich aber auch Abweichungen: § 7 BWPolG nennt nur Eigentümer und Inhaber der tatsächlichen Gewalt, ohne die in § 7 noch genannten Sonderfälle. § 18 NRWOBG stellt die Inanspruchnahme des Eigentümers in Abs. 1 der des Gewaltinhabers in Abs. 2 voran und sieht die Möglichkeit der Anerkennung einer alleinigen Verantwortlichkeit nach entsprechender Vereinbarung vor. Einige Landesgesetze enthalten auch hier spezielle Subsidiaritätsklauseln (zB Art. 7 Abs. 4 BayPAG; Art. 9 Abs. 2 S. 3 BayLStVG; § 5 Abs. 4 PolG NRW; § 17 Abs. 4 NRWOBG).

Übersicht

A. Von Tieren und Sachen ausgehende Gefahren

1 Nach Abs. 1 muss die Gefahr von einem **Tier oder einer Sache** ausgehen. Das HSOG folgt bei den Tieren der Klarstellung im BGB (§ 90a), wonach Tiere keine Sachen, die Vorschriften für Sachen aber auf Tiere anwendbar sind. Soweit es um **Gefahren durch Tierseuchen** geht, sind die speziellen Regelungen des TierGesG zu beachten, das neben Ge- und Verboten und Maßnahmen zum Teil auch die Adressaten nennt und das als spezielle Vorschrift dem HSOG vorgeht (§ 3 Abs. 1 S. 2). Die speziell von **Hunden ausgehenden Gefahren** sind durch die HessHundeVO (Gefahrenabwehrverordnung über das Halten und Führen von Hunden v. 22.1.2003, HessGVBl. I 54) geregelt.

2 Auch beim **Begriff der Sachen** gibt es keine eigenständige gefahrenabwehrrechtliche Ausprägung, sodass auf § 90 BGB zurückzugreifen ist. Sachen sind danach körperliche Gegenstände. Es gibt bewegliche Gegenstände (Fahrzeuge, bewegliche Behältnisse usw) und unbewegliche Gegenstände (Grundstücke einschließlich der Bestandteile, zB Bauwerke, Bäume). Da nur **körperliche Gegenstände** Sachen sind, müssen sie räumlich abgrenzbar sein, etwa durch Behältnisse oder Grenzsteine. Luft, fließende Gewässer, Licht, Grundwasser (BVerfGE 58, 300) sind damit **keine Sachen.** Gleiches gilt für Computerprogramme – anders eventuell aber bei deren „Verkörperung" in einem Datenträger (BGH NJW 1993, 2436). Keine Sachen sind Körper lebender Menschen, wohl aber Leichen oder Leichenteile.

3 Die Gefahr kann sich aus der **Beschaffenheit des Tieres oder der Sache** selbst ergeben (zB bissiger Hund, baufälliges Gebäude, morscher Baum) oder aus deren **Lage im Raum** (zB verkehrswidrig abgestelltes Fahrzeug, VGH Kassel NVwZ 1988, 655). Das Gesetz fordert, dass die Gefahr von dem Tier oder der Sache ausgehen muss. Wie bei der Verhaltensverantwortlichkeit ist auch bei der Zustandsverantwortlichkeit Voraussetzung, dass die Gefahr von dem Tier bzw. der Sache verursacht wird. Bei mehreren Ursachen greift auch hier nach hM die **Theorie der unmittelbaren Verursachung** (→ § 6 Rn. 21), woraus folgt, dass die Sache selbst die unmittelbare Gefahrenquelle darstellen muss. Dies ist auch dann der Fall, wenn die von der Sache bzw. dem Tier ausgehende Gefahr im Zusammenhang mit dem Verhalten von Personen steht (zB Abstellen eines Fahrzeugs im Haltverbot). Hier liegt neben einer Verhaltens- auch eine Zustandsverantwortlichkeit vor, da gerade das Fahrzeug an diesem Standort unmittelbar mitursächlich für den andauernden Verkehrsverstoß ist (VGH Kassel NVwZ 1988, 655; VGH München NVwZ 1987, 912).

Auf welche Weise ein gefährlicher Zustand entstanden ist, ist für die Zustandsverantwortlichkeit grundsätzlich nicht entscheidend; auch müssen verantwortliche Eigentümer oder Inhaber der Sachherrschaft keinen eigenen Beitrag geleistet haben (BVerfG NJW 2000, 2573). Damit greift eine Zustandsverantwortlichkeit grundsätzlich (zu Grenzen und Einschränkungen → Rn. 23) auch bei **Gefahren infolge von Naturereignissen** (BVerwG NJW 1999, 231; VGH Kassel FHOeffR 35 Nr. 8985), **höherer Gewalt oder Krieg** (BVerwG NVwZ 2004,1125; VGH Kassel ESVGH 2, 59; 3, 166), Seuchen (BVerwG BeckRS 2005, 27868) und Handlungen Dritter (BVerwG NJW 1989, 1295). Allerdings fehlt es an einer unmittelbaren Verursachung, wenn die Gefahr nicht von der Sache selbst ausgeht, sondern vorrangig durch das insbesondere missbräuchliche Verhalten Dritter. 4

Beispiele: 4.1
- Abfallablagerung auf frei zugänglichem Waldgrundstück (BVerwGE 67, 8);
- Gefahr terroristischer Anschläge auf einem Flughafen (BVerwG DVBl 1986, 360; aA VGH Mannheim DVBl 1983, 41);
- rechtmäßig gepflanzte Hecke / Baum führt später zu Sichtbehinderungen und Verkehrsunfällen (OVG Münster OVGE 17, 447).

In den genannten Fällen ergibt sich aus dem Zustand der Sachen keine unmittelbare Gefahr, die Gefahren folgen nicht aus der Sache selbst, sondern aus dem hinzutretenden Verhalten Dritter. Allerdings hatte der VGH Mannheim bei einem Verkehrsflughafen eine polizeiliche **Pflicht zur Eigensicherung** angenommen und bei einem ungesicherten Zustand eine Mitursächlichkeit und damit eine Zustandsverantwortlichkeit angenommen. Anders das BVerwG, das allenfalls eine mittelbare Ursache annahm. Eine Zustandsverantwortlichkeit sei in derartigen Fällen abzulehnen. Aus der Gefährdung eines Objekts könne nicht auf die Gefährlichkeit geschlossen werden. Ein Flughafen werde nicht dadurch gefährlich, dass Terroristen Anschläge planen können (vgl. Hornmann HSOG Rn. 10). Es ist sicher sinnvoll, derartige Objekte zu sichern. Eine Pflicht zur Eigensicherung kann aber nicht über eine gefahrenabwehrrechtliche Verantwortlichkeit begründet werden, sondern müsste sich aus speziellen gesetzlichen Reglungen ergeben (Hornmann HSOG Rn. 10). 4.2

Die in der Theorie der unmittelbaren Verursachung steckende **wertende Betrachtung** (→ § 6 Rn. 22) führt auch bei der Klärung der Zustandsverantwortlichkeit dazu, dass in der Regel eine Verantwortlichkeit ausscheidet, wenn der Betroffene nur von den ihm zustehenden Rechten (zB Anpflanzen einer Hecke) Gebrauch gemacht hat. 4.3

B. Zustandsverantwortliche

I. Verantwortlichkeit von Inhabern der tatsächlichen Gewalt (Abs. 1)

Das Gesetz bestimmt in Abs. 1, dass Maßnahmen der Gefahrenabwehr zunächst nicht etwa an die Eigentümerin oder den Eigentümer, sondern an die Inhaberin oder den Inhaber der tatsächlichen Gewalt über das Tier bzw. die Sache zu richten sind. Dieser Personenkreis ist typischerweise in besonderem Maße in der Lage, Gefahren zu beseitigen. Hinzu kommt, dass Gefahrenlagen regelmäßig schnelles Handeln erfordern, die Ermittlung der Eigentumslage aber oft schwierig und zeitaufwendig ist. Demgegenüber lässt sich die tatsächliche Sachherrschaft oft leichter und damit schneller feststellen. 5

Der **Inhaber der tatsächlichen Gewalt** wird praktisch mit dem Besitzer im Sinne des BGB (§ 854 BGB) oft identisch sein, allerdings handelt es sich um eine **eigenständige Begrifflichkeit** (Hornmann HSOG Rn. 12). Entscheidend ist die tatsächliche Einwirkungsmöglichkeit. Diese ist **unabhängig vom Recht auf Besitz** zu sehen. Auch ein Dieb als unrechtmäßiger Besitzer übt die tatsächliche Sachherrschaft aus. Sachherrschaft setzt Herrschaftswillen voraus, der bei aufgedrängtem Besitz (zB heimlich abgestelltes Fahrzeug auf fremdem Grundstück) in der Regel fehlt und damit keine Sachherrschaft und Verantwortlichkeit begründet. Auf einen Besitzerwerbswillen iSv § 854 Abs. 1 BGB kommt es nicht an. 6

Auch **Besitzdiener** (vgl. § 855 BGB) sind verantwortlich, wenn sie die tatsächliche Sachherrschaft ausüben. Dagegen fehlt es daran in der Regel beim sog. **mittelbaren Besitzer** (§ 868 BGB). Inhaber der tatsächlichen Gewalt sind danach zB Mieter, Pächter, Verwahrer, auch Insolvenz- und Konkursverwalter (BVerwG NJW 1984, 2427; OVG Greifswald NJW 1998, 175). 7

Bei **Kraftfahrzeugen** übt in jedem Fall der **Fahrer** die Sachherrschaft aus, ansonsten der **Halter** des Fahrzeugs iSv § 7 StVO (BGH NJW 1983, 1491). Halter ist derjenige, der die 8

Verfügungsgewalt über das Fahrzeug hat und es für eigene Rechnung gebraucht. Dagegen ist nicht entscheidend, auf wen das Fahrzeug zugelassen ist und wer es versichert hat (VGH Kassel BeckRS 2005, 23168; Hornmann HSOG Rn. 13). Auch die Eigentumsverhältnisse sind nicht maßgebend, wenn der Halter auch häufig Eigentümer sein wird (VGH Kassel NVwZ 1988, 655). Auch bei Tieren übt der **Tierhalter** in der Regel die tatsächliche Sachherrschaft aus und ist damit zustandsverantwortlich. Wie beim Fahrzeug kommt es auf die Eigentumsverhältnisse für die Halterfrage nicht zwingend an. Tierhalter ist, wer das Tier nicht nur kurzzeitig, sondern auf gewisse Dauer in seinem Haushalt (Wohnung, befriedetes Besitztum) verwahrt und betreut und damit die Einwirkungsmöglichkeit auf das Tier hat (VGH Kassel BeckRS 2008, 32489).

9 Die **Verantwortlichkeit** nach Abs. 1 **endet** mit dem Verlust oder der Aufgabe der tatsächlichen Sachherrschaft, wobei es anders als beim Eigentum (vgl. Abs. 2 S. 2) unerheblich ist, ob dies mit oder ohne Willen des Betroffenen geschieht.

II. Verantwortlichkeit von Eigentümern oder anderen berechtigten Personen (Abs. 2)

1. Verantwortlichkeit von Eigentümern

10 Nach Abs. 2 können die Maßnahmen auch gegen die Eigentümerin oder den Eigentümer gerichtet werden. Aus der Systematik und dem Wortlaut von Abs. 1 und 2 könnte gefolgert werden, dass die Verantwortlichkeit aus Eigentum nachrangig gegenüber der aus tatsächlicher Gewalt ist. Dem ist allerdings nicht so; beide Verantwortlichkeiten stehen grundsätzlich **gleichrangig** nebeneinander (FLS PolR Hessen Kap. H Rn. 45). Ob sich die Behörde an die Person wendet, die die tatsächliche Gewalt über die Sache ausübt oder an den Eigentümer, liegt im pflichtgemäßen Auswahlermessen der Behörde (→ § 6 Rn. 57).

11 Die Verantwortlichkeit aus Eigentum ist **Ausdruck der Sozialbindung** des Eigentums. Wer Vorteile und Nutzen aus einer Sache ziehen kann und über rechtliche und tatsächliche Einwirkungsmöglichkeiten verfügt, muss auch in Anspruch genommen werden können (BVerwG NJW 1999, 231; NVwZ 2001, 65).

12 Der **Eigentumsbegriff** im Polizei- und Ordnungsrecht ist identisch mit dem zivilrechtlichen Eigentumsbegriff. Erfasst wird aber auch das **Bergwerkseigentum** iSv § 9 BundesbergG (OVG Münster DVBl 2006, 928). Nicht unter das Eigentum fällt das **Erbbaurecht** (VGH Mannheim VBlBW 1997, 463), Erbbauberechtigte sind aber anders Berechtigte iSv § 7 Abs. 2.

13 Die **Eigentumsverantwortlichkeit beginnt** mit dem Eigentumserwerb und **endet,** von den Ausnahmen in Abs. 2 S. 2 und Abs. 3 und eventuellen Sonderregelungen (zB § 4 Abs. 6 BBodSchG) abgesehen, mit der Aufgabe oder dem Verlust des Eigentums. Die Verantwortlichkeit endet damit bei Übereignung, bei Grundstücken mit der Eintragung des neuen Eigentümers im Grundbuch (VGH Mannheim DÖV 1996, 1057). Sie endet auch, wenn die Übertragung an einen mittellosen Erwerber erfolgt (VGH Mannheim NVwZ 1996, 1036, 1037), wobei dies nicht gelten soll, wenn dies allein deshalb geschieht, um sich der Verantwortung zu entziehen (VGH Mannheim VBlBW 1998, 312 (313); VGH München NVwZ 2002, 364 (365)). Die Verantwortlichkeit endet ferner im Falle der Insolvenz; hier geht die Verantwortlichkeit auf den Insolvenzverwalter über (BVerwG DVBl 2004, 1564). Bei einer **Übertragung unter Eigentumsvorbehalt** gehen das Eigentum und damit die Verantwortlichkeit mit Zahlung der letzten Rate über (VGH Kassel NJW 1999, 3650). Die Eigentumsverantwortlichkeit endet im Übertragungsfalle auch, wenn die Verantwortlichkeit bereits durch eine Verfügung konkretisiert worden ist; in diesen Fällen geht sie in der Regel auf den Erwerber über: **Maßgeblicher Zeitpunkt** für die Frage der Verantwortlichkeit ist der Zeitpunkt der behördlichen Entscheidung bzw. bei Widersprüchen der Widerspruchsentscheidung (VGH Mannheim DVBl 1990, 1046), nicht der Zeitpunkt des Entstehens der Gefahrenlage (VGH Mannheim VBlBW 2002, 161; Schoch JuS 1994, 935).

14 Voraussetzung für die Verantwortlichkeit aus Eigentum ist nicht das Alleineigentum an der Sache. Im Falle von **Miteigentum** (unabhängig ob Bruchteils- oder Gesamthandseigentum) ist grundsätzlich jeder Miteigentümer verantwortlich und kann im Rahmen des Auswahlermessens herangezogen werden. Dies gilt auch dann, wenn Miteigentümer zivilrecht-

lich gebunden sind und ihre Verfügungsberechtigung von der Mitwirkung anderer Personen abhängt. Hier bedarf es unter Umständen aber entsprechender **Duldungsverfügungen** an die anderen Miteigentümer bzw. Berechtigten (VGH Kassel NJW 1983, 2282). Da die zivilrechtlichen Bindungen ein Vollstreckungshindernis darstellen können, sind Duldungsverfügungen notwendig, um das Hindernis zu beseitigen; die Rechtmäßigkeit der Inanspruchnahme eines Miteigentümers wird dadurch nicht zwingend berührt (VGH Kassel NVwZ-RR 1996, 330).

2. Verantwortlichkeit anderer berechtigter Personen

Neben den Eigentümern sind nach Abs. 2 auch **andere berechtigte Personen** verantwortlich, wenn von Sachen oder Tieren, auf die sich die Berechtigung bezieht, eine Gefahr ausgeht. Diese Personen sind kraft Ihrer Berechtigung berechtigt, auf die Sache bzw. das Tier einzuwirken, womit ihnen auch eine Verantwortung für die „Gefahrenfreiheit" zukommt (Gusy PolR Rn. 351). Dabei geht es vorrangig um **dingliche Berechtigungen** (zB Nießbrauch, §§ 1085 ff. BGB; persönliche Dienstbarkeiten, §§ 1090 ff. BGB; Grunddienstbarkeiten, §§ 1018 ff. BGB; Erbbaurechte, §§ 1 ff. ErbbauRG; Pfandrechte, §§ 1205 ff. BGB). Anders als zB in Art. 9 Abs. 2 S. 2 BayLStVG sieht § 7 Abs. 2 aber keine Beschränkung auf „dinglich Verfügungsberechtigte" vor, sodass neben den dinglich Berechtigten auch **schuldrechtlich Berechtigte** (zB Mieter, Pächter, Entleiher) nach Abs. 2 verantwortlich sein können (Fredrich Rn. 11). Diese Personen sind aber regelmäßig zugleich Inhaber der tatsächlichen Gewalt und damit auch nach Abs. 1 verantwortlich. **15**

3. Sonderregelung des Abs. 2 S. 2

Eine Sonderregelung enthält Abs. 2 S. 2. Danach können Maßnahmen nicht gegen Eigentümer oder sonstige Berechtigte gerichtet werden, wenn der Inhaber der tatsächlichen Gewalt diese **ohne den Willen der Eigentümer oder Berechtigten** ausübt. Damit wird deutlich, dass auch die Eigentumsverantwortung letztlich an die Einfluss- und Zugriffsmöglichkeiten, die normalerweise die Eigentümer haben, anknüpft. Fehlen diese, soll auch die Verantwortlichkeit entfallen. Dies ist zB der Fall, wenn die Sache dem Eigentümer **entwendet** wurde. Allerdings ist nach Abs. 2 S. 2 nicht Voraussetzung, dass die Gewalt gegen den Willen des Eigentümers (wie beim Diebstahl) ausgeübt wird (so wohl VG Berlin NJW 1982, 301), es reicht, wenn dies **ohne den Willen** geschieht. Solange die tatsächliche Gewalt ohne Willen und damit auch ohne Einflussmöglichkeit ausgeübt wird, entfällt die Eigentümerverantwortung, Verantwortlich ist die Person, die die tatsächliche Sachherrschaft ausübt. **16**

Gibt diese die tatsächliche Gewalt aber wieder auf, lebt die Eigentümerverantwortung wieder auf. **17**

Beispiel: Dieb lässt gestohlenes Fahrzeug zurück und entschwindet (VGH Kassel NJW 1999, 3650). **17.1**

Hier wird der Eigentümer des Fahrzeuges mit Aufgabe der tatsächlichen Gewalt durch den Dieb wieder verantwortlich mit der Folge, dass er sowohl zur Beseitigung als auch zu den Kosten einer behördlich durchgeführten Beseitigung herangezogen werden kann (so auch Hornmann HSOG Rn. 17; OVG Hamburg NJW 1992, 1909 (1910); anders Pausch/Dölger PolR Hessen 117; VG Hannover DAR 1976, 167). **18**

Für dieses Ergebnis sprechen der Wortlaut des Abs. 2 S. 2 („ausübt"), der Gedanke, dass wirtschaftlicher Nutzen und Vorteile vom Eigentümer gezogen werden, sowie die Sozialpflichtigkeit des Eigentums. Es geht meist um die Kostenfrage, wer die Beseitigungs- bzw. Sicherstellungskosten der behördlicherseits durchgeführten Maßnahme letztlich zu tragen hat. Nach § 8 Abs. 2 bzw. § 43 Abs. 3 trägt der Verantwortliche die Kosten. In der Regel ist der Dieb in derartigen Fällen nicht greifbar und ermittelbar, sodass es auf die Frage hinausläuft, ob der Eigentümer oder die Allgemeinheit die Kosten zu tragen hat (vgl. FLS PolR Hessen Kap. H Rn. 46). Letztlich kommen die behördlichen Maßnahmen dem Eigentümer zugute, sodass auch Billigkeitsgesichtspunkte für eine eng am Wortlaut orientierte Auslegung sprechen. **18.1**

III. Verantwortlichkeit des früheren Eigentümers bei Dereliktion (Abs. 3)

Geht die Gefahr von einer herrenlosen Sache aus, können nach Abs. 3 Maßnahmen gegen die Person gerichtet werden, die das Eigentum an der Sache aufgegeben hat (**Dereliktion**). **19**

Das Zivilrecht ermöglicht die Eigentumsaufgabe. Bei **beweglichen Sachen** (§ 959 BGB) erfolgt sie durch Besitzaufgabe mit der Absicht, auf das Eigentum zu verzichten. Dabei muss der Verzichtswille erkennbar bestätigt werden.

19.1 **Beispiele:**
- Eigentümer fährt sein Fahrzeug in den Graben, schraubt Kfz-Kennzeichen mit der Absicht der Eigentumsaufgabe von seinem Pkw ab und lässt das Fahrzeug zurück.
- Hundeeigentümer setzt seinen Hund auf einer Autobahnraststätte aus (in diesen Fällen greift aber die Verhaltensverantwortlichkeit).

20 Bei **Grundstücken** erfolgt die Eigentumsaufgabe durch Verzichtserklärung gegenüber dem Grundbuchamt und eine entsprechende Eintragung (§ 928 Abs. 1 BGB). Mit der Eigentumsaufgabe werden die Sachen **herrenlos.**

21 Abs. 3 will sicherstellen, dass sich Eigentümer nicht einfach ihrer gefahrenabwehrrechtlichen Verantwortlichkeit durch eine Eigentumsaufgabe entziehen können. Die Problematik wäre ohne gesetzliche Klarstellung umstritten.

21.1 Nach hM würde ohne gesetzliche Regelung die Verantwortlichkeit mit der Eigentumsaufgabe enden, selbst dann, wenn die Aufgabe erst nach Eintritt einer Gefahr erfolgt (BVerwG NJW 1999, 231; VGH Kassel NVwZ-RR 1998, 648 (650); Schenke PolR Rn. 278). Diese Unsicherheit wurde in Hessen mit der Neufassung im v. 26.6.1990 (HessGVBl. II 197) beendet. § 7 Abs. 3 folgt der in § 5 Abs. 3 MEPolG enthaltenen Regelung, die sich so auch in den meisten anderen Bundesländern wiederfindet (zB Art. 8 Abs. 2 BayPAG, § 7 Abs. 3 NPOG, § 5 Abs. 3 PolG NRW, § 18 Abs. 3 NRWOBG; sa § 18 Abs. 3 BPolG; ferner § 4 Abs. 3 BBodSchG für die bodenschutzrechtliche Haftung; keine Klarstellung dagegen zB in Baden-Württemberg und Sachsen). Die gesetzliche Klarstellung erfasst allerdings nicht die Fälle, in denen die Eigentumsaufgabe vor Inkrafttreten der Regelung erfolgte (VG Kassel NVwR-RR 1998, 648). Bestehende Verhaltensverantwortlichkeiten werden durch eine Eigentumsaufgabe nicht berührt. Allerdings kann allein in einer Dereliktion noch keine Verhaltensstörung gesehen werden, da die Gefahr in der Regel nicht unmittelbar durch die Eigentumsaufgabe verursacht wird.

22 Die nach Abs. 3 fortbestehende Verantwortlichkeit **endet,** wenn die Sache nicht mehr herrenlos ist, zB nach Aneignung durch einen Dritten.

C. Grenzen der Verantwortlichkeit

23 Die Zustandsverantwortlichkeit ist ebenso wie die Verhaltensverantwortlichkeit **verschuldensunabhängig.** Auch kommt es bei der Zustandsverantwortlichkeit grundsätzlich nicht darauf, auf welche Weise der gefährliche Zustand entstanden ist. Daher können auch Handlungen Dritter, Unfälle, höhere Gewalt usw zu einer Verantwortlichkeit führen. In diesen Fällen sind insbesondere die Eigentümer von Grundstücken oft selbst **„Opfer"**.

23.1 **Beispiele:**
- Verunreinigung des Erdreichs durch umstürzenden Tanklaster (OVG Münster DVBl 1964, 683),
- Gefahren infolge Naturkatastrophen (OVG Koblenz NJW 1998, 625).

24 Relevanz hat diese Frage vor allem im **Altlastenbereich,** wobei hier der Gesetzgeber zum Teil Einschränkungen vorgesehen hat (vgl. § 4 Abs. 5 und Abs. 6 BBodSchG). Die Inanspruchnahme und insbesondere die grundsätzliche Kostenpflicht der Zustandsverantwortlichen können in derartigen Fällen zu **Härten** führen, die als **unbillig** empfunden werden. Daher wird die Frage einer möglichen **Begrenzung der Verantwortlichkeit** diskutiert. Es gibt Stimmen, die in derartigen Fällen die Zustandsverantwortlichkeit einschränken wollen (vgl. Kohl JuS 1992, 864; Schwerdtner NVwZ 1992, 141). Dagegen lehnt es die hM grundsätzlich ab, bestimmte Risiken bei Betrachtung der Inanspruchnahme auszuschließen (BVerwG NJW 1999, 231; OVG Lüneburg NVwZ-RR 2006, 397; Hornmann HSOG Rn. 7 f.; Schoch JuS 1994, 1026;). Die hM weist zu Recht darauf hin, dass solche Ausnahmen von der Verantwortlichkeit aus den allgemeinen Polizei- und Ordnungsgesetzen nicht ableitbar sind. Anders als zB in § 4 Abs. 5 und Abs. 5 BBodSchG hat der Gesetzgeber im auch in Kenntnis der Problematik keine Ausnahmen genannt. Auch folgt aus der Eigentumsgarantie nicht zwingend, die Verantwortlichkeit bei bestimmten Gefahrenlagen zu verneinen. Dennoch besteht weitgehend Einigkeit darüber, dass es in Einzelfällen Unbilligkeiten geben kann, denen aber vorrangig auf der Rechtsfolgenseite unter dem Gesichtspunkt der

Verhältnismäßigkeit Rechnung getragen werden kann (OVG Lüneburg NVwZ-RR 2006, 397; Hornmann HSOG Rn. 7; Thiel PolR Rn. 270). Faktisch kann dieser Ansatz auch zu einer Begrenzung der Zustandsverantwortlichkeit führen.

Vorrangig betreffen diese Überlegungen den Altlastenbereich und aus der Verantwortlichkeit resultierende Kostenfragen. Das **BVerfG** (BVerfGE 102, 1) hat im Fall der Haftung eines Grundstückeigentümers für Altlasten unter Beachtung der Eigentumsgarantie und es Verhältnismäßigkeitsgrundsatzes **Grenzen bei der Zumutbarkeit** von Belastungen gezogen. 25

In der Entscheidung hat das BVerfG in Fällen, in denen die vom Grundstück ausgehenden Gefahren zB auf Naturkatastrophen oder unberechtigtes Verhalten Dritter zurückgehen und der Eigentümer selbst **„Opfer"** ist, eine Grenze bei der Kostenbelastung der Verantwortlichen gezogen. Dies soll auch bei Altlasten gelten, die auf frühere Eigentümer zurückgehen. Eine Grenze in der finanziellen Belastung soll bei der Höhe des **Verkehrswertes des Grundstücks** liegen (BVerfGE 102, 1 (21)). Beim Erwerb von Eigenheimgrundstücken soll eine Kostenbelastung bereits unzumutbar sein, wenn der Eigentümer dadurch das Grundstück nicht mehr halten kann. Für diese Grenzen soll es aber bei den Altlastenfällen wiederum Ausnahmen geben, wenn der Eigentümer das Risiko der Verunreinigung kannte bzw. in Kauf genommen hat. Beruht die Unkenntnis auf Fahrlässigkeit, soll es auf den Grad der Fahrlässigkeit ankommen. Ausnahmen sollen auch gelten, wenn der Eigentümer die der Gefahrenlage zugrundeliegende risikoreiche Nutzung zugelassen hat. 25.1

Der Entscheidung des BVerfG lag zwar ein Altlastenfall zugrunde, sie richtete sich aber noch nach allgemeinem Polizei- und Ordnungsrecht. Deshalb ist die Entscheidung durchaus auf andere vergleichbare Gefahrenlagen und andere Zustandsverantwortliche übertragbar (BVerwG NVwZ 2001, 65). Umgekehrt gelten die entwickelten Zumutbarkeitsgrundsätze auch unter der Geltung des BBodSchG im Altlastenbereich; das BBodSchG enthält keine eigene Regelung zur Zumutbarkeit, das Gesetz nimmt aber in § 4 Abs. 2 und Abs. 5 ausdrücklich auf den Grundsatz der Verhältnismäßigkeit Bezug (Schenke PolR Rn. 274). 26

Eine zeitliche Begrenzung der Verantwortlichkeit durch **Verjährung** findet nicht statt (Erbguth/Stollmann DVBl 2001, 601 (607)). 27

D. Rechtsnachfolge bei Zustandsverantwortlichkeit

Die Frage nach einem Übergang einer **abstrakten Verantwortlichkeit** bei Rechtsnachfolge stellt sich bei der Zustandsverantwortlichkeit nicht, jedenfalls besteht kein Bedarf an einer Klärung. Mit dem Eigentumsübergang bzw. dem Übergang der tatsächlichen Sachherrschaft wird der Erwerber automatisch selbst Zustandsverantwortlicher nach § 7 im Sinne einer **eigenen originären Verantwortlichkeit** (FLS PolR Hessen Kap. D Rn. 81; vgl. aber VGH Kassel NJW 1993, 611 zur Altlastenproblematik und bestehenden Sonderregelungen). Nach einem Übergang kann die Behörde den neuen Eigentümer bzw. Gewaltinhaber in Anspruch nehmen und Maßnahmen an ihn richten. 28

Eine andere Frage ist, ob ein Rechtsnachfolger eine bereits an den Rechtsvorgänger ergangene Verfügung gegen sich gelten lassen muss. Dies betrifft die Frage nach dem Übergang einer bereits **durch Verfügung konkretisierten Verantwortlichkeit** (→ § 6 Rn. 62.1). Hieran besteht in der Praxis ein großes Bedürfnis, da andernfalls Verwaltungsverfahren nach Eigentums- bzw. Besitzübergang erneut begonnen werden müssten, bestandskräftige Verfügungen wertlos würden. Im **Bereich des Bauordnungsrechts,** wo diese Fragestellung besondere Relevanz hat, ist durch **§ 61 Abs. 5 HBO** (wie auch in den meisten anderen Bundesländern) eine gesetzliche Klarstellung erfolgt. Danach gelten bauaufsichtliche Verfügungen (zB Beseitigungsanordnungen) auch gegen den Rechtsnachfolger. 29

Inwieweit dies auch außerhalb gesetzlicher Klarstellungen gelten soll, wird kontrovers diskutiert. Die heute hM bejaht bei vertretbarem Verhalten eine Rechtsnachfolge im Bereich der Zustandsverantwortlichkeit mit der Folge, dass der Rechtsnachfolger eine bereits ergangen Verfügung gegen sich gelten lassen muss; aus Sicht der Behörde bedarf es keiner erneuten Verfügung. Neben den praktischen Überlegungen wird dies vor allem mit dem **„dinglichen Charakter"** der Zustandsverantwortlichkeit begründet (BVerwG NJW 1971, 1624; VGH Kassel NVwZ 1998, 1315 OVG Koblenz NVwZ 1985, 431; VGH Mannheim NVwZ 1992, 392 jedenfalls für Grundstücksbezogene Verwaltungsakte; Hornmann HSOG § 6 Rn. 33; aA VGH Kassel NJW 1976, 1910; abl. wegen rechtsdogmatischer Bedenken Schenke PolR 30

Rn. 293 f.; krit. auch Kugelmann PolR Kap. 8 Rn. 66). Wenn nach hM ein Rechtsnachfolger eine ergangene Verfügung auch gegen sich gelten lassen muss, so ist er aber über die Verfügung und ggf. anstehende Maßnahmen zu **informieren** (VGH Kassel NVwZ 1985, 281; → § 6 Rn. 63).

§ 8 Unmittelbare Ausführung einer Maßnahme

(1) [1]Die Gefahrenabwehr- und die Polizeibehörden können eine Maßnahme selbst oder durch eine beauftragte dritte Person unmittelbar ausführen, wenn der Zweck der Maßnahme durch Inanspruchnahme der nach den §§ 6 oder 7 Verantwortlichen nicht oder nicht rechtzeitig erreicht werden kann. [2]Die von der Maßnahme betroffene Person ist unverzüglich zu unterrichten.

(2) [1]Entstehen den Gefahrenabwehr- oder den Polizeibehörden durch die unmittelbare Ausführung einer Maßnahme Kosten, so sind die nach den §§ 6 oder 7 Verantwortlichen zum Ersatz verpflichtet. [2]Mehrere Verantwortliche haften gesamtschuldnerisch. [3]Soweit Sachen in Verwahrung genommen werden, gelten die §§ 41 bis 43 entsprechend. [4]Die Kosten können im Verwaltungsvollstreckungsverfahren beigetrieben werden.

Überblick

Auszug aus der VVHSOG (gem. Erlass des Hessischen Ministeriums des Innern und für Sport v. 29.11.2022 (StAnz. 50/2022, 1384) zum 1.1.2025 mangels eines erneuten Verlängerungserlasses ersatzlos außer Kraft getreten):

Zu § 8

8. Unmittelbare Ausführung einer Maßnahme

8.1 Zu Abs. 1

8.1.1

Die Vorschrift setzt voraus, dass gegen die verantwortliche Person keine Anordnung ergehen kann, aber bei unterstellter Anwesenheit rechtmäßig hätte ergehen können. Ist eine Anordnung ergangen - hierbei kann es sich auch um eine durch Verkehrszeichen erfolgte Anordnung handeln - und kommt ihr die verantwortliche Person nicht nach, so kann die Anordnung durch Zwangsmittel nach § 48 ff. durchgesetzt werden, wobei § 47 Abs. 3 zu beachten ist. Auf Nr. 47.2 wird hingewiesen. Bei der Maßnahme, die unmittelbar auszuführen ist, muss es sich um eine vertretbare Handlung handeln. Nicht vertretbar ist eine Handlung, die ausschließlich durch die verantwortliche Person selbst erfolgen kann.

8.1.2

Die Unterrichtung kann schriftlich oder mündlich (auch fernmündlich) erfolgen. Ist ein verkehrswidrig abgestelltes Kraftfahrzeug abgeschleppt worden, kann die Unterrichtung erfolgen, wenn sich die verantwortliche Person bei der Behörde meldet, um sich nach dem Verbleib des Kraftfahrzeugs zu erkundigen. Meldet sie sich auch am nächsten Tag nach der Abschleppmaßnahme nicht, ist die Halterin oder der Halter des Fahrzeugs fernmündlich oder schriftlich zu unterrichten.

8.2 Zu Abs. 2

Die Kosten werden durch Bescheid festgesetzt. Kosten, die aufgrund der Verwahrung einer Sache - zum Beispiel eines abgeschleppten Kraftfahrzeugs - entstanden sind, werden in entsprechender Anwendung des § 43 erhoben. § 43 eröffnet zudem die Möglichkeit der Geltendmachung eines Zurückbehaltungsrechts und der Ermächtigung einer dritten Person (zum Beispiel eines Abschleppunternehmers), Zahlungen der voraussichtlichen Kosten in Empfang zu nehmen. Die Erhebung der Kosten erfolgt nach dem Hessischen Verwaltungskostengesetz (HVwKostG) in Verbindung mit der Verwaltungskostenordnung für den Geschäftsbereich des Ministeriums des Innern und für Sport (VwKostO-MdIS) und der Allgemeinen Verwaltungskostenordnung.

Die unmittelbare Ausführung ermöglicht Gefahrenabwehr **ohne vorangehenden Erlass eines Verwaltungsakts** durch die Gefahrenabwehr- und Polizeibehörden selbst oder durch von diesen beauftrage Dritte, wenn die nach § 6 oder 7 **Verantwortlichen** (Störer) **nicht greifbar** sind. Abs. 1 zielt damit auf ähnliche Situationen ab wie das gekürzte Zwangsverfahren (Sofortvollzug) gem. § 47 Abs. 2 und erfordert eine Abgrenzung zu diesem (→ Rn. 2).

In Abs. 1 ist **keine eigenständige Befugnisnorm** zu sehen (→ Rn. 2). Eine solche stellt allerdings **Abs. 2** für die Geltendmachung der durch die unmittelbare Ausführung entstandenen **Kosten** dar (→ Rn. 14). Besondere **praktische Relevanz** haben die unmittelbare Ausführung und die Kostenregelung für das behördlich angeordnete **Abschleppen bzw. Umsetzen von verkehrswidrig abgestellten Fahrzeugen** (→ Rn. 25). § 8 entspricht § 5a MEPolG.

Übersicht

A. Unmittelbare Ausführung nach Abs. 1

I. Rechtscharakter und Abgrenzung zum Sofortvollzug

Die unmittelbare Ausführung verlangt, dass die Behörden oder durch diese beauftragte Dritte (zB private Unternehmer) anstelle der eigentlich Verantwortlichen handeln. Daraus folgt, dass das Rechtsinstitut von vornherein nur bei **vertretbaren Handlungen** in Betracht kommt. 1

Abs. 1 beschreibt die Handlungsform der unmittelbaren Ausführung und nennt die Voraussetzungen, ist aber **keine eigenständige Befugnisnorm.** Darauf deutet schon die Regelung dieses Rechtsinstituts inmitten der Adressatennormen hin. Zudem spricht Abs. 1 ausdrücklich von der Ausführung einer „Maßnahme" und verlangt damit einen **fiktiven (Grund-)Verwaltungsakt,** der auf eine einschlägige **Befugnisnorm nach §§ 11 ff.** gestützt werden kann (Fredrich Rn. 2; Kingreen/Poscher POR § 25 Rn. 45; FLS PolR Hessen Kap. J Rn. 53). 2

Nr. 8.1.1 VVHSOG trägt dem Rechnung und verlangt als Voraussetzung der unmittelbaren Ausführung, dass bei unterstellter Anwesenheit der verantwortlichen Person eine Anordnung rechtmäßig hätte ergehen können. Als Befugnisnorm wird häufig die **Generalklausel** des § 11 in Betracht kommen, denkbar sind aber auch Standardbefugnisse (zB Sicherstellung im Wege der unmittelbaren Ausführung, VGH Kassel NVwZ-RR 2008, 784) oder Befugnisse des besonderen Polizeirechts. 2.1

Umstritten ist, ob in der unmittelbaren Ausführung ein **Verwaltungsakt** gesehen werden kann (so offenbar ohne nähere Begründung VGH Kassel NVwZ-RR 2008, 784). Dagegen spricht, dass es an einer nach § 35 S. 1 HVwVfG erforderlichen **Regelung fehlt** und eine **Bekanntgabe** gem. § 43 Abs. 1 S. 1 HVwVfG von vornherein **unmöglich** ist. Die hM sieht daher in der unmittelbaren Ausführung zu Recht einen **Realakt mit Eingriffscharakter** (Fredrich Rn. 10; Maurer/Waldhoff AllgVerwR § 20 Rn. 26; Kugelmann DÖV 1997, 153 (155); FLS PolR Hessen Kap. J Rn. 56). 3

Da die unmittelbare Ausführung behördliches Handeln ohne vorangehenden (Grund-)Verwaltungsakt ermöglicht, stellt sich die Frage der **Abgrenzung zum Verwaltungszwang** im gekürzten Zwangsverfahren (Sofortvollzug) gem. § 47 Abs. 2 (dazu auch → § 47 Rn. 38 ff.). Dass die **unmittelbare Ausführung** in ihrem Anwendungsbereich - also bei vertretbaren Handlungen und einem behördlichen bzw. behördlich veranlassten Handeln anstelle der nach § 6 oder 7 Verantwortlichen - gegenüber dem Sofortvollzug **Vorrang** hat (VGH Kassel NVwZ-RR 1999, 23 (25)), folgt aus § 47 Abs. 2, denn auf diese Norm kann behördliches Handeln nur gestützt werden, wenn Maßnahmen „nach den §§ 6 bis 9" nicht erfolgversprechend sind. Diese **Subsidiarität des § 47 Abs. 2** spricht bereits 4 dagegen, auch in § 8 eine Variante des gekürzten Zwangsverfahrens zu sehen (so aber Kingreen/Poscher POR § 25 Rn. 42). Dagegen spricht zudem die **Regelung** der unmittelbaren Ausführung **außerhalb des** den Zwang normierenden **vierten Abschnitts** des HSOG. Zwang setzt **den entgegenstehenden Willen** des Betroffenen voraus (Staatslexikon online, Waldhoff, Zwang, Version 8.6.2022, abrufbar unter https://www.staatslexikon-online.de/Lexikon/Zwang); dieser soll überwunden werden. Steht ein solcher entgegenstehender Wille des Betroffenen nicht fest, so ist die unmittelbare Ausführung einschlägig, nicht der Sofortvollzug (Köhler BayVBl 1999, 582 (586)).

II. Rechtmäßigkeitsvoraussetzungen

5 Die Rechtmäßigkeit einer unmittelbaren Ausführung hängt davon ab, ob neben den besonderen Anforderungen aus Abs. 1 auch die formellen und materiellen Voraussetzungen eines fiktiven (Grund-)Verwaltungsaktes erfüllt sind, dieser insbesondere auf eine einschlägige Befugnisnorm gestützt werden kann.

1. Formelle Anforderungen

6 Die handelnde Behörde muss **zuständig** sein. Die Möglichkeit einer unmittelbaren Ausführung steht nach Abs. 1 sowohl den Gefahrenabwehrbehörden als auch den Polizeibehörden offen. Welche Behörde im Einzelfall tätig wird, richtet sich nach den allgemeinen Zuständigkeitsregeln und der einschlägigen Befugnisnorm, sodass auch bei der unmittelbaren Ausführung die Polizeibehörden in der Regel nur in sog. Eilfällen sachlich zuständig sind. Dies gilt auch für die Abschleppfälle, in denen vorrangig die sachliche Zuständigkeit der Straßenverkehrsbehörden gegeben ist (→ Rn. 34).

7 Da die unmittelbare Ausführung keinen Verwaltungsakt, sondern einen Realakt darstellt (→ Rn. 3), greifen die grundsätzlich nur für Verwaltungsakte geltenden **Form- und Verfahrensvorschriften** des HVwVfG nicht. Abs. 1 normiert als besondere Verfahrensvorschrift die Verpflichtung, die von der Maßnahme betroffene **Person unverzüglich zu unterrichten.** Das Gesetz schreibt hier keine besondere Form vor, die Unterrichtung kann schriftlich oder mündlich bzw. telefonisch erfolgen. Beim in der Praxis häufigen Fall abgeschleppter Fahrzeuge erfolgt sie in der Regel, wenn sich Fahrer oder Halter des Fahrzeugs melden, um nach dem Verbleib des Fahrzeugs zu fragen (vgl. Nr. 8.1.2 VVHSOG). Erfolgt bis zum Ablauf des der Abschleppmaßnahme folgenden Tages keine Nachfrage, hat die Behörde den Halter zu informieren. Der Halter ist in der Regel auch nach § 7 verantwortlich für die vom Fahrzeug ausgehenden Gefahren, in jedem Fall aber betroffen von der Abschleppmaßnahme (vgl. Hornmann HSOG Rn. 10). Verantwortlichkeit und Betroffenheit fällt in der Regel zusammen, der Begriff des Betroffenen ist aber nicht zwingend identisch mit dem des Verantwortlichen.

8 Die betroffene Person ist nach Abs. 1 S. 2 **unverzüglich** zu unterrichten. Das Zivilrecht versteht unter „unverzüglich" ein Handeln „ohne schuldhaftes Zögern" (§ 121 Abs. 1 S. 1 BGB). Allerdings können sachliche Gründe vorliegen, die eine Unterrichtung verzögern dürfen (vgl. BVerfG NJW 2006, 579). **Unterbleibt eine Unterrichtung** oder erfolgt sie verspätet, berührt dies nicht die Rechtmäßigkeit der im Wege der unmittelbaren Ausführung erfolgten Maßnahme. Die fehlende oder verspätete Benachrichtigung kann aber eine Pflichtverletzung darstellen und zu Ansprüchen aus Amtshaftung führen.

2. Materielle Anforderungen

9 An **materiellen Anforderungen** setzt Abs. 1 voraus, dass der Zweck der Maßnahme durch eine Inanspruchnahme der nach §§ 6 oder 7 Verantwortlichen nicht oder nicht rechtzeitig erreicht werden kann. Eine **Inanspruchnahme Verantwortlicher ist nicht möglich,** wenn es an einem Verantwortlichen fehlt bzw. dieser nicht erreichbar ist oder wenn die Verantwortlichkeit nicht feststeht (zB Gefahr geht von einem Tier aus, das herrenlos oder dessen Halter unbekannt ist). Denkbar ist auch, dass ein Verantwortlicher nicht in der Lage ist, den Zweck zu erreichen. Die Voraussetzungen einer unmittelbaren Ausführung liegen allerdings nicht vor, wenn ein Verantwortlicher lediglich nicht willens ist, einer Inanspruchnahme nachzukommen. In diesem Fall kann eine Inanspruchnahme erfolgen; die an

den Verantwortlichen gerichtete Verfügung müsste dann mit Zwangsmitteln durchgesetzt werden.

Die unmittelbare Ausführung ist auch zulässig, wenn eine Inanspruchnahme zwar möglich wäre, der Zweck der Maßnahme aber **nicht rechtzeitig** erreicht werden kann. Dies setzt voraus, dass die Aufgabe der Gefahrenabwehr zeitlich dringend ist, also keinen Aufschub duldet. Reicht die Zeit aus, den Verantwortlichen zu informieren und in die Pflicht zu nehmen, fehlt es an den Voraussetzungen einer unmittelbaren Ausführung. 10

Die Rechtmäßigkeit einer unmittelbaren Ausführung setzt auch voraus, dass eine **(hypothetische) Inanspruchnahme** des Verantwortlichen bei unterstellter Anwesenheit möglich wäre (vgl. Nr. 8.1.1 VVHSOG). Da die Behörde anstelle des eigentlichen Verantwortlichen handelt, müsste eine Inanspruchnahme rechtlich möglich sein, was erfordert, dass die Voraussetzungen der dazu erforderlichen Befugnisnorm vorliegen (vgl. VGH Kassel BeckRS 2005, 23183: Sicherstellung im Wege unmittelbarer Ausführung). Der von der Maßnahme Betroffene müsste bei unterstellter Anwesenheit auch nach §§ 6 oder 7 verantwortlich sein. 11

Materielle Rechtmäßigkeitsvoraussetzung einer unmittelbaren Ausführung ist ferner, dass sie **verhältnismäßig** ist, dh die geeignete, erforderliche und angemessene Maßnahme darstellt (vgl. § 4), und Ergebnis einer **pflichtgemäßen Ermessensausübung** (vgl. § 5) ist. 12

Die unmittelbare Ausführung einer Maßnahme kann durch die Behörde **selbst** erfolgen oder durch eine **beauftragte dritte Person.** Bei Dritten handelt es sich in der Regel um private Unternehmen, die von der Behörde beauftragt werden (Abschleppunternehmer, Baufirmen usw). Zwischen ihnen und der Behörde besteht ein **privatrechtliches Auftragsverhältnis,** es erfolgt keine Übertragung von Hoheitsrechten (BGH NJW 1996, 2431 (2432)). Der Dritte wird tätig in Erfüllung seiner vertraglichen Verpflichtung gegenüber der ihn beauftragenden Behörde. Allerdings muss sich die Behörde unter Umständen das Verhalten des Dritten zurechnen lassen, wenn es durch diesen zu **Schäden beim Betroffenen** kommt (BGH NJW 2006, 1804; JZ 1993, 1001; Detterbeck JuS 2000, 574 (575)). Keine Beauftragung Dritter liegt vor, wenn Stellen, die kraft Gesetzes selbst zur Hilfe verpflichtet sind (zB Feuerwehr, Technisches Hilfswerk), in Ausübung ihrer Pflichten tätig werden (vgl. VGH Kassel NJW 1986, 1828). 13

B. Kostenersatz (Abs. 2)

I. Kosten der unmittelbaren Ausführung

Abs. 2 verpflichtet die eigentlich Verantwortlichen zum Ersatz der durch die unmittelbare Ausführung entstandenen Kosten. Sie stellt für die Kosten der unmittelbaren Ausführung eine abschließende Regelung dar, ein Rückgriff zB auf die Regeln der Geschäftsführung ohne Auftrag ist nicht möglich (BGH NJW 2004, 517; VGH Kassel NVwZ 1987, 904; ausf. Schenke PolR Rn. 700). Abs. 2 erfasst nur die **Kosten der unmittelbaren Ausführung.** Das sind die Kosten, die durch die unmittelbare Ausführung direkt verursacht werden (zB Abschleppkosten bei beauftragtem Abschleppunternehmen) einschließlich der damit in unmittelbarem Zusammenhang stehenden Nebenkosten, zB Gutachterkosten (vgl. VGH Kassel NVwZ 1988, 655). Die Kosten müssen auch der **Höhe** nach erforderlich gewesen sein. Bei Abschleppkosten sind dies solche Kosten, die üblicherweise für das Abschleppen eines Fahrzeuges aufzuwenden sind. Als Maßstab gilt der verkehrsübliche Preis (VGH Kassel BeckRS 2005, 23185 Rn. 34 ff.). 14

Die **anteiligen Dienstbezüge** der Behördenmitarbeiter fallen nicht darunter, eventuell aber kann die durch die unmittelbare Ausführung bedingte Überstundenvergütung geltend gemacht werden (Fredrich Rn. 14). Daneben können **Verwaltungsgebühren** erhoben werden. Grundlage dafür ist das HVwKostG (Hessisches Verwaltungskostengesetz v. 12.1.2004, HessGVBl. I 36), das als Grundlage für Amtshandlungen von Landesbehörden als auch kommunaler Gefahrenabwehrbehörden dient, und die VwKostO-MdIS (Verwaltungskostenordnung für den Geschäftsbereich des Ministeriums des Innern und für Sport v. 7.6.2013, HessGVBl. 410). 15

Werden infolge der unmittelbaren Ausführung Sachen in **Verwahrung** genommen, was bei abgeschleppten Fahrzeugen die Regel ist, gelten nach § 8 Abs. 2 S. 3 die §§ 41–43 entsprechend. Damit können auch die **Kosten der Verwahrung** (zB Standgebühren für 16

Fahrzeuge) per Leistungsbescheid geltend gemacht werden. Eine für die Abschlepppraxis wichtige Folge der Verweisung ist die Möglichkeit, die Herausgabe einer Sache von der Zahlung der Kosten abhängig zu machen (§ 43 Abs. 3 S. 4). Die Behörden erhalten damit ein **Zurückbehaltungsrecht.** Das Zurückbehaltungsrecht setzt keine durch Leistungsbescheid titulierte Forderung voraus (vgl. Hornmann HSOG Rn. 21).

16.1 Ferner sieht § 43 Abs. 3 S. 5 die Möglichkeit vor, eine dritte Person, der die **Verwahrung übertragen** worden ist (zB Abschleppunternehmer) zu ermächtigen, Zahlungen der Kosten in Empfang zu nehmen. Dabei ist die Formulierung in Nr. 43.3.2 VVHSOG, wonach die Behörde die dritte Person „ermächtigen" kann, „das Zurückbehaltungsrecht auszuüben", missverständlich. Die Ausübung des Zurückbehaltungsrechts ist eine hoheitliche Angelegenheit, sie liegt im pflichtgemäßen Ermessen der Behörde (vgl. OVG Hamburg DÖV 2008, 122). Die Behörde kann diese Entscheidungsbefugnis nicht auf Dritte übertragen (vgl. FLS PolR Hessen Kap. L Rn. 122). Der Dritte kann lediglich als Bote der Behörde fungieren, einmal als Empfangsbote bei der Annahme der Kosten (vgl. VGH Kassel BeckRS 2006, 26634; Hornmann HSOG Rn. 24), zum anderen als Erklärungsbote, der dem Betroffenen mitteilt, dass die Behörde die Herausgabe von der Kostenzahlung abhängig mache (vgl. Hornmann HSOG Rn. 22; Schenke PolR Rn. 161).

II. Kostenfestsetzung

17 Die Kosten werden durch **Kostenbescheid** (Verwaltungsakt) festgesetzt. Die Vorschrift schafft eine **Ermächtigungsgrundlage** für einen entsprechenden Kostenbescheid der Behörde. **Zuständig für die Kostenerhebung** ist in der Regel die Behörde, die die unmittelbare Ausführung vorgenommen bzw. angeordnet hat. Geschieht dies durch die Polizei, liegt die Zuständigkeit für den Kostenbescheid beim Hessischen Polizeipräsidium für Technik (dem früheren Präsidium für Technik, Logistik und Verwaltung, vgl. § 8 Abs. 2 HSOG-DVO). Da es sich um einen belastenden Verwaltungsakt handelt, bedarf es grundsätzlich der **vorherigen Anhörung** nach § 28 Abs. 1 HVwVfG. Wegen der Nähe der unmittelbaren Ausführung zu Vollstreckungsmaßnahmen wird zum Teil ein Verzicht auf die Anhörung in entsprechender Anwendung von § 28 Abs. 2 Nr. 5 HVwVfG befürwortet.

18 **Materielle Rechtmäßigkeitsvoraussetzung** für den Kostenbescheid ist, dass die **unmittelbare Ausführung rechtmäßig** erfolgte. Lagen die Voraussetzungen nach Abs. 1 nicht vor oder war die Maßnahme aus anderen Gründen rechtswidrig, können die Kosten der Ausführung nicht geltend gemacht werden.

19 **Kostenschuldner und damit Adressat des Kostenbescheides** sind **die nach §§ 6 oder 7 Verantwortlichen.** Sind mehrere Verantwortliche vorhanden, haften sie **gesamtschuldnerisch** (vgl. §§ 421 ff. BGB). Der Verweis auf die gesamtschuldnerische Haftung bedeutet nicht, dass die Behörde die Kosten rein zivilrechtlich nach ihrem Belieben von jedem der Verantwortlichen ganz oder teilweise fordern kann (so aber wohl Pausch/Dölger PolR Hessen 253). Sind mehrere Verantwortliche vorhanden, liegt es vielmehr im pflichtgemäßen Ermessen der Behörde, wen sie in welcher Höhe heranzieht (vgl. FLS PolR Hessen Kap. H Rn. 71). Der Verweis stellt lediglich klar, dass es möglich ist, die Kosten – nach vorheriger Ermessensausübung – von nur einem Verantwortlichen zu fordern. Er beinhaltet auch eine Aussage zum **Innenausgleich** (vgl. § 426 BGB) zwischen mehreren Verantwortlichen (→ § 6 Rn. 59.2).

20 Bei der **Feststellung der Verantwortlichkeit** sind der Zeitpunkt und die Kenntnislage bei Erlass des Kostenbescheides maßgebend (vgl. OVG Münster NJW 1993, 2698). Da beim Kostenbescheid (Sekundärebene) anders als bei der Maßnahme selbst (Primärebene) weder Eile geboten ist noch die Effektivität der Gefahrenabwehr im Vordergrund steht, hat ggf. eine differenzierte Betrachtung zu erfolgen. So gilt der sog. **Anscheinsstörer** (→ § 6 Rn. 31) zwar als verantwortlich auf der Primärebene, sodass Maßnahmen gegen ihn bzw. zu seinen Lasten möglich sind, die Kostenpflicht für diese Maßnahmen soll ihn aber nur treffen, wenn er den Anschein in zurechenbarer Weise gesetzt und zu vertreten hat (vgl. VGH Mannheim NVwZ-RR 1991, 24 (26); BGH NJW 1994, 2355; OVG Münster BeckRS 2000, 21932 mAnm Vahle DVP 2002, 299).

20.1 Wird zB ein Fahrzeug durch zwei Fahrzeuge eingeparkt oder der Durchgangsverkehr durch parkende Fahrzeuge behindert, so kann die Polizei das nach Zeugenaussagen zuletzt gekommene und damit die Situation unmittelbar verursachende Fahrzeug abschleppen lassen. Aufgrund der Zeugenaussagen konnte die Polizei davon ausgehen, dass der Fahrer bzw. Halter des von den Zeugen benannten Fahrzeugs nach §§ 6 oder 7 verantwortlich sind. Da der mutmaßliche Verantwortliche nicht erreichbar war, durfte die Polizei das Fahrzeug im Wege der unmittelbaren Ausführung abschleppen bzw. abschleppen lassen. Stellt sich später heraus, dass die Zeugenaussagen falsch waren, können dem „Verdächtigen" nicht die Kosten der unmittelbaren Ausführung auferlegt werden.

Ähnlich ist die Situation, wenn der Behörde Kosten dadurch entstehen, dass sie gewaltsam eine Wohnung öffnen lässt: Besteht durch Aussagen aus der Nachbarschaft der Verdacht, dem Wohnungsinhaber sei in der Wohnung etwas zugestoßen, wird aber klar, dass der Wohnungsinhaber nur im Urlaub weilte, ist das Öffnen der Tür rechtens. Allerdings muss der Wohnungsinhaber, der für die falsche Annahme selbst keinen zurechenbaren Beitrag geleistet, nicht für die Kosten aufkommen. 20.2

Die Geltendmachung der Kosten und der Erlass eines Kostenbescheides stehen grundsätzlich im **Ermessen der Behörde** (aA wohl Schenke PolR Rn. 703). Abs. 2 schreibt zwar vor, dass die Verantwortlichen zur Kostentragung verpflichtet sind. Daraus folgt jedoch keine zwingende Verpflichtung der Behörde, die Kosten auch geltend zu machen und einzufordern (vgl. VGH Mannheim NJW 1991, 1698). Das Gefahrenabwehrrecht unterliegt dem Opportunitätsprinzip (vgl. § 5). Es muss möglich sein, auch bei der Kostenerhebung Billigkeitsgesichtsgesichtspunkte und Verhältnismäßigkeitsaspekte zu berücksichtigen (vgl. VGH Kassel NJW 1997, 1023; BeckRS 2011, 56407). 21

In dem vom VGH Mannheim (NJW 1991, 1698) entschiedenen Fall hatte ein Fahrer sein Fahrzeug zunächst zulässigerweise geparkt. Wenig später stellte die Behörde wegen anstehender Bauarbeiten Haltverbotsschilder auf und ließ das Fahrzeug zwei Tage später wegen Behinderung der Arbeiten abschleppen. Das Gericht sah darin eine zulässige Maßnahme zur Gefahrenabwehr im Wege der unmittelbaren Ausführung, hielt die Belastung des Fahrers oder Halters mit den Kosten aber für unzumutbar und damit für rechtswidrig. Das BVerwG verlangt in solchen Fällen einen **Vorlauf von drei vollen Tagen;** erst danach sind kostenpflichtige Abschleppmaßnahmen angemessen (BeckRS 2018, 14942). 21.1

Nach Auffassung des VGH Kassel (BeckRS 2011, 56407) kann die Heranziehung eines nach dem HessFBG bestattungspflichtigen Angehörigen zu den Kosten einer im Wege der unmittelbaren Ausführung erfolgten Bestattung durch die Behörde ausnahmsweise unzumutbar sein. 21.2

Liegen allerdings keine besonderen Umstände im Einzelfall vor, ist das Ermessen der Behörde im Regelfall unter Gleichheitsgesichtspunkten und haushaltsrechtlichen Aspekten auf die Kostengeltendmachung verdichtet (vgl. VGH Kassel NVwZ RR 1995, 29). 22

C. Rechtsschutz

Beim Rechtsschutz ist zu differenzieren und zu klären, wogegen der Betroffene rechtlich vorgehen will, gegen die Maßnahme der unmittelbaren Ausführung oder gegen die Auferlegung der Kostenpflicht. Sieht man in der unmittelbaren Ausführung einen hoheitlichen Realakt, scheiden Widerspruch und Anfechtungsklage bzw. eine Fortsetzungsfeststellungsklage wegen erledigtem Verwaltungsakt aus. Der durch die Maßnahme Betroffene kann unter Umständen eine **Feststellungsklage nach § 43 VwGO** vor dem Verwaltungsgericht erheben, soweit ein berechtigtes Feststellungsinteresse (zum Feststellungsinteresse → § 11 Rn. 51) besteht. Besteht das Feststellungsinteresse nur in Hinblick auf die Kostenfolge, ist für eine isolierte Feststellungsklage kein Raum, der Betroffene hat die Möglichkeit, den Kostenbescheid anzufechten. Besteht die Möglichkeit, die Maßnahme zu verhindern oder rückgängig zu machen, kommt eine **Leistungsklage** in Betracht. **Vorläufiger Rechtsschutz** muss über **§ 123 VwGO** durch einen Antrag auf einstweilige Anordnung erfolgen. 23

In der Praxis geht es vorrangig um die **Kostenfrage.** Da die Kosten durch Leistungsbescheid und damit durch einen belastenden Verwaltungsakt geltend gemacht werden, stehen dem Betroffenen **Widerspruch** (vgl. § 68 VwGO) **und Anfechtungsklage** (§ 42 Abs. 1 VwGO) zur Verfügung. Da die rechtmäßige Kostenerhebung die Rechtmäßigkeit der unmittelbaren Ausführung voraussetzt, erfolgt auf diesem Wege eine **inzidente Überprüfung der unmittelbaren Ausführung.** Widerspruch und Anfechtungsklage gegen den Kostenbescheid haben **aufschiebende Wirkung nach § 80 Abs. 1 VwGO.** Kostenbescheide nach Abs. 2 fallen nicht unter die Regelung des § 80 Abs. 2 Nr. 1 VwGO, da die Kosten der unmittelbaren Ausführung nicht vom Kostenbegriff der Norm erfasst werden (VGH Kassel NJW 1980, 1248). 24

D. Abschleppen von Fahrzeugen

I. Rechtscharakter und Rechtsgrundlage

25 Verkehrssünder, die ihr Fahrzeug verkehrswidrig abstellen oder parken, müssen je nach Fallgestaltung nicht nur mit einer Ahndung durch Verwarnungs- oder Bußgeld rechnen, sondern auch damit, dass ihr verkehrswidrig abgestelltes Fahrzeug auf Anordnung von Verkehrsbehörden oder der Polizei abgeschleppt wird. Die damit verbundene Erschwernis und vor allem die auf die Betroffenen zukommenden Abschleppkosten werden oft als eigentliche „Bestrafung" empfunden, die die Belastung eines Verwarn- oder Bußgeldes in der Regel übersteigt. Die Abschleppanordnung dient aber vorrangig der Gefahrenbeseitigung, stellt eine präventive Maßnahme der Gefahrenabwehr und häufig den **klassischen Anwendungsfall einer unmittelbaren Ausführung** dar.

26 Die Aufnahme der unmittelbaren Ausführung und insbesondere die Kostenregelung (heute in Abs. 2) in das HSOG geht auf Abschleppfälle zurück, um eine nach der Rechtsprechung des Hessischen Verwaltungsgerichtshofs bestehende Reglungslücke für die Abschleppkosten zu schließen (vgl. LT-Drs. 12/1482, 44; VGH Kassel NJW 1987, 904). Nicht jeder Abschleppvorgang erfolgt aber als unmittelbare Ausführung iSd Abs. 1. Gerade bei den Abschleppfällen zeigt sich die **Nähe** insbesondere **zu Vollstreckungsmaßnahmen.** Die rechtliche Zuordnung eines Abschleppvorgangs ist von den genauen Modalitäten des Falles abhängig und zu klären.

27 Die erste Weichenstellung geht von der behördlich verfolgten **Zielrichtung der Abschleppanordnung** aus. So kann der Grund auch im Zusammenhang mit der Aufklärung oder Verfolgung von Straftaten stehen, ein Fahrzeug kann zB zur Spuren- bzw. Beweissicherung abgeschleppt und sichergestellt werden. Es handelt sich dann um eine strafprozessuale Sicherstellung bzw. Beschlagnahme nach den Regeln der StPO (§§ 94 ff. StPO).

28 Erfolgt das **Abschleppen aus präventiven Gründen,** greift das HSOG; das StVG und die StVO enthalten keine Vorschriften bzw. Ermächtigungen zum Abschleppen. Im präventiven Bereich ist zu klären, ob eine unmittelbare Ausführung nach Abs. 1 oder eine Ersatzvornahme nach § 49 vorliegt. Die Ersatzvornahme setzt als Vollstreckungsmaßnahme einen vollstreckbaren Verwaltungsakt voraus, während die unmittelbare Ausführung greift, wenn kein Verwaltungsakt ergehen kann.

29 Davon ausgehend sind die Fälle, in denen das Abschleppen erfolgt, nachdem Fahrer oder Halter ausdrücklich zur Beseitigung des Fahrzeugs aufgefordert wurden, der Aufforderung aber nicht Folge leisten, unproblematisch. Das Abschleppen erfolgt hier als **Ersatzvornahme.** Mit dem Abschleppen wird ein Verwaltungsakt – Aufforderung, das Fahrzeug wegzufahren – vollstreckt. Die Abschleppkosten sind Kosten der Ersatzvornahme und nach § 49 Abs. 1 vom Betroffenen zu tragen.

30 Ähnlich sind Fälle zu werten, in denen das Abschleppen durch die zuständige Straßenverkehrsbehörde bei Abwesenheit von Fahrer bzw. Halter wegen **Verstoßes gegen Verkehrszeichen** (Ge- oder Verbotszeichen) angeordnet wird (Bsp. → Rn. 30.1).

30.1 **Beispiel:** Mitarbeiter der Behörde lassen ein im **Halteverbot** (Zeichen 283 Anlage 2 StVO) stehendes Fahrzeug abschleppen.

31 In diesem Fall stellt das Verkehrszeichen einen vollstreckbaren Verwaltungsakt dar, der im Wege der Ersatzvornahme zwangsweise durchgesetzt werden kann. Nach der **„Verkehrszeichen-Rechtsprechung" des BVerwG** (vgl. BVerwG NVwZ 1988, 623; NJW 1973, 71; 1967, 1627), der die verwaltungsgerichtliche Rechtsprechung (vgl. für Hessen VGH Kassel NVwZ-RR 1999, 23; 1988, 655) und die ganz hM gefolgt sind (vgl. nur Kugelmann PolR Kap. 9 Rn. 4), stellen Verkehrszeichen, die Verbote und Gebote enthalten, **Allgemeinverfügungen** dar, die in entsprechender Anwendung von § 80 Abs. 2 Nr. 2 VwGO **sofort vollziehbar** sind (VGH Kassel NVwZ-RR 1993, 389 (399)). Halteverbotsschilder enthalten nach der Rechtsprechung nicht nur das Verbot, sondern gleichzeitig das **Gebot,** das Fahrzeug aus der Verbotszone fortzubewegen. Dies gilt auch bei Verstößen gegen Verkehrseinrichtungen gem. § 13 StVO wie Parkuhren oder Parkscheinautomaten (vgl. BVerwG NvwZ 1988, 623; VGH Kassel-RR 1999, 23).

Weitere **Beispiele aus der Rechtsprechung** (ausf. Auflistung auch bei Hornmann HSOG § 11 Rn. 53 Fn. 186): **31.1**
- Anwohnerparkplatz (VGH Mannheim NJW 1995, 3004),
- Behindertenparkplatz (VGH Kassel NVwZ 1987, 910; VGH Mannheim NVwZ-RR 2003, 558),
- Fußgängerüberweg (VGH Kassel NVwZ 1988, 657),
- Beschilderter Geh- bzw. Radweg (BVerwG NJW 1990, 931),
- Eingeschränktes Halteverbot (Zeichen 286 Anlage 2 StVO; BVerwG NJW 1978, 656; VG Gießen NVwZ-RR 2003, 212),
- Taxenstand (BVerwG BeckRS 2014, 52601; VGH Kassel BeckRS 2013, 48971),
- Busparkplatz (OVG Münster NJW 1999, 1275).

Der genannte Ansatz – Verkehrszeichen als Vollstreckungsgrundlage – bereitet Probleme, wenn fraglich ist, ob das Verkehrszeichen gegenüber dem Betroffenen überhaupt wirksam ist bzw. diesem bekanntgegeben wurde (vgl. zu Beispielen → Rn. 32.1). **32**

Beispiele: **32.1**
- Ein Verkehrsteilnehmer parkt sein Fahrzeug ordnungsgemäß, ein mobiles Halteverbot wird erst nachträglich zwecks Durchführung von Arbeiten aufgestellt (vgl. VGH Mannheim NJW 1991, 1698).
- Die Behörde richtet den Kostenbescheid an den Halter, der aber nicht der Fahrer war und deshalb das Verbotszeichen nicht wahrgenommen hat (vgl. VGH Mannheim VBlBW 1996, 32).

Der VGH Mannheim lehnte in diesen Fällen (→ Rn. 32.1) eine Ersatzvornahme ab, da es an der Voraussetzung eines vollstreckbaren Verwaltungsaktes fehle. Das dem Verkehrszeichen innewohnende Ge- bzw. Verbot sei zwar wirksam, könne aber gegenüber dem Betroffenen mangels Wahrnehmungsmöglichkeit keine innere Wirksamkeit entfalten. Der VGH Mannheim sieht deshalb in diesen Fällen im Abschleppvorgang eine unmittelbare Ausführung. Auch der Hessische VGH sieht dies so (vgl. VGH Kassel NVwZ-RR 1999, 23 (25)). Die rechtliche Einordnung bereitet keine Probleme, wenn man mit der Rechtsprechung des BVerwG davon ausgeht, dass öffentlich bekanntgemachte Verkehrszeichen auch gegenüber Verkehrsteilnehmern vollstreckbar sind, die das Verkehrszeichen selbst nicht wahrgenommen haben (vgl. BVerwG NJW 1997, 1021). **33**

Problematisch sind ferner die Fälle, in denen die Polizei das Abschleppen wegen Verstoßes gegen Verkehrszeichen veranlasst. Handelt es sich um einen Fall der Ersatzvornahme – Vollstreckung des dem Verkehrszeichen innewohnenden Gebotes – läge die Zuständigkeit dafür bei der Behörde, die den Verwaltungsakt erlassen hat (vgl. § 68 Abs. 1 HessVwVG bzw. § 47 Abs. 3 S. 1). Dies wäre die Straßenverkehrsbehörde und nicht die Polizeibehörde. Die Polizei will in diesen Fällen nicht einen straßenverkehrsbehördlichen Verwaltungsakt vollstrecken; für sie erfolgt die Abschleppmaßnahme im Wege der unmittelbaren Ausführung (vgl. VGH Kassel NVwZ-RR 1999, 23; 1995, 29). **34**

Unstrittig um eine unmittelbare Ausführung geht es in Fällen, in denen es an einem vollstreckbaren Verwaltungsakt auch in Form von Verkehrszeichen fehlt. Dies ist der Fall, wenn das verkehrswidrige Verhalten aus einem Verstoß gegen die Straßenverkehrsordnung selbst folgt, so etwa beim Parken auf Gehwegen oder in gefährlichen Kurven. **35**

Insoweit ergibt sich das Gebot, das Fahrzeug zu entfernen, nicht aus einem Verkehrszeichen, sondern unmittelbar aus der entsprechenden Rechtsvorschrift, zB § 12 StVO (vgl. VGH Kassel NVwZ-RR 1999, 23 (25)). Hier kann im Wege der unmittelbaren Ausführung abgeschleppt werden, wenn eine Inanspruchnahme des eigentlich Verantwortlichen durch Verfügung nicht möglich ist (vgl. VGH Kassel NVwZ-RR 2008, 784). Grundlage ist in diesem Fall § 11 iVm § 8 Abs. 1. **36**

Schließlich sind auch Fälle denkbar, in denen eine Abschleppmaßnahme rechtlich als **Sicherstellung nach § 40** zu werten ist. Entscheidend ist die Zielrichtung des Abschleppens. Geht es der anordnenden Behörde vorrangig um die **Begründung amtl. Gewahrsams am Fahrzeug,** liegt eine Sicherstellung vor. Grund dafür kann sein, den Fahrer bzw. Halter gezielt von der Sachherrschaft auszuschließen oder das Fahrzeug vor fremdem Zugriff bzw. vor Zerstörung zu schützen (vgl. Fredrich § 40 Rn. 4). Sind in diesen Fällen Fahrer bzw. Halter nicht bekannt bzw. nicht erreichbar, handelt es sich um eine Sicherstellung im Wege der unmittelbaren Ausführung (so VGH Kassel NVwZ-RR 2008, 784; BeckRS 2005, 23183). Mit Blick auf bestehende Abgrenzungsprobleme und die Tatsache, dass es beim behördlichen Abschleppen letztlich immer um die Begründung von Gewahrsam geht, gibt **37** es auch Stimmen, die im Abschleppen und Verbringen eines Fahrzeuges in behördlichen Gewahrsam grundsätzlich eine Sicherstellung und keine vollstreckungsrechtliche Maßnahme sehen (vgl. Gusy PolR Rn. 290).

38 Eine **spezielle Regelung einer unmittelbaren Ausführung** findet sich in **§ 17a HessStrG.** Danach können verbotswidrig abgestellten Autowracks auf Kosten des Pflichtigen durch die für die Erlaubnis zuständige Behörde abgeschleppt werden. Das HessStrG enthält damit für die dort geregelten Fälle eine spezielle Regelung, die dem § 8 vorgeht.

II. Verhältnismäßigkeit des Abschleppens

39 Als Maßnahme der Gefahrenabwehr liegt die Abschleppanordnung im Ermessen (vgl. § 5) der Behörde; dabei kommt dem Grundsatz der Verhältnismäßigkeit (§ 4) besondere Bedeutung zu. Das **Abschleppen ist verhältnismäßig,** wenn es mit Blick auf den angestrebten Erfolg geeignet, als einziges Mittel erforderlich und unter Abwägung mit den für den Betroffenen eintretenden Nachteilen angemessen ist (vgl. VGH Kassel NVwZ 1987, 904). Geht von dem Fahrzeug bzw. seiner Lage im Raum eine Gefahr aus, ist die Beseitigung (Abschleppen oder Umsetzen) grundsätzlich eine geeignete Maßnahme zur Gefahrenabwehr. Problematisch können **Erforderlichkeit und Angemessenheit** (Verhältnismäßigkeit im engeren Sinne) sein. So **fehlt es an der Erforderlichkeit,** wenn zB der Aufenthaltsort des Fahrers oder Halters der Behörde bekannt ist, die betroffene Person in greifbarer Nähe weilt und damit zu rechnen ist, dass sie kurzfristig erscheint, um das Fahrzeug wegzufahren (vgl. BVerwGE 102, 313 (319 f.); VG Gießen NJW 2001, 2346). Die **Anforderungen an Nachforschungspflichten** sind dabei nach der Rechtsprechung aber nicht hoch. Ist der Aufenthalt des Fahrers unklar und der Erfolg von Nachforschungen ungewiss, kann in der Regel abgeschleppt werden. Die Behörde ist nicht gehalten, den Aufenthaltsort des Pflichtigen zu erkunden, wenn dieser nicht selbst Vorkehrungen dafür getroffen hat, leicht erreichbar zu sein (vgl. VGH Kassel NVwZ-RR 1999, 23 (25)). Auch ist keine regelmäßige Halteranfrage erforderlich (vgl. BVerwG VRS 2002, 309).

40 Das Zurücklassen einer **„Handynummer"** im Fahrzeug garantiert nach der Rechtsprechung nicht zwingend die sofortige Erreichbarkeit (vgl. OVG Hamburg NJW 2001, 3647; BVerwG NJW 2002, 2122).

40.1 Nach der Entscheidung des OVG Hamburg soll ein solches Angebot dann beachtlich sein, wenn ein konkreter Hinweis erfolgt, wo sich der Fahrer befindet; der bloße Hinweis „komme sofort" soll nicht genügen. Auch das BVerwG sieht bei hinterlassener Handynummer keine unbedingte Pflicht zur Nachforschung. Das BVerwG betont in seiner Entscheidung dabei auch den **spezial- und generalpräventiven Zweck der Abschlepppraxis,** der auch in die Verhältnismäßigkeitsüberlegungen einfließen müsse (so auch VGH Kassel NVwZ-RR 1999, 23 (26)). Der VGH Kassel sieht in der Abschlepppraxis zB bei Überschreiten von Parkzeiten ein adäquates Mittel, knappen Parkraum für legal parkende Fahrzeuge freizuhalten und betont den generalpräventiven Aspekt.

41 Die Frage der möglichen Erreichbarkeit von Fahrern wird in den genannten Entscheidungen im Rahmen der Verhältnismäßigkeit erörtert, was beim Abschleppen im Wege einer Ersatzvornahme auch nachvollziehbar ist. Beim Abschleppen im Wege einer unmittelbaren Ausführung betrifft die Erreichbarkeit aber bereits die tatbestandsmäßigen Voraussetzungen der unmittelbaren Ausführung. Diese setzt voraus, dass keine Verfügung gegenüber dem Verantwortlichen ergehen kann. Ist der Verantwortliche dagegen erreichbar, ist kein Raum für eine unmittelbare Ausführung (vgl. auch Schwabe DVBl 2002, 1561 (1562); Schenke PolR Rn. 731).

42 Neben der Frage hinsichtlich einer Nachforschungspflicht geht es bei den Verhältnismäßigkeitserwägungen auch um die Frage der **Wartepflicht:** Muss die Behörde abwarten und ggf. wie lange, bevor sie den Abschleppvorgang einleitet? Die Frage betrifft sowohl Aspekte der Erforderlichkeit als auch der Angemessenheit. Mit der Wartepflicht und deren **Umfang** hat sich der VGH Kassel wiederholt beschäftigt, beides soll vor allem von der Art des Verkehrsverstoßes abhängig sein (vgl. VGH Kassel BeckRS 2013, 48071; NVwZ-RR 1999, 23; 1991, 28).

42.1 Nach ständiger Rechtsprechung des VGH Kassel und auch anderer Gerichte (BVerwG BeckRS 2014, 52601) besteht in Fällen von Parken im sog. **absoluten Halteverbot** grundsätzlich keine Wartepflicht. Begründet wird dies damit, dass solche Halteverbote nur in Bereichen angeordnet werden, in denen Gefahren für die Sicherheit und Leichtigkeit des Verkehrs drohen. Die sofortige Beseitigung des Fahrzeugs dient hier dem Zweck, dem absoluten Halteverbot Wirkung zu verschaffen. Die Interessen der Betroffenen müssen dahinter zurücktreten. Ein sofortiges Abschleppen kann nur ausnahmsweise gegen den Grundsatz der Verhältnismäßigkeit verstoßen, wenn der handelnde Beamte aufgrund konkreter Umstände davon ausgehen muss, dass der Fahrer unverzüglich zurückkehrt.

Bei **Überschreiten der Parkzeit** oder nicht entrichtetem Entgelt bei Parkuhren bzw. Parkautomaten verlangt der Grundsatz der Verhältnismäßigkeit nach Auffassung des VGH Kassel (vgl. VGH Kassel NVwZ-RR 1999, 23), eine Wartezeit von einer Stunde seit Feststellung der Ordnungswidrigkeit einzuhalten. Nach einer Stunde könne die Behörde davon ausgehen, dass der Pflichtige nicht zurückkehrt; dieser müsse also nach einer Stunde damit rechnen, dass abgeschleppt werde. **42.2**

In einer Entscheidung v. 31.1.2013 beschäftigt sich der VGH Kassel mit dem Abschleppen eines verbotswidrig an einem **Taxenstand** (Zeichen 229 Anlage 2 StVO) parkenden Fahrzeugs. Der VGH Kassel fordert auch hier eine Wartezeit einzuhalten und ordnet die Dauer zwischen den zuvor entschiedenen Fällen zum Halteverbot und den Parküberschreitungen ein. Der VGH Kassel begründet dies damit, dass die Sozialschädlichkeit dazwischen liege. Da diese geringer sei als das verbotswidrige Parken im absoluten Halteverbot oder auf Rettungswegen, sei eine Wartezeit einzuhalten. Die in dem zur Entscheidung stehenden Fall eingehaltene Zeit von acht Minuten sei keinesfalls ausreichend. Obwohl für die Entscheidung nicht erforderlich, wird der VGH Kassel konkret und fordert in derartigen Fällen eine Wartezeit von mindestens einer halben Stunde. Das BVerwG hat diese Entscheidung allerdings im Revisionsverfahren abgeändert und ein Abschleppen bei verbotswidrigem Abstellen an einem Taxenstand auch ohne Einhaltung einer Wartefrist als verhältnismäßig erachtet (BVerwG BeckRS 2014, 52601). Das BVerwG stellt dabei insbesondere auf das dem Zeichen 229 Anlage 2 StVO innewohnende absolute Halteverbot für andere als betriebsbereite Taxen ab. Auch bei Taxenständen kann sich eine Wartepflicht nur dann ergeben, wenn konkrete Anhaltspunkte dafür vorliegen, dass der Verantwortliche kurzfristig erscheinen und das Fahrzeug entfernen wird. **42.3**

Der Aspekt der Erforderlichkeit ist betroffen, wenn es darum geht, ob ein Fahrzeug abgeschleppt und in Verwahrung genommen werden kann oder ob ein bloßes **Umsetzen des Fahrzeuges** ausreicht, um eine Gefahrenlage zu beseitigen (Bsp. → Rn. 43.1). **43**

Beispiel: Ein Pkw blockiert eine Feuerwehrzufahrt, kann aber um fünf Meter versetzt werden, ohne dort den Verkehr zu behindern. **43.1**

Hier ist ein Abschleppen nicht erforderlich, da ein Umsetzen in der Regel ein milderes Mittel darstellt, das den Betroffenen jedenfalls weniger belastet. Auch hier ist allerdings der Einzelfall zu prüfen. Es muss beim Umsetzen gewährleistet sein, dass das Fahrzeug keiner Gefährdung ausgesetzt wird und für den Fahrer leicht auffindbar ist (vgl. BVerwG VRS 2002, 309). **44**

Im Rahmen der Verhältnismäßigkeitsprüfung ist unter dem Aspekt der Angemessenheit auch zu klären, ob **allein ein Verkehrsverstoß** ausreicht, ein Fahrzeug abschleppen zu lassen oder ob darüber hinaus eine konkrete Behinderung bzw. eine über den bloßen Verstoß hinausgehende Gefährdung vorliegen muss. Während nach früherer Rechtsprechung ein bloßer Verstoß allein oft als nicht ausreichend erachtet wurde, um ein Abschleppen zu rechtfertigen (vgl. BVerwGE 90, 189 (193)), ist die Rechtsprechung heute auch unter general- bzw. spezialpräventiven Überlegungen „abschleppfreundlicher". So ist bei einem Verstoß gegen ein Halteverbot (Zeichen 283 Anlage 2 StVO) allein der Normverstoß ohne Nachweis einer konkreten Behinderung ausreichend, ein Abschleppen zu rechtfertigen (vgl. VGH Kassel NVwZ-RR 1999, 23; 1995, 29). Selbst bei einem Verstoß gegen ein eingeschränktes Haltverbot (Zeichen 286 Anlage 2 StVO) kann allein der Verstoß ausreichen, jedenfalls bei Abschleppen nach einstündigem Parken (VG Gießen NVwZ-RR 2003, 212). Die Rechtsprechung stellt zunehmend auf die **Funktionsbeeinträchtigung** (zB von Behindertenparkplätzen) ab, wodurch eine konkrete Behinderung im Einzelfall nicht erforderlich ist (anders im Ergebnis OVG Lüneburg NVwZ-RR 1989, 647 (648) zum nächtlichen Parken in einer Fußgängerzone; zu weiteren Beispielen aus der Rspr. vgl. Fischer JuS 2002, 226). **45**

Bei kurzfristig aufgestellten Halteverbotsschildern soll aus Gründen der Verhältnismäßigkeit eine kostenpflichtige Abschleppmaßnahme erst nach einer Vorlaufzeit von drei vollen Tagen möglich sein (BVerwG BeckRS 2018, 14942). **46**

III. Abschleppkosten

1. Relevante Kosten

47 In der Praxis steht die **Kostenfrage** häufig im Mittelpunkt. Es geht um den Umfang der Kosten und die Frage, wer Kostenschuldner ist. **Kosten einer Abschleppmaßnahme** entstehen zunächst bei der Behörde, die das Abschleppen veranlasst. Um die Kosten geltend zu machen, bedarf es einer entsprechenden Ermächtigungsgrundlage. Diese ist abhängig vom rechtlichen Charakter der Abschleppmaßnahme. Erfolgt das Abschleppen im Rahmen einer unmittelbaren Ausführung greift Abs. 2, während bei einer Ersatzvornahme § 49 und bei einer Sicherstellung § 43 Abs. 3 gelten. Nach allen Vorschriften ist die **Rechtmäßigkeit der Abschleppmaßnahme Voraussetzung** für die Geltendmachung der Kosten.

48 Zu den **Kosten** im Sinne der genannten Vorschriften zählen zunächst die durch den Abschleppvorgang der Behörde entstandenen Kosten, worunter nicht allgemeine Kosten wie (zB Personalkosten) fallen. In der Regel wird es um die Kosten gehen, welche die Behörde dem beauftragten Abschleppunternehmer zu zahlen hätte bzw. die dieser geltend macht. Dies können auch die **Kosten einer Leerfahrt** sein, die anfallen, wenn ein Abschleppen angeordnet wurde, es aber nicht zum Abschleppen kommt. Voraussetzung ist hier, dass die Anordnung geboten und rechtmäßig war (vgl. Hornmann HSOG Rn. 37; VGH Kassel FHOeffR 39 Nr. 12335). Die **Höhe der Kosten** richtet sich grundsätzlich nach dem marktüblichen Preisen (vgl. Fredrich Rn. 14).

49 Zu den Kosten zählen auch eventuelle **Verwahrungskosten,** die durch die Unterstellung des Fahrzeuges entstehen können. Sowohl § 8 Abs. 2 als auch § 49 Abs. 1 verweisen auf **§ 43,** der dafür die Grundlage schafft. Damit steht der Behörde auch das in § 43 Abs. 3 S. 3 verankerte **Zurückbehaltungsrecht** zu mit der Folge, dass die Herausgabe des Fahrzeuges von der Zahlung der Kosten abhängig gemacht werden kann. Es besteht die Möglichkeit, Dritten (in der Regel dem Abschleppunternehmer) die Verwahrung des Fahrzeuges zu übertragen und diese auch zu ermächtigen, den gezahlten Betrag für die Behörde in Empfang zu nehmen (zu Umfang und Grenzen → Rn. 16).

2. Kostenschuldner

50 **Kostenschuldner** sowohl beim Abschleppen im Wege der unmittelbaren Ausführung als auch in Fällen einer Sicherstellung sind nach § 8 Abs. 2 und § 43 Abs. 3 die nach **§§ 6 oder 7 Verantwortlichen.** Diese sind zum Kostenersatz verpflichtet. In Fällen gem. § 49 Abs. 1 erfolgt die Ersatzvornahme auf Kosten „der betroffenen Person". Betroffen ist die Person, die Adressat der vollstreckten Grundverfügung ist, was ebenfalls zum Verantwortlichen nach §§ 6 und 7 führt.

51 **Verantwortlich** für die von Fahrzeugen ausgehenden Gefahren sind Fahrer oder Halter bzw. Eigentümer des Fahrzeugs. Sind die Personen nicht identisch, liegt es grundsätzlich im Auswahlermessen der Behörde, wen sie in Anspruch nimmt (§ 6). Dabei stehen die Aspekte der Effektivität der Maßnahme und Verhältnismäßigkeitsüberlegungen im Vordergrund (vgl. VGH Mannheim NVwZ 1990, 179 (180); VGH Kassel NJW 1995, 2123). In der Regel dürfte es danach sachgerecht sein, den **Fahrer** vorrangig in Anspruch zu nehmen. Allerdings kommt es entscheidend auf den Einzelfall an. Ist der Fahrer unbekannt und nicht oder nur mit besonderem Aufwand ermittelbar, kann sich die Behörde mit dem Kostenbescheid an den **Halter bzw. Eigentümer** wenden. Die „Haftung" des Halters bzw. Eigentümers endet aber mit der Veräußerung des Fahrzeugs und dessen Eigentumsübertragung. Dies gilt auch, wenn der frühere Halter gegen die Meldepflichten gegenüber der Zulassungsstelle aus § 27 Abs. 3 S. 1 StVO verstoßen hat (vgl. VGH Kassel DÖV 1999, 918; aA OVG Münster NWVBl. 2003, 320).

52 Anders die Situation, wenn das **Fahrzeug entwendet** wurde. Nach § 7 Abs. 2 S. 2 entfällt zwar die Verantwortlichkeit des Eigentümers, solange der Inhaber der tatsächlichen Gewalt diese ohne den Willen des Eigentümers ausübt. Damit entfällt eine Verantwortlichkeit des Eigentümers eines Fahrzeuges während der Zeitspanne, in der ein Dieb oder eine andere nicht berechtigte Person mit dem Fahrzeug unterwegs ist und die Sachherrschaft ausübt. Lässt diese Person das Fahrzeug aber stehen und verschwindet, lebt die Verantwortlichkeit des Eigentümers wieder auf (vgl. VGH Kassel NJW 1999, 3650; VG Berlin NJW 2000, 603).

Erfolgt die **Abschleppmaßnahme als Ersatzvornahme,** hat nach § 49 Abs. 1 S. 1 die betroffene Person die Kosten zu tragen. „Betroffen" ist die Person, die Adressat des vollstreckten Verwaltungsaktes ist. Beim Verkehrszeichen ist dies sicher der Fahrer, der das Fahrzeug verkehrswidrig abstellt. Problematischer ist hier die Kostenpflicht des Halters / Eigentümers, wenn dieser nicht das Fahrzeug geführt und damit das Verkehrszeichen selbst nicht wahrgenommen habt (→ Rn. 32). Geht man hier mit der Rechtsprechung des BVerwG (vgl. BVerwG NJW 1997, 1021) davon aus, dass Verkehrszeichen durch öffentliche Bekanntmachung auch gegenüber denjenigen wirksam werden und vollstreckt werden können, die das Verkehrszeichen selbst nicht wahrgenommen haben, ist es grundsätzlich möglich, auch dem Halter die Kosten über § 49 Abs. 1 S. 1 als Kosten einer Ersatzvornahme aufzuerlegen (vgl. Fischer JuS 2003, 446 (448)). Anders ist die Situation, wenn man die Wirksamkeit gegenüber einer Person von deren Wahrnehmung abhängig macht (vgl. VGH Mannheim NJW 1991, 1698). Dann können die Kosten der Maßnahme nicht als Kosten einer Ersatzvornahme gegenüber dem Halter / Eigentümer geltend gemacht werden. Die Rechtsprechung geht in derartigen Fällen davon aus, dass es sich trotz vorhandenen Verkehrszeichens gegenüber dem Halter / Eigentümer nicht um einen Fall der Ersatzvornahme, sondern um eine unmittelbare Ausführung handelt, deren Kosten auch dem Halter / Eigentümer als Verantwortlichem auferlegt werden können. 53

3. Kostenbescheid

Die Abschleppkosten können – unabhängig darum, ob es um Kosten einer unmittelbaren Ausführung oder um Kosten einer Ersatzvornahme geht – gegenüber dem Kostenschuldner durch **Leistungsbescheid** geltend gemacht und im Verwaltungsvollstreckungsverfahren beigetrieben werden. Der durch Leistungsbescheid konkretisierte Kostenerstattungsanspruch ist allerdings nicht gem. § 80 Abs. 2 Nr. 1 oder Nr. 3 VwGO sofort vollziehbar (vgl. OVG Frankfurt (Oder) LKV 2000, 313), sodass Widerspruch und Anfechtungsklage gegen den Kostenbescheid aufschiebende Wirkung haben (zum **Rechtsschutz gegen Kostenbescheide** → Rn. 24; zur **Kostenpflicht von Abschleppmaßnahmen bei kurzfristig aufgestellten Halteverbotsschildern** → Rn. 46). 54

§ 9 Inanspruchnahme nicht verantwortlicher Personen

(1) Die Gefahrenabwehr- und die Polizeibehörden können Maßnahmen gegen andere Personen als die nach den §§ 6 oder 7 Verantwortlichen richten, wenn

1. **eine gegenwärtige, erhebliche Gefahr abzuwehren ist,**
2. **Maßnahmen gegen die nach §§ 6 oder 7 Verantwortlichen nicht oder nicht rechtzeitig möglich sind oder keinen Erfolg versprechen,**
3. **die Gefahrenabwehr- oder die Polizeibehörden die Gefahr nicht oder nicht rechtzeitig selbst oder durch beauftragte Dritte abwehren und**
4. **die Personen ohne erhebliche eigene Gefährdung und ohne Verletzung höherwertiger Pflichten in Anspruch genommen werden können.**

(2) Die Maßnahmen nach Abs. 1 dürfen nur aufrechterhalten werden, solange die Abwehr der Gefahr nicht auf andere Weise möglich ist.

Überblick

Auszug aus der VVHSOG (gem. Erlass des Hessischen Ministeriums des Innern und für Sport v. 29.11.2022 (StAnz. 50/2022, 1384) zum 1.1.2025 mangels eines erneuten Verlängerungserlasses ersatzlos außer Kraft getreten):

Zu § 9

9. Inanspruchnahme nicht verantwortlicher Personen

9.1 Zu Abs. 1

9.1.1

Eine gegenwärtige Gefahr im Sinne der Nr. 1 liegt vor, wenn die Einwirkung des schädigenden Ereignisses bereits begonnen hat oder wenn diese Einwirkung unmittelbar oder in allernächster Zeit mit einer an Sicherheit grenzenden Wahrscheinlichkeit bevorsteht. Die gegenwärtige Gefahr ist erheblich, wenn ein Schaden für ein bedeutendes Rechtsgut zu befürchten ist.

9.1.2

Die Voraussetzungen der Nr. 2 liegen insbesondere vor, wenn entweder verantwortliche Personen nicht vorhanden sind, zum Beispiel bei Naturkatastrophen, oder wenn sie nicht oder nicht schnell genug in Anspruch genommen werden.

§ 9 eröffnet die Möglichkeit, zur Gefahrenabwehr auch **Nichtverantwortliche in Anspruch** zu nehmen. Die Gefahrenabwehr- und Polizeibehörden haben Maßnahmen der Gefahrenabwehr vorrangig an die nach §§ 6 und 7 Verantwortlichen zu richten. Geht dies nicht, haben die Behörden die Möglichkeit der Gefahrenabwehr mit eigenen Mitteln oder durch beauftragte Dritte (vgl. § 8). Geht auch dies nicht, eröffnet § 9 die Möglichkeit, nicht verantwortliche Personen in Anspruch zu nehmen. § 9 ist **keine Befugnisnorm,** sondern erweitert den möglichen Adressatenkreis für Maßnahmen der Gefahrenabwehr und schreibt gleichzeitig die **Voraussetzungen und Grenzen** fest. Damit wird deutlich, dass die Inanspruchnahme Nichtverantwortlicher nur als Ultima Ratio unter **engen Voraussetzungen** (→ Rn. 3) und unter **zeitlicher Begrenzung** (→ Rn. 11) möglich ist. Zu beachten ist dabei insbesondere, dass die in Abs. 1 genannten Voraussetzungen **kumulativ** vorliegen müssen. Die Inanspruchnahme Nichtverantwortlicher wird auch als **„polizeilicher Notstand"** bezeichnet (Schoch JURA 2007, 676; Kingreen/Poscher POR § 9 Rn. 74), der vor allem im Zusammenhang mit Unfällen oder Naturkatastrophen eintreten kann. Praktische Relevanz kommt der Regelung auch bei der nach wie vor häufigen Entschärfung von aufgefundenen Fliegerbomben aus dem Zweiten Weltkrieg oder bei der **Unterbringung unfreiwillig Obdachloser** (→ Rn. 18) und bei **versammlungsrechtlichen Maßnahmen** (→ Rn. 32) zu. Mit der Möglichkeit der Inanspruchnahme korrespondiert ein in § 64 Abs. 1 geregelter **Schadensausgleichsanspruch** der Personen, die rechtmäßig nach § 9 in Anspruch genommenen wurden. Die Vorschrift entspricht dem § 6 MEPolG und vergleichbaren Regelungen in den anderen Bundesländern (zB Art. 10 BayPAG, § 8 NPOG, § 6 PolG NRW, § 19 NRWOBG und auch § 9 BPolG; in der Sache gleich, aber abweichend im Wortlaut § 9 BWPolG; Art. 9 Abs. 3 BayLStVG).

Übersicht

A. Inanspruchnahme nichtverantwortlicher Personen nach Abs. 1

I. Inanspruchnahme nach Abs. 1

1 Nach Abs. 1 können die Gefahrenabwehr- und Polizeibehörden Maßnahmen gegen andere Personen als die nach den §§ 6 oder 7 Verantwortlichen richten. Allerdings stellt nicht jede behördliche Maßnahme der Gefahrenabwehr, die Nichtverantwortliche trifft, eine **Inanspruchnahme** iSv § 9 dar. So liegt keine Inanspruchnahme nach Abs. 1 vor, wenn Personen lediglich als Unbeteiligte behördlichen Maßnahmen ausgesetzt sind, die alle treffen (zB Kontrollstellen; § 18 Abs. 2 Nr. 6 oder Videoüberwachung im öffentlichen Raum). Solche Maßnahmen treffen zwar Nichtverantwortliche; diese werden aber als „jedermann" betroffen und nicht gesondert in Anspruch genommen.

2 § 9 hat Situationen im Auge, in denen Personen **gezielt herangezogen** werden und ihnen letztlich ein **Sonderopfer** auferlegt wird, welches dann auch Entschädigungsansprüche

nach § 64 Abs. 1 S. 1 rechtfertigt (Hornmann HSOG § 64 Rn. 8). Dabei muss es nicht zwingend um ein „aktives" Heranziehen gehen, auch bloßes „Stillhalten" kann der Inanspruchnahme nach § 9 unterfallen (Schoch JURA 2007, 676 (677); OVG Lüneburg NVwZ-RR 2007, 103: Absperren eines Ortsteils zur Verhinderung von Blockaden eines Castor-Transportes). Eine Inanspruchnahme nach § 9 wird in der Regel **durch Verwaltungsakt** erfolgen, diese Form ist aber nicht Voraussetzung, um von einer Inanspruchnahme auszugehen. Eine Inanspruchnahme kann sich auch aus **Realakten** ergeben (zB gezielte Herbeiführung von Auffahrunfällen und künstlichen Staus, LG Bückeburg NJW 2005, 3014). Als nichtverantwortliche **Personen** kommen auch hier natürliche und juristische Personen in Betracht, es gelten insoweit die allgemeinen Regeln bei der Verantwortlichkeit (→ § 6 Rn. 9).

II. Voraussetzungen der Inanspruchnahme

1. Besondere Gefahrenlage

Abs. 1 nennt die **Voraussetzungen,** unter denen eine Inanspruchnahme nichtverantwortlicher Personen möglich ist. Erforderlich ist nach Abs. 1 Nr. 1 eine **qualifizierte Gefahrenlage,** die Gefahr muss gegenwärtig und erheblich sein. **Gegenwärtig** ist eine Gefahr, wenn das schädigende Ereignis bereits begonnen hat oder die schädigende Einwirkung unmittelbar oder in allernächster Zeit mit an Sicherheit grenzender Wahrscheinlichkeit bevorsteht (so im Ergebnis auch Nr. 9.1.1 VVHSOG; vgl. ferner die Legaldefinition in § 2 Nr. 2 NPOG). 3

Die bevorstehende Gefahr muss nach Abs. 1 Nr. 1 ferner **erheblich** sein. Dies setzt eine **Gefährdung bedeutender Rechtsgüter** (zB Bestand des Staates, Leben, Gesundheit, Freiheit) voraus (vgl. BVerfGE, 69, 315 (353 f.); Legaldefinition der erheblichen Gefahr in § 2 Nr. 3 NPOG). Damit wirkt sich der Grundsatz der Verhältnismäßigkeit (Aspekt der Angemessenheit) bereits auf die Tatbestandsebene aus. Die Inanspruchnahme eines Nichtverantwortlichen darf nicht im Missverhältnis zum Ziel der Maßnahme stehen. 4

2. Fehlende Möglichkeit der Inanspruchnahme Verantwortlicher

Das Verhältnismäßigkeitsprinzip (Aspekt der Erforderlichkeit) kommt auch in der **Voraussetzung nach Abs. 1 Nr. 2** zum Ausdruck, wonach **Maßnahmen gegen die nach §§ 6 oder 7 Verantwortlichen nicht oder nicht rechtzeitig möglich** sein oder keinen Erfolg versprechen dürfen. Die Behörde ist verpflichtet, vorrangig Verantwortliche in Anspruch zu nehmen. Nur wenn dies nicht möglich ist oder keinen Erfolg verspricht, ist der Rückgriff auf Nichtverantwortliche zulässig. Dies kann der Fall sein, wenn eine verantwortliche Person nicht vorhanden oder nicht feststellbar ist. Gleiches gilt, wenn Verantwortliche zwar vorhanden, Maßnahmen gegen diese aber nicht möglich oder nicht erfolgversprechend sind (vgl. VG Hamburg BeckRS 2012, 55156: Maßnahmen gegen einen Fußballverein zur Vermeidung von Fan-Ausschreitungen). 5

In dem der Entscheidung des VG Hamburg zugrunde liegenden Fall wurde einem Fußballverein untersagt, Eintrittskarten für ein Heimspiel der Mannschaft an den Gastverein abzugeben. Grund dafür waren erwartete Ausschreitungen durch Fans beider Vereine. Das VG Hamburg bejaht die Möglichkeit, den Heimatverein als Nichtverantwortlichen in Anspruch zu nehmen, da Maßnahmen gegen die Fans selbst wenig Erfolg versprechen. Das Gericht geht umfassend auf mögliche Maßnahmen gegen die potentiellen Störer ein (Gefährderansprachen, Meldeauflagen, Aufenthaltsverbote und Gewahrsam), die aber nach Ansicht des Gerichts Ausschreitungen nicht hinreichend sicher verhindern können. 5.1

Ein Fall fehlender Möglichkeit der Inanspruchnahme Verantwortlicher kann auch darin liegen, dass die Inanspruchnahme des Verantwortlichen bei diesem zu Schäden bzw. Nachteilen führt, die außer Verhältnis zum Erfolg bzw. zu den Nachteilen beim Nichtverantwortlichen führen (ausdrücklich erwähnt in § 9 Abs. 1 BWPolG). Da hier die Inanspruchnahme Verantwortlicher zwar faktisch möglich, rechtlich aber unangemessen wäre, kann darin ein Fall der **rechtlich fehlenden Möglichkeit** iSv Abs. 1 Nr. 2 gesehen werden. In der Praxis wird dieser Fall auch **„unechter Notstand"** genannt (krit. zum Begriff Kingreen/Poscher POR § 9 Rn. 81). 6

3. Fehlen behördlicher Möglichkeiten

7 Voraussetzung ist nach **Abs. 1 Nr. 3** weiter, dass die Gefahrenabwehr- oder Polizeibehörden die Gefahr nicht oder nicht rechtzeitig selbst oder durch beauftragte Dritte abwehren können. Auch hier ist der Aspekt der Erforderlichkeit auf der Tatbestandsebene verankert. Kommt zB eine unmittelbare Ausführung nach § 8 in Betracht, ist eine Inanspruchnahme Nichtverantwortlicher ausgeschlossen. Die handelnden Behörden müssen auf alle zur Verfügung stehenden Mittel zurückgreifen; je hochwertiger die beim Nichtverantwortlichen tangierten Rechte sind, desto höher sind die Anforderungen an die Behörden, was sich insbesondere in den versammlungsrechtlichen Entscheidungen (→ Rn. 32) und bei Eingriffen in fremdes Eigentum zur Beseitigung drohender Obdachlosigkeit (→ Rn. 26) zeigt.

8 Sind Behörden selbst nicht zur hinreichenden Gefahrenabwehr in der Lage, müssen sie – soweit möglich – auf Amts- bzw. Vollzugshilfe fremder Kräfte zurückgreifen. Die Prüfung der Voraussetzungen von Abs. 1 Nr. 3 unterliegt nach der Rechtsprechung einem **strengen Maßstab** (vgl. BVerfG NJW 2001, 1411; 2001, 2069; OVG Lüneburg NVwZ-RR 2007, 103). Die Pflicht, auch andere Kräfte einzubeziehen, steht zwar unter dem Vorbehalt der Verfügbarkeit; eine pauschale Behauptung, diese stünden nicht zur Verfügung, genügt allerdings nicht. Es bedarf hier konkreter Nachweise seitens der Behörden (vgl. VGH Mannheim NVwZ 2003, 115).

4. Keine erhebliche Gefährdung des Nichtverantwortlichen

9 Letzte Voraussetzung nach **Abs. 1 Nr. 4** ist, dass die nichtverantwortliche Person **ohne erhebliche eigene Gefährdung und ohne Verletzung höherwertiger Pflichten** in Anspruch genommen werden kann. Auch hier zeigt sich der Verhältnismäßigkeitsgrundsatz unter dem Aspekt der Angemessenheit. Die Voraussetzung zieht eine **Zumutbarkeits- bzw. Opfergrenze** (so Hornmann HSOG Rn. 13). Diese ist überschritten, wenn die Inanspruchnahme zu einer Gefährdung von Gesundheit und Leben führen kann (zB Aufforderung, bei lebensgefährlichen Rettungsmaßnahmen zu helfen). Dabei ist allerdings eine gewisse Wahrscheinlichkeit erforderlich; allein die entfernte Möglichkeit einer Gefährdung genügt nicht (Fredrich Rn. 6). Abs. 1 Nr. 4 verlangt eine erhebliche Eigengefährdung. Reine Unannehmlichkeiten, oder drohende geringwertige Sachschäden reichen nicht, zumal hier ein ev. Ausgleichsanspruch nach § 64 Abs. 1 besteht. Ob eine erhebliche Gefährdung besteht, hängt von den Umständen des Einzelfalles ab. So soll nach der Rechtsprechung (LG Bückeburg NStZ 2005, 695) ein **polizeilich verursachter „künstlicher" Stau** (→ § 11 Rn. 44.1) auf einer Autobahn zwar grundsätzlich möglich sein, liegen die dafür erforderlichen engen Voraussetzungen aber nicht vor, kann die Maßnahme im Einzelfall rechtswidrig sein.

9.1 In dem der Entscheidung zugrundeliegenden Fall war es durch den künstlich erzeugten Stau zu einem Unfall gekommen, bei dem ein Unbeteiligter von dem eigentlich von der Polizei zu stoppenden Fahrzeug gerammt wurde; es entstand großer Sachschaden. Das Gericht sieht in dem künstlich erzeugten Stau eine Maßnahme der Gefahrenabwehr und in der staubedingten Behinderung anderer unbeteiligter Verkehrsteilnehmer eine **Inanspruchnahme Nichtverantwortlicher.** Diese sei zwar nicht von vornherein unzulässig, auch wenn es dadurch zu einer abstrakten Gefährdung der Verkehrsteilnehmer kommen könne. Im zu entscheidenden Fall bestünden aber besondere Umstände, die zu einer erheblichen und die Zumutbarkeitsgrenze übersteigenden Gefährdung der geschädigten Verkehrsteilnehmer führten. Aufgrund der bekannten Vorgeschichte war nach Auffassung des Gerichts davon auszugehen, dass von den Insassen des zu stoppenden Fahrzeugs eine erhöhte Bereitschaft ausging, sich selbst und andere zu gefährden.

10 Abs. 1 Nr. 1–4 nennt Voraussetzungen, die **kumulativ** vorliegen müssen. Neben den in § 9 genannten Voraussetzungen müssen selbstverständlich auch die Voraussetzungen der der Inanspruchnahme zugrundeliegenden Befugnisnorm vorliegen; § 9 bildet **keine Befugnisnorm für die Gefahrenabwehrmaßnahme,** die Vorschrift ermöglicht lediglich eine Erweiterung des Adressatenkreises.

B. Sachliche und zeitliche Begrenzung der Inanspruchnahme (Abs. 2)

Liegen die in Abs. 1 genannten Voraussetzungen nicht mehr vor, muss die Inanspruchnahme beendet werden. **Abs. 2** postuliert eine **zeitliche und sachliche Begrenzung.** Maßnahmen dürfen nur aufrechterhalten werden, solange die Abwehr der Gefahr nicht auf andere Weise möglich ist. Damit besteht eine Pflicht der handelnden Behörden, ständig zu **überprüfen,** ob die Voraussetzungen einer Inanspruchnahme noch vorliegen. Unabhängig von der Regelung in Abs. 2 folgt dies auch aus dem Aspekt der Erforderlichkeit. Die Voraussetzungen entfallen, wenn keine gegenwärtige erhebliche Gefahr mehr vorliegt, ein Verantwortlicher auftaucht, der herangezogen werden kann oder die Behörde selbst bzw. durch beauftrage Dritte zur Gefahrenabwehr in der Lage ist. Abs. 2 verdeutlicht, dass die Inanspruchnahme Nichtverantwortlicher grundsätzlich nur eine **vorläufige Maßnahme** sein kann. 11

Eine zeitliche Begrenzung kann sich auch über die von Abs. 2 erfassten Fälle hinaus aus dem **Übermaßverbot** ergeben, was insbesondere bei der Einweisung Obdachloser in fremde Wohnungen (→ Rn. 27) von Relevanz ist. Auch hier besteht eine Verpflichtung der Behörde, die Inanspruchnahme zu beenden, sobald diese nicht mehr zwingend erforderlich oder die Grenze der Zumutbarkeit erreicht ist. 12

C. Rechtsfolge der Notstandspflicht

Liegen sämtliche Voraussetzungen von Abs. 1 vor, ist die Inanspruchnahme Nichtverantwortlicher rechtlich zulässig. Sie ist aber nicht zwingend, sondern steht im **pflichtgemäßen Ermessen** der Behörde. Dabei ist der Grundsatz der Verhältnismäßigkeit zu beachten. Da die der Verhältnismäßigkeit innewohnenden Aspekte der Geeignetheit, Erforderlichkeit und Angemessenheit bereits auf der Tatbestandsseite Grenzen ziehen, dürfte die Inanspruchnahme, wenn die Voraussetzungen von Abs. 1 vorliegen, in der Regel verhältnismäßig sein. Die Inanspruchnahme erfolgt in der Regel durch einen an die nichtverantwortliche Person gerichteten Verwaltungsakt. 13

Auch in Fällen der Inanspruchnahme Nichtverantwortlicher kann sich die Frage nach der **Adressatenauswahl** stellen, wenn **mehrere Nichtverantwortliche** in Betracht kommen. Wie bei der „Störerauswahl" (→ § 6 Rn. 57) liegt auch hier die Auswahl im pflichtgemäßen Ermessen der Behörde, maßgebend sind Effektivitäts- und Verhältnismäßigkeitsüberlegungen. Dabei sind folgende Kriterien maßgebend: Leistungsfähigkeit, Eignung, Grad der Beeinträchtigung bzw. Nachteile für die Betroffenen (vgl. Hornmann HSOG Rn. 17). 14

Liegen die Voraussetzungen einer Inanspruchnahme nicht mehr vor, darf sie seitens der Behörden nicht aufrechterhalten werden. Hier besteht eine Verpflichtung der Behörde, die Inanspruchnahme zu beenden. Der Betroffene hat einen **Anspruch auf Überprüfung und ggf. Aufhebung der Inanspruchnahme.** Beruht die Inanspruchnahme auf einer entsprechenden Verfügung und lehnt die Behörde deren Aufhebung ab bzw. bleibt sie untätig, kann der Betroffene eine **Verpflichtungsklage** erheben. Bleibt nach einer Inanspruchnahme eine rechtswidrige Beeinträchtigung des Nichtverantwortlichen bestehen, kann ein **Folgenbeseitigungsanspruch** gegen die Behörde bzw. deren Rechtsträger in Betracht kommen, wobei die Rechtsgrundlage für einen solchen Anspruch jedenfalls in den Fällen mit Drittwirkung (zB Obdachloseneinweisung, → Rn. 18) umstritten ist. 15

So soll der Folgenbeseitigungsanspruch für sich allein noch keine Rechtsgrundlage für eine Maßnahme zur Beseitigung der Beeinträchtigung (zB Räumungsverfügung an Eingewiesenen) darstellen; vielmehr bedarf es der polizeiliche Generalklausel bzw. einer speziellen Ermächtigung (VGH Kassel Beschl. v. 27.1.1987 – 11 TH 1559/86; Hornmann HSOG Rn. 1), da die anhaltende rechtswidrige Beeinträchtigung eine Gefahr für die öffentliche Sicherheit darstelle. Nach aA stellt der gewohnheitsrechtlich anerkannte Folgenbeseitigungsanspruch eine hinreichende Grundlage dar (Kugelmann PolR Kap. 6 Rn. 93; Schenke PolR Rn. 321). 15.1

Erleidet eine Person infolge einer Inanspruchnahme nach § 9 einen **Schaden,** so ist ihr nach **§ 64 Abs. 1** ein **angemessener Ausgleich** zu gewähren. Dies gilt sowohl bei einer rechtmäßigen (§ 64 Abs. 1 S. 1) als auch in Fällen einer rechtswidrigen Inanspruchnahme (§ 64 Abs. 1 S. 2). Der rechtmäßig in Anspruch genommene Nichtverantwortliche erbringt in diesen Fällen ein **Sonderopfer,** welches ausgeglichen werden soll. Der Ausgleichsanspruch 16 richtet sich nach § 68 gegen die ausgleichspflichtige Anstellungsbehörde). Diese kann nach § 69 in den Fällen von § 64 Abs. 1 S. 1 auf die eigentlich nach §§ 6 oder 7 verantwortliche Person zurückgreifen und Ersatz für ihre Aufwendungen verlangen.

D. Wichtige Anwendungsbereiche

17 Es sind vor allem zwei Bereiche, in denen die Inanspruchnahme Nichtverantwortlicher in der Praxis von besonderer Relevanz ist und auch Lehre und Rechtsprechung beschäftigt: die behördliche Unterbringung unfreiwillig Obdachloser in fremden Wohnungen und versammlungsrechtliche Anordnungen gegenüber „Nichtstörern" (ausf. Schoch JURA 2007, 676).

I. Unterbringung von Obdachlosen

1. Unfreiwillige Obdachlosigkeit als Gefahrenlage

18 Vor allem in **Zeiten von Wohnungsnot** kann es verstärkt zu Fällen unfreiwilliger Obdachlosigkeit kommen. Seit Herbst 2015 stellt auch die **Unterbringung von Flüchtlingen** die Behörden vor Herausforderungen (Fischer NVwZ 2015, 1644). Der Zustand **unfreiwilliger Obdachlosigkeit** stellt nach ganz hM eine **Gefährdung der öffentlichen Sicherheit** dar, da eine konkrete Gefahr für Leben, Leib und eventuell Eigentum der von Obdachlosigkeit bedrohten Personen besteht. Als Maßnahmen zur Beseitigung bzw. Verhinderung von unfreiwilliger Obdachlosigkeit kommen damit auch Maßnahmen der Gefahrenabwehr in Betracht (vgl. aus der Rspr. OVG Lüneburg BeckRS 2009, 42420; VGH Kassel NVwZ-RR 2011, 474; OVG Schleswig LSK 2012, 210905; OVG Lüneburg NVwZ 2016, 164). Dabei geht es bei den ordnungsrechtlichen Maßnahmen darum, auf **akute Wohnungslosigkeit** zu reagieren. Es ist grundsätzlich nicht Aufgabe der Ordnungsverwaltung, Wohnungsnot zu verwalten (Ruder NVwZ 2012, 1283). Diese Aufgabe obliegt vorrangig den Sozialhilfeträgern (zum Nachrang gegenüber dem Sozialrecht VG Berlin LKV 2017, 571).

19 Für die Behörden stellt sich die Frage, ob und unter welchen Voraussetzungen Obdachlose zB in Unterkünften, die im Eigentum Dritter stehen, untergebracht werden bzw. inwieweit fremde Grundstücke / Wohnungen zu diesem Zweck „beschlagnahmt" werden können (vgl. zur Problematik Ruder NVwZ 2012, 1283; Fischer NVwZ 2015, 1644; Ewer/v. Detten NJW 1995, 353). Im Bereich der Gefahrenabwehr ist grundsätzlich der **Gemeindevorstand** als Gefahrenabwehrbehörde nach §§ 2 S. 2, 82 Abs. 1 **sachlich zuständig,** in sog. Eilfällen bzw. Fällen von unaufschiebbaren Maßnahmen nach § 88 Abs. 2 kann auch die allgemeine Ordnungsbehörde tätig werden. **Örtlich zuständig** ist die Gefahrenabwehrbehörde, in deren Amtsbezirk sich die von Obdachlosigkeit bedrohte oder obdachlose Person aufhält und an die Behörde wendet; wo die Obdachlosigkeit eingetreten ist und ob der Obdachlose sich zuvor im Bereich einer anderen Behörde aufgehalten hat, ist dabei unerheblich (VGH Kassel NVwZ 2003, 1402). Bei den **ordnungsrechtlichen Maßnahmen zur Beseitigung der Obdachlosigkeit** ist zu unterscheiden zwischen Verfügungen gegenüber der von Obdachlosigkeit bedrohten Person und Verfügungen gegenüber Dritten, deren Wohnung in Anspruch genommen werden soll.

2. Maßnahmen gegen Obdachlose

20 **Gegenüber dem Obdachlosen** ergeht in der Regel eine **Einweisungsverfügung** in eine bestimmte Unterkunft. Diese richtet sich an die obdachlose Person als **verantwortliche Person** nach § 6 Abs. 1, da sie grundsätzlich selbst verpflichtet ist, die Obdachlosigkeit durch intensive eigene Bemühungen zu verhindern bzw. zu beseitigen (VGH Kassel NVwZ-RR 2011, 474). Grundlage für die Einweisungsverfügung ist **§ 11.** Dabei handelt es sich aber um keine klassische Eingriffsmaßnahme. Die Einweisung stellt einen **Verwaltungsakt mit Doppelwirkung** dar (Ruder NVwZ 2012, 1283 (1286)). Sie eröffnet die Möglichkeit, eine Wohnung zu nutzen, verpflichtet aber nicht dazu (vgl. VGH Mannheim NVwZ-RR 1995, 336 (337)). Sie enthält damit zwar keine unmittelbare Belastung im Sinne eines Gebotes oder Verbotes. Jedoch wird der Adressat dadurch mittelbar beschwert, dass er bei Ablehnung

des Unterbringungsangebotes seinen Anspruch gegenüber der Behörde auf Unterbringung verliert.

Die Einweisung erfolgt als vorläufige Maßnahme der Gefahrenabwehr befristet, es erfolgt keine dauerhafte Einweisung in eine Unterkunft. Vorrangig geht es darum, dem Obdachlosen „ein Dach über dem Kopf" zu verschaffen (OVG Schleswig LSK 2012, 210905). Dabei sind geringere **Anforderungen an die Unterkunft** zu stellen als an normale Wohnungen. Allerdings muss eine **menschenwürdige Unterbringung** gewährleistet sein (VGH Kassel BeckRS 2005, 23175). 21

Die Unterbringung setzt gewisse **Mindeststandards** voraus, wobei hierzu aber keine genauen Vorschriften existieren. Nach Ansicht des VGH Kassel ist dies die Beheizbarkeit im Winter, die Unterkunft muss hygienischen Grundanforderungen genügen, wozu sanitäre Anlagen zum Waschen und ein WC gehören; ferner müssen eine Kochstelle und eine einfache Möblierung (Bett, Schrank bzw. Kommode) und elektrische Beleuchtung vorhanden sein. Auch hinsichtlich der Größe der Unterkunft lassen sich aus Rechtsprechung und Literatur gewisse Standards ablesen (vgl. bei Ruder NVwZ 2012, 1283 (1287) mwN). Zumutbar ist dabei auch eine Unterbringung in einer Gemeinschaftsunterkunft (VGH Mannheim NVwZ 1993, 1220), grundsätzlich auch die gemeinsame Unterbringung mit Obdachlosen anderer Religions-, Volks- und Staatsangehörigkeit (VG Mainz NVwZ-RR 2013, 363). 21.1

Die Einweisung liegt als Maßnahme der Gefahrenabwehr im **pflichtgemäßen Ermessen der Behörde.** Daraus folgt, dass der Obdachlose einen Anspruch auf ermessensfehlerfreie Entscheidung hat. Mit Blick auf die im Falle einer unfreiwilligen Obdachlosigkeit bedrohten hochwertigen Rechtsgüter verdichtet sich das Ermessen und die Behörde ist grundsätzlich verpflichtet, zum Schutz der Obdachlosen tätig zu werden, womit auch ein **Anspruch auf Einweisung in eine menschenwürdige Unterkunft** einhergeht (VGH Mannheim BeckRS 1996, 20939; Hornmann HSOG Rn. 24). Eine erfolgte Einweisung begründet aber **keinen Besitzstand** und keinen Anspruch des Eingewiesenen darauf, dauerhaft in der Unterkunft zu bleiben (VGH Kassel NVwZ-RR 2011, 474). Damit ist grundsätzlich eine **Umsetzung in eine andere Unterkunft** nach pflichtgemäßem Ermessen möglich, wenn **sachliche Gründe** für eine Umsetzung bestehen (OVG Greifswald NJW 2010, 1096; VG Frankfurt a. M. BeckRS 2011, 53588; VGH Kassel NVwZ-RR 2011, 474). 22

Nach der Rechtsprechung können **sachliche Gründe** sein: 22.1

- Vorrangige Unterbringung anderer Obdachloser (VGH Mannheim DÖV 1987, 256),
- Notwendige Renovierungsarbeiten (VG Würzburg Beschl. v. 6.6.2007 – 6 S. 46/89) bzw. Sanierungsarbeiten (VGH Kassel NVwZ-RR 201, 474),
- Anstehender Abbruch und Erneuerungsarbeiten (OVG Berlin NVwZ 1989, 989),
- Erfolgreiches Vorgehen eines Wohnungseigentümers im Wege des vorläufigen Rechtsschutzes gegen die Einweisung (VG Frankfurt a. M. BeckRS 2011, 53588).

3. Maßnahmen gegen Dritte

In den Obdachlosenfällen kommt § 9, Inanspruchnahme nichtverantwortlicher Personen, ins Spiel, wenn die Behörde Obdachlose in Wohnungen einweist, die im Eigentum Dritter stehen oder fremdes Eigentum zu diesem Zwecke „beschlagnahmt". Dies kann eine leerstehende Wohnung Dritter sein, in der Praxis häufiger sind Fälle der **Wiedereinweisung** in die bisher vom Obdachlosen als Mieter bewohnte Wohnung. Damit ist die **Inanspruchnahme des Wohnungseigentümers** verbunden, ihm gegenüber handelt es sich um eine klassische Eingriffsmaßnahme im Wege eines belastenden Verwaltungsaktes, die nur unter engen Voraussetzungen zulässig ist. 23

Grundlage für eine derartige Maßnahme gegenüber dem Eigentümer soll nach einer verbreiteten Auffassung die gefahrenabwehrrechtliche **Generalklausel** (§ 11) sein (Hornmann HSOG Rn. 20 ff. mwN). Überzeugender ist es aber, darin einen Fall der **Sicherstellung** (§ 40) zu sehen (so Schenke PolR Rn. 162; Kingreen/Poscher POR § 18 Rn. 6; Fischer NVwZ 2015, 1644 (1645 f.); aA OVG Lüneburg NVwZ 2016, 164 mkritAnm Fischer). 24

Für **Maßnahmen zur Unterbringung von Flüchtlingen** gibt es zum Teil Bedenken gegen die Anwendbarkeit der Generalklausel (OVG Lüneburg NVwZ 2016, 164 (165)). Diese basieren auf der Schwere des Eingriffs und der sich für eine Vielzahl von Fällen 25 abzeichnenden Notlage bei der Beschaffung von menschenwürdigen Unterkünften für Flüchtlinge. Dies spreche für die **Notwendigkeit einer Standardermächtigung,** wie sie in Hamburg (vgl. § 14a HmbSOG aF) und in Bremen (vgl. § 26a BremPolG) für die Sicherstellung privater Grundstücke und Gebäude zur Unterbringung von Flüchtlingen geschaffen wurden.

26 Unabhängig von der Frage der Rechtsgrundlage wird der Wohnungseigentümer in diesen Fällen als **Nichtverantwortlicher** in Anspruch genommen. Dies gilt bei Wiedereinweisungen auch dann, wenn der Wohnungseigentümer mit Kündigung und Räumungsklage zur Obdachlosigkeit beiträgt; er macht nur von seinen zivilrechtlichen Rechten Gebrauch und ist damit nicht Verantwortlicher im Sinne des Polizei- und Ordnungsrechts. Verantwortlich ist und bleibt der Obdachlose selbst (OVG Lüneburg BeckRS 2009, 42420; VG Frankfurt a. M. BeckRS 2011, 53588; Hornmann HSOG Rn. 22). Damit ist eine Inanspruchnahme nur unter den engen Voraussetzungen von Abs. 1 zulässig (vgl. insbes. VG Frankfurt a. M. BeckRS 2011, 53588).

26.1 Nach Abs. 1 Nr. 1 muss die Obdachlosigkeit gegenwärtig sein bzw. drohen. Die bloße Mitteilung an die Behörde, dass in Kürze eine Räumung ansteht, reicht nicht aus. Abs. 1 Nr. 2 verlangt, vorrangig den von Obdachlosigkeit Bedrohten auf die Pflicht zu verweisen, sich eine Unterkunft zu besorgen. Dazu gehört auch, dass von Obdachlosigkeit bedrohte Personen wegen des Nachrangs des Ordnungsrechts in diesen Fällen gegenüber dem Sozialamt ihre **sozialrechtlichen Ansprüche** verfolgen (OVG Bremen NVwZ-RR 2013, 361).

26.2 Nach Abs. 1 Nr. 3 ist zu klären, ob eine kommunale Unterkunft oder ein Beherbergungsbetrieb oder eine freie Unterkunft auf dem allgemeinen Wohnungsmarkt zur Verfügung steht (VGH Mannheim NJW 1997, 2832 (2833)). Dies folgt aus dem Vorrang behördlicher Pflicht, die Obdachlosigkeit zu beseitigen (Schoch JURA 2007, 676 (679)). Vor diesem Hintergrund ist es sinnvoll, dass kommunale Verwaltungen kommunale Obdachlosenunterkünfte vorhalten. Allerdings stehen Versäumnisse bei solchen Vorsorgemaßnahmen einer Inanspruchnahme Nichtverantwortlicher nicht entgegen (Schenke PolR Rn. 317). Zu beachten ist schließlich, dass die Wiedereinweisung in die bisherige Wohnung im Einzelfall für den Eigentümer bzw. Vermieter unzumutbar sein kann, zB in Fällen vorheriger Tätlichkeiten oder erheblicher Beleidigungen oder in Fällen, in denen dem Eigentümer selbst Obdachlosigkeit drohen würde (Hornmann HSOG Rn. 22).

26.3 Bei Rückgriffen auf privates Eigentum (Grundstücke / Wohnungen) zur Unterbringung von Flüchtlingen muss die Behörde klären, ob nicht die Unterbringung durch Anmietung von Hotels, Ferienwohnungen oder ähnlicher Einrichtungen möglich ist, selbst dann, wenn diese Form der Unterbringung mit Nachteilen verbunden sein sollte. Auch die Heranziehung von Turnhallen ist grundsätzlich eine vorrangige Maßnahme (OVG Münster NVwZ 2016, 164 (167)).

27 Der Grundsatz der Subsidiarität (Abs. 2) erfordert nach erfolgter Einweisung eine **ständige Überprüfung,** ob die Voraussetzungen noch vorliegen. Unabhängig davon ist bei einer Einweisung in die Wohnung nichtverantwortlicher Dritter die **Einweisungsdauer** begrenzt auf wenige Monate. Das enthält zwar keine gesetzlich geregelte zeitliche Begrenzung (so zB § 33 Abs. 4 BWPolG zur Beschlagnahme); diese ergibt sich aus Gründen des Übermaßverbotes und der Zumutbarkeit. Die Rechtsprechung schwankt hier zwischen zwei und **sechs Monaten** (vgl. VGH München NVwZ-RR 1991, 196; VGH Mannheim NVwZ-RR 1990, 476).

4. Folgemaßnahmen

28 Nach Ablauf der zeitlichen Befristung oder in Fällen, in denen die Voraussetzungen der Einweisung früher wegfallen, hat der Wohnungseigentümer einen **Anspruch** gegenüber der Behörde **auf Beendigung der Maßnahme** bzw. Beseitigung der Folgen. Gleiches gilt, wenn sich herausstellt, dass die Voraussetzungen für eine rechtmäßige Inanspruchnahme von Anfang an nicht vorlagen. In diesen Fällen ist die Behörde verpflichtet, die Belastung des Dritten zu beenden und die Einweisung aufzuheben, da sonst ein rechtswidriger Zustand besteht bzw. fortbesteht. Weigert sich die eingewiesene Person auszuziehen, führt der Verbleib in der Wohnung zu einem rechtswidrigen Zustand und zu einer Gefährdung der öffentlichen Sicherheit. Dies kann der auf der Grundlage der gefahrenabwehrrechtlichen Generalklausel (OVG Münster NVwZ 1991, 905) im Wege einer **Räumungsverfügung** beendet werden. Der weitere Aufenthalt in der Wohnung ist nicht gerechtfertigt und beeinträchtigt den Eigentümer in seinem Eigentum und Verfügungsrecht. Der Eigentümer hat in diesen Fällen einen **Anspruch auf Erlass einer Räumungsverfügung,** wobei unterschiedliche Auffassungen darüber bestehen, ob sich der Anspruch aus der Generalklausel oder aus dem anerkannten **Folgenbeseitigungsanspruch** ergibt (→ Rn. 15; Schoch JuS 1995, 35; Schenke PolR Rn. 321 ff.).

Die Diskussion hat Einfluss darauf, ob dem Eigentümer der Subsidiaritätsgrundsatz des § 1 Abs. 3 entgegengehalten und darauf verwiesen werden kann, selbst einen Räumungstitel vor ordentlichen Gerichten zu erwirken (so Lübbe VBlBW 1994, 180). Im Ergebnis wird dies von der ganz hM verneint (Schenke PolR Rn. 322), da sich diese Fallgestaltung doch erheblich von den üblichen privatrechtlichen Streitigkeiten, die der Gesetzgeber bei der Subsidiaritätsklausel des § 1 Abs. 3 im Auge hatte, unterscheidet. 28.1

Ein Folgenbeseitigungsanspruch besteht auch in Fällen, in denen der Eingewiesene in der Wohnung wohnte und die Behörde einer Zwangsräumung mit der Einweisung zuvorkam (Götz NVwZ 1994, 652; 658; OVG Münster NVwZ 1991, 905; aA Schenke PolR Rn. 323, der einen Folgenbeseitigungsanspruch in diesen Fällen ablehnt, da kein durch die Behörde verursachter rechtswidriger Zustand vorliege). 29

Für die Zeit der Einweisung steht dem nach Abs. 1 in Anspruch genommenen Eigentümer ein **Ausgleichsanspruch** nach § 64 Abs. 1 S. 1 zu, der sich an der vergleichbaren bzw. früheren Miete (bei Wiedereinweisung) orientiert. Der Entschädigungsanspruch umfasst neben dem **Ersatz des Mietausfalls** auch die Mietnebenkosten (BGH NJW 1995, 2918). Ob auch ein Ersatzanspruch hinsichtlich eventueller vom Eingewiesenen verursachter Beschädigungen der Wohnung besteht, hängt davon ab, ob ein unmittelbarer Zusammenhang zwischen der Einweisung und den Schäden besteht (BGH NVwZ 2006, 963: Zusammenhang verneint). 30

Hat die einweisende Behörde dem Eigentümer eine Entschädigung gezahlt, hat sie nach § 69 einen **Regressanspruch gegenüber der von Obdachlosigkeit bedrohten Person,** da diese nach § 6 verantwortlich ist. Problematischer aus Sicht der Verwaltung ist die Frage, ob ihr auch bei Einweisung von Obdachlosen in kommunale Obdachlosenunterkünfte Ansprüche auf Nutzungsentschädigung zustehen. Für diesen Fall sieht jedenfalls das HSOG keine Grundlage vor (Hornmann HSOG Rn. 25; Schoch JURA 2006, 676 (683)). 31

Nach Auffassung des VGH Kassel soll die Gemeinde unter Hinweis auf ein zwischen Gemeinde und Eingewiesenen begründetes Nutzungsverhältnis in diesem Fall berechtigt sein, auch ohne spezielle rechtliche Grundlage eine Nutzungsentschädigung zu verlangen (VGH Kassel NVwZ-RR 1995, 286). Die Entscheidung wurde zu Recht kritisiert. Zwar mag das Ergebnis „gerecht" erscheinen, zu bedenken ist aber, dass auch hier der Gesetzesvorbehalt greifen muss, wonach der Anspruch einer gesetzlichen Grundlage bedarf. Da es sich in der Sache um eine Nutzungsgebühr (Nutzung einer öffentlichen Einrichtung) handelt, bedarf es einer entsprechenden Gebührensatzung nach § 10 Abs. 2 S. 1 HessKAG (Hornmann HSOG Rn. 25; Schoch JURA 2006, 676 (683) mwN). 31.1

II. Versammlungsrechtliche Maßnahmen

Die Inanspruchnahme Nichtverantwortlicher ist auch im Bereich versammlungsrechtlicher Maßnahmen der Gefahrenabwehr von Relevanz. Für solche Anordnungen (zB Versammlungsverbote, Auflösungen) greift zwar vorrangig das HVersFG, das hinsichtlich der Befugnisnormen grundsätzlich abschließend ist. Das HVersFG enthält aber keine Ausführungen zum Adressaten bzw. zur Verantwortlichkeit, sodass insoweit auf die allgemeinen Vorschriften des HSOG (§§ 6, 7 und 9) zurückzugreifen ist (→ § 3 Rn. 16). 32

Es ist Aufgabe von Gefahrenabwehr- und Polizeibehörden, die von Versammlungen ausgehenden Gefahren für die öffentliche Sicherheit abzuwehren. Ausgehend vom hohen **Rang des Art. 8 GG** ist es auch Aufgabe des Staates und der handelnden Behörden, das Recht auf Versammlung zu schützen (vgl. BVerfG NJW 1985, 2395 – „Brokdorf-Entscheidung"; VG Köln NJW 1971, 210; Hornmann HSOG Rn. 28 mwN). Unproblematisch sind Fälle, in denen ein **Versammlungsveranstalter und sein Anhang selbst Gewalttätigkeiten** begehen, beabsichtigen oder billigen. In diesen Fällen liegt in der Regel keine friedliche Versammlung vor, sie wird damit von der Gewährleistung des Art. 8 GG nicht erfasst. Veranstalter und gewalttätige Teilnehmer sind im polizeirechtlichen Sinne „Störer" und können 33 grundsätzlich in Anspruch genommen werden. Handelt es sich um eine friedliche Veranstaltung und erfolgen **gewalttätige Störungen von außen,** zB durch Gegendemonstranten, müssen sich die Maßnahmen der Behörde vorrangig gegen die „Störer" von außen richten. Die Versammlung ist zu schützen. In beiden Fällen werden die Verantwortlichen in Anspruch genommen.

34 Rechtlich problematischer sind die Fälle, in denen sich die **Maßnahmen** zum Schutz der öffentlichen Sicherheit (zB Versammlungsverbot) **gegen nicht „störende" Veranstalter oder Teilnehmer einer friedlichen Versammlung** richten. Dies ist mit Blick auf § 9 zwar grundsätzlich möglich, unterliegt aber einem besonders **strengen Maßstab** und ist nur in Ausnahmefällen rechtens (VGH Mannheim BeckRS 2016, 41367; VG Köln NJW 1972, 210 (212); Trurnit NVwZ 2016, 873 (875)). Die Inanspruchnahme Nichtverantwortlicher setzt hier voraus, dass Maßnahmen gegen Gegendemonstranten nicht möglich oder ausreichend sind. Dabei muss die handelnde Behörde auch bei Ausnutzung aller ihr zur Verfügung stehenden Mittel objektiv nicht in der Lage sein, die Gefahren anders abzuwehren. Notfalls müssen Polizeikräfte aus anderen Bundesländern oder Bundespolizei im Wege der **Amtshilfe** angefordert werden, **unabhängig von der Kostenfrage** (BVerwG NVwZ 1999, 991 (993); VG Leipzig BeckRS 2015, 53910). Erst wenn auch dies nicht möglich oder ausreichend ist, kann zum Schutz hochwertiger Rechtsgüter wie Leben und Gesundheit eine Inanspruchnahme Nichtverantwortlicher erfolgen (VGH Kassel NVwZ-RR 1994, 86 (87)).

35 Dies gilt auch, wenn die Gewaltbereitschaft nur von Teilen der Versammlungsteilnehmer ausgeht, was bei **Großveranstaltungen** oft der Fall sein kann (vgl. BVerfG NJW 1985, 2395). Die Gewaltbereitschaft von Teilen einer Versammlung kann nicht den Grundrechtsschutz der friedlichen Teilnehmer aufheben. Ist keine kollektive Unfriedlichkeit zu befürchten, muss für die friedlichen Teilnehmer der Schutz der Versammlungsfreiheit erhalten bleiben, auch wenn einzelne Teilnehmer Ausschreitungen begehen (BVerfG NJW 1985, 2395 (2400)). Auch in solchen Fällen sind vor einem Verbot der Versammlung alle Mittel auszuschöpfen, um den friedlichen Demonstranten ihr Recht aus Art. 8 GG zu sichern.

§ 10 Einschränkung von Grundrechten

Aufgrund dieses Gesetzes können die Grundrechte auf

Leben und körperliche Unversehrtheit (Art. 2 Abs. 2 Satz 1 des Grundgesetzes, Art. 3 der Verfassung des Landes Hessen),

Freiheit der Person (Art. 2 Abs. 2 Satz 2 des Grundgesetzes, Art. 5 der Verfassung des Landes Hessen),

Versammlungsfreiheit (Art. 8 Abs. 1 des Grundgesetzes, Art. 14 Abs. 1 der Verfassung des Landes Hessen),

Brief-, Post- und Fernmeldegeheimnis (Art. 10 Abs. 1 des Grundgesetzes, Art. 12 der Verfassung des Landes Hessen),

Freizügigkeit (Art. 11 Abs. 1 des Grundgesetzes, Art. 6 der Verfassung des Landes Hessen),

informationelle Selbstbestimmung und Gewährleistung der Vertraulichkeit und Integrität informationstechnischer Systeme (Art. 12a der Verfassung des Landes Hessen), Unverletzlichkeit der Wohnung (Art. 13 des Grundgesetzes, Art. 8 der Verfassung des Landes Hessen)

eingeschränkt werden.

Überblick

Auszug aus der VVHSOG (gem. Erlass des Hessischen Ministeriums des Innern und für Sport v. 29.11.2022 (StAnz. 50/2022, 1384) zum 1.1.2025 mangels eines erneuten Verlängerungserlasses ersatzlos außer Kraft getreten):

Zu § 10

10. Einschränkung von Grundrechten

Die Vorschrift ist wegen Art. 19 Abs. 1 Satz 2 GG (Zitiergebot) erforderlich.

Bei § 10 handelt es sich nicht um eine Ermächtigungsgrundlage. Vielmehr setzt die Norm das verfassungsrechtliche Zitiergebot (Art. 19 Abs. 1 S. 2 GG) um und erfüllt somit eine für die Befugnisnormen des HSOG bestehende verfassungsrechtliche Vorgabe.

A. Allgemeine Charakterisierung und rechtlicher Rahmen

Gefahren werden regelmäßig dadurch abgewehrt, dass die Polizei oder die Gefahrenabwehrbehörden bestimmten Personen – meistens den Störern – etwas verbieten oder gebieten bzw. ihnen tatsächliche Belastungen auferlegen. Die Gefahrenabwehr ist damit ein klassisches Handlungsfeld der „Eingriffsverwaltung" (zur Systematisierung der Verwaltungsarten, vgl. Detterbeck AllgVerwR Rn. 10 ff.; Ipsen AllgVerwR Rn. 181 ff.). Die klassische Formel des konstitutionellen Staates, nach der (nur) Eingriffe in „Freiheit und Eigentum" eines Gesetzes bedurften (Art. 5 und 9 der Verfassungsurkunde für den preußischen Staat v. 3.1.1850, PrGS 17), ist dabei unter der demokratischen Staatsform des GG durch die **Verpflichtung aller staatlichen Gewalt auf die Grundrechte** (Art. 1 Abs. 3 GG) abgelöst worden: Jede Einschränkung der als subjektiv-öffentliche Rechte (Einzelheiten bei Ipsen, Staatsrecht II, 24. Aufl. 2021, Rn. 53 ff.) gewährleisteten Grundrechte bedarf danach der Rechtfertigung in Form eines demokratisch legitimierten Gesetzes. 1

Um den grundrechtlichen Schutz nicht leerlaufen zu lassen, sind die Grundrechte allerdings nicht beliebig einschränkbar, sondern das einschränkende Gesetz ist seinerseits verfassungsrechtlichen Grenzen unterworfen, die – sprachlich eher missglückt, aber den Sachverhalt durchaus veranschaulichend – als „Schranken-Schranken" bezeichnet werden (Hufen, Staatsrecht II – Grundrechte, 10. Aufl. 2023, § 9 Rn. 14). Eine dieser Grenzen ist das Zitiergebot des Art. 19 Abs. 1 S. 2 GG (entsprechend Art. 63 Abs. 2 S. 1 HessVerf), wonach das grundrechtseinschränkende Gesetz das eingeschränkte Grundrecht unter Angabe des Artikels nennen muss. 2

Das **Zitiergebot** verhindert die Grundrechtseinschränkung also nicht, sondern stellt lediglich ein formelles Erfordernis dar, dessen Nichtbeachtung indes zur Nichtigkeit des Gesetzes führt (BVerfGE 5, 13 (15 f.)). Zweck der Vorschrift ist es, dem Gesetzgeber die Grundrechtsrelevanz einer (geplanten) Vorschrift vor Augen zu führen („Warn- und Besinnungsfunktion"); der Gesetzesanwender soll auf die Auswirkungen seines Handelns hingewiesen („Hinweisfunktion"), dem grundrechtsbetroffenen Bürger soll die Verkürzung seines Rechts verdeutlicht („Informationsfunktion") werden (zu diesen Funktionen des Art. 19 Abs. 1 S. 2 GG ausf. Dreier/Dreier GG Art. 19 Rn. 18). Wie der Gesetzgeber dem Zitiergebot Rechnung trägt, ist ihm selbst überlassen (zu den unterschiedlichen Möglichkeiten, vgl. Dreier/Dreier GG Art. 19 Rn. 19). Der hessische Landesgesetzgeber hat für Grundrechtseinschränkungen, die mit dem HSOG verbunden sind, die – auch in anderen Ländern (§ 4 BWPolG, Art. 91 BayPAG, § 10 NPOG, § 44 NRWOBG, § 7 PolG NRW) – übliche Variante gewählt, die eingeschränkten Grundrechte in Form einer Aufzählung gleichsam „vor die Klammer zu ziehen". 3

B. Einzelerläuterungen

§ 10 unterwirft folgende Grundrechte ausdrücklich der Einschränkbarkeit aufgrund des HSOG: 4

- das Grundrecht auf Leben und körperliche Unversehrtheit (Art. 2 Abs. 2 S. 1 GG, Art. 3 HessVerf),
- das Grundrecht auf Freiheit der Person (Art. 2 Abs. 2 S. 2 GG, Art. 5 HessVerf),
- das Grundrecht der Versammlungsfreiheit (Art 8 Abs. 1 GG, Art. 14 Abs. 1 HessVerf),
- das Grundrecht des Brief-, Post- und Fernmeldegeheimnisses (Art. 10 Abs. 1 GG, Art. 12 HessVerf),
- das Grundrecht der Freizügigkeit (Art. 11 Abs. 1 GG, Art. 6 HessVerf) und
- das Grundrecht der Unverletzlichkeit der Wohnung (Art. 13 GG, Art. 8 HessVerf).

Mit der Nennung dieser Grundrechte ist zwar ein großer Teil der Grundrechtseingriffe abgedeckt, die unter der Anwendung des HSOG denkbar sind (Beispiele bei Hornmann HSOG Rn. 9 ff.). Allerdings sind häufig auch andere Grundrechte durch auf das HSOG gestützte Gefahrenabwehrmaßnahmen tangiert, so etwa die Meinungsfreiheit. Dass diese 5

Grundrechte keine Erwähnung finden, liegt an der Auslegung, die das Zitiergebot durch das BVerfG erfährt. Nach dessen ständiger Rechtsprechung sind nur Einschränkungen aufgrund von Eingriffsvorbehalten zu zitieren, nicht aber andere Beschränkungen, zB aufgrund von Regelungsvorbehalten oder immanenten Schranken (BVerfGE 24, 367 (396); 25, 371 (399); 64, 72 (79); 83, 130 (154); krit. Dreier/Dreier GG Art. 19 Rn. 121 ff., dort auch zu weiteren Ausnahmen). Grundrechte unter Eingriffsvorbehalt (zu dieser Systematisierung, vgl. iE Ipsen, Staatsrecht II, 24. Aufl. 2021, Rn. 149 ff.) sind indes nur die in § 10 genannten, sodass der hessische Gesetzgeber dem Zitiergebot im Hinblick auf das HSOG vollständig entsprochen hat.

Zweiter Abschnitt. Befugnisse

§ 11 Allgemeine Befugnisse

Die Gefahrenabwehr- und die Polizeibehörden können die erforderlichen Maßnahmen treffen, um eine im einzelnen Falle bestehende Gefahr für die öffentliche Sicherheit oder Ordnung (Gefahr) abzuwehren, soweit nicht die folgenden Vorschriften die Befugnisse der Gefahrenabwehr- und der Polizeibehörden besonders regeln.

Überblick

Auszug aus der VVHSOG (gem. Erlass des Hessischen Ministeriums des Innern und für Sport v. 29.11.2022 (StAnz. 50/2022, 1384) zum 1.1.2025 mangels eines erneuten Verlängerungserlasses ersatzlos außer Kraft getreten):

Zu § 11

11. Allgemeine Befugnisse

11.0

Die Vorschrift enthält die allgemeine Befugnisnorm. Sie ist gegenüber den nachfolgenden Regelungen der §§ 12 bis 43 subsidiär. Einzelermächtigungen regeln den betreffenden Sachverhalt abschließend.

11.1

Gefahr im Sinne der Vorschrift ist die konkrete Gefahr, also die im einzelnen Falle bestehende Gefahr für die öffentliche Sicherheit oder Ordnung. Zur Abwehr einer konkreten Gefahr gehören auch die Feststellung, ob eine Gefahr vorliegt oder nicht und die Beseitigung einer bereits eingetretenen und fortwirkenden Störung. Eine solche Gefahr im Sinne einer bereits eingetretenen und fortwirkenden Störung ist auch dann gegeben, wenn gegen Rechtsvorschriften verstoßen wird. Bei Verstößen gegen zivilrechtliche Rechtsvorschriften ist § 1 Abs. 3 zu beachten.

§ 11 leitet die im zweiten Abschnitt des Gesetzes normierten **Befugnisse** der Gefahren- und Polizeibehörden ein. Das HSOG unterscheidet damit strikt zwischen Aufgabennormen (§§ 1 f.) und Befugnisnormen (§§ 11 ff.); letztere werden häufig – aber gesetzesfern – auch **Ermächtigungsgrundlagen** genannt. § 11 regelt die „allgemeinen Befugnisse" und enthält damit die gefahrenabwehrrechtliche **Befugnisgeneralklausel.** Sie kann zur Begründung gefahrenabwehrender Grundrechtseingriffe nur herangezogen werden, wenn weder spezielle Befugnisse des außerhalb des HSOG normierten besonderen Gefahrenabwehrrechts (zB § 14 Abs. 1 HVersFG) noch spezielle Befugnisse des im HSOG geregelten allgemeinen Gefahrenabwehrrechts – die sog. Standardbefugnisse bzw. -maßnahmen gem. § 12 ff. – einschlägig sind (→ Rn. 9). Dessen ungeachtet kommt der Befugnisgeneralklausel als Auffangnorm **große praktische Bedeutung** zu. Der Wortlaut von § 11 ist – prototypisch für Generalklauseln – durch **unbestimmte Gesetzesbegriffe** geprägt, und zwar sowohl auf der Tatbestandsseite (Gefahr, öffentliche Sicherheit, öffentliche Ordnung, → Rn. 18) als auch auf der Rechtsfolgenseite (erforderliche Maßnahmen, → Rn. 22). Die daraus resultierende Vagheit der Norm wirft die Frage ihrer Verfassungsmäßigkeit auf und birgt Risiken bei der Rechtsanwendung (→ Rn. 5 f.).

Übersicht

A. Begriff und Bedeutung der Generalklausel

Das Gesetz regelt im zweiten Abschnitt des ersten Teils in den §§ 11 ff. die Befugnisse der Gefahrenabwehr- und Polizeibehörden; dieser Abschnitt bildet den Kern des HSOG. Innerhalb des Abschnitts ist zwischen der **allgemeinen Befugnis** gem. § 11 (sog. **Befugnisgeneralklausel**) und den besonderen bzw. **speziellen Befugnissen** (sog. **Standardbefugnisse**) nach §§ 12 ff. zu unterscheiden. Die Befugnisse bzw. Befugnisnormen werden häufig – aber gesetzesfern – auch als **Ermächtigungsgrundlagen** und die Befugnisgeneralklausel auch als Generalermächtigung bezeichnet. Die Befugnisgeneralklausel geht auf das preußische Polizeiverwaltungsgesetz (PrPVG) von 1931 zurück (§ 14 Abs. 1); diese Norm steht ihrerseits in der Tradition von § 10 Teil II Titel 17 des preußischen Allgemeinen Landrechts (PrALR) von 1794 (Schucht, Generalklausel und Standardmaßnahme, 2010, S. 42 ff.). Sie stellt damit die **klassische Befugnisnorm für Gefahrenabwehrmaßnahmen** dar, die zugleich prototypisch polizeiliches Handeln beschreibt. 1

§ 14 **Abs.** 1 **PrPVG** (1931) lautet: „Die Polizeibehörden haben im Rahmen der geltenden Gesetze die nach pflichtgemäßem Ermessen notwendigen Maßnahmen zu treffen, um von der Allgemeinheit oder dem einzelnen Gefahren abzuwehren, durch die die öffentliche Sicherheit oder Ordnung bedroht wird." 1.1

Alle Polizei- und Ordnungsgesetze der Länder und das Gesetz über die Bundespolizei enthalten – weitgehend gleichlautende – Generalklauseln. Unter der Voraussetzung, dass eine konkrete **Gefahr für die öffentliche Sicherheit oder Ordnung** vorliegt, ermächtigt § 11 sowohl die Gefahrenabwehr- als auch die Polizeibehörden, alle zur Gefahrenabwehr **„erforderlichen Maßnahmen"** zu treffen. Wegen der damit **fehlenden näheren Umschreibung der** zu ergreifenden **Maßnahmen** wird die Norm als Generalklausel bezeichnet. Die Wahl der konkret erforderlichen Maßnahme bleibt dem pflichtgemäßen Ermessen (§ 5) der handelnden Behörde überlassen. 2

Demgegenüber umschreiben die in **§§ 12 ff.** geregelten sog. **Standardbefugnisse** bestimmte typische Maßnahmen näher und legen deren Anwendungsvoraussetzungen fest. Nach dem Grundsatz „lex specialis derogat legi generali", der in § 11 Hs. 2 zum Ausdruck kommt, haben die Standardbefugnisse als spezielle Normen Vorrang (→ Rn. 22 ff.). Auch wenn die Anzahl der Standardbefugnisse in den letzten Jahrzehnten immer größer wurde, hat dies die **Bedeutung der Generalklausel** kaum geschmälert. Ihr kommt nach wie vor eine wichtige **Auffangfunktion** zu. 3

Die Generalklausel kommt (wie die sog. Standardbefugnisse) schon wegen der Ausgestaltung der Gefahrenabwehr als Pflichtaufgabe (§ 1 Abs. 1 S. 1) auch als **Rechtsgrundlage für Handlungspflichten** und sogar **Ansprüche auf behördliches Einschreiten** in Betracht; letzteres setzt voraus, dass die tatbestandlich verlangte Gefahr zumindest auch für subjektiv-öffentliche Rechte des Betroffenen besteht (VGH Mannheim BeckRS 2023, 21339 Rn. 86). Da Maßnahmen der Gefahrenabwehr gem. § 5 Abs. 1 im pflichtgemäßen Ermessen der 4

Behörden liegen, hat der Betroffene zunächst allerdings nur einen **Anspruch auf eine ermessensfehlerfreie Entscheidung.** Ein auf die Generalklausel gestützter **Anspruch auf Einschreiten** bzw. auf Vornahme einer bestimmten behördlichen Maßnahme kann nur unter den Voraussetzungen einer sog. Ermessensreduzierung auf Null bestehen (FLS PolR Hessen Kap. I Rn. 55 ff.).

4.1 **Beispiel:** Anspruch auf Einschreiten bei unfreiwilliger Obdachlosigkeit auf Grundlage der Generalklausel (VGH Mannheim BeckRS 2019, 23388).

B. Verfassungsmäßigkeit und Anwendbarkeit der Generalklausel

5 Die Generalklausel ist sowohl auf der Tatbestands- als auch auf der Rechtsfolgenseite von **unbestimmten Gesetzesbegriffen** geprägt. Diese Vagheit der Norm führt zur Frage ihrer **Vereinbarkeit mit dem** rechtsstaatlichen **Bestimmtheitsgrundsatz.** In einer jahrzehntelangen Auslegungspraxis durch Rechtsprechung und Lehre wurde die Generalklausel allerdings so präzisiert, dass Inhalt, Zweck und Ausmaß der Norm als hinreichend bestimmt anzusehen sind. Deshalb ist von ihrer Verfassungsmäßigkeit auszugehen (BVerfGE 54, 143 (144 f.); BVerwG NVwZ 2007, 1439 (1440)).

6 Dessen ungeachtet zeigt die Anwendungspraxis der im Wortlaut mit § 11 weitgehend identischen Generalklausel des PrPVG von 1931 (§ 14 Abs. 1 PrPVG) während des Nationalsozialismus, dass die Schlüsselbegriffe „öffentliche Sicherheit" und – mehr noch – „öffentliche Ordnung" als **Einbruchstellen freiheitsfeindlicher Ideologisierungen** des Polizeirechts genutzt werden können (Schwegel, Der Polizeibegriff im NS-Staat, 2005, S. 121 ff., 283 ff., 371 ff.). Da § 11 die den Behörden zur Gefahrenabwehr gestatteten Eingriffsmöglichkeiten zudem nicht näher begrenzt, eröffnet die Befugnisgeneralklausel Machtpotenziale, deren Missbrauch nur durch eine **strikt an den Wertungen des Grundgesetzes ausgerichtete Rechtsanwendung** zu verhindern ist.

6.1 Im Jahr 1936 wurde vom damaligen Präsidenten des Preußischen OVG die Auffassung vertreten, dass „alles, was objektiv dazu beitragen kann, dem nationalsozialistischen Staat gegenüber untergrabend, hemmend, verstimmend oder auch nur staatsentfremdend zu wirken, als Störung der öffentlichen Sicherheit" iSd. § 14 Abs. 1 PrPVG anzusehen sei (Drews, Preußisches Polizeirecht, Bd. I, 5. Aufl. 1936, S. 13). Ein solches **entgrenztes Verständnis der Generalklausel** zeigt Möglichkeiten ihrer freiheitsfeindlichen Umdeutung in aller Deutlichkeit auf und war mitverantwortlich dafür, dass sich die Polizei im NS-Staat zu einem so machtvollen wie willfährigen Instrument des Unrechtsregimes entwickeln konnte.

7 Ausgehend von der sog. **Wesentlichkeitstheorie** (vgl. BVerfGE 150, 1 (96 ff.) = BeckRS 2018, 22100), wonach das Demokratieprinzip (Art. 20 Abs. 1 und 2 GG) und Rechtsstaatsprinzip (Art. 20 Abs. 3 GG) verlangen, dass der Gesetzgeber wesentliche – dh vor allem besonders eingriffsintensive – Entscheidungen nicht der Verwaltung überlassen dürfe, sondern selbst regeln müsse, wird teilweise ein **limitierter Anwendungsbereich der Generalklausel** gefordert. Dieser soll **auf atypische,** bisher ungebräuchliche **Maßnahmen beschränkt** sein, während der Gesetzgeber für typische bzw. typisierbare Maßnahmen nach einer gewissen Übergangszeit spezielle Befugnisse – sog. Standardbefugnisse – schaffen müsse (Butzer VerwArch 3 (2002), 506 (522 f.); in der Tendenz auch OVG Lüneburg NVwZ 2016, 164 (165)). Gegen diese Auffassung spricht schon, dass Standardbefugnisse nicht zwingend höhere Eingriffsschwellen vorsehen als die Generalklausel (→ Rn. 22), sondern diese nicht selten sogar absenken, so dass die – formale – Forderung nach einer eigenständigen Regelung den intendierten besseren Grundrechtsschutz keineswegs zwingend in sich trägt. Jedenfalls lehnt die hM eine solche Beschränkung des Anwendungsbereichs der Generalklausel zu Recht ab; sie ist verfassungsrechtlich nicht geboten (BVerwG NVwZ 2007, 1439 (1440); Schenke PolR Rn. 49; Beaucamp JA 2017, 728 (729); Schucht, Generalklausel und Standardmaßnahme, 2010, S. 357 f.). So können insbesondere **Gefährderansprachen und -anschreiben** als mittlerweile typische polizeirechtliche Maßnahmen grundsätzlich weiterhin **auf die Generalklausel gestützt** werden (Beaucamp JA 2017, 728 (733); Kreuter-Kirchhof AöR 139 (2014), 257 (278)).

7.1 Auch für die – ggf. verfassungsrechtlich gebotene – Aufgabenerfüllung wäre eine Beschränkung der Generalklausel auf atypische Maßnahmen problematisch. Sie hätte zur Folge, dass Maßnahmen, die eigentlich zur Gefahrenabwehr zwingend erforderlich wären, trotz Existenz der Befugnisgeneralklausel unterbleiben müssten, wenn der Gesetzgeber – aus welchen Gründen auch immer – untätig bliebe. Zudem stellten sich neue Abgrenzungsprobleme (vgl. Beaucamp, JA 2017, 728 (729)): Wann liegt eine atypische Maßnahme vor? Welcher Zeitraum wäre dem Gesetzgeber einzuräumen, bis dieser neue Standardbefugnisse normieren muss? Auch angesichts dieser Unklarheiten überzeugt es nicht, den **Anwendungsbereich der Generalklausel** insoweit **zu limitieren,** zumal ein effektiver Grundrechtsschutz bei Maßnahmen, die auf § 11 gestützt werden, durch die Anforderungen der Adressatennormen und durch die zwingende Anwendung des Verhältnismäßigkeitsgrundsatzes gewährleistet werden kann.

Beschränkungen des Anwendungsbereichs der Generalklausel können sich aber bei Maßnahmen ergeben, die zu bestimmten **besonders schweren Grundrechtseingriffen** führen. So setzen etwa Eingriffe in das Grundrecht der Wohnungsfreiheit ausdrücklich qualifizierte Gefahrenlagen voraus (Art. 13 Abs. 4 und Abs. 7 GG), die ein Rückgriff auf die Generalklausel insoweit ausschließen und nach Standardbefugnissen mit dementsprechend höheren Eingriffsschwellen verlangen. Entsprechendes kann auch für Grundrechtseingriffe gelten, die in ihrer Intensität **mit Freiheitsentziehungen (Art. 104 GG) vergleichbar** sind (BVerwG NVwZ 2007, 1439 (1441)). 8

Ausgangssperren bedürfen wegen der damit verbundenen schwerwiegenden Eingriffe in Art. 2 Abs. 2 S. 2 GG iVm Art. 104 Abs. 1 GG und in das allgemeine Persönlichkeitsrecht gem. Art. 2 Abs. 1 GG iVm Art. 1 Abs. 1 GG einer speziellen Befugnis mit höheren Eingriffsschwellen, können also nicht auf die Generalklausel gestützt werden (so auch Schenke PolR Rn. 49); entsprechende Regelungen finden sich in §§ 28 Abs. 1 S. 1 Hs. 2 und 28a Abs. 1 Nr. 4 IfSG. 8.1

C. Subsidiarität der Generalklausel

Die **Anwendung der Generalklausel** ist nach dem Grundsatz „lex specialis derogat legi generali" **ausgeschlossen,** wenn besondere Befugnisnormen einschlägig sind. Diese können sich zum einen aus bundes- oder landesrechtlichen **Spezialgesetzen** ergeben (zB AufenthG, StVG, StVO, IfSG, HVersFG, HBO), die dem HSOG insgesamt vorgehen (§ 3 Abs. 1 S. 2). Zum anderen enthält das HSOG in den §§ 12 ff. spezielle Befugnisse (sog. **Standardbefugnisse**), die in ihrem Anwendungsbereich gem. § 11 Hs. 2 ebenfalls den Rückgriff auf die Generalklausel ausschließen. Die spezialgesetzlichen Befugnisse und die Standardbefugnisse des HSOG entfalten also eine doppelte **Sperrwirkung** gegenüber § 11. Damit unterliegt die Generalklausel einer doppelten **Subsidiaritätsprüfung** (krit. zur Verwendung des Begriffs der Subsidiarität in diesem Zusammenhang Schucht, Generalklausel und Standardmaßnahme, 2010, S. 430 f.). 9

I. Verhältnis zu spezialgesetzlichen Regelungen

Spezialgesetzliche Befugnisnormen gehen denen des HSOG **vor** (vgl. → § 3 Rn. 5), insoweit diese **abschließende Regelungen** enthalten (BVerwGE 129, 142 = NVwZ 2007, 1439 Rn. 30). So sind beispielsweise Beschränkungen, Verbote oder Auflösungen von Versammlungen unter freiem Himmel nur unter den in § 14 HVersFG genannten Voraussetzungen gestattet; ein Rückgriff auf die Spezialbefugnisse oder die Generalklausel des HSOG ist ausgeschlossen. Wird eine Rechtsmaterie in einem Spezialgesetz nur teilweise bzw. lückenhaft geregelt, bleibt das HSOG insoweit anwendbar. 10

Ob ein Spezialgesetz als abschließende Regelung zu verstehen ist, orientiert sich vor allem an dessen **Zielrichtung.** Zu fragen ist, welche Gefahrenlagen das Spezialgesetz im Auge hat. So regelt etwa das HVersFG nur Gefahren, die sich typischerweise aus dem Versammlungsgeschehen heraus ergeben. Zur Abwehr nicht versammlungsspezifischer Gefahren, die aber während einer Versammlung entstehen, ist ein Rückgriff auf die Befugnisse des HSOG zulässig (Schoch JuS 1994, 479 (480)). 11

Beobachtet ein Polizeibeamter, dass ein Teilnehmer eines Demonstrationszugs bei einem anderen Teilnehmer zu einem Taschendiebstahl ansetzt, können Maßnahmen zur Verhinderung der Straftat auf Befugnisnormen des HSOG gestützt werden; die Aufforderung, das Diebesgut auszuhändigen, findet ihre Rechtsgrundlage in § 11. 11.1

Nach der Rechtsprechung des VGH Kassel schließt die Möglichkeit eines Widerrufs der Registrierung von Inkassounternehmen nach § 14 RDG eine auf § 11 gestützte **Gefährderansprache** (→ 11.2

Rn. 44.2) nicht aus, weil das RDG hinsichtlich der Verhütung von Straftaten oder Ordnungswidrigkeiten keine abschließende Regelung enthalte (VGH Kassel BeckRS 2012, 46297).

12 Spezialgesetze legen oft auch besondere behördliche Zuständigkeiten fest; die Polizeibehörden sind hier in der Regel nicht zuständig. In Betracht kommt allerdings die **„Eilfallzuständigkeit"** aus § 2 S. 1.

12.1 **Beispiel:** Eine illegal errichtete Werbeanlage ragt in Straßenraum und stellt eine akute Gefährdung dar, die sofort beseitigt werden muss. Zur Beseitigung dieser Anlage ist grundsätzlich die Bauaufsichtsbehörde zuständig; die Polizei kann aber im Eilfall zumindest sichernde Maßnahmen anordnen.

13 In Eilfällen ist fraglich, ob die **„ersatzweise" tätige Polizei** auf der Grundlage der spezialgesetzlichen Regelung (zB HBO) oder auf Grundlage des HSOG zu handeln hat. Nach hM sind **vorläufige sichernde Maßnahmen** auf die polizeirechtliche Generalklausel zu stützen (Poscher/Rusteberg JuS 2011, 888 (891); → § 3 Rn. 17).

14 Wenn Spezialgesetze lediglich **Ge- oder Verbote** enthalten (Bsp: §§ 32, 33 StVO; §§ 5–12 HFeiertagsG), aber keine Befugnisnormen zu ihrer Durchsetzung, können Untersagungsverfügungen nicht auf diese Ge- oder Verbote gestützt werden (v. Mutius JURA 1986, 649 (652)). In diesen Fällen ist ein Rückgriff auf das HSOG angezeigt; als Befugnisnorm kommt regelmäßig die **polizeirechtliche Generalklausel** in Betracht (Schoch JuS 1994, 479 (486)), der sich auch insoweit ein nach wie vor bedeutsamer Anwendungsbereich eröffnet.

14.1 **Beispiele:** Verstoß gegen das Verbot der Adoptionsvermittlung (VGH Kassel NJW 1988, 1281); Verstoß gegen das Sportwettenvermittlungsverbot (OVG Lüneburg NVwZ 2005, 1336)).

II. Verhältnis zu den Standardbefugnissen in §§ 12 ff.

15 Der Anwendungsbereich der Generalklausel wird neben den spezialgesetzlichen Regeln auch durch die sog. **Standardbefugnisse (§§ 12 ff.)** eingeschränkt, denn § 11 Hs. 2 gewährt die „allgemeinen Befugnisse" nur, soweit die „folgenden Vorschriften" die Befugnisse nicht besonders regeln. Die Standardbefugnisse sind differenzierter formuliert als die Generalklausel; sie beschreiben typische gefahrenabwehrbehördliche und vor allem polizeiliche Maßnahmen näher. Dabei können die **Eingriffsschwellen** mit denen der Generalklausel identisch (zB § 31 Abs. 1 S. 1), höher (zB § 40 Abs. 1 Nr. 1) oder auch niedriger (zB § 12 Abs. 1 S. 1) sein.

16 (Nur) insoweit die Standardbefugnisse einen Lebenssachverhalt **abschließend normieren,** greift die **Sperrwirkung der Standardbefugnisse;** ein Rückgriff auf die Generalklausel ist dann ausgeschlossen (VGH Kassel NVwZ 2003, 1400 (1401); Hecker NVwZ 2003, 1334 (1335); Schenke PolR Rn. 38).

16.1 **Beispiel:** Wenn die Standardbefugnis des § 31 Abs. 3 ein Aufenthaltsverbot nur für die Dauer von bis zu drei Monaten zulässt, kommt ein Aufenthaltsverbot von vier Monaten von vornherein nicht in Betracht und kann auch nicht auf § 11 gestützt werden.

17 In Einzelfällen kann unklar sein, ob tatsächlich eine abschließende Regelung durch eine Spezialbefugnis vorliegt. Die Beantwortung dieser Frage richtet sich ebenso wie bei den spezialgesetzlichen Normen (→ § 3 Rn. 5) nach der **Zielrichtung der Spezialbefugnis.** Die abschließende Regelung einer Spezialbefugnis ist zudem umso eher anzunehmen, je höher deren Anforderungen für den vergleichbaren Sachverhalt ausgestaltet sind (Schenke PolR Rn. 134).

D. Eingriffsvoraussetzungen

18 Voraussetzung für Maßnahmen nach § 11 ist eine **„im einzelnen Falle vorliegende Gefahr für die öffentliche Sicherheit oder Ordnung".** Anders als die Aufgabengeneralklausel (§ 1 Abs. 1), die einen weiten Gefahrenbegriff enthält (→ § 1 Rn. 65 f.), fordert § 11 eine **konkrete Gefahr** („im einzelnen Falle"). Diese Festlegung hat auch Bedeutung für die nachfolgend geregelten Standardbefugnisse. Soweit dort eine „Gefahr" vorausgesetzt wird, ist damit regelmäßig eine konkrete Gefahr gemeint. Eine **konkrete Gefahr** (→ § 1 Rn. 61 f.) liegt vor, wenn im einzelnen Fall die hinreichende Wahrscheinlichkeit besteht, dass in absehbarer Zeit ein Schaden für die öffentliche Sicherheit oder Ordnung eintreten

wird (vgl. dazu auch die Legaldefinition in § 2 Nr. 1 NPOG). Ist bereits ein Schaden eingetreten und wirkt die daraus resultierende Beeinträchtigung noch fort, liegt eine **Störung** vor, die ebenfalls unter den Begriff der Gefahr fällt (VGH Kassel NVwZ 1992, 1111). Maßnahmen im **Vorfeld einer Gefahr,** also Maßnahmen, die der Vorsorge im Hinblick auf in Zukunft eventuell eintretende Gefahren dienen, **fallen nicht unter den Gefahrenbegriff** des § 11, können also nicht auf die Generalklausel gestützt werden (BVerwG NVwZ 2007, 1439 (1440 f.)).

Bei der sog. **Anscheinsgefahr** (→ § 1 Rn. 66 f.), die jedenfalls auf der Eingriffsebene wegen der für die Gefahrenabwehr notwendigen ex-ante Betrachtung generell als Gefahr iSd HSOG anzusehen ist, sind die Eingriffsvoraussetzungen des § 11 erfüllt. Anders im Fall der sog. **Scheingefahr** (→ § 1 Rn. 68 f.). Zudem können bei hinreichend begründetem **Gefahrenverdacht** (→ § 1 Rn. 69 f.) Maßnahmen auf § 11 gestützt werden. Einschränkungen ergeben sich hier bei der Verantwortlichkeit (→ § 6 Rn. 38) und auf der Rechtsfolgenseite, sodass auf der Grundlage der Generalklausel jedenfalls sog. **Gefahrenerforschungsmaßnahmen** möglich sind (OVG Münster NJW 1980, 138 (139); Fredrich Rn. 9; vgl. Nr. 11.1 VVHSOG). Endgültige Maßnahmen bzw. solche, die faktisch diese Wirkung haben, sind in Fällen des Gefahrenverdachts nur ausnahmsweise zulässig, wenn dies zum Schutz hochwertiger Rechtsgüter unerlässlich ist. 19

Beispiel: Verkaufsverbot für „verdächtigen" Endiviensalat (BVerwGE 12, 87 = NJW 1961, 2077). 19.1

Die konkrete Gefahr muss für die Schutzgüter **öffentlichen Sicherheit** (→ § 1 Rn. 14) **oder öffentliche Ordnung** (→ § 1 Rn. 35) bestehen. Mit Blick auf die Subsidiarität der Generalklausel und zunehmender spezialgesetzlicher Reglungen kommt der Generalklausel vor allem beim Schutz der objektiven Rechtsordnung im Rahmen der öffentlichen Sicherheit große Bedeutung zu, indem sie als Grundlage zur Konkretisierung spezialgesetzlicher Gebote und Verbote dient (→ § 1 Rn. 35). 20

E. Maßnahmen der Gefahrenabwehr- und Polizeibehörden

I. Allgemeines

§ 11 ermächtigt sowohl die **Gefahrenabwehr- als auch die Polizeibehörden.** Da alle der mit der Gefahrenabwehr nach § 1 Abs. 1 betrauten Behörden die Generalklausel nutzen können, bedarf es im Einzelfall der **Klärung der Zuständigkeit,** die den allgemeinen Regeln aus § 1 und § 2 folgt. Danach können sich die Ordnungs- und vor allem die Polizeibehörden in den Fällen auf die Generalklausel stützen, in denen die Abwehr durch andere Behörden (Verwaltungsbehörden) nicht oder nicht rechtzeitig möglich erscheint, sog. **Eilfall** (vgl. § 2 S. 1). Daneben kann sich die Zuständigkeit der Ordnungsbehörde auch aus **speziellen Zuweisungen** für spezielle Bereiche der Gefahrenabwehr ergeben. Ist zB die Ordnungsbehörde für die „Durchführung" einer Regelung zuständig (zB § 16 HessHundeVO), so gilt dies auch, wenn eine Maßnahme zum Schutz der in der speziellen Regelung enthaltenen Gebote bzw. Verbote auf § 11 gestützt wird (VGH Kassel BeckRS 2009, 36053; FLS PolR Hessen Kap. J Rn. 103). 21

Nach § 11 **können** die Behörden die **erforderlichen Maßnahmen** treffen. Die Formulierung als „Kann-Norm" zeigt, dass die Generalklausel – wie auch alle sog. Standardbefugnisse – als **Ermessensnorm** ausgestaltet ist. Beachtlich ist deshalb § 5, so dass die Behörden ihre Maßnahmen nach **pflichtgemäßem Ermessen** zu treffen haben. Die Generalklausel eröffnet den Behörden damit sowohl ein sog. Entschließungsermessen (ob sie überhaupt tätig werden) als auch ein sog. Auswahlermessen (wie sie tätig werden). Pflichtgemäßes Ermessen erfordert, dass sich die Behörden am Zweck der Befugnisnorm orientieren (§ 40 HVwVfG; VGH Kassel NVwZ 1987, 902) und von sachlichen Erwägungen leiten lassen, wobei bei der Gefahrenabwehr vor allem **Effektivitätsgesichtspunkte** im Vordergrund stehen. Je nach Situation kann sich eine **Ermessensreduzierung** ergeben. So kann bei drohenden Gefahren für hochwertige Rechtsgüter das Entschließungsermessen eingeschränkt sein. Hieraus kann sich eine Handlungspflicht der Behörden und daraus folgend ein **Anspruch der Bürgers auf Einschreiten** ergeben (→ Rn. 4; Hornmann HSOG Rn. 37). 22

23 Anders als einige Standardbefugnisse enthält § 11 **keine** eigene **Adressatenregelung,** sodass die Maßnahmen an die nach §§ 6 oder 7 **Verantwortlichen** zu richten sind bzw. ausnahmsweise unter den Voraussetzungen nach § 9 an **Nichtverantwortliche.** Auch kann die Generalklausel im Zusammenspiel mit § 8 Abs. 1 Grundlage für eine unmittelbare Ausführung sein (→ § 8 Rn. 2.1).

24 § 11 nennt (im Unterschied zu den sog. Standardmaßnahmen) auf der Rechtsfolgenseite keine spezielle Maßnahme, sondern **überlässt die Wahl der Maßnahme** grundsätzlich **den Behörden.** Die Maßnahmenwahl wird vom Wortlaut der Generalklausel durch das Kriterium der **Erforderlichkeit** begrenzt. Da jeder auf § 11 gestützte Grundrechtseingriff dem in § 4 geregelten **Grundsatz der Verhältnismäßigkeit** entsprechen muss und auch innerhalb der Verhältnismäßigkeitsprüfung die Erforderlichkeit der Maßnahme zu prüfen ist, kommt dieser Begrenzung praktisch keine eigenständige Bedeutung zu.

25 Eine **Maßnahme** ist **erforderlich** (notwendig), wenn ohne sie die Gefahrenabwehr nicht unter Beachtung des Verhältnismäßigkeitsgrundsatzes erreichbar wäre. Die Maßnahme muss geeignet und für den Adressaten möglich sein. Auch muss sie dem Grundsatz des geringsten Mittels genügen und angemessen sein. Ferner ist das zeitliche Übermaßverbot des § 4 Abs. 3 zu beachten. Ist der Zweck der Maßnahme erreicht oder nicht mehr erreichbar, ist die Maßnahme auch nicht mehr erforderlich iSv § 11. Die in diesem Sinne zu verstehende „Erforderlichkeit" unterliegt **keinem Beurteilungsspielraum der Behörde,** sondern ist als Rechtsfrage gerichtlich voll überprüfbar, wobei die Maßnahme in der Praxis letztlich unter den in § 4 genannten Verhältnismäßigkeitsaspekten überprüft wird; eine gesonderte Prüfung der „Erforderlichkeit" nach § 11 findet in der Regel nicht statt.

26 Auf der Grundlage des § 11 kommen ganz unterschiedliche Maßnahmen in Betracht, da der Begriff der „Maßnahme" weit ist und in seiner Verwendung im HSOG (so auch in §§ 4 und 5 sowie bei der Verantwortlichkeit in §§ 6 ff.) zunächst jegliche gefahrenabwehrrechtliche Tätigkeit umfasst. **Relevante Maßnahmen** iSd § 11 können **Rechtsakte** in Form von Verwaltungsakten (Einzel- oder Allgemeinverfügungen) sein, aber auch sog. **Realakte** kommen in Betracht. Relevante Maßnahmen iRv § 11 sind allerdings nur solche, die einer Befugnisnorm bedürfen und nicht speziell geregelt sind, weshalb **öffentlich rechtliche Verträge, Erlaubnisse und deren Rücknahme / Widerruf** zwar auch Maßnahmen der Gefahrenabwehr sein bzw. enthalten können, aber nicht der Generalklausel als Befugnisnorm bedürfen und deshalb iRv § 11 nicht relevant sind.

26.1 Soweit **Erlaubnisse** als präventive Maßnahmen der Gefahrenabwehr dienen (früher geregelt in § 10 HSOG 1964 und HSOG 1972), haben diese ihre Grundlage in Spezialgesetzen (zB § 16 HStrG, § 74 HBO), Rücknahme und Widerruf sind ergänzend in §§ 48, 49 HVwVfG geregelt (zu Erlaubnissen vgl. Schenke PolR Rn. 583 ff.). Auch **öffentlich-rechtliche Verträge** können der Gefahrenabwehr dienen (vgl. Schenke PolR Rn. 656 ff.), wenn dies in der Praxis auch selten ist. Die Behörde kann insbesondere anstatt eines Verwaltungsaktes den öffentlichen Vertrag als Maßnahme in Erwägung ziehen (§ 54 S. 2 HVwVfG). Grundlage für einen solchen Vertrag sind dann aber die §§ 54 ff. HVwVfG oder spezialgesetzliche Regeln (zB § 13 Abs. 4 BBodSchG für Sanierungsverträge); die gefahrenabwehrrechtliche Generalklausel kommt hier nicht in Betracht.

27 Gleiches gilt für **Vollstreckungs- bzw. Zwangsmaßnahmen,** die zwar Maßnahmen im Sinne des HSOG sind, aber über eigene Regeln im HessVwVG bzw. in §§ 47 ff. verfügen. Ebenso wenig fallen Gefahrenabwehrverordnungen unter die möglichen Maßnahmen nach § 11, denn zum einen erfordert § 11 eine Gefahr im Einzelfall, zum anderen enthält das HSOG in §§ 72 ff. dafür spezielle Regelungen.

II. Verwaltungsakte zur Gefahrenabwehr

1. Gefahrenabwehrverfügungen

28 Dem Verwaltungsakt als klassischem Instrument der Verwaltung für Einzelfallregelungen (vgl. § 35 HVwVfG) kommt gerade im Bereich der Gefahrenabwehr große Bedeutung zu. Er bietet den Polizei- und Gefahrenabwehrbehörden die Möglichkeit, hoheitlich einseitig Anordnungen zur Gefahrenabwehr zu treffen, die erforderlichenfalls auch mit Zwangsmitteln durchgesetzt werden können (vgl. § 2 HessVwVG, § 47 Abs. 1). Im Vordergrund stehen **Gebote und Verbote,** die auch **Polizeiverfügungen** genannt werden.

Die früheren gesetzlichen Regelungen differenzierten zudem zwischen sog. **selbstständigen** (§ 6 Abs. 1 Nr. 2 aF) **und unselbstständigen Polizeiverfügungen** (§ 6 Abs. 1 Nr. 1 aF). Diese Unterscheidung ist überholt. 29

Neben Geboten und Verboten sind auch **Duldungsverfügungen** möglich. Möglich sind direkte Duldungsverfügungen, die den Adressaten ausdrücklich zur Duldung verpflichten. Sie kommen insbesondere in Betracht, um die zwangsweise Durchsetzung einer an einen anderen Adressaten gerichteten Gebotsverfügung zu ermöglichen. 30

Beispiel: Beseitigungsverfügung an den Eigentümer und gleichzeitige Duldungsverfügung an Miteigentümer oder Mieter, die Beseitigung zu dulden (vgl. VGH Kassel NJW 1983, 2282). 30.1

Von dieser Form einer direkten Duldungsverfügung zu unterscheiden ist die Diskussion um **konkludente Duldungsverfügungen,** die allerdings weniger im Zusammenhang § 11 als die Standard- oder Vollstreckungsmaßnahmen betrifft. Dabei werden bestimmten polizeilichen oder gefahrenabwehrbehördlichen Maßnahmen, die keine klassischen Verwaltungsakte sondern Realhandlungen darstellen, konkludente Duldungsverfügungen implantiert. So soll der Schlag mit dem Polizeistock (BVerwGE 26, 161), das Betreten der Wohnung (BVerwGE 47,31) oder der Einsatz von Reizstoffen (VGH München NVwZ 1988, 1055; VG Hamburg NVwZ 1987, 829) die konkludente Regelung enthalten, dies zu dulden. Diese wohl noch auf Rechtsschutzüberlegungen beruhende Annahme (Konstruktion) einer Duldungsverfügung ist jedenfalls aus Gründen des Rechtsschutzes heute nicht mehr geboten, sodass eine derartige „Konstruktion" abzulehnen ist). 30.2

2. Allgemeinverfügungen

Als Maßnahmen nach § 11 kommen auch Verwaltungsakte in Form von **Allgemeinverfügungen** (vgl. § 35 S. 2 HVwVfG) in Betracht. Allgemeinverfügungen sind Verwaltungsakte, die sich an einen nach allgemeinen Merkmalen bestimmten oder bestimmbaren Personenkreis richten (§ 35 S. 2 Alt. 1 HVwVfG). 31

Beispiel: Verkaufsverbot an Händler im Regierungsbezirk, sog. Endiviensalatfall (BVerwGE 12, 87). 31.1

Gegenüber der Einzelfallregelung mit konkretem Adressaten ist hier der Adressatenkreis erweitert. Er muss aber zumindest bestimmbar sein, was nicht erfordert, dass erzählbar ist, es reicht eine **gattungsmäßige Bestimmbarkeit.** 32

Nach einer Entscheidung des VG Darmstadt (BeckRS 2016, 45720) ist der in einer Allgemeinverfügung beschriebene Adressatenkreis mit „Anhänger/Fans von Eintracht Frankfurt (erkennbar durch Fanbekleidung, Skandierung von Parolen und sonstigem Auftreten)" zu unbestimmt. Zum einen sei nicht klar, ob damit alle Eintracht-Fans gemeint sind und der Klammerhinweis nur zur Identifizierung solcher Fans dient oder ob nur solche Anhänger betroffen sind, die in der beschriebenen Form nach außen hin erkennbar sind. Auf jeden Fall sieht das Gericht den Begriff des „sonstigen Auftretens" als zu unbestimmt an (zum Aufenthaltsverbot für Fußballfans sa Hecker NVwZ 2015, 1301). 32.1

Zulässig ist die Allgemeinverfügung nur, wenn die Abwehr einer konkreten Gefahr nicht durch Einzelanordnungen möglich ist (VGH Mannheim NVwZ 2003, 115). Einer Allgemeinverfügung als Maßnahme der Gefahrenabwehr setzt ferner voraus, dass inhaltlich mit ihr keine abstrakt generelle Regelung für eine unbestimmte Vielzahl von Gefahrenlagen und Personen getroffen wird. In diesen Fällen sind Gebote bzw. Verbote durch eine Gefahrenabwehrverordnung zu erlassen (VGH Mannheim VBlBW 2003, 115; 1987, 377). 33

Allgemeinverfügungen sind ferner möglich, um die öffentlich rechtliche Eigenschaft einer Sache oder ihre Benutzung durch die Allgemeinheit zu regeln (vgl. § 35 S. 2 Alt. 2 und Alt. 3 HVwVfG). Als Maßnahme der Gefahrenabwehr hat insbesondere § 35 S. 2 Alt. 3 HVwVfG Bedeutung. Zu nennen sind Verkehrszeichen (BVerwGE 27, 181 (182); VGH Kassel NVwZ-RR 1991, 28), die Gebote oder Verbote enthalten, wenn hier auch die Grundlage nicht die Generalklausel darstellt. Zum Teil versuchen kommunale Verwaltungen, **Alkoholverbote für bestimmte öffentliche Plätze** im Wege einer Allgemeinverfügung auszusprechen. Voraussetzung dafür ist aber, dass der Alkoholkonsum eine konkrete Gefahr bedingt, was nach der Rechtsprechung zum Alkoholverbot durch Gefahrenabwehrverordnungen (→ § 1 Rn. 63, → § 1 Rn. 64.1) kaum zu bejahen ist. Allerdings hat das OVG Münster eine **Allgemeinverfügung mit dem Verbot des Mitführens von Glasbehält-** 34

nissen im Kölner Karneval mit Hinweis auf die Besonderheiten und Erfahrungen des Karnevals für rechtens gehalten (OVG Münster BeckRS 2010, 46197 mAnm Waldhoff JuS 2010, 1132).

34.1 Das OVG Münster hat im Gegensatz zur 1. Instanz eine konkrete Gefahr angenommen. Das VG Köln sah in dem von der Verfügung erfassten Verhalten – Mitführen von Glasbehältnissen – die Gefahrengrenze noch nicht überschritten, da das bloße Mitführen von Glasbehältnissen kein gefahrenbegründendes Verhalten sei. Dagegen hat das OVG Münster eine Gefahr bejaht. Das Gericht stellt dabei weniger auf das verbotene Verhalten ab als auf die besonderen Verhältnisse des Kölner Straßenkarnevals und die Erfahrungen der vergangenen Jahre, in denen es durch Glasbehältnisse zu Scherben und erheblichen Verletzungen gekommen sei. Mit diesem Begründungsansatz lässt sich zwar ein Verbot auf die Generalklausel stützen, es stellt sich aber die Frage nach dem Adressatenkreis der Allgemeinverfügung. Die Verfügung trifft auch Personen, die ihre Glasbehältnisse sachgerecht mit sich führen und entsorgen und damit eigentlich nicht zu der genannten Gefahrenlage beitragen; diese würden folglich als Nichtverantwortliche in Anspruch genommen (Waldhoff JuS 2010, 1132 (1134)). Das OVG Münster hat diese Problematik im Eilverfahren offen gelassen.

III. Rechtmäßigkeitsvoraussetzungen der Gefahrenabwehrverfügung

1. Formelle Anforderungen

35 Die Gefahrenabwehrverfügung stellt einen belastenden Verwaltungsakt dar. Die Rechtmäßigkeit beurteilt sich nach den allgemeinen formellen und materiellen Rechtmäßigkeitsanforderungen belastender Verwaltungsakte. **Formelle Rechtmäßigkeitsvoraussetzung** ist zunächst, dass die eine Gefahrenabwehrverfügung erlassende Behörde **sachlich, örtlich und instanziell zuständig** ist. Hier ist die Aufgabenverteilung und Zuständigkeitsabgrenzung zwischen den Gefahrenabwehrbehörden und den Polizeibehörden zu klären. Die **sachliche Zuständigkeit** liegt dabei vorrangig bei den allgemeinen Verwaltungsbehörden (vgl. § 1 Abs. 1 und § 2). Zuständigkeiten von Ordnungs- und Polizeibehörden können sich aus speziellen Zuweisungen (zB HSOG-DVO) oder der sog. Eilzuständigkeit (§ 2 S. 1) ergeben. Aussagen zur **örtlichen Zuständigkeit** enthält § 100 für die Gefahrenabwehrbehörden und § 101 für die Polizeibehörden. Die **instanzielle Zuständigkeit** knüpft an die Aufgabenverteilung innerhalb eines Instanzenzuges (zB obere, mittlere, untere Behörde) eines sachlich zuständigen Behördenbereichs an. Sie folgt oft der sachlichen Zuständigkeitsregelung. Zuständig ist in der Regel die unterste Instanz; für die Ordnungsbehörden ist dies in § 89 Abs. 2 klargestellt; auch § 88 enthält Aussagen zur instanziellen Zuständigkeit.

36 Die Gefahrenabwehrverfügung unterliegt als Verwaltungsakt den **Form- und Verfahrensvorschriften des HVwVfG.** Damit gilt grundsätzlich Formfreiheit (§ 10, § 37 Abs. 2 HVwVfG). Die Verfügung kann schriftlich, mündlich oder in anderer Weise (zB durch Zeichen) erlassen werden. In der Praxis arbeiten die Gefahrenabwehrbehörden in der Regel mit schriftlichen Verwaltungsakten (Bescheiden). Es sind deshalb die Vorschriften des § 37 Abs. 2 HVwVfG und § 39 HVwVfG zu beachten. Polizeiliche Verfügungen ergehen häufig mündlich oder durch Zeichen.

37 Hinsichtlich des Verfahrens gelten die **allgemeinen Verfahrensvorschriften des HVwVfG.** Zu nennen sind insbesondere der Untersuchungsgrundsatz (§ 24 HVwVfG), das Recht auf Akteneinsicht (§ 29 HVwVfG) und vor allem die Pflicht zur Anhörung Beteiligter nach § 28 HVwVfG. Gefahrenabwehrverfügungen greifen regelmäßig in Rechte der Adressaten ein, sodass grundsätzlich eine **vorherige Anhörung gem. § 28 Abs. 1 HVwVfG** geboten ist. Die Anhörung kann mündlich erfolgen, sodass auch bei mündlichen vollzugspolizeilichen Anordnungen eine Anhörung möglich und grundsätzlich erforderlich ist. Da sich polizeiliche Aufgaben im Rahmen der Gefahrenabwehr in der Regel auf eilbedürftige Maßnahmen beschränken oder Vollstreckungshandlungen betreffen, ist häufig ein Verzicht auf eine vorherige Anhörung zulässig (vgl. § 28 Abs. 2 Nr. 1 und Nr. 5 HVwVfG). Die in § 28 Abs. 2 HVwVfG genannten Ausnahmetatbestände bewirken aber keinen Automatismus, sondern lassen einen Verzicht auf die Anhörung nur nach pflichtgemäßem Ermessen zu. Bei Form- bzw. Verfahrensfehlern ist zu beachten, dass einige Fehler (zB fehlende Begründung, fehlende vorherige Anhörung) mit **heilender Wirkung nachgeholt** werden können (§ 45 HVwVfG).

2. Materielle Anforderungen

Für jede Maßnahme, die in Grundrechte eingreift, ist eine **Befugnisnorm** erforderlich. Dabei setzt der Rückgriff auf die Generalklausel des § 11 voraus, dass keine spezialgesetzlichen Befugnisse oder Standardbefugnisse existieren (→ Rn. 9). Die Tatbestandsvoraussetzungen der jeweiligen Befugnisnorm müssen vorliegen (zB Vorliegen einer konkreten Gefahr für die öffentliche Sicherheit oder Ordnung bei § 11). **38**

Die materielle Rechtmäßigkeit der Gefahrenabwehrverfügung setzt weiter voraus, dass sie sich an den **richtigen Adressaten** wendet. Dies ist vorrangig der Verantwortliche nach §§ 6 bzw. 7. Die Inanspruchnahme Nichtverantwortlicher ist nur unter den Voraussetzungen von § 9 möglich. Sind mehrere nach §§ 6, 7 Verantwortliche vorhanden, hat die Behörde nach pflichtgemäßem Ermessen eine Auswahl zu treffen (→ § 6 Rn. 56). **39**

Eine Gefahrenabwehrverfügung muss dem **Bestimmtheitsgebot** genügen (vgl. § 37 Abs. 1 HVwVfG). Aus der Verfügung muss ersichtlich sein, wer was (ggf. wie) tun bzw. unterlassen soll (zur Bestimmtheit vgl. Schmitz DVP 1991, 39 mit Beispielen; zur Bestimmtheit einer Auflösungsverfügung vgl. OLG Celle NVwZ-RR 2006, 254; zur Bestimmtheit des Adressatenkreises VG Darmstadt BeckRS 2016, 45720; → Rn. 32.1). Im Vordergrund steht, was der Adressat tun bzw. unterlassen soll. Wie das angestrebte Ziel erreicht wird, kann in der Regel dem Adressaten frei gestellt werden. Mit der Bestimmtheit korrespondiert die Vollstreckbarkeit der Verfügung. Soll eine Verfügung zwangsweise durchgesetzt werden, muss klar sein, was durchgesetzt werden soll (vgl. VGH Kassel VGHE 7, 40). Bestehen Zweifel oder Unklarheiten, spricht dies für die Unbestimmtheit der Verfügung. **40**

Voraussetzung ist ferner, dass es dem Adressaten möglich ist, einer Anordnung nachzukommen. Dies bedingt die Prüfung der **tatsächlichen und rechtlichen Möglichkeit.** Die fehlende Möglichkeit führt in der Regel zur Rechtswidrigkeit der Verfügung (BVerwGE, 88, 97 (100 f.)), im Falle objektiver Unmöglichkeit sogar zur Nichtigkeit (vgl. § 44 Abs. 2 Nr. 4 HVwVfG). Stellt die Unmöglichkeit lediglich ein Hindernis dar, das beseitigt werden kann, führt dies nach der Rechtsprechung des VGH Kassel nicht zur Rechtswidrigkeit, sondern stellt lediglich ein Vollstreckungshindernis dar (vgl. VGH Kassel NJW 1992, 2282). **41**

Die Gefahrenabwehrverfügung muss **verhältnismäßig** (§ 4), dh sie muss geeignet, erforderlich und angemessen sein. Schließlich muss die Verfügung auf einer **pflichtgemäßen Ermessensausübung** beruhen (§ 5). Die Behörde muss sich von sachgerechten Gesichtspunkten leiten lassen (vgl. § 40 HVwVfG), sie darf keine Ermessensfehler begehen. **42**

IV. Gefahrenabwehr durch Realakte

Maßnahmen nach § 11 können auch sog. schlicht hoheitliche Handlungen sein, die mangels rechtlicher Regelung keine Verwaltungsakte darstellen. Soweit reales Verwaltungshandeln im Bereich der Gefahrenabwehr keine Rechte von Bürgern tangiert (**Realakte ohne Eingriffscharakter**), bedürfen diese Maßnahmen keiner ausdrücklichen Befugnisnorm. Sie können auf die Aufgabengeneralklausel des § 1 Abs. 1 gestützt werden. **43**

Beispiele: Streifenfahrt, allgemeine Auskünfte, Hinweise. **43.1**

Sofern Realakte aber **Eingriffscharakter** haben, bedürfen sie einer Befugnisnorm. Auch hier kommt die Generalklausel als Grundlage dann in Betracht, wenn spezielle Regelungen fehlen. Solche Befugnisse können in speziellen Gesetzen zur Gefahrenabwehr (zB § 12a VersammlG und § 19a VersammlG) geregelt sein; ferner stellen einige der in §§ 12 ff. geregelten Standardmaßnahmen Realakte dar (zB Regelungen zur Datenerhebung und -verarbeitung, offene Beobachtung und Bildübertragung). Greift keine spezielle Reglung, kommt die Generalklausel des § 11 als Befugnisnorm in Betracht. **Beispiele** für auf die Generalklausel gestützte Realakte sind: **44**

- **Warnungen vor konkreten Produkten** (OLG Stuttgart NJW 1990, 2690),
- **Warnungen vor Jugendsekten** (VGH Mannheim DÖV 1989, 169; BVerwG NJW 1991, 1770),
- **Erzeugung eines künstlichen Staus** (LG Bückeburg NJW 2005, 3014),
- sog. **Gefährderansprachen oder -anschreiben** (OVG Lüneburg NJW 2006, 391; VGH Kassel BeckRS 2012, 46297).

44.1 Aus polizeilicher Sicht kann die **Erzeugung eines künstlichen Staus** dazu dienen, einen Störer zur Gefahrenabwehr zu stoppen und an der Weiterfahrt zu hindern. Anders als bei einer Straßensperre, die als polizeiliche Maßnahme sofort erkennbar ist, kann es aus taktischen Gründen sinnvoller sein, durch langsam fahrende nicht als Einsatzfahrzeuge erkennbare Fahrzeuge eine Stausituation zu erzeugen, um den Zugriff auf Störer zu erleichtern. Von den bisherigen Standardbefugnissen ist ein solches Vorgehen nicht gedeckt, sodass nur die Generalklausel als Grundlage dienen kann, vorausgesetzt eine konkrete Gefahrenlage liegt vor. Die rechtliche Problematik solcher Aktionen besteht vor allem darin, dass auch unbeteiligte Verkehrsteilnehmer von der Maßnahme betroffen sind. Sie sind zum einen an der freien Weiterfahrt gehindert, zum anderen in der Regel auch einer Gefährdung ausgesetzt. Ein künstlicher Stau ist deshalb nur unter den engen Voraussetzungen von § 9 möglich.

44.2 Bei der sog. **Gefährderansprache oder -anschreiben** wendet sich die Behörde mit Ermahnungen an einen potenziellen Gefahrenverursacher; sie weist ihn bspw. auf verbotene Verhaltensweisen hin (VGH Kassel BeckRS 2012, 46297) oder fordert Personen auf, bestimmte Handlungen mit Blick auf drohende Störungen der öffentlichen Sicherheit oder Ordnung zu unterlassen, zB die Teilnahme an Demonstrationen oder die Begleitung der Fußballmannschaft zu Auswärtsspielen (OVG Lüneburg NJW 2006, 391 (392)).

44.3 Ziel solcher Maßnahmen ist es, den Adressaten bösgläubig zu machen und so auf sein Verhalten einzuwirken. Da mit der Ansprache weder verbindliche Verhaltensgebote bzw. Verbote noch die Androhung von Folgen verbunden sind, fehlt es an einer Regelung iSd § 35 S. 1 HVwVfG. Folglich liegt kein Verwaltungsakt, sondern ein Realakt vor, der aber Eingriffscharakter hat. Soweit mit der Ansprache zum Ausdruck gebracht wird, dass die Behörde den Adressaten für einen potentiellen Rechtsbrecher hält, ist damit ein Eingriff in das Persönlichkeitsrecht verbunden. Die Maßnahme kann auch einen Eingriff in die Handlungsfreiheit bedeuten, da sie den Adressaten zu einer bestimmten Handlung oder einem Unterlassen bewegen soll. Im Einzelfall kann dies auch spezielle Grundrechte tangieren, zB die Versammlungsfreiheit oder die Berufsausübungsfreiheit. Deshalb bedarf eine solche Maßnahme einer gesetzlichen Befugnis, die mangels spezieller Regelung in der Generalklausel liegen kann. Dies setzt eine konkrete Gefahr voraus, sodass bloße Vermutungen auch für eine Gefährderansprache bzw. ein Gefährderanschreiben nicht ausreichen. Es müssen konkrete Tatsachen vorliegen, die den Schluss zulassen, dass der Adressat mit hinreichender Wahrscheinlichkeit Straftaten begehen wird.

F. Rechtsschutz

I. Rechtsschutz gegen Verfügungen

45 Gegen Maßnahmen von Polizei- oder Gefahrenabwehrbehörden nach § 11 kann sich der Betroffene mit **förmlichen Rechtsbehelfen** zur Wehr setzen. Die Art des Rechtsbehelfs ist wie in anderen Bereichen auch vom Charakter der Maßnahme abhängig. Kommt es zum gerichtlichen Rechtsschutz, ist der **Verwaltungsrechtsweg gem. § 40 VwGO** gegeben (anders bei polizeilichen Maßnahmen der Strafverfolgung, die nach § 23 EGGVG den ordentlichen Gerichten zugewiesen sind).

46 Will sich der Adressat gegen eine Gefahrenabwehrverfügung wenden, ist zunächst **Widerspruch in Form des Anfechtungswiderspruchs** (§ 68 Abs. 1 VwGO iVm § 42 Abs. 2 VwGO) zu erheben. Mit dem Widerspruch beginnt das **Vorverfahren** nach § 68 VwGO, das gesetzliche Voraussetzung für eine spätere Anfechtungsklage ist. Der hessische Gesetzgeber hat für bestimmte Bereiche das Vorverfahren ausgeschlossen (vgl. § 16a HessAGVwGO iVm Anlage HessAGVwGO). Dort sind auch spezielle Bereiche der Gefahrenabwehr genannt (vgl. Nr. 2 Anlage HessAGVwGO), Maßnahmen nach dem sind davon aber nicht betroffen. Auch findet nach § 16 Abs. 2 HessAGVwGO kein Vorverfahren statt, wenn die Verfügung vom Regierungspräsidium erlassen wurde. Im Vorverfahren erfolgt eine **Überprüfung der Recht- und Zweckmäßigkeit** der Verfügung zunächst durch die erlassende Behörde (vgl. § 72 VwGO). Hilft diese dem Widerspruch nicht ab, entscheidet die Widerspruchsbehörde (vgl. § 73 VwGO), wobei aufgrund der gesetzlichen Ausnahmereglungen heute häufig die Ausgangsbehörde auch den Widerspruchsbescheid erlässt (vgl. § 16 Abs. 4 HessAGVwGO; → § 83 Rn. 33).

47 Bei erfolglosem Widerspruch hat der Adressat die Möglichkeit der **Anfechtungsklage** nach § 42 Abs. 1 VwGO vor den Verwaltungsgerichten. Sie zielt auf die Aufhebung des Verwaltungsaktes; anders als beim Widerspruch beschränkt sich die gerichtliche Prüfung auf die Rechtmäßigkeit, nicht auf die Zweckmäßigkeit der Maßnahme.

Sowohl der Widerspruch als auch die Klage sind **form- und fristgebunden** (vgl. §§ 70, 74 VwGO), beide Rechtsbehelfe haben grundsätzlich **aufschiebende Wirkung** (§ 80 Abs. 1 VwGO). Dieser Grundsatz ist aber gerade im Bereich der Gefahrenabwehr häufig durchbrochen. So entfällt nach **§ 80 Abs. 2 S. 1 Nr. 2 VwGO** die aufschiebende Wirkung des Rechtsbehelfs bei **unaufschiebbaren Anordnungen von Polizeivollzugsbeamten** kraft Gesetzes (die Vorschrift wird auf Verkehrszeichen, die Gebote oder Verbote enthalten analog angewandt, BVerwG NJW 1978, 656). Die aufschiebende Wirkung entfällt ferner, wenn die Behörde gem. **§ 80 Abs. 2 S. 1 Nr. 4, Abs. 3 VwGO die sofortige Vollziehung** anordnet. In diesen Fällen besteht die Möglichkeit des **vorläufigen Rechtsschutzes über § 80 Abs. 5 VwGO.** Entfällt die aufschiebende Wirkung in Fällen von § 80 Abs. 2 S. 1 Nr. 2 VwGO kraft Gesetzes, richtet sich der **Antrag auf Anordnung der aufschiebenden Wirkung.** Entfällt die aufschiebende Wirkung wegen Anordnung der sofortigen Vollziehung durch die Behörde nach § 80 Abs. 2 S. 1 Nr. 4 VwGO, kann der Betroffene einen Antrag auf **Wiederherstellung der aufschiebenden Wirkung** beim Verwaltungsgericht stellen. 48

II. Rechtsschutz nach Erledigung

Hat sich der **Verwaltungsakt bereits erledigt,** was bei Gefahrenabwehrverfügungen häufig der Fall sein kann, tritt an Stelle einer Anfechtungsklage die sog. **Fortsetzungsfeststellungsklage** (vgl. § 113 Abs. 1 S. 4 VwGO; zur Fortsetzungsfeststellungsklage ausf. Ehlers JURA 2001, 415). Sie hat das Ziel, nachträglich feststellen zu lassen, dass die Verfügung rechtswidrig war. Dabei geht § 113 Abs. 1 S. 4 VwGO von einer Erledigung nach einer Klage vor Urteilsverkündung aus. Im Bereich der Gefahrenabwehr tritt die Erledigung des Verwaltungsaktes häufig bereits vor Klageerhebung ein. In diesen Fällen bedarf es nach hM keines Vorverfahrens (BVerwGE 26, 161; Kopp/Schenke VwGO § 68 Rn. 34), es ist nach überwiegender Auffassung unzulässig. Hier besteht die Möglichkeit einer **direkten Klageerhebung** in Form der Fortsetzungsfeststellungsklage in analoger Anwendung von § 113 Abs. 1 S. 4 VwGO (BVerwGE 81, 226 (227)), für die nach neuerer Rechtsprechung nicht die Klagefrist nach § 74 VwGO gelten soll (BVerwG NJW 2000, 63). 49

Tritt die Erledigung erst nach Ablauf der Widerspruchs- oder Klagefrist ein, scheidet auch die Fortsetzungsfeststellungsklage wegen Fristablaufs aus (BVerwG NVwZ 2000, 63). Strittig ist die Situation, wenn die Erledigung vor Ablauf der Klagefrist eintritt; fraglich ist, ob eine Klagefrist gilt. Dafür spricht, dass die Fortsetzungsfeststellungsklage an die Stelle der Anfechtungsklage tritt und die Anfechtungsfrist im Interesse des Rechtsfriedens besteht (OVG Koblenz NJW 1982, 1301). Dagegen lehnt die neuere Rechtsprechung das Erfordernis der Klagefrist in diesen Fällen ab und verweist auf die Ähnlichkeit zur Feststellungsklage und den Umstand, dass der eigentliche Sinn der Frist darin bestehe, Bestandskraft herbeizuführen (vgl. BVerwG NVwZ 2000, 63; VGH München BayVBl. 1992, 51). 49.1

Erforderlich für die Fortsetzungsfeststellungsklage (sowohl in direkter als auch bei analoger Anwendung von § 113 Abs. 1 S. 4 VwGO) ist, dass der Kläger ein **besonderes Feststellungsinteresse** geltend machen kann. Dieses kann bei Wiederholungsgefahr und bei einem Rehabilitationsinteresse gegeben sein. Ein Feststellungsinteresse wird auch bei schweren **Grundrechtseingriffen** bejaht (BVerwGE 110, 77 (85 ff.)). Zumindest in Fällen der Erledigung nach Klageerhebung kann sich das Feststellungsinteresse auch aus einer präjudizierenden Wirkung der verwaltungsgerichtlichen Feststellung für eventuelle zivilgerichtliche Schadensersatzklagen ergeben (vgl. Schenke PolR Rn. 524). 50

Grundsätzlich besteht ein Rechtsschutzinteresse an einer gerichtlichen Klärung in der Vergangenheit liegender Rechtsverletzungen nur, wenn die gerichtliche Entscheidung dazu dienen kann, eine gegenwärtige Beschwer auszuräumen, einer Wiederholungsgefahr vorzubeugen oder eine noch fortwährende Beeinträchtigung zu beenden (BVerfGE 104, 210). Nach der Rechtsprechung des BVerfG gebietet aber das Recht auf **effektiven Rechtsschutz,** dass bei schweren **Grundrechtseingriffen** die Möglichkeit bestehen muss, die Rechtmäßigkeit des Eingriffs nachträglich klären zu lassen, wenn sich der Eingriff erledigt hat, bevor gerichtlicher Rechtsschutz überhaupt möglich war (BVerfGE 110, 77 (85 ff.)). 50.1

51 Verlangt ein Bürger ein Einschreiten der Behörden in Form des Erlasses einer Gefahrenabwehrverfügung und kommt die Behörde dem Verlangen nicht nach, kommt als Rechtsbehelf ein Widerspruch in Form des sog. **Verpflichtungswiderspruchs** und dem folgend eine **Verpflichtungsklage nach § 42 Abs. 1 S. 2 VwGO** in Betracht. Der **Eilrechtsschutz** erfolgt hier über § 123 VwGO mit einem **Antrag** an das Verwaltungsgericht **auf Erlass einer einstweiligen Anordnung.**

III. Rechtsschutz gegen Realakte

52 Stellt sich die behördliche Maßnahme nicht als Verwaltungsakt, sondern als Realakt dar, ist damit der Rechtschutz nicht verwehrt. Soweit durch den Realakt Rechte betroffen sind und daraus eine Klagebefugnis (in diesem Fall nach § 42 Abs. 2 VwGO analog) folgt, kann der Betroffene auch dagegen gerichtlich vorgehen. Allerdings gibt es hier wegen des Fehlens eines Verwaltungsakts kein behördliches Widerspruchsverfahren. Es bleibt die **direkte Klagemöglichkeit,** wobei die Klageart von der Fallgestaltung und dem Klagebegehren abhängt.

53 Ergibt sich aus dem Realakt eine andauernde Beeinträchtigung, ist Rechtsschutz in Form der **allgemeinen Leistungsklage** möglich (vgl. auch Hornmann HSOG Rn. 57) mit dem Ziel, die Beeinträchtigung zu beseitigen. Im Falle einer noch drohenden Rechtsbeeinträchtigung durch einen Realakt kommt eine **vorbeugende Unterlassungsklage** in Betracht. Voraussetzung ist, dass sich Beeinträchtigungen konkret abzeichnen und mit einer gewissen Wahrscheinlichkeit zu erwarten sind (BeckOK VwGO/Möstl VwGO § 43 Rn. 27). In den genannten Fällen geht die Leistungsklage der allgemeinen Feststellungsklage wegen deren Subsidiarität (vgl. § 43 Abs. 2 VwGO) vor. Ist allerdings eine Leistungsklage nicht zielführend, kommt die **Feststellungsklage** nach § 43 Abs. 1 VwGO in Betracht mit dem Ziel, die Rechtswidrigkeit der behördlichen Maßnahme feststellen zu lassen (Kopp/Schenke VwGO § 113 Rn. 116 mwN).

53.1 **Beispiel:** Feststellung der Rechtswidrigkeit von **Gefährderanschreiben** (VGH Kassel BeckRS 2012, 46297; OVG Lüneburg NJW 2006, 391).

53.2 **Rechtsverhältnisse iSv § 43 Abs. 1 VwGO** können auch durch Realakte begründet werden. Nach OVG Lüneburg (NJW 2006, 391) entstehen mit dem Gefährderanschreiben zwischen dem Adressaten und der Behörde Rechtsbeziehungen, die ein konkretes feststellungsfähiges Rechtsverhältnis begründen. Die rechtlichen Beziehungen verdichten sich zu einem Rechtsverhältnis, wenn die Anwendung einer bestimmten Norm auf einen bestimmten Sachverhalt streitig ist. Das Gefährderanschreiben betrifft einen hinreichend bestimmten Sachverhalt und soll deshalb der Feststellung, ob damit in Grundrechte des Adressaten eingegriffen wird, zugänglich sein. Auch wenn die behördliche Maßnahme beendet und damit ein Rechtsverhältnis erloschen ist, bleibt nach der Rechtsprechung eine Feststellungsklage zulässig. Gegenstand der Klage ist dann das vergangene Rechtsverhältnis (BVerwG NJW 1997, 2534).

54 **Vorläufiger Rechtsschutz** bei Realakten erfolgt unter den Voraussetzungen von **§ 123 VwGO.** Der Betroffene kann einen Antrag an das Verwaltungsgericht auf Erlass einer **einstweiligen Anordnung** stellen.

§ 12 Befragung und Auskunftspflicht

(1) [1]Die Gefahrenabwehr- und die Polizeibehörden können eine Person befragen, wenn tatsächliche Anhaltspunkte die Annahme rechtfertigen, dass die Person sachdienliche Angaben zur Aufklärung des Sachverhalts in einer bestimmten gefahrenabwehrbehördlichen oder polizeilichen Angelegenheit machen kann. [2]Im Fall der Abwehr einer Gefahr kann sie zum Zwecke der Befragung angehalten werden.

(2) [1]Eine Auskunftspflicht besteht für die in den §§ 6 und 7 genannten Personen sowie, unter den Voraussetzungen der §§ 9 oder 13 Abs. 2 Nr. 1 bis 3, für die dort jeweils genannten Personen. [2]Unter den in den §§ 52 bis 55 der Strafprozessordnung genannten Voraussetzungen ist eine betroffene Person, die nicht für die Gefahr verantwortlich ist, zur Verweigerung der Auskunft berechtigt. [3]Außer für Rechtsanwälte und in den Fällen des § 53 Abs. 1 Satz 1 Nr. 1, 2, 4 und 5, auch in Verbindung

mit § 53a, der Strafprozessordnung gilt dies nicht, wenn die Auskunft für die Abwehr einer Gefahr für Leib, Leben oder Freiheit einer Person erforderlich ist. [4]Auskünfte, die gemäß Satz 3 erlangt wurden, dürfen nur zu Zwecken der Gefahrenabwehr nach § 1 Abs. 1 und 4 verwendet werden. [5]Die betroffene Person ist über ihr Recht zur Verweigerung der Auskunft zu belehren.

(3) Werden bei der Befragung personenbezogene Daten erhoben, sind die nachfolgenden Vorschriften über die Verarbeitung personenbezogener Daten anzuwenden.

(4) § 136a der Strafprozessordnung gilt entsprechend.

Überblick

Auszug aus der VVHSOG (nicht an die aktuelle Gesetzeslage angepasst und gem. Erlass des Hessischen Ministeriums des Innern und für Sport v. 29.11.2022 (StAnz. 50/2022, 1384) zum 1.1.2025 mangels eines erneuten Verlängerungserlasses ersatzlos außer Kraft getreten):

Zu § 12

12. Befragung und Auskunftspflicht

12.1 Zu Abs. 1

12.1.1

Voraussetzung ist eine sachverhaltsbezogene Befragung über einen bestimmten Anlass, wobei die Auskunft zur Aufklärung des Sachverhalts in einer bestimmten gefahrenabwehrbehördlichen oder polizeilichen Angelegenheit erforderlich ist.

12.1.2

In Fällen der Abwehr einer (konkreten) Gefahr können Personen zum Zwecke der Befragung angehalten werden. Das Anhalten stellt lediglich eine Freiheitsbeschränkung dar. Die Herbeiführung einer richterlichen Entscheidung ist nicht erforderlich. Sofern auch personenbezogene Daten erfragt werden, ist § 13 zu berücksichtigen.

12.2 Zu Abs. 2

Die Auskunftspflicht trifft nur die nach den §§ 6 und 7 verantwortlichen Personen, es sei denn, es liegen die Voraussetzungen des § 9 vor. Ausgenommen sind Personen, denen ein Auskunftsverweigerungsrecht nach den §§ 52 bis 55 StPO zusteht. Dieses Auskunftsverweigerungsrecht gilt für Rechtsanwälte und die in § 53 Nr. 1, 2, 4 und 5 StPO genannten Personen einschließlich der Berufshelfer dieser Personen (vergleiche § 53a StPO) uneingeschränkt. Alle anderen berechtigten Personen haben kein Auskunftsverweigerungsrecht, wenn die Auskunft zur Abwehr einer konkreten Gefahr für Leib, Leben oder Freiheit einer Person erforderlich ist. In diesem Fall dürfen die so erlangten Auskünfte nur zu Zwecken der Gefahrenabwehr nach § 1 Abs. 1 und 4 verwendet werden. Die Auskunftspflicht muss im Einzelfall durch einen Verwaltungsakt konkretisiert werden.

Die Regelung des § 12 leitet innerhalb der im zweiten Abschnitt des HSOG normierten Standardmaßnahmen einen zusammenhängenden Vorschriftenkomplex (§§ 12–29a) über Informationseingriffe der Gefahren- und Polizeibehörden ein, dessen Schaffung zurückgeht auf das sog. Volkszählungsurteil des BVerfG v. 15.12.1983 (BVerfGE 65, 1 = NJW 1984, 419). Danach schützt das Recht auf freie Entfaltung der Persönlichkeit (Art. 2 Abs. 1 GG iVm Art. 1 GG) unter den Bedingungen der modernen Datenverarbeitung auch des Recht des einzelnen, selbst über die Preisgabe und Verwendung seiner personenbezogenen Daten zu entscheiden (Recht auf informationelle Selbstbestimmung). Eingriffe in dieses Recht sind nur im überwiegenden Allgemeininteresse und auf der Grundlage einer bereichsspezifischen und hinreichend bestimmten gesetzlichen Ermächtigung zulässig, die zudem durch technische und organisatorische Datenschutzmaßnahmen zu flankieren ist. Diese grundrechtlichen Anforderungen, die das BVerfG für spezielle polizeiliche Informationseingriffe inzwischen weiter präzisiert hat (vgl. etwa BVerfGE 120, 274; 120, 378), haben seither einen prägenden Einfluss auf die Struktur und Dogmatik des Polizeirechts (vgl. dazu und zur verfassungsrechtlichen Problematik der polizeilichen Datenerhebung und Informationsverarbeitung eingehend auch → SystVorbPolRDe Rn. 50 ff.).

Übersicht

A. Allgemeines

I. Entstehung, Zweck und Struktur der Norm

1 Das HSOG stellt seit seiner grundlegenden Neufassung von 1990 (→ SystVorbPolRH Rn. 15 f.) mit § 12 eine Regelung über die gefahrenabwehrbehördliche und polizeiliche Befragung sowie die Auskunftspflicht der Betroffenen an den Beginn der in den §§ 12–43 geregelten sog. Standardmaßnahmen (vgl. zum Verhältnis der Standardmaßnahmen zur Generalklausel → § 11 Rn. 9). Die Norm hatte in der vorangegangenen Fassung des HSOG durch das Veränderungsgesetz v. 18.12. 1989 (HessGVBl. I 469) mit § 16a eine Vorgängerregelung, die im Rahmen der damals längst fälligen Anpassung des Gesetzes an die Anforderungen des Volkszählungsurteils des BVerfG (BVerfGE 65,1 = NJW 1984, 419) zum bereichsspezifischen Datenschutz eingefügt worden war (→ SystVorbPolRH Rn. 16 f.). Zuvor wurde zumeist davon ausgegangen, dass eine polizeiliche Verpflichtung von Bürgern zur Auskunftserteilung auf die Generalklausel gestützt werden könne (vgl. Lisken/Denninger PolR-HdB/Graulich, 6. Aufl. 2018, E Rn. 258 mwN).

2 Zweck der Norm ist es, Reichweite und Grenzen der Erlangung von Informationen durch polizeiliche und gefahrenabwehrbehördliche Befragungen von Bürgern rechtlich zu konkretisieren. Wenn auch eine solche ausdrückliche Regelung nach dem Volkszählungsurteil nahe lag (vgl. zu den in allen Landespolizeigesetzen vorhandenen Parallelvorschriften → Rn. 18 f.), ist doch die damit verbundene Verrechtlichung von Kommunikation zwischen Behörden und Bürgern als Regelungsgegenstand nicht unproblematisch (vgl. Götz NVwZ 1990, 725 (727); Gusy NVwZ 1991, 614). Der Gesetzgeber versucht damit einen Vorgang zu formalisieren, der einer Formalisierung nur begrenzt zugänglich ist (Lisken/Denninger PolR-HdB/Graulich, 6. Aufl. 2018, E Rn. 259). Das führt – zumal bei der im Fall des § 12 gewählten Regelungstechnik – zu Abgrenzungs- und Praktikabilitätsfragen, die „klassische" Standardmaßnahmen nicht aufwerfen (→ Rn. 18 ff.).

3 In seiner Struktur trennt § 12 die Befugnis der Gefahrenabwehr- und Polizeibehörden (vgl. §§ 82 ff. und §§ 91 ff.), Personen zu befragen (Abs. 1) von der Verpflichtung dieser Personen, die erfragte Auskunft zu erteilen (Abs. 2). Dieser Aufbau ist für polizeirechtliche Befugnisnormen ungewöhnlich, da die Verpflichtung des Bürgers, präventiv-polizeilichen Maßnahmen Folge zu leisten, nach den allgemeinen verwaltungsrechtlichen Grundsätzen über die Wirksamkeit und Vollziehbarkeit von Verwaltungsakten (§§ 41, 43 HVwVfG, § 80 VwGO) keiner Regelung bedarf. So korrespondiert etwa die Pflicht des Bürgers sich zu entfernen mit der polizeilichen Befugnis zu einem Platzverweis (§ 31 Abs. 1) oder die Pflicht sich auszuweisen mit der polizeilichen Befugnis zur Identitätsfeststellung (§ 18 Abs. 1, Abs. 2), ohne dass dies in den jeweiligen Befugnisnormen zum Ausdruck kommt bzw. kommen müsste.

4 Dass § 12 hiervon abweichend die Rechtsfolge für die Behörde von der für den Bürger trennt, ist unter anderem auf die Nähe der Befragung zum repressiv-polizeilichen Aufgabenbereich zurückzuführen (vgl. Lisken/Denninger PolR-HdB/Graulich, 6. Aufl. 2018, E Rn. 259); in diesem Bereich verzichtet das Recht unter grundrechtlichen und rechtsstaatlichen Aspekten nach den Regelungen der §§ 52–55 StPO und § 163a Abs. 4 StPO, § 136 Abs. 1 StPO verschiedentlich auf eine Verpflichtung des Bürgers zur Auskunft. Auch wenn

eine polizeiliche Befragung aus Gründen der Gefahrenabwehr erfolgt, sind die gewonnen Informationen in vielen typischen Einsatzsituationen strafrechtlich relevant, sodass wegen des für die Polizei im repressiven Bereich geltenden Legalitätsprinzips eine Harmonisierung mit den entsprechenden StPO-Normen erforderlich ist; diese vorzunehmen, ist der Zweck des Abs. 2.

Grundrechtliche und rechtsstaatliche Grenzen sind auch hinsichtlich der Art und Weise von Befragungen und der zwangsweisen Durchsetzung von Auskunftspflichten des Bürgers zu beachten; dem erstgenannten Gesichtspunkt trägt die Vorschrift des Abs. 4 Rechnung, indem sie die entsprechende Geltung der Vorschrift des § 136a StPO anordnet, die ihrerseits die Freiheit der Willensentschließung schützt und sich damit als Ausprägung der Menschenwürdegarantie des Art. 1 Abs. 1 GG darstellt (vgl. nur Meyer-Goßner/Schmitt StPO § 136a Rn. 1 mwN). Der zweitgenannte Aspekt hat seinen Ausdruck nicht in § 12, sondern im vierten Abschnitt des Gesetzes im Titel über die Erzwingung von Handlungen, Duldungen und Unterlassungen gefunden. Hier schließt § 52 – der in Abs. 1 die Voraussetzungen für die Anwendung des durch § 55 legal definierten unmittelbaren Zwangs regelt – in Abs. 2 die Anwendung unmittelbaren Zwangs zur Abgabe einer Erklärung ausnahmslos aus. 5

II. Betroffene Grundrechte

Ob und inwieweit durch eine Befragung in Grundrechte eingegriffen wird, hängt davon ab, ob man jedwedes Stellen von Fragen durch Bedienstete von Polizei- oder Gefahrenabwehrbehörden unter diesen Begriff subsumiert (so Lisken/Denninger PolR-HdB/Graulich, 6. Aufl. 2018, E Rn. 262: „jedes Verhalten, das auf die Erlangung von Informationen durch Auskunftserteilung zielt"). In diesem Fall wäre etwa schon die Frage nach dem Weg zu einer Einsatzstelle, die ein Polizeibeamter an einen zufälligen Passanten richtet, eine Befragung iSd Abs. 1. Da der Passant berechtigt wäre, diese Frage zu ignorieren und einfach weiter zu gehen (vgl. Gusy PolR Rn. 220), kann in ihrem Stellen zwar vielleicht eine kleinere Belästigung, aber kein Eingriff in Grundrechte gesehen werden (so konsequent auch Lisken/Denninger PolR-HdB/Graulich, 6. Aufl. 2018, E Rn. 275). 6

Überzeugender ist es indessen, von Befragung iSd Abs. 1 erst dann zu sprechen, wenn das Fragen die Gestalt eines gezielten Auskunftsersuchens gegen oder ohne den Willen des Betroffenen annimmt (so auch Gusy NVwZ 1991, 614 (615); Gusy PolR Rn. 220). Dafür spricht auch, dass das Gespräch zwischen Polizeibeamten und Bürgern nach der Intention des Gesetzgebers ausdrücklich nicht von der Regelung über die Befragung erfasst werden sollte (amtliche Begründung zu § 12, LT-Drs. 12/5794). Der damit eröffnete Raum für eine – auch fragende – Kommunikation „unterhalb" der Befragung iSd Abs. 1 endet, wenn aus der Art der Fragestellung deutlich wird, dass der Betroffene diese zu dulden hat, und zwar unabhängig von der Verpflichtung zu antworten, die nach der Normstruktur des § 12 stets getrennt zu beurteilen ist. Es muss sich also aus den Umständen – etwa der Zielgerichtetheit der Frage – ergeben, dass der Bereich der alltäglichen zwischenmenschlichen Kommunikation verlassen und es mit Blick auf die behördliche Autorität nicht freigestellt wird, ob der Betroffene zuhört oder nicht (in diese Richtung auch Gusy PolR Rn. 220, aA Lisken/Denninger PolR-HdB/Graulich E, 6. Aufl. 2018, Rn. 262 f., 266 f., der lediglich das rein private Gespräch zwischen Amtswalter und Bürger aus dem Anwendungsbereich der Befragung ausklammern möchte). 7

Der darin liegende psychische Druck begründet dann einen – wenn auch in der Regel geringfügigen – Eingriff in die allgemeine Handlungsfreiheit (Art. 2 Abs. 1 GG). Die Abgrenzung zwischen der Befragung iSd § 12 und dem Fragen ohne Eingriffscharakter ist sicher nicht in allen Fällen leicht zu treffen. Davor, dass letzteres „durch geschicktes Fragen des Polizeibeamten, der eine solche Situation zu nutzen versteht, in ein gezieltes Aushorchen des Bürgers umschlägt" (so Lisken/Denninger PolR-HdB/Graulich E Rn. 267), bietet nach der Normkonzeption indessen Abs. 2 S. 5 einen gewissen Schutz. Die darin begründete Belehrungspflicht des fragenden Beamten über ein Recht zur Verweigerung der Auskunft zwingt diesen – seine Gewissenhaftigkeit vorausgesetzt –, die Grenze nicht ohne entsprechenden Hinweis zu überschreiten. 8

Da die Befragung der Informationserhebung dient, ist neben der Allgemeinen Handlungsfreiheit der Schutzbereich des nach dem Volkszählungsurteil des BVerfG (auf das die Schaf- 9 fung §§ 12 ff. zurückzuführen ist → Rn. 1) aus Art. 2 Abs. 1 GG iVm Art. 1 GG abzuleitenden Rechts auf informationelle Selbstbestimmung tangiert, sobald es um personenbezogene Daten des Befragten geht. Geht es um personenbezogene Informationen zu/über Dritte/n, ist (auch) deren Grundrecht auf informationelle Selbstbestimmung betroffen (Lisken/Denninger PolR-HdB/Rachor/Graulich E Rn. 273).

10 Wird von der Polizei- oder Gefahrenabwehrbehörde zum Zweck der Befragung von der Anhaltebefugnis aus Abs. 1 S. 2 Gebrauch gemacht, liegt zudem ein Eingriff in die Freiheit der Person (Art. 2 Abs. 2, 104 Abs. 1 GG) in Gestalt einer Freiheitsbeschränkung vor. Dass diese die Grenze zur Freiheitsentziehung (vgl. zur Abgrenzung anhand von Intensität und Dauer BVerfGE 105, 239 (250); Lisken/Denninger PolR-HdB/Graulich, 6. Aufl. 2018, E Rn. 483) nicht überschreiten darf, ergibt sich nicht nur aus der Formulierung, sondern auch im Umkehrschluss aus § 30 Abs. 3, § 33 Abs. 1. Das Anhalten unterliegt daher auch nicht den besonderen Verfahrensvorschriften der §§ 33 ff.

III. Verfassungsmäßigkeit

11 Die Regelung des Abs. 2 begegnet in der Fassung, die die Norm durch Änderungsgesetz v. 14.12.2009 (HessGVBl. I 635) erhalten hat, unter mehreren Gesichtspunkten erheblichen verfassungsrechtlichen Bedenken.

11.1 Ihre jüngste Änderung hat die Norm durch Gesetz v. 25.6.2018 (HessGVBl. 302) erfahren, mit dem in Abs. 2 S. 1 die Formulierung „oder 13 Abs. 2 Nr. 1 bis 3“ eingefügt wurde.

12 In der Vorgängerregelung waren die entsprechende Geltung der Zeugnis- bzw. Auskunftsverweigerungsrechte der StPO in toto für den Fall suspendiert, dass die Auskunft für die Abwehr einer Gefahr für Leib, Leben oder Freiheit einer Person erforderlich ist. Trotz des hohen Ranges der Rechte nach §§ 52–55 StPO (Selbst- und Angehörigenbelastungsfreiheit, Berufsgeheimnisse und berufliche Verschwiegenheitspflichten) ließ sich dies als Ausdruck der materiellen Polizeipflicht (Hornmann HSOG Rn. 20) durch die staatliche Schutzpflicht für die regelmäßig höherrangigen Güter Leib, Leben und Freiheit sowie durch die Tatsache rechtfertigen, dass Abs. 1 S. 4 die bestehende Auskunftspflicht durch eine Verwendungsbeschränkung (datenschutzrechtlich: Zweckbindung) flankiert(e), die von Verfassung wegen als absolutes Verwertungsverbot und Verfolgungshindernis für ein etwaiges Strafverfahren zu verstehen war und ist (vgl. ausf. und mwN Lisken/Denninger PolR-HdB/Graulich E, 6. Aufl. 2018, Rn. 289 ff. (228); Hornmann HSOG Rn. 20; BVerfGE 56, 37).

13 Die Neufassung von 2009 hat die Regelung dahingehend geändert, dass die Zeugnisverweigerungsrechte eines Teils der Berufsgeheimnisträger iSd §§ 53, 53a StPO nunmehr auch dann gelten, wenn die Auskunft der Abwehr von Gefahren für Leib, Leben und Freiheit von Personen gelten. Damit ist der Schutz dieser Berufsgeheimnisse nach Ansicht des Gesetzgebers stets wichtiger als der von Leben, körperliche Unversehrtheit und Freiheit von Personen. Diese Wertung ist in ihrer Pauschalität kaum mit der staatlichen Schutzpflicht für Leib, Leben und Freiheit zu vereinbaren (so auch Pausch/Dölger PolR Hessen Rn. 181, deren unbelegte Behauptung zur Beteiligung der geschützten Berufsgruppen an schwerer Kriminalität allerdings kaum geeignet ist, dieses Ergebnis sachlich zu begründen). Warum der Schutz der Berufsgeheimnisse nicht (mehr) mit dem im Ergebnis ebenso effektiven Mittel eines absoluten Verwertungsverbots (→ Rn. 12) bezüglich der erteilten Auskunft für ein Strafverfahren zu bewerkstelligen sein soll, lässt sich den Gesetzesmaterialen in keiner Weise entnehmen.

14 Hinzu kommt die geradezu willkürlich anmutende Differenzierung nach Berufsgruppen, die Abs. 2 S. 3 nunmehr vornimmt. Diese führt dazu, dass zwar ein Wirtschaftsprüfer, ein Arzt oder ein Psychotherapeut im Fall von Gefahren für Leib, Leben und Freiheit zur Aussage verpflichtet ist, nicht aber ein Rechtsanwalt, ein Landtagsabgeordneter oder ein Journalist. Die Gründe für diese Differenzierung bleiben nach den Materialien ebenfalls das Geheimnis des Gesetzgebers (vgl. dazu auch die zahlreichen kritischen schriftlichen Stellungnahmen aus Wissenschaft und Praxis (unter anderem von Gusy, Hilbrans und dem Hessischen Datenschutzbeauftragten), vorgelegt zur öffentlichen Anhörung des Innenausschusses des Hessischen Landtags am 30.9.2009 zu dem Gesetzentwurf (abrufbar unter http://starweb.hessen.de/cache/AV/18/INA/, Dokumente: Von INA-AV-009-T1.pdf bis INA-AV-009-T5.pdf)).

Verfassungsrechtlich ebenso bedenklich ist schließlich die Regelung der Auskunftspflicht für alle die Fälle, in denen die Auskunft nicht für die Abwehr von Gefahren für Leib, Leben und Freiheit einer Person erforderlich ist, sondern nur allgemein für die Aufgabenerfüllung oder die Abwehr von Gefahren für weniger bedeutende Rechtsgüter. Dann nämlich gelten nach Abs. 1 S. 2 sämtliche Zeugnis- bzw. Auskunftsverweigerungsrechte nur für Personen, die „nicht für die Gefahr verantwortlich" sind. Diese 2009 neu eingefügte Formulierung bewirkt nicht weniger als die Aufhebung des Grundsatzes der Selbst- und Angehörigenbelastungsfreiheit sowie der berufsbezogenen Zeugnisverweigerungsrechte für mutmaßliche Störer iSd §§ 6 und 7. 15

Unterhalb der Schwelle von Lebens-, Leibes- und Freiheitsgefahren ist diese Suspendierung schon bei den berufsbezogenen Zeugnisverweigerungsrechten überaus fraglich; in Bezug auf die Selbst- und Angehörigenbelastungsfreiheit ist sie wegen deren hohen Rangs unter keinem Gesichtspunkt zu rechtfertigen (vgl. BVerfG NJW 2013, 1058 (1061)): „Die Aussagefreiheit des Beschuldigten und das Verbot des Zwangs zur Selbstbelastung (nemo tenetur se ipsum accusare) sind notwendiger Ausdruck einer auf dem Leitgedanken der Achtung der Menschenwürde beruhenden rechtsstaatlichen Grundhaltung (vgl. BVerfGE 38, 105 (113 f.); 55, 144 (150 f.); 56, 37 (43)). Der Grundsatz der Selbstbelastungsfreiheit ist im Rechtsstaatsprinzip verankert und hat Verfassungsrang (vgl. BVerfGE 38, 105 (113 f.); 55, 144 (150 f.); 56, 37 (43); 110, 1 (31))." 16

Zudem ist er Ausprägung und grundlegender Bestandteil der Gewährleistung von Art. 6 Abs. 1 EMRK (vgl. EGMR NJW 2010, 213; zum Gewicht der Angehörigenbelastungsfreiheit als Ausprägung des nemo-tenetur-Grundsatzes und des Schutzes der Familie Meyer-Goßner/Schmitt StPO § 52 Rn. 1 mwN). Insoweit wäre die Regelung selbst dann fraglich, wenn die Aussagepflicht – was nicht der Fall ist – durch ein absolutes Verwertungsverbot im oben genannten Sinne (→ Rn. 11) flankiert wäre (vgl. Lisken/Denninger PolR-HdB/Graulich, 6. Aufl. 2018, E Rn. 294 ff.). Das gilt jedenfalls dann, wenn die Gefahren, die mit Hilfe der Auskunft abgewehrt werden sollen, wenig bedeutsamen Rechtsgütern drohen. Im Fall der Abwehr erheblicherer Gefahren lässt sich die Regelung immerhin verfassungskonform dahingehend auslegen, dass Abs. 2 S. 4 entsprechend anzuwenden ist. 17

Dass der Gesetzgeber diese Konsequenz nicht gezogen hat, ist auch deshalb erstaunlich, weil es seit der sog. Gemeinschuldnerentscheidung des BVerfG (BVerfGE 56, 37 = NJW 1981, 1431), die in der Rechtswissenschaft – soweit ersichtlich – bis heute nie in Frage gestellt worden ist, als geklärt gilt, dass ein absolutes Verwertungsverbot in strafrechtlichen Verfahren die verfassungsrechtlich zwingende Folge von gesetzlichen Pflichten zur Selbstbezichtigung ist. 17.1

IV. Parallelvorschriften

Parallelvorschriften zur Regelung der präventiven polizei- und gefahrenabwehrbehördlichen Befragung nach § 12 finden sich in allen Landespolizeigesetzen (vgl. nur § 43 Abs. 1 BWPolG, Art. 12 BayPAG, § 12 NPOG, § 9 PolG NRW). Diese weichen allerdings inhaltlich hinsichtlich der Voraussetzungen der Befragung und der Reichweite der Auskunftspflichten teilweise ab (vgl. Lisken/Denninger PolR-HdB/Graulich, 6. Aufl. 2018, E Rn. 280 ff., 289 ff., 297 ff.). Auf Bundesebene findet sich eine Entsprechung in § 22 BPolG. 18

Als repressive Parallelvorschriften können die Regelungen über die polizeiliche Vernehmung des Beschuldigten nach § 163a StPO und über die Vernehmung von Zeugen (§§ 58 ff. StPO) angesehen werden. Die bei repressiv-polizeilichem Handeln insoweit gebräuchliche Unterscheidung von informatorischer Befragung und Vernehmung ist für die Befragung iSd § 12 irrelevant (Lisken/Denninger PolR-HdB/Graulich, 6. Aufl. 2018, E Rn. 263 mwN). 19

B. Einzelkommentierung

I. Anwendungsbereich

§ 12 findet Anwendung auf die polizei- oder gefahrenabwehrbehördliche Befragung. Unter Befragung iSd Abs. 1 ist nicht bereits jedwedes Stellen von Fragen durch Bedienstete von Polizei- oder Gefahrenabwehrbehörden zu verstehen, sondern nur ein solches, bei es mit Blick auf die behördliche Autorität erkennbar nicht freigestellt wird, ob der Betroffene 20 zuhört oder nicht; es muss also ein gezieltes Auskunftsersuchen gegen oder ohne den Willen des Betroffenen vorliegen (→ Rn. 7). Nicht unter den Anwendungsbereich des § 12 fällt demzufolge die alltägliche zwischenmenschliche Kommunikation zwischen Amtswalter und Bürger, auch wenn sie Fragen des Amtswalters beinhaltet.

21 Von der Vorschrift nicht erfasst wird darüber hinaus der Fall, in dem sich Bürger aus eigener Initiative mit Hinweisen oder einer Anzeige an die Gefahrenabwehr- oder Polizeibehörden wenden. Die passive Entgegennahme von Informationen durch den Bürger ist ohne weiteres zulässig (sog. aufgedrängte Daten); dieser Bereich wird auch dann nicht verlassen, wenn der entgegennehmende Beamte, die eine oder andere Rückfrage hat. Allerdings lässt sich die Grenze, ab der Auskünfte vom Bürger nicht mehr aus freien Stücken erteilt, sondern vom Beamten durch gezieltes Fragen aktiv hervorgerufen werden nicht immer randscharf ziehen (vgl. Lisken/Denninger PolR-HdB/Rachor, 5. Aufl. 2012, E Rn. 198).

22 Sollen mit einer Befragung des Bürgers (nur) dessen Personalien festgestellt werden, ist dies nicht an § 12 sondern an der spezielleren Vorschrift des § 18 zu messen. Erfolgt eine Befragung durch einen verdeckt ermittelnden Polizeibeamten, ist § 16 Abs. 2–5 als Spezialnorm einschlägig.

23 Kein Anwendungsfall des § 12 sind schließlich öffentliche Aufrufe der Polizei, in denen diese die Bevölkerung um Mitwirkung bei der Aufklärung bestimmter Sachverhalte bittet (vgl. Lisken/Denninger PolR-HdB/Graulich, 6. Aufl. 2018, E Rn. 264).

II. Befugnis zur Befragung (Abs. 1)

24 Die Vorschrift des Abs. 1 gibt den Gefahrenabwehr- und Polizeibehörden die Befugnis, eine Person zu befragen.

1. Tatbestandsvoraussetzungen

25 Tatbestandlich setzt Abs. 1 S. 1 dafür voraus, dass tatsächliche Anhaltspunkte die Annahme rechtfertigen, dass die Person sachdienliche Angaben zur Aufklärung des Sachverhalts in einer bestimmten gefahrenabwehrbehördlichen oder polizeilichen Angelegenheit machen kann. Der Tatbestand ist damit dem des § 30 Abs. 1 S. 1 für die Vorladung sehr ähnlich (→ § 30 Rn. 14), der allerdings anstelle der „tatsächlichen Anhaltspunkte" „Tatsachen" verlangt.

26 Dass eine „bestimmte" polizeiliche Angelegenheit gefordert ist, soll zunächst generelle Ausforschungen (Befragungen „ins Blaue hinein") ausschließen (vgl. Hornmann HSOG Rn. 7; Fredrich Rn. 2; amtliche Begründung zu § 12, LT-Drs. 12/5794). Dass Abs. 1 S. 1 nicht – wie die meisten Landespolizeigesetze (vgl. Lisken/Denninger PolR-HdB/Graulich, 6. Aufl. 2018, E Rn. 269) – von einer bestimmten polizeilichen „Aufgabe", sondern von einer polizeilichen oder gefahrenabwehrbehördlichen „Angelegenheit" spricht, bedeutet in der Sache keinen Unterschied: Die „Angelegenheit" muss innerhalb der polizei- und gefahrenabwehrbehördlichen Aufgaben liegen, da sie ansonsten keine polizei- oder gefahrenabwehrbehördliche wäre.

27 Es muss sich also um einen Sachverhalt handeln, für den Gefahrenabwehr- und Polizeibehörden durch die Aufgabennorm des § 1 die sachliche Zuständigkeit zugewiesen ist. Diese Aussage bedarf allerdings einer Beschränkung im Hinblick auf die spezialgesetzlich zugewiesenen Aufgaben iSd § 1 Abs. 2: Versteht man diesen Bereich weit und fasst darunter auch die repressiv-polizeilichen Aufgaben (→ § 1 Rn. 84 mwN), bedarf das iRd Abs. 1 einer teleologischen Reduktion: Strafrechtliche Ermittlungen sind keine polizeiliche Angelegenheit im Sinne dieser Bestimmung (Lisken/Denninger PolR-HdB/Graulich, 6. Aufl. 2018, E Rn. 269).

28 Befragungen als Bestandteil solcher Ermittlungen sind ausschließlich nach Maßgabe der StPO zulässig. In Betracht kommen also nur die Aufgaben der allgemeinen und spezialgesetzlich zugewiesenen Gefahrenabwehr (§ 1 Abs. 1 und Abs. 2), des Schutzes privater Rechte (§ 1 Abs. 3), der vorbeugenden Bekämpfung von Straftaten (§ 1 Abs. 4) und der Leistung von Vollzughilfe (§ 1 Abs. 5).

29 Hinsichtlich des Begriffs der „tatsächlichen Anhaltspunkte" ist umstritten, ob er gleichbedeutend ist mit dem an anderer Stelle verwendeten Begriff der „Tatsachen" (→ § 30 Rn. 16 f. mwN). Zutreffender Weise ist davon auszugehen, dass zwischen beiden Begriffen trotz der feinsinnigen sprachlichen Differenzierung in der Sache kein Unterschied besteht, zumindest kein solcher, der sich in der polizeilich- und gefahrenabwehrbehördlichen Praxis niederschlagen und spiegeln könnte (so auch Lisken/Denninger PolR-HdB/Graulich, 6. Aufl. 2018, E Rn. 148); nicht zuletzt deshalb werden die Begriffe nicht selten gleichbedeutend verwendet (vgl. BVerfG NJW 2010, 833 Rn. 231; Lisken/Denninger PolR-HdB/Graulich, 6. Aufl. 2018, E Rn. 148 Fn. 206 mwN).

Der Begriff der tatsächlichen Anhaltspunkte (oder Tatsachen), die die Annahme rechtfertigen ist der der konkreten Gefahr für die öffentliche Sicherheit oder Ordnung insoweit vergleichbar, als auch er sich aus den Elementen der faktischen Grundlage und einer hierauf gestützten Prognose zusammensetzt. Nach überwiegendem Verständnis soll er jedoch die Schwelle für das behördliche Einschreiten gegenüber der der konkreten Gefahr herabsetzen (→ § 30 Rn. 16; MLH PolR Hessen Rn. 153). Welche Anforderungen an die Tatsachengrundlage zu stellen sind, lässt sich am prägnantesten negativ umschreiben: Bloße Vermutungen, allgemeine Erfahrungssätze und aus der Luft gegriffene Annahmen reichen nicht (Lisken/Denninger PolR-HdB/Graulich, 6. Aufl. 2018, E Rn. 148 f. mwN; vgl. auch BVerfG NJW 2010, 833 Rn. 231). 30

Da die Tatsachengrundlage iRd Abs. 1 S. 1 lediglich die Prognose bezüglich der Frage zu tragen hat, ob eine Person sachdienliche Angaben zur Aufklärung eines Sachverhalts machen kann, erweist sich das Tatbestandsmerkmal hier – anders als etwa im Fall einer Prognose über die Begehung von Straftaten – als recht problemlos handhabbar. Ob eine Person wohl dergestalt in Beziehung zum Sachverhalt steht, dass sie zu dessen Aufklärung beitragen kann, dürfte sich anhand alltagslogischer Denkgesetze regelmäßig ermitteln lassen. Bei unklarer Situation dürfen die Bediensteten der Gefahrenabwehr- und Polizeibehörden zudem jedenfalls Fragen stellen, um herauszufinden, ob eine solche Beziehung besteht (Lisken/Denninger PolR-HdB/Graulich, 6. Aufl. 2018, E Rn. 270). 31

„Sachdienliche Angaben“ sind Informationen, die ihrerseits in Beziehung zu dem Sachverhalt stehen, also der Aufklärung oder Gefahrenabwehr im konkreten Fall förderlich sein können (→ § 30 Rn. 15). Stellt man den in § 12 verwendeten Begriff der „sachdienlichen Angaben“ dem in §§ 13 ff. regelmäßig verwendeten Begriff der „personenbezogenen Daten“ gegenüber, könnte man auf den Gedanken kommen, unter ersteren nur sachbezogene, nicht aber personenbezogene Informationen zu subsumieren. Schon Abs. 3 macht indessen deutlich, dass von den „sachdienlichen Angaben“ sowohl sachbezogene, als auch personenbezogene Informationen (Daten) erfasst werden. Dass die erfragten Angaben nicht nur sachdienlich, sondern auch zur Aufklärung des Sachverhalts erforderlich sein müssen, bringt das Gesetz zwar nicht zum Ausdruck, ergibt sich jedoch zwanglos aus dem Grundsatz der Verhältnismäßigkeit. 32

Soll zum Zweck der Befragung von der Befugnis eine Person anzuhalten iSd Abs. 1 S. 2 (→ Rn. 9) Gebrauch gemacht werden, ist zusätzlich zu den tatsächlichen Anhaltspunkten im genannten Sinne das Vorliegen einer konkreten Gefahr für die öffentliche Sicherheit oder Ordnung (→ § 11 Rn. 18 ff.) tatbestandlich erforderlich; das bedeutet praktisch, dass es sich bei der polizei- oder gefahrenabwehrbehördlichen Angelegenheit um eine klassische Gefahrensituation handeln muss. 33

2. Rechtsfolgen und Adressat

Die in Abs. 1 vorgesehenen Rechtsfolgen sind das Befragen (→ Rn. 20) und das Anhalten (→ Rn. 10). Bei dem Befragen handelt es sich um eine sog. realisierende Standardbefugnis, die den Polizei- und Gefahrenabwehrbehörden originär eine bestimmte Handlungsbefugnis („zu fragen“) verleiht. Im Fall des Anhaltens liegt eine anordnende Standardbefugnis vor, weil sie die Behörden zum Erlass einer Anordnung gegenüber dem Bürger, zumeist eines Verwaltungsakts iSd § 35 VwVfG, ermächtigt (vgl. zu dieser Typologie eingehend und mwN Lisken/Denninger PolR-HdB/Rachor, 5. Aufl. 2012, E Rn. 48 ff.). 34

Hinsichtlich der möglichen Adressaten der Befragung und des Anhaltens weicht Abs. 1 – wie viele weitere Standardmaßnahmen – von der Störersystematik, die die Vorschriften der §§ 6, 7, 9 über die polizeiliche Verantwortlichkeit errichten, erkennbar ab (→ § 6 Rn. 2). Indem die Norm vorgibt, dass jeder befragt werden kann, bei dem tatsächliche Anhaltspunkte die Annahme rechtfertigen, dass er sachdienliche Angaben machen kann, kommt es auf eine Störereigenschaft bei der Wahl des Adressaten nicht an. Die Vorschrift enthält insoweit eine 35 normimmanente Adressatenregelung (vgl. dazu auch BeckOK PolR Bbg/Hofrichter/Fickenscher BbgPolG § 5 Rn. 2 mwN).

III. Auskunftspflicht, Auskunftsverweigerung, Zweckbindung, Belehrung (Abs. 2)

36 Die mit Grundsatz, Ausnahmen und wechselbezüglichen Rückausnahmen arbeitende Regelung des Abs. 2 ist – zumal seit der Neufassung von 2009 – eine der wenig geglückten Formulierungen des HSOG (vgl. auch in Bezug auf Parallelnormen Lisken/Denninger PolR-HdB/Graulich, 6. Aufl. 2018, E Rn. 259: „schwer durchschaubare Gesetzestechnik").

37 Abs. 1 S. 1 Alt. 1 knüpft an die klassische Störersystematik an, indem er eine Auskunftspflicht zunächst nur für Handlungsverantwortliche (§ 6) und Zustandsverantwortliche (§ 7) begründet. Für Personen, die eine polizeirechtliche Verantwortlichkeit nicht trifft, besteht also grundsätzlich keine Auskunftspflicht. Allerdings kann in diesen Fällen eine Auskunftspflichten aus anderen Gesetzen, namentlich § 138 StGB (Nichtanzeige geplanter Straftaten) oder § 323c StGB (Unterlassene Hilfeleistung), bestehen; da deren Nichterfüllung indessen regelmäßig eine Verhaltensverantwortlichkeit durch Unterlassen (→ § 6 Rn. 42) begründet, führt eine solche gesetzliche Pflicht gleichzeitig wieder zur Auskunftspflicht nach Abs. 1 Alt. 1. Nicht zu den gesetzlichen Pflichten in diesem Sinne zählt dagegen § 111 OWiG, da dieser sich nur auf Identitätsfeststellungen (§ 18) bezieht und eine Pflicht zur Angabe der Personalien nicht begründet, sondern – durch den zuständigen Amtsträger begründet – voraussetzt (aA noch Meixner/Fredrich, 12. Aufl. 2016, Rn. 8, iErg wie hier nunmehr wohl Fredrich Rn. 8).

38 Für Personen, die eine polizeirechtliche Verantwortlichkeit nicht trifft, begründet Abs. 2 Alt. 2 zunächst eine Auskunftspflicht ausnahmsweise, wenn die Voraussetzungen des § 9, also des sog. polizeilichen Notstands vorliegen. Materiell setzt die Auskunftspflicht damit – wie das Anhalterecht (→ Rn. 33) – stets eine konkrete (bei § 9 zudem gegenwärtige erhebliche) Gefahr für die öffentliche Sicherheit oder Ordnung (einschließlich Anscheinsgefahr und Gefahrverdacht, → § 11 Rn. 19) voraus. Mit der Änderung des Abs. 2 v. 25.6.2018 (HessGVBl. 302; → Rn. 11.1) sind zudem die in § 13 Abs. 2 Nr. 1–3 kategorisierten Personen, die der Gesetzgeber offensichtlich zu den Nichtverantwortlichen rechnet, auskunftspflichtig geworden.

38.1 Dadurch sollte klargestellt werden, dass „sich die Auskunftspflicht auch auf den Bereich der Verhütung von Straftaten erstreckt" (vgl. LT.-Drs. 19/6502, 34). Dass die Norm damit auch potentielle Straftäter iSd § 13 Abs. 2 Nr. 1 zu den Nichtverantwortlichen zählt, ist unter dem Gesichtspunkt des Gefahrenbegriffs zumindest bemerkenswert.

39 Abs. 2 S. 2 sieht sodann für Personen, die nicht für die Gefahr verantwortlich sind, unter den Voraussetzungen der §§ 52–55 StPO ein Auskunftsverweigerungsrecht vor. Es können sich also diejenigen, die zwar nicht verantwortlich nach §§ 6 und 7 sind, aber wegen der Voraussetzungen des § 9 oder § 13 Abs. 2 Nr. 1–3 trotzdem eine Auskunftspflicht haben, auf die Selbst- und Angehörigenbelastungsfreiheit sowie die berufsbezogenen Zeugnisverweigerungsrechte (dazu im Einzelnen statt vieler Meyer-Goßner/Schmitt StPO § 52 Rn. 3 ff., Meyer-Goßner/Schmitt StPO § 53 Rn. 11 ff., Meyer-Goßner/Schmitt StPO § 53a Rn. 2 ff., Meyer-Goßner/Schmitt StPO § 54 Rn. 3 ff., Meyer-Goßner/Schmitt StPO § 55 Rn. 3 ff.) berufen. Wichtiger als diese Feststellung ist der Umkehrschluss aus der Regelung: Störern iSd §§ 6 und 7 stehen diese Rechte seit der Novelle von 2009 nicht mehr zu, was die Vorschrift insoweit verfassungswidrig werden lässt (→ Rn. 16 ff.).

40 Von der Geltung der Zeugnisverweigerungsrechte nach §§ 52–55 StPO für „Notstandsverantwortliche" macht Abs. 1 S. 3 wiederum eine Rückausnahme für die Fälle, in denen die Auskunft für die Abwehr einer Gefahr für Leib, Leben oder Freiheit einer Person erforderlich ist; diese Rückausnahme gilt allerdings seit der Novelle von 2009 nur noch für einen Teil der beruflich Zeugnisverweigerungsberechtigten: Verteidiger und Rechtsanwälte, Geistliche, Abgeordnete und Journalisten einschließlich ihrer jeweiligen Berufshelfer haben nunmehr auch bei Gefahren für Leib, Leben und Freiheit ein Zeugnisverweigerungsrecht (vgl. zu den erheblichen Bedenken gegen die Verfassungsmäßigkeit der Differenzierung zwischen den Berufsgruppen → Rn. 14).

41 Soweit danach Zeugnisverweigerungsrechte „überwunden" werden können, ordnet Abs. 2 S. 4 eine Zweckbindung der erlangten Auskünfte an: Sie dürfen nur für die Gefahren-

abwehr iSd § 1 Abs. 1 und die vorbeugende Bekämpfung von Straftaten iSd § 1 Abs. 4 verwendet werden. Diese Zweckbindung bedarf, soll sie den verfassungsrechtlichen Anforderungen (und ihrer eigenen ratio) gerecht werden (→ Rn. 11), einer Konkretisierung dahingehend, dass sie als absolutes Verwertungsverbot verstanden wird, sich also auch auf Fernwirkungen sowie auf Dritte, gegen die bis zur Auskunft kein Tatverdacht bestand, erstreckt. Die Zweckbindung ist mithin als Strafverfolgungshindernis in dem Sinne zu betrachten, dass jedwede strafprozessuale Nutzung der gewonnenen Auskunft – sei sie unmittelbar oder mittelbar – verboten ist.

Dies ist der Preis der polizeirechtlichen Verpflichtung zur Selbstbelastung oder zur Belastung von Angehörigen oder berufsgeheimnisgeschützten Dritten (vgl. ausf. Lisken/Denninger PolR-HdB/Graulich, 6. Aufl. 2018, E Rn. 289 ff. mwN). Nur ein solches Verständnis verschafft der Norm zudem die ihr zugedachte Eignung und Effektivität. In vielen denkbaren Fällen dürften überhaupt erst diese „goldene Brücke" und eine überzeugend vorgenommene Belehrung darüber einen Auskunftspflichtigen zur wahrheitsgemäßen Auskunft veranlassen. 42

Die in Abs. 2 S. 5 vorgesehene Belehrung über das Auskunftsverweigerungsrecht ist zwingend, dh es besteht eine ausnahmslose Belehrungspflicht. Die Formulierung „über ihr Recht auf Verweigerung der Auskunft" lässt die Belehrung jedoch einfacher erscheinen als sie unter Umständen ist: Häufig dürfte sich das Auskunftsverweigerungsrecht nach Maßgabe der StPO ja nur auf bestimmte Teile des Sachverhalts bzw. bestimmte Fragen oder Personen beziehen, sodass – um zu einer eindeutigen Belehrung zu gelangen – praktisch über den gesamten Inhalt der Abs. 2 S. 1–3 zu belehren ist (vgl. auch Hornmann HSOG Rn. 21). Hinzu kommt, dass dem handelnden Beamten die Informationen für die Beurteilung, ob ein Auskunftsverweigerungsrecht besteht oder bestehen könnte, oftmals nicht unmittelbar zur Verfügung stehen dürften. 43

Vor diesem Hintergrund sind die rechtlichen Konsequenzen einer unterlassenen oder fehlerhaften Belehrung von praktischer Bedeutung. Die insoweit vom Gesetzgeber gelassene Lücke ist durch eine entsprechende Anwendung der Grundsätze über die unterlassene oder fehlerhafte Zeugenbelehrung (vgl. Meyer-Goßner/Schmitt StPO § 52 Rn. 32 mwN) oder – im Fall der Selbstbezichtigung – Beschuldigtenbelehrung (vgl. mwN Meyer-Goßner/Schmitt StPO § 136 Rn. 20 ff.) zu schließen. 44

IV. Erhebung personenbezogener Daten (Abs. 3)

Die Vorschrift des Abs. 3 greift bei der Anordnung der Geltung nachfolgender Vorschriften auf Begriffe des HDSIG (zu dessen Verhältnis zum HSOG → § 3 Rn. 24) zurück. Für den Anwendungsbereich der JI-RL (RL (EU) 2016/680 v. 27.4.2016, ABl. 2016 L 119, 89) sind personenbezogene Daten nach § 41 Nr. 1 HDSIG alle Informationen, die sich auf eine identifizierte oder identifizierbare natürliche Person (betroffene Person) beziehen. Nach § 2 Abs. 1 HDSG „Einzelangaben über persönliche und sachliche Verhältnisse einer bestimmten oder bestimmbaren natürlichen Person (Betroffener)". Datenverarbeitung ist nach § 41 Nr. 2 HDSIG als Oberbegriff definiert (vgl. zur Rechtslage unter dem HDSG aF Nungesser HDSG § 2 Rn. 24; → Rn. 45.1). 45

Verarbeitung ist danach jeder mit oder ohne Hilfe automatisierter Verfahren ausgeführte Vorgang oder jede solche Vorgangsreihe im Zusammenhang mit personenbezogenen Daten wie das Erheben, das Erfassen, die Organisation, das Ordnen, die Speicherung, die Anpassung, die Veränderung, das Auslesen, das Abfragen, die Verwendung, die Offenlegung durch Übermittlung, Verbreitung oder eine andere Form der Bereitstellung, den Abgleich, die Verknüpfung, die Einschränkung, das Löschen oder die Vernichtung. 45.1

Das Erheben ist danach eine der in § 41 Nr. 2 HDSIG aufgeführten Formen der Datenverarbeitung. Das HDSIG verzichtet seit seiner Neufassung aus dem Jahr 2018 in Anknüpfung an das europäische Datenschutzrecht auf Legaldefinitionen der verwendeten Begriffe (vgl. → § 20 Rn. 22, → § 27 Rn. 13), wie sie das HDSG aF noch kannte. Da der Gesetzgeber damit jedoch keine Abweichung von den bisherigen Definitionen intendierte (vgl. LT-Drs. 19/5728, 193), kann weiterhin auf die bisherigen Definitionen zurückgegriffen werden. 46

Wie bisher kann daher unter Erheben das „Beschaffen von Daten über den Betroffenen" verstanden werden (vgl. § 2 Abs. 1 Nr. 1 HDSG aF), unter Speichern das Erfassen, Aufnehmen oder Aufbewahren von Daten auf einem Datenträger zum Zwecke ihrer weiteren 47

Verarbeitung (§ 2 Abs. 1 Nr. 2 HDSG aF); unter Offenlegung durch Übermittelung ist das bekannt geben gespeicherter oder durch Datenverarbeitung gewonnener Daten an einen Dritten in der Weise zu verstehen, dass die Daten durch die datenverarbeitende Stelle an den Dritten weitergegeben werden oder dass der Dritte zum Abruf bereitgehaltene Daten abruft (§ 2 Abs. 1 Nr. 3 HDSG aF). An die Stelle des Sperrens (Verhindern weiterer Verarbeitung gespeicherter Daten, § 2 Abs. 1 Nr. 4 HDSG aF) ist nunmehr die Einschränkung der Verarbeitung getreten und das Löschen kann weiterhin als Unkenntlichmachen gespeicherter Daten ungeachtet der dabei angewendeten Verfahren (§ 2 Abs. 1 Nr. 5 HDSG aF) verstanden werden.

48 Infolgedessen finden auf die durch die Befragung erhobenen Daten die §§ 13–29 insoweit Anwendung, als sie die genannten Schritte der Verarbeitung regeln.

V. Unzulässige Methoden (Abs. 4)

49 Auch bei einer Befragung mit dem Ziel der Gefahrenabwehr sind selbstverständlich die durch § 136a StPO verbotenen Methoden (Misshandlung, Ermüdung, körperliche Eingriffe, Verabreichung von Mitteln, Quälerei, Täuschung, Hypnose) sowie die Drohung mit ihnen nicht zulässig.

50 Insoweit wiederholt und konkretisiert der schlichte Verweis in Abs. 4 in seinem Zusammenwirken mit § 52 Abs. 2 für das hessische Polizeirecht die Unantastbarkeit der Menschenwürde (Art. 1 GG) sowie die Geltung der Misshandlungsverbote aus Art. 104 Abs. 1 S. 2 GG und Art. 3 EMRK in Verbindung mit EU-Antifolterübereinkommen (Europäisches Übereinkommen zur Verhütung von Folter und unmenschlicher oder erniedrigender Behandlung oder Strafe v. 26.11.1987, BGBl. 1989 II 946) sowie der UN-Antifolterkonvention (UN-Übereinkommen gegen Folter und andere grausame, unmenschliche oder erniedrigende Behandlung oder Strafe v. 10.12.1984, BGBl. 1990 II 246).

51 Das gilt nach der völlig eindeutigen Rechtslage auch dann, wenn der Einsatz der verbotenen Methode(n) der Abwehr einer gegenwärtigen Lebensgefahr dienen soll. Dies ist zwar infolge des sog. Falls Daschner (vgl. ausf. Lisken/Denninger PolR-HdB/Rachor, 5. Aufl. 2012, E Rn. 880 mit Fn. 1153) rechtswissenschaftlich zum Teil bezweifelt (Nachweise bei Hornmann HSOG Rn. 23 ff.; Lisken/Denninger PolR-HdB/Graulich, 6. Aufl. 2018, E Rn. 880 ff., 887), höchstrichterlich jedoch ohne Einschränkungen bestätigt worden (BVerfG NJW 2005, 656; EGMR NStZ 2008, 699). Die nach wie vor vernehmbaren Gegenstimmen sollten ihre Wirkung auf die – auch im Rechtsstaat vorfindlichen – raueren Teile der Polizeivollzugspraxis nicht unterschätzen.

§ 12a Schutz zeugnisverweigerungsberechtigter Berufsgeheimnisträger

(1) [1]Maßnahmen nach § 14 Abs. 6 Satz 3, § 15 Abs. 2 und 4, § 15a Abs. 1, 2, 2a und 3, § 15b Abs. 1, § 15c Abs. 1, § 16 Abs. 1 und 2 sowie § 17 Abs. 1, die sich gegen eine in § 53 Abs. 1 Satz 1 Nr. 1, 2, 3 oder Nr. 4 der Strafprozessordnung genannte Person richten und voraussichtlich Erkenntnisse erbringen würden, über die diese Person das Zeugnis verweigern dürfte, sind unzulässig. [2]Dennoch erlangte Erkenntnisse dürfen nicht verwertet werden. [3]Aufzeichnungen hierüber sind unverzüglich zu löschen. [4]Die Tatsache ihrer Erlangung und Löschung ist zu dokumentieren. [5]Satz 2 bis 4 gelten entsprechend, wenn durch eine Maßnahme, die sich nicht gegen eine in § 53 Abs. 1 Satz 1 Nr. 1, 2, 3 oder Nr. 4 der Strafprozessordnung genannte Person richtet, von einer dort genannten Person Erkenntnisse erlangt werden, über die sie das Zeugnis verweigern dürfte. [6]Für Personen nach § 53 Abs. 1 Satz 1 Nr. 3 der Strafprozessordnung gelten Satz 1 bis 5 nur, soweit es sich um Rechtsanwälte oder Kammerrechtsbeistände handelt.

(2) [1]Soweit durch eine Maßnahme nach Abs. 1 Satz 1 eine in § 53 Abs. 1 Satz 1 Nr. 3, 3a, 3b oder 5 der Strafprozessordnung genannte Person betroffen wäre und dadurch voraussichtlich Erkenntnisse erlangt würden, über die diese Person das Zeugnis verweigern dürfte, ist dies im Rahmen der Prüfung der Verhältnismäßigkeit unter Würdigung des öffentlichen Interesses an den von dieser Person wahrge-

nommenen Aufgaben und des Interesses an der Geheimhaltung der dieser Person anvertrauten oder bekannt gewordenen Tatsachen besonders zu berücksichtigen. [2]Von einem Überwiegen des Interesses an der Datenerhebung ist in der Regel nicht auszugehen, wenn die Maßnahme nicht der Abwehr einer unmittelbar bevorstehenden Gefahr für Leben, Gesundheit oder Freiheit dient. [3]Soweit hiernach geboten, ist die Maßnahme zu unterlassen oder, soweit dies nach der Art der Maßnahme möglich ist, zu beschränken. [4]Für Personen nach § 53 Abs. 1 Satz 1 Nr. 3 der Strafprozessordnung gelten Satz 1 und 2 nur, soweit es sich nicht um Rechtsanwälte oder Kammerrechtsbeistände handelt.

(3) Abs. 1 und 2 gelten entsprechend, soweit die in § 53a der Strafprozessordnung Genannten das Zeugnis verweigern dürften.

(4) Abs. 1 bis 3 gelten nicht, sofern Tatsachen die Annahme rechtfertigen, dass die zeugnisverweigerungsberechtigte Person die Gefahr verursacht hat.

Überblick

Die Regelung dient dem Schutz von Berufsgeheimnisträgern im Zusammenhang mit bestimmten polizeilichen Datenerhebungsbefugnissen. Mit ihrer Schaffung wurden die zuvor auf mehrere Vorschriften verteilten Vorgaben für diesen Schutz in einer Norm zusammengefasst.

Übersicht

A. Allgemeines

I. Entstehung, Zweck und Struktur der Norm

Die Regelung des § 12a wurde durch Gesetz v. 29.6.2023 (GVBl. 456) geschaffen. Bis zu diesem Zeitpunkt waren Regelungen zum Schutz von Berufsgeheimnisträgern auf die Vorschriften der §§ 15 Abs. 1 S. 2, Abs. 4, 15a Abs. 1 S. 4, 15b Abs. 2 S. 1, 15c Abs. 3 S. 2, 16 Abs. 3 S. 1, 17 Abs. 2 aF verteilt; bei den dort jeweils geregelten verdeckten Maßnahmen zu polizeilichen Datenerhebung wurde auf § 12 Abs. 2 verwiesen, der die Anwendung der strafprozessualen Zeugnisverweigerungsrechte in Bezug auf präventiv-polizeiliche Befragungen regelt. Nunmehr ist die Geltung der berufsbezogenen strafprozessualen Zeugnisverweigerungsrechte in Bezug auf die verdeckten polizeilichen Datenerhebungen in einer Norm zusammengefasst. § 12a folgt mit dieser Regelungstechnik dem Vorbild etlicher anderer Bundesländer. 1

§ 12a ist weitgehend der Regelung des § 62 BKAG nachgebildet, unterscheidet sich jedoch von dieser insoweit, als er sich nicht – wie diese – auf alle polizeilichen Befugnisse zur Gefahrenabwehr erstreckt, sondern nur auf die verdeckten Datenerhebungsbefugnisse nach §§ 15–17. 2

§ 62 BKAG findet Anwendung auf **alle** im Abschn. 5 des BKAG (§§ 38–62) geregelten Befugnisse zur Abwehr von Gefahren des internationalen Terrorismus. 2.1

Entsprechend dem Vorbild differenziert § 12a nach absolut geschützten Vertrauensverhältnissen (geregelt in Abs. 1) und relativ geschützten Vertrauensverhältnissen (geregelt in Abs. 2). 3

II. Verfassungsrechtlicher Hintergrund

4 Mit Blick auf das Verfassungsrecht hebt die amtliche Begründung hervor, dass der hessische Gesetzgeber vor der Schaffung des § 12a zeugnisverweigerungsberechtigte Personen durch die Verweisung auf § 12 Abs. 2 in den Regelungen der §§ 15 Abs. 1 S. 2, Abs. 4, 15a Abs. 1 S. 4, 15b Abs. 2 S. 1, 15c Abs. 3 S. 2, 16 Abs. 3 S. 1, 17 Abs. 2 aF besser geschützt habe, als dies unter verfassungsrechtlichen Gesichtspunkten erforderlich gewesen sei; in seiner Entscheidung zum BKA-G (BVerfG NJW 2016, 1781 ff.) habe das Bundesverfassungsgericht nicht verlangt, dass ein – im BKA-G aF nicht vorgesehener – Schutz der nach §§ 52, 55 StPO zeugnis- bzw. aussageverweigerungsberechtigten Personen, wie ihn § 12 Abs. 2 vorsieht, geschaffen werde (LT-Drs. 20/8129, 17).

5 Dies Argumentation verkennt freilich, dass das Bundesverfassungsgericht im Rahmen der Verfassungsbeschwerden gegen das BKA-G aF nur über die dort erhobenen Rügen zu entscheiden hatte, zu denen das Fehlen eines entsprechenden Schutzes in § 20u BKA-G aF nicht gehörte. Des Weiteren übersieht sie, dass familiäre Vertrauensverhältnisse ggf. durch den aus der Menschenwürde abzuleitenden unantastbaren Kernbereich privater Lebensgestaltung geschützt sind (s. BVerfG NJW 2016, 1781 (1786)) und dass die (Wahrung der) Selbstbelastungsfreiheit ebenfalls auf der Achtung der Menschenwürde beruht und ihr insoweit Verfassungsrang zukommt.

5.1 Vgl. BVerfG NJW 2013, 1058 (1061): „Die Aussagefreiheit des Beschuldigten und das Verbot des Zwangs zur Selbstbelastung (nemo tenetur se ipsum accusare) sind notwendiger Ausdruck einer auf dem Leitgedanken der Achtung der Menschenwürde beruhenden rechtsstaatlichen Grundhaltung (vgl. BVerfGE 38, 105 (113 f.); 55, 144 (150 f.); 56, 37 (43)). Der Grundsatz der Selbstbelastungsfreiheit ist im Rechtsstaatsprinzip verankert und hat Verfassungsrang (vgl. BVerfGE 38, 105 (113 f.); 55, 144 (150 f.); 56, 37 (43); 110, 1 (31)).“

6 Des Weiteren gehört die Selbstbelastungsfreiheit konventionsrechtlich zum Kernbereich des fairen Verfahrens und ist deshalb auch nach Art. 6 EMRK zwingend zu wahren (EGMR NJW 2008, 3549 ff.; vgl. auch BGH NJW 2010, 3670 (3671 f.): Beweisverwertungsverbot als Folge einer Verletzung).

7 Insoweit hat der hessische Gesetzgeber zwar mit § 12a zu Recht den – ebenfalls verfassungsrechtlich verankerten – Schutz von Berufsgeheimnisträgern (vgl. dazu BVerfG NJW 2005, 1917 ff.) in den Blick genommen; er hatte jedoch zuvor entgegen der amtlichen Begründung mit dem Schutz (auch) vor Selbst- und Angehörigenbelastung keineswegs verfassungsrechtlich „übererfüllt“; die sich aus § 12 Abs. 2 insoweit ergebenden verfassungsrechtlichen Wertungen waren (und sind) vielmehr – wenn sie nicht hier niedergelegt wären – an anderer Stelle ohnehin zu berücksichtigen.

7.1 Da dem BPolG in Bezug auf die Ermächtigungen zu verdeckten polizeiliche Datenerhebungen eine Regelung nach dem Vorbild des § 12a ebenso fehlt, wie ein Verweis auf die § 12 Abs. 2 entsprechende Regelung des § 22 Abs. 3 BPolG, wird dort eine entsprechende Anwendung des § 22 Abs. 3 BPolG zur Sicherung des Schutzes entsprechender Vertrauensverhältnisse verfassungsrechtliche für erforderlich gehalten (vgl. mwN SGR/R. Schenke BPolG § 28 Rn. 27 ff.).

8 Allerdings ist dem hessischen Gesetzgeber die Umsetzung dieser Wertungen in § 12 Abs. 2 unter mehreren Gesichtspunkten nicht gelungen, so dass die Norm selbst erheblichen verfassungsrechtlichen Bedenken begegnet (ausf. → § 12 Rn. 11 ff.). Dass sich die Übertragung dieser Problematik auf die Regelungen der §§ 15, 15a, 15b, 15c, 16 und 17 durch die Schaffung des § 12a unter Streichung der vormaligen Verweisungen auf § 12 Abs. 2 nunmehr erledigt hat, ist ein unbeabsichtigter, aber begrüßenswerter verfassungsrechtlicher Fortschritt.

9 Dies betrifft allerdings nicht die Frage der grundsätzlichen Geltung auch der Zeugnisverweigerungsrechte nach §§ 52, 55 StPO. Insoweit ist den verfassungsrechtlichen Anforderungen daher zukünftig durch eine entsprechende Anwendung des § 12 Abs. 2 S. 2 auf die in § 12a Abs. 1 S. 1 genannten Maßnahmen Rechnung zu tragen (vgl. auch → Rn. 7.1.).

10 Insoweit hat der Gesetzgeber es versäumt, das Vorbild des BKA-G vollständig zu übernehmen: Diese trägt den verfassungsrechtlichen Anforderungen insoweit zumindest dadurch Rechnung, dass nach § 62 Abs. Abs. 1 S. 2 BKA-G die Regelung des § 41 Abs. 3 BKA-G – also das Auskunftsverweigerungsrecht nach §§ 52 bis 55 StPO – unberührt bleibt (vgl. dazu auch SGR/Ruthig BKAG § 62 Rn. 12).

III. Verfassungsmäßigkeit der Differenzierung nach absolut und relativ geschützten Berufsgeheimnisträgern

Soweit § 12a nach dem Vorbild des § 62 BKA-G nach absolut und relativ geschützten Berufsgeheimnisträgern differenziert (→ Rn. 3), ist die Regelung verfassungsgemäß: Zwar hatte das Bundesverfassungsgericht in seinem Urteil zum BKA-G die Vorgängerregelung zu § 62 BKAG insoweit moniert, als diese Strafverteidigern absoluten Schutz zukommen ließ und (sonstigen) Rechtsanwälten nur relativen Schutz. Diese Differenzierung sei schon deshalb ungeeignet, weil die in Frage stehenden Befugnisse des BKA nicht der Strafverfolgung, sondern der Gefahrenabwehr dienten (BVerfG NRW 2016, 1781 (1798 f.)). Dem hat der Gesetzgeber jedoch in der Neufassung durch § 62 Abs. 1 S. 7 BKA-G Rechnung getragen (vgl. zum Ganzen auch SGR/Ruthig BKAG § 62 Rn. 2 ff.), die insoweit von § 12a übernommen wurde. 11

Auch die repressive Parallelregelung des § 160a StPO, die gleichermaßen nach absolut und relativ geschützten Berufsgeheimnisträgern unterscheidet, hat das Bundesverfassungsgericht unbeanstandet passieren lassen (BVerfG NJW 2012, 833 (840 f.)). 11.1

IV. Parallelvorschriften

Zu § 12a finden sich Parallelvorschriften in etlichen Landespolizeigesetzen, die allerdings nach Struktur und Inhalt teilweise deutlich von der hier getroffenen Regelung abweichen. Teilweise beziehen sich die Regelungen auf alle polizeilichen (Datenerhebungs-)Maßnahmen (vgl. § 31a NPOG, § 18a ASOG Bln), teilweise auf alle verdeckten Maßnahmen (§ 46 RhPfPOG § 26b SOG M-V, § 22 Abs. 2 HmbPolDVG) und teilweise benennen sie – wie hier – bestimmte Maßnahmen (§ 10 BWPolG, § 37 BremPolG, Art. 49 BayPAG). 12

Der Wortlaut des § 12a ist – abgesehen vom Anwendungsbereich (→ Rn. 2 f.) – weitgehend an § 62 BKAG angelehnt, der eine der beiden bundesrechtlichen Parallelvorschriften darstellt; die zweite findet sich in § 160a StPO (dazu auch → Rn. 11.1). 13

B. Einzelkommentierung

Die mit der Änderung von §§ 15 Abs. 1 S. 2, Abs. 4, 15a Abs. 1 S. 4, 15b Abs. 3 S. 1, 15c Abs. 3 S. 2, 16 Abs. 3 S. 1, 17 Abs. 2 verbundene Zusammenfassung des Schutzes zeugnisverweigerungsberechtigter Berufsgeheimnisträger in § 12a HSOG schafft rechtssystematisch ein im Vergleich zur vorherigen Regelung klareres Konzept. 14

I. Erfasste Maßnahmen

§ 12a findet nach Abs. 1 S. 1, Abs. 2 S. 1 namentlich Anwendung auf polizeiliche Datenerhebungen durch Observationen und den Einsatz technischer Mittel außerhalb und innerhalb von Wohnungen (§ 15 Abs. 2 und 4), durch Überwachung des Inhalts und der Umstände der Telekommunikation, durch Erhebung von Verkehrs-, Bestands- und Nutzungsdaten sowie den Einsatz von IMSI-Catchern (§ 15a Abs. 1, 2, 2a und 3), durch Überwachung der Telekommunikation mittels Eingriffs in informationstechnische Systeme (§ 15b Abs. 1), durch sonstige Eingriffe in informationstechnische System (§ 15c Abs. 1), durch den Einsatz von V- und VE-Personen (§ 16 Abs. 1 und 2) sowie durch Polizeiliche Beobachtung und Gezielte Kontrolle (§ 17 Abs. 1). 15

II. Differenziertes Schutzkonzept

Hinsichtlich der Reichweite des Schutzes von Berufsgeheimnisträgern differenziert die Norm sodann zwischen den in § 53 Abs. 1 Nr. 1, 2 und 4 StPO genannten Personen (Abs. 1) und den in § 53 Abs. 1 Nr. 3a, 3b und 4 StPO genannten Personen (Abs. 2); bei den in § 53 Abs. 1 Nr. 3 genannten Personen, die sowohl in § 12a Abs. 1 als auch in § 12a Abs. 2 in Bezug genommen werden, erfolgt eine Binnendifferenzierung (§ 12a Abs. 1 S. 6, Abs. 2 S. 4). 16

III. Absoluter Schutz (Abs. 1)

17 Absolut geschützt sind nach Abs. 1 die in § 53 Abs. 1 Nr. 1, 2 und 4 StPO genannten Personen sowie aus dem in § 53 Abs. 1 Nr. 3 StPO genannten Personenkreis die Gruppe der Rechtsanwälte und Kammerrechtsbeistände.

1. Geschützter Personenkreis

18 Zu dem geschützten Personenkreis zählen insoweit zunächst **Geistliche** nach § 53 Abs. 1 Nr. 1 StPO. Das polizeilicher Datenerhebung damit entzogene seelsorgerische Gespräch mit einem Geistlichen gehört nach der Rechtsprechung des Bundesverfassungsgerichts zu dem verfassungsrechtlichen Menschenwürdegehalt der Religionsausübung iSv Art. 4 Abs. 1 und 2 GG (BVerfG NJW 2021, 833 (842), dazu mwN auch SGR/Ruthig BKAG § 62 Rn. 7). Geistlicher im Sinne der Norm ist jeder, dem – ungeachtet einer Weihe oder sonstigen Inauguration – die hauptamtliche und selbständige Wahrnehmung seelsorgerischer Aufgaben von einer Religionsgemeinschaft übertragen wurde (vgl. BVerfG NJW 2007, 1865 (1866); BGH NJW 2007, 307 (308), SGR/Ruthig BKAG § 62 Rn. 7 jeweils mwN).

19 Das Zeugnisverweigerungsrecht bezieht sich allerdings nur auf das, was dem Betreffenden in seiner Eigenschaft als Seelsorger anvertraut wurde, nicht auf Tatsachen und/oder Informationen, von denen er nur gelegentlich der Berufsausübung oder in anderer Funktion erfahren hat (BGH NJW 2007, 307 (308), SGR/Ruthig BKAG § 62 Rn. 8 mwN).

20 Darüber hinaus erfasst Abs. 1 nach S. 1 und 6 **Verteidiger, Rechtsanwälte und Kammerrechtsbeistände** iSd § 53 Abs. 1 Nr. 2, 3 StPO. Verteidiger sind sowohl Wahl-, als auch Pflichtverteidiger (§§ 137–140 StPO). Im Verhältnis zu Rechtsanwälten eigenständig geschützt sind Verteidiger insoweit, als diese Funktion nach § 138 Abs. 1 StPO nicht zwingend die Zulassung zur Anwaltschaft voraussetzt. Auch hier bezieht sich das Zeugnisverweigerungsrecht nur auf das, was dem Verteidiger in dieser Eigenschaft zur Kenntnis gelangt, nicht auf das, wovon er nur gelegentlich der Berufsausübung oder privat Kenntnis erlangt (SGR/Ruthig BKAG § 62 Rn. 9).

21 Schließlich erfasst die Vorschrift **Abgeordnete** des Deutschen Bundestages, der Länderparlamente sowie die deutschen Mitglieder des Europäischen Parlaments und die Mitglieder der Bundesversammlung (soweit nicht bereits Abgeordnete) iSd § 53 Abs. 1 Nr. 4 StPO. Insoweit erstreckt sich das Zeugnisverweigerungsrecht auf „Personen, die ihnen in ihrer Eigenschaft als Mitglieder dieser Organe oder denen sie in dieser Eigenschaft Tatsachen anvertraut haben, sowie über diese Tatsachen selbst"; zu den anvertrauten Tatsachen gehören wiederum nicht solche, die nur allgemein in Ausübung der Tätigkeit zur Kenntnis genommen wurden (SGR/Ruthig BKAG § 62 Rn. 10 mwN)

2. Rechtsfolgen

22 Nach Abs. 1 S. 1 sind die genannten Maßnahmen (→ Rn. 15) gegenüber dem geschützten Personenkreises grundsätzlich unzulässig. Es besteht mithin **Verbot solcher Maßnahmen gegenüber** Angehörigen der erfassten Gruppen von **Zeugnisverweigerungsberechtigten.** Dieses Verbot greift allerdings nur, wenn durch die Maßnahmen „voraussichtlich Erkenntnisse erlangt würden, über die diese Personen das Zeugnis verweigern dürften".

23 Dieser das Verbot prima facie beschränkenden Formulierung dürfte allerdings praktisch kaum eine (beschränkende) Wirkung zukommen: Da das Abhören oder Überwachen eines Zeugnisverweigerungsberechtigten nach allgemeinen Rechtmäßigkeitskriterien von vorneherein nur dann in Betracht kommt, wenn dadurch Erkenntnisse über denjenigen erlangt werden können, von dem die durch das Abhören oder Überwachen abzuwehrende Gefahr ausgeht, wäre die Maßnahme zwangsläufig auf Erkenntnisse aus der Kommunikation zwischen beiden gerichtet. Da diese Kommunikation jedoch den eigentlichen Gegenstand des geschützten Vertrauensverhältnisses bildet, sind praktisch keine Fälle denkbar, in denen das Abhören oder die Überwachung nicht auf potentiell geschützte Erkenntnisse gerichtet – und damit unzulässig – ist (so iErg auch SGR/Ruthig BKAG § 62 Rn. 11). Ist sie dies nicht, wäre sie ein ungeeignetes Mittel und deswegen rechtswidrig.

23.1 Etwas anderes könnte allenfalls gelten, wenn auf Erkenntnisse gehofft werden könnte, die nur gelegentlich der Berufsausübung des Zeugnisverweigerungsberechtigten von diesem erlangt werden und damit nicht geschützt sind (→ Rn. 20); an der Rechtmäßigkeit einer solchen „gezielten Suche nach dem Zufallsfund" (dazu in anderem Kontext Müller/Römer NStZ 2012, 543 ff.) bestünden jedoch ebenfalls von vorneherein unter Verhältnismäßigkeitsgesichtspunkten erhebliche Zweifel.

Das Erhebungsverbot wird sodann in S. 2 durch ein **absolutes Verwertungsverbot** in Bezug auf „dennoch erlangte Erkenntnisse" verstärkt. Solche Erkenntnisse können praktisch nur unter Umgehung des Verbots nach S. 1 (→ Rn. 23) oder zufällig (→ Rn. 23.1) – und damit idR rechtswidrig – erlangt sein (vgl. auch SGR/Ruthig BKAG § 62 Rn. 13). Dieses Verwertungsverbot wird seinerseits in S. 3 und 4 durch die Pflicht ergänzt, die entsprechenden Daten **unverzüglich zu löschen** und die Tatsache ihrer Erlangung und **Löschung zu dokumentieren.** Letzteres sichert die Einhaltung der Löschungspflicht und der Nachvollziehbarkeit etwa für den Fall gerichtlichen Rechtsschutzes (SGR/Ruthig BKAG § 62 Rn. 13). **24**

Da Abs. 1 Maßnahmen gegenüber Verantwortlichen oder nicht zeugnisverweigerungsberechtigten Personen nicht ausschließt, wenn das Abhören oder die Überwachung möglicherweise auch Kommunikation dieser Personen mit Zeugnisverweigerungsberechtigten erfassen kann, gelten nach S. 5 – für den Fall, dass dies eintritt – das **Verwertungsverbot, die Löschungs- und Dokumentationspflicht auch bei** solchen **mittelbaren Eingriffen** in absolut geschützte Vertrauensverhältnisse. **25**

IV. Relativer Schutz (Abs. 2)

Nach Abs. 2 relativ geschützt sind die in § 53 Abs. 1 Nr. 3a, 3b und 5 StPO genannten Personen sowie aus dem in § 53 Abs. 1 Nr. 3 StPO genannten Kreis alle Personen, bei denen es sich nicht um Rechtsanwälte und Kammerrechtsbeistände handelt. **26**

1. Geschützter Personenkreis

Zu dem hier geschützten Personenkreis gehören zunächst mit Patentanwälten, Notaren, Wirtschaftsprüfern, vereidigten Buchprüfern, Steuerberatern und Steuerbevollmächtigten Angehörige von Berufen, die der Anwaltschaft insoweit ähneln, als sie eine Zulassung nach der jeweiligen Berufsordnung voraussetzen. **27**

Des Weiteren erfasst sind mit Ärzten, Zahnärzten, Psychotherapeuten, Psychologischen Psychotherapeuten, Kinder- und Jugendlichenpsychotherapeuten, Apothekern und Hebammen Angehörige von Heilberufen im weiteren Sinne. Im Hinblick auf ein ähnlich geartetes Vertrauensverhältnis lassen sich zu diesem Kreis auch die ebenfalls zur Verweigerung des Zeugnisses berechtigten Schwangerschafts- und Drogenberater rechnen. **28**

Schließlich werden hier die Mitarbeiter von Presse und Rundfunk erfasst, deren Zeugnisverweigerungsrecht auf der verfassungsrechtlichen Bedeutung der Freiheit der Medien nach Art. 5 Abs. 1 S. 2 GG für die freiheitlich-demokratische Grundordnung beruht, die mit Strafverfolgungsinteressen bzw. (Aufgaben der) Gefahrenabwehr in Konflikt geraten kann (vgl. etwa BVerfG ZUM-RD 2016, 153 ff.). **29**

2. Rechtsfolge

Die bei diesem Personenkreis bestehenden Vertrauensverhältnisse genießen insoweit einen lediglich abgeschwächten Schutz, als diese lediglich im Rahmen der Verhältnismäßigkeitsprüfung zu berücksichtigen ist, die eine Abwägung der widerstreitenden öffentlichen und privaten Interessen verlangt. **30**

Bei der Entscheidung über eine Maßnahme nach Abs. 1, von der eine Person des geschützten Kreises betroffen ist und durch voraussichtlich Erkenntnisse erlangt würden, über die diese Person das Zeugnis verweigern dürfte, ist also das Gewicht der mit der Maßnahme abzuwehrenden Gefahr abzuwägen mit dem des öffentlichen Interesses an den von der Person wahrgenommenen Aufgaben und dem Interesse an der Geheimhaltung der dieser Person anvertrauten oder bekannt gewordenen Tatsachen abzuwägen ist. **31**

Das Ergebnis der Abwägung wird nach S. 2 für die Fälle der Abwehr einer unmittelbar bevorstehenden Gefahr für Leben, Gesundheit oder Freiheit zugunsten der Maßnahme präformiert. Fällt die Abwägung zu Lasten der Maßnahme aus, ist dieses nach S. 3 zu unterlassen oder, soweit dies nach der Art der Maßnahme möglich ist, zu beschränken. **32**

V. Schutz von Berufshelfern (Abs. 3)

33 Nach Abs. 3 gelten die Regelungen der Abs. 1 und 2 entsprechend für die jeweiligen sog. Berufshelfe der geschützten Personen, auf die § 53a StPO das strafprozessuale Zeugnisverweigerungsrecht erstreckt. Dies soll verhindern, dass der den entsprechenden Vertrauensverhältnissen zukommende Schutz durch Maßnahmen gegenüber Hilfspersonen umgangen wird (SGR/Ruthig BKAG § 62 Rn. 17).

34 Berufshelfer in diesem Sinne sind nicht nur (haupt-)berufliche tätige Hilfspersnen, sondern auch andere, nur gelegentliche Helfer wie etwa Familienangehörige, sofern ein unmittelbarer Zusammenhang der Hilfeleistung mit der beruflichen Tätigkeit des primär Zeugnisverweigerungsberechtigten vorliegt (SGR/Ruthig BKAG § 62 Rn. 17 mwN; Meyer-Goßner/Schmidt StPO § 53a Rn. 2).

VI. „Verstrickungsregel" (Abs. 4)

35 Abs. 4 folgt dem Vorbild des § 62 BKAG auch in der Übernahme der sog. Verstrickungsregel. Danach gelten die Abs. 1–3 nicht, sofern Tatsachen die Annahme rechtfertigen, dass die zeugnisverweigerungsberechtigte Person die Gefahr verursacht hat.

36 Ungeachtet der verfassungsrechtlichen Unbedenklichkeit des grundsätzlichen Konzepts einer Differenzierung der Intensität des Schutzes nach den in Abs. 1 und Abs. 2 nach jeweils unterschiedlich geregelten Berufsgruppen (→ Rn. 11) ist diese Regelung indessen im Hinblick auf die Weite des polizeirechtlichen Verursachungsbegriffs (→ § 6 Rn. 18 ff.) bedenklich. Mit ihr lässt sich – etwa über die der Konstruktionen eines Gefahrenverdachts oder die Annahme einer Anscheinsstörereigenschaft (vgl. näher SGR/Ruthig BKAG § 62 Rn. 18) – der Schutz der erfassten Vertrauensverhältnisse allzu leicht unterlaufen.

37 Im Hinblick auf die grundrechtliche Fundierung der geschützten Vertrauensverhältnisse bedarf die Regelung des Abs. 4 daher einer verfassungskonformen Reduktion. Ein Ausschluss der Geltung der Abs. 1 und 2 kommt danach nur dann in Betracht, wenn die Maßnahme der Abwehr einer gegenwärtigen erheblichen Gefahr dient und Tatsachen die Annahme rechtfertigen, dass die betroffene Person einen wesentlichen Beitrag zur Verursachung der Gefahr leistet oder geleistet hat (eine einschränkende Auslegung für erforderlich haltend SGR/Ruthig BKAG § 62 Rn. 18). für erforderlich. Zudem ist auch in Fällen, in denen Abs. 4 greift stets der Grundsatz der Verhältnismäßigkeit zu beachten (SGR/Ruthig BKAG § 62 Rn. 19).

§ 13 Erhebung personenbezogener Daten

(1) Die Gefahrenabwehr- und die Polizeibehörden können personenbezogene Daten zur Erfüllung ihrer Aufgaben erheben, wenn

1. **die Person in Kenntnis des Zwecks der Erhebung in diese nach Abs. 9 eingewilligt hat oder tatsächliche Anhaltspunkte die Annahme rechtfertigen, dass dies im Interesse der Person liegt und sie in Kenntnis des Zwecks einwilligen würde,**
2. **die Daten allgemein zugänglichen Quellen entnommen werden können oder die betroffene Person die Daten offensichtlich öffentlich gemacht hat,**
3. **es zur Abwehr einer Gefahr, zur Erfüllung der ihnen durch andere Rechtsvorschriften zugewiesenen weiteren Aufgaben (§ 1 Abs. 2) oder zum Schutz privater Rechte (§ 1 Abs. 3) erforderlich ist, auch über andere als die in den §§ 6 und 7 genannten Personen, oder**
4. **eine andere Rechtsvorschrift dies erlaubt.**

(2) Die Polizeibehörden können personenbezogene Daten ferner zu folgenden Kategorien betroffener Personen erheben:

1. **wenn tatsächliche Anhaltspunkte die Annahme rechtfertigen, dass die Person Straftaten mit erheblicher Bedeutung begehen wird,**
2. **wenn tatsächliche Anhaltspunkte die Annahme rechtfertigen, dass die Person mit einer in Nr. 1 genannten Person nicht nur in einem flüchtigen oder zufälligen Kontakt, sondern in einer Weise in Verbindung steht oder treten wird, die die Erhebung ihrer personenbezogenen Daten zur Verhütung von Straftaten mit**

erheblicher Bedeutung erfordert, weil Tatsachen die Annahme rechtfertigen, dass

a) die Person von der Planung oder Vorbereitung dieser Straftaten oder der Verwertung der Tatvorteile Kenntnis hat oder daran mitwirkt oder

b) eine in Nr. 1 genannte Person sich dieser Person zur Begehung dieser Straftaten bedienen könnte oder wird,

3. wenn tatsächliche Anhaltspunkte die Annahme rechtfertigen, dass die Person als Zeugin oder Zeuge, Hinweisgeberin oder Hinweisgeber oder sonstige Auskunftsperson in Betracht kommt, die die Erhebung ihrer personenbezogenen Daten zur Verhütung von Straftaten mit erheblicher Bedeutung erfordert,

4. wenn tatsächliche Anhaltspunkte die Annahme rechtfertigen, dass die Person Opfer einer Straftat mit erheblicher Bedeutung werden könnte,

5. wenn die Person sich im räumlichen Umfeld einer Person aufhält, die in besonderem Maße als gefährdet erscheint, und tatsächliche Anhaltspunkte die Maßnahme zum Schutz der gefährdeten Person rechtfertigen, oder

6. wenn dies zur Leistung von Vollzugshilfe nach den §§ 44 bis 46 erforderlich ist.

(3) [1]Straftaten mit erheblicher Bedeutung im Sinne dieses Gesetzes sind

1. Verbrechen und

2. Vergehen, die im Einzelfall nach Art und Schwere geeignet sind, den Rechtsfrieden besonders zu stören, soweit sie

a) sich gegen Leib, Leben oder Freiheit einer Person oder bedeutende Sach- oder Vermögenswerte richten,

b) auf den Gebieten des unerlaubten Waffen- oder Betäubungsmittelverkehrs, der Geld- und Wertzeichenfälschung, des Staatsschutzes (§§ 74a und 120 des Gerichtsverfassungsgesetzes) oder nach den §§ 86a, 126, 130, 130a des Strafgesetzbuchs begangen werden oder

c) gewerbs-, gewohnheits-, serien- oder bandenmäßig oder sonst organisiert begangen werden.

[2]Terroristische Straftaten im Sinne dieses Gesetzes sind Straftaten, die in § 129a Abs. 1 und 2 des Strafgesetzbuchs bezeichnet und dazu bestimmt sind,

1. die Bevölkerung auf erhebliche Weise einzuschüchtern,

2. eine Behörde oder eine internationale Organisation rechtswidrig mit Gewalt oder durch Drohung mit Gewalt zu nötigen oder

3. die politischen, verfassungsrechtlichen, wirtschaftlichen oder sozialen Grundstrukturen eines Staates oder einer internationalen Organisation zu beseitigen oder erheblich zu beeinträchtigen,

und durch die Art ihrer Begehung oder ihre Auswirkungen einen Staat oder eine internationale Organisation erheblich schädigen können.

(4) Die Erhebungsbefugnisse aus den §§ 14 bis 19 bleiben unberührt.

(5) [1]Die Erhebung nicht gefahren- oder tatbezogener persönlicher Merkmale ist nur insoweit zulässig, als dies für Identifizierungszwecke oder zum Schutz der Person oder der Bediensteten der Gefahrenabwehr- und der Polizeibehörden erforderlich ist. [2]Soweit es sich bei der Erhebung nach Satz 1 um eine Erhebung besonderer Kategorien personenbezogener Daten im Sinne des § 41 Nr. 15 des Hessischen Datenschutz- und Informationsfreiheitsgesetzes handelt, muss dies unbedingt erforderlich sein. [3]Die Verarbeitung dieser personenbezogenen Daten für andere Zwecke ohne Zustimmung der betroffenen Person ist unzulässig.

(6) [1]Im Anwendungsbereich des § 40 des Hessischen Datenschutz- und Informationsfreiheitsgesetzes sind personenbezogene Daten, ausgenommen in den Fällen des Abs. 1 Nr. 1 und 2, grundsätzlich bei der betroffenen Person zu erheben. [2]Ohne ihre Mitwirkung können sie von anderen Behörden oder öffentlichen Stellen oder von Dritten beschafft werden, wenn sonst die Erfüllung gefahrenabwehrbehördlicher oder polizeilicher Aufgaben gefährdet oder erheblich erschwert würde; besondere gesetzliche Übermittlungsregelungen bleiben unberührt.

(7) [1]Personenbezogene Daten sind grundsätzlich offen zu erheben. [2]Eine Datenerhebung, die nicht als gefahrenabwehrbehördliche oder polizeiliche Maßnahme

erkennbar sein soll (verdeckte Datenerhebung), ist nur soweit zulässig, als auf andere Weise die Erfüllung gefahrenabwehrbehördlicher oder polizeilicher Aufgaben erheblich gefährdet würde oder wenn anzunehmen ist, dass dies dem überwiegenden Interesse der betroffenen Person entspricht.

(8) [1]Werden die personenbezogenen Daten bei der betroffenen Person oder Dritten erhoben, sind diese auf die Freiwilligkeit der Auskunft oder auf eine bestehende Auskunftspflicht hinzuweisen. [2]Der Hinweis kann im Einzelfall unterbleiben, wenn er die Erfüllung der gefahrenabwehrbehördlichen oder polizeilichen Aufgaben gefährden oder erheblich erschweren würde.

(9) [1]Die Erhebung personenbezogener Daten nach Abs. 1 Nr. 1 ist unter Beachtung des § 46 des Hessischen Datenschutz- und Informationsfreiheitsgesetzes unbeschadet spezieller Rechtsvorschriften nur dann zulässig, wenn die betroffene Person eine echte Wahlfreiheit hat und nicht aufgefordert oder angewiesen wird, einer rechtlichen Verpflichtung nachzukommen; die betroffene Person ist auf die Freiwilligkeit hinzuweisen. [2]Werden personenbezogene Daten nach Abs. 1 Nr. 1 für die Zwecke außerhalb des § 40 des Hessischen Datenschutz- und Informationsfreiheitsgesetzes nach den Voraussetzungen des Satz 1 erhoben, findet die Verordnung (EU) Nr. 2016/679, insbesondere Art. 6 Abs. 1 Buchst. a, Art. 7, Art. 9 Abs. 2 Buchst. a der Verordnung (EU) Nr. 2016/679, Anwendung.

Überblick

Auszug aus der VVHSOG (nicht an die aktuelle Gesetzeslage angepasst und gem. Erlass des Hessischen Ministeriums des Innern und für Sport v. 29.11.2022 (StAnz. 50/2022, 1384) zum 1.1.205 mangels eines erneuten Verlängerungserlasses ersatzlos außer Kraft getreten):

Zu § 13

13. Erhebung personenbezogener Daten

13.0

Erhebung ist das Beschaffen von Daten über die betroffene Person (§ 2 Abs. 2 Satz 2 Nr. 1 HDSG), das heißt eine auf die Gewinnung von Daten abzielende Handlung. Personenbezogene Daten sind Einzelangaben über persönliche und sachliche Verhältnisse einer bestimmten oder bestimmbaren natürlichen Person (§ 2 Abs. 1 HDSG).

13.1 Zu Abs. 1

13.1.1

Eine besondere Form der Einwilligung (zum Beispiel Schriftform) ist bei Nr. 1 nicht erforderlich. Die einwilligende Person muss nicht geschäftsfähig, wohl aber einsichts- und urteilsfähig, sein. Tatsächliche Anhaltspunkte rechtfertigen die Annahme, wenn es nach polizeilicher oder gefahrenabwehrbehördlicher Erfahrung als möglich erscheint, dass ein bestimmter Sachverhalt vorliegt und hierfür bestimmte Indizien sprechen.

13.1.2

Allgemein zugängliche Quellen nach Nr. 2 sind Veröffentlichungen aller Art (zum Beispiel Adress- oder Telefonbücher) einschließlich öffentlicher Datensammlungen, die jeder Person ohne Nachweis eines Interesses zugänglich sind (zum Beispiel Handelsregister).

13.1.3

Nach Nr. 3 können unter den dort genannten Voraussetzungen Daten auch über andere als die in den §§ 6 und 7 genannten Personen erhoben werden (zum Beispiel Hinweisgeberinnen oder Zeugen).

13.2 Zu Abs. 2

13.2.1

Unter Straftaten nach Nr. 1 sind tatbestandsmäßige, rechtswidrige Handlungen zu verstehen. Auf Verschulden kommt es nicht an.

13.2.2

Nr. 2 regelt die Datenerhebung über so genannte Kontakt- und Begleitpersonen, Nr. 3 die Datenerhebung über so genannte Risikopersonen. Die Datenerhebung über Risikopersonen ist bereits dann zulässig, wenn die Person sich im räumlichen Umfeld der gefährdeten Person aufhalten wird.

13.3 Zu Abs. 3

Die Vorschrift enthält die Legaldefinition der Straftaten mit erheblicher Bedeutung.

13.4 Zu Abs. 4
Die Sondervorschriften der §§ 14 bis 19 gehen der allgemeinen Regelung vor.
13.7 Zu Abs. 7
Die Vorschrift enthält den Grundsatz der offenen Datenerhebung. Die verdeckte Datenerhebung ist nur in Ausnahmefällen zulässig (vergleiche insbesondere §§ 15 bis 17).

§ 13 ist die grundlegende Vorschrift für die gefahrenabwehr- und polizeibehördliche Erhebung personenbezogener Daten. Sie ermächtigt zum einen selbst zu Informationseingriffen (Abs. 1 und Abs. 2) und sieht zum anderen allgemeine Grundsätze, Definitionen sowie Form- und Verfahrensregelungen für Informationseingriffe vor (Abs. 3–9). Die Regelungen des § 13 sind durch die Gesetze v. 3.5.2018 (HessGVBl. 82), v. 25.6.2018 (HessGVBl. 302) und v. 23.8.2018 (HessGVBl. 374) in vielerlei Hinsicht verändert worden. Eine weitere – weniger grundlegende – Änderung erfolgte jüngst durch Gesetz vom 29.6.2023 (HessGVBl. 456). Die zu § 13 erlassene Verwaltungsvorschrift (Nr. 13 ff. VVHSOG) befand sich bis zu ihrem Außerkrafttreten zum 1.1.2025 auf dem Stand v. 10.11.2015 (HeStAnz 1226), hatte also die Änderungen nicht nachvollzogen.

Übersicht

A. Allgemeines

I. Entstehung, Zweck und Struktur der Norm

1 Innerhalb der Vorschriften der §§ 12–29a, mit denen das hessische Polizeirecht im Rahmen der grundlegenden Neufassung des HSOG von 1990 in einem zweiten Schritt endgültig an die Anforderungen des sog. Volkszählungsurteils des BVerfG v. 15.12.1983 (BVerfGE 65, 1 = NJW 1984, 419) zum bereichsspezifischen Datenschutz (vgl. → SystVorbPolRDe Rn. 50)

angepasst wurde, stellt die Vorschrift des § 13 die Grundnorm für die Datenerhebung durch die Gefahrenabwehr- und Polizeibehörden dar. Die vorangegangene Fassung des HSOG hatte durch Veränderungsgesetz v. 18.12.1989 (HessGVBl. I 469) die Vorgängernormen der §§ 44a–44p erhalten, die nur noch kurze Zeit in Kraft waren.

2 Zweck der Norm war und ist es somit, eine gemäß den verfassungsrechtlichen Vorgaben bereichsspezifische und hinreichend bestimmte Regelung für die polizei- und gefahrenabwehrbehördliche Datenerhebung zu schaffen. Systematisch steht die Norm zwischen der Befugnisgeneralklausel des § 11, die als Ermächtigungsgrundlage für die Datenerhebung seit dem Volkszählungsurteil nicht mehr genügt (→ § 12 Rn. 1), und den (noch) spezielleren Datenerhebungsbefugnissen der §§ 14–19. Es handelt sich also um die Datenerhebungsgeneralklausel des hessischen Polizei- und Ordnungsrechts (vgl. Lisken/Denninger PolR-HdB/Petri, 6. Aufl. 2018, G Rn. 808; zur verfassungsrechtlichen Entwicklung vor und nach dem Volkszählungsurteil eingehend Lisken/Denninger PolR-HdB/Schwabenbauer G Rn. 1 ff., 8 ff.; Hornmann HSOG Rn. 8 ff. mwN; → SystVorbPolRDe Rn. 50 ff.).

3 Mit den im Jahr 2018 vorgenommenen Änderungen wurden mit § 13 zudem Teile der EU-Datenschutzreform, insbesondere Vorgaben aus der – durch §§ 40–79 HDSIG umgesetzten – JI-RL (RL (EU) 2016/680 v. 27.4.2016, ABl. 2016 L 119, 89) realisiert (vgl. allg. LT-Drs. 19/5728, 180).

3.1 Im Einzelnen wurden 2018 folgende Änderungen an § 13 vorgenommen: Abs. 1 Nr. 1 und Nr. 2 wurden geändert durch das Hessische Gesetz zur Anpassung des Hessischen Datenschutzrechts an die Verordnung (EU) Nr. 2016/679 und zur Umsetzung der Richtlinie (EU) Nr. 2016/680 und zur Informationsfreiheit v. 3.5.2018 (HessGVBl. 82); mit dem gleichen Gesetz wurden Abs. 2, Abs. 5 S. 1 und S. 2, Abs. 6 S. 1 und Abs. 8 neu gefasst und Abs. 9 angefügt. Abs. 3 S. 2 wurde angefügt durch das Gesetz zur Neuausrichtung des Verfassungsschutzes in Hessen v. 25.6.2018 (HessGVBl. 302); schließlich wurde Abs. 3 S. 2 erneut geändert durch das Gesetz zur Änderung des Hessischen Brand- und Katastrophenschutzgesetzes und des Hessischen Gesetzes über die öffentliche Sicherheit und Ordnung v. 23.8.2018 (HessGVBl. 374).

4 In Abweichung von der bisherigen datenschutzrechtlichen Terminologie ist die Datenerhebung nicht länger ein eigenständig normierter Schritt (vgl. §§ 2 Abs. 2 Nr. 1, 12 HDSG aF) im „Lebenszyklus“ einer Information (Lisken/Denninger PolR-HdB/Schwabenbauer, 6. Aufl. 2018, G Rn. 9), sondern ein „gleichwertiger“ Unterfall des Oberbegriffs der Datenverarbeitung im Sinne der JI-RL.

4.1 Art. 3 Nr. 3 JI-RL definiert – in Übereinstimmung mit Art. 4 Nr. 2 DS-GVO – als „Verarbeitung“ jeden „mit oder ohne Hilfe automatisierter Verfahren ausgeführten Vorgang oder jede solche Vorgangsreihe im Zusammenhang mit personenbezogenen Daten wie das Erheben, das Erfassen, die Organisation, das Ordnen, die Speicherung, die Anpassung oder Veränderung, das Auslesen, das Abfragen, die Verwendung, die Offenlegung durch Übermittlung, Verbreitung oder eine andere Form der Bereitstellung, den Abgleich oder die Verknüpfung, die Einschränkung, das Löschen oder die Vernichtung […].“

5 Keinen Bezug zur Reform des Datenschutzrechts hat die durch das Gesetz v. 29.6.2023 (HessGVBl. 456) vorgenommene weitere Änderung; mit ihr wurde die Legaldefinition der Straftaten mit erheblicher Bedeutung in Abs. 3 erweitert (dazu → Rn. 137).

6 Hinsichtlich seiner Regelungsgehalte weist § 13 im Ergebnis eine wenig übersichtliche und heterogene Struktur auf: Abs. 1 und Abs. 2 sehen jeweils Ermächtigungsgrundlagen für Datenerhebungen vor, wobei die des Abs. 1 sich sowohl an die Gefahrenabwehr- als auch die Polizeibehörden (→ § 12 Rn. 3) richten, während die des Abs. 2 nur die Polizeibehörden ermächtigen. Abs. 3 enthält zwei Legaldefinition, Abs. 4 eine Regel zum Verhältnis der Norm zu spezieller geregelten Informationseingriffen und Abs. 5–7 sehen allgemeine Grundsätze materieller Art für die Datenerhebung vor; Abs. 8 statuiert Verfahrensanforderungen für die Datenerhebung, während Abs. 9 schließlich spezielle Regelungen für den Fall der Datenerhebung aufgrund einer Einwilligung des Betroffenen enthält.

II. Betroffene Grundrechte

7 Da § 13 explizit die Erhebung personenbezogener Daten regelt, ermächtigt die Vorschrift – soweit sie Befugnisnormen enthält (→ Rn. 6) – zu Eingriffen in Schutzbereich des nach

dem Volkszählungsurteil des BVerfG aus Art. 2 Abs. 1 GG iVm Art. 1 GG abzuleitenden Rechts auf informationelle Selbstbestimmung (→ Rn. 1). Die Regelung in Abs. 5–8 stehen mit diesem insoweit in Zusammenhang, als sie die vom BVerfG aufgestellten Anforderungen an die Zweckbindung von Datenerhebungen sowie an deren organisatorische und verfahrensrechtliche Einhegung – seit 2018 in richtlinienkonformer Weise in Bezug auf die JI-RL (→ Rn. 4.1) – umzusetzen versuchen.

Die Vorschriften aus Abs. 1 und Abs. 2 ermächtigen nicht zu Eingriffen in das Brief-, Post- und Fernmeldegeheimnis (Art. 10 GG), die Unverletzlichkeit der Wohnung (Art. 13 GG) oder die – als spezielle Weiterung des Rechts auf informationelle Selbstbestimmung – vom BVerfG aus dem grundrechtlichen Persönlichkeitsschutz abgeleitete Gewährleistung der Vertraulichkeit und Integrität informationstechnischer Systeme (BVerfGE 120, 274). Für solche Eingriffe bedarf es bereichsspezifisch bestimmter(er) Ermächtigungsgrundlagen, wie sie die §§ 15 ff. zum Teil vorsehen. 8

III. Verfassungsmäßigkeit

Verfassungsrechtliche Bedenken in Bezug auf die hinreichende Bestimmtheit werden in der Literatur sowohl gegenüber Abs. 1 und Abs. 2 als auch gegenüber weiteren landespolizeirechtlichen Datenerhebungsgeneralklauseln gleichen Zuschnitts geltend gemacht (zu § 13 Hornmann HSOG Rn. 58; zu Parallelnormen Lisken/Denninger PolR-HdB/Müller/Schwabenbauer G Rn. 611 ff. mwN, Hinweise zur Europarechtskonformität, bei Lisken/Denninger PolR-HdB/Müller/Schwabenbauer G Rn. 610). Diese Bedenken beziehen sich auf die Alternativen des Abs. 1 Nr. 3 und des Abs. 2 Nr. 1 und Nr. 2; teilweise muss ihnen mit einer verfassungskonformen Auslegung Rechnung getragen werden. 9

Die erstgenannte Regelung ebnet zum einen die für das Polizeirecht grundlegende Unterscheidung von Störern und Unbeteiligten ein und weist zum anderen mit der Erforderlichkeit zur Aufgabenerfüllung kaum eine tatbestandliche Begrenzung auf. Dem gegenüber steht allerdings die Aussage des BVerfG, dass die konkreten Anforderungen an die Bestimmtheit und Klarheit einer Ermächtigung sich nach der Art und Schwere des Eingriffs richten (BVerfGE 110, 33 (55)); da die hier vorgesehene „einfache" Datenerhebung als Eingriff zunächst wenig Gewicht hat, dürfen insoweit die Anforderungen allgemein nicht überspannt werden (→ SystVorbPolRDe Rn. 57 sowie den großzügigen Maßstab von VerfGH Bayern NVwZ 1996, 166 (167); vgl. auch BVerfGE 130, 151 (196), wonach die Bezugnahme auf die Aufgabenerfüllung bei Maßnahmen mit geringer Eingriffstiefe als Tatbestandsmerkmal hinreicht, wenn die sog. Gefahrenvorsorge als zu erfüllende Aufgabe ausgeschlossen ist). 9.1

Schwerer wiegen dagegen die Bedenken gegen Abs. 2 Nr. 1 und Nr. 2. In Bezug auf Normen diesen Zuschnitts hat das BVerfG sehr klar einen Verstoß gegen den rechtsstaatlichen Grundsatz der Normenbestimmtheit festgestellt; Abs. 1 Nr. 2 und Nr. 3 bedürfen daher zumindest einer einschränkenden verfassungskonformen Auslegung (vgl. iE → Rn. 40 ff.) 9.2

IV. Parallelvorschriften

Datenerhebungsgeneralklauseln finden sich auch in den anderen Landespolizeigesetzen; Vorschriften, die die Datenerhebung an die Erforderlichkeit zur Erfüllung der polizeilichen Aufgaben knüpfen, sehen etwa § 43 Abs. 2–4 BWPolG, Art. 32 Abs. 1 BayPAG, § 31 Abs. 1 NPOG und § 9 Abs. 1 PolG NRW vor (vgl. im Übrigen zu den zum Teil abweichenden Voraussetzungen und Rechtsfolgen der allgemeinen Befugnisse zur Datenerhebung die Nachweise bei Lisken/Denninger PolR-HdB/Müller/Schwabenbauer G Rn. 613 ff.). Auf Bundesebene findet sich eine Entsprechung in § 21 BPolG. Als repressive Parallelvorschriften können die Generalermittlungsbefugnisse der § 161 Abs. 1 S. 1 StPO, § 163 Abs. 1 S. 2 StPO angesehen werden. 10

B. Einzelkommentierung

I. Anwendungsbereich

Abs. 1 und Abs. 2 finden Anwendung auf alle gefahrenabwehrbehördlichen und polizeilichen Datenerhebungen, die nicht den spezielleren Datenerhebungsbefugnissen der §§ 14–19 unterfallen; diese bleiben gem. Abs. 4 unberührt, dh ihre regelmäßig strengeren Tatbe- 11 standsvoraussetzungen gehen denen aus Abs. 1 und Abs. 2 für die dort jeweils geregelte Datenerhebungsmethode oder -technik vor.

12 Insgesamt gehen die Vorschriften der §§ 12–29a HSOG denen des HDSIG (Hessisches Datenschutz- und Informationsfreiheitsgesetz v. 3.5.2018, HessGVBl. 82) vor, soweit sie einen Sachverhalt abschließend regeln (vgl. § 1 Abs. 2 HDSIG, § 3 Abs. 4 S. 1). Allerdings nimmt das HSOG seinerseits vielfach auf das HDSIG Bezug (→ Rn. 12.1).

12.1 Verweise finden sich namentlich in Abs. 5 S. 2, Abs. 6 S. 1, Abs. 9 S. 1, § 13a Abs. 2 S. 3, Abs. 3 S. 4, § 13b Abs. 2 S. 1, § 19 Abs. 6, § 20 Abs. 2 S. 3, Abs. 12, § 20b Abs. 4, § 22 Abs. 5 Nr. 2, § 23 Abs. 1 S. 1, Abs. 2 S. 1, Abs. 3, § 27 Abs. 1, Abs. 2 S. 1, Abs. 3 S. 1–4, Abs. 5 S. 1, § 27a Abs. 1 S. 1, S. 4, S. 6, Abs. 3 S. 1, Abs. 4 S. 1, Abs. 5 S. 1, S. 3 und in § 29 Abs. 1, Abs. 2 S. 1–4, Abs. 3 S. 1, S. 2, S. 4, S. 7.

13 Das HSOG verweist hier regelmäßig auf den Dritten Teil des HDSIG (§§ 40–79 HDSIG), der seinerseits der Umsetzung der JI-RL (RL (EU) 2016/680 v. 27.4.2016, ABl. 2016 L 119, 89) dient. Diese sieht Mindeststandards zum Schutz natürlicher Personen bei der Verarbeitung personenbezogener Daten durch die zuständigen Behörden zum Zwecke der Verhütung, Ermittlung, Aufdeckung oder Verfolgung von Straftaten oder der Strafvollstreckung vor; auf diesen Bereich der Datenverarbeitung findet die DS-GVO (VO (EU) 2016/679 v. 27.4.2016, ABl. 2016 L 119, 1) nach Art. 2 Abs. 2 lit. d DS-GVO keine Anwendung.

14 Das HDSIG findet daher nur insoweit Anwendung, als das HSOG darauf verweist (→ Rn. 12.1) oder es keine oder keine abschließende Regelungen enthält, also etwa hinsichtlich der Begriffsbestimmungen der §§ 2, 41 HDSIG (→ Rn. 14.1), der Pflichten der Verantwortlichen und Auftragsverarbeiter (§§ 57–72 HDSIG) und einiger Regelungen über die Rechte der betroffenen Personen (§§ 50–56 HDSIG).

14.1 Die Begriffsbestimmungen in §§ 2, 41 HDSIG greifen weitestgehend auf Art. 4 DS-GVO und Art. 3 JI-RL zurück; die dortigen Kataloge sind von Nr. 1–6 identisch und ab Nr. 7 – numerisch verschoben – in Teilen identisch. Art. 3 JI-RL verzichtet insbesondere auf unternehmens- und wirtschaftsbezogenen Definitionen, wie sie sich in Art. 4 Nr. 16–25 DS-GVO finden.

15 Die Legaldefinition des Abs. 3 präzisiert – vergleichbar der des § 11 – die Begriffe der Straftaten mit erheblicher Bedeutung und der terroristischen Straftaten für das gesamte HSOG. Die in Abs. 5–9 vorgesehenen materiellen Grundsätze und Verfahrensanforderungen gelten – wie sich auch aus ihrer systematischen Stellung nach der Regelung des Abs. 4 ergibt – für alle Datenerhebungen nach Maßgabe des HSOG. Innerhalb dieser findet sich in Abs. 7 S. 2 zudem eine ebenfalls für alle Informationseingriffe gültige Definition des Begriffs der verdeckten Datenerhebung.

II. Begriffe

16 Soweit die Vorschrift des § 13 nicht selbst Begriffe definiert (→ Rn. 11), greift sie zum Teil auf die im HDSIG (zu dessen Verhältnis zum HSOG → Rn. 12) verwendete Terminologie zurück, die sich insoweit – hier wie in den §§ 14–29 – nach den Begriffsbestimmungen der §§ 2, 41 HDSIG richtet.

1. Personenbezogene Daten

17 Personenbezogene Daten sind gem. § 41 Abs. 1 Nr. 1 S. 1 HDSIG alle Informationen, die sich auf eine identifizierte oder identifizierbare natürliche Person beziehen; diese Person wird ausweislich des Klammerzusatzes als betroffene Person bezeichnet; das HSOG hat diese Terminologie übernommen (vgl. nur Abs. 1 Nr. 2, Abs. 2; der Begriff findet sich im HSOG an über achtzig Stellen).

17.1 Die traditionelle Definition des außer Kraft getretenen § 2 Abs. 1 HDSG, wonach dies „Einzelangaben über persönliche und sachliche Verhältnisse einer bestimmten oder bestimmbaren natürlichen Person (Betroffener)“ waren, ist damit überholt.

18 Gemäß § 41 Abs. 1 Nr. 1 S. 1 HDSIG wird als identifizierbar eine natürliche Person angesehen, die direkt oder indirekt, insbesondere mittels Zuordnung zu einer Kennung wie einem Namen, zu einer Kennnummer, zu Standortdaten, zu einer Online-Kennung oder

zu einem oder mehreren besonderen Merkmalen, die Ausdruck der physischen, physiologischen, genetischen, psychischen, wirtschaftlichen, kulturellen oder sozialen Identität dieser Person sind, identifiziert werden kann.

Ob nach der jetzigen, den Begriff der „Einzelangabe" nicht mehr enthaltenden (→ Rn. 17.1) Definition, sog. Sammelangaben vom Begriff des peronenbezogenen Datums ausgenommen sind (so noch Meixner/Fredrich,12. Aufl. 2016, Rn. 2, vgl. zum Begriff der Einzelangaben im Strafrecht § 203 Abs. 2 S. 2 StGB), hängt von der Möglichkeit zur Identifizierung (Einzelner) im genannten Sinne ab. Anonymisierte Angaben sind – wie bisher – ausgenommen, wenn und soweit sie einer natürlichen Person – auch durch Dritte (vgl. dazu Herbst NVwZ 2016, 902 ff.) – nicht mehr zugeordnet werden können (vgl. zu pseudonymisierten Daten iE Roßnagel ZD 2018, 243 ff.; für die Rechtslage unter dem HDSG etwas weiter: Nungesser HDSG § 2 Rn. 12). 19

Nicht erfasst sind zudem die Daten Verstorbener (vgl. BVerfGE 30, 173 (194)). 19.1

Nicht erfasst sind auch Einzelangaben über juristische Personen des öffentlichen oder des Privatrechts oder über nichtrechtsfähige Personenvereinigungen (allg. zu dem auch juristische Personen erfassenden polizeirechtlichen Begriff der (verantwortlichen) Person → § 6 Rn. 9 ff.); das gilt allerdings nur, soweit sie nicht zugleich Angaben über natürliche Personen enthalten (vgl. für die Rechtslage unter dem HDSG Nungesser HDSG § 2 Rn. 3, 5; Meixner/Fredrich, 12. Aufl. 2016, Rn. 4). 20

2. Erheben

Das Erheben von Daten, das nach § 41 Nr. 2 HDSIG nunmehr ein Unterfall der Datenverarbeitung ist (vgl. → § 20a Rn. 31), kann auch unter Geltung des HDSIG weiter als Beschaffen von Daten über den Betroffenen (so § 2 Abs. 1 S. 2 Nr. 1 HDSG aF) definiert werden (zum Begriff des Betroffenen → Rn. 17). Es liegt somit in jeder auf Gewinnung von Daten abzielenden Handlung (vgl. SGR/Graulich BKAG § 9 Rn. 7). So liegt in einer rein zufälligen Wahrnehmung von Personen etwa bei einem Streifengang noch keine diese betreffende Datenerhebung (vgl. SGR/Graulich BKAG § 9 Rn. 7; Paal/Pauly/Ernst DS-GVO Art. 4 Rn. 20). Sobald die Beschaffung jedoch gezielt erfolgt, spielt die Art und Weise keine Rolle (Paal/Pauly/Ernst DS-GVO Art. 4 Rn. 23). 21

Der Begriff des Erhebens personenbezogener Daten hat – für § 13 wie für die weiteren Datenerhebungsvorschriften – mit dem Begriff der „Daten, denen keine Erhebung vorausgegangen ist" in § 20a Abs. 1 S. 3 durch das Hessische Gesetz zur Anpassung des Hessischen Datenschutzrechts an die Verordnung (EU) Nr. 2016/679 und zur Umsetzung der Richtlinie (EU) Nr. 2016/680 und zur Informationsfreiheit v. 3.5.2018 (HessGVBl. 82) ein Komplement erhalten (vgl. → § 20a Rn. 29 ff.). Ausweislich des letzten Halbsatzes und der amtlichen Begründung hatte der Gesetzgeber insoweit vor allem an Fälle gedacht, in denen Daten von Dritten erlangt wurden (LT-Drs. 19/5728, 188). Dies könnte zu dem Schluss verleiten, vom Begriff des Erhebens seien alle Daten ausgenommen, die die Gefahrenabwehr- und / oder Polizeibehörden mehr oder minder unverlangt von Dritten – seien es öffentliche oder nicht öffentliche (vgl. dazu § 1 Abs. 2 HDSIG, § 22 Abs. 3) Stellen – erhalten. 22

Jedoch ist davon auszugehen, dass insoweit nur solche Daten nicht erhoben wurden, die gänzlich unaufgefordert von Dritten an die die Gefahrenabwehr- oder Polizeibehörden herangetragen werden (vgl. Lisken/Denninger PolR-HdB/Müller/Schwabenbauer G Rn. 436: „das nicht nur passive Gelangen des Datums in den Verfügungsbereich der Sicherheitsbehörde" (unter Bezugnahme auf Kühling/Buchner/Herbst DS-GVO Art. 4 Nr. 2 Rn. 21)). 23

Unter dem Begriff der aufgedrängten Daten ist das insoweit erforderliche finale Element noch diskutiert bei Lisken/Denninger PolR-HdB/Petri/Schwabenbauer, 6. Aufl. 2018, G Rn. 480. 23.1

Erfolgt nur die Kontaktaufnahme des Dritten mit der Gefahrenabwehr- oder Polizeibehörden unaufgefordert, knüpft sich daran aber eine zielgerichtete, auf Datenerlangung gerichtete behördliche Handlung – sei sie auch „niedrigschwellig" – an, ist ein Erheben indessen bereits gegeben. 24

Auch ist es für das Vorliegen einer Erhebung nicht erforderlich, dass ein (Form der) Kenntnisnahme oder eine schriftliche, bildliche oder elektronische Fixierung der zielgerichtet 25 erlangten Kenntnis erfolgt. Wenn eine solche erfolgt, ist diese vielmehr bereits eine – wenn auch unter Umständen nur kurzfristige – Erfassung oder Speicherung (SGR/Graulich BKAG § 9 Rn. 7 mwN; Lisken/Denninger PolR-HdB/Müller/Schwabenbauer G Rn. 436).

25.1 Nach § 41 Nr. 2 HDSIG ist das „Erfassen" eigenständig neben die „Speicherung gestellt, während es nach § 2 Abs. 2 Nr. 2 HDSG aF ein Unterfall des Speicherns war; für die Praxis dürfte der Unterscheidung indessen keine Bedeutung zukommen (vgl. Paal/Pauly/Ernst DS-GVO Art. 4 Rn. 24 f.).

26 Insofern kann auch die Entgegennahme von durch Dritte „aufgedrängten Daten" (→ Rn. 23.1) bei einer daran anknüpfenden entsprechenden zielgerichteten Handlung in eine Erhebung „umschlagen" (vgl. → § 20a Rn. 33).

26.1 Nach Lisken/Denninger PolR-HdB/Petri, 6. Aufl. 2018, G Rn. 480 sollen den „aufgedrängten Daten" wohl nur nicht polizeirelevante Daten unterfallen, die unaufgefordert zugesendet werden; sind die Daten nicht polizeirelevant, fehlt indessen auch ein Anlass für eine (Weiter-) Verarbeitung.

27 Klassischerweise als Erhebung in Betracht kommende Handlungen sind die Einholung von Auskünften von Dritten oder öffentlichen Stellen, das Auswerten von Schriftstücken und sonstigen Quellen (auch des Internets) sowie das Befragen von Personen, für das – soweit dabei Daten über Dritte erhoben werden – wegen des darin liegenden eigenständigen Eingriffs (→ § 12 Rn. 9) nicht nur die Voraussetzungen des § 12, sondern auch die des § 13 vorliegen müssen.

27.1 Der Begriff des Dritten wird – anders als in § 2 Abs. 5 HDSG (jede Person oder Stelle außerhalb der datenverarbeitenden Stelle, ausgenommen der Betroffene und diejenigen Personen und Stellen, die im Geltungsbereich der EU-Datenschutzrichtlinie Daten im Auftrag verarbeiten) – im HDSIG zwar an vielen Stellen verwendet (vgl. etwa §§ 22, 26 Abs. 4, 51 Abs. 2 Nr. 1 HDSIG), aber nicht mehr definiert. Als Dritter ist daher jede natürliche Person anzusehen, die nicht betroffene Person iSd § 41 Nr. 1 HDSIG ist.

28 Ein Erheben in diesem Sinne liegt – anders als nach der Rechtslage unter dem HDSG – auch dann vor, wenn die beschafften Daten nicht für eine (weitere) Verarbeitung vorgesehen sind.

28.1 Nach alter Rechtslage war das Erheben von Daten ein Unterfall der Datenverarbeitung, die durch § 2 Abs. 1 S. 1 HDSG als Oberbegriff (vgl. Nungesser HDSG § 2 Rn. 24), definiert wurde, „jede Verwendung gespeicherter oder zur Speicherung vorgesehener personenbezogener Daten". Das Speichern wiederum war definiert als das „Erfassen, Aufnehmen oder Aufbewahren von Daten auf einem Datenträger zum Zwecke ihrer weiteren Verarbeitung" (§ 2 Abs. 2 Nr. 2 HDSG), wobei Erfassen zB das Schreiben mit der Hand oder Maschine und das Aufnehmen jedes technisch vermittelte Aufzeichnen meinte, während unter Datenträger von Papier bis zu elektronischen Medien jedes Material zu verstehen war, auf dem Informationen wahrnehmbar festgehalten werden können (vgl. Nungesser HDSG § 2 Rn. 41 ff.). Vor diesem Hintergrund fehlte es an einem Erheben, wenn die beschafften Daten für den letztgenannten Vorgang nicht zumindest vorgesehen waren.

29 Deshalb ist etwa auch eine kurzfristig erfragte personenbezogene Information, die von den Gefahrenabwehr- oder Polizeibehörden in keiner Weise festgehalten wird und infolgedessen auch nicht weiter zu Verfügung steht, ein erhobenes Datum. Dies entspricht auch der jüngsten Wertung des BVerfG, wonach die kurzfristige Erfassung von Daten mit technischen Mittel auch dann einen Grundrechtseingriff darstellt, wenn diese sofort wieder spurlos gelöscht werden (BVerfG NJW 2019, 827 Rn. 41 ff. – Automatische Kennzeichenlesesysteme; anders noch: BVerfGE 120, 374).

30 Neben das Erheben als Form Verarbeitung personenbezogener Daten stellt § 41 Nr. 2 nunmehr das Erfassen (vgl. → Rn. 25.1), die Organisation, das Ordnen, die Speicherung, die Anpassung, die Veränderung, das Auslesen, das Abfragen, die Verwendung, die Offenlegung durch Übermittlung, Verbreitung oder eine andere Form der Bereitstellung, den Abgleich, die Verknüpfung, die Einschränkung, das Löschen oder die Vernichtung; oberbegrifflich erfasst die Verarbeitung insoweit jeden mit oder ohne Hilfe automatisierter Verfahren ausgeführten Vorgang oder jede solche Vorgangsreihe im Zusammenhang mit personenbezogenen Daten.

30.1 Aus dem vormaligen Definitionskatalog des § 2 Abs. 1 S. 2 Nr. 3–5 HDSG ist damit insbesondere das Sperren von Daten entfallen.

III. Erhebung personenbezogener Daten durch die Gefahrenabwehr- und Polizeibehörden (Abs. 1)

31 Als allgemeine Tatbestandsvoraussetzung für die Erhebung personenbezogener Daten nennt § 13 für alle Fallgruppen nach Abs. 1 zunächst den Zweck der Aufgabenerfüllung; zu diesem müssen jeweils zusätzliche tatbestandliche Voraussetzungen nach Abs. 1 Nr. 1–4 hinzukommen. Die in Bezug genommenen Aufgaben sind bei den Gefahrenabwehrbehörden die in § 1 Abs. 1–3 vorgesehenen, bei den Polizeibehörden zusätzlich die in § 1 Abs. 4 und Abs. 5 normierten Zuständigkeiten (vgl. § 1). Wie im Fall des § 12 (vgl. → § 12 Rn. 27) gehört die Strafverfolgung auch hier nicht zu den spezialgesetzlich zugewiesenen Aufgaben der Polizeibehörden iSd § 1 Abs. 2 (vgl. Gusy PolR Rn. 186).

32 Das in den Regelungen der informationellen Befugnisse im Polizei- und Ordnungsrecht nicht seltene – zumeist final formulierte („zur") – Tatbestandsmerkmal des Zwecks der Aufgabenerfüllung ist an sich entbehrlich, da die Regelungen über die sachliche Zuständigkeit jegliches Handeln einer Behörde an die Aufgabenerfüllung knüpfen und ein jenseits der zugewiesenen Aufgaben liegendes Handeln auch den Anforderungen an Ermessensausübung und Verhältnismäßigkeit nicht genügen würde.

1. Tatsächliche oder mutmaßliche Einwilligung (Abs. 1 Nr. 1)

33 Mit der Normierung der Einwilligung als Tatbestandsvoraussetzung für die Datenerhebung in Abs. 1 Nr. 1 ließ der Gesetzgeber schon bisher erkennen, dass er eine solche nicht zwingend als Grundrechtsverzicht deutet, der das Erfordernis einer gesetzlichen Ermächtigung entfallen ließe.

34 Mit dem Hessischen Gesetz zur Anpassung des Hessischen Datenschutzrechts an die Verordnung (EU) Nr. 2016/679 und zur Umsetzung der Richtlinie (EU) Nr. 2016/680 und zur Informationsfreiheit v. 3.5.2018 (HessGVBl. 82) eingefügt wurde der Verweis auf die Anforderungen an die Einwilligung in Abs. 9, der seinerseits auf Erwägungsgrund 35 JI-RL zurückgeht, der sich mit Fragen der Einwilligung bei Datenerhebungen zum Zwecke der Verhütung, Ermittlung, Aufdeckung oder Verfolgung von Straftaten oder der Strafvollstreckung, einschließlich des Schutzes vor und der Abwehr von Gefahren für die öffentliche Sicherheit befasst, also dem Anwendungsbereich der JI-RL.

34.1 In Erwägungsgrund 35 JI-RL heißt es unter anderem: „Bei der Wahrnehmung der ihnen als gesetzlich begründeter Institution übertragenen Aufgaben, Straftaten zu verhüten, zu ermitteln, aufzudecken und zu verfolgen, können die zuständigen Behörden natürliche Personen auffordern oder anweisen, ihren Anordnungen nachzukommen. In einem solchen Fall sollte die Einwilligung der betroffenen Person im Sinne der VO (EU) 2016/679 keine rechtliche Grundlage für die Verarbeitung personenbezogener Daten durch die zuständigen Behörden darstellen. Wird die betroffene Person aufgefordert, einer rechtlichen Verpflichtung nachzukommen, so hat sie keine echte Wahlfreiheit, weshalb ihre Reaktion nicht als freiwillig abgegebene Willensbekundung betrachtet werden kann. Dies sollte die Mitgliedstaaten nicht daran hindern, durch Rechtsvorschriften vorzusehen, dass die betroffene Person der Verarbeitung ihrer personenbezogenen Daten für die Zwecke dieser Richtlinie zustimmen kann, beispielsweise im Falle von DNA-Tests in strafrechtlichen Ermittlungen oder zur Überwachung ihres Aufenthaltsorts mittels elektronischer Fußfessel zur Strafvollstreckung."

35 Die dortigen Vorgaben hat der Gesetzgeber in Abs. 9 übernommen, neben einem Verweis auf § 46 HDSIG, der weitere allgemeinere Regelungen für die Einwilligung bei Datenerhebungen zur Gefahrenabwehr, Straftatenverhütung oder – hier nicht einschlägigen (→ Rn. 31) – Strafverfolgung betrifft.

36 Der Begriff der Einwilligung ist danach auch weiterhin als vorherige Zustimmung iSv § 183 BGB zu verstehen. Geschäftsfähigkeit ist für eine Einwilligung im Sinne der Norm jedoch nicht erforderlich, da es sich nicht um eine rechtsgeschäftliche Erklärung handelt; es genügt die natürliche Einsichts- und Urteilsfähigkeit (vgl. zur vorherigen Rechtslage Meixner/Fredrich, 12. Aufl. 2016, Rn. 8; Nungesser HDSG § 7 Rn. 11 f.); darauf bezogen muss die Einwilligung frei von Willensmängeln sein und auf der freien Entscheidung der betroffenen Person beruhen (vgl. zu den Kriterien für die Beurteilung dieser Voraussetzung auch § 46 Abs. 4 HDSIG; zum Ganzen unter europarechtlichen Gesichtspunkten BeckOK DatenschutzR/Stemmer DS-GVO Art. 7 Rn. 35 ff.).

37 Die Einwilligung kann weiterhin formfrei erfolgen, der Verantwortliche muss ihr Vorliegen nach § 46 Abs. 1 HDSIG jedoch nachweisen können; erfolgt sie schriftlich, müssen die Anforderungen in § 46 Abs. 2 HDSIG beachtet werden. Aussagen zur Wirksamkeit hinsichtlich der Willensentschließungsfreiheit trifft schließlich § 46 Abs. 4 HDSIG.

38 Die Einwilligung setzt Kenntnis über den Zweck der Datenerhebung voraus; da diese, außer in offensichtlichen Fällen, nicht vorausgesetzt werden kann, ist der Betroffene von der Gefahrenabwehr- oder Polizeibehörde – wie § 46 Abs. 4 S. 3 HDSIG nunmehr explizit festlegt – über diesen Zweck aufzuklären (so schon zur alten Rechtslage zutr. Meixner/ Fredrich, 12. Aufl. 2016, Rn. 8).

39 Nach Abs. 1 Nr. 1 Hs. 2 kann im Interesse der betroffenen Person nach wie vor die tatsächliche durch eine mutmaßliche Einwilligung ersetzt werden. Diese Variante war wegen der strengeren europarechtlichen Anforderungen an die Datenerhebung aufgrund einer Einwilligung ausweislich der amtlichen Begründung zur Streichung vorgesehen (vgl. LT-Drs. 19/5728, 79, 181). Warum sie in der Endfassung der Gesetzesänderung erhalten geblieben ist, ist nicht ersichtlich.

39.1 Der Rückgriff auf diese Alternative kam / kommt insbesondere dann in Betracht, wenn die Datenerhebung dem Schutz von Rechtsgütern der durch sie betroffenen Person dient, also etwa im Fall einer Erhebung von Daten vermisster oder hilfloser Personen, um diese aufzufinden. Für die Annahme, dass die Datenerhebung im Interesse der Person liegt und sie in Kenntnis des Zwecks einwilligen würde, mussten / müssen tatsächliche Anhaltspunkte sprechen.

2. Erhebung von Daten aus allgemein zugänglichen Quellen und von öffentlich zugänglich gemachten Daten (Abs. 1 Nr. 2)

40 Bezüglich der Erhebung von Daten aus allgemein zugänglichen Quellen hielt der Gesetzgeber ebenfalls eine eigene Regelung für erforderlich. Er geht somit davon aus, dass auch darin ein Eingriff in das Recht auf informationelle Selbstbestimmung aus Art. 2 Abs. 1 GG iVm Art. 1 GG (→ Rn. 1, → Rn. 3) liegt.

41 Insoweit hat das BVerfG indessen in seiner Entscheidung v. 27.2.2008 zur Online-Durchsuchung nach dem VSG NRW (Gesetz über den Verfassungsschutz in Nordrhein-Westfalen v. 20.12.1994, GV. NRW. 28) deutlich gemacht, dass in der staatlichen Kenntnisnahme öffentlich zugänglicher Informationen als solcher auch dann noch kein Grundrechtseingriff liegt, wenn auf diese Weise im Einzelfall personenbezogene Informationen erhoben werden können (BVerfGE 120, 274 (344 ff.)). Eine Kenntnisnahme öffentlich zugänglicher Informationen ist dem Staat insoweit grundsätzlich nicht verwehrt. Dies deckt sich mit der (bereits vorher vorgenommenen) Wertung des HDSG, dessen § 3 Abs. 4 HDSG personenbezogene Daten aus dem Anwendungsbereich des Gesetzes ausschließt, solange sie in allgemein zugänglichen Quellen gespeichert oder von dem Betroffenen zur Veröffentlichung bestimmt sind.

42 Ein Eingriff in das Recht auf informationelle Selbstbestimmung kann allerdings gegeben sein, wenn Informationen, die durch die Sichtung allgemein zugänglicher Inhalte gewonnen wurden, gezielt zusammengetragen, gespeichert und ggf. unter Hinzuziehung weiterer Daten ausgewertet werden (BVerfGE 120, 274 (345 f.), vgl. auch zum Begriff des Erhebens → Rn. 21 ff.). Da ein Zusammentragen, Speichern oder Auswerten in diesem Sinne nicht selten der Zweck einer gefahrenabwehrbehördlichen oder polizeilichen Datenerhebung sein dürfte, behält die Alternative des Abs. 1 Nr. 2 somit auch im Lichte der neueren verfassungsgerichtlichen Rechtsprechung einen Sinn.

43 Allgemein zugängliche Quellen sind solche, die sich an jedermann oder einen nicht weiter abgegrenzten Personenkreis richten. Insoweit war bei Inkrafttreten der Norm vor allem an veröffentlichte Register wie Telefon-, Branchen- oder Adressbücher, an Bücher, Zeitschriften, Hörfunk- und Fernsehsendungen, aber auch an Klingelschilder, Hausnummern oder Kfz-Kennzeichen sowie an öffentlich geführte Datensammlungen ohne Zugangsbeschränkung (Handelsregister, Vereinsregister) gedacht worden (vgl. Hornmann HSOG Rn. 57). In jüngerer Zeit dürfte die praktische Bedeutung dieser „klassischen“ Quellen zugunsten des Internet deutlich zurückgegangen sein. Zu den allgemein zugänglichen Quellen gehören insoweit alle ohne weiteres einsehbaren Webseiten im World Wide Web, offene Internet-Chaträume oder Newsgroups etc.

44 In der Praxis haben die Polizeibehörden – beginnend mit der Schaffung der Zentralstelle für anlassunabhängige Recherchen in Datennetzeh (ZaRD) im Jahr 1999 – mittlerweile vielfach Diensteinheiten geschaffen, die systematische Suchen im Internet durchführen. So gehen etwa die Landeskriminalämter Bayerns, Baden-Württembergs, Niedersachsens, Hessens Nordrhein-Westfalens sowie das Landeskriminalamt von Rheinland-Pfalz mittlerweile im Netz „auf Streife" und durchforsten dabei nicht nur allgemein Webseiten, sondern auch sog. soziale Netzwerke (vgl. dazu allg. Henrichs/Wilhelm Kriminalistik 2010, 30; Rosengarten/Römer NJW 2012, 1764).

45 Auch diese – zwangsläufig heimliche – „Aufklärung" des Internet stellt nach der oben genannten Rechtsprechung des BVerfG per se keinen Eingriff in das Recht auf informationelle Selbstbestimmung dar (BVerfGE 120, 274 (344 ff., 346)). Dies gilt auch dann, wenn die Polizei sich unter einer Legende in eine Kommunikationsbeziehung zu einem anderen Teilnehmer – etwa eines Chats – begibt, solange dabei kein schutzwürdiges Vertrauen des Betroffenen in die Identität und die Motivation seines Kommunikationspartners ausgenutzt wird, um persönliche Daten zu erheben, die die Polizei ansonsten nicht erhalten würde.

46 Da die Kommunikationsdienste des Internet in weitem Umfang den Aufbau von Kommunikationsbeziehungen ermöglichen, in deren Rahmen das Vertrauen eines Kommunikationsteilnehmers in die Identität und Wahrhaftigkeit seiner Kommunikationspartner nicht schutzwürdig ist, da hierfür keinerlei Überprüfungsmechanismen bereitstehen, ist dieses Vertrauen nach dem BVerfG in aller Regel nicht schutzwürdig. Das soll auch gelten, wenn bestimmte Personen – etwa im Rahmen eines Diskussionsforums – über einen längeren Zeitraum an der Kommunikation teilnehmen und auf diese Weise eine Art „elektronischer Gemeinschaft" gebildet haben. Auch im Rahmen solcher Kommunikationsbeziehung sei jedem Teilnehmer bewusst, dass er die Identität seiner Partner nicht kenne oder deren Angaben über sich jedenfalls nicht überprüfen könne. Sein Vertrauen darauf, dass er nicht mit einer staatlichen Stelle kommuniziere, sei in der Folge nicht schutzwürdig (BVerfGE 120, 274 (346)).

47 Danach bedarf es für polizeiliche „Internet-Streifen", solange sie sich in diesem Rahmen halten, keiner Ermächtigungsgrundlage. Sobald allerdings im „Erfolgsfall" ein Zusammentragen, Speichern oder Auswerten im genannten Sinne (→ Rn. 23 ff.) einsetzt, kommt Abs. 1 Nr. 2 als Ermächtigungsgrundlage in Betracht. Dies gilt allerdings nur, wenn das weitere Vorgehen gefahrenabwehrender Natur ist. Besteht der „Erfolg" – was in der Praxis weitaus häufiger der Fall sein dürfte – in der Begründung eines (Anfangs)Verdachts wegen strafbarer Inhalte oder Handlungen im Internet oder in Online-Diensten, richtet sich die Weiterverfolgung des strafrechtlich relevanten Sachverhalts zum Zweck der Beweissicherung und Feststellung der Verdächtigen ausschließlich nach der StPO.

48 Sobald ein aus allgemein zugänglichen Quellen erhobenes Datum – aus welchem Grunde auch immer – in gefahrenabwehr- und polizeibehördlichen oder sonstigen behördlichen Unterlagen oder Dateien gespeichert wurde, verliert es die Eigenschaft des aus allgemein zugänglicher Quelle stammenden Datums.

49 Mit dem Hessischen Gesetz zur Anpassung des Hessischen Datenschutzrechts an die Verordnung (EU) Nr. 2016/679 und zur Umsetzung der Richtlinie (EU) Nr. 2016/680 und zur Informationsfreiheit v. 3.5.2018 (HessGVBl. 82) hat der Gesetzgeber in Abs. 1 Nr. 2 die Daten aus zugänglichen Quellen um Daten, die die betroffene Person offensichtlich öffentlich gemacht hat, ergänzt. Damit hat er einen Begriff aus dem europäischen Datenschutzrecht übernommen, der sich dort allerdings nur im Zusammenhang mit den besonderen Kategorien personenbezogener Daten findet (vgl. Art. 9 Abs. 2 lit. e DS-GVO, Erwägungsgrund 37 JI-RL sowie Art. 10 lit. c JI-RL).

49.1 Die besonderen Kategorien personenbezogener Daten in diesem Sinne sind solche, aus denen die rassische und ethnische Herkunft, politische Meinungen, religiöse oder weltanschauliche Überzeugungen oder die Gewerkschaftszugehörigkeit hervorgehen, sowie die Verarbeitung von genetischen Daten, biometrischen Daten zur eindeutigen Identifizierung einer natürlichen Person, Gesundheitsdaten oder Daten zum Sexualleben oder der sexuellen Orientierung einer natürlichen Person (vgl. auch § 41 Nr. 15 HDSIG).

50 Nach Art. 9 Abs. 2 lit. e DS-GVO und Art. 10 lit. c JI-RL ist die Verarbeitung dieser besonders sensitiven Daten unter anderem dann zulässig, wenn sie „offensichtlich öffentlich gemacht" wurden; im Anwendungsbereich der JI-RL (→ Rn. 34) ist darüber hinaus erfor-

derlich, dass die Verarbeitung „unbedingt erforderlich" ist und geeignete Garantien für die Rechte und Freiheiten der betroffenen Person getroffen wurden.

51 Soweit sich eine Erhebung nach dieser Alternative auf Daten bezieht, die nicht zu den besonderen Kategorien gehören, ist sie insoweit unproblematisch, als diese weniger sensibel sind und insoweit keine erhöhte Eingriffsschwelle gegeben sein muss.

52 Sollen jedoch Daten der besonderen Kategorien nach dieser Norm zu den in § 40 HDSIG genannten Zwecken, also im Anwendungsbereich der JI-RL, erhoben werden, bedarf es der durch die JI-RL vorgegebenen Voraussetzung der „unbedingten Erforderlichkeit", sei es nach Abs. 1 Nr. 2 Alt. 2 oder einer anderen Datenerhebungsvorschrift nach § 13, 14 ff. Diese Vorgabe hat in Abs. 5 ihren Niederschlag gefunden.

53 Unter Öffentlichmachung iSd Abs. 1 Nr. 2 Alt. 2 ist die Preisgabe der Daten gegenüber der Allgemeinheit – also einem Kreis individuell nicht bestimmbarer Personen – zu verstehen (Spindler/Schuster/Spindler/Dalby DS-GVO Art. 9 Rn. 14).

54 Die Öffentlichmachung muss zudem auf einem eindeutigen Willensakt des Betroffenen beruhen, da nur die bewusste und beabsichtigte sowie eindeutig (offensichtlich) durch den Betroffenen veranlasste Entäußerung des sensiblen Informationsgehalts an die Allgemeinheit, die Einschränkung des Schutzes rechtfertigt (Spindler/Schuster/Spindler/Dalby DS-GVO Art. 9 Rn. 14).

3. Datenerhebung zur Aufgabenerfüllung (Abs. 1 Nr. 3)

55 Die Alternative des Abs. 1 Nr. 3 greift tatbestandlich – wenn auch etwas spezifischer formuliert – wiederum auf die Aufgabenerfüllung zurück, die bereits nach dem ersten Halbsatz Tatbestandsvoraussetzung für alle Alternativen des Abs. 1 ist (→ Rn. 31). Lässt man die Adressatenregelung im letzten Hs. weg, lautet die Alternative des Abs. 1 Nr. 3 im Kern: „Die Gefahrenabwehr und Polizeibehörden können zur Erfüllung ihrer Aufgaben personenbezogene Daten erheben, wenn dies zur Erfüllung ihrer Aufgaben erforderlich ist." (vgl. auch Hornmann HSOG Rn. 58: „Beleg für die dem Gesichtspunkt der Normenklarheit spottende Formulierungskunst des Gesetzgebers").

56 Zwar scheint mit der Alt. 1 („zur Abwehr einer Gefahr") prima facie eine tatbestandliche engere Beschränkung verbunden zu sein. Bei genauerer Betrachtung ist damit aus dem durch § 1 Abs. 1 beschriebenen Aufgabenbereich lediglich die abstrakte Gefahr ausgeklammert, zu deren Abwehr alleine generell-abstrakte Regelungen – namentlich Gefahrenabwehrverfügungen – zur Verfügung stehen (→ § 1 Rn. 62 ff.). Im Übrigen ist das gesamte Spektrum von Gefahrenlagen einschließlich Anscheinsgefahr und Gefahrverdacht (→ § 1 Rn. 67 ff.) erfasst.

57 Der Unterschied zu den im Hs. 1 angesprochenen Aufgaben besteht somit einzig darin, dass hier die Aufgaben aus § 1 Abs. 4 und Abs. 5 nicht erwähnt sind. Dies ist nicht darauf zurückzuführen, dass eine Datenerhebung für die vorbeugende Bekämpfung von Straftaten und die Leistung von Vollzugshilfe ausscheiden soll, sondern darauf, dass diese Aufgaben nur den Polizeibehörden zugewiesen sind und deshalb in Abs. 2 eine eigene Regelung gefunden haben.

58 Als Tatbestandsmerkmal ist Erforderlichkeit zur Erfüllung der Aufgaben an sich nicht nur entbehrlich (→ Rn. 32); steht sie alleine, weicht sie materiell vielmehr auch den rechtsstaatlich bedeutsamen Grundsatz der Trennung von Aufgabe und Befugnis (vgl. → § 1 Rn. 2 sowie grundlegend Lisken/Denninger PolR-HdB/Bäcker D Rn. 2) auf; diese Trennung wird zumindest dysfunktional, wenn der Gesetzgeber die Erforderlichkeit für die Erfüllung polizei- oder gefahrenabwehrbehördlicher Aufgaben als Tatbestandsvoraussetzung genügen lässt (Albers, Die Determination polizeilicher Tätigkeit in den Bereichen der Straftatenverhütung und der Verfolgungsvorsorge, 1999, 213 mwN).

59 Hinzu kommt, dass Abs. 1 Nr. 3 mit dem letzten Hs. auch den für das Polizeirecht konstituierenden Unterschied zwischen verantwortlichen und nichtverantwortlichen Personen als Adressaten polizei- und gefahrenabwehrbehördlicher Maßnahmen (vgl. → SystVorbPolRDe Rn. 101) aufgibt. In dem die Vorschrift die Behörden ermächtigt, personenbezogene Daten – ohne dass die Voraussetzungen des § 9 vorliegen müssten – auch über andere als die in den § 6 („Handlungsstörer") und § 7 („Zustandsstörer") genannten Personen zu erheben, macht

sie als normimmanente Adressatenregelung (→ § 12 Rn. 35) jedermann zum potentiellen Adressaten, lässt als auch in dieser Hinsicht jede Eingrenzung vermissen.

Der Sache nach findet die Befugnis des Abs. 1 Nr. 3 somit allein in dem Kriterium der Erforderlichkeit für die Aufgabenerfüllung und damit letztlich im Grundsatz der Verhältnismäßigkeit eine tatbestandliche Einschränkung (für einen engeren datenschutzrechtlichen Erforderlichkeitsbegriff Lisken/Denninger PolR-HdB/Petri, 6. Aufl. 2018, G Rn. 811; vgl. auch → SystVorbPolRDe Rn. 55). **60**

Auch wenn dieser Befund wegen der Besonderheiten der informationellen Befugnisse im Polizei- und Ordnungsrecht vom materiellen Ergebnis her akzeptabel sein mag (vgl. eingehend und mwN → SystVorbPolRDe Rn. 50 ff.), ist er es in gesetzgebungstechnischer Hinsicht nicht: Die auf den ersten Blick detaillierten tatbestandlichen Vorgaben des Abs. 1 Nr. 1–3 erweisen sich damit als „wortreiche Scheintatbestandlichkeit" (so Lisken/Denninger PolR-HdB/Denninger, 6. Aufl. 2018, D Rn. 210 f. zu vergleichbaren Normen zur vorbeugenden Straftatenbekämpfung). **61**

Wenn zur Aufgabenerfüllung ohnehin von jedermann personenbezogene Daten erhoben werden können und eine Datenerhebung, die nicht der Aufgabenerfüllung dient, auch dann rechtswidrig ist, wenn sie mit Einwilligung erfolgt oder die Daten allgemein zugänglichen Quellen entnommen werden, sind die Alternativen der Abs. 1 Nr. 1 und Nr. 2 gänzlich und die Formulierungen in Nr. 3 zum Teil entbehrlich. **61.1**

An der Stelle des Abs. 1 Nr. 1–3 genügte vor diesem Hintergrund der Satz: „Die Gefahrenabwehr- und Polizeibehörden können über jede Person Daten erheben, soweit dies zur Abwehr einer Gefahr oder zur Erfüllung ihrer Aufgaben nach § 1 Abs. 1–3 erforderlich ist" (vgl. etwa die entsprechende Formulierung in § 31 Abs. 1 S. 1 NPOG). Wenn jedoch damit der Regelungsgehalt der Norm hinreichend umschrieben ist, steht es dem Gesetz nicht gut an, eine engere tatbestandliche Beschränkung der Befugnisse gesetzestechnisch vorzutäuschen. **61.2**

Gegenstand der Rechtsprechung wurde Abs. 1 Nr. 3 in jüngerer Zeit anlässlich polizeilicher Kontrollstellen im Rahmen von Versammlungen („Blockupy Frankfurt", VG Frankfurt a. M. LKRZ 2013, 417), bei denen die Polizei zum Zweck der Eigensicherung nicht nur Identitätsfeststellungen, sondern auch das sonstige polizeiliche Vorgehen, wie die Durchsuchung von Personen und mitgeführten Sachen videographierte. **62**

Die Maßnahme konnte insoweit zwar nicht auf § 14 Abs. 6, aber – so das VG Frankfurt a. M. – auf die allgemeine Ermächtigung des Abs. 1 Nr. 3 zur Erhebung personenbezogener Daten gestützt werden, solange die Maßnahme nicht in konkretisierter und individualisierter Weise die Privat- oder gar Intimsphäre einer bestimmten Person beeinträchtigte (VG Frankfurt a. M. LKRZ 2013, 417). **63**

4. Datenerhebung aufgrund anderer Rechtsvorschriften (Abs. 1 Nr. 4)

Die Regelung des Abs. 1 Nr. 4 ist lediglich deklaratorischer Natur: Wie schon § 1 Abs. 2 zum Ausdruck bringt, lässt das HSOG spezialgesetzliche zugewiesene Aufgaben unberührt (eingehend zu den spezialgesetzlich Aufgaben → § 1 Rn. 84 ff.) und mit ihnen die in den jeweiligen Gesetzen zur Aufgabenerfüllung vorgesehenen Befugnisse, seien es solche zur Erhebung personenbezogenen Daten oder sonstige. Für die Ordnungs- und Polizeibehörden finden sich spezialgesetzliche Befugnisse zur Datenerhebung zB in §§ 86, 71 AufenthG, § 19 Abs. 2 AsylG, § 16 AsylG und §§ 12a, 19a VersammlG. **64**

Nicht verwechselt werden dürfen solche spezialgesetzlichen Datenerhebungsbefugnisse mit den zahlreichen Vorschriften, die anderen Behörden eine – manuelle oder automatisierte – Datenweitergabe an die Polizei- und Gefahrenabwehrbehörden erlauben (zB §§ 30 f. StVG, § 68 SGB X, § 34 Abs. 1 BMG, § 38 Abs. 1 BMG, § 15 AZRG). Diese Normen stellen lediglich die eine Seite des für den Datenaustausch geltenden „Doppeltürprinzips" dar (vgl. BVerfGE 130, 151 (184)), zu der auf der Seite der Gefahrenabwehr- und Polizeibehörden eine eigenständige Erhebungsnorm hinzutreten muss, die mangels spezialgesetzlicher Vorschriften etwa in Abs. 1 Nr. 1 oder Nr. 3 gefunden werden kann. **65**

IV. Erhebung personenbezogener Daten durch die Polizeibehörden (Abs. 2)

Über Abs. 1 hinaus ermächtigt Abs. 2 die Polizeibehörden zur Erhebung personenbezogener Daten. Auch insoweit war die Formulierung der Norm schon in der aF nicht besonders **66** glücklich: Mit dem – weiterhin enthaltenen – Begriff „ferner" impliziert sie zunächst alltagssprachlich ein Rangverhältnis zwischen den Befugnissen aus Abs. 1 und Abs. 2, das offensichtlich nicht intendiert ist.

67 Mit der Änderung durch das Hessische Gesetz zur Anpassung des Hessischen Datenschutzrechts an die Verordnung (EU) Nr. 2016/679 und zur Umsetzung der Richtlinie (EU) Nr. 2016/680 und zur Informationsfreiheit v. 3.5.2018 (HessGVBl. 82) ist der ursprüngliche Konditionalsatz („können [...] erheben, wenn") nunmehr semantisch gänzlich verunglückt, da der Gesetzgeber die bei den nachfolgenden Ziffern erforderlichen sprachlichen Änderungen nicht vorgenommen hat (etwa: „1. **Personen,** bei denen [...]"); die Alternative der Nr. 6 umschreibt zudem auch bei Hinwegdenken des semantischen Fehlers keine Personengruppe.

68 Inhaltlich greift der Gesetzgeber mit dem Begriff der Kategorie betroffener Personen zudem nunmehr auf einen Begriff des europäischen Datenschutzrechts zurück, dessen Einführung in Erwägungsgrund 31 JI-RL begründet wird; in Art. 6 JI-RL werden diese Kategorien – wenn auch nur beispielhaft – aufgezählt.

69 Während § 67 HDSIG die europarechtliche Kategorisierung übernommen hat, wurde in der Erhebungsvorschrift des Abs. 2 eine eigene Kategorisierung geschaffen, die sich mit der europarechtlichen nur teilweise deckt (vgl. → § 20a Rn. 20 ff.).

70 Immerhin hat der Gesetzgeber versucht, eine gewisse Annäherung an die europarechtlichen Personenkategorien durch die Neuaufnahme der nunmehr in Abs. 2 Nr. 3 und Nr. 4 genannten Gruppen zu schaffen. Die damit intendierte Nachbildung der in Art. 6 lit. c und lit. d JI-RL genannten Personengruppen ist jedoch – bewusst oder unbewusst – nicht gelungen: So sind in Abs. 2 Nr. 4 **potentielle** Opfer aufgeführt, während Art. 6 lit. c JI-RL nur solche Personen meint, die bereits Opfer **sind** (auch wenn dies unter Umständen noch nicht sicher feststeht); und auch die Zeugen, Hinweisgeber und Auskunftspersonen nach Art. 6 lit. d JI-RL sind – anders als die in Abs. 2 Nr. 3 – solche die über bereits begangene Straftaten Auskunft geben können; dies ist nicht zuletzt der Tatsache geschuldet, dass die JI-RL schon ausweislich ihres Titels vornehmlich auf den repressiv-polizeilichen Bereich zugeschnitten ist und die Verhütung von Straftaten lediglich am Rande im Blick hat.

71 Zudem verkennt der hessische Gesetzgeber den Zweck des Art. 6 JI-RL. Dieser enthält keine Regelung über die Zulässigkeit der Datenerhebung und -verarbeitung – diese findet sich in Art. 8 JI-RL – sondern setzt die rechtmäßige Erhebung voraus, um dann, gleichsam als Form- und Verfahrensvorschrift, Vorgaben für den Umgang mit den erhobenen Daten zu machen. Diese – wie geschehen – in eine europarechtliche Erlaubnis zur Erhebung von Daten bei den genannten Personengruppen umzumünzen ist von einer richtlinienkonformen Umsetzung weit entfernt.

72 Vor diesem Hintergrund ist die Regelung des Abs. 2 nicht nur sprachlich verunglückt, sie steht auch in der Datenerhebungsgeneralklausel an der falschen Stelle, weil sich die europarechtlich geforderte Kategorisierung auf die (gesamte) Datenverarbeitung bezieht, von der die Erhebung nur ein (kleiner) Teilbereich ist (→ Rn. 21), über deren Rechtmäßigkeit Art. 6 JI-RL zudem keine Aussage trifft. Zutreffend ist die Kategorisierung im BKAG deshalb etwa im Abschnitt über die Weiterverarbeitung in §§ 18, 19 BKAG verortet; im HSOG wäre sie in die Regelung des § 20 aufzunehmen gewesen.

73 Jenseits dieser Defizite ist zudem unklar, warum der Gesetzgeber gerade bei den Befugnissen aus Abs. 2 Nr. 1–5 einen ausdrücklichen Verweis auf die zugrundeliegende Aufgabennorm für entbehrlich hält, obwohl ein solcher sich gerade hier aus Gründen der Klarstellung für die Praxis anbieten würde: Die Befugnisse aus Abs. 1 Nr. 1–5 sollen – wie in Abs. 2 Nr. 2 und Nr. 3 lediglich anklingt – im Ganzen der vorbeugenden Bekämpfung von Straftaten iSd § 1 Abs. 4 dienen (so auch Hornmann HSOG § 1 Rn. 61; aA wohl Fredrich Rn. 13: nur dem Teilbereich der Verhütung von Straftaten; ohne Aussage: Pausch/Dölger PolR Hessen Rn. 183) und damit dem jüngsten, umstrittensten und verfassungsrechtlich problematischsten polizeilichen Aufgabenbereich (vgl. nur mwN Lisken/Denninger PolR-HdB/Denninger, 6. Aufl. 2018, D Rn. 195 ff.; Hornmann HSOG § 1 Rn. 45 ff., 54 ff., Lisken/Denninger PolR-HdB/Rachor/Graulich, 6. Aufl. 2018, E Rn. 142, Lisken/Denninger PolR-HdB Müller/Schwabenbauer G Rn. 619 (unter Berufung auf Lisken/Denninger PolR-HdB/Petri, 5. Aufl. 2012, G Rn. 809); BVerfGE 113, 346 (376 ff.), 110, 33 (56 ff.), 103, 21 (34); die materiellen Bedenken relativierend → SystVorbPolRDe Rn. 51 ff.).

74 Obwohl mit Blick auf die Problematik dieser polizeilichen Aufgabe eine klare Konzeption, welche Befugnisnormen zur Erfüllung dieser Aufgabe sollen herangezogen werden können, besonders notwendig wäre, lässt der hessische Gesetzgeber – anders als etwa der niedersächsische oder der rheinland-pfälzische – eine solche vielfach nicht erkennen.

So wird die vorbeugende Bekämpfung von Straftaten in den Ermächtigungsgrundlagen der § 14a Abs. 1, 18 Abs. 2 Nr. 6, § 19 Abs. 2 Nr. 2, Abs. 3 und § 20 Abs. 6 ausdrücklich zur Gänze in Bezug genommen; in den der Befugnisnormen der § 13 Abs. 2 Nr. 2, § 15 Abs. 2 S. 1 Nr. 2, Nr. 3, Nr. 4 lit. c, § 15a Abs. 1 S. 2 Nr. 3, Nr. 4, § 17 Abs. 2 und (kraft Verweisung) § 16 Abs. 1, Abs. 2, § 18 Abs. 2 Nr. 5 sowie der Weiterverarbeitungsnorm des § 20 Abs. 1 S. 1 Nr. 2, Abs. 2 S. 1 Nr. 2 lit. a wird nur der Teilbereich der Verhütung von (teilweise spezifizierten) Straftaten (vgl. → § 1 Rn. 144 ff.) erwähnt, obwohl hier der Nutzen für die künftige Verfolgung, also den zweiten Teilbereich (→ § 1 Rn. 148 ff.), offensichtlich ebenfalls gegeben ist. In weiteren Befugnisnormen schließlich – wie eben § 13 Abs. 2 Nr. 1 und Nr. 3, aber auch § 18 Abs. 2 Nr. 1–4 – liegt zwar der Bezug zu (nur) dieser Aufgabe auf der Hand, bleibt aber unerwähnt. **74.1**

Bei den durch das HSOG eingeräumten Informationsbefugnissen der Polizeibehörden muss daher stets im Einzelfall im Wege der Auslegung ermittelt werden, ob und inwieweit sie zum Zweck der vorbeugenden Bekämpfung von Straftaten eingesetzt werden können. Die dadurch bewirkten Unklarheiten wiegen umso schwerer, als im Fall der Speicherung der Daten die Zulässigkeit der Verarbeitung zu einem anderen Zweck nach § 20 Abs. 2 S. 1 grundsätzlich daran geknüpft ist, dass die Daten zu diesem Zweck hätten erhoben werden dürfen. **75**

1. Datenerhebung zu potentiellen Straftätern (Abs. 2 Nr. 1)

Nach Abs. 2 Nr. 1 können von den Polizeibehörden personenbezogene Daten über Personen erhoben werden, bei denen tatsächliche Anhaltspunkte die Annahme rechtfertigen, dass sie Straftaten mit erheblicher Bedeutung begehen werden. In der Norm konkretisiert sich im hessischen Polizeirecht die bundesweit feststellbare Ausdehnung präventiver Regelungsansprüche, in deren Zuge sich die Überzeugung durchgesetzt hat, dass für eine effektive polizeiliche Aufgabenerfüllung Datenerhebungen über potentieller Straftäter schon im Vorfeld der klassischen Eingriffsschwellen von Gefahr und Verdacht unverzichtbar sind (→ Rn. 73 mwN sowie grundlegend und krit. Lisken/Denninger PolR-HdB/Denninger, 6. Aufl. 2018, B Rn. 1 ff., 14 ff.). **76**

Die Vorschrift wird auch in den Regelungen der § 20 Abs. 3 S. 1, § 25 Abs. 1 S. 1 in Bezug genommen: § 20 Abs. 3 S. 1 hebt die Zweckbindung bei der Verarbeitung der erhobenen Daten für den Fall auf, dass diese gespeichert wurden; § 25 Abs. 1 S. 1 erleichtert den Datenabgleich in Bezug auf diese Daten. **76.1**

Als Tatbestandsmerkmal dient die potentielle Begehung von Straftaten mit erheblicher Bedeutung darüber hinaus auch für die Datenerhebung durch Observation und den Einsatz technischer Mittel (§ 15 Abs. 1 und Abs. 2), durch den Einsatz von verdeckten Ermittlern und V-Personen (§ 16 Abs. 1 und Abs. 2) sowie für die Ausschreibung zur polizeilichen Beobachtung (§ 17 Abs. 1 und Abs. 2). **76.2**

Welchem Zweck die Datenerhebung nach Abs. 2 Nr. 1 dient, lässt der Wortlaut der Norm offen (→ Rn. 73 ff.). Immerhin macht die systematische Stellung der Alternative klar, dass die Erhebung nicht der Abwehr einer konkreten Gefahr dienen soll, da sie in diesem Fall eine Ermächtigungsgrundlage schon in Abs. 1 Nr. 3 hätte, sodass Abs. 2 Nr. 1 entbehrlich wäre. Befindet sich also die vermutete Begehung der Straftat im Vorfeld einer Gefahr (vgl. → SystVorbPolRDe Rn. 50 ff.), kommt als Zweck nur ihre vorbeugende Bekämpfung iSd § 1 Abs. 4 in Betracht. **77**

Sachlogisch können Daten über potentielle Straftäter beiden Unterfällen der vorbeugenden Bekämpfung von Straftaten iSd § 1 Abs. 4 (→ § 1 Rn. 144 ff., → § 1 Rn. 118 ff.) dienen: Der Verhütung der Straftaten – etwa als Vorbereitung von Eingriffsmaßnahmen gegenüber der nunmehr bekannten und daher polizeilich auffindbaren und ansprechbaren Person – sowie der Vorsorge für die künftige Verfolgung der Straftaten – etwa als Information über Aufenthaltsorte und -zeiten oder genutzte Mobiltelefone, auf die nach Bekanntwerden einer Straftat zum Zweck von deren Aufklärung zurückgegriffen werden kann. **78**

Dass Abs. 2 Nr. 1 insoweit schweigt, während Abs. 2 Nr. 2 die Datenerhebung ausdrücklich auf den Unterfall der Straftatenverhütung beschränkt, lässt darauf schließen, dass Abs. 2 **79**

Nr. 1 tatsächlich in beiden Varianten der vorbeugenden Bekämpfung von Straftaten nach § 1 Abs. 4 dienen soll.

80 Damit verbindet diese Alternative des § 13 – wie die zugrunde liegenden Aufgabennorm des § 1 Abs. 4 – klassisches Polizeirecht mit materiellem Strafverfahrensrecht: Nicht nur die Verfolgung konkreter Straftaten, sondern auch Vorsorge für die Verfolgung noch nicht begangener, sondern in ungewisser Zukunft bevorstehender Straftaten gehört zum (straf-)gerichtlichen Verfahren im Sinne der Kompetenznorm des Art. 74 Abs. 1 Nr. 1 GG, unterfällt also der konkurrierenden Gesetzgebungskompetenz des Bundes (BVerfGE 113, 348 (369 f.); BVerwG NVwZ 2012, 757 ff.).

81 Da der Bundesgesetzgeber von dieser Kompetenz für den Bereich der allgemeinen Datenerhebung – anders als etwa für die Datenerhebung durch Telefonüberwachung (BVerfGE 113, 348 (371 f.)) –, nicht abschließend Gebrauch gemacht hat, steht sie dem Landesgesetzgeber grundsätzlich offen (BVerwG NVwZ 2012 (757 ff.)). Die Datenerhebung ist dabei zwar zeitlich gesehen präventiv, weil es an der begangenen Straftat noch fehlt, betrifft aber gegenständlich das repressiv ausgerichtete Strafverfahren (BVerfGE 113, 348 (370)).

82 Nach der Rechtsprechung des BVerfG sind allerdings – ungeachtet der Kompetenzfrage – an die Bestimmtheit von Normen, die zu Grundrechtseingriffen im Vorfeld von Gefahrenabwehr und Strafverfolgung ermächtigen, besondere Anforderungen zu stellen (BVerfGE 113, 348 (377 ff.)).

83 Da solche Eingriffe weder eine konkrete Gefahrenlage noch den Verdacht einer verwirklichten Straftat voraussetzen (können), bestehe das Risiko, dass der Eingriff an ein nur durch diffuse Anhaltspunkte für mögliche Straftaten gekennzeichnetes, schwer fassbares und unterschiedlich deutbares Geschehen anknüpfe. Sachverhaltsfeststellung und Prognose seien mit vorgreiflichen Einschätzungen über das weitere Geschehen und die bevorstehende strafrechtliche Relevanz der festgestellten Tatsachen verknüpft. Ob dieses sich zu einer Rechtsgutverletzung weiterentwickelte oder in harmlosen, strafrechtlich unerheblichen Zusammenhängen verbliebe, sei offen (BVerfGE 113, 348 (370)).

83.1 Sehe der Gesetzgeber in dieser hoch ambivalenten Situation Grundrechtseingriffe vor, müssten die den Anlass bildenden Straftaten sowie die Anforderungen an Tatsachen, die auf die künftige Begehung hindeuten, in den Eingriffsnormen so bestimmt umschrieben werden, dass das im Bereich der Vorfeldermittlung besonders hohe Risiko einer Fehlprognose gleichwohl verfassungsrechtlich hinnehmbar sei. Die Norm müsse handlungsbegrenzende Tatbestandselemente enthalten, die einen Standard an Vorhersehbarkeit und Kontrollierbarkeit vergleichbar dem schaffen, der für die überkommenen Aufgaben der Gefahrenabwehr und der Strafverfolgung rechtsstaatlich geboten sei (BVerfGE 113, 348 (371); 110, 33 (56)).

84 Die tatbestandliche Voraussetzung der tatsächlichen Anhaltspunkte, die die Annahme rechtfertigen, dass die Person Straftaten mit erheblicher Bedeutung begehen wird, ist im Hinblick auf diese verfassungsgerichtlichen Anforderungen zweifelhaft. Zwar kann der Begriff der tatsächlichen Anhaltspunkte isoliert betrachtet als hinreichend bestimmt angesehen werden, wenn man ihn mit dem der Tatsache – den das Gesetz an anderer Stelle verwendet – gleichsetzt.

84.1 Das HSOG lässt auch bei der Verwendung der beiden Begriffe als tatbestandliche Voraussetzung für Eingriffsermächtigungen eine klare Systematik nicht erkennen: „Tatsachen, die die Annahme rechtfertigen" sind gefordert in § 30 Abs. 1, § 31 Abs. 3, § 36 Abs. 1 Nr. 1, § 37 Abs. 1 Nr. 2, Nr. 3, § 37 Abs. 2 Nr. 1, Nr. 3, § 38 Abs. 3, Abs. 4, § 59 S. 1, § 61 Abs. 1 Nr. 3, Nr. 4; „tatsächliche Anhaltspunkte, die die Annahme rechtfertigen" verlangen § 12 Abs. 1, § 13 Abs. 2 Nr. 1–3, § 14 Abs. 1–4, § 15 Abs. 2 Nr. 2–4, § 15 Abs. 4, § 16 Abs. 1, Abs. 2, § 17 Abs. 2 Nr. 2, § 18 Abs. 2 Nr. 3, Nr. 4, § 20 Abs. 2, § 34 Abs. 3 S. 3, § 36 Abs. 2 Nr. 3, Nr. 4, § 37 Abs. 2 Nr. 4, § 40 Nr. 4. Dabei korreliert die Verwendung des einen oder anderen Begriffs in der Gesamtschau weder mit dem Rang der jeweils geschützten Rechtsgüter noch mit der Intensität der jeweils zugelassenen Eingriffe.

84.2 Nach verbreiteter Auffassung sollen gleichwohl „Tatsachen, die die Annahme rechtfertigen" als Tatbestandsmerkmal dergestalt in einem Stufenverhältnis zu den „tatsächlichen Anhaltspunkten, die die Annahme rechtfertigen" stehen, dass erstere eine höhere Eingriffsschwelle begründen (vgl. VG Frankfurt a. M. LKRZ 2015, 55 ff. = BeckRS 2015, 42075). Im ersten Fall sollen gewusste und dem Beweis zugängliche Fakten unter Einbeziehung des polizeilichen Erfahrungswissens den Schluss auf die Möglichkeit eines bestimmten Umstandes mit einer gewissen Wahrscheinlichkeit zulassen. Im zweiten Fall sollen Indizien ausreichen, die einen bestimmten Umstand nach polizeilichem Erfahrungswissen als möglich erscheinen lassen (→ § 12 Rn. 29 f., → § 30 Rn. 16 f., → § 37 Rn. 12 ff., → § 38 Rn. 19, jeweils mwN, vgl. auch Nr. 13.1.1 S. 2 VVHSOG).

Abgesehen davon, dass diese sprachliche Differenzierung kaum in eine lebensweltliche „übersetzt“ **84.3** werden kann (vgl. → § 12 Rn. 29 f.), hat das BVerfG den Begriff der Tatsachen – gleichsam als tatbestandliche „Untergrenze“ und ohne ihn von tatsächlichen Anhaltspunkten zu differenzieren – für sich genommen noch für hinreichend bestimmt gehalten (BVerfGE 113, 348 (378); 110, 33 (61)). Verstanden im Sinne der verfassungsgerichtlichen Rechtsprechung sind also Tatsachen oder tatsächliche Anhaltspunkte als tatbestandlicher Ausgangspunkt nicht zu beanstanden.

Im Begriff der Tatsache – oder des gleichsinnig verstandenen tatsächlichen Anhaltspunkts – **85** kommt insoweit eine Abgrenzung zu bloßen Vermutungen und allgemeinen Erfahrungssätzen vor, die gerade nicht ausreichen sollen, deutlich genug zum Ausdruck.

Zu unbestimmt ist das Tatbestandsmerkmal nach der verfassungsgerichtlichen Rechtsprechung jedoch in seiner Bezugnahme auf eine künftige Straftatenbegehung. **86**

Insoweit seien zu vielfältige Anknüpfungen denkbar, die nach hypothetischem Kausalverlauf in der Straftatenbegehung eines potenziellen Täters münden können. Weder hinsichtlich möglicher Indikatoren und des Grads der Wahrscheinlichkeit eines solchen Ablaufs noch in zeitlicher Hinsicht sehe eine solche tatbestandliche Formulierung Beschränkungen vor. Die im Vorfeld künftiger Straftaten bestehenden Schwierigkeiten der Abgrenzung eines harmlosen von dem in eine Straftatenbegehung mündenden Verhaltens würden in der Ermächtigung nicht durch einschränkende Tatbestandsmerkmale bewältigt. **87**

Die Bestimmung der Voraussetzungen und Grenzen des Eingriffs obliege vielmehr der Polizei. Sie entscheide ohne nähere gesetzliche Vorgaben über die Grenzen der Freiheit des Bürgers und müsse sich die Maßstäbe dafür selbst zurechtlegen. Sie werde insoweit gewissermaßen tatbestandsergänzend tätig. Die Schaffung eingriffsbeschränkender Maßstäbe sei aber Aufgabe des Gesetzgebers (vgl. BVerfGE 113, 348 (378); 110, 33 (61), krit. → SystVorbPolRDe Rn. 30 mwN). **88**

Zwar hat das BVerfG diese Feststellung in Bezug auf Eingriffe in Art. 10 GG nach dem ZFdG (Zollfahndungsdienstgesetz v. 16.8.2002, BGBl. I 3202) bzw. dem NPOG (Niedersächsisches Polizei- und Ordnungsbehördengesetz v. 19.1.2005, Nds. GVBl. 9) getroffen, sie jedoch unabhängig von dem betroffenen Grundrecht allein in Bezug auf die Spezifika der Vorfeldsituation formuliert, sodass an ihrer Verallgemeinerbarkeit kein Zweifel besteht. Die Gesetzgeber in Bund und Ländern haben bisher indessen lediglich in Bezug auf die Ermächtigungen zu Eingriffen in das Brief-, Post und Fernmeldegeheimnis auf diese Rechtsprechung reagiert. **89**

Dabei sind Befürchtungen, dass diese Bestimmtheitsanforderungen den Gesetzgeber an die Grenze der Normierbarkeit bringen (so → SystVorbPolRDe Rn. 30) oder den Normen Klarheit und verlässliche Handhabbarkeit durch ein übertriebenes Maß an Detailgenauigkeit und Unübersichtlichkeit nehmen (→ SystVorbPolRDe Rn. 56), in Bezug auf Eingriffe bei potentiellen Straftätern leicht auszuräumen. So wäre dem Tatbestand einiges von seiner sprachlichen Weite genommen, wenn er – etwa in Anknüpfung an neuere Formulierungen in BKAG und ZFdG oder solche in anderen Polizeigesetzen – verlangen würde, dass „bestimmte Tatsachen die Annahme rechtfertigen, dass die Person Straftaten mit erheblicher Bedeutung plant, vorbereitet oder begehen will“. **90**

Ergänzen ließe sich eine solche Fassung nach dem Muster von § 23a ZFdG etwa um die beispielhafte Aufzählung von Vorbereitungshandlungen („insbesondere die Beschaffung von Tatmitteln, das Auskunftschaften von Tatgelegenheiten, Absprachen in Bezug auf die Tatbegehung“). **90.1**

Eine solche Formulierung wäre für Polizeivollzugsbeamte weiterhin verständlich, würde intendierte Einschränkungen bezüglich Indikatoren, Zeit und Wahrscheinlichkeitsgrad der Straftatenbegehung deutlicher erkennen lassen und die erforderliche Flexibilität gleichwohl wahren. Einstweilen sollte die Tatbestandsalternative des Abs. 2 Nr. 1 jedenfalls dahingehend einschränkend ausgelegt werden, dass an die Tragfähigkeit der Tatsachengrundlage sowie an die zeitliche Nähe und den Grad der Wahrscheinlichkeit der Begehung von Straftaten mit erheblicher Bedeutung hohe Anforderungen gestellt werden. Diese sollten sich tendenziell der Gefahrenprognose nähern, wenn es um intensivere Eingriffe wie die Observation, den Einsatz technischer Mittel, den Einsatz von verdeckten Ermittlern und V-Leuten sowie **91** die polizeiliche Beobachtung geht, die das Tatbestandsmerkmal des Abs. 2 Nr. 1 ebenfalls verwenden (→ Rn. 76.2).

91.1 Als Tatsachengrundlage werden in der Praxis vor allem bereits begangene Straftaten herangezogen, womit jeder nach der StPO aus Sicht der Polizei (einst) Tatverdächtige potentiell zum Kreis der Personen iSd Abs. 2 Nr. 1 zählt (vgl. Lisken/Denninger PolR-HdB/Rachor/Graulich, 6. Aufl. 2018, E Rn. 153). Dabei ist es aus Sicht der Polizei regelmäßig unerheblich, ob der von ihr bejahte Tatverdacht zu einer Verurteilung geführt hat. Dies deckt sich mit der umstrittenen, aber gesetzgeberisch durch § 484 Abs. 4 StPO und § 20 Abs. 4 grundsätzlich gebilligten polizeilichen Datenspeicherungspraxis, wonach auch ein Freispruch einer weiteren Speicherung und Verwendung der im Strafermittlungsverfahren gewonnenen Daten zur Verhütung oder Verfolgung künftiger Straftaten nicht im Wege steht, wenn die Verdachtsmomente nicht ausgeräumt sind.

91.2 Die zur Begründung dieser Praxis zumeist herangezogene Kammerentscheidung des BVerfG DVBl 2002, 1110 (unter Berufung auf BVerwGE 66, 202 (205); BVerwG DÖV 1990, 117) ging dabei allerdings von einer Ausnahme aus, die faktisch zum Regelfall umgedeutet wurde und wird (zu Recht krit. daher Lisken/Denninger PolR-HdB/Petri, 6. Aufl. 2018, G Rn. 876 mwN).

91.3 Personen, die bisher nicht in einen polizeilichen Tatverdacht geraten sind, werden vor allem wegen der Zugehörigkeit zu einer Gruppe, in der bereits Straftaten begangen wurden, als solche iSd Abs. 2 Nr. 1 (ggf. auch Abs. 2 Nr. 2) in Betracht gezogen. Dem liegen zumeist „Struktur- oder Initiativermittlungen" der Polizei zugrunde, die für den Bereich der sog. organisierten Kriminalität eine untergesetzliche Grundlage in Anlage E RiStBV finden. Praktisch führt die präventiv begonnene Datenerhebung hier in vielen Fällen nicht zu präventiven Maßnahmen zum Zweck der Verhütung von Straftaten; wenn sich die Annahme, dass deren Begehung droht, bestätigt, werden diese vielmehr häufig bis zu einem Stadium polizeilich „begleitet", in dem sie mittels repressiv-polizeilicher Maßnahmen unterbrochen werden können (vgl. dazu eingehend und empirisch unterlegt Kinzig, Die rechtliche Bewältigung von Erscheinungsformen organisierter Kriminalität, 2004). Das bringt freilich die dogmatische Abgrenzung zwischen Repression und Prävention zum Verschwinden, in dem es insbesondere den Verdacht einer schon begangenen Tat als repressiver Eingriffsschwelle obsolet werden lässt (vgl. zur Kritik etwa Lisken/Denninger PolR-HdB/Denninger/Poscher, 5. Aufl. 2012, B Rn. 98 ff. mwN, Lisken/Denninger PolR-HdB/Denninger, 6. Aufl. 2018, B Rn. 14 ff.).

91.4 Für bestimmte Personen aus beiden Fallgruppen hat sich polizeiintern – zunächst vor allem im Zusammenhang mit politisch motivierten Straftaten – der Begriff des „Gefährders" herausgebildet (vgl. zur Entstehung Lisken/Denninger PolR-HdB/Petri, 6. Aufl. 2018, G Rn. 820 mwN); als eines der wenigen präventiven Instrumente, Straftaten von diesen Personengruppen tatsächlich zu verhüten, ist die sog. Gefährderansprache als polizeiliches Instrument entwickelt worden (vgl. Lisken/Denninger PolR-HdB/Rachor/Graulich, 6. Aufl. 2018, E Rn. 229 ff.).

92 Eine Einschränkung hinsichtlich der für eine Datenerhebung nach Abs. 2 Nr. 1 in Frage kommenden Straftaten ergibt sich schließlich daraus, dass es sich um solche „mit erheblicher Bedeutung" handeln muss. Die damit in Bezug genommenen Deliktsgruppen bzw. Begehungsmerkmale sind in Abs. 3 legal definiert (→ Rn. 120 ff.).

93 Zwar räumt diese Ausrichtung auf Straftaten von einiger Schwere nach dem BVerfG die Bedenken gegen die Unbestimmtheit des Tatbestands nicht aus, weil sie keine Anhaltspunkte dafür bietet, wann ein Verhalten auf die künftige Begehung solcher Straftaten hindeutet und somit das Risiko einer Fehlprognose nicht vermindert (BVerfGE 113, 349 (379)). Immerhin führt es jedoch dazu, dass die auf das Tatbestandsmerkmal gestützten Eingriffe – zumindest mittelbar – dem Schutz von gewichtigen Rechtsgütern dienen und damit unter Verhältnismäßigkeitsgesichtspunkten von vorneherein unproblematischer sind.

2. Datenerhebung zu „Kontakt- oder Begleitpersonen" (Abs. 2 Nr. 2)

94 Die Regelung des Abs. 2 Nr. 2 knüpft an die Annahme, dass die Polizei in bestimmten Situationen zur effektiven Aufgabenerfüllung auch auf Datenerhebungen im sozialen Umfeld potentieller Straftäter nicht verzichten kann (→ Rn. 76; Lisken/Denninger PolR-HdB/Petri, 6. Aufl. 2018, G Rn. 822; VerfGH Sachsen LKV 1996, 273). Die zu diesem Zweck vorgenommene Erweiterung des Adressatenkreises der polizeilichen Datenerhebung auf sog. Kontakt- oder Begleitpersonen durch Abs. 2 Nr. 2 stößt indessen in ihrer konkreten Umsetzung ebenfalls auf erhebliche Bedenken hinsichtlich der hinreichenden Normenbestimmtheit. Eine solche Erweiterung findet sich – mit im Einzelnen unterschiedlichen Definitionen

des Personenkreises – auch in den anderen Bundes- und Landespolizeigesetzen (vgl. auch Lisken/Denninger PolR-HdB/Petri, 6. Aufl. 2018, G Rn. 816, 822).

Nach der hessischen Regelung muss es sich um eine Person handeln, bei der tatsächliche Anhaltspunkt die Annahme rechtfertigen (vgl. → Rn. 76 ff.), dass sie mit einer Person iSd Abs. 2 Nr. 1 in einer Weise in Verbindung steht oder treten wird, die die Erhebung ihrer personenbezogenen Daten zur Verhütung von Straftaten mit erheblicher Bedeutung erfordert. **95**

Diese Formulierung macht – anders als der des Abs. 2 Nr. 1 – deutlich, dass der Zweck der Datenerhebung hier auf den Unterfall der Straftatenverhütung im Sinne der Aufgabennorm des § 1 Abs. 4 beschränkt ist (→ Rn. 64 ff.). Soweit die Norm im Übrigen bis zur Änderung durch das Hessische Gesetz zur Anpassung des Hessischen Datenschutzrechts an die Verordnung (EU) Nr. 2016/679 und zur Umsetzung der Richtlinie (EU) Nr. 2016/680 und zur Informationsfreiheit v. 3.5.2018 (HessGVBl. 82) keinerlei Kriterien für die Beantwortung der Frage enthielt, wie die Verbindung einer Person zu dem potentiellen Straftäter beschaffen sein muss, damit sie als Adressat im Sinne der Norm in Betracht kommt, hatte der Gesetzgeber die Kritik aus Rechtsprechung und Literatur lange unbeachtet gelassen. **96**

Das BVerfG hatte die sogar etwas enger gefasste Formulierung des § 2 Abs. 1 Nr. 11 NPOG aF („in einer Weise in Verbindung steht, die erwarten lässt, dass durch sie Hinweise über die angenommene Straftat gewonnen werden können") mangels Bestimmtheit für verfassungswidrig erklärt; auch mit Hilfe einer restriktiven Auslegung des Begriffs der Kontakt- und Begleitperson könne das festgestellte Bestimmtheitsdefizit im Bereich von polizeilichen Vorfeldaktivitäten nicht beseitigt werden (BVerfGE 113, 348 (380)). **96.1**

Diese Bedenken wurden von der Literatur und der Landesverfassungsgerichtsbarkeit weitgehend geteilt, wenngleich hier Versuche einer restriktiven verfassungskonformen Auslegung der Definition der Kontakt- oder Begleitperson unternommen werden (vgl. Lisken/Denninger PolR-HdB/Rachor, 5. Aufl. 2012, E Rn. 292, 297 f., Pausch/Dölger PolR Hessen Rn. 183; Hornmann HSOG Rn. 67, Lisken/Denninger PolR-HdB/Petri, 5. Aufl. 2012, G Rn. 112, 177, 232; BVerfGE 113, 348 (380); VerfG Brandenburg LKV 1999, 450 (457 f.); VerfGH Sachsen LKV 1996, 273 (284) = DVBl 1996, 1423 (1431); Albers, Die Determination polizeilicher Tätigkeit in den Bereichen der Straftatenverhütung und der Verfolgungsvorsorge, 2001, 291 f.). **96.2**

Der niedersächsische Gesetzgeber hat die vom BVerfG beanstandete Norm sodann neu gefasst und definiert die Kontakt- oder Begleitpersonen dann in § 2 Nr. 12 Nds. SOG (nunmehr § 2 Nr. 17 NPOG) als Person, die mit dem potentiellen Straftäter „in einer Weise in Verbindung steht, die erwarten lässt, dass durch sie Hinweise über die angenommene Straftat gewonnen werden können, weil Tatsachen die Annahme rechtfertigen, dass die Person insbesondere von der Planung oder der Vorbereitung der Straftat oder der Verwertung der Tatvorteile oder von einer einzelnen Vorbereitungshandlung Kenntnis hat oder daran wissentlich oder unwissentlich mitwirkt." **96.3**

Erst das BKA-Urteil des BVerfG (NJW 2016, 1781 Rn. 167 ff.) veranlasste ihn zu der nun vorgenommenen Ergänzung, wonach zur Qualifizierung als Kontaktperson zusätzlich Tatsachen die Annahme rechtfertigen müssen, dass die Person von der Planung oder Vorbereitung dieser Straftaten oder der Verwertung der Tatvorteile Kenntnis hat oder daran mitwirkt oder eine von Nr. 1 erfasster potentieller Straftäter sich dieser Person zur Begehung dieser Straftaten bedienen könnte oder wird. **97**

Das BVerfG hat die zu beurteilende Parallelnorm des BKAG aF (§ 20b Abs. 2 Nr. 2 BKAG aF) für verfassungskonform erklärt, weil sie entsprechende Einschränkungen enthielt (nunmehr in § 39 Abs. 2 Nr. 2 BKAG). Allerdings hat der hessische Gesetzgeber eine dort vorhandene wichtige weitere tatbestandliche Hürde für die Datenerhebung bei den so umschriebenen Kontaktpersonen nicht übernommen: Nach dem BKAG war und ist nämlich des Weiteren erforderlich, dass **die Verhütung dieser Straftaten auf andere Weise aussichtslos oder wesentlich erschwert wäre.** Dieses Merkmal ist – angesichts des klar erklärten Ziels des Gesetzgebers, die Regelung an die verfassungsrechtlichen Vorgaben anzupassen (LT-Drs. 19/5728) – somit als ungeschriebene Tatbestandsvoraussetzung des Abs. 2 Nr. 2 zugrunde zu legen. **98**

Im Übrigen gelten nach wie vor die Maßstäbe, die für die erforderliche verfassungskonforme Auslegung des § 13 Abs. 2 Nr. 2 aF heranzuziehen waren: Danach setzt die Qualifizierung als Kontakt- und Begleitperson iSd Abs. 2 Nr. 2 konkrete Tatsachen voraus, die für einen objektiven Tatbezug der Person, also für eine Einbeziehung in den Handlungskomplex **99** der Straftatenbegehung, insbesondere eine Verwicklung in den Hintergrund oder das Umfeld der Straftaten sprechen (vgl. BVerfG NVwZ 2001, 1261 (1262); VerfG Brandenburg LKV 1999, 450 (457 f.); Albers, Die Determination polizeilicher Tätigkeit in den Bereichen der Straftatenverhütung und der Verfolgungsvorsorge, 2001, 291 f.). Ein nicht strafrechtsrelevanter Kontakt zu dem potentiellen Straftäter kann daher – auch wenn er eng und / oder intensiv ist – den Anwendungsbereich des Abs. 2 Nr. 2 nicht eröffnen.

99.1 Danach scheiden insbesondere Rechtsanwälte und Verteidiger, die beruflich Kontakt zu Personen pflegen, die von der Polizei als potentielle Straftäter eingeschätzt werden, grundsätzlich als Kontakt- und Begleitpersonen aus. Etwas anderes kann nur dann gelten, wenn sich aus den konkreten Tatsachen mit hoher Wahrscheinlichkeit der Schluss auf eine kriminelle Verstrickung in die Handlungen eines Mandanten ergibt, der Rechtsanwalt oder Verteidiger diesen also etwa bei der Vorbereitung, Durchführung oder späteren Ertragssicherung der vermuteten Straftaten aktiv unterstützt oder insoweit als Verbindungsperson handelt (vgl. BVerfG NVwZ 2001, 1261 (1262)).

3. Datenerhebung bei potentiellen Zeugen, Hinweisgebern oder sonstigen Auskunftspersonen (Abs. 2 Nr. 3)

100 Die durch die mit dem Hessischen Gesetz zur Anpassung des Hessischen Datenschutzrechts an die Verordnung (EU) Nr. 2016/679 und zur Umsetzung der Richtlinie (EU) Nr. 2016/680 und zur Informationsfreiheit v. 3.5.2018 (HessGVBl. 82) eingefügte Regelung des Abs. 2 Nr. 2 hat der Gesetzgeber versucht, die europarechtliche Kategorie des Art. 6 lit. d Alt. 1 JI-RL (vgl. → Rn. 68) nachzubilden, ist dabei jedoch unzutreffender Weise davon ausgegangen, dass die JI-RL einen Erlaubnistatbestand für die Datenerhebung über Personen dieser Gruppe enthält (vgl. → Rn. 71). Eigene gesetzgeberische Überlegungen zur Erforderlichkeit zur präventivpolizeilichen Erforderlichkeit einer entsprechenden Datenerhebung enthält die amtliche Begründung folglich nicht (LT-Drs. 19/5728, 182).

101 Zudem erfasst sie mit Zeugen, Hinweisgebern und sonstigen Auskunftspersonen bezüglich noch nicht begangener Straftaten eine Gruppierung, die Art. 6 lit. d Alt. 1 JI-RL gar nicht im Blick hat (→ Rn. 69).

102 Des Weiteren ist die Norm – wie der ganze Absatz (→ Rn. 67) – in sich sprachlich verunglückt, da dem Relativsatz („[…], die die Erhebung […] erforderlich macht […]") das Bezugsnomen/-pronomen fehlt; für einen vollständigen Satz hätte etwa hinter „Auskunftsperson" hätte „in einer Weise" eingefügt werden müssen.

103 Der in Bezug genommene Personenkreis ist darüber hinaus kaum einzugrenzen. Im Umkehrschluss aus Abs. 2 Nr. 2 wird deutlich, dass der Gesetzgeber hier auch zufällige oder flüchtige Kontakte etwa zu den potentiellen Straftätern oder deren Kontakt- oder Begleitpersonen iSd Abs. 2 Nr. 1 und Nr. 2 genügen lassen wollte. Zwar wird es bei rein zufälligen Kontakten keine entsprechenden „tatsächlichen Anhaltspunkte" geben und es dürfte keine Erforderlichkeit der Datenerhebung gegeben sein. Jeder, der sich jedoch nicht nur im Einzelfall zufällig in räumlicher Nähe von potentiellen Straftätern oder Kontaktpersonen iSd Abs. 2 Nr. 1 und Nr. 2 aufhält – etwa weil er in demselben Wohngebäude wohnt, Nachbar, Freund oder Bekannter ist oder regelmäßig in denselben Gaststätten oder an denselben Treffpunkten verkehrt – kommt als potentielle/r Zeuge, Hinweisgeber oder Auskunftsperson in Betracht (vgl. zur Weite des Personenkreises auch BeckOK PolR BW/Röcker PolG § 20 Rn. 33; Lisken/Denninger PolR-HdB/Petri, 6. Aufl. 2018, G Rn. 829).

104 Da es regelmäßig alleine vom Zufall abhängt, ob von diesem Kreis Sachverhalte wahrgenommen werden, über die sie Auskunft oder Hinweise geben bzw. Zeugnis ablegen könnten, lassen sich auch kaum Kriterien bilden, anhand derer dies zu beurteilen wäre.

105 Solche Kriterien wären jedoch notwendig, um die Norm der unter rechtsstaatlichen Gesichtspunkten erforderlichen Begrenzung durch eine restriktive Auslegung in materieller Hinsicht zu unterziehen. Zwar könnte man für die Eröffnung des Anwendungsbereichs auch hier ein ähnliches Näheverhältnis verlangen, wie bei Kontakt- oder Begleitpersonen (vgl. → Rn. 99). Damit würde die Norm jedoch entbehrlich, da der Gesetzgeber den entsprechenden Kreis in Abs. 2 Nr. 2 bereits erfasst hat.

106 Vor dem Hintergrund des potentiell unbegrenzten Personenkreises schränkt die Parallelnorm des § 19 Abs. 1 S. 2 und S. 3 BKAG die Verarbeitung von Daten über Hinweisgeber und Auskunftspersonen im Wesentlichen auf die Grunddaten (vgl. → § 20a Rn. 19) sowie die Angabe, in welcher Eigenschaft der Person und in Bezug auf welchen Sachverhalt die Speicherung der Daten erfolgt; zudem ist regelmäßig die Einwilligung des Betroffenen in die Verarbeitung erforderlich.

Damit dürfte § 19 BKAG den verfassungsrechtlichen Mindeststandard für eine Erhebungsnorm in Bezug auf einen potentiell unbegrenzten Personenkreis markieren, so dass Abs. 2 Nr. 3 – bis zu seiner aus sprachlichen Gründen ohnehin erforderlichen Änderung – verfassungskonform in diesem Sinne auszulegen ist. 107

4. Datenerhebung bei potentiellen Opfern von Straftaten (Abs. 2 Nr. 4)

Eine andere Zielrichtung als die Alternativen der Abs. 2 Nr. 1–3 weist die des Abs. 2 Nr. 4 auf. Die Erhebung von Daten in Bezug auf potentielle Opfer von Straftaten mit erheblicher Bedeutung (vgl. zur Definition Abs. 3) dient dem Schutz dieser Personen selbst, so dass sich eine diesem Zweck dienende Datenerhebung als Ausdruck der staatlichen Schutzpflicht darstellt; diese verstärkt sich, wenn die Gefährdungssituation (auch) auf staatliches Handeln zurückzuführen ist, zB aufgrund eines Einsatzes der betroffenen Person als V-Mann (vgl. BeckOK PolR BW/Röcker PolG § 20 Rn. 30; Lisken/Denninger PolR-HdB/Petri G Rn. 826 f. mwN). 108

Auch lässt sich der Kreis der Betroffenen bei der von Abs. 2 Nr. 4 erfassten Fallgruppe interpretatorisch leichter beschränken, wenn man die für die Person bestehende Gefährdung – über das auszuschließende allgemeine Lebensrisiko, Opfer zu werden, hinaus – auf Fälle reduziert, in denen die Einstufung einer Person als gefährdet entweder dauerhaft aufgrund einer exponierten Position der Person (zB aufgrund eines bestimmten Berufs oder eines großen Vermögens) oder im konkreten Einzelfall (zB aufgrund einer Zeugenaussage) begründet ist (vgl. BeckOK PolR BW/Röcker PolG § 20 Rn. 30). 109

Gleichwohl rechtfertigt auch hier nicht jede drohende Rechtsgutsbeeinträchtigung eine Datenerhebung, da dies die – auch verfassungsrechtlich gebotene – Unterscheidung zwischen Störer und Nichtstörer einebnen würde (Lisken/Denninger PolR-HdB/Petri, 6. Aufl. 2018, G Rn. 827 mwN). Wohl deshalb verlangt § 19 Abs. 1 S. 2 und S. 3 BKAG auch für die Datenverarbeitung bei potentiellen Opfern regelmäßig deren Einwilligung. 110

5. Datenerhebung von Personen im Umfeld gefährdeter Personen (Abs. 2 Nr. 5)

Weitaus unproblematischer als Abs. 2 Nr. 1–4 ist die Tatbestandsalternative des Abs. 2 Nr. 5. Sie ermächtigt zur Datenerhebung in Bezug auf Personen, die sich im räumlichen Umfeld von anderen Personen aufhalten, die in besonderem Maße als gefährdet erscheinen, wenn tatsächliche Anhaltspunkte die Maßnahme zum Schutz der gefährdeten Person rechtfertigen. 111

Zwar verwendet auch diese Alternative auslegungsbedürftige und unbestimmte Begriffe; dies steht jedoch als solches dem Bestimmtheitserfordernis nicht entgegen, solange die Auslegung unter Nutzung der juristischen Methodik zu bewältigen ist und die im konkreten Anwendungsfall verbleibenden Ungewissheiten nicht so weit gehen, dass Vorhersehbarkeit und Justitiabilität des Verwaltungshandelns gefährdet sind (vgl. BVerfGE 21, 73 (79 f.); 31, 255 (264); 83, 130 (145); 110, 33 (56 f.) und stRspr). 111.1

Diese Voraussetzungen sind hier gegeben, weil die möglichen Anknüpfungen für die nach hypothetischem Kausalverlauf anzunehmende Gefährdung der einen Person und den Bezug der anderen Person zu dieser Gefährdung räumlich, zeitlich und hinsichtlich des Grads der Wahrscheinlichkeit sachlogisch weitaus beschränkter sind als bei den Alternativen der Abs. 2 Nr. 1 und Nr. 2. 111.2

Die besondere Gefährdung bezieht sich auf potentielle Beeinträchtigungen der körperlichen oder seelischen Integrität durch Dritte. Die Bewertung einer Person als gefährdet kann generell (etwa aufgrund einer herausgehobenen Position in Politik, Wirtschaft oder Verwaltung) oder einzelfallbezogen (etwa bei Belastungszeugen, Beschuldigten oder Hinweisgebern) veranlasst sein und ist durch Dienstvorschriften strukturiert. Der Gesetzgeber kommt insoweit auch mit Abs. 2 Nr. 5 seiner staatlichen Schutzpflicht nach; diese kann auch hier dadurch gesteigert sein, dass der Staat an der Schaffung der Gefährdungslage – etwa im Fall von V-Leuten – beteiligt ist (Lisken/Denninger PolR-HdB/Petri, 6. Aufl. 2018, G Rn. 826 mwN). 112

112.1 Etwas unglücklich ist die in der Literatur verbreitete Bezeichnung der gefährdeten Person als „Risikoperson" (vgl. Pausch/Dölger PolR Hessen Rn. 183; Fredrich Rn. 16b), da sie entgegen dem Telos der Norm ein von der gefährdeten Person ausgehendes Risiko impliziert. Das Risiko geht - wenn - von dem Dritten aus, für den sich polizeiintern der zumindest semantisch passendere Begriff des „Gefährders" herausgebildet hat (vgl. → Rn. 91.4).

113 Das für die Eröffnung des Anwendungsbereichs von Abs. 2 Nr. 5 zentrale Tatbestandsmerkmal ist der Aufenthalt einer Person im „räumlichen Umfeld" der gefährdeten Person. Dieses ist dem Zweck der Norm entsprechend als Einwirkungsbereich des Dritten auf die gefährdete Person zu verstehen. Es setzt also nicht unmittelbare körperliche Nähe voraus, sondern erfasst – je nach Art der Gefährdung – auch den gesamten räumlichen Bereich der Einwirkung durch Schuss- oder sonstige Distanzwaffen.

114 Hält sich eine Person in diesem Bereich auf, sind als Eingriffsschwelle tatsächliche Anhaltspunkte (→ Rn. 84 ff.), die die Datenerhebung zum Schutz der gefährdeten Person rechtfertigen, vorgesehen.

6. Datenerhebung zur Leistung von Vollzugshilfe (Abs. 2 Nr. 6)

115 Mit der Datenerhebung zur Leistung von Vollzugshilfe (vgl. zur korrekturbedürftigen sprachlichen Fassung der Norm → Rn. 66) nimmt § 13 Abs. 2 Nr. 6 auf die in § 1 Abs. 5 als polizeiliche Pflichtaufgabe normierte und durch §§ 44–46 ausgestaltete besondere Form der Amtshilfe iSd Art. 35 Abs. 1 GG, §§ 4–8 HVwVfG Bezug.

116 Hintergrund der Vorschrift ist, dass Vollzugshilfe von der Polizei oft in Fällen geleistet wird, in denen potentiell unmittelbarer Zwang iSd §§ 52 ff. anzuwenden ist (vgl. § 44 Abs. 1 Nr. 1, § 44 Abs. 2 Nr. 1 und Nr. 2). Um insoweit einen zu erwartenden Widerstand richtig einschätzen zu können, kann die Kenntnis personenbezogener Daten erforderlich sein. Auch können etwa Maßnahmen gegenüber Personen zu ergreifen sein, deren Aufenthaltsort unbekannt ist; dieser kann über die Erhebung personenbezogener Daten ermittelt werden.

V. Rechtsfolgen und Adressaten

117 Die von den Eingriffsermächtigungen aus Abs. 1 und Abs. 2 vorgesehene Rechtsfolge ist das Erheben personenbezogener Daten, also jede auf Gewinnung von Daten abzielende Handlung, wie die Einholung von Auskünften von Dritten oder öffentlichen Stellen oder das Auswerten von Schriftstücken und sonstigen Quellen (→ Rn. 17 ff., → Rn. 21 ff.), soweit diese nicht – wegen des Modus, des Erhebungsziels oder des eingesetzten Instrumentariums – unter eine der speziellen Erhebungsermächtigungen der §§ 14–19 fällt (vgl. → Rn. 2).

118 Im Hinblick auf die Vielfalt der zum Zweck der Datenerhebung in Betracht kommenden Handlungen ermächtigen die Regelungen aus Abs. 1 und Abs. 2 die Gefahrenabwehr- und Polizeibehörden sowohl originär zu Handlungen – insoweit gehören sie zu den realisierenden Standardbefugnissen – als auch zu Anweisungen an betroffene Bürger – insoweit sind sie anordnende Standardbefugnisse (vgl. zu dieser Typologie eingehend und mwN Lisken/Denninger PolR-HdB/Rachor, 5. Aufl. 2012, E Rn. 48 ff. sowie → § 12 Rn. 34).

118.1 Dementsprechend handelt es sich um einen eingreifenden Realakt, wenn etwa eine personenbezogene Recherche im Internet vorgenommen wird; werden hingegen zB Auskünfte von Dritten eingefordert, liegen regelmäßig Verwaltungsakte iSd § 35 S. 1 VwVfG (vgl. eingehend und mwN Lisken/Denninger PolR-HdB/Rachor, 5. Aufl. 2012, E Rn. 26 ff., 35 ff.; vgl. zur Abgrenzung der Anwendungsbereiche der Datenerhebung nach Abs. 1 und Abs. 2 und der Befragung nach § 12 auch → § 12 Rn. 20 ff.).

119 Hinsichtlich der möglichen Adressaten der Datenerhebung weichen Abs. 1 und Abs. 2 – wie viele weitere Standardmaßnahmen – von der Störersystematik, die die Vorschriften der §§ 6, 7, 9 über die polizeiliche Verantwortlichkeit errichten, erkennbar ab (→ § 6 Rn. 2). Indem die Norm vorgibt, dass über Einwilligende (Abs. 1 Nr. 1), jedermann (Abs. 1 Nr. 2 und Nr. 3), potentielle Straftäter (Abs. 2 Nr. 1), Kontakt- oder Begleitpersonen (Abs. 2 Nr. 2), Personen im Umfeld von gefährdeten Personen (Abs. 2 Nr. 3) sowie von Maßnahmen der Vollzugshilfe Betroffene (Abs. 2 Nr. 4) Daten erhoben werden können, ohne dass es

insoweit auf eine Störereigenschaft bei der Wahl des Adressaten ankommt, enthält die Vorschrift normimmanente Adressatenregelungen (vgl. → § 12 Rn. 35).

VI. Legaldefinition der Straftaten mit erheblicher Bedeutung (Abs. 3 S. 1)

Die in Abs. 3 vorgesehene Legaldefinition von Straftaten mit erheblicher Bedeutung dient der Präzisierung eines Tatbestandsmerkmals, das im HSOG wiederholt verwendet wird, um die Eingriffsschwelle für informationelle Eingriffe der Polizei zur vorbeugenden Bekämpfung von Straftaten iSd § 1 Abs. 4 (vgl. → Rn. 73 ff.) normativ an den Verhältnismäßigkeitsgrundsatz zu binden. Dieser führt allgemein zu der Wertung, dass an die Erwartung der zukünftigen Verwirklichung von Straftatbeständen – und damit an die Maßnahmen zu deren Verhütung – umso höhere Anforderungen zu stellen sind, je geringfügiger die erwarteten Straftaten sind. 120

Die Regelung des Abs. 3 hat durch das Achte Gesetz zur Änderung des Hessischen Gesetzes über die öffentliche Sicherheit und Ordnung v. 15.12.2004 (HessGVBl. I 444) eine engere Fassung erhalten. Die Vorgängernorm lautete: „Straftaten mit erheblicher Bedeutung sind Straftaten, die aufgrund ihrer Begehungsweise oder ihrer Dauer eine Gefahr für die Allgemeinheit darstellen und geeignet sind, die Rechtssicherheit der Bevölkerung zu beeinträchtigen; dies gilt insbesondere für Straftaten, die banden-, gewohnheits- oder serienmäßig begangen werden." 120.1

Durch Gesetz v. 29.6.2023 (HessGVBl. 456) wurde Abs. 3 S. 1 dergestalt verändert, dass in Nr. 2 lit. b die Formulierung „oder nach den §§ 86a, 126, 130, 130a des Strafgesetzbuches" aufgenommen, die Definition mithin explizit um diese Vergehen erweitert wurde. 121

1. Anwendungsbereich der Definition

Im Einzelnen gilt die Definition des Abs. 3 nicht nur für die Datenerhebung nach Abs. 2 Nr. 1–4, auf sie wird vielmehr auch – unmittelbar oder kraft Verweisung – Bezug genommen in § 15 Abs. 2 (Datenerhebung durch Observation und den Einsatz technischer Mittel), § 16 Abs. 1 und Abs. 2 (Datenerhebung durch Verdeckte Ermittler und V-Personen), § 17 Abs. 2 (Datenerhebung durch Ausschreibung zur polizeilichen Beobachtung), § 19 Abs. 3 (DNA-Analyse) und § 20 Abs. 7 (Datenspeicherung, Zweckbindung, Grundsatz der hypothetischen Datenneuerhebung). 122

Die Regelung hat also erhebliche Auswirkungen auf die jeweiligen Befugnisse der Polizeibehörden, da diese etwa längerfristige Observation, den Einsatz technischer Mittel, den VP- und VE-Einsatz, die Ausschreibung zur Polizeilichen Beobachtung oder Gezielten Kontrolle im Gefahrenvorfeld nur dann vornehmen bzw. durchführen dürfen, wenn es zur Verhütung von Straftaten von erheblicher Bedeutung im Sinne der Definition erforderlich ist. 123

2. Parallelvorschriften und Bedenken hinsichtlich der hinreichenden Bestimmtheit

Die Regelung des Abs. 3 hat Parallelvorschriften in den meisten anderen Landespolizeigesetzen, die untereinander beachtlich differieren. 124

Vgl. etwa § 2 Abs. 2 HmbPolDVG, § 2 Nr. 14 NPOG, § 49 SOG M-V; in Bayern wurde die Definition 2018 aus Art. 31 Abs. 5 BayPAG aF gestrichen, vgl. dazu Schmidbauer/Steiner/Schmidbauer BayPAG Art. 31 Rn. 47 ff. 124.1

Einige Gesetze enthalten abschließende, andere offene Straftatenkataloge („insbesondere"), wieder andere – wie das hessische seit 2005 – die Verbindung eines offenen Katalogs mit kriminalistisch-kriminologischen Umschreibungen von Delikten (vgl. iE die Nachweise bei Lisken/Denninger PolR-HdB/Rachor/Graulich, 6. Aufl. 2018, E Rn. 154).

Die Regelung des Abs. 3 gehört damit zu der Gruppe von Legaldefinitionen, die mangels eines abschließenden Katalogs von Straftaten auf erhebliche Bedenken hinsichtlich des rechtsstaatlichen Grundsatzes der Normenbestimmtheit stößt (vgl. Hornmann HSOG Rn. 63; Graulich NVwZ 2005, 271; Pausch/Dölger PolR Hessen Rn. 184 f.; zu Parallelnormen anderer Länder Lisken/Denninger PolR-HdB/Rachor/Graulich, 6. Aufl. 2018, E Rn. 154). Diese Bedenken können sich auch auf das BVerfG berufen, das die Definition des § 2 Nr. 10 NPOG aF mangels Bestimmtheit verworfen hatte (BVerfGE 113, 348 (379 f.) = NJW 2005, 2603 (2610 f.)). 125

126 Sie sei zwar hinreichend bestimmt, soweit konkrete Straftatbestände benannt würden. Die zusätzliche Einbeziehung aller Vergehen, die mit einem der ausdrücklich genannten „nach dem geschützten Rechtsgut und der Strafandrohung" vergleichbar seien, genüge den Bestimmheitserfordernissen jedoch nicht. Insbesondere werde nicht deutlich, wie aus der Bezugnahme auf das Rechtsgut einerseits und den Strafrahmen andererseits eine Vergleichbarkeit hinsichtlich der Erheblichkeit der weiteren Straftaten erschlossen werden solle (BVerfGE 113, 348 (379 f.); für die mit Abs. 3 identische Vorschrift des § 28 Abs. 3 RhPfPOG lässt BVerfGE 130, 1 (34) – allerdings in anderem Kontext – die Frage der Verfassungsmäßigkeit offen).

126.1 Der niedersächsische Landesgesetzgeber hatte auf dieses Verdikt zunächst mit einer weiteren Ausdifferenzierung der Deliktsschwere reagiert. § 2 Nr. 10 Nds. SOG aF (seit dem Gesetz zur Änderung des Niedersächsischen Gesetzes über die öffentliche Sicherheit und Ordnung und anderer Gesetze v. 20.5.2019, Nds. GVBl. 88: § 2 Nr. 14 NPOG) definierte zunächst einen abschließenden Deliktskatalog als „besonders schwerwiegende Straftaten", deren Verhinderung Voraussetzung für den sog. großen Lauschangriff iSd § 35a Nds. SOG aF und deren Aufklärung Voraussetzung für eine Zweckänderung erhobener Daten iSd § 39 Nds. SOG aF ist.

126.2 Sodann definierte § 2 Nr. 11 Nds. SOG aF nunmehr die „Straftat von erheblicher Bedeutung", deren Verhütung unter anderen Voraussetzung für Videoaufzeichnungen, den Einsatz technischer Mittel und des Kfz-Kennzeichenlesesystems, die Observation, den Einsatz verdeckter Ermittler und die polizeiliche Beobachtung ist (vgl. §§ 32, 35, 36a, 37 NPOG) als § 2 Nr. 11 lit. a Nds. SOG aF Straftat nach § 2 Nr. 10 Nds. SOG aF, § 2 Nr. 11 lit. b Nds. SOG aF Verbrechen, mit Ausnahme einer Straftat nach den §§ 154 und 155 StGB, § 2 Nr. 11 lit. c Nds. SOG aF Vergehen nach den §§ 85, 87–89, 98, 99, 129, 129a Abs. 3 StGB, §§ 130, 174–176, 179, 180 Abs. 2 und Abs. 3 StGB, §§ 180a, 181a Abs. 1 StGB, § 182 Abs. 1 StGB, § 184b Abs. 1 und Abs. 2 StGB, §§ 303b, 305, 305a, 315 Abs. 1, Abs. 4 und Abs. 5 StGB, §§ 316b und 317 Abs. 1 StGB und ein in § 138 Abs. 1 StGB genanntes Vergehen, § 2 Nr. 11 lit. d Nds. SOG aF banden- oder gewerbsmäßig begangenes Vergehen sowie § 2 Nr. 11 lit. e Nds. SOG aF die Teilnahme an Straftaten nach den Buchstaben § 2 Nr. 11 lit. a–d Nds. SOG aF.

126.3 Das Nds. SOG aF hatte sich lediglich durch den fehlenden Verweis auf die „besonders schwerwiegende Straftat" und die Formulierung unter § 2 Nr. 11 lit. b Nds. SOG aF unterschieden, die „ein Vergehen nach den §§ 85, 86, 86a, 87–89, 98, 99, 129, 130, 174, 174a, 174b und 176 StGB, ein in § 138 Abs. 1 StGB genanntes Vergehen und ein nach dem geschützten Rechtsgut und der Strafandrohung vergleichbares Vergehen" erfasst hatte (vgl. zum Ganzen nunmehr § 2 Nr. 14 NPOG idF des Gesetzes zur Änderung des Niedersächsischen Gesetzes über die öffentliche Sicherheit und Ordnung und anderer Gesetze v. 20.5.2019, Nds. GVBl. 88).

127 Misst man die Definition des Abs. 3 an der verfassungsgerichtlichen Rechtsprechung und berücksichtigt die Unterschiede und Parallelen zu der zugrundeliegenden niedersächsischen Norm, verbleiben zwar in der Tat Bedenken, weil die katalogmäßig umschriebenen Delikte weit „nach unten" geöffnet sind (erfasst ist zB auch die einfache Körperverletzung oder der einfache Erwerb oder Besitz von Betäubungsmitteln). Auch macht das tatbestandliche Korrektiv der Eignung eines Vergehens, den Rechtsfrieden nach Art und Schwere besonders zu stören die Anwendung kaum vorhersehbarer (vgl. auch Pausch/Dölger PolR Hessen Rn. 185 „in problematischer Weise unbestimmt", Fredrich Rn. 18 „lässt sich […] nur schwer bestimmen").

128 Im Ergebnis wird jedoch davon auszugehen sein, dass die Auslegung des Abs. 3 unter Nutzung der juristischen Methodik noch zu bewältigen ist und die im konkreten Anwendungsfall verbleibenden Ungewissheiten nicht so weit gehen, dass Vorhersehbarkeit und Justitiabilität des Verwaltungshandelns gefährdet sind (vgl. BVerfGE 21, 73 (79 f.); 31, 255 (264); 83, 130 (145); 110, 33 (56 f.) und stRspr). Dies gilt insbesondere im Hinblick auf den klar erkennbaren Zweck der Norm, Bagatelldelikte und ubiquitäre Kleinkriminalität von den betreffenden Grundrechtseingriffen auszuschließen (vgl. auch VG Freiburg BeckRS 2011, 45717; Beschl. v. 2.9.2010 – 4 K 1579/10; VG Aachen BeckRS 2010, 47543; VG Saarland BeckRS 2010, 53629); auch der Vergleich mit der wenig strengen Rechtsprechung des BVerfG zu dem in der StPO parallel verwendeten – nicht legal definierten – Begriff der Straftat mit erheblicher Bedeutung legt diesen Schluss nahe.

128.1 Auch im Strafverfahrensrecht setzen zahlreiche Eingriffsmaßnahmen ein bestimmtes Gewicht der aufzuklärenden Straftat voraus und die StPO verwendet insoweit den Begriff der Straftat wiederholt.

Die Verwendung erfolgt in Abstufung zu dem in Art. 13 Abs. 3 GG nunmehr als Verfassungsbegriff normierten Terminus „besonders schwere Straftat“ (vgl. § 10c Abs. 1 und Abs. 2 StPO) und dem zB in § 10a StPO verwendeten Begriff der „schweren Straftat“.

Im Einzelnen sind die Erstellung eines DNA-Identifizierungsmusters (§ 81g StPO), die Rasterfahndung (§ 98a StPO), die Auskunft über Verbindungsdaten der Telekommunikation (§ 100g StPO), der Einsatz eines verdeckten Ermittlers (§ 110a StPO), die Ausschreibung zur Festnahme (§ 131 Abs. 3 StPO), die Öffentlichkeitsfahndung nebst „Steckbrief“ (§ 131a Abs. 3 StPO, § 131b Abs. 1 StPO), die polizeiliche Beobachtung (§ 163e Abs. 1 und Abs. 2), und die Observation (§ 163f StPO) jeweils nur zulässig, wenn das zu verfolgende Delikt eine Straftat von erheblicher Bedeutung ist (die teilweise weiter konkretisiert oder um bestimmte Delikte ergänzt wird). 128.2

Nach herrschendem Verständnis muss eine solche Straftat „mindestens dem mittleren Kriminalitätsbereich zuzurechnen sein, den Rechtsfrieden empfindlich stören und geeignet sein, das Gefühl der Rechtssicherheit der Bevölkerung erheblich zu beeinträchtigen“ (vgl. statt vieler Meyer-Goßner/Schmitt StPO § 98a Rn. 5; Meyer-Goßner/Schmitt StPO § 81g Rn. 7a mwN). 129

Obwohl diese Definition in Rechtsprechung und Lehre zwar gefestigt, aber ebenfalls von unbestimmten Begriffen durchsetzt ist, hat das BVerfG sie als Konkretisierung der Eingriffsschwelle im Strafverfahrensrecht regelmäßig unbeanstandet gelassen (vgl. BVerfGE 103, 21 (34); 107, 299 (322); 109, 279 (344 ff.)). 130

3. Verbrechen (Abs. 3 Nr. 1)

Verbrechen sind nach Abs. 3 Nr. 1 stets Straftaten mit erheblicher Bedeutung. 131

Gemäß der Definition des § 12 Abs. 1 StGB sind Verbrechen alle rechtswidrigen Taten, die im Mindestmaß mit Freiheitsstrafe von einem Jahr oder darüber bedroht sind. Rechtswidrige Tat ist das in einem bestimmten Tatbestand umschriebene Verhalten (vgl. § 11 Abs. 1 Nr. 5 StGB). Hinsichtlich des Strafrahmens bleiben für die Unterscheidung zwischen Verbrechen und Vergehen nach § 12 Abs. 3 StGB Schärfungen oder Milderungen, die nach den Vorschriften des Allgemeinen Teils des StGB oder für besonders schwere oder milder schwere Fälle vorgesehen sind außer Betracht. 132

4. Erfasste Vergehen (Abs. 3 Nr. 2)

Vergehen kommen nach Abs. 3 Nr. 2 zunächst nur dann als Straftaten mit erheblicher Bedeutung in Betracht, wenn sie im Einzelfall nach Art und Schwere geeignet sind, den Rechtsfrieden besonders zu stören; dieses Merkmal ist anhand der zur strafprozessualen Paralleldefinition entwickelten Kriterien auszulegen (vgl. nur Meyer-Goßner/Schmitt StPO § 98a Rn. 5; Meyer-Goßner/Schmitt StPO § 81g Rn. 7a mwN; → Rn. 129). Auch von diesen Vergehen sind jedoch nur solche erfasst, die sich gegen bestimmte Rechtsgüter richten (Abs. 3 Nr. 2 lit. a), bestimmten Deliktsbereichen unterfallen (Abs. 3 Nr. 2 lit. b) oder einen bestimmten Begehungsmodus aufweisen (Abs. 3 Nr. 2 lit. c). 133

Vergehen iSd Abs. 3 Nr. 2 sind zunächst gemäß der Definition des § 12 Abs. 2 StGB alle rechtswidrigen Taten, die im Mindestmaß mit einer Freiheitsstrafe von weniger als einem Jahr oder mit Geldstrafe bedroht sind (vgl. zur Abgrenzung im Übrigen → Rn. 132). 134

Als Vergehen gegen Leib, Leben oder Freiheit einer Person kommen insbesondere die nicht als Verbrechen eingestuften Tatbestände des 16. und 17. Abschnitts des StGB (§§ 211 ff., 223 ff. StGB) in Betracht; also solche gegen die Freiheit vor allem diejenigen aus dem 18. Abschnitt (§§ 232 ff. StGB); beide Schutzgüter können aber auch durch andere Delikte wie Raub oder Brandstiftung tangiert sein. Keinem vorrangigen Abschnitt des StGB lassen sich die bedeutenden Sach- oder Vermögenswerte zuordnen, die strafrechtlich (oft nicht als einziges Schutzgut) durch ganz verschiedene Tatbestände verschiedener Deliktsgruppen geschützt sind. 135

Vergehen auf den Gebieten des unerlaubten Waffen- und Betäubungsmittelverkehrs sind die in §§ 51 ff. WaffG, §§ 19 ff. KrWaffG und §§ 29 ff. BtMG normierten Tatbestände; die auf dem Gebiet der Geld- und Wertzeichenfälschung finden sich vor allem im 8. Abschnitt des StGB (§§ 146 ff. StGB). Sehr umfangreich und heterogen ist der in Abs. 3 Nr. 2 lit. b in Bezug genommene Katalog der Vergehen auf dem Gebiet des Staatsschutzes nach §§ 74a, 120 GVG die diese Delikte als zuständigkeitsbegründende Tatbestände aufführen. 136

136.1 Im Einzelnen sind dies – soweit nicht bereits als Verbrechen erfasst – Friedensverrat (§ 80 StGB), Hochverrat (§§ 81–83 StGB), Landesverrat und Gefährdung der äußeren Sicherheit (§§ 94–100a StGB), Straftaten nach § 52 Abs. 2 PatG, § 9 Abs. 2 GebrMG iVm § 52 Abs. 2 PatG, nach § 4 Abs. 4 HalblSchG iVm § 9 Abs. 2 GebrMG und § 52 Abs. 2 PatG, Angriffe gegen Organe und Vertreter ausländischer Staaten (§ 102 StGB), Straftaten gegen Verfassungsorgane (§§ 105, 106 StGB), Zuwiderhandlung gegen ein Vereinigungsverbot (§§ 129a, 129b Abs. 1 StGB, § 20 Abs. 1 Nr. 1–4 VereinsG), Nichtanzeige von Straftaten (§ 138 StGB) bei Zuständigkeit der Oberlandesgerichte, Straftaten nach dem VStGB, Gefährdung des demokratischen Rechtsstaates (§§ 84–86, 87–90, 90a Abs. 3 StGB, § 90b StGB), Gefährdung der Landesverteidigung (§§ 109d–109g StGB), Verschleppung (§ 234a StGB) und politische Verdächtigung (§ 241a StGB).

136.2 Des Weiteren sind zahlreiche weitere Tatbestände aus dem allgemeinen Strafrecht aufgeführt, die erfasst werden, soweit sie geeignet und bestimmt sind den Bestand oder die Sicherheit eines Staates zu beeinträchtigen, Verfassungsgrundsätze der Bundesrepublik Deutschland zu beseitigen, außer Geltung zu setzen oder zu untergraben, die Sicherheit der in der Bundesrepublik Deutschland stationierten Truppen der NATO oder der NATO-Vertragsstaaten zu beeinträchtigen oder den Bestand oder die Sicherheit einer internationalen Organisation zu beeinträchtigen, und der Generalbundesanwalt wegen der besonderen Bedeutung des Falles die Verfolgung übernimmt; Straftaten nach dem AWG sowie bestimmte Straftaten nach § 19 Abs. 2 Nr. 2 KrWaffG und § 20 Abs. 1 KrWaffG (vgl. → Rn. 136), wenn sie nach den Umständen geeignet sind, die äußere Sicherheit oder die auswärtigen Beziehungen der Bundesrepublik Deutschland erheblich zu gefährden, oder bestimmt und geeignet sind, das friedliche Zusammenleben der Völker zu stören.

137 Durch Gesetz v. 29.6.2023 (HessGVBl. 456) neu in die Aufzählung eingefügt wurde die Formulierung „oder nach den §§ 86a, 126, 130, 130a des Strafgesetzbuches". Begründet wurde dies mit dem starken Zuwachs an rechtsextremistisch motivierten Straftaten (LT-Drs. 20/8129, 18). Die nunmehr aufgenommenen Straftaten des Verwendens von Kennzeichen verfassungswidriger Organisationen (§ 86a StGB), der Störung des öffentlichen Friedens durch Androhung von Straftaten (§ 126 StGB), der Volksverhetzung (§ 130 StGB) und der Anleitung zu Straftaten (§ 130a StGB) waren von der Definition – und damit von der mit ihr verbundenen Befugniserweiterung (→ Rn. 123) – bisher ausgeschlossen, weil sie zwar sprachlich zum Gebiet des Staatsschutzes im weiteren Sinne gerechnet werden konnten, jedoch in den in Abs. 3 Nr. 2 lit. b insoweit explizit genannten Regelungen der §§ 74a, 120 GVG nicht aufgeführt sind (vgl. auch LT-Drs. 20/8129, 18).

138 Die Begriffe der gewerbs-, gewohnheits-, serien- oder bandenmäßigen oder sonst organisierten Begehung sind anhand der zu strafrechtlichen Parallelbegriffen entwickelten Kriterien auszulegen (→ Rn. 133; vgl. auch Pausch/Dölger PolR Hessen Rn. 185 mwN). Danach handelt gewerbsmäßig, wer sich aus wiederholter Tatbegehung eine Einnahmequelle von einigem Umfang verschafft, gewohnheitsmäßig, wer eine durch Übung erworbene Neigung zu wiederholter Deliktsverwirklichung aufweist, serienmäßig, wer mehrere zeitlich und örtlich zusammenhängende gleichartige Delikte begeht, bandenmäßig, wer sich mit mindestens zwei weiteren Personen zur Verübung fortgesetzter, im Einzelnen noch ungewisser Taten verbunden hat und sonst organisiert, wer bewusst und gewollt auf Dauer arbeitsteilig mit anderen Personen zur Begehung von Straftaten zusammenwirkt (vgl. Pausch/Dölger PolR Hessen Rn. 184 f., Fredrich Rn. 19 mwN aus dem Strafrecht; vgl. zum Merkmal „sonst organisiert" auch die Arbeitsdefinition für den Begriff der „organisierten Kriminalität" in Nr. 2.1 Anlage E RiStBV, abgedruckt bei Meyer-Goßner/Schmitt StPO Anhang 12, 2294 ff.).

VII. Legaldefinition der terroristischen Straftat (Abs. 3 S. 2)

139 Durch das Hessische Gesetz zur Anpassung des Hessischen Datenschutzrechts an die Verordnung (EU) Nr. 2016/679 und zur Umsetzung der Richtlinie (EU) Nr. 2016/680 und zur Informationsfreiheit v. 3.5.2018 (HessGVBl. 82) wurde in Anknüpfung an § 5 Abs. 1 S. 1 BKAG eine Legaldefinition der terroristischen Straftat eingefügt, der die internationalen Normen zur Terrorbekämpfung zugrunde liegen (vgl. Art. 29 Abs. 1, 31 Abs. 2 lit. e EUV, RB 2002/475/JI – EG-Terrorismusbekämpfungs-Beschluss v. 13.6.2002, ABl. 2002 L 164, 3; vgl. SGR/Graulich BKAG § 5 Rn. 11; Lisken/Denninger PolR-HdB/Bäcker B Rn. 140 f.; durch die im Rahmen der Föderalismusreform 2006 vorgenommene Änderung in Art. 73 Abs. 1 Nr. 9a GG ist der (internationale) Terrorismus auch zum Verfassungsbegriff geworden (vgl. Lisken/Denninger PolR-HdB/Bäcker B Rn. 141).

1. Anwendungsbereich der Definition

140 Die Definition des Abs. 3 S. 2 gilt nicht nur für die Datenerhebung nach Abs. 2 Nr. 1–4, auf sie wird vielmehr auch – unmittelbar oder kraft Verweisung – Bezug genommen in § 15 Abs. 2 Nr. 3, Abs. 4 (Datenerhebung durch Observation und den Einsatz technischer Mittel), § 15a Abs. 1 Nr. 3 lit. b, Nr. 4 (Telekommunikationsüberwachung), § 15c Abs. 2 S. 2 (Verdeckter Eingriff in informationstechnische Systeme), § 26 Abs. 1 S. 2 (Rasterfahndung) und § 31 a Abs. 1, § 16 Abs. 1 und Abs. 2 (Datenerhebung durch Verdeckte Ermittler und V-Personen), § 17 Abs. 2 (Datenerhebung durch Ausschreibung zur polizeilichen Beobachtung), § 19 Abs. 3 (DNA-Analyse) und § 20 Abs. 3 und Abs. 5 (Datenspeicherung und Zweckbindung).

2. Merkmale der terroristischen Straftat

141 Mit den in § 129a Abs. 1 und Abs. 2 StGB bezeichneten Straftaten greift der Landesgesetzgeber zunächst auf die nationale Ausprägung des Terrorismusbegriffs zurück (vgl. SGR/Graulich BKAG § 5 Rn. 11; zu den Komponenten des internationalen Terrorismusbegriffs Lisken/Denninger PolR-HdB/Bäcker B Rn. 141).

142 Diese ergänzt er um die weitgehend konsentierten terrorismusqualifizierenden Merkmale, namentlich die erheblichen Einschüchterung der Bevölkerung, die rechtswidrige Gewalt oder Drohung mit Gewalt gegenüber einer Behörde oder einer internationalen Organisation, und / oder die erhebliche Beeinträchtigung oder Beseitigung der politischen, verfassungsrechtlichen, wirtschaftlichen oder sozialen Grundstrukturen eines Staates oder einer internationalen Organisation, wenn durch die Art der Begehung oder die Auswirkungen einen Staat oder eine internationale Organisation erheblich geschädigt werden könnte (vgl. iE SGR/Graulich BKAG § 5 Rn. 14–17).

143 Die aus dem vom BVerfG überprüften BKAG aF unverändert in die jetzige Fassung übernommene Definition, der die des Abs. 3 S. 2 zugrunde liegt, hat das Gericht unbeanstandet gelassen (vgl. BVerfG NJW 2016, 1781 ff.).

VIII. Verhältnis zu den speziellen Informationseingriffen des HSOG (Abs. 4)

144 Abs. 4 stellt klar, dass die Regelungen Abs. 1–3 keine Anwendung auf die Erhebung von Daten findet, die in einem Modus erfolgt, der in den speziellen Regelungen der §§ 14–19 normiert ist. Da dies mit Blick auf den lex-specialis-Grundsatz ohnehin gilt, ist die Regelung lediglich deklaratorischer Natur.

145 Wie sich aus der Systematik und dem Regelungsgehalt eindeutig ergibt, finden die allgemeinen Vorgaben für die Datenerhebung nach Abs. 5–8 dagegen auch auf die spezialgesetzlich geregelten informatorischen Eingriffe nach §§ 14–19 Anwendung.

146 Die Regelungen der §§ 14–19 knüpfen an die wegen des vorgesehenen Erhebungsziels oder des eingesetzten Instrumentariums zumeist erhöhte Eingriffsintensität der Datenerhebung an, die sich etwa aus der Verdecktheit der Maßnahme, ihrer Breitenwirksamkeit, der Ergebung besonders sensibler Daten, dem Eingriff in besonders geschützte Räume oder der Verwendung effektiver technischer Mittel ergibt (vgl. zur Eingriffsintensität informationeller polizeilicher Maßnahmen zusf. BVerfGE 115, 320 (348 ff.) mwN).

147 Im Regelfall erweist sich die Abgrenzung zur allgemeinen Datenerhebung nach Abs. 1, Abs. 2 anhand der jeweils getroffenen Erhebungsmaßnahme als unproblematisch und führt zu einem eindeutigen Ergebnis. Lediglich die Datenerhebung durch Observation (§ 15 Abs. 1 Nr. 1) und den Einsatz verdeckt ermittelnder Polizeibeamte (§ 16 Abs. 2) werfen insoweit spezielle Abgrenzungsfragen auf: Beide Maßnahmen kommen – obwohl nach dem äußeren Erscheinungsbild prima facie eine Observation bzw. eine verdeckte Ermittlung durch einen Polizeibeamten vorliegen – auch als Maßnahmen nach Abs. 1, Abs. 2 in Betracht.

148 Die höheren Eingriffsvoraussetzungen der genannten speziellen Normen finden nämlich erst ab einer bestimmten Eingriffsintensität (in § 15 Abs. 1 Nr. 1 definiert durch die Dauer der Beobachtung, in § 16 Abs. 2 durch eine über das Verbergen der Polizeibeamteneigenschaft hinausgehende „Legende") Anwendung. Die sog. kurzfristige Observation oder die Datenerhebung durch einen sog. nicht offen ermittelnden (aber auch nicht „legendierten") Polizeibeamten sind daher Maßnahmen nach Abs. 1 oder (zumeist) Abs. 2, die allerdings nur zulässig

sind, wenn die – hier stets einschlägigen – zusätzlichen Anforderungen des Abs. 6 und Abs. 7 eingehalten sind.

149 Fraglich war bis 2024 die Abgrenzung des Anwendungsbereichs des § 13 zu denen der §§ 14–19 im Fall des Einsatzes unbemannter Luftfahrtsysteme (Drohnen) durch die hessischen Polizeibehörden, die diese Systeme seit 2018 nutzen (→ Rn. 149.1).

149.1 Vergleiche zur Nutzung von Drohnen durch die hessische Polizei die Berichte, Polizei dein Partner, Einsatz von Drohnen, abrufbar unter https://www.polizei-dein-partner.de/themen/internet-mobil/detailansicht-internet-mobil/artikel/einsatz-von-drohnen.html und Frankfurter Rundschau, Hessen probt Drohneneinsatz bei der Polizei, v. 5.1.2019, abrufbar unter https://www.fr.de/rhein-main/hessen-probt-drohneneinsatz-polizei-10989983.html.

150 Sobald auf diesem Weg personenbezogene Daten (→ Rn. 17 ff.) erhoben werden, also in Grundrechte eingegriffen wird (→ Rn. 2, → Rn. 7), bedarf der Drohneneinsatz einer Ermächtigungsgrundlage (vgl. auch BeckOK PolR Bayern/Buckler PAG Art. 47 Rn. 4 ff.), wobei es fraglich ist, ob die nicht spezifisch auf dieses Einsatzmittel bezogenen Regelungen der §§ 13 ff. also solche ausreichen.

151 Eine spezielle Regelung hat der Gesetzgeber nunmehr durch die Einfügung des § 15d durch das „Gesetz zur Stärkung der Inneren Sicherheit in Hessen" v. 13.12.2024 (GVBl. Nr. 83) mit Wirkung zum 19.12.2024 geschaffen (vgl. zur Rechtslage zwischen 2018 und 2024 → Rn. 151.1 ff.).

151.1 Bis zum Inkrafttreten von § 15d hing die Auswahl der in Betracht zu ziehenden Ermächtigungsgrundlage ua davon ab, inwieweit die Datenerhebung offen oder verdeckt und bei Betroffenen und/oder Dritten erfolgte. Je nach Zuordnung (vgl. → Rn. 161 ff., → Rn. 167 ff.) wären zusätzlich zu den tatbestandlichen Voraussetzungen einer Alternative des Abs. 2 auch die Anforderungen von Abs. 6 und/oder Abs. 7 erforderlich. Sollte die Datenerhebung auf diesem Wege verdeckt erfolgen, stellte sich darüber hinaus die Frage, inwieweit die Drohne als technisches Mittel zu qualifizieren war, so dass der Einsatz nur unter den Voraussetzungen der insoweit speziellen Ermächtigungsgrundlage des § 15 in Betracht käme (dazu auch → § 15 Rn. 76.1).

151.2 Wurde die Drohne hingegen in einer der bodengebundenen Videoüberwachung vergleichbaren Weise eingesetzt, wäre auf § 14 Abs. 2 oder 2 HSOG als spezielle Befugnisnormen zurückzugreifen gewesen.

151.3 Allgemein kam der Rückgriff auf §§ 13 ff. allerdings ohnehin nur in Betracht, wenn man für die polizeiliche Datenerhebung mittels Drohnen im Hinblick auf das Erfordernis einer bereichsspezifisch hinreichend bestimmten Ermächtigungsgrundlage (→ Rn. 2) nicht ohnehin eine auf dieses Einsatzmittel zugeschnittene Befugnisnorm verlangt hatte (offen gelassen von VG Sigmaringen ZD 2021, 333 ff.; vgl. zur Problematik des polizeilichen Drohneneinsatzes auch Zöller/Ihwas NVwZ 2014, 408 ff.; Lisken/Denninger PolR-HdB/Müller/Schwabenbauer, 7. Aufl. 2021, G Rn. 688 f; Lisken/Denninger PolR-HdB/Petri/Kremer, 7. Aufl. 2021, A. Rn. 153; Buckler GSZ 2019, 23 ff.; Tomerius LKV 2020, 481 ff. (zur Rechtslage in Berlin)).

151.4 Vgl. zum Einsatz von Polizeidrohnen bei Versammlungen Roggan NVwZ 2011, 590 ff.; nach VG Freiburg MMR 2021, 1013 ff., war die Beobachtung einer (friedlichen) Versammlung unter freiem Himmel durch Einsatz eines polizeilichen Drohne Gefahrenabwehrvorsorge – namentlich zur Steuerung und Lenkung der Versammlung – auf der Grundlage der §§ 12a, 19a BVersG unzulässig.

152 Den Weg der Schaffung einer Spezialnorm für den Einsatz polizeilicher Drohnen hatte zuvor nur Bayern beschritten, wo 2018 mit § 47 BayPAG eine entsprechende Regelung verabschiedet worden war. 2020 folgte Mecklenburg-Vorpommern mit der Schaffung von § 34 SOG-MV. Das Rheinland-Pfälzische Brand- und Katastrophenschutzgesetz enthält in § 39 a ebenfalls seit 2020 eine Regelung des Einsatzes von Drohnen, dies allerdings nur für die Feuerwehren und die Hilfsorganisationen.

IX. Erhebung persönlicher Merkmale und besonderer Datenkategorien (Abs. 5)

153 Bis zur Änderung durch das Hessische Gesetz zur Anpassung des Hessischen Datenschutzrechts an die Verordnung (EU) Nr. 2016/679 und zur Umsetzung der Richtlinie (EU) Nr. 2016/680 und zur Informationsfreiheit v. 3.5.2018 (HessGVBl. 82) enthielt die Regelung des Abs. 5 S. 1 das Verbot einer Datenerhebung „ins Blaue".

Sie konkretisierte damit den seit dem Volkszählungsurteil vom BVerfG immer wieder betonten strikten Grundsatz, dass die Sammlung nicht anonymisierter personenbezogener Daten auf Vorrat zu unbestimmten und noch nicht bestimmbaren Zwecken mit Blick auf das Recht auf informationelle Selbstbestimmung stets unzulässig ist (BVerfGE 65, 1 (46); 100, 313 (360); 115, 320 (350); 118, 168 (187); 125, 260 (316)). Der gefahrenabwehr- oder polizeibehördliche Zweck der Datenerhebung muss damit zum Zeitpunkt der Erhebung feststehen. **153.1**

Diese Regelung wurde gestrichen, da sie sich nun als allgemeine Bestimmung zur Zulässigkeit der Verarbeitung personenbezogener Daten in § 42 Nr. 2 HDSIG findet, welche Art. 4 Abs. 1 lit. b JI-RL umsetzt. **154**

Für die Datenerhebung der Gefahrenabwehr- und Polizeibehörden im Anwendungsbereich der DS-GVO bestimmt Art. 5 Abs. 1 lit. b DS-GVO inhaltlich dasselbe. **154.1**

Die neugefasste Vorschrift des Abs. 5 S. 1 bezieht sich auf Daten, deren Erhebung den Persönlichkeitsschutz in besonderem Maße tangiert. Die persönlichen Merkmale iSd Abs. 5 S. 1 können insoweit wegen der Verschiedenheit der Regelungsbereiche nicht in Anlehnung an die „besonderen persönlichen Merkmale" iSd §§ 14, 28 StGB definiert werden. Als persönliche Merkmale iSd Abs. 5 S. 2 kommen außer den im Gesetz erwähnten (unter die etwa eine HIV-Infektion und Gewaltbereitschaft fallen) zahlreiche in Betracht: Augen- und Haarfarbe, Körper- und Schuhgröße, Muttermale, Narben, Tätowierungen, Piercings, gesprochene Dialekte oder Sprachen, dominante Hand, besondere Befähigungen (Nahkampfausbildung, Pilotenlizenz etc), Geh-, Sprach-, Sehbehinderungen und Ähnliches, sonstige auffallende Körpermerkmale (etwa stark abstehende Ohren) oder Drogenabhängigkeit oder (vgl. auch Hornmann HSOG Rn. 73). **155**

Der besonderen Sensibilität solcher persönlichen Merkmale trägt das Gesetz dadurch Rechnung, dass sie nur für drei abschließend aufgezählte Zwecke erhoben werden dürfen, wenn sie nicht „gefahren- oder tatbezogen" sind. Als gefahren- oder tatbezogen sind solche Merkmale nur dann anzusehen, wenn die behördliche Kenntnis davon etwas zur Gefahrenabwehr oder zur vorbeugenden Bekämpfung von Straftaten beitragen kann. Dies kann im Einzelnen zu Abgrenzungsfragen führen. Grundsätzlich dürfte ein persönliches Merkmal der oben genannten Art umso „gefahren- oder tatferner" je „persönlichkeitsnäher" es ist (vgl. auch das Bsp. bei Meixner/Fredrich, 12. Aufl. 2016, Rn. 22). **156**

Nicht gefahren- oder tatbezogene persönliche Merkmale dürfen nur erhoben werden, soweit dies für Identifizierungszwecke (typische „erkennungsdienstliche" Daten, vgl. §§ 18, 19), zum Schutz des Betroffenen selbst (Daten, die auf eine besondere Schutzbedürftigkeit hinweisen, vgl. § 32 Abs. 1 Nr. 1) oder zum Schutz der Bediensteten der Gefahrenabwehr- und Polizeibehörden (also Daten zur „Eigensicherung", vgl. § 36 Abs. 3) erforderlich ist. In der Praxis schlagen sich entsprechende Datenerhebungen in der Speicherung standardisierter personenbezogener Hinweise wie „gewalttätig", „bewaffnet", „BtM-Konsument", „geisteskrank" oder „Ansteckungsfahr" nieder (vgl. auch Pausch/Dölger PolR Hessen Rn. 185). **157**

Daten, die zu den besonderen Kategorien personenbezogener iSd § 41 Nr. 15 HDSIG gehören – und damit häufig den nicht gefahren- oder tatbezogenen Merkmallen unterfallen –, dürfen nach Abs. 5 S. 2 verarbeitet werden, wenn dies „unbedingt erforderlich" ist. **158**

Die besonderen Kategorien personenbezogener Daten in diesem Sinne sind solche, aus denen die rassische und ethnische Herkunft, politische Meinungen, religiöse oder weltanschauliche Überzeugungen oder die Gewerkschaftszugehörigkeit hervorgehen, sowie die Verarbeitung von genetischen Daten, biometrischen Daten zur eindeutigen Identifizierung einer natürlichen Person, Gesundheitsdaten oder Daten zum Sexualleben oder der sexuellen Orientierung einer natürlichen Person. **158.1**

Damit setzt Abs. 5 S. 2 die Vorgaben von Art. 10 lit. c JI-RL um, der zudem verlangt, dass geeignete Garantien für die Rechte und Freiheiten der betroffenen Person getroffen wurden (vgl. → Rn. 50 ff.). **159**

Zu anderen als zu den drei genannten Zwecken dürfen die Daten nach Abs. 5 S. 1 und S. 2 nach S. 3 nur mit „Zustimmung" der betroffenen Person verarbeitet werden. Auch hier wird der Begriff der Zustimmung in Anlehnung an den entsprechenden Begriff des BGB (§ 182 BGB) verstanden (für den der Einwilligung → Rn. 36), wobei umstritten ist, ob nur die vorherige Zustimmung (Einwilligung, § 183 BGB) erfasst ist (so Hornmann HSOG Rn. 74), oder ob auch die nachträgliche Zustimmung (Genehmigung, § 184 BGB) ausrei- **160** chen soll (so Fredrich Rn. 22). Die erstgenannte Auffassung verdient insbesondere deshalb den Vorzug, weil die mit der letztgenannten sachlogisch verbundene Annahme einer bis zur Genehmigung „schwebend rechtswidrigen" Datenverarbeitung dem System des Verwaltungsrechts fremd wäre.

X. Erhebung bei Betroffenen und Dritten, offene und verdeckte Erhebung

161 Gemäß Abs. 6 und Abs. 7 sind personenbezogene Daten grundsätzlich bei der betroffenen Person (zum Begriff → Rn. 17) und offen zu erheben.

1. Grundsatz der Direkterhebung (Abs. 6)

162 Der Grundsatz, dass personenbezogene Daten bei der betroffenen Person zu erheben sind, der auch als Direkterhebung bezeichnet wird (vgl. Lisken/Denninger PolR-HdB/Petri G, 6. Aufl. 2018, Rn. 528), ist ebenfalls der grundrechtlichen Gewährleistung der informationellen Selbstbestimmung geschuldet. In deren Zentrum steht das Recht, grundsätzlich selbst über die Preisgabe und Verwendung der eigenen Daten zu entscheiden (→ Rn. 1, → § 12 Rn. 1). Dies beinhaltet auch das Recht, von ihrer Erhebung zu erfahren, womit sich durch eine Datenerhebung bei Dritten die Eingriffsintensität erhöht (Lisken/Denninger PolR-HdB/Petri, 6. Aufl. 2018, G Rn. 529).

163 Der bisher unbeschränkte Grundsatz der Direkterhebung in S. 1 wurde durch das Hessische Gesetz zur Anpassung des Hessischen Datenschutzrechts an die Verordnung (EU) Nr. 2016/679 und zur Umsetzung der Richtlinie (EU) Nr. 2016/680 und zur Informationsfreiheit v. 3.5.2018 (HessGVBl. 82) auf den Anwendungsbereich der JI-RL in Strafsachen und damit auf die Erhebung personenbezogener Daten zu Zwecken des § 40 HDSIG-E beschränkt; da sich der Grundsatz der Direkterhebung von personenbezogenen Daten bei der betroffenen Person in der DS-GVO nicht findet, hielt der Gesetzgeber die unbedingte Beibehaltung des Grundsatzes nicht für erforderlich (vgl. LT-Drs. 19/5728, 182).

164 Eine Ausnahme vom Grundsatz der Direkterhebung sieht Abs. 6 S. 1 zunächst für Datenerhebungen nach Abs. 1 Nr. 1 und Nr. 2 (Erhebung von Daten mit tatsächlicher oder mutmaßlicher Einwilligung des Betroffenen oder aus allgemein zugänglichen Quellen) vor (eingehend → Rn. 33 ff.). Im erstgenannten Fall liegt die Datenerhebung regelmäßig im Interesse des Betroffenen selbst, im zweitgenannten Fall liegt – wenn überhaupt (→ Rn. 40 ff.) – nur ein marginaler Grundrechtseingriff vor, sodass es unproblematisch erscheint, den Gefahrenabwehr- und Polizeibehörden hier keine umständliche Datenerhebung beim Betroffenen selbst abzuverlangen (so auch Lisken/Denninger PolR-HdB/Petri, 6. Aufl. 2018, G Rn. 162 f. mit Einschränkungen für die mutmaßliche Einwilligung).

165 Für den Fall, dass die Daten weder mit (mutmaßlicher) Einwilligung noch aus allgemein zugänglichen Quellen erhoben werden sollen, sieht Abs. 6 S. 2 eine weitere Ausnahme vor: Ohne die Mitwirkung der betroffenen Person können Daten danach von anderen Behörden, öffentlichen Stellen oder Dritten beschafft werden, wenn sonst die Erfüllung gefahrenabwehrbehördlicher oder polizeilicher Aufgaben gefährdet oder erheblich erschwert würde.

165.1 Da der Grundsatz der Direkterhebung nicht zuletzt eine Ausprägung der Verhältnismäßigkeit ist (vgl. Lisken/Denninger PolR-HdB/Petri, 6. Aufl. 2018, G Rn. 161), darf bei der Prognose darüber, ob die Erfüllung der Aufgabe gefährdet oder erheblich erschwert würde, nicht (zumindest nicht primär, → Rn. 165.2) auf den mit der Direkterhebung verbundenen Arbeitsaufwand oder die Bequemlichkeit seiner Nichteinhaltung abgestellt werden (vgl. allg. zum verwaltungsrechtlichen Verbot, sich die Durchführung der eigenen Arbeit zu erleichtern BVerwG BayVBl. 2000, 380; Hornmann HSOG § 5 Rn. 14, Hornmann HSOG § 11 Rn. 39 mwN); vielmehr ist zu klären, ob die Aufgabenerfüllung durch die – wenn auch aufwendigere – Direkterhebung im Ergebnis gefährdet oder erheblich erschwert wäre.

165.2 Nur wenn dies der Fall ist – etwa weil die betroffene Person im Fall der Direkterhebung voraussichtlich „Gegenmaßnahmen" ergreifen würde, ihre Angaben in objektivierbarer Weise überprüft werden müssen oder die Zeit für ein Herantreten an sie zu knapp ist – sind ist die Ausnahmegründe gegeben. Dann ist es freilich auch unschädlich, dass mit der Ergebung bei Dritten zugleich ein „bequemerer" Weg gewählt wird.

165.3 In Bezug auf die Wendung „andere Behörden, öffentliche Stellen oder von Dritten" weicht das – wohl unbewusst – von den Definitionen des HDSG ab: Dritte im Sinne des HDSOG sind auch öffentliche Stellen (vgl. §§ 2 Abs. 3, 3 Abs. 1 HDSG, § 6 HDSG).

An die wesentliche Erschwerung der Aufgabenerfüllung sind insoweit geringere Anforderungen zu stellen als an ihre Gefährdung; wie der Vergleich mit Abs. 7 deutlich macht, versteht der Gesetzgeber die Gefährdung der Aufgabenerfüllung als „wesensgleiche" Steigerung ihrer wesentlichen Erschwerung. 166

2. Grundsatz der offenen Erhebung (Abs. 7)

In engem Zusammenhang mit der Direkterhebung gem. Abs. 6 steht der in Abs. 7 normierte Grundsatz der Offenheit polizei- und gefahrenabwehrbehördlicher Datenerhebung. Der gesetzliche „Normalfall" ist insoweit eine offene Datenerhebung bei der betroffenen Person; denkbar sind aber auch eine offene Datenerhebung bei Dritten (insoweit nur an Abs. 6 zu messen), eine verdeckte Datenerhebung beim Betroffenen (insoweit nur an Abs. 7 zu messen) und eine verdeckte Datenerhebung bei Dritten (an Abs. 6 und Abs. 7 zu messen). 167

Vor allem für die Polizei kommt in dem Grundsatz der offenen Datenerhebung eine spezifische verfassungsrechtliche Verankerung zum Ausdruck, da diese im Rechtsstaat des Grundgesetzes prinzipiell keine „Geheimpolizei" ist (Lisken/Denninger PolR-HdB/Petri, 6. Aufl. 2018, G Rn. 537 mwN; Hornmann HSOG Rn. 79; BVerfG NJW 2013, 1499 Rn. 115 ff., 121 in Abgrenzung zu den Geheimdiensten). Im Hinblick auf die weitreichenden Eingriffsbefugnisse der Polizei, gilt für sie das allgemeine Gebot der Offenheit und Erkennbarkeit staatlichen Handelns (vgl. dazu mwN Lisken/Denninger PolR-HdB/Denninger, 5. Aufl. 2012, D Rn. 206 aE) in besonderem Maße. 168

Indessen erforderte die Aufgabenwahrnehmung der Polizeibehörden schon immer auch Ermittlungen, die gegenüber den Betroffenen zunächst verdeckt erfolgen. Die gesetzlichen Grundlagen dafür sind in den letzten Jahrzehnten vor allem im Zusammenhang mit der jüngsten Polizeiaufgabe der vorbeugenden Bekämpfung von Straftaten (→ Rn. 73) erheblich ausgedehnt worden. Dem entsprechend sieht das HSOG – wie andere Landespolizeigesetze – mittlerweile in den §§ 15–17 eine beachtliche Zahl von Maßnahmen vor, die ihrem Wesen nach heimlich sind, sich also von vorneherein als verdeckte Datenerhebungen iSd Abs. 7 darstellen. 169

Im Einzelnen sind dies das automatische Kennzeichenlesesystem (§ 14a), die Observation (§ 15 Abs. 1, Abs. 2), der Einsatz technischer Mittel (§ 15 Abs. 1, Abs. 2), der „großer Lauschangriff" (§ 15 Abs. 4, Abs. 5), die Telekommunikationsüberwachung (einschließlich Funkzellenauswertung, „Quellen-TKÜ", Verkehrsdatenabfrage und „IMSI-Catcher" (§§ 15a, 15b), der Einsatz von verdeckten Ermittlern und V-Personen (§ 16) und die polizeiliche Beobachtung (§ 17). 169.1

Auf diese Maßnahmen findet die Regelung des Abs. 7 zwar ebenfalls Anwendung, sie wird jedoch inhaltlich dadurch überlagert, dass die Vorschriften jeweils eigene gleichartige oder strengere Subsidiaritäts- oder Erforderlichkeitsanforderungen in Bezug auf die Anwendung der Maßnahme aufrichten. 170

Praktische Bedeutung behält Abs. 7 daher vor allem für solche Formen der Datenerhebung, die nicht schon sachlogisch als verdeckte angelegt sind. Das sind in erster Linie die „unbenannten" polizei- und gefahrenabwehrbehördliche Datenerhebungen nach § 13 Abs. 1, Abs. 2 sowie § 14 Abs. 1. 171

En passant definiert Abs. 7 S. 2 zunächst die verdeckte Datenerhebung als eine solche, die nicht als gefahrenabwehrbehördliche oder polizeiliche Maßnahme erkennbar sein soll. Damit ist klargestellt, dass es für die Verdecktheit auf die verfolgte Absicht ankommt, die Maßnahme gegenüber dem Betroffenen als staatliche zu verschleiern, sei es durch Verbergen oder durch Täuschen (vgl. auch Lisken/Denninger PolR-HdB/Petri, 6. Aufl. 2018, G Rn. 541). 172

Es liegt somit keine verdeckte Datenerhebung vor, wenn es an dieser Absicht fehlt, die Maßnahme aber trotzdem nicht als behördliche erkannt wird (etwa weil ein nicht uniformierter Polizist sich zwar als solcher vorstellt, dies aber überhört wird); liegt dagegen die Absicht vor, die Maßnahme wird aber trotzdem erkannt (etwa wegen des Argwohns der beobachteten Person), liegt Verdecktheit vor. 172.1

Von Bedeutung ist die Legaldefinition des Abs. 7 S. 2 vor allem im Zusammenhang mit den Protokollierungs-, Auskunfts- und Unterrichtungsregelung der §§ 28, 29; § 29 Abs. 6 Abs. 6 statuiert eine Pflicht zur Unterrichtung der von eingriffsintensiven verdeckten Datenerhebung betroffenen Personen nach Abschluss der Maßnahme. 173

174 Der Grundsatz der Offenheit der Datenerhebung in Abs. 7 S. 1 trägt der Tatsache Rechnung, dass die Heimlichkeit einer in Grundrechte eingreifenden staatlichen Ermittlungsmaßnahme zur Erhöhung des Gewichts der gesetzgeberischen Freiheitsbeeinträchtigung führt (vgl. BVerfGE 120, 378 (402 f.); 107, 299 (321); 115, 166 (194); 115, 320 (353)). Dem Betroffenen wird durch die Heimlichkeit des Eingriffs vorheriger Rechtsschutz faktisch verwehrt und nachträglicher Rechtsschutz kann zumindest erschwert werden (vgl. BVerfGE 113, 348 (383 f.); BVerfG NJW 2007, 2464 (2470 f.)). Er kann also nicht selbst darauf hinwirken, die Eingriffsintensität durch erfolgreichen Rechtsschutz zu verringern, etwa für die Zukunft zu beseitigen. Die Heimlichkeit staatlicher Informationseingriffe betrifft darüber hinaus – im Hinblick auf potentielle Einschüchterungs- oder Verunsicherungseffekte bei den Bürgern – die Gesellschaft insgesamt (vgl. BVerfGE 93, 181 (188); 100, 313 (381); 107, 299 (328); 109, 279 (354 f.)).

175 Folgerichtig lässt Abs. 7 S. 2 – anders als Abs. 6 – als Grund für eine verdeckte Datenerhebung in der ersten Alternative nicht schon die Gefährdung oder erhebliche Erschwerung der Aufgabenerfüllung durch Datenerhebung auf andere Weise genügen (→ Rn. 166), sondern erst die erhebliche Gefährdung. Für die insoweit zu erstellende Prognose gilt hier umso mehr, dass nicht auf den Arbeitsaufwand für die offene oder die Bequemlichkeit der verdeckten Datenerhebung, sondern auf die Erfüllung der Aufgabe im Ergebnis abzustellen ist (vgl. → Rn. 165.1).

176 Nach der Alt. 2 kann die Datenerhebung darüber hinaus ausnahmsweise verdeckt erfolgen, wenn anzunehmen ist, dass dies dem überwiegenden Interesse der betroffenen Person entspricht. Das kommt etwa dann in Betracht, wenn mit einem offenen polizeilichen Auftreten die betroffene Person der Gefahr ausgesetzt würde, in ihrem Umfeld in Misskredit zu geraten (vgl. zur Parallelproblematik bei der sog. Gefährderansprache durch die Polizei Lisken/Denninger PolR-HdB/Rachor, 5. Aufl. 2012, E Rn. 758).

177 Umstritten ist, ob die Annahme eines überwiegenden Interesses der betroffenen Person an der verdeckten Datenerhebung sich nur auf das aus ex-ante-Sicht der Polizei objektive Interesse zu beziehen hat (so Fredrich Rn. 27: „'Interesse' ist das objektive Interesse, nicht dasjenige, was jemand subjektiv als in seinem Interesse liegend empfindet") oder ob auch – soweit bekannt – die subjektive Einschätzung des Betroffenen zu beachten ist, etwa die Aussage einer besonders gefährdeten Person, sie lehne eine verdeckte Beobachtung und Datenerhebung in ihrem Umfeld ab (so Lisken/Denninger PolR-HdB/Petri, 6. Aufl. 2018, G Rn. 540 mit dem Verweis, dass dies allerdings Zurechnungsfähigkeit voraussetze; unentschieden Hornmann HSOG Rn. 81).

178 Die erstgenannte Auffassung ist für eine Norm, die dem Grundrechtsschutz des Betroffenen dient widersinnig. Sollte unter Schutzpflichtgesichtspunkten eine verdeckte Datenerhebung gegen den Willen eines Betroffenen zur Abwehr ihm drohender Gefahren tatsächlich geboten sein, ist die Verdecktheit mit der erheblichen Gefährdung der Aufgabenerfüllung iSd Abs. 7 S. 1 Alt. 1 zu begründen, statt ein vermeintliches „objektives Interesse" gegen das geäußerte subjektive Interesse in Stellung zu bringen.

XI. Hinweis- und Mitteilungspflichten (Abs. 8)

179 Die in Abs. 8 vorgesehenen Hinweis- und Mitteilungspflichten ergänzen die Form- und Verfahrensvorschriften, die bei den in §§ 14–19 (→ Rn. 144 ff.) speziell geregelten Informationseingriffen vorgesehen sind, soweit diese als offene Datenerhebungen vorgesehen sind (vgl. → Rn. 175).

180 Die Hinweispflicht des Abs. 8 S. 1 erfasst insoweit die offene Datenerhebung bei der betroffenen Person (→ Rn. 161, → Rn. 17) und bei Dritten (→ Rn. 27.1); mit der Freiwilligkeit der Auskunft oder der Auskunftspflicht als Gegenstand des vorgeschriebenen Hinweises knüpft die Regelung an das Bestehen oder Fehlen einer Auskunftspflicht gem. § 12 Abs. 1–3 an (→ § 12 Rn. 36 ff.). Entsprechend der im Widerspruch zu den Definitionen des HDSIG stehenden Terminologie des Abs. 6 (→ Rn. 165.3) sind mit Dritten im Sinne der Vorschrift nicht andere Behörden oder öffentliche Stellen gemeint (Fredrich Rn. 28); auf diese bezieht sich die Hinweispflicht somit nicht.

181 Erfolgt die Erhebung bei der betroffenen Person (→ Rn. 161; → Rn. 17), ist dieser auch die beabsichtigte Verarbeitung (vgl. zu deren Formen → Rn. 30) mitzuteilen; also solche kommt insbesondere die Speicherung und Datenweitergabe nach §§ 20 ff. in Betracht.

Hinweis und Mitteilung können im Einzelfall unterbleiben, wenn sie die Erfüllung der gefahrenabwehrbehördlichen oder polizeilichen Aufgaben gefährden oder erheblich erschweren würden. Für die Prognose gelten die Kriterien, die auch im Rahmen der gleichen Formulierung von Abs. 6 S. 2 heranzuziehen sind (→ Rn. 165 ff.). 182

Auf eine Verpflichtung zur Mitteilung der Rechtsgrundlagen der Erhebung durch die Gefahrenabwehr- oder Polizeibehörde hat der Gesetzgeber verzichtet. Bei der Erhebung aufgrund einer Auskunftspflicht versteht sich eine entsprechende Mitteilung indessen von selbst; bei Freiwilligkeit der Auskunft bleibt es dem Bürger unbenommen, danach zu fragen. Ist die Freiwilligkeit offenkundig, zB weil der Bürger von sich aus Angaben macht (→ Rn. 27), ist auch der Hinweis auf eine Auskunftspflicht nicht erforderlich. 183

XII. Freiwilligkeit der Einwilligung nach JI-RL (Abs. 9)

Der mit dem Hessischen Gesetz zur Anpassung des Hessischen Datenschutzrechts an die Verordnung (EU) Nr. 2016/679 und zur Umsetzung der Richtlinie (EU) Nr. 2016/680 und zur Informationsfreiheit v. 3.5.2018 (HessGVBl. 82) eingefügte Abs. 9 geht auf Erwägungsgrund 35 JI-RL zurück, der sich mit Fragen der Einwilligung bei Datenerhebungen zum Zwecke der Verhütung, Ermittlung, Aufdeckung oder Verfolgung von Straftaten oder der Strafvollstreckung, einschließlich des Schutzes vor und der Abwehr von Gefahren für die öffentliche Sicherheit befasst. 184

In Erwägungsgrund 35 JI-RL heißt es unter anderem: „Bei der Wahrnehmung der ihnen als gesetzlich begründeter Institution übertragenen Aufgaben, Straftaten zu verhüten, zu ermitteln, aufzudecken und zu verfolgen, können die zuständigen Behörden natürliche Personen auffordern oder anweisen, ihren Anordnungen nachzukommen. In einem solchen Fall sollte die Einwilligung der betroffenen Person im Sinne der VO (EU) 2016/679 keine rechtliche Grundlage für die Verarbeitung personenbezogener Daten durch die zuständigen Behörden darstellen. Wird die betroffene Person aufgefordert, einer rechtlichen Verpflichtung nachzukommen, so hat sie keine echte Wahlfreiheit, weshalb ihre Reaktion nicht als freiwillig abgegebene Willensbekundung betrachtet werden kann. Dies sollte die Mitgliedstaaten nicht daran hindern, durch Rechtsvorschriften vorzusehen, dass die betroffene Person der Verarbeitung ihrer personenbezogenen Daten für die Zwecke dieser Richtlinie zustimmen kann, beispielsweise im Falle von DNA-Tests in strafrechtlichen Ermittlungen oder zur Überwachung ihres Aufenthaltsorts mittels elektronischer Fußfessel zur Strafvollstreckung." 184.1

Die dortigen Vorgaben hat der Gesetzgeber für Datenerhebungen nach Abs. 1 Nr. 1 in die neue Regelung des Abs. 9 übernommen, neben einem Verweis auf § 46 HDSIG, der weitere allgemeinere Regelungen für die Einwilligung bei Datenerhebungen zur Gefahrenabwehr, Straftatenverhütung oder – hier nicht einschlägigen (→ Rn. 31) – Strafverfolgung betrifft. 185

Die Wirksamkeit der Einwilligung hängt also davon ab, dass die betroffene Person eine echte Wahlfreiheit hat und nicht aufgefordert oder angewiesen wird, einer rechtlichen Verpflichtung nachzukommen (etwa in den Fällen einer Auskunftspflicht nach § 12 Abs. 2); Des Weiteren ist die betroffene Person ist auf die Freiwilligkeit hinzuweisen. 186

Für die – seltenen – Fälle, dass nach dem HSOG Daten erhoben werden, die nicht der Verhütung, Ermittlung, Aufdeckung, Verfolgung oder Ahndung von Straftaten oder Ordnungswidrigkeiten, einschließlich des Schutzes vor und der Abwehr von Gefahren für die öffentliche Sicherheit (§ 40 HDSIG), gelten die unmittelbar anwendbaren Regelungen der Art. 6 Abs. 1 lit. a DS-GVO, Art. 7 DS-GVO, Art. 9 Abs. 2 lit. a DS-GVO; dies stellt der letzte Hs. klar. 187

§ 13a Zuverlässigkeitsüberprüfung zum Schutz staatlicher Einrichtungen und Veranstaltungen

(1) [1]Soweit das Hessische Sicherheitsüberprüfungs- und Verschlusssachengesetz oder ein anderes Gesetz keine Sicherheitsüberprüfung vorsieht, können die Polizeibehörden Personen einer Zuverlässigkeitsüberprüfung unterziehen, die

1. eine Tätigkeit als Bedienstete anstreben

a) in einer Behörde mit Vollzugsaufgaben,

b) in einer anderen öffentlichen Stelle, bei der sie regelmäßig Zugriff auf Personalaktendaten von Bediensteten haben, die bei einer Behörde mit Vollzugsaufgaben verwendet werden, oder
c) in besonders gefährdeten Liegenschaften öffentlicher Stellen,
2. selbstständige Dienstleistungen zur Unterstützung von Vollzugsaufgaben erbringen wollen,
3. unbegleiteten Zutritt zu Liegenschaften von Behörden mit Vollzugsaufgaben oder Liegenschaften öffentlicher Stellen, die besonders gefährdet sind, erhalten sollen, ohne den in Nr. 1 und 2 genannten Personengruppen anzugehören,
4. Zugang zu Vergabe- und Vertragsunterlagen haben, aus denen sich sicherheitsrelevante Funktionszusammenhänge, insbesondere aus baulichen und betrieblichen Anforderungen für Liegenschaften der Polizei oder der Justiz ergeben,
5. die Zulassung zum Besuch von Gefangenen oder Untergebrachten in einer Justizvollzugseinrichtung begehren oder
6. beratend oder unterstützend für eine Behörde oder öffentliche Stelle tätig sein sollen und dies im begründeten Einzelfall erforderlich ist; mit Ausnahme von anlass- und einzelfallbezogenen Zuverlässigkeitsüberprüfungen gilt dies im Bereich der Extremismusprävention einmalig für den Beginn der staatlich geförderten Tätigkeit sowie nicht für Einrichtungen der Weiterbildung nach § 1 Abs. 1 oder 2 des Hessischen Weiterbildungsgesetzes vom 25. August 2001 (GVBl. I S. 370) in der jeweils geltenden Fassung, einen anerkannten Träger der freien Jugendhilfe nach § 75 des Achten Buches Sozialgesetzbuch oder Träger der außerschulischen Jugendbildung nach § 36 des Hessischen Kinder- und Jugendhilfegesetzbuchs vom 18. Dezember 2006 (GVBl. I S. 698) in der jeweils geltenden Fassung.

[2]Eine Zuverlässigkeitsüberprüfung kann ferner durchgeführt werden bei Personen, für die ein privilegierter Zutritt zu einer Veranstaltung einer Behörde oder öffentlichen Stelle beantragt wird.

(2) [1]Die Polizeibehörde kann die Identität der Person feststellen, deren Zuverlässigkeit überprüft werden soll, und zu diesem Zweck von ihr vorgelegte Ausweisdokumente kopieren oder Kopien von Ausweisdokumenten anfordern. [2]Die Überprüfung erfolgt mit Einwilligung der betroffenen Person anhand von Datenbeständen der Polizeien des Bundes und der Länder, im Fall von Erkenntnissen über Strafverfahren auch der Justizbehörden und Gerichte sowie, soweit im Einzelfall erforderlich, des Landesamts für Verfassungsschutz. [3]Im Fall des Abs. 1 Satz 1 Nr. 1 Buchst. a ist eine Überprüfung der betroffenen Personen anhand von Datenbeständen des Landesamts für Verfassungsschutz regelmäßig erforderlich. [4]Für die Einwilligung gilt § 46 des Hessischen Datenschutz- und Informationsfreiheitsgesetzes. [5]Der betroffenen Person ist zudem mitzuteilen, wo sie weitere Auskünfte zu dem Verfahren erhalten kann und dass sie sich gleichfalls an den Hessischen Datenschutzbeauftragten wenden kann. [6]Ihr ist Gelegenheit zur Stellungnahme zu geben.

(3) [1]Entscheidet die für die Überprüfung zuständige Polizeibehörde nicht zugleich auch über die Zuverlässigkeit, unterrichtet sie die ersuchende Stelle darüber, ob sicherheitsrelevante Erkenntnisse vorliegen, gegebenenfalls durch Angabe von
1. Deliktsbezeichnung,
2. Tatort,
3. Tatzeit,
4. Ausgang des Verfahrens, soweit feststellbar, sowie
5. Name und Aktenzeichen der sachbearbeitenden Justiz- oder Polizeibehörde.

[2]Bei anderen als Gefahrenabwehr- und Polizeibehörden sowie Justizbehörden beschränkt sich die Rückmeldung auf die Auskunft, ob Sicherheitsbedenken vorliegen. [3]Die Rückmeldung des Landesamts für Verfassungsschutz erfolgt an die ersuchende Stelle. [4]Der Datenaustausch kann in einem gemeinsamen Verfahren nach Maßgabe des § 58 des Hessischen Datenschutz- und Informationsfreiheitsgesetzes stattfinden.

(4) [1]In den Fällen des Abs. 1 Satz 1 Nr. 2 bis 6 sowie Satz 2 sind mit Einwilligung der betroffenen Person Wiederholungsüberprüfungen zulässig, wenn seit der letzten Überprüfung mindestens ein Jahr vergangen ist und kein Grund zu der Annahme besteht, dass die Voraussetzungen des Abs. 1 nicht mehr vorliegen. [2]Wiederholungsüberprüfungen können in den Fällen des Abs. 1 Satz 2 auch in Bezug auf gleichartige Veranstaltungen durchgeführt werden. [3]Werden Wiederholungsüberprüfungen auf Ersuchen durchgeführt, unterrichtet die ersuchende Behörde die Polizeibehörde über den Wegfall der Voraussetzungen des Abs. 1.

(5) [1]Nach Abschluss der Überprüfung speichert die Polizeibehörde die Verfahrensunterlagen zu Dokumentationszwecken bis zum Ende des Jahres, das dem Jahr des Abschlusses folgt. [2]Finden Wiederholungsüberprüfungen statt oder wird die betroffene Person aus einem anderen Anlass erneut einer Zuverlässigkeitsüberprüfung unterzogen, dürfen die Unterlagen auch für diesen Zweck verarbeitet werden; sie sind bis zum Ende des Jahres zu speichern, das der Abmeldung oder der Feststellung der fehlenden Zuverlässigkeit folgt.

(6) Die Befugnisse nach § 13 Abs. 1 Nr. 2 bis 4, Abs. 2 sowie den §§ 14 bis 26 bleiben unberührt.

Überblick

Auszug aus der VVHSOG (nicht an die aktuelle Gesetzeslage angepasst und gem. Erlass des Hessischen Ministeriums des Innern und für Sport v. 29.11.2022 (StAnz. 50/2022, 1384) zum 1.1.2025 mangels eines erneuten Verlängerungserlasses ersatzlos außer Kraft getreten):

Zu § 13a

13a Zuverlässigkeitsüberprüfungen zum Schutz staatlicher Einrichtungen und Veranstaltungen

13a.1

Zu Abs. 1

13a.1.1

Das Hessische Sicherheitsüberprüfungsgesetz (HSÜG) geht vor. Es schreibt Sicherheitsüberprüfungen unter Mitwirkung des Landesamtes für Verfassungsschutz vor, wenn eine Berechtigung zum Umgang mit Verschlusssachen erteilt werden soll oder Bedienstete an Arbeitsplätzen eingesetzt werden sollen, die besonders sabotagegefährdet sind. Neben dem HSÜG gehen andere vergleichbare Gesetze ebenso vor.

13a.1.2

Abs. 1 Satz 1 lässt eine polizeiliche Zuverlässigkeitsüberprüfung zum Schutz von Behörden mit Vollzugsaufgaben zu. Behörden mit Vollzugsaufgaben sind dabei insbesondere die Polizeibehörden und andere Behörden, deren Bedienstete zur Anwendung unmittelbaren Zwanges befugt sind. Nr. 1 Buchst. a erfasst insbesondere Bewerberinnen und Bewerber für den Polizeivollzugsdienst des Landes. Nr. 1 Buchst. b ermöglicht es, auch Personen zu überprüfen, die zwar nicht bei einer Vollzugsbehörde selbst tätig werden wollen, sich aber um eine Tätigkeit bei einer anderen öffentlichen Stelle bemühen, bei der sie regelmäßig mit Personalaktendaten (§ 50 BeamtStG) der Bediensteten von Vollzugsbehörden befasst sind. Dies trifft namentlich auf Mitarbeiterinnen und Mitarbeiter der Hessischen Bezügestelle zu, die Zugriff auf die Personaldaten von Vollzugskräften haben, unter denen sich zum Beispiel auch die verdeckt ermittelnden Personen, Zeugenschutzbeamtinnen und Zeugenschutzbeamte befinden. Anders als beim HSÜG besteht keine Verpflichtung der Behörden, eine Überprüfung der Bediensteten durchzuführen.

13a.1.3

Nr. 2 gestattet eine Überprüfung von Personen, die nicht in die Behörde integriert sind, sondern als Selbständige Dienstleistungen zur Unterstützung von Vollzugsaufgaben erbringen wollen. [2]Erfasst werden davon insbesondere Dolmetscherinnen und Dolmetscher, wenn sie beantragen, in einer Liste geführt zu werden, auf die die Behörde im Bedarfsfall zur Auftragserteilung zurückgreift.

13a.1.4

Nr. 3 betrifft Personen, die berechtigt sein sollen, sich auf den Liegenschaften der Vollzugsbehörden ohne Begleitung frei zu bewegen, zum Beispiel Mitarbeiterinnen und Mitarbeiter von Firmen, die Bewachungsaufgaben in Liegenschaften der Polizei ausführen oder von Firmen, die vom Hessischen Immobilienmanagement beauftragt werden.

13a.1.5

Nr. 4 erfasst Personen, die im Rahmen von Baumaßnahmen als Interessenten, Bieter bzw. Vertragspartner Kenntnisse über sicherheitsrelevante Funktionszusammenhänge für Polizei- oder Justizliegenschaften erhalten (zum Beispiel Architekten, Handwerker, Fachplaner).

13a.1.6

Nr. 5 betrifft in Übereinstimmung mit den geplanten Regelungen hessischer Vollzugsgesetze Besucherinnen und Besucher von Justizvollzugseinrichtungen.

13a.1.7

Satz 2 befasst sich mit staatlichen Veranstaltungen. Zu den Personen mit privilegiertem Zutritt gehören insbesondere Servicepersonal und Journalistinnen und Journalisten. [3]Nicht erfasst wird das normale Publikum bei einer öffentlichen Veranstaltung.

13a.2

Zu Abs. 2

Die die Überprüfung durchführende Polizeibehörde darf mit der Einwilligung der zu überprüfenden Person, die zur Feststellung der Identität erforderlichen Maßnahmen durchführen, namentlich sich eine Kopie des Ausweises beschaffen, und auf Datenbestände zurückgreifen. Genutzt werden dürfen in einem ersten Schritt nur polizeiliche Datenbestände. Ergeben sich dabei Erkenntnisse über Strafverfahren, darf auch auf die Vorgänge der Justiz zurückgegriffen werden. Datenbestände anderer Behörden, wie derjenigen des Verfassungsschutzes, dürfen nicht genutzt werden. Der Verweis in Satz 3 auf § 7 Abs. 2 des Hessischen Datenschutzgesetzes, der die Voraussetzungen einer qualifizierten Einwilligung im Einzelnen regelt, ist dahingehend verschärft, dass die Einwilligung ausnahmslos der Schriftform bedarf. Die weiteren Auskünfte nach Satz 4 hat die die Überprüfung durchführende Polizeibehörde zu erteilen.

13a.3

Zu Abs. 3

Es wird der Fall geregelt, dass diejenige Behörde, die die Überprüfung durchführt, nicht mit derjenigen identisch ist, die über die Zuverlässigkeit zu entscheiden hat. Bei anderen als Gefahrenabwehr- und Polizeibehörden, insbesondere also beim Hessischen Immobilienmanagement, beschränkt sich die Rückmeldung nach Satz 2 auf die Auskunft darüber, ob Sicherheitsbedenken vorliegen. Zur Vereinfachung des Datenaustauschs gestattet Satz 3 durch Verweis auf § 15 HDSG die Nutzung gemeinsamer Verfahren. Damit wird es insbesondere ermöglicht, dass die beteiligten Behörden Anfrage und Überprüfungsergebnis in denselben Datensatz schreiben. Vor der Errichtung eines gemeinsamen Verfahrens ist der Hessische Datenschutzbeauftragte nach § 15 Abs. 1 HDSG zu hören.

13a.4

Zu Abs. 4

Wiederholungsüberprüfungen werden nur in den Fällen des Abs. 1 Satz 1 Nr. 2 bis 5 sowie Satz 2 zugelassen. Auch Wiederholungsüberprüfungen dürfen nur mit Einwilligung der betroffenen Person durchgeführt werden. Um Akkreditierungen zu erleichtern, die die Speicherung der Verfahrensdaten voraussetzen, werden Wiederholungsüberprüfungen in den Fällen des Abs. 1 Satz 2 auch dann zugelassen, wenn sie sich nur auf gleichartige Veranstaltungen beziehen. Strebt eine abgelehnte Person erneut eine Tätigkeit nach Abs. 1 Nr. 1 an, handelt es sich bei der vorzunehmenden Überprüfung nicht um eine Wiederholungsprüfung.

13a.5

Zu Abs. 5

Verfahrensunterlagen sind insbesondere die Antragsunterlagen mit der schriftlichen Einwilligung sowie die Überprüfungsergebnisse nach dem Abschluss des Verfahrens durch die Polizeibehörde. Zugelassener Verwendungszweck ist ausschließlich die Dokumentation des Verfahrens, bei Wiederholungsprüfungen auch deren Durchführung.

13a.6

Zu Abs. 6

Maßnahmen der Datenverarbeitung, die nicht auf die Einwilligung der betroffenen Person (vgl. § 13 Abs. 1 Nr. 1), sondern auf eine andere Rechtsgrundlage gestützt sind, können weiter angewandt werden. Veranstaltungen mit einem erhöhten Gefährdungspotential können folglich wie bisher bearbeitet werden.

Die Vorschrift enthält eine Ermächtigungsgrundlage für die polizeiliche Durchführung von Zuverlässigkeitsüberprüfungen bei Personen, die in oder im Umfeld von Behörden mit Vollzugsaufgaben tätig werden (sollen) oder Zugang zu bestimmten Veranstaltungen erhalten. Die Vorschrift ist durch die Gesetze v. 3.5.2018 (HessGVBl. 82), v. 25.6.2018 (HessGVBl. 302) und v. 29.6.2023 (HessGVBl. 456) geändert worden. Die zu § 13a erlassene Verwaltungsvorschrift (Nr. 13a ff. VVHSOG) befand sich bis zu ihrem Außerkrafttreten zum 1.1.2025 auf dem Stand v. 10.11.2015 (HeStAnz 1226), hatte also die Änderungen nicht nachvollzogen.

Übersicht

A. Allgemeines

I. Zweck, Struktur, Begriffe und systematischer Zusammenhang der Norm

Mit § 13a hat der hessischen Landesgesetzgeber durch das Artikelgesetz zur Änderung des Melderechts, des Hessischen Gesetzes über die öffentliche Sicherheit und Ordnung und des Hessischen Glückspielgesetzes v. 28.9.2015 (HessGVBl. 346) innerhalb des Normenkomplexes der §§ 12–29 eine Befugnisnorm für eine fakultative polizeiliche Überprüfung der Zuverlässigkeit bestimmter Personenkreise eingefügt. 1

Ausweislich der Stellungnahme des Hessischen Datenschutzbeauftragten in der Anhörung des Innenausschusses des Hessischen Landtags im Gesetzgebungsverfahren (AV INA/19/23, 7 ff., abrufbar unter starweb.hessen.de/cache/AV/19/INA/INA-AV-023-T1.pdf) wurde damit die Rechtsgrundlage für eine bereits bestehende Praxis geschaffen. 1.1

1. Zweck der Regelung

Zwecke der Regelung des § 13a sind der – von der materiellen Aufgabenerfüllung unabhängige – Schutz von Behörden mit Vollzugsaufgaben, anderen Behörden und staatlichen Stellen sowie der Schutz von Veranstaltungen von Behörden und anderen staatlichen Stellen. 2

Der Gesetzgeber nimmt mit der präventiven Zuverlässigkeitsüberprüfung insoweit ein Instrument in das HSOG auf, das sich bereits in anderen Gesetzen wie § 12b AtG, § 7 LuftSiG und mehreren Hafensicherheitsgesetzen der Länder findet. 3

Die Regelung des § 24 Abs. 1 S. 2 Nr. 4 macht die Durchführung solcher Zuverlässigkeitsüberprüfungen zur Voraussetzung für die Zulassung von Gefahrenabwehrbehörden zum automatisierten Abruf der personenbezogenen Daten der Polizeibehörden. 3.1

Die Zuverlässigkeitsprüfung ist begrifflich von Sicherheitsüberprüfungen nach Maßgabe der Sicherheitsüberprüfungsgesetze des Bundes und der Länder zu unterscheiden. In Hessen ist insoweit seit dem 1.1.2015 das HSÜG (Hessisches Sicherheitsüberprüfungsgesetz v. 4

19.12.2014, HessGVBl. 364) in Kraft, dessen Überschrift – neben weiteren Änderungen – durch Gesetz v. 11.12.2019 (HessGVBl. 406) neu gefasst wurden (nunmehr: Hessisches Sicherheitsüberprüfungs- und Verschlusssachengesetz (HSÜVG)). Insoweit wurde der Wortlaut von Abs. 1 S. 1 jüngst durch Gesetz v. 29.6.2023 (HessGVBl. 456) angepasst.

5 Materiell unterscheidet sich die Sicherheitsüberprüfung von der Zuverlässigkeits-überprüfung nach § 13a nicht nur durch den erfassten Personenkreis, sondern auch durch die Tatsache, dass ihre Durchführung – anders als die erstgenannte – regelmäßig im Ermessen der zuständigen Behörde steht und nicht – wie erstgenannte – unter maßgeblicher Beteiligung des Landesamts für Verfassungsschutz (vgl. § 2 Abs. 3, 4 HVSG, § 4 Abs. 6 S. 3 HVSG) stattfindet, sondern alleine durch die Polizeibehörden erfolgt.

6 Als Datengrundlage für die Zuverlässigkeitsüberprüfung nach § 13a stehen den Polizeibehörden (nur) die Datenbestände der Polizeien des Bundes und der Länder und unter bestimmten Voraussetzungen auch die der Justizbehörden und Gerichte zur Verfügung; ein Rückgriff auf die Datenbestände des Verfassungsschutzes, der nach der ursprünglichen Fassung ausgeschlossen war (vgl. zur aF noch Nr. 13a.2 VVHSOG), ist seit 2018 nach Abs. 2 S. 2 „im Einzelfall" ebenfalls möglich (vgl. zur Regelanfrage nach Abs. 2 S. 3 → Rn. 58 ff.).

6.1 Diese Erweiterung war vor dem Hintergrund des Telos der Norm sicherlich sinnvoll, um etwa rechtzeitig Erkenntnisse über extremistische Bestrebungen potentieller Beschäftigter der Behörden mit Vollzugausgaben zu erlangen.

6.2 Das Landesamt für Verfassungsschutz kann umgekehrt auf die Datenbestände der Polizei nur im Rahmen der von § 17 BKAG, §§ 4 Abs. 3, 18 HVSG vorgezeichneten Möglichkeiten Zugriff erhalten. Die Möglichkeit des Verfassungsschutzes, Einblick in die Daten im zentralen staatsanwaltschaftlichen Verfahrensregister zu erhalten, regelt § 492 Abs. 4 StPO.

7 Unklar ist, ob der Gesetzgeber bewusst zwischen der Erforderlichkeit im „Einzelfall" für den Zugriff auf die Daten des Verfassungsschutzes und „begründetem Einzelfall" (so in §§ 13a Abs. 2 Nr. 6, 25a Abs. 1, vgl. → Rn. 99 f.) differenziert hat, ob namentlich an ersteren geringere Anforderungen zu stellen sein sollen, als an letzteren.

8 Klar ist nach der Formulierung jedoch, dass die Erforderlichkeit des Zugriffs auf Daten des Verfassungsschutzes im Einzelfall nur in Fällen gegeben sein soll, in denen Erkenntnisse über Strafverfahren vorliegen, die aus den polizeilichen Datenbeständen hervorgegangen sind. Entscheidend für die Einzelfallentscheidung ist daher die Natur der Delikte; die Abfrage beim Landesamt für Verfassungsschutz kommt im Hinblick auf den Zweck der Norm (vgl. → Rn. 6.1) insbesondere bei solchen aus §§ 80–101a, 125–130a StGB in Betracht.

9 Mit Gesetz v. 29.6.2023 (HessGVBl. 456) wurde Abs. 2 S. 3 eingefügt und damit eine Regelanfrage beim Landesamt für Verfassungsschutz für Personen eingeführt, die eine Tätigkeit als Bedienstete einer Behörde mit Vollzugsaufgaben anstreben.

10 Der der Vorschrift zugrundeliegende Begriff der Zuverlässigkeit ist von dem im besonderen Verwaltungsrecht – etwa dem Gewerbe- oder Gaststättenrecht – verwendeten Begriff zu unterscheiden. Anders als dort, geht es hier weniger um die fachliche und fachbezogene persönliche Eignung der betroffenen Personen, als um das allgemein von einer Person ausgehende Sicherheitsrisiko (vgl. auch Abs. 3 S. 1: „sicherheitsrelevante Erkenntnisse").

10.1 Insofern wird eine nach § 13a unzuverlässige Person zwar häufig im sonstigen besonderen Verwaltungsrecht als unzuverlässig zu gelten haben; der Umkehrschluss dürfte jedoch seltener zutreffen.

2. Struktur der Regelung

11 Die Regelung des § 13a ist hinsichtlich ihrer Struktur als wenig geglückt anzusehen (vgl. insoweit auch Stellungnahme des Hessischen Datenschutzbeauftragten in der Anhörung des Innenausschusses des Hessischen Landtags im Gesetzgebungsverfahren, AV INA/19/23, 7 ff., abrufbar unter starweb.hessen.de/cache/AV/19/INA/INA-AV-023-T1.pdf: Die „Ausgestaltung des Überprüfungsverfahrens ist allerdings nur begrenzt verständlich" (AV INA/19/23, 8).

12 Abs. 1 trifft zunächst eine Aussage zum Anwendungsbereich der Norm im Verhältnis zu gesetzlich vorgesehenen Sicherheitsüberprüfungen (→ Rn. 3), um sodann den Personenkreis zu umschreiben, der einer Zuverlässigkeitsüberprüfung unterzogen werden kann, womit zugleich ein Teil des Tatbestands vorgegeben ist.

Abs. 2 enthält sodann mit der Einwilligung eine weitere Tatbestandsvoraussetzung für die Zuverlässigkeitsüberprüfung, räumt den Polizeibehörden Befugnisse zum Zweck ihrer Durchführung ein und normiert einen Teil des Verfahrens. Abs. 3 sieht mit dem nach Behörden und Zeitablauf abgestuften Umfang der Unterrichtung der ersuchenden Stelle – soweit eine solche vorhanden ist – weitere Verfahrensvorgaben und zugleich Rechtsfolgen vor. 13

Die Regelung des Abs. 4 enthält darüber hinaus die Voraussetzungen für Wiederholungsüberprüfungen; Abs. 5 und Abs. 6 normieren schließlich die Speicherung der Verfahrensunterlagen sowohl für Erst- als auch für Wiederholungsüberprüfungen sowie das Verhältnis zu den Befugnisnormen des HSOG in Bezug auf personenbezogene Daten. 14

3. Systematischer Zusammenhang mit anderen Normen

Betrachtet man vor dem Hintergrund der Zwecke der Norm (→ Rn. 3) den von der Zuverlässigkeitsprüfung nach Abs. 1 S. 1 und S. 2 potentiell betroffenen Personenkreis, wird der Zusammenhang mit Regelungen deutlich, die in unterschiedlichen Rechtsgebieten den gleichen Zwecken dienen, nun aber vom Gesetzgeber offensichtlich für ergänzungsbedürftig gehalten wurden. 15

Soweit Personen eine Tätigkeit als Bedienstete iSd Abs. 1 S. 1 Nr. 1 lit. a–c anstreben, können bisher über diese – soweit sie sich auf Beamtenstellen bewerben – personenbezogene Daten gem. § 86 Abs. 4 HBG zur Begründung des Dienstverhältnisses erhoben werden, wozu etwa auch Daten über Straftaten in der Vergangenheit zählen (vgl. VGH Mannheim BeckRS 2009, 30687). 16

Soweit die Personen dieses Kreises eine Tätigkeit im Angestelltenverhältnis anstreben, richtet sich die entsprechende Befugnis nach den arbeitsrechtlichen Grundsätzen über die Befugnis des Arbeitgebers, von Bewerbern die Vorlage eines Führungszeugnisses gem. § 32 BZRG oder § 30a BZRG zu verlangen bzw. entsprechende Fragen zu stellen (vgl. eingehend und mwN Joussen NZA 2012, 776). 17

Für Personen iSd Abs. 1 S. 1 Nr. 2 und Nr. 3 finden sich – soweit die Behörde, die unterstützt oder betreten werden soll, dem Justizvollzug im weiteren Sinne dient – Regelungen in § 58a HStVollzG, § 54a HUVollzG und § 58a HSVVollzG; lediglich im HessMaßrVollzG fehlt eine entsprechende Norm. 18

Für den Personenkreis des Abs. 1 S. 1 Nr. 5 sind sicherheitsbezogene Befugnisse in den Regelungen § 34 Abs. 3–5 HStVollzG, § 26 Abs. 3–5 HUVollzG, § 34 Abs. 3–5 HSVVollzG und in § 17 Abs. 2–4 HessMaßrvollzG vorgesehen. 19

Bekannt sind Befugnisse zur Zuverlässigkeitsprüfung bestimmter Personenkreise zudem aus dem Luftsicherheitsrecht (vgl. § 7 LuftSiG) und dem Gaststättenrecht (vgl. etwa § 3 NGastG, § 8 GastG LSA). 20

Als unvollständig konnte der Gesetzgeber diese Vorschriften und Grundsätze – obwohl er auf sie in der amtlichen Begründung zu § 13a mit keinem Wort eingeht (vgl. LT-Drs. 19/1979, 27) – jedenfalls insoweit ansehen, als nach der Rechtsprechung selbst bei Polizeianwärtern der Abgleich von im Rahmen des Einstellungsverfahrens nach dem Landesbeamtengesetz erhobenen personenbezogenen Daten mit Daten aus den polizeilichen Informationssystemen rechtswidrig war (VG Stuttgart BeckRS 2008, 38219; offen gelassen von VGH Mannheim BeckRS 2009, 30687). 21

Soweit auf Führungszeugnisse zurückgegriffen werden kann und darf, ist zudem zu beachten, dass diese gem. § 32 Abs. 2 BZRG, §§ 33 ff. BZRG etliche unter Umständen sicherheitsrelevante Informationen nicht enthalten. 22

Schließlich kam insoweit auch eine Datenweitergabe an andere Behörden durch die Polizeibehörden nach § 22 Abs. 2 in den meisten Fällen nicht in Betracht, weil das Verfahren der Datenweitergabe zum einen nicht als Verfahren auf Antrag einer anderen Behörde ausgestaltet ist und zum anderen der Schutz der eigenen Behörde nicht zu deren Aufgaben iSd § 22 Abs. 2 Nr. 1 gehört und die Gefahrenschwelle iSd § 22 Abs. 2 Nr. 2 regelmäßig noch nicht überschritten (gewesen) sein dürfte. 23

4. Begriffe und Stellung im Gesetz

Die Vorschrift des § 13a verwendet zahlreiche auslegungsbedürftige Begriffe. Allein aus dem Wortlaut erschließt sich schon nicht, welche Behörden als „Behörden mit Vollzugsaufga- 24 ben" anzusehen sind und ab welchem Zeitpunkt Personen in diesen eine Tätigkeit als Bedienstete „anstreben"; unklar ist des Weiteren wann eine Person „regelmäßig Zugriff" (auf Personalaktendaten) hat, anhand welcher Kriterien „Liegenschaften öffentlicher Stellen, die besonders gefährdet sind" auszumachen sind, wie der Begriff der „sicherheitsrelevanten Funktionszusammenhänge" zu definieren ist, was ein „privilegierter Zugang" (zu einer Veranstaltung einer Behörde oder öffentliche Stelle) ist und wodurch ein solcher „beantragt wird" (vgl. zu weiteren Unklarheiten → Rn. 41 ff.).

25 Schwer auszumachen ist in der Vorschrift zudem, welche Behörde/Stelle jeweils tätig wird bzw. werden darf, insbesondere wenn der Einsatz der betroffenen Person bei einer Polizeieinrichtung oder -behörde erfolgt (so auch Stellungnahme des Hessischen Datenschutzbeauftragten in der Anhörung des Innenausschusses des Hessischen Landtags im Gesetzgebungsverfahren, AV INA/19/23, 8, abrufbar unter starweb.hessen.de/cache/AV/19/INA/INA-AV-023-T1.pdf).

26 Der Gesetzgeber hat § 13a hinter die „Datenerhebungsgeneralklausel" des § 13 (→ § 13 Rn. 2) gestellt, wodurch weitere Fragen aufgeworfen werden. Der Sache nach werden durch die Zuverlässigkeitsprüfung keine „neuen" personenbezogenen Daten erhoben, sondern Daten, die bereits vorhanden sind, mit polizeilichen Datenbeständen abgeglichen und die Ergebnisse des Abgleichs ggf. innerhalb des öffentlichen Bereichs übermittelt.

27 Da man eine Tätigkeit als Bediensteter, den Zugriff auf Personalaktendaten oder den Zugang zu Vergabe- oder Vertragsunterlagen, die selbständige Erbringung von Dienstleistungen, den unbegleiteten Zugang zu Liegenschaften oder die Zulassung zum Gefangenenbesuch oder Besuch von Untergebrachten oder den privilegierten Zutritte zu einer Veranstaltung kaum anonym anstreben, erhalten, begehren oder beantragen kann, müssen die personenbezogenen Daten vor der avisierten Überprüfung – zumeist wohl durch die zu Überprüfenden selbst oder ihre Arbeitgeber – an eine Behörde oder öffentliche Stelle herangetragen worden sein.

28 Dieser Sachverhalt wird insbesondere in Abs. 2 S. 1 nicht recht deutlich, dass dieser mit der Befugnis zur Feststellung der Identität einer Person an die Terminologie des § 18 (Identitätsfeststellung und Prüfung von Berechtigungsscheinen) anknüpft; bei der in § 18 geregelten Situation treffen die Gefahrenabwehr und Polizeibehörden indessen in der Regel auf eine noch gänzlich unbekannte Person; bei der Zuverlässigkeitsüberprüfung ist dagegen der erste Schritt einer solchen Identitätsfeststellung – Personaldaten überhaupt zu erheben (sei es aktiv oder passiv) – bereits gemacht. Lediglich die auch im Rahmen von Identitätsfeststellungen nach § 18 folgende Phase – die Daten zu überprüfen, bis die Identität zweifelsfrei feststeht (→ § 18 Rn. 22) – ist noch offen (vgl. → Rn. 34).

28.1 An die Stelle des Befragens nach Personalien (im Rahmen der Identitätsfeststellung in § 18 Abs. 3 S. 2 Alt. 3) tritt hier also die Übermittlung von Personalien durch eine ersuchende Stelle oder eine Privatperson an die Polizeibehörde.

29 Gesetzessystematisch wäre es vor diesem Hintergrund sehr viel treffender gewesen, die Regelung des § 13a in einen direkten Zusammenhang mit den Vorschriften über den Datenabgleich und die Datenübermittlung zu stellen (etwa als § 24a), um zu verdeutlichen, dass es sich bei der Zuverlässigkeitsüberprüfung letztlich um einen Spezialfall des Datenabgleichs mit ggf. folgender Datenübermittlung innerhalb des öffentlichen Bereichs handelt.

II. Parallelvorschriften

30 Soweit ersichtlich, gibt es bisher Parallelvorschriften nur in § 60a BayPAG und § 51 HamPolDVG.

B. Einzelkommentierung

31 Die Vorschrift des § 13a regelt Zuverlässigkeitsüberprüfungen zum Schutz von Behörden mit Vollzugsaufgaben und zum Schutz von Veranstaltungen von Behörden unter anderem staatlichen Stellen. Damit ermächtigt sie einerseits die Polizeibehörden zur Durchführung dieser Überprüfungen, andererseits diese Behörden und Stellen, ein entsprechendes „Ersuchen" (vgl. Abs. 3 S. 1) an eine Polizeibehörde zu richten.

Da der Gesetzgeber insbesondere die Polizeibehörden selbst als Behörden mit Vollzugsaufgaben im Blick hatte (vgl. LT-Drs. 19/1979, 28), können iRd § 13a zunächst die „eigenen" polizeilichen Zuverlässigkeitsüberprüfungen von solchen unterschieden werden, die „fremd" – also von anderen Behörden – initiiert sind. Des Weiteren kann nach „behördenbezogenen" Zuverlässigkeitsüberprüfungen (Abs. 1 S. 1) und „veranstaltungsbezogenen" Zuverlässigkeitsüberprüfungen (Abs. 1 S. 2) differenziert werden. 32

I. Zuverlässigkeitsüberprüfung als Rechtsfolge

Als übergreifende Rechtsfolge sieht Abs. 1 die Befugnis der Polizeibehörden vor, Personen einer Zuverlässigkeitsprüfung zu unterziehen; diese Rechtsfolge wird sodann – ähnlich wie bei § 18 Abs. 3–5 hinsichtlich der übergreifenden Rechtsfolge „Identitätsfeststellung" (→ § 18 Rn. 21 ff.) – in § 13 Abs. 2, Abs. 3 nach den zu diesem Zweck zulässigen Maßnahmen ausdifferenziert. 33

1. Feststellung der Identität, Kopie(r)en von Ausweisdokumenten (Abs. 2 S. 1)

Die in § 13 Abs. 2 S. 1 zunächst eingeräumte Befugnis, zum Zweck der Zuverlässigkeitsprüfung die Identität der Person festzustellen, ist insoweit missverständlich formuliert, als es hier – anders als im Fall des § 18 (Identitätsfeststellung und Prüfung von Berechtigungsscheinen) – regelmäßig nicht darum geht, Personaldaten einer noch unbekannten Person erst zu erheben. Vielmehr sind hier bereits Personaldaten an die Polizeibehörde herangetragen worden und als solche bekannt (→ Rn. 27); unter Feststellung der Identität ist hier also die – für den Bereich der „aufgedrängten Daten" ohnehin zulässige (→ § 13 Rn. 23, → § 12 Rn. 21) – Entgegennahme der Personaldaten und im Zweifelsfall deren Überprüfung, bis die Identität tatsächlich sicher feststeht (→ Rn. 28), zu verstehen. 34

Damit sich die Polizeibehörde insoweit nicht auf die von der ersuchenden Stelle oder einer Privatperson übermittelten Personaldaten verlassen muss, ist sie folgerichtig auch befugt, die ihr vorgelegten Ausweisdokumente zu kopieren oder Kopien von Ausweisdokumenten anzufordern. 35

Strukturell entspricht diese Befugnis dem in § 18 Abs. 3 S. 2 Alt. 4 geregelten Verlangen, mitgeführte Ausweispapiere auszuhändigen (vgl. → Rn. 28.1). 35.1

Die amtliche Begründung zu Abs. 2 S. 1 geht über diesen klaren Wortlaut in ihrem Verständnis der Norm allerdings hinaus, in dem sie feststellt, diese gestatte es der Polizeibehörde „alle zur Feststellung der Identität erforderlichen Maßnahmen durchzuführen, namentlich sich eine Kopie des Ausweises zu beschaffen, der von der zu überprüfenden Person verwendet wird" (LT-Drs. 19/1979, 29). 36

Damit lehnt sich die amtliche Begründung an den Wortlaut des § 18 Abs. 3 an; von diesem weicht der des § 13 Abs. 2 S. 1 jedoch deutlich ab; wegen der klaren gesetzlichen Formulierung ist die Polizeibehörde entgegen dem Verständnis der amtlichen Begründung auf die Maßnahmen des Kopierens von vorgelegten Ausweisdokumenten und des Anforderns von Ausweiskopien beschränkt. Hätte der Gesetzgeber eine Befugnis zu sonstigen „erforderlichen Maßnahmen" oder eine Beschaffung von Ausweiskopien auf anderen Wegen als durch Anfordern schaffen wollen, hätte er dies nach dem Vorbild des § 18 Abs. 3 zum Ausdruck bringen müssen. 37

2. Überprüfung anhand der Datenbestände von Polizei, Justiz und Verfassungsschutz (Abs. 2 S. 2)

Als weitere Rechtsfolge – gleichsam zweite Phase – im Rahmen der Zuverlässigkeitsüberprüfung sieht § 13 Abs. 2 S. 2 die „Überprüfung […] anhand von Datenbeständen der Polizeien des Bundes und der Länder, im Fall von Erkenntnissen über Strafverfahren auch der Justizbehörden und Gerichte" vor. 38

Soweit es um die Überprüfung anhand der Datenbestände der Polizeien geht, handelt es sich dabei der Sache nach um einen Datenabgleich iSd § 25 (vgl. → § 25 Rn. 1 ff. und → Rn. 29), der sich auf die Datenbestände, die dort den „erweiterten" Abgleich kennzeichnen (INPOL-Verbund), bezieht (→ § 25 Rn. 12 ff. sowie → § 20 Rn. 121, → § 14a Rn. 109). 39

40 Der Zugriff auf Datenbestände der Justizbehörden und der Gerichte ist auf den Fall beschränkt, dass sich aus dem Abgleich mit den Datenbeständen der Polizeien des Bundes und der Länder Erkenntnisse über Strafverfahren ergeben haben. Die Formulierung „im Fall von Erkenntnissen über Strafverfahren" klärt nicht, ob damit nur laufende und / oder auch abgeschlossene Strafverfahren gemeint sind; anhand des Telos der Norm dürfte dies dahingehend zu beantworten sein, dass alle laufenden und abgeschlossenen Verfahren gemeint sind praktisch also alle in der Vergangenheit geführten und aktuell zu führenden Strafverfahren gegen die betroffene Person, die im Rahmen der Prüf- und Löschungsfristenregelungen der §§ 14–18 HSOG-DVO mangels Löschung oder Sperrung gem. § 27 Abs. 2, Abs. 3 (noch) im polizeilichen Datensystem ausgewiesen werden.

41 Die Frage, auf welche Datenbestände der Justizbehörden und Gerichte im Fall von solchen Erkenntnissen über Strafverfahren zurückgegriffen werden kann, lässt das Gesetz ebenso offen, wie die amtliche Begründung zu § 13a (vgl. LT-Drs. 19/1979, 29; vgl. zu den sich daraus ergebenden verfassungsrechtlichen Bedenken → § 14a Rn. 1.1).

42 Diese Frage lässt sich nur beantworten, wenn zunächst geklärt ist, welche Stellen genau von der Wendung „Justizbehörden und Gerichte" umfasst sein sollen. Die Verwendung dieses Begriffspaars ist in der Sache – schon für sich, vor allem aber auch im Zusammenhang mit der weiteren Terminologie der Vorschrift – verwirrend: Zunächst umfasst der Begriff Justiz sowohl in der alltagssprachlichen, als auch in der jur. Verwendung sowohl die Staatsanwaltschaften als auch die Gerichte (vgl. nur Creifelds/Weber/Cassardt/Dankelmann/Hakenberg/Kainz/König/Kortstock/Weidenkaff, Rechtswörterbuch, 20. Aufl. 2011, Stichwort „Justiz").

42.1 In diesem Sinne wird der Begriff auch vom JVEG verwendet, das das HSOG in § 3 Abs. 2 in Bezug nimmt. Auch die Ressortzugehörigkeit der Staatsanwaltschaften zu den Justizministerien zeigt in diese Richtung.

43 Sodann spricht § 13a an anderer Stelle von „der Justiz" (Abs. 1 Nr. 4) bzw. von „Justizbehörden" (Abs. 3 S. 2, hier ohne zugleich die Gerichte zu nennen). Dies könnte so zu deuten sein, dass „die Justiz" sowohl Gerichte, als auch Staatsanwaltschaften umfassen soll, während die Justizbehörden die Staatsanwaltschaften sein sollen, weil nur auf diese – als zwar der Rechtspflege dienend, aber zur Exekutive rechnend – der Behördenbegriff passt; denkbar wäre es allerdings auch, zu den Justizbehörden auch Justizvollzugsbehörden, Bewährungshelfer, Stellen der Führungsaufsicht und / oder die Gerichtshilfe einzubeziehen (vgl. insoweit etwa die Aufzählung in § 483 StPO).

44 Gegen eine solche grammatikalische Auslegung spricht allerdings, dass nach dem Telos der Regelung des Abs. 3 S. 2 zumindest die Gerichte kaum von einer umfassenden Rückmeldung ausgeschlossen sein können, da sie ja nach Abs. 2 S. 2 unter Umständen zugleich als „Lieferant" der Daten fungieren.

45 Das führt hinsichtlich des Begriffs „Gerichte" – ungeachtet der Frage unter welchen der anderen Begriffe diese fallen – zu einer weiteren Unklarheit: Der Begriff umfasst neben der ordentlichen Gerichtsbarkeit auch die Verwaltungs-, Arbeits-, Sozial- und Finanzgerichtsbarkeit; vom Wortlaut her eröffnet Abs. 2 S. 2 daher auch den Rückgriff auf deren Datenbestände, da die Erkenntnisse über Strafverfahren ja nur Anlass und Voraussetzung für diesen Rückgriff bilden.

46 Zur Beantwortung der Fragen, welche Stellen nun als „Justizbehörden und Gerichte" anzusehen sind und auf welche Datenbestände dieser Stellen konkret zurückgegriffen werden darf, trägt die amtliche Begründung zu § 13a nicht nur nichts bei, sie verwendet vielmehr die genannten Begriffe ebenso inkongruent und schafft eine weitere Unklarheit, durch die lapidare Feststellung zu Abs. 2 S. 2: „Ergeben sich dabei Erkenntnisse über Strafverfahren, darf auch auf die Vorgänge der Justiz zurückgegriffen werden" (LT-Drs. 19/1979, 29), die mit dem Begriff der „Vorgänge" einen weiteren neben den gesetzlichen Begriff der „Datenbestände" stellt.

47 Das lässt darauf schließen, dass es sich bei dem Begriffspaar „Justizbehörden und Gerichte" um eine unbewusst eingeführte Tautologie handelt und die Terminologie auch im Übrigen unüberlegt gewählt wurde, die Vorschrift also nicht nur im Hinblick auf ihre Struktur (→ Rn. 11), sondern auch in Bezug auf den Wortlaut schlicht verunglückt ist (vgl. → Rn. 24; zu weiteren Defiziten in der Gesetzgebungstechnik des HSOG etwa → § 12 Rn. 36 ff., →

§ 13 Rn. 67 ff., → § 20 Rn. 111, → § 20 Rn. 145, → § 20a Rn. 21.1, → § 15 Rn. 182.1 ff.).

Schichtet man die aufgeworfenen Fragen ab, ergibt sich zunächst, dass als Adressat des Abs. 2 S. 2 mit den Gerichten wohl nur die ordentlichen Gerichte und auch diese nur in ihrer Funktion als Strafgerichte (vgl. §§ 13, 24 ff., 60, 73 ff., 116, 120 ff., 135 ff. GVG) gemeint sind, weil eben nur sie über (weitergehende) Daten in Bezug auf Strafverfahren verfügen. Dafür, dass etwa auch auf Daten über Schadensersatzprozesse vor Zivilgerichten, Kündigungsschutzprozesse vor Arbeitsgerichten, Unterhaltsprozesse vor Familiengerichten oder Sozialleistungsprozesse vor den Sozialgerichten soll zurückgegriffen werden können, fehlt es an Anhaltspunkten in Gesetz und amtliche Begründung. 48

Ein solcher Rückgriff wäre verfassungsrechtlich zudem bedenklich und würde – soweit er sich rechtfertigen ließe – nach dem im Bereich des Datenaustauschs geltenden „Doppeltürprinzips" (→ § 13 Rn. 65, vgl. auch BVerfGE 130, 151 (184)) eine korrespondierende Ermächtigungsgrundlage für die Datenweitergabe durch die Fachgerichte voraussetzen (vgl. zu deren Existenz für die Strafgerichtsbarkeit → Rn. 51 ff.). 48.1

Auch der Begriff der „Justizbehörden" in Abs. 2 S. 2 ist in diesem Sinne eng auszulegen, also dahingehend, dass hier nur die Staatsanwaltschaften, nicht aber die Justizvollzugsbehörden, Bewährungshelfer, Stellen der Führungsaufsicht und/oder die Gerichtshilfe (vgl. insoweit die Aufzählung in § 483 StPO) erfasst sind. 49

Dass die Justizvollzugsbehörden nicht gemeint sein sollen, kann auch daraus geschlossen werden, dass deren Einrichtungen in Abs. 1 Nr. 5 („Justizvollzugseinrichtungen") eigenständig genannt sind, also wohl nicht der „Justiz" iSd Abs. 1 Nr. 4 unterfallen sollen; auch im Übrigen erwähnt das HSOG den (die) Justizvollzug(sanstalt) jeweils als solchen (vgl. § 27 Abs. 4 S. 3, § 32 Abs. 3). 49.1

Sind somit die Staatsanwaltschaften und die ordentlichen Gerichte in ihrer Funktion als Strafgerichte als „Justizbehörden und Gerichte" iSd Abs. 2 S. 2 anzusehen, stellt sich die Frage, auf welche ihrer „Datenbestände" für die Überprüfung durch die Polizeibehörden zurückgegriffen werden darf (vgl. → Rn. 41 ff.). 50

Dies lässt sich nicht alleine anhand der Regelung des Abs. 2 S. 2 beantworten: Der Rückgriff auf einen „fremden" Datenbestand ist nach dem im Bereich des Datenaustauschs geltenden „Doppeltürprinzip" (→ § 13 Rn. 65, vgl. auch BVerfGE 130, 151 (184)) nur insoweit zulässig ist, als die – aktive oder passive – Weitergabe der Daten durch die Justizbehörden und Gerichte von einer korrespondierenden Ermächtigungsgrundlage, die eine solche explizit erlaubt, gedeckt ist. 51

Da der Umgang mit Daten aus Strafverfahren gem. Art. 74 Abs. 1 Nr. 1 GG zur konkurrierenden Gesetzgebungskompetenz des Bundes gehört, von der der Bund gem. Art. 72 Abs. 1 GG Gebrauch gemacht hat, ist eine solche Ermächtigungsgrundlage ausschließlich im Bundesrecht, namentlich in der StPO zu suchen. 52

Die StPO enthält zwar in § 480 eine Öffnungsklausel auch zugunsten landesrechtlicher Übermittlungsregelungen (vgl. Meyer-Goßner/Schmitt StPO § 480 Rn. 1 mwN; vgl. auch für die Übermittlung von Daten aus Strafverfahrensdateien § 487 Abs. 5 StPO); für die Nutzung von Daten aus Strafverfahren durch die Polizei stellt jedoch § 481 StPO eine Spezialregelung dar. 53

Dass die Vorschrift des § 481 Abs. 1 S. 1 StPO zunächst nicht die Übermittlung von Daten aus Strafverfahren durch Staatsanwaltschaften und Gerichte erlaubt, sondern unmittelbar die Nutzung der Daten durch die Polizei, ist darauf zurück zu führen, dass ein nicht unwesentlicher Teil der Daten bereits im Besitz der Polizei ist (vgl. Meyer-Goßner/Schmitt StPO § 481 Rn. 1 mwN), die sie in ihrer Eigenschaft als „Arm" der Staatsanwaltschaft (§ 161 Abs. 1 S. 1 Alt. 2 StPO, § 152 GVG) erhoben hat. 54

Die Regelung des § 481 Abs. 1 S. 2 StPO ergänzt diese Nutzungsbefugnis seit 2012 (Gesetz über die Vereinfachung des Austauschs von Informationen und Erkenntnissen zwischen den Strafverfolgungsbehörden der Mitgliedstaaten der Europäischen Union v. 21.7.2012, BGBl. I 1566) um die Befugnis der Strafverfolgungsbehörden und Gerichte, personenbezogene Daten aus Strafverfahren darüber hinaus an die Polizeibehörden zu übermitteln. Voraussetzung sowohl für die (eigenständige) Nutzung der Daten durch die Polizei, als 55 auch für die Übermittlung von Daten an diese durch Staatsanwaltschaften und Gerichte ist, dass dies nach Maßgabe der Polizeigesetze bzw. zu dort genannten Zwecken erfolgt.

55.1 Durch das Gesetz zur effektiveren und praxistauglicheren Ausgestaltung des Strafverfahrens v. 17.8.2017 (BGBl. I 3202) wurde diese Befugnis in § 481 Abs. 1 S. 3 StPO unter bestimmten Voraussetzungen auf Bewährungshelfer erweitert.

56 § 13a stellt in diesem Sinne eine „Maßgabe des (hessischen) Polizeigesetzes" dar; die nach ihr erfolgende Zuverlässigkeitsüberprüfung – als Unterfall der Abwehr (abstrakter) Gefahren – einen entsprechenden polizeigesetzlichen Zweck. Die von Abs. 2 S. 2 erfassten „Datenbestände […] der Justizbehörden und Gerichte" sind somit die den Regelungen der §§ 474 ff. StPO unterfallenden personenbezogenen Daten aus Strafverfahren.

57 Für das weitere Verfahren nach der Abfrage der Datenbestände der Polizeien des Bundes und der Länder und ggf. der Justizbehörden und Gerichte ist sodann zwischen „eigenen" und „fremden" Zuverlässigkeitsüberprüfungen (vgl. → Rn. 32) zu unterscheiden.

3. Regelanfrage beim Landesamt für Verfassungsschutz bei angestrebter Tätigkeit bei Vollzugsbehörden (Abs. 2 S. 3)

58 Während seit 2018 ein Rückgriff auf die Datenbestände des Landesamts für Verfassungsschutz möglich, aber auf den Einzelfall beschränkt war, wurde durch Einfügung des Abs. 2 S. 3 durch Gesetz v. 29.6.2023 (HessGVBl. 456) nunmehr eine Regelanfrage beim Landesamt für Verfassungsschutz für Personen eingeführt, die eine Tätigkeit als Bedienstete einer Behörde mit Vollzugsaufgaben anstreben.

59 Zur Begründung weist die amtliche Begründung darauf hin, dass „die Überprüfung lediglich im Einzelfall nicht mehr als ausreichend erachtet" wurde (LT-Drs. 20/8129, 18). Dies ist angesichts extremistischer Tendenzen innerhalb des öffentlichen Dienstes, insbesondere auch der Polizeien (vgl. dazu Voßkuhle NVwZ 2022, 841 ff.) rechtspolitisch gut nachvollziehbar.

60 Indessen fehlen der Neuregelung Vorgaben für das weitere Verfahren im Fall einer Ablehnung infolge dieser Abfrage sowie für den nachfolgenden Rechtsschutz; solcher Regelungen bedarf es schon mit Blick auf Art. 33 Abs. 5 GG (gleicher Zugang zu öffentlichen Ämtern) und die Rechtsschutzgarantie des Art. 19 Abs. 4 GG (allgemein zum Fehlen von Regelung über die Kriterien und das Verfahren der Entscheidung über die Zuverlässigkeit → Rn. 62, → Rn. 78 f.).

4. Entscheidung über die Zuverlässigkeit bei „eigenen" Zuverlässigkeitsüberprüfungen der Polizeibehörden (Abs. 3 S. 1 Alt. 1)

61 Handelt es sich um eine „eigene" Zuverlässigkeitsüberprüfung der Polizeibehörden, also eine solche, bei der die für die Überprüfung (= Datenabgleich und -abfrage) zuständigen Polizeibehörde, folgt als nächster und letzter Schritt die eigentliche Entscheidung über die Zuverlässigkeit anhand der im beschriebenen Verfahren gewonnen Informationen.

62 Dieser Fall ist insbesondere dann gegeben, wenn die betroffene Person eine Tätigkeit als Bedienstete/r bei einer Polizeibehörde anstrebt. Die Kriterien für die Entscheidung und das Entscheidungsverfahren regelt § 13a nicht (vgl. → Rn. 78 f.).

5. Unterrichtung bzw. Weitergabe von Daten bei „fremden" Zuverlässigkeitsüberprüfungen (Abs. 3 S. 1 Alt. 2)

63 Liegt eine „fremde" Zuverlässigkeitsüberprüfung vor, also eine solche, um die die Polizeibehörde von einer anderen Stelle „ersucht" wurde, folgt als nächster Schritt die Weitergabe der gewonnenen Informationen, die Abs. 3 S. 1 Alt. 2 zugleich erlaubt und beschränkt. § 13 Abs. 3 S. 1 Alt. 2 ist insoweit im Verhältnis zu §§ 22, 23 eine Spezialvorschrift.

64 Die Regelung erlaubt zunächst die Unterrichtung der ersuchenden Stelle darüber, ob „sicherheitsrelevante Erkenntnisse" vorliegen, wobei dieser Begriff – der auch in § 58a Abs. 3 HessJStVollzG und in § 58 Abs. 3 HStVollzG Verwendung findet – ebenfalls nicht definiert wird.

65 Die Auslegung des Begriffs kann indessen wegen der grundsätzlich gleichen Zielrichtung der §§ 13a, 13b und der Sicherheitsüberprüfungsgesetze in Anlehnung an die Definitionen

der Begriffe des „Sicherheitsrisikos" und der „sicherheitserheblichen Erkenntnisse" in § 5 Abs. 1, Abs. 2 SÜG und (gleichlautend) in § 2 Abs. 7, Abs. 8 HSÜVG erfolgen.

Danach müssen tatsächliche Anhaltspunkte Zweifel an der Zuverlässigkeit der betroffenen Person bei der Wahrnehmung einer sicherheitsempfindlichen Tätigkeit oder im Zusammenhang mit dem Zugang zu sicherheitsempfindlichen Unterlagen oder Liegenschaften begründen. 66

Im Hinblick auf die Art der die tatsächlichen Anhaltspunkte ggf. begründenden Informationen (Datenbestände von Polizei und Justiz), wird es sich überwiegend um strafrechtsrelevante Sachverhalte handeln, aus denen entsprechende Schlussfolgerungen gezogen werden (können). Aspekte wie Überschuldung, Sucht oder sonstige charakterliche Schwächen, die bei Überprüfungen nach den SÜG ebenfalls in Betracht kommen (vgl. SGR/Warg SÜG § 5 Rn. 11 ff.), können allenfalls am Rande in das Blickfeld geraten. 67

Wie bei den Überprüfungen nach den SÜG darf jedenfalls auch hier die Einschätzung einer personenbezogenen Information als sicherheitsrelevante Erkenntnis nicht alleine auf vage Vermutungen oder abstrakte Besorgnisse gestützt werden (vgl. SGR/Warg SÜG § 5 Rn. 7). 68

Einer gewissen Objektivierung durch die empfangende Stelle sind die Erkenntnisse dann zugänglich, wenn von der – bei Gefahrenabwehr- (vgl. § 1 Abs. 1), anderen Polizei- oder Justizbehörden vorgesehenen – Möglichkeit zur Angabe strafrechtlicher Sachverhalte gegenüber ersuchenden Gebrauch gemacht wird. Für deren Umfang ist mit Deliktsbezeichnung, Tatort, Tatzeit, Ausgang des Verfahrens (soweit feststellbar) sowie Name und Az. der sachbearbeitenden Justiz- oder Polizeibehörde ein abschließender Katalog vorgesehen. Die darin vorgesehenen Daten ermöglichen es den Empfängern etwa auch, im Rahmen der gesetzlichen Vorschriften Akteneinsicht zu beantragen. 69

Abs. 3 lässt die Übermittlung dieser Daten an Gefahrenabwehr-, andere Polizei- und Justizbehörden „gegebenenfalls" zu. Diese Formulierung dürfte nicht im Sinne einer intendierten Einschränkung dieser Möglichkeit zu verstehen sein, sondern dahingehend, dass diese Angaben regelmäßig gemacht werden sollen, wenn sie „gegeben" sind. Anderenfalls müsste die Polizeibehörde mitteilen, dass sicherheitsrelevante Erkenntnisse vorliegen, ohne dass die ersuchende Stelle eine Möglichkeit hätte, diese zu bewerten. 70

Wird auf die Angabe der strafrechtlichen Sachverhalte verzichtet – weil etwa die Erkenntnisse aus rein präventiv-polizeilichen Datenbeständen stammen oder aus anderen Gründen auf deren Mitteilung verzichtet werden soll –, müsste der ersuchenden Stelle eigentlich eine Begründung für den Befund sicherheitsrelevanter Erkenntnisse gegeben werden, die ihr eine Bewertung und damit eine eigene Entscheidung ermöglicht. Anderenfalls entscheidet faktisch die Polizeibehörde über die Zuverlässigkeit, da sich kaum eine Behörde über den reinen Befund „Sicherheitsbedenken" hinwegsetzen wird. 71

Im Fall nicht-öffentlicher Stellen hält § 13b Abs. 2 S. 4 dies allerdings für möglich, wobei er zugleich deutlich macht, dass der Gesetzgeber die Mitteilung des Vorliegens von Sicherheitsbedenken für eine „Empfehlung" hält. 71.1

Die Möglichkeit einer Begründung dieses Befunds über die Mitteilung der strafrechtlichen Sachverhalte hinaus oder an ihrer Stelle sieht das Gesetz indessen schon bei den Gefahrenabwehr-, anderen Polizei- oder Justizbehörden nicht vor; bei allen anderen ersuchenden Behörden und Stellen schließt § 13 Abs. 3 S. 2 sie sogar ausdrücklich aus („beschränkt sich auf die Auskunft, ob Sicherheitsbedenken vorliegen"). 72

Diese Regelung mag isoliert betrachtet den Datenschutzinteressen der zu überprüfenden Personen Rechnung tragen, im Ergebnis führt sie jedoch dazu, dass in diesen Fällen der „fremden" Zuverlässigkeitsüberprüfungen tatsächlich alleine die ersuchte Polizeibehörde – in einem zudem inhaltlich insoweit intransparenten Verfahren – über die Zuverlässigkeit von Personen entscheidet. Die gilt umso mehr, als die Norm offenlässt, ob alle „sicherheitsrelevanten Erkenntnisse" iSd Abs. 3 S. 1 zu „Sicherheitsbedenken" iSd Abs. 3 S. 2 führen, oder ob der Polizei insoweit ein eigener Entscheidungsspielraum eröffnet sein soll. 73

6. Möglichkeit der Nutzung gemeinsamer Verfahren (Abs. 3 S. 3)

Indem Abs. 3 S. 3 auf die Verfahrensregelung des § 58 HDSIG verweist, schafft er für die Zuverlässigkeitsüberprüfung eine Option für die Einrichtung eines automatisierten Verfah- 74 rens, das mehreren Daten verarbeitenden Stellen gemeinsam die Verarbeitung personenbezogener Daten ermöglicht.

75 Ein solches gemeinsames Verfahren wird nur dann in Betracht kommen, wenn Ersuchen auf Zuverlässigkeitsüberprüfungen durch bestimmte Stellen regelmäßig oder in größerer Zahl anstehen. Die Verweisung ist lediglich deklaratorische Natur; durch die Formulierung „nach Maßgabe" wird deutlich, dass die in § 58 HDSIG vorgesehenen Voraussetzungen für und Anforderungen an das Verfahren uneingeschränkt vorliegen müssen.

76 Das bedeutet insbesondere, dass die Einrichtung eines solche Verfahrens unter Berücksichtigung der schutzwürdigen Belange der betroffenen Personen und der Aufgaben der beteiligten Stellen angemessen ist (§ 58 Abs. 1 HDSIG), eine Stelle zu bestimmen ist, der die Planung, Einrichtung und Durchführung des gemeinsamen Verfahrens obliegt; des Weiteren sind die jeweiligen Aufgaben sowie datenschutzrechtlichen Verantwortlichkeiten in transparenter Form in einer Vereinbarung festzulegen (§ 58 Abs. 3 S. 1 HDSIG). Schließlich ist vor der Einrichtung eines solchen Verfahrens die Notwendigkeit einer Datenschutzfolgeabwägung und einer Konsultation der Hessische Datenschutzbeauftragte zu prüfen und diese ggf. durchzuführen (§§ 62, 64 HDSIG).

77 Praktisch ermöglicht die Einrichtung eines solchen gemeinsamen Verfahrens es insbesondere, dass die beteiligten Behörden die Anfrage und das Ergebnis der Überprüfung in einen gemeinsamen Datensatz aufnehmen (vgl. auch LT-Drs. 19/1979, 29).

7. Keine Regelung über die Kriterien und das Verfahren der Entscheidung über die Zuverlässigkeit

78 Für die Kriterien, anhand derer über die Zuverlässigkeit der betroffenen Person entschieden wird und über das Verfahren, in dem diese Entscheidung zu treffen ist, enthält § 13a keine Vorgaben (vgl. → Rn. 62). Der Sache nach stellt die getroffene Feststellung über die (Un-) Zuverlässigkeit einer Person regelmäßig nur eine Vorentscheidung für eine andere, zumeist vertragsrechtliche, beamtenrechtliche oder arbeitsrechtliche Entscheidung dar.

79 Diese Entscheidungen sind ihrerseits nach Maßgabe der in diesen Gebieten geltenden rechtlichen Vorgaben – unter Einschluss der des AGG – zu treffen und ggf. gemäß den jeweils einschlägigen verfahrens- und / oder prozessrechtlichen Regelungen angreifbar und überprüfbar.

II. Tatbestandsvoraussetzungen

80 Voraussetzung für die Zuverlässigkeitsüberprüfung ist in allen genannten Fällen, dass die zu überprüfende Person zu einem der in Abs. 1 S. 1 oder S. 2 umschriebenen Personenkreise gehört.

1. Zugehörigkeit zu einem der Personenkreise nach Abs. 1 S. 1 und S. 2

81 Übergreifendes Merkmal der in Abs. 1 S. 1 Nr. 1–5 genannten Personengruppen ist deren avisierter Bezug zu Behörden mit Vollzugsaufgaben. Bei dem durch das Gesetz zur Neuausrichtung des Verfassungsschutzes in Hessen v. 25.6.2018 (HessGVBl. 302) eingefügten Abs. 1 S. 1 Nr. 6 reicht nunmehr ein Bezug zu (jedweder) Behörde oder öffentlichen Stelle. Der in Nr. 1–5 wiederholt verwendete Begriff der „Vollzugsaufgaben" ist – wie schon die in Abs. 3 verwendeten Begriffe (→ Rn. 42 ff.) – in hohem Maße auslegungsbedürftig (vgl. nur die unterschiedlichen Bedeutungen des Vollzugsbegriffs etwa in Art. 74 Abs. 1 Nr. 1 GG, Art. 108 Abs. 4 GG, Art. 115c Abs. 4 GG, § 7 VwVG, § 68 Abs. 1 HessVwVG, § 6 HessVwVG, § 11 HessImSchZuV, §§ 11, 12 HSOG-DVO).

82 Wollte man ihn im gebräuchlichen öffentlich-rechtlichen Sinne verstehen, wäre unter Behörde mit Vollzugsaufgaben jede Behörde zu verstehen, die zur zwangsweisen Durchsetzung von Verwaltungsakten (vgl. §§ 1 ff. HessVwVG, §§ 47 ff.) befugt ist, womit diejenigen Behörden (§ 1 Abs. 2 HVwVfG) erfasste wären, die Verwaltungsakte iSd § 35 HVwVfG erlassen, also praktisch alle hessischen Behörden.

83 Dass der Gesetzgeber den Begriff indessen nicht in diesem weiten Sinne verwenden wollte, macht die amtliche Begründung deutlich: „Behörden mit Vollzugsaufgaben sind dabei insbesondere die Polizeibehörden selbst. Andere Behörden wie die Justizbehörden können in Einzelfällen […] um Überprüfung bitten" (LT-Drs. 19/1979, 28 zu § 13a).

Vor diesem Hintergrund ist der Begriff „Vollzugsaufgaben" historische-teleologisch dahingehend einengend auszulegen, dass er nur die Aufgaben der Polizeibehörden (§§ 1, 91) unter anderem Behörden, die zur Anwendung unmittelbaren Zwangs (§§ 54 ff.) befugt sind (vgl. auch Nr. 13a1.2 VVHSOG) sowie diejenigen des Landesamtes für Verfassungsschutz, der Justizbehörden (Gerichte und Staatsanwaltschaften) und der Justizvollzugsbehörden umfasst. Damit sind zugleich die Behörden, deren Schutz § 13a dienen soll, umschrieben, wobei der erfasste Personenkreis sich dadurch verkleinert, dass § 13a keine Anwendung auf Fälle findet, die vom HSÜVG oder einem anderen Sicherheitsüberprüfungsgesetz erfasst werden (Abs. 1 S. 1 Hs. 1). **84**

Politikwissenschaftlich gesprochen handelt es sich um die Behörden, die den Schutz der inneren Sicherheit im engeren Sinne zu gewährleisten haben. Ungeachtet eines Bezugs zu diesen Behörden sind Sicherheitsüberprüfungen unter Federführung des Landesamtes für Verfassungsschutz nach dem HSÜVG für Personen vorgeschrieben, denen eine Berechtigung zum Umgang mit Verschlusssachen erteilt werden soll oder die als Bedienstete an Arbeitsplätzen eingesetzt werden sollen, die besonders sabotageanfällig sind. **84.1**

Im Ergebnis ist nach Abs. 1 S. 1 Nr. 1 lit. a eine Zuverlässigkeitsüberprüfung von Personen zulässig, die eine Tätigkeit als Bedienstete bei einer der genannten Behörden anstreben. Als solche kommt eine Tätigkeit als Beamter oder Tarifbeschäftigter in Betracht. Praktisch erfasst die Regelung damit insbesondere Personen, die sich für den Polizeivollzugsdienst des Landes bewerben (vgl. auch Nr. 13a1.2 VVHSOG). **85**

Nach § 13 Abs. 1 S. 1 Nr. 1 lit. b dürfen darüber hinaus Personen überprüft werden, die zwar keine Tätigkeit bei einer der genannten Behörden selbst tätig anstreben, sich aber um eine Tätigkeit bei einer anderen öffentlichen Stelle bewerben, bei der sie regelmäßig Zugriff auf Personalaktendaten der Bediensteten einer der genannten Behörden haben. Praktisch trifft diese in erster Linie auf Personen zu, die sich als Mitarbeiter bei der Hessischen Bezügestelle bewerben, da diese einen Zugriff auf die Personalaktendaten – also Daten, die in die nach § 50 BeamtStG zu führende Personalakte der Beamten aufzunehmen sind – haben (vgl. auch Nr. 13a1.3 VVHSOG). **86**

Dieser Zugriff bezieht sich auf die Personalaktendaten aller hessischen Behörden, und damit auch auf die der Behörden mit Vollzugsaufgaben im genannten Sinne. Eine Zuverlässigkeitsüberprüfung kommt hier allerdings nur dann in Betracht, wenn ein solcher Zugang bei der erstrebten Tätigkeit nach der internen Aufgabenverteilung tatsächlich besteht. **87**

Nach § 13 Abs. 1 S. 1 Nr. 1 lit. b dürfen des Weiteren Personen überprüft werden, die eine Tätigkeit in einer besonders gefährdeten Liegenschaft einer öffentlichen Stelle anstreben, ohne selbst Bedienstete dieser Stelle zu sein. Als besonders gefährdet in diesem Sinne sind regelmäßig die Liegenschaften der Behörden mit Vollzugsaufgaben anzusehen, aber auch andere besonders sabotageanfällige oder sonst gefährdete Liegenschaften, die nicht schon vom HSÜVG erfasst werden. In Frage kommen hier Bedienstete von Vertragsunternehmen, die dauerhaft Dienstleistungen oder Tätigkeiten in diesen Liegenschaften ausüben. Als einschlägige Liegenschaften sind hier auch Aufnahmeeinrichtungen für Asylbewerber anzusehen. **88**

Nach § 13 Abs. 1 Nr. 2 ist eine Überprüfung von Personen erlaubt, die – ebenfalls auf vertraglicher Grundlage – als selbstständige Dienstleistungen zur Unterstützung von Vollzugsaufgaben einer der genannten Behörden erbringen wollen. Nach der amtlichen Begründung sollen hiervon insbesondere Dolmetscher erfasst sein, wenn diese die Aufnahme in eine Liste beantragen, auf die die Behörde im Bedarfsfall zur Auftragserteilung zurückgreift. Unerheblich soll sein, ob die Dienstleistungen gegen Entgelt oder ehrenamtlich erbracht werden (vgl. LT-Drs. 19/1979, 28 zu § 13a; vgl. auch Nr. 13a1.3 VVHSOG). **89**

§ 13 Abs. 1 Nr. 3 erfasst Personen, die berechtigt werden sollen, sich auf den Liegenschaften einer der genannten Behörden oder einer sonstigen besonders gefährdeten Liegenschaft einer öffentlichen Stelle (→ Rn. 88) ohne Begleitung zu bewegen. Diese Voraussetzung ist regelmäßig bei Personen gegeben, die dort als Mitarbeiter eines von der Behörde oder Stelle oder vom Hessischen Immobilienmanagement beauftragten Unternehmens tätig werden. Die amtliche Begründung nennt als Beispiel Firmen, die Bewachungsaufgaben in Liegen- **90** schaften der Polizeibehörden ausführen (LT-Drs. 19/1979, 28 zu § 13a; vgl. auch Nr. 13a1.4 VVHSOG).

91 § 13 Abs. 1 Nr. 4 erfasst des Weiteren Personen, die Zugang zu Vergabe- und Vertragsunterlagen erhalten, aus denen sich sicherheitsrelevante Funktionszusammenhänge, insbesondere aus baulichen und betrieblichen Anforderungen für Liegenschaften der Polizei oder der Justiz ergeben. Dies ist vor allem bei Personen der Fall, die im Zusammenhang mit öffentlichen Baumaßnahmen als Interessenten, Bieter bzw. Vertragspartner Einsicht in Unterlagen und damit Kenntnisse über sicherheitsrelevante Funktionszusammenhänge etwa in Polizei- oder Justizliegenschaften erhalten (vgl. Nr. 13a1.5 VVHSOG: „zB Architekten, Handwerker, Fachplaner").

92 § 13 Abs. 1 Nr. 5 erlaubt eine Zuverlässigkeitsüberprüfung schließlich bei Besucherinnen und Besuchern von Justizvollzugseinrichtungen und bildet damit das Pendant zu § 58a HessJStVollzG und § 58 Abs. 3 HessStVollzG.

93 § 13 Abs. 1 Nr. 6 gestattet schließlich eine Zuverlässigkeitsprüfung bei Personen, die beratend oder unterstützend für eine Behörde oder öffentliche Stelle tätig sein sollen, wenn dies im begründeten Einzelfall erforderlich ist.

93.1 Die amtliche Begründung für die Aufnahme dieser Alternative durch das Gesetz zur Neuausrichtung des Verfassungsschutzes in Hessen v. 25.6.2018 (HessGVBl. 302) ist dürftig: „Der Erfahrungen in der Praxis haben gezeigt, dass es auch über die bisher in § 13a Abs. 1 HSOG geregelten Fälle hinaus bei bestimmten Personen erforderlich sein kann, eine Zuverlässigkeitsprüfung durchzuführen" (LT-Drs. 196502, 34). Welche Erfahrungen waren und in welchen Fällen sie gesammelt wurden, bleibt offen.

94 Mit dieser im Jahr 2018 eingeführten Alternative erweitert der Gesetzgeber den Anwendungsbereich der Zuverlässigkeitsüberprüfung – wie schon zuvor Abs. 1 S. 2 (→ Rn. 103) – auf alle Behörden und öffentlichen Stellen, also auf die gesamte unmittelbare und mittelbare hessische Landesverwaltung. Voraussetzung ist jedoch – anders als bei Nr. 1–5 – nicht, dass potentiell überprüfbare Personen dort eine Tätigkeit als Bedienstete anstreben, selbständige Dienstleistungen erbringen oder Zugang zu den Liegenschaften oder bestimmten Unterlagen haben. Es reicht vielmehr, dass sie für die Behörde beratend oder unterstützend tätig sein sollen.

95 Damit führt Abs. 2 Nr. 6 zu dem in sich wenig konsistenten Ergebnis, dass eine Behörde ohne Vollzugsaufgaben oder sonstige öffentliche Stelle zwar bei „Beratern" und „Unterstützern" um eine Zuverlässigkeitsprüfung nachsuchen kann, nicht aber bei potentiellen Bediensteten oder Zugangsberechtigten. Eine Erläuterung, warum bzw. in welchen Fällen gerade bei den ersteren, nicht aber den letzteren ein die Überprüfung rechtfertigendes Gefährdungspotential vorliegen soll, bleibt die amtliche Begründung schuldig.

96 Gleiches gilt für die Frage, welcher Personenkreis zu den „Beratern" und „Unterstützern" gehören soll. Unklar ist etwa, ob es sich nur um entgeltliche oder auch um ehrenamtliche Beratung oder Unterstützung – etwa in Form der Mitgliedschaft Privater in einem Präventionsrat nach § 1 Abs. 6 S. 2 Hs. 2 – handeln kann; des Weiteren ist offen, ob sich die Beratung oder Unterstützung auf die hoheitliche Aufgabenwahrnehmung beziehen muss, oder auch fiskalisches bzw. oder sonstiges nicht-hoheitliches Handeln betreffen kann.

96.1 Beratung und Unterstützung sind keine haushaltsrechtlich verwendeten oder definierten Begriffe. Die einzige verwaltungsrechtliche Kategorie, die insoweit passt, ist die des Verwaltungshelfers (vgl. Peine, Allgemeines Verwaltungsrecht, 11. Aufl. 2014, Rn. 109, 1093, 1262); es spricht allerdings wenig dafür, dass diese hier gemeint ist.

96.2 Auf vertraglicher Grundlage findet indessen Beratung und Unterstützung der Hessischen Landesregierung in erheblichem Umfang statt. Nach Antworten auf Anfragen aus dem Hessischen Landtag wurden in den Jahren 2015–2019 gegenüber der Landesregierung und nachgeordneten Behörden entsprechende Leistungen aufgrund von rund 350 Verträgen mit einem Auftragsvolumen von rund 50 Mio. EUR erbracht (vgl. LT-Drs. 20/154 nebst Nachtrag und LT-Drs. 20/294: bei den nachgeordneten Behörden umfasste der Zeitraum fünf Jahre).

97 Vage Anhaltspunkte für das, was der Gesetzgeber insoweit im Blick hatte, ergeben sich lediglich aus den Ausnahmetatbeständen in § 13 Abs. 1 Nr. 6 Hs. 2. Bei den Weiterbildungseinrichtungen iSd § 1 Abs. 1 und Abs. 2 HWBG handelt es sich insbesondere um die Volkshochschulen und bei den Trägern der freien Jugendhilfe iSd § 78 SGB VIII vor allem um

Wohlfahrtsverbände; die Einrichtungen iSd § 36 HKJGB sind in erster Linie die Träger der öffentlichen Jugendhilfe und Jugendverbände. Bei all diesen scheint der Gesetzgeber etwaige Vertrauensverhältnisse nicht durch Zuverlässigkeitsüberprüfungen der dort – auf welcher Grundlage auch immer – Tätigen (zB Lehrkräfte, Sozialarbeiter, ehrenamtliche Helfer) beeinträchtigen zu wollen.

In etwas abgeschwächter Form gilt dies auch für Personen, die beratend oder unterstützend „im Bereich der Extremismusprävention" tätig sein sollen. Diese nicht erläuterte und insofern aus sich heraus nicht verständliche Wendung knüpft an ein nach Maßgabe der §§ 23, 44 HessLHO aufgelegtes Landesprogramm an, aus dem die Privaten Fördermittel gewährt werden können, auf die das Gesetz wohl mit der Formulierung der „staatlich geförderten Tätigkeit" Bezug nimmt. 98

Es handelt sich um das Landesprogramm „Hessen aktiv für Demokratie und gegen Extremismus" zu dem Förderrichtlinien erlassen wurden (erste Fassung v. 1.8.2018, aktuell idF v. 15.7.2019). 98.1

Während bei den bereits (→ Rn. 97) genannten Einrichtungen nur „anlass- und einzelfallbezogene" Zuverlässigkeitsüberprüfungen in Frage kommen sollen, sind bei den in der Extremismusprävention Tätigen solche Überprüfungen darüber hinaus einmalig zu Beginn der Tätigkeit möglich. Damit sollen in diesem Bereich anlasslose Wiederholungsprüfungen nach Abs. 4 S. 1 ausgeschlossen sein. Die in S. 1 Hs. 2 vorgesehene Rückausnahme der „anlass- und einzelfallbezogenen" Zuverlässigkeitsüberprüfung steht indessen gänzlich quer zur Systematik der Nr. 6: Da diese von vorneherein Überprüfungen nur in „begründeten Einzelfällen" (vgl. → Rn. 101 f.) erlaubt, ist eine einzelfallunabhängige anlasslose Überprüfung ohnehin nicht möglich. 99

Aus den genannten Ausnahmeregelungen ergibt sich im Umkehrschluss für den Anwendungsbereich vonAbs. 1 Nr. 6, dass die potentiell Beschäftigten vergleichbaren Einrichtungen, die nicht ausgenommenen sind, „im begründeten Einzelfall" (vgl. → Rn. 101 f.) einer Sicherheitsüberprüfung sollen unterzogen werden können. In Betracht kämen danach etwa Lehrbeauftragte des Hessischen Verwaltungsschulverbands oder der Hessischen Hochschulen sowie die (stets externen) Lehrkräfte der Zentralen Fortbildung (ZF) für die Angehörigen der Hessischen Landesverwaltung und der Justizakademie Hessen. Erfasst wären danach insbesondere vertragliche gebundene Personen, die Aus- und Weiterbildungs- bzw. Betreuungsaufgaben im weiteren Sinne wahrnehmen, gleichgültig, ob sie dies haupt- oder ehrenamtlich tun. Nach dem Wortlaut wäre aber auch die Überprüfung von sonstigen Beratern und Dienstleistern (etwa der Vertragspartner der in → Rn. 96.2 genannten Verträge) möglich. 100

Bis hin zu Schülerlotsen, die als das klassische Beispiel für Verwaltungshelfer im verwaltungsrechtsdogmatischen Sinne gelten (vgl. → Rn. 96.1). 100.1

Mit dem Begriff des „begründeten Einzelfalls" hat der Gesetzgeber – hier, wie in § 25a Abs. 1 – eine neue Kategorie in den Katalog der Tatbestandsvoraussetzungen des HSOG eingeführt. Diese ist dem besonderen Verwaltungsrecht (vgl. etwa § 18 Abs. 2 S. 4 AufenthG, § 35 Abs. 4 S. 2 BauGB, § 41 Abs. 1 S. 2 SGB VIII) nicht fremd, wird jedoch dort regelmäßig von materiellen Kriterien umrahmt, anhand derer sich beantworten lässt, unter welchen Voraussetzungen ein solcher Fall ausnahmsweise vorliegen kann. 101

Bei Abs. 2 Nr. 6 lassen sich entsprechende Kriterien lediglich aus dem Telos der Norm ableiten: Ein begründeter Einzelfall kann danach nur vorliegen, wenn sich ein Gefährdungspotential, das den in den Fällen des Abs. 1 S. 1 Nr. 1–5 vorausgesetzten vergleichbar ist, ausnahmsweise entweder aus der intendierten Tätigkeit selbst oder aus Anhaltspunkten in Bezug auf die Person, die die intendierte Tätigkeit ausüben soll, ergibt. Dabei kann es freilich auch hier nicht ausreichen, dass eine solche Annahme alleine auf vage Vermutungen oder abstrakte Besorgnisse gestützt wird (vgl. → Rn. 68). Nur ein dergestalt enges Verständnis wird auch dem Ausnahmecharakter der Norm gerecht; es muss sich also stets um eine atypische Situation und eine Ausnahme vom Regelfall handeln. 102

Auch Abs. 1 S. 2 erweitert die Zielrichtung der Norm über den Schutz von Behörden mit Vollzugsaufgaben hin zum Schutz von Veranstaltungen **aller** Behörden und öffentlichen Stellen (vgl. → Rn. 95). Ohne sie näher zu umschreiben, werden solche Veranstaltungen vom Gesetzgeber als vergleichbar gefährdet angesehen, wie Behörden mit Vollzugsaufgaben. 103

104 Die amtliche Begründung nennt als Beispiele Veranstaltungen, die von der hessischen Staatskanzlei oder hessischen Ministerien organisiert werden. Für diese habe die Staatskanzlei zusammen mit dem Hessischen Datenschutzbeauftragten ein Überprüfungsmodell erarbeitet. „Personen, für die ein privilegierter Zutritt […] beantragt wird" sollen insbesondere Servicepersonal und Journalisten sein, wobei es unerheblich sei, ob die betroffenen Personen selbst den Antrag stellen oder ihr Arbeitgeber (LT-Drs. 19/1979, 28 zu § 13a). Die Besucher einer solchen öffentlichen Veranstaltung fallen nicht unter den erfassten Personenkreis (vgl. auch Nr. 13a1.7 VVHSOG).

2. Einwilligung der betroffenen Person (Abs. 2 S. 2, 4, 5)

105 Weitere Voraussetzung für die Zuverlässigkeitsüberprüfung ist in allen genannten Fällen, dass die zu überprüfende Person in die Überprüfung einwilligt.

106 Der Begriff der Einwilligung ist dabei im bürgerlich-rechtlichen Sinne als vorherige Zustimmung (§ 183 BGB) zu verstehen. Die Einwilligung muss sich auf alle Phasen der und Maßnahmen zur Überprüfung (→ Rn. 34 ff., → Rn. 38 ff., → Rn. 63 ff.) beziehen.

107 Für die Form und den Inhalt der Einwilligung sowie für die auf sie bezogenen Aufklärungspflichten verweist Abs. 2 S. 3 auf § 46 HDSIG, wobei er bis zur Änderung durch Gesetz v. 29.6.2023 (HessGVBl. 456) die dort vorgesehene Möglichkeit einer Einwilligung in nicht schriftlicher Form suspendiert. Die Streichung der Formulierung „mit der Maßgabe, dass die Erklärung stets der Schriftform bedarf" wird begründet mit dem großen Verwaltungsaufwand, den das Schriftformerfordernis mit sich bringe (LT-Drs. 20/11235, 6).

107.1 In der amtlichen Begründung heißt es dazu im Einzelnen: „Zudem erfolgt die Streichung des zwingenden Schriftformerfordernisses für die dort geregelte Einwilligungserklärung. Hierbei kommt der Gesetzgeber einem Bedarf der Praxis nach. Das Schriftformerfordernis stellt die Behörden insbesondere bei Großereignissen vor große Herausforderungen. Sobald eine Vielzahl an Zuverlässigkeitsüberprüfungen in kurzer Zeit durchgeführt werden muss, geht mit dem zwingenden Schriftformerfordernis ein sehr hoher Verwaltungsaufwand einher. Ein Verfahren mit einer qualifizierten elektronischen Signatur, welche ebenfalls die Anforderungen an die gesetzliche Schriftform erfüllen würde, ist derzeit nicht praxistauglich." (LT-Drs. 20/11235, 6).

108 Faktisch bleibt hinsichtlich dieses Einwilligungsvorbehalts indessen zweifelhaft, ob die nach der Vorschrift erklärten Einwilligungen die Voraussetzungen für eine Einwilligung in eine Datenverarbeitung erfüllen. Insbesondere die Erfüllung der Vorgaben des § 46 Abs. 4 HDSIG dürfte faktisch oft fraglich sein.

109 Denn ohne die Einwilligung kann regelmäßig die – von der Person selbst oder ihrem Arbeitgeber – gewünschte Tätigkeit nicht aufgenommen werden, sodass dieses Bestreben nicht selten das Hauptmotiv bilden dürfte, zumal dann, wenn eine Verweigerung Konsequenzen für ein bestehendes Arbeitsverhältnis haben kann (so der Hessische Datenschutzbeauftragte schon im Gesetzgebungsverfahren (damals noch unter Geltung des sinngleichen § 7 Abs. 2 HDSG) und später auch im 44. Tätigkeitsbericht, 2015, 40).

110 Gleichwohl hat der Hessische Datenschutzbeauftragte seine „grundsätzlichen Bedenken zur Möglichkeit einer freiwilligen Einwilligung, insbesondere im Arbeitsverhältnis, in diesem Kontext zurückgestellt"; das gesetzlich Verfahren stelle – anders als dies in manchen Fällen der bisherigen Praxis der Fall sei – Transparenz her und ermögliche entweder einen Verzicht auf die Tätigkeit oder das Vorbringen von Argumenten, warum trotz vorhandener Erkenntnisse eine positive Zuverlässigkeitsentscheidung erfolgen könne (44. Tätigkeitsbericht, 2015, 40).

111 Zusätzlich zu den in § 46 Abs. 3 S. 2, Abs. 4 S. 2 HDSIG vorgesehenen Aufklärungspflichten ist der betroffenen Person im Rahmen der Einholung der Einwilligung mitzuteilen, wo sie weitere Auskünfte zu dem Verfahren erhalten kann. Nach Nr. 13a.2 VVHSOG hat diese weiteren Auskünfte die Polizeibehörde zu erteilen, die die Überprüfung durchführt. Zudem ist auf die Möglichkeit hinzuweisen, sich an den Hessischen Datenschutzbeauftragten zu wenden.

3. Notwendigkeit eines eigenständigen Ersuchens bei „fremden" Zuverlässigkeitsüberprüfungen?

Unklar bleibt in der Regelung des § 13a, ob die Polizeibehörden eine „fremde" Zuverlässigkeitsüberprüfung (→ Rn. 32) nach Maßgabe von Abs. 1 und Abs. 2 nur durchführen können, wenn die betreffende Stelle oder Behörde eigenständig und autonom darum ersucht, oder ob sie eine solches Ersuchen gleichsam von Amts wegen anregen, initiieren oder gar verlangen kann. 112

Diese Frage dürfte – abgesehen davon, dass die zu einem Ersuchen berechtigten Behörden und Stellen ein Eigeninteresse an einem solchen Verfahren haben werden – dahingehend zu beantworten sein, dass die Polizeibehörden im Rahmen ihrer Aufgaben nach § 1 Abs. 1 und Abs. 4 auf die Möglichkeit des Ersuchens von Amts wegen hinweisen und ein solches anregen können, eine abschlägige Entscheidung aber ohne Weiteres hinzunehmen haben. 113

Eine andere Auslegung wäre mit dem voluntativen Charakter des Begriffs der „ersuchende[n] Stelle" (vgl. Abs. 3 S. 1) bzw. „ersuchende[n] Behörde" (vgl. Abs. 4 S. 2) nicht vereinbar; die Polizeibehörde bleibt in diesen Fällen also auf ggf. in eigener Zuständigkeit durchgeführte Maßnahmen nach §§ 11 ff. beschränkt. 114

III. Wiederholungsprüfungen (Abs. 4)

Die Regelung in Abs. 4 erlaubt Wiederholungsprüfungen, also erneute Überprüfungen von bereits überprüften Person, wenn diese weiterhin dem in Abs. 1 S. 1 Nr. 2–6 (vgl. zu Nr. 6 aber → Rn. 99) oder Abs. 1 S. 2 genannten Personenkreis angehören. 115

Der von Abs. 1 Nr. 1 erfasste Personenkreis ist von Wiederholungsprüfungen ausgenommen, weil hier die anstellende Behörde gem. § 49 BeamtStG oder § 14 Abs. 1 Nr. 5 EGGVG ohnehin über relevante Strafverfahren gegen ihre Bediensteten, als die die vormaligen Bewerber jetzt fungieren, in Kenntnis gesetzt wird (vgl. LT-Drs. 19/1979, 29). 116

Auch Wiederholungsprüfungen setzen eine Einwilligung (vgl. → Rn. 105 ff.) voraus. Des Weiteren muss seit der letzten Überprüfung mind. ein Jahr vergangen sein. 117

Die weitere in Abs. 4 S. 1 genannte Voraussetzung – kein Grund zu der Annahme, dass die Voraussetzungen des Abs. 1 nicht mehr vorliegen – erschließt sich vor dem Hintergrund, dass es sich nach Hs. 1 um Fälle „des Abs. 1 Satz 1 Nr. 2 bis 6 sowie Satz 2" handeln muss, nur bedingt: Wenn die Voraussetzungen des Abs. 1 nicht mehr vorliegen, handelt es sich auch nicht um solche Fälle. 118

Ähnlich kryptisch ist die Formulierung in Abs. 4 S. 3, wonach bei Wiederholungsprüfungen auf Ersuchen die ersuchende Behörde die Polizeibehörde über den Wegfall der Voraussetzungen des Abs. 1 zu unterrichten hat. Statt dieser Unterrichtung könnte sie auch einfach auf ein Ersuchen verzichten. 119

Einen Sinn ergeben diese beiden Formulierungen nur dann, wenn mit der Wiederholungsprüfung ein lediglich auf die Personen, nicht aber auf die anlassgebenden Umstände bezogener Überprüfungsautomatismus intendiert ist. Dafür, dass der Gesetzgeber dies im Sinn hatte, spricht auch die amtliche Begründung, die die Mitteilung der ersuchenden Behörde über den Wegfall der Voraussetzungen in einem Klammerzusatz als „Abmeldung" kennzeichnet (LT-Drs. 19/1979, 29); dieser Begriff hat auch Aufnahme in die Regelung der Speicherungsfrist für Wiederholungsprüfungen (Abs. 5 S. 2) gefunden. 120

Ein solcher Überprüfungsautomatismus, also die unter Verzicht auf eine Betrachtung des Einzelfalls regelmäßig durchgeführte Wiederholungsüberprüfung einmal „angemeldeter" Personen dürfte indessen unter (verfassungs-) rechtlichen Gesichtspunkten kaum haltbar sein. Immerhin können betroffene Personen einer solchen Praxis jedoch im Rahmen der Einholung der Einwilligung entgegentreten. 121

Plausibel ist dagegen die Regelung des Abs. 4 S. 2, die eine Wiederholungsprüfung in den Fällen des Abs. 1 S. 2 (privilegierter Zutritt zu Veranstaltungen) schon dann ermöglicht, wenn der Zutritt zu gleichartigen Veranstaltungen begehrt wird. Da die von Abs. 1 S. 2 erfassten Veranstaltungen in der Regel einmalig sein dürften, müsste anderenfalls bei jedem Antrag auf Zutritt zu einer ähnlichen Veranstaltung – auch im Hinblick auf die Datenspeicherungsfrist des Abs. 5 S. 1 – jeweils eine neue Zuverlässigkeitsüberprüfung mit der dazugehörigen Datenerhebung und -speicherung durchgeführt werden. Eine solche Notwendigkeit 122 entfällt nach der Regelung des Abs. 4 S. 2, die insoweit vor allem in ihrem Zusammenhang mit Abs. 5 S. 2 zu sehen ist.

IV. Form- und Verfahrensvorschriften

1. Aufklärungs- und Mitteilungspflicht (Abs. 2 S. 3, S. 4)

123 In formeller Hinsicht ist die Zuverlässigkeitsüberprüfung mit den sich aus § 13a Abs. 2 S. 4, 5 iVm § 46 Abs. 3 S. 2, Abs. 4 S. 2 HDSIG ergebenden Aufklärungs- und Mitteilungspflichten (vgl. → Rn. 109 f., → Rn. 111) gegenüber den betroffenen Personen verbunden.

2. Speicherungsfristen (Abs. 5)

124 Die Speicherung und Verwendung der für die Zuverlässigkeitsüberprüfung erhobenen Daten und Verfahrensunterlagen regelt Abs. 5. Dazu zählen die (Daten in den) Antragsunterlagen, die schriftliche Einwilligung, die Überprüfungsergebnisse und die Rückmeldungen und Angaben, die ggf. an eine ersuchende Stelle übermittelt wurden.

125 Die Regelung enthält eine strikte Zweckbindung bezüglich der Daten und Unterlagen; sie dürfen alleine zu Zwecken der Dokumentation und im Fall von Wiederholungsprüfungen zu deren Durchführung gespeichert werden.

126 Die Fristen sind so bemessen, dass die Daten und Unterlagen für den Fall einer Wiederholungsprüfung zum Zeitpunkt des Ablaufs der Mindestfrist nach Abs. 4 S. 1 noch vorliegen. Spätestens mit der „Abmeldung“ (→ Rn. 120) sind die Daten zu löschen und die Unterlagen zu vernichten.

V. Verhältnis zu anderen Befugnissen (Abs. 6)

127 Die Vorschrift des Abs. 6 macht schließlich deutlich, dass die Datenerhebungsbefugnisse nach § 13 Abs. 1 Nr. 2–4 und §§ 14–26 – also alle Fälle der Erhebung personenbezogener Daten ohne Einwilligung – weiterhin anwendbar sind; da diese Befugnisse jeweils spezielle Rechtsfolgen an eigene Tatbestandsvoraussetzungen knüpfen, hat die Norm insoweit lediglich deklaratorischen Charakter.

§ 13b Zuverlässigkeitsüberprüfung zum Schutz von Veranstaltungen außerhalb des öffentlichen Bereichs

(1) [1]Eine Zuverlässigkeitsüberprüfung kann durchgeführt werden bei Personen, für die ein privilegierter Zutritt zu einer besonders gefährdeten Veranstaltung in nicht öffentlicher Trägerschaft beantragt wird. [2]Bei sonstigen Veranstaltungen in nicht öffentlicher Trägerschaft kann eine Zuverlässigkeitsüberprüfung bei Personen im Sinne des Satz 1 durchgeführt werden, wenn dies zum Schutz der Veranstaltung erforderlich ist. [3]Die Polizeibehörde hört die Hessische Datenschutzbeauftragte oder den Hessischen Datenschutzbeauftragten an, wenn eine Zuverlässigkeitsüberprüfung nach Satz 1 oder 2 beabsichtigt ist.

(2) [1]§ 13a Abs. 2, 4 bis 6 dieses Gesetzes sowie § 58 des Hessischen Datenschutz- und Informationsfreiheitsgesetzes gelten entsprechend. [2]Die Rückmeldung an einen Empfänger außerhalb des öffentlichen Bereichs beschränkt sich auf die Auskunft zum Vorliegen von Sicherheitsbedenken. [3]Sie darf von diesem nur für die Entscheidung verarbeitet werden, ob der überprüften Person der privilegierte Zutritt gewährt werden soll. [4]Der Empfänger teilt der Polizeibehörde mit, wenn er der Empfehlung nicht folgt. [5]Er hat alle von ihm für die Zuverlässigkeitsüberprüfung erhobenen Daten spätestens bei Beendigung der Veranstaltung zu löschen.

Überblick

Auszug aus der VVHSOG (nicht an die aktuelle Gesetzeslage angepasst und gem. Erlass des Hessischen Ministeriums des Innern und für Sport v. 29.11.2022 (StAnz. 50/2022, 1384) zum 1.1.2025 mangels eines erneuten Verlängerungserlasses ersatzlos außer Kraft getreten):

Zu § 13b

13b Zuverlässigkeitsüberprüfung zum Schutz von Veranstaltungen außerhalb des öffentlichen Bereichs

13b.1

Zu Abs. 1

Zulässig ist die Maßnahme nur, wenn es sich um eine besonders gefährdete Veranstaltung handelt. Musterbeispiel hierfür ist die Fußball-Weltmeisterschaft 2006 in Deutschland. Der Hessische Datenschutzbeauftragte ist vor Beginn der Überprüfung anzuhören.

13b.2

Zu Abs. 2

Vergleichbar ist das Überprüfungsverfahren mit demjenigen im Bereich der Polizeibehörden. Die Vorschrift verweist daher auf § 13a Abs. 2, 5 und 6. Die Datenübermittlung an die private Stelle muss im Falle von Erkenntnissen auf die Mitteilung beschränkt sein, dass Sicherheitsbedenken bestehen. Ermöglicht der Veranstalter der betroffenen Person trotz mitgeteilter Sicherheitsbedenken den privilegierten Zutritt, muss er dies der Polizeibehörde mitteilen.

Die Vorschrift erweitert die in § 13a vorgesehene Befugnis zur Durchführung einer polizeilichen Zuverlässigkeitsprüfung, indem sie eine solche auch bei Personen ermöglicht, für die ein privilegierter Zutritt zu bestimmten Veranstaltungen beantragt wird. Die Vorschrift ist durch die Gesetze v. 3.5.2018 (HessGVBl. 82) und v. 25.6.2018 (HessGVBl. 302) geändert worden. Die zu § 13b erlassene Verwaltungsvorschrift (Nr. 13b ff. VVHSOG) befand sich bis zu ihrem Außerkrafttreten zum 1.1.2025 auf dem Stand v. 10.11.2015 (HeStAnz 1226), hatte also die Änderungen nicht nachvollzogen.

Übersicht

A. Allgemeines

I. Zweck, Struktur, Begriffe und systematischer Zusammenhang der Norm

Die Vorschrift des § 13b wurde – wie die Regelung des § 13a – durch das Artikelgesetz zur Änderung des Melderechts, des Hessischen Gesetzes über die öffentliche Sicherheit und Ordnung und des Hessischen Glückspielgesetzes v. 28.9.2015 (HessGVBl. 346) in den Normenkomplex der §§ 12–29 eingefügt und knüpft unmittelbar an § 13a an. 1

Mit § 13b wird die fakultative Zuverlässigkeitsprüfung dahingehend erweitert, dass auch bestimmte Personenkreise im Zusammenhang mit privaten Veranstaltungen überprüft werden können. Zweck der Vorschrift ist also der Schutz von Veranstaltungen außerhalb des öffentlichen Bereichs. 2

Der Sache nach handelt es sich um einen Spezialfall der „fremden" Zuverlässigkeitsüberprüfung iSd § 13a (vgl. → § 13a Rn. 32, → § 13a Rn. 63 ff.), dessen Spezialität vor allem in der Beteiligung nicht öffentlichen Stellen liegt. 3

Obwohl im Vergleich zu § 13a deutlich knapper gefasst und übersichtlicher strukturiert, lässt auch die Regelung des § 13b hinsichtlich der verwendeten Begriffe, des intendierten Verfahrens und der Stellung im Gesetz etliche Fragen offen (vgl. zu den Defiziten in § 13a → § 13a Rn. 28 ff.; → § 13a Rn. 34 ff.; → § 13a Rn. 40 ff.; → § 13a Rn. 71 ff.; → § 13a Rn. 93 ff.). 4

5 Insbesondere sind die Begriffe des privilegierten Zutritts und der besonders gefährdeten Veranstaltung auslegungsfähig und -bedürftig; zudem wird nicht deutlich, welche Stelle die Zuverlässigkeitsprüfung in diesen Fällen initiieren kann oder muss.

II. Parallelvorschriften

6 Soweit ersichtlich, gibt es bisher polizeirechtliche Parallelvorschriften nur in § 60a BayPAG und § 51 HamPolDVG.

B. Einzelkommentierung

7 Hinsichtlich des Verfahrens bei Zuverlässigkeitsüberprüfungen zum Schutz von Veranstaltungen außerhalb des öffentlichen Bereichs verweist Abs. 2 S. 1 auf die Vorgaben des § 13a Abs. 2, Abs. 5 und Abs. 6.

I. Zuverlässigkeitsüberprüfung als Rechtsfolge

8 Auch hier differenziert sich daher die übergreifende Rechtsfolge der Zuverlässigkeitsüberprüfung in die Schritte der Feststellung (Überprüfung) der Identität einschließlich des Kopierens von Ausweisdokumenten durch die Polizeibehörden (→ § 13a Rn. 34 ff.), der polizeilichen Überprüfung anhand der Datenbestände der Polizei und ggf. der Justiz (→ § 13a Rn. 40 ff.) sowie der Unterrichtung (→ § 13a Rn. 63 ff.) des Veranstalters.

9 Bei Empfängern – also hier Veranstaltern – außerhalb des öffentlichen Bereichs ist allerdings gem. Abs. 2 S. 2 die Weitergabe von Angaben nach § 13a Abs. 3 Nr. 1–5 ausgeschlossen; die Rückmeldung beschränkt sich auf die Auskunft, ob Sicherheitsbedenken vorliegen (vgl. → § 13a Rn. 72 f.). Um solche Empfänger dürfte es sich bei den hier erfassten Veranstaltern ganz regelmäßig handeln, da es kaum „staatliche“ Veranstaltungen in nicht-öffentlicher Trägerschaft gibt.

II. Tatbestandsvoraussetzungen

10 Tatbestandlich setzt die Zuverlässigkeitsüberprüfung nach § 13b voraus, dass es sich bei der betroffenen Person um eine solche handelt, für die ein privilegierte Zutritt zu einer besonders gefährdeten Veranstaltung in nicht öffentlicher Trägerschaft beantragt wird.

1. Besonders gefährdete oder sonstige Veranstaltung in nicht-öffentlicher Trägerschaft

11 Unter Veranstaltung iSd § 13b ist – ebenso wie iRv § 14 Abs. 1 (→ § 14 Rn. 60) – jede von einer natürlichen oder juristischen Person organisierte räumliche Zusammenkunft von Menschen zu Vergnügungs-, Unterhaltungs-, Bildungs- oder sonstigen Zwecken zu verstehen. Anders als im Rahmen von § 14 Abs. 1 muss es sich nicht um eine öffentliche Veranstaltung handeln (vgl. zum Begriff der Öffentlichkeit → § 14 Rn. 60). Nicht zu den Veranstaltungen gehören freilich Versammlungen iSd Art. 8 GG.

12 Eine nicht-öffentlicher Trägerschaft liegt vor, wenn die Veranstaltung nicht vom Bund (Bundesministerien, Bundesoberbehörden, Bundesanstalten), einem Land (Ministerien, Regierungspräsidien etc), Gemeinden oder Gemeindeverbänden getragen wird; zu den öffentlichen Rechtsträgern zählen darüber hinaus die dem Staat zugeordneten Körperschaften des öffentlichen Rechts wie die Hochschulen sowie die Anstalten und Stiftungen des öffentlichen Rechts.

13 Juristische Personen des Privatrechts sind auch dann keine öffentlichen Rechtsträger in diesem Sinne, wenn sie vollständig von Bund, Land oder Gemeinde kontrolliert werden; ihre Veranstaltungen finden also in nicht-öffentlicher Trägerschaft statt.

14 Anders als bei § 13a Abs. 1 S. 2, der Veranstaltungen von Behörden und öffentlichen Stellen als per se gefährdet voraussetzt, muss die nicht-öffentlich getragene Veranstaltung iSd Abs. 1 S. 1 ausdrücklich eine besonders gefährdete sein. Im Gegensatz zu den Regelungen des § 18 Abs. 2 Nr. 3 und Nr. 4 (Identitätsfeststellungen bei besonders gefährdeten Objekten oder Personen) verlangt § 13b allerdings hinsichtlich der Gefährdung keine tatsächlichen Anhaltspunkte. Es genügt also eine abstrakte besondere Gefährdung der Veranstaltung.

Das bedeutet, dass nach allgemeiner Lebenserfahrung oder polizeilicher Erfahrung mit schädigenden Ereignissen bei oder im Zusammenhang mit einer solchen Veranstaltung in einer Weise zu rechnen ist, die über das allgemeine Restrisiko hinausreicht. Insoweit sind derzeit insbesondere terroristische Anschläge oder Amokläufe ins Kalkül zu ziehen. Denkbar sind aber auch drohende Straftaten anderer Art gegen Personen und / oder Sachen. 15

Nicht erfasst sind nach dem Zweck der Norm allerdings Gefährdungen, die sich objektiv aus baulichen Gegebenheiten oder dem Zusammentreffen einer großen Zahl von Menschen als solche ergeben können; solchen ist auf andere Weise Rechnung zu tragen. 16

Die amtliche Begründung (LT-Drs. 19/1979, 29) und Nr. 13b.1 VVHSOG nennen als „Musterbeispiel" für eine besonders gefährdete Veranstaltung in diesem Sinne die Fußball-Weltmeisterschaft 2006 in Deutschland. In Betracht zu ziehen sind (mittlerweile) allerdings auch große Konzerte, Volksfeste oder sonstige Sportveranstaltungen. 17

Seit der Neufassung der Vorschrift durch das Gesetz zur Neuausrichtung des Verfassungsschutzes in Hessen v. 25.6.2018 (HessGVBl. 302) erweitert S. 2 die Zuverlässigkeitsüberprüfung bei dem erfassten Personenkreis auch auf sonstige – also nicht besonders gefährdete – Veranstaltungen in nicht-öffentlicher Trägerschaft, „wenn dies zum Schutz der Veranstaltung erforderlich ist." 18

Abgesehen davon, dass diese neue Alternative die Tatbestandsvoraussetzung der „besonderen Gefährdung" in S. 1 in ihrer Bedeutung als „Eingriffsschwelle" entwertet, bleibt unklar, woraus die Erforderlichkeit der Zuverlässigkeitsprüfung folgen soll, wenn nicht aus einer Gefährdung der Veranstaltung. 19

Diese Änderung wird in der amtlichen Begründung schlicht unterschlagen. Dort heißt es zu § 13b lediglich: „Redaktionelle Änderung. Unter Beibehaltung des bisherigen Inhalts dient die Neufassung des Änderungsbefehls der Anpassung des Vorschriftenzitats in § 13b Abs. 2 Satz 1 HSOG an den Zitiernamen des neuen Hessischen Datenschutz- und Informationsfreiheitsgesetzes" (LT-Drs. 19/6502, 34). Ungeachtet der Auslassung der Änderung in Abs. 1 spricht der Text teilweise in Rätseln. 19.1

In dieser Alternative ist daher ein praktischer Anwendungsbereich des Abs. 1 nicht ersichtlich. 20

2. Person, für die ein privilegierter Zutritt beantragt wird

Wie bei § 13a Abs. 1 S. 2 muss für die betroffene Person darüber hinaus in beiden Fällen ein privilegierter Zutritt beantragt werden. Anders als dort lässt sich dieser Personenkreis hier nicht im Wesentlichen auf Servicepersonal und Journalisten beschränken; in Betracht kommen vielmehr Dienstleistungspersonal und Arbeitskräfte verschiedener Art (Sicherheits- und Eintrittskontrollpersonal, „Backstage"-Kräfte, Lieferanten etc). 21

Auch hier ist es unerheblich, ob die betroffenen Personen selbst den Antrag stellen oder ihr Arbeitgeber (vgl. für § 13a Abs. 1 S. 2 LT-Drs. 19/1979, 28); Adressat des Antrags ist hier – wie bei § 13a Abs. 1 S. 2 – der Veranstalter. 22

3. Einwilligung der betroffenen Person

Durch den Verweis des § 13b Abs. 2 S. 1 auf § 13a Abs. 2 wird deutlich, dass auch hier die Einwilligung der betroffenen Personen in die Zuverlässigkeitsprüfung erforderlich ist (vgl. insoweit zu den Einzelheiten → § 13a Rn. 105 ff.). 23

4. Notwendigkeit eines eigenständigen Ersuchens durch den Veranstalter?

Noch unklarer als im Rahmen der Regelung des § 13a ist es bei § 13b, ob die Zuverlässigkeitsüberprüfung nur zulässig ist, wenn der Veranstalter eigenständig und autonom darum ersucht, oder ob die Polizeibehörde eine solches Ersuchen gleichsam von Amts wegen anregen, initiieren oder gar verlangen kann. 24

Abs. 2 S. 1 verweist insoweit insbesondere nicht auf § 13a Abs. 3, in dem von „ersuchender Stelle" die Rede ist. Da es sich bei dem Veranstalter stets um eine private Person handelt, kann – anders als bei § 13a – zudem nicht davon ausgegangen werden, dass die Möglichkeit zu solchen Ersuchen überhaupt bekannt ist. 25

Andererseits setzt Abs. 2 bei dem Veranstalter – wenn er um eine Zuverlässigkeitsprüfung ersucht – in S. 4 explizit die Autonomie voraus, der „Empfehlung" der Polizeibehörde, also 26 der Auskunft des Vorliegens von Sicherheitsbedenken, nicht zu folgen. Nicht weniger muss die Freiheit bestehen, auf eine Zuverlässigkeitsprüfung von vorneherein zu verzichten.

27 Im Hinblick auf die gleichwohl vermutlich oft fehlende Kenntnis dieser Möglichkeit spricht dies im Ergebnis dafür, auch hier davon auszugehen, dass die Polizeibehörden im Rahmen ihrer Aufgaben nach § 1 Abs. 1 und Abs. 4 auf die Möglichkeit des Ersuchens von Amts wegen hinweisen und ein solches anregen können, eine abschlägige Entscheidung aber ohne Weiteres hinzunehmen haben. Für ein polizeiliches Verlangen an Private, um eine Zuverlässigkeitsüberprüfung zu ersuchen, hätte der Gesetzgeber eine klare Grundlage schaffen müssen.

III. Form- und Verfahrensvorschriften, Verhältnis zu anderen Befugnissen

28 Durch den Verweis des § 13b Abs. 2 S. 1 auf § 13a Abs. 5 und Abs. 6, finden auch hier die Form- und Verfahrensvorschriften bezüglich der Aufklärung und Mitteilung des / an den Betroffenen sowie der Speicherung der Daten und Unterlagen (vgl. iE → § 13a Rn. 124 ff.) sowie die Regelung über das Verhältnis zu den sonstigen polizeilichen Befugnisnormen (→ § 13a Rn. 127) Anwendung.

29 Der Verweis in Abs. 2 S. 1 wurde durch das Hessische Gesetz zur Anpassung des Hessischen Datenschutzrechts an die Verordnung (EU) Nr. 2016/679 und zur Umsetzung der Richtlinie (EU) Nr. 2016/680 und zur Informationsfreiheit v. 3.5.2018 (HessGVBl. 82) auf Abs. 4 – also die Reglung über die (bei einzelnen Veranstaltungen kaum notwendigen, allenfalls bei regelmäßig wiederkehrenden Veranstaltungen denkbaren) Wiederholungsprüfungen – erweitert.

30 Aktualisiert wurde durch das Hessische Gesetz zur Anpassung des Hessischen Datenschutzrechts an die Verordnung (EU) Nr. 2016/679 und zur Umsetzung der Richtlinie (EU) Nr. 2016/680 und zur Informationsfreiheit v. 3.5.2018 (HessGVBl. 82) auch der Verweis auf die Vorschriften über ein gemeinsames Verfahren (nunmehr § 58 HDSIG, vgl. → § 13a Rn. 74 ff.).

IV. Pflichten des Empfängers

31 Darüber hinaus sieht Abs. 2 S. 3–5 Pflichten des Veranstalters (Empfängers) in Bezug auf den Umgang mit den bei der Zuverlässigkeitsüberprüfung erhobenen bzw. erhaltenen Daten vor: Zunächst besteht eine strikte Zweckbindung für die Verarbeitung der Daten (S. 3).

32 Sodann hat der Veranstalter der Polizeibehörde mitzuteilen, wenn er „der Empfehlung" nicht folgt, also einer Person privilegierten Zutritt gewährt, obwohl die Polizeibehörde das Vorliegen von Sicherheitsbedenken mitgeteilt hat (S. 4). Diese Pflicht soll die Polizeibehörde in die Lage versetzen, ggf. andere Sicherheitsmaßnahmen zu treffen (vgl. LT-Drs. 19/1979, 30).

33 Schließlich hat der Veranstalter „alle von ihm für die Zuverlässigkeitsprüfung erhobenen Daten" – dazu gehören freilich auch die Auskünfte der Polizeibehörden – spätestens nach Beendigung der Veranstaltung zu löschen.

34 Warum der Gesetzgeber hier keine Hinweispflicht der Polizeibehörde nach dem Vorbild der §§ 22 Abs. 3, 21 Abs. 6 geschaffen hat, ist unklar; dafür, dass darauf bewusst verzichtet wurde, fehlen Anhaltspunkte. Um die grundrechtsrelevante Lücke zu schließen, sind mit Blick auf die vergleichbare Situation und die Betroffenheit sensibler Daten die Regelungen der §§ 22 Abs. 3, 21 Abs. 6 analog auf die Zuverlässigkeitsüberprüfung nach der Regelung des § 13b anzuwenden.

§ 14 Datenerhebung und sonstige Datenverarbeitung an öffentlichen Orten und besonders gefährdeten öffentlichen Einrichtungen

(1) [1]Die Polizeibehörden können personenbezogene Daten, insbesondere durch den offenen Einsatz technischer Mittel zur Anfertigung von Bild- und Tonaufzeichnungen, auch über andere als die in den §§ 6 und 7 genannten Personen, bei oder im Zusammenhang mit öffentlichen Veranstaltungen oder Ansammlungen erheben, wenn tatsächliche Anhaltspunkte die Annahme rechtfertigen, dass bei oder im

Zusammenhang mit der Veranstaltung oder Ansammlung Straftaten oder nicht geringfügige Ordnungswidrigkeiten drohen. [2]Die Unterlagen und die personenbezogenen Daten sind spätestens zwei Monate nach Beendigung der Veranstaltung oder Ansammlung zu vernichten oder zu löschen, soweit sie nicht zur Abwehr einer Gefahr, zur Verfolgung einer Straftat oder Ordnungswidrigkeit oder zur Strafvollstreckung benötigt werden. [3]Eine Verarbeitung für andere Zwecke ist unzulässig. [4]§ 20 Abs. 8 bleibt unberührt.

(2) [1]Die Polizeibehörden können personenbezogene Daten auch über andere als die in den §§ 6 und 7 genannten Personen bei oder im Zusammenhang mit öffentlichen Versammlungen oder Aufzügen erheben, wenn tatsächliche Anhaltspunkte die Annahme rechtfertigen, dass bei oder im Zusammenhang mit der Versammlung oder dem Aufzug Straftaten drohen. [2]Die Unterlagen sind unverzüglich nach Beendigung der Versammlung oder des Aufzuges oder zeitlich und sachlich damit unmittelbar im Zusammenhang stehender Geschehnisse zu vernichten, soweit sie nicht zur Abwehr einer Gefahr, zur Verfolgung einer Straftat oder Ordnungswidrigkeit oder zur Strafvollstreckung benötigt werden. [3]Eine Verarbeitung für andere Zwecke ist unzulässig. 4§ 20 Abs. 8 bleibt unberührt.

(3) [1]Die Gefahrenabwehr- und die Polizeibehörden können öffentlich zugängliche Orte
1. **zur Abwehr einer Gefahr,**
2. **wenn tatsächliche Anhaltspunkte die Annahme rechtfertigen, dass Straftaten drohen, oder**
3. **sofern diese Orte aufgrund ihrer konkreten Lage, Einsehbarkeit und Frequentierung günstige Tatgelegenheiten für Straftaten mit erheblicher Bedeutung im Sinne des § 13 Abs. 3 Satz 1 bieten und deshalb anzunehmen ist, dass sie gemieden werden,**

mittels Bildübertragung offen beobachten und aufzeichnen.

[2]Ob die Voraussetzungen nach Satz 1 vorliegen, haben die Gefahrenabwehr- und die Polizeibehörden auf der Grundlage einer ortsbezogenen Lagebeurteilung unter besonderer Berücksichtigung der Verhältnismäßigkeit zu ermitteln und zu dokumentieren. [3]Der Umstand der Überwachung sowie der Name und die Kontaktdaten der oder des Verantwortlichen sind durch geeignete Maßnahmen zum frühestmöglichen Zeitpunkt erkennbar zu machen. [4]Fest installierte Anlagen sind alle zwei Jahre daraufhin zu überprüfen, ob die Voraussetzungen für ihren Betrieb weiterhin vorliegen. [5]Abs. 1 Satz 2 und 3 gilt entsprechend.

(3a) [1]Es wird vermutet, dass die Voraussetzungen nach Abs. 3 Satz 1 in den öffentlich zugänglichen Bereichen von Flughäfen, Personenbahnhöfen, Sportstätten, Einkaufszentren und Packstationen vorliegen. [2]Diese Vermutung gilt auch für öffentlich zugängliche Bereiche in unmittelbarer Nähe von Flughäfen. [3]Abs. 1 Satz 2 und 3 und Abs. 3 Satz 3 und 4 gelten entsprechend.

(4) [1]Die Gefahrenabwehr- und die Polizeibehörden können mittels Bildübertragung offen beobachten und aufzeichnen
1. **zum Schutz besonders gefährdeter öffentlicher Einrichtungen oder Räumlichkeiten oder besonders gefährdeter Religionsstätten,**
2. **zur Steuerung von Anlagen zur Lenkung oder Regelung des Straßenverkehrs, soweit Bestimmungen des Straßenverkehrsrechts nicht entgegenstehen.**

[2]Soweit der Inhaber des Hausrechts nicht Gefahrenabwehr- oder Polizeibehörde ist, gilt er im Fall des Satz 1 Nr. 1 als Gefahrenabwehrbehörde. [3]Abs. 1 Satz 2 und 3 und Abs. 3 Satz 3 und 4 gelten entsprechend.

(5) [1]Die Polizeibehörden können auf öffentlichen Straßen und Plätzen Daten von Kraftfahrzeugkennzeichen zum Zwecke des Abgleichs mit dem Fahndungsbestand automatisiert erheben. [2]Daten, die im Fahndungsbestand nicht enthalten sind, sind unverzüglich zu löschen.

(6) [1]Die Gefahrenabwehr- und die Polizeibehörden können eine Person mittels Bild- und Tonübertragung durch den Einsatz körpernah getragener technischer Mittel

1. kurzfristig offen technisch erfassen, wenn dies nach den Umständen zum Schutz von Beschäftigten der Gefahrenabwehr- und der Polizeibehörden oder von Dritten gegen eine Gefahr für Leib, Leben oder Freiheit erforderlich erscheint,
2. offen beobachten und dies aufzeichnen, wenn dies nach den Umständen zum Schutz von Beschäftigten der Gefahrenabwehr- und der Polizeibehörden oder von Dritten gegen eine Gefahr für Leib, Leben oder Freiheit erforderlich ist.

[2]Soweit es für die Durchführung von Maßnahmen nach Satz 1 unerlässlich ist, können personenbezogene Daten auch über dritte Personen erhoben werden. [3]In Wohnungen sind Maßnahmen nach Satz 1 nur durch die Polizeibehörden und nur zur Abwehr einer dringenden Gefahr für Leib, Leben oder Freiheit einer Person zulässig. [4]Sind die Daten für Zwecke der Eigensicherung oder der Strafverfolgung nicht mehr erforderlich, sind sie unverzüglich zu löschen. [5]Ergeben sich während der Durchführung einer Maßnahme nach Satz 1 in Verbindung mit Satz 3 Anhaltspunkte dafür, dass der Kernbereich privater Lebensgestaltung betroffen ist, ist die Maßnahme zu unterbrechen, sobald dies ohne Gefährdung für Leib und Leben von Polizeivollzugsbeamtinnen und -beamten möglich ist. [6]Unterbleibt ein Abbruch aufgrund einer Gefährdung nach Satz 5, sind die Tatsache des Eindringens in den Kernbereich privater Lebensgestaltung und die Umstände des Fortsetzens der Maßnahme zu dokumentieren. [7]Die Maßnahme darf fortgeführt werden, wenn keine Anhaltspunkte mehr dafür vorliegen, dass der Kernbereich privater Lebensgestaltung betroffen ist. [8]Soweit Erkenntnisse aus dem Kernbereich privater Lebensgestaltung durch eine Maßnahme nach Satz 1 in Verbindung mit Satz 3 erlangt worden sind, dürfen sie nicht verwendet werden und sind unverzüglich zu löschen. [9]Die Tatsachen der Erfassung der Daten und der Löschung sind zu dokumentieren. [10]Die Dokumentation darf ausschließlich für Zwecke der Datenschutzkontrolle verwendet werden. [11]Die Dokumentation ist am Ende des Kalenderjahres, das der Protokollierung folgt, zu löschen. [12]Eine Verwertung der nach Satz 3 erlangten Erkenntnisse ist zum Zweck der Gefahrenabwehr nur zulässig, wenn zuvor die Rechtmäßigkeit der Maßnahme richterlich festgestellt wurde. [13]Für das Verfahren gilt § 39 Abs. 1 Satz 2 und 3.

(7) Auf Maßnahmen nach Abs. 1 oder 6 ist in geeigneter Weise hinzuweisen, soweit diese nicht offenkundig sind oder Gefahr im Verzug besteht.

(8) [1]Bei den Maßnahmen nach Abs. 1, 3, 3a und 4 dürfen automatisierte Anwendungen zur Datenverarbeitung zur Erkennung und Auswertung von
1. Bewegungsmustern, die auf die Begehung einer Straftat hindeuten, oder
2. Mustern bezogen auf Waffen im Sinne des § 1 Abs. 2 des Waffengesetzes, Messer und gefährliche Gegenstände

verwendet werden.

[2]Sofern Muster nach Satz 1 erkannt werden, prüfen die Polizeibehörden unverzüglich, ob mit Straftaten mit erheblicher Bedeutung nach § 13 Abs. 3 Satz 1 in absehbarer Zeit mit hinreichender Wahrscheinlichkeit gerechnet werden kann. [3]Liegen die Voraussetzungen nach Satz 2 vor, können die Polizeibehörden eine automatisierte Nachverfolgung der für das Vorliegen der Voraussetzungen nach Satz 2 verantwortlichen Personen durch ihre Kennzeichnung in den vorliegenden Bildübertragungen und -aufzeichnungen vornehmen. [4]Die Polizeibehörden können in Bezug auf die jeweils nachverfolgten Personen nach Satz 3 eine biometrische Echtzeit-Fernidentifizierung in öffentlich zugänglichen Räumen anhand des Datenbestandes der polizeilichen Auskunfts- und Fahndungssysteme durchführen, wenn eine erhebliche gegenwärtige Gefahr für das Leben oder die körperliche Unversehrtheit einer Person vorliegt, sofern die Abwehr dieser Gefahr auf diese Weise unbedingt erforderlich ist.

(9) [1]Die Polizeibehörden können zur Abwehr einer tatsächlichen und bestehenden oder tatsächlichen und vorhersehbaren Gefahr einer terroristischen Straftat bei den Maßnahmen nach Abs. 1, 3, 3a und 4 die biometrische Echtzeit-Fernidentifizierung in öffentlich zugänglichen Räumen zur gezielten Suche nach Personen, die diese Gefahr verursachen, durchführen, soweit die Abwehr dieser Gefahr auf

diese Weise unbedingt erforderlich ist. [2]Die Polizeibehörden können bei den Maßnahmen nach Abs. 1, 3, 3a und 4 die biometrische Echtzeit-Fernidentifizierung in öffentlich zugänglichen Räumen auch zur gezielten Suche nach im Datenbestand der polizeilichen Auskunfts- und Fahndungssysteme gespeicherten bestimmten Opfern von Entführung, Menschenhandel oder sexueller Ausbeutung und vermissten Personen durchführen, soweit die Suche auf diese Weise unbedingt erforderlich ist. [3]Die biometrische Echtzeit-Fernidentifizierung nach Satz 1 und 2 darf nur zeitlich und örtlich auf das unbedingt erforderliche Maß begrenzt erfolgen.

(10) [1]Die Durchführung der biometrischen Echtzeit-Fernidentifizierung unterliegt der ständigen Protokollierung, die die Bezeichnung der eingesetzten automatisierten Anwendung zur Datenverarbeitung, den Zeitpunkt ihres Einsatzes sowie die Organisationseinheit, einschließlich einer individuellen Kennung der Person, die die Maßnahme durchführt, enthalten muss. [2]Jeder Fall der biometrischen Echtzeit-Fernidentifizierung ist von der Anwenderin oder dem Anwender zu begründen. [3]Die Einzelheiten des notwendigen Inhalts der Begründung werden in einer Verwaltungsvorschrift geregelt, die zu veröffentlichen ist. [4]Für die Maßnahmen nach Abs. 8 und 9 gilt Abs. 3 Satz 3 entsprechend.

(11) [1]Maßnahmen nach Abs. 8 Satz 4 und Abs. 9 Satz 1 und 2 dürfen nur nach richterlicher Anordnung nach Maßgabe des Art. 5 Abs. 3 UAbs. 2 der Verordnung (EU) 2024/1689 des Europäischen Parlaments und des Rates vom 13. Juni 2024 (KI-VO) auf Antrag der Behördenleitung oder einer oder eines von dieser beauftragten Bediensteten durchgeführt werden. [2]Bei Gefahr im Verzug dürfen die Maßnahmen nach Abs. 8 Satz 4 und Abs. 9 Satz 1 und 2 durch die Polizeibehörden angeordnet werden, mit der Maßgabe, dass die Anordnung der Maßnahmen nach Abs. 9 Satz 1 und 2 durch die Behördenleitung oder eine von dieser beauftragte Bedienstete oder einen von dieser beauftragten Bediensteten erfolgt. [3]Hat die Polizeibehörde bei Gefahr im Verzug die Anordnung getroffen, so beantragt die Behördenleitung oder eine von dieser beauftragte Bedienstete oder ein von dieser beauftragter Bediensteter unverzüglich, spätestens innerhalb von 24 Stunden, die richterliche Bestätigung der Anordnung. [4]Die Anordnung tritt außer Kraft, soweit sie nicht binnen drei Tagen richterlich bestätigt wird. [5]Wird die Anordnung nicht richterlich bestätigt, werden die Maßnahmen nach Abs. 8 Satz 4 und Abs. 9 Satz 1 und 2 mit sofortiger Wirkung eingestellt und alle Daten sowie die Ergebnisse und Ausgaben dieser Maßnahmen unverzüglich gelöscht. [6]In der Begründung des Antrags auf Erlass einer richterlichen Anordnung sind die Voraussetzungen für die Maßnahmen nach Abs. 8 Satz 4 und Abs. 9 Satz 1 und 2 und die wesentlichen Abwägungsgesichtspunkte darzulegen. [7]Insbesondere sind einzelfallbezogen die bestimmten Tatsachen, die das Vorliegen der Voraussetzungen nach Abs. 8 Satz 4 und Abs. 9 Satz 1 und 2 begründen, und die wesentlichen Erwägungen zur Erforderlichkeit und Verhältnismäßigkeit der Maßnahme darzustellen. [8]Im Übrigen gilt für das Verfahren § 39 Abs. 1 Satz 2 und 3 mit der Maßgabe, dass das Amtsgericht zuständig ist, in dessen Bezirk die Polizeibehörde ihren Sitz hat. [9]Das Nähere zu dem technischen Verfahren wird in einer Verwaltungsvorschrift geregelt.

Überblick

Auszug aus der VVHSOG (nicht an die aktuelle Gesetzeslage angepasst und gem. Erlass des Hessischen Ministeriums des Innern und für Sport v. 29.11.2022 (StAnz. 50/2022, 1384) zum 1.1.2025 mangels eines erneuten Verlängerungserlasses ersatzlos außer Kraft getreten):

Zu § 14

14. Datenerhebung und sonstige Datenverarbeitung an öffentlichen Orten und besonders gefährdeten öffentlichen Einrichtungen

14.1 Zu Abs. 1

14.1.1

In Abs. 1 wird die Datenerhebung bei den nicht durch das Grundrecht des Art. 8 GG geschützten öffentlichen Veranstaltungen und Ansammlungen geregelt. Ein Zusammenhang mit der Veranstaltung oder der Ansammlung verlangt eine räumliche oder zeitliche Beziehung.

14.1.2

Die offene Videoüberwachung richtet sich nach § 14 Abs. 3 (siehe dazu Nr. 14.3). Die verdeckte Datenerhebung mittels Videotechnik bestimmt sich nach § 15.

14.1.3

Nicht geringfügige Ordnungswidrigkeiten sind solche, bei denen der Betroffene nicht verwarnt und kein Verwarnungsgeld erhoben werden kann (vergleiche § 56 OWiG).

14.1.4

Die Unterlagen dürfen nur zur Abwehr einer Gefahr, zur Verfolgung einer Straftat oder Ordnungswidrigkeit oder zur Strafvollstreckung verarbeitet werden. Werden sie hierzu nicht benötigt, sind sie so früh wie möglich, spätestens nach zwei Monaten, zu vernichten, es sei denn, sie werden zur Aus- und Fortbildung oder zu statistischen Zwecken nach Maßgabe des § 20 Abs. 7 benötigt.

14.2 Zu Abs. 2

14.2.1

Die Vorschrift regelt die Datenerhebung bei Versammlungen und Aufzügen mit Ausnahme von Bild- und Tonaufnahmen. Die Anfertigung von Bild- und Tonaufnahmen (einschließlich Bild- und Tonaufzeichnungen) von Teilnehmern bei oder im Zusammenhang mit öffentlichen Versammlungen ist in den §§ 12a, 19a VersammlG abschließend geregelt.

14.2.2

Anders als in Abs. 1 ist die Datenerhebung nur zulässig, wenn Straftaten drohen. Zudem sind die Unterlagen unverzüglich, das heißt ohne schuldhaftes Zögern, zu vernichten, wenn sie nicht zur Abwehr einer Gefahr, zur Verfolgung einer Straftat oder Ordnungswidrigkeit oder zur Strafvollstreckung benötigt werden.

14.3 Zu Abs. 3 und Abs. 4

14.3.1

Die Regelungen erfassen sowohl das offene Beobachten als auch das offene Aufzeichnen mittels Bildübertragung (offene Videoüberwachung). Für Polizeibehörden gilt Abs. 3, für Gefahrenabwehrbehörden Abs. 4; zum Schutz besonders gefährdeter öffentlicher Einrichtungen kann auch der Hausrechtsinhaber, der insoweit Gefahrenabwehrbehörde ist, die offene Videoüberwachung anordnen. Wohnungen sind auch in den Fällen des § 38 Abs. 7 keine öffentlich zugänglichen Orte im Sinne dieser Bestimmung. Der Begriff „öffentliche Einrichtung" ist weiter als im Kommunalrecht und erfasst daher auch Verwaltungseinrichtungen wie zum Beispiel Rathäuser.

14.3.2

Die Tatsache der Videoüberwachung und die hierfür zuständige Behörde sind, zum Beispiel durch ein Hinweisschild, erkennbar zu machen. Für jede Videoüberwachungsanlage ist ein Verfahrensverzeichnis nach § 28 Abs. 1 zu erstellen. Aufzeichnungen sind so früh wie möglich, spätestens nach zwei Monaten, zu vernichten, soweit sie nicht zur Abwehr einer - konkreten - Gefahr, zur Verfolgung einer Straftat oder Ordnungswidrigkeit oder zur Strafvollstreckung benötigt werden. Bei Aufzeichnungen über einen Zeitraum von mehr als einem Tag beginnt die Vernichtungsfrist mit Ablauf des jeweiligen Tages. Eine fest installierte Videoüberwachungsanlage darf zwei Jahre betrieben werden, ohne dass die Voraussetzungen erneut geprüft werden müssen. Ergibt eine Prüfung, dass nach Ablauf dieser Frist die Voraussetzungen weiterhin vorliegen, schließt sich ein weiterer Zweijahreszeitraum an.

14.3.3

Eine einfache Bildübertragung ohne Aufzeichnung im Hauseingangsbereich einer Behörde unterfällt nicht dem. Sie ist allein nach dem Hessischen Datenschutzgesetz zu beurteilen.

14.5 Zu Abs. 5

Die Vorschrift ist nichtig (vergleiche BVerfG, Urteil vom 11. März 2008 - 1 BvR 2074/05, 1 BvR 1254/07 -). Eine Regelung über den Einsatz automatischer Kennzeichenlesesysteme ist in § 14a getroffen worden.

14.6 Zu Abs. 6

Die Vorschrift enthält die Ermächtigung zur kurzfristigen technischen Erfassung, offenen Beobachtung und zur Aufzeichnung einer Person, deren Identität festgestellt werden soll, mittels Bild- und Tonübertragung. Die Maßnahme darf nur an öffentlich zugänglichen Orten erfolgen. Dazu gehören auch die in § 38 Abs. 7 genannten Räume, also insbesondere Geschäftsräume. Die Maßnahme muss nach den Umständen zur Eigensicherung oder dem Schutz Dritter gegen eine Gefahr für Leib oder Leben erforderlich sein. Die Aufzeichnungen dürfen als Beweismaterial in einem Strafverfahren verwendet werden. Unbeteiligte dürfen nach Satz 2 mit erfasst werden, wenn sich das nicht vermeiden lässt. Die Aufzeichnungen sind unverzüglich - spätestens nach Schichtende - zu löschen, soweit sie nicht als Beweismittel benötigt werden.

Die Vorschrift des § 14 ist die spezielle Regelung für verschiedene Formen der gefahrenabwehr- und polizeibehördlichen Erhebung personenbezogener Daten im öffentlichen Raum. Sie ist durch die Gesetze v. 3.5.2018 (HessGVBl. 82) und v. 25.6.2018 (HessGVBl. 302) wesentlich geändert worden. Eine weitere Änderung erfolgte durch Gesetz v. 29.6.2023 (HessGVBl. 456). Eine weitere umfangreiche Änderung wurde durch Gesetz v. 13.12.2024 (HessGVBl. Nr. 83) vorgenommen. Die zu § 14 erlassene Verwaltungsvorschrift (Nr. 14 ff. VVHSOG) befand sich bis zu ihrem Außerkrafttreten zum 1.1.2025 auf dem Stand v. 10.11.2015 (HeStAnz 1226), hatte also die Änderungen nicht nachvollzogen. § 14 Abs. 5 ist mit Art. 2 Abs. 1 iVm Art. 1 Abs. 1 GG unvereinbar und nichtig (Urt. des BVerfG NJW 2008, 1505; BGBl. 2008 I 541); gleichwohl hat der Gesetzgeber den Absatz bis heute nicht gestrichen.

Übersicht

A. Allgemeines

I. Zweck und Struktur der Norm

1 Mit § 14 stellt der Gesetzgeber innerhalb des Normenkomplexes der §§ 12–29, mit dessen Schaffung das hessische Polizeirecht 1990 in einem zweiten Schritt endgültig an die Anforderungen des sog. Volkszählungsurteils des BVerfG (BVerfGE 65,1 = NJW 1984, 419) zum bereichsspezifischen Datenschutz (→ SystVorbPolRDe Rn. 50 ff.) angepasst wurde, fünf spezielle Ermächtigungsgrundlagen für die Erhebung und sonstige Verarbeitung von Daten an öffentlichen Orten bzw. besonders gefährdeten öffentlichen Einrichtungen zur Verfügung.

2 Da die Eingriffsschwellen der Befugnisse aus § 14 zumeist „unterhalb" der konkreten Gefahr ansetzen, dient die Norm zum einen der vorbeugenden Bekämpfung von Straftaten iSd § 1 Abs. 4; auch hier wird diese Ausgabennorm zwar nicht ausdrücklich in Bezug genommen (vgl. → § 13 Rn. 73), jedoch sehen Abs. 1–3 explizit drohende Straftaten als Tatbestandsmerkmal vor. Maßnahmen nach Abs. 2 und Abs. 3 können zum anderen auch der klassischen Gefahrenabwehraufgabe nach § 1 Abs. 1 zuzurechnen sein, da sie nicht selten den Charakter sog. Gefahrerforschungseingriffe (vgl. dazu nur Papier DVBl 1985, 873 (875);

Lisken/Denninger PolR-HdB/Denninger D, 6. Aufl. 2018, Rn. 49; krit. Hornmann HSOG § 6 Rn. 6) haben dürften, die sich auf das bei größeren Menschenmengen stets vorhandene Gefahrenpotential (und einen darauf bezogenen Gefahrenverdacht) beziehen.

1. Regelungsgehalt bis 19.12.2024

3 Bis zur Änderung durch das Gesetz v. 13.12.2024 (HessGVBl. Nr. 83) ermächtigte die Norm zunächst die Polizeibehörden zur Erhebung von Daten bei öffentlichen Veranstaltungen und Ansammlungen (Abs. 1) sowie bei öffentlichen Versammlungen und Aufzügen (Abs. 2). Abs. 3 und Abs. 4 erlaubte sodann die – als Beobachtung und Aufzeichnung mittels Bildübertragung beschriebene – Videoüberwachung öffentlich zugänglicher Orte durch die Polizei- und Gefahrenabwehrbehörden. Abs. 6 regelte einen weiteren Fall der Videoüberwachung, nämlich einer solchen zum Zweck der Eigensicherung von Polizeibeamten im Rahmen von Identitätsfeststellungen.

3.1 Die vormalige Differenzierung nach Videoüberwachung (nur) durch Polizeibehörden (Abs. 3) und (nur) durch die Gefahrenabwehrbehörden (Abs. 4) war durch das Gesetz zur Neuausrichtung des Verfassungsschutzes in Hessen v. 25.6.2018 (HessGVBl. 302) aufgehoben worden (vgl. LT-Drs. 19/6502, 34 f.).

3.2 Die noch immer in Abs. 5 vorgesehene Regelung des polizeilichen Einsatzes von automatischen Kfz-Kennzeichenlesegeräten, die das BVerfG durch Urteil v. 11.3.2008 (BVerfGE 120, 378) für nichtig erklärt hat, hat durch das HSOG-Änderungsgesetz aus dem Jahr 2009 eine Neuregelung in § 14a gefunden.

4 In der Zusammenfassung von „unbenannten" Datenerhebungen und Videoüberwachungen mit unterschiedlichen Zielen durch unterschiedliche Behörden in einer Norm hatte der Gesetzgeber somit auch der Vorschrift des § 14 eine heterogene Struktur gegeben (vgl. → § 13 Rn. 6). Sie war jedoch einheitlicher als die des § 13, insoweit sie lediglich Ermächtigungsgrundlagen in Bezug auf Überwachung und Kontrolle des öffentlichen Raums bzw. im öffentlichen Raum enthielt.

2. Aktueller Regelungsgehalt

5 Durch die mit Gesetz v. 13.12.2024 (HessGVBl. Nr. 83) vorgenommenen Änderungen blieb zwar diese bisherige Grundstruktur der Regelung erhalten, die Vorschrift wurde jedoch durch die Einfügung neuer Befugnisse – mit einer gestaffelten Regelung zum Inkrafttreten (→ Rn. 5.1) – erheblich erweitert.

5.1 Nach Art. 3 des Gesetzes v. 13.12.2024 (HessGVBl. Nr. 83, S. 9) treten Abs. 8–11 zum 2.2.2025 in Kraft, die sonstigen Änderungen zum 19.12.2024.

6 Der Umfang des Gesetzestexts von § 14 hat sich dadurch annähernd verdreifacht (von 557 auf 1613 Worte, vgl. dazu auch → Rn. 7); mit den Befugnissen zur Datenerhebung durch Anfertigung von Bild- und Tonaufzeichnungen auch bei oder im Zusammenhang mit öffentlichen Veranstaltungen oder Ansammlungen (Abs. 1 nF), dem Einsatz sog. Body-Cams – nunmehr auch unabhängig von Identitätsfeststellungen und auch durch die Gefahrenabwehrbehörden sowie durch die Polizeibehörden auch in Wohnungen (Abs. 6 nF) – sowie zu einer sog. intelligenten Videoüberwachung einschließlich biometrischer Echtzeit-Fernidentifizierung (Abs. 8–11 nF) wurden gravierende Grundrechtseingriffe mit einem entsprechenden umfänglichen Regelungsbedarf vorgesehen.

7 Dadurch hat die Norm die bisherige – im Vergleich einheitliche Struktur (→ Rn. 4) – verloren. Sie beschränkt sich insbesondere nicht mehr nur auf offene Maßnahmen zur Überwachung des öffentlich zugänglichen Raums; zudem ist § 14 nunmehr die mit Abstand umfangreichste Regelung innerhalb des HSOG (vgl. dazu auch → § 20 Rn. 9.1; → § 25a Rn. 20) und entzieht sich damit jeder Beschreibung als übersichtlich.

II. Betroffene Grundrechte

8 Die Regelungen des Abs. 1 und Abs. 2 ermächtigten zur Erhebung personenbezogener Daten und damit zu Eingriffen in den Schutzbereich des nach dem Volkszählungsurteil des

BVerfG aus Art. 2 Abs. 1 GG iVm Art. 1 GG abzuleitenden Rechts auf informationelle Selbstbestimmung (vgl. → § 12 Rn. 9).

Einen Eingriff in dieses Recht begründet auch die Videoüberwachung nach Abs. 3, Abs. 4 und Abs. 6 (die im letztgenannten Fall seit Inkrafttreten des Gesetzes zur Änderung des Melderechts, des Hessischen Gesetzes über die öffentliche Sicherheit und Ordnung und des Hessischen Glückspielgesetzes v. 28.9.2015 (HessGVBl. 346) regelmäßig zugleich mit Tonaufzeichnungen einhergeht). Das ist zunächst unstreitig für die – zugleich als Datenverarbeitung in Form der Speicherung iSd § 41 Nr. 2 HDSIG zu qualifizierende – Videoüberwachung in der Form der Bildaufzeichnung (vgl. nur BVerfGE 120, 378 (399 ff.); BVerfG (K) NVwZ 2007, 688; VGH Mannheim NVwZ 2004, 498 (499 f.); Fischer VBlBW 2002, 89 (92) mwN). **9**

Bildaufzeichnungen von Personen sind Einzelangaben über persönliche und sachliche Verhältnisse bestimmter oder bestimmbarer natürlicher Personen und damit personenbezogene Daten. Bei der Bildaufzeichnung werden die durch die Kamera übermittelten Bilddaten nicht nur am Monitor beobachtet, sondern auf einem Datenträger gespeichert. Die Speicherung von Daten ermöglicht es, die beobachteten Lebensvorgänge am Bildschirm jederzeit abzurufen und die Bilddaten nachträglich mittels moderner Techniken (Abschnittsvergrößerungen, Bildaufhellungen, Kontrastverstärkungen) aufzubereiten sowie – ggf. elektronisch – auszuwerten. So kann eine Vielzahl von Informationen über bestimmte identifizierbare Betroffene gewonnen werden, die sich im Extremfall zu Profilen des Verhaltens der betroffenen Personen in dem überwachten Raum verdichten lassen (OVG Hamburg BeckRS 2010, 50985). **9.1**

Da es insoweit um die Übertragung und Aufzeichnung von Bildern geht, käme auch das allgemeine Persönlichkeitsrecht aus Art. 2 Abs. 1 GG iVm Art. 1 GG in seiner Ausprägung als Recht am eigenen Bild in Betracht (vgl. BVerfGE 101, 361 (381); BVerfG HRRS 2007 Nr. 324); da der Schwerpunkt insoweit auf der Erhebung von Lebensvorgängen liegt, wendet das BVerfG jedoch auch auf Videoübertragung und -aufzeichnungen (nur) das Recht auf informationelle Selbstbestimmung an (BVerfG (K) NJW 2009, 480; NVwZ 2007, 688; vgl. auch BVerwG NVwZ 2012, 757 (758 f.) mwN). Selbst wenn man dies anders sehen wollte, würden sich hinsichtlich der Einschränkbarkeit des Grundrechts durch polizeirechtliche Videoüberwachungsvorschriften keine Unterschiede ergeben (so auch VGH Mannheim NVwZ 2004, 498 (500); Lisken/Denninger PolR-HdB/Petri, 6. Aufl. 2018, G Rn. 763). Gleiches muss für die nunmehr von Abs. 6 ebenfalls erfassten Tonübertragungen und -aufzeichnungen gelten, für die daneben das allgemeine Persönlichkeitsrecht aus Art. 2 Abs. 1 GG iVm Art. 1 GG in seiner Ausprägung als Recht am eigenen Wort in Betracht kommt (vgl. BVerfGE 106, 28 (48 ff.)). **9.2**

Nach zutreffender Auffassung kommt aber auch der Beobachtung mittels Bildübertragung (sog. Kamera-Monitor-Prinzip) Eingriffscharakter zu. Selbst wenn die Bildaufnahmen hier dergestalt „flüchtig" sind, dass sie nur eine unmittelbare, zeitgleiche Auswertung des Bildmaterials am Monitor zulassen, verfügen doch die eingesetzten Kameras regelmäßig über vom Videobeobachter bedienbare Zoom-, Standbild- und Einzelbildfunktionen sowie über Dreh- und Schwenktechnik und ermöglichen damit eine gegenüber dem bloßen menschlichen Auge (des „Schutzmanns" auf einem öffentlichen Platz) eine weit großflächigere und intensivere Beobachtung (zu recht betont von VGH Mannheim NVwZ 2004, 498 (500); vgl. auch Lisken/Denninger PolR-HdB/Petri, 6. Aufl. 2018, G Rn. 763; zur Zoomfunktion explizit BVerfGE 122, 342 (368 ff.)). **10**

Der Eingriff in das Grundrecht entfällt auch nicht etwa dadurch, dass lediglich Verhaltensweisen im öffentlichen Raum erhoben werden. Das allgemeine Persönlichkeitsrecht gewährleistet nicht allein den Schutz der Privat- und Intimsphäre, sondern trägt in Gestalt des Rechts auf informationelle Selbstbestimmung auch den informationellen Schutzinteressen des Einzelnen, der sich in die Öffentlichkeit begibt, Rechnung (BVerfG NVwZ 2007, 688 (690); BVerfGE 65, 1 (45)). **10.1**

Auch von einer einen Eingriff ausschließenden Einwilligung in die Informationserhebung kann regelmäßig nicht ausgegangen werden, und zwar auch dann nicht, wenn die Betroffenen aufgrund einer entsprechenden Beschilderung wissen, dass sie in dem Bereich, in dem sie sich gerade aufhalten, aufgenommen werden. Das Unterlassen eines ausdrücklichen Protests kann nämlich grundsätzlich nicht mit einer Einverständniserklärung gleichgesetzt werden (vgl. BVerfG NVwZ 2007, 688 (690); VGH Mannheim NVwZ 2004, 498 (500)). **10.2**

Darüber hinaus lässt der Einsatz von Kameras eine „Rund-um-die-Uhr-Überwachung" zu, die zudem aufgrund der technischen Leistungsfähigkeit auch bei schwierigen Lichtverhältnissen identifizierbare Personenaufnahmen über große Entfernungen liefert (vgl. VGH **11**

Mannheim NVwZ 2004, 498 (500) unter anderem unter Berufung auf Hasse ThürVBl. 2000, 169 (171); Waechter NdsVBl 2001, 77 (79); Röger/Stephan NWVBl. 2001, 201 (207); Roggan NVwZ 2001, 134 (136); Fischer VBlBW 2002, 89 (92); VG Halle LKV 2000, 164 (165); Müller Die Polizei 1997, 77 (78); Keller Kriminalistik 2000, 187 (188)).

12 Insoweit steht nach der ständigen Rechtsprechung des BVerfG inzwischen auch fest, dass sich der Eingriffscharakter der Bildübertragung – im Sinne einer subjektiven Betrachtungsweise – daneben aus dem psychisch wirkenden Überwachungsdruck begründet, der Betroffene ggf. zu einem „angepassten Verhalten" veranlasst (noch offengelassen von VGH Mannheim NVwZ 2004, 498 (500); damals schon bejaht von Kloepfer/Breitkreuz DVBl 1998, 1149 (1152); Hasse ThürVBl. 2000, 169 (171); Roggan NVwZ 2001, 134 (136); Büllesfeld, Polizeiliche Videoüberwachung öffentlicher Straßen und Plätze zur Kriminalitätsvorsorge, 2002, 147; vgl. auch Lisken/Denninger PolR-HdB/Petri, 6. Aufl. 2018, G Rn. 759).

13 Die Videoüberwachung zählt insoweit zu den Maßnahmen, denen der Betroffene ohne einen ihm zurechenbaren Anlass ausgesetzt ist, die also praktisch jeden treffen können. Solche Informationserhebungen sind – nicht zuletzt wegen der von ihnen potentiell ausgehenden psychischen Wirkung – von grundsätzlich höherer Eingriffsintensität als anlassbezogene (vgl. BVerfGE 120, 378 (402); 100, 313 (376, 392); 107, 299 (320 f.); 109, 279 (353); 113, 29 (53); 113, 348 (383); 115, 320 (354)).

13.1 Insbesondere wenn Personen, die keinen Erhebungsanlass gegeben haben, in großer Zahl in den Wirkungsbereich einer Maßnahme einbezogen werden, können von dieser auch allgemeine Einschüchterungseffekte ausgehen, die zu Beeinträchtigungen bei der Ausübung von Grundrechten führen können (vgl. BVerfGE 65, 1 (42); 120, 378 (402); 113, 29 (46)). Die Unbefangenheit des Verhaltens wird insbesondere gefährdet, wenn die Streubreite von Maßnahmen dazu beiträgt, dass Risiken des Missbrauchs und ein Gefühl des Überwachtwerdens entstehen (vgl. BVerfGE 107, 299 (328); 115, 320 (354 f.)).

14 Die psychisch vermittelte Einflussnahme auf das Verhalten der von ihr erfassten Personen ist insoweit gerade einer der zentralen Zwecke der Videoüberwachung: Das gewonnene Bildmaterial kann und soll nicht nur dazu genutzt werden, belastende hoheitliche Maßnahmen gegen Personen vorzubereiten, die in dem von der Überwachung erfassten Bereich bestimmte unerwünschte Verhaltensweisen zeigen, sie soll und kann vielmehr zugleich abschreckend wirken und insofern das Verhalten der Betroffenen lenken (vgl. BVerfG NVwZ 2007, 688 (690); vgl. zu Kameraattrappen Lisken/Denninger PolR-HdB/Petri, 6. Aufl. 2018, G Rn. 767 aE mwN; vgl. zu den allgemeinen datenschutzrechtlichen Vorgaben für die öffentliche wie private Videoüberwachung § 4 BDSG, § 4 HDSIG sowie Lisken/Denninger PolR-HdB/Petri, 6. Aufl. 2018, G Rn. 804 ff., auch zum polizeilichen Zugriff auf nichtpolizeiliche Überwachungssysteme).

15 Die Befugnis des Abs. 2 tangiert darüber hinaus das Recht auf Versammlungsfreiheit aus Art. 8 GG und Art. 14 HessVerf, auch wenn sie – wie der Vergleich mit Abs. 3 und Abs. 4 verdeutlicht – nicht zur Beobachtung und Aufzeichnung mittels Bildübertragung, sondern nur zu sonstigen Datenerhebungen ermächtigt (vgl. zu der daraus resultierenden verfassungsrechtlichen Problematik eingehend → Rn. 22 ff.).

16 Keine der Befugnisse aus § 14 ermächtigte indessen bis zur Änderung durch Gesetz v. 13.12.2024 (HessGVBl. Nr. 83) zu Eingriffen in die Unverletzlichkeit der Wohnung (Art. 13 GG). Dass solche Eingriffe nicht intendiert waren, ergab sich zum einen aus der durchgängigen Bezugnahme der Norm auf die Öffentlichkeit, zum anderen aus dem Vergleich mit den Vorschriften der § 15 Abs. 4, Abs. 6 S. 2, Abs. 7, § 16 Abs. 4 S. 1, S. 2, die die – hier vorgesehenen – Eingriffe in Art. 13 GG jeweils ausdrücklich als Datenerhebung „in oder aus Wohnungen" bzw. als das Betreten von Wohnungen kennzeichnen.

17 Seit der Änderung des Abs. 6 durch Gesetz v. 13.12.2024 (HessGVBl. Nr. 83) ist nunmehr der Einsatz von sog. Body-Cams in Wohnungen – und damit ein Eingriff in Art. 13 GG – in einem Anwendungsfall unter bestimmten Voraussetzungen ausdrücklich umfasst (dazu → Rn. 169).

18 Für alle anderen Anwendungsfälle ist im Umkehrschluss aus den genannten Regelungen (→ Rn. 16) davon auszugehen, dass die Befugnisse ohne eine solche Bezugnahme auf die Wohnung nicht zu einem Eingriff deren Unverletzlichkeit ermächtigen, zumal sie anderenfalls den Anforderungen der einzig in Betracht kommenden Schranke (Art. 13 Abs. 4 GG)

weder hinsichtlich der Tatbestandsvoraussetzungen noch in Bezug auf den Richtervorbehalt genügen würden. Faktisch kann indessen die Einrichtung der Videoüberwachung öffentlicher zugänglicher Orte nach Abs. 3 oder Abs. 4 gleichwohl dazu führen, dass Einblicke in anliegende Wohnungen möglich werden (vgl. Lisken/Denninger PolR-HdB/Petri, 6. Aufl. 2018, G Rn. 771).

In solchen Fällen stellt die Videoüberwachung einen rechtswidrigen Eingriff in das Wohnungsgrundrecht dar, wenn nicht auf technischem Weg (etwa durch physikalische Einschränkung des Schwenkbereichs der Kamera oder unaufhebbare Schwarzschaltung mit Unterbrechung der Aufzeichnung (vgl. OVG Hamburg Beschl. v. 14.12.2006 – 4 Bs 244/06, http://justiz.hamburg.de/contentblob/1291024/data/4bs244-06.pdf, Stand: 13.1.2015) sichergestellt wird, dass Wohnungen iSd Art. 13 GG zuverlässig außerhalb des Beobachtungsbereichs bleiben (vgl. OVG Hamburg MMR 2011, 128; Lisken/Denninger PolR-HdB/Petri, 6. Aufl. 2018, G Rn. 771) oder entsprechende Bilder von vorneherein verpixelt werden; nur so kann auch den Anforderungen an eine datenschutzfreundliche Technikgestaltung aus Art. 20 JI-RL Rechnung getragen werden (Lisken/Denninger PolR-HdB/Petri, 6. Aufl. 2018, G Rn. 771; vgl. allgemein zum Verhältnis der JI-RL zum nationalen Recht → DatenschutzrechtlicheEinfuehrungJI-Richtlinie Rn. 22 f.), die in § 66 HDSIG umgesetzt wurde. 19

Insgesamt hat sich mit der Einführung der sog. intelligenten Videoüberwachung einschließlich biometrischer Echtzeit-Fernidentifizierung und automatisierter Nachverfolgung (Abs. 8–11 nF) durch Gesetz v. 13.12.2024 (HessGVBl. Nr. 83) nunmehr die potentielle Eingriffsintensität in Bezug auf das das durch Videoüberwachung betroffene Recht auf informationelle Selbstbestimmung (→ Rn. 8 ff.) stark erhöht. 20

III. Verfassungsmäßigkeit

Gegenüber der Vorschrift des § 14 wurden bis zur Änderung im Jahr 2023 unter zwei Gesichtspunkten verfassungsrechtliche Bedenken geltend gemacht. Mit der Einfügung des Abs. 3a durch Gesetz v. 29.6.2023 (HessGVBl. 456) ist eine weitere Regelung hinzugekommen, die sich erheblichen verfassungsrechtlichen Bedenken ausgesetzt sieht. Gleiches gilt für die Änderungen, die an § 14 durch Gesetz v. 13.12.2024 (HessGVBl. Nr. 83) vorgenommen wurden. 21

1. Die Regelung des Abs. 2

Die Bedenken beziehen sich mit Blick auf das Grundrecht der Versammlungsfreiheit (Art. 8 GG) zunächst auf die Regelung des Abs. 2 (vgl. Pausch/Dölger PolR Hessen Rn. 187 f.; Hornmann HSOG Rn. 14 ff.), mit der die Polizei explizit zu Informationseingriffen im Zusammenhang mit öffentlichen Versammlungen und Aufzügen ermächtigt wird. 22

Versammlung iSd Art. 8 GG ist eine örtliche Zusammenkunft mehrerer Personen zur gemeinschaftlichen, auf die Teilhabe an der öffentlichen Meinungsbildung gerichteten Erörterung oder Kundgebung (vgl. nur BVerfGE 104, 92 (104); Lisken/Denninger PolR-HdB/Kniesel/Poscher K Rn. 49 ff.). Unter einem Aufzug (vgl. § 19 VersammlG) sind sich fortbewegende Versammlungen unter freiem Himmel zu verstehen (vgl. Lisken/Denninger PolR-HdB/Kniesel/Poscher, 6. Aufl. 2018, K Rn. 77 mwN). Für Hessen finden sich nunmehr Legaldefinitionen in § 2 HVersFG (dazu → Rn. 24). 22.1

Allerdings ist insoweit dem Einwand, es fehle schon an einer Gesetzgebungskompetenz des Landes, weil der Bund durch die §§ 12a, 19a VersammlG Informationserhebungen gegenüber Versammlungen abschließend geregelt habe (so Pausch/Dölger PolR Hessen Rn. 188), inzwischen die Grundlage entzogen: Mit Inkrafttreten der Föderalismusreform (Gesetz zur Änderung des Grundgesetzes v. 28.8.2006, BGBl. I 2034; vgl. Ipsen NJW 2006, 2801) ist die konkurrierende Gesetzgebungskompetenz des Bundes für das Versammlungsrecht (Art. 74 Abs. 1 Nr. 3 GG aF) entfallen. 23

Zwar galt das VersammlG des Bundes in Hessen zwischen 2006 und 2023 gem. Art. 125a Abs. 1 GG fort, mit Wirkung zum 4.4.2023 hat der hessische Gesetzgeber jedoch nunmehr von seiner Kompetenz Gebrauch gemacht und das Hessische Versammlungsfreiheitsgesetzes (HVersFG, GVBl. 2023, 150) erlassen. 24

Weiterhin können verfassungsrechtliche Zweifel gleichwohl im Hinblick auf den sog. Grundsatz der Polizeifestigkeit des Versammlungsrechts geltend gemacht werden; dieser 25 bedeutet, dass polizeiliche Maßnahmen gegenüber Versammlungen und Versammlungsteilnehmern im Hinblick auf den hohen Rang des Grundrechts auf Versammlungsfreiheit nicht auf das allgemeine Polizeirecht, sondern nur auf das Versammlungsrecht gestützt und nach Maßgabe der dort geltenden – regelmäßig strengeren – tatbestandlichen Voraussetzungen ergriffen werden dürfen (vgl. nur Lisken/Denninger PolR-HdB/Kniesel/Poscher, 6. Aufl. 2018, K Rn. 24 ff.; allg. BVerfGE 69, 315 (361 ff.)).

26 Dieser Grundsatz hat zwar mit der Föderalismusreform seine kompetenzielle Absicherung verloren, er gilt jedoch aus Spezialitätsgründen fort (vgl. Lisken/Denninger PolR-HdB/Kniesel/Poscher, 6. Aufl. 2018, K Rn. 24 f.; VG Berlin NVwZ 2010, 1442 (1443)). Insoweit sind die im VersammlG geregelten – im Vergleich zu dem allgemeinen Polizeirecht besonderen – Voraussetzungen für beschränkende Maßnahmen nach wie vor Ausprägungen des Grundrechts der Versammlungsfreiheit; dementsprechend geht das VersammlG – in Hessen nunmehr in Gestalt des HVersFG (→ Rn. 24) – als spezielleres Gesetz dem HSOG weiterhin vor, mit der Folge, dass auf letzteres gestützte Maßnahmen grundsätzlich ausscheiden, solange sich die betreffende Person in einer Versammlung befindet und sich auf die Versammlungsfreiheit berufen kann (vgl. BVerfGK 4, 154 (158) = NVwZ 2005, 80, zu sog. Vorfeldmaßnahmen Lisken/Denninger PolR-HdB/Kniesel/Poscher, 6. Aufl. 2018, K Rn. 25, 154, 401 mwN; für die neue Rechtslage in Hessen → Rn. 30.1).

27 Daher stellt sich noch immer die Frage, inwieweit sich eine (schon vor der Föderalismusreform) geschaffene allgemein-polizeirechtliche Befugnisnorm, die sich – wie Abs. 2 – ausdrücklich auf Versammlungen bezieht, mit diesem Grundsatz vereinbaren lässt. Zum Teil wurde die Auffassung vertreten, die Norm sei unproblematisch, weil die auf sie gestützten Datenerhebungen keine Eingriffe in Art. 8 GG darstellten (so Meixner/Fredrich, 12. Aufl. 2016, Rn. 15, anders nunmehr Fredrich Rn. 15).

28 Daran war zwar richtig, dass es bei Datenerhebungen nicht um beschränkende Verfügungen gegenüber Versammlungen und Versammlungsteilnehmern geht, also um „klassische" Eingriffe in die Versammlungsfreiheit. Jedoch ist seit langem unstreitig, dass Art. 8 Abs. 1 GG auch und gerade die von staatlichen Aktivitäten unbeeinflusste Entschließung zur Teilnahme an Versammlungen schützt. Daher kommt schon polizeilichen Maßnahmen, die lediglich mittelbar und potentiell – etwa in Form von Registrierungen der Teilnahme, Observationen, Bildaufnahmen etc – auf die Bereitschaft zur Ausübung des Grundrechts auf Versammlungsfreiheit einwirken können Eingriffscharakter zu (vgl. BVerfGE 65, 1 (43); 69, 315 (349), 122, 342 (368 f.); Lisken/Denninger PolR-HdB/Kniesel/Poscher, 6. Aufl. 2018, K Rn. 94 ff.; VG Berlin NVwZ 2010, 1442 (1443) mit zutreffenden Ausführungen auch zum zugrunde zu legenden Eingriffsbegriff).

28.1 Dies hat das BVerfG unter Hinweis auf die konstituierende Bedeutung der Versammlungsfreiheit für die repräsentative Demokratie wiederholt betont: Wer damit rechne, dass etwa die Teilnahme an einer Versammlung oder einer Bürgerinitiative behördlich registriert werde und dass ihm dadurch Risiken entstehen könnten, werde möglicherweise auf eine Ausübung des Grundrechts aus Art. 8 GG verzichten (BVerfGE 65, 1 (43); 69, 315 (349), 122, 342 (368 f.). Die bereits (→ Rn. 12 ff.) dargelegten Erwägungen gelten also im Bereich des Art. 8 GG mit Blick auf die „innere Versammlungsfreiheit" in besonderem Maße.

28.2 Damit ist freilich die Frage nicht beantwortet, unter welchen Voraussetzungen informationelle polizeiliche Maßnahmen oder die gesetzlichen Ermächtigungen hierzu gerechtfertigt sein können; es steht lediglich fest, dass es sich um Eingriffe in die Versammlungsfreiheit handelt (vgl. Hornmann HSOG Rn. 17; Lisken/Denninger PolR-HdB/Kniesel/Poscher, 6. Aufl. 2018, K Rn. 95). Einer Rechtfertigung nicht mehr zugänglich sind allerdings Maßnahmen, die in Anwendung beschränkender Gesetze den Zugang zu einer Versammlung iSd Art. 8 GG durch Behinderung von Anfahrten und schleppende vorbeugende Kontrollen unzumutbar erschweren oder deren staatsfreien unreglementierten Charakter durch exzessive Observationen oder Registrierungen verändern (BVerfGE 69, 315 (349)).

29 Folglich stellten und stellen regelmäßig auch polizeiliche Datenerhebungen nach Abs. 2 jedenfalls Eingriffe in die Schutzbereiche des Art. 8 GG und Art. 14 HessVerf dar. Mit dem Grundsatz der Polizeifestigkeit kollidierenden die Vorschrift und darauf basierende Maßnahmen gleichwohl nur insoweit, als das Versammlungsrecht – in Hessen nunmehr im HVersFG geregelt – die Datenerhebung bei oder im Zusammenhang mit öffentlichen Versammlungen abschließend geregelt hat (vgl. Lisken/Denninger PolR-HdB/Kniesel/Poscher, 6. Aufl. 2018, K Rn. 155).

Das Versammlungsrecht enthält indessen keine abschließende Regelung für die Abwehr **aller** Gefahren, die im Zusammenhang mit Versammlungen auftreten können. Vielmehr ist das Versammlungswesen im VersammlG nicht umfassend und vollständig, sondern nur teilweise und lückenhaft geregelt, sodass in Ermangelung einer speziellen Regelung auf Landespolizeirecht zurückgegriffen werden kann (vgl. BVerwG NVwZ 2007, 1439 (1440); BVerwGE 64, 55 (58); BVerwG NVwZ 1999, 991). Ob eine Spezialregelung vorliegt ist daher für jede Materie im Einzelfall zu ermitteln (vgl. zur Reichweite der Polizeifestigkeit in Bezug auf Meldeauflagen mit dem Ziel der Verhinderung einer Teilnahme an einer Versammlung im Ausland auf Grundlage der polizeilichen Generalklausel BVerwGE 129, 143 (147)). 30

In § 10 HVersFG hat das Verhältnis des Versammlungsrechts zum Polizeirecht nunmehr für Hessen eine explizite Regelung gefunden (vgl. → Rn. 31). 30.1

Für Hessen ist insoweit davon auszugehen, dass für Bild- und Tonaufnahmen von Teilnehmern und unvermeidbar betroffenen Dritten bei oder in Zusammenhang mit öffentlichen Versammlungen nunmehr mit §§ 17, 24 HVersFG eine abschließende Spezialregelung vorliegt, die zugleich die Obergrenze der zulässigen Intensität von Eingriffen von Datenerhebung markiert. Infolge dieser Regelung scheidet auch ein subsidiärer Rückgriff auf das HSOG aus, da ein solcher nach § 10 Abs. 1 HVersFG auf die Fälle des Fehlens einer Regelung im HVersFG beschränkt ist. 31

Bis zum Inkrafttreten des HVersFG am 4.4.2023 fanden sich entsprechende Spezialregelungen für Bild- und Tonaufnahmen in den Vorschriften der §§ 12a, 19a VersammlG, die nach Art. 125a Abs. 1 GG weiter galten (vgl. dazu auch Nr. 14.2.1 VVHSOG). 31.1

Vor diesem Hintergrund war und wäre etwa eine Funkzellenauswertung als Datenerhebung bei oder im Zusammenhang mit einer Versammlung (wie in Dresden 2011 vorgenommen) nach Abs. 2 auch dann unzulässig, wenn man sie als zulässige Methode im Sinne der Vorschrift ansehen würde, was in Hessen jedoch im Hinblick auf die Spezialregelung des § 15a ohnehin ausscheidet (vgl. zu der Expertenanhörung, die im Bundestag zu der polizeiliche Funkzellenauswertung anlässlich der Versammlung in Dresden stattfand http://www.bundestag.de/dokumente/textarchiv/2012/37274933_kw06_pa_recht/index.html). 31.2

Danach scheidet Abs. 2 als Ermächtigungsgrundlage für entsprechende Maßnahmen aus (vgl. für das ASOG Bln VG Berlin NVwZ 2010, 1442 (1443)), soweit man dies in Bezug auf die Rechtsfolge „Beobachtung und Aufzeichnung mittels Bildübertragung" nicht ohnehin schon dem Umkehrschluss aus Abs. 3 und Abs. 4 entnehmen möchte. 32

Eine abschließende Regelung enthält darüber hinaus § 11 Abs. 2 HVersFG wonach Polizeibeamte, die in einer Versammlung anwesend sind, sich der Versammlungsleitung zu erkennen zu geben haben. 33

Vor Inkrafttreten des HVersFG fanden sich entsprechende Vorschriften in §§ 12, 18 Abs. 1 VersammlG, die Polizeibeamten, die in eine öffentliche Versammlung entsandt werden, verpflichten, sich dem Leiter zu erkennen zu geben. 33.1

Für Abs. 2 bedeutet diese Legitimationspflicht, dass eine Datenerhebung nach dieser Vorschrift auch dann nicht verdeckt (zum Begriff → § 13 Rn. 167 ff.) erfolgen darf, wenn hierfür die polizeirechtlichen Voraussetzungen (§ 13 Abs. 7) vorliegen. 34

Die durchaus verbreitete Polizeipraxis der „verdeckten Aufklärung" versammlungsspezifischer Gefahrverdachtsmomente in und um Versammlungen iSd Art. 8 GG, Art. 14 HessVerf ist daher stets (grund-)rechtswidrig. 34.1

Berücksichtigt man also, dass Abs. 2 wegen der spezielleren Regelungen im VersammlG nur auf offene polizeiliche Datenerhebungen „unterhalb" der Eingriffsintensität von Bild- und Tonaufzeichnungen Anwendung finden, bestehen gegen die Vorschrift im Ergebnis keine materiellen verfassungsrechtlichen Bedenken (vgl. auch Hornmann HSOG Rn. 21). 35

Allerdings verstieß das HSOG bis zum Inkrafttreten des HVersFG formell insoweit gegen das Zitiergebot des Art. 19 Abs. 1 S. 2 GG: § 10 ließ Art. 8 GG als einschränkbares Grund- 36 recht unerwähnt (s. auch Fredrich § 10 Rn. 15), obwohl dessen Benennung für Maßnahmen gegenüber Versammlungen unter freiem Himmel (Art. 8 Abs. 2 GG) erforderlich wäre (Lisken/Denninger PolR-HdB/Kniesel/Poscher, 6. Aufl. 2018, K Rn. 148).

36.1 Alle bisherigen Versuche, diesen klaren Befund durch eigenwillige Eingriffsbegriffe (etwa bei Meixner/Fredrich, 12. Aufl. 2016, Rn. 15) oder Reduktionen des Anwendungsbereichs des Zitiergebots (Lisken/Denninger PolR-HdB/Kniesel/Poscher, 6. Aufl. 2018, K Rn. 148 ff. mwN) überzeugten im Hinblick auf die ohnehin (lange zu) großzügige Rechtsprechung des BVerfG zum Zitiergebot schon im Ansatz nicht (so iErg auch Lisken/Denninger PolR-HdB/Kniesel/Poscher, 6. Aufl. 2018, K Rn. 155). Für das HSOG wurde diese Auffassung inzwischen durch die Rechtsprechung des BVerfG in anderem Zusammenhang ausdrücklich widerlegt.

36.2 Danach verstieß die Regelung des § 18 Abs. 2 Nr. 5 aF insoweit gegen Art. 8 Abs. 1 GG iVm Art. 19 Abs. 1 S. 2 GG, als sie die Einrichtungen von Kontrollstellen zur Verhütung von Straftaten nach § 27 VersammlG – also im Vorfeld von Versammlungen – erlaubte, ohne dass § 10 die Versammlungsfreiheit als einschränkbares Grundrecht benannt wurde (BVerfG BeckRS 2018, 37208). bestätigt (vgl. BVerfG BeckRS 2018, 37208).

37 Hinsichtlich des Grundrechts in Art. 14 HessVerf, das gem. Art. 142 GG weiter gilt (vgl. BeckOK Verfassung Hessen/Bäuerle HessVerf Art. 14 Rn. 3 ff., so auch Ridder/Breitbach/Deiseroth, Versammlungsrecht/Gutmann, 2. Aufl. 2020, Hessen, A. IV., Rn. 11) und durch die Verabschiedung des HVersFG wieder in das Blickfeld geraten ist, gilt dies allerdings nicht: Das Versammlungsgrundrecht in Hessen sieht einen allgemeinen Gesetzesvorbehalt für Versammlungen unter freiem Himmel nicht vor; diese können nach Abs. 2 durch Gesetz lediglich anmeldepflichtig gemacht werden. Einschränkungen der Versammlungsfreiheit sind daher in Hessen insgesamt nur im Rahmen der sog. verfassungsimmanenten Schranken (vgl. dazu DHS/Herdegen GG Art. 1 Abs. 3 Rn. 44 ff.) zulässig, dh aufgrund kollidierenden Verfassungsrechts.

38 Dieser Befund war bei Verabschiedung des HVersFG übersehen worden. Das Gesetz, das recht weitreichenden Eingriffsbefugnisse in Bezug auf Versammlungen unter freiem Himmel enthält, dürfte daher einer verfassungsgerichtlichen Überprüfung kaum standhalten (vgl. eingehend und mwN Arzt VerfBlog 2023/2/22, abrufbar unter: https://verfassungsblog.de/versammlungsfreiheit-durch-gesetz/, DOI: 10.17176/20230223-031733-0).

2. Die Regelungen des Abs. 3, 3a und 4

39 Verfassungsrechtliche Bedenken wurden darüber hinaus schon bisher gegen die in Abs. 3 und Abs. 4 vorgesehenen Ermächtigungsgrundlagen zur offenen Videoüberwachung öffentlich zugänglicher Orte (vgl. allg. Volkmann NVwZ 2000, 361; Zöller NVwZ 2005, 1235; Quambusch Kriminalistik 2007, 8) geltend gemacht: Diese seien zu unbestimmt und genügten auch im Übrigen nicht den Anforderungen des BVerfG (→ Rn. 1) an Eingriffe in das Recht auf informationelle Selbstbestimmung (Pausch/Dölger PolR Hessen Rn. 188 f.; Hornmann HSOG Rn. 34 ff.).

40 Diesen in einigen Punkten durchaus nachvollziehbaren Bedenken – die auch nach der Neufassung von Abs. 3 und Abs. 4 im Jahr 2018 (→ Rn. 3.1 ihre Berechtigung nicht verloren haben – konnte indessen mit Hilfe einer verfassungskonformen Auslegung der Vorschriften des Abs. 3 und 4 Rechnung getragen werden (vgl. → Rn. 107). Weitere Bedenken ergeben sich daraus, dass durch Abs. 3 S. 1 entgegen der Regelung des § 1 Abs. 4 nunmehr auch den Gefahrenabwehrbehörden faktisch die Aufgabe der vorbeugenden Bekämpfung von Straftaten zugewiesen wird (vgl. näher → Rn. 98 ff.). Zwar wurden Änderung wurde durch Gesetz v. 13.12.2024 (HessGVBl. Nr. 83) die zu verhütenden Straftaten zu Straftaten mit erheblicher Bedeutung „hochgestuft", gleichzeitig wurde jedoch mit Abs. 3 S. 1 Nr. 3 eine lediglich an das subjektive Sicherheitsgefühl anknüpfende Tatbestandsalternative geschaffen, die im Hinblick auf Eingriffsschwelle und Bestimmtheit sowie unter Gesichtspunkten der Verhältnismäßigkeit auf erhebliche Bedenken trifft (→ Rn. 111).

41 Einer verfassungskonformen Auslegung jedenfalls unzugänglich ist die durch Gesetz v. 29.6.2023 (HessGVBl. 456) mit Abs. 3a geschaffene Regelvermutung. Mit ihr sollte für die genannten Orte „eine Beweislastumkehr aufgenommen" werden (LT-Drs. 20/10821, 41), um den verfassungsrechtlichen Bedenken gegen die im ersten Entwurf vorgesehene Fiktionsregelung (→ Rn. 41.1) Rechnung zu tragen (→ Rn. 42.1). Letzteres ist jedoch nicht gelungen.

Der erste Entwurf lautete: „(3a) Die Voraussetzungen nach Abs. 3 Satz 1 gelten in den öffentlich zugänglichen Bereichen von Flughäfen, Personenbahnhöfen, Sportstätten, Einkaufszentren und Packstationen als erfüllt." (LT-Drs. 20/8129, 7), vgl. zur Entstehung der jetzigen Fassung auch → Rn. 117. ff. Dieser Entwurf wurde in einer öffentlichen Anhörung des Innenausschusses des Hessischen Landtags am 15.7.2022 (vgl. https://starweb.hessen.de/cache/KB/20/INA/INA-KB-065.pdf) von den gehörten Sachverständigen einhellig als verfassungswidrig angesehen. Die schriftlichen Stellungnahmen sind unter https://starweb.hessen.de/starweb/LIS/servlet.starweb?path=LIS/PdPi_FLMore20.web&search=WP%3d20+and+R%3d20262 abrufbar. **41.1**

Mit der Regelung wird die behördliche Prüfung der Tatbestandsvoraussetzungen eines Grundrechtseingriffs faktisch durch (die Möglichkeit) der Einholung von Rechtsschutz durch die von der Videoüberwachung Betroffenen ersetzt. **42**

Dies wird in der amtlichen Begründung wie folgt erläutert: „In der öffentlichen Anhörung wurden hinsichtlich der ursprünglichen Formulierung von § 14 Abs. 3a verfassungsrechtliche Bedenken zur dortigen Fiktionsregelung vorgetragen. Die Änderung des Wortlauts wird diesen Bedenken gerecht, indem eine Beweislastumkehr aufgenommen wird. Das Gericht wird den Sachverhalt im Streitfall weiterhin unter Heranziehung der Beteiligten von Amts wegen erforschen, § 86 Abs. 1 Satz 1 VwGO. Sofern danach allerdings nicht zur Überzeugung des Gerichts feststeht, dass es an den Voraussetzungen des § 14 Abs. 3 Satz 1 fehlt, wird es von ihrem Vorliegen ausgehen. Das wird in der Praxis dazu führen, dass im Einzelfall die Voraussetzungen des Abs. 3 Satz 1 für die genannten Örtlichkeiten kursorisch geprüft werden müssen, um festzustellen, ob ausgeschlossen werden kann, dass diese Voraussetzungen nicht vorliegen. Das heißt z. B. für die Videoüberwachung nach § 14 Abs. 3a HSOG-E neu i. V. m. § 14 Abs. 3 Satz 1 2. Alt., dass sie für die aufgeführten Örtlichkeiten nur dann unzulässig ist, wenn nachweislich keine tatsächlichen Anhaltspunkte die Annahme rechtfertigen, dass Straftaten drohen." (LT-Drs. 20/10821, 41). **42.1**

Dieser Ansatz verkennt zunächst, dass die Voraussetzungen für einen Grundrechtseingriff im Rechtsstaat selbstverständlich von Amts wegen zu ermitteln sind, der Staat also vollumfänglich die Behauptungs- und Darlegungslast für das Vorliegen der tatsächlichen Voraussetzungen für belastende Maßnahmen gegenüber den Bürgern trägt (vgl. nur Hoffmann-Riem NVwZ 2002, 257 (263) – für Verbotsgründe im Versammlungsrecht). Nichts Anderes liegt auch der verwaltungsverfahrensrechtlichen Selbstverständlichkeit des Untersuchungsgrundsatzes (§ 24 VwVfG) zugrunde. **43**

Zudem führt die faktische Ersetzung der behördlichen Subsumtion unter eine gesetzliche Eingriffsschwelle durch gerichtlichen Rechtsschutz den Schutzzweck der Rechtsschutzgarantie des Art. 19 Abs. 4 GG ad absurdum. Diese dient ja vor allem dazu, die entsprechenden behördlichen Feststellungen zum Vorliegen der gesetzlichen Voraussetzungen überprüfbar zu machen. Werden diese Feststellungen – wie hier – durch eine gesetzliche Vermutung vorgegeben, tritt gleichsam das Gericht an die Stelle der Behörde. Sodann ist aber auch das Gericht wegen seiner Bindung an das Gesetz – also auch an die gesetzliche Vermutung – gehindert, das Vorliegen der Voraussetzungen des Grundrechtseingriffs zu prüfen, wenn es nicht dem rechtsuchenden Betroffenen gelingt, die Vermutung zu entkräften. **44**

Insoweit betont das Bundesverfassungsgericht: „Die fachgerichtliche Überprüfung kann die rechtsstaatlich gebotene Beachtung des geltenden Rechts und den effektiven Schutz der berührten materiellen Rechte nur gewährleisten, wenn sie auf zureichender Aufklärung des jeweiligen Sachverhalts beruht." (BVerfG BeckRS 2021, 2068 Rn. 32, unter Fortschreibung für die Gerichte). Diese Vorgabe läuft leer, wenn dem Gericht die Aufklärung des Sachverhalts durch eine gesetzliche Vermutung gleichsam untersagt wird. **44.1**

Selbst wenn man eine solche Konstruktion unter grundrechtlichen und rechtsstaatlichen Gesichtspunkten abstrakt für zulässig halten würde, könnte sie in der hier vorliegenden Ausgestaltung keinen Bestand haben: Die vom Gesetzgeber gewollte Beweislastumkehr zuungunsten der Betroffenen bezieht sich nämlich auf das Nichtvorliegen einer Gefahr oder von tatsächlichen Anhaltspunkten, die die Annahme rechtfertigen, dass an dem überwachten Ort Straftaten drohen und damit auf negative Tatsachen. Der Beweis negativer Tatsachen ist jedoch – für sich genommen – regelmäßig unmöglich. **45**

45.1 Aus der regelmäßigen Unmöglichkeit des isolierten Beweises negativer Tatsachen resultiert nach allgemeinem Beweisrecht eine Beweislastumkehr oder eine sekundäre Darlegungslast der Gegenpartei (vgl. BGH NJW 2013, 1299 (1301); BVerfG NJW 1980, 2070 (2071); Saenger, Zivilprozessordnung: ZPO, 7. Aufl. 2017 § 286 Rn. 92 mwN).

46 Sie überbürdet damit zudem den Betroffenen den negativen Beweis für Tatsachen, die ihrer individuellen (Er-)Kenntnis-, Einfluss- und Erfahrungssphäre gänzlich entzogen sind. Sieht man von punktuellen subjektiven Einzeleindrücken ab, stehen dem Betroffenen einer Videoüberwachung an einer Sportstätte, einer Packstation oder einem Einkaufszentrum im Regelfall keinerlei valide Erkenntnisse über die Belastung dieser Örtlichkeiten mit Straftaten oder die Zusammensetzung und das Verhalten des dortigen Publikums zur Verfügung.

47 Um den von ihm geforderten Beweis zu erbringen, müsste der Betroffene – um sich nicht auf unsubstantiierte Behauptungen zu beschränken – letztlich auf die bei den Ordnungs- und Polizeibehörden insoweit vorliegenden (oder fehlenden) Daten zugreifen können. Da ihm diese jedoch regelmäßig nicht zur Verfügung stehen und ihm selbst auch keine Befugnisse zur Erhebung entsprechender Daten zukommen, bliebe nur der Antrag an das Gericht, diese Behörden zur Vorlage der entsprechenden Daten zu verpflichten.

47.1 Dass der rechtssuchende Bürger diesen Weg beschreitet, wurde offensichtlich bei der Schaffung der Norm ebenso wenig erwogen, wie die weiteren beweisrechtlichen Fragen und Probleme. Der amtlichen Begründung liegt insoweit eine eher schlichte Vorstellung des zukünftigen Umgangs der Gerichte mit Abs. 3a zugrunde: „Das Gericht wird den Sachverhalt im Streitfall weiterhin unter Heranziehung der Beteiligten von Amts wegen erforschen, § 86 Abs. 1 Satz 1 VwGO. Sofern danach allerdings nicht zur Überzeugung des Gerichts feststeht, dass es an den Voraussetzungen des § 14 Abs. 3 Satz 1 fehlt, wird es von ihrem Vorliegen ausgehen.“ (LT-Drs. 20/10821, 41).

48 Sollte das Gericht diesen Weg gehen, müssten die Behörden spätestens jetzt das tun, was ihnen durch die Regelvermutung gerade abgenommen werden sollte, nämlich das Vorliegen der Tatbestandsvoraussetzungen für den im konkreten Fall videoüberwachten Raum prüfen und darlegen. Auch die mit Abs. 3a in Bezug auf die Videoüberwachung vermutlich intendierte Arbeitserleichterung – vgl. zur grundsätzlichen Unzulässigkeit dieses Motivs in der Eingriffsverwaltung Lisken/Denninger PolR-HdB/Graulich E Rn. 99 – dürfte daher nur eintreten, wenn betroffene Bürger sich mit Rechtsschutzersuchen zurückhalten.

49 Zusammenfassend ist vor diesem Hintergrund festzustellen, dass das der Regelungs(struktur) des Abs. 3a zugrunde liegende (verfassungs)rechtsdogmatische Verständnis rechtsstaatlichen und grundrechtlichen Maßstäben deutlich zuwiderläuft (vgl. zu weiteren Bedenken → Rn. 117 ff.), so dass es gleich unter mehreren Gesichtspunkten auszuschließen sein dürfte, dass die Regelung einer verfassungsgerichtlichen Überprüfung standhielte.

3. Die Regelung des Abs. 6

50 Hinsichtlich der Regelung des Abs. 6 ergeben sich seit der Änderung durch Gesetz v. 13.12.2024 (HessGVBl. Nr. 83) mit Blick auf Art. 13 GG verfassungsrechtliche Bedenken hinsichtlich des nunmehr zulässigen Einsatzes körpernah getragener Bild- und Tonaufzeichnungsgeräte (sog. Body-Cams) in Wohnungen. Insoweit ist umstritten, ob ein solcher Einsatz an Art. 13 Abs. 4 GG oder an Art. 13 Abs. 7 GG zu messen und verfassungsrechtlich zu rechtfertigen ist (vgl. die Nachweise bei Heintzen/Siegel LKV 2023, 525 (526 f.); krit. BeckOK PolR NRW/Arzt PolG NRW § 15c Rn. 29 ff., 39; Bedenken auch bei Schäfer NVwZ 2022, 360 ff. (365 mwN); vgl. dazu → Rn. 170 ff.).

4. Die Regelungen der Abs. 8 und 9

51 Mit der in Abs. 8 und 9 nunmehr vorgesehenen Ermächtigung sog. intelligenten Videoüberwachung einschließlich Mustererkennung, biometrischer Echtzeit-Fernidentifizierung und Personennachverfolgung mit Hilfe automatisierter Anwendungen zur Datenverarbeitung hat der Gesetzgeber § 14 um gravierende Eingriffe in das in Bezug auf das das durch Videoüberwachung betroffene Recht auf informationelle Selbstbestimmung (→ Rn. 8 ff.) erweitert.

52 Ob diese Ermächtigungsgrundlagen den in einer langen Reihe von Entscheidungen aufgestellten Anforderungen des Bundesverfassungsgerichts an informationelle Befugnisse der

Sicherheitsbehörden (vgl. die Übersicht über die Entscheidungen bei Bäuerle, Das Informationsrecht der Sicherheitsbehörden zwischen Konstitutionalisierung und Europäisierung, 2024, S. 88 ff. (vgl. auch → Rn. 52.1)) hinsichtlich angemessen hoher Eingriffsschwellen, hinreichender Bestimmtheit und Verhältnismäßigkeit genügen, erscheint zumindest fraglich.

Zu den 29 dort (→ Rn. 52) genannten zwischen 1999 und 2023 ergangenen Entscheidungen sind inzwischen der Beschluss v. 17.4.2024 (BVerfG ZD 2024, 690 ff. (HessVerfSchG)), das Urteil v. 1.10.2024 (BVerfG NVwZ 2024, 1736 ff. (mAnm Wittenberg; BKAG II)), der Beschluss v. 8.10.2024 (VR 2025, 36 ff. = MMR 2025, 118 – Strategische Fernmeldeüberwachung II) sowie der Beschluss v. 14.11.2024, BeckRS 2024, 37003 (Observation und Einsatz technischer Mittel), abrufbar auch unter https://www.bverfg.de/e/ls20241114_1bvl000322, hinzugekommen. 52.1

Jedenfalls erhöht sich die durch diese Ermächtigungen der Polizeibehörden die potentielle Eingriffsintensität in Bezug auf das das durch Videoüberwachung betroffene Recht auf informationelle Selbstbestimmung (→ Rn. 8 ff.) deutlich. Infolge des für diese Zwecke erforderlichen Einsatzes automatisierter Anwendungen zur Datenverarbeitung und deren technischen Möglichkeiten und Charakteristika kommt der Datenerhebung durch dergestalt „intelligente" Videoüberwachung und -auswertung unter grundrechtlichen Gesichtspunkten über die „eigentliche" Eingriffsintensität (→ Rn. 6) zudem ein beträchtliches „Eigengewicht" zu (vgl. dazu BVerfG NJW 2023, 1196 ff. (Ls. 2 und passim); vgl. auch Roggan NVwZ 2019, 344 (346); SGR/Schenke, 2. Aufl. 2018, BPolG § 27 Rn. 18). 53

IV. Parallelvorschriften

Parallelvorschriften zur offenen Datenerhebung im Zusammenhang mit öffentlichen Veranstaltungen und Ansammlungen bzw. zur Videoüberwachung öffentlich zugänglicher Orte finden sich in zahlreichen Polizeigesetzen (vgl. nur § 44 Abs. 1 und 2 BWPolG, Art. 33, 13 BayPAG, § 32 NPOG, §§ 15, 15b PolG NRW). Diese weichen allerdings inhaltlich hinsichtlich der Voraussetzungen und Rechtsfolgen von der hessischen Rechtslage ab. Eine bundesrechtliche Entsprechung findet sich in § 26 BPolG. Zu der durch Gesetz v. 29.6.2023 (HessGVBl. 456) eingefügte Regelung des Abs. 3a findet sich im Polizeirecht des Bundes und der Länder keine Parallelvorschrift. 54

Ermächtigungsgrundlagen zur Datenerhebung durch den Einsatz von sog. Bodycams (Abs. 6) enthalten inzwischen fast alle Landespolizeigesetze, vgl. nur § 44 Abs. 5 BWPolG, § 15c PolG NRW und § 33 BremPolG. Den Einsatz dieser Technik in Wohnungen erlauben bisher § 15 c Abs. 2 PolG NRW, Art. 33 Abs. 4 S. 3 bis 6 BayPAG, § 32 a Abs. 3 MVSOG, § 44 Abs. 5 S. 2, 3 BWPolG, § 32 Abs. 3 S. 2 SPolDVG und § 33 Abs. 4 BremPolG. 55

Parallelvorschriften zu den in Abs. 8 und 9 vorgesehenen Ermächtigungen zur intelligenten Videoüberwachung einschließlich Mustererkennung, biometrischer Echtzeit-Fernidentifizierung und Personennachverfolgung mit Hilfe automatisierter Anwendungen zur Datenverarbeitung gibt es bisher – soweit ersichtlich – weder im Bund noch in den Ländern. 56

Repressive Parallelvorschriften, die explizit zu Datenerhebungen im Zusammenhang mit öffentlichen Veranstaltungen und Ansammlungen bzw. Versammlungen oder zur Videoüberwachung öffentlich zugänglicher Orte ermächtigen, sind nicht vorhanden. Allgemein kommen für die (auch) verdeckte Anfertigung von Lichtbild- und Tonaufnahmen insoweit §§ 100 f., 100h StPO in Betracht; sonstige Datenerhebungen repressiver Natur sind (soweit nicht speziell geregelt) auf Grundlage der Generalermittlungsbefugnisse der § 161 Abs. 1 S. 1 StPO, § 163 Abs. 1 S. 2 StPO möglich. 57

B. Einzelkommentierung

Abs. 1 und 2 ermächtigen nur die Polizeibehörden zur Erhebung von Daten, einerseits bei oder im Zusammenhang mit öffentlichen Veranstaltungen und Ansammlungen, andererseits bei oder im Zusammenhang mit öffentlichen Versammlungen und Aufzügen. Abs. 3 ermächtigt inzwischen (→ Rn. 3.1 sowohl die Polizei-, als auch die Gefahrenabwehrbehörden und zwar zur Datenerhebung an öffentlich zugänglichen Orten durch Beobachtung und Aufzeichnung mittels Bildübertragung (Videoüberwachung). Abs. 4 sieht dieselbe Rechtsfolge für dieselben Behörden unter anderen Voraussetzungen vor. Abs. 6 regelt schließlich 58 die Datenerhebung durch den Einsatz sog. Body-Cams durch Polizeibeamte und Abs. 8–11 treffen Regelungen zur sog. intelligenten Videoüberwachung im öffentlichen Raum.

I. Datenerhebung bei öffentlichen Veranstaltungen und Ansammlungen (Abs. 1)

1. Tatbestandsvoraussetzungen

59 Die polizeiliche Datenerhebung nach Abs. 1 setzt zunächst voraus, dass eine öffentliche Veranstaltung oder Ansammlung gegeben ist.

60 Veranstaltung ist jede von einer natürlichen oder juristischen Person organisierte räumliche Zusammenkunft von Menschen zu Vergnügungs-, Unterhaltungs-, Bildungs- oder sonstigen Zwecken; öffentlich ist eine solche, wenn der Eintritt nicht auf namentlich oder sonst individualisierte Personen beschränkt ist, also jedermann Zugang hat, sei es auch erst nach Erfüllung bestimmter Voraussetzungen wie der Entrichtung von Eintrittsgeld (vgl. Hornmann HSOG Rn. 3; Fredrich Rn. 3, Pausch/Dölger PolR Hessen Rn. 186).

60.1 Negativ abzugrenzen ist die Veranstaltung zur Versammlung iSd Art. 8 GG (→ Rn. 22.1); sobald der Zweck von Beginn an in einer auf Teilhabe an der öffentlichen Meinungsbildung gerichteten Erörterung oder Kundgebung besteht oder im Verlauf in eine solche umschlägt, ist Abs. 1 nicht (mehr) einschlägig; (ab) dann richten sich Maßnahmen nach dem VersammlG und ggf. nach Abs. 2.

61 Ansammlung ist demgegenüber eine räumliche Zusammenkunft von Menschen, ohne dass diese organisiert ist oder ihr ein verbindender gemeinsamer Zweck zugrunde liegt (vgl. Hornmann HSOG Rn. 3; Fredrich Rn. 4, Pausch/Dölger PolR Hessen Rn. 187).

61.1 Öffentliche Veranstaltungen sind also etwa Volksfeste, Konzerte, sonstige Bühnendarbietungen, Sportveranstaltungen einschließlich Public Viewing, „Kerwe" und „Kirmes" etc; Ansammlungen sind insbesondere Gruppen von Schaulustigen und Wartenden.

62 Des Weiteren müssen tatsächliche Anhaltspunkte die Annahme rechtfertigen (eing. → § 12 Rn. 29; → § 13 Rn. 84 ff.), dass Straftaten oder nicht geringfügige Ordnungswidrigkeiten drohen. Damit ist eine Eingriffsschwelle vorgesehen, die „unterhalb" der konkreten Gefahr ansetzt, dh es muss (noch) nicht die hinreichende Wahrscheinlichkeit bestehen, dass die Straftaten oder Ordnungswidrigkeiten in absehbarer Zeit begangen werden (→ § 11 Rn. 18).

63 Straftaten sind tatbestandsmäßige rechtswidrige Handlungen (vgl. § 1 StGB); Verschulden ist entsprechend der präventiven Zielsetzung des HSOG nicht erforderlich. Auch muss es sich nicht um Straftaten mit erheblicher Bedeutung (vgl. → § 13 Rn. 84 ff.) handeln.

64 Mit dem Begriff der nicht geringfügigen Ordnungswidrigkeiten knüpft das Gesetz an die Terminologie des OWiG an. Dieses sieht für die – nicht weiter definierte – geringfügige Ordnungswidrigkeit in § 56 OWiG die Möglichkeit zur Verwarnung mit oder ohne Erhebung eines Verwarnungsgelds iHv 5–35 EUR vor. Daraus ergibt sich, dass die nicht geringfügige Ordnungswidrigkeit eine solche ist, bei der die Gesamtbetrachtung nach den Grundsätzen des § 17 OWiG zu dem Ergebnis führt, dass eine Verwarnung mit Erhebung eines Verwarnungsgelds iHv 35 EUR keine ausreichende Ahndung mehr darstellt (vgl. auch Nr. 14.1.3 VVHSOG; krit. zur Bestimmtheit des Tatbestandsmerkmals Lisken/Denninger PolR-HdB/Petri, 6. Aufl. 2018, G Rn. 785 mwN).

65 Trotz der Bezugnahme auf Straftaten und Ordnungswidrigkeiten bleibt die Datenerhebung freilich eine präventive Maßnahme (→ Rn. 2); werden die Straftaten oder Ordnungswidrigkeiten mangels polizeilicher Verhinderungsmöglichkeit begangen, richtet sich die Verfolgung alleine nach der StPO bzw. dem OWiG in Verbindung mit der StPO (zur Verwertung bereits erhobener Daten → Rn. 76 ff., → Rn. 93 ff.).

66 Als Grundlage für die erforderliche Prognose, dass solche Ordnungswidrigkeiten oder Straftaten drohen, reichen auch hier bloße Vermutungen und allgemeine Erfahrungssätze nicht aus (→ § 13 Rn. 84 ff.). Allerdings dürfen angesichts der alltagsempirischen Erkenntnisse über die Gefahren im Zusammenhang mit größeren Menschenmengen die Anforderungen an die zugrundeliegenden Fakten in ihrem Verhältnis zum polizeilichen Erfahrungswissen nicht allzu hoch angesetzt werden. Jedoch muss sich die Prognose auf Straftaten und Ordnungswidrigkeiten „bei oder im Zusammenhang" mit der Veranstaltung oder Ansammlung beziehen, die erwarteten Delikte müssen also einen inneren Zusammenhang mit diesen aufweisen.

Zu denken ist also vorrangig etwa an „typische Ausschreitungen", die bei Sportveranstaltungen durch das Werfen von Flaschen oder Feuerwerkskörpern oder Schlägereien mit gegnerischen Fangruppen begangen werden (vgl. Pausch/Dölger PolR Hessen Rn. 187), aber auch an Bombenanschläge bei Volksfesten (vgl. Hornmann HSOG Rn. 9) oder sonstige Straftaten, die durch den „Schutz der Menge" besonders „begünstigt" werden. **66.1**

2. Rechtsfolgen und Adressat

Als Rechtsfolge ist in Abs. 1 die Erhebung personenbezogener Daten vorgesehen. Dies erfasst zunächst alle „unbenannten" Datenerhebungen unterhalb der Schwelle von solchen, die in §§ 15–19 speziell geregelt sind, also das Beobachten bestimmter Personengruppen, die Anfertigung schriftlicher Aufzeichnungen über diese (vgl. das Beispiel bei Fredrich Rn. 6), das Notieren von Kfz-Kennzeichen anreisender Besucher. **67**

Nicht erfasst waren bis zur Änderung durch wurde durch Gesetz v. 13.12.2024 (HessGVBl. Nr. 83) dagegen offene oder verdeckte Videoaufzeichnungen, da diese jeweils in §§ 14 Abs. 3, 15 Abs. 1–3 eine abschließende Spezialregelung gefunden hatten (vgl. auch Nr. 14.1.2 VVHSOG; aA wohl Fredrich Rn. 6 Fallbeispiel aE). **68**

Umstritten war, ob die Anfertigung von Fotografien und Tonaufnahmen unter die Datenerhebung iSd Abs. 1 fällt (für Fotos bejahend wohl Hornmann HSOG Rn. 9 f.; Pausch/Dölger PolR Hessen Rn. 186 mit allerdings „schiefer" Begründung); da das indessen die Anfertigung von Bildaufnahmen und -aufzeichnungen (auch nicht bewegten) sowie von Tonaufnahmen in § 14 Abs. 3, Abs. 4 bzw. § 15 Abs. 1–3 jeweils ausdrücklich nennt, war davon auszugehen, dass sie hier nicht erfasst sein sollen. Erfasst waren also nur Datenerhebungen, die nicht mit Hilfe technischer Mittel (§ 15 Abs. 1 Nr. 2) vorgenommen wurden. **69**

In der seit 18.12.2024 geltenden Fassung des Abs. 1 ist durch die Einfügung der Worte „insbesondere durch den offenen Einsatz technischer Mittel zur Anfertigung von Bild- und Tonaufzeichnungen" die Datenerhebung mittels Bild- und Tonaufzeichnungen auch in dieser Alternative nunmehr zulässig. Soweit die Gesetzesbegründung davon ausgeht, bei der Einfügung habe es sich lediglich um eine Klarstellung gehandelt (LT-Drs. 21/1151, 7), verkennt sie, dass der (offene) Einsatz technische Mittel bisher aus den genannten Gründen (→ Rn. 68) von Abs. 1 nicht erfasst war. **70**

Das Merkmal „bei oder im Zusammenhang mit öffentlichen Veranstaltungen oder Ansammlungen" sieht der Gesetzgeber in Abs. 1 nicht nur in Bezug auf die drohenden Straftaten und Ordnungswidrigkeiten (→ Rn. 66 f.), sondern auch in Bezug auf die Datenerhebung selbst vor. Damit wird deutlich, dass diese einen räumlichen und zeitlichen Zusammenhang mit der Veranstaltung oder Ansammlung aufweisen muss. Dieser ist ohne weiteres bei Datenerhebungen während ihrer Dauer gegeben, in der Phase vor oder nach der Veranstaltung oder Ansammlung muss die räumliche und zeitliche Beziehung (vgl. Fredrich Rn. 5) klar erkennbar bleiben, um auf die Norm gestützt werden zu können. **71**

Findet die Veranstaltung oder Ansammlung in geschlossenen Räumen statt, die vom weiten Wohnungsbegriff des Art. 13 GG (→ § 38 Rn. 16 ff.) erfasst sind, bedarf es für das Betreten durch die Polizei zum Zweck der Datenerhebung nach Abs. 1 einer eigenen Ermächtigungsgrundlage, die in § 38 zu suchen ist. **72**

Hinsichtlich der möglichen Adressaten der Datenerhebung weicht Abs. 1 – wie viele weitere Standardmaßnahmen – von der Störersystematik, die die Vorschriften der §§ 6, 7, 9 über die polizeiliche Verantwortlichkeit errichten, erkennbar ab (→ § 6 Rn. 2). **73**

Was allerdings bei den hier in den Blick zu nehmenden größeren Menschenmengen naheliegender ist, als in anderen Fällen. **73.1**

Indem die Norm vorgibt, dass die Daten auch über andere als die in den §§ 6 und 7 genannten Personen erhoben werden dürfen, kommt es unabhängig vom Vorliegen der Voraussetzungen des § 9 bei der Wahl der Adressaten auf eine Störereigenschaft nicht an. Daten können also – freilich nur im Rahmen der allgemeinen Grenzen der Verhältnismäßigkeit – bei oder im Zusammenhang mit öffentlichen Veranstaltungen oder Ansammlungen **74** über jedermann erhoben werden. Die Vorschrift enthält somit eine normimmanente Adressatenregelungen (vgl. → § 12 Rn. 35).

3. Form- und Verfahrensvorschriften

75 Auf die Datenerhebung nach Abs. 1 finden zunächst die allgemeinen Form- und Verfahrensvorschriften des § 13 Abs. 5–7 und ggf. des § 13 Abs. 8 Anwendung (→ § 13 Rn. 153 ff.).

76 Darüber hinaus regelt Abs. 1 S. 2 die weitere Verwendung der erhobenen Daten maßnahmespezifisch: Wurden Unterlagen (vgl. zum Begriff → Rn. 76.1) über die Daten erstellt – also Aufzeichnungen oder Notizen gefertigt –, sind diese spätestens zwei Monate nach Beendigung der Veranstaltung oder Ansammlung (vgl. aber Nr. 14.1.4 VVHSOG: „so früh wie möglich") zu vernichten (vgl. § 27 Abs. 2), also physisch zu zerstören (vgl. Fredrich Rn. 8), es sei denn sie werden für die aufgezählten Zwecke „benötigt"; datenschutzrechtlich bedeutet das, dass sie für diese Zwecke verarbeitet (→ § 13 Rn. 27 ff., also auch gespeichert) werden dürfen.

76.1 Während der Begriff der Unterlage im HDSG aF im Umkehrschluss aus § 2 Abs. 7 HDSG aF definierbar war („Eine Akte ist jede der Aufgabenerfüllung dienende Unterlage, die nicht Teil der automatisierten Datenverarbeitung ist"), wird er nunmehr im HDSIG zwar weiterhin verwendet (vgl. zB § 68 S. 3 HDSIG), aber nicht mehr definiert; auch Art. 3 JI-RL enthält keine entsprechende Definition.

77 Die zulässigen Verarbeitungszwecke sind die Abwehr einer konkreten Gefahr für die öffentliche Sicherheit oder Ordnung (→ § 11 Rn. 18), die Verfolgung einer Straftat (vgl. § 484 Abs. 2 StPO) oder Ordnungswidrigkeit oder die Strafvollstreckung (vgl. §§ 449 ff. StPO). Indem Abs. 1 S. 3 eine Verarbeitung für andere Zwecke für unzulässig erklärt, begründet die Vorschrift im Übrigen ein absolutes Verwertungs- und Übermittlungsverbot in Bezug auf die Unterlagen.

78 Die Verpflichtung zur Vernichtung besteht ohne Ermessenspielraum und ist von Amts wegen zu erfüllen; im Fall einer Speicherung von Daten (vgl. § 41 Abs. 2 Nr. 2 HDSIG, § 20) – a minore ad maius – wird sie zur Löschungsverpflichtung (vgl. nunmehr auch § 70 Abs. 2 HDISG iVm § 27 Abs. 2); abweichend dürfen die erhobenen Daten ausnahmsweise gem. Abs. 1 S. 4 zur Aus- oder Fortbildung oder zu statistischen Zwecken verarbeitet werden (§ 20 Abs. 8; vgl. zum Ganzen auch Fredrich Rn. 8 ff.).

II. Datenerhebungen bei Versammlungen (Abs. 2)

1. Tatbestandsvoraussetzungen

79 Die polizeiliche Datenerhebung nach Abs. 2 setzt voraus, dass eine öffentliche Versammlung oder ein öffentlicher Aufzug iSd Art. 8 GG, Art. 14 HessVerf und des Versammlungsrechts gegeben ist (→ Rn. 15; → Rn. 22 ff.). Dies ist gegeben bei jeder örtlichen Zusammenkunft von mehreren (hM: mindestens drei, nach § 2 Abs. 1 HVersFG zwei) Personen zur gemeinschaftlichen, auf die Teilhabe an der öffentlichen Meinungsbildung gerichteten Erörterung oder Kundgebung (vgl. dazu BVerfGE 104, 92 (104), Lisken/Denninger PolR-HdB/Kniesel/Poscher, 6. Aufl. 2018, K Rn. 45 ff.). Unter einem Aufzug (vgl. § 19 VersammlG, § 2 Abs. 1 S. 2 HVersFG) sind sich fortbewegende Versammlungen unter freiem Himmel zu verstehen (vgl. auch Lisken/Denninger PolR-HdB/Kniesel/Poscher, 6. Aufl. 2018, K Rn. 74 mwN).

79.1 Vergleiche zur verfassungsrechtlichen Problematik des HVersFG im Hinblick auf den in Art. 14 HessVerf fehlenden allgemeinen Gesetzesvorbehalt für Versammlungen unter freiem Himmel → Rn. 37 f.

80 Es müssen darüber hinaus tatsächliche Anhaltspunkte die Annahme rechtfertigen (eing. → § 12 Rn. 29; → § 13 Rn. 84 ff.), dass Straftaten drohen; anders als bei Abs. 1 reichen hier nicht geringfügige Ordnungswidrigkeiten nicht aus. Damit ist jedoch auch hier eine Eingriffsschwelle vorgesehen, die „unterhalb" der konkreten Gefahr ansetzt, dh es muss (noch) nicht die hinreichende Wahrscheinlichkeit bestehen, dass die Straftaten in absehbarer Zeit begangen werden (→ § 11 Rn. 18).

Straftaten sind tatbestandsmäßige rechtswidrige Handlungen (vgl. § 1 StGB); Verschulden ist entsprechend der präventiven Zielsetzung des HSOG nicht erforderlich. Auch muss es sich nicht um Straftaten mit erheblicher Bedeutung (vgl. → § 13 Rn. 84 ff.) handeln. 81

Trotz der Bezugnahme auf Straftaten bleibt auch die Datenerhebung bei oder im Zusammenhang mit Versammlungen oder Aufzügen eine präventive Maßnahme (→ Rn. 2); werden die Straftaten mangels polizeilicher Verhinderungsmöglichkeit begangen, richtet sich die Verfolgung alleine nach der StPO (zur Verwertung bereits erhobener Daten → Rn. 76 ff. → Rn. 93 ff.). 82

Als Grundlage für die erforderliche Prognose, dass Straftaten drohen, reichen auch hier bloße Vermutungen und allgemeine Erfahrungssätze nicht aus (→ § 13 Rn. 84 ff.). Anders als bei Abs. 1 sind im Hinblick auf das hier betroffene Grundrecht des Art. 8 GG bei dieser Alternative – entsprechend den vom BVerfG für Maßnahmen nach dem VersammlG aufgerichteten Grundsätzen (vgl. BVerfGE 65, 1 (43); 69, 315 ff.) – hohe Anforderungen an die zugrundeliegenden Fakten in ihrem Verhältnis zum polizeilichen Erfahrungswissen zu stellen. 83

So würde etwa die allein auf frühere Erfahrungen bei gleichgerichteten Versammlungen gestützte Annahme, es werde zu Verstößen gegen das Vermummungsgebot (§§ 17a, 27 Abs. 2 VersammlG, §§ 18, 26 Nr. 17 HVersFG) kommen, nicht ausreichen. 83.1

Zudem muss sich die Prognose auch hier auf Straftaten „bei oder im Zusammenhang" mit der Veranstaltung oder Ansammlung beziehen, die erwarteten Delikte müssen also einen inneren Zusammenhang mit diesen aufweisen. 84

Zu denken ist also hier vorrangig etwa an „typische Ausschreitungen" die bei Versammlungen begangen werden (etwa Steinwürfe, Würfe von „Molotow-Cocktails" oder körperliche Gewalt gegenüber Andersdenkenden). 84.1

2. Rechtsfolgen und Adressat

Als Rechtsfolge ist auch in Abs. 2 die Erhebung personenbezogener Daten vorgesehen. Dies erfasst zunächst alle „unbenannten" Datenerhebungen unterhalb der Schwelle von solchen, die in §§ 15–19 speziell geregelt sind, also das Beobachten bestimmter Personengruppen, die Anfertigung schriftlicher Aufzeichnungen über diese (vgl. das Bsp. bei Fredrich Rn. 6), das Notieren von Kfz-Kennzeichen anreisender Teilnehmer. 85

Bild- und Tonaufzeichnungen sind als Rechtsfolge – anders als im Fall des Abs. 1 – nicht erst aus normimmanenten systematischen Gründen (vgl. → Rn. 68 ff.), sondern schon wegen der abschließenden Spezialregelung in §§ 12a, 19a VersammlG, §§ 17, 24 HVersFG ausgeschlossen, die zugleich die Obergrenze der zulässigen Intensität von Eingriffen von Datenerhebung markiert (→ Rn. 31 ff.). 86

Abs. 2 erlaubt insoweit als Rechtsfolge(n) nur offene polizeiliche Datenerhebungen „unterhalb" der Eingriffsintensität von Bild- und Tonaufzeichnungen (→ Rn. 35). 87

Auf der Grundlage des Abs. 2 (sowie anderer Vorschriften) können Maßnahmen gegenüber Versammlungen in geschlossenen Räumen darüber hinaus – wegen des insoweit fehlenden Gesetzesvorbehalts in Art. 8 Abs. 2 GG – nur insoweit ergriffen werden, als durch diese verfassungsimmanenten Schranken der Versammlungsfreiheit in geschlossenen Räumen (vgl. dazu etwa BVerfGE 20, 351 (355 f.); 21, 92 (93)) konkretisiert werden (vgl. nur Lisken/Denninger PolR-HdB/Kniesel/Poscher, 6. Aufl. 2018, K Rn. 384, auch zur daraus resultierenden Problematik des § 12a VersammlG). 88

Angesichts der damit verbundenen hohen Anforderungen an die Rechtfertigung eines Eingriffs, dürfte dies ein lediglich theoretischer Fall sein. 88.1

Hinsichtlich der möglichen Adressaten der Datenerhebung weicht auch Abs. 2 von der Störersystematik, die die Vorschriften der §§ 6, 7, 9 über die polizeiliche Verantwortlichkeit errichten, erkennbar ab (→ § 6 Rn. 2). Indem die Norm vorgibt, dass die Daten auch über andere als die in den §§ 6 und 7 genannten Personen erhoben werden dürfen, kommt es unabhängig vom Vorliegen der Voraussetzungen des § 9 bei der Wahl der Adressaten auf eine Störereigenschaft nicht an. Daten können also – freilich nur im Rahmen der allgemeinen Grenzen der Verhältnismäßigkeit und der durch die Versammlungsfreiheit bedingten besonderen Anforderungen – bei oder im Zusammenhang mit öffentlichen Versammlungen und 89

Aufzügen über jedermann erhoben werden. Auch diese Vorschrift enthält insoweit eine normimmanente Adressatenregelungen (vgl. → § 12 Rn. 35).

3. Form- und Verfahrensvorschriften

90 Auf die Datenerhebung nach Abs. 2 finden zunächst die allgemeinen Form- und Verfahrensvorschriften des § 13 Abs. 5–7 und ggf. des § 13 Abs. 8 Anwendung (→ § 13 Rn. 153 ff.).

91 Darüber hinaus regelt Abs. 2 S. 2 die weitere Verwendung der erhobenen Daten maßnahmenspezifisch: Wurden Unterlagen (vgl. zum Begriff § 2 Abs. 7 HDSG) über die Daten erstellt – also Aufzeichnungen oder Notizen gefertigt –, sind sie abweichend von der Regelung in Abs. 1 nicht innerhalb einer bestimmten Frist, sondern unverzüglich zu vernichten. Den Begriff der Unverzüglichkeit versteht Nr. 14.2.2 VVHSOG im Sinne des zivilrechtlichen Begriffs („ohne schuldhaftes Zögern“, vgl. § 121 Abs. 1 BGB); richtigerweise dürfte – da das Kriterium des Verschuldens im Verwaltungsrecht keinen rechten Anknüpfungspunkt hat – der Begriff jedoch eigenständig zu interpretieren sein: Unverzüglich ist danach eine Vernichtung ohne Verzögerung, die sich nicht sachlich rechtfertigen lässt (Hornmann HSOG Rn. 27; vgl. → § 8 Rn. 10).

92 Eine Ausnahme von der Vernichtungspflicht besteht auch hier, wenn die Unterlagen für die aufgezählten Zwecke „benötigt“ werden; datenschutzrechtlich bedeutet das, dass sie für diese Zwecke verarbeitet (→ § 13 Rn. 27 ff., also auch gespeichert) werden dürfen.

93 Die zulässigen Verarbeitungszwecke sind die Abwehr einer konkreten Gefahr für die öffentliche Sicherheit oder Ordnung (→ § 11 Rn. 18), die Verfolgung einer Straftat (vgl. § 484 Abs. 2 StPO) – nicht einer Ordnungswidrigkeit – oder die Strafvollstreckung (vgl. §§ 449 ff. StPO). Indem Abs. 2 S. 3 eine Verarbeitung für andere Zwecke für unzulässig erklärt, begründet die Vorschrift im Übrigen ein absolutes Verwertungs- und Übermittlungsverbot in Bezug auf die Unterlagen.

94 Die Verpflichtung zur Vernichtung ist auch hier von Amts wegen und ohne Ermessensspielraum zu erfüllen; sie wird im Fall einer Speicherung von Daten (§ 2 Abs. 2 Nr. 2 HDSIG, § 20) – a minore ad maius – zur Löschungsverpflichtung (vgl. nunmehr auch § 70 Abs. 2 HDISG iVm § 27 Abs. 2); abweichend dürfen die erhobenen Daten ausnahmsweise gem. Abs. 2 S. 4 zur Aus- oder Fortbildung oder zu statistischen Zwecken verarbeitet werden (§ 20 Abs. 8; vgl. auch Fredrich Rn. 17).

III. Videoüberwachung öffentlich zugänglicher Orte zur Gefahrenabwehr oder Straftatenverhütung (Abs. 3, Abs. 3a)

1. Tatbestandsvoraussetzungen

95 Die durch das Vierte Gesetz zur Änderung des Hessischen Gesetzes über die öffentliche Sicherheit und Ordnung (v. 22.5.2000, HessGVBl. I 278) als Spezialregelung gegenüber § 12 Abs. 1 HDSG aF (jetzt § 4 HDSIG) geschaffene und 2018 geänderte (→ Rn. 3.1 Regelung des Abs. 3 S. 1 ermächtigte bisher sowohl die Gefahrenabwehr-, als auch die Polizeibehörden in zwei Alternativen zur Videoüberwachung öffentlich zugänglicher Räume, nämlich zur Abwehr einer Gefahr oder wenn Tatsachen die Annahme rechtfertigen, dass Straftaten drohen.

96 Mit der Änderung durch das Gesetz v. 13.12.2024 (HessGVBl. Nr. 83) wurden die beiden bisherigen Tatbestandsalternativen in die Aufzählung von S. 1 Nr. 1 und 2 überführt, wobei die drohenden Straftaten nunmehr Straftaten „mit erheblicher Bedeutung im Sinne des § 13 Abs. 3 Satz 1“ sein müssen. Als Nr. 3 wurde eine neue Alternative für die Videoüberwachung an Orten geschaffen, „die aufgrund ihrer konkreten Lage, Einsehbarkeit und Frequentierung günstige Tatgelegenheiten für Straftaten mit erheblicher Bedeutung im Sinne des § 13 Abs. 3 Satz 1 bieten und deshalb anzunehmen ist, dass sie gemieden werden.“

97 Neu ist auch die Vorgabe des S. 2, wonach die Gefahrenabwehr- und die Polizeibehörden auf der Grundlage einer ortsbezogenen Lagebeurteilung unter besonderer Berücksichtigung der Verhältnismäßigkeit zu ermitteln und zu dokumentieren haben, ob die Voraussetzungen nach S. 1 vorliegen.

Die Regelung war bereits bisher insoweit problematisch, als sie in der Alternative der drohenden Straftaten jetzt auch den Gefahrenabwehrbehörden eine Zuständigkeit für die vorbeugende Bekämpfung von Straftaten zuweist; in Anwendung dieser Alternative – die der Schaffung der Überwachungsanlagen fast immer zugrunde liegt – dienen diese Anlagen faktisch regelmäßig genau diesem Zweck (vgl. Hornmann HSOG Rn. 45). 98

Die Aufgabe der vorbeugenden Bekämpfung von Straftaten ist jedoch nach § 1 Abs. 4 den Polizeibehörden vorbehalten. Der Gefahrenabwehr iSd § 1 Abs. 1 lässt sich die Videoüberwachung nur mit Hilfe eines künstlichen Rückgriffs auf die abstrakte Gefahr (→ § 1 Rn. 10) zuordnen. Wenn davon auch die vorbeugende Bekämpfung von Straftaten von § 1 Abs. 1 erfasst sein soll, würde das jedoch die Regelung des § 1 Abs. 4 überflüssig machen. 99

Die Annahme, die gefahrenabwehrbehördliche Videoüberwachung diene der Abwehr abstrakter Gefahren, steht auch deshalb quer zur gängigen Polizeirechtsdogmatik, weil abstrakte Gefahren nach ganz herrschender Auffassung nur generell-abstrakte Regelungen – also Gefahrenabwehrverordnungen iSd §§ 71 ff. – nicht aber Einzelmaßnahmen rechtfertigen können (→ § 1 Rn. 64 ff.). 99.1

Die Norm bedurfte daher – soweit sie die Gefahrenabwehrbehörden auch in der zweiten Alternative ermächtigt – schon bisher einer restriktiven Auslegung, die die Videoüberwachung letztlich auf die Notwendigkeit einer Abwehr konkreter Gefahren, also die erste Alternative, reduziert. Die tatsächlichen Anhaltspunkte, die die Annahme rechtfertigen, dass Straftaten – nunmehr solche mit erheblicher Bedeutung – drohen, sind insoweit angelehnt an eine Gefahrenprognose (→ § 1 Rn. 56 ff.) als hinreichende Wahrscheinlichkeit der Begehung solcher Straftaten in absehbarer Zeit zu verstehen. 100

Tatbestandlich setzt die polizei- oder gefahrenabwehrbehördliche Datenerhebung durch offenes Beobachten und Aufzeichnung mittels Bildübertragung (Videoüberwachung, vgl. → Rn. 9 ff.; → Rn. 39 ff.) nach Abs. 3 S. 1 darüber hinaus zunächst voraus, dass es sich um einen öffentlich zugänglichen Ort handelt. 101

Öffentlich zugänglich in diesem Sinne sind Orte, die von jedermann betreten werden dürfen, namentlich Straßen, Wege (soweit dem Gemeingebrauch gewidmet), Fußgängerzonen und Plätze. 102

Nicht hierunter fallen etwa Schulhöfe (vgl. Meixner/Fredrich, 12. Aufl. 2016, Rn. 20); generell ausgeschlossen sind vor allem Räume, die unter den (weiten) Wohnungsbegriff iSd Art. 13 GG fallen (eing. → Rn. 16 ff.). 102.1

Tatbestandlich weist die Vorschrift in Abs. 3 S. 1 Nr. 1 und 2 zudem mit der Abwehr einer Gefahr und drohenden Straftaten die bereits benannten (→ Rn. 95) bisherigen Alternativen auf. Mit der Abwehr einer Gefahr nimmt Abs. 3 S. 1 Nr. 1 insoweit den konkreten Gefahrenbegriff des § 11 auf (→ § 1 Rn. 62; → § 11 Rn. 18). 103

Da die konkrete Gefahr eine mehr oder minder ausgeprägte zeitliche Nähe des zu erwartenden Schadenseintritts voraussetzt, ist sie praktisch als Voraussetzung einer dauerhaften Videoüberwachung kaum begründbar; in Frage kommen insoweit eher vorübergehende mobile Videoüberwachungsmaßnahmen. Allerdings braucht der zu erwartende Schadenseitritt hier nicht in einer Straftat zu bestehen, es reicht vielmehr jeder Verstoß gegen die objektive Rechtsordnung, also etwa auch Ordnungswidrigkeiten. 103.1

In Abs. 3 S. 1 Nr. 2 müssen tatsächliche Anhaltspunkte die Annahme rechtfertigen (eing. → § 12 Rn. 29, → § 13 Rn. 84 ff.), dass Straftaten – nunmehr solche mit erheblicher Bedeutung iSd § 13 Abs. 3 S. 1 – drohen; anders als bei der ersten Alternative reichen hier weder Straftaten mit geringer Bedeutung noch Ordnungswidrigkeiten aus. 104

Somit errichtet die zweite Alternative wiederum eine Eingriffsschwelle, die „unterhalb" der konkreten Gefahr ansetzt, da (noch) nicht die hinreichende Wahrscheinlichkeit bestehen, dass die Straftaten in absehbarer Zeit begangen werden (→ § 11 Rn. 18). Alleine diese Alternative kommt für dauerhafte Überwachung mit fest installierten Kameras der Polizeibehörden in Betracht (vgl. zur Anwendbarkeit durch die Gefahrenabwehrbehörden → Rn. 98 f.). 104.1

Straftaten iSd Abs. 3 S. 1 Nr. 2 sind tatbestandsmäßige rechtswidrige Handlungen (vgl. § 1 StGB); Verschulden ist entsprechend der präventiven Zielsetzung des HSOG nicht erforderlich. Ander als bisher, muss es sich nunmehr um Straftaten mit erheblicher Bedeutung (vgl. → § 13 Rn. 84 ff.) handeln. 105

106 Trotz der Bezugnahme auf Straftaten, bleibt auch die Videoüberwachung nach Abs. 3 S. 1 Nr. 2 eine präventive Maßnahme (→ Rn. 2); werden die Straftaten mangels Wirksamkeit der Videoüberwachung begangen, richtet sich die Verfolgung alleine nach der StPO (zur Verwertung bereits erhobener Daten → Rn. 76 ff. → Rn. 93 ff.).

107 Als Grundlage für die im Fall des Abs. 3 S. 1 Alt. 2 von der Polizeibehörde zu erstellende Prognose, dass Straftaten drohen (vgl. für die Gefahrenabwehrbehörden → Rn. 100), reichten schon bisher auch bloße Vermutungen und allgemeine Erfahrungssätze nicht aus (→ § 13 Rn. 84 ff.). Im Hinblick auf die verfassungsrechtlich problematische Weite dieses Tatbestandsmerkmals (→ Rn. 9 ff.; → Rn. 39 f.), war es mit der Rechtsprechung verfassungskonform dahingehend auszulegen, dass nicht nur vereinzelte Straftaten drohen müssen, sondern dass es sich bei dem überwachten Ort um einen Kriminalitätsschwerpunkt handelt (vgl. VGH Mannheim NVwZ 2004, 498; OVG Hamburg MMR 2011, 128; für Hessen nunmehr auch VG Frankfurt a. M. BeckRS 2022, 27241 Rn. 16 f.; vgl. auch Lisken/Denninger PolR-HdB/Petri, 6. Aufl. 2018, G Rn. 775; Hornmann HSOG Rn. 38, 43).

108 Als Anerkennung dieses Verständnisses durch den Gesetzgeber lässt sich nun der neue S. 2 deuten, wonach die Gefahrenabwehr- und die Polizeibehörden auf der Grundlage einer ortsbezogenen Lagebeurteilung unter besonderer Berücksichtigung der Verhältnismäßigkeit zu ermitteln und zu dokumentieren haben, ob die Voraussetzungen nach S. 1 vorliegen.

109 Das bedeutet zum einen, dass es sich um einen solchen Ort handeln muss, dessen Belastung mit Straftaten sich deutlich von der Belastung anderer Orte innerhalb derselben Stadt oder Gemeinde abhebt; zum anderen muss die Feststellung dieses Sachverhalts auf der Grundlage einer fundierten prognostischen Lagebeurteilung erfolgen (VGH Mannheim NVwZ 2004, 498 ff.; VG Frankfurt a. M. BeckRS 2022, 27241 Rn. 17; Hornmann HSOG Rn. 43). Die flächendeckende Überwachung eines Stadt- oder Gemeindegebiets ist damit von vorneherein ausgeschlossen (vgl. zur Problematik des mit der Videoüberwachung unter Umständen verbundenen Verdrängungseffekts Hornmann HSOG Rn. 36, 43 Fn. 107; Pausch/Dölger PolR Hessen Rn. 189 sowie allg. Lisken/Denninger PolR-HdB/Rachor/Graulich, 6. Aufl. 2018, E Rn. 106, 153).

110 Hinzugekommen ist nunmehr mit Abs. 1 S. 1 Nr. 3 die Möglichkeit der Videoüberwachung an Orten, die aufgrund ihrer konkreten Lage, Einsehbarkeit und Frequentierung günstige Tatgelegenheiten für Straftaten mit erheblicher Bedeutung iSd § 13 Abs. 3 S. 1 bieten und von denen deshalb anzunehmen ist, dass sie gemieden werden. Mit dieser Alternative sollen nach der Gesetzesbegründung sog. „Angsträume" überwacht werden können.

110.1 Vergleiche die Begründung in LT-Drs. 21/1151, 7: „Die Regelung soll es ermöglichen, das Mittel der Videoüberwachung an Örtlichkeiten dann ein-zusetzen, wenn diese aufgrund von Tatgelegenheitsstrukturen — Lage, Einsehbarkeit, Frequentierung — von der Bevölkerung gemieden werden (sogenannte Angsträume). Insofern dient die Regelung der Stärkung des Sicherheitsgefühls der Bürgerinnen und Bürger. Sie gewinnen im Idealfall solche Orte wieder als öffentliche Räume zurück, die sie vorher gemieden haben.

Die Entscheidung für eine Videoüberwachung setzt voraus, dass die tatsächlichen Gegebenheiten auf der Grundlage einer ortsbezogenen Lagebeurteilung unter besonderer Berücksichtigung der Verhältnismäßigkeit eingehend ermittelt und dokumentiert werden.

Die Notwendigkeit der Möglichkeit der Videoüberwachung sogenannter Angsträume wird am Beispiel des „Jägertunnels" in Marburg besonders deutlich. Beim Jägertunnel handelt es sich um eine Gleisunterführung für Fußgängerinnen und Fußgänger in der Nähe des Marburger Bahnhofs. Dort wurden verschiedene Straftaten verübt, wie z. B. exhibitionistische Handlungen, Vergewaltigung, schwere sexuelle Nötigung oder Raub. Nicht zuletzt wegen dieser Straftaten kann der Tunnel als „Angstraum" bezeichnet werden, welcher den Jägertunnel bei Bürgerinnen und Bürgern als gefühlten Kriminalitätsschwerpunkt erscheinen lässt.

Vor diesem Hintergrund scheint es unerträglich, trotz Kenntnis von begünstigenden Tatgelegenheitsstrukturen an bestimmten öffentlichen Orten erst Straftaten hinnehmen zu müssen, bevor dort präventiv Abhilfe geschaffen werden kann. Für das Vertrauen der Bevölkerung in eine funktionierende Gefahrenabwehr ist auch das Sicherheitsgefühl der Bevölkerung entscheidend."

111 Die Verfassungsmäßigkeit dieser Regelung in der öffentlichen Anhörung des Innenausschusses v. 12.11.2024 zum Gesetzentwurf LT-Drs. 21/1151 sowohl im Hinblick auf die Eingriffsschwelle, die lediglich an subjektive Wahrnehmungen anknüpft und gerade keine wiederholte Begehung von Straftaten voraussetzt, als auch im Hinblick auf die Normenbe-

stimmtheit zurecht bezweifelt (vgl. die schriftlichen Stellungnahmen von Grünewald und Ogorek, INA-AV-12-6_T2-1, S. 11 f. und 25). Im Hinblick auf das Gewicht des mit der Videoüberwachung verbundenen Eingriffs in das Recht auf informationelle Selbstbestimmung (vgl. BVerfG NVwZ 2007, 688 (690)) ist auch die Verhältnismäßigkeit einer vor allem an das subjektive Sicherheitsgefühl anknüpfenden Überwachung äußerst fraglich.

In zeitlicher Hinsicht wurde die tatbestandlichen Voraussetzungen durch das Gesetz zur Änderung des Hessischen Gesetzes über die öffentliche Sicherheit und Ordnung und anderer Gesetze v. 14.12.2009 (HessGVBl. I 635) zunächst dahingehend modifiziert, dass fest installierte Videoüberwachungsanlagen nach Abs. 3 S. 3 unabhängig vom weiteren Vorliegen der für die Einrichtung erforderlichen Anforderungen stets zwei Jahre betrieben werden dürfen; wird danach festgestellt, dass die Voraussetzungen weiterhin gegeben sind, verlängert sich die Frist entsprechend. **112**

Der Gesetzgeber wollte damit nachvollziehbarer Weise verhindern, dass eine Videoüberwachung, die ihren Zweck – Abwehr von Gefahren bzw. Verhinderung von Straftaten – erreicht hat, genau deshalb beendet werden muss, obwohl die zugrundeliegende latente Gefahr einer „Rückkehr“ der vormaligen tatsächlichen Situation ggf. weiterhin besteht. **112.1**

Mit der Neufassung des Abs. 3 S. 3 durch das Gesetz zur Neuausrichtung des Verfassungsschutzes in Hessen v. 25.6.2018 (HessGVBl. 302) sollte die zweijährige Prüffrist klarer gefasst werden (vgl. LT-Drs. 19/6502, 35). **113**

2. Rechtsfolgen und Adressat

Als Rechtsfolge ist in Abs. 3 S. 1 die offene Beobachtung oder Aufzeichnung des betreffenden Orts mittels Bildübertragung vorgesehen. Eine Abstufung zwischen Beobachtung nach dem Kamera-Monitoring-Prinzip und dem Aufzeichnen der Bilder sieht die Vorschrift nicht vor. Wie sich aus Abs. 3 S. 3 ergibt, können die Überwachungsanlagen sowohl mobil als auch fest installiert sein (im zweiten Fall gilt die in → Rn. 112 beschriebene zeitliche Sonderregelung bezüglich der Tatbestandsvoraussetzungen). **114**

Dass die Beobachtung und / oder Aufzeichnung nach Abs. 3 S. 1 offen zu erfolgen hat, bedeutet, dass die Videoüberwachung nach dieser Vorschrift von dem Anwendungsbereich des § 13 Abs. 7 S. 2 ausgenommen ist. Durch die Feststellung, dass nicht nur der Umstand der Überwachung, sondern auch die verantwortliche Stelle durch geeignete Maßnahmen zum frühestmöglichen Zeitpunkt (vgl. → Rn. 115.1) erkennbar zu machen sind (Abs. 3 S. 2), ist zugleich entschieden, dass das gut sichtbare Aufstellen des Kamera alleine nicht genügt. Der Anforderung kann vielmehr regelmäßig nur durch ein für jedermann gut sichtbares Hinweisschild hinreichender Größe (vgl. Lisken/Denninger PolR-HdB/Petri, 6. Aufl. 2018, G Rn. 772) Rechnung getragen werden, das jedenfalls ein verständliches Kamerasymbol enthalten und textlich zumindest die verantwortliche Stelle benennen muss. **115**

Mit der durch das Gesetz zur Neuausrichtung des Verfassungsschutzes in Hessen v. 25.6.2018 (HessGVBl. 302) aufgenommenen Anforderung, dass dies „zum frühestmöglichen Zeitpunkt“ zu erfolgen hat, wurde § 14 Abs. 3 an § 4 Abs. 2 HDSIG angepasst. **115.1**

Hinsichtlich der möglichen Adressaten der Datenerhebung durch Videoüberwachung weicht auch Abs. 3 von der Störersystematik, die die Vorschriften der §§ 6, 7, 9 über die polizeiliche Verantwortlichkeit errichten, erkennbar ab (→ § 6 Rn. 2). Indem die Norm vorgibt, dass Orte mittels Bildübertragung beobachtet und aufgezeichnet werden dürfen, kommt es unabhängig vom Vorliegen der Voraussetzungen des § 9 nicht auf eine Störereigenschaft der Adressaten an. Adressat kann nach der Vorschrift vielmehr jedermann sein, der in den Beobachtungs- und Aufzeichnungsbereich der Kamera gerät. Auch Abs. 3 enthält insoweit eine normimmanente Adressatenregelungen (vgl. → § 12 Rn. 35). **116**

3. Die Regelvermutung des Abs. 3a

Nach dem durch Gesetz v. 29.6.2023 eingefügten Abs. 3a wird nunmehr „vermutet, dass die Voraussetzungen nach Abs. 3 Satz 1 in den öffentlich zugänglichen Bereichen von Flughäfen, Personenbahnhöfen, Sportsstätten, Einkaufszentren und Packstationen vorliegen“. An den genannten Orten gilt also eine Regelvermutung zugunsten des Vorliegens einer **117**

Gefahr oder von tatsächlichen Anhaltspunkten, die die Annahme rechtfertigen, dass Straftaten drohen.

118 Die Formulierung ist aus polizeirechtsdogmatischer Perspektive insoweit befremdlich, als für das Vorliegen tatsächlicher Anhaltspunkte nach allgemeiner Auffassung Vermutungen gerade nicht ausreichen (vgl. → § 12 Rn. 30, → § 18 Rn. 68, Lisken/Denninger PolR-HdB/Rachor/Graulich, 6. Aufl. 2018, E Rn. 148 f. mwN; vgl. auch BVerfG NJW 2010, 833 Rn. 231). Eine gesetzliche Vermutung zugunsten des Vorliegens tatsächlicher Anhaltspunkte idS ist daher rechtssprachlich paradox.

119 Nicht ganz so augenfällig, aber nicht weniger eigentümlich verhält es sich hinsichtlich der Vermutung zugunsten einer Gefahr. Buchstabiert man die in Abs. 3a insoweit getroffene Aussage aus, lautet sie: Es wird vermutet, dass an Flughäfen, Personenbahnhöfen, Sportsstätten, Einkaufszentren und Packstationen jeweils im einzelnen Fall die hinreichende Wahrscheinlichkeit besteht, dass in absehbarer Zeit ein Schaden für die öffentliche Sicherheit oder Ordnung eintreten wird (vgl. zum Gefahrenbegriff → § 11 Rn. 18).

119.1 Es handelt sich insoweit um Tatsachenvermutungen, die von Rechtsvermutungen unterschieden werden können (vgl. auch → Rn. 120.1).

120 Dies zeigt, dass das Instrument der gesetzlichen Vermutung – ebenso wie das der gesetzlichen Fiktion – rechtssprachlich und sachlogisch gänzlich ungeeignet ist für Tatbestandsmerkmale, deren Feststellung wie bei Abs. 3 S. 1 eine situativ-tatsächliche Prognose der sozialen Wirklichkeit zwingend erfordern.

120.1 Dogmatisch tragfähig sind gesetzliche Vermutungen und Fiktionen demgegenüber etwa für die Zuordnung von Rechten (vgl. § 891 BGB, § 8 DesignG), die Feststellung individueller Eigenschaften (vgl. § 5 Abs. 1 und 2 WaffG, § 34a Abs. 1 GewO) oder für nicht-prognostischen Aussagen in Bezug auf die öffentliche Sicherheit (§ 48 Abs. 1 S. 2 AuslG 1990).

121 Ungeachtet dessen stößt die Regelung auch auf gewichtige Bedenken im Hinblick auf die Grundrechtsrelevanz der Videoüberwachung (dazu → Rn. 9 ff.). Schon ohne eine Regelvermutung bedarf Abs. 3 S. 1 2. Alt. als Ermächtigung zu einem intensiven Grundrechtseingriff (BVerfG (K) NVwZ 2007, 688 (690)) einer verfassungskonformen Auslegung dergestalt, dass nicht nur vereinzelte Straftaten drohen müssen, sondern dass es sich bei dem überwachten Ort um einen Kriminalitätsschwerpunkt handeln muss, wobei die Feststellung dieses Sachverhalts auf der Grundlage einer fundierten prognostischen Lagebeurteilung zu erfolgen hat (eing. und mwN dazu → Rn. 107 f.).

122 Die Ersetzung dieser – nur bei einer solchen Auslegung verfassungskonformen – Eingriffsschwelle durch eine gesetzliche Vermutung zugunsten des Vorliegens der tatsächlichen Voraussetzungen und die damit intendierte Beweislastumkehr zulasten der von der Videoüberwachung Betroffenen, dürfte unter mehreren Gesichtspunkten verfassungswidrig sein (vgl. iE → Rn. 41 ff.).

123 Bedenklich ist die Norm auch hinsichtlich der Bestimmtheit der beschriebenen Örtlichkeiten: Zwar scheinen die Begriffe „Flughäfen", „Personenbahnhöfe" und „Packstationen" auf den ersten Blick hinreichend bestimmt. Bei genauerer Betrachtung erweisen sich die Begriffe jedoch lediglich hinsichtlich der Packstationen als subsumtionstechnisch ausreichend genau, da hierunter bisher sprachlich allgemein nur die Paketautomaten der Paket- und Expressdiensttochterfirma der Deutschen Post verstanden wird

124 Im Übrigen besteht erheblicher Konkretisierungsbedarf, etwa hinsichtlich der Fragen, ob zu den Flughäfen auch die Verkehrslandeplätze im luftrechtlichen Sinne zählen (sollen) und ob „Personenbahnhöfe" nur solche des schienengebundenen Verkehrs erfassen oder auch die alltagssprachlich weithin als Busbahnhöfe bezeichneten Haltepunkte für den Linien- oder Fernbusverkehr. Lediglich hinsichtlich der Packstationen scheint die Beschreibung hinreichend genau, da hierunter bisher sprachlich allgemein nur die Paketautomaten der Paket- und Expressdiensttochterfirma der Deutschen Post verstanden werden.

125 Noch größer ist der Auslegungsbedarf hinsichtlich der als „Sportstätten" und „Einkaufszentren" bezeichneten Örtlichkeiten, die sich angesichts der Vielzahl der alltagssprachlich insoweit hessenweit in Betracht kommenden Einrichtungen und Anlagen kaum randscharf definitorisch begrenzen lassen. Als nicht weniger unbestimmt erweist sich die mit „öffentlich zugänglichen Bereichen" umschriebene örtliche Ausdehnung des Raums, der von der Norm

erfasst sein soll. Diesen könnte man sowohl rechtlich als auch faktisch definieren. Im ersten Fall wären nur die Bereiche erfasst, die für den Zugang durch die Öffentlichkeit vom Betreiber vorgesehen sind, im zweiten Fall auch die Bereiche, die dazu zwar nicht bestimmt sind, faktisch aber gleichwohl betreten werden können.

Diese Bestimmtheitsfragen erscheinen allerdings weniger gewichtig als die rechtstaatlichen und grundrechtlichen Bedenken gegen die gewählte Form einer Regelvermutung (→ Rn. 41) als solche. **125.1**

Rechtspolitisch wäre zu erwarten, dass der gesetzgeberischen Auswahl dieser Örtlichkeiten, an denen die Einrichtung von Videoüberwachung für die ermächtigten Behörden offensichtlich erleichtert werden soll, zumindest eine empirisch gestützte Plausibilität für die besondere Kriminalitätsbelastung oder Gefährlichkeit gerade dieser Orte zugrunde liegt. **126**

Dies scheint indessen nicht der Fall zu sein. Eine Landtagsanfrage zur Zahl der von Abs. 3a erfassten Orte in Hessen wurde von dem federführenden Ministerium mit der Feststellung beantwortet: „Eine entsprechende statistische Erhebung kann aufgrund des unverhältnismäßig hohen Verwaltungsaufwands im Rahmen einer Kleinen Anfrage nicht durchgeführt werden." (LT-Drs. 20/8795, 2). Vor dem Hintergrund fehlender Erkenntnisse über die Zahl dieser Orte dürfte davon auszugehen sein, dass auch für eine Häufung von Straftaten an diesen Orten keine entsprechenden Zahlen vorliegen. **127**

Nach dem durch Gesetz v. 13.12.2024 (HessGVBl. Nr. 83) hinzugefügten S. 2 gilt die Vermutung nach S. 1 nunmehr auch für „öffentlich zugängliche Bereiche in unmittelbarer Nähe von Flughäfen". Diese Neuregelung ist mit Blick auf eine konkrete Örtlichkeit im Bereich des Frankfurter Flughafens geschaffen worden (→ Rn. 128.1) **128**

Vergleivhe die Begründung in LT-Drs. 21/1151, 7 f.: „Die Regelung soll die Lücke schließen, die entsteht, wenn in unmittelbarer Nähe der öffentlich zugänglichen Bereiche von Flughäfen die Gefahr für Leib und Leben einer Vielzahl von Menschen aufgrund dieser Nähe zu den Flughäfen entstehen kann, da von ihnen aus beispielsweise auf startende bzw. landende Flugzeuge eingewirkt werden kann. **128.1**

Dies kann insbesondere am folgenden Beispiel veranschaulicht werden:

Am östlichen Teil des Flughafens Frankfurt am Main im Bereich des Endanflugs der Anflug-schneisen befindet sich die Straße zum Luftbrückendenkmal. Sie liegt im direkten Einwirkungs-bereich des Flughafens Frankfurt am Main. Die Straße zum Luftbrückendenkmal wird als öffentlich nutzbare Verbindung zwischen den Terminals 2 und 3 dem öffentlichen Verkehrsraum zugerechnet. Durch die vermehrte öffentliche Nutzung verringert sich für einen potentiellen Täter das Entdeckungsrisiko bis zur endgültigen Tatausführung erheblich. Insbesondere in westlicher Richtung anfliegende Luftfahrzeuge überfliegen die Straße in einer Flughöhe von lediglich 20 bis 30 Metern, sind während eines Zeitraums von 90 Sekunden vor dem Aufsetzen auf der Landebahn deutlich sichtbar und stellen somit ein leicht erreichbares Anschlagsziel dar.

Der Einsatz aufzeichnender Kameras im sicherheitsrelevanten Bereich der Straße zum Luft- brückendenkmal ist damit geeignet und erforderlich, die vorhandene Gefährdung erheblich zu verringern. Mit der vorliegenden Gesetzesänderung wird die rechtliche Möglichkeit hierzu durch örtliche Erweiterung der von der Regelvermutung in Abs. 3a erfassten öffentlich zugänglichen Bereiche geschaffen."

Ungeachtet der Bedenken gegen die Regelvermutung selbst (→ Rn. 117 ff.), bestehen bezüglich dieser Vorschrift nunmehr ebenfalls Bedenken hinsichtlich der hinreichenden Bestimmtheit der Formulierung – wie weit der Bereich der „unmittelbaren Nähe" reicht, bleibt völlig unklar (vgl. → Rn. 123 ff.) – sowie der (fehlenden) Gesetzgebungskompetenz des Landes, da dem Bund nach Art. 73 Abs. 1 Nr. 6 GG die ausschließliche Gesetzgebungskompetenz für den Luftverkehr zukommt. **129**

Vergleiche auch die entsprechenden schriftlichen Stellungnahmen von Grünewald und Ogorek in der öffentlichen Anhörung des Innenausschusses v. 12.11.2024 zum Gesetzentwurf LT-Drs. 21/1151, 11 f. und 27 f., INA-AV-12-6_T2-1. **129.1**

4. Form- und Verfahrensvorschriften

Auf die Datenerhebung nach Abs. 3 finden – neben den Vorgaben aus S. 2 (vgl. → Rn. 115) – grundsätzlich zunächst die allgemeinen Form- und Verfahrensvorschriften des § 13 Abs. 5–7 (→ § 13 Rn. 153) Anwendung; von den Anwendungsbereichen des § 13 Abs. 7 S. 2 und des § 13 Abs. 8 ist die Videoüberwachung allerdings aus sachlogischen Gründen ausgenommen (vgl. → Rn. 115). **130**

131 Darüber hinaus regelt Abs. 3 S. 4 die weitere Verwendung der erhobenen Daten (hier: der Videoaufzeichnungen) durch den Verweis auf Abs. 1 S. 2 und S. 3 maßnahmenspezifisch (vgl. → Rn. 76 ff.). Mangels Verweisung auf Abs. 1 S. 4 ist in diesem Fall eine Verarbeitung zur Aus- oder Fortbildung oder zu statistischen Zwecken (§ 20 Abs. 8) unzulässig.

132 Der vormals in § 13 Abs. 3 S. 4 vorgesehene Verweis auf § 15 HDSG aF (Vorgaben für gemeinsame Nutzung einer Anlage durch mehrere Behörden) wurde mit Blick auf § 3 Abs. 4 S. 1 durch das Gesetz zur Neuausrichtung des Verfassungsschutzes in Hessen v. 25.6.2018 (HessGVBl. 302) gestrichen. Die entsprechenden Vorgaben – die gemeinsame Nutzung muss unter Berücksichtigung der schutzwürdigen Belange der Betroffenen und der Aufgaben der beteiligten Stellen angemessen sein – gelten jedoch gem. § 58 HDSIG weiter.

133 Da es sich bei dem Betrieb von Videoüberwachungsanlagen um eine (automatisierte) Datenverarbeitung iSd § 40 HDSIG handelt, ist für jede Anlage gem. § 3 Abs. 4 iVm § 65 HDSIG ein Verzeichnis zu erstellen, das das Verfahrensverzeichnis nach § 28 aF ersetzt.

IV. Videoüberwachung öffentlich zugänglicher Orte zum Schutz öffentlicher Einrichtungen oder zur Verkehrslenkung (Abs. 4)

134 Die ursprüngliche Regelung des Abs. 4 verdankte ihre Entstehung vor allem der Tatsache, dass im Rahmen des Gesetzgebungsverfahrens zur Schaffung der Rechtsgrundlage für polizeiliche Videoüberwachung auffiel, dass bereits Videoüberwachungsanlagen von Kommunen in Betrieb waren, die jedoch keine Rechtsgrundlage hatten (vgl. die Nachweise zur Entstehungsgeschichte bei Hornmann HSOG Rn. 44). Nunmehr waren auch die Kommunen in Gestalt der Verwaltungsbehörden (§§ 82 ff.) und der Ordnungsbehörden (§§ 85 ff.) zu dieser Maßnahme ermächtigt.

135 Indem das Gesetz zur Neuausrichtung des Verfassungsschutzes in Hessen v. 25.6.2018 (HessGVBl. 302) die Gefahrenabwehrbehörden in die Ermächtigung des Abs. 3 aufgenommen (und damit die vormals hier verortete Problematik deren fehlender Zuständigkeit für die vorbeugende Bekämpfung von Straftaten nach § 1 Abs. 4 dorthin verlagert) hat (vgl. → Rn. 98 ff.), ist diese Zwecksetzung obsolet geworden und die vormalige Regelung des Abs. 4 Nr. 1 konnte gestrichen werden.

135.1 Danach konnten die Gefahrenabwehrbehörden mittels Bildübertragung offen aufzeichnen und beobachten und aufzeichnen zur Sicherung öffentlicher Straßen und Plätze, auf denen wiederholt Straftaten begangen worden sind, sofern tatsächliche Anhaltspunkte für weitere Straftaten bestanden.

136 Gleichzeitig wurde Abs. 4 mit den verbleibenden Alternativen auf die Polizeibehörden ausgedehnt und in der Alternative der besonders gefährdeten öffentlichen Einrichtung um den Begriff der „Räumlichkeiten" erweitert.

137 Hinsichtlich der Rechtsfolgen und Adressaten (→ Rn. 114 ff.) sowie der einschlägigen Form- und Verfahrensvorschiften (→ Rn. 130 ff.) unterscheidet sich die Regelung des Abs. 4 nicht von der des Abs. 3.

138 Für eine Videoüberwachung zum Schutz besonders gefährdeter öffentlicher Einrichtungen – zu denen nicht nur Einrichtungen im Sinne des Kommunalrechts (wie öffentliche Bibliotheken, Museen und Schwimmbäder; vgl. § 19 HGO) zu zählen sind, sondern auch Amtsgebäude und Schulen und Hochschulen einschließlich ihres umfriedeten Besitztums (Fredrich Rn. 21) – muss ebenfalls eine der konkreten Gefahr angenäherte Gefährdungssituation gegeben sein, die deutlich über das allgemeine Risiko einer Begehung von Straftaten wie Diebstählen oder Sachbeschädigungen hinausreicht (vgl. v. Zezschwitz DuD 2000, 670; BVerfG NVwZ 2007, 688; Hornmann HSOG Rn. 46 mit Bsp.). Gleiches gilt für die (öffentlichen) Räumlichkeiten, bei denen der Gesetzgeber an Asservatenräume oder Räume, in denen hochwertige oder gefährliche Gegenstände aufbewahrt werden, gedacht hat (LT-Drs. 19/6502, 35). Die Videoüberwachung nach dieser Alternative muss sich auf die Räumlichkeiten und das befriedete Besitztum beschränken, darf also nicht etwa auch den öffentlichen (Straßen-)Raum vor oder im Umfeld des Schutzobjekts erfassen.

138.1 Vergleiche zur Abgrenzung von Videoüberwachungen nach den Datenschutzgesetzen (in Hessen nach § 4 HDSIG) von solchen zur Strafverfolgung und Gefahrenabwehr iSv Art. 2 Abs. 2 lit. d DS-GVO, auf die die JI-RL (RL EU 2016/680) Anwendung findet VGH München ZD 2023, 569 ff.

Seit der Änderung durch Gesetz v. 13.12.2024 (HessGVBl. Nr. 83) kann die Videoüberwachung nach Abs. 4 Nr. 1 nunmehr auch zum Schutz „besonders gefährdeter Religionsstätten" erfolgen. Diese Ergänzung erfolgte im Hinblick auf Gefährdungen etwa jüdischer oder muslimischer Religionsstätten wie Synagogen und Moscheen durch gewaltbereite Angehörige der zunehmenden Zahl antisemitischer und rechtsradikaler Gruppierungen (vgl. → Rn. 139.1). **139**

Vergleiche die Begründung in LT-Drs. 21/1151, 8: „Derzeit besteht die Bedrohung jüdischer Menschen sowie jüdischer Glaubenseinrichtungen seitens antisemitischer Gruppierungen fort und steigt weiterhin. Außerdem können aufgrund steigender rechtsradikaler Strömungen auch andere Religionsstätten (z. B. Moscheen) möglicher Gefährdungslagen ausgesetzt werden. Daher wird in § 14 Abs. 4 Satz 1 Nr. 1 die Ermächtigung der Gefahrenabwehr- und Polizeibehörden zur Videoüberwachung auf den Schutz von besonders gefährdeter Religionsstätten ausgeweitet." **139.1**

Diese Erweiterung erscheint angesichts der tatsächlichen Bedrohungslage rechtspolitisch ohne weiteres sinnvoll. Der Begriff der Religionsstätte dürfte – auch im Hinblick auf die strafrechtlichen Parallelbegriffe etwa in § 243 Abs. 1 Nr. 4 StGB (vgl. dazu etwa MüKoStGB/Schmitz, 4. Aufl. 2021, StGB § 243 Rn. 42 ff.) – konkretisierbar und damit hinreichend bestimmt sein. Religionsstätten in diesem Sinne sind zudem – auch dann, wenn die jeweiligen Religionsgemeinschaften nach Art. 140 GG iVm Art. 137 Abs. 5 WRV als Körperschaften des öffentlichen Rechts verfasst sind – nicht bereits vom Begriff der öffentlichen Einrichtung erfasst, da als solche nur von der öffentlichen Hand betriebene Einrichtungen anzusehen sind (vgl. → Rn. 138). **140**

Unter zwei Gesichtspunkten erscheint die Erweiterung um besonders gefährdete Religionsstätten gleichwohl überarbeitungsbedürftig: Um einen Eingriff in die Religionsfreiheit (Art. 4 GG) zu vermeiden, sollte eine entsprechende Videoüberwachung jedenfalls von der Zustimmung der betroffenen Religionsgemeinschaft abhängig gemacht werden (vgl. auch → Rn. 141.1). **141**

Insoweit treffend die schriftliche Stellungnahme von Ogorek in der öffentlichen Anhörung des Innenausschusses v. 12.11.2024 zum Gesetzentwurf LT-Drs. 21/1151, 29 (INA-AV-12-6_T2-1): „Unabhängig von der Organisationsform der gefährdeten Religionsgemeinschaft fehlt § 14 Abs. 4 HSOG-E überdies die Klarstellung, dass eine Videoüberwachung durch die Gefahrenabwehr- und Polizeibehörden nach Abs. 4 nur mit dem Willen der Religionsgemeinschaft zulässig sein kann, ihr der Schutz also nicht aufgedrängt werden darf. Die Wahrnehmung von Sicherheitsaufgaben durch den Staat, wie sie durch den Einsatz von Videotechnik mit erfolgen kann, dient zwar unter anderem dem Schutz bedeutsamer Individualrechtsgüter und damit nicht nur der Unversehrtheit der Religionsgemeinschaft als solcher, sondern auch derjenigen ihrer Besucherinnen und Besuchern. Dem gegenüber steht aber die verfassungsrechtlich herausgehobene Ausübung der Religionsfreiheit. Wollte man sich etwa vorstellen, in – hoffentlich nie eintretender – Zukunft übernähmen politische Kräfte in Hessen die Regierungsgewalt, die dezidiert antisemitisch oder antimuslimisch orientiert wären, dürfte schnell einleuchten, warum die Überwachung der jeweiligen Religionsstätten mit der damit einhergehenden faktischen Möglichkeit zur Erfassung jener Menschen, die sie betreten oder verlassen, überaus problematisch wäre. Da der hessische Gesetzgeber eine Beobachtung gegen den Willen der Religionsgemeinschaften freilich nie beabsichtigt haben dürfte, würde er durch die Klarstellung auch nichts einbüßen." Ähnlich die Stellungnahme von Grünewald, ebenda, S. 12 f. **141.1**

Für privatrechtlich organisierte Religionsgemeinschaften sollte zudem die Anwendbarkeit des Abs. 4 S. 2 (dazu → Rn. 145) überdacht werden, da diese dogmatisch nicht bruchlos zur Gefahrenabwehrbehörde erklärt werden können (vgl. auch → Rn. 141.1). **142**

Vergleiche auch insoweit die schriftliche Stellungnahme von Ogorek in der öffentlichen Anhörung des Innenausschusses v. 12.11.2024 zum Gesetzentwurf LT-Drs. 21/1151, 29 (INA-AV-12-6_T2-1): „Künftig könnte eine Videoüberwachung durch die Gefahrenabwehr- und Polizeibehörden bei privatrechtlichen gefährdeten Religionsgemeinschaften ermöglicht werden, indem für sie durch ihre Aufnahme in § 14 Abs. 4 Satz 1 Nr. 1 HSOG-E nach dem aktuellen Formulierungsvorschlag auch der Satz 2 anwendbar würde. Eben dieser Satz 2 bedürfte jedoch noch der Anpassung: soweit privatrechtliche Religionsgemeinschaften von Satz 1 erfasst werden, können sie mangels öffentlich-rechtlicher Organisation nicht ohne Weiteres selbst zur polizeirechtlichen Gefahrenabwehrbehörde erklärt werden, sodass Satz 2 künftig richtigerweise nach den einzelnen Varianten aus Satz 1 Nr. 1 differenzieren sollte." **142.1**

143 Im Übrigen gilt, dass privatrechtliche Religionsgemeinschaften selbst nach der Regelung des § 4 Abs. 1 Nr. 2 HDSIG – die nach § 1 Abs. 2 HDSIG nachrangig zum HSOG in Betracht zu ziehen ist – die Möglichkeit zur Videoüberwachung ihrer Religionsstätten zur Verfügung steht.

144 Abs. 4 Nr. 2 ermächtigt zunächst die nach § 1 Abs. 2 iVm § 1 Nr. 5 HSOG-DVO für die Überwachung des Straßenverkehrs zuständigen allgemeinen Ordnungsbehörden (§§ 85 ff.), nunmehr (→ Rn. 3.1) aber im Rahmen ihrer durch § 1 Nr. 5 HSOG-DVO unbeschadet bleibenden Zuständigkeiten auch die Polizeibehörden zur Videoüberwachung zum Zweck der Steuerung von Anlagen zur Lenkung oder Regelung des Straßenverkehrs (Verkehrsüberwachungskameras). Entsprechend diesem Zweck ist eine Aufzeichnung durch Verkehrsüberwachungskameras nicht erforderlich und damit unzulässig; die Nutzung einer Zoomfunktion ist nur insoweit zulässig, als dadurch nicht einzelne Verkehrsteilnehmer erfasst sind (vgl. v. Zezschwitz DuD 2000, 670; Hornmann HSOG Rn. 48); infolge der somit geringen Eingriffstiefe ist die Vorschrift unproblematisch.

145 Nach Abs. 4 S. 2 ist Gefahrenabwehrbehörde bei den besonders gefährdeten öffentlichen Einrichtungen auch der Inhaber des Hausrechts, das insoweit als öffentlich-rechtliches, zum Schutz der Integrität der Einrichtung eingeräumtes Recht zu verstehen ist. In diesem Sinne werden etwa die Rektoren und Präsidenten von Schulen und Hochschulen Gefahrenabwehrbehörde; sie sind insoweit als Sonderordnungsbehörde nach § 90 zu qualifizieren (Fredrich Rn. 21, § 90 Rn. 3; vgl. zur Videoüberwachung öffentlich zugänglicher Räume durch nichtöffentliche Stellen und privatrechtliche Hausrechtsinhaber die Regelungen in § 4 HDSIG und § 4 BDSG).

V. Datenerhebung durch Einsatz automatischer Kennzeichenlesesysteme (Abs. 5)

146 Die in Abs. 5 noch immer (kursiv) vorgesehene Regelung des polizeilichen Einsatzes von automatischen Kfz-Kennzeichenlesegeräten, die das BVerfG durch Urteil v. 11.3.2008 (BVerfGE 120, 378) für nichtig erklärt worden ist, hat durch das Gesetz zur Änderung des Hessischen Gesetzes über die öffentliche Sicherheit und Ordnung und anderer Gesetze v. 14.12.2009 (HessGVBl. I 635) eine Neuregelung in § 14a gefunden.

VI. Bild- und Tonerfassung durch den Einsatz körpernah getragener Kameras (Abs. 6)

147 Die Regelung des Abs. 6, die durch das Gesetz zur Änderung des Hessischen Gesetzes über die öffentliche Sicherheit und Ordnung und des Gesetzes über das Landesamt für Verfassungsschutz v. 27.6.2004 (HessGVBl. I 444) in das HSOG eingefügt und durch das Gesetz zur Änderung des Melderechts, des Hessischen Gesetzes über die öffentliche Sicherheit und Ordnung und des Hessischen Glückspielgesetzes v. 28.9.2015 (HessGVBl. 346) erweitert, durch das Gesetz zur Neuausrichtung des Verfassungsschutzes in Hessen v. 25.6.2018 (HessGVBl. 302) neu gefasst und durch Gesetz v. 13.12.2024 (HessGVBl. Nr. 83) erneut erheblich erweitert wurde, diente ursprünglich nur der Eigensicherung von Polizeivollzugsbeamten mit Hilfe sog. Body-Cams (vgl. dazu auch Lachenmann NVwZ 2017, 1424 ff.; Lisken/Denninger PolR-HdB/Müller/Schwabenbauer G Rn. 691 ff.; SGR/Ruthig BPolG § 27a Rn. 3 ff.; Ruthig GSZ 2018, 12 ff.) anlässlich von Personenkontrollen. Sie ergänzt(e) insoweit hinsichtlich der Zielrichtung die gleichgerichteten Vorschriften der § 15 Abs. 6, § 36 Abs. 3, § 59 Nr. 1 (Fredrich Rn. 23); die Gefahrenabwehrbehörden wurden bis zur jüngsten Änderung durch die Norm nicht ermächtigt; nunmehr steht auch ihnen die Bild- und Tonerfassung mittels Body-Cams zur Verfügung.

148 Während die Regelung in ihrer ursprünglichen Fassung nur dazu ermächtigte, „mittels Bildübertragung offen [zu] beobachten und dies auf[zu]zeichnen", ist seit 2015 auch das offene Beobachten und Aufzeichnen mittels Tonübertragung zulässig; darüber hinaus können Bild und Ton „kurzfristig technisch erfasst" werden, was seit 2018 durch die neue Nr. 1 im Wortlaut stärker hervorgehoben und von der Beobachtung und Aufzeichnung abgegrenzt wird.

149 Die Erweiterung auf Tonaufnahmen sollte „der besonderen Bedeutung der Kommunikation im Eskalationsverlauf im Rahmen von Kontrollmaßnahmen Rechnung" tragen. Sie sei geeignet, die Hemmschwelle zur Artikulation beleidigenden oder provozierenden Inhalts

gegenüber Polizeibeamten und Polizeibeamtinnen heraufzusetzen. Zudem könnten so auch die mündlich erteilten polizeilichen Verfügungen sowie die Androhung von Zwangsmitteln festgehalten werden (LT-Drs. 19/1979, 30).

Mit der Einführung der Rechtsfolge der „kurzfristigen technischen Erfassung" hatte der Gesetzgeber 2015 datenschutzrechtlich Neuland betreten. Was sich hinter dieser Wendung verbarg, wurde erst mit Hilfe der amtlichen Begründung zu der Vorschrift erkennbar: Es sollte eine rechtliche Grundlage dafür geschaffen werden, die sog. Pre-Recording-Funktion der Body-Cam zu nutzen, die das Videobild beim Einschalten der Kamera fortlaufend auf einem Speichermedium (RAM, SD-Karte) ablegt. Erst mit dem Einschalten der Aufzeichnungsfunktion werden die Bilder dann endgültig gespeichert (LT-Drs. 19/1979, 30). 150

Intention war es, eine „dreistufige Vorgehensweise in Form von kurzfristiger technischer Erfassung', ‚offener Beobachtung' und ‚Aufzeichnung'" einzuführen, „wobei sich die Anforderungen mit jeder Stufe erhöhen" (LT-Drs. 19/1979, 30). Es sollte also mit der kurzfristigen technischen Erfassung – also der Einschaltung der Pre-Recording-Funktion – eine noch nicht dem Offenheitsgebot unterliegende Datenerhebungsphase etabliert werden, deren Existenz und Bedeutung sich dem Wortlaut – gemessen an den verfassungsrechtlichen Bestimmtheitsanforderungen – indessen kaum entnehmen ließ. 151

Mit der Neuregelung 2018 ist der Gesetzgeber von dieser Konzeption abgerückt, indem er auch die kurzfristige technische Erfassung nunmehr ausdrücklich nur noch als „offene" zulässt. 152

Das vom Gesetzgeber intendierte Konzept einer gestuften Rechtsfolge ließ sich dem Wortlaut des Gesetzes – zumal ohne technische Kenntnis des Aufbaus und der Funktion der eingesetzten Kameras – nicht einmal in Ansätzen entnehmen; daher dürfte die Vorschrift in der aF insoweit verfassungswidrig gewesen sein, als sie zu einem nicht offenen Einsatz der Pre-Recording-Funktion ermächtigte. Indessen scheint die in den Vorauflagen hieran geäußerte Kritik, dass sich die in der Begründung des Gesetzes aufscheinende Hoffnung, dem daraus folgenden verfassungsrechtlichen Verdikt gestützt auf die verfassungsrechtliche Rechtsprechung zur Nicht-Eingriffs-Qualität kurzfristiger technischer Erfassungen mit automatisch folgender spurloser Vernichtung (vgl. zum Ganzen BVerfGE 100, 313 (366); 115, 320 (343); BVerfG MMR 2008, 308; NJW 2003, 1787 (1793)) entgehen zu können, wegen der hier gänzlich anders gelagerten Situation kaum erfüllen dürfte, nicht ungehört geblieben zu sein. 152.1

Dem offenen Einsatz steht beim Vorliegen der Tatbestandsvoraussetzungen für das Beobachten und Aufzeichnen nichts entgegen. 153

Auch bei dieser Form der Video- und Tonüberwachung ist eine psychisch vermittelte Einflussnahme auf das Verhalten des Betroffenen (→ Rn. 14) – letztlich also Abschreckung – intendiert; deswegen ist auch sie dem präventiven Bereich zuzuordnen. 154

Seit Änderung des Abs. 6 durch Gesetz v. 13.12.2024 (HessGVBl. Nr. 83) ist nunmehr zu unterscheiden zwischen dem Einsatz von Body-Cams außerhalb von Wohnungen (Abs. 6 S. 1–3) und solchen in Wohnungen (Abs. 6 S. 4–13). 155

1. Bild- und Tonerfassung sowie -aufzeichnung außerhalb von Wohnungen (S. 1–3)

Bis zur jüngsten Änderung des Abs. 6 konnte die Datenerhebung nach dieser Regelung nur an öffentlich zugänglichen Orten (→ Rn. 102 f.) vorgenommen werden; des Weiteren war Voraussetzung, dass an diesem Ort die Identität von Personen nach diesem Gesetz oder anderen Rechtsvorschriften (→ Rn. 156.1 ff.) festgestellt werden sollte. 156

Präventiv kamen insoweit Identitätsfeststellungen zum Zweck der Gefahrenabwehr, der Erfüllung spezialgesetzlich zugewiesener Aufgaben oder zum Schutz privater Rechte in Betracht (§ 18 Abs. 1); darüber hinaus Identitätsfeststellungen zur Leistung von Vollzugshilfe und – im Gefahrenvorfeld – solche an sog. gefährlichen oder gefährdeten Orten, im Umfeld gefährdeter Personen oder Einrichtungen, an Kontrollstellen, im Rahmen der sog. Schleierfahndung oder im Zusammenhang mit einer Ausschreibung zur Gezielten Kontrolle (vgl. § 18 Abs. 2). 156.1

Als gesetzlich zugewiesene Aufgaben iSd § 18 Abs. 1 Alt. 2, in deren Rahmen eine Identitätsfeststellung notwendig werden kann, kommen etwa Maßnahmen nach dem HessPsychKHG, dem JuSchG oder dem StVG in Frage. 156.2

Spezialgesetzlich geregelte präventive Identitätsfeststellungen kann die Polizei des Weiteren nach §§ 49, 71 Abs. 4, Abs. 5 AufenthG, § 16 Abs. 1–3 AsylG, § 19 Abs. 1, Abs. 2 AsylG durchführen. 156.3

156.4 Zum Zweck der Strafverfolgung können polizeiliche Identitätsfeststellungen bei Verdächtigen (§ 163b Abs. 1 StPO), Unverdächtigen (§ 163b Abs. 2 StPO) und an Kontrollstellen (§ 111 Abs. 1 StPO) durchgeführt werden.

157 Beide Tatbestandsmerkmale sind nunmehr entfallen, so dass die kurzfristige technische Erfassung durch Bild- und Tonaufzeichnung und die nachfolgende Beobachtung und Aufzeichnung mittels körpernah getragener Kameras an jedwedem Ort und unabhängig von einer etwaigen Personenkontrolle vorgenommen werden dürfen und dies sowohl von den Gefahrenabwehrbehörden als auch von den Polizeibehörden.

158 Indem das Gesetz in der neuen Fassung allerdings den „Einsatz körpernah getragener technischer Mittel" als Instrument der Erfassung und Aufzeichnung ausdrücklich nennt, kann die Datenerhebung nach dieser Alternative nicht mehr – wie vor der Änderung – auch mittels fest installierter Überwachungsanlagen (vgl. → Rn. 114) erfolgen.

159 Das Pre-Recording (→ Rn. 150) iSd Abs. 6 S. 1 Nr. 1 – also das kurzfristige offene technische Erfassung – muss nach den Umständen zum Schutz Beschäftigten der Gefahrenabwehr- und der Polizeibehörden oder Dritten von Polizeivollzugsbeamten und Polizeivollzugsbeamtinnen oder Dritten gegen Gefahren für Leib oder Leben (→ § 1 Rn. 81) erforderlich **erscheinen.** Demgegenüber muss die offene Beobachtung und / oder -aufzeichnung iSd Abs. 6 S. 1 Nr. 2 zum Schutz des gleichen Personenkreises vor den gleichen Gefahren erforderlich **sein.**

159.1 Die Gefahr leichter Körperverletzungen – etwa durch ein „Gerempel" im Rahmen einer Veranstaltung – genügt also nicht.

160 Diese Voraussetzungen müssen jeweils „nach den Umständen" gegeben sein. Damit ist klar, dass die Situation jeweils noch nicht die Schwelle zur konkreten Gefahr überschritten haben muss; im Übrigen sind die Einzelheiten dieser – im HSOG selten verwendeten – Eingriffsschwelle umstritten (vgl. eingehend und mwN → § 36 Rn. 21). An die Beobachtung und Aufzeichnung iSd Abs. 6 S. 1 Nr. 2 sind im Hinblick auf die unterschiedliche Formulierung hinsichtlich der Erforderlichkeit jedenfalls höhere Anforderungen zu stellen, als an das Pre-Recording iSd Abs. 6 S. 1 Nr. 1 (→ Rn. 159).

161 Im Gegensatz zu den Regelungen in Abs. 3 und Abs. 4 ist als Rechtsfolge nicht die mittels Bildübertragung erfolgende Beobachtung und Aufzeichnung eines Orts (→ Rn. 116), sondern die Erfassung von Bild und Ton einer Person vorgesehen. Während sich diese Person vor der Gesetzesänderung durch das Tatbestandsmerkmal der vorgesehenen Identitätsfeststellung von vorne herein bestimmen ließ, fehlt es insoweit nun an einer konkreten Bestimmung des/der Adressaten.

162 Im Hinblick auf den Zweck der Abwehr von Gefahren für Leib oder Leben der Bediensteten und die insoweit präventive Zielrichtung der Maßnahme (→ Rn. 154), kann es sich indessen sachlogisch nur um die Person(en) handeln, von denen eine solche Gefahr „nach den Umständen" auszugehen scheint oder ausgeht (→ Rn. 159).

163 Da die Beobachtung und Aufzeichnung zudem offen (→ Rn. 115) stattzufinden hat, müssen die erfassenden oder aufzeichnenden Beschäftigten der Polizei- oder Ordnungsbehörden als solche gegenüber der Person gut erkennbar zu Tage treten; eine Abs. 3 S. 2 entsprechende Regelung ist daher entbehrlich.

164 Da die Gefahrenschwelle für das kurzfristige Erfassen und Aufzeichnen noch nicht überschritten sein muss (→ Rn. 160) weicht Abs. 6 S. 1–4 weicht hinsichtlich der möglichen Adressaten von der Störersystematik der §§ 6, 7, 9 (→ § 6 Rn. 2) ab: unabhängig von den Voraussetzungen des § 9 kommt im Rahmen der normimmanente Adressatenregelungen (vgl. → § 12 Rn. 35) als Adressat jeder infrage, von dem die genannte Gefahr „nach den Umständen" auszugehen scheint oder ausgeht. Dass es sich um eine Störerin oder einen Störer iSd § 6 ff. handelt, muss also keineswegs feststehen.

165 Infolge der Bestimmbarkeit dieser Personen war eine Regelung hinsichtlich unbeabsichtigt bzw. unvermeidlich erfasster Dritter notwendig, die Abs. 6 S. 2 trifft. Regelmäßig lässt sich der Einsatz von Videotechnik im öffentlichen Raum nicht so genau steuern, dass zuverlässig nur die Person im Bild ist, auf die die Maßnahme zielt. Damit die Maßnahme dadurch nicht rechtswidrig wird, sieht Abs. 6 S. 2 – insoweit der Regelung des § 15 Abs. 2 S. 3 entsprechend – vor, dass personenbezogene Daten über Dritte, also anderer Personen, als die von denen nach den Umständen eine Gefahr auszugehen scheint, erhoben werden dürfen, soweit

dies unerlässlich ist (vgl. zum Begriff → § 32 Rn. 22), um die Erfassung oder Aufzeichnung durchführen zu können.

Abs. 6 S. 3 regelt schließlich – nach dem Muster des Abs. 1 S. 2–4 – die weitere Verwendung der erhobenen Daten (Bild- und Tonaufzeichnungen), wenn auch ohne erkennbaren Grund in anderer Terminologie („erforderlich" statt „benötigt") und ohne eine Aussage bezüglich der Verarbeitung zur Aus- oder Fortbildung oder zu statistischen Zwecken (§ 20 Abs. 8); allerdings ist hier nunmehr ausdrücklich von Löschung die Rede (vgl. → Rn. 94; vgl. zum Begriff der Unverzüglichkeit → Rn. 91). **166**

Der Sache nach bedeutet die Regelung, dass die Aufzeichnungen nach Abschluss der Maßnahme zu löschen sind, wenn nicht während der Maßnahme eine Straftat begangen und aufgezeichnet wurde; dann dürfen die Aufzeichnungen zur Strafverfolgung verarbeitet werden. **167**

Zeichnen Polizeibeamte ihre eignen Äußerungen zum Zweck der Beweissicherung mit einer Body-Cam bei einer Personenkontrolle auf, sind diese Äußerungen nach der Rechtsprechung nicht als „nichtöffentlich" iSd § 201 Abs. 1 StGB anzusehen, vgl. LG Hanau BeckRS 2023, 32325. **168**

2. Bild- und Tonerfassung sowie -aufzeichnung innerhalb von Wohnungen (S. 4–13)

Seit der Änderung des Abs. 6 durch Gesetz v. 13.12.2024 (HessGVBl. Nr. 83) durch die Anfügung von S. 4–13 ist nunmehr auch in Hessen als siebtem Bundesland (vgl. zu den Parallelvorschriften (→ Rn. 55) der Einsatz von Body-Cams in Wohnungen (vgl. zum Wohnungsbegriff → § 38 Rn. 16 ff.) zulässig. **169**

Ob ein solcher Einsatz an Art. 13 Abs. 4 GG oder an Art. 13 Abs. 7 GG zu messen und verfassungsrechtlich zu rechtfertigen ist, ist (verfassungs-)rechtswissenschaftlich umstritten (vgl. die Nachweise bei Heintzen/Siegel LKV 2023, 525 (526 f.); krit. BeckOK PolR NRW/Arzt PolG NRW § 15c Rn. 29 ff., 39; Bedenken auch bei Schäfer NVwZ 2022, 360 ff. (365 mwN)). **170**

Nach hier vertretener Auffassung, ist eine Begründung über Art. 13 Abs. 7 GG verfassungsrechtlich vertretbar (so auch BeckOK PolR Bayern/Müller-Eiselt PAG Art. 33 Rn. 69 ff.). **171**

Folgt man dem, sind indessen die mit Abs. 6 S. 5–11 angefügten Vorgaben für den Schutz des Kernbereichs privater Lebensgestaltung (dazu grds. → SystVorbPolRDe Rn. 60; → § 15 Rn. 3.1), unverzichtbar. Diese sind weitgehend § 16 Abs. 5 nachempfunden (vgl. dazu iE → § 16 Rn. 43 ff.). **172**

Der Vereinbarkeit mit den Vorgaben des Ar. 13 GG dient sodann auch der nach Abs. 6 S. 11 vorgesehenen Richtervorbehalt für die Verwertung der in Wohnungen durch den Einsatz der Body-Cam erlangten Erkenntnisse. **173**

VII. Hinweispflicht (Abs. 7)

Die Regelung des Abs. 7, wonach auf Maßnahmen nach Abs. 1 (Datenerhebungen bei Veranstaltungen und Ansammlungen) und Abs. 6 (Datenerhebung durch Body-Cams) in geeigneter Weise hinzuweisen ist, war erforderlich geworden, weil eine vergleichbare Regelung bisher nur in Abs. 3 S. 3, Abs. 4 S. 3 für die „klassische" stationäre Videoüberwachung vorgesehen ist. Die Vorgabe des Abs. 7 konkretisiert insoweit die Beschränkung der Maßnahmen nach Abs. 1 und 6 auf offene Datenerhebungen (vgl. begrifflich zur Offenheit polizeilicher und gefahrenabwehrbehördlichen Datenerhebungen → § 13 Rn. 167 ff.). **174**

VIII. Bewegungs- und Gegenstandsmustererkennung, biometrische Echtzeit-Fernidentifizierung und automatisierte Nachverfolgung (Abs. 8, 9)

Mit der Schaffung der Befugnisse nach Abs. 8 und 9 hat der hessische Gesetzgeber insoweit Neuland betreten, als erstmals zu automatisierten Anwendungen zu Datenverarbeitungen ermächtigt wird, die dem Anwendungsbereich der Verordnung (EU) 2024/1689 des Europäischen Parlaments und des Rates v. 13.6.2024 (KI-VO) unterfallen. **175**

176 Insoweit liegt bisher lediglich auf Bundesebene ein Gesetzentwurf vor, mit denen in Teilen vergleichbare Ermächtigungen für das BKA, die Bundespolizei und die (sonstigen) Strafverfolgungsbehörden geschaffen werden sollten.

177 Dieser im Bundestag verabschiedete, aber im Bundesrat gescheiterten Entwurf eines Gesetzes zur Verbesserung der Terrorismusbekämpfung (BT-Drs. 20/12806) sah für das BKA (§§ 10b, 39a, 63b BKAG-E (BT-Drs. 20/12806, 6, 9 und 10)), die Bundespolizei (§ 34b BPolG-E (BT-Drs. 20/12806, 12)) und die (sonstigen) Strafverfolgungsbehörden (§ 98d StPO-E (BT-Drs. 20/12806, 14) jeweils eine Ermächtigung für die biometrische Fernidentifizierung durch den Abgleich biometrischer Daten mit öffentlich zugänglichen Daten im Internet vor.

178 Im Unterschied zu der in Abs. 8 und 9 geregelten Fernidentifizierung sollten die dort vorgesehene also nicht in Echtzeit anhand der Daten einer laufenden Videoüberwachung, sondern im Nachhinein anhand von Daten aus dem Internet erfolgen. Damit wären sie nicht im Anwendungsbereich des die biometrische Echtzeit-Fernidentifizierung für Zwecke der Strafverfolgung und Gefahrenabwehr (vgl. zu dem auch die Gefahrenabwehr umfassenden europarechtlichen Begriff der Strafverfolgung → Rn. 178.1) nur unter engen Voraussetzungen zulassenden Art. 5 UAbs. 1 lit. h KI-VO gefallen, sondern einer evtl. Einstufung als Hochrisikosystem iSd Art. 6 iVm Anl. III KI-VO (krit. zu der in der KI-VO vorgenommenen Bewertung der nachträglichen Fernidentifizierung als weniger riskant Coombe GSZ 2024, 262 ff.).

178.1 Art. 3 Nr. 46 KI-VO definiert „Strafverfolgung" in einem weiten – auch die Aufgaben nach dem HSOG umfassenden – Sinne als „Tätigkeiten der Strafverfolgungsbehörden oder in deren Auftrag zur Verhütung, Ermittlung, Aufdeckung oder Verfolgung von Straftaten oder zur Strafvollstreckung, einschließlich des Schutzes vor und der Abwehr von Gefahren für die öffentliche Sicherheit". Der gleiche Begriff liegt nach deren Art. 1 Abs. 1 der RL (EU) 2016/680 (JI-RL) zugrunde.

179 Die in Abs. 8 und 9 nunmehr unter anderem vorgesehene biometrische Echtzeit-Fernidentifizierung, deren technische Möglichkeiten und dadurch aufgeworfenen Rechtsfragen in der Literatur seit geraumer Zeit diskutiert werden (vgl. etwa Jandt ZRP 2018, 16 ff.; Thiel ZRP 2016, 218 ff.; Seidel ZfDR 2025, 47 ff.; Hahn ZfDR 2023, 142 ff.; Ogorek LTZ 2024, 274 ff.), ist also eine solche, die – wie der Gesetzgeber erkannt hat – den Vorgaben von Art. 5 KI-VO (vgl. den Text in → Rn. 179.1) unterfällt, der nach Art. 113 UAbs. 2 KI-VO am 2.2.2025 in Kraft getreten ist. Da in Hessen die nach Art. 5 Abs. 3 KI-VO erforderlichen Voraussetzungen für die Verwendung biometrischer Fern-Identifizierungssysteme (noch) nicht vorliegen, sind die darauf bezogenen Ermächtigungsgrundlagen der Abs. 8 und 9 derzeit aus europarechtlichen Gründen (noch) nicht anwendbar (vgl. auch → Rn. 186).

179.1 Die Vorschrift lautet auszugsweise:
„Art. 5 Abs. 1 VO (EU) 2024/1689
(1)[1]Folgende Praktiken im KI-Bereich sind verboten:
(…)
h) die Verwendung biometrischer Echtzeit-Fernidentifizierungssysteme in öffentlich zugänglichen Räumen zu Strafverfolgungszwecken, außer wenn und insoweit dies im Hinblick auf eines der folgenden Ziele unbedingt erforderlich ist:

i) gezielte Suche nach bestimmten Opfern von Entführung, Menschenhandel oder sexueller Ausbeutung sowie die Suche nach vermissten Personen;

ii) Abwenden einer konkreten, erheblichen und unmittelbaren Gefahr für das Leben oder die körperliche Unversehrtheit natürlicher Personen oder einer tatsächlichen und bestehenden oder tatsächlichen und vorhersehbaren Gefahr eines Terroranschlags;

iii) Aufspüren oder Identifizieren einer Person, die der Begehung einer Straftat verdächtigt wird, zum Zwecke der Durchführung von strafrechtlichen Ermittlungen oder von Strafverfahren oder der Vollstreckung einer Strafe für die in Anhang II aufgeführten Straftaten, die in dem betreffenden Mitgliedstaat nach dessen Recht mit einer Freiheitsstrafe oder einer freiheitsentziehenden Maßregel der Sicherung im Höchstmaß von mindestens vier Jahren bedroht ist.

[2]Unterabsatz 1 Buchstabe h gilt unbeschadet des Artikels 9 der Verordnung (EU) 2016/679 für die Verarbeitung biometrischer Daten zu anderen Zwecken als der Strafverfolgung.

(2) 1Die Verwendung biometrischer Echtzeit-Fernidentifizierungssysteme in öffentlich zugänglichen Räumen zu Strafverfolgungszwecken im Hinblick auf die in Absatz 1 Unterabsatz 1 Buchstabe h genann-

ten Ziele darf für die in jenem Buchstaben genannten Zwecke nur zur Bestätigung der Identität der speziell betroffenen Person erfolgen, wobei folgende Elemente berücksichtigt werden:

a) die Art der Situation, die der möglichen Verwendung zugrunde liegt, insbesondere die Schwere, die Wahrscheinlichkeit und das Ausmaß des Schadens, der entstehen würde, wenn das System nicht eingesetzt würde;

b) die Folgen der Verwendung des Systems für die Rechte und Freiheiten aller betroffenen Personen, insbesondere die Schwere, die Wahrscheinlichkeit und das Ausmaß solcher Folgen.

[2]Darüber hinaus sind bei der Verwendung biometrischer Echtzeit-Fernidentifizierungssysteme in öffentlich zugänglichen Räumen zu Strafverfolgungszwecken im Hinblick auf die in Absatz 1 Unterabsatz 1 Buchstabe h des vorliegenden Artikels genannten Ziele notwendige und verhältnismäßige Schutzvorkehrungen und Bedingungen für die Verwendung im Einklang mit nationalem Recht über die Ermächtigung ihrer Verwendung einzuhalten, insbesondere in Bezug auf die zeitlichen, geografischen und personenbezogenen Beschränkungen.[3]Die Verwendung biometrischer Echtzeit-Fernidentifizierungssysteme in öffentlich zugänglichen Räumen ist nur dann zu gestatten, wenn die Strafverfolgungsbehörde eine Folgenabschätzung im Hinblick auf die Grundrechte gemäß Artikel 27 abgeschlossen und das System gemäß Artikel 49 in der EU-Datenbank registriert hat.[4]In hinreichend begründeten dringenden Fällen kann jedoch mit der Verwendung solcher Systeme zunächst ohne Registrierung in der EU-Datenbank begonnen werden, sofern diese Registrierung unverzüglich erfolgt.

(3)*[1]* 1Für die Zwecke des Absatz 1 Unterabsatz 1 Buchstabe h und des Absatzes 2 ist für jede Verwendung eines biometrischen Echtzeit-Fernidentifizierungssystems in öffentlich zugänglichen Räumen zu Strafverfolgungszwecken eine vorherige Genehmigung erforderlich, die von einer Justizbehörde oder einer unabhängigen Verwaltungsbehörde des Mitgliedstaats, in dem die Verwendung erfolgen soll, auf begründeten Antrag und gemäß den in Absatz 5 genannten detaillierten nationalen Rechtsvorschriften erteilt wird, wobei deren Entscheidung bindend ist.[2]In hinreichend begründeten dringenden Fällen kann jedoch mit der Verwendung eines solchen Systems zunächst ohne Genehmigung begonnen werden, sofern eine solche Genehmigung unverzüglich, spätestens jedoch innerhalb von 24 Stunden beantragt wird.[3]Wird eine solche Genehmigung abgelehnt, so wird die Verwendung mit sofortiger Wirkung eingestellt und werden alle Daten sowie die Ergebnisse und Ausgaben dieser Verwendung unverzüglich verworfen und gelöscht.

[2] [1]Die zuständige Justizbehörde oder eine unabhängige Verwaltungsbehörde, deren Entscheidung bindend ist, erteilt die Genehmigung nur dann, wenn sie auf der Grundlage objektiver Nachweise oder eindeutiger Hinweise, die ihr vorgelegt werden, davon überzeugt ist, dass die Verwendung des betreffenden biometrischen Echtzeit-Fernidentifizierungssystems für das Erreichen eines der in Absatz 1 Unterabsatz 1 Buchstabe h genannten Ziele – wie im Antrag angegeben – notwendig und verhältnismäßig ist und insbesondere auf das in Bezug auf den Zeitraum sowie den geografischen und persönlichen Anwendungsbereich unbedingt erforderliche Maß beschränkt bleibt.[2]Bei ihrer Entscheidung über den Antrag berücksichtigt diese Behörde die in Absatz 2 genannten Elemente.[3]Eine Entscheidung, aus der sich eine nachteilige Rechtsfolge für eine Person ergibt, darf nicht ausschließlich auf der Grundlage der Ausgabe des biometrischen Echtzeit-Fernidentifizierungssystems getroffen werden.

(4) [1]Unbeschadet des Absatzes 3 wird jede Verwendung eines biometrischen Echtzeit-Fernidentifizierungssystems in öffentlich zugänglichen Räumen zu Strafverfolgungszwecken der zuständigen Marktüberwachungsbehörde und der nationalen Datenschutzbehörde gemäß den in Absatz 5 genannten nationalen Vorschriften mitgeteilt.[2]Die Mitteilung muss mindestens die in Absatz 6 genannten Angaben enthalten und darf keine sensiblen operativen Daten enthalten.

(5) [1]Ein Mitgliedstaat kann die Möglichkeit einer vollständigen oder teilweisen Ermächtigung zur Verwendung biometrischer Echtzeit-Fernidentifizierungssysteme in öffentlich zugänglichen Räumen zu Strafverfolgungszwecken innerhalb der in Absatz 1 Unterabsatz 1 Buchstabe h sowie Absätze 2 und 3 aufgeführten Grenzen und unter den dort genannten Bedingungen vorsehen.[2]Die betreffenden Mitgliedstaaten legen in ihrem nationalen Recht die erforderlichen detaillierten Vorschriften für die Beantragung, Erteilung und Ausübung der in Absatz 3 genannten Genehmigungen sowie für die entsprechende Beaufsichtigung und Berichterstattung fest.[3]In diesen Vorschriften wird auch festgelegt, im Hinblick auf welche der in Absatz 1 Unterabsatz 1 Buchstabe h aufgeführten Ziele und welche der unter Buchstabe h Ziffer iii genannten Straftaten die zuständigen Behörden ermächtigt werden können, diese Systeme zu Strafverfolgungszwecken zu verwenden.[4]Die Mitgliedstaaten teilen der Kommission diese Vorschriften spätestens 30 Tage nach ihrem Erlass mit.[5]Die Mitgliedstaaten können im Einklang mit dem Unionsrecht strengere Rechtsvorschriften für die Verwendung biometrischer Fernidentifizierungssysteme erlassen.

(6) [1]Die nationalen Marktüberwachungsbehörden und die nationalen Datenschutzbehörden der Mitgliedstaaten, denen gemäß Absatz 4 die Verwendung biometrischer Echtzeit-Fernidentifizierungssys-

teme in öffentlich zugänglichen Räumen zu Strafverfolgungszwecken mitgeteilt wurden, legen der Kommission Jahresberichte über diese Verwendung vor.[2]Zu diesem Zweck stellt die Kommission den Mitgliedstaaten und den nationalen Marktüberwachungs- und Datenschutzbehörden ein Muster zur Verfügung, das Angaben über die Anzahl der Entscheidungen der zuständigen Justizbehörden oder einer unabhängigen Verwaltungsbehörde, deren Entscheidung über Genehmigungsanträge gemäß Absatz 3 bindend ist, und deren Ergebnis enthält.

(7) [1]Die Kommission veröffentlicht Jahresberichte über die Verwendung biometrischer Echtzeit-Fernidentifizierungssysteme in öffentlich zugänglichen Räumen zu Strafverfolgungszwecken, die auf aggregierten Daten aus den Mitgliedstaaten auf der Grundlage der in Absatz 6 genannten Jahresberichte beruhen.[2]Diese Jahresberichte dürfen keine sensiblen operativen Daten im Zusammenhang mit den damit verbundenen Strafverfolgungsmaßnahmen enthalten.

(…)“

180 Vor der Regelung der biometrischen Echtzeit-Fernidentifizierung in diesem Sinne ermächtigt Abs. 8 S. 1 bei Videoüberwachungen nach Abs. 1, 3, 3a und 4 zum Einsatz automatisierter Anwendungen zur Datenverarbeitung zu Erkennung von Bewegungsmustern (gemeint sind Bewegungen von Personen), die auf die Begehung einer Straftat (S. 1 Nr. 1) oder Mustern, die auf die Existenz von Waffen, Messern und/oder gefährliche Gegenstände (S. 1 Nr. 2) hindeuten (vgl. zu einer solchen automatisierten Mustererkennung durch algorithmische Verfahren oder solchen unter Nutzung Künstlicher Intelligenz Kugelmann/Buchmann GSZ 2024, 1 (2) mwN).

181 Erkennt das System solche Muster prüfen die Polizeibehörden nach Abs. 8 S. 2 unverzüglich, ob mit hinreichender Wahrscheinlichkeit in absehbarer Zeit mit (der Begehung von) Straftaten zu rechnen ist. Unausgesprochen vorausgesetzt wird dabei, dass die Polizeibehörden nunmehr einschreiten, um die Begehung dieser Straftaten mit geeigneten Maßnahmen zu verhindern.

182 Sodann erlaubt Abs. 8 S. 3 dass die Person(en), die diese Straftaten mit hinreichender Wahrscheinlichkeit begehen – wieder unter Nutzung algorithmischer oder KI-gesteuerter Verfahren – „nachverfolgt“ werden, also auf den übertragenen Bildaufzeichnungen „nicht verloren gehen“. Zweck dieser Nachverfolgung dürfte es sein, den polizeilichen Einsatzkräften vor Ort den jeweiligen Standort der Person(en) übermitteln zu können.

183 Währenddessen darf nun nach Abs. 8 S. 4 eine biometrische Echtzeit-Fernidentifizierung (→ Rn. 183.2) erfolgen, also anhand der biometrischen Merkmale (→ Rn. 183.2) der nachverfolgten Person(en) durch einen Abgleich mit den in den polizeilichen Auskunfts- und Abfragesystemen gespeicherten Daten (insbesondere Lichtbildern) die Identität der Person(en) herauszufinden.

183.1 Nach Art. 3 Nr. 42 VO (EU) 2024/1689 (KI-VO) ist ein „‘biometrisches Echtzeit-Fernidentifizierungssystem‘ ein biometrisches Fernidentifizierungssystem, bei dem die Erfassung biometrischer Daten, der Abgleich und die Identifizierung ohne erhebliche Verzögerung erfolgen, und das zur Vermeidung einer Umgehung der Vorschriften nicht nur die sofortige Identifizierung, sondern auch eine Identifizierung mit begrenzten kurzen Verzögerungen umfasst.“

183.2 Nach Art. 3 Nr. 34 VO (EU) 2024/1689 (KI-VO) sind „‚biometrische Daten‘ mit speziellen technischen Verfahren gewonnene personenbezogene Daten zu den physischen, physiologischen oder verhaltenstypischen Merkmalen einer natürlichen Person, wie etwa Gesichtsbilder oder daktyloskopische Daten. “

184 Letzteres setzt jedoch voraus, dass eine erhebliche gegenwärtige Gefahr für das Leben oder die körperliche Unversehrtheit einer Person vorliegt und dass die Abwehr dieser Gefahr auf diese Weise – also durch biometrische Echtzeit-Fernidentifizierung – unbedingt erforderlich ist. Zwar ist es – anders als bei der Feststellung ihres Standorts (→ Rn. 183) – schwer vorstellbar, dass durch die eine Person durch ihre Identifizierung auf diesem Wege von Angriffen auf das Leben oder die körperliche Unversehrtheit abgehalten werden kann, diese tatbestandliche Voraussetzung für die biometrische Echtzeit-Fernidentifizierung entspricht jedoch dem Ausnahmetatbestand des Art. 5 Abs. 1 lit. h ii Alt. 1 KI-VO (→ Rn. 179.1).

185 Auch die sodann in Abs. 9 S. 1 und 2 geregelten Anwendungsfälle geben biometrische Echtzeit-Fernidentifizierung hinsichtlich der tatbestandlichen Voraussetzungen in leicht abgewandelten Worten die Ausnahmetatbestände Art. 5 Abs. 1 lit. h i, ii Alt. 2 KI-VO (→ Rn. 179.1) wieder.

IX. Form- und Verfahrensvorschriften für Maßnahmen nach Abs. 8 und 9 (Abs. 10, 11)

Bei den Form- und Verfahrensregelungen in Abs. 10 und 11 sollen es sich dann wohl um die Umsetzung der in Art. 5 Abs. 2–5 KI-VO äußerst detailliert geregelten Vorgaben handeln. Da es – soweit erkennbar – in Hessen bisher an der in Art. 5 Abs. 2 S. 3 für die Verwendung biometrischer Echtzeit-Fernidentifizierungssysteme erforderlichen Folgenabschätzung im Hinblick auf die Grundrechte nach Art. 27 KI-VO sowie an der danach ebenfalls erforderlichen EU-Datenbankregistrierung gem. Art. 49 KI-VO fehlt, sind die Ermächtigungen der Ab. 8 und 9 derzeit aus europarechtlichen Gründen unanwendbar. 186

Insbesondere ist nicht ersichtlich, dass derzeit ein hinreichend begründeter dringender Fall iSd Art. 5 Abs. 3 S. 4 KI-VO gegeben wäre, nach dem mit der Verwendung solcher Systeme zunächst ohne Registrierung in der EU-Datenbank begonnen werden könnte; selbst wenn dem so wäre, müsste diese Registrierung sodann unverzüglich erfolgen. 187

§ 14a Automatische Kennzeichenlesesysteme

(1) [1]Die Polizeibehörden können unter den Voraussetzungen des § 18 Abs. 1, Abs. 2 Satz 1 Nr. 1, 3 bis 6 durch den Einsatz technischer Mittel automatisch Bilder von Fahrzeugen aufzeichnen und deren Kennzeichen erfassen. [2]Die Maßnahme ist im Fall des § 18 Abs. 1 nur zulässig

1. zur Abwehr einer Gefahr für den Bestand oder die Sicherheit des Bundes oder eines Landes oder Leib, Leben oder Freiheit einer Person oder Sachen von bedeutendem Wert, deren Erhalt im öffentlichen Interesse geboten ist,
2. wenn gleichgewichtige Schäden für die Umwelt zu erwarten sind, oder
3. zur Durchsetzung der Versicherungspflicht.

[3]Die Bildaufzeichnung kann auch erfolgen, wenn die Insassen der Fahrzeuge unvermeidbar betroffen werden. [4]Datenerhebungen nach diesem Absatz dürfen

1. nicht flächendeckend,
2. in den Fällen des § 18 Abs. 1, Abs. 2 Satz 1 Nr. 1, 3 und 4 nicht dauerhaft,
3. in den Fällen des § 18 Abs. 2 Satz 1 Nr. 5 und 6 nicht längerfristig und
4. in den Fällen des § 18 Abs. 2 Satz 1 Nr. 6 bei Straßen nur auf Bundesautobahnen und Europastraßen durchgeführt werden.

[5]Sie sind in geeigneter Weise für Kontrollzwecke zu dokumentieren.

(1a) [1]Es ist, soweit möglich, technisch sicherzustellen, dass von den nach Abs. 1 Satz 1 aufgezeichneten Bildern keine Personen außerhalb der Fahrzeuge erfasst werden. [2]Soweit solche Personen unvermeidbar erfasst werden, sind diese unverzüglich technisch unkenntlich zu machen. [3]Es ist sicherzustellen, dass während und außerhalb des Betriebs des technischen Mittels sowie bei der Übertragung der erlangten Daten kein unbefugter Zugriff auf diese erfolgen kann.

(2) [1]Die ermittelten Kennzeichen können automatisch mit dem Fahndungsbestand der Sachfahndungsdateien des beim Bundeskriminalamt nach den Vorschriften des Bundeskriminalamtgesetzes vom 1. Juni 2017 (BGBl. I S. 1354, BGBl. I 2019 S. 400), zuletzt geändert durch Gesetz vom 25. Juni 2021 (BGBl. I. S. 2099), und des beim Hessischen Landeskriminalamt nach den Vorschriften dieses Gesetzes geführten polizeilichen Informationssystems abgeglichen werden. [2]Die Sachfahndungsdateien des polizeilichen Informationssystems umfassen auch die nach den Vorschriften des Schengener Durchführungsübereinkommens zulässigen Ausschreibungen von Fahrzeugkennzeichen im Schengener Informationssystem. [3]Der Abgleich nach Satz 1 beschränkt sich auf Kennzeichen von Fahrzeugen, die

1. nach den §§ 163e und 463a der Strafprozessordnung, Art. 99 des Schengener Durchführungsübereinkommens, § 17 Abs. 3 des Bundesverfassungsschutzgesetzes, § 47 des Bundeskriminalamtgesetzes, § 17 oder einer vergleichbaren Rechtsvorschrift eines anderen Landes,

2. aufgrund einer Gefahr zur Abwehr einer Gefahr,
3. aufgrund des Verdachts einer Straftat für Zwecke der Strafverfolgung oder
4. aus Gründen der Strafvollstreckung
ausgeschrieben sind. [4]Der Abgleich hat sofort nach der Erhebung der Daten nach Abs. 1 Satz 1 stattzufinden und darf nur mit vollständigen Kennzeichen des Fahndungsbestands erfolgen. [5]Bewegungsbilder dürfen nicht erstellt werden; Satz 3 Nr. 1 bleibt unberührt.

(3) [1]Die nach Abs. 1 Satz 1 erhobenen Daten sind, sofern die erfassten Kennzeichen nicht im Fahndungsbestand enthalten sind, sofort automatisiert zu löschen. [2]Die Datenerhebung und der Datenabgleich im Falle des Satzes 1 dürfen nicht protokolliert werden.

(4) [1]Ist das ermittelte Kennzeichen im Fahndungsbestand enthalten (Trefferfall), können das Kennzeichen, die Bildaufzeichnung des Fahrzeugs sowie Angaben zu Ort, Fahrtrichtung, Datum und Uhrzeit gespeichert werden. [2]Das Fahrzeug und die Insassen können im Trefferfall angehalten werden. [3]Weitere Maßnahmen dürfen erst nach Überprüfung des Trefferfalls anhand des aktuellen Fahndungsbestands erfolgen.

Überblick

Auszug aus der VVHSOG (nicht an die aktuelle Gesetzeslage angepasst und gem. Erlass des Hessischen Ministeriums des Innern und für Sport v. 29.11.2022 (StAnz. 50/2022, 1384) zum 1.1.205 mangels eines erneuten Verlängerungserlasses ersatzlos außer Kraft getreten):

Zu § 14a

14a. Automatische Kennzeichenlesesysteme (AKLS)

14a.1 Zu Abs. 1

Geregelt wird die Phase der Datenerhebung. Mit dem AKLS dürfen alle vorbeifahrenden Fahrzeuge optisch erfasst und deren Kennzeichen ermittelt werden. Der Einsatz des AKLS darf unter den Voraussetzungen des § 13 Abs. 7 auch verdeckt erfolgen.

14a.2 Zu Abs. 2

Die Vorschrift regelt nach den dort näher beschriebenen Bestimmungen, dass die ermittelten Kennzeichen mit den Sachfahndungsdateien des beim Bundeskriminalamt nach den Vorschriften des Bundeskriminalamtgesetzes (§ 2 Abs. 3, § 9, § 11 Abs. 1, § 34 BKAG) und mit den entsprechenden Dateien des beim Hessischen Landeskriminalamt (HLKA) nach den Vorschriften des HSOG (§§ 15, 17, 20, 28) geführten polizeilichen Informationssystems abgeglichen werden dürfen. Der Abgleich darf nur mit vollständigen Kennzeichen des Fahndungsbestands erfolgen.

14a.3 Zu Abs. 3

Der Absatz regelt die so genannten Nichttrefferfälle. In Nichttrefferfällen steht das erfasste Kennzeichen nicht zur Auswertung durch staatliche Stellen zur Verfügung. Damit können sich in einem Nichttrefferfall auch keine weiteren Folgemaßnahmen ergeben.

14a.4 Zu Abs. 4

Geregelt wird die weitere Datenverarbeitung für den Fall, in dem das Kennzeichen des Fahrzeugs im Fahndungsbestand enthalten ist (Trefferfall). Die Löschungspflicht ergibt sich aus § 27 Abs. 2.

§ 14a stellt die Nachfolgeregelung der vom BVerfG für nichtig erklärten Ermächtigungsgrundlage für den polizeilichen Einsatz automatischer Kfz-Kennzeichenlesesysteme (AKLS) dar. Die Vorschrift war durch das Gesetz zur Neuausrichtung des Verfassungsschutzes in Hessen v. 25.6.2018 (HessGVBl. 302) insoweit geändert worden, als sie in Abs. 2 S. 1 nunmehr auf das neue BKAG von 2017 verwies. Diese statische Verweisung ist durch Gesetz v. 29.6.2023 (HessGVBl. 456) dynamisiert worden. Durch das Gesetz wurde zugleich Abs. 1 neu gefasst, Abs. 1a eingefügt und Abs. 4 geändert. Die zu § 14a erlassene Verwaltungsvorschrift (Nr. 14a ff. VVHSOG) befand sich bis zu ihrem Außerkrafttreten zum 1.1.2025 auf dem Stand v. 10.11.2015 (HeStAnz 1226), hatte also die Änderung nicht nachvollzogen.

Übersicht

A. Allgemeines

I. Zweck und Struktur der Norm

1 Mit der Schaffung des § 14a hat der Gesetzgeber durch das Gesetz zur Änderung des Hessischen Gesetzes über die öffentliche Sicherheit und Ordnung und anderer Gesetze v. 14.12.2009 (HessGVBl. I 635) erneut eine Regelung der – in § 14 Abs. 5 noch immer vorgesehenen, aber vom BVerfG durch Urteil v. 11.3.2008 (BVerfGE 120, 378) für nichtig erklärten – Befugnis zum Einsatz eines seinerzeit vergleichsweise neuen technischen Fahndungs- und Observationsinstruments vorgenommen.

1.1 Das BVerfG hatte in Bezug auf § 14 Abs. 5 zunächst moniert, dass eine Fassung des Tatbestands, die sich auf bloße Benennung des Zwecks, Kfz-Kennzeichen mit einem nicht näher definierten Fahndungsbestand abzugleichen, den Bestimmtheitsanforderungen an Eingriffsnormen nicht genüge. Auch dürfe der Einsatz von AKLS nicht anlasslos oder flächendeckend erfolgen. Vielmehr verlange der Verhältnismäßigkeitsgrundsatz, dass er nur bei konkreten Gefahrenlagen oder allgemein gesteigerten Risiken einer Gefährdung oder Verletzung von Rechtsgütern vorlägen (BVerfGE 120, 378; vgl. Lisken/Denninger PolR-HdB/Petri, 6. Aufl. 2018, G Rn. 566).

2 Automatische Kfz-Kennzeichenlesesysteme – die in Hessen bereits seit 2007 eingesetzt wurden – versetzen die Polizeibehörden in die Lage, eine große Zahl fahrender Kfz über ihr amtliches Kennzeichen zu erfassen, um unter den betroffenen Fahrzeugen mit Hilfe einer Software solche ausfindig zu machen, die in den polizeilichen Datensystemen zur Fahndung ausgeschrieben sind (vgl. zum praktischen Betrieb der Geräte nach der Novellierung des HSOG Nr. 7.1 des 40. Tätigkeitsberichts des hessischen Datenschutzbeauftragten, abrufbar unter http://www.datenschutz.hessen.de/tb40k07.htm).

3 Trotz enger Bezüge zur Strafverfolgung (→ Rn. 12) handelt es sich beim Einsatz des AKLS nach der Intention des Gesetzgebers um eine präventive Maßnahme, die in der Fassung von 2009 der Gefahrenabwehr (§ 1 Abs. 1) oder der vorbeugenden Bekämpfung von Strafta-

ten (§ 1 Abs. 4) dienen sollte (insoweit zweifelnd Lisken/Denninger PolR-HdB/Petri, 6. Aufl. 2018, G Rn. 567 mwN; vgl. zu den Bedenken auch VGH München DuD 2013, 465 zur bayerischen Parallelnorm). Nachdem die Ermächtigung zum Einsatz des AKLS 2018 erneut für teilweise verfassungswidrig erklärt wurde, hat der Gesetzgeber durch Gesetz v. 29.6.2023 (HessGVBl. 456) Abs. 1 neu gefasst, Abs. 1a eingefügt und Abs. 4 geändert.

4 Die Regelung des § 14a weist – trotz komplexer Formulierung – eine für diesen Abschnitt des HSOG vergleichsweise klare Struktur auf: Abs. 1 regelt die Datenerhebung durch das AKLS. Abs. 2 enthält die Vorgaben für die Verarbeitung in Form des nachfolgenden automatischen Datenabgleichs. § 14 Abs. 3 und Abs. 4 regeln die weitere Verarbeitung der Daten für sog. Nichttrefferfälle (Abs. 3) und sog. Trefferfälle (Abs. 4), einschließlich der Zulässigkeit weiterer Maßnahmen.

II. Betroffene Grundrechte

5 Die Vorschrift des § 14a ermächtigt teilweise zu Eingriffen in den Schutzbereich des nach dem Volkszählungsurteil des BVerfG aus Art. 2 Abs. 1 GG iVm Art. 1 GG abzuleitenden Rechts auf informationelle Selbstbestimmung (vgl. → § 12 Rn. 9).

6 Die Eingriffsqualität eines Zugriffs auf Kfz-Kennzeichen entfällt insbesondere nicht schon deshalb, weil die Erfassung eines Großteils der Kennzeichen nur erfolgt, um eine Verkleinerung der Treffermenge zu erzielen, es sich um Daten mit geringem Informationsgehalt handelt und / oder die Daten öffentlich zugänglich sind. Vielmehr gibt es unter den Bedingungen der elektronischen Datenverarbeitung wegen der weitreichenden Verknüpfungs- und Verarbeitungsmöglichkeiten in kürzester Zeit kein belangloses Datum mehr; zudem schützt das Grundrecht auf informationelle Selbstbestimmung auch in der Öffentlichkeit und – in Bezug auf den jeweiligen Überwachungs- und Verarbeitungszweck – schon vor Gefährdungen der informationellen Selbstbestimmung (BVerfGE 120, 378 (398 f.)).

7 Nicht einmal eine solche Gefährdung war nach der bisherigen Rechtsprechung des BVerfG indessen beim Einsatz des AKLS indessen gegeben, wenn der intendierte elektronische Abgleich mit dem Fahndungsbestand unverzüglich vorgenommen wird und negativ ausfällt (sog. Nichttrefferfall) sowie zusätzlich rechtlich und technisch gesichert ist, dass die Daten anonym bleiben und sofort spurenlos und ohne die Möglichkeit, einen Personenbezug herzustellen, gelöscht werden (BVerfGE 120, 378 (399)).

8 Von dieser Rechtsprechung hat das BVerfG indessen in seiner Entscheidung zur bayerischen Ermächtigungsgrundlage für den Einsatz von automatischen Kennzeichenlesesystem deutlich Abstand genommen (BVerfG NJW 2019, 827 ff.). Auch wenn die Daten spurlos gelöscht würde, werde gegenüber den Betroffenen ein spezifisches Fahndungsinstrument eingesetzt und seine Weiterfahrt unter den Vorbehalt gestellt, dass Erkenntnisse gegen sie nicht vorlägen.

8.1 Das Gericht führt insoweit in der Entscheidung (BVerfG NJW 2019, 827 Rn. 49 ff.) aus: „Unter den Bedingungen der modernen Informationstechnik, die den Abgleich von Kennziffern oder persönlichen Merkmalen mit großen Datenmengen in kürzester Zeit erlauben, ist bei Kontrollvorgängen wie vorliegend der Kennzeichenkontrolle eine solche Verdichtung gegeben. Wenn gezielt mittels Datenabgleich Personen im öffentlichen Raum daraufhin überprüft werden, ob sie oder die von ihnen mitgeführten Sachen polizeilich gesucht werden, besteht an deren Daten auch dann ein verdichtetes behördliches Interesse, wenn diese Daten im Anschluss an die Überprüfung unmittelbar wieder gelöscht werden.

Maßgeblich ist hierfür, dass Erfassung und Abgleich der Daten einen Kontrollvorgang begründen, der sich bewusst auf alle in die Kennzeichenkontrolle einbezogenen Personen erstreckt und erstrecken soll. Die Einbeziehung der Daten auch von Personen, deren Abgleich letztlich zu Nichttreffern führt, erfolgt nicht ungezielt und allein technikbedingt, sondern ist notwendiger und gewollter Teil der Kontrolle und gibt ihr als Fahndungsmaßnahme erst ihren Sinn. In der ex ante-Perspektive der Behörde, die für die Einrichtung einer Kennzeichenkontrolle maßgeblich ist, besteht ein spezifisch verdichtetes Interesse daran, die Kennzeichen aller an der Kennzeichenerfassungsanlage vorbeifahrenden oder sonst in die Kontrolle einbezogenen Fahrzeuge zu erfassen, weil es gerade um deren Kontrolle selbst geht. Zu diesem Zweck werden die Daten gezielt erhoben und kommt es auch auf deren Zuordenbarkeit zu den jeweiligen Personen an. Dass deren Auswertung automatisiert erfolgt, stellt dies nicht infrage; vielmehr werden damit die Kontrollmöglichkeiten der Polizei wesentlich erweitert.

Dem steht auch nicht entgegen, dass den Betroffenen im Nichttrefferfall wegen der sofortigen Löschung aller Daten weder Unannehmlichkeiten noch Konsequenzen erwachsen. Denn das ändert nichts daran, dass sie durch die Kennzeichenkontrolle einer staatlichen Maßnahme unterzogen werden, mit der sich ihnen gegenüber ein spezifisches Fahndungsinteresse zur Geltung bringt. Mit ihr werden die Betroffenen daraufhin überprüft, ob sie oder die von ihnen mitgeführten Sachen behördlich gesucht werden. Zugleich wird ihre ungehinderte Weiterfahrt unter den Vorbehalt gestellt, dass Erkenntnisse gegen sie nicht vorliegen. Eine solche Maßnahme ist nicht erst hinsichtlich ihrer Folgen, sondern als solche freiheitsbeeinträchtigend. Zur Freiheitlichkeit des Gemeinwesens gehört es, dass sich die Bürgerinnen und Bürger grundsätzlich fortbewegen können, ohne dabei beliebig staatlich registriert zu werden, hinsichtlich ihrer Rechtschaffenheit Rechenschaft ablegen zu müssen und dem Gefühl eines ständigen Überwachtwerdens ausgesetzt zu sein […].“

Daher stellt die Datenerhebung und -verarbeitung durch den Einsatz des AKLS in allen Fällen – auch den Nichttrefferfällen – einen Eingriff in das Recht auf informationelle Selbstbestimmung dar, dessen Eingriffstiefe danach variiert, ob und inwieweit die Maßnahme heimlich oder offen erfolgt und der Betroffene selbst einen Erhebungsanlass gesetzt oder ohne einen solchen nur als einer von Vielen in die Maßnahme einbezogen wurde. Des Weiteren ist erheblich, welche über die Informationserhebung hinausgehenden Nachteile dem Betroffenen drohen und mit welchem Ziel und welcher Intensität die gewonnenen Daten ausgewertet werden (BVerfG NJW 2019, 827 ff.; BVerfGE 120, 378 (402 f.)). **9**

Wird von der Polizeibehörde von der Anhaltebefugnis des Abs. 4 S. 2 Gebrauch gemacht, liegt zudem ein Eingriff in die Freiheit der Person (Art. 2 Abs. 2 GG, Art. 104 Abs. 1 GG) in Gestalt einer Freiheitsbeschränkung vor. Dass diese die Grenze zur Freiheitsentziehung (vgl. zur Abgrenzung anhand von Intensität und Dauer BVerfGE 105, 239 (250), vgl. dazu auch Lisken/Denninger PolR-HdB/Graulich, 6. Aufl. 2018, E Rn. 485) nicht überschreiten darf, ergibt sich nicht nur aus der Formulierung, sondern auch im Umkehrschluss aus § 30 Abs. 3, § 33 Abs. 1 (vgl. → § 12 Rn. 10). Das Anhalten unterliegt daher auch nicht den besonderen Verfahrensvorschriften der §§ 33 ff. **10**

In den Fällen eines Einsatzes des AKLS nach § 14a Abs. 1 S. 1 iVm § 18 Abs. 2 Nr. 5 konnte darüber hinaus das Grundrecht auf Versammlungsfreiheit (Art. 8 GG) betroffen sein (vgl. auch → § 14 Rn. 29 ff.). Dies ist seit der am 4.4.2023 in Kraft getretenen Änderung des § 18 Abs. 2 Nr. 5 durch Gesetz v. 22.3.2023 (GVBl. 150) nicht mehr der Fall. Die der Regelung des § 18 Abs. 2 Nr. 5 aF entsprechende Eingriffsbefugnis in Bezug auf Versammlungsteilnehmer findet sich nunmehr in §§ 16, 23 HVersFG. **11**

III. Verfassungsmäßigkeit

Obwohl die Vorschrift des § 14a vom Gesetzgeber in Kenntnis und unter Verwertung des einschlägigen ersten Urteils des BVerfG (BVerfGE 120, 378 ff.) geschaffen wurde (vgl. MLH PolR Hessen Rn. 267), wurde sie in der Literatur weiterhin für bedenklich gehalten: Wegen möglicher „Übergriffe in den repressiven Bereich“ und der nach wie vor verwendeten unbestimmten Begriffe und Wendungen sei sie sowohl formell als auch materiell verfassungswidrig (Kramer/Fiebig LKRZ 2010, 241 (243 ff.); hinsichtlich der strafprozessualen Zwecke Teilnichtigkeit der bayerischen Parallelregelung in Erwägung ziehend VGH München DuD 2013, 465; erhebliche Bedenken auch bei Hornmann LKRZ 2010, 121 (123 ff.) und Pausch/Dölger PolR Hessen Rn. 192 f.; anders als Hormann hielten Kramer/Fiebig die verfassungsrechtlichen Probleme durch vergleichsweise kleine Nachbesserungen für lösbar). **12**

Das BVerfG hatte die Bedenken mit Beschluss v. 18.12.2018 (NJW 2019, 842 ff.) unter mehreren Gesichtspunkten bestätigt und die Verfassungswidrigkeit von § 14a Abs. 1 S. 1, Abs. 2 iVm § 18 Abs. 2 Nr. 5 wegen Verstoßes gegen das Zitiergebot (Art. 19 Abs. 2 GG iVm Art. 8 Abs. 1 GG) sowie § 14 Abs. 1 S. 1, Abs. 2 iVm § 18 Abs. 1 wegen mangelhafter Begrenzung der Zwecke der Kontrolle und § 14 Abs. 1 S. 1, Abs. 2 iVm § 18 Abs. 2 Nr. 6 wegen mangelhafter Begrenzung der zugrundeliegenden Schleierfahndung (jeweils Verstoß gegen den Verhältnismäßigkeitsgrundsatz) festgestellt. Die Normen wurden unter der Anordnung ihrer vorübergehenden Fortgeltung bis zum Ablauf des 31.12.2019 für mit dem GG unvereinbar erklärt (BVerfG NJW 2019, 842 Rn. 61 ff., 71 ff., 74 ff., 93 ff.). Die Vorschrift hätte daher insoweit einer Überarbeitung bis zu diesem Zeitpunkt bedurft und war bis dahin nur beschränkt anwendbar. **13**

Nunmehr hat der Gesetzgeber zunächst durch Gesetz v. 22.3.2023 (GVBl. 150) und sodann durch Gesetz v. 29.6.2023 (HessGVBl. 456) die von Verfassungs wegen erforderlichen **14**

Änderungen vorgenommen; die Gründe, warum er bis dahin über vier Jahre hat verstreichen lassen, sind nicht ersichtlich.

IV. Parallelvorschriften

15 Parallelvorschriften, die zum Einsatz von AKLS ermächtigen, finden sich noch in relativ wenigen Landespolizeigesetzen, etwa in § 22 Abs. 2 BWPolG aF, der sich mit § 14a weitgehend deckt und vom BVerfG teilweise für verfassungswidrig erklärt wurde (BVerfG NJW 2019, 842 ff.) und nun mit § 51 BWPolG eine neue Fassung erhalten hat; des Weiteren in Art. 33 Abs. 2 BayPAG aF (ebenfalls teilweise verfassungswidrig, BVerfG NJW 2019, 872 ff. und sodann mWv 1.1.2020 neu gefasst) sowie in § 32 Abs. 5 NPOG. In einigen Bundesländern wurden die entsprechenden Regelungen in Reaktion auf das Urteil des BVerfG (→ Rn. 1) wieder gestrichen (vgl. Lisken/Denninger PolR-HdB/Petri, 6. Aufl. 2018, G Rn. 566 mwN). Auf Bundesebene weist das BPolG zwar in § 27 BPolG eine Ermächtigung zum Einsatz selbsttätiger Bildaufnahme- und Bildaufzeichnungsgeräte auf, nicht aber eine solche zum Einsatz des AKLS.

16 Bis zum Inkrafttreten des Gesetzes zur Fortentwicklung der StPO vom 25.6.2021 (BGBl. 2021 I 2099) fehlte eine spezielle strafprozessuale Parallelnorm. Bis dahin konnte ein repressiver Einsatz des AKLS daher allenfalls als Einsatz weiterer technischer Mittel gem. § 100h StPO begründet werden, hätte jedoch die – im Ergebnis zu bejahende – Frage aufgeworfen, ob ein solcher im Hinblick auf die Eingriffsintensität nicht einer spezialgesetzlichen Regelung bedürfte (vgl. für die verfassungsrechtlichen Anforderungen insoweit BVerfGE 112, 304: GPS als technisches Mittel im Strafverfahren).

17 Nunmehr hat der Gesetzgeber mit § 163g StPO eine spezielle Ermächtigungsgrundlage für den repressiven AKLS-Einsatz geschaffen. Tatbestandlich müssen dafür zureichende tatsächliche Anhaltspunkte dafür vorliegen, dass eine Straftat von erheblicher Bedeutung begangen worden ist, und es muss die Annahme gerechtfertigt sein, dass die Maßnahme zur Ermittlung der Identität oder des Aufenthaltsorts des Beschuldigten führen kann.

B. Einzelkommentierung

I. Tatbestandsvoraussetzungen

18 Anders als die ursprüngliche Regelung in § 14 Abs. 5 hatte § 14a Abs. 1 S. 1 schon vor der Änderung durch das Gesetz v. 29.6.2023 für die Datenerhebung durch AKLS (vgl. zu den Rechtsfolgen iE → Rn. 89 ff.) Tatbestandsvoraussetzungen erhalten, die im Ergebnis diesen Namen verdienten. Die Eingriffsschwelle wurde in der jetzigen Fassung infolge der Entscheidung des Bundesverfassungsgerichts noch einmal angehoben. Kraft der Verweisung auf § 18 ist eine Datenerhebung mit diesem Mittel tatbestandlich weiterhin grundsätzlich in Situationen zulässig, in denen die Voraussetzungen für eine Identitätsfeststellung nach § 18 Abs. 1 oder nach Abs. 2 Nr. 1, Nr. 3, Nr. 4, Nr. 5 oder Nr. 6 gegeben sind. Hinsichtlich der in § 18 Abs. 1 genannten Voraussetzungen gilt dies allerdings nur noch mit den in Abs. 1 S. 2 genannten Einschränkungen, so dass die Notwendigkeit einer verfassungskonformen Auslegung (vgl. Rn. 13 der 29. Edition) entfallen ist.

19 Insoweit hat sich der Anwendungsbereich des AKLS weiter reduziert (vgl. zur diesem unter Geltung der bisherigen Fassung der Regelung Rn. 17 der 29. Edition).

1. Datenerhebung durch AKLS zur Abwehr einer qualifizierten Gefahr, bei drohenden Umweltschäden oder zur Durchsetzung der Versicherungspflicht (§ 14a Abs. 1 S. 1 und 2 iVm § 18 Abs. 1)

20 Indem die Vorschrift des Abs. 1 in der ersten Alternative des S. 1 auch nach der jüngsten Änderung durch Gesetz v. 29.6.2023 zunächst auf die Voraussetzungen des § 18 Abs. 1 verweist, erweckt sie auf den ersten Blick weiterhin den Eindruck, dass alle drei der dort genannten polizeilichen Zwecke (Gefahrenabwehr, Erfüllung spezialgesetzlich zugewiesener Aufgaben und Schutz privater Rechte) den Anlass für den Einsatz des AKLS bilden könnten.

20.1 Vgl. zu den daraus unter Geltung der alten Fassung resultierenden Auslegungsfragen Rn. 18 der 29. Edition.

Dass dies nicht zutrifft, wird nunmehr in Anknüpfung an die Vorgaben in der Entscheidung BVerfG NJW 2019, 843 ff. ausdrücklich in Abs. 1 S. 2 klargestellt, wonach der Einsatz in dieser Alternative nur zulässig ist zur Abwehr einer Gefahr für den Bestand oder die Sicherheit des Bundes oder eines Landes oder Leib, Leben oder Freiheit einer Person oder Sachen von bedeutendem Wert, deren Erhaltung im öffentlichen Interesse geboten ist (Nr. 1), wenn gleichgewichtige Schäden für die Umwelt zu erwarten sind (Nr. 2) oder zur Durchsetzung der Versicherungspflicht (Nr. 3). 21

Die Eingriffsschwelle wurde mit diesen Tatbestandsvoraussetzungen auf das Niveau angehoben, das das Bundesverfassungsgericht schon längere für die Zulässigkeit eingriffsintensiver Maßnahmen vorgibt (erstmals wohl in BVerfGE 115, 320 ff.) und nun auch für den Einsatz des AKLS grundsätzlich für notwendig erklärt (BVerfG NJW 2019, 843 (845 f.) „Schutz von Rechtsgütern von zumindest erheblichem Gewicht oder sonst einem vergleichbar gewichtigen öffentlichen Interesse“ unter Verweis auf BVerfG NJW 2019, 827 (834 f.)), wenn es auch dem Gesetzgeber einen gewissen Spielraum belässt (vgl. iE → Rn. 22.1) 22

Die in Bezug genommene Passage aus BVerfG NJW 2019, 827 (834 f.) lautet: „Zu diesen Rechtsgütern zählen zunächst die besonders schutzwürdigen Rechtsgüter wie Leib, Leben und Freiheit der Person und der Bestand und die Sicherheit des Bundes und der Länder (vgl. BVerfGE 120, 274 [328] = NJW 2008, 822; BVerfGE 125, 260 [330] = NJW 2010, 833; BVerfGE 141, 220 [270] = NJW 2016, 1781 Rn. 108). Darüber hinaus kommen aber auch Rechtsgüter in Betracht, die unterhalb dieser für besonders eingriffsintensive Überwachungsmaßnahmen geltenden Schwelle liegen wie etwa der Schutz von nicht unerheblichen Sachwerten. Der Gesetzgeber kann diese Schwelle im einzelnen näher konkretisieren und die Kennzeichenkontrolle etwa auch zur Verhinderung hinreichend gewichtiger Delikte zulassen, für deren Bekämpfung eine Kennzeichenkontrolle von besonderer Bedeutung ist, was gewichtige Ordnungswidrigkeiten einschließen kann. Für die verfassungsrechtliche Beurteilung kommt es auf die Ausgestaltung der Ermächtigung insgesamt an. Insoweit bedarf es sowohl einer Würdigung der vom Gesetzgeber bestimmten Zwecke, die sich aus den Bestimmungen für die Kennzeichenerfassung ergeben, als auch des Umfangs und Inhalts der Fahndungsbestände, die der Gesetzgeber für den Datenabgleich vorsieht“ 22.1

Die Tatbestandsvoraussetzungen nach Abs. 1 S. 2 Nr. 1 und 2 sind nunmehr identisch mit den in § 26 Abs. 1 für die Rasterfahndung vorgegebenen und im gleichen Sinne zu verstehen (vgl. dazu → § 26 Rn. 36 ff.); seit der Neufassung des § 25a finden sich diese Tatbestandvoraussetzungen dort ebenfalls wortgleich in Abs. 2 S. 1 Nr. 1. 23

Der nach Abs. 1 S. 2 Nr. 3 nunmehr ausdrücklich auch zur Durchsetzung der Versicherungspflicht zulässige Einsatz des AKLS geht zurück auf eine Aussage des Bundesverfassungsgerichts zu der Parallelnorm im BayPAG (BVerfG NJW 2019, 827 (834)); in dieser Entscheidung erklärte das Gericht den anlasslosen Einsatz des AKLS zur Bekämpfung von Gefahren, die sich aus dem Betrieb von Kfz ergeben – etwa zum Auffinden unversicherter Fahrzeuge – für verhältnismäßig. 24

Die entscheidende Passage des Beschlusses lautet: 24.1

„(2) Verhältnismäßig ist eine Ermächtigung zu einer Kontrolle nur, wenn hierfür ein Anlass bestimmt ist, der das polizeiliche Handeln vorhersehbar und kontrollierbar macht. Insoweit kann der Gesetzgeber etwa auf das Bestehen einzelner Gefahren abstellen. Der Gesetzgeber kann aber auch unabhängig von einer konkreten Gefahr als rechtfertigende Anlässe schon Gefahrenlagen bestimmen, die nur typisiert umschrieben sind. Im Übrigen kann er Kontrollen etwa auch dann erlauben, wenn im Einzelfall oder typischerweise eine spezifisch gesteigerte Wahrscheinlichkeit besteht, gesuchte Personen oder Sachen aufzufinden; in diesem Sinne steht es ihm nach Maßgabe der Kompetenzordnung frei, auch ohne den Bezug auf weitere Zwecke unmittelbar dem öffentlichen Fahndungsinteresse Rechnung zu tragen. Es bedarf jedoch jeweils eines die konkrete Kontrolle rechtfertigenden Grundes, der auf einer hinreichenden Tatsachenbasis beruht und dem staatlichen Handeln nachprüfbare Grenzen setzt.

(3) Anlasslose Kontrollen sind damit nicht generell ausgeschlossen. Wenn polizeiliche Kontrollen an ein gefährliches oder risikobehaftetes Tun beziehungsweise an die Beherrschung besonderer Gefahrenquellen anknüpfen, kann schon darin ein dem Verhältnismäßigkeitsgrundsatz genügender Grund liegen. Die Rechtfertigung für Kontrollen kann dort bereits an der besonderen Verantwortung der Betroffenen gegenüber der Allgemeinheit anknüpfen und bedarf deshalb eines darüberhinausgehenden Anlasses grundsätzlich nicht. Für automatisierte Kennzeichenkontrollen kommt das etwa in Betracht, wenn mit ihnen Gefahren bekämpft werden, die sich gerade aus dem Betrieb der Kraftfahrzeuge ergeben, etwa die Durchsetzung der Versicherungspflicht durch Kontrollen zum Auffinden unversicherter Fahrzeuge.

Die Lage ist insoweit nicht anders als bei zahlreichen anderen, hier nicht streitgegenständlichen Arten polizeilicher Kontrollmaßnahmen wie bei anlasslos stichprobenhaft durchgeführten Straßenverkehrskontrollen oder anlasslosen Kontrollen in weiten Bereichen etwa des Umwelt- oder Wirtschaftsverwaltungsrechts." (BVerfG NJW 2019, 827 (834)).

25 Im Rahmen des (Verweises auf) § 18 Abs. 1 ist der Einsatz des AKLS zur Durchsetzung der Versicherungspflicht – gemeint ist die in § 1 PflVG vorgesehene Pflicht der Halter von Kraftfahrzeugen – somit der einzige Anwendungsfall, in dem kein konkreter Anlass für die Maßnahme vorliegen muss.

25.1 Bei der vorherigen Fassung der Norm war die Unzulässigkeit eines vom Vorliegen einer Gefahr unabhängigen Einsatzes des AKLS – namentlich zu Erfüllung sonstiger Aufgaben oder zum Schutz privater Rechts – im Wege der Auslegung auszuschließen. Lag eine Gefahr vor, war es allerdings unschädlich, wenn der Einsatz zusätzlich zur Gefahrenabwehr – sozusagen als Nebenfolge – auch zur Erfüllung einer sonstigen Aufgabe oder zum Schutz privater Rechte beiträgt (letzteres konnte etwa beim Auffinden eines gestohlenen Kfz der Fall sein; vgl. dazu Rn. 19 der 29. Edition).

26 Rechtstechnisch hat der Gesetzgeber mit dem Verweis auf § 18 Abs. 1 in Abs. 1 S. 1 und dessen anschließender Einschränkung durch Abs. 1 S. 2 einen umständlichen Weg gewählt. Die Regelung wäre für die Rechtsanwender klarer, wenn sie als eigene Tatbestandsalterative ausgestaltet worden wäre.

26.1 Etwa mit der Formulierung:

„Die Polizeibehörden können durch den Einsatz technischer Mittel automatisch Bilder v Fahrzeugen aufzeichnen und deren Kennzeichen erfassen

1. zur Abwehr einer Gefahr für den Bestand oder die Sicherheit des Bundes oder eines Landes oder Leib, Leben oder Freiheit einer Person oder Sachen von bedeutendem Wert, deren Erhaltung im öffentlichen Interesse geboten ist oder wenn gleichgewichtige Schäden für die Umwelt zu erwarten sind,
2. zur Durchsetzung der Versicherungspflicht oder
3. unter den Voraussetzungen des § 18 Abs. 2 Nr. 1, Nr. 3 bis 6."

27 Tatbestandliche Voraussetzung für den Einsatz des AKLS nach Abs. 1, S. 2 Nr. 1 ist das Vorliegen einer konkreten Gefahr für die genannten Schutzgüter (vgl. zum Gefahrenbegriff → § 1 Rn. 14 ff., → § 1 Rn. 50 ff.). Es muss also mit hinreichender Wahrscheinlichkeit davon auszugehen sein, dass an diesen in absehbarer Zeit ein Schaden eintritt.

28 Nach dem Wortlaut des Abs. 1 S. 2 Nr. 2 reicht es für den Einsatz des AKLS auch, dass gleichwertige Schäden für die Umwelt zu erwarten sind. Die zu erwartenden Schäden müssen also nach Gewicht und Bedeutung einem Schaden an Bestand oder Sicherheit des Bundes oder eines Landes, an Leib, Leben oder Freiheit von Personen oder Sachen von bedeutendem Wert vergleichbar sein.

29 Da sich der in Abs. 1 S. 2 Nr. 1 verwendete Begriff der Gefahr sprachlich nicht mehr auf diese Alternative bezieht, stellt sich die Frage, wann und mit welcher Wahrscheinlichkeit diese Schäden drohen müssen. Nach der ratio legis bezweckt Abs. 1 S. 2 Nr. 2 lediglich eine Ergänzung der in Nr. 1 aufgeführten Schutzgüter, nicht aber eine Modifikation der erforderlichen Prognoseentscheidung. Die Frage ist somit dahingehend zu beantworten ist, dass es auch hier einer hinreichenden Wahrscheinlichkeit des Schadenseitritts in absehbarer Zeit bedarf.

30 Ein geeignetes Mittel zur Abwendung dieser Gefahr ist der Einsatz des AKLS allerdings in beiden Fällen nur dann, wenn zu erwarten ist, dass der oder die potentielle(n) Verursacher mit dessen Hilfe rechtzeitig aufgefunden und an der Verursachung des Schadens gehindert werden kann.

30.1 Der oder die potentielle(n) Verursacher müssen also entweder selbst gem. Abs. 2 S. 2 ausgeschrieben sein und auf dem Weg ihre eigenen (mit ausgeschriebenen) Fahrzeuge oder gestohlene (und deshalb ausgeschriebene) Kfz-Kennzeichen oder ausgeschriebene gestohlene Fahrzeuge benutzen. Ob und in welchen Fällen diese Voraussetzung empirisch gegeben ist, dürfte sich - jenseits nicht abgesicherter polizeilicher Erfahrungswerte – kaum sagen lassen.

31 Da die weiteren Alternativen des Abs. 1 eine Gefahr nicht voraussetzen, wird der Einsatz des AKLS dort zu einer sog. Vorfeldmaßnahme (vgl. → § 13 Rn. 76 ff.); er setzt „unterhalb"

der klassischen polizeilichen Eingriffsschwellen von Gefahr und Verdacht an; dass in diesem Vorfeld polizeiliche Maßnahmen zulässig sein können, kommt seit 1990 auch in der polizeilichen Aufgabe der vorbeugenden Bekämpfung von Straftaten nach § 1 Abs. 4 (→ § 1 Rn. 143 f.) zum Ausdruck (→ SystVorbPolRH Rn. 17).

2. Datenerhebung durch AKLS an sog. gefährlichen Orten (§ 14a Abs. 1 S. 1 iVm § 18 Abs. 2 Nr. 1)

Die erste Variante des Einsatzes des AKLS als sog. Vorfeldmaßnahme (→ Rn. 31) lässt diesen an sog. gefährlichen (oder „verrufenen" (vgl. Meixner/Fredrich, 12. Aufl. 2016, § 18 Rn. 9) bzw. „kriminalitätsbelasteten" (vgl. Fredrich § 18 Rn. 9); vgl. auch → SystVorbPolRDe Rn. 57 f.; → § 18 Rn. 62) Orten zu. Von den durch § 18 Abs. 1 Nr. 1 lit. a und lit. b insoweit erfassten Orten kommen hier sachlogisch nur solche in Betracht, an denen Kfz-Verkehr stattfinden kann. Dies schränkt den Anwendungsbereich dieser Alternative faktisch erheblich ein, da das Verabreden, Vorbereiten und Verüben von Straftaten (§ 18 Abs. 1 Nr. 1 lit. a lit. aa), das sich Treffen von Personen ohne erforderlichen Aufenthaltstitel (§ 18 Abs. 1 Nr. 1 lit. a lit. bb), das sich Verbergen von Straftätern (§ 18 Abs. 1 Nr. 1 lit. a lit. aa) sowie die Ausübung von Prostitution (§ 18 Abs. 1 Nr. 1 lit. b) überwiegend im Verborgenen und weniger an befahrenen Straßen und Plätzen stattfinden. 32

Als Orte iSd § 18 Abs. 1 Nr. 1 denkbar bleiben danach aber immerhin etwa Plätze und Straßen mit offener Drogenszene, innerstädtische Straßen, auf deren Bürgersteigen entlang von Läden zB gehäuft verbotenes Glücksspiel („Hütchenspieler") oder Taschendiebstahl ausgeübt bzw. begangen wird, Straßen, in denen sich typische Treffpunkte bestimmter in § 18 Abs. 1 Nr. 1 beschriebener „Milieus" befinden, Straßen in „Rotlichtvierteln" oder solche, auf denen der Straßenprostitution nachgegangen wird. 33

Auch an solchen Straßen oder Orten kann der Einsatz des AKLS jedoch nur dann ein geeignetes Mittel sein, wenn zu erwarten ist (vgl. zu den notwendigen tatsächlichen Anhaltspunkten → Rn. 35), dass die angesprochenen Personen diesen Ort mit Fahrzeugen (oder Kfz-Kennzeichen) ansteuern (vgl. → Rn. 30 f.), die gem. Abs. 2 S. 2 ausgeschriebenen sind; anderenfalls würde der sog. gefährliche Ort in einer – dem Telos der Norm widersprechenden – Weise als Anknüpfungspunkt eines Einsatzes des AKLS für die ungerichtete Fahndung in der Allgemeinheit genutzt. 34

Als Maßnahme geeignet wäre in solchen Fällen lediglich die Durchführung „klassischer" Identitätsfeststellungen an dem jeweiligen Ort, durch die die ohne Ortsbezug passierenden Kfz „unbehelligt" blieben. 34.1

Die Einstufung der Straße oder des Platzes als Ort iSd § 18 Abs. 2 Nr. 1 lit. a lit. aa–cc muss auf tatsächlichen Anhaltspunkten beruhen, die die beschriebenen Eigenschaften annehmen lassen (eingehend → § 13 Rn. 84 ff.). 35

Der Einsatz des AKLS muss schließlich in diesem Fall – wie in allen weiteren Fällen, in denen er an § 18 Abs. 2 anknüpft – zur vorbeugenden Bekämpfung von Straftaten iSd § 1 Abs. 4 (→ Rn. 20 ff., → Rn. 31) erfolgen. Insoweit legt die – auch insoweit unglücklich gewählte – Formulierung des Abs. 1 S. 1 nahe, dass davon beide Bereiche dieser Aufgabe (also sowohl die Straftatenverhütung als auch die Verfolgungsvorsorge, → § 1 Rn. 134; vgl. auch → SystVorbPolRDe Rn. 52) erfasst seien. 36

Indessen scheidet ein Einsatz des AKLS zum Zweck der Verfolgungsvorsorge von vorneherein aus, da anderenfalls mit dessen Hilfe das Instrument der Ausschreibung zur polizeilichen Beobachtung nach § 17, § 163e StPO und § 20i BKAG eine gesetzeswidrige Ausdehnung erfahren würde. 37

Im Einzelnen ergibt sich dieses Ergebnis aus Folgendem: Mit der Verfolgungsvorsorge würde das AKLS zum Zweck der Erhebung und Speicherung von Daten eingesetzt, die der späteren repressiven Verfolgung noch nicht begangener Straftaten nach Maßgabe der StPO dienen sollen. Die Informationen werden also zur Ermittlungserleichterung oder -ermöglichung (vgl. Lisken/Denninger PolR-HdB/Graulich, 6. Aufl. 2018, E Rn. 141 ff., 144 sowie die dort in Bezug genommene Umschreibung bei BVerwGE 66, 192 (196)) erhoben und vorgehalten. 37.1

Zu diesem Zweck kann das AKLS – jenseits von einzelnen Zufallstreffern – nur dann beitragen, wenn bei seinem Einsatz jeweils systematisch die Daten über Ort, Fahrtrichtung, Datum und Uhrzeit 37.2

der erfassten Kfz erhoben und gespeichert werden. Im Fall später begangener Straftaten mit örtlichem und zeitlichem Bezug könnten diese dann zur Täter- und Sachverhaltsermittlung ausgewertet werden.

37.3 Eine solche Erhebung und Speicherung würde sich indessen zum einen auf die sog. Trefferfälle beschränken, da die Daten der „Nichttrefferfälle" sofort automatisch zu löschen sind; dies würde die Eignung zum Zweck der Verfolgungsvorsorge faktisch bereits einschränken. In den sog. Trefferfällen würde die Datenerhebung zudem auf die Erstellung von Bewegungsbildern hinauslaufen, die nach Abs. 2 S. 4 und S. 5 nur im Fall der Ausschreibung zur polizeilichen Beobachtung nach § 17, § 163e StPO und § 20i BKAG zulässig. Diese ist ihrerseits jedoch zum Zweck der Verfolgungsvorsorge gerade nicht zulässig: In den beiden präventiven Fällen darf sie nur zur Verhütung von Straftaten erfolgen (vgl. § 17, § 20i BKAG) und im repressiven Fall zur Erforschung des Sachverhalts oder der Ermittlung des Aufenthaltsorts des Täters nach einer bereits begangenen Tat (vgl. § 163e StPO).

38 Zudem sieht Abs. 4 S. 4 ausdrücklich vor, dass die erlangten personenbezogenen Daten nur für Zwecke der Gefahrenabwehr weiterverarbeitet werden dürfen. Anders als die Verhütung von Straftaten gehört jedoch die Verfolgungsvorsorge gerade nicht zur Gefahrenabwehr, sie ist vielmehr – wegen ihrer vorbereitenden Funktion für dieses – ein Teil des (straf-) gerichtlichen Verfahrens.

38.1 Nach inzwischen gefestigter Auffassung ist nicht nur die Verfolgung konkreter Straftaten, sondern auch Vorsorge für die Verfolgung noch nicht begangener, sondern in ungewisser Zukunft bevorstehender Straftaten zum (straf-) gerichtlichen Verfahren (→ SystVorbPolRDe Rn. 69) im Sinne der Kompetenznorm des Art. 74 Abs. 1 Nr. 1 GG zu rechnen, unterfällt also der konkurrierenden Gesetzgebungskompetenz des Bundes (BVerfGE 113, 348 (369 f.); BVerwG NVwZ 2012 (757 ff.); → § 13 Rn. 80).

39 Der Einsatz des AKLS ist somit in dieser ersten Alternative – wie auch in den weiteren – nur zulässig, wenn er zur vorbeugenden Bekämpfung von Straftaten in Gestalt von deren Verhütung (§ 1 Abs. 4 Alt. 1) erforderlich ist.

3. Datenerhebung durch AKLS an sog. gefährdeten Objekten (§ 14a Abs. 1 S. 1 iVm § 18 Abs. 2 Nr. 3)

40 Die zweite Alternative eines Einsatzes des AKLS als Vorfeldmaßnahme (→ Rn. 31) erlaubt diesen im Umfeld sog. gefährdeter Objekte, die § 18 Abs. 3 Nr. 3 durch eine beispielhafte Aufzählung mit offener Ergänzung („oder einem anderen besonders gefährdeten Objekt") umschreibt. Die relativ große Zahl der in Frage kommenden Objekte (vgl. die Auflistung bei Lisken/Denninger PolR-HdB/Graulich, 6. Aufl. 2018, E Rn. 331; Fredrich § 18 Rn. 16; Lisken/Denninger PolR-HdB/Petri, 6. Aufl. 2018, G Rn. 789 im Zusammenhang mit der Videoüberwachung an diesen) reduziert sich faktisch auch hier auf solche, in deren unmittelbarer Nähe (→ Rn. 44) Kfz-Verkehr stattfindet.

40.1 In Betracht kommen also der Einsatz des AKLS an Straßen, die direkt an Einrichtungen oder Anlagen wie Flughäfen, Bahnhöfen, Amtsgebäuden, Kraftwerken oder Ähnlichem vorbeiführen, und zwar in den Abschnitten der Straße, an denen die Einrichtung oder Anlage liegt.

41 Zusätzlich zu der abstrakten Gefährdung des Objekts müssen tatsächliche Anhaltspunkte die Annahme rechtfertigen (eingehend → § 13 Rn. 84 ff.), dass an oder in dem Objekt Straftaten (→ § 14 Rn. 63) begangen werden sollen, durch die Personen in dem Objekt oder das Objekt selbst unmittelbar gefährdet wird, wobei vor allem an terroristische Straftaten gedacht ist (Lisken/Denninger PolR-HdB/Graulich, 6. Aufl. 2018, E Rn. 331). Anders als bei den gefährlichen Orten iSd § 18 Abs. 2 Nr. 1 sind Maßnahmen an gefährdeten Orten insoweit ereignisabhängig, als im Einzelfall Hinweise auf eine bevorstehende Straftat vorliegen müssen (vgl. zu den deshalb notwendigen Einschränkungen in Bezug auf ubiqitäre Alltagskriminalität Lisken/Denninger PolR-HdB/Graulich, 6. Aufl. 2018, E Rn. 330, 332). Beziehen sich die tatsächlichen Anhaltspunkte nicht auf ein bestimmtes Objekt, sondern auf nur der Gattung nach bestimmte Einrichtungen (Anschläge auf Bahnhöfe oder Botschaften), sind alle entsprechenden Objekte erfasst.

42 Die erwartete Straftat muss mit der Aufgabe, Funktion oder sonstigen Bedeutung des Objekts (bzw. der Objekte) in einem Zusammenhang stehen und die Gefährdung für das Objekt oder die darin befindlichen Personen muss von der Straftat herrühren (vgl. Fredrich § 18 Rn. 18).

Ein geeignetes Mittel kann der Einsatz des AKLS auch im Umfeld solcher gefährdeten Objekte des AKLS zudem nur dann sein, wenn zu erwarten ist (vgl. zu den notwendigen tatsächlichen Anhaltspunkten → Rn. 41), dass die potentiellen Straftäter diesen Ort mit Fahrzeugen (oder Kfz-Kennzeichen) ansteuern, die gem. Abs. 2 S. 2 ausgeschrieben sind (vgl. → Rn. 30 f.); anderenfalls würde das gefährdete Objekt ebenfalls in einer dem Telos der Norm widersprechenden Weise als Anknüpfungspunkt für einen Einsatz des AKLS als ungerichtetes Mittel zur Fahndung in der Allgemeinheit genutzt (vgl. → Rn. 34). **43**

Diese Anforderung schränkt faktisch die Anwendbarkeit der zweiten Alternative auch deshalb spürbar ein, weil § 18 Abs. 2 Nr. 3 voraussetzt, dass sich die Personen (hier also diejenigen, deren Kfz mittels AKLS aufgezeichnet werden) in dem Objekt oder in dessen „unmittelbarer Nähe" aufhalten müssen. Zwar darf der Begriff der unmittelbaren Nähe im Hinblick auf den Zweck der Alternative räumlich nicht zu eng verstanden werden. Wie nahe Personen (hier: Kfz) sein müssen, um noch erfasst zu sein, hängt vielmehr von der Lage, baulichen Gestaltung und Funktion des Objekts sowie von der Art und Begehungsweise der befürchteten Straftat ab (vgl. Fredrich § 18 Rn. 17). **44**

So mag sich der erfasste Raum bei Hinweisen, dass mit einem Anschlag auf einen Verkehrsflughafen mittels Distanzwaffen oder ferngezündeten Sprengsätzen zu rechnen ist, auf einen Radius von etlichen Kilometern erstrecken. **44.1**

Nur wenn danach tatsächlich ein räumliches Umfeld des gefährdeten Orts betroffen ist, in dem sich die Erfassung des fließenden Kfz-Verkehrs mittels AKLS zum Zweck der Verhütung der befürchteten Straftat (→ Rn. 36 ff.) mindestens als zielgerichtete und sinnvolle Ergänzung zu individuellen Identitätsfeststellungen darstellt, kommt eine solche somit nach der zweiten Alternative in Frage. **45**

4. Datenerhebung durch AKLS im Umfeld gefährdeter Personen (§ 14a Abs. 1 S. 1 iVm § 18 Abs. 2 Nr. 4)

Die dritte Alternative des Einsatzes von AKLS als Vorfeldmaßnahme (→ Rn. 31) erlaubt diesen im Umfeld sog. gefährdeter Personen iSd § 18 Abs. 3 Nr. 4 („Person […], die in besonderem Maße als gefährdet erscheint"; vgl. zu gefährdeten Personen in diesem Sinne → § 13 Rn. 112 f.; zu Identitätsfeststellungen zu deren Schutz allgemein Lisken/Denninger PolR-HdB/Graulich, 6. Aufl. 2018, E Rn. 333; nach dem HSOG Fredrich § 18 Rn. 20 f.). **46**

Die besondere Gefährdung der durch die Norm geschützten Personen bezieht sich auf potentielle Beeinträchtigung deren körperlicher oder seelischer Integrität durch Dritte. Die Bewertung einer Person als gefährdet kann generell (etwa aufgrund einer herausgehobenen Position in Politik, Wirtschaft oder Verwaltung, vgl. Lisken/Denninger PolR-HdB/Graulich, 6. Aufl. 2018, E Rn. 333) oder einzelfallbezogen (etwa bei Belastungszeugen, Beschuldigten oder Hinweisgebern) veranlasst sein. Die polizeiliche Einstufung von Personen als gefährdet in diesem Sinne ist durch Dienstvorschriften strukturiert. **47**

Etwas unglücklich ist die in der Literatur verbreitete Bezeichnung der gefährdeten Person als „Risikoperson" (vgl. Fredrich § 13 Rn. 16b), da sie entgegen dem Telos der Norm ein von der gefährdeten Person ausgehendes Risiko impliziert. Das Risiko geht indessen - wenn - von einem Dritten aus. **47.1**

Das für die Eröffnung des Anwendungsbereichs von § 18 Abs. 2 Nr. 4 zentrale Tatbestandsmerkmal ist der Aufenthalt einer Person im „räumlichen Umfeld" der gefährdeten Person. Der Begriff ist erkennbar offener als der in § 18 Abs. 2 Nr. 3 verwendete der „unmittelbaren Nähe" (→ Rn. 44 ff.). Das räumliche Umfeld ist dem Zweck der Norm entsprechend als (physischer) Einwirkungsbereich von Dritten auf die gefährdete Person zu verstehen. Es setzt also nicht unmittelbare körperliche Nähe voraus, sondern erfasst – je nach Art der Gefährdung – auch den gesamten räumlichen Bereich der Einwirkung durch Schuss- oder sonstige Distanzwaffen. **48**

Wie bei der ersten und zweiten Alternative des Einsatzes des AKLS als Vorfeldmaßnahme kann dieser ein geeignetes Mittel im Umfeld gefährdeter Personen nur dann sein, wenn zu erwarten ist (vgl. zu den notwendigen tatsächlichen Anhaltspunkten → Rn. 41), dass sich die potentiellen Straftäter im räumlichen Umfeld der gefährdeten Person mit Fahrzeugen (oder Kfz-Kennzeichen) bewegen, die gem. Abs. 2 S. 2 ausgeschrieben sind (→ Rn. 30 f.); anderenfalls würde auch hier das AKLS – trotz Einsatzes in dem räumlichen Umfeld – **49** zweckwidrig für nicht zielgerichtete allgemeine Fahndungen verwendet (vgl. → Rn. 34, → Rn. 37).

49.1 Hier käme etwa die Überprüfung einer Fahrstrecke in Frage, bevor eine besonders gefährdete Person diese zurücklegt.

50 Des Weiteren sind als Eingriffsschwelle tatsächliche Anhaltspunkte (→ Rn. 41) erforderlich, die eine Datenerhebung mittels AKLS zum Schutz der gefährdeten Person rechtfertigen (vgl. dazu zutr. Lisken/Denninger PolR-HdB/Graulich, 6. Aufl. 2018, E Rn. 333: überflüssiges Tatbestandsmerkmal, da sich diese Anforderungen schon aus der Verhältnismäßigkeit ergibt).

51 Der Sache nach ist damit nicht mehr verlangt, als der zulässige Zweck des AKLS-Einsatzes schon allgemein vorgibt: Dieser muss sich zur Verhütung von befürchteten Straftaten (→ Rn. 36 ff.) – hier an der gefährdeten Person – mindestens als zielgerichtete und sinnvolle Ergänzung zu individuellen Identitätsfeststellungen darstellen (→ Rn. 45).

5. Datenerhebung durch AKLS statt oder zusätzlich zu Kontrollstellen (§ 14a Abs. 1 S. 1 iVm § 18 Abs. 2 Nr. 5)

52 In der vierten Alternative eines zulässigen Einsatzes des AKLS als Vorfeldmaßnahme (→ Rn. 31) ist Voraussetzung, dass an dem Einsatzort an einer zulässigerweise eingerichteten polizeiliche Kontrollstelle iSd § 18 Abs. 2 Nr. 5 Identitätsfeststellungen durchgeführt werden dürften. In dieser Variante findet das AKLS praktisch eher einen relevanten Anwendungsbereich als in den zuvor beschriebenen (→ Rn. 44), da präventiv-polizeiliche Kontrollstellen regelmäßig auf den fließenden Kfz-Verkehr ausgerichtet sind und damit zu dem ausschließlich auf die Erfassung der amtlichen Kennzeichen vorbeifahrender Kfz zugeschnittenen Instrument des AKLS (→ Rn. 2) „passen".

53 Die polizeiliche Kontrollstelle nach § 18 Abs. 2 Nr. 5 ist zu unterscheiden von repressiv ausgerichteten Kontrollstellen nach § 111 StPO, die den Verdacht einer bereits begangenen bestimmten Straftat voraussetzen, und solchen, die der Verkehrsüberwachung – also vor allem der Überprüfung der Verkehrstüchtigkeit von Kfz und ihren Fahrern – dienen und sich auf § 36 Abs. 5 StVO iVm § 6 StVG stützen können (vgl. mwN Hornmann HSOG § 18 Rn. 36 f.).

54 Die Einrichtung einer Kontrollstelle durch die Polizei – die selbst noch keinen Grundrechtseingriff bewirkt, sondern einen solchen nur vorbereitet – war bis zum 4.4.2023 nach § 18 Abs. 2 Nr. 5 auf öffentlichen Straßen oder Plätzen oder an anderen öffentlich zugänglichen Orten (vgl. → § 14 Rn. 102) zulässig, um eine der in § 100a StPO genannten Straftaten oder eine Straftat nach § 27 VersammlG zu verhüten (→ Rn. 36 ff.). Mit Inkrafttreten des Gesetzes v. 22.3.2023 (GVBl. 150) ist die letztgenannte Alternative nunmehr entfallen.

55 Der Einsatz des AKLS muss sich zu diesem Zweck also mindestens als zielgerichtete und sinnvolle Ergänzung zu individuellen Identitätsfeststellungen darstellen (→ Rn. 45).

55.1 Die Parallelnorm des § 22a Abs. 1 Nr. 3 BWPolG aF brachte dies dadurch zum Ausdruck, dass sie polizeiliche Erkenntnisse verlangte, „dass an der Kontrollstelle Straftaten nach § 100a StPO stattfinden oder verhütet werden können." Die Nachfolgevorschrift des § 27 Abs. 1 Nr. 5 und 6 BWPolG enthalten das Erfordernis entsprechender polizeilicher Erkenntnisse nicht mehr.

56 Es ist indessen in vielen Fällen sehr fraglich ist, auf welche Weise Straftaten durch eine Datenerhebung mittels AKLS mit anschließendem Anhalten und Kontrollieren sollen verhindert werden können (vgl. für anlassunabhängige Kontrollen Lisken/Denninger PolR-HdB/Graulich, 6. Aufl. 2018, E Rn. 351 ff.).

56.1 Anders war dies bei der weggefallenen Alternative (→ Rn. 54) im Hinblick auf das in dem Mitführen von in bestimmten Gegenständen bestehenden Delikten nach § 27 VersammlG, da diese Gegenstände aufgefunden und sichergestellt werden konnten.

57 Darüber hinaus wirft auch die Verweisungstechnik des § 18 Abs. 2 Nr. 5 größere praktische Probleme seiner Anwendung iVm Abs. 1 S. 1 auf.

58 Die Verweisung des § 18 Abs. 2 Nr. 5 auf § 100a StPO als sog. statische Verweisungen anzusehen (so zutr. auch Meixner/Fredrich, 12. Aufl. 2016, § 18 Rn. 22), da ihr der für eine dynamische Verweisung erforderliche Zusatz („in der jeweils geltenden Fassung") fehlt.

Selbst wenn dieser Zusatz nicht fehlen würde, wäre die dann dynamische Verweisung verfassungsrechtlich bedenklich, da der hessische Gesetzgeber für die Reichweite der von ihm legitimierten Grundrechtseingriffe auf die Entwicklung von Normen verweisen würde, die von ihm unbeeinflussbar und insoweit in späteren Varianten nicht von seinem gesetzgeberischen Willen erfasst wären (vgl. allg. zur Problematik BVerfGE 26, 338 (366); 47, 285 (312) und jüngst BVerfG NJW 2022, 1583 (1615 f.); Guckelberger ZG 2004, 62 (74 ff.); Ossenbühl DVBl 1967, 401 (404); Schenke NJW 1980, 743 (748 f.); ferner Arndt JuS 1979, 784; Brugger VerwArch 1987, 1). 58.1

Der Befund des Vorliegens einer statischen Verweisung war im Ergebnis – eher zufällig – im Hinblick auf die weggefallene Bezugnahme auf § 27 VersammlG unproblematisch, da diese Vorschrift seit 1989 unverändert geblieben war, sodass § 18 Abs. 2 Nr. 5 darauf in der – in Hessen weiterhin geltenden (→ § 14 Rn. 23) – von seinem gesetzgeberischen Willen erfassten, noch aktuellen Fassung in Bezug nahm. 58.2

Die Verweisung auf die Vorschrift des § 100a StPO ist insoweit problematisch, als auf diese Norm in ihrer am 6.11.1998 geltenden Fassung verwiesen wird, da § 18 Abs. 2 Nr. 5 auf diese Norm erst seit dem am selben Tage in Kraft getretenen Änderungsgesetz v. 3.11.1998 (HessGVBl. I 399) Bezug nimmt (zuvor war auf §§ 129a, 250, 255 StGB verwiesen worden). 59

Es fehlt auch jeder Anhaltspunkt dafür, dass der Gesetzgeber etwa mit der Neubekanntmachung des HSOG v. 14.1.2005 (HessGVBl. I 14), die – wie alle weiteren Änderungsgesetze seit 1998 – § 18 Abs. 2 Nr. 5 unberührt ließ, eine (gleichsam innere bzw. bewusste) Aktualisierung der dortigen Verweisung verbunden hätte. 60

Die Vorschrift des § 100a StPO hat seit 1998 nicht weniger als 29 Änderungen – überwiegend Erweiterungen – erfahren (vgl. die Änderungsübersichten bei Meyer-Goßner/Schmitt S. XLVII ff., LII), durch die sich ihre Gestalt maßgeblich gewandelt hat. So waren damals zahlreiche der heute aufgeführten Deliktsgruppen (wie Urkundendelikte, Sexualstraftaten, Kinderpornografie, (Computer-) Betrugsdelikte und etliche Straftaten aus dem Bereich der Wirtschaftskriminalität vor allem) noch nicht erfasst. Deren Verhütung kann daher auch nicht Anknüpfungspunkt für einen AKLS-Einsatz nach § 14a Abs. 1 S. 1 iVm § 18 Abs. 2 Nr. 5 sein. 61

Zudem verweist die damals geltende Fassung auf Gesetze (zB das AuslG) oder Vorschriften (zB §§ 89, 94–97 StGB), die so nicht mehr oder gar nicht mehr existieren, da die letzte erfasste Änderung des StGB das Sechste Gesetz zur Reform des Strafrechts v. 26.1.1998 (BGBl. I 164) ist, der mittlerweile etliche weitere gefolgt sind (vgl. Fischer, StGB, 59 Aufl. 2012, Einl. Rn. 8 ff.). Da § 18 Abs. 2 Nr. 5 insoweit „ins Leere" verweist, haben auch diese für Maßnahmen nach der Norm außer Betracht zu bleiben. 62

Andere Vorschriften (zB des WStG) sind mittlerweile aus dem Katalog des § 100a StPO herausgenommen worden. Diese könnten zwar nach dem Buchstaben des Gesetzes noch Anknüpfungspunkt für Maßnahmen nach § 18 Abs. 2 Nr. 5 sein, eine solche Wertung wäre jedoch ihrerseits verfassungsrechtlich nicht unproblematisch. 63

Die Frage, welche Straftaten mit Hilfe von Kontrollstellen nach § 18 Abs. 2 Nr. 5 iVm § 100a StPO und an sie anknüpfende AKLS-Einsätze nach Abs. 1 S. 1 verhütet werden sollen, lässt sich danach lediglich noch für eine Reihe von Delikten aus dem sog. Kernstrafrecht (etwa Straftaten gegen das Leben und die persönliche Freiheit, Bandendiebstahl und -hehlerei sowie Raubdelikte) ohne größere rechtshistorische Recherchearbeit beantworten. 64

Auch in diesen Fällen ist der AKLS-Einsatz als Vorfeldmaßnahme ein geeignetes Mittel zur Straftatenverhütung nur dann, wenn einerseits zu erwarten – nicht nur zu vermuten – ist (vgl. zu den notwendigen tatsächlichen Anhaltspunkten → Rn. 41), dass einerseits die erfassten Straftaten tatsächlich begangen werden sollen und sich andererseits die potentiellen Straftäter am Einsatzort mit Fahrzeugen oder Kfz-Kennzeichen bewegen, die gem. Abs. 2 S. 2 ausgeschrieben sind (→ Rn. 30 f.); noch mehr als bei den anderen Alternativen bestünde sonst hier die Gefahr eines zweckwidrigen Einsatzes des AKLS für nicht zielgerichtete allgemeine Fahndungen (vgl. → Rn. 34, → Rn. 37). 65

Praktisch relevant bleibt die Alternative danach vor allem für zwei Szenarien: Zum einen in Fallgestaltungen, in denen tatsächliche Anhaltspunkten für die regionale (zumeist serienmäßige) Begehung von Straftaten wie Bandendiebstahl unter Nutzung bestimmter An- und Abfahrtswege vorliegen; zum anderen im Fall bevorstehender Versammlungen (eingehend → § 14 Rn. 22), bei denen tatsächliche Anhaltspunkte vorliegen, dass potentielle Teilnehmer Waffen, gefährliche Gegenstände, Schutzwaffen oder Vermummung iSd § 2 Abs. 3 VersammlG, §§ 17a, 27 VersammlG auf dem Weg dorthin mit sich führen; in beiden Fällen muss 66 zudem zu erwarten sein, dass diese Personen jedenfalls teilweise bereits in den einschlägigen polizeilichen Datensystemen zu finden sind.

67 Darüber hinaus galten bis zur Änderung durch Gesetz v. 22.3.2023 (GVBl. 150) für den Einsatz im Vorfeld von Versammlungen die im Hinblick auf den Schutz des Art. 8 GG die bei § 14 Abs. 2 dargelegten erforderlichen Einschränkungen und Grundsätze (→ § 14 Rn. 29) entsprechend.

68 Insoweit war nicht nur das Verbot exzessiver Observationen und Registrierungen (BVerfGE 69, 315 (349); 65, 1 (43)) zu betonen; da die Datenerhebung mittels AKLS im Trefferfall regelmäßig auf ein Anhalten des Fahrzeugs und polizeiliche Folgemaßnahmen hinausläuft (vgl. Abs. 4 S. 2 und S. 3), ist insbesondere auch die Vorgabe des BVerfG zu beachten, dass über die Anwendung grundrechtsbeschränkender Gesetze der Zugang zu einer Demonstration durch Behinderung von Anfahrten und schleppende vorbeugende Kontrollen keinesfalls unzumutbar erschwert werden darf (BVerfGE 69, 315 (349); 65, 1 (43)).

6. Datenerhebung durch AKLS statt oder zusätzlich zur sog. Schleierfahndung (§ 14a Abs. 1 S. 1 iVm § 18 Abs. 2 Nr. 6)

69 Die letzte Alternative eines zulässigen Einsatzes des AKLS als Vorfeldmaßnahme (→ Rn. 31) setzt voraus, dass an dem Einsatzort im Rahmen der sog. Schleierfahndung (vgl. dazu ausf. Lisken/Denninger PolR-HdB/Graulich, 6. Aufl. 2018, E Rn. 355 ff.), also an einem der in § 18 Abs. 2 Nr. 6 umschriebenen Orte zu dem genannten Zweck Identitätsfeststellungen durchgeführt werden dürften.

70 In dieser Variante findet das AKLS prima facie den breitesten praktischen Anwendungsbereich (vgl. zu dem der anderen Alternativen → Rn. 44, → Rn. 45, → Rn. 48), da die sog. Schleierfahndung nach § 18 Abs. 2 Nr. 6 geringe tatbestandliche Eingriffsvoraussetzungen aufweist; auch sie bezieht sich faktisch sehr häufig auf Kontrollen im fließenden Kfz-Verkehr und „passt" damit zu dem ausschließlich auf die Erfassung der amtlichen Kennzeichen vorbeifahrender Kfz zugeschnittenen Instrument des AKLS (→ Rn. 2, → Rn. 48).

71 Diese Tatbestandsalternative weist daher eine erhebliche verfassungsrechtliche Problematik auf. Dieses wurde nunmehr durch die infolge der Entscheidung des Bundesverfassungsgerichts durch die durch Gesetz v. 29.6.2023 vorgenommenen Änderungen „entschärft" wurde (vgl. dazu → Rn. 76); grundsätzliche Fragen wirft der Einsatz des AKLS an Stelle oder zusätzlich zur sog. Schleierfahndung allerdings weiterhin auf.

72 Der Einsatz des AKLS im Zusammenhang mit der Schleierfahndung perpetuiert namentlich die Problematik, die der sog. Schleierfahndung schon in ihrer nicht automatisierten Form innewohnt (vgl. eingehend und mwN aus Rspr. und Lit. Lisken/Denninger PolR-HdB/Graulich, 6. Aufl. 2018, E Rn. 341–369; Hornmann HSOG § 18 Rn. 47 ff.; Stephan DVBl 1998, 81 ff.; Graf, Verdachts- und ereignisunabhängige Personenkontrollen. Polizeirechtliche und verfassungsrechtliche Aspekte der Schleierfahndung, 2005) und die das BVerfG 2018 veranlasst hatte, auch die Bestimmtheit des § 18 Abs. 2 Nr. 6 selbst in deutlichen Worten in Frage zu stellen (BVerfG NJW 2019, 842 (846); vgl. eing. → § 18 Rn. 106.1 f.; zu den nunmehr durch Gesetz v. 29.6.2023 gezogenen Konsequenzen aus dieser Entscheidung auch → Rn. 76, → Rn. 81.2).

73 So wie sie auch in Hessen ausgestaltet ist, handelt sich bei ihr um eine verdachts- und ereignisunabhängige Kontrolle an von jedermann benutzten öffentlichen Orten; diese Orte müssen – anders als etwa die in § 18 Abs. 2 Nr. 1 und Nr. 3 beschriebenen – keine „kriminogene Valenz" (Lisken/Denninger PolR-HdB/Graulich, 6. Aufl. 2018, E Rn. 344) aufweisen.

74 Die beschriebenen Verkehrseinrichtungen und -wege sind vielmehr als solche „neutral"; die insoweit einzige Beschränkung, dass nämlich „aufgrund von Lageerkenntnissen oder polizeilicher Erfahrung" anzunehmen sein muss, dass die Einrichtung oder Verkehrswege „von erheblicher Bedeutung für die grenzüberschreitende Kriminalität sind", ist nicht nur sprachlich sehr unbestimmt, sondern entgrenzt sich auch sukzessive selbst: Je häufiger diese Kontrollen etwa auf großen Verkehrswegen wie Autobahnen durchgeführt werden, desto wahrscheinlicher wird es, dass die avisierten grenzüberschreitend agierenden Straftäter wegen steigenden Fahndungsdrucks auf (immer) kleinere Nebenstraßen und Verkehrswege ausweichen (Lisken/Denninger PolR-HdB/Graulich, 6. Aufl. 2018, E Rn. 346; → § 18 Rn. 106.1 mwN).

Im Ergebnis ermöglicht § 18 Abs. 2 Nr. 6 dann Kontrollen in / an einer ständig wachsenden Zahl von Verkehrseinrichtungen und -wegen. Diese nähern sich – da als Anlass auch eine gesteigerte Gefährdungslage oder spezifische Wahrscheinlichkeit der Begehung „grenzüberschreitender" Straftaten nicht verlangt ist – einer flächendeckenden und ebenso unspezifischen wie ungerichteten allgemeinen Fahndung im öffentlichen Raum, deren „Ob" und „Wie" alleine von Entscheidungen der Polizeibehörden bzw. ihrer Amtswalter abhängt (vgl. Lisken/Denninger PolR-HdB/Rachor, 5. Aufl. 2012, E Rn. 356 ff., 361 ff., 367 mwN); dieser wohnt zudem – angesichts der polizeipraktischen „Suchraster" (Lisken/Denninger PolR-HdB/Rachor, 5. Aufl. 2012, E Rn. 364, 370 mit Fn. 413 f.) – ein nicht unerhebliches Diskriminierungspotential inne (vgl. zum Ganzen auch Bäuerle FS Bryde, 2013, 23 ff.). 75

Für die Verwendung des AKLS anstelle oder zusätzlich zur Schleierfahndung hat der Gesetzgeber diese Problematik allerdings durch die Schaffung von Abs. 1 S. 4 Nr. 4 durch Gesetz v. 29.6.2023 deutlich abgemildert; danach ist die Datenerhebung mittels AKLS auf Straßen in Fällen des § 18 Abs. 2 S. 1 Nr. 4 nunmehr auf Bundesautobahnen und Europastraßen beschränkt. 76

Zwar dienen Maßnahmen der Schleierfahndung nach dem Wortlaut des Gesetzes der vorbeugenden Bekämpfung (§ 1 Abs. 4) der grenzüberschreitenden Kriminalität; ein geeignetes Mittel hierzu sind sie nach den vorliegenden empirischen Erkenntnissen jedoch nur sehr bedingt: Sie haben nur zu einem geringen Prozentsatz „Erfolg" und führen auch in diesen Fällen – regelmäßig Zufallstreffer – zumeist nicht zu Maßnahmen der Gefahrenabwehr oder zur Verhütung grenzüberschreitender Kriminalität. Die Treffer bestehen vielmehr in erster Linie aus festgestellten Straftaten und aufgefunden Verdächtigen, führen also alleine zu Maßnahmen der Strafverfolgung, wobei zumeist Bereiche leichterer Kriminalität ohne Bezug zu Grenzüberschreitung betroffen sind (vgl. Schütte ZRP 2002, 393 (396 f.); BayVerfG NVwZ 2003, 1375 zur „quantitativen Erfolgsbilanz" in Bayern; Hornmann HSOG § 18 Rn. 52 Fn. 96 zur Statistik der landesweiten Schleierfahndung in Hessen im Jahr 2000; Lisken/Denninger PolR-HdB/Rachor, 5. Aufl. 2012, E Rn. 381, 366 mwN). 77

Der präventive Charakter reduziert sich daher – soweit überhaupt feststellbar – auf die mittelbare Folge einer Abschreckungs- und Verunsicherungswirkung bei (potentiellen) Straftätern (Lisken/Denninger PolR-HdB/Graulich, 6. Aufl. 2018, E Rn. 351; Waechter DÖV 1999, 138 (144 f.); vgl. auch BayVerfG NVwZ 2003, 1375 (1377): „vom einzelnen Aufgriff unabhängige generalpräventive Wirkung"; krit. Hornmann HSOG § 18 Rn. 59). 78

Den aus diesen Befunden resultierenden verfassungsrechtlichen Bedenken gegen eine potentiell uferlose oder gar willkürliche Kontrollpraxis mit repressivem Schwerpunkt lässt sich – wenn überhaupt – nur unter Berücksichtigung der bundes- und landesverfassungsgerichtlichen Rechtsprechung (LVerfG Mecklenburg-Vorpommern DÖV 2000, 71; VerfGH Sachsen BeckRS 9998, 41322 = LVerfGE 4, 303, BVerfG NJW 2019, 842) durch eine Auslegung des § 18 Abs. 2 Nr. 6 Rechnung tragen, die die Tatbestandsmerkmale sehr eng fasst. 79

Die sog. Schleierfahndung ist danach zunächst nicht zur vorbeugenden Bekämpfung jedweder grenzüberschreitenden Kriminalität zulässig, sondern nur zur Bekämpfung von organisierten und schwerwiegenden Kriminalitätsphänomenen mit grenzüberschreitendem Charakter. 80

Namentlich des Menschenhandels, des Drogen- und Waffenhandels, des Banden(einbruchs)diebstahls und der gewerbsmäßigen (Banden-) Hehlerei sowie – praktisch zunehmend von Bedeutung – der Schleuserkriminalität und Andere. 80.1

Darüber hinaus muss sich aus den erforderlichen „Lageerkenntnissen" eine gleichsam verdichtete Gefahren- oder Verdachtslage hinsichtlich der drohenden Begehung solcher Straftaten ergeben (vgl. BVerfG NJW 2019, 842 (846)). 81

Die Parallelnorm des § 22a Abs. 1 Nr. 3 BWPolG aF brachte dies etwa dadurch zum Ausdruck, dass sie polizeiliche Erkenntnisse verlangt, „dass im Kontrollbereich Straftaten nach § 100a StPO stattfinden oder verhütet werden können". Die Nachfolgevorschrift des § 27 Abs. 1 Nr. 5 und 6 BWPolG enthalten das Erfordernis entsprechender polizeilicher Erkenntnisse nicht mehr. 81.1

Der bis zur Änderung durch Gesetz v. 29.6.2023 geltende Wortlaut des § 18 Abs. 2 Nr. 6 ließ als Alternative zu den Lageerkenntnissen auch die „polizeiliche Erfahrung" als Beurteilungsgrundlage zu. Nachdem das Bundesverfassungsgericht erklärt hatte, dass die „durch nichts objektiv nachvollziehbare 81.2

polizeiliche Erfahrung“ (BVerfG, NJW 2019, 842 (846)) ein unter verfassungsrechtlichen Gesichtspunkten ungeeignetes Tatbestandsmerkmal darstellt, wurde die Wendung nunmehr gestrichen.

82 Die Verfahren zur Lageermittlung müssen zudem – im Interesse nachträglicher Überprüfbarkeit – objektiv nachvollziehbar, verfahrensrechtlich abgesichert und dokumentiert sein (BVerfG NJW 2019, 842 (846)); schon vorher ebenso Lisken/Denninger PolR-HdB/Rachor, 5. Aufl. 2012, E Rn. 378; VerfGH Sachsen BeckRS 9998, 41322 = LVerfGE 4, 303 (349 f.), allerdings zu einer Norm ohne entsprechende tatbestandliche Eingrenzung).

82.1 Der letztgenannten Anforderung wird in Hessen zumindest dadurch Rechnung getragen, dass das Hessische Landeskriminalamt unter anderem auf der Grundlage von quartalsweise erstellten Berichten der Polizeipräsidien über durchgeführte Kontrollen im Rahmen der sog. Schleierfahndung ein Lagebild (vgl. § 20 Abs. 9, § 6 Abs. 1 Nr. 10 HSOG-DVO) erstellt; darüber hinaus sind die Verkehrseinrichtungen und -wege iSd § 18 Abs. 2 Nr. 6 gem. Nr. 18.2.3 VVHSOG von jeder Polizeibehörde für ihren Zuständigkeitsbereich unter Angabe von Gründen in einem ständig zu aktualisierten Verzeichnis zu benennen. Diese Verwaltungsvorschrift ist nunmehr durch Gesetz v. 29.6.2023 als § 18 Abs. 2 S. 2 in Gesetzesrang erhoben worden. Zudem sieht die einschlägige Erlasslage Maßnahmen der Schleierfahndung vor allem in Bezug auf grenzüberschreitende Kriminalität aus den Deliktsfeldern des Menschenhandels, der Schleusungs-, Eigentums-, Rauschgift- und Umweltkriminalität sowie der Geldfälschung und des illegalen Waffenhandels vor.

83 Erfolgen die polizeilichen Maßnahmen im Rahmen der sog. Schleierfahndung (nur) dergestalt zielgerichtet, erscheint die Tatsache, dass in ihrer Folge als Nebeneffekt – wie naturgemäß auch bei anderen Polizeieinsätzen – strafprozessuale „Zufallstreffer“ erzielt werden, rechtsstaatlich und kompetenziell etwas weniger problematisch; dies gilt auch deshalb, weil sich die Eingriffsintensität eines Anhaltens zur „einfachen“ Identitätsfeststellung mit anschließendem Datenabgleich (vgl. § 25) noch in Grenzen hält (so auch VerfGH Bayern NVwZ 2003, 1375; krit. Lisken/Denninger PolR-HdB/Rachor, 5. Aufl. 2012, E Rn. 376; vgl. allerdings die berechtigte Kritik von Hornmann HSOG § 18 Rn. 58 an dem Ansatz, dies unter dem Gesichtspunkt einer Soziallast zur Steigerung des Sicherheitsniveaus zu betrachten).

84 Durch den zulässigen Einsatz des AKLS gem. § 14a Abs. 1 S. 1 iVm § 18 Abs. 2 Nr. 6 anstelle der oder ergänzend zur „klassischen“ Schleierfahndung durch Identitätsfeststellung tritt nunmehr eine enorme Effektivierung der Kontrolltätigkeit dahingehend ein, dass mit Hilfe dieses Instruments eine große Zahl vorbeifahrender Kfz in kurzer Zeit automatisiert erfasst werden kann. Das hat faktisch Auswirkungen in zweierlei Hinsicht:

85 Der quantitativ weitaus größte Teil der in den erfassten Kfz befindlichen Personen – die sog. Nichttrefferfälle – bleibt von der (wenn auch geringen) Belastung einer klassischen Identitätsfeststellung unbehelligt, wenn sich die handelnden Polizeibeamten naheliegender Weise mit der Tatsache des Nichttreffers zufriedengeben. Insoweit sinkt infolge der Automatisierung auch das Risiko einer diskriminierungsanfälligen Kontrollpraxis (→ Rn. 75).

86 Gleichzeitig steigt infolge der Automatisierung – neben der Chance, tatsächlich potentielle Täter der avisierten Kriminalitätsbereiche auszumachen – die Wahrscheinlichkeit von nach dem Gesetzeszweck nicht intendierten – vor allem strafprozessualen (→ Rn. 83) – Zufallstreffern stark an. Insofern nähert sich der Einsatz des AKLS nach dieser Alternative wieder stärker einer ungerichteten Fahndung in der Allgemeinheit; solange dieser Effekt jedoch lediglich als Nebenfolge eines unter den in → Rn. 80 ff. genannten Voraussetzungen erfolgenden und insofern dem Telos des Gesetzes entsprechenden Einsatzes des AKLS eintritt, erscheint er – auch mit Blick auf die gleichzeitig „eingriffsreduzierende“ Wirkung bei einer großen Zahl von Personen – noch hinnehmbar.

7. Technische, räumliche und zeitliche Begrenzung der Datenerhebungen mittels AKLS nach Abs. 1 S. 4

87 Für den zulässigen Umfang der Datenerhebungen mittels AKLS nach Abs. 1 sieht Abs. 1 S. 3 Nr. 1–3 räumliche und zeitliche Beschränkungen vor, die nach der jeweiligen Erhebungsalternative (→ Rn. 18–59 ff.) differenzieren. Diese Beschränkungen sind materieller Art, sodass auf sie die §§ 45, 46 VwVfG keine Anwendung finden (vgl. zu den sich insoweit stellenden Abgrenzungsfragen Kopp/Ramsauer VwVfG § 46 Rn. 7, 10 ff.). Sie steuern jedoch zugleich das Verfahren eines Einsatzes des AKLS, sodass sie in Übereinstimmung mit entsprechenden Ansätzen in der polizeirechtlichen Literatur (vgl. MLH PolR Hessen Rn. 201; Pausch/Dölger PolR Hessen Rn. 257) in der Kommentierung zu § 14 als besondere (auch: maßnahmebezogene) Form- und Verfahrensvorschriften erörtert werden (vgl. → § 14 Rn. 90).

Als Konsequenz aus der Entscheidung des Bundesverfassungsgerichts von 2018 (NJW 2018, 842 (846)) die Verwendung des AKLS anstelle oder zusätzlich zur Schleierfahndung hat durch die Schaffung von Abs. 1 S. 4 Nr. 4 durch Gesetz v. 29.6.2023 zusätzlich dahingehend beschränkt, dass ist die Datenerhebung mittels diese Instruments auf Straßen in Fällen des § 18 Abs. 2 S. 1 Nr. 6 nunmehr auf Bundesautobahnen und Europastraßen beschränkt ist. **88**

II. Rechtsfolgen und Adressaten

1. Datenerhebung durch Bildaufzeichnung und Kennzeichenerfassung (§ 14 Abs. 1 S. 1, 3, Abs. 1a)

Als Rechtsfolge sieht Abs. 1 S. 1 zunächst die Datenerhebung mittels AKLS dergestalt vor, dass automatisch Bilder von Fahrzeugen aufgezeichnet werden dürfen (Abs. 1 S. 1). Insoweit sieht die Vorschrift im ersten Schritt eine Bildaufzeichnung vor, wie sie auch die „klassische" Videoüberwachung beinhaltet (→ § 14 Rn. 114); indem die Vorschrift des Weiteren – entsprechend dem Zweck des AKLS-Einsatzes – sogleich regelt, dass auch die Kennzeichen der aufgezeichneten Fahrzeuge erfasst werden dürfen (ebenfalls Abs. 1 S. 1), verbindet sie diese Datenerhebung schon im ersten Schritt mit einer weiteren Form der Datenverarbeitung iSd § 41 Nr. 2 HDSIG (vgl. → § 13 Rn. 27.1, → § 13 Rn. 30), nämlich dem Einsatz einer Schrifterkennungssoftware, die der bisher nur bildlich erfasste Kennzeichen „liest" und in eine elektronisch verarbeitungsfähige Zeichenfolge (Ziffern und Zahlen) umwandelt. **89**

Problematisch ist insoweit die Regelung des Abs. 1 S. 3, wonach die Bildaufzeichnung auch erfolgen kann, wenn die „Insassen der Fahrzeuge unvermeidbar betroffen werden". Diese Formulierung lehnt sich an eine Wendung an, die sich in der StPO wiederholt im Zusammenhang mit Ermittlungsmaßnahmen findet, die verdeckt und/oder mit Hilfe technischer Mittel durchgeführt werden **90**

Typischerweise lautet dort die Formulierung: „Die Maßnahme darf auch durchgeführt werden, wenn Dritte unvermeidbar betroffen werden." (vgl. § 100f Abs. 3 StPO, § 163f Abs. 2 StPO sowie die ganz ähnlichen Wendungen in § 100c Abs. 3 S. 3 StPO, § 100h Abs. 3 StPO, § 100i Abs. 2 S. 1 StPO). **90.1**

Nach diesem Vorbild findet sich eine ähnliche Formulierung auch in § 15 Abs. 4 S. 3. Anders als dort und in den genannten Vorschriften der StPO geht es im Fall des AKLS jedoch nicht um Dritte; dies sind nur solche Personen, die – ohne Adressat bzw. Zielperson der Maßnahme zu sein – ungewollt, aber unvermeidlich in deren Einwirkungsbereich geraten. **91**

So lassen sich etwa ein „großer Lauschangriff" nach § 100c StPO oder eine längerfristige Observation nach § 163f StPO sachlogisch nicht durchführen, ohne auch personenbezogene Daten über andere Personen als die Zielperson zu erheben. **91.1**

Vielmehr sind die Insassen der erfassten Fahrzeuge regelmäßig diejenigen, gegen die sich im Trefferfall nach Abs. 4 auch die Folgemaßnahmen richten und nach denen als (ausgeschriebenen) Haltern oder Nutzern des Fahrzeugs gesucht wird bzw. über die als Betroffene oder deren Begleitpersonen etwa nach § 17 Abs. 2 S. 1 oder § 163e Abs. 1, Abs. 3 StPO Daten erhoben und gemeldet werden sollen. Diese Fahrzeuginsassen sind also nicht unvermeidbar betroffen im oben genannten Sinne. Die Formulierung des Abs. 1 S. 3 ist insoweit denkbar unglücklich gewählt. **92**

Die Frage, die das Gesetz hier zu beantworten sucht, ist offensichtlich nicht die, ob Daten über unvermeidbar Betroffene im „klassischen" Sinne mit erhoben werden dürfen, sondern ob die Bildaufzeichnungen von den Fahrzeugen nur den Kennzeichenbereich bzw. – wenn Fahrzeugfarbe und -typ noch mit aufgezeichnet werden sollen, was für die Überprüfung von sog. Trefferfällen durchaus sinnvoll sein kann – den Bereich unterhalb der Windschutzscheibe (oder Heckscheibe) erfassen dürfen, oder auch den Innenraum und damit die Insassen. **93**

93.1 Solange der Datenabgleich nicht erfolgt ist, sind die Insassen der passierenden Fahrzeuge – neben nicht mitfahrenden Fahrzeughaltern – insoweit stets „Zielpersonen“ bzw. Adressaten der Maßnahme und nicht Dritte.

94 Die Antwort, die Abs. 1 S. 3 auf diese Frage zu geben versucht, soll wohl lauten: Es dürfen auch Bilder von den Insassen der erfassten Fahrzeuge aufgezeichnet werden, wenn dies technisch unvermeidbar ist. Ob dies tatsächlich technisch (un-) vermeidbar ist, hängt schlicht von der eingesetzten Technik sowie ihrer Ein- und Ausrichtung durch die Polizeibehörden im konkreten Einsatzfall ab (vgl. auch die entsprechenden tatsächlichen Feststellungen bei BVerfGE 120, 378 (425 ff.)). Die insoweit verschleiernde Wendung „unvermeidbar betroffen“ impliziert, dass die Technik – die der Gesetzgeber ja bei Schaffung der Norm kannte, da sie schon seit 2007 eingesetzt wurde (→ Rn. 2) – sich tatsächlich nicht (immer) so einrichten lässt, dass beim Einsatz keine Bildaufzeichnungen von Insassen entstehen.

95 Davon kann indessen beim gegenwärtigen Stand der opto-elektronischen Technologie – zumindest bei nicht tragbaren Geräten – kaum ausgegangen werden.

95.1 In ihrer Stellungnahme zu dem Fragenkatalog des BVerfG zu dem BVerfGE 120, 378 zugrundeliegenden Verfahren teilte die hessische Staatskanzlei mit, dies hänge von der Entfernung des AKLS vom erfassten Fahrzeug ab; die dem Gericht vorgelegten – bei Tageslicht entstanden – Beispielsbilder aus Hessen und Niedersachsen zeigten jeweils das gesamte Kfz; allerdings waren die Insassen nicht zu erkennen, da die Geräte den Fahrzeuginnenraum nicht erhellten.

96 Dafür sprechen auch die Parallelnormen anderer Bundesländer: § 32 Abs. 5 S. 2 NPOG untersagt Bildaufzeichnungen von Insassen durch das AKLS ausdrücklich und Art. 39 Abs. 1 BayPAG (vgl. → Rn. 97.2) sieht die Aufzeichnung von Insassen – auch als Nebenfolge – nicht vor („Kennzeichen von Kraftfahrzeugen […] erfassen“).

96.1 Dass dem in der Praxis tatsächlich Rechnung getragen werden kann und getragen wird, setzt VGH München DuD 2013, 465 unter Hinweis auf die tatsächlichen Abläufe bei den in Bayern eingesetzten Geräten als Bedingung für die Verfassungsmäßigkeit der Norm voraus.

97 Würden sich also AKLS-Geräte tatsächlich nicht so einrichten lassen, dass nur der Kennzeichenbereich erfasst wird und keine (identifizierbaren) Bildaufzeichnungen von Insassen entstehen, wäre eine rechtmäßige Anwendung des AKLS nach der niedersächsischen und der bayerischen Parallelvorschrift jeweils ausgeschlossen.

97.1 Eine wie Abs. 1 S. 3 lautende Vorschrift enthielt die baden-württembergische Regelung mit § 22a Abs. 1 S. 2 BWPolG aF. Diese Regelung war indessen gemäß Beschluss des BVerfG v. 18.12.2018 (NJW 2019, 842) mit dem GG unvereinbar und nichtig, soweit sie auf § 26 BWPolG verwies (vgl. → Rn. 13). Die Nachfolgeregelung in § 53 BWPolG wurde entsprechend eingeschränkt.

97.2 Art. 39 Abs. 1, Abs. 2 BayPAG aF war gemäß Beschluss des BVerfG v. 18.12.2018 (NJW 2019, 827) ebenfalls mit dem GG unvereinbar (vgl. → Rn. 15). Auch diese Regelung ist inzwischen neu gefasst.

98 Wenn also durch AKLS eine Bildaufzeichnung von Kfz, die den Innenraum bzw. die Insassen ausspart technisch möglich ist, stellt sich die Frage nach dem Sinn von Abs. 1 S. 3. Eine denkbare Alternative wäre, dass damit gleichsam durch die Hintertür eine Befugnis geschaffen werden sollte, Bilder von Insassen in bestimmten Einsatzsituationen oder regelmäßig aufzuzeichnen.

99 In diesem Fall würde die Norm indessen den verfassungsrechtlichen Anforderungen an eine solche Befugnisnorm in keiner Weise genügen, da der sich von den eigentlichen Tatbestandsmerkmalen abhebenden Formulierung „unvermeidbar betroffen werden“ nicht einmal ansatzweise ein Eingriffsanlass für die Bildaufzeichnungen und deren möglicher Verwendungszweck entnehmen lässt (vgl. auch BVerfGE 120, 378 (408, 425 ff.); Hornmann LKRZ 2010, 121 (124); Kramer/Fiebig LKRZ 2010, 241 (243 f.)). Dies gilt umso mehr, als die Bildaufzeichnung nach Abs. 1 S. 3 von den weiteren Verwendungsregeln in Abs. 2 und Abs. 3, insbesondere von der Löschungspflicht nach Abs. 3 S. 1 ausdrücklich ausgenommen sind.

100 Die zweite denkbare Alternative wäre, dass der Gesetzgeber mit Abs. 1 S. 3 in der Tat lediglich für den weder intendierten, noch regelmäßig in Kauf genommenen Fall vorsorgen wollte, dass ausnahmsweise infolge einer atypischen Situation – etwa besonderer Lichtverhält-

nisse (→ Rn. 95.1) – Bildaufzeichnungen von Insassen erstellt werden. Diese Alternative wäre nach den bisherigen Feststellungen (→ Rn. 99) die einzig verfassungskonforme.

Das bedeutet nicht, dass eine verfassungskonforme AKLS-Regelung unter Einbeziehung von Bildaufzeichnungen der Kfz-Insassen nicht geschaffen werden könnte, diese müsste jedoch qualitativ völlig anders beschaffen sein, um den vom BVerfG aufgestellten Anforderungen an Eingriffsanlass, Verwendungszweck und Verwendungsmodi und dem Gesichtspunkt der Normenbestimmtheit und Eingriffstiefe zu genügen (BVerfGE 120, 378 (408, 425 ff.)). **100.1**

Abs. 1 S. 3 ist somit dahingehend auszulegen, dass zunächst alle technischen Möglichkeiten zur Vermeidung von Bildaufzeichnungen von Insassen auszuschöpfen sind. Wird dies versäumt, sind die Insassen nicht „unvermeidbar betroffen“, sodass die Datenerhebung mittels AKLS insoweit rechtswidrig wird. Waren die Möglichkeiten ausgeschöpft und werden ausnahmsweise dennoch Bildaufzeichnungen von Insassen erstellt, bedarf § 14 Abs. 1 S. 2 vor dem dargestellten Hintergrund zudem zweier weiterer verfassungskonformer Ergänzungen. **101**

Zum einen muss sich die in Abs. 3 S. 1 vorgesehene Löschungspflicht für den sog. Nichttrefferfall selbstverständlich auch auf die so entstandenen Bildaufzeichnungen beziehen (so auch Kramer/Fiebig LKRZ 2010, 241 (244)); zum anderen kann sich die Speicherungsbefugnis bezüglich der Bildaufzeichnung des Fahrzeugs nach Abs. 4 S. 1 nicht auf die Bildausschnitte erstrecken, die (identifizierbare) Insassen zeigen, da deren Aufzeichnung nicht durch den Erhebungszweck veranlasst und gedeckt, sondern als ungewollte technische Nebenfolge entstanden war. **102**

Der mit Gesetz v. 29.6.2023 geschaffene neue Abs. 1a trifft nun auch Regelungen bezüglich der Erfassung von Personen außerhalb der betroffenen Fahrzeuge, also von Unbeteiligten, die zufällig in die Bildaufzeichnung geraten. Damit soll dem mobilen Einsatz des AKLS in Dienstwagen der Polizei Rechnung getragen werden. Dabei besteht offenbar das Risiko der Erfassung von Passanten, so dass der Hessische Datenschutzbeauftragte insoweit eine Regelung verlangt hatte (LT-Drs. 20/8129, 27). **103**

Die amtliche Begründung zu Abs. 1a lautet: „Die Regelung des § 14a schreibt keine spezifischen technischen Optionen für die Nutzung von AKLS vor, sondern beschreibt die rechtlichen Anforderungen, die beim Einsatz der Technik vorliegen müssen. Die technische Entwicklung ermöglicht neben dem stationären und mobilen Einsatz von AKLS auch deren Einsatz mittels Installation in Dienstfahrzeugen der Polizei und gestattet damit die Nutzung während Streifenfahrten (sog. In-car-AKLS). Insbesondere aus einsatztechnischen Gesichtspunkten ist eine flexible Auswahl des Einsatz-ortes des Systems erforderlich. Diese Möglichkeit bietet den Vorteil, dass identifizierte Fahrzeuge unmittelbar durch die eingesetzte Polizeistreife angehalten werden können. Mit dem neuen Abs. 1a werden die hierzu erforderlichen Rahmenbedingungen geschaffen. Insbesondere bei der Nutzung von AKLS in Dienstfahrzeugen der Polizei sind die Persönlichkeitsrechte der Personen zu schützen, die sich außerhalb des aufgezeichneten Fahrzeugs befinden. Das BVerfG fordert, dass die Ermächtigung zur automatisierten Kennzeichenerfassung den rechtsstaatlichen Anforderungen der Bestimmtheit und Klarheit einer gesetzlichen Ermächtigung genügt. Dabei sind insbesondere der Anlass der Maßnahme und der mögliche Verwendungszweck der betroffenen Informationen zu umgrenzen (BVerfG, Urteil vom 11. März 2008 – 1 BvR 2074/05, Rn. 93-96). Der Hessische Beauftragte für Datenschutz und Informationsfreiheit hat vor diesem Hintergrund klargestellt, dass eine Nutzung von AKLS in Dienstfahrzeugen der Polizei auf Grundlage der bisherigen Regelung zwar eine grundsätzlich mögliche Option darstellt, die jedoch nicht in Betracht kommt, wenn hierdurch detaillierte zusätzliche Daten rund um das betroffene Fahrzeug und insbesondere auch von unbeteiligten Personen erfasst werden. Um diesen Vorgaben zu genügen und eine Nutzung von AKLS auch in Dienstfahrzeugen der Polizei zu ermöglichen, sieht Satz 1 für den Einsatz von AKLS zusätzliche Rahmenbedingungen vor, nach denen grundsätzlich sicherzustellen ist, dass Personen außerhalb des Fahrzeugs nicht von der Aufzeichnung erfasst werden. Sollte die Aufzeichnung dieser Personen gleichwohl unvermeidbar sein, verlangt Satz 2 die unverzügliche technische Unkenntlichmachung der Personen. Satz 3 beruht ebenfalls auf den Vorgaben des Hessischen Beauftragten für Datenschutz und Informationsfreiheit, wonach eine geeignete technische Ausgestaltung des angewandten Systems zu wählen ist, die sicherstellt, dass während und außerhalb des Betriebs keine unbefugten Zugriffe auf Daten erfolgen können und dass außerdem die Übertragung von Daten zwischen der Kontrollstelle und dem zentralen Server so gesichert ist, dass keine verwertbaren Daten während der Übertragung eingesehen oder ausgelesen werden können.“ (LT-Drs. 20/8129, 27 f.) **103.1**

104 Durch die beim mobilen Einsatz des AKLS somit offensichtlich nicht unwahrscheinliche Erfassung Unbeteiligter, die sich nicht in den betroffenen Fahrzeugen befinden, erhöht sich in der Tat die Eingriffsintensität der Maßnahme deutlich. Inwieweit es tatsächlich möglich ist „technisch sicherzustellen […], dass keine Personen außerhalb der Fahrzeuge erfasst werden", hängt schlicht von der eingesetzten Technik sowie ihrer Ein- und Ausrichtung durch die Polizeibehörden im konkreten Einsatzfall ab (vgl. auch entsprechende tatsächliche Feststellungen bei BVerfGE 120, 378 (425 ff.)).

105 Die Pflicht zur unverzüglichen technischen Unkenntlichmachung im Fall einer „unvermeidbaren" Erfassung von Personen außerhalb der Fahrzeuge (Abs. 1a S. 2) steht insoweit allerdings nicht unter dem Vorbehalt der technischen Realisierbarkeit. Mobile AKLS-Systeme dürfen daher nur dann eingesetzt werden, wenn die eingesetzte Technik diese unverzügliche Unkenntlichmachung zuverlässig gewährleistet.

2. Abgleich der Kennzeichen mit dem sog. Fahndungsbestand

106 Als weitere Rechtsfolge sieht Abs. 2 S. 1–3 vor, dass die bildlich erfassten und elektronisch „gelesenen" Kennzeichen (→ Rn. 89) mit einem im Einzelnen umschriebenen Bestand an Fahndungsdateien anhand bestimmter Kriterien abgeglichen werden dürfen.

107 Durch Gesetz v. 29.6.2023 wurde in Abs. 2 zunächst der Verweis auf die geltende Fassung des BKAG aktualisiert; die jetzige Angabe „zuletzt geändert durch Gesetz vom 25. Juni 2021 (BGBl. I S. 2099)" war allerdings zum Zeitpunkt des Inkrafttretens der Neufassung am 12.7.2023 schon wieder veraltet. Tatsächlich stammt die letzte Änderung v. 19.12.2022 (BGBl. I 2606, 2632). In Abs. 3 Nr. 1 zutreffend angepasst wurde jedoch der Verweis auf die einschlägige Vorschrift des BKAG: die Regelung des vormals genannten § 20i findet sich jetzt in § 47 BKAG.

108 Der Begriff des Datenabgleichs fand sich vor der Schaffung des § 14a bereits in den Vorschriften der §§ 25, 26 und beschreibt eine spezielle Form der Datenverarbeitung iSd § 2 Abs. 2 S. 1 HDSG, nämlich den Vorgang des Vergleichens personen- und / oder sachbezogener Daten mit automatisiert gespeicherten polizeieigenen oder -fremden Datenbeständen, um in Erfahrung zu bringen, ob eine Person oder eine Sache dort bereits erfasst worden ist. Dieser Vergleich, der durch die Eingabe der erhobenen Daten in eine Suchmaske des polizeilichen Computersystems und die Auswahl eines bestimmten Suchbefehls erfolgt, zielt also auf einen Gewinn an Informationen durch Verknüpfung vorhandener Daten und ist insoweit strukturell nahe an einer Datenerhebung (vgl. Lisken/Denninger PolR-HdB/Petri, 5. Aufl. 2012, G Rn. 519; vgl. Lisken/Denninger PolR-HdB/Schwabenbauer, 6. Aufl. 2018, G Rn. 1080 ff.; Lisken/Denninger PolR-HdB/Graulich, 6. Aufl. 2018, E Rn. 755 ff.).

109 Im Einzelnen erschließt sich der Regelungsgehalt des Abs. 2 S. 1–3 nur vor dem Hintergrund der Entscheidung des BVerfG zur Vorgängernorm und genauerer Kenntnisse des Systems der polizei- und sicherheitsbehördlichen Datenverarbeitung und -speicherung (vgl. Lisken/Denninger PolR-HdB/Petri, 5. Aufl. 2012, G Rn. 70 ff.): Das BVerfG (BVerfGE 120, 378) hatte insoweit zunächst gerügt, dass der Begriff des „Fahndungsbestands" infolge der praktisch überaus vielfältigen und weiten Verwendungen der Begriffe der Fahndung und der Fahndungshilfsmittel unter Bestimmtheitsgesichtspunkten nicht ausreiche.

109.1 „Angesichts der Weite des Begriffs der Ausschreibung (‚Aufnahme von Fahndungsdaten in Fahndungshilfsmittel'), der ausdrücklichen Unabgeschlossenheit des Begriffs der ‚Fahndungshilfsmittel' sowie der allgemeinen Verweisung für die ‚Regelungen für die Ausschreibung' auf die ‚länder- und bundesspezifischen Regelungen' (Ziff. 2.1.3.1.1 S. 2, Ziff. 2.2.3.1.1 S. 2), lassen sich diesen Bestimmungen keinerlei Anhaltspunkte für eine Eingrenzung der Begriffe des Fahndungsbestands oder der Fahndungsnotierung entnehmen. Ihnen liegt vielmehr ein nicht klar abgegrenztes Verständnis dieser Begriffe zugrunde. Die Begriffe des Fahndungsbestands und der Fahndungsnotierung haben den Charakter einer dynamischen Verweisung, durch die insbesondere nicht ausgeschlossen wird, dass sich der Umfang der einbezogenen Datenbestände laufend und in gegenwärtig nicht vorhersehbarer Weise verändert." (BVerfGE 120, 378 (414), die aufgeführten Ziffern sind solche der als „Verschlusssache – Nur für den Dienstgebrauch" eingestuften einschlägigen PDV 384.1 („Polizeiliche Fahndung"), auf die das Urteil schon zuvor auf BVerfGE 120, 378 (409 ff.) eingehend Bezug nimmt).

110 In Reaktion darauf sind die Datenbestände, mit denen die erfassten Kfz-Kennzeichendaten abgeglichen werden können, nunmehr genauer aufgeführt: Zunächst legt der Gesetzgeber

fest, dass zum Fahndungsbestand die INPOL-Verbunddateien „Sachfahndung" beim Bundeskriminalamt gehören (Abs. 2 S. 1 Alt. 1; vgl. zu diesen Dateien iE Lisken/Denninger PolR-HdB/Petri, 5. Aufl. 2012, G Rn. 100 ff.; zu den Datenbeständen nach der Neustrukturierung des BKAG Lisken/Denninger PolR-HdB/Petri, 6. Aufl. 2018, G Rn. 387 ff.). Die für die Speicherung in diesen Dateien einschlägigen Vorschriften sind nunmehr die der §§ 2 Abs. 3, 13, 17 Abs. 6, 18 Abs. 4, 29 Abs. 1, Abs. 2 BKAG.

Diese entsprechen §§ 2 Abs. 3, 9, 11 Abs. 1, 34 BKAG aF in Verbindung mit der Errichtungsanordnung, die aufgrund der letztgenannten Vorschrift ergangen war. Wohl um der vom BVerfG angesprochenen Problematik einer dynamischen Verweisung (→ Rn. 109.1) auf diese Bestände zu entgehen, wurde das BKAG in seiner bei Inkrafttreten des § 14a geltenden Fassung (von 1997, zuletzt geändert 2015) in Bezug genommen (vgl. zur Problematik der jetzigen Verweisung noch eingehend → Rn. 125 f.). **110.1**

Des Weiteren sind Sachfahndungsdaten erfasst, die in Hessen erhoben und gespeichert, mangels überregionaler Bedeutung aber nicht in die INPOL-Verbunddateien des Bundeskriminalamts eingestellt wurden (vgl. zu den polizeilichen Dateien auf Länderebene auch Lisken/Denninger PolR-HdB/Petri, 6. Aufl. 2018, G Rn. 445 ff.); namentlich handelt es sich um Dateien, die innerhalb des beim Landeskriminalamt eingerichteten hessischen polizeilichen Auskunftssystems POLAS („POLAS-HE", vormals „HEPOLIS", auf Bundesebene auch „INPOL-Land" genannt) gem. §§ 17, 20 Abs. 6, Abs. 7 geführt werden; das System selbst stützt sich als automatisiertes Abruf- und Verarbeitungsverfahren auf § 24. **111**

Schließlich sind nach Abs. 2 S. 2 auch die in das INPOL-System integrierten Sachfahndungsdaten erfasst, die nach den Vorschriften des SDÜ (vgl. zur Aktualität dieser Verweisung noch → Rn. 130) gespeichert sind, namentlich im Nationalen Schengener Informationssystem („NSIS-Sachfahndung", vgl. dazu auch Lisken/Denninger PolR-HdB/Petri, 6. Aufl. 2018, G Rn. 428 f.), dessen Führung durch das Bundeskriminalamt auf nationaler Ebene in § 3 Abs. 2 BKAG iVm §§ 13, 26, 27 BKAG Regelungen gefunden hat. Insoweit kommen – soweit sie Kennzeichendaten enthalten – sämtliche Ausschreibungen nach den (Ex-) Art. 95–100 SDÜ in Betracht, die jeweils gem. den Vorgaben des (Ex-) Art. 94 SDÜ vorzunehmen sind (waren). Insoweit darf insbesondere die in Abs. 3 S. 3 Nr. 1 Alt. 3 ausdrücklich in Bezug genommene Ausschreibung nach Art. 99 SDÜ nicht so verstanden werden, dass sich ein Abgleich nur auf sie beziehen dürfte; der Verweis dient vielmehr nur dazu, die Einbeziehung auch der „schengenweiten" polizeilichen Beobachtung hervorzuheben (→ Rn. 118 f.). **112**

Dass Abs. 2 es mit dieser Festlegung dieser drei Gruppen von Datenbeständen, mit denen die erfassten Kfz-Kennzeichen abgeglichen werden können, nicht genügen lässt, sondern die Reichweite des zulässigen Abgleichs in Abs. 2 S. 3 zusätzlich beschränkt, ist auf eine weitere Vorgabe des BVerfG zurückzuführen: Die hessische Landesregierung hatte dem Gericht vorgetragen, dass sich der Abgleich schon nach der Vorgängernorm auf den Bestand INPOL-Verbunddateien „Sachfahndung" und die „NSIS-Sachfahndung" habe begrenzen sollen (vgl. BVerfGE 120, 378 (414)). **113**

Dies hatte sich nach Auffassung des Gerichts dem damaligen Wortlaut mit seinem bloßen Verweis auf einen „Fahndungsbestand" indessen schon nicht entnehmen lassen (→ Rn. 109.1). **113.1**

Auch diese Beschränkung hätte allerdings nach Auffassung des Gerichts – selbst wenn sie dem Wortlaut zu entnehmen gewesen wäre – unter Bestimmtheitsgesichtspunkten nicht genügt. Dies begründet das Gericht überzeugend mit einer Analyse der Anlässe, die zu einer Aufnahme in die genannten Datenbestände führen können. **114**

Diese umfassten nämlich selbst noch eine Vielzahl von Ausschreibungen und Fahndungszwecken: „Die Datei ‚Sachfahndung' dient, wie die hessische Landesregierung ausführt, gemäß Ziff. 2 der nach § 34 BKAG erlassenen Errichtungsanordnung (Stand: 14.2.2006) der Ausschreibung unter anderem ‚von Sachen' zur ‚Sicherstellung/Beschlagnahme', ‚Insassenfeststellung' sowie von Kraftfahrzeugen zur polizeilichen Beobachtung ‚zum Zwecke der Strafverfolgung bzw. Strafvollstreckung oder der Gefahrenabwehr'. Die Datei ermögliche danach unter anderem, ‚Sachen, die zur Begehung einer Straftat benutzt oder durch sie hervorgebracht wurden oder in anderer Weise für ein Strafverfahren, insbesondere für die Täterfeststellung von Bedeutung sind, zu ermitteln', ‚Sachen, die abhandengekommen sind, wiederzubeschaffen bzw. einem Besitzer zuzuordnen', ‚Fahrzeuge, die der polizeilichen Beobachtung unterliegen, festzustellen' sowie, Kfz festzustellen, deren Insassen ermittelt werden sollen oder deren amtliche Kennzeichen zu entstempeln sind'. Die Datei ‚NSIS-Sachfahndung' diene nach der Errich- **114.1** tungsanordnung (Stand: 21.3.2007) ‚dem Nachweis von Sachen, die zur Sicherstellung oder Beweissicherung im Strafverfahren' (Art. 100 des Schengener Durchführungsübereinkommens (SDÜ) v. 19. Juni1990 (BGBl. I 1993, 1013)), ‚zur verdeckten Registrierung (polizeiliche Beobachtung) bzw. zur gezielten Kontrolle (Art. 99 SDÜ) ausgeschrieben' seien. Daraus folgt, dass der Begriff des Fahndungsbestands auch bei Begrenzung auf die Verbunddatenbestände ‚Sachfahndung' und ‚NSIS-Sachfahndung' sowohl nach deren rechtlichen Vorgaben als auch nach der derzeitigen Praxis der Führung dieser Datenbestände eine Vielzahl von Fahndungsausschreibungen und Kombinationen von Verwendungszwecken einschließt. Auch bei einem so eingegrenzten Verständnis ist der Begriff so weit gefasst, dass durch die bloße Verweisung auf den Fahndungsbestand der Anlass der Kennzeichenerfassung nicht hinreichend umschrieben und der Verwendungszweck für die mit der Kennzeichenerfassung erhobenen Informationen selbst dann nicht eindeutig festgelegt wäre, wenn die Verwendung - was bei den angegriffenen Bestimmungen nicht der Fall ist - an den Fahndungszweck der jeweiligen Ausschreibung gebunden wäre" (BVerfGE 120, 378 (414 f.)).

115 Dem sucht das Gesetz nunmehr dadurch Rechnung zu tragen, dass es in Abs. 2 S. 3 den Abgleich auf Kfz-Kennzeichen „beschränkt", deren Aufnahme in die Datenbestände die dort genannten Anlässe zugrunde liegen. Dies stellt sich faktisch indessen nicht als eine Beschränkung des Abgleichs dar, da die in Abs. 2 S. 3 Nr. 2–4 genannten Zwecke der Gefahrenabwehr, Strafverfolgung und Strafvollstreckung das gesamte Spektrum der Anlässe für eine Sachfahndung darstellen (vgl. zum Sonderfall der polizeilichen Beobachtung → Rn. 118 ff.).

116 Dabei wird der Bezug zur Personenfahndung dadurch hergestellt, dass die Sachfahndung zu diesen Zwecken – hier also die nach Kfz-Kennzeichen – automatisch mit der Fahndung nach Personen verknüpft ist, denen in den Dateien Sachen – hier also Kfz-Kennzeichen als Halter oder Nutzer eines Kfz – zugeordnet sind, etwa im Rahmen einer Ausschreibung zur Festnahme oder Aufenthaltsermittlung nach §§ 131, 131a StPO.

117 Zu der Frage, welcher konkrete Fahndungszweck der Aufnahme aus einem der genannten Anlässe zugrunde liegen kann oder muss (vgl. die vom Gericht unter Berufung auf die Hessische Landesregierung unter → Rn. 114.1 genannten Zwecke, die sich ihrerseits auf entsprechende Auflistungen in der PDV 384.1 zurückführen lassen), schweigt das Gesetz nach wie vor, sodass davon auszugehen ist, dass insoweit keine Beschränkung intendiert war; immerhin ist damit jedoch die gesamte Weite der möglichen Fahndungszwecke nunmehr explizit vom parlamentarischen Willen des Gesetzgebers erfasst.

118 Dies gilt auch für die ausdrückliche Einbeziehung von Ausschreibungen zur polizeilichen Beobachtung nach den von Abs. 2 S. 3 Nr. 1 aufgeführten Bundes- und Landesvorschriften. Mit der Frage der Einbeziehung der polizeilichen Beobachtung in den Anwendungsbereich des AKLS hatte sich das BVerfG besonders eingehend und kritisch beschäftigt.

118.1 „Die gesetzlichen Ermächtigungen sind so unbestimmt gefasst, dass sie es nicht ausschließen, auch Ausschreibungen zur polizeilichen Beobachtung als Bestandteil des Fahndungsbestands anzusehen mit der Folge, dass mit Hilfe der automatisierten Kennzeichenerfassung auch die polizeiliche Beobachtung durchgeführt werden kann. Damit ändert sich die Qualität der Kennzeichenerfassung, die nunmehr über die Erlangung von Informationen über die Person des Halters oder Fahrers hinausgeht. Der Eingriff erhält dadurch eine veränderte Qualität mit gesteigerter Intensität und bedarf einer darauf abgestimmten Eingriffsermächtigung […]. Die Ausschreibung dient bislang dazu, bei einem zufälligen Antreffen des ausgeschriebenen Fahrzeugs im Rahmen anderweitiger Verkehrskontrollen heimlich Informationen, insbesondere über den Ort und den Zeitpunkt, aber auch über sonstige Umstände des Antreffens, festzuhalten. Durch das Sammeln derartiger Informationen über einen längeren Zeitraum hinweg soll insbesondere nach und nach ein Bewegungsprofil oder Bewegungsbild der Person zusammengestellt werden können, deren Fahrzeugkennzeichen zur Beobachtung ausgeschrieben ist. Eine Ausschreibung kann unter bestimmten Bedingungen auch europaweit im Schengener Informationssystem (SIS) erfolgen […]. Die hessische Landesregierung hält in ihrer Stellungnahme einen Einsatz der automatisierten Kennzeichenerfassung zur polizeilichen Beobachtung oder Observation von Personen, die das zur Fahndung ausgeschriebene Fahrzeug verwenden, ausdrücklich für möglich. Sie hat dazu ausgeführt, dass bei einer solchen Ausschreibung die Meldung über das Antreffen ausgeschriebener Fahrzeuge je nach Ausschreibungskategorie zu Speicherungen ‚in unterschiedlichen Spezialanwendungen nach Bundes- oder Landesrecht' führe […]. Ein Einsatz der automatisierten Kennzeichenerfassung zu solchen Zwecken würde es ermöglichen, über die punktuelle Erfassung des Kennzeichens und seines Standorts hinaus eine Vielzahl von Informationen über den Fahrer zu gewinnen. Das würde zu einer Veränderung der praktischen Bedeutung des Fahndungsmittels der polizeilichen Beobachtung und der Observation führen, die über eine bloße Effektivierung hinausreicht. Die Polizeibehörden sind bislang bei einer derartigen Beobachtung ausgeschriebener Fahrzeuge wegen der Aufwendigkeit einer manuellen Durchführung von Erfassung und Abgleich von Kennzeichen letztlich auf Zufallstreffer angewiesen. Durch die Möglichkeit, sowohl die Kennzeichenerfassung als auch den Abgleich automatisiert vorzunehmen, wird eine systematische, räumlich weitreichende Sammlung von Informationen über das Bewegungsverhalten von Fahrzeugen und damit auch von Personen technisch und mit relativ geringem Aufwand möglich. Sie kann […] ohne weiteres auch bei einer großen Zahl von Personen durchgeführt werden. Diese Folgen würden allerdings nicht allein durch die hier angegriffenen Ermächtigungen ermöglicht, sondern ergäben sich aus deren Zusammenspiel mit den weiteren Maßnahmen, für die in den Polizeigesetzen schon Ermächtigungen enthalten sind, die ihrerseits eigenständige polizeirechtliche Anforderungen für die Ausschreibung zur polizeilichen Beobachtung aufstellen. Ob eine Nutzung der automatisierten Kennzeichenerfassung für die polizeiliche Beobachtung möglich sein soll, bedarf jedoch der Legitimation durch eine Entscheidung des Parlamentsgesetzgebers" (BVerfGE 120, 378 (416 ff.)).

Der hessische Gesetzgeber hat dies zum Anlass genommen, das Instrument der polizeilichen Beobachtung mit Abs. 2 S. 3 Nr. 1 gleich an erster Stelle der Aufzählung in den Anwendungsbereich des AKLS einzubeziehen. Auch hier ist mit der ausdrücklichen Aufzählung spezialgesetzlicher Normen nur scheinbar eine Beschränkung dieser Einsatzmöglichkeit des AKLS verbunden. Die Aufzählung umfasst nämlich alle derzeit gesetzlich zugelassenen Fälle der Ausschreibung zur polizeilichen Beobachtung. **119**

Die sind namentlich die repressiven Ausschreibungen zur Strafverfolgung (§ 163e Abs. 2 StPO) und zur Überwachung einer Führungsaufsicht (§ 463a Abs. 2 StPO), die „schengenweiten" Ausschreibungen zur Strafverfolgung oder Gefahrenabwehr (vormals Art. 99 SDÜ) sowie die präventiven – insoweit vor allem der vorbeugenden Bekämpfung von Straftaten dienenden – Ausschreibungen nach § 47 BKAG, § 17 oder einer Parallelnorm anderer Bundesländer, sowie die Ausschreibung zu Zwecken des Verfassungsschutzes (§ 17 Abs. 3 BVerfSchG). **120**

Das sich die seit 2018 Bezug genommene Regelung des § 20i BKAG aF seit 2017 in § 47 BKAG befand, veranlasste des Gesetzgeber erst 2023 zu einer Anpassung des Gesetzestextes (vgl. → Rn. 127). **120.1**

Zusammengenommen ergibt sich somit aus den Regelungen des Abs. 3 S. 1–3 ein zwar konkret aufgeführter, aber denkbar weiter Anwendungsbereich des Datenabgleichs im Rahmen des AKLS-Einsatzes. Von den denkbaren Fahndungsanlässen und -zwecken, denen das AKLS dienen kann, ist in Hessen lediglich der der Fahndung zur Durchführung ausländerrechtlicher Maßnahmen ausgenommen. **121**

Im Fall der bayerischen Parallelvorschrift ist auch dieser einbezogen (vgl. Art. 33 Abs. 2 S. 3 Nr. 2 lit. c BayPAG). **121.1**

Die Auflistung in Abs. 2 S. 1–3 zeigt zudem, wie eng die Bezüge des eigentlich präventiven AKLS-Einsatzes zur Strafverfolgung sind (vgl. → Rn. 3). Von den genannten Ausschreibungszwecken bzw. -rechtsgrundlagen fallen drei (Abs. 2 S. 3 Nr. 1 Alt. 1, Nr. 3 und Nr. 4) ausschließlich und eine zum Teil (Abs. 2 S. 3 Nr. 1 Alt. 3) in den repressiven Bereich (vgl. zu den daraus resultierenden Bedenken gegen die Norm → Rn. 12; diese aufgreifend zieht etwa VGH München DuD 2013, 465 eine Teilnichtigkeit der bayerischen Parallelregelung in Erwägung; vgl. auch Hornmann LKRZ 2010, 121 (123 ff.)). **122**

Von den übrigen dient lediglich die des Abs. 2 S. 3 alleine der Gefahrenabwehr, die anderen – insoweit in Übereinstimmung mit Abs. 1 S. 1 – der vorbeugenden Bekämpfung von Straftaten. **123**

Immerhin hat der hessische Gesetzgeber sich – wohl um der vom BVerfG angesprochenen Problematik einer dynamischen Verweisung (→ Rn. 109.1) auf einen undefinierten „Fahndungsbestand" zu entgehen, dazu entschlossen, in Abs. 3 mit dem BKAG, der StPO, dem SDÜ und dem BVerfSchG ausdrücklich auf die Normen zu verweisen, nach denen sich die Ausschreibungen richten, auf die sich der Datenabgleich bezieht. Diese Verweisungen werfen allerdings (wie schon die des § 18 Abs. 2 Nr. 6 auf StPO und VersammlG; → Rn. 56 ff.) ihrerseits Fragen auf. **124**

Die erste Bezugnahme auf das BKAG (Abs. 2 S. 1) verwies bis zu dem am 1.11.2015 in Kraft getretenen Gesetzes zur Änderung des Melderechts, des Hessischen Gesetzes über die öffentliche Sicherheit und Ordnung und des Hessischen Glücksspielgesetzes v. 28.9.2015 **125**

(HessGVBl. 346) ausdrücklich auf die Fassung, die das BKAG kurz vor Inkrafttreten des § 14a im Jahr 2009 erhalten hatte. Dies konnte somit nur als statische Verweisung gesehen werden.

125.1 Da das BKAG nachfolgend durch die Gesetze v. 21.7.2012 (BGBl. I 1566), v. 6.6.2013 (BGBl. I 1482) und v. 20.6.2013 (BGBl. I 1602) auch in dem hier einschlägigen Bereich der Datenspeicherung und Dateiführung weiter verändert worden war, verwies § 14a lange Zeit auf eine veraltete Fassung des Gesetzes.

125.2 Dass der Gesetzgeber das Problem während dieser Zeit durchaus im Blick hatte, zeigte sich daran, dass er den vormals veralteten Verweis auf die 2009 geltende Fassung des TKG in § 15a Abs. 2 im Jahr 2013 aktualisierte; ob diese Gelegenheit zur Aktualisierung auch des Verweises in Abs. 3 bewusst oder unbewusst ungenutzt blieb, ist nicht erkennbar (inzwischen ist auch dieser Verweis infolge des Telekommunikationsmodernisierungsgesetzes vom 23.6.2021 (vgl. → § 15a Rn. 40) veraltet).

125.3 Dieser Befund bereitete hier allerdings – abgesehen von der insoweit nicht mehr aktuell gewesenen, aber durch die Verwendung des Präsens Aktualität vorgebenden Zitierung – praktisch keine Probleme, da die für die Speicherung der Sachfahndungsdaten einschlägigen Vorschriften der § 2 Abs. 3 BKAG, § 9 BKAG, § 11 Abs. 1 BKAG, § 34 BKAG sich seit Inkrafttreten von § 14a am 31.12.2009 nicht mehr geändert hatten. Gleiches galt für die Regelung des § 20i BKAG aF.

126 Nachdem diese Verweisung mit der am 1.11.2015 in Kraft getretenen Neufassung mit erheblicher Verspätung aktualisiert worden war, hat der Bundesgesetzgeber indessen das BKAG im Jahr 2017 einer grundlegenden Neustrukturierung unterzogen; diese wurde vom Hessischen Gesetzgeber wiederum mit Verspätung durch die Aktualisierung des Abs. 2 S. 1 v. 25.6.2018 nachvollzogen.

127 Es blieb das Geheimnis des Gesetzgebers, warum er diese Aktualisierung nicht auf das Zitat des BKAG in S. 3 Nr. 1 erstreckt hat. Die dort bis zur jüngsten Änderung in Bezug genommene Regelung des § 20i BKAG aF fand sich seit 2017 in § 47 BKAG (vgl. → Rn. 120.1). Erst mit Gesetz v. 29.6.2023 wurde diese Verweisung nunmehr aktualisiert.

128 Bei den Verweisungen des Abs. 3 S. 2, S. 3 Nr. 1 auf das SDÜ als Ganzes und die Vorschriften der §§ 163e, 463a StPO, § 17 Abs. 3 BVerfSchG und des Art. 99 SDÜ, die die Reichweite des zulässigen Abgleichs bestimmen, hat zwar der Gesetzgeber – anders als im Fall des BKAG – davon abgesehen, die Normen mit Fundstellennachweis zu nennen und sich damit auf einen Zeitpunkt festzulegen. Da jedoch – hier, wie in den Übergangs- und Schlussvorschriften der §§ 110 ff. – jeder Hinweis auf eine gesetzgeberische Absicht fehlt, die Normen dynamisch in Bezug zu nehmen (was unter den in → Rn. 58.1 genannten Gesichtspunkten zudem an sich problematisch wäre), sind auch diese Verweisungen als statische (→ Rn. 58 f., → Rn. 125) zu betrachten. Von den Vorschriften, auf die Abs. 3 S. 2, S. 3 Nr. 1 verweist, ist indessen seit Inkrafttreten von § 14a nur § 163e StPO unverändert geblieben.

129 Die Vorschrift des § 463a StPO hat durch Gesetz v. 22.10.2010 (BGBl. I 2300) und Gesetz v. 11.6.2017 (BGBl. I 1612) jeweils eine Neufassung erhalten; diese ist allerdings im vorliegenden Zusammenhang praktisch bisher ebenfalls nicht relevant geworden, da die Änderungen die für die Ausschreibung einschlägige Regelung des § 463a Abs. 2 StPO nicht betreffen.

130 Das in Bezug genommene SDÜ gilt mittlerweile nur noch insoweit, als es nicht durch SIS II-VO (VO (EG) 1987/2006 v. 20.12.2006, ABl. 2006 L 381, 4) und den SIS II-Beschluss (B 2007/533/JI v. 12.6.2007, ABl. 2007 L 205, 63) ersetzt wurde.

130.1 Durch die SIS II-VO wurde es in Bezug auf Ausschreibungsverfahren ersetzt, die unter Titel IV des EGV – ehemals „erster Pfeiler“ – fielen (betrifft die Ausschreibungen nach dem ehemaligen Art. 96 SDÜ); durch den SIS II-Beschluss wurde es bezüglich der unter Titel VI des EUV (ehemals „dritter Pfeiler“), ersetzt, der die SIS II-VO insoweit ergänzt; hiervon erfasst das sind unter anderem Ausschreibung zur Beobachtung (ehemals Art. 99 SDÜ, nunmehr Art. 36 SIS II-Beschluss), aber auch solche zur Aufenthaltsermittlung und Festnahme sowie von Sachdaten.

131 Da diese beiden Regelungen inzwischen gemäß den jeweils vorgesehenen Verfahren über das Inkrafttreten (Art. 55 SIS II-VO, Art. 71 SIS II-Beschluss) Geltung erlangt haben, geht der Verweis auf das SDÜ als Ganzes ebenso „ins Leere“, wie der auf eine Ausschreibung nach Art. 99 SDÜ, an deren Stelle die Ausschreibung nach Art. 36 SIS II-Beschluss getreten ist.

Gemäß B 2013/157/EU (v. 7.3.2013, ABl. 2013 L 87, 8) gilt der SIS II-Beschluss für die am SIS 1+ teilnehmenden Mitgliedstaaten seit dem 9.4.2013. Das kommt inzwischen in einer Fußnote zu Titel IV (Schengener Informationssystem) des SDÜ (zuletzt geändert durch Art. 64 VO (EU) 2018/1861 v. 28.11.2018, ABl. 2018 L 312, 14) zum Ausdruck; diese lautet: „Der Beschluss 2007/533/JI bildet die erforderliche Rechtsgrundlage für das SIS II in Bezug auf die Angelegenheiten, die in den Anwendungsbereich des Vertrags über die Europäische Union fallen. Die Verordnung (EG) Nr. 1987/2006 bildet die erforderliche Rechtsgrundlage für das SIS II in Bezug auf die Angelegenheiten, die in den Anwendungsbereich des Vertrags zur Gründung der Europäischen Gemeinschaft fallen. **131.1**

Titel IV (Art. 92–119) wird in Bezug auf Angelegenheiten, die in den Anwendungsbereich des Vertrags fallen, durch Artikel 52 Absatz 1 der Verordnung (EG) Nr. 1987/2006 des Europäischen Parlaments und des Rates v. 20.12.2006 über die Einrichtung, den Betrieb und die Nutzung des Schengener Informationssystems der zweiten Generation (SIS II) ersetzt. Dies tritt jedoch erst zu dem in Artikel 55 Absatz 2 der Verordnung (EG) Nr. 1987/2006 genannten Zeitpunkt in Kraft.

Titel IV (Art. 92–119) wird in Bezug auf Angelegenheiten, die in den Anwendungsbereich des EU-Vertrags fallen, ersetzt der Beschluss 2007/533/JI v. 12.6.2007 über die Einrichtung, den Betrieb und die Nutzung des Schengener Informationssystems der zweiten Generation (SIS II) zu dem in seinem Artikel 71 Absatz 2 genannten Zeitpunkt die Bestimmungen der Artikel 64 und Artikel 92 bis 119 des Schengener Übereinkommens mit Ausnahme von Artikel 102a (Näheres s. dort) dieses Übereinkommens.“

Auch der Verweis auf § 17 Abs. 3 BVerfSchG bezieht sich nicht mehr auf die am 31.12.2009 geltende Fassung; diese wurde vielmehr in den Jahren 2013, 2015, 2020 und 2022 in inhaltlich relevanter Weise geändert. **132**

Die inhaltlich bedeutendste Änderung aus dem Jahr 2013 hatte den Zweck der Anpassung an die auch hier erwähnten EU-rechtlichen Ausschreibungen, die in § 17 Abs. 3 BVerfSchG nunmehr in mit ihren damals aktuellen Rechtsgrundlagen in Bezug genommen wurden; rechtstechnisch hat der Gesetzgeber diese Aktualisierung über eine Änderung von Art. 3 Nr. 2 SISIIG (Gesetz zum Schengener Informationssystem der zweiten Generation v. 6.6.2009, BGBl. I 1226) bewerkstelligt (vgl. dessen Fassung in der Bekanntmachung v. 2.4.2013, BGBl. I 727). Die weiteren Änderungen in den Jahren 2015, 2020 und 2022 diensten jeweils erneut der Aktualisierung der in § 17 Abs. 3 BVerfSchG Bezug genommenen Rechtsgrundlagen. **132.1**

Legt man das zugrunde, hat sich der Abgleich nach Abs. 2 S. 3 Nr. 1 de lege lata auf Datenbestände zu beschränken, die noch auch der Grundlage der alten Fassungen der genannten Gesetze bzw. des Art. 99 SDÜ entstanden sind, was jedoch praktisch kaum umsetzbar ist. Im Hinblick auf die somit an mehreren Stellen des HSOG vorfindbare Problematik der gewählten Verweisungstechnik sollte der hessische Gesetzgeber entweder auf sie verzichten oder die Verweise regelmäßig aktualisieren. **133**

Drei weitere Vorgaben für den Abgleich mit dem Fahndungsbestand enthalten Abs. 2 S. 4 und S. 5, indem sie den Zeitpunkt des Abgleichs („sofort nach der Erhebung der Daten“) und einen weiteren Modus („nur mit vollständigen Kennzeichen des Fahndungsbestands“) festlegen sowie ein Verbot der Erstellung von Bewegungsbildern – und eine Ausnahme davon – vorsehen. **134**

Mit der zeitlichen Vorgabe eines sofortigen Abgleichs erfüllte der Gesetzgeber ursprünglich eine der Voraussetzungen, unter denen das BVerfG davon ausgegangen war, dass im sog. Nichttrefferfall kein Eingriff in das Recht auf informationelle Selbstbestimmung vorliegt. **135**

BVerfGE 120, 378 (399): „Zu einem Eingriff in den Schutzbereich des Rechts auf informationelle Selbstbestimmung kommt es daher in den Fällen der elektronischen Kennzeichenerfassung dann nicht, wenn der Abgleich mit dem Fahndungsbestand unverzüglich vorgenommen wird und negativ ausfällt (sog. Nichttrefferfall) sowie zusätzlich rechtlich und technisch gesichert ist, dass die Daten anonym bleiben und sofort spurenlos und ohne die Möglichkeit, einen Personenbezug herzustellen, gelöscht werden.“ **135.1**

Von dieser Rechtsprechung hat das BVerfG indessen in seiner Entscheidung zur bayerischen Ermächtigungsgrundlage für den Einsatz von automatischen Kennzeichenlesesystem inzwischen Abstand genommen (BVerfG NJW 2019, 827 ff.). Auch wenn die Daten spurlos gelöscht würden, werde gegenüber den Betroffenen ein spezifisches Fahndungsinstrument eingesetzt und seine Weiterfahrt unter den Vorbehalt gestellt, dass Erkenntnisse gegen sie **136** nicht vorlägen (vgl. → Rn. 8.1). Insofern hat die zeitliche Vorgabe ihre ursprüngliche grundrechtliche Relevanz inzwischen verloren.

137 Die Regelung des Abs. 2 S. 4, wonach ein Abgleich nur mit Kennzeichen durchgeführt werden darf, die im Fahndungsbestand vollständig gespeichert sind, schließt „Suchläufe" aus, die die Zahl der Trefferfälle stark erhöhen würde: Ist ein Kennzeichen unvollständig ausgeschrieben – etwa weil sich Zeugen einer Straftat nur an einen Teil davon erinnern konnten – würden außer dem gesuchten auch alle anderen Fahrzeuge als Treffer gemeldet, deren Kennzeichen die ausgeschriebene Ziffern- und / oder Zahlenfolge aufweisen.

138 Mit dem grundsätzlichen Verbot der Erstellung von Bewegungsbildern, das Abs. 2 S. 5 Hs. 1 aufrichtet, trägt der Gesetzgeber wiederum dem Urteil des BVerfG Rechnung, das die seinerzeitige Regelung im HSOG unter anderem deshalb verworfen hatte, weil die Erstellung von Bewegungsbildern generell als möglich erschien (vgl. BVerfGE 120, 378 (401, 412 ff., 424).

139 Das Verbot der Erststellung von Bewegungsbildern gilt allerdings nach Abs. 2 S. 5 Hs. 2 nicht für die Fälle der Ausschreibung zur polizeilichen Beobachtung. In dieser Ausnahme steckt materiell nicht weniger als eine grundlegende Veränderung des Instruments der polizeilichen Beobachtung.

140 Eine solche Beobachtung ausgeschriebener Fahrzeuge war bislang nur im Rahmen „klassischer" Polizeikontrollen mit Hilfe manuell veranlasster Datenabgleiche im Einzelfall möglich und daher letztlich auf Zufallstreffer angewiesen; mit der infolgedessen geringen Effektivität dieses Instruments korrespondierte eine vergleichsweise geringe Eingriffsintensität.

141 Mit der durch das AKLS geschaffenen Möglichkeit, binnen kurzer Zeit eine große Zahl von Kennzeichen automatisiert zu erfassen und abzugleichen, steigt die Trefferwahrscheinlichkeit exponentiell an. Der zudem relativ geringe Aufwand macht es möglich, systematische, räumlich weitreichende Sammlungen von Informationen über das Bewegungsverhalten von Fahrzeugen und damit auch von Personen zu erstellen (vgl. BVerfGE 120, 378 (418)).

142 Diese faktische Veränderung der Bedeutung des Instruments der polizeilichen Beobachtung, „die über eine bloße Effektivierung hinausreicht" (BVerfGE 120, 378 (418)), bedarf – wie schon die Einbeziehung der polizeilichen Beobachtung selbst (→ Rn. 118 ff.) – einer ausdrücklichen Regelung durch ein Parlamentsgesetz. Eine solche ist zwar mit Abs. 2 S. 5 Hs. 2 geschaffen worden; die mit ihr verbundene Ermächtigung der Polizeibehörden zur Erstellung systematischer, räumlich weitreichender Sammlungen über das Bewegungsverhalten von Fahrzeugen und damit von Personen ist allerdings in der im Rahmen der verschachtelten Norm gänzlich unscheinbaren Formulierung „Satz 3 Nr. 1 bleibt unberührt" eher versteckt als expliziert.

3. Unzulässigkeit weiterer Datenverarbeitung in „Nichttrefferfällen" (Abs. 3 S. 1)

143 Abs. 3 S. 1 schreibt sodann für die sog. Nichttrefferfälle – ebenfalls in Anknüpfung an die (überholte → Rn. 136) Rechtsprechung des BVerfG (→ Rn. 135.1) – die sofortige automatisierte Löschung der erhobenen Daten vor. Abs. 3 S. 2 verbietet darüber hinaus eine Protokollierung von Datenerhebung und Datenabgleich. Damit soll sichergestellt werden, dass alle erhobenen Kennzeichendaten, die ausweislich des Abgleichs nicht in den genannten Sachfahndungsdateien gespeichert waren, unwiederbringlich „verloren" sind; sie stehen damit für eine weitere Datenverarbeitung bzw. für Folgemaßnahmen nicht mehr zur Verfügung.

4. Zulässige (Folge-)Maßnahmen und weitere Datenverarbeitung in „Trefferfällen" (§ 14 Abs. 4)

144 Für die Fälle, in denen erhobenen Kennzeichendaten ausweislich des Abgleichs in den genannten Sachfahndungsdateien registriert waren – sog. Trefferfälle –, regelt Abs. 4 S. 1 zunächst die Befugnis der Polizeibehörden, das Kennzeichen, die Bildaufzeichnung sowie die Angaben zu Ort, Fahrtrichtung, Datum und Uhrzeit der Erhebung zu speichern. Dabei erstreckt sich die Ermächtigung zur Speicherung der Bildaufzeichnung, wie bereits (→ Rn. 90 ff., → Rn. 100) dargelegt, nicht auf Bildausschnitte, die (identifizierbare) Insassen zeigen.

Als eine Folgemaßnahme, zu der originär § 14a ermächtigt, stellt sich das Anhalten des Fahrzeugs und der Insassen gem. Abs. 4 S. 2 dar. 145

Weitere Befugnisse zum Anhalten enthält das HSOG in § 12 Abs. 1 S. 2, § 18 Abs. 3 S. 2 Alt. 1. Obwohl sich die Befugnis in § 18 Abs. 3 S. 2 Alt. 1 ebenfalls auf Fahrzeuge beziehen kann (vgl. § 18 Abs. 2 Nr. 5 und Nr. 6), nennt diese als Adressaten des Anhaltens (nur) Personen, während Abs. 4 S. 2 „das Fahrzeug und die Insassen" erwähnt. Die Benennung von beidem hat einen Sinn wohl nur in Fällen, in denen Insassen direkt nach dem Stopp des Fahrzeugs davonlaufen. 145.1

Das Anhalten darf auch hier die Grenze zur Freiheitsentziehung nicht überschreiten (→ Rn. 10, → § 12 Rn. 10). 146

§ 14 Abs. 4 S. 3 begründet zudem eine Pflicht der Polizeibehörden zur Überprüfung des Trefferfalls anhand des aktuellen Fahndungsbestands vor Ergreifung weiterer (Folge-) Maßnahmen. Diese Vorgabe ist einerseits der relativ hohen Fehlerquote des AKLS geschuldet (insbesondere sind „Lesefehler"; vgl. zu dem technischen Vorgang → Rn. 89 aE) keineswegs selten), andererseits der Tatsache, dass der Abgleich mit dem Fahndungsbestand in Anwendung des AKLS praktisch mit Hilfe einer Speicherung des Fahndungsbestands auf einen Datenträger erfolgt. Daher ist der tatsächliche Fahndungsbestand in den BKA-Systemen infolge des Zeitverzugs nicht zwingend identisch mit dem gespeicherten. Aus diesen Gründen wird verlangt, dass der Abgleich im Trefferfall durch die Polizei manuell und online wiederholt wird, um sowohl technische Fehler auszuschließen, als auch die Aktualität des Trefferfalls sicherzustellen (vgl. Meixner/Fredrich, 12. Aufl. 2016, Rn. 4). 147

Als „weitere Maßnahmen" iSd Abs. 4 S. 3, denen diese Überprüfung vorgeschaltet ist, sind angesichts der Weite der in den AKLS-Einsatz einbezogenen Ausschreibungsanlässe und -zwecke (→ Rn. 109 ff.) eine Reihe von polizeilichen Standard- und sonstigen Maßnahmen denkbar. Für solche sind selbstredend eigenständige Ermächtigungsgrundlagen im HSOG oder in der StPO erforderlich – § 14a sieht insoweit lediglich die Anhaltebefugnis originär vor (→ Rn. 145 f.) –, deren Voraussetzungen vorliegen müssen und deren Grenzen einzuhalten sind. 148

Insoweit sichert die Überprüfungspflicht des Abs. 4 S. 3 unter Umständen auch die tragfähige Feststellung der jeweiligen Tatbestandsvoraussetzungen, im Fall einer avisierten Festnahme aufgrund Haftbefehls etwa derjenigen, dass es sich um den Beschuldigten handelt und der Haftbefehl fortbesteht. 149

Abs. 4 S. 4 sah bis zur Änderung durch Gesetz v. 29.6.2023 die Befugnis der Polizeibehörden vor, die nach Abs. 4 S. 1 gespeicherten Daten (→ Rn. 144) für Zwecke der Gefahrenabwehr weiter zu verarbeiten. Diese Regelung hatte das Bundesverfassungsgericht in dem Beschluss von 2018 (BVerfG NJW 2019, 842 (847)) für verfassungswidrig erklärt. Deswegen wurde sie nunmehr gestrichen. 150

Der Begriff der Datenverarbeitung knüpfte an den entsprechenden Oberbegriff des § 41 Nr. 2 HDSIG („jeder mit oder ohne Hilfe automatisierter Verfahren ausgeführte Vorgang oder jede solche Vorgangsreihe im Zusammenhang mit personenbezogenen Daten"; vgl. → § 13 Rn. 27.1 f.). 150.1

Die weitere Verarbeitung der Daten setzte voraus, dass eine solche für Zwecke der Gefahrenabwehr erforderlich ist. Diese Zwecke umfassen neben der „klassischen" Variante iSd § 1 Abs. 1 auch die Verhütung zu erwartender Straftaten iSd § 1 Abs. 4 Alt. 1, aus den bereits (→ Rn. 36 ff.) eingehend dargelegten Gründen jedoch nicht die Vorsorge für die Verfolgung künftiger Straftaten iSd § 1 Abs. 4 Alt. 2. Nach dem Bundesverfassungsgericht kommt eine Weiterverarbeitung jedoch nur zum Schutz von Rechtsgütern von zumindest erheblichem Gewicht oder sonst einem vergleichbar gewichtigen öffentlichen Interesse in Betracht (BVerfG NJW 2019, 842 (847)). 150.2

Von hoher praktischer Relevanz ist – angesichts des repressiven Einschlags des AKLS-Einsatzes (→ Rn. 12, → Rn. 122 f.) – weiterhin die Frage, ob und inwieweit die erhobenen Daten zu Zwecken der Verfolgung bereits begangener Straftaten weiter verarbeiten dürfen. Hierzu waren die Polizeibehörden schon nach dem Wortlaut des – nunmehr gestrichenen – Abs. 4 S. 4 nicht ermächtigt. 151

Eine solche Ermächtigung ergab und ergibt sich auch nicht aus den in § 20 vorgesehenen allgemeinen Regelungen über die Datenweiterverarbeitung: Zwar erlaubt § 20 Abs. 2 S. 2 in Abweichung vom Grundsatz der Zweckbindung nach § 20 Abs. 1 unter bestimmten Voraussetzungen die Datenweiterverarbeitung zu anderen als den Ergebungszwecken. Es 152 muss sich jedoch bei diesen – wie sich aus § 20 Abs. 2 S. 2 Nr. 1 und Nr. 2 explizit ergibt, um die in § 1 Abs. 1 und Abs. 4 vorgesehenen Zwecke der Gefahrenabwehr oder der vorbeugenden Bekämpfung von Straftaten handeln, also um Zwecke, die das HSOG erfasst. Dazu gehört nicht die Erforschung und Verfolgung von Straftaten; diese ist, auch wenn sie in § 3 Abs. 2 und Abs. 3 erwähnt wird, hinsichtlich der Ermittlungen abschließend in der StPO geregelt. „Andere Zwecke" iSd § 20 Abs. 2 sind also nur präventiv-polizeiliche Zwecke (vgl. Lisken/Denninger PolR-HdB/Petri, 5. Aufl. 2012, G Rn. 375 ff., 378 sowie nunmehr unter Berücksichtigung des europäischen Datenschutzrechts Lisken/Denninger PolR-HdB/Petri, 6. Aufl. 2018, G Rn. 513 ff.; vgl. auch zur Gesetzgebungskompetenz Lisken/Denninger PolR-HdB/Schwabenbauer, 6. Aufl. 2018, G Rn. 1084 ff.).

153 Auch fehlt in Abs. 4 eine Löschungsvorschrift nach dem Muster der Regelungen in § 14 Abs. 1 S. 2, § 14 Abs. 2 S. 2, denen sich zumindest im Umkehrschluss entnehmen lässt, dass der Gesetzgeber die Befugnis zur Verwendung von präventiv-polizeilich erhobenen Daten für die Strafverfolgung für gegeben hält.

154 Trotz dieses Schweigens hält der Gesetzgeber die Weiterverarbeitung zu strafprozessualen Zwecken auch im Fall der Erhebung der Daten mittels AKLS für zulässig (vgl. LT-Drs. 18/1248, 3). Dass diese Annahme nach der herrschenden Auffassung im Ergebnis – wenn auch mit verfassungsrechtlich gebotenen Einschränkungen (dazu → Rn. 156) – tatsächlich zutrifft, erschließt sich allerdings erst aus den einschlägigen, wenn auch insoweit nicht besonders klaren Vorschriften der StPO (vgl. iE Kühne StrafProzR Rn. 393.3 mwN; Gusy ZJS 2012, 155 (156 ff.); Lisken/Denninger PolR-HdB/Petri, 5. Aufl. 2012, G Rn. 375 ff.).

154.1 Einschlägig sind insoweit entgegen dem ersten Anschein nicht die Regelungen der §§ 477 ff. StPO, da sich aus diesen lediglich die Voraussetzungen und Grenzen einer Verarbeitung repressiv gewonnener Daten für die Gefahrenabwehr – also den Zweckwechsel in umgekehrter Richtung – sowie diejenigen für sog. Mischdateien ergeben. Sedes materiae ist vielmehr zunächst § 161 Abs. 1 StPO der die Staatsanwaltschaft seit jeher ermächtigt von allen Behörden Auskunft zu verlangen, also auch von der Polizei in ihrer Eigenschaft als Gefahrenabwehrbehörde (str., vgl. Kühne StrafProzR Rn. 393.3 mwN); wird die Polizei gem. §§ 161 Abs. 1, 163 Abs. 1 StPO im ersten Zugriff bei Gefahr im Verzug oder im Auftrag der Staatsanwaltschaft tätig, beauskunftet sie sich insoweit gleichsam selbst.

154.2 Deutlicher als in diesen Vorschriften kommt die dem Grunde nach vom Gesetzgeber gewollte Zulässigkeit eines Zweckwechsels von der präventiven zur repressiven Seite seit 2008 in den Regelungen der § 161 Abs. 2 und Abs. 3 StPO zum Ausdruck: Deren Begrenzungen einer solchen zweckändernden Verwendung der präventiv-polizeilichen Daten nach dem Modell des sog. hypothetischen Ersatzeingriffs haben nur dann einen Sinn, wenn diese als solche möglich ist.

155 Danach wäre die Zulässigkeit einer Verarbeitung der mittels AKLS präventiv-polizeilich gewonnen Daten zum Zweck der Strafverfolgung gem. § 161 Abs. 2 StPO nur dann beschränkt, wenn dessen repressiv-polizeilicher Einsatz an den Verdacht bestimmter Straftaten geknüpft wäre. Da die StPO indessen keine Ermächtigung für den Einsatz des AKLS enthält – zumindest keine ausdrückliche (→ Rn. 16) – bestehen insoweit auch keine Beschränkungen.

155.1 Dieser dem herrschenden Ansatz folgende Lösungsweg führt indessen zu dem widersinnigen und rechtsstaatlich wenig überzeugenden Ergebnis, dass die repressive Verarbeitung präventiv gewonnener Daten auch und gerade dann unbeschränkt möglich ist, wenn der Bundesgesetzgeber auf eine bestimmte in Polizeigesetzen geregelte Datenerhebungsmethode für die Strafverfolgung bewusst ganz verzichtet, etwa weil er sie für zu eingriffsintensiv hält, während sie beschränkt ist, wenn er sie unter einengenden Voraussetzungen zulässt. Dieser Aspekt wird in der bisherigen Debatte – soweit ersichtlich – noch nicht erkannt bzw. erörtert.

156 Solche Beschränkungen folgen allerdings hinsichtlich des Gewichts der zu verfolgenden Straftaten aus dem Beschluss des Bundesverfassungsgerichts zu § 14 a; danach kommt unter Verhältnismäßigkeitsgesichtspunkten eine Nutzung der durch den AKLS-Einsatz gewonnen Daten „zu weiteren Zwecken daher nur zum Schutz von Rechtsgütern von zumindest erheblichem Gewicht oder sonst einem vergleichbar gewichtigen öffentlichen Interesse in Betracht, das heißt für das Strafrecht zur Verfolgung von Straftaten von zumindest erheblicher Bedeutung" (BVerfG NJW 2019, 842 (847)). Die Einhaltung dieser Einschränkung ist daher durch entsprechende technisch-organisatorische Vorkehrungen von Seiten der Polizeibehörden sicherzustellen.

5. Adressaten

Hinsichtlich der möglichen Adressaten der Datenerhebung weicht auch § 14a von der Störersystematik, die die Vorschriften der §§ 6, 7, 9 über die polizeiliche Verantwortlichkeit errichten, erkennbar ab (→ § 6 Rn. 2). Indem die Norm vorgibt, dass Kfz-Kennzeichendaten und Bilder von allen Fahrzeugen erhoben und aufgezeichnet werden dürfen, die in einen nach Abs. 1 S. 1 zulässigen AKLS-Einsatz geraten, macht sie potentiell alle Halter, Nutzer und Insassen der Fahrzeuge – unabhängig von einer Störereigenschaft und dem Vorliegen der Voraussetzungen des § 9 – zu Adressaten der Maßnahme; ebenfalls unabhängig von der Störersystematik werden sie dies tatsächlich mit Beginn des Grundrechtseingriffs – also im Trefferfall – durch die nun eröffneten Rechtsfolgen und Folgemaßnahmen (vgl. → Rn. 92). Auch die Vorschrift des § 14a enthält insoweit eine normimmanente Adressatenregelungen (vgl. → § 12 Rn. 35, → § 13 Rn. 119, → § 14 Rn. 3). **157**

III. Besondere Form- und Verfahrensvorschriften

Die den Einsatz des AKLS im Übrigen flankierenden normativen Beschränkungen werden im Folgenden in Übereinstimmung mit entsprechenden Ansätzen der polizeirechtlichen Literatur als besondere (auch: maßnahmebezogene) Form- und Verfahrensvorschriften erörtert, ohne dass damit ihr primär materiell-rechtlicher – nicht zuletzt dem Grundrechtsschutz dienender – Gehalt in Abrede gestellt werden soll (→ Rn. 87, → § 14 Rn. 4). **158**

1. Räumliche und zeitliche Beschränkungen der Datenerhebung durch AKLS (Abs. 1 S. 3)

Gemäß § 14 Abs. 2 S. 3 Nr. 1 darf der Einsatz des AKLS in keinem Fall „flächendeckend" erfolgen. Diese wenig präzise räumliche Beschränkung des Einsatzes knüpft begrifflich an das Urteil des BVerfG (BVerfGE 120, 378 ff.) an, das diesen Begriff wiederholt verwendet. Dabei nimmt das Gericht seinerseits Bezug auf die damals ebenfalls angegriffene schleswig-holsteinische Parallelregelung des § 184 Abs. 5 S. 5 SchlHLVwG, die eine entsprechende Beschränkung infolge von Kritik im Gesetzgebungsverfahren erhalten hatte. **159**

Nach dem vierten Leitsatz des verfassungsgerichtlichen Urteils ist das Verbot eines flächendeckenden Einsatzes des AKLS zwingende Voraussetzung für die Verfassungsmäßigkeit der gesetzlichen Ermächtigung (BVerfGE 120, 378). Indem der Gesetzgeber dieses Verbot ohne jede weitere Konkretisierung begrifflich übernimmt, bleibt er indessen – angesichts der im Urteil ausgiebig dargelegten Bedenken im Hinblick auf die Normenbestimmtheit – erneut an der verfassungsrechtlichen „Untergrenze" (vgl. insoweit → Rn. 12 f., → Rn. 119 und → Rn. 142). **160**

Folgt man Meixner/Fredrich (Meixner/Fredrich, 12. Aufl. 2016, Rn. 1), ist der Einsatz des AKLS nur dann flächendeckend, wenn er den gesamten Dienstbereich der die Maßnahme durchführenden Polizeibehörde erfasst, ohne dass es Ausweichmöglichkeiten gibt. Danach wäre die Flächendeckung im Land Hessen getrennt nach den einzelnen Polizeipräsidien (sechs Flächenpräsidien und das Polizeipräsidium Frankfurt a. M., vgl. § 5 HSOG-DVO) zu beurteilen; das zulässige Maß soll sie dabei wohl jeweils nur dann überschreiten, wenn es keinerlei Umfahrungsmöglichkeiten mehr gibt. **161**

Dass dieses Verständnis dem Telos der bundesverfassungsgerichtlichen Vorgabe nicht entspricht, liegt auf der Hand. Würde ein Polizeipräsidium nur die in seinem örtlichen Zuständigkeitsbereich liegenden Bundesautobahnen, Bundesstraßen und überregional bedeutsamen Landstraßen gleichzeitig mit dem AKLS erfassen (wobei letztere nunmehr für den Fall der Schleierfahndung durch Abs. 1 S. 3 Nr. 4 ausgeschlossen sind), wäre der Einsatz infolge der Ausweichmöglichkeiten auf kleineren Straßen noch nicht flächendeckend, und zwar selbst dann nicht, wenn alle anderen Präsidien das gleiche täten. Praktisch wäre ein flächendeckender Einsatz danach gar nicht möglich. **162**

Insoweit ist zunächst das Kriterium der „Ausweichmöglichkeit" völlig ungeeignet, da es diese zum einen infolge des dichten Verkehrswegenetzes in der Bundesrepublik stets gibt und mit ihm zum anderen implizit auf Kenntnisse und Absichten der Adressaten Bezug genommen wird. Diese sollen sich von Grundrechts wegen auch im Angesicht einer Ermächtigung zum AKLS-Einsatz weiter unbefangen – also frei von Gedanken an etwaige Ausweichmöglichkeiten – bewegen können. **163**

163.1 Insoweit sei an die zentralen Aussagen des BVerfG zur Eingriffsintensität automatisierter Datenerhebungen in großer Zahl erinnert: „Ferner ist bedeutsam, ob der Betroffene einen ihm zurechenbaren Anlass, etwa durch eine Rechtsverletzung, für die Erhebung geschaffen hat oder ob sie anlasslos erfolgt und damit praktisch jeden treffen kann. Informationserhebungen gegenüber Personen, die den Eingriff durch ihr Verhalten nicht veranlasst haben, sind grundsätzlich von höherer Eingriffsintensität als anlassbezogene (vgl. BVerfGE 100, 313 (376, 392); 107, 299 (320 f.); 109, 279 (353); 113, 29 (53); 113, 348 (383); 115, 320 (354)). Werden Personen, die keinen Erhebungsanlass gegeben haben, in großer Zahl in den Wirkungsbereich einer Maßnahme einbezogen, können von ihr auch allgemeine Einschüchterungseffekte ausgehen, die zu Beeinträchtigungen bei der Ausübung von Grundrechten führen können (vgl. BVerfGE 65, 1 (42); 113, 29 (46)). Die Unbefangenheit des Verhaltens wird insbesondere gefährdet, wenn die Streubreite von Ermittlungsmaßnahmen dazu beiträgt, dass Risiken des Missbrauchs und ein Gefühl des Überwachtwerdens entstehen (vgl. BVerfGE 107, 299 (328); 115, 320 (354 f.)). Das aber ist gerade bei der seriellen Erfassung von Informationen in großer Zahl der Fall" (BVerfGE 120, 378 (402)).

164 Ebenso wenig wird die nach Dienstbezirken getrennte Beurteilung der Flächendeckung diesem Gesichtspunkt gerecht, da sie eine – zufällige oder gewollte – Massierung des AKLS-Einsatzes in mehreren Bezirken außer Betracht lässt.

165 Auch wenn sich daraus umgekehrt keine randscharfe Definition des noch zulässigen räumlichen Umfangs ableiten lässt, wird doch deutlich, dass es für den Begriff der Flächendeckung ungeachtet von Ausweichmöglichkeiten und örtlichen Zuständigkeiten alleine darauf ankommen kann, ob die Datenerhebungen auf die gesamte Fläche Hessens verteilt werden. Dies wäre etwa dann der Fall, wenn sie im Rahmen der – immer wieder von der hessischen Polizei durchgeführten – sog. Fahndungs- und Kontrolltage an allen dazu hessenweit errichteten Kontrollstellen an den zentralen Verkehrswegen durchgeführt würden.

166 Entscheidend ist also, ob die Wahrscheinlichkeit, von einer solchen Kontrolle betroffen zu werden, für einen unbefangenen Verkehrsteilnehmer hessenweit deutlich erhöht ist. Praktisch ist allerdings bisher die Reichweite des Verbots eines flächendeckenden AKLS-Einsatzes insoweit deshalb von geringer Bedeutung, weil die Zahl der vorhandenen Erfassungsgeräte – auch bei enger Auslegung des Begriffs der Flächendeckung – für eine solche nicht reicht.

167 Die zeitlichen Beschränkungen des AKLS-Einsatzes differenzieren nach den Einsatzanlässen (vgl. zu diesen iE → Rn. 20 ff.) und sind begrifflich ähnlich unpräzise gefasst wie die räumlichen: Während die Datenerhebung mittels AKLS in den Fällen, in denen die Voraussetzungen für eine präventive Kontrollstelle oder die sog. Schleierfahndung vorliegen, nicht „längerfristig" erfolgen darf (Abs. 1 S. 3 Nr. 3), darf sie in allen anderen Fällen nicht „dauerhaft" durchgeführt werden (Abs. 2 S. 1 Nr. 2).

168 Das bedeutet zunächst, dass der AKLS-Einsatz anlässlich einer konkreten Gefahr oder an sog. gefährlichen Orten, gefährdeten Objekten oder im Umfeld gefährdeter Personen durchaus längerfristig erfolgen darf. Faktisch heißt das, dass auch der Einsatz fest installierter Erfassungsgeräte in Betracht kommt. Nur kurzfristig – und daher vorrangig mit Hilfe mobiler Geräte – ist dagegen der Einsatz im Zusammenhang mit Kontrollstellen oder der sog. Schleierfahndung zulässig.

169 Dauerhaft soll eine Datenerhebung in diesem Sinne nach Meixner/Fredrich (Meixner/Fredrich, 12. Aufl. 2016, Rn. 1) sein, wenn sie „ständig und ohne Unterbrechung" durchgeführt wird. Nimmt man dies wörtlich, wäre etwa ein Dauerbetrieb mit jeweils einstündiger Unterbrechung der Aufzeichnung in der Nacht nicht mehr dauerhaft. Auch eine solche Auslegung wird indessen den grundrechtlichen Implikationen der zeitlichen Beschränkung (→ Rn. 163.1) nicht gerecht. Bezieht man sie auf das Urteil des BVerfG, wird über das Verbot des dauerhaften Einsatzes vor allem sichergestellt, dass dieser nicht ohne einen Anlass – und damit grundrechtswidrig (vgl. BVerfGE 120, 378 Ls. 4) – stattfindet.

169.1 Das Gegenteil von dauerhaft ist daher hier nicht „mit (kurzen) Unterbrechungen" sondern „(nur) aus konkretem Anlass".

170 Der nach Abs. 1 S. 3 Nr. 2 zulässige Zeitraum richtet sich deswegen nicht abstrakt nach Stunden und Minuten des Einsatzes oder seiner Unterbrechungen, sondern nach der Dauer der zugrundeliegenden Gefahr bzw. der Dauer des zugrundeliegenden Anlasses für Maßnahmen an dem sog. gefährlichen Ort oder der Gefährdungslage für das zu schützende Objekt oder die zu schützende Person. Wird die Datenerhebung unabhängig davon – also etwa

schon weit vorher oder noch lange danach – durchgeführt ist sie dauerhaft, auch wenn es Unterbrechungen gibt. Ist sie an die Gefahren- oder Gefährdungslage gekoppelt, ist sie das auch dann nicht, wenn es keine Unterbrechungen gibt.

Von einer „längerfristigen" Datenerhebung mittels AKLS iSd Abs. 1 S. 3 Nr. 3 ist nach Meixner/Fredrich (Meixner/Fredrich, 12. Aufl. 2016, Rn. 1) auszugehen, wenn diese innerhalb eines Tages die Dauer von zwölf Stunden überschreitet. Mit dieser Definition ist allerdings nicht viel gewonnen, solange offen bleibt, wie oft und unter Einhaltung welcher Pausen dieser Einsatz wiederholt bzw. fortgesetzt werden kann. Auch insoweit verbietet sich eine schematische Betrachtung; für die Einzelfallprüfung ist vielmehr auf den zeitlichen Umfang der gesamten Datenerhebung in Bezug auf den konkreten polizeilichen Einsatzkomplex abzustellen, wobei sich eine an die Kriterien des § 15 Abs. 1 Nr. 1 angelehnte Betrachtung anbietet. 171

2. Dokumentationspflicht (Abs. 1 S. 5)

Darüber hinaus sieht Abs. 1 S. 4 eine Pflicht der Polizeibehörden zur Dokumentation des AKLS-Einsatzes für Kontrollzwecke vor. Eine Kontrolle des Einsatzes kann nach §§ 13 Abs. 2 Nr. 1, 14 Abs. 2 HDSIG etwa durch den Hessischen Datenschutzbeauftragten erfolgen, der insoweit die Einhaltung der einschlägigen Vorschriften zu überwachen hat. In geeigneter Weise erfolgt die Dokumentation vor diesem Hintergrund nur dann, wenn sie die Rechtmäßigkeit überprüfbar macht, also die Einsätze nach Dienststelle, Anlass, Ort, Dauer, Anzahl der Treffer und der getroffenen Folgemaßnahmen fest- und zur Verfügung hält. 172

Da der AKLS-Einsatz nach § 14a nicht in die Aufzählung des § 28 Abs. 1 aufgenommen wurde, hat insoweit eine verpflichtende Datenschutzkontrolle nach § 29a durch den oder die Hessische Datenschutbeauftragte/n nicht zu erfolgen. 172.1

3. Verbot der Erstellung von Bewegungsbildern (Abs. 2 S. 5)

Mit dem Verbot der Erstellung von Bewegungsbildern, das Abs. 2 S. 5 Hs. 1 aufrichtet (vgl. → Rn. 138), verschafft der Gesetzgeber dem Urteil des BVerfG Geltung, das die seinerzeitige Regelung im HSOG unter anderem deshalb verworfen hatte, weil die Erstellung von Bewegungsbildern generell als möglich erschien (vgl. BVerfGE 120, 378 (412 ff.)). Das Verbot soll nunmehr verhindern, dass detaillierte Informationen über das Bewegungsverhalten von Person gewonnen und mit weiteren Informationen verknüpft werden, aus denen sich etwa erschließen lässt, zu welchem Zweck sich die Personen zu bestimmten Orten begeben, mit wem sie sich treffen und was sie dort unternehmen. 173

Für die Funktion des AKLS und seine Eingriffsintensität praktisch wichtiger als dieses Verbot, ist seine Ausnahme für alle Fälle der Ausschreibung zu polizeilichen Beobachtung (vgl. ausf. → Rn. 138 ff.). 174

4. Verbot der Protokollierung in „Nichttrefferfällen" (Abs. 3 S. 2)

Abs. 3 S. 2 verbietet darüber hinaus eine Protokollierung von Datenerhebung und Datenabgleich in den sog. Nichttrefferfällen (vgl. → Rn. 143). Damit soll garantiert werden, dass alle erhobenen Kennzeichendaten, die sich als nicht in den genannten Sachfahndungsdateien gespeichert erwiesen haben, für eine weitere Datenverarbeitung bzw. für Folgemaßnahmen nicht mehr zur Verfügung stehen. 175

5. Voraussetzungen eines verdeckten Einsatzes (§ 13 Abs. 7)

Zu der für die Eingriffsintensität des AKLS-Einsatzes erheblichen Frage, ob die Datenerhebung offen zu erfolgen hat, oder auch verdeckt stattfinden darf, trifft § 14a selbst keine Aussage. Daher kommt insoweit § 13 Abs. 7 S. 2 zur Anwendung, wonach eine Datenerhebung, die – entgegen dem Grundsatz der Offenheit – nicht als gefahrenabwehrbehördliche oder polizeiliche Maßnahme erkennbar sein soll (verdeckte Datenerhebung) nur zulässig ist, wenn auf andere Weise die Erfüllung polizeilicher Aufgaben erheblich gefährdet würde oder anzunehmen ist, dass dies dem überwiegenden Interesse der betroffenen Person entspricht (vgl. eing. → § 13 Rn. 167 ff.). 176

177 Die erstgenannte Voraussetzung kann etwa gegeben sein, wenn bei einem offenen Einsatz – etwa zum Schutz einer gefährdeten Person – ein Ausweichverhalten der Adressaten zu erwarten stünde, das erforderliche polizeiliche Maßnahmen konterkarieren würde.

§ 14b Abschnittskontrolle

[1]Die Ordnungsbehörden und die Polizei dürfen im öffentlichen Verkehrsraum zur Verhütung der Überschreitung der zulässigen Höchstgeschwindigkeit von Kraftfahrzeugen nach Maßgabe des Satz 2 Bildaufzeichnungen offen anfertigen und damit auf einer festgelegten Wegstrecke die Durchschnittsgeschwindigkeit eines Kraftfahrzeugs ermitteln (Abschnittskontrolle). [2]Die Bildaufzeichnungen dürfen nur das Kraftfahrzeugkennzeichen, das Kraftfahrzeug und seine Fahrtrichtung sowie Zeit und Ort erfassen; es ist technisch sicherzustellen, dass Insassen nicht zu sehen sind oder sichtbar gemacht werden können. [3]Bei Kraftfahrzeugen, bei denen nach Feststellung der Durchschnittsgeschwindigkeit keine Überschreitung der zulässigen Höchstgeschwindigkeit vorliegt, sind die nach Satz 2 erhobenen Daten sofort automatisch zu löschen. [4]Die Abschnittskontrolle ist kenntlich zu machen.

Überblick

Mit der 2023 geschaffenen Vorschrift wurde eine Ermächtigungsgrundlage für eine spezielle Technik zur Überwachung der Geschwindigkeit von Kraftfahrzeugen (sog. Abschnittskontrolle) in das Gesetz aufgenommen.

Übersicht

A. Allgemeines

I. Hintergrund, Entstehung und Zweck der Norm

1 Mit der Schaffung des § 14b hat der Gesetzgeber durch das Gesetz zur Stärkung der Nahmobilität in Hessen vom 28.6.2023 (GVBl. 426) die Grundlage für eine neuere Möglichkeit der Geschwindigkeitskontrolle im Straßenverkehr gelegt, deren Besonderheit in der Methode der Geschwindigkeitsmessung besteht.

2 In der verkehrsrechtlichen Diskussion wird für die Technik auch die Bezeichnung Streckenradar oder der anglo-amerikanische Terminus section control verwendet (vgl. etwa Brenner DAR 2020, 678 ff.).

3 Bei der Abschnittskontrolle wird auf einer zuvor definierten bestimmten Wegstrecke die Durchschnittsgeschwindigkeit der die Strecke passierenden Kraftfahrzeuge gemessen (daher die Bezeichnung). Dazu wird bei Einfahrt in die und Ausfahrt aus der Strecke jeweils eine Bildaufnahme des Kennzeichens gefertigt. Diese werden bei Einhaltung der Geschwindigkeit automatisch gelöscht. Liegt jedoch die Geschwindigkeit oberhalb der zugelassenen Höchstgeschwindigkeit, wird, wie bei den bisher verwendeten (punktuellen) Messtechniken eine (dritte) Bildaufnahme des Kennzeichens und des Fahrers mittels einer Front- und Heckka-

mera gefertigt und der Verstoß dadurch dokumentiert (vgl. dazu auch Müller NZV 2019, 279 ff. sowie die grafische Darstellung in der Entscheidung des OVG Lüneburg BeckRS 2019, 29729 Rn. 2 = NJW 2019, 2951 ff.).

Da es sich somit um eine Datenerhebungstechnik handelt, ist die Ansiedelung des § 14b im zweiten Abschnitt des HSOG bei den Datenerhebungsbefugnissen folgerichtig. 4

Die Regelung ist – ohne dass die amtliche Begründung (LT-Drs. 20/10513, 21) dies offenlegt oder es anderweitig im Rahmen des Gesetzgebungsverfahren bekannt geworden wäre (vgl. → Rn. 7 f.) – wortgleich aus § 33 Abs. 6 NPOG übernommen. Die wörtliche Übernahme ging so weit, dass anstelle des im HSOG durchgängig verwendeten Begriffs „Polizeibehörden" der in Niedersachsen insoweit durchgängig verwendete Begriff „Polizei" übernommen wurde. 5

Der in Niedersachsen verwandte Begriff „Verwaltungsbehörden" wurde allerdings für die hessische Regelung in „Ordnungsbehörden" geändert. 5.1

Das HSOG verwendet den Begriff „Polizei" als institutionelle Bezeichnung isoliert nur in §§ 102, 103. 5.2

Auch die amtliche Begründung (LT-Drs. 20/10513, 21) deckt sich weitgehend mit der für die Schaffung des niedersächsischen Pendants aus dem Jahr 2018 (vgl. LT-Drs. 18/850, 57 f. (die Regelung befand sich damals noch in § 33 Abs. 8 NPOG)). 6

Die amtliche Begründung lautet: 6.1

„Mit dem neuen § 14b des Hessischen Gesetzes über die öffentliche Sicherheit und Ordnung wird für die Ordnungsbehörden und die Polizei eine Rechtsgrundlage für die Überwachung der Geschwindigkeit von Kraftfahrzeugen mittels Abschnittskontrollen eingeführt. Die Besonderheit bei dieser Form der Verkehrsüberwachung besteht darin, dass auf einer bestimmten Wegstrecke die Durchschnittsgeschwindigkeit eines Kraftfahrzeugs gemessen wird. Liegt die erfasste Durchschnittsgeschwindigkeit oberhalb der für den betreffenden Streckenabschnitt zugelassenen Höchstgeschwindigkeit, wird – wie von sonstigen Messtechniken bekannt – eine Bildaufnahme des Kennzeichens und des Fahrers durch eine Front- und Heckkamera gefertigt und der Verstoß dadurch dokumentiert.

Um die Durchschnittsgeschwindigkeit berechnen zu können, muss im Einfahrquerschnitt des vorher definierten Streckenabschnitts das Heck eines jeden Fahrzeugs, das in diesen Streckenabschnitt einfährt, durch zwei Laserscanner erfasst werden. Gleichzeitig fertigt eine Fotokamera eine Heck-aufnahme des Kraftfahrzeugs an. Die Heckaufnahmen werden nicht aus paralleler Höhe zum Fahrzeug, sondern mit größerem Neigungswinkel aus erhöhter Position gefertigt, sodass die Erkennbarkeit von Fahrzeuginsassen von vornherein auszuschließen ist. Am Ende des zuvor definierten Streckenabschnitts erfolgt eine weitere Heckaufnahme nach diesem Verfahren.

Die ersten beiden Datenerhebungen können in Ermangelung eines Anfangsverdachts nicht auf die Rechtsgrundlage des § 100h Abs. 1 Satz 1 Nr. 1 der Strafprozessordnung (StPO) in Verbindung mit § 46 Abs. 1 des Gesetzes über Ordnungswidrigkeiten (OWiG) gestützt werden. Daher bedarf es einer entsprechenden Rechtsgrundlage im Hessischen Gesetz über die öffentliche Sicherheit und Ordnung, die mit dem neuen § 14b geschaffen werden soll. Für die dritte und letzte Bildaufnahme des Kennzeichens und des Fahrers durch eine Front- und Heckkamera ist aufgrund des festgestellten Rechtsverstoßes § 100h Abs. 1 Satz 1 Nr. 1 StPO in Verbindung mit § 46 Abs. 1 OWiG die einschlägige Rechtsgrundlage, sodass es diesbezüglich keiner weitergehenden Regelung im Gefahrenabwehrrecht bedarf. In Satz 2 sind die Daten genannt, die durch das technische Mittel erfasst werden dürfen, wobei eine Erkennbarkeit von Fahrzeuginsassen ausgeschlossen sein muss. Nach Satz 3 sind bei Kraftfahrzeugen, bei denen nach Feststellung der Durchschnittsgeschwindigkeit keine Überschreitung der zulässigen Höchstgeschwindigkeit vorliegt, die nach Satz 2 erhobenen Daten sofort automatisch zu löschen. Die Abschnittskontrolle ist gemäß Satz 4 kenntlich zu machen.

Die Abschnittskontrolle ist ein geeignetes Mittel zur Effektivierung der Verkehrsüberwachung. Die hieraus resultierende erhöhte Regeltreue von Kraftfahrzeugführern stärkt die Verkehrssicherheit und kommt dabei maßgeblich den schwächeren Verkehrsteilnehmern zugute. Folglich ist dies ein weiterer Baustein zur Verbesserung der Nahmobilität in Hessen" (LT-Drs. 20/10513, 21).

Die Unterschiede zu LT-Drs. 18/850, 57 f. bestehen in marginalen sprachlichen Abweichungen; lediglich der letzte Absatz der hessischen Begründung findet sich in der niedersächsischen nicht. 6.2

In der im Hessischen Landtag zu dem Gesetz zur Stärkung der Nahmobilität in Hessen durchgeführten öffentlichen Anhörung sowie in der Plenardebatte fand die Einführung der 7

Ermächtigungsgrundlage für die Abschnittskontrolle praktisch keine Beachtung. Unerwähnt blieb jeweils auch, dass die Norm aus Niedersachsen übernommen wurde.

7.1 Vgl. das Pl.-Prot. 20/128, den stenografischen Bericht zu der in der 69. Sitzung des Ausschusses für Wirtschaft, Energie, Verkehr und Wohnen am 3.5.2023 durchgeführten Anhörung (WVA-KB-069) sowie die schriftlichen Stellungnahmen der Anzuhörenden AV WVA 20/57 – Teil 1–3 (alle abrufbar unter https://starweb.hessen.de/portal/); in letzteren finden sich knappe, die Einführung der Abschnittskontrolle befürwortende Aussagen auf S. 43 und S. 66).

8 Zwar ist es keineswegs ungewöhnlich, dass Landesgesetzgeber Regelungen vom Bund oder aus anderen Ländern in das eigene Recht übernehmen (vgl. für Hessen etwa → § 20a Rn. 4, → § 12a Rn. 1). Regelmäßig wird diese Tatsache jedoch offengelegt oder es wird spätestens in einer öffentlichen Anhörung – soweit diese stattfindet – von Experten auf die Parallelität der zu diskutierenden Norm mit einer anderen hingewiesen. Insoweit war bisher stets sichergestellt, dass die Übernahme einer Norm vom Bund oder eines anderen Landes parlamentarisch diskutierbar wird, falls dazu eine Notwendigkeit gesehen wird.

8.1 So etwa jüngst in dem Verfahren zum Gesetzentwurf der Fraktion die Linke (LT-Drs.20/10475), in dem auf die Vorbilder der avisierten Norm aus Hamburg und Bremen hingewiesen wurde (vgl. die Stellungnahmen der Anzuhörenden, Ausschussvorlage INA 20/71 und SIA 20/86 Teil 1 und 2 (abrufbar unter https://starweb.hessen.de/portal/).

9 Das Gesetzgebungsverfahren zur Schaffung des § 14b dürfte das erste sein, in dem in Hessen nunmehr unbemerkt gleichsam ein copy&paste-Gesetz verabschiedet wurde. Da die Nicht-Aufklärung über die Herkunft eines in den Landtag eingebrachten Gesetzestextes die Rechte der Abgeordneten auf Prüfung und Erörterung des Textes unberührt lassen, dürften sich aus diesem Befund prima facie keine verfassungsrechtlichen Einwände gegen das Gesetzgebungsverfahren ableiten lassen.

II. Betroffene Grundrechte

10 Die Vorschrift des § 14b ermächtigt zu Eingriffen in den Schutzbereich des nach dem Volkszählungsurteil des Bundesverfassungsgerichts (BVerfGE 65, 1 ff. = NJW 1984, 419 ff.) aus Art. 2 Abs. 1 GG iVm Art. 1 GG abzuleitenden Rechts auf informationelle Selbstbestimmung (so auch für die niedersächsische Regelung der Abschnittskontrolle OVG Lüneburg BeckRS 2019, 29729 Rn. 37 ff. = NJW 2019, 2951 ff.; BeckOK PolR Nds/Albrecht/Seidl NPOG § 32 Rn. 207).

10.1 Dieses Grundrecht wir seit 2018 explizit auch durch Art. 12a HessVerf gewährleistet. Dieser lautet:
„Art. 12a (Informationelle Selbstbestimmung)
Jeder Mensch ist berechtigt, über die Preisgabe und Verwendung seiner personenbezogenen Daten selbst zu bestimmen. Die Vertraulichkeit und Integrität informationstechnischer Systeme werden gewährleistet. Einschränkungen dieser Rechte bedürfen eines Gesetzes."

10.2 Die Formulierung ist angelehnt an das Volkszählungsurteil, dessen ersten beiden Leitsätze lauten:
„1. Unter den Bedingungen der modernen Datenverarbeitung wird der Schutz des einzelnen gegen unbegrenzte Erhebung, Speicherung, Verwendung und Weitergabe seiner persönlichen Daten von dem allgemeinen Persönlichkeitsrecht des Art. 2 I i. V. mit Art. 1 Abs. 1 GG umfaßt. Das Grundrecht gewährleistet insoweit die Befugnis des einzelnen, grundsätzlich selbst über die Preisgabe und Verwendung seiner persönlichen Daten zu bestimmen.

2. Einschränkungen dieses Rechts auf „informationelle Selbstbestimmung" sind nur im überwiegenden Allgemeininteresse zulässig. Sie bedürfen einer verfassungsgemäßen gesetzlichen Grundlage, die dem rechtsstaatlichen Gebot der Normenklarheit entsprechen muß. Bei seinen Regelungen hat der Gesetzgeber ferner den Grundsatz der Verhältnismäßigkeit zu beachten. Auch hat er organisatorische und verfahrensrechtliche Vorkehrungen zu treffen, welche der Gefahr einer Verletzung des Persönlichkeitsrechts entgegenwirken." (BVerfG NJW 1984, 419).

11 In dieses Grundrecht wird nach der inzwischen gefestigten Rechtsprechung des Bundesverfassungsgerichts zu automatischen Kennzeichenlesesystemen auch durch die Miterfassung der sog. Nichttrefferfälle (vgl. zum technischen Vorgang → Rn. 3) eingegriffen; dies gilt auch dann, wenn die insoweit erhobenen Daten – wie hier nach S. 3 vorgeschrieben – nach der Erhebung sofort automatisch gelöscht werden (vgl. BVerfG NJW 2019, 827 (829); 2019, 842 (844)).

III. Verfassungsmäßigkeit

Mit Blick auf den in der Abschnittskontrolle liegenden Eingriff in das Recht auf informationelle Selbstbestimmung erfüllt § 14b zunächst die grundrechtliche Anforderung des Vorliegens einer bereichsspezifischen hinreichend bestimmten Ermächtigungsgrundlage (vgl. dazu allgemein BVerfG NJW 1984, 419 ff., für die Abschnittskontrolle OVG Lüneburg BeckRS 2019, 29729 Rn. 37 ff.). 12

Unter Verhältnismäßigkeitsgesichtspunkten ist die Eingriffsintensität zwar insoweit erhöht, als die Abschnittskontrolle als polizeiliche oder ordnungsbehördliche Maßnahme eine sog. hohe Streubreite (Einbeziehung vieler „Unbeteiligter") aufweist und anlasslos erfolgt (vgl. dazu auch BeckOK PolR Nds/Albrecht/Seidl NPOG § 32 Rn. 212), also ohne dass die von der Maßnahme Betroffenen eine zurechenbare Ursache für diese gesetzt hätten (vgl. dazu → § 14 Rn. 13.1, → SystVorbPolRDe Rn. 48 ff.). Anlasslose Kontrollen mit hoher Streubreite sind jedoch dann nicht zu beanstanden, wenn sie – wie hier mit der Nutzung von Kraftfahrzeugen – an ein gefährliches oder risikobehaftetes Tun beziehungsweise an die Beherrschung besonderer Gefahrenquellen anknüpfen und – mit Leib und Leben von Verkehrsteilnehmern – dem Schutz hochrangiger Rechtsgüter dienen (BVerfG NJW 2019, 827 (834); OVG Lüneburg BeckRS 2019, 29729 Rn. 37 ff.). Insoweit dürfte § 14b sich materiell im Rahmen der Verfassungsmäßigkeit halten. 13

In formeller Hinsicht wirft die Norm allerdings die Frage auf, ob den Landesgesetzgebern für die Schaffung einer Ermächtigungsgrundlage für die Abschnittskontrolle zukommt; daran würde es fehlen, wenn der Bundesgesetzgeber insoweit von seiner konkurrierenden Gesetzgebungskompetenz für das Straf- und Strafverfahrensrecht nach Art. 74 Abs. 1 Nr. 1 GG oder für das Straßenverkehrs- und Kraftfahrtrecht nach Art. 74 Abs. 1 Nr. 22 GG abschließend Gebrauch gemacht hätte. 14

Dies ist jedoch nicht der Fall, da der Einsatz der Abschnittskontrolle zunächst präventiven Zwecken („Abschreckung von Rasern") dient und insoweit – jedenfalls hinsichtlich der ersten beiden Lichtbildaufnahmen (vgl. dazu → Rn. 3) – nicht Art. 74 Abs. 1 Nr. 1 unterfällt und der Bundesgesetzgeber im Übrigen von seiner Kompetenz für Straßenverkehrs- und Kraftfahrtrecht nach Art. 74 Abs. 1 Nr. 22 GG nicht abschließend Gebrauch gemacht hat (BVerwG NJW 2020, 3401 ff., die Entscheidung bestätigt OVG Lüneburg BeckRS 2019, 29729; eine gegen die Entscheidungen gerichtete Verfassungsbeschwerde wurde vom Bundesverfassungsgericht ohne Begründung nicht zur Entscheidung angenommen (BVerfG BeckRS 2021, 1004)). 15

Vgl. zu dem im Hinblick auf die Herkunft und Begründung des Gesetzentwurfs zumindest ungewöhnlichen Gesetzgebungsverfahren und dessen verfassungsrechtliche Dimension (→ Rn. 5 ff., → Rn. 9) 15.1

Ins repressive schlägt die Maßnahme allerdings bei der im Fall eines Geschwindigkeitsverstoßes anzufertigenden – lediglich dem Beweis des Verstoßes dienenden – dritten Bildaufnahme (vgl. dazu → Rn. 3) um. Dies ist jedoch verfassungsrechtlich insoweit unproblematisch, als ab diesem Zeitpunkt die Ermächtigungsgrundlage hierfür nicht mehr in § 14b zu suchen ist, sondern in § 100h Abs. 1 S. 1 Nr. 1 StPO in Verbindung mit § 46 Abs. 1 OWiG (BeckOK PolR Nds/Albrecht/Seidl NPOG § 32 Rn. 204), also in zwei Vorschriften, die im Rahmen der Gesetzgebungskompetenz nach Art. 74 Abs. 1 Nr. 1 GG erlassen worden sind. 16

IV. Parallelvorschriften

Soweit ersichtlich findet sich in Bund und Ländern eine Parallelvorschrift bisher lediglich in § 33 Abs. 6 NPOG (dazu auch schon → Rn. 5; BeckOK PolR Nds/Albrecht/Seidl NPOG § 32 Rn. 38 sprechen insoweit von einem „Alleinstellungsmerkmal der Polizeirechtsgesetzgebung in Niedersachsen"). 17

B. Einzelkommentierung

I. Tatbestandsvoraussetzungen

18 Da § 14b zur Abschnittskontrolle als einer anlasslosen Maßnahme ermächtigt (dazu und zur Verfassungsmäßigkeit anlassloser Kontrollen → Rn. 13) fehlen der Norm Tatbestandsvoraussetzungen im klassischen Sinne. Für die Einrichtung und Durchführung der Abschnittskontrolle muss daher insbesondere – wie schon der Wortlaut unzweifelhaft erkennen lässt – keine konkrete Gefahr für die öffentliche Sicherheit oder Ordnung vorliegen (BeckOK PolR Nds/Albrecht/Seidl NPOG § 32 Rn. 212; OVG Lüneburg BeckRS 2019, 8453); OVG Lüneburg BeckRS 2019, 29279 Rn. 47; vgl. auch Harnisch/Pohlmann NZV 2010, 380 f.).

1. Zweck der Abschnittskontrolle

19 Eine Beschränkung folgt insoweit alleine aus dem gesetzlich vorgegebenen Zweck der Einrichtung und Durchführung der Abschnittskontrolle, der in der Verhütung der Überschreitung der zulässigen Höchstgeschwindigkeit von Kraftfahrzeugen zu liegen hat. Im Hinblick auf das Willkürverbot und das hinter der Geschwindigkeitskontrolle stehende eigentliche Ziel der Erhöhung der Verkehrssicherheit ist insoweit jedoch zu verlangen, dass vor der Auswahl der zu kontrollierenden Strecken tatsächliche Feststellungen hinsichtlich etwa der Verkehrsbelastung, der Unfallzahlen und der Häufigkeit von Geschwindigkeitsüberschreitungen getroffen werden.

20 Aufgrund dieser Feststellungen muss davon ausgegangen werden können, dass infolge der Kontrollen und ihrer abschreckenden Wirkung eine nicht nur marginale Erhöhung der Verkehrssicherheit auch tatsächlich zu erwarten steht (so auch BeckOK PolR Nds/Albrecht/Seidl NPOG § 32 Rn. 212). Ausreichen kann es insoweit aber auch, dass es sich bei dem betreffenden Streckenabschnitt um eine besondere Gefahrenstelle wie eine Baustelle handelt (BeckOK PolR Nds/Albrecht/Seidl NPOG § 32 Rn. 212).

2. Öffentlicher Verkehrsraum

21 Örtlich beschränkt S. 1 die Abschnittskontrolle auf den öffentlichen Verkehrsraum, also alle Örtlichkeiten, die aufgrund entsprechender straßenverkehrsrechtlicher Widmung Verkehrszwecken dienen und an denen Straßenverkehr stattfindet (BeckOK PolR Nds/Albrecht/Seidl NPOG § 32 Rn. 210).

22 Erfasst wird aber auch der sog. faktisch-öffentliche Verkehrsraum, als Örtlichkeiten, die ohne Rücksicht auf eine Widmung und ungeachtet der Eigentumsverhältnisse entweder ausdrücklich oder mit stillschweigender Duldung des Verfügungsberechtigten für jedermann oder aber zumindest für eine allgemein bestimmte größere Personengruppe zur Benutzung zugelassen sind und auch tatsächlich so genutzt werden (dazu BGH NStZ 2013, 530 ff.; LG Dreden NZV 1999, 221 ff.; BeckOK PolR Nds/Albrecht/Seidl NPOG § 32 Rn. 210).

II. Rechtsfolgen

1. Auf Kraftfahrzeugs, Kennzeichen, Fahrtrichtung sowie Zeit und Ort beschränkte Bildaufzeichnung

23 Nach S. 1 werden die Ordnungs- und Polizeibehörden zunächst zur Anfertigung von Bildaufzeichnungen ermächtigt. Diese Bildaufzeichnungen dürfen sich nach S. 2 nur das Kraftfahrzeugkennzeichen, das Kraftfahrzeug und seine Fahrtrichtung sowie Zeit und Ort erfassen.

24 Bezogen auf den technischen Ablauf der Abschnittskontrolle bezieht sich diese Ermächtigung nur auf die ersten beiden Bildaufzeichnungen (vgl. → Rn. 3). Die im Trefferfall gefertigte dritte Bildaufzeichnung kann – da sie (nur noch) repressiven Zwecken dient nicht mehr auf § 14b gestützt werden (→ Rn. 16); für sie kommen als Ermächtigungsgrundlage vielmehr ausschließlich in § 100h Abs. 1 S. 1 Nr. 1 StPO in Verbindung mit § 46 Abs. 1 OWiG in Betracht (BeckOK PolR Nds/Albrecht/Seidl NPOG § 32 Rn. 204).

2. Ermittlung der Durchschnittsgeschwindigkeit der Kraftfahrzeuge

25 Des Weiteren werden die Ordnungs- und Polizeibehörden zur Ermittlung der Durchschnittsgeschwindigkeit der in den Streckenabschnitt einfahrenden Kraftfahrzeug ermächtigt. Dies erfolgt technisch mittels einer Auswertesoftware (vgl. dazu Müller NZW 2019, 279 (280 f.) mit eing. Beschreibung der datentechnischen Vorgänge; BeckOK PolR Nds/Albrecht/Seidl NPOG § 32 Rn. 203.1 und 214.2).

III. Form- und Verfahrensvorschriften

1. Offenheit der Bildaufzeichnung

26 Die Bildaufzeichnungen müssen nach S. 1 offen angefertigt werden. Hinsichtlich des Begriffs der Offenheit ist auch § 13 Abs. 7 zurückzugreifen, aus dem sich die Definition im Umkehrschluss aus der gesetzlich definierten verdeckten Datenerhebung ableiten lässt; diese ist als Datenerhebung definiert, die nicht als gefahrenabwehrbehördliche oder polizeiliche Maßnahme erkennbar sein soll (dazu ausf. → § 13 Rn. 167 ff.). Offen ist die Videoüberwachung also immer dann, wenn sie für die Betroffenen tatsächlich als ordnungs- oder polizeibehördliche Maßnahme erkennbar ist.

27 Die Offenheit soll zunächst zur Transparenz des staatlichen Handelns beitragen (vgl. BVerfG NJW 2013, 1499 Rn. 115 ff. (insbesondere BVerfG NJW 2013, 1505 Rn. 122: „Eine Geheimpolizei ist nicht vorgesehen"); OVG Lüneburg BeckRS 2020, 25666 Rn. 44, BeckOK PolR Nds/Albrecht/Seidl NPOG § 32 Rn. 74). Sie gewährleistet aber auch, dass der Betroffene von der Datenerhebung Kenntnis erhält und seine aus dem Grundrecht auf informationelle Selbstbestimmung folgenden Rechte wahrnehmen (OVG Lüneburg BeckRS 2020, 25666 Rn. 44; VG Hannover NVwZ-RR 2011, 943 (945)) und sich so verhalten kann, wie er es im Angesicht der Kontrolle für angemessen erachtet (vgl. BeckOK PolR Nds/Albrecht/Seidl NPOG § 32 Rn. 74; BeckOK PolR NRW/Ogorek PolG NRW § 15 Rn. 11).

28 Schließlich ist die die Offenheit aber auch eine wichtige Voraussetzung für die Erreichung des Zwecks der Abschnittskontrolle (→ Rn. 19 f.), da von einer nicht wahrnehmbaren Videotechnik auch keine Abschreckungseffekte ausgehen (können). An Offenheit iSd Regelung fehlt es deshalb, wenn die Kontrolle nicht an dem kontrollierten Streckenabschnitt wahrnehmbar ist, sondern ihr Ort – etwa bei Veröffentlichung der Kontrollorte im Internet – erst recherchiert werden muss (BeckOK PolR Nds/Albrecht/Seidl NPOG § 32 Rn. 74.1 mwN).

29 Die Pflicht zur Offenheit der Anfertigung der Bildaufzeichnungen im Rahmen der Abschnittskontrolle steht insoweit in engem Zusammenhang mit der Pflicht zur deren Kenntlichmachung nach S. 4.

2. Technische Sicherstellung der Nichterkennbarkeit von Insassen

30 S. 2 Hs. 2 gibt vor, dass technisch sicherzustellen ist, dass Insassen nicht zu sehen sind oder sichtbar gemacht werden können. Zur technischen Umsetzung dieser Vorgabe führt die amtliche Begründung zu § 32 Abs. 6 NPOG aus: „Um die Erkennbarkeit von Fahrzeuginsassen von vornherein auszuschließen, werden die Heckaufnahmen nicht aus paralleler Höhe zum Fahrzeug, sondern mit größerem Neigungswinkel aus erhöhter Position gefertigt. Am Ende des zuvor definierten Streckenabschnitts erfolgt eine weitere Heckaufnahme nach diesem Verfahren." (Nds. LT-Drs. 18/850, 57).

31 Die Nichterkennbarkeit der Insassen kann aber auch etwa durch eine automatische Verpixelung von Personen auf den Bildaufnahmen sichergestellt werden (BeckOK PolR Nds/Albrecht/Seidl NPOG § 32 Rn. 216).

3. Löschungspflicht bei Nichttrefferfällen

32 Die Daten, die über Kraftfahrzeugen erhoben wurden, bei denen nach Feststellung der Durchschnittsgeschwindigkeit eine Überschreitung der zulässigen Höchstgeschwindigkeit nicht vorliegt, sind nach S. 3 sofort automatisch zu löschen. Es muss insoweit technisch sichergestellt sein, dass die Löschung spurlos und unwiderruflich erfolgt, so dass keinerlei

Datenrückstände verbleiben (vgl. BeckOK PolR Nds/Albrecht/Seidl NPOG § 32 Rn. 217; BeckOK PolR BW/von der Grün BWPolG § 51 Rn. 21, jeweils mwN).

4. Kenntlichmachung der Abschnittskontrolle

33 Schließlich ist die Abschnittskontrolle nach S. 4 kenntlich zu machen. Diese mit der Verpflichtung zur Offenheit (→ Rn. 26 ff.) in engem Zusammenhang stehende Vorgabe verlangt, dass am Ort der Kontrolle ein für den durchschnittlichen Verkehrsteilnehmer wahrnehmbarer Hinweis – etwa durch ein entsprechendes Schild – gegeben werden muss; genauere gesetzliche Vorgaben verlangt die Rechtsprechung insoweit nicht (vgl. OVG Lüneburg BeckRS 2019, 29729 Rn. 42; sowie → Rn. 33.1).

33.1 „Aus dem Wortlaut sowie dem Sinn und Zweck der Regelung, die Verkehrsüberwachung in Gestalt der Abschnittskontrolle erkennbar offen durchzuführen, ergibt sich ausreichend deutlich, dass der örtliche Hinweis für den durchschnittlichen Verkehrsteilnehmer wahrnehmbar sein muss. […] millimetergenaue Mustervorgaben zur konkreten Ausgestaltung von Hinweisschildern überschritten hingegen die vom Gesetzgeber zu fordernde Regelungstiefe, sie können vielmehr, wie hier geschehen, der (Ministerial-)Verwaltung überantwortet werden." (OVG Lüneburg BeckRS 2019, 29729 Rn. 42; vgl. auch BeckOK PolR Nds/Albrecht/Seidl NPOG § 32 Rn. 215.1).

§ 15 Datenerhebung durch Observation und Einsatz technischer Mittel

(1) Im Sinne dieser Bestimmung ist

1. längerfristige Observation die planmäßig angelegte Beobachtung einer Person, die durchgehend länger als 24 Stunden dauern oder an mehr als zwei Tagen stattfinden soll,

2. Einsatz technischer Mittel ihre für die betroffene Person nicht erkennbare Anwendung, insbesondere zur Anfertigung von Bildaufnahmen oder -aufzeichnungen sowie zum Abhören oder Aufzeichnen des gesprochenen Wortes.

(2) [1]Die Polizeibehörden können durch Maßnahmen nach Abs. 1 personenbezogene Daten erheben

1. auch über andere als die in den §§ 6 und 7 genannten Personen, wenn dies zur Abwehr einer Gefahr für Leib, Leben oder Freiheit einer Person oder für solche Güter der Allgemeinheit, deren Bedrohung die Grundlagen oder den Bestand des Bundes oder eines Landes oder die Grundlagen der Existenz der Menschen berührt, erforderlich ist,

2. über Personen, wenn bestimmte Tatsachen die Annahme rechtfertigen, dass sie innerhalb eines übersehbaren Zeitraumes auf eine zumindest ihrer Art nach konkretisierte Weise eine Straftat mit erheblicher Bedeutung begehen werden, und dies zur Verhütung dieser Straftat erforderlich ist,

3. über Personen, deren individuelles Verhalten die konkrete Wahrscheinlichkeit begründet, dass sie innerhalb eines übersehbaren Zeitraumes eine terroristische Straftat begehen werden, und dies zur Verhütung dieser Straftat erforderlich ist,

4. über Personen, wenn Tatsachen die Annahme rechtfertigen, dass

a) sie mit Personen nach Nr. 2 nicht nur flüchtig oder in zufälligem Kontakt in Verbindung stehen,

b) sie von der Planung oder der Vorbereitung von Straftaten der in Nr. 2 genannten Art oder der Verwertung der Tatvorteile Kenntnis haben oder daran mitwirken oder die Personen nach Nr. 2 sich ihrer zur Begehung dieser Straftaten bedienen könnten oder werden und

c) die Datenerhebung zur Verhütung dieser Straftaten erforderlich ist,

5. über die in § 13 Abs. 2 Nr. 5 genannten Personen, wenn Tatsachen die Maßnahme zum Schutz der gefährdeten Person rechtfertigen.

[2]Die Datenerhebung durch Maßnahmen nach Abs. 1 ist nur zulässig, wenn andere Maßnahmen, mit Ausnahme der in den §§ 15a bis 17 genannten, erheblich weniger Erfolg versprechen würden oder die polizeiliche Aufgabenerfüllung mit Hilfe ande-

rer Maßnahmen wesentlich erschwert würde. [3]Im Rahmen der Aufgabenerfüllung können personenbezogene Daten auch über dritte Personen erhoben werden, soweit dies unerlässlich ist, um die Datenerhebung nach Satz 1 durchführen zu können. [4]Abs. 4 Satz 4 bis 8 gilt entsprechend.

(3) Außer bei Gefahr im Verzug erfolgt die Anordnung von Maßnahmen nach Abs. 1 Nr. 2 durch die Behördenleitung oder eine von dieser beauftragte Bedienstete oder einen von dieser beauftragten Bediensteten, soweit nicht nach Abs. 5 eine richterliche Anordnung erforderlich ist.

(4) [1]In oder aus Wohnungen können die Polizeibehörden ohne Kenntnis der betroffenen Person durch den Einsatz technischer Mittel Daten nur erheben, wenn dies zur Abwehr einer dringenden Gefahr für Leib, Leben oder Freiheit einer Person oder für solche Güter der Allgemeinheit, deren Bedrohung die Grundlagen oder den Bestand des Bundes oder eines Landes oder die Grundlagen der Existenz der Menschen berührt, unerlässlich ist. [2]Die Maßnahme nach Satz 1 darf

1. sich nur gegen eine Person richten, die nach den §§ 6 oder 7 verantwortlich ist oder bei der konkrete Vorbereitungshandlungen für sich oder zusammen mit weiteren bestimmten Tatsachen die begründete Annahme rechtfertigen, dass sie terroristische Straftaten begehen wird, und

2. nur in

a) der Wohnung der in Nr. 1 genannten Person oder

b) Wohnungen anderer Personen, wenn aufgrund bestimmter Tatsachen anzunehmen ist, dass sich eine in Nr. 1 genannte Person dort aufhält und die Maßnahme allein in deren Wohnung nicht zur Abwehr der Gefahr nach Satz 1 führen wird,

durchgeführt werden.

[3]Die Maßnahme darf auch durchgeführt werden, wenn andere Personen unvermeidbar betroffen werden. [4]Liegen tatsächliche Anhaltspunkte für die Annahme vor, dass durch die Maßnahme allein Erkenntnisse aus dem Kernbereich privater Lebensgestaltung erlangt würden, ist die Maßnahme unzulässig. [5]Soweit sich während der Maßnahme tatsächliche Anhaltspunkte dafür ergeben, dass der Kernbereich privater Lebensgestaltung betroffen ist und eine unmittelbare Kenntnisnahme erfolgt, ist die Maßnahme unverzüglich zu unterbrechen; die Maßnahme darf nur fortgesetzt werden, wenn sie nicht unzulässig ist. [6]Bestehen insoweit Zweifel, darf die Datenerhebung ausschließlich durch eine automatische Aufzeichnung erfolgen und fortgesetzt werden.

(5) [1]Außer bei Gefahr in Verzug dürfen

1. längerfristige Observationen,

2. die Anfertigung von Bildaufnahmen oder -aufzeichnungen bestimmter Personen oder der Einsatz technischer Mittel zu Observationszwecken durchgehend länger als 24 Stunden oder an mehr als zwei Tagen,

3. das Abhören oder Aufzeichnen des nicht öffentlich gesprochenen Wortes durch den Einsatz technischer Mittel und

4. Maßnahmen nach Abs. 4

nur nach richterlicher Anordnung durchgeführt werden. [2]Für das Verfahren gilt § 39 Abs. 1 Satz 2 und 3 mit der Maßgabe, dass, soweit es sich nicht um Maßnahmen nach Abs. 4 handelt, das Amtsgericht zuständig ist, in dessen Bezirk die Polizeibehörde ihren Sitz hat. [3]Die Anordnung ergeht schriftlich. [4]Sie muss die Personen, gegen die sich die Maßnahmen richten sollen, so genau bezeichnen, wie dies nach den zur Zeit der Anordnung vorhandenen Erkenntnissen möglich ist, und bei Maßnahmen nach Abs. 4 die zu überwachende Wohnung oder die zu überwachenden Wohnräume angeben. [5]Art, Umfang und Dauer der Maßnahmen sind festzulegen sowie die wesentlichen Gründe darzulegen. [6]Die Anordnung ist auf höchstens drei Monate zu befristen und, soweit möglich, räumlich zu begrenzen; liegen die Voraussetzungen der Anordnung nicht mehr vor, sind die aufgrund der Anordnung getroffenen Maßnahmen unverzüglich zu beenden. [7]Eine Verlängerung um jeweils höchstens drei weitere Monate ist zulässig, soweit die Voraussetzungen fortbeste-

hen. [8]Hat die Polizeibehörde bei Gefahr im Verzug die Anordnung getroffen, so beantragt sie unverzüglich die richterliche Bestätigung der Anordnung. [9]Die Anordnung tritt außer Kraft, soweit sie nicht binnen drei Tagen richterlich bestätigt wird. [10]Maßnahmen nach Abs. 4 dürfen nur angeordnet und durchgeführt werden, soweit aufgrund tatsächlicher Anhaltspunkte anzunehmen ist, dass die Maßnahme nicht in den Kernbereich privater Lebensgestaltung eindringen wird.

(6) [1]Abs. 2 bis 5 gelten nicht für das Abhören und Aufzeichnen, wenn dies zur Abwehr einer Gefahr für Leib, Leben oder Freiheit einer bei einem polizeilichen Einsatz tätigen Person geschieht. [2]Das Abhören und Aufzeichnen in oder aus Wohnungen ordnet die Polizeibehörde an. [3]Ergeben sich während der Maßnahme Anhaltspunkte dafür, dass der Kernbereich privater Lebensgestaltung betroffen ist, sind das Abhören und Aufzeichnen zu unterbrechen, sobald dies ohne Gefährdung für Leib, Leben oder Enttarnung der bei dem polizeilichen Einsatz tätigen Personen möglich ist. [4]§ 16 Abs. 5 Satz 2 bis 7, Abs. 6 und 7 gelten entsprechend. [5]Erlangte Erkenntnisse aufgrund von Anordnungen nach Satz 2 dürfen anderweitig nur zum Zwecke der Gefahrenabwehr verwertet werden, wenn zuvor die Rechtmäßigkeit der Maßnahme richterlich festgestellt worden ist; bei Gefahr im Verzug ist die richterliche Entscheidung unverzüglich nachzuholen. [6]Zuständig ist für richterliche Entscheidungen nach Satz 5 das Amtsgericht, in dessen Bezirk die Polizeibehörde ihren Sitz hat; für das Verfahren gilt § 39 Abs. 1 Satz 3. [7]Die Zulässigkeit der Verwertung der erlangten Erkenntnisse aufgrund von Anordnungen nach Satz 2 zum Zwecke der Strafverfolgung richtet sich nach der Strafprozessordnung.

(7) [1]Zur Vorbereitung des Einsatzes technischer Mittel kann die Polizeibehörde die Wohnung der betroffenen Person betreten, wenn dies zur polizeilichen Aufgabenerfüllung unerlässlich ist. [2]Außer bei Gefahr im Verzug ist dies nur nach richterlicher Anordnung zulässig. [3]Abs. 5 Satz 8 und 9 gelten entsprechend.

(8) Die Befugnis der Gefahrenabwehr- und der Polizeibehörden, bestimmte Mittel zur Überwachung der Einhaltung der Straßenverkehrsvorschriften zu verwenden, bleibt unberührt.

(9) [1]Automatische Aufzeichnungen nach Abs. 4 Satz 8, auch in Verbindung mit Abs. 2 Satz 4, sind unverzüglich dem anordnenden Gericht zur Entscheidung über die Verwertbarkeit oder Löschung der Daten vorzulegen. [2]Das Gericht entscheidet, welche Teile verwertet werden können, und ordnet im Übrigen die unverzügliche Löschung an. [3]Es unterrichtet die Polizeibehörde unverzüglich über den Inhalt der verwertbaren Teile der Aufzeichnung. [4]Bei Gefahr im Verzug kann die Behördenleitung oder eine von dieser beauftragte Bedienstete oder ein von dieser beauftragter Bediensteter im Benehmen mit der oder dem Datenschutzbeauftragten der zuständigen Polizeibehörde über die Verwertung der Erkenntnisse entscheiden. [5]Bei der Sichtung der erhobenen Daten kann sie oder er sich der technischen Unterstützung von zwei weiteren Bediensteten bedienen, von denen eine oder einer die Befähigung zum Richteramt haben muss. [6]Die Bediensteten sind zur Verschwiegenheit über die ihnen bekannt werdenden Erkenntnisse, die nicht verwertet werden dürfen, verpflichtet. [7]Die gerichtliche Entscheidung ist unverzüglich nachzuholen. [8]Satz 1 bis 7 gelten entsprechend für Erkenntnisse, die durch Maßnahmen nach Abs. 4 erlangt worden sind.

Überblick

Auszug aus der VVHSOG (nicht an die aktuelle Gesetzeslage angepasst und gem. Erlass des Hessischen Ministeriums des Innern und für Sport v. 29.11.2022 (StAnz. 50/2022, 1384) zum 1.1.2025 mangels eines erneuten Verlängerungserlasses ersatzlos außer Kraft getreten):

Zu § 15

15. Datenerhebung durch Observation und Einsatz technischer Mittel

15.1 Zu Abs. 1

15.1.1

Eine Beobachtung über einen kürzeren Zeitraum als in den in Nr. 1 genannten Fällen fällt nicht unter diese Vorschrift. Hierbei ist § 13 zu beachten.

15.1.2

Die Regelungen über die Datenerhebung durch den Einsatz technischer Mittel gelten unabhängig davon, ob sie mit einer Observation verbunden sind. Keine technischen Mittel sind zum Beispiel Brillen, Ferngläser oder Kraftfahrzeuge. Die Beobachtung eines Objekts als solches ist keine Observation.

15.2 Zu Abs. 2

Die Vorschrift regelt, unter welchen Voraussetzungen personenbezogene Daten durch Observation oder unter Einsatz technischer Mittel erhoben werden können. Zunächst muss geprüft werden, ob andere Maßnahmen mit Ausnahme der in den §§ 16 und 17 genannten erheblich weniger Erfolg versprechen würden oder die polizeiliche Aufgabenerfüllung mit Hilfe anderer Maßnahmen wesentlich erschwert würde. Die Datenerhebung wird nicht dadurch unzulässig, dass andere als die in Satz 1 genannten Personen (dritte Personen) betroffen werden, wenn dies unerlässlich ist, um die Datenerhebung nach Satz 1 durchführen zu können.

15.3 Zu Abs. 3

15.3.1

Für die Datenerhebung durch Observation ist eine richterliche Anordnung nicht erforderlich. Sie wird durch die Behördenleitung oder eine von dieser beauftragten Bediensteten oder einen von dieser beauftragten Bediensteten angeordnet, es sei denn, es liegt Gefahr im Verzug vor. Das gilt auch für den Einsatz technischer Mittel mit Ausnahme des Abhörens oder des Aufzeichnens des nicht öffentlich gesprochenen Wortes (vergleiche Abs. 5).

15.3.2

Für eine Observation über einen Zeitraum von mehr als drei Monaten ist die Zustimmung des HLKA als benannter Stelle erforderlich (vergleiche § 6 Abs. 2 HSOG-DVO).

15.4 Zu Abs. 4

Die Vorschrift nennt die besonderen Voraussetzungen für die Datenerhebung durch Observation und den Einsatz technischer Mittel in oder aus Wohnungen. Der Begriff Wohnung ist in § 38 Abs. 1 definiert. Abweichend davon sind Observationen ohne Einsatz technischer Mittel in Betrieben, Geschäfts- und anderen in § 38 Abs. 7 genannten Räumen auch ohne Vorliegen einer gegenwärtigen Gefahr für Leib, Leben oder Freiheit zulässig. Soweit ein Auskunftsverweigerungsrecht besteht oder allein Erkenntnisse aus dem Kernbereich privater Lebensgestaltung erlangt würden, ist der Einsatz technischer Mittel unzulässig. Ob ein Sachverhalt dem unantastbaren Kernbereich privater Lebensgestaltung zuzuordnen ist, hängt davon ab, ob er nach seinem Inhalt höchstpersönlichen Charakters ist, also auch in welcher Art und Intensität er aus sich heraus die Sphäre anderer oder Belange der Gemeinschaft berührt. Ein hinreichender Sozialbezug besteht bei Äußerungen, die sich unmittelbar auf eine konkrete Straftat oder Gefahr beziehen. Bei Zweifeln hat eine dem Gericht nach Abs. 5 vorzulegende automatische Aufzeichnung zu erfolgen.

15.5 Zu Abs. 5

15.5.1

Für das Abhören oder Aufzeichnen des nicht öffentlich gesprochenen Wortes durch den Einsatz technischer Mittel sowie für die Datenerhebung in oder aus Wohnungen ist die richterliche Anordnung erforderlich, soweit nicht Gefahr im Verzug gegeben ist. Zum Begriff Gefahr im Verzug siehe Nr. 39.1. Bei Gefahr im Verzug ist die richterliche Bestätigung der polizeilichen Anordnung unverzüglich zu beantragen, weil diese außer Kraft tritt, wenn sie nicht bis zum Ablauf des folgenden Tages richterlich bestätigt wird.

15.5.2

Bei einer Datenerhebung nach Abs. 4 ist das Amtsgericht zuständig, in dessen Bezirk die Wohnung liegt. Für das Abhören oder Aufzeichnen des nicht öffentlich gesprochenen Wortes durch den Einsatz technischer Mittel ist das Amtsgericht zuständig, in dessen Bezirk die Polizeibehörde, die die Maßnahme angeordnet hat (sachbearbeitende Dienststelle), ihren Sitz hat.

15.5.3

Gegen die ablehnende Entscheidung des Amtsgerichts kann Beschwerde nach Maßgabe des Gesetzes über das Verfahren in Familiensachen und in Angelegenheiten der freiwilligen Gerichtsbarkeit eingelegt werden.

15.6 Zu Abs. 6

15.6.1

Eingesetzt im Sinne dieser Vorschrift sind solche Personen, die in amtlicher Eigenschaft tätig sind. Dazu gehören auch die V-Personen. Das Mittel muss nicht von diesen Personen mitgeführt werden. Das Abhören kann zum Beispiel auch aus einem Begleitfahrzeug erfolgen.

15.6.2

Die Abwehr einer Gefahr für Leib oder Leben kann auch im Rahmen der Strafverfolgung erforderlich werden. Satz 3 regelt die Vernichtung der Aufzeichnung von Abhörmaßnahmen außerhalb von Wohnungen. Sollen Erkenntnisse aus Abhörmaßnahmen in oder aus Wohnungen zu Beweiszwecken im Strafverfahren verwendet werden, bedarf es - außer bei Gefahr im Verzug - eines Beschlusses des Amtsgerichts, in dessen Bezirk die anordnende Stelle ihren Sitz hat (§ 161 Abs. 2 StPO). Dasselbe gilt, wenn derartige Daten zur Abwehr einer Gefahr für Leib, Leben oder Freiheit einer anderen Person verwendet werden sollen.

15.7 Zu Abs. 7

Die Regelung erfasst nicht nur Wohnraumüberwachungen im Sinne des Abs. 4, sondern auch Fälle, in denen zum Beispiel ein in einer Garage abgestelltes Fahrzeug mit einem Peilsender versehen werden soll. Voraussetzung ist, dass es keine andere Möglichkeit zur polizeilichen Aufgabenerfüllung gibt.

§ 15 sieht für die Polizeibehörden drei besondere Formen der Datenerhebung vor, indem er diese zu Observationen, dem Einsatz technischer Mittel und – als besonderem Fall des Einsatzes technischer Mittel – dem „großen Lausch- und Spähangriff" ermächtigt. Die Vorschrift ist durch die Gesetze v. 3.5.2018 (HessGVBl. 82) und v. 25.6.2018 (HessGVBl. 302) wesentlich geändert worden. Weitere Änderungen erfolgten durch Gesetz v. 29.6.2023 (HessGVBl. 456). Die zu § 15 erlassene Verwaltungsvorschrift (Nr. 15 ff. VVHSOG) befand sich bis zu ihrem Außerkrafttreten zum 1.1.205 auf dem Stand v. 10.11.2015 (HeStAnz. 1226), hatte also die Änderungen nicht nachvollzogen.

Übersicht

A. Allgemeines

I. Entstehung, Struktur und Zweck der Norm

1 § 15 regelt mit der Observation, dem Einsatz technischer Mittel und der Datenerhebung in oder aus Wohnungen („großer Lausch- und Spähangriff") besonders eingriffsintensive Formen der Datenerhebung. Die Vorschrift steht insoweit in engem Zusammenhang mit § 16, der tatbestandlich an § 15 anknüpft und dessen Rechtsfolgen um den Einsatz von V-Personen und verdeckten Ermittlern ergänzt.

Diese sind mit den Änderungsgesetzen v. 14.12.2009 (HessGVBl. I 635) und v. 25.6.2018 (HessGVBl. 302) nunmehr auch um weitreichende Eingriffe in das Brief-, Post- und Fernmeldegeheimnis sowie das Recht auf Vertraulichkeit und Integrität informationstechnischer Systeme erweitert worden (§§ 15a–15c). 1.1

In diesen Regelungen kommt im hessischen Polizeirecht zum einen die in der rechtspolitischen Debatte beschriebene und kritisierte „Vergeheimdienstlichung" der Polizei (Einräumung verdeckter informationeller Vorfeldbefugnisse) in besonderem Maße zum Ausdruck (vgl. Lisken/Denninger PolR-HdB/Bäcker B Rn. 251 mwN; Hornmann HSOG Rn. 8; zur zeitgleichen „Verpolizeilichung der Nachrichtendienste" (Indienstnahme für die Verbrechensbekämpfung) → SystVorbPolRDe Rn. 65 mwN; Lisken/Denninger PolR-HdB/Bäcker B Rn. 252). 2

Zum anderen nähert sich das Polizeirecht mit ihnen dem Strafverfahrensrecht an, in dem solche nachrichtendienstlichen Mittel ebenfalls zunehmend zum Einsatz kamen und kommen. Die Vorschrift des § 15 war allerdings in anderem Wortlaut bereits in der Neufassung des HSOG v. 26.6.1990 (HessGVBl. I 197, 534)) enthalten, womit die hier vorgesehenen Formen der Datenerhebung – ebenso wie die durch den Einsatz verdeckter Ermittler – im hessischen Polizeirecht bereits vor ihrer Aufnahme in die StPO vorgesehen waren. 3

Nachfolgend wurde § 15 mehrfach geändert, unter anderem aus Anlass der Änderung des Art. 13 GG (Ermöglichung des „großen Lauschangriffs" durch Gesetz v. 26.3.1998, BGBl. I 610), des Urteils des BVerfG hierzu v. 3.3.2004 (BVerfGE 109, 279 ff.) sowie des Urteils des BVerfG zur Online-Durchsuchung v. 27.2.2008 (BVerfGE 120, 274 ff.), das die Anforderungen an den Schutz des unantastbaren Kernbereichs privater Lebensgestaltung bei verdeckten Datenerhebungen in einer auch für die in Abs. 4 vorgesehenen Maßnahmen relevanten Weise konkretisiert hat (vgl. zu den Änderungen im Einzelnen sowie zur entsprechenden Entwicklung im Strafverfahrensrecht Fredrich Rn. 11; Meyer-Goßner/Schmitt StPO § 100c Rn. 1 ff. mwN). Weitere wesentliche Änderungen erfolgten durch die Gesetze v. 3.5.2018 (HessGVBl. 82), v. 25.6.2018 (HessGVBl. 302) sowie v. 29.6.2023 (HessGVBl. 456). 3.1

Im Recht der Strafverfolgung hatte bei unveränderter Gesetzeslage zunächst die polizeiliche Praxis diese Instrumente etabliert, bevor sie im Wege „nachlaufender Gesetzgebung" legalisiert wurden (vgl. Bäuerle FS Bryde, 2013, 23 ff.). 4

Die StPO wurde um entsprechende Befugnisnormen – § 100c StPO aF (Einsatz technischer Mittel, eingefügt durch Gesetz v. 15.7. 1992, BGBl. I 1302), § 110a (verdeckter Ermittler, eingefügt durch Gesetz v. 15.7.1992, BGBl. I 1302), § 100c StPO nF („großer Lauschangriff", eingefügt durch Gesetz v. 4.5.1998, BGBl. I 845); § 163f (längerfristige Observation, eingefügt durch Gesetz v. 2.8. 2000, BGBl. I 1253) – somit erst später sukzessive ergänzt. 4.1

Die Vorschrift des § 15 ist damit ein früher Teil der gesetzgeberischen Tendenz, der Polizei den Einsatz umfassender verdeckter und technikvermittelter und „operativer Instrumente" zuzugestehen. Da solche mittlerweile fast flächendeckend sowohl in den Polizeigesetzen als auch in der StPO vorgesehen sind, lässt sich eine randscharfe Grenze zwischen Gefahrenabwehr, vorbeugender Bekämpfung von Straftaten und Strafverfolgung kaum noch ausmachen (vgl. auch Lisken/Denninger PolR-HdB/Bäcker B Rn. 104, 252). 5

Diese auch als „Verpolizeilichung" beschriebene legislative Entwicklung stellt den Rechtsstaat – wie auch die zahlreichen Entscheidungen des BVerfG zu dem Themenkomplex zeigen – vor neue Herausforderungen (vgl. etwa Busch CILIP 79 (3/2004), 6 ff.; Söllner, Die Verpolizeilichung – Grenzen, Chancen und Risiken einer neuen Sicherheitsarchitektur, 2011 mwN). 5.1

Übergreifender Zweck der §§ 15, 16 ist die (vorbeugende) Bekämpfung von Straftaten (§ 1 Abs. 4). Zwar dienen beide Vorschriften ausweislich des Abs. 2 Nr. 1 auch der Abwehr von Gefahren für hochrangige Rechtsgüter; da die dort geregelten Instrumentarien faktisch jedoch zumeist einen zeitlichen Vorlauf benötigen und dann längerfristig angelegt sind, wird auf sie vorrangig zum Zweck der Kriminalitätsbekämpfung zurückgegriffen (vgl. Hornmann HSOG Rn. 11). Namentlich werden die Instrumente zumeist in operativer Zielsetzung zur „Aufhellung" kriminogener Strukturen – insbesondere der sog. Organisierten Kriminalität (vgl. dazu etwa die rechtliche und faktische Bestandsaufnahme in BVerfGE 109, 279 (315 f., 6

338 ff.)) – eingesetzt, was in der Tat die dogmatische Grenze zwischen Prävention und Repression verwischt.

6.1 Das zeigt etwa auch die Praxis der sog. kontrollierten Transporte im Rauschgiftbereich, in der die Polizei verfolgbare Straftaten geschehen lässt, aber unter Einsatz verdeckter Mittel beobachtet und begleitet, um an „Hintermänner" heranzukommen und letztlich Strukturen der organisierten Kriminalität zu zerschlagen; ein Rückgriff auf das Polizeirecht für die Observation solcher Transporte lässt sich nur mit dem Kunstgriff des Zurückstellens von Strafverfolgung begründen; dieser soll – auch wenn der Strafanspruch damit gänzlich untergeht – zulässig sein, weil das Legalitätsprinzip der StPO kein absoluter Wert sei, der eine Abwägung nicht zuließe, sondern sich in Kollisionslagen am Leitprinzip der Verfassung auszurichten habe, wonach Prävention vor Repression gehen könne (näher Schäfer GA 1996, 49 (56); Kniesel ZRP 1987, 378 mwN; vgl. zu den Problemen der im Rahmen solcher kontrollierten Transporte nicht selten durchgeführten „legendierten Kontrollen" nunmehr BGH NStZ 2017, 651 ff. mAnm Schiemann).

7 Diese Aufhellung mündet letztlich regelmäßig in Strafverfolgung, wovon das Gesetz im Fall von verdeckten Ermittlern auch selbst ausgeht, wie die Pflicht zur unverzüglichen Unterrichtung der Staatsanwaltschaft über deren Einsatz nach § 16 Abs. 5 S. 9 zeigt.

8 Hinsichtlich seiner Regelungsgehalte weist § 15 eine wenig übersichtliche Struktur auf, die aber hinsichtlich der Rechtsfolgen (Datenerhebung durch Observation und Einsatz technischer Mittel) einigermaßen homogen ist: Abs. 1 enthält zunächst Legaldefinitionen der Observation und des Einsatzes technischer Mittel. Abs. 2 und Abs. 3 enthalten allgemein die Tatbestandsvoraussetzungen sowie Form- und Verfahrensvorschriften für den Einsatz dieser Instrumente. Abs. 4 und Abs. 5 spezifiziert diese für entsprechende Datenerhebungen in oder aus Wohnungen einschließlich des „großen Lausch- und Spähangriffs"; Abs. 6 regelt sodann den Einsatz sog. Personenschutzsender abweichend von Abs. 2–5. In Abs. 7 findet sich ein Wohnungsbetretungsrecht für die Vorbereitung des „großen Lausch- und Spähangriffs". Abs. 8 regelt das Verhältnis all dieser Maßnahmen zu den technischen Mitteln zur Verkehrsüberwachung und Abs. 9 enthält schließlich Regelungen zur parlamentarischen Kontrolle der in der Norm geregelten Maßnahmen.

II. Betroffene Grundrechte

9 Die Regelungen des Abs. 2 ermächtigten zur (verdeckten) Erhebung personenbezogener Daten durch die Polizei und damit zu Eingriffen in den Schutzbereich des nach dem Volkszählungsurteil des BVerfG aus Art. 2 Abs. 1 GG iVm Art. 1 GG abzuleitenden Rechts auf informationelle Selbstbestimmung (vgl. → § 12 Rn. 9).

10 Dies gilt auch für die Ermächtigung zur Fertigung von Bildaufzeichnungen durch den Einsatz technischer Mittel (vgl. etwa BVerfGE 120, 378 (399 ff.); BVerfG (K) NVwZ 2007, 688 ff.; VGH Mannheim NVwZ 2004, 498 (499 f.); vgl. nunmehr auch BVerfG NJW 2016, 1781 Rn. 173 ff.). Insoweit käme zwar auch das allgemeine Persönlichkeitsrecht aus Art. 2 Abs. 1 GG iVm Art. 1 GG in seiner Ausprägung als Recht am eigenen Bild in Betracht (vgl. BVerfGE 101, 361 (381); BVerfG HRRS 2007 Nr. 324); da der Schwerpunkt insoweit auf der Erhebung von Lebensvorgängen liegt, wendet das BVerfG jedoch auch auf Bildaufzeichnungen (nur) das Recht auf informationelle Selbstbestimmung an (BVerfG (K) NJW 2009, 480; NVwZ 2007, 688; vgl. auch BVerwG NVwZ 2012, 757 (758 f.) mwN).

10.1 Selbst wenn man dies anders sehen wollte, würden sich hinsichtlich der Einschränkbarkeit des Grundrechts durch polizeirechtliche Videoüberwachungsvorschriften keine Unterschiede ergeben (so auch VGH Mannheim NVwZ 2004, 498 (500); Lisken/Denninger PolR-HdB/Petri, 5. Aufl. 2012, G Rn. 196).

11 Auch in Bezug auf die Eingriffsermächtigung des Abs. 4, also die Datenerhebung in oder aus Wohnungen, war nicht von vorneherein klar, welche Grundrechte einschlägig sind. Die Abgrenzungsfragen – insbesondere die nach dem Verhältnis der aus Art. 1 Abs. 1 GG iVm Art. 2 GG abzuleitenden grundrechtlichen Gewährleistungen zu dem Wohnungsgrundrecht aus Art. 13 GG – können jedoch seit dem Urteil des BVerfG v. 3.3.2004 zum „großen Lauschangriff" (bestärkt durch BVerfG NJW 2016, 1781 Rn. 179 ff.) als weitgehend geklärt angesehen werden: Datenerhebungen in oder aus Wohnungen sind danach grundsätzlich an Schutzbereich und Schranken des Art. 13 GG zu messen.

In dem Urteil führte das BVerfG dazu aus: „Maßstab zur Prüfung der Verfassungsmäßigkeit der […] Ermächtigungen zur akustischen Wohnraumüberwachung sind vor allem Art. 13 Abs. 1 und 3 GG und daneben Art. 2 Abs. 1 in Verbindung mit Art. 1 Abs. 1 GG. Von den durch die Normen ermöglichten Maßnahmen können aber auch andere Grundrechte, wie insbesondere Art. 4 Abs. 1 und 2 GG sowie Art. 6 Abs. 1 und 2 GG, betroffen sein. Das aus Art. 2 Abs. 1 GG in Verbindung mit Art. 1 Abs. 1 GG folgende allgemeine Persönlichkeitsrecht kommt neben Art. 13 Abs. 1 GG allerdings nicht zur Anwendung, soweit Eingriffe in die räumliche Privatsphäre des Wohnungsinhabers zu überprüfen sind." (BVerfGE 109, 279 (324)). 11.1

Art. 13 Abs. 1 GG enthält also eine spezielle Gewährleistung des Schutzes vor staatlicher Überwachung der räumlichen Privatsphäre, die die allgemeineren grundrechtlichen Gewährleistungen verdrängt (vgl. BVerfGE 100, 313 (358) zum Verhältnis des Wohnungsgrundrechts zu Art. 10 GG). 12

Weiter führte das BVerfG aus: „Diese Spezialität wirkt sich wegen des weiten Schutzbereichs von Art. 13 GG nicht nur gegenüber der staatlichen Überwachung selbst aus, sondern erstreckt sich auch auf notwendige Vorbereitungsakte und auf den Informations- und Datenverarbeitungsprozess, der sich an die Erhebung anschließt, sowie auf den Gebrauch, der von den erlangten Kenntnissen gemacht wird (vgl. BVerfGE 100, 313 [359]). Mit dem Recht, in der Wohnung ungestört zu sein, und dem Recht am eigenen in der Wohnung gesprochenen Wort schützt Art. 13 Abs. 1 GG gerade den Teil der Privatsphäre, den sonst das allgemeine Persönlichkeitsrecht gewährleistet. Dieses Recht ergänzt als unbenanntes Freiheitsrecht die speziellen Freiheitsrechte, die ebenfalls konstituierende Elemente der Persönlichkeit schützen (vgl. BVerfGE 54, 148 [153 f.]), nur insoweit, als Letztere keinen Schutz gewähren." (BVerfGE 109, 279 (324 f.)) 12.1

Als Prüfungsmaßstab bleiben die allgemeineren grundrechtlichen Gewährleistungen, insbesondere die des allgemeinen Persönlichkeitsrechts gleichwohl von Belang, wenn – wie dies bei entsprechenden Maßnahmen häufig der Fall sein wird – von der Datenerhebung Personen betroffen werden, die sich zwar in der betreffenden Wohnung aufhalten, hier aber nicht Träger des Wohnungsgrundrechts sind. 13

Auch dazu sei auf die entsprechende Darlegung des BVerfG verwiesen: „Der Schutz des allgemeinen Persönlichkeitsrechts aus Art. 2 Abs. 1 iVm Art. 1 Abs. 1 GG greift hingegen ein, soweit von der Wohnraumüberwachung Personen betroffen werden, die sich nicht auf Art. 13 Abs. 1 GG berufen können. Grundrechtsträger des Art. 13 Abs. 1 GG ist jeder Inhaber oder Bewohner eines Wohnraums, unabhängig davon, auf welchen Rechtsverhältnissen die Nutzung des Wohnraums beruht. Bei mehreren Bewohnern einer Wohnung steht das Grundrecht jedem Einzelnen, bei Familien mithin jedem Familienmitglied zu. Maßnahmen der Wohnraumüberwachung können aber nicht nur Wohnungsinhaber, sondern auch zufällig in einer Wohnung Anwesende erfassen. Diese Personen sind zwar nicht in ihrem Grundrecht aus Art. 13 Abs. 1 GG, wohl aber in ihrem allgemeinen Persönlichkeitsrecht betroffen. Der Schutz aus Art. 2 Abs. 1 iVm Art. 1 Abs. 1 GG kann insofern allerdings nicht weiter reichen als derjenige aus Art. 13 Abs. 1 und 3 GG." (BVerfGE 109, 279 (325)). 13.1

In bestimmten Konstellationen können schließlich speziellere Grundrechte – wie das Familiengrundrecht (Art. 6 GG) oder die Religionsfreiheit (Art. 4 GG) – als Prüfungsmaßstab für die polizeiliche Datenerhebung in oder aus Wohnungen neben das Wohnungsgrundrecht treten und es insoweit verstärken. 14

„Der Schutz der räumlichen Privatsphäre und des allgemeinen Persönlichkeitsrechts kann schließlich in Einzelfällen durch weitere Grundrechtsgarantien ergänzt sein. So wird das Gespräch zwischen Eheleuten in der eigenen Wohnung nicht nur von Art. 13 Abs. 1 GG, sondern zusätzlich durch Art. 6 Abs. 1 GG geschützt. Auch in Bezug auf die Kommunikation mit Berufsgeheimnisträgern können neben dem grundrechtlichen Schutz der räumlichen Privatsphäre Grundrechte in Betracht kommen, die – wie etwa Art. 4 GG im Hinblick auf das Gespräch mit einem Geistlichen – der besonderen Schutzbedürftigkeit der Kommunizierenden Rechnung tragen." (BVerfGE 109, 279 (325 f.)). 14.1

Nicht auf § 15 gestützt werden können Eingriffe in Art. 10 GG (Brief-, Post- und Fernmeldegeheimnis) sowie in das Recht auf Vertraulichkeit und Integrität informationstechnischer Systeme; die für solche Eingriffe erforderlichen bereichsspezifischen Ermächtigungsgrundlagen finden sich nunmehr in §§ 15a–15c. 15

III. Verfassungsmäßigkeit

16 Verfassungsrechtliche Bedenken wurden gegen die bisherigen Fassungen (→ Rn. 3.1) der Vorschrift des § 15 – insbesondere die Befugnis zur Wohnraumüberwachung – verschiedentlich geltend gemacht (vgl. Hornmann HSOG, 1. Aufl. 1997, Rn. 16, 19; Hornmann HSOG Rn. 13, 28 f.; Kramer/Fiebig LKRZ 2010, 241; allg. zu Bedenken gegen entsprechende landespolizeirechtliche Befugnisse Lisken/Denninger PolR-HdB/Petri G, 5. Aufl. 2012, Rn. 567 ff. mwN).

17 Mit der derzeit geltenden Fassung der Vorschrift wurde indessen versucht, den Vorgaben des BVerfG für verdeckte Datenerhebungen – allgemein sowie in Bezug auf Wohnungen – weitgehend Rechnung zu tragen; die verbleibenden durchgreifenden Bedenken beziehen sich zum einen auf den Verweis des § 15 Abs. 4 S. 2 auf § 12 Abs. 2, werden insoweit jedoch vor allem von den Einwänden getragen, die gegen diese Norm selbst zu erheben sind (→ § 12 Rn. 11 ff.); bis zur Änderung durch das Gesetz v. 25.6.2018 (HessGVBl. 302) bestanden auch Bedenken hinsichtlich des hinreichenden Schutzes des Kernbereichs privater Lebensgestaltung, die im Wege verfassungskonformer Auslegung zu lösen waren. Teilweise hat der Gesetzgeber indessen durch Änderungen in Abs. 4 nunmehr versucht, diesen Rechnung zu tragen (→ Rn. 107 ff.).

18 Seit dem Beschluss des Bundesverfassungsgerichts zu polizeilichen Eingriffsbefugnissen des SOG M-V v. 9.12.2022 (BVerfG ZD 2023, 346 ff. mAnm Petri) ist allerdings die Verfassungsmäßigkeit der Regelung des Abs. 7 zu bezweifeln (dazu iE → Rn. 187 ff.).

IV. Parallelvorschriften

19 Parallelvorschriften, die polizeirechtlich zur Observation und zum Einsatz technischer Mittel ermächtigen, finden sich mittlerweile in allen Polizeigesetzen, vgl. nur § 49 Abs. 1, 2 Nr. 1 und 2 BWPolG, Art. 36 BayPAG, §§ 34, 35 Abs. 1 NPOG, §§ 16a Abs. 1, 17 Abs. 1 PolG NRW. Diese weichen allerdings inhaltlich hinsichtlich der Voraussetzungen und Rechtsfolgen teilweise von der hessischen Rechtslage ab. Bundesrechtliche Entsprechungen enthalten § 28 BPolG und § 45 BKAG. Repressive Parallelvorschriften finden sich in §§ 163 f., 100h StPO.

20 Parallelvorschriften zur polizeirechtlichen Datenerhebung in oder aus Wohnungen enthalten die meisten Polizeigesetze ebenfalls (vgl. zB § 50 BWPolG, Art. 41 BayPAG, § 35a NPOG, § 18 PolG NRW). Eine bundesrechtliche Entsprechung sieht § 46 BKAG vor. Die repressive Parallelvorschriften hierzu finden sich in §§ 100c, 100d StPO.

B. Einzelkommentierung

21 Die Regelungen in Abs. 2, Abs. 4, Abs. 6 und Abs. 7 ermächtigen – mit Ausnahme einiger Fälle der Observation – zu polizeilichen Maßnahmen, die ihrem Wesen nach (nur) heimlich (sinnvoll) sind und damit vom rechtsstaatlichen „Normalfall" polizeilichen Handelns abweichen (vgl. iE → § 13 Rn. 113 ff.).

22 Diese Heimlichkeit führt – was bei ihrer Durchführung stets zu beachten ist – per se zur Erhöhung des Gewichts der gesetzgeberischen Freiheitsbeeinträchtigung (vgl. BVerfGE 120, 378 (402 f.); 107, 299 (321); 115, 166 (194); 115, 320 (353), vgl. BVerfG NJW 2016, 1781 Rn. 94). Dem Betroffenen wird durch die Heimlichkeit des Eingriffs vorheriger Rechtsschutz faktisch verwehrt und nachträglicher Rechtsschutz kann zumindest erschwert werden (vgl. BVerfGE 113, 348 (383 f.); BVerfG NJW 2007, 2464 (2470 f.)). Er kann also nicht selbst darauf hinwirken, die Eingriffsintensität durch erfolgreichen Rechtsschutz zu verringern, etwa für die Zukunft zu beseitigen. Die Heimlichkeit staatlicher Informationseingriffe betrifft darüber hinaus – im Hinblick auf potentielle Einschüchterungs- oder Verunsicherungseffekte bei den Bürgern – die Gesellschaft insgesamt (vgl. BVerfGE 93, 181 (188); 100, 313 (381); 107, 299 (328); 109, 279 (354 f.), 125, 260 (335); vgl. BVerfG NJW 2016, 1781 Rn. 135: „diffuse Bedrohlichkeit geheimer staatlicher Beobachtung").

23 Beim Einsatz solcher modernen und dem Betroffenen verborgenen Methoden der Datenerhebung sind zudem mit Rücksicht auf das einem – ggf. bewirkten – „additiven" Grundrechtseingriff innewohnenden Gefährdungspotential besondere Anforderungen an das Ver-

fahren zu beachten (vgl. die entsprechenden Erwägungen für den strafprozessualen Bereich bei BVerfGE 112, 304 (319 ff.); BGHSt 46, 266).

I. Die längerfristige Observation (Abs. 1 Nr. 1, Abs. 2)

Die Observation ist zunächst von der – alltagssprachlich verwandten – polizeilichen Beobachtung iSd § 17 zu unterscheiden (vgl. auch Hornmann HSOG Rn. 7): Während erstere auf die unmittelbare Beobachtung einer Person gerichtet ist, zielt letztere auf die (datentechnische) Erstellung eines Bewegungsbilds mit Hilfe der Angaben anderer Polizeibehörden (vgl. → § 14a Rn. 134 ff., → § 14a Rn. 168 f.). 24

1. Definition (Rechtsfolge; Abs. 1 Nr. 1)

Die Observation wird in Abs. 1 Nr. 1 zunächst legal definiert, womit die Vorschrift zugleich die zulässige(n) Rechtsfolge(n) umschreibt. Eine Observation im Sinne der Vorschrift liegt danach nur vor, wenn die Polizeibehörden eine Person beobachten, dies planmäßig angelegt ist und die angegebene zeitliche Intensität übersteigen, namentlich durchgängig länger als vierundzwanzig Stunden oder an mehr als zwei Tagen stattfinden soll. 25

Bis zum Änderungsgesetz vom Gesetz v. 25.6.2018 (HessGVBl. 302) brachte Abs. 1 Nr. 1 – anders als die StPO und andere Landespolizeigesetze – die Tatsache, dass die Beobachtung erst ab einer bestimmten zeitlichen Schwelle zur Observation im Rechtssinne wird, weder in der Überschrift noch in der Definition selbst zum Ausdruck. 26

Den daraus unter Bestimmtheitsgesichtspunkten bisher resultierenden Bedenken (vgl. Lisken/Denninger PolR-HdB/Petri, 5. Aufl. 2012, G Rn. 227 Fn. 582) hat der Gesetzgeber nunmehr Rechnung getragen, indem er den Begriff Observation um das Adjektiv „längerfristig" ergänzt hat. 27

Damit ist auch klargestellt, dass sich planmäßig angelegte Beobachtungen von Personen unterhalb der zeitlichen Schwellen des Abs. 1 Nr. 1 nicht nach § 15, sondern nach § 13 oder – wenn die Beobachtung im Zusammenhang mit Veranstaltungen oder Ansammlungen bzw. öffentlichen Versammlungen oder Aufzügen erfolgt – nach § 14 Abs. 1 bzw. Abs. 2 (vgl. Lisken/Denninger PolR-HdB/Petri, 5. Aufl. 2012, G Rn. 743; BVerfG NJW 2016, 1781 Rn. 174; → § 13 Rn. 101 f.; → § 14 Rn. 85). 28

Die aufgeführten zeitlichen Grenzen sind wie folgt zu konkretisieren: Die planmäßig angelegte Beobachtung muss entweder durchgängig – also ununterbrochen und unabhängig davon, ob währenddessen ein neuer Tag begonnen hat (vgl. SGR/Schenke BPolG § 28 Rn. 34) – länger als vierundzwanzig Stunden (vgl. aber → Rn. 29) stattfinden, oder – ohne Rücksicht auf die konkrete Zeitdauer der einzelnen Beobachtung(en) – von vorneherein über zwei Tage hinausgehen (SGR/Schenke BPolG § 28 Rn. 34). 29

Entscheidender Zeitpunkt für die Beantwortung der Frage, ob die Beobachtung einer Person längerfristig ist und damit als Observation den Anforderungen des § 15 zu genügen hat, ist der Beginn der Maßnahme. Es kommt also auf die Planungen der Polizeibehörde an, wobei die Fristen aus Sicht der Planenden erst ab der gezielten Wahrnehmung des Betroffenen laufen (Lisken/Denninger PolR-HdB/Petri, 5. Aufl. 2012, G Rn. 740 mwN). 30

Wird eine im genannten Sinne längerfristig angelegte Beobachtung vorzeitig abgebrochen, verliert sie dadurch nicht ihren Charakter als Observation iSd § 15; zeichnet sich bei einer ursprünglich als kürzere geplanten Beobachtung ab, dass sie die Schwelle zur Längerfristigkeit überschreiten wird, müssen die Voraussetzungen des § 15 ab diesem Zeitpunkt vorliegen (Lisken/Denninger PolR-HdB/Petri, 5. Aufl. 2012, G Rn. 740 mwN). 31

Nach dem Zweck der Norm, die Eingriffsschwelle aber einer bestimmten zeitlichen Intensität der Beobachtung anzuheben, muss dies auch für „Kettenobservationen" aus dem gleichen Anlass gelten, bei denen die zeitliche Grenze nur deshalb nicht überschritten wird, weil kleinere Unterbrechungen vorgenommen werden. Anderenfalls könnten die gesetzgeberischen Vorgaben durch eine entsprechende Gestaltung der Beobachtung leicht unterlaufen werden (vgl. für § 163f StPO BVerfG BeckRS 2009, 36276; vgl. Lisken/Denninger PolR-HdB/Petri, 5. Aufl. 2012, G Rn. 230). 32

Gleiches gilt auch bei mehreren eigenständigen kurzfristigen Observationen aus verschiedenen Anlässen, sobald absehbar wird, dass sie in der Summe die Zeitgrenze(n) überschreiten (vgl. Lisken/Denninger PolR-HdB/Petri, 5. Aufl. 2012, G Rn. 740 mwN). 33

33.1 Anders als in der StPO und anderen Landespolizeigesetzen war es bis zur Änderung durch Gesetz v. 25.6.2018 (HessGVBl. 302) für die Variante „länger als vierundzwanzig Stunden innerhalb einer Woche" nach Abs. 1 Nr. 1 nicht erforderlich, dass die Beobachtung in diesem Zeitraum „durchgehend" stattfindet (vgl. insoweit zur aF auch Meixner/Fredrich, 12. Aufl. 2016, Rn. 1; Lisken/Denninger PolR-HdB/Petri, 5. Aufl. 2012, G Rn. 227, jeweils mwN; unzutreffend Pausch/Dölger PolR Hessen Rn. 194). Der Verzicht auf dieses Tatbestandsmerkmal machte deutlich, dass auch eine zwar (ein- oder mehrmals) unterbrochene, aber mehr als 24stündige Beobachtung innerhalb einer Woche unter den Begriff fallen sollte.

33.2 Von § 15 Abs. 1 Nr. 1 Alt. 2 aF „über den Zeitraum einer Woche hinaus" waren danach vor allem langanhaltende punktuelle Beobachtungen von Personen erfasst (vgl. zu den verfassungsrechtlichen Grenzen einer fachgerichtlichen Beantwortung der entsprechenden Fristberechnungsfragen bei § 163f StPO aF BVerfG BeckRS 2009, 36276; zu der seit 1.1.2008 geltenden Fassung des § 163f StPO Meyer-Goßner/Schmitt StPO § 163f Rn. 1a).

34 Um die Beobachtung „einer Person" kann es sich auch dann handeln, wenn die Polizeibehörden ein bestimmtes Gebäude oder sonstiges Objekt beobachten, um damit Informationen über eine bestimmte oder bestimmbare Person zu erlangen. So liegt eine Observation iSd Abs. 1 Nr. 1 etwa auch dann vor, wenn – unter Überschreitung der zeitlichen Schwellen – die Wohnungstür einer bestimmten Person beobachtet wird, um zu eruieren, ob und wann diese unter anderem Personen die Wohnung betreten und verlassen.

34.1 Dies wurde für die strafprozessuale Observation auch vom BVerfG und den Instanzgerichten in einem entsprechenden – dem Beschluss v. 2.7.2009 (BeckRS 2009, 36276) zugrundeliegenden – Sachverhalt umstandslos angenommen. Als zu ungenau erweist sich daher die – trotz fehlender Aktualität weiter geltende – Nr. 15.1.2 VVHSOG.

35 Allerdings umfasst die Datenerhebung durch Observation in diesem Sinne nicht das Erheben von Daten in oder aus Wohnungen. Die Eingriffe in Art. 13 GG sind innerhalb der Vorschrift des § 15 abschließend in Abs. 4 und im Übrigen in §§ 38, 16 Abs. 4 abschließend geregelt.

2. Tatbestandsvoraussetzungen (Abs. 2 S. 1)

36 Die von Abs. 2 vorgesehenen tatbestandlichen Voraussetzungen für die Durchführung von Observationen durch die Polizeibehörden setzen sich – wie schon die Ermächtigungen etwa der § 13 Abs. 1 und Abs. 2, § 14 Abs. 1 und Abs. 2, § 14a Abs. 1 und Abs. 2 – aus normimmanenten Adressatenregelungen einerseits (vgl. → § 12 Rn. 35, → § 13 Rn. 119, → § 14 Rn. 74, → § 14 Rn. 89, → § 14a Rn. 157) und generell-abstrakten Sachverhaltsumschreibungen „klassischen" Zuschnitts andererseits zusammen.

37 Anders als vor der Änderung durch Gesetz v. 25.6.2018 (HessGVBl. 302) knüpfen die Regelungen in Abs. 2 Nr. 2–5 materiell nicht mehr uneingeschränkt an die des § 13 Abs. 2 an, auch wenn sie die dortigen Tatbestandsmerkmale teilweise wiederholen. Eine ausdrückliche Bezugnahme auf § 13 Abs. 2 erfolgt allerdings in Abs. 2 Nr. 5 durch eine Bezugnahme verdeutlicht wird. Die Alternative des Abs. 2 Nr. 1 ist strukturell der Regelung des § 13 Abs. 1 Nr. 3 nachgebildet, deren Eingriffsschwellen sind jedoch wesentlich „niedriger".

38 Abs. 2 Nr. 1 ermächtigt die Polizeibehörden zur Erhebung personenbezogener Daten (→ § 13 Rn. 12 ff., → § 13 Rn. 16 ff.) durch Observation auch über andere als die in den §§ 6 und 7 genannten Personen zunächst, wenn dies zur Abwehr einer Gefahr (→ § 11 Rn. 18 ff., → § 1 Rn. 51 ff.) für Leib, Leben oder Freiheit einer Person erforderlich ist.

38.1 Zu denken ist etwa an die Observation von Orten und Personen im Zusammenhang mit der Lösegeldübergabe bei Entführungen (vgl. das entsprechende Beispiel bei Fredrich Rn. 5).

39 Die Norm verlangt insoweit wegen der vergleichsweise hohen Eingriffsintensität eine qualifizierte Gefahrenlage (→ § 1 Rn. 78 ff.), deren Vorliegen dann jedoch zur Erhebung von Daten mit diesem Mittel über jedermann (vgl. → § 13 Rn. 119) berechtigt.

40 Seit der Änderung durch Gesetz v. 25.6.2018 (HessGVBl. 302) ist die Alternative des Abs. 2 Nr. 1 nicht mehr auf Gefahren für Leib, Leben oder Freiheit beschränkt, sondern erstreckt sich auch auf Gefahren für solche Güter der Allgemeinheit, deren Bedrohung die Grundlagen oder den Bestand des Bundes oder eines Landes oder die Grundlagen der Exis-

tenz der Menschen berührt. Damit wurden die Schutzgüter an die des Abs. 4 sowie der §§ 15a–15c angepasst und somit die Tatbestandsvoraussetzungen für besonders eingriffsintensive verdeckte Maßnahmen vereinheitlicht.

Das HSOG übernimmt damit wortgleich die Vorgaben der Entscheidung des BVerfG zur Online-Durchsuchung (BVerfGE 120, 274 (328)) als Eingriffsschwelle. 41

Unter Bestand des Bundes oder eines Landes ist die Existenz des Staates, seines elementaren rechtlichen, sozialen und wirtschaftlichen Substrats, zu verstehen. Konkret bedeutet dies vor allem die territoriale Integrität, die Handlungsfähigkeit des Staates nach außen und innen und die durch den Staat gewährleistete Sicherheit der Bevölkerung einschließlich ihrer Existenzgrundlagen (vgl. SGR/Graulich BPolG § 11 Rn. 22). 42

Zu den Gütern der Allgemeinheit idS zählt insbesondere auch die Funktionsfähigkeit wesentlicher Teile existenzsichernder öffentlicher Versorgungseinrichtungen (BVerfGE 120, 274 (328); vgl. SGR/Schenke BKAG § 49 Rn. 7; → § 1 Rn. 82). 43

Nach Abs. 2 Nr. 2 ist die Observation von Personen durch die Polizeibehörden darüber hinaus als Maßnahme der vorbeugenden Bekämpfung von Straftaten iSd § 1 Abs. 4 (→ Rn. 6 f.) zulässig, wenn bestimmte Tatsachen die Annahme rechtfertigen, dass sie eine Straftat mit erheblicher Bedeutung (→ § 13 Rn. 120 ff.) begehen werden. Anders als vor der Änderung durch Gesetz v. 25.6.2018 (HessGVBl. 302) reichen insoweit nunmehr nur noch „Tatsachen", nicht mehr „tatsächliche Anhaltspunkte" aus (vgl. zum Unterschied VG Frankfurt a. M. BeckRS 2015, 42075 Rn. 24; zur bisher unsystematischen Verwendung der Begriffe im HSOG → § 13 Rn. 84.1). 44

Damit hat der Gesetzgeber implizit bestätigt, dass er mit der Differenzierung zwischen diesen beiden Begriffen graduelle unterschiedliche konditionale Voraussetzungen für einen Eingriff bestimmen möchte (so auch VG Frankfurt a. M. BeckRS 2015, 42075 Rn. 24). 44.1

Als „Tatsachen" sind danach dem Beweis zugängliche wahrnehmbare oder feststellbare äußere oder innere Zustände oder Vorgänge bezeichnet, die in der Gegenwart oder Vergangenheit liegen. Sie unterscheiden sich von bloßen ‚tatsächlichen Anhaltspunkten', die eine Annahme bereits rechtfertigen, wenn es nach polizeilicher oder gefahrenabwehrbehördlicher Erfahrung als möglich erscheint, dass ein bestimmter Sachverhalt vorliegt und hierfür bestimmte Indizien sprechen. In jedem Fall müssen die „Tatsachen" sich auf den jeweils Betroffenen beziehen, können also nicht von ihm losgelöst betrachtet und durch einen „Gruppenbezug" ersetzt werden (vgl. VG Frankfurt a. M. BeckRS 2015, 42075 Rn. 24; krit. hinsichtlich der semantischen Unterscheidbarkeit beider Begriffe Lisken/Denninger PolR-HdB/Graulich, 6. Aufl. 2018, E Rn. 148 ff.). 44.2

Im Vergleich zu § 13 Abs. 2 Nr. 1 und § 15 Abs. 2 Nr. 2 aF wurde diese Alternative zudem um drei weitere einschränkende Merkmale ergänzt: Die Straftat muss innerhalb eines übersehbaren Zeitraumes drohen und die Weise der Begehung zumindest ihrer Art nach konkretisiert sein (so jetzt auch § 49 Abs. 1 Nr. 2 BKAG); schließlich muss die Observation zur Verhütung dieser Straftat erforderlich sein. 45

Damit knüpft der Gesetzgeber an die Rechtsprechung des BVerfG an, wonach für eingriffsintensive Maßnahmen im Vorfeld von Gefahr und Tatverdacht zumindest erforderlich ist, dass Tatsachen den Schluss auf ein wenigstens seiner Art nach konkretisiertes und zeitlich absehbares Geschehen zulassen und wenn erkennbar ist, dass bestimmte Personen beteiligt sein werden, über deren Identität zumindest so viel bekannt ist, dass die Überwachungsmaßnahme gezielt gegen sie eingesetzt und weitgehend auf sie beschränkt werden kann (BVerfG NJW 2016, 1781 Rn. 164, 190, 213; BVerfGE 120, 274 (329) = NJW 2008, 822, BVerfGE 110, 33 (56 f., 61) = NJW 2004, 2213; BVerfGE 113, 348 (377 f.) = NJW 2005, 2603; BVerfGE 120, 274 (328 f.) = NJW 2008, 822; BVerfGE 125, 260 (330) = NJW 2010, 833; vgl. Lisken/Denninger PolR-HdB/Petri, 6. Aufl. 2018, G Rn. 627 mwN). 46

Dass der Gesetzgeber den an dieser Stelle 1994 eingeführten und 1998 aktualisierten Katalog von Straftaten (abgedruckt bei Hornmann HSOG Rn. 13 Fn. 21), die zu erwarten stehen müssen, im Jahr 2004 zugunsten des Rückgriffs auf den unbestimmten Rechtsbegriff der Straftat mit erheblicher Bedeutung wieder aufgegeben hat (vgl. Fredrich Einf. Rn. 44 f.; Fredrich Rn. 6), ist mit Blick auf die nunmehr geringere Klarheit und Bestimmtheit der Norm auf deutliche Kritik gestoßen (vgl. Hornmann HSOG § 1 Rn. 13 mwN). 46.1

Zwar steht in Abs. 2 Nr. 2 – anders als in § 13 Abs. 2 Nr. 1 – die (zu erwartende) Straftat im Singular und die Person im Plural; es gibt jedoch – auch vor dem Hintergrund der in 47 diesem Abschnitt des HSOG generell wenig präzisen Formulierungen und Rechtstechniken (vgl. nur → § 13 Rn. 55) – keine Anhaltspunkte, dass der Gesetzgeber insoweit eine inhaltliche Veränderung der Regelung intendiert hat.

48 Ebenfalls in unmittelbarem Zusammenhang mit der Rechtsprechung des BVerfG steht die neugeschaffene Alternative des Abs. 2 Nr. 3, die tatbestandlich ein seiner Art nach konkretisiertes straftatenbezogenes Geschehen innerhalb eines überschaubaren Zeitraums nicht verlangt und stattdessen auf das individuelle Verhalten der betroffenen Person abstellt. Das BVerfG hat eine solche Veränderung des tatbestandlichen Anknüpfungspunkts mit Blick auf die Besonderheiten terroristischer Straftaten ausdrücklich für zulässig erklärt (BVerfG NJW 2016, 1781 Rn. 164).

48.1 In seiner Entscheidung zum BKAG führt das Gericht aus: „In Bezug auf terroristische Straftaten, die oft durch lang geplante Taten von bisher nicht straffällig gewordenen Einzelnen an nicht vorhersehbaren Orten und in ganz verschiedener Weise verübt werden, können Überwachungsmaßnahmen auch dann erlaubt werden, wenn zwar noch nicht ein seiner Art nach konkretisiertes und zeitlich absehbares Geschehen erkennbar ist, jedoch das individuelle Verhalten einer Person die konkrete Wahrscheinlichkeit begründet, dass sie solche Straftaten in überschaubarer Zukunft begehen wird. Denkbar ist das etwa, wenn eine Person aus einem Ausbildungslager für Terroristen im Ausland in die Bundesrepublik Deutschland einreist (BVerfG NJW 2016, 1781 Rn. 112, 164, 213).

49 Abs. 2 Nr. 4 erlaubt des Weiteren die Datenerhebung durch Observation über Personen, wenn Tatsachen (→ Rn. 44 ff.) die Annahme rechtfertigen, dass sie mit Personen in Verbindung stehen, die Straftaten der in Abs. 2 Nr. 2 genannten Art – also solche mit erheblicher Bedeutung (→ § 13 Rn. 120 ff.) – begehen werden und die Datenerhebung zur Verhütung dieser Straftaten erforderlich ist.

50 Das insoweit erforderliche Näheverhältnis zu der eigentlichen Zielperson bzw. die erforderliche Verbindung zum Anlassgeschehen ist seit der Änderung durch Gesetz v. 25.6.2018 (HessGVBl. 302) nach dem Modell des § 13 Abs. 2 Nr. 2 ausgestaltet; insoweit kann auf die dortigen Ausführungen verwiesen werden (→ § 13 Rn. 94 ff.), hier allerdings mit der Maßgabe, dass die betreffende Person mit dem potentiellen Straftäter bereits in der genannten Weise in Verbindung stehen muss; dass sie erst in Zukunft „in Verbindung treten wird" reicht anders als bei § 13 Abs. 2 Nr. 2 nicht aus.

51 Schließlich ist die Datenerhebung durch Observation nach Abs. 2 Nr. 5 zulässig bei den in § 13 Abs. 2 Nr. 5 genannten Personen – also solchen, sich im räumlichen Umfeld einer Person aufhalten, die in besonderem Maße gefährdet erscheint – wenn tatsächliche Anhaltspunkte die Maßnahme zum Schutz der gefährdeten Person rechtfertigen. In dieser Alternative deckt sich die Norm in vollem Umfang mit der in Bezug genommenen (vgl. → § 13 Rn. 111 ff.).

3. Subsidiarität der Observation (Abs. 2 S. 2)

52 Von 2018 bis zur Änderung des Abs. 2 durch Gesetz v. 29.6.2023 (HessGVBl. 456) standen aller Alternativen einer nach Abs. 2 S. 1 Nr. 2–5 tatbestandlich zulässigen Observation unter den Vorbehalt einer bestehenden Auskunftspflicht nach § 12 Abs. 2 (→ § 12 Rn. 36 ff.).

52.1 Das bedeutete, dass Personen, denen nach Maßgabe dieser Vorschrift unter den Voraussetzungen der §§ 52–55 StPO ein Auskunftsverweigerungsrecht zukommt (bzw. zukäme), auch dann nicht observiert werden dürfen, wenn die Voraussetzungen der Alternativen in Abs. 2 S. 1 Nr. 1–5 vorliegen.

52.2 Mit dem Verweis auf die in § 12 Abs. 2 geregelte Einschränkung der Auskunftspflicht wollte der Gesetzgeber mit Blick auf entsprechende Ausführungen im Urteil des BVerfG v. 20.4.2016 zum BKAG (NJW 2016, 1781 Rn. 255 ff.) explizit dem Schutz zeugnisverweigerungsberechtigter Personen – insbesondere dem von Berufsgeheimnisträgern – Rechnung tragen (vgl. LT-Drs. 19/6502, 36). Damit wird allerdings zugleich die verfassungsrechtliche Problematik der Regelung des § 12 Abs. 2 (→ § 12 Rn. 11 ff.) in die des § 15 übernommen.

52.3 Offen ließ der Wortlaut, ob sich dieser Vorbehalt nur auf „betroffene Personen" (so die Formulierung in Abs. 4 S. 4) oder auch auf „Dritte Personen" iSd Abs. 2 S. 3 (vgl. → Rn. 62) beziehen sollte (die allerdings durch ihre Einbeziehung in die Datenerhebung betroffene Personen werden, wie auch die Formulierung in Abs. 4 S. 3 verdeutlicht).

52.4 Dies war umso unklarer, als Abs. 2 S. 4 zugleich auf Abs. 4 S. 4 (nunmehr gestrichen) verwies und somit die Regelung von Abs. 2 S. 3 gleichsam in der dortigen anderen – nicht zwingend als inhaltsgleich zu verstehenden – Formulierung wiederholt wurde. Insoweit war die Regelung daher gemessen an den Bestimmtheitsanforderungen des BVerfG zweifellos verfassungswidrig (vgl. → Rn. 65).

Die Wendung „soweit eine Auskunftspflicht nach § 12 Abs. 2 besteht" wurde nunmehr mit Blick auf die neu geschaffene Regelung des § 12a gestrichen. Nach § 12a Abs. 1 S. 1 erstreckt sich der dort nunmehr zentral geregelte Schutz zeugnisverweigerungsberechtigter Berufsgeheimnisträger ausdrücklich auch auf Maßnahmen nach Abs. 2 und Abs. 4. **53**

Durch die in § 12a Abs. 1 S. 1 und S. 5 vorgenommene Differenzierung zwischen Maßnahmen, die sich gegen Berufsgeheimnisträger richten einerseits, und Maßnahmen, die sich nicht gegen diese richten, diese aber betreffen, sind einige der insoweit aus der Vorgängerregelung resultierenden Fragen und Probleme (→ Rn. 52.1 ff.) ausgeräumt. **54**

Unverändert gilt für alle Alternativen des Abs. 2 S. 1 Nr. 1–5 der Subsidiaritätsgrundsatz des Abs. 2 S. 2. Danach ist die Datenerhebung durch Observation namentlich immer nur dann zulässig, wenn andere Maßnahmen mit Ausnahme der in den §§ 15a–17 genannten erheblich weniger Erfolg versprechen würden oder die polizeiliche Aufgabenerfüllung mit Hilfe anderer Maßnahmen wesentlich erschwert würde. **55**

Mit der Schaffung dieser und weiterer Subsidiaritätsklausel(n) hat der hessische Gesetzgeber für das HSOG die sowohl im präventiven als auch im repressiven Bereich vorfindbare Tendenz zur Aufrichtung allgemeiner einschränkender Bedingungen für eingriffsintensive Maßnahmen aufgegriffen. **56**

Solche Subsidiaritätsklausen, die Ausdruck des – ohnehin geltenden, aber insoweit jeweils noch einmal hervorgehobenen – Verhältnismäßigkeitsgrundsatzes sind, sind in den Regelungen neuerer polizeilicher Befugnisse sowohl in anderen Landespolizeigesetzen als auch in der StPO inzwischen zahlreich positiviert; auch und gerade deshalb sind sie im Schrifttum vielfach auf Kritik gestoßen. **57**

Soweit die Klauseln – wie hier – auf die wesentliche Erschwerung der Aufgabenerfüllung mit Hilfe anderer Maßnahmen abstellten, ließen sie die Erleichterung der polizeilichen Arbeit als Legitimation für tiefere Grundrechtseingriffe genügen, diese könne jedoch kein überwiegendes Allgemeininteresse begründen, das insoweit ausreiche (vgl. Hornmann HSOG Rn. 19). **57.1**

Auch paralysierten sich die Subsidiaritätsklauseln gegenseitig, da sie bei allen Maßnahmen vorkämen und jede Gewichtung der Eingriffstiefe der Maßnahmen zueinander fehle; auch erweiterten sie teilweise den Zweck der Maßnahmen. **57.2**

Da sie bei den „klassischen" Maßnahmen fehlten, könnten sie zudem zu widersinnigen Ergebnissen führen, etwa, dass eine Hausdurchsuchung milder erscheine als eine Observation, auch wenn faktisch unter Umständen das genaue Gegenteil gelte (vgl. Schroeder GA 2005, 73; Rieß GS K. Meyer, 1990, 367 (386 ff.); SK-StPO/Paeffgen StPO § 131b Rn. 7, SK-StPO/Paeffgen StPO § 131c Rn. 2 „Angstklauseln"; Kühne StrafProzR Rn. 413 f., alle zum strafprozessualen Bereich). **57.3**

Mit Blick auf die polizeiliche Praxis lässt sich in der Tat kaum in Abrede stellen, dass die Schutzwirkung solcher Klauseln bestenfalls im Rahmen eines unverbindlichen Aufrufs zur Zurückhaltung anzusetzen ist (Kühne StrafProzR Rn. 413). **58**

Der Kritik einer fehlenden gesetzgeberischen Gewichtung der Eingriffstiefe verschiedener Maßnahmen kann im Fall des Abs. 2 S. 2 allerdings begegnet werden: Eine solche Gewichtung hat der hessische Gesetzgeber insoweit vorgenommen, als er der Datenerhebung durch die Telekommunikations- und Quellen-Telekommunikations-überwachung (§§ 15a, 15b), durch Online-Durchsuchungen (§ 15c), durch verdeckte Ermittler und V-Personen (§ 16) und durch die Ausschreibung zur polizeilichen Beobachtung (§ 17) in der Eingriffstiefe auf eine Stufe mit der durch Observation und den Einsatz technischer Mittel gestellt hat. **59**

Dass in der vorangegangenen Fassung die Datenerhebung nach § 15b (Quellen-Telekommunikationsüberwachung) in der Aufzählung fehlte, obwohl diese durch den Zugriff auf informationstechnische Systeme eingriffsintensiver ist, als die „einfache" Telefonüberwachung nach § 15a, war wohl darauf zurückzuführen, dass § 15b erst 2009 in das Gesetz eingefügt und die damit sachlogisch notwendig gewordene Änderung des Abs. 2 übersehen worden war. **59.1**

An diese Wertung anknüpfend hat die Subsidiaritätsprüfung insoweit einen (etwas) geringeren Umfang, als sie sich auf die Möglichkeit der erfolgversprechenden oder nicht wesentlich erschwerten Erfüllung der konkreten Aufgabe etwa durch offene oder verdeckte Datenerhebungen nach § 13 oder Datenabgleiche nach §§ 25, 26 beschränken kann. **60**

4. Adressaten (Abs. 2 S. 1, S. 3)

61 Hinsichtlich der möglichen Adressaten der Datenerhebung weicht Abs. 2 (→ Rn. 36) von der Störersystematik, die die Vorschriften der §§ 6, 7, 9 über die polizeiliche Verantwortlichkeit errichten, ab (→ § 6 Rn. 2). Indem Abs. 2 vorgibt, dass mittels Observation über Daten über jedermann (Abs. 2 Nr. 1), potentielle Straftäter bzw. Terroristen (Abs. 2 Nr. 2 und Nr. 3), Kontakt- oder Begleitpersonen (Abs. 2 Nr. 4) und Personen im Umfeld von gefährdeten Personen (Abs. 2 Nr. 5) erhoben werden können, ohne dass es insoweit auf eine (aktuelle) Störereigenschaft bei der Wahl des Adressaten ankommt, enthält die Vorschrift normimmanente Adressatenregelungen (vgl. → § 12 Rn. 35, vgl. auch BeckOK PolR Bbg/Hofrichter/Fickenscher BbgPolG § 5 Rn. 2).

62 Diese Regelungen werden durch Abs. 2 S. 3 dahingehend ergänzt, dass Daten darüber hinaus im Rahmen der Aufgabenerfüllung auch über Dritte erhoben werden können, soweit dies unerlässlich – also nur unter dieser Voraussetzung möglich (vgl. zum Begriff → § 32 Rn. 22 mwN) – ist, um die Datenerhebung durch die Observation durchzuführen (vgl. zur Charakteristik dieser sog. unvermeidbar Betroffenen → § 14a Rn. 90 ff.).

63 Die mit der Änderung durch das Gesetz v. 25.6.2018 (HessGVBl. 302) eingeführte weitere Einschränkung des Adressatenkreises durch den Vorbehalt des Bestehens einer Auskunftspflicht (vgl. → Rn. 52 f.), deren Vorliegen in jedem Einzelfall zu prüfen war, ist durch die Änderung durch Gesetz v. 29.6.2023 (HessGVBl. 456) entfallen.

63.1 Insoweit war bei der vorherigen Regelung unklar, ob sich der Vorbehalt nur auf „originäre(n) Zielperson(en)", oder auch auf Dritte iSd Abs. 2 S. 3 beziehen sollte.

64 Die – praktisch durchaus relevanten – Fragen einer Erhebung und Verwendung von Daten, die bei einer Observation über Ärzte, Therapeuten oder Rechtsanwälte anfallen, die von Zielpersonen aufgesucht werden, sind nunmehr unter Rückgriff auf § 12a zu beantworten.

5. Schutz des Kernbereichs privater Lebensgestaltung (Abs. 2 S. 4)

65 Die – ebenfalls 2018 neu eingefügte – Verweisung in Abs. 2 S. 4 auf die entsprechend anzuwendenden Regelungen der Abs. 4 S. 4–8 (vgl. zur vormaligen Fehlverweisung auf Abs. 4 S. 4 → Rn. 52.4) hat der Gesetzgeber im Rahmen der durch Gesetz v. 29.6.2023 (HessGVBl. 456) vorgenommenen Änderungen unverändert gelassen, obwohl die vormaligen S. 4 und 5 nunmehr gestrichen worden und die S. 7 und 8 entfallen sind (richtiger Weise müsste nunmehr auf S. 4–6 verwiesen werden). Die Verweisung behält gleichwohl insoweit ihren bisherigen Sinn, als die bis 2018 nur für Datenerhebungen aus Wohnungen geltenden Vorgaben für den nach der Rechtsprechung des BVerfG erforderlichen Schutz des Kernbereichs privater Lebensgestaltung (vgl. iE → Rn. 138 ff.) nunmehr auch auf die Observation erweitert (S. 6–8 aF).

6. Anordnungsbefugnis (Abs. 3, Abs. 5)

66 Bis zur Änderung durch das Gesetz v. 25.6.2018 (HessGVBl. 302) war die Anordnung der längerfristigen Observation – wie in den meisten anderen Landespolizeigesetzen – gem. Abs. 3 der Behördenleitung vorbehalten (vgl. zu anderen Gesetzen Lisken/Denninger PolR-HdB/Graulich E Rn. 730), es sei denn es lag Gefahr im Verzug vor.

66.1 Bei dem Behördenleitervorbehalt handelt(e) es sich um eine verfahrensmäßige Sicherung, deren Schutzfunktion allerdings wegen der – im Vergleich zu einem Richter – geringeren Unabhängigkeit und Neutralität der Behördenleitung potentiell hinter der eines Richtervorbehalts (vgl. zu dessen Funktion eing. BVerfGE 103, 142 (153 ff.)) zurückbleibt.

67 Nunmehr gilt der Behördenleitervorbehalt nach Abs. 3 nur für Maßnahmen nach Abs. 1 Nr. 2, das aber auch nur, wenn sie nicht nach Abs. 5 Nr. 1 oder Nr. 2 unter einen Richtervorbehalt gestellt sind.

68 Die längerfristige Observation darf nach Abs. 5 Nr. 1 – außer bei Gefahr im Verzug – nur noch nach richterlicher Anordnung durchgeführt werden. Auch diese Änderung geht auf die Rechtsprechung des BVerfG zurück (BVerfG NJW 2016, 1781 Rn. 174).

69 Die richterliche Entscheidung und das Verfahren regeln die – für alle unter Richtervorbehalt stehenden Maßnahmen nach § 15 geltenden – Maßgaben des Abs. 5 S. 2–9, auf die

auch in § 15a Abs. 5 S. 2, § 15b Abs. 3 S. 2 und § 15c Abs. 3 S. 2 für die dort geregelten Maßnahmen verwiesen wird (vgl. bei diesen Maßgaben → § 15a Rn. 102, → § 15b Rn. 29, → § 15c Rn. 25).

Das vormals als verfahrensrechtliche Sicherung in Abs. 3 vorgesehen Erfordernis einer Zustimmung des Hessischen Ministeriums des Innern oder einer von ihm benannten Stelle (vgl. noch § 6 Abs. 2 HSOG-DVO) bei besonders zeitintensiven Observationen ist durch den Richtervorbehalt nach Abs. 5 S. 1 obsolet und deshalb gestrichen worden. **69.1**

II. Der Einsatz technischer Mittel (Abs. 1 Nr. 1, Abs. 2 S. 1, S. 3)

Auch der Einsatz technischer Mittel wird als zulässige Rechtsfolge in Abs. 1 Nr. 2 zunächst legal definiert. **70**

1. Definition (Rechtsfolge; Abs. 1 Nr. 1)

Da die Definition allerdings im ersten Teil zirkulär ist und sich im zweiten Teil auf Regelbeispiele beschränkt, reicht ihre Determinationskraft kaum über das hinaus, was sich bereits aus der alltagssprachlichen Auslegung des Begriffs „Einsatz technischer Mittel" ergibt. **71**

So lässt die Formulierung „ist Einsatz technischer Mittel ihre […] Anwendung" offen, was also solches Mittel in Betracht kommt. Definiert wird mit der Formulierung „ihre für die betroffene Person nicht erkennbare Anwendung, insbesondere zur […]" nur der Begriff des Einsatzes. **72**

Dabei stellt das erste Merkmal (fehlenden Erkennbarkeit für die betroffene Person) zwar klar, dass es sich um eine verdeckte Datenerhebung handelt, bei der die Voraussetzungen des § 13 Abs. 7 S. 2 durch die hier geregelten spezifischen Voraussetzungen der Maßnahme überlagert werden (vgl. → § 13 Rn. 169 ff.). Die Formulierung ist jedoch insoweit unglücklich, als sie impliziert, dass eine von den Polizeibehörden zwar auf Nichterkennbarkeit angelegte, von der betroffenen Person gleichwohl – sofort oder im Laufe des Einsatzes – erkannte Maßnahme dieser Art, nicht (mehr) den Regelungen aus Abs. 2 und Abs. 3 unterfiele. **73**

Da es indessen auch für die Beurteilung der Frage, ob ein Einsatz technischer Mittel im Sinne der Norm vorliegt, aus den unter → Rn. 30, → § 13 Rn. 172 f. dargelegten Gründen auf den Zeitpunkt der Planung bzw. des Beginns der Maßnahme ankommt, ist dies nicht der Fall. Die Wendung ist also dahingehend zu verstehen, dass ein Einsatz technischer Mittel iSd Abs. 1 Nr. 2 immer dann vorliegt, wenn die Datenerhebung mit Hilfe des technischen Mittels für die betroffene Person nicht als polizeiliche Maßnahme erkennbar sein soll (so auch Hornmann HSOG Rn. 8; OLG Zweibrücken NVwZ 2003, 1411). **74**

Für die Beantwortung der Frage, welche Gerätschaften und technischen Einrichtungen als „technische Mittel" im Sinne der Norm anzusehen sind, geben deren nicht abschließend aufgeführte typische Anwendungszwecke – Anfertigen von Bildaufnahmen und -aufzeichnungen sowie Abhören und Aufzeichnen des gesprochenen Wortes – nur eine grobe Richtung vor. **75**

Nur wenig deutlicher ist die Paralleldefinition in § 100h Abs. 1 StPO ausgefallen, die einerseits alle Geräte zur Herstellung von Bildaufnahmen und andererseits sonstige „für Observationszwecke bestimmte technische Mittel" erfasst. Immerhin wird hiermit die übergreifende Zielrichtung, der die Gerätschaft dienen muss (Observationszwecke), etwas klarer und genügt deshalb nach BVerfGE 112, 304 (317 ff.) den verfassungsrechtlichen Anforderungen an die Normenbestimmtheit. **75.1**

Eindeutig fallen damit unter den Begriff des technischen Mittels iSd Abs. 1 Nr. 2 alle Arten von Foto- und Videokameras sowie von akustischen Abhör- und Aufzeichnungsgeräten (Richtmikrofone, „Wanzen"). Nach „unten" ausgliedern lassen sich insoweit Hilfsmittel, denen das datenerhebungsspezifische Attribut des Technischen fehlt, etwa Brillen, Ferngläser und Dienstkraftfahrzeuge (vgl. Nr. 15.1.2 VVHSOG). Nachtsichtgeräte sind indessen zu den technischen Mittel zu rechnen, da sie die natürliche Wahrnehmungsfähigkeit erheblich erweitern (vgl. für den strafprozessualen Bereich Meyer-Goßner/Schmitt StPO § 100h Rn. 2). **76**

Eine Vielzahl von Rechtsfragen wirft insoweit die Bildaufzeichnung mittels polizeilichen Flugdrohneneinsatzes auf (dazu mwN auch → § 13 Rn. 149; bei Vorliegen der Tatbestandsvoraussetzungen **76.1** kommt diese jedenfalls grundsätzlich als technisches Mittel iSd Norm in Betracht (vgl. dazu mwN Zöller/Ihwas NVwZ 2014, 408; Rexin/Müller-ter Jung CR 2019, 643).

77 Obwohl die genannten Regelbeispiele nur auf Datenerhebungen durch Bild- und Tonaufnahmen abzielen, sind nach dem Telos der Norm auch Systeme und Geräte erfasst, die auf die Ermittlung eines Aufenthaltsorts durch Peilung oder Ortung bzw. die Erstellung eines Bewegungsbilds gerichtet sind, soweit sie nicht in den Bereich der Telekommunikation fallen, auf die nur nach den speziellen Vorschriften der §§ 15a, 15b zugegriffen werden darf.

78 Hierunter fallen namentlich „klassische" Peilsender, Bewegungsmelder und sog. Alarmkoffer (zum strafprozessualen Bereich auch hier Meyer-Goßner/Schmitt StPO § 100h Rn. 2 mwN); nach der Rechtsprechung des BVerfG zur StPO lassen sich unter den Begriff des technischen Mittels aber auch solche neueren Geräte und Technologien („kriminaltechnische Neuerungen" – hier Peilung mittels GPS, zu denken wäre auch an Ortungen mittels RFID-Technik) fassen, die im Hinblick auf ihre Eingriffstiefe die alten Mittel nicht wesentlich übersteigen (BVerfGE 112, 304 (316 ff.)); insoweit kann für den präventiven Einsatz technischer Mittel nichts anderes gelten (vgl. zu dieser Parallele auch Meyer-Goßner/Schmitt StPO § 100h Rn. 3).

79 Von der Ermächtigungsgrundlage gedeckt sind nach der dem Urteil des BVerfG zugrundeliegenden Rechtsprechung des BGH schließlich auch die zur Vorbereitung des Einsatzes technischer Mittel „notwendigen Begleitmaßnahmen", also etwa das Öffnen und vorübergehende Verbringen des Fahrzeugs in eine Werkstatt, um einen GPS-Peilsender oder eine Abhöranlage zu installieren (BGHSt 46, 266 (271 ff.); vorinstanzlich OLG Düsseldorf NStZ 1998, 268).

80 Dass das Betreten einer Wohnung iSd Art. 13 GG zum Zweck der Installation von technischen Mitteln nicht zu diesen notwendigen Begleitmaßnahmen gehören kann, hat auch der Gesetzgeber erkannt und die infolgedessen notwendige Befugnisnorm in Abs. 7 vorgesehen (vgl. → Rn. 187 ff.).

2. Tatbestandsvoraussetzungen (Abs. 2 S. 1)

81 Die Tatbestandsvoraussetzungen für den Einsatz technischer Mittel decken sich mit denen für die längerfristige Observation (vgl. → Rn. 36 ff.).

3. Subsidiarität des Einsatzes technischer Mittel (Abs. 2 S. 2)

82 Auch die Subsidiarität des Einsatzes technischer Mittel richtet sich nach den gleichen Kriterien, die für die längerfristige Observation gelten (vgl. → Rn. 55 ff.).

4. Adressaten (Abs. 2 S. 1, S. 3)

83 Wie bei der längerfristigen Observation gelten für den Einsatz technischer Mittel die normimmanenten Adressatenregelungen des Abs. 2 S. 1 und S. 3 (vgl. iE → Rn. 61 f.).

5. Anordnungsbefugnis (Abs. 3 S. 1, Abs. 5)

84 Der Einsatz technischer Mittel steht unter dem Behördenleitervorbehalt des Abs. 3 S. 1 (→ Rn. 66 ff.), soweit nicht Gefahr im Verzug vorliegt, oder eine richterliche Entscheidung nach Abs. 5 erforderlich ist.

85 Letzteres ist nach Abs. 5 Nr. 2 und Nr. 3 der Fall bei der Anfertigung von Bildaufnahmen oder -aufzeichnungen bestimmter Personen; des Weiteren bei dem Einsatz technischer Mittel zu Observationszwecken durchgehend länger als 24 Stunden oder an mehr als zwei Tagen; schließlich steht auch das Abhören oder Aufzeichnen des nicht öffentlich gesprochenen Wortes durch den Einsatz technischer Mittel („kleiner Lauschangriff") unter Richtervorbehalt (vgl. insoweit zur verfassungsrechtlichen Fundierung des Richtervorbehalts für entsprechende Maßnahmen BVerfG NJW 2016, 1781 Rn. 174).

86 Der Anwendungsbereich des Behördenleitervorbehalts hat sich damit im Wesentlichen auf den kurzfristigen Einsatz technischer Mittel zu Observationszwecken, das Abhören und Aufzeichnen des öffentlich gesprochenen Worts und auf nicht personenbezogene Bildaufnahmen und -aufzeichnungen reduziert.

Da Abs. 2 nur die Polizeibehörden – also nicht die Gefahrenabwehrbehörden iSd § 1 Abs. 1 S. 1 (Verwaltungs- und Ordnungsbehörden) – ermächtigt, liegt die Anordnungsbefugnis insoweit bei den Leiterinnen oder Leitern der in § 91 genannten Polizeibehörden, deren örtliche Zuständigkeiten für eine solche Maßnahme sich jeweils nach § 101 richtet. 87

Praktisch werden der kurzfristige Einsatz technischer Mittel zu Observationszwecken, das Abhören und Aufzeichnen des öffentlich gesprochenen Worts und die Herstellung von nicht personenbezogene Bildaufnahmen und -aufzeichnungen vor allem als Maßnahmen der Polizeipräsidien, vor allem der sog. Flächenpräsidien (§ 91 Abs. 2 Nr. 2 lit. a iVm § 5 HSOG-DVO) sowie des Hessischen Landeskriminalamts (§ 91 Abs. 2 Nr. 2 lit. b iVm § 6 HSOG-DVO) oder des Bereitschaftspolizeipräsidiums (§ 91 Abs. 2 Nr. 2 lit. c iVm § 7 HSOG-DVO) in Betracht kommen, sodass jeweils deren Präsidentinnen oder Präsidenten anordnungsbefugt sind. 88

Diese machen jedoch regelmäßig von ihrer in Abs. 3 S. 1 Hs. 2 vorgesehenen Befugnis Gebrauch einen Bediensteten oder eine Bedienstete ihrer Behörde – regelmäßig dem Leitungsbeamten oder der Leitungsbeamtin der Abteilung „Einsatz" – mit solchen Anordnungen zu betrauen. 89

Ergänzt wird dieser Behördenleitervorbehalt mit Delegationsmöglichkeit in Abs. 3 S. 1, S. 2 um eine Eilzuständig bei Gefahr im Verzug. 90

Der Begriff der Gefahr im Verzug ist ein im Strafprozess- und Polizeirecht traditionell verwendeter Rechtsbegriff: er fand sich bereits in der Ursprungsfassung der StPO (§ 105 StPO) und im PVG (Preußisches Polizeiverwaltungsgesetz v. 1.6.1931; § 55 PVG), wurde mit Inkrafttreten des GG zum Verfassungsbegriff (Art. 13 Abs. 2 GG aF) und wurde als solcher durch das BVerfG verbindlich einer engen Auslegung zugeführt und in der Anwendung vollständiger gerichtlicher Überprüfung unterworfen (BVerfGE 103, 142 (153 ff.)). 90.1

Im HSOG findet sich der Begriff der Gefahr im Verzug außer in § 15 Abs. 3 in § 15 Abs. 5–7, § 15a Abs. 5, § 15b Abs. 5, § 16 Abs. 5, § 18 Abs. 2 Nr. 5, § 19 Abs. 3, § 30 Abs. 4, § 36 Abs. 5, § 39 Abs. 1 und in § 100 Abs. 2. 90.2

Gefahr im Verzug liegt vor, wenn durch die zeitliche Verzögerung einer Einholung der Anordnung durch den originär Befugten der zu erwartende Schaden bzw. eine Gefährdung des Erfolgs der Maßnahme (etwa durch Beweismittelverlust) eintreten würde und sofort eingegriffen werden muss (vgl. Hornmann HSOG § 11 Rn. 35; Fredrich § 1 Rn. 14; Lisken/Denninger PolR-HdB/Frister F Rn. 140 ff.; Meyer-Goßner/Schmitt StPO § 105 Rn. 2, jeweils mwN). 91

Liegt in diesem Sinne Gefahr im Verzug vor, können die dem Behördenleiter vorbehaltenen Maßnahmen (→ Rn. 67) durch jeden Polizeivollzugsbeamten angeordnet werden. Im Hinblick auf die typischerweise längeren Vorlaufzeiten dieser Maßnahmen (vgl. zur Phänomenologie → Rn. 6 ff.) dürfte jedoch selten Gefahr im Verzug anzunehmen sein. 92

Sollte dies ausnahmsweise doch der Fall sein, ist Abs. 3 S. 1 im Hinblick auf den Schutzzweck des Behördenleitervorbehalts teleologisch jedenfalls dahingehend auszulegen, dass unverzüglich nachträglich eine Bestätigung der Anordnung durch die Behördenleitung (oder den beauftragten Bediensteten) einzuholen ist (so auch schon Hornmann HSOG Rn. 20). 93

III. Datenerhebung in oder aus Wohnungen (Abs. 4)

Die Regelung des Abs. 4, die seit Inkrafttreten des HSOG 1990 mehrfach geändert wurde (vgl. iE Fredrich Rn. 11), sieht als Rechtsfolge die Erhebung von Daten in oder aus Wohnungen vor und nimmt damit Bezug auf die Legaldefinition des § 38 Abs. 1, die ihrerseits durch den verfassungsrechtlichen Wohnungsbegriff des Art. 13 GG bestimmt wird (→ § 38 Rn. 3, → § 38 Rn. 16). 94

Abs. 4 findet nur Anwendung, wenn die Datenerhebung ohne Kenntnis der betroffenen Person – also regelmäßig des oder der Träger des Grundrechts aus Art. 13 GG (vgl. iE → Rn. 97 ff.) – stattfindet. Die Kenntnis muss sich dabei sowohl auf die Datenerhebung, als auch auf die Tatsache, dass diese durch die Polizei erfolgt, beziehen. 95

Hat also ein Angehöriger der Polizeibehörden unter Offenlegung seiner dienstlichen Funktion gegenüber dem / den Betroffenen eine Wohnung etwa gem. § 38 oder mit einer wirksamen Einwilligung rechtmäßig betreten, richtet sich eine nunmehr erfolgende Datener- 96 hebung nicht nach Abs. 4, sondern nach den allgemeinen Vorschriften für die Datenerhebung durch die Polizeibehörden (etwa denen des § 13 oder des § 18).

96.1 Etwas anderes gilt allerdings für die Datenerhebung eines verdeckt ermittelnden Polizeibeamten: Für diesen Fall ist sowohl das Recht zum Betreten einer Wohnung, als auch das Recht zur dortigen Datenerhebung durch § 16 Abs. 2–4 speziell geregelt. Beides erfolgt hier nicht mit Kenntnis des Betroffenen im oben genannten Sinne.

1. Rechtsfolge (Abs. 4 S. 1)

97 Die Regelung ermächtigt die Polizeibehörden zur Erhebung von Daten (→ § 13 Rn. 17 ff., → Rn. 21 ff.) im Zusammenhang mit den durch Art. 13 GG geschützten Räumen, wobei – auch im Hinblick auf die teilweise unterschiedlichen tatbestandlichen Voraussetzungen – zu unterscheiden ist zwischen der Erhebung in und aus Wohnungen sowie der „einfachen" Datenerhebung und der Erhebung mit Hilfe technischer Mittel.

98 Während § 15 Abs. 4 aF insoweit tatbestandlich zwischen „einfachen Datenerhebungen" und solchen mit Hilfe technischer Mittel differenzierte, erfasst Abs. 4 seit der Neuregelung durch Gesetz v. 25.6.2018 (HessGVBl. 302) nur noch die letztgenannte Variante.

99 Die Datenerhebung durch Angehörige der Polizeibehörden, die sich nicht technischer Mittel bedienen, richtet sich daher nicht mehr nach Abs. 4, sondern – je nach Fallgestaltung – als offene Maßnahme nach § 38 oder als verdeckte Maßnahme nach § 16 Abs. 4.

99.1 Im erstgenannten Fall erfolgt zwar das Betreten in der Regel ohne Einwilligung, die Datenerhebung jedoch – wegen der notwendig erfolgten Offenlegung der dienstlichen Funktion (→ Rn. 96) – nicht ohne Kenntnis iSd Abs. 4 S. 1. Im zweitgenannten Fall greifen die Spezialregelungen des § 16 Abs. 2–4 (→ Rn. 96.1).

100 Diese Regelungen sind insoweit abschließend; insbesondere scheidet § 13 Abs. 2, Abs. 7 S. 2 als Ermächtigungsgrundlage für verdeckte Datenerhebungen in oder aus Wohnungen ohne Einsatz technischer Mittel aus, da die Vorschrift des § 13 nicht zu Eingriffen in das Wohnungsgrundrecht des Art. 13 GG ermächtigt (→ § 13 Rn. 8, vgl. auch → § 14 Rn. 16).

100.1 Dies verkennen Meixner/Fredrich, 12. Aufl. 2016, Rn. 12 aE völlig, wenn sie ausführen: „Für Datenerhebungen ohne Kenntnis der betroffenen Person, die weder durch Observation noch durch den Einsatz technischer Mittel in oder aus Wohnungen (§ 38 Abs. 1) erfolgen, gilt Abs. 4 nicht; sie sind nach Maßgabe des § 13 Abs. 7 iVm anderen Befugnisnormen zulässig, zB nach § 13 Abs. 1 Nr. 3 zur Abwehr einer im Einzelfall bestehenden (konkreten) Gefahr".

101 Anderenfalls wäre die von außen erfolgende zielgerichtete polizeiliche Beobachtung von Personen und Vorgängen in Wohnungen – erfolge sie unterhalb der zeitlichen Grenzen des Abs. 1 Nr. 1 oder nicht (vgl. schon zur Parallelproblematik bei § 14 → § 14 Rn. 16 ff.) – eine polizeiliche Standardmaßnahme ohne besondere Voraussetzungen. Dass ein solches Verständnis der Bedeutung des Art. 13 GG nicht gerecht wird, diesen vielmehr zu einem Grundrecht unter dem „Vorbehalt zugezogener Vorhänge" werden lässt, liegt auf der Hand.

102 Die Datenerhebung erfolgt **in** der Wohnung, wenn sich ein technische Mittel nutzender (und insoweit datenerhebender) Angehöriger der Polizeibehörde tatsächlich in dem geschützten Raum aufhält oder sich nur das technische Mittel zur Datenerhebung in der Wohnung befindet.

102.1 Nicht Bestandteil der Rechtsfolge ist im erstgenannten Fall ein Recht zum Betreten der Wohnung zum Zweck der Datenerhebung. Auch dieses kann sich nur entweder aus § 38 oder aus § 16 Abs. 4 ergeben.

103 Die Datenerhebung erfolgt **aus** der Wohnung, wenn dies nicht der Fall ist, aber gleichwohl – von außen, zumeist mit Hilfe technischer Mittel wie Richtmikrofonen oder „Polizei-Drohnen" – auf Lebenssachverhalte in ihr zugegriffen wird. Letztere hat – nachdem die Zulässigkeit des polizeilichen Drohneneinsatzes ohne spezielle Ermächtigungsnorm umstritten war und ist (vgl. → § 13 Rn. 151.3) – seit Dezember 2024 in § 15d Abs. 1 Nr. 1 und 2 eine Rechtsgrundlage erhalten (vgl. auch die ausdrückliche Ermächtigung für die letztgenannte Art der Datenerhebung in § 47 Abs. 1 Nr. 3 BayPAG)).

104 Ein Einsatz technischer Mittel liegt vor, wenn die bereits dargelegten Merkmale (→ Rn. 73 ff.) erfüllt sind.

Hinsichtlich des Einsatzes technischer Mittel enthält Abs. 4 – anders als Art. 13 Abs. 3 GG und § 100c StPO, aber in Übereinstimmung mit Art. 13 Abs. 4 GG – keine Einschränkung auf eine akustische Überwachung bzw. auf das Abhören und Aufzeichnen des nicht öffentlich gesprochenen Worts (vgl. Lisken/Denninger PolR-HdB/Petri, 6. Aufl. 2018, G Rn. 582). 105

Da sich zudem der Einsatz technischer Mittel nach Abs. 1 Nr. 2 explizit sowohl Geräte zur Tonaufzeichnung als auch auf solche zur Bildaufzeichnungen bezieht (→ Rn. 75) ermächtigt die Vorschrift – insoweit getragen von Art. 13 Abs. 4 GG – sowohl zur akustischen Wohnraumüberwachung („großer Lauschangriff") als auch zur optischen Wohnraumüberwachung („großer Spähangriff"). 106

Die gegen den „großen Spähangriff" auf polizeirechtlicher Grundlage geltend gemachten Bedenken bei Lisken/Denninger PolR-HdB/Petri G, 6. Aufl. 2018, Rn. 587 (von Verfassung wegen unzulässig, wenn das Gesetz die optische Überwachung nicht ausdrücklich vorsieht) greifen daher für die hessische Rechtslage nicht durch; diese ist vielmehr der rheinland-pfälzischen Rechtslage vergleichbar (vgl. §§ 29 Abs. 1, 28 Abs. 2 Nr. 2 RhPfPOG), die der VerfGH Rheinland-Pfalz – unter Zugrundelegung einer restriktiven verfassungskonformen Auslegung – insoweit für verfassungsgemäß erklärt hat (VerfGH Rheinland-Pfalz NWwZ-RR 2007, 721 (723 f.)). 106.1

2. Tatbestandsvoraussetzungen, Überwachungsadressaten und -objekte, Kernbereichsschutz (Abs. 4 S. 1–8)

Abs. 4 S. 1 eröffnet den Polizeibehörden die Erhebung personenbezogener Daten (→ § 13 Rn. 17 ff., → Rn. 21 ff.) in oder aus Wohnungen zunächst in allen Fällen nur dann, wenn diese zur Abwehr einer dringenden Gefahr (→ § 11 Rn. 18 ff., → § 1 Rn. 51 ff.) nicht nur – wie bei Abs. 1 Nr. 1 – erforderlich, sondern unerlässlich ist. 107

Seit der Änderung durch Gesetz v. 25.6.2018 (HessGVBl. 302) beschränkt Abs. 4 die erforderliche Gefahr nicht mehr auf eine solche für Leib, Leben oder Freiheit einer Person, sondern erstreckt sie auch auf diejenigen für solche Güter der Allgemeinheit, deren Bedrohung die Grundlagen oder den Bestand des Bundes oder eines Landes oder die Grundlagen der Existenz der Menschen berührt (vgl. iE → Rn. 40 ff.). 108

Mit der Schwelle der Unerlässlichkeit für die Abwehr der so benannten Gefahren errichtet die Norm wegen der hohen Eingriffsintensität insoweit schon tatbestandlich die unter dem Gesichtspunkt der Verhältnismäßigkeit denkbar höchste Hürde (vgl. zum Begriff → Rn. 62 sowie → § 32 Rn. 22), die sodann hinsichtlich der zu schützenden Güter mit dem Erfordernis einer qualifizierten Gefahrenlage (→ § 1 Rn. 78 ff.) verbunden wird; bis zur Änderung durch Gesetz v. 25.6.2018 (GVBl. 302) musste die Gefahr – anders als die in Abs. 2 Nr. 1 – zudem gegenwärtig, also auch in zeitlicher Hinsicht qualifiziert sein. 109

Mit Gesetz v. 25.6.2018 (HessGVBl. 302) wurde die tatbestandliche Qualifikation der Gefahr als „gegenwärtige" ersetzt; nunmehr muss es sich – in Übereinstimmung mit dem Wortlaut des Art. 13 Abs. 4 GG – um eine „dringende" Gefahr handeln. In der Sache führt dies zu einer nur geringen Veränderung der Eingriffsschwelle. 110

Gegenwärtig ist eine Gefahr, bei der die Einwirkung des schädigenden Ereignisses entweder bereits begonnen hat oder bei der diese Einwirkung unmittelbar oder in allernächster Zeit mit einer an Sicherheit grenzenden Wahrscheinlichkeit bevorsteht (→ § 1 Rn. 79 mwN); damit ist insbesondere ausgeschlossen, die sog. Dauergefahr für den Eingriff ausreichen zu lassen (vgl. BVerfGE 109, 279 (378 f.); 115, 320 (363 f.); so im Ergebnis zutr. auch Meixner/Fredrich, 12. Aufl. 2016, Rn. 12, allerdings mit der unzutreffenden Begründung, dass der Begriff „gegenwärtig" nur bei der Wohnraumüberwachung in diesem Sinne eng auszulegen sei; richtigerweise kann generell die Dauergefahr im polizeirechtlichen Sinne zwar eine konkrete, nicht aber eine gegenwärtige Gefahr sein; vgl. BVerfGE 115, 320 (363 f.)). 110.1

Namentlich ist für die Qualifikation einer Gefahr als „dringend" neben dem Ausmaß des Schadens auch die Wahrscheinlichkeit in Bezug zu nehmen (vgl. BVerfG NJW 2016, 1781 Rn. 110, 184; 2012, 907 Rn. 128; BVerfGE 113, 377 (378)). An die Feststellung des Vorliegens sind insoweit strenge Anforderungen zu stellen. Für die Feststellung der Dringlichkeit einer Gefahr müssen die Schwere des zu erwartenden Schadens, die Wahrscheinlichkeit und die zeitliche Nähe des Schadenseintritts zusammen betrachtet werden (BVerfG NJW 2016, 1781 Rn. 184; vgl. auch SGR/Schenke BKAG § 46 Rn. 8). Insoweit sind bei der dringenden 111

Gefahr bei gleichen Anforderungen an die Wahrscheinlichkeit allenfalls die Anforderungen an die zeitliche Nähe (gegenwärtig: in allernächster Zeit bevorstehend; → Rn. 110.1) etwas geringer.

112 Dass auch die Datenerhebung in oder aus Wohnungen subsidiär ist (vgl. → Rn. 55 ff., → Rn. 82) bedurfte keiner Hervorhebung, da dies bei der gebotenen Auslegung des Begriffs „unerlässlich" bereits aus diesem folgt.

113 Bis zur Änderung durch Gesetz v. 25.6.2018 (HessGVBl. 302) sah Abs. 4 S. 6 eine Erleichterung der nicht mit technischen Mitteln erfolgenden Datenerhebung in oder aus durch Art. 13 GG geschützten Räumen vor, wenn es sich bei diesen um Arbeits-, Betriebs- oder Geschäftsräume bzw. um öffentlich zugängliche Räume handelte und der Eingriff während der in § 38 Abs. 7 genannten Zeiten erfolgt.

114 Diese vormals in der Wendung „§ 38 Abs. 7 gilt entsprechend" zum Ausdruck kommende Erleichterung, der erhebliche Auslegungsprobleme hinsichtlich der damit verbundenen Voraussetzungen und Folgen aufwarf (vgl. eing. BeckOK PolR Hessen/Bäuerle,11. Ed. 2018, Rn. 86 ff.), wurde nunmehr ersatzlos gestrichen („[…], da es dieser Regelung aufgrund der neuen Ausgestaltung der Norm nicht mehr bedarf" (LT-Drs. 19/6502, 37).

115 Da die Regelung des Abs. 4 nunmehr nur noch Datenerhebungen mit Hilfe technischer Mittel erfasst (→ Rn. 98 ff.), war diese Streichung folgerichtig.

116 Dem Erfordernis der Unerlässlichkeit der Datenerhebung in oder aus Wohnungen für die Abwehr einer gegenwärtigen Gefahr für Leib, Leben oder Freiheit einer Person oder für solche Güter der Allgemeinheit, deren Bedrohung die Grundlagen oder den Bestand des Bundes oder eines Landes oder die Grundlagen der Existenz der Menschen berührt, fügt Abs. 4 in S. 2 und S. 4–6 weitere beschränkende Tatbestandsmerkmale hinzu.

117 Insoweit trifft Abs. 4 S. 2 Nr. 1 zunächst eine Adressatenregelung, indem er den Personenkreis bestimmt, gegen die sich die Maßnahme richten darf und Abs. 4 S. 2 Nr. 2 beantwortet sodann die – bei der Wohnungsüberwachung untrennbar mit dem zulässigerweise erfassten Personenkreis verbundene – Frage, in welchen Wohnungen die Überwachungsmaßnahme durchgeführt werden darf.

118 Die Vorschrift ist nach dem Vorbild des § 46 Abs. 1 Nr. 1, Abs. 2 ausgestaltet, der seinerseits auf die entsprechenden Ausführungen des BVerfG im Urteil zum BKAG zurückgeht (vgl. BVerfG NJW 2016, 1781 Rn. 114 ff., 186 ff.), nach der sich die Maßnahme einerseits mit Blick auf ihre hohe Eingriffsintensität grundsätzlich nur gegen die eigentliche Zielperson richten darf, was insbesondere eine Überwachung von Kontakt und Begleitpersonen zumeist ausschließt (BVerfG NJW 2016, 1781 Rn. 115 f., 192; vgl. SGR/Schenke BKAG § 46 Rn. 9 ff.).

119 Andererseits darf die Überwachung der Zielperson auch in der Wohnung eines Dritten erlaubt werden, wenn aufgrund bestimmter Tatsachen vermutet werden kann, dass die Zielperson sich dort zur Zeit der Maßnahme aufhält, sie dort für die Ermittlungen relevante Gespräche führen wird und eine Überwachung ihrer Wohnung allein zur Erforschung des Sachverhalts nicht ausreicht (vgl. BVerfG NJW 2016, 1781 Rn. 115; BVerfGE 109, 279 (353, 355 f.) = NJW 2004, 999; vgl. SGR/Schenke BKAG § 46 Rn. 9 ff.).

120 Dem entsprechend regelt Abs. 4 S. 2 Nr. 1 zunächst, dass als Zielpersonen Verhaltensverantwortliche nach § 6 (vgl. iE → § 6 Rn. 41 ff.) und Zustandsverantwortliche nach § 7 (vgl. iE → § 7 Rn. 5 ff.) in Betracht kommen (vgl. zu Zweifeln hinsichtlich der Erforderlichkeit der Einbeziehung von Zustandsstörern SGR/Schenke BKAG § 46 Rn. 10 mwN).

121 Darüber hinaus ist die Wohnraumüberwachung bei Personen erlaubt, bei denen konkrete Vorbereitungshandlungen für sich oder zusammen mit weiteren bestimmten Tatsachen die Annahme rechtsfertigen, dass sie terroristische Straftaten begehen werden. Mit den konkreten Vorbereitungshandlungen für terroristische Straftaten übernimmt der Gesetzgeber eine Formulierung aus § 20h Abs. 1 Nr. 1 lit. b BKAG 1997, die das BVerfG für „verfassungsrechtlich tragfähig" gehalten hat (BVerfG NJW 2016, 1781 Rn. 189) und die sich deshalb weiterhin in § 46 Abs. 1 Nr. 1 lit. b BKAG findet.

122 Damit wird neben die durch § 13 Abs. 2 Nr. 1–6 und § 15 Abs. 2 Nr. 1–5 typisierten Adressatengruppen eine weitere gestellt; insgesamt schafft das HSOG damit eine kaum noch überschaubare Adressatensystematik. Die Variante des Abs. 4 S. 2 Nr. 1 findet ansonsten nur noch in § 26 Abs. 1 S. 2; dort aber dienen die „konkreten Vorbereitungshandlungen [, die] die Annahme rechtsfertigen, dass terroristische Straftaten begangen werden sollen" lediglich der Erläuterung des in § 26 Abs. 1 S. 1 verwendeten Gefahrenbegriffs.

Zur Annahme konkreter Vorbereitungshandlungen reicht allein die Absicht, zu irgendeinem Zeitpunkt eine terroristische Straftat begehen zu wollen, nicht aus. Notwendig ist ein seiner Art nach konkretisiertes und zeitlich absehbares Geschehen (BVerfG NJW 2016, 1781 Rn. 190). Diese Absicht muss sich zudem manifestiert haben, indem sich die Person etwa Material oder Anleitungen für die Ausführung der Tat beschafft (hat). Zwar muss bei solchen spezifizierten Vorbereitungshandlungen muss noch keine gegenwärtige Gefahr im klassischen Sinne vorliegen. Da bei der Dringlichkeit iSd Art. 13 Abs. 4 GG indessen auf Ausmaß und Wahrscheinlichkeit des Schadens abzustellen ist (vgl. → Rn. 110 ff.) wird in solchen Fällen jedoch regelmäßig eine dringende Gefahr vorliegen (SGR/Schenke BKAG § 48 Rn. 11). 123

Als Zielobjekt der Überwachung kommt nach Abs. 4 S. 2 Nr. 2 lit. a vorrangig die Wohnung der Zielperson iSd Abs. 4 S. 1 Nr. 1 in Betracht. Die Überwachung der Wohnung eines Dritten ist nach Abs. 4 S. 2 Nr. 2 lit. b nur zulässig, wenn bestimmte Tatsachen die Annahme rechtfertigen, dass sich die Zielperson dort aufhält und die Maßnahme allein in deren Wohnung nicht zur Abwehr der Gefahr nach S. 1 führen wird. 124

Dieses Merkmal ist vor dem Hintergrund der verfassungsgerichtlichen Rechtsprechung eng auszulegen. Es müssen also belastbare Tatsachen dafür sprechen, dass die Zielperson sich in der Wohnung zur Zeit der Maßnahme aufhalten und dort auch für die Ermittlungen relevante Gespräche führen wird (vgl. BVerfG NJW 2016, 1781 Rn. 115; BVerfGE 109, 279 (353, 355 f.) = NJW 2004, 999; vgl. auch SGR/Schenke BKAG § 46 Rn. 9 ff.). 125

Seit der Änderung durch Gesetz v. 25.6.2018 (HessGVBl. 302) hat der Gesetzgeber in Abs. 4 S. 3 nunmehr auch das bisher festzustellende Defizit ausgeglichen, dass für Maßnahmen nach Abs. 4 und Abs. 5 eine Klausel über unvermeidbar betroffene Dritte fehlte (vgl. zur Kritik BeckOK PolR Hessen/Bäuerle,11. Ed. 2018, Rn. 100 ff.). 126

Mit der Regelung in Abs. 4 S. 3, wonach die Wohnraumüberwachung auch durchgeführt werden darf, wenn andere Personen unvermeidbar betroffen sind, war jedoch bis 2023 mit Blick auf die folgenden S. 4 und S. 5 aF nur ein Teil der durch das vormalige Fehlen der Klausel aufgeworfenen Probleme gelöst. 127

Nach Abs. 4 S. 4 aF war ein Eingriff mit technischen Mitteln namentlich nicht zulässig, soweit keine Auskunftspflicht der betroffenen Person nach § 12 Abs. 2 bestand. Die galt nach Abs. 4 S. 5 aF auch, wenn durch eine gegen einen Dritten gerichtete Maßnahme Erkenntnisse erlangt würden, die nicht der Auskunftspflicht nach § 12 Abs. 2 unterliegen. 128

Diese Sätze sind nunmehr mit Blick auf den neu eingefügten § 12a, der den Schutz zeugnisverweigerungsberechtigter Berufsgeheimnisträger bei verdeckten Maßnahmen in einer Vorschrift regelt, durch Gesetz v. 29.6.2023 (HessGVBl. 456) gestrichen worden. 129

Damit haben sich zwar einige der aus der alten Fassung resultierenden Auslegungsfragen erübrigt; im Hinblick auf die fortgeltende Regelung des S. 3 bleibt jedoch weiterhin die Frage relevant, wer „betroffene Person" im Sinne der Regelung ist. 130

Das HSOG verwendet die Begriffe des oder der Betroffenen bzw. der betroffenen Person nicht einheitlich. 131

So findet sich der oder die unvermeidbar Betroffene in § 14a Abs. 1, § 15b Abs. 4; die betroffene Person bzw. der Betroffene ist erwähnt zB in § 8 Abs. 1 S. 2, § 12 Abs. 2 S. 2 und S. 5, § 13 Abs. 5 und Abs. 6, § 15 Abs. 1 Nr. 2, § 15b Abs. 1, § 15b Abs. 3 S. 2, § 18 Abs. 6 und Abs. 7, § 19 Abs. 2 Nr. 2, § 22 Abs. 2 S. 3, § 25 Abs. 1 S. 4, § 27 Abs. 4 S. 3, § 27 Abs. 5 S. 1 und Abs. 6 und Abs. 7 sowie wiederholt in § 29. 131.1

Dabei schwankt die Bedeutung der Begriffe zwischen einem normativen (der- oder diejenige gegen den sich eine Maßnahme richten **soll**) und einem faktischen Gehalt (der- oder diejenige, die tatsächlich in ihren Rechten beeinträchtigt **wird**). Für letztere verwendet das Gesetz – ohne erkennbare Systematik – an anderer Stelle auch die Begriffe des Dritten oder der dritten Person (vgl. § 15 Abs. 2 S. 3, § 16 Abs. 3 S. 2), die ihrerseits wiederum auch für gänzlich Unbeteiligte verwendet (vgl. § 8 Abs. 1 S. 1, § 13 Abs. 6 S. 2, § 14 Abs. 6 S. 1 und S. 2, § 20 Abs. 1 S. 2, § 59 Abs. 1 Nr. 1) oder in einem nochmals abweichenden Sinne gebraucht werden (vgl. § 16 Abs. 1 S. 1). 131.2

Ins Verhältnis zu setzen sind diese Bedeutungsgehalte des Weiteren zu den Begriffen des Betroffenen und des Dritten in den Vorschriften des § 41 Nr. 1 und Nr. 10 HDSIG, die insoweit zumindest ergänzend Anwendung finden (→ § 13 Rn. 13, → § 13 Rn. 16 f.); gänzlich schlüssig werden die Begriffsinhalte schließlich erst dann, wenn ihre Auslegung mit der der entsprechenden Vorschriften in der StPO – insbesondere der dort regelmäßig verwendeten Begriffe des unvermeidbar betroffenen Dritten und der unvermeidbar betroffenen anderen Person (vgl. → § 14a Rn. 87 f. mwN) harmonisiert wird. 131.3

132 Die Frage, wer „betroffene Person" ist, stellt sich bei Datenerhebungen in oder aus Wohnungen vor allem deshalb, weil diese regelmäßig nicht nur die Person oder Personen betreffen, gegen die sich die Maßnahme iSd Abs. 4 S. 4 „richten soll" – also zumeist den- oder diejenigen, der / die Verursacher der tatbestandlich vorausgesetzten qualifizierten Gefahr ist / sind; vielmehr werden von ihr ganz regelmäßig auch andere Personen betroffen sein, die sich in der Wohnung aufhalten und deswegen zwangsläufig in den Wirkungsbereich der Maßnahme gelangen.

133 Insofern macht die Formulierung des Abs. 4 S. 3 selbst klar, dass auch die unvermeidbar einbezogenen Dritten „betroffen" sind.

134 Unter grundrechtlichen Gesichtspunkten müsste bei den Dritten zudem weiter unterschieden werden nach Personen, gegen die sich die Maßnahme nicht im oben genannten Sinne „richten soll", die sich aber gleichwohl auf das Grundrecht des Art. 13 GG berufen können, und nach solchen, bei denen dies nicht der Fall ist (vgl. eing. → Rn. 11 ff.).

135 Da bei der erstgenannten Gruppe der Eingriff durch die Datenerhebung – da sie selbst keinen Erhebungsanlass gegeben haben (vgl. zu diesem Gesichtspunkt → § 14 Rn. 13.1) – sogar schwerer wiegt, als bei den Personen „gegen die sich die Maßnahme richten soll" ist Abs. 4 zunächst dahingehend auszulegen, dass „betroffene Person" jede Person ist, die sich in der ausgeforschten Wohnung auf Art. 13 GG berufen kann.

136 Dem entsprechen auch die Regelung des §§ 28 Abs. 2 Nr. 2, 29 Abs. 5, die die Frage der betroffenen Person für die nachträgliche Auskunftspflicht regelt: Als betroffene Personen sind danach bei verdeckten Datenerhebungen grundsätzlich von Amts wegen diejenigen Personen von der Maßnahme zu unterrichten, gegen die sich die Maßnahme gerichtet hat, sonstige überwachte Personen sowie die Personen, die die überwachte Wohnung zur Zeit der Durchführung der Maßnahme innehatten oder bewohnten.

136.1 Nach § 29 Abs. 5 S. 2 aF waren von der Wohnraumüberwachung betroffen „die Personen, gegen die sich die Maßnahme gerichtet hat, deren Gesprächspartner sowie der Inhaber der Wohnung".

137 Legt man den erkennbaren Zweck dieses Begriffs der betroffenen Person zugrunde, sind zu den „sonstigen überwachten Personen" alle diejenigen zu zählen, die in die Maßnahme dadurch „hineingeraten" sind, dass sie mit abgehört wurden, also auch die „unvermeidbar betroffen(en)" Dritten.

137.1 Für die an die Auskunftspflicht anknüpfende alte Fassung des Abs. 4 waren damit alle (potentiellen) Gesprächspartner der Wohnungsinhaber in Betracht zu ziehen. Dass dies kaum gemeint sein konnte, ergibt sich jedoch schon daraus, dass diese nur selten bekannt gewesen sein duften, also das Bestehen oder Nichtbestehen eines solchen Rechts im Vorhinein kaum beurteilt werden kann.

137.2 Das sprach dafür, den Begriff der „betroffenen Person" in Abs. 4 S. 4 enger zu fassen als in §§ 28 Abs. 2 Nr. 2, 29 Abs. 5. Praktisch dürfte sich das Problem jedoch regelmäßig nicht gestellt haben, weil nur sehr wenige Fälle denkbar waren, in denen überhaupt Auskunftsverweigerungsrechte nach § 12 Abs. 2 bestand:

137.3 Nach dieser Vorschrift waren und sind Störer iSd §§ 6, 7 ohnehin uneingeschränkt auskunftspflichtig (vgl. zu der darin liegenden Problematik → § 12 Rn. 16, → § 12 Rn. 36 ff.); sonstige Personen sind es unter den Voraussetzungen des § 9 Abs. 1 Nr. 1–4, die bei einer Gefahr des erforderlichen Ausmaßes ebenfalls praktisch immer gegeben sein werden. Für Personen, die an sich unter den Voraussetzungen §§ 52–55 StPO zur Auskunftsverweigerung berechtigt wären, gilt des Weiteren die Rückausnahme des § 12 Abs. 2 S. 3 Hs. 2, deren Voraussetzung (Gefahr für Leib, Leben oder Freiheit) ebenfalls stets gegeben sind.

137.4 Übrig blieben also nur die Fälle einiger beruflich Zeugnisverweigerungsberechtigter: Verteidiger und Rechtsanwälte, Geistliche, Abgeordnete und Journalisten einschließlich ihrer jeweiligen Berufshelfer haben auch bei Gefahren für Leib, Leben und Freiheit ein Zeugnisverweigerungsrecht; gegenüber dieser Regelung bestehen indessen erhebliche verfassungsrechtliche Bedenken (→ § 12 Rn. 14, → § 12 Rn. 40).

137.5 Diese Bedenken wurden bis zur Änderung durch den sich anschließenden Abs. 4 S. 5 aF weiter verstärkt, der zudem in seinem Wortlaut gänzlich missraten war. Mit der Formulierung „gegen einen Dritten gerichtete Maßnahme" ist nämlich nicht ein Dritter im Sinne der sonstigen Regelungen des HSOG (vgl. eing. → Rn. 131.1 ff.) gemeint, sondern die Person, „gegen die sich die Maßnahme richten soll", die aber selbst kein berufsbedingtes Zeugnisverweigerungsrecht hat.

137.6 Dies erhellte erst aus den klarer formulierten Parallelvorschriften in § 62 Abs. 1 S. 6 BKAG, die sich nunmehr auch in § 12a findet („Die Sätze 3 bis 5 gelten entsprechend, wenn durch eine Maßnahme, die sich nicht gegen eine in § 53 Abs. 1 Satz 1 Nummer 1, 2 oder Nummer 4 der Strafprozessordnung genannte Person richtet, von einer dort genannten Person Erkenntnisse erlangt werden, über die sie das Zeugnis verweigern dürfte“) und § 160a Abs. 1 S. 5 StPO („Die Sätze 2 bis 4 gelten entsprechend, wenn durch eine Ermittlungsmaßnahme, die sich nicht gegen eine in Satz 1 in Bezug genommene Person [eine in § 53 Abs. 1 S. 1 Nr. 1, Nr. 2 oder Nr. 4 StPO genannte Person] richtet, von dieser Person Erkenntnisse erlangt werden, über die sie das Zeugnis verweigern dürfte“), an die sich Abs. 4 S. 3 anlehnt (vgl. zum BKAG 1997 Meixner/Fredrich, 12. Aufl. 2016, Rn. 11).

Wurden also durch einen großen Lauschangriff bei einem „Dritten“ – etwa dem nicht zur Auskunftsverweigerung berechtigen mutmaßlichen Entführer eines Kindes –, der regelmäßig Besuch von seinem Rechtsanwalt erhält, Erkenntnisse erlangt, über die der Anwalt schweigen darf, wäre die Maßnahme – obwohl unerlässlich zur Rettung des Kindes – nach dieser Regelung unzulässig. **137.7**

Weitere Einschränkungen folgen aus den Vorschriften der § 15 Abs. 4 S. 4–6 nF (vormals S. 6–8), die die – nach der Rechtsprechung des BVerfG unter dem Gesichtspunkt der Würde des Menschen notwendigen (vgl. BVerfGE 109, 279 (311 ff.)) – Vorkehrungen für den Schutz des unantastbaren Kernbereichs privater Lebensgestaltung enthalten (vgl. zum verfassungsrechtlichen Hintergrund sowie den Voraussetzungen und Folgen Meyer-Goßner/Schmitt StPO § 100a Rn. 22 ff., § 100c Rn. 13 ff.; Fredrich Rn. 14 sowie eing. Lisken/Denninger PolR-HdB/Schwabenbauer G Rn. 143 ff. mwN, Lisken/Denninger PolR-HdB/Bäcker B Rn. 66 sowie → Rn. 141). **138**

Die Regelungen zum Schutz des Kernbereichs privater Lebensgestaltung in Abs. 4 S. 4 und 5 sind unter dem Gesichtspunkt eines effektiven Schutzes von Leib, Leben und Freiheit recht großzügig geraten (→ Rn. 144). **139**

Liegen tatsächliche Anhaltspunkte für die Annahme vor, dass durch die Datenerhebung in oder aus Wohnungen **allein** Erkenntnisse aus dem Kernbereich privater Lebensgestaltung erlangt würden, ist die Maßnahme danach unzulässig. **140**

Das Gesetz verzichtet auf eine Definition dessen, was unter den Kernbereich privater Lebensgestaltung fällt. Nach dem Urteil des BVerfG sind dies Sachverhalte mit höchstpersönlichem Charakter, etwa die Äußerung innerster Gefühle und Ausdrucksformen der Sexualität. Ob personenbezogene Kommunikation in diesem Sinne höchstpersönlicher Natur ist, hängt davon ab, in welcher Art und Intensität sie aus sich heraus die Sphäre anderer oder die Belange der Gemeinschaft berührt (vgl. BVerfGE 109, 279 (311 ff.); Meyer-Goßner/Schmitt StPO § 100a Rn. 22 ff.; Lisken/Denninger PolR-HdB/Schwabenbauer G Rn. 143 ff. mwN). **141**

Bei der Wohnraumüberwachung besteht eine Vermutung für den höchstpersönlichen Charakter, wenn sich der Betroffene in typischen Rückzugsbereichen des Privaten – also nicht Betriebs- oder Geschäftsräumen – alleine oder ausschließlich mit Personen aufhält, zu denen er in einem besonderen Vertrauensverhältnis steht. Nicht zum Kernbereich gehören indessen Gesprächsinhalte mit unmittelbarem Bezug zu begangenen oder bevorstehenden Straftaten. Ob Kernbereichsrelevanz in diesem Sinne vorliegt, ist in einer am Einzelfall orientierten Prognose zu beurteilen (vgl. BVerfGE 109, 279 (311 ff.); Baldus JZ 2008, 219 (222 ff.); Meyer-Goßner/Schmitt StPO § 100c Rn. 13 ff.; Lisken/Denninger PolR-HdB/Schwabenbauer G Rn. 143 ff.). **142**

Die Prognose nach der Regelung des Abs. 4 S. 4 und 5 hat sich also insbesondere an der Art der zu überwachenden Räume und dem Verhältnis der zu überwachten Personen zu einander auszurichten. Sie hat sich – insoweit in Übereinstimmung mit § 100a Abs. 4 S. 1 StPO, aber im Unterschied zu § 100 c Abs. 4 S. 1 StPO – auf die Frage zu beziehen, ob durch die Maßnahme allein Erkenntnisse aus dem Kernbereich erlangt würden. **143**

Diese Wendung kommt zwar einerseits dem gebotenen Schutz von Leib, Leben und Freiheit entgegen, indem sie eine insoweit vergleichsweise niedrige Hürde für die Wohnraumüberwachung anordnet; da jedoch kaum Sachverhalte denkbar sind, in denen durch eine solche Maßnahme ausschließlich kernbereichsrelevante Daten erhoben werden (falls doch, wäre die Maßnahme ohnehin ungeeignet), lässt sie den Kernbereichsschutz andererseits ins Leere laufen (vgl. auch mwN Lisken/Denninger PolR-HdB/Petri 5. Aufl. 2012, G Rn. 259; vgl. indessen zur Verfassungskonformität des – allerdings mit der Telefonüberwachung einen strukturell anderen Sachverhalt betreffenden – § 100a Abs. 4 S. 1 StPO auch BVerfGE 129, 208). **144**

145 Praktisch verlagert die Vorschrift die Kernbereichsproblematik damit im Rahmen eines – verfassungsrechtlich im Grundsatz unbedenklichen (vgl. BVerfGE 129, 208; vgl. Lisken/Denninger PolR-HdB/Petri 5. Aufl. 2012 G Rn. 28 mwN zu kritischen Stimmen) – zweistufigen Schutzkonzepts in die Auswertungsphase; für diese enthalten die Regelungen der Abs. 4 S. 6, Abs. 9 S. 1–8 einzelne Vorgaben.

146 Nach Abs. 4 S. 6 darf die Datenerhebung – zur Vermeidung einer Wahrnehmung kernbereichsrelevanter oder -kritischer Sachverhalte durch die Polizeibehörde in „Echtzeit" – bei von Vorneherein bestehenden Zweifeln darüber, ob durch die Maßnahme allein Erkenntnisse aus dem Kernbereich erlangt würden, ausschließlich durch eine automatische Aufzeichnung erfolgen. Entstehen solche Zweifel während der Maßnahme, darf die Datenerhebung nur durch automatische Aufzeichnung fortgesetzt werden (sog. Richterband).

147 Die so gefertigten Aufzeichnungen sind nach Abs. 9 S. 1 dem Gericht, das die Maßnahme nach Abs. 5 S. 1–5 angeordnet hat, unverzüglich (→ § 14 Rn. 91) zur Entscheidung vorzulegen. Nach dem Vorbild des § 47 Abs. 8 BKAG, dessen Vorgängerregelung vor dem BVerfG Bestand hatte (BVerfG NJW 2016, 1781 Rn. 129), wurde durch Gesetz v. 25.6.2018 (HessGVBl. 302) in Abs. 9 S. 2 eine Regelung zur Entscheidung über die Verwertbarkeit bei Gefahr im Verzug eingefügt (vgl. dazu SGR/Schenke BKAG § 47 Rn. 38), die zumindest die Beteiligung eines Bediensteten mit Befähigung zum Richteramt und eine unverzügliche Nachholung der richterlichen Entscheidung verlangt.

148 Nach der Entscheidung des Gerichts über die Verwertbarkeit und/oder verpflichtende Löschung der erhobenen Daten (vgl. § 15 Abs. 5 S. 11 und § 27 Abs. 2 S. 2) hat dieses gem. Abs. 9 S. 3 wiederum die Polizeibehörde unverzüglich über den Inhalt der verwertbaren Teile der Aufzeichnung – soweit vorhanden – zu unterrichten.

3. Anordnungsbefugnis, Verfahren (Abs. 5 S. 1–9)

149 Verfahrensrechtlich liegt die Anordnungsbefugnis für die Datenerhebung in oder aus Wohnungen durch den Einsatz technischer Mittel nach Abs. 5 Nr. 4 – ebenso wie die der längerfristigen Observation (Abs. 5 Nr. 1), des längerfristigen Einsatzes technischer Mittel zu Observationszwecken (Abs. 5 Nr. 2) und des Abhörens oder Aufzeichnens des nicht öffentlich gesprochenen Wortes durch den Einsatz technischer Mittel (vgl. → Rn. 84 ff.) – gem. Abs. 5 Nr. 4 beim Richter.

150 Dieser schon durch Art. 13 Abs. 4 GG vorgeschriebene Richtervorbehalt wird dahingehend konkretisiert, dass die Zuständigkeit grundsätzlich beim Amtsgericht liegt; für dessen örtliche Zuständigkeit und das Verfahren schreibt Abs. 5 S. 2 die Anwendung des § 39 Abs. 1 (vgl. iE → § 39 Rn. 2 ff.); für „mobiles" Abhören und Aufzeichnen des nicht öffentlich gesprochenen Worts mit technischen Mitteln ist abweichend von § 39 Abs. 1 das Amtsgericht zuständig, in dessen Bezirk die handelnde Polizeibehörde ihren Sitz hat.

151 Bei Gefahr im Verzug (vgl. iE → Rn. 90 ff.) kann die Maßnahme nach Abs. 5 Hs. 1 durch die Polizeibehörde selbst angeordnet werden; diese hat sodann nach Abs. 5 S. 8 unverzüglich (→ § 14 Rn. 91) die richterliche Bestätigung der Anordnung zu beantragen; ist die polizeiliche Anordnung nicht bis zum Ablauf des folgenden Tages richterlich bestätigt, tritt sie ohne weiteres außer Kraft (Abs. 5 S. 9).

152 Über die entsprechend anzuwendenden Vorschriften des Gesetzes über das Verfahren in Familiensachen und in Angelegenheiten der freiwilligen Gerichtsbarkeit hinaus sehen die Abs. 5 S. 3–7 weitere Verfahrensvorschriften für das anordnende Gericht vor, namentlich die Schriftform der Anordnung (Abs. 5 S. 3), die – auf der Grundlage der bereits vorliegenden Erkenntnisse – möglichst genaue Bezeichnung der Personen, gegen die sich die Maßnahme richten soll (Abs. 5 S. 4, vgl. → Rn. 131 ff.).

153 Des Weiteren ist die Festlegung der Art und Dauer der Maßnahme (einschließlich der Höchstdauer von drei Monaten) vorgesehen sowie – wenn möglich – die Festlegung einer räumlichen Begrenzung (Abs. 5 S. 5 und S. 6); Abs. 5 S. 7 regelt schließlich die Voraussetzungen und Grenzen von Verlängerungen der Anordnung.

154 Insoweit ist die vormalige Begrenzung auf maximal drei Verlängerungen durch Gesetz v. 29.6.2023 (HessGVBl. 456) gestrichen worden. De lege lata ist nunmehr also eine unbegrenzte Zahl von Verlängerungen möglich. Diese Änderung wurde im Gesetzentwurf in ungewöhnliche Breite begründet.

Die Begründung lautet: „Die bisherige zeitliche Obergrenze von einem Jahr für die Verlängerung der richterlichen Anordnung von verdeckten Maßnahmen soll durch die Streichung des Wortes „dreimalige" in § 15 Abs. 5 Satz 7 aufgehoben werden, um hierdurch eine größere Flexibilität zu erhalten und die in der Praxis erkannten Anwendungsprobleme bei der polizeilichen Gefahrenabwehr zu vermeiden. Die Jahresgrenze wurde Ende der achtziger Jahre im Zusammenhang mit der Wohnraumüberwachung in Hessen eingeführt und ist inzwischen durch die einschlägige Rechtsprechung des BVerfG zum BKAG überflüssig geworden. Eine zeitliche Obergrenze von einem Jahr wird den heute anzutreffenden besonderen Gefahrenlagen bei der Verhütung terroristischer Straftaten, bspw. im Rahmen längerfristiger Observationen, auch nicht mehr gerecht. Insbesondere bei Personen aus dem islamistisch/jihadistischen Spektrum ist aufgrund der konstant hohen Gefahrenprognose oftmals eine langfristig angelegte Observationsmaßnahme, die in besonderen Fällen über den Zeitraum von einem Jahr hinausgehen kann, erforderlich. Nach polizeilicher Erfahrung dauern Tatplanungen hier durchaus mehrere Monate; die bereits entschlossenen Täter verhalten sich zudem mitunter über lange Zeit hinweg bewusst unauffällig, um die Behörden „in Sicherheit zu wiegen". 154.1

Die grundrechtlichen Belange der betroffenen Personen werden bei verdeckten Maßnahmen (Datenerhebung durch Observation, Einsatz technischer Mittel, Wohnraumüberwachung, Telekommunikationsüberwachung, Online-Durchsuchung) auch ohne ausdrückliche zeitliche Obergrenze im Gesetz aufgrund der regelmäßig erforderlichen richterlichen Anordnung der Verlängerung ausreichend gewahrt. Die Verlängerung um jeweils höchstens drei weitere Monate stellt eine sukzessive richterliche Kontrolle sicher. Das Gericht berücksichtigt bei der Prüfung der Verhältnismäßigkeit einer nochmaligen Verlängerung dabei insbesondere auch die Gesamtdauer der bisherigen Maßnahme. 154.2

Eine zeitliche Obergrenze für die richterliche Anordnung von Überwachungsmaßnahmen ist deshalb verfassungsrechtlich nicht erforderlich. Das BVerfG führt in seinem Urteil v. 20.4.2016 (BVerfG NJW 2016, 1781 ua) zum BKAG (BVerfG NJW 2016, 1781 Rn. 171) hierzu aus: „Keinen Bedenken unterliegt allerdings, dass die Überwachungsmaßnahmen nach dieser Vorschrift zwar jeweils nur für eine vertretbar begrenzte Zeit angeordnet werden dürfen, aber deren Verlängerung nicht durch eine Obergrenze beschränkt wird. Der Gesetzgeber konnte davon ausgehen, dass eine konkretisierte Gefahrenlage, wie sie für die Anordnung oder Verlängerung der Maßnahmen vorausgesetzt ist, in der Regel nicht für einen übermäßig langen Zeitraum vorliegt, so dass eine unverhältnismäßige Dauerüberwachung hierdurch im Allgemeinen nicht droht. Im Übrigen kann eine Begrenzung, auch wenn eine absolute Höchstdauer nicht ausdrücklich bestimmt ist, aus dem Grundsatz der Verhältnismäßigkeit im Einzelfall folgen, da mit zunehmender Dauer der Observationsmaßnahmen der Eingriff in das allgemeine Persönlichkeitsrecht immer intensiver wird und auch dazu führen kann, dass eine weitere Verlängerung verfassungsrechtlich nicht mehr zu recht-fertigen ist […]." 154.3

Zur Wohnraumüberwachung macht das BVerfG in Rn. 195 des Urteils vergleichbare Ausführungen (BVerfG NRW 2016, 1781 Rn. 195): „Verfassungsrechtlich unbedenklich ist auch das Fehlen einer zeitlichen Obergrenze gegenüber einer wiederholten Anordnung der Wohnraumüberwachung, da eine zeitliche Begrenzung gegebenenfalls einzelfallbezogen aus Verhältnismäßigkeitsgesichtspunkten herzuleiten ist (vgl. BVerfGE 109, 279 [362] […])." Folglich sieht auch das BKAG für die dort geregelten verdeckten Maßnahmen keine ausdrückliche zeitliche Obergrenze vor (vgl. § 45 Abs. 5 BKAG für besondere Mittel der verdeckten Datenerhebung wie die längerfristige Observation und den Einsatz technischer Mittel, § 46 Abs. 5 BKAG für die Wohnraumüberwachung) LT-Drs. 20/8129, 29 f.). 154.4

In der Tat konnten sich die Entwurfsverfasser hinsichtlich der Zulässigkeit der Streichung der zeitlichen Obergrenze auf das Bundesverfassungsgericht und dessen Verweis auf die im Einzelfall stets zu prüfende Verhältnismäßigkeit berufen; diese Prüfung durch die Gerichte wird dabei auch das – in der amtlichen Begründung nicht erwähnte – verfassungsrechtliche Verbot einer Rundumüberwachung (BVerfGE 109, 279 (232); 112, 304 (319); 130, 1 (24); 141, 220 (317 f.), vgl. dazu auch Lisken/Denninger PolR-HdB/Schwabenbauer G Rn. 171, 342 ff) in Betracht zu ziehen haben. 155

Schon unter Geltung der Obergrenze – erst recht aber jetzt – sind darüber hinaus zumindest in Bezug auf Maßnahmen nach Abs. 4 kaum Fälle denkbar, in denen die erforderliche gegenwärtige Gefahr über einen so langen Zeitraum fortbesteht (vgl. zu den auf den Schutz des Kernbereichs bezogenen Kompetenzen und Verpflichtungen des Gerichts nach Abs. 9 → Rn. 147 ff.). 156

IV. Sonderregelung für das Abhören und Aufzeichnen zum Schutz von bei einem polizeilichen Einsatz tätigen Personen (Abs. 6)

157 Die Regelung des Abs. 6 knüpft an Art. 13 Abs. 5 GG an, der erleichternde Voraussetzungen für die Verwendung technischer Mittel vorsieht, wenn diese ausschließlich zum Schutze der bei einem Einsatz in Wohnungen tätigen Personen vorgesehen sind.

158 Namentlich muss in diesem Fall von Verfassungs wegen die Maßnahme nicht durch den Richter, sondern kann durch eine gesetzlich bestimmte Stelle angeordnet werden. Allerdings ist eine anderweitige (also nicht dem Schutz der Einsatzperson dienende) Verwertung der hierbei erlangten Erkenntnisse nur zum Zwecke der Strafverfolgung oder der Gefahrenabwehr und nur dann zulässig, wenn zuvor die Rechtmäßigkeit der Maßnahme richterlich festgestellt ist; liegt – in Bezug auf die Verwertung – Gefahr im Verzug vor, ist die richterliche Entscheidung unverzüglich nachzuholen.

159 Die Vorschrift des Abs. 6 S. 1 setzt diese Vorgaben um und konkretisiert sie. Sie bleibt dabei insoweit hinter dem Regelungsrahmen des Art. 13 Abs. 5 GG zurück, als sie – anders als dieser – nur das Abhören und Aufzeichnen des gesprochenen Worts erfasst, was sich aus der fehlenden Bezugnahme auf die Formulierung „Anfertigung von Bildaufnahmen oder -aufzeichnungen" in Abs. 1 Nr. 2 ergibt (so auch Fredrich Rn. 19; aA wohl Hornmann HSOG Rn. 38: „und Videokameras").

160 Sie greift anderseits insoweit über den Regelungsgehalt des Art. 13 Abs. 5 GG hinaus, als sie das Abhören und Aufzeichnungen nicht nur innerhalb, sondern auch außerhalb von Wohnungen regelt.

161 Ebenso wie Art. 13 Abs. 5 GG erfasst die Regelung nicht nur Polizeivollzugsbeamte, sondern auch sonstige Personen (insbesondere sog. V-Personen; vgl. § 16 Abs. 1), die bei einem polizeilichen Einsatz mit Wissen und Wollen der Polizei tätig sind (vgl. Hornmann HSOG Rn. 38; Fredrich Rn. 19 sowie Nr. 15.6.1 VVHSOG: „[…] Personen, die in amtlicher Eigenschaft tätig sind. Dazu gehören auch die V-Personen").

162 Die materielle Kernaussage des Abs. 6 trifft dessen S. 1, der anordnet, dass die Vorgaben aus Abs. 2–5 nicht für ein Abhören und Aufzeichnen gelten, wenn dies zur Abwehr einer Gefahr für Leib oder Leben einer bei einem polizeilichen Einsatz tätigen Person geschieht.

163 Faktisch erfasst die Vorschrift insoweit vor allem die Verwendung von sog. Personenschutzsendern, die die eingesetzten Personen am Körper tragen. Die akustische Übertragung an (andere) Polizeivollzugsbeamte soll ein schnelles Einschreiten ermöglichen, wenn sich die Gefahr für die Einsatzperson realisiert. Nach dem Wortlaut ist es allerdings nicht erforderlich, dass das technische Mittel von dieser mitgeführt wird, das Abhören kann vielmehr ebenso zB aus einem aus einem Begleitfahrzeug erfolgen (vgl. Nr. 15.6.1 VVHSOG).

1. Abhören und Aufzeichnen außerhalb von Wohnungen

164 Bezüglich des Abhörens und Aufzeichnens außerhalb von Wohnungen zum Zweck der Abwehr von Gefahren für Einsatzpersonen „suspendiert" Abs. 6 S. 1 von der Anwendung der – für den Einsatz des technischen Mittels eigentlich einschlägigen – Vorschriften der Abs. 2 und Abs. 3.

165 Damit tritt an die Stelle der dort vorgesehenen Tatbestandsalternativen (→ Rn. 81) das Erfordernis einer Gefahr für Leib oder Leben einer bei einem Einsatz der Polizei tätigen Person (vgl. → Rn. 162 f.); es muss sich dabei um eine konkrete Gefahr handeln (→ § 1 Rn. 62 ff.). Durch Gesetz v. 25.6.2018 (HessGVBl. 302) wurde der Tatbestand in Anlehnung an § 34 Abs. 1 BKAG – der eine entsprechende repressiv-polizeiliche Norm enthält – um das Schutzgut der Freiheit einer bei einem Polizeieinsatz tätigen Person erweitert; eine Erläuterung zur Notwendigkeit dieser Erweiterung enthält die amtliche Begründung nicht (vgl. LT-Drs. 19/6502, 37).

166 Zwar findet nach dem Wortlaut der Vorschrift auch der Subsidiaritätsgrundsatz des Abs. 2 S. 2 (vgl. → Rn. 82) keine Anwendung (aA Hornmann HSOG Rn. 38); die Notwendigkeit seiner Einhaltung ergibt sich indessen grundsätzlich auch hier; sie folgt aus dem allgemeinen Verhältnismäßigkeitsgrundsatz des § 4 (vgl. Hornmann HSOG Rn. 18 aE).

167 Des Weiteren entfällt für den Einsatz des Personenschutzsenders der für diesen als (kurzfristigen) verdeckten Einsatz eines technischen Mittels eigentlich geltende Behördenleitervorbehalt des Abs. 3 S. 1 (vgl. → Rn. 67).

Für die Verwertung der durch den Einsatz des technischen Mittels zum Zweck des Schutzes von Einsatzpersonen erlangten Erkenntnisse sieht Abs. 6 – wie sich auch aus dem Umkehrschluss aus Abs. 6 S. 4 ergibt – keine speziellen Beschränkungen vor. **168**

Insoweit bleibt es also bei den allgemeinen Regelungen über die Datenspeicherung und sonstige Datenverarbeitung in §§ 20 ff.; in Betracht kommen insbesondere etwa die Vorgaben des § 27 Abs. 2 S. 1 Nr. 2, S. 2–5. **168.1**

Solche Beschränkungen sind von Verfassungs wegen auch nicht zu fordern, weil sich die Regelung in Art. 13 Abs. 5 S. 2 GG ausdrücklich nur auf entsprechende Maßnahmen innerhalb von Wohnungen bezieht (vgl. → Rn. 157). **169**

2. Abhören und Aufzeichnen innerhalb von Wohnungen

Erfolgt der Einsatz des technischen Mittels zum Zweck des Schutzes von Einsatzpersonen dergestalt, dass Daten in oder aus Wohnungen erhoben werden, gelten über Abs. 6 S. 1 hinaus die Regelungen des Abs. 6 S. 2–5. **170**

Durch Gesetz v. 25.6.2018 (HessGVBl. 302) wurde mit Abs. 6 S. 3 nunmehr eine Regelung zum Schutz des Kernbereichs privater Lebensgestaltung bei Maßnahmen dieser Art eingefügt, die der des Abs. 4 S. 5 nachgebildet ist. Die Notwendigkeit einer solchen Regelung war (spätestens) mit dem Urteil des BVerfG zum BKAG deutlich geworden (BVerfGE 141, 220 ff. = NJW 2016, 1781 Rn. 197 ff.). **171**

Während nach Abs. 6 S. 3 eine Pflicht zur Unterbrechung der Maßnahme bei Kernbereichsrelevanz bisher vorgeschrieben war, „sobald dies ohne Gefährdung der bei dem Einsatz tätigen Personen möglich ist", besteht diese Pflicht seit der Änderung v. 29.6.2023 (HessGVBl. 456) „sobald dies ohne Gefährdung für Leib, Leben oder Enttarnung der bei dem polizeilichen Einsatz tätigen Personen möglich ist". **172**

Diese neue – nunmehr auch auf die Enttarnung als Ausnahme erstreckte – Regelung hat sinngemäß Vorbilder in § 8a Abs. 1 S. 2 BayVSG und nunmehr auch in § 12 Abs. 5 S. 1 HVSG. Sie weicht allerdings sprachlich insoweit von diesen ab, als Leib und/oder Leben nicht als Alternativen, sondern als Aufzählung genannt sind. Dadurch bezieht sich „Gefährdung" semantisch auch auf „Enttarnung", was indessen inhaltlich keinen Sinn ergibt. Bis zu ihrer (erneuten) Änderung durch den Gesetzeber ist sie daher sinnwahrend dahingehend zu lesen, dass die Unterbrechung vorzunehmen ist, „sobald dies ohne Gefährdung von Leib und Leben oder Enttarnung möglich ist". **173**

Da die mögliche Enttarnung als Rechtfertigung für einen Verbleib im Kernbereich privater Lebensgestaltung nur trägt, wenn diese nicht als Selbstzweck, sondern wegen der mit ihr gerade verbundenen Gefahren für Leib oder Leben (vgl. dazu BVerfG NJW 2022, 1583 (1612)) verhindert werden soll, ist der Begriff zudem im Sinne einer Leib oder Leben gefährdenden Enttarnung verfassungskonform zu reduzieren. Dem Begriff der Enttarnung kommt daher in S. 3 nur eine geringe – die Leibes- oder Lebensgefahr gleichsam exemplifizierende – Bedeutung zu. **174**

Durch den in S. 4 neu aufgenommenen Verweis auf § 16 Abs. 5 S. 2–7, Abs. 6 und 7 finden die für den Einsatz von V- und VE-Personen geltenden Regelungen über den Umgang mit (eventuellen) Erkenntnissen aus dem Kernbereich privater Lebensgestaltung auch hier Anwendung (vgl. zu dem sich bei § 16 Abs. Abs. 5 S. 4 nur über ihre Anwendbarkeit im Rahmen der Maßnahmen nach § 15 erschließbaren Sinn der dort geregelten Löschungsverpflichtung → § 16 Rn. 54). **175**

Aus sich selbst heraus kaum verständlich ist die in Abs. 6 S. 2 vorangestellte Vorgabe, wonach eine solche Maßnahme zum Zweck der Abwehr von Gefahren für Einsatzpersonen durch die Polizeibehörde anzuordnen ist: Da alle Ermächtigungsgrundlagen aus Abs. 1–7 den Polizeibehörden vorbehalten sind – die sonstigen durch das nach § 1 Abs. 1 ermächtigten Gefahrenabwehrbehörden (Verwaltungs- und Ordnungsbehörden) also ohnehin nicht als anordnende Behörden in Betracht kommen –, erscheint der Satz prima facie als inhaltslos bzw. entbehrlich. **176**

Dass die Anordnung (nur) durch die Polizeibehörden insbesondere auch für Maßnahmen nach Abs. 6 gilt, ergibt sich schon daraus, dass diese einen **„polizeilichen** Einsatz" voraussetzen, den keine andere Behörde anordnen kann. **176.1**

177 Nachvollziehbar wird die mit der Schaffung des Abs. 6 S. 2 wohl verfolgte Absicht des Gesetzgebers erst mit Blick auf Art. 13 Abs. 5 S. 1 GG (vgl. eing. DHS/Papier GG Art. 13 Rn. 109 ff.), wonach eine solche Maßnahme – in Abweichung von dem ansonsten für die Wohnungsüberwachung ansonsten geltenden Richtervorbehalt – durch eine „gesetzlich bestimmte Stelle" angeordnet werden könne; Abs. 6 S. 2 ist die gesetzliche Bestimmung in diesem Sinne.

177.1 Die Auffassung von Hornmann HSOG Rn. 40, dass die Anordnung auch hier durch den **Leiter** der Polizeibehörde zu erfolgen habe, ist zumindest mit dem Wortlaut des Abs. 6 S. 1 und S. 2 nicht in Einklang zu bringen.

178 Auch Abs. 6 S. 6 und S. 7 knüpfen in der Terminologie und dem Regelungsgehalt ebenfalls an Art. 13 Abs. 5 GG an, dessen S. 2 eine anderweitige – also nicht dem Schutz der bei einem Einsatz in Wohnungen tätigen Personen dienende – Verwertung der bei dem Einsatz des technischen Mittels erlangten Erkenntnisse auf Zwecke der Strafverfolgung und der Gefahrenabwehr beschränkt und sie von der vorherigen richterlichen Feststellung der Rechtmäßigkeit der Maßnahme abhängig macht, die bei Gefahr im Verzug unverzüglich nachzuholen ist.

179 Abs. 6 differenziert insoweit nach der anderweitigen Verwertung zum Zweck der Gefahrenabwehr (Abs. 6 S. 5) und zum Zweck der Strafverfolgung (Abs. 6 S. 7):

180 Abs. 6 S. 4 nimmt insoweit für beide Zwecke zunächst den Begriff der „Erkenntnisse" auf und verdeutlicht damit, dass es nicht nur um die – in Anknüpfung an den datenschutzrechtlichen Begriff als „Verarbeitung" (→ § 20 Rn. 18) umschriebene – Verwertung der gefertigten Aufzeichnungen geht, sondern auch um die der darüber hinaus gehend gewonnen Daten, also etwa die Inhalte von abgehörten Gesprächen oder bereits gelöschter Aufzeichnungen (vgl. Fredrich Rn. 19; Hornmann HSOG Rn. 41; vgl. zu dem damit verbundenen erneuten verfahrensrechtlichen Verweis auf § 39 Abs. 1 – hier § 39 Abs. 1 S. 2 und S. 3 – (Abs. 6 S. 3 letzter Hs.) → Rn. 150 ff.).

181 Anders als die vorherige oder unverzüglich nachgeholte richterliche Feststellung der Rechtmäßigkeit der Maßnahme war die zweite – nur für die anderweitige Verarbeitung der erlangten Erkenntnisse zum Zweck der Gefahrenabwehr geltende – Tatbestandsvoraussetzung einer Unerlässlichkeit zur Abwehr einer Gefahr für Leib, Leben oder Freiheit einer Person durch Art. 13 Abs. 5 GG nicht vorgegeben; sie harmonisiert insoweit diese Variante jedoch – wenn auch unter Verzicht auf die Dringlichkeit der Gefahr – mit den grundsätzlichen Vorgaben des Abs. 4 für die technikvermittelte Datenerhebung in oder aus Wohnungen.

182 In der in Abs. 6 S. 7 schließlich vorgesehenen Regelung für eine anderweitige Verarbeitung der erlangten Erkenntnisse zum Zweck der Strafverfolgung hat der Gesetzgeber nunmehr durch die Streichung der bisherigen (Fehl-) Verweisung(en) zugunsten eines pauschalen Verweises auf die Geltung der StPO die Rechtslage bereinigt.

182.1 Erst 2017 hatte der Gesetzgeber die vormals über neun Jahre bestehende Fehlverweisung auf § 161 Abs. 2 StPO durch Art. 2 Nr. 1 des Gesetzes zur Regelung des Rechts der Hilfen und Unterbringung bei psychischen Krankheiten v. 4.5.2017 (HessGVBl. 66) korrigiert. Die zum Zeitpunkt des Inkrafttretens des Abs. 2 S. 4 aF in Bezug genommene Regelung in § 161 Abs. 2 StPO hatte mWz 1.1.2008 ihren Standort geändert und fand sich seither in § 161 Abs. 3 StPO, auf den nunmehr zutreffend verwiesen wird. Die einschlägige Verwaltungsvorschrift (Nr. 15.6.2 VVHSOG) ist allerdings an die Korrektur bisher nicht angepasst worden; hier war (und ist) immer noch von § 161 Abs. 2 StPO die Rede.

182.2 Der ursprüngliche § 161 Abs. 2 StPO war infolge der Änderung des Art. 13 GG durch Gesetz v. 2.8.2000 (BGBl. I 1253) geschaffen worden; die ohne inhaltliche Änderung vorgenommene Verschiebung in Art. 13 Abs. 3 GG erfolgte durch Gesetz v. 21.12.2007 (BGBl. I 3198). Die dadurch entstandene Fehlverweisung war eines von mehreren Beispielen für die problematische Verweisungspraxis auf Bundesrecht durch den hessischen Gesetzgeber (vgl. eing. etwa → § 14a Rn. 18, → § 14a Rn. 56 ff., → § 18 Rn. 92). Obwohl der hessische Gesetzgeber die Regelung des § 15 nach der Änderung des Bundesrechts – nämlich durch das am 23.12.2009 in Kraft getretene Gesetz (vgl. Fredrich Einführung Rn. 48) – noch einmal in mehreren Punkten Änderungen unterzogen hat, war ihm der entstandene Neuregelungsbedarf entgangen. Die langjährige Fehlverweisung (übersehen etwa auch in Fredrich Rn. 19) war umso problematischer, als sie nicht offensichtlich war; mit etwas Auslegungskunst ließen sich vielmehr die Maßgaben des in Abs. 2 S. 4 de lege lata in Bezug genommenen § 161 Abs. 2 StPO durchaus anwenden, führen dann jedoch zu einem völlig anderen als dem intendierten Ergebnis.

Materiell unschädlich war diese gesetzgeberische Nachlässigkeit im Ergebnis nur deshalb, weil dem hessischen Gesetzgeber ohnehin keine Kompetenz für Regelungen im Rahmen der Strafverfolgung (einschließlich der Verwertung präventiv gewonnener Erkenntnisse, vgl. dazu etwa schon BGH StV 2002, 181) zusteht, die tatsächlich geltende Vorgabe des § 161 Abs. 3 StPO also ungeachtet der Fehlverweisung des hessischen Gesetzgebers Geltung hatte. Die Verweisung hatte also eine lediglich deklaratorische (allerdings fehl-deklarierende) Natur. **182.3**

Da dem hessischen Gesetzgeber indessen keine Kompetenz für Regelungen im Rahmen der Strafverfolgung (einschließlich der Verwertung präventiv gewonnener Erkenntnisse, vgl. etwa schon BGH StV 2002, 181) zusteht, der in Bezug genommenen StPO also ohnehin Geltung zukommt, hat die Verweisung lediglich deklaratorische Natur (vgl. → Rn. 182.3). **183**

In der StPO ist die Frage der strafprozessualen Verwertung von Erkenntnissen aus Maßnahmen iSd Abs. 6 S. 1 in § 161 Abs. 3 StPO geregelt, der ausdrücklich auf Art. 13 Abs. 5 GG Bezug nimmt. Im Einzelnen sieht die Regelung vor, dass die präventiv-polizeilich mittels Personenschutzsender oder Ähnlichem in oder aus Wohnungen erlangten personenbezogenen Daten unter Beachtung des Verhältnismäßigkeitsgrundsatzes zu Beweiszwecken nur verwendet werden dürfen, wenn das Amtsgericht, in dessen Bezirk die anordnende Polizeibehörde ihren Sitz hat, vor der Verwendung die Rechtmäßigkeit der Maßnahme festgestellt hat oder diese richterliche Feststellung – weil zunächst Gefahr im Verzug vorlag – unverzüglich nachgeholt worden ist (vgl. zu den Einzelheiten Meyer-Goßner/Schmitt StPO § 161 Rn. 19 f., Meyer-Goßner/Schmitt StPO § 100c Rn. 30 mwN zu Parallelregelungen in der StPO, dem BKAG, dem ZfDG und dem BVerfSchG). **184**

Die Regelung enthält also keine Beschränkung in Bezug auf die Schwere der zu verfolgenden Straftat – grundsätzlich kommt jedwede in Betracht – und unterwirft nur die Verwendung „zu Beweiszwecken" (nicht also die Verwendung als sog. Spurenansatz, vgl. dazu mwN Meyer-Goßner/Schmitt StPO § 161 Rn. 19) den genannten besonderen Anforderungen. **185**

Die Bezugnahme auf den – ohnehin stets geltenden – Grundsatz der Verhältnismäßigkeit lässt sich indessen sinnvollerweise nur so deuten, dass dieser besonders strikt anzuwenden ist, was letztlich auch hinsichtlich der Schwere der zu verfolgenden Tat und / oder der Verwendung als Spurenansatz nicht ohne Folgen bleiben kann. So kann im Ergebnis bei weniger schwerwiegenden Taten auch die Verwendung der Daten nur als Spurenansatz ausgeschlossen sein. **186**

V. Recht zum Betreten von Wohnungen zur Installation technischer Mittel (Abs. 7)

Der ebenfalls mit dem Änderungsgesetz v. 14.12.2009 (HessGVBl. I 635; → Rn. 182.2) eingefügte Abs. 7 ermächtigt die Polizeibehörde, die Wohnung der betroffenen Person zur Vorbereitung des Einsatzes technischer Mittel zu betreten (vgl. zur Verfassungsmäßigkeit der Regelung → Rn. 191 ff.). **187**

Der Gesetzgeber hielt diese Ermächtigung im Sinne einer Klarstellung zu Recht für erforderlich, wenngleich die entsprechende Befugnis im strafprozessualen Bereich – ohne ausdrückliche Regelung – der eigentlichen Ermächtigungsgrundlage entnommen wird (vgl. Meyer-Goßner/Schmitt StPO § 100c, Rn. 7; DHS/Papier GG Art. 13 Rn. 79 mwN). **188**

Dem liegt die Doktrin der sog. notwendigen Begleitmaßnahme zugrunde, nach der alle Handlungen von einer Ermächtigungsgrundlage – sei sie repressiv oder präventiv ausgerichtet – erfasst sein sollen, die für die Realisierung der vorgesehenen Rechtsfolge notwendig sind (vgl. zur Diskussion Lambiris, Klassische Standardbefugnisse im Polizeirecht, 2002, 166 ff.; Lisken/Denninger PolR-HdB/Rachor, 5. Aufl. 2012, E Rn. 48 ff., Lisken/Denninger PolR-HdB/Frister F Rn. 144 ff.; Meyer-Goßner/Schmitt StPO § 100f Rn. 7; BGHSt 46, 266 (271 ff.)). **188.1**

Diese hA im Strafverfahrensrecht überzeugt vor allem deshalb nicht, weil das Betreten hier heimlich, also entgegen dem ansonsten geltenden Grundsatz der Offenheit des Betretens und Durchsuchens von Wohnungen durch staatliche Stellen erfolgt. Es weist infolgedessen eine besonders hohe Eingriffsintensität auf, die eine ausdrückliche gesetzliche Ermächtigung zwingend erforderlich macht. **189**

Vor diesem Hintergrund ist das Betreten zudem zu Recht an die hohe Schwelle der Unerlässlichkeit (zum Begriff → Rn. 109) zur Aufgabenerfüllung sowie eine vorherige rich- **190** terliche Anordnung geknüpft, die nur bei Gefahr im Verzug (vgl. → Rn. 90 ff.) entfallen kann, dann aber kraft des Verweises des Abs. 7 S. 3 auf Abs. 5 S. 8 und S. 9 unverzüglich nachzuholen ist.

191 Hinsichtlich der Eingriffsschwelle und den zu schützenden Rechtsgütern dürfte die Regelung indessen den verfassungsrechtlichen Anforderungen für das heimliche Betreten von Wohnungen zur Installation technischer Mittel nicht vollständig genügen: Das Bundesverfassungsgericht verlangt mit Blick auf Art. 13 GG, dass eine gesetzliche Befugnis für diese Maßnahme zumindest eine konkretisierte Gefahr für ein Rechtsgut von sehr hohem Gewicht voraussetzt (BVerfG ZD 2023, 346 (350)).

192 Da Abs. 7 sich auf alle in Abs. 2 und 4 geregelten Fälle des Einsatzes technischer Mittel bezieht, also – zumindest theoretisch – auch solche etwa nach Abs. 2 Nr. 2 oder 4 in Betracht kommen, bei denen es an einem hinreichend gewichtigen Rechtsgüterschutz fehlt, sollte Abs. 7 entsprechend ergänzt werden.

193 Einstweilen ist Abs. 7 verfassungskonform dahingehend auszulegen, dass die Polizeibehörde zur Vorbereitung des Einsatzes technischer Mittel die Wohnung der betroffenen Person nur dann betreten darf, wenn dies zur polizeilichen Aufgabenerfüllung unerlässlich ist, der Einsatz des technischen Mittels der Abwehr wenigstens eine konkretisierte Gefahr für ein Rechtsgut von sehr hohem Gewicht dient und eine richterliche Anordnung erfolgt ist (BVerfG ZD 2023, 346 (350) und Ls. 2).

194 Die Regelung des Außerkrafttretens der Anordnung mangels richterlicher Bestätigung bis zum Ablauf des Folgetags (Abs. 5 S. 9) dürfte insoweit ohnehin praktisch kaum einen Anwendungsbereich (gehabt) haben: Währt die Anordnung eines Betretens durch die Polizeibehörde – ohne vollzogen zu sein – so lange, wird regelmäßig keine Gefahr im Verzug vorgelegen haben.

195 Die Regelung des Abs. 7 zielt zwar primär auf die Vorbereitung des Einsatzes von Wohnraumüberwachungen, also das Betreten „klassischer" Wohnräume zum Zweck der Installation entsprechender Abhöranlagen; mangels einer entsprechenden textlichen Einschränkung findet sie aber auch auf den Einsatz sonstiger technischer Mittel Anwendung, wenn zu deren Vorbereitung (etwa durch Installation eines Peilsenders an einem Kfz) ein Betreten von Räumen iSd Art. 13 GG (etwa einer Garage) unerlässlich ist.

VI. Nichtanwendbarkeit auf technische Mittel zur Überwachung des Straßenverkehrs (Abs. 8)

196 Lediglich deklaratorische Natur (vgl. → Rn. 183) hat wiederum die Regelung des Abs. 8, nach der die Vorschriften des Abs. 1–7 die Befugnis der Gefahrenabwehr- und Polizeibehörden zur Verwendung bestimmter Mittel zur Überwachung der Einhaltung der Straßenverkehrsvorschriften (vgl. § 1 Nr. 5 HSOG-DVO sowie die bei Fredrich § 1 Rn. 27 aufgeführten Verordnungen) unberührt lassen.

197 Mit Mitteln im Sinne der Vorschrift sind technische Mittel – etwa Radar- und / oder Videoaufzeichnungs- bzw. Kameraanlagen zur Abstands- oder Geschwindigkeitsmessung – gemeint, deren Verwendung prima facie als von § 15 erfasst angesehen werden könnte.

198 Als gesetzliche Grundlagen für den Einsatz solcher technischen Mittel – ein Erlass genügt nicht (vgl. BVerfG BeckRS 2009, 37658 Rn. 18 ff.) – kommen § 53 Abs. 1 OWiG, § 46 Abs. 1 OWiG iVm §§ 162, 81b, 100h StPO in Betracht, wobei die Einzelheiten je nach technischem Mittel und Verfahren umstritten sind (vgl. für Abstandsmessungen OLG Bamberg NJW 2010, 100; OLG Düsseldorf NJW 2010, 1216, jeweils mwN aus Rspr. und Lit.).

VII. Umgang mit kernbereichsrelevanten Aufzeichnungen (Abs. 9)

199 Die vormals in § 15 Abs. 9 aF geregelte Verpflichtung der Landesregierung zur jährlichen Unterrichtung des Landtags über Maßnahmen nach Abs. 4, Abs. 6 zum Zweck der parlamentarischen Kontrolle ist durch Gesetz v. 3.5.2018 (HessGVBl. 82) in die Regelung des § 17a überführt worden.

200 In den damit freigewordenen Absatz wurde durch Gesetz v. 25.6.2018 (HessGVBl. 302) in modifizierter Form die in § 15 Abs. 5 S. 10–12 aF vorhandene Regelung über den Umgang mit Aufzeichnungen, die für den Schutz der Kernbereichs privater Lebensgestaltung erforderlich sind (sog. Richterband), übernommen (vgl. iE → Rn. 146 ff.).

Bei der jüngsten Änderung v. 29.6.2023 (HessGVBl. 456) hat der Gesetzgeber übersehen, dass er die in S. 1 vorgenommenen Verweis hätte ändern müssen, da die in Bezug genommene Regelung in Abs. 4 S. 8 in Abs. 4 S. 6 verschoben wurde. Die Verweisung muss daher noch angepasst werden. 201

§ 15a Datenerhebung durch Telekommunikationsüberwachung

(1) [1]Die Polizeibehörden können von einem Dienstanbieter, der geschäftsmäßig Telekommunikationsdienste erbringt oder daran mitwirkt, verlangen, dass er die Kenntnisnahme durch Überwachung und Aufzeichnung des Inhalts der Telekommunikation ermöglicht und die näheren Umstände der Telekommunikation einschließlich des Standorts aktiv geschalteter nicht ortsfester Telekommunikationsanlagen übermittelt, wenn dies zur Abwehr einer dringenden Gefahr für Leib, Leben oder Freiheit einer Person oder für solche Güter der Allgemeinheit, deren Bedrohung die Grundlagen oder den Bestand des Bundes oder eines Landes oder die Grundlagen der Existenz der Menschen berührt, unerlässlich ist. [2]Die Maßnahme darf sich gegen eine Person richten,

1. die nach den §§ 6 oder 7 verantwortlich ist,

2. bei der die Voraussetzungen des § 9 vorliegen,

3. bei der bestimmte Tatsachen die Annahme rechtfertigen, dass

a) sie für eine Person nach Nr. 1 bestimmte oder von dieser herrührende Mitteilungen entgegennimmt oder weitergibt oder

b) eine Person nach Nr. 1, deren Telekommunikationsanschluss oder Endgerät benutzen wird, soweit die Maßnahme zur Verhütung terroristischer Straftaten unerlässlich ist, oder

4. die in § 15 Abs. 2 Satz 1 Nr. 2 oder 3 genannt ist, soweit die Maßnahme zur Verhütung terroristischer Straftaten unerlässlich ist.

[3]Die Maßnahme darf auch durchgeführt werden, wenn andere Personen unvermeidbar betroffen werden. [4]§ 15 Abs. 4 Satz 4 bis 8 gilt entsprechend.

(2) [1]Unter den Voraussetzungen des Abs. 1 können die Polizeibehörden auch Auskunft über Verkehrsdaten nach § 9 Abs. 1 Satz 1 des Telekommunikations-Telemedien-Datenschutzgesetzes vom 23. Juni 2021 (BGBl. I S. 1982), zuletzt geändert durch Gesetz vom 12. August 2021 (BGBl. I S. 3544), in einem zurückliegenden oder einem zukünftigen Zeitraum sowie über Inhalte verlangen, die innerhalb des Telekommunikationsnetzes in Speichereinrichtungen abgelegt sind. [2]Erfolgt die Erhebung von Verkehrsdaten nicht beim Telekommunikationsdiensteanbieter, bestimmt sie sich nach Abschluss des Kommunikationsvorgangs nach den allgemeinen Vorschriften. [3]Auskunft über Bestandsdaten nach den § 3 Nr. 6 und § 172 des Telekommunikationsgesetzes vom 23. Juni 2021 (BGBl. I S. 1858), zuletzt geändert durch Gesetz vom 10. September 2021 (BGBl. I S. 4147) können die Polizeibehörden von demjenigen, der geschäftsmäßig Telekommunikationsdienste erbringt oder daran mitwirkt, unter den Voraussetzungen des § 12 Abs. 1 Satz 1, Abs. 3 und 4 verlangen (§ 113 Abs. 1 Satz 1 und 3 des Telekommunikationsgesetzes). [4]Bezieht sich das Auskunftsverlangen nach Satz 3 auf Daten, mittels derer der Zugriff auf Endgeräte oder auf Speichereinrichtungen, die in diesen Endgeräten oder hiervon räumlich getrennt eingesetzt werden, geschützt wird (§ 113 Abs. 1 Satz 2 des Telekommunikationsgesetzes), darf die Auskunft nur verlangt werden, wenn die gesetzlichen Voraussetzungen für die Nutzung der Daten vorliegen. [5]Die Auskunft über Bestandsdaten anhand einer zu einem bestimmten Zeitpunkt zugewiesenen Internetprotokoll-Adresse darf nur zur Abwehr einer erheblichen Gefahr verlangt werden. [6]§ 29 Abs. 5 bis 7 gilt für Satz 4 und 5 entsprechend.

(2a) [1]Unter den Voraussetzungen des Abs. 1 können die Polizeibehörden von denjenigen, die geschäftsmäßig eigene oder fremde Telemedien zur Nutzung bereithalten oder den Zugang zur Nutzung vermitteln, Auskunft über Nutzungsdaten nach§ 2 Abs. 2 Nr. 3 des Telekommunikations-Telemedien-Datenschutzgesetzes, verlangen. [2]Die Auskunft kann auch über zukünftige Nutzungsdaten nach § 2

Abs. 2 Nr. 3 des Telekommunikations-Telemedien-Datenschutzgesetzes verlangt werden. [3]Unter den Voraussetzungen des § 12 Abs. 1 Satz 1, Abs. 3 und 4 können die Polizeibehörden Auskunft über Bestandsdaten nach § 14 Abs. 1 des Telemediengesetzes verlangen. [4]Der Dienstanbieter hat die Daten unverzüglich auf dem von der Polizeibehörde bestimmten Weg zu übermitteln.

(3) Die Polizeibehörden können unter den Voraussetzungen des Abs. 1 technische Mittel einsetzen, um spezielle Kennungen eines Mobilfunkendgeräts oder sonstigen Endgeräts, spezielle Kennungen der darin verwendeten Karte sowie den Standort ermitteln.

(4) Die Polizeibehörden können zur Abwehr einer gegenwärtigen Gefahr für Leib, Leben oder Freiheit einer Person oder für solche Güter der Allgemeinheit, deren Bedrohung die Grundlagen oder den Bestand des Bundes oder eines Landes oder die Grundlagen der Existenz der Menschen berührt, Telekommunikationsverbindungen durch den Einsatz technischer Mittel unterbrechen oder verhindern.

(5) [1]Maßnahmen nach Abs. 1, 2 Satz 1, Abs. 2a Satz 1 und 2, Abs. 3 oder 4 bedürfen außer bei Gefahr im Verzug der richterlichen Anordnung. [2]Zuständig ist das Amtsgericht, in dessen Bezirk die Polizeibehörde ihren Sitz hat; für das Verfahren gilt § 39 Abs. 1 Satz 3. [3]§ 15 Abs. 5 Satz 3 bis 9 gilt entsprechend. [4]§ 15 Abs. 5 Satz 4 gilt entsprechend mit der Maßgabe, dass bei Maßnahmen nach Abs. 1 und 3 die Rufnummer oder eine andere Kennung des zu überwachenden Anschlusses oder des Endgeräts, sofern sich nicht aus bestimmten Tatsachen ergibt, dass diese zugleich einem anderen Endgerät zugeordnet ist, anzugeben ist. [5]Bei Maßnahmen nach Abs. 2 Satz 1 sowie Abs. 2a Satz 1 und 2 genügt abweichend von Satz 4 eine räumlich und zeitlich hinreichende Bezeichnung der Telekommunikation, sofern andernfalls die Erreichung des Zwecks der Maßnahme aussichtslos oder wesentlich erschwert wäre. [6]§ 15 Abs. 9 Satz 1 bis 7 gilt entsprechend.

(6) [1]Maßnahmen nach Abs. 2 Satz 4 dürfen auf Antrag der Behördenleitung oder einer oder eines von dieser beauftragten Bediensteten durch das Gericht angeordnet werden. [2]Bei Gefahr im Verzug kann die Anordnung durch die Behördenleitung getroffen werden. [3]In diesem Fall ist die gerichtliche Entscheidung unverzüglich nachzuholen. [4]Satz 1 bis 3 finden keine Anwendung, wenn die betroffene Person vom Auskunftsverlangen bereits Kenntnis hat oder haben muss oder wenn die Nutzung der Daten bereits durch eine gerichtliche Entscheidung gestattet wird. [5]Das Vorliegen der Voraussetzungen nach Satz 4 ist aktenkundig zu machen. [6]Abs. 5 Satz 2 bis 5 gilt entsprechend.

(7) § 17 Abs. 1 und 3 des Artikel 10-Gesetzes vom 26. Juni 2001 (BGBl. I S. 1254, 2298), zuletzt geändert durch Gesetz vom 5. Juli 2021 (BGBl. I S. 2274), gilt entsprechend.

Überblick

Auszug aus der VVHSOG (nicht an die aktuelle Gesetzeslage angepasst und gem. Erlass des Hessischen Ministeriums des Innern und für Sport v. 29.11.2022 (StAnz. 50/2022, 1384) zum 1.1.2025 mangels eines erneuten Verlängerungserlasses ersatzlos außer Kraft getreten):

Zu § 15a

15a. Datenerhebung durch Telekommunikationsüberwachung

15a.1 Zu Abs. 1

Die Vorschrift regelt die Telekommunikationsüberwachung durch Mithören beziehungsweise Mitlesen des Fernmeldeverkehrs. Sie gestattet sie unter denselben strengen Voraussetzungen, unter denen das nicht öffentlich gesprochene Wort nach § 15 Abs. 4 abgehört werden darf. Umfasst sind sowohl die Inhaltsdaten der Kommunikation (Gesprächsinhalte, Töne, Bilder, Zeichen) als auch Verbindungsdaten (Beginn und Ende der Verbindung nebst Datum und Uhrzeit, Angaben über den jeweiligen Ort des im Netz angemeldeten Endgeräts). Im Hinblick auf Auskunftsverweigerungsrechte und Erkenntnisse aus dem Kernbereich privater Lebensgestaltung siehe Nr. 15.4.

15a.2 Zu Abs. 2

Im Gegensatz zu Abs. 1, der das Mithören und Mitlesen der Kommunikation durch die Polizei zum Gegenstand hat, begründet Abs. 2 einen Auskunftsanspruch der Polizei gegenüber Telekommunikationsunternehmen über Verkehrsdaten, die in der Vergangenheit erhoben worden sind oder zukünftig erhoben werden. Außerdem erstreckt sich die Auskunftspflicht auf Kommunikationsinhalte, die im Netz gespeichert sind (Mailboxen). Die Vorschrift verpflichtet die Unternehmen nicht zur Speicherung von Daten, sondern ermöglicht der Polizeibehörde lediglich den Zugriff auf Daten, soweit und solange sie gespeichert sind. Die Bestimmung erfasst auch die Funksignale aktiv geschalteter Mobiltelefone.

15a.3 Zu Abs. 3

Die Vorschrift regelt den Einsatz des so genannten IMSI-Catchers. Sein Einsatz ist unter den Voraussetzungen des § 15 Abs. 4 zulässig. Zur Strafverfolgung siehe § 100i StPO. Mit Hilfe der Kartennummer lässt sich die zugehörige Telefonnummer in der Regel problemlos ermitteln. Kennt die Polizeibehörde die Hardware-Kennung (IMEI-Nummer) des benutzten Telefons aus anderweitigen Ermittlungen, kann sie diese ohne Umweg über Abs. 3 unmittelbar zur Beantragung einer Telekommunikationsüberwachung verwenden.

15a.4 Zu Abs. 4

Die Vorschrift ist die Rechtsgrundlage für Eingriffe der Polizeibehörden zur Störung von Telekommunikationsverbindungen mit technischen Mitteln. Die Blockierung von Frequenzen stellt eine Frequenznutzung im Sinne des § 3 Nr. 9 TKG dar, die nach den Ausnahmeregelungen des § 55 Abs. 1 Satz 4 und 5 TKG grundsätzlich zulässig ist. Die von der Bundesnetzagentur festgelegten Rahmenbedingungen sind insoweit zu beachten. Nicht erfasst sind dagegen Anordnungen gegenüber Diensteanbietern zur Unterbrechung des Telekommunikationsverkehrs; insoweit kann im Bedarfsfall auf die Befugnisgeneralklausel (§ 11) zurückgegriffen werden.

15a.5 Zu Abs. 5

In formeller Hinsicht übernimmt die Regelung uneingeschränkt die strengen Anforderungen des § 15 Abs. 5, die lediglich in Bezug auf den Inhalt der richterlichen Anordnung den technischen Gegebenheiten angepasst werden.

15a.6 Zu Abs. 6

Die Vorschrift regelt die Verwertung von so genannten Zufallserkenntnissen. Für solche, die sich auf eine Straftat beziehen, ergibt sich eine Übermittlungspflicht aus § 163 StPO.

15a.7 Zu Abs. 7

Der Verweis auf § 17 Artikel-10-Gesetz begründet Mitteilungsverbote für den Telekommunikationsunternehmer. Die Unterrichtung der betroffenen Person durch die Polizeibehörde erfolgt nach Maßgabe des § 29. Die Löschung der Daten richtet sich nach § 27.

Die Vorschrift des § 15a regelt seit dem Jahr 2004 die seither mehrfach geänderten Voraussetzungen der Telekommunikationsüberwachung und des Zugriffs auf Telekommunikationsdaten zu präventiv-polizeilichen Zwecken; sie wurde 2009 durch die Regelung des § 15b über die sog. Quellen-Telekommunikationsüberwachung und 2018 durch die Regelung des § 15c über die sog. Online-Durchsuchung ergänzt. Die Vorschrift ist durch die Gesetze v. 3.5.2018 (HessGVBl. 82) und v. 25.6.2018 (HessGVBl. 302) wesentlich geändert worden. Ab 2021 waren die Bezugnahmen auf die Regelungen des TKG, des TMG und des Artikel-10-Gesetz in § 15a Abs. 2, 3 und 7 infolge der Änderungen dieser Gesetze und des Inkrafttretens des TTDSG veraltet. Die insoweit erforderlichen Anpassungen hat der Gesetzgeber nunmehr durch das Änderungsgesetz v. 29.6.2023 (HessGVBl. 456) vorgenommen.

Die zu § 15a erlassene Verwaltungsvorschrift (Nr. 15a ff. VVHSOG) befand sich bis zu ihrem Außerkrafttreten zum 1.1.2025 auf dem Stand v. 10.11.2015 (HeStAnz. 1226), hatte also die Änderungen nicht nachvollzogen.

Übersicht

A. Allgemeines

I. Entstehung und Struktur der Norm

1 Vor Inkrafttreten des durch das Achte Gesetz zur Änderung des Hessischen Gesetzes über die öffentliche Sicherheit und Ordnung v. 15.12.2004 (HessGVBl. I 444) geschaffenen und durch die Änderungsgesetze 2009 (Gesetz zur Änderung des Hessischen Gesetzes über die öffentliche Sicherheit und Ordnung und anderer Gesetze v. 14.12.2009, HessGVBl. I 635), 2013 (Gesetz zur Änderung des Hessischen Gesetzes über die öffentliche Sicherheit und Ordnung und des Gesetzes über das Landesamt für Verfassungsschutz v. 27.6.2013, HessGVBl. 444) und 2018 (Hessisches Gesetz zur Anpassung des Hessischen Datenschutzrechts an die Verordnung (EU) Nr. 2016/679 und zur Umsetzung der Richtlinie (EU) Nr. 2016/680 und zur Informationsfreiheit v. 3.5.2018, HessGVBl. 82; Gesetz zur Änderung des Hessischen Brand- und Katastrophenschutzgesetzes und des Hessischen Gesetzes über die öffentliche Sicherheit und Ordnung v. 23.8.2018, HessGVBl. 374) modifizierten § 15a war die Zulässigkeit präventiver Telefonüberwachungsmaßnahmen aufgrund polizeirechtlicher Vorschriften umstritten (abl. Hornmann HSOG, 1. Aufl. 1997, § 10 Rn. 25; aA Fredrich Rn. 1, wonach erst mit Schaffung des § 15a die Vorschrift des § 15 „nicht mehr" herangezogen werden kann; vgl. auch Schmidt Kriminalistik 2004, 332; Becker DIE POLIZEI 2004, 14).

2 Die rechtliche Zulässigkeit entsprechender Maßnahmen war indessen schon mit Blick auf die damals fehlende Nennung des Art. 10 GG als einschränkbares Grundrecht in § 10 (vgl. BVerfGE 113, 348 (365 f.)), jedenfalls aber mangels einer hinreichend bestimmten und bereichsspezifischen Ermächtigungsgrundlage abzulehnen. Eine solche Ermächtigungsgrundlage wurde im Jahr 2004 mit § 15a erstmals geschaffen.

3 Hinsichtlich seiner Regelungsgehalte wies § 15a bis zu den Änderung aus den Jahren 2013 und 2018 eine zwar in den Formulierungen komplexe, aber im Wesentlichen übersichtliche und hinsichtlich der Rechtsfolgen (Datenerhebung durch verschiedene Formen der Telekommunikationsüberwachung) homogene Struktur auf; durch die Anfügungen zunächst an Abs. 2 und die Einfügung des Abs. 5a und sodann die Anfügungen an Abs. 6 nF (Abs. 5a aF mit Änderungen) sowie die Schaffung des Abs. 2a hat indessen die Übersichtlichkeit der Norm deutlich abgenommen.

4 Die Vorschrift des Abs. 1 enthält eine Ermächtigung für den polizeilichen Zugriff auf sog. Inhaltsdaten, die aktuell im Rahmen eines Telekommunikationsvorgangs anfallen, einschließlich der näheren Umstände und des Standorts eingeschalteter Mobilfunkgeräte.

5 Abs. 2 erweitert diese Ermächtigung auf gespeicherte Inhalts-, Verkehrs- und Nutzungsdaten bzw. solche, die zukünftig gespeichert werden. Zudem enthält er eine Ermächtigung für den Zugriff auf sog. Bestandsdaten, der nach der Art der insoweit abgefragten Daten differenziert.

6 Abs. 2a enthält nunmehr auch eine Ermächtigungsgrundlage für den Zugriff auf Nutzungs- und Bestandsdaten von Telemedien, die dem TMG unterfallen.

7 In Abs. 3 und Abs. 4 sind Ermächtigungsgrundlagen für den Einsatz zweier spezieller technischer Einrichtungen der Mobilfunküberwachung, des sog. IMSI-Catchers und des sog. Jammers enthalten, mit deren Hilfe Mobiltelefone lokal identifiziert und ihr Standort festgestellt werden sowie Telekommunikationsverbindungen lokal unterbrochen werden können. Seit der Änderung von Abs. 3 durch Gesetz v. 29.6.2023 (HessGVBl. 456) soll in diese Vorschrift auch eine Ermächtigung zum sog. IP-Tracking enthalten, was sich ihr jedoch infolge der insoweit missglückten Formulierung nur entnehmen lässt, wenn man die amtliche Begründung zu dem Änderungsgesetz hinzuzieht (vgl. iE → Rn. 121 ff.).

Die Regelungen in Abs. 5–7 enthalten schließlich maßnahmenspezifische Form-, Verfahrens- und Verwendungsvorschriften; Abs. 6 enthält darüber hinaus die Tatbestandsvoraussetzungen für einen bestimmten Fall des Zugriffs auf Bestandsdaten. **8**

II. Betroffene Grundrechte

Die Regelung des § 15a ermächtigt zu Eingriffen in das Grundrecht des Art. 10 Abs. 1 GG (Brief-, Post und Fernmeldegeheimnis). Das aus Art. 2 Abs. 1 GG iVm Art. 1 Abs. 1 GG folgende Recht auf informationelle Selbstbestimmung tritt hinter diese speziellere Gewährleistung aus Art. 10 GG zurück, soweit die Schutzbereiche sich überschneiden (vgl. BVerfGE 100, 313 (358); 110, 33 (53); 113, 348 (364) sowie zu vergleichbaren Abgrenzungsfragen → § 15 Rn. 14 ff.). **9**

Das Gleiche gilt auch für die Gewährleistung der freien Meinungsäußerung aus Art. 5 Abs. 1 GG, soweit der Eingriff in der polizeilichen Wahrnehmung und ggf. Verarbeitung von mit Mitteln der Telekommunikation geäußerten Meinungen liegt (vgl. BVerfGE 113, 348 (366 ff.)). **10**

Im Übrigen hatte das BVerfG mittlerweile umfassend Gelegenheit, sich mit der Reichweite und den Grenzen des Schutzbereichs des Fernmeldegeheimnisses zu befassen, die sich wie folgt umreißen lassen: **11**

Art. 10 GG begründet zunächst vor allem ein Abwehrrecht gegen die Kenntnisnahme des Inhalts und der näheren Umstände der Telekommunikation, daneben aber auch eine Schutzpflicht des Staates, vor dem Zugriff privater Dritter auf die dem Fernmeldegeheimnis unterfallende Kommunikation zu schützen (BVerfGE 106, 28 (37); 158, 170 (184), vgl. dazu auch → § 15b Rn. 12 ff.; → § 15c Rn. 6 ff.). **12**

In abwehrrechtlicher Hinsicht liegt ein Eingriff in Art. 10 GG nicht nur dann vor, wenn Kommunikationsinhalte iSd Abs. 1 S. 1 Alt. 1 von den Polizeibehörden zur Kenntnis und ausgewertet werden, der Schutz des Fernmeldegeheimnisses umfasst vielmehr auch die Kommunikationsumstände. **13**

Als Folge der Digitalisierung hinterlässt nämlich jede Nutzung der Telekommunikation personenbezogene Spuren, die gespeichert und ausgewertet werden können. Auch der Zugriff auf diese Daten fällt in den Schutzbereich des Art. 10 GG; das Grundrecht schützt auch die Vertraulichkeit der näheren Umstände des Kommunikationsvorgangs (vgl. BVerfGE 67, 157 (172); 85, 386 (396); 110, 33 (53); BVerfG NJW 2005, 2603 (2604); BVerfGE 115, 166 (183)). Dazu gehört insbesondere, ob, wann und wie oft zwischen welchen Personen oder Endeinrichtungen Telekommunikationsverkehr stattgefunden hat oder versucht worden ist. Andernfalls wäre der grundrechtliche Schutz unvollständig; denn die Verbindungsdaten haben einen eigenen Aussagegehalt. Sie können im Einzelfall erhebliche Rückschlüsse auf das Kommunikations- und Bewegungsverhalten zulassen. Häufigkeit, Dauer und Zeitpunkt von Kommunikationsverbindungen geben Hinweise auf Art und Intensität von Beziehungen und ermöglichen auf den Inhalt bezogene Schlussfolgerungen (vgl. dazu BVerfGE 107, 299 (320); 115, 166 (183)). **13.1**

Die öffentliche Gewalt soll also zum einen grundsätzlich nicht die Möglichkeit haben, sich Kenntnis vom Inhalt der über Fernmeldeanlagen abgewickelten mündlichen oder schriftlichen Information zu verschaffen. Dabei bezieht sich der Grundrechtsschutz auf alle mittels der Fernmeldetechnik ausgetauschten Informationen (vgl. BVerfGE 100, 313 (358); 106, 28 (37); 107, 299 (313); 110, 33 (52 f.), 113, 348 (364 f.), 115, 166 (182 f.)). **14**

In den Schutzbereich fallen zum anderen aber auch die Umstände der Telekommunikation iSd Abs. 1 Alt. 2, namentlich die Erlangung von Kenntnissen darüber, ob, wann, wie oft, zwischen welchen Personen (bzw. Anschlüssen) und auf welche Weise Telekommunikation stattgefunden hat oder versucht worden ist (vgl. BVerfGE 67, 157 (172); 85, 386 (396); 100, 313 (358); 107, 299 (320); 113, 348 (365); 115, 166 (182 f.)). **15**

Die freie Kommunikation, die Art. 10 GG sichert, leidet – so das BVerfG – wenn zu befürchten ist, dass der Staat entsprechende Kenntnisse verwertet (vgl. BVerfGE 65, 1 (42 f.); 93, 181 (188); 100, 313 (359)). Daher erstreckt sich die Schutzwirkung des Art. 10 GG auch auf den Informations- und Datenverarbeitungsprozess, der sich an die Kenntnisnahme von geschützten Kommunikationsvorgängen anschließt und in dem Gebrauch von den erlangten Kenntnissen gemacht wird (vgl. BVerfGE 100, 313 (359); 110, 33 (68 f.); 113, 348 (365)). **16**

Das so zu umschreibende Fernmeldegeheimnis des Art. 10 GG schützt allerdings die Inhalte und Umstände der Telekommunikation nur insoweit, als sie den besonderen Gefähr- **17** dungen ausgesetzt sind, die sich für die Privatheit der Kommunikation aus der Verwendung eines (technischen) Kommunikationsmediums ergeben. Art. 10 Abs. 1 GG soll einen Ausgleich für die technisch bedingte Einbuße an Privatheit schaffen und will den Risiken begegnen, die sich aus dem Übermittlungsvorgang einschließlich der Einschaltung eines Dritten ergeben. Das Fernmeldegeheimnis knüpft insoweit an das Kommunikationsmedium an (vgl. BVerfGE 85, 386 (396); 100, 313 (363); 106, 28 (36); 107, 299 (313); 115, 166 (183 ff.) mwN).

17.1 Post und Telekommunikation bieten die Voraussetzungen für die private Kommunikation zwischen Personen, die nicht am selben Ort sind, und eröffnen so eine neue Dimension der Privatsphäre. Damit verbunden ist ein Verlust an Privatheit; denn die Kommunizierenden müssen sich auf die technischen Besonderheiten eines Kommunikationsmediums einlassen und sich dem eingeschalteten Kommunikationsmittler anvertrauen. Inhalt und Umstände der Nachrichtenübermittlung sind dadurch dem erleichterten Zugriff Dritter ausgesetzt. Die Beteiligten, die ihre Kommunikation mit Hilfe von technischen Hilfsmitteln über Distanz unter Nutzung fremder Kommunikationsverbindungswege ausüben, haben nicht die Möglichkeit, die Vertraulichkeit der Kommunikation sicherzustellen (BVerfGE 115, 166 (183 f.)).

18 Da die Nachricht und die Umstände ihrer Übermittlung mit Zugang bei dem Empfänger nicht mehr erleichterten Zugriffsmöglichkeiten Dritter – auch des Staates – ausgesetzt sind, die sich aus der fehlenden Beherrschbarkeit und Überwachungsmöglichkeit des Übertragungsvorgangs durch die Kommunikationsteilnehmer ergeben, endet der Schutz des Art. 10 GG insoweit in dem Moment, in dem die Nachricht im gesicherten Herrschaftsbereich des Empfängers angekommen und der Übertragungsvorgang beendet ist (vgl. BVerfGE 115, 166 (184) mwN aus der Lit.).

19 Die nach Abschluss des Übertragungsvorgangs im Herrschaftsbereich des Kommunikationsteilnehmers gespeicherten Kommunikationsdaten werden daher nicht durch Art. 10 Abs. 1 GG, sondern durch das Recht auf informationelle Selbstbestimmung (Art. 2 Abs. 1 GG iVm Art. 1 Abs. 1 GG) und ggf. durch Art. 13 Abs. 1 GG geschützt. Die gespeicherten Inhalte und Verbindungsdaten unterscheiden sich dann nämlich nicht mehr von Dateien, die der Nutzer selbst angelegt hat; die spezifischen Gefahren der räumlich distanzierten Kommunikation bestehen im Herrschaftsbereich des Empfängers, der eigene Schutzvorkehrungen gegen den ungewollten Datenzugriff treffen kann, nicht (BVerfGE 115, 166 (183 ff.)).

19.1 Allerdings ist wegen der Herkunft der Daten aus einem geschützten Kommunikationsvorgang jedenfalls eine strenge Verhältnismäßigkeitsprüfung erforderlich.

20 Dieser Befund ist der Hintergrund der – insoweit lediglich deklaratorischen – Feststellung in Abs. 2 S. 2, dass sich die Erhebung von Verkehrsdaten, die nicht beim Telekommunikationsdiensteanbieter und nach Abschluss des Kommunikationsvorgangs erfolgt, nach den allgemeinen Vorschriften richtet.

20.1 Das betrifft etwa den Zugriff auf E-Mails, SMS oder Ruflisten, die in einer Telekommunikationseinrichtung oder auf einem Computer des Nutzers gespeichert sind (vgl. → Rn. 94 f.), der nach den Regelungen über das Betreten und Durchsuchen von Wohnungen bzw. die Sicherstellung und Beschlagnahme von Sachen (hier der technischen Einrichtungen) erfolgt.

21 Die Reichweite des grundrechtlichen Schutzes endet allerdings nicht in jedem Fall am Endgerät der Telekommunikationsanlage (vgl. BVerfGE 106, 28 (37), 115, 166 (186 f.)). Eine Gefährdung der durch Art. 10 GG geschützten Vertraulichkeit der Telekommunikation kann auch durch einen Zugriff am Endgerät erfolgen.

21.1 Dem Schutzanliegen des Art. 10 Abs. 1 GG würde eine solche rein technisch definierte Abgrenzung angesichts der technologischen Entwicklungen und insbesondere der durch sie bedingten vielfältigen Konvergenzen der Übertragungswege, Dienste und Endgeräte nicht gerecht. Moderne Endgeräte ermöglichen eine Vielzahl von Leistungen, auch solche, die untrennbar in den Übermittlungsvorgang eingebunden und dem Endteilnehmer häufig gar nicht in den Einzelheiten bekannt sind, jedenfalls nicht seiner alleinigen Einflussnahme unterliegen (BVerfGE 106, 28 (37)).

22 Ob Art. 10 Abs. 1 GG Schutz vor solchen Zugriffen bietet, ist mit Blick auf den Zweck der Freiheitsverbürgung unter Berücksichtigung der spezifischen Gefährdungslage zu bestimmen (vgl. BVerfGE 106, 28 (37); 115, 166 (186 f.)).

Da Art. 10 Abs. 1 GG insbesondere nur die Vertraulichkeit des zur Nachrichtenübermittlung eingesetzten Übertragungsmediums schützt, ist der Gewährleistungsbereich zB nicht beeinträchtigt, wenn ein Gesprächspartner in seinem Einfluss- und Verantwortungsbereich einem privaten Dritten den Zugriff auf die Telekommunikationseinrichtung ermöglicht. 23

Das gilt etwa, wenn der Gesprächspartner einem Polizeibeamten das Mithören eines Telefonats erlaubt oder diesem durch freiwilliges Aushändigen von Passwörtern Zugang zu seinem E-Mail-Konto oder einem geschlossenen Diskussionsforum im Internet verschafft. 23.1

Zwar wird auch dann das Übertragungsmedium für den Kommunikationszugriff genutzt. Es realisiert sich jedoch nicht die von Art. 10 Abs. 1 GG vorausgesetzte spezifische Gefährdungslage. Im Vordergrund steht nicht die Verletzung des Vertrauens in die Sicherheit der zur Nachrichtenübermittlung eingesetzten Telekommunikationsanlage, sondern die Enttäuschung des personengebundenen Vertrauens in den Gesprächspartner (BVerfGE 106, 28 (37 f.)). 24

Wird hingegen – ohne eine solche Beteiligung des Gesprächspartners – der laufende Kommunikationsvorgang überwacht, liegt ein Eingriff in das Fernmeldegeheimnis auch dann vor, wenn die Erfassung des Nachrichteninhalts am Endgerät erfolgt. Die Einheitlichkeit des Übermittlungsvorgangs steht hier einer rein technisch definierten Abgrenzung entgegen (vgl. BVerfGE 106, 28 (38); 115, 166 (186 f.)). 25

Ist die Nachrichtenübermittlung jedoch abgeschlossen, bestehen für die nunmehr bei den Teilnehmern gespeicherten Kommunikationsinhalte und -umstände nicht mehr dieselben spezifischen Risiken, wie sie sich aus der Nutzung einer Fernmeldeeinrichtung als Kommunikationsmedium ergeben (BVerfGE 115, 166 (187)). 26

Durch Eingriffe nach Abs. 1 und Abs. 2 sind nicht nur die Nutzer von Telekommunikationseinrichtungen in ihren Rechten tangiert, sondern auch diejenigen, die geschäftsmäßig Telekommunikationsdienste erbringen und insoweit gleichsam als Polizeihelfer in die Pflicht genommen werden. 27

Vor diesem Hintergrund stellt sich die Frage, inwieweit auch die Anbieter von Telekommunikationsdiensten in ihren Grundrechten betroffen sind. Da die Erbringung dieser Dienste geschäftsmäßig erfolgt, können sich die Anbieter gegenüber der aufgrund Gesetzes auferlegten Verpflichtung, den Polizeibehörden die Kenntnisnahme des Inhalts der Telekommunikation zu ermöglichen und die näheren Umstände der Kommunikation zu übermitteln, jedenfalls grundsätzlich auf das Grundrecht aus Art. 12 Abs. 1 GG berufen. 28

Insoweit hat das BVerfG klargestellt, dass in der vormaligen Verpflichtung der Diensteanbieter zu einer anlasslosen Speicherung aller anfallenden Verkehrsdaten nach § 113a TKG aF eine Berufsausübungsregelung iSd Art. 12 Abs. 1 GG zu sehen war. 29

Das vom Bundesverfassungsgericht dabei in Bezug genommene Telekommunikationsgesetz vom 22.6.2004 (BGBl. I 1190) ist durch Art. 61 des Telekommunikationsmodernisierungsgesetzes (TKModG) v. 23.6.2021 (BGBl. I 1858) aufgehoben worden. An seine Stelle ist das durch Art. 1 desselben Gesetzes verkündete Telekommunikationsgesetz vom 23.6.2021 getreten, das zum 1.12.2021 in Kraft getreten ist (Art. 61 TKModG). 29.1

Selbst diese – im Vergleich zur Einzelübermittlung oder -auskunft nach Abs. 1 oder Abs. 2 sehr viel belastendere – Verpflichtung der Anbieter hat das Gericht jedoch als verfassungsrechtlich gerechtfertigt angesehen (BVerfGE 115, 260 (358 ff.)); daher ist Abs. 1, Abs. 2 unter diesem Gesichtspunkt erst recht unbedenklich. 30

III. Verfassungsmäßigkeit

§ 15a musste sich ab dem 27.7.2005 an den Vorgaben messen lassen, die das BVerfG in seinem Urteil zur präventiven Telekommunikationsüberwachung nach dem Nds. SOG aF (BVerfGE 113, 348 ff.) aufgestellt hatte und die es in seiner Entscheidung zum BKAG aF bekräftigt und konkretisiert hat (BVerfG NJW 2016, 1781 Rn. 228 ff.). 31

Mit den Vorgaben aus dem Jahr 2005 war die Vorschrift indessen schon in ihrer ursprünglichen Fassung insoweit vereinbar, als sie zu Eingriffen in Art. 10 GG ausschließlich zum Zweck der Abwehr konkreter (qualifizierter) Gefahren (§ 1 Abs. 1, vgl. OLG Frankfurt a. M. NJW 2007, 3292), nicht aber – wie die niedersächsische Norm – zu dem der vorbeugenden Bekämpfung von Straftaten ermächtigt(e). 32

33 In Reaktion auf dieses Urteil hatte der Gesetzgeber durch das Änderungsgesetz 2009 (Gesetz zur Änderung des Hessischen Gesetzes über die öffentliche Sicherheit und Ordnung und anderer Gesetze v. 14.12.2009, HessGVBl. I 635) unter anderem (Verweisungs-) Regelungen über den Schutz des Kernbereichs privater Lebensgestaltung sowie den Schutz von Berufsgeheimnissen eingefügt. 2013 wurden zudem Änderungen in Abs. 2 und die Anfügung des Abs. 5a (seit 24.5.2018: Abs. 6 in geänderter Fassung) vorgenommen, die auf ein weiteres Urteil des BVerfG zur Bestandsdatenabfrage, insbesondere der Zuordnung sog. dynamischer IP-Adressen (BVerfGE 130, 151), reagieren und diesem inhaltlich Rechnung tragen.

34 Vor allem aber angesichts der – mit Ausnahme bestimmter Fälle des Zugriffs auf Bestandsdaten – hohen Einschreitschwelle (gegenwärtige Gefahr für Leib, Leben oder Freiheit) und etlicher verfahrensrechtlicher Sicherungen bestanden gegen die Verfassungsmäßigkeit dieser Fassung im Ergebnis keine Bedenken (vgl. zur verfassungsrechtlichen Diskussion umfassend Lisken/Denninger PolR-HdB/Petri, 6. Aufl. 2018, G Rn. 646 ff.; Heike Schäfer, Präventive Telekommunikationsüberwachung, 2008, jeweils mwN).

35 Durch die Gesetzesänderung v. 25.6.2018 (HessGVBl. 302) hat der Gesetzgeber die hohe Einschreitschwelle in Abs. 1 indessen insoweit abgesenkt, als die Gegenwärtigkeit als Tatbestandsmerkmal entfallen ist, die Schutzgüter um solche der Allgemeinheit erweitert wurden und die Maßnahmen unter bestimmten Voraussetzungen auch in das Gefahrenvorfeld verlagert wurden.

35.1 Damit wurde der Tatbestand angepasst an den der neuen Regelung des § 15c zur Online-Durchsuchung und den neugefassten in § 15 Abs. 4 zum „großen Lauschangriff"; in der amtlichen Begründung werden die Änderungen des Tatbestands erwähnt, aber nicht begründet (vgl. LT-Drs. 19/6502, 38).

36 Die geschah jedoch in Anknüpfung an die Vorgaben des BVerfG zu entsprechenden Maßnahmen zum BKAG aF (BVerfG NJW 2016, 1781 Rn. 111 ff., 282 ff., 232) und deren Umsetzung in § 51 BKAG nF, so dass die Regelung auch in der neuen Fassung den verfassungsrechtlichen Anforderungen genügen dürfte (vgl. auch SGR/Schenke BKAG § 51 Rn. 12 ff.; vgl. zur Verfassungsmäßigkeit unter dem Gesichtspunkt der Berufsfreiheit der Anbieter von Telekommunikationsdiensten → Rn. 27 ff.).

IV. Parallelvorschriften

37 Parallelvorschriften, die zum präventiv-polizeilichen Zugriff auf Telekommunikationsdaten ermächtigen, finden sich inzwischen in allen Landespolizeigesetzen (vgl. etwa §§ 53, 54 BWPolG, Art. 42 f. BayPAG, § 33a Abs. 1 NPOG, §§ 20a, 20b PolG NRW). Diese weichen allerdings inhaltlich hinsichtlich der Voraussetzungen und Rechtsfolgen teilweise von der hessischen Rechtslage (vgl. auch Lisken/Denninger PolR-HdB/Graulich E Rn. 779 Fn. 1846). Eine bundesrechtliche Entsprechung findet sich in § 22a BPolG.

38 In der StPO sind die Rechtsfolgen, zu denen § 15a ermächtigt, auf mehrere Vorschriften verteilt; im Einzelnen regeln §§ 100a f. StPO den Zugriff auf Inhaltsdaten, § 100g StPO den Zugriff auf Verkehrsdaten, § 100i StPO den Einsatz des sog. IMSI-Catchers und § 100j StPO den Zugriff auf Bestandsdaten.

38.1 Weitere Vorschriften zur Telekommunikationsüberwachung finden sich in § 51 BKAG, §§ 23 ff. ZFdG und – für die Dienste – in § 8 BVerfSchG, § 10 MADG, § 8 BNDG (vgl. zu den Befugnissen der Dienst auch Lisken/Denninger PolR-HdB/Bergemann H Rn. 61 ff.).

B. Einzelkommentierung

39 Die Vorschrift des § 15a regelt die polizeibehördliche Datenerhebung durch Telekommunikationsüberwachung naheliegender Weise in Anknüpfung an die Begriffe und Strukturen des TKG, das der Bundesgesetzgeber in einer ersten Fassung im Jahr 1996 und in einer Neufassung aus dem Jahr 2004 zur einheitlichen Regulierung des Marktes, der Versorgung, des Datenschutzes und des Verbraucherschutzes im Bereich der seither nicht mehr monopolisierten Telekommunikation erlassen hatte.

40 Mit Wirkung zum 1.12.2021 wurde nunmehr auch das Telekommunikationsgesetz von 2004 durch Art. 61 des Telekommunikationsmodernisierungsgesetzes (TKModG) v. 23.6.2021 (BGBl. I 1858) aufgehoben. An seine Stelle ist das durch Art. 1 desselben Gesetzes

verkündete Telekommunikationsgesetz vom 23.6.2021 getreten, dass zum 1.12.2021 in Kraft getreten ist (Art. 61 TKModG).

I. Begriffliche Grundlagen

Grundlegend und hilfreich ist insoweit auch für die Eingriffsbefugnisse der Polizeibehörden in das Fernmeldegeheimnis der umfassende Definitionskatalog in der Vorschrift des § 3 TKG, der seit der Neufassung des TKG im Jahr 2021 nicht weniger als 79 Begriffsdefinitionen enthält (bis 2021: 63), von denen die fünfzehn unter → Rn. 41.1 wiedergegebenen Definitionsbegriffe im HSOG verwendet werden oder für das Verständnis des § 15a von Bedeutung sind. Zum Teil verwendet § 15a allerdings noch abweichende Begriffe aus der vor 2021 geltenden Fassung des § 3 TKG. 41

§ 3 TKG (Begriffsbestimmungen): 41.1

„Im Sinne dieses Gesetzes ist oder sind […]

1. „Anbieter von Telekommunikationsdiensten" jeder, der Telekommunikationsdienste erbringt;

6. „Bestandsdaten" Daten eines Endnutzers, die erforderlich sind für die Begründung, inhaltliche Ausgestaltung, Änderung oder Beendigung eines Vertragsverhältnisses über Telekommunikationsdienste;

13. „Endnutzer" ein Nutzer, der weder öffentliche Telekommunikationsnetze betreibt noch öffentlich zugängliche Telekommunikationsdienste erbringt;

24. „interpersoneller Telekommunikationsdienst" ein gewöhnlich gegen Entgelt erbrachter Dienst, der einen direkten interpersonellen und interaktiven Informationsaustausch über Telekommunikationsnetze zwischen einer endlichen Zahl von Personen ermöglicht, wobei die Empfänger von den Personen bestimmt werden, die die Telekommunikation veranlassen oder daran beteiligt sind; dazu zählen keine Dienste, die eine interpersonelle und interaktive Telekommunikation lediglich als untrennbar mit einem anderen Dienst verbundene untergeordnete Nebenfunktion ermöglichen;

25. „Kennung" einem Nutzer, einem Anschluss oder einem Endgerät zu einem bestimmten Zeitpunkt zugewiesene eindeutige Zeichenfolge, die eine eindeutige Identifizierung des Nutzers, des Anschlusses oder des Endgerätes ermöglicht;

34. „Nummern" Zeichenfolgen, die in Telekommunikationsnetzen Zwecken der Adressierung dienen;

41. „Nutzer" jede natürliche oder juristische Person, die einen öffentlich zugänglichen Telekommunikationsdienst für private oder geschäftliche Zwecke in Anspruch nimmt oder beantragt;

42. „öffentliches Telekommunikationsnetz" ein Telekommunikationsnetz, das ganz oder überwiegend der Erbringung öffentlich zugänglicher Telekommunikationsdienste dient, die die Übertragung von Informationen zwischen Netzabschlusspunkten ermöglichen;

56. „Standortdaten" Daten, die in einem Telekommunikationsnetz oder von einem Telekommunikationsdienst verarbeitet werden und die den Standort des Endgeräts eines Nutzers eines öffentlich zugänglichen Telekommunikationsdienstes angeben;

59. „Telekommunikation" der technische Vorgang des Aussendens, Übermittelns und Empfangens von Signalen mittels Telekommunikationsanlagen;

60. „Telekommunikationsanlagen" technische Einrichtungen, Systeme oder Server, die als Nachrichten identifizierbare elektromagnetische oder optische Signale oder Daten im Rahmen der Erbringung eines Telekommunikationsdienstes senden, übertragen, vermitteln, empfangen, steuern oder kontrollieren können;

61. „Telekommunikationsdienste" in der Regel gegen Entgelt über Telekommunikationsnetze erbrachte Dienste, die – mit der Ausnahme von Diensten, die Inhalte über Telekommunikationsnetze und -dienste anbieten oder eine redaktionelle Kontrolle über sie ausüben – folgende Dienste umfassen:

a) Internetzugangsdienste,

b) interpersonelle Telekommunikationsdienste und

c) Dienste, die ganz oder überwiegend in der Übertragung von Signalen bestehen, wie Übertragungsdienste, die für Maschine-Maschine-Kommunikation und für den Rundfunk genutzt werden;

62. „Telekommunikationsendeinrichtung" eine direkt oder indirekt an die Schnittstelle eines öffentlichen Telekommunikationsnetzes angeschlossene Einrichtung zum Aussenden, Verarbeiten oder Empfangen von Nachrichten oder Daten; sowohl bei direkten als auch bei indirekten Anschlüssen kann die Verbindung über elektrisch leitenden Draht, über optische Faser oder elektromagnetisch hergestellt werden; bei einem indirekten Anschluss ist zwischen Telekommunikationsendeinrichtung und Schnittstelle des öffentlichen Telekommunikationsnetzes ein Gerät geschaltet;

70. „Verkehrsdaten" Daten, deren Erhebung, Verarbeitung oder Nutzung bei der Erbringung eines Telekommunikationsdienstes erforderlich sind;

71. „Verletzung des Schutzes personenbezogener Daten“ eine Verletzung der Datensicherheit, die zum Verlust, zur unrechtmäßigen Löschung, Veränderung, Speicherung, Weitergabe oder sonstigen unrechtmäßigen Verwendung personenbezogener Daten führt, sowie der unrechtmäßige Zugang zu diesen;

42 Neben dem TKG ist als normativer Hintergrund für polizeiliche Eingriffe in das Fernmeldegeheimnis seit 2021 das Telekommunikation-Telemedien-Datenschutz-Gesetz (TTDSG) von Bedeutung, das Regelungen enthält, die sich vormals im Telemediengesetz fanden.

42.1 Das TMG (Telemediengesetz v. 26.2.2007, BGBl. I 179) gilt zwar weiter; der für den vorliegenden Zusammenhang einschlägige Abschn. 5 (§§ 11–15 d) wurde jedoch durch Art. 3 des Gesetzes zur Regelung des Datenschutzes und des Schutzes der Privatsphäre in der Telekommunikation und bei Telemedien v. 23.6.2021 mWv 30.11.2021 aufgehoben; die dortigen Regelungen waren infolge des Inkrafttretens der DSGVO teilweise entbehrlich geworden; soweit sie von der DS-GVO hinsichtlich der Auskunftsverfahren für die Sicherheitsbehörden unberührt bleiben wurden sie in das TTDSG überführt.

42.2 Die Regelung über die Auskunft über Bestandsdaten (§ 14 TMG aF) findet sich nunmehr in § 22 TTDSG, die Regelung über die Auskunft über Nutzungsdaten (§ 15 TMG aF) in § 24 TTDSG und die Regelung über Passwörter und Zugangsdaten (§ 15a TMG aF) in § 23 TTDSG.

43 Seit der Einfügung des Abs. 2a durch Gesetz v. 25.6.2018 (HessGVBl. 302), mit dem der Zugriff auf Nutzungs- und Bestandsdaten (→ Rn. 45) der unter dieses Gesetz fallenden Dienste erlaubt wurde, ist die Abgrenzung insbesondere für die Auswahl der jeweils einschlägigen Ermächtigungsgrundlage von Bedeutung.

44 Die Abgrenzung zwischen Telekommunikation (geregelt im TKG und in Teil 2 (§§ 3–18) TTDSG) und Telemedien (geregelt im TMG und Teil 3 (§§ 19–26) TTDSG) kann im Einzelfall Schwierigkeiten bereiten. Als Grundsatz lässt sich festhalten, dass die Regelungen über Telemedien (Teil 3 TTDSG und TMG) auf Dienste durch Kommunikation Anwendung finden, während die Regelungen über Telekommunikation (Teil 2 TTDSG und TKG) auf Dienste der Kommunikation Anwendung finden. Von Bedeutung ist die Abgrenzung insbesondere für die rechtliche Einordnung der sog. Sozialen Netzwerke wie „Facebook“, „Instagram“ oder „X“.

45 Wie das TKG (§ 3 Nr. 6 TKG) kennt auch das TTDSG Bestandsdaten (§ 2 Abs. 2 Nr. 2 TTDSG). An die Stelle der Verkehrsdaten im TKG (§ 3 Nr. 70 TKG) treten hier die Nutzungsdaten (§ 2 Abs. 2 Nr. 3 TTDSG). Im vorliegenden Zusammenhang stellt(e) sich insoweit insbesondere die Frage, ob und inwieweit auf der Grundlage des § 15a auf Bestands- und Nutzungsdaten der im TMG und in Teil 3 TTDSG geregelten Informations- und Kommunikationsdienste polizeilich zugegriffen werden kann (vgl. → Rn. 111)

II. Überwachung von Inhalten und Umständen der Telekommunikation (Abs. 1)

46 Die Formulierung des Abs. 1 S. 1 bringt das bei der polizeilichen Telefonüberwachung regelmäßig auftretende Dreiecksverhältnis zwischen den Polizeibehörden, dem zu Überwachenden und dem Anbieter des Telekommunikationsdienstes deutlicher zum Ausdruck als etwa die „klassische“ repressive Telefonüberwachungsnorm des § 100a Abs. 1 StPO („Auch ohne Wissen des Betroffenen darf die Telekommunikation überwacht und aufgezeichnet werden, wenn […]“).

47 Die Vorschrift weicht dabei allerdings – anders als etwa die Parallelnormen der § 34a Abs. 1 ThürPAG, Art. 42, 43 BayPAG oder §§ 53, 54 BWPolG – von der klassischen Tatbestandsstruktur der Ermächtigungsnormen für polizeiliche Informationseingriffe ab; insbesondere verzichtet die Formulierung auf die Feststellung, dass auch hier verdeckt personenbezogene Daten erhoben werden.

47.1 Bis zur Änderung durch Gesetz v. 25.6.2018 (HessGVBl. 302) ließ die Regelung prima facie auch eine Eingrenzung der – neben dem Telekommunikationsanbieter – als eigentliche Adressaten zulässigerweise betroffenen Personen vermissen. Eine solche Eingrenzung ergab sich sodann allerdings aus dem Verweis des Abs. 1 S. 2 auf die Regelung des § 15 Abs. 4 S. 2–5, die indessen ihrerseits erhebliche Schwierigkeiten aufwirft (→ § 15 Rn. 97 ff.) und sich zudem nicht nahtlos auf die hier zumeist vorliegenden Konstellationen übertragen lässt (vgl. iE → Rn. 63 ff.).

In der Neufassung von 2018 stellt Abs. 1 S. 1 allerdings nunmehr klar, dass die Maßnahme auf Seiten der Polizeibehörden auf Kenntnisnahme des Inhalts, der näheren Umstände der Kommunikation, einschließlich des Standorts von mobilen Endgeräten gerichtet ist. Auch der Adressatenkreis ist nicht mehr nur durch Verweis auf § 15, sondern durch eine explizite Vorgabe in Abs. 1 S. 2 geregelt. **48**

1. Rechtsfolgen

Nach dem durch die Neufassung 2018 deutlich konkretisierten Wortlaut des Abs. 1 S. 1, ermächtigt die Norm die Polizeibehörden nicht mehr alleine zu dem an den geschäftsmäßigen Anbieter gerichteten Verlangen, die Kenntnisnahme der Kommunikationsinhalte zu ermöglichen und die näheren Umstände der Kommunikation zu übermitteln, sondern auch dazu, die Inhalte durch Überwachung und Aufzeichnung zur Kenntnis zu nehmen. **49**

Damit wollte der Gesetzgeber offensichtlich auf die Kritik an der Formulierung der vorangegangenen Fassung reagieren (vgl. LT-Drs. 19/6502, 38). **50**

In der vorangegangenen Fassung der Norm fehlte hinsichtlich der „Kehrseite" des Begehrens an den Anbieter, nämlich die Befugnis, die Inhalte tatsächlich zur Kenntnis zu nehmen und die übermittelten Umstände der Kommunikation als Daten zu nutzen, jede Aussage. Lediglich mittelbar ließ die Regelung des inzwischen gestrichenen Abs. 6 S. 1 aF erkennen, dass eine Auswertung der Inhalte und Umstände der Telekommunikation sollte erfolgen dürfen. Dieses Bestimmtheitsdefizit war bei einer so „eingespielten" Maßnahme wie der Telefonüberwachung zwar weniger schwerwiegend, weil mit ihr als Rechtsfolge ganz selbstverständlich das Abhören und Aufzeichnen der Telekommunikationsinhalte sowie die Verarbeitung der Daten über die Umstände der Telekommunikation durch die Polizeibehörden verbunden wurde. **50.1**

Gleichwohl war für diese ungewöhnliche Formulierung des Abs. 1 S. 1 ein Anlass nicht ersichtlich, zumal sie hinsichtlich der Reichweite der durch sie eingeräumten Befugnisse einer zweckorientierten Normanwendung kaum förderlich war: Bei entsprechender Auslegung konnte man etwa die Befugnis der Polizeibehörden zur Aufzeichnung von Telekommunikationsinhalten unter Verweis auf den Wortlaut („Kenntnisnahme") bestreiten, ohne die Regeln der Hermeneutik über Gebühr zu strapazieren (so sprachen etwa Fredrich § 15a Rn. 1 f. und Hornmann HSOG Rn. 19 – ebenso wie Nr. 15a.1 und 15a.3 VVHSOG – ausdrücklich nur von der Befugnis zum „Mithören und Mitlesen"; teils unzutreffend bzw. missverständlich insoweit die Ausführungen bei Lisken/Denninger PolR-HdB/Petri, 5. Aufl. 2012, G Rn. 324). **50.2**

Vom Zweck der Norm her konnte es jedoch kaum ausgeschlossen sein, die für die Gefahrenabwehr erforderlichen Telekommunikationsinhalte aufzuzeichnen, um sie wiederholt abzuhören, etwa bei akustischen Unklarheiten oder zum Abgleich mit später gewonnen Informationen. Dafür, dass das Aufzeichnen erfasst sein soll, spricht auch der umstandslose Verweis des § 15a Abs. 1 S. 2 auf § 15 Abs. 4 S. 5, der – wie dieser selbst – eine Aufzeichnungsbefugnis voraussetzt. Gleiches galt für die Formulierung des § 15b, der § 15a lediglich hinsichtlich des Modus der Telekommunikationsüberwachung ergänzen soll (→ § 15b Rn. 1), zu diesem Zweck aber ganz selbstverständlich von der „Überwachung und Aufzeichnung" der Telekommunikation spricht. **50.3**

Nunmehr ergeben sich auch ohne (das Erfordernis einer) Auslegung die Rechtsfolgen hinreichend bestimmt aus dem Wortlaut des Abs. 1 S. 1. **51**

Sie umfassen zunächst das auf Ermöglichung der Kenntnisnahme bzw. Übermittlung gerichtete Verlangen gegenüber dem geschäftsmäßigen Telekommunikationsanbieter (vgl. § 3 Nr. 6, Nr. 10 und Nr. 24 TKG aF), der im TKG seit 2021 unter Wegfall des Merkmals der Geschäftsmäßigkeit nur noch als „Anbieter von Telekommunikationsdiensten" firmiert (§ 3 Nr. 1 TKG, → Rn. 41.1) firmiert. **52**

Diesem entspricht spiegelbildlich – wie auch im Fall der entsprechenden Formulierung in § 163 Abs. 1 S. 1 Alt. 2 StPO (vgl. Meyer-Goßner/Schmitt StPO § 163 Rn. 1a) – dessen Pflicht zur Ermöglichung bzw. Übermittlung (vgl. zur Durchsetzung dieser Pflicht die Regelungen der §§ 47 ff.). **53**

Des Weiteren enthält Abs. 1 S. 1 die Befugnis der Polizeibehörde, die entsprechenden personenbezogenen Daten – im Sinne der Terminologie des § 41 Nr. 1 HDSIG (→ § 13 Rn. 17) – zu erheben und (weiter) zu verarbeiten und damit auch die Kommunikationsinhalte und sonstigen anfallenden Daten aufzuzeichnen und zu speichern (vgl. zur (weiteren) Verarbeitung im datenschutzrechtlichen Sinne § 20). **54**

55 Unter Telekommunikation ist dabei der technische Vorgang des Aussendens, Übermittelns und Empfangens von Signalen mittels Telekommunikationsanlagen zu verstehen (§ 3 Nr. 59 TKG); Telekommunikationsanlagen sind technische Einrichtungen oder Systeme, die als Nachrichten identifizierbare elektromagnetische oder optische Signale senden, übertragen, vermitteln, empfangen, steuern oder kontrollieren können (§ 3 Nr. 60 TKG).

56 Inhalte der Telekommunikation sind somit die als Nachrichten identifizierten Signale, also ihre „Übersetzungen" in Sprache, Schrift, Bilder, Zahlen, Zeichen, Töne etc.

57 Soweit die Vorschrift des Abs. 1 S. 1 die Pflicht der Telekommunikationsanbieter auf die Übermittlung der „näheren Umstände der Telekommunikation" erstreckt, nimmt er einen Begriff in Bezug, der in § 3 TKG nicht definiert, jedoch in § 103 Abs. 1 S. 2 TKG im Zusammenhang mit der Aufsicht der Bundesnetzagentur über die Sicherstellung der Frequenzordnung verwendet wird.

58 Daran wird deutlich, dass der Begriff nicht mit dem der Verkehrsdaten iSd § 3 Nr. 70 TKG, § 176 TKG identisch ist; letzterer umfasst etwa mit dem vom Nutzer in Anspruch genommenen Telekommunikationsdienst oder dem Datum und der Uhrzeit der ersten Nutzung von im Voraus bezahlten Diensten (vgl. § 176 Abs. 2 Nr. 3 und Nr. 4c TKG) auch Daten, die alltagssemantisch kaum noch unter „Umstände der Telekommunikation" subsumiert werden können.

58.1 Vgl. zur Europarechtswidrigkeit der durch § 176 TKG (§ 113b TKG aF) angeordneten Pflicht zur anlasslosen Speicherung von Vorratsdaten EUGH ZD 2022, 666 ff.).

59 Eine auch für den vorliegenden Zusammenhang brauchbare Gestalt hat der Begriff der näheren Umstände der Telekommunikation jedoch in der bereits dargelegten (→ Rn. 9) verfassungsgerichtlichen Rechtsprechung zu Art. 10 GG erhalten: Danach ist mit ihm umschrieben, ob, wann und wie oft zwischen welchen Personen oder Endeinrichtungen Telekommunikationsverkehr stattgefunden hat oder versucht worden ist (vgl. BVerfGE 67, 152 (172); 85, 386 (396); 107, 299 (320); 110, 33 (53); 115, 166 (183)). Bei diesen Daten handelt es sich somit um die näheren Umstände der Telekommunikation iSd Abs. 1 S. 1 (ähnlich die allerdings nur exemplarische Beschreibung bei Fredrich Rn. 1).

60 Diese Daten umfassen nach der ausdrücklichen Regelung des Abs. 1 S. 1 letzter Hs. auch den Standort empfangsbereit geschalteter nicht ortsfester Telekommunikationsanlagen. Insoweit knüpft das HSOG wiederum an den Begriff der Standortdaten des § 3 Nr. 56 TKG („Daten, die in einem Telekommunikationsnetz oder von einem Telekommunikationsdienst verarbeitet werden und die den Standort des Endgeräts eines Endnutzers eines öffentlich zugänglichen Telekommunikationsdienstes angeben"; vgl. auch die spezielle Regelung in § 176 Abs. 1 Nr. 2, Abs. 4 TKG (dazu auch → Rn. 58.1) an.

60.1 Ausweislich des Wortlauts („empfangsbereit geschaltet") nicht erforderlich ist, dass mit dem Mobiltelefon telefoniert oder in sonstiger Weise kommuniziert wird; auch die entsprechende Beschränkung in § 100g Abs. 3 StPO („im Falle einer Verbindung") ist mWv 1.1.2008 aufgehoben worden.

2. Tatbestandsvoraussetzungen

61 Zur Voraussetzung für die polizeibehördliche Erhebung dieser Inhalts- und Umstandsdaten beim geschäftsmäßig Telekommunikationsdienste Erbringenden sowie für ihr Abhören, ihre Aufzeichnung und ihre Verwendung (→ Rn. 54) macht Abs. 1 S. 1 die Unerlässlichkeit dieser Maßnahmen zur Abwehr einer dringenden Gefahr für Leib, Leben oder Freiheit einer Person oder für solche Güter der Allgemeinheit, deren Bedrohung die Grundlagen oder den Bestand des Bundes oder eines Landes oder die Grundlagen der Existenz der Menschen berührt.

62 Die Tatbestandsvoraussetzungen sind somit identisch mit denen für die Wohnraumüberwachung gem. § 15 Abs. 4 S. 1 und die Online-Durchsuchung nach § 15c (vgl. → Rn. 35; → § 15 Rn. 107 ff.; → § 15c Rn. 14 ff.).

3. Adressaten

63 Hinsichtlich der Adressaten der Maßnahmen nach Abs. 1 ist wegen des durch die Norm konstituierten Dreiecksverhältnisses (vgl. → Rn. 46) zunächst nach dem / den zu Überwa-

chenden einerseits und dem Anbieter des Telekommunikationsdienstes andererseits zu differenzieren. Des Weiteren werden durch Maßnahmen nach dieser Norm – wie schon durch solche nach § 15 Abs. 4 (→ § 15 Rn. 107 ff.) – regelmäßig mit den Kommunikationspartnern der zu Überwachenden Unbeteiligte (hier: Vierte) betroffen, die somit ebenfalls als Adressaten in Betracht zu ziehen sind.

Auch insoweit (vgl. → Rn. 50.1 ff.) hat der Gesetzgeber auf die Kritik an der vorangegangen Fassung reagiert und mit der Änderung v. 25.6.2018 (HessGVBl. 302) durch die Einfügung von Abs. 1 S. 2 und S. 3 klare Vorgaben gemacht (vgl. LT-Drs. 19/6502, 38). **64**

Die vorangegangene Fassung des Abs. 1 S. 1 enthielt selbst keine Aussage über die Personen, gegen die sich Maßnahmen nach dieser Vorschrift richten dürfen (vgl. → Rn. 47.1). Aus Abs. 5 S. 3 ergab sich insoweit lediglich, dass eine Zielperson über Name und Anschrift, Rufnummer oder eine sonstige Telekommunikationskennung identifiziert sein musste. Dass gleichwohl nicht auf die Störersystematik zurückgegriffen werden sollte, die die Vorschriften der §§ 6, 7, 9 über die polizeiliche Verantwortlichkeit errichten (→ § 6 Rn. 2), folgte aus dem Verweis des Abs. 1 S. 2 auf die Regelung des § 15 Abs. 4 S. 2–5. **64.1**

Wendete man diese Regelung entsprechend an, ergab sich etwa folgende Formulierung: „Eine Maßnahme nach Abs. 1 S. 1 ist nicht zulässig, soweit keine Auskunftspflicht der betroffenen Person nach § 12 Abs. 2 besteht. Dieses Verbot gilt auch, wenn durch eine gegen einen Dritten gerichtete Maßnahme Erkenntnisse erlangt würden, die nicht der Auskunftspflicht nach § 12 Abs. 2 unterliegen. Liegen tatsächliche Anhaltspunkte für die Annahme vor, dass durch die Maßnahme allein Erkenntnisse aus dem Kernbereich privater Lebensgestaltung erlangt würden, ist die Maßnahme unzulässig. Bestehen insoweit Zweifel, darf die Überwachung und Aufzeichnung des Inhalts der Telekommunikation ausschließlich durch eine automatische Aufzeichnung erfolgen und fortgesetzt werden." **64.2**

Ausgehend von den dazu geltenden Grundsätzen (→ § 15 Rn. 107 ff., → § 15 Rn. 117 ff.) konnte im Ergebnis grundsätzlich jedermann zur Zielperson einer Maßnahme nach Abs. 1 werden, wenn und soweit sich die Kenntnis von seinen Telekommunikationsinhalten und -umständen aus Sicht der Polizeibehörden zur Abwehr der gegenwärtigen Gefahr für Leib, Leben oder Freiheit als unerlässlich darstellt. **64.3**

Der Kreis der potentiellen Zielpersonen umfasst nunmehr nach Abs. 1 S. 2 Nr. 1 und Nr. 2 zunächst Störer im polizeirechtlichen Sinne (§§ 6 und 7) sowie Nichtstörer unter den strengen Voraussetzungen des § 9. **65**

An die Stelle der in Bezug auf Zeugnisverweigerungsrechte vorgenommenen vormaligen Verweisung auf § 12 Abs. 2 ist durch die Änderung des Gesetzes v. 29.6.2023 (HessGVBl. 456) nunmehr die Regelung des § 12a getreten, die nach Abs. 1 S. 1 explizit auf alle Maßnahmen auf der Grundlage von § 15a anzuwenden ist (vgl. insoweit zu den Voraussetzungen und Rechtsfolgen des Schutzes zeugnisverweigerungsberechtigter Berufsgeheimnisträger eing. → § 12a Rn. 14 ff.). **66**

Bis zur Änderung durch das Gesetz v. 29.6.2023 (HessGVBl. 456) blieb mittels der Verweisung auf § 15 Abs. 4 S. 4 aF in § 15a Abs. 1 S. 4 aF insoweit ausgenommen von der Polizeipflicht – über die Ausnahme von der Ausnahme in § 12 Abs. 2 S. 3 – ein Teil der beruflich zur Verweigerung des Zeugnisses Berechtigten: Verteidiger und Rechtsanwälte, Geistliche, Abgeordnete und Journalisten einschließlich ihrer jeweiligen Berufshelfer, die auch bei Gefahren für Leib, Leben und Freiheit ein Zeugnisverweigerungsrecht (vgl. zu den auf mehreren Gesichtspunkten basierenden erheblichen Bedenken gegen die Verfassungsmäßigkeit der Regelung in § 12 Abs. 2 → § 12 Rn. 11 ff.) haben; gegen solche Personen dürfen daher auch Maßnahmen nach Abs. 1 S. 1 nicht gerichtet werden. **66.1**

Anwendung fand insoweit auch die missglückte Regelung des § 15 Abs. 4 S. 5 aF über den Geltung des Zeugnisverweigerungsrechts bei einer „gegen einen Dritten gerichteten" Maßnahme (vgl. → § 15 Rn. 117 ff., → § 15 Rn. 108 ff.). **66.2**

Nach Abs. 1 S. 2 Nr. 3 lit. a und b sind – nach dem Vorbild des § 100a Abs. 3 StPO – des Weiterem sog. Nachrichtenübermittler und Anschlussüberlasser als potentielle Adresstaten in Betracht zu ziehen; für die Bestimmung des insoweit erfassten Personenkreises können die für die StPO entwickelten Grundsätzen herangezogen werden (vgl. eing. BeckOK StPO/Graf StPO § 100a Rn. 142 ff.). **67**

Als Zielpersonen kommen schließlich nach § 15a Abs. 1 S. 2 Nr. 4 die in § 15 Abs. 2 S. 1 Nr. 2 und Nr. 3 genannten Personen in Betracht, also solche, bei denen bestimmte Tatsachen die Annahme rechtfertigen, dass sie innerhalb eines übersehbaren Zeitraumes auf eine zumin- **68** dest ihrer Art nach konkretisierte Weise eine Straftat mit erheblicher Bedeutung begehen werden, oder deren individuelles Verhalten die konkrete Wahrscheinlichkeit begründet, dass sie innerhalb eines übersehbaren Zeitraumes eine terroristische Straftat begehen werden.

69 Die Inanspruchnahme steht jedoch bei beiden Gruppen unter der Voraussetzung, dass sie zur Verhütung terroristischer Straftaten (nicht: einer solchen mit erheblicher Bedeutung) unerlässlich ist. Dies ist auch Voraussetzung für die Verfassungsmäßigkeit der Inanspruchnahme dieses Personenkreises (vgl. → § 15c Rn. 17 ff. mwN).

70 Soweit diejenigen, die geschäftsmäßig Telekommunikationsdienste erbringen, von Maßnahmen nach Abs. 1 betroffen sind, werden diese verpflichtet, ohne dass die Voraussetzungen für die Inanspruchnahme von Nichtstörern nach § 9 vorliegen müssten (wenngleich diese in Fällen einer dringenden Gefahr iSd Abs. 1 S. 1 Alt. 1 regelmäßig vorliegen dürften). Sie sind daher als normimmanente Adressaten polizeipflichtig (vgl. zu dem Fragenkreis → Rn. 28 f., → Rn. 36).

71 Der damit verbundenen Belastung der Unternehmen trägt § 3 Abs. 2 dadurch Rechnung, dass es die entsprechende Anwendung der Vorschriften des JVEG (Justizvergütungs- und -entschädigungsgesetz v. 5.5.2004, BGBl. I 718) in der jeweils geltenden Fassung vorschreibt.

71.1 An dieser Stelle verwendet das HSOG ausnahmsweise eine dynamische Verweisung (vgl. zur Problematik dieser und der ansonsten zumeist statischen Verweisungen im hessischen Polizeirecht → § 14a Rn. 57, ff, → § 14a Rn. 128 ff., → § 15 Rn. 182 ff., → § 18 Rn. 92 ff., → § 20 Rn. 31).

72 Die auf § 23 JVEG (Entschädigung Dritter) beruhende Anlage 3 JVEG sieht insoweit über 40 einzelne Entschädigungstatbestände für die Ausführung bzw. Umsetzung von Telekommunikationsüberwachungsmaßnahmen durch die Erbringer von Telekommunikationsdiensten vor.

73 Bis zur Änderung durch das Gesetz v. 25.6.2018 (HessGVBl. 302) ließ die Regelung des § 15a die Frage offen, inwieweit Daten von / über potentielle(n) Kommunikationspartner(n) der Zielpersonen durch Maßnahmen nach Abs. 1 S. 1 erhoben werden dürfen. Dass solche zwangsläufig vorhanden sind und miterfasst werden, liegt bei Eingriffen in Art. 10 Abs. 1 GG faktisch in der Natur der Sache.

73.1 Namentlich fehlte – wie schon im Fall der Regelung des § 15 Abs. 4 und Abs. 5 (vgl. eing. → § 15 Rn. 126 ff.) – auch in § 15a eine Klausel über unvermeidbar betroffene Dritte. Das Fehlen einer Norm ließ sich wohl auch hier dadurch erklären, dass der Gesetzgeber die Einbeziehung Dritter als selbstverständliche tatsächliche Folge von Maßnahmen nach Abs. 1 S. 1 vorausgesetzt hatte (vgl. zu der gleichwohl bestehenden Verpflichtung des Gesetzgebers zur Schaffung normenklarer Regelungen BVerfG NJW 2016, 1781 Rn. 94 f.; BVerfGE 113, 348 (375 ff.) = NJW 2005, 2603; BVerfGE 120, 378 (407 f.) = NJW 2008, 1505; BVerfGE 133, 277 (336) = NJW 2013, 1499 Rn. 140; BVerfG NVwZ 2021, 226 (231 f.) stRspr, sowie → SystVorbPolRDe Rn. 56).

73.2 Dass der Gesetzgeber das Problem zumindest gesehen hat und insoweit eine normimmanente Adressatenregelung (vgl. → § 12 Rn. 35, → § 13 Rn. 59, → § 13 Rn. 119, → § 14 Rn. 85, → § 14 Rn. 89, → § 14 Rn. 116, → § 14 Rn. 162, → § 15 Rn. 61, → § 18 Rn. 72) schaffen wollte, zeigte sich an anderer Stelle, nämlich der Regelung des § 29 Abs. 6 S. 2, die im Fall von verdeckten Datenerhebungen nicht nur diejenigen, gegen sich die Maßnahmen richten, sondern auch deren Gesprächspartner zu betroffenen Personen (die infolgedessen über die Maßnahme zu unterrichten sind) erklärt.

74 Auch insoweit hat der Gesetzgeber bei der Änderung nunmehr auf die entsprechende Kritik an der Norm reagiert und in Abs. 1 S. 3 klargestellt, dass die Maßnahme nach Abs. 1 S. 1 auch durchgeführt werden darf, wenn andere Personen – vorrangig also die potentiellen Kommunikationspartner – unvermeidbar davon betroffen sind.

75 Eingeengt wird der Adressatenkreis schließlich kraft der Verweisung auf § 15 Abs. 4 S. 4 in § 15a Abs. 1 S. 4 durch die – auch das Verfahren betreffende – Verweisung des Abs. 1 S. 2 auf die Vorschriften des § 15 Abs. 4 S. 4–8; damit werden die – nach der Rechtsprechung des BVerfG unter dem Gesichtspunkt der Würde des Menschen (jedenfalls für Wohnraumüberwachungen) notwendigen (vgl. BVerfGE 109, 279 (311 ff.)) – Vorkehrungen für den Schutz des unantastbaren Kernbereichs privater Lebensgestaltung (iE → § 15 Rn. 140 ff.) auch auf die präventiv-polizeiliche Telekommunikationsüberwachung übertragen (vgl. → Rn. 83 ff.).

4. Anordnungsbefugnis (Abs. 5), Verfahren

76 Verfahrensrechtlich liegt die Anordnungsbefugnis für die Überwachung von Telekommunikationsinhalten und die Erhebung der näheren Umstände von Telekommunikation gem. Abs. 5 S. 1 grundsätzlich beim (Amts-) Richter; für dessen örtliche Zuständigkeit und das Verfahren schreibt § 15 Abs. 1 S. 2 die Anwendung des § 39 Abs. 1 (vgl. iE → § 39 Rn. 2 ff.) mit der Maßgabe vor, dass es für die örtliche Zuständigkeit des Gerichts auf den Sitz der handelnden Polizeibehörde ankommt.

77 Bei Gefahr im Verzug (vgl. iE → § 15 Rn. 90 ff.) können die Maßnahmen gem. Abs. 5 S. 1 durch die Polizeibehörde selbst angeordnet werden.

78 Über die entsprechend anzuwendenden Vorschriften des Gesetzes über das Verfahren in Familiensachen und in Angelegenheiten der freiwilligen Gerichtsbarkeit (§ 15 Abs. 5 S. 2 iVm § 39 Abs. 1 S. 2) hinaus, sehen die – über die Verweisung des Abs. 5 S. 4 ebenfalls entsprechend anzuwendenden – Regelungen § 15 Abs. 5 S. 3 und S. 5–12 weitere Verfahrensvorschriften für das anordnende Gericht vor.

79 Namentlich ist damit zunächst die Schriftform der Anordnung (§ 15 Abs. 5 S. 3) vorgeschrieben; die Anordnung muss zudem entweder den Namen und Anschrift der Person, gegen die sie sich richtet enthalten, oder – insoweit in Abweichung von § 15 Abs. 5 S. 4, was nur bei Maßnahmen der Telekommunikationsüberwachung in Betracht kommt – unter Verzicht auf die möglichst genaue Bezeichnung der Person (vgl. → § 15 Rn. 152) deren Rufnummer oder eine andere Kennung deren Telekommunikationsanschlusses oder -geräts.

80 Nach den über die Verweisung des Abs. 5 S. 4 ebenfalls entsprechend anzuwendenden Regelungen § 15 Abs. 5 S. 3–9 gilt für das Verfahren im Übrigen, dass im Beschluss Art und Dauer der Maßnahme vorzusehen sind, wobei die Höchstdauer von drei Monaten einzuhalten und – wenn möglich, was im Fall von Telekommunikationsüberwachungen regelmäßig nicht der Fall sein dürfte – die Festlegung einer räumlichen Begrenzung vorzusehen ist (S. 5 und S. 6).

81 § 15a Abs. 5 S. 4 iVm § 15 Abs. 5 S. 7 regelt schließlich die Voraussetzungen und Grenzen von Verlängerungen der Anordnung (höchstens drei Mal um jeweils höchstens drei Monate), wobei auch hier kaum Fälle denkbar sind, in denen die erforderliche gegenwärtige Gefahr über einen so langen Zeitraum fortbesteht (vgl. insoweit zu der restriktiv vorzunehmenden Berechnung der Zeiten bei der Verlängerung eing. OLG Frankfurt a. M. BeckRS 2011, 15917).

82 Wurde die Maßnahme wegen Gefahr im Verzug durch die Polizeibehörde angeordnet (→ Rn. 77), hat diese gem. § 15a Abs. 5 S. 4 iVm § 15 Abs. 5 S. 8, S. 9 sodann unverzüglich (vgl. → § 15 Rn. 151) die richterliche Bestätigung der Anordnung zu beantragen; ist die polizeiliche Anordnung nicht bis zum Ablauf des folgenden Tages richterlich bestätigt, tritt sie ohne weiteres außer Kraft.

83 Bestanden Zweifel, ob durch die Maßnahme allein Erkenntnisse aus dem Kernbereich privater Lebensgestaltung erlangt würden, und wurde die Telekommunikationsüberwachung deswegen ausschließlich durch eine automatische Aufzeichnung durchgeführt oder fortgesetzt, sind die so gefertigten Aufzeichnungen nach § 15a Abs. 5 S. 4 iVm § 15 Abs. 5 S. 10 unverzüglich dem Gericht, das die Maßnahme angeordnet hat, zur Entscheidung vorzulegen.

84 Nach der Entscheidung des Gerichts über die Verwertbarkeit und/oder verpflichtenden Löschung der erhobenen Daten (vgl. § 15a Abs. 5 S. 4 iVm § 15 Abs. 5 S. 11 und § 27 Abs. 2 S. 2) hat dieses gem. § 15a Abs. 5 S. 4 iVm § 15 Abs. 5 S. 12 wiederum die Polizeibehörde unverzüglich über den Inhalt der verwertbaren Teile der Aufzeichnung – soweit vorhanden – zu unterrichten (vgl. → § 15 Rn. 148).

III. Erhebung von Verkehrs- und Bestandsdaten (Abs. 2)

85 Die Vorschrift des Abs. 2, die in S. 1 und S. 2 ursprünglich nur den polizeibehördlichen Zugriff auf die sog. Verkehrsdaten (→ Rn. 41.1) sowie auf Daten, die innerhalb des Telekommunikationsnetzes in Speichereinrichtungen abgelegt sind, regelte, wurde im Jahr 2013 um S. 3–6 erweitert und um Abs. 5a (seit 24.5.2018: Abs. 6 in geänderter Fassung) ergänzt, um dem Urteil des BVerfG zur Bestandsdatenabfrage, insbesondere der Zuordnung sog. dynamischer IP-Adressen (BVerfGE 130, 151), Rechnung zu tragen.

1. Rechtsfolgen

86 Der durch Abs. 2 S. 1 für die Polizeibehörden begründete Auskunftsanspruch gegenüber den Anbietern von Telekommunikationsdiensten bezieht sich zunächst auf Verkehrsdaten (→ Rn. 41.1, → Rn. 45), also praktisch vorwiegend auf Daten über die Umstände von Telekommunikation (vgl. aber → Rn. 58 ff.). Diese können sowohl für einen zurückliegenden Zeitraum (retrograd) als auch für einen zukünftigen Zeitraum (anterograd) verlangt werden.

87 Wie groß der jeweilige Zeitraum sein darf, regelt die Vorschrift nicht. Für den retrograden Zugriff ergibt sich praktisch – seit dem vorübergehenden Wegfall der sog. Vorratsdatenspeicherung und ihrer Aussetzung nach der legislativen Wiedereinführung (→ Rn. 90.1 ff.; zu der inzwischen festgestellten Europarechtswidrigkeit → Rn. 58.1) – eine Grenze aus den beschränkten Speicherzeiträumen der Anbieter; für den anterograden Zugriff (der sich praktisch zumeist auf Standortdaten von Mobiltelefonen (→ Rn. 60 f.) bezieht), folgt sie aus dem Verhältnismäßigkeitsgrundsatz, vor allem der (Dauer der) Geeignetheit für die Gefahrenabwehr.

88 Bei der Inbezugnahme der Vorschrift des § 9 Abs. 1 S. 1 TTDSG handelt es sich um eine statische Verweisung; die Angabe des Gesetzesstandes ist derzeit – anders als an etlichen anderen Stellen im HSOG – aktuell (zur Problematik der Gesetzesverweisungen auch (→ Rn. 90 ff.)).

88.1 Die in Bezug genommene Regelung lautet:

„**§ 9** Verarbeitung von Verkehrsdaten

(1) Nach § 3 Absatz 2 Satz 1 Verpflichtete dürfen folgende Verkehrsdaten nur verarbeiten, soweit dies zum Aufbau und zur Aufrechterhaltung der Telekommunikation, zur Entgeltabrechnung oder zum Aufbau weiterer Verbindungen erforderlich ist:

1. die Nummer oder Kennung der beteiligten Anschlüsse oder der Endeinrichtung, personenbezogene Berechtigungskennungen, bei Verwendung von Kundenkarten auch die Kartennummer, bei mobilen Anschlüssen auch die Standortdaten,
2. den Beginn und das Ende der jeweiligen Verbindung nach Datum und Uhrzeit und, soweit die Entgelte davon abhängen, die übermittelten Datenmengen,
3. den vom Nutzer in Anspruch genommenen Telekommunikationsdienst,
4. die Endpunkte von festgeschalteten Verbindungen, ihren Beginn und ihr Ende nach Datum und Uhrzeit und, soweit die Entgelte davon abhängen, die übermittelten Datenmengen und
5. sonstige zum Aufbau und zur Aufrechterhaltung der Telekommunikation sowie zur Entgeltabrechnung notwendige Verkehrsdaten."

89 Durch die Vorgaben des § 9 Abs. 1 S. 1 TTDSG sind die erfassten Daten hinreichend genau definiert.

89.1 Bei der bis zur Änderung durch Gesetz v. 29.6.2023 (HessGVBl. 456) an dieser Stelle vorgenommenen Verweisung auf § 96 Abs. 1 TKG aF durch Abs. 2 S. 1 handelte es sich ebenfalls um eine statische Verweisung (vgl. dazu auch → § 14a Rn. 58, → § 14a Rn. 125, → § 14a Rn. 128), da das TKG ausdrücklich in der Fassung in Bezug genommen wurde, die es durch das Änderungsgesetz v. 27.6.2017 erhalten hatte. Immerhin hatte der Gesetzgeber diese Verweisung durch Gesetz v. 3.5.2018 (GVBl. 82) nach fünfjährigem Verzug aktualisiert.

89.2 Zuvor war sie – trotz einer durch das Gesetz zur Änderung des Hessischen Gesetzes über die öffentliche Sicherheit und Ordnung und des Gesetzes über das Landesamt für Verfassungsschutz v. 27.6.2013 (HessGVBl. I 444) vorgenommenen Aktualisierung (die aus unerfindlichen Gründen nicht zur Aktualisierung der anderen seinerzeit veralteten Verweisungen genutzt worden war) – sehr schnell (nämlich durch Gesetz v. 7.8.2013 (BGBl. I 1602, BGBl. 2013 I 3154)) wieder überholt.

90 Wie schon im Fall der Regelung des § 14a Abs. 2 ist allerdings die statisch verweisende Regelungstechnik auch hier weiterhin unglücklich, wenn sie nicht durch regelmäßige Aktualisierungen flankiert wird (zu der dort bereits bei Inkrafttreten der Norm veralteten Angabe des Gesetzesstands → § 14a Rn. 107).

90.1 Nach der Aktualisierung der Verweisung in Abs. 2 S. 1 im Jahr 2018 war das TKG durch sieben weitere Gesetze geändert worden (Gesetze v. 30.10.2017 (BGBl. I 3618), v. 29.11.2018 (BGBl. I 2230), v. 21.6.2019 (BGBl. I 846, geänd. 1626), v. 11.7.2019 (BGBl. I 1066), v. 30.11.2019 (BGBl. I 1942); v. 5.12.2019 (BGBl. I 2005) und v. 6.2.2020 (BGBl. I 146); die Zitierung gab jedoch durch die Verwendung des Präsens in der Verweisung weiterhin Aktualität vor. Noch unbefriedigender war die Regelung in der Zeit zwischen dem Änderungsgesetz 2009 (Gesetz zur Änderung des Hessischen Gesetzes über die öffentliche Sicherheit und Ordnung und anderer Gesetze v. 14.12.2009, HessGVBl. I 635) bis zum oben genannten Änderungsgesetz 2013, in dem die Norm § 96 Abs. 1 TKG, § 113a TKG (Telekommunikationsgesetz idF v. 29.4.2009, BGBl. I 994) in Bezug nahm. Nach dem Inkrafttreten dieser Vorschrift war das TKG durch zwei Gesetze v. 14.8.2009 (BGBl. I 2814, BGBl. 2009 I 2821), das Gesetz v. 17.2.2010 (BGBl. I 78), die Gesetze v. 24.3.2011 (BGBl. I 506) und v. 22.12.2011 (BGBl. I 2958), das Gesetz v. 3.5.2013 (BGBl. I 1602) sowie das Gesetze v. 20.6.2013 (BGBl. I 1602) weiter geändert worden.

Praktisch war das TKG zudem durch das Urteil des BVerfG v. 2.3.2010 zu der durch die Vorratsdaten- **90.2** speicherungs-RL (RL 2006/24/EG v. 15.3.2006, ABl. 2006 L 105, 54) veranlassten und im TKG umgesetzten sog. Vorratsdatenspeicherung geändert (BVerfGE 125, 260; vgl. auch BGBl. 2010 I 272) worden.

Von diesen Änderungen betrafen immerhin drei diejenigen Normen des TKG, auf die Abs. 2 S. 1 **90.3** verwies: Durch die Gesetze v. 17.2.2010 (BGBl. I 78) und v. 3.5.2012 (BGBl. I 1714) erhielt § 96 Abs. 1 TKG jeweils eine neue Fassung und durch das Urteil des BVerfG v. 2.3.2010 wurde § 113a TKG in Gänze für nichtig erklärt.

Für nichtig erklärte das BVerfG in seinem Urteil darüber hinaus die die Speicherungspflicht nach **90.4** § 113a TKG entsprechende Übermittlungsbefugnis der Anbieter von Telekommunikationsdiensten an die Sicherheitsbehörden sowie teilweise die darauf bezogene Ergebungsbefugnis der Strafverfolgungsbehörden für diese Daten nach § 100 g Abs. 1 S. 1 StPO (vgl. BVerfGE 125, 260 ff.; vgl. dazu auch Meyer-Goßner/Schmitt StPO § 100g Rn. 7 f.; zu den Anforderungen an eine Neuregelung Möstl ZRP 2011, 225 (227 ff.)).

Die rechtspolitisch unbefriedigende Verweisungstechnik bereitete allerdings praktisch keine größeren **90.5** Probleme: Ein Zugriff auf Daten nach § 113a TKG kam – ungeachtet seiner Verfassungswidrigkeit – schon deshalb nicht mehr in Betracht, weil die bis zum Urteil des BVerfG gespeicherten Daten gelöscht und von den Anbietern von Telekommunikationsdiensten keine weiteren gespeichert wurden. Die Änderungen in § 96 Abs. 1 TKG betrafen darüber hinaus nur die Reichweite der Rechte und Pflichten der Betreiber im Umgang mit den Verkehrsdaten, nicht aber deren Definition.

Die Wiedereinführung der Vorratsdatenspeicherung durch Gesetz v. 10.12.2015 (BGBl. I 2218), die **90.6** durch eine Neufassung bzw. Einfügung von §§ 113a–g TKG aF vorgenommen wurde, wurde sodann bis zu einer Entscheidung des EuGH (siehe nunmehr EuGH ZD 2022, 666 ff.) ausgesetzt war (vgl. BVerwG BeckRS 2019, 26126; zuvor OVG Münster NVwZ-RR 2018, 43), hatte der hessische Gesetzgeber nicht nachvollzogen. Gemäß 113c Abs. 1 Nr. 2 durften die nach § 113b gespeicherten Daten – also die sog. Vorratsdaten – zur Abwehr einer konkreten Gefahr für Leib, Leben oder Freiheit einer Person oder für den Bestand des Bundes oder eines Landes an Gefahrenabwehrbehörden der Länder übermittelt werden, soweit eine gesetzliche Bestimmung die Erhebung der nach § 113b TKG gespeicherten Daten erlaubt. An einer solchen gesetzlichen Bestimmung fehlte es indessen im HSOG.

Zu den Verkehrsdaten iSd § 9 Abs. 1 S. 1 TTDSG gehören nur die in dem dortigen **91** Katalog vorgesehenen Daten. Nicht dazu gehören die sog. Vorratsdaten iSd § 176 TKG (vgl. → Rn. 90.6 sowie zur Europarechtswidrigkeit der Norm EuGH ZD 2022, 666).

Des Weiteren bezieht sich der Auskunftsanspruch nach Abs. 2 S. 1 auf Inhalte, die inner- **92** halb des Telekommunikationsnetzes in Speichereinrichtungen abgelegt sind. Diese gehören nicht zu den Verkehrs-, sondern zu den Inhaltsdaten der Telekommunikation (→ Rn. 56); gemeint sind vor allem Nachrichten auf Mailboxen (Anrufbeantwortern), die von den Anbietern für die Nutzer als Teil des Telekommunikationsdienstes betrieben werden.

Erfasst sind aber auch entsprechende E-Mail-Konten, also die Verwaltung von E-Mails **93** durch den Anbieter dergestalt, dass die Mails nicht (endgültig) auf das Endgerät des Nutzers geladen werden, sondern vor und nach dem Zugriff auf einem Speicher des Anbieters verbleiben. Damit ist der Telekommunikationsvorgang noch nicht abgeschlossen, weil die Inhalte nicht im gesicherten Herrschaftsbereich des Empfängers angekommen sind; es liegt ein Eingriff in Art. 10 GG vor (vgl. iE → Rn. 18 ff. sowie BVerfGE 120, 274 (341); 124, 43 (54 f.), für den im Fall einer präventiv-polizeilichen Zielrichtung Abs. 2 S. 1 die erforderliche spezialgesetzliche Ermächtigung enthält).

Nicht unter den Schutz des Art. 10 GG in diesem Sinne fallen nach der Rechtsprechung insoweit **93.1** aber private E-Mail-Konten von Arbeitnehmern auf Systemen des Arbeitgebers, vgl. VGH Kassel MMR 2009, 714 Ls. 1 und 2:

„1. Gestattet ein Arbeitgeber seinen Mitarbeitern, den Arbeitsplatzrechner auch zum privaten E-Mail-Verkehr zu nutzen und E-Mails, die von den Mitarbeitern nicht unmittelbar nach Eingang oder Versendung gelöscht werden, im Posteingang oder -ausgang zu belassen oder in anderen auf lokalen Rechnern oder zentral gesicherten Verzeichnissen des Systems abzuspeichern, unterliegt der Zugriff des Arbeitgebers oder Dritter auf diese Datenbestände nicht den rechtlichen Beschränkungen des Fernmeldegeheimnisses.

2. Schutz gegen die rechtswidrige Auswertung dieser erst nach Beendigung des Übertragungsvorgangs angelegten Daten wird durch die Grundrechte auf informationelle Selbstbestimmung bzw. auf Gewährleistung der Vertraulichkeit und Integrität informationstechnischer Systeme gewährt." (vgl. Härting CR 2009, 581).

94 Von in Bezug auf diese Abgrenzung des Schutzbereichs von Art. 10 GG lediglich klarstellender Natur ist insoweit die Feststellung in Abs. 2 S. 2, dass sich die Erhebung von Verkehrsdaten, die nicht beim Telekommunikationsdienstanbieter und nach Abschluss des Kommunikationsvorgangs erfolgt, nach den allgemeinen – etwa den zu Durchsuchungen oder Sicherstellungen ermächtigenden – Vorschriften richtet (vgl. auch die entsprechende Regelung in § 100g Abs. 3 StPO; des Weiteren → Rn. 94.1).

94.1 Als nicht ganz kompatibel mit der diesen Regelungen zugrundeliegenden Rechtsprechung des Ersten Senats des BVerfG (BVerfGE 115, 166 (183 ff.)) erweist sich insoweit die des Zweiten Senats, der für den repressiven Zugriff auf vom Telekommunikationsanbieter verwaltete – und damit von Art. 10 GG geschützte – E-Mail-Konten die allgemeinen Sicherstellungs- und Beschlagnahmevorschriften der §§ 94 ff. StPO als Ermächtigungsgrundlagen genügen lässt (BVerfGE 124, 43; diff. BGH NStZ 2009, 397: Sicherstellung durch Anordnung entsprechend § 99 StPO (Postbeschlagnahme) erforderlich).

95 Mit der Schaffung der Vorschriften des Abs. 2 S. 3–6 einschließlich der Anfügung des Abs. 5a (seit Gesetz v. 25.6.2018, HessGVBl. 302: Abs. 6) reagierte der Gesetzgeber auf ein Urteil des BVerfG zur Bestandsdatenabfrage aus dem Jahr 2012, in dem es insbesondere um die Zulässigkeit der Zuordnung sog. dynamischer IP-Adressen und des Zugriffs auf Zugangssicherungscodes ging (BVerfGE 130, 151; vgl. auch die mit Gesetz v. 20.6.2013, BGBl. I 1602 in die StPO eingefügte Parallelvorschrift des § 100j StPO).

95.1 Die Vorgabe des Abs. 2 S. 4, wonach Auskunft über Daten, mittels derer der Zugriff auf Endgeräte oder Speichereinrichtungen geschützt wird (Zugangssicherungscodes wie PIN und PUK), nur zulässig ist, wenn die Voraussetzungen für ihre Nutzung gegeben sind, ist insoweit unmittelbar der Entscheidung des BVerfG entnommen (vgl. BVerfGE 130, 151 Ls. 5 Nr. 1 des Beschlusses und Rn. 189 = BeckRS 2012, 47556).

96 Die Änderung bezieht sich auf das nunmehr in § 174 TKG geregelte manuelle Auskunftsverfahren, das zum einen Bestandsdaten nach § 3 Nr. 6 TKG, zum anderen die nach § 172 TKG für Auskunftsersuchen der Sicherheitsbehörden bereitzuhaltenden Daten zum Gegenstand hat.

97 Mit der Aktualisierung der Verweisungen des Abs. 2 S. 3 und 4 auf das TKG durch Gesetz v. 29.6.2023 (HessGVBl. 456) hat der Gesetzgeber diese nunmehr in statische Verweisungen umgewandelt. Die Angaben zum Gesetzesstand waren jedoch schon zum Zeitpunkt des Inkrafttretens der Aktualisierung veraltet, da das TKG zwischenzeitlich durch die Gesetze vom 20.7.2022 (BGBl. I 1166) und v. 14.3.2023 (BGBl. I Nr. 71) erneut geändert worden ist (vgl. zur Problematik der Gesetzesverweisungen im HSOG auch → Rn. 90 ff. und → § 14a Rn. 107).

2. Tatbestandsvoraussetzungen (Abs. 1 S. 1, Abs. 2, Abs. 6)

98 Zur Voraussetzung für die polizeibehördliche Erhebung von Inhalts- und Umstandsdaten beim geschäftsmäßig Telekommunikationsdienste Erbringenden sowie für ihr Abhören, ihre Aufzeichnung und ihre Verwendung (→ Rn. 54) macht Abs. 1 S. 1 Unerlässlichkeit dieser Maßnahmen zur Abwehr einer dringenden Gefahr für Leib, Leben oder Freiheit einer Person oder für solche Güter der Allgemeinheit, deren Bedrohung die Grundlagen oder den Bestand des Bundes oder eines Landes oder die Grundlagen der Existenz der Menschen berührt (vgl. → Rn. 61 f.).

99 Gleiches gilt kraft des Verweises in Abs. 2 S. 1 für die Erhebung von Verkehrsdaten (sowohl retrograd als auch anterograd).

100 Die Bestandsdatenabfrage (bezogen auf Bestandsdaten nach § 3 Nr. 6 und § 172 TKG) ist – als deutlich geringfügigerer Eingriff – nach Abs. 1 S. 3 lediglich an die Voraussetzungen des § 12 Abs. 1 S. 1 geknüpft, die verfahrensmäßig um die Vorgaben des § 12 Abs. 3 und Abs. 4 ergänzt werden. Insoweit sind also lediglich tatsächliche Anhaltspunkte erforderlich, dass die Auskunft zur Aufklärung des Sachverhalts in einer bestimmten polizeilichen Angelegenheit dient.

101 Für die den Zugriff auf Daten, mittels derer der Zugriff auf Endgeräte oder Speichereinrichtungen gesichert wird (Passwörter und sog. PIN und PUK), ist darüber hinaus – gemäß den Vorgaben des BVerfG (→ Rn. 93) – nach Abs. 2 S. 4 Voraussetzung, dass die gesetzlichen Voraussetzungen für die Nutzung dieser Daten vorliegen (vgl. zur wortgleichen Formulierung in § 100j StPO, Meyer-Goßner/Schmitt StPO § 100j Rn. 3).

102 Bis zum 24.5.2018 fanden sich die Tatbestandsvoraussetzungen für diese Maßnahme systemwidrig erst in Abs. 5a S. 1: Die Erhebung dieser Daten setzt – materiell in Anknüpfung an die Vorgaben des BVerfG – eine gegenwärtige erhebliche Gefahr für die öffentliche Sicherheit oder Ordnung voraus.

103 Mit der Übernahme des Abs. 5a aF in Abs. 6 wurden sodann diese Tatbestandsvoraussetzungen wieder gestrichen. Sie wurden auch nicht in Abs. 2 aufgenommen, „da in Abs. 2 S. 4 durch das Erfordernis des Vorliegens der gesetzlichen Voraussetzungen für die Nutzung der Daten hinreichend Schutz in materiell-rechtlicher Hinsicht gewährleistet wird und zudem ein Richtervorbehalt in Abs. 6 geregelt ist" (LT-Drs. 19/6502, 39).

104 Da die Voraussetzungen für die Nutzung iSd Entscheidung des BVerfG (→ Rn. 33) indessen nicht mit den Voraussetzungen für die Erhebung gleichzusetzen sind, ist diese Begründung dogmatisch verfehlt; da zudem die zugrundeliegende Bestandsdatenabfrage gerade an geringere tatbestandliche Voraussetzungen geknüpft ist (→ Rn. 100), ist insoweit in verfassungskonformer Auslegung an dem Erfordernis einer gegenwärtigen erheblichen Gefahr für den Zugriff auf Daten zur Sicherung von Endgeräten und Speichereinrichtungen festzuhalten.

105 Für die Erhebung von Bestandsdaten einer zu einem bestimmen Zeitpunkt zugewiesenen dynamischen IP-Adressen gilt weiterhin nach Abs. 2 S. 5 ausdrücklich die Eingriffsschwelle der gegenwärtigen erheblichen Gefahr.

3. Adressaten, Anordnungsbefugnis, Verfahren

106 Gemäß Abs. 2 S. 1, Abs. 1 und Abs. 5 gelten für die Adressatenfrage, die Anordnungsbefugnis und das Verfahren im Fall der Verkehrsdatenabfrage zunächst nach Abs. 2 S. 1 die gleichen Vorgaben wie für die Inhaltsüberwachung (→ Rn. 62 ff., → Rn. 76 ff.).

107 Durch Gesetz v. 25.6.2018 (GVBl. 302) sollte mit der Einfügung von Abs. 5 S. 5 nunmehr implizit auch die Zulässigkeit einer sog. Funkzellenabfrage geklärt werden, also die – nicht auf bestimmte Personen bezogene – Erhebung aller Verkehrsdaten die in einer oder mehreren Funkzellen in einem bestimmten Zeitraum angefallen sind. Ist dies das Ziel, ist es den Polizeibehörden und in der Folge dem Gericht nicht möglich, den/die betroffenen Personen oder bestimmte Rufnummern bzw. Kennungen zu benennen, sodass eine „räumlich und zeitlich hinreichende Bezeichnung der Kommunikation" in dem Beschluss genügen soll.

108 Dass die Ermächtigung zur Funkzellenabfrage – nach dem (negativen) Vorbild von § 100 g Abs. 2 S. 2 StPO idF v. 21.12.2007 (BGBl. I 3198) und § 52 Abs. 3 S. 2 BKAG – gleichsam in einer Verfahrensvorschrift versteckt wird, kann unter rechtsstaatlichen Gesichtspunkten nicht überzeugen (vgl. als hinreichend bestimmtes Pendant nunmehr § 100 g Abs. 3 StPO). Der Gesetzgeber sollte diese Rechtsfolge alsbald in einem eigenen Absatz in die Gestalt einer Ermächtigungsnorm umwandeln (so auch SGR/Schenke BKAG § 52 Rn. 23 ff., 27).

109 Für die Erhebung von Daten, mittels derer der Zugriff auf Endgeräte oder Speichereinrichtungen gesichert wird (Passwörter und sog. PIN und PUK) ist nunmehr nach Abs. 6 eine richterliche Entscheidung erforderlich, die durch die Behördenleitung zu beantragen ist; bei Gefahr im Verzug ist diese eilanordnungsbefugt und hat die gerichtliche Entscheidung unverzüglich nachzuholen (vgl. zu der Ausnahme von dem Richter- und Behördenleitervorbehalt für den Fall, dass die betroffene Person von dem Auskunftsverlangen bereits Kenntnis hat oder haben muss oder die Nutzung der Daten bereits gerichtlich gestattet ist, die Ausfüh-

rungen bei Meyer-Goßner/Schmitt StPO § 100j Rn. 5 zum wortgleichen § 100j Abs. 3 S. 4 StPO).

110 Sowohl der Zugriff auf Passwörter, PIN und PUK als der auf dynamische IP-Adressen werden schließlich nach Abs. 2 S. 6 formell in die Mitteilungspflicht bezüglich verdeckter Maßnahmen nach § 29 Abs. 5–7 einbezogen.

IV. Erhebung von Nutzungs- und Bestandsdaten nach TTDSG (Abs. 2a)

111 Durch Abs. 2a hat der Gesetzgeber die Befugnisse zur Erhebung von Verkehrs- und Bestandsdaten nunmehr auch auf die entsprechenden Daten der unter das TMG und Teil 3 des TTDSG fallenden Dienste (Nutzungsdaten, vgl. dazu und zur Abgrenzung zu den dem TKG unterfallenden Diensten → Rn. 6; → Rn. 42 ff.) erweitert, unter Übernahme der formellen und materiellen Kriterien für die Verkehrs- und Bestandsdaten, auf die insoweit verwiesen werden kann → Rn. 98 f., → Rn. 100).

V. IP-Tracking und Einsatz sog. IMSI-Catcher (Abs. 3)

112 Die Regelung des Abs. 3 war bis zur Änderung durch Gesetz v. 29.6.2023 (HessGVBl. 456) alleine auf den Einsatz des sog. IMSI-Catchers zugeschnitten (dazu → Rn. 121 ff.).

112.1 Die alte Fassung lautete:
„(3) Die Polizeibehörden können unter den Voraussetzungen des Abs. 1 technische Mittel zur Ermittlung des Standortes eines aktiv geschalteten Mobilfunkendgerätes und der Geräte- und Kartennummern einsetzen."

113 Indem nunmehr die Beschränkung auf Mobilfunkendgeräte aufgehoben und die Erhebung „spezieller Kennungen" erlaubt wurde, soll die Regelung auch eine Rechtsgrundlage für das sog. IP-Tracking beinhalten.

114 Diese Technik zur polizeibehördlichen Erhebung von IP-Adressen ohne Inanspruchnahme der Diensteanbieter und einer anschließenden Lokalisierung des dazugehörigen Endgeräts beschreibt die amtliche Begründung (LT-Drs. 20/8129, 30) ebenso treffend wie anschaulich: → Rn. 114.1.

114.1 „IP-Tracking ist eine Maßnahme zur Identifizierung eines Internetnutzers durch Erhebung seiner dynamischen IP-Adresse, ohne dass der Nutzer dies bemerkt. Hierbei wird z. B. durch die Polizeibehörden unter anderer Kennung eine E-Mail versendet, die mit einer verdeckten Lesebestätigungsfunktion versehen ist. Die Lesebestätigungsfunktion kann aus funktionslosen und transparenten Bildern bestehen. Wenn der Nutzer die E-Mail öffnet, werden diese Dateieinbettungen bei bestehender Internetverbindung von einem externen Server nachgeladen. Dabei wird notwendigerweise auch die aktuelle IP-Adresse des Internetanschlusses an den externen Server übertragen, von dem Lesebestätigungsdienst mitgeloggt und an die Polizeibehörde weitergegeben (vgl. etwa Krause, IP-Tracking durch Ermittlungsbehörden, NStZ 2016, 139). Die staatliche Stelle wird in diesem Verfahren selbst Teil der Telekommunikation mit dem Internetnutzer und erhebt die Daten direkt bei diesem, weshalb sich die Maßnahme nicht unter das polizeiliche Auskunftsbegehren gegenüber einem Telekommunikationsdiensteanbieter nach § 15a Abs. 2 Satz 1 subsumieren lässt. Anhand der IP-Adresse kann ggf. der Standort einer suizidgefährdeten Person ermittelt und ihr Leben gerettet werden. Ein nachvollziehbarer Grund, warum eine zur Gefahrenabwehr notwendige Identifizierung und Standortermittlung gemäß § 15a Abs. 3 auf Mobiltelefone beschränkt bleiben sollte, ist überdies nicht zu erkennen" (LT-Drs. 20/8129, 30).

115 Gut nachvollziehbar begründet werden auch Anlass und Notwendigkeit eines solchen polizeilichen Vorgehens, das insbesondere der Verhinderung von im Internet angekündigten Suiziden oder Amokläufen dienen soll.

115.1 Dazu führt die Begründung aus: „Praktisch stehen dabei vor allem Fälle der Ankündigung eines Suizids oder Amoklaufs via Internet im Fokus. Nach den Fallzahlen aus dem Zeitraum 2016 bis 2018 kann schätzungsweise mit etwa 20 Suizidankündigungen und 10 Amokandrohungen jährlich gerechnet werden." (LT-Drs. 20/8129, 30).

116 Dass zu diesem polizeibehördlichen Vorgehen nunmehr durch Abs. 3 ermächtigt werden soll, bringt die Neufassung der Regelung jedoch nicht – jedenfalls nicht mit der erforderlichen Bestimmtheit (vgl. → Rn. 115.1) – zum Ausdruck.

Vgl. zu den verfassungsrechtlichen Bestimmtheitsanforderungen an Ermächtigungsgrundlagen der Polizei nur BVerfG NVwZ 2021, 226 Rn. 85 (www.bverfg.de): „Befugnisse sind zudem am Grundsatz der Bestimmtheit und Normenklarheit zu messen, der der Vorhersehbarkeit von Eingriffen für die Bürgerinnen und Bürger, einer wirksamen Begrenzung der Befugnisse gegenüber der Verwaltung sowie der Ermöglichung einer effektiven Kontrolle durch die Gerichte dient.“ **116.1**

Begrifflich soll die Erhebung der IP-Adresse des Endgeräts unter die „speziellen Kennungen“ fallen. Mit der Einführung dieses Begriffs verschleiert die Regelung allerdings mehr, als sie offenbart. Der Begriff ist angelehnt an den der „spezifischen Kennung“, den andere Landespolizeigesetze verwenden, um den Einsatz des – bisher in Hessen in Abs. 3 alleine geregelten IMSI-Catchers – zu umschreiben. Der IMSI-Catcher erhebt (fest vergebene) Geräte- und Kartennummern. (Vgl. etwa § 37 RhPfPOG, § 68 SächsBVDG, § 33 BbgPolG: „spezifische Kennungen, insbesondere die Geräte- und Kartennummer von mobilen Telekommunikationsendgeräten“. Bei der IP-Adresse handelt es sich indessen nicht um die Kennung eines Geräts, sondern um eine Kennung, die einem Gerät vorübergehend zugewiesen ist. **117**

Diese umschreiben die Gesetzgeber durchgängig – so auch in Hessen in dem voranstehenden Abs. 2 S. 5 – mit der Wendung der „zu einem bestimmten Zeitpunkt zugewiesenen Internetprotokolladresse“ (vgl. nur § 100j StPO, § 174 TKG, § 22 TTDSG, § 43 RhPfPOG). Wenn Abs. 3 zu deren Erhebung ermächtigen soll, sollte der Gesetzgeber dies im Interesse der Gesetzesbestimmtheit mit dieser Umschreibung klarstellen. **118**

Zwar passt der Begriff „Kennung“ als solcher seit 2021 zu den Begriffsdefinitionen in § 3 TKG, nach dessen Nr. 25.“‘Kennung‘ die einem Nutzer, einem Anschluss oder einem Endgerät zu einem bestimmten Zeitpunkt zugewiesene eindeutige Zeichenfolge, die eine eindeutige Identifizierung des Nutzers, des Anschlusses oder des Endgerätes ermöglicht“ ist; diese Definition fügt sich jedoch bisher nicht in die gängige polizei- und strafverfahrensrechtliche Terminologie. Sollte der Gesetzgeber auf die TKG-Definition Bezug nehmen (oder genommen haben) wollen, wäre zumindest der Verzicht auf das beigefügte Adjektiv angeraten. **118.1**

Die Maßnahme des IP-Tracking weist dann eine hohe Eingriffsintensität auf, wenn sie wiederholt bzw. systematisch eingesetzt wird – etwa um Bewegungsbilder zu erstellen – sollte die Maßnahme zudem dem Gesichtspunkt der Verhältnismäßigkeit tatbestandlich auf Einzelfälle beschränkt werden. Dass ein solches Vorgehen zur Verhinderung von Suiziden oder Amoktaten erforderlich wäre, ist indessen nicht ersichtlich; selbst wenn dies anders wäre, würde sich dies grundrechtlich als unproblematisch erweisen, da Abs. 3 insoweit auf die hohe Eingriffsschwelle des Abs. 1 verweist. **119**

Im repressiven Bereich besteht über die Ermächtigungsgrundlage für die Maßnahme bisher keine Einigkeit. Nach dem Ermittlungsrichter beim BGH das polizeiliche IP-Tracking im repressiven Bereich unter die Verkehrsdatenerhebung fällt und damit im repressiven Bereich auf § 100g StPO zu stützen ist (BGH BeckRS 2015, 17557). Im präventiven Bereich wäre danach die bereits existierende Parallelregelung des Abs. 2 einschlägig. Nach anderer Auffassung soll für ein einmaliges (also punktuelles) IP-Tracking im repressiven Bereich § 100h Abs. 1 Nr. 2 StPO als Ermächtigungsgrundlage in Betracht kommen (Krause NStZ 2016, 139 ff.). Zu dieser Norm fehlt es an einer unmittelbaren Parallelregelung im HSOG. **119.1**

Im Ganzen erscheint die Neufassung des Abs. 3 hinsichtlich der Ermächtigung zum polizeilichen IT-Tracking daher – immerhin, aber auch nur – unter Bestimmtheitsgesichtspunkten fraglich. **120**

Des Weiteren ermächtigt Abs. 3 – wie bisher – zum Einsatz des sog. IMSI-Catchers. Der IMSI-Catcher ist ein von der Polizeibehörde selbst betriebenes mobiles Gerät, mit dem Mobiltelefone geortet werden können. Diese sind identifiziert durch die International Mobile Subscriber Identity (IMSI). Wenn von einem Telekommunikationsanbieter im Rahmen einer Datenerhebung nach Abs. 2 offengelegt wurde, im Bereich welcher Basisstation sich ein Nutzer aufhält, kann der IMSI-Catcher eingesetzt werden. **121**

Er gibt den in der Nähe befindlichen Mobiltelefonen vor, eine Basisstation des Netzes zu sein. Da Mobiltelefone ständig die stärkste Basisstation suchen, meldet sich das Telefon bei dem IMSI-Catcher an, sobald es sich in der Nähe befindet. Eine Ortung ist so mit großer **122**

Genauigkeit möglich (vgl. zu den Einzelheiten auch Meyer-Goßner/Schmitt StPO § 100i Rn. 1 ff. zur repressiven Parallelvorschrift).

123 Auch hier ist der Einsatz ist an die gleichen Voraussetzungen gebunden wie die Telekommunikationsüberwachung nach Abs. 1; auch die Zielrichtung ist insoweit identisch.

VI. Einsatz sog. Jammer (Abs. 4)

124 Abs. 4 erlaubt schließlich den Einsatz sog. Jammer, also von Geräten, die gleichsam als Störsender Telekommunikationsverbindungen (des Mobilfunknetzes) zu unterbrechen. Zweck ist hier, den Einsatz von Mobiltelefonen als Zünder für Sprengsätze oder Auslöser sonstiger schädigender Ereignisse zu unterbinden.

125 Voraussetzung ist auch hier eine Gefahr für Leib, Leben oder Freiheit einer Person oder für solche Güter der Allgemeinheit, deren Bedrohung die Grundlagen oder den Bestand des Bundes oder eines Landes oder die Grundlagen der Existenz der Menschen berührt, allerdings muss diese gegenwärtig sein, während im Fall des Abs. 1 eine dringende Gefahr genügt (vgl. zum Unterschied der Begriffe Schmidbauer/Steiner/Schmidbauer PAG Art. 11 Rn. 86 ff.).

VII. Mitteilungsverbote (Abs. 7)

126 Mitteilungsverbote für den Telekommunikationsunternehmer (in Bezug auf die Maßnahmen nach § 15a, an denen er mitwirkt) ergeben sich aus den nach Abs. 7 entsprechend anwendbaren Regelungen des § 17 Abs. 1 und Abs. 3 G 10.

127 Die vormalige Regelung des Abs. 5 aF, wonach Erkenntnisse, die durch eine Maßnahme nach Abs. 1, Abs. 2 S. 1, Abs. 2 oder Abs. 4 in Bezug auf einen anderen als den anlassgebenden polizeilichen Sachverhalt gewonnen worden waren (Zufallserkenntnisse). nur verarbeitet werden durften, wenn dies zur Abwehr einer gegenwärtigen Gefahr für Leib, Leben oder Freiheit unerlässlich war, hat der Gesetzgeber mit Blick auf den nunmehr in § 20 Abs. 1 bis enthaltenen Grundsatz der hypothetischen Datenneuerhebung gestrichen (vgl. LT-Drs. 19/6501, 38).

127.1 Die Verwendung der Daten war damit – wie jetzt - an die gleiche Einschreitschwelle gebunden wie die Erhebung. Damit wurde zugleich dem Rechtsgedanken des § 20 Abs. 3 aF (Zweckbindung) Rechnung getragen. In Bezug auf die Feststellung des Abs. 5 S. 2, dass bundesrechtliche Übermittlungspflichten davon unberührt blieben, erklärt(e) Nr. 15a.5 VVHSOG – überaus großzügig – § 163 StPO als ausreichende bundesrechtliche Übermittlungspflicht in diesem Sinne. Diese innerdienstliche Regelung vermochte nicht zu überzeugen: Wenn Zufallserkenntnisse im Rahmen einer an enge Voraussetzungen geknüpfte Erhebungsbefugnis angefallen sind, können sie nicht für Strafverfolgung jedweder Art verwandt werden. Es müsste ein Verwertungsverbot – vergleichbar etwa dem des § 12 Abs. 2 S. 4 für nach § 12 Abs. 2 S. 3 erhobene Auskünfte – greifen.

§ 15b Telekommunikationsüberwachung an informationstechnischen Systemen

(1) Unter den Voraussetzungen des § 15a Abs. 1 kann die Überwachung und Aufzeichnung der Telekommunikation ohne Wissen der betroffenen Person in der Weise erfolgen, dass mit technischen Mitteln in von der betroffenen Person genutzte informationstechnische Systeme eingegriffen wird, wenn

1. durch technische Maßnahmen sichergestellt ist, dass ausschließlich laufende Telekommunikation überwacht und aufgezeichnet wird, und

2. der Eingriff in das informationstechnische System notwendig ist, um die Überwachung und Aufzeichnung der Telekommunikation insbesondere auch in unverschlüsselter Form zu ermöglichen.

(2) [1]Es ist technisch sicherzustellen, dass

1. an dem informationstechnischen System nur Veränderungen vorgenommen werden, die für die Datenerhebung unerlässlich sind, und

2. die vorgenommenen Veränderungen bei Beendigung der Maßnahme soweit technisch möglich automatisiert rückgängig gemacht werden.

[2]Das eingesetzte Mittel ist nach dem Stand der Technik gegen unbefugte Nutzung zu schützen. [3]Kopierte Daten sind nach dem Stand der Technik gegen Veränderung, unbefugte Löschung und unbefugte Kenntnisnahme zu schützen.

(3) [1]§ 15 Abs. 4 Satz 4 bis 6 gilt entsprechend. [2]§ 15 Abs. 5 Satz 1 bis 9 gilt entsprechend mit der Maßgabe, dass das informationstechnische System, in das zur Datenerhebung eingegriffen werden soll, in der Anordnung möglichst genau zu bezeichnen ist. [3]§ 15 Abs. 9 Satz 1 bis 7 gilt entsprechend.

Überblick

Auszug aus der VVHSOG (nicht an die aktuelle Gesetzeslage angepasst und gem. Erlass des Hessischen Ministeriums des Innern und für Sport v. 29.11.2022 (StAnz. 50/2022, 1384) zum 1.1.2025 mangels eines erneuten Verlängerungserlasses ersatzlos außer Kraft getreten):

Zu § 15b

15b. Telekommunikationsüberwachung an informationstechnischen Systemen

15b.1 Zu Abs. 1

Die Vorschrift ist Rechtsgrundlage für den verdeckten, technischen Eingriff in ein informationstechnisches System zum Zweck der Telekommunikationsüberwachung (so genannte Quellen-Telekommunikationsüberwachung). Die Maßnahme ist nur unter denselben strengen materiellen Voraussetzungen zulässig, die auch sonst für Maßnahmen nach § 15a gelten.

15b.2 Zu Abs. 2

15b.2.1

Vor nicht unbedingt erforderlichen Veränderungen zu schützen sind nicht nur die von dem Nutzer des informationstechnischen Systems angelegten Anwenderdateien, sondern auch die für die Funktion des Liftsystems erforderlichen Systemdateien. Auch Beeinträchtigungen der Systemleistung sind auf das technisch Unvermeidbare zu begrenzen.

15b.2.2

Die Rückgängigmachung der vorgenommenen Veränderungen hat im Interesse einer möglichst zuverlässigen und einfachen Abwicklung grundsätzlich automatisiert zu geschehen. Soweit eine automatisierte Rückgängigmachung technisch unmöglich ist, sind die vorgenommenen Veränderungen manuell rückgängig zu machen.

15b.3 Zu Abs. 3

Flüchtige Veränderungen im Sinne von Satz 1 Nr. 2 sind solche, die im Arbeitsspeicher einschließlich der Auslagerungsdatei gespeichert werden.

15b.4 Zu Abs. 4

Nach Abs. 4 darf sich eine Maßnahme nach Abs. 1 nur gegen polizeirechtlich Verantwortliche richten.

15b.5 Zu Abs. 5

Im Hinblick auf Auskunftsverweigerungsrechte und Erkenntnisse aus dem Kernbereich privater Lebensgestaltung siehe Nr. 15.4. Zum Richtervorbehalt siehe Nr. 15.5. Die Unterrichtungspflicht gegenüber betroffenen Personen ergibt sich aus § 29 Abs. 6.

Die Vorschrift des § 15b ergänzt seit 2009 die Ermächtigungsgrundlage des § 15a (Telekommunikationsüberwachung und zum Zugriff auf Telekommunikationsdaten zu präventivpolizeilichen Zwecken); sie ermächtigt die Polizeibehörden zu Zwecken der Überwachung und Aufzeichnung der Telekommunikation mit technischen Mitteln in informationstechnische Systeme einzugreifen. Sie ist durch die Gesetze v. 3.5.2018 (GVBl. 82) und 25.6.2018 (HessGVBl. 302) verschiedentlich geändert worden. Mit Gesetz v. 29.6.2023 (GVBl. 465) wurde jüngst die Verweisung in Abs. 3 S. 1 an die zeitgleich vorgenommene Änderung des § 15 angepasst. Die zu § 15b erlassene Verwaltungsvorschrift (Nr. 15b ff. VVHSOG) befand sich bis zu ihrem Außerkrafttreten zum 1.1.2025 auf dem Stand v. 10.11.2015 (StAnz 1226), hatte also die Änderungen nicht nachvollzogen.

Übersicht

A. Allgemeines

I. Entstehung und Struktur der Norm

1 Nachdem der Gesetzgeber sich 2004 entschlossen hatte, mit der präventiv-polizeilichen Telekommunikationsüberwachung und dem Zugriff auf Telekommunikationsdaten den Eingriff in Art. 10 GG ausdrücklich zu regeln (→ § 15a Rn. 1), stellte sich – wie schon zuvor im Strafverfahrensrecht – die Frage, inwieweit sich diese Ermächtigungsgrundlage auch auf die Telekommunikation mittels internetfähiger Rechner (voice over IP) bezieht, die in zunehmendem Maße stattfand.

2 Die Besonderheit dieser Telekommunikation – etwa über das Programm Skype – besteht darin, dass ihre Vertraulichkeit vor Einspeisung in die Datenübertragungswege durch Verschlüsselung in Echtzeit technisch abgesichert wird. Infolgedessen führt der „klassische" polizeiliche Zugriff auf die Daten bei dem Telekommunikationsanbieter (vgl. → § 15a Rn. 46) mangels Möglichkeit einer Entschlüsselung nicht mehr zur Erlangung der Telekommunikationsinhalte (vgl. Lisken/Denninger PolR-HdB/Graulich E Rn. 786 mwN).

3 Um diese in Fällen solchermaßen internetgestützte Telekommunikation zu erlangen, muss die Kryptierung dadurch überwunden werden, dass auf die Telekommunikationsinhalte am Endgeräte (der sog. Quelle) vor der Verschlüsselung zugegriffen wird. Bewerkstelligt wird dies durch das Aufspielen eines entsprechenden Überwachungsprogramms auf den Rechner, entweder über das Internet („remote access") oder mittels physikalischen Zugriffs auf das Endgerät, also den Zielrechner. Für den nachfolgenden technischen Vorgang der Lieferung der noch unverschlüsselten Telekommunikationsinhalte an die zugreifende Sicherheitsbehörde hat sich der Begriff der Quellen-Telekommunikationsüberwachung eingebürgert (vgl. Lisken/Denninger PolR-HdB/Graulich E Rn. 782 ff.).

4 Faktisch gerät die Quellen-Telekommunikationsüberwachung damit in die Nähe einer verwandten verdeckten und technikvermittelten Eingriffsmaßnahme, nämlich der sog. Online-Durchsuchung, bei der ebenfalls durch Aufspielen eines Programms auf ein Endgerät nicht (nur) Telekommunikationsinhalte, sondern auch sonstige dort gespeicherte und verarbeitete Daten an die überwachende Sicherheitsbehörde „geliefert" werden (vgl. Buermeyer/Bäcker HRRS 2009, 433; Lisken/Denninger PolR-HdB/Graulich E Rn. 783; BVerfGE 120, 274 ff.).

5 Wegen dieser Nähe und der – auch unabhängig davon – mit der Maßnahme verbundenen (vor allem technischen) Eingriffe in die Rechtsgüter der von ihr Betroffenen war und ist die Frage, ab die Quellen-Telekommunikationsüberwachung auf die Vorschriften, die zur „klassischen" präventiven oder repressiven Telekommunikationsüberwachung ermächtigen, gestützt werden kann, oder ob es dafür einer speziellen gesetzlichen Ermächtigungsgrundlage bedarf, in Rechtsprechung und Literatur umstritten (vgl. etwa AG Bayreuth MMR 2010, 366 mAnm Bär; LG Landshut NStZ 2011, 479 f. mAnm Bär MMR 2011, 691 = JR 2011, 533 mAnm Brodowski; LG Hamburg MMR 2011, 693; Albrecht/Dienst JurPC Web-Dok. 5/2012, DOI 10.7328/jurpcb/20122711; Stadler MMR 2012, 18; Abate DuD 2011, 122; zusf. Meyer-Goßner/Schmitt StPO § 100a aF Rn. 7 mwN; Lisken/Denninger PolR-HdB/Graulich E Rn. 788 ff.).

6 Durch die Schaffung von § 15b hat sich der hessische Gesetzgeber für den präventiv-polizeilichen Bereich implizit der zutreffenden Auffassung angeschlossen, dass ein Eingriff dieser Art nur auf der Grundlage einer spezialgesetzlichen Ermächtigung zulässig ist.

Dem hat sich der Bundesgesetzgeber durch die Ergänzung des § 100a StPO (Abs. 1 S. 2 und S. 3, Abs. 5) im Jahr 2017 angeschlossen. **7**

Durch Gesetz v. 25.6.2018 (HessGVBl. 302) hat der hessische Gesetzgeber mit § 15c nunmehr – wie der Bundesgesetzgeber zuvor in § 100b StPO – auch eine Ermächtigungsgrundlage für die Online-Durchsuchung geschaffen, die die gleiche Eingriffsschwelle vorsieht, so dass die Abgrenzung der beiden Maßnahmen zueinander in Hessen nunmehr eine – in Abhängigkeit von den jeweiligen Gefahrenabwehrerfordernissen und Erkenntnissen zu beantwortende – Frage der anwendbaren Ermächtigungsgrundlage und der Benennung im Antrag auf den gerichtlichen Beschluss sind. **8**

Hinsichtlich seiner Regelungsgehalte weist § 15b eine übersichtliche Struktur auf; sie sieht – anders als viele anderen Vorschriften dieses Abschnitts – nur eine Rechtsfolge vor, die von umfassenden Form und Verfahrensvorschriften flankiert wird. **9**

Die Vorschrift des Abs. 1 enthält die Ermächtigungsgrundlage für den verdeckten polizeilichen Eingriff in informationstechnische Systeme mit technischen Mitteln zum Zweck der Telekommunikationsüberwachung. **10**

Abs. 2 erweitert diese Ermächtigung auf gespeicherte Inhalts-, Verkehrs- und Nutzungsdaten bzw. solche, die zukünftig gespeichert werden. Zudem enthält er eine Ermächtigung für den Zugriff auf sog. Bestandsdaten, der nach der Art der insoweit abgefragten Daten differenziert. **11**

II. Betroffene Grundrechte

Zur Frage, welche Grundrechte von der Quellen-Telekommunikationsüberwachung – auch in Abgrenzung der Online-Durchsuchung – betroffen sind, hat das BVerfG in seiner Entscheidung zur sog. Online-Durchsuchung nach dem VSG NRW (Verfassungsschutzgesetz Nordrhein-Westfalens v. 20.12.1994, GV. NRW. 28; BVerfGE 120, 247 (306 f.)) ausführlich Stellung genommen: „Die Gewährleistung des Telekommunikationsgeheimnisses nach Art. 10 Abs. 1 GG schützt die unkörperliche Übermittlung von Informationen an individuelle Empfänger mit Hilfe des Telekommunikationsverkehrs (vgl. BVerfGE 67, 157 (172); 106, 28 (35 f.)), nicht aber auch die Vertraulichkeit und Integrität von informationstechnischen Systemen." **12**

Weiter führt das Gericht aus: Der Schutz des Art. 10 Abs. 1 GG erfasse Telekommunikation, einerlei, welche Übermittlungsart (Kabel oder Funk, analoge oder digitale Vermittlung) und welche Ausdrucksform (Sprache, Bilder, Töne, Zeichen oder sonstige Daten) genutzt würden (Verweis auf BVerfGE 106, 28 (36); 115, 166 (182)). Der Schutzbereich des Telekommunikationsgeheimnisses erstrecke sich danach auch auf die Kommunikationsdienste des Internet (Verweis bezüglich zu E-Mails auf BVerfGE 113, 348 (383)). Zudem seien nicht nur die Inhalte der Telekommunikation vor einer Kenntnisnahme geschützt, sondern auch ihre Umstände. Zu ihnen gehöre insbesondere, ob, wann und wie oft zwischen welchen Personen oder Telekommunikationseinrichtungen Telekommunikationsverkehr stattgefunden hat oder versucht worden ist (Verweis auf BVerfGE 67, 157 (172); 85, 386 (396); 100, 313 (358); 107, 299 (312 f.)). Das Telekommunikationsgeheimnis begegne in diesem Rahmen alten sowie neuen Persönlichkeitsgefährdungen, die sich aus der gestiegenen Bedeutung der Informationstechnik für die Entfaltung des Einzelnen ergeben. **12.1**

Sodann heißt es: „Soweit eine Ermächtigung sich auf eine staatliche Maßnahme beschränkt, durch welche die Inhalte und Umstände der laufenden Telekommunikation im Rechnernetz erhoben oder darauf bezogene Daten ausgewertet werden, ist der Eingriff allein an Art. 10 Abs. 1 GG zu messen. Der Schutzbereich dieses Grundrechts ist dabei unabhängig davon betroffen, ob die Maßnahme technisch auf der Übertragungsstrecke oder am Endgerät der Telekommunikation ansetzt (vgl. BVerfGE 106, 28 (37 f.); 115, 166 (186 f.)). Dies gilt grundsätzlich auch dann, wenn das Endgerät ein vernetztes komplexes informationstechnisches System ist, dessen Einsatz zur Telekommunikation nur eine unter mehreren Nutzungsarten darstellt" (BVerfGE 120, 247 (307)). **13**

Nach der jüngeren Rechtsprechung des Bundeverfassungsgerichts begründet allerdings grundrechtliche Gewährleistung der Vertraulichkeit und Integrität informationstechnischer Systeme in ihrer Schutzdimension eine konkrete Schutzpflicht des Gesetzgebers, den Umgang mit Sicherheitslücken zu regeln (BVerfGE 158, 170 Rn. 51; BVerfG MMR 2022, 372 Rn. 16 ff.), die auch für Maßnahmen nach § 15b relevant werden kann. **14**

15 Hintergrund dieser Rechtsprechung ist die Tatsache, dass die Infiltration informationstechnischer System – sei es zur Quellen-TKÜ nach § 15b oder zur Online-Durchsuchung nach § 15c – technisch unter Ausnutzung sog. IT-Sicherheitslücken erfolgen kann. Hierbei handelt es sich nach der bundesrechtlichen Begriffsbestimmung in § 2 Abs. 6 des Gesetzes über das Bundesamt für Sicherheit in der Informationstechnik um Eigenschaften von Programmen oder sonstigen informationstechnischen Systemen, durch deren Ausnutzung sich Dritte gegen den Willen der Berechtigten Zugang zu fremden informationstechnischen Systemen verschaffen oder die Funktion der informationstechnischen Systeme beeinflussen können. Der Staat kann ein Interesse an der Geheimhaltung von dem Programmhersteller noch unbekannten Sicherheitslücken (sogenannte Zero-Days) haben, um diese für Online-Durchsuchung und Quellen-TKÜ ausnutzen zu können (vgl. zum Ganzen BVerfGE 158, 170 Rn. 5, 7, 36 ff.).

III. Parallelvorschriften

16 Parallelvorschriften, die zur präventiv-polizeilichen Quellen-Telekommunikationsüberwachung ermächtigen, finden sich etwa in § 54 Abs. 2 BWPolG, Art. 42 Abs. 2 BayPAG, § 10c PolDVG (Gesetz über die Datenverarbeitung der Polizei v. 2.5.1991, HmbGVBl. 187), § 31 Abs. 2 RhPfPOG und in § 34 Abs. 2 ThürPAG. Auf Bundesebene findet sich eine präventiv-polizeiliche Befugnis in § 51 Abs. 2 BKAG.

17 Die StPO enthält seit 2017 eine spezielle Befugnisnorm für die Quellen-Telekommunikationsüberwachung (§ 100a Abs. 1 S. 2 und S. 3, Abs. 5 StPO).

17.1 Damit ist die hM in Literatur und Rechtsprechung, wonach die Durchführung einer solchen auf §§ 100a, 100b StPO gestützt werden kann (vgl. nur Meyer-Goßner/Schmitt StPO § 100a Rn. 7a mwN) gegenstandslos geworden.

B. Einzelkommentierung

I. Legaldefinition und Tatbestandsvoraussetzungen (Abs. 1)

18 Die Vorschrift des Abs. 1 verbindet die Definition der Quellen-Telekommunikationsüberwachung – und mit ihr die Umschreibung der Rechtsfolge, zu der ermächtigt wird, nämlich die Überwachung und Aufzeichnung der Telekommunikation ohne Wissen der betroffenen Person in der Weise, dass mit technischen Mitteln in von der betroffenen Person genutzte informationstechnische Systeme eingegriffen wird – mit der Benennung ihrer tatbestandlichen Voraussetzungen.

19 Diese sind konsequenterweise an die der „normalen“ Telekommunikationsüberwachung nach § 15a Abs. 1 angeglichen, auf die seit der Änderung durch Gesetz v. 25.6.2018 (HessGVBl. 302) nunmehr – anstelle einer eigenen tatbestandlichen Formulierung – verwiesen wird.

20 Voraussetzung ist danach die Unerlässlichkeit dieser Maßnahmen zur Abwehr einer dringenden Gefahr für Leib, Leben oder Freiheit einer Person oder für solche Güter der Allgemeinheit, deren Bedrohung die Grundlagen oder den Bestand des Bundes oder eines Landes oder die Grundlagen der Existenz der Menschen berührt (vgl. → § 15a Rn. 61 f.).

21 Die Tatbestandsvoraussetzungen sind somit auch identisch mit denen für die Wohnraumüberwachung gem. § 15 Abs. 4 S. 1 und die Online-Durchsuchung nach § 15c (vgl. → § 15 Rn. 107 ff., → § 15c Rn. 14).

22 Rechtstechnisch ungewöhnlich ist dagegen die nachfolgende konditionale Einschränkung, wonach durch technische Maßnahmen sichergestellt sein muss, dass ausschließlich laufende Telekommunikation überwacht und aufgezeichnet wird und dass der Eingriff in das informationstechnische System notwendig sein muss, um die Überwachung und Aufzeichnung der Telekommunikation insbesondere auch in unverschlüsselter Form zu ermöglichen.

23 Mit der erstgenannten Einschränkung sucht der Gesetzgeber sicher zu stellen, dass die Quellen-Telekommunikationsüberwachung die Grenze zur Online-Durchsuchung nicht überschreitet (vgl. zur Problematik → Rn. 5; zur „Entspannung“ der Problematik in Hessen durch die Schaffung des § 15c → Rn. 6, → Rn. 8).

Die zweitgenannte soll den Anwendungsbereich – was zu betonen kaum nötig war – auf die Fälle der notwendigen Überwachung von Telekommunikation mittels internetfähiger Rechner (voice over IP) beschränken. **24**

II. Erforderliche technische Maßnahmen (Abs. 2)

Abs. 2 verlangt technische Sicherungsmaßnahmen in Bezug auf die eingesetzte Software, die weitgehend dem vom BVerfG vorgegeben „Programm" (→ Rn. 12 ff.) zu entsprechen suchen. **25**

Danach ist sicherzustellen, dass an dem informationstechnischen System nur Veränderungen vorgenommen werden, die für die Datenerhebung unerlässlich sind und dass die vorgenommenen Veränderungen bei Beendigung der Maßnahme soweit technisch möglich automatisiert rückgängig gemacht werden. **26**

Zudem ist „das eingesetzte Mittel", also das Programm, nach dem Stand der Technik gegen unbefugte Nutzung zu schützen, was in Zeiten der allgegenwärtigen Vernetzung sicher keine übertriebene Anforderung darstellt. **27**

Diese Vorgabe wurde durch Gesetz v. 25.6.2018 (HessGVBl. 302) in Abs. 2 S. 3 durch die § 49 Abs. 2 S. 3 BKAG nachempfundene Regelung ergänzt, dass kopierte Daten nach dem Stand der Technik gegen Veränderung, unbefugte Löschung und unbefugte Kenntnisnahme zu schützen sind. **28**

III. Protokollpflichten

Die bis zur Änderung durch Gesetz v. 25.6.2018 (HessGVBl. 302) in § 15b Abs. 3 aF vorgesehenen ausführlichen Protokollpflichten, die sich als Versuch des Gesetzgebers verstehen ließen, den verfassungsrechtlichen Anforderungen an die Quellen-Telekommunikationsüberwachung gerecht zu werden, sind nunmehr in § 28 aufgegangen. **29**

IV. Adressaten

Durch das Gesetz v. 25.6.2018 (HessGVBl. 302) wurde die – im Vergleich zu etlichen anderen verdeckten und technikvermittelten Eingriffsbefugnissen – vergleichsweise strikte Adressatenregelung des § 15a Abs. 4 aF ersatzlos gestrichen; mit ihr auch die Regelung, dass die Maßnahme auch durchgeführt werden darf, wenn andere Personen unvermeidbar betroffen werden. **30**

Im Übrigen durfte sich die Maßnahme nach der aF nur gegen eine Person richten, die nach den §§ 6 oder 7 verantwortlich ist. **30.1**

Eine Erläuterung für diese Streichung findet sich in der – auch ansonsten zum Teil kryptischen – amtlichen Begründung nicht (vgl. LT-Drs. 19/6502, 39). **31**

Indessen war die vormalige eigenständige Adressatenregelung insoweit nicht zwingend, als die Quellen-Telekommunikationsüberwachung ja nur die Technik betrifft, vermittels derer die Überwachung erfolgt. Insoweit hätte schon nach der alten Rechtslage auf die Adressatenregelung des § 15a verwiesen werden können, die allerdings seinerzeit fehlte (vgl. → § 15a Rn. 64 ff.). **32**

Da der Gesetzgeber dieses Versäumnis mittlerweile aufgeholt hat, gelten für die Frage, gegen wen sich die Maßnahme richten darf, die bei § 15a dargestellten Vorgaben. **33**

V. Spezielle Form- und Verfahrensvorschriften (Abs. 3)

Bezüglich der Anordnungsbefugnis und in formeller Hinsicht gelten kraft der Verweisung in Abs. 3 – mit der geringfügigen Modifikation bezüglich des zu benennenden Ziels – die Regelungen des § 15 Abs. 4 S. 4–6 und Abs. 5 S. 1–9 entsprechend (hinsichtlich der Einzelheiten und der mit diesen Regelungen verbundenen Problematik → § 15 Rn. 97 ff.). **34**

Mit Gesetz v. 29.6.2023 (GVBl. 465) wurde jüngst die Verweisung in Abs. 3 S. 1 an die zeitgleich vorgenommene Änderung des § 15 angepasst. **34.1**

Eine ausdrückliche Regelung bezüglich des Umgangs mit Sicherheitslücken, die zur Infiltration informationstechnischer Systeme zum Zweck des Aufspielens der Software (→ **35**

Rn. 25 ff.) für die Online-Telekommunikationsüberwachung genutzt werden könnten (→ Rn. 14 f.) steht – soweit ersichtlich – in Hessen noch aus.

§ 15c Verdeckter Eingriff in informationstechnische Systeme

(1) Die Polizeibehörden können ohne Wissen der betroffenen Person mit technischen Mitteln in von der betroffenen Person genutzte informationstechnische Systeme eingreifen und aus ihnen Daten erheben, wenn dies zur Abwehr einer dringenden Gefahr für Leib, Leben oder Freiheit einer Person oder für solche Güter der Allgemeinheit, deren Bedrohung die Grundlagen oder den Bestand des Bundes oder eines Landes oder die Grundlagen der Existenz der Menschen berührt, unerlässlich ist.

(2) [1]Eine Maßnahme nach Abs. 1 darf sich nur gegen eine Person richten, die nach den §§ 6 oder 7 verantwortlich ist, und nur in die von dieser Person genutzten informationstechnischen Systeme eingreifen. [2]Eine Maßnahme nach Abs. 1 ist auch gegen eine in § 15 Abs. 2 Satz 1 Nr. 2 oder 3 genannte Person zulässig, soweit dies zur Verhütung terroristischer Straftaten unerlässlich ist. [3]In informationstechnische Systeme anderer Personen darf die Maßnahme nur eingreifen, wenn Tatsachen die Annahme rechtfertigen, dass eine in Satz 1 oder 2 genannte Person dort ermittlungsrelevante Informationen speichert und dies unerlässlich ist. [4]Die Maßnahme darf auch durchgeführt werden, wenn andere Personen unvermeidbar betroffen werden.

(3) [1]§ 15b Abs. 2 gilt entsprechend. [2]§ 15 Abs. 4 Satz 4 gilt entsprechend mit der Maßgabe, dass, soweit möglich, technisch sicherzustellen ist, dass Daten, die den Kernbereich privater Lebensgestaltung betreffen, nicht erhoben werden. [3]§ 15 Abs. 5 Satz 1 bis 9 gilt entsprechend mit der Maßgabe, dass das informationstechnische System, in das zur Datenerhebung eingegriffen werden soll, in der Anordnung möglichst genau zu bezeichnen ist. [4]Unter den Voraussetzungen des Abs. 1 gilt § 15 Abs. 7 entsprechend. [5]§ 15 Abs. 9 Satz 1 bis 7 gilt entsprechend für Erkenntnisse, die nach Abs. 1 und 2 erlangt worden sind.

Überblick

Mit § 15c wurde das polizeibehördliche Instrumentarium durch Gesetz v. 25.6.2018 (HessGVBl. 302) um eine Befugnisnorm für die sog. Online-Durchsuchung ergänzt. Durch Gesetz v. 29.6.2023 (HessGVBl. 456) wurde Abs. 3 geändert.

Übersicht

A. Allgemeines

I. Hintergrund und Struktur der Norm

1 Die Einführung des § 15c ist darauf zurückzuführen, dass eine ursprünglich geplante Implementation der Online-Durchsuchung in die Neufassung des Hessischen Verfassungs-

schutzgesetzes keine politische Mehrheit im Landtag gefunden hätte; als Kompromiss wurde das Instrument dann im HSOG verankert (vgl. zur politischen Diskussion darüber den Bericht der Frankfurter Rundschau v. 26.5.2018, abrufbar unter https://www.fr.de/rhein-main/cdu-org26591/staatstrojaner-polizei-10987002.html).

Mit der Ermächtigung zur Online-Durchsuchung ist der Bestand der nach dem derzeitigen Stand bekannten eingriffsintensiven, verdeckten und technikvermittelten polizeilichen Datenerhebungsmaßnahmen im HSOG nunmehr vollständig. 2

Der Sache nach handelt es sich bei der Online-Durchsuchung um die verdeckte Ausforschung von auf informationstechnischen Systemen gespeicherten Daten. Dazu wird das informationstechnische System infiltriert, um die Nutzung des Systems zu überwachen und die Speichermedien auslesen zu können; diese erfolgt in der Regel im Wege des Einsatzes sogenannter Remote Forensic Software, die Sicherheitslücken des betreffenden informationstechnischen Systems ausnutzt (Lisken/Denninger PolR-HdB/Petri, 6. Aufl. 2018, G Rn. 616; vgl. auch Lisken/Denninger PolR-HdB/Müller/Schwabenbauer G Rn. 782 ff.). Sie kann aber auch dadurch erfolgen, dass sich die Polizeibehörden physisch Zugang zu dem informationstechnischen System verschaffen, um eine Überwachungssoftware aufzuspielen (LG Landshut NStZ 2011, 479; dazu und zu den technischen Gegebenheiten iE Lisken/Denninger PolR-HdB/Petri, 6. Aufl. 2018, G Rn. 617 mwN in Fn. 1428; Lisken/Denninger PolR-HdB/Müller/Schwabenbauer G Rn. 783 f.). 3

In der polizeilichen Praxis findet die Online-Durchsuchung bisher nicht allzu oft Anwendung (vgl. Lisken/Denninger PolR-HdB/Petri, 6. Aufl. 2018, G Rn. 619 Fn. 1436 ff. mwN; für den repressiven Bereich siehe die Statistik des Bundesamts für Justiz für 2022, abzurufen unter https://www.bundesjustizamt.de/SharedDocs/Downloads/DE/Justizstatistiken/Uebersicht_Online_Durchsuchung_2022.pdf?__blob=publicationFile&v=6). 4

Hinsichtlich ihrer Regelungsgehalte weist die Vorschrift des § 15c – wie die des § 15b und anders als viele anderen Vorschriften dieses Abschnitts – übersichtliche Struktur auf; sie sieht nur eine Rechtsfolge vor, die von Form- und Verfahrensvorschriften und Adressatenregelungen flankiert wird. 5

II. Betroffenes Grundrecht, Verfassungsmäßigkeit

Mit der Online-Durchsuchung wird in das allgemeine Persönlichkeitsrecht nach Art. 2 Abs. 1 GG iVm Art. 1 GG in seiner jüngsten Ausprägung – dem Recht auf Vertraulichkeit und Integrität informationstechnischer Systeme – eingegriffen (vgl. BVerfGE 120, 247 (305 ff.) = NJW 2008, 822 Rn. 165 ff.; BVerfG NJW 2016, 1781 Rn. 209 ff.; vgl. zur Abgrenzung des Schutzbereichs zu dem des Art. 10 GG → § 15b Rn. 12 ff. Das Gericht sah sich angesichts des technischen Fortschritts und Wandels der Lebensverhältnisse, insbesondere der weiten Verbreitung informationstechnischer Systeme und deren zentrale Bedeutung für die Lebensführung vieler Menschen, zu Recht veranlasst, den Grundrechtsschutz erneut fortzuentwickeln (Lisken/Denninger PolR-HdB/Schwabenbauer G Rn. 76 ff.). 6

Die Eingriffsintensität der Online-Durchsuchung ist wegen der Aussagekraft und Sensibilität der auf solchen Geräten gespeicherten Daten typischerweise sehr hoch; sie ist insoweit mit der Eingriffsintensität der Wohnraumüberwachung vergleichbar (BVerfG NJW 2016, 1781 Rn. 105; Lisken/Denninger PolR-HdB/Petri, 6. Aufl. 2018, G Rn. 625). 7

In Bezug auf Smartphones als allgegenwärtigen Begleitern ist nicht zu Unrecht „vom (ausgelagerten) ‚zweiten Gehirn' die Rede" (El-Ghazi NJW-Beil. 2024. 46 unter Berufung auf Pitz, Beschlagnahmte Smartphones: Ein Grundrechtseingriff unbekannten Ausmaßes, v. 30.10.2023, abrufbar unter https://netzpolitik.org/2023/beschlagnahmte-smartphones-ein-grundrechtseingriff-unbekannten-ausmasses/). 7.1

Die Vorschrift ist verfassungsrechtlich jedoch insofern weitgehend unproblematisch, als sie die vom BVerfG in seinen Urteilen zum VSG NRW (Verfassungsschutzgesetz Nordrhein-Westfalen v. 20.12.1994, GV. NRW. 1995, 28) und zum BKAG für entsprechende Maßnahmen hinsichtlich Eingriffsschwelle, betroffenem Personenkreis, Schutz des Kernbereichs privater Lebensgestaltung und verfahrensrechtlichen Sicherungen aufgestellten Maßstäbe (vgl. BVerfGE 120, 247 (305 ff.) = NJW 2008, 822 Rn. 165, 242 ff., 271 ff., 281 ff.; BVerfG NJW 2016, 1781 Rn. 209 ff.) einhält. 8

8.1 Allerdings steht die Maßnahme in einfachrechtlicher und europarechtlicher Hinsicht zumindest in einem Spannungsverhältnis zu § 59 Abs. 1, Abs. 2 Nr. 1 HDSIG, der Art. 4 Abs. 1 lit. f JI-RL umsetzt, wonach für die polizeiliche Datenverarbeitung geeignete technische und organisatorische Maßnahmen zu treffen sind, um bei der Verarbeitung personenbezogener Daten ein dem Risiko angemessenes Schutzniveau zu gewährleisten, um unter anderem die Vertraulichkeit und Integrität informationstechnischer Systeme zu schützen; insoweit ist indessen bisher ungeklärt, inwieweit diese Grundsätze auch auf die Infiltrierung von Informationssystemen der Bürger anzuwenden sind (vgl. Lisken/Denninger PolR-HdB/Petri G Rn. 548).

9 Nach der jüngeren Rechtsprechung des Bundeverfassungsgerichts hat die grundrechtliche Gewährleistung der Vertraulichkeit und Integrität informationstechnischer Systeme für die Online-Durchsuchung nicht nur in ihrer abwehrrechtlichen Dimension, sondern auch in ihrer Schutzdimension Bedeutung. Sie begründet namentlich eine konkrete Schutzpflicht des Gesetzgebers, den Umgang mit Sicherheitslücken zu regeln (BVerfGE 158, 170 Rn. 51; BVerfG MMR 2022, 372 Rn. 16 ff.), die auch für Maßnahmen nach § 15b relevant werden kann.

10 Hintergrund dieser Rechtsprechung ist die Tatsache, dass die Infiltration informationstechnischer Systeme – sei es zur Quellen-TKÜ nach § 15b (vgl. → § 15b Rn. 14 f.) oder zur Online-Durchsuchung – technisch unter Ausnutzung sog. IT-Sicherheitslücken erfolgen kann. Hierbei handelt es sich nach der bundesrechtlichen Begriffsbestimmung in § 2 Abs. 6 des Gesetzes über das Bundesamt für Sicherheit in der Informationstechnik um Eigenschaften von Programmen oder sonstigen informationstechnischen Systemen, durch deren Ausnutzung sich Dritte gegen den Willen der Berechtigten Zugang zu fremden informationstechnischen Systemen verschaffen oder die Funktion der informationstechnischen Systeme beeinflussen können. Der Staat kann ein Interesse an der Geheimhaltung von dem Programmhersteller noch unbekannten Sicherheitslücken (sogenannte Zero-Days) haben, um diese für Online-Durchsuchung und Quellen-TKÜ ausnutzen zu können (vgl. zum Ganzen BVerfGE 158, 170 Rn. 5, 7, 36 ff.).

III. Parallelvorschriften

11 Polizeirechtliche Parallelvorschriften finden sich in Art. 45 BayPAG, § 33d NPOG, § 39 RhPfPOG und § 33c SOG M-V.

12 Auf Bundesebene enthält § 49 Abs. 1 BKAG eine präventiv-polizeiliche Regelung; eine repressive Befugnis findet sich seit 2017 in § 100b StPO.

B. Einzelkommentierung

I. Definition

13 Abs. 1 Hs. 1 definiert den mit dem Begriff der Online-Durchsuchung umschriebenen Vorgang (vgl. → Rn. 3) als das Eingreifen in von der betroffenen Person genutzte informationstechnische Systeme mit technischen Mitteln und das Erheben von Daten aus den Systemen, jeweils ohne Wissen der betroffenen Person (vgl. eing. zu den Fragen der strafprozessualen Online-Durchsuchung Soiné NStZ 2018, 497 ff.).

II. Tatbestandsvoraussetzungen

1. Online-Durchsuchung zur Abwehr dringender Gefahren (Abs. 2)

14 Die Online-Durchsuchung ist tatbestandlich nach Abs. 1 Hs. 2 nur zulässig, wenn eine dringende Gefahr für Leib, Leben oder Freiheit einer Person oder solche Güter der Allgemeinheit, deren Bedrohung die Grundlagen oder den Bestand des Bundes oder eines Landes oder die Grundlagen der Existenz der Menschen berührt, vorliegt und die Maßnahme zu ihrer Abwehr unerlässlich ist.

15 Damit knüpft die Regelung an die vom BVerfG für die Online-Durchsuchung geforderte Eingriffsschwelle an (→ Rn. 8; vgl. zusf. BVerfG NJW 2016, 1781 Rn. 108; → Rn. 15.1).

15.1 Dort heißt es: „Für Maßnahmen, die der Gefahrenabwehr dienen und damit präventiven Charakter haben, kommt es unmittelbar auf das Gewicht der zu schützenden Rechtsgüter an (vgl. BVerfGE

125, 260 (329) = NJW 2010, 833). Heimliche Überwachungsmaßnahmen, die tief in das Privatleben hineinreichen, sind nur zum Schutz besonders gewichtiger Rechtsgüter zulässig. Hierzu gehören Leib, Leben und Freiheit der Person sowie der Bestand oder die Sicherheit des Bundes oder eines Landes (vgl. BVerfGE 120, 274 (328) = NJW 2008, 822; BVerfGE 125, 260 (330) = NJW 2010, 833). Einen uneingeschränkten Sachwertschutz hat das BVerfG demgegenüber nicht als ausreichend gewichtig für solche Maßnahmen angesehen. Es hat den Zugriff auf vorsorglich gespeicherte Daten (vgl. BVerfGE 125, 260 (330) = NJW 2010, 833) oder die Durchführung von Wohnraumüberwachungen jedoch auch bei einer gemeinen Gefahr (vgl. BVerfGE 109, 279 (379) = NJW 2004, 999) und Online-Durchsuchungen bei einer Gefahr für Güter der Allgemeinheit, die die Existenz der Menschen berühren (vgl. BVerfGE 120, 274 (328) = NJW 2008, 822), für im Grundsatz mit der Verfassung vereinbar gehalten. Der Gesetzgeber ist nicht gehindert, die maßgebliche Schwelle für den Rechtsgüterschutz dieser Überwachungsmaßnahmen hiervon ausgehend auch einheitlich zu bestimmen."

Zeitgleich wurde mit Gesetz v. 25.6.2018 (HessGVBl. 302) dieselbe Eingriffsschwelle auch für den „großen Lauschangriff" (§ 15 Abs. 4) vorgesehen; die insoweit vorgenommene Harmonisierung entspricht der vergleichbaren Eingriffsintensität beider Maßnahmen (→ Rn. 7). Für die Auslegung der Tatbestandsmerkmale kann daher auf § 15 verwiesen werden (→ § 15 Rn. 107 ff.). **16**

2. Online-Durchsuchung zur Verhütung terroristischer Straftaten (Abs. 2 S. 2)

Abs. 2 S. 2 erweitert sodann den tatbestandlichen Anwendungsbereich des Abs. 1 um den Fall der Unerlässlichkeit der Online-Durchsuchung für die Verhütung terroristischer Straftaten (zum Begriff→ § 13 Rn. 139 f.) und sieht durch die Bezugnahme auf § 15 Abs. 2 S. 1 Nr. 2 und Nr. 3 – die sich auch in § 15a Abs. 1 S. 2 Nr. 4 findet – zugleich eine entsprechende Erweiterung der Zielpersonen (→ Rn. 19, → § 15a Rn. 68) vor. **17**

Eine Ausdehnung in das Vorfeld konkreter Gefahren hat das BVerfG – nur – im Hinblick auf terroristische Straftaten gebilligt (BVerfG NJW 2016, 1781 Rn. 213). Insofern ist zwar die Erstreckung des Personenkreises auf § 15 Abs. 2 S. 1 Nr. 2 für sich genommen nicht ganz unbedenklich, wegen der eindeutigen Anknüpfung an den Zweck der Verhütung gerade terroristischer Straftaten – sei es mit Blick auf etwaige Waffenlieferanten oder Ähnliches – jedoch im Ergebnis nachvollziehbar. **18**

III. Adressat

1. Störer (Abs. 2 S. 1)

Abs. 2 S. 1 setzt die vom BVerfG formulierten Anforderungen an die Adressatenregelung für Online-Durchsuchungen um; eine solche Maßnahme darf sich unmittelbar nur gegen diejenigen richten dürfen, die als Zielpersonen – polizeirechtlich also als Störer iSd §§ 6, 7 – verantwortlich sind, und grundsätzlich erst einmal nur in die von dieser Person genutzten informationstechnischen Systeme eingreifen dürfen, wobei allerdings dritte Personen – soweit unvermeidbar – miterfasst werden dürfen (BVerfG NJW 2016, 1781 Rn. 114 f.); letzteres hat der Gesetzgeber in Abs. 2 S. 4 explizit zum Ausdruck gebracht, der sich wohl auf alle Alternativen der Norm beziehen soll. **19**

2. Dritte (Abs. 2 S. 3)

Abs. 2 S. 3 erweitert sodann den Anwendungsbereich – und damit den Adressatenkreis – auf informationstechnische Systeme Dritter, wenn tatsächliche Anhaltspunkte dafür bestehen, dass die Zielperson dort ermittlungsrelevante Informationen speichert und ein auf ihre eigenen informationstechnischen Systeme beschränkter Zugriff zur Erreichung des Ermittlungsziels nicht ausreicht („unerlässlich ist"). Auch insoweit bewegt sich die Norm innerhalb der verfassungsrechtlichen Vorgaben (vgl. BVerfG NJW 2016, 1781 Rn. 115). **20**

3. Unvermeidbar Mitbetroffene (Abs. 2 S. 4)

In Abs. 2 S. 4 sieht der Gesetzgeber schließlich – nach dem Vorbild des nunmehr durch Gesetz v. 25.6.2018 (HessGVBl. 302) insoweit ergänzten § 15a Abs. 1 S. 3 – vor, dass die **21**

Maßnahme auch durchgeführt werden darf, wenn andere Personen unvermeidbar betroffen werden (vgl. → Rn. 19).

IV. Anordnungsbefugnis und Verfahren (Abs. 3 S. 1–4)

22 Die Anordnungsbefugnis und das Verfahren bezüglich der Online-Durchsuchung regelt der Gesetzgeber in Abs. 3 im Wesentlichen durch Verweisungen.

23 Abs. 3 S. 1 erklärt zunächst die für die Telekommunikationsüberwachung an informationstechnischen Systemen geltende Vorschrift des § 15b Abs. 2 zu den für die Durchführung der Maßnahme erforderlichen technischen Vorkehrungen für entsprechend anwendbar.

24 Abs. 3 S. 2 verweist hinsichtlich des Schutzes des Kernbereichs privater Lebensgestaltung mit der Maßgabe auf die Regelungen des § 15 Abs. 4 S. 4, dass technisch sicherzustellen ist, dass Daten, die den Kernbereich privater Lebensgestaltung betreffen, nicht erhoben werden und entspricht insoweit den Vorgaben aus der Entscheidung des BVerfG v. 20.4.2016 (NJW 2016, 1781 Rn. 217 ff.).

25 Der gebotene Schutz zeugnisverweigerungsberechtigter Berufsgeheimnisträger (vgl. dazu BVerfG NJW 2016, 1781 Rn. 256 ff.)., der bis zur Änderung durch Gesetz v. 29.6.2023 (HessGVBl. 456) durch eine Verweisung auf § 15 Abs. 4 S. 4 aF geregelt war, ist nunmehr in § 12a verortet, von dessen Regelung nach § 12a Abs. 1 S. 1 Maßnahmen nach § 15c explizit erfasst sind.

26 Abs. 3 S. 3 ordnet des Weiteren über die Verweisung auf § 15 Abs. 5 zunächst an, dass die Anordnung der Online-Durchsuchung – außer bei Gefahr im Verzug – unter einem Richtervorbehalt steht, wobei das dortige Verfahren mit der Maßgabe gilt, dass das informationstechnische System, in welches eingegriffen werden soll, in der Anordnung möglichst genau anzugeben ist.

27 Durch die Verweisung in § 15c Abs. 3 S. 4 auf § 15 Abs. 9 S. 1–7 soll sichergestellt werden, dass alle Erkenntnisse – und nicht nur Zweifelsfälle – aus verdeckten Eingriffen in informationstechnische Systeme unverzüglich dem anordnenden Gericht vorgelegt werden. Durch die Bezugnahme auf § 15 Abs. 9 wird zudem eine Regelung getroffen, die für die Ausnahmefälle einer Gefahr im Verzug erste vorläufige Maßnahmen eröffnet.

V. Betretungsrecht (§ 15c Abs. 3 S. 5 iVm § 15 Abs. 7)

28 Seit der Änderung durch Gesetz v. 29.6.2023 (HessGVBl. 456) gilt nunmehr das Betretungsrecht des § 15 Abs. 7 für die Online-Durchsuchung entsprechend. Die Polizeibehörden dürfen also die Wohnung der betroffenen Person zur Vorbereitung der Online-Durchsuchung – insbesondere also zum Zweck der Infiltration des informationstechnischen Systems – betreten. Vergleiche zur Regelung des § 15 Abs. 7 und ihren verfassungsrechtlichen Implikationen → § 15 Rn. 187 ff.

§ 15d Einsatz von unbemannten Luftfahrtsystemen

(1) Bei den nachfolgenden Maßnahmen dürfen Daten unter den dort genannten Voraussetzungen auch durch den Einsatz unbemannter Luftfahrtsysteme erhoben werden:

1. offene Beobachtung und Aufzeichnung mittels Bildübertragung nach § 14 Abs. 1, 3 und 4 Satz 1 und 3,
2. Datenerhebung durch Observation und Einsatz technischer Mittel nach § 15 Abs. 1 und 2,
3. Datenerhebung durch Einsatz technischer Mittel in Wohnungen nach § 15 Abs. 4,
4. Datenerhebung durch Telekommunikationsüberwachung nach § 15a,
5. Telekommunikationsüberwachung an informationstechnischen Systemen nach § 15b,
6. verdeckter Eingriff in informationstechnische Systeme nach § 15c.

(2) [1]In den Fällen des Abs. 1 Nr. 1 dürfen unbemannte Luftfahrtsysteme nur dann eingesetzt werden, wenn die Offenheit der Maßnahme gewahrt bleibt. [2]In

diesen Fällen soll auf die Verwendung unbemannter Luftfahrtsysteme gesondert hingewiesen werden.

(3) Soweit in den Fällen des Abs. 1 eine richterliche Anordnung erforderlich ist, muss diese auch den Einsatz von unbemannten Luftfahrtsystemen umfassen.

(4) Diese unbemannten Luftfahrtsysteme dürfen nicht bewaffnet und nur mit der Ausrüstung, die technisch zur Durchführung der Maßnahmen nach Abs. 1 notwendig ist, ausgestattet werden.

Überblick

Die Regelung wurde durch das „Gesetz zur Stärkung der Inneren Sicherheit in Hessen" v. 13.12.2024 (GVBl. Nr. 83) eingefügt. Mit ihr wurde eine Ermächtigungsgrundlage für die Datenerhebung durch den polizeilichen Einsatz unbemannter Luftfahrtsysteme (Drohnen) geschaffen.

Übersicht

A. Allgemeines

I. Entstehung der Norm und rechtstatsächlicher Hintergrund

Die Regelung des § 15d war bereits sah im ersten Entwurf des Gesetzes v. 1.10.2024 (LT-Drs. 21/1151) vorgesehen und blieb vom Änderungsantrag v. 5.12.2014 (LT-Drs. 21/1448) unberührt. Sie ist weitgehend der Vorschrift des Art. 47 BayPAG (→ Rn. 1.1) nachgebildet. 1

Dieser lautet: 1.1

„Art. 47 Einsatz von unbemannten Luftfahrtsystemen

(1) Bei den nachfolgenden Maßnahmen dürfen Daten unter den dort genannten Voraussetzungen auch durch den Einsatz unbemannter Luftfahrtsysteme erhoben werden:

1. offene Bild- und Tonaufnahmen oder aufzeichnungen nach Art. 33 Abs. 1 bis 3,
2. Einsatz besonderer Mittel der Datenerhebung nach Art. 36 Abs. 1,
3. Einsatz technischer Mittel in Wohnungen nach Art 41 Abs. 1
4. Eingriffe in den Telekommunikationsbereich nach Art. 42 Abs. 1 bis 5 und
5. verdeckter Zugriff auf informationstechnische Systeme nach Art. 45 Abs. 1 und 2

(2) In den Fällen des Abs. 1 Nr. 1 dürfen unbemannte Luftfahrtsysteme nur dann eingesetzt werden, wenn die Offenheit der Maßnahme gewahrt bleibt. In diesen Fällen soll auf die Verwendung unbemannter Luftfahrtsysteme durch die Polizei gesondert hingewiesen werden.

(3) Soweit in den Fällen des Abs. 1 eine richterliche Anordnung erforderlich ist, muss diese auch den Einsatz von unbemannten Luftfahrtsystemen umfassen.

(4) Diese unbemannten Luftfahrtsysteme dürfen nicht bewaffnet werden."

2 § 15d ermächtigt die Gefahrenabwehr- und Polizeibehörden zur Datenerhebung durch sog. unbemannte Luftfahrtsysteme (im Folgenden: ULS), die alltagssprachlich auch als (Polizei-)Drohnen bezeichnet werden. Solche Systeme werden durch die hessischen Polizeibehörden bereits seit 2018 genutzt (vgl. → § 13 Rn. 149 f.).

3 Der Begriff des ULS ist in der EU einheitlich definiert als „ein Luftfahrzeug, das ohne einen an Bord befindlichen Piloten autonom oder ferngesteuert betrieben wird oder dafür konstruiert ist." (Art. 3 Nr. 30 VO (EU) 2028/1139).

4 Tatsächlich handelt es sich regelmäßig um ferngesteuerte sog. Multicopter (vergleichbar Modellhubschraubern), die mit vier bis acht elektrisch betriebenen Rotoren ausgerüstet sind und mit beweglichen Kameras verschiedener Typen (etwa solchen für Tag- und Nachtlicht mit oder ohne Zoom-Funktion, Wärmebildkameras, Kameras für hochauflösende Fotos) ausgestattet werden können, des Weiteren mit Sensoren etwa zur Abstands- oder Gasmessung oder zur Ortung von Objekten mittels differentialem GPS sowie mit Mikrofonen, Scheinwerfern und/oder Lautsprechern (vgl. zu den Einzelheiten der Technik auch den Nachweis → Rn. 4.1).

4.1 Eine nähere Beschreibung von technischen Daten, möglichen Ausstattungen und Einsatzszenarien findet sich in Polizeipraxis, UAV - Luftgestützte Drohnensysteme unterstützen Polizei und BOS, abrufbar unter www.polizeipraxis.de/ausgaben/2020/detailansicht-2020/artikel/uav-luftgestuetzte-drohnensysteme-unterstuetzen-polizei-und-bos.html. Vergleiche zu einem Forschungsprojekt an der Goethe-Universität Frankfurt zur Abwehr von elektronischen Angriffen auf Polizeidrohnen. Cybersicherheit: Wenn Polizeidrohnen angriffen werden, v. 11.11.2024, abrufbar unter https://aktuelles.uni-frankfurt.de/forschung/cybersicherheit-wenn-polizeidrohnen-angriffen-werden/.

5 Diese Technik eröffnet ein weites Spektrum von Einsatzmöglichkeiten (vgl. dazu eingehend und mwN BeckOK PolR Bayern/Buckler PAG Art. 47 Rn. 1 ff.; BeckOK PolR Nds/Weiner NPOG § 31 Rn. 20–22), wobei der praktische Schwerpunkt auf der Herstellung (und Nutzung) von bewegten und unbewegten Bildaufnahmen sowie von Tonaufnahmen, also „der luftgestützten Lageaufklärung" liegen dürfte (BeckOK PolR Bayern/Buckler PAG Art. 47 Rn. 3). Insoweit haben ULS gegenüber „klassischen" Polizeihubschraubern – jenseits der geringeren Kosten – die „taktischen" Vorteile der deutlich niedrigeren Geräuschemissionen, der geringeren optischen Wahrnehmbarkeit und der ggf. höheren Wendigkeit (vgl. auch BeckOK PolR Bayern/Buckler PAG Art. 47 Rn. 3, vgl. auch LT-Drs. 21/1151, 9 (Zu Nr. 4, 4. Abs.), wonach die Hubschrauber „für die Bevölkerung etwa durch lautere Fluggeräusche und/oder größere Abmessungen auffälliger" seien).

II. Betroffene Grundrechte

6 Da § 15d Abs. 1 bestimmt, dass die Datenerhebung durch den Einsatz von ULS nur *bei* den in Nr. 1–6 genannten Maßnahmen und unter den in den einschlägigen Normen **genannten Voraussetzungen** erfolgen darf (die amtliche Begründung spricht von „Akzessorietät" (LT-Drs. 21/1151, 9 (Zu Nr. 4, Abs. 2)), so dass in verfassungsrechtlicher Hinsicht zunächst die für die genannten Maßnahmen einschlägigen Grundrechte betroffen sind (vgl. → § 14 Rn. 9, → § 15 Rn. 9 ff., → § 15a Rn. 9 ff., → § 15b Rn. 12 ff., → § 15c Rn. 6 ff.).

7 Ausgeschlossen bleibt ein Eingriff in die Versammlungsfreiheit (Art. 8 GG, Art. 14 HessVerf) durch die Datenerhebung mittels ULS, da Abs. 1 Nr. 1 die in Betracht kommende Anknüpfungsnorm des § 14 Abs. 2 nicht umfasst (vgl. zur verfassungsrechtlichen Problematik des Drohneneinsatzes bei Versammlungen schon Roggan NVwZ 2011, 590 ff.; Zöller/Ihwas NVwZ 2014, 408 (410 f.); aus der Rspr. VG Freiburg MMR 2021, 1013 ff. (mAnm Krumm); vgl. auch → Rn. 29).

8 Infolge der technischen Möglichkeiten und Charakteristika der ULS (→ Rn. 4 f.) kommt der Datenerhebung durch ULS – je nach Einsatzmodus – unter grundrechtlichen Gesichts-

punkten über die „eigentliche“ Eingriffsintensität (→ Rn. 6) hinaus ein „Eigengewicht“ zu (vgl. dazu BVerfG NJW 2023, 1196 ff. Ls. 2 und passim), das die amtliche Begründung treffend als eine „mit dem Einsatz von Drohnen einhergehenden nicht unerheblichen (zusätzlichen) Eingriffsqualität“ beschreibt (LT-Drs. 21/1151, 9 (Zu Nr. 4, Abs. 1); vgl. auch VG Sigmaringen ZD 2021, 333 ff. (das von einem eigenständigen Eingriff durch den Drohneneinsatz ausgeht) sowie die eingehende, mit zahlreichen Nachweisen aus Rspr. und Schrifttum versehene Erörterung der Eingriffsintensität des ULS-Einsatzes bei BeckOK PolR Bayern/Buckler PAG Art. 47 Rn. 7 ff.).

III. Parallelvorschriften

Eine Spezialnorm für den Einsatz polizeilicher Drohnen – der § 15d weitgehend nachgebildet ist (→ Rn. 1) – hatte 2018 mit Art. 47 BayPAG zunächst nur Bayern erlassen. 2020 folgte Mecklenburg-Vorpommern mit der Schaffung von § 34 SOG-MV; dieser übernimmt lediglich Art. 47 Abs. 1 BayPAG und ergänzt diesen um einen zweiten Absatz („Eine Datenerhebung mittels unbemannter Luftfahrtsysteme durch eine Vertrauensperson ist unzulässig“). 9

Das Rheinland-Pfälzische Brand- und Katastrophenschutzgesetz enthält in § 39a ebenfalls seit 2020 eine Regelung des Einsatzes von Drohnen, dies allerdings nur für die Feuerwehren und die Hilfsorganisationen. 10

B. Einzelkommentierung

§ 15d stellt keine eigenständige Ermächtigungsgrundlage für die Erhebung personenbezogener Daten (dazu → § 13 Rn. 1 ff.; → § 13 Rn. 11 ff.)) dar; vielmehr sieht die Norm eine Befugnis für den Einsatz des ULS als – bisher nicht geregeltes – technisches Mittel zum Zweck der Datenerhebung vor. Die Norm bejaht damit für das hessische Polizei- und Ordnungsrecht zu Recht die umstrittene Frage (vgl. zur Diskussion die Nachweise unter → § 13 Rn. 150 ff., insbes. → § 13 Rn. 151.3, bejahend auch VG Sigmaringen ZD 2021, 333 ff.), ob es wegen der (zusätzlichen) Eingriffsqualität des ULS-Einsatzes für diesen einer bereichsspezifischen und hinreichend bestimmten Regelung bedarf. 11

Die Norm legitimiert damit eine bestimme (Daten-)Erhebungsmodalität (Begriff von BeckOK PolR Bayern/Buckler PAG Art. 47 Rn. 4), die ansonsten nur unter die technischen Mittel iSd § 15 hätte subsumiert werden können (vgl. → § 15 Rn. 76.1). 12

I. Anwendungsbereich

Nach Abs. 1 ist die Datenerhebung durch den Einsatz von ULS nur bei den in Nr. 1–6 genannten Datenerhebungsmaßnahmen und nur unter den Voraussetzungen der dazu jeweils genannten speziellen Datenerhebungsbefugnissen der §§ 14 Abs. 1, 3 und 4, 15 Abs. 1, 2 und 4, 15a–15c zulässig. 13

1. Unbemannte Luftfahrtsysteme

Der Begriff des unbemannten Luftfahrtsystems, mittels dessen Daten erhoben werden dürfen, knüpft an luftrechtliche Definitionen und Vorschriften an. 14

Während das ULS im EU-Recht definiert ist als „Luftfahrzeug, das ohne einen an Bord befindlichen Piloten autonom oder ferngesteuert betrieben wird oder dafür konstruiert ist.“ (Art. 3 Nr. 30 VO (EU) 2018/1139; vgl. zu den europarechtlichen Vorgaben iÜ Krumm EuZW 2019, 114 ff.; BeckOK PolR Bayern/Buckler PAG Art. 47 Rn. 17), gelten diese nach § 1 Abs. 2 S. 3 LuftVG als Luftfahrzeuge gemäß der dortigen Definition („unbemannte Fluggeräte einschließlich ihrer Kontrollstation, die nicht zu Zwecken des Sports oder der Freizeitgestaltung betrieben werden (unbemannte Luftfahrtsysteme))“. 15

Der Betrieb von Luftfahrzeugen in diesem Sinne unterfällt zwar grundsätzlich dem LuftVG, das jedoch in § 30 Abs. 1a für den Betrieb durch Polizeibehörden weitreichende Ausnahmen von der Geltung der luftrechtlichen Vorgaben vorsieht (BeckOK PolR Bayern/Buckler PAG Art. 47 Rn. 16). 16

Es kann davon ausgegangen werden, dass es sich bei den in Hessen eingesetzten ULS (→ Rn. 2) um solche im Sinne des LuftVG handelt und dass diese im Rahmen der vorgenannten Regelungen betrieben werden. 17

2. Datenerhebungen i.S.d Abs. 1 Nr. 1–6

18 Mit dem Begriff der Erhebung von Daten knüpft Abs. 1 zunächst an die daten(schutz)rechtliche Terminologie an, wonach es sich bei der Datenerhebung um das Beschaffen (→ § 13 Rn. 21 ff.) personenbezogener Daten (→ § 13 Rn. 16 ff.) handelt.

19 Unausgesprochen knüpft Abs. 1 an die Differenzierung nach offenen und verdeckten Datenerhebungen iSd § 13 Abs. 7 (dazu → § 13 Rn. 167) an, da im Fall des Abs. 1 Nr. 1 – auch ausweislich der Form- und Verfahrensvorschrift des Abs. 2 – lediglich eine offene Datenerhebung mittels ULS für zulässig erklärt; indem die Anwendungsfälle des Abs. 1 Nr. 2–6 Maßnahmen in Bezug nehmen, bei den es sich qua Definition um verdeckte polizeiliche Maßnahmen handelt, ist die Datenerhebung mittels ULS hier auch dann zulässig, wenn sie nicht als polizeiliche Maßnahme erkennbar sein soll (vgl. die Definition in § 13 Abs. 7 S. 2 (dazu bezüglich der in Bezug genommenen Maßnahmen → § 13 Rn. 169 ff.)).

II. Tatbestandsvoraussetzungen für die Datenerhebung mittels unbemannter Luftfahrtsysteme

20 Soweit Abs. 1 sodann festlegt, dass Daten durch den Einsatz unbemannter Luftfahrtsysteme „bei den nachfolgenden Maßnahmen […] unter den dort genannten Voraussetzungen" erhoben werden dürfen, wirft die Formulierung indessen Fragen auf.

1. Datenerhebung statt und/oder zusätzlich zu einer der in Nr. 1–6 genannten Maßnahmen?

21 So lässt die Präposition „bei" zunächst darauf schließen, dass die in Nr. 1–6 aufgeführten Maßnahmen bereits ergriffen sein müssen, damit eine Datenerhebung mittels ULS in Betracht kommt; gegen dieses Verständnis spricht sodann jedoch die Formulierung „unter den dort genannten Voraussetzungen", deren Vorliegen ja schon zu bejahen gewesen wäre, wenn die Maßnahme bereits ins Werk gesetzt ist. Für letztgenanntes spricht auch die Regelung des Abs. 3, die offensichtlich davon ausgeht, dass ein richterlicher Beschluss noch nicht eingeholt wurde, da ja nur in diesem Fall der Einsatz von ULS der geforderte Bestandteil des Antrags auf richterliche Anordnung sein kann.

22 Richtigerweise dürfte der Wortlaut vor diesem Hintergrund dahingehend zu verstehen sein, dass eine der in Abs. 1 Nr. 1–6 gennannten Maßnahmen als geeignetes Mittel zur Gefahrenabwehr in Betracht kommt, rechtlich zulässig ist und ernstlich in Erwägung gezogen wird, aber noch nicht ergriffen wurde.

23 Nicht beantwortet ist damit allerdings die Frage, ob die Präposition „bei" sodann die Datenerhebung mittels ULS auch dann zulässt, wenn die originär genannte Maßnahme gar nicht ergriffen wird, der ULS-Einsatz also an deren Stelle tritt. Dass letzteres möglich sein muss, resultiert indessen aus dem Grundsatz der Verhältnismäßigkeit (→ § 4 Rn. 2 ff.), mit dem es schlechthin nicht vereinbar wäre, das unter Umständen mildere Mittel der Datenerhebung mittels ULS nur dann einzusetzen, wenn gleichzeitig eine Datenerhebung etwa durch den Einsatz technische Mittel in Wohnungen (Abs. 1 Nr. 3) oder durch Telefonüberwachung (Abs. 1 Nr. 4) erfolgt.

24 Vor diesem Hintergrund ist Abs. 1 dahingehend zu verstehen, dass die Datenerhebung mittels ULS auch anstelle einer der in Abs. 1 Nr. 1–6 genannten Maßnahmen erfolgen darf – und uU unter Verhältnismäßigkeitsgesichtspunkten erfolgen muss –, wenn die Voraussetzungen für das Ergreifen dieser Maßnahme gegeben sind. Zwar wird sich der nach dem erforderlichen Antrag auf richterliche Anordnung nach § 15 Abs. 5 S. 1, § 15a Abs. 5 S. 1, § 15b Abs. 3 S. 2 oder § 15 c Abs. 3 S. 3 – jeweils iVm Abs. 3 – ergehende Beschluss sowohl auf die „originäre" Maßnahme, als auch auf die Datenerhebung mittels ULS beziehen. Dies ist jedoch insoweit unschädlich, als die gerichtliche Anordnung polizeilicher Maßnahmen ja keine Pflicht zu deren Ergreifung beinhaltet.

25 Zusammenfassend ist die Formulierung des Abs. 1 somit dahingehend zu verstehen, dass Daten **bei oder anstelle** der nachfolgend genannten Maßnahmen unter den dort genannten Voraussetzungen auch durch den Einsatz unbemannter Luftfahrtsysteme erhoben werden dürfen.

2. Vorliegen der Voraussetzungen einer der in Abs. 1 Nr. 1–6 genannten Maßnahmen

Die Datenerhebung durch den Einsatz von ULS ist somit nur dann zulässig, wenn die (tatbestandlichen) Voraussetzungen für eine offene Beobachtung und Aufzeichnung mittels Bildübertragung (§ 14 Abs. 1, 3 und 4 S. 1 und 3), eine Datenerhebung durch Observation und Einsatz technischer Mittel (§ 15 Abs. 1 und 2), durch Einsatz technischer Mittel in Wohnungen (§ 15 Abs. 4), durch Telekommunikationsüberwachung – „klassisch" oder an informationstechnischen Systemen – (§§ 15a, 15 b) oder durch verdeckten Eingriff in informationstechnische Systeme (§ 15c) vorliegen. 26

3. Datenerhebung mittels ULS durch Ordnungs- oder Polizeibehörden bei oder anstelle von offener Beobachtung und Aufzeichnung mittels Bildübertragung (Abs. 1 Nr. 1)

Anders als bei den Anwendungsfällen der Abs. 1 Nr. 2–6 werden durch Abs. 1 Nr. 1 nicht nur die Polizei-, sondern auch die Ordnungsbehörden (allgemeine Ordnungsbehörden (vgl. § 85) und Sonderordnungsbehörden (vgl. § 90) zur Datenerhebung mittels ULS ermächtigt. 27

Voraussetzung ist, dass eine Videoüberwachung öffentlich zugänglicher Orte nach § 14 Abs. 1 (also bei Veranstaltungen oder Ansammlungen), § 14 Abs. 3 (zur Gefahrenabwehr, an Orten, an denen Straftaten drohen oder die günstige Tatgelegenheit bieten) oder § 14 Abs. 4 (zum Schutz besonders gefährdeter Objekte/Orte oder zur Verkehrslenkung) zulässig wäre. 28

Nicht erfasst ist – ungeachtet deren verfassungsrechtlicher Problematik – der Fall der Videoüberwachung von Versammlungen nach § 14 Abs. 2, so dass Abs. 1 Nr. 1 nicht zu Eingriffen in die Versammlungsfreiheit nach Art. 8 GG, Art. 14 HessVerf ermächtigt (→ Rn. 7). 29

4. Datenerhebung mittels ULS durch die Polizeibehörden bei oder anstelle von Observation und Einsatz technischer Mittel (Abs. 1 Nr. 2)

Abs. 1 Nr. 2 knüpft an § 15 Abs. 1 und 2 an, erlaubt also die polizeibehördliche Datenerhebung bei oder anstelle der längerfristigen Observation (dazu → § 15 Rn. 24 ff.) oder des Einsatzes technischer Mittel (dazu → § 15 Rn. 70 ff.). 30

5. Datenerhebung mittels ULS durch die Polizeibehörden bei oder anstelle des Einsatzes technischer Mittel in Wohnungen (Abs. 2 Nr. 3)

Nach Abs. 1 Nr. 3 sind die Polizeibehörden zur Datenerhebung mittel ULS bei oder anstelle des „großen Lausch- oder Spähangriffs" nach § 15 Abs. 4 (dazu → § 15 Rn. 94 ff.). 31

6. Datenerhebung mittels ULS durch die Polizeibehörden bei oder anstelle von „klassischer" Telekommunikationsüberwachung (Abs. 2 Nr. 4)

Abs. 1 Nr. 4 knüpft sodann an die Ermächtigung zur „klassischen" – also von der „Online-Variante" zu unterscheidenden sog. Quellen-Telekommunikationsüberwachung – Telekommunikationsüberwachung nach § 15a (dazu → § 15a Rn. 4 ff.) an, erlaubt also die polizeibehördliche Datenerhebung mittels ULS bei ihr oder an deren Stelle. 32

7. Datenerhebung mittels ULS durch die Polizeibehörden bei oder anstelle von Telekommunikationsüberwachung an informationstechnischen Systemen (Abs. 2 Nr. 5)

Nach Abs. 1 Nr. 5 sind die Polizeibehörden des Weiteren auch zur Datenerhebung mittels ULS bei oder anstelle einer Quellen-Telekommunikationsüberwachung nach § 15b → § 15b Rn. 8 ff. befugt. 33

8. Datenerhebung mittels ULS durch die Polizeibehörden bei oder anstelle von verdecktem Eingriff in informationstechnische Systeme (Abs. 2 Nr. 6)

Abs. 1 Nr. 6 vervollständigt die Liste schließlich um die Ermächtigung der Polizeibehörden zur Datenerhebung mittels ULS bei oder anstelle der sog. Online-Durchsuchung nach § 15c (dazu → § 15c Rn. 3 ff.). 34

III. Rechtsfolge

35 Als Rechtsfolge ist die Datenerhebung (→ Rn. 18) durch den Einsatz von ULS (→ Rn. 14 ff.) vorgesehen, wobei sich der zulässige Umfang, die Adressaten der Maßnahme und die zulässige (Weiter-)Verarbeitung der Daten aus den in Bezug genommenen Vorschriften der §§ 14, 15, 15a, 15b und 15c ergeben, da § 15d lediglich den Einsatz des ULS als Datenerhebungsmodalität regelt (→ Rn. 11 f.).

IV. Form- und Verfahrensvorschriften

1. Offenheit der Maßnahme bei ULS-Einsatz zur Beobachtung und Aufzeichnung mittels Bildübertragung, Hinweispflicht (Abs. 2)

36 Abs. 2 sieht für die ordnungs- oder polizeibehördliche Datenerhebung mittels ULS anstelle oder bei offener Beobachtung und Aufzeichnung mittels Bildübertragung – also vor allem der Videoüberwachung – ausdrücklich vor, dass die in § 14 Abs. 1, 3 und 4 für diesen Anwendungsbereich obligatorische Offenheit der Maßnahme iSd § 13 Abs. 7 S. 2 (vgl. dazu schon → Rn. 19) gewahrt bleiben muss. Diese Regelung, die trotz ihres materiellen Gehalts als Form- bzw. Verfahrensvorschrift für den Erhebungsmodus ULS (vgl. → Rn. 12) zu sehen ist, trägt den Charakteristika der ULS im Hinblick auf deren geringe „Auffälligkeit" (→ Rn. 5, → Rn. 8) Rechnung, angesichts derer nicht gewährleistet ist, dass der ULS-Einsatz als ordnungs- oder polizeibehördliche Maßnahme erkennbar ist.

37 Wie in anderen Fällen soll die Offenheit staatlicher Maßnahmen zunächst zur Transparenz des staatlichen Handelns beitragen (vgl. BVerfG NJW 2013, 1499 Rn. 115 ff. insbes. BVerfG NJW 2013, 1505 Rn. 122: „Eine Geheimpolizei ist nicht vorgesehen"); OVG Lüneburg BeckRS 2020, 25666 Rn. 44; BeckOK PolR Nds/Albrecht/Seidl NPOG § 32 Rn. 74). Sie gewährleistet aber auch, dass der Betroffene von der Datenerhebung Kenntnis erhält und seine aus dem Grundrecht auf informationelle Selbstbestimmung folgenden Rechte wahrnehmen (OVG Lüneburg BeckRS 2020, 25666 Rn. 44; VG Hannover NVwZ-RR 2011, 943 (945)) und sich so verhalten kann, wie er es im Angesicht der Kontrolle für angemessen erachtet (vgl. BeckOK PolR Nds/Albrecht/Seidl NPOG § 32 Rn. 74; BeckOK PolR NRW/Ogorek PolG NRW § 15 Rn. 11).

38 Offen in diesem Sinne ist die Datenerhebung mittels ULS also immer dann, wenn sie für die Betroffenen tatsächlich als ordnungs- oder polizeibehördliche Maßnahme erkennbar ist. Dies zu gewährleisten dient auch die Vorschrift des Abs. 2 S. 1, nach der in den Fällen des Abs. 2 Nr. 1 auf die Verwendung von ULS gesondert hingewiesen werden soll. In Betracht kommt die Aufstellung entsprechender Hinweisschilder, die – um ihren Zweck (→ Rn. 37) etwa in den Fällen des § 14 Abs. 1 zu erfüllen – nicht lediglich vereinzelt erfolgen darf, sondern dazu führen muss, dass jeder Teilnehmer und jede Teilnehmerin diese unschwer wahrnehmen kann und wird.

39 In Betracht kommen aber auch (oder zusätzlich) ein von der Drohne ausgehendes akustisches und/oder optisches Signal oder Lausprecherdurchsagen (BeckOK PolR Bayern/Buckler PAG Art. 47 Rn. 18).

40 Warum der Gesetzgeber für diese Vorgabe lediglich eine Soll-Vorschrift gewählt hat, ist nicht ersichtlich; da in den Fallgestaltungen nach § 14 Abs. 1, 3 und 4 regelmäßig Planbarkeit gegeben ist, also eine Datenerhebung mittel ULS, bei der die Vorgabe wegen Eilbedürftigkeit nicht erfüllt werden kann, schwer vorstellbar ist (vgl. auch BeckOK PolR Bayern/Buckler PAG Art. 47 Rn. 18, wonach „bei abstrakter Betrachtung [...] faktisch keine sachlichen Gründe ersichtlich [sind], die bei offenen Maßnahmen einen vollständigen Verzicht auf die Kennzeichnungspflicht rechtfertigen könnten.").

2. Erstreckung richterlicher Anordnungen auf Einsatz von ULS (Abs. 3)

41 Die in Abs. 3 geregelte Vorgabe, dass erforderliche richterliche Beschlüsse auch den Einsatz von unbemannten Luftfahrtsystemen umfassen müssen, bezieht sich auf alle Fallgestaltungen des Abs. 1 Nr. 2–6, da alle in Bezug genommenen „originären" Maßnahmen" unter Richtervorbehalt stehen (§ 15 Abs. 5 S. 1, § 15a Abs. 5 S. 1, § 15b Abs. 3 S. 2 oder § 15 c Abs. 3 S. 3).

42 Der ergehende Beschluss muss such sowohl auf die „originäre“ Maßnahme, als auch auf die Datenerhebung mittels ULS beziehen (vgl. zu der resultierenden Frage, ob der ULS-Einsatz statt oder zusätzlich zu der Maßnahme erfolgen kann/muss → Rn. 20 ff.).

3. Bewaffnungsverbot, zulässige Ausrüstung (Abs. 4)

43 Nach Abs. 4 dürfen die ULS zunächst nicht bewaffnet werden. Diese aus Art. 47 Abs. 4 BayPAG übernommene Vorgabe wurde in Bayern im Hinblick auf entsprechende Befürchtungen in der Bevölkerung geschaffen (BeckOK PolR Bayern/Buckler PAG Art. 47 Rn. 20 mwN, dort auch zu der Frage, ob nicht zur Datenerhebung verwendete Polizeidrohnen bewaffnet werden dürfen); vgl. zu den in Hessen zugelassenen Polizeiwaffen § 55 Abs. 4 → § 55 Rn. 35 ff.).

44 Darüber hinaus dürfen die ULS nur mit der Ausrüstung ausgestattet werden, die technisch zur Durchführung der Maßnahmen nach Abs. 1 – also der Datenerhebung – notwendig ist. Soll also etwa (nur) eine luftgestützte Lageaufklärung mittels Kamera erfolgen (vgl. → Rn. 5) wäre eine Ausrüstung mit Sensoren zur Ortung von Objekten mittels differentialem GPS (vgl. → Rn. 4) unzulässig.

§ 15e Einsatz technischer Mittel gegen unbemannte Fahrzeugsysteme

[1] Zur Abwehr einer Gefahr, die von unbemannten Fahrzeugsystemen ausgeht, die an Land, in der Luft oder zu Wasser betrieben werden, können die Polizeibehörden geeignete technische Mittel gegen das System, dessen Steuerungseinheit oder Steuerungsverbindung einsetzen, soweit die Abwehr der Gefahr auf andere Weise aussichtslos ist oder wesentlich erschwert wäre. [2] Für Maßnahmen zur Abwehr der in Satz 1 bezeichneten Gefahren können die Polizeibehörden technische Mittel zur Erkennung einer Gefahr einsetzen.

Überblick

Die Regelung wurde durch das „Gesetz zur Stärkung der Inneren Sicherheit in Hessen“ v. 13.12.2024 (GVBl. Nr. 83) eingefügt. Mit ihr wird eine Ermächtigungsgrundlage für die Abwehr von Gefahren durch unbemannte Luftfahrtsysteme (Drohnen) oder sonstige ferngesteuerte Fahrzeuge geschaffen.

Übersicht

A. Allgemeines

I. Entstehung der Norm und rechtstatsächlicher Hintergrund

1 § 15e war im ersten Entwurf des Gesetzes v. 13.12.2024 (GVBl. Nr. 83), der v. 1.10.2024 (LT-Drs. 21/1151) datiert, noch nicht vorgesehen. Nachdem zu diesem Entwurf am 12.11.2024 eine öffentliche Expertenanhörung stattgefunden hatte, wurde der Gesetzentwurf in Teilen geändert (Änderungsantrag v. 5.12.2014 (LT-Drs. 21/1448)) und dabei nach entsprechenden Hinweisen der Anzuhörenden unter anderem die Regelung des § 15e eingefügt.

2 Die Vorschrift ist nach dem Vorbild der Vorschrift des Entwurfs von § 39 BPolG, der sich noch im Gesetzgebungsverfahren befindet (BT-Drs. 20/10406, 36), geschaffen worden (→ Rn. 2.1). Auf diesen war in der Anhörung hingewiesen worden (vgl. Hessischer Landtag, nnenausschuss – 13. Sitzung – Öffentliche Anhörung, Stellungnahmen, PDF, Aussschussvorlage INA 21-6 Teil 2, S. 5, abrufbar unter https://hessischer-landtag.de/termine/innenausschuss-13-sitzung-oeffentliche-anhoerung).

2.1 Diese lautet:

„§ 39 Einsatz technischer Mittel gegen unbemannte Fahrzeugsysteme

Zur Abwehr einer Gefahr, die von unbemannten Fahrzeugsystemen ausgeht, die an Land, in der Luft oder zu Wasser betrieben werden, kann die Bundespolizei geeignete technische Mittel gegen das System, dessen Steuerungseinheit oder Steuerungsverbindung einsetzen, wenn die Abwehr der Gefahr durch andere Maßnahmen aussichtslos oder wesentlich erschwert wäre. Für Maßnahmen zur Abwehr der in Satz 1 bezeichneten Gefahren kann die Bundespolizei technische Mittel zur Erkennung einer Gefahr einsetzen.“ (BT-Drs. 20/10406, 36).

3 Auch die Begründung zu § 15c stimmt fast wörtlich mit der zu § 39 BPolG-E überein (→ Rn. 3.1).

3.1 Die Begründung zu § 39 BPolG-E lautet:

„Aktuelle technische Entwicklungen schaffen eine neue Gefahrenlage. Zweck der Regelung ist die Detektion und Abwehr von unbemannten Land-, Luft und Wassersystemen. Rechtlich abgesichert wird damit insbesondere die Abwehr von Drohnen mit geeigneten technischen Mitteln. Zum Einsatz gegen fernmanipulierte Geräte kommen in der polizeilichen Praxis moderne Techniken wie Laser, elektromagnetische Impulse, Jamming, GPS-Störung und die Nutzung von Detektionstechnik (Überwachung des elektromagnetischen Wellenspektrums) sowie physische Mittel der Einwirkung auf die Systeme.“ (BT-Drs. 20/10406, 111).

3.2 Die Begründung zu § 15e lautet:

„Aktuelle technische Entwicklungen schaffen neue Gefahrenlagen. Zweck der Regelung ist die Detektion und Abwehr von unbemannten Land-, Luft- und Wasserfahrzeugsystemen. Durch die Regelung wird insbesondere die Abwehr von Gefahren durch Drohnen rechtlich abgesichert. Zur Erkennung der Gefahr können die Polizeibehörden geeignete technische Mittel einsetzen. Zum Einsatz gegen fernmanipulierte Geräte kommen in der polizeilichen Praxis moderne Techniken wie Laser, elektromagnetische Impulse, Jamming, GPS-Störung und die Nutzung von Detektionstechnik (Überwachung des elektromagnetischen Wellenspektrums) sowie physische Mittel der Einwirkung auf die Systeme.“ (LT-Drs. 21/1448, 9).

4 Hintergrund der Norm ist die Tatsache, dass von unbemannten Luftfahrtsystemen (ULS, dazu auch → § 15d Rn. 3 f.) sowie ferngesteuerten Land- und Wasserfahrzeugen bei entsprechender Nutzung erhebliche Gefahren für die öffentliches Sicherheit und Ordnung ausgehen können (vgl. nur Lisken/Denninger PolR-HdB/Graulich E Rn. 292 f.; Arzt/Fährmann/Schuster DÖV 2020, 866 f.). Schon 2020 gab es in Deutschland rund 455.00 privat betriebene ULS (Giemulla/Hoppe GSZ 2020, 123 unter Verweis auf eine Analyse des Verbands unbemannte Luftfahrt); deren Zahl dürfte inzwischen weiter gestiegen sein.

5 Gefahren bestehen zunächst für den Luftverkehr selbst. So kam es nach Angaben der deutschen Flugsicherung alleine in ersten acht Monaten 2024 durch unerlaubte Drohnenflüge in dafür gesperrten Lufträumen zu 81 Behinderungen im Großraum von Flughäfen, von denen sieben die zweitweise Einstellung des Flugverkehrs zur Folge hatten (s. Tagesschau, Meiländer/Schober, Flugsicherheit durch Drohnen bedroht, SWR, v. 5.11.2024, abrufbar unter https://www.tagesschau.de/inland/gesellschaft/drohnen-flughafen-102.html; vgl. auch Giemulla/Hoppe GSZ 2020, 123).

Gefahren können aber auch durch unerlaubte Bildaufzeichnungen oder „Ausspähungen" geschützter Räume verursacht werden; denkbar sind nicht zuletzt Angriffe durch bewaffnete ULS (vgl. zum Bewaffnungsverbot für Polizeidrohnen → § 15d Rn. 43) auf Infrastruktureinrichtungen, Versammlungen, Veranstaltungen oder Einzelpersonen (vgl. Lisken/Denninger PolR-HdB/Graulich E Rn. 292), ebenso wie gezielte Abstürze spreng- oder giftstoffbeladener ULS (vgl. Arzt/Fährmann/Schuster DÖV 2020, 866 f.) 6

Solche Gefahren beschränken sich nicht auf eine entsprechende Nutzung von ULS; vergleichbare Szenarien sind vielmehr auch im Hinblick auf ferngesteuerte Land- und Wasserfahrzeuge denkbar, auch wenn sie hier – soweit ersichtlich – noch nicht in Erscheinung getreten sind. 7

Vor diesem Hintergrund erweist sich die Schaffung einer Ermächtigungsgrundlage für die Abwehr solcher Gefahren unter rechtspolitischen und verfassungsrechtlichen Gesichtspunkten als sinnvoll, insbesondere weil die in der Gesetzesbegründung aufgeführten technischen Mittel und Instrumente für diesen Zweck so spezifisch sind, dass sie – wie auch beim polizeilichen ULS-Einsatz (vgl. dazu → § 15d Rn. 11) – im Hinblick auf die Grundrechtsrelevanz die Frage nach dem Erfordernis einer hinreichend bestimmten bereichsspezifischen Ermächtigungsgrundlage aufwerfen. Diese stellt sich in Hessen seit Inkrafttreten von § 15e nun nicht mehr. 8

II. Betroffene Grundrechte

Welche Grundrechte durch Maßnahmen nach § 15e betroffen sind, hängt nicht zuletzt von den hierfür eingesetzten technischen Mitteln ab; insoweit stehen sowohl für die Erkennung der Gefahr (S. 2), als auch für deren Abwehr (S. 1) jeweils unterschiedliche Technologien zur Verfügung. Für die grundrechtliche Bewertung ist also nach diesen Phasen, die auch als Detektions- und Interventionsphasen beschrieben werden, zu unterscheiden (vgl. iE Arzt/Fährmann/Schuster DÖV 2020, 866 f. mwN). 9

1. Maßnahmen zur Erkennung von Gefahren, die von unbemannten Fahrzeugsystemen ausgehen (S. 2)

Um anfliegende Drohnen zu erkennen, stehen technisch verschiedene Sensoren (Optik-, Infrarot-, und Radarsensoren) zur Verfügung, die unterschiedliche Daten erheben, die sodann zusammengeführt und bildlich dargestellt werden können, um zu verifizieren, ob tatsächlich eine Gefahr vorliegt (vgl. näher Arzt/Fährmann/Schuster DÖV 2020, 866 (867); unter Bezugnahme auf Marosi/Skobel CR 2019, 65; sowie Lisken/Denninger PolR-HdB/Graulich E Rn. 292). Es müssen also Daten erhoben (vgl. dazu → § 13 Rn. 4 ff.) und zumindest kurzfristig gespeichert und (weiter) verarbeitet werden (dazu → § 20 Rn. 16 ff.). 10

Soweit sich aus diesen Daten ein Personenbezug iSd § 41 Abs. 1 Nr. 1 S. 1 HDSIG iVm § 13 Abs. 1 (vgl. dazu → § 13 Rn. 17) ableiten lässt – sei es in Bezug auf den Betreiber bzw. Lenker des Fahrzeugsystems und/oder seinen Standort oder auf (unbeteiligte) Dritte – ist dadurch das aus Art. 2 Abs. 1 GG iVm Art. 1 GG abzuleitende Recht auf informationelle Selbstbestimmung (→ § 13 Rn. 7, in Art. 12a seit 2018 auch explizit gewährleistet) betroffen (vgl. auch Arzt/Fährmann/Schuster DÖV 2020, 866 (868)). 11

Erfolgt die Detektion und Verifikation im Zusammenhang mit Versammlungen, kann zudem durch Datenerhebung bzw. -verarbeitung in Bezug auf Teilnehmer und Teilnehmerinnen das Grundrecht auf Versammlungsfreiheit (Art. 8 Abs. 1 GG, Art. 14 HessVerf) betroffen sein (Arzt/Fährmann/Schuster DÖV 2020, 866 (869 f.). 12

Dass durch die im Rahmen von Maßnahmen der Gefahrerkennung eingesetzten Technologien Daten aus dem Bereich der von Art. 10 GG geschützten Telekommunikation anfallen oder Einblicke in durch Art. 13 GG, Art. 8 HessVerf geschützte Räumlichkeiten genommen werden, scheint dagegen beim derzeitigen Stand der Technik nicht zu erwarten, ebenso wenig wie Eingriffe in das aus Art. 2 Abs. 1 GG iVm Art. 1 GG abzuleitende Recht und in Art. 12a S. 2 ausdrücklich gewährleistete auf Vertraulichkeit und Integrität informationstechnischer Systeme (dazu → § 15c Rn. 6) oder den Schutzbereich des Art. 5 Abs. 1 GG (so auch Hantel/Heinze-Mayer LKV 2022, 97 (98 ff.), vgl. zudem Arzt/Fährmann/Schuster DÖV 2020, 866 (870)). 13

2. Maßnahmen zur Abwehr von Gefahren, die von unbemannten Fahrzeugsystemen ausgehen (S. 2)

14 Auch bei den Maßnahmen zur Abwehr von Gefahren, die von unbemannten Fahrzeugsystemen ausgehen, hängt die Frage der betroffenen Grundrechte von den eingesetzten technischen Mittel ab; insoweit stehen derzeit Techniken zur Störung der Funkfernsteuerung oder einer Satellitennavigation (sog. Jammer; vgl. zu dieser Technik in Bezug auf Telekommunikationsverbindungen → § 15a Rn. 124 f.) sowie der Einsatz elektromagnetischer Wellen zur Störung der Bordelektronik zur Verfügung.

15 Möglich ist aber auch das physikalische Abfangen einer Drohne durch ein von einem Netzwerfer verschossenes Fangnetz oder die Einwirkung auf die Drohne mittels ballistischer Waffen, etwa um diese zum Absturz zu bringen (vgl. Hantel/Heinze-Mayer LKV 2022, 97 (98 ff.); Arzt/Fährmann/Schuster DÖV 2020, 866 (876 f.)).

16 In diesen Fällen liegen (zusätzlich) Eingriffe in das Eigentum (Art. 14 GG) und/oder die allgemeine Handlungsfreiheit vor. Gewalteinwirkung auf unbemannte Fahrzeugsysteme birgt zudem stets das Risiko von Eingriffen in das Recht auf Leben und körperliche Unversehrtheit (Art. 2 Abs. 2 GG; auch dazu Hantel/Heinze-Mayer LKV 2022, 97 (98 ff.); Arzt/Fährmann/Schuster DÖV 2020, 866 (876 f.)).

III. Parallelvorschriften

17 Parallelvorschriften des Bundes oder der Länder existieren bisher – soweit ersichtlich – nicht (vgl. zu einem Gesetzentwurf auf Bundesebene → Rn. 2 f.).

B. Einzelkommentierung

I. Tatbestandsvoraussetzungen

18 Auch hinsichtlich der Tatbestandsvoraussetzungen ist jeweils zwischen den Maßnahmen zur Erkennung und zur Abwehr von Gefahren im Zusammenhang mit unbemannten Fahrzeugsystemen zu unterscheiden.

1. Maßnahmen zur Erkennung von Gefahren, die von unbemannten Fahrzeugsystemen ausgehen (S. 2)

19 Soweit nach S. 2 durch die Polizeibehörden technische Mittel zur Erkennung einer Gefahr, die von unbemannten Fahrzeugsystemen ausgeht, einsetzen können, setzt die Regelung voraus, dass eine Gefahr im Sinne des Gefahrenbegriffs nach § 1 (dazu → § 1 Rn. 51 ff.) – also die hinreichende Wahrscheinlichkeit eines Schadenseintritts an den Schutzgütern – noch nicht vorliegt; anderenfalls wäre ja eine ausdrückliche Regelung der Detektionsphase entbehrlich. Demzufolge knüpft S. 2 die zur Erkennung der Gefahr zu treffenden Maßnahmen tatbestandlich lediglich an den Zweck, Maßnahmen zur Abwehr der Gefahr nach S. 1 zu treffen (bzw. treffen zu wollen).

20 Die Maßnahmen zur Erkennung iSd S. 2 sind daher in das sog. Gefahrenvorfeld (dazu eingehend → SystVorbPolRDe Rn. 39 ff.) verlagert und lassen sich in die Kategorie des sog. Gefahrenerforschungseingriffs zur Aufklärung eines Gefahrenverdachts (vgl. dazu → § 1 Rn. 74) einordnen. Damit bleiben Maßnahmen nach § 15e S. 2 solche der Gefahrenabwehr iSd § 1 Abs. 1 HSOG (vgl. zur Abgrenzung von der Aufgabenzuweisung nach § 1 Abs. 4 → Rn. 20.1).

20.1 Die ebenfalls im Gefahrenvorfeld anzusiedelnde polizeiliche Aufgabe der vorbeugenden Bekämpfung von Straftaten in Gestalt von deren Verhütung (§ 1 Abs. 4 1. Alt., dazu → § 1 Rn. 130 ff.) ist auf eine Verhinderung von Straftaten in der ferneren Zukunft gerichtet und kommt daher als einschlägige Aufgabennorm nicht in Betracht (so auch Arzt/Fährmann/Schuster DÖV 2020, 866 (871)).

21 Ungeschriebene Tatbestandsvoraussetzung für den Einsatz technischer Mittel zur Erkennung einer Gefahr iSd S. 1 ist daher ein plausibler Gefahrenverdacht, dass eine Gefahr, die von unbemannten Fahrzeugsystemen ausgeht, gegeben ist (vgl. auch Hantel/Heinze-Mayer LKV 2022, 97 (100)).

2. Maßnahmen zur Abwehr von Gefahren, die von unbemannten Fahrzeugsystemen ausgehen

Maßnahmen zur Abwehr einer Gefahr, die von unbemannten Fahrzeugsystemen ausgeht, setzen sodann tatbestandlich eine klassische – nunmehr erkannte – Gefahr im polizeirechtlichen Sinne (→ Rn. 19) voraus, verlangen also eine hinreichende Wahrscheinlichkeit, dass es durch solche Systeme (→ Rn. 4) in absehbarer Zeit zu einem Schaden an den Schutzgütern der öffentlichen Sicherheit oder Ordnung kommt. 22

II. Rechtsfolgen

Hinsichtlich der Rechtsfolgen ist ebenfalls zwischen den Maßnahmen zur Erkennung und zur Abwehr von Gefahren im Zusammenhang mit unbemannten Fahrzeugsystemen zu unterscheiden, da hierfür jeweils unterschiedliche technische Mittel in Betracht kommen 23

1. Einsatz technischer Mittel zur Erkennung von Gefahren, die von unbemannten Fahrzeugsystemen ausgehen (S. 2)

Als Rechtsfolge für die Erforschung des Gefahrverdachts (→ Rn. 20) kommt der polizeibehördliche Einsatz von Sensorik im oben genannten Sinne (→ Rn. 10) mit dem Zweck der Erhebung und Verarbeitung der auf diese Systeme hinweisenden Daten in Betracht. 24

2. Einsatz geeigneter technischer Mittel gegen das System, dessen Steuerungseinheit oder Steuerungsverbindung

Als Rechtsfolge für die Abwehr der (nunmehr erkannten) Gefahr ist sodann zunächst der polizeibehördliche Einsatz von Techniken – etwa zur Störung der Funkfernsteuerung oder einer Satellitennavigation oder der Einsatz elektromagnetischer Wellen zur Störung der Bordelektronik (→ Rn. 14) in Betracht zu ziehen. 25

3. Insbesondere: Einsatz von Mitteln zur zwangsweisen (physikalischen) Einwirkung auf das System

Rechtlich nicht mehr alleine aus § 15e ableitbar sind physikalische Einwirkungen (etwa auch durch Einsatz von Waffen), etwa um ein unbemanntes Fahrzeugsystem zum Absturz zu bringen oder zu stoppen (vgl. dazu → Rn. 15 f.). Mit dem Ergreifen solcher Maßnahmen wird vielmehr die Schwelle zur Verwaltungsvollstreckung, also dem Einsatz von Zwang iSd §§ 47 ff., 55, 58, 60 ff. überschritten. 26

Entsprechende Maßnahmen sind daher an diesen Regelungen zu messen, wobei es sich zumeist um den ohne Androhung erfolgenden Einsatz von Waffen gegen Sachen im Wege des Sofortvollzugs handeln wird, so dass – neben der Rechtmäßigkeit einer hypothetischen Grundverfügung – die Voraussetzungen der §§ 47 Abs. 2, 55 Abs. 4, 58 Abs. 2 und § 60 Abs. 1 vorliegen müssen. Insoweit ist freilich in Bezug auf die in Rede stehenden Grundrechte (→ Rn. 16) – auch und gerade von Unbeteiligten – eine besonders strenge Prüfung der Verhältnismäßigkeit erforderlich (vgl. auch Hantel/Heinze-Mayer LKV 2022, 97 (102)). 27

III. Adressat

Adressat von Maßnahmen nach § 15e ist vorrangig der Betreiber oder Lenker des unbemannten Fahrzeugsystems; im Hinblick auf die – der Norm durch die Technikzentriertheit der Maßnahmen innewohnende – potentielle Betroffenheit Dritter beinhaltet die Regelung indessen eine normimmanente Adressatenregelung (vgl. dazu → § 15 Rn. 36). 28

IV. Subsidiarität der Maßnahmen nach S. 1 Hs. 2

Anders als die Detektionsmaßnahmen nach S. 2 sind die Gefahrenabwehrmaßnahmen nach S. 1 nur zulässig, soweit die Abwehr der Gefahr auf andere Weise aussichtslos ist oder wesentlich erschwert wäre. Sie sind daher – wie auch an anderer Stelle im HSOG vorgesehen (vgl. § 15 Abs. 5 S. 5) – in diesem Sinne subsidiär (vgl. zu dieser Regelungsstruktur als Ausdruck des Verhältnismäßigkeitsgrundsatzes → § 4 Rn. 20 mwN). 29

§ 16 Datenerhebung durch Einsatz von Personen, deren Zusammenarbeit mit Polizeibehörden Dritten nicht bekannt ist, und durch verdeckt ermittelnde Personen

(1) [1]Die Polizeibehörden können durch Personen, deren Zusammenarbeit mit ihnen Dritten nicht bekannt ist (V-Personen), personenbezogene Daten erheben. [2]§ 15 Abs. 2 Satz 1 gilt entsprechend.

(2) Die Polizeibehörden können durch Polizeivollzugsbeamtinnen und Polizeivollzugsbeamte, die unter einer Legende eingesetzt werden (verdeckt ermittelnde Personen – VE-Personen), personenbezogene Daten unter den Voraussetzungen des § 15 Abs. 2 Satz 1 erheben.

(3) [1]Die Datenerhebung durch den Einsatz von V-Personen oder VE-Personen ist nur zulässig, wenn andere Maßnahmen mit Ausnahme der in den §§ 15 bis 15c und 17 genannten erheblich weniger Erfolg versprechen würden oder die polizeiliche Aufgabenerfüllung mit Hilfe anderer Maßnahmen wesentlich erschwert würde. [2]Im Rahmen der Aufgabenerfüllung können personenbezogene Daten auch über dritte Personen erhoben werden, soweit dies unerlässlich ist, um die Datenerhebung nach Abs. 1 und 2 durchführen zu können. [3]Liegen tatsächliche Anhaltspunkte vor, dass durch den Einsatz von V-Personen oder VE-Personen allein Erkenntnisse aus dem Kernbereich privater Lebensgestaltung erlangt würden, ist deren Einsatz unzulässig.

(4) [1]Bei der Planung des Einsatzes sollen nach Möglichkeit Situationen vermieden werden, bei denen regelmäßig Erkenntnisse aus dem Kernbereich privater Lebensgestaltung gewonnen werden würden.[2]Bei einem gegen eine Person gerichteten Einsatz darf unter keinen Umständen der Kernbereich zum Ziel des Einsatzes gemacht werden.[3]Insbesondere dürfen zum Aufbau oder zum Erhalt eines Vertrauensverhältnisses keine intimen Beziehungen oder vergleichbar engste persönliche Bindungen begründet oder fortgeführt werden.[4]Entstehen solche Bindungen, ist der Einsatz gegen diese Person abzubrechen.

(5) [1]Ergeben sich während der Durchführung des Einsatzes Anhaltspunkte dafür, dass der Kernbereich privater Lebensgestaltung betroffen ist, ist der Einsatz zu unterbrechen, sobald dies ohne Gefährdung für Leib, Leben oder Enttarnung der eingesetzten Personen möglich ist. [2]Unterbleibt ein Abbruch aufgrund einer Gefährdung nach Satz 1, sind die Tatsache des Eindringens in den Kernbereich privater Lebensgestaltung und die Umstände des Fortsetzens der Maßnahme zu dokumentieren. [3]Die Maßnahme darf fortgeführt werden, wenn keine Anhaltspunkte mehr dafür vorliegen, dass der Kernbereich privater Lebensgestaltung betroffen ist. [4]Soweit Erkenntnisse aus dem Kernbereich privater Lebensgestaltung durch eine Maßnahme erlangt worden sind, dürfen sie nicht verwendet werden und sind unverzüglich zu löschen. [5]Die Tatsachen der Erfassung der Daten und der Löschung sind zu dokumentieren. [6]Die Dokumentation darf ausschließlich für Zwecke der Datenschutzkontrolle nach § 29a verwendet werden. [7]Die Dokumentation ist am Ende des Kalenderjahres, das der Protokollierung folgt, zu löschen.

(6) Vor der Weitergabe von Informationen haben die eingesetzten Personen zu prüfen, ob durch die Informationen oder die Art und Weise, in der sie erlangt wurden, Erkenntnisse aus dem Kernbereich privater Lebensgestaltung betroffen sind. Entsprechende Erkenntnisse dürfen nicht zur Verwertung weitergegeben werden.

(7) Bestehen Zweifel, ob bei einer Maßnahme Erkenntnisse aus dem Kernbereich privater Lebensgestaltung gewonnen worden sind, entscheidet die oder der behördliche Datenschutzbeauftragte unverzüglich über die Verwendbarkeit und Löschung der Daten.

(8) [1]Soweit es für den Aufbau oder zur Aufrechterhaltung der Legende unerlässlich ist, dürfen für den Einsatz von VE-Personen entsprechende Urkunden hergestellt oder verändert werden. [2]VE-Personen dürfen unter der Legende zur Erfüllung ihres Auftrags am Rechtsverkehr teilnehmen. [3]VE-Personen dürfen unter ihrer

Legende mit Einwilligung der berechtigten Person deren Wohnung betreten. [4]Die Einwilligung darf nicht durch ein über die Nutzung der Legende hinausgehendes Vortäuschen eines Zutrittsrechts herbeigeführt werden. [5]Eine heimliche Durchsuchung ist unzulässig. [6]Im Übrigen richten sich die Befugnisse von VE-Personen nach diesem Gesetz oder anderen Rechtsvorschriften.

(9)[1]Eine Anordnung über den Einsatz von V-Personen oder VE-Personen erfolgt außer bei Gefahr im Verzug schriftlich durch die Behördenleitung oder eine von dieser beauftragte Bedienstete oder einen von dieser beauftragten Bediensteten.[2]Abweichend von Satz 1 bedarf der Einsatz von V-Personen, der sich gegen eine bestimmte Person richtet, und von VE-Personen mit einer auf Dauer angelegten Legende einer richterlichen Anordnung.[3]Bei Gefahr im Verzug kann die Anordnung nach Satz 2 auch durch die Behördenleitung oder eine von dieser beauftragte Bedienstete oder einen von dieser beauftragten Bediensteten schriftlich getroffen werden.[4]Ist eine Anordnung nach Satz 3 ergangen, so ist unverzüglich die richterliche Bestätigung der Anordnung zu beantragen; die Anordnung tritt außer Kraft, soweit sie nicht binnen drei Tagen richterlich bestätigt wird.[5]Eine Anordnung muss die Personen, gegen die sich der Einsatz richten soll, so genau bezeichnen, wie dies nach den zur Zeit der Anordnung vorhandenen Erkenntnissen möglich ist.[6]Art, Umfang und Dauer des Einsatzes sind festzulegen und die wesentlichen Gründe anzugeben.[7]Eine Verlängerung ist zulässig, soweit die Voraussetzungen fortbestehen.[8]Für eine richterliche Anordnung ist das Amtsgericht zuständig, in dessen Bezirk die Polizeibehörde ihren Sitz hat; für das Verfahren gilt § 39 Abs. 1 Satz 3.[9]Die Staatsanwaltschaft ist unverzüglich über eine Anordnung nach Satz 2 zu unterrichten.

Überblick

Auszug aus der VVHSOG (nicht an die aktuelle Gesetzeslage angepasst und gem. Erlass des Hessischen Ministeriums des Innern und für Sport v. 29.11.2022 (StAnz. 50/2022, 1384) zum 1.1.2025 mangels eines erneuten Verlängerungserlasses ersatzlos außer Kraft getreten):

Zu § 16

16. Datenerhebung durch Einsatz von Personen, deren Zusammenarbeit mit Polizeibehörden Dritten nicht bekannt ist, und durch verdeckt ermittelnde Personen

16.1 Zu Abs. 1

Die V-Person gehört der Polizeibehörde nicht an. Sie kann unter den Voraussetzungen des § 15 Abs. 2 Satz 1 verdeckt Daten erheben.

16.2 Zu Abs. 2

16.2.1

Die Vorschrift regelt die Voraussetzungen des Einsatzes einer VE-Person. Als VE-Person darf nur eine für diese Funktion geeignete Polizeivollzugsbeamtin oder ein geeigneter Polizeivollzugsbeamter eingesetzt werden.

16.2.2

Die Vorgehensweise der VE-Person unterliegt hinsichtlich der Strafverfolgung dem Legalitätsprinzip. Erhält sie im Rahmen ihrer Tätigkeit Kenntnis von Straftaten, hat die VE-Person unverzüglich ihre Dienststelle zu unterrichten.

Diese hat sodann in Absprache mit der Staatsanwaltschaft die erforderlichen Maßnahmen zur Strafverfolgung zu treffen. Im Einzelfall hat die VE-Person im Wege der Rechtsgüterabwägung zu entscheiden, ob sie unter Preisgabe ihrer Legende notwendige Sofortmaßnahmen vornimmt.

16.3 Zu Abs. 3

16.3.1

Zunächst ist zu prüfen, ob andere Maßnahmen mit Ausnahme der in den §§ 15, 15a und 17 genannten erheblich weniger Erfolg versprechen würden oder die polizeiliche Aufgabenerfüllung mit Hilfe anderer Maßnahmen wesentlich erschwert würde. Die Datenerhebung wird nicht dadurch unzulässig, dass dritte Personen betroffen werden, wenn dies unerlässlich ist, um die Datenerhebung nach Abs. 1 und 2 durchführen zu können.

16.3.2

Im Hinblick auf Abs. 3 Satz 3 ist es zulässig, dass andere Behörden auf Ersuchen der Polizeibehörde entsprechende Urkunden verändern oder ausstellen, die für den Aufbau und die Aufrechterhaltung der Legende der VE-Personen dringend benötigt werden. Die Ersuchen sind unter Hinweis auf § 16 Abs. 3 an die Leitung der ersuchten Behörde zu richten.

16.3.3

Die VE-Person darf zur Erfüllung ihres Auftrags unter der Legende bei öffentlichen Stellen auftreten und privatrechtliche Vereinbarungen treffen. Durch die unter der Legende erfolgte Teilnahme am Rechtsverkehr darf den Vertragspartnerinnen und Vertragspartnern kein wirtschaftlicher Schaden entstehen.

16.5 Zu Abs. 5

16.5.1

Die Anordnung über den Einsatz von V-Personen trifft die Behördenleitung oder eine von dieser beauftragte Bedienstete oder ein von dieser beauftragter Bediensteter. Bei Gefahr im Verzug kann der Einsatz auch durch andere Bedienstete einer Polizeibehörde erfolgen. Die Staatsanwaltschaft ist unverzüglich über die Anordnung des Einsatzes einer V-Person zu unterrichten.

16.5.2

Im Hinblick auf die Anordnung eines Einsatzes einer VE-Person mit einer Legende, die nicht auf Dauer angelegt ist, gilt Nr. 16.5.1 entsprechend. Eine VE-Person wird mit einer auf Dauer angelegten Legende tätig, wenn die Legende auch noch nach dem Abschluss des Einsatzes gewahrt werden soll.

16.5.3

Der Einsatz einer VE-Person mit einer auf Dauer angelegten Legende bedarf der richterlichen Anordnung. Dies gilt nicht, wenn Gefahr im Verzug vorliegt. In diesem Fall ist auch die Behördenleitung oder eine von dieser beauftragte Bedienstete oder ein von dieser beauftragter Bediensteter zur Anordnung befugt; es ist jedoch unverzüglich die richterliche Bestätigung der Anordnung zu beantragen, weil diese außer Kraft tritt, wenn sie nicht binnen drei Tage richterlich bestätigt wird. Die Staatsanwaltschaft ist unverzüglich über den richterlich oder behördlich angeordneten Einsatz einer VE-Person mit einer auf Dauer angelegten Legende zu unterrichten.

Die Vorschrift des § 16 ist die spezielle Ermächtigungsnorm für die Datenerhebung durch den Einsatz von Personen, deren Zusammenarbeit mit Polizeibehörden Dritten nicht bekannt ist, und durch verdeckt ermittelnde Polizeivollzugsbeamten. Die Vorschrift war durch das Gesetz zur Neuausrichtung des Verfassungsschutzes in Hessen v. 25.6.2018 (HessGVBl. 302) wesentlich geändert worden. Eine weitere Umgestaltung erfolgte durch Gesetz v. 29.6.2023 (HessGVBl. 456).

Die zu § 16 erlassene Verwaltungsvorschrift (Nr. 16 ff. VVHSOG) befand sich bis zu ihrem Außerkrafttreten zum 1.1.2025 auf dem Stand v. 10.11.2015 (StAnz 1226), hatte also die Änderungen nicht nachvollzogen.

Übersicht

A. Allgemeines

I. Zweck und Entstehung der Norm

1 § 16 regelt mit dem Einsatz von Personen, deren Zusammenarbeit mit Polizeibehörden Dritten nicht bekannt ist (V-Personen), und dem Einsatz von verdeckt ermittelnde Polizei-

vollzugsbeamten (VE-Personen) weitere besonders eingriffsintensive Formen der Datenerhebung zu präventiv-polizeilichen Zwecken.

Die Vorschrift steht in engem Zusammenhang mit der des § 15, an die sie tatbestandlich anknüpft und damit deren Rechtsfolgen um den Einsatz von V-Personen und verdeckten Ermittlern ergänzt. 2

Die Vorschriften der §§ 15, 16 sind mit dem Gesetz zur Änderung des Hessischen Gesetzes über die öffentliche Sicherheit und Ordnung und anderer Gesetze v. 14.12.2009 (HessGVBl. I 635) und dem Gesetz zur Neuausrichtung des Verfassungsschutzes in Hessen v. 25.6.2018 (HessGVBl. 302) um weitreichende Eingriffe in das Brief-, Post- und Fernmeldegeheimnis sowie das Recht auf Vertraulichkeit und Integrität informationstechnischer Systeme erweitert worden (§§ 15a, 15b, 15c). 3

In diesen Regelungen kommt im hessischen Polizeirecht zum einen die in der rechtspolitischen Debatte beschriebene und kritisierte „Vergeheimdienstlichung" der Polizei (Einräumung verdeckter informationeller Vorfeldbefugnisse) in besonderem Maße zum Ausdruck (vgl. Lisken/Denninger PolR-HdB/Bäcker B Rn. 252 ff.; → § 15 Rn. 2, → SystVorbPolRDe Rn. 65, dort auch mwN zur zeitgleichen „Verpolizeilichung der Nachrichtendienste" (Indienstnahme für die Verbrechensbekämpfung)). 4

Zum anderen nähert sich das Polizeirecht mit ihnen dem Strafverfahrensrecht an, in dem solche nachrichtendienstlichen Mittel ebenfalls zunehmend zum Einsatz kamen und kommen. 5

Die Vorschrift des § 16 war allerdings in anderem Wortlaut bereits in der Neufassung des HSOG v. 26.6.1990 (HessGVBl. I 197, 534) enthalten, womit eine Befugnis zum Einsatz verdeckter Ermittler im hessischen Polizeirecht bereits vor ihrer Aufnahme in die StPO (§ 110a StPO) vorgesehen waren. 6

Durch die Gesetze v. 25.6.2018 (GVBl. 302) und v. 29.6.2023 (HessGVBl. 456) wurde sie jeweils an mehreren Stellen umgestaltet. Die letztgenannte Änderung verfolgte insbesondere das Ziel, die Norm an die verfassungsrechtlichen Vorgaben hinsichtlich des Schutzes des Kernbereichs privater Lebensgestaltung anzupassen (→ Rn. 9 ff). 7

Da diese Änderung an einen Beschluss des BVerfG v. 9.12.2022 anknüpft, war sie um ursprünglichen Gesetzentwurf (LT-Drs. 20/8129) noch nicht enthalten, sondern erst in einem der Änderungsanträge vorgesehen (LT-Drs. 20/10821, 42 (30 f.)). 7.1

II. Betroffene Grundrechte

Da der Einsatz von V- und VE-Personen auf die Erhebung personenbezogener Daten zielt, wird mit ihm zunächst in das seit dem Volkszählungsurteil des BVerfG v. 15.12.1983 (BVerfGE 65, 1 = NJW 1984, 419) aus Art. 2 Abs. 1 GG iVm Art. 1 Abs. 1 GG abzuleitende Recht auf informationelle Selbstbestimmung (vgl. auch Art. 12a HessVerf) eingegriffen (vgl. auch BVerfG NJW 2022, 1583 (1610 Rn. 337 ff. (VE-Personen) und Rn. 349 ff. (V-Personen); BVerfG GZS 2023, 98 Rn. 88 ff., Rn. 104 ff.). 8

Wie das Bundesverfassungsgericht (BVerfG GZS 2023, 98 ff.) jüngst betonte, wiegen diese Eingriffe potentiell schwer, weil sie auf die staatliche Ausnutzung persönlichen Vertrauens zur Überwindung von Geheimhaltungsinteressen gerichtet sind. 9

Vgl. BVerfG GZS 2023, 98 (99 f. Rn. 105): 9.1
„Erlangen verdeckt ermittelnde Mitarbeiterinnen und Mitarbeiter des Staates bei ihrem Einsatz personenbezogene Daten, kann das in das Grundrecht auf informationelle Selbstbestimmung (Art. 2 I i.V.m. Art. 1 I GG) eingreifen, wenn in einer Kommunikationsbeziehung zu einem Grundrechtsträger ein schutzwürdiges Vertrauen in die Identität und die Motivation seines Kommunikationspartners ausgenutzt wird, um persönliche Daten zu erheben, die der Staat ansonsten nicht erhalten würde (vgl. BVerfG, Urt. v. 26.4.2022 – 1 BvR 1619/17, Rn. 338 m. w. N.; s. auch BVerfGE 120, 274 [345] m. w. N.). Nutzt der Staat persönliches Vertrauen aus, um Geheimhaltungsinteressen zu überwinden, kann das sehr schwer wiegen (vgl. BVerfG, Urt. v. 26.4.2022 – 1 BvR 1619/17, Rn. 340 f. m. w. N.; vgl. auch BVerfGE 141, 220 (289 f. Rn. 160); 156, 270 (302 Rn. 100) – Amri-Untersuchungsausschuss (Benennung von V-Personen-Führer)). Auch beim Einsatz von Vertrauenspersonen liegt ein Eingriff in das Grundrecht auf informationelle Selbstbestimmung darin, dass die Vertrauensperson die vermeintliche Vertrauensbeziehung ausnutzt, um von einer anderen Person Informationen zu erlangen, die sie ansonsten nicht erhalten würde (vgl. BVerfG, Urt. v. 26.4.2022 – 1 BvR 1619/17, Rn. 350). Auf Dauer sind

Einsätze von Vertrauenspersonen in der Tendenz nicht weniger eingriffsintensiv als Einsätze verdeckt ermittelnder Mitarbeiterinnen und Mitarbeiter des Staates. Hier kann eine ursprünglich tatsächlich bestehende Vertrauensbeziehung durch staatliche Intervention einseitig heimlich gebrochen und in ein von Überwachung geprägtes Verhältnis verwandelt werden (BVerfG, Urt. v. 26.4.2022 – 1 BvR 1619/17, Rn. 351)."

10 Insbesondere können im Hinblick auf die entstehenden persönlichen Bindungen auch Informationen erlangt werden, die dem aus der Menschenwürde abzuleitenden unantastbaren Kernbereich privater Lebensgestaltung (dazu näher schon → SystVorbPolRDe Rn. 60, → § 15 Rn. 138 ff.) unterfallen.

10.1 Vgl. BVerfG GZS 2023, 98 (99 f. Rn. 106):
„Je tiefer die vermeintliche Vertrauensbeziehung zu der verdeckt ermittelnden Person oder der Vertrauensperson ist, umso größer ist auch die Gefahr, dass diesen gegenüber kernbereichsrelevante Informationen preisgegeben werden. Anders als bei anderen heimlichen Maßnahmen wird nicht lediglich passiv überwacht. Der Einsatz von verdeckt Ermittelnden und Vertrauenspersonen kann sich auf die gesamte Lebensgestaltung der Betroffenen richten und unter Umständen sogar aktiv Einfluss auf diese nehmen. Je intensiver sie in das Leben der überwachten Person einbezogen sind und daran teilhaben, umso wahrscheinlicher ist es, dass sie auch Informationen erlangen, die dem Kernbereich zugerechnet werden müssen."

11 Dieser Kernbereich privater Lebensgestaltung kann beim Einsatz von V- und VE-Personen auch unabhängig vom Inhalt der erlangten Informationen bereits dadurch tangiert sein, dass auf staatliche Veranlassung privateste Beziehungen auf täuschungsbedingter Grundlage begründet werden und/oder anhalten.

11.1 Vgl. BVerfG GZS 2023, 98 (99 f. Rn. 107):
„Darüber hinaus kann eine Interaktion von verdeckt Ermittelnden und Vertrauenspersonen mit einer Zielperson unter besonderen Voraussetzungen bereits als solche den Kernbereich privater Lebensgestaltung berühren, ohne dass es noch auf den Inhalt der hierdurch erlangten Informationen ankäme. Jedenfalls wenn zum Aufbau oder zum Erhalt des notwendigen Vertrauensverhältnisses intime Beziehungen oder vergleichbar engste persönliche Bindungen, die ansonsten nur Familienangehörige, Partner oder allerengste Freunde haben, begründet oder fortgeführt würden, griffe dies in aller Regel schon deshalb in den Kernbereich privater Lebensgestaltung der Zielperson ein, weil staatlich veranlasst privateste Beziehungen auf täuschungsbedingter Grundlage entstünden oder anhielten. Die Zielperson ließe sich darauf zwar freiwillig ein, würde aber im privatesten Bereich über die Motive oder sogar über die Identität ihres Gegenübers getäuscht. Bereits dieses irrtumsbefangene Eingehen oder Aufrechterhalten allerengster persönlicher Beziehungen kann tief in den Kernbereich der privaten Lebensgestaltung eingreifen. Jedenfalls derart private Interaktionen zwischen verdeckt Ermittelnden oder Vertrauenspersonen und Überwachten berühren regelmäßig bereits als solche den Kernbereich privater Lebensgestaltung, wenn sie auf einer Täuschung über die vom staatlichen Überwachungsauftrag geprägte Identität oder Motivlage ihres Gegenübers beruhen (vgl. dazu Wissenschaftlicher Dienst des Deutschen Bundestags, Einsatz verdeckter Ermittler – Grenzen ermittlungstaktischer Maßnahmen, 25.11.2015, WD 3 – 3000 – 292/15, S. 6; Hohnerlein, NVwZ 2016, 511 (514); Decker, Der V-Manneinsatz durch Polizei und Verfassungsschutz, 2018, S. 72 ff.; Roggan, GSZ 2019, 111 (113); Graulich in Lisken/Denninger, Handbuch des Polizeirechts, 6. Aufl. 2018, Abschnitt E, Rn. 749)."

12 Vor diesem Hintergrund muss der Gesetzgeber bei der Ausgestaltung von Ermächtigungsgrundlagen für die Datenerhebung durch V- und VE-Personen sowohl auf der Ebene der Datenerhebung als auch auf der Ebene der Aus- und Verwertung der gewonnenen Informationen normenklare Vorgaben vorsehen, die den Schutz des Kernbereichs privater Lebensgestaltung gewährleisten.

12.1 Vergleiche BVerfG GZS 2023, 98 Rn. 108: „Der Schutz des Kernbereichs privater Lebensgestaltung ist strikt und darf nicht durch Abwägung mit Sicherheitsinteressen nach Maßgabe des Verhältnismäßigkeitsgrundsatzes relativiert werden. Dies bedeutet zwar nicht, dass jede tatsächliche Erfassung von höchstpersönlichen Informationen stets einen Verfassungsverstoß oder gar eine Menschenwürdeverletzung begründet. Jedoch muss dem Kernbereichsschutz bei der Durchführung von Überwachungsmaßnahmen auf zwei Ebenen Rechnung getragen werden. Zum einen sind auf der Ebene der Datenerhebung Vorkehrungen zu treffen, die nach Möglichkeit ausschließen, dass Kernbereichsinformationen miterfasst werden. Zum anderen sind auf der Ebene der nachgelagerten Auswertung und Verwertung die Folgen eines dennoch erfolgten Eindringens in den Kernbereich privater Lebensgestaltung strikt zu minimieren. Der Kernbereich privater Lebensgestaltung setzt allen Überwachungsmaßnahmen Grenzen. Können sie typischerweise zur Erhebung kernbereichsrelevanter Daten führen, muss der Gesetzgeber Regelungen schaffen, die einen wirksamen Schutz normenklar gewährleisten. Außerhalb solch verletzungsgeneigter Befugnisse ist eine ausdrückliche Regelung nicht erforderlich (vgl. BVerfG, Urt. v. 26.4.2022 – 1 BvR 1619/17, Rn. 277 f. m. w. N.; st. Rspr). Der Einsatz von Vertrauenspersonen und verdeckt Ermittelnden kann typischerweise zur Erhebung kernbereichsrelevanter Daten führen oder schon an sich kernbereichsrelevant sein. Daher ist der Gesetzgeber hier zur Regelung eines normenklaren Kernbereichsschutzes verpflichtet."

Diesem Anliegen diente die Neufassung der Vorschrift durch Gesetz v. 29.6.2023 (HessGVBl. 456). 13

III. Parallelvorschriften

Parallelvorschriften zum Einsatz von V-Personen finden sich in zahlreichen Polizeigesetzen (vgl. nur § 49 Abs. 1, 2 Nr. 5 BWPolG, § 36 Abs. 1 S. 1 NPOG, § 19 PolG NRW, Art. 38 BayPAG). Diese weichen allerdings inhaltlich hinsichtlich der Voraussetzungen und Rechtsfolgen teilweise von der hessischen Rechtslage ab. Das BPolG enthält keine Entsprechung. 14

Obwohl der Einsatz von V-Personen in der Praxis sehr viel häufiger mit strafverfolgender als mit präventiver Zielrichtung erfolgt, hat er in der StPO bisher noch immer keine Regelung gefunden. 15

Der Einsatz erfolgt in diesem Bereich alleine auf der Grundlage der „Gemeinsame[n] Richtlinien der Justizminister/-senatoren und er Innenminister/-senatoren der Länder über die Inanspruchnahme von Informanten sowie über den Einsatz von Vertrauenspersonen (V-Personen) und Verdeckten Ermittlern im Rahmen der Strafverfolgung"; abgedruckt bei Meyer-Goßner/Schmitt Anhang 12 RistBV Anlage D Rn. 2290 ff.). 15.1

Auch zum Einsatz von VE-Personen finden sich in zahlreichen Polizeigesetzen Parallelvorschriften (vgl. nur § 49 Abs. 1, 2 Nr. 5 BWPolG, Art. 33 Abs. 1 Nr. 3 BayPAG, Art. 35 BayPAG, § 36a NPOG, § 20 PolG NRW). Auch diese weichen inhaltlich hinsichtlich der Voraussetzungen und Rechtsfolgen teilweise von der hessischen Rechtslage ab. Das BPolG enthält auch hier keine Entsprechung. 16

In der StPO ist der Einsatz von VE-Personen zum Zweck der Strafverfolgung in den Vorschriften der §§ 110a, 110b StPO geregelt. Eine Rechtsgrundlage für den Einsatz von V-Personen findet sich nicht (ein Regelungsvorschlag findet sich bei Soiné ZRP 2021, 47 ff.); insoweit existiert lediglich die als Verwaltungsvorschrift einzustufende Anlage D RIStBV (→ Rn. 15.1). 17

B. Einzelkommentierung

Während die Vorschrift des Abs. 1 den – zunächst von ihr definierten – Einsatz von V-Personen regelt, enthält Abs. 2 die Befugnis für den Einsatz von (ebenfalls legal definierten) verdeckten Ermittlern. 18

Abs. 3 sieht sodann eine Subsidiaritätsklausel, eine Adressatenregelung sowie eine erste Regelung bezüglich des Kernbereichs privater Lebensgestaltung vor. 19

Diese Regelung wird sodann in Abs. 4–7 durch ausführliche Vorgaben für den Schutz privater Lebensgestaltung bei der Planung des Einsatzes von V- oder VE-Personen (Abs. 4 S. 1), hinsichtlich des Ziels des Einsatzes (Abs. 4 S. 2) und des Verhaltens der V- und VE-Personen bei dessen Durchführung (Abs. 4 S. 3 und 4). Weitere Vorgaben für Durchführung des Einsatzes und den Umgang mit planwidrig erlangten Erkenntnissen aus dem Kernbereich enthalten Abs. 5, 6 und 7. 20

Begleitbefugnisse für die Herstellung von Papieren für und die Teilnahme am Rechtsverkehr durch VE-Personen sowie die Befugnis zum Betreten von Wohnungen und deren Reichweite regelt enthält sodann Abs. 8. 21

Abs. 9 enthält schließlich die besonderen Form- und Verfahrensvorschriften für den Einsatz von V- und VE-Personen durch die Polizei. 22

I. Einsatz von V-Personen (Abs. 1)

23 V-Personen iSd Abs. 1 – definiert als Personen, deren Zusammenarbeit mit der Polizei Dritten nicht bekannt ist – sind solche Personen, die nicht Angehörige der Polizeibehörden (oder der Staatsanwaltschaft) sind, gleichwohl aber bereit sind, diese bei ihren Aufgaben (hier den gefahrenabwehrenden) zu unterstützten.

24 Praktisch erfolgt dies – wenn es nicht strafprozessual geschieht (→ Rn. 15 f.) – zumeist zur vorbeugenden Bekämpfung von Straftaten iSd § 1 Abs. 4. Zumeist erfolgt die Zusammenarbeit als vertrauliche über längere Zeit. Die Identität der V-Personen wird von den Polizeibehörden grundsätzlich geheim gehalten (vgl. Kopp/Schenke VwGO § 99 Rn. 12 mwN).

25 V-Leute sind gleichsam „freie Mitarbeiter" der Polizei. Im Außenverhältnis arbeiten sie gleichwohl nicht im rechtsfreien Raum, sondern werden, ohne dass ihnen hoheitliche Befugnisse übertragen sind, als verlängerter Arm der Polizei auf dem Boden des öffentlichen Rechts tätig; das Innenverhältnis richtet sich nach zivilrechtlichen Bestimmungen.

26 V-Leute in diesem Sinne sind abzugrenzen von Gelegenheitsinformanten aus dem „Milieu" (etwa Gastwirten, Kellnern, Türstehern, Taxifahrern), die eben nicht auf Dauer, sondern nur vereinzelt Informationen liefern. Eine klare Unterscheidung ist freilich nicht immer möglich.

27 Der „Einsatz" iSd Abs. 1 iVm Abs. 3 S. 1 erfordert in jedem Fall eine gezielte Beauftragung durch die Polizeibehörden.

28 Tatbestandlich ist der Einsatz von V-Personen kraft der Verweisung des Abs. 1 S. 2 daran geknüpft, dass die Datenerhebung über die in § 15 Abs. 2 S. 1 genannten Personen zu den genannten Zwecken erfolgt.

29 Ohne diese Verweisung würde sich die Vorschrift wie folgt lesen: „Die Polizeibehörden können durch Personen, deren Zusammenarbeit mit ihnen Dritten nicht bekannt ist (V-Personen), personenbezogene Daten erheben

1. auch über andere als die in den §§ 6 und 7 genannten Personen, wenn dies zur Abwehr einer Gefahr für Leib, Leben oder Freiheit einer Person oder für solche Güter der Allgemeinheit, deren Bedrohung die Grundlagen oder den Bestand des Bundes oder eines Landes oder die Grundlagen der Existenz der Menschen berührt, erforderlich ist,
2. über Personen, wenn bestimmte Tatsachen die Annahme rechtfertigen, dass sie innerhalb eines übersehbaren Zeitraumes auf eine zumindest ihrer Art nach konkretisierte Weise eine Straftat mit erheblicher Bedeutung begehen werden, und dies zur Verhütung dieser Straftat erforderlich ist,
3. über Personen, deren individuelles Verhalten die konkrete Wahrscheinlichkeit begründet, dass sie innerhalb eines übersehbaren Zeitraumes eine terroristische Straftat begehen werden, und dies zur Verhütung dieser Straftat erforderlich ist,
4. über Personen, wenn Tatsachen die Annahme rechtfertigen, dass
   a) sie mit Personen nach Nr. 2 nicht nur flüchtig oder in zufälligem Kontakt in Verbindung stehen,
   b) sie von der Planung oder der Vorbereitung von Straftaten der in Nr. 2 genannten Art oder der Verwertung der Tatvorteile Kenntnis haben oder daran mitwirken oder die Personen nach Nr. 2 sich ihrer zur Begehung dieser Straftaten bedienen könnten oder werden und
   c) die Datenerhebung zur Verhütung dieser Straftaten erforderlich ist,
5. über die in § 13 Abs. 2 Nr. 5 genannten Personen, wenn Tatsachen die Maßnahme zum Schutz der gefährdeten Person rechtfertigen." (vgl. zu den damit vorgesehenen Tatbestandsvoraussetzungen eing. → § 15 Rn. 36 ff.)

30 Abs. 1 enthält damit zugleich eine normimmanente Adressatenregelung (vgl. → § 12 Rn. 35, → § 13 Rn. 59).

II. Verdeckt ermittelnde Polizeibeamte (Abs. 2)

31 Der verdeckte Ermittler ist im Unterschied zur V-Person Angehöriger der Polizeibehörden. In der Praxis handelt es sich um besonders ausgewählte und ausgestattete Polizeivollzugsbeamte, die unter eine Legende, also veränderter Identität, insbesondere falschem Namen und erfundenem, eventuell auch fremdem Lebenslauf (vgl. Fredrich Rn. 4) Kontakte zu einer (vermutlich) kriminellen Szene aufnehmen, um Informationen über mögliche Maß-

nahmen zur vorbeugenden Bekämpfung von Straftaten (bzw. im häufigeren Fall des repressiven Vorgehens (→ Rn. 15 ff.) zur Strafverfolgung) zu gewinnen.

Auch die wahre Identität von VE-Personen wird im Strafverfahren regelmäßig geheim gehalten (vgl. → Rn. 24), wobei jedoch die Rechtsprechung die Anforderungen an sog. Sperrerklärungen entsprechend § 96 StPO bzw. § 99 VwGO tendenziell verschärft hat (vgl. VGH Kassel BeckRS 2013, 52799; 2013, 57210; BVerwG BeckRS 2014, 49586; LG Mannheim BeckRS 2012, 15309; VG Berlin BeckRS 2014, 47540). **32**

Praktisch sollen Verdeckte Ermittler straff geführt und nur mit konkretem Ermittlungsauftrag zeitlich begrenzt operativ eingesetzt werden (vgl. zu den Einzelheiten auch Nr. 16.2.3 VVHSOG). **33**

Damit soll ein klarer Trennungsstrich zum sog. undercover agent amerikanischer Prägung gezogen werden; bei einen solchen handelt es sich um einen Polizeibeamten, der langfristig ohne konkreten Ermittlungsauftrag in die kriminelle Szene eingeschleust wird, dort frei agieren darf und ggf. auch Straftaten begehen kann. Der verdeckte Ermittler ist dagegen nicht befugt, in Wahrnehmung seiner „Rolle" Straftaten zu begehen. Allenfalls ausnahmsweise kann die Berufung auf die Notstandsbestimmung des § 34 StGB Rechtsverstöße strafrechtlich rechtfertigen, etwa bei erheblicher eigener Gefährdung. **33.1**

Abzugrenzen ist der verdeckte Ermittler von Polizeivollzugsbeamten, die sich in der jeweiligen Szene „umhören" und – etwa als Gast getarnt – Informationen aus Lokalen einholen oder in einem einzelnen Fall als sog. Scheinaufkäufer (von Betäubungsmitteln) auftreten. Es handelt sich hier zwar um eine verdeckte Maßnahme (vgl. dazu → § 13 Rn. 167 ff.) – aber mangels einer Legende – nicht um den Einsatz eines Verdeckten Ermittlers iSd § 16. **34**

Die polizeiliche Praxis spricht in diesen Fällen vom dem nicht offen ermittelnden Polizeibeamten (NoeP). Ähnlich wie im Fall der kurzfristigen Observation (→ § 15 Rn. 26) sind die höheren Eingriffsvoraussetzungen mit dem Überschreiten einer bestimmten Eingriffsintensität verbunden, die in diesen Fällen (noch) nicht vorliegt. **35**

Die Datenerhebung durch einen sog. nicht offen ermittelnden (aber auch nicht „legendierten") Polizeibeamten ist daher eine Maßnahme nach § 13 Abs. 1 oder (zumeist) § 13 Abs. 2, die allerdings nur zulässig ist, wenn die – hier stets einschlägigen – zusätzlichen Anforderungen des § 13 Abs. 6 und Abs. 7 eingehalten sind. **36**

Tatbestandlich konnte bis zur Änderung durch das Gesetz zur Neuausrichtung des Verfassungsschutzes in Hessen v. 25.6.2018 (HessGVBl. 302) eine VE-Person nach Abs. 2 eingesetzt werden, also personenbezogene Daten auch über andere als die in den §§ 6 und 7 genannten Personen erhoben werden, wenn dies zur Abwehr einer Gefahr für Leib, Leben oder Freiheit einer Person erforderlich war oder tatsächliche Anhaltspunkte die Annahme rechtfertigen, dass in § 15 Abs. 2 S. 1 genannte Straftaten begangen werden sollen und dies zur Verhütung dieser Straftaten erforderlich war. Nunmehr hat der Gesetzgeber die damit vorhandene tatbestandliche Differenzierung zwischen dem Einsatz von V- und VE-Personen aufgegeben und den Einsatz ebenfalls unmittelbar an das Vorliegen der Voraussetzungen des § 15 Abs. 1 S. 1 geknüpft (vgl. zu den sich daraus ergebenden Tatbestandsvoraussetzungen → Rn. 28 f.). **37**

Abs. 2 enthält damit zugleich eine normimmanente Adressatenregelung (vgl. → § 12 Rn. 35, → § 13 Rn. 59, → § 15 Rn. 36, → § 18 Rn. 72). **38**

III. Subsidiarität; Betroffenheit Unbeteiligter; Unzulässigkeit bei ausschließlicher Kernbereichsrelevanz (Abs. 3)

In Abs. 3 wurde durch Gesetz v. 29.6.2023 (HessGVBl. 456) die zuvor seit 2018 in S. 1 enthalten Bezugnahme auf § 12 Abs. 2, die dem Schutz von Zeugnisverweigerungsberechtigten diente, gestrichen. **39**

Der Schutz zeugnisverweigerungsberechtigter Berufsgeheimnisträger ist nunmehr in § 12a verortet, dessen Anwendungsbereich sich nach Abs. 1 S. 1 ausdrücklich auf den Einsatz von V- und VE-Personen erstreckt (→ § 12a Rn. 1 ff.). **40**

Zuvor war der Einsatz von V- und VE-Personen kraft des Verweises auf § 12 Abs. 2 auf Fälle beschränkt, in denen die Betroffenen eine Auskunftspflicht nach Maßgabe dieser Vorschrift (iE → § 12 Rn. 38 ff.) haben. Damit sollte der - nunmehr in § 12a verortete - Schutz zeugnisverweigerungsberechtigter Personen vor entsprechenden Maßnahmen gewährleistet werden, den das BVerfG 2016 in seinem Urteil zum BKAG (NJW 2016, 1781 Rn. 131 f.) angemahnt hatte (vgl. auch LT-Drs. 19/6502, 40). **40.1**

41 Die Subsidiaritätsklausel des Abs. 3 S. 1, wonach die Datenerhebung durch den Einsatz von V-Personen oder VE-Personen nur zulässig ist, wenn andere Maßnahmen mit Ausnahme der in den §§ 15, 15a und 17 genannten erheblich weniger Erfolg versprechen würden oder die polizeiliche Aufgabenerfüllung mit Hilfe anderer Maßnahmen wesentlich erschwert würde, entspricht der des § 15 Abs. 2 S. 2 (vgl. iE → § 15 Rn. 55 ff.).

42 Des Weiteren enthält Abs. 3 S. 2 die innerhalb der Datenerhebungsbefugnisse verbreitete Adressatenregelung, wonach im Rahmen Aufgabenerfüllung personenbezogene Daten auch über dritte Personen erhoben werden können, soweit dies unerlässlich ist, um die Datenerhebung nach Abs. 1 und Abs. 2 durchführen zu können (vgl. zu diesen Klauseln und ihrer Problematik bereits eing. → § 15 Rn. 57 ff.).

43 Nach Abs. 3 S. 3 ist der Einsatz von V- und VE-Personen unzulässig, wenn tatsächliche Anhaltspunkte vorliegen, dass durch diesen Einsatz allein Erkenntnisse aus dem Kernbereich privater Lebensgestaltung (dazu schon → Rn. 10, sowie → SystVorbPolRDe Rn. 60, → § 15 Rn. 138 ff.) erlangt würden. Diese Regelung sollte ab 2018 zusammen mit der des Abs. 3 S 4 aF in die Norm aufgenommen worden, um den diesbezüglichen Anforderungen aus dem Urteil des BVerfG zum BKAG (NJW 2016, 1781 Rn. 175 ff.) Rechnung tragen. Die Formulierung entspricht der des § 15 Abs. 4 S. 4 und war und ist insoweit bedenklich, als sie die Unzulässigkeit auf die – tatsächlich kaum denkbaren – Fälle beschränkt, in denen alleine Erkenntnisse aus dem Kernbereich erlangt würden (vgl. auch → § 15 Rn. 144).

44 Unklar ist, warum Abs. 3 S. 3 trotz der Änderung durch Gesetz v. 29.6.2023 (HessGVBl. 456), mit der in Anknüpfung an die Vorgaben aus BVerfG GZS 2023, 98 ff. (näher dazu → Rn. 9 ff.) in Abs. 5–7 ausführliche (weitere) Regelungen zum Kernbereichsschutz geschaffen wurden, unverändert beibehalten wurde. Zu den neuen Regelungen steht Abs. 3 S. 3, als diese mit Blick auf die jüngste Entscheidung des Bundesverfassungsgerichts einen deutlich sensibleren Umgang mit dem Kernbereichsschutz beinhalten.

IV. Berücksichtigung des Kernbereichsschutzes bei der Einsatzplanung (Abs. 4 S. 1 und 2)

45 Abs. 4 S. 1 regelt nunmehr, dass die Unantastbarkeit des Kernbereichs privater Lebensgestaltung (→ Rn. 10 sowie → SystVorbPolRDe Rn. 60, → § 15 Rn. 138 ff.) bereits bei der Planung des Einsatzes von V- und VE-Personen zu berücksichtigen ist. Diese ist darauf auszurichten, dass bei dem Einsatz Situationen vermieden werden, bei denen regelmäßig Erkenntnisse aus dem Kernbereich privater Lebensgestaltung gewonnen werden. Dies impliziert etwa die Vermeidung von Kontakten in Privatwohnungen und/oder Gesprächssituationen, in denen typischerweise innere Vorgänge wie Empfindungen und Gefühle sowie Überlegungen, Ansichten und Erlebnisse höchstpersönlicher Art (vgl. zur Definition des Kernbereichs insoweit insbesondere BVerfGE 109, 279 (313)) zum Ausdruck gebracht werden (könnten).

46 Eine im Lichte der Rechtsprechung des Bundesverfassungsgerichts als schlichte Selbstverständlichkeit zu betrachtende Aussage enthält sodann Abs. 4 S. 2 mit der Vorgabe, dass bei einem gegen eine Person gerichteten Einsatz unter keinen Umständen der Kernbereich zum Ziel des Einsatzes gemacht werden darf.

47 Abgesehen davon, dass eine Erhebung personenbezogener Daten aus dem Kernbereich privater Lebensgestaltung kaum je zur Erfüllung der mit der Datenerhebung verfolgten polizeilichen Aufgaben beigetragen werden dürfte, fällt an der Formulierung des Abs. 4 S. 2 die Wendung „gegen eine Person gerichteten Einsatz" auf; das Gegenstück hierzu – ein Einsatz von V- oder VE-Personen ohne Zielperson(en) – erscheint (ebenfalls) kaum denkbar.

V. Kernbereichsschutz bei der Durchführung des Einsatzes (Abs. 4 S. 3 und 4, Abs. 5 bis Abs. 7)

48 Welche Situationen im Sinne von Abs. 4 S. 1 (→ Rn. 45) besonders kernbereichsrelevant sind, exemplifiziert Abs. 4 S. 3 sodann mit der Vorgabe, dass während des Einsatzes insbesondere keine intimen Beziehungen oder engste persönliche Bindungen zum Aufbau oder zum Erhalt eines Vertrauensverhältnisses begründet oder fortgeführt werden dürfen.

Robuster formuliert ist diese Vorgabe für VE-Personen in § 47 Abs. 2 S. 4 BremPolG: „Eine verdeckt ermittelnde Person darf unter der Legende keine sexuellen Handlungen vornehmen oder an sich vornehmen lassen und keine Liebesverhältnisse eingehen.“ 48.1

Entstehen solche Bindungen dennoch, ist der Einsatz gegen die Person nach Abs. 4 S. 4 abzubrechen. Mit diesem Verbot sowie der Folge seiner Nichtumsetzung trägt die Regelung der Feststellung des Bundesverfassungsgerichts Rechnung, dass in den Kernbereich unabhängig vom Inhalt erlangter Informationen schon durch die staatlich veranlasste irrtumsbefangene Eingehung oder Aufrechterhaltung allerengster persönlicher Beziehungen in den Kernbereich der privaten Lebensgestaltung eingegriffen wird (→ Rn. 11.1). 49

Abs. 5 S. 1 ist sodann weitgehend aus Abs. 3 S. 4 aF übernommen, allerdings wurde hinsichtlich der Pflicht zur Unterbrechung des Einsatzes die vorherige Formulierung „sobald dies ohne Gefährdung der eingesetzten Person möglich ist“ durch „sobald dies ohne Gefährdung für Leib, Leben oder Enttarnung der eingesetzten Personen möglich ist“ ersetzt. Insoweit deckt sich die Änderung mit der in § 15 Abs. 6 vorgenommenen (dazu → § 15 Rn. 172). 50

Da die mögliche Enttarnung als Rechtfertigung für einen Verbleib im Kernbereich privater Lebensgestaltung nur trägt, wenn diese nicht als Selbstzweck, sondern wegen der mit ihr gerade verbundenen Gefahren für Leib oder Leben (vgl. dazu BVerfG NJW 2022, 1583 (1612)) verhindert werden soll, ist der Begriff auch hier im Sinne einer Leib oder Leben gefährdenden Enttarnung verfassungskonform zu reduzieren. Dem Begriff der Enttarnung kommt daher in S. 3 nur eine geringe – die Leibes- oder Lebensgefahr gleichsam exemplifizierende – Bedeutung zu. 51

Abs. 5 S. 2 regelt sodann die Folgen eines nach S. 1 zulässigen Verbleibs im Kernbereich. In diesem Fall sind die Tatsache des Eindringens in den Kernbereich privater Lebensgestaltung und die Umstände des Fortsetzens der Maßnahme zu dokumentieren. Die Regelung des Abs. 5 S. 3, wonach die Maßnahme fortgeführt werden darf, wenn keine Anhaltspunkte mehr dafür vorliegen, dass der Kernbereich privater Lebensgestaltung betroffen ist, wird bei der gebotenen engen Auslegung der Befugnis zum Verbleib im Kernbereich (→ Rn. 49) praktisch kaum Bedeutung zukommen, da ein plötzlicher dauerhafter Entfall der Gefährdungen, die diesen Verbleib gerechtfertigt hatten, sehr unwahrscheinlich sein dürfte. 52

Als ebenso konsequente wie verfassungsrechtlich selbstverständliche Folge des zulässigen Verbleibs im Kernbereich sieht Abs. 5 S. 4 sodann vor, dass erlangte Erkenntnisse aus dem Kernbereich privater Lebensgestaltung nicht verwendet werden dürfen und unverzüglich zu löschen sind. 53

Die Löschungsverpflichtung setzt insoweit allerdings eine Speicherung voraus, die im Fall des Einsatzes von V- und VE-Personen nur dann denkbar ist, wenn diese zugleich technische Mittel für Bild- und/oder Tonauszeichnungen eingesetzt oder die Daten auf sonstigem Wege elektronisch festgehalten hätten, wofür § 16 keine Ermächtigungsgrundlage enthält. Solche Aufzeichnungen könnten und müssten ohnehin auf § 15 gestützt werden; erst dadurch erschließt sich auch, warum § 15 Abs. 6 S. 3 die Regelung des Abs. 5 S. 4 für entsprechend anwendbar erklärt (→ § 15 Rn. 175). 54

Nach Abs. 4 S. 5 sind schließlich die Tatsachen der Erfassung der Daten und der Löschung sind zu dokumentieren. Abs. 4 S. 6 und 7 sehen schließlich vor, dass die Dokumentation ausschließlich für Zwecke der Datenschutzkontrolle nach § 29a verwendet werden darf und am Ende des Kalenderjahres, das der Protokollierung folgt, zu löschen ist. 55

In Bezug auf den Einsatz von V- und VE-Personen sinnvoll ist – im Gegensatz zu der Löschungsverpflichtung des Abs. 5 S. 4 (→ Rn. 54) – die Regelung des Abs. 6 S. 1, wonach die eingesetzten Personen vor der Weitergabe von – typischerweise (noch) nicht gespeicherten) – Informationen zu prüfen haben, ob durch die Informationen oder die Art und Weise, in der sie erlangt wurden, Erkenntnisse aus dem Kernbereich privater Lebensgestaltung betroffen sind. Entsprechende Erkenntnisse dürfen dann nach Abs. 6 S. 2 konsequenter Weise nicht zur Verwertung weitergegeben werden. 56

Abs. 7 sieht schließlich vor, dass bei Zweifeln, ob bei einer Maßnahme Erkenntnisse aus dem Kernbereich privater Lebensgestaltung gewonnen worden sind, die oder der behördliche Datenschutzbeauftragte unverzüglich über die Verwendbarkeit und Löschung der Daten entscheidet. Die Regelung bedeutet eine Verpflichtung der eingesetzten Personen, im Zweifel diesem oder dieser die Daten vor einer Weitergabe vorzulegen. 57

VI. Herstellung von Urkunden für die Legende von VE-Personen und Einsatz in Wohnungen (Abs. 8)

58 Als Rechtfertigungsgrund für die tatbestandlich hierin liegenden Straftaten nach §§ 267 ff. StGB (vgl. ausf. zur zugrunde liegenden Problematik des Verhältnisses von Strafrecht und hoheitlichem Handeln → § 54 Rn. 30 ff.) dient schließlich die Regelung des Abs. 8 S. 1, wonach für den Einsatz von VE-Personen (der Legende) entsprechende (falsche oder verfälschte) Urkunden hergestellt oder verändert werden dürfen, soweit dies für den Aufbau oder zur Aufrechterhaltung der Legende unerlässlich ist (vgl. für eine eingehendere strafrechtliche Würdigung Fredrich Rn. 8 ff.).

59 Des Weiteren dürfen VE-Personen dürfen unter der Legende zur Erfüllung ihres Auftrags nach Abs. 8 S. 2 – mit gleicher Wirkung – am Rechtsverkehr teilnehmen.

60 Im Hinblick auf Art. 13 GG problematisch und daher regelungsbedürftig ist beim Einsatz von VE-Personen der – sicherlich keineswegs seltene – Fall, dass ein Verdeckter Ermittler von einem Wohnungsinhaber nur deshalb eine Zutrittserlaubnis erhält, weil diesem die wahre Identität des Polizeibeamten (vor allem die Eigenschaft als solcher) nicht bekannt ist.

61 Nach der Wertung des Gesetzes soll dies zulässig sein, wenn die Erlaubnis alleine auf der Nutzung der Legende, also nicht auf einem darüber hinaus gehenden Vortäuschen eines Zutrittsrechts beruht (vgl. für letzteren Fall das Bsp. bei Fredrich Rn. 18). Abs. 8 S. 3 wirkt insoweit – wie Abs. 8 S. 1 für die Urkunden – als Rechtsfertigungsgrund, hier für einen tatbestandlich unter Umständen vorliegenden Hausfriedensbruch.

62 Auch öffentlich-rechtlich liegt somit ein rechtmäßiger Fall der Datenerhebung nach Abs. 2, Abs. 8 S. 3 vor, wenn der Beamte aufgrund der angebahnten sozialen Kontakte die Wohnung betreten hat.

VII. Anordnungsbefugnis, Verfahren (Abs. 9)

63 Die Regelung der Anordnungsbefugnis und des Verfahrens in Abs. 9 greift auf Formulierungen zurück, die sich auch in § 15 Abs. 3, Abs. 5 finden; die Vorschrift setzt diese lediglich etwas anders zusammen (vgl. zur Form der Anordnung, ihrer Verlängerung und den Vorgaben bei Eilentscheidungen iE → § 15 Rn. 66 ff., → § 15 Rn. 84 ff., → § 15 Rn. 151), wobei sie durch das Gesetz zur Neuausrichtung des Verfassungsschutzes in Hessen v. 25.6.2018 (HessGVBl. 302) hinsichtlich der Anordnungskompetenz für V-Leute modifiziert wurde.

64 Die Anordnungskompetenz für den Einsatz von V-Personen liegt nur noch dann bei der Behördenleitung, wenn (und solange) er sich nicht gegen eine bestimmte Person richtet, dh, dass etwa nur allgemeine, noch nicht auf bestimmte Personen bezogene Informationen aus einem bestimmten Milieu erhoben werden sollen. Gleiches soll für den Einsatz von VE-Personen ohne dauerhafte Legende gelten.

65 Insoweit wird zwischen dem NoeP (→ Rn. 35) und der „klassischen" VE-Person (→ Rn. 34) eine dritte Kategorie geschaffen (VE-Person mit „kurzfristiger" Legende); letztere ist jedoch VE-Person iSd Abs. 2 und hat daher nur für die Anordnungsbefugnis eine eigenständige Bedeutung. Für die Frage, ab wann „Dauerhaftigkeit" vorliegt, sollte die zeitliche Abgrenzung aus § 15 Abs. 1 Nr. 1 auch hier als Maßstab gelten.

66 Der Einsatz von VE-Personen mit dauerhafter Legende und von V-Personen, deren Einsatz sich gegen eine (oder mehrere) bestimmte Person(en) richtet, ist dem Richter vorbehalten ist. Lediglich bei Gefahr im Verzug kann die Anordnung auch durch die Behördenleitung oder einen beauftragte Bedienstete getroffen werden, was schriftlich zu erfolgen hat; sodann ist unverzüglich die richterliche Bestätigung der Anordnung zu beantragen; die Anordnung tritt außer Kraft, wenn sie nicht binnen drei Tagen richterlich bestätigt wurde.

67 Abs. 9 S. 7 konturiert nach dem Vorbild von § 45 Abs. 5 BKAG nF nunmehr die in einer Anordnung aufzunehmenden Inhalte näher.

68 Dass die Staatsanwaltschaft von der Anordnung des Einsatzes von V- und VE-Personen (nur „dauerhafte" → Rn. 51) gem. Abs. 9 S. 9 unverzüglich zu unterrichten ist, zeigt, dass sich auch der präventiv-polizeiliche Einsatz von V- und VE-Personen – schon nach Vorstellung des Gesetzgebers selbst – stets sehr nahe an der Grenze zum repressiv-polizeilichen Handeln bewegt.

§ 16a Anerkennung von richterlichen Anordnungen anderer Länder

Richterliche Anordnungen anderer Länder, die die personenbezogene Datenerhebung nach den §§ 14 bis 16 betreffen, werden als nach diesem Gesetz angeordnete Maßnahme anerkannt, wenn auch hiernach der Einsatz derselben Maßnahme hätte angeordnet werden dürfen.

Überblick

Die durch Gesetz v. 29.6.2023 (GVBl. 456) geschaffene Vorschrift trifft eine Regelung bezüglich der Geltung von richterlichen Anordnungen verdeckter polizeilicher Datenerhebungen, die in anderen Bundesländern ergangen sind.

Übersicht

A. Allgemeines

I. Hintergrund, Entstehung und Zweck der Norm

1 Mit der durch Gesetz v. 29.6.2023 (GVBl. 456) geschaffenen Vorschrift des § 16a wurde fast wortgleich die 2019 in Kraft getretene Regelung des § 32 Hamburgisches Polizeidatenverarbeitungsgesetz (HmbPolDVG) übernommen, die der Verbesserung der präventiv-polizeilichen Zusammenarbeit zwischen den Ländern dienen soll(te).

1.1 Die hanseatische amtliche Begründung lautet:

„Zu § 32 (Anerkennung richterlicher Anordnungen anderer Bundesländer)

Hiermit soll die präventivpolizeiliche Zusammenarbeit zwischen den Bundesländern verbessert werden. Rechtlich beruht die Zusammenarbeit darauf, dass die Bestimmungen des örtlich einschlägigen Polizei- oder Sicherheitsgesetzes beachtet werden müssen. Zugleich sollen aber auch in zeitlicher Hinsicht keine Zuständigkeitslücken entstehen, die eine wirksame Gefahrenabwehr behindern können. Vor diesem Hintergrund ermöglicht die Regelung die Anerkennung richterlicher Anordnungen anderer Bundesländer, soweit sie personenbezogene Datenerhebung nach § 20 (Datenerhebung durch Observation), § 21 (Datenerhebung durch den verdeckten Einsatz technischer Mittel) oder §§ 28 bis 30 (Datenerhebung durch Vertrauenspersonen, Verdeckte Ermittler; Elektronische Aufenthaltsüberwachung) betreffen und auch nach dem PolDVG unter Einsatz derselben Befugnisse hätten angeordnet werden dürfen. Die Regelung führt nicht zu einer Erweiterung oder Einschränkung der ansonsten im hamburgischen Hoheitsgebiet bestehenden polizeilichen Befugnisse und steht damit auch im Einklang mit dem Rechtsgedanken des § 30a Absatz 2 SOG, wonach Polizeivollzugsbeamten des Bundes oder eines anderen Landes (nur) die gleichen Befugnisse haben wie die der Freien und Hansestadt Hamburg. Vielmehr wird damit wie bei regelmäßig sehr kurzfristig eintretenden Fallkonstellationen wie der längerfristigen Observation oder dem Einsatz eines verdeckten Ermittlers die Fortführung der Maßnahme auch im Falles eines Bundeslandwechsels ermöglicht, ohne ein erneutes gerichtliches Antrags- und Anordnungsverfahrens. Die Anerkennung gerichtlicher Entscheidungen anderer Bundesländer setzt mithin voraus, dass die Maßnahme auch nach Hamburger Landesrecht hätte angeordnet werden dürfen. Die Prüfung obliegt der jeweils durchführenden Stelle. Mit der Anerkennung gilt die Maßnahme als eine solche nach dem Hamburger Landesrecht und unterliegt damit in der weiteren Ausführung und Umsetzung den Vorgaben der in Bezug genommenen Regelungen der §§ 20, 21, 28 bis 30 PolDVGE." (Bürgerschafts-Drs. 21/17906, 62).

2 Die amtliche Begründung (LT-Drs. 20/8129, 31) lässt diese Übernahme – wie schon im Fall der Übernahme der Abschnittskontrolle (§ 14a) aus dem niedersächsischen Recht (→ § 14b Rn. 1 ff.) – mit keinem Wort erkennen. Vielmehr wurde auch die Begründung aus Hamburg ohne weiteren Hinweis fast unverändert übernommen.

2.1 Die hessische Begründung lautet:

„Zu Nr. 13 (§ 16a)

Mit dieser Regelung soll die präventivpolizeiliche Zusammenarbeit zwischen den Bundesländern verbessert werden. Rechtlich beruht die Zusammenarbeit darauf, dass die Bestimmungen des örtlich einschlägigen Polizeigesetzes beachtet werden müssen. Zugleich sollen aber auch in zeitlicher Hinsicht keine Zuständigkeitslücken entstehen, die eine wirksame Gefahrenabwehr behindern können. Vor diesem Hintergrund ermöglicht die Regelung die Anerkennung richterlicher Anordnungen anderer Bundesländer, soweit sie die personenbezogene Datenerhebung nach den §§ 14 bis 16 betreffen und auch nach diesen Vorschriften hätten angeordnet werden dürfen.

Die Regelung führt nicht zu einer Erweiterung oder Einschränkung der ansonsten bestehenden polizeilichen Befugnisse und steht damit auch im Einklang mit dem Rechtsgedanken des § 102 Abs. 1 Satz 1 Nr. 3, Abs. 2 Satz 1, wonach Polizeivollzugsbeamte des Bundes oder eines anderen Landes (nur) die gleichen Befugnisse haben wie die des Landes Hessen, wenn sie Amtshandlungen z. B. zur Abwehr einer gegenwärtigen erheblichen Gefahr in Hessen vornehmen. Vielmehr wird damit bei regelmäßig sehr kurzfristig eintretenden Fallkonstellationen wie der längerfristigen Observation oder dem Einsatz eines verdeckten Ermittlers die Fortführung der Maßnahme auch im Falle eines Bundeslandwechsels ohne ein erneutes gerichtliches Antrags- und Anordnungsverfahren ermöglicht. Die Anerkennung gerichtlicher Entscheidungen anderer Bundesländer setzt mithin voraus, dass die Maßnahme auch nach hessischem Landesrecht hätte angeordnet werden dürfen. Die Prüfung obliegt der jeweils durchführenden Stelle. Mit der Anerkennung gilt die Maßnahme als eine solche nach dem hessischen Landesrecht und unterliegt damit in der weiteren Ausführung und Umsetzung den Vorgaben der in Bezug genommenen Regelungen der §§ 14 bis 16.“ (LT-Drs. 20/8129, 31).

3 Hinsichtlich der mit der Norm verfolgten Intention, die präventivpolizeiliche Zusammenarbeit zwischen den Bundesländern zu verbessern (→ Rn. 2.1), erscheint zunächst der Bedarf für eine Regelung bezüglich der Geltung richterlicher Beschlüsse auf der Grundlage von Landespolizeirecht gut nachvollziehbar; auch jenseits des vergleichsweise kleinen Hamburg übergreifen gefahrenabwehrrechtlich relevante Sachverhalte im Hinblick auf die personelle und digitale Mobilität nicht selten die Grenzen eines Bundeslandes.

4 Dem trägt das HSOG primär durch die Vorschriften der §§ 102, 103 Rechnung, die Parallelregelungen in den Polizeigesetzen der anderen Länder haben (→ § 102 Rn. 1 ff., → § 103 Rn. 1 ff.).

5 Diese Regelungen werden nunmehr im Hinblick auf die unter Richtervorbehalt stehenden Datenerhebungsbefugnisse durch § 16a ergänzt. Das ist hinsichtlich des intendierten Ergebnisses verfassungsrechtlich unproblematisch; die gewählte Regelungstechnik ist jedoch lückenhaft, wirft (Auslegungs-)fragen auf und stößt insoweit auf verfassungsrechtliche Bedenken (→ Rn. 6 f., → Rn. 30 ff.). Bezogen auf den offensichtlichen Regelungszweck erscheint zudem die Verweisung auf §§ 14–16 rechtstechnisch verunglückt (→ Rn. 10 ff.).

II. Grundrechtsrelevanz

6 § 16a betrifft mit gerichtlichen Anordnungen aus anderen Bundesländern hoheitliche Maßnahmen, mit denen bereits in die jeweils einschlägigen Grundrechte der Betroffenen (vgl. etwa → § 15 Rn. 9 ff.), insbesondere das Recht auf informationelle Selbstbestimmung, eingegriffen wurde. Indem die Regelung diese Eingriffe gleichsam räumlich erweitert und insoweit perpetuiert kommt ihr jedoch auch selbst Grundrechtsrelevanz zu.

6.1 Insofern ist die die Anerkennung der gerichtlichen Anordnungen mit der Weiterverarbeitung bereits erhobener personenbezogener Daten vergleichbar, bei der jede einzelne Phase als neuer Eingriff jeweils einer Ermächtigungsgrundlage bedarf (vgl. → § 20 Rn. 4).

7 Die Anerkennung gerichtlicher Datenerhebungsanordnungen anderer Bundesländer für den Geltungsbereich des HSOG bedurfte daher in der Tat einer gesetzlichen Grundlage, die nunmehr mit § 16a vorliegt. Gegen diese bestehen Bedenken im Hinblick auf die Bestimmtheit und (fehlende Verweise auf) formellen Anforderungen, denen einstweilen im Wege der (verfassungskonformen) Auslegung zu begegnen ist (→ Rn. 30 ff.).

III. Parallelvorschriften

8 Die bisher einzige Parallelvorschrift im Polizeirecht des Bundes und der Länder findet sich in der Regelung des § 32 HmbPolDVG; diese hat der hessische Gesetzgeber durch § 16a übernommen (→ Rn. 1 ff.).

B. Einzelkommentierung

9 § 16a bezieht sich auf richterliche Anordnungen anderer Länder, die die personenbezogene Datenerhebung nach den §§ 14–16 betreffen.

I. Anwendungsbereich und Voraussetzungen

10 Der Anwendungsbereich der Norm erstreckt sich somit auf alle unter Richtervorbehalt stehenden Datenerhebungen nach §§ 14, 14a, 14b, 15, 15a, 15b, 15c, 16.

11 Diese Enumeration ist insoweit überraschend, als sich in den Datenerhebungsbefugnissen der §§ 14, 14a und 14b keine Richtervorbehalte finden; bei den dort geregelten Datenerhebungen – solchen an öffentlichen Orten und besonders gefährdeten öffentlichen Einrichtungen bzw. in Bezug auf fahrende Kraftfahrzeuge – sind zudem Sachverhalte, die Landesgrenzen überschreiten, kaum denkbar.

11.1 Von § 32 HmbPolDVG, dem Vorbild des § 16a, sind solche Datenerhebungen daher nicht erfasst (→ Rn. 1.1).

1. Erfasste Datenerhebungsmaßnahmen

12 Tatsächlich unter Richtervorbehalt stehen indessen zum großen Teil die Datenerhebungen nach §§ 15, 15a, 15b, 15c und 16, also solche durch Observation und den Einsatz technischer Mittel, durch Telekommunikationsüberwachung, auch solche an informationstechnischen Systemen sowie Datenerhebungen durch verdeckte Eingriffe in informationstechnische Systeme und durch V- und VE-Personen (vgl. §§ 15 Abs. 5, 7, 15a Abs. 5, 15b Abs. 3, 15 c Abs. 3, 16 Abs. 9).

13 Gedanklicher Ausgangspunkt des § 16a sind insoweit Fallgestaltungen, in denen die Datenerhebung in dem Bundesland begonnen wurde, dessen Justiz die richterliche Anordnung ausgesprochen hat, der Adressat der Datenerhebung dann jedoch das Bundesland wechselt.

14 Praktisch dürften damit Datenerhebungen durch Telekommunikationsüberwachung aus dem Anwendungsbereich von § 16a ausscheiden, da diese unabhängig vom Aufenthaltsort des Adressaten nach §§ 170 ff. TKG durch die Inanspruchnahme der Erbringer von Telekommunikationsdiensten erfolgt, die ihren Sitz in den seltensten Fällen im Bundesland der Anordnung haben dürften. Gleiches gilt für den verdeckten Eingriff in informationstechnische System nach §§ 15b, 15 c, da diese jeweils mittels einer – ebenfalls standortunabhängigen – technischen Infiltration des Endgeräts erfolgen.

14.1 Auch solche Datenerhebungen werden daher von § 32 HmbPolDVG, dem Vorbild des § 16a, nicht erfasst (→ Rn. 1.1, sowie schon → Rn. 11.1).

15 Zwar waren nach Schaffung der Ermächtigung zur präventiven Telekommunikationsüberwachung Bedenken geäußert worden, ob Polizeibehörden die Kompetenz zukommt, aufgrund der Landespolizeigesetze auf Telekommunikationsanbieter außerhalb der Landesgrenzen zuzugreifen (Graulich NVwZ 2005, 271 (273)).

15.1 Mit der Feststellung: „Den Zugriff darauf außerhalb Hessens hat eine hessische Polizeidienststelle auf der Grundlage des Hessischen Gesetzes über die öffentliche Sicherheit und Ordnung nämlich grundsätzlich nicht." (Graulich NVwZ 2005, 271 (273), die Feststellung bezieht sich auf Inhaltsdaten, die beim Anbieter gespeichert sind).

16 Diese Bedenken haben sich jedoch nicht durchgesetzt und dürften auch durch das die Gefahrenabwehr ausdrücklich erfassende Regelungskonzept der §§ 170–174 TKG überholt sein.

17 Praktisch relevant dürfte die Regelung des § 16a folglich nur für Datenerhebungsmaßnahmen werden, für die der Aufenthaltsort des Adressaten von Bedeutung ist, namentlich für

den auf die physische Nähe zum Adressaten angewiesenen Einsatz von V- oder VE-Personen, für längerfristige Observationen oder den Einsatz technischer Mittel zum Abhören von Kraftfahrzeugen.

17.1 Dem entsprechend finden sich auch nur der Einsatz eines verdeckten Ermittlers und die längerfristige Observation als Anwendungsbeispiele in der amtlichen Begründung (vgl. → Rn. 1.1, → Rn. 2.1)

18 Voraussetzung für eine Anwendung von § 16a ist insoweit zunächst, dass eine richterliche Anordnung aus einem anderen Bundesland vorliegt, die eine dieser Datenerhebungen anordnet.

19 Nicht erfasst wird von § 16a – im Unterschied zum Hamburger Vorbild (→ Rn. 1.1) – mangels Verweisung auf § 31a allerdings die richterliche Anordnung von Datenerhebungen im Rahmen der elektronischen Aufenthaltsüberwachung (vgl. § 31a Abs. 3), obwohl in diesen Fällen der Wechsel des Bundeslandes ebenfalls ein realistisches Szenario darstellt.

2. „Anordnungsfähigkeit" der Maßnahme nach dem HSOG

20 Auf der Grundlage der richterlichen Anordnung aus dem anderen Bundesland ist sodann zu prüfen, ob der der Einsatz derselben Maßnahme nach dem HSOG hätte angeordnet werden dürfen. Hinsichtlich dieser Voraussetzung lässt der Wortlaut zwei Auslegungen zu.

21 Man könnte zunächst einen abstrakten Vergleich der Tatbestandsvoraussetzungen der einschlägigen Regelung des HSOG mit denen der – der jeweils vorliegenden Anordnung zugrundeliegenden – Parallelnorm ausreichen lassen. In diesem Fall ließe sich die „Anordnungsfähigkeit" ohne einen Blick auf den konkreten Anwendungsfall beurteilen.

22 Denkbar wäre jedoch auch ein Verständnis, wonach über den Vergleich der Tatbestandsmerkmale hinaus die Rechtmäßigkeit der konkreten Anordnung in den Blick zu nehmen wäre. In diesem Fall wäre also auch die richterliche Subsumtion des konkret vorliegenden Anwendungsfalls unter die Norm notwendiger Kontrollgegenstand.

23 Angesichts des Zwecks des § 16a, die präventivpolizeiliche Zusammenarbeit zu verbessern – also zu erleichtern – hatte der Gesetzgeber wohl keine erneute vollständige rechtliche Prüfung der Anordnung der Datenerhebung im Sinne der zweiten Alternative intendiert. Eine solche wäre auch unter grundrechtlichen Gesichtspunkten nicht zu fordern, da sich der von dem Gericht des anderen Bundeslandes zugrunde gelegte und geprüfte Sachverhalt durch den Wechsel des Bundeslandes nicht verändert (hat). Gleichwohl legt die Norm die zweite Auslegungsalternative mit der Formulierung „wenn hiernach der Einsatz derselben Maßnahme hätte angeordnet dürfen" nahe.

23.1 Sprachlich passt insbesondere die Verwendung des Demonstrativpronomens „derselben" nicht zu dem intendierten typologischen Vergleich der Datenerhebungsmaßnahme.

24 Richtiger Weise dürfte diese Formulierung teleologisch im erstgenannten Sinne zu verstehen sein, was der Gesetzgeber indessen treffender hätte zum Ausdruck hätte bringen können. Angeboten hätte sich etwa die Formulierung, dass die Anordnung anerkannt wird, „wenn eine solche Datenerhebung nach diesem Gesetz unter den gleichen tatbestandlichen Voraussetzungen hätte angeordnet werden dürfen".

25 Entscheidend ist also nicht, ob die konkrete Maßnahme rechtmäßig angeordnet wurde, sondern ob die angeordnete Rechtsfolge – etwa die längerfristige Observation oder der Einsatz technischer Mittel – in Hessen gesetzlich an die gleiche (oder eine niedrigere) Eingriffsschwelle geknüpft ist.

II. Rechtsfolge

26 Als Rechtsfolge sieht § 16a vor, dass eine Maßnahme, die diese Voraussetzung erfüllt, als Maßnahme „nach diesem Gesetz" – also dem HSOG – „angeordnete Maßnahme anerkannt" wird.

1. Anerkennung als Maßnahme nach dem HSOG

27 Insoweit ist der Formulierung zunächst zu entnehmen, dass über die Anerkennung eine Entscheidung zu treffen ist. Deren Zweck besteht darin, eine erneute richterliche Anordnung für die (Fortsetzung der) Datenerhebung in Hessen entbehrlich zu machen.

28 Da die Datenerhebung – etwa durch längerfristige Observation, den Einsatz technischer Mittel oder verdeckte Ermittler – in diesen Fällen regelmäßig durch Dienstkräfte anderer Ländern erfolgt, die bei Amtshandlungen in Hessen nach § 102 Abs. 2 S. 1, etwa iVm § 101 Abs. 1 Nr. 3 (vgl. → § 102 Rn. 12.1) an hessisches Recht gebunden sind (→ § 102 Rn. 19) mussten diese vor Inkrafttreten des § 16a eine (erneute) richterliche Anordnung – etwa nach § 15 Abs. 5 oder § 16 Abs. 9 – beantragen. Diese Verpflichtung entfällt nunmehr durch eine Anerkennung als Maßnahme nach dem HSOG.

2. Zuständigkeit

29 Allerdings lässt § 16a völlig offen, welche Stelle diese Entscheidung in welchem Verfahren zu treffen hat. Da es sich bei der Anerkennung selbst nicht um eine „Maßnahme" iSd Polizeirechts handelt, kann insoweit nicht auf die Zuständigkeitsregelungen für polizeiliche Maßnahmen (§§ 1, 2) zurückgegriffen werden.

30 Insoweit wäre vielmehr eine ausdrückliche Regelung geboten gewesen. Deren Fehlen lässt die Norm unter Gesichtspunkten der Bestimmtheit als verfassungsrechtlich zumindest bedenklich erscheinen Auch die amtliche Begründung ist insoweit wenig hilfreich, als sie sich auf die Feststellung beschränkt: „Die Prüfung obliegt der jeweils durchführenden Stelle" (→ Rn. 2.1). Bei hier den regelmäßig vorliegenden Amtshandlungen von Dienstkräften anderer Länder fehlt indessen Hessen eine „durchführende Stelle".

31 Bis der Gesetzgeber die erforderliche Regelung getroffen hat, bleibt daher nur, im Wege der Auslegung an die Unterrichtungspflicht der Dienstkräfte anderer Länder nach § 102 Abs. 1 S. 2 HSOG anzuknüpfen. Zu unterrichten ist danach die Polizeibehörde, die für die von den außerhessischen Dienstkräften durchgeführten Maßnahmen nach hessischem Recht sachlich und örtlich zuständig gewesen wäre. Diese ist daher – bis auf weiteres – auch als zuständig für die Anerkennung der gerichtlichen Anordnung anzusehen.

32 Soweit die zugrundeliegenden Datenerhebungsmaßnahmen auch einem Behördenleitervorbehalt unterliegen (vgl. etwa § 15 Abs. 3, 9), ist auch die Entscheidung über die Anerkennung nach § 16a auf Ebene der Behördenleitung zu treffen.

3. (Anwendbarkeit von) Form- und Verfahrensvorschriften.

33 Defizitär ist die Regelung des § 16a auch in Bezug auf Form und Verfahren der Anerkennung. Da es sich bei dieser um eine grundrechtsrelevante Maßnahme handelt (→ Rn. 6 f.), bedarf es unter dem Gesichtspunkt der Nachvollziehbarkeit und gerichtlichen Überprüfbarkeit zunächst einer Dokumentationspflicht. Eine solche besteht für die der Anerkennung zugrundeliegenden Datenerhebung in Hessen nach § 28. Diese Regelung ist in verfassungskonformer Auslegung einstweilen entsprechend auf die Anerkennungsentscheidung nach § 16a anzuwenden.

34 Die von den Dienstkräften anderer Länder auf der Grundlage der Anerkennung in Hessen vorgenommenen Amtshandlungen von Dienstkräften anderer Länder gelten nach § 102 Abs. 2 S. 2 als Maßnahmen derjenigen Polizeibehörde, in deren örtlichem und sachlichem Zuständigkeitsbereich diese tätig geworden sind. Insoweit sind hinsichtlich der Maßnahmen selbst auch die dort im hessischen Recht jeweils vorgeschriebenen Form- und Verfahrensvorschriften anzuwenden und einzuhalten (vgl. etwa → § 16 Rn. 53).

§ 17 Polizeiliche Beobachtung, Gezielte Kontrolle

(1) [1]Die Polizeibehörden können die Personalien einer Person sowie das amtliche Kennzeichen und sonstige Merkmale des von ihr benutzten oder eingesetzten Kraftfahrzeugs im polizeilichen Fahndungsbestand zur Polizeilichen Beobachtung oder zur Gezielten Kontrolle ausschreiben. [2]Polizeilicher Fahndungsbestand im Sinne von Satz 1 sind die Fahndungsdateien des beim Bundeskriminalamt nach den Vorschriften des Bundeskriminalamtgesetzes und des beim Hessischen Landeskriminalamt nach den Vorschriften dieses Gesetzes geführten polizeilichen Informationssystems. [3]Die Fahndungsdateien des polizeilichen Informationssystems

umfassen auch die nach den Vorschriften des Schengener Durchführungsübereinkommens zulässigen Ausschreibungen im Schengener Informationssystem.

(2) Die Ausschreibung ist zulässig, wenn
1. die Gesamtwürdigung der Person und ihre bisherigen Straftaten erwarten lassen, dass sie auch künftig Straftaten mit erheblicher Bedeutung begehen wird, oder
2. die Voraussetzungen für die Anordnung einer Observation (§ 15 Abs. 2 Satz 1 und 2) gegeben sind
und tatsächliche Anhaltspunkte die Annahme rechtfertigen, dass die aufgrund der Ausschreibung zur Polizeilichen Beobachtung gemeldeten Erkenntnisse, insbesondere über das Antreffen der Person, etwaiger Begleitpersonen, des Kraftfahrzeugs und dessen Führerin oder Führers, oder aufgrund der Ausschreibung zur Gezielten Kontrolle durchgeführten Maßnahmen für die Verhütung von Straftaten mit erheblicher Bedeutung erforderlich sind.

(3) Gegen eine nach Abs. 1 ausgeschriebene Person oder eine Person, die ein nach Abs. 1 ausgeschriebenes Kraftfahrzeug führt, sind beim Antreffen andere Maßnahmen nur zulässig, wenn jeweils die besonderen rechtlichen Voraussetzungen für diese Maßnahmen erfüllt sind.

(4) [1]Die Ausschreibung darf nur durch die Behördenleitung oder eine von dieser beauftragte Bedienstete oder einen von dieser beauftragten Bediensteten angeordnet werden. [2]Die Anordnung ergeht schriftlich und ist auf höchstens zwölf Monate zu befristen. [3]Sie muss die Person, die ausgeschrieben werden soll, so genau bezeichnen, wie dies nach den zur Zeit der Anordnung vorhandenen Erkenntnissen möglich ist. [4]Spätestens nach Ablauf von jeweils drei Monaten ist zu prüfen, ob die Voraussetzungen für die Anordnung noch bestehen; das Ergebnis dieser Prüfung ist aktenkundig zu machen.

(5) [1]Zur Verlängerung der Laufzeit über zwölf Monate hinaus bedarf es einer richterlichen Anordnung. [2]Für das Verfahren gilt § 39 Abs. 1 mit der Maßgabe, dass das Amtsgericht zuständig ist, in dessen Bezirk die ausschreibende Polizeibehörde ihren Sitz hat.

(6) Liegen die Voraussetzungen für die Anordnung nicht mehr vor, ist der Zweck der Maßnahme erreicht oder zeigt sich, dass er nicht erreicht werden kann, ist die Ausschreibung unverzüglich zu löschen.

Überblick

Auszug aus der VVHSOG (nicht an die aktuelle Gesetzeslage angepasst und gem. Erlass des Hessischen Ministeriums des Innern und für Sport v. 29.11.2022 (StAnz. 50/2022, 1384) zum 1.1.2025 mangels eines erneuten Verlängerungserlasses ersatzlos außer Kraft getreten):

Zu § 17

17. Polizeiliche Beobachtung, Gezielte Kontrolle

17.1 Zu Abs. 1

[1]Bei der Polizeilichen Beobachtung wird eine Person oder ein Fahrzeug im polizeilichen Fahndungsbestand mit dem Ziel ausgeschrieben, Rückmeldungen von Dienststellen zu erhalten, die die Person oder das Fahrzeug im Rahmen der eigenen Aufgabenwahrnehmung kontrolliert haben.[2]Bei der Ausschreibung zur Gezielten Kontrolle besteht die Befugnis zur Identitätsfeststellung sowie zur Durchsuchung der Person, des Fahrzeuges und der mitgeführten Gegenstände (vgl. Nr. 18.2.4, 36.2.2 sowie 37.2.2).[3]Die Datenerhebung erfolgt hier also offen.[4]Die aus Maßnahmen nach den §§ 18, 36 und 37 gewonnenen Erkenntnisse sollen neben den Feststellungen über sonstige Umstände des Antreffens der ausgeschriebenen Person an die ausschreibende Stelle übermittelt werden.

17.2 Zu Abs. 2

17.2.1

[1]Die Ausschreibung zur Polizeilichen Beobachtung oder zur Gezielten Kontrolle ist nur unter engen Voraussetzungen zulässig.[2]Sie dient nicht der Erforschung zukünftiger Straftaten und ist keine Maßnahme zur Strafverfolgung.[3]Nach Nr. 1 ist eine Prognoseentscheidung erforderlich.[4]Bei den bisherigen Straftaten muss es sich ebenfalls um Straftaten mit erheblicher Bedeutung gehandelt haben.[5]Bei der Gesamtwürdigung sind insbesondere die in Planung, Ausführung oder zeitlicher Folge früherer Straftaten

gezeigte Energie, die rücksichtslose Durchsetzung des verbrecherischen Willens oder die offensichtliche Wirkungslosigkeit von Straf- oder Resozialisierungsmaßnahmen zu berücksichtigen.

17.2.2

Nach Nr. 2 ist die Polizeiliche Beobachtung oder Gezielte Kontrolle auch zulässig, wenn die Voraussetzungen für die Anordnung einer Observation (§ 15 Abs. 2 Satz 1) gegeben sind.

17.2.3

Beide Ausschreibungsalternativen setzen tatsächliche Anhaltspunkte für die Annahme voraus, dass die aufgrund der Ausschreibung zu erwartenden Erkenntnisse für die Verhütung von Straftaten mit erheblicher Bedeutung erforderlich sind.

17.3 Zu Abs. 3

[1]Die Ausschreibung zur Polizeilichen Beobachtung als solche stellt keine Ermächtigung für sonstige Maßnahmen gegen Personen dar.[2]Hierzu bedarf es besonderer Ermächtigungsgrundlagen.[3]Die Ausschreibung zur Gezielten Kontrolle ermächtigt lediglich zur Identitätsfeststellung sowie zur Durchsuchung der Person, des Fahrzeuges und der mitgeführten Gegenstände (vgl. Nr. 18.2.4, 36.2.2 sowie 37.2.2).[4]Sonstige Maßnahmen bedürfen jeweils besonderer Ermächtigungsgrundlagen.

17.4 Zu Abs. 4

Die behördliche Anordnung der Polizeilichen Beobachtung oder Gezielten Kontrolle darf zwölf Monate nicht überschreiten.

17.5 Zu Abs. 5

Für eine Polizeiliche Beobachtung oder Gezielte Kontrolle über einen Zeitraum von mehr als zwölf Monaten bedarf es einer richterlichen Anordnung.

Die Vorschrift des § 17 normiert mit der Ausschreibung zur polizeilichen Beobachtung und zur Gezielten Kontrolle eine EDV-gestützte polizeiliche Standardmaßnahme. Abs. 2 wurde zunächst durch das Hessische Gesetz zur Anpassung des Hessischen Datenschutzrechts an die Verordnung (EU) Nr. 2016/679 und zur Umsetzung der Richtlinie (EU) Nr. 2016/680 und zur Informationsfreiheit v. 3.5.2018 (HessGVBl. 82) und sodann durch Gesetz v. 29.6.2023 (HessGVBl. 456) geändert.

Die zu § 17 erlassene Verwaltungsvorschrift (Nr. 17 ff. VVHSOG) befand sich bis zu ihrem Außerkrafttreten zum 1.1.2025 auf dem Stand v. 10.11.2015 (StAnz 1226), hatte also die Änderungen nicht nachvollzogen.

Übersicht

A. Allgemeines

I. Zweck und systematische Zusammenhänge der Norm

1 Bis zum Inkrafttreten des Gesetzes zur Änderung des Melderechts, des Hessischen Gesetzes über die öffentliche Sicherheit und Ordnung und des Hessischen Glückspielgesetzes v. 28.9.2015 (HessGVBl. 346) enthielt § 17 lediglich die präventiv-polizeiliche Ermächtigungsgrundlage für die Ausschreibung zur polizeilichen Beobachtung. Nunmehr hat dort auch die Ausschreibung zur Gezielten Kontrolle eine gesetzliche Grundlage gefunden.

2 Die Änderung geht auf das Bestreben des Gesetzgebers zurück, die hessische Rechtslage an die Möglichkeiten und Vorgaben des SDÜ (Schengener Durchführungsübereinkommen v. 19.6.1990, ABl. 2000 L 239, 19) anzupassen. Art. 99 Abs. 1, 5 SDÜ – mit der Ausschreibung zur verdeckten Registrierung und der Ausschreibung zur Gezielten Kontrolle – kannte zwei Arten von Ausschreibung im Schengener Informationssystem, von denen nur die erste

als Ausschreibung zur polizeilichen Beobachtung in § 17 „abgebildet“ war (vgl. LT-Drs. 19/1979, 31).

3 Während die Möglichkeit zur Ausschreibung zur verdeckten Registrierung durch Art. 99 Abs. 1 SDÜ verbindlich vorgegeben war, überließ Art. 99 Abs. 5 SDÜ es den nationalen Gesetzgebern, ob auch die Ausschreibung zur Gezielten Kontrolle im nationalen Recht vorgesehen werden sollte.

4 War dies – wie bislang in Hessen – nicht der Fall, wurden Ausschreibungen zur verdeckten Kontrolle nach Art. 99 Abs. 5 S. 2 SDÜ für die jeweilige Vertragspartei automatisch in eine Ausschreibung zur verdeckten Registrierung umgesetzt. Auf diese Rechtslage nimmt die amtliche Begründung des Gesetzes zur Änderung des Melderechts, des Hessischen Gesetzes über die öffentliche Sicherheit und Ordnung und des Hessischen Glückspielgesetzes v. 28.9.2015 (HessGVBl. 346) weiterhin Bezug (LT-Drs. 19/1979, 31), ebenso wie der Gesetzestext des § 14a Abs. 2 S. 3 (vgl. dazu → § 14a Rn. 130 ff.).

5 Zwar hat diese Rechtslage im Wesentlichen materiell weiterhin so Bestand, die Bezugnahme auf Art. 99 SDÜ ist jedoch bereits seit 2013 überholt (vgl. → § 14a Rn. 130). Seit dem 9.4.2013 sind Art. 35–37 SIS II-Beschluss (B 2007/533/JI v. 12.6.2007, ABl. 2007 L 205, 63) an dessen Stelle getreten (vgl. B 2013/157/EU v. 7.3.2013, ABl. 2013 L 87, 8).

6 Seither erfolgen die Ausschreibungen auf der Grundlage von Art. 36 SIS II-Beschluss (zutr. § 9a Abs. 2 SPolG); der vormalige Begriff der Ausschreibung zur „verdeckten Registrierung“ wurde dabei durch den der „verdeckten Kontrolle“ ersetzt; gem. Art. 37 Abs. 4 SIS II-Beschluss steht es weiterhin im Ermessen der Mitgliedstaaten, ob sie daneben im nationalen Recht die Ausschreibung der „Gezielten Kontrolle“ zulassen wollen.

7 Die Ausschreibung zur Polizeilichen Beobachtung nach Abs. 1 S. 1 Alt. 1 ist insoweit als präventiv-polizeiliche Ermächtigungsgrundlage zunächst von der – alltagssprachlich verwandten – Observation iSd § 15 zu unterscheiden (vgl. Hornmann HSOG § 15 Rn. 7): Während letztere auf die unmittelbare Beobachtung einer Person gerichtet ist, zielt erstere auf die Erstellung eines Bewegungsbilds mit Hilfe der EDV und von Angaben anderer Polizeibehörden (vgl. → § 14a Rn. 138, → § 14a Rn. 173).

8 In diesem Sinne definierte Abs. 1 S. 1 aF die Ausschreibung zur Polizeilichen Beobachtung als automatisierte Speicherung der Personalien einer Person sowie des amtlichen Kennzeichens und sonstiger Merkmale des von ihr benutzten oder eingesetzten Kfz im polizeilichen Fahndungsbestand (vgl. eing. → § 14a Rn. 106) zu dem Zweck, anderen Polizeibehörden des Landes, den Polizeibehörden und -dienststellen des Bundes und der anderen Länder sowie, soweit sie Aufgaben der Grenzkontrolle wahrnehmen, die Zollbehörden die Möglichkeit zur Meldung des Antreffens der Person oder des Fahrzeugs zu geben, wenn dies bei Gelegenheit einer Überprüfung aus anderem Anlass festgestellt wird.

9 Diese Zweckbestimmung ist in der Neufassung des Abs. 1 durch das Gesetz zur Änderung des Melderechts, des Hessischen Gesetzes über die öffentliche Sicherheit und Ordnung und des Hessischen Glücksspielgesetzes v. 28.9.2015 (HessGVBl. 346) nicht mehr enthalten; da insoweit eine inhaltliche Änderung nicht intendiert war, beschreibt die Definition die Maßnahme jedoch weiterhin treffend und sie ist nach Abs. 2 letzter Hs. insoweit noch immer Teil des Tatbestands.

10 Der Zweck der Ausschreibung zur Gezielten Kontrolle ergibt sich schon aus dem Begriff und den Ermächtigungen zu darauf bezogenen Maßnahmen durch § 18 Abs. 2 Nr. 7, § 36 Abs. 2 Nr. 5, § 37 Abs. 2 Nr. 5.

11 Wie das BVerfG in seiner Entscheidung zum automatischen Kennzeichenlesegerät zutreffend festgestellt hat, ist die Ausschreibung zur Polizeilichen Beobachtung für sich genommen ein wenig effektives Instrument, weil die Polizei bei einer derartigen Beobachtung ausgeschriebener Personen und Fahrzeuge wegen der Aufwendigkeit einer manuellen Durchführung von Erfassung und Abgleich von Personalien und Kennzeichen letztlich auf Zufallstreffer angewiesen ist (vgl. BVerfGE 120, 378 (416 ff.)).

12 Durch die Regelung des automatischen Kennzeichenlesegeräts in § 14a hat die Befugnis des § 17 indessen faktisch eine erhebliche Aufwertung bzw. Effektivierung erfahren. Dies gilt auch und gerade in Bezug auf ihre Erweiterung um die Ausschreibung zur Gezielten Kontrolle (vgl. LT-Drs. 19/1979, 31).

13 Seither besteht die Möglichkeit, die Erfassung und den Abgleich der nach § 17 ausgeschriebenen Kfz-Kennzeichen automatisiert vorzunehmen, wodurch eine systematische, räumlich

weitreichende Sammlung von Informationen über das Bewegungsverhalten von Fahrzeugen und damit auch von Personen technisch und mit relativ geringem Aufwand möglich wird (vgl. → § 14a Rn. 89); soweit die Ausschreibung auf die Gezielte Kontrolle gerichtet ist, steigt entsprechend die Wahrscheinlichkeit, entsprechende Fahrzeuge aufzufinden und tatsächlich zu kontrollieren.

Die Ausschreibung zur Polizeilichen Beobachtung und Gezielten Kontrolle nach § 17 ist den Polizeibehörden vorbehalten. Bezogen auf die polizei- und gefahrenabwehrbehördliche Aufgabennorm (§ 1) ist sie der – ebenfalls den Polizeibehörden vorbehaltenen – vorbeugenden Bekämpfung von Straftaten iSd § 1 Abs. 4 zuzuordnen. 14

Ausweislich des Abs. 2 letzter HS. ist sie insoweit jedoch auf die Verhütung von Straftaten mit erheblicher Bedeutung (vgl. § 13 Abs. 3) beschränkt; auch ist ihr Einsatz zur Erfüllung des zweiten Bereichs der vorbeugenden Bekämpfung von Straftaten – der Verfolgungsvorsorge – ausgeschlossen (vgl. → § 14a Rn. 37). 15

II. Parallelvorschriften

Parallelvorschriften zur Anordnung der polizeilichen Beobachtung finden sich in zahlreichen Polizeigesetzen (vgl. nur § 56 BWPolG, Art. 40 BayPAG, § 37 NPOG, § 21 PolG NRW, § 29 SPolG; s. Lisken/Denninger PolR-HdB/Schwabenbauer G Rn. 1099 mwN). Diese weichen allerdings inhaltlich hinsichtlich der Voraussetzungen und Rechtsfolgen teilweise von der hessischen Rechtslage ab; § 56 BWPolG kennt auch die Ausschreibung zur Gezielten polizeilichen Kontrolle von Personen. Eine bundesrechtliche Entsprechung findet sich in § 31 BPolG; eine weitere enthält § 47 BKAG. 16

Die repressive Parallelenorm findet sich in § 163e StPO (vgl. zu den Schwierigkeiten einer Abgrenzung zwischen der letztgenannten Norm und § 17 sowie den daraus resultierenden Bedenken Hornmann HSOG Rn. 3 ff., 7; zum Ganzen auch Lisken/Denninger PolR-HdB/Schwabenbauer G Rn. 1104 ff., Lisken/Denninger PolR-HdB/Graulich E Rn. 753 ff. mwN). 17

B. Einzelkommentierung

Abs. 1 beschreibt als Rechtsfolge die zulässige Verfahrensweise der Ausschreibung zur polizeilichen Beobachtung oder zur Gezielten Kontrolle, während die Regelung des Abs. 2 die Tatbestandsvoraussetzungen benennt; Abs. 3–6 enthalten schließlich maßnahmenspezifische Form- und Verfahrensvorschriften (vgl. → § 15a Rn. 8, → § 15b Rn. 9). 18

I. Rechtsfolge (Abs. 1)

Abs. 1 sieht als Rechtsfolge die Ausschreibung zur Polizeilichen Beobachtung oder zur Gezielten Kontrolle vor, indem er den vorzunehmenden EDV-technischen Vorgang umschreibt. 19

Namentlich können die Polizeibehörden die Personalien einer Person sowie das amtliche Kennzeichen und sonstige Merkmale des von ihr benutzten oder eingesetzten Kfz im polizeilichen Fahndungsbestand automatisiert speichern, damit die anderen Polizeibehörden des Landes, den Polizeibehörden und -dienststellen des Bundes und der anderen Länder sowie, soweit sie Aufgaben der Grenzkontrolle wahrnehmen, den Zollbehörden das Antreffen der Person oder des Fahrzeugs melden können, oder Gezielte Kontrollen nach § 18 Abs. 2 Nr. 7, § 36 Abs. 2 Nr. 5, § 37 Abs. 2 Nr. 5 durchgeführt werden können, wenn dies bei Gelegenheit einer Überprüfung aus anderem Anlass festgestellt wird. 20

Mit der Neufassung des § 17 Abs. 1 v. 28.9.2015 (HessGVBl. 346) wurde nunmehr in die S. 2 und S. 3 auch eine Definition des Begriffs des polizeilichen Fahndungsbestands aufgenommen. Damit sind verfassungsrechtliche Bedenken gegen die Unbestimmtheit, denen bisher durch Verweis auf die entsprechende Beschreibung in § 14a zu begegnen war (vgl. iE → § 14a Rn. 106 ff.) ausgeräumt. 21

Praktisch bedeutet dies: Liegen bei einer Polizeibehörde Erkenntnisse über eine Person vor, die die Ausschreibung rechtfertigen, so erfolgt mit der Ausschreibung die Speicherung der Personendaten in der INPOL-Verbunddatei „Personenfahndung", die der Merkmale des Kfz in der Verbunddatei „Sachfahndung" (vgl. → § 14a Rn. 110). 22

23 Gerät die ausgeschriebene Person nachfolgend in eine Kontrolle, sei es beim Grenzübertritt oder bei einer allgemeinen Verkehrskontrolle, gelegentlich derer die Personalien des Verkehrsteilnehmers mit dem Fahndungsbestand abgeglichen werden, so hat der kontrollierende Beamte, der nun weiß, dass es sich um eine zur Beobachtung oder Gezielten Kontrolle ausgeschriebene Person oder ein entsprechendes Fahrzeug handelt, unauffällig Feststellung zu treffen hinsichtlich Ort, Zeitpunkt, Fahrzeug, Mitfahrer, Fahrtroute und mitgeführter Gegenstände oder eine offene Kontrolle durchzuführen.

24 Die gewonnenen Erkenntnisse werden der ausschreibenden Dienststelle in einer sog. Anhalte- und Beobachtungsmeldung oder Kontrollmeldung mitgeteilt; sie werden nicht in der Personenfahndung gespeichert. Für den Fall, dass die ausgeschriebene Person häufig kontrolliert wird, was sie indessen durch ihr Verhalten steuern kann und im Übrigen mehr oder weniger zufällig ist, kann sich bei entsprechender Kontrolldichte bei der ausschreibenden Dienststelle aus den Rückmeldungen ein Bewegungsbild des Betroffenen ergeben.

25 Wie sich zeigt, handelt es sich bei der Alternative der Ausschreibung zur polizeilichen Beobachtung somit um einen verdeckten – und damit eingriffsintensiv(er)en – Eingriff in das Recht auf informationelle Selbstbestimmung (vgl. → § 13 Rn. 174, § 15 → § 15 Rn. 22). Verfassungsrechtliche Bedenken gegen die Norm des § 17 macht insoweit Hornmann HSOG Rn. 4 ff. geltend. Die Ausschreibung zur Gezielten Kontrolle wird mit der Durchführung der Kontrolle allerdings zu einer offenen Maßnahme.

II. Tatbestandsvoraussetzungen und Adressaten (Abs. 2)

26 Nach Abs. 2 können Personen unter zwei alternativen Voraussetzungen zur polizeilichen Beobachtung oder Gezielten Kontrolle ausgeschrieben werden. Die Tatbestandsvoraussetzungen sind angelehnt an konkretisierende innerdienstliche Vorgaben zur Ausschreibung zur polizeilichen Beobachtung (PDV 384.2). Der damit recht weit gefasste Personenkreis (→ Rn. 28 ff.; → Rn. 33), war seit dem Hessischen Gesetz zur Anpassung des Hessischen Datenschutzrechts an die Verordnung (EU) Nr. 2016/679 und zur Umsetzung der Richtlinie (EU) Nr. 2016/680 und zur Informationsfreiheit v. 3.5.2018 (HessGVBl. 82) durch die für beide Fälle geltende Voraussetzung einer bestehenden Auskunftspflicht nach § 12 Abs. 2 (→ § 12 Rn. 36 ff.) eingeschränkt.

26.1 Das bedeutete, dass Personen, denen nach Maßgabe dieser Vorschrift unter den Voraussetzungen der §§ 52–55 StPO ein Auskunftsverweigerungsrecht zukommt (bzw. zukäme), auch dann nicht zur polizeilichen Beobachtung oder gezielten Kontrolle ausgeschrieben werden können, wenn die Voraussetzungen der zwei Alternativen in Nr. 1 und Nr. 2 vorliegen.

26.2 Mit dem Verweis auf die in § 12 Abs. 2 geregelte Einschränkung der Auskunftspflicht wollte der Gesetzgeber mit Blick auf entsprechende Ausführungen im Urteil des BVerfG v. 20.4.2016 zum BKAG (NJW 2016, 1781 Rn. 255 ff.) explizit dem Schutz zeugnisverweigerungsberechtigter Personen – insbesondere dem von Berufsgeheimnisträgern – Rechnung tragen (vgl. LT-Drs. 19/5728, 184). Damit wird allerdings zugleich die verfassungsrechtliche Problematik der Regelung des § 12 Abs. 2 (→ § 12 Rn. 11 ff.) in die des § 17 übernommen.

27 Durch das Änderungsgesetz v. 29.6.2023 (HessGVBl. 456) wurde nunmehr aus S. 1 die Wendung „soweit eine Auskunftspflicht nach § 12 Abs. 2 besteht und“ gestrichen, da der Schutz zeugnisverweigerungsberechtigter Berufsgeheimnisträger in § 12a eine eigenständige Regelung gefunden hat, deren Anwendungsbereich sich ausweislich von § 12a Abs. 1 S. 1 ausdrücklich auf Ausschreibungen nach § 12a erstreckt. Der von § 12a erfasste Personenkreis ist also – je nach Status – absolut oder relativ (→ § 12a Rn. 17 ff., → § 12a Rn. 26 ff.) vor Ausschreibungen nach Abs. 1 geschützt.

1. Ausschreibung aufgrund einer Gesamtwürdigung (Abs. 2 Nr. 1)

28 Nach Abs. 2 Nr. 1 muss die Gesamtwürdigung der Person und ihrer Straftaten erwarten lassen, dass sie auch künftig Straftaten mit erheblicher Bedeutung begehen wird. Insoweit muss noch keine konkrete Gefahr der Begehung solcher Straftaten vorliegen.

29 Es handelt sich um eine Prognoseentscheidung, die der iRd § 13 Abs. 2 Nr. 1 zu treffenden ähnelt, jedoch die dort erforderlichen tatsächlichen Anhaltspunkte durch die „Gesamtwürdigung der Person und ihre[r] Straftaten“ ersetzt (vgl. grdl. zu den Anforderungen an solche

Entscheidungen die Ausführungen des BVerfG in BVerfGE 103, 21 (35 ff.) – hier zu § 81g StPO – mit zahlreichen Nachweisen aus Rspr. und Lit.).

Die Prognose hat sich zunächst auf die Person zu beziehen, bei der es sich mindestens potentiell um einen – so der Polizeijargon – „Intensivtäter" handeln muss, wobei die erwarteten Taten solche mit erheblicher Bedeutung (§ 13 Abs. 3) sein müssen. **30**

Als personenbezogene Indizien können die gezeigte kriminelle Energie bei der Planung, Ausführung oder zeitlichen Folge früherer Straftaten, eine rücksichtslose Durchsetzung verbrecherischen Willens oder die offensichtliche Wirkungslosigkeit von Straf- und Resozialisierungsmaßnahmen in Betracht gezogen werden. **30.1**

Sodann hat die Prognose – damit freilich zusammenhängend – die bisherigen Straftaten der Person zu umfassen. Bei diesen muss es sich ebenfalls um Straftaten mit erheblicher Bedeutung handeln und sie müssen zu (mindestens) einer Verurteilung geführt haben (vgl. Fredrich Rn. 2). **31**

Die Gesamtwürdigung muss auf eine gesicherte Tatsachsachengrundlage gestellt werden; für den prognostischen Teil genügen sog. polizeiliches Erfahrungswissen oder bloße Vermutungen nicht (vgl. Lisken/Denninger PolR-HdB/Schwabenbauer G Rn. 1107). **32**

2. Ausschreibung bei Vorliegen der Observationsvoraussetzungen

Nach Abs. 1 Nr. 2 können zudem Personen zur Polizeilichen Beobachtung oder Gezielten Kontrolle ausgeschrieben werden, bei denen die Voraussetzungen für die Anordnung einer Observation gegeben sind (§ 15 Abs. 2 S. 1 und S. 2). Insoweit kann auf die Ausführungen zu § 15 (→ § 15 Rn. 36 ff.) verwiesen werden. **33**

3. Adressaten

Hinsichtlich der möglichen Adressaten der Datenerhebung weicht auch § 17 von der Störersystematik, die die Vorschriften der §§ 6, 7, 9 über die polizeiliche Verantwortlichkeit errichten, ab (→ § 6 Rn. 2). **34**

Als unproblematisch erweist sich dies im Fall des Abs. 2 Nr. 1, der immerhin Personen erfasst, bei denen die Erwartung schwerwiegender Straftaten gerechtfertigt ist, was eine darauf bezogene normimmanente Adressatenregelung (vgl. → § 12 Rn. 35) ohne Weiteres legitimiert. **35**

Schwieriger ist diese normimmanente Adressatenregelung im Fall des Abs. 2 Nr. 2, da der in Bezug genommene § 15 Abs. 2 vorgibt, dass mittels Observation ggf. über jedermann (§ 15 Abs. 2 Nr. 1), potentielle Straftäter (§ 15 Abs. 2 Nr. 2 und Nr. 3), Kontakt- oder Begleitpersonen (§ 15 Abs. 2 Nr. 4) und Personen im Umfeld von gefährdeten Personen (§ 15 Abs. 2 Nr. 5) erhoben werden können, ohne dass es insoweit auf eine Störereigenschaft bei der Wahl des Adressaten ankommt (vgl. → § 15 Rn. 61). **36**

Gegen diese Öffnung des Personenkreises – die durch das Hessische Gesetz zur Anpassung des Hessischen Datenschutzrechts an die Verordnung (EU) Nr. 2016/679 und zur Umsetzung der Richtlinie (EU) Nr. 2016/680 und zur Informationsfreiheit v. 3.5.2018 (HessGVBl. 82) einerseits eine Einschränkung, andererseits eine Ausdehnung erfahren hat – werden erhebliche Bedenken geltend gemacht (Hornmann HSOG Rn. 6: „verfassungswidrig"; Lisken/Denninger PolR-HdB/Petri, 5. Aufl. 2012, G Rn. 291: „im Hinblick auf die Grundsätze der Normenbestimmtheit und Verhältnismäßigkeit verfassungsrechtliche Bedenken" zur vergleichbaren Norm im Hamburger Polizeirecht; relativierend Lisken/Denninger PolR-HdB/Schwabenbauer G Rn. 1106, vgl. dort aber auch die weiteren Nachweise in Fn. 262). **37**

III. Zulässige Folgemaßnahmen (Abs. 3)

Nach Abs. 3 sind gegen eine Person, die zur Polizeilichen Beobachtung oder Gezielten Kontrolle ausgeschrieben ist oder ein ausgeschriebenes Kfz führt, beim Antreffen andere Maßnahmen nur zulässig, wenn jeweils die besonderen rechtlichen Voraussetzungen für diese Maßnahmen erfüllt sind. **38**

Diese an sich selbstverständliche Feststellung verdeutlicht noch einmal, dass Abs. 1 und Abs. 2 hinsichtlich der Polizeilichen Beobachtung nur zur Ausschreibung und – im Fall des **39**

Antreffens – zu der Anhalte- und Beobachtungsmeldung (→ Rn. 24) ermächtigen; der Alternative der Gezielten Kontrolle ist die Durchführung einer solchen freilich immanent, weshalb insoweit die Ermächtigungsgrundlagen der § 18 Abs. 2 Nr. 7, § 36 Abs. 2 Nr. 5, § 37 Abs. 2 Nr. 5 geschaffen wurden und genutzt werden können.

40 Im Übrigen sind als „andere Maßnahmen" iSd Abs. 3 eine Reihe von weiteren polizeilichen Standard- und sonstigen Maßnahmen denkbar. Für solche sind selbstredend eigenständige Ermächtigungsgrundlagen im HSOG oder in der StPO erforderlich, deren Voraussetzungen vorliegen müssen und deren Grenzen einzuhalten sind.

IV. Besondere Form- und Verfahrensvorschriften (Abs. 4–6)

41 Als „Flankenregelungen" lassen sich die besonderen Form- und Verfahrensvorschriften in Abs. 4–6 verstehen, die mit Rücksicht auf Gefährdungen des informationellen Selbstbestimmungsrechts Grundrechtsschutz durch Verfahren sichern sollen.

42 Von Bedeutung ist insoweit zunächst die vorgesehene Anordnungskompetenz des Behördenleiters oder des von ihm Beauftragten nebst Anforderungen an die Anordnung (Abs. 4) bzw. der Richtervorbehalt bei einer Laufzeit der Ausschreibung über zwölf Monate hinaus (Abs. 5).

43 Des Weiteren sehen Abs. 4–6 Befristungs-, Überprüfungs- und Löschungsreglungen bezüglich der Ausschreibung vor.

44 Mit Blick auf Art. 19 Abs. 4 GG ist zusätzlich eine nachträgliche Benachrichtigungspflicht zugunsten des Betroffenen erforderlich, die in § 29 Abs. 5 iVm § 28 Abs. 2 Nr. 7 Niederschlag gefunden hat. Auch stellt § 27 Abs. 1, Abs. 2 die Löschung der durch die polizeiliche Beobachtung erlangten Daten und die Vernichtung der dazugehörigen Unterlagen unter bestimmten Voraussetzungen sicher.

§ 17a Berichtspflichten gegenüber dem Parlament und der Öffentlichkeit

[1]Die Landesregierung berichtet dem Landtag alle zwei Jahre über die nach den §§ 15 bis 16 getroffenen Maßnahmen sowie über Polizeiliche Beobachtungen nach § 17, soweit bei den genannten Maßnahmen eine richterliche Anordnung oder richterliche Bestätigung der Anordnung erforderlich ist, und über Übermittlungen nach § 23. [2]Abweichend von Satz 1 ist dem Landtag über die nach § 15 Abs. 4 und 6 Satz 4 getroffenen Maßnahmen jährlich zu berichten. [3]In diesen Berichten wird insbesondere dargestellt, in welchem Umfang, von welchen Befugnissen, aus Anlass welcher Art von Verdachtslagen Gebrauch gemacht wurde und inwieweit die betroffenen Personen hierüber benachrichtigt wurden. [4]Die parlamentarische Kontrolle wird auf der Grundlage dieser Berichte von einer parlamentarischen Kontrollkommission ausgeübt. [5]§ 1 Abs. 2 bis 7 sowie die §§ 2 und 4 Abs. 2 des Verfassungsschutzkontrollgesetzes vom 25. Juni 2018 (GVBl. S. 302, 317) in der jeweils geltenden Fassung gelten entsprechend. [6]Der Landtag macht die Berichte in anonymisierter Form öffentlich.

Überblick

Die durch das Hessische Gesetz zur Anpassung des Hessischen Datenschutzrechts an die Verordnung (EU) Nr. 2016/679 und zur Umsetzung der Richtlinie (EU) Nr. 2016/680 und zur Informationsfreiheit v. 3.5.2018 (HessGVBl. 82) eingeführte Vorschrift regelt Berichtspflichten der Landesregierung bezüglich einiger besonderes eingriffsintensiver Datenerhebungsmaßnahmen gegenüber dem Landtag, bei dem zu diesem Zweck eine parlamentarische Kontrollkommission eingerichtet wird.

A. Allgemeines

I. Zweck und Struktur der Norm

Die Regelung des § 17a knüpft an die Rechtsprechung des BVerfG an, nach der es für eine verhältnismäßige Ausgestaltung von in die Privatsphäre eingreifenden heimlichen Ermittlungs- und Überwachungsbefugnissen der Herstellung von Transparenz über Art und Ausmaß der Datenerhebung und -verarbeitung auf Grundlage dieser Befugnisse gegenüber Parlament und Öffentlichkeit bedarf (vgl. BVerfG NJW 2016, 1781 Rn. 135). 1

Die Durchführung von heimlichen Überwachungsmaßnahmen entzieht sich naturgemäß der Wahrnehmung der Betroffenen und der Öffentlichkeit; dem kann auch durch Benachrichtigungspflichten oder Auskunftsrechte mit der Möglichkeit anschließenden subjektiven Rechtsschutzes nur begrenzt entgegengewirkt werden (BVerfG NJW 2016, 1781 Rn. 143). 2

Durch die Herstellung von Transparenz soll, soweit möglich, den Betroffenen subjektiver Rechtsschutz ermöglicht und zugleich der diffusen Bedrohlichkeit geheimer staatlicher Beobachtung entgegengewirkt und zu Vertrauen und Rechtssicherheit beigetragen werden. Der Umgang mit solchen Daten muss insoweit einen öffentlichen Diskurs eingebunden bleiben und damit demokratischer Kontrolle unterliegen (BVerfG NJW 2016, 1781 Rn. 143; 2013, 1499 Rn. 221 f.). 3

Das setzt die gesetzliche Sicherstellung regelmäßiger Berichte gegenüber Parlament und Öffentlichkeit voraus, die hinreichend gehaltvoll sind, um eine öffentliche Diskussion über Art und Ausmaß der auf entsprechende Befugnisse gestützten Datenerhebung, einschließlich der Handhabung der Benachrichtigungspflichten und Löschungspflichten, zu ermöglichen (BVerfG NJW 2016, 1781 Rn. 135, 142 f., 268, 340, 354; vgl. auch BVerfG NJW 2013, 1499 Rn. 221 f.). 4

Solche regelmäßigen Berichte der Landesregierung gegenüber dem Landtag ordnet § 17a für bestimmte Maßnahmen – zeitlich gestaffelt nach Eingriffsintensität und mit Vorgaben für den Inhalt der Berichte – in S. 1–3 an. 5

§ 17a S. 4–6 regeln sodann das Verfahren der parlamentarischen Kontrolle durch den Landtag. 6

II. Parallelvorschriften

Im Landesrecht finden sich Parallelvorschriften in § 68 PolG NRW, Art. 52 BayPAG und in § 37b NPOG. Auf Bundesebene enthält § 88 BKAG eine entsprechende Regelung. Für den repressiven Bereich sieht § 101b StPO Berichtspflichten gegenüber dem Bundesamt für Justiz vor (bis 2017 geregelt in §§ 100b Abs. 6, 100c Abs. 2 und 101b Nr. 2 StPO aF). 7

B. Einzelkommentierung

In § 17a sind nunmehr alle Berichtspflichten gegenüber dem Parlament in einer Norm zusammengeführt. Die vormals in § 15 Abs. 9 befindliche Berichtspflicht in Bezug auf Maßnahmen der Wohnraumüberwachung mit technischen Mitteln wurde das Hessische Gesetz zur Anpassung des Hessischen Datenschutzrechts an die Verordnung (EU) Nr. 2016/679 und zur Umsetzung der Richtlinie (EU) Nr. 2016/680 und zur Informationsfreiheit v. 3.5.2018 (HessGVBl. 82) in die Regelung integriert. Der Turnus der zu erstellenden Berichte differenziert nach Maßnahmen der verdeckten Datenerhebung. 8

I. Zweijährige Berichtspflicht (S. 1)

Einer zweijährigen Berichtspflicht unterliegen die besonders eingriffsintensiven Maßnahmen, die nach § 15 Abs. 2 (Observation und Einsatz technischer Mittel), § 15a (Telekommunikationsüberwachung), § 15b (Telekommunikationsüberwachung an informationstechnischen Systemen), § 15c (verdeckter Eingriff in informationstechnische Systeme), § 16 (Einsatz von V- und VE-Personen) sowie nach § 17 (polizeiliche Beobachtung, gezielte Kontrolle) vorgenommen wurden. 9

Zunächst verpflichtet S. 1 die Landesregierung, dem Landtag jährlich über alle auf der Grundlage dieser Normen getroffene Maßnahmen zu berichten. Darüber hinaus ist nach 10

Abs. 3 in diesen Berichten auch – nach dem Zweck der Norm ausführlich und in einer für das Parlament nachvollziehbaren Weise – darüber Auskunft zu geben, in welchem Umfang, von welchen Befugnissen, aus Anlass welcher Art von Verdachtslagen Gebrauch gemacht wurde und inwieweit die betroffenen Personen hierüber benachrichtigt wurden. Eine lediglich tabellarische Übersicht genügt diesen Anforderungen nicht.

II. Einjährige Berichtspflicht (S. 2)

11 Mit § 17a S. 2 wird für Hessen sodann die durch Art. 13 Abs. 6 S. 3 GG aufgerichtete Verpflichtung der Länder erfüllt, eine zu Art. 13 Abs. 6 S. 1 und S. 2 GG gleichwertige parlamentarische Kontrolle von Maßnahmen der Wohnraumüberwachung mit technischen Mitteln zu gewährleisten. Art. 13 Abs. 6 S. 1 GG verlangt jährliche Berichte.

12 Auch S. 2 verpflichtet die Landesregierung, den Landtag jährlich über alle nach Abs. 4 getroffenen Maßnahmen – also alle „großen Lausch- und Spähangriffe" einschließlich der nach Abs. 4 S. 6 getroffenen Maßnahmen (vgl. Fredrich § 15 Rn. 21; zu diesen Maßnahmen ausf. → § 15 Rn. 94 ff.) – zu unterrichten (vgl. für Art und Umfang des zu erstattenden Berichts → Rn. 10).

13 Der Unterrichtungspflicht unterliegen ferner die nach Abs. 6 S. 3 und S. 4 getroffenen Maßnahmen, also alle Fälle einer anderweitigen Verwendung von in oder aus Wohnungen erlangten Erkenntnissen, die durch den Einsatz technischer Mittel zum Zweck der Abwehr einer Gefahr für Einsatzpersonen gewonnen wurden (vgl. ausf. → § 15 Rn. 157 ff.).

III. Parlamentarische Kontrolle

14 Die parlamentarische Kontrolle dieser Maßnahmen lehnt Abs. 9 S. 3 mit der Verweisung auf Vorschriften von § 1 Abs. 2–7 VerfSchKontG sowie die §§ 2 und 4 Abs. 2 VerfSchKontG (Gesetz zur parlamentarischen Kontrolle des Verfassungsschutzes in Hessen v. 25.6.2018, HessGVBl. 302, 317) in der jeweils geltenden Fassung an die dort bereits „installierte" parlamentarische Kontrolle an, wobei die Verweisung gesetzestechnisch ausnahmsweise gelungen ist („in der jeweils geltenden Fassung"; vgl. zur ansonsten vielfach defizitären Verweisungstechnik im HSOG etwa → § 14a Rn. 18, → § 14a Rn. 56, → § 14a Rn. 128 ff., → § 15 Rn. 182 ff., → § 18 Rn. 92 ff., → § 20 Rn. 31).

15 Die für die Kontrolle der Maßnahmen in Bezug genommenen Vorschriften des VerfSchKontG regeln die Zusammensetzung der parlamentarischen Kontrollkommission, die Wahl und eventuelle Nachwahl ihrer Mitglieder. Des Weiteren geht es um die Geheimhaltung, Protokolle und Mitschriften der Beratungen sowie die Verwendung von mobilen Geräten in und innerhalb der Parlamentarischen Kontrollkommission.

16 Schließlich werden die Befugnisse der Kommission geregelt, wobei diese – im Vergleich zur Kontrollkommission über den Verfassungsschutz – sehr eingeschränkt sind, weil aus den doch umfassenden Rechten lediglich das Recht auf Akteneinsicht und das – darauf bezogene – Recht auf Zutritt zu den Dienststellen – hier der Polizei – übernommen wird.

17 Neu ist die in § 17a S. 6 vorgesehene Pflicht des Landtags, die Berichte anonymisiert zu veröffentlichen (eine solche fehlte in § 15 Abs. 9 aF). Anders als in § 101b Abs. 1 S. 2 und S. 3 StPO ist nicht vorgesehen, dass die Veröffentlichung im Internet erfolgt.

17.1 Abrufbar sind soweit ersichtlich bisher lediglich ein Bericht des Landtagspräsidenten v. 30.9.2020 (LT-Drs. 20/3789) sowie ein (unvollständiger) Bericht der Landtagspräsidentin vom 20.2.2022 (LT-Drs. 20/9197).

§ 18 Identitätsfeststellung und Prüfung von Berechtigungsscheinen

(1) Die Gefahrenabwehr- und die Polizeibehörden können die Identität einer Person feststellen, wenn dies zur Abwehr einer Gefahr, zur Erfüllung der ihnen durch andere Rechtsvorschriften zugewiesenen weiteren Aufgaben (§ 1 Abs. 2) oder zum Schutz privater Rechte (§ 1 Abs. 3) erforderlich ist.

(2) [1]Die Polizeibehörden können die Identität einer Person feststellen, wenn

1. die Person sich an einem Ort aufhält,

a) von dem aufgrund tatsächlicher Anhaltspunkte anzunehmen ist, dass dort

aa) Personen Straftaten verabreden, vorbereiten oder verüben,
bb) sich Personen ohne erforderlichen Aufenthaltstitel treffen oder
cc) sich Straftäterinnen oder Straftäter verbergen,
b) an dem Personen der Prostitution nachgehen oder
c) für den durch eine Gefahrenabwehrverordnung nach § 71 das Führen von gefährlichen Gegenständen verboten oder beschränkt worden ist,
2. dies zur Leistung von Vollzugshilfe (§ 1 Abs. 5) erforderlich ist,
3. die Person sich in einer Verkehrs- oder Versorgungsanlage oder -einrichtung, einem öffentlichen Verkehrsmittel, Amtsgebäude oder einem anderen besonders gefährdeten Objekt oder in dessen unmittelbarer Nähe aufhält und tatsächliche Anhaltspunkte die Annahme rechtfertigen, dass in oder an diesen Objekten Straftaten begangen werden sollen, durch die in oder an diesen Objekten befindliche Personen oder diese Objekte selbst unmittelbar gefährdet sind, und dies aufgrund der Gefährdungslage oder auf die Person bezogener Anhaltspunkte erforderlich ist,
4. die Person sich im räumlichen Umfeld einer Person aufhält, die in besonderem Maße als gefährdet erscheint, und tatsächliche Anhaltspunkte die Maßnahme zum Schutz der Person rechtfertigen,
5. die Person an einer Kontrollstelle angetroffen wird, die von der Polizeibehörde auf öffentlichen Straßen oder Plätzen oder an anderen öffentlich zugänglichen Orten eingerichtet worden ist, um eine der in § 100a der Strafprozessordnung bezeichneten Straftaten zu verhüten; die Einrichtung von Kontrollstellen ist nur mit Zustimmung des für die Polizei zuständigen Ministeriums oder von ihm benannter Stellen zulässig, es sei denn, dass Gefahr im Verzug vorliegt,
6. die Person in Einrichtungen des internationalen Verkehrs, auf Straßen oder auf Bundeswasserstraßen, soweit aufgrund von Lageerkenntnissen anzunehmen ist, dass diese von erheblicher Bedeutung für die grenzüberschreitende Kriminalität sind, angetroffen wird zur vorbeugenden Bekämpfung der grenzüberschreitenden Kriminalität oder
7. sich die Person in einem Fahrzeug befindet, das zur Gezielten Kontrolle ausgeschrieben ist.

[2]Die Örtlichkeiten, die die Voraussetzungen nach Satz 1 Nr. 6 erfüllen, hat jede Polizeibehörde für ihren Zuständigkeitsbereich unter Angabe der Gründe in einem ständig zu aktualisierenden Verzeichnis zu benennen. [3]Näheres zu den Voraussetzungen und zur Durchführung der Kontrollen wird durch Verwaltungsvorschriften des Ministeriums des Innern und für Sport geregelt.

(3) [1]Die Gefahrenabwehr- und die Polizeibehörden können die zur Feststellung der Identität erforderlichen Maßnahmen treffen. [2]Sie können insbesondere die Person anhalten, den Ort der Kontrolle absperren, die Person nach ihren Personalien befragen, verlangen, dass die Person mitgeführte Ausweispapiere aushändigt, und erkennungsdienstliche Maßnahmen anordnen.

(4) Die Polizeibehörden können die Person festhalten, sie und die von ihr mitgeführten Sachen nach Gegenständen durchsuchen, die zur Identitätsfeststellung dienen, sowie die Person zur Dienststelle bringen.

(5) [1]Erkennungsdienstliche Maßnahmen können nur angeordnet und Maßnahmen nach Abs. 4 können nur durchgeführt werden, wenn die Identität auf andere Weise nicht oder nur unter erheblichen Schwierigkeiten festgestellt werden kann. [2]Gegen eine Person, die nicht nach den §§ 6 oder 7 verantwortlich ist, können erkennungsdienstliche Maßnahmen gegen ihren Willen nicht durchgeführt werden, es sei denn, dass sie Angaben über die Identität verweigert oder bestimmte Tatsachen den Verdacht einer Täuschung über die Identität begründen.

(6) Werden die Personalien bei der betroffenen Person erhoben, ist diese auf den Grund für die Identitätsfeststellung hinzuweisen, sofern der Zweck der Maßnahme hierdurch nicht beeinträchtigt wird.

(7) Die Gefahrenabwehr- und die Polizeibehörden können verlangen, dass Berechtigungsscheine, Bescheinigungen, Nachweise oder sonstige Urkunden zur

Prüfung ausgehändigt werden, wenn die betroffene Person aufgrund einer Rechtsvorschrift verpflichtet ist, diese Urkunden mitzuführen.

Überblick

Auszug aus der VVHSOG (nicht an die aktuelle Gesetzeslage angepasst und gem. Erlass des Hessischen Ministeriums des Innern und für Sport v. 29.11.2022 (StAnz. 50/2022, 1384) zum 1.1.2025 mangels eines erneuten Verlängerungserlasses ersatzlos außer Kraft getreten):

Zu § 18

18. Identitätsfeststellung und Prüfung von Berechtigungsscheinen

18.0

§ 18 regelt nicht die Identitätsfeststellung in Straf- oder Bußgeldverfahren. Diese richtet sich nach § 163b ff. StPO beziehungsweise § 46 OWiG in Verbindung mit § 163b ff. StPO.

18.1 Zu Abs. 1

18.1.1

Die Identitätsfeststellung dient dazu, die Personalien einer unbekannten Person oder einer Person, deren Identität in Zweifel steht, festzustellen.

18.1.2

Die Identitätsfeststellung ist nur zulässig zur Abwehr einer (konkreten) Gefahr zur Erfüllung der den Gefahrenabwehr- oder den Polizeibehörden zugewiesenen weiteren Aufgaben (§ 1 Abs. 2) oder zum Schutz privater Rechte (§ 1 Abs. 3).

18.2 Zu Abs. 2

18.2.1

Die Vorschrift gilt nur für die Polizeibehörden. Sie gibt die Befugnis, nach Maßgabe der Nr. 1 bis 6 im Vorfeld konkreter Gefahren in bestimmten eng umgrenzten Fällen und in Vollzugshilfefällen Identitätsfeststellungen durchzuführen. Orte im Sinne der Nr. 1 können auch Wohnungen sein. Diese dürfen jedoch nur unter den Voraussetzungen des § 38 betreten werden. Straftäterinnen und Straftäter im Sinne der Nr. 1 Buchst. b sind Personen, die wegen einer Straftat verurteilt sind und zur Strafvollstreckung gesucht werden.

18.2.2

An der Kontrollstelle nach Nr. 5 - für den Bereich der Strafverfolgung gilt § 111 StPO - unterliegt jede Person der Kontrolle. Die Einrichtung ist nur mit Zustimmung der Leitung der die Kontrollstelle einrichtenden Polizeibehörde oder einer von dieser beauftragten Person, die dieser Behörde angehört, zulässig (siehe § 2 Abs. 3 HSOG-DVO), es sei denn, dass Gefahr im Verzug vorliegt.

18.2.3

Nr. 6 ermöglicht die Kontrolle jeder Person auch außerhalb von Kontrollstellen, wenn sie sich in einer Einrichtung des internationalen Verkehrs, wie zum Beispiel einem Bahnhof, auf einer Straße oder einer Bundeswasserstraße aufhält, soweit Lageerkenntnisse oder polizeiliche Erfahrung dafür sprechen, dass dieser Ort für die grenzüberschreitende Kriminalität von erheblicher Bedeutung ist. Die Örtlichkeiten, die die Voraussetzungen des Gesetzes erfüllen, hat jede Polizeibehörde für ihren Zuständigkeitsbereich unter Angabe der Gründe in einem ständig zu aktualisierenden Verzeichnis zu benennen.

18.2.4

Nr. 7 enthält die Befugnis zur Identitätsfeststellung von Personen, die sich in einem Fahrzeug befinden, das zur Gezielten Kontrolle nach § 17 ausgeschrieben worden ist.

18.3 Zu Abs. 3

Die Pflicht zur Aushändigung mitgeführter Ausweispapiere gilt nur für tatsächlich mitgeführte Papiere ohne Rücksicht darauf, ob in anderen Rechtsvorschriften eine Verpflichtung zum Mitführen begründet ist. Zu den zulässigen Mitteln gehört es auch, erforderliche Erkundigungen über eine Person einzuziehen. Die zur Feststellung der Identität zum Zweck der Aufklärung von Straftaten und Ordnungswidrigkeiten zulässigen Maßnahmen sind in den §§ 163b, 163c StPO geregelt.

18.4 Zu Abs. 4

Anders als das Anhalten nach Abs. 3 ist das Festhalten nach Abs. 4 eine Freiheitsentziehung im Sinne von Art. 104 Abs. 2 GG. Es gelten die §§ 33 bis 35. Die Vorschrift enthält keine abschließende Regelung der Durchsuchungsbefugnis (vergleiche §§ 36, 37).

18.5 Zu Abs. 5

Erkennungsdienstliche Maßnahmen kommen als letztes Mittel der Identitätsfeststellung nur in Betracht, wenn die Identität auf andere Weise nicht oder nur unter erheblichen Schwierigkeiten festgestellt werden kann.

18.7 Zu Abs. 7

Bei den auszuhändigenden Urkunden handelt es sich nicht um Personalausweispapiere, sondern um bestimmte Berechtigungsscheine, Bescheinigungen und sonstige Urkunden. Eine Mitführungspflicht wird nicht begründet.

§ 18 regelt mit der Identitätsfeststellung eine klassische präventiv-polizeiliche Standardmaßnahme; die Vorschrift ermächtigt nicht nur zur Feststellung der Personalien, sondern auch zu weiteren damit verbundenen Eingriffen. Die Vorschrift wurde durch das Gesetz zur Neuregelung des Versammlungsrechts in Hessen v. 23.3.2023 (GVBl 150) und durch Gesetz v. 29.6.2023 (GVBl. 456) und durch Gesetz zur Stärkung der Inneren Sicherheit in Hessen v. 13.12.2024 (GVBl. Nr. 83), das in der Fassung der Beschlussempfehlung und des Berichts Drs. 21/1394 zu Drs. 21/1151(LT-Drs. 21/1448) in Kraft getreten ist.

Die zu § 18 erlassene Verwaltungsvorschrift (Nr. 18 ff. VVHSOG) befand sich bis zu ihrem Außerkrafttreten zum 1.1.2025 auf dem Stand v. 10.11.2015 (HeStAnz. 1226), hatte also die Änderungen nicht nachvollzogen.

Übersicht

A. Allgemeines

I. Zweck und Struktur der Norm

Die Vorschrift des § 18 enthält die Befugnis zur Identitätsfeststellung und zur Prüfung 1
von Berechtigungsscheinen sowie zu damit verbundenen weiteren Eingriffen, namentlich zum Anhalten, zum Absperren des Kontrollortes, zur Befragung nach den Personalien (Abs. 3), zu dem Verlangen nach Aushändigung mitgeführter Ausweispapiere oder sonstiger Urkunden (Abs. 3 und Abs. 7).

Des Weiteren sieht sie – zum Teil unter besonderen Voraussetzungen – Befugnisse zum 2
Festhalten und Durchsuchen von Personen nach Personalpapieren, zu einer Mitnahme zur Dienststelle (Sistierung) sowie zur Durchführung erkennungsdienstlicher Maßnahmen zum Zwecke der Identitätsfeststellung vor (Abs. 4 und Abs. 5).

Die Identitätsfeststellung (auch Personen- oder Personalienfeststellung genannt) ist als Ver- 3
gewisserung, welche Personalien eine bestimmte unbekannte Person hat bzw. ob eine Person mit einer bereits bekannten Person identisch ist, ein wichtiges Mittel der Gefahrenabwehr und oft Voraussetzung, die richtigen behördlichen Maßnahmen einleiten zu können, nicht selten auch um weitere Ansätze zur Gefahrenerforschung zu gewinnen (vgl. zur Bedeutung der Identitätsfeststellung Lisken/Denninger PolR-HdB/Graulich E Rn. 318 ff.).

Darüber hinaus ist die Identitätsfeststellung – die in allen Polizeigesetzen eine dem § 18 4
ähnliche, dem Musterentwurf für ein einheitliches Polizeigesetz (ME PolG) nachgebildete Regelung gefunden hat (vgl. Lisken/Denninger PolR-HdB/Graulich, 6. Aufl. 2018, E Rn. 319 mwN) – nicht selten Vorstufe für einen polizeilichen Datenabgleich, der die Feststellung zum Ziel hat, ob eine Person gesucht wird oder ob sonst „etwas gegen sie vorliegt" (vgl. § 25).

Die Identitätsfeststellung steht somit als eine der bedeutendsten und am häufigsten anzu- 5
treffenden polizeilichen Standardmaßnahme faktisch selten für sich allein; sie weist vielmehr einen engen funktionalen Zusammenhang mit anderen polizeilichen Maßnahmen auf (vgl. Lisken/Denninger PolR-HdB/Graulich E Rn. 320).

6 Während im früheren Recht die Befugnis zur Identitätsfeststellung daran gebunden war, dass diese zur Erfüllung polizeilicher Aufgaben erforderlich ist (womit letztlich die Voraussetzungen der Generalklausel heranzuziehen waren), enthält in Abs. 1 und Abs. 2 seit der Neufassung aus dem Jahr 1990 nunmehr einen umfassenden und abschließenden Katalog an Voraussetzungsalternativen.

II. Betroffene Grundrechte

7 Bei der Identitätsfeststellung handelt es sich um einen Eingriff in das nach dem Volkszählungsurteil des BVerfG aus Art. 2 Abs. 1 GG iVm Art. 1 GG abzuleitenden Recht auf informationelle Selbstbestimmung (vgl. → § 13 Rn. 1, → § 13 Rn. 7).

8 Je nach Begleiteingriff kommen auch die Freiheit der Person (Art. 2 Abs. 2 GG, Art. 104 GG) oder das allgemeine Persönlichkeitsrecht (Art. 2 Abs. 1 GG iVm Art. 1 GG) als betroffene Grundrechte in Betracht.

9 Soweit die Identitätsfeststellung gem. § 18 Abs. 2 Nr. 5 bis zum Inkrafttreten von Art. 3 des Hessischen Versammlungsrecht-Neuregelungsgesetz vom 22.3.2023 (GVBl. 150) am 4.4.2023 an Kontrollstellen auch zum Zweck der Verhütung von Straftaten nach § 27 VersammlG erfolgen konnte, griff sie überdies in das Grundrecht aus Art. 8 GG ein, das schon den staatsfreien und unreglementierten Zugang zu Versammlungen gewährleistet; staatliche Vorkontrollen stellen daher Eingriffe in den Schutzbereich dar (vgl. schon BVerfGE 69, 315 (345 f., 349 f.)). Da die Versammlungsfreiheit indessen in § 10 nicht als einschränkbares Grundrecht aufgeführt war, wurde § 18 Abs. 2 Nr. 5 vom BVerfG am 18.12.2018 insoweit wegen Verstoßes gegen Art. 8 Abs. 1 GG iVm Art. 19 Abs. 1 S. 2 GG für verfassungswidrig erklärt (BVerfG NJW 2019, 842).

10 Mit erheblichem zeitlichen Verzug hat der Gesetzgeber dem nunmehr durch die am 4.4.2023 in Kraft getretene Streichung der bisher auf die Wendung „eine der in § 100a der Strafprozessordnung bezeichneten Straftaten" folgenden Formulierung **„oder eine Straftat nach § 27 des Versammlungsgesetzes"** (zu verhüten) Rechnung getragen. Polizeiliche Befugnisse zu Kontrollen im Vorfeld von Versammlungen findet sich seither in den Regelungen der §§ 16, 23 des zeitgleich verabschiedeten Hessischen Versammlungsfreiheitsgesetzes (HVersFG, GVBl. 2023, 150).

11 Bedenken hatte das Bundesverfassungsgericht 2018 in seiner Entscheidung automatischen Kennzeichenlesesystemen auch in Bezug auf § 18 Abs. 2 Nr. 6 (BVerfG NJW 2019, 842 (846)), auf den § 14a Bezug nimmt (dazu auch → § 14a Rn. 13). Die Befugnis zur Schleierfahndung sei im Hinblick auf ihren Zweck unter Verhältnismäßigkeitsgesichtspunkten nicht hinreichend begrenzt.

11.1 „Nicht hinreichend begrenzt sind auch die Regelungen zur Kennzeichenkontrolle als Mittel der Schleierfahndung. Zwar ist verfassungsrechtlich nicht schon grundsätzlich zu beanstanden, dass die Vorschrift von ihrer Zielrichtung her weit gefasst ist und die Kennzeichenkontrollen nicht auf objektiv umgrenzte Anlassfälle begrenzt. Als Ausgleich für den Wegfall von Grenzkontrollen und getragen von dem Ziel, einer hierdurch erleichterten Durchführung bestimmter Straftaten entgegenzutreten, ist das verfassungsrechtlich ausnahmsweise gerechtfertigt (vgl. BVerfG, NJW 2019, 827, Rn. 143 ff.). Das gilt freilich nur insoweit, als für die Orte solcher Kontrollen in einer den Bestimmtheitsanforderungen genügenden Weise ein konsequenter Grenzbezug sichergestellt ist. Dem entsprechen die Vorschriften zum Teil nicht." (BVerfG NJW 2019, 842 Rn. 74, es folgen Ausführungen zu Defiziten der baden-württembergischen Regelung). „Dies gilt erst recht für Hessen, wo §§ 14 I, II, 18 II Nr. 6 HSOG Kennzeichenkontrollen schon ohne Beschränkung auf Durchgangsstraßen auf allen Straßen insgesamt eröffnet, soweit aufgrund von Lageerkenntnissen oder polizeilicher Erfahrung anzunehmen ist, dass diese von erheblicher Bedeutung für die grenzüberschreitende Kriminalität sind. Dadurch werden Kontrollen im ganzen Land eröffnet, soweit es nur um die Bekämpfung von grenzüberschreitender Kriminalität als solcher geht. Dies stellt einen örtlichen Bezug solcher Kontrollen zur Grenze als Ausgleich für die Abschaffung der Grenzkontrollen nicht hinreichend sicher. Im Ergebnis führte dies – zumal angesichts des weitreichenden Begriffs der grenzüberschreitenden Kriminalität – zu einer kaum mehr auf konkrete Anlässe beschränkten und nach objektiven Kriterien kontrollierbaren Befugnis zur Durchführung von Kennzeichenkontrollen im ganzen Land. Dies ist mit dem Verhältnismäßigkeitsgrundsatz nicht vereinbar. Der weder verfahrensrechtlich noch inhaltlich näher bestimmte Verweis auf Lageerkenntnisse oder schon die durch nichts objektiv nachvollziehbare polizeiliche Erfahrung ändert hieran nichts." (BVerfG NJW 2019, 842 Rn. 76).

Diesen Bedenken hat der Gesetzgeber mit den Änderungen durch Gesetz v. 29.6.2023 (HessGVBl. 456) dahingehend Rechnung getragen, dass in Abs. 2 S. 1 Nr. 6 die Wendung „aus polizeilicher Erfahrung" gestrichen und die Regelung des Abs. 2 S. 2 angefügt wurde. **12**

III. Parallelvorschriften

Parallelvorschriften, die zur präventiven Identitätsfeststellung nebst Begleiteingriffen ermächtigen, finden sich in allen Polizeigesetzen (vgl. nur § 27 BWPolG, Art. 13 BayPAG, § 13 NPOG, § 12 PolG NRW; vgl. auch Lisken/Denninger PolR-HdB/Rachor/Graulich, 6. Aufl. 2018, E Rn. 308 mwN). Diese weichen inhaltlich hinsichtlich der Voraussetzungen und Rechtsfolgen in den Einzelheiten teilweise von der hessischen Rechtslage ab. **13**

Eine bundesrechtliche Entsprechung zu § 18 enthält § 23 BPolG. Die repressive Parallelenorm findet sich in § 163b StPO. **14**

B. Einzelkommentierung

Während die Regelungen des Abs. 1 und Abs. 2 Tatbestandsvoraussetzungen enthalten, sehen Abs. 3–5 und Abs. 7 die zulässigen Rechtsfolgen vor. Abs. 6 enthält eine maßnahmenspezifische Verfahrensvorschrift. **15**

I. Anwendungsbereich

Die Vorschrift des § 18 findet Anwendung nur auf Identitätsfeststellungen, die von Motiven der Gefahrenabwehr iSd § 1 getragen sind. **16**

Auf Abs. 1 können sich dabei Gefahrenabwehr- und Polizeibehörden stützen; auf die Alternativen des Abs. 2 können sich nur die Polizeibehörden berufen. **17**

Die strafprozessuale Identitätsfeststellung durch die Polizeibehörden – die § 18 unberührt lässt – richtet sich nach §§ 163b, 163c StPO; die strafprozessualen Kontrollstellen nach § 111 StPO bleiben ebenfalls unberührt. **18**

Zwar handelt es sich auch bei der Identitätsfeststellung um eine Datenerhebung im Sinne der Vorschrift des § 13, der § 18 jedoch als Spezialvorschrift vorgeht (vgl. § 13 Abs. 4 HSOG; iE → § 13 Rn. 144; ein Rückgriff auf die Generalklausel ist ohnehin ausgeschlossen). **19**

II. Rechtsfolgen (Abs. 3–5 und Abs. 7)

In Bezug auf die Rechtsfolgen, die § 18 zum Zweck der Identitätsfeststellung vorgibt, ist hinsichtlich der jeweils ermächtigten Behörden zu differenzieren. **20**

1. Rechtsfolgen für die Gefahrenabwehr- und Polizeibehörden

Als übergreifende Rechtsfolge ist nach allen Alternativen die Feststellung der Identität einer Person vorgesehen. Gemeint ist die offene Feststellung der Personalien bei der betroffenen Person. **21**

Diese Feststellung umfasst nicht nur die Erhebung des Vor- und Zunamens, sondern die aller Daten, die erforderlich sind, um die Identität einer Person zweifelsfrei feststellen zu können und deren Erhebung nicht – wie die von DNA-Identifizierungsmustern – spezialgesetzlich geregelt ist (vgl. § 19 Abs. 3). **22**

Zur Bestimmung der Reichweite der dafür zu erhebenden Daten vermag zwar der Datensatz in § 111 OWiG, auf den insoweit vielfach verwiesen wird (vgl. Fredrich Rn. 1; Lisken/Denninger PolR-HdB/Graulich, 6. Aufl. 2018, E Rn. 310 Fn. 459 mwN), eine Leitlinie bilden, nach der Vor-, Familien- und Geburtsname, Ort und Tag der Geburt, Familienstand, Beruf, Wohnort, Wohnung und Staatsangehörigkeit grundsätzlich in Betracht kommen. **23**

Welche dieser Daten im Einzelfall zu erheben sind, richtet sich jedoch immer nach der Erforderlichkeit in der konkreten Situation. Regelmäßig dürften Familienname, Vorname, ggf. Geburtsname sowie Tag und Ort der Geburt für eine einwandfreie Identifizierung ausreichen; der Erhebung von Beruf und Familienstand bedarf es zumeist nicht (Lisken/Denninger PolR-HdB/Rachor/Graulich, 6. Aufl. 2018, E Rn. 310; OLG Düsseldorf NVwZ 1986, 247). **24**

25 Zu Erhebung der insoweit benötigten Daten können die Gefahrenabwehr- und Polizeibehörden die erforderlichen Maßnahmen treffen (Abs. 3 S. 1). Die in Abs. 3 S. 2 aufgelisteten Aktivitäten sind nicht abschließend, was mit der Wendung „insbesondere" klargestellt wird.

26 So können nach dem Wortlaut bspw. auch Erkundigungen bei Dritten durchgeführt und Auskünfte bei anderen Behörden eingeholt werden. Insoweit ist jedoch zu beachten, dass § 18 nur zur offenen Erhebung von Personaldaten beim Betroffenen ermächtigt und auch nur insoweit Spezialnorm ist (→ Rn. 21, → Rn. 19).

27 Daher muss die Feststellung einer Identität durch verdeckte Datenerhebung und/ohne Mitwirkung des Betroffenen nicht nur den Anforderungen des § 18, sondern auch denen der entsprechenden Bestimmungen des § 13 Abs. 1, Abs. 2, Abs. 6 und Abs. 7 gerecht werden.

28 Die in Abs. 3 S. 2 einzeln aufgeführten Maßnahmen des Anhaltens, des Absperrens des Kontrollortes, des Befragens nach den Personalien und des Verlangens nach Aushändigung mitgeführter Ausweispapiere beschreiben regelmäßig notwendige oder nützliche Aktivitäten zur Personalienfeststellung, die zumeist auch schon nach der alten Rechtslage als abgedeckt angesehen wurden.

29 Das Anhalten ist eine bloße Freiheitsbeschränkung und wird erst im Falle des der Polizei vorbehaltenen Festhaltens iSd Abs. 4 zur Freiheitsentziehung iSd Art. 104 GG (vgl. § 33).

30 Das Absperren eines Kontrollorts ist notwendiger Bestandteil der sog Razzia, die im HSOG nicht als solche geregelt ist, so dass die einzelnen damit verbundenen Maßnahmen jeweils eigenständig den einschlägigen rechtlichen Vorgaben genügen müssen.

31 Das Befragen nach Personalien muss sich – wie deren Feststellung selbst (→ Rn. 24) – im Rahmen der Erforderlichkeit halten. Auch nach der Aushändigung von Identitätspapieren kann jedoch eine Befragung zulässig sein, um etwa die Berechtigung zum Besitz der vorgelegten Papiere und die wahre Identität durch Hinterfragen zu ergründen.

32 Das Verlangen nach Aushändigung – tatsächlich mitgeführter – Ausweispapiere findet seine Entsprechung in § 1 Abs. 1 S. 2 PAuswG, wonach der Personalausweis einer zur Prüfung der Personalien ermächtigten Behörde vorzulegen ist.

32.1 Für Passinhaber gilt das Gleiche gem. § 1 Abs. 1 S. 1 PaßG nur für Einreise in das und Ausreise aus dem Bundesgebiet. Für Ausländer ergibt sich eine entsprechende Ausweispflicht aus § 48 AufenthG, ggf. iVm § 64 AsylG. Weder aus § 18 noch aus den genannten Vorschriften ergibt sich jedoch eine Mitführungsplicht. Wenn keine Aushändigung erfolgt, kann möglicherweise eine Durchsuchung nach Abs. 4 angezeigt sein.

33 Nach Abs. 3 S. 2 können des Weiteren erkennungsdienstliche Maßnahmen zwar sowohl von den Gefahrenabwehr- als auch von den Polizeibehörden angeordnet werden. Ihre Durchführung obliegt jedoch stets den Polizeibehörden.

34 Insoweit richten sich auch erkennungsdienstliche Maßnahmen zur Identitätsfeststellung hinsichtlich Art und Umfang nach § 19. Auch hier gilt für den Umfang der Anfertigung erkennungsdienstlicher Unterlagen der Grundsatz der Erforderlichkeit; deren weitere Aufbewahrung regeln §§ 20, 27.

35 Nach Abs. 5 dürfen erkennungsdienstliche Maßnahmen allerdings nur angeordnet werden, wenn die Identität auf andere Weise nicht oder nur unter erheblichen Schwierigkeiten festgestellt werden kann.

36 Gegen einen Nichtstörer (vgl. §§ 6, 7, 9) können gem. Abs. 5 S. 2 zwangsweise keine erkennungsdienstlichen Maßnahmen durchgeführt werden, es sei denn, dass er Angaben zu seiner Identität verweigert oder der Verdacht einer Täuschung über die Identität vorliegt.

36.1 Wobei er in diesen Fall oftmals nicht mehr als Nichtstörer anzusehen sein wird; dies mag er zwar in Bezug auf die Ausgangslage gewesen sein; nunmehr steht indessen zumindest die Verwirklichung des § 111 OWiG im Raum; ist er damit jedoch zum Störer geworden, ist auch eine erkennungsdienstliche Behandlung zulässig, wenn die Identität ansonsten nicht festgestellt werden kann.

37 Sowohl die Gefahrenabwehr als auch die Polizeibehörden können darüber hinaus im Rahmen der Identitätsfeststellung nach Abs. 7 verlangen, dass die betroffenen Personen Berechtigungsscheine, Bescheinigungen, Nachweise oder sonstige Urkunden zur Prüfung aushändigen, wenn sie aufgrund einer Rechtsvorschrift verpflichtet sind, diese Bescheinigungen oder Urkunden mitzuführen.

Die Prüfung von Berechtigungsscheinen dient insoweit nicht der Identitätsfeststellung, sondern der Ermittlung anderer Umstände und ist damit Bestandteil einer vom Gesetz intendierten umfassenderen Personenkontrolle. 38

Es ist davon auszugehen, dass sich die Anhaltebefugnis der Gefahrenabwehr- und Polizeibehörden auch auf den Zweck der Prüfung von Berechtigungsscheinen erstrecken soll. Voraussetzung ist jedoch, dass der Betroffene aufgrund anderer Vorschriften zum Mitführen verpflichtet ist. Die Vorschrift des Abs. 7 begründet also keine eigenständige Mitführpflicht. 39

In Bezug auf die Pflicht zum Mitführen müssen im konkreten Fall Tatsachen vorliegen, die den Schluss auf eine solche Verpflichtung zulassen, zB das erkennbare Führen einer Waffe. 40

In Betracht für eine Prüfung nach Abs. 7 kommen bspw. Berechtigungsscheine für die Ausübung besonders geregelter Tätigkeiten wie zB die Reisegewerbekarte nach § 55c GewO, der Jagdschein nach § 15 BJagdG, der Fischereischein nach § 44 HFischG oder Waffenschein und Waffenbesitzkarte, die bereits nach § 35 Abs. 5 WaffG der Polizei zur Prüfung auszuhändigen sind. 40.1

Für den Fall, dass in Bezug auf solche Berechtigungsscheine bereits spezialgesetzlich eine Verpflichtung zum Aushändigen besteht, stellt Abs. 7 als Korrelat klar, dass die Polizeibehörden befugt sind, ein Verlangen nach Aushändigung zu stellen. Wenn nach Bundesrecht jedoch nur eine Verpflichtung zur Vorlage besteht, kann die Klarstellung nur das Verlangen nach Vorlage betreffen, jedoch mit Blick auf Art. 31 GG nicht landesrechtlich eine über das Bundesrecht hinausgehende Verpflichtung zur Aushändigung normieren. 40.2

Soweit es sich um Führerscheine oder Prüfbescheinigungen nach der StVZO oder sonstige Urkunden aus dem Bereich des Straßenverkehrs wie zB Schaublätter von Fahrtschreibern gem. § 57a Abs. 2 StVZO, Nachweise bezüglich Zustand, Ausrüstung oder Beladung von Fahrzeugen oder den Fahrlehrerschein gem. § 5 Abs. 2 S. 1 FahrlG oder Nachweise nach den Bestimmungen des PBefG oder des GüKG handelt, dürfte die Befugnis zur Verkehrskontrolle nach § 36 Abs. 5 StVO im Wege der Spezialität vorrangig anzuwenden sein. 40.3

2. Rechtsfolgen nur für die Polizeibehörden (Abs. 4, Abs. 5)

Die in Abs. 4, Abs. 5 vorgesehenen Maßnahmen (Festhalten von Personen, Durchsuchen von Personen und mitgeführten Sachen nach Identitätspapieren, Mitnahme/Bringen zur Dienststelle) sind den Polizeibehörden vorbehalten. 41

Auch diese Maßnahmen dürfen nach Abs. 5 nur angeordnet werden, wenn die Identität auf andere Weise nicht oder nur unter erheblichen Schwierigkeiten festgestellt werden kann, stellen sich also – gemeinsam mit der erkennungsdienstlichen Behandlung – als ultima ratio der Identitätsfeststellung dar. 42

Das Festhalten iSd Abs. 4 beinhaltet eine Freiheitsentziehung iSd Art. 104 Abs. 2 GG. Beim Festhalten zum Zwecke der Identitätsfeststellung außerhalb der Dienststelle, etwa vor Ort zB in einem Funkstreifenwagen oder an einem anderen Ort außerhalb der Dienststelle, etwa in einer sog. Sammelstelle, kommt es auf Dauer und Intensität des Eingriffs in die Freiheit an. 43

Das Verbringen zur Dienststelle stellt als Unterfall des Festhaltens regelmäßig ebenfalls eine Freiheitsentziehung dar, da es die Bewegungsfreiheit des Betroffenen in alle Richtungen aufhebt (vgl. BVerfG NVwZ 2011, 743 ff.). 43.1

Zwischen Anhalten und Festhalten bestehen insoweit nur graduelle Unterschiede, eine zeitliche Grenze kann nach allgemeinen Grundsätzen zu Art. 104 GG etwa bei 15 Minuten gezogen werden. Danach ist regelmäßig auch der üblicherweise erforderliche Zeitraum für eine Identitätsfeststellung überschritten. 44

Folge ist, dass dann §§ 33–35 entsprechend anzuwenden, insbesondere also eine richterliche Entscheidung herbeizuführen ist, von der nur abgesehen werden kann, wenn der Festgehaltene zuvor entlassen wird (§ 33). 45

Die Mitnahme der Person zur Dienststelle (im Polizeijargon: Sistierung) ist nur zulässig, wenn die Feststellung an Ort und Stelle überhaupt nicht oder nur unter Schwierigkeiten möglich ist. Das kann zB dann der Fall sein, wenn eine Überprüfung der Angaben notwendig ist, keine Angaben gemacht werden oder die besondere örtliche Situation es erfordert. 46

Ob insoweit alleine eine Störung durch Demonstranten oder eine große Anzahl von zu Überprüfenden ausreicht, ist fraglich. 46.1

46.2 Die Vorlage eines Personalausweises macht eine Identitätsfeststellung hinreichend möglich; dass möglicherweise die in dem Ausweis angegebene Anschrift falsch sein könnte, rechtfertigt eine Sistierung zur Wache grundsätzlich nicht. Liegen Anhaltspunkte für eine Fälschung vor, kann die Sistierung jedoch rechtmäßig sein.

46.3 Eine Befugnis zur Mitnahme zwecks Feststellung der Identität einer Person etwa auch dann anzunehmen, wenn eine Person ihren Pass nicht bei sich führt, ihn aber ohne nennenswerten Zeitaufwand und ohne Beeinträchtigung oder Gefährdung des Kontrollzwecks beischafft und vorweist (vgl. BayObLG JR 1964, 349), wäre heute kaum noch vertretbar.

47 Die Durchsuchung sowohl der Person als auch mitgeführter Sachen nach Ausweispapieren hat in Abs. 4 eine eigenständige Ermächtigungsgrundlage gefunden.

47.1 Nach einer fragwürdigen Konstruktion unter der alten Rechtslage sollte eine Durchsuchung als Vollstreckung der aus dem PAuswG folgenden Vorlagepflicht gem. §§ 77, 7 HessVwVG analog zulässig sein.

48 Ausschließliche Zielrichtung der Durchsuchung muss das Auffinden von Ausweispapieren sein; darüberhinausgehende Durchsuchungen sind nur nach Maßgabe der §§ 36, 37 zulässig.

49 Auf die Durchsuchung nach § 18 Abs. 4, Abs. 5 ist die Verfahrensvorschrift des § 36 Abs. 4 stets entsprechend anzuwenden.

III. Tatbestandsvoraussetzungen und Adressaten

50 Auch bei den Tatbestandsvoraussetzungen des § 18 und der Adressatenfrage ist hinsichtlich der durch die Norm ermächtigten Behörden zu differenzieren.

1. Identitätsfeststellung durch die Gefahrenabwehr- und Polizeibehörden (Abs. 1)

51 Nach Abs. 1 kann eine Identitätsfeststellung durch die Gefahrenabwehr- und Polizeibehörden zu den drei der dort genannten polizeilichen Zwecke (Gefahrenabwehr, Erfüllung spezialgesetzlich zugewiesener Aufgaben und Schutz privater Rechte) vorgenommen werden.

52 **a) Identitätsfeststellung zur Gefahrenabwehr.** Tatbestandliche Voraussetzung für die Identitätsfeststellung nach der ersten dieser Alternativen ist also das Vorliegen einer konkreten Gefahr für die öffentliche Sicherheit oder Ordnung (→ § 1 Rn. 14). Es muss also mit hinreichender Wahrscheinlichkeit davon auszugehen sein, dass in absehbarer Zeit ein Schaden an einem polizeirechtlichen Schutzgut eintritt. Auch ein bloßer Gefahrenverdacht reicht grundsätzlich aus (→ § 11 Rn. 19).

52.1 Für den Fall der Anfertigung von Bildaufnahmen eines Polizeieinsatzes durch Versammlungsteilnehmer hat das BVerfG in einer Kammerentscheidung zur Parallelvorschrift des § 13 Abs. 1 Nr. 1 Nds. SOG aF allerdings entschieden, dass die bloße Möglichkeit eines Verstoßes gegen § 22 S. 1 KunstUrhG, § 33 Abs. 1 KunstUrhG ohne weitere Anhaltspunkte die Annahme einer Gefahr im Sinne der Vorschrift nicht zu tragen vermag (vgl. BVerfG NVwZ 2016, 53).

53 Ein erforderliches Mittel zur Abwendung dieser Gefahr ist eine Identitätsfeststellung insbesondere dann, wenn zu erwarten ist, dass der oder die potentielle(n) Verursacher mit ihrer Hilfe rechtzeitig aufgefunden und / oder an der Verursachung des Schadens gehindert werden kann.

54 An die Verdachtsmomente sind keine allzu hohen Anforderungen zu stellen (vgl. → Rn. 52.1), da die Identitätsfeststellung ein Eingriff von relativ geringer Intensität ist (so auch BVerfG NVwZ 2016, 53 aE).

55 Ferner gilt auch hier der Grundsatz, dass an die Wahrscheinlichkeit des Schadens umso geringere Anforderungen zu stellen sind, je höher dessen zu befürchtende Intensität ist (vgl. grdl. Ossenbühl DÖV 1970, 715). Die Erforderlichkeit kann sich insoweit auch aus der Erwartung ergeben, durch die Identitätsfeststellung Ansätze zur weiteren Gefahrenforschung zu gewinnen.

56 Diese Erwartung muss jedoch dergestalt begründet sein, dass eine willkürliche Identitätsfeststellung ausgeschlossen ist.

57 **b) Identitätsfeststellung zur Wahrnehmung spezialgesetzlich zugewiesener Aufgaben.** In Abs. 1 Alt. 2 ist verlangt, dass die Identitätsfeststellung zur Erfüllung von den

Gefahrenabwehr- und Polizeibehörden durch andere Rechtsvorschriften zugewiesenen weiteren Aufgaben iSd § 1 Abs. 2 erfolgt.

In Betracht kommen bei den Polizeibehörden je nach Fallgestaltung zB vorläufige Ingewahrsamnahmen nach § 32 Abs. 4 iVm § 17 Abs. 1 PsychKHG, die Auflösung von Versammlungen nach (den in Hessen weiter anwendbaren Vorschriften der) §§ 13, 15 VersammlG oder Maßnahmen nach §§ 12a, 19a VersammlG oder nach § 18 Abs. 3 VersammlG und § 19 Abs. 4 VersammlG (vgl. aber → Rn. 9 f.), des Weiteren Maßnahmen nach § 44 Abs. 2 StVO, die Durchsetzung der Verlassenspflicht nach § 12 Abs. 3 AufenthG iVm § 71 Abs. 5 AufenthG und die Zurückschiebung nach § 57 AufenthG iVm § 71 Abs. 5 AufenthG, die Zurückführung zum Jugendamt nach JuSchG, Betreten und Probenahmen nach §§ 42 Abs. 2, 51 Abs. 3 LFGB sowie Maßnahmen nach § 30 Abs. 4, § 32 Abs. 2 BMG. Auch in diesen Bereichen kann jeweils die Personalienfeststellung zur Erforschung des zu befürchteten Gefahrenpotentials erforderlich sein. **57.1**

c) Identitätsfeststellung zum Schutz privater Rechte. Bei Abs. 1 Alt. 3, der Identitätsfeststellung zum Schutz privater Rechte gem. § 1 Abs. 3 (vgl. eing. → § 1 Rn. 135), geht es zumeist darum, den Täter einer fahrlässigen Sachbeschädigung zu identifizieren. Da eine solche nicht strafbar ist, bleibt hier regelmäßig nur das Einschreiten auf polizeirechtlicher Grundlage (vgl. Lisken/Denninger PolR-HdB/Rachor/Graulich, 6. Aufl. 2018, E Rn. 329). **58**

Die Erforderlichkeit der Identitätsfeststellung ergibt sich hier zumeist aus dem Umstand, dass es dem Geschädigten unmöglich ist, zivilgerichtlichen Rechtsschutz zu erreichen, wenn er nicht im Besitz der Personalien des Schädigers ist (vgl. etwa VG Frankfurt a. M. BeckRS 2023, 4309, zu einem Fall der Nichtzahlung einer Gaststättenrechnung). **59**

d) Adressaten. Hinsichtlich der Adressatenauswahl ist im Rahmen von Identitätsfeststellungen nach § 18 Abs. 1 auf die Regelungen der §§ 6, 7 und 9 zurückzugreifen. **60**

2. Identitätsfeststellung durch die Polizeibehörden (Abs. 2)

Da die weiteren Alternativen des Abs. 2 eine Gefahr nicht voraussetzen, wird die Identitätsfeststellung hier zu einer sog. Vorfeldmaßnahme (vgl. → § 13 Rn. 76); sie setzt „unterhalb" der klassischen polizeilichen Eingriffsschwellen von Gefahr und Verdacht an, was auch daran deutlich wird, dass teilweise auf die Aufgabe der vorbeugenden Bekämpfung von Straftaten nach § 1 Abs. 4 (→ § 1 Rn. 143) Bezug genommen wird. **61**

a) Identitätsfeststellung an sog. gefährlichen Orten (Abs. 2 Nr. 1). Die erste Variante der Identitätsfeststellung als Vorfeldmaßnahme lässt diese an sog. gefährlichen (oder „verrufenen", Meixner/Fredrich, 12. Aufl. 2016, Rn. 9) Orten zu. Die Regelung des Abs. 1 Nr. 1 lit. a und lit. b erfasst konkret Orte, an denen das Verabreden, Vorbereiten und Verüben von Straftaten (Abs. 1 Nr. 1 lit. a lit. aa), das sich Treffen von Personen ohne erforderlichen Aufenthaltstitel (Abs. 1 Nr. 1 lit. a lit. bb), das sich Verbergen von Straftätern (Abs. 1 Nr. 1 lit. a lit. aa) sowie die Ausübung von Prostitution (Abs. 1 Nr. 1 lit. b) anzunehmen ist. Durch Gesetz vom 13.12.2024 wurde die Alternative des Abs. 1 Nr. 1 lit c hinzugefügt (→ Rn. 63.1, vgl. auch → SystVorbPolRH Rn. 29 ff.). **62**

Der Anwendungsbereich dieser neuen Regelung dürfte gering sein, da für Waffenverbotszonen auf der Grundlage von § 71 HSOG neben solchen nach § 42 Abs. 5 und 6 WaffG nur wenig Raum bleibt (vgl. dazu auch Gantschnig NVwZ 2023, 1875 ff.). **63**

Diese neue Alternative war im ursprünglichen Gesetzentwurf (LT-Drs. 21/1551) noch nicht enthalten; stattdessen befand sich dort eine auf Waffenverbotszonen nach dem WaffG bezogene Ermächtigungsgrundlage, wobei die neue Regelung das § 43c WaffenG übersehen worden war; dies wurde nach entsprechenden Hinweisen in der öffentlichen Anhörung zu dem Gesetzentwurf korrigiert (vgl. die amtliche Begründung LT-Drs. 21/1448, 9 „Aufgrund der Einführung des § 42c Waffengesetz (WaffG) durch Art. 5 Nr. 8 des Gesetzes zur Verbesserung der inneren Sicherheit und des Asylsystems vom 25. Oktober 2024 (BGBl. I Nr. 332 vom 30. Oktober 2024) bedarf es keiner landesgesetzlichen Ermächtigung zu Kontrollen in Waffenverbotszonen nach dem WaffG mehr. Es ist dann jedoch eine Ermächtigungsgrundlage für Kontrollen in Bereichen, in denen per Gefahrenabwehrverordnung nach § 71 HSOG das Führen gefährlicher Gegenstände verboten oder beschränkt ist, in § 18 Abs. 2 Satz 1 Nr. 1 HSOG erforderlich."). **63.1**

Allgemein können solche sog. gefährlichen Orte können (und werden häufig) im Verborgenen liegen, es können aber auch belebte Plätze und Straßen mit offener Drogenszene, **64** innerstädtische Verkehrswege, auf denen zB gehäuft verbotenes Glücksspiel („Hütchenspieler") oder Taschendiebstahl ausgeübt bzw. begangen wird sein; des Weiteren Straßen, in denen sich typische Treffpunkte bestimmter in Abs. 1 Nr. 1 beschriebener „Milieus" befinden, Straßen in „Rotlichtvierteln" oder solche, auf denen der Straßenprostitution nachgegangen wird.

65 Da Orte, an denen der Prostitution nachgegangen wird, infolge der im ProstG v. 20.12.2001 zum Ausdruck kommenden gewandelten Wertvorstellung für sich genommen nicht mehr als Anknüpfungspunkt für die Annahme eines „verrufenen" Orts geeignet sind, ist die § 18 Abs. 2 Nr. 1 lit. a cc mittlerweile rechtspolitisch überholt.

66 Soll die Alternative dem Telos der Norm (weiterhin) entsprechen, sollte der Gesetzgeber sie – wenn er sie aufrechterhalten möchte – tatbestandlich dahingehend ändern, dass die Prostitution an dem Ort entweder verboten ist (§ 120 OWiG) oder dass dort etwa Straftaten nach § 232 a StGB, sonstige Straftaten gegen Prostituierte oder Ordnungswidrigkeiten nach § 33 ProstSchG begangen werden.

66.1 Vgl. zu dem Fall, dass es sich bei dem Ort um eine Wohnung handelt → Rn. 71.

67 Sich verbergende Straftäter sind solche, die bereits verurteilt sind – ansonsten würden strafprozessuale Maßnahmen greifen – und die zur Strafvollstreckung gesucht werden (vgl. auch Nr. 18.2.1 VVHSOG).

68 Die Einstufung der Straße oder des Platzes als Ort iSd Abs. 2 Nr. 1 lit. a lit. aa–cc muss auf tatsächlichen Anhaltspunkten beruhen, die die beschriebenen Eigenschaften annehmen lassen (eing. → § 13 Rn. 84 ff.). Ein konkreter Verdacht gegen bestimmte Personen an dem Ort muss nicht vorliegen, andererseits sind bloße Vermutungen hinsichtlich der Eigenschaften des Ortes nicht ausreichend.

69 Die geforderten „tatsächlichen Anhaltspunkte" liegen vielmehr vor, wenn sich an den fraglichen Orten nach den Erkenntnissen der Polizei die genannten Vorgänge zu ereignen pflegen. Kriminalistische Erfahrung allein reicht nicht aus. Solche Erkenntnisse können aus eigenen Feststellungen folgen, aber auch zuverlässigen Hinweisen Dritter entnommen werden.

70 Zum einen können auf dieser Grundlage an den beschriebenen „gefährlichen" oder „verrufenen" Orten Einzelpersonen kontrolliert werden. Möglich sind aber auch planmäßig vorbereitete, überraschende Absperrung bestimmter Räume oder Plätze zum Zweck der Sammelkontrolle mit Identitätsfeststellung. Eine Maßnahme dieser Art (sog. Razzia, vgl. → Rn. 30) ist zwar im HSOG nicht als solche geregelt; in Anknüpfung an Abs. 2 Nr. 1 lassen sich die einzelnen damit verbundenen Maßnahmen jedoch ggf. rechtlich begründen.

71 Handelt es sich bei dem Ort allerdings um eine Wohnung iSd Art. 13 GG, kann er freilich nur unter den Voraussetzungen des § 38 betreten werden.

72 Eine Razzia ohne tatsächliche Anhaltspunkte ist als sog. Ausforschungsrazzia unzulässig. Da ein Verdacht gegen die betroffenen Personen nicht vorliegen muss, vielmehr allein an den Aufenthalt an dem beschriebenen Ort – etwa Bahnhöfe, Plätze, Parks, „Straßenstrich", Bordelle (vgl. zu letzteren aber auch → Rn. 65 f.) – angeknüpft wird, kann jede dort befindliche Person in Anspruch genommen werden, ohne dass die Voraussetzungen der §§ 6, 7 vorliegen müssen. Wie die weiteren Alternativen des Abs. 2 beinhaltet die Nr. 1 somit ebenfalls eine normimmanente Adressatenregelung.

73 Um den Aufgabenbezug beizubehalten, sind in dieser ersten Alternative – wie auch in den weiteren – Identitätsfeststellungen freilich immer nur dann zulässig, wenn sie zur vorbeugenden Bekämpfung von Straftaten (§ 1 Abs. 4 Alt. 1) erforderlich sind.

74 Insoweit müssen sich die zur Begründung des „gefährlichen Orts" genannten Vorgänge jedoch nicht zum Zeitpunkt der Identitätsfeststellung ereignen; vielmehr ist ausreichend, wenn die Vorgänge sich dort generell zu ereignen pflegen und die Kontrolle einen Bezug zu ihnen aufweist.

75 **b) Identitätsfeststellung zur Leistung von Vollzugshilfe (Abs. 2 Nr. 2).** Das Erfordernis einer Identitätsfeststellung kann auch bei der Vornahme von Vollzugshandlungen für die Allgemeine Ordnungsbehörde (vgl. § 1 Abs. 5 iVm § 44 Abs. 1) und bei der Wahrnehmung von Aufgaben der Vollzugshilfe und des Schutzes von Vollzugsorganen andere Behörden (vgl. § 1 Abs. 5 iVm § 44 Abs. 2) vorliegen.

Die Regelung des Abs. 2 Nr. 2 bietet die Ermächtigungsgrundlage für diese Fälle. Hier kann es etwa erforderlich sein vor der Durchführung von Vollzugshandlungen mit Hilfe von Identitätsfeststellungen (mit eventuell nachfolgendem Datenabgleich nach § 25) das zu erwartende Gefahrenpotential zu erforschen. **76**

c) Identitätsfeststellung an sog. gefährdeten Objekten (Abs. 2 Nr. 3). Die zweite Alternative der Identitätsfeststellung als Vorfeldmaßnahme erlaubt diese im Umfeld sog. „gefährdeter Objekte". Diese umschreibt Abs. 3 Nr. 3 durch eine beispielhafte Aufzählung mit offener Ergänzung („oder einem anderen besonders gefährdeten Objekt"). **77**

Insoweit kommt eine relativ große Zahl von Objekten in Frage (vgl. die Auflistung bei Lisken/Denninger PolR-HdB/Rachor/Graulich, 6. Aufl. 2018, E Rn. 331; Fredrich Rn. 16 sowie Lisken/Denninger PolR-HdB/Petri, 6. Aufl. 2018, G Rn. 789 im Zusammenhang mit der Videoüberwachung an diesen). **78**

Zusätzlich zu der abstrakten Gefährdung des Objekts müssen tatsächliche Anhaltspunkte die Annahme rechtfertigen (eing. → § 13 Rn. 84 ff.), dass an oder in dem Objekt Straftaten (→ § 14 Rn. 63) begangen werden sollen, durch die Personen in dem Objekt oder das Objekt selbst unmittelbar gefährdet wird, wobei vor allem an terroristische Straftaten gedacht ist (Lisken/Denninger PolR-HdB/Graulich, 6. Aufl. 2018, E Rn. 343). **79**

Anders als bei den gefährlichen Orten iSd Abs. 2 Nr. 1 sind Maßnahmen an gefährdeten Orten insoweit ereignisabhängig, als im Einzelfall Hinweise auf eine bevorstehende Straftat vorliegen müssen (vgl. zu den deshalb notwendigen Einschränkungen in Bezug auf ubiquitäre Alltagskriminalität Lisken/Denninger PolR-HdB/Graulich, 6. Aufl. 2018, E Rn. 332). Beziehen sich die tatsächlichen Anhaltspunkte nicht auf ein bestimmtes Objekt, sondern auf nur der Gattung nach bestimmte Einrichtungen (Anschläge auf Bahnhöfe oder Botschaften), sind alle entsprechenden Objekte erfasst. **80**

Die erwartete Straftat muss mit der Aufgabe, Funktion oder sonstigen Bedeutung des Objekts (bzw. der Objekte) in einem Zusammenhang stehen und die Gefährdung für das Objekt oder die darin befindlichen Personen muss von der Straftat herrühren (vgl. Fredrich Rn. 18). **81**

Des Weiteren setzt Abs. 2 Nr. 3 voraus, dass sich die für eine Identitätsfeststellung avisierten Personen in dem Objekt oder in dessen „unmittelbarer Nähe" aufhalten müssen. Dabei darf allerdings der Begriff der unmittelbaren Nähe im Hinblick auf den Zweck der Alternative räumlich nicht zu eng verstanden werden. Wie nahe Personen sein müssen, um noch erfasst zu sein, hängt vielmehr von der Lage, baulichen Gestaltung und Funktion des Objekts sowie von der Art und Begehungsweise der befürchteten Straftat ab (vgl. Meixner/Fredrich Rn. 17). **82**

So mag sich der erfasste Raum bei Hinweisen, dass mit einem Anschlag auf einen Verkehrsflughafen mittels Distanzwaffen oder ferngezündeten Sprengsätzen zu rechnen ist, auf einen Radius von etlichen Kilometern erstrecken. **82.1**

d) Identitätsfeststellung im Umfeld gefährdeter Personen (Abs. 2 Nr. 4). Die dritte Alternative der Identitätsfeststellung als Vorfeldmaßnahme erlaubt diesen im Umfeld sog. gefährdeter Personen iSd Abs. 3 Nr. 4 („Person […], die in besonderem Maße als gefährdet erscheint"; vgl. zu gefährdeten Personen im Sinne des HSOG → § 13 Rn. 112; zu Identitätsfeststellungen zu deren Schutz allg. Lisken/Denninger PolR-HdB/Graulich, 6. Aufl. 2018, E Rn. 333; Fredrich Rn. 20 f.). **83**

Die besondere Gefährdung der durch die Norm geschützten Personen bezieht sich auf potentielle Beeinträchtigung deren körperlicher oder seelischer Integrität durch Dritte. Die Bewertung einer Person als gefährdet kann generell (etwa aufgrund einer herausgehobenen Position in Politik, Wirtschaft oder Verwaltung, vgl. Lisken/Denninger PolR-HdB/Graulich, 6. Aufl. 2018, E Rn. 333) oder einzelfallbezogen (etwa bei Belastungszeugen, Beschuldigten oder Hinweisgebern) veranlasst sein. Die polizeiliche Einstufung von Personen als gefährdet in diesem Sinne ist durch Dienstvorschriften strukturiert. **84**

Etwas unglücklich ist die in der Literatur verbreitete Bezeichnung der gefährdeten Person als „Risikoperson" (vgl. Pausch/Dölger PolR Hessen Rn. 183; Fredrich § 13 Rn. 16b), da sie entgegen dem Telos der Norm ein von der gefährdeten Person ausgehendes Risiko impliziert. Das Risiko geht indessen – wenn – von einem Dritten aus. **84.1**

85 Das für die Eröffnung des Anwendungsbereichs von Abs. 2 Nr. 4 zentrale Tatbestandsmerkmal ist der Aufenthalt einer Person im „räumlichen Umfeld" der gefährdeten Person. Der Begriff ist erkennbar offener als der in Abs. 2 Nr. 3 verwendete der „unmittelbaren Nähe". Das räumliche Umfeld ist dem Zweck der Norm entsprechend als (physischer) Einwirkungsbereich von Dritten auf die gefährdete Person zu verstehen. Es setzt also nicht unmittelbare körperliche Nähe voraus, sondern erfasst – je nach Art der Gefährdung – auch den gesamten räumlichen Bereich der Einwirkung durch Schuss- oder sonstige Distanzwaffen.

86 Des Weiteren sind als Eingriffsschwelle tatsächliche Anhaltspunkte erforderlich, die die Identitätsfeststellung zum Schutz der gefährdeten Person rechtfertigen (vgl. zutr. Lisken/Denninger PolR-HdB/Graulich, 6. Aufl. 2018, E Rn. 333: überflüssiges Tatbestandsmerkmal, da sich diese Anforderungen schon aus der Verhältnismäßigkeit ergibt).

87 Der Sache nach ist damit nicht mehr verlangt, als das, was der zulässige Zweck der Identitätsfeststellung schon allgemein vorgibt: Diese muss sich zur Verhütung von befürchteten Straftaten als zielgerichtete und sinnvolle Maßnahme darstellen.

88 **e) Identitätsfeststellung an Kontrollstellen (Abs. 2 Nr. 5).** In der vierten Alternative einer zulässigen Identitätsfeststellung als Vorfeldmaßnahme ist Voraussetzung, dass diese an einer zulässigerweise eingerichteten polizeilichen Kontrollstelle iSd Abs. 2 Nr. 5 durchgeführt werden dürfte.

89 Die polizeiliche Kontrollstelle nach Abs. 2 Nr. 5 ist zu unterscheiden von repressiv ausgerichteten Kontrollstellen nach § 111 StPO, die den Verdacht einer bereits begangenen bestimmten Straftat voraussetzen, und solchen, die der Verkehrsüberwachung – also vor allem der Überprüfung der Verkehrstüchtigkeit von Kfz und ihren Fahrern – dienen und sich auf § 36 Abs. 5 StVO iVm § 6 StVG stützen können (vgl. Hornmann HSOG Rn. 36 f. mwN).

90 Die Einrichtung einer Kontrollstelle durch die Polizei – die selbst noch keinen Grundrechtseingriff bewirkt, sondern einen solchen nur vorbereitet – ist nach Abs. 2 Nr. 5 auf öffentlichen Straßen oder Plätzen oder an anderen öffentlich zugänglichen Orten (vgl. → § 14 Rn. 101 ff.) zulässig, um eine der in § 100a StPO genannten Straftaten zu verhüten.

91 Indem der Gesetzgeber nunmehr die vormalige Befugnis, Kontrollstellen auch zur Verhütung von Straftaten nach § 27 VersammlG einzurichten, gestrichen hat, hat er mit erheblichem zeitlichen Verzug die vom BVerfG festgestellte Verfassungswidrigkeit der Regelung (→ Rn. 9) mit Wirkung zum 4.4.2023 beseitigt (→ Rn. 10).

91.1 Zuvor war es zudem – außer bei den im Mitführen von bestimmten Gegenständen bestehenden Delikten nach § 27 VersammlG – in vielen Fällen fraglich ist, auf welche Weise Straftaten durch das Anhalten und Kontrollieren sollen verhindert werden können (Lisken/Denninger PolR-HdB/Graulich, 6. Aufl. 2018, E Rn. 333); diese Frage stellt sich nunmehr in Bezug auf die neu geschaffenen Regelungen in §§ 16, 23 HVersFG (→ Rn. 10). ist § 18 Abs. 2 Nr. 5 insoweit verfassungswidrig (→ Rn. 9 f.).

92 Größere praktische Probleme wirft die Verweisungstechnik des § 18 Abs. 2 Nr. 5 in seiner Anwendung auf: Die Verweisungen des § 18 Abs. 2 Nr. 5 auf § 100a StPO ist als sog. statische Verweisungen anzusehen (so zutr. Fredrich Rn. 22), da ihnen der für eine dynamische Verweisung erforderliche Zusatz („in der jeweils geltenden Fassung") fehlt.

92.1 Selbst wenn dieser Zusatz nicht fehlen würde, wäre die dann dynamische Verweisung verfassungsrechtlich bedenklich, da der hessische Gesetzgeber für die Reichweite der von ihm legitimierten Grundrechtseingriffe auf die Entwicklung von Normen verweisen würde, die von ihm unbeeinflussbar und insoweit in späteren Varianten nicht von seinem gesetzgeberischen Willen erfasst wären (vgl. allg. zur Problematik BVerfGE 26, 338 (366); 47, 285 (312); Guckelberger ZG 2004, 62 (74 ff.); Ossenbühl DVBl 1967, 401 (404); Schenke NJW 1980, 743 (748 f.); ferner Arndt JuS 1979, 784; Brugger VerwArch 1987, 1).

93 Auf diese Norm wird in ihrer am 6.11.1998 geltenden Fassung verwiesen, da Abs. 2 Nr. 5 auf diese Norm erst seit dem am selben Tage in Kraft getretenen Änderungsgesetz v. 3.11.1998 (HessGVBl. I 399) Bezug nimmt (zuvor war auf §§ 129a, 250, 255 StGB verwiesen worden).

93.1 Dafür, dass der Gesetzgeber etwa mit der Neubekanntmachung des HSOG v. 14.1.2005 (HessGVBl. I 14), die – wie alle weiteren Änderungsgesetze seit 1998 – § 18 Abs. 2 Nr. 5 unberührt ließ, eine Aktualisierung der dortigen Verweisung verbunden hätte, fehlt jeder Anhaltspunkt.

Die Vorschrift des § 100a StPO hat seither mehr als zwei Dutzend Änderungen – überwiegend Erweiterungen – erfahren (vgl. etwa die Änderungsübersichten bei Meyer-Goßner/Schmitt StPO XLVII ff. und LII), durch die sich ihre Gestalt maßgeblich gewandelt hat. So waren damals zahlreiche der heute aufgeführten Deliktsgruppen (wie Urkundsdelikte, Sexualstraftaten, Kinderpornografie, (Computer-) Betrugsdelikte und etliche Straftaten aus dem Bereich der Wirtschaftskriminalität und viele mehr) noch nicht erfasst. Deren Verhütung kann daher auch nicht Anknüpfungspunkt für einen AKLS-Einsatz nach § 14a Abs. 1 S. 1 iVm § 18 Abs. 2 Nr. 5 sein. **94**

Zudem verweist die damals geltende Fassung auf Gesetze (zB das AuslG) oder Vorschriften (zB § 89, 94–97 StGB), die so nicht mehr oder gar nicht mehr existieren, da die letzte erfasste Änderung des StGB das Sechste Gesetz zur Reform des Strafrechts v. 16.1.1998 (BGBl. I 164) ist, der mittlerweile etliche weitere gefolgt sind (vgl. Fischer, StGB, 66. Aufl. 2019, Einl. Rn. 8 ff.). Da § 18 Abs. 2 Nr. 5 insoweit „ins Leere" verweist, haben auch diese für Maßnahmen nach der Norm außer Betracht zu bleiben. **95**

Andere Vorschriften (zB des WStG) sind mittlerweile aus dem Katalog des § 100a StPO herausgenommen worden. Diese könnten zwar nach dem Buchstaben des Gesetzes noch Anknüpfungspunkt für Maßnahmen nach § 18 Abs. 2 Nr. 5 sein, eine solche Wertung wäre jedoch ihrerseits verfassungsrechtlich nicht unproblematisch. **96**

Die Frage, welche Straftaten mit Hilfe von Kontrollstellen nach § 18 Abs. 2 Nr. 5 iVm § 100a StPO verhütet werden sollen, lässt sich danach lediglich noch für eine Reihe von Delikten aus dem sog. Kernstrafrecht (etwa Straftaten gegen das Leben und die persönliche Freiheit, Bandendiebstahl und -hehlerei sowie Raubdelikte) ohne größere rechtshistorische Recherchearbeit beantworten. **97**

Praktisch relevant ist die Alternative – neben „ungerichteten" Kontrollstellen, die auf allgemeine Abschreckung und Zufallstreffer setzen – vor allem in Fallgestaltungen, in denen tatsächlichen Anhaltspunkten für die regionale (zumeist serienmäßige) Begehung von Straftaten wie Bandendiebstahl unter Nutzung bestimmter An- und Abfahrtswege vorliegen. **98**

Der andere praktisch relevante Fall von Kontrollstellen bei bevorstehenden Versammlungen (eing. → § 14 Rn. 22 ff.), bei denen tatsächliche Anhaltspunkte vorliegen, dass potentielle Teilnehmer Waffen, gefährliche Gegenstände, Schutzwaffen oder Vermummung iSd §§ 2 Abs. 3, 17a, 27 VersammlG auf dem Weg dorthin mit sich führen, ist durch die Streichung dieser Alternative und die Schaffung entsprechender Befugnisse im HVersFG (→ Rn. 10) aus dem HSOG gleichsam ausgelagert worden. **98.1**

Auch bei Kontrollen gem. §§ 16, 23 HVersFG gelten indessen die für den Einsatz im Vorfeld von Versammlungen die im Hinblick auf den Schutz des Art. 8 GG bei § 14 Abs. 2 dargelegten erforderlichen Einschränkungen und Grundsätze (→ § 14 Rn. 22 ff.) entsprechend. Insoweit ist nicht nur das Verbot exzessiver Observationen und Registrierungen (BVerfGE 69, 315 (349); 65, 1 (43); da die Datenerhebung mittels AKLS im Trefferfall regelmäßig auf ein Anhalten des Fahrzeugs und polizeiliche Folgemaßnahmen hinausläuft (vgl. § 14a Abs. 4 S. 2 und S. 3), ist insbesondere auch die Vorgabe des BVerfG zu beachten, dass über die Anwendung grundrechtsbeschränkender Gesetze der Zugang zu einer Demonstration durch Behinderung von Anfahrten und schleppende vorbeugende Kontrollen keinesfalls unzumutbar erschwert werden darf (BVerfGE 69, 315 (349); 65, 1 (43)). **98.2**

f) Identitätsfeststellung im Rahmen der sog. Schleierfahndung (Abs. 2 Nr. 6). Die vorletzte Alternative der Identitätsfeststellung als Vorfeldmaßnahme setzt voraus, dass diese im Rahmen der sog. Schleierfahndung (vgl. ausf. Lisken/Denninger PolR-HdB/Graulich, 6. Aufl. 2018, E Rn. 341 ff.), also an einem der in Abs. 2 Nr. 6 umschriebenen Orte zu dem genannten Zweck durchgeführt werden dürften. **99**

Die sog. Schleierfahndung nach Abs. 2 Nr. 6 weist geringe tatbestandliche Eingriffsvoraussetzungen auf; genau deswegen wohnt ihr jedoch eine nicht unerheblich verfassungsrechtliche Problematik inne (vgl. eing. und mwN aus Rspr. und Lit. schon Lisken/Denninger PolR-HdB/Graulich, 6. Aufl. 2018, E Rn. 341–368; Hornmann HSOG Rn. 47 ff.; Stephan DVBl 1998, 81; Graf, Verdachts- und ereignisunabhängige Personenkontrollen. Polizeirechtliche und verfassungsrechtliche Aspekte der Schleierfahndung, 2005). **100**

So wie sie (auch) in Hessen ausgestaltet ist, handelt sich bei ihr um eine verdachts- und ereignisunabhängige Kontrolle an von jedermann benutzten öffentlichen Orten; diese Orte müssen – anders als etwa die in Abs. 2 Nr. 1 und Nr. 3 beschriebenen – keine „kriminogene Valenz" (Lisken/Denninger PolR-HdB/Graulich, 6. Aufl. 2018, E Rn. 344) aufweisen. **101**

102 Die beschriebenen Verkehrseinrichtungen und -wege sind vielmehr als solche „neutral"; die insoweit einzige Beschränkung, dass nämlich „aufgrund von Lageerkenntnissen oder polizeilicher Erfahrung" anzunehmen sein muss, dass die Einrichtung oder Verkehrswege „von erheblicher Bedeutung für die grenzüberschreitende Kriminalität sind", ist nicht nur sprachlich sehr unbestimmt, sondern entgrenzt sich auch sukzessive selbst: Je häufiger diese Kontrollen etwa auf großen Verkehrswegen wie Autobahnen durchgeführt werden, desto wahrscheinlicher wird es, dass die avisierten grenzüberschreitend agierenden Straftäter wegen steigenden Fahndungsdrucks auf (immer) kleinere Nebenstraßen und Verkehrswege ausweichen Lisken/Denninger PolR-HdB/Graulich, 6. Aufl. 2018, E Rn. 346 f. mwN).

103 Im Ergebnis ermöglicht Abs. 2 Nr. 6 dann Kontrollen in/an einer ständig wachsenden Zahl von Verkehrseinrichtungen und -wegen. Diese nähern sich – da als Anlass auch eine gesteigerte Gefährdungslage oder spezifische Wahrscheinlichkeit der Begehung „grenzüberschreitender" Straftaten nicht verlangt ist – einer flächendeckenden und ebenso unspezifischen wie ungerichteten allgemeinen Fahndung im öffentlichen Raum, deren „Ob" und „Wie" alleine von Entscheidungen der Polizeibehörden bzw. ihrer Amtswalter abhängt (vgl. Lisken/Denninger PolR-HdB/Graulich, 6. Aufl. 2018, E Rn. 342 ff., 346 ff. (351) mwN); dieser wohnt zudem – angesichts der polizeipraktischen „Suchraster" (Lisken/Denninger PolR-HdB/Rachor, 5. Aufl. 2012, E Rn. 364, 370 mit Fn. 413 f.) – ein nicht unerhebliches Diskriminierungspotential inne (vgl. zum Ganzen auch Bäuerle FS Bryde, 2013, 23).

104 Zwar dienen Maßnahmen der Schleierfahndung nach dem Wortlaut des Gesetzes der vorbeugenden Bekämpfung (§ 1 Abs. 4) der grenzüberschreitenden Kriminalität; ein geeignetes Mittel hierzu sind sie nach den vorliegenden empirischen Erkenntnissen jedoch nur sehr bedingt: Sie haben nur zu einem geringen Prozentsatz „Erfolg" und führen auch in diesen Fällen – regelmäßig Zufallstreffer – zumeist nicht zu Maßnahmen der Gefahrenabwehr oder zur Verhütung grenzüberschreitender Kriminalität. Die Treffer bestehen vielmehr in erster Linie aus festgestellten Straftaten und aufgefundenen Verdächtigen, führen also alleine zu Maßnahmen der Strafverfolgung, wobei zumeist Bereiche leichterer Kriminalität ohne Bezug zu Grenzüberschreitung betroffen sind (vgl. Schütte ZRP 2002, 393 (396 f.); zur „quantitativen Erfolgsbilanz" in Bayern VerfGH Bayern NVwZ 2003, 1375; zur Statistik der landesweiten Schleierfahndung in Hessen im Jahr 2000 Hornmann HSOG Rn. 52 Fn. 96; Lisken/Denninger PolR-HdB/Rachor, 5. Aufl. 2012, E Rn. 381 mwN).

105 Der präventive Charakter reduziert sich daher – soweit überhaupt feststellbar – auf die mittelbare Folge einer Abschreckungs- und Verunsicherungswirkung bei (potentiellen) Straftätern (Lisken/Denninger PolR-HdB/Rachor, 5. Aufl. 2012, E Rn. 367, 380; Waechter DÖV 1999, 138 (144 f.); vgl. auch VerfGH Bayern NVwZ 2003, 1375 (1377): „vom einzelnen Aufgriff unabhängige generalpräventive Wirkung"; krit. Hornmann HSOG Rn. 59).

106 Die vormals hier vertretene Auffassung, dass den aus diesen Befunden resultierenden verfassungsrechtlichen Bedenken gegen eine potentiell uferlose oder gar willkürliche Kontrollpraxis mit repressivem Schwerpunkt – unter anderem unter Rückgriff auf landesverfassungsgerichtliche Rechtsprechung (LVerfG Mecklenburg-Vorpommern DÖV 2000, 71; VerfGH Sachsen LVerfGE 4, 303) – durch eine Auslegung des Abs. 2 Nr. 6 Rechnung getragen werden könne, die die Tatbestandsmerkmale eng fasst, war indessen durch BVerfG NJW 2019, 842 fraglich geworden.

106.1 Der Beschluss stellt fest, dass zwar die Schleierfahndung (hier: als Anknüpfungspunkt für Kennzeichenkontrollen) verfassungsrechtlich nicht schon deswegen zu beanstanden sei, weil die Vorschrift von ihrer Zielrichtung her weit gefasst ist und die Kennzeichenkontrollen nicht auf objektiv umgrenzte Anlassfälle begrenzt seien. „Als Ausgleich für den Wegfall von Grenzkontrollen und getragen von dem Ziel, einer hierdurch erleichterten Durchführung bestimmter Straftaten entgegenzutreten, ist das verfassungsrechtlich ausnahmsweise gerechtfertigt. Das gilt freilich nur insoweit, als für die Orte solcher Kontrollen in einer den Bestimmtheitsanforderungen genügenden Weise ein konsequenter Grenzbezug sichergestellt ist. Dem entsprechen die Vorschriften zum Teil nicht" (BVerfG NJW 2019, 842 Rn. 74). Nicht hinreichend begrenzt sei unter diesem Gesichtspunkt die entsprechende baden-württembergische Norm.

106.2 Das Gericht fährt fort: „Dies gilt erst recht für Hessen, wo § 14a Abs. 1, Abs. 2, § 18 Abs. 2 Nr. 6 HSOG Kennzeichenkontrollen schon ohne Beschränkung auf Durchgangsstraßen auf allen Straßen insgesamt eröffnet, soweit aufgrund von Lageerkenntnissen oder polizeilicher Erfahrung anzunehmen ist, dass diese von erheblicher Bedeutung für die grenzüberschreitende Kriminalität sind. Dadurch werden Kontrollen im ganzen Land eröffnet, soweit es nur um die Bekämpfung von grenzüberschreitender Kriminalität als solcher geht. Dies stellt einen örtlichen Bezug solcher Kontrollen zur Grenze als Ausgleich für die Abschaffung der Grenzkontrollen nicht hinreichend sicher. Im Ergebnis führte dies - zumal angesichts des weitreichenden Begriffs der grenzüberschreitenden Kriminalität - zu einer kaum mehr auf konkrete Anlässe beschränkten und nach objektiven Kriterien kontrollierbaren Befugnis zur Durchführung von Kennzeichenkontrollen im ganzen Land. Dies ist mit dem Verhältnismäßigkeitsgrundsatz nicht vereinbar. Der weder verfahrensrechtlich noch inhaltlich näher bestimmte Verweis auf Lageerkenntnisse oder schon die durch nichts objektiv nachvollziehbare polizeiliche Erfahrung ändert hieran nichts." (BVerfG NJW 2019, 842 Rn. 76)

Die sog. Schleierfahndung war danach – wenn überhaupt noch – nicht zur vorbeugenden Bekämpfung jedweder grenzüberschreitender Kriminalität zulässig, sondern nur zur Bekämpfung von organisierten und schwerwiegenden Kriminalitätsphänomenen mit grenzüberschreitendem Charakter. **107**

Namentlich Menschenhandel, Drogen- und Waffenhandel, Banden(einbruchs)diebstahl und gewerbsmäßige (Banden-) Hehlerei, Schleuserkriminalität und andere. **107.1**

Den Bedenken hat der Gesetzgeber durch die Änderungen durch Gesetz v. 29.6.2023 zunächst dadurch Rechnung getragen, dass in Abs. 2 S. 1 Nr. 6 die Wendung „aus polizeilicher Erfahrung" gestrichen. Die Bedeutung der Örtlichkeiten für die grenzüberschreitende Kriminalität kann nunmehr nur noch aus – objektivierbaren – „Lageerkenntnissen" geschlossen werden. **108**

Aus diesen muss sich eine gleichsam verdichtete Gefahren- oder Verdachtslage hinsichtlich der drohenden Begehung solcher Straftaten mit eindeutigem Grenzbezug ergeben. **109**

Die vom BVerfG für verfassungswidrig erklärte Parallelnorm des § 22a Abs. 1 Nr. 3 BWPolG brachte dies etwa dadurch zum Ausdruck, dass sie polizeiliche Erkenntnisse verlangt, „dass im Kontrollbereich Straftaten nach § 100a StPO stattfinden oder verhütet werden können". **109.1**

Der in Literatur und Rechtsprechung seit langem erhobene Forderung, dass die Verfahren zur Lageermittlung zudem – im Interesse nachträglicher Überprüfbarkeit – objektiv nachvollziehbar und dokumentiert sein müssen (vgl. Lisken/Denninger PolR-HdB/Rachor, 5. Aufl. 2012, E Rn. 378; VerfGH Sachsen LVerfGE 4, 303 (349 f.), allerdings zu einer Norm ohne entsprechende tatbestandliche Eingrenzung) hat der hessische Gesetzgeber nunmehr durch die Anfügung des Abs. 2 S. 1 Rechnung getragen. **110**

Dieser schreibt vor, dass die für die Schleierfahndung in Betracht kommenden Örtlichkeiten, von jeder Polizeibehörde für ihren Zuständigkeitsbereich unter Angabe der Gründe in einem ständig zu aktualisierenden Verzeichnis zu benennen sind, wobei Näheres zu den Voraussetzungen und zur Durchführung durch Verwaltungsvorschrift – deren Erlass noch aussteht – zu regeln ist. Interessant wird insoweit insbesondere sein, ob die Verwaltungsvorschrift die Veröffentlichung der Verzeichnisse vorschreibt. **111**

Damit wird gleichsam die bisherige Praxis in Gesetzesrang erhoben: Lange Zeit wurde versucht, den verfassungsrechtlichen Bedenken dadurch Rechnung zu tragen, dass das Hessische Landeskriminalamt unter anderem auf der Grundlage von quartalsweise erstellten Berichten der Polizeipräsidien über durchgeführte Kontrollen im Rahmen der sog. Schleierfahndung ein Lagebild (vgl. dazu auch § 20 Abs. 9, § 6 Abs. 1 Nr. 10 HSOG-DVO) erstellte; darüber hinaus waren die Verkehrseinrichtungen und -wege iSd Abs. 2 Nr. 6 gem. Nr. 18.2.3 VVHSOG von jeder Polizeibehörde für ihren Zuständigkeitsbereich unter Angabe von Gründen in einem ständig zu aktualisierten Verzeichnis zu benennen. Zudem sah die einschlägige Erlasslage Maßnahmen der Schleierfahndung vor allem in Bezug auf grenzüberschreitende Kriminalität aus den Deliktsfeldern des Menschenhandels, der Schleusungs-, Eigentums-, Rauschgift- und Umweltkriminalität sowie der Geldfälschung und des illegalen Waffenhandels vor. **111.1**

Erfolgen die polizeilichen Maßnahmen im Rahmen der sog. Schleierfahndung (nur) dergestalt zielgerichtet, erscheint die Tatsache, dass in ihrer Folge als Nebeneffekt – wie naturgemäß auch bei anderen Polizeieinsätzen – strafprozessuale „Zufallstreffer" erzielt werden, rechtsstaatlich und kompetenziell deutlich weniger problematisch; dies gilt umso mehr, als sich die Eingriffsintensität eines Anhaltens zur „einfachen" Identitätsfeststellung mit anschließendem Datenabgleich (vgl. § 25) in überschaubaren Grenzen hält (so auch VerfGH Bayern NVwZ 2003, 1375; krit. Lisken/Denninger PolR-HdB/Graulich, 6. Aufl. 2018, E Rn. 376; **112** vgl. allerdings die berechtigte Kritik von Hornmann HSOG Rn. 58 an dem Ansatz, dies unter dem Gesichtspunkt einer Soziallast zur Steigerung des Sicherheitsniveaus zu betrachten).

113 **g) Identitätsfeststellung im Zusammenhang mit einer Ausschreibung zur Gezielten Kontrolle (Abs. 2 Nr. 7).** Die Alternative des Abs. 2 Nr. 7 ist durch das Gesetz zur Änderung des Melderechts, des Hessischen Gesetzes über die öffentliche Sicherheit und Ordnung und des Hessischen Glückspielgesetzes v. 28.9.2015 (HessGVBl. 346) in die Vorschrift eingefügt worden. Sie knüpft unmittelbar an die Möglichkeit zur Ausschreibung von Personen und Fahrzeugen zur Gezielten Kontrolle nach § 17 Abs. 1 S. 1 Alt. 2 an, die durch das gleiche Gesetz geschaffen wurde (vgl. iE → § 17 Rn. 1 ff.).

114 Gemäß § 17 Abs. 3 sind gegen Personen, die nach § 17 ausgeschrieben sind oder ein ausgeschriebenes Fahrzeug führen, andere Maßnahmen als sog. Anhalte- und Beobachtungsmeldungen nur zulässig, wenn jeweils die rechtlichen Voraussetzungen für diese Maßnahme erfüllt sind.

115 Während bei der Ausschreibung zu Polizeilichen Beobachtungen nach § 17 Abs. 1 S. 1 Alt. 1 im Fall des Antreffens andere Maßnahmen als die Anhalte- und Beobachtungsmeldung regelmäßig nicht polizeiliches Ziel sind, ist bei der Ausschreibung zur gezielten Kontrolle – wie ihr Name verrät – eine Kontrolle intendiert. Da die Voraussetzungen für eine Identitätsfeststellung und Durchsuchung nach § 18 Abs. 2 Nr. 1–6, § 36 Abs. 2 Nr. 1–4, § 37 Abs. 2 Nr. 1–4 in diesen Fällen häufig nicht gegeben sein dürften, hat der Gesetzgeber nun ausdrücklich die Befugnis zur Kontrolle in § 18 Abs. 2 Nr. 7 geschaffen, der durch entsprechende Ergänzungen in § 36 Abs. 2 Nr. 5, § 37 Abs. 2 Nr. 5 flankiert wird.

116 Eine Identitätsfeststellung nach Abs. 2 Nr. 7 setzt also voraus, dass sich die Person in einem Fahrzeug befindet, das zur Gezielten Kontrolle ausgeschrieben ist. Die Ausschreibung kann auf § 17 oder auf eine Parallelnorm im Bundesrecht oder dem Polizeigesetz eines anderen Landes gestützt sein. Die Befugnis erstreckt sich auf alle Personen, die sich in dem Fahrzeug befinden.

117 Praktisch kommt eine Identitätsfeststellung und Durchsuchung nach Abs. 2 Nr. 7, § 36 Abs. 2 Nr. 5, § 37 Abs. 2 Nr. 5 also vor allem dann in Betracht, wenn Polizeivollzugsbeamtinnen oder -beamte auf ein Fahrzeug aufmerksam geworden sind und über einen Datenabgleich nach § 25 festgestellt haben, dass dieses zur Gezielten Kontrolle ausgeschrieben ist.

118 Eine Identitätsfeststellung nach Abs. 2 Nr. 7 setzt also voraus, dass sich die Person in einem Fahrzeug befindet, das zur Gezielten Kontrolle ausgeschrieben ist. Haben die Beamtinnen oder Beamten das Fahrzeug bereits nach einer anderen Alternative des Abs. 2 kontrolliert und stellen nun die Ausschreibung zur Gezielten Kontrolle fest, treten die darauf bezogenen Befugnisse zu den schon bestehenden hinzu; dies kann insbesondere zur Folge haben, dass eine bisher nicht mögliche Durchsuchung von Personen nun möglich wird.

119 **h) Adressaten.** Alle Varianten des Abs. 2 knüpfen hinsichtlich der Personen, die in Anspruch genommen werden können alleine an den Aufenthalt an einem bestimmten Ort an; eine Eigenschaft als Störer iSd §§ 6, 7 wird nicht vorausgesetzt.

120 Auch ist es nicht erforderlich, dass die Voraussetzungen für die Inanspruchnahme von Nichtstörern (§ 9) gegeben sind. Abs. 2 beinhaltet somit ebenfalls eine normimmanente Adressatenregelung.

IV. Besondere Verfahrensvorschrift (Abs. 6)

121 Gemäß Abs. 6 sind die Gefahrenabwehr und Polizeibehörden im Fall der Ergebung der Personalien verpflichtet, auf den Grund der Identitätsfeststellung hinzuweisen, sofern der Zweck der Maßnahme hierdurch nicht beeinträchtigt wird.

121.1 Nach alter Rechtslage bestand bisher bei der Identitätsfeststellung keine Begründungspflicht. Eine solche konnte allenfalls aus § 39 HVwVfG abgeleitet werden. Eine Verfolgung nach § 111 OWiG setzte jedoch damals bereits bisher voraus, dass der Betroffene erkennen konnte, weshalb gegen ihn polizeiliche eingeschritten wurde (OLG Hamm NVwZ 1982, 156).

122 An die Tiefe und Breite des Hinweises sind jedoch keine allzu hohen Anforderungen zu stellen; in vielen Fällen wird dem Betroffenen der Grund schon aus den Umständen oder seinem eigenen Verhalten erkennbar sein, ansonsten ist ein Hinweis erforderlich, der –

zumindest summarisch – diejenigen Angaben enthält, die für die Geltendmachung von Rechtsschutz erforderlich und ausreichend sind.

§ 19 Erkennungsdienstliche Maßnahmen, DNA-Analyse

(1) Erkennungsdienstliche Maßnahmen sind

1. die Abnahme von Fingerabdrücken und Abdrücken anderer Körperpartien,

2. die Aufnahme von Abbildungen,

3. Messungen und Feststellungen äußerer körperlicher Merkmale.

(2) Die Polizeibehörden können erkennungsdienstliche Maßnahmen vornehmen, wenn dies

1. nach § 18 Abs. 3 zur Feststellung der Identität angeordnet ist oder

2. zur vorbeugenden Bekämpfung von Straftaten erforderlich ist, weil die betroffene Person verdächtig ist, eine Straftat begangen zu haben, und wegen der Art oder Ausführung der Tat die Gefahr der Wiederholung besteht.

(3) [1]Ist eine noch nicht vierzehn Jahre alte Person verdächtig, eine Straftat mit erheblicher Bedeutung begangen zu haben, und besteht wegen der Art oder Ausführung der Tat die Gefahr, dass sie künftig eine Straftat mit erheblicher Bedeutung begehen wird, können die Polizeibehörden zu Zwecken der vorbeugenden Bekämpfung von Straftaten Körperzellen entnehmen. [2]§ 36 Abs. 5 Satz 2 bis 5 gilt entsprechend. [3]Zur Feststellung des DNA-Identifizierungsmusters können die entnommenen Körperzellen molekulargenetisch untersucht werden. [4]§ 81f der Strafprozessordnung und § 36 Abs. 5 Satz 3 gelten entsprechend. [5]Die entnommenen Körperzellen sind unverzüglich nach der Analyse zu vernichten, es sei denn, ihre weitere Aufbewahrung ist nach anderen Rechtsvorschriften zulässig.

(4) [1]Ist die Identität festgestellt und die weitere Aufbewahrung der angefallenen Unterlagen auch nach Abs. 2 Nr. 2 oder Abs. 3 nicht erforderlich, oder sind die Voraussetzungen nach Abs. 2 Nr. 2 oder Abs. 3 entfallen, sind die angefallenen Unterlagen zu vernichten, es sei denn, ihre weitere Aufbewahrung ist nach anderen Rechtsvorschriften zulässig. [2]Sind die Unterlagen an andere Stellen übermittelt worden, so sind diese über die erforderliche Vernichtung zu unterrichten.

(5) [1]Die betroffene Person ist bei Vornahme der erkennungsdienstlichen Maßnahmen oder bei der Entnahme von Körperzellen zur DNA-Analyse über die Vernichtungspflicht nach Abs. 4 Satz 1 zu belehren. [2]Sind die Unterlagen ohne Wissen der betroffenen Person angefertigt worden, so ist ihr mitzuteilen, welche Unterlagen aufbewahrt werden, sobald dies ohne Gefährdung des Zwecks der Maßnahme geschehen kann.

(6) Soweit sich die Maßnahmen nach Abs. 1 bis 5 auf besondere Kategorien personenbezogener Daten beziehen, sind die §§ 20 und 43 des Hessischen Datenschutz- und Informationsfreiheitsgesetzes und Art. 9 der Verordnung (EU) Nr. 2016/679 zu beachten.

Überblick

Auszug aus der VVHSOG (nicht an die aktuelle Gesetzeslage angepasst und gem. Erlass des Hessischen Ministeriums des Innern und für Sport v. 29.11.2022 (StAnz. 50/2022, 1384) zum 1.1.2025 mangels eines erneuten Verlängerungserlasses ersatzlos außer Kraft getreten):

Zu § 19

19. Erkennungsdienstliche Maßnahmen, DNA-Analyse

19.1 Zu Abs. 1

Die Aufzählung der erkennungsdienstlichen Maßnahmen ist abschließend.

19.2 Zu Abs. 2

Erkennungsdienstliche Maßnahmen dürfen nur von Polizeibehörden durchgeführt werden. Bei der Verfolgung von Straftaten ist § 81b 1. Altern. StPO anzuwenden. Zur vorbeugenden Bekämpfung von Straftaten durchzuführende Maßnahmen dürfen nur auf Nr. 2 gestützt werden, soweit § 81b 2.

Altern. StPO keine Anwendung findet. Nr. 2 ist deshalb vor allem von Bedeutung für Personen, die nicht Beschuldigte sind (zum Beispiel Kinder).

19.3 Zu Abs. 3

Die Vorschrift trifft Bestimmungen über die DNA-Analyse. Soweit die DNA-Analyse bundesgesetzlich geregelt (§ 81g StPO) ist, gehen diese Vorschriften vor. Praktische Relevanz hat die Gesetzesänderung daher nur bei Kindern unter 14 Jahren, weil diese noch nicht strafmündig sind. Näheres regeln die Richtlinien des HLKA zur DNA-Analyse.

19.4 Zu Abs. 4

19.4.1

Die erkennungsdienstlichen Unterlagen sind grundsätzlich zu vernichten, nachdem die Identität festgestellt worden ist. Die Vernichtung der nach Abs. 2 Nr. 2 angefertigten erkennungsdienstlichen Unterlagen und der DNA-Identifizierungsmuster nach Abs. 3 können unterbleiben, solange die weitere Aufbewahrung dieser Unterlagen zur vorbeugenden Bekämpfung von Straftaten erforderlich ist. Die gespeicherten Daten von Kindern sind nach § 15 Abs. 1 HSOG-DVO grundsätzlich nach zwei Jahren zu löschen. Wurden die Unterlagen an andere Stellen übermittelt, sind diese über die erforderliche Vernichtung zu unterrichten.

19.4.2

Die aufbewahrten Unterlagen sind Teil der Kriminalpolizeilichen Personenbezogenen Sammlungen.

19.5 Zu Abs. 5

Die Vorschrift enthält die Verpflichtung zur Belehrung über die Vernichtung erkennungsdienstlicher Unterlagen und von DNA-Identifizierungsmustern. Bei Anfertigung der Unterlagen ohne Wissen der Person entsteht eine Mitteilungspflicht darüber, welche Unterlagen aufbewahrt werden, jedoch erst dann, wenn der Zweck der Maßnahme nicht mehr gefährdet ist. Bei Kindern sind auch die Erziehungsberechtigten zu belehren.

§ 19 ist die Befugnisnorm zur Durchführung präventiv-polizeilicher erkennungsdienstlicher Maßnahmen und zur Erstellung von DNA-Analysen. Sie wurde durch Gesetz v. 3.5.2018 (HessGVBl. 82) um die Regelung des Abs. 6 ergänzt. Die zu § 19 erlassene Verwaltungsvorschrift (Nr. 18 ff. VVHSOG) befand sich bis zu ihrem Außerkrafttreten zum 1.1.2025 auf dem Stand v. 10.11.2015 (HeStAnz. 1226), hatte also diese Änderung nicht zum Gegenstand.

Übersicht

A. Allgemeines

I. Zweck, Struktur und systematischer Zusammenhang der Norm

1 Die Durchführung erkennungsdienstlicher Maßnahmen, deren Regelung zu präventiven Zwecken § 19 ursprünglich alleine zum Gegenstand hatte, gehört zu den klassischen Standardmaßnahmen der Polizei (vgl. Lisken/Denninger PolR-HdB/Graulich, 6. Aufl. 2018, E Rn. 376 mwN: „traditionelle Standardbefugnisse"; vgl. aus der älteren Lit. zur Anfertigung und Vernichtung erkennungsdienstlicher Unterlagen etwa Riegel DÖV 1978, 17; Wolff/Bachof, Verwaltungsrecht, Bd. 3, 4. Aufl. 1978, § 129 VI a 5).

2 Die Vorschrift des § 19 ermächtigt die Polizeibehörden seit dem Jahr 2004 nicht mehr nur zur Vornahme von erkennungsdienstlichen Maßnahmen (ED-Maßnahmen), sondern –

in wenigen Fällen – auch zur Durchführung von DNA-Analysen für den Fall, dass diese mit präventiver Zielrichtung angeordnet werden.

Die Norm weist damit Überschneidungen mit Befugnisnormen der StPO mit ähnlicher Zielrichtung auf, namentlich mit der des § 81b Abs. 1 Alt. 2 StPO für ED-Maßnahmen und der des § 81g StPO für DNA-Analysen. 3

Der bis 1.10.2022 nur aus einem Absatz bestehenden Regelung des § 81b StPO wurden durch Gesetz v. 10.8.2021 (BGBl. I 3420) mit Wirkung zum 1.10.2022 die jetzigen Abs. 2–5 angefügt. 3.1

Beide Normen stellen insoweit „Fremdkörper in der StPO" (Meyer-Goßner/Schmitt StPO § 81g Rn. 2 mwN) dar, als sie zu Maßnahmen ermächtigen, ohne dass (aktuell) der (Anfangs-)Verdacht eine Straftat vorliegen müsste (zu der Frage, ob § 81b StPO, soweit er sich mit Maßnahmen für Zwecke des Erkennungsdienstes wegen seines präventiv-polizeilichen Charakters als Landesrecht anzusehen ist, vgl. BVerwGE 11, 181 (182); BVerfGE 16, 89 (94); VGH Mannheim DÖV 1973, 462 (463); zur Debatte um die Frage, ob die zweite Alternative der Vorschrift – zumindest für eine Übergangszeit – als dem Volkszählungsurteil genügende Rechtsgrundlage – wenn schon für die Fertigung – auch für die Aufbewahrung der nach ihr erhobenen und gefertigten erkennungsdienstlichen Unterlagen darstellt(e) eingehend und mwN Hornmann HSOG Rn. 22 ff.: die Frage verneinend). 4

Sie unterfallen gleichwohl der konkurrierenden Gesetzgebungskompetenz des Bundes nach Art. 74 Abs. 1 Nr. 1 GG (gerichtliches Verfahren): Sie sind Teil der sog. Verfolgungsvorsorge (vgl. § 1 Abs. 4), die zwar in zeitlicher Hinsicht präventiv erfolgt, gegenständlich jedoch – da die Daten für die Verfolgung (später) begangener Straftaten erhoben werden – dem repressiv ausgerichteten Strafverfahren dient (vgl. BVerfGE 103, 21 (30 f.); BVerfGE 113, 348 (367 ff.); → SystVorbPolRDe Rn. 69, → § 13 Rn. 81; Bock ZIS 3/2007, 129). 5

Eingriffe nach §§ 81b Abs. 1 Alt. 2, 81g StPO können daher auch als „Strafverfolgungsmaßnahmen im weiteren Sinne" bezeichnet werden (BGH StV 1999, 302 (303); vgl. auch Senge NJW 1999, 253 (255); Volk NStZ 1999,165 (166 f.)). 6

Soweit der Bundesgesetzgeber mit diesen Vorschriften von seiner Gesetzgebungskompetenz für den Bereich der Vornahme von ED-Maßnahmen und der Durchführung von DNA-Analysen abschließend Gebrauch gemacht hat (→ § 13 Rn. 81), ist dem Landesgesetzgeber dieser Regelungsbereich verschlossen. 7

Dem hat der Gesetzgeber Rechnung getragen, was dazu führt, dass der Anwendungsbereich des § 19 sehr reduziert ist (vgl. Hornmann HSOG Rn. 5 ff.; Fredrich Rn. 9 sowie Nr. 19.2 und 19.3 VVHSOG; Bedenken hinsichtlich der Gesetzgebungskompetenz gleichwohl bei Lisken/Denninger PolR-HdB/Graulich, 6. Aufl. 2018, E Rn. 397 mwN). 8

Spezialvorschriften für erkennungsdienstliche Behandlungen mit ausländerrechtlicher Zielsetzung finden sich in § 71 Abs. 4 AufenthG und § 19 Abs. 2 AsylG. 9

II. Betroffene Grundrechte

Sowohl ED-Maßnahmen iSd Abs. 1 als auch die Feststellung des DNA-Identifizierungsmusters iSd Abs. 3 greifen in das durch Art. 2 Abs. 1 GG iVm Art. 1 Abs. 1 GG verbürgte Grundrecht auf informationelle Selbstbestimmung ein (vgl. zur DNA-Analyse nur BVerfGE 103, 21 (32)). 10

Regelmäßig verbunden sind mit der Durchführung von ED-Maßnahmen und der Feststellung von DNA-Identifizierungsmustern auch Eingriffe in die durch Art. 2 Abs. 2 GG und Art. 104 GG geschützte Freiheit der Person (vgl. → § 18 Rn. 8, → § 18 Rn. 43), da die Betroffenen zu diesen Zwecken zumeist zu polizeilichen Dienststellen verbracht werden. 11

Dass diese Eingriffe die Schwelle zur Freiheitsentziehung weder überschreiten sollen, noch überschreiten dürfen, ergibt sich nicht zuletzt aus dem Fehlen eines Verweises auf § 19 in der Vorschrift des § 33 (vgl. → § 18 Rn. 43). Etwas anderes gilt auch nicht für die erkennungsdienstliche Behandlung zum Zweck der Identitätsfeststellung nach § 18 Abs. 3, Abs. 5, § 19 Abs. 2 Nr. 1, weil sich der korrespondierende Richtervorbehalt des § 33 Abs. 1 S. 1 Alt. 1 alleine auf Maßnahmen nach § 18 Abs. 4 bezieht. 12

Mit Eingriffen in die körperliche Unversehrtheit ist die Durchführung von ED-Maßnahmen nur dann verbunden, wenn zu ihrer Vorbereitung Maßnahmen ergriffen werden, die – wie etwa Veränderungen eines Bartes oder der Haarfarbe – die körperliche Integrität beein- 13 trächtigen; dafür gibt es jedoch bei präventiv-polizeilichen ED-Maßnahmen regelmäßig schon faktisch keine Veranlassung.

14 Anders als eine Blutentnahme dürfte auch die Entnahme von Körperzellen zum Zweck der DNA-Analyse – regelmäßig durch Entnahme einer Speichelprobe mit Hilfe von Wattestäbchen (sog. Mundhöhlenabstrich) – im Normalfall die Schwelle zu einem Eingriff in die körperliche Unversehrtheit nicht überschreiten.

15 Für die Fragen der Aufnahme von Lichtbildern im Rahmen von ED-Maßnahmen im Hinblick auf das Allgemeine Persönlichkeitsrecht in Form des Rechts am eigenen Bild kann auf die Kommentierung zu § 14 verwiesen werden (vgl. → § 14 Rn. 9.2).

III. Verfassungsrechtliche Anforderungen an die DNA-Analyse

16 In Bezug auf die DNA-Analyse nach Abs. 3 sind die für die Zulässigkeit der Entnahme und molekulargenetischen Untersuchung von Körperzellen und die Begründung entsprechender richterlicher Anordnungen zu beachtenden verfassungsrechtlichen Vorgaben von der ständigen (Kammer-) Rechtsprechung des BVerfG umfassend in dem Sinne geklärt, dass an die Annahme des Vorliegens der jeweiligen Tatbestandsvoraussetzungen strenge Anforderungen zu stellen sind (vgl. nur BVerfG BeckRS 2013, 58083; 2013, 53073; 2009, 32493; 2007, 25630; 2006, 21839; 2001, 16349; 2001, 16344; BVerfGE 103, 21 ff.).

IV. Parallelvorschriften

17 Parallelvorschriften, die zur präventiven ED-Maßnahmen ermächtigen, finden sich in allen Polizeigesetzen (vgl. nur § 41 BWPolG, Art. 14 BayPAG, § 15 NPOG, § 14 PolG NRW; vgl. Lisken/Denninger PolR-HdB/Graulich E Rn. 374 mwN). Diese weichen inhaltlich hinsichtlich der Voraussetzungen und Rechtsfolgen in den Einzelheiten teilweise von der hessischen Rechtslage ab.

18 Eine bundesrechtliche Entsprechung zu § 19 enthält § 24 BPolG. Die repressive Parallelenorm findet sich in § 81b StPO.

B. Einzelkommentierung

19 Die Vorschrift des § 19 ermächtigt in Abs. 2 zur Durchführung von ED-Maßnahmen, nachdem diese Maßnahmen in Abs. 1 legal definiert und damit die zulässigen Rechtsfolgen umschrieben wurden.

20 Abs. 3 enthält die Ermächtigungsgrundlage für die Entnahme von Körperzellen zum Zweck der Feststellung eines DNA-Identifizierungsmusters.

21 Abs. 4 und Abs. 5 sehen besondere Form- und Verfahrensvorschriften in Bezug auf diese beiden Maßnahmen vor.

I. Erkennungsdienstliche Maßnahmen (Abs. 1, Abs. 2)

22 Die Befugnis zur Durchführung von ED-Maßnahmen nach Abs. 1, Abs. 2 steht ausschließlich den Polizeibehörden zu.

1. Definition (Rechtsfolge; Abs. 1)

23 Anders als in der Regelung des § 81b StPO werden die zulässigen ED-Maßnahmen in dem Katalog des Abs. 1 für den präventiv-polizeilichen Bereich aufgezählt. Diese Aufzählung ist abschließend (Fredrich Rn. 1; Hornmann HSOG Rn. 12).

24 Gemäß Abs. 1 Nr. 1 dürfen zunächst Fingerabdrücke und Abdrücke anderer Körperpartien abgenommen werden. Zu den anderen Körperpartien zählen etwa die Handflächen, die Fußsohlen und die Ohren (vgl. zu dem bei der hessischen Polizei seit 2007 für die Entnahme von Fingerabdrücken verwendeten, mobil einsetzbaren und mit Scanner-Technik arbeitenden „Fast ID"-System und der dadurch verursachten starken Steigerung der Zahl der durchgeführten ED-Maßnahmen Hornmann HSOG Rn. 13 mwN).

25 Nach Abs. 2 Nr. 2 ist darüber hinaus die Aufnahme von Abbildungen, also die Herstellung von Lichtbildern des Betroffenen zulässig; mangels entsprechender Einschränkung kommen nicht nur Lichtbilder des Kopfes (Front, Seiten und Hinterkopf), sondern auch Ganzaufnah-

men in Betracht (auch insoweit zu den Folgen der technischen Modernisierung – Umstellung auf Digitalfotografie in Verbindung mit der Einführung von PC-Arbeitsplätzen – Hornmann HSOG Rn. 13).

Abs. 1 Nr. 3 erlaubt schließlich die Durchführung von Messungen und die Feststellung äußerer körperlicher Merkmale. 26

Die Messungen müssen sich auf die äußere Körperbeschaffenheit beziehen (etwa Größe und Gewicht); eine Messung innerer Vorgänge oder Werte ist als körperliche Untersuchung zu qualifizieren und damit alleine nach § 36 Abs. 5 zulässig. 27

Die Feststellung (sonstiger) äußerer körperlicher Merkmale kann sich auf physische Auffälligkeiten bzw. Unregelmäßigkeiten und sonstige Wiederkennungsmerkmale (also etwa Tätowierungen, Piercings, Narben, Muttermale etc) beziehen. Nicht hierzu gehören Schriftproben oder Stimmaufnahmen, da diese schon begrifflich keine äußeren Merkmale darstellen (zutr. Hornmann HSOG Rn. 15). 28

Keiner Betonung bedarf es, dass jede nach Abs. 1 Nr. 1–3 an sich zulässige Maßnahme (grund-) rechtswidrig wird, sobald sie einen entwürdigenden Charakter annimmt (vgl. zum Verstoß gegen Art. 1 GG durch Entnahme von Geruchsproben Hornmann HSOG Rn. 15 mwN). 29

2. Tatbestandsvoraussetzungen (Abs. 2)

Nach Abs. 2 Nr. 1 ist die Durchführung von ED-Maßnahmen zunächst zum Zweck der Identitätsfeststellung möglich. Voraussetzung für die ED-Maßnahmen ist hier, dass solche nach § 18 Abs. 3 angeordnet worden sind (vgl. → § 18 Rn. 33). 30

Die Anordnung der ED-Maßnahmen nach § 18 Abs. 3 kann sowohl durch die Gefahrenabwehrbehörden als auch durch die Polizeibehörden getroffen worden sein. Da die Durchführung von ED-Maßnahmen stets den Polizeibehörden obliegt (→ Rn. 22), kann bei ihrer Anordnung durch die Verwaltungs- oder Ordnungsbehörden nur ein Fall der Vollzugshilfe vorliegen, der ein entsprechendes Ersuchen der Behörden an die Polizei voraussetzt; dem trägt § 44 in Abs. 1 Nr. 2 und Abs. 2 Nr. 3 jeweils explizit Rechnung. 31

Die Regelung des Abs. 2 Nr. 2 enthält sodann eine Ermächtigungsgrundlage für erkennungsdienstliche Maßnahmen zur vorbeugenden Bekämpfung von Straftaten iSd § 1 Abs. 4. 32

Auf der Grundlage dieser Vorschrift dürfen ED-Maßnahmen nur durchgeführt werden, soweit die – in der Sache ebenfalls auf die vorbeugende Bekämpfung von Straftaten gerichtete – Vorschrift des § 81b Alt. 2 StPO keine Anwendung findet (→ Rn. 3). 33

Da die Person, gegen die sich die Maßnahme richten soll, gleichwohl – wie auch bei § 81b Abs. 1 Alt. 2 StPO – verdächtig sein muss, eine Straftat begangen zu haben, ist dies nur dann der Fall, wenn es an der – für die Anwendung des § 81b Abs. 1 Alt. 2 StPO zwingend erforderlichen (vgl. Hornmann HSOG Rn. 38 mwN) – Beschuldigteneigenschaft (vgl. § 157 StPO) fehlt. 34

Folglich kommt eine erkennungsdienstliche Behandlung nach Abs. 2 Nr. 2 nur in Betracht, wenn die tatverdächtige Person entweder nicht Beschuldigte(r) sein kann, weil sie nicht strafmündig (§ 19 StGB) ist – namentlich Kinder – oder die Maßnahme nicht (mehr) anlässlich des Strafverfahrens erfolgt – also etwa bei rechtskräftig verurteilten Personen vor Entlassung aus der Strafhaft (vgl. Hornmann HSOG Rn. 21; Fredrich Rn. 5 mwN; VGH Mannheim NVwZ-RR 2004, 572). 35

Die Vorschrift beschränkt die Zulässigkeit der erkennungsdienstlichen Behandlung in diesen Fällen des Weiteren ausdrücklich auf Fälle der Wiederholungsgefahr, es ist also eine sog. Negativprognose erforderlich (vgl. dazu auch Fredrich Rn. 6 ff.; Hornmann HSOG Rn. 21, 38 ff.). 36

Die entscheidenden Kriterien für die Erstellung dieser Prognose sind in Abs. 2 Nr. 2 genannt; die Gefahr der Wiederholung muss wegen der Art oder Ausführung der anlassgebenden Straftat bestehen. Insoweit reichen insbesondere kriminalistische Vermutungen bezüglich einer „delinquenzgeneigten" Persönlichkeit des Betroffenen nicht aus. Schon gar nicht genügen in der Praxis vorfindbare entsprechende Regelvermutungen bei Straftätern, die – auch mit Blick auf einen teilweise feststellbaren faktischen Länderwettbewerb um die höchste Zahl erkennungsdienstlicher Behandlungen – nur im Ausnahmenfall als widerlegt 37 angesehen werden (vgl. Hornmann HSOG Rn. 39: „Eine Umkehr der Darlegungslast ist […] unzulässig.“).

38 Die Gefahr der Wiederholung muss vielmehr mit nachvollziehbaren, einzelfallbezogenen und objektiv überprüfbaren Tatsachen begründet sein. Die Anforderungen sind insoweit an die verfassungsgerichtlichen Vorgaben für die Erhebung und Speicherung von DNA-Identifizierungsmustern (vgl. ausf. → Rn. 59 ff.) anzunähern.

39 Insbesondere bei Kindern sind im Hinblick auf den Grundsatz der Erforderlichkeit strenge Anforderungen zu stellen, die auch die Alternative von Maßnahmen der Jugendhilfe oder der Vormundschaftsgerichte im Blick behalten (vgl. ausf. Hornmann HSOG Rn. 21 mwN: Dies gelte auch, wenn Kinder etwa als schuldlose Werkzeuge bandenmäßiger Einbrüche missbraucht werden; Maßnahmen nach Abs. 2 Nr. 2 seien – entgegen der Praxis – auf ausgesprochen gewaltbereite Kinder zu beschränken).

40 Die Erhebung erkennungsdienstlicher Unterlagen muss überdies – ebenso wie die nachfolgende Speicherung, die als eigenständiger Eingriff einer eigenen Ermächtigungsgrundlage bedarf, die sich in § 20 findet – zu vorbeugenden Bekämpfung von Straftaten nach § 1 Abs. 4 erforderlich sein.

41 Von den beiden Alternativen der vorbeugenden Straftatenbekämpfung steht hier – sieht man von den wohl wenigen Fällen ab, in denen die Tatsache einer polizeilich durchgeführten erkennungsdienstlichen Maßnahme den Betroffenen von weiteren Taten abschreckt – ganz die der sog. Verfolgungsvorsorge im Vordergrund.

42 Damit ist unter den Gesichtspunkten der Geeignetheit und Erforderlichkeit der Maßnahme („erforderlich ist, weil […]“) weitere Voraussetzung für die Durchführung erkennungsdienstlicher Maßnahmen, dass die vorgehaltenen Daten die künftige Ermittlungstätigkeit in Bezug auf die Aufklärung gerade solcher Straftaten, wegen denen die Wiederholungsgefahr begründet wurde (Hornmann HSOG Rn. 38), überhaupt fördern können.

43 Daran fehlt es etwa bei Delikten, bei denen die Person des Täters naturgemäß schon bei Beginn der Ermittlungen feststeht, wie zB bei Aussagedelikten, Unterhaltspflichtverletzungen, häuslicher Gewalt, vielen Fällen des Betrugs und von Wirtschaftsdelikten (Hornmann HSOG Rn. 40 mwN aus der Rspr.).

44 Praktisch kommen ED-Maßnahmen also vor allem bei Straftaten in Betracht, bei denen ein zunächst regelmäßig unbekannter Täter durch Finger- bzw. Körperabdrücke oder Zeugenaussagen bzw. Täterbeschreibungen unter Verwendung von Lichtbildern und Angaben über körperliche Merkmale ermittelt werden kann.

II. Entnahme von Körperzellen zur Feststellung des DNA-Identifizierungsmusters (Abs. 3)

45 Die Vorschrift des Abs. 3, die 2004 in das Gesetz eingefügt wurde, ermöglicht die DNA-Analyse zur vorbeugenden Bekämpfung von Straftaten.

46 Auch die Befugnis zur Durchführung von DNA-Analysen nach Abs. 3 steht ausschließlich den Polizeibehörden zu (→ Rn. 22).

1. Rechtsfolgen

47 Im HSOG sind – im Unterschied zu § 81e StPO, aber in Übereinstimmung mit § 81g StPO – die beiden erforderlichen Schritte zur Durchführung einer DNA-Analyse (Entnahme von Körperzellen, Durchführung deren molekulargenetischer Untersuchung) nicht in getrennten Vorschriften geregelt (vgl. für die strafprozessuale Seite Meyer-Goßner/Schmitt StPO § 81e Rn. 1, Meyer-Goßner/Schmitt StPO § 81g Rn. 3). Abs. 3 sieht vielmehr beide Rechtsfolgen vor, in S. 1 die Entnahme der Zellen und in S. 3 deren Untersuchung.

48 Da nach Abs. 3 S. 3 auch nur die „entnommenen“ Körperzellen untersucht werden können, scheidet – anders als nach § 81e StPO – die molekulargenetische Untersuchung anderweitig erlangter Körperzellen als Rechtsfolge für präventiv-polizeiliche Zwecke aus.

49 Regelmäßig erfolgt die Entnahme von Körperzellen zum Zweck der DNA-Analyse durch Gewinnung einer Speichelprobe mit Hilfe von Wattestäbchen (sog. Mundhöhlenabstrich). Der Mundhöhlenabstrich ist gleichzeitig das am besten geeignete und mildeste Mittel zu

diesem Zweck; damit ist er in aller Regel auch das einzig zulässige (vgl. zur Eingriffsqualität → Rn. 14).

Die sodann als Rechtsfolge vorgesehene molekulargenetische Untersuchung bezieht sich auf die in den Zellen vorhandene Desoxyribonukleinsäure (DNS, englisch: DNA) und erfolgt heute regelmäßig mit Hilfe der schnellen Polymerase-Kettenreaktions-Methode (vgl. Meyer-Goßner/Schmitt StPO § 81e Rn. 1; vgl. zu den Grundlagen den Bericht der Enquete-Kommission des Bundestages „Chancen und Risiken der Gentechnologie, BT-Drs. 10/6675; grundsätzlich zur rechtlichen Seite aus der neueren Diskussion etwa Schmidt-Jortzig DÖV 2005, 732; Ronellenfitsch NJW 2006, 321; Hornmann HSOG Rn. 51 Fn. 94; Meyer-Goßner/Schmitt StPO § 81e Rn. 2, jeweils mwN). 50

Die DNS besteht aus den Basen Adenin, Guanin, Cytosin und Thymin, die paarweise lange Ketten bilden, in denen durch die Folge der Basen, die gleichsam als Zeichen fungieren, Eigenschaften und andere Informationen festgelegt sind. Der größte Teil dieser Zeichenfolgen (95 %) gilt nach heutigem Stand als nicht informationshaltig (nicht „codiert"), ist aber gleichwohl charakteristisch für eine bestimmte Person. 50.1

Die Vorschrift des Abs. 3 S. 3 legt fest, dass die Untersuchung nur „zur Feststellung des DNA-Identifizierungsmusters" erfolgen darf. Das bedeutet zunächst, dass sich die Untersuchung auf den nicht-codierten Teil der DNS (→ Rn. 50.1) zu beschränken hat, sodass Rückschlüsse auf persönlichkeitsrelevante Merkmale wie Erbanlagen, Charaktereigenschaften oder Krankheiten des Betroffenen bis hin zu einem Persönlichkeitsprofil von vorneherein ausgeschlossen sind (vgl. BVerfGE 103, 21 (31 f.); Meyer-Goßner/Schmitt StPO § 81f Rn. 4). 51

Zulässiger Zweck ist also ausschließlich die Erlangung eines – nach dem heutigem Erkenntnisstand und Untersuchungsstandard mit an Sicherheit grenzender Wahrscheinlichkeit unverwechselbaren (vgl. zu Fehlerquellen Meyer-Goßner/Schmitt StPO § 81e Rn. 2 mwN) – Codes der betroffenen Person, der diese in nachfolgenden Ermittlungen zuverlässig als Verursacher einer neuen DNA-Spur ausweist oder ausschließt. 52

Anders als nach der strafprozessualen Parallelnorm des § 81g Abs. 1 S. 1 StPO kommt auch eine Untersuchung der Zellen zur Feststellung des Geschlechts nicht in Betracht. Eine solche wäre wegen der feststehenden Identität der Person auch nicht erforderlich. 53

2. Tatbestandsvoraussetzungen

Ausweislich der tatbestandlichen Voraussetzungen des Abs. 1 S. 1 ist der Anwendungsbereich der präventiven DNA-Analyse noch kleiner als bei erkennungsdienstlichen Maßnahmen zur vorbeugenden Bekämpfung von Straftaten (vgl. Fredrich Rn. 9). 54

Anders als bei diesen (→ Rn. 35) scheidet eine DNA-Analyse aufgrund Polizeirechts zu diesem Zweck bei rechtskräftig verurteilten Personen aus, weil sie bereits Gegenstand der Regelung in § 81g StPO ist. 55

Tatbestandliche Voraussetzung ist daher zunächst, dass eine noch nicht 14 Jahre alte – also nicht strafmündige (→ Rn. 35) – Person verdächtig ist, eine Straftat begangen zu haben; anders als im Fall von Abs. 2 Nr. 2 muss es sich dabei um eine Straftat mit erheblicher Bedeutung (vgl. § 13 Abs. 3; → § 13 Rn. 120) handeln. 56

Des Weiteren muss auch hier wegen der Art und Ausführung der Tat Wiederholungsgefahr bestehen, die das Gesetz in diesem Fall mit der Formulierung „Gefahr, dass sie künftig eine Straftat mit erheblicher Bedeutung begehen wird" umschreibt. 57

Insoweit können die von Verfassung wegen an die erforderliche – gem. § 19 Abs. 3 S. 2 iVm § 36 Abs. 5 S. 2 –5 grundsätzlich vom Amtsgericht zu erstellende – Prognose anzulegenden Kriterien keine grundsätzlich anderen sein als die, die im Strafprozessrecht im weiteren Sinne (→ Rn. 6) zu gelten haben. Diese sind ihrerseits durch die Senatsrechtsprechung des BVerfG geklärt. 58

So heißt es in BVerfGE 103, 21 (35 ff.): „Eine tragfähig begründete Entscheidung setzt im Fall des Eingriffs in das Recht auf informationelle Selbstbestimmung voraus, dass ihr eine zureichende Sachaufklärung […] vorausgegangen ist und in den Entscheidungsgründen die bedeutsamen Umstände abgewogen wurden. Dabei ist stets eine auf den Einzelfall bezogene Entscheidung erforderlich; die bloße Wiedergabe des Gesetzeswortlauts reicht nicht aus (vgl. LG Zweibrücken StV 2000, 304)." 59

59.1 Weiter stellt das Gericht in seinen – insoweit freilich für Kinder nicht einschlägigen, aber sinngemäß übertragbaren – Ausführungen fest: „Eine rechtliche Bindung an eine von einem anderen Gericht zur Frage der Strafaussetzung zur Bewährung getroffene Sozialprognose besteht nicht, zumal die Gründe der früheren Verurteilung einschließlich der Tatsachenfeststellungen nicht in Rechtskraft erwachsen [...]. Jedoch sind im Rahmen der Gefahrenprognose iSd § 81g Abs. 1 StPO Umstände in den Abwägungsvorgang einzustellen, die gleichermaßen bei einer Sozialprognose für die Strafaussetzung zur Bewährung oder einer Gefahrenprognose bei der Verhängung einer Maßregel bestimmend sein können. Dies gilt etwa für die Rückfallgeschwindigkeit, den Zeitablauf seit der früheren Tatbegehung (vgl. LG Hannover, Beschluss v. 3.9.1999 - 49 Qs 138/99 -, StV 1999, 590 [LS]; AG Stade StV 2000, 304 f.), das Verhalten des Betroffenen in der Bewährungszeit oder einen Straferlass, seine Motivationslage bei der früheren Tatbegehung, seine Lebensumstände (vgl. LG Berlin StV 2000, 303; LG Hannover StV 2000, 302 f.) und seine Persönlichkeit" (BVerfGE 103, 21 (35 ff.)).

60 Über die richterliche Entscheidung gem. der nach Abs. 3 S. 3 entsprechend anzuwendenden Vorschrift des § 81f StPO heißt es schließlich: „Notwendig und ausreichend für die Anordnung der Maßnahme [...] ist, dass wegen der Art oder Ausführung der bereits abgeurteilten Straftat, der Persönlichkeit [...] oder sonstiger Erkenntnisse Grund zu der Annahme besteht, dass gegen ihn künftig erneut Strafverfahren wegen Straftaten von erheblicher Bedeutung zu führen sind" (BVerfGE 103, 21 (37)).

61 Zwar werde keine erhöhte Wahrscheinlichkeit für einen Rückfall gefordert. Jedoch setze die Maßnahme voraus, „dass sie im Hinblick auf die Prognose der Gefahr der Wiederholung auf schlüssigen, verwertbaren [vgl. SK-StPO/Rogall StPO § 8g Rn. 15, Anh. zu § 81g Rn. 11] und in der Entscheidung nachvollziehbar dokumentierten Tatsachen beruht und auf dieser Grundlage die richterliche Annahme der Wahrscheinlichkeit künftiger Straftaten von erheblicher Bedeutung belegt, für die das DNA-Identifizierungsmuster einen Aufklärungsansatz durch einen (künftigen) Spurenvergleich bieten kann. Dafür ist das Freibeweisverfahren geeignet, in dem die Aufklärungspflicht gilt [vgl. BVerfGE 70, 297 (309)]. Die Anordnung der Maßnahme kann nur auf Umstände gestützt werden, denen Aussagekraft für die Wahrscheinlichkeit einer künftigen Tatbegehung zukommt [vgl. LG Nürnberg-Fürth StV 2000, 71 f.; LG Tübingen StV 2000, 114]" (BVerfGE 103, 21 (37)).

3. Anordnungsbefugnis

62 Wie sich aus vorstehendem bereits ergibt, bedarf gem. § 19 Abs. 3 S. 2 iVm § 36 Abs. 5 S. 2–5 zunächst die Entnahme der Körperzellen einer richterlichen Anordnung. Nach § 19 Abs. 3 S. 4 iVm § 81f StPO steht darüber hinaus auch die molekulargenetische Untersuchung der Zellen unter Richtervorbehalt. Eine Ausnahme bei Gefahr im Verzug besteht nur für die Entnahme der Körperzellen.

63 Bei der Inbezugnahme des § 81f StPO durch § 19 Abs. 3 S. 4 handelt es sich (so zutr. auch Meixner/Fredrich, 12. Aufl. 2016, § 29 Rn. 9a) um eine statische Verweisung (vgl. zur Problematik der statischen Verweisungen im HSOG → § 14a Rn. 58, → § 14a Rn. 125, → § 14a Rn. 128).

64 Die Regelung des § 81f StPO gilt daher in der Fassung, die sie zum Zeitpunkt des Inkrafttretens des Abs. 3 (am 22.12.2004; unzutr. die Datumsangabe bei Meixner/Fredrich, 12. Aufl. 2016, Rn. 9a) hatte. Die Neufassungen und Änderungen von § 81f Abs. 1, Abs. 2 S. 1 und S. 4 StPO durch das Gesetz zur Novellierung der forensischen DNA-Analyse v. 12.8.2005 (BGBl. I 2360) haben daher außer Betracht zu bleiben.

4. Speicherung der Daten

65 Gespeichert werden die Daten nach Maßgabe des § 20 in der DNA-Analysedatei, die mit dem DNAIdentG (DNA-Identitätsfeststellunggesetz v. 7.9.1998, BGBl. I 2646) eine Rechtsgrundlage erhalten hatte (vgl. nunmehr § 81g Abs. 5 StPO) und beim Bundeskriminalamt als zentrale Sammlung nach § 2 Abs. 4 BKAG geführt wird.

66 Durch Gesetz v. 12.8.2005 (BGBl. I 2360) sind die neben § 81g StPO geltenden Vorschriften des DNAIdentG zum Teil in § 81g Abs. 4 und Abs. 5 StPO eingefügt worden; gleichzeitig wurde das DNAIdentG aufgehoben (vgl. Meyer-Goßner/Schmitt StPO § 81g Rn. 1).

III. Adressaten

Hinsichtlich der möglichen Adressaten der erkennungsdienstlichen Behandlung und der DNA-Analyse weichen Abs. 2 und Abs. 3 – wie viele weitere Standardmaßnahmen – von der Störersystematik, die die Vorschriften der §§ 6, 7, 9 über die polizeiliche Verantwortlichkeit errichten, erkennbar ab (→ § 6 Rn. 2). 67

Indem die Norm vorgibt, dass über die genannten Personen unter den genannten Voraussetzungen die Maßnahmen durchgeführt werden dürfen, ohne dass es insoweit auf eine Störereigenschaft bei der Wahl des Adressaten ankommt, enthält die Vorschrift normimmanente Adressatenregelungen (vgl. → § 12 Rn. 35, → § 13 Rn. 119). 68

IV. Form- und Verfahrensvorschriften

Abs. 4 verpflichtet die Behörden von Amts wegen, nach erfolgter Identitätsfeststellung oder DNA-Analyse alle dazu angefallenen Unterlagen zu vernichten, es sei denn, ihre weitere Aufbewahrung ist aus den Gründen des Abs. 2 Nr. 2 oder Abs. 3 erforderlich (insbesondere bei Aufrechterhaltung der Negativprognose) oder nach anderen Rechtsvorschriften zulässig. 69

Für die DNA-Analyse wird diese Verfahrensvorschrift durch Abs. 3 S. 5 ergänzt, nach der – ähnlich der Regelung des § 81g Abs. 2 StPO – auch die entnommenen Körperzellen unverzüglich nach der Analyse zu vernichten sind, wenn nicht ihre Aufbewahrung nach anderen Rechtsvorschriften zulässig ist. 70

Nach Abs. 5 S. 1 sind die Polizeibehörden darüber hinaus verpflichtet, die betroffene Person bei Vornahme der erkennungsdienstlichen Behandlung oder Entnahme der Körperzellen – also spätestens vor Beendigung der Maßnahme – über diese Vernichtungspflichten von Amts wegen zu unterrichten (vgl. Fredrich Rn. 18). Sind Unterlagen (→ Rn. 69) bei Personen – etwa Bewusstlosen – ausnahmsweise ohne deren Wissen erstellt worden, so ist ihnen nach Abs. 5 S. 2 von Amts wegen mitzuteilen, welche Unterlagen aufbewahrt werden, sobald dies ohne Gefährdung des Zwecks der Maßnahme geschehen kann (vgl. Hornmann HSOG Rn. 77). 71

Durch Gesetz v. 3.5.2018 (HessGVBl. 82) ist die Regelung des Abs. 6 angefügt worden, der die Vorschrift des § 19 an die Rechtslage nach Inkrafttreten der DS-GVO anpassen soll. Danach sind bei erkennungsdienstlichen Maßnahmen, die sich auf besondere Kategorien personenbezogener Daten iSd Art. 9 Abs. 1 DS-GVO beziehen, diese Vorschrift und die Regelungen der §§ 20 und 43 HDSIG zu beachten. 72

Die besonderen Kategorien personenbezogener Daten sind nach Art. 9 Abs. 1 DS-GVO solche, aus denen die rassische und ethnische Herkunft, politische Meinungen, religiöse oder weltanschauliche Überzeugungen oder die Gewerkschaftszugehörigkeit hervorgehen sowie genetische Daten, biometrische Daten zur eindeutigen Identifizierung einer natürlichen Person und Gesundheitsdaten oder Daten zum Sexualleben oder der sexuellen Orientierung einer natürlichen Person. 72.1

Deren Verarbeitung ist untersagt, soweit nicht einer der Ausnahmetatbestände des Art. 9 Abs. 2 DS-GVO greift, auf die die Regelung des § 20 HDSIG zurückgreift. § 43 Abs. 1 HDSIG enthält für die Verarbeitung dieser Daten eine strikte Subsidiaritätsklausel, die von § 43 Abs. 2 HDSIG um Verfahrensvorschriften ergänzt wird, die mit der europarechtlichen Terminologie als „Garantien für die Rechte und Freiheiten der betroffenen Personen" bezeichnet werden. 72.2

V. Rechtsschutz

Gegen Maßnahmen nach Abs. 2 und Abs. 3 ist nach § 40 VwGO der Verwaltungsrechtsweg eröffnet. Da die Maßnahmen und ihre Vollzugsakten polizeiliche Verfügungen sind, die auf präventiv-polizeiliche Gründe gestützt werden, handelt es sich um Verwaltungsakte iSd § 35 S. 1 HVwVfG, die mit der Anfechtungsklage nach § 42 VwGO angegriffen werden können (eingehend zum Rechtsschutz Hornmann HSOG Rn. 80 ff.). 73

Dagegen sind die erkennungsdienstlichen Maßnahmen nach § 81b Abs. 1 Alt. 1 StPO alternativ im ordentlichen Rechtsweg nach § 23 EGGVG angreifbar, da diese Maßnahmen als solche der Strafrechtspflege zu bewerten sind (vgl. nur BVerwG NJW 1975, 893). Bei Maßnahmen nach § 81b Alt. 2 StPO „Zwecke des Erkennungsdienstes" ist nach hM ebenfalls der Verwaltungsrechtsweg eröffnet (vgl. iE Hornmann HSOG Rn. 80 ff.). 73.1

§ 20 Datenweiterverarbeitung, Zweckbindung, Grundsatz der hypothetischen Datenneuerhebung

(1) [1]Die Gefahrenabwehr- und die Polizeibehörden können personenbezogene Daten, die sie selbst erhoben haben, unter Berücksichtigung der jeweiligen Datenerhebungsvorschrift weiterverarbeiten
1. zur Erfüllung derselben Aufgabe und
2. zum Schutz derselben Rechtsgüter oder sonstigen Rechte oder zur Verhütung derselben Straftaten oder Ordnungswidrigkeiten.
[2]Satz 1 gilt entsprechend für personenbezogene Daten, denen keine Erhebung vorausgegangen ist, mit der Maßgabe, dass für die Weiterverarbeitung der Zweck der Speicherung zu berücksichtigen ist. [3]Für die Weiterverarbeitung von personenbezogenen Daten, die aus Maßnahmen nach § 15 Abs. 4 oder § 15c erlangt wurden, muss eine Gefahr oder Gefahrenlage im Sinne der jeweiligen Vorschrift vorliegen.

(2) [1]Die Gefahrenabwehr- und die Polizeibehörden können zur Erfüllung ihrer Aufgaben personenbezogene Daten zu anderen Zwecken als denjenigen, zu denen sie erhoben worden sind, weiterverarbeiten, wenn unter Berücksichtigung der jeweiligen Datenerhebungsvorschrift
1. mindestens
   a) vergleichbar schwerwiegende Straftaten oder Ordnungswidrigkeiten verhütet oder
   b) vergleichbar bedeutsame Rechtsgüter oder sonstige Rechte geschützt werden sollen und
2. sich im Einzelfall konkrete Ermittlungsansätze
   a) zur Verhütung solcher Straftaten oder Ordnungswidrigkeiten ergeben oder
   b) zur Abwehr von in einem übersehbaren Zeitraum drohenden Gefahren für mindestens vergleichbar bedeutsame Rechtsgüter oder sonstige Rechte erkennen lassen.
[2]Abweichend von Satz 1 können die vorhandenen zur Identifizierung dienenden Daten einer Person, wie insbesondere Namen, Geschlecht, Geburtsdatum, Geburtsort, Staatsangehörigkeit, Anschrift (Grunddaten), auch weiterverarbeitet werden, um diese Person zu identifizieren. [3]Abs. 8 und 9, die §§ 24, 25 und 45 des Hessischen Datenschutz- und Informationsfreiheitsgesetzes sowie § 20b und besondere Vorschriften zur Weiterverarbeitung bleiben unberührt. [4]Satz 1 bis 3 gelten entsprechend für personenbezogene Daten, denen keine Erhebung vorausgegangen ist, mit der Maßgabe, dass für die Weiterverarbeitung der Zweck der Speicherung zu berücksichtigen ist.

(3) [1]Für die Weiterverarbeitung von personenbezogenen Daten, die durch einen verdeckten Einsatz technischer Mittel in oder aus Wohnungen oder einen verdeckten Eingriff in informationstechnische Systeme erlangt wurden, gilt Abs. 2 Satz 1 Nr. 2 Buchst. b mit der Maßgabe entsprechend, dass
1. bei personenbezogenen Daten, die durch einen verdeckten Einsatz technischer Mittel in oder aus Wohnungen erlangt wurden, eine Gefahr im Sinne des § 15 Abs. 4 und
2. bei personenbezogenen Daten, die durch einen verdeckten Eingriff in informationstechnische Systeme erlangt wurden, eine Gefahr oder Gefahrenlage im Sinne des § 15c Abs. 1 oder 2
vorliegen muss. [2]Personenbezogene Daten, die durch Herstellung von Lichtbildern oder Bildaufzeichnungen über eine Person im Wege eines verdeckten Einsatzes technischer Mittel in oder aus Wohnungen erlangt wurden, dürfen nicht zu Strafverfolgungszwecken weiterverarbeitet werden.

(4) Bei der Weiterverarbeitung von personenbezogenen Daten ist durch organisatorische und technische Vorkehrungen sicherzustellen, dass die Abs. 1 bis 3 beachtet werden.

(5) Die Gefahrenabwehr- und die Polizeibehörden können personenbezogene Daten nach Maßgabe der Abs. 1 bis 4 weiterverarbeiten, soweit dies zur Erfüllung

ihrer Aufgaben erforderlich ist und soweit andere Rechtsvorschriften keine besonderen Voraussetzungen vorsehen.

(6) [1]Die Polizeibehörden können, soweit Bestimmungen der Strafprozessordnung oder andere Rechtsvorschriften nicht entgegenstehen, personenbezogene Daten, die sie im Rahmen der Verfolgung von Straftaten gewonnen haben, weiterverarbeiten, soweit dies zur Abwehr einer Gefahr oder zur vorbeugenden Bekämpfung von Straftaten erforderlich ist. [2]Bei den Daten von Personen, die verdächtig sind, eine Straftat begangen zu haben, ist die Weiterverarbeitung nur zulässig, wenn tatsächliche Anhaltspunkte die Annahme rechtfertigen, dass zukünftig Strafverfahren gegen die betroffenen Personen zu führen sein werden; entfällt der Verdacht, sind die Daten zu löschen. [3]Näheres zur Übermittlung von Verfahrensausgängen und Einstellungsbegründungen seitens der Staatsanwaltschaft an die Polizei wird in einer gemeinsamen Verwaltungsvorschrift des Ministeriums des Innern und für Sport und des Ministeriums der Justiz geregelt.

(7) [1]Die Polizeibehörden können zur vorbeugenden Bekämpfung von Straftaten personenbezogene Daten über die in § 13 Abs. 2 Nr. 1 bis 5 genannten Personen weiterverarbeiten. [2]Eine automatisierte Weiterverarbeitung personenbezogener Daten über die in § 13 Abs. 2 Nr. 2 bis 5 genannten Personen ist jedoch nur zulässig, soweit dies zur vorbeugenden Bekämpfung von Straftaten mit erheblicher Bedeutung erforderlich ist.

(8) [1]Die Polizeibehörden und die Hessische Hochschule für öffentliches Management und Sicherheit können gespeicherte personenbezogene Daten zur polizeilichen Aus- oder Fortbildung oder effektiven Wirksamkeitskontrolle oder zu statistischen Zwecken weiterverarbeiten. [2]Die Daten sind zum frühestmöglichen Zeitpunkt zu anonymisieren. [3]Die Abs. 1, 2, 4 bis 7 und § 68 des Hessischen Datenschutz- und Informationsfreiheitsgesetzes finden insoweit keine Anwendung. [4]Eine Weiterverarbeitung von personenbezogenen Daten, die aus in Abs. 3 genannten Maßnahmen erlangt wurden, ist ausgeschlossen; dies gilt nicht, soweit die Weiterverarbeitung dieser Daten für die Zwecke nach Satz 1 unerlässlich ist.

(9) [1]Die Gefahrenabwehr- und die Polizeibehörden können zur Vorgangsverwaltung oder zur befristeten Dokumentation behördlichen Handelns personenbezogene Daten ausschließlich zu diesem Zweck oder zu dem in Abs. 10 Satz 1 genannten Zweck weiterverarbeiten. [2]Abs. 1 bis 7 finden insoweit keine Anwendung. [3]Die personenbezogenen Daten nach Satz 1 können auch zu den in den §§ 13a, 13b und 25a genannten Zwecken weiterverarbeitet werden.

(10) [1]Die Polizeibehörden können für die Planung von Maßnahmen der Kriminalitätsbekämpfung vorhandene personenbezogene Daten über Vermisstenfälle, auswertungsrelevante Straftaten und verdächtige Wahrnehmungen zur Erstellung eines Kriminalitätslagebildes weiterverarbeiten. [2]Ein Kriminalitätslagebild darf Daten von Geschädigten, Zeuginnen und Zeugen sowie anderen nicht tatverdächtigen Personen nur enthalten, soweit dies zur Zweckerreichung erforderlich ist. [3]Die automatisiert verarbeiteten personenbezogenen Daten sind spätestens am Ende des der Speicherung folgenden Jahres zu löschen.

(11) [1]Die Polizeibehörden zeichnen Notrufe und Meldungen über sonstige Notrufeinrichtungen sowie den Funkverkehr ihrer Leitstellen auf. [2]Gefahrenabwehr- und Polizeibehörden können sonstige Telekommunikation aufzeichnen, wenn dies für ihre Aufgabenerfüllung erforderlich ist; auf die Aufzeichnung soll hingewiesen werden, soweit dadurch die Aufgabenerfüllung nicht gefährdet wird. [3]Soweit erforderlich, können die Aufzeichnungen
1. zur Abwehr einer Gefahr,
2. zur Strafverfolgung oder
3. zur Dokumentation behördlichen Handelns
weiterverarbeitet werden. [4]Aufzeichnungen sind spätestens nach drei Monaten zu löschen, wenn sie nicht zu einem Zweck nach Satz 3 verarbeitet werden.

(12) [1]§ 13 Abs. 9 gilt bei der Weiterverarbeitung personenbezogener Daten entsprechend. [2]Bei Bewertungen ist § 68 des Hessischen Datenschutz- und Informati-

onsfreiheitsgesetzes zu beachten. [3]In den Fällen, in denen bereits Daten zu einer Person vorhanden sind, können zu dieser Person auch personengebundene Hinweise, die zum Schutz dieser Person oder zum Schutz der Bediensteten der Gefahrenabwehr- und der Polizeibehörden erforderlich sind, und weitere Hinweise, die geeignet sind, dem Schutz Dritter oder der Gewinnung von Ermittlungsansätzen zu dienen, weiterverarbeitet werden.

Überblick

Auszug aus der VVHSOG (nicht an die aktuelle Gesetzeslage angepasst und gem. Erlass des Hessischen Ministeriums des Innern und für Sport v. 29.11.2022 (StAnz. 50/2022, 1384) zum 1.1.2025 mangels eines erneuten Verlängerungserlasses ersatzlos außer Kraft getrete):

Zu § 20:

20. Datenspeicherung und sonstige Datenverarbeitung

20.1 Zu Abs. 1

20.1.1

Die Vorschrift enthält die generelle Befugnis für die Gefahrenabwehr- und die Polizeibehörden über die Datenverarbeitung. Die Regelung gilt gleichermaßen für Akten und automatisierte Verfahren, soweit keine Spezialvorschriften bestehen (zum Beispiel Abs. 4). Die Vorschrift gibt die Befugnis für die Anlegung (Speicherung) und Fortführung (Veränderung in Form der Aktualisierung) von Kriminalakten sowie die Verarbeitung der in Sammlungen gespeicherten personenbezogenen Daten. Erfasst werden auch so genannte aufgedrängte Daten ohne Rücksicht darauf, ob diese Daten durch die betroffene Person selbst oder durch andere Personen zur Kenntnis gebracht wurden.

20.1.2

Hinsichtlich der Speicherung personenbezogener Daten vor Inkrafttreten dieses Gesetzes geht der Gesetzgeber von der Zulässigkeit ihrer Speicherung aus (vergleiche § 111 Abs. 2).

20.2 Zu Abs. 2

Protokolldaten dürfen grundsätzlich nur zur Datenschutzkontrolle, zur Datensicherung und zur Sicherstellung des ordnungsgemäßen Betriebs einer DV-Anlage verarbeitet werden. Eine Nutzung für Zwecke der Gefahrenabwehr ist zulässig, wenn dies entweder zur Abwehr einer gegenwärtigen Gefahr für Leib, Leben oder Freiheit einer Person erforderlich ist oder tatsächliche Anhaltspunkte dafür bestehen, dass die Verhütung einer schwerwiegenden Straftat gegen Leib, Leben oder Freiheit einer Person ohne ihre Verarbeitung aussichtslos oder wesentlich erschwert wäre. Für Strafverfahrenszwecke dürfen die Daten genutzt werden, wenn tatsächliche Anhaltspunkte dafür vorliegen, dass ohne ihre Verarbeitung die Verfolgung einer schwerwiegenden Straftat gegen Leib, Leben oder Freiheit einer Person aussichtslos oder wesentlich erschwert wäre.

20.3 Zu Abs. 3

Die Vorschrift enthält eine strenge Zweckbindung, soweit es sich um die Verarbeitung von Daten anderer Personen als der in § 13 Abs. 2 Nr. 1 genannten handelt.

20.4 Zu Abs. 4

Erfasst werden die im Rahmen strafrechtlicher Ermittlungsverfahren durch Polizeibehörden gewonnenen personenbezogenen Daten. Sie dürfen zur Abwehr einer (konkreten) Gefahr oder zur vorbeugenden Bekämpfung von Straftaten gespeichert oder sonst verarbeitet werden. Die Speicherung oder sonstige Verarbeitung in automatisierten Verfahren ist nur bei Tatverdächtigen zulässig; bei Wegfall des Tatverdachts sind die Daten zu löschen. Näheres regeln die KPS-Richtlinien des HLKA.

20.5 Zu Abs. 5

Die Vorschrift schränkt die automatisierte Speicherung und sonstige Verarbeitung personenbezogener Daten über so genannte Kontaktpersonen (§ 13 Abs. 2 Nr. 2) sowie über Zeuginnen, Zeugen, Hinweisgeberinnen, Hinweisgeber und sonstige Auskunftspersonen zur Verhütung von Straftaten ein.

20.6 Zu Abs. 6

20.6.1

Bei den Bewertungen handelt es sich in der Regel um personengebundene Hinweise (zum Beispiel gewalttätig).

20.6.2

Personenbezogene Daten, die dem Brief-, Post- oder Fernmeldegeheimnis unterliegen oder die mittels Wohnraumüberwachung (§ 15 Abs. 4 und Abs. 6 Satz 2 oder nach einer anderen Rechtsvorschrift, zum Beispiel eines anderen Bundeslandes) erhoben worden sind, sind bei jeder Verarbeitung in den

Akten und im automatisierten Verfahren als solche zu kennzeichnen. Die Kennzeichnung ist jeder Übermittlung oder Weitergabe beizufügen. Wurden die Daten mehrfach erhoben, ist eine Kennzeichnung entbehrlich, wenn eine der Erhebungen nicht dem besonderen Geheimnisschutz unterliegt (zum Beispiel aus einer Fernmeldeüberwachung erlangte Anschrift wird durch spätere Vernehmungen bestätigt).

20.7 Zu Abs. 7 und 8

Die Abs. 1 bis 6 finden keine Anwendung bei der Vorgangsverwaltung, der Aus- oder Fortbildung, bei zu statistischen Zwecken verarbeiteten Daten oder bei der Erstellung eines Kriminalitätslagebildes.

20.9 Zu Abs. 9

Nach der Polizeidienstvorschrift (PDV) 100 ist die Lage die „Gesamtheit aller Umstände, Gegebenheiten und Entwicklungen, die das polizeiliche Handeln bestimmen und beeinflussen". Ein Lagebild stellt „zu einem bestimmten Zeitpunkt zusammengeführte, polizeilich bedeutsame Erkenntnisse" dar. Die polizeilichen Ereignisse, die in ein Kriminalitätslagebild eingestellt werden dürfen, sind beschränkt. Für das Lagebild dürfen keine personenbezogenen Daten erhoben werden, vielmehr dürfen nur bereits anderweitig gespeicherte oder von nachgeordneten Behörden angelieferte Daten genutzt werden. Die Daten von Geschädigten, Zeugen und anderen unbeteiligten Personen sind im Kriminalitätslagebild zu vermeiden, soweit dies die Zweckerreichung nicht gefährdet. Es wird eine eigene Frist festgelegt (spätestens am Ende des der Erstellung folgenden Jahres), innerhalb der die personenbezogenen Daten zu löschen sind.

20.11 Zu Abs. 11

Die Vorschrift enthält die gesetzliche Regelung zur Aufzeichnung der polizeilichen Telekommunikation. Während Satz 1 eine Verpflichtung zur Aufzeichnung, insbesondere von Notrufen enthält, kann die sonstige Telekommunikation (zum Beispiel Bürgeranrufe über die sonstigen Telefonanschlüsse oder innerbehördlicher Telefon- oder Funkverkehr) nach Satz 2 nach entsprechendem Hinweis aufgezeichnet werden, wenn dies für die Aufgabenerfüllung erforderlich ist. Die Hinweise können in Form von automatisierten Ansagen bzw. im innerbehördlichen Bereich durch entsprechend gekennzeichnete Telefonanschlüsse vorgenommen werden. Satz 3 bestimmt abschließend die Zwecke, zu denen die Aufzeichnungen nach Satz 1 und 2 verarbeitet werden dürfen. Satz 4 regelt die Löschungspflicht, Einzelheiten sind im jeweiligen Verfahrensverzeichnis festzulegen. Dem Zweck der Dokumentation behördlichen Handelns dienen zum Beispiel Aufzeichnungen zur Wahrnehmung der Dienst- und Fachaufsicht.

Die Regelung des § 20 stellt die allgemeine Rechtsgrundlage für Verarbeitung personenbezogener Daten durch die Polizei- und Gefahrenabwehrbehörden dar. Sie ist durch die Gesetze v. 3.5.2018 (HessGVBl. 82) und v. 25.6.2018 (HessGVBl. 302) wesentlich geändert worden. Eine weitere Änderung erfolgte durch Gesetz v. 29.6.2023 (HessGVBl. 456).

Die zu § 20 erlassene Verwaltungsvorschrift (Nr. 20 ff. VVHSOG) befand sich vor ihrem Außerkrafttreten zum 1.1.2025 auf dem Stand v. 10.11.2015 (StAnz 1226), hatte also diese Änderungen nicht nachvollzogen.

Übersicht

A. Allgemeines

I. Zweck, Struktur und systematischer Zusammenhang der Norm

1 Der Umgang mit personenbezogenen Daten (vgl. § 41 Nr. 1 HDSIG) ist im HSOG auch unter Geltung des europarechtlich geprägten neuen Datenschutzregimes nach den einzelnen Phasen der damit verbundenen Vorgänge gegliedert (vgl. schon Hornmann HSOG Rn. 1; Fredrich Rn. 2), auch wenn das HDSIG diese Phasen nur noch als – im Grundsatz „gleichrangige" – Unterfälle der Datenverarbeitung sieht.

2 Während die Vorschriften der §§ 12–19 die (Datenverarbeitung in Form der) Datenerhebung regeln (vgl. § 41 Nr. 2 Alt. 1 HDSIG), beginnen mit § 20 die Vorschriften über die (weitere) Datenverarbeitung, insbesondere die Speicherung (vgl. § 41 Nr. 2 Alt. 5 HDSIG), das Abfragen (§ 41 Nr. 2 Alt. 9 HDSIG), die Verwendung (vgl. § 41 Nr. 2 Alt. 10 HDSIG), die Übermittlung (vgl. § 41 Nr. 2 Alt. 11 HDSIG), den Abgleich (vgl. § 41 Nr. 2 Alt. 12 HDSIG), die Einschränkung (der Verarbeitung, vgl. § 41 Nr. 2 Alt. 14 HDSIG; vormals „Sperrung") sowie die Löschung (vgl. § 41 Nr. 2 Alt. 15 HDSIG); keine expliziten Regelungen enthält das HSOG über die weiteren zehn in § 41 Nr. 2 HDSIG aufgeführten Alternativen.

3 Innerhalb der Vorschriften der §§ 12–29 stellt die Vorschrift des § 20 insoweit – nach der des § 13 für die Datenerhebung – die zweite Grundnorm der bereichsspezifischen Daten(schutz)vorschriften dar; sie soll dabei die nach dem Volkszählungsurteil des BVerfG erforderliche bereichsspezifische Ermächtigungsgrundlage für die in der Überschrift der Norm bezeichneten Phase der „Weiterverarbeitung" polizei- und gefahrenabwehrbehördlicher Daten schaffen.

3.1 Mit den Vorschriften der §§ 12–19 war das hessische Polizeirecht im Rahmen der grundlegenden Neufassung des HSOG von 1990 in einem zweiten Schritt endgültig an die Anforderungen des sog. Volkszählungsurteils des BVerfG v. 15.12.1983 (BVerfGE 65,1 = NJW 1984, 419) zum bereichsspezifischen Datenschutz (→ SystVorbPolRH Rn. 15) angepasst worden; die vorangegangene Fassung des HSOG hatte durch Veränderungsgesetz v. 18.12.1989 (HessGVBl. I 469) die Vorgängernormen der §§ 44a–44p erhalten, die nur noch kurze Zeit in Kraft waren.

4 Jede dieser Phasen – also auch jeder Akt des außenwirksamen Umgangs der Gefahrenabwehr- und Polizeibehörden mit erlangten personenbezogenen Daten – beinhaltet als Perpetuierung der Datenerhebung (potentiell) neue und eigenständige Eingriffe in das Recht auf informationelle Selbstbestimmung (oder andere Grundrechte) und muss daher durch eine besondere gesetzliche Ermächtigung gerechtfertigt sein (vgl. etwa BVerfG NJW 2016, 1781 Rn. 276 ff.; BVerwG NJW 2005, 2330; BVerfGE 110, 33 (56); Lisken/Denninger PolR-HdB/Schwabenbauer G Rn. 9 ff. mwN).

5 Im Unterschied zu verschiedenen anderen Landespolizeigesetzen stellt das HSOG den Befugnisnormen der §§ 20 ff. zur Datenspeicherung und -verarbeitung keine „vor die Klammer gezogene" Regelung mit allgemeinen Grundsätzen über diese Phasen des Umgangs mit personenbezogenen Daten (vgl. Lisken/Denninger PolR-HdB/Petri, 6. Aufl. 2018, G Rn. 843 mwN) voran.

6 Wie § 13 ist die Vorschrift des § 20 – auch in ihrer Neufassung – generalklauselartig gefasst (vgl. schon Hornmann HSOG Rn. 2). Ihre Offenheit – die in der Komplexität des Wortlauts kaum ins Auge fällt – zeigt sich nicht zuletzt daran, dass die Befugnis zur Datenweiterverarbeitung tatbestandlich nur über die Erforderlichkeit zur Aufgabenerfüllung begrenzt wird (vgl. nunmehr insbes. Abs. 5) und der datenschutzrechtliche Zweckbindungsgrundsatz (vgl. allg. §§ 42 Nr. 3, 44 HDSIG) im Ergebnis kaum greift (vgl. Lisken/Denninger PolR-HdB/Petri, 6. Aufl. 2018, G Rn. 855 ff. mwN; schon Hornmann HSOG Rn. 5 f., 25 ff.).

7 Im Jahr 2000 war § 20 aF novelliert (vgl. zu dieser und den weiteren vor- und nachherigen Änderungen der Norm seit Inkrafttreten Hornmann HSOG Rn. 6 Fn. 8–11 mwN; iE Fredrich Rn. 2, 3, 5 11, 14, 26 f., 29), um sie an die Neufassung des HDSG (v. 7.1.1999, HessGVBl. I 98) anzupassen, die ihrerseits unter anderem der Umsetzung der Datenschutz-RL (RL 95/46/EG v. 24.10.1995, ABl. 1995 L 281, 31) diente. Die Novellierung hatte insbesondere Veränderungen in der Terminologie zur Folge.

Die Neufassung im Jahr 2018 diente sodann vor allem der Konkretisierung der DS-GVO und der Umsetzung der JI-RL (RL 2016/680 v. 27.4.2016, ABl. 2016 L 119, 89) und damit auch der Anpassung an des HDSIG, knüpfte aber darüber hinaus zudem an Aussagen des BVerfG in der Entscheidung zum BKAG (vgl. BVerfG NJW 2016, 1781 Rn. 278 ff.) zu den grundrechtlichen Grenzen der Datenverarbeitung an, die nicht europarechtlich indiziert waren. 8

Die Regelung des § 20 teilt – zumal in der aktuellen Fassung – mit vielen anderen der auf personenbezogene Daten bezogenen Vorschriften des Abschnitts ihren enormen Umfang. 9

Mit 951 Worten in zwölf Absätzen (bis 2018: 633 Worte in zehn Absätzen) übersteigt § 20 als allgemeine Regelung der Datenweiterberarbeitung den Umfang der allgemeinen Regelung über den Schusswaffengebrauch (§ 60: 166 Worte in vier Absätzen) um fast das Sechsfache (vgl. zu der damit verbundenen Problematik allg. Bäuerle FS Bryde, 2013, 23). 9.1

Deswegen ist § 20 – trotz seiner weitgehend homogenen Regelungsgegenstände – wenig übersichtlich; für die Beantwortung der Frage, welche personenbezogenen Daten die Gefahrenabwehr- und Polizeibehörden aus welchem Anlass, zu welchem Zweck und wie lange weiterverarbeiten dürfen, bedarf es eingehender Subsumtionsarbeit, die zudem vielfältige Bezüge zu weiteren Normen zu beachten hat. 10

Zudem hat der Gesetzgeber die norminterne Systematik des § 20 mit der Neufassung durch Gesetz v. 3.5.2018 (HessGVBl. 82) verunklart: Die zentrale Befugnis zur Datenweiterverarbeitung findet sich erst in Abs. 5. Zuvor werden in Abs. 1–4 Voraussetzungen, Grenzen und organisatorisch-technische Anforderungen für/an eine zweckrealisierende, zweckkonforme und zweckändernde Weiterverarbeitung geregelt, Tatbestände also, die die grundsätzliche Befugnis zur Weiterverarbeitung voraussetzen. 11

Eine auf Verständlichkeit für den Anwender zielende Regelungstechnik hätte Abs. 5 an den Anfang der Norm gestellt, um darin sodann auf die Maßgaben der nachfolgenden Absätze zu verweisen. Des Weiteren hätte sich eine Anordnung der Absätze angeboten, die die Vorschriften nach den jeweils berechtigten und verpflichteten Behörden (vgl. → Rn. 15) in Blöcken zusammenführt. 12

II. Parallelvorschriften

Parallelvorschriften, die die Grundsätze der präventiven Datenspeicherung und Daten(weiter)verarbeitung regeln, finden sich – oftmals auf mehrere Vorschriften verteilt (vgl. → Rn. 5) – in allen Polizeigesetzen (vgl. etwa §§ 13, 15 BWPolG, Art. 54 BayPAG, §§ 38, 39 NPOG, § 22, 22a, 24 PolG NRW). Diese weichen inhaltlich hinsichtlich der Voraussetzungen und Rechtsfolgen teilweise von der hessischen Rechtslage ab. 13

Bundesrechtliche Entsprechungen zu § 20 enthalten § 29 BPolG und § 12 BKAG. Repressive – allerdings nur bedingt vergleichbare – Parallelenormen finden sich in §§ 483–486, 481 StPO. 14

B. Einzelkommentierung

Die Vorschrift des § 20 enthält Regelungen, die sowohl die Gefahrenabwehr- als auch die Polizeibehörden betreffen (Abs. 1, Abs. 2, Abs. 4–5, Abs. 9 und Abs. 12) und Regelungen, die sich nur an die Polizeibehörden richten (Abs. 3, Abs. 8, Abs. 10 und Abs. 11), wobei sich dies in den Fällen von Abs. 3, Abs. 4 und Abs. 12 lediglich aus dem Zusammenhang, nicht aber aus dem Wortlaut ergibt. 15

I. Rechtsfolgen

Als zentrale Rechtsfolge ist seit der Neufassung von 2018 in § 20 die Weiterverarbeitung personenbezogener Daten vorgesehen. Über die Weiterverarbeitung hinaus regelt lediglich Abs. 11 Hs. 1 mit der Befugnis zur Aufzeichnung von Telekommunikation auch einen Sonderfall der Datenerhebung. 16

Begrifflich knüpft der Gesetzgeber – soweit er Begriffe nicht wie bei einigen Datenerhebungsvorschriften im HSOG definiert – an das HDSIG an; hinsichtlich des Anwendungsbe- 17 reichs der Norm werden damit Abgrenzungen zu speziellen Normen innerhalb und außerhalb des HSOG erforderlich.

II. Begriffe

18 Der Begriff der Weiterverarbeitung (personenbezogener Daten) wird im HDSIG zwar verwendet (§ 4 Abs. 3 HDSIG, § 31 Abs. 1 HDSIG), durch § 41 Nr. 2 HDSIG aber nicht definiert. § 41 Nr. 2 HDSIG definiert lediglich den Oberbegriff der Verarbeitung.

18.1 Im europäischen Datenschutzrecht findet sich der Begriff der Weiterverarbeitung in Erwägungsgrund 11 und 47 JI-RL und an 26 Stellen in der DS-GVO (vgl. nur Art. 5 Abs. 1 lit. b DS-GVO). Eine Definition hat er auch dort nicht gefunden.

19 Eine solche ist „jeder mit oder ohne Hilfe automatisierter Verfahren ausgeführte Vorgang oder jede solche Vorgangsreihe im Zusammenhang mit personenbezogenen Daten wie das Erheben, das Erfassen, die Organisation, das Ordnen, die Speicherung, die Anpassung, die Veränderung, das Auslesen, das Abfragen, die Verwendung, die Offenlegung durch Übermittlung, Verbreitung oder eine andere Form der Bereitstellung, den Abgleich, die Verknüpfung, die Einschränkung, das Löschen oder die Vernichtung" (§ 41 Nr. 2 HSDIG).

19.1 Damit übernimmt der hessische Gesetzgeber die um die wortgleich aufgeführten Verarbeitungsschritte angereicherte Definition aus Art. 3 Nr. 2 JI-RL.

20 Der mit dem – angesichts der Stellung des § 20 im Gesetz offensichtlich zeitlich ausgerichteten – Präfix „weiter" versehene Begriff der Verarbeitung, setzt daher voraus, dass diese bereits begonnen hat. Unter Weiterverarbeitung im Sinne der Vorschrift ist somit jeder dem Verarbeitungsbegriff des § 41 Nr. 2 HDSIG unterfallende Umgang mit Daten anzusehen, bei dem es sich nicht um Datenerhebung iSd §§ 12–19 handelt (vgl. zum Begriff der Datenerhebung → § 13 Rn. 21 ff.).

21 In Betracht kommen vor allem die Speicherung (vgl. § 41 Nr. 2 Alt. 5 HDSIG), das Abfragen (§ 41 Nr. 2 Alt. 9 HDSIG), die Verwendung (vgl. § 41 Nr. 2 Alt. 10 HDSIG), die (Offenlegung durch) Übermittlung (vgl. § 41 Nr. 2 Alt. 11 HDSIG), der Abgleich (vgl. § 41 Nr. 2 Alt. 12 HDSIG), die Einschränkung (der Verarbeitung, vgl. § 41 Nr. 2 Alt. 14 HDSIG; vormals „Sperrung") sowie die Löschung (vgl. § 41 Nr. 2 Alt. 15 HDSIG); daneben aber auch die weiteren in zehn in § 41 Nr. 2 HDSIG aufgeführten Alternativen. Weiterverarbeitung ist also jedweder Gebrauch der und jedweder Umgang mit erhobenen und / oder gespeicherten Daten für die gefahrenabwehrbehördliche und polizeiliche Aufgabenerfüllung.

22 Gesetzliche Definitionen der einzelnen Verarbeitungsvorgänge, wie sie sich im HDSG aF und im BDSG aF noch fanden, sehen das HDSIG und das BDSG nF nicht mehr vor. Die Gesetzgeber haben sich damit an das EU-Datenschutzrecht angepasst, das schon vor der Reform 2016/18 – also den Erlass der DS-GVO und der JI-RL – bewusst auf Legaldefinitionen einzelner Verarbeitungsschritte verzichtete und dies auch weiterhin so hält (vgl. Lisken/Denninger PolR-HdB/Petri, 6. Aufl. 2018, G Rn. 478 mwN).

23 Klargestellt ist jetzt indessen – anders als nach der bis 2018 geltenden Rechtslage –, dass unter den Begriff der Weiterverarbeitung die in der Praxis ständig stattfindende Veränderung von Daten fällt.

23.1 Diese war weder in § 20 aF noch im HDSG aF (wohl aber in § 3 Abs. 4 Nr. 2 BDSG 2003) ausdrücklich geregelt ist (die Erwähnungen der Datenveränderung im HDSG aF hatten eine andere Zielrichtung (vgl. § 10 Abs. 2 Nr. 3 HDSG aF, § 32 Abs. 2 HDSG aF, § 40 Abs. 1 Nr. 1 HDSG aF). Die Grenzen zwischen Speicherung und Veränderung sind fließend, was den Gesetzgeber wohl veranlasst hatte, beide Phasen der Datenverarbeitung nicht zu trennen. Die „Veränderung" von Daten ist keine Neuerhebung. Wichtigste Form der Veränderung ist die Aktualisierung.

24 Verändern ist das inhaltliche Umgestalten bereits gespeicherter Daten. Der Informationsgehalt der bislang gespeicherten Daten wird geändert, sei es durch Ersetzen durch andere, sei es durch Ergänzen durch zusätzliche Daten (vgl. ausf. Lisken/Denninger PolR-HdB/Petri, 6. Aufl. 2018, G Rn. 884 mwN).

25 Auch im Übrigen kann weiter auf die bisherigen Begriffsdefinitionen des hessischen Datenschutzrechts zurückgegriffen werden. Speichern ist danach als das Erfassen, Aufnehmen oder Aufbewahren von Daten auf einem Datenträger zum Zwecke ihrer weiteren Verarbei-

tung anzusehen, wobei Erfassen zB das Schreiben mit der Hand oder Maschine und das Aufnehmen jedes technisch vermittelte Aufzeichnen meint, während unter Datenträger von Papier bis zu elektronischen Medien jedes Material zu verstehen ist, auf dem Informationen wahrnehmbar festgehalten werden können.

Ob personenbezogene Daten insoweit automatisiert oder in Akten gespeichert werden, **26** macht ausweislich der Formulierung von § 41 Nr. 2 HDSIG im Zusammenhang mit § 20 auch weiterhin keinen Unterschied.

Es findet insoweit in jedem Fall eine Perpetuierung der Datenerhebung statt. Allerdings erlangt die **26.1** Speicherung personenbezogener Daten in automatisierten Dateien eine besondere Eingriffsqualität, weil größere Datenmengen beherrscht, schneller aufgefunden und besser verknüpft werden können.

Mit Hilfe automatisierter Verfahren erfolgt eine Datenverarbeitung, wenn sie durch Einsatz **27** eines gesteuerten technischen Verfahrens selbsttätig abläuft; der vormalige Aktenbegriff (§ 2 Abs. 7 HDSG aF: „jede der Aufgabenerfüllung dienende Unterlage, die nicht Teil der automatisierten Datenverarbeitung ist") ist nunmehr im technikneutralen Begriff des Dateisystems nach § 41 Nr. 6 HDSIG aufgegangen („jede strukturierte Sammlung personenbezogener Daten, die nach bestimmten Kriterien zugänglich sind, unabhängig davon, ob diese Sammlung zentral, dezentral oder nach funktionalen oder geografischen Gesichtspunkten geordnet geführt wird").

Durch die Übernahme des datenschutzrechtlichen Begriffs des / der Verantwortlichen iSd **28** § 41 Nr. 6 HDSIG (in § 27a Abs. 1, Abs. 4 und Abs. 5, § 29 Abs. 2, Abs. 3 und – schon vor der Änderung 2018 – in § 14 Abs. 3) verwendet das HSOG diesen Begriff nunmehr in einem doppelten Sinne; für die Beschreibung der im Sinne des Polizeirechts verantwortlichen Person findet er sich daneben weiterhin in §§ 6–9, 43 Abs. 3 und § 69.

III. Anwendungsbereich

Auf die Weiterverarbeitung personenbezogener Daten durch die Polizeibehörden findet **29** § 20 nur Anwendung, soweit sie nicht ausschließlich zu Zwecken der Strafverfolgung tätig werden. In diesem Fall gelten zunächst die speziellen Regelungen des § 161 Abs. 2 und Abs. 3 StPO (→ Rn. 29.1 f.).

§ 161 Abs. 2 StPO regelt die Verwendung von personenbezogenen Daten aus anderen als strafprozes- **29.1** sualen Maßnahmen – vorwiegend also präventiv-polizeilichen – zur Strafverfolgung nach dem Muster des sog. hypothetischen Ersatzeingriffs, der als „Vorgänger" des Grundsatzes der hypothetischen Datenneuerhebung gelten kann (vgl. → Rn. 67.1 ff.).

§ 161 Abs. 3 StPO enthält eine Sonderregelung über die strafprozessuale Verwertung personenbezo- **29.2** gener Daten, die im Rahmen eines präventiv-polizeilichen Einsatzes technischer Mittel zur Eigensicherung bei verdeckten Ermittlungen in oder aus Wohnungen erlangt wurden (vgl. die ergänzende Regelung in Abs. 3 S. 2).

Des Weiteren greifen die Regelungen der §§ 483 ff. StPO. Diese sehen indessen in so **30** vielen Fällen die Geltung des Polizeirechts vor, dass ihr Anwendungsbereich vergleichsweise klein ist.

§ 483 StPO regelt Dateien für Zwecke des Strafverfahrens. Die Vorschrift gilt für die Polizei, wenn **30.1** dort ausschließlich Ermittlungsdaten (zB aus einer repressiven Telefonüberwachung) gespeichert werden. Werden zugleich auch präventive Daten aufgenommen, unterliegt die Datei gem. § 483 Abs. 3 StPO insgesamt dem HSOG.

§ 484 StPO regelt Dateien für Zwecke künftiger Strafverfahren. Dabei handelt es sich gem. § 1 **30.2** Abs. 4 um eine polizeiliche Aufgabe. Deshalb ist gem. § 484 Abs. 4 StPO auch hier – Ausnahme der Verwendung der Daten in einem Strafverfahren – das HSOG.

§ 485 StPO regelt schließlich Vorgangsverwaltungsdateien. Gemäß § 485 S. 4 StPO ist § 483 Abs. 3 **30.3** StPO entsprechend anzuwenden, sodass unter den genannten Voraussetzungen auch hier das HSOG greift.

In § 111 Abs. 2 macht der Gesetzgeber deutlich, dass personenbezogene Daten, die vor **31** Inkrafttreten des HSOG (dieser Zeitpunkt lag bei dem Großteil Normen – auch bei § 20 in der ursprünglichen Fassung – auf dem 1.1.1991 (vgl. § 115 Abs. 1 Nr. 1 und Nr. 2) gefahrenabwehr- oder polizeibehördlich gespeichert waren, als rechtmäßig gespeichert gelten sollen; da die Standorte von Abs. 4 und Abs. 6, die dort in Bezug genommen werden, indessen durch Gesetz v. 3.5.2018 (HessGVBl. 82) verändert wurde, die Verweisung aber unverändert blieb, liegt insoweit nunmehr eine Fehlverweisung vor.

32 Innerhalb des HSOG ist die Vorschrift des § 20 alleine sedes materiae nur für die nicht – ausschließlich oder zusätzlich – speziell geregelten Formen der Weiterverarbeitung wie die Datenübermittlung, den Datenabgleich, die Berichtigung, die Löschung und die Einschränkung der Verarbeitung (vgl. §§ 21 ff.).

33 Spezielle Grenzen der Datenverarbeitung und einer Zweckänderung finden sich darüber hinaus in Vorschriften, die besonders eingriffsintensive oder breitenwirksame Formen der Datenerhebung zulassen (vgl. etwa § 12 Abs. 2 S. 4 (→ § 12 Rn. 41), § 12 Abs. 4 (→ § 12 Rn. 49 f.), § 14 Abs. 1 S. 3 (→ § 14 Rn. 77), § 14 Abs. 2 S. 3 (→ § 14 Rn. 93), § 14 Abs. 4 S. 3 (→ § 14 Rn. 137), § 15 Abs. 6 S. 4, S. 5 (→ § 15 Rn. 167 ff.), § 15 Abs. 9 (→ § 15 Rn. 200), § 15a Abs. 1 S. 4 (→ § 15a Rn. 77 ff.), § 15b Abs. 3 S. 1 (→ § 15b Rn. 34), § 15c Abs. 3 S. 2, S. 4 (→ § 15c Rn. 24 ff.); vgl. zur bisherigen Rechtslage insoweit Meixner/Fredrich, 12. Aufl. 2016, Rn. 13).

33.1 Die vormals ebenfalls zu diesen Vorschriften zu rechnende Weiterverarbeitungsbefugnis des § 14a Abs. 4 S. 4 in Bezug auf die durch Automatische Kennzeichenlesesysteme erhobene Daten hatte das Bundesverfassungsgericht in dem Beschluss von 2018 (BVerfG NJW 2019, 842 (847) für verfassungswidrig erklärt. Deswegen wurde sie durch Gesetz v. 29.6.2023 (HessGVBL. 456) gestrichen (→ § 14a Rn. 150).

IV. Weiterverarbeitungsbefugnisse

34 Die Bestimmungen der Abs. 1–3 übernehmen – wie auch die Parallelvorschriften in § 12 Abs. 1–3 BKAG (vgl. krit. SGR/Ruthig BKAG § 12 Rn. 1 ff.) – Vorgaben und Formulierungen aus der Entscheidung des BVerfG zum BKAG 1997 (BVerfG NJW 2016, 1781 Rn. 278 ff.).

35 Diese in weiten Teilen wörtliche Übernahme ist nicht unproblematisch, weil sich die Aussagen des BVerfG an den Gesetzgeber richten, nicht aber an den Normanwender (vgl. zur Notwendigkeit der Differenzierung zwischen verfassungsrechtlichen Anforderungen an den Gesetzgeber und an den Normanwender Härting NJW 2015, 3284).

36 Indem der Gesetzgeber nun die an ihn gerichteten verfassungsrechtlichen Anforderungen an die Formulierung der Normen über die Daten(weiter)verarbeitung gleichsam unverändert in die Normen übernimmt, statt sie als Maßstab für die Normsetzung heranzuziehen, verlagert er die Verantwortung für einen verfassungskonformen Umgang mit personenbezogenen Daten ohne Zwischenschritt auf die Exekutive und entledigt sich so seiner Pflicht zur Schaffung hinreichend bestimmter Handlungsvorgaben für diese (vgl. unter den Gesichtspunkten der Gesetzmäßigkeit, der demokratischen Verantwortlichkeit und der Verhältnismäßigkeit Lisken/Denninger PolR-HdB/Schwabenbauer G Rn. 12 ff., 124 ff.).

37 Mit seinen Aussagen zum BKAG 1997 hat das BVerfG insbesondere das im Volkszählungsurteil erstmals herausgearbeitete und seither wiederholt konkretisierte verfassungsrechtliche Gebot der datenschutzrechtlichen Zweckbindung sowie der verfassungsrechtlichen Voraussetzungen für seine Durchbrechung (BVerfGE 65, 1 (46 f., 61 f.); 100, 313 (360); 109 (279, 375)) konsolidiert (BVerfG NJW 2016, 1781 Rn. 278 ff.).

38 Auch wenn das Gericht dabei Anleihen an die einfachrechtliche Dogmatik genommen hat (so insbesondere Gärditz GSZ 2017, 1 (3); vgl. SGR/Ruthig BKAG § 12 Rn. 4), geht es bei der Zweckbindung doch im Kern um einen originär verfassungsrechtlichen Grundsatz, der mittlerweile auch europarechtlich untermauert ist (vgl. nur Art. 4 Abs. 1 lit. b und c, Abs. 2 JI-RL, Art. 8 Abs. 2 JI-RL; vgl. → DatenschutzrechtlicheEinfuehrungJI-Richtlinie Rn. 36 ff.).

39 Diesen und seine Ausnahmen mit klaren steuernden und begrenzenden Handlungsmaßstäben so zu konkretisieren, dass die Grenzen der Freiheit der Bürgerinnen und Bürger nicht einseitig in das Ermessen der Gefahrenabwehr- und Polizeibehörden gestellt werden (vgl. BVerfGE 110, 33 (53 ff.); Lisken/Denninger PolR-HdB/Schwabenbauer G Rn. 125), ist dem Gesetzgeber mit der Wiederholung der allgemeinen Aussagen des BVerfG aus dem BKAG-Urteil in Abs. 1–3 nicht gelungen.

40 Dies gilt umso mehr, als die Datenerhebungsvorschriften der §§ 12–19 keine in sich konsistenten Bestimmungen des jeweiligen Erhebungszwecks enthalten. Dieser lässt sich vielmehr oft nur im Umkehrschluss aus dem Tatbestand ableiten; teilweise wird auch ganz auf eine Zweckbestimmung verzichtet oder sie erschöpft sich in der – für die Einhaltung des Zweckbindungsgrundsatzes gerade nicht ausreichende (vgl. BVerfG NJW 2016, 1781 Rn. 279) – Bezugnahme auf die in § 1 abstrakt definierten Behördenaufgaben.

41 Insoweit fehlt es vielfach schon an der aus dem verfassungsrechtlichen Zweckbindungsgrundsatz folgenden Voraussetzung, dass die Eingriffsnorm Inhalt, Zweck und Ausmaß der Maßnahme in einer dem Bestimmtheitsgrundsatz genügenden Weise regelt (grdl. BVerfGE 130, 151 (169)).

42 Schon deshalb, aber auch mit Blick auf die weitreichenden normativen Ausnahmen vom Zweckbindungsgrundsatz in § 20, bleibt es für die Neufassung bei dem Befund, dass eine grundsätzliche Zweckbindung zwar gesetzlich vorgetäuscht wird, tatsächlich aber nicht gegeben ist (dies allg. konstatierend Lisken/Denninger PolR-HdB/Petri, 6. Aufl. 2018, G Rn. 855).

1. Befugnis zur zweckrealisierenden und zweckkonformen Weiterverarbeitung (Abs. 1)

43 Die Bestimmung des Abs. 1 S. 1 erlaubt im Zusammenhang mit Abs. 5 (vgl. → Rn. 11 f.) grundsätzlich die Datenweiterverarbeitung durch die Gefahrenabwehr- und Polizeibehörden zu den Zwecken, zu denen die Daten erhoben wurden.

44 Diese Befugnis bezieht sich zunächst auf die nach §§ 12 ff. durch die Behörden selbst erhobenen Daten. Nach Abs. 1 S. 2 erfasst werden aber auch Daten, denen keine Erhebung vorausgegangen ist also sog. aufgedrängte Daten, ungeachtet der Frage, ob sie den Gefahrenabwehr- und Polizeibehörden durch die Person selbst oder durch Dritte zur Kenntnis gebracht wurden (vgl. zur Abgrenzung von den erhobenen Daten iE → § 20a Rn. 29 ff.).

45 Da bei diesen Daten naturgemäß kein Erhebungszweck vorliegt, stellt die Norm insoweit auf den nächsten Schritt im „Lebenszyklus" der Daten ab, nämlich die Speicherung. Die Norm erfasst also nur solche Daten, die gespeichert werden / wurden (zum Begriff → Rn. 25); für die Weiterverarbeitung ist der Zweck zugrunde zu legen, zu dem die Speicherung erfolgte.

46 Sowohl die erhobenen als auch die nicht erhobenen Daten dürfen nach Abs. 1 S. 1 nur weiterverarbeitet werden, wenn die Weiterverarbeitung der Erfüllung derselben Aufgabe (Nr. 1) und dem Schutz derselben Rechtsgüter oder sonstigen Rechte oder der Verhütung derselben Straftaten oder Ordnungswidrigkeiten (Nr. 2) dient.

46.1 Damit knüpft Abs. 1 an folgende Passage in BVerfG NJW 2016, 1781 Rn. 278 f. an: „Der Gesetzgeber kann eine Datennutzung über das für die Datenerhebung maßgebende Verfahren hinaus als weitere Nutzung im Rahmen der ursprünglichen Zwecke dieser Daten erlauben. Er kann sich insoweit auf die der Datenerhebung zugrundeliegenden Rechtfertigungsgründe stützen und unterliegt damit nicht den verfassungsrechtlichen Anforderungen an eine Zweckänderung. Die zulässige Reichweite solcher Nutzungen richtet sich nach der Ermächtigung für die Datenerhebung. Die jeweilige Eingriffsgrundlage bestimmt Behörde, Zweck und Bedingungen der Datenerhebung und definiert damit die erlaubte Verwendung. Die Zweckbindung der auf ihrer Grundlage gewonnenen Informationen beschränkt sich folglich nicht allein auf eine Bindung an bestimmte, abstrakt definierte Behördenaufgaben, sondern bestimmt sich nach der Reichweite der Erhebungszwecke in der für die jeweilige Datenerhebung maßgeblichen Ermächtigungsgrundlage. Eine weitere Nutzung innerhalb der ursprünglichen Zwecksetzung kommt damit nur seitens derselben Behörde im Rahmen derselben Aufgabe und für den Schutz derselben Rechtsgüter in Betracht wie für die Datenerhebung maßgeblich: Ist nur zum Schutz bestimmter Rechtsgüter oder zur Verhütung bestimmter Straftaten erlaubt, so begrenzt dies deren unmittelbare sowie weitere Verwendung auch in derselben Behörde, soweit keine gesetzliche Grundlage für eine zulässige Zweckänderung eine weitergehende Nutzung erlaubt."

47 Es handelt sich bei dieser Weiterverarbeitung um eine sog. weitere Nutzung im Rahmen der ursprünglichen Zwecke (→ Rn. 46.1). Unproblematisch erfasst ist damit zunächst die Nutzung im Rahmen des Anlasses, der zur Datenerhebung geführt hat; diese kann auch als zweckrealisierende Nutzung bezeichnet werden (vgl. Lisken/Denninger PolR-HdB/Schwabenbauer G Rn. 16), also eine Nutzung in dem anlassgebenden Verwaltungsverfahren.

48 Bis zur Entscheidung des BVerfG zum BKAG 1997 unklar war, ob es sich bereits um eine an strenger verfassungsrechtliche Anforderungen geknüpfte Zweckänderung handelt, wenn die Daten für ein vergleichbares Verwaltungsverfahren genutzt werden, also ein solches, dass zwar nicht denselben Anlass hat, aber denselben Schutzgütern dient (sog. zweckkonforme Nutzung, vgl. Lisken/Denninger PolR-HdB/Schwabenbauer G Rn. 16 f.). Indem das BVerfG nunmehr den Anlass- und Verfahrensbezug gleichsam aus dem Begriff der Zweckänderung herausgelöst hat (vgl. → Rn. 46.1), hat es klargestellt, dass dies nicht der Fall ist.

49 Für eine zulässige zweckkonforme Weiterverarbeitung in diesem Sinne müssen die in Abs. 1 S. 1 Nr. 1 und Nr. 2 aufgeführten Voraussetzungen kumulativ vorliegen, die Weiterverarbeitung muss also sowohl der Erfüllung derselben Aufgabe als auch dem Schutz derselben Rechtsgüter oder sonstigen Rechte oder der Verhütung derselben Straftaten oder Ordnungswidrigkeiten dienen.

50 Die – aus sich heraus wenig klare – Wendung „unter Beachtung der jeweiligen Datenerhebungsvorschrift" soll insoweit darauf hinweisen, dass die in der Ermächtigungsnorm genannten Zwecke über die künftige Datennutzung und damit auch über die Abgrenzung von der Zweckänderung (vgl. Abs. 2) entscheiden (vgl. BVerfG NJW 2016, 1781 Rn. 278).

51 Das BVerfG hat das Erfordernis der Erfüllung derselben Aufgabe genauso wenig konkretisiert wie der Gesetzgeber, der die Formulierung in Abs. 1 Nr. 1 übernommen hat (vgl. SGR/Ruthig BKAG § 12 Rn. 9). Insoweit kann jedoch an die Aufgabennorm des § 1 angeknüpft werden.

52 Von den gefahrenabwehr- und polizeibehördlichen Aufgaben ist das gesamte durch § 1 vorgegebene Aufgabenspektrum – also auch die vorbeugende Bekämpfung von Straftaten durch die Polizei nach § 1 Abs. 4 – erfasst.

53 Insoweit wird allerdings durch Abs. 1 Nr. 2 mit der „Verhütung von Ordnungswidrigkeiten" eine Aufgabe genannt, die nach § 1 nicht existiert. Da der Begriff der Verhütung iSd § 1 Abs. 4 im Vorfeld der konkreten Gefahr (also der mit hinreichender Wahrscheinlichkeit in absehbarer Zeit drohenden Begehung einer Ordnungswidrigkeit) angesiedelt (→ § 1 Rn. 130) und insoweit weder den Gefahrenabwehr- noch den Polizeibehörden als Aufgabe zugewiesen ist, ist diese Alternative des Abs. 1 Nr. 2 gegenstandslos.

54 Zur Verhütung von Ordnungswidrigkeiten dürfen Daten mithin nur weiterverarbeitet werden, wenn die Gefahrenschwelle durch ihre drohende Begehung bereits überschritten ist, die Aufgabe mithin aus § 1 Abs. 1 folgt.

55 Des Weiteren muss die Weiterverarbeitung dem Schutz derselben Rechtsgüter oder der Verhütung derselben Straftaten erfolgen, der auch die Erhebung der Daten diente. Unproblematisch ist diese Tatbestandsvoraussetzung nur dann, wenn der Erhebungsanlass und das daraus resultierende Verwaltungsverfahren eine konkrete Zuordnung dieser Schutzgüter zulässt. Indessen dürfte dies praktisch bei sehr vielen präventiv-polizeilichen Maßnahmen Einsätze, bei denen personenbezogene Daten erhoben werden, nicht der Fall sein (vgl. SGR/Ruthig BKAG § 12 Rn. 10).

56 Solche Maßnahmen erweisen sich in der Regel als allgemein gefahren(lagen)bezogen und sollen von vornherein mehrere Rechtsgüter schützen. Entsprechend wird beim Tatbestandsmerkmal „derselben Straftat" davon auszugehen sein, dass die Erhebungsmaßnahme vielfach der Verhütung mehrerer Straftaten(typen) diente.

57 Selbst wenn man auf den konkreten Anlass der Maßnahme abgestellt – was das das BVerfG für die zweckkonforme Nutzung nicht fordert – wären die Schutzgüter oder zu verhütenden Straftaten kaum präzise zu benennen; schon die zweckkonforme Nutzung nach Abs. 1 S. 1 eröffnet den Gefahrenabwehr- und Polizeibehörden damit eine nicht unerhebliche und im Ergebnis kaum gerichtlich oder im Wege der Datenschutzkontrolle (§ 29a) überprüfbare Definitionsmacht.

58 Dieser Befund wird dadurch verstärkt, dass das BVerfG zu den Zweckbindungen bei der weiteren Datennutzung explizit nicht die in der Eingriffsnorm enthaltenen Eingriffsschwellen rechnet. Es muss also für die Zulässigkeit der Weiterverarbeitung nicht die für die Datenerhebung maßgebliche (konkrete bzw. qualifizierte) Gefahr gegeben sein. Diese beträfen lediglich „den Anlass, aus dem entsprechende Daten erhoben werden dürfen, nicht aber die erlaubten Zwecke, für die die Daten der Behörde dann zur Nutzung offen stehen" (BVerfG NJW 2016, 1781 Rn. 280; vgl. SGR/Ruthig BKAG § 12 Rn. 11).

59 Praktisch dürfte Abs. 1 S. 1 – ggf. iVm Abs. 6 S. 1 – wohl im Wesentlichen als Ermächtigungsgrundlage für das Anlegen, Führen, Unterhalten und Nutzen der sog. Kriminalakten sowie die (Weiter-) Verarbeitung der in Sammlungen gespeicherten personenbezogenen Daten, insbesondere für das und in dem Informationssystem POLAS genutzt werden (vgl. Hornmann HSOG Rn. 16, 29 ff.; allg. Lisken/Denninger PolR-HdB/Petri, 6. Aufl. 2018, G Rn. 387 ff.).

Anders als andere Landespolizeigesetze (vgl. etwa § 38 Abs. 1 NPOG) macht Abs. 1 die Weiterverarbeitung der personenbezogenen Daten nicht davon abhängig, dass diese rechtmäßig erhoben bzw. erlangt wurden. 60

Für die Beantwortung der Frage, ob dies gleichwohl als ungeschriebenes Tatbestandsmerkmal des Abs. 1 anzusehen ist (so schon Hornmann HSOG Rn. 17), ergeben sich aus dem HSOG keine zwingenden Kriterien. 61

Dafür spricht – neben dem Grundsatz der Gesetzmäßigkeit der Verwaltung – die vergleichsweise strikte Rechtsprechung des BVerfG zum Grundrecht auf informationelle Selbstbestimmung (vgl. etwa zu Verarbeitungsverboten im Fall von Zweckentfremdung BVerfGE 65, 1 (45 ff.)); dagegen jedoch die von den Fachgerichten und dem BVerfG anhand recht großzügiger Maßstäbe regelmäßig erlaubte Verwertung rechtswidrig erhobener Daten im Strafverfahren (vgl. eingehend Meyer-Goßner/Schmitt StPO Einl. Rn. 35, 55 ff. mwN). 62

Beachtet man, dass die im Gefahrenabwehrrecht auf dem Spiel stehenden – mittels einer Weiterverarbeitung rechtswidrig erlangter Daten ggf. zu schützenden – Rechtsgüter zumeist gewichtiger sind als der Strafverfolgungsanspruch des Staates, spricht vieles für eine Abwägungslösung in Anlehnung an die im Strafverfahrensrecht (vgl. etwa Meyer-Goßner/Schmitt StPO Einl. Rn. 55a) entwickelten Grundsätze (eine vermittelnde Lösung präferiert wohl auch Lisken/Denninger PolR-HdB/Petri, 6. Aufl. 2018, G Rn. 856 f.). 63

Eine Ausnahme von den Grundsätzen für die zweckrealisierende und zweckkonforme Weiterverarbeitung nach Abs. 1 S. 1 und S. 2 sieht Abs. 1 S. 3 für Daten vor, die durch Wohnraumüberwachungen oder Eingriffen in informationstechnische Systeme erlangt wurden. Hier müssen die qualifizierten Anforderungen des § 15 Abs. 4 bzw. des § 15c Abs. 1 oder Abs. 2 S. 2 für jede weitere Nutzung der Daten vorliegen. 64

Aufgrund der hohen Eingriffsintensität bei solchen Datenerhebungen muss hier nach der Rechtsprechung des BVerfG eine besonders enge Bindung jeder weiteren Nutzung der bei diesen Maßnahmen gewonnenen Daten an die Voraussetzungen und Zwecke der Datenerhebung gelten (BVerfG NJW 2016, 1781 Rn. 283, 291; vgl. SGR/Ruthig BKAG § 12 Rn. 13, 20). 65

Auch die Weiterverarbeitung muss hier also zur Abwehr einer dringenden Gefahr für Leib, Leben oder Freiheit einer Person oder für solche Güter der Allgemeinheit, deren Bedrohung die Grundlagen oder den Bestand des Bundes oder eines Landes oder die Grundlagen der Existenz der Menschen berührt, oder zur Verhütung einer innerhalb eines übersehbaren Zeitraum drohenden, ihrer Art nach konkretisierten terroristischen Straftat unerlässlich (vgl. zum Begriff → § 32 Rn. 21) sein. 66

2. Befugnis zur zweckändernden Weiterverarbeitung (Abs. 2)

Die Regelung des Abs. 2 S. 1 erlaubt unter den genannten Voraussetzungen eine zweckändernde Weiterverarbeitung von Daten; auch sie knüpft unmittelbar an die Formulierungen des BVerfG an (vgl. zur daraus resultierenden Problematik → Rn. 34 ff.) und ist auch nur vor deren Hintergrund verständlich. 67

BVerfG NJW 2016, 1781 Rn. 284–290; dabei trifft das Gericht trifft zunächst Feststellungen zur grundrechtlichen Relevanz einer Zweckänderung (NJW 2016, 1781 Rn. 284 f.): „Der Gesetzgeber kann eine weitere Nutzung der Daten auch zu anderen Zwecken als denen der ursprünglichen Datenerhebung erlauben (Zweckänderung). Er hat dann allerdings sicherzustellen, dass dem Eingriffsgewicht der Datenerhebung auch hinsichtlich der neuen Nutzung Rechnung getragen wird (vgl. BVerfGE 100, 313 (389 f.) = NJW 2000, 55; BVerfGE 109, 279 (377) = NJW 2004, 999; BVerfGE 120, 351 (369) = NJW 2008, 2099; BVerfGE 130, 1 (33 f.) = NJW 2012, 907; BVerfGE 133, 277 (372 f.) = NJW 2013, 1499 Rn. 225). Die Ermächtigung zu einer Nutzung von Daten zu neuen Zwecken begründet einen neuen Eingriff in das Grundrecht, in das durch die Datenerhebung eingegriffen wurde (vgl. BVerfGE 100, 313 (360, 391) = NJW 2000, 55; BVerfGE 109, 279 (375) = NJW 2004, 999; BVerfGE 110, 33 (68 f.) = NJW 2004, 2213; BVerfGE 125, 260 (312 f., 333) = NJW 2010, 833; BVerfGE 133, 277 (372) = NJW 2013, 1499 Rn. 225; vgl. auch EGMR NJW 2007, 1433 (1434) – Weber u. Saravia/ 67.1

Deutschland zu Art. 8 EMRK). Zweckänderungen sind folglich jeweils an den Grundrechten zu messen, die für die Datenerhebung maßgeblich waren. Das gilt für jede Art der Verwendung von Daten zu einem anderen Zweck als dem Erhebungszweck, unabhängig davon, ob es sich um die Verwendung als Beweismittel oder als Ermittlungsansatz handelt (vgl. BVerfGE 109, 279 (377) = NJW 2004, 999)."

67.2 Sodann gibt das Gericht die unter dem Gesichtspunkt der Verhältnismäßigkeit an die Ermächtigung zur Zweckänderung zu stellenden Anforderungen unter Erläuterung seiner bisherigen Rechtsprechung vor und konstituiert daran anknüpfend den Grundsatz der hypothetischen Datenneuerhebung (BVerfG NJW 2016, 1781 Rn. 286 f.): „Die Ermächtigung zu einer Zweckänderung ist dabei am Verhältnismäßigkeitsgrundsatz zumessen. Hierbei orientiert sich das Gewicht, das einer solchen Regelung im Rahmen der Abwägung zukommt, am Gewicht des Eingriffs der Datenerhebung. Informationen, die durch besonders eingriffsintensive Maßnahmen erlangt wurden, können auch nur zu besonders gewichtigen Zwecken benutzt werden (vgl. BVerfGE 100, 313 (394) = NJW 2000, 55; BVerfGE 109, 279 (377) = NJW 2004, 999; BVerfGE 133, 277 (372 f.) = NJW 2013, 1499 Rn. 225 mwN). Während nach der früheren Rechtsprechung des BVerfG insoweit als Maßstab der Verhältnismäßigkeitsprüfung darauf abgestellt wurde, ob die geänderte Nutzung mit der ursprünglichen Zwecksetzung „unvereinbar" sei (vgl. BVerfGE 65, 1 (62) = NJW 1984, 419; BVerfGE 100, 313 (360, 389) = NJW 2000, 55; BVerfGE 109, 279 (376 f.) = NJW 2004, 999; BVerfGE 110, 33 (69) = NJW 2004, 2213; BVerfGE 120, 351 (369) = NJW 2008, 2099; BVerfGE130, 1 (33) = NJW 2012, 907), ist dies inzwischen durch das Kriterium der hypothetischen Datenneuerhebung konkretisiert und ersetzt worden. Für Daten aus eingriffsintensiven Überwachungs- und Ermittlungsmaßnahmen wie denen des vorliegenden Verfahrens kommt es danach darauf an, ob die entsprechenden Daten nach verfassungsrechtlichen Maßstäben neu auch für den geänderten Zweck mit vergleichbar schwerwiegenden Mitteln erhoben werden dürften (vgl. BVerfGE 125, 260 (333) = NJW 2010, 833; BVerfGE 133, 277 (373 f.) = NJW 2013, 1499 Rn. 225 f.; der Sache nach ist diese Konkretisierung nicht neu, vgl. bereits BVerfGE 100, 313 (389 f.) = NJW 2000, 55, und findet sich unter der Bezeichnung „hypothetischer Ersatzeingriff" auch in BVerfGE 130, 1 (34) = NJW 2012, 907). Das Kriterium der Datenneuerhebung gilt allerdings nicht schematisch abschließend und schließt die Berücksichtigung weiterer Gesichtspunkte nicht aus (vgl. BVerfGE 133, 277 (374) = NJW 2013, 1499 Rn. 226). So steht die Tatsache, dass die Zielbehörde bestimmte Datenerhebungen, zu denen die Ausgangsbehörde berechtigt ist, ihrerseits wegen ihres Aufgabenspektrums nicht vornehmen darf, einem Datenaustausch nicht prinzipiell entgegen (vgl. BVerfGE 100, 313 (390) = NJW 2000, 55). Auch können Gesichtspunkte der Vereinfachung und der Praktikabilität bei der Schaffung von Übermittlungsvorschriften es rechtfertigen, dass nicht alle Einzelanforderungen, die für die Datenerhebung erforderlich sind, in gleicher Detailliertheit für die Übermittlung der Daten gelten. Das Erfordernis einer Gleichgewichtigkeit der neuen Nutzung bleibt hierdurch jedoch unberührt."

67.3 Die aus dem Grundsatz der hypothetischen Datenneuerhebung folgenden Anforderungen konkretisiert das Gericht schließlich mit Blick auf die in Rede stehenden eingriffsintensiven Maßnahmen (BVerfG NJW 2016, 1781 Rn. 287–290): „Voraussetzung für eine Zweckänderung ist danach aber jedenfalls, dass die neue Nutzung der Daten dem Schutz von Rechtsgütern oder der Aufdeckung von Straftaten eines solchen Gewichts dient, die verfassungsrechtlich ihre Neuerhebung mit vergleichbar schwerwiegenden Mitteln rechtfertigen könnten (vgl. BVerfGE 100, 313 (389 f.) = NJW 2000, 55; BVerfGE 109, 279(377) = NJW 2004, 999; BVerfGE 110, 33 (73) = NJW 2004, 2213; BVerfGE 120, 351 (369) = NJW 2008, 2099; BVerfGE 130, 1 (34) = NJW 2012, 907). Nicht in jedem Fall identisch sind die Voraussetzungen einer Zweckänderung mit denen einer Datenerhebung hingegen hinsichtlich des erforderlichen Konkretisierungsgrades der Gefahrenlage oder des Tatverdachts. Die diesbezüglichen Anforderungen bestimmen unter Verhältnismäßigkeitsgesichtspunkten primär den Anlass nur unmittelbar für die Datenerhebung selbst, nicht aber auch für die weitere Nutzung der erhobenen Daten. Als neu zu rechtfertigender Eingriff bedarf aber auch die Ermächtigung zu einer Nutzung für andere Zwecke eines eigenen, hinreichend spezifischen Anlasses. Verfassungsrechtlich geboten, aber regelmäßig auch ausreichend, ist insoweit, dass sich aus den Daten – sei es aus ihnen selbst, sei es in Verbindungmit weiteren Kenntnissen der Behörde – ein konkreter Ermittlungsansatz ergibt. Der Gesetzgeber kann danach – bezogen auf die Datennutzung von Sicherheitsbehörden – eine Zweckänderung von Daten grundsätzlich dann erlauben, wenn es sich um Informationenhandelt, aus denen sich im Einzelfall konkrete Ermittlungsansätze zur Aufdeckung von vergleichbar gewichtigen Straftaten oder zur Abwehr von zumindest auf mittlere Sicht drohenden Gefahren für vergleichbar gewichtige Rechtsgüter wie die ergeben, zu deren Schutz die entsprechende Datenerhebung zulässig ist."

68 Zulässig war eine Datenweiterverarbeitung zu anderen Zwecken als dem Erhebungszweck schon nach dem bisherigen Recht (vgl. EuGH NVwZ 2016, 375 Rn. 30), wenn der neue Zweck mit dem ursprünglichen Zweck vereinbar und für die neue Verarbeitung eine Rechtsgrundlage vorhanden war (sog. Grundsatz der Zweckkompatibilität; vgl. SGR/Ruthig BKAG § 12 Rn. 14).

Da die JI-RL insoweit lediglich Mindeststandards vorgibt (vgl. Art. 1 Abs. 3 JI-RL, Art. 4 Abs. 1 JI-RL), konnte der Gesetzgeber nunmehr in Abs. 2 den verfassungsgerichtlich geschaffenen Grundsatz der hypothetischen Datenneuerhebung für die zweckändernde Weiterverarbeitung einführen (vgl. SGR/Ruthig BKAG § 12 Rn. 14). **69**

Das Gericht hat dabei ausdrücklich betont, dass die Prüfung der hypothetischen Datenneuerhebung nicht schematisch verlaufen soll (BVerfG NJW 2016, 1781 Rn. 288); dies ist bei der Auslegung und Anwendung des Abs. 2 zugrunde zu legen. Insbesondere ist die zweckändernde Weiterverarbeitung am Verhältnismäßigkeitsgrundsatz zu messen, wobei sich die Abwägung am Gewicht des Eingriffs durch die Datenerhebung zu orientieren hat. Informationen, die durch (besonders) eingriffsintensive Maßnahmen erlangt wurden, können auch nur zu (besonders) gewichtigen anderen Zwecken verwendet werden (vgl. SGR/Ruthig BKAG § 12 Rn. 14). **70**

Der Grundsatz der hypothetischen Datenneuerhebung tritt an die Stelle der sog. rechtmäßigen Alternativerhebung, die in Abs. 2 S. 2 aF für die Verarbeitung der Daten eine Ausnahme von der Zweckbindung erlaubte; danach war die Verarbeitung zu einem anderen gefahrenabwehrbehördlichen oder polizeilichen Zweck zulässig, wenn die Behörde sie zu diesem Zweck hätte erheben und noch verarbeiten können. **70.1**

Dieses Konzept der rechtmäßigen Alternativerhebung (vgl. Lisken/Denninger PolR-HdB/Petri, 6. Aufl. 2018, G Rn. 378; zum verwandten Konstrukt des hypothetischen Ersatzeingriffs Meyer-Goßner/Schmitt StPO § 161 Rn. 18b ff.) verlangte, dass die Daten zur Verfolgung dieses abweichenden Zwecks zu irgendeinem Zeitpunkt rechtmäßig erhoben werden konnten und weiterhin zu diesem Zweck verarbeitet werden durften. Das ihm zugrundeliegende Prinzip der Einfacherhebung und Mehrfachnutzung sollte vor allem der Effektivierung und Erleichterung der Aufgabenwahrnehmung dienen (krit. Hornmann HSOG Rn. 26). **70.2**

Eine Verwendung zu anderen Zwecken setzt tatbestandlich nach Abs. 1 Nr. 1 voraus, dass damit vergleichbar schwerwiegende Straftaten oder Ordnungswidrigkeiten (vgl. zu letzteren → Rn. 53 ff.) oder vergleichbar bedeutsame Rechtsgüter oder sonstige Rechte geschützt werden sollen. Entscheidend für die Beantwortung der Frage, welche Straftaten verhütet oder Rechtsgüter geschützt werden sollten, sind auch hier die in der ursprünglichen Datenerhebungsbefugnis festgelegten Zwecke (vgl. → Rn. 50 f.; SGR/Ruthig BKAG § 12 Rn. 15). **71**

Hinsichtlich der entsprechenden Feststellung ergeben sich die gleichen Schwierigkeiten wie bei Abs. 1 (→ Rn. 55 ff.). **72**

Hinzukommen muss, dass sich im Einzelfall aus den Daten ein konkreter Ermittlungsansatz (hier begrifflich nicht im strafprozessualen Sinne gemeint, vgl. → Rn. 29 ff.) ergibt, der die Zweckänderung rechtfertigt. Soweit sich dieser nach Abs. 2 S. 1 Nr. 2 lit. a auf die Verhütung vergleichbar schwerwiegende Straftaten (vgl. zu den Ordnungswidrigkeiten → Rn. 53 ff.) bezieht, deckt sich die Regelung mit den Vorgaben des BVerfG (NJW 2016, 1781 Rn. 289). **73**

Soweit es darüber hinaus nach Abs. 2 S. 1 Nr. 2 lit. b auch genügt, dass sich nach den konkreten Ermittlungsansätzen in einem übersehbaren Zeitraum drohenden Gefahren für mindestens vergleichbar bedeutsame Rechtsgüter erkennen lassen, die abgewehrt werden sollen, übernimmt der hessische Gesetzgeber eine Formulierung, die das BVerfG als abgesenkte Eingriffsschwelle bisher nur für die Abwehr terroristischer Gefahren akzeptiert hat (BVerfG NJW 2016, 1781 Rn. 164 mwN). **74**

Die generalisierende Übernahme dieser Wendung in die Zweckänderungsregelung nach dem Grundsatz der hypothetischen Datenneuerhebung für die Abwehr jedweder drohenden Gefahr für vergleichbare Rechtsgüter dürfte daher den verfassungsrechtlichen Anforderungen kaum genügen. **75**

Bei der Parallelregelung des § 12 Abs. 2 Nr. 2 BKAG stellt sich dieses Problem nicht, weil das Bundeskriminalamt präventivpolizeilich nach § 5 BKAG ohnehin nur für die Abwehr von Gefahren des internationalen Terrorismus zuständig ist. **75.1**

Die Anforderungen an die zweckändernde Datenverarbeitung nach Abs. 2 S. 1 gelten nach S. 2 nicht, wenn die dort aufgeführten sog. Grunddaten (Namen, Geschlecht, Geburtsdatum, Geburtsort, Staatsangehörigkeit, Anschrift) lediglich zum Zweck der Identifizierung der betroffenen Person weiterverarbeitet werden. **76**

77 Diese Regelung beinhaltet keine Befugnis zur Durchführung einer Identitätsfeststellung (eine solche richtet sich im präventiv-polizeilichen Bereich alleine nach § 18), sondern erfasst nur Fälle, in denen die Identität einer Person – etwa vor Ergreifung von Maßnahmen gegen diese – anhand vorhandener Daten zweifelsfrei geklärt werden soll (vgl. LT-Drs. 19/5728, 186; vgl. auch die Parallelregelungen etwa in § 23 Abs. 3 PolG NRW, Art. 53 Abs. 4 BayPAG und § 12 Abs. 4 BKAG).

78 Zweck der Regelung ist es also, Identitätsverwechslungen zu verhindern und damit auszuschließen, dass Eingriffe in die Grundrechte unbeteiligter Personen stattfinden (vgl. LT-Drs. 19/5728, 186 sowie BT-Drs. 18/11163, 94 f. zur Parallelnorm im BKAG). Zur Beschränkung auf diesen Zweck ist die Weiterverarbeitung doppelt – nur die Grunddaten und nur zur Identifizierung – begrenzt (vgl. BeckOK PolR Bayern/Aulehner PAG Art. 53 Rn. 30 f.).

79 Das HSOG führt allerdings die Grunddaten – anders als etwa Art. 53 Abs. 4 BayPAG – nicht abschließend auf („insbesondere") und enthält auch keine Verordnungsermächtigung zu deren abschließender Festlegung (so § 20 S. 2 Nr. 1 BKAG).

80 Um eine dem Zweck der Regelung zuwiderlaufende Anwendung zu verhindern, ist der Bestand der in Betracht kommenden Daten über die genannten hinaus eng auf solche Daten zu begrenzen, die tatsächlich nur der Identifizierung dienen (können).

80.1 Zusätzlich in Frage kämen allenfalls etwa Aliasnamen, Geburtsnamen, Spitznamen und / oder andere Namenschreibweisen, derzeitiger oder früherer Aufenthaltsort, Sterbedatum und / oder frühere Staatsangehörigkeiten.

81 Die Anforderungen an die zweckändernde Datenverarbeitung nach Abs. 2 S. 1 gelten ausweislich der „Unberührtheitsklausel" des S. 3 schließlich auch nicht für die Weiterverarbeitung zu Zwecken der polizeilichen Aus- und Fortbildung (vgl. Abs. 8), der Vorgangsverwaltung und befristeten Dokumentation polizeilichen Handelns (Abs. 9) und zu wissenschaftlichen oder historischen Forschungszwecken oder archivarischen oder statistischen Zwecken (§ 20b, §§ 24, 25, 45 HDSIG), deren Regelungen jeweils eigene Voraussetzungen und Beschränkungen für die Weiterverarbeitung vorsehen.

82 Nach Abs. 2 S. 4 gelten die Regelungen über die zweckändernde Weiterverarbeitung nach Abs. 2 S. 1–3 – wie schon diejenigen über die zweckrealisierende und zweckkonforme Weiterverarbeitung (vgl. Abs. 1 S. 2, → Rn. 44 f.) – auch für Daten, denen keine Erhebung vorausgegangen ist also sog. aufgedrängte Daten, ungeachtet der Frage, ob sie den Gefahrenabwehr- und Polizeibehörden durch die Person selbst oder durch Dritte zur Kenntnis gebracht wurden (vgl. zur Abgrenzung von den erhobenen Daten iE → § 20a Rn. 29 ff.).

83 Mangels Erhebungszwecks stellt Abs. 2 S. 4 wie Abs. 1 S. 2 auf den nächsten Schritt im „Lebenszyklus" der Daten ab, nämlich die Speicherung; für die Beurteilung der Zulässigkeit der zweckändernden Weiterverarbeitung ist der Zweck zugrunde zu legen, zu dem die Speicherung erfolgte.

3. Defizitäre Regelung bezüglich der „Verfahrens- und Sicherungsdaten" (Wegfall des Abs. 2 aF)

84 Die Regelung des Abs. 2 aF enthielt eine Reglung zu personenbezogenen Daten, die ausschließlich zu Zwecken der Datenschutzkontrolle, der Datensicherung oder zur Sicherstellung des ordnungsgemäßen Betriebs einer Datenverarbeitungsanlage gespeichert wurden.

85 Diese Daten, die gleichwohl ihre Aussagekraft – und damit die latente Bedeutung für Persönlichkeitsrechte – nicht verlieren, durften für andere Zwecke nicht verarbeitet werden, es sei denn ihre Verarbeitung diente zur Abwehr einer gegenwärtigen Gefahr für Leib, Leben oder Freiheit oder – als ultima ratio – der Verhütung oder Verfolgung einer schweren Straftat gegen Leib, Leben oder Freiheit.

85.1 Für den letztgenannten Zweck mussten namentlich tatsächliche Anhaltspunkte dafür vorliegen, dass die Verhütung oder Verfolgung der genannten Straftat ohne die Verarbeitung aussichtslos oder wesentlich erschwert wäre.

86 Diese Regelung wurde durch Gesetz v. 3.5.2018 (HessGVBl. 82) ersatzlos gestrichen. Sie finde sich – so die amtliche Begründung (LT-Drs. 19/5728, 184) – nunmehr in veränderter Form in § 71 HDSIG. Die trifft indessen nicht zu.

Mit den Protokolldaten der automatisierten Verarbeitungssysteme regelt § 71 nur einen Teilbereich der vormals erfassten Daten, namentlich diejenigen, die für eine Datenschutzkontrolle vorzuhalten sind. Personenbezogene Daten, die zur Datensicherung oder zur Sicherstellung des ordnungsgemäßen Betriebs einer Datenverarbeitungsanlage verarbeitet (vor allem gespeichert) werden, sind von der Norm nicht erfasst. 87

Für die auf der Pflicht zur erweiterten Protokollierung nach § 28 Abs. 1 und Abs. 2 beruhenden (Protokoll-) Daten enthält zwar § 28 Abs. 4 eine gleichgerichtete Verwendungsbeschränkung; eine solche Beschränkung für die Sicherungs- und Betriebsdaten ist jedoch – anders als in § 21 Abs. 3 HDSIG für die außerhalb des Anwendungsbereichs der JI-RL anfallenden Sicherungs- und Betriebsdaten – bedenklicher Weise nicht mehr vorgesehen. 88

Gleichzeitig geht der Gesetzgeber erkennbar davon aus, dass personenbezogene Daten zu Zwecken der Datensicherung oder zur Sicherstellung des ordnungsgemäßen Betriebs einer Datenverarbeitungsanlage auch im Anwendungsbereich der JI-RL weiterhin gespeichert werden (dürfen); anders lässt sich deren Ausschluss vom Auskunftsrecht der betroffenen Personen in § 52 Abs. 2 HDSIG nicht deuten. 89

Da der Gesetzgeber die Problematik der fehlenden Verwendungsbeschränkung für diese Daten bei der Streichung des Abs. 2 aF offensichtlich übersehen hat, ist bis auf weiteres § 21 Abs. 3 HDSIG auf die Sicherungs- und Betriebsdaten im Anwendungsbereich der JI-RL entsprechend anzuwenden. 90

In der Praxis dürfte diesem Problem indessen – von Ausnahmefällen abgesehen – keine allzu große Bedeutung zukommen. Da auf der Ebene der Sachbearbeitung und des operativen Betriebs ein Zugriff auf die nur für Zwecke der Datensicherung oder Sicherung des Betriebs gespeicherten personenbezogenen Daten weder vorgesehen, noch technisch möglich ist, ist die Gefahr einer missbräuchlichen oder versehentlich zweckwidrigen Verwendung dieser Daten gering. 91

4. Einschränkung der Zweckänderung für Daten aus besonders eingriffsintensiven Maßnahmen (Abs. 3)

Anders als bei der zweckrealisierenden und zweckkonformen Weiterverarbeitung (vgl. Abs. 1 S. 3, → Rn. 43 ff.) hat der Gesetzgeber bei der zweckändernden Weiterverarbeitung mit Abs. 3 die erforderlichen Ausnahmen für die Weiterverarbeitung von Daten, die durch Wohnraumüberwachungen oder Eingriffen in informationstechnische Systeme erlangt wurden, in einem eigenen Absatz geregelt. 92

Dieser modifiziert lediglich die Anforderungen des Abs. 2 Nr. 2 lit. b; da diese in einem Alternativverhältnis zu denen des Abs. 2 Nr. 2 lit. a stehen, könnte man den Wortlaut so verstehen, dass die Modifikation des Abs. 3 nur dann gilt, wenn eine Weiterverarbeitung auf Abs. 2 Nr. 2 lit. b gestützt werden soll, eine solche nach Abs. 2 Nr. 1 lit. a aber ohne Modifikation möglich bleibt. 93

Dass dem nicht so sein kann, folgt indessen zunächst schon aus den Tatbestandsmerkmalen der §§ 15 Abs. 4, 15c Abs. 1, die jeweils die Datenerhebung mit den dort genannten Mitteln nur zur Abwehr der genannten qualifizierten dringenden Gefahr zulassen. 94

Soweit § 15c Abs. 2 die Online-Durchsuchung bei bestimmten Personen auch dann zulässt, wenn dies zur Verhütung terroristischer Straftaten unerlässlich ist, würde sich zwischen der Anwendung von Abs. 2 Nr. 1 lit. a oder lit. b indessen im Ergebnis kein Unterschied ergeben, weil in beiden Fällen eine terroristische Straftat drohen müsste, die der, die schon die Datenerhebung rechtfertigte, vergleichbar wäre. 95

Für eine zweckändernde Weiterverarbeitung von Daten, die durch Wohnraumüberwachungen oder Eingriffe in informationstechnische Systeme erlangt wurden, müssen also in jedem Fall die qualifizierten Anforderungen des § 15 Abs. 4 bzw. des § 15c Abs. 1 oder Abs. 2 S. 2 vorliegen (vgl. → Rn. 64 ff.). 96

Die zweckändernde Weiterverarbeitung ist also nur zulässig zur Abwehr einer dringenden Gefahr für Leib, Leben oder Freiheit einer Person oder für solche Güter der Allgemeinheit, deren Bedrohung die Grundlagen oder den Bestand des Bundes oder eines Landes oder die Grundlagen der Existenz der Menschen berührt, oder wenn sie zur Verhütung einer innerhalb eines übersehbaren Zeitraum drohenden, ihrer Art nach konkretisierten terroristischen 97

Straftat unerlässlich ist (vgl. BVerfG NJW 2016, 1781 Rn. 283, 291; vgl. auch SGR/Ruthig BKAG § 12 Rn. 13, 20; zum polizeirechtlichen Begriff der Unerlässlichkeit → § 32 Rn. 21).

98 Abs. 3 S. 2 knüpft daran an, dass die Datenerhebung aus Wohnungen zu Zwecken der Strafverfolgung nach Art. 13 Abs. 3 GG auf Mittel der akustischen Wohnraumüberwachung beschränkt ist, während § 15 Abs. 4 auch die optische Wohnraumüberwachung („großer Spähangriff") umfasst (vgl. → § 15 Rn. 105 ff.).

99 Im Angesicht dieses Unterschieds hat das BVerfG zutreffend hervorgehoben, dass die Beschränkung des Art. 13 Abs. 3 GG auf die akustische Überwachung nicht durch die Verwendung präventiv-polizeilicher Daten aus einer optischen Überwachung zu Strafverfolgungszwecken unterlaufen werden darf (BVerfG NJW 2016, 1781 Rn. 317).

100 Da § 161 Abs. 3 StPO eine Verwendungsbeschränkung für Daten aus Wohnraumüberwachungen derzeit nur für den Fall der Datenerhebung zur Eigensicherung nach Art. 13 Abs. 5 GG enthält, war insoweit eine ergänzende Regelung im HSOG für entsprechende Maßnahmen iRd Art. 13 Abs. 3 GG erforderlich. Diese trifft Abs. 3 S. 2 indem er untersagt, dass Erkenntnisse aus optischen Wohnraumüberwachungen zu Strafverfolgungszwecken verwendet werden dürfen.

5. Verpflichtung zur technisch-organisatorischen Sicherung der Vorgaben aus Abs. 1–3 (Abs. 4); fehlende Vorgabe zur Datenkategorisierung

101 Die mit Abs. 4 neu geschaffene Verpflichtung zur Sicherstellung der Vorgaben des Abs. 1–3 für die Datenweiterverarbeitung durch organisatorische und technische Vorkehrungen gehört in den größeren Zusammenhang des technikgeprägten Datenschutzes, der europarechtlich in der JI-RL einerseits in Art. 20 JI-RL und anderseits in Art. 29 JI-RL mit zwei verschiedenen – den Vorgaben der DS-GVO ähnelnden – Zielrichtungen Ausdruck gefunden.

102 Während Art. 29 JI-RL die Mitgliedsstaaten vor allem zur Schaffung technischer Sicherungen vor unbefugtem Zugriff Dritter verpflichtet, verlangt Art. 20 JI-RL Regelungen, die Datenschutz im Interesse der Betroffenen durch Technikgestaltung und datenfreundliche Voreinstellungen gewährleisten (vgl. Lisken/Denninger PolR-HdB/Petri, 6. Aufl. 2018, G Rn. 1209 ff.).

103 Für den Anwendungsbereich der JI-RL hat der hessische Gesetzgeber allgemein in § 66 HDSIG – für den vorliegenden Zusammenhang insbesondere durch § 66 Abs. 2 HDSIG – die Vorgaben des Art. 20 JI-RL umgesetzt und dabei deren Formulierungen in weiten Teilen übernommen.

104 Die Regelung des Abs. 4 stellt gleichsam eine spezielle Ergänzung des § 66 Abs. 2 HDSIG für den Bereich der zweckrealisierenden und -konformen bzw. zweckändernden Datenweiterverarbeitung durch die Gefahrenabwehr- und Polizeibehörden dar und übernimmt insoweit das Vorbild des § 12 Abs. 5 BKAG.

105 Technisch-organisatorische Sicherungen dieser Art können – neben Schulungsmaßnahmen hinsichtlich der durchaus komplexen rechtlichen Vorgaben für die Weiterverarbeitung – etwa in der technischen Trennung von Datenbeständen nach unterschiedlichen Verarbeitungszwecken bzw. einer zweckabhängigen Verteilung von Zugriffsrechten auf Datenbestände bestehen.

106 Für die – gleichsam manuelle – Einhaltung der Vorgaben von Abs. 1–3 kommt zudem der ordnungsgemäßen Kennzeichnung der Daten nach Maßgabe des § 20a hinsichtlich der Erhebungszwecke und der zugrundeliegenden Befugnisnorm entscheidende Bedeutung zu (vgl. → § 20a Rn. 3 ff.); § 20a beinhaltet mithin unter anderem eine Ausgestaltung des Abs. 4.

107 Die für die Einhaltung von Abs. 1–3 nicht unwichtige Vorgabe des Art. 6 JI-RL, wonach bei der Verarbeitung personenbezogener Daten zwischen verschiedenen Kategorien betroffener Personen klar zu unterscheiden ist (vgl. zur Begründung auch Erwägungsgrund 31 JI-RL), hat in § 20 keinen Niederschlag gefunden.

108 Umgesetzt ist diese Vorgabe der JI-RL zwar in § 67 HDSIG, auf diese Regelung nimmt das HSOG indessen – anders als auf viele andere Vorschriften des HDSIG (vgl. → § 13 Rn. 12.1) – nicht ausdrücklich Bezug. Zwar verlangt die Kennzeichnungsregelung des § 20a in § 20a Abs. 1 Nr. 2, dass im Rahmen der Kennzeichnung die Kategorie betroffener Perso-

nen anzugeben ist; gleichzeitig greift auch § 13 Abs. 2 den Begriff der Kategorie betroffener Personen auf, bildet dann jedoch in § 13 Abs. 2 Nr. 1–5 eine von § 67 HDSIG und Art. 6 JI-RL stark abweichende Kategorisierung (vgl. → § 20a Rn. 20 ff.).

Unter systematischen Gesichtspunkten wäre § 20 der richtige Ort für eine Regelung der zugrunde zu legenden Kategorisierung, da die durch Art. 6 JI-RL vorgegebene Pflicht zur Differenzierung unterschiedlicher Personenkategorien für die gesamte Datenverarbeitung gilt und nicht nur – wie § 13 Abs. 2 suggeriert – für die Datenerhebung. Ausgereicht hätte insoweit auch der – ansonsten seit der Novellierungen von 2018 vielfach zu findende (vgl. → § 13 Rn. 12.1) – Verweis, dass die (Weiter-) Verarbeitung von Daten unter Beachtung des § 67 HDSIG zu erfolgen hat. **109**

Der Gesetzgeber ist jedenfalls gehalten, der derzeit defizitären Regelungsstruktur hinsichtlich der erforderlichen Datenkategorisierung alsbald abzuhelfen. **110**

6. Erforderlichkeit der Weiterverarbeitung zur Aufgabenerfüllung (Abs. 5)

Systematisch verunglückt ist auch die normimmanente Stellung des Abs. 5 (vgl. → Rn. 11 f.). Die Bestimmung erlaubt generalklauselartig die (weitere) Verarbeitung personenbezogener Daten nach Maßgabe von Abs. 1–4, soweit diese zur Erfüllung der gefahrenabwehr- und polizeibehördlichen Aufgaben erforderlich ist und nicht andere Vorschriften besondere Voraussetzungen vorsehen. **111**

Warum der Gesetzgeber diese zentrale Befugnis zur Datenweiterverarbeitung erst ausspricht, nachdem er zuvor in Abs. 1–4 Voraussetzungen, Grenzen und organisatorisch-technische Anforderungen für / an eine zweckrealisierende, zweckkonforme und zweckändernde Weiterverarbeitung im Einzelnen geregelt hat, bleibt unklar. **112**

Klargestellt ist damit jedenfalls, dass auch gefahrenabwehr- und polizeibehördliche Aufgaben aus dem Aufgabenspektrum des § 1 erfasst sein sollen, die sich als mögliche Rechtfertigung für eine Weiterverarbeitung nicht schon aus Abs. 1–4 ergeben, so etwa der Schutz privater Rechte nach § 1 Abs. 3. **113**

Tatbestandlich steht jede Weiterverarbeitung von Daten – immerhin, aber auch nur – unter dem Vorbehalt der Erforderlichkeit für die Aufgabenerfüllung, und ist insoweit gerichtlich und / oder im Wege der Datenschutzkontrolle (§ 29a) überprüfbar. **114**

7. Speicherung und Verarbeitung von Daten aus Strafverfahren (Abs. 6)

Abs. 6 regelt die Befugnis der Polizeibehörden zur weiteren Verarbeitung personenbezogener Daten, die im Rahmen strafrechtlicher Ermittlungsverfahren gewonnen worden sind. Es handelt sich also um Daten, die auf der Grundlage von Befugnisnormen aus der StPO erhoben oder erlangt wurden (im Gegensatz zu solchen, die nach §§ 12–19 erhoben oder iSd Abs. 1 S. 2 erlangt wurden). **115**

Die Regelung differenziert – anders als die Vorgängernorm in Abs. 4 aF – für die Zulässigkeit der Weiterverarbeitung dieser Daten nicht mehr zwischen automatisierten und nicht automatisierten Verfahren (→ Rn. 19). **116**

Bis zur Änderung durch Gesetz v. 29.62023 (HessGVBl. 2023, 456) durften die Daten zur Abwehr einer konkreten Gefahr oder zur vorbeugenden Bekämpfung von Straftaten (vgl. § 1 Abs. 1, Abs. 4) weiterverarbeitet werden. Neben dieser objektiven, lediglich an die Aufgabenkreise gebundenen Zwecksetzung war eine Negativprognose (vgl. → § 19 Rn. 36) in Bezug auf die betroffene Person nicht erforderlich (vgl. dazu auch noch → Rn. 122. ff.) **117**

Nach dem Wortlaut unterlag die Weiterverarbeitung zudem nicht dem in Abs. 5 vorgesehenen Erforderlichkeitsprinzip (→ Rn. 114). **118**

Nunmehr ist nach S. 1 die Weiterverarbeitung ausdrücklich an die Erforderlichkeit zur Abwehr einer Gefahr oder zur vorbeugenden Bekämpfung von Straftaten geknüpft. **119**

Die Änderung wurde im Gesetzgebungsverfahren wie folgt begründet: „Durch die Umformulierung in § 20 Abs. 6 Satz 1 soll verdeutlicht werden, dass die Weiterverarbeitung personenbezogener Daten aus Strafverfahren nur in dem Umfang zulässig ist, wie es die Abwehr einer Gefahr oder die vorbeugende Bekämpfung von Straftaten erfordern." (LT-Drs. 20/8129, 32). **119.1**

Nach wie vor legalisiert Abs. 6 S. 1 damit im Wesentlichen die verfestigte polizeiliche Praxis, bei jedem Verdacht einer Straftat vorsorglich eine Kriminalakte anzulegen. **120**

121 Abs. 6 S. 1 ist deswegen iVm Abs. 1 praktisch insbesondere Grundlage für die Kriminalakten, auf denen ihrerseits die Dateien über vorhandene Kriminalakten, sog. KAN (Kriminalaktennachweis) als Baustein des INPOL-Systems beim Bundeskriminalamt beruhen. Diese Dateien geben Auskunft, bei welcher Behörde über welche Personen eine Kriminalakte vorgehalten wird.

121.1 Mit der Neufassung der Regelung 2018 wollte der Gesetzgeber unter anderem eine Rechtsgrundlage für eine etwaige Digitalisierung von Kriminalakten schaffen (vgl. LT-Drs. 19/5728, 187).

122 Für den Fall einer Speicherung und sonstigen Verarbeitung der aus Strafverfahren stammenden personenbezogenen Daten in automatisierten Dateien nach Abs. 4 S. 2 aF hatte der Gesetzgeber bis zur Gesetzesänderung v. 3.11.1998 (HessGVBl. 399), eine Negativprognose (Besorgnis der Begehung weiterer Straftaten) verlangt.

123 Sodann ließ er es bis zum Gesetz v. 3.5.2018 (HessGVBl. 82) ausreichen, dass die Person verdächtig ist, eine Straftat begangen zu haben und machte den Verdacht aber zugleich zur Voraussetzung für die Speicherung und sonstige Verarbeitung in automatisieren Verfahren (Abs. 4 S. 2 aF).

124 Seit der Änderung durch Gesetz v. 29.62023 (HessGVBl. 2023, 456) setzt die Weiterverarbeitung nunmehr nicht nur die Erforderlichkeit für die Abwehr einer konkreten Gefahr oder für die vorbeugende Bekämpfung von Straftaten voraus (→ Rn. 119), vielmehr müssen auch tatsächliche Anhaltspunkte die Annahme rechtfertigen, dass zukünftig Strafverfahren gegen die betroffene Person zu führen sein werden.

124.1 Eine Erläuterung zu dieser Änderung von S. 2 lässt die amtliche Begründung vermissen, vgl. LT-Drs. 20/8129, 32.

125 Diese Wiedereinführung der Negativprognose als Voraussetzung für die Datenweiterverarbeitung war nicht zuletzt unter verfassungsrechtlichen Gesichtspunkten gefordert, da ohne sie der polizeiliche Datenbestand über (ehemals verdächtige) Nichtverantwortliche – auch mit Blick auf die Möglichkeit zu dessen Auswertung mittels einer automatisierten Anwendung zur Datenanalyse nach § 25a – unverhältnismäßig anzuwachsen droht (vgl. BVerfG BeckRS 2023, 1828, Rn. 126).

126 Auch weiterhin können die Polizeibehörden nach dem Wortlaut des Abs. 6 S. 1, S. 2 jedoch sämtliche sonstige personenbezogenen Daten, die sie im Rahmen der Verfolgung von Straftaten gewonnen haben – also etwa solche von Zeugen, Geschädigten oder Anzeigeerstattern – automatisiert oder nicht automatisiert (vgl. → Rn. 116) weiterverarbeiten, wenn es zu den genannten Zwecken erforderlich ist. Für die Daten dieser nicht verdächtigen Personen gilt nach dem Wortlaut insbesondere auch nicht die auf Verdächtige zugeschnittene Löschungsverpflichtung nach S. 2 Hs. 2.

127 Die Regelung ist daher mit Blick auf ihre Unbegrenztheit hinsichtlich der Daten von Unbeteiligten weiterhin bedenklich. Bei der in der Polizeipraxis nicht ungewöhnlichen großzügigen Auslegung des Prinzips der Erforderlichkeit der Weiterberarbeitung zu den genannten Zwecken würde der Datenbestand zwar um die Daten der Personen ohne Negativprognose reduziert, nicht jedoch um die der (sonstigen) Unbeteiligten, deren Daten im Rahmen des Strafverfahrens erhoben worden waren.

128 Dieser Befund ist umso bedenklicher, als in seiner Folge wiederum der Datenpool für die automatisierte Anwendung zur Datenanalyse (→ Rn. 125) um die Daten zahlreicher Unbeteiligter erweitert würde/wird.

129 Vor diesem Hintergrund bedarf Abs. 6 weiterhin einer verfassungskonformen Auslegung dahingehend, dass es für die Weiterverarbeitung der Daten von (sonstigen) nicht verdächtigen Personen tatsächlicher Anhaltspunkte bedarf, dass gerade die Daten **dieser** Personen für die Gefahrenabwehr oder die vorbeugende Bekämpfung von Straftaten erforderlich sind, was faktisch in der Regel auszuschließen sein dürfte. In der Regel hat deshalb die Löschung der Daten entsprechend der Regelung des S. 2 Hs. 2 gemeinsam mit denen des vormals Verdächtigen zu erfolgen.

130 Zu löschen sind nach S. 2 Hs. 2 ausdrücklich die Daten von Personen, die verdächtig sind, eine Straftat begangen zu haben, sobald der Verdacht entfällt. Die Daten dürfen also nur so lange weiterverarbeitet – dh vor allem gespeichert – werden, wie der Tatverdacht fortbesteht.

Vgl. zur Anwendung dieser Regelung auf die im Rahmen des Verfahrens erhobenen personenbezogener Daten Unbeteiligter → Rn. 126. 130.1

Diese Voraussetzung liegt bei einem Verurteilten in aller Regel vor, weil der Verdacht sich ja justiziell bereits als richtig erwiesen hat. Die Voraussetzung liegt aber auch bei einer Einstellung des Verfahrens nach §§ 153 ff. StPO – zumindest aus der Sicht der polizeilichen Praxis – zumeist vor, weil und soweit diese Verfahrenseinstellungen den Verdacht regelmäßig nicht ausräum(t)en. 131

Das Gleiche gilt schließlich auch bei einer Einstellung nach § 170 Abs. 2 StPO, wenn sie lediglich wegen eines Verfahrenshindernisses oder aus einem anderen rechtlichen Grund erfolgt oder weiterhin ein Verdacht besteht, dieser jedoch nicht hinreichend ist für eine Anklageerhebung. Bei einem Freispruch ist die Speicherung nur dann unzulässig, wenn sich aus dessen Gründen ergibt, dass der Verdacht, diese Person könnte eine Straftat begangen haben, ausgeräumt ist (vgl. § 267 Abs. 5 StPO; BVerfG NJW 2002, 3231). 132

Nach dem durch Gesetz v. 29.6.2023 (HessGVBl. 456) geschaffenen S. 3 ist nunmehr Näheres zur Übermittlung von Verfahrensausgängen und Einstellungsbegründungen von der Staatsanwaltschaft an die Polizei in einer gemeinsamen Verwaltungsvorschrift von Innen- und Justizministerium zu regeln. Von Bedeutung werden insoweit vor allem Inhalt und Umfang von Einstellungsbegründungen sein, die die Grundlage für die polizeiliche Bewertung eines fortbestehenden Verdachts darstellen (→ Rn. 130 ff.). 133

In der amtlichen Begründung wird insoweit zu Satz 3 ausgeführt: 133.1
„Zusätzlich wird in Satz 3 eine nähere Regelung der Übermittlung von Verfahrensausgängen und Einstellungsbegründungen seitens der Staatsanwaltschaft an die Polizei in einer gemeinsamen Verwaltungsvorschrift des Ministeriums des Innern und für Sport und des Ministeriums der Justiz gesetzlich eingefordert. Hierdurch wird unterstrichen, dass die Polizei für die weitere Speicherung und Verarbeitung der Daten auf diese Informationen angewiesen ist und dass insofern ein regelmäßiger und geregelter Informationsfluss gewährleistet sein muss. Da abschließende Mitteilungen von Staatsanwaltschaften zu Verfahrensausgängen zu Löschungen der Datenbestände führen können, sind diese aus datenschutzrechtlichen Gründen immer durch die Polizei zu bewerten und müssen ihr daher auch immer vorliegen. Soweit eine Einstellung gem. § 170 Abs. 2 StPO aufgrund mangelnden Tatverdachtes erfolgt, trifft die Polizei eine eigene fachliche Entscheidung zum Erfordernis der weiteren Speicherung in POLAS-Hessen, in die regelmäßig eine aussagekräftige Einstellungsbegrün-dung der Staatsanwaltschaft einbezogen werden muss (siehe insofern auch den 48. Tätigkeitsbericht des Hessischen Beauftragten für Datenschutz und Informationsfreiheit unter Nr. 6.2, S. 38).“ (LT-Drs. 20/8129, 32).

Die Weiterverarbeitung (d.h. Speicherung) der Daten dient in allen diesen Fällen regelmäßig der Vorsorge für die künftige Verfolgung von Straftaten (vgl. § 1 Abs. 4 Alt. 2; vgl. → § 1 Rn. 134). 134

8. Daten zur verbeugenden Bekämpfung von Straftaten (Abs. 7)

Mit Abs. 7 S. 1 wurde für die Polizeibehörden zunächst eine Ermächtigungsgrundlage für die Weiterverarbeitung personenbezogener Daten zur vorbeugenden Bekämpfung von Straftaten geschaffen. Da die vorbeugende Bekämpfung von Straftaten nach § 1 Abs. 4 zum Aufgabenkanon der Polizeibehörden gehört, ist die grundsätzliche Ermächtigung dazu bereits in Abs. 5 enthalten. 135

In der Alternative der Straftatenverhütung (vgl. § 1 Abs. 4 Alt. 1) findet sich diese Aufgabe zudem bereits in den Ermächtigungen des Abs. 1 Nr. 2 zur zweckrealisierenden und zweckkonformen Weiterverarbeitung und des Abs. 2 Nr. 1 lit. a und Nr. 2 lit. a zur zweckändernden Weiterverarbeitung. 135.1

Nach dem Wortlaut unterliegt die Weiterverarbeitung zu diesem Zweck nach Abs. 7 S. 1 allerdings nicht dem in Abs. 5 vorgesehenen Erforderlichkeitsprinzip (→ Rn. 114, → Rn. 118); für einen Teil des erfassten Personenkreises folgt dieses jedoch aus Abs. 7 S. 2 (vgl. → Rn. 138); im Übrigen ist die Erforderlichkeit (im Sinne eines fehlenden gleich geeigneten milderen Mittel) neben der Eignung und Angemessenheit zu dem angestrebten Zweck jedoch im Rahmen des für die Weiterverarbeitung jedenfalls geltenden Verhältnismäßigkeitsgrundsatzes ohnehin zu beachten ist, so dass daraus in der Sache kein Unterschied folgt. 136

Nach der Vorgängervorschrift von Abs. 3, Abs. 5 aF war die automatisierte Speicherung und sonstige Verarbeitung der Daten von Personen, bei denen tatsächliche Anhaltspunkte die Annahme rechtfertig- 136.1

ten, dass sie Straftaten mit erheblicher Bedeutung begehen werden zur Verhütung von Straftaten ebenfalls unbeschränkt möglich.

136.2 Eingeschränkt war die Speicherung und sonstige Verarbeitung von Daten lediglich über sog. die Kontaktpersonen (§ 13 Abs. 2 Nr. 2 aF) sowie über Zeugen, Hinweisgeber und sonstige Auskunftspersonen.

137 Der Personenkreis, dessen Daten gespeichert werden können, ist allerdings auf die in § 13 Abs. 2 Nr. 1–5 genannten Personen beschränkt; weiterverarbeitet werden dürfen also nur Daten von potentiellen Straftätern (vgl. → § 13 Rn. 76 ff.), von „Kontakt- und Begleitpersonen" (vgl. → § 13 Rn. 94 ff.), von potentiellen Zeugen, Hinweisgebern und sonstigen Auskunftspersonen (vgl. → § 13 Rn. 100 ff.), potentiellen Opfern von Straftaten (vgl. → § 13 Rn. 108 ff.) und von Personen im Umfeld gefährdeter Personen (vgl. → § 13 Rn. 111 ff.).

137.1 Die beiden letzgenannten Personengruppen waren in der Vorgängernorm des Abs. 5 aF nicht erfasst.

138 Sachlich unbeschränkt ist die Weiterverarbeitung insoweit nur bei den potentiellen Straftätern iSd § 13 Abs. 1 Nr. 1; bei den anderen vier Personengruppen ist die automatisierte Weiterverarbeitung (vgl. zum Begriff → Rn. 27) nur zulässig, soweit sie zur vorbeugenden Bekämpfung von Straftaten mit erheblicher Bedeutung (vgl. zum Begriff → § 13 Rn. 120 f.) erforderlich ist. Höchstspeicher- und Überprüfungsfristen enthält die Norm für die Daten nicht mehr. Im Vergleich zur Vorgängernorm des Abs. 5 aF sind die Anforderungen an die Weiterverarbeitung personenbezogener Daten zur vorbeugenden Bekämpfung von Straftaten damit in formeller und materieller Hinsicht deutlich abgesenkt worden, während der betroffene Personenkreis erweitert wurde.

138.1 In der Vorgängernorm des Abs. 5 S. 1 aF musste sie bei Zeugen, Hinweisgebern und Auskunftspersonen zu diesem Zweck noch „unerlässlich" sein. Abs. 5 S. 2 und S. 3 aF legten zudem die höchstzulässige Speicherungsdauer und Überprüfungsfristen fest; für die Entscheidung über die Erforderlichkeit einer weiteren Speicherung ordnete Abs. 5 S. 3 aF zudem einen Behördenleitervorbehalt mit Delegationsbefugnis an.

139 Praktisch haben mit der Regelung des Abs. 7 insbesondere Datenbanken eine Rechtsgrundlage, die die Polizeibehörden als Auskunftssystem zu bestimmten Kriminalitätsbereichen (sog. PIOS = Personen / Institutionen / Objekte / Sachen-Dateien) bzw. Fallbearbeitungssystem (CRIME, INPOL-Fall) vorhalten (vgl. dazu und zu den aktuellen tatsächlichen Entwicklungen in den polizeilichen Datensystemen Lisken/Denninger PolR-HdB/Petri, 6. Aufl. 2018, G Rn. 390 ff., 397).

140 Es handelt sich unter anderem um Aktenerschließungssysteme, mit deren Hilfe eine Fülle von Einzelinformationen geordnet, sortiert und koordiniert werden kann. Polizeiliche Akten sollen so behördenweit transparent und recherchierbar werden.

141 Diese de lege lata bereit bestehende Möglichkeit hat der Gesetzgeber mit § 25a um die Befugnis zum Einsatz einer automatisierten Anwendung zur Datenanalyse ergänzt, die nunmehr auch eine algorithmusgesteuerte Durchforstung der eigenen Datenbestände ermöglicht.

9. Datenverarbeitung für Aus- und Fortbildung, statistische Zwecke und Wirksamkeitskontrollen (Abs. 8)

142 Abs. 8 regelt die – praktisch unabdingbare – weitere Verarbeitung gespeicherter personenbezogener Daten durch die Polizeibehörden und die Hessische Hochschule für öffentliches Management und Sicherheit.

142.1 Der Name der bisherigen Hessischen Hochschule für Polizei und Verwaltung wurde infolge deren Zusammenschlusses mit der Hessischen Polizeiakademie (durch Gesetz v. 30.9.2021 (GVBl. 622)) zum. 1.1.2022 in Hessische Hochschule für öffentliches Management und Sicherheit geändert. Abs. 8 wurde bei dieser Änderung rechtzeitig angepasst.

142.2 Bei der letzten Umbenennung der Hochschule hatte der Gesetzgeber den Wortlaut erst mit achtjähriger Verspätung an die gesetzliche Bezeichnung der angepasst (vgl. § 1 Abs. 1 und Abs. 3 VerwFHG, vorher: Verwaltungsfachhochschule). Am Fachbereich Verwaltung der Hessischen Hochschule für Polizei und Verwaltung hatten Anwärter und Anwärterinnen für den gehobenen Verwaltungsdienst einen dreijährigen Bachelor-Studiengang zu absolvieren. Am Fachbereich Polizei derselben hatten Polizeianwärter und Polizeianwärterinnen einen dreijährigen Bachelor-Studiengang zu absolvieren. Beide Studiengänge sind nunmehr ohne curriculare Änderungen auf die Hessische Hochschule für öffentliches Management und Sicherheit übergegangen (vgl. § 114 Abs. 2 HessHG). Zu den curricularen Inhalten dieser Studiengänge gehören auch die gefahrenabwehr- und polizeibehördlichen IT-Systeme.

Nicht aufgefallen ist dem Gesetzgeber offensichtlich, dass Abs. 8 S. 1 nunmehr insoweit einen Pleonasmus enthält, als die neue Hochschule zugleich Hochschule nach §§ 99 ff. HessHG und Polizeibehörde nach §§ 91 Abs. 2 Nr. 2 lit e ist; als Polizeibehörde, die die Aufgaben nach § 95 Abs. 2 Nr. 1–6 (vormals Aufgaben der Hessischen Polizeiakademie) wahrzunehmen hat, ist sie schon von der ersten Alternative Abs. 8 S. 1 erfasst. **142.3**

Die mit der Gesetzesänderung geschaffene Konstruktion einer Körperschaft des öffentlichen Rechts, die zugleich Hochschule und Polizeibehörde ist, ist im Gesetzgebungsverfahren von Sachverständigen und Abgeordneten der Landtagsopposition nicht zu Unrecht als verfassungsrechtlich höchst bedenklich und rechtssystematisch kaum begründbar bezeichnet worden (vgl. die Stellungnahmen und Redebeiträge unter http://starweb.hessen.de/starweb/LIS/servlet.starweb?path=LIS/PdPi_FLMore20.web&search=WP%3d20+and+R%3d14504) **142.4**

Sie basiert wohl auf der Fehlannahme, dass die Erfüllung von Verwaltungs- und Bildungsaufgaben, die der Polizei mittelbar oder unmittelbar zugutekommen, nur von Polizeibehörden iSd Landespolizeigesetzes erfüllt werden können oder dürfen. Auf dieser Fehlannahme beruhte offensichtlich auch schon die frühere Umgestaltung der Hessischen Polizeiakademie von einer „Einrichtung der Polizei" zu einer Polizeibehörde (Gesetz v. 14.12.2009 (GVBl. I 635)). **142.5**

Konsequenz dieser Annahme ist, dass der Hochschule in ihrer Eigenschaft als Polizeibehörde nunmehr gesetzlich die Aufgaben und Befugnisse nach §§ 1, 12–62 zugeordnet sind. Als Polizeivollzugsbeamte und -beamtinnen sind die Mitglieder der neuen Hochschule in die Weisungsstränge der Hessischen Polizei eingeordnet und unterliegen dem Legalitätsprinzip. Wie sich diese Einordnung mit der in Art. 5 GG, Art. 10 HessVerf gewährleisteten Wissenschaftsfreiheit und der Selbstverwaltungsgarantie der Hessischen Hochschulen aus Art. 60 HessVerf in Einklang bringen lassen soll, bleibt das Geheimnis des hessischen Gesetzgebers. **142.6**

Die Regelung des Abs. 8 erlaubt die Weiterverarbeitung zu Zwecken der Aus- und Fortbildung, für statistischen Zwecke sowie die Wirksamkeitskontrolle und suspendiert nach S. 3 insoweit von den Weiterverarbeitungsbeschränkungen aus Abs. 1, Abs. 2 und Abs. 4–7; zudem erklärt sie die Regelung des § 68 HDSIG (Pflicht zur Unterscheidung von Tatsachen und Bewertungen) für unanwendbar; im Gegenzug ordnet sie in S. 2 jedoch an, dass die Daten zum frühestmöglichen Zeitpunkt zu anonymisieren sind; zudem gilt – ohne dass dies ausdrücklich erwähnt ist – eine ausnahmslose Bindung der Verarbeitung an die genannten Zwecke. **143**

Ausbildung meint insoweit das Studium an der Hessischen Hochschule für öffentliches Management und Sicherheit (vgl. → Rn. 142, § 13 Abs. 3 HPolLV); Fortbildung umfasst die polizeiliche Fortbildung an ebendieser (§ 91 Abs. 2 Nr. 2 lit. e, § 9 Abs. 1 HSOG-DVO) und die – organisatorisch durch Erlass im Innenministerium angesiedelte und konstituierte, nun aber nach § 101 Abs. 2 HessHG auch der Hochschule zugeordnete – sog. Zentrale Fortbildung des Landes. Statistische Zwecke werden etwa mit der Erstellung der jährlichen polizeilichen Kriminalstatistik verfolgt. **144**

Anders als in der Vorgängernorm (Abs. 7 aF) ist nunmehr auch die Weiterverarbeitung zur „effektiven Wirksamkeitskontrolle" als von den genannten Beschränkungen suspendierter Weiterverarbeitungszweck aufgeführt. Auch diese Regelung ist sprachlich verunglückt, da sie sicherlich nicht die Effektivität einer Wirksamkeitskontrolle zur Voraussetzung der Verarbeitung machen und ineffektive Wirksamkeitskontrollen davon ausschließen sollte (vgl. → § 20b Rn. 16). **145**

Wollte man dies anders sehen, wäre zu klären, ob die Frage der Effektivität der Wirksamkeitskontrolle ex post oder ex ante zu beurteilen ist und an welchen Kriterien sie sich auszurichten hat. **145.1**

Soweit § 20b Abs. 1 S. 2 von der Zweckbindung suspendiert, soweit die „Weiterverarbeitung […] für die effektive Wirksamkeitskontrolle" unerlässlich ist, lässt sich die Effektivität noch als eine ex ante zu beurteilende Voraussetzung lesen (es wird nicht suspendiert, wenn eine effektive Kontrolle auch auf anderen Wegen durchgeführt werden kann). In der Formulierung des Abs. 8 ist eine solche Deutung semantisch ausgeschlossen. **145.2**

146 Gemeint ist nach der amtlichen Begründung, dass die Weiterverarbeitung zu Evaluationszwecken erfolgt; auch hier (vgl. → § 20b Rn. 16) nimmt die Begründung auf einen veraltungswissenschaftlichen Begriff aus dem Kontext der Gesetzesfolgenabschätzung Bezug, meint also wohl eine Ex-post-Gesetzesevaluation hinsichtlich von Eingriffsbefugnissen. Anders als andere Polizeigesetze (vgl. etwa § 20a Abs. 7 PolG NRW), ordnet das HSOG indessen eine solche Evaluation an keiner Stelle an (vgl. zur Evaluation von Sicherheitsgesetzen als rechtsstaatliches Erfordernis Lisken/Denninger PolR-HdB/Denninger B Rn. 70 ff.).

147 Der Begriff der „effektiven Wirksamkeitskontrolle" ist also im Sinne einer Kontrolle der Effektivität und Wirksamkeit polizei- und gefahrenabwehrbehördlicher Normen zu verstehen.

148 Bei der Weiterverarbeitung personenbezogener Daten zu Zwecken der Aus- und Fortbildung, für statistischen Zwecke sowie zur Wirksamkeitskontrolle sind die Daten nach Abs. 8 S. 2 zum frühestmöglichen Zeitpunkt zu anonymisieren. Mangels einer Ausnahme von der Anonymisierungspflicht, ist ab diesem Zeitpunkt daher eine Weiterverarbeitung nicht anonymisierter Daten zu diesen Zwecken stets unzulässig.

148.1 Angesichts des insoweit klaren Wortlauts kann insbesondere nicht davon ausgegangen werden, dass der Gesetzgeber nicht anonymisierbare Daten (also gleichsam solche, die zu keinem Zeitpunkt anonymisiert werden können) in Abs. 8 S. 2 einbezogen wissen wollte.

149 Dies ist für die Zwecke der Aus- und Fortbildung insofern misslich, als sich IT-systembezogene Ausbildungsinhalte zwar in vielen, aber keineswegs allen Fällen realitätsnah mit anonymisierten Daten vermitteln lassen. Dies gilt insbesondere für das Erlernen und Einüben von Recherchen in Datenbanken (vgl. auch SGR/Ruthig BKAG § 22 Rn. 2 mwN). Dem hat das BKAG in § 22 BKAG Rechnung getragen. Der hessische Gesetzgeber sollte die Schaffung einer entsprechenden Regelung im HSOG in Erwägung ziehen.

150 Auch in anonymisierter Form ist nach Abs. 8 S. 4 Hs. 1 eine Weiterverarbeitung von Daten, die durch Wohnraumüberwachungen oder Eingriffe in informationstechnische Systeme (also der in Abs. 3 genannten Maßnahmen) erlangt wurden, unzulässig.

151 Soweit Abs. 8 S. 4 Hs. 2 von diesem Verbot eine Ausnahme für Fälle zulässt, in denen die Weiterverarbeitung zu Zwecken der Aus- und Fortbildung, für statistische Zwecke oder zur Wirksamkeitskontrolle unerlässlich (vgl. zum Begriff → § 32 Rn. 21) ist, sind wohl nur wenige Anwendungsfälle – etwa die Erstellung der auch statistischen Zwecken dienenden Berichte nach § 27a – denkbar.

10. Datenweiterverarbeitung für die Vorgangsverwaltung (Abs. 9)

152 Die Regelung des Abs. 9 sollte – in der Fassung der Vorgängernorm des Abs. 8 aF – die Einführung bzw. Praxis der automatisierten Vorgangsverwaltung, die vor allem im Nachweis von Eingang, Bearbeitung, Ausgang und Verbleib von Vorgängen und der befristeten Dokumentation polizeilichen Handelns besteht, auf eine klare gesetzliche Grundlage stellen.

153 Alle Landespolizeien führen unter verschiedenen Bezeichnungen automatisierte Tagebuch- und Vorgangsverwaltungsprogramme, in deren Dateisystemen jeder Neuvorgang umfassend aufgenommen wird (vgl. Lisken/Denninger PolR-HdB/Petri, 6. Aufl. 2018, G Rn. 433); in Hessen wird das System ComVor (= Computergestützte Vorgangsverwaltung) verwendet.

154 Auch diese Datenweiterverarbeitung zur Vorgangsverwaltung und befristeten Dokumentation ist von den Speicherungs- und Verarbeitungsbeschränkungen aus Abs. 1–7 befreit und unterliegt deswegen einer grundsätzlichen Bindung an ihre Zwecke (vgl. zur insoweit defizitären Regelung für die Verfahrens- und Sicherungsdaten → Rn. 84 ff.).

155 Bis zur Änderung durch Gesetz v. 3.5.2018 (HessGVBl. 82) kannte diese Zweckbindung nur eine Ausnahme, nämlich für die Weiterverarbeitung der ComVor-Daten zur Erstellung von Kriminalitätslagebildern (jetzt Abs. 10).

156 Diese Zweckbindung ist nun – unter der sprachlich verfehlten Weiterverwendung des Worts „ausschließlich" in Abs. 9 S. 1 – durch Abs. 9 S. 3 dahingehend gelockert worden, dass die ComVor-Daten auch für Zuverlässigkeitsprüfungen nach §§ 13a und 13b sowie für die Datenanalyse mittels einer automatisierten Anwendung nach § 25a verwendet werden dürfen.

Dies ist insoweit bedenklich, als in der vollzugspolizeilichen Praxis bei der Erfassung von Neueingängen in ComVor nicht selten recht großzügig personenbezogene Daten von Beteiligten im weiteren Sinne aufgenommen werden und eine Verfizierung, zuverlässige Kategorisierung und Kennzeichnung (vgl. § 67 HDSIG, § 20a) oftmals (noch) nicht gegeben sowie eine Entscheidung über die Zulässigkeit der Weiterverarbeitung (noch) nicht getroffen ist. **157**

Die ComVor-Daten dürfen jedenfalls nur für die genannten – nunmehr erweiterten – Zwecke genutzt werden; damit sind insbesondere Übermittlungen von Daten aus dem ComVor-System untersagt. **158**

In der vollzugspolizeilichen Praxis wurde und wird allerdings das ComVor-System – bedenklicher Weise – entgegen dem Zweckbindungsgrundsatz des Abs. 9 S. 1 (Abs. 8 S. 1 aF) regelmäßig umfänglich als Recherchesystem genutzt; dies nicht zuletzt, weil das System das Auffinden von Daten durch eine Index-Funktion sehr erleichtert. **159**

11. Datenverarbeitung zur Erstellung von Lagebildern (Abs. 10)

Mit der wortgleichen Vorgängervorschrift (Abs. 9 aF) wurde im Jahr 2009 eine Rechtsgrundlage für die Verarbeitung personenbezogener Daten zum Zweck der Erstellung von Kriminalitätslagebildern geschaffen. **160**

Die als Verwaltungsvorschrift zu qualifizierende Polizeidienstvorschrift (PDV) 100 definiert als „Lage" die „Gesamtheit aller Umstände, Gegebenheiten und Entwicklungen, die das polizeiliche Handeln bestimmen und beeinflussen" (vgl. LT-Drs. 18/881). Ein Lagebild stellt danach die „zu einem bestimmten Zeitpunkt zusammengeführte[n], polizeilich bedeutsame[n] Erkenntnisse" dar. **160.1**

Abs. 10 S. 1 beschränkt die für die Erstellung eines Lagebilds nutzbaren Daten auf die vorhandenen (also bereits gespeicherten), abschließend aufgezählten personenbezogene Daten. Abs. 10 S. 2 schränkt deren Nutzung – soweit sie von Geschädigten, Zeugen oder sonstigen Nichtverdächtigen stammen – weiter ein. **161**

Für die Löschung der zu diesem Zweck automatisiert verarbeiteten Daten gibt schließlich Abs. 10 S. 3 eine kurze Frist vor; für die nicht automatisiert gespeicherten Daten gilt insoweit § 27 Abs. 3. **162**

12. Aufzeichnung und Speicherung der polizei- und gefahrenabwehrbehördlichen Telekommunikation (Abs. 11)

Die Regelung des Abs. 11 ist durch das Gesetz zur Änderung des Melderechts, des Hessischen Gesetzes über die öffentliche Sicherheit und Ordnung und des Hessischen Glücksspielgesetzes v. 28.9.2015 (HessGVBl. 346) in die Vorschrift eingefügt worden und hat ihren Wortlaut und ihre Stellung im Rahmen der Änderungen in 2018 behalten. Ihre Schaffung ging nicht zuletzt auf die – vor dem Hintergrund des Volkszählungsurteils (→ Rn. 3 f.) kaum zu bestreitende – Auffassung des Hessischen Datenschutzbeauftragten zurück, dass die Aufzeichnung der polizei- und gefahrenabwehrbehördlichen Telekommunikation einer gesetzlichen Grundlage bedarf. Die Regelung legalisierte somit eine jahrelange Praxis der Polizeibehörden (vgl. LT-Drs. 19/1979, 32). **163**

Eine entsprechende Rechtsgrundlage war in Bezug auf die Telekommunikation der Rettungsdienste bereits vor der Schaffung des Abs. 11 in das HRDG (Hessisches Rettungsdienstgesetz v. 16.12.2010, HessGVBl. 646; § 17 Abs. 5 HRDG) aufgenommen worden; in anderen Bundesländern finden sich für die polizei- und gefahrenabwehrbehördliche Telekommunikation entsprechende Regelungen etwa in § 46a ASOG Bln, § 39 Abs. 5 BbgPolG, § 6a PolEDVG, § 27 Abs. 5 SOG M-V, § 24 Abs. 5 PolG NRW, § 30 RhPfPOG und § 23a SOG LSA (vgl. zum Ganzen LT-Drs. 19/1979, 32), wobei die Ausgestaltungen materiell im Einzelnen sehr stark variieren. **164**

Abs. 11 S. 1 richtet sich nur an die Polizeibehörden. Diese werden zunächst verpflichtet, Notrufe – also die Inhalte unentgeltlicher Telekommunikationsverbindungen iSd § 108 Abs. 1 TKG (Anrufe über die nationale Notrufnummer 110) – aufzuzeichnen. **165**

Des Weiteren sind Meldungen über sonstige Notrufeinrichtungen aufzuzeichnen, namentlich Anrufe über andere Nummern oder Meldungen über spezielle Gefahren- und Alarmierungssysteme, die bei der Polizei auflaufen (vgl. die Beispiele in LT-Drs. 19/1979, 32), die **166** nicht der telekommunikationsrechtlichen Legaldefinition des § 108 TKG unterfallen, sich aber inhaltlich gleichwohl als Notrufe darstellen; schließlich ist der Funkverkehr der Leitstelle aufzuzeichnen.

167 Während letzteres eher der Dokumentation – und ggf. internen Überprüfung – des polizeibehördlichen Handelns iSv Abs. 11 S. 3 Nr. 3 dienen dürfte, liegt die Aufzeichnung von Notrufen – worauf die amtl. Begründung zur Recht hinweist (LT-Drs. 19/1979, 32) – regelmäßig (auch) im Interesse des Anrufers selbst, da sie etwa das nochmalige Abspielen zur Klärung von Unverstandenem ermöglicht, das im Interesse schneller Hilfe erforderlich sein kann, die nicht zuletzt in Erfüllung der Schutzpflicht des Staates geleistet wird. Ein Ermessen über die Durchführung der Aufzeichnung ist den Polizeibehörden deshalb nicht eingeräumt.

168 Abs. 11 S. 2 Hs. 1 stellt demgegenüber die Aufzeichnung sonstiger Telekommunikation in das Ermessen der Behörden und richtet sich insoweit nicht nur an die Polizeibehörden, sondern auch an die Gefahrenabwehrbehörden. Im Blick hatte der Gesetzgeber dabei „Anrufe von Bürgerinnen und Bürgern, die über die üblichen behördlichen Telefonanschlüsse eingehen" (LT-Drs. 19/1979, 32); dem Wortlaut nach sind jedoch auch von der Behörde ausgehende Anrufe bei Bürgerinnen und Bürgern und die gesamte übrige Telekommunikation aller Behörden iSd § 1 Abs. 1 S. 1 erfasst.

169 Die Weite des damit eröffneten Felds der möglichen Telekommunikationsaufzeichnungen blieb im Gesetzgebungsverfahren – auch im Hinblick auf die Belange der Bediensteten der Behörden – nicht ohne Kritik (vgl. die Stellungnahmen in der Vorlage für den Innenausschuss AV/INA/19/23, abzurufen auf der Seite des Hessischen Landtags).

170 In der Tat ist es insoweit erforderlich, die Tatbestandsvoraussetzung – Erforderlichkeit der Aufzeichnung für die Aufgabengabenerfüllung der jeweiligen Behörde nach § 1 – eng auszulegen; nicht jede Aufzeichnung, die für irgendeinen behördlichen Zweck hilfreich sein könnte, darf als erforderlich iSd Abs. 11 S. 2 Hs. 1 angesehen werden.

171 Auch Abweichungen von der den Grundrechtseingriff „abmildernden" Soll-Vorschrift des Abs. 11 S. 2 Hs. 2 („auf die Aufzeichnung soll hingewiesen werden, soweit dadurch die Aufgabenerfüllung nicht gefährdet wird"), kommen vor diesem Hintergrund nur in absoluten Ausnahmefällen in Frage.

172 Nach Abs. 11 S. 3 darf die nach S. 1 und S. 2 aufgezeichnete Telekommunikation nur zu den in Nr. 1–3 abschließend aufgezählten Zwecken verarbeitet werden. Der ursprünglich ebenfalls vorgesehene Zweck der Verfolgung von Ordnungswidrigkeiten (vgl. noch LT-Drs. 19/1979, 32), etwa in Form einer Ahndung „störender Anrufe", wurde im Gesetzgebungsverfahren auf Intervention des Hessischen Datenschutzbeauftragten gestrichen.

173 Abs. 11 S. 3 Nr. 1 gestattet also die Nutzung der nach S. 1 und S. 2 gefertigten Aufzeichnungen zur Gefahrenabwehr iSd § 1 Abs. 1. Nicht erfasst ist insoweit nach dem klaren Wortlaut – anders als in vielen anderen Bundesländern (→ Rn. 164) – die vorbeugende Bekämpfung von Straftaten iSd § 1 Abs. 4.

174 Des Weiteren ist nach Abs. 11 S. 3 Nr. 2 die Nutzung der Aufzeichnungen zu Zwecken der Strafverfolgung erlaubt; insoweit dürfte vor allem die Ahndung von Delikten nach § 145a Abs. 1 Nr. 1 StGB (Missbrauch von Notrufen) in Betracht kommen (vgl. LT-Drs. 19/1979, 32), aber auch die Ahndung von Delikten aus dem Bereich der §§ 185 ff. StGB.

175 Schließlich erlaubt Abs. 11 S. 3 Nr. 3 die Verarbeitung zur Dokumentation behördlichen Handelns und knüpft damit an die Regelung in Abs. 9 (→ Rn. 152 ff.) an.

176 Abs. 11 S. 4 enthält für die nach S. 1 und S. 2 gefertigten Aufzeichnungen eine unter dem Vorbehalt einer erforderlichen Weiterverarbeitung nach S. 3 stehende Löschungsfrist von drei Monaten. Die Weiterverarbeitung iSd Abs. 11 S. 3 bezieht sich insoweit jeweils auf den Teil der Aufzeichnung, der für einen der genannten Zwecke benötigt wird. Dieser ist zu kopieren oder anderweitig abzutrennen (vgl. LT-Drs. 19/1979, 32); die übrigen Teile der Aufzeichnung unterliegen der Löschungsverpflichtung.

13. Weiterverarbeitung aufgrund von Einwilligungen; Weiterverarbeitung von Bewertungen (Abs. 12)

177 Der durch Gesetz v. 3.5.2018 (HessGVBl. 82) neu eingefügte Abs. 12 enthält in S. 1 und S. 2 neue Regelungen; S. 3 stellt eine Modifizierung der vormaligen Regelung des Abs. 6 S. 1 aF dar, die jetzt dem Regelungsmuster des § 16 Abs. 6 BKAG folgt.

Nach Abs. 12 S. 1 gilt für die Weiterverarbeitung personenbezogener Daten aufgrund einer Einwilligung des Betroffenen § 13 Abs. 9 entsprechend. Das bedeutet insbesondere, dass die Wirksamkeit der Einwilligung davon abhängt, dass die betroffene Person eine echte Wahlfreiheit hat und nicht aufgefordert oder angewiesen wird, einer rechtlichen Verpflichtung nachzukommen (etwa in den Fällen einer Auskunftspflicht nach § 12 Abs. 2); des Weiteren ist die betroffene Person ist auf die Freiwilligkeit hinzuweisen (vgl. iE → § 13 Rn. 184 ff.). 178

Nach Abs. 12 S. 1 ist bei Bewertungen § 68 HDSIG zu beachten. Auch diese Regelung hätte präziser formuliert werden können; gemeint ist die Verarbeitung von Bewertungen zu – also persönlichen Einschätzungen von – betroffenen Personen. 179

Bewertungen iSd Abs. 12 S. 1 sind die aufgrund von Informationen und / oder Tatsachen (feststehenden Fakten) gezogenen Schlussfolgerungen der datenverarbeitenden Stelle auf Sachverhalt oder Personen, also das zwangsläufig subjektive Ergebnis von Überlegungen (vgl. zur Vorgängerregelung in Abs. 6 S. 1 aF Hornmann HSOG Rn. 76; Meixner/Fredrich, 12. Aufl. 2016, Rn. 24; allg. Lisken/Denninger PolR-HdB/Rachor, 5. Aufl. 2012, E Rn. 316). 180

Es geht also um Daten, nach § 68 S. 1 HDSIG in Anknüpfung an Art. 7 Abs. 1 JI-RL als auf persönlichen Einschätzungen beruhend bezeichnet werden und als solche von Daten, die auf Tatsachen beruhen (Art. 7 Abs. 1 JI-RL: „faktenbasierte[n] Daten") zu unterscheiden sind. 181

Als personenbezogenen Aussagen kommt den Bewertungen eine besondere Relevanz für den Persönlichkeitsschutz des Betroffenen zu. Praktisch handelt es sich in aller Regel um personenbezogene Hinweise wie „gewalttätig", „BtM-Konsument" oder „politisch motivierter Straftäter, links" oder „suizidgefährdet" (vgl. zur Vorgängernorm des Abs. 6 S. 1 aF Hornmann HSOG Rn. 76). 182

Nach der jüngeren Rechtsprechung bedarf die Hinzufügung solcher Bewertungen zu personenbezogenen Daten wegen des damit verbundenen Eingriffs in das Recht auf informationelle Selbstbestimmung einer hinreichend bestimmten gesetzlichen Ermächtigung und setzt auf Tatsachen beruhende Gründe voraus, die die Bewertung rechtfertigen (OVG Saarlouis ZD 2018, 233 ff.). 183

Eine solche hat der Gesetzgeber – ohne Bezugnahme auf die Rechtsprechung, aber mit Blick auf § 16 Abs. 16 BKAG (vgl. LT-Drs. 19/5729, 188) – nun mit Abs. 9 S. 3 geschaffen. 184

Danach können die Gefahrenabwehr- und Polizeibehörden können in den Fällen, in denen bereits Daten zu einer Person vorhanden sind nach Abs. 12 S. 3 Alt. 1 zunächst Hinweise, die zum Schutz dieser Person oder zum Schutz der Bediensteten der genannten Behörden erforderlich sind weiterverarbeiten. Das heißt insbesondere, sie können eine entsprechende Bewertung treffen und sie den gespeicherten personenbezogenen Daten hinzufügen; gemeint sind insbesondere Bewertungen, die der Eigensicherung der Bediensteten dienen (können). 185

Gleiches gilt nach Abs. 12 S. 3 Alt. 2 für weitere Hinweise, die geeignet sind, dem Schutz Dritter oder der Gewinnung von Ermittlungsansätzen zu dienen. Solche ermittlungsunterstützenden Hinweise, können in Angaben bestehen, die auf der Grundlage von objektiven Erkenntnissen oder von Informationen zur betroffenen Person gewonnen werden und etwa einen polizeilichen Kontext zu verdeutlichen, um polizeiliches Handeln zielgerichteter zu steuern bzw. zu unterstützen. 186

Die dem Schutz Dritter dienenden Hinweise iSd Abs. 12 S. 3 Alt. 2 dürften sich zunächst mit denen zum Schutz Bediensteter decken, können aber etwa bei Angaben zu Drohungen gegenüber Dritten auch darüber hinausgehen. 187

§ 20a Kennzeichnung

(1) [1]Bei der Speicherung in polizeilichen Informationssystemen sind personenbezogene Daten wie folgt zu kennzeichnen:

1. Angabe des Mittels der Erhebung der Daten einschließlich der Angabe, ob die Daten offen oder verdeckt erhoben wurden,

2. Angabe der Kategorie betroffener Personen bei denjenigen Personen, zu denen der Identifizierung dienende Daten, wie insbesondere Namen, Geschlecht, Geburtsdatum, Geburtsort, Staatsangehörigkeit, Anschrift, angelegt wurden (Grunddaten),

3. Angabe der Rechtsgüter oder sonstiger Rechte, deren Schutz die Erhebung dient, oder der Straftaten oder Ordnungswidrigkeiten, deren Verfolgung oder Verhütung die Erhebung dient,

4. Angabe der Stelle, die die Daten erhoben hat.

[2]Die Kennzeichnung nach Satz 1 Nr. 1 kann auch durch die Angabe der Rechtsgrundlage der jeweiligen Mittel der Datenerhebung ergänzt werden. [3]Personenbezogene Daten, denen keine Erhebung vorausgegangen ist, sind, soweit möglich, nach Satz 1 zu kennzeichnen; darüber hinaus sind die erste Daten verarbeitende Stelle sowie, soweit möglich, derjenige, von dem die Daten erlangt wurden, anzugeben.

(2) Personenbezogene Daten, die nicht entsprechend den Anforderungen des Abs. 1 gekennzeichnet sind, dürfen so lange nicht weiterverarbeitet oder übermittelt werden, bis eine Kennzeichnung entsprechend den Anforderungen des Abs. 1 erfolgt ist.

(3) Nach einer Übermittlung an eine andere Stelle ist die Kennzeichnung nach Abs. 1 durch diese Stelle aufrechtzuerhalten.

(4) [1]Die Abs. 1 bis 3 gelten nicht, soweit eine Kennzeichnung tatsächlich nicht möglich ist. [2]Die Abs. 1 bis 3 gelten ebenfalls nicht, solange eine Kennzeichnung technisch nicht möglich ist oder einen unverhältnismäßigen Aufwand erfordern würde.

Überblick

Die Vorschrift, die durch das Hessische Gesetz zur Anpassung des Hessischen Datenschutzrechts an die Verordnung (EU) Nr. 2016/679 und zur Umsetzung der Richtlinie (EU) Nr. 2016/680 und zur Informationsfreiheit (v. 3.5.2018, HessGVBl. 82) eingeführt wurde, schreibt Kriterien vor, anhand derer personenbezogene Daten in polizeilichen Informationssystemen zu kennzeichnen sind; zudem gibt sie vor, wie vor der Kennzeichnung und bei Datenübermittlungen mit den Daten zu verfahren ist und regelt Ausnahmen von der Kennzeichnungspflicht.

Übersicht

A. Allgemeines

I. Zweck und Struktur der Norm

1 Die Regelung knüpft an die Rechtsprechung des BVerfG zu den aus Art. 2 Abs. 1 GG iVm Art. 1 GG (Recht auf informationelle Selbstbestimmung, Recht auf Vertraulichkeit und Integrität informationstechnischer Systeme) abgeleiteten Grundsätzen der Zweckbindung und Zweckänderung bei der Datenverarbeitung durch die Sicherheitsbehörden an (vgl. insbesondere BVerfG NJW 2016, 1781 Rn. 274 ff., das auf die vorangegangene stRspr aufbaut; vgl. BVerfGE 65, 1 (51, 62) = NJW 1984, 419; BVerfGE 100, 313 (360 f., 389 f.) = NJW 2000, 55; BVerfGE 109, 279 (375 ff.) = NJW 2004, 999; BVerfGE 110, 33 (73) = NJW 2004, 2213; BVerfGE 120, 351 (368 f.) = NJW 2008, 2099; BVerfGE 125, 260 (333) = NJW 2010, 833; BVerfGE 130, 1 (33 f.) = NJW 2012, 907; BVerfGE 133, 277 (372 ff.) = NJW 2013, 1499 Rn. 225 f. = NVwZ 2013, 1335).

2 Daraus ergibt sich, dass der Gesetzgeber eine eigene Rechtsgrundlage schaffen muss, wenn er die Nutzung von Daten über den konkreten Anlass und rechtfertigenden Grund einer Datenerhebung hinaus erlauben möchte. Gleiches gilt, wenn er eine Datennutzung für neue Zwecke erlauben möchte, dann aber unterliegt die zu schaffende Ermächtigungsgrundlage zusätzlich spezifischen verfassungsrechtlichen Anforderungen (vgl. nur BVerfG NJW 2016, 1781 Rn. 277 ff.).

3 Solche Rechtsgrundlagen hat der Gesetzgeber mit § 20 Abs. 1–3 geschaffen; deren Vorgaben lassen sich indessen nur einhalten, wenn die personenbezogenen Daten mit den entsprechenden Zusatzinformationen bezüglich Anlass und Zweck der Datenerhebung versehen sind. Diese bereitzustellen ist der Zweck der Pflicht zu Kennzeichnung nach Abs. 1 anhand der Kriterien nach Nr. 1–4 (vgl. zu der zugleich verfassungsrechtlichen Fundierung der Kennzeichnungspflicht Lisken/Denninger PolR-HdB/Schwabenbauer G Rn. 244 ff., 259).

4 Die Regelung des § 20a hat eine im Vergleich mit anderen Normen des Zweiten Abschnitts relativ klare Struktur, was auch der Tatsache geschuldet sein dürfte, dass sie weitgehend der des § 14 BKAG nachgebildet ist. Während Abs. 1 die Kennzeichnungspflicht als solche regelt, enthält Abs. 2 eine Vorgabe für die Weiterverarbeitung von noch nicht gekennzeichneten Daten. Abs. 3 sieht eine Regelung für den Fall der Übermittlung gekennzeichneter Daten (vgl. zu den Voraussetzungen §§ 21–23) vor; Abs. 4 regelt schließlich zwei Ausnahmen von der Kennzeichnungspflicht.

II. Parallelvorschriften

5 Parallelvorschriften findet sich in § 22b PolG NRW und § 72 BWPolG; die Kennzeichnungsregelungen in Bayern und Niedersachsen beziehen sich jeweils nur auf Daten aus bestimmten Erhebungsmaßnahmen (vgl. Art. 48 Abs. 5 BayPAG, § 38 Abs. 2 NPOG).

6 Auf Bundesebene enthält das BPolG (noch) keine entsprechende Norm; im BKAG findet sich die Regelung des § 14 BKAG, die Vorbild für § 20a war. Eine ähnliche Regelung für den repressiven Bereich enthält zudem § 484 Abs. 1 StPO, die indessen als Ermächtigungsgrundlage für die Speicherung von Daten für die Zwecke künftiger Strafverfolgung ausgestaltet ist.

B. Einzelkommentierung

I. Anwendungsbereich

7 § 20a findet Anwendung auf die Speicherung von personenbezogenen Daten in den polizeilichen Informationssystemen (allg. Lisken/Denninger PolR-HdB/Petri, 6. Aufl. 2018, G Rn. 387 ff.) des Landes Hessen (zu den länderspezifischen Systemen Lisken/Denninger PolR-HdB/Petri, 6. Aufl. 2018, G Rn. 445 ff.).

1. Die Begriffe der Speicherung und des polizeilichen Informationssystems

8 Zu den derzeit in Hessen verwendeten polizeilichen Informationssystemen zählen insbesondere die als POLAS, ComVor und CRIME bezeichneten Quelldatenbanken (vgl. zu

diesen Datenbanken als Grundlage einer automatisierten Datenanalyse nach § 25a die Antworten der Landesregierung auf parlamentarische Anfragen LT-Drs. 20/660, 2 und LT-Drs. 20/661, 2 f.).

9 Da der Begriff des polizeilichen Informationssystems nicht definiert ist, stellt sich die Frage, ob der Begriff der Speicherung – wie es nach der Rechtslage vor Inkrafttreten des HDSIG der Fall war – auch die nicht-automatisierte Erfassung, Aufnahme und Aufbewahrung von personenbezogenen Daten – etwa in klassischen Akten – erfasst und diese insoweit als polizeiliche Informationssysteme im Sinne der Norm anzusehen sind.

9.1 Nach dem HDSG (Hessisches Datenschutzgesetz v. 7.1.1999, HessGVBl. I 98) war das Speichern ist definiert als das „Erfassen, Aufnehmen oder Aufbewahren von Daten auf einem Datenträger zum Zwecke ihrer weiteren Verarbeitung" (§ 2 Abs. 2 Nr. 2 HDSG), wobei Erfassen zB das Schreiben mit der Hand oder Maschine und das Aufnehmen jedes technisch vermittelte Aufzeichnen meint, während unter Datenträger von Papier bis zu elektronischen Medien jedes Material zu verstehen war, auf dem Informationen wahrnehmbar festgehalten werden konnten (vgl. Nungesser HDSG § 2 Rn. 41 ff.). Ob personenbezogene Daten automatisiert oder in Akten gespeichert werden, machte daher nach der alten Rechtslage keinen Unterschied.

10 Diese Frage ist mit Blick auf die Technologieneutralität des materiellen europäischen Datenschutzrechts (vgl. Erwägungsgrund 15 DS-GVO, Erwägungsgrund 18 JI-RL), dessen Umsetzung die Novellierung des HSOG durch das Hessische Gesetz zur Anpassung des Hessischen Datenschutzrechts an die Verordnung (EU) Nr. 2016/679 und zur Umsetzung der Richtlinie (EU) Nr. 2016/680 und zur Informationsfreiheit (v. 3.5.2018, HessGVBl. 82) unter anderem diente, grundsätzlich zu bejahen.

11 Dafür sprechen auch die hieran anknüpfenden Definitionen der § 41 Nr. 2 und Nr. 6 HDSIG, wonach der Begriff der Datenverarbeitung Vorgänge unabhängig davon erfasst, ob sie mit oder ohne Hilfe mit automatisierter Verfahren vorgenommen werden und ein Dateisystem jede – also auch die nicht automatisierte – strukturierte Sammlung personenbezogener Daten ist, die nach bestimmten Kriterien zugänglich sind. Auszunehmen vom Begriff des Speicherns in polizeilichen Informationssystems sind danach lediglich Akten oder Aktensammlungen, die nicht nach bestimmten Kriterien zugänglich sind.

11.1 Auch in strukturierten und nach bestimmten Kriterien zugänglichen Akten findet insoweit in jedem Fall eine Perpetuierung der Datenerhebung statt. Allerdings hat die Speicherung personenbezogener Daten in automatisierten Dateien zweifellos eine höhere Eingriffsqualität, weil größere Datenmengen beherrscht, schneller aufgefunden und besser verknüpft werden können.

2. Keine Anwendung auf Speicherung alleine zur Strafverfolgung

12 Auf die Speicherung personenbezogener Daten durch die Polizeibehörden findet § 20a mit Blick auf die Aufgabenzuweisung nach § 1 HSOG des Weiteren nur dann Anwendung, soweit diese nicht ausschließlich zu Zwecken der Strafverfolgung erfolgt. Für diese Zwecke gelten die speziellen Regelungen der §§ 483 ff. StPO (vgl. allg. → § 1 Rn. 104 ff.). Diese ordnen jedoch in so vielen Fällen die Geltung des (Landes-) Polizeirechts an, dass ihr (alleiniger) Anwendungsbereich vergleichsweise klein ist.

12.1 § 483 StPO regelt Dateien für Zwecke des Strafverfahrens. Die Vorschrift gilt für die Polizei, wenn dort ausschließlich Ermittlungsdaten (zB aus einer repressiven Telefonüberwachung) gespeichert werden. Werden zugleich auch präventive Daten aufgenommen, unterliegt die Datei gem. § 483 Abs. 3 StPO insgesamt dem HSOG.

12.2 § 484 StPO regelt Dateien für Zwecke künftiger Strafverfahren. Dabei handelt es sich gem. § 1 Abs. 4 um eine polizeiliche Aufgabe. Deshalb ist gem. § 484 Abs. 4 StPO auch hier – mit Ausnahme der Verwendung der Daten in einem Strafverfahren – das HSOG anwendbar.

12.3 § 485 StPO regelt schließlich Vorgangsverwaltungsdateien. Gemäß § 485 S. 4 StPO ist § 483 Abs. 3 StPO entsprechend anzuwenden, sodass unter den dort genannten Voraussetzungen auch hier das HSOG greift.

3. Keine Anwendung auf Eingaben im polizeilichen Informationsverbund

13 Keine Anwendung findet § 20a schließlich dann, wenn die hessischen Polizeibehörden personenbezogene Daten in den polizeilichen Informationsverbund nach § 29 BKAG einge-

ben, da insoweit die Regelungen des BKAG gelten, die allerdings für den Bereich der Kennzeichnungspflicht weitgehend deckungsgleich sind mit § 20a (vgl. → Rn. 4, → Rn. 6).

II. Kennzeichnungspflicht nach den genannten Kriterien (Abs. 1 S. 1)

Die Kennzeichnung nach Abs. 1 S. 1, deren Vornahme als gebundene Entscheidung ausgestaltet ist, hat nach den in Nr. 1–4 vorgegebenen Kriterien zu erfolgen, wobei zu allen Kriterien Angaben zu machen sind (kumulative Aufzählung). 14

1. Angabe des Mittels der Erhebung (Nr. 1)

Zunächst ist das Mittel der Erhebung anzugeben, einschließlich der Angabe, ob die Daten offen oder verdeckt erhoben wurden. Der Begriff des Mittels wird im HSOG einerseits als Beschreibung der Regelung eines polizei- oder gefahrenabwehrbehördlichen Verwaltungsakts verwendet (so in § 5 Abs. 2), andererseits zur Beschreibung der Instrumente uns Vorgehensweisen einer Datenerhebung, entweder in Form des Substantivs mit dem Zusatz „technisch" (so in § 14a Abs. 1, § 15 Abs. 1 Nr. 2, § 15a Abs. 4, § 15b Abs. 1, § 15c Abs. 1) oder in Form einer Präposition („mittels Bildübertragung", so in § 14 Abs. 3, Abs. 4, Abs. 6). 15

Nach dem Zweck des § 20a ist der Begriff des Mittels hier insoweit enger als in § 5 Abs. 2, als er nur solche polizeibehördlichen Regelungen erfasst, die einer Datenerhebung dienen, zugleich aber insoweit weiter als in §§ 14 ff., als auch Mittel der Datenerhebung erfasst sind, die nicht technischer Art sind, also etwa die Identitätsfeststellung (§ 18), die erkennungsdienstliche Behandlung (§ 19) oder das schlichte Notieren von Feststellungen über beobachtete Personen (§ 13, „unbenannte Datenerhebung", vgl. Waechter NVwZ 2018, 458 (461)) oder solchen über Aktivitäten bestimmter Personen im Internet („Online-Streife", vgl. Mann/Fontana DÖV 2013, 734 (737 f.)). 16

Insoweit bereitet die Angabe bei den „benannten" Datenerhebungsmaßnahmen weniger Schwierigkeiten, als bei den „unbenannten", bei denen folglich die Vorgehensweise bei der Datenerhebung so klar und unmissverständlich wie möglich zu beschreiben ist. 17

Die zusätzlich zu machende Angabe bezüglich der Verdecktheit oder Offenheit der Datenerhebung knüpft an die Legaldefinition des § 13 Abs. 7 an, nach der eine verdeckte Datenerhebung immer dann vorliegt, wenn die Erhebung nicht als polizeiliche oder gefahrenabwehrbehördliche Maßnahme erkennbar sein soll, was insbesondere beim Einsatz technischer Mittel sachlogisch regelmäßig der Fall ist. 18

2. Angabe der Kategorie betroffener Personen bei Anlage von Grunddaten (Nr. 2)

Abs. 1 Nr. 2 ist nur einschlägig, wenn von einer Person im / in polizeilichen Informationssystem/en Grunddaten angelegt wurden, also Daten, die der Identifizierung dienen, gespeichert wurden. Die Aufzählung dieser Daten (Namen, Geschlecht, Geburtsdatum, Geburtsort, Staatsangehörigkeit, Anschrift) ist – hier wie in § 20 Abs. 2 S. 2 – nicht abschließend („insbesondere"; vgl. zu den daraus resultierenden Fragen die Ausführungen zu → § 20 Rn. 79 ff.). 19

Mit dem Begriff der Kategorie betroffener Personen greift § 20a auf einen Begriff des europäischen Datenschutzrechts zurück, dessen Einführung in Erwägungsgrund 31 JI-RL begründet wird; in Art. 6 JI-RL werden diese Kategorien – wenn auch nur beispielhaft – aufgezählt. 20

Während § 67 HDSIG die europarechtliche Kategorisierung übernommen hat, wurde in der Erhebungsvorschrift des § 13 Abs. 2 eine eigene Kategorisierung geschaffen. 21

Diese ist nicht nur sprachlich verunglückt, sie steht auch in der Datenerhebungsgeneralklausel an der falschen Stelle, weil sich die europarechtlich geforderte Kategorisierung auf die (gesamte) Datenverarbeitung bezieht, von der die Erhebung nur ein (kleiner) Teilbereich ist. Zutreffend ist die Kategorisierung im BKAG deshalb etwa im Abschnitt über die Weiterverarbeitung in §§ 18, 19 BKAG verortet; im HSOG wäre sie in § 20 aufzunehmen gewesen (vgl. zum Ganzen → § 13 Rn. 46 ff.). 21.1

Diese unterscheidet sich wiederum in Teilen von der ebenfalls eigenen Kategorisierung, die sich in §§ 18,19 BKAG findet, auf die die dortige Kennzeichnungsvorschrift des § 14 Abs. 1 Nr. 2 BKAG Bezug nimmt; diese wiederum ist maßgeblich für Eingaben der hessi- 22 schen Polizeibehörden im polizeilichen Informationsverbund (vgl. → Rn. 13). Es wird Aufgabe des Bundeskriminalamts sein, mit den Polizeien des Bundes und der der Länder geeignete Klassifizierungen erarbeiten (vgl. BT-Drs. 18/11163, 95), um diese bundesweit zum Einsatz zu bringen (SGR/Graulich BKAG § 14 Rn. 4).

23 Für die Beantwortung der Frage, welcher der beiden hessischen Kategorienkataloge in der Anwendung des Abs. 1 S. 1 Nr. 2 zugrunde zu legen ist, enthält die amtliche Begründung keine Anhaltspunkte (vgl. LT-Drs. 19/5728, 188 f.). Bis auf weiteres ist daher davon auszugehen, dass der mit § 20a gemeinsam geschaffene Katalog des § 13 Abs. 2 gemeint ist.

3. Angabe der geschützten Rechtsgüter oder der Straftaten (Nr. 3)

24 Nach Abs. 1 S. 1 Nr. 2 sind des Weiteren anzugeben die Rechtsgüter, deren Schutz die Erhebung der Daten dient oder die Straftaten oder Ordnungswidrigkeiten, deren Verfolgung oder Verhütung die Erhebung dient. Dass hier auf die Phase der Erhebung der Daten abgestellt wird ist insoweit folgerichtig, als ein intendierter Zweckwechsel – dessen Zulässigkeit anhand der Angaben zu prüfen ist (→ Rn. 2 f.) – innerhalb der Phase der (Weiter-) Verarbeitung nach § 20 stattfindet.

25 Da durch die Verhütung von Straftaten immer zugleich Rechtsgüter geschützt werden, stellen sich die beiden genannten Gruppen (Rechtsgüter und Straftaten), anders als die Formulierung intendiert, nur teilweise als Alternativen dar. Die Formulierung ist jedoch insofern unproblematisch, als sich aus der Angabe der zu verhütenden Straftat regelmäßig die zu schützenden Rechtsgüter ableiten lassen.

4. Angabe der Stelle, die die Daten erhoben hat (Nr. 4)

26 Nach Abs. 1 S. 1 Nr. 4 ist schließlich die Stelle anzugeben, die die Daten erhoben hat; da der Begriff der Stelle im HSOG nicht definiert ist, kann auf die Definitionen der §§ 2 Abs. 1, 41 Abs. 1 HDSIG zurückgegriffen werden, wonach die für die Verhütung, Ermittlung, Aufdeckung, Verfolgung oder Ahndung von Straftaten oder Ordnungswidrigkeiten, einschließlich des Schutzes vor und der Abwehr von Gefahren für die öffentliche Sicherheit, zuständigen öffentlichen Stellen, also regelmäßig die Polizeibehörden des Landes Hessen (§ 91 Abs. 2, §§ 3–9 HSOG-DVO) erfasst sind.

III. Ergänzende Angabe der Rechtsgrundlage (Abs. 1 S. 1 Nr. 1, S. 2)

27 Soweit nach Abs. 1 S. 2 die Angabe des Mittels der Datenerhebung durch die Angabe der Rechtsgrundlage für den Einsatz dieses Mittels ergänzt werden kann, ist zum einen die semantische Bedeutung des Worts „auch“ unklar (um welche Angaben noch?), zum anderen zweifelhaft, warum diese Angabe in das Ermessen der speichernden Stelle gestellt wird.

28 Mit Blick auf die potentielle Unklarheit der Angabe des Mittels (vgl. → Rn. 15 ff.), wird nicht selten erst durch die Benennung der angewandten Ermächtigungsgrundlage die für die bei einer hypothetischen Datenneuerhebung erforderliche Gewichtung notwendige Eindeutigkeit geschaffen. Die Regelung das Abs. 1 S. 2 ist daher – auch mit Blick auf ihre Unbestimmtheit – einer verfassungskonformen Auslegung dahingehend zu unterziehen, dass die der Erhebung zu Grunde liegende Norm zwingend zu benennen ist (so auch SGB/Graulich BKAG § 14 Rn. 5 für die wortgleiche Regelung im BKAG).

IV. Kennzeichnung bei nicht „erhobenen“ Daten (Abs. 1 S. 3)

29 Die Regelung des Abs. 1 S. 3 stellt die Kennzeichnung nach Abs. 1 S. 1 für solche personenbezogenen Daten unter den Vorbehalt des Möglichen, bei denen keine (polizeiliche) Datenerhebung vorausgegangen ist. Aus dem letzten Halbsatz und der amtlichen Begründung ergibt sich, dass der Gesetzgeber insoweit vor allem an Fälle gedacht hat, in denen Daten von Dritten erlangt wurden (LT-Drs. 19/5728, 188).

30 Allerdings sind davon mit Blick auf den zugrunde zu legenden Erhebungsbegriff längst nicht alle Daten erfasst, die die Polizei von Dritten – seien es öffentliche oder nicht öffentliche (vgl. § 1 Abs. 2 HDSIG, § 22 Abs. 3) Stellen – erlangt (hat), erfasst.

31 Das Erheben von Daten, das nach § 41 Nr. 2 HDSIG nunmehr ein Unterfall der Datenverarbeitung ist, kann auch unter Geltung des HDSIG weiter als Beschaffen von Daten über

den Betroffenen (so § 2 Abs. 1 S. 2 Nr. 1 HDSG aF) definiert werden (→ § 13 Rn. 21 ff.; zum Begriff des Betroffenen → § 13 Rn. 17). Es liegt somit in jeder auf Gewinnung von Daten abzielenden Handlung (vgl. SGR/Graulich BKAG § 9 Rn. 7). Solange die Beschaffung gezielt erfolgt, spielt die Art und Weise keine Rolle (Paal/Pauly/Ernst DS-GVO Art. 4 Rn. 23).

Nur wenn es an einem aktiven Tun fehlt, etwa weil Daten unaufgefordert von Personen an die Polizei- oder Gefahrenabwehrbehörden herangetragen werden (sog. aufgedrängte Daten, Lisken/Denninger PolR-HdB/Petri, 6. Aufl. 2018, G Rn. 480), liegt somit kein Erheben vor (vgl. → § 12 Rn. 21, → § 13 Rn. 22 ff.). Auch in einer rein zufälligen Wahrnehmung von Personen bei einem Streifengang liegt noch keine diese betreffende Datenerhebung (vgl. SGR/Graulich BKAG § 9 Rn. 7; Paal/Pauly/Ernst DS-GVO Art. 4 Rn. 20). 32

Liegt eine zielgerichtete Handlung vor, ist es für das Vorliegen einer Erhebung indessen nicht erforderlich, dass eine schriftliche, bildliche oder elektronische Fixierung der zielgerichtet erlangten Kenntnis erfolgt. Wenn eine solche erfolgt, ist diese vielmehr bereits eine – wenn auch unter Umständen nur kurzfristige – Speicherung (SGR/Graulich BKAG § 9 Rn. 7 mwN; Lisken/Denninger PolR-HdB/Petri, 6. Aufl. 2018, G Rn. 479). Insofern kann auch die Entgegennahme von durch Dritte „aufgedrängten Daten" (→ Rn. 32) bei der daran anknüpfenden entsprechenden zielgerichteten Handlung in eine Erhebung „umschlagen". 33

Nach Lisken/Denninger PolR-HdB/Petri, 6. Aufl. 2018, G Rn. 480 unterfallen den „aufgedrängten Daten" nicht polizeirelevante Daten, die unaufgefordert zugesendet werden; sind die Daten nicht polizeirelevant, fehlt indessen auch ein Anlass für eine (Weiter-) Verarbeitung. 33.1

Bei den nicht polizeilich erhobenen Daten ist – wenn sie weiterverarbeitet werden sollen – die Kennzeichnung nach Abs. 1 S. 1 vorzunehmen, soweit sie – mit Blick auf die vorliegenden Erkenntnisse – möglich ist; zudem ist die erstverarbeitende – also regelmäßig die entgegennehmende – Stelle anzugeben und, wenn möglich der- oder diejenige (Dritte) von dem die Daten erlangt wurden. 34

V. Nicht gekennzeichnete Daten (Abs. 2)

Mit der Regelung des Abs. 2 soll verhindert werden, dass nicht gekennzeichnete Daten, also solche bei denen die Vorgaben für eine hypothetische Datenneuerhebung nicht geprüft werden können (vgl. → Rn. 3), (weiter-) verarbeitet werden (LT-Drs. 19/5278, 198). Die Weiterverarbeitung personenbezogener Daten in polizeilichen Informationssystemen ist also – soweit nicht eine Ausnahme nach Abs. 4 vorliegt – strikt an eine vorhandene Kennzeichnung iSd Abs. 1 geknüpft (vgl. zur Parallelregelung des § 14 Abs. 2 BKAG und zu den IT-technischen Umsetzungsproblemen beim Bundeskriminalamt auch SGR/Graulich BKAG § 14 Rn. 6). 35

VI. Aufrechterhaltung der Kennzeichnung bei Datenübermittlung (Abs. 3)

Um die Einhaltung des Grundsatzes der hypothetischen Datenneuerhebung auch bei der (Weiter-) Verarbeitung von Daten durch andere Stellen sicherzustellen, dass die nach Abs. 1 vorzunehmende Kennzeichnung im Falle der Übermittlung der Daten durch die empfangende Stelle (vgl. → Rn. 26 f.) aufrechtzuerhalten ist (vgl. auch LT-Drs. 19/5728, 189; für die wortgleiche Regelung des § 14 Abs. 1 BKAG BT-Drs. 18/11163, 96). 36

Bei der Übermittlung von Daten innerhalb des nationalen Rechtsraums ist diese Vorgabe eine Folge aus dem hinter Abs. 3 stehenden Grundsatzes der Verhältnismäßigkeit; ein Verstoß muss folglich ein Beweisverwertungsverbot zur Folge haben (so für die Parallelnorm des § 14 Abs. 3 BKAG zutr. SGR/Graulich BKAG § 14 Rn. 7). 37

Die Aufrechterhaltung der Kennzeichnung gilt aber für alle Datenübermittlungen, also auch für solche in den EU-Raum nach § 22 Abs. 5 und in den (sonstigen) internationalen Bereich nach § 23 (vgl. auch SGR/Graulich BKAG § 14 Rn. 7). 38

VII. Ausnahmen von der Kennzeichnungspflicht (Abs. 4)

Die Regelung des Abs. 4 sieht zwei Gruppen von Ausnahmen von der Kennzeichnungspflicht vor, deren Einräumung der Gesetzgeber für notwendig hielt (vgl. LT-Drs. 19/5728, 39

189). S. 1 gewährt eine solche, wenn die Kennzeichnung tatsächlich unmöglich ist; dies soll etwa der Fall sein, wenn nicht bekannt oder feststellbar ist, welche Stelle oder Person die Daten erhoben hat oder zu welchem Zweck sie ursprünglich erhoben wurden (vgl. LT-Drs. 19/5728, 189).

40 Abs. 4 S. 2 macht darüber hinaus eine Ausnahme für Fälle der technischen Unmöglichkeit oder des unverhältnismäßigen Aufwands einer Kennzeichnung, wobei unklar bleibt, aus welchen Umständen sich diese sollen ergeben können (vgl. LT-Drs. 19/5728, 189; vgl. aber zu den IT-technischen Umsetzungsproblemen der Kennzeichnungspflicht beim Bundeskriminalamt SGR/Graulich BKAG § 14 Rn. 6). Die Regelung des S. 2 ist jedoch nach § 115 S. 2 in ihrer Geltung befristet bis zum Ablauf des 31.12.2029.

40.1 Sollte es auch in Hessen IT-technische Probleme bei der Umsetzung der Kennzeichnungspflicht geben, rechnet der Gesetzgeber offensichtlich nicht damit, dass sich diese schnell beheben lassen.

41 Als Ausnahmevorschrift ist die Regelung des Abs. 4 eng auszulegen; im Zweifel geht das Fehlen des Vorliegens der Voraussetzungen einer der ausgenommenen Alternativen zu Lasten der verarbeitenden Stelle.

§ 20b Weiterverarbeitung für die wissenschaftliche Forschung

(1) [1]Eine Weiterverarbeitung oder Übermittlung von personenbezogenen Daten, die aus den in § 20 Abs. 3 genannten Maßnahmen erlangt wurden, ist ausgeschlossen. [2]Dies gilt nicht, soweit die Weiterverarbeitung für die polizeiliche Eigenforschung und effektive Wirksamkeitskontrolle unerlässlich ist.

(2) Personenbezogene Daten dürfen nur an Amtsträger, für den öffentlichen Dienst besonders Verpflichtete oder Personen, die zur Geheimhaltung verpflichtet worden sind, übermittelt werden.

(3) Durch organisatorische und technische Maßnahmen hat die die wissenschaftliche Forschung betreibende Stelle zu gewährleisten, dass die Daten gegen unbefugte Kenntnisnahme geschützt sind.

(4) Im Übrigen finden die §§ 24 und 45 des Hessischen Datenschutz- und Informationsfreiheitsgesetzes Anwendung.

Überblick

Die Vorschrift, die durch das Hessische Gesetz zur Anpassung des Hessischen Datenschutzrechts an die Verordnung (EU) Nr. 2016/679 und zur Umsetzung der Richtlinie (EU) Nr. 2016/680 und zur Informationsfreiheit (v. 3.5.2018, HessGVBl. 82) eingefügt wurde, trifft Regelungen über die Weiterverarbeitung personenbezogener Daten zu wissenschaftlichen Zwecken.

Übersicht

A. Allgemeines

I. Zweck und Struktur der Norm

Die Vorschrift knüpft erkennbar an die durch §§ 24, 45 HDSIG geschaffenen Regelungen über die Weiterverarbeitung personenbezogener Daten für die wissenschaftliche Forschung an. § 24 HDSIG enthält insoweit die Vorgaben für Daten im Anwendungsbereich der DS-GVO; § 45 HDSIG für solche, die dem Anwendungsbereich der JI-RL (RL (EU) 2016/680 v. 27.4.2016, ABl. 2016 L 119, 89) unterfallen. 1

Die prima facie tautologisch wirkende Formulierung „wissenschaftliche Forschung" erklärt sich aus den europarechtlichen Vorgaben: Die DS-GVO stellt der wissenschaftlichen die historische Forschung gegenüber (vgl. Erwägungsgrund 33, 50, 52 f., 62, 65, 113, 156 f., 159, 162 DS-GVO sowie Art. 5 Abs. 1 lit. b DS-GVO). In der JI-RL ist von „wissenschaftlicher, statistischer oder historische Verwendung" für die von der JI-RL erfassten Zwecke die Rede (vgl. Erwägungsgrund 26 JI-RL, Art. 4 Abs. 3 JI-RL, Art. 6 Abs. 3 JI-RL und Art. 9 Abs. 2 JI-RL). 1.1

Dass mit der Regelung des § 20b vor allem Abweichungen von den Vorgaben der §§ 24, 45 HDSIG statuiert werden sollen, erschließt sich aus ihrer Formulierung und Struktur nur mittelbar. Insbesondere enthält sie die grundsätzliche Ermächtigung zur Weiterverarbeitung für den Zweck wissenschaftlicher Forschung nur in der Überschrift. 2

Für sich genommen beansprucht insoweit das durch § 20b Abs. 1 S. 1 einleitend aufgerichtete Verbot semantisch Wirkung für die gesamte gefahrenabwehr- und polizeibehördliche Datenverarbeitung. Erst im Zusammenwirken mit den Regelungen in Abs. 1 S. 2 sowie Abs. 2 und Abs. 3 wird sodann deutlich, dass es sich nur auf die Verarbeitung zu wissenschaftlichen Zwecken beziehen soll, bei der der Gesetzgeber offensichtlich in erster Linie an die Verarbeitung durch Übermittlung an andere Stellen zu diesen Zwecken gedacht hat. 3

Obwohl das HDSIG in § 41 Nr. 2 HDSIG die „Offenlegung durch Übermittlung, Verbreitung oder eine andere Form der Bereitstellung" als Unterfall der Verarbeitung definiert, verwendet es an anderer Stelle die Begriffe Übermittlung und Verarbeitung alternativ (§ 43 Abs. 2 Nr. 8 HDSIG). Ebenso verfährt das HSOG in § 20b Abs. 1 S. 1 (sowie einerseits in § 20, andererseits in §§ 21 ff.) mit den Begriffen der Weiterverarbeitung und Übermittlung. 3.1

Insoweit wäre die Regelung des § 20b verständlicher ausgefallen, wenn der Gesetzgeber zunächst die grundsätzliche Befugnis zur Verarbeitung für die wissenschaftliche Forschung geregelt oder auch in Abs. 1 die Geltung der §§ 24, 45 HDSIG für die Weiterverarbeitung zu wissenschaftlichen Zwecken erklärt und diese sodann unter die Maßgabe der nachfolgenden Absätze gestellt hätte. 4

II. Parallelvorschriften

Parallelvorschriften zu § 20b finden sich auf Landesebene etwa in § 24a Abs. 3 PolG NRW, § 39 Abs. 4 S. 1, S. 7 NPOG und Art. 54 Abs. 4 BayPAG; eine ähnliche Regelung enthält § 57 BWPolG. 5

Auf Bundesebene findet sich eine Parallelvorschrift in § 21 BKAG und eine vergleichbare Regelung für den repressiven Bereich in § 476 StPO. Das BPolG enthält insoweit nur eine (per se wohl unzureichende) Ausnahme von Löschungspflichten in § 35 Abs. 6 Nr. 2 BPolG. 6

B. Einzelkommentierung

I. Grundsätzlich Befugnis zur Weiterverarbeitung für Zwecke wissenschaftlicher Forschung

Da § 20b die grundsätzliche Befugnis zur Weiterverarbeitung personenbezogener Daten für die wissenschaftliche Forschung nicht explizit regelt (→ Rn. 2), muss sie – wie in anderen Bereichen – aus dem allgemeinen Datenschutzrecht abgeleitet werden (vgl. für Hochschulen Rossnagel ZD 2019, 157 (163)). 7

Sie ergibt sich in Hessen aus den in Abs. 4 in Bezug genommenen Regelungen der §§ 24, 45 HDISG in ihrem Zusammenspiel mit der DS-GVO und der JI-RL zum Datenschutz in 8

Strafsachen (vgl. Rossnagel ZD 2019, 157 ff., allerdings ohne Ausführungen zur JI-RL), wonach nach der Art der jeweils avisierten Daten zu unterscheiden ist.

9 Die Regelung des § 45 ist einschlägig, wenn sich die Daten auf die Verhütung, Ermittlung, Aufdeckung, Verfolgung oder Ahndung von Straftaten oder Ordnungswidrigkeiten, einschließlich des Schutzes vor und der Abwehr von Gefahren für die öffentliche Sicherheit beziehen, also dem Anwendungsbereich der JI-RL unterfallen. Abs. 1 erlaubt die Verarbeitung zu wissenschaftlichen Zwecken mit Einwilligung der betroffenen Personen oder – ohne eine solche – bei Vorliegen eines öffentlichen Interesses, wenn geeignete Garantien für deren Rechte vorgesehen sind. Solche bestehen insbesondere in einer frühestmöglichen Anonymisierung der Daten (so schon § 20 Abs. 7 S. 2 S. 2 aF; vgl. iÜ auch § 45 Abs. 3 HDSIG).

10 Die Verarbeitung besonderer Kategorien personenbezogener Daten (§ 41 Nr. 15 HDSIG, § 20 Abs. 5: Daten, aus denen die rassische oder ethnische Herkunft, politische Meinungen, religiöse oder weltanschauliche Überzeugungen oder die Gewerkschaftszugehörigkeit hervorgehen, genetische Daten, biometrische Daten zur eindeutigen Identifizierung einer natürlichen Person, Gesundheitsdaten und Daten zum Sexualleben oder zur sexuellen Orientierung) ist nur zulässig, wenn sie unbedingt erforderlich ist und die Interessen des Verantwortlichen an der Verarbeitung die Interessen der betroffenen Person an einem Ausschluss der Verarbeitung überwiegen (§ 45 Abs. 3 HDSIG).

11 § 24 HDSIG findet Anwendung auf die Forschung mit allen übrigen Daten, also solchen, die der DS-GVO unterliegen; diese dürften indessen im Anwendungsbereich des HSOG kaum in größerem Umfang anfallen und werden zudem von geringerem Interesse für Forschungsprojekte sein (→ Rn. 11.1 f.).

11.1 Als solche kommen vor allem unabhängige wissenschaftliche (vor allem kriminologische und rechtstatsächliche) Forschungsvorhaben in Betracht (vgl. SGR/Ruthig BKAG § 21 Rn. 4 mwN).

11.2 § 24 HDSIG ist weitgehend der Regelung des § 24 BDSG nachgebildet (vgl. dazu eing. BeckOK DatenschutzR/Schlösser-Rost BDSG § 24 Rn. 1 ff.).

II. Forschung mit Daten aus besonders eingriffsintensiven Maßnahmen (Abs. 1)

12 Für personenbezogene Daten, die durch einen verdeckten Einsatz technischer Mittel in oder aus Wohnungen oder einen verdeckten Eingriff in informationstechnische Systeme erlangt wurden, errichtet Abs. 1 besondere Schranken.

1. Verbot als Grundsatz

13 Indem § 20b Abs. 1 eine Weiterverarbeitung oder Übermittlung von personenbezogenen Daten, die aus den in § 20 Abs. 3 genannten Maßnahmen erlangt wurden zu Zwecken der wissenschaftlichen Forschung ausschließt, trägt er – nach dem Vorbild des BKAG (§ 21 Abs. 1 S. 2, Abs. 2 S. 2 BKAG) – der besonderen Schwere der hiermit verbundenen Eingriffe nach § 15 Abs. 4, Abs. 6 und § 15c, die tief in die Privatsphäre eingreifen (vgl. BVerfG NJW 2016, 1781 Rn. 192 ff., 291 ff.) Rechnung.

2. Ausnahmen

14 Vor dem Hintergrund der Vorgaben des BVerfG für die Anforderungen an einen Wechsel des Verarbeitungszwecks bei solchen Maßnahmen (vgl. BVerfG NJW 2016, 1781 Rn. 192 ff., 291 ff.) kaum zu rechtfertigen sind allerdings die im Hs. 2 vorgesehenen Ausnahmen von diesem Verbot für die „polizeiliche Eigenforschung“ und „effektive Wirksamkeitskontrolle“; dies gilt auch wenn diese Verarbeitung an die höchste Eingriffsschwelle geknüpft ist. Insoweit ist zudem nicht erkennbar, welchen Anwendungsbereich die Ausnahme haben soll. Dass zwingende Gründe die Eigenforschung oder Wirksamkeitskontrolle unter Verarbeitung der personenbezogenen Daten aus diesen Maßnahmen unabdingbar machen könnten, ist kaum denkbar. Die Ausnahmeregelung dürfte daher einer verfassungsgerichtlichen Überprüfung nicht standhalten.

15 Zudem bleibt gänzlich unklar, was unter dem Begriff der polizeilichen Eigenforschung zu verstehen ist; dies gilt nicht zuletzt vor dem Hintergrund, dass in den hessischen Polizeibehörden wissenschaftliche Forschung im Sinne eines auf wissenschaftlicher Eigengesetzlichkeit (Methodik, Systematik, Beweisbedürftigkeit, Nachprüfbarkeit, Kritikoffenheit, Revisionsbereitschaft) beruhenden Prozesses zum Auffinden von Erkenntnissen, ihrer Deutung und ihrer

Weitergabe (vgl. nur BVerfGE 35, 112 ff.) – soweit erkennbar – weder stattfindet noch in personeller und sachlicher Hinsicht stattfinden könnte.

Die vormalige Kriminalistisch-Kriminologische Forschungsstelle des Hessischen Landeskriminalamts findet sich seit längerem in den Organigrammen der Behörde nicht mehr wieder; deren jüngste Veröffentlichungen, die zudem unter Mitwirkung der Universität Tübingen stattfanden, liegen eine Dekade zurück (vgl. nur https://www.polizei.hessen.de/ueber-uns/forschung/). **15.1**

Offen bleibt auch, was eine effektive Wirksamkeitskontrolle sein und worauf sie sich beziehen soll. Soweit die – im Übrigen zur Regelung des § 20b kryptische (vgl. LT-Drs. 19/5728, 189) – amtliche Begründung diese als Evaluierung bezeichnet, nimmt sie auf einen veraltungswissenschaftlichen Begriff aus dem Kontext der Gesetzesfolgenabschätzung Bezug, meint also wohl eine Ex-post-Gesetzesevaluation hinsichtlich der Eingriffsbefugnisse in § 15 Abs. 4, Abs. 6 und § 15c (vgl. Ziekow/Debus/Piesler, Leitfaden zur Durchführung von ex-post Gesetzesevaluationen unter besonderer Berücksichtigung der datenschutzrechtlichen Folgen, 2012, abrufbar unter http://www.foev-speyer.de/files/de/fbpdf/_vti_cnf/InGFA/Abschlussberichte/AB_Leitfadenzurex-post-Gesetzesevaluation.pdf). **16**

Dafür, dass eine solche nach verwaltungswissenschaftlichen Gesichtspunkten nur unter Verwendung der durch Maßnahmen nach § 15 Abs. 4, Abs. 6 und § 15c erlangten Daten möglich und zudem zwingend erforderlich ist, spricht wenig. **17**

III. Forschung mit sonstigen Daten (Abs. 2–4)

Die Rechtmäßigkeit der Verarbeitung – insbesondere der Weitergabe – von personenbezogenen Daten, die nicht aus besonders eingriffsintensiven Maßnahmen stammen, knüpfen Abs. 2–4 an besondere Verfahrensanforderungen. **18**

Nach Abs. 2 dürfen personenbezogene Daten zunächst nur an Amtsträger, für den öffentlichen Dienst besonders Verpflichtete oder Personen, die zur Geheimhaltung verpflichtet worden sind, übermittelt werden. **19**

Diese Begriffe können im Sinne der Definitionen des § 11 Abs. 1 Nr. 2 und Nr. 4 StGB, verstanden werden, womit insbesondere das wissenschaftliche Personal der Hochschulen regelmäßig dem insoweit privilegierten Personenkreis unterfällt. **20**

Eine förmliche Verpflichtung von nicht privilegierten Personen richtet sich nach dem VerpflG (Verpflichtungsgesetz v. 2.3.1974, BGBl. I 469). **21**

Durch organisatorische und technische Maßnahmen hat die die wissenschaftliche Forschung betreibende Stelle – regelmäßig die Hochschule, die selbst dem HDSIG oder dem Datenschutzgesetz eines anderen Landes unterfällt – zu gewährleisten, dass die Daten gegen unbefugte Kenntnisnahme geschützt sind. **22**

Der Verweis auf die ergänzende Anwendbarkeit der §§ 24 und 45 HDSIG in Abs. 4 stellt klar, dass es sich bei § 20a nicht um eine abschließende Regelung iSd § 3 Abs. 4 S. 1 handelt. **23**

§ 21 Allgemeine Regeln der Datenübermittlung, Übermittlungsverbote und Verweigerungsgründe

(1) [1]Die Gefahrenabwehr- und die Polizeibehörden können personenbezogene Daten unter Beachtung des § 20 Abs. 1 bis 3 sowie der nachstehenden Bestimmungen übermitteln. [2]Die empfangende Stelle, Tag und wesentlicher Inhalt der Übermittlung sind festzuhalten; dies gilt nicht für das automatisierte Abrufverfahren (§ 24). [3]Bewertungen dürfen anderen als Gefahrenabwehr- und Polizeibehörden nicht übermittelt werden. [4]Dies gilt nicht, soweit Fahndungsaufrufe mit einer Warnung verbunden sind.

(2) [1]Eine Übermittlung hat zu unterbleiben, wenn für die übermittelnde Gefahrenabwehr- oder Polizeibehörde erkennbar ist, dass unter Berücksichtigung der Art der Daten und ihrer Erhebung die schutzwürdigen Interessen der betroffenen Person das Allgemeininteresse an der Übermittlung überwiegen, oder besondere gesetzliche Verwendungsregelungen entgegenstehen. [2]Die Verpflichtung zur Wahrung gesetzlicher Geheimhaltungspflichten oder von Berufs- oder besonderen Amtsgeheimnissen, die nicht auf Rechtsvorschriften beruhen, bleibt unberührt.

(3) Die Datenübermittlung nach § 22 Abs. 5 und § 23 hat darüber hinaus zu unterbleiben,
1. wenn hierdurch wesentliche Sicherheitsinteressen des Bundes oder der Länder beeinträchtigt würden,
2. wenn hierdurch der Erfolg laufender Ermittlungen oder Leib, Leben oder Freiheit einer Person gefährdet würde oder
3. soweit Grund zu der Annahme besteht, dass dadurch gegen den Zweck eines deutschen Gesetzes verstoßen würde, oder
4. wenn tatsächliche Anhaltspunkte dafür vorliegen, dass die Übermittlung der Daten zu den in der Charta der Grundrechte der Europäischen Union enthaltenen Grundsätzen, insbesondere dadurch, dass durch die Nutzung der übermittelten Daten im Empfängerstaat Verletzungen von elementaren rechtsstaatlichen Grundsätzen oder Menschenrechtsverletzungen drohen, in Widerspruch stünde.

(4) [aufgehoben]

(5) [1]Die übermittelnde Gefahrenabwehr- oder Polizeibehörde prüft die Zulässigkeit der Übermittlung. [2]Erfolgt die Übermittlung aufgrund eines Ersuchens der empfangenden Stelle, hat die übermittelnde Gefahrenabwehr- oder Polizeibehörde nur zu prüfen, ob das Übermittlungsersuchen im Rahmen der Aufgaben der empfangenden Stelle liegt. [3]Die Zulässigkeit der Übermittlung im Übrigen prüft sie nur, wenn hierfür im Einzelfall besonderer Anlass besteht. [4]Die empfangende Stelle hat der übermittelnden Gefahrenabwehr- oder Polizeibehörde die erforderlichen Angaben zu machen.

(6) [1]Die empfangende Stelle darf die übermittelten personenbezogenen Daten, soweit gesetzlich nichts anderes bestimmt ist, nur zu dem Zweck verarbeiten, zu dem sie ihr übermittelt worden sind. [2]Eine Verarbeitung für andere Zwecke ist unter Beachtung des § 20 Abs. 2 und 3 zulässig; im Falle des § 22 Abs. 3 gilt dies nur, soweit zusätzlich die übermittelnde Gefahrenabwehr- oder Polizeibehörde zustimmt. [3]Bei Übermittlungen nach § 22 Abs. 3 und § 23 hat die übermittelnde Gefahrenabwehr- oder Polizeibehörde die empfangende Stelle darauf hinzuweisen.

(7) Sind mit personenbezogenen Daten, die übermittelt werden dürfen, weitere personenbezogene Daten der betroffenen Person oder eines Dritten in Akten so verbunden, dass eine Trennung nicht oder nur mit unvertretbarem Aufwand möglich ist, so ist die Übermittlung auch dieser Daten zulässig, soweit nicht berechtigte Interessen der betroffenen Person oder eines Dritten an der Geheimhaltung offensichtlich überwiegen; eine Verwendung dieser Daten ist unzulässig.

(8) Andere besondere Rechtsvorschriften über die Datenübermittlung bleiben unberührt.

Überblick

Auszug aus der VVHSOG (nicht an die aktuelle Gesetzeslage angepasst und gem. Erlass des Hessischen Ministeriums des Innern und für Sport v. 29.11.2022 (StAnz. 50/2022, 1384) zum 1.1.2025 mangels eines erneuten Verlängerungserlasses ersatzlos außer Kraft getreten):

Zu § 21

21. Allgemeine Regeln der Datenübermittlung

21.0

§ 21 (sowie die §§ 22 und 23) sind nicht auf Fälle anzuwenden, in denen personenbezogene Daten aus Straf- oder Bußgeldakten übermittelt werden.

21.1 Zu Abs. 1

21.1.1

Die Vorschrift enthält die für die Übermittlung geltende allgemeine Zweckbindung. Hiervon darf nur aufgrund von speziellen Regelungen abgewichen werden.

21.1.2

Satz 2 macht eine Protokollierung zur Pflicht. Telefonische und mündliche Übermittlungen sind in Vermerkform festzuhalten. Hinsichtlich des Inhalts der Übermittlung wird meist ein Hinweis auf bestimmte Blätter der Akte genügen. Vermerke oder eine Durchschrift des Antwortschreibens sind zu der Akte zu nehmen, aus der Auskunft erteilt wurde.

21.1.3

Bei Datenübermittlungen über Funk und bei telefonischen Übermittlungen in besonderen polizeilichen Einsatzlagen wird der Protokollierungspflicht durch Aufnahme auf Tonträger genügt.

21.2 Zu Abs. 2

Unter die Berufs- oder besonderen Amtsgeheimnisse fallen nicht die allgemeinen beamten- und verfahrensrechtlichen Geheimhaltungspflichten (vergleiche § 37 BeamtStG und § 30 HVwVfG).

21.3 Zu Abs. 3

Unberührt bleibt § 22 Abs. 4, der unter engen Voraussetzungen die Übermittlung von Bewertungen zulässt.

21.4 Zu Abs. 4

21.4.1

Verurteilungen, die nach § 41 BZRG einer beschränkten Auskunft unterliegen, dürfen nur solchen Stellen übermittelt werden, die nach § 41 BZRG unbeschränkt auskunftsberechtigt sind. Auskünfte über die Tatsache, dass Strafverfahren anhängig sind oder waren, werden davon nicht erfasst.

21.4.2

Ist die Verurteilung getilgt oder zu tilgen, unterliegen Tat und Verurteilung einem Verwertungsverbot nach Maßgabe der §§ 51, 52 BZRG. Dies schließt eine kriminalpolizeiliche interne Verwertung nicht aus.

21.5 Zu Abs. 5

Die Vorschrift stellt klar, welche Behörde die Verantwortung für die Rechtmäßigkeit einer Datenübermittlung trifft. Ausnahmen von dieser allgemeinen Regelung befinden sich in § 22 Abs. 3 Satz 4 und § 23 Abs. 3 Satz 2.

21.6 Zu Abs. 6

Auch die Empfängerin oder der Empfänger unterliegt hinsichtlich der Verarbeitung der Daten dem Zweckbindungsgrundsatz. Eine Ausnahme hiervon ist in § 22 Abs. 1 für die Polizei- und die Gefahrenabwehrbehörden getroffen worden.

21.7 Zu Abs. 7

Anderweitige besondere Rechtsvorschriften sind solche Rechtsvorschriften, die dem HSOG vorgehen (zum Beispiel § 68 SGB X, § 31 HMG).

Die Vorschrift des § 21 enthält allgemeine Regelungen für die Übermittlung personenbezogener Daten durch die Gefahrenabwehr- und Polizeibehörden an andere Polizeibehörden oder an sonstige öffentliche oder nicht-öffentliche Stellen. Die Vorschrift ist durch Gesetz v. 3.5.2018 (HessGVBl. 82) wesentlich geändert worden. Eine weitere geringfügige Änderung in Abs. 4 wurde durch Gesetz v. 29.6.2023 (HessGVBl. 456) vorgenommen. Dieser wurde sodann durch Gesetz zur Stärkung der Inneren Sicherheit in Hessen v. 13.12.2024 (HessGVBl. Nr. 83, S. 5) aufgehoben.

Die zu § 21 erlassene Verwaltungsvorschrift (Nr. 21 ff. VVHSOG) befand sich vor ihrem Außerkrafttreten zum 1.1.2025 auf dem Stand v. 10.11.2015 (StAnz 1226), hatte also die Änderungen nicht nachvollzogen.

Übersicht

A. Allgemeines

I. Zweck, Anwendungsbereich und systematischer Zusammenhang der Norm

1 Die §§ 21–23 regeln mit der Übermittlung personenbezogener Daten durch die Gefahrenabwehr- und Polizeibehörden an andere Stellen eine Form der Datenweiterverarbeitung speziell, aber nicht abschließend. Gemäß § 3 Abs. 4 S. 1 finden damit die Datenübermittlungsvorschriften des HDSIG ergänzend Anwendung (vgl. → § 3 Rn. 24).

2 Das HDSIG enthält allerdings für die Datenübermittlung zu den von der JI-RL erfassten Zwecken (vgl. § 40 HDSIG) lediglich Regelungen für Datenübermittlungen an Stellen in Drittländern und an internationale Organisationen (§§ 73–76 HDSIG). Regelungen für die Datenübermittlung im innerstaatlichen Bereich fehlen.

3 Erfolgt eine Datenübermittlung zu Zwecken außerhalb der von der JI-RL erfassten Zwecke, finden – wie auch § 3 Abs. 4 S. 2 deklaratorisch feststellt – unmittelbar die Art. 44–50 DS-GVO Anwendung, die für die dort nicht geregelte Datenübermittlung durch öffentliche Stellen im nationalen Raum durch § 22 HDSIG ergänzt werden.

4 Die Regelungen der §§ 21–23 modifizieren des Weiteren die allgemeinen Regelungen für die Datenweiterverarbeitung in § 20 für den Unterfall der Datenübermittlung und gehen ihnen insoweit vor (vgl. § 20 Abs. 5 Hs. 2).

5 § 21 ist die „vor die Klammer gezogene" Regelung mit allgemeinen Grundsätzen über diese Phase des Umgangs mit personenbezogenen Daten, die in jedem Fall der Übermittlung einzuhalten sind. § 21 ist deshalb keine Ermächtigungsgrundlage, sondern eine die Befugnis(se) beschränkende Norm (vgl. zu den allgemeinen Übermittlungsgrundsätzen im hessischen und den anderen Landespolizeigesetzen eing. Lisken/Denninger PolR-HdB/Petri G Rn. 920 ff.).

6 Die dazugehörigen Befugnisnormen sind – je nach Art der Übermittlung – die Regelungen des § 22 oder des § 23.

7 Datenschutzrechtlich lässt sich die Übermittlung personenbezogener Daten in zwei Gesichtspunkte unterteilen: für die übermittelnde Stelle handelt es sich um eine Weiterverarbeitung der bei ihr gespeicherten Daten, für die empfangende Stelle um eine Form der Datenerhebung.

II. Grundrechtsrelevanz der Datenübermittlung

8 Durch die Datenübermittlung wird der Kreis der Stellen erweitert, die von den Daten des Betroffenen Kenntnis haben und sie nutzen können. Auch dieser Vorgang (vgl. → § 20 Rn. 4) beinhaltet als Perpetuierung der Datenerhebung (potentiell) neue und eigenständige Eingriffe in das Recht auf informationelle Selbstbestimmung und muss daher durch eine besondere gesetzliche Ermächtigung gerechtfertigt sein (vgl. BVerwG NJW 2005, 2330; BVerfGE 110, 33 (56)).

9 Die Regelungen der §§ 21–23 stellen diese Ermächtigungsgrundlagen für die gefahrenabwehr- und polizeibehördliche Datenübermittlung dar. Mit ihnen erlaubt der Gesetzgeber zugleich im Einzelfall anlassbezogen eine Zweckänderung der Datennutzung, die in der Datenübermittlung durch die Öffnung der Datennutzung durch andere Behörden stets zu sehen ist (vgl. BVerfG NJW 2016, 1781 Rn. 305, 324; Lisken/Denninger PolR-HdB/Petri G Rn. 921 mwN).

10 Dies hat zur Folge, dass nicht nur die übermittelnde Behörde zur Datenweitergabe gesetzlich berechtigt sein, sondern, dass auch die empfangende Stelle – nach dem Bild einer Doppeltür – ihrerseits zur Abfrage und Verwendung dieser Daten berechtigt sein muss (vgl. BVerfG NJW 2016, 1781 Rn. 305; vgl. auch BVerfGE 130, 151 (184) = NJW 2012, 1419).

11 Die Vorschriften der §§ 21–23 ermächtigen insoweit zu Eingriffen, die jeweils an den Grundrechten zu messen sind, in die bei Erhebung der übermittelten Daten eingegriffen wurde (BVerfG NJW 2016, 1781 Rn. 305; vgl. BVerfGE 100, 313 (360, 391) = NJW 2000, 55 ff.; BVerfGE 109, 279 (375) = NJW 2004, 999; BVerfGE 110, 33 (68 f.) = NJW 2004, 2213; BVerfGE125, 260 (312 f., 333) = NJW 2010, 833; BVerfGE 133, 277 (372) = NJW 2013, 1499 Rn. 225; vgl. EGMR NJW 2007, 1433 (1434) – Weber und Saravia / Deutschland zu Art. 8 EMRK).

Dem soll Abs. 1 dadurch Rechnung tragen, dass er auch die Zulässigkeit der Datenübermittlung an die Einhaltung des Grundsatzes der hypothetischen Datenneuerhebung knüpft (vgl. BVerfG NJW 2016, 1781 Rn. 307 ff. und die Bezugnahme hierauf in LT-Drs. 19/5728, 189). 12

III. Parallelvorschriften

Parallelvorschriften, die die Grundsätze der Datenübermittlung regeln, finden sich in den meisten Polizeigesetzen, wobei mittlerweile alle Gesetze – wie das hessische – die allgemeinen Regeln in einer eigenen Norm (Bayern: zwei Normen) vorsehen (vgl. etwa § 16 BWPolG, Art. 53, 54 BayPAG, § 40 NPOG, § 26 PolG NRW, an die sich spezielle – nach Art der Übermittlung differenzierende – Regelungen anschließen). Inhaltlich weichen die Parallelnormen hinsichtlich der Voraussetzungen und Rechtsfolgen teilweise von der hessischen Rechtslage ab. 13

Bundesrechtliche Entsprechung zu § 21 enthalten § 32 BPolG und § 28 BKAG. Repressive – allerdings nur bedingt vergleichbare – Parallelenormen finden sich in §§ 474–480 StPO. 14

Die nunmehr aufgehobene Regelung in Abs. 4 (dazu → Rn. 60 ff.) hatte Parallelvorschriften etwa in § 26 SOG LSA und § 33 Abs. 5 BPolG. 15

B. Einzelkommentierung

Die Regelung des § 21 ist auf jede Übermittlung personenbezogener Daten anzuwenden, die nicht durch besondere – dem HSOG vorgehende – Rechtsvorschriften geregelt sind (vgl. Abs. 8 sowie dazu noch iE → Rn. 83 ff.). 16

Sie gilt sowohl für die Gefahrenabwehr- als auch für die Polizeibehörden. 17

I. Begriffe

Die Datenübermittlung iSd §§ 21–23 ist nach der nunmehr geltenden – auf Begriffsdefinitionen verzichtenden (vgl. → § 20 Rn. 22) – Rechtslage als ein Unterfall der Datenverarbeitung iSd § 41 Nr. 2 Alt. 11 HDSIG („Offenlegung durch Übermittlung") anzusehen. 18

Sie lässt sich in Übereinstimmung mit dem bisherigen datenschutzrechtlichen Verständnis weiterhin als das Bekanntgeben gespeicherter oder durch Datenverarbeitung gewonnener Daten an einen Dritten in der Weise zu verstehen, dass die Daten durch die datenverarbeitende Stelle an den Dritten weitergegeben oder dass der Dritte zum Abruf bereitgehaltene Daten abruft (vgl. die entsprechende Legaldefinition in § 2 Abs. 2 Nr. 3 HDSG aF). 19

Unerheblich ist die Form der Übermittlung; eine Bekanntgabe von Daten in diesem Sinne kann also in jedem (fern-) mündlichen, schriftlichen, elektronischen oder in sonstiger Form vorgenommenen Akt der Weitergabe liegen. 20

Die Übermittlung umfasst damit zudem nicht nur die aktive Weiterleitung der Daten an den Empfänger, sondern auch das passive Vorhalten des Bestandes für den Zugriff des Dritten. Die gesetzlichen Voraussetzungen müssen somit schon für die bloße Zugriffsmöglichkeit (zB im Online-Zugriff – vgl. § 24 – oder der Möglichkeit, sich Ausdrucke zu schicken zu lassen) gegeben sein. 21

Als Dritter im Sinne der oben genannten Definition ist jede Person oder Stelle außerhalb der datenverarbeitenden Stelle (des Verantwortlichen) anzusehen, die nicht betroffenen Person (§ 41 Nr. 1 HDSIG) ist, oder eine Person oder Stelle, die im Auftrag eines Verantwortlichen personenbezogene Daten verarbeitet. Für letztgenannte gelten innerhalb des Anwendungsbereich der JI-RL die Vorgaben der §§ 57, 59 HDSIG (vgl. im Übrigen zu Begriffen und Definitionen innerhalb der Regelungen der §§ 12–29 → § 13 Rn. 16 ff.; → § 20 Rn. 18 ff.). 22

II. Grundsatz der hypothetischen Datenneuerhebung für die Übermittlung; Beschränkung der Übermittlung von Bewertungen (Abs. 1)

Mit der Änderung des § 21 Abs. 1 durch Gesetz v. 3.5.2018 (HessGVBl. 82) wurde der zuvor für die Datenübermittlung geltende Zweckbindungsgrundsatz aufgehoben. 23

23.1 Nach Abs. 1 Abs. 1 aF durften Daten nur zu dem Zweck übermittelt werden, zu dem die übermittelnde Stelle die Daten erlangt hatte, es sei denn, es lag eine der in §§ 21–23 aF abschließend genannten Ausnahmen von dieser Zweckbindung (die wichtigste fand sich in § 22 Abs. 4 aF) vor. Es galt also ein über die Vorgaben des § 20 Abs. 3 aF hinausgehender und diesen insoweit verdrängender („nachstehend nichts anderes") Zweckbindungsgrundsatz.

24 An seine Stelle ist der in § 20 Abs. 1–3 normierte Grundsatz der hypothetischen Datenneuerhebung getreten. Vor einer Übermittlung ist also stets zu prüfen, ob die Daten zu dem Zweck, zu dem sie weitergegeben werden sollen, mit den Mitteln, mit denen sie erhoben wurden, ebenfalls hätten erhoben werden dürfen.

24.1 Dabei ist allerdings nicht zwingend erforderlich, dass die Zielbehörde die Datenerhebung selbst bzw. mit diesen Mitteln hätte erheben dürfen (vgl. BVerfG NJW 2016, 1781 Rn. 287; SGR/Graulich BKAG § 25 Rn. 8).

25 Insoweit ist – wie im Rahmen aller anderen Unterfälle der Weiterverarbeitung (vgl. → Rn. 18) – zwischen zweckrealisierender bzw. zweckkonformer Weiterverarbeitung einerseits (vgl. § 20 Abs. 1; → § 20 Rn. 43 ff.) und zweckändernder Weiterverarbeitung andererseits (vgl. § 20 Abs. 2 und Abs. 3; → § 20 Rn. 67 ff.) zu differenzieren.

26 Da in der Datenübermittlung durch die Öffnung der Datennutzung durch andere Behörden stets eine Zweckänderung zu sehen ist (vgl. BVerfG NJW 2016, 1781 Rn. 305, 324; Lisken/Denninger PolR-HdB/Petri G Rn. 921 mwN), kommt eine Übermittlung nach den Grundsätzen der zweckrealisierenden bzw. zweckkonformen Weiterverarbeitung grundsätzlich nur zwischen Polizeibehörden untereinander und Gefahrenabwehrbehörden untereinander in Betracht (vgl. § 22 Abs. 1).

26.1 Ausnahmsweise ist sie aber auch denkbar, wenn die Datenerhebung nur zu dem Zweck der Datenübermittlung erfolgt, was allerdings praktisch wohl nur bei einer Datenerhebung zum Schutz privater Rechte nach § 1 Abs. 3 in Betracht kommt (etwa einer Identitätsfeststellung bei einem Verkehrsunfall, um Unfallgegnern die Daten zum Zweck der Geltendmachung von Schadensersatzansprüchen weiter zu geben).

27 In aller Regel gelten also für die Weitergabe die Grundsätze für die zweckändernde Weiterverarbeitung. Eine Übermittlung setzt daher tatbestandlich voraus, dass damit vergleichbar schwerwiegende Straftaten oder Ordnungswidrigkeiten (vgl. zu letzteren → § 20 Rn. 53) oder vergleichbar bedeutsame Rechtsgüter oder sonstige Rechte wie durch die Datenerhebung geschützt werden sollen. Entscheidend für die Beantwortung der Frage, welche Straftaten verhütet oder Rechtsgüter geschützt werden sollten, sind auch hier die in der ursprünglichen Datenerhebungsbefugnis festgelegten Zwecke (→ § 20 Rn. 50).

28 Nach Abs. 1 S. 2 ist – wie schon in der Vorgängerregelung – jede nicht automatisierte Übermittlung dokumentationspflichtig. Zu protokollieren sind Empfänger und Empfängerinnen, Tag und wesentlicher Inhalt der Übermittlung.

29 Nach Nr. 21.1.2 und 21.1.3 VVHSOG – die insoweit trotz der noch ausstehenden Anpassung an die Gesetzesänderungen im Jahr 2018 noch angewandt werden kann – sind telefonische und mündliche Übermittlungen in Vermerkform festzuhalten. Hinsichtlich des Inhalts der Übermittlung soll ein Hinweis auf bestimmte Blätter der Akte genügen. Vermerke oder die Durchschrift eines Antwortschreibens seien zu der Akte zu nehmen, aus der Auskunft erteilt wurde. Bei Datenübermittlungen über Funk und bei telefonischen Übermittlungen in besonderen polizeilichen Einsatzlagen soll der Protokollierungspflicht durch Aufnahme auf Tonträger genüge getan sein.

30 Damit dürften die gesetzlichen Vorgaben ausreichend präzisiert sein (vgl. aber auch Hornmann HSOG Rn. 16 zur wortgleichen Vorgängernorm); allerdings genügt der Hinweis auf bestimmte Blätter der Akte als Dokumentation des Inhalts nur dann, wenn sich aus diesen Blättern der wesentliche Inhalt der Übermittlung zweifelsfrei ergibt.

31 Für automatisierte Abrufverfahren gilt die Dokumentationspflicht nach Abs. 1 S. 2 Hs. 2 nicht; an ihre Stelle tritt die Vorgabe des § 24 S. 4 (vgl. → § 24 Rn. 15).

32 Nach Abs. 1 S. 3 gilt für die Übermittlung von Bewertungen iSd § 20 Abs. 12 S. 2 – im Hinblick auf deren besondere Relevanz für den Schutz des Persönlichkeitsrechts – ein eingeschränktes Übermittlungsverbot (vgl. zu wortgleichen Vorgängernorm in § 21 Abs. 3 S. 1 aF Hornmann HSOG § 20 Rn. 23).

Danach ist die Übermittlung von Bewertung auf eine solche innerhalb des öffentlichen Bereichs (vgl. § 22: „Behörden oder öffentliche Stellen“) und innerhalb dieses Bereichs auf die Gefahrenabwehr- und Polizeibehörden als Empfänger beschränkt; zulässig ist die Übermittlung allerdings nicht nur an die hessischen Gefahrenabwehr- und Polizeibehörden, sondern auch an die anderer Länder und des Bundes (vgl. zur wortgleichen Vorgängernorm Meixner/Fredrich, 12. Aufl. 2016, Rn. 9). **33**

Eine Ausnahme von der Beschränkung nach Abs. 1 S. 4 gilt für Fahndungsaufrufe (vgl. strafprozessual § 131a StPO) die mit einer Warnung verbunden werden, die ihrerseits eine Bewertung beinhaltet (etwa „gewalttätig“). **34**

Eine weitere Ausnahme begründet die abweichende Spezialregelung des § 22 Abs. 4. **35**

Nach der Vorgängerregelung war die Übermittlung von Daten, die dem Brief-, Post- oder Fernmeldegeheimnis unterliegen oder durch eine hessische oder außerhessische Wohnraumüberwachung erhoben worden sind nicht nur auf Gefahrenabwehr- oder Polizeibehörden als Empfänger beschränkt; vielmehr musste die Übermittlung darüber hinaus zur Abwehr einer Gefahr für Leib, Leben oder Freiheit einer Person erforderlich sein. **36**

Eine ähnliche Beschränkung für die Weitergabe ergibt sich seit der Änderung durch Gesetz v. 3.5.2018 (HessGVBl. 82) über den nach Abs. 1 S. 1 anwendbaren § 20 Abs. 3. Diese reicht allerdings nicht mehr so weit, wie die der Vorgängerregelung, da sich auf Daten aus hessischen Wohnraumüberwachungen und hessischen Online-Durchsuchungen beschränkt. Für die Daten, denen keine (hessische) Erhebung vorausgegangen ist sowie für Daten, die Art. 10 GG unterfallen gelten indessen die Beschränkungen des – ebenfalls über Abs. 1 S. 1 anwendbaren – § 20 Abs. 2 S. 1 iVm § 20 Abs. 2 S. 4. **37**

III. Allgemeine Übermittlungsverbote (Abs. 2)

Die vormals in Abs. 2 aF verortete strenge Zweckbindung bzw. Einwilligungspflicht zur Wahrung von Berufs- und besonderen Amtsgeheimnisse (vgl. auch die Parallelvorschrift des § 39 BDSG 2003) wurde mit Gesetz v. 3.5.2018 (HessGVBl. 82) in Abs. 2 durch Übermittlungsverbote nach dem Vorbild des § 28 Abs. 1 BKAG ersetzt. **38**

Als Grundregel sieht Abs. 2 S. 1 Alt. 1 vor, dass eine Übermittlung zu unterbleiben hat (= gebundene Entscheidung), wenn erkennbar ist, dass unter Berücksichtigung der Art der Daten und ihrer Erhebung die schutzwürdigen Interessen des Betroffenen das Allgemeininteresse an der Übermittlung überwiegen (vgl. zur verfassungsrechtlichen Gebotenheit dieses Verbots SGR/Ruthig BKAG § 28 Rn. 7). **39**

Als schutzwürdige Interessen in diesem Sinne kommen neben dem – das Verbot im Kern tragenden – Grundrecht auf informationelle Selbstbestimmung und dem allgemeinen Persönlichkeitsrecht auch andere grundrechtlich geschützte Rechtsgüter in Betracht, insbesondere auch der Schutz von Ehe und Familie und die Diskriminierungsverbote des Art. 3 Abs. 3 GG (vgl. SGR/Ruthig BKAG § 28 Rn. 7). **40**

Die Gefahrenabwehr- oder Polizeibehörde hat insoweit eine gerichtlich überprüfbare Güterabwägung auf Tatbestandsebene vorzunehmen, wobei sie bei Indizien für solche Belange der betroffenen Person, die der Übermittlung entgegenstehen, mit Blick auf das Tatbestandsmerkmal „erkennbar“ ggf. nach § 24 HVwVfG von Amts wegen weiter aufzuklären hat (vgl. zu den praktischen Fragen auch SGR/Arzt BPolG § 33 Rn. 12 f.). **41**

Für die Weitergabe besonderer Kategorien personenbezogener Daten iSd § 41 Nr. 15 HDSIG, deren Erhebung durch §§ 13 Abs. 5 S. 2, 19 Abs. 6 ausdrücklich beschränkt ist, gilt auch ohne expliziten Verweis in § 21 – wie schon für die Weiterverarbeitung nach § 20 im Allgemeinen – nach § 3 Abs. 4 S. 1 die Regelung des § 43 HDSIG. **42**

Daten iSd § 41 Nr. 15 HDSIG sind solche, aus denen die rassische oder ethnische Herkunft, politische Meinungen, religiöse oder weltanschauliche Überzeugungen oder die Gewerkschaftszugehörigkeit hervorgehen, genetische Daten, biometrische Daten zur eindeutigen Identifizierung einer natürlichen Person, Gesundheitsdaten und Daten zum Sexualleben oder zur sexuellen Orientierung. **42.1**

Danach ist die Weitergabe dieser Daten nur zulässig, wenn sie zur Aufgabenerfüllung unbedingt erforderlich ist und geeignete Garantien für die Rechte und Freiheiten der betroffenen Person vorgesehen sind. **43**

Nach Abs. 2 S. 1 Alt. 2 hat eine Übermittlung des Weiteren zu unterbleiben, wenn ihr besondere gesetzliche Verwendungsregelungen entgegenstehen. Als solche kommen etwa die **44** der § 12 Abs. 2 S. 4, § 15 Abs. 9, § 15a Abs. 5 S. 6, § 15b Abs. 3 S. 3, § 15c Abs. 3 S. 4, § 31 Abs. 5 S. 9, S. 11 in Betracht sowie diejenigen in § 27 Abs. 2 S. 3, Abs. 5 S. 5, § 27a Abs. 4 S. 4, S. 5, § 28 Abs. 4 S. 1. Des Weiteren sind auch Verwendungsbeschränkungen außerhalb des HSOG erfasst, wie diejenigen in § 88 AufenthG oder in § 100e Abs. 6 StPO (iVm § 20 Abs. 6).

45 Nach Abs. 2 S. 2 bleibt darüber hinaus die Verpflichtung zur Wahrung gesetzlicher Geheimhaltungspflichten sowie von Berufs- oder besonderen Amtsgeheimnissen, die nicht auf Rechtsvorschriften beruhen, unberührt. Damit ordnet die Vorschrift die parallele und ergänzende Geltung gesetzlicher Geheimhaltungsvorschriften gegenüber den entsprechenden Vorschriften des HSOG an (vgl. SGR/Ruthig BKAG § 28 Rn. 13).

46 Insoweit kommt den nicht auf Rechtsvorschriften beruhenden Geheimhaltungsvorschriften eine geringe Bedeutung zu. In Frage kommt etwa das vom BVerwG entwickelte Personalaktengeheimnis (BVerwGE 75, 17 (18 f.)) als Amtsgeheimnis, das aber durch die Normierung in § 50 BeamtStG nur noch für Angestellte gilt sowie das standesrechtlich begründete Arztgeheimnis als Berufsgeheimnis, soweit es nicht von § 203 StGB erfasst wird (vgl. SGR/Ruthig BKAG § 28 Rn. 15 f.).

47 Die Wahrung gesetzlicher Geheimhaltungspflichten betrifft in der Regel ebenfalls Berufs- und Amtsgeheimnisse. Dies sind solche, die den in § 203 Abs. 1 StGB genannten Berufsgruppen bei Ausübung ihres Berufs bekannt werden (Hornmann HSOG Rn. 19; Meixner/Fredrich Rn. 6); zu diesen Berufsgruppen zählen insbesondere Ärzte, Berufspsychologen, Rechtsanwälte, Notare, Ehe-, Familien-, Erziehungs- und Jugendberater, Suchtberater und anerkannte Schwangerenkonfliktberater. Es spricht einiges dafür, mit Hornmann HSOG Rn. 19 (zur Vorgängerregelung) im Hinblick auf Art. 5 Abs. 1 S. 2 GG auch Journalisten in den Kreis einzubeziehen.

48 Die besonderen Amtsgeheimnisse in diesem Sinne sind zunächst abzugrenzen von den – nicht erfassten, weil nicht primär individuellem Geheimnisschutz dienenden – allgemeinen Amtsgeheimnissen, namentlich den beamtenrechtlichen (vgl. § 37, 50 BeamtStG) und verwaltungsverfahrensrechtlichen (vgl. § 30 HVwVfG) Geheimhaltungspflichten.

49 Als besondere Amtsgeheimnisse sind vor allem das Sozial- und das Steuergeheimnis (§ 67 ff. SGB X, § 30 AO), das Postgeheimnis (§ 39 PostG) und das Statistikgeheimnis (§ 16 BStatG) von der Regelung des Abs. 2 S. 2 Alt. 1 erfasst (vgl. zur Vorgängerregelung Meixner/Fredrich, 12. Aufl. 2016, Rn. 5; Hornmann HSOG Rn. 20).

50 Eine Datenübermittlung kommt in allen diesen Fällen nur in Betracht, wenn sowohl das HSOG als auch die spezialgesetzliche Geheimhaltungsvorschrift sie zulässt.

51 Die Übermittlungsverbote des Abs. 2 gelten für alle Fälle der Datenübermittlung, also sowohl für die Datenübermittlung im innerstaatlichen Bereich nach § 22 Abs. 1–4, Abs. 6, als auch für eine solche in EU-Staaten (§ 22 Abs. 5) und in Drittstaaten oder an über- und zwischenstaatliche Stellen (§ 23).

52 Eine Ausnahme von Abs. 2 Alt. 1 für die Übermittlung an Staatsanwaltschaften sieht § 21 – anders als § 28 Abs. 1 S. 2 BKAG nicht vor.

IV. Spezielle Verbote für Auslandsübermittlungen (Abs. 3)

53 Nach Abs. 3 S. 1 gelten für die Übermittlungen personenbezogener Daten an öffentliche oder nicht-öffentliche Stellen in EU-Staaten (§ 22 Abs. 5) sowie ans solche in Drittstaaten oder an über- und zwischenstaatliche Stellen, § 23 die speziellen Übermittlungsverbote der Nr. 1–4.

54 Die Norm ist § 28 Abs. 2 BKAG nachgebildet, der seinerseits auf RB 2006/960/JI (v. 18.12.2006, ABl. 2006 L 386, 89) beruht (vgl. SGR/Ruthig BKAG § 28 Rn. 20).

55 Die Übermittlung unterbleibt nach Abs. 3 Nr. 1, wenn durch sie wesentliche Sicherheitsinteressen des Bundes oder der Länder beeinträchtigt würden. Hinsichtlich der Entscheidung, wann dies der Fall ist, haben die Mitgliedsstaaten eine Letztentscheidungskompetenz (vgl. Art. 10 Abs. 1 lit. a RB 2006/960/JI sowie Art. 72 AEUV, Art. 346 Abs. 1 lit. a AEUV; vgl. zum Ganzen SGR/Ruthig BKAG § 28 Rn. 20 mwN).

56 Die Übermittlung unterbleibt nach Abs. 3 Nr. 2 darüber hinaus, wenn durch sie der Erfolg laufender Ermittlungen oder Leib, Leben oder Freiheit einer Person gefährdet würde; während die zweitgenannte Alternative schon durch die grundrechtlichen Schutzpflichten vorgegeben ist, kann sich die erste Alternative auf Art. 10 Abs. 1 lit. b RB 2006/960/JI stützen. Insoweit ist eine Prognoseentscheidung auf Tatbestandsebene vorzunehmen (vgl. SGR/Ruthig BKAG § 28 Rn. 21).

Des Weiteren hat eine Übermittlung nach Abs. 3 Nr. 3 und Nr. 4 zu unterbleiben, soweit Grund zu der Annahme besteht, dass gegen den Zweck eines deutschen Gesetzes verstoßen würde (vgl. SGR/Ruthig BKAG § 28 Rn. 22) oder wenn tatsächliche Anhaltspunkte dafür vorliegen, dass die Übermittlung der Daten zu den, in der GRCh enthaltenen Grundsätzen, in Widerspruch stünde, insbesondere dadurch, dass durch die Nutzung der übermittelten Daten im Empfängerstaat Verletzungen von elementaren rechtsstaatlichen Grundsätzen oder Menschenrechtsverletzungen drohen. **57**

Die Alternative des Abs. 2 Nr. 4 trägt der Tatsache Rechnung, dass die Gefahrenabwehr- und Polizeibehörden auch bei der Übermittlung von Daten ins Ausland an die Grundrechte gebunden sind; insoweit lässt das BVerfG indessen differenzierte Maßstäbe zulässt, da nur so eine grenzüberschreitende Zusammenarbeit möglich ist (BVerfG NJW 2016, 1781 Rn. 326 ff.; vgl. SGR/Ruthig BKAG § 28 Rn. 24). **58**

Klare Grenzen sind den deutschen Behörden bei der internationalen Zusammenarbeit allerdings dort gezogen, wo Menschenrechtsverletzungen zu besorgen sind. Zwingend auszuschließen ist danach jedenfalls die Datenübermittlung an Staaten, in denen zu befürchten ist, dass elementare rechtsstaatliche Grundsätze verletzt werden (vgl. BVerfGE 108, 129 (136 ff.); eing. SGR/Ruthig BKAG § 28 Rn. 24 ff. mwN). Deren Einhaltung sicherzustellen ist Zweck des Abs. 3 Nr. 4. **59**

V. Wegfall der Übernahme der durch das BZRG gezogenen Grenzen (Abs. 4 aF)

Die vormalige Regelung des Abs. 4 (→ Rn. 60.1) wurde durch Art. 1 Nr. 5a des Gesetzes zur Stärkung der Inneren Sicherheit in Hessen v. 13.12.2024 (HessGVBl. Nr. 83, S. 5) mit Wirkung zum 19.12.2024 aufgehoben. **60**

Bis zu diesem Zeitpunkt lautete die Regelung: „Die Übermittlung darf nicht zu einer Erweiterung des Kreises der Stellen nach den §§ 41 und 61 des Bundeszentralregistergesetzes in der Fassung der Bekanntmachung vom 21. September 1984 (BGBl. I S. 1229, 1985 I S. 195), zuletzt geändert durch Gesetz vom 10. August 2021 (BGBl. I S. 3420), führen, die von Eintragungen Kenntnis erhalten, und muss die Verwertungsverbote nach den §§ 51. 52 und 63 des Bundeszentralregistergesetzes berücksichtigen." **60.1**

Die Regelung hatte ihre Stellung und ihren wesentlichen Inhalt auch nach dem Änderungsgesetz v. 3.5.2018 (HessGVBl. 82) beibehalten. Neu aufgenommen worden war 2018 jedoch der ausdrückliche Verweis auf die Stellen nach § 61 BZRG sowie auf die Verwertungsverbote nach §§ 51, 52 und 63 BZRG; hinsichtlich letzterer war Abs. 4 damit erweitert worden. **60.2**

In dem Verweis auf das BZRG war auf die bei Inkrafttreten des Änderungsgesetzes geltende Fassung des Gesetzes Bezug genommen worden; diese war allerdings kurz darauf veraltet, da das BZRG durch Gesetze v. 21.6.2019 (BGBl. I 1626), v. 20.11.2019 (BGBl. I 1724) und v. 22.11.2019 (BGBl. I 1752) seither drei (weitere) Änderungen erfahren hatte. Mit Gesetz v. 29.6.2023 (HessGVBl. 456) hatte der Gesetzgeber die Verweisung sodann aktualisiert. Auch dieses Zitat war jedoch zum Zeitpunkt des Inkrafttretens schon wieder veraltet, da das BZRG inzwischen durch Gesetz v. 4.10.2022 (BGBl. I 2146) erneut umfänglich geändert worden ist (vgl. zur Problematik der statischen Verweisungen im HSOG auch → § 14a Rn. 58 ff.; → § 14a Rn. 125 ff.; → § 14a Rn. 128; → § 15a Rn. 71.1 mwN). **60.3**

Mit der Regelung (→ Rn. 60.1) sollte bis zu diesem Zeitpunkt verhindert werden, dass durch eine Datenübermittlung nach §§ 22, 23 der Kreis der Stellen erweitert wird, dem nach §§ 41, 61 BZRG vom Bundeszentralregister auch Auskunft über Registereintragungen erteilt wird, die nicht in das Führungszeugnis aufgenommen werden (§ 61 BZRG betrifft Auszüge aus dem Erziehungsregister). **61**

Außerdem war die Berücksichtigung der Verwertungsverbote bezüglich der im Bundeszentralregister getilgten oder zu tilgenden Eintragungen angeordnet (vgl. zu den Parallelvorschriften → Rn. 15); diese konnten allerdings im Ausnahmefall aufgehoben sein, sodass dann eine Übermittlung der Daten zulässig. **62**

Die amtliche Begründung für die Streichung des Abs. 4 (→ Rn. 63.1) ist gleich unter mehreren Gesichtspunkten bemerkenswert. **63**

63.1 „§ 21 Abs. 4 bringt das Gesetz über das Zentralregister und das Erziehungsregister (BZRG), das verbindliche Regelungen für das Bundesamt der Justiz enthält, partiell im Bereich des HSOG zur Anwendung. Dieser nicht obligatorische Verweis auf das BZRG wird gestrichen. Denn die bisherige Regelung führt im Zusammenhang mit Anfragen von Fahrerlaubnisbehörden und Behörden mit ähnlicher Rechtsstellung zu erheblichem Verwaltungsaufwand, weil es bei einer Vielzahl von Datensätzen die Übermittlungsfähigkeit geprüft werden muss. Das Sichten, Vorsortieren und Bewerten der Daten ist mit einem unverhältnismäßig hohen Aufwand verbunden. Zudem wird insbesondere für Fahrerlaubnisbehörden die Erlangung der erforderlichen Informationen für die Bewertung der charakterlichen Eignung von Personen wesentlich verzögert und erschwert. Dies ist im Rahmen einer wirksamen Gefahrenabwehr kaum vertretbar. Dabei geht es auch um die Abwehr von Gefahren terroristischer Anschläge durch die Nutzung von Kraftfahrzeugen, da bei dem Vorliegen von charakterlichen Eignungszweifeln die Erteilung einer Fahrerlaubnis versagt werden und damit eine Reduzierung von Tatgelegenheiten erreicht werden kann. Ebenso ist die Übermittlung polizeilicher Informationen zu Betrugs- und Geldwäscheermittlungen oder Verstößen gegen das BtMG zur Gefahrenabwehr im Gewerberecht relevant. Im Übrigen wird klargestellt, dass die Normen des BZRG keine ‚anderen besondere Rechtsvorschriften über die Datenübermittlung' sind und daher auch nicht von § 21 Abs. 8 umfasst werden." (LT-Drs. 21/1448, 9 f.).

64 Hinsichtlich des vorgeblich hohen Verwaltungsaufwands beim „Sichten, Vorsortieren und Bewerten der Daten" (→ Rn. 63.1) stellt sich zunächst die Frage, ob tatsächlich Datenübermittlungen an andere als die zahlreichen in §§ 41, 61 BZRG genannten öffentlichen Stellen denkbar sind, die die Übermittlungsanforderungen des Abs. 2 erfüllen. Sollte dies der Fall sein, dürfte es sich um absolute Einzelfälle handeln, bei denen zudem kaum erkennbar wäre, wie die Übermittlung getilgter oder tilgungsreifer Eintragungen um Bundeszentralregister zur Abwehr der für die Übermittlung erforderlichen Gefahr beitragen könnte.

65 So dürften Übermittlungen von Daten in den angeführten Fällen von „Betrugs- und Geldwäscheermittlungen" (→ Rn. 63.1) an die in § 41 Abs. 1 Nr. 1, 4 und 14 BZRG aufgeführten Behörden regelmäßig ohne weiteres zulässig sein, wenn sie auch nur annähernd aktuell sind; sind sie dies nicht, kommt eine Übermittlung nach Abs. 2 regelmäßig ohnehin nicht in Betracht.

66 Zwischen den Zeilen lässt die Begründung (→ Rn. 63.1) erkennen, dass es wohl vor allem um die Datenübermittlung an die – in §§ 41, 61 BZRG nicht genannten – Gewerbe- und Fahrerlaubnisbehörden geht, wobei anscheinend die Mitteilung von Verstößen gegen das BtMG besonders im Fokus steht. Es mag zwar zutreffen, dass die Übermittlung tilgungsreifer BtMG-Verstöße an eine Fahrerlaubnisbehörde für die Beurteilung der charakterlichen Eignung zum Führen von Kraftfahrzeugen eine Rolle spielen kann.

67 Die daraus in der Begründung abgeleitete Argumentation, es könne auch die „Abwehr von Gefahren terroristischer Anschläge durch die Nutzung von Kraftfahrzeugen" durch die einer Datenübermittlung folgende Versagung der Fahrerlaubnis als „Reduzierung von Tatgelegenheiten" (→ Rn. 63.1) erreicht werden, erscheint jedoch geradezu abwegig. Die Annahme, dass sich zu Terroranschlägen bereite Personen von einer fehlenden Fahrerlaubnis von ihrem Tun abhalten lassen, dürfte weit jenseits jeder kriminologischen Erkenntnis angesiedelt sein. Ebenso wenig erschließt sich, wie eine Übermittlung tilgungsreifer BtMG-Verstöße an Gewerbebehörden zur „Gefahrenabwehr im Gewerberecht" (→ Rn. 63.1) beitragen können soll.

68 Darüber hinaus gelten die vormals in Abs. 4 in Bezug genommenen Verwertungsverbote der §§ 51, 52 und 63 BZRG auch für diejenigen Behörden, denen die Daten übermittelt werden, so dass der mit ihrer Einhaltung verbundene Verwaltungsaufwand (→ Rn. 64) durch die Streichung des Abs. 4 insoweit nur auf diese – also etwa die in Bezug genommenen Fahrerlaubnis- und Gewerbebehörden – verlagert wird.

VI. Pflicht zur Prüfung der Zulässigkeit von Übermittlungen im Einzelfall (Abs. 5)

69 Durch Abs. 5 wird – wie in der Fassung vor dem Änderungsgesetz v. 3.5.2018 (HessGVBl. 82) – klargestellt, dass die übermittelnde Gefahrenabwehr- oder Polizeibehörde grundsätzlich die Zulässigkeit der Übermittlung anhand aller einschlägigen gesetzlichen Regelungen in jedem Einzelfall zu prüfen hat, sie also die Verantwortung für die Rechtmäßigkeit der Übermittlung trägt.

Im Einzelnen differenziert die Vorschrift für den Umfang der Prüfung sodann zwischen Übermittlungen die von Amts wegen erfolgen und solchen denen ein Ersuchen der empfangenden Person oder Stelle zugrunde liegt. Erfolgt die Übermittlung von Amts wegen, hat die Prüfung in vollem Umfang zu erfolgen. Erfolgt die Übermittlung aufgrund eines Ersuchens, hat die übermittelnde Stelle lediglich zu prüfen, ob das Übermittlungsersuchen im Rahmen der Aufgaben des Empfängers liegt. **70**

Insoweit ist also lediglich eine Plausibilitätsprüfung erforderlich (vgl. Hornmann HSOG Rn. 30; Fredrich Rn. 6), soweit nicht die Spezialvorschriften eine strengere Prüfung vorsehen. **71**

Ansonsten hat in den Fällen der Übermittlung auf Ersuchen eine Zulässigkeitsprüfung nur im Einzelfall aus konkretem Anlass stattzufinden (vgl. das Bsp. bei Fredrich Rn. 6), deren Durchführung bei Anlass zu Zweifeln zur Pflicht erstarkt (Hornmann HSOG Rn. 30). **72**

Nach Abs. 5 S. 4 hat der Empfänger und die Empfängerin die zur Prüfung des Zwecks der Übermittlung und der Wahrung des Aufgabenkreises erforderlichen Angaben zu machen; dem entspricht das Recht der Gefahrenabwehr- oder Polizeibehörde, diese zu verlangen (vgl. Hornmann HSOG Rn. 30). Werden die Angaben nicht oder nicht vollständig gemacht, hat die Übermittlung zu unterbleiben. **73**

VII. Verarbeitungsbegrenzung für den Empfänger und die Empfängerin (Abs. 6)

Abs. 6 S. 1 bestimmt, dem Zweckbindungsgrundsatz folgend – wie bisher mit einer lediglich redaktionellen Änderung –, dass der Empfänger und die Empfängerin die übermittelten personenbezogenen Daten, soweit gesetzlich nichts anderes bestimmt ist, nur zu dem Zweck verarbeiten darf, zu dem sie ihm / ihr übermittelt worden sind. **74**

Eine Ausnahmeregelung für Polizeibehörden und -dienststellen des Bundes und der Länder und der Gefahrenabwehrbehörden folgt insoweit aus § 22 Abs. 1. **75**

Die Regelung in S. 2 wurde erweitert um die Variante der zweckändernden Verarbeitung nach Maßgabe von § 20 Abs. 2 und Abs. 3, die den Grundsatz der hypothetischen Datenneuerhebung in Anknüpfung an die Rechtsprechung des BVerfG vorsehen (vgl. → § 20 Rn. 67.1 ff.) und nunmehr auch für die weitere Verarbeitung der Daten durch die empfangende Stelle für anwendbar erklären. **76**

Auch die empfangende Stelle hat also nunmehr die Voraussetzungen des Grundsatzes der hypothetischen Datenneuerhebung zu berücksichtigen, wenn sie die übermittelten Daten zu anderen Zwecken, als zu denen die Daten übermittelt wurden, verarbeiten will. **77**

Abs. 6 S. 2 Hs. 2 macht die zweckändernde Verarbeitung von personenbezogenen Daten, die nach § 22 Abs. 3 an eine nicht öffentliche Stelle übermittelt worden sind, einschränkend von der Zustimmung der übermittelnden Gefahrenabwehr- oder Polizeibehörde abhängig. **78**

In Abs. 6 S. 3 wurde Regelung des § 22 Abs. 3 S. 3 aF aufgenommen; die empfangende Stelle ist auf die ihr obliegende Pflicht zur zweckkonformen Verarbeitung der übermittelten Daten hinzuweisen. Abs. 6 S. 4 übernimmt für den Anwendungsbereich des § 22 Abs. 5 in Anlehnung an die Regelung des § 23 Abs. 3 aF und unter Verweis auf S. 2 und S. 3 die dort geregelten Bestimmungen zur Zulässigkeit einer zweckändernden Weiterverarbeitung übermittelter Daten und Hinweispflichten. **79**

In den Fällen der Übermittlung an Drittstaaten oder über- oder zwischenstaatliche Stellen (§ 23) oder an Personen oder Stellen außerhalb des öffentlichen Bereichs (§ 22 Abs. 3) ist insbesondere der Empfänger und die Empfängerin auf die Verarbeitungsbegrenzung hinzuweisen. **80**

VIII. Sonderregelung für verbundene Daten (Abs. 7)

Durch das Gesetz v. 3.5.2018 (HessGVBl. 82) wurde mit Abs. 7 eine der Vorschrift des § 25 Abs. 9 BKAG nachgebildete Regelung zur Übermittlung von in Akten verbundenen personenbezogenen Daten eingeführt; diese betrifft den Fall, dass eine Trennung derjenigen personenbezogenen Daten, die übermittelt werden dürfen, von den weiteren personenbezogenen Daten der betroffenen Person oder eines Dritten nicht oder nur mit unverhältnismäßigem Aufwand möglich ist. **81**

Hier soll eine (Mit-) Übermittlung möglich bleiben, soweit nicht berechtigte Interessen der betroffenen Person oder eines Dritten an der Geheimhaltung offensichtlich überwiegen **82** (vgl. eing. SGR/Graulich BKAG § 25 BKAG Rn. 49 ff. mwN); Abs. 8 Hs. 2 schließt dann jedoch eine Verwendung dieser mitübermittelten Daten aus.

IX. Geltung anderweitiger besonderer Übermittlungsvorschriften (Abs. 8)

83 Abs. 8 bestimmt – wie bisher Abs. 7 aF –, dass anderweitige besondere Rechtsvorschriften über die Datenübermittlung unberührt bleiben. Gemeint sind also nicht allgemeine Rechtsvorschriften gleichen Regelungsgegenstands, wie die des HDSIG und des HVwVfG, sondern nur solche, die dem HSOG vorgehen (→ Rn. 16; vgl. zur Vorgängerregelung auch Hornmann HSOG Rn. 33; Meixner/Fredrich, 12. Aufl. 2016, Rn. 19).

84 Solche Rechtsvorschriften existieren in vielen Fachgesetzen, die einen Zusammenhang mit dem Aufgabenbereich der Gefahrenabwehr- und Polizeibehörden aufweisen, zu nennen sind etwa §§ 68, 72 SGB X, § 38 Abs. 1 BMG, § 34 Abs. 1 BMG iVm §§ 8, 9 HessMeldDüV, § 163 Abs. 1 S. 2 StPO, § 474 Abs. 3 S. 2 StPO, § 2 Abs. 12 StVG, §§ 30a ff. StVG, §§ 87, 88 AufenthG, § 8 Abs. 3 AsylG und § 11 Abs. 5 PAuswG (vgl. auch die Übersichten bei Meixner/Fredrich, 12. Aufl. 2016, Rn. 19; Hornmann HSOG Rn. 36 f.).

85 Geklärt ist mit Abs. 8 auch, dass die Datenübermittlung zwischen Polizei und Nachrichtendiensten einem eigenen Regelungsregime unterliegt (vgl. schon BVerwG NJW 1984, 1636; Hornmann HSOG Rn. 34 ff., § 1 Rn. 123 ff. mwN aus den einschlägigen Gesetzen und der Lit. sowie BVerfG NJW 2013, 1499 ff.).

§ 22 Datenübermittlung im innerstaatlichen Bereich und im Bereich der Europäischen Union und deren Mitgliedstaaten

(1) [1]Zwischen den Polizeibehörden können personenbezogene Daten übermittelt werden, soweit sie diese in Erfüllung ihrer Aufgaben nach § 1 erlangt haben und die Datenübermittlung zur Erfüllung dieser Aufgaben erforderlich ist. [2]Dies gilt auch für die Übermittlung personenbezogener Daten an Polizeibehörden und -dienststellen des Bundes und der anderen Länder. [3]Zwischen den Gefahrenabwehrbehörden, anderen für die Gefahrenabwehr zuständigen Behörden oder öffentlichen Stellen und den Polizeibehörden können personenbezogene Daten übermittelt werden, soweit die Kenntnis dieser Daten zur Erfüllung der Aufgaben der empfangenden Stelle erforderlich erscheint.

(2) [1]Liegen die Voraussetzungen des Abs. 1 nicht vor, können die Gefahrenabwehr- und die Polizeibehörden personenbezogene Daten an Behörden oder öffentliche Stellen übermitteln, soweit dies erforderlich ist
1. zur Erfüllung gefahrenabwehrbehördlicher oder polizeilicher Aufgaben,
2. zur Abwehr einer Gefahr für die empfangende Stelle,
3. aufgrund tatsächlicher Anhaltspunkte zur Wahrnehmung einer sonstigen Gefahrenabwehraufgabe durch die empfangende Stelle,
4. zur Verhütung oder Beseitigung erheblicher Nachteile für das Gemeinwohl oder
5. zur Verhütung oder Beseitigung einer schwerwiegenden Beeinträchtigung der Rechte einer anderen Person.
[2]In den Fällen des Satz 1 Nr. 5 ist die Person, deren Daten übermittelt worden sind, zu benachrichtigen, sobald der Zweck der Übermittlung dem nicht mehr entgegensteht.

(3) [1]Die Gefahrenabwehr- und die Polizeibehörden können in den Fällen des Abs. 2 Satz 1 Nr. 1, 2, 4 und 5 personenbezogene Daten auch an nicht öffentliche Stellen übermitteln. [2]Abs. 2 Satz 2 gilt entsprechend. [3]Über die Übermittlungen ist ein Nachweis zu führen, aus dem der Anlass, der Inhalt, die empfangende Stelle, der Tag der Übermittlung sowie die Aktenfundstelle hervorgehen. [4]Er ist am Ende des Kalenderjahres, das dem Jahr seiner Erstellung folgt, zu löschen oder zu vernichten. [5]Die Löschung oder Vernichtung unterbleibt, solange der Nachweis für Zwecke einer bereits eingeleiteten Datenschutzkontrolle oder zur Verhinderung oder Verfolgung einer Straftat mit erheblicher Bedeutung benötigt wird oder Grund zu der Annahme besteht, dass im Falle einer Löschung schutzwürdige Inte-

ressen der betroffenen Person beeinträchtigt würden. [6]Besteht Grund zu der Annahme, dass durch die Übermittlung der der Erhebung der Daten zugrunde liegende Zweck gefährdet würde, ist vor der Übermittlung die Zustimmung der Stelle einzuholen, von der die Daten übermittelt wurden; die übermittelnde Stelle kann bestimmte von ihr übermittelte Daten so kennzeichnen oder mit einem Hinweis versehen, dass vor einer Übermittlung ihre Zustimmung einzuholen ist.

(4) Abweichend von § 21 Abs. 1 Satz 3 können die Gefahrenabwehr- und die Polizeibehörden personenbezogene Daten nach Maßgabe der Abs. 2 und 3 übermitteln, soweit dies zur Abwehr einer Gefahr unerlässlich ist und die empfangende Stelle die Daten auf andere Weise, obwohl berechtigt, nicht oder nicht rechtzeitig oder nur mit unverhältnismäßig hohem Aufwand erlangen kann.

(5) Die Abs. 1 bis 4 gelten entsprechend für die Übermittlung von personenbezogenen Daten an

1. öffentliche und nicht öffentliche Stellen in Mitgliedstaaten der Europäischen Union sowie an über- und zwischenstaatliche Stellen der Europäischen Union oder deren Mitgliedstaaten,

2. Polizeibehörden oder sonstige für die Zwecke des § 40 des Hessischen Datenschutz- und Informationsfreiheitsgesetzes zuständige öffentliche Stellen der am Schengen-Besitzstand teilhabenden assoziierten Staaten.

(6) [1]Andere Behörden und sonstige öffentliche Stellen können personenbezogene Daten an die Gefahrenabwehr- und die Polizeibehörden übermitteln, soweit dies zur Erfüllung gefahrenabwehrbehördlicher oder polizeilicher Aufgaben erforderlich erscheint und die von der übermittelnden Stelle zu beachtenden Rechtsvorschriften nicht entgegenstehen. [2]Sie sind zur Übermittlung verpflichtet, wenn es für die Abwehr von Gefahren für Leib, Leben oder Freiheit einer Person erforderlich ist.

Überblick

Auszug aus der VVHSOG (nicht an die aktuelle Gesetzeslage angepasst und gem. Erlass des Hessischen Ministeriums des Innern und für Sport v. 29.11.2022 (StAnz. 50/2022, 1384) zum 1.1.2025 mangels eines erneuten Verlängerungserlasses ersatzlos außer Kraft getreten):

Zu § 22

22. Datenübermittlung innerhalb des öffentlichen Bereichs

22.1 Zu Abs. 1

Bei der Datenübermittlung an Polizeibehörden und -dienststellen des Bundes, der anderen Länder oder der anderen Mitgliedstaaten der Europäischen Union und der am Schengen-Besitzstand teilhabenden assoziierten Staaten ist nach Satz 2 zu prüfen, ob die Daten zur Erfüllung solcher Aufgaben erforderlich sind, die sich inhaltlich mit den in § 1 bezeichneten Aufgaben decken. Satz 3 konkretisiert die in § 1 Abs. 6 Satz 2 geregelte Unterrichtungspflicht. Die Gefahrenabwehrbehörden informieren die für sie örtlich zuständigen Polizeibehörden, wenn ein Personaldokument oder eine sonstige fahndungsrelevante Legitimation (zum Beispiel Pass, Personalausweis, Führerschein, Visum, Aufenthaltstitel, Waffenschein) oder ein entsprechender Blanko-Vordruck abhandengekommen ist. Diese Vorschrift lässt die Übermittlung personenbezogener Daten auch an außerhessische Behörden und öffentliche Stellen unter den dort bezeichneten Voraussetzungen zu.

22.2 Zu Abs. 2

22.2.1

Die Vorschrift ist anzuwenden, falls die Voraussetzungen des Abs. 1 Satz 1 bis 4 nicht vorliegen.

22.2.2

Gefahr im Sinne der Nr. 2 ist eine konkrete Gefahr.

22.2.3

Die Datenübermittlung nach Nr. 3 setzt das Bestehen einer konkreten Gefahr nicht voraus. Die Vorschrift zielt vorrangig auf eine Datenübermittlung an Behörden, die nicht primär für die Abwehr von Gefahren zuständig sind, jedoch ausnahmsweise Gefahrenabwehraufgaben wahrzunehmen haben.

22.3 Zu Abs. 3

Bei der Übermittlung kommt es nicht darauf an, ob die ausländischen Stellen ihren Sitz im In- oder Ausland haben. Die Vorschrift gilt also auch für die Übermittlung an ausländische Vertretungen im Inland, jedoch nicht für Vertretungen der Bundesrepublik Deutschland im Ausland. Die im NATO-Truppenstatut und dem Zusatzabkommen zum NATO-Truppenstatut getroffenen Regelungen gehen Abs. 3 vor.

22.4 Zu Abs. 4

Die Vorschrift lockert die Zweckbindung für Fälle, in denen die Übermittlung zur Abwehr einer Gefahr für die Empfängerin oder den Empfänger, also nicht für die Gefahrenabwehr- oder die Polizeibehörden, unerlässlich ist.

22.5 Zu Abs. 5

Eines Ersuchens der Gefahrenabwehr- oder der Polizeibehörden bedarf es nicht. Spezialgesetzlich bindende Regelungen für die übermittelnde Behörde (zum Beispiel aufgrund melderechtlicher oder straßenverkehrsrechtlicher Vorschriften, Sozialgesetzbuch X) gehen vor.

Die Vorschrift des § 22 ist die Ermächtigungsgrundlage für die Übermittlung personenbezogener Daten innerhalb des nationalen Bereichs, insbesondere für eine solche der Gefahrenabwehr- und Polizeibehörden an andere Behörden oder öffentliche Stellen sowie an nicht öffentliche Stellen. Die Vorschrift ist durch Gesetz v. 3.5.2018 (HessGVBl. 82) wesentlich geändert worden. Die zu § 22 erlassene Verwaltungsvorschrift (Nr. 22 ff. VVHSOG) befand sich vor ihrem Außerkrafttreten zum 1.1.2025 auf dem Stand v. 10.11.2015 (StAnz 1226), hatte also die Änderungen nicht nachvollzogen.

Übersicht

A. Allgemeines

I. Zweck und Struktur der Norm

1 Für die Übermittlung personenbezogener Daten durch die Gefahrenabwehr- und Polizeibehörden bedarf es – neben dem Vorliegen allgemeiner Voraussetzungen (§ 21) – stets einer speziellen Befugnisnorm (→ § 21 Rn. 5 f.).

2 Bis zum Gesetz v. 3.5.2018 (HessGVBl. 82) enthielt § 22 eine solche für Datenübermittlungen, die den öffentlichen Bereich nicht verlassen, einschließlich von Übermittlungen an Stellen in EU-Staaten, Drittstaaten und an über- und zwischenstaatliche Stellen.

2.1 Die Datenübermittlung an Personen und Stellen außerhalb des öffentlichen Bereichs war in § 23 aF geregelt.

3 Nunmehr enthält § 22 die Voraussetzungen für alle Fälle der Datenübermittlung im innerstaatlichen Bereich (Abs. 1–4, Abs. 6) sowie für solche an Stellen in der Europäischen Union und in (sonstige) „Schengen"-Staaten (Abs. 5).

4 Dabei differenziert die Regelung des § 22 hinsichtlich der Tatbestandsvoraussetzungen jeweils nach den beteiligten Behörden und Stellen.

Nach § 22 aF waren die Voraussetzungen für die Datenübermittlung umso höher, je weiter die Aufgaben der Empfängerstelle von den Aufgaben der übermittelnden Gefahrenabwehr- oder Polizeibehörde entfernt waren. Damit trug die Regelung der jeweiligen Eingriffsintensität der Datenübermittlung Rechnung, die als – eine durch Perpetuierung der Datenerhebung – erneut in das Recht auf informationelle Selbstbestimmung eingreifende Maßnahme (→ § 21 Rn. 8 f.) grundsätzlich umso schwerer wiegt, je weiter der Zweck der Übermittlung von dem der ursprünglichen Datenerhebung abweicht. In den Unterschieden der Voraussetzungen von Abs. 1 und Abs. 2 nF findet sich dieser Grundgedanke noch wieder; die vormalige Zweckbindung bei Übermittlungen nach Abs. 1 S. 4 ist allerdings zugunsten des Grundsatzes der hypothetischen Datenneuerhebung entfallen (→ Rn. 5). **4.1**

Nach § 20 Abs. 1–3, die gem. § 21 Abs. 1 S. 1 zur Anwendung kommen, gilt in allen Fällen einer durch die Weitergabe bewirkten Zweckänderung (also in aller Regel, vgl. → § 21 Rn. 9, → § 21 Rn. 25 f.) darüber hinaus der Grundsatz der hypothetischen Datenneuerhebung für die Datenübermittlung (vgl. → § 21 Rn. 27 sowie → Rn. 37 ff.). **5**

In diesem Sinne enthält Abs. 1 S. 1 zunächst die Befugnis zu Datenübermittlungen zwischen hessischen Polizeibehörden; dies ergänzt Abs. 1 S. 2 um die Befugnis zur Datenübermittlung an Polizeibehörden und -dienststellen des Bundes und anderer Bundesländer. **6**

Sodann regelt Abs. 1 S. 3 die Datenübermittlung zwischen Gefahrenabwehr- und Polizeibehörden sowie den Gefahrenabwehrbehörden untereinander. **7**

Abs. 2 und Abs. 3 enthalten Ermächtigungsgrundlagen für die Datenübermittlung der Gefahrenabwehr- und Polizeibehörden an sonstige inländische Behörden und öffentliche Stellen (Abs. 2) sowie an Stellen außerhalb des öffentlichen Bereichs (Abs. 3). **8**

In Abs. 4 wird das grundsätzliche Verbot der Übermittlung personenbezogener Bewertungen für den Fall einer Übermittlung zur Abwehr konkreter Gefahren modifiziert. **9**

Nicht in die Struktur der Vorschrift passt die Regelung in Abs. 5: Sie hat die umgekehrte Übermittlungsrichtung – Datenübermittlung anderer Behörden oder öffentlicher Stellen an die Gefahrenabwehr- und Polizeibehörden – zum Gegenstand. Diese wäre systematisch richtiger Weise in den einschlägigen Spezialgesetzen dieser Behörden (→ § 21 Rn. 84) oder – soweit solche fehlen – im HDSIG zu regeln. **10**

Soweit Datenübermittlungen innerhalb des öffentlichen Bereichs speziell geregelt sind (→ § 21 Rn. 84), lässt § 22 diese Regelungen unberührt; innerhalb des HSOG gelten speziellere Vorschriften für die Datenübermittlung im Rahmen von Ausschreibungen zur polizeilichen Beobachtungen (§ 17, vgl. → § 17 Rn. 1), im automatisierten Abrufverfahren (§ 24) und bei der „Rasterfahndung" (§ 26). **11**

II. Parallelvorschriften

Parallelvorschriften, die die Datenübermittlung im innerstaatlichen Bereich sowie für solche an Stellen in der Europäischen Union und in sonstigen „Schengen"-Staaten regeln, finden sich in den meisten Polizeigesetzen, wobei sie zum Teil abweichend von der hessischen Regelung – differenziert nach den Empfängerstellen – auf mehrere Normen verteilt sind (vgl. §§ 59–61 BWPolG, Art. 56–58 BayPAG, §§ 41, 43, 44 NPOG, §§ 27, 28 PolG NRW. Auch inhaltlich weichen die Normen hinsichtlich der Voraussetzungen und Rechtsfolgen teilweise von der hessischen Rechtslage ab. **12**

Bundesrechtliche Entsprechungen zu § 22 enthalten §§ 32, 32a BPolG und §§ 25, 26 BKAG. Repressive – allerdings nur bedingt vergleichbare – Parallelenormen finden sich in § 161 Abs. 1 S. 1 StPO, § 163 Abs. 1 S. 2 StPO, §§ 474, 479 StPO. **13**

B. Einzelkommentierung

Praktisch folgt die Datenübermittlung im innerstaatlichen Bereich und an Stellen in der EU und in sonstigen „Schengen"-Staaten gem. § 22 dem Prinzip der Einfacherhebung und Mehrfachnutzung. Durch dieses Prinzip wird dem Betroffenen in vielen Fällen eine weitere Datenerhebung „erspart"; ein weiterer Grundrechtseingriff – unterschiedlicher Intensität – liegt regelmäßig dennoch vor (→ § 21 Rn. 8 ff.). **14**

Die Regelung des § 22 findet ungeachtet der Frage Anwendung, ob eine Datenübermittlung von Amts wegen durch die übermittelnde Behörde oder auf ein Ersuchen der Empfängerbehörde vorgenommen wird (vgl. zur Vorgängernorm Meixner/Fredrich, 12. Aufl. 2016, Rn. 12; → Rn. 29). **15**

16 Auf die Übermittlung von Daten an die Nachrichtendienste ist die Vorschrift nicht anwendbar; der Datenaustausch zwischen diesen und der Polizei richtet sich nach eigenständigen speziellen Vorschriften (vgl. iE → § 21 Rn. 85).

17 Keine Anwendung findet § 22 darüber hinaus auf rein repressive Datenübermittlungen – diese richten sich nach Strafverfahrensrecht, etwa nach § 161 Abs. 1 S. 1 StPO, § 163 Abs. 1 S. 2 StPO, §§ 474, 479 StPO – oder sonstige spezialgesetzliche geregelte Bereiche (vgl. iE → § 21 Rn. 84).

I. Übermittlung personenbezogener Daten zwischen Polizei- und Gefahrenabwehrbehörden (Abs. 1)

18 Abs. 1 regelt die Datenübermittlung der Polizeibehörden untereinander, zwischen diesen und Gefahrenabwehrbehörden sowie der Gefahrenabwehrbehörden untereinander.

1. Datenübermittlung zwischen Polizeibehörden (Abs. 1 S. 1 und S. 2)

19 Abs. 1 S. 1 regelt die Datenübermittlung zwischen den hessischen Polizeibehörden. Dies sind nach der abschließenden gesetzlichen Aufzählung in § 91 Abs. 2 das Hessische Ministerium des Innern und für Sport als Landespolizeipräsidium, die Polizeipräsidien (derzeit sieben, vgl. § 5 Abs. 2 HSOG-DVO), das Hessische Landeskriminalamt, das Hessische Bereitschaftspolizeipräsidium, das Präsidium für Technik sowie die Polizeiakademie Hessen (vgl. iE auch § 2–9 HSOG-DVO sowie → § 91 Rn. 10 ff.).

20 Diese Polizeibehörden können jeweils personenbezogene Daten an (eine) andere Polizeibehörde(n) übermitteln, soweit sie diese Daten in Erfüllung ihrer Aufgaben nach § 1 erlangt haben und die Übermittlung zur Erfüllung (einer) dieser Aufgaben erforderlich ist.

21 Da übermittelnde und empfangende Behörde nach § 1 identische Aufgaben haben, verlangt das Gesetz insoweit als tatbestandliche Voraussetzung für die Übermittlung – neben der Zuständigkeit – lediglich deren Erforderlichkeit (vgl. zum zusätzlich zu beachtenden Grundsatz der hypothetischen Datenneuerhebung → Rn. 26). Die Kenntnis der Daten muss also für die Aufgabenerfüllung der empfangenden notwendig sowie – nach allgemeinen Regeln – geeignet, das mildeste Mittel und angemessen (→ § 4 Rn. 1 ff., → Rn. 35) sein.

22 Dass die übermittelnde Polizeibehörde die Daten in Erfüllung ihrer Aufgaben erlangt haben muss bedeutet nicht, dass sie die Daten rechtmäßig erlangt haben muss. Für die Beantwortung der Frage, ob dies gleichwohl als ungeschriebenes Tatbestandsmerkmal des Abs. 1 S. 1 anzusehen ist, ergeben sich aus dem HSOG – wie auch im Fall der Datenweiterverarbeitung (→ § 20 Rn. 60) – keine zwingenden Kriterien.

23 Da hinsichtlich dieser Frage für eine Differenzierung zwischen Datenweiterverarbeitung und Datenübermittlung auf die Ausführungen zu § 20 (→ § 20 Rn. 60 ff.) verwiesen werden kann, ist auch hier im Ergebnis auf eine Lösung mittels Abwägung zurück zu greifen.

24 Die Regelung des Abs. 1 S. 2 Hs. 1 erweitert die innerhessische Übermittlungsbefugnis – unter Übernahme der dort geltenden Voraussetzungen – auf die Polizeibehörden und -dienststellen der anderen Bundesländer und des Bundes. Erstere sind die in den Landespolizeigesetzen jeweils aufgezählten Behörden, letztere das Bundeskriminalamt (vgl. § 1 BKAG), die Behörden der Bundespolizei (vgl. § 57 BPolG) und der Polizeidienst des Bundestages (vgl. Art. 40 Abs. 2 GG; vgl. auch Meixner/Fredrich, 12. Aufl. 2016, Rn. 5).

25 Die vormalige Regelung des Abs. 1 S. 2 Hs. 2 aF, die seit 2009 die Befugnis inhaltlich unverändert auch auf die (anderen) Mitgliedsstaaten der EU und auf die am Schengen-Besitzstand teilhabenden assoziierten Staaten, erweitert hatte womit europarechtliche Vorgaben umgesetzt wurden (vgl. LT-Drs. 18/861, 16), findet sich nunmehr in abgewandelter Form in Abs. 5.

26 Zugunsten des Grundsatzes der hypothetischen Datenneuerhebung ist auch die bis zum Gesetz v. 3.5.2018 (HessGVBl. 82) nach Abs. 1 S. 4 aF für Datenübermittlungen nach Absatz 1 geltende Zweckbindung entfallen (vgl. → Rn. 5); zusätzlich zur tatbestandlichen Voraussetzung der Erforderlichkeit der Übermittlung ist diese danach nur zulässig, wenn die Daten zu dem Übermittlungszweck mit dem gleichen Mittel hätten erhoben werden dürfen (vgl. iE → Rn. 37 ff.).

2. Datenübermittlung zwischen Gefahrenabwehr- und Polizeibehörden sowie der Gefahrenabwehrbehörden untereinander (Abs. 1 S. 3)

Nach Abs. 1 S. 3 können zwischen den Gefahrenabwehrbehörden, anderen für die Gefahrenabwehr zuständigen Behörden oder öffentlichen Stellen und den Polizeibehörden personenbezogene Daten übermittelt werden, soweit die Kenntnis dieser Daten zur Erfüllung der Aufgaben der empfangenden Stelle erforderlich erscheint. 27

Abs. 1 S. 3 erlaubt also vor allem den Datentransfer von der Polizei zu anderen Behörden mit Gefahrenabwehrkompetenzen, dh zu den allgemeinen und besonderen Ordnungsbehörden und Behörden der allgemeinen Verwaltung (vgl. §§ 85 ff., 81 ff.), die originäre Gefahrenabwehraufgaben nach § 1 wahrnehmen. 28

Aus der Formulierung „erforderlich erscheint" wird ersichtlich, dass der Gesetzgeber bei dieser Alternative vor allem Fälle vor Augen hatte, in denen kein Übermittlungsersuchen der empfangenden Gefahrenabwehrbehörde vorliegt, die Polizei vielmehr von Amts wegen tätig wird, wenn aus ihrer Sicht eine Übermittlung personenbezogener Daten nötig ist. 29

Die Vorschrift knüpft damit an die den Gefahrenabwehr- und Polizeibehörden durch § 1 Abs. 6 übertragene Aufgabe an, sich unverzüglich gegenseitig über Vorgänge zu unterrichten, deren Kenntnis für die Aufgabenerfüllung der anderen Behörden bedeutsam erscheint; sie konkretisiert und begrenzt die Erfüllung dieser Aufgabe für den Bereich der Datenübermittlung. 30

Sie erfasst als Datenempfänger jedoch nicht nur die von § 1 Abs. 6 adressierten hessischen Behörden, sondern auch solche des Bundes und anderer Bundesländer mit Aufgaben der Gefahrenabwehr. Im Ergebnis wird damit durch Abs. 1 S. 3 die Übermittlung von Daten an eine sehr große Anzahl von Behörden ermöglicht (vgl. etwa die Übersicht über die 18 nicht polizei- und nachrichtendienstlichen Bundesbehörden, die mit speziellen Gefahrenabwehraufgaben betraut sind Lisken/Denninger PolR-HdB/Rachor/Roggan C Rn. 2; zu den allgemeinen und Sonderordnungsbehörden auf Landesebene Gusy PolR Rn. 67 ff.; Schenke PolR Rn. 449 ff.). 31

Da die Frage, ob diese Behörden polizeiliche Daten zur Erfüllung ihrer Aufgaben benötigen, von den Polizeibehörden – insbesondere bei speziellen Gefahrenabwehraufgaben (etwa Umweltschutz oder technische Sicherheit) – nicht mit derselben Treffsicherheit beantwortet werden kann, wie bei den originär polizeibehördlichen Aufgaben, wurde die – nur eine schwache Schranke errichtende – Formulierung „erforderlich erscheint" gewählt (vgl. Fredrich Rn. 3). 32

Dies rechtfertigt sich zumindest im Grundsatz daraus, dass unter dem – wenn auch weit gespannten – Dach der Gefahrenabwehr zumindest eine Vergleichbarkeit der Zwecke auf Übermittler- und Empfängerseite gegeben ist. 33

Angesichts der Vielschichtigkeit der Aufgaben zur Gefahrenabwehr und der Vielzahl der mit diesen Aufgaben betrauten Behörden und Stellen dürfte eine andere als die gewählte generalklauselartige Regelung unter Praktikabilitätsgesichtspunkten kaum möglich sein. 34

Wegen der Weite der Regelung bedarf es daher im Einzelfall vor der Datenübermittlung einer Verhältnismäßigkeitsprüfung (→ Rn. 21), die diesen Namen verdient. 35

Immerhin hat der Gesetzgeber insoweit die Gefahr gesehen, dass die Polizeibehörden mittels einer solchen Regelung – unter Umständen unter Umgehung des Bundeszentralregisters – zum informationellen Erfüllungsgehilfen von Genehmigungsbehörden werden könnten und ist dieser mit § 21 Abs. 4 entgegengetreten. 36

3. Wegfall des Zweckbindungsgrundsatzes zugunsten des Grundsatzes der hypothetischen Datenneuerhebung

Bis zur Änderung des § 22 durch Gesetz v. 3.5.2018 (HessGVBl. 82) galt für die Datenübermittlungen nach Abs. 1 S. 1–3 der – allerdings durch Ausnahmen eingeschränkte – Zweckbindungsgrundsatz; dieser ist durch die Streichung des Abs. 1 S. 4 aF entfallen. 37

Nach Abs. 1 S. 4 aF galt für die Übermittlung personenbezogener Daten nach Abs. 1 S. 1–3 die Regelung des § 20 Abs. 3 aF entsprechend. Die Gefahrenabwehr- und die Polizeibehörden konnten danach personenbezogene Daten über andere als die in § 13 Abs. 2 Nr. 1 genannten Personen nur zu den Zwecken übermitteln, zu denen sie diese Daten erlangt haben. Der Zweckbindungsgrundsatz galt also zunächst nicht für potentielle Straftäter iSd § 13 Abs. 2 Nr. 1. Deren Daten dürfen ohne Weiteres 37.1

auch übermittelt werden, wenn dies zu einem anderen Zweck als dem erfolgt, zu dem die Daten ursprünglich erlangt wurden. Auch hier galt zudem die Ausnahme, dass eine Übermittlung zu einem anderen gefahrenabwehrbehördlichen oder polizeilichen Zweck zulässig war, soweit die Gefahrenabwehr- und die Polizeibehörden die Daten auch zu diesem Zweck hätten erheben und noch verarbeiten können.

38 Eine Ersatzregelung war insoweit entbehrlich, als der Gesetzgeber nach § 21 Abs. 1 S. 1 für alle Fälle der Datenübermittlung die Geltung des § 20 Abs. 1–3 anordnet. Soweit also durch die Datenübermittlung ein Zweckwechsel bewirkt wird – woran es nur ausnahmsweise fehlt, wenn die Übermittlung der Zweck der Datenerhebung war (vgl. → § 21 Rn. 25 ff.) – kommt der Grundsatz der hypothetischen Datenneuerhebung nach § 20 Abs. 2 und Abs. 3 zur Anwendung (vgl. → Rn. 4.1, → Rn. 26, → Rn. 37 ff.) die Datenübermittlung ist danach nur zulässig, wenn die Daten zu dem Zweck, der ihr zugrunde liegt, mit dem gleichen Mittel hätten erhoben werden dürfen.

39 Dies ist der Fall, wenn durch die Übermittlung vergleichbar schwerwiegende Straftaten oder Ordnungswidrigkeiten verhütet oder vergleichbar bedeutsame Rechtsgüter oder sonstige Rechte geschützt werden sollen, wie durch die (vorherige) Datenerhebung; darüber hinaus müssen sich im Einzelfall konkrete Ermittlungsansätze zur Verhütung solcher Straftaten oder Ordnungswidrigkeiten ergeben oder zur Abwehr von in einem übersehbaren Zeitraum drohenden Gefahren für mindestens vergleichbar bedeutsame Rechtsgüter oder sonstige Rechte erkennen lassen (vgl. § 20 Abs. 3).

40 Wie bei der Weiterverarbeitung ergeben sich hier praktisch nicht unerhebliche Schwierigkeiten hinsichtlich der Beantwortung der Frage, ob und inwieweit diese Voraussetzungen vorliegen (vgl. → § 20 Rn. 55, → § 20 Rn. 72).

41 Sollen Daten aus dem verdeckten Einsatz technischer Mittel in oder aus Wohnungen oder einem verdeckten Eingriff in informationstechnische Systeme übermittelt werden, muss darüber hinaus eine Gefahrenlage iSd § 15 Abs. 4 bzw. § 15c Abs. 1 oder Abs. 2 gegeben sein (§ 20 Abs. 4).

II. Übermittlung personenbezogener Daten an sonstige inländische Behörden und öffentliche Stellen (Abs. 2)

42 Abs. 2 enthält die Befugnis für die Datenübermittlung der Gefahrenabwehr- und Polizeibehörden an alle sonstigen inländischen Behörden und öffentliche Stellen (Abs. 2). Die Regelung ist hinsichtlich der Formulierung in S. 1 Hs. 1 insoweit unglücklich, als sie als negatives Tatbestandsmerkmal gefasst ist, der Sache nach jedoch lediglich den Kreis der Empfängerbehörden erweitern soll.

42.1 Nimmt man die Norm als negatives Tatbestandsmerkmal wörtlich, käme eine Übermittlung nach Abs. 2 nur in Betracht, wenn sie **nicht** zur Erfüllung der Aufgaben der übermittelnden Stelle (Abs. 1 S. 1 und S. 2) bzw. die Kenntnis der Daten **nicht** zur Erfüllung der Daten der empfangenden Stelle erforderlich ist (Abs. 1 S. 3); nur dann lägen ja die Voraussetzungen des Abs. 1 nicht vor. Damit würde Abs. 2 Nr. 2 (Gefahr für die empfangende Stelle) paradox, weil die Übermittlung durch Polizeibehörden in diesem Fall immer auch der Erfüllung der eigenen Gefahrenabwehraufgaben der Polizei dient.

42.2 Dass dies nicht so gemeint ist, zeigt die Vorgängerregelung, aus der die Formulierung unvollständig übernommen wurde. Abs. 1 S. 5 aF lautete: „Liegen die Voraussetzungen nach Satz 1 bis 4 nicht vor, ist Abs. 2 anzuwenden". Damit wollte der Gesetzgeber verdeutlichen, dass die Voraussetzungen aus Abs. 1–4 aF die Datenübermittlung hinsichtlich der genannten Behörden nicht abschließend regeln.

43 Nach Abs. 2 S. 1 Nr. 1 erfolgt die Datenübermittlung regelmäßig von Amts wegen durch die Gefahrenabwehr- oder Polizeibehörde; in den Fällen der Abs. 2 S. 1 Nr. 2–5 kann der Übermittlung praktisch auch ein Ersuchen des Empfängers zugrunde liegen.

44 Im Hinblick auf ihre relative Weite kann die Regelung als Auffangvorschrift gesehen werden (vgl. zur insoweit unveränderten Vorgängernorm Meixner/Fredrich, 12. Aufl. 2016, § 22 Rn. 13).

45 Nach Abs. 2 Nr. 1 muss die Übermittlung zur Erfüllung gefahrenabwehrbehördlicher oder polizeilicher Aufgaben erforderlich sein, wobei es unerheblich ist, ob es sich um eine Aufgabe der übermittelnden oder der empfangenden Behörde handelt (vgl. auch die Bsp. bei Fredrich Rn. 5).

Gemäß Abs. 2 Nr. 2 kann eine Übermittlung zudem zur Abwehr einer Gefahr für die empfangende Stelle erfolgen; es muss sich um eine im Einzelfall bestehende, also konkrete Gefahr handeln (vgl. das Bsp. bei Fredrich Rn. 6). **46**

Indem die Vorschrift des Abs. 2 Nr. 3 es genügen lässt, dass die Datenermittlung aufgrund tatsächlicher Anhaltspunkte zur Wahrnehmung einer sonstigen Gefahrenabwehraufgabe durch die empfangende Stelle erfolgt, macht sie deutlich, dass insoweit keine konkrete Gefahr in diesem Sinne erforderlich ist. **47**

Der Fall einer Datenübermittlung zur Verhütung oder Beseitigung erheblicher Nachteile für das Gemeinwohl nach Abs. 2 Nr. 4 dürfte in vielen Fällen schon von den Alternativen in Nr. 1–3 erfasst sein (so auch in dem Bsp. bei Fredrich Rn. 8). **48**

Gleiches gilt für die Verhütung oder Beseitigung einer schwerwiegenden Beeinträchtigung der Rechte einer anderen Person als Übermittlungszweck nach Abs. 2 Nr. 5 (vgl. das Bsp. von Hornmann HSOG Rn. 24). Da hier jedoch nicht nur Rechtsgüter wie Leib, Leben und Freiheit erfasst sind, sind selbständige Anwendungsfälle etwa aus dem Bereich des Schutzes privater Rechts jedoch zumindest denkbar. **49**

Abs. 2 S. 2 enthält für die letztgenannte Alternative eine besondere Form- und Verfahrensvorschrift; die Person deren Daten nach Abs. 2 Nr. 5 übermittelt wurden ist von der Übermittlung zu benachrichtigen, sobald der Zweck der Übermittlung dem nicht mehr entgegensteht. Diese Regelung geht den allgemeinen Vorschriften über die Benachrichtigung in § 29 vor. **50**

III. Übermittlung personenbezogener Daten an Stellen außerhalb des öffentlichen Bereichs (Abs. 3)

Abs. 3 regelt die Voraussetzungen der – vormals in § 23 aF angesiedelten – Übermittlung personenbezogener Daten Stellen außerhalb des öffentlichen Bereichs. **51**

Dabei unterscheidet die Regelung des Abs. 3 – wie die allgemeine Parallelvorschrift des § 22 Abs. 2 HDSIG – nicht danach, ob es sich bei dem Empfänger um natürliche oder juristische Personen des Privatrechts oder um nicht-rechtsfähige Personenvereinigungen handelt; auch ist es unerheblich, ob eine Anfrage des Privaten vorliegt. **52**

Die Voraussetzungen für die polizei- oder gefahrenabwehrbehördliche Datenübermittlung an Private in Hessen sind im Wesentlichen mit denen anderer Bundeländer für die Übermittlung an nicht-polizeiliche öffentliche Stellen vergleichbar (vgl. iE Lisken/Denninger PolR-HdB/Petri, 6. Aufl. 2018, G Rn. 1001). **53**

Die Vorschrift des Abs. 3 gilt für die Datenübermittlung sowohl der Gefahrenabwehr- als auch der Polizeibehörden. **54**

Sie erlaubt unterschiedslos die Übermittlung personenbezogener Daten an (natürliche) Personen und Stellen (juristische Personen des Privatrechts, private Personenvereinigungen) außerhalb des öffentlichen Bereichs. **55**

1. Anwendungsbereich

Hinsichtlich ihres Anwendungsbereichs tritt die Vorschrift des Abs. 3 hinter die Spezialregelung des § 3 Abs. 1 HPresseG zurück, wenn es um die Datenübermittlung an Privatrechtssubjekte geht, die unter die Pressefreiheit des Art. 5 Abs. 1 S. 2 GG fallen. **56**

Nach dieser Vorschrift sind alle Behörden – also auch die Gefahrenabwehr- und Polizeibehörden – verpflichtet, der Presse die gewünschten Auskünfte zu erteilen. Sie können eine Auskunft nur verweigern, soweit durch sie die sachgemäße Durchführung eines straf- oder dienststrafgerichtlichen Verfahrens vereitelt, erschwert, verzögert oder gefährdet werden könnte. **57**

Des Weiteren besteht ein Verweigerungsrecht, soweit Auskünfte über persönliche Angelegenheiten einzelner verlangt werden, an deren öffentlicher Bekanntgabe kein berechtigtes Interesse besteht, und soweit Maßnahmen, die im öffentlichen Interesse liegen, durch ihre vorzeitige öffentliche Erörterung vereitelt, erschwert, verzögert oder gefährdet werden könnten (vgl. zu der Problematik einer ohne Notwendigkeit erfolgenden Preisgabe personenbezogener Daten durch Polizeibehörden und Staatsanwaltschaften zur Verkündung von Fahndungserfolgen eingehend Lisken/Denninger PolR-HdB/Petri, 6. Aufl. 2018, G Rn. 1013 mwN). **58**

59 Für Auskünfte aus strafrechtlichen Ermittlungsverfahren gelten die speziellen Regelungen der § 147 Abs. 2 StPO, § 475 Abs. 1 StPO; für Datenübermittlungen im Rahmen einer Öffentlichkeitsfahndung die der § 131 Abs. 3–5 StPO, § 131b StPO.

60 Erfolgt eine Datenübermittlung durch die Gefahrenabwehr- oder Polizeibehörden an private Stellen nicht zu Zwecken iSd § 40 HDSIG, richtet sie sich ebenfalls nicht nach Abs. 3; in diesen Fällen findet vielmehr die DS-GVO Anwendung (vgl. § 3 Abs. 4 HSOG und Art. 9 Abs. 1 S. 2 JI-RL); namentlich richtet sich die Übermittlung dann nach Art. 6 Abs. 1, Abs. 4 DSGVO (vgl. auch SGR/Graulich BKAG § 25 Rn. 24; Lisken/Denninger PolR-HdB/Petri G, 6. Aufl. 2018, Rn. 1003).

2. Voraussetzungen für die Übermittlung personenbezogener Daten an Private (Abs. 3 S. 1)

61 Hinsichtlich der tatbestandlichen Voraussetzungen für die Datenübermittlung an Private stimmen wörtlich verweist Abs. 3 S. 1 auf Abs. 2 Nr. 1, Nr. 2, Nr. 4 und Nr. 5. Die Übermittlung muss zu einem der dort genannten Zwecke, also zur Erfüllung gefahrenabwehrbehördlicher oder polizeilicher Aufgaben, zur Abwehr einer Gefahr für die empfangende Stelle, zur Verhütung oder Beseitigung erheblicher Nachteile für das Gemeinwohl oder zur Verhütung oder Beseitigung einer schwerwiegenden Beeinträchtigung der Rechte einer anderen Person erforderlich sein.

62 Es handelt sich insoweit um eine abschließende Aufzählung (vgl. zu den Voraussetzungen iE → Rn. 45 ff.). Auch hier ist zusätzlich zu den tatbestandlichen Voraussetzung und der Erforderlichkeit der Übermittlung zu beachten, dass eine solche immer nur zulässig ist, wenn die Daten zu dem Übermittlungszweck mit dem gleichen Mittel hätten erhoben werden dürfen (vgl. iE → Rn. 37 ff.).

3. (Keine) Ermächtigung zur öffentlichen Bekanntgabe personenbezogener Daten

63 Umstritten ist die Frage, ob auf Abs. 3 S. 1 (und die Parallelnormen anderer Bundesländer) auch die Bekanntgabe personenbezogener Daten – ggf. einschließlich von Lichtbildern – an die Öffentlichkeit gestützt werden kann, sei es zum Zweck der Warnung, des Auffindens vermisster Personen oder Ähnlichem (sog. präventiv-polizeiliche Öffentlichkeitsfahndung; vgl. etwa den der Entscheidung von OVG Hamburg NVwZ-RR 2009, 878 ff. zugrunde liegenden Sachverhalt).

64 Während dies für den repressiv-polizeilichen Bereich in §§ 131a, 131b StPO relativ klar geregelt ist, enthalten vergleichsweise wenige Landespolizeigesetze hierfür spezielle Ermächtigungsgrundlagen (vgl. § 34 Abs. 7 RhPfPOG, § 41 Abs. 2 SOG M-V, § 44 Abs. 2 NPOG, § 36g Abs. 2 BremPolG und § 21 Abs. 2 PolEDVG).

65 In der Literatur wird bei Fehlen einer solchen Vorschrift zum Teil der Rückgriff auf die allgemeinen Vorschriften zur Datenübermittlung an Stellen außerhalb des öffentlichen Bereichs – wenn auch unter restriktiver Auslegung – für zulässig gehalten (BeckOK PolR NRW/Ogorek PolG NRW § 27, Rn. 43 mwN; Schmidbauer/Steiner/Schmidbauer BayPAG Art. 41 Rn. 10).

66 Auch die Rechtsprechung hat diesen Weg bereits beschritten (OVG Hamburg NVwZ-RR 2009, 878 ff.), die – inzwischen geänderte – Ermächtigungsgrundlage dann jedoch unter anderen Gesichtspunkten für verfassungswidrig gehalten (vgl. zur Kritik an dem Urteil Lisken/Denninger PolR-HdB/Petri, 5. Aufl. 2012, G Rn. 304).

67 Richtiger Weise ist davon auszugehen, dass eine Ermächtigungsgrundlage, die die Übermittlung an „nicht-öffentliche Stellen" erlaubt, schon unter Bestimmtheitsgesichtspunkten nicht die Datenübermittlung an die Öffentlichkeit – also an einen ebenso unbestimmten wie unbestimmbaren Kreis von Privatpersonen – erfasst.

67.1 Dass daran vom hessischen Gesetzgeber nicht gedacht war, zeigen auch die Regelungen des Abs. 3 S. 3, wonach eine „empfangende Stelle" identifizierbar sein muss, sowie des § 21 Abs. 6 wonach diese „Stelle" spezifische Verpflichtungen hat, auf die sie hinzuweisen ist.

68 Dies gilt umso mehr angesichts der erheblichen Intensität des Eingriffs durch Weitergabe personenbezogener Daten an die Öffentlichkeit etwa über Massenmedien; sollte der Gesetz-

geber einen solchen vorsehen wollen, wäre die Schaffung einer ausdrücklichen bereichsspezifischen sowie hinreichend bestimmten und begrenzten gesetzlichen Ermächtigung von verfassungsrechtlich geboten (so auch Lisken/Denninger PolR-HdB/Petri, 5. Aufl. 2012, G Rn. 304).

4. Form- und Verfahrensvorschriften

Anders als nach der Vorgängerregelung (§ 23 Abs. 3 S. 2 aF) obliegt die Prüfung der Zulässigkeit der Übermittlung an nicht-öffentliche Stellen nach Abs. 3 nicht mehr alleine der übermittelnden Stelle. **69**

Es bleibt daher insoweit bei der allgemeinen Regelung des § 21 Abs. 5, wobei jedoch für eine entsprechende Prüfung nach § 21 Abs. 5 S. 3 bei der Übermittlung an Private aufgrund eines Ersuchens immer ein „besonderer Anlass" im Sinne der Norm bestehen dürfte (so auch Lisken/Denninger PolR-HdB/Petri, 6. Aufl. 2018, G Rn. 1001 zur Parallelvorschrift des § 25 Abs. 8 S. 3 BKAG). **70**

Die betroffene Person ist in den Fällen einer Übermittlung nach Abs. 3 S. 1 iVm Abs. 2 Nr. 5 gem. Abs. 3 S. 2 iVm Abs. 2 S. 2 über die Übermittlung zu unterrichten (vgl. → Rn. 50). **71**

Nach § 21 Abs. 6 S. 1 unterliegt die empfangende Stelle grundsätzlich einer Zweckbindung hinsichtlich der Weiterverarbeitung der übermittelten Daten (vgl. iE → § 21 Rn. 74 ff.) der Empfänger ist auf die Zweckbindung hinzuweisen (§ 21 Abs. 6 S. 3). **72**

Schwer kontrollierbar dürfte indessen die Einhaltung der Verpflichtung des Empfängers sein, die übermittelten Daten nur zu dem Zweck zu nutzen, zu dem sie ihm übermittelt wurden. Die Vorschrift erscheint insoweit etwas praxisfremd. **73**

Auch die vormalige Bußgeldbewehrung für den Fall der Nichteinhaltung dieser Verpflichtung nach § 41 HDSG aF ist mit Inkrafttreten des HDSIG entfallen, das HDSIG für den Anwendungsbereich der §§ 40 ff. HDSIG zwar die Strafnorm des § 37 HDSIG für anwendbar erklärt (§ 79 HDSIG), nicht aber die insoweit einschlägige Bußgeldvorschrift des § 38 HDSIG. **74**

Eine Gleichsetzung der zweckwidrigen Verarbeitung mit einer unberechtigten iSd § 37 Abs. 1 Nr. 1 HDSIG dürfte das strafrechtliche Analogieverbot im Wege stehen; zudem würde es wohl regelmäßig an der Absicht iSd § 37 Abs. 1 Hs. 2 fehlen. **74.1**

Über die Übermittlungen ist nach Abs. 3 S. 3 ein Nachweis zu führen, aus dem aus dem der Anlass, der Inhalt, die empfangende Stelle, der Tag der Übermittlung sowie die Aktenfundstelle hervorgehen. Dieser Nachweis soll innerdienstliche Kontrollen und solche des Datenschutzbeauftragten erleichtern, aber auch vor der Eintragung das Bewusstsein stärken, dass es sich bei der Datenübermittlung an nicht-öffentliche Stellen nur um Ausnahmefälle handeln darf. **75**

Diese Vorschrift erscheint etwa im Hinblick auf den im Rahmen des Schutzes privater Rechte (§ 1 Abs. 3) polizeibehördlich häufig zu veranlassenden Austausch von Personalien etwas überzogen (vgl. § 18 Abs. 1 Alt. 3). **75.1**

Der Nachweis ist nach Abs. 3 S. 4 am Ende des Kalenderjahres, das dem Jahr seiner Erstellung folgt, zu löschen oder zu vernichten. Die Regelungen über die Ausnahmen von diesen Pflichten sind § 25 Abs. 3 und Abs. 4 BKAG nachgebildet (vgl. iE SGR/Graulich BKAG § 25 Rn. 26). **76**

IV. Übermittlung von Bewertungen bei besonderen Gefahrenlagen (Abs. 4)

Abs. 4 lockert das aus § 21 Abs. 1 S. 3 folgende Verbot der Übermittlung personenbezogener Bewertungen (vgl. → § 21 Rn. 32 ff.) für Fälle, in denen deren Übermittlung personenbezogener Daten zur Abwehr einer Gefahr unerlässlich (zum Begriff → § 32 Rn. 21) ist. **77**

Voraussetzung ist aber, dass die empfangende Stelle – nicht die Gefahrenabwehr- oder die Polizeibehörden – diese Daten auf andere Weise, obwohl sie dazu berechtigt ist, nicht oder nicht rechtzeitig oder nur mit unverhältnismäßig hohem Aufwand erlangen kann. **78**

V. Übermittlung personenbezogener Daten an EU-Staaten und (sonstige) Schengen-Staaten (Abs. 5)

79 Durch das Gesetz v. 3.5.2018 (HessGVBl. 82) hat die Befugnis zur Übermittlung personenbezogener Daten durch die Gefahrenabwehr- und Polizeibehörden an Stellen in anderen Mitgliedsstaaten der EU und auf der am Schengen-Besitzstand teilhabenden assoziierten Staaten einen eigenen Absatz enthalten, ohne inhaltlich verändert worden zu sein.

80 Mit der vormals in § 22 Abs. 1 S. 2 aF. befindlichen Vorschrift waren im Jahr 2009 europarechtliche Vorgaben umgesetzt wurden (vgl. LT-Drs. 18/861, 16).

80.1 Anlass und Hintergrund ist der auch als schwedische Initiative bezeichnete RB 2006/960/JI (v. 18.12.2006, ABl. 2006 L 386, 89), der bis zum 19.12.2008 umzusetzen war (vgl. Meixner/Fredrich, 12. Aufl. 2016, Rn. 1; zur Erweiterung der Kompetenzen der EU zur Rechtsetzung auf den Bereich der Strafrechtspflege durch die im Vertrag von Amsterdam 1996 eingeführte Institution des Rahmenbeschlusses Schünemann ZStW 119 (2007), 944 (955 ff.)); ob der hier geregelte, dem Zweck nach präventiv-polizeiliche Datenaustausch von dem Rahmenbeschluss überhaupt erfasst ist, kann nach deutschem Begriffsverständnis durchaus in Frage gestellt werden; nach Art. 2 lit. a RB 2006/960/JI fallen darunter jedoch auch Behörden, die zur Verhütung von Straftaten befugt sind.

81 Bei den am Schengen-Besitzstand teilhabenden assoziierten Staaten handelt es sich derzeit um Island, Liechtenstein, Norwegen und die Schweiz.

82 Für die Übermittlung von Daten an Stellen in EU-Staaten und (sonstigen) Schengen-Staaten gelten Abs. 1–4 entsprechend, dh, es ist wie innerhalb des nationalen Bereichs hinsichtlich der tatbestandlichen Voraussetzungen jeweils nach der Art der empfangenden Stelle und ggf. der Fallgestaltung und des Zwecks der Übermittlung zu differenzieren.

VI. Übermittlung personenbezogener Daten an die Gefahrenabwehr- und Polizeibehörden (Abs. 6)

83 Die Regelung des Abs. 6 – die die des Abs. 5 aF unverändert übernommen hat – enthält eine systemwidrige Datenübermittlungsbefugnis zugunsten der Gefahrenabwehr- und Polizeibehörden. Auf deren Ersuchen oder von Amts wegen müssen andere Behörden und öffentliche Stellen Daten übermitteln, wenn dies zur Abwehr von Gefahren für Leib, Leben oder Freiheit erforderlich ist. Gleichzeitig soll Abs. 6 S. 1 die entsprechende Befugnis für die Datenübermittlung der anderen Behörde schaffen bzw. Übermittlungen ohne Ersuchen rechtfertigen, wenn die genannte Gefahrenschwelle nicht erreicht ist.

84 Bedenklich erscheint insoweit die generalklauselartige und damit nur schwach ausgebildete tatbestandsmäßige Voraussetzung („zur Erfüllung polizeilicher Aufgaben erforderlich erscheint"); diese dürfte den Anforderungen an bereichsspezifischen Datenschutz kaum genügen (vgl. zur Vorgängernorm insoweit auch Hornmann HSOG Rn. 36).

85 Allerdings regeln insoweit vielfach Spezialvorschriften den Datentransfer (zB die §§ 68 ff. und 72 SGB X oder § 34 Abs. 1 BMG, § 38 Abs. 1 BMG, § 8 Abs. 3 AsylG; vgl. iE → § 21 Rn. 83).

86 Derartige Sondervorschriften verdrängen dann die nach Abs. 6 S. 1 gegebene Befugnis zur Datenübermittlung an die Gefahrenabwehr- und Polizeibehörden, denn diese kann – wie auch Abs. 6 S. 1 Hs. 2 verdeutlicht – nur nach Maßgabe und vorbehaltlich von Spezialregelungen greifen.

87 Fehlen spezialgesetzliche Regeln, wird eine Übermittlung nicht dadurch rechtswidrig, dass die Daten den Gefahrenabwehr- und den Polizeibehörden bereits aufgrund eigener Feststellungen bekannt waren, also eine Übermittlung an sich nicht mehr erforderlich war.

88 Die in Abs. 6 S. 2 vorgegebene Übermittlungspflicht für Behörden und öffentliche Stellen im Falle einer Erforderlichkeit für die Abwehr von Gefahren für Leib, Leben oder Freiheit lässt sich als Ausdruck der staatlichen Schutzpflicht verstehen (vgl. → § 12 Rn. 12).

§ 23 Datenübermittlung im internationalen Bereich

(1) [1]Die Gefahrenabwehr- und die Polizeibehörden können personenbezogene Daten zu Zwecken des § 40 des Hessischen Datenschutz- und Informationsfrei-

heitsgesetzes unter Beachtung der §§ 73 bis 75 des Hessischen Datenschutz- und Informationsfreiheitsgesetzes an für Zwecke des § 40 des Hessischen Datenschutz- und Informationsfreiheitsgesetzes zuständige

1. öffentliche Stellen in anderen als den in § 22 Abs. 5 genannten Staaten (Drittländer) und

2. andere über- und zwischenstaatliche Stellen, die in § 22 Abs. 5 nicht genannt sind,

übermitteln, soweit dies erforderlich ist zur Erfüllung einer Aufgabe der übermittelnden Gefahrenabwehr- oder Polizeibehörde oder zur Abwehr einer erheblichen Gefahr durch die empfangende Stelle. [2]Entsprechendes gilt, wenn tatsächliche Anhaltspunkte dafür bestehen, dass Straftaten von erheblicher Bedeutung begangen werden sollen.

(2) [1]Die Gefahrenabwehr- und die Polizeibehörden können zu Zwecken des § 40 des Hessischen Datenschutz- und Informationsfreiheitsgesetzes unter Beachtung des § 76 des Hessischen Datenschutz- und Informationsfreiheitsgesetzes auch an die dort genannten Stellen personenbezogene Daten übermitteln. [2]Zusätzlich können personenbezogene Daten unter den Voraussetzungen des Satz 1 an andere über- und zwischenstaatlichen Stellen als die in Abs. 1 genannten übermittelt werden, soweit ein Fall des Abs. 1 vorliegt.

(3) Abs. 1 gilt für die Übermittlung zu Zwecken außerhalb des § 40 des Hessischen Datenschutz- und Informationsfreiheitsgesetzes unter Beachtung der Art. 44 bis 49 der Verordnung (EU) Nr. 2016/679 an öffentliche Stellen in anderen als den in § 22 Abs. 5 genannten Staaten (Drittländer) und an andere über- und zwischenstaatliche Stellen als die in § 22 Abs. 5 genannten entsprechend.

(4) [1]Zur Beurteilung der Zulässigkeit der Datenübermittlung ist eine fortlaufend aktualisierte Aufstellung über die Einhaltung der elementaren rechtsstaatlichen Grundsätze und Menschenrechtsstandards sowie das Datenschutzniveau in den jeweiligen Drittländern, die die speziellen Erfordernisse des polizeilichen Informationsaustauschs berücksichtigt, heranzuziehen. [2]Hierbei sind insbesondere die jeweils aktuellen Erkenntnisse und maßgeblich zu berücksichtigen, ob ein Angemessenheitsbeschluss der Europäischen Kommission nach Art. 36 der Richtlinie (EU) Nr. 2016/680 des Europäischen Parlaments und des Rates vom 27. April 2016 zum Schutz natürlicher Personen bei der Verarbeitung personenbezogener Daten durch die zuständigen Behörden zum Zwecke der Verhütung, Ermittlung, Aufdeckung oder Verfolgung von Straftaten oder der Strafvollstreckung sowie zum freien Datenverkehr und zur Aufhebung des Rahmenbeschlusses 2008/977/JI des Rates (ABl. EU Nr. L 119 S. 89) oder nach Art. 45 der Verordnung (EU) Nr. 2016/679 vorliegt.

(5) § 22 Abs. 4 gilt entsprechend.

Überblick

Auszug aus der VVHSOG (nicht an die aktuelle Gesetzeslage angepasst und gem. Erlass des Hessischen Ministeriums des Innern und für Sport v. 29.11.2022 (StAnz. 50/2022, 1384) zum 1.1.2025 mangels eines erneuten Verlängerungserlasses ersatzlos außer Kraft getreten):

Zu § 23

23. Datenübermittlung an Personen oder Stellen außerhalb des öffentlichen Bereichs

23.1 Zu Abs. 1

Eine Übermittlung an private Empfängerinnen oder Empfänger ist nur unter den engen Voraussetzungen der Nr. 1 bis 3 zulässig.

23.2 Zu Abs. 2

23.2.1

Die Person, deren Daten nach Abs. 1 Nr. 3 übermittelt worden sind, ist zu unterrichten, sobald der Zweck der Übermittlung dem nicht mehr entgegensteht. Dies folgt aus der entsprechenden Anwendung des § 22 Abs. 2 Satz 2.

23.2.2
Bei Übermittlungen in den Fällen des Abs. 1 Nr. 1 bis 3 gilt § 22 Abs. 4 entsprechend.
23.4 Zu Abs. 4
Das Verzeichnis kann so geführt werden, dass die entsprechenden Vermerke in einem Ordner gesammelt werden.

Die Vorschrift hat durch Gesetz v. 3.5.2018 (HessGVBl. 82) einen völlig neuen Regelungsinhalt erhalten; die vormals enthaltenen Regelungen über die Datenübermittlung an Personen oder Stellen außerhalb des öffentlichen Bereichs findet sich nunmehr in § 22 Abs. 3. § 23 regelt jetzt die Datenübermittlung im internationalen Bereich, soweit nicht die für die Übermittlung an EU-Staaten getroffenen Vorschriften des § 22 Abs. 5 einschlägig sind. Die zu § 23 erlassene Verwaltungsvorschrift (Nr. 23 ff. VVHSOG) befand sich vor ihrem Außerkrafttreten zum 1.1.2025 auf dem Stand v. 10.11.2015 (StAnz 1226), hatte also die Änderungen nicht nachvollzogen.

Übersicht

A. Allgemeines

I. Zweck und Struktur der Norm

1 Für die Übermittlung personenbezogener Daten durch die Gefahrenabwehr- und Polizeibehörden bedarf es – neben dem Vorliegen allgemeiner Voraussetzungen (§ 21) – stets einer speziellen Befugnisnorm (→ § 21 Rn. 5 f.). Eine solche enthält § 23 nunmehr für die Datenübermittlung an Stellen in Drittstaaten (= Nicht-EU-Staaten, vgl. zu Datenübermittlungen an diese § 22 Abs. 5) sowie an über- und zwischenstaatliche Stellen.

1.1 Bis zum Gesetz v. 3.5.2018 (HessGVBl. 82) enthielt § 23 die Regelungen für Datenübermittlungen an Personen oder Stellen außerhalb des öffentlichen Bereichs. Nunmehr enthält sie die Vorgaben.

2 Die Vorschrift gilt sowohl für die Gefahrenabwehr- als auch für die Polizeibehörden. Sie differenziert nach Datenübermittlungen zu den in § 40 HDSIG genannten Zwecken, für die europarechtlich die JI-RL einschlägig ist (Abs. 1 und Abs. 2) und Datenübermittlungen zur Zwecken außerhalb der in § 40 HDSIG aufgeführten, die europarechtlich der DS-GVO unterfallen (Abs. 3).

3 Dementsprechend wird auf die jeweils einschlägigen (weiteren) Vorgaben verwiesen: Auf §§ 73–76 HDSIG für Übermittlungen im Rahmen der in § 40 HDSIG und auf Art. 44–49 DS-GVO für alle übrigen Fälle.

II. Parallelvorschriften

4 Parallelvorschriften zu § 23 finden sich etwa in § 61 BWPolG, Art. 58 BayPAG, § 43 NPOG, § 29 PolG NRW. Inhaltlich weichen die Normen hinsichtlich der Voraussetzungen und Rechtsfolgen teilweise von der hessischen Rechtslage ab.

5 Bundesrechtliche Entsprechungen zu § 23 enthalten § 32 Abs. 2 BPolG und § 27 BKAG.

B. Einzelkommentierung

Ausländische Stellen in Nicht-EU-Staaten sowie über- oder zwischenstaatliche Stellen dürfen durch die hessischen Gefahrenabwehr- und Polizeibehörden nur nach Maßgabe von Abs. 1–3 und unter Berücksichtigung der weiteren Vorgaben der dort in Bezug genommenen Vorschriften des HDSIG und der DS-GVO mit personenbezogenen Daten „beliefert" werden. 6

I. Datenübermittlung an öffentliche Stellen in Drittstaaten zu Zwecken nach § 40 HDSIG (Abs. 1)

Abs. 1 findet Anwendung bei Datenübermittlungen der Gefahrenabwehr- und Polizeibehörden an öffentliche Stellen in Drittländern, die für Verfolgung der in § 40 HDSIG genannten Zwecke zuständige sind sowie an über- und zwischenstaatliche Stellen in Drittländern, die zu diesen Zwecken tätig sind. In Anwendung der in Bezug genommenen Vorschriften des HDSIG lassen sich insoweit drei Fallgestaltungen unterscheiden. 7

Zunächst ist die Übermittlung zulässig wenn – neben weiteren Voraussetzungen – ein sog. Angemessenheitsbeschluss der Europäischen Kommission nach Art. 36 Abs. 3 JI-RL vorliegt (vgl. § 73 HDSIG). 8

Fehlt ein solcher Beschluss, kommt eine Übermittlung nur in Betracht, wenn – neben weiteren Voraussetzungen – in einem rechtsverbindlichen Instrument geeignete Garantien für Schutz personenbezogener Daten vorgesehen sind und der Verantwortliche sich hiervon überzeugt hat (vgl. § 74 HDSIG). 9

Ohne geeignete Garantien für den Schutz personenbezogener Daten kommt eine Übermittlung schließlich ausnahmsweise nur für den Schutz hochrangiger Rechtsgüter oder im Einzelfall zur Verfolgung von Zwecken nach § 40 HDSIG in Betracht (vgl. § 75 HDSIG). 10

In allen drei Fällen muss die Übermittlung entweder zur Erfüllung einer Aufgabe der übermittelnden Gefahrenabwehr- oder Polizeibehörde erforderlich (als gleichsam eigennützig begründet) sein; oder sie muss zur Abwehr einer erheblichen Gefahr durch die empfangende Stelle erforderlich (also gleichsam fremdnützig begründet) sein. Ebenfalls möglich ist die Übermittlung, wenn tatsächliche Anhaltspunkte dafür bestehen, dass Straftaten von erheblicher Bedeutung begangen werden sollen (Abs. 1 S. 2). 11

Diese Vorgabe galt bereits nach der Vorgängerregelung in § 22 Abs. 3 aF. 11.1

Über die Regelungen des § 20 Abs. 2 und Abs. 3, die über die Vorschrift des § 21 Abs. 1 S. 1 zur Anwendung kommen, gilt darüber hinaus der Grundsatz der hypothetischen Datenneuerhebung für die Datenübermittlung nach Abs. 1. 12

II. Datenübermittlung sonstige Stellen in Drittstaaten zu Zwecken nach § 40 HDSIG (Abs. 2 S. 1)

Die Regelung des Abs. 2 ermöglicht über Abs. 1 hinaus die Datenübermittlung zu Zwecken des § 40 HDSIG an sonstige Empfänger in Drittländern, die selbst nicht mit Aufgaben nach § 40 HDSIG befasst sind, erweitert also den Kreis der möglichen Empfänger über die in Abs. 1 genannten Stellen auf sonstige (öffentliche) Stellen oder Einrichtungen und Private in Drittländern. Eine solche Weitergabe ist allerdings nur unter den strengen Voraussetzungen des § 76 HDSIG zulässig; sie setzt nach § 76 Abs. 1 Nr. 1 und Nr. 2 unter anderem voraus, dass keine Grundrechte der betroffenen Person das öffentliche Interesse an einer Übermittlung überwiegen und die Übermittlung an die zur Verhütung und Aufklärung von Straftaten sowie die Gefahrenabwehr zuständigen Stellen wirkungslos oder ungeeignet wäre, insbesondere, weil sie nicht rechtzeitig durchgeführt werden kann. 13

Auch insoweit gilt der Grundsatz der hypothetischen Datenneuerhebung, der über die Vorschrift des § 21 Abs. 1 S. 1 zur Anwendung kommt und auf diese Weise für die Datenübermittlung iSd Abs. 2 S. 1 umgesetzt wird. 14

III. Datenübermittlung an zwischen- und überstaatliche Stellen (Abs. 2 S. 2)

Abs. 2 S. 2 lässt unter den Voraussetzungen des Abs. 1 S. 1 (Erfüllung einer Aufgabe der übermittelnden Gefahrenabwehr- oder Polizeibehörde, Abwehr einer erheblichen Gefahr 15 durch die empfangende Stelle) oder wenn tatsächliche Anhaltspunkte dafür bestehen, dass Straftaten von erheblicher Bedeutung begangen werden sollen darüber hinaus die Datenübermittlung an zwischen- und überstaatliche Stellen zu.

16 In Frage kommen entsprechende Organisationen, wie UNO, NATO oder Europarat; mit Aufgaben nach § 40 HDSIG müssen diese nicht betraut sein. Auch insoweit müssen die Voraussetzungen des § 76 HDSIG vorliegen und es ist der Grundsatz der hypothetischen Datenneuerhebung einzuhalten (→ Rn. 14).

IV. Datenübermittlung zu Zwecken außerhalb der in § 40 HDSIG genannten (Abs. 3)

17 Abs. 3 enthält schließlich Regelungen zu Art. 44–49 DS-GVO und damit zu Übermittlungen personenbezogener Daten außerhalb der Zwecke des § 40 HDSIG an öffentliche Stellen in Drittländern oder an über- und zwischenstaatliche Stellen, die nicht in § 22 Abs. 5 genannt sind.

V. Organisatorische Sicherung datenschutz- und menschenrechtlicher Standards (Abs. 4)

18 Mit der Vorgabe des Abs. 4 soll den vom BVerfG aufgestellten Anforderungen an die Sicherstellung eines datenschutzrechtlich angemessenen und mit elementaren Menschenrechtsgewährleistungen vereinbaren Umgangs mit den übermittelten Daten im Empfängerstaat (BVerfG NJW 2016, 1781 Rn. 339) Rechnung getragen werden.

19 Zugleich setzt die Regelung die Vorgaben aus Art. 38 JI-RL um. Die Regelung ist der in § 28 Abs. 3 BKAG nachgebildet. Die vom Bundeskriminalamt zu führende Aufstellung über die Einhaltung elementarer rechtsstaatlicher Grundsätze und Menschenrechtsstandards sowie das Datenschutzniveau in den jeweiligen Drittländern kann und sollte insoweit als Erkenntnisquelle von den hessischen Behörden für die fortlaufend zu aktualisierende Aufstellung herangezogen werden (vgl. dazu auch Lisken/Denninger PolR-HdB/Müller/Schwabenbauer G Rn. 928).

§ 24 Automatisiertes Abrufverfahren

[1]Die Einrichtung eines Verfahrens, das die automatisierte Übermittlung personenbezogener Daten der Polizeibehörden und der Gefahrenabwehrbehörden durch Abruf ermöglicht, ist zulässig, soweit diese Form der Datenübermittlung unter Berücksichtigung der schutzwürdigen Belange der betroffenen Person und der Erfüllung von Aufgaben der beteiligten Stellen angemessen ist. [2]Zum Abruf können zugelassen werden:

1. Polizeibehörden,
2. die Hessische Hochschule für öffentliches Management und Sicherheit, soweit dies für die Aus- und Fortbildung im Polizeidienst erforderlich ist,
3. Polizeibehörden und -dienststellen des Bundes und der anderen Länder,
4. Gefahrenabwehrbehörden und sonstige öffentliche Stellen in Verfahren, die Zuverlässigkeitsüberprüfungen zum Gegenstand haben,
5. Ausländerbehörden in Verfahren, die die Erteilung von Aufenthaltsgenehmigungen und Aufenthaltsbeendigungen zum Gegenstand haben,
6. Einbürgerungsbehörden in Verfahren, die die Ermittlungen von Einbürgerungsvoraussetzungen zum Gegenstand haben,
7. die Allgemeinheit, soweit es sich um personenbezogene Daten handelt, die für die Öffentlichkeit bestimmt sind.

[3]In den Fällen des Satz 2 Nr. 4 bis 6 darf nur Auskunft erteilt werden, wenn über die betroffene Person keine Daten gespeichert sind (Negativauskunft). [4]Die speichernde Stelle hat in den Fällen des Satz 2 Nr. 1 bis 6 zu gewährleisten, dass die Übermittlung festgestellt und überprüft werden kann, mindestens durch geeignete Stichprobenverfahren.

Überblick

Auszug aus der VVHSOG (nicht an die aktuelle Gesetzeslage angepasst und gem. Erlass des Hessischen Ministeriums des Innern und für Sport v. 29.11.2022 (StAnz. 50/2022, 1384) zum 1.1.2025 mangels eines erneuten Verlängerungserlasses ersatzlos außer Kraft getreten):

Zu § 24

24. Automatisiertes Abrufverfahren

24.1

Die Vorschrift enthält in Abs. 1 nunmehr eine Positivliste derjenigen Stellen, denen der Abruf personenbezogener Daten aus einem automatisierten Verfahren der Polizeibehörden und der Gefahrenabwehrbehörden ermöglicht werden darf. Neben hessischen Polizeibehörden und außerhessischen Polizeidienststellen ist auch der Verwaltungsfachhochschule, den Gefahrenabwehrbehörden sowie weiteren Behörden der Abruf gestattet, insoweit allerdings eingeschränkt auf bestimmte im Gesetz genannte Zwecke.

24.2

Bezüglich der in Nr. 4 bis 6 genannten Behörden ist das Verfahren so auszugestalten, dass diese automatisiert nur so genannte Negativauskünfte erhalten, während sie im Trefferfall eine konventionelle Anfrage stellen müssen. Schließlich wird ein Abruf durch die Allgemeinheit zugelassen, soweit es sich um personenbezogene Daten handelt, die für die Öffentlichkeit bestimmt sind (Nr. 7). Um klarzustellen, dass sich die Protokollierungspflicht in Abs. 3 nicht auf den Abruf von Öffentlichkeitsfahndungen im Internet erstreckt, wird sie auf die Fälle des Abs. 1 Satz 2 Nr. 1 bis 6 beschränkt.

Die Vorschrift des § 24 stellt die Rechtsgrundlage für die Einrichtung automatisierter Abrufverfahren dar. Sie regelt, unter welchen Voraussetzungen, für welche Stellen und in welchem Umfang die Möglichkeit zum Online-Abruf der von den Polizeibehörden gespeicherten personenbezogenen Daten geschaffen werden darf. Die Vorschrift ist durch das Hessische Gesetz zur Anpassung des Hessischen Datenschutzrechts an die Verordnung (EU) Nr. 2016/679 und zur Umsetzung der Richtlinie (EU) Nr. 2016/680 und zur Informationsfreiheit v. 3.5.2018 (HessGVBl. 82) geändert worden. Die zu § 24 erlassene Verwaltungsvorschrift (Nr. 24 ff. VVHSOG) befand sich vor ihrem Außerkrafttreten zum 1.1.2025 auf dem Stand v. 10.11.2015 (StAnz 1226), hatte also die Änderung nicht nachvollzogen.

A. Allgemeines

I. Zweck und Struktur der Norm

Während §§ 22, 23 die „einfache" oder „konventionelle" Datenübermittlung (vgl. Hornmann HSOG Rn. 11, 20) durch die Polizeibehörden regeln, normiert § 24 mit Verfahren zum Online-Zugriff auf gespeicherte personenbezogene Daten eine besondere Form der Übermittlung, die im Zuge des informationstechnischen Fortschritts im öffentlichen und nicht-öffentlichen Raum zunehmend Verbreitung gefunden hat (vgl. auch Lisken/Denninger PolR-HdB/Petri, 6. Aufl. 2018, G Rn. 952 ff.; Hornmann HSOG Rn. 1). **1**

Dass es sich bei der Nutzung solcher Verfahren auch rechtlich um eine Datenübermittlung handelt, macht das HDSIG nicht mehr so deutlich, wie das HSDG aF. Da § 40 Nr. 2 HDSIG aber als Unterfall der Datenverarbeitung auch „die Offenlegung durch Übermittlung, Verbreitung oder eine andere Form der Bereitstellung" erfasst, ist das Automatisierte Abrufverfahren auch weiterhin als Datenverarbeitung in Form der Übermittlung anzusehen (→ Rn. 2.1). **2**

Die Regelung des § 2 Abs. 2 Nr. 3 HDSG aF definierte als Übermittlung nicht nur das Bekanntgeben gespeicherter oder durch Verarbeitung gewonnener Daten Dritte durch Weitergabe im Einzelfall, sondern auch das Bekanntgeben durch **Abruf bereitgehaltener Daten** durch Dritte. **2.1**

Dass solchen Online-Abruf-Verfahren – mangels einer Einzelfallprüfung durch den „Übermittler" und räumlicher und zeitlicher Grenzen des Datenzugriffs – ein hohes Gefährdungspotential für das Recht auf informationelle Selbstbestimmung innewohnt, liegt auf der Hand (vgl. eingehend Lisken/Denninger PolR-HdB/Petri, 6. Aufl. 2018, G Rn. 955 f. mwN; Hornmann HSOG § 20 Rn. 3). **3**

Die Regelung des § 24 stellt die infolgedessen für die Einrichtung solcher Verfahren erforderliche gesetzliche Grundlage zur Verfügung. Sie benennt insbesondere die tatbestandli- **4** chen Voraussetzungen für die Einrichtung von Online-Abruf-Verfahren und zählt die Behörden und Stellen, die zum Abruf zugelassen werden können enumerativ auf. Des Weiteren enthält sie Form- und Verfahrensvorschriften für deren Einrichtung und Betrieb.

II. Parallelvorschriften

5 Parallelvorschriften, die die Datenübermittlung durch automatische Abrufverfahren regeln finden sich in allen Polizeigesetzen (vgl. nur § 59 Abs. 5 BWPolG, Art. 63 BayPAG, § 42 NPOG, § 26 Abs. 2 S. 5 PolG NRW iVm § 6 DSG NRW). Inhaltlich weichen die Normen hinsichtlich der Voraussetzungen und Rechtsfolgen teilweise von der hessischen Rechtslage ab.

6 Eine bundesrechtliche Entsprechung zu § 24 enthält § 33 Abs. 7, Abs. 8 BPolG. Eine repressive Parallelenorm findet sich in § 488 StPO.

B. Einzelkommentierung

I. Voraussetzungen für die Einrichtung automatisierter Abrufverfahren (S. 1)

7 Die Vorschrift des § 24 erlaubt die Einrichtung eines automatisierten Verfahrens – Online-Zugriff – als besonderen Fall der Übermittlung personenbezogener Daten, wenn das unter Berücksichtigung der schutzwürdigen Belange des Betroffenen und der Erfüllung polizeilicher Aufgaben angemessen ist.

8 Ob diese Bündelung unbestimmter Rechtsbegriffe tatbestandliche Eingrenzungen bewirken kann, erscheint mehr als fraglich.

II. Behörden und Stellen, die zum Abruf zugelassen werden können (S. 2)

9 Der mögliche Zugriff ist nicht auf Polizeibehörden Hessens, des Bundes und der anderen Länder beschränkt (vgl. zum polizeilichen Informationsverbund iE Lisken/Denninger PolR-HdB/Petri, 6. Aufl. 2018, G Rn. 52 ff.); bei anderen Behörden ist er indessen an einen Zusammenhang mit der Erfüllung polizeilicher Aufgaben oder die Erfüllung von deren Aufgaben geknüpft.

10 So hat die Hessische Hochschule für öffentliches Management und Sicherheit (S. 2 Nr. 1) im Rahmen des Studiums am Fachbereich Polizei und der polizeilichen Fortbildung ua praktisch den Umgang mit dem POLAS-System zu vermitteln (vgl. → Rn. 10.1 f.).

10.1 Die vormals als Polizeieinrichtung ausgestaltete, für die polizeiliche Fortbildung zuständige Hessische Polizeiakademie, die 2009 von einer Einrichtung der Polizei zu einer Polizeibehörde umgestaltet worden war, ist durch Gesetz v. 30.9.2021 (GVBl. 622) zum. 1.1.2022 Teil der Hochschule geworden, ohne dadurch den Status als Polizeibehörde zu verlieren (vgl. § 91 Abs. 2 Nr. 2 lit. e, § 9 HSOG-DVO).

10.2 Vergleiche zu den erheblichen verfassungsrechtlichen und rechtssystematischen Bedenken gegen die damit geschaffene Konstruktion einer Körperschaft des öffentlichen Rechts, die zugleich Hochschule und Polizeibehörde ist → § 20 Rn. 142.4.

11 Bei den in S. 2 Nr. 4–6 bezeichneten Aufgabenstellungen sind die benannten Behörden auf die Erkenntnisse der Polizei angewiesen und zum Teil zur Erkenntnisabfrage verpflichtet. Es handelt sich praktisch um Massenverfahren.

12 Insoweit bestehen keine allzu großen Bedenken, wenn lediglich Negativauskünfte im Online-Verfahren erteilt werden (S. 3) und im Trefferfall eine „konventionelle" Einzelanfrage gestellt werden muss (generelle erhebliche Bedenken gegen die Teilnahme anderer Behörden am polizeilichen Abrufverfahren nach S. 2 Nr. 4–6 aber bei Lisken/Denninger PolR-HdB/Petri, 6. Aufl. 2018, G Rn. 959 f.).

13 Internet-Veröffentlichungen der Polizei- und Gefahrenabwehrbehörden sind naturgemäß frei abrufbar (S. 2 Nr. 7).

III. Besondere Form- und Verfahrensvorschriften für Einrichtung und Betrieb (S. 3)

14 Die vormals in Abs. 2 verlangte schriftliche Festlegung der organisatorischen und technischen Maßnahmen findet sich nunmehr in § 59 HDSIG, sodass die Regelung gestrichen werden konnte.

Abs. 2 S. 3 verlangt, dass die speichernde (also die den Abruf ermöglichende, nicht die abrufende (= beteiligte) Stelle) die Feststellung und Überprüfung des Abrufs (technisch) ermöglicht; dies hat „mindestens" durch die Installation geeigneter Stichprobenverfahren zur Überprüfung von Online-Übermittlungen zu erfolgen. Diese Pflicht bezieht sich natürlich nicht auf Abrufe von Öffentlichkeitsfahndungen im Internet (S. 2 Nr. 7). 15

§ 25 Datenabgleich

(1) [1]Die Polizeibehörden können personenbezogene Daten der in den §§ 6 und 7 sowie § 13 Abs. 2 Nr. 1 genannten Personen mit automatisiert gespeicherten Daten der Polizeibehörden und Polizeidienststellen des Bundes und der anderen Länder abgleichen. [2]Personenbezogene Daten anderer Personen kann die Polizeibehörde nur abgleichen, wenn dies aufgrund tatsächlicher Anhaltspunkte zur Erfüllung einer bestimmten polizeilichen Aufgabe erforderlich erscheint. [3]Die Polizeibehörden können ferner im Rahmen ihrer Aufgabenerfüllung erlangte personenbezogene Daten mit dem Fahndungsbestand abgleichen. [4]Die betroffene Person kann angehalten und für die Dauer des Datenabgleichs festgehalten werden. [5]§ 18 bleibt unberührt.

(2) Die Gefahrenabwehrbehörden können personenbezogene Daten mit ihren automatisiert gespeicherten Daten unter den Voraussetzungen für die Verarbeitung personenbezogener Daten (§ 20) abgleichen.

(3) Besondere Rechtsvorschriften über den Datenabgleich bleiben unberührt.

Überblick

Auszug aus der VVHSOG (gem. Erlass des Hessischen Ministeriums des Innern und für Sport v. 29.11.2022 (StAnz. 50/2022, 1384) zum 1.1.2025 mangels eines erneuten Verlängerungserlasses ersatzlos außer Kraft getreten):

Zu § 25

25. Datenabgleich

Unter Datenabgleich im Sinne der Vorschrift ist die Feststellung zu verstehen, ob zu einer Person bereits automatisiert Daten gespeichert sind.

25.1 Zu Abs. 1

25.1.1

Die Vorschrift ist Rechtsgrundlage für eine besondere Form der Datenverarbeitung. Sie gibt weder die Befugnis zur Erhebung der abzugleichenden Daten noch zur Speicherung dieser Daten in der Anwendung, mit deren Daten sie abgeglichen werden.

25.1.2

Das Anhalte- und Festhalterecht nach Satz 4 ergänzt die entsprechenden Befugnisse nach § 18 Abs. 3 und 4. §§ 33 bis 35 sind zu beachten.

25.3 Zu Abs. 3

Eine besondere Rechtsvorschrift ist zum Beispiel § 90b AufenthG.

§ 25 stellt die Ermächtigungsgrundlage für den automatisierten Abgleich der von den Gefahrenabwehr- und Polizeibehörden erhobenen personenbezogenen Daten mit den in den eigenen Beständen bereits gespeicherten Daten dar. Die Vorschrift ist seit 2004 unverändert.

Übersicht

A. Allgemeines

I. Zweck und Struktur der Norm

1 Unter Datenabgleich im Sinne der Vorschrift des § 25 ist die mittels einer Abfrage vorgenommene Feststellung zu verstehen, ob zu einer Person bereits eine Speicherung in einer polizeilichen Datei enthalten ist. Ein solcher Vergleich von erhobenen Daten mit bereits vorhandenen Datenbeständen zielt darauf ab, weitere Erkenntnisse über eine Person zu gewinnen und steht damit einer Datenerhebung und deren Eingriffsintensität nahe (Lisken/Denninger PolR-HdB/Müller/Schwabenbauer G Rn. 933).

2 § 25 ist insoweit die erforderliche Rechtsgrundlage für diese besondere Form der Datenverarbeitung. Sie gibt dabei jedoch weder die Befugnis zur Erhebung der abzugleichenden Daten noch zur Speicherung dieser Daten in der Datei, mit deren Daten sie abgeglichen werden (vgl. nur Fredrich Rn. 3).

3 Die Gefahrenabwehr- und Polizeibehörden können demnach nur Daten abgleichen, die ihnen schon bekannt sind. Sollen solche Daten gespeichert werden, müssen die Voraussetzungen des § 20 vorliegen.

3.1 Dabei ist die in § 20 aF vorgesehene Unterscheidung nach Speicherung und sonstiger Datenverarbeitung mit dem Inkrafttreten der Neuregelungen durch das Hessische Gesetz zur Anpassung des Hessischen Datenschutzrechts an die Verordnung (EU) Nr. 2016/679 und zur Umsetzung der Richtlinie (EU) Nr. 2016/680 und zur Informationsfreiheit v. 3.5.2018 (HesGVBl. 82) in Anknüpfung an § 41 Nr. 2 HDSIG in § 20 nunmehr durch den Oberbegriff der (Weiter-) Verarbeitung ersetzt worden.

4 Damit weist ein Datenabgleich nach § 25 auf den ersten Blick eine vergleichsweise geringe Eingriffsintensität auf. Dieses Bild relativiert sich allerdings insoweit, als mit dem Abgleich des Fahndungsbestands regelmäßig Zugriff auf Verbunddateien des Bundeskriminalamts genommen wird, deren Bestand nicht zu dem der Landespolizei gehört (BeckOK PolR NRW/Arzt PolG NRW § 25 Rn. 7; Lisken/Denninger PolR-HdB/Müller/Schwabenbauer G Rn. 936); zudem können die durch den Abgleich gewonnenen Erkenntnisse weitere eingreifende polizeiliche Maßnahmen zur Folge haben (vgl. Lisken/Denninger PolR-HdB/Müller/Schwabenbauer G Rn. 933: „Für die Beurteilung der Eingriffsintensität kommt es daher auf den Einzelfall an.").

5 Die Regelung des § 25 differenziert für die Zulässigkeit des Datenabgleichs in dreifacher Hinsicht: nach abgleichender Behörde, den Personen, deren Daten abgeglichen werden sollen und nach der Art des Abgleichs.

II. Parallelvorschriften

6 Parallelvorschriften, die den präventiv-polizeilichen Datenabgleich regeln, finden sich in allen Polizeigesetzen (vgl. etwa § 47 BWPolG, Art. 61 BayPAG, § 45 NPOG, § 25 PolG NRW). Inhaltlich weichen die Normen hinsichtlich der Voraussetzungen und Rechtsfolgen teilweise von der hessischen Rechtslage ab (vgl. auch Lisken/Denninger PolR-HdB/Müller/Schwabenbauer G Rn. 932 mwN).

7 Eine bundesrechtliche Entsprechung zu § 25 enthält § 34 Abs. 1 BPolG. Eine repressive Parallelenorm findet sich in § 98c StPO (vgl. → Rn. 9).

B. Einzelkommentierung

8 Die Datenverarbeitung durch einen Abgleich mittels Abfrage, ob und welche personenbezogene(n) Daten über eine bestimmte Person gespeichert sind, ist einer der polizeibehördlichen Hauptanwendungsfälle des Umgangs mit den in polizeilichen Dateien enthaltenen personenbezogenen Informationen.

9 Die Vorschrift des § 25 findet nur auf den Datenabgleich zu präventiv-polizeilichen oder gefahrenabwehrbehördlichen Zwecken Anwendung. Die repressive Parallelnorm findet sich in § 98c StPO; nach dieser dürfen allerdings personenbezogene Daten aus einem Strafverfahren zu Zwecken der Strafverfolgung auch mit Daten abgeglichen werden, die zur Gefahrenabwehr gespeichert sind.

I. Verfahren des Datenabgleichs

Die Suche nach einem vorhandenen Datenbestand über eine Person erfolgt in der Weise, dass im jeweiligen System die eingegebenen Daten des Betroffenen an den gespeicherten Daten vorbeigeführt werden. Dazu ist die kurzfristige Aufnahme der Daten des Betroffenen auf einem Datenträger erforderlich; da diese aber auf die Zeit des Suchvorgangs begrenzt ist, liegt zwar keine Verarbeitung in Form einer Speicherung der Daten vor (vgl. → Rn. 3.1 sowie § 2 Abs. 2 Nr. 1 BDSG aF bzw. § 2 Abs. 2 Nr. 2 HDSG aF), wohl aber eine (Weiter-) Verarbeitung in Form des nunmehr im Datenschutzrecht ausdrücklich begrifflich erfassten Abgleichs (vgl. § 46 Nr. 2 Alt. 13 BDSG und § 41 Nr. 2 Alt. 13 HDSIG). 10

Der Dateienabgleich führt als automatisches Datenverarbeitungsverfahren insoweit regelmäßig die Datenbestände mehrerer verarbeitender Stellen zusammen, um eine (Nicht-) Übereinstimmungen der Daten festzustellen (Richtigkeitsabgleich) oder Daten des einen Bestandes in den anderen zu überführen (Ergänzungsabgleich). 11

II. Voraussetzungen und Rechtsfolgen des polizeilichen Datenabgleichs (Abs. 1)

Abs. 1 regelt den Datenabgleich durch die Polizeibehörden. Abs. 1 S. 5 macht dabei deutlich, dass sich die – häufig vorangehende – Datenerhebung durch Identitätsfeststellung nach § 18 richtet, Abs. 1 dafür also keine Ermächtigungsgrundlage bietet (vgl. → Rn. 2). 12

1. „Einfacher" und „erweiterter" Abgleich (Abs. 1 S. 1–3)

Gemäß Abs. 1 S. 1 können die Daten der dort genannten Personengruppen (Handlungs- oder Zustandsstörer, potentielle Straftäter) mit jeder polizeilichen Datei abgeglichen werden. Die Daten anderer Personen dürfen nach Abs. 1 S. 2 nur unter den dort genannten Voraussetzungen abgeglichen werden, was eine Einschränkung gegenüber S. 1 bedeutet, die allerdings eine geringe Eingriffsschwelle aufweist. 13

Praktisch können nach Abs. 1 S. 1 und S. 2 die Daten aller Personen abgeglichen werden, solange sich – wenn auch nur vage – ein Bezug zur polizeilichen Aufgabenerfüllung herstellen lässt. Ausgeschlossen sind damit lediglich offensichtlich willkürliche oder sachfremde Abfragen. 14

Vergleiche zur Sanktionierbarkeit sog. Neugierabfragen Dieterle ZD 2020, 135 ff.; zu Fällen des rechtswidrigen Datenabgleichs in hessischen und anderen Polizeibehörden becklink 2017059. 14.1

Dementsprechend werden in der polizeilichen Praxis – so es die Zeit zulässt – praktisch alle erlangten personenbezogenen Daten einer POLAS-Abfrage unterzogen; im Zweifel wird auf die allfällige „Eigensicherung" als Voraussetzung und Bedingung der polizeilichen Aufgabenerfüllung verwiesen. 15

Abs. 1 S. 3 macht zudem noch von dieser geringen Eingriffsschwelle eine Ausnahme: Der Datenabgleich mit dem Fahndungsbestand, dh mit den Dateien „Personenfahndung" und „Sachfahndung", ist zulässig, ohne dass die Voraussetzungen des Abs. 1 S. 2 vorliegen müssen. Praktisch bietet die POLAS-Oberfläche allerdings einen solchen auf den Fahndungsbestand beschränkten Abgleich gar nicht an. 16

Insoweit ist die gesetzlich intendierte Differenzierung zwischen dem „einfachen" Datenabgleich nach Abs. 1 S. 3, der für die Routineabfrage, etwa bei einer allgemeinen Verkehrskontrolle gedacht ist, bei der die Daten des angehaltenen Verkehrsteilnehmers mit dem POLAS-Fahndungsbestand abgeglichen werden sollen, und dem „erweiterten" Datenabgleich obsolet. 17

Lediglich bei Abfragen über Funk könnte eine entsprechende Beschränkung erfolgen („nur Fahndungsbestand"), damit dem anfragenden Beamten die sofort aufgezeigten Falldaten (Zahl strafrechtlicher Ermittlungsverfahren) bei Personen, nach den nicht gefahndet wird, nicht offenbart werden. Dass in der Praxis solche Beschränkungen nicht vorgenommen werden, liegt auf der Hand. 18

2. Anhalte- und Festhalterecht (Abs. 1 S. 4)

In Abs. 1 S. 4 sind ein Anhalte- und Festhalterecht der Polizei für die Dauer des Datenabgleichs ausdrücklich geregelt (vgl. dazu auch Lisken/Denninger PolR-HdB/Müller/Schwabenbauer G Rn. 941 mwN). 19

20 Für den Fall des Festhaltens – also einer Freiheitsentziehung iSd Art. 2 Abs. 2 GG, Art. 104 GG – wird dieses (notwendiger Weise) durch den Richtervorbehalt in § 33 Abs. 1 flankiert.

21 Die in der Praxis vormals verbreiteten Verzögerungsmanöver bei Verkehrskontrollen nach § 36 Abs. 5 StVO, um Zeit für die Routineabfrage zu gewinnen, hat der Gesetzgeber damit entbehrlich gemacht. Infolge des inzwischen zumeist in Sekundenschnelle verfügbaren Ergebnisses eines Abgleichs hat sich diese Problematik praktisch jedoch ohnehin entspannt.

III. Voraussetzungen des gefahrenabwehrbehördlichen Datenabgleichs (Abs. 2)

22 Abs. 2 macht den Abgleich durch die Gefahrenabwehrbehörden mit deren gespeicherten Daten von den allgemeinen Voraussetzungen für die Datenverarbeitung nach § 20 abhängig.

IV. Spezialgesetzliche Regelung (Abs. 3)

23 Spezialgesetzliche Rechtsvorschrift iSd Abs. 3 ist zB § 4 HessMeldDüV (Meldedatenübermittlungsverordnung v. 3.9.2023, HessGVBl. 678), in dem der automatisierte Abruf der Polizeibehörden und der automatisierte Abruf durch das Hessische Landeskriminalamt bei den Meldebehörden geregelt ist.

23.1 Seit der Neufassung des Melderechts handelt es sich um einen automatisierten Abruf iSd § 39 Abs. 3 BMG. Die öffentliche Stelle iSd § 2 HessBMGAG (Hessisches Ausführungsgesetz zum Bundesmeldegesetz v. 28.9.2015, HessGVBl. 346) ist nach § 2 HessMeldDüV das Kommunale Gebietsrechenzentrum Hessen, für das die Hessische Zentrale für Datenverarbeitung eine Online-Anwendung für den Abruf betreibt.

24 Weitere Spezialvorschriften sind § 22 Abs. 1 Nr. 4 AZRG iVm § 10 AZRG-DV, § 36 StVG und § 90b AufenthG.

§ 25a Automatisierte Anwendung zur Datenanalyse

(1) [1]Die Polizeibehörden dürfen rechtmäßig gespeicherte personenbezogene Daten auf einer Analyseplattform automatisiert zusammenführen. [2]Sie dürfen nach Maßgabe der Sätze 3 bis 6 und der Abs. 2 bis 5 diese zusammengeführten Daten, auch gemeinsam mit weiteren rechtmäßig erhobenen personenbezogenen Daten, verknüpfen, aufbereiten und auswerten sowie für statistische Zwecke anwenden (automatisierte Anwendung zur Datenanalyse). [3]Die automatisierte Anwendung zur Datenanalyse ist ein technisches Hilfsmittel, das es den Polizeibehörden bei der Erfüllung ihrer Aufgaben nach Maßgabe der folgenden Absätze ermöglichen soll, ihre Bewertungen, Prognosen und Entscheidungen auf der Grundlage möglichst verlässlicher Tatsachenfeststellungen zu treffen. [4]Sie erfolgt immer anhand anlassbezogener und zielgerichteter Suchkriterien. [5]Sie wird manuell ausgelöst. [6]Eine direkte Anbindung an Internetdienste ist ausgeschlossen.

(2) [1]Die Polizeibehörden können gespeicherte personenbezogene Daten mittels einer automatisierten Anwendung zur Datenanalyse weiterverarbeiten,

1. **wenn dies zur Abwehr einer Gefahr für den Bestand oder die Sicherheit des Bundes oder eines Landes oder Leib, Leben oder Freiheit einer Person oder Sachen von bedeutendem Wert, deren Erhaltung im öffentlichen Interesse geboten ist, oder wenn gleichgewichtige Schäden für die Umwelt zu erwarten sind, erforderlich ist (Abwehr konkreter Gefahren),**
2. **wenn tatsächliche Anhaltspunkte die Annahme rechtfertigen, dass innerhalb eines übersehbaren Zeitraumes auf eine zumindest ihrer Art nach konkretisierte Weise Straftaten mit erheblicher Bedeutung begangen werden und dies zur Verhinderung dieser Straftaten erforderlich ist (Abwehr konkretisierter Gefahren),**
3. **wenn tatsächliche Anhaltspunkte die Annahme rechtfertigen, dass schwere oder besonders schwere Straftaten begangen werden sollen, und die Weiterverarbeitung erforderlich ist, um diese Straftaten zu verhüten (Vorbeugende Bekämpfung von Straftaten).**

[2]Zum Zweck der automatisierten Anwendung zur Datenanalyse können Vorgangsdaten, Falldaten, Daten aus den polizeilichen Auskunftssystemen, Verkehrsdaten, Telekommunikationsdaten, Daten aus Asservaten und Daten aus dem polizeilichen Informationsaustausch zusammengeführt werden. [3]Datensätze aus gezielten Abfragen in gesondert geführten staatlichen Registern sowie einzelne gesondert gespeicherte Datensätze aus Internetquellen können ergänzend einbezogen werden. [4]Bei einer Maßnahme nach Satz 1 Nr. 3 dürfen Verkehrs- sowie Telekommunikationsdaten nicht in die Analyse einbezogen werden.

(3) [1]Bei der Anwendung zur automatisierten Datenanalyse gilt § 20 Abs. 1 und 2. [2]Dies wird durch eine Verwaltungsvorschrift sichergestellt, die zu veröffentlichen ist. [3]Sie beinhaltet ein Rollen- und Rechtekonzept und ein Konzept der Kategorisierung und Kennzeichnung personenbezogener Daten. [4]Unter Berücksichtigung der in Abs. 2 Satz 1 nach Schutzgütern und Eingriffsschwellen unterschiedenen Lagebilder orientieren sich diese Konzepte an dem übergeordneten Ziel der Reduzierung des jeweils zu analysierenden Datenvolumens, der Angemessenheit der jeweils angewandten Analysemethode und des größtmöglichen Schutzes Unbeteiligter (funktionale Reduzierung der Eingriffsintensität).

1. **[1]Das Rollen- und Rechtekonzept regelt die zweckabhängige Verteilung sachlich eingeschränkter Zugriffsrechte anhand von Phänomenbereichen. Maßstab für dieses Konzept sind das Gewicht der zu schützenden Rechtsgüter und der Grad der Dringlichkeit des polizeilichen Einschreitens. [2]Es ist nach dem Prinzip auszugestalten, wonach mehr Berechtigte Zugriff auf weniger und wenige Berechtigte Zugriff auf mehr der in der Analyseplattform zusammengeführten Daten haben dürfen. [3]Es müssen darin mindestens die einzelnen Phänomenbereiche, ihre Gewichtung und ihr Verhältnis zueinander umschrieben und die dienstrechtliche Stellung der Berechtigten, ihre Funktion und ihre spezifische Qualifizierung bezogen auf den Umfang der jeweiligen Berechtigung festgelegt werden.**
2. **Das Konzept der Kategorisierung und Kennzeichnung personenbezogener Daten regelt anhand der Maßstäbe des Veranlassungszusammenhangs und der Grundrechtsrelevanz, welche personenbezogenen Daten in welcher Weise in die automatisierte Analyse einbezogen werden dürfen.**
   a) **[1]Maßstab für dieses Konzept ist zum einen der sachliche Bezug der von der Analyse betroffenen Personen zum jeweiligen Phänomenbereich (Veranlassungszusammenhang). [2]Es folgt dem Prinzip, wonach eine automatisierte Datenanalyse umso komplexer sein darf, je gewichtiger der Veranlassungszusammenhang ist, und dass sie umso einfacher sein muss, je weniger gewichtig der Veranlassungszusammenhang ist. [3]Ausgangspunkt ist die Differenzierung nach einerseits verurteilten, beschuldigten, verdächtigen Personen und sonstigen Anlasspersonen sowie deren Kontaktpersonen und andererseits unbeteiligten Personen. [4]Zum Schutz Unbeteiligter werden deren personenbezogene Vorgangsdaten in eine automatisierte Datenanalyse nicht einbezogen.[5] Das Nähere regelt eine Verwaltungsvorschrift, die insbesondere für Verkehrsdaten eine Speicherfrist von regelmäßig zwei Jahren in der Analyseplattform vorsieht.**
   b) **[1]Maßstab für dieses Konzept ist zum anderen die Kategorisierung personenbezogener Daten nach der Schwere des Eingriffs in das Recht auf informationelle Selbstbestimmung bei ihrer Erhebung (Grundrechtsrelevanz). [2]Es müssen abstrakte Regelungen getroffen werden, die der eingeschränkten Verwendbarkeit von Daten aus schwerwiegenden Grundrechtseingriffen Rechnung tragen, und es muss durch technisch-organisatorische Vorkehrungen sichergestellt werden, dass diese Regelungen praktisch wirksam werden. [3]In die automatisierte Anwendung zur Datenanalyse werden keine personenbezogenen Daten einbezogen, die aus Wohnraumüberwachung und Online-Durchsuchung gewonnen wurden.**

(4) [1]Der Zugang zur automatisierten Anwendung zur Datenanalyse ist reglementiert (Zugriffskontrolle). [2]Die Zugriffe unterliegen hierbei der ständigen Pro-

tokollierung. [3]Jeder Fall der automatisierten Anwendung zur Datenanalyse ist von der Anwenderin oder dem Anwender zu begründen. [4]Die Begründung dient der Selbstvergewisserung und der nachträglichen Kontrolle. [5]Die Einzelheiten der Zugriffskontrolle und des notwendigen Inhalts der Begründung werden in einer Verwaltungsvorschrift geregelt. [6]Die oder der behördliche Datenschutzbeauftragte ist zur Durchführung stichprobenartiger Kontrollen berechtigt.

(5) [1]Die Einrichtung und wesentliche Änderung einer automatisierten Anwendung zur Datenanalyse erfolgen durch Anordnung der Behördenleitung oder einer oder eines von dieser beauftragten Bediensteten. [2]Die oder der Hessische Beauftragte für Datenschutz und Informationsfreiheit ist vor der Einrichtung oder einer wesentlichen Änderung nach Satz 1 anzuhören; bei Gefahr im Verzug ist die Anhörung nachzuholen. [3]Im Übrigen bleiben die Aufgaben und Befugnisse der oder des Hessischen Beauftragten für Datenschutz und Informationsfreiheit unberührt.

(6) Die Polizeibehörden haben sicherzustellen, dass diskriminierende Algorithmen weder herausgebildet noch verwendet werden.

Überblick

Verwaltungsvorschrift zur Ausführung des § 25a des Hessischen Gesetzes über die öffentliche Sicherheit und Ordnung – VV § 25a HSOG – vom 12.7.2023 (StAnz. 2023, S. 946)

Aufgrund des § 114 des Hessischen Gesetzes über die öffentliche Sicherheit und Ordnung in der Fassung vom 14. Januar 2005 (GVBl. I S. 14), zuletzt geändert durch Gesetz vom 29. Juni 2023 (GVBl. S. 456), erlasse ich folgende Verwaltungsvorschrift:

1. Leitgedanke

Die automatisierte Anwendung zur Datenanalyse nach § 25a HSOG integriert Daten aus verschiedenen polizeilichen Informationsquellen und führt diese in der Analyseplattform hessenDATA zusammen, sodass die Informationen zentral analysiert werden können. Es bedarf hierbei technischer sowie organisatorischer Regelmechanismen, die Gegenstand des Rollen- und Rechtekonzepts, des Konzepts der Kategorisierung und Kennzeichnung sowie der Zugangskontrolle sind und deren nähere Inhalte die VV § 25a HSOG regelt.

2. Rollen- und Rechtekonzept (zu Abs. 3 Nr. 1)

Das Rollen- und Rechtekonzept beschreibt, welche Zugriffsregeln für einzelne Anwenderinnen und Anwender auf bestimmte Daten innerhalb der Analyseplattform gelten. Das Konzept basiert auf dem Prinzip, wonach mehr Berechtigte Zugriff auf weniger und wenige Berechtigte Zugriff auf mehr der in der Analyseplattform zusammengeführten Daten haben.

2.1 Anwendergruppen

Die Anwendergruppen der Analyseplattform ergeben sich aus den kriminalpolizeilichen Zuständigkeitsbereichen. Daraus folgt die Einteilung der Anwendergruppen in die Phänomenbereiche

– Schwere Kriminalität (SK)
– Organisierte Kriminalität (OK)
– Staatsschutzkriminalität (ST).

SK umfasst die Organisationseinheiten der Kriminalpolizei, welche besonders schwere und schwere Straftaten wie Raub, Erpressung, sexuellen Missbrauch von Kindern, Mord und Totschlag sowie Bandendelikte bearbeiten, soweit sie nicht OK oder ST zugeordnet sind.

OK umfasst die Organisationseinheiten (OK-Dienststellen), welche insbesondere Verbrechenstatbestände nach dem Betäubungsmittelgesetz, Geldwäsche, Menschenhandel und Zwangsprostitution bearbeiten, wobei stets ein Bezug zu Gruppierungen besteht, die systematisch kriminelle Ziele verfolgen. ST umfasst die Organisationseinheiten (ST-Dienststellen), welche Straftaten wie die Vorbereitung einer schweren staatsgefährdenden Gewalttat oder die Bildung terroristischer Vereinigungen bearbeiten.

2.2 Rechtevergabe

In die automatisierte Anwendung zur Datenanalyse können die im Folgenden aufgelisteten Daten einbezogen werden. Für alle Daten greift die SK-OK-ST-Einteilung. Hierbei umfasst der Phänomenbereich SK alle in den Systemen erfassten Daten, es sei denn, sie sind bereits OK oder ST zugewiesen, während OK und ST jeweils die nur ihnen organisatorisch zugewiesenen, aber auch alle in SK enthaltenen Daten umfassen. Dementsprechend erfolgt auch die Zugriffsberechtigung der Anwenderinnen und Anwender. Je umfangreicher der Zugriff, desto restriktiver werden die entsprechenden Rechte vergeben.

Besonders qualifizierte und geschulte Anwenderinnen und Anwender verfügen über besondere Zugriffsrechte mit dem Ziel der Erkennung von Querbezügen zwischen den Phänomenbereichen. Besonders schützenswerte Verfahren sind ausschließlich für die zuständige Organisationseinheit einsehbar (Satzschutz). Vorgänge von Organisationseinheiten, die regelmäßig besonders sensible Verfahren führen, werden grundsätzlich mit einem Satzschutz belegt.

2.2.1 Grundsätzliche Datenzuordnung

Innerhalb der Analyseplattform werden die in den Vorgangsverwaltungs-, Fallbearbeitungs- und Auskunftssystemen erfassten Daten den Phänomenbereichen SK, OK und ST zugeordnet.

2.2.2 Verkehrsdaten

Die Verkehrsdaten werden ebenfalls den oben genannten Phänomenbereichen zugeordnet. Zusätzlich zur Basisschulung ist vor der Nutzung von Verkehrsdaten eine weitere Schulung zu absolvieren. Alle insoweit berechtigten Anwenderinnen und Anwender können nur auf die Verkehrsdaten der eigenen Organisationseinheit zugreifen. Weitergehende, umfangreiche Zugriffsrechte sind für eine geringe Anzahl speziell geschulter Anwenderinnen und Anwender möglich, die in der Regel den Analyse- und Auswertestellen zugeordnet sind.

2.2.3 Telekommunikationsdaten

Daten aus Telefonüberwachungsmaßnahmen werden über ein gesondertes System erhoben. Für die Zugriffsberechtigungen sind die obigen Regeln zu Verkehrsdaten entsprechend anzuwenden.

2.2.4 Daten aus Asservaten

Aus asservierten Datenträgern extrahierte Daten können in der Analyseplattform zur Verfügung gestellt werden. Dabei erfolgt anhand der Zuordnung der Asservate zu Organisationseinheiten eine Unterteilung der Daten in SK, OK und ST.

2.2.5 Daten aus dem polizeilichen Informationsaustausch

Die Daten aus dem bundesweiten polizeilichen Informationsaustausch stammen aus dem webbasierten Fernschreibsystem EPOST 810 und werden innerhalb der Analyseplattform ebenfalls in SK, OK und ST unterteilt.

2.2.6 Daten aus staatlichen Registern

Bei der Anwendung können, wenn es zur Aufklärung des Sachverhalts im Einzelfall erforderlich ist, Daten aus staatlichen Registern, die individuell abgefragt wurden, in die Analyse einbezogen werden.

2.2.7 Datensätze aus Internetquellen

Diese Datensätze sind in der Regel das Ergebnis polizeilicher Recherchen in für jedermann offenen sozialen Netzwerken (OSINT-Recherchen). Voraussetzung für die Einbeziehung ist ihre Erforderlichkeit, um einen gefahrengeneigten Sachverhalt weiter aufzuklären. Datensätze aus Internetquellen werden mit anderen Softwareprodukten erhoben und können in Einzelfällen in gesicherter Form der Analyse zugeführt werden. Im Zuge der Integration der einzelnen gesicherten Daten erfolgt anhand der Zuständigkeit der Organisationseinheit die Zuordnung der Daten zu SK, OK oder ST.

2.3 Schulung

Die Anwendung der Analyseplattform erfordert eine vorausgegangene Schulung. Der Schulungs- bzw. Anwendungsbedarf muss für jede Anwenderin oder jeden Anwender begründet werden. Die Schulung versetzt die Anwenderinnen und Anwender in die Lage, die Analyseplattform effektiv und rechtskonform zu bedienen. Hierzu gehört insbesondere die Einhaltung datenschutzrechtlicher Vorgaben und die vollumfängliche Dokumentation der jeweiligen Anwendung. Alle Anwenderinnen und Anwender müssen bei jedem Zugriff auf die Plattform entsprechende Anwendungs- und Sicherheitshinweise zur Kenntnis nehmen. Zusätzlich zur zweitägigen Basisschulung sind für den Umgang mit besonders sensiblen Daten (zum Beispiel Verkehrsdaten und Telekommunikationsdaten) und den umfangreicheren Zugriff auf Daten weitere Schulungen erforderlich. Der erfolgreiche Abschluss der jeweiligen Schulung ist durch ein Zertifikat nachzuweisen.

3. Konzept der Kennzeichnung und Kategorisierung (zu Abs. 3 Nr. 2)

Das Konzept der Kennzeichnung und Kategorisierung beinhaltet zum einen den Veranlassungszusammenhang und zum anderen die Grundrechtsrelevanz.

3.1 Veranlassungszusammenhang

Zentrales Element des Konzepts der Kennzeichnung und Kategorisierung personenbezogener Daten ist die Differenzierung nach einerseits verurteilten, beschuldigten, verdächtigen Personen und sonstigen Anlasspersonen sowie deren Kontaktpersonen und andererseits unbeteiligten Personen. Dabei sind sonstige Anlasspersonen Personen, bei denen Anlass zur Weiterverarbeitung der Daten besteht, weil tatsächliche Anhaltspunkte dafür vorliegen, dass die betroffenen Personen in naher Zukunft Straftaten von erheblicher Bedeutung begehen werden. Unbeteiligte Personen sind hingegen Personen, welche mit einem polizeilich relevanten Sachverhalt nur zufällig in Berührung stehen oder standen, soweit sie keine sonstigen Anlasspersonen oder Kontaktpersonen von verurteilten, beschuldigten oder verdächtigen Personen sind. Zum Schutz Unbeteiligter werden deren personenbezogene Vorgangsdaten in eine automatisierte Datenanalyse nicht einbezogen. Die Verkehrsdaten, die typischerweise eine Vielzahl personenbezogener Daten von Unbeteiligten enthalten,

unterliegen in der Analyseplattform einer Speicherfrist von regelmäßig zwei Jahren. Nach Ablauf dieser Frist sind die Daten nicht zu löschen, wenn die weitere Speicherung der Daten für die Fallbearbeitung ausnahmsweise erforderlich ist. Die Entscheidung, diese Daten nicht zu löschen, ist zu begründen. Für die Variante Nr. 3 in Abs. 2 Satz 1 sind die Verkehrsdaten aus der automatisierten Anwendung zur Datenanalyse ausgeschlossen. Die personenbezogenen Daten von verurteilten, beschuldigten, verdächtigen Personen und sonstigen Anlasspersonen sowie deren Kontaktpersonen dürfen hingegen in die automatisierte Anwendung zur Datenanalyse einbezogen werden.

3.2 Grundrechtsrelevanz

Ebenso erfolgt eine Verringerung der Eingriffsintensität der automatisierten Datenanalyse anhand der Reduktion grundrechtsrelevanter Daten. Bereits gesetzlich sind Daten aus Wohnraumüberwachungen und Online-Durchsuchungen aus der automatisierten Anwendung der Datenanalyse ausgeschlossen. Technisch wird der Ausschluss dieser Daten auf zwei Ebenen geregelt. Erstens werden die Daten mit entsprechenden Spezialanwendungen erhoben. Diese Spezialanwendungen werden als Datenquelle gänzlich ausgeschlossen. Zweitens werden zusammenfassende Berichte, welche im Vorgangsbearbeitungssystem hierzu verfasst werden, anhand ihrer Bezeichnung erkannt und bei der Datenintegration in die Analyseplattform ausgeschlossen. Weitere Daten aus grundrechtsrelevanten Maßnahmen wie aus Telefonüberwachungsmaßnahmen oder Verkehrsdatenerhebungen werden anhand ihrer Quelle erkannt und mit einem zusätzlichen Schutzmechanismus versehen. Sie sind innerhalb der automatisierten Anwendung zur Datenanalyse erst einsehbar, wenn die Anwenderin oder der Anwender eine ergänzende Schulung im Umgang mit den Daten absolviert hat.

4. Zugriffskontrolle (zu Abs. 4)

Ziel der Zugriffskontrolle ist es, die Daten innerhalb der automatisierten Anwendung zur Datenanalyse vor Missbrauch zu schützen.

4.1 Anwendungsberechtigung

Um die Rechtmäßigkeit der automatisierten Anwendung zur Datenanalyse sicherzustellen, bedarf es im ersten Schritt einer Anwendungsberechtigung, d.h. die Anwenderin oder der Anwender muss einer der unter 2.1 definierten Anwendergruppen angehören. Besonders sensible Daten werden zudem durch weitere Zugriffsbeschränkungen vor unrechtmäßigen

Zugriffen geschützt. Organisatorisch bedarf die Berechtigung zusätzlicher Qualifikationen und Funktionen der jeweiligen Anwenderinnen und Anwender sowie einer weiteren ergänzenden Schulung. Praktisch bedeutet dies, dass grundsätzlich nur Anwenderinnen und Anwender aus den Bereichen der spezialisierten Analyse- und Auswertestellen der hessischen Polizei die Befugnis erhalten können, besonders sensible Daten zu analysieren.

4.2 Dokumentation des Anwendungsanlasses

Sowohl alle eingegebenen und abgefragten Daten als auch die erforderliche Begründung werden protokolliert. Zur Erfüllung des Begründungserfordernisses und zum Zweck der Nachvollziehbarkeit werden standardisierte Auswahlmöglichkeiten für Anwender vorgesehen, die diese für die Nutzung auswählen müssen. Der konkrete Einzelfall und damit das zielgerichtete Ermittlungshandeln muss in einem Freitextfeld dargelegt werden.

5. Inkrafttreten

Die Verwaltungsvorschrift tritt am Tag nach der Veröffentlichung in Kraft.

Mit der Vorgängervorschrift war 2018 eine Ermächtigungsgrundlage für den Einsatz von sog. Analyseplattformen geschaffen worden, die die vorhandenen Daten in den polizeilichen Informationssystemen verbinden und unter bestimmten bzw. bestimmbaren Kriterien automatisiert auswerten. Das BVerfG hatte § 25a aF mit Urteil v. 16.2.2023 (BVerfG BeckRS 2023, 1828) für verfassungswidrig erklärt. Daraufhin erhielt § 25a durch Gesetz v. 29.6.2023 (HessGVBl. 456) eine neue Fassung, die durch Gesetz v. 13.12.2024 (HessGVBl. Nr. 83) nochmals geändert wurde. Der Erlass einer eigenen Verwaltungsvorschrift zur Ausführung der Norm war aufgrund der Regelung des Abs. 2 S. 3 erforderlich.

Übersicht

A. Allgemeines

I. Hintergrund, Entstehung und systematischer Zusammenhang der Norm

1 Die Vorgängervorschrift, die vom Bundesverfassungsgericht mit Urteil v. 16.2.2023 (BVerfG BeckRS 2023, 1828) für verfassungswidrig erklärt wurde, war mit Gesetz v. 25.6.2018 (HessGVBl. 302) eingefügt worden. Sie entstand vor dem Hintergrund einer – damals bereits umgesetzten – Entscheidung des Hessischen Innenministeriums, die operative IT-Struktur der Polizeibehörden um eine Software zu ergänzen, die es ermöglicht, bisher getrennte Datenbestände gemeinsam zu analysieren.

1.1 Die alte Fassung der Regelung lautete:

„§ 25a Automatisierte Anwendung zur Datenanalyse

(1) Die Polizeibehörden können in begründeten Einzelfällen gespeicherte personenbezogene Daten mittels einer automatisierten Anwendung zur Datenanalyse weiterverarbeiten zur vorbeugenden Bekämpfung von in § 100a Abs. 2 der Strafprozessordnung genannten Straftaten oder zur Abwehr einer Gefahr für den Bestand oder die Sicherheit des Bundes oder eines Landes oder Leib, Leben oder Freiheit einer Person oder Sachen von bedeutendem Wert, deren Erhaltung im öffentlichen Interesse geboten ist, oder wenn gleichgewichtige Schäden für die Umwelt zu erwarten sind.

(2) Im Rahmen der Weiterverarbeitung nach Abs. 1 können insbesondere Beziehungen oder Zusammenhänge zwischen Personen, Personengruppierungen, Institutionen, Organisationen, Objekten und Sachen hergestellt, unbedeutende Informationen und Erkenntnisse ausgeschlossen, die eingehenden Erkenntnisse zu bekannten Sachverhalten zugeordnet sowie gespeicherte Daten statistisch ausgewertet werden.

(3) [1]Die Einrichtung und wesentliche Änderung einer automatisierten Anwendung zur Datenanalyse erfolgen durch Anordnung der Behördenleitung oder einer oder eines von dieser beauftragten Bediensteten. [2]Die oder der Hessische Datenschutzbeauftragte ist vor der Einrichtung oder wesentlichen Änderung nach Satz 1 anzuhören; bei Gefahr im Verzug ist die Anhörung nachzuholen".

2 Anlass hierfür war die Erkenntnis, dass die Trennung der Datenbestände mit unterschiedlichen Zweckbindungen, Nutzerkreisen und Betroffenenkreisen die umfassende Analyse auf gemeinsame Strukturen, Handlungsmuster, Personengruppen und zeitliche, sachliche, organisatorische, personale und situative Zusammenhänge erschwere; mit einer entsprechenden Software könnten wesentliche Anhaltspunkte für Gefahren und bevorstehende Straftaten gewonnen werden, die bei der bestehenden Trennung der Datenbestände der Polizei unerkannt blieben (LT-Drs. 19/6502, 40 f.).

3 Die informationstechnische Entwicklung ermögliche es mittlerweile, bisher unverbundene, automatisierte Dateien und Datenquellen in Anwendungen zur Datenanalyse bzw. Analyseplattformen zu vernetzen, die vorhandenen Datenbestände durch Suchfunktionen systematisch zu erschließen und die polizeiliche Aufgabenerfüllung auf diese Weise zu erleichtern und zu verbessern (LT-Drs. 19/6502, 41).

4 Die Einrichtung und Nutzung automatisierter Anwendungen zur Datenanalyse bzw. von Analyseplattformen sei daher auch für die Aufgabenerfüllung der hessischen Polizei zweckdienlich. Die Polizeibehörden könnten dadurch über die bisherigen Erkenntnismöglichkeiten hinaus Zusammenhänge sowie Handlungsmuster und so auch künftiges strafbares oder gefährliches Verhalten von Personen erkennen und geeignete präventive Maßnahmen treffen (LT-Drs. 19/6502, 41).

5 Tatsächlich wurde für den Zweck der automatisierten Datenanalyse die Analysesoftware „Gotham" der US-amerikanischen Firma Palantir Technologies Inc. beschafft, mit Hilfe von deren Mitarbeitern unter der Bezeichnung „hessenDATA" installiert und in Betrieb genommen. Der gesamte Vorgang stieß hinsichtlich vergaberechtlicher Fragen der Beschaffung, der Gewährleistung der Geheimhaltungs- und Sicherheitsinteressen des Landes mit Blick auf etwaige Kontakte der Firma Palantir zu US-Geheimdiensten sowie Fragen der Information des Landtags auf politische Kritik, die in einen Untersuchungsausschuss des Landtags mündete, der mittlerweile einen Zwischenbericht abgegeben hat (LT-Drs. 19/6864).

5.1 Wegen des Ablaufs der 19. Wahlperiode des Hessischen Landtags blieb es bei diesem Zwischenbericht.

6 Art und Umfang der Nutzung der Software bis 2019 wurden zum Gegenstand von Anfragen im Landtag, auf die die Landesregierung antwortete (LT-Drs. 20/660, LT-Drs. 20/661).

7 Gegen § 25a aF bestanden von vorneherein erhebliche verfassungsrechtliche Bedenken (vgl. die vorangegangenen Editionen ab 16. Ed. 2020, BeckOK PolR Hessen/Bäuerle, 16. Ed. 1.1.2020, HSOG § 25a Rn. 13 ff. (betroffene Grundrechte) und BeckOK PolR Hessen/Bäuerle, 16. Ed. 1.1.2020, HSOG § 25a Rn. 28 ff. (Verfassungsmäßigkeit). Diese bestätigten sich in dem auf Rechtssatzverfassungsbeschwerden ergangenen Urteil des Bundesverfassungsgerichts (BVerfG BeckRS 2023, 1828 = NJW 2023, 1196 ff. = LTZ 2023, 122 ff. (mAnm Manns) = ZD 2023, 338 ff. (mAnm Petri), das auch die weitgehend gleichlautende Parallelnorm des § 49 HbgPolDVG zum Gegenstand hat.

8 Dieses Urteil bildet nunmehr auch den Maßstab für die Verfassungsmäßigkeit der durch Gesetz v. 29.6.2023 (HessGVBl. 456) geschaffenen Neufassung des § 25a und seiner erneuten Änderung durch Gesetz v. 13.12.2024 (GVBl. Nr. 83). Das Urteil bedarf insoweit einer näheren Betrachtung.

II. Das Urteil des Bundesverfassungsgerichts vom 16.2.2023

9 Das Urteil v. 29.6.2023 erklärte § 25a aF für verfassungswidrig, weil die Norm gegen das allgemeine Persönlichkeitsrecht aus Art. 2 Abs. 1 GG iVm Art. 1 Abs. 1 GG in seiner Ausprägung als Recht auf informationelle Selbstbestimmung verstoße (BVerfG BeckRS 2023, 1828 Rn. 152 ff., Nr. 2 des Tenors).

10 Die Norm ermögliche mit der automatisierten Analyse der polizeilichen Datenbestände schwerwiegende Eingriffe in dieses Grundrecht, für deren Rechtfertigung es an einer der Verhältnismäßigkeit im engeren Sinne genügenden gesetzlichen Begrenzung des Umfangs und der Reichweite der Analyse fehle (BVerfG BeckRS 2023, 1828 Rn. 125 ff.).

11 Allerdings waren die Verfassungsbeschwerden in wesentlichen Teilen unzulässig, weil es den Beschwerdeführern insoweit nicht gelungen war, die hohen Anforderungen an Rechtssatzverfassungsbeschwerden (vgl. dazu etwa BVerfG EnZW 2017, 75 ff.) zu erfüllen.

1. Wegen partieller Unzulässigkeit der Verfassungsbeschwerden keine Entscheidung über ausreichende gesetzliche Vorkehrungen hinsichtlich Zweckbindung, Transparenz und Rechtsschutz

Daher hat das Urteil über wesentliche Fragen, die durch die Verfassungsbeschwerden aufgeworfen worden waren, nicht entschieden. Insbesondere enthält es keine Aussage dazu, ob mit § 25a aF ausreichende Regelungen zu den durch die Datenanalyse zu schützenden Rechtsgütern getroffen worden waren, ob die für Transparenz und Rechtsschutz erforderlichen Regelungen ausreichend waren und ob ausreichende verfahrensrechtliche Sicherungen hinsichtlich des Einsatzes komplexer Analysetechniken bis hin zu KI bestanden. Nicht geprüft wurde auch, ob der Zweckbindungsgrundsatz – insbesondere in Bezug auf Daten aus Eingriffen in Art. 10 GG und Art. 13 GG – durch die Norm gewahrt war. 12

Die insoweit entscheidende Passage des Urteils lautet: 12.1
„Im Übrigen sind die Verfassungsbeschwerden unzulässig. Gegenstand der Prüfung ist damit weder die Frage, ob die Gesetzgeber verfassungsrechtlich ausreichende Regelungen zu den durch die Datenanalyse oder -auswertung nach § 25a HSOG und § 49 HmbPolDVG zu schützenden Rechtsgütern getroffen haben. Noch ist hier zu überprüfen, ob die für Transparenz und Rechtsschutz sorgenden Verfahrens- und Organisationsregelungen verfassungsrechtlichen Anforderungen genügen, ob insbesondere auch mit Blick auf komplexe Formen automatisierten Datenabgleichs bis hin zu selbstlernenden Systemen (Künstliche Intelligenz, „KI") hinreichende verfahrensrechtliche Sicherungen bestehen. Es ist auch nicht zu prüfen, ob der verfassungsrechtliche Grundsatz der Zweckbindung bereits erhobener personenbezogener Daten gewahrt ist, ob also insbesondere auch hinreichend begrenzt ist, inwiefern Daten, die unter Eingriff in Art. 13 Abs. 1 GG oder Art. 10 Abs. 1 GG erhoben worden sind, weiter genutzt werden dürfen. Insoweit haben die Beschwerdeführenden die Möglichkeit einer Grundrechtsverletzung nicht ausreichend dargelegt. Überwiegend fehlen konkretere Ausführungen zu den verfassungsrechtlichen Anforderungen. Zudem hatte eine nähere Auseinandersetzung mit dem einfachgesetzlichen Normenbestand erfolgen müssen, vor allem mit der Frage, warum die aus Sicht der Beschwerdeführenden gebotenen Sicherungen nicht bereits in anderen Bestimmungen des geltenden Rechts, insbesondere des Landesdatenschutz- und Polizeirechts, enthalten sind, die konkret zu benennen und deren Reichweite zu erörtern gewesen waren (vgl. dazu auch BVerfG, Urteil des Ersten Senats vom 26. April 2022 - 1 BvR 1619/17 -, Rn. 129, 132 – Bayerisches Verfassungsschutzgesetz)" BVerfG BeckRS 2023, 1828 Rn. 48.

2. Eingriffsschwelle bezüglich Anlass und Schutzgütern der Datenanalyse durch § 25a aF unzureichend geregelt

Zulässig waren die Verfassungsbeschwerden indessen, soweit sie sich gegen die in § 25a aF vorgesehene Eingriffsschwelle richteten; insoweit waren sie auch begründet. Angesichts des mit der automatisierten Datenanalyse verbundenen Eingriffsschwere sei die durch § 25a aF errichtete Eingriffsschwelle in der Alternative „in begründeten Einzelfällen […] zur vorbeugenden Bekämpfung von in § 100a Abs. 2 der Strafprozessordnung genannten Straftaten" unter dem Gesichtspunkt der Verhältnismäßigkeit im engeren Sinne verfassungswidrig (BVerfG BeckRS 2023, 1828 Rn. 153 ff.); die Intensität des Eingriffs durch die Datenanalyse folge auch aus den ihr immanenten, vom Gewicht des ursprünglichen Datenerhebungseingriffs unabhängigen Belastungseffekten („Eigengewicht" der automatisierten Datenanalyse, BVerfG BeckRS 2023, 1828 Rn. 67 ff. Ls. 3). 13

Die entsprechenden Passagen des Urteils lauten: 13.1
„Eine weitere Bearbeitung von einmal erhobenen und gespeicherten Daten durch eine automatisierte Datenanalyse oder -auswertung kann spezifische Belastungseffekte haben, die über das Eingriffsgewicht der ursprünglichen Erhebung hinausgehen (vgl. BVerfGE 156, 11 (39 Rn. 73)). Die automatisierte Datenanalyse oder -auswertung nach § 25a HSOG und § 49 HmbPolDVG ist darauf gerichtet, neues Wissen zu erzeugen. § 25a Abs. 2 HSOG und § 49 Abs. 2 HmbPolDVG beschreiben dies als das Herstellen von Zusammenhangen zwischen Personen, Personengruppierungen, Institutionen, Organisationen, Objekten und Sachen, den Ausschluss von unbedeutenden Informationen und Erkenntnissen, die Zuordnung eingehender Informationen zu bekannten Sachverhalten sowie die statistische Auswertung der gespeicherten Daten. Rechtlich kann die handelnde Behörde aus den zur Verfügung stehenden Daten mit praktisch allen informationstechnisch möglichen Methoden weitreichende Erkenntnisse abschöpfen sowie aus der Auswertung neue Zusammenhange erschließen. Die Verknüpfung von Daten

ermöglicht etwa mehrstufige Analysen, die neue Verdachtsmomente erst erzeugen, sowie weitere Analyseschritte oder auch daran anschließende operative Maßnahmen (BVerfGE 156, 11 (40 Rn. 73)).

Zwar ist es für sich genommen nicht ungewöhnlich, dass die Polizei ihre einmal gewonnenen Erkenntnisse als Spuren- oder Ermittlungsansätze allein oder in Verknüpfung mit anderen ihr zur Verfügung stehenden Informationen als Ausgangspunkt weiterer Ermittlungen nutzt (vgl. BVerfGE 141, 220 (325 f. Rn. 281)). Auch die alltägliche polizeiliche Erkenntnisgewinnung ist Ergebnis einer Zusammenstellung und Bewertung von aus unterschiedlichen Quellen erlangten Informationen (vgl. Rademacher, AöR 142 (2017), S. 366 (369, 372 ff.); s. auch Schneider, GSZ 2020, S. 1 (4 f.); Kuhlmann/Trute, GSZ 2021, S. 103 (104)).

Die automatisierte Analyse oder Auswertung nach § 25a HSOG und § 49 Hmb-PolDVG geht aber schon deshalb weiter, weil sie die Verarbeitung großer und komplexer Informationsbestande ermöglicht. Je nach der eingesetzten Analysemethode können zudem durch verknüpfende Auswertung vorhandener Daten neue persönlichkeitsrelevante Informationen gewonnen werden, die ansonsten so nicht zugänglich waren. Die Maßnahme erschließt die in den Daten enthaltenen Informationen damit intensiver als zuvor. Sie bringt nicht nur in den Daten angelegte, aber zunächst mangels Verknüpfung verborgene Erkenntnisse über Personen hervor, sondern kann sich bei entsprechendem Einsatz einem „Profiling" (vgl. § 41 Nr. 4 HDSIG, § 2 Abs. 10 HmbPolDVG) annahern (vgl. Bauerle, in: Mostl/Bauerle, BeckOK Polizei- und Ordnungsrecht Hessen, 27. Edition, Stand: 1. Oktober 2022, § 25a HSOG, Rn. 21 ff.)." BVerfG BeckRS 2023, 1828 Rn. 67–69.

14 Wegen der daten- und methodenoffenen Ausgestaltung der Befugnis in § 25a müsse die Datenanalyse in Bezug auf Eingriffsanlass und -schwelle zumindest auf die Identifizierung einer wenigstens konkretisierten Gefahr für besonders gewichtige Rechtsgüter gerichtet und auf die zu deren Abwehr geeigneten Daten beschränkt sein (BVerfG BeckRS 2023, 1828 Rn. 164 ff.).

15 Wolle der Gesetzgeber die automatisierte Datenanalyse unterhalb der Schwelle einer wenigstens konkretisierten Gefahr für besonders gewichtige Rechtsgüter ermöglichen, müssten der Umfang des in die Analyse einzubeziehenden Datenbestands und die zugelassenen Analyse- und Auswertungsmöglichkeiten (vgl. zu diesen → Rn. 13.1) normenklar und hinreichend bestimmt in der Sache so eng begrenzt werden, dass das Eingriffsgewicht der Maßnahmen erheblich gesenkt sei (BVerfG BeckRS 2023, 1828 Rn. 110 ff. Ls. 4).

III. Das Gesetzgebungsverfahren zur Neufassung des § 25a

16 Die Neufassung des § 25a war Bestandteil des Verfahrens zum Erlass des Gesetzes v. 29.6.2023 (HessGVBl. 456), durch das grundlegende Änderungen an HSOG und HVSG vorgenommen wurden.

16.1 Durch Beschluss v. 17.9.2024 hat das Bundesverfassungsgericht auch Teile des HVSG mittlerweile für verfassungswidrig erklärt, BVerfG BeckRS 2024, 24004.

17 Dieses Gesetzgebungsverfahren war insoweit bemerkenswert, als es sich über einen Zeitraum von mehr als einem Jahr – vom erste Entwurf v. 22.3.2022 (LT-Drs. 20/8129 bis zu der zur Abstimmung gestellten Beschlussempfehlung des Innenausschusses v. 27.6.2023 (LT-Drs. 20/11292) – erstreckte. Trotz dieses langen Zeitraums ließ sich der letztlich verabschiedete Gesetzestext mangels einer in dem Verfahren vorgelegten Synopse und/oder Lesefassung zum Zeitpunkt der parlamentarischen Beschlussfassung nur aus einer Zusammenschau des – inhaltlich durchaus komplexen – ursprünglichen Entwurfs mit den Änderungsantragen und deren nachfolgenden Änderungen herausarbeiten (→ SystVorbPolRH Rn. 24).

18 Dieses Unterfangen war umso schwieriger, als bei den Änderungen der Änderungsentwürfe teilweise die ursprünglichen Änderungsanträge wiederholt wurden, obwohl an ihnen keine (erneuten) Änderungen vorgenommen worden waren (vgl. LT-Drs. 20/8129; LT-Drs. 20/10821; LT-Drs. 20/11194; LT-Drs. 20/11235; LT-Drs. 20/11292).

19 Die Neufassung des § 25a wurde in das Gesetzgebungsverfahren erst ganz am Ende eingeführt, nämlich mit Änderungsantrag v. 20.6.2023 (LT-Drs. 20/11235), also neun Tage vor der Beschlussfassung durch den Landtag, dessen Innenausschuss sich (unter anderem) mit dieser erneuten Änderung des Ursprungsentwurfs am 27.6.2023 befasste (LT-Drs. 20/11192).

19.1 Ein wesentlicher Grund für die plötzliche Eile könnte darin gelegen haben, dass das Bundesverfassungsgericht für die unter einschränkenden Maßgaben angeordnete Fortgeltung des § 25a aF eine Frist bis zum 30.9.2023 gesetzt hatte, vgl. BVerfG BeckRS 2023, 1828 Rn. 174 ff. und Tenor.

Immerhin fördert das Land indessen über das Zentrum verantwortungsbewusste Digitalisierung (ZEVEDI) mittlerweile interdisziplinäre Forschung zu Big Data und KI im Bereich der deutschen Sicherheitsbehörden (abrufbar unter https://zevedi.de/themen/kisib/). **19.2**

Mit dem Entwurf der Neufassung des § 25a wurde den Abgeordneten dabei immerhin die – nach § 20 (dazu → § 20 Rn. 9.1) – nunmehr zweitumfangreichste Regelung innerhalb des HSOG vorgelegt (853 Worte); zusammen mit der amtlichen Begründung des Vorschlags der Neufassung (LT-Drs. 20/11235, 6 – 18) umfasst(e) der nach der Beschlussempfehlung des Innenausschusses – also binnen zwei Tagen – zu lesende Text nicht weniger als 37 Normseiten (à 1800 Zeichen inkl. Leerzeichen). **20**

Vor diesem Hintergrund ist es in formell-verfassungsrechtlicher Hinsicht fraglich, ob mit diesem Gesetzgebungsverfahren das Recht der Abgeordneten auf gleichberechtigte Teilhabe an der parlamentarischen Willensbildung ausreichend gewahrt wurde; dieses umfasst das Recht der Abgeordneten, sich über den Beratungsgegenstand auf der Grundlage ausreichender Informationen eine eigene Meinung bilden und davon ausgehend an der Beratung und Beschlussfassung des Parlaments mitwirken zu können (vgl. BVerfG Urt. v. 24.1.2023 – 2 BvF 2/18 Rn. 93; vgl. auch BVerfGE 150, 345 Rn. 58). Angesichts der Komplexität und des Umfangs des Gesetzentwurfs zur Neufassung des § 25a und seiner Begründung erscheint dies mit Blick auf die Kürze der Zeit, die den Abgeordneten zur Verfügung stand, zumindest fraglich (vgl. dazu auch BVerfG Beschl. v. 5.7.2023 – 2 BvE 4/23 Rn. 87 ff.). **21**

Auf Bundesebene befindet sich mittlerweile ein Gesetzentwurf (BT-Drs. 20/12806) im Gesetzgebungsverfahren, mit dem Rechtsgrundlagen für eine automatisierte Datenanalyse durch die Bundespolizei das Bundekriminalamt geschaffen werden sollen. In der hierzu durchgeführten Sachverständigenanhörung wurde die Verfassungsmäßigkeit der entsprechenden Normentwürfe im Hinblick auf das verfassungsgerichtliche Urteil zu § 25a aF (→ Rn. 9 ff.) fast durchgängig bezweifelt (vgl. die schriftlichen Stellungnahmen, abrufbar unter https://www.bundestag.de/dokumente/textarchiv/2024/kw39-pa-inneres-sicherheit-asyl-1019032). **21.1**

Bei der erneuten Änderung der Regelung des § 25a durch das Gesetz „Gesetz zur Stärkung der Inneren Sicherheit in Hessen" vom 13.12.2024 (GVBl. Nr. 83) wiederholte sich dies nunmehr in vergleichbarer Form. Das Gesetz sah im sah im ersten Entwurf v. 1.10.2024 (LT-Drs. 21/1151) zwar etliche Änderungen des HSOG vor (vgl. zu diesen iE → SystVorbPolRH Rn. 29) ließ § 25a jedoch unberührt. Nachdem am 12.11.2024 eine öffentliche Anhörung stattgefunden, wurde der Gesetzentwurf in Teilen unter Bezugnahme auf die Anhörung (vgl. → SystVorbPolRH Rn. 30) geändert (Änderungsantrag vom 5.12.2024 (LT-Drs. 21/1448)). Unabhängig von der Anhörung und insoweit überraschend war nunmehr jedoch auch eine Änderung des § 25a vorgesehen, die für die Verfassungsmäßigkeit der Regelung (→ Rn. 36 ff.) von hoher Relevanz ist. Für deren parlamentarische Beratung blieb jedoch erneut wenig Raum (→ SystVorbPolRH Rn. 31). **22**

IV. Sprachlicher Duktus und Struktur der Norm

Neben dem textlichen Umfang der Neufassung des § 25a (dazu schon → Rn. 20) fällt zunächst ihr sprachlicher Duktus auf. Die Norm ist – insbesondere in Abs. 1, 3 und 4 – über weite Strecken im Indikativ Präsens verfasst; sie verzichtet auch an Stellen, die die amtliche Begründung als rechtsverbindliche Vorgaben versteht, weitgehend auf generell-abstrakte Vorgaben für die zulässige Ausgestaltung einer – wie auch immer gearteten – polizeilichen Datenanalysesoftware bzw. für deren Regulierung durch untergesetzliches Recht. **23**

Hintergrund des allein auf das vorhandene System und seine bisherige interne Regelung zugeschnittenen Wortlauts könnte die im Rande des Urteils des Bundesverfassungsgerichts getroffene (und insoweit offensichtlich missverstandene) Aussage sein, dass das bestehende Konzept der polizeilichen Anwendung der Datenanalyse Ausgangspunkt einer verfassungskonformen Neuregelung sein könne. **23.1**

Die entsprechende Passage lautet: „Würde die Befugnis hingegen hinsichtlich Art und Umfang der Daten und zulässiger Verarbeitungsmethoden enger gefasst und die potenzielle Eingriffsintensität dadurch so weit gesenkt, dass eine niedrigere Eingriffsschwelle verfassungsrechtlich genügen würde (Rn. 75 ff., 107), könnte das aktuelle Konzept der hessischen Praxis Ausgangspunkt einer verfassungskonformen Ausgestaltung der Eingriffsvoraussetzungen sein." BVerfG BeckRS 2023, 1828 Rn. 164. **23.2**

24 Die Regelung liest sich vielmehr über weite Strecken als Deskription der bisherigen internen Regelungen für das konkret in Betrieb befindliche System, das von den hessischen Polizeibehörden seit seiner Inbetriebnahme umfänglich (rund 14.000 Anwendungsfälle pro Jahr) genutzt wurde (→ Rn. 24.1).

24.1 Die interne Regulierung des Systems sowie Art und Umfang seiner bisherigen Nutzung werden vom Bundesverfassungsgericht unter Bezugnahme auf die Angaben des hessischen Innenministeriums wie folgt beschreiben wurde:

„Die Analyseplattform hessenDATA sei in das Netz der Polizei eingebunden und bei Bedarf von jedem Arbeitsplatz aus in Hessen technisch erreichbar. Ein Zugriff auf die gespeicherten Datensätze und deren Nutzung sei allerdings ausschließlich durch dafür gesondert geschultes Personal der Polizei möglich. Es handele sich im Schwerpunkt um Ermittelnde der Kriminalpolizei. Der Zugriff auf die Daten sei durch ein Rollen- und Rechtekonzept geregelt. Die Nutzer der Analyseplattform seien verschiedenen Gruppen zugeordnet, welche jeweils unterschiedliche Zugriffsrechte auf den analysierbaren, integrierten Datenbestand hatten. Die Einteilung der Nutzergruppen in der Analyseplattform erfolge automatisiert über die Zugehörigkeit der Mitarbeitenden zu ihrer Organisationseinheit (HessLTDrucks 20/661, S. 2). In der mündlichen Verhandlung wurde durch das Hessische Ministerium des Innern und für Sport dargelegt, dass derzeit insgesamt 2.099 Personen Zugriff auf hessenDATA hätten. Die Plattform werde pro Jahr in ungefähr 14.000 Fällen genutzt, davon in 2.000 Fällen nach § 25a Abs. 1 Alt. 2 HSOG, also zur Abwehr von Gefahren, und in 12.000 Fällen nach § 25a Abs. 1 Alt. 1 HSOG, also zur vorbeugenden Bekämpfung bestimmter Straftaten." BVerfG BeckRS 2023, 1828 Rn. 12.

25 Bei der Neufassung des § 25a scheint insoweit das Motiv eine zentrale Rolle gespielt zu haben, den Betrieb von HessenDATA möglichst unverändert nach den bisherigen Regularien fortsetzen zu können. Dabei wurde offensichtlich nicht daran gedacht, dass mit der Neufassung der Norm nicht nur ein konkret in Betrieb befindliches System im Wege „nachlaufender Gesetzgebung" (vgl. dazu → § 15 Rn. 4) erneut zu legalisieren war, sondern dass ein schwerwiegender Eingriff in die informationelle Selbstbestimmung (→ Rn. 13) – ungeachtet der derzeit dafür verwendeten Technik – hinreichend bestimmt und normenklar generell-abstrakt zu regeln ist.

26 Jedenfalls wurde auf begrenzende Vorgaben zu den zulässigen Verarbeitungsmethoden und Analyseergebnissen einer polizeilichen Datenanalysesoftware ebenso weitgehend verzichtet, wie auf eine hinreichend klare Beschreibung des Eingriffs, zu dem die Polizeibehörden ermächtigt werden sollen. Diesen definiert Abs. 1 S. 2 als Vorgang des Verknüpfens, Aufbereitens, Auswertens und statistischen Anwendens zusammengeführter rechtmäßig gespeicherter personenbezogener Daten. Diese Charakterisierung lässt kaum erkennen, dass es sich in der Sache um eine von Algorithmen gesteuerte Datei-, Format- und datenbankübergreifende Recherche und Analyse von personenbezogenen Daten zur Generierung neuen Wissens und neuer Erkenntnisse handelt, die in sehr großen Datenbeständen unter regelmäßiger Durchbrechung der datenschutzrechtlichen Zweckbindung erfolgt (vgl. dazu auch BeckOK PolR NRW/Arzt PolG NRW § 23 Rn. 63, ua unter Verweis auf Stellungnahmen der nordrhein-westfälischen Datenschutzbeauftragten). Bei der automatisierten Anwendung zur Datenanalyse handelt es sich damit um einen typischen Fall des „Data-Mining" (→ Rn. 26.1).

26.1 „Data-mining" liegt nach einer Definition der Bundesregierung immer vor, wenn Verfahren und Methoden eingesetzt werden, „mit deren Hilfe bereits vorhandene große Datenbestände, zumeist auf statistisch-mathematischen Verfahren basierend, selbständig auf Zusammenhänge analysiert werden, um auf diesem Wege ‚neues Wissen' zu generieren" (Antwort der Bundesregierung auf eine Kleine Anfrage BT-Drs. 17/11582, 3, in Bezug genommen auch von BVerfG ZD 2021, 205 Rn. 74).

27 Den Zweck der Datenanalyse, neues grundrechtsrelevantes Wissen zu generieren (vgl. dazu auch BVerfG BeckRS 2023, 1828 Rn. 30, 67, 77, 99, 147), hatte die aus dem ATDG und dem RED-G übernommene Regelung des § 25a Abs. 2 aF noch sehr viel deutlicher zum Ausdruck gebracht: „Im Rahmen der Weiterverarbeitung nach Abs. 1 können insbesondere Beziehungen oder Zusammenhänge zwischen Personen, Personengruppierungen, Institutionen, Organisationen, Objekten und Sachen hergestellt, unbedeutende Informationen und Erkenntnisse ausgeschlossen, die eingehenden Erkenntnisse zu bekannten Sachverhalten zugeordnet sowie gespeicherte Daten statistisch ausgewertet werden." (Vgl. dazu auch BeckOK PolR Hessen/Bäuerle, 29. Ed. 2023, § 25a Rn. 12).

In der Folge des deskriptiven Duktus des Wortlauts der Neufassung von § 25a müssen (eventuelle) regulative Vorgaben nunmehr aus diesem vielfach im Umkehrschluss herausgelesen werden. Selbst wenn man dies versucht, entsteht oft kein nachvollziehbarer Normbefehl. Setzt man etwa Abs. 1 S. 4 und 5 in den Imperativ lautet die Regelung in der bis 18.12.2024 geltenden Fassung: „Sie" – also die automatisierte Anwendung zur Datenanalyse – „hat immer anhand anlassbezogener und zielgerichteter Suchkriterien zu erfolgen. Sie ist manuell auszulösen und hat regelbasiert auf einer von Menschen definierten Abfolge von Analyse- und Verarbeitungsschritten abzulaufen" (vgl. zu der inzwischen erfolgten Änderung dieses Satzes → Rn. 31). Indem diese Vorgabe die automatisierte Datenanalyse selbst zu ihrem Subjekt macht, lässt sie etwa die Frage offen, ob und inwieweit sie sich an die (insoweit sicher nicht polizeipflichtigen) Programmierer, die nach Abs. 5 für die Einrichtung und wesentlichen Änderung der automatisierten Datenanalyse zuständigen Behördenleiter und/oder die Anwender selbst richtet. So blieb (bis zur Streichung dieser Wendung, dazu → Rn. 31) auch ungeklärt, wer etwa die Abfolge der Analyse- und Verarbeitungsschritte zu definieren, die anlassbezogenen und zielgerichteten Suchkriterien zu bestimmen und die manuelle Auslösung vorzunehmen hat. **28**

Der Gesetzgeber ging jedoch davon aus, mit der Formulierung „Sie (...) läuft regelbasiert auf einer von Menschen definierten Abfolge von Analyse- und Verarbeitungsschritten ab" insbesondere den Einsatz selbstlernender Systeme (sog. künstlicher Intelligenz (KI)) rechtsverbindlich ausgeschlossen zu haben (LT-Drs. 20/11235, 7). Damit sollte offensichtlich verhindert werden, dass die Regelung an den besonders strengen Anforderungen des Bundesverfassungsgerichts an den Einsatz solcher Systeme im Rahmen der automatisierten Anwendung zur Datenanalyse (vgl. → Rn. 29.1 f.) zu messen sind. **29**

Zum Eingriffsgewicht des Einsatzes solcher Systeme stellt das Gericht zunächst fest: **29.1**
„Besonderes Eingriffsgewicht kann je nach Einsatzart die Verwendung lernfähiger Systeme, also Künstlicher Intelligenz (KI), haben. Deren Mehrwert, zugleich aber auch ihre spezifischen Gefahren liegen darin, dass nicht nur von den einzelnen Polizistinnen und Polizisten aufgegriffene kriminologisch fundierte Muster Anwendung finden, sondern solche Muster automatisiert weiterentwickelt oder überhaupt erst generiert und dann in weiteren Analysestufen weiter verknüpft werden. Mittels einer automatisierten Anwendung könnten so über den Einsatz komplexer Algorithmen zum Ausweis von Beziehungen oder Zusammenhängen hinaus auch selbstständig weitere Aussagen im Sinne eines „predictive policing" getroffen werden. So könnten besonders weitgehende Informationen und Annahmen über eine Person erzeugt werden, deren Überprüfung spezifisch erschwert sein kann. Denn komplexe algorithmische Systeme könnten sich im Verlauf des maschinellen Lernprozesses immer mehr von der ursprünglichen menschlichen Programmierung lösen, und die maschinellen Lernprozesse und die Ergebnisse der Anwendung könnten immer schwerer nachzuvollziehen sein (vgl. EuGH, Urteil vom 21. Juni 2021, Ligue des droits humains, C-817/19, ECLI:EU:C:2022:491, Rn. 195) Dann droht zugleich die staatliche Kontrolle über diese Anwendung verloren zu gehen. Wird Software privater Akteure oder anderer Staaten eingesetzt, besteht zudem eine Gefahr unbemerkter Manipulation oder des unbemerkten Zugriffs auf Daten durch Dritte (vgl. Wissenschaftlicher Dienst des Deutschen Bundestags, Datenbank-Analysen durch die Polizei. Grundrechte und Datenschutzrecht, 2. März 2020, WD3-3000-018/20, S. 8 m. w. N.). Eine spezifische Herausforderung besteht darüber hinaus darin, die Herausbildung und Verwendung diskriminierender Algorithmen zu verhindern." BVerfG BeckRS 2023, 1828 Rn. 100.

Zwar ließ sich der intendierte Ausschluss selbstlernender Systeme aus dem Wortlaut der bisherigen Fassung nicht – zumindest nicht hinreichend bestimmt und normenklar – herauslesen, jedoch lag immerhin diese Absicht der Regelung ausdrücklich zugrunde. **30**

Die Problematik der bisherigen Fassung lag insbesondere auch darin, dass auch sog. schwache KI-Systeme (wie Text-, Zeichen-, Sprach- und Bilderkennungssysteme, die heute vielfach schon auf Mobiltelefonen zur Verfügung stehen) von Menschen programmiert, und manuell ausgelöst werden und insoweit regelbasiert ablaufen, als sie sie eine Abfolge von Analyse- und Verarbeitungsschritten vornehmen. Der Unterschied zu Programmen mit starr deterministischen („wenn-dann") Algorithmen besteht lediglich darin, dass sich die hier verwendeten Algorithmen im Rahmen der Verarbeitungsschritte anhand der analysierten Daten durch das Erkennen von Varianten und Mustern optimieren (können). **30.1**

Vgl. zu den Begrifflichkeiten auch Ulbrich/Braun Binder, Die große Verwirrung – KI und Automatisierung in Staat, Gastkommentar in NZZ-online v. 27.4.2023, abrufbar unter https://www.nzz.ch/meinung/die-grosse-verwirrung-ki-und-automatisierung-in-staat-und-wirtschaft-ld.1729694.

30.2 Es mochte insoweit zutreffen, dass es – wie die amtliche Begründung suggerierte (LT-Drs. 20/11235, 7) – im „Maschinenraum" von HessenDATA streng deterministisch zuging. Die Firma Palantir Inc. bewirbt das zugrundeliegende Programm „Gotham" allerdings auf ihrer Hompage mit der Aussage: „Palantir Gotham ist ein kommerziell verfügbares KI-fähiges Betriebssystem, das die menschliche Entscheidungsfindung in allen Funktionen und Aufgabenbereichen erleichtert und beschleunigt." abrufbar unter https://www.palantir.com/de/platforms/gotham/ (9.1.2025).

31 Durch Gesetz vom 13.12.2024 (HessGVBl. Nr. 83) wurde die Formulierung „und läuft regelbasiert auf einer von Menschen definierten Abfolge von Analyse- und Verarbeitungsschritten ab" aus Abs. 1 S. 5 gestrichen, um nunmehr die automatisierte Anwendung zur Datenanalyse ausdrücklich auch unter Verwendung selbstlernender Systeme (also künstlicher Intelligenz) zu ermöglichen (vgl. → Rn. 31.1).

31.1 Die amtliche Begründung (LT-Drs. 21/1448, 10) lautet:

„Die Änderungen in § 25a Abs. 1 Satz 5 sind aufgrund der voranschreitenden technologischen Entwicklung erforderlich, um Gefahrenabwehr effizient betreiben zu können. Durch die Ausschöpfung des Rechtsrahmens, der insbesondere durch die KI-VO vorgegeben wird, erfüllt der Gesetzgeber ein Ziel aus dem Koalitionsvertrag vom 18. Dezember 2023, nach welchem unter anderem die Einsatzmöglichkeiten von hessenDATA durch den Einsatz von KI ausgeweitet werden sollen.

Zu Buchst. a

Durch die Änderung des Abs. 1 Satz 5 stellt der Gesetzgeber klar, dass die automatisierte Anwendung zur Datenanalyse weiterhin von Menschen veranlasst und manuell ausgelöst werden muss. Durch die Streichung der Einschränkung, dass eine regelbasierte und von Menschen definierten Abfolge von Analyse- und Verarbeitungsschritten erforderlich sei, macht der Gesetz-geber zudem deutlich, dass nunmehr auch KI-Systeme eingesetzt werden können. Gemeint ist die Anwendung von KI-Systemen im Sinne und insbesondere unter Berücksichtigung der Einschränkungen der zukünftig unmittelbar geltenden KI-VO.

Die KI-Systeme können die automatisierte Anwendung zur Datenanalyse ergänzen, um beispielsweise

- diverse Datenformate schneller zusammenzuführen,
- Tat- und Täternetzwerke schneller zu identifizieren,
- Hinweise aus unstrukturierten Daten schneller zu erkennen und mit den vorhandenen polizeilichen Informationen abzugleichen oder
- komplexe Analyseschritte zu vereinfachen und für die Polizeibehörden nutzbar zu machen."

32 Nunmehr soll sich die Zulässigkeit des Einsatzes von KI im Rahmen der automatisierten Anwendung zur Datenanalyse nach dem Willen des Gesetzegers daraus ergeben, dass der Gesetzestext dazu schweigt. Dass damit die verfassungsrechtlichen Anforderungen an die grundrechtsrelevante Verwendung selbstlernender Systeme ebenso verfehlt werden, wie die des Europarechts, liegt auf der Hand (näher → Rn. 69 f.).

33 Unabhängig davon ist die Neufassung von 2023 jedenfalls hinsichtlich der verfassungsrechtlichen Bestimmtheitsanforderungen an Ermächtigungsgrundlagen der Polizei (vgl. nur BVerfG NVwZ 2021, 226 Rn. 85) hier – und an zahlreichen weiteren Stellen – fraglich.

33.1 Spätestens wenn sich das Land Hessen – wie etwa EUROPOL – für eine Abkehr von dem Programm der Firma Palantir zugunsten einer anderen Softwarelösung entscheiden würde, müssten insoweit abstrakt-generelle Vorgaben für ein solches System neu formuliert werden.

33.2 Die Zusammenarbeit von EUROPOL mit der Firma Palantir wurde Ende 2021 beendet, siehe die Antwort der Europäischen Kommission v. 9.6.2020 auf die Anfrage der Abgeordneten des EP Cornelia Ernst v. 13.1.2020 (Frage abrufbar unter https://www.europarl.europa.eu/doceo/document/E-9-2020-000173_EN.html), Antwort abrufbar unter https://www.europarl.europa.eu/doceo/document/E-9-2020-000173-ASW_EN.html). Vgl. auch die Antwort des BMI auf eine kleine Anfrage BT-Drs. 20/962, 6 (Europol verwende mittlerweile ein eigenes Tool; die zugrundeliegende Frage findet sich in BT-Drs. 20/805; vgl. dagegen noch BT-Drs. 19/18098 (zu Palantir liegen keine Erkenntnisse vor). Zur vorherigen Zusammenarbeit von Europol mit Palantir ab 2012: https://www.spiegel.de/netzwelt/netzpolitik/palantir-europol-nutzt-software-von-umstrittenem-us-anbieter-a-ec089fab-a7d3-4e6e-b356-0d3469d0d665. Vgl. zum Ganzen auch https://netzpolitik.org/2022/datenbanken-bei-europol-mitneuem-schleppnetz-im-datensee/ sowie die Stellungnahme des Datenschutzbeauftragter der EU, S. 6, abrufbar unter https://edps.europa.eu/system/files/2022-01/22-01-10-edps-decision-europol_en.pdf.

Hinsichtlich der Regelungsgehalte weist die Neufassung § 25a – ungeachtet ihres Umfangs – eine insoweit klare Struktur auf, als Abs. 1 die eingesetzte Technik im Wesentlichen beschreibt, Abs. 2 S. 1 Tatbestandsvoraussetzungen aufstellt und Abs. 2 S. 2 die Datenbestände benennt, die in die automatisierte Analyse einbezogen werden können. **34**

Abs. 3 S. 1 und 2 schreibt sodann die Geltung der Grundsätze über Zweckbindung und Zweckänderung nach § 20 Abs. 1 und 2 vor, verpflichtet zum Erlass einer Verwaltungsvorschrift, die dies sicherstellt und zu diesem Zweck ein Rollen- und Rechtekonzept und ein Konzept der Kategorisierung und Kennzeichnung personenbezogener Daten beinhaltet. Die folgenden Sätze des Abs. 3 treffen Aussagen über deren Ausgestaltung. Abs. 4 und 5 enthalten schließlich Verfahrensvorschriften und einen Behördenleitervorbehalt bezüglich der Einrichtung und wesentlichen Veränderung der automatisierten Datenanalyse **35**

V. Materielle Verfassungsmäßigkeit der Neuregelung des § 25a

Misst man die Neufassung des § 25a inhaltlich an den Vorgaben des Bundesverfassungsgerichts, sieht sich diese erneut erheblichen verfassungsrechtlichen Bedenken ausgesetzt. Diese betreffen wiederum die Angemessenheit der vorgesehenen Eingriffsschwellen, aber auch den verfassungsrechtlichen Grundsatz der Normenklarheit- und Bestimmtheit (vgl. bereits → Rn. 33), der der Vorhersehbarkeit von Eingriffen für die Bürgerinnen und Bürger, einer wirksamen Begrenzung der Befugnisse gegenüber der Verwaltung sowie der Ermöglichung einer effektiven Kontrolle durch die Gerichte dient (vgl. nur BVerfG NVwZ 2021, 226 Rn. 85). **36**

1. Eingriffsschwellen

Hinsichtlich der Eingriffsschwellen hat zwar der Gesetzgeber mit Abs. 2 Nr. 1 (Abwehr konkreter Gefahren für die genannten Rechtsgüter) zunächst erneut eine Tatbestandsvoraussetzung geschaffen, die im Hinblick auf das Gewicht der Schutzgüter als Eingriffsschwelle dem Eingriffsgewicht, die mit der automatisierten Datenanalyse einhergeht, per se angemessen ist (so auch für § 25a Abs. 1 2. Alt aF BVerfG BeckRS 2023, 1828 Rn. 49). Er hat mit Abs. 2 Nr. 2 und 3 jedoch weitere Tatbestandsvoraussetzungen neben diese gestellt, die für sich genommen diese Voraussetzung nicht erfüllen. **37**

Abs. 2 Nr. 2 greift zunächst auf die vom Bundesverfassungsgericht geprägte Wendung für die sog. konkretisierte Gefahr zurück, mit der eine Situation beschrieben wird, die hinsichtlich der zeitlichen Nähe und Eintrittswahrscheinlichkeit eines Schadens die Anforderungen an die traditionelle konkrete Gefahr noch nicht erfüllt. **38**

Vgl. BVerfG BeckRS 2023, 1828 Rn. 106: **38.1**

„Die Tatsachen müssen dafür zum einen den Schluss auf ein wenigstens seiner Art nach konkretisiertes und zeitlich absehbares Geschehen zulassen, zum anderen darauf, dass bestimmte Personen beteiligt sein werden, über deren Identität zumindest so viel bekannt ist, dass die Überwachungsmaßnahme gezielt gegen sie eingesetzt und weitgehend auf sie beschränkt werden kann (BVerfGE 141, 220 (272 Rn. 112))"

Siehe auch die erneute Bezugnahme auf diese Wendung in BVerfG BeckRS 2023, 1828 Rn. 167; sowie BVerfG NJW 2016, 1781 ff. Rn. 164: **38.2**

„Nach den oben dargelegten Maßstäben ist der Gesetzgeber hieran nicht grundsätzlich gehindert und zwingt ihn die Verfassung nicht, Sicherheitsmaßnahmen auf die Abwehr von – nach tradiertem Verständnis – konkreten Gefahren zu beschränken. Allerdings bedarf es aber auch bei Maßnahmen zur Straftatenverhütung zumindest einer auf bestimmte Tatsachen und nicht allein auf allgemeine Erfahrungssätze gestützten Prognose, die auf eine konkrete Gefahr bezogen ist. Grundsätzlich gehört hierzu, dass insoweit ein wenigstens seiner Art nach konkretisiertes und zeitlich absehbares Geschehen erkennbar ist (vgl. BVerfGE 110, 33 (56 f., 61) = NJW 2004, 2213; BVerfGE 113, 348 (377 f.) = NJW 2005, 2603; BVerfGE 120, 274 (328 f.) = NJW 2008, 822; BVerfGE 125, 260 (330) = NJW 2010, 833)."

Hinsichtlich der in Bezug genommenen Schutzgüter senkt die Regelung die Eingriffsschwelle jedoch deutlich unter die vom Bundesverfassungsgericht für das hier vorliegende **39**

Eingriffsgewicht angemahnte Eingriffsschwelle der konkretisierten Gefahr für besonders gewichtige Rechtsgüter (vgl. BVerfG BeckRS 2023, 1828 Rn. 105, → Rn. 14 f.).

39.1 Das Gericht verweist in Rn. 105 insoweit auf BVerfGE 133, 277 Rn. 203; 141, 220 Rn. 108, 288, 292); 154, 152 Rn. 221; 156, 11 Rn. 116; BVerfG NJW 2022, 1583 Rn. 243.

40 Die insoweit in Bezug genommenen „Straftaten mit erheblicher Bedeutung" sind in § 13 Abs. 3 S. 1 zum einen in einer Weise definiert, die die Regelung selbst hinsichtlich der Normenbestimmtheit bedenklich erscheinen lässt (→ § 13 Rn. 124 ff.); zum anderen wird mit der Bezugnahme auf diese Definition der Katalog der für die Verhinderung mittels automatisierter Datenanalyse in Betracht kommenden Straftaten – ähnlich wie bei der vormaligen vom Bundesverfassungsgericht beanstandete Bezugnahme auf § 100a Abs. 2 StPO – weit „nach unten geöffnet".

41 Insbesondere unter den in § 13 Abs. 3 S. 1 Nr. 2 lit. a und c genannten Straftaten finden sich auch solche, die nicht Leib, Leben oder Freiheit der Person oder den Bestand oder die Sicherheit des Bundes schützen. Dies gilt insbesondere für die dort genannten Delikte gegen bedeutende Sach- oder Vermögenswerte und die gewerbs-, gewohnheits-, serien- oder bandenmäßig oder sonst organisiert begangenen Straftaten. Erfasst sind zudem – etwa mit § 149 StGB – auch sog. Vorfeldstraftaten, ohne dass gesetzlich sichergestellt würde, dass in jedem Einzelfall eine konkrete oder konkretisierte Gefahr für die durch den Straftatbestand geschützten Rechtsguter vorliegt, wie es das Bundesverfassungsgericht verlangt (BVerfG BeckRS 2023, 1828 Rn. 170).

42 Die Regelung des Abs. 2 Nr. 3 verlässt sodann hinsichtlich Eintrittswahrscheinlichkeit und -zeitpunkt auch die konkretisierte Gefahr (→ Rn. 38), indem sie nun tatsächliche Anhaltspunkte genügen lässt, die „die Annahme rechtfertigen, dass schwere oder besonders schwere Straftaten begangen werden sollen und die Weiterberarbeitung erforderliche ist, um diese Straftaten zu verhüten". Abgesehen davon, dass die Erwähnung der besonders schweren Straftaten insofern entbehrlich ist, als schon schwere Straftaten genügen, die die besonders schweren umfassen, greift die Norm hier offensichtlich nun auf die strafprozessuale Terminologie zurück. In der StPO sind „schwere Straftaten" in § 100a Abs. 2 und „besonders schwere Straftaten" in § 100b Abs. 2 StPO aufgeführt. Diese hatten die Entwurfsverfasser offensichtlich auch im Sinn, wenn auch die amtliche Begründung (LT-Drs. 20/11235, 11 (Abs. 4) die Bedeutung der diesbezüglichen (zT fehl-)zitierten Rechtsprechung des Bundesverfassungsgerichts missversteht.

42.1 So kann etwa in der Rechtsprechung des Gerichts von der in LT-Drs. 20/11235, 11 (Abs. 4) postulierten „verfestigten Nomenklatur" keine Rede sein.

43 Somit liegt lediglich eine der drei in § 25a Abs. 2 vorgegebenen Eingriffsschwellen im Rahmen der für einen Eingriff des Gewichts der automatisierten Datenanalyse auf dem vom Bundesverfassungsgericht als Regelanforderung vorgegebenen Niveau.

44 Mit Abs. 2 Nr. 3 hat der Gesetzgeber die vom Bundesverfassungsgericht beanstandete Tatbestandsvariante des § 25a Abs. 1 aF („mittels einer automatisierten Anwendung zur Datenanalyse weiterverarbeiten zur vorbeugenden Bekämpfung von in § 100a Abs. 2 Strafprozessordnung genannten Straftaten") zudem in neuem Gewand wieder in Kraft gesetzt; dabei besteht der Unterschied zur vorherigen Rechtslage lediglich darin, dass diese Variante in der ursprünglichen Fassung neben dem Zweck der vorbeugenden Bekämpfung von Straftaten nach § 100a Abs. 2 StPO einen „begründeten Einzelfall" voraussetzte, während nun tatsächliche Anhaltspunkte die Annahmen der Begehung einer Straftat nach § 100a Abs. 2 StPO und der Erforderlichkeit der automatisierten Analyse für deren Verhütung rechtfertigen müssen. Wenn mit dieser Änderung eine deutliche Einschränkung der bisherigen – auf der Vorgängerregelung beruhenden – Anwendungspraxis beabsichtigt war, kommt diese Absicht zumindest im Wortlaut nicht allzu deutlich zum Ausdruck.

2. Regelungen zur Begrenzung des Eingriffsgewichts

45 Zwar ist es nach dem Urteil verfassungsrechtlich nicht ausgeschlossen, dass Befugnisse zur automatisierten Datenanalyse – wie Abs. 2 Nr. 2 und Nr. 3 – hinter der Eingriffsschwelle der konkretisierten Gefahr für besonders gewichtige Rechtsgüter wie Leib, Leben oder

Freiheit der Person sowie Bestand sowie Bestand oder Sicherheit des Bundes oder eines Landes zurückbleiben, dann jedoch muss sichergestellt sein, dass die zugelassenen Analyse- und Auswertungsmöglichkeiten durch Regelungen insbesondere zur Begrenzung von Art und Umfang der Daten und zur Beschränkung der Datenverarbeitungsmethoden normenklar und hinreichend bestimmt in der Sache so eng begrenzt sind, dass das Eingriffsgewicht der Maßnahmen erheblich gemindert ist (BVerfG BeckRS 2023, 1828 Rn. 110 ff. und Ls. 4).

Insoweit muss der Gesetzgeber die wesentlichen Grundlagen zur Begrenzung von Art und Umfang der Daten und der Verarbeitungsmethoden selbst durch Gesetz vorgeben (BVerfG BeckRS 2023, 1828 Rn. 112, 114 und Ls. 5 lit. a). 46

Betrachtet man § 25a hinsichtlich der insoweit getroffenen Vorgaben, ist festzustellen, dass die Regelung zunächst hinsichtlich der zulässigen Verarbeitungsmethoden keinerlei Beschränkungen oder sonstige klare normative Vorgaben vorsieht. Vielmehr können die Polizeibehörden nach Abs. 1 S. 2, Abs. 3 S. 1 die zusammengeführten Daten durch Verknüpfen, Aufbereiten, Auswerten und das Anwenden für statistische Zwecke automatisiert weiterverarbeiten (vgl. zum beschönigenden Charakter dieser Umschreibung → Rn. 26), ohne dass hinsichtlich der zulässigen Analysemethoden – also insbesondere der Leistung und Charakteristik der für das Data-Mining verwendeten Algorithmen (vgl. dazu → Rn. 26, → Rn. 28) – Aussagen getroffen werden. 47

Auch der – inzwischen gestrichenen (→ Rn. 31) – rein beschreibenden, gleichsam alltagstheoretischen Feststellung des Abs. 1 S. 4, dass die automatisierte Analyse manuell ausgelöst wird und regelbasiert auf einer von Menschen definierten Abfolge von Analyse- und Verarbeitungsschritten abläuft, ließen sich insoweit keine Vorgaben entnehmen, die den Anforderungen an eine grundrechtsbeschränkende Ermächtigungsnorm genügen würden (vgl. iE dazu auch → Rn. 29 ff.). Gleiches gilt für die weiter vorhandene Aussage, dass die Analyse anhand anlassbezogener und zielgerichteter Suchkriterien erfolgt. Da keinerlei Konkretisierung der (zulässigen) Kriterien vorgenommen wird, ist der normative Gehalt der Aussage denkbar gering. Dass ein polizeilicher Informationseingriff nicht anlass- oder ziellos erfolgen darf, ist auch ohne diese Regelung eine rechtsstaatliche Selbstverständlichkeit. 48

Hinsichtlich der Verarbeitungsmethoden erwähnt zwar Abs. 3 S. 4 sodann zwar die „Angemessenheit der jeweils angewandten Analysemethode" als Kriterium für die „funktionale Reduzierung der Eingriffsintensität", die durch die zu erlassende Verwaltungsvorschrift vorgenommen werden soll. Auch gibt Abs. 3 Nr. 2 lit. a S. 2 als „Prinzip" eine „je, desto"-Regel hinsichtlich der Komplexität der Analyse vor. Wodurch sich eine „komplexe" von einer „einfachen" Analyse unterscheidet, wird indessen nicht geregelt. Insoweit fehlt es im Gesetz selbst an den erforderlichen inhaltlichen Vorgaben, jedenfalls an solchen die normenklar und hinreichend bestimmt sind. Auch die Verwaltungsvorschrift verzichtet im Übrigen – entgegen der Vorgabe in Abs. 3 S. 4 – auf jegliche Regelung bezüglich der eingesetzten Analysemethode. 49

Vgl. Nr. 2–3.2 VV § 25a HSOG; die Begriffe „Komplexität" bzw. „komplex" und „Methode" fehlen in der gesamten Verwaltungsvorschrift. 49.1

Auch hinsichtlich der zwar im Gesetz angelegten, im Ergebnis aber nicht vorgenommenen Beschränkung der Analysemethoden dürfte das Motiv eine Rolle gespielt haben, diejenigen Methoden, die das HessenDATA zugrundeliegenden Palantir-Programm zur Verfügung stellt., möglichst ungeschmälert weiter nutzen zu können (→ Rn. 25). 49.2

Angeboten hätten sich insoweit – wie auch das Bundesverfassungsgericht (→ Rn. 50.1) verdeutlicht – etwa ergebnisorientierte Vorgaben, nach denen die Anwendung von Analysemethoden, die die Erstellung von Bewegungs-, Verhaltens- oder Beziehungsprofilen und/oder Persönlichkeitsbildern ermöglichen, unzulässig oder tatbestandsabhängig beschränkt bzw. zu beschränken ist. Insofern hätten Suchmuster oder -kriterien (dazu bereits → Rn. 47 aE) – wie die auf Tatsachen gestützte Verbindung zu einer näher umschreibbaren konkret verantwortlichen Person oder der Verbindung einer solchen Person zu einem konkreten Sacherhalt (vgl. dazu BVerfG BeckRS 2023, 1828 Rn. 93 f.) – vorgegeben werden können, die technisch entsprechend beschränkte Analysen zur Folge haben (müssen). Naheliegend wäre auch ein Verbot der der Einbeziehung besonderer Kategorien personenbezogener Daten iSd §§ 20, 43 HDSIG, Art. 9 Verordnung (EU) Nr. 2016/679 in die automatisierte Analyse gewesen (vgl. dazu auch → Rn. 85). Auch hätte etwa eine Beschränkung der Abgleichsmög- 50 lichkeiten bzw. -schritte dergestalt vorgegeben werden können, dass die Datenanalyse von vorneherein auf die Erkennung gefährlicher oder gefährdeter Orte oder die Anzeige von Übereinstimmungen zwischen Suchkriterium und durchsuchten Datenbeständen reduziert ist.

50.1 Die zentrale auf die Eingriffsbegrenzung auf diesem Weg bezogene Passage im Urteil lautet:

„Darüber hinaus muss der Gesetzgeber selbst grundlegende Maßgaben zur Begrenzung des Automatisierungsgrades treffen. Es reicht nicht aus, dass die Polizeibehörden die Datenanalyse oder -auswertung faktisch so gestalten, dass sie nicht über einen einfachen Datenabgleich in automatisierter Form hinausgeht, insbesondere nicht automatisiert wiederholte Abgleichschritte zur Verknüpfung der Abgleichergebnisse mit weiteren Datenbestanden erfolgen. Eine Beschränkung der Abgleichmöglichkeiten musste vielmehr im Gesetz selbst angelegt sein. Der Gesetzgeber musste auch wenigstens im Ansatz selbst regeln, wenn er das Eingriffsgewicht dadurch vermindern will, dass der Auswertung zur Vermeidung völlig offener Suchvorgange einzelne Suchbegriffe zugrunde gelegt werden, in denen sich polizeiliche Suchmuster abbilden (dazu Rn. 93 ff.). Er musste auch selbst wenigstens grundlegende Maßgaben treffen, wenn er das Eingriffsgewicht durch eine Begrenzung möglicher Analyseergebnisse reduzieren will (dazu Rn. 96 ff.). Sollen etwa maschinelle Sachverhaltsbewertungen ausgeschlossen werden, die über die Anzeige von Übereinstimmungen zwischen Suchkriterium und durchsuchten Datenbestanden hinaus gehen, sollen insbesondere maschinelle Gefährlichkeitsaussagen über Personen im Sinne eines ‚predictive policing' ausgeschlossen oder die Datenanalyse oder -auswertung von vornherein nur auf die Erkennung gefährlicher oder gefährdeter Orte gerichtet werden, ist das Eingriffsgewicht nur dann verringert, wenn der Gesetzgeber dies selbst vorgibt. Die nähere Strukturierung des Auswertungsvorgangs konnte allerdings der Verwaltung aufgegeben werden (vgl. auch BVerfGE 154, 152 (259 Rn. 192)), die auch dies abstrakt-generell regeln und ihre Regelung veröffentlichen musste." (BVerfG BeckRS 2023, 1828 Rn. 121).

51 Die beschränkenden Vorgaben, die der Gesetzgeber für die Anwendung zur automatisierten Datenanalyse tatsächlich selbst getroffen hat, bestehen vor allem darin, einige Arten personenbezogener Daten – wenn auch nicht die besonderen Kategorien (→ Rn. 44) – von der Analyse auszuschließen. Diese Einschränkungen folgen allerdings erst, nachdem der Pool der für die Analyse in Betracht kommenden Daten durch Abs. 2 S. 2 mit praktisch allen vorhandenen polizeilichen Daten und darüber hinaus befüllt wurde (vgl. dazu auch → Rn. 26).

52 Mit den dort genannten Vorgangsdaten, den Falldaten, den Daten aus den polizeilichen Auskunftssystemen, den Verkehrsdaten, den Telekommunikationsdaten, den Daten aus Asservaten und aus dem polizeilichen Informationsaustausch steht also zunächst der polizeiliche Datenbestand vollständig zur Verfügung (vgl. auch die anschauliche Erläuterung von Art, Inhalt und Umfang der den genannten Gruppen jeweils unterfallenden Daten in LT-Drs. 11/11235, 12 ff.).

53 Hier gibt zudem der Begriff der Telekommunikationsdaten dem Anwender Rätsel auf. Dieser ist ansonsten weder dem HSOG noch dem Telekommunikationsrecht bekannt, wo im Zusammenhang mit Telekommunikation jeweils spezifischer von Bestandsdaten, Verkehrsdaten, Inhaltsdaten, Nutzungsdaten und Zugangsdaten die Rede ist (vgl. etwa § 15a Abs. 2, 2a, § 3 Nr. 3, 30 TKG, § 2 Nr. 3, § 24 TTDDG). Was darunter zu verstehen sein soll, erschließt sich nur (vage) aus der Verwaltungsvorschrift, die in Nr. 2.3 und 2.2.3 VV § 25a HSOG jeweils auch von Telekommunikationsdaten spricht, womit offensichtlich die Inhaltsdaten aus Telefonüberwachungen gemeint sind (→ Rn. 53.1).

53.1 Siehe Ziff. 2.2.3 VV § 25 HSOG:

„2.2.3 Telekommunikationsdaten

Daten aus Telefonüberwachungsmaßnahmen werden über ein gesondertes System erhoben. Für die Zugriffsberechtigungen sind die obigen Regeln zu Verkehrsdaten entsprechend anzuwenden."

54 Der Katalog der für die automatisierte Analyse zur Verfügung stehenden Daten (→ Rn. 52) wird sodann durch Abs. 2 S. 3 noch um Datensätze aus gezielten Abfragen in gesondert geführten staatlichen Registern (wie dem Melderegister, dem Zentralen Verkehrsinformationssystem und dem Waffenregister), sowie einzeln gespeicherte Datensätze aus Internetquellen erweitert (vgl. zur Erhöhung des Eingriffsgewichts durch diese Erweiterung BVerfG BeckRS 2023, 1828 Rn. 127).

Gegenüber diesem umfangreichen Datenbestand, der somit grundsätzlich für die automatisierte Analyse in Betracht kommt, nehmen sich die Einschränkungen vergleichsweise bescheiden aus. Diese bestehen in 55

- dem Ausschluss der Daten aus Wohnraumüberwachungen und Online-Durchsuchungen (Abs. 3 Nr. 2 b) S. 3),
- dem Ausschluss von Verkehrsdaten für den Einsatz der automatisierten Datenanalyse zur vorbeugenden Bekämpfung von Straftaten nach Abs. 2 Nr. 3 (Abs. 2 S. 2 S. 4) und
- dem Ausschluss personenbezogener Vorgangsdaten Unbeteiligter aus der Datenanalyse (Abs. 3 Nr. 2 a) S. 4).

Hinsichtlich des zweitgenannten Punkts werden nunmehr seit der Änderung durch Gesetz vom 13.12.2024 (HessGVBl. Nr. 83) immerhin auch noch „Telekommunikationsdaten" ausgeschlossen (vgl. zur Unklarheit des Begriffs → Rn. 53 f.). 56

Die amtliche Begründung (LT-Drs. 21/1448, 10) lautet: 56.1
„Zu Buchst. b
Zur Senkung des Eingriffsgewichts werden in Abs. 2 Satz 4 neben den Verkehrsdaten nun auch die Telekommunikationsdaten bei einer Maßnahme nach Abs. 2 Satz 1 Nr. 3 ausgeschlossen."

Mit dem – vom Bundesverfassungsgericht angemahnten (BVerfG BeckRS 2023, 1828 Rn. 81, 118, 141, 176) – Ausschluss der Daten aus Wohnraumüberwachungen und Online-Durchsuchungen dürfte eine grundrechtlich sehr relevante, quantitativ und qualitativ aber vernachlässigbare Datenquelle ausgeschlossen worden sein, da Eingriffe dieser Art in Hessen in den letzten Jahren praktisch nicht stattgefunden haben. 57

Vgl. die vom Bundesamt für Justiz publizierten Statistiken zur Wohnraumüberwachung (seit 2009, abrufbar unter https://www.bundesjustizamt.de/DE/Service/Justizstatistiken/Justizstatistiken_node.html#AnkerDokument44158)und zur Online-Durchsuchung (seit 2019, abrufbar unter https://www.bundesjustizamt.de/DE/Service/Justizstatistiken/Justizstatistiken_node.html#AnkerDokument44152) sowie den Bericht des Präsidenten des Hessischen Landtages nach § 17a S. 6 des Hessischen Gesetzes über die öffentliche Sicherheit und Ordnung v. 25.1.2022 (LT-Drs. 20/7787). 57.1

Mit dem Ausschluss der Verkehrsdaten für den Einsatz der automatisierten Datenanalyse zur vorbeugenden Bekämpfung von Straftaten nach Abs. 2 Nr. 3 ist in der Tat ein quantitativ bedeutender Teil des Datenpools betroffen, der insbesondere im Hinblick auf Funkzellenabfragen gerade auch die Daten zahlreicher Unbeteiligter erfasst (vgl. dazu BVerfG BeckRS 2023, 1828 Rn. 23, 85, 142). 58

Indem diese Daten jedoch nur aus Datenanalysen nach Abs. 2 Nr. 3 ausgeschlossen werden, bleiben sie für solche nach der Tatbestandsalternative des Abs. 2 Nr. 2 erhalten. Deren Anwendungsbereich dürfte sich mit der nach Abs. 2 Nr. 3 hinsichtlich der zu verhindernden Straftaten in weiten Bereichen überschneiden, da beide Alternativen auf vergleichbare und breit angelegte Straftatenkataloge Bezug nehmen (→ Rn. 40 f.; vgl. insoweit zu den Bedenken hinsichtlich des Katalogs von § 100a Abs. 2 BVerfG BeckRS 2023, 1828 Rn. 170, diese passen auch auf die Definition in § 13 Abs. 3 S. 1). 59

Zwar besteht bei Abs. 2 Nr. 2 das zusätzliche Erfordernis der innerhalb eines übersehbaren Zeitraums absehbaren Begehung von zumindest ihrer Art nach konkretisierten Straftaten. Die Überwindung dieser überschaubaren Hürde dürfte jedoch der konkreten Anwendungspraxis keine nennenswerten Schwierigkeiten bereiten. 60

Zwar bleiben somit mit den Verkehrsdaten auch die Daten zahlreicher Unbeteiligter für einen vermutlich beachtlichen Teil der Anwendungsfälle im Datenpool der automatisierten Analyse, immerhin erfolgt jedoch nach Abs. 3 Nr. 2 lit. a S. 4 und Nr. 3.2 VV § 25a HSOG ein Ausschluss von personenbezogenen Vorgangsdaten Unbeteiligter (vgl. zu den Vorgangsdaten § 20 Abs. 9 sowie → § 20 Rn. 153 ff.). 61

Nach der amtlichen Begründung bedeutet dies allerdings nicht, dass die Daten gar nicht erst in den für die Analyse zur Verfügung stehenden Datenpool aufgenommen (also von der automatisierten Zusammenführung iSd Abs. 1 ausgenommen) werden, sondern nur, dass diese (also vermutlich vor allem Namen) dort „unsichtbar" gemacht werden (vgl. LT-Drs. 20/11235, 8, 12 und 16). In der Folge können sie wohl von der Analyseplattform aus im Quellsystem ComVor weiterhin im Klartext eingesehen und bei Bedarf – unter Änderung 62 des Status „unbeteiligt“ – doch in die automatisierte Weiterverarbeitung einbezogen werden (vgl. LT-Drs. 20/11235, 16). Dies schränkt die von Gesetz und Verwaltungsvorschrift suggerierte Reduzierung der Eingriffsintensität deutlich ein.

62.1 Auch das Bundesverfassungsgericht sieht insoweit eine eingriffsreduzierende Begrenzung des für die Analyse verfügbaren Datenbestands nur dann, wenn Daten von vorneherein nicht in die automatisierte Analyse einbezogen, sondern – unabhängig von dieser – für jeden Auswertungsvorgang (also nachträglich) händisch hinzugezogen werden (müssen), BVerfG BeckRS 2023, 1828 Rn. 88.

63 Insbesondere lässt diese Art der anonymen Einbeziehung ein derart verdichtetes behördliches Interesse an den Daten erkennen, dass nach der insoweit gefestigten Rechtsprechung des Bundesverfassungsgerichts (→ Rn. 63.1) weiterhin ein Eingriff in das Recht auf informationelle Selbstbestimmung vorliegt.

63.1 Vergleiche insoweit BVerfG NJW 2019, 827 Rn. 43:

„Ein Eingriff liegt insoweit grundsätzlich zunächst in der Erfassung personenbezogener Daten. Sie macht die Daten für die Behörden verfügbar und bildet die Basis für einen nachfolgenden Abgleich mit Suchbegriffen. An der Eingriffsqualität fehlt es lediglich, sofern Daten ungezielt und allein technikbedingt zunächst miterfasst, aber unmittelbar nach der Erfassung technisch wieder anonym, spurenlos und ohne Erkenntnisinteresse für die Behörden ausgesondert werden (vgl. BVerfGE 100, 313 (366) = NJW 2000, 55; BVerfGE 115, 320 (343) = NJW 2006, 1939). Demgegenüber kann auch dann, wenn die Erfassung eines größeren Datenbestands letztlich nur Mittel zum Zweck für eine weitere Verkleinerung der Treffermenge bildet, in der Datenerhebung als solcher bereits ein Eingriff liegen. Maßgeblich ist, ob sich bei einer Gesamtbetrachtung mit Blick auf den durch den Überwachungs- und Verwendungszweck bestimmten Zusammenhang das behördliche Interesse an den betroffenen Daten bereits derart verdichtet hat, dass ein Betroffensein in einer einen Grundrechtseingriff auslösenden Qualität zu bejahen ist (vgl. BVerfGE 115, 320 (343) = NJW 2006, 1939; BVerfGE 120, 378 (398) = NJW 2008, 1505).“

64 Über diese Beschränkungen des Datenpools hinaus bleibt es hinsichtlich der Beschränkung der Eingriffsintensität durch die automatisierte Anwendung zur Datenanalyse bei den in Abs. 3 Nr. 2 lit. b getroffenen Vorgaben für die zu erlassende Verwaltungsvorschrift. Danach müssen abstrakte Regelungen getroffen werden, die der eingeschränkten Verwendbarkeit von Daten aus schwerwiegenden Grundrechtseingriffen Rechnung tragen, und es muss durch technisch-organisatorische Vorkehrungen sichergestellt werden, dass diese Regelungen praktisch wirksam werden.

65 Die Regelungen, die die Verwaltungsvorschrift insoweit getroffen hat, finden sich in Nr. 3.2, die sich in den ersten drei Sätzen jedoch lediglich mit der technischen Umsetzung des Ausschlusses der Daten aus Wohnraumüberwachungen und Online-Durchsuchungen beschäftigt. Sodann folgt die schlichte Aussage: „Weitere Daten aus grundrechtsrelevanten Maßnahmen wie aus Telefonüberwachungsmaßnahmen oder Verkehrsdatenerhebungen werden anhand ihrer Quelle erkannt und mit einem zusätzlichen Schutzmechanismus versehen. Sie sind innerhalb der automatisierten Anwendung zur Datenanalyse erst einsehbar, wenn die Anwenderin oder der Anwender eine ergänzende Schulung im Umgang mit den Daten absolviert hat.“

66 Die Daten aus schwerwiegenden Grundrechtseingriffen – jenseits von Wohnraumüberwachungen und Onlinedurchsuchungen – bleiben also ebenfalls im Datenpool für die automatisierte Anwendung zur Datenanalyse, dürfen aber nur von besonders geschulten Anwendern eingesehen werden. Gesetzliche Vorgaben für den Umgang mit diesen Daten fehlen ebenso, wie genauere untergesetzliche Vorgaben für den Inhalt der Schulung.

66.1 Die insoweit in Nr. 2.3 VV § 25a HSOG getroffenen Aussagen lauten:

„Die Schulung versetzt die Anwenderinnen und Anwender in die Lage, die Analyseplattform effektiv und rechtskonform zu bedienen. Hierzu gehört insbesondere die Einhaltung datenschutzrechtlicher Vorgaben und die vollumfängliche Dokumentation der jeweiligen Anwendung. […]

Zusätzlich zur zweitägigen Basisschulung sind für den Umgang mit besonders sensiblen Daten (zum Beispiel Verkehrsdaten und Telekommunikationsdaten) und den umfangreicheren Zugriff auf Daten weitere Schulungen erforderlich.“

67 Zwar schreibt Abs. 3 Nr. 1 in einer weiteren „je, desto“-Regel (vgl. dazu bereits → Rn. 49) vor, dass die Zahl die Zahl der Anwender, die auf „mehr der in der Analyseplattform zusammengeführten Daten“ Zugriff haben dürfen, zu beschränken ist. Abgesehen von ihrer

Unbestimmtheit, soll diese Vorgabe indessen der Sicherung der Zweckbindung dienen. Sie bedeutet also zum einen nicht (jedenfalls nicht eindeutig), dass sich das „mehr" auf Daten aus besonders eingriffsintensiven Maßnahmen bezieht (vgl. dazu auch → Rn. 67.1, sowie → Rn. 118 ff.)

Gedacht ist wohl eher an die vertikale Differenzierung nach den sog. Phänomenbereichen, vgl. auch Nr. 2.1 ff. der Verwaltungsvorschrift; zu der aus den Vorgaben folgenden Begrenzung des jeweiligen Datenvolumens iE → Rn. 118 ff. Immerhin ist in Nr. 2.2.2 iVm 2.2.3 VV § 25a HSOG insoweit vorgesehen, dass die Anwenderinnen und Anwender jeweils nur auf die Verkehrs- und Telekommunikationsdaten des eigenen Phänomenbereichs (= Organisationseinheit) zugreifen können; diese Beschränkung kann indessen mit Hilfe umfassend Zugriffsberechtigter überwunden werden (→ Rn. 68). **67.1**

Zum anderen ändert auch die Beschränkung der Zahl Zugriffsberechtigten nichts an der in der automatisierten Weiterverarbeitung liegenden Perpetuierung des vorangegangenen Grundrechtseingriffs im Einzelfall. Darüber hinaus wird die mit der Beschränkung der umfassend Zugriffsberechtigten intendierte Verringerung der Eingriffsintensität nur erreicht, wenn dadurch weniger Auswertungs- und Analysevorgänge in Gang gesetzt und weniger Daten verarbeitet werden (vgl. BVerfG BeckRS 2023, 1828 Rn. 89, 117). Dieses Ziel wird indessen konterkariert, wenn die wenigen umfassend Zugriffsberechtigten – wie in der Verwaltungsvorschrift vorgesehen – „Analyse- und Auswertungsstellen" zugeordnet werden (Nr. 2.2.2 und 4.1 VV § 25a HSOG), deren Aufgabe offensichtlich darin besteht, den Organisationseinheiten (= Phänomenbereichen) mittels Durchführung automatisierter Analysen zuarbeiten. Auf diesem Weg wird nicht die Zahl der Analysevorgänge reduziert, sondern ihre Durchführung zentralisiert, so dass letztlich auch das aus dem Data-Mining gewonnene „neue Wissen" (→ Rn. 13.1, → Rn. 26 f.) über die wenigen umfassend Zugriffsberechtigten hinaus Verbreitung und Anwendung in den Polizeibehörden findet. **68**

3. Einsatz lernender Systeme (KI)

Dass der Gesetzgeber davon ausgeht, nunmehr mit § 25a in der Fassung des Gesetzes vom 13.12.2024 (HessGVBl. Nr. 83) die Polizeibehörden bei automatisierten Datenanalysen auch zum Einsatz künstlicher Intelligenz (lernender Systeme) zu ermächtigen (→ Rn. 31 ff.), ist die Regelung auch an den Vorgaben des Bundesverfassungsgerichts hierzu zu messen. **69**

Bezüglich der denkbaren gesetzlichen Voraussetzungen für einen Einsatz solcher Systeme heißt es im Hinblick auf die damit verbundene sehr hohe Eingriffsintensität in dem Urteil: **69.1**

„Daher dürften selbstlernende Systeme in der Polizeiarbeit nur unter besonderen verfahrensrechtlichen Vorkehrungen zur Anwendung kommen, die trotz der eingeschränkten Nachvollziehbarkeit ein hinreichendes Schutzniveau sichern." BVerfG BeckRS 2023, 1828, Rn. 100.

„Wenn der Gesetzgeber die Eingriffsintensität der automatisierten Datenanalyse oder -auswertung reduzieren will, um sie auch im Vorfeld einer konkretisierten Gefahr einsetzen zu können, muss er zudem einschränkende Vorgaben zur Methode der automatisierten Datenanalyse oder -auswertung machen und in ihren grundlegenden Zügen im Gesetz selbst regeln. Der Einsatz selbstlernender Systeme muss dafür im Gesetz ausdrücklich ausgeschlossen sein." BVerfG BeckRS 2023, 1828 Rn. 120 f. **69.2**

Diese (→ Rn. 69.1) verfehlt der Gesetzgeber weit, wenn er diesen Einsatz infolge des Streichens der vormaligen vagen Beschränkung (→ Rn. 31) nunmehr für zulässig erachtet, ihn aber weder ausdrücklich – schon gar nicht hinreichend bestimmt – erlaubt, noch irgendwelche Voraussetzungen, Grenzen und verfahrensrechtliche Vorkehrungen dafür benennt. Auch der zwingend gebotene gesetzliche Ausschluss des Einsatzes im Vorfeld einer konkretisierten Gefahr (→ Rn. 69.2) fehlt. **70**

Nicht erkennbar ist, ob mit der den KI-Einsatz (vermeintlich) legitimierenden Gesetzesänderung das in Betrieb befindliche System – das nach Angaben seines Herstellers KI-fähig ist (→ Rn. 30.2) – insoweit nachlaufend legalisiert oder der Einsatz einer neuen Version oder eines anderen (gegebenenfalls noch zu entwickelnden) Produkts ermöglicht werden soll. **71**

Bei der Gesetzesänderung wurde zwar erkannt, dass der KI-Einsatz nur nach Maßgabe der Verordnung (EU) 2024/1689 (KI-VO) zulässig ist (vgl. LT-Drs. 21/1448, 10). Ob dem Gesetzgeber indessen klar war, dass er damit den Einsatz einer Technologie ermöglicht, die im Hinblick auf ihr Potential zur Generierung umfassender Persönlichkeitsprofile jedenfalls als Hochrisiko-System im Sinne von Art. 6 KI-VO einzustufen sein dürfte (→ Rn. 72.1) **72** ist jedoch fraglich. Er hat diese damit den – keinesfalls schnell zu erfüllenden – Vorgaben der Art. 6–49 KI-VO, die neben vielen anderen Pflichten der Anbieter und Betreiber etwa eine Grundrechtefolgeabschätzung (Art. 27 KI-VO) und eine EU-Datenbankregistrierung (Art. 49 KI-VO) verlangen.

72.1 Vergleiche Schöndorf-Haubold/Giogios: „Es ist schwer vorstellbar, dass KI-fähige Anwendungen zur automatisierten Datenanalyse wie z. B. hessenDATA, sofern mit ihrer Hilfe (schon aufgrund nationaler Grundrechtsanforderungen ausschließlich vorbereitende) Such- und Musterabfragen vorgenommen werden, als Systeme mit minimalen Risiken unterhalb der Schwelle der Hochrisiko-KI gelten könnten." (Schöndorf-Haubold, Bettina; Giogios, Christopher: KI im Einsatz für die Sicherheit: Innovation und Kontrolle im Spannungsfeld von europäischer Gesetzgebung und nationaler Souveränität, VerfBlog, 2024/12/10, https://verfassungsblog.de/ki-im-einsatz-fur-die-sicherheit/, DOI: 10.17176/20241210-225658-0).

4. Schlussfolgerungen

73 Insgesamt lässt sich somit feststellen, dass vor dem Hintergrund des Urteils des Bundesverfassungsgerichts auch gegenüber der Neufassung des § 25a die verfassungsrechtlichen Bedenken in weitem Umfang fortbestehen. Die Norm gibt zwar – auch im Wechselspiel mit der Verwaltungsvorschrift – mit viel Text vor, die automatisierte Analyse im Vergleich zur Vorgängernorm deutlich zu beschränken. Bei genauerer Betrachtung zeigt sich jedoch, dass die im Ergebnis tatsächlich vorgenommenen Beschränkungen sehr moderat ausfallen. In der Gesamtbetrachtung lassen § 25a und der Verwaltungsvorschrift daher ohne weiteres eine wortreiche Scheinbeschränkung attestieren.

73.1 Vergleiche auch zu wortreicher Scheintatbestandlichkeit im Polizeirecht → § 13 Rn. 61

74 Völlig auszuschließen sein dürfte es darüber hinaus, dass durch die Lektüre von § 25a und der Verwaltungsvorschrift bei Bürgerinnen und Bürger die unter Bestimmtheitsgesichtspunkten erforderliche Vorhersehbarkeit der mit den Regelungen verbundenen Eingriffe eintritt (vgl. dazu → Rn. 36).

75 Infolge einer praktisch nicht vorhandenen gesetzlichen Beschränkung der in dem Programm HessenDATA zur Verfügung stehenden Analysemethoden (dazu → Rn. 47 ff.) und einer – jenseits von Daten aus Wohnraumüberwachungen und Onlinedurchsuchungen – zumindest in der Tatbestandsvariante des Abs. 2 Nr. 2 nur schwach ausgeprägten bzw. in der Wirkung relativierten Reduzierung des zur Verfügung stehenden Datenvolumens (dazu → Rn. 55 ff.), dürfte der Einsatz dieses Instruments nur zum Schutz besonders gewichtiger Rechtsgüter erfolgen, sofern für diese eine zumindest hinreichend konkretisierte Gefahr besteht.

76 Diese Anforderung dürfte indessen die Tatbestandsvariante des Abs. 2 Nr. 2 – auf die vermutlich in Zukunft ein großer Teil der Anwendungsfälle von HessenDATA gestützt sein wird – wohl nicht genügen, da sie mit dem Zweck der Verhinderung von Straftaten mit erheblicher Bedeutung von Gesetzes wegen auch in Deliktsfeldern eingesetzt werden kann, deren Strafbewehrung Rechtsgütern vergleichsweise gering(er)en Gewichts dient.

77 Als zentraler Bestandteil der Neufassung bleibt insoweit die Überführung des bereits vor der Entscheidung des Bundesverfassungsgerichts etablierten „Rollen- und Rechtekonzepts" und – damit der Beschränkung von Zugriffsberechtigungen – in das Gesetz. Dieses Konzept hat – trotz seiner durch die Zentralisierung der Datenanalyse eingeschränkten Wirkung (→ Rn. 68) und seiner Unbestimmtheit (etwa → Rn. 65 f.) – sicherlich verhindert, dass das Data-Mining mittels HessenDATA in der Breite der hessischen Polizeibehörden im Sinne einer allgegenwärtigen Suchmaschine verwendet wurde.

78 Die mit ihm vorgenommene Art und Weise der Beschränkung der automatisierten Datenanalyse reicht indessen nach den verfassungsgerichtlichen Vorgaben angesichts des Eingriffsgewichts der von dem System ermöglichten Generierung neuen grundrechtsrelevanten Wissens insoweit nicht aus, als es für die Reduzierung des Eingriffsgewichts zentral auf die – in der Neufassung fehlende – normenklare und hinreichend bestimmte Begrenzung von Art und Umfang der zur Verfügung stehenden Daten und die Beschränkung der Datenverarbeitungsmethoden ankommt. Vermissen lässt die Neuregelung schließlich – wie ihre Vorgängernorm – hinreichende Regelungen zur Gewährleistung von Transparenz, individuellem

Rechtsschutz und aufsichtlicher Kontrolle (vgl. dazu BVerfG BeckRS 2023, 1828 Rn. 109, wonach ein abgestuftes Kontrollkonzept erforderlich ist, dem die rudimentären Regelungen in Abs. 4 S. 5, Abs. 5 S. 2, 3 kaum genügen dürften, vgl. auch die vorangegangenen Editionen ab 16. Ed. 2020, BeckOK PolR Hessen/Bäuerle, 16. Ed. 2020, Rn. 53 f.).

Des Weiteren fehlten bis zur Änderung durch Gesetz vom 13.12.2024 (HessGVBl. Nr. 83) Vorgaben zur Verminderung der mit der automatisierten Datenanalyse verbundenen Diskriminierungsrisiken (dazu BVerfG BeckRS 2023, 1828 Rn. 77, 95, 100; → Rn. 79.1). 79

In BVerfG BeckRS 2023, 1828 Rn. 100 heißt es: „Eine spezifische Herausforderung besteht darüber hinaus darin, die Herausbildung und Verwendung diskriminierender Algorithmen zu verhindern." 79.1

Diesen Risiken hat der Gesetzgeber im Zuge der beabsichtigten Verwendung von KI im Rahmen der automatisierten Datenanalyse (vgl. → Rn. 31 ff.) durch die Anfügung des Abs. 6 Rechnung zu tragen versucht. 80

Die amtliche Begründung (LT-Drs. 21/1448, 10) lautet:
„Zu Buchst. c
Mit dem neuen Abs. 6 wird besonders hervorgehoben, dass der Gesetzgeber unter Beteiligung einer unabhängigen Stelle sicherstellen möchte, dass diskriminierende Algorithmen weder herausgebildet noch verwendet werden dürfen."

Dieser verpflichtet zwar die Polizeibehörden, sicherzustellen, dass diskriminierende Algorithmen weder herausgebildet noch verwendet werden. Diese Verpflichtung läuft jedoch von vorneherein leer, wenn – wie hier – auf ein bereits in Betrieb befindliche System eines privaten Anbieters zurückgegriffen wird (→ Rn. 5) und der Gesetzgeber im Übrigen auf jegliche Vorgabe hinsichtlich der verwendeten Analysemethode – als auch und gerade der eingesetzten Algorithmen – verzichtet (vgl. näher → Rn. 45 ff.). 81

Des Weiteren fehlt es nach wie vor an gesetzlichen Vorkehrungen, die der Fehleranfälligkeit des Datenanalysesystems entgegenwirken (dazu BVerfG BeckRS 2023, 1828 Rn. 109). 82

Da auf das System eines privaten Anbieters zurückgriffen wird (vgl. → Rn. 5), wäre zudem innerhalb der Neuregelung ein staatliches Monitoring der (Weiter-)Entwicklung der Software vorzusehen gewesen (BVerfG BeckRS 2023, 1828 Rn. 109). Im Hinblick auf die Verwendung der automatisierten Datenanalyse vor allem durch kriminalpolizeiliche Dienststellen (vgl. → Rn. 116) wäre zudem ein normenklarer gesetzlicher Ausschluss des Einsatzes für strafprozessuale Zwecke (vgl. BVerfG BeckRS 2023, 1828 Rn. 160) zu verlangen. Zu regeln wäre schließlich auch die Befugnis zur Speicherung, Weiterverarbeitung und Verwendung des mittels der automatisierten Analyse in (weiteren) Daten niedergelegten „neuen Wissens". 83

VI. Europarechtlich indizierte Anforderungen an Einrichtung und Betrieb der automatisierten Anwendung zu Datenanalyse

Neben den verfassungsrechtlichen Anforderungen sind seit Inkrafttreten der RL (EU) 2016/680 (JI-RL) auch die europarechtlich vorgegebenen Anforderungen an die polizeiliche Datenverarbeitung einzuhalten (dazu eingehend → DatenschutzrechtlicheEinfuehrungJI-Richtlinie Rn. 1 ff.), die in Hessen im dritten Teil des HDSIG (§§ 40–79) umgesetzt sind (→ § 13 Rn. 3; → § 27a Rn. 4). Auch unter diesem Gesichtspunkt begegnet die Regelung des § 25a – ebenso wie die vorangegangene Fassung – Bedenken. 84

1. Notwendigkeit einer Datenschutz-Folgeabschätzung (§ 62 HDSIG iVm Art. 27 JI-RL)

Diese beziehen sich zunächst auf die Einführung eines Systems für die automatisierte Anwendung zur Datenanalyse. Bei dessen Nutzung handelt es zweifelsfrei um eine Form der Datenverarbeitung iSd § 41 Nr. 2 HDSIG. Für die Einführung einer solchen schreibt § 62 Abs. 1 HDSIG in Übereinstimmung mit Art. 27 Abs. 1 JI-RL eine vorherige Datenschutz-Folgeabschätzung vor, wenn diese, insbesondere bei Verwendung neuer Technologien, aufgrund der Art, des Umfangs, der Umstände und der Zwecke der Verarbeitung voraussichtlich ein hohes Risiko für die Rechte und Freiheiten natürlicher Personen zur Folge hat. 85

85.1 Die Regelung des § 62 HDSIG ist auf die Neufassung des § 25a anzuwenden, da mit ihr das System gleichsam erneut eingeführt wird; sie war aber auch auf § 25a a. F. bereits anwendbar: § 62 HDSIG galt ab 25.5.2018 und trat damit 19 Tage nach der in Art. 63 Abs. 1 JI-RL vorgegebenen Umsetzungsfrist in Kraft. Der mit Gesetz v. 25.6.2018 (HessGVBl. 302) geschaffene § 25a trat erst kurz danach, nämlich am 4.7.2018 in Kraft.

86 Angesichts der beschriebenen Funktionsweise des eingesetzten Analysesystem und der potentiellen Folgen seiner Anwendung (→ Rn. 26), dürfte diese Voraussetzung ohne weiteres vorliegen (so für die Parallelvorschrift des § 23 Abs. 6 PolG NRW im Ergebnis auch BeckOK PolR NRW/Arzt PolG NRW § 23 Rn. 72). Es handelt sich insbesondere auch um die Verwendung neuer Technologie, so dass das System erst nach durchgeführter Datenschutz-Folgeabschätzung hätte in Betrieb genommen werden dürfen. Soweit ersichtlich (vgl. zur Genese → Rn. 5 ff.) hat eine solche weder vor Inbetriebnahme des Systems nach Schaffung des § 25a aF noch vor der jetzigen Neuregelung stattgefunden.

87 Bei dieser Folgeabschätzung wären gem. § 62 Abs. 1 S. 2 HDSIG iVm § 59 Abs. 1 S. 2 HDSIG – insoweit übereinstimmend mit Art. 27 Abs. 2 JI-RL – die Art, der Umfang, die Umstände und die Zwecke der Verarbeitung sowie der Eintrittswahrscheinlichkeit und der Schwere des Risikos für die Rechte und Freiheiten natürlicher Personen zu berücksichtigen gewesen.

88 Mit Blick auf diese Parameter wären sodann geeignete technische und organisatorische Maßnahmen zu treffen gewesen, um bei der Verarbeitung personenbezogener Daten ein dem Risiko angemessenes Schutzniveau zu gewährleisten, insbesondere im Hinblick auf die Verarbeitung besonderer Kategorien personenbezogener Daten (→ § 20b Rn. 10). Da sich in den polizeilichen Datenbeständen durchaus Daten befinden, die unter diese besonderen Kategorien fallen (etwa Angaben zu ethnischer Herkunft oder politischer Überzeugung („politisch motivierter Straftäter links")), wäre auch das letztgenannte Regelbeispiel zu beachten gewesen.

2. Rechte der Betroffenen und Protokollierung (§§ 50 ff. HDSIG iVm Art. 12 ff. JI-RL, § 71 HDSIG iVm Art. 25 JI-RL)

89 Hinter dem durch die JI-RL geforderten Minimalstandard für die polizeiliche Datenverarbeitung dürfte die rechtliche Ausgestaltung der automatisierten Datenanalyse auch nach der Neufassung in Bezug auf die Rechte der betroffenen Personen zurückbleiben.

89.1 Vgl. zu den verfassungsrechtlichen Anforderungen an Transparenz, individuellen Rechtsschutz und aufsichtliche Kontrolle BVerfG BeckRS 2023, 1828 Rn. 109.

90 So fehlt es entgegen der Vorgaben in Art. 13 JI-RL iVm § 50 HDSIG weiterhin an einer ausdrücklichen Pflicht der Behörden, über die (mögliche) Datenverarbeitung mittels automatisierter Analyse zu informieren, wobei unklar ist, ob der Gesetzgeber die Nichtregelung als „abschließende Regelung" iSd § 3 Abs. 4 S. 1 verstanden hat.

91 Die in § 25a aF noch fehlende Protokollierungspflicht ist allerdings nunmehr in Abs. 4 S. 2 explizit vorgesehen.

91.1 In Bezug auf § 25a aF war sie in richtlinienkonformer Auslegung von § 3 Abs. 4 HSOG der (Anwendbarkeit der) Regelung des § 71 HDSIG zu entnehmen.

3. Vorgaben der KI-VO

92 Bei dem inzwischen intendierten Einsatz von lernenden Systemen (künstlicher Intelligenz) sind darüber hinaus nunmehr die Vorgaben der KI-VO (Verordnung (EU) 2024/1689) zu beachten; auch daran fehlt es bisher (vgl. näher → Rn. 72).

VII. Parallelvorschriften

93 Die Regelung des § 25a aF war bei ihrem Inkrafttreten im deutschen Polizeirecht einzigartig; Parallelvorschriften fanden sich weder auf der Bundes- noch auf der Landesebene. Sodann hatte Hamburg mit Wirkung zum 24.12.2019 in § 49 PolDVG eine im Wesentlichen gleichlautende Regelung geschaffen, die vom Bundesverfassungsgericht gemeinsam mit § 25a aF verworfen wurde (→ Rn. 7 ff.).

In Nordrhein-Westfalen wurde in § 23 Abs. 6 PolG NRW durch Gesetz v. 13.4.2022 (GV. NRW. 504) eine Parallelregelung geschaffen. Diese erlaubt zwar ebenfalls eine Zusammenführung, Aufbereitung und Analyse von getrennten Datenbeständen, schreibt jedoch vor, dass zusammengeführten Daten „nicht mittels statistisch-mathematischer Verfahren oder in sonstiger Weise selbständig auf Zusammenhänge analysiert werden" dürfen. **94**

Eine Auswertung mit Hilfe der Analyse-Software „Gotham" (→ Rn. 5) dürfte damit in Nordrhein-Westfalen ausgeschlossen sein; zumindest wurde deren Verwendung weder im Gesetzgebungsverfahren hinreichend gewürdigt noch findet diese im Gesetz einen grundrechtsschützenden Niederschlag etwa mit Blick auf die Kooperation mit dem BSI oder den Datenschutzbehörden (BeckOK PolR NRW/Arzt PolG NRW § 23 Rn. 50 ff., 59). Weitere Parallelvorschriften finden sich nunmehr auch in § 61a BayPAG und in § 65a RhPfPOG. Auf Bundesebene hatte die Bundesregierung im September 2024 einen Gesetzentwurf in den Bundestag eingebracht, mit dem Parallelvorschriften für das Bundeskriminalamt und die Bundespolizei geschaffen werden sollten (BT-Drs. 20/12806, dort § 16a BKAG-E und § 34a BPolG-E). Dieser Entwurf gelangte jedoch in der vergangenen Legislaturperiode nicht mehr zur Verabschiedung. **95**

Die in § 25a Abs. 2 aF aufgeführten Modi und Ziele der Erkenntnisgewinnung hatten bei Schaffung der Norn ein legislatives Vorbild. Entsprechende Formulierungen finden sich in § 6a Abs. 5 ATDG und in § 7 Abs. 5 RED-G, bilden dort aber – ohne Bezugnahme auf eine zu diesem Zweck genutzte Software – die Legaldefinition für die „erweiterte projektbezogene Datennutzung" (vgl. SGR/Arzt RED-G § 7 Rn. 4; SGR-Arzt ATGD § 6a Rn. 26), wobei die hierfür erlaubten technischen Mittel und Suchfunktionen jeweils beschrieben sind. Die Ermächtigung zur erweiterten Nutzung in Verbunddateien ist vom BVerfG im Fall des § 6a Abs. 2 ATDG allerdings für verfassungswidrig erklärt worden (BVerfG NVwZ 2021, 226 ff. Rn. 83 ff.). **95.1**

B. Einzelkommentierung

Die Regelungen des § 25a ermächtigt mit dem Data-Mining (vgl. → Rn. 26 f.) in den eigenen Datenbeständen zunächst zu einem Datenverarbeitungsvorgang und ist in dieser Hinsicht dem einfachen Datenabgleich nach § 25 (vgl. → § 25 Rn. 1 f.) vergleichbar. **96**

Insoweit lassen sich diese Befugnisse nicht in die traditionelle Einteilung polizeilicher Datenerhebungen in offene und verdeckte Maßnahmen iSd § 13 Abs. 7 (→ § 13 Rn. 167 ff.) einordnen. Da die Betroffenen indessen von dieser Datenverarbeitung regelmäßig – wie bei verdeckten Datenerhebungen – nicht erfahren, entziehen sie sich auch der rechtsstaatlichen Beschränkung durch das Wechselspiel aus Verwaltungsakt und gerichtlichem Rechtsschutz (vgl. dazu BVerfG BeckRS 2023, 1828 Rn. 113). **97**

Anders als der einfache Datenabgleich beschränkt sich die automatisierte Anwendung zur Datenanalyse nicht auf die kurzfristige Recherche zu den Daten einer einzelnen Person, so dass der Gesetzgeber es nunmehr für erforderlich hielt, die Datenverarbeitung, zu der ermächtigt wird, in Abs. 1 zunächst zu beschreiben. Abs. 2 S. 1 enthält sodann die Tatbestandsvoraussetzungen, während Abs. 2 S. 2 die Datenbestände benennt, die in die automatisierte Analyse einbezogen werden können und deren Anbindung an das Internet untersagt. **98**

Abs. 3 S. 1 und 2 schreibt sodann die Geltung der Grundsätze über Zweckbindung und Zweckänderung nach § 20 Abs. 1 und 2 vor, verpflichtet zum Erlass einer Verwaltungsvorschrift, die dies sicherstellt und trifft Aussagen über deren Ausgestaltung. Abs. 4 und 5 enthalten schließlich Verfahrensvorschriften und einen Behördenleitervorbehalt bezüglich der Einrichtung und wesentlichen Veränderung der automatisierten Datenanalyse **99**

I. Charakterisierung der automatisierten Anwendung zur Datenanalyse (Abs. 1)

Nach Abs. 1 S. 1 dürfen die Polizeibehörden rechtmäßig gespeicherte personenbezogene Daten zunächst auf einer Analyseplattform automatisiert zusammenführen. Da dies nicht an Tatbestandsvoraussetzungen geknüpft wird, geht der Gesetzgeber offensichtlich davon aus, dass hierin noch kein Eingriff in das Recht auf informationelle Selbstbestimmung liege. Damit wird verkannt, dass mit der Zusammenführung die format-, datei- und datenbankübergreifende (vgl. → Rn. 26) Auffüllung des für die Analyse zur Verfügung stehenden Datenpools bereits eine datenverarbeitende Zweckänderung erfolgt, die ohne weiteren Zwi- **100** schenschritt in die eigentliche Analyse führt (so zutreffend auch BeckOK PolR NRW/Arzt PolG NRW § 23 Rn. 60 f.). Daher bedürfte es hier beschränkender Tatbestandsvoraussetzungen (vgl. zu den auch iÜ defizitären Regelungen zur Begrenzung der in die Analyse einzubeziehenden Daten → Rn. 55 ff.).

101 Die Weiterverarbeitung dieser zusammengeführten Daten mit Hilfe des Analysetools wird sodann in S. 2 umschrieben als Verknüpfen, Aufbereiten und Auswerten sowie für statistische Zwecke anwenden (vgl. zum euphemistischen Charakter der Umschreibung → Rn. 26); diese Rechtsfolge setzt nunmehr an das Vorliegen der Tatbestandsvoraussetzungen des Abs. 3 voraus.

102 S. 3 charakterisiert die automatisierte Anwendung zur Datenanalyse sodann als technisches Hilfsmittel, das es den Polizeibehörden bei der Erfüllung ihrer Aufgaben nach Maßgabe der folgenden Absätze ermöglichen soll, ihre Bewertungen, Prognosen und Entscheidungen auf der Grundlage möglichst verlässlicher Tatsachenfeststellungen zu treffen. Diese Umschreibung verbrämt das in der automatisierten Analyse liegende Data-Mining (vgl. → Rn. 26 f.) in mehrfacher Hinsicht

103 Sie suggeriert zunächst, dass es um die Feststellung von Tatsachen für ohnehin zu treffende Bewertungen, Prognosen und Entscheidungen geht und dass es sich bei der automatisierten Analyse insoweit gleichsam um ein Hilfsmittel wie die Nutzung von Textverarbeitung handele. Dies wird der Funktion und Bedeutung des Analyseprogramms nicht gerecht, mit dessen Hilfe nämlich überhaupt erst neues (grundrechtsrelevantes) Wissens generiert wird; dieses Wissen – geschöpft etwa aus der grafischen Darstellung von Beziehungen zwischen Personen, Personengruppierungen, Institutionen, Organisationen, Objekten und Sachen – ist dann selbst Gegenstand von Bewertungen, Prognosen und Entscheidungen, die ihrerseits ggf. polizeiliche Maßnahmen zur Folge haben. Insofern ist das Analyseprogramm weniger Hilfsmittel als Auslöser polizeilicher Aufgabenerfüllung.

104 Als zumindest irreführend erweist sich auch die Aussage, dass die automatisierte Datenanalyse verlässliche Tatsachenfeststellungen ermögliche. Zwar bringt sie Tatsachen ans Licht, die bisher in den Quelldaten infolge von Trennung und Zweckbindung verborgen waren. Verlässlich ist eine so hervorgebrachte Tatsache – etwa einer bestehenden Verbindung zwischen Personengruppierungen – jedoch nur in Abhängigkeit von der Leistungsfähigkeit der Algorithmen des Programms und der Richtigkeit und Aussagekraft der in die Analyse einbezogenen Daten. Ungeachtet der Notwendigkeit einer Bewertung der Bedeutung dieser Tatsache für die Aufgabenerfüllung, kann diese also als verlässlich nur bezeichnet werden, wenn die zugrundeliegenden Daten durch das Programm technisch korrekt zugeordnet wurden und in der Quelldatei zutreffend (und vollständig) erfasst waren.

105 Den in S. 4 und 5 sodann getroffenen Feststellungen, dass die Analyse immer anhand anlassbezogener und zielgerichteter Suchkriterien erfolge und manuell ausgelöst werde regelbasiert auf einer von Menschen definierten Abfolge von Analyse- und Verarbeitungsschritten ablaufe, kommen infolge der gewählten Formulierung nachvollziehbare, hinreichend bestimmte normative Gehalte nicht zu (vgl. ausf. → Rn. 28); insbesondere schließen sie den Einsatz selbstlernender Systeme bzw. sog. schwacher künstlicher Intelligenz nicht mit der gebotenen Klarheit aus.

106 Eine vergleichsweise klare normative Vorgabe trifft dagegen S. 6 mit dem Ausschluss einer direkten Anbindung an das Internet. Auch hier erschließt sich das Adjektiv „direkt" aber erst im Zusammenhang mit Abs. 2 S. 3, wonach eine (zulässige) indirekte Anbindung in der Einbeziehung einzelner gesondert gespeicherte Datensätze aus Internetquellen in die automatisierte Analyse besteht. Der verwendete Begriff „Internetdienste" wird zudem alltagssprachlich mit unternehmerischen Dienstleistungen verbunden. Die Verwendung des telekommunikationsrechtlichen Begriffs des „Internetzugangsdienstes" (§ 3 Nr. 23 TKG) hätte insoweit mehr Klarheit geschaffen und einer Verwechslung etwa mit einem Verbot nur der Anbindung an soziale Netzwerke vorgebeugt.

II. Tatbestand (Abs. 2 S. 1), automatisch analysierbare Datenbestände (Abs. 2 S. 2, 3 und 4)

107 In Abs. 2 S. 1 sind nunmehr drei Tatbestandsalternativen vorgesehen, unter deren Voraussetzung die Weiterverarbeitung rechtmäßig gespeicherter personenbezogener Daten zulässig sind. Die Voraussetzungen differieren danach, ob es um die Abwehr konkreter (Abs. 2 S. 1 Nr. 1) oder konkretisierter (Abs. 2 S. 1 Nr. 2) Gefahren oder die vorbeugende Bekämpfung von Straftaten (Abs. 2 S. 1 Nr. 3) geht.

Dass damit die Eingriffsschwellen nach hier vertretener Auffassung im Ergebnis mit Blick auf die verfassungsgerichtliche Rechtsprechung auch nach der Neufassung unter Verhältnismäßigkeitsgesichtspunkt bei genauerer Betrachtung der drei Alternativen nicht ausreichend sind, wurde bereits dargelegt, insoweit sie auf die Ausführungen oben verwiesen (→ Rn. 37 ff.). **108**

Gleiches gilt für den umfangreichen für die automatisierte Analyse grundsätzlich in Betracht kommenden Datenbestand und dessen in Abhängigkeit von den Tatbestandsalternativen vorgenommenen Einschränkungen, die nach hier vertretener Auffassung den Anforderungen an die erforderlichen Reduzierungen der Eingriffsintensität nicht gerecht werden (→ Rn. 51 ff.). **109**

III. Sicherung der Grundsätze der Zweckbindung und Zweckänderung durch ein Rollen- und Rechtekonzept sowie ein Konzept zur Kategorisierung und Kennzeichnung personenbezogener Daten (Abs. 3)

Mit der Feststellung in Abs. 3 S. 1 kommt der Gesetzgeber der verfassungsgerichtlichen Vorgabe nach, dass die Anwendbarkeit von Begrenzungen, die sich bereits aus dem allgemeinen oder polizeilichen Datenschutzrecht ergeben und deren Folgen für die Auswertungsbefugnis aus der Norm selbst erkennbar sein müssen (→ Rn. 110.1). **110**

Die entsprechende Passage in dem Urteil lautet: **110.1**
„Der Gesetzgeber muss die von ihm selbst zu normierenden Maßgaben auch hinreichend bestimmt und normenklar regeln (vgl. dazu BVerfGE 156, 11 (45 f. Rn. 86 f.)). Soweit sich Maßgaben zur Eingrenzung zulässiger Datenverarbeitung bereits aus Vorschriften des allgemeinen oder des polizeilichen Datenschutzrechts ergeben, muss deren Anwendbarkeit auf die Datenanalyse oder -auswertungsbefugnis sowohl für die Behörde als auch für Bürgerinnen und Bürger hinreichend deutlich erkennbar sein, und es muss auch hinreichend klar sein, was daraus für die praktische Ausgestaltung gerade der Datenanalyse oder -auswertungsbefugnis folgt." BVerfG BeckRS 2023, 1828 Rn. 114).

Mit dem Verweis auf die Zweckbindung und den Voraussetzungen einer Zweckänderung nach § 20 Abs. 1 und 2 kommt der Gesetzgeber dieser Vorgabe indessen unvollständig nach. So findet sich im HSOG selbst eine Reihe spezieller Vorschriften über eine Zweckänderung (vgl. → § 20 Rn. 33). Zudem treffen in der StPO für die Weiterverarbeitung strafprozessual erhobener Daten die §§ 161 Abs. 1 und 2, 479 Abs. 2, 483 ff. spezielle Regelungen. Als allgemeine Regelung der Zweckänderung durch Polizei und Justiz greift zudem auf europarechtlicher Grundlage (Art. 8 Abs. 1, 4 Abs. 1 lit. c RL (EU) 2016, 680) die Vorschrift des § 44 HDSIG (zu den europarechtlichen Vorgaben iE → Rn. 84 ff.). **111**

Sodann schreibt Abs. 3 S. 2 vor, dass dies die Einhaltung der Regelungen über Zweckbindung und Zweckänderung nach § 20 Abs. 1 und 2 durch eine zu veröffentlichende Verwaltungsvorschrift (das Bundesverfassungsgericht hatte dafür primär eine Rechtsverordnung in Betracht gezogen BVerfG BeckRS 2023, 1828 Rn. 113) sicherzustellen ist. Diese beinhaltet nach Abs. 2 S. 3 ein „Rollen- und Rechtekonzept" und ein „Konzept der Kategorisierung und Kennzeichnung personenbezogener Daten" für die Abs. 2 S. 3 Nr. 1 und Nr. 2 jeweils Vorgaben enthalten. Beide Konzepte finden sich nunmehr in der Verwaltungsvorschrift (Nr. 2 ff. bzw. Nr. 3 ff. VV § 25a HSOG). **112**

Stellt man die gesetzlichen Vorgaben den Regelungen in der Verwaltungsvorschrift gegenüber, fällt zunächst auf, dass die Verwaltungsvorschrift der Vorgabe in Abs. 3 S. 2, die Einhaltung der gesetzlichen Anforderungen für Zweckbindung und Zweckänderung bei der Verwendung der automatisierten Anwendung zur Datenanalyse in keiner Weise nachkommt. **113**

Der Begriff „Zweck" findet sich in § 25a und der Verwaltungsvorschrift insgesamt viermal; lediglich in einem Fall (Abs. 3 Nr. 1 S. 1, „zweckabhängige Verteilung sachlich eingeschränkter Zugriffsrechte") lässt sich dabei ein inhaltlicher Bezug zu den Vorgaben von § 20 Abs. 1, 2 herstellen. **113.1**

Dazu hätten Regelungen getroffen werden müssen, die innerhalb des Datenpools für die automatisierte Analyse eine Zuordnung der personenbezogenen Daten anhand der Aufgaben und Mittel ermöglichen, zu und mit denen diese Daten erhoben wurden, um dann zu **114** gewährleisten, dass sie jeweils nur zweckrealisierend bzw. zweckkonform (§ 20 Abs. 1) oder unter Änderung des Zwecks entsprechend dem Grundsatz der hypothetischen Datenneuerhebung (§ 20 Abs. 2) in die automatisierte Analyse einbezogen werden.

115 Dass insoweit jede Regelung in der Verwaltungsvorschrift vermieden wurde, dürfte sich daraus erklären, dass die Einhaltung der gesetzlichen Vorgaben für Zweckbindung und Zweckänderung eine entsprechende Kennzeichnung der Daten in den Systemen voraussetzt, die derzeit zwar in § 20a grundsätzlich vorgeschrieben, infolge der Ausnahmeregelung in § 20a Abs. 4 aber bis auf Weiteres nicht erfolgt (→ § 20a Rn. 39 ff.; dies konstatierend auch BVerfG BeckRS 2023, 1828 Rn. 139). Die in Abs. 3 Nr. 1 S. 1 geforderte „zweckabhängige" Verteilung von Zugriffsrechten kann infolgedessen nicht stattfinden.

116 Tatsächlich umgesetzt wurde in der Verwaltungsvorschrift die Vorgabe des Abs. 3 Nr. 1, dass in dem Rollen- und Rechtekonzept einzelne „Phänomenbereiche" festgelegt werden müssen. Als solche sieht Nr. 2.1 unter der Überschrift „Anwendergruppen" die Phänomenbereiche Schwere Kriminalität (SK), Organisierte Kriminalität (OK) und Staatsschutzkriminalität (ST) vor. Diesen werden die entsprechenden Organisationseinheiten, also die für die entsprechenden Delikte zuständigen Kommissariate der Kriminalpolizei zugeordnet. Angesichts der Bezeichnung des Konzepts hätte man hier eine Differenzierung nach „Rolle" und „Recht" erwartet. Eine solche findet sich jedoch nicht; im Weiteren werden nur Zugriffsrechte geregelt.

117 Allenfalls zwischen den Zeilen lässt sich aus der Verwaltungsvorschrift auch das nach Abs. 3 Nr. 1 S. 2 und 4 für die Verteilung dieser Zugriffsrechte entscheidende „Gewicht der zu schützenden Rechtsgüter und Grad der Dringlichkeit des polizeilichen Einschreitens" sowie „die Gewichtung (der Phänomenbereiche) und ihr Verhältnis zueinander" herauslesen.

118 Nr. 2.2 nimmt nämlich insoweit eine Zuordnung der für die automatisierte jeweils aus dem gut gefüllten Pool (→ Rn. 51 ff.) zur Verfügung gestellten Daten vor. Danach stehen zunächst im Bereich schwere Kriminalität alle Daten zur Verfügung, soweit sie nicht der Staatsschutz- oder organisierten Kriminalität zugeordnet wurden.

119 Die Phänomenbereiche Staatsschutz- und organisierte Kriminalität haben Zugriff auf den Bereich schwere Kriminalität und jeweils ihren eigenen Bereich. Die für die Analyse gebildeten Datentöpfe überschneiden sich also. Den weitestgehenden Zugriff haben die Berechtigten aus den Bereichen Staatsschutz und organisierte Kriminalität, die nur auf die Daten des jeweils anderen Bereichs nicht zugreifen können. Den Zugriffsberechtigten aus dem Bereich der schweren Kriminalität können dagegen weder auf die Daten des Staatsschutzes noch auf die der organisierten Kriminalität zugreifen. Zwei Bereiche können also auf zwei „Datentöpfe" zugreifen und einer nur auf einen, der allerdings quantitativ der mit Abstand größte sein dürfte, qualitativ aber um Daten aus Staatsschutz und organisierte Kriminalität reduziert ist.

120 Daher scheint das Gewicht der zu schützenden Rechtsgüter und der Grad der Dringlichkeit des polizeilichen Einschreitens in den Bereichen Staatsschutz und organisierte höher zu sein, als bei der schweren Kriminalität.

121 Eine Differenzierung nach Eingriffsgewicht erfolgt – immerhin, aber auch nur – dadurch, dass jeder Bereich nach Nr. 2.2.2 iVm 2.2.3 jeweils nur auf die Verkehrs- und Telekommunikationsdaten des eigenen Phänomenbereichs zugreifen kann.

122 Diese Beschränkung – sowohl in Bezug auf die „Datentöpfe", als auch in Bezug auf die Verkehrs- und Telekommunikationsdaten können indessen – mit Hilfe umfassend Zugriffsberechtigter (→ Rn. 68) überwunden werden.

123 Auch im „Konzept der Kategorisierung und Kennzeichnung personenbezogener Daten" sucht man entgegen seiner Bezeichnung vergeblich nach Vorgaben für die Kennzeichnung, die Voraussetzung für die Einhaltung der gesetzlichen Vorgaben für Zweckänderung und Zweckbindung ist (vgl. schon → Rn. 115).

123.1 Der Begriff „Kennzeichnung" findet sich in § 25a und der Verwaltungsvorschrift insgesamt sechsmal, wobei er in allen Fällen nur in der Bezeichnung des insoweit in Abs. 3 Nr. 2 vorgesehenen Konzepts vorkommt.

124 Schon in Abs. 2 Nr. 3 lit. a und sodann in Nr. 3.1 VV § 25a HSOG vorgesehen ist allerdings eine Kategorisierung von Personen innerhalb des Datenbestands. Diese soll in einer „Differenzierung nach einerseits verurteilten, beschuldigten, verdächtigen Personen und sonstigen Anlasspersonen sowie deren Kontaktpersonen und andererseits unbeteiligten Personen" bestehen. Diese Kategorisierung ist an die in § 18 BKAG für die Weiterverarbeitung vorgesehenen Kategorisierung angelehnt (LT-Drs. 20/11235, 16), mit dieser allerdings nicht identisch. Dass schon durch Art. 6 RL (EU) 2016/680 (JI-RL) iVm § 67 HDSIG eine – allerdings abweichende – Differenzierung vorgegeben ist, war wohl nicht bekannt.

Unklar bleibt – mangels Datenkennzeichnung (→ Rn. 115) – zudem, wie die Abs. 3 Nr. 3 lit. a vorgesehene Differenzierung im Hinblick auf die automatisierte Anwendung zur Datenanalyse umgesetzt werden bzw. zum Tragen kommen soll. 125

Gleiches gilt hinsichtlich der Vorgabe des Abs. 3 Nr. 2 lit. b, wonach eine Kategorisierung personenbezogener Daten nach der Schwere des Eingriffs in das Recht auf informationelle Selbstbestimmung vorzunehmen ist. Zwar wird eine solche generalisierend bei Verkehrs- und Telekommunikationsdaten angenommen → Rn. 121. Für Daten aus ebenso schwer oder schwerer wiegenden Eingriffen etwa durch den Einsatz verdeckter Ermittler (§ 16), längerfristiger Observationen oder den Einsatz technischer Mittel außerhalb von Wohnungen (§ 15) oder deren Kombination besteht jedoch derzeit keine Möglichkeit, deren Herkunft zu erkennen. 126

Der Begriff des Veranlassungszusammenhangs, mit dem der in Abs. 3 Nr. 2 S. 1 als Maßstab des Konzepts vorgesehenen sachlichen Bezug der von der Analyse betroffenen Personen zu dem jeweiligen Phänomenbereich zusammengefasst wird, war bisher vor allem im Steuerrecht etabliert (vgl. nur FG Hessen DStE 2006, 833 ff.). Hier greift er mit der „sachlichen Nähe" zum jeweiligen Phänomenbereich auf ein äußerst unbestimmtes Kriterium zurück; diese Nähe soll wohl über die Kategorisierung der jeweiligen Personen ermittelt werden (so zumindest scheint dies Nr. 3.1 VV § 25a HSOG zu verstehen). Da angesichts des Umfangs der für die automatisierte Analyse zur Verfügung stehenden Datenpools (→ Rn. 51 ff.) und der beinahe unbeschränkten Verknüpfungsmöglichkeiten (→ Rn. 26 ff.) indessen kaum vorherzusehen ist, welche Personen betroffen sein werden, erscheint dieser Maßstab ungeeignet, die Analyse insoweit zu beschränken. 127

IV. Zugriffskontrolle und Protokollierung (Abs. 4)

Nach Abs. 4 S. 1 ist der Zugang zur automatisierten Anwendung zur Datenanalyse reglementiert. Diese gesetzliche Bezeichnung dieser Tatsache als Zugriffskontrolle suggeriert eine Einzelfallkontrolle bezüglich der Zugriffe; in der Sache handelt es sich jedoch um die generalisierte Vergabe von Zugriffsrechten nach den dargestellten Vorgaben (→ Rn. 116). 128

In Abs. 4 S. 2 ist nunmehr die Protokollierung jeden Falls der automatisierten Anwendung zur Datenanalyse vorgesehen (vgl. auch → Rn. 91). Des Weiteren ist nach Abs. 4 S. 3 jeder Fall der automatisierten Anwendung zur Datenanalyse von den Anwendern zu begründen. Die Verwaltungsvorschrift setzt dies in Nr. 4.2 dergestalt um, dass den Anwendern standardisierte Auswahlmöglichkeiten vorgegeben werden, die diese für die Nutzung auswählen müssen. Der konkrete Einzelfall und damit das zielgerichtete Ermittlungshandeln soll dann in einem Freitextfeld dargelegt werden. 129

Nach Abs. 4 S. 4 dient die Begründung der Selbstvergewisserung und der nachträglichen Kontrolle. Während nachträgliche Kontrolle – auch wenn zu dieser de lege lata nach Abs. 4 S. 6 nur stichprobenartig der behördliche Datenschutzbeauftragte befugt ist (dazu auch → Rn. 78) – ein nachvollziehbarer Zweck ist, erscheint der alltagspsychologische Begriff der Selbstvergewisserung (worüber?) insoweit in einer Eingriffsnorm fehl am Platz. 130

Die nach Abs. 4 S. 5 vorgesehene Regelung der Einzelheiten in einer Verwaltungsvorschrift ist durch Nr. 4 ff. VV § 25a HSOG erfolgt. Abs. 4 S. 6 regelt sodann das Recht des behördlichen Datenschutzbeauftragten zur Durchführung stichprobenartiger Kontrollen (vgl. → Rn. 128). 131

V. Einrichtung und wesentliche Änderung einer Automatisierten Anwendung zur Datenanalyse (Abs. 5)

Wie Abs. 3 der Vorgängernorm sieht Abs. 5 vor, dass die Einrichtung und wesentliche Änderung einer automatisierten Anwendung zur Datenanalyse durch Anordnung der Behördenleitung oder einer oder eines von dieser beauftragten Bediensteten erfolgen. Unverändert ist auch die Regelung, dass der Hessische Datenschutzbeauftragte vor der Einrichtung oder 132 einer wesentlichen Änderung anzuhören und bei Gefahr im Verzug die Anhörung nachzuholen ist.

133 Die Wendung „Gefahr im Verzug" suggeriert, dass insoweit häufiger Anordnungen getroffen werden müssten, also ggf. sogar jeder Fall der Anwendung anzuordnen wäre. Dass dies so nicht verstanden wird, zeigt indessen die aktuelle Anwendung dieser Regelung.

134 Diese erfolgte durch eine an alle Polizeipräsidien, das Hessische Landeskriminalamt und die Hessische Hochschule für öffentliches Management und Sicherheit gerichteten Anordnung ohne Datum, mit der die Vorgabe des Abs. 5 S. 1 in generalisierter Form umgesetzt wurde (→ Rn. 134.1). Nach dieser Anordnung, die von allen Polizeipräsidenten, sowie den Präsidenten des Hessischen Landeskriminalamts und der Hessischen Hochschule für öffentliches Management und Sicherheit unterzeichnet wurde, wurde allen Polizeibehörden die Weiterverarbeitung von Daten mittels einer automatisierten Anwendung zur Datenanalyse ab dem 12.7.2023 erlaubt.

134.1 Die Anordnung der Präsidenten hat folgenden Wortlaut:

„Anordnung zur Einrichtung einer automatisierten Anwendung zur Datenanalyse gemäß § 25a Abs. 5 Satz 1 HSOG

Ab dem 12. Juli 2023 können nach § 25a Abs. 2 Satz 1 Varianten Nr. 1 bis 3 HSOG die Polizeibehörden gespeicherte personenbezogene Daten mittels einer automatisierten Anwendung zur Datenanalyse weiterverarbeiten,

1. wenn dies zur Abwehr einer Gefahr für den Bestand oder die Sicherheit des Bundes oder eines Landes oder Leib, Leben oder Freiheit einer Person oder Sachen von bedeutendem Wert, deren Erhaltung im öffentlichen Interesse geboten ist, oder wenn gleichgewichtige Schäden für die Umwelt zu erwarten sind, erforderlich ist (Abwehr konkreter Gefahren),
2. wenn tatsächliche Anhaltspunkte die Annahme rechtfertigen, dass innerhalb eines übersehbaren Zeitraumes auf eine zumindest ihrer Art nach konkretisierte Weise Straftaten mit erheblicher Bedeutung begangen werden und dies zur Verhinderung dieser Straftaten erforderlich ist (Abwehr konkretisierter Gefahren),
3. wenn tatsächliche Anhaltspunkte die Annahme rechtfertigen, dass schwere oder besonders schwere Straftaten begangen werden sollen, und die Weiterverarbeitung erforderlich ist, um diese Straftaten zu verhüten (Vorbeugende Bekämpfung von Straftaten).

Beim Vorliegen der o.g. Voraussetzungen des § 25a Abs. 2 Satz 1 Varianten Nr. 1 bis 3 HSOG wird gemäß § 25a Abs. 5 Satz 1 HSOG der Einsatz der Analyseplattform hessenDATA ausschließlich für die Phänomenbereiche der Schweren Kriminalität (SK), der Organisierten Kriminalität (OK) und des Staatsschutzes (ST) sowie in den Programmen zu täterorientierten Ermittlungen angeordnet. Die Phänomenbereiche SK, OK und ST werden wie folgt definiert:

- SK umfasst die Organisationseinheiten (SK-Dienststellen), welche besonders schwere und schwere Straftaten wie Raub, Erpressung, sexuellen Missbrauch von Kindern, Mord und Totschlag sowie Bandendelikte bearbeiten, soweit sie nicht OK oder ST zugeordnet sind.
- OK umfasst die Organisationseinheiten (OK-Dienststellen), welche insbesondere Verbrechenstatbestände nach dem Betäubungsmittelgesetz, Geldwäsche, Menschenhandel und Zwangsprostitution bearbeiten, wobei stets ein Bezug zu Gruppierungen besteht, die systematisch kriminelle Ziele verfolgen.
- ST umfasst die Organisationseinheiten (ST-Dienststellen), welche Straftaten wie die Vorbereitung einer schweren staatsgefährdenden Gewalttat oder die Bildung terroristischer Vereinigungen bearbeiten. Täterorientierte Ermittlungen werden insbesondere im Rahmen folgender Programme durchgeführt:

  Identifizierung Mehrfach-/Intensivtäter (IMIT)
  Mehrfach-/Intensivtäter (MIT)
  Besonders auf- und straffällige Ausländer (BASA)
  Besonders auffällige Straftäter unter 21 (BASU 21)
  Zentralstelle zur Überwachung rückfallgefährdeter Sexualstraftäter (ZÜRS).

Beim Vorliegen der o. g. Voraussetzungen des § 25a Abs. 2 Satz 1 Varianten Nr. 1 und Nr. 2 wird gemäß § 25a Abs. 5 Satz 1 HSOG der Einsatz der Analyseplattform hessenDATA für die Gefährdungs- und Sonderlagen gem. PDV 100, 131-136 angeordnet."

135 Nach Abs. 5 S. 3 gilt weiterhin, dass im Übrigen – also jenseits der vorgeschriebenen Anhörung zu der Einrichtung und Änderung der automatisierten Anwendung zur Datenanalyse – die Aufgaben und Befugnisse der oder des Hessischen Datenschutzbeauftragten Beauftragten unberührt bleiben. Insoweit hat die Norm lediglich deklaratorischen Charakter.

Unter den verfassungsrechtlichen Gesichtspunkten von Transparenz, individuellem Rechtsschutz und aufsichtlicher Kontrolle (→ Rn. 78) wäre über diese Form- und Verfahrensregelungen hinaus zumindest die Erstreckung der Benachrichtigungsvorschrift des § 28 Abs. 2 auf die (personenbezogene Verwendung der) automatisierten Anwendung zur Datenanalyse zu fordern. 136

VI. Sicherstellung, dass diskriminierende Algorithmen nicht verwendet oder herausgebildet werden (Abs. 6)

Abs. 6 wurde vom Gesetzgeber im Zusammenhang mit der beabsichtigten Verwendung von KI im Rahmen der automatisierten Datenanalyse (vgl. → Rn. 31 ff.) durch Gesetz vom 13.12.2024 (HessGVBl. Nr. 83) angefügt. 137

Die vorgesehene Verpflichtung der Polizeibehörden, sicherzustellen, dass diskriminierende Algorithmen weder herausgebildet noch verwendet werden, läuft derzeit insoweit leer, als für die automatisierte Datenanalyse auf ein bereits in Betrieb befindliche System eines privaten Anbieters zurückgegriffen wird (→ Rn. 5) und § 25a im Übrigen auf Vorgaben hinsichtlich der verwendeten Analysemethode – als auch und gerade der eingesetzten Algorithmen – verzichtet (vgl. näher → Rn. 79 ff., → Rn. 45 ff.). 138

Materiellen Gehalt erhielte eine entsprechende Vorgabe (erst), wenn von Seiten der Polizeibehörden – wie es ein Gesetzentwurf auf Bundesebene 2024 für die Bundespolizei vorsah (→ Rn. 139.1) – entwickelt bzw. getestet, trainiert und angepasst werden soll, was durch den Gesetzgeber dann entsprechend vorzugeben wäre. 139

Vgl. BT-Drs. 20/1806, 8 (Hervorh. D. Verf.): 139.1
„§ 22 Weiterverarbeitung von Daten zu weiteren Zwecken"
Folgender Abs. 3 wird angefügt: 139.2
(3) Das Bundeskriminalamt darf bei ihm vorhandene personenbezogene Daten zur Entwicklung, Überprüfung, Änderung oder zum Trainieren von IT-Produkten weiterverarbeiten und an Dritte übermitteln, soweit dies erforderlich ist, insbesondere weil unveränderte Daten benötigt werden oder eine Anonymisierung oder Pseudonymisierung der Daten nicht oder nur mit unverhältnismäßigem Aufwand möglich ist. **Es hat dabei sicherzustellen, dass diskriminierende Algorithmen weder herausgebildet noch verwendet werden.** Soweit wie technisch möglich, muss die Nachvollziehbarkeit des verwendeten Verfahrens sichergestellt werden. Die Weiterverarbeitung von personenbezogenen Daten, die aus in § 12 Absatz 3 genannten Maßnahmen erlangt wurden, ist ausgeschlossen. Eine Übermittlung der in Satz 4 genannten Daten ist ausgeschlossen. Personenbezogene Daten werden nur an solche Personen übermittelt, die Amtsträger oder für den öffentlichen Dienst besonders Verpflichtete sind oder die zur Geheimhaltung verpflichtet worden sind. § 1 Absatz 2, 3 und 4 Nummer 2 des Verpflichtungsgesetzes findet auf die Verpflichtung zur Geheimhaltung entsprechende Anwendung. Durch organisatorische und technische Maßnahmen hat das Bundeskriminalamt zu gewährleisten, dass die Daten gegen unbefugte Kenntnisnahme geschützt sind."

Vgl. dazu die Begründung BT-Drs. 20/1806, 23: 139.3
„Die Regelungen in Absatz 3 Satz 2 und 3 stellen eine gesetzliche Sicherung vor den spezifischen Risken selbstlernende Systeme dar und verpflichtet das Bundeskriminalamt zu technisch-organisatorischen Maßnahmen beim Testen dieser Systeme."

§ 26 Besondere Formen des Datenabgleichs

(1) [1]Die Polizeibehörden können von öffentlichen Stellen oder nichtöffentlichen Stellen zur Abwehr einer Gefahr für den Bestand oder die Sicherheit des Bundes oder eines Landes oder Leib, Leben oder Freiheit einer Person oder Sachen von bedeutendem Wert, deren Erhaltung im öffentlichen Interesse geboten ist, oder wenn gleichgewichtige Schäden für die Umwelt zu erwarten sind, die Übermittlung von personenbezogenen Daten bestimmter Personengruppen zum Zwecke des automatisierten Abgleichs mit anderen Datenbeständen verlangen, wenn dies zur Abwehr der Gefahr erforderlich ist. [2]Eine solche Gefahr liegt in der Regel auch dann vor, wenn konkrete Vorbereitungshandlungen die Annahme rechtfertigen,

dass terroristische Straftaten begangen werden sollen. [3]Rechtsvorschriften über ein Berufs- oder besonderes Amtsgeheimnis bleiben unberührt.

(2) [1]Das Übermittlungsersuchen ist auf Namen, Anschriften, Tag und Ort der Geburt sowie auf im einzelnen Falle festzulegende Merkmale zu beschränken. [2]Werden wegen technischer Schwierigkeiten, die mit angemessenem Zeit- oder Kostenaufwand nicht beseitigt werden können, weitere Daten übermittelt, dürfen diese nicht verwertet werden.

(3) [1]Ist der Zweck der Maßnahme erreicht oder zeigt sich, dass er nicht erreicht werden kann, sind die übermittelten und im Zusammenhang mit der Maßnahme zusätzlich angefallenen Daten auf dem Datenträger zu löschen und die Unterlagen, soweit sie nicht für ein mit dem Sachverhalt zusammenhängendes Verfahren erforderlich sind, unverzüglich zu vernichten. [2]Die getroffenen Maßnahmen sind zu dokumentieren. [3]Diese Dokumentation ist gesondert aufzubewahren und durch technische und organisatorische Maßnahmen zu sichern. [4]Sie ist sechs Monate nach der Benachrichtigung nach § 29 Abs. 5 oder nach dem endgültigen Zurückstellen der Benachrichtigung nach § 29 Abs. 6 zu löschen; ist die Datenschutzkontrolle nach § 29a noch nicht beendet, ist die Dokumentation bis zu deren Abschluss aufzubewahren.

(4) [1]Die Maßnahme darf nur aufgrund richterlicher Anordnung auf Antrag der Behördenleitung getroffen werden. [2]Zuständig ist das Amtsgericht, in dessen Bezirk die Polizeibehörde ihren Sitz hat. [3]Für das Verfahren gelten die Vorschriften des Gesetzes über das Verfahren in Familiensachen und in den Angelegenheiten der freiwilligen Gerichtsbarkeit vom 17. Dezember 2008 (BGBl. I S. 2586, 2587), zuletzt geändert durch Gesetz vom 5. Oktober 2021 (BGBl. I S. 4607), entsprechend. [4]Die oder der Hessische Datenschutzbeauftragte ist durch die Polizeibehörde unverzüglich über die Anordnung zu unterrichten.

Überblick

Auszug aus der VVHSOG (nicht an die aktuelle Gesetzeslage angepasst und gem. Erlass des Hessischen Ministeriums des Innern und für Sport v. 29.11.2022 (StAnz. 50/2022, 1384) zum 1.1.2025 mangels eines erneuten Verlängerungserlasses ersatzlos außer Kraft getreten):

Zu § 26

26. Besondere Formen des Datenabgleichs

26.1 Zu Abs. 1

26.1.1

Die Vorschrift regelt die so genannte Rasterfahndung im Rahmen der Gefahrenabwehr. Es muss eine konkrete Gefahr für die genannten Rechtsgüter vorliegen. Die Vorschrift ist, anders als § 25, Rechtsgrundlage für die Erhebung von Daten. Der Befugnis der Polizeibehörden, die Herausgabe der Datenbestände zu verlangen, entspricht die Verpflichtung der Datenbesitzerin oder des Datenbesitzers zur Übergabe der angeforderten Daten.

26.1.2

Gegenüber nichtöffentlichen Stellen kann die Verfügung der Polizeibehörde zur Datenübergabe notfalls im Wege des Verwaltungszwanges nach den §§ 47ff. durchgesetzt werden.

26.2 Zu Abs. 2

Die angeforderten Daten müssen bei der ersuchten Stelle vorhanden sein. Die ersuchte Stelle kann nicht verpflichtet werden, nicht vorhandene Daten erst zu ermitteln. Die ersuchte Stelle hat lediglich die angeforderten Daten zu übermitteln. Eine Ausnahme hiervon lässt Satz 2 zu. Diese zusätzlich übermittelten Daten dürfen nicht verwertet werden.

26.4 Zu Abs. 4

Die Unterrichtung der oder des Datenschutzbeauftragten hat in der Regel schriftlich zu erfolgen.

Die Vorschrift des § 26 stellt die Ermächtigungsgrundlage für die sog. Rasterfahndung im präventiv-polizeilichen Bereich dar. Die Regelungen in Abs. 3 S. 2–4 sind durch das Gesetz v. 3.5.2018 (HessGVBl. 82) neugefasst (S. 2, S. 3) bzw. angefügt worden (S. 4); zudem wurde der vormalige Abs. 5 aufgehoben. Durch Gesetz v. 25.6.2018 (HessGVBl. 302) hat zudem Abs. 1 eine Neufassung erfahren. Durch Gesetz v. 29.6.2023 wurde das Gesetzeszitat in Abs. 4 geändert.

Die zu § 26 erlassene Verwaltungsvorschrift (Nr. 26 ff. VVHSOG) befand sich vor dem Außerkrafttreten zum 1.1.2025 auf dem Stand v. 10.11.2015 (StAnz 1226), hat also die Änderungen nicht nachvollzogen.

Übersicht

A. Allgemeines

I. Zweck und Hintergrund der Norm

§ 26 regelt die sog. Rasterfahndung zum Zweck der Gefahrenabwehr. In Anknüpfung an § 25 wird diese als besondere Form des Datenabgleichs (→ § 25 Rn. 1) beschrieben, wobei der in der Überschrift verwendete Plural insofern missverständlich ist, als es sich nur um eine Art des Datenabgleichs handelt, der seinerseits eine besondere Form der Datenverarbeitung ist (→ § 25 Rn. 2). 1

In tatsächlicher Hinsicht handelt es sich bei dieser besonderen Form des Datenabgleichs um eine spezielle polizeiliche Fahndungsmethode, die die elektronische Datenverarbeitung in größerem Umfang nutzt als der „einfache“ Datenabgleich. Die Polizeibehörde lässt sich von anderen öffentlichen oder privaten Stellen personenbezogene Daten übermitteln, um diese automatisiert mit anderen Daten abzugleichen (zu rastern). 2

Als Fahndungsinstrument wurde die Rasterfahndung in Deutschland in den 1970er Jahren entwickelt und für den Bereich der Terrorismusbekämpfung (RAF) angewandt (vgl. zur Geschichte BVerfGE 115, 320 (321), Hornmann HSOG Rn. 2 ff., Klever, Die Rasterfahndung nach § 98a StPO, 2003, 13 f.; Cassani/Dittmann/Maag/Steiner, Mehr Sicherheit – weniger Freiheit?/Kube, 2003, S. 49, 51 ff.). 2.1

Rechtsgrundlagen für die Rasterfahndung entstanden Anfang der 1990er Jahre in etwa zeitgleich sowohl für den repressiven als auch den präventiv-polizeilichen Bereich. 3

In die StPO wurde eine solche durch das Gesetz zur Bekämpfung des illegalen Rauschgifthandels und anderer Erscheinungsformen der Organisierten Kriminalität v. 15.7.1992 (BGBl. I 1302) eingefügt (§§ 98a, 98b StPO); das HSOG hat(te) mit § 26 eine Rechtsgrundlage seit seiner Neufassung v. 26.6.1990 (HessGVBl. I 197, 534); diese ist seither jedoch mehrfach geändert worden (vgl. iE Fredrich Rn. 2). 4

Nach einer ersten „Welle“ von Rasterfahndungen in den 1970er Jahren war diese polizeiliche Maßnahme über längere Zeit nicht angewandt worden (vgl. BVerfGE 115, 320 (322) mwN), erlebte dann aber nach den Terroranschlägen v. 11.9.2001 eine Renaissance. 5

Nunmehr wurde von Landespolizeibehörden unter Mitwirkung des Bundeskriminalamts eine bundesweit koordinierte Rasterfahndung nach islamistischen Terroristen durchgeführt, um insbesondere sog. Schläfer aufzufinden, also Personen, die zu terroristischen Anschlägen bereit sind und diese Absicht durch ein möglichst gesetzestreues und unauffälliges Verhalten zu verschleiern suchen, um ihr Vorhaben dann im entscheidenden Zeitpunkt überraschend und damit besonders wirkungsvoll zu verwirklichen (vgl. BVerfGE 115, 320 (323) = NJW 2006, 1939). 6

Zuvor war bekannt geworden, dass einige der Täter des Attentats auf das World Trade Center zuvor in Deutschland gelebt und dieses Attentat von Deutschland aus mit vorbereitet hatten (vgl. BGHSt 49, 112 (116 ff.); BGH NJW 2005, 2322 (2324 f.)). 6.1

Nachdem das BVerfG bereits im Jahr 1995 über die verdachtslose Rasterfahndung durch Auswertung des Fernmeldeverkehrs durch den Bundesnachrichtendienst nach dem G 10 (Gesetz zur Beschränkung des Brief-, Post- und Fernmeldegeheimnisses v. 26.6.2001, BGBl. I 1254) entschieden hatte (BVerfGE 93, 181 ff.), kam es in Anknüpfung an diese – 7 jetzt polizeibehördlichen – Rasterfahndungen im Jahr 2006 zu einer weiteren Entscheidung (BVerfGE 115, 320 (341 ff.)).

8 In dieser stellte das Gericht fest, dass eine präventive polizeiliche Rasterfahndung dieser Art mit dem Grundrecht auf informationelle Selbstbestimmung nur vereinbar ist, wenn eine konkrete Gefahr für hochrangige Rechtsgüter wie den Bestand oder die Sicherheit des Bundes oder eines Landes oder für Leib, Leben oder Freiheit einer Person gegeben ist. Im Vorfeld der Gefahrenabwehr scheide eine solche Rasterfahndung aus.

9 Auch genüge für die Anordnung eine allgemeine Bedrohungslage – wie sie im Hinblick die Anschläge v. 11.9.2001 bestanden habe – nicht, ebenso wenig wie außenpolitische Spannungslagen.

10 Erforderlich sei vielmehr das Vorliegen (weiterer) Tatsachen, aus denen sich eine konkrete Gefahr wie die der Vorbereitung oder Durchführung terroristischer Anschläge ergebe (vgl. BVerfGE 115, 320 (341 ff.); mit ähnlicher Zielrichtung zur Vorschrift im SächsPolG auch schon VerfGH Sachsen SächsVBl. 1996, 160).

11 Ausreichend für eine Gefahr in diesem Sinne sei allerdings auch eine Dauergefahr; nicht erforderlich ist zudem, dass es sich um eine gegenwärtige Gefahr handelt (vgl. BVerfGE 115, 320 (341 ff.)), der Schadenseintritt also zeitlich besonders naheliegt (vgl. Hornmann HSOG § 11 Rn. 32).

12 Das war jedoch zu diesem Zeitpunkt von vielen präventiven Ermächtigungsgrundlagen in den Landespolizeigesetzen – auch von § 26 in der damaligen Fassung – verlangt. Daher war die Frage, ob die tatbestandlichen Voraussetzungen für die präventive Rasterfahndung in der Situation nach den Anschlägen des 11.9.2001 gegeben waren, von den Gerichten unterschiedlich beantwortet worden (bejahend zB OLG Düsseldorf NVwZ 2002, 629; verneinend OLG Frankfurt a. M. NVwZ 2002, 626; Hornmann HSOG Rn. 6 mwN).

13 Vor diesem Hintergrund hatte sich der Hessische Gesetzgeber schon im Jahr 2002 veranlasst gesehen, die Vorschrift des § 26 dahingehend zu ändern, dass keine gegenwärtige Gefahr mehr erforderlich war, sondern die Rasterfahndung nunmehr – unter Aufgabe auch des vorher geltenden Richtervorbehalts – schon zur Verhütung von bestimmten Straftaten mit erheblicher Bedeutung zulässig war (diese Fassung liegt der Kommentierung von Hornmann HSOG Rn. 1 ff. zugrunde).

13.1 Eine Grundrechtsklage gegen diese Neufassung wies der StGH Hessen mit Urteil v. 12.12.2005 (NVwZ 2006, 685) – mit abweichender Meinung Lange und v. Plottnitz – als unzulässig ab (vgl. zur Kritik der Mehrheitsmeinung Hornmann HSOG Rn. 9).

14 Da die Vorschrift in dieser Fassung jedoch offensichtlich nicht mit den Vorgaben des BVerfG aus dem Jahr 2006 (BVerfGE 115, 320 (341 ff.)) vereinbar war, wurde § 26 im Jahr 2009 erneut neu gefasst.

15 Im Jahr 2018 hat sich das BVerfG im Rahmen seiner Entscheidung über das BKAG erneut mit der Rasterfahndung – damals geregelt in § 20j BKAG aF – befasst und die nunmehr inhaltsgleich in § 48 BKAG idF v. 1.6.2017 geregelten Anforderungen unter ausdrücklicher Bezugnahme und Aufrechterhaltung der Grundsätze aus BVerfGE 115, 320 (341 ff.) für verfassungskonform erklärt (BVerfG NJW 2016, 1781 Rn. 207).

16 Daran anknüpfend hat der Gesetzgeber – nach den kurz zuvor vorgenommenen Änderungen durch das Gesetz v. 3.5.2018 (HessGVBl. 82) – die Regelung in Abs. 1 durch das Gesetz v. 25.6.2018 (HessGVBl. 302) an § 48 Abs. 1 BKAG angelehnt (vgl. LT-Drs. 19/6502, 41 f.) und in Abs. 4 den Richtervorbehalt wieder eingeführt, wodurch § 26 seine derzeit gültige Fassung erhielt.

16.1 Unerwähnt lässt die Gesetzesbegründung insoweit, dass sich § 48 BKAG im fünften Abschnitt des Gesetzes befindet, der die Befugnisse zur Abwehr von Gefahren des internationalen Terrorismus enthält; die damit vom Bundesgesetzgeber vorgenommene Beschränkung der Rasterfahndung auf diesen Aufgabenkreis fehlt in Hessen.

16.2 Nicht vorgesehen ist in Hessen auch eine Entsprechung der Beschränkung in § 48 Abs. 1 S. 2 BKAG: „Vom Bundesamt für Verfassungsschutz und von den Verfassungsschutzbehörden der Länder, dem Militärischen Abschirmdienst sowie dem Bundesnachrichtendienst kann die Übermittlung nach Satz 1 nicht verlangt werden."

In der Rechtswissenschaft hat die Entwicklung der normativen Grundlagen der Rasterfahndung, die in anderen Bundesländern einen zum Teil ähnlichen Verlauf nahm, eine bis heute unabgeschlossene kontroverse Debatte über dieses Instrument ausgelöst (vgl. Lisken/Denninger PolR-HdB/Schwabenbauer G Rn. 1058 ff.; SGR/Ruthig BKAG § 48 Rn. 1, 5 ff.; Hornmann HSOG Rn. 10 ff., jeweils mwN). 17

II. Parallelvorschriften

Parallelvorschriften, die die präventiv-polizeiliche Rasterfahndung regeln, finden sich in allen Polizeigesetzen (vgl. nur § 48 BWPolG, Art. 46 BayPAG, § 37a NPOG, § 31 PolG NRW). Inhaltlich weichen die Normen hinsichtlich der Voraussetzungen und Rechtsfolgen teilweise von der hessischen Rechtslage ab (vgl. auch Lisken/Denninger PolR-HdB/Müller/Schwabenbauer G Rn. 949 mwN). 18

Eine bundesrechtliche Entsprechung zu § 26 findet sich nicht im BPolG, wohl aber in § 48 BKAG (idF v. 1.6.2017; vgl. → Rn. 16.1 f.). Eine repressive Parallelnorm findet sich in § 98a StPO (vgl. → Rn. 4). 19

B. Einzelkommentierung

Die Vorschrift des § 26 ermächtigt ausschließlich die Polizeibehörden; soll die Rasterfahndung (alleine) zu repressiven Zwecken erfolgen, findet § 26 keine Anwendung; dann greift die Parallelvorschrift des § 98a StPO (→ Rn. 4). 20

Anders als die Regelung des § 25 (→ § 25 Rn. 2) enthält § 26 auch eine Ermächtigung zur Datenerhebung, da sie zum Zugriff auf fremde Datenbestände – also der Polizei bisher unbekannte personenbezogene Daten – ermächtigt (vgl. auch Nr. 26.1.1 VVHSOG). Die Eingriffsintensität ist daher von vorneherein deutlich höher als bei einem „einfachen" Datenabgleich (vgl. iE Lisken/Denninger PolR-HdB/Müller/Schwabenbauer G Rn. 950 ff.; Hornmann HSOG Rn. 11 f.). 21

Bei dem auf Übermittlung von personenbezogenen Daten an andere öffentliche Stellen gerichteten polizeibehördlichen Ersuchen, das das Verfahren der Rasterfahndung regelmäßig einleitet, handelt es sich nicht etwa um ein Amtshilfeersuchen iSd §§ 4 ff. HVwVfG. 22

Diese Auffassung hatte das Hessische Landeskriminalamt im Rahmen seines Datenübermittlungsgesuchs an die Hessischen Hochschulen nach dem 11.9.2001 vertreten und war darin vom VGH Kassel (NVwZ 2003, 755) bestätigt worden (vgl. Hornmann HSOG Rn. 13). 22.1

Die Amtshilfevorschriften reichen nämlich als Rechtsgrundlage für eine Datenübermittlung an die Polizeibehörden grundsätzlich nicht aus, da es ihnen an der nach dem Volkszählungsurteil erforderlichen bereichsspezifischen hinreichenden Bestimmtheit für den damit verbundenen Eingriff in das Grundrecht auf informationelle Selbstbestimmung mangelt. 23

Das Grundrecht auf informationelle Selbstbestimmung aus Art. 2 Abs. 1 GG iVm Art. 1 GG begründet insoweit vielmehr einen amtshilfefesten Schutz gegen Zweckentfremdung und Weitergabe von Daten (BVerfGE 65, 1 (28, 46)), der nur durch spezialgesetzliche Regelungen überwunden werden kann (vgl. Lisken/Denninger PolR-HdB/Schwabenbauer G Rn. 90 ff., 136 ff.; Lisken/Denninger PolR-HdB/Petri, 5. Aufl. 2012, G Rn. 437; Hornmann HSOG Rn. 13). 24

Die differenzierten Regelungen von Informationshilfe im Rahmen polizeilicher Datenverarbeitung in §§ 21 ff. sind daher abschließend; für die präventiv-polizeiliche Rasterfahndung sind sie alleine den Vorgaben des § 26 zu entnehmen. 25

I. Verfahren der Rasterfahndung

Die Rasterfahndung erfolgt in der Weise, dass sich die Polizeibehörde von anderen öffentlichen oder privaten Stellen personenbezogene Daten übermitteln lässt, um diese automatisiert mit anderen – eigenen oder fremden – Datenbeständen abzugleichen. 26

Mit Hilfe dieses Abgleichs soll eine Schnittmenge von Personen herausgefiltert werden, auf die bestimmte, zuvor festgelegte und für weitere Ermittlungen als bedeutend qualifizierte Merkmale zutreffen (vgl. auch die phänomenologischen Beschreibungen bei BVerfGE 115, 320 (321 ff.); 93, 181 (182)). 27

28 Diese Rasterung kann anhand positiver und negativer Kriterien erfolgen (vgl. Hornmann HSOG Rn. 27 f.; Lisken/Denninger PolR-HdB/Müller/Schwabenbauer G Rn. 948).

1. „Positive" Rasterfahndung

29 Bei einer positiven Rasterung richtet sich die Suche nach Personen, die bestimmte Merkmale aufweisen. Die vorhandenen Daten der zu ermittelnden Person(en) werden mit den Daten aus Fremdbeständen abgeglichen, um „positive Gegenstücke" (zB alle Männer im Alter von 25–40 Jahren, die einen Studienabschluss in einem technischen Fach aufweisen) zu finden.

30 Im Erfolgsfall kann eine Datei mit den Daten derer gewonnen werden, die Träger der gesuchten Merkmale sind. Unter diesen befinden sich zwangsläufig Nichtverdächtige bzw. Nichtstörer, weil regelmäßig Personen zufällig diejenigen Merkmale aufweisen, die die gesuchte(n) Person(en) auch haben / hat.

31 Diese Art der elektronischen Rasterfahndung unterscheidet sich qualitativ nicht von herkömmlichen polizeilichen Fahndungspraktiken. So wird von der Kriminalpolizei regelmäßig manuell positiv gerastert, wenn etwa nach einem Mord über am Tatort gewonnene Spuren bzw. Zeugenaussagen nach Personen mit bestimmten Merkmalen (zB der Gestalt, Haarfarbe und Sprache des Täters) gefahndet wird.

32 Diese Technik wird auch bei der positiven Rasterfahndung angewandt, allerdings infolge der Computerisierung erheblich effektiver.

2. „Negative" Rasterfahndung

33 Der Ansatz der negativen Rasterung ist umgekehrt. Aus einem Ausgangsbestand an personenbezogenen Daten, von dem bekannt ist, dass er sich überwiegend aus Nichtstörern bzw. Nichtverdächtigen zusammensetzt, werden die Daten aller Personen entfernt, die als Gesuchte nicht in Betracht kommen, weil sie zuvor bestimmte weitere Merkmale nicht haben.

34 Regelmäßig geht der negativen Rasterung eine – zumindest grobe – positive Rasterung zur Schaffung des Ausgangsbestands an Daten voraus. Dieser kann etwa in der – in den 1970er Jahren gerne als Ausgangspunkt genommenen – Datei der barzahlenden Stromkunden bestehen oder in einer Datei aller männlichen Personen, die einen bestimmten Kraftfahrzeugtyp angemeldet haben.

35 Die negative Rasterfahndung kommt aus kriminalistischer Perspektive vor allem auch dann in Betracht, wenn sich die gesuchten Personen(kreise) konspirativ verhalten und Ansätze für eine positive Rasterung zu verhindern suchen, indem sie einigende Merkmale und Verhaltensweisen möglichst verschleiern bzw. meiden.

II. Voraussetzungen und Rechtsfolgen der Rasterfahndung (Abs. 1, Abs. 2)

36 Tatbestandlich setzte die präventive Rasterfahndung nach Abs. 1 bis 2018 eine Gefahr für den Bestand oder die Sicherheit des Bundes oder eines Landes oder für Leben, Gesundheit oder Freiheit voraus bzw. zu erwartende gleichgewichtige Schäden für die Umwelt. Mit der Neufassung wurde der Tatbestand – neben einer Änderung der Formulierung (jetzt: „Leib, Leben oder Freiheit einer Person") – um das Schutzgut der Sachen von bedeutendem Wert, deren Erhalt im öffentlichen Interesse geboten ist, ergänzt.

37 Der bisherige Tatbestand wurde also zur ersten Alternative: Hier muss die Gefahr – wie bisher – für Rechtsgüter bestehen, die strafrechtlich durch §§ 80 ff., 211 ff., 324 ff. StGB geschützt sind (vgl. Meixner/Fredrich Rn. 4). Insoweit muss es sich um eine konkrete Gefahr handeln; als Gefahr in diesem Sinne ist aber auch eine Dauergefahr anzusehen (→ Rn. 11; vgl. zu den daraus für die präventive Rasterfahndung resultierenden Schwierigkeiten – einerseits muss den Anforderungen des BVerfG genüge getan sein, andererseits darf die Situation aber noch nicht soweit fortgeschritten sein, dass aufgrund eines bereits eintretenden Schadens eine präventive Rasterfahndung ihren Zweck einbüßen würde – auch SGR/Ruthig BKAG § 48 Rn. 12 ff. mwN).

38 Die neue zweite Alternative besteht in der Gefahr für Sachen von bedeutendem Wert, deren Erhalt im öffentlichen Interesse geboten ist. Die damit verbundene Absenkung der

Eingriffsschwelle entspricht der insoweit mit dem heutigen § 48 Abs. 1 BKAG identischen Regelung in § 20j BKAG aF, die das BVerfG in seiner Entscheidung zum BKAG als verfassungsgemäß angesehen hat (BVerfG NJW 2016, 1781 Rn. 207).

Da es sich insoweit nach dem klaren Telos der Norm um Sachen handeln muss, die der Wertung nach mit den genannten anderen hochrangigen Rechtsgütern mindestens vergleichbar sein müssen, ist zu verlangen, dass es sich – ungeachtet etwaiger (Unter-) Grenzen des Werts der Sachen – um solche mit Bedeutung für das Gemeinwohl handeln muss (SGR/Ruthig BKAG § 48 Rn. 10 mwN), also etwa Sachen mit besonderer kultureller, wissenschaftlicher oder historischer Bedeutung oder – auch und vor allem – um Einrichtungen der Infrastruktur und Daseinsvorsorge, wie Wasser-, Telekommunikations- und Stromversorgungseinrichtungen oder Verkehrsinfrastruktur und Krankenhäuser (SGR/Ruthig BKAG § 48 Rn. 10). **39**

Als Rechtsfolgen sieht die Regelung das an andere Stellen gerichtete Verlangen der Übermittlung personenbezogener Daten und die Befugnis zum Abgleich dieser Daten mit anderen Datenbeständen vor. **40**

Die Polizeibehörden können also zur Abwehr einer Gefahr im genannten Sinne zunächst von öffentlichen Stellen oder Stellen außerhalb des öffentlichen Bereichs die Übermittlung von personenbezogenen Daten bestimmter Personengruppen verlangen. **41**

Mit der Bestimmung einer Personengruppe – deren Umfang und Merkmale allerdings noch nicht weiter vorgegeben werden (vgl. Meixner/Fredrich Rn. 3) – ist also eine erste grobe Eingrenzung der angeforderten Daten verbunden. **42**

Die gesetzliche Umschreibung der möglichen Adressaten des Herausgabeverlangens in § 26 unterscheidet sich insofern von der der potentiellen Datenempfänger in § 22 Abs. 2, als dort neben den „öffentlichen Stellen" auch „Behörden" benannt sind. **43**

In § 23 Abs. 1 aF waren darüber hinaus für den nicht öffentlichen Bereich neben den „Stellen außerhalb des öffentlichen Bereichs" auch „Personen" benannt; dieser Unterschied zu § 26 ist mit der Neuregelung des Regelungsbereichs durch § 22 Abs. 3 entfallen (jetzt nur noch: „nicht öffentliche Stellen"). **43.1**

Ein Unterschied in der Sache dürfte damit jedoch nicht intendiert gewesen sein, sodass die möglichen Datenempfänger iSd § 22 Abs. 2, Abs. 3 identisch sind mit den Datenbesitzern iSd Abs. 1 S. 1 (vgl. auch für die aF Hornmann HSOG Rn. 24). **44**

Die Ermächtigung, die Herausgabe der Datenbestände bei einer öffentlichen oder nicht öffentlichen Stelle nach Abs. 1 zu verlangen, bedingt zum einen in Bezug auf das Verhältnis des Datenbesitzers zum Betroffenen die Befugnis, die Daten herauszugeben (vgl. Lisken/Denninger PolR-HdB/Müller/Schwabenbauer G Rn. 965 ff.; Hornmann HSOG Rn. 24). **45**

Im Verhältnis zu der die Daten verlangenden Polizeibehörde bedingt sie zum anderen auch die Verpflichtung des Datenbesitzers zu deren Herausgabe (Lisken/Denninger PolR-HdB/Müller/Schwabenbauer G Rn. 966; Hornmann HSOG Rn. 24; so im Ergebnis – aber unter der unzutreffenden Prämisse einer Anwendbarkeit der Amtshilfevorschriften (vgl. → Rn. 22) – auch Meixner/Fredrich, 12. Aufl. 2016, Rn. 6; unter der gleichen Prämisse offen gelassen von VGH Kassel NVwZ 2003, 755, vgl. auch Nr. 26.1.1 VVHSOG). **46**

Ein Datenübermittlungsverlangen gegenüber Personen und Stellen außerhalb des öffentlichen Bereichs kann damit ggf. im Wege des Verwaltungszwangs nach §§ 47 ff. – namentlich mit Hilfe des Zwangsgelds nach § 47 Abs. 1, §§ 50 f. – durchgesetzt werden (vgl. auch Nr. 26.1.2 VVHSOG). **46.1**

Gemäß Abs. 1 S. 2 bleiben Rechtsvorschriften über ein Berufs- oder besonderes Amtsgeheimnis von dem Herausgabeverlangen und der korrespondierenden Pflicht unberührt. Die Regelung knüpft an § 21 Abs. 2 an und bedeutet im Zusammenhang mit der Rasterfahndung insbesondere, dass diese Vorschriften (vgl. iE → § 21 Rn. 23 ff.) auch im Rahmen einer Datenübermittlung nach § 26 Abs. 1 zu beachten sind, deren Reichweite also unter Umständen einschränken. **47**

Nach Abs. 2 S. 2 ist das an den Datenbesitzer zu richtende Ersuchen zwingend auf Namen (Vor- und Familiennamen), Anschriften (des Haupt- und etwaiger Nebenwohnsitze(s), Geburtstag- und Geburtsort sowie auf in jedem einzelnen Fall festzulegende weitere Merkmale zu beschränken (vgl. zu letzterem die Beispiele bei Hornmann HSOG Rn. 30; Meixner/Fredrich, 12. Aufl. 2016, Rn. 9). **48**

49 Diese Merkmale müssen nicht nur „fahndungsrelevant", sondern auch so bestimmt sein, dass sie dem Datenbesitzer eine Aussonderung problemlos ermöglichen; die Verpflichtung zur Aussonderung der Daten folgt als Rechtsfolge ebenfalls aus Abs. 1 S. 1. Insoweit ist der Datenbesitzer zur Übermittlung der angeforderten Daten – aber auch nur dieser – berechtigt und verpflichtet.

49.1 Grundsätzlich hat der Datenbesitzer keine Befugnis, die Übermittlung von einer Rechtmäßigkeitsüberprüfung des Datenübermittlungsersuchens abhängig zu machen. Eine Berechtigung und Verpflichtung zur Überprüfung der Schlüssigkeit des Ersuchens ist aber nach den Grundsätzen der Regelungen des § 22 Abs. 1, Abs. 3, Abs. 4 HDSIG (Verantwortung bei der Datenübermittlung öffentlicher Stellen) und des § 24 BDSG (nicht öffentliche Stellen) anzunehmen.

50 Diese Verpflichtung wird jedoch durch Abs. 2 S. 2 dahingehend beschränkt, dass sie insoweit entfällt, als die Aussonderung technische Schwierigkeiten aufwirft, die mit angemessenem Zeit- und Kostenaufwand nicht beseitigt werden können. In diesem Fall ist die verpflichtete Stelle befugt, statt der Aussonderung weitere Daten (mit) zu übermitteln; hinsichtlich dieser zusätzlich übermittelten Daten besteht jedoch für die Polizeibehörde ein absolutes Verwertungsverbot (zutr. Meixner/Fredrich, 12. Aufl. 2016, Rn. 10; vgl. Lisken/Denninger PolR-HdB/Müller/Schwabenbauer G Rn. 965; Nr. 26.2 VVHSOG).

51 Gefordert werden dürfen nur Daten, die beim Datenbesitzer bereits vorhanden sind. Zu einer Erhebung zum Zweck der Übermittlung ist dieser weder berechtigt noch verpflichtet (vgl. Hornmann HSOG Rn. 30 f.; Nr. 26.2 VVHSOG). Über die (unter Umständen beschränkte → Rn. 50) Pflicht zur Aussonderung hinaus besteht für diesen auch keine Verpflichtung, die Daten in bestimmter Weise aufzuarbeiten oder zu verarbeiten; das eigentliche Herausfiltern der relevanten Informationen obliegt also der anfordernden Polizeibehörde (Hornmann HSOG Rn. 31).

52 Nach Abs. 1 S. 1 ist diese namentlich befugt, die übermittelten Daten automatisiert mit anderen Datenbeständen abzugleichen; dabei kann es sich um eigene oder andere fremde Datenbestände handeln.

52.1 Keine Rasterfahndung in diesem Sinne liegt daher vor, wenn die Polizei von privaten Stellen lediglich Auskünfte zu speziellen Daten (potentieller) Täter erhält, also nicht die Gesamtdateien zum weiteren Abgleich mit anderen Dateien übermittelt bekommt. Kern der Rasterfahndung ist der Abgleich der herausgefilterten Datenbestände mehrerer Speicherstellen, der die Verknüpfung verschiedener Sachbereiche ermöglicht, um etwa ein Persönlichkeitsprofil zu erstellen. Die Suchabfrage in Dateien derselben Speicherstelle fällt insoweit weder rechtlich noch tatsächlich unter diesen Begriff (vgl. eing. BVerfG JuS 2009, 664).

III. Verfahren, Richtervorbehalt (Abs. 3, Abs. 4)

53 Abs. 3 sieht besondere Regelungen über die Löschung, Vernichtung der Daten aus einer Rasterfahndung sowie über deren Dokumentation vor.

54 Die Löschungspflicht nach Abs. 3 S. 1 bezieht sich sowohl auf die vom Datenbesitzer übermittelten als auch auf die im Zusammenhang mit der Maßnahme zusätzlich angefallenen Daten und wird ausgelöst entweder durch die Erreichung deren Zwecks oder dadurch, dass sich dessen Nichterreichbarkeit gezeigt hat.

55 Sie wird ergänzt um eine Pflicht zur Vernichtung der dazugehörigen Unterlagen; diese steht jedoch unter dem Vorbehalt, dass die Unterlagen nicht für ein mit dem Sachverhalt zusammenhängendes Verfahren – gedacht ist vor allem an Strafverfahren – erforderlich sind.

55.1 Dass sich insoweit im Einzelfall Abgrenzungsschwierigkeiten ergeben können, zeigen das Beispiel bei Meixner/Fredrich Rn. 13 und die darauf bezogene Kritik bei Hornmann HSOG Rn. 34 Fn.77.

56 Die Vernichtung der Unterlagen hat unverzüglich (vgl. → § 14 Rn. 91, → § 15 Rn. 147) zu erfolgen. Über die „getroffene Maßnahme", also die Löschung der Daten auf dem Datenträger und die Vernichtung der Unterlagen, ist nach Abs. 3 S. 2 eine Niederschrift zu fertigen.

57 Diese ist nach Abs. 3 S. 3 gesondert, also getrennt von Daten, auf die sie sich bezieht, aufzubewahren, durch technisch-organisatorische Maßnahmen (zB Zugangsbeschränkungen) zu sichern und am Ende des Jahres, das dem Jahr der Vernichtung der Unterlagen folgt, zu vernichten (vgl. Hornmann HSOG Rn. 35; Meixner/Fredrich, 12. Aufl. 2016, Rn. 15 f.).

Die Anordnungsbefugnis liegt seit der Änderung durch Gesetz v. 25.6.2018 (HessGVBl. 302) gem. Abs. 4 S. 1, S. 2 wieder beim örtlich zuständigen Amtsgericht; an die Stelle der Anordnungsbefugnis der Behördenleitung ist deren Antragsbefugnis getreten. Bei dem Amtsgericht handelt es sich um ein nach dem FamFG zu führendes Verfahren (Abs. 4 S. 3). **58**

Mit Gesetz v. 29.6.2023 hat der Gesetzgeber die veraltete statische Verweisung auf das FamFG aktualisiert. Der nunmehr angegebene Gesetzesstand war indessen schon zum Zeitpunkt des Inkrafttretens des Gesetzes wieder veraltet, da das FamFG mittlerweile durch vier weitere Gesetze (v. 24.6.2022 (BGBl. I 959), v. 31.10.2022 (BGBl. I 1966), v. 22.2.2023 (BGBl. I Nr. 51) und v. 18.6.2023 (BGBl. I Nr. 155) geändert worden war (vgl. zu einem weiteren Fall dieser Art → § 21 Rn. 63). **58.1**

Nach Abs. 4 S. 4 ist des Weiteren der / die Hessische Datenschutzbeauftragte von der Polizeibehörde unverzüglich über die Anordnung der Maßnahme zu unterrichten. **59**

Die vormals in Abs. 5 geregelte Unterrichtungspflicht gegenüber Personen, gegen die nach Abschluss einer Maßnahme nach Abs. 1 weitere Maßnahmen durchgeführt werden, ist in § 29 Abs. 5–7 verschoben und dort mit weiteren Regelungen zur Benachrichtigung zusammengeführt worden. **60**

Zudem ist die Rasterfahndung nunmehr mit § 28 den Protokollierungspflichten und Verwendungsbeschränkungen bei verdeckten und besonders eingriffsintensiven Maßnahmen unterstellt. **61**

Ausweislich der Verweisung in § 26 Abs. 5 S. 2 aF hatte der Gesetzgeber vor dieser Änderung die präventive Rasterfahndung – fragwürdiger Weise – nicht als verdeckte Maßnahme qualifiziert (vgl. auch die Kritik bei Hornmann HSOG Rn. 39). **61.1**

§ 27 Berichtigung, Löschung und Einschränkung der Verarbeitung von Daten zu den in § 40 des Hessischen Datenschutz- und Informationsfreiheitsgesetzes genannten Zwecken, Verwertungsverbot

(1) Personenbezogene Daten und die dazugehörigen Unterlagen sind nach Maßgabe der §§ 53 und 70 des Hessischen Datenschutz- und Informationsfreiheitsgesetzes zu berichtigen, zu löschen oder in der Verarbeitung einzuschränken, soweit sie zu den in § 40 des Hessischen Datenschutz- und Informationsfreiheitsgesetzes genannten Zwecken verarbeitet wurden und in Abs. 2 bis 6 keine besonderen Regelungen getroffen sind.

(2) [1]Ergänzend zu § 53 Abs. 2 und § 70 Abs. 2 des Hessischen Datenschutz- und Informationsfreiheitsgesetzes sind personenbezogene Daten unverzüglich zu löschen und die dazugehörigen Unterlagen unverzüglich zu vernichten, wenn

1. bei der nach bestimmten Fristen vorzunehmenden Überprüfung oder aus Anlass einer Einzelfallbearbeitung festgestellt wird, dass ihre Kenntnis für die speichernde Stelle zur Erfüllung der in ihrer Zuständigkeit liegenden Aufgaben nicht mehr erforderlich ist, oder

2. die durch eine verdeckte Datenerhebung gewonnenen Daten für den der Anordnung zugrunde liegenden Zweck, zur Strafverfolgung oder zur Strafvollstreckung oder für eine etwaige gerichtliche Kontrolle nicht mehr erforderlich sind, soweit keine zulässige Weiterverarbeitung erfolgt; die Löschung bedarf der Zustimmung der Staatsanwaltschaft, wenn die Daten zur Strafverfolgung oder Strafvollstreckung verarbeitet worden sind.

[2]Im Fall des Satz 1 Nr. 2 gilt, dass anstatt die personenbezogenen Daten zu löschen und die dazugehörigen Unterlagen zu vernichten die Einschränkung der Verarbeitung erfolgt, wenn die betroffene Person über eine verdeckte Datenerhebung noch nicht unterrichtet worden ist, es sei denn, dass die Datenerhebung den Kernbereich privater Lebensgestaltung betroffen hat. [3]Die Daten nach Satz 2 dürfen nur verwendet werden für die Zwecke der Benachrichtigung der betroffenen Person und um eine Prüfung zu ermöglichen, ob die Maßnahme rechtmäßig durchgeführt worden ist.

(3) [1]Wird festgestellt, dass personenbezogene Daten in Akten unrichtig sind, ist die in § 53 Abs. 1, § 70 Abs. 1 des Hessischen Datenschutz- und Informationsfrei-

heitsgesetzes genannte Berichtigungspflicht dadurch zu erfüllen, dass dies in der Akte vermerkt oder auf sonstige Weise festgehalten wird. ²Bestreitet die betroffene Person die Richtigkeit sie betreffender personenbezogener Daten und lässt sich weder die Richtigkeit noch die Unrichtigkeit feststellen, sind die Daten entsprechend zu kennzeichnen, um eine Einschränkung der Verarbeitung nach § 53 Abs. 1 Satz 3 des Hessischen Datenschutz- und Informationsfreiheitsgesetzes zu ermöglichen. ³Die Verarbeitung personenbezogener Daten in Akten ist einzuschränken, wenn die Daten nach Abs. 2 Satz 1 Nr. 1, § 53 Abs. 2 oder § 70 Abs. 2 des Hessischen Datenschutz- und Informationsfreiheitsgesetzes zu löschen sind. ⁴Die Einschränkung der Verarbeitung personenbezogener Daten in Akten nach Satz 3 sowie § 53 Abs. 3 Satz 1 und § 70 Abs. 3 Satz 1 des Hessischen Datenschutz- und Informationsfreiheitsgesetzes ist durch Anbringung eines entsprechenden Vermerks vorzunehmen. ⁵Die Akten sind spätestens zu vernichten, wenn die gesamte Akte zur Erfüllung der in der Zuständigkeit der speichernden Stelle liegenden Aufgaben nicht mehr erforderlich ist. ⁶Personenbezogene Daten in Akten über eine verdeckte Datenerhebung sind nach Maßgabe des Abs. 2 Satz 1 Nr. 2 zu vernichten. ⁷Im Übrigen gilt Abs. 2 entsprechend.

(4) ¹Die Ministerin oder der Minister des Innern wird ermächtigt, durch Rechtsverordnung die Fristen, nach deren Ablauf zu prüfen ist, ob die weitere Speicherung der Daten zur Aufgabenerfüllung erforderlich ist und gegebenenfalls nach deren Ablauf eine Löschung vorzusehen ist, zu bestimmen. ²Bei Daten, die nach § 20 Abs. 6 gespeichert sind, dürfen die Fristen für die Prüfung

1. bei Erwachsenen zehn Jahre,
2. bei Jugendlichen fünf Jahre und
3. bei Kindern zwei Jahre

nicht überschreiten, wobei

unter Berücksichtigung des Verfahrensausgangs nach Art und Zweck der Speicherung sowie Art und Bedeutung des Anlasses zu unterscheiden ist. ³In Fällen von geringerer Bedeutung sind kürzere Fristen vorzusehen, die in den Fällen des Satz 2 Nr. 1 fünf Jahre nicht überschreiten dürfen. ⁴Die Frist für eine Verlängerung der Datenspeicherung nach Ablauf der Frist nach Satz 2 Nr. 1 darf bei fortbestehendem Verdacht einer terroristischen Straftat oder einer Sexualstraftat nach dem 13. Abschnitt des Strafgesetzbuchs (ausgenommen die §§ 183a, 184, 184f und 184g des Strafgesetzbuchs) oder einer sexuell bestimmten Straftat nach den §§ 211 bis 213 und 223 bis 228 des Strafgesetzbuchs zehn Jahre und bei fortbestehendem Verdacht einer sonstigen Straftat von erheblicher Bedeutung fünf Jahre nicht überschreiten. ⁵Weitere Verlängerungen der Frist sind bei fortbestehendem Verdacht einer terroristischen Straftat oder einer Sexualstraftat nach Satz 4 um bis zu fünf Jahre und bei fortbestehendem Verdacht einer sonstigen Straftat von erheblicher Bedeutung um bis zu zwei Jahre nur zulässig, wenn tatsächliche Anhaltspunkte die Annahme rechtfertigen, dass die Person solche Straftaten begehen wird. ⁶Die Frist beginnt regelmäßig mit dem letzten Anlass der Speicherung, jedoch nicht vor Entlassung der betroffenen Person aus einer Justizvollzugsanstalt oder Beendigung einer mit Freiheitsentzug verbundenen Maßregel der Besserung und Sicherung. ⁷Werden innerhalb der Frist nach Satz 2 bis 6 weitere personenbezogene Daten über dieselbe Person gespeichert, gilt für alle Speicherungen gemeinsam die Frist, die als letzte abläuft. ⁸Bei Daten, die nach § 20 Abs. 7 über die in § 13 Abs. 2 Nr. 2 bis 5 genannten Personen gespeichert sind, dürfen die Fristen für die Prüfung drei Jahre nicht überschreiten; die Entscheidung, dass eine weitere Speicherung erforderlich ist, trifft die Behördenleitung oder eine von dieser beauftragte Bedienstete oder ein von dieser beauftragter Bediensteter. ⁹Die Gründe für die Verlängerung der Frist nach Satz 4 und 5 sind aktenkundig zu machen. ¹⁰Die Beachtung der Prüfungstermine und Aufbewahrungsfristen ist durch geeignete technische und organisatorische Maßnahmen zu gewährleisten.

(5) ¹Bei Daten aus dem Kernbereich privater Lebensgestaltung sowie im Falle der Unzulässigkeit der Speicherung und in sonstigen Fällen des Abs. 2 Satz 1 besteht

ein Verwertungsverbot; § 53 Abs. 3 des Hessischen Datenschutz- und Informationsfreiheitsgesetzes findet insoweit keine Anwendung. [2]Aufzeichnungen hierüber sind unverzüglich zu löschen. [3]Die Tatsachen der Erfassung der Daten und der Löschung im Fall der Unzulässigkeit der Speicherung, einschließlich der Daten aus dem Kernbereich privater Lebensgestaltung, sind zu dokumentieren. [4]Im Fall des Abs. 2 Satz 1 Nr. 2 ist die Tatsache der Löschung zu dokumentieren. [5]Die Dokumentation darf ausschließlich für Zwecke der Datenschutzkontrolle verwendet werden. [6]Sie ist sechs Monate nach der Benachrichtigung nach § 29 Abs. 5 oder nach dem endgültigen Zurückstellen der Benachrichtigung nach § 29 Abs. 6 zu löschen; ist die Datenschutzkontrolle nach § 29a noch nicht beendet, ist die Dokumentation bis zu ihrem Abschluss aufzubewahren. [7]Satz 1 bis 6 gelten für personenbezogene Daten in Akten entsprechend.

(6) Anstelle der Löschung und Vernichtung nach Abs. 2 Satz 1 Nr. 1 oder Abs. 3 Satz 5 können die Datenträger an ein öffentliches Archiv abgegeben werden, soweit besondere archivrechtliche Regelungen dies vorsehen.

Überblick

Auszug aus der VVHSOG (nicht an die aktuelle Gesetzeslage angepasst und gem. Erlass des Hessischen Ministeriums des Innern und für Sport v. 29.11.2022 (StAnz. 50/2022, 1384) zum 1.1.2025 mangels eines erneuten Verlängerungserlasses ersatzlos außer Kraft getreten):

Zu § 27

27. Berichtigung, Löschung und Sperrung von Daten, Verwertungsverbot

27.1 Zu Abs. 1

Daten sind unrichtig, wenn sie tatsächliche Angaben enthalten, die nicht mit der Wirklichkeit übereinstimmen. Die Berichtigung hat von Amts wegen zu erfolgen. Unrichtige personenbezogene Daten in Akten können nicht gelöscht und durch die zutreffenden Daten ersetzt werden. Satz 2 sieht deshalb Vorkehrungen vor, dass die Berichtigung in geeigneter Weise, zum Beispiel durch einen Vermerk, kenntlich zu machen ist. Unrichtige Daten, die mehrfach in der Akte erscheinen, können dadurch berichtigt werden, dass der Akte ein Vorblatt mit einem deutlichen Hinweis beigefügt wird.

27.2 Zu Abs. 2

Die Vorschrift gilt für Daten, die automatisiert gespeichert sind. Sie erfasst außerdem diejenigen Unterlagen, auf denen die automatisierte Verarbeitung beruht. Löschen ist das Unkenntlichmachen der Daten. Für alle Fälle, in denen Kernbereichsdaten angefallen sind, insbesondere also auch für die Fälle der Wohnraumüberwachung, der Telekommunikationsüberwachung und des verdeckten Eingriffs in informationstechnische Systeme, besteht ein Verwertungsverbot. Zudem gilt eine Dokumentationspflicht. Sie ist nicht auf Kernbereichsverletzungen beschränkt, sondern erstreckt sich auf alle Fälle, in denen personenbezogene Daten rechtswidrig gespeichert wurden. An die Stelle der Löschung kann ausnahmsweise die Sperrung treten, wenn die Voraussetzungen des Satzes 6 vorliegen, sofern es sich nicht um Kernbereichsdaten handelt.

27.3 Zu Abs. 3

Die Vorschrift gilt für Daten, die nicht gleichzeitig automatisiert gespeichert sind. Ist zum Beispiel im POLAS ein Fall unzulässigerweise gespeichert, ist er nach Abs. 2 Nr. 1 zu löschen; außerdem ist der dazugehörige Teil der Kriminalakte zu vernichten. Sind die zu löschenden Daten auch in anderen Teilen der Kriminalakte enthalten (zum Beispiel FS-Auskunft anlässlich eines späteren Falles) gilt Satz 1. Die nach Satz 1 vorzunehmende Sperrung der Daten erfolgt in der Weise, dass auf einem Aktenvorblatt ein entsprechender Vermerk angebracht wird. Für den Fall, dass Kernbereichsdaten unabhängig von automatisierten Daten noch auf analogen Datenträgermedien wie Magnettonbändern oder Film erfasst sind, gelten die Vorgaben des Abs. 2 entsprechend. Die Aufzeichnungen sind deswegen an den betreffenden Stellen physisch zu löschen und nicht nur zu sperren.

27.4 Zu Abs. 4

Auf die §§ 14 bis 18 HSOG-DVO wird verwiesen. Besondere Regelungen hinsichtlich der Speicherungsdauer (zum Beispiel § 20 Abs. 5 Satz 2) bleiben unberührt.

27.6 Zu Abs. 6

In den Fällen der Nr. 1 und 3 sind die automatisiert gespeicherten Daten vollständig auszudrucken und anschließend zu löschen. Der Ausdruck und der dazugehörige Teil der Akte sind mit einem Sperrvermerk zu versehen. Gesperrte Unterlagen sind zu dem Vorgang zu nehmen, der Anlass für die Maßnahme war. Daten aus dem Kernbereich privater Lebensgestaltung (Nr. 2) sind ausnahmslos unverzüglich zu löschen.

Die Vorschrift des § 27 regelt für den Anwendungsbereich der JI-RL (RL 2016/680 v 27.4.2016, ABl. 2016 L 119, 89) die Berichtigung, Sperrung und Einschränkung der Verarbeitung von/bei automatisiert gespeicherten Daten sowie deren Entsprechungen für Daten in Akten und Unterlagen; darüber hinaus enthält sie Verwertungsverbote, insbesondere für Daten aus dem Kernbereich privater Lebensgestaltung. Die Regelung ist durch Gesetz v. 3.5.2018 (HessGVBl. 82) wesentlich verändert worden. Weitere Änderungen in Abs. 3 und Abs. 4 erfolgten durch Gesetz v. 29.6.2023 (HessGVBl. 456) und durch Gesetz v. 13.12.2024 (HessGVBl. Nr. 83).

Die zu § 27 erlassene Verwaltungsvorschrift (Nr. 27 ff. VVHSOG) befand sich vor dem Außerkrafttreten zum 1.1.2025 auf dem Stand v. 10.11.2015 (StAnz 1226), hatte also die Änderungen nicht nachvollzogen.

Übersicht

A. Allgemeines

I. Zweck und Hintergrund der Norm

1 Innerhalb des Normenblocks der §§ 12–29, der den Umgang mit personenbezogenen Daten (vgl. § 41 Nr. 1 HDSIG) auch unter Geltung der EU-rechtlichen Vorgaben weiterhin nach den einzelnen Phasen dieses Vorgangs gliedert (vgl. → § 20 Rn. 1; vgl. auch schon Hornmann HSOG § 20 Rn. 1; Fredrich § 20 Rn. 2), enthalten die Vorschriften der §§ 27–29a organisatorische und verfahrensrechtliche Regelungen.

1.1 Die Vorschriften der §§ 12–19 enthalten im Wesentlichen die polizei- und gefahrenabwehrbehördlichen Ermächtigungsgrundlagen für Datenerhebungen, während §§ 20–26 vor allem die Daten(weiter)verarbeitung regeln.

2 Sie schließen den bereichsspezifischen Datenschutz im hessischen Polizei- und Ordnungsrecht ab und knüpften dabei zum Zeitpunkt ihrer Schaffung – wie die vorangehenden Abschnitte – an das Volkszählungsurteil des BVerfG (BVerfGE 65, 1) an.

3 Dieses verlangt nicht nur einen amtshilfefesten Schutz gegen die Zweckentfremdung personenbezogener Daten durch Weitergabe- und Verwertungsverbote (vgl. → § 26 Rn. 24), sondern auch weitere organisatorische und verfahrensrechtliche Schutzvorkehrungen wie Aufklärungs-, Auskunfts- und Löschungs- und Löschungsprüfpflichten (BVerfGE 65, 1 (44 ff.) und Ls. 2; vgl. Lisken/Denninger PolR-HdB/Schwabenbauer G Rn. 282 ff., 301 ff.).

4 Inzwischen sind diese Anforderungen durch Kapitel III JI-RL (Art. 12–18 JI-RL) auch europarechtlich untermauert; durch §§ 42, 50–56, 70–72 HDSIG wurden die dort normierten Vorgaben im hessischen Recht umgesetzt.

Für Datenverarbeitungszwecke außerhalb des Anwendungsbereichs der JI-RL ergeben sich diese Anforderungen sinngleich aus Art. 16–19 DS-GVO (vgl. zu Ausnahmen und Ergänzungen § 27a HSOG und §§ 25, 34 HDSIG). **4.1**

Daran anknüpfend bedurfte § 27 aF einer grundlegenden Überarbeitung. Seit der Neufassung der Norm durch Gesetz v. 3.5.2018 (HessGVBl. 82) verweist Abs. 1 nunmehr auf die grundsätzliche Geltung der für Berichtigung, Löschung und Einschränkung der Verarbeitung speziell einschlägigen §§ 53 und 70 HDSIG, während Abs. 2–6 Abweichungen und Ergänzungen der dortigen Regelungen vorsehen. **5**

Nach wie vor liegt die in § 27 dergestalt geregelte Berichtigung, Einschränkung der Verarbeitung (vormals: Sperrung, → Rn. 12) und Löschung von personenbezogenen Daten vor allem im (grundrechtlichen) Interesse der Betroffenen; § 27 enthält insoweit keine Ermächtigungsgrundlagen, sondern begründet von Amts wegen zu erfüllende Pflichten. **6**

Diesen Pflichten entsprechen – wie sich nunmehr aus § 53 HDSIG explizit ergibt („Die betroffene Person hat das Recht […]") – subjektive Rechte der Betroffenen (vgl. schon zur aF VGH Kassel NJW 2005, 2727 (2729); Hornmann HSOG Rn. 7; Meixner/Fredrich, 12. Aufl. 2016, Rn. 3). **7**

Darüber hinaus liegen die Berichtigung, Einschränkung der Verarbeitung und Löschung von Daten aber auch im Interesse der speichernden Behörden selbst, denen – nicht zuletzt aus Effektivitätsgründen – nicht an veralteten, unrichtigen oder mit Irrelevantem belasteten Datenbeständen gelegen sein kann (vgl. Hornmann HSOG Rn. 1). **8**

II. Parallelvorschriften

Parallelvorschriften, die die Berichtigung, Löschung und Einschränkung der Verarbeitung personenbezogener Daten – zum Teil ebenfalls unter Verweisung auf das Landesdatenschutzgesetz – regeln, finden sich in allen Polizeigesetzen (vgl. etwa § 75 BWPolG, Art. 62 BayPAG, § 39a NPOG, § 32 PolG NRW). Inhaltlich weichen die Normen hinsichtlich der Voraussetzungen und Rechtsfolgen teilweise von der hessischen Rechtslage ab (vgl. zu den Parallelnormen in Bezug auf die Prüffristen nach Abs. 4 Lisken/Denninger PolR-HdB/Müller/Schwabenbauer G Rn. 853). **9**

Bundesrechtliche Entsprechungen zu § 27 enthalten § 35 BPolG und § 78 BKAG. Eine repressive Parallelenorm findet sich in § 489 StPO. **10**

B. Einzelkommentierung

Die Vorschrift des § 27 gilt sowohl für die Gefahrenabwehr- als auch für die Polizeibehörden, auch wenn der Wortlaut dies – anders als in der Vorgängernorm (vgl. Abs. 5 aF) – nicht explizit zum Ausdruck bringt (vgl. LT-Drs. 19/5728, 192). **11**

I. Definitionen und Anwendungsbereich

Von den in § 27 geregelten Vorgängen der Berichtigung, Löschung und Einschränkung der Verarbeitung von Daten sind die beiden letztgenannten § 41 Nr. 2 HDSIG als Unterfall der Datenverarbeitung erwähnt, ebenso wie die Vernichtung, die § 27 in Bezug auf Unterlagen zu den zu löschenden Daten anordnet. Der Begriff der Berichtigung findet sich in den Begriffsbestimmungen des § 41 nicht, wohl aber nachfolgend in § 42 Nr. 4 HDSIG, § 45 Abs. 5 HDSIG, §§ 50, 52, 53, 57 und 70 HDSIG. Der Begriff „Einschränkung der Verarbeitung" ersetzt in Anknüpfung an die europarechtlichen Vorgaben den zuvor im hessischen Datenschutzrecht verwendeten Begriff „Sperrung" (vgl. LT-Drs. 19/5728, 193). **12**

Das HDSIG verzichtet seit seiner Neufassung aus dem Jahr 2018 in Anknüpfung an das europäische Datenschutzrecht auf Legaldefinitionen der verwendeten Begriffe (vgl. → § 20 Rn. 22), wie sie das HDSG aF noch kannte. Da der Gesetzgeber damit jedoch keine Abweichung von den bisherigen Definitionen intendierte (vgl. LT-Drs. 19/5728, 193), kann weiterhin auf die bisherigen Definitionen zurückgegriffen werden. **13**

Danach ist das Löschen das Unkenntlichmachen gespeicherter Daten, ungeachtet des dabei angewendeten Verfahrens; eine Akte ist jede der Aufgabenerfüllung dienende Unterlage, die nicht Teil der automatisierten Datenverarbeitung ist, und automatisiert ist eine Datenverarbeitung, wenn sie durch Einsatz eines gesteuerten technischen Verfahrens selbsttätig abläuft. **14**

14.1 Bei den Vorgängen des Berichtigens, Löschens und Sperrens handelte es sich damit um besondere Formen der Datenverarbeitung im Sinne des Oberbegriffs des § 2 Abs. 1 Hs. 1 HDSG aF; nicht definiert war der Begriff der Berichtigung (vgl. § 2 Abs. 2 Nr. 4, Abs. 6 und Abs. 7 HDSG aF).

15 Einschränkung der Verarbeitung bedeutet nach § 53 Abs. 3 S. 2 HDSIG, dass die betreffenden Daten nur zu dem Zweck, der ihrer Löschung entgegenstand, oder sonst mit Einwilligung der betroffenen Person verarbeitet werden dürfen.

16 § 27 geht ausweislich der Regelung in Abs. 1 letzter Hs. für die Berichtigung, Löschung und Einschränkung der Verarbeitung von Daten im Anwendungsbereich der JI-RL den allgemeinen Regelungen dieser Vorgänge bzw. Rechte in §§ 53 und 70 HDSIG vor, soweit in Abs. 2–6 von ihnen abgewichen wird (vgl. zu anderen Landespolizeigesetzen, in deren Anwendungsbereich für die Berichtigung mangels spezialgesetzlicher Regelung auf das allgemeine Datenschutzrecht zurückzugreifen ist, Lisken/Denninger PolR-HdB/Petri, 6. Aufl. 2018, G Rn. 889).

17 Seinerseits verdrängt wird § 27 teilweise durch (zumeist „strengere") Regelungen in Datenerhebungs- und (Weiter-) Verarbeitungsvorschriften, etwa von § 14 Abs. 1 S. 2, § 14 Abs. 2 S. 2 für die Vernichtung von Unterlagen zur Datenerhebungen im Zusammenhang mit öffentlichen Veranstaltungen, Ansammlungen und Versammlungen (→ § 14 Rn. 76, → § 14 Rn. 91), von § 14 Abs. 3 S. 4 für die Vernichtung von Daten aus der Videoüberwachung öffentlich zugänglicher Orte (→ § 14 Rn. 131), von § 14a Abs. 3 S. 1 und von § 17 Abs. 6 für die Löschung von Ausschreibungen zur polizeilichen Beobachtung (→ § 17 Rn. 43).

17.1 Weitere spezielle Vorschriften dieser Art finden sich auch in § 13b Abs. 2 S. 5, § 15 Abs. 9, § 20 Abs. 10 und Abs. 11.

18 Durch § 20 Abs. 6 S. 2 speziell geregelt ist darüber hinaus die Löschung von Daten, die im Rahmen der Verfolgung von Straftaten gewonnen und nachfolgend zur Abwehr einer Gefahr oder zur vorbeugenden Bekämpfung von Straftaten gespeichert oder verarbeitet wurden (→ § 20 Rn. 115 ff.).

19 Schließlich verdrängt § 26 Abs. 3 die Regelung des § 27 bezüglich der Löschung von Daten aus einer Rasterfahndung (→ § 26 Rn. 53 ff.).

20 Im Übrigen gilt die Vorschrift des § 27 grundsätzlich nur für die Berichtigung, Löschung und Sperrung von Daten aus dem präventiven Bereich; soweit allerdings die StPO für die Verarbeitung bestimmter Datenbestände aus dem repressiven Bereich die Geltung der Landespolizeigesetze anordnet, gilt sie auch für diese.

21 Die Geltung von Polizeirecht ist namentlich vorgesehen in § 483 Abs. 3 StPO für gemeinsam gespeicherte repressive und präventive Daten, in § 484 Abs. 4 StPO für Daten, die für die Zwecke künftiger Strafverfahren gespeichert sind und in § 485 S. 4 StPO für Daten der (repressiven) Vorgangsverwaltung (vgl. → § 20 Rn. 31).

22 § 27 gilt infolgedessen auch für den „hessischen Anteil" des INPOL-Verbunds (vgl. → § 14a Rn. 110 mwN); die speichernden hessischen Polizeibehörden sind insoweit im Rechtsstreit um Berichtigungs-, Löschungs- oder Vernichtungsansprüche passiv legitimiert (vgl. VGH Kassel NJW 2005, 2727 (2731); BVerwG BeckRS 2004, 21308).

II. Grundsätze

23 In Anknüpfung an die europarechtlich indizierten Vorgaben des § 53 Abs. 2, Abs. 3 HDSIG folgt auch die Regelung des § 27 dem Prinzip, dass der Löschung personenbezogener Daten der Vorrang vor einer (bloßen) Einschränkung der Verarbeitung zukommt. Dies entspricht regelmäßig auch dem Interesse der betroffenen Person. Die zu den automatisiert gespeicherten Daten gehörigen Unterlagen sind infolgedessen (physikalisch) zu vernichten.

24 Entsprechend den Regelungen des allgemeinen Datenschutzrechts bezieht die Vorschrift des § 27 auch die in Akten gespeicherten personenbezogenen Daten ein, regelt diese Frage aber in differenzierter Form.

25 Die Vorschrift des § 27 regelt in ihrem Anwendungsbereich insbesondere auch die zulässige Dauer der Speicherung personenbezogener Daten durch die Polizeibehörden umfassend und abschließend.

26 Nach den mittlerweile unbestrittenen datenschutzrechtlichen Grundsätzen stellen insbesondere die für Polizeibehörden aufgestellten ermessenslenkenden Verwaltungsvorschriften

keine taugliche Ermächtigungsgrundlage für die weitere Speicherung personenbezogener Daten dar (vgl. OVG Lüneburg NdsVBl. 2009, 135; BVerwGE 137, 113 zum Löschungsanspruch in Bezug auf Daten in der Datei „Gewalttäter Sport", der zunächst eine Rechtsgrundlage fehlte).

In Hessen gilt dies etwa für die Richtlinien des Landeskriminalamtes über kriminalpolizeiliche Sammlungen (KpS-Richtlinien) und über erkennungsdienstliche Behandlungen (vgl. Lisken/Denninger PolR-HdB/Petri G, 6. Aufl. 2018, Rn. 417; Hornmann HSOG Rn. 6), denen es an der erforderlichen Normqualität und Außenwirkung mangelt (vgl. nur VG Gießen BeckRS 2005, 160048; VGH Kassel NVwZ-RR 1995, 665). **26.1**

III. Geltung von §§ 53, 70 HDSIG vorbehaltlich abweichender Regelungen (Abs. 1)

Abs. 1 macht zunächst deutlich, dass sich die Berichtigung Löschung und Einschränkung der Verarbeitung personenbezogener Daten durch die Gefahrenabwehr- und Polizeibehörden nach §§ 53, 70 HDSIG richtet, soweit Abs. 2–6 keine abweichenden Regelungen enthalten. **27**

Mit dem Vorbehalt der Verarbeitung der Daten zu den in § 40 HDSIG genannten Zwecken ist zugleich klargestellt, dass sich der Anwendungsbereich des § 27 auf Daten im Anwendungsbereich der JI-RL beschränkt (vgl. → Rn. 16; für Daten außerhalb des Anwendungsbereichs § 27a → § 27a Rn. 1 ff.). **28**

IV. Ergänzende Regelung zur Löschung von Daten und Vernichtung der dazugehörigen Unterlagen (Abs. 2 S. 1)

Abs. 2 S. 1 ordnet über die nach §§ 53 Abs. 2, 70 Abs. 2 bestehenden Löschungs- und Vernichtungspflichten hinaus weitere Pflichten zur und Ansprüche auf Löschung und Vernichtung für zwei Konstellationen gespeicherter Daten an. Diese wurden – mit Veränderungen in Abs. 1 S. 1 Nr. 2 – aus § 27 Abs. 2 S. 1 Nr. 2 und Nr. 3 aF übernommen. **29**

Nach § 70 Abs. 2 HDSIG hat der Verantwortliche personenbezogene Daten unverzüglich zu löschen, wenn ihre Verarbeitung unzulässig ist, ihre Kenntnis für seine Aufgabenerfüllung nicht mehr erforderlich ist oder sie zur Erfüllung einer rechtlichen Verpflichtung gelöscht werden müssen. Dieser von Amts wegen zu erfüllenden Pflicht ordnet § 53 Abs. 2 einen entsprechenden Anspruch der betroffenen Person zu. Damit erfassen §§ 70 Abs. 1, 53 Abs. 2 nunmehr die in der Vorgängernorm in Abs. 2 S. 1 Nr. 1 aF geregelte Löschung unzulässig gespeicherte Daten, so dass diese Alternative im HSOG gestrichen werden konnte. **29.1**

Die Formulierung „unzulässig ist" lässt im HDSIG – wie in § 27 aF – im Hinblick auf das verwendete Präsens und den systematischen Zusammenhang ihren Anwendungsbereich nicht ganz klar erkennen. Da die Speicherung regelmäßig in der Vergangenheit erfolgte und ursprünglich zulässig gespeicherte Daten, bei denen die Voraussetzungen für die Speicherung entfallen (sind) jeweils unter §§ 53 Abs. 2, 70 Abs. 2 Alt. 2 fallen, scheint sie auf Fälle abzustellen, in denen die Voraussetzungen – ungeachtet ihres Vorliegens zum Zeitpunkt der Speicherung – aus einem Grund entfallen sind, der nicht im Zeitablauf liegt. Solche Fälle sind jedoch kaum denkbar. **29.2**

Angesprochen sind daher hier vor allem die Fälle, in denen die Speicherung (von vorneherein) unzulässig war (so auch für die Vorgängernorm: Meixner/Fredrich, 12. Aufl. 2016, Rn. 6 mit allerdings völlig praxisfernen Beispielen; Hornmann HSOG Rn. 13: „bei ihrer Vornahme die rechtlichen Voraussetzungen nicht vorgelegen haben"). **29.3**

Klarer insoweit die Formulierung in § 10g Abs. 2 Nr. 1 VEMEPolG (Vorentwurf zur Änderung des Musterentwurfs eines einheitlichen Polizeigesetzes idF von 1986, abgedruckt bei Schenke PolR Anh. 393 ff.; vgl. → SystVorbPolRH Rn. 37; → § 18 Rn. 4): „ihre Speicherung unzulässig war". **29.4**

Verunklart wird dieser Regelungsgehalt – unabhängig vom Tempus – auch durch die Verwendung des Begriffs „unzulässig" selbst, den das HDSIG im Übrigen nicht verwendet und den das HSOG (vor allem in §§ 13–21) immer dann gebraucht, wenn es sich in die ex ante-Perspektive, also die der anwendenden Behörde zum Zeitpunkt der Entscheidung zum Handeln versetzt. Für die hier erforderliche ex-post Betrachtung wäre die Verwendung des Begriffs „rechtswidrig" treffender (vgl. etwa auch § 64 Abs. 1 S. 2). treffender Weise den Begriff rechtswidrig („rechtswidrige Maßnahme der Gefahrenabwehr- oder der Polizeibehörden"). **29.5**

§§ 53 Abs. 2, 70 Abs. 2 HDSIG erfassen daher insoweit vor allem die Fälle, in denen die Speicherung zum Zeitpunkt ihrer Vornahme unzulässig war und infolgedessen seit diesem Zeitpunkt rechtswidrig **29.6** ist. Die daraus folgenden Löschungspflichten werden um die Pflicht ergänzt, die zu den Daten gehörigen Unterlagen unverzüglich zu vernichten. Daneben sind nur wenige Anwendungsfälle denkbar, in denen die Voraussetzungen für die Speicherung ursprünglich vorlagen, aber aus Gründen, die nicht im Zeitablauf liegen, entfallen sind.

30 Die Rechtsfolge des Löschens bedeutet in beiden Alternativen das Unkenntlichmachen der gespeicherten Daten (→ Rn. 14), wobei dieses endgültig und vollständig zu geschehen hat. Die Frage, wie das zu bewerkstelligen ist, hängt von der Beschaffenheit des verwendeten Datenträgers ab (vgl. zur Vorgängernorm Meixner/Fredrich, 12. Aufl. 2016, Rn. 5; Hornmann HSOG Rn. 12). Bei dem inzwischen erreichten Stand der Computerisierung der speichernden Stellen geht es dabei in erster Linie um eine Anwendung entsprechender digitaler Techniken (vgl. aber zur Vernichtung von (= Löschung von Daten in) Akten – etwa den Kriminalakten – Abs. 3 S. 6).

31 Zu der Löschungspflicht tritt als Rechtsfolge die Pflicht, die zu den Daten gehörigen Unterlagen zu vernichten. Das bezieht sich vor allem auf diejenigen Unterlagen (vgl. zu Akten Abs. 3 und → Rn. 14), auf denen die automatisierte Verarbeitung beruht bzw. beruhte (vgl. Nr. 27.2 VVHSOG zur Vorgängernorm).

32 Beide Pflichten sind unverzüglich zu erfüllen (vgl. zum Begriff der Unverzüglichkeit → § 14 Rn. 91).

1. Löschungspflicht nach Ablauf der Speicherungsfrist (Abs. 1 S. 1 Nr. 1)

33 Nach Abs. 2 S. 1 Nr. 1 sind personenbezogene Daten zu löschen und die dazugehörigen Unterlagen zu vernichten, wenn bei der nach bestimmten Fristen vorzunehmenden Überprüfung oder aus Anlass einer Einzelfallbearbeitung festgestellt wird, dass die Kenntnis dieser Daten zur Erfüllung der gefahrenabwehrbehördlichen oder polizeilichen Aufgaben der speichernden Stelle nicht mehr erforderlich ist.

34 Die Überprüfungsfristen in diesem Sinne ergeben sich aus den aufgrund und im Rahmen der Verordnungsermächtigung in Abs. 4 geschaffenen Regelungen der §§ 14–18 HSOG-DVO. Die Frage, ob die Kenntnis der Daten für die Erfüllung der in der Zuständigkeit der speichernden Stelle liegenden Aufgaben weiterhin erforderlich ist, unterliegt der vollen verwaltungsgerichtlichen Kontrolle (vgl. etwa die Prüfung durch VGH Kassel NJW 2005, 2727 (2729 ff.); vgl. auch – zur Vorgängernorm – Meixner/Fredrich, 12. Aufl. 2016, Rn. 7).

35 Materiell sind insoweit die behördlichen Interessen an einem möglichst vollständigen Überblick über aufgabenrelevante Fakten – etwa das strafrechtlich relevante Vorleben von Personen – abzuwägen gegen die Persönlichkeitsrechte der Betroffenen, wobei letztere umso gewichtiger werden, je ferner und irrelevanter die Daten der/für die Aufgabenerfüllung sind (vgl. allg. zu den Kriterien solcher Abwägungen → § 4 Rn. 1, → § 4 Rn. 65); vgl. insoweit zu einem Fall unzulässiger „Umwidmung" von Daten instruktiv VGH Kassel NJW 2005, 2727).

36 In der Praxis zeigt sich hinsichtlich der Einhaltung der Löschungspflichten nach dieser Alternative – insbesondere durch die Polizeibehörden – immer wieder ein erhebliches Vollzugsdefizit (vgl. Lisken/Denninger PolR-HdB/Petri, 6. Aufl. 2018, G Rn. 914 mwN).

2. Löschungspflicht bei Daten aus verdeckten Datenerhebungen (Abs. 1 S. 1 Nr. 2)

37 Abs. 2 S. 1 Nr. 2, zu deren Schaffung in § 27 Abs. 2 S. 1 Nr. 3 aF sich der Gesetzgeber im Jahr 2004 durch das Urteil des BVerfG zum „großen Lauschangriff" v. 3.3.2004 (BVerfGE 109, 279 ff.) veranlasst sah (vgl. Hornmann HSOG Rn. 15; Meixner/Fredrich, 12. Aufl. 2016, Rn. 7a), regelt die Löschungspflicht in Bezug auf verdeckt erhobene Daten (→ § 13 Rn. 167 ff.).

38 Die durch eine verdeckte Datenerhebung – etwa nach §§ 15, 15a, 15b, 15c oder § 16 – gewonnenen Daten sind danach zu löschen und die dazugehörigen Unterlagen zu vernichten, wenn sie für den der Anordnung zugrundeliegenden Zweck, zur Strafverfolgung oder zur Strafvollstreckung nicht mehr erforderlich sind (missverständlich insoweit zur Vorgängernorm: Meixner/Fredrich, 12. Aufl. 2016, Rn. 7a).

39 Mit dem Zweck knüpft das Gesetz hier an die für die jeweiligen Maßnahmen geltenden – zumeist hohen – Eingriffsschwellen (zB „Gefahr für Leib, Leben oder Freiheit einer Person")

an. Entfallen deren Voraussetzungen, wird die Speicherung unzulässig. Insoweit konstituiert Abs. 2 S. 1 Nr. 2 eine zunächst eine spezielle Zweckbindung für diese aus besonders eingriffsintensiven Maßnahmen stammenden personenbezogenen Daten.

Diese wird seit der Neufassung durch Gesetz v. 3.5.2018 (HessGVBl. 82) insoweit durchbrochen, als die Löschung unterbleiben kann soweit eine „zulässige Weiterverarbeitung erfolgt". Diese neu eingefügte Formulierung, die in den Materialien unzutreffender Weise als redaktionelle Änderung gekennzeichnet wird (LT-Drs. 19/5728, 193), nimmt auf den Grundsatz der hypothetischen Datenneuerhebung nach § 20 Abs. 2 und Abs. 3 Bezug, wonach eine (Weiter-) Verarbeitung zu geänderten Zwecken unter bestimmten Voraussetzungen zulässig ist (vgl. iE → § 20 Rn. 67, → § 20 Rn. 69 ff.). **40**

Die bis zur Änderung durch Gesetz v. 3.5.2018 (HessGVBl. 82) vorgesehene verfahrensrechtliche Absicherung durch die Pflicht, über die Löschung eine Niederschrift anzufertigen, ist entfallen, da sich eine entsprechende Protokollierungspflicht nunmehr aus § 71 Abs. 1 Nr. 6 HDSIG ergibt. **41**

Im Hinblick auf die Nähe entsprechender verdeckter Maßnahmen zur Strafverfolgung (vgl. → § 15 Rn. 3) bedarf die Löschung der Zustimmung der Staatsanwaltschaft, wenn die Daten zur Strafverfolgung oder Strafvollstreckung verarbeitet worden sind (vgl. auch die weiteren Unterrichtungspflichten gegenüber und Zustimmungserfordernisse der Staatsanwaltschaft in § 16 Abs. 5 S. 11, § 29 Abs. 8). **42**

3. Einschränkung der Verarbeitung statt Löschung bei Daten aus verdeckten Datenerhebungen (Abs. 2 S. 2)

Abs. 2 S. 2 begründet nunmehr abweichend von § 53 Abs. 3 Nr. 1 HDSIG und Abs. 2 S. 1 Nr. 2 im Fall von Daten aus einer verdeckten Datenerhebung eine Pflicht, – statt der Löschung – die Verarbeitung der Daten einzuschränken (vgl. → Rn. 15), wenn die betroffene Person über eine verdeckte Datenerhebung noch nicht benachrichtigt worden ist; zu dieser Benachrichtigung ist die verantwortliche Polizeibehörde nach § 28 Abs. 5 verpflichtet. **43**

Abs. 2 S. 3 konkretisiert die – nach § 53 Abs. 3 S. 2 ohnehin geltende – Rechtsfolge der Einschränkung der Verarbeitung, indem sie die Verwendung der eingeschränkten Daten auf die Zwecke Benachrichtigung der betroffenen Person und Ermöglichung der Prüfung der Rechtmäßigkeit beschränkt. **44**

Der bisherige Abs. 2 S. 6 aF konnte gestrichen werden, da der dortige Fall der Einschränkung der Verarbeitung statt Löschung bei Unmöglichkeit oder unverhältnismäßig hohem Aufwand nunmehr neben weiteren Fallgestaltungen in § 53 Abs. 3 HDSIG geregelt ist. **44.1**

V. Berichtigung, Löschung (Vernichtung) und Einschränkung der Verarbeitung von Daten in Akten (Abs. 3)

In Abs. 3 finden sich nunmehr – teilweise in Übernahme der Vorgängerregelungen – besonderen Vorschriften zur Berichtigung, Löschung (= Vernichtung) und Einschränkung personenbezogener Daten in Akten. Eine Akte ist dabei jede der Aufgabenerfüllung dienende Unterlage, die nicht Teil der automatisierten Datenverarbeitung ist (vgl. → Rn. 14 f.). **45**

Die Vorgaben in Abs. 3 knüpfen an die grundsätzliche Berichtigungspflicht nach §§ 53 Abs. 1, 70 Abs. 1 HDSIG an. Mit der Berichtigung von Daten soll erreicht werden, dass zukünftig (nur) die richtigen Daten verarbeitet werden. **46**

Abs. 3 S. 1 setzt zunächst voraus, dass (festgestellt wurde, dass) Daten unrichtig sind. Unrichtig sind Daten, wenn sie Angaben enthalten, die nicht mit der Wirklichkeit übereinstimmen (vgl. zur Vorgängernorm Hornmann HSOG Rn. 10; zum BKAG SGR/Ruthig BKAG § 78 Rn. 5). Insoweit können unrichtig nur Daten sein, die sich auf Tatsachen beziehen; reine Werturteile sind einer Berichtigung daher nicht zugänglich (vgl. zum HDSG aF Nungesser HDSG § 19 Rn. 4). **47**

Solche reinen Werturteile sind indessen nicht gleichzusetzen mit Bewertungen iSd § 20 Abs. 12 S. 2 (vgl. → § 20 Rn. 143, → § 20 Rn. 179 ff.); diese enthalten nicht selten einen Tatsachenbezug und sind insoweit vom Berichtigungsanspruch des Abs. 1 S. 1 erfasst. Zu prüfen ist dabei insbesondere, inwieweit die Bewertungen auf unrichtigen Tatsachen beruhen. **48**

49 Unrichtig sind Daten auch dann, wenn sie – obwohl an sich zutreffend – Erkenntnisse über den Betroffenen vermitteln, die nicht mit der Wirklichkeit übereinstimmen, sie also irreführend sind. Das ist etwa der Fall, wenn Daten den Anschein eines vollständigen Bilds vermitteln, dies aber wegen Fehlens weiterer Daten tatsächlich nicht zutrifft (vgl. zum HDSG aF Nungesser HDSG § 19 Rn. 1 ff.; Hornmann HSOG § 26 Rn. 10, vgl. auch SGR/Ruthig BKAG § 78 Rn. 5).

50 Da Berichtigung bedeutet, Daten mit der Wirklichkeit in Übereinstimmung zu bringen, kann diese somit einerseits durch Korrektur von Daten (Ersetzung eines Datums durch ein anderes), als auch – ggf. zusätzlich – durch Vervollständigung (Speicherung weiterer Daten) erfolgen.

51 Dabei ist immer auch zu prüfen, ob die Diskrepanz zur Wirklichkeit schon in der Vergangenheit bestand, oder erst später eingetreten ist; im ersten Fall ist das Datum zu korrigieren, im zweiten in der Regel nur zu ergänzen (vgl. zum HDSG aF Nungesser HDSG § 19 Rn. 9 f.), wenn nicht das alte Datum mittlerweile aus anderen Gründen zu löschen ist.

52 Sind Daten danach unrichtig (dass dies erst festgestellt werden muss, hätte keiner Betonung im Gesetzeswortlaut bedurft), so dass eine Pflicht zur Berichtigung besteht, ist diese nach Abs. 3 S. 1 durch einen Vermerk in der Akte oder durch ein Festhalten auf sonstige Weise zu erfüllen.

53 Der Hintergrund dieser Regelung ist der Grundsatz der Aktenvollständigkeit. Eine Korrektur dergestalt, dass die Daten etwa radiert, geschwärzt oder überklebt werden, würde die Aktenlage also solche unrichtig werden lassen.

54 Entscheidend ist, dass die unrichtigen Daten nicht mehr verarbeitet (genutzt) werden. Ein Vermerk an nur einer Stelle reicht insoweit etwa dann nicht, wenn ein schon in der Vergangenheit unrichtiges Datum in einer umfangreicheren Akte an verschiedenen Stellen auftaucht. In diesem Fall kann durch einen auf dem Aktendeckel oder einem Aktenvorblatt deutlich sichtbaren Vermerk der Vorschrift Genüge getan werden (vgl. zum HDSG aF Nungesser HDSG § 19 Rn. 10; zur Vorgängernorm Hornmann HSOG Rn. 11).

55 Abs. 3 S. 2 trifft eine § 78 Abs. 1 S. 2 BKAG nachgebildete Regelung für den Fall des Bestreitens der Richtigkeit von Daten, bei denen weder die Richtigkeit noch die Unrichtigkeit festgestellt werden kann; bei einem solchen non-liquet (vgl. SGR/Ruthig BKAG § 78 Rn. 4) sind die Daten – nicht zuletzt im Interesse der informationellen Selbstbestimmung des Betroffenen (SGR/Ruthig BKAG§ 78 Rn. 4) – entsprechend zu kennzeichnen, um eine Einschränkung der Verarbeitung nach § 53 Abs. 1 S. 3 HDSIG zu ermöglichen.

56 Abs. 3 S. 3 regelt eine Pflicht zur Einschränkung der Verarbeitung von Daten in Akten – also nicht gleichzeitig automatisiert gespeicherten Daten –, die nach Abs. 2 S. 1 Nr. 1 oder § 53 Abs. 2 HDSIG oder § 70 Abs. 2 HDSIG zu löschen sind. Auch wird – wie bei der Regelung des Abs. 3 S. 1 (→ Rn. 53) – zunächst dem Grundsatz der Aktenvollständigkeit Rechnung getragen und (nur) die Einschränkung der Verarbeitung rechtswidrig gespeicherter Daten angeordnet.

56.1 Durch Gesetz v. 29.6.2023 (HessGVBl. 345) wurde der vormalige redaktionelle Fehler in Abs. 3 S. 3 („Die Verarbeitung […] ist einzuschränken, wenn die Verarbeitung […] zu löschen sind“) behoben.

57 Abs. 3 S. 4 bestimmt sodann wiederum, dass die Verpflichtung zur Einschränkung der Verarbeitung – jetzt nach S. 3 und den sonstigen Fällen der Einschränkung der Verarbeitung nach §§ 53 Abs. 3, 70 Abs. 3 HDSIG – durch Anbringung eines entsprechenden Vermerks zu erfüllen ist (vgl. auch zur Parallelregelung in § 78 Abs. 2 S. 4 BKAG SGR/Ruthig BKAG § 78 Rn. 6 ff.).

58 Nach Abs. 3 S. 5 gilt für die aktenmäßigen Daten, bei denen gem. Abs. 2 Nr. 1 bei fristgemäßer Überprüfung oder im Einzelfall bei der Bearbeitung festgestellt wurde, dass ihre Kenntnis für die behördliche Aufgabenerfüllung nicht mehr erforderlich ist, gilt in Ergänzung zu der Sperrungsverpflichtung nach Abs. 3 S. 4 die Maßgabe, dass die Akten spätestens dann zu vernichten sind, wenn die gesamte Akte zur Aufgabenerfüllung nicht mehr benötigt wird.

58.1 Damit greift Abs. 3 S. 5 die Regelung des Abs. 3 S. 2 aF auf und gestaltet sie in Anlehnung an § 78 Abs. 2 S. 2 BKAG um.

59 In Abweichung davon regelt Abs. 3 S. 6 – wie schon Abs. 3 S. 3 aF – zu in Akten gespeicherten personenbezogenen Daten über eine verdeckte Datenerhebung, dass diese nach Maßgabe des Abs. 2 S. 1 Nr. 2 zu vernichten sind.

Zudem wird in S. 7 die entsprechende Geltung von Abs. 2 angeordnet, was durch die Streichung des Abs. 6 aF erforderlich wurde. Bei personenbezogenen Daten in Akten über eine verdeckte Datenerhebung gilt daher nach wie vor, dass die Einschränkung der Verarbeitung statt Vernichtung nur erfolgt, wenn die betroffene Person über die verdeckte Datenerhebung noch nicht unterrichtet worden ist. Die Verwendungsbeschränkung dieser Daten für die Rechtmäßigkeitskontrolle und die Zwecke der Benachrichtigung wird somit auch für Daten in Akten vorgesehen. 60

VI. Verordnungsermächtigung für Prüffristen; Höchstfristen (Abs. 4)

Abs. 4 enthält eine Verordnungsermächtigung für die Regelung der Fristen, nach denen (vgl. Abs. 2 Nr. 1) – von Amts wegen – zu prüfen ist, ob die weitere Speicherung personenbezogener Daten zur Aufgabenerfüllung erforderlich ist. Damit übernimmt die Regelung mit einigen Änderungen Abs. 4 aF. 61

Dass die Vorschrift – anders als etwa § 18 Abs. 2 Nr. 5 – nicht das Ministerium des Innern, sondern die Ministerin oder den Minister ermächtigt, ist auf Art. 107 HessVerf zurückzuführen. Danach kann, wenn nicht die Landesregierung als Ganzes ermächtigt sein soll, das Gesetz den Erlass von Rechtsverordnungen nur „einzelnen Ministern" zuweisen. 61.1

Die insoweit vormals einschlägige Prüffristenverordnung ist mit Erlass der HSOG-DVO im Jahr 2007 aufgehoben worden; seither sind die entsprechenden Fristen in §§ 14–18 HSOG-DVO geregelt. 62

Bei den in Abs. 4 S. 2 als Rahmen für die Speicherung von Daten nach § 20 Abs. 6 (Daten aus der Strafverfolgung, die zur Abwehr einer Gefahr oder zur vorbeugenden Bekämpfung von Straftaten gespeichert werden, vgl. eing. → § 20 Rn. 115 ff.) genannten Fristen handelt es sich um Höchstfristen, die unter-, aber nicht überschritten werden dürfen (VGH Kassel NJW 2005, 2727 (2730) mwN). 63

Nach der Rechtsprechung können die speichernden (Polizei-) Behörden jedoch im Einzelfall grundsätzlich davon ausgehen, dass die Speicherung bis zum Ablauf der gesetzlich vorgesehenen Regelfristen erforderlich ist (vgl. BVerwG BeckRS 2004, 21308; VGH Mannheim NVwZ-RR 2000, 287 (288); vgl. Lisken/Denninger PolR-HdB/Petri, 6. Aufl. 2018, G Rn. 423). 63.1

Die vorgegebene Differenzierung nach Art und Zweck der Speicherung sowie Art und Bedeutung des Anlasses verlangt vom Verordnungsgeber schon auf der generell-abstrakten Ebene eine Abwägung nach Maßgabe des Verhältnismäßigkeitsgrundsatzes. 64

Die durch Gesetz v. 29.6.2023 (HessGVBl. 456) neu geschaffenen S. 3–5 des Abs. 4 überführen Teile der Regelungen in § 15 HSOG-DVO (→ Rn. 65.1) in das Gesetz und ergänzen diese. Bei der Überführung war ein redaktioneller Fehler unterlaufen. Versehentlich waren in dem Klammerzusatz von Abs. 4 S. 4 statt § 184f und § 184g StGB die Tatbestände der § 184d und § 184e StGB aufgeführt. Dieser Fehler ist nunmehr durch Gesetz v. 13.12.2024 (GVBl. Nr. 83) behoben. 65

Die Regelung lautet: 65.1

„§ 15 Prüffristen bei tatverdächtigen Personen

(1) Bei Daten tatverdächtiger Personen betragen die Prüffristen:

1. bei Kindern zwei Jahre,
2. bei Jugendlichen fünf Jahre,
3. bei Personen über siebzig Jahre fünf Jahre,
4. bei anderen Personen zehn Jahre.

Bei Fällen von geringer Bedeutung verkürzt sich die Prüffrist bei Kindern auf ein Jahr, bei Jugendlichen auf zwei Jahre, im Übrigen auf drei Jahre.

(2) Automatisiert verarbeitete Daten sind zu löschen und die dazugehörigen Unterlagen sowie die Akten sind zu vernichten, wenn kein Anlass für eine erneute Aufnahme in die Datensammlung entstanden ist.

(3) Die Löschung und die Vernichtung können unterbleiben, wenn es sich um eine Straftat mit erheblicher Bedeutung handelt und tatsächliche Anhaltspunkte die Annahme rechtfertigen, dass die Person solche Straftaten begehen wird. Die Gründe für die Verlängerung sind aktenkundig zu machen. Spätestens nach zwei Jahren, bei Kindern nach einem Jahr, hat eine erneute Prüfung nach den gleichen Maßstäben zu erfolgen.

(4) [1]Löschung und Vernichtung können auch unterbleiben:
1. bei einer Sexualstraftat nach dem 13. Abschnitt des Strafgesetzbuches, ausgenommen den §§ 183a, 184, 184f und 184g des Strafgesetzbuches, oder
2. bei einer sexuell bestimmten Straftat nach den §§ 211 bis 213 und 223 bis 228 des Strafgesetzbuches.
[2]Spätestens nach fünf Jahren, bei Kindern nach zwei Jahren, hat eine Überprüfung nach Abs. 3 zu erfolgen.

(5) Tatverdächtige Person ist eine Person, die im Verdacht steht, eine rechtswidrige Tat im Sinne des § 11 Abs. 1 Nr. 5 des Strafgesetzbuches begangen zu haben, vorzubereiten oder vorbereitet zu haben."

66 Dass in Fällen von geringerer Bedeutung kürzere Fristen vorzusehen sind (Abs. 4 S. 3), ist auch in § 15 Abs. 1 S. 2 HSOG-DVO vorgesehen, allerdings findet sich dort an Stelle der Höchstfrist von fünf Jahren in Fällen des Abs. 2 Nr. 1 (Erwachsene) eine konkrete Festlegung für alle Fälle (ein Jahr für Kinder, zwei Jahre für Jugendliche und drei Jahre in sonstigen Fällen; → Rn. 65.1). Der Spielraum, den Abs. 4 S. 3 nunmehr gesetzlich einräumt, ist derzeit also durch Verordnungsrecht – einer der gesetzlichen Vorgabe nicht widersprechenden Weise – ausgefüllt.

67 Die durch Abs. 4 S. 4 und 5 nunmehr vorgesehenen Möglichkeiten von – ggf. wiederholten – Fristverlängerungen soll den Erkenntnissen aus den NSU-Morden sowie dem Mord am Kasseler Regierungspräsidenten im Jahr 2019 Rechnung tragen (LT-Drs. 20/8129, 33). In § 15 Abs. 4 HSOG ist eine vergleichbare Regelung nur für die nunmehr auch im Gesetz genannten Sexualdelikte vorgesehen. Eine Überschreitung der in Abs. 4 S. 4 und 5 genannten Fristen setzt nach Abs. 5 Hs. 2 eine Negativprognose voraus (vgl. zu dieser im Rahmen des § 20 → § 20 Rn. 125).

68 Für die Berechnung der nach Maßgabe des Abs. 4 S. 6 zu bestimmenden Fristen gelten ergänzend § 31 HVwVfG iVm § 188 BGB (vgl. zur Vorgängernorm Meixner/Fredrich, 12. Aufl. 2016, Rn. 15).

69 Die Antwort auf die von VGH Kassel NJW 2005, 2727 (2730) offengelassene Frage der Bemessung der Fristen bei zwischenzeitlich erfolgten weiteren Datenspeicherungen ist seit der entsprechenden Gesetzesänderung aus dem Jahr 2005 durch Abs. 4 S. 7 (vormals S. 4) beantwortet.

70 Von den Fristenregelungen in § 27 Abs. 4 iVm §§ 14–18 HSOG-DVO unberührt bleibt freilich die allgemeine Verpflichtung aller speichernden Stellen, Daten zu löschen, bei denen aus Anlass einer Einzelfallbearbeitung (Abs. 2 Nr. 1) festgestellt wird, dass ihre Kenntnis zur Erfüllung der in ihrer Zuständigkeit liegenden Aufgaben nicht mehr erforderlich ist (vgl. zur Vorgängernorm Meixner/Fredrich, 12. Aufl. 2016, Rn. 16a).

71 Erkennt die speichernde Behörde, dass die Speicherung von bestimmten Daten unzulässig ist, hat sie zudem die Daten selbstverständlich unabhängig von den festgelegten Prüffristen zu löschen (Lisken/Denninger PolR-HdB/Petri, 6. Aufl. 2018, G Rn. 906 ff. auch zu weiteren Einzelfragen der Prüffristen und Aussonderungsdaten).

72 Abs. 4 S. 8 enthält eine durch Gesetz v. 3.5.2018 (HessGVBl. 82) neugeschaffene Regelung über die Prüffrist für die nach § 20 Abs. 7 gespeicherten Daten, also Daten über die in § 13 Abs. 2 Nr. 2–5 genannten Personen (vgl. iE → § 13 Rn. 94 ff.); bei diesen darf die Prüffrist eine Dauer von drei Jahren nicht überschreiten. Über das Erfordernis einer weiteren Speicherung entscheidet die Behördenleitung oder eine von dieser beauftragte Bedienstete oder ein beauftragter Bediensteter.

73 Durch Gesetz v. 29.6.2023 (HessGVBl. 456) wurden Abs. 4 S. 9 und 10 geschaffen, wonach die Gründe für eine Fristverlängerung nach Abs. 4 S. 4 und 5 (→ Rn. 67) aktenkundig zu machen und die Beachtung der Prüfungstermine und Aufbewahrungsfristen durch geeignete technische und organisatorische Maßnahmen zu gewährleisten sind.

VII. Verwertungsverbot, Verfahrensregelungen (Abs. 5)

74 Die Regelungen des Abs. 5 sind in veränderter Form aus Abs. 2 S. 2–5, S. 6 letzter Hs. aF übernommen, in den sie durch Änderungsgesetz v. 14.12.2009 (HessGVBl. I 635) aufgenommen worden waren. Ursprünglich sollte diese Neuregelung nur dem Schutz des Kernbereichs privater Lebensgestaltung (vgl. → § 15 Rn. 140 ff., → § 15a Rn. 33) dienen, wurde dann aber auf alle Fälle der nicht oder nicht mehr rechtmäßigen Speicherung personenbezogener Daten erstreckt.

Insoweit zunächst unklar: Nr. 27.2 S. 3 VVHSOG; deutlich und exemplarisch dann aber für die mögliche Erhebung von Kernbereichsdaten: „insbesondere […] für die Fälle der Wohnraumüberwachung, der Telekommunikationsüberwachung und des verdeckten Eingriffs in informationstechnische Systeme, […]“. **74.1**

Abs. 5 S. 1 verbietet die Verwertung von Daten aus dem Kernbereich privater Lebensgestaltung sowie von nicht oder nicht mehr rechtmäßig gespeicherten Daten. Die Anordnung dieses Verwertungsverbots ist lediglich klarstellender Natur, da es sich auch ohne ausdrückliche Anordnung ergibt: **75**

Für Daten aus dem Kernbereich privater Lebensgestaltung folgt es bereits aus dem Urteil des BVerfG zum „großen Lauschangriff“ (BVerfGE 109, 279 ff.); das Gericht hatte sich insoweit veranlasst gesehen, diese von Grundrechts wegen gebotene Rechtsfolge bereits im Ls. 5 zum Ausdruck zu bringen und nachfolgend eingehend zu begründen (BVerfGE 109, 279 (324 ff.)). **76**

Für rechtswidrig gespeicherte Daten wird ein Verwertungsverbot im Übrigen im Datenschutzrecht als deren sachgerechte Konsequenz aus der Löschungspflicht abgeleitet (VG Wiesbaden BeckRS 2013, 52895 Rn. 36: „Gemäß § 32 Abs. 2 Satz 1 BKA-Gesetz (entspricht § 20 Abs. 2 Ziff. 1 BDSG) sind personenbezogene Daten, die automatisiert verarbeitet werden, zu löschen, wenn ihre Speicherung unzulässig ist. Gemäß § 32 Abs. 6 BKA-Gesetz (entspricht § 20 Abs. 8 BDSG) sind die Stellen zu verständigen, denen im Rahmen einer Übermittlung die Daten zur Speicherung weitergegeben wurden, wenn die Daten zu löschen sind. Dies dient der Sicherstellung der Zweckbindung und führt zu einem Verwertungsverbot bei allen speichernden Stellen“; vgl. zum HDSG aF Nungesser HDSG § 11 Rn. 21). **77**

Gleichwohl ist es begrüßenswert, dass der Gesetzgeber das Verwertungsverbot noch einmal deutlich zum Ausdruck gebracht und nunmehr auch ergänzt hat, dass in diesen Fällen eine Einschränkung der Verarbeitung anstelle einer Löschung nach § 53 Abs. 3 HDSIG ausscheidet. **78**

Verfahrensrechtlich abgesichert werden die Löschungspflicht und das Verwertungsverbot durch die Dokumentationspflichten (vgl. zu solchen → § 21 Rn. 28) in Abs. 5 S. 4. Nahe liegender Weise darf die Dokumentation nach Abs. 5 S. 5 nur für Zwecke der Datenschutzkontrolle verwendet werden, unterliegt also einer strengen Zweckbindung. **79**

Dieser entspricht es, dass sie nach Abs. 5 S. 6 mit Wegfall dieses Zwecks, spätestens aber sechs Monate nach der Benachrichtigung nach § 29 Abs. 5 oder nach dem endgültigen Zurückstellen der Benachrichtigung nach § 29 Abs. 6 zu löschen ist; nur wenn die Datenschutzkontrolle nach § 29a noch nicht beendet ist, darf die Dokumentation darüber hinaus – nämlich bis zum Abschluss der Datenschutzkontrolle – aufbewahrt werden. **80**

Nach Abs. 5 S. 7 gelten die Vorgaben das Abs. 6 S. 1–6 gelten für personenbezogene Daten in Akten entsprechend. **81**

VIII. Abgabe an Archiv statt Löschung und Vernichtung (Abs. 8)

An Stelle einer Löschung und Vernichtung kann nach Abs. 8 schließlich die Abgabe der Datenträger an ein öffentliches (also Staats-) Archiv erfolgen, falls dies archivrechtliche Regelungen vorsehen. Solche Regelungen sind etwa § 1 Abs. 1 HArchivG, §§ 6, 7 HArchivG (vgl. zur Vorgängernorm auch Hornmann HSOG Rn. 40). **82**

§ 27a Berichtigung, Löschung und Einschränkung der Verarbeitung von Daten zu anderen als den in § 40 des Hessischen Datenschutz- und Informationsfreiheitsgesetzes genannten Zwecken, Verwertungsverbot

(1) [1]Ergänzend zu Art. 18 Abs. 1 Buchst. a der Verordnung (EU) Nr. 2016/679 gilt für Datenverarbeitungen zu Zwecken außerhalb des § 40 des Hessischen Datenschutz- und Informationsfreiheitsgesetzes, dass insbesondere im Fall von Aussagen oder Bewertungen die Frage der Richtigkeit nicht den Inhalt der Aussage oder der Bewertung betrifft. [2]Wenn die Richtigkeit oder Unrichtigkeit der Daten nicht

festgestellt werden kann, tritt an die Stelle der Berichtigung nach Art. 16 der Verordnung (EU) Nr. 2016/679 eine Einschränkung der Verarbeitung nach Art. 18 der Verordnung (EU) Nr. 2016/679. [3]Die oder der Verantwortliche hat die betroffene Person, die ihr Recht auf Berichtigung geltend gemacht hat, über die an die Stelle der Berichtigung tretende Einschränkung der Verarbeitung schriftlich zu unterrichten. [4]Satz 3 gilt nicht, soweit bereits die Erteilung dieser Information eine Gefährdung im Sinne des § 32 Abs. 1 des Hessischen Datenschutz- und Informationsfreiheitsgesetzes mit sich bringen würde. [5]Die Unterrichtung nach Satz 3 ist zu begründen, es sei denn, dass die Mitteilung der Gründe den mit dem Absehen von der Unterrichtung verfolgten Zweck gefährden würde. [6]§ 33 Abs. 3 des Hessischen Datenschutz- und Informationsfreiheitsgesetzes gilt entsprechend. [7]Die oder der Verantwortliche hat die sachlichen oder rechtlichen Gründe für die Entscheidung zu dokumentieren.

(2) [1]Wird festgestellt, dass personenbezogene Daten in Akten unrichtig sind, ist die in Art. 16 der Verordnung (EU) Nr. 2016/679 genannte Berichtigungspflicht dadurch zu erfüllen, dass dies in der Akte vermerkt oder auf sonstige Weise festgehalten wird. [2]Bestreitet die betroffene Person die Richtigkeit sie betreffender personenbezogener Daten und lässt sich weder die Richtigkeit noch die Unrichtigkeit feststellen, sind die Daten entsprechend zu kennzeichnen, um eine Verarbeitungseinschränkung nach Abs. 1 Satz 2 zu ermöglichen.

(3) [1]Ergänzend zu Art. 17 Abs. 1 der Verordnung (EU) Nr. 2016/679 gilt § 27 Abs. 2 Satz 1 und Abs. 5 im Fall der Löschung und Vernichtung personenbezogener Daten zu Zwecken außerhalb des § 40 des Hessischen Datenschutz- und Informationsfreiheitsgesetzes entsprechend. [2]Bei personenbezogenen Daten in Akten gilt § 27 Abs. 3 Satz 3 bis 6 entsprechend; an die Stelle der Löschung nach Art. 17 Abs. 1 der Verordnung (EU) Nr. 2016/679 tritt die Einschränkung der Verarbeitung nach Art. 18 der Verordnung (EU) Nr. 2016/679.

(4) [1]Abweichend von § 34 Abs. 1 und 2 des Hessischen Datenschutz- und Informationsfreiheitsgesetzes gilt für die Verarbeitung personenbezogener Daten zu Zwecken außerhalb des § 40 des Hessischen Datenschutz- und Informationsfreiheitsgesetzes das Recht der betroffenen Person auf und die Pflicht der oder des Verantwortlichen zur Löschung personenbezogener Daten und zur Vernichtung der dazugehörigen Unterlagen nach Art. 17 Abs. 1 der Verordnung (EU) Nr. 2016/679 ergänzend zu Art. 17 Abs. 3 der Verordnung (EU) Nr. 2016/679 nicht, wenn

1. Grund zu der Annahme besteht, dass eine Löschung schutzwürdige Interessen einer betroffenen Person beeinträchtigen würde,
2. die Daten zu Beweiszwecken weiter aufbewahrt werden müssen,
3. eine Löschung wegen der besonderen Art der Speicherung nicht oder nur mit unverhältnismäßig hohem Aufwand möglich ist oder
4. im Fall des § 27 Abs. 2 Satz 1 Nr. 2 die betroffene Person über eine verdeckte Datenerhebung noch nicht unterrichtet worden ist, es sei denn, dass die Datenerhebung den Kernbereich privater Lebensgestaltung betroffen hat.

[2]In den Fällen des Satz 1 tritt an die Stelle einer Löschung oder Vernichtung die Einschränkung der Verarbeitung nach Art. 18 der Verordnung (EU) Nr. 2016/679. [3]Bei personenbezogenen Daten in Akten gilt Satz 2 mit der Maßgabe, dass anstelle der Vernichtung die Verarbeitung personenbezogener Daten in Akten durch Anbringung eines entsprechenden Vermerks einzuschränken ist. [4]In ihrer Verarbeitung nach Satz 1 Nr. 1 bis 3 eingeschränkte Daten dürfen nur zu dem Zweck, der ihrer Löschung entgegenstand, oder sonst mit Einwilligung der betroffenen Person verwendet werden. [5]In ihrer Verarbeitung nach Satz 1 Nr. 4 eingeschränkte Daten dürfen nur verwendet werden für die Zwecke der Benachrichtigung der betroffenen Person und um eine Prüfung zu ermöglichen, ob die Maßnahme rechtmäßig durchgeführt worden ist.

(5) [1]Die oder der Verantwortliche hat die betroffene Person über die Einschränkung der Verarbeitung nach Abs. 4 Satz 1 Nr. 1 bis 3 schriftlich zu unterrichten. [2]Dies gilt nicht, soweit bereits die Erteilung dieser Information eine Gefährdung

im Sinne des § 32 Abs. 1 des Hessischen Datenschutz- und Informationsfreiheitsgesetzes mit sich bringen würde. [3]Die Unterrichtung nach Satz 1 ist zu begründen, es sei denn, dass die Mitteilung der Gründe den mit dem Absehen von der Unterrichtung verfolgten Zweck gefährden würde. [4]§ 33 Abs. 3 des Hessischen Datenschutz- und Informationsfreiheitsgesetzes gilt entsprechend. [5]Die oder der Verantwortliche hat die sachlichen oder rechtlichen Gründe für die Entscheidung zu dokumentieren.

(6) Ergänzend zu Art. 17 und 18 der Verordnung (EU) Nr. 2016/679 gelten § 53 Abs. 4 und § 70 Abs. 4 des Hessischen Datenschutz- und Informationsfreiheitsgesetzes und § 27 Abs. 4 und 6 entsprechend.

Überblick

Die durch Gesetz v. 3.5.2018 (HessGVBl. 82) geschaffene Vorschrift schafft eine Regelung zu Berichtigung, Löschung und Einschränkung der Verarbeitung solcher personenbezogenen Daten, die durch die Gefahrenabwehr- oder Polizeibehörden zu Zwecken außerhalb des § 40 HDSIG erhoben und weiterverarbeitet worden sind.

Übersicht

A. Allgemeines

Die Vorschrift knüpft an die europarechtlich vorgegebene Zweiteilung des Datenschutzrechts an (vgl. → DatenschutzrechtlicheEinfuehrungJI-Richtlinie Rn. 18 ff.) 1

Danach gilt für die Verarbeitung personenbezogener Daten durch die für die Verhütung, Ermittlung, Aufdeckung, Verfolgung oder Ahndung von Straftaten oder Ordnungswidrigkeiten, einschließlich des Schutzes vor und der Abwehr von Gefahren für die öffentliche Sicherheit, zuständigen öffentlichen Stellen die JI-RL (RL (EU) 2016/680 v. 27.4.2016, ABl. 2016 L 119, 89), soweit die Verarbeitung zu diesen Zwecken erfolgt. 2

Für die Verarbeitung personenbezogener Daten zu allen anderen Zwecken gilt – auch wenn sie durch die genannten Stellen erfolgt – die DS-GVO (VO (EU) 2016/679 v. 27.4.2016, ABl. 2016 L 119, 1). 3

Im HDSIG spiegelt sich dieser Unterschied in seiner Untergliederung in vier Teile, von denen der dritte (§§ 40–79 HDSIG) der Datenverarbeitung für Zwecke der Verhütung, Ermittlung, Aufdeckung, Verfolgung oder Ahndung von Straftaten oder Ordnungswidrigkeiten, einschließlich des Schutzes vor und der Abwehr von Gefahren für die öffentliche Sicherheit vorbehalten ist. Damit entspricht es der Struktur des BDSG. 4

Da das HSOG den Gefahrenabwehr- und Polizeibehörden mit den Gefahrenabwehraufgaben iSd § 1 die Verfolgung dieser – in § 40 Abs. 1 für den Anwendungsbereich des Dritten Teils aufgeführten – Zwecke zwar überwiegend, aber nicht ausschließlich zuweist, war eine Regelung für die Datenverarbeitung außerhalb dieser Zwecke insoweit sinnvoll, als es die durch die DS-GVO gelassenen Regelungsspielräume auszufüllen und den Behörden die Notwendigkeit eines vollständigen Rückgriffs auf die Teile I, II, IV und V zu ersparen galt. Diese Regelung stellt § 27a dar. 5

B. Einzelkommentierung

I. Allgemeine Regeln zur Berichtigung unrichtiger Daten (Abs. 1)

6 Die Regelung des Abs. 1 gestaltet zunächst die im Anwendungsbereich der DS-GVO in Art. 16 und 18 DS-GVO zu findenden Betroffenenrechte zur Berichtigung unrichtiger Daten und zur Einschränkung der Verarbeitung personenbezogener Daten näher aus. Eine entsprechende Regelung für die Verarbeitung personenbezogener Daten zu Zwecken des § 40 HDSIG-E und deren Berichtigung oder Einschränkung deren Verarbeitung findet sich in §§ 53, 70 HDSIG.

7 Mit Abs. 1 S. 1 wird eine Vorschrift iSd Art. 6 Abs. 2 und Abs. 3 DS-GVO in Bezug auf die Regelung des Art. 18 Abs. 1 lit. a DS-GVO zur Einschränkung der Verarbeitung personenbezogener Daten geschaffen. Nach Art. 18 Abs. 1 lit. a DS-GVO hat die betroffene Person das Recht, von dem Verantwortlichen die Einschränkung der Verarbeitung personenbezogener Daten zu verlangen, wenn die Richtigkeit der personenbezogenen Daten von der betroffenen Person bestritten wird, und zwar für die Dauer, die es dem Verantwortlichen ermöglicht, die Richtigkeit der personenbezogenen Daten zu überprüfen.

8 Hierzu trifft Abs. 1 S. 1 eine für die gefahrenabwehr- und polizeibehördliche Aufgabenerfüllung ergänzende landesrechtliche Regelung in Bezug auf Zeugenaussagen und fachliche Bewertungen. Bezugspunkt des Rechts auf Einschränkung der Verarbeitung personenbezogener Daten und damit auch der Frage nach der Richtigkeit oder Unrichtigkeit personenbezogener Daten sind danach diejenigen Tatsachen, die die betroffene Person berühren, und nicht etwa der Inhalt einer Zeugenaussage oder einer dem Sachverhalt zugrunde gelegten behördlichen Bewertung.

9 Abs. 1 S. 2 erklärt für den Fall, dass bei einem Bestreiten der Richtigkeit der Daten deren Richtigkeit oder Unrichtigkeit nicht festgestellt werden kann, das Recht auf Berichtigung personenbezogener Daten für nicht anwendbar und lässt an dessen Stelle das Recht auf Einschränkung der Verarbeitung der in Rede stehenden personenbezogenen Daten treten.

10 Die Regelungen des Abs. 1 S. 3–7 enthalten ergänzende Bestimmungen zu dem zur Anwendung kommenden Verfahren, wenn die oder der Verantwortliche dem Verlangen nach Berichtigung personenbezogener Daten nicht oder nur eingeschränkt nachkommt. Abs. 1 S. 3 verpflichtet insoweit – in Übereinstimmung mit § 53 Abs. 6 HDSIG – den Verantwortlichen, die betroffene Person, die ihr Recht auf Berichtigung unrichtiger personenbezogener Daten geltend gemacht hat, über die an die Stelle der Berichtigung tretende Einschränkung der Verarbeitung zu unterrichten.

11 Diese Unterrichtung unterbleibt nach Abs. 1 S. 4 außerhalb der Zwecke nach § 40 HDSIG, soweit bereits die Unterrichtung eine Gefährdung iSd § 32 Abs. 1 HDSIG mit sich bringen würde; die Regelung ist insoweit § 53 Abs. 6 S. 2 HDSIG nachgebildet.

12 Abs. 1 S. 5 stellt – ebenfalls in Übereinstimmung mit § 53 Abs. 6 S. 3 HDSIG – ein Begründungserfordernis für die Unterrichtung auf; dieses besteht ausnahmsweise nicht, wenn die Mitteilung der Gründe den mit dem Absehen von der Unterrichtung verfolgten Zweck gefährden würde.

13 Abs. 1 S. 6 erklärt anstelle der Vorgaben des § 52 Abs. 7 HDSIG iVm § 53 Abs. 7 HDSIG die Bestimmung des § 33 Abs. 3 HDSIG für entsprechend anwendbar; dieser sieht außerhalb des Anwendungsbereichs des § 40 HDSIG Regelungen zur Geltendmachung von Betroffenenrechten durch den Hessische Datenschutzbeauftragten vor. Abs. 1 S. 7 verpflichtet die oder den Verantwortlichen – wie auch § 52 Abs. 8 HDSIG iVm § 53 Abs. 7 HDSIG – dazu, die sachlichen und rechtlichen Gründe für das Absehen von der Unterrichtung der betroffenen Personen, zu dokumentieren.

II. Berichtigung unrichtiger Daten in Akten (Abs. 2)

14 Die Regelung des Abs. 2 regelt die Pflicht zur Berichtigung in Akten zu findender, unrichtiger personenbezogener Daten, teilweise in Übereistimmung mit den Vorgaben aus § 27 Abs. 1 S. 2, Abs. 3. Auch diese Vorschrift stellt eine Vorschrift iSd Art. 6 Abs. 2 und Abs. 3 DS-GVO dar, die die sich aus Art. 16 DS-GVO ergebende Berichtigungspflicht für den Fall der nicht automatisierten Datenverarbeitung nationalrechtlich ausgestaltet.

Wird nach Abs. 2 S. 1 die Unrichtigkeit personenbezogener Daten in Akten festgestellt, ist der Pflicht zur Berichtigung der unrichtigen Daten dadurch Rechnung zu tragen, dass dies in der Akte vermerkt oder auf sonstige Weise festgehalten wird. **15**

Abs. 2 S. 2 bestimmt – wie schon Abs. 1 S. 2 – für den Fall, dass nach Bestreiten der Richtigkeit der in Akten zu findenden Daten deren Richtigkeit oder Unrichtigkeit nicht festgestellt werden kann, dass das Recht auf Berichtigung personenbezogener Daten keine Anwendung findet; auch hier tritt an dessen Stelle das Recht auf Einschränkung der Verarbeitung der betreffenden personenbezogenen Daten. Die von der Einschränkung der Verarbeitung betroffenen personenbezogenen Daten sind in der Akte zu kennzeichnen. **16**

III. Löschungsgründe (Abs. 3)

Abs. 3 erklärt für Datenverarbeitungen außerhalb des Anwendungsbereichs des § 40 HDSIG in Ergänzung der sich aus Art. 17 Abs. 1 DS-GVO ergebenden Löschungsgründe die Regelung des § 27 Abs. 2 S. 1 und Abs. 5 für entsprechend anwendbar; insoweit sollte erkennbar eine Parallelregelung zur Löschung personenbezogener Daten im Anwendungsbereich des § 40 HDSIG geschaffen werden. **17**

Zudem ist für personenbezogene Daten in Akten vorgesehen, dass an die Stelle der Löschung nach Art. 17 Abs. 1 DS-GVO die Einschränkung der Verarbeitung nach Art. 18 DS-GVO tritt, so dass § 27 Abs. 3 S. 3–6 entsprechend gelten. Auch hierbei handelt es sich um landesrechtliche Regelungen iSd Art. 6 Abs. 2 und Abs. 3 DS-GVO. **18**

IV. Abweichungen vom HDSIG in besonderen Fällen (Abs. 4)

Abs. 4 sieht für die gefahrenabwehr- und polizeibehördliche Aufgabenerfüllung außerhalb des Anwendungsbereichs des § 40 HDSIG Abweichungen von den Bestimmungen in § 34 Abs. 1 und Abs. 2 HDSIG vor. Entgegen § 34 Abs. 1 HDSIG, der auf Fälle der nicht automatisierten Datenverarbeitung beschränkt ist, findet Abs. 4 bei allen Arten der Datenverarbeitung Anwendung. **19**

Abs. 4 S. 1 stimmt hinsichtlich der Fallgruppen in Nr. 1–3 mit § 53 Abs. 3 HDSIG überein sowie hinsichtlich Nr. 4 mit § 27 Abs. 2 S. 2; auch hierin liegen landesrechtliche Vorschriften iSd Art. 6 Abs. 2 und Abs. 3 DS-GVO. Sie führen dazu, dass an die Stelle einer Löschung der personenbezogenen Daten die Einschränkung deren Verarbeitung tritt. **20**

Durch die parallele Ausgestaltung der Vorschriften innerhalb und außerhalb des Anwendungsbereichs von § 40 HDSIG soll offensichtlich erreicht werden, dass im Rahmen gefahrenabwehr- und polizeibehördlicher Aufgabenerfüllung ungeachtet des Zwecks der Datenverarbeitung weitgehend einheitliche Bestimmungen zugrunde gelegt werden können. **21**

Abs. 4 S. 2 bestimmt erneut, dass in den Fällen des Abs. 4 S. 1 an die Stelle einer Löschung der betroffenen personenbezogenen Daten die Einschränkung deren Verarbeitung tritt. S. 3 regelt, dass bei personenbezogenen Daten in Akten S. 2 mit der Maßgabe gilt, dass an Stelle der Vernichtung die Verarbeitung personenbezogener Daten in Akten durch Anbringung eines entsprechenden Vermerks einzuschränken ist. **22**

Die Vorschriften in Abs. 4 S. 4 und S. 5 übernehmen schließlich die Regelungsgehalte des § 27 Abs. 7 S. 1 und S. 2. **23**

V. Absehen von der Unterrichtung (Abs. 5)

Mit der Regelung in Abs. 5 soll von den nationalrechtlichen Einschränkungsbefugnissen in Art. 23 Abs. 1 und Abs. 2 DS-GVO hinsichtlich des zur Anwendung kommenden Verfahrens für den Fall Gebrauch gemacht werden, dass von der Unterrichtung der betroffenen Person über die vorgenommene Einschränkung der Verarbeitung der personenbezogenen Daten abgesehen wird. **24**

Dabei folgt die Vorschrift inhaltlich und systematisch den in Abs. 1 S. 3–7 getroffenen Regelungen. **25**

VI. Verordnungsermächtigung (Abs. 6)

Die Regelung des Abs. 6 erklärt schließlich für die Datenverarbeitung außerhalb des Anwendungsbereichs von § 40 HDSIG die Vorschriften der §§ 53 Abs. 4, 70 Abs. 4 HDSIG **26** sowie des § 27 Abs. 4 und Abs. 6 zur Ermächtigung zum Erlass einer Rechtsverordnung zur Regelung von Prüffristen und zur Abgabe von Datenträgern an ein öffentliches Archiv für entsprechend anwendbar.

§ 28 Protokollierung bei verdeckten und eingriffsintensiven Maßnahmen, Verwendungsbeschränkung

(1) Bei der Erhebung von Daten nach den §§ 15, 15a Abs. 1, 2 Satz 1, Abs. 2a Satz 1 und 2, Abs. 3 sowie den §§ 15b, 15c, 16, 17 und 26 sind zu protokollieren:
1. das zur Datenerhebung eingesetzte Mittel,
2. der Zeitraum des Einsatzes,
3. die Angaben, die die Feststellung der erhobenen Daten ermöglichen, sowie
4. die Organisationseinheit, die die Maßnahme durchführt.

(2) Zu protokollieren sind je nach Durchführung der konkreten Maßnahme auch bei
1. Maßnahmen nach § 15 Abs. 2 und 6, bei denen Vorgänge außerhalb von Wohnungen erfasst wurden, die Zielperson und die erheblich mitbetroffenen Personen,
2. Maßnahmen nach § 15 Abs. 4 die Person, gegen die sich die Maßnahme richtete, sonstige überwachte Personen und die Personen, die die überwachte Wohnung zur Zeit der Durchführung der Maßnahme innehatten oder bewohnten,
3. Maßnahmen nach § 15 Abs. 6, bei denen Vorgänge innerhalb von Wohnungen erfasst wurden, und nach § 16 die Zielperson, die erheblich mitbetroffenen Personen und die Personen, deren nicht allgemein zugängliche Wohnung betreten wurde,
4. Maßnahmen nach § 15a Abs. 1, 2 Satz 1, Abs. 2a Satz 1 und 2 sowie Abs. 3 die Beteiligten der überwachten und betroffenen Telekommunikation, die Nutzerin oder der Nutzer sowie die Zielperson,
5. Maßnahmen nach § 15b die Beteiligten der überwachten Telekommunikation und die Angaben zur Identifizierung des informationstechnischen Systems und die daran vorgenommenen nicht nur flüchtigen Veränderungen,
6. Maßnahmen nach § 15c die Zielperson, die mitbetroffenen Personen und die Angaben zur Identifizierung des informationstechnischen Systems und die daran vorgenommenen nicht nur flüchtigen Veränderungen,
7. Maßnahmen nach § 17 die Zielperson und die Personen, deren personenbezogene Daten gemeldet worden sind,
8. Maßnahmen nach § 26 die im Übermittlungsersuchen nach § 26 Abs. 2 enthaltenen Merkmale und die betroffenen Personen, gegen die nach Auswertung der Daten weitere Maßnahmen getroffen wurden.

(3) [1]Nachforschungen zur Feststellung der Identität einer in Abs. 2 bezeichneten Person sind nur vorzunehmen, wenn dies unter Berücksichtigung der Eingriffsintensität der Maßnahme gegenüber dieser Person, des Aufwands für die Feststellung ihrer Identität sowie der daraus für diese oder andere Personen folgenden Beeinträchtigungen geboten ist. [2]Die Zahl der Personen, deren Protokollierung unterblieben ist, ist im Protokoll anzugeben.

(4) [1]Die Protokolldaten dürfen nur verwendet werden für die Zwecke der Benachrichtigung und um eine Prüfung zu ermöglichen, ob die Maßnahme rechtmäßig durchgeführt worden ist. [2]Sie sind bis zum Ablauf der Datenschutzkontrolle nach § 29a aufzubewahren und sodann automatisiert zu löschen, es sei denn, dass sie für den in Satz 1 genannten Zweck noch erforderlich sind.

Überblick

Auszug aus der VVHSOG (nicht an die aktuelle Gesetzeslage angepasst und gem. Erlass des Hessischen Ministeriums des Innern und für Sport v. 29.11.2022 (StAnz. 50/2022, 1384) zum 1.1.2025 mangels eines erneuten Verlängerungserlasses ersatzlos außer Kraft getreten):

Zu § 28

28. Verfahrensverzeichnis

28.1 Zu Abs. 1

Das zu verwendende Formular sowie weitere Einzelheiten werden in einer gesonderten Verwaltungsvorschrift bekannt gegeben.

28.2 Zu Abs. 2

Eine Einsichtnahme in das Verfahrensverzeichnis ist nur dann mit der Aufgabenerfüllung unvereinbar, wenn sich die Geheimhaltungsbedürftigkeit aus dem Verfahrensverzeichnis selbst und nicht erst aus den gespeicherten Daten ergibt. Wird die Einsichtnahme verweigert, ist die betroffene Person darauf hinzuweisen, dass sie sich an die Hessische Datenschutzbeauftragte oder an den Hessischen Datenschutzbeauftragten wenden kann.

28.3 Zu Abs. 3

Ein Verfahrensverzeichnis nach Abs. 1 ist nicht zu erstellen, wenn nach anderen Vorschriften ein Verfahrensverzeichnis oder eine Errichtungsanordnung anzufertigen ist. Im Strafverfahren hat die Polizei Errichtungsanordnungen (§ 490 StPO) nur für solche Dateien zu erlassen, in denen sie nicht zugleich personenbezogene Daten speichert, die dem HSOG unterliegen (vergleiche § 483 Abs. 3, § 485 Satz 4 StPO).

Die Vorschrift ist durch die Gesetze v. 3.5.2018 (HessGVBl. 82) und v. 25.6.2018 (HessGVBl. 302) wesentlich geändert worden. Die zu § 28 erlassene Verwaltungsvorschrift (Nr. 28 ff. VVHSOG) befand sich vor ihrem Außerkrafttreten zum 1.1.2025 auf dem Stand v. 10.11.2015 (StAnz 1226), hatte also die Änderungen nicht nachvollzogen. Die Regelung des § 28 enthielt in der bisherigen Fassung die Pflicht zur Erstellung von Verfahrensverzeichnissen für den Einsatz von Verfahren zur automatisierten Verarbeitung personenbezogener Daten. Nunmehr schreibt sie die Protokollierung von verdeckten und eingriffsintensiven Maßnahmen vor.

A. Allgemeines

I. Zweck und Hintergrund der Norm

Die Vorschrift wurde in der vorliegenden Fassung durch Gesetz v. 3.5.2018 (HessGVBl. 82) geschaffen und infolge von Änderungen an § 15a und der Einfügung von § 15c durch Gesetz v. 25.6.2018 (HessGVBl. 302) erneut geändert. 1

Der bisherige Gegenstand der Norm – die Pflicht zur Erstellung eines Verzeichnisses für alle Verfahren zur automatisierten Verarbeitung personenbezogener Daten (Verfahrensverzeichnis) – war gemeinsam mit der Notwendigkeit einer Errichtungsanordnung lange Zeit ein zentraler Grundsatz des Datenschutzrechts (vgl. Lisken/Denninger PolR-HdB/Petri, 6. Aufl. 2018, G Rn. 1202). 2

Unter dem Einfluss des EU-Datenschutzrechts ist an dessen Stelle nunmehr für die der JI-RL (RL (EU) 2016/680 v. 27.4.2016, ABl. 2016 L 119, 89) unterfallende Datenverarbeitung nunmehr das Verarbeitungsverzeichnis getreten (dies wird in der amtlichen Begründung offensichtlich verkannt, vgl. LT-Drs. 19/5728, 196). 3

Dieses geht auf Art. 24 Abs. 1 JI-RL zurück, der die Mitgliedstaaten zu Regelungen verpflichtet, mit denen der Verantwortliche ein schriftliches oder elektronisches Verzeichnis aller Kategorien von Tätigkeiten der Verarbeitung führt, die seiner Zuständigkeit unterliegen. Nach Art. 24 Abs. 2 JI-RL wird muss auch der Auftragsverarbeiter verpflichtet werden, ein Verzeichnis zu allen Kategorien von im Auftrag eines Verantwortlichen durchgeführten Tätigkeiten der Verarbeitung zu führen. 3.1

Die Pflicht zur Führung eines solchen Verarbeitungsverzeichnisses ist in Hessen nunmehr in § 65 HDSIG geregelt, so dass § 28 für einen neuen Regelungsgegenstand frei wurde. Diesen hat er gefunden in der Erfüllung der vom BVerfG aufgestellten Anforderungen an Transparenz, Rechtsschutz und aufsichtliche Kontrolle eingriffsintensiver verdeckter polizeilicher Maßnahmen (BVerfG NJW 2016, 1781 Rn. 141, 267). 4

Danach muss eine Regelung zu verdeckten Datenerhebungen vorsehen, dass die Polizei diese vollständig zu protokollieren hat; insoweit ist zu gewährleisten, dass „die Protokollierung hinreichende Angaben zu dem zu kontrollierenden Vorgang enthält". Des Weiteren sind technische und organisatorische Maßnahmen festzulegen, damit die Protokolle der kontrol- 5 lierenden Stelle in praktikabel auswertbarer Weise zur Verfügung stehen (BVerfG NJW 2016, 1781 Rn. 141).

6 Die kontrollierende Stelle muss schließlich verpflichtet werden, regelmäßig Kontrollen durchzuführen, wobei ein Zweijahresturnus grundsätzlich für ausreichend gehalten wird. (BVerfG NJW 2016, 1781 Rn. 267).

7 Während die letztgenannte Anforderung in § 29a Niederschlag gefunden hat (vgl. → § 29a Rn. 5 ff.) ist die erstgenannte der Regelungsgegenstand des neuen § 28. Zudem hat hier auch die vormals in § 15b Abs. 3 verortete Protokollierungspflicht Aufnahme gefunden.

II. Parallelvorschriften

8 In den Landespolizeigesetzen finden sich Parallelvorschriften etwa in Art. 51 BayPAG, § 48 NPOG und § 33b PolG NRW; auf Bundesebene findet sich eine entsprechende Regelung in § 82 BKAG.

B. Einzelkommentierung

I. Erfasste Eingriffsmaßnahmen

9 Abs. 1 führt mit den Datenerhebungen nach Maßgabe der §§ 15, 15a Abs. 1, Abs. 2 S. 1, Abs. 2a S. 1 und S. 2, Abs. 3 sowie der §§ 15b, 15c, 16, 17 und 26 zunächst alle eingriffsintensiven verdeckten präventivpolizeilichen Maßnahmen des HSOG auf; die Protokollierungspflicht erfasst diese also vollständig.

II. Nicht maßnahmeabhängige Protokolldaten (Abs. 1)

10 Die in Abs. 1 Nr. 1–4 enthaltene Aufzählung der Inhalte der Protokollierung gilt unabhängig von der Art der getroffenen Maßnahme; die Regelung ist dem Wortlaut des § 82 Abs. 1 BKAG nachgebildet.

III. Maßnahmeabhängige Protokolldaten (Abs. 2)

11 Abs. 2 regelt nach dem Vorbild des § 82 Abs. 2 BKAG, dass zusätzlich zu Abs. 1 die zu den verschiedenen Maßnahmen in Nr. 1–8 jeweils aufgezählten Personen und Inhalte zusätzlich zu protokollieren sind.

IV. Ausnahmen von der Protokollierungspflicht (Abs. 3)

12 Abs. 3 S. 1 regelt sodann Fälle, in denen die Erfüllung der Protokollierungspflicht auf praktische Hindernisse dadurch stößt, dass die Identität von Beteiligten im Rahmen der Maßnahme der Behörde nicht bekannt geworden ist.

13 In diesen Fällen könnten Nachforschungen zur Feststellung der Identität sonstiger Beteiligter den Grundrechtseingriff sowohl für die Zielperson als auch für die sonstigen Beteiligten noch vertiefen. Das Bestehen von Protokollierungspflichten hängt unter diesen Umständen von einer Abwägung ab. Für sie ist zum einen die Intensität des Überwachungseingriffs bedeutsam, insbesondere in welchem Umfang und zu welchem Inhalt etwa Kommunikation des unbekannten Betroffenen abgehört und aufgezeichnet worden ist, und zum anderen, welchen Aufwand die Feststellung der Identität des Betroffenen fordert und welche Beeinträchtigungen mit ihr für die Zielperson und sonstige Beteiligte verbunden sein könnten (vgl. BVerfGE 109, 279 (365)).

14 Vor diesem Hintergrund regelt Abs. 3, dass Nachforschungen zur Feststellung der Identität der in Abs. 2 bezeichneten Personen nur vorzunehmen sind, wenn dies unter Abwägung der Eingriffsintensität der Maßnahme, des Aufwands für die Identitätsfeststellung und der daraus folgenden Beeinträchtigungen für die betroffenen Personen geboten ist. Durch die in S. 2 geforderte Protokollierung der Anzahl der Personen, deren Protokollierung unterblieben ist, soll dem Erfordernis der umfassenden Protokollierung der in Rede stehenden Maßnahmen Genüge getan werden.

V. Verwendungsbeschränkung (Abs. 4)

Abs. 4 S. 1 enthält schließlich eine Nutzungsbeschränkung der Protokolldaten für Benachrichtigungszwecke sowie Zwecke der Datenschutz- und Rechtmäßigkeitskontrolle. Diese knüpft zwar an das vom BVerfG entwickelte Schutzkonzept an, stößt jedoch hinsichtlich der Löschungsregelung auf europarechtliche Bedenken (vgl. iE SGR/Ruthig BKAG § 69 Rn. 9 f. mwN). 15

§ 29 Information, Benachrichtigung, Auskunft

(1) Die Betroffenen erhalten Information, Benachrichtigung oder Auskunft hinsichtlich der zu ihrer Person verarbeiteten Daten nach Maßgabe der §§ 50 bis 52 des Hessischen Datenschutz- und Informationsfreiheitsgesetzes, soweit die Datenverarbeitung zu den in § 40 des Hessischen Datenschutz- und Informationsfreiheitsgesetzes genannten Zwecken erfolgt, und im Übrigen nach Maßgabe der §§ 31 bis 33 des Hessischen Datenschutz- und Informationsfreiheitsgesetzes und der Art. 13 bis 15 der Verordnung (EU) Nr. 2016/679, soweit in den Abs. 2 bis 7 nichts Abweichendes geregelt ist.

(2) [1]Abweichend von § 31 Abs. 1 des Hessischen Datenschutz- und Informationsfreiheitsgesetzes kann die oder der Verantwortliche die Information der betroffenen Person nach Art. 13 Abs. 1 bis 3 der Verordnung (EU) Nr. 2016/679 bei der Verarbeitung personenbezogener Daten zu Zwecken außerhalb des § 40 des Hessischen Datenschutz- und Informationsfreiheitsgesetzes insoweit und solange aufschieben, einschränken oder unterlassen, wie andernfalls die Erteilung der Information die Voraussetzungen des § 31 Abs. 1 des Hessischen Datenschutz- und Informationsfreiheitsgesetzes erfüllt. [2]§ 31 Abs. 3 des Hessischen Datenschutz- und Informationsfreiheitsgesetzes findet insoweit keine Anwendung. [3]Abweichend von § 32 Abs. 1 des Hessischen Datenschutz- und Informationsfreiheitsgesetzes kann die oder der Verantwortliche die Information nach Art. 14 Abs. 1, 2 und 4 der Verordnung (EU) Nr. 2016/679 insoweit und solange aufschieben, einschränken oder unterlassen, wie andernfalls die Erteilung der Information die Voraussetzungen des § 32 Abs. 1 des Hessischen Datenschutz- und Informationsfreiheitsgesetzes erfüllt. [4]Im Fall der Einschränkung gilt § 33 Abs. 3 des Hessischen Datenschutz- und Informationsfreiheitsgesetzes entsprechend.

(3) [1]Ergänzend zu § 33 Abs. 1 des Hessischen Datenschutz- und Informationsfreiheitsgesetzes kann bei Datenverarbeitungen zu Zwecken außerhalb des § 40 des Hessischen Datenschutz- und Informationsfreiheitsgesetzes die Auskunftserteilung über die personenbezogenen Daten, die Gegenstand der Verarbeitung sind, und zu Informationen nach Art. 15 Abs. 1 Buchst. a bis h der Verordnung (EU) Nr. 2016/679 auch teilweise oder vollständig eingeschränkt werden. [2]§ 33 Abs. 2 des Hessischen Datenschutz- und Informationsfreiheitsgesetzes findet insoweit keine Anwendung. [3]Die oder der Verantwortliche hat die betroffene Person über das Absehen von oder die Einschränkung einer Auskunft unverzüglich schriftlich zu unterrichten. [4]Dies gilt nicht, soweit bereits die Erteilung dieser Informationen eine Gefährdung im Sinne des § 32 Abs. 1 des Hessischen Datenschutz- und Informationsfreiheitsgesetzes mit sich bringen würde. [5]Die Unterrichtung nach Satz 3 ist zu begründen, es sei denn, dass die Mitteilung der Gründe den mit dem Absehen von oder der Einschränkung der Auskunft verfolgten Zweck gefährden würde. [6]Die oder der Verantwortliche hat die sachlichen und rechtlichen Gründe für die Entscheidung zu dokumentieren. [7]§ 33 Abs. 3 des Hessischen Datenschutz- und Informationsfreiheitsgesetzes gilt ergänzend auch bei der Einschränkung der Auskunft.

(4) [1]Werden personenbezogene Daten von Kindern, die ohne Kenntnis der Sorgeberechtigten erhoben worden sind, gespeichert, sind die Sorgeberechtigten zu benachrichtigen, sobald die Aufgabenerfüllung dadurch nicht mehr erheblich

gefährdet wird. [2]Von der Unterrichtung kann abgesehen werden, solange zu besorgen ist, dass sie zu erheblichen Nachteilen für das Kind führt.

(5) [1]Wurden personenbezogene Daten durch Maßnahmen nach § 28 Abs. 2 erlangt, sind die dort jeweils bezeichneten betroffenen Personen hierüber nach Abschluss der Maßnahme zu benachrichtigen. [2]Nachforschungen zur Feststellung der Identität oder zur Anschrift einer zu benachrichtigenden Person sind nur vorzunehmen, wenn dies unter Berücksichtigung der Eingriffsintensität der Maßnahme gegenüber dieser Person, des Aufwands für die Feststellung ihrer Identität sowie der daraus für diese oder andere Personen folgenden Beeinträchtigungen geboten ist.

(6) [1]Eine Benachrichtigung nach Abs. 5 ist zurückzustellen, solange sie
1. den Zweck der Maßnahme,
2. ein sich an den auslösenden Sachverhalt anschließendes strafrechtliches Ermittlungsverfahren,
3. den Bestand des Staates,
4. Leib, Leben oder Freiheit einer Person oder
5. Sachen von bedeutendem Wert, deren Erhaltung im öffentlichen Interesse geboten ist,

gefährden würde. [2]Im Falle des Einsatzes einer V-Person oder VE-Person erfolgt die Benachrichtigung erst, sobald dies auch ohne Gefährdung der Möglichkeit der weiteren Verwendung der V-Person oder VE-Person möglich ist. [3]Die Entscheidung über das Zurückstellen einer Benachrichtigung trifft die Behördenleitung oder eine von dieser beauftragte Bedienstete oder ein von dieser beauftragter Bediensteter. [4]Wird die Benachrichtigung aus einem der vorgenannten Gründe zurückgestellt, ist dies zu dokumentieren. [5]Über die Zurückstellung der Benachrichtigung ist die oder der Hessische Datenschutzbeauftragte spätestens sechs Monate nach Abschluss der Maßnahme und danach in halbjährlichen Abständen in Kenntnis zu setzen.

(7) [1]Eine Benachrichtigung nach Abs. 5 unterbleibt, soweit dies im überwiegenden Interesse einer betroffenen Person liegt. [2]Zudem kann die Benachrichtigung einer in § 28 Abs. 2 Nr. 4 und 5 bezeichneten Person, gegen die sich die Maßnahme nicht gerichtet hat, unterbleiben, wenn diese von der Maßnahme nur unerheblich betroffen ist und anzunehmen ist, dass sie kein Interesse an der Benachrichtigung hat. [3]Die Entscheidung über das Unterbleiben einer Benachrichtung trifft die Behördenleitung oder eine von dieser beauftragte Bedienstete oder ein von dieser beauftragter Bediensteter.

(8) Sind die personenbezogenen Daten in ein anhängiges Strafverfahren eingeführt, so ist vor Erteilung der Auskunft an die betroffene Person oder vor der Benachrichtigung der betroffenen Person die Zustimmung der Staatsanwaltschaft herbeizuführen.

Überblick

Auszug aus der VVHSOG (nicht an die aktuelle Gesetzeslage angepasst und gem. Erlass des Hessischen Ministeriums des Innern und für Sport v. 29.11.2022 (StAnz. 50/2022, 1384) zum 1.1.2025 mangels eines erneuten Verlängerungserlasses ersatzlos außer Kraft getreten):

Zu § 29

29. Auskunft und Unterrichtung

29.0

Die Vorschrift geht als Sonderregelung § 18 HDSG vor.

29. Zu Abs. 1

29.1.1

Antrag und Auskunft sollen grundsätzlich schriftlich erfolgen.

29.1.2

Wird der Antrag mündlich gestellt, hat sich die Antragstellerin oder der Antragsteller auszuweisen. Geschäftsfähigkeit ist nicht erforderlich, wohl aber Einsichts- und Urteilsfähigkeit.

29.3 Zu Abs. 3

Die Auskunftsverweigerung setzt eine Prüfung im Einzelfall voraus. Sie ist ein Verwaltungsakt, der mit den Rechtsbehelfen der VwGO angefochten werden kann.

29.4 Zu Abs. 4

Die Ablehnung der Auskunftserteilung ist grundsätzlich zu begründen. Die Vorschrift stellt klar, unter welchen Voraussetzungen auf die Begründung verzichtet werden kann.

29.6 Zu Abs. 6

Die Vorschrift regelt die Unterrichtungspflichten bei verdeckten Datenerhebungen. Eine Unterrichtung ist grundsätzlich erforderlich. Unter engen Voraussetzungen kann sie unterbleiben oder zeitweilig zurückgestellt werden. Von einer zeitweiligen Zurückstellung ist die Hessische Datenschutzbeauftragte oder der Hessische Datenschutzbeauftragte in regelmäßigen Abständen in Kenntnis zu setzen.

Die Vorschrift des § 29 regelt Rechte der Bürger und Bürgerinnen und Pflichten der Gefahrenabwehr- und Polizeibehörden auf/zu Information, Benachrichtigung und Auskunft in Bezug auf die zu präventiven Zwecken erhobenen und verwendeten personenbezogenen Daten. Die Vorschrift ist durch Gesetz v. 3.5.2018 (HessGVBl. 82) wesentlich geändert worden. Die zu § 29 erlassene Verwaltungsvorschrift (Nr. 29 ff. VVHSOG) befand sich vor ihrem Außerkrafttreten auf dem Stand v. 10.11.2015 (StAnz 1226), hatte also die Änderungen nicht nachvollzogen.

Übersicht

A. Allgemeines

I. Grundrechtliche Gebotenheit von Informationspflichten und Auskunftsrechten

1 Das Recht des Bürgers auf Auskunft gegenüber datenerhebenden und -verarbeitenden staatlichen Stellen ist grundlegender Bestandteil des Rechtes auf informationelle Selbstbestimmung. Als subjektiv öffentlich-rechtlicher Anspruch dient es der Realisierung des Rechts des Einzelnen, grundsätzlich selbst über die Preisgabe und Verwendung seiner personenbezogenen Daten zu entscheiden (BVerfGE 65, 1 (42 ff.); BVerfG BeckRS 2012, 55628 zu den Anforderungen an die Verweigerung einer Auskunft; Lisken/Denninger PolR-HdB/Arzt G Rn. 1124 ff.; zum HDSG aF schon Nungesser HDSG § 18 Rn. 1; vgl. Hornmann HSOG Rn. 6; Meixner/Fredrich, 12. Aufl. 2016, Rn. 2).

2 Insoweit schützt das Recht auf informationelle Selbstbestimmung insbesondere das Interesse des Einzelnen, von staatlichen informationsbezogenen Maßnahmen zu erfahren, die ihn in seinen Grundrechten betreffen. Nur wenn die Möglichkeit besteht von einem (potentiellen) Eingriff in das Recht auf informationelle Selbstbestimmung Kenntnis zu erlangen, kann der betroffene die für die freie Entfaltung seiner Persönlichkeit wichtige Orientierung und Erwartungssicherheit erlangen (BVerfGE 120, 351 (360 ff.), Lisken/Denninger PolR-HdB/Schwabenbauer G Rn. 310 ff.).

3 Als verfahrensrechtliche Vorkehrungen garantieren Auskunftsansprüche und Unterrichtungspflichten zudem die Möglichkeit, (nachträglich) die Rechtmäßigkeit der zugrundelie-

genden Datenerhebungsmaßnahmen gerichtlich überprüfen zu lassen (vgl. BVerfGE 120, 351 (360 ff.); 107, 299; Lisken/Denninger PolR-HdB/Müller/Schwabenbauer G Rn. 1054 ff.; Hornmann HSOG Rn. 6).

4 Untermauert werden die grundrechtlich indizierten Transparenzrechte inzwischen durch die europarechtlichen Datenschutzregeln, namentlich die DS-GVO (insbes. Art. 15 DS-GVO) und die JI-RL (insbes. Art. 14 JI-RL), deren Vorgaben ebenfalls dem Erfordernis effektiven Grundrechtsschutzes im Bereich des behördlichen Verfahrens hinsichtlich des informationellen Selbstbestimmungsrecht und dem Gebot effektiven Rechtsschutzes geschuldet sind (vgl. Lisken/Denninger PolR-HdB/Schwabenbauer G Rn. 316; nach SGR/Ruthig BKAG § 74 Rn. 2 stand die Rspr. des BVerfG „sicherlich auch Pate bei der Entwicklung der europarechtlichen Datenschutzstandards").

5 Die Regelung des § 29 sucht diesen Erfordernissen auch in ihrer Neufassung durch Gesetz v. 3.5.2018 (HessGVBl. 82) Rechnung zu tragen, kann dabei aber weitgehend die nunmehr in §§ 31–33 und 50–52 HDSIG geregelten Informationspflichten und Auskunftsrechte zugrunde legen.

II. Parallelvorschriften

6 Parallelregelungen über Auskunftsrechte des Bürgers und Unterrichtungspflichten der Behörden finden sich in allen allgemeinen und bereichsspezifischen Gesetzen sowie Regelungsabschnitten über Datenverarbeitung und Datenschutz (vgl. die eingehende Darstellung für die Sicherheitsbehörden bei Lisken/Denninger PolR-HdB/Müller/Schwabenbauer G Rn. 1054 ff. sowie → Rn. 9 ff.).

7 Das HDSIG differenziert auch hinsichtlich der Auskunftsrechte und Unterrichtungspflichten nach Verarbeitungszwecken: Werden Daten zu Zwecken verarbeitet, die in Umsetzung der JI-RL in § 40 HDSIG aufgeführt sind, greifen die Vorschriften der §§ 50–52 HDSIG; für alle verbleibenden Verarbeitungszwecken werden die Vorgaben des Art. 15 DS-GVO durch §§ 31–33 HDSIG ergänzt und konkretisiert.

8 Liegt ein Verwaltungsverfahren der Polizei- oder Gefahrenabwehrbehörden vor (vgl. zur korrespondierenden Aktenführungspflicht Kopp/Ramsauer VwVfG § 29 Rn. 1a), kann ein Akteneinsichtsrecht nach Maßgabe des § 29 HVwVfG hinzutreten (vgl. VG Gießen NVwZ-RR 2001, 33).

9 Parallelvorschriften, die Auskunft und / oder Unterrichtung über die Speicherung personenbezogener Daten regeln, finden sich etwa in Art. 65 BayPAG, § 91 BWPolG und § 30 Abs. 4, Abs. 5 NPOG. Inhaltlich weichen diese und andere Parallelnormen hinsichtlich der Voraussetzungen und Rechtsfolgen teilweise von der hessischen Rechtslage ab.

10 Soweit in den Landespolizeigesetzen keine Regelung oder nur eine Teilregelung für die Unterrichtung bei verdeckte Datenerhebungen enthalten ist (Niedersachsen, Sachsen-Anhalt, Bremen, Nordrhein-Westfalen), ist für die Auskunft auf die entsprechende Regelung im Landesdatenschutzgesetz zurückzugreifen.

11 Bundesrechtliche Entsprechungen zu § 29 enthalten §§ 74–76, 84 BKAG. Eine repressive Parallelenorm findet sich in § 491 StPO.

B. Einzelkommentierung

12 Die Vorschrift des § 29 enthält auch in ihrer Neufassung durch Gesetz v. 3.5.2018 (HessGVBl. 82) datenschutzrechtliche Regelungen zu den Rechten betroffener Personen auf Auskunft, Information und Benachrichtigung.

13 Im Vergleich zur Vorgängernorm hat sich ihr Regelungsgehalt jedoch durch die Schaffung der entsprechenden Vorschriften im HDSIG (→ Rn. 7) dahingehend „ausgedünnt", dass sie Regelungen über das Bestehen von Auskunftsansprüchen, das Antragserfordernis, die Reichweite und den Umfang der Auskunftspflicht, die Verpflichteten des Auskunftsanspruchs und die Gebührenfreiheit der Auskunft voraussetzen und sich auf Abweichungen von den oder Konkretisierungen der Vorgaben des HDSIG beschränken kann.

14 Die Vorschrift des § 29 gilt sowohl für die Gefahrenabwehr- als auch für die Polizeibehörden, auch wenn der Wortlaut dies – anders als in der Vorgängernorm (vgl. Abs. 1 S. 4 aF) – nicht explizit zum Ausdruck bringt (vgl. LT-Drs. 19/5728, 197).

Den in § 29 aF verwendeten Begriff der „Unterrichtung" hat der Gesetzgeber in der Neufassung durchgängig durch den der „Benachrichtigung" ersetzt (vgl. LT-Drs. 19/5729, 197); die damit beabsichtigte Herstellung „rechtssprachlicher Einheitlichkeit" wird allerdings insoweit nicht erreicht, als das HDSIG beide Begriffe verwendet (vgl. etwa §§ 52 Abs. 6, 53 Abs. 6 HDSIG einerseits, §§ 51, 54 Abs. 3 HDSIG andererseits). 15

I. (Nicht-) Anwendbarkeit für den Bereich der Strafverfolgung

Auch für die aktuelle Fassung des § 29 gilt, dass sie auf Daten aus Strafverfahren keine Anwendung findet. Insoweit gelten die Spezialvorschriften der §§ 147, 406e, 475, 477, 491, 494 StPO; für solche aus Ordnungswidrigkeitenverfahren die der §§ 46, 49d OWiG. Bereichsspezifisch sind zudem für verdeckte repressive Ermittlungsmaßnahmen (und damit die aus ihnen gewonnenen Daten) Regelungen in der Vorschrift des § 101 StPO vorgesehen, die seit 2008 die vormals verstreuten Benachrichtigungspflichten für diesen Bereich repressiv-polizeilichen Handelns bündelt. 16

Einen Grenzfall bilden die nach § 484 StPO für Zwecke künftiger Strafverfahren gespeicherten Daten, deren Verwendung sich im Fall einer Speicherung durch die Polizeibehörden gem. § 484 Abs. 4 StPO nach den Polizeigesetzen richtet (vgl. etwa § 20 Abs. 4 und Abs. 5); für diese gilt im Zweifel gem. § 483 Abs. 3 StPO ebenfalls die Vorschrift des § 29, im Fall gemeinsamer Dateien ggf. im Verbindung mit der Vereinfachungsregelung des § 491 Abs. 2 S. 2 StPO (vgl. insoweit zum INPOL-Datenverbund und dessen „hessischem" Anteil in den Verbunddateien eingehend Lisken/Denninger PolR-HdB/Petri, 6. Aufl. 2018, G Rn. 445 ff.; Hornmann HSOG Rn. 5, § 20 Rn. 32 ff.). 17

II. Geltung von §§ 30–33, 50–52 HDSIG vorbehaltlich abweichender Regelungen (Abs. 1)

§ 29 Abs. 1 macht zunächst deutlich, dass sich der Anspruch auf Information, Auskunft und Benachrichtigung Betroffener hinsichtlich der zu ihrer Person durch die Gefahrenabwehr- und Polizeibehörden verarbeiteten personenbezogenen Daten – je nach Verarbeitungszweck (vgl. → Rn. 7) – entweder nach §§ 30–33 HDSIG oder nach §§ 50–52 HDSIG richtet, soweit Abs. 2–7 keine abweichenden Regelungen enthalten. 18

Die vormals in § 29 Abs. 1 aF zu findende Regelung zur Erteilung von Auskunft wurde also durch die Regelung in § 52 HDSIG abgelöst, soweit es um die Verarbeitung personenbezogener Daten zu Zwecken des § 40 HDSIG geht. 19

Art. 15 DS-GVO ist einschlägig bei einer Auskunft über die gefahrenabwehr- oder polizeibehördliche Verarbeitung personenbezogener Daten zur Aufgabenerfüllung außerhalb des Anwendungsbereichs des § 40 HDSIG. 20

Der schon bisher geltende Grundsatz der Gebührenfreiheit der Auskunft ergibt sich nun aus § 54 Abs. 3 HDSIG bzw. aus Art. 12 Abs. 5 DS-GVO. 20.1

III. Abweichende Regelungen zu §§ 31, 32 HDSIG (Abs. 2)

§ 29 Abs. 2 enthält abweichende Bestimmungen iSd § 3 Abs. 4 iVm § 1 Abs. 2 HDSIG zu den Vorschriften der §§ 31, 32 HDSIG. Diese Vorschriften finden also vorbehaltlich der Vorgaben in Abs. 2 Anwendung, soweit die Gefahrenabwehr- oder Polizeibehörden personenbezogene Daten zu Zwecken außerhalb des § 40 HDSIG verarbeiten. 21

Die Regelung des § 31 HDSIG gestaltet die Pflicht zur Information der betroffenen Person nach Art. 13 DS-GVO bezüglich Daten aus, die bei der betroffenen Person erhoben wurden. 22

§ 29 Abs. 2 S. 1 – dessen Formulierung wenig geglückt ist – erlaubt es, die Erteilung der Information nach Art. 13 DS-GVO über die in § 31 HDSIG erlaubten Ausnahmen hinaus soweit und solange aufzuschieben, einzuschränken oder zu unterlassen, bis die Erteilung der Information nicht mehr die in § 31 Abs. 1 HDSIG genannten Voraussetzungen (= Hinderungsgründe) erfüllt. 23

Auch die einschränkende Voraussetzung zu § 31 Abs. 1 Nr. 2 lit. a–e HDSIG – dass die Interessen des Verantwortlichen an der Nichterteilung, Einschränkung oder dem Aufschub der Information die Interessen der betroffenen Person überwiegen – sollen insoweit zu 24 beachten sein (vgl. LT-Drs. 19/5728, 197)), ebenso sowie die Regelung des § 31 Abs. 1 S. 2 HDSIG.

25 Abs. 2 S. 2 erklärt sodann § 31 Abs. 3 HDSIG für nicht anwendbar; das Verfahren bei Unterbleiben der Information wegen eines vorübergehenden Hinderungsgrundes ergibt sich insoweit aus § 29 Abs. 2 S. 4 iVm § 33 Abs. 3 HDSIG.

26 Abs. 2 S. 3 enthält abweichende Bestimmungen von der in § 32 HDSIG und Art. 14 DS-GVO geregelten Informationspflicht über die Verarbeitung personenbezogener Daten, die nicht bei der betroffenen Person erhoben, sondern aus einer anderen Quelle erlangt wurden.

26.1 Voraussetzung für die Anwendung ist wie im Fall des § 29 Abs. 2 S. 1, dass die Gefahrenabwehr- oder Polizeibehörden personenbezogene Daten zu Zwecken außerhalb des § 40 HDSIG verarbeiten.

27 Abs. 2 S. 3 sieht eine Abweichung von der Vorschrift des § 32 Abs. 1 HDSIG insoweit vor, als die Pflicht der oder des Verantwortlichen, die Information nach Art. 14 Abs. 1, Abs. 2 und Abs. 4 DS-GVO zu erteilen, neben der Nichterteilung auch aufgeschoben oder eingeschränkt werden kann, soweit und solange andernfalls die Erteilung der Information die Voraussetzungen des § 32 Abs. 1 HDSIG erfüllt.

28 Die einschränkende Voraussetzung des § 32 Abs. 1 HDSIG aE, dass die Interessen des Verantwortlichen an der Nichterteilung, Einschränkung oder dem Aufschub der Information die Interessen der betroffenen Person überwiegen, sowie § 32 Abs. 1 S. 2 HDSIG sollen auch hier zu beachten sein (vgl. LT-Drs. 19/5728, 197).

29 Abs. 2 S. 4 erklärt im Fall der Einschränkung der Information nach § 29 Abs. 2 S. 1 oder S. 3 die Vorschrift des § 33 Abs. 3 HDSIG für entsprechend anwendbar; diese gibt der betroffenen Person im Fall der Nichterteilung der Auskunft die Möglichkeit, das Recht auf Information über die oder den Hessischen Datenschutzbeauftragte/n auszuüben. Damit soll dem Schutz der Rechte und Freiheiten der betroffenen Person iSd Art. 23 Abs. 2 lit. c, d, g und h DS-GVO Rechnung getragen werden.

IV. Abweichende Regelungen zu § 33 HDSIG (Abs. 3)

30 Abs. 3 enthält einschränkende Regelungen zu dem nach § 33 HDSIG bestehenden Auskunftsrecht der betroffenen Person bei gefahrenabwehr- oder polizeibehördlichen Datenverarbeitungen außerhalb der Zwecke des § 40 HDSIG. Nach Art. 15 Abs. 1 DS-GVO hat die betroffene Person das Recht, von dem Verantwortlichen eine Bestätigung darüber zu verlangen, ob personenbezogene Daten, die sie betreffen, verarbeitet werden. Ist dies der Fall, so hat sie das Recht auf Auskunft über diese personenbezogenen Daten und auf die in Art. 15 Abs. 1 lit. a–h DS-GVO genannten Informationen.

31 Abs. 3 S. 1 schränkt die Regelung des § 33 Abs. 1 HDSIG dahingehend ein, dass die Auskunftserteilung über die personenbezogenen Daten, die Gegenstand der Verarbeitung sind sowie zu Informationen nach Art. 15 Abs. 1 lit. a–h DS-GVO auch teilweise oder vollständig eingeschränkt werden kann.

32 Abs. 3 S. 2 erklärt die in § 33 Abs. 2 HDSIG geregelten Beschränkungen sowie die Dokumentations- und Begründungspflichten für nicht anwendbar. An deren Stelle setzt Abs. 3 S. 3–6 ein Verfahren für den Fall des Absehens von oder der Einschränkung einer Auskunft nach dem Vorbild des § 52 Abs. 6 und Abs. 8 HDSIG.

33 Dies soll zum einen dem Schutz der öffentlichen Sicherheit (Art. 23 Abs. 1 lit. c DS-GVO) und den in Art. 23 Abs. 1 lit. d DS-GVO genannten Zwecken dienen, andererseits aber auch dem Schutz der Rechte und Freiheiten der betroffenen Person iSd Art. 23 Abs. 2 lit. c, d, g und h DS-GVO (vgl. LT-Drs. 19/5728, 198).

34 Nach Abs. 3 S. 3 hat der Verantwortliche die betroffene Person über das Absehen von oder die Einschränkung der Auskunft unverzüglich schriftlich zu unterrichten. Dies gilt nach Abs. 3 S. 4 nicht, soweit bereits die Erteilung dieser Informationen eine Gefährdung im Sinne des § 32 Abs. 1 HDSIG zur Folge hätte. Abs. 3 S. 5 sieht eine Begründungspflicht für die Entscheidung vor, von einer Auskunft abzusehen oder diese eingeschränkt zu erteilen. Diese besteht ausnahmsweise nicht, wenn die Mitteilung der Gründe den mit dem Absehen oder Einschränkung verfolgten Zweck gefährden würde.

35 Des Weiteren begründet Abs. 3 S. 6 eine Dokumentationspflicht. Abs. 3 S. 7 erklärt auch im Falle der Einschränkung der Auskunftserteilung das in § 33 Abs. 3 HDSIG geregelte

Verfahren für entsprechend anwendbar; dieses gibt der betroffenen Person im Fall der Nichterteilung der Auskunft die Möglichkeit, das Recht auf Information über die oder den Hessischen Datenschutzbeauftragten auszuüben.

V. Speicherung von Daten von Kindern (Abs. 4)

Eine Regelung formeller Art in Bezug auf die Speicherung von personenbezogenen Daten von Kindern enthält § 29 Abs. 4. Die Regelung wurde mit redaktionellen Änderungen aus § 20 Abs. 10 aF übernommen. 36

Sind Daten von Kindern ohne Kenntnis der Sorgeberechtigten (§§ 1626 ff. BGB) von den Gefahrenabwehr- oder Polizeibehörden gespeichert worden, sind diese – von Amts wegen – zu unterrichten, sobald die Aufgabenerfüllung dadurch nicht mehr erheblich gefährdet wird. Unerhebliche Gefährdungen sind also hinzunehmen. 37

Eine Ausnahme von der Unterrichtung kann nach Abs. 4 S. 2 nur im Interesse des Kindes gemacht werden. Der Fall, dass einer Unterrichtung zu erheblichen Nachteilen für das Kind führt, dürfte jedoch nur selten vorliegen (vgl. zur Vorgängernorm Meixner/Fredrich, 12. Aufl. 2016, § 20 Rn. 31). 38

VI. Benachrichtigungspflicht bezüglich Daten, die verdeckt oder mit eingriffsintensiven Mittel erhoben wurden und ihre Ausnahmen (Abs. 5–7)

In die Regelungen der Abs. 5–7 wurden in modifizierter Form die Vorgaben des § 29 Abs. 6 aF übernommen und ergänzt. 39

1. Die Benachrichtigungspflicht nach Abs. 5

Die nunmehr in Abs. 5 angesiedelte Benachrichtigungspflicht in Bezug auf verdeckte Datenerhebungen wurde 2004 in § 29 Abs. 6 aF als Konsequenz aus den – insoweit verallgemeinerungsfähigen – Aussagen des BVerfG in seinem Urteil zum sog. großen Lauschangriff (BVerfGE 109, 279) in das Gesetz eingefügt (vgl. nunmehr auch BVerfG NJW 2016, 1781 Rn. 136 ff.). Gleichzeitig wurden die bisherigen maßnahmenspezifischen Unterrichtungspflichten in § 15 Abs. 7, § 16 Abs. 6, § 17 Abs. 7 aufgehoben (vgl. Meixner/Fredrich, 12. Aufl. 2016, Rn. 18). 40

Die strafprozessuale Parallelvorschrift findet sich in § 101 StPO (vgl. eingehend unter Bezugnahme auch auf die verfassungsgerichtliche Rspr. Meyer-Goßner/Schmitt StPO § 101 Rn. 1 ff.). 41

Nach dem Urteil des BVerfG stand das „Ob" der Schaffung einer über den allgemeinen Auskunftsanspruch hinausgehenden, von Amts wegen zu erfüllenden (vgl. auch zur Vorgängernorm Hornmann HSOG § 20 Rn. 30 f.) Unterrichtungspflicht über verdeckte Datenerhebungen nicht mehr und das „Wie" nur noch beschränkt zur Disposition des Gesetzgebers. 42

So führte BVerfGE 109, 279 (363) aus: „Bei nicht erkennbaren Eingriffen steht dem Grundrechtsträger aufgrund der Gewährleistung effektiven Grundrechtsschutzes grundsätzlich ein Anspruch auf spätere Kenntnis der staatlichen Maßnahme zu (vgl. BVerfGE 100, 313 (361) zu Art. 10 GG). Ohne eine solche Kenntnis können die Betroffenen weder die Unrechtmäßigkeit der Informationsgewinnung noch etwaige Rechte auf Löschung der Aufzeichnungen geltend machen. Die nachträgliche Unterrichtung ist auch geboten, weil aufgrund der Heimlichkeit des Eingriffs die Anhörung unterblieben ist." 42.1

Das bedeute allerdings nicht, dass die daraus resultierende Mitteilungspflicht unbeschränkt bestehe. Vielmehr unterliege diese „denselben Schranken wie das Grundrecht selbst. Soweit die Kenntnis des Eingriffs dazu führen kann, dass dieser seinen Zweck verfehlt, ist es daher von Verfassungs wegen nicht zu beanstanden, die Kenntnisgewährung entsprechend einzugrenzen" (BVerfGE 109, 279 (364)). 42.2

Das gleiche gelte unter dem Gesichtspunkt der Rechtsschutzgarantie des Art. 19 Abs. 4 GG. Zwar gebiete auch diese „grundsätzlich eine Benachrichtigung, wenn dies Voraussetzung für die Möglichkeit der Inanspruchnahme gerichtlichen Rechtsschutzes ist. Begrenzungen des Anspruchs sind allerdings auch nach Art. 19 Abs. 4 GG, der einer gesetzlichen Ausgestaltung zugänglich ist, nicht ausgeschlossen (vgl. BVerfGE 100, 313 (364)). Da die Zurückstellung der Benachrichtigung die Rechtsschutzmöglichkeiten verzögert und mit zunehmendem zeitlichen Abstand zu der angeordneten Maßnahme die Effektivität des Rechtsschutzes abnimmt, ist die Zurückstellung auf das unbedingt Erforderliche zu beschränken" (BVerfGE 109, 279 (364)). 42.3

42.4 Von Verfassungs wegen vorgegeben ist schließlich auch der zu benachrichtigende Personenkreis: „Eine Benachrichtigungspflicht besteht grundsätzlich auch gegenüber solchen Personen, die sich als Gast oder sonst zufällig in einer überwachten Wohnung aufgehalten haben und die in ihrem durch Art. 2 Abs. 1 in Verbindung mit Art. 1 Abs. 1 GG geschützten Recht am gesprochenen Wort und in ihrem informationellen Selbstbestimmungsrecht betroffen sind. Allerdings kann die Benachrichtigung weiterer Beteiligter den Grundrechtseingriff bei der in erster Linie betroffenen Zielperson der Maßnahme vertiefen. Das gilt insbesondere, wenn die Überwachung keine verwertbaren Ergebnisse erbracht hat. Außerdem kann die Benachrichtigungspflicht dort auf praktische Hindernisse stoßen, wo die Identität des Beteiligten im Rahmen der Maßnahme der Behörde nicht bekannt geworden ist. Auch die Nachforschung zur Feststellung der Identität sonstiger Beteiligter könnte den Grundrechtseingriff sowohl für die Zielperson wie für sonstige Beteiligte noch vertiefen. Das Bestehen von Benachrichtigungspflichten hängt unter diesen Umständen von einer Abwägung ab. Für sie ist zum einen die Intensität des Überwachungseingriffs bedeutsam, insbesondere in welchem Umfang und zu welchem Inhalt Kommunikation des unbekannten Betroffenen abgehört und aufgezeichnet worden ist, und zum anderen, welchen Aufwand die Feststellung der Identität des Betroffenen fordert und welche Beeinträchtigungen mit ihr für die Zielperson und sonstige Beteiligte verbunden sein könnten.“ (BVerfGE 109, 279 (365)).

43 Dementsprechend begründet Abs. 5 S. 1 eine – praktisch nur für die Polizeibehörden relevante und nunmehr auch durch BVerfG NJW 2016, 1781 Rn. 136 ff. geforderte – antragsunabhängig zu erfüllende Pflicht zur Benachrichtigung der betroffenen Personen über die verdeckte Erhebung von personenbezogenen Daten (vgl. § 13 Abs. 7 S. 2).

44 Die Benachrichtigung hat nach Abschluss der Maßnahme zu erfolgen, also wenn die angeordnete Dauer abgelaufen und keine Verlängerung angeordnet worden ist, oder wenn sie vor Ablauf der Dauer endgültig beendet wurde. Von diesem Zeitpunkt an hat die Benachrichtigung – wenn kein Grund für eine Zurückstellung oder ein endgültiges Absehen davon vorliegt – unverzüglich zu erfolgen (vgl. zur Vorgängernorm Hornmann HSOG § 20 Rn. 33 mwN).

45 Auch wenn Abs. 6 aF den Umfang der Umfang der Unterrichtung nicht ausdrücklich regelte, umfasste die Benachrichtigungspflicht schon nach alter Rechtslage nicht nur die Mitteilung, dass eine entsprechende Maßnahme stattgefunden hat, sondern auch die über die ggf. erhobenen Daten sowie über den Anlass, die Art, die Dauer und die Rechtsgrundlage der Maßnahme (vgl. zur Vorgängernorm Hornmann HSOG § 20 Rn. 34). Dies folgte schon daraus, dass der Betroffene über diese Daten (nunmehr) auch Auskunft verlangen konnte / kann. Nach jetziger Rechtslage sind die auf den Inhalt der Benachrichtigung bezogenen Fragen durch § 51 HDSIG beantwortet.

46 Nach Abs. 5 S. 2 sind die in § 28 Abs. 2 bezeichneten betroffenen Personen (→ § 28 Rn. 11) zu benachrichtigen, also insbesondere Personen, gegen die sich die Maßnahme gerichtet hat, deren Gesprächspartner und die Inhaber einer überwachten Wohnung; diese Regelung ist grundsätzlich im Sinne der Entscheidung des BVerfG (→ Rn. 42.1 ff.), wenn auch mit „Gesprächspartnern“ nicht alle zufällig einbezogenen Personen erfasst sein dürften.

47 Angelehnt an die Vorgaben der verfassungsgerichtlichen Entscheidung ist auch Regelung in Abs. 5 S. 2, wonach Nachforschungen zur Feststellung der Identität oder zur Anschrift einer zu benachrichtigenden Person nur vorzunehmen sind, wenn dies unter Berücksichtigung der Eingriffsintensität der Maßnahme gegenüber dieser Person, des Aufwands für die Feststellung ihrer Identität sowie der daraus für diese oder andere Personen folgenden Beeinträchtigungen geboten ist (vgl. → Rn. 42.4, vgl. auch die Parallelregelung in § 74 Abs. 1 S. 4 BKAG).

2. Zurückstellung der Benachrichtigung (Abs. 6)

48 Nach Abs. 6 S. 1 ist die Benachrichtigung zurückzustellen, solange die Benachrichtigung die in Nr. 1 und Nr. 2 genannten Zwecke der Datenergebung oder die in Nr. 3–5 genannten Rechtsgüter gefährden würde. Hinsichtlich der Entscheidung über die Zurückstellung ist dem Verantwortlichen ausweislich des Wortlauts kein Ermessen eingeräumt; auch besteht kein Beurteilungsspielraum (VGH Mannheim NVwZ-RR 2003, 843).

49 Wie der Wortlaut von Abs. 6 S. 1 („solange“) im Zusammenwirken mit Abs. 7 S. 1 verdeutlicht, sind die Ausnahmetatbestände grundsätzlich als ein – unter Abweichung von der Vorgabe der Unverzüglichkeit – zeitliches Aufschieben der Benachrichtigung konzipiert,

nicht als ein endgültiges Absehen davon (zur Vorgängernorm nicht nachvollziehbar in der Pauschalität insoweit Meixner/Fredrich, 12. Aufl. 2016, Rn. 18). Das zeigt auch die nach Abs. 5 S. 5 fortdauernde Pflicht, den Hessischen Datenschutzbeauftragten von der Zurückstellung halbjährlich in Kenntnis zu setzen (→ Rn. 60).

Entfällt ein vorliegender Ausnahmetatbestand, ist daher die Unterrichtung unverzüglich vorzunehmen. Lediglich in Fällen, in denen von vorneherein ein Wegfall des Ausnahmetatbestands ausgeschlossen ist, kann der Wegfall der Unterrichtung als endgültig „gedacht" werden; auch dann bleibt es jedoch bei der Pflicht zur Unterrichtung des Datenschutzbeauftragten auch und gerade über diese Entscheidung. **50**

Da eine Zurückstellung unter verfassungsrechtlichen Gesichtspunkten nur in engen Grenzen erfolgen darf (vgl. → Rn. 42.1 ff.; SGR/Ruthig BKAG § 74 Rn. 18), sind die Zurückstellungsgründe eng auszulegen. **51**

Inwieweit der Zweck der Maßnahme iSd Abs. 6 S. 1 Nr. 1 gefährdet ist, hängt von der jeweiligen Ermächtigungsgrundlage ab. Die Heimlichkeit der Maßnahme ist jedenfalls insoweit aufrechterhalten, als ihr Zweck sonst nicht erreicht werden kann. Im Hinblick auf das Gebot der Zweckbindung darf grundsätzlich nur der bestimmte Zweck der Maßnahme gefährdet sein (vgl. SGR/Ruthig BKAG § 74 Rn. 19); andere Zwecke kommen nur in Betracht, wenn der Wechsel zu diesen nach dem Grundsatz der hypothetischen Datenneuerhebung zulässig ist (vgl. § 20 Abs. 2, Abs. 4; → § 20 Rn. 67 ff.; vgl. SGR/Ruthig BKAG § 74 Rn. 19). **52**

Auch der Zurückstellungsgrund der Gefährdung des sich an den auslösenden Sachverhalt anschließenden strafrechtlichen Ermittlungsverfahrens iSd Abs. 6 Nr. 2 bedarf insoweit einer einschränkenden Auslegung, als nicht jedes Ermittlungsverfahren, das infolge der Erkenntnisse der verdeckten Datenerhebung in Betracht kommt, die Zurückstellung rechtfertigen kann. **53**

Das Ermittlungsverfahren muss vielmehr eine Straftat betreffen, die entsprechend § 20 Abs. 2 Nr. 1 lit. a vergleichbar schwerwiegend ist, wie diejenige, die es durch die verdeckte Datenerhebung zu verhüten galt. Sobald das Ermittlungsverfahren begonnen hat, greifen zudem die Benachrichtigungspflichten nach § 101 StPO (vgl. SGR/Ruthig BKAG § 74 Rn. 7). **54**

Unproblematischer sind die Zurückstellungsgründe der Gefährdung des Bestands des Staates, von Leib, Leben oder Freiheit einer Person sowie von Sachen von bedeutendem Wert, deren Erhaltung im öffentlichen Interesse geboten ist (Abs. 6 Nr. 3–5). Diese Rechtsgüter sind auch im Lichte der Rechtsprechung des BVerfG gewichtig genug, um eine Zurückstellung zu rechtfertigen (vgl. SGR/Ruthig BKAG § 74 Rn. 20 f.). **55**

Nach Abs. 6 S. 2 stellt auch die Gefährdung der Möglichkeit der weiteren Verwendung eines verdeckten Ermittlers oder einer Vertrauensperson (vgl. § 16) einen Zurückstellungsgrund dar. Dieser der Regelung des § 74 Abs. 2 S. 2 BKAG nachgebildete Zurückstellungsgrund ist insoweit bedenklich, als der BVerfG für den strafprozessualen Bereich klar festgestellt hat, dass die Gefährdung der weiteren Verwendung eines nicht offen ermittelnden Beamten die Zurückstellung der Benachrichtigung nicht zu rechtfertigen vermag (vgl. BVerfGE 109 (366) zur § 101 StPO aF; s. auch SGR/Ruthig BKAG § 74 Rn. 22). **56**

Die Entscheidung über das Vorliegen eines Zurückstellungsgrunds obliegt nach Abs. 6 S. 3 der Behördenleitung oder einer/m von dieser beauftragten Bediensteten. Der Behördenleitervorbehalt bezieht sich insoweit auf die Entscheidung, ob ein Zurückstellungsgrund vorliegt. Fälle, in denen dies in Betracht kommt, sind dem Behördenleiter und der Behördenleiterin oder dem beauftragten Bediensteten zur Entscheidung vorzulegen. **57**

Abs. 6 S. 4 begründet eine Pflicht zu Dokumentation der Gründe, die der Entscheidung zur Zurückstellung der Benachrichtigung zugrunde liegen. **58**

Abs. 6 S. 5 übernimmt die Regelung des § 29 Abs. 6 S. 6 aF, wonach über die Zurückstellung der Benachrichtigung die oder der Hessische Datenschutzbeauftragte spätestens sechs Monate nach Abschluss der (Datenerhebungs-) Maßnahme und danach in halbjährlichen Abständen in Kenntnis zu setzen ist (vgl. → Rn. 49). **59**

3. Unterbleiben der Benachrichtigung (Abs. 7)

Die Regelung des Abs. 7 bestimmt in S. 1 – wie schon Abs. 6 S. 3 aF und nunmehr auch § 74 Abs. 1 S. 2 BKAG geregelt –, dass eine Benachrichtigung unterbleibt, soweit dies im überwiegenden Interesse einer betroffenen Person liegt. **60**

61 Dieser Ausnahmetatbestand, der verfassungsrechtlich unproblematisch und europarechtlich zulässig ist (vgl. SGR/Ruthig BKAG § 74 Rn. 15), soll insbesondere verhindern, dass eine Vertiefung des Grundrechtseingriffs durch die Benachrichtigung eintritt.

62 Dies kann vor allem dadurch eintreten, dass andere Personen durch die Benachrichtigung von der – unter Umständen stigmatisierend wirkenden – polizeilichen Maßnahme erfahren (bezüglich der Vorgängernorm missverstanden von Hornmann HSOG Rn. 39). Dieses Interesse ist allerdings gegen das Informationsinteresse des betroffenen Dritten abzuwägen; die Ausnahme kommt daher umso eher in Betracht, je weniger erheblich die Betroffenheit der dritten Person von der Maßnahme war.

63 Abs. 7 S. 2 bestimmt die Voraussetzungen, die vorliegen müssen, damit im Falle einer Maßnahme nach § 28 Abs. 2 Nr. 4 und Nr. 5 eine Benachrichtigung der Personen, gegen die sich die Maßnahme nicht gerichtet hat, unterbleiben kann.

64 Bei nicht erheblich betroffen Personen kann danach eine Benachrichtigung unterbleiben, wenn anzunehmen ist, dass ein Interesse an der Benachrichtigung nicht besteht. Die Benachrichtigung steht im Ermessen, wodurch der im Einzelfall schwierigen Feststellung des Vorliegens oder Nichtvorliegens des Interesses Rechnung getragen wird (SGR/Ruthig BKAG § 74 Rn. 16).

65 Nach Abs. 7 S. 3 obliegt auch die Entscheidung über das Unterbleiben einer Benachrichtigung der Behördenleitung oder einer hierzu beauftragten Bediensteten und eines hierzu beauftragten Bediensteten (vgl. → Rn. 57).

66 Die Behördenleitung hat zu entscheiden, ob die Benachrichtigung erteilt wird oder unterbleibt. Fehlt es von vorneherein an der Benachrichtigung entgegenstehenden Interessen, kann die Benachrichtigung ohne Beteiligung der Behördenleitung erfolgen.

4. Auskunft und Unterrichtung bei Überführung von Daten in Strafverfahren (Abs. 8)

67 Nach Abs. 8 – der mit redaktionellen Änderungen die Regelung in Abs. 7 aF übernimmt – ist vor Erteilung der Auskunft an die betroffene Person oder vor der Benachrichtigung der betroffenen Person die Zustimmung der Staatsanwaltschaft herbeizuführen, wenn die personenbezogenen Daten in ein anhängiges Strafverfahren eingeführt wurden.

68 Mit der erforderlichen Zustimmung der Staatsanwaltschaft zur Auskunft und Benachrichtigung über personenbezogene Daten, die in ein Strafverfahren eingeführt wurden, soll der Status der Staatsanwaltschaft als Herrin des Ermittlungsverfahrens (vgl. zur Vorgängernorm Hornmann HSOG Rn. 45) und ihre Verantwortung für die Beschaffung und die Zuverlässigkeit des in die gerichtliche Hauptverhandlung eingeführten Beweismaterials gesichert werden.

69 Die Regelung gilt sowohl für die Auskunft nach § 29 Abs. 1 iVm § 52 HDSIG (→ Rn. 19) als auch für die Benachrichtigung nach Abs. 6. Die Polizeibehörden haben die Zustimmung der Staatsanwaltschaft vor der Auskunft oder Unterrichtung einzuholen; es ist also eine Einwilligung gefordert.

§ 29a Datenschutzkontrolle

Die oder der Hessische Datenschutzbeauftragte führt unbeschadet ihrer oder seiner sonstigen Aufgaben und Kontrollen mindestens alle zwei Jahre zumindest stichprobenartig Kontrollen bezüglich der Datenverarbeitung bei nach § 28 Abs. 2 zu protokollierenden Maßnahmen und von Übermittlungen nach § 23 durch.

Überblick

Die 2018 geschaffene Vorschrift enthält eine spezielle aufsichtsrechtliche Verpflichtung des oder der Hessischen Datenschutzbeauftragten in Bezug auf die Verarbeitung von Daten, die eingriffsintensiven Maßnahmen entstammen und/oder an Stellen in Nicht-EU-Staaten oder an über- oder zwischenstaatliche Einrichtungen außerhalb der EU bzw. des „Schengenraums" übermittelt werden.

A. Allgemeines

I. Entstehung und systematischer Zusammenhang der Norm

Die Vorschrift ist durch das Hessische Gesetz zur Anpassung des Hessischen Datenschutzrechts an die Verordnung (EU) Nr. 2016/679 und zur Umsetzung der Richtlinie (EU) Nr. 2016/680 und zur Informationsfreiheit v. 3.5.2018 (HessGVBl. 82) in das HSOG eingefügt worden. 1

Sie knüpft an die Zuständigkeiten und Aufgaben des Hessischen Datenschutzbeauftragten als unabhängige Aufsichtsbehörde iSd Art. 41 JI-RL an, die das HDSIG in § 13 Abs. 1 S. 1 Nr. 1, Nr. 4–7, S. 2 HDSIG und § 55 HDSIG umsetzt. 2

Zweck der Norm ist es, die Anforderungen, die das Bundesverfassungsgericht in seinem Urteil zum BKAG an die aufsichtliche Kontrolle in Bezug auf heimliche Überwachungsmaßnahmen und die Übermittlung von Daten an Drittstaaten stellt (vgl. BVerfG NJW 2016, 1789 (1799, 1805 ff.)), zu erfüllen (LT-Drs. 19/5728, 199). 3

II. Parallelvorschrift

Eine vergleichbare Regelung findet sich in § 69 BKAG für den Bundesdatenschutzbeauftragten (vgl. SGR/Ruthig BKAG § 69 Rn. 9, 10). 4

B. Einzelkommentierung

Die durch § 29a normierte Kontrollaufgabe des Hessischen Datenschutzbeauftragten knüpft insoweit an europarechtliche Vorgaben an, als Art. 41–44 JI-RL die Schaffung einer unabhängigen Aufsichtsbehörde verlangen. 5

Deren Aufgabe ist nach dem Zweck der JI-RL auf den Schutz natürlicher Personen bei der Verarbeitung personenbezogener Daten zum Zwecke der Verhütung, Ermittlung, Aufdeckung oder Verfolgung von Straftaten oder der Strafvollstreckung, einschließlich des Schutzes vor und der Abwehr von Gefahren für die öffentliche Sicherheit (Art. 1 Abs. 1 JI-RL) gerichtet. 5.1

Der eigentliche Zweck der Regelung besteht jedoch darin, den aus Art. 2 Abs. 1 GG iVm Art. 1 Abs. 1 GG (Recht auf informationelle Selbstbestimmung) abzuleitenden verfassungsrechtlichen Anforderungen an Transparenz, Rechtsschutz und aufsichtliche Kontrolle der Verarbeitung personenbezogener Daten Rechnung zu tragen (vgl. dazu auch Lisken/Denninger PolR-HdB/Schwabenbauer G Rn. 292 ff.). Insoweit sind nach der Rechtsprechung des BVerfG die Anforderungen an eine (objektiv-rechtliche) aufsichtliche Kontrolle umso höher, je geringer die Transparenz und die Möglichkeiten einer subjektiv-rechtlichen Kontrolle durch die Gerichte sind (vgl. BVerfGE 133, 277 Rn. 205 ff.). 6

Bei den von § 29a in Bezug genommenen Daten nach § 28 Abs. 2, deren Verarbeitung der Datenschutzbeauftragte zu kontrollieren hat, handelt es sich um Daten aus verdeckten und besonders eingriffsintensiven Maßnahmen; dies sind solche, bei denen ein entsprechendes Defizit an Transparenz und Rechtsschutzmöglichkeiten per se besteht (wodurch schon die Protokollpflicht in § 28 Abs. 2 selbst veranlasst ist). Vor diesem Hintergrund stellt sich die Anordnung einer gesteigerten Kontrolle als konsequent dar. 7

Die Vorgabe, dass der Datenschutzbeauftragte eine Kontrolle dieser Daten mindestens alle zwei Jahre zumindest stichprobenartig durchzuführen hat, ist allerdings wenig konkret. Andererseits gerät schon diese unpräzise Vorgabe ihrerseits in ein Spannungsverhältnis mit der von Art. 42 JI-RL für die Ausgestaltung der Aufsichtsbehörde verbindlich vorgegebenen Unabhängigkeit, womit der dogmatische Ausgangspunkt des BVerfG gleichsam europarechtlich überholt wurde (SGR/Ruthig BKAG § 69 Rn. 9); vor diesem Hintergrund spricht einiges dafür, die Regelung – insbesondere hinsichtlich der Frist – richtlinienkonform lediglich als Anregung auszulegen (so für die entsprechende Vorgabe in § 69 BKAG auch SGR/Ruthig BKAG § 69 Rn. 9). 8

§ 30 Vorladung

(1) [1]Die Gefahrenabwehr- und die Polizeibehörden können eine Person schriftlich oder mündlich vorladen, wenn Tatsachen die Annahme rechtfertigen, dass die

Person sachdienliche Angaben machen kann, die für die Erfüllung einer bestimmten gefahrenabwehrbehördlichen oder polizeilichen Aufgabe erforderlich sind. [2]Die Polizeibehörden können eine Person ferner schriftlich oder mündlich vorladen, wenn dies zur Durchführung erkennungsdienstlicher Maßnahmen erforderlich ist.

(2) [1]Bei der Vorladung soll deren Grund angegeben werden. [2]Bei der Festsetzung des Zeitpunkts soll auf den Beruf und die sonstigen Lebensverhältnisse der betroffenen Person Rücksicht genommen werden.

(3) Leistet eine betroffene Person der Vorladung ohne hinreichenden Grund keine Folge, so kann sie zwangsweise durchgesetzt werden,
1. wenn die Angaben der betroffenen Person zur Abwehr einer Gefahr für Leib, Leben oder Freiheit einer Person erforderlich sind oder
2. zur Durchführung erkennungsdienstlicher Maßnahmen.

(4) [1]Die zwangsweise Vorführung bedarf außer bei Gefahr im Verzug der richterlichen Anordnung. [2]Für das Verfahren gilt § 33 Abs. 2 mit der Maßgabe, dass das Amtsgericht zuständig ist, in dessen Bezirk die Gefahrenabwehr- oder die Polizeibehörde ihren Sitz hat.

Überblick

Auszug aus der VVHSOG (gem. Erlass des Hessischen Ministeriums des Innern und für Sport v. 29.11.2022 (StAnz. 50/2022, 1384) zum 1.1.2025 mangels eines erneuten Verlängerungserlasses ersatzlos außer Kraft getreten):

Zu § 30

30. Vorladung

30.0

§ 30 regelt die Vorladung zum Zwecke der Gefahrenabwehr. Die Vorladung in Strafverfahren richtet sich nach §§ 161a, 163a StPO. Für das Bußgeldverfahren gelten die §§ 46, 55 OWiG. Die Auskunftspflicht und deren Umfang ergeben sich aus § 12.

30.1 Zu Abs. 1

30.1.1

Von einer Vorladung ist abzusehen, wenn

– die gewünschte Aufklärung auf anderem Wege ohne unverhältnismäßigen Aufwand rechtzeitig erreicht werden kann,

sie lediglich einer allgemeinen Ausforschung dienen soll.

30.1.2

Als betroffene Personen kommen auch nicht verantwortliche Personen (§ 9) in Betracht.

30.2 Zu Abs. 2

Die Bekanntgabe des Grundes der Vorladung kann unterbleiben, wenn dadurch der Vorladungszweck gefährdet wird.

30.3 Zu Abs. 3

30.3.1

„Hinreichenden Grund“, der Vorladung keine Folge zu leisten, kann die vorgeladene Person insbesondere dann haben, wenn sie krank oder zu dem Zeitpunkt, für den sie vorgeladen ist, durch unaufschiebbare berufliche oder persönliche Angelegenheiten verhindert ist. Insoweit ist eine Güterabwägung vorzunehmen.

30.3.2

Mittel zur Durchsetzung der Vorladung sind das Zwangsgeld und der unmittelbare Zwang (Vorführung). Die Vorführung ist nur zulässig, wenn das Zwangsgeld nicht oder nicht rechtzeitig zum Ziel führt oder untunlich ist. Sie bedarf - außer bei Gefahr im Verzug - der richterlichen Anordnung.

Die Vorladung iSd § 30 verpflichtet den Betroffenen, an einem bestimmten Ort zwecks Befragung oder Durchführung erkennungsdienstlicher Maßnahmen zu erscheinen. Es ist umstritten, ob Maßnahmen iSd § 30 nicht nur in die allgemeine Handlungsfreiheit (Art. 2 Abs. 1 GG), sondern auch in die Freiheit der Person (Art. 2 Abs. 2 S. 2 GG) eingreifen. Die hM verneint das (→ Rn. 13). Die Voraussetzungen für die zwei Varianten der Vorladung finden sich in Abs. 1 S. 1 (→ Rn. 14) und S. 2 (→ Rn. 21). Abs. 2 enthält Verpflichtungen der Behörde zur Angabe des Grundes für die Vorladung (→ Rn. 24) und zur Rücksichtnahme auf die Lebensverhältnisse der vorzuladenden Person (→ Rn. 27). Für die zwangsweise Durchsetzung von Vorladungen enthält Abs. 4 besondere Vollstreckungsbedingungen (→ Rn. 35).

Übersicht

A. Systematische Stellung und Normzweck

1 § 30 ist im ersten Teil „Aufgaben und Befugnisse" im zweiten Abschnitt geregelt. Dort steht die Norm innerhalb der (präventiven) Standardmaßnahmen.

2 Unter „**Vorladung**" ist die Aufforderung zu verstehen, zu einem bestimmten Zeitpunkt (über einen bestimmten Zeitraum) an einem bestimmten Ort (in der Regel und vor allem bei beabsichtigter Erhebung erkennungsdienstlicher Maßnahmen auf einer Polizeidienststelle oder zur Befragung) zu erscheinen und dort zu verbleiben, bis der mit der Vorladung intendierte Grund (Befragung bzw. Auskunftsverlangen oder Erhebung erkennungsdienstlicher Maßnahmen) abgeschlossen und erledigt ist (vgl. auch BVerwG NJW 2006, 1225; OLG Naumburg NStZ-RR 2006, 179; OVG Nordrhein-Westfalen BVBl. 1982, 658).

3 Normzweck der in § 30 geregelten Vorladung ist die **Erlangung sachbezogener oder personenbezogener Daten** in Form von Befragungen und Durchführung erkennungsdienstlicher Maßnahmen. Die Bestimmung befugt allerdings nicht selbst zur Erhebung dieser Daten, sondern sichert lediglich das **Erscheinen** von Personen zu diesem Zweck. Die Erhebung der Daten selbst erfolgt über die Regelungen der §§ 12 ff. und § 19. Die Vorladung kann folglich nur dann rechtmäßig sein, wenn auch die mit ihr vorbereitete Erhebung der Daten erlaubt ist (vgl. BeckOK PolR Nds/Waechter NPOG § 16 Rn. 17 f., str., vgl. zu den verschiedenen Meinungen BeckOK PolR Bayern/Grünewald PAG Art. 15 Rn. 18 f.). Insofern ist die **systematische Verortung** der Vorschrift nach der Generalklausel (§ 11) und den datenschutzrechtlichen Bestimmungen (§§ 12–29a) folgerichtig. Ob die Regelung der Vorladung systematisch auch im Bereich der Befragung nach § 12 (so etwa § 10 PolG NRW unmittelbar nach der Befragung gem. § 9 PolG NRW) oder im Rahmen der Regelungen über die Durchführung erkennungsdienstlicher Maßnahmen nach § 19 (dafür: Hornmann HSOG Rn. 8) hätte normiert werden können, mag dahinstehen. Jedenfalls wird man die Regelung der Vorladung zu diesen beiden Zwecken als abschließend anzusehen haben. Ohne Belang ist auch die Frage, ob der Adressat der Vorladung ein **Auskunftsverweigerungsrecht** hat (vgl. § 12 Abs. 2 S. 1–3). Diese Rechte kann er beim Erscheinen auf der Dienststelle für sich in Anspruch nehmen. Sie entbinden nicht von der **Erscheinenspflicht** (vgl. Gusy PolR Rn. 225). Denn aus der Pflicht, einer Vorladung zu folgen, ergibt sich gerade noch keine Pflicht zur Aussage (vgl. Schenke PolR § 3 Rn. 144).

4 Abgegrenzt werden muss die präventivpolizeiliche Vorladung von der **formlosen Bitte um Erscheinen** auf der Polizeidienststelle sowie von der **strafprozessualen Vorladung** durch die Staatsanwaltschaft oder durch das Gericht (Lisken/Denninger PolR-HdB/Graulich E Rn. 371).

5 Keine Vorladung iSd § 30 ist die sog. **Meldeauflage** (vgl. → § 30a Rn. 1), weil sie durch die Verpflichtung zum Erscheinen des Adressaten an einem bestimmten Ort ihn zu einem bestimmten Verhalten bewegen will (vgl. BeckOK PolR BW/Hauser PolG § 27 Rn. 7.1 mwN; BeckOK PolR Nds/Waechter NPOG § 16 Rn. 25 mwN).

B. Aufbau der Norm

6 § 30 regelt in seinem ersten Absatz zunächst die verbindliche Vorladung zur Erfüllung einer bestimmten **gefahrenabwehrbehördlichen oder polizeilichen Aufgabe** (Abs. 1 S. 1) bzw. zum Zwecke der **Durchführung erkennungsdienstlicher Maßnahmen** (Abs. 1 S. 2). Nach Abs. 1 S. 1 dient die präventive Vorladung dazu, dass die Gefahrenabwehr- und Polizeibehörde jemanden vorladen kann, wenn die Behörde Auskünfte benötigt, um ihre Gefahrenabwehraufgaben zu erfüllen, und tatsächliche Anhaltspunkte dafür bestehen, dass der Vorzuladene dazu sachdienliche Angaben machen kann. Zudem kann die Polizeibehörde nach Abs. 1 S. 2 eine Person vorladen, um eine erkennungsdienstliche Maßnahme durchzuführen.

7 Während für Maßnahmen nach Abs. 1 S. 1 sowohl die Gefahrenabwehr- (also die Verwaltungs- und Ordnungsbehörden, vgl. § 1 Abs. 1 S. 1) als auch die Polizeibehörden befugt sind, beschränkt sich Abs. 1 S. 2 auf eine Befugnisnorm zugunsten der Polizeibehörden. Im ersten Fall ist also grundsätzlich die sachliche Zuständigkeit nach § 1 Abs. 1 iVm § 2 S. 1 iVm dem sog. **Grundsatz der Erstbefassung** zu prüfen (vgl. FLS PolR Hessen D Rn. 2; VG Mainz BeckRS 2010, 45983), während im zweiten Fall eine **exklusive sachliche Zuständigkeit der Polizeibehörden** geregelt ist, die grundsätzlich allein auf § 1 Abs. 1 S. 1 gestützt werden kann.

8 Abs. 2 S. 1 enthält mit seiner Verpflichtung zur **Angabe des Grundes** eine besondere Verfahrensvorschrift und mit seiner **Rücksichtnahmeverpflichtung** nach Abs. 2 S. 2 eine besondere Ausprägung des Verhältnismäßigkeitsprinzips.

9 Die übrigen Bestimmungen des § 30 regeln (ähnlich systemwidrig wie § 47 Abs. 5) die Voraussetzungen für die **zwangsweise Durchsetzung** der Vorladung (Abs. 3), die besonderen Verfahrensvorschriften zum **Richtervorbehalt** (Abs. 4 S. 1) sowie das **Verfahren** (nach § 33 Abs. 2 analog: FamFG) und die **örtliche Zuständigkeit** des Gerichts.

C. Parallelvorschriften

10 Die **Polizeigesetze anderer Länder** enthalten ähnliche Bestimmungen wie § 30 (vgl. etwa § 28 BWPolG, Art. 15 BayPAG, dort insbesondere auch zur Durchführung einer elektronischen Aufenthaltsüberwachung, § 15 Abs. 1 Nr. 2 BayPAG, § 16 NPOG, dort auch zur Durchführung einer Gefährderansprache nach § 12a NPOG, vgl. § 16 Abs. 1 NPOG oder § 10 PolG NRW). Nicht immer enthalten die Bestimmungen einen Richtervorbehalt iSd § 30 Abs. 4 (vgl. § 28 BWPolG). Auch der **Bundesgesetzgeber** hat **präventiv-rechtliche,** dem § 30 entsprechende, Bestimmungen normiert. So existieren ausdrückliche Befugnisse zur Vorladung nach § 44 BKAG, § 25 BPolG, § 48 StVO, § 25 Abs. 3 S. 1 IfSG, während andere Bestimmungen (vgl. § 19 BMG) nicht explizit den Begriff „Vorladung" verwenden, aber immerhin eine Pflicht zum persönlichen Erscheinen bestimmter Personen statuieren (vgl. § 82 Abs. 4 AufenthG oder § 15 Abs. 2 Nr. 3 AsylG).

11 Im Bereich der **repressiven Gesetzgebung** sind die Vorschriften weniger umfangreich als im Polizeirecht. Während es in der StPO an Befugnissen zugunsten der Polizeibehörden mangelt, Personen zum Erscheinen bei oder zur Auskunft vor der Polizei zu verpflichten (vgl. Hornmann HSOG Rn. 6 mwN; § 163a Abs. 3 StPO iVm §§ 163 ff., § 133 StPO, die nur zum Erscheinen vor dem Staatsanwalt oder dem Richter verpflichten; aA offenbar Meyer-Goßner/Schmitt StPO § 163 Rn. 35), ist es immerhin rechtlich zulässig, Beschuldigte dann vorzuladen, wenn repressive erkennungsdienstliche Maßnahmen durchzuführen sind. Eine solche Vorladung ist dann auch zwangsweise durchsetzbar (insoweit auch Meyer-Goßner/Schmitt StPO § 163 Rn. 35; str., aA etwa Hornmann HSOG Rn. 6).

11.1 In diesem Bereich ist einiges umstritten. Während zum Teil der Polizei generell die Befugnis abgesprochen wird, Vorladungen nach der StPO verbindlich auszusprechen (vgl. etwa BeckOK PolR BW/Hauser PolG § 27 Rn. 6; BeckOK PolR NRW/Ogorek PolG NRW § 10 Rn. 7; ebenso Hornmann HSOG Rn. 6), geht ein anderer Teil des Schrifttums offenbar von einer grundsätzlichen Zulässigkeit der verbindlichen Vorladung nach den Bestimmungen der StPO aus (vgl. Fredrich Rn. 8; unklar: Nr. 30.0 VVHSOG). Dabei wird zum Teil (und zu Recht) unterschieden, ob die Vorladung der Vernehmung durch die Polizei dient oder der Durchführung erkennungsdienstlicher Maßnahmen. Im ersten Fall soll die Vorladung, nicht aber deren zwangsweise Durchsetzung zulässig sein, während im zweiten Fall auch die Anwendung von Zwang zur Durchsetzung der Vorladung erlaubt sein soll (vgl. Meyer-Goßner/Schmitt StPO § 163 Rn. 35). Richtigerweise wird man davon auszugehen haben, dass eine verbindliche Vorladung zu Zwecken, die nicht durchsetzbar sind, nicht ergehen darf. Das bedeutet, dass eine polizeiliche Vorladung zu Zwecken der Vernehmung deshalb nicht verbindlich sein kann, weil der Beschuldigte oder Zeuge ohnehin von der Polizei nicht zur Aussage verpflichtet werden kann (solange nicht der Richter, vgl. § 133 StPO, oder der Staatsanwalt, vgl. § 163 Abs. 3 StPO, die Vorladung verfügt hat). Folglich kann weder die Aussage selbst, noch eine diese bezweckende Vorladung zwangsweise durchgesetzt werden (vgl. BGH NJW 1982, 1020 (1021), der sich in der Entscheidung ausdrücklich auf Zwang zur Durchsetzung einer Vernehmung beschränkt und seine Entscheidung nicht etwa auf zwangsweise Vorführungen zum Zwecke der Durchführung erkennungsdienstlicher Maßnahme erstreckt). Anders liegt es im Fall der Vorladung zum Zwecke der Durchführung erkennungsdienstlicher Maßnahmen (§ 81b StPO). Diese dürfen auch im repressiven Bereich ggf. von der Polizei selbst verbindlich angeordnet und durchgeführt werden (als sog. Ermittlungsbeamte der Staatsanwaltschaft). Folglich wird man der Polizei auch eine (ggf. mit Zwang durchsetzbare) Befugnis zuzusprechen haben, verbindliche Vorladungen zu diesem Zwecke anzuordnen (vgl. insoweit auch Meyer-Goßner/Schmitt StPO § 163 Rn. 35).

Für das Bußgeldverfahren gelten die §§ 46, 55 OwiG (vgl. auch Nr. 30.0 VVHSOG). 12

D. Grundrechte

Die Vorladung (Abs. 1) beinhaltet einen **Eingriff in die allgemeine Handlungsfreiheit** 13 iSd Art. 2 Abs. 1 GG. Sie tangiert nach hM hingegen nicht das Recht auf Freiheit der Person iSd Art. 2 Abs. 2 S. 2 GG iVm Art. 104 Abs. 1, Abs. 2 GG (weder in Form einer Freiheitsbeschränkung noch einer Freiheitsentziehung, vgl. nur OVG Münster DöV 1982, 553 (554); BVerwG NJW 1958, 1249 (1250); BeckOK PolR BW/Hauser PolG § 27 Rn. 5). Sie steht daher grundsätzlich nicht unter Richtervorbehalt. Das soll daraus folgen, dass sich die Anwesenheit an einem bestimmten Ort lediglich aus der geforderten Handlungspflicht zum Erscheinen ergebe; ein weiterer Grundrechtseingriff ergebe sich daraus nicht (DHS GG Art. 104 Rn. 39). Das Grundrecht schützt danach also nicht vor hoheitlichen Anordnungen, einen bestimmten Ort aufzusuchen, sondern allein davor, bestimmte Orte nicht aufsuchen zu dürfen. Die Freiheit der Person kann aber beeinträchtigt sein, wenn die Vorladung zwangsweise durchgesetzt wird (BVerfG NJW 1967, 1221 (1222); BeckOK PolR BW/Hauser PolG § 27 Rn. 5). Für diesen Fall sieht Abs. 4 folglich eine richterliche Anordnung vor.

Diese Auffassung überzeugt nicht. Bedenkt man, dass § 30 dazu befugt, eine Person dazu zu ver- 13.1 pflichten, zu einem bestimmten Zeitpunkt einen bestimmten Ort (in der Regel wird das eine Dienststelle sein) aufzusuchen, so ist es für den Rechtseingriff ohne Belang, ob die Verpflichtung positiv oder negativ („Begeben Sie sich zu dieser Zeit an keinen anderen Ort als zu der Dienststelle XY!") formulierbar ist. Es liegt deshalb in der Vorladung – zumindest auch – ein Eingriff in die Freiheit der Person im Sinne einer Freiheitsbeschränkung (Art. 2 Abs. 2 S. 2 GG iVm Art. 104 Abs. 1 GG). Umgekehrt ist zumindest fraglich, ob der Richtervorbehalt in Abs. 4 erforderlich ist iSd Art. 104 Abs. 2 GG. Das würde voraussetzen, dass in der zwangsweisen Vorführung zugleich auch eine über die Freiheitsbeschränkung hinausgehende freiheitsentziehende Maßnahme iSd Art. 104 Abs. 2 GG zu erblicken ist. Das ist insoweit angreifbar als in einer zwangsweisen Vorführung nicht zwingend ein besonders intensiver Eingriff in die Freiheit der Person liegen muss, jedenfalls dann nicht, wenn die zwangsweise Vorführung und die Maßnahmen in der Behörde nicht über das übliche zeitliche Maß hinausgehen (so wohl auch BeckOK PolR BW/Hauser PolG § 27 Rn. 5). Letztlich kann die Frage aber hier (anders als bspw. in § 27 BWPolG, der keinen Richtervorbehalt enthält) angesichts der ausdrücklichen gesetzlichen Regelung des Abs. 4 bezüglich des Richtervorbehalts offenbleiben (ausf. und iErg so wie hier: BeckOK PolR NRW/Ogorek PolG NRW § 10 Rn. 2 ff.; vgl. auch BayObLG DVBl 1983, 1069; BGHZ 82, 261 (265 ff.); OVG Bautzen BeckRS 2012, 45477 Rn. 25; aA etwa Fredrich Rn. 18).

E. Einzelkommentierung

I. Abs. 1 S. 1

Tatbestandsvoraussetzung für eine Vorladung nach Abs. 1 S. 1, der den Voraussetzungen 14 des § 12 Abs. 1 S. 1 stark ähnelt, ist zunächst, dass die Maßnahme im Rahmen einer **bestimmten gefahrenabwehrbehördlichen oder polizeilichen Angelegenheit** erfolgt. Mit solchen Angelegenheiten sind alle Sachverhalte gemeint, für die die Gefahrenabwehr-

oder die Polizeibehörden nach § 1 zuständig sind. Das folgt daraus, dass die StPO eigene (repressive) Bestimmungen zur Vorladung enthält, sodass die Vorschrift des § 30 im Rahmen der länderpolizeilichen Prävention **abschließenden Charakter** hat. Es geht demnach hier allein um solche Vorladungen, die auf eine Erhebung von Daten zum Zwecke der Gefahrenabwehr gerichtet sind (vgl. FLS PolR Hessen K Rn. 77). Diese – auf den ersten Blick selbstverständliche – Voraussetzung des § 30 wird präzisiert durch die Ergänzung, dass es sich um eine **„bestimmte" Angelegenheit** handeln soll. Die Formulierung soll deshalb augenscheinlich nicht in erster Linie eine Abgrenzung präventiver von repressiven Befugnissen sichern, sondern zielt auf eine Verhinderung von Vorladungen zum Zwecke bloßer Ausforschung ab (vgl. LT-Drs. 12/5794, 77) und soll damit vor Datenerhebungen „ins Blaue hinein" schützen.

15 Weiterhin muss es bei der Vorladung nach Abs. 1 S. 1 um **sachdienliche Angaben** gehen, die die Behörde vom Adressaten der Vorladung erlangen will. Sachdienliche Angaben sind solche Informationen, die in Beziehung zum aufzuklärenden Sachverhalt stehend der Sache dienen, also der Gefahrenabwehr im konkreten Fall förderlich sein können. Eine Vorladung zum Zwecke der Erhebung von Daten, die zur Gefahrenabwehr nichts beizutragen vermögen, ist somit vom Gesetzeszweck des Abs. 1 S. 1 nicht gedeckt. Sie würde zudem gegen das verfassungsmäßig verankerte und in § 4 expressis verbis vorgeschriebene Verhältnismäßigkeitsprinzip verstoßen.

16 Eine Vorladung nach Abs. 1 S. 1 ist schließlich nur dann zulässig, wenn **„Tatsachen die Annahme rechtfertigen"**, dass die vorgeladene Person die gewünschten Angaben machen kann. In diesem Tatbestandsmerkmal unterscheidet sich die Bestimmung von den Voraussetzungen einer Befragung, die – wegen des weniger intensiven Rechtseingriffs an einem beliebigen und nicht zwingend an einem von der Behörde festgelegten Ort – allein **„tatsächliche Anhaltspunkte"** verlangt, die die Annahme rechtfertigen, dass die gewünschten Angaben gemacht werden können.

16.1 Beide Formulierungen umschreiben den wertenden, prognostischen Bestandteil der Befugnisnormen, der in der Generalklausel des § 11 mit dem Begriff der „im einzelnen Falle bestehende(n) Gefahr für die öffentliche Sicherheit oder Ordnung (Gefahr)" ausgefüllt wird. Sie ersetzen ihn und senken die Voraussetzungen für das behördliche Einschreiten **unterhalb der Schwelle einer konkreten Gefahr** herab (vgl. FLS PolR Hessen K Rn. 153). Beide Begriffe meinen nicht das Gleiche (vgl. Fredrich § 13 Rn. 15; aA offenbar VG Aachen BeckRS 2011, 45928). Sie unterscheiden sich dadurch, dass der Rechtfertigung einer bestimmten Annahme jeweils unterschiedliche Wahrnehmungen vorausgegangen sind. Sie beruhen auf verschiedenen Erkenntnisquellen. Über die Frage, inwieweit sich diese Voraussetzungen gleichen, bestehen Differenzen (vgl. zB Fredrich § 13 Rn. 15; Hornmann HSOG § 12 Rn. 9). Einigkeit dürfte darüber bestehen, dass es dem Gesetzgeber um ein Austarieren von **wertenden Prognosebegriffen** auf der einen Seite (vgl. „gegenwärtige", „konkrete", „abstrakte Gefahr", „Tatsachen", „tatsächliche Anhaltspunkte" oder „Umstände") und vom **Gewicht der Schutzgüter** auf der anderen Seite geht, wie „öffentliche Sicherheit", „öffentliche Ordnung", „Leib und Leben", „Freiheit" oder „Sachen von bedeutendem Wert" usw. Nur so kann die **Verhältnismäßigkeit der Mittel** gesichert werden. Einigkeit dürfte aber auch darüber bestehen, dass „tatsächliche Anhaltspunkte" noch einmal eine Absenkung der Voraussetzungen gegenüber der „konkreten Gefahr" und den „Tatsachen" bedeuten. Nicht nur der Vergleich der hier in Rede stehenden Ermächtigungsgrundlagen von § 30 Abs. 1 S. 1 und § 12 Abs. 1 S. 1 macht dies deutlich. Während in der zuerst genannten Befugnisnorm der Rechtseingriff über die freie Entfaltung der Persönlichkeit (Art. 2 Abs. 1 GG) hinaus deutlich in Richtung eines Eingriffs in das Recht auf Freiheit der Person (Art. 2 Abs. 2 S. 2 GG) tendiert, betrifft eine Befragung in erster Linie das Recht auf freie Entfaltung der Persönlichkeit (Art. 2 Abs. 1 GG) und zwar in vielen Fällen sogar ohne eine Beeinträchtigung des Rechts auf informationelle Selbstbestimmung (Art. 2 Abs. 1 GG iVm Art. 1 Abs. 1 S. 1 GG, jedenfalls dann, wenn die Befragung nicht auf die Erhebung personenbezogener Daten abzielt). **Tatsächliche Anhaltspunkte** rechtfertigen eine Annahme bereits dann, wenn ein **bestimmter Sachverhalt nach gefahrenabwehrbehördlicher oder polizeilicher Erfahrung möglich** erscheint und im konkreten Einzelfall hierfür **bestimmte Indizien** sprechen (vgl. Fredrich § 12 Rn. 1).

17 **„Tatsachen, die die Annahme rechtfertigen"** stehen folglich in einem Stufenverhältnis zu den sog. „tatsächlichen Anhaltspunkten". Für solche Tatsachen müssen **gewusste** (einem Beweis zugängliche, also nachprüfbare) **Fakten** unter Einbeziehung des **polizeilichen Erfahrungswissens** den Schluss auf die Möglichkeit eines bestimmten Umstandes mit einer

gewissen Wahrscheinlichkeit zulassen (vgl. auch HessPolFHa/Wittgruber § 1 Rn. 34). Der Begriff „Tatsachen, die die Annahme rechtfertigen" ist somit nicht ganz identisch mit dem der „tatsächlichen Anhaltspunkte", sondern er engt den Anwendungsbereich der Befugnisnorm etwas ein. Er kommt **inhaltlich der konkreten Gefahr nahe** (vgl. HessPolFHa/Wittgruber § 1 Rn. 34). Ob der Unterschied zwischen beiden Voraussetzungen in der Praxis stets spürbar ist, ist indes fraglich. Die Rechtsprechung bejaht „Tatsachen" auch dann, wenn sie lediglich ein Indiz dafür sind, dass der prognostizierte Sachverhalt eintreten wird. Man kann in solchen Fällen von „**Indiztatsachen**" sprechen (vgl. VGH Mannheim NVwZ-RR 2017, 873; VGH Kassel BeckRS 2017, 103690).

Letzte materielle Voraussetzung des Abs. 1 S. 1 ist die **Erforderlichkeit** der Vorladung. 18
Dieses Tatbestandsmerkmal, das sich bereits aus dem **Grundsatz der Verhältnismäßigkeit** (§ 4), insbesondere aus der Erforderlichkeit der Mittel (vgl. § 4 Abs. 1) ergibt, mag als Appell des Gesetzgebers an die Gefahrenabwehr- und Polizeibehörden verstanden werden, nur dann zum Mittel der Vorladung zu greifen, wenn die Polizei über keine Möglichkeiten verfügt, aus eigener Kraft die gewünschten Informationen zu erlangen kann (vgl. Hornmann HSOG Rn. 16; Fredrich Rn. 3 nennen hier Beispiele wie etwa Einsichtnahme in behördliche Akten, Auskünfte öffentlicher Stellen und Ähnliches). Letztlich handelt es sich bei diesem Tatbestandsmerkmal aber um eine vom Gesetzgeber formulierte Redundanz.

Rechtsfolge des Abs. 1 S. 1 ist die Vorladung (vgl. zum Begriff → Rn. 2). Die Vorladung 19
steht im Ermessen der Behörde.

Als **besondere Formvorschrift** schreiben Abs. 1 und Abs. 2 in Abweichung von § 37 20
Abs. 2 HVwVfG vor, dass die Vorladung **schriftlich oder mündlich** (nach hM auch telefonisch, vgl. SBS/Stelkens VwVfG § 37 Rn. 77 mwN) anzuordnen ist. Elektronische Vorladungen – also insbesondere solche per E-Mail – sind vom Anwendungsbereich des Abs. 1 ausgenommen (anders geregelt etwa in § 15 Abs. 1 BbgPolG oder § 20 Abs. 1 ASOG Bln).

II. Abs. 1 S. 2

Nach Abs. 1 S. 2 ist die Vorladung auch unter der Voraussetzung zulässig, dass sie zur 21
Durchführung **erkennungsdienstlicher Maßnahmen** nach § 19 **erforderlich** ist (ebenso Löwe/Rosenberg/Krause StPO § 81b Rn. 23 f., der § 81b StPO offenbar sowohl als Rechtsgrundlage für den Zwang als auch für die Vorladung zum Zwecke erkennungsdienstlicher Maßnahmen ansieht; aA Hornmann HSOG Rn. 15, der § 30 Abs. 1 S. 2 auch zur Vorbereitung präventiver – vgl. BVerwG NJW 2006, 1225, – erkennungsdienstlicher Maßnahmen nach § 81b Abs. 1 Alt. 2 StPO anwenden will). Das setzt voraus, dass die beabsichtigten erkennungsdienstlichen Maßnahmen im konkreten Einzelfall rechtmäßig ergehen können.

Die Prüfung der **Erforderlichkeit der Vorladung** zur präventiven erkennungsdienstlichen Behand- 21.1
lung verdeutlicht den **engen** und **stark reduzierten Anwendungsbereich.** Dieser ist nur gegeben, wenn die nach den Befugnissen der § 19 oder nach § 81b Abs. 1 Alt. 2 StPO zulässigerweise beabsichtigte Maßnahme **anders nicht erreicht werden** können. Da regelmäßig erkennungsdienstliche Maßnahmen aus repressiven Gründen (insbes. nach § 81b Abs. 1 Alt. 1 StPO) erfolgen, bleibt für § 30 kaum ein Anwendungsbereich (vgl. Fredrich § 30 Rn. 16). Diesem Gedanken des engen und sehr reduzierten Anwendungsbereichs der Vorladung zur präventiven erkennungsdienstlichen Behandlung ist zuzustimmen, da die Vorladung zur erkennungsdienstlichen Maßnahme nach § 19 Abs. 2 Nr. 2 gerade nur zur vorbeugenden Bekämpfung von Straftaten iSd § 1 Abs. 4 dient, der lediglich durchgeführt werden darf, wenn die Ermächtigungsgrundlage des § 81b Abs. 1 Alt. 2 StPO – die in der Sache ebenfalls auf die vorbeugende Bekämpfung von Straftaten gerichteten Norm – keine Anwendung findet. Stringent bleibt es also auch bei dem Anwendungsbereich der Vorladung bei „Kindern" (Strafunmündige, vgl. § 19 StGB) oder zB bei Maßnahmen gegen rechtskräftig verurteilte Personen vor Entlassung aus der Strafhaft (→ § 19 Rn. 34; Hornmann HSOG § 19 Rn. 21; Fredrich § 19 Rn. 5 mwN; VGH Mannheim NVwZ-RR 2004, 572). An dieser Stelle wird auf die Darstellung zu → § 19 Rn. 3 verwiesen, wonach die Regelung des § 81b Abs. 1 Alt. 2. StPO als „Fremdkörper der StPO" bezeichnet wird (vgl. → § 19 Rn. 3 sowie → § 19 Rn. 7 jeweils mwN).

Auch hier, wie in Abs. 1 S. 1, verlangt der Gesetzgeber, dass die Maßnahme zur Erreichung 22
des Ziels **erforderlich** ist. Auch hier ist diese Einschränkung wegen des ohnehin geltenden Verhältnismäßigkeitsprinzips in Form des Grundsatzes des mildesten Mittels (vgl. § 4 Abs. 1) überflüssig. Die Vorladung nach Abs. 1 S. 2 darf nur von den **Polizeibehörden** angeordnet

werden, auch wenn § 18 Abs. 3 die Anordnung der Durchführung erkennungsdienstlicher Maßnahmen ebenso den Gefahrenabwehrbehörden (Verwaltungs- und Ordnungsbehörden, vgl. § 1 Abs. 1 S. 1) erlaubt.

23 **Rechtsfolge** des Abs. 1 S. 2 ist die Vorladung (vgl. zum Begriff → Rn. 2). Die Vorladung steht im Ermessen der Behörde.

III. Angabe des Grundes (Abs. 2 S. 1)

24 Als **besondere Verfahrensvorschrift** schreibt Abs. 2 S. 1 vor, dass bereits im Zeitpunkt der Vorladung deren Grund angegeben werden **soll.** Ein anderer Grund als der im Gesetz genannte und vorgesehene Grund darf nicht verfolgt werden (Lisken/Denninger PolR-HdB/Graulich E Rn. 372). Sinn und Zweck dieser (Soll-)Bestimmung ist die **Möglichkeit des Adressaten,** sich hinreichend auf die von der Behörde beabsichtigten Maßnahmen **vorzubereiten** sowie die **Thematik** und den **Anlass zu erfassen** (vgl. Hornmann HSOG Rn. 18). Dadurch hebt der Gesetzgeber nochmals hervor, dass bloße Ausforschungen als Ziel der Vorladung zu unterbleiben haben (vgl. auch den ausdrücklichen Wortlaut Nr. 30.1.1 VVHSOG). Dieses Ziel schließt sicherlich auch die Möglichkeit des Adressaten ein, auf Befragungen umfassend zu antworten (oder eben nicht zu antworten) bzw. den Sinn beabsichtigter erkennungsdienstlicher Maßnahmen zu erfassen, um ggf. **auf adäquate Rechtsbehelfe vorbereitet** zu sein oder sich ggf. einen **Rechtsrat** einholen zu können. Es soll auch die Prüfung der Frage ermöglichen, ob der Adressat überhaupt der Vorladung Folge leisten muss und will oder nicht. Die Angabe des Grundes erfüllt daher nur dann ihren Zweck, wenn sie **hinreichend ausführlich** und **präzise** und gerade **nicht nur formelhaft** erfolgt. Zur Angabe des Grundes wird man sicherlich auch die Information darüber zählen müssen, welche Art der in § 19 Abs. 1 (abschließend) aufgezählten erkennungsdienstlichen Maßnahmen durchgeführt werden soll, so wie es anderenorts ausdrücklich geregelt ist (vgl. etwa § 20 Abs. 2 S. 1 ASOG Bln; in diesem Sinne auch OVG Lüneburg NVwZ-RR 2004, 346 (347) zwar bezüglich § 81b Abs. 1 Alt. 2 StPO, aber unter dem Aspekt des in § 37 Abs. 1 VwVfG enthaltenen und auch für Vorladungen nach § 30 geltenden Bestimmtheitsgrundsatzes). Eine Wiederholung des Gesetzestextes reicht dabei keinesfalls aus (aA BeckOK PolR BW/Hauser PolG § 27 Rn. 20). Die **Angabe des Grundes ist verspätet,** wenn sie nicht oder nicht vollständig im **Zeitpunkt der Bekanntgabe** der Vorladung erfolgt.

25 Der Gesetzgeber hat die Pflicht zur Angabe des Grundes als **Sollvorschrift** formuliert. Sie verpflichtet die Polizeibehörde also nicht zwingend, schränkt aber ihr Ermessen ein. Sofern der Grund der Maßnahme nicht ohne nachvollziehbare Gründe angegeben wird, ist die Vorladung grundsätzlich rechtswidrig (vgl. Lisken/Denninger PolR-HdB/Graulich E Rn. 372; Hornmann HSOG Rn. 18). Lediglich in Ausnahmefällen kann von der Sollvorschrift in S. 1 abgesehen werden. Denkbar wäre zB, dass das öffentliche Interesse ausnahmsweise Abweichungen erfordert (vgl. Fredrich Rn. 1).

25.1 Solche Sollvorschriften (gemeinsam mit Ausnahmebestimmungen) schränken das Ermessen von Seiten des Gesetzgebers am stärksten ein (vgl. WBSK VerwR I § 31 Rn. 41). Man spricht in solchen Fällen von „Dispensermessen" (WBSK VerwR I § 31 Rn. 41). Es beinhaltet die Verpflichtung der Behörde, in der Regel die Vorschrift zu erfüllen, es sei denn, es liegen hinreichende Umstände vor, die vom typischen Fall der Norm so weit abweichen, dass ein Verzicht auf ihre Rechtsfolge gerechtfertigt erscheint (WBSK VerwR I § 31 Rn. 41). Die Darlegungs- und Beweispflicht obliegt in solchen Fällen der Behörde (WBSK VerwR I § 31 Rn. 41).

26 Ohne hinreichenden Grund darf von der Begründungspflicht also nicht abgewichen werden. Ein **Verzicht** wird regelmäßig dann gerechtfertigt sein, wenn mit der Erfüllung der Pflicht der **Zweck** der Maßnahme ernsthaft **in Frage gestellt** wird (vgl. Nr. 30.2 VVHSOG). Das kann dann der Fall sein, wenn angenommen werden muss, dass der Adressat die Bekanntgabe des Grundes zum Anlass nimmt, die (auch anderweitige) Sachverhaltsaufklärung durch die Behörden in irgendeiner Weise zu vereiteln oder zu erschweren.

IV. Rücksichtnahme (Abs. 2 S. 2)

27 Nach Abs. 2 S. 2 soll bei der Festsetzung des Zeitpunkts auf den **Beruf** und die **sonstigen Lebensverhältnisse** der Person Rücksicht genommen werden. Auch hier – wie in Abs. 2

S. 1 – räumt der Gesetzgeber der ladenden Behörde lediglich ein sog. **Dispensermessen** ein (so → Rn. 25 und → Rn. 25.1), dh in der Regel muss die Behörde auf die Verhältnisse des Adressaten Rücksicht nehmen. Bei der Frage, in welchen Fällen die Behörde den Zeitpunkt verschieben muss, hat eine **Abwägung** stattzufinden zwischen den vom Adressaten geltend gemachten Gründen und den Gründen, die für den von der Behörde vorgesehen Zeitpunkt sprechen (vgl. Nr. 30.3.1 VVHSOG (Krankheit oder Verhinderung wegen unaufschiebbarer beruflicher oder persönlicher Angelegenheiten)). Je weniger dringlich und schwerwiegender die abzuwehrende Gefahr ist, je weniger hilfreich die mit der Vorladung bezweckte Datenerhebung erscheint, umso weniger gravierend dürfen die Gründe sein, die für eine Verschiebung des Termins sprechen. So wird man bei einem ernsthaft **erkrankten Adressaten,** der bettlägerig ist oder der so schwach ist, dass die beabsichtigte Befragung keinen Erfolg haben wird, kaum Gründe finden, die die Vorladung dennoch zu rechtfertigen vermögen. Ähnliches gilt für **wichtige persönliche** oder **berufliche Pflichten,** die keinen Aufschub dulden (vgl. Nr. 30.3.1 VVHSOG). Der Wortlaut von Nr. 30.3.1 VVHSOG stellt in S. 2 für diese Fälle auf die Vornahme einer Güterabwägung ab.

27.1 Ob die verbreitete Praxis der Polizeibehörden, auf eine Vorladung zu verzichten und stattdessen den Adressaten aufzusuchen, um ihn vor Ort – zB an seinem Arbeitsplatz oder zu Hause – zu befragen, regelmäßig zu einer aus Abs. 2 S. 1 resultierenden Rechtswidrigkeit der Maßnahme führt, darf bezweifelt werden. Es muss nicht immer von Nachteil sein, dem Betroffenen den Weg zur Dienststelle zu ersparen und ihn aufzusuchen. Allerdings kann er sich – weil in solchen Fällen keine Vorladung erfolgt – nicht auf die Datenerhebung vorbereiten (wie von Abs. 2 S. 1 intendiert). Zudem kann es für ihn eine Belastung darstellen, wenn dritte Personen Zeugen seiner polizeilichen Befragung werden. Jedenfalls kann aber die gefahrenabwehrende Zielsetzung mit dem Aufsuchen dann erreicht werden, wenn sich die betroffene Person freiwillig zu der beabsichtigten Maßnahme „vor Ort" bereit erklärt (vgl. BeckOK PolR BW/Hauser PolG § 27 Rn. 14).

28 Bei der Festsetzung des Zeitpunkts sollen auf den **Beruf** sowie den **Nebenberuf** der betroffenen Person Rücksicht genommen werden. Nicht hingegen auf Hobbys, etc (Fredrich Rn. 12). Ebenso sind bei den **sonstigen Lebensverhältnissen** der vorgeladenen Person die familiären Verpflichtungen, Verkehrsverhältnisse, Behörden-, Gerichts- oder Prüfungstermine zu berücksichtigen (Fredrich Rn. 12).

29 Auch ein Anspruch auf **Entschädigung** für **Fahrtauslagen** und **Verdienstausfall** oder eine **Vergütung** der Vorgeladenen als Zeugen oder als Sachverständige wird nach dem Justizvergütungs- und -entschädigungsgesetz (JVEG) gewährt. Denn nach § 3 Abs. 2 finden die Vorschriften des JVEG in der jeweils geltenden Fassung entsprechend Anwendung (vgl. Fredrich Rn. 12; sowie Lisken/Denninger PolR-HdB/Graulich E Rn. 374, der hierzu auch auf § 25 Abs. 4 BPolG verweist, der das JVEG heranzieht und für anwendbar erklärt; ebenfalls bejahend Schenke PolR § 3 Rn. 144).

V. Adressat

30 Beide Befugnisnormen des § 30 enthalten sog. **spezialgesetzlich geregelte Normadressaten,** die einen Rückgriff auf die allgemeinen Adressatenbestimmungen der §§ 6, 7, 9 entbehrlich machen und diese verdrängen (vgl. BeckOK PolR BW/Hauser PolG § 27 Rn. 13). Im Falle des Abs. 1 S. 1 ist Adressat der Vorladung immer die Person, bei der Tatsachen die Annahme rechtfertigen, dass sie sachdienliche Angaben machen kann (ähnlich BeckOK PolR Nds/Waechter NPOG § 16 Rn. 19). Im Falle des Abs. 1 S. 2 ist es die Person, bei der – rechtmäßigerweise – erkennungsdienstliche Maßnahmen durchgeführt werden dürfen.

VI. Zwangsweise Durchsetzung (Abs. 3)

31 Die Vorladung als vollstreckbarer Verwaltungsakt (vgl. § 35 S. 1 HVwVfG) kann **unter bestimmten Voraussetzungen** zwangsweise durchgesetzt werden (vgl. §§ 47 ff.; für die Verwaltungsbehörden gelten §§ 68 ff. HessVwVG). Die zwangsweise Durchsetzung wird in Abs. 4 als **„Vorführung"** bezeichnet. In Betracht kommen hier allein die Mittel des **Zwangsgeldes** (§ 50; vgl. OVG Münster DÖV 1982, 553 (554); für die Verwaltungsbehörden: § 76 HessVwVG) und des **unmittelbaren Zwangs** (§ 52 Abs. 1 S. 1 in Gestalt einer zwangsweisen Vorführung; für die Verwaltungsbehörden: § 79 HessVwVG). Aus den Tatbestandsvoraussetzungen des § 52 Abs. 1 S. 1 und dem Verhältnismäßigkeitsgrundsatz ergibt sich allerdings, dass das Zwangsgeld als mildere Maßnahme dem unmittelbaren Zwang regelmäßig vorgeht (vgl. Nr. 30.3.2 VVHSOG).

31.1 Ob auch die Rechtmäßigkeit des Grundverwaltungsakts – hier der Vorladung – Rechtmäßigkeitsvoraussetzung für seine zwangsweise Durchsetzung ist, wird bestritten, jedenfalls dann, wenn der Verwaltungsakt noch anfechtbar, wenn also ein Fall des § 80 Abs. 2 VwGO gegeben ist. Während eine Meinung (vgl. WBSK VerwR I § 48 Rn. 37) annimmt, es reiche für die Vollstreckbarkeit aus, dass ein Verwaltungsakt nicht nichtig, aber immerhin wirksam sei, verlangt eine aA, dass der Verwaltungsakt auch rechtmäßig sein müsse, jedenfalls solange er noch anfechtbar sei (vgl. mit überzeugenden Argumenten: Möller/Warg PolR Rn. 212 mwN; mit weiteren Argumenten auch: Knemeyer PolR SuP Rn. 358). Es besteht nach der letztgenannten Meinung also ein Rechtswidrigkeitszusammenhang zwischen Grundverwaltungsakt und Vollstreckung. Danach kann eine zwangsweise Durchsetzung eines noch anfechtbaren, rechtswidrigen Verwaltungsakts nicht rechtmäßig sein. Die Rechtswidrigkeit des Grundverwaltungsakts infiziert sozusagen die Maßnahmen zu seiner Vollstreckung; es sei denn, es liegt die der Rechtssicherheit dienende (vgl. WBSK VerwR I § 50 Rn. 6) Ausnahme der Bestandskraft des Grundverwaltungsakts vor. Im Ergebnis ist der zweitgenannten Auffassung zu folgen. Vor allem die von Knemeyer vorgetragenen Argumente zum lückenhaften Rechtsschutz und dem Erst-Recht-Schluss bezüglich der Voraussetzungen eines Sofortvollzugs (vgl. § 47 Abs. 2 „innerhalb ihrer Befugnisse") sowie der von Möller/Warg (PolR Rn. 212) erbrachte Nachweis eines offenbar bestehenden Missverständnisses bei der Interpretation einer Entscheidung des BVerwG (NJW 1984, 2591 (2592)) sprechen dafür, anfechtbare Verwaltungsakte nur dann zu vollstrecken, wenn sie auch rechtmäßig sind. Eine bloße Wirksamkeit, wie bei unanfechtbaren Verwaltungsakten, ist nicht ausreichend.

32 Wegen der **besonderen Vollstreckungsvoraussetzungen** des Abs. 3 wird die Möglichkeit der **zwangsweisen Durchsetzung** der Vorladung aber an bestimmte Bedingungen geknüpft. Insbesondere ist die **zwangsweise Vorführung** gem. Abs. 3 nur dann zulässig, wenn der Adressat der Vorladung **ohne hinreichenden Grund keine Folge leistet.** Ein solcher Grund kann vorliegen, **wenn die Behörde keinen Grund für die Vorladung angegeben** hat (vgl. Abs. 2 S. 1; so auch Kingreen/Poscher POR § 13 Rn. 78 f.). Er kann sich auch aus den im Einzelfall vorliegenden Lebensverhältnissen iSd Abs. 2 S. 2 oder anderen Gründen (zB Unfall auf dem Weg zum Behördentermin) ergeben. Auch hier – wie bei der Frage nach der Pflicht zur Berücksichtigung der Lebensverhältnisse – muss die Behörde im Rahmen ihrer Prüfung, ob ein **„hinreichender"** Grund für das Fernbleiben vorliegt, eine **Abwägung** zwischen den abzuwehrenden Gefahren und den Gründen des Vorgeladenen für sein Fernbleiben vornehmen (vgl. auch Wortlaut Nr. 30.3.1 S. 2 VVHSOG). Auch hier gilt, dass weniger dringliche Gefahren und eine weniger große Aussicht auf Erfolg umso weniger gravierendere Gründe erfordern, um eine zwangsweise Vorführung abzuwenden.

33 Eine Möglichkeit für die **zwangsweise Vorführung** formuliert **Abs. 3 Nr. 1,** wonach die Angaben der betroffenen Person zur **Abwehr einer Gefahr für Leib, Leben oder Freiheit** einer Person erforderlich sein müssen. Mit dieser Formulierung steigert der Normgeber die Anforderungen an eine Anwendung von Zwang im Vergleich zu denen des Abs. 1 erheblich. Zum einen wird jetzt eine Gefahr verlangt (also eine konkrete, „im einzelnen Falle bestehende Gefahr", vgl. die Legaldefinition des Begriffs „Gefahr" in § 11), dh der Schaden für die genannten Rechtsgüter wird infolge einer Sachlage oder eines Verhaltens bei ungehindertem Ablauf des objektiv zu erwartenden Geschehens im Einzelfall **mit Wahrscheinlichkeit** eintreten (hM, vgl. in diesem Sinne auch BVerwG DVBl 2002, 1562 (1564)). Zum anderen muss diese Gefahr nun für Leib, Leben oder Freiheit einer Person bestehen. Während also zu befürchtende bloße Sachschäden oder Beeinträchtigungen der Ehre für eine zwangsweise Vorführung schon vom abstrakten Schutzgut her nicht ausreichen, sind auch bei Gefahren für die einschlägigen Schutzgüter die erforderlichen Prüfungen der **Verhältnismäßigkeit** vorzunehmen. So kann es durchaus unangemessen sein, eine Vorführung mit unmittelbarem Zwang durchzusetzen, um im Einzelfall unbedeutende Beeinträchtigungen der körperlichen Unversehrtheit abzuwehren.

34 Eine zweite Möglichkeit für die zwangsweise Vorführung findet sich in **Abs. 3 Nr. 2 „zur Durchführung erkennungsdienstlicher Maßnahmen"**, wobei auch hier allein solche nach § 19 zu verstehen sind. Weitere Voraussetzung nennt diese Befugnisnorm nicht, was ein besonderes Augenmerk auf die **Verhältnismäßigkeit** solcher Maßnahmen erforderlich macht, insbesondere dann, wenn die Vorführung mittels unmittelbaren Zwangs durchgesetzt wird.

VII. Richtervorbehalt (Abs. 4)

Obwohl die Vorführung nach hier vertretener Auffassung (→ Rn. 13) keine freiheitsentziehende Maßnahme darstellt, hat sich der Gesetzgeber entschieden, sie unter Richtervorbehalt zu stellen (vgl. Abs. 4). Auf die Einholung einer richterlichen Entscheidung darf somit nur bei **Gefahr im Verzug** verzichtet werden. Wegen der erheblichen Grundrechtsminderung der Umgehung einer sonst erforderlichen richterlichen Entscheidung ist der Begriff „Gefahr im Verzug" **eng auszulegen.** Die richterliche Entscheidung ist die Regel, während der Verzicht auf sie die Ausnahme bleiben muss (vgl. BVerfG NJW 2001, 1121 (1122)). Eine Gefahr im Verzuge liegt nur dann vor, **wenn die vorherige Einholung der richterlichen Anordnung den Erfolg der Maßnahme gefährden würde** (vgl. BVerfG NJW 2001, 1121 (1123)). Das kann insbesondere dann der Fall sein, wenn Tatsachen dafür sprechen, dass der Adressat der Maßnahme bei Einholung der richterlichen Anordnung **nicht mehr greifbar** wäre oder wenn **unmittelbar bevorstehende Gefahren** abzuwehren sind, die sich bei Einholung der richterlichen Entscheidung realisieren würden. Gemäß Abs. 4 S. 2 gilt § 33 Abs. 2 entsprechend, dh für das Verfahren ist das siebte Buch des **FamFG** einschlägig. Örtlich soll aber nach Abs. 4 S. 2 nicht das Gericht zuständig sein, in dessen Bezirk die Person festgehalten wird, sondern das Gericht, in dessen Bezirk die Behörde ihren Sitz hat. Die **Dienstsitze der Polizeipräsidien** sind in § 3 Nr. 2 HSOG-DVO geregelt (Polizeipräsidien Nordhessen in Kassel, Osthessen in Fulda, Mittelhessen in Gießen, Westhessen in Wiesbaden, Frankfurt a. M. in Frankfurt a. M., Südosthessen in Offenbach a. M. und Südhessen in Darmstadt). 35

Weil nach hier vertretener Auffassung (→ Rn. 13) die zwangsweise Vorführung grundsätzlich keine freiheitsentziehende Maßnahme darstellt, finden die übrigen besonderen Verfahrens- und Formvorschriften der §§ 33 – 35 keine Anwendung (iE so auch Fredrich Rn. 18; aA Hornmann HSOG Rn. 36). Sollte sich wegen besonders intensiver Beeinträchtigung des Art. 2 Abs. 2 S. 2 GG die Vorführung ausnahmsweise als freiheitsentziehende Maßnahme darstellen, so gelten die allgemeinen Bestimmungen der Verhältnismäßigkeit (insbes. § 4 Abs. 2 und Abs. 3) sowie die verfassungsmäßige Zeitschranke des Art. 104 Abs. 2 S. 3 GG. 35.1

VIII. Rechtscharakter

Die Vorladung, also die mündliche oder schriftliche Anordnung, zu einem bestimmten Zeitpunkt an einem bestimmten Ort zu erscheinen und zu bleiben, bis die Maßnahme, der das Erscheinen dient, abgeschlossen ist, stellt einen **Verwaltungsakt iSd § 35 S. 1 HVwVfG** dar (vgl. VGH München BeckRS 2017, 133224; VGH Kassel BeckRS 2017, 103544; OVG Nordrhein-Westfalen BVBl. 1982, 658; VG Minden BeckRS 2003, 151934 mwN; BeckOK PolR Nds/Waechter NPOG § 16 Rn. 9, 26). Mit dem Verwaltungsakt wird für den Adressaten als Gebot verbindlich (also mit unmittelbarer Rechtswirkung) die **Erscheinenspflicht** geregelt (Vorladungsanordnung). Es gelten demzufolge auch die für andere Verwaltungsakte einschlägigen Bestimmungen, etwa die des HVwVfG (insbes. §§ 28 ff. HVwVfG) sowie der VwGO, nach deren § 80 Abs. 1 VwGO ein Widerspruch eine aufschiebende Wirkung entfaltet, die nur aufgrund der Ausnahmen des § 80 Abs. 2 VwGO entfallen kann. Hier wird neben der (nur im Fall einer von Polizeivollzugsbeamten angeordneten) Möglichkeit des **§ 80 Abs. 2 S. 1 Nr. 2 VwGO** auch der Fall des **§ 80 Abs. 2 S. 1 Nr. 4 VwGO** Anwendung finden, wobei letzterer nach seinem klaren Wortlaut gesondert angeordnet werden muss. 36

F. Rechtsschutz

Rechtsschutz gegen Vorladungen iSd § 30 ist vom Grundsatz her mittels **Widerspruchs** (vgl. §§ 68 ff. VwGO) zu erlangen. Vorladungen können auch sofortig vollziehbar sein. Das ist entweder nach § 80 Abs. 2 S. 1 Nr. 4 VwGO anzuordnen oder – nur in unaufschiebbaren Fällen qua Gesetz – nach § 80 Abs. 2 S. 1 Nr. 2 VwGO wirksam (vgl. BeckOK PolR BW/Hauser PolG § 27 Rn. 25; vgl. BeckOK PolR Nds/Waechter NPOG § 16 Rn. 32 danach 37 differenzierend, ob ein Polizeivollzugsbeamter den Verwaltungsakt erlassen hat; vgl. auch BeckOK PolR NRW/Ogorek PolG NRW § 10 Rn. 11: „in der Regel nicht unaufschiebbar iSd § 80 Abs. 2 S. 1 Nr. 2 VwGO"). Bei schriftlichen Vorladungen wird es sich wegen des Zeitverlustes durch den Postweg regelmäßig nicht um unaufschiebbare Anordnungen iSd § 80 Abs. 2 S. 1 Nr. 2 VwGO handeln, sodass in solchen Fällen die sofortige Vollziehbarkeit nach § 80 Abs. 2 S. 1 Nr. 4 VwGO schriftlich anzuordnen ist (vgl. HessPolFHa/Wittgruber § 1 Rn. 34). In Fällen der sofortigen Vollziehbarkeit kann nach Einlegung des Widerspruchs ein **Antrag nach § 80 Abs. 5 S. 1 VwGO** auf Anordnung oder Wiederherstellung der aufschiebenden Wirkung des Widerspruchs beim Verwaltungsgericht gestellt werden. Bei Erledigung der Vorladung kommt im Hauptverfahren eine **Fortsetzungsfeststellungklage in Betracht (vgl. § 113 Abs. 1 S. 4 VwGO analog),** die allerdings ein besonderes Feststellungsinteresse voraussetzt (vgl. iE BeckOK VwGO/Decker § 113 Rn. 85 ff.). Das ist vom Einzelfall abhängig, kann aber zweifelhaft sein (vgl. BeckOK PolR Nds/Waechter NPOG § 16 Rn. 46 mwN). Da nicht nur die Androhung und Festsetzung, sondern auch die Ausführung von **Zwangsmitteln als Verwaltungsakte iSd § 35 HVwVfG** anzusehen sind (vgl. etwa VGH München NVwZ 1988, 1055), gilt für den Rechtsschutz gegen die zwangsweise Durchsetzung einer Vorladung Entsprechendes. Zu beachten ist dabei insbesondere die Regelung des **§ 16 HessAGVwGO,** wonach Rechtsbehelfe namentlich gegen Maßnahmen in der Verwaltungsvollstreckung **keinen Suspensiveffekt** entfalten. Im Falle einer Vorführung mittels unmittelbaren Zwangs (nicht Zwangsgeld, vgl. Hornmann HSOG Rn. 34 mwN) ist Abs. 4 zu beachten. Zuständig ist also gem. § 33 Abs. 2 das Amtsgericht, in dessen Bezirk die eingreifende Polizei- oder Ordnungsbehörde (nicht die Verwaltungsbehörde, vgl. § 79 HessVwVG, dort ist das Verwaltungsgericht zuständig) ihren Sitz hat. Für das Verfahren gilt das siebte Buch des FamFG (zum Anspruch auf Entschädigung von Zeugen und Sachverständigen im Rahmen von Vorladungen nach § 2 Abs. 3 JVEG iVm §§ 5 ff. JVEG vgl. → Rn. 29 sowie → § 3 Rn. 18 ff.).

§ 30a Meldeauflagen

[1]Die Polizeibehörden können zur Verhütung von Straftaten eine Person anweisen, sich an bestimmten Tagen bis zu zweimal zu bestimmten Zeiten bei einer bestimmten polizeilichen Dienststelle zu melden (Meldeauflage), wenn Tatsachen die Annahme rechtfertigen, dass sie eine Straftat begehen wird. [2]Die Meldung hat bei der Polizeistation oder bei dem Polizeirevier des gewöhnlichen Aufenthaltsortes zu erfolgen; mit Einverständnis der betroffenen Person kann auch eine andere Dienststelle einer Polizeibehörde des Bundes oder der Länder bestimmt werden. [3]Sofern die Meldeauflage im Zusammenhang mit einer Veranstaltung erfolgt, ist sie auf diese oder eine zusammenhängende Serie von Veranstaltungen zu beschränken. [4]Die Meldeauflage ist auf höchstens drei Monate zu befristen. [5]Eine Verlängerung um jeweils bis zu drei Monate ist möglich, soweit die Voraussetzungen der Meldeauflage fortbestehen. [6]Die Verlängerung der Maßnahme bedarf außer bei Gefahr im Verzug der richterlichen Anordnung. [7]Bei Gefahr im Verzug ist die richterliche Anordnung unverzüglich nachzuholen. [8]Liegen die Voraussetzungen der Maßnahme nicht mehr vor, ist sie unverzüglich zu beenden. [9]Zuständig ist das Amtsgericht, in dessen Bezirk die Polizeibehörde ihren Sitz hat. [10]Für das Verfahren gelten die Vorschriften des Gesetzes über das Verfahren in Familiensachen und in den Angelegenheiten der freiwilligen Gerichtsbarkeit entsprechend.

Überblick

Der mit Gesetz zur Neuausrichtung des Verfassungsschutzes in Hessen v. 25.6.2018 (HessGVBl. 302) aufgenommene § 30a regelt erstmals die sog. Meldeauflage im HSOG. Die Vorschrift bestimmt in S. 1 (→ Rn. 7) die eigentliche Befugnisnorm, wonach die Meldeauflage zur Verhinderung von Straftaten erlassen werden kann. S. 2 dient der Verhältnismäßigkeit der Anordnung, indem er kurze Wege zu den Meldestellen bestimmt (→ Rn. 8). Ähnliches gilt für S. 3–5: Sie sollen den zeitlichen Umfang der Meldeauflagen beschränken (→ Rn. 8).

S. 6–8 fordern unter bestimmten Voraussetzungen eine richterliche Entscheidung und begrenzen die Meldeauflage nochmals zeitlich (→ Rn. 8; → Rn. 10). S. 9 und S. 10 regeln die örtliche Zuständigkeit und das Verfahren bei Einholung einer richterlichen Anordnung (→ Rn. 10).

A. Systematische Stellung

§ 30 ist im ersten Teil „Aufgaben und Befugnisse" im zweiten Abschnitt geregelt. Dort steht die Norm innerhalb der (präventiven) Standardmaßnahmen. § 30 S. 1 enthält eine **Legaldefinition** der Meldeauflagen. Danach können die Polizeibehörden zur Verhütung von Straftaten eine Person anweisen, sich an bestimmten Tagen bis zu zweimal zu bestimmten Zeiten bei einer bestimmten polizeilichen Dienststelle zu melden. So will die Polizeibehörde verhindern, dass sich der Verpflichtete an einen Ort begibt, an dem er wahrscheinlich Straftaten begeht. Mit der Meldeauflagen wird dem Adressaten meist auferlegt, sich bei einer Dienststelle in der Nähe seines **Wohnortes** zu melden. Abweichend davon kann sich der Adressat, sollte er sich an einem oder mehreren Tagen nicht an seinem Wohnort aufhalten, unter Umständen auch bei einer anderen Polizeidienststelle seines **Aufenthaltsortes** vorstellen (Lisken/Denninger PolR-HdB/Graulich E Rn. 284; Schönrock Die Polizei 2010, 280). Meldeauflagen wurden in Hessen auch schon vor Einführung des § 30a in das HSOG praktiziert (vgl. LT-Drs. 19/6502, 42). Sie wurden als **unspezifische Maßnahmen** angesehen und folgerichtig auf die Befugnisnorm der Generalklausel nach § 11 gestützt (vgl. zur Stützung auf die Generalklausel auch BVerwGE NVwZ 2007, 1439; Beaucamp JA 2017, 728 (732); Lisken/Denninger PolR-HdB/Graulich E Rn. 249; krit.: Bretthauer BVbl. 2022, 89; Kirchhoff NVwZ 2020, 1617 (1620 f.); ebenso zur polizeilichen Meldeauflage VG Mannheim NJW 2000, 3568; VGH München BayVBl. 2015, 599; VG Freiburg BeckRS 2016, 49927). In Abweichung zur Regelung des § 30a konnten damals die Maßnahmen noch von den Gefahrenabwehr- und Polizeibehörden angeordnet werden. Wegen der langjährigen Übung geht der Gesetzgeber inzwischen davon aus, dass es sich bei Meldeauflagen um (**spezifische**) **Standardmaßnahmen** handelt, die einer **speziellen Ermächtigungsgrundlage bedürfen** (so auch nachdringlich Kirchhoff NVwZ 2020, 1617 ff.; aA noch BVerwG NVwZ 2007, 1439,1441; vgl. allgemein zur Frage typischer und atypischer Maßnahmen: BVerwGE 115, 189 = NVwZ 2002, 598 und dagegen BVerwGE 129, 142 = NVwZ 2007, 1439). Daher hat er § 30a mit dem Gesetz zur Neuausrichtung des Verfassungsschutzes in Hessen v. 25.6.2018 (HessGVBl. 302) besonders normiert und sachgerecht zwischen den rechtlich verwandten Normen der §§ 30 und 31 platziert. 1

Mit der Meldeauflage soll (meist im Vorfeld der Gefährdung) erreicht werden, dass der Betroffene und/oder grundsätzlich eine Vielzahl von Störern/Straftätern an einem bestimmten Ort zusammentreffen und verabreden, weil andernfalls die öffentliche Sicherheit an dieser Örtlichkeit nicht mehr gewährleistet werden kann. Beispielhaft können hierfür Einsatzlagen wie Fußballeinsätze (gewaltbereite Fußball-Hooligans) aber auch andere Großlagen angeführt werden (Linksextremisten bei internationalen Gipfeltreffen, etc). Die Meldeauflage als Standardmaßnahme etablierte sich in den einzelnen Bundesländern, nachdem deutsche Hooligans während der Fußball-WM 1998 in Frankreich den französischen Polizeibeamten David Nivel brutal zusammengeschlagen hatten, sodass er schwerste Verletzungen erlitt und dadurch bleibende Behinderungen davontrug (Lisken/Denninger PolR-HdB/Petri/Kremer A Rn. 127; vgl. auch Rückblick von Fischer, Westdeutsche Zeitung v. 21.6.2008). Deutsche Polizeibehörden gingen bereits bei der folgenden Europameisterschaft im Jahr 2000 in Belgien und den Niederlanden gegen tatsächliche (sowie vermeintliche) Hooligans vor: Zahlreiche der in der Datei „Gewalttäter Sport" erfassten Personen erhielten im Wege von Pass- und Personalausweisbeschränkungen eine Verfügung, die eine Anreise zu den Spielorten verhindern sollten oder es wurden Meldeauflagen durch die Polizeibehörden erlassen (Lisken/Denninger PolR-HdB/Petri/Kremer A Rn. 127; sowie Lisken/Denninger PolR-HdB/Graulich E Rn. 289 f., wo zur Gefährderansprache abgegrenzt wird, die gerade kein Verwaltungsakt darstellt). 1.1

Bei **Sportveranstaltungen** werden Meldeauflagen gegenüber gewaltbereiten und gewalttätigen Fußballfans und Hooligans oft mit weiteren Maßnahmen **im Vorfeld** der **Veranstaltung** verknüpft. Dazu gehören unter anderem die **Gefährderansprachen** und **Gefährderanschreiben** (Lisken/Denninger PolR-HdB/Graulich E Rn. 284). 2

3 Bei **Auslandsbezug** werden Meldeauflagen häufig von **Passbeschränkungen** und/oder **Personalausweisbeschränkungen** auf der Grundlage des Gesetzes über Personalausweise und den elektronischen Identitätsnachweis (Personalausweisgesetz – PAuswG) in Verbindung mit dem Passgesetz (PassG) flankiert (Lisken/Denninger PolR-HdB/Graulich E Rn. 284; Schönrock Die Polizei 2010, 280).

B. Normzweck

4 **Meldeauflagen** dienen in Hessen schon seit vielen Jahren dazu, jemanden daran zu hindern, einen bestimmten Ort aufzusuchen, um dort Gewalttaten oder andere Straftaten zu verüben. Hauptanwendungsfeld von Meldeauflagen ist die Eindämmung von Gewalt im Umfeld von **Sportveranstaltungen,** insbesondere bei Fußballspielen. So können **Reisen zu Fußballspielen** – auch ins Ausland – unterbunden werden, soweit es erforderlich ist, Straftaten im Zusammenhang mit solchen Veranstaltungen zu verhindern. § 30a S. 1 beschränkt sich allerdings nicht auf solche und **ähnliche Veranstaltungen** (vgl. LT-Drs. 19/6502, 42; § 30a S. 3 greift sie aber namentlich auf). Sie können also auch dann ergehen, wenn sie zB der **Abwehr terroristischer Straftaten** dienen oder zur **Unterbindung häuslicher Gewalt** ergehen (vgl. LT-Drs. 19/6502, 42).

C. Grundrechte

5 Der Erlass einer Meldeauflage greift in die **allgemeine Handlungsfreiheit** (Art. 2 Abs. 1 GG) ein (BVerwG NVwZ 2007, 1439 (1441)), weil sich der Adressat der Maßnahme bei der Polizeidienststelle melden muss; er kann zudem in die **Freizügigkeit (Art. 11 GG)** eingreifen (LT-Drs., 19/6502, 45), wenn zB durch die Häufigkeit der Meldepflichten ein freier Aufenthalt im gesamten Bundesgebiet nicht mehr möglich ist. Ein Eingriff in die Freiheit der Person iSd Art. 2 Abs. 2 S. 2 GG iVm Art. 104 Abs. 1 GG in Form einer Freiheitsbeschränkung liegt nach herrschender Meinung nicht vor (so Schucht NVwZ 2011, 709 (711 f.); vgl. aber zur ähnlichen Problematik im Rahmen der Vorladung → § 30 Rn. 13 f.). Eine Freiheitsentziehung ist mit der Meldeauflage nicht verbunden (so im Ergebnis BVerwG NVwZ 2007, 1439 (1441); vgl. insgesamt zur Problematik nach Einzelfällen diff. Schucht NVwZ 2011, 709; aA BeckOK PolR Nds/Waechter NPOG § 16a Rn. 5). Art. 8 GG kommt in Betracht, wenn mit der Meldeauflage die Teilnahme an einer Versammlung verhindert werden soll (vgl. Schucht NVwZ 2011, 709 (711)).

D. Parallelvorschriften

6 Eine vergleichbare – allerdings weniger detaillierte – Vorschrift in den Polizeigesetzen der anderen Bundesländer enthalten etwa Art. 16 Abs. 2 S. 2 BayPAG (**Meldeanordnung**). In Rheinland-Pfalz ist in § 12a RhPf PolG „**Meldeauflagen**" normiert. Auch in § 16a NPOG findet sich eine dem § 30a HSOG ähnliche Vorschrift. Bestimmungen anderer Länder oder des Bundes setzen zwar die Zulässigkeit von Meldeauflagen voraus, Befugnisnormen in Form von Standardmaßnahmen fehlen aber dort (vgl. etwa Baden-Württemberg, VwV PolG zu § 28 BWPolG aF, oder § 2 Abs. 1 Nr. 22 BKADV).

E. Einzelkommentierung

I. Voraussetzungen (§ 30a S. 1)

7 Nachdem der Gesetzgeber eine **Legaldefinition** des Begriffs „Meldeauflage" (→ Rn. 1) wie im HSOG üblich durch einen Klammerzusatz gekennzeichnet hat (vgl. zB auch § 11), nennt er als Voraussetzungen **Tatsachen, die die Annahme rechtfertigen** (vgl. zum Begriff → § 30 Rn. 17), dass die Person (der Adressat) eine **Straftat** begehen wird. Ordnungswidrigkeiten sind also für eine solche Maßnahme nicht ausreichend (vgl. aber etwa den Wortlaut § 32 Abs. 1 Nr. 2). Insgesamt stand die Rechtsprechung bislang behördlichen Meldeauflagen – auf die Generalklausel gestützt – eher wohlwollend gegenüber (vgl. etwa BVerwG BeckRS 2007, 26860; VG Karlsruhe 2.4.2009 – 6 K 777/09). Die Vorschrift regelt eine **exklusive Zuständigkeit der Polizeibehörden.** Die Prüfung eines Eilfalls nach § 2

S. 1 und des Grundsatzes der Erstbefassung zur Abgrenzung von den Zuständigkeiten der Verwaltungs- und Ordnungsbehörden entfällt hier somit. Grund dafür ist, dass bisher die Gefahrenabwehrbehörden meist auf Empfehlung der Polizeibehörden Meldeauflagen erlassen haben und die sachliche Zuständigkeit ohnehin bei der Verhütung von Straftaten exklusiv in der sachlichen Zuständigkeit der Polizeibehörden liegt (vgl. § 1 Abs. 4; LT-Drs. 19/6502, 42).

II. Rechtsfolgen (§ 30a S. 2–5)

Rechtsfolge des § 30a ist zunächst die Meldeauflage selbst, dh die Anweisung, dass sich der Adressat an bestimmten Tagen bis zu zweimal zu bestimmten Zeiten bei einer bestimmten polizeilichen Dienststelle zu melden hat. Diese Rechtsfolge wird durch S. 2 eingeschränkt. Vor allem die Beschränkung auf **Polizeistationen und Polizeireviere** dient der Verhältnismäßigkeit der Maßnahme. Die Pflicht, ein bestimmtes Polizeipräsidium aufzusuchen, könnte im Einzelfall der Erforderlichkeit der Maßnahmen entgegenstehen (vgl. LT-Drs. 19/6502, 42). S. 3 schreibt vor, dass die Meldeauflage ggf. auf eine bestimmte Veranstaltung bzw. eine zusammenhängende Serie von Veranstaltungen zu beschränken ist. Auch dies dient der Verhältnismäßigkeit der Maßnahme. Damit wird verhindert, dass die Maßnahmen „ins Blaue hinein" getroffen werden. S. 4, S. 5, S. 7 und S. 8 regeln die **Dauer** und die Möglichkeit von **Verlängerungen** (ohne deren Anzahl generell zu begrenzen) einer Meldeauflage sowie die Selbstverständlichkeit, dass die Maßnahme bei Wegfall der Tatbestandsvoraussetzungen unverzüglich zu beenden ist. 8

Da von mehreren möglichen und geeigneten Maßnahmen diejenige zu treffen ist, die den Einzelnen (und die Allgemeinheit) voraussichtlich am wenigsten beeinträchtigt, ist eine Meldeauflage auch **erforderlich,** wenn **kein milderes Mittel** zur Verfügung steht, um das mit ihr verfolgte Ziel gleich wirksam zu fördern. Insbesondere muss sich die Polizeibehörde nicht mit der gegen den Störer zeitgleich verhängten Personalausweisbeschränkung gem. § 2 Abs. 2 PersAuswG iVm § 7 Abs. 1 Nr. 1 PassG benügen. Denn die Meldeauflage unterwirft den Betroffenen einer weitaus wirkungsvolleren Kontrolle: Der Adressat muss die am Wohnort zu befolgende Meldeauflage beachten. Eine Personalausweisbeschränkung greift hingegen erst, wenn er einen Ausreiseversuch unternehmen wund auf eine Grenzkontrollbehörde treffen würde (Lisken/Denninger PolR-HdB/Graulich E Rn. 41 f.). 8.1

Die Verfügung einer Meldeauflage gegen einen bereits gewalttätig in Erscheinung getretenen Gefährder verstößt auch nicht gegen den **Grundsatz der Verhältnismäßigkeit** im engeren Sinne. Dies insbesondere aufgrund der Abwägung unterschiedlich betroffener Grundrechtsverletzungen. Denn die Meldeauflage dient häufig gerade dem Schutz hochwertiger Rechtsgüter, nämlich – vor allem der Bewahrung der körperlichen Unversehrtheit. Die Intensität des Grundrechtseingriffs, den der Verpflichtete bei einer Meldeauflage hinnehmen muss, steht häufig nicht außer Verhältnis zu dem möglichen Schaden, der mit der Verfügung abgewendet werden soll. Der Erlass der Verfügung einer Meldeauflage setzt auch in Anbetracht der Hochwertigkeit der zu schützenden Rechtsgüter nicht die Annahme einer erhöhten Wahrscheinlichkeit des Schadenseintritts voraus. Die hinreichende Wahrscheinlichkeit wurde in einem Verfahren bestätigt und als gerade ausreichend erachtet, was bedeutet, dass mehr als nur eine geringfügige Wahrscheinlichkeit zu seiner Rechtfertigung vorliegen muss. Die betreffende Entscheidung beinhaltet eine versammlungsrechtliche Materie (BVerwG NVwZ 2007, 1439; Lisken/Denninger PolR-HdB/Graulich E Rn. 45). 8.2

III. Adressat der Meldeauflage

Der richtige **Adressat** für Meldeauflagen ist **spezialgesetzlich in § 30a S. 1 geregelt.** Die Vorschrift verdrängt also die allgemeinen Adressatenbestimmungen der §§ 6, 7 und 9. Richtiger Adressat einer Meldeauflage ist stets die Person, die die Straftat möglicherweise begehen wird. 9

IV. Besondere Verfahrensvorschriften

S. 6, S. 7, S. 9 und S. 10 enthalten **besondere Verfahrensvorschriften.** Sie umfassen die Pflicht, bei einer Verlängerung der Dauer einer Meldeauflage unverzüglich eine richterliche Anordnung einzuholen, die nur bei **Gefahr im Verzug** verzichtbar ist (vgl. zum Begriff → § 30 Rn. 35), sowie die Pflicht, die richterliche Anordnung ggf. unverzüglich nachzuholen. Außerdem werden örtliche **Zuständigkeit und das Verfahren** nach dem FamFG geregelt. 10

F. Rechtscharakter von Meldeauflagen

11 Meldeauflagen sind **belastende Verwaltungsakte** iSd § 35 S. 1 HVwVfG (vgl. VG Freiburg BeckRS 2016, 49927).

G. Durchsetzung von Meldeauflagen

12 Zur Durchsetzung von Meldeauflagen bieten sich die Androhung und Festsetzung von **Zwangsgeld** an (vgl. § 50). Das entspricht auch der Handhabung in der Praxis, wobei das Zwangsgeld für jeden Verstoß gegen die Meldeauflagen festgesetzt werden kann (vgl. VG Freiburg BeckRS 2016, 49927).

H. Rechtsschutz

13 Gegen Maßnahmen iSd § 30a als Verwaltungsakte sind **Anfechtungswiderspruch (§§ 68 ff. VwGO) und im Hauptverfahren Anfechtungsklage** (§ 42 Abs. 1 VwGO) statthaft. Regelmäßig wird sich aber zur Erlangung effektiven Rechtsschutzes wegen der relativ kurzen Dauer dieser Maßnahmen anbieten, sie vor dem Verwaltungsgericht im **Eilrechtsschutz** anzugreifen. Da die Maßnahmen regelmäßig sofort vollziehbar sind (vgl. § 80 Abs. 2 S. 1 Nr. 2 VwGO), kann nach Einlegung des Widerspruchs beim Verwaltungsgericht ein Antrag auf Anordnung oder Wiederherstellung der aufschiebenden Wirkung des Widerspruchs nach § 80 Abs. 5 S. 1 VwGO gestellt werden. Bei Erledigung der Maßnahme kommt im Hauptverfahren eine **Fortsetzungsfeststellungsklage** in Betracht (vgl. § 113 Abs. 1 S. 4 VwGO analog), die allerdings ein besonderes Feststellungsinteresse voraussetzt (vgl. iE BeckOK VwGO/Decker VwGO § 113 Rn. 85 ff.; vgl. OVG Lüneburg BeckRS 2015, 45800). Ein solches **Fortsetzungsfeststellungsinteresse** kann sich nach ergangener Meldeauflage aus einem Rehabilitationsinteresse (OVG Lüneburg BeckRS 2015, 45800), einer Wiederholungsgefahr oder der Intensität des Grundrechtseingriffs ergeben (vgl. BeckOK PolR BW/Enders PolG § 27a Rn. 61 mwN; vgl. VG Freiburg BeckRS 2016, 49927).

14 Für den Fall der **Verlängerung der Frist für eine Meldeauflage** sieht grundsätzlich § 30a S. 6 eine richterliche Anordnung vor. Nur bei Gefahr im Verzug kann die Einholung entfallen, ist dann aber unverzüglich nachzuholen. In diesem Fall ist die **ordentliche Gerichtsbarkeit** zuständig, nämlich das Amtsgericht, in dessen Bezirk die Polizeibehörde ihren Sitz hat (vgl. § 30a S. 9). Dann gelten für das Verfahren die Vorschriften des **FamFG** entsprechend.

§ 31 Platzverweis, Aufenthaltsverbot, Kontaktverbot

(1) [1]Die Gefahrenabwehr- und die Polizeibehörden können zur Abwehr einer Gefahr eine Person vorübergehend von einem Ort verweisen oder ihr vorübergehend das Betreten eines Ortes verbieten. [2]Der Platzverweis kann ferner gegen eine Person angeordnet werden, die den Einsatz der Feuerwehr oder andere Hilfs- oder Rettungsmaßnahmen behindert.

(2) [1]Die Gefahrenabwehr- und die Polizeibehörden können eine Person bis zu einer richterlichen Entscheidung über zivilrechtliche Schutzmöglichkeiten ihrer Wohnung und des unmittelbar angrenzenden Bereichs verweisen, wenn dies erforderlich ist, um eine von ihr ausgehende gegenwärtige Gefahr für Leib, Leben oder Freiheit von Bewohnern derselben Wohnung abzuwehren. [2]Unter den gleichen Voraussetzungen kann ein Betretungsverbot angeordnet und der Kontakt mit bestimmten Personen oder Personen einer bestimmten Gruppe untersagt werden. [3]Eine Maßnahme nach Satz 1 oder 2 darf die Dauer von vierzehn Tagen nicht überschreiten. [4]Die Maßnahme kann um weitere vierzehn Tage verlängert werden, wenn bis zu diesem Zeitpunkt eine wirksame richterliche Entscheidung über den zivilrechtlichen Schutz nicht getroffen worden ist. [5]Das Gericht hat der zuständigen Gefahrenabwehrbehörde oder der Polizeibehörde die Beantragung des zivilrechtlichen Schutzes sowie den Tag und den Inhalt der gerichtlichen Entscheidung unverzüglich mitzuteilen.

(3) [1]Rechtfertigen Tatsachen die Annahme, dass eine Person in einem bestimmten örtlichen Bereich innerhalb einer Gemeinde eine Straftat begehen wird, so können die Gefahrenabwehr- und die Polizeibehörde ihr für eine bestimmte Zeit verbieten, diesen Bereich zu betreten oder sich dort aufzuhalten, es sei denn, sie hat dort ihre Wohnung oder sie ist aus einem vergleichbar wichtigen Grund auf das Betreten des Bereichs angewiesen (Aufenthaltsverbot). [2]Unter den Voraussetzungen des Satz 1 können die Polizeibehörden einer Person auch den Kontakt mit bestimmten Personen oder Personen einer bestimmten Gruppe untersagen. [3]Ein Verbot nach Satz 1 oder 2 ist zeitlich und örtlich auf den zur Verhütung der Straftat erforderlichen Umfang zu beschränken. [4]Es darf die Dauer von drei Monaten nicht überschreiten. [5]§ 31a sowie die Vorschriften des Versammlungsrechts bleiben unberührt.

Überblick

Auszug aus der VVHSOG (nicht an die aktuelle Gesetzeslage angepasst und gem. Erlass des Hessischen Ministeriums des Innern und für Sport v. 29.11.2022 (StAnz. 50/2022, 1384) zum 1.1.2025 mangels eines erneuten Verlängerungserlasses ersatzlos außer Kraft getreten):

Zu § 31

31.1

Zu Abs. 1

31.1.1

Die Platzverweisung kann sowohl unter freiem Himmel als auch in Räumen angeordnet werden. Für den Schutz der Bevölkerung vor häuslicher Gewalt ist die Spezialregelung in Abs. 2 zu beachten. Die Platzverweisung ist erforderlichenfalls mit der Anordnung zu verbinden, mitgeführte Sachen, insbesondere Fahrzeuge oder Tiere, zu entfernen. Die Inhaberin oder der Inhaber einer Wohnung im Sinne des § 38 darf nur dann an deren Betreten gehindert oder aus ihr verwiesen werden, wenn eine dringende erhebliche Gefahr dies erfordert.

31.1.2

Die Platzverweisung nach Satz 2 kann auch gegen Schaulustige gerichtet werden, wenn deren Anwesenheit den Einsatz der Feuerwehr oder andere Hilfs- oder Rettungsmaßnahmen, insbesondere die Zu- und Abfahrt der Fahrzeuge, behindert.

31.2

Zu Abs. 2

Die Vorschrift ist im Zusammenhang mit dem Bundesgesetz zum zivilrechtlichen Schutz vor Gewalttaten und Nachstellungen (Gewaltschutzgesetz) vom 11. Dezember 2001 (BGBl. I S. 3513) zu sehen.

31.3

Zu Abs. 3

Die Vorschrift ist die spezielle Rechtsgrundlage für die Anordnung eines längerfristigen Aufenthaltsverbotes. Ein Rückgriff auf die Generalklausel ist damit unzulässig. Aufenthaltsverbote zur vorbeugenden Bekämpfung von Straftaten eignen sich insbesondere zur Bekämpfung offener Drogenszenen, zum Schutz von Veranstaltungen (zum Beispiel Volksfesten, Sportveranstaltungen oder Open-Air-Konzerten) vor gewaltbereiten Personen (zum Beispiel Skinheads, Punks, Hooligans), zur Verhinderung so genannter Chaos-Tage, zum Schutz von Castor-Transporten oder auch zur Verhinderung des so genannten Hütchenspiels. Es müssen nachprüfbare Tatsachen vorliegen, die zur Annahme berechtigen, dass eine Person an einer bestimmten Örtlichkeit eine Straftat begehen wird. Hinsichtlich der insoweit erforderlichen Prognoseentscheidung wird eine hinreichende Wahrscheinlichkeit gefordert, eine Gewissheit ist nicht erforderlich. Die Gefahrenabwehr- und Polizeibehörden haben in jedem Einzelfall das Aufenthaltsverbot auf den zur Verhütung von Straftaten erforderlichen Umfang in zeitlicher und örtlicher Hinsicht zu beschränken, wobei drei Monate nicht überschritten werden dürfen. Das Aufenthaltsverbot darf nicht den Zugang zur Wohnung einer betroffenen Person erfassen. Vergleichbar wichtige Gründe (zum Beispiel Zugang zur Praxis der Hausärztin oder des Hausarztes) stehen der Verhängung eines Aufenthaltsverbots entgegen. Der Hinweis auf das Versammlungsrecht wirkt lediglich deklaratorisch und betont den Grundsatz der „Polizeifestigkeit" des Versammlungsrechts.

§ 31 regelt in drei Absätzen den Platzverweis (Abs. 1), die sog. Wohnungsverweisung (Abs. 2) und das sog. Aufenthaltsverbot (Abs. 3) sowie in Abs. 2 und Abs. 3 das Kontaktverbot. Obwohl diese Ermächtigungsgrundlagen in einem Paragrafen zusammengefasst sind, sind ihre Normzwecke und die beeinträchtigten Grundrechte unterschiedlich (→ Rn. 1). Abs. 1 S. 1 erfordert eine Gefahr für die öffentliche Sicherheit und Ordnung (→ Rn. 9). Rechtsfolge sind Betretungsverbot oder Wegweisung (→ Rn. 14), die sich auf einen bestimmten Ort beziehen müssen (→ Rn. 15) und nur vorübergehend erteilt werden dürfen (→ Rn. 16). Abs. 1 S. 2 will Störungen von Feuerwehreinsätzen und Ähnlichem schützen, eine konkrete Gefahr ist nicht erforderlich (→ Rn. 19). Abs. 2 regelt die sog. Wohnungsverweisung in Fällen der häuslichen Gewalt unter engen Voraussetzungen (→ Rn. 23). Umstritten ist die Wirkung eines Einverständnisses des Opfers auf Maßnahmen nach Abs. 2 (→ Rn. 25). Rechtsfolge des Abs. 2 ist die Wegweisung des Störers aus der Wohnung und dem unmittelbar angrenzenden Bereich (→ Rn. 29). Abs. 3 schließlich regelt das längerfristige sog. Aufenthaltsverbot (→ Rn. 34). Bis zum Inkrafttreten dieser Befugnisnorm kaum zu bewältigende Gefahrenlagen wie die des sog. Hütchenspiels, offener Drogenszenen oder von sog. Chaostagen können nunmehr mit dieser Ermächtigungsgrundlage angegangen werden (→ Rn. 6 und Nr. 31.3 VVHSOG aF).

Übersicht

A. Platzverweis (Abs. 1) – Normzweck und Grundrechte

1 Die Bestimmung des § 31 bestand ursprünglich allein aus dessen Abs. 1, wonach der **Platzverweis** gegen „Personen" allgemein (S. 1) oder gegen Personen angeordnet werden können, die den Einsatz der Feuerwehr oder andere Hilfs- oder Rettungsmaßnahmen behindern (S. 2). Solche Platzverweise sind an eine oder mehrere Personen gerichtete Aufforderungen, vorübergehend einen bestimmten Ort zu verlassen (sog. **Wegweisung** oder auch **Entfernungsgebot**) oder nicht zu betreten (sog. **Betretungsverbot**). Die Maßnahmen greifen in das Grundrecht auf **Freiheit der Person in Form einer Freiheitsbeschränkung** ein (vgl. Art. 2 Abs. 2 S. 2 GG iVm Art. 104 Abs. 1 GG; BVerfG NJW 2002, 3161 (3162); BeckOK PolR Nds/Waechter NPOG § 17 Rn. 5). Sie zielen nämlich darauf ab, den Adressaten daran zu hindern, jeden beliebigen Ort aufzusuchen oder zu verlassen (vgl. Schmidt PolR Rn. 416). Ein Eingriff in die allgemeine Handlungsfreiheit nach Art. 2 Abs. 1 GG als sog. Innominatgrundrecht scheidet daher aus (aA BeckOK PolR Nds/Waechter NPOG § 17 Rn. 5; aA mit ausf. Begründung: BeckOK PolR BW/Enders BWPolG § 27a Rn. 5–8 mwN). Ein Eingriff in die Freizügigkeit nach Art. 11 GG wird regelmäßig nicht vorliegen, weil dieses Grundrecht die Freiheit schützt, an jedem Ort Wohnsitz oder Aufenthalt zu nehmen. Es ist daher bei kurzfristigen Platzverweisungen iSd Abs. 1 nicht betroffen (die von der Platzverweisung betroffenen Grundrechte sind im Einzelnen umstritten, vgl. detailliert BeckOK PolR BW/Enders BWPolG § 27a Rn. 5 ff.).

B. Wohnungsverweisung (Abs. 2) – Normzweck und Grundrechte

Durch das Gesetz zum effektiveren Schutz der Bevölkerung vor häuslicher Gewalt v. 6.9.2002 (HessGVBl. I 547) wurde Abs. 2 eingefügt. Die Bestimmung soll vor Gefahren schützen, die für Bewohner derselben Wohnung drohen, die auch der Adressat bewohnt. 2

Während das am 1.1.2002 in Kraft getretene Gewaltschutzgesetz des Bundes auf eine Verbesserung des zivilrechtlichen Schutzes von Gewaltopfern – insbesondere von Frauen und Kindern – abzielte, war es das erklärte Ziel des hessischen Gesetzgebers, durch behördliche Maßnahmen schnelle und effektive Hilfe bei häuslicher Gewalt bis zu einer gerichtlichen Entscheidung zu schaffen (LT-Drs. 15/3650, 3). Mit der Befugnisnorm sollte zudem eine Rechtsunklarheit beseitigt werden: Bis zum Inkrafttreten der Vorschrift konnten Wohnungsverweisungen nur auf Abs. 1 S. 1 gestützt werden, was wegen dessen Tatbestandsvoraussetzungen (einfache, konkrete Gefahr) verfassungsrechtliche Probleme aufwarf. Gerade mit Blick auf Art. 13 GG, der vom Gesetzgeber als durch solche Maßnahmen beeinträchtigt gesehen wird (vgl. LT-Drs. 15/3650, 3), war eine Wohnungsverweisung nur mit dem Kunstgriff einer verfassungskonformen Auslegung rechtlich haltbar, indem man nämlich Abs. 1 S. 1 nur auf solche Fälle anwandte, in denen eine dringende Gefahr für die öffentliche Sicherheit vorlag, also nur auf solche Sachverhalte, in deren Rahmen besonders hochrangige Rechtsgüter wie Leib, Leben, Freiheit oder Sachen von bedeutendem Wert zu schützen waren. Tatbestandlich waren diese Voraussetzungen in den Fällen häuslicher Gewalt regelmäßig erfüllt. Dennoch hat sich der Gesetzgeber entschieden, eine besondere Norm zur Bekämpfung häuslicher Gewalt zu schaffen, um die Befugnisnorm auch vom Wortlaut her der Verfassung anzugleichen. 2.1

Wegen der im Vergleich zu Abs. 1 intensiveren Grundrechtsbeeinträchtigung hat der Gesetzgeber eine Ermächtigungsgrundlage geschaffen, die diesem Umstand Rechnung trägt und entsprechend **hohe Anforderungen an das Einschreiten der Behörden** stellt. Im Einzelnen ist umstritten, in welche Grundrechte Maßnahmen nach Abs. 2 eingreifen. Unbestritten ist, dass das **Grundrecht auf Freizügigkeit** iSd Art. 11 GG betroffen sein kann, weil der Adressat der Maßnahme über einen möglicherweise nicht unerheblichen Zeitraum daran verpflichtet werden kann, seine Wohnung zu verlassen und nicht wieder zu betreten (vgl. BeckOK PolR BW/Enders BWPolG § 27a Rn. 7 mwN). 3

Zweifel an der kompetenzrechtlichen Befugnis der Länder, Eingriffe in die Freizügigkeit zu gestatten, ergeben sich nach hM aus der Bestimmung des Art. 73 Abs. 1 Nr. 3 GG nicht (vgl. Guckelberger JA 2011, 1 mwN). Diese Auffassung wird zum einen auf den Wortlaut des Gesetzesvorbehalts in Art. 11 Abs. 2 GG gestützt, der Eingriffe unter anderem erlaubt, um strafbaren Handlungen vorzubeugen, somit Art. 73 Abs. 1 Nr. 3 GG nicht die Gesetzgebungskompetenz der Länder zur Gefahrenabwehr ausschließe. Zudem sei die Gesetzgebungskompetenz des Bundes nur in den Fällen erforderlich, in denen es um eine die Grenzen der Bundesländer überschreitende Freizügigkeit gehe (vgl. Kingreen/Poscher POR § 15 Rn. 11). 3.1

Ob darüber hinaus in diesem Eingriff eine Beeinträchtigung am **Eigentum** der Wohnung iSd Art. 14 GG oder vielmehr ein Eingriff in die **Unverletzlichkeit der Wohnung** nach Art. 13 GG zu bejahen ist, ist umstritten. Der Gesetzgeber ist bei Schaffung der Bestimmung davon ausgegangen, dass Art. 13 GG durch die Wohnungsverweisung tangiert wird (LT-Drs. 15/3650, 3; ebenso Hornmann HSOG Rn. 3; Fredrich Rn. 2; Guckelberger JA 2011, 1 f.; VG Gelsenkirchen NWVBl. 2002, 361; OVG Münster NJW 2002, 2195; VG Osnabrück NZM 2011, 595; aA BeckOK PolR BW/Enders BWPolG § 27a Rn. 9 mwN; Kingreen/Poscher POR § 15 Rn. 5). Dem ist zuzustimmen mit der Folge, dass der Gesetzgeber zu Recht die Tatbestandsvoraussetzungen des § 31 Abs. 2 verfassungskonform auf eine gegenwärtige Gefahr für Leib, Leben oder Freiheit begrenzt hat. 4

Die Auffassung, nach der Art. 13 GG durch die Wohnungsverweisung nicht tangiert wird (und nur darum geht es hier, nicht etwa um den Eingriff mittels Betreten der Wohnung durch die Beamten, der allein auf § 38 zu stützen ist), beruft sich meist auf einen Beschluss des BVerfG (BVerfG NJW 1993, 2035 (2037)). Dort betont das Gericht, dass Art. 13 GG bei Räumungsprozessen gegen Mieter nicht einschlägig sei, weil er nicht das Besitzrecht an einer Wohnung schütze, sondern deren Privatheit. Schutzgut sei die räumliche Sphäre, in der sich das Privatleben entfalte, also das Recht, in diesen Räumen in Ruhe gelassen zu werden. Es mag sein, dass dieses Recht im Falle eines völligen Entzugs der Wohnung, wie dies bei endgültigen Räumungen gegeben ist, nicht einschlägig ist, weil der Verlust der Wohnung die Privatheit in diesen Räumen nicht stört, sondern völlig und endgültig entzieht. Die 4.1

Voraussetzung für eine Privatheit in diesen Räumen ist dann also nicht mehr gegeben. Daraus ist aber nicht zwingend der Schluss zu ziehen, dass auch bei vorübergehendem Verweis aus der Wohnung die Privatheit nicht gestört sei. Immerhin bleiben Hab und Gut des Wohnungsinhabers regelmäßig in „seinen vier Wänden" zurück. Meist wird nur das Allernötigste während der Dauer der Wohnungsverweisung vom Adressaten mitgenommen. Der Lebensmittelpunkt bleibt zunächst grundsätzlich gewahrt. Hat also die Verwaltung prinzipiell zu akzeptieren, dass der Adressat Wohnungsinhaber bleibt, weil die durch sie verfügte Einschränkung lediglich vorübergehender Natur ist, so ist eine Vergleichbarkeit mit der Entscheidung des BVerfG nicht gegeben. Dort geht es um die endgültige Aufgabe der Wohnung, hier um ein vorübergehendes Verlassen unter grundsätzlicher Beibehaltung der zivilrechtlichen Besitzverhältnisse. Es vermag nicht einzuleuchten, weshalb die Privatheit, das Recht, vom Staat in seiner Wohnung in Ruhe gelassen zu werden, durch die vorübergehende Verpflichtung, die Wohnung zu verlassen, nicht beeinträchtigt sein soll.

5 Flankierend zur Wohnungsverweisung werden in der Praxis häufig Maßnahmen ergriffen, die den Opfern häuslicher Gewalt zusätzlichen Schutz gewähren sollen, die von der Rechtsfolge des Abs. 2 aber nicht erfasst werden. So kann es erforderlich sein, den **Störer zu verpflichten, auch andere Orte als die Wohnung zu meiden.** Das kann der Arbeitsplatz der geschädigten Person ebenso sein wie andere Orte, an denen sich diese Person aufzuhalten pflegt. Befugnisnorm für solche Verwaltungsakte ist Abs. 1 S. 1. Auch wird die Behörde regelmäßig erwägen, dem Gewalttäter generell ein **Kontaktverbot** aufzugeben. Damit kann der Kontakt zu bestimmten Personen oder Personen einer bestimmten Gruppe unterbunden werden, um letztlich eine erneute Gewalteinwirkung auf das Opfer zu unterbinden. Solche Maßnahmen sind seit dem Änderungsgesetz v. 25.6.2018 (HessGVBl. 302) auf § 31 Abs. 2 S. 2 zu stützen. Daher ist die **Generalklausel des § 11** für diese Fälle als Befugnisnorm nicht (mehr) einschlägig. Sie wird von den Befugnisnormen des § 31 Abs. 2 S. 2 und Abs. 3 S. 2 verdrängt (vgl. auch Hornmann HSOG Rn. 48 Fn. 95 unter der angreifbaren Prämisse, dass es sich bei diesen Maßnahmen um solche zum Schutz privater Rechte iSd § 1 Abs. 3 handele). Sogenannte **Annäherungsverbote,** mit denen erreicht werden soll, dass sich der Störer außerhalb der Wohnung und anderer Orte **dem Opfer nähert,** sind hingegen nach wie vor auf die Generalklausel des § 11 zu stützen.

C. Aufenthaltsverbot (Abs. 3) – Normzweck und Grundrechte

6 Mit Gesetz v. 6.12.2003 (HessGVBl. I 308) hat der Gesetzgeber mit Abs. 3 eine spezielle Befugnisnorm für die Anordnung von Aufenthaltsverboten in das HSOG aufgenommen. Die Bestimmung sollte eine Lücke schließen, die wegen des nur vorübergehenden Charakters von Platzverweisungen iSd Abs. 1 vorhanden war. **Längerfristige Aufenthaltsverbote,** die sich zudem auf über bestimmte Orte hinausgehende Gebiete beziehen, sind ein Instrumentarium, das – nicht nur in Hessen – zum Einsatz kommt, um bspw. Straftaten in der **offenen Drogenszene,** durch **Fußball-Hooligans** oder **Prostituierte in Sperrbezirken** (vgl. § 184e StGB), bei den **Chaos-Tagen in Hannover** zu verhindern, denen man weder mit der klassischen Platzverweisung noch mit der Generalklausel des § 11 beikommen konnte. In Hessen zeigte sich dies am Beispiel von sog. **Hütchenspielern,** denen ein mehrmonatiges Aufenthaltsverbot aufgegeben wurde, das mangels spezieller Rechtsgrundlage auf die Generalklausel des § 11 gestützt wurde. Der VGH Kassel (NVwZ 2003, 1400) hielt diesen Rückgriff für rechtswidrig, sodass der Gesetzgeber mit Einführung der Bestimmung des Abs. 3 reagierte.

7 Mit einem Aufenthaltsverbot nach Abs. 3 wird uU in das Grundrecht auf **Freizügigkeit iSd Art. 11 GG** eingegriffen. Wegen der erhöhten Dauer der Maßnahme gegenüber der klassischen Platzverweisung iSd Abs. 1 kann hier die Freiheit des Adressaten beschränkt sein, an jedem Ort Wohnsitz oder Aufenthalt zu nehmen (vgl. BeckOK PolR BW/Enders BWPolG § 27a Rn. 7 mwN; Kingreen/Poscher POR § 15 Rn. 4 mwN; zur diesbezüglichen Frage nach der Gesetzgebungskompetenz der Bundesländer → Rn. 2).

D. Parallelvorschriften

8 Die **Polizeigesetze der anderen Bundesländer** enthalten dem § 31 ähnliche Vorschriften (vgl. etwa § 27a BWPolG, Art. 16 BayPAG (Platzverweisung, Aufenthaltsanordnung und

Kontaktverbot unter der bloßen Voraussetzung einer drohenden Gefahr), § 17 NPOG (mit wesentlich knapperer Ermächtigungsgrundlage für die Wohnungsverweisung) oder §§ 34, 34a PolG NRW). Auf **Bundesebene** ist gem. § 8 S. 2 Nr. 1 JuSchG ein Platzverweis gegenüber Kindern und Jugendlichen möglich, um Gefahren für ihr geistiges, seelisches oder körperliches Wohl abzuwenden. Des Weiteren können versammlungsrechtliche Bestimmungen dazu verpflichten, eine Versammlung zu verlassen (vgl. § 13 Abs. 2 VersammlG, § 11 Abs. 2 VersammlG, § 18 Abs. 1 VersammlG). Solche Pflichten können mit einem Platzverweis iSd § 31 Abs. 1 S. 1 durchgesetzt werden. Auch im Bereich des Brand- und Zivil- sowie Katastrophenschutzes können Personen von bestimmten Örtlichkeiten ferngehalten werden (vgl. § 10 ZSKG, § 51 HessBKG). Im **repressiven Bereich** findet § 164 StPO Anwendung, wonach insbesondere Personen, die amtliche Tätigkeiten vorsätzlich stören, festgenommen werden können. Das schließt auch die Minusmaßnahme eines Platzverweises als milderes Mittel ein und ist zudem bei der Verfolgung von Ordnungswidrigkeiten zulässig (vgl. § 46 OWiG).

E. Einzelkommentierung

I. Klassischer Platzverweis (Abs. 1 S. 1)

1. Voraussetzungen (Abs. 1 S. 1)

Der **klassische Platzverweis** iSd Abs. 1 S. 1 stellt eine Befugnisnorm für die Gefahrenabwehr- und Polizeibehörden dar. Da gegenüber den Verwaltungsbehörden die **Ordnungs- und die Polizeibehörden nur subsidiär zuständig** sind, muss für deren Einschreiten aufgrund einer sachlichen Zuständigkeit nach § 1 Abs. 1 S. 1 ein **Eilfall** iSd § 2 S. 1 gegeben sein. Die Zuständigkeitsabgrenzung zwischen den Ordnungs- und Polizeibehörden wiederum erfolgt über den sog. **Grundsatz der Erstbefassung,** der allerdings gesetzlich nicht ausdrücklich geregelt ist. Eine exklusive Zuständigkeit der Polizeibehörden kann sich hingegen aus § 1 Abs. 4 ergeben. 9

Materielle Tatbestandsvoraussetzung des Abs. 1 S. 1 ist das Vorliegen einer Gefahr, also einer **im einzelnen Falle bestehenden Gefahr für die öffentliche Sicherheit oder Ordnung** (konkrete Gefahr). Auch eine Anscheinsgefahr kommt in Betracht (VG Augsburg BeckRS 2018, 23144). Ein **Gefahrenverdacht** ist uU ebenfalls ausreichend, aber da ein solcher in erster Linie Gefahrenerforschungsmaßnahmen rechtfertigt, ist die Verhältnismäßigkeit in diesen Fällen besonders sorgfältig zu prüfen (vgl. BeckOK PolR Nds/Waechter NPOG § 17 Rn. 21). Hinsichtlich der schutzbedürftigen Sicherheitsgüter kommen bei einer Platzverweisung sowohl der Bestand des Staates mit seinen Einrichtungen und deren Funktionsfähigkeit, die Individualrechtsgüter Leib, Leben, Freiheit, Ehre und Vermögen des Einzelnen sowie das gesamte geschriebene Recht in Betracht. So können sie etwa bei **Bombendrohungen, Blindgängern** oder **offenen Gasleitungen** gegen Besucher oder Bewohner der betroffenen Gebäude bzw. Passanten ergehen, bei **Hochwasserlagen,** um gefährdete Personen in Sicherheit zu bringen, in Diskotheken, um ungestört Befragungen oder Identitätsfeststellungen durchzuführen, bezüglich Örtlichkeiten, an denen Straftaten, zB Schlägereien, stattgefunden haben usw. In der Praxis werden des Öfteren Platzverweisungen gegenüber **Alkoholkonsumenten, Nichtsesshaften** oder auch **Bettlern** bspw. auf öffentlichen Plätzen oder in Fußgängerzonen ausgesprochen. Die öffentliche Sicherheit ist in diesen Fällen allerdings nicht ohne Hinzutreten weiterer sicherheitsrelevanter Umstände betroffen. So stellt illegaler Drogenkonsum oder -handel in der **„offenen Drogenszene"** einen Verstoß gegen das geschriebene Recht dar (vgl. VG Göttingen NVwZ 1999, 169; VGH Mannheim NVwZ-RR 1998, 428; VG Stuttgart NVwZ-RR 1998, 103), und eine **unfreiwillige Obdachlosigkeit** kann unter Umständen (zB bei widrigen Witterungsbedingungen, schlechtem Gesundheitszustand) die Individualrechtsgüter von Leib und Leben des Adressaten betreffen (vgl. Volkmann JuS 2001, 888). 10

Jedenfalls in solchen Fällen einer durch unfreiwillige Obdachlosigkeit hervorgerufenen konkreten Gefahr für die öffentliche Sicherheit (vgl. Lisken/Denninger PolR-HdB/Rachor/Graulich E Rn. 223) erübrigt sich wegen der Subsidiarität des Begriffs der öffentlichen Ordnung eine Auseinandersetzung 10.1

mit der Frage, ob Obdachlosigkeit an sich eine Störung der öffentlichen Ordnung darstellen kann (vgl. VGH Kassel NVwZ 1992, 503 (504); OVG Lüneburg NVwZ 1992, 502 (503)).

11 **Bloßer Alkoholkonsum** in der Öffentlichkeit oder **bloße Obdachlosigkeit** bzw. **bloßes Betteln** stellen nach hM dagegen keine Gefahr für die öffentliche Sicherheit dar (vgl. ausf. zur Problematik: Lisken/Denninger PolR-HdB/Rachor/Graulich E Rn. 35 ff. mwN; vgl. zu den Anforderungen an Alkoholverbotsverordnungen Schieder BayVBl. 2015, 439).

11.1 So hat der VGH Mannheim (NVwZ-RR 2010, 55) entschieden, dass selbst eine abstrakte Gefahr für die öffentliche Sicherheit oder Ordnung im Falle bloßen Alkoholkonsums in der Öffentlichkeit nicht bejaht werden kann. Zwar könnten aufgrund polizeilicher Studien Ursachenzusammenhänge zwischen Alkoholkonsum und Gewaltdelikten nicht ausgeschlossen werden. Sie reichten aber nicht für die Annahme, dass der Genuss von Alkohol regelmäßig und typischerweise Gewaltdelikte zur Folge habe (VGH Mannheim NVwZ-RR, 55; vgl. OVG Magdeburg BeckRS 2010, 47490; vgl. zum „Glasflaschenverbot" in einer Bahnhofsvorstadt per Polizeiverordnung OVG Bremen BeckRS 2016, 56099: Keine abstrakte Gefahr durch massenhaftes Mitsichführen von Getränken in Glasflaschen).

12 Grundsätzlich stellen die genannten Verhaltensweisen auch **keine Gefahr für die öffentliche Ordnung** dar (vgl. Lisken/Denninger PolR-HdB/Rachor/Graulich E Rn. 418 ff. mwN). Es kann sich aber durch **Hinzutreten bestimmter Umstände** aus einem vermeintlich harmlosen Verhalten durchaus eine Gefahr für die öffentliche Ordnung entwickeln. So ist es vertretbar, im Gegensatz zum sog. stillen Betteln das sog. **aggressive Betteln** als Gefahr für die öffentliche Ordnung anzusehen, soweit nicht Gesetze, wie etwa §§ 185, 240 StGB, § 16 HessStrG oder § 118 OwiG verletzt werden (was regelmäßig zu verneinen ist, vgl. Kramer HessPolR Rn. 224). Es ist durchaus vorstellbar, dass damit gegen ungeschriebene Regeln verstoßen wird, deren Befolgung nach der jeweils herrschenden Anschauung für menschliches, gedeihliches Zusammenleben unabdingbar sind (vgl. Holzkämper NVwZ 1994, 146 (149); so auch Kramer HessPolR Rn. 224).

13 Neben dem Vorliegen eines zu schützenden Sicherheits- oder Ordnungsguts verlangt Abs. 1 S. 1 als Tatbestandsvoraussetzung auch eine **Gefahr.** Das ist eine Sachlage, die im konkreten Einzelfall bei ungehindertem Geschehensablauf mit hinreichender Wahrscheinlichkeit die Schädigung der öffentlichen Sicherheit oder Ordnung in sich birgt. Zu derartigen Gefahren zählen grundsätzlich – und unter besonderen Voraussetzungen – auch der sog. **Gefahrenverdacht** und die sog. **Anscheinsgefahr,** also Situationen, in denen der Beamte zu Recht von der bloßen Möglichkeit eines Schadenseintritts ausgeht (zB nicht völlig glaubhafte oder unschlüssige Bombendrohung) oder – vertretbarerweise – irrig annimmt, es liege eine konkrete Gefahr vor (zB Bombendrohung mittels echt wirkender Attrappe). Ist der im Rahmen der behördlichen Gefahrenprognose gegebene Beurteilungsspielraum nicht eingehalten, so führt dies zur Rechtswidrigkeit der Platzverweisung (vgl. VG Karlsruhe BeckRS 2010, 50882: Lustig machen über Bundeswehrsoldaten; VG Karlsruhe BeckRS 2010, 50883: Einschätzung von Kleingruppen der linken Szene als Bestandteile eines bevorstehenden Flashmobs).

2. Rechtsfolge (Abs. 1 S. 1)

14 Rechtsfolge des Abs. 1 S. 1 ist zum einen die Befugnis, eine Person von einem Ort zu verweisen (also den bereits bestehenden Aufenthaltsort zu verlassen, sog. **Wegweisungsgebot**) oder ihr das Betreten des Ortes zu verbieten (also den zukünftigen Aufenthalt zu verhindern, sog. **Betretungsverbot**). Selbstverständlich wird ein befristetes Wegweisungsgebot immer auch ein Betretungsverbot beinhalten. Dennoch ist die ausdrückliche Alternative des Verbots vonnöten, weil es sein kann, dass eine Person einen gefährlichen Ort aufsuchen will, ohne mit ihm zuvor in Berührung gekommen zu sein. Die klassische Platzverweisung unterscheidet sich insoweit von den meisten Fällen der Wohnungsverweisung nach Abs. 2, weil dort bei Eintreffen der Behörden regelmäßig der Adressat der Maßnahme in akuten Gewaltsituationen in der Wohnung angetroffen wird. Die **Verweisung an einen bestimmten Ort** kann hingegen grundsätzlich nicht auf Abs. 1 S. 1 gestützt werden. Es mag aber Fälle geben, in denen Personen von einem gefährlichen Ort verwiesen werden müssen, es aber nur eine Richtung gibt, in die sich die Adressaten gefahrlos entfernen können. Das kann zB bei aufgelösten Versammlungen vorkommen, wenn in der einen Richtung Verkehrs-

gefahren drohen, andere Richtungen unwegsam sind und in wieder anderer Richtung sich verfeindete Gegendemonstranten befinden. In solchen Fällen käme es purem Formalismus gleich, wollte man – statt Vorgabe einer letzten verbleibenden Richtung – mehrere Verwaltungsakte erlassen, die alle anderen Richtungen verböten.

Die Platzverweisung muss sich auf einen **Ort** beziehen, ohne dass der Gesetzgeber klar macht, wie weit ein Gebiet gefasst werden darf, an dem sich der Adressat nicht aufhalten soll. Sicher ist, dass unter einem solchen Ort eher eng begrenzte Bereiche fallen werden und dürfen. So sind bestimmte **Gebäude, Plätze, Straßenzüge** und **ähnliche Gebiete** bis hin zu **Gemeindeteilen** noch unter den „Ort" im Sinne der Vorschrift subsumierbar. Nach wohl hM gilt dies aber nicht mehr für vollständige Gemeindegebiete (vgl. OVG Lüneburg BeckRS 2019, 910: Innenstadt ist rechtmäßig; OVG Bremen NVwZ 1986, 862; Fredrich Rn. 3). Man wird mit Blick auf die Effektivität einer Platzverweisung annehmen dürfen, dass der Ort entsprechend groß ausfallen kann, wenn die räumliche Ausdehnung der Gefahr vergleichsweise umfangreich ist (so auch OVG Lüneburg BeckRS 2019, 910 Rn. 19). **15**

Die Begrenzung des räumlichen Bereichs einer Platzverweisung auf maximal einen Stadt- bzw. Gemeindeteil erscheint willkürlich. Es ist zuzugeben, dass mit Einführung des Aufenthaltsverbots in Abs. 3 und dessen Begrenzung auf maximal einen Gemeindeteil der Eindruck entstehen kann, eine Platzverweisung könne erst recht keinen größeren räumlichen Geltungsbereich in Anspruch nehmen. Teleologisch gesehen erscheint es aber problematisch, wie dann in Fällen verfahren werden soll, in denen Gefahren wie Überschwemmungen, Giftgaswolken und Ähnlichem zu begegnen ist, wenn sie sich über ein komplettes Gemeindegebiet oder darüber hinaus erstrecken (so auch: VG Magdeburg BeckRS 2016, 53841). **15.1**

Die Platzverweisung darf darüber hinaus nur **vorübergehend** erteilt werden. Auch hier ist umstritten, was unter der Formulierung zu verstehen ist. Ein allgemeingültiges **Zeitmaß** ist **schwer festzusetzen,** weil einerseits jedwede zeitliche Begrenzung vorübergehend ist, und sei sie noch so lang, andererseits die Dauer immer davon abhängig ist, um welche Art von Gefahr es sich handelt und welche Zeit ihre Beseitigung in Anspruch nimmt. Vorschläge eines Zeitrahmens sind zB **„maximal 24 Stunden"** (Schmidt PolR Rn. 429) über **„regelmäßig wenige Stunden, nie länger als drei bis vier Tage"** (vgl. Gusy PolR Rn. 277) bis hin zu **zwei Wochen** (Latzel/Lustina DIE POLIZEI 1995, 131 (134)). **16**

Wenn auch regelmäßig Platzverweisungen in solchen Zeitrahmen ihr Ende finden dürften, so sind doch Fälle möglich, die in wenigen Stunden oder selbst drei bis vier Tagen gefahrenabwehrrechtlich nicht zu bewältigen sind. Vorstellbar sind bspw. **Geiselnahmen,** die sich **über Tage** oder **länger hinziehen** verbunden mit der behördlichen Aufgabe, Schaulustige oder sonst gefährdete Personen vom Ort des Geschehens fernzuhalten. Was geschieht bei Gefahren, die von Sachen ausgehen, wenn die Beseitigung dieser Gefahren nicht innerhalb kurzer Zeit bewältigt werden kann? Wegen der Vielzahl möglicher Fallkonstellation erscheint eine **zu enge zeitliche Einschränkung** des **Begriffs „vorübergehend" nicht geboten.** Eine Abwägung der gefährdeten und durch eine Platzverweisung beeinträchtigten Rechtsgüter kann im Einzelfall **auch länger andauernde Maßnahmen rechtfertigen.** Das wird insbesondere bei Maßnahmen zum Schutz vor gegenwärtigen Gefahren für das **Individualrechtsgut Leben** gelten. In solchen Fällen scheint der Vorschlag von Latzel/Lustina (DIE POLIZEI 1995, 131 (134)) nicht von vornherein abwegig; er könnte sich im Extremfall sogar als nicht ausreichend erweisen (vgl. zur Thematik auch BeckOK PolR BW/Enders BWPolG § 27a Rn. 25). Ein Anhaltspunkt für die Interpretationswürdigkeit des Begriffs „vorübergehend" ist auch § 10 Abs. 1 Nr. 2 ZSKG. Selbst im dort geregelten Verteidigungsfall können die Gebiete nur vorübergehend evakuiert werden. Es ist durchaus vorstellbar, dass besondere Umstände eine **Evakuierung von mehr als zwei Wochen** erforderlich machen (so auch VG Aachen BeckRS 2023, 7 Rn. 17 ff., jedoch auf drei Monate begrenzt). **17**

3. Adressat (Abs. 1 S. 1)

Platzverweisungen iSd Abs. 1 S. 1 richten sich gegen Personen iSd **§§ 6, 7** oder **9,** also gegen den Verhaltens-, den Zustands- oder den Nichtstörer. Für die Auffassung, die Maßnahme könne gegen jede Person schlechthin gerichtet werden, gibt der Wortlaut nichts her. Insbesondere der Umstand, dass die Person in Abs. 1 S. 1 nicht als Verursacher bezeichnet wird, stützt diese Auffassung nicht. Gerade für solche Personen hat der Gesetzgeber Abs. 1 **18**

S. 2 geschaffen und dort mit einer klaren Formulierung einen spezialgesetzlich geregelten Normadressaten normiert. Davon kann aber in Abs. 1 S. 1 nicht die Rede sein (vgl. aber zum Wort laut des § 17 Abs. 1 S. 1 NPOG – „jede Person" – BeckOK PolR Nds/Waechter NPOG § 17 Rn. 22, 23).

II. Behinderung von Hilfsmaßnahmen (Abs. 1 S. 2)

1. Voraussetzungen (Abs. 1 S. 2)

19 Platzverweisungen sind nach der Bestimmung des Abs. 1 S. 2 (zur sachlichen Zuständigkeit → Rn. 9) auch dann zulässig, wenn Personen den **Einsatz der Feuerwehr** oder **andere Hilfs- oder Rettungsmaßnahmen** behindern. Der Gesetzgeber verzichtet hier also bewusst auf das Erfordernis der Prüfung einer **konkreten Gefahr** für die öffentliche Sicherheit und Ordnung als Voraussetzung für ein Einschreiten. Nach dem Wortlaut der Bestimmung ist vielmehr ausreichend, dass Personen die **genannten Maßnahmen behindern** (Hornmann HSOG Rn. 14 geht deshalb zu Recht davon aus, dass Abs. 1 S. 2 ein **Unterfall des Abs. 1 S. 1** und der „Behinderer" als Verursacher einer konkreten Gefahr erfasst werde; vgl. differenzierend BeckOK PolR Nds/Waechter NPOG § 17 Rn. 33).

19.1 Es trifft zu, dass eine konkrete Gefahr nicht gesondert zu prüfen ist, weil davon auszugehen ist, dass jegliche Behinderung der genannten Maßnahmen eine konkrete Gefahr für die öffentliche Sicherheit darstellt, nämlich für das Schutzgut des Staates und die Funktionsfähigkeit seiner Einrichtungen. Ob durch die Gefahren, die durch die Behinderung entstehen, weitere Schäden verursacht werden können, mag für die Verhältnismäßigkeit der Maßnahme eine Rolle spielen. Für die Frage, ob eine konkrete Gefahr für die öffentliche Sicherheit vorliegt, ist das nur von nachrangiger Bedeutung.

20 Voraussetzung ist aber, dass tatsächlich ein Einsatz der Feuerwehr vorliegt oder andere Hilfs- oder Rettungsmaßnahmen bejaht werden können, was den **Einsatz** von **Polizei-** und **Gefahrenabwehrbehörden** einschließt (vgl. Hornmann HSOG Rn. 14).

2. Rechtsfolge (Abs. 1 S. 2)

21 Die Rechtsfolge des Abs. 1 S. 2 ist die **Platzverweisung,** also die gleiche wie in Abs. 1 S. 1 (→ Rn. 14).

3. Adressat (Abs. 1 S. 2)

22 Abs. 1 S. 2 enthält – anders als Abs. 1 S. 1 – einen spezialgesetzlich geregelten **Normadressaten,** der die Bestimmungen der §§ 6, 7 und 9 verdrängt. Damit wollte der Gesetzgeber sicherstellen, dass auch sog. **Schaulustige,** die bspw. Rettungsmaßnahmen dadurch behindern, dass sie den Rettungsweg nicht freimachen, als Adressaten von der Befugnisnorm erfasst werden. Andernfalls, also bei einer Anwendung der allgemeinen Adressatenbestimmungen des HSOG, wäre der Rechtsanwender gezwungen, § 6 auf Störungen durch Unterlassen anzuwenden. Dazu wäre es erforderlich, eine öffentlich-rechtliche (hM; vgl. Möller/Warg PolR Rn. 126; aA Schenke PolR Rn. 239: auch privatrechtliche) Pflicht zum Tun dieser Störer zu konstruieren. Um solche rechtlichen Unsicherheiten zu vermeiden, erfasst die Bestimmung **sämtliche Störer,** ganz gleich, ob die Behinderungen durch **aktives Tun** oder durch **Unterlassen** verursacht werden.

III. Wohnungsverweisung (Abs. 2)

1. Voraussetzungen (Abs. 2)

23 Die sachliche Zuständigkeit für Maßnahmen nach Abs. 2 kann sich aus § 1 Abs. 1 S. 1 iVm § 2 S. 1 (→ Rn. 9) ergeben. Ein **Rückgriff auf § 1 Abs. 3,** wonach die Behörden unter bestimmten Voraussetzungen auch zum Schutz privater Rechte tätig werden können, ist **nicht erforderlich.** Zwar hebt § 31 Abs. 2 S. 2, S. 3 mit seiner zeitlichen Begrenzung und dem Bezug zur zivilgerichtlichen Entscheidung den Gewaltenteilungsgrundsatz hervor. Dennoch werden in solchen Fällen von den Behörden in allererster Linie gegenwärtige Gefahren für Leib, Leben oder Freiheit abgewehrt und **nur reflexartig zivilrechtliche**

Beziehungen beeinflusst. Der Schutz privater Rechte steht bei solchen Maßnahmen im Hintergrund (vgl. Gusy PolR Rn. 280). Tatbestandsvoraussetzung für eine Wohnungsverweisung nach Abs. 2 S. 1 ist zunächst eine **gegenwärtige Gefahr für Leib, Leben oder Freiheit** einer Person. Schutzgüter der Norm sind also die elementaren Individualrechtsgüter der attackierten Person. Das kann sich dadurch zeigen, dass der Angreifer (meist wird es ein Mann sein) das Opfer (meist wird es eine Frau oder ein Kind sein) verletzen oder töten, jedenfalls durch schwerwiegende Verletzungen in den Bereich der Lebensgefahr bringen oder ihm die Freiheit nehmen will, indem er die Person mittels vis absoluta, vis compulsiva oder auch Drohungen am Verlassen der Wohnung selbst oder von Bereichen innerhalb der Wohnung hindert. Nicht erst auf Verhältnismäßigkeits-, sondern bereits auf Tatbestandsebene scheiden in den Alternativen der körperlichen Unversehrtheit und der Freiheit nur ganz unerhebliche Gefahrenlagen aus.

Es muss zudem eine **gegenwärtige Gefahr** für die genannten Schutzgüter vorliegen. Der 24
Begriff „gegenwärtig" bringt dabei das Erfordernis zum Ausdruck, dass sowohl in zeitlicher Hinsicht als auch im Hinblick auf die Wahrscheinlichkeit des Schadenseintritts gesteigerte Anforderungen an die Prognose des zukünftigen Sachverhalts durch die einschreitenden Behörden zu stellen sind. Die Erforderlichkeit dafür ergibt sich mit Blick auf die durch eine Wohnungsverweisung beeinträchtigten Grundrechte des Adressaten (→ Rn. 3). Nach hM liegt eine gegenwärtige Gefahr nur dann vor, wenn das **schädigende Ereignis bereits begonnen hat (und fortdauert) oder in allernächster Zukunft mit an Sicherheit grenzender Wahrscheinlichkeit eintreten wird** (vgl. Hornmann HSOG § 9 Rn. 8 mwN; im Einzelnen ist hier einiges umstritten, vgl. Schenke PolR Rn. 78, der eine große Wahrscheinlichkeit ausreichen lässt; vgl. zum Streit Schenke PolR Rn. 78 Fn. 147). Das stellt in der Praxis **hohe Anforderungen an die Prognoseentscheidung** der handelnden Beamten. Sie müssen in solchen Situationen – dem Amtsermittlungsgrundsatz folgend – alle in Betracht kommenden Tatsachen – auch aus der Vergangenheit – in die Prognoseentscheidung einbeziehen, wobei nicht nur die Wahrscheinlichkeit und die zeitliche Dringlichkeit eine Rolle spielen, sondern insbesondere die Schwere der zu erwartenden Rechtsgutsverletzungen das „Ob" einer Wohnungsverweisung beeinflussen wird (vgl. ausf. Hornmann HSOG Rn. 31 mwN). Dass das Ergebnis angesichts der regelmäßig emotional aufgeladenen Atmosphäre, der sich widersprechenden Sachverhaltsdarstellungen, der oft von gegenseitigen Schuldzuweisungen geprägten Erklärungen der Beteiligten und der Kürze der Zeit, in der die Sachverhaltsaufklärung durch die Beamten zu erfolgen hat, nicht leicht und nicht immer eindeutig zu finden ist, liegt auf der Hand (vgl. VG Osnabrück NZM 2011, 595 (596)). Der Beamte befindet sich in einer Situation, in der er zwischen einem **erheblichen Eingriff** in die Rechte des Störers und dem Risiko einer möglicherweise **schweren Rechtsgutsverletzung des Opfers** zu entscheiden hat. Eine **präzise Rechtsgüterabwägung und Prognose** hinsichtlich der zeitlichen Nähe und der Wahrscheinlichkeit der für die Entscheidung erforderlichen Tatsachen ist daher unverzichtbar, denn ein Grundsatz, dass im Zweifel der vermeintliche „Täter" die Wohnung zu verlassen habe, ist aus Abs. 2 nicht herleitbar (vgl. VG Osnabrück NZM 2001, 595 (596)).

Umstritten ist die Frage, inwieweit das **Einverständnis des Opfers in seine Gefährdung** 25
oder in die Rückkehr des Täters und der damit einhergehende Verzicht auf den Schutz durch die zuständigen Behörden die Gefahr iSd Abs. 2 und mithin ein Einschreiten der Exekutive ausschließt. Es besteht dabei insbesondere Uneinigkeit in der Frage, in welchem Verhältnis das Schutzgut des Opfers iSd Abs. 2 zu ihrem aus Art. 2 Abs. 1 GG und ggf. Art. 6 Abs. 1 GG resultierenden Selbstbestimmungsrecht steht. Grundsätzlich steht es dem mündigen Bürger frei, selbst über seine diesbezüglichen Rechte zu entscheiden. Eine Selbstgefährdung wird ihm deshalb grundsätzlich zugestanden (vgl. ausf. Guckelberger JA 2011, 1 (6) mwN; so auch Hornmann HSOG Rn. 32). Nach anderer Auffassung gilt dies dann nicht, wenn erhebliche Gefahren für Leib und Leben drohen. In solchen Fällen gehe der staatliche Schutzauftrag dem Recht auf allgemeine Handlungsfreiheit regelmäßig vor (vgl. VG Aachen BeckRS 2012, 45452; 2012, 48674; vgl. zur Problematik auch BeckOK PolR Nds/Waechter NPOG § 17a Rn. 10 mwN). Das wird insbesondere auch dann der Fall sein, wenn von der Gewalt **minderjährige Kinder** betroffen sind oder das Einverständnis in die Gefahren nicht auf **freiem Willensbeschluss** beruht (vgl. Guckelberger JA 2011, 1 (6); Hornmann HSOG Rn. 32; allgemein zu diesen Fragen auf Ermessensebene: BeckOK PolR

Nds/Waechter NPOG § 17a Rn. 22–30 mwN). Insgesamt gesehen werden sich die widerstreitenden Auffassungen in der Praxis kaum widersprechen, jedenfalls nicht im Stadium der behördlichen Entscheidung vor Ort, die regelmäßig ad hoc zu treffen ist und meist nur auf einer summarischen Einschätzung der Situation beruhen kann. In derartigen Situationen wird insbesondere zu berücksichtigen sein, dass von häuslicher Gewalt betroffene Personen sich **gegenseitig in Schutz nehmen,** vielfach **wirtschaftlich voneinander abhängig** sind oder aus **Angst vor Repressalien des Partners** in ihren Sachverhaltsdarstellungen nicht bei der Wahrheit bleiben (vgl. Kay NVwZ 2003, 521 (523)). Die zuständige Behörde, in der Praxis meist die Polizei, steht in solchen Fällen vor ähnlichen Problemen wie im Extremfall der **Selbstgefährdung,** nämlich dem beabsichtigten **Suizid.** Dort gilt, dass selbst dann, wenn man davon ausgeht, dass der Suizid vom Recht auf allgemeine Handlungsfreiheit gedeckt ist, in der akuten Situation vor Ort die Behörde **nicht ohne weiteres erkennen** kann, ob die für eine Inanspruchnahme dieses Rechts erforderliche **freie Willensbestimmung** gegeben ist. Je gravierender das gefährdete Rechtsgut und je wahrscheinlicher die Rechtsgutsgefährdung, umso gewissenhafter und präziser muss geklärt werden, inwieweit der Grundrechtsverzicht tatsächlich von freiem Willen getragen ist. Ist das den vor Ort tätigen Beamten nicht mit hinreichender Sicherheit möglich, so ist dem Schutz des Opfers vor den gegenwärtigen Gefahren für Leib, Leben und Freiheit der Vorrang gegenüber seiner allgemeinen Handlungsfreiheit einzuräumen. Das gilt insbesondere dann, wenn eine **Gefahr für das Leben** des Opfers im Raume steht (so auch Guckelberger JA 2011, 1 (6)).

26 Voraussetzung des Abs. 2 ist auch, dass Täter und Opfer **dieselbe Wohnung** bewohnen. Die Personen müssen den unmittelbaren Besitz an der Sache innehaben (vgl. § 854 BGB). Auf die Rechtmäßigkeit des Besitzes oder ein wirksames schuldrechtliches Rechtsgeschäft (etwa den Unterzeichner des Mietvertrages) kommt es nicht an, solange die betreffende Person **faktisch in den fraglichen Räumlichkeiten wohnt** (vgl. FLS PolR Hessen K Rn. 200).

27 Unter „**Wohnung**" ist angesichts des gesetzgeberischen Ziels, häusliche Gewalt zu verhindern, nicht der weite Wohnungsbegriff im Sinne der Legaldefinition des § 38 Abs. 1 zu verstehen. Vielmehr ist damit allein der sog. **enge Wohnungsbegriff** gemeint (vgl. Hornmann HSOG Rn. 33), der den räumlich gegenständlichen Bereich der Privatsphäre schützt, also alle **privaten Wohnzwecken** gewidmeten Räumlichkeiten, in denen der Mensch das Recht hat, in Ruhe gelassen zu werden. Nicht erfasst sind dem sog. weiten Wohnungsbegriff zuzuordnende Räumlichkeiten wie Betriebs-, Geschäfts- oder solche Räume, die der Öffentlichkeit zugänglich gemacht sind.

27.1 Es kann aber sein, dass Geschäfts- oder Betriebsräume mit den Privaträumen in derselben Wohnung oder im selben Haus verbunden sind. Das ist vorstellbar zB bei Musiklehrern, Künstlern, Ärzten usw. Dann fallen diese Räume regelmäßig unter den engen Wohnungsbegriff (vgl. BeckOK GG/Fink GG Art. 13 Rn. 3).

28 Schließlich muss die Wohnungsverweisung **erforderlich** sein, um die Gefahr abzuwehren. Die gesonderte Erwähnung dieses Merkmals ist überflüssig, denn sie ist bereits Bestandteil des verfassungsmäßig garantierten **Verhältnismäßigkeitsprinzips** (im Sinne des mildesten von mehreren gleich geeigneten Mitteln; vgl. § 4 Abs. 1). Es ist selbstverständlich, dass die Behörden bemüht sind, eine Wohnungsverweisung abzuwenden, wenn es ebenso geeignete, mildere Maßnahmen gibt. Das kann mitunter schon ein klärendes, auf die Bewohner beruhigend wirkendes Gespräch sein.

2. Rechtsfolgen (Abs. 2)

29 Die Rechtsfolgen der Wohnungsverweisung ergeben sich aus **Abs. 2 S. 1 und S. 2.** Nach Abs. 2 S. 1 kann der Adressat **aus der Wohnung verwiesen** werden, nach Abs. 2 S. 2 kann ein **Betretungsverbot** angeordnet und ein **Kontaktverbot** mit bestimmten Personen oder Personen einer bestimmten Gruppe ausgesprochen werden. Die Wohnungsverweisung dient dem Vorgehen gegen einen in der Wohnung anwesenden Adressaten, das Betretungsverbot gegen den Adressaten, der sich im Zeitpunkt der Maßnahme außerhalb der Wohnung befindet. Beide Maßnahmen können sich auf die Wohnung (zum Begriff → Rn. 27) und/oder den **unmittelbar angrenzenden Bereich** (Abs. 2 S. 1) beziehen. Wie weit die Einbeziehung unmittelbar angrenzender Bereiche geht, hängt in erster Linie davon ab, inwieweit seine Einbeziehung in die Wohnungsverweisung erforderlich ist, um die gegenwärtige Gefahr für Leib, Leben oder Freiheit der zu schützenden Person **effektiv abzuwehren.** Regelmäßig wird dafür zunächst eine Erstreckung auf die gesamte Wohnung (insbesondere auch im Falle von Wohngemeinschaften mit Dritten) vonnöten sein. Im Falle eines Mehrparteienhauses darüber hinaus das **komplette Wohnhaus,** eventuell auch unmittelbar angrenzende **Grundstücke oder Grundstücksteile** wie Garten, Hof, Parkplatz etc, die von der zu schützenden Person genutzt werden. Ebenso ist ggf. ein gefahrenfreies Betreten und Verlassen des Hauses bzw. Grundstückes zu sichern. Dazu kann es erforderlich sein, den **Eingangsbereich des Hauses,** ggf. inklusive eines hinreichend umfassenden Schutzbereichs, in die Wohnungsverweisung einzubeziehen. Arbeitsstätte, Kindergarten, Schule, befreundete Haushalte oder andere, regelmäßig aufzusuchende Orte fallen regelmäßig nicht mehr unter den Begriff des unmittelbar angrenzenden Bereichs und sind durch **alternative Befugnisnormen** in die Schutzmaßnahmen einzubeziehen (→ Rn. 5). Das durch Gesetz v. 25.6.2018 (HessGVBl. 302) aufgenommene **Kontaktverbot** des § 31 Abs. 2 mit bestimmten Personen oder einer bestimmten Gruppe erleichtert die Handhabbarkeit dieser typischen im Zusammenhang mit der Wohnungsverweisung stehenden Maßnahme. Bis zur Gesetzesänderung musste sie auf die Generalklausel des § 11 gestützt werden.

3. Dauer und gerichtliche Mitteilungspflicht (Abs. 2)

Nach Abs. 2 S. 3 und S. 4 dürfen **Wohnungsverweisung** und **Kontaktverbot** einen **maximalen Zeitrahmen von 14 Tagen** nicht überschreiten, der um den gleichen Zeitraum verlängert werden kann, wenn bis dahin keine wirksame (vgl. § 216 FamFG) richterliche Entscheidung über den zivilrechtlichen Schutz nach dem **GewSchG** (Gewaltschutzgesetz v. 11.12.2001, BGBl. I 3513) getroffen worden ist. Damit soll gewährleistet sein, dass die Inhalte exekutiver und judikativer Entscheidungen in der Praxis miteinander in Einklang stehen. Es ist deshalb wichtig, dass das Gericht gem. Abs. 2 S. 5 (korrespondierend mit § 216a FamFG) den Gefahrenabwehr- bzw. Polizeibehörden eine Beantragung des zivilrechtlichen Schutzes sowie Zeitpunkt und Inhalt der gerichtlichen Entscheidung **unverzüglich mitteilt.** Die Mitteilung ist auch von Bedeutung für die Frage nach einer möglicherweise erforderlichen **Strafverfolgung der Beteiligten.** Gemäß § 4 GewSchG macht sich nämlich strafbar, wer einer vollstreckbaren Anordnung nach § 1 Abs. 1 S. 1 oder S. 3 GewSchG (jeweils auch iVm § 1 Abs. 2 S. 1 GewSchG) zuwiderhandelt, insbesondere also dann, wenn die Person **entgegen der Anordnung des Gerichts** die Wohnung der verletzten Person betritt (§ 1 Abs. 1 S. 2 Nr. 1 GewSchG). Ohne Mitteilung an die zuständigen Strafverfolgungsbehörden wäre eine repressive Sanktionierung des Fehlverhaltens nicht gesichert. 30

Was die Ausschöpfung der vom Gesetzgeber maximal erlaubten 28 Tage für die Wohnungsverweisung betrifft, so ist dabei eine **ermessensfehlerfreie,** insbesondere den **Verhältnismäßigkeitsgrundsatz** berücksichtigende Entscheidung zu treffen. Angesichts der auf dem Spiel stehenden hochrangigen Grundrechte des Adressaten (→ Rn. 2) führt ein Ermessensdefizit im Sinne einer **generellen Anwendung der Höchstdauer** zur Rechtswidrigkeit der Maßnahme. Vielmehr haben die Beamten bei ihrer Entscheidung alle Gesichtspunkte zu berücksichtigen, die die Dauer der Maßnahme beeinflussen können. So kann es zB sein, dass es sich bei der Aggression um einen **Einzelfall** handelt, der auf einem bestimmten, temporären Gemütszustand des Täters beruht. In einem solchen Fall wird die Befristung der Maßnahme unter Umständen wesentlich kürzer ausfallen als bei einem **Wiederholungstäter,** dessen Gewalttätigkeit ein so ernstes Maß angenommen hat, dass eine dauerhaft massive Beeinträchtigung der körperlichen Unversehrtheit des Opfers oder sogar dessen Tod zu befürchten ist. Im Übrigen ist die Behörde verpflichtet, ihre **Ermessenserwägungen** hinsichtlich der Wohnungsverweisung als Dauerverwaltungsakt bis zum Ablauf ihrer Geltungsdauer **zu aktualisieren,** sofern sich maßgebliche Aspekte der Erkenntnislage nachträglich ändern (vgl. OVG Münster NJW 2015, 1468 (1469)). 31

4. Adressat (Abs. 2)

Die gegenwärtige Gefahr für Leib, Leben oder Freiheit muss von der Person ausgehen, die der Wohnung verwiesen wird (vgl. den eindeutigen Wortlaut des Abs. 1 S. 1: „[…] eine Person […] verweisen […], um eine von ihr ausgehende Gefahr […] abzuwehren“). Diese 32

Voraussetzung der Wohnungsverweisung ist zugleich die Formulierung eines spezialgesetzlich geregelten **Normadressaten.** §§ 6, 7, 9 werden somit von dieser Adressatenregelung verdrängt. Damit will der Gesetzgeber verhindern, dass sich Maßnahmen nach Abs. 2 nicht gegen den Verursacher, sondern gegen das Opfer der Gewalt richten, etwa, weil die Gefahrenlage dadurch mit weniger Aufwand und geringerem Risiko einer Eskalation beseitigt werden kann (zB bei besonders uneinsichtigem, aggressivem Gewalttäter). Die Adressatenregelung des Abs. 2 S. 1 verbietet jedoch von vornherein solche Erwägungen. Das Opfer kann **nicht über § 9** im Rahmen des polizeilichen Notstandes in Anspruch genommen und Adressat der Wohnungsverweisung werden.

33 Eine andere Frage ist es, wie zu verfahren ist, wenn die **Gefahr von mehreren Bewohnern** der Wohnung ausgeht, wenn also bspw. die Ehepartner sich gegenseitig gewaltsam attackieren. Diese Fallkonstellation ist von Abs. 2 **nicht ausdrücklich geregelt.** Es sind daher die allgemeinen Grundsätze zur Störerauswahl zugrunde zu legen. Die Behörde hat sie nach **pflichtgemäßem Ermessen** vorzunehmen. Dabei sind insbesondere die **Effektivität** der Gefahrenabwehr und der **Verhältnismäßigkeitsgrundsatz** zu berücksichtigen. Bei der Effektivität kann insbesondere das **Aggressionspotenzial** bzw. der **Verursacheranteil** an den befürchteten Gefahren eine Rolle spielen, beim Verhältnismäßigkeitsgrundsatz ist darauf zu achten, welche **Folgen die Wohnungsverweisung für den Adressaten** haben wird (anderweitige Unterbringungsmöglichkeiten, berufliche Einschränkungen, sonstige besondere Angewiesenheit auf die Wohnung usw).

IV. Aufenthaltsverbot (Abs. 3)

1. Voraussetzungen (Abs. 3)

34 Erste Voraussetzung für ein **Aufenthaltsverbot** oder **Kontaktverbot** durch die Gefahrenabwehr- und Polizeibehörden (→ Rn. 9; einschränkend Hornmann HSOG Rn. 52 f.: „nur Polizeibehörden") nach Abs. 3 ist, dass der Adressat der Maßnahme eine Straftat begehen könnte. Typische Straftaten sind solche, die im Zusammenhang mit den unter → Rn. 6 genannten Umständen stehen. Sie ereignen sich häufig in sog. **Szenen** (vgl. Gusy PolR Rn. 281). Einschlägige Straftaten können bspw. § 29 BtMG (**offene Drogenszene,** vgl. OVG Münster NVwZ 2001, 459; VG München BeckRS 2011, 47597), § 184e StGB (**Prostitution im Sperrbezirk**), §§ 223 ff., 303 StGB (**links-** oder **rechtsextreme Gewalttäter** oder **Hooligans** bzw. Gewalt bei Open-Air-Konzerten, Chaos-Tagen oder Ähnliches, vgl. VGH Mannheim NVwZ 2003, 115; VG Stuttgart BeckLSK 2007, 140179) oder §§ 263, 284 f. StGB (**Hütchenspieler,** vgl. VG Frankfurt a. M. NVwZ 2003, 1407) betreffen.

35 Die Straftat muss an einem **bestimmten örtlichen Bereich** innerhalb einer Gemeinde zu erwarten sein, dh an einem öffentlichen, eindeutig bestimmbaren Ort (vgl. Hornmann HSOG Rn. 57).

35.1 Ob sie nur gelegentlich oder gezielt an einem bestimmten Ort begangen werden soll, dürfte dagegen keine Rolle spielen (so aber Schmidt PolR Rn. 431d). Versteht man unter „gelegentlich", dass lediglich allgemeine Vermutungen bezüglich zu erwartender Straftaten bestehen, so wird die Ermächtigungsgrundlage weniger an einem „bestimmten Ort", als vielmehr an den „Tatsachen" scheitern, die der behördlichen Entscheidung zugrunde liegen müssen (vgl. → Rn. 36).

36 Schließlich müssen **Tatsachen die Annahme rechtfertigen,** dass es zu den befürchteten **Straftaten** kommen kann. Diese Voraussetzung ist zu unterscheiden von der an anderer Stelle vom Gesetzgeber verwendeten Formulierung der „tatsächlichen Anhaltspunkte", die bei weniger gravierenden Rechtseingriffen bzw. noch hochrangigeren Schutzgütern Verwendung findet (vgl. → § 30 Rn. 18). Während tatsächliche Anhaltspunkte bereits dann bejaht werden können, wenn Indizien aufgrund polizeilicher Erfahrung die Möglichkeit des Eintritts einer gewissen Gefahrenlage (wie bspw. der Verwirklichung eines Straftatbestandes) begründen, so kann von den hier geforderten Tatsachen erst dann gesprochen werden, wenn gewusste (also überprüfbare, einem Beweis zugängliche) Fakten unter Einbeziehung des polizeilichen Erfahrungswissens den Schluss auf eine bevorstehende Gefahrenlage (hier: eine bevorstehende Straftat) mit einer gewissen Wahrscheinlichkeit zulassen. Tatsachen, die die Annahme rechtfertigen, dass eine Person Straftaten begehen wird, können demnach schon

dann vorliegen, wenn sie mehrfach mit **Bezug zu Gewalt** bei Fußballspielen polizeilich in Erscheinung getreten ist; dies selbst dann, wenn ihr dabei nicht einmal der Vorwurf einer Straftat gemacht wurde (vgl. OVG Lüneburg BeckRS 2015, 45800; Hornmann HSOG Rn. 55; recht deutlich auch VG Göttingen NVwZ-RR 1999, 169; Beispiele dafür vgl. Schmidt PolR Rn. 431a; vgl. auch VG Hannover BeckRS 2016, 51986). Die bloße **Zugehörigkeit zu einer bestimmten Personengruppe** kann solche Tatsachen rechtfertigen. Es kommt aber wesentlich auf die Art der Gruppe an. Die Zugehörigkeit zu einer sog. Ultra-Bewegung im Bereich des Fußballsports allein reicht dafür nicht aus (vgl. OVG Lüneburg GSZ 2018, 150).

In den Einzelheiten der Differenzierung beider Begriffe stößt man auf scheinbar sich widersprechende Meinungen. So weichen etwa Kingreen/Poscher von obiger Definition ab und meinen, es handele sich in Wahrheit um eine Form des Gefahrenverdachts, die ausnahmsweise über Gefahrenerforschungsmaßnahmen hinaus eine abschließende Gefahrenabwehrmaßnahme erlaube (vgl. Kingreen/Poscher POR § 16 Rn. 23). Andere (zB Schmidt PolR Rn. 431a) kombinieren beide Begriffe, während wieder andere (Lisken/Denninger PolR-HdB/Rachor/Graulich E Rn. 148) eine diesbezügliche Systematik verneinen. Letztlich dürfte aber im Kern Einigkeit darüber bestehen, dass die Prognoseentscheidung dadurch gekennzeichnet sein muss, den Schadenseintritt nicht allein auf vage Vermutungen, Anhaltspunkte oder bloße Erfahrungssätze zu stützen (vgl. VG Göttingen NVwZ-RR 1999, 169). Ob tatsächlich ein substanzieller Unterschied zwischen den Begriffen stets präzise herzuleiten ist, ist ohnehin fraglich (vgl. zum Ganzen → § 30 Rn. 18). **36.1**

Hinsichtlich des Regelungsbereichs in Abs. 3 war es wegen des recht empfindlichen Eingriffs in die Rechte des Adressaten (→ Rn. 7) erforderlich und wegen des vergleichsweise hohen Schutzgutes und der Beschränkung auf die Verhinderung von Straftaten auch ausreichend, als Eingriffsvoraussetzung „Tatsachen, die die Annahme rechtfertigen" zu formulieren (vgl. → § 30 Rn. 18). **37**

2. Rechtsfolge (Abs. 3)

Die Rechtsfolgen des Abs. 3 sind ähnlich formuliert wie in Abs. 1 und Abs. 2. Das Aufenthaltsverbot kann nämlich sowohl als **Betretungsverbot** wie auch als **Wegweisungsgebot** formuliert werden, je nachdem wo sich der Adressat im Zeitpunkt der Maßnahme aufhält. **Gebiet und Zeitraum müssen bestimmt sein,** was sich bereits aus dem Bestimmtheitsgebot des § 37 Abs. 1 HVwVfG ergibt. Daraus folgt, dass der Adressat der Maßnahme insbesondere erkennen können muss, welcher Bereich genau vom Aufenthaltsverbot umfasst ist. Das kann durch **Benennung von Straßennamen,** die **Bezeichnung von Gebäuden** oder auch von **Maßangaben** geschehen. Im Zweifel bietet sich eine schriftliche Fixierung an, ggf. unter Zuhilfenahme von Stadt-/Straßenplänen. Seit dem Änderungsgesetz v. 25.6.2018 (HessGVBl. 302) zählt zu den Rechtsfolgen des Abs. 3 auch das **Kontaktverbot** mit bestimmten Personen oder einer bestimmten Gruppe (nur!) durch die Polizeibehörden. **38**

Die Rechtsfolge wird eingeschränkt, indem der Gesetzgeber das Aufenthaltsverbot für solche Fälle untersagt, in denen der Adressat dort seine Wohnung hat oder er aus einem vergleichbar wichtigen Grund **auf das Betreten des Bereichs angewiesen** ist. Der Gesetzgeber formuliert diese Einschränkung im Sinne einer Anwendung des Verhältnismäßigkeitsprinzips, indem er es mit Blick auf die Angemessenheit (Proportionalität) der Maßnahme (s. auch § 4 Abs. 2) auf das Aufenthaltsverbot bezogen konkretisiert. Solche Fälle sind regelmäßig zu bejahen, wenn dort **Eltern des Adressaten** wohnen, insbesondere, wenn sie (aufgrund von Alter, Gebrechlichkeit oder Gesundheitszustand) darauf angewiesen sind, dass das Kind sie besucht. Des Weiteren kann die **Inanspruchnahme wichtiger Dienstleistungen,** zB eines Krankenhauses, eines Arztes oder Rechtsanwalts das Aufenthaltsverbot einschränken. In jedem Fall hat eine **Abwägung im Rahmen des Einzelfalls** stattzufinden, wobei die Formulierung „es sei denn" darauf hinweist, dass dem Amtsermittlungsgrundsatz hier Grenzen gesetzt sind und die Behörde nicht von sich aus noch so fernliegende, vom Adressaten nicht benannte Gründe in Erwägung ziehen muss (vgl. zum Ganzen auch OVG Bremen NVwZ 1999, 314 (318), auch zweifelnd zu der Frage, ob ein bloßer Vorbehalt von Ausnahmen durch die Behörde ausreichend sein kann). **39**

3. Dauer des Aufenthaltsverbots (Abs. 3)

40 Abs. 3 S. 3 stellt als Ausgestaltung des Grundsatzes der Verhältnismäßigkeit klar, dass ein Aufenthaltsverbot nach S. 1 oder 2 zeitlich und örtlich auf den zur Verhütung der Straftat erforderlichen Umfang zu beschränken ist. Dies verdeutlich die Prüfung der Erforderlichkeit. Abs. 3 S. 4 begrenzt die Dauer des Aufenthaltsverbots auf **maximal drei Monate.** Dies ist die **Höchstgrenze** (Hornmann HSOG Rn. 61). Eine längere Dauer oder eine Verlängerungsmöglichkeit sieht das Gesetz nicht vor. Bei der Festlegung der im konkreten Fall erforderlichen Dauer ist eine **Ermessensentscheidung** zu treffen, die sich keinesfalls schematisch am Höchstmaß des Abs. 3 S. 4 orientieren darf. Vielmehr sind alle relevanten Gesichtspunkte bei der Entscheidung zu berücksichtigen, insbesondere ist im Rahmen der Verhältnismäßigkeit der Maßnahme darauf zu achten, dass die Dauer mit ihren möglichen Folgen für den Adressaten in einem **angemessenen Verhältnis zum befürchteten Verhalten** steht. Für die Dauer des Aufenthaltsverbots ist insbesondere relevant, wie lange die Voraussetzungen gegeben sein werden, unter denen Straftaten zu befürchten sind. So wird etwa das Aufenthaltsverbot zur Verhütung von Körperverletzungen auf Volksfesten deren Dauer nicht überschreiten dürfen. Bei besagten Hütchenspielern kann das anders sein, wenn zu befürchten ist, dass sie einen bestimmten Gemeindebereich, zB den Bahnhofsvorplatz, auf Dauer nutzen wollen.

40.1 Was zu veranlassen ist, wenn nach Ablauf der Höchstdauer festgestellt wird, dass sich der Adressat erneut in den örtlichen Bereich begibt, um dort Straftaten zu begehen, regelt Abs. 3 nicht ausdrücklich. Bei äußerlich verändertem Sachverhalt (es findet im Beispiel mit den Körperverletzungen eine andere Veranstaltung statt, der ursprüngliche Adressat will aber auch dort Straftaten begehen) steht einem erneuten Aufenthaltsverbot wegen des neuen Lebenssachverhalts nichts entgegen. Aber auch bei einer Rückkehr im Hütchenspielerbeispiel kann es nicht Sinn des Abs. 3 sein, die potenziellen Straftäter gewähren zu lassen. Auch hier liegt meines Erachtens ein neuer Sachverhalt vor, dem auch mit einem erneuten Aufenthaltsverbot begegnet werden kann (vgl. OVG Münster NVwZ-RR 1999, 802).

41 Hinsichtlich der Dauer des Aufenthaltsverbots ist der Geltungsbereich angesichts des Grundrechtseingriffs unter sorgfältiger Prüfung der Erforderlichkeit sowie striktester Beachtung des Verhältnismäßigkeitsgrundsatzes vorzunehmen. Die getroffene Maßnahme ist in vollem Umfang (verwaltungs-)gerichtlich überprüfbar. Ein Verstoß führt zur Rechtswidrigkeit der Maßnahme und kann eine Amtshaftung auslösen (Hornmann HSOG Rn. 63 f.).

42 Ein **längerfristiges** bzw. **dauerndes Aufenthaltsverbot** sieht die gesetzliche Regelung des § 31 **nicht** vor (Lisken/Denninger PolR-HdB/Graulich E Rn. 438; Butzer VerwArch 2002, 506 (525 f.)). Daher kann ein **andauerndes Aufenthaltsverbot** weder auf § 31 noch auf die Generalklausel des § 11 gestützt werden. Denn der Gesetzgeber hat mit § 31 eine spezielle Regelung geschaffen, die einen **Rückgriff auf die subsidiäre Generalklausel nicht erlaubt** (VG Frankfurt BeckRS 2002, 24687; Lisken/Denninger PolR-HdB/Graulich E Rn. 438; vgl. ebenfalls zum Subsidiaritätsgebot Gesetzesbegründung zu § 11, LT-Drs. 12/5794, 52 (61)). Ein (lang-)andauerndes Aufenthaltsgebot über den in Abs. 3 S. 4 geregelten Höchstfall darf es daher nicht geben.

4. Adressat (Abs. 3)

43 Abs. 3 enthält einen spezialgesetzlich geregelten **Normadressaten.** Die Norm bestimmt, dass nur eine solche Person Adressat des Aufenthaltsverbots sein können, die möglicherweise eine Straftat begehen, denn nur „ihr" gegenüber können die Behörden nach dem Wortlaut der Vorschrift das Aufenthaltsverbot aussprechen. Diese Adressatenregelung verdrängt somit die allgemeinen Störerbestimmungen der §§ 6, 7, 9. Einen Rückgriff auf sie verbietet der Grundsatz „lex specialis derogat legi generali".

F. Allgemeine Verfahrens- und Formvorschriften

44 Als Verwaltungsakte iSd § 35 HVwVfG haben Maßnahmen nach § 31 den Verfahrens- und Formvorschriften namentlich des HVwVfG zu entsprechen.

I. Anhörung

Insbesondere § 28 HVwVfG kann hier eine besondere Bedeutung zukommen, weil solche Eingriffe nicht selten von besonderer Intensität sind, vor allem, wenn sie auf Abs. 2 oder Abs. 3 beruhen. Ein besonders sorgsamer Umgang mit der **Amtsermittlungspflicht** ist dann angezeigt. Gerade bei Wohnungsverweisungen wird es oft vorkommen, dass sich Täter und Opfer widersprechen und die Beamten vor Ort alle in der Kürze der Zeit und der angespannten Lage nur möglichen Informationen ausschöpfen müssen, um ein sachgerechtes, auf dem Rechtsgedanken der Befugnisnorm beruhendes Ergebnis zu finden. 45

Des Öfteren wird man bei Maßnahmen nach § 31 auch **Ausnahmen nach § 28 HVwVfG** anzuwenden haben. In besonders brisanten Fällen wird häufig **Gefahr im Verzug** vorliegen, § 28 Abs. 2 Nr. 1 HVwVfG. Im Rahmen von **Allgemeinverfügungen** wird oftmals § 28 Abs. 2 Nr. 4 HVwVfG anzuwenden sein. In einigen Fällen werden beide Ausnahmen anzuwenden sein (Schaulustige bei schweren Verkehrsunfällen, die den Rettungsweg versperren, Platzverweisungen gegen Menschenmengen, wenn Ausschreitungen unmittelbar bevorstehen, etc). Es kann auch sein, dass die allgemeine Ausnahme des § 28 Abs. 2 HVwVfG greift, wenn die Anhörung nach den **Umständen des Einzelfalls nicht geboten** erscheint, wenn etwa im Rahmen einer Wohnungsverweisung eine so aufgeregte Stimmung vorherrscht, dass ein Gespräch mit den Beteiligten ausgeschlossen ist. 46

Sollte eine Anhörung zu Unrecht unterblieben sein, so kann dieser Fehler unter Umständen nachträglich **geheilt** werden (§ 45 Abs. 1 Nr. 3 HVwVfG, § 45 Abs. 2 HVwVfG). Das setzt aber voraus, dass die Anhörung überhaupt noch **Einfluss auf die Entscheidung** haben kann, was bei erledigten Verwaltungsakten nicht mehr der Fall ist. Ist also der von der Maßnahme erfasste Zeitrahmen abgelaufen, so ist eine Heilung nicht mehr möglich (vgl. Guckelberger JA 2011, 1 (4) mwN). 47

II. Bestimmtheitsgrundsatz

Eine besondere Bedeutung bei Maßnahmen des § 31 hat der Bestimmtheitsgrundsatz nach § 37 Abs. 1 HVwVfG. Während der Zeitrahmen ohne weiteres genau formuliert werden kann, sind Orte und Bereiche nicht immer leicht und präzise zu bezeichnen. Im Zweifel sollte die Anordnung **schriftlich** oder **anhand von Stadt- und Straßenplänen** verdeutlicht werden. 48

III. Form

Eine bestimmte Form ist für Maßnahmen nach § 31 **gesetzlich nicht vorgeschrieben.** Es gelten daher die allgemeinen Bestimmungen, insbesondere § 37 Abs. 2–5 HVwVfG. Danach kann der Verwaltungsakt schriftlich, mündlich, elektronisch oder in anderer Weise ergehen. In Fällen des Abs. 1 kommen insbesondere die mündliche Form oder ein Verwaltungsakt „in anderer Weise“, also durch Zeichen, in Betracht. Das können Handzeichen sein oder **Absperrbänder mit der Aufschrift „Polizei“,** um am Betreten abgesperrter Bereiche zu hindern. Oftmals wird sich eine Schriftform des Verwaltungsakts aufdrängen, nicht nur zu späteren Beweiszwecken, sondern auch, um dem Bestimmtheitsgrundsatz zu genügen. So empfehlen die „Polizeilichen Handlungsleitlinien zur Bekämpfung häuslicher Gewalt“ in Hessen ausdrücklich die **Schriftform für Fälle der Wohnungsverweisung** (Ziff. 6.1.8 der Polizeilichen Handlungsleitlinien zur Bekämpfung häuslicher Gewalt) und stellen ein entsprechendes Formblatt zur Verfügung. Im Falle der nur mündlichen Anordnungen von Platzverweisungen kann es sein, dass § 37 Abs. 2 S. 1 HVwVfG greift und der Verwaltungsakt **später schriftlich zu bestätigen** ist, wenn hieran ein berechtigtes Interesse besteht, zB der Adressat gegen die Maßnahme rechtlich vorgehen möchte. 49

G. Rechtscharakter

Platzverweisungen, Wohnungsverweisungen und Aufenthaltsverbote sind belastende **Verwaltungsakte iSd § 35 HVwVfG** (vgl. BeckOK PolR BW/Enders BWPolG § 27a Rn. 61). Platzverweisungen – sowohl nach Abs. 1 S. 1 als auch S. 2 – werden oftmals als **Allgemeinverfügungen iSd § 35 S. 2 HVwVfG** ergehen, wenn es sich um eine größere Anzahl von Adressaten handelt. Das wird bei aufgelösten Versammlungen (vgl. VG Stuttgart BeckRS 50

2015, 56039 zu Stuttgart 21) ebenso der Fall sein wie zB bei Schaulustigen, die Hilfs- oder Rettungsmaßnahmen behindern. Die Maßnahmen sind sog. **Dauerverwaltungsakte,** weil sie über eine gewisse Zeit fortwirken, wenn auch nur vorübergehend.

50.1 Die Platzverweisung kann in Form einer **mündlichen Allgemeinverfügung** zB durch eine **Lautsprecherdurchsage** ergehen (OVG Bremen NVwZ 2001, 221 = BeckRS 2000, 21098 (diffuse Gemengelagen, Chaostage); vgl zu dieser Entscheidung die Besprechung von Haase NVwZ 2001, 164; Lisken/Denninger PolR-HdB/Graulich E Rn. 441).

H. Vorrang des Versammlungsrechts

51 Gemäß Abs. 3 S. 5 bleiben die Vorschriften des Versammlungsrechts unberührt. Der eigentlich selbstverständliche Inhalt der Bestimmung hat lediglich **deklaratorische Bedeutung.** Er stellt klar, dass der Grundsatz der **Polizeifestigkeit des Versammlungsrechts** die Anwendung von Maßnahmen nach § 31 im Rahmen von Versammlungen grundsätzlich ausschließt. Die Befugnisnorm ist erst dann anwendbar, wenn Versammlungsteilnehmer den Schutz des VersammlG nicht mehr genießen. Das kann der Fall sein nach **Auflösungen** von Versammlungen (§ 13 Abs. 1 VersammlG, § 15 Abs. 3, Abs. 4 VersammlG) oder **Ausschluss** von Versammlungsteilnehmern (vgl. § 11 Abs. 2 VersammlG, § 17a Abs. 4 S. 2 VersammlG, § 18 Abs. 3 VersammlG, § 19 Abs. 4 VersammlG).

I. Durchsetzung

52 Maßnahmen nach § 31 können zunächst **mittels Gewahrsams** nach § 32 Abs. 1 Nr. 3 durchgesetzt werden. Wegen der oft unverhältnismäßigen Folgen solcher freiheitsentziehenden Maßnahmen wird man stattdessen immer auch die klassischen Zwangsmittel in Betracht zu ziehen haben. Unter bestimmten Voraussetzungen (§§ 47 ff.; für die Verwaltungsbehörden gelten §§ 68 ff. HessVwVG) kommen hier allein die Mittel des **Zwangsgeldes** (§ 50, für die Verwaltungsbehörden § 76 HessVwVG) und des **unmittelbaren Zwangs** (§ 52 Abs. 1 S. 1, für die Verwaltungsbehörden § 79 HessVwVG) in Betracht. Eine **Ersatzvornahme** scheidet mangels Verlangens einer vertretbaren Handlung als Zwangsmittel aus (vgl. § 49 Abs. 1 S. 1, § 74 Abs. 1 HessVwVG). In vielen Fällen, die sich sofort erledigen, wie es regelmäßig bei Maßnahmen nach § 31 der Fall sein wird, verspricht allerdings das Zwangsgeld wegen der nötigen Schriftform und des recht langwierigen Verfahrens keinen Erfolg, es ist zumindest unzweckmäßig.

53 Im Rahmen von Maßnahmen nach Abs. 2 und Abs. 3, die in der Regel längerfristig erfolgen, kommen ebenfalls nur **Zwangsgeld** und **unmittelbarer Zwang** in Betracht. Insbesondere in Fällen länger andauernder Maßnahmen kann hier ein Zwangsgeld durchaus Erfolg versprechen. Daneben ist auch ein **Gewahrsam** iSd § 32 Abs. 1 Nr. 3 in Betracht zu ziehen, der insbesondere in Fällen des Abs. 2 unerlässlich sein kann (vgl. KG NJOZ 2013, 870; VG Karlsruhe BeckRS 2008, 24701). Bekräftigt wird dies durch die repressive Bestimmung des § 43b, der seit Dezember 2024 auch Verstöße der wiederholten Zuwiderhandlung einer vollziehbaren Anordnung nach § 31 Abs. 3 S. 1 grundsätzlich unter Strafe stellt (eingefügt durch Gesetz v. 18.12.2024, HessGVBl. 83). Es kann auch geboten sein, Haustür und/oder **Wohnungsschlüssel sicherzustellen** (§ 40 Nr. 1, vgl. VG Karlsruhe BeckRS 2008, 24701).

J. Rechtsschutz

54 Gegen Maßnahmen iSd § 31 als Verwaltungsakte sind **Anfechtungswiderspruch** (**§§ 68 ff. VwGO**) und im **Hauptverfahren Anfechtungsklage** (§ 42 Abs. 1 VwGO) statthaft. Regelmäßig wird sich aber zur Erlangung effektiven Rechtsschutzes wegen der relativ kurzen Dauer dieser Maßnahmen anbieten, sie vor dem Verwaltungsgericht im **Eilrechtsschutz** anzugreifen. Da die Maßnahmen regelmäßig sofort vollziehbar sind (vgl. § 80 Abs. 2 S. 1 Nr. 2, Nr. 4 VwGO) kann nach Einlegung des Widerspruchs beim Verwaltungsgericht ein Antrag auf Anordnung oder Wiederherstellung der aufschiebenden Wirkung des Widerspruchs nach § 80 Abs. 5 S. 1 VwGO gestellt werden. Bei Erledigung der Maßnahme kommt im Hauptverfahren eine **Fortsetzungsfeststellungsklage** in Betracht (vgl. § 113

Abs. 1 S. 4 VwGO analog), die allerdings ein besonderes Feststellungsinteresse voraussetzt (vgl. dazu iE BeckOK VwGO/Decker VwGO § 113 Rn. 85 ff.; vgl. auch OVG Lüneburg BeckRS 2015, 45800). Ein solches **Fortsetzungsfeststellungsinteresse** kann sich nach ergangenem Aufenthaltsverbot aus einem Rehabilitationsinteresse (OVG Lüneburg BeckRS 2015, 45800), einer Wiederholungsgefahr oder der Intensität des Grundrechtseingriffs ergeben (vgl. BeckOK PolR BW/Enders BWPolG § 27a Rn. 61 mwN; VG Neustadt a. d. Weinstraße BeckRS 2017, 125628). Es kann auch ausreichen, dass in der Zeit der Rechtsbeeinträchtigung gerichtlicher Schutz nicht zu erlangen ist (aA BeckOK PolR Nds/Waechter NPOG § 17 Rn. 95–97; OVG Bremen BeckRS 2019, 437; vgl. dazu aber auch BVerwG BeckRS 2019, 11427, das dem OVG in der Revisionsinstanz in diesem Punkt widerspricht). Auch tiefgreifende Grundrechtseingriffe können ein Fortsetzungsfeststellungsinteresse begründen (vgl. BeckOK PolR Nds/Waechter NPOG § 17 Rn. 95). Die Rechtmäßigkeit der Maßnahme nach § 31 HSOG ist auch im Rahmen von **Kostenbescheiden** relevant, die nach Erledigung der Maßnahme gegen den Kostenpflichtigen ergehen (vgl. BeckOK PolR BW/Enders BWPolG § 27a Rn. 62 mwN, auch zur Gegenmeinung).

§ 31a Elektronische Aufenthaltsüberwachung

(1) [1]Die Polizeibehörden können zur Verhütung von terroristischen Straftaten oder zur Gefahrenabwehr eine Person dazu verpflichten, ein technisches Mittel, mit dem der Aufenthaltsort dieser Person elektronisch überwacht werden kann, ständig in betriebsbereitem Zustand am Körper bei sich zu führen und dessen Funktionsfähigkeit nicht zu beeinträchtigen, wenn

1. bestimmte Tatsachen die Annahme rechtfertigen, dass diese Person innerhalb eines übersehbaren Zeitraums auf eine zumindest ihrer Art nach konkretisierte Weise eine terroristische Straftat begehen wird,
2. deren individuelles Verhalten eine konkrete Wahrscheinlichkeit dafür begründet, dass sie innerhalb eines übersehbaren Zeitraums eine terroristische Straftat begehen wird, oder
3. im Einzelfall bestimmte Tatsachen die Annahme rechtfertigen, dass diese Person innerhalb eines übersehbaren Zeitraums auf eine zumindest ihrer Art nach konkretisierte Weise Leben, Leib oder Freiheit einer Person erheblich gefährden oder eine Straftat gegen die sexuelle Selbstbestimmung, die im Mindestmaß mit wenigstens drei Monaten Freiheitsstrafe bedroht ist, begehen wird,

um diese Person durch die Überwachung und die Datenverarbeitung von der Begehung

terroristischer Straftaten abzuhalten oder die Effektivität der Gefahrenabwehr zu steigern. [2]Die Verpflichtung nach Satz 1 umfasst auch die Verpflichtung, ein zur Verfügung gestelltes Mobiltelefon ständig in betriebsbereitem Zustand bei sich zu führen und dessen Funktionsfähigkeit nicht zu beeinträchtigen.

(2) [1]Die Polizeibehörden können der Person, deren Aufenthaltsort nach Abs. 1 elektronisch überwacht werden darf, aufgeben,

1. einen bestimmten Bereich nicht ohne Erlaubnis der Polizeibehörde zu verlassen,
2. sich nicht an bestimmten Orten aufzuhalten, die ihr Gelegenheit oder Anreiz zu Straftaten bieten können,
3. den Kontakt mit bestimmten Personen oder Personen einer bestimmten Gruppe zu unterlassen.

[2]Die Maßnahmen nach Satz 1 sind zeitlich und örtlich auf den zur Verhütung der Straftat erforderlichen Umfang zu beschränken und sind auf höchstens drei Monate zu befristen. [3]Eine Verlängerung um jeweils bis zu drei Monate ist möglich, soweit die Voraussetzungen der Maßnahme fortbestehen. [4]Die Vorschriften des Versammlungsrechts bleiben unberührt.

(3) [1]Die Maßnahme nach Abs. 1 und die Verlängerung der Maßnahmen nach Abs. 2 dürfen nur aufgrund richterlicher Anordnung auf Antrag der Behördenleitung getroffen werden. [2]Bei Gefahr im Verzug kann die Anordnung nach Satz 1

durch eine von der Behördenleitung beauftragte Person getroffen werden. [3]In diesem Fall ist die richterliche Anordnung unverzüglich nachzuholen. [4]Die Anordnung ist auf höchstens vier Monate zu befristen. [5]Eine Verlängerung um jeweils bis zu vier Monate ist möglich, soweit die Anordnungsvoraussetzungen fortbestehen. [6]Liegen die Voraussetzungen nicht mehr vor, ist die Maßnahme unverzüglich zu beenden. [7]Zuständig ist das Amtsgericht, in dessen Bezirk die Polizeibehörde ihren Sitz hat. [8]Für das Verfahren gelten die Vorschriften des Gesetzes über das Verfahren in Familiensachen und in den Angelegenheiten der freiwilligen Gerichtsbarkeit entsprechend.

(4) [1]Die Anordnung nach Abs. 3 ergeht schriftlich. [2]In ihr sind anzugeben
1. die Person, gegen die sich die Maßnahme richtet mit Name und Anschrift,
2. Art, Umfang und Dauer der Maßnahme,
3. im Falle der Aufenthaltsvorgabe nach Abs. 2 Satz 1 Nr. 1 oder 2 die Bezeichnung der Orte, von denen sich die Person ohne Erlaubnis der Polizeibehörde nicht entfernen oder an denen sich die Person ohne Erlaubnis der Polizeibehörde nicht aufhalten darf,
4. im Falle des Kontaktverbots nach Abs. 2 Satz 1 Nr. 3 die Personen oder die Gruppe, mit denen oder mit der der betroffenen Person der Kontakt untersagt ist, soweit möglich, mit Name und Anschrift,
5. die wesentlichen Gründe.

(5) [1]Die Polizeibehörden können mithilfe der von der betroffenen Person mitgeführten technischen Mittel automatisiert Daten über deren Aufenthaltsort sowie über etwaige Beeinträchtigungen der Datenerhebung verarbeiten. [2]Soweit dies zur Erfüllung des Überwachungszwecks erforderlich ist, dürfen die erhobenen Daten aufgrund richterlicher Anordnung zu einem Bewegungsbild verbunden werden. [3]Durch Rechtsverordnung der Ministerin oder des Ministers des Innern, für Sicherheit und Heimatschutz kann bestimmt werden, dass eine andere öffentliche Stelle als die Polizeibehörde die in Satz 1 genannten Daten verarbeitet. [4]Die Polizeibehörden können mit Einwilligung einer Person, zu deren Schutz gegenüber der betroffenen Person eine Anordnung nach Abs. 2 oder § 1 des Gewaltschutzgesetzes besteht, Daten über deren Aufenthaltsort durch ein von dieser mitzuführendes technisches Mittel automatisiert verarbeiten und mit den nach Abs. 1 Satz 1 erhobenen Daten automatisiert abgleichen. [5]Soweit es technisch möglich ist, ist sicherzustellen, dass innerhalb der Wohnung der Person keine über den Umstand ihrer Anwesenheit hinausgehenden Aufenthaltsdaten erhoben werden. [6]Die Daten dürfen ohne Einwilligung der betroffenen Person nur verarbeitet werden, soweit dies erforderlich ist für folgende Zwecke:
1. zur Verhütung zu erwartender Straftaten sowie zur Verfolgung von Straftaten im Sinne des Abs. 1 Satz 1 Nr. 1 und 2,
2. zur Abwehr einer Gefahr für Leib, Leben, Freiheit oder sexuelle Selbstbestimmung einer Person im Sinne des Abs. 1 Satz 1 Nr. 3,
3. zur Feststellung von Verstößen gegen Maßnahmen nach Abs. 2 oder § 1 des Gewaltschutzgesetzes,
4. zur Abwehr einer erheblichen gegenwärtigen Gefahr für Leib, Leben oder Freiheit einer dritten Person oder
5. zur Aufrechterhaltung der Funktionsfähigkeit der technischen Mittel.

[7]Zur Einhaltung der Zweckbindung nach Satz 4 hat die Verarbeitung der Daten automatisiert zu erfolgen und es sind die Daten gegen unbefugte Kenntnisnahme besonders zu sichern. [8]Die in Satz 1 genannten Daten sind spätestens zwei Monate nach ihrer Erhebung zu löschen, soweit sie nicht für die in Satz 4 genannten Zwecke verarbeitet werden. [9]Jeder Abruf der Daten ist zu protokollieren. [10]Die Protokolldaten sind nach zwölf Monaten zu löschen. [11]Werden innerhalb der Wohnung der betroffenen Person über den Umstand ihrer Anwesenheit hinausgehende Aufenthaltsdaten erhoben, dürfen diese nicht verwendet werden und sind unverzüglich nach Kenntnisnahme zu löschen. [12]Die Tatsache ihrer Kenntnisnahme und Löschung ist zu dokumentieren. [13]Die Dokumentation darf ausschließlich für Zwe-

cke der Datenschutzkontrolle verwendet werden. [14]Sie ist nach Abschluss der Datenschutzkontrolle zu löschen.

Überblick

§ 31a formuliert zunächst Befugnisnormen für Verpflichtungen zum Tragen technischer Mittel zur elektronischen Aufenthaltsüberwachung sowie für Aufenthaltsvorgaben und Kontaktverbote (→ Rn. 9). Darüber hinaus legt die Bestimmung Zeitvorgaben fest und regelt die Verpflichtung zur Einholung einer richterlichen Entscheidung und deren Ausnahmen (→ Rn. 26). Weiterhin enthält das Gesetz besondere Formvorschriften und Regelungen zur Datenverarbeitung (→ Rn. 26). Schließlich werden Einzelheiten zur Datenverarbeitung geregelt (→ Rn. 27).

Übersicht

A. Systematische Stellung

Mit Gesetz v. 25.6.2018 (HessGVBl. 302) hat der Gesetzgeber die Vorschrift zur **elektronischen Aufenthaltsüberwachung** in das HSOG aufgenommen. Er hat sie systematisch in der Nähe der Platzverweisung verortet, was naheliegt. Auch wenn sich die Vorschrift an die Parallelregelung des § 27c BWPolG anlehnt und der Gesetzgeber sie als eine Spezialvorschrift zur Observation verstanden wissen will (so ausdr. LT-Drs. 19/5412, 57), so hat er sie, anders als Baden-Württemberg, nicht in den Bereich der Vorschriften über die Datenverarbeitung aufgenommen (vgl. auch die Parallelvorschrift des Art. 34 BayPAG, die ebenfalls im Kontext der Datenverarbeitung zu finden ist). 1

B. Normzweck

§ 31a ergänzt die Bestimmungen des § 56 BKAG sowie des § 68b StGB iVm § 463a StPO. Die landesrechtliche Vorschrift soll statt präventiver bundesrechtlicher Bestimmungen dann Anwendung finden, wenn keine länderübergreifende Gefahr vorliegt oder das Bundeskriminalamt mangels Ersuchens durch die oberste Landesbehörde nicht tätig wird (vgl. § 5 Abs. 1 Nr. 1, Nr. 3 BKAG; zur **Gesetzgebungskompetenz des Landes Hessen** vgl. LT-Drs. 19/5412, 57). Das ist gem. § 5 Abs. 2 S. 1 BKAG bundesrechtlich unbedenklich. Gemäß § 5 Abs. 2 S. 3 BKAG hat die Wahrnehmung der Aufgaben im Benehmen zwischen Bund Ländern zu erfolgen. Die elektronische Aufenthaltsüberwachung dient der **Spezialprävention,** indem sie potenzielle Straftäter davon abhält, trotz Überwachung Straftaten zu begehen, zumal die Polizei dann auch sehr zeitnah am Ort des Geschehens sein kann, um präventiv einzugreifen (vgl. LT-Drs. 19/5412, 57). 2

C. Grundrechte

Als beeinträchtigtes Grundrecht kommt bei einer elektronischen Aufenthaltsüberwachung insbesondere das **Recht auf informationelle Selbstbestimmung** in Betracht (Art. 2 Abs. 1 3 iVm Art. 1 Abs. 1 GG), weil mit ihr automatisiert personenbezogene Daten über den Aufenthalt einer Person erhoben werden. Verletzungen des Art. 1 GG sind zu verneinen (BGH NStZ-RR 2022, 23 (24); BVerfG BeckRS 2020, 40592 Rn. 324).

4 Der Landesgesetzgeber versteht die elektronische Aufenthaltsüberwachung als eine Spezialvorschrift zur Observation. Im Gegensatz zu § 15 ist § 31a jedoch **weniger einschneidend,** weil die Maßnahme der elektronischen Aufenthaltsüberwachung nicht verdeckt, sondern **offen** erfolgt (vgl. LT-Drs. 19/5412, 56).

5 Eine Beeinträchtigung des Grundrechts auf **Freiheit der Person (Art. 2 Abs. 2 S. 2 GG iVm Art. 104 GG)** oder des Grundrechts auf **Freizügigkeit der Person (Art. 11 Abs. 1 GG, Art. 6 HessVerf)** ist dann abzulehnen, wenn man die elektronische Aufenthaltsüberwachung getrennt von den mit ihr verbundenen Maßnahmen einer Aufenthaltsvorgabe oder eines Kontaktverbots nach Abs. 2 betrachtet (BVerfG BeckRS 2020, 40592 Rn. 320, 324; s. auch NStZ-RR 2022, 23 (24); vgl. auch ausführlich BeckOK PolR NRW/Barczak PolG NRW § 34c Rn. 12 ff. mwN zu den verschiedenen Meinungen bzgl. der betroffenen Grundrechte). Denn bei der **elektronischen Aufenthaltsüberwachung** (alleine) wird der Betroffene gerade nur verpflichtet das erforderliche technische Mittel ständig in einem betriebsbereiten Zustand bei sich zu führen und deren Funktionsfähigkeit nicht zu beeinträchtigen. Unbenommen bleibt dabei gerade das Recht, nach Belieben Orte aufzusuchen und wieder zu verlassen (vgl. BGH NStZ-RR 2022, 187 (188 f.)). Umgekehrt werden aber **Aufenthaltsvorgabe** und **Kontaktverbot** iSd Abs. 2 regelmäßig in diese Grundrechte eingreifen (vgl. LT-Drs. 19/5412, 57; BeckOK PolR NRW/Barczak PolG NRW § 34b Rn. 6).

6 Die Regelungskonzeption des § 31a und insbesondere die Möglichkeit der Verarbeitung der Daten der nach Abs. 5 S. 1 mithilfe der von der betroffenen Person mitgeführten technischen Mitteln erhobenen automatisierten Daten über deren Aufenthaltsort sowie über etwaige Beeinträchtigungen der Datenerhebung, ist **verfassungsgemäß.** Insbesondere wird weder in den Kernbereich privater Lebensgestaltung eingegriffen, noch führt die Maßnahme der elektronischen Aufenthaltsüberwachung zu einer mit der Menschenwürde unvereinbaren „Rundumüberwachung". Der Grundrechtseingriff ist gerade zumutbar, soweit das allgemeine Persönlichkeitsrecht in seiner Ausprägung als **Recht auf informationelle Selbstbestimmung** betroffen ist. Der Eingriff steht gerade nicht außer Verhältnis zum Gewicht der Rechtsgüter, deren Schutz die elektronische Aufenthaltsüberwachung bezweckt (vgl. hierzu auch BVerfG NStZ 2021, 348 zum Hintergrund der Verfassungsmäßigkeit der Regelungen zur „elektronischen Fußfessel" bei Weisungen nach § 68b Abs. 1 S. 1 Nr. 12, S. 3 StGB iVm § 463a Abs. 4 StPO).

D. Parallelvorschriften

7 Auf **Bundesebene** kann das Bundeskriminalamt Maßnahmen iSd § 31a nach §§ 55, 56 BKAG anordnen. Die Vorschriften sind § 31a sehr ähnlich. Eine weitere bundesrechtliche Bestimmung findet sich in § 56a AufenthG, wonach die Ausländerbehörden zur elektronischen Aufenthaltsüberwachung befugt sind. Ebenfalls befindet sich auf Bundesebene die Möglichkeit einer spezialpräventiv ausgerichteten elektronischen Aufenthaltsüberwachung in § 68b Abs. 1 S. 1 Nr. 12, S. 3 StGB iVm § 463a Abs. 4 StPO.

8 In den **Polizeigesetzen der Länder** ist § 32 BWPolG hervorzuheben, der zwar im Aufbau der Absätze einige Abweichungen von § 31a aufweist, inhaltlich aber in weiten Teilen den Aussagen der hessischen Bestimmung gleicht (vgl. zu den Gründen → Rn. 1). In Bayern wurde Art. 34 BayPAG eingefügt, der auch mit dem Begriff der drohenden Gefahr arbeitet (vgl. Art. 34 Abs. 1 S. 1 BayPAG). Die Vorschrift weicht inhaltlich deutlich von den Fassungen in Hessen und Baden-Württemberg ab. In Nordrhein-Westfalen regelt § 34c PolG NRW, in Niedersachsen § 17c NPOG die elektronische Aufenthaltsüberwachung (zu repressiven Möglichkeiten vgl. → Rn. 2).

E. Einzelkommentierung

I. Elektronische Aufenthaltsüberwachung (Abs. 1)

9 Abs. 1 befasst sich mit der Befugnis zur präventivpolizeilichen **elektronischen Aufenthaltsüberwachung** selbst, während Abs. 2 die Ermächtigung zu **Aufenthaltsvorgabe** und **Kontaktverbot** formuliert.

1. Voraussetzungen des Abs. 1 Nr. 1

Abs. 1 Nr. 1 als erste Variante für die elektronische Aufenthaltsüberwachung verlangt zunächst, dass der Adressat der Maßnahme eine „**terroristische Straftat**" begehen wird. Es muss also eine terroristische Straftat zu befürchten sein. „Terroristische Straftaten" im Sinne dieses Gesetzes sind nach der **Legaldefinition** des **§ 13 Abs. 3 S. 2** Straftaten, die in **§ 129a Abs. 1** und **Abs. 2 StGB** bezeichnet sind. Die Straftat muss dazu bestimmt sein, die Bevölkerung auf erhebliche Weise einzuschüchtern oder eine Behörde oder eine internationale Organisation rechtswidrig mit Gewalt oder durch Drohung mit Gewalt zu nötigen oder die politischen, verfassungsrechtlichen, wirtschaftlichen oder sozialen Grundstrukturen eines Staates oder einer internationalen Organisation zu beseitigen oder erheblich zu beeinträchtigen. Außerdem muss durch die Art ihrer Begehung oder ihre Auswirkungen ein Staat oder eine internationale Organisation erheblich geschädigt werden können. Es handelt sich bei terroristischen Straftaten um die extremste Ausprägung von politisch motivierter Kriminalität (vgl. LT-Drs. 21/1151, 10). 10

Weiterhin müssen **bestimmte Tatsachen** die Annahme rechtfertigen, dass diese Person innerhalb eines übersehbaren Zeitraums auf eine zumindest ihrer Art nach konkretisierte Weise eine terroristische Straftat begehen wird. Der Begriff der „Tatsachen, die eine Annahme rechtfertigen" ist ein geläufiger Begriff des Polizeirechts und verlangt im Wesentlichen, dass überprüfbare Fakten die Einschätzung der Polizeibehörde stützen. Bloße Vermutungen, Anhaltspunkte oder das sog. Bauchgefühl eines Beamten reichen dafür nicht aus (zum Begriff iE → § 30 Rn. 16 ff.). 11

Der Gesetzgeber hat aber mit dem Wortlaut des § 31a auch eine **neue Formulierung** eingeführt. Sie soll die Zulässigkeit polizeilichen Einschreitens weiter in das **Vorfeld einer konkreten Gefahr** rücken. Die Bestimmung verlangt für ein Einschreiten keine konkrete Gefahr oder eine gewisse Wahrscheinlichkeit wie in anderen Befugnisnormen und auch nicht in der Art, dass die Erkenntnisse der Behörden, die zum Einschreiten führen, bereits so verdichtet sind, dass der gesamte Werdegang des Geschehens bis hin zur konkreten Straftat vorhersehbar ist. Vielmehr sollten die Anforderungen an eine **Vorhersehbarkeit des Kausalverlaufs** verringert werden. Nach dem Wortlaut des Abs. 1 Nr. 1 reicht es aus, wenn die zugrunde gelegten Tatsachen die Annahme rechtfertigen, dass eine Person innerhalb eines **übersehbaren Zeitraums auf eine zumindest ihrer Art nach konkretisierte Weise eine terroristische Straftat** begehen wird. 12

Die Formulierung der Bestimmung beruht auf einer Entscheidung des BVerfG (NJW 2016, 1781). Dort hat sich das Gericht mit heimlichen Überwachungsmaßnahmen von hoher Eingriffsintensität befasst. Davon ausgehend hat es (mit Blick auf den Grundsatz der Verhältnismäßigkeit) Grundrechtsbeeinträchtigungen in solchen Fällen befürwortet, in denen zwar die hinreichende Wahrscheinlichkeit eines bestimmten zum Schaden führenden Kausalverlaufs nicht gegeben ist, aber zumindest **tatsächliche Anhaltspunkte** dafür vorliegen, dass eine konkrete Gefahr für hochrangige Rechtsgüter wie Leib, Leben oder die Freiheit der Person entstehen kann. Der Begriff der **tatsächlichen Anhaltspunkte** in diesem Urteil wird dann im Folgenden allerdings so konkretisiert, dass er **Tatsachen** verlangt, die auf eine im Einzelfall drohende Gefahr für ein überragend wichtiges Rechtsgut hinweisen (vgl. BVerfG NJW 2016, 1781 (1785)). Allgemeine Erfahrungssätze reichten dafür nicht aus, sondern die festgestellten **Tatsachen** müssten „im Einzelfall die Prognose eines Geschehens, das zu einer zurechenbaren Verletzung der genannten Schutzgüter führt, tragen" (vgl. BVerfG NJW 2016, 1781 (1785) mwN). Diese Anforderungen kommen dem Begriff der „Tatsachen, die die Annahme rechtfertigen" näher als dem der „tatsächlichen Anhaltspunkte", sodass der Gesetzgeber auch erstgenannten Begriff in der Befugnisnorm des § 31a verwendet hat. Der zum Schaden führende Kausalverlauf müsse sich nicht mit hinreichender Wahrscheinlichkeit vorhersehen lassen (vgl. BVerfG NJW 2016, 1781 (1785)). Das Gericht bezieht sich auch auf **terroristische Straftaten,** die oft von bislang strafrechtlich nicht in Erscheinung getretenen Personen an unvorhersehbaren Orten in nicht vorhersehbaren Weisen verübt würden (vgl. BVerfG NJW 2016, 1781 (1785)). In solchen Fällen seien Überwachungsmaßnahmen auch dann erlaubt, wenn zwar **noch nicht ein seiner Art nach konkretisiertes und zeitlich absehbares Geschehen erkennbar** sei, jedoch das **individuelle Verhalten einer Person die konkrete Wahrscheinlichkeit** begründet, dass sie solche Straftaten in überschaubarer Zukunft begehen werde. Denkbar sei das etwa, wenn eine Person aus einem **Ausbildungslager für Terroristen im Ausland** in die Bundesrepublik Deutschland einreise (vgl. BVerfG NJW 2016, 1781 (1785)). 12.1

2. Voraussetzungen des Abs. 1 Nr. 2

13 Erste Voraussetzung für ein Einschreiten iSd Abs. 1 Nr. 2 als zweite Variante für die elektronische Aufenthaltsüberwachung ist, dass der Adressat der Maßnahme eine **„terroristische Straftat“** begehen wird (→ Rn. 10).

14 Zudem muss das **individuelle Verhalten** des Adressaten eine konkrete Wahrscheinlichkeit dafür begründen, dass er innerhalb eines **übersehbaren Zeitraums** eine terroristische Straftat begehen wird. Ebenso wie in Abs. 1 Nr. 1 verlangt auch hier der Gesetzgeber nicht, dass eine hinreichende Wahrscheinlichkeit eines bestimmten zum Schaden führenden Kausalverlaufs gegeben ist, sondern **lediglich Tatsachen im bereits genannten Sinne darauf hinweisen** (→ Rn. 11 f.), dass eine konkrete Gefahr für hochrangige Rechtsgüter wie Leib, Leben oder die Freiheit der Person droht (vgl. BVerfG NJW 2016, 1781 (1785)). Es kommt also nicht darauf an, welche genaue Straftat der potenzielle Straftäter aufgrund welcher detaillierten vorangegangen Sachverhaltsentwicklungen begehen wird. Entscheidend und ausreichend ist, dass das individuelle Verhalten einer Person die konkrete Wahrscheinlichkeit begründet, dass sie solche – **noch nicht näher konkretisierten – Straftaten** gegen die genannten **hochrangigen Rechtsgüter** in überschaubarer Zukunft begehen wird.

14.1 Es handelt sich hier also – wie in Abs. 1 Nr. 1 – um eine vom BVerfG (NJW 2016, 1781 (1785)) herausgearbeitete Konstellation, die Fälle betrifft, in denen der Kausalverlauf noch nicht so vorhersehbar ist, dass eine konkrete Gefahr bejaht werden kann. Allerdings versteht das Gericht Fälle iSd Abs. 1 Nr. 2 offenbar nicht als Alternativen zu den Fällen des Abs. 1 Nr. 1, sondern vielmehr als **Spezialfälle** (vgl. iE → Rn. 12; vgl. auch BeckOK PolR BW/Trurnit BWPolG § 27c Rn. 15, wonach sich beide Konstellationen überschneiden und eine exakte Unterscheidung nicht möglich ist).

3. Voraussetzungen des Abs. 1 Nr. 3

15 Erste Voraussetzung für ein Einschreiten iSd Abs. 1 Nr. 3 als dritte Variante für die elektronische Aufenthaltsüberwachung ist, dass der Adressat der Maßnahme eine zumindest ihrer Art nach konkretisierte Weise **Leben, Leib oder Freiheit einer Person erheblich gefährden** oder eine **Straftat gegen die sexuelle Selbstbestimmung,** die im Mindestmaß mit wenigstens drei Monaten Freiheitsstrafe bedroht ist, begehen wird. Folglich setzt der Gesetzgeber in Abs. 1 Nr. 3 zur Gefahrenabwehr im Einzelfall an Straftaten (allgemein) an und verlangt hier keine terroristische Straftat. Die Einschränkung des Wortlautes stellt darauf ab, dass jedoch eine zumindest ihrer Art nach hinreichend konkretisierten Weise **erhebliche Rechtsgüter,** nämlich konkret Leben, Leib, Freiheit einer Person, gefährdet sind oder eine Straftat gegen die sexuelle Selbstbestimmung begehen wird. Hinsichtlich der Straftat gegen die sexuellen Selbstbestimmung ist es erforderlich, dass die jeweilige Straftat ein Mindestmaß mit wenigstens drei Monaten Freiheitsstrafe bedroht ist (anders zB bei § 43c Abs. 1 S. 1 Nr. 3, → § 43c Rn. 15).

15.1 Der seit dem 18.12.2024 (HessGVBl. 83) aufgenommene Abs. 1 **Nr. 3** regelt die **elektronische Aufenthaltsüberwachung für Gefahren aus dem nicht terroristischen Spektrum** in § 31a. Zuvor hatte der Gesetzgeber ursprünglich in der zum 12.7.2023 in Kraft getretene Fassung der Wohnungswegweisung (§ 31 Abs. 2 S. 1) sowie zum Betretungs- und Kontaktverbot (§ 31 Abs. 2 S. 2) in **§ 31 Abs. 2 S. 3** normiert, dass eine Maßnahme nach (§ 31 Abs. 1) S. 1 oder 2 mit einer **elektronischen Aufenthaltsüberwachung iSd Abs. 1 verbunden werden kann,** wenn tatsächliche Anhaltspunkte die Annahme rechtfertigen, dass sich die betroffene Person der Maßnahme nach (§ 31 Abs. 1) S. 1 oder 2 widersetzen wird. Diese Regelung galt aber nur bis zum 18.12.2024. Mit Gesetz zur Stärkung der Inneren Sicherheit in Hessen v. 18.12.2024 (HessGVBl. 83) wurde diese Ergänzung in 8§ 31 Abs. 1) S: 3, ebenfalls wie der damals aufgenommene § 31 Abs. 2 S. 6 („Für die elektronische Aufenthaltsüberwachung gelten im Übrigen die Bestimmungen des § 31a entsprechend“), aus dem § 31 Abs. 2 S. 3 (wieder) gestrichen. Diese Folgeänderung ist richtig, da die elektronische Aufenthaltsüberwachung in den Fällen der Gefahrenabwehr eine eigenständige Regelung in § 31a gefunden hat.

15.2 Folglich wird nunmehr in Abs. 1 **Nr. 3** die elektronische Aufenthaltsüberwachung für andere Fälle der Gefahrenabwehr geregelt. Mithin wird der hessischen Polizei die elektronische Aufenthaltsüberwachung als präventives Instrument zur Verfügung gestellt, um Personen auch in **Hochrisikofällen häuslicher Gewalt** überwachen zu können und die Betroffenen durch den Beobachtungsdruck in ihren Handlungsmöglichkeiten zu beschränken und sie an der Begehung von Straftaten zu hindern (LT-Drs. 21/1151, 10 f.). Eine große Zahl von Frauen und Kindern erlebe zu Hause immer noch körperliche, sexuelle und psychische Gewalt. Die bisher zulässigen Schutzanordnungen wie die Kontaktsperre oder das Näherungsverbot wirkten oftmals nicht effektiv. Deshalb solle der Schutz der Opfer verbessert und der Anwendungsbereich der elektronischen Aufenthaltsüberwachung auf Fälle der häuslichen Gewalt ausgedehnt werden (LT-Drs. 20-8129, 24), wobei die hohen Anforderungen des Abs. 1 Nr. 3 gewährleisten, dass es sich bei dem Einsatz der elektronischen Aufenthaltsüberwachung um eine „Ultima Ratio" handelt (LT-Drs. 21/1151, 11). Diese Maßnahme als Ultima Ratio kann dann nach der Regelung des Abs. 1 Nr. 3 **ergänzend** zu einer Wohnungsverweisung, einem Betretungsverbot oder einem Kontaktverbot nach § 31 Abs. 2 angeordnet werden. Die Möglichkeit der elektronischen Aufenthaltsüberwachung bilde in manchen Fällen den logischen und sinnvollen Lückenschluss, um die Einhaltung der angeordneten Maßnahme (Wohnungsverweisung, Betretungsverbot oder Kontaktverbot) sicherzustellen (LT-Drs. 20-8129, 25). Dabei handelt es sich auch um ein milderes Mittel im Vergleich zur zuvor alleinigen möglichen Ingewahrsamnahme nach § 32 Abs. 1 Nr. 3. Die Polizei verfügt über ein ausdifferenziertes Bewertungskonzept für **Hochrisikofälle von Beziehungsgewalt.** Fälle, in denen der Einsatz der elektronischen Aufenthaltsüberwachung taktisch sinnvoll und rechtlich begründbar ist, werden **seltene Einzelfälle bleiben.** Zu rechnen sei deshalb voraussichtlich mit höchstens ein bis zwei Anwendungen im Jahr (LT-Drs. 20-8129, 25).

Zudem wird in der Gesetzesbegründung von 2024 darauf abgestellt, dass neben terroristischen Straftaten auch Gefahren aus dem nicht terroristischen Spektrum, wie **rechtsextreme Gewalt** oder **Amokläufe** – mit teilweisen erschreckend hohen Opferzahlen – eine zunehmende Bedrohung für die öffentliche Sicherheit und Ordnung darstellen (LT-Drs. 21/1151, 10). Daher werde es immer wichtiger, eine im Einzelfall auch langanhaltende, Überwachung der von Seiten der Sicherheitsbehörden als gefährlich eingeschätzten Person, darunter vor allem auch der Gefährder, vorzunehmen. Hinsichtlich des Gefährderbegriffs wird auf die Ausführungen der BT-Drs. 20/2311 verwiesen, wonach ein Gefährder eine Person darstellt, zu der bestimmte Tatsachen die Annahme rechtfertigen, dass die Person politisch motivierte Straftaten von erheblicher Bedeutung begehen wird. Hierzu zählen insbesondere solche Taten des § 100a StPO (LT-Drs. 21/1151, 10). Gerade für die Gefahrenabwehr bei diesen **anderen Bedrohungslagen hochwertiger Rechtsgüter** bedürfe es ebenfalls des präventivpolizeilichen Befugnisinstrumentariums. Denn gerade „auch dann, wenn sich noch keine konkreten Straftaten einschließlich strafbarer Vortaten gesichert nachweisen lassen oder eine Verurteilung bereits zurückliegt, die von einer Person ausgehende Gefahr aber erneut bzw. nach wie vor hoch ist" müsse eine solche Maßnahme möglich sein (LT-Drs. 21/1151, 10). **15.3**

Wesentliche Voraussetzung ist zudem, dass **im Einzelfall bestimmte Tatsachen die Annahme rechtfertigen,** dass die Person **innerhalb eines überschaubaren Zeitraums** auf eine **zumindest ihrer Art nach konkretisierte Weise** Leben, Leib oder Freiheit einer Person erheblich gefährden oder eine Straftat gegen die sexuelle Selbstbestimmung, die im Mindestmaß mit wenigstens drei Monaten Freiheitsstrafe bedroht ist, begehen wird. Erforderlich ist eine **Gefährdungsprognose.** Auf der Grundlage bestimmter Tatsachen im Einzelfall muss sich die Annahme rechtfertigen lassen, dass die überwachte Person in konkretisierter Weise und in absehbarer Zeit die genannten besonders wichtigen Rechtsgüter oder die sexuelle Selbstbestimmung einer anderen Person gefährden wird (LT-Drs. 21/1151, 11). Das BVerfG hat zu dem Begriff der **hinreichend konkretisierten Gefahr** ausdrücklich festgestellt, dass bestimmte Tatsachen festgestellt sein müssen, die im Einzelfall die Prognose eines Geschehens tragen, das zu einer zurechenbaren Verletzung der relevanten Schutzgüter führt. Allgemeine Erfahrungssätze reichen insoweit alleine nicht aus (BVerfG NJW 2016, 1781; → Rn. 12.1). **16**

„Während eine **konkrete Gefahr** zur Voraussetzung hat, dass in dem zu beurteilten konkreten Einzelfall in überschaubarer Zukunft mit dem Schadenseintritt hinreichend wahrscheinlich gerechnet werden muss, liegt eine **hinreichende konkretisierte Gefahr** vor, wenn tatsächliche Anhaltspunkte für die Entstehung einer konkreten Gefahr für gewichtige Rechtsgüter besteht." (LT-Drs. 21/1151, 11; vgl. BVerfG BeckRS 2022, 41609 Rn. 187 f.). **16.1**

Folglich verlangt auch die dritte Variante der elektronischen Aufenthaltsüberwachung in Abs. 1 Nr. 3 ebenfalls – wie in Abs. 1 Nr. 1 und Nr. 2 – nicht, dass eine hinreichende Wahrscheinlichkeit eines bestimmten zum Schaden führenden Kausalverlaufs gegeben ist. Vielmehr müssen **lediglich im Einzelfall bestimmte Tatsachen im bereits genannten Sinne darauf hinweisen** (→ Rn. 11 f.), dass eine konkrete Gefahr für hochrangige Rechtsgüter – wie hier ausdrücklich genannt – Leben, Leib oder die Freiheit der Person droht (vgl. BVerfG NJW 2016, 1781 (1785)) oder eine Straftat gegen die sexuelle Selbstbestimmung, **17** die im Mindestmaß mit wenigstens drei Monaten Freiheitsstrafe bedroht ist, begehen wird. Es kommt also auch hier nicht darauf an, welche genaue Straftat der potenzielle Straftäter aufgrund welcher detaillierten vorangegangen Sachverhaltsentwicklungen begehen wird. Entscheidend und ausreichend ist, dass das **individuelle Verhalten** einer Person die konkrete Wahrscheinlichkeit begründet, dass sie solche – **noch nicht näher konkretisierten – Straftaten** gegen die genannten **hochrangigen Rechtsgüter** in überschaubarer Zukunft begehen wird.

17.1 Das BVerfG formuliert zwei grundsätzliche Bedingungen für die Annahme einer solchen **personenbezogenen Gefährlichkeitsprognose:** Zum einen müssen die Tatsachen den Schluss auf ein wenigstens seiner Art nach konkretisiertes und zeitlich absehbares Geschehen zulassen, und zum anderen, dass bestimmte Personen beteiligt werden, über deren Identität zumindest so viel bekannt ist, dass die Überwachungsmaßnahme gezielt gegen sie eingesetzt und weitgehend auf sie beschränkt werden kann. (vgl. BVerfG BeckRS 2022, 41609 Rn. 190; LT-Drs. 21/1151, 11). Ausreichend ist, dass Tatsachen nachweislich vorliegen, die entweder für sich alleine oder in der Gesamtschau mit anderen Umständen den Schluss zulassen, dass es zu einer bestimmten Kategorie von Angriffen kommen wird. Die Gefährlichkeitsprognose muss zwingend von Besonderheiten des individuellen Verhaltens der betroffenen Person ausgehen (LT-Drs. 21/1151, 11).

4. Gemeinsame Voraussetzungen des Abs. 1

18 Weitere – gemeinsame – Voraussetzung des Abs. 1 ist, dass die befürchtete Straftat in einem **„übersehbaren Zeitraum"** begangen wird. Was der Gesetzgeber unter einem solchen Zeitraum versteht, macht der Gesetzestext nicht unmittelbar deutlich. Wegen der Befristung der Maßnahme auf vorläufig maximal drei Monate (vgl. Abs. 2 S. 2) kann jedoch auch der „übersehbare Zeitraum" nicht über drei Monate hinausgehen (vgl. BeckOK PolR BW/Trurnit BWPolG § 27c Rn. 16). Schließlich muss die elektronische Aufenthaltsüberwachung der **Verhütung von terroristischen Straftaten** (vgl. § 13 Abs. 3 S. 2) oder **zur Gefahrenabwehr** dienen und erfolgen, um die Person durch die Überwachung und die Datenverarbeitung von der Begehung der Straftaten abzuhalten. Der Gesetzgeber bringt damit die präventive Zielsetzung der Verhinderung terroristischer Straftaten und zur Gefahrenabwehr der Nr. 3 durch die Maßnahme zum Ausdruck.

18.1 Bei den Anknüpfungstatsachen, dass die zu befürchtete Straftat in einem überschaubaren Zeitraum zu erwarten ist, können zB aktuelle Drohungen oder andere Äußerungen des Störers, spezielle Vorkenntnisse sowie ein Waffenbesitz angeführt werden.

19 **Anknüpfungspunkt** der **Prognose des individuellen Verhaltens** muss immer das Verhalten der betroffenen Person sein. Nicht ausreichend allein kann die Disposition oder Zugehörigkeit zu einer Gruppe sein, deren Angehörige sich regelmäßig in einer bestimmten Art und Weise verhalten. Für die Grundlage einer **hinreichend zuverlässigen Tatsachenbasis** bedarf es konkrete tatsächliche Anhaltspunkte, dass die betreffende Person jederzeit eine terroristische Gefahr aktualisieren kann (vgl. BGH NStZ-RR 2022, 187 (190)). An den **Wahrscheinlichkeitsmaßstab** sind keine überspannten Anforderungen zu stellen. Dies ist damit zu begründen, dass der Schutz der Allgemeinheit vor Terroranschlägen, die Bereitstellung wirksamer Aufklärungsmittel, die demokratische und freiheitliche Grundordnung sowie die drohende Gefährdung der Rechtsgüter und das gravierende Ausmaß der durch die terroristischen Anschläge drohenden Schäden überwiegen. Bei der **umfassenden Würdigung** des Einzelfalls des individuellen Verhaltens sowie bei dem **Wahrscheinlichkeitsgrad** spielen daher die Persönlichkeit des Betroffenen, das bisherige Verhalten, die nach außen erkennbare oder geäußerte innere Einstellung, die eigene Verbindung zu anderen Personen oder Gruppierungen, von denen eine terroristische Gefahr ausgeht, sowie andere Umstände, die möglich und geeignet sind, die betroffene Person in ihrem gefährlichen Denken und Handelns zu stabilisieren, unterstützen oder gar bestärken, eine Rolle (vgl. BGH NStZ-RR 2022, 187 (190)). Es steht der **Prognose** gerade **nicht entgegen,** wenn andere Deutungen der festgestellten Tatsachen und Äußerungen nicht auszuschließen sind. Bei der Abwägung sind die für eine Gefahrenprognose sprechenden tatsächlichen Anhaltspunkte und Gründe **mindestens ebenso gewichtig** wie die möglicherweise für eine andere gegenteilige Prognose sprechenden Gründe. Lediglich **relativ diffuse Anhaltspunkte** für mögliche Gefahren,

Vermutungen und **bloße Spekulationen reichen nicht aus** (vgl. ausführlich hierzu BGH NStZ-RR 2022, 187 (190)).

5. Rechtsfolgen des Abs. 1

Abs. 1 hat verschiedene Rechtsfolgen. Zum einen ist dies nach Abs. 1 S. 1 die Verpflichtung, ein **technisches Mittel zur elektronischen Aufenthaltsermittlung** ständig in betriebsbereitem Zustand am Körper bei sich zu führen und zum anderen, dessen Funktionsfähigkeit nicht zu beeinträchtigen. Zudem gilt die gesetzliche Nebenpflicht nach Abs. 1 S. 2 ein zur Verfügung gestelltes **Mobilfunktelefon** ständig in betriebsbereitem Zustand bei sich zu führen und ebenfalls dessen Funktionsfähigkeit nicht zu beeinträchtigen. Für die elektronische Aufenthaltsüberwachung ist das Mobiltelefon selbst zwar nicht erforderlich, aber es eröffnet die Möglichkeit, dass eine **Sprachverbindung** zwischen dem Betroffenen und der nach Abs. 5 datenverarbeitenden Stelle hergestellt werden kann. Dies ist sinnvoll, um mit der betroffenen Person Kontakt aufnehmen zu können und so die Möglichkeit zu haben, Problemlagen eventuell niederschwellig lösen zu können (vgl. ausdr. LT-Drs. 20/8129, 34 (35)). Das Ziel der präventivpolizeilichen Maßnahme ist folglich, über einen **längeren Zeitraum** die **Aufenthaltsorte einer Person zu erfassen** (vgl. LT-Drs. 19/5412, 56). 20

Durch die elektronische Aufenthaltsüberwachung kann bei einer entsprechenden Gefahrenlage im Einzelfall die Überwachung einer Person deutlich erleichtert werden. Durch die elektronische Aufenthaltsüberwachung wird eine **personalintensive Dauerobservation vermieden,** die bereits schon aufgrund der Vielzahl der Gefährder zahlenmäßig von der Polizei nicht zu leisten sei (vgl. LT-Drs. 21/1151, 10). 20.1

Die Gefahrenlage, die es durch die elektronische Aufenthaltsüberwachung abzuwenden gilt, und das Überwachungsziel müssen in einer Beziehung zueinander stehen, die dem **Grundsatz der Verhältnismäßigkeit** entspricht. Dies bedeutet auf der Prüfungsebene der Geeignetheit, dass die hinreichend konkretisierte Gefahr sich mittels Überwachung signifikant reduzieren lässt. Erforderlich ist die Maßnahme der Überwachung, wenn keine gleich geeigneten milderen Mittel zur Erreichung des Überwachungszieles zur Verfügung stehen. Dies könnte eine Gefährderansprache oder -schreiben sein sowie längerfristige verdeckt durchgeführte Observation der Person oder eine offene polizeiliche Begleitung. Zugleich muss die Gefahrenlage ein solches Gewicht haben, dass diese die ständige Überwachung angemessen erscheinen lässt (LT-Drs. 21/1151). 20.2

Als Beispiel eines technischen Mittels zur elektronischen Aufenthaltsermittlung kann die sog. **elektronische Fußfessel** angeführt werden. Hierbei handelt es sich um ein Gerät, was in Größe und Gewicht einer Armbanduhr entspricht. Die elektronische Fußfessel kann gut unter der Kleidung getragen und verborgen werden. Das Gerät eignet sich auch, um es beim Sport zu tragen. Sie ist wasserdicht und der Akku hält gewöhnlich den ganzen Tag. Die elektronische Fußfessel wird nachts kabellos aufgeladen (vgl. BGH NStZ-RR 2022, 187 (188)). 21

II. Aufenthaltsvorgabe und Kontaktverbot nach Abs. 2

Abs. 2 befasst sich mit der sog. **Aufenthaltsvorgabe,** einer Befugnisnorm also, die den Polizeibehörden die Möglichkeit gibt, eine Person zu verpflichten, bestimmte Bereiche nicht zu verlassen, sich an bestimmten Orten nicht aufzuhalten oder den **Kontakt** zu bestimmten Personen oder Personen einer bestimmten Gruppe **zu unterlassen.** 22

1. Voraussetzungen Abs. 2 S. 1

Gemeinsame Voraussetzung für alle Maßnahmen nach Abs. 2 ist die rechtliche Zulässigkeit von Maßnahmen nach Abs. 1. Beide Maßnahmen der elektronischen Aufenthaltsüberwachung sowie die Aufenthaltsvorgabe können miteinander verknüpft werden, erforderlich ist das aber nicht (vgl. den Wortlaut „überwacht werden darf"; vgl. auch ausdr. LT-Drs. 19/5412, 57). 23

2. Rechtsfolgen des Abs. 2

Es gibt **drei Rechtsfolgen des Abs. 2 S. 1.** Nach **Nr. 1** können die Polizeibehörden der Person aufgeben, einen bestimmten Bereich nicht ohne Erlaubnis zu verlassen. Der 24

Begriff „Bereich“ im Unterschied zum Begriff „Ort“ weist darauf hin, dass mit Blick auf den Grundsatz der Verhältnismäßigkeit Maßnahmen so zu treffen sind, dass dem Adressaten ein größtmögliches Gebiet zum Aufenthalt verbleiben soll und Beschränkungen auf einen Ort regelmäßig unverhältnismäßig sind (vgl. Fredrich Rn. 3; vgl. zum Begriff „Ort“ auch → § 31 Rn. 15). **Nr. 2** spricht ein Aufenthaltsverbot für bestimmte Orte aus. Dabei differenziert der Gesetzgeber zwischen der objektiven Gelegenheit und dem subjektiven Anreiz dafür, Straftaten zu begehen. Ein Aufenthalt ist bei zügigem Passieren des Ortes zu verneinen (vgl. Fredrich Rn. 4). **Nr. 3** entspricht der Rechtsfolge des § 31 Abs. 2 S. 2 Hs. 2. Ihr Wortlaut schließt nicht aus, das Kontaktverbot auf alle Personen einer bestimmten Gruppe zu erstrecken.

24.1 Gerade in Fällen des Abs. 1 S. 1 Nr. 3 kann es notwendig und sinnvoll sein, dass neben der elektronischen Aufenthaltsüberwachung der Person zusätzlich nach Abs. 2 S. 1 aufgegeben wird, sich nicht an bestimmten Orten aufzuhalten, die ggf. Gelegenheit oder Anreiz zu solchen Straftaten bieten können oder der Person den Kontakt mit bestimmten Personen zu untersagen (LT-Drs. 21/1151).

24.2 In Hochrisikofällen häuslicher Gewalt ist auf folgendes zu achten: Das Gewaltschutzgesetz (GewSchG) sowie die landesrechtlichen Ergänzungen sind durchaus geeignet bei notwendigen Soforthandeln, geeignete Maßnahmen zu treffen, die Verbesserungen für das Opfer bewirken. Jedoch dürfen Maßnahmen der Gefahrenabwehr- und Polizeibehörden zum Schutz privater Rechte gem. § 1 Abs. 3 nach ihrem subsidiären Charakter nicht der endgültigen oder auch nur vorläufigen Rechtsschutzverwirklichung dienen (→ § 1 Rn. 121 ff). Es darf mit der jeweiligen Maßnahme gerade nicht den originär zuständigen Instanzen der Zivilgerichtsbarkeit und ihren Vollstreckungsorganen vorgegriffen werden, vielmehr darf das Handeln gerade nur auf die erforderliche, rechtssichernde Maßnahme beschränkt werden (→ § 1 Rn. 125, Schlink NVwZ 1982, 529 (530)). Daher sind die im Zusammenhang mit der elektronischen Aufenthaltsüberwachung angeordneten Maßnahmen gem. Abs. 2 S. 1 stets auf das unbedingt Erforderliche zu beschränken und unmittelbar zu beenden, sofern eine wirksame richterliche Entscheidung über zivilrechtliche Schutzmöglichkeiten getroffen wurde (LT-Drs. 21/1151).

25 **Abs. 2 S. 2** beschränkt die Rechtsfolgen im Sinne des Verhältnismäßigkeitsgrundsatzes in **zeitlicher und räumlicher** Sicht. Die Maßnahme ist auf **maximal drei Monate** mit **Verlängerung um drei Monate** zu befristen. Nach dem Wortlaut kann die **Verlängerung wiederholt** werden, solange die Voraussetzungen bestehen.

III. Verfahren und Form

26 **Abs. 3** und **Abs. 4** enthalten gemeinsame **besondere Verfahrens-** und **Formvorschriften** für Maßnahmen nach Abs. 1 und Abs. 2. Gemäß Abs. 3 S. 1 gilt ein **Richtervorbehalt** für Maßnahmen nach Abs. 1 und Verlängerungen iSd Abs. 2. Auch wenn es sich bei einer elektronischen Aufenthaltsüberwachung um keine freiheitsentziehende Maßnahme iSd Art. 104 Abs. 2 GG handelt, ist dieser Vorbehalt im Sinne eines effektiven Rechtsschutzes angesichts der gewichtigen Beeinträchtigung der Grundrechte durch eine elektronische Aufenthaltsüberwachung sinnvoll.

27 Der Antrag ist nach Abs. 3 S. 1 von der **Behördenleitung** zu stellen. Ausnahmen gelten nach Abs. 3 S. 2 bei **Gefahr im Verzug,** wonach die Anordnung nach durch eine von der Behördenleitung beauftragten Person getroffen werden kann. Die richterliche Anordnung ist dann gem. Abs. 3 S. 3 **unverzüglich nachzuholen.**

28 Nach Abs. 3 S. 4 ist die **Anordnung auf höchstens vier Monate zu befristen.** Eine **Verlängerung um jeweils bis zu vier Monaten** ist nach Abs. 3 S. 5 möglich, soweit die Anordnungsvoraussetzungen fortbestehen. Folglich hat sich der Gesetzgeber hier für eine **Vier-Monatsfrist** entschieden, die nicht den Drei-Monatsfristen des Abs. 2 S. 2 und S. 3 entsprechen.

29 Liegen die Voraussetzungen nicht mehr vor, ist die Maßnahme nach Abs. 3 S. 6 **unverzüglich zu beenden.**

30 Die Zuständigkeit des Gerichts und das dortige Verfahren werden in Abs. 3 S. 7 und S. 8 geregelt.

31 Nach Abs. 3 S. 8 gelten für das **Verfahren** die Vorschriften des Gesetzes über das Verfahren in Familiensachen und in den Angelegenheiten der freiwilligen Gerichtsbarkeit (FamFG) entsprechend.

Die per Verweisung in Abs. 3 S. 8 Bezug genommenen Vorschriften des FamFG schreiben die **mündliche Anhörung** des Betroffenen vor der Anordnung der elektronischen Aufenthaltsüberwachung nicht ausdrücklich vor. Vielmehr liegt diese im Ermessen der anordnenden Stelle (vgl. BGH NStZ-RR 2022, 187 (188)). 32

Durch den **Verweis** auf das **FamFG** gelten insbesondere die allgemeinen Vorschriften des 1. Buches. Eine **persönliche Anhörung** ist gem. § 34 FamFG vorgesehen, wenn dies zur Gewährleistung des rechtlichen Gehörs des Beteiligten erforderlich ist (§ 34 Abs. 1 Nr. 1 FamFG) oder wenn dies im FamFG oder in einem anderen Gesetz vorgeschrieben ist (§ 34 Abs. 1 Nr. 2 FamFG). 33

Gerade die im 7. Buch des FamFG geregelte **persönliche Anhörung** gem. § 420 Abs. 1 S. 1 FamFG wird bei § 31a **nicht in Bezug genommen** (anders ist dies ausdrücklich im Wortlaut des § 33 Abs. 2 S. 2 bei festgehaltenen Personen. Dort wird bei dem Verfahren und der Bezugnahme auf das FamFG auch ausdrücklich auf das 7. Buch verwiesen; ebenso in § 34c Abs. 6 S. 2 PolG NRW). Durch diesen Vergleich sowie dem Fehlen der speziellen Verweisung auf das 7. Buch des FamFG wird deutlich, dass es dem Landesgesetzgeber unbenommen war, dies auch bei § 31a ausdrücklich so aufzunehmen und eine persönliche Anhörung zu regeln. Davon hat er jedoch abgesehen, was verdeutlicht, dass die persönliche Anhörung bei Anordnung von Maßnahmen einer elektronischen Aufenthaltsüberwachung **in das Ermessen gestellt wird.** In Ansehung einer inzwischen langjährigen Praxis von Verfahren nach dem FamFG kann von einer bewussten Entscheidung der Landesgesetzgebung ausgegangen werden (vgl. zu diesen Überlegungen auch BGH NStZ-RR 2022, 187 (188 f.)). Eine **Verpflichtung** zur **Anhörung** nach § 26 FamFG „Ermittlung von Amts wegen" hat das Gericht, um die zur Feststellung der entscheidungserheblichen Tatsachen erforderlichen Ermittlungen durchzuführen und so eine zuverlässige Wahrheitserforschung zu erzielen. Hieraus erwächst die Folge, dass es gerade dem Gericht obliegt in eigener Verantwortung die Beschaffung der tatsächlichen Entscheidungsgrundlagen zu steuern und zu leiten, ohne Bindung an das Vorbringen der Beteiligten. Dieser Grundsatz wird ergänzt und begrenzt durch die Mitwirkung der Beteiligten, da diese den Sachverhalt grundsätzlich besser kennen als das Gericht (MüKoFamFG, 3. Aufl. 2018, FamFG § 26 Rn. 1, 3). Eine **Verpflichtung zur persönlichen Anhörung** besteht, wenn diese aufgrund konkreter Umstände eine weitergehende Sachaufklärung versprechen würde (vgl. MüKoFamFG/Ulrici, 3. Aufl. 2018, FamFG § 26 Rn. 16; Prüttig/Helm, FamFG/Abramenko, 5. Aufl. 2020, § 34 Rn. 4; ebenso in den Ausführungen in BGH NStZ-RR 2022, 187 (189)). 34

Abs. 4 S. 1 schreibt die **Schriftform** vor und formuliert in Abs. 4 S. 2 die **wesentlichen Inhalte** von Anordnungen iSd Abs. 3. Die Inhalte dienen der **Bestimmtheit** sowie der **Nachvollziehbarkeit** der Anordnung. 35

IV. Datenverarbeitung

Abs. 5 regelt die **automatisierte Verarbeitung** der Daten, die aufgrund der Ermächtigungsgrundlagen in Abs. 1 und Abs. 2 erhoben werden können. Dazu bildet Abs. 5 S. 1 die Befugnisnorm. 36

Soweit dies zur Erfüllung des Überwachungszwecks erforderlich ist, dürfen die erhobenen Daten nach Abs. 5 S. 2 aufgrund richterlicher Anordnung zu einem **Bewegungsbild verbunden** werden. 37

Nach Abs. 5 S. 3 kann die Verarbeitung auch **anderen öffentlichen Stellen** durch Rechtsverordnung gestattet werden. 38

Nach Abs. 5 S. 4 können Polizeibehörden mit Einwilligung einer Person, zu deren Schutz gegenüber der betroffenen Person eine Anordnung nach Abs. 2 oder § 1 des Gewaltschutzgesetzes bestehen, **Daten über deren Aufenthaltsort** durch ein von dieser mitzuführendes technisches Mittel **automatisiert verarbeiten** und mit den nach Abs. 1 S. 1 erhobenen Daten **automatisiert abgleichen.** Diese rechtliche Grundlage bildet das **Zwei-Komponenten-Modell** ab, welches sich dadurch auszeichnet, dass gerade nicht ausschließlich Aufenthaltsdaten der betroffenen Person des Störers (Aggressors) durch ein mitgeführtes technisches Mittel verarbeitet werden. Vielmehr ermöglicht Abs. 5 S. 4 die Möglichkeit, auch eine **gefährdete Person** mit einem (nicht fest verbundenen) technischen Mittel auszustatten, sodass die Aufenthaltsdaten der gefährdeten Person ebenfalls verarbeitet und abgeglichen und 39 damit die zu ihrem Schutz angeordneten Kontakt- und Näherungsverbote mittels elektronischer Aufenthaltsüberwachung kontrolliert werden können. Die Durchführung mittels dieses Zwei-Komponenten-Modells setzt voraus, dass die **gefährdete Person der Verarbeitung ihrer eigenen Aufenthaltsdaten zustimmt.** Ohne eine erforderliche Zustimmung kann ansonsten nur der Aufenthalt des Störers (Aggressors) überwacht werden (LT-Drs. 21/1448).

40 Abs. 5 S. 5 zufolge sind im verfassungsrechtlich besonders geschützten Bereich von **Wohnungen** keine über die Anwesenheit hinausgehenden Aufenthaltsdaten zu erheben. Das betrifft insbesondere die genaue Ortung der Person innerhalb ihrer Wohnung (vgl. BeckOK PolR BW/Trurnit PolG § 27c Rn. 21; Fredrich Rn. 12). Werden solche Daten dennoch erhoben, dürfen sie nicht verwendet werden und sind unverzüglich nach Kenntnisnahme zu **löschen** (vgl. Abs. 5 S. 11).

41 Die Daten dürfen zu den in **Abs. 5 S. 6 Nr. 1–4 aufgezählten Zwecken** verarbeitet werden. Diese Beschränkung gilt für die Fälle, in denen die betroffene Person in die Verarbeitung nicht eingewilligt hat. Mit entsprechender **Einwilligung** können die Daten jedoch auch zu anderen Zwecken, wie zB zur Verfolgung solcher Straftaten, die über die in Nr. 1 genannten Straftaten hinausgehen, verarbeitet werden (vgl. BeckOK PolR BW/Trurnit PolG § 27c Rn. 19).

42 **Abs. 5 S. 7–14** enthält weitere **datenschutzrechtliche Regeln.** Die Pflicht zur Automatisierung und der Schutz vor unbefugter Kenntnisnahme (S. 7) sind ebenso formuliert wie Pflichten zur Protokollierung und Löschung (S. 8–14).

F. Rechtscharakter

43 Maßnahmen nach Abs. 1 und Abs. 2 sind belastende **Verwaltungsakte iSd § 35 S. 1 HVwVfG.** Sie sind sog. **Dauerverwaltungsakte,** weil sie über eine gewisse Zeit fortwirken.

G. Durchsetzung

44 Die klassischen Zwangsmittel zur Durchsetzung von Verwaltungsakten (Ersatzvornahme, Zwangsgeld, unmittelbarer Zwang) sind zur Erzwingung der Pflichten nach Abs. 1 und Abs. 2 nicht zweckmäßig, sodass sich § 32 Abs. 1 Nr. 3 anbietet, der auch einen Gewahrsam zur Durchsetzung von Maßnahmen nach § 31a vorsieht (eingefügt durch Gesetz v. 25.6.2018, HessGVBl. 302). Bekräftigt wird dies durch die repressive Bestimmung des § 43b, der Verstöße gegen vollstreckbare gerichtliche Anordnungen nach Abs. 3 S. 1 oder eine vollziehbare Anordnung nach Abs. 3 S. 2 grundsätzlich unter Strafe stellt (eingefügt durch Gesetz v. 25.6.2018, HessGVBl. 302).

H. Rechtsschutz

45 Für die Fälle des Abs. 1 und die Verlängerung der Maßnahmen nach Abs. 2 sieht Abs. 3 S. 1, S. 3 grundsätzlich eine **richterliche Anordnung** vor. Nur bei Gefahr im Verzug kann die Einholung entfallen, ist dann aber unverzüglich nachzuholen. In diesem Fall ist die **ordentliche Gerichtsbarkeit** zuständig, nämlich das Amtsgericht, in dessen Bezirk die Polizeibehörde ihren Sitz hat (vgl. Abs. 3 S. 7). Dann gelten für das Verfahren die **Vorschriften des FamFG** entsprechend (Abs. 3 S. 8).

46 Ordnet die **Behörde** die Maßnahmen gem. Abs. 3 S. 2 selbst an und holt sie nicht unverzüglich die Einholung der richterlichen Anordnung nach, so kommt gegen solche Maßnahmen als Verwaltungsakte **Anfechtungswiderspruch** (§§ 68 ff. VwGO) und im Hauptverfahren **Anfechtungsklage** (§ 42 Abs. 1 VwGO) in Betracht (vgl. BeckOK PolR BW/Trurnit PolG § 27c Rn. 29). Regelmäßig wird sich aber zur Erlangung effektiven Rechtsschutzes anbieten, sie vor dem Verwaltungsgericht im **Eilrechtsschutz** anzugreifen. Da die Maßnahmen regelmäßig sofort vollziehbar sind (vgl. § 80 Abs. 2 S. 1 Nr. 2 VwGO), kann nach Einlegung des Widerspruchs beim Verwaltungsgericht ein Antrag auf Anordnung oder Wiederherstellung der aufschiebenden Wirkung des Widerspruchs nach § 80 Abs. 5 S. 1 VwGO gestellt werden. Bei Erledigung der Maßnahme kommt im Hauptverfahren eine **Fortsetzungsfeststellungsklage** in Betracht (vgl. § 113 Abs. 1 S. 4 VwGO analog), die allerdings ein besonderes Feststellungsinteresse voraussetzt (vgl. iE BeckOK VwGO/Decker VwGO § 113 Rn. 85 ff.; vgl. auch OVG Lüneburg BeckRS 2015, 45800). Ein solches

Fortsetzungsfeststellungsinteresse kann sich nach ergangener Maßnahme aus einem Rehabilitationsinteresse (vgl. zur Meldeauflage OVG Lüneburg BeckRS 2015, 45800), einer Wiederholungsgefahr oder der Intensität des Grundrechtseingriffs ergeben (vgl. BeckOK PolR BW/Enders PolG § 27a Rn. 61 mwN; vgl. VG Freiburg BeckRS 2016, 49927).

Geht es um **Maßnahmen der Datenverarbeitung** nach Abs. 5, so kommt eine **allgemeine Leistungsklage** in Form der Unterlassungsklage, bei Erledigung eine **Feststellungsklage** in Betracht, für die sämtlich der **Verwaltungsrechtsweg** nach § 40 Abs. 1 S. 1 VwGO eröffnet ist (vgl. BeckOK PolR Bayern/Schröder, 8. Ed. 2018, PAG Art. 32a Rn. 51). 47

§ 32 Gewahrsam

(1) Die Polizeibehörden können eine Person in Gewahrsam nehmen, wenn dies

1. zum Schutz der Person gegen eine Gefahr für Leib oder Leben erforderlich ist, insbesondere weil die Person sich erkennbar in einem die freie Willensbestimmung ausschließenden Zustand oder sonst in hilfloser Lage befindet,

2. unerlässlich ist, um die unmittelbar bevorstehende Begehung oder Fortsetzung einer Straftat oder einer Ordnungswidrigkeit mit erheblicher Bedeutung für die Allgemeinheit zu verhindern,

3. unerlässlich ist, um Maßnahmen nach den §§ 31 und 31a durchzusetzen,

4. unerlässlich ist, um private Rechte zu schützen und eine Festnahme und Vorführung der Person nach den §§ 229, 230 Abs. 3 des Bürgerlichen Gesetzbuches ohne polizeiliches Einschreiten zulässig wäre, oder

5. unerlässlich ist zur Abwehr einer Gefahr für folgende Rechtsgüter:

a) den Bestand oder die Sicherheit des Bundes oder eines Landes,

b) Leib, Leben oder Freiheit einer Person,

c) die sexuelle Selbstbestimmung, soweit sie durch Straftatbestände geschützt ist, die im Mindestmaß mit wenigstens drei Monaten Freiheitsstrafe bedroht sind, oder

d) Anlagen der kritischen Infrastruktur sowie Kulturgüter von mindestens überregionalem Rang.

(2) Die Polizeibehörden können Minderjährige, die sich der Obhut der Sorgeberechtigten entzogen haben, in Gewahrsam nehmen, um sie den Sorgeberechtigten oder dem Jugendamt zuzuführen.

(3) Die Polizeibehörden können eine Person, die aus dem Vollzug von Untersuchungshaft, Freiheitsstrafe oder freiheitsentziehender Maßregel der Besserung und Sicherung entwichen ist oder sich sonst ohne Erlaubnis außerhalb der Justizvollzugsanstalt aufhält, in Gewahrsam nehmen und in die Anstalt zurückbringen.

(4) [1]Die örtlichen Ordnungsbehörden und die Polizeibehörden können eine Person, für die die Voraussetzungen für eine sofortige vorläufige Unterbringung nach § 17 Abs. 1 Satz 1 des Psychisch-Kranken-Hilfe-Gesetzes vom 4. Mai 2017 (GVBl. S. 66) vorliegen, vorläufig in Gewahrsam nehmen und in ein psychiatrisches Krankenhaus nach § 10 Abs. 1 bis 3 des Psychisch-Kranken-Hilfe-Gesetzes oder im Falle einer somatischen Behandlungsbedürftigkeit vorübergehend in ein Allgemeinkrankenhaus bringen; § 17 Abs. 1 Satz 2 des Psychisch-Kranken-Hilfe-Gesetzes und § 33 Abs. 1 Satz 2 gelten entsprechend. [2]Sie können eine Person, die nach § 9 Abs. 1 oder § 17 Abs. 1 des Psychisch-Kranken-Hilfe-Gesetzes untergebracht ist und sich ohne Erlaubnis außerhalb des psychiatrischen Krankenhauses aufhält, dorthin zurückbringen.

Überblick

Auszug aus der VVHSOG (nicht an die aktuelle Gesetzeslage angepasst und gem. Erlass des Hessischen Ministeriums des Innern und für Sport v. 29.11.2022 (StAnz. 50/2022, 1384) zum 1.1.2025 mangels eines erneuten Verlängerungserlasses ersatzlos außer Kraft getreten):

Zu § 32

32. Gewahrsam

32.0

Die Vorschrift regelt den Entzug der Freiheit, soweit diese nicht eine (Neben-)Folge einer sonstigen Maßnahme (§ 18 Abs. 4, § 25 Abs. 1 Satz 4, § 30 Abs. 3 und 4) darstellt. Die Vorschrift über die Freiheitsentziehung in Strafverfahren (Verhaftung und vorläufige Festnahme nach §§ 112ff., 127, 164 StPO) bleiben unberührt.

32.1

Zu Abs. 1

32.1.1

Die Ingewahrsamnahme nach Nr. 1 dient ausschließlich dem Schutz der betroffenen Person. Es kommt nicht darauf an, ob sich diese selbst - schuldhaft oder schuldlos - in Gefahr begeben hat. Bevor eine hilflose Person in Gewahrsam genommen wird, ist zu prüfen, ob sie - ggf. unter Einschaltung des Rettungsdienstes - unmittelbar ihren Angehörigen oder anderen geeigneten Stellen (Krankenhaus, Heim o. ä.) übergeben werden kann.

32.1.2

Anstelle einer Ingewahrsamnahme nach Nr. 3 kann eine betroffene Person mit ihrem Einverständnis an eine Örtlichkeit, zu der ein persönlicher Bezug besteht oder hergestellt werden kann, (zum Beispiel Wohnsitz, Obdachlosenübernachtungsstätte, Drogenhilfseinrichtung) verbracht werden.

32.1.3

Die Ingewahrsamnahme nach Nr. 4 setzt voraus, dass die betroffene Person von einer anderen Privatperson nach den Selbsthilfevorschriften des Bürgerlichen Gesetzbuches wegen Fluchtverdachts festgenommen und dem Amtsgericht vorgeführt werden könnte. Mildere Mittel zum Schutz privater Rechte dürfen nicht zur Verfügung stehen.

32.2

Zu Abs. 2

Es ist nicht erforderlich, dass von der minderjährigen Person eine konkrete Gefahr ausgeht oder dass ihr eine solche droht.

32.3

Zu Abs. 3

Die Maßnahme ist auch zulässig, wenn noch kein Ersuchen der Justizvollzugsanstalt oder noch kein Vollstreckungsbefehl vorliegt. Nicht erforderlich ist ferner, dass eine weitere Gefahr von der entwichenen Person ausgeht. Entscheidend ist, dass sich die betreffende Person außerhalb der Anstalt aufhält.

Bei den Möglichkeiten der §§ 32–35 handelt es sich um einen der für den Adressaten einschneidendsten, wenn nicht sogar den eingriffsintensivsten Normenkomplex im Abschnitt „Befugnisse" des Ersten Teils im HSOG. Die Vorschriftenreihe zum Gewahrsam ist so geregelt, dass **§ 32** die für den Gewahrsam selbst erforderlichen **Befugnisnormen** enthält, während in **§§ 33–35 besondere Verfahrens-** und **Formvorschriften** bzw. die **zeitlichen Grenzen** für die unterschiedlichen Maßnahmen des § 32 geregelt sind. In **Abs. 1 Nr. 1** ist der sog. **Schutzgewahrsam** enthalten, der hilflose Personen vor Gefahren für Leib und Leben schützen soll (→ Rn. 9). **Abs. 1 Nr. 2** befasst sich mit dem sog. **Sicherheitsgewahrsam** (auch Sicherungs-, Unterbindungs- oder Beseitigungsgewahrsam), der gewisse Straftaten und Ordnungswidrigkeiten mit dem Gewahrsam unterbinden will (→ Rn. 17). Der **Durchsetzungsgewahrsam der Nr. 3** bestimmt, dass Maßnahmen nach §§ 31, 31a in bestimmten Fällen mit dem Gewahrsam durchgesetzt werden können (→ Rn. 24). Der **Vorführungsgewahrsam iSd Abs. 1 Nr. 4** zielt auf einen Gewahrsam zum Schutz privater Rechte ab (→ Rn. 30) und der Gewahrsam nach **Abs. 1 Nr. 5** kann bei **abschließend genannten bedeutenden und hochrangigen Rechtsgüter** angeordnet werden (→ Rn. 34). **Abs. 2** enthält die Möglichkeit des **Zuführungsgewahrsams,** mittels dessen Minderjährige – in erster Linie – den Sorgeberechtigten zugeführt werden können (→ Rn. 38), und bei **Abs. 3** können aus Justizvollzugsanstalten Entwichene **mittels Gewahrsams in die Anstalt** zurückgebracht werden (→ Rn. 49). Abs. 4 bezieht sich auf Fälle, in denen die Polizei- oder Ordnungsbehörden Personen vorläufig in Gewahrsam nehmen, die nach § 17 Abs. 1 S. 1 PsychKHG sofortig vorläufig untergebracht und in ein in Abs. 4 S. 1 genanntes Krankenhaus gebracht werden sollen (→ Rn. 54). Auch Personen, die sich ohne Erlaubnis außerhalb des psychiatrischen Krankenhauses aufhalten, können dorthin zurückgebracht werden. Die besonderen Verfahrensvorschriften der § 33 und § 34 regeln den Richtervorbehalt und die Behandlung in Gewahrsam befindlicher Personen, während in § 35 zeitliche Höchstgrenzen für den Gewahrsam geregelt sind.

Übersicht

A. Systematische Stellung

Systematisch gesehen befindet sich § 32 im Gefüge der Befugnisnormen inmitten der typischen Standardmaßnahmen; ein **Rückgriff auf § 11** zum Zwecke freiheitsentziehender Maßnahmen, insbesondere des Gewahrsams, ist **ausgeschlossen** (hM; vgl. Gusy PolR Rn. 295, der das auch mit den speziellen Verantwortlichkeitsbestimmungen des § 32 begründet). Insgesamt sind alle drei Möglichkeiten der Freiheitsentziehung nach § 18 Abs. 4, § 25 Abs. 1 S. 4 und § 32 abschließend zu verstehen (vgl. Hornmann HSOG Rn. 5). Wegen der Eingriffsintensität im Vergleich zu anderen Maßnahmen ist die Befugnisnorm des **§ 32 subsidiär anzuwenden.** Die Rechtsprechung hat zudem wiederholt festgestellt, dass für freiheitsentziehende Maßnahmen eine besonders **strenge Anwendung des Verhältnismäßigkeitsprinzips** zu erfolgen hat und demzufolge ein Gewahrsam – gerade auch deshalb, weil er aus präventivem Aspekt ohne Verfolgung eines Schuldausgleichs erfolgt – nur aus besonders gewichtigem Grund erfolgen darf (vgl. BVerfG BeckRS 2016, 46413 Rn. 25; BVerfGE 45, 187 (223); 105, 239 (247)). 1

B. Normzweck

§ 32 zielt darauf ab, in der Norm näher benannte Missstände mittels Gewahrsams abzuwenden. Dabei wird bereits der **Inhalt einer Begriffsbestimmung des Gewahrsams** intensiv diskutiert. Es steht fest, dass zunächst verschiedene Begriffe auseinanderzuhalten sind. So wird unterschieden zwischen dem eigentlichen Zustand des **Gewahrsams** und der sog. **Ingewahrsamnahme,** die den Vorgang der Begründung des Gewahrsams meint (vgl. Kingreen/Poscher POR § 16 Rn. 1). Weiterhin ist zu unterscheiden zwischen den Begriffen **„der Gewahrsam"** und **„das Gewahrsam"**. Während der erste Begriff den Zustand der noch weiter zu definierenden Freiheitsentziehung (im Sinne von „Haft, Obhut", vgl. die entsprechenden Einträge im Duden, Die deutsche Rechtschreibung, 28. Aufl. 2020) meint, geht es bei dem zweiten Begriff um die Räumlichkeiten, in denen „der Gewahrsam" durch- 2 geführt wird (also das „Gefängnis", vgl. Duden, „Gewahrsam, das"). Soweit nicht anders vermerkt, wird der Begriff hier stets im Sinne einer Freiheitsentziehung gebraucht.

3 Was mit dem Begriff Gewahrsam genau gemeint ist, wird nicht immer einheitlich beantwortet. Es besteht Einigkeit darüber, dass es sich bei ihm um einen **Eingriff in die Freiheit der Person** (Art. 2 Abs. 2 S. 2 GG iVm Art. 104 GG) handelt, und zwar in Form einer **Freiheitsentziehung** (Art. 104 Abs. 2 GG). Unstreitig dürfte auch sein, dass der Gewahrsam eine **besondere Form des Festhaltens** ist (vgl. auch den Wortlaut des § 33 Abs. 1 S. 1). Gängige Definitionen meinen, ein Gewahrsam liege vor, wenn eine Person **daran gehindert** werde, sich aus einem **eng begrenzten Raum zu entfernen** (so Kingreen/Poscher POR § 16 Rn. 3). Dabei wird unter Bezug auf die Bestimmung des § 415 Abs. 2 FamFG auf typische Fälle eng umgrenzter Räume wie abgeschlossene Einrichtungen und Gewahrsamsräume abgestellt (vgl. Kingreen/Poscher POR § 16 Rn. 2). Andererseits sei es aber **nicht zwingend erforderlich,** dass der Gewahrsam in **geschlossenen Räumen** erfolge, er könne **auch unter freiem Himmel** stattfinden, wie dies bei der polizeilichen Einschließung von Versammlungen der Fall sei (vgl. Kingreen/Poscher POR § 16 Rn. 3). Das gelte auch für einen sog. **Wanderkessel** bei Aufzügen, wenn also die Einschließung durch die Polizei „mitwandert", ein Verlassen des Kessels für die Versammlungsteilnehmer aber nicht erlaubt sei (vgl. Schenke PolR Rn. 142 mwN). Jedenfalls müsse die **körperliche Bewegungsfreiheit nach jeder Richtung hin, aufgehoben** sein (vgl. BVerfG NVwZ 1996, 678 (681); Götz/Geis PolR § 8 Rn. 33). Dabei wird auch diskutiert, ob es zum Wesensmerkmal des Gewahrsams gehört, dass **Vorkehrungen gegen ein Verlassen** des Gewahrsamsortes getroffen werden müssen (vgl. Schenke PolR Rn. 142 mwN unter Berufung auf den Sprachgebrauch; aA Kingreen/Poscher POR § 16 Rn. 7). So wird Gewahrsam auch als Einschließung gesehen, als **physische Verhinderung der Fortbewegung,** zB im Arrestraum, einer Sammelstelle oder im Polizei-Kfz (vgl. Götz/Geis PolR § 8 Rn. 33). Kein Gewahrsam soll in der vollständigen Abriegelung eines Ortes für mehr als fünf Stunden liegen, weil die Fortbewegungsfreiheit der Bewohner innerhalb des Ortes nicht beeinträchtigt sei (vgl. OVG Lüneburg NVwZ-RR 2003, 103 (104)).

4 Der Begriff des Gewahrsams wird meines Erachtens **von Teilen der dargestellten Auffassungen zu eng,** teilweise aber auch **zu weit gefasst.** Es ist sicherlich zutreffend, dass für eine grundsätzliche Einordnung polizeilicher Maßnahmen als Gewahrsam die verfassungsrechtlichen Abgrenzungskriterien der Freiheitsentziehung mitentscheidend sind (so ausdrücklich Götz/Geis PolR § 8 Rn. 33). Sie sind es aber nicht allein. Nicht jede präventive freiheitsentziehende Maßnahme ist als Gewahrsam zu qualifizieren, was schon ein Vergleich von § 32 mit den ebenfalls in § 33 Abs. 1 S. 1 genannten Formen der Freiheitsentziehung zeigt. Die Vorschriften der § 18 Abs. 4 und § 25 Abs. 1 S. 4 (Festhalten zum Zwecke der Identitätsfeststellung und zum Zwecke des Datenabgleichs) stellen unstreitig Fälle von Freiheitsentziehungen dar. Der entscheidende Unterschied zwischen einem Gewahrsam und diesen Fällen liegt darin, dass ein anlässlich von Identitätsfeststellungen oder Datenabgleichen durchzuführendes Festhalten diese Maßnahmen erst ermöglichen sollen, während **beim Gewahrsam die Freiheitsentziehung das eigentliche Mittel zur Gefahrenabwehr** ist (vgl. etwa Möller/Warg PolR Rn. 360). Ist die Freiheitsentziehung iRd § 32 die Primärmaßnahme, so stellt sie anlässlich der § 18 Abs. 4 und § 25 Abs. 1 S. 4 lediglich eine Sekundärmaßnahme dar. Dieses Merkmal schränkt den Begriff des Gewahrsams gegenüber dem weiteren Begriff der Freiheitsentziehung ein.

5 Umgekehrt wird der **Gewahrsamsbegriff zu eng gefasst,** indem auf begriffsbeschränkende Merkmale abgestellt wird, wie die grundsätzliche Unterbringung in Räumlichkeiten oder das Erfordernis von Vorkehrungen, die ein Verlassen des Gewahrsamsortes verhindern sollen. Es wird hier zu sehr auf den Begriff „das Gewahrsam" rekurriert (vgl. zB Schenke PolR Rn. 142 Fn. 347). Richtig ist, dass ein Gewahrsam nur dann zu bejahen ist, wenn sich der Rechtseingriff auf eine **eng begrenzte Örtlichkeit** bezieht, weil ansonsten von einer Freiheitsentziehung nicht die Rede sein kann. Es ist aber nicht einzusehen, warum die Hinderung, sich zu entfernen nur dann ein Gewahrsam sein soll, wenn sich der **Ort in Räumlichkeiten** befindet oder jedenfalls der Verbleib des Adressaten **durch bestimmte Vorkehrungen gesichert** ist. Das mag für die Begründung einer mit dem Gewahrsam verwirklichten Freiheitsentziehung ein Argument sein. Zwingend erforderlich ist das aber nicht. Eine solche Sicherung der Durchsetzbarkeit wird – soweit ersichtlich – auch bei

anderen Ermächtigungsgrundlagen des Polizei- und Ordnungsrechts nicht verlangt und verlagert die Problematik der Definition des Gewahrsams zu sehr in den Bereich der Vollstreckung (so auch Kingreen/Poscher POR § 16 Rn. 7). Eine Verfügung etwa, sofort anzuhalten, ist bei einem davonlaufenden Störer, dessen Identität festgestellt werden soll, ein Verwaltungsakt nach § 18 Abs. 1 iVm § 18 Abs. 3 ganz unabhängig von der Frage, ob das Anhalten faktisch durchsetzbar ist oder nicht (zB weil der Adressat einfach schneller laufen kann als der Beamte). Eine Platzverweisung nach § 31 Abs. 1 S. 1 ist dann wirksam ergangen, auch wenn sie vom Störer nicht befolgt wird. Ebenso kann ein **Gewahrsam** etwa durch mündliche Anordnung ergehen, **auch wenn nicht gesichert** ist, dass der Adressat die **Anordnung befolgen** wird. Hält sich der Störer an die Maßnahme, so ist sie vollzogen.

Ist es somit nach hier vertretener Auffassung für einen Gewahrsam weder zwingend erforderlich, dass die Freiheitsentziehung in Räumen vollzogen wird noch Voraussetzung, dass Sicherungsmaßnahmen gegen ein Verlassen des Gewahrsamsorts vorgenommen werden, so lässt sich der **Gewahrsam nach § 32 bezeichnen** als präventiv-polizeilich hergestelltes **Rechtsverhältnis,** kraft dessen einer Person die **Freiheit entzogen** wird. Dabei dient die Freiheitsentziehung nicht der Ermöglichung einer anderen Maßnahme, sondern **erfüllt unmittelbar Zwecke der Gefahrenabwehr** (ähnlich Möller/Warg PolR Rn. 360). Kein Grundrechtseingriff und somit kein Gewahrsam liegt im Fall des sog. **unechten Gewahrsams** vor, wenn sich nämlich eine Person **freiwillig** in polizeiliche Obhut begibt (vgl. Kingreen/Poscher POR § 16 Rn. 8; Kramer HessPolR Rn. 215). 6

C. Grundrechte – Gewahrsam als Freiheitsentziehung

Stellt der Gewahrsam also eine **besondere Form der Freiheitsentziehung** (Art. 104 Abs. 2 GG) dar, so muss dieser Begriff von dem der **bloßen Freiheitsbeschränkung** (Art. 104 Abs. 1 GG) abgegrenzt werden. Wichtig ist diese Unterscheidung auch deshalb, weil von ihr Rechtsfragen wie insbesondere die nach der **Verhältnismäßigkeit,** dem **Richtervorbehalt,** der **zulässigen Dauer** etc abhängen. Nach hM ist die Freiheitsentziehung im Vergleich zur Freiheitsbeschränkung kein Aliud, sondern ein **Spezialfall** (vgl. Gusy PolR Rn. 299 ff. mwN). Der Unterscheid zwischen beiden Maßnahmen ist gradueller Natur (BVerwGE 62, 326 (327)). Regelmäßig wird als Abgrenzungskriterium die **Intensität des Eingriffs** herangezogen (vgl. BVerwGE 62, 326 (327); BVerfG BeckRS 2002, 30259692). Dabei wird insbesondere auf die **Dauer** der Maßnahme abgestellt. **Einsperrungen und Einschließungen** werden danach regelmäßig ohne weiteres als **freiheitsentziehende Maßnahmen** erkannt (vgl. BVerwGE 62, 326 (327); BVerfG NVwZ 2011, 743 (746)). In diesem Sinne ist eine Freiheitsentziehung dann gegeben, wenn eine Person daran gehindert wird, einen eng begrenzten Raum zu verlassen (DHS GG Art. 104 Rn. 6). Es genügt aber auch, dass jemand **psychisch daran gehindert** wird, einen bestimmten, eng umgrenzten **Raum zu verlassen,** zB durch eine behördliche, verbindliche Anordnung in dem Wissen, dass eine solche Anordnung erforderlichenfalls mit Zwang durchsetzbar ist (DHS GG Art. 104 Rn. 6). Die Abgrenzung nach der Intensität der Maßnahme verlange aber auch eine **wertende Beurteilung** des Vorgangs (vgl. BVerwGE 62, 326 (327)). Maßnahmen die von ihrer Intention her nicht unmittelbar, primär auf eine Beschränkung der Freiheit abzielen, wie bspw. eine Abschiebung, stellen danach nicht ohne weiteres eine Freiheitsentziehung dar. Vielmehr ist das nur dann der Fall, wenn die Maßnahme die **übliche Dauer** überschreitet (vgl. BVerwGE 62, 326 (327 ff.); VG Gera 10.10.2002 – 1 K 194/01 GE). Zu solchen Maßnahmen zählen insbesondere Identitätsfeststellungen, Datenabgleiche und Ähnliches, also Eingriffe, die gesetzlich sowohl ein Anhalten (im Sinne einer Freiheitsbeschränkung) wie auch ein Festhalten (im Sinne einer Freiheitsentziehung) erlauben. Meist wird hier erst ein Vergleich der üblichen mit der im konkreten Einzelfall benötigten Dauer die Antwort auf die Frage ergeben, ob der Eingriff eine Freiheitsbeschränkung oder eine Freiheitsentziehung beinhaltet. Bei Identitätsfeststellungen und Datenabgleichen wird man als Anhaltspunkt für eine **übliche Dauer von etwa 15 Minuten** ausgehen dürfen, bei einer Abschiebung mag das wesentlich länger dauern (vgl. BVerwGE 62, 326 ff. = NJW 1982, 537 = BeckRS 1981, 2553; Lisken/Denninger PolR-HdB/Rachor/Graulich, 6. Aufl. 2018, E Rn. 484 schlagen als Faustregel zwei Stunden vor). Ein kurzes Anhalten im Rahmen solcher Maßnahmen, aber auch im Rahmen von Durchsuchungen von Personen oder Sistierungen zur Dienststelle werden 7 regelmäßig eine bloße Freiheitsbeschränkung beinhalten. Es sind immer die Besonderheiten des Einzelfalls zu beachten. **Verzögerungen** durch renitentes Verhalten des Adressaten, kurze technische Störungen, Verkehrsbehinderungen oder Ähnliches – kurz: **durch unvermeidbare** und/oder **unerhebliche Aufschübe** – werden Freiheitsbeschränkungen **kaum zu Freiheitsentziehungen** machen (vgl. Lisken/Denninger PolR-HdB/Rachor/Graulich, 6. Aufl. 2018, E Rn. 483).

D. Parallelvorschriften

8 Die **Polizeigesetze** der **Länder** enthalten sämtlich Befugnisnormen für den Gewahrsam (vgl. etwa § 33 BWPolG, Art. 17 BayPAG, dort etwas von den übrigen Ländern abweichende Fassung, § 18 NPOG oder § 35 PolG NRW). **Weitere präventive Parallelvorschriften** enthalten etwa § 30 Abs. 2 IfSG, § 62 AufenthG. Ähnlich wie Abs. 2 erlaubt auch § 8 S. 2 Nr. 2 JuSchG das Aufgreifen von Kindern und Jugendlichen, damit sie Sorgeberechtigten/Erziehungsberechtigten oder dem Jugendamt zugeführt werden können. Eine Befugnis zum Gewahrsam enthält das JuSchG allerdings nicht. **Repressive Parallelvorschriften** finden sich in § 112, § 127 und § 164 StPO.

E. Einzelkommentierung

I. Schutzgewahrsam (Abs. 1 Nr. 1)

1. Voraussetzungen

9 Abs. 1 Nr. 1, nach dessen Wortlaut (wie auch bei den übrigen Befugnisnormen des § 32) die sachliche Zuständigkeit **exklusiv den Polizeibehörden** zugewiesen ist, befugt zum sog. **Schutzgewahrsam.** Der Gesetzgeber regelt im Abs. 1 Nr. 1 Tatbestände, in denen für eine Person eine **konkrete Gefahr für Leib und Leben** besteht. Im Anschluss daran werden zwei Regelbeispiele genannt („insbesondere"), deren Vorliegen aber nicht zwingende Voraussetzung für das Vorliegen des Schutzgewahrsams sind, wenngleich es sich bei ihnen um die in der Praxis wohl **häufigsten Arten des Schutzgewahrsams** handelt (vgl. nur VG Augsburg BeckRS 2006, 30370; 2012, 51320, beide zu Alkoholmissbrauch; VG Berlin BeckRS 2012, 48774: Orientierungslosigkeit, Alkoholmissbrauch; VG Berlin BeckRS 2012, 48773: Alkoholmissbrauch, am Boden liegend, Angaben zur Person nicht möglich; VGH Mannheim NVwZ-RR 2012, 346 = BeckRS 2012, 46850 am Boden liegend, Alkoholmissbrauch).

9.1 Ein **dramatischer Verbrennungstod im Polizeigewahrsam nach Alkoholmissbrauch** ereignete sich im Jahr 2005 bei einem **stark angetrunkenen** Betroffenen, gegen den der Gewahrsam angeordnet wurde (Fall „Oury Jalloh"; BGH NStZ 2010, 407 = BeckRS 2010, 4245). Der Betroffene wurde, nachdem er in seinem alkoholisierten Zustand mehrere Frauen belästigt hatte, in Gewahrsam genommen. Ein Arzt nahm eine Blutprobe (die später ua eine BAK von 2,98 Promille ergab) und sah den Betroffenen als gewahrsamstauglich an. Der Arzt empfahl eine **Fixierung,** um zu verhindern, dass der **Betroffene sich nicht selbst schädigt** (zuvor hatte sich der Betroffene bereits Verletzungen am Kopf zugefügt). Er wurde in der Gewahrsamszelle auf einer gefliesten und beheizten Liegefläche, auf der eine Matratze lag, an den hierfür vorgesehenen vier Halterungen fixiert. Eine permanente optische Überwachung des Betroffenen hat nicht stattgefunden (Schiemann NJW 2015, 20 f.). In der Folgezeit wurde die Gewahrsamszelle viermal kontrolliert, zuletzt 15 Minuten bevor es zu einem Brand kam. Der ausgelöste Rauchwarnmelder wurde zunächst als vermuteter Fehlalarm durch einen Polizeibeamten eingeordnet und ignoriert. Ebenfalls die Signale der Wechselsprechanlage. Bei dem erneuten Auslösen des Rauchwarnmeders kam die Hilfe zu spät: Der Betroffene war innerhalb der ersten 2 Minuten nach Ausbruch des Brandes an einem sog. Inhalationshitzeschock verstorben.

9.2 Löst der in einer Gewahrsamszelle installierte **Brandmelder Alarm** aus, weist das auf eine **unmittelbar drohende Gefahr für Leib und Leben** einer in einer verschlossenen und verriegelten Zelle verwahrten – im vorliegenden Fall sogar zudem noch fixierten - Person hin (BGH NStZ 2010, 407 Rn. 13 mVwa Nr. 29. 1 **Polizeigewahrsamsordnung** – RdErl. des Ministeriums v. 28.2.2006 – 21.11-12340/110, MBl LSA 2006, 137).

9.3 Der BGH unterstrich, dass Polizeibeamte bei Ingewahrsamnahme von **berauschten, hilflosen** oder **fixierten** und **gefesselten Personen** eine **Fürsorgepflicht** zur **Abwendung** von **Lebens-** und

Gesundheitsgefahren trifft (BGH NStZ 2010, 407 (409) = BeckRS 2010, 4245; ebenso Schiemann NJW 2015, 20 „Polizeiliche Handlungspflichten bei Ingewahrsamnahme – Der Fall Oury Jalloh"). **Verhaltensanforderungen** ergeben sich insbesondere auch aus der **Polizeigewahrsamsordnung** (BGH NJW 2015, 96 Rn. 36 ff. = BeckRS 2014, 19129 ebenfalls zu dem Fall „Oury Jalloh"; vgl. auch → Rn. 9.2).

Eine **konkrete Gefahr** für Leib oder Leben liegt dann vor, wenn im konkreten Einzelfall bei ungehindertem Geschehensablauf ein Schaden für diese Rechtsgüter **hinreichend wahrscheinlich** ist. Dabei ist es gleichgültig, ob die Gefahrenlage von der schutzbedürftigen Person selbst oder von Dritten verursacht wurde und ob dies schuldhaft geschah (vgl. Möller/Warg PolR Rn. 362). Solche Gefahren werden regelmäßig im Rahmen der Regelbeispiele gegeben sein, der Wortlaut des Gesetzes lässt aber beliebige Gefahrenlagen ausreichen, die ein Einschreiten zum Schutz der gefährdeten Person erforderlich machen. Auch kann die Gefahr durch höhere Gewalt verursacht worden sein (vgl. Fredrich Rn. 6). 10

Die in der Bestimmung genannten **Regelbeispiele überschneiden sich** teilweise. Ein die **freie Willensbestimmung ausschließender Zustand** liegt vor, wenn der Betroffene nicht in der Lage ist, einen Willensentschluss zu fassen oder der Willensentschluss durch Einflüsse wie Alkohol, Krankheit, Verletzung oder Ähnlichem so erheblich beeinträchtigt wird, dass er nicht mehr in die Tat umgesetzt werden kann. Das ist regelmäßig in Fällen von **Ohnmacht, epileptischem Anfall, schweren Nervenschocks, Geistesschwäche** und Ähnlichem gegeben. 11

Die Person muss sich zudem **„erkennbar"** in einem die freie Willensbestimmung ausschließenden Zustand befinden. Ein solcher Zustand muss also ohne langwierige Ermittlungen und Nachprüfungen für den Polizeibeamten feststellbar sein (vgl. Hornmann HSOG Rn. 13). 12

In Hessen nicht ausdrücklich geregelt, aber durch Auslegung ohne weiteres unter Abs. 1 Nr. 1 subsumierbar sind auch Fälle des **Suizidversuchs.** Hier geht die hM davon aus, dass sich die Suizidenten – jedenfalls für den Polizeibeamten vor Ort prima facie – in einem **psychischen Ausnahmezustand** und damit auch in einem die freie Willensbestimmung ausschließenden Zustand befinden (vgl. VerfGH Sachsen BeckRS 2003, 12595; VerfGH Bayern NJW 1989, 1790 (1791); BayObLG BeckRS 1988, 3648; Fredrich Rn. 8; Kramer HessPolR Rn. 215; Kingreen/Poscher POR § 7 Rn. 27 ff.). Zur Verhinderung des Suizids ist im Einzelfall zu beachten: Das Recht auf selbstbestimmtes Sterben schließt die Freiheit ein, sich das Leben zu nehmen (BVerfG NJW 2020, 905). Die Gefahr einer Selbsttötung sei auch als „Gefahr für das Leben" zu verstehen (BT-Drs. 12/7562, 69; Lisken/Denninger PolR-HdB/Graulich E Rn. 556). 13

Die Fragestellung der **eigenverantwortlichen Selbsttötung** oder **Selbstgefährdung** (und inwiefern dadurch die Kausalität des Nicht-Handelns eines Polizeibeamten entfallen kann), hatte der BGH im **Fall „Oury Jalloh"** (→ Rn. 9.1 ff.) nicht zu entscheiden, da es nach Feststellung des Gerichts an einer **ernst gemeinten und freiverantwortlichen Entscheidung** des Opfers fehlte. Vielmehr habe Oury Jalloh darauf vertraut, dass die Polizeibeamten „alsbald" auf seine Notsituation und das Feuer in der Gewahrsamszelle aufmerksam werden und ihn rechtzeitig retten würden. Mit der Frage, ob der **Grundsatz** der **eigenverantwortlichen Selbstgefährdung bei hoheitlicher Verwahrung** des Gefährdeten eine Einschränkung erfährt, musste erneut nicht höchstrichterlich entschieden werden (vgl. Schiemann NJW 2015, 20 (21); ebenso BGH NJW 2015, 96 Rn. 41 ff. mwN = BeckRS 2014, 19129). 13.1

In **hilfloser Lage** hingegen befindet sich dagegen eine Person, die – auch ohne sich in einem die freie Willensbildung ausschließenden Zustand zu befinden – aus eigener Kraft **nicht mehr in der Lage** ist, sich aus einer Gefahrenlage für ihre Rechtsgüter Leib und Leben **zu befreien.** Das werden meist Personen sein, die aus rein physischen Gründen die Gefahr nicht selbst abwenden können, wie bspw. kranke, gebrechliche Menschen oder Kinder (vgl. Hornmann HSOG Rn. 15; Fredrich Rn. 9). 14

2. Rechtsfolge

Rechtsfolge des Abs. 1 Nr. 1 ist der **Gewahrsam** (zum Begriff → Rn. 3). Bei der Ermessensausübung der Behörde wird wegen der einschneidenden Folgen des Gewahrsams 15 immer genau zu prüfen sein, ob der Freiheitsentziehung als **ultima ratio** unter den Standardmaßnahmen nicht mildere Maßnahmen vorzuziehen sind. So ist immer auch ein **Verbringen in die Wohnung** des Adressaten in Betracht zu ziehen. Auf der anderen Seite kann es auch sein, dass **Maßnahmen nach dem PsychKHG** zur Abwendung von Selbstgefährdungen bis hin zum Suizid erforderlich sind.

3. Adressat

16 Abs. 1 Nr. 1 enthält einen sog. spezialgesetzlich geregelten **Normadressaten** mit der Folge, dass ein Rückgriff auf die allgemeinen Bestimmungen der §§ 6 ff. unzulässig ist. Adressat kann immer nur die Person sein, die zu schützen ist.

16.1 Das gilt, dem klaren Wortlaut der Befugnisnorm folgend, auch für solche Fälle, in denen die Gefahr von Dritten verursacht wird. Ein Rückgriff auf § 9 verbietet sich hier (vgl. Kingreen/Poscher POR § 16 Rn. 23; aA Lisken/Denninger PolR-HdB/Rachor/Graulich, 6. Aufl. 2018, E Rn. 495). Im Rahmen von Ermessens- und Verhältnismäßigkeitserwägungen ist allerdings in solchen Fällen in erster Linie an eine Inanspruchnahme der Dritten zu denken. Das kann bis hin zu einem Gewahrsam dieser Personen gehen, etwa nach Abs. 1 Nr. 2 oder Nr. 3.

II. Sicherheitsgewahrsam (Abs. 1 Nr. 2)

1. Voraussetzungen

17 Mit dem **Sicherheitsgewahrsam iSd Abs. 1 Nr. 2** (der allein die **Polizeibehörden** zur Ingewahrsamnahme befugt) soll der Begehung bestimmter **Straftaten und Ordnungswidrigkeiten** begegnet werden. Eine Voraussetzung ist das Bevorstehen einer Straftat oder Ordnungswidrigkeit. Da die Art solcher Straftaten vom Gesetzgeber nicht näher konkretisiert wird, findet tatbestandlich keine Beschränkung auf bestimmte Delikte statt (vgl. BGH BeckRS 2021, 25482 Rn. 21; zu §§ 123, 303 StGB OLG Frankfurt a. M. NVwZ-RR 2008, 244; zu §§ 185, 223 ff. StGB VG Trier BeckRS 2011, 46274). Aus Gründen der **Verhältnismäßigkeit** wird aber zu Recht bei **geringfügigen Straftaten** nach milderen Alternativen zu suchen sein (vgl. Hornmann HSOG Rn. 22 mwN, der auf §§ 265a, 132a, 145c StGB als Beispiele verweist). Bei dem Sicherheitsgewahrsam muss konkret festgestellt werden, dass eine Straftat oder Ordnungswidrigkeit **mit erheblicher Bedeutung für die Allgemeinheit unmittelbar bevorsteht.** Hierfür ist eine **Prognoseentscheidung** vorzunehmen (LT-Drs. 21/1151, 13).

17.1 Einen Verstoß des Abs. 1 Nr. 2 gegen Art. 5 Abs. 1 S. 2 lit. b Alt. 2 EMRK vermag das BVerfG insbesondere deshalb nicht zu erkennen, weil sich die Befugnisnorm auf Straftaten bezieht und nicht etwa auf eine allgemeine Pflicht zur Befolgung der Gesetze. Zudem war im entschiedenen Fall die Straftat im Zeitpunkt der Ingewahrsamnahme bereits hinreichend bestimmt, und die Adressaten haben sich unwillig gezeigt, die Straftaten zu unterlassen (vgl. BVerfG BeckRS 2016, 46413 Rn. 33).

18 Jedenfalls ist neben der Angemessenheit bei solchen Straftaten immer auch nach dem Maß der **Geeignetheit** eines Gewahrsams zu fragen. So erscheint er beim Erschleichen von Leistungen oder beim Missbrauch von Titeln wegen der Kürze eines möglichen Gewahrsams beinahe schon als repressive denn als präventive Maßnahme (vgl. zum präventiven Charakter der Vorschrift VG Frankfurt a. M. NVwZ 1994, 720 (721)). In Betracht kommen typischerweise vielmehr Straftaten aus dem Bereich links- oder rechtsextremer **Versammlungen, G-8-Gegnern, Blockadeaktionen, Chaos-Tagen** und Ähnliches (§§ 86a, 125, 130 StGB, § 27 VersammlG; vgl. zu § 316b Abs. 1 StGB, § 315 Abs. 1 StGB BVerfG BeckRS 2016, 46413; vgl. insgesamt zum Sicherheitsgewahrsam OLG Hamm NVwZ-RR 2008, 321; AG Berlin-Tiergarten NVwZ-RR 2005, 715; VGH Mannheim BeckRS 2004, 25105; OLG Nürnberg NVwZ-RR 1991, 67; vgl. weiter die Beispiele bei Götz/Geis PolR § 8 Rn. 39). Ein **Verschulden ist nicht erforderlich.** Es reicht aus, wenn die Straftat tatbestandsmäßig und rechtswidrig begangen wurde (vgl. Kramer HessPolR Rn. 216).

19 Es kann aber auch eine **Ordnungswidrigkeit** mit **erheblicher Bedeutung** für die **Allgemeinheit** (nur für sie gilt aus Verhältnismäßigkeitsgründen diese Einschränkung) Grund für einen Sicherheitsgewahrsam sein. Solche Ordnungswidrigkeiten sind nur dann zu bejahen, wenn durch ihre Verwirklichung eine **Mehrzahl von Personen unzumutbar** und

unverhältnismäßig betroffen ist. Ob das der Fall ist, kann nicht abstrakt, sondern nur nach den **Umständen des Einzelfalls** beurteilt werden (vgl. BayObLG NVwZ 1999, 106). Es kommen zB Ordnungswidrigkeiten aus den Bereichen des Versammlungsrechts in Betracht (zB § 29 Abs. 1 Nr. 1–3 VersammlG; vgl. BayObLG NVwZ 1999, 106) oder aus denen des Umweltschutzes (Möller/Warg PolR Rn. 363) oder des Gesundheitsbereichs (etwa des IfSG: vgl. BGH BeckRS 2022, 141). Möglich sind aber auch Verstöße gegen das OWiG (vgl. etwa VG Schleswig NJW 2000, 970 = BeckRS 1999,22890: nächtliche Ruhestörung, § 117 OWiG).

Ob die Regelung des Abs. 1 Nr. 2 in Bezug auf Ordnungswidrigkeiten gegen Art. 5 Abs. 1 S. 2 Nr. 1 lit. c EMRK verstößt, dem der Rang eines Bundesgesetzes zukommt (vgl. Art. 31 GG), ist umstritten. Es geht dabei um die Frage, ob die Verhinderung einer bloßen Ordnungswidrigkeit für eine freiheitsentziehende Maßnahme ausreichen kann, obwohl in Art. 5 Abs. 1 S. 2 Nr. 1 lit. c EMRK nur von Straftaten die Rede ist. Ein Teil der Literatur verneint dies mit der Schlussfolgerung, dass Abs. 1 Nr. 2 bezogen auf die Ordnungswidrigkeiten nichtig sei (vgl. Hornmann HSOG Rn. 23 f.). Die hM geht hingegen davon aus, dass Art. 5 Abs. 1 S. 2 Nr. 1 lit. c EMRK Ordnungswidrigkeiten nicht von seinem Anwendungsbereich ausschließen wollte und somit nicht in Widerspruch zu Abs. 1 Nr. 2 steht (vgl. VGH Mannheim NVwZ-RR 2005, 540 = BeckRS 2004, 25105; VG Karlsruhe BeckRS 2005, 24200; VerfGH Bayern BayVBl. 1990, 654 (658 f.)). Das wird insbesondere mit grammatikalischen Erwägungen begründet, die auf die englische und französische Vertragssprache Bezug nehmen (vgl. VGH Mannheim NVwZ-RR 2005, 540 (541) = BeckRS 2004, 25105). **19.1**

Die Straftat oder Ordnungswidrigkeit muss **unmittelbar bevorstehen oder fortgesetzt** werden. Dieses Tatbestandsmerkmal entspricht dem Begriff der **gegenwärtigen Gefahr** (vgl. OVG Saarlouis BeckRS 2009, 41896; Götz/Geis PolR § 8 Rn. 38 mwN). Es ist nur dann erfüllt, wenn das schädigende Ereignis bereits begonnen hat (und fortdauert) oder in allernächster Zukunft mit an Sicherheit grenzender Wahrscheinlichkeit eintreten wird (vgl. BGH NStZ-RR 2020, 230; Hornmann HSOG § 9 Rn. 8 mwN; im Einzelnen ist hier einiges umstritten, vgl. Schenke PolR Rn. 78, der eine große Wahrscheinlichkeit ausreichen lässt, vgl. zum Streit Schenke PolR Rn. 78 Fn. 146 f.). Dazu reicht es nicht aus, wenn sich eine Einzelperson an einem Ort aufhält, an dem sich zur gleichen Zeit andere Personen aufhalten, auf die die Voraussetzungen des Abs. 1 Nr. 2 zutreffen (vgl. OVG Lüneburg BeckRS 2019, 25124). Das gilt auch für die bloße Zugehörigkeit zur Ultra-Szene und Einstufung als Fan der Kategorie „B" durch szenekundige Beamte (vgl. OLG Braunschweig NVwZ 2018, 1742 Rn. 10). **20**

In der Begründung zum Gesetzesentwurf (LT-Drs. 21/1151, 13) wird zum Sicherheitsgewahrsam nach Abs. 1 Nr. 2 ausgeführt, dass sich die **Prognoseentscheidung** insbesondere darauf stützen kann, dass die Person die Begehung der Tat ankündigt, dazu auffordert oder dies durch Transparente oder sonstige Gegenstände tut. Dies gelte auch für Flugblätter solchen Inhalts, sofern diese in einer Anzahl mitgeführt werden, die zur Verteilung geeignet ist. Zudem könne das Auffinden von Waffen, Werkzeug oder sonstigen Gegenständen bei Personen dafürsprechen, die ersichtlich zur Tatbegehung bestimmt sind und/oder erfahrungsgemäß bei derartigen Taten verwendet werden. Dies gelte auch bei dem Mitführen bei Begleitpersonen, wenn der Adressat von diesem Umstand Kenntnis habe. Ebenso reiche es aus, wenn die Person in der Vergangenheit mehrfach bereits aus vergleichbarem Grund eine solche Tat begangen habe und nach den Umständen mit der erneuten Begehung zu rechnen sei. **20.1**

Schließlich muss der Gewahrsam im Einzelfall **unerlässlich** sein, um das angestrebte Ziel zu erreichen (so auch VG Kassel BeckRS 2024, 25267 Rn. 44; LG Frankfurt NJW 2008, 2201 = BeckRS 2008, 5006). Das ist beim Gewahrsam als **äußerstem Mittel** (ultima ratio) nur dann der Fall, wenn gleich geeignete, mildere Maßnahmen als gerade der Gewahrsam zur Verhinderung einer Straftat oder Ordnungswidrigkeit **von vornherein nicht in Betracht kommen** (vgl. Hornmann HSOG Rn. 19, § 35 Rn. 6: „einziges taugliches Mittel"; BayObLG NVwZ 2000, 467 (468) = BeckRS 1999, 2188; eher in Richtung „erforderlich" argumentierend: VG Hannover NVwZ-RR 2012, 925 (928) = BeckRS 2012, 54292; aA LG Hamburg NVwZ 1997, 537 (539): Unerlässlich ist der Gewahrsam bereits dann nicht, wenn er auch bei kürzerer Dauer geeignet gewesen wäre, die Gefahr abzuwehren; dagegen Leggereit NVwZ 1999, 263 (264)). Das ist vor allem bei ausgesprochen **renitentem und uneinsichtigem Verhalten des Adressaten** gegeben, wenn trotz vorangegangener Maßnahmen **keine andere Möglichkeit mehr bleibt** als gerade die Ingewahrsamnahme (vgl. **21** etwa die Beispiele in VG Augsburg BeckRS 2013, 49586: Körperverletzung, äußerst **aggressiv und uneinsichtig;** VG Schleswig NJW 2000, 970: **wiederholende Ruhestörung;** BayObLG NVwZ 2000, 467 (468): **wiederholende Missachtung von Platzverweisungen;** zudem auch zum Unterbringungsgewahrsam/Präventivgewahrsam Hoffmann NVwZ 2015, 720; sowie Göddeke Die Polizei 1997, 166).

21.1 Der Gewahrsam muss **im Einzelfall unerlässlich sein,** um das angestrebte Ziel zu erreichen. In der Entscheidung des VG Kassel zu **Klimaprotesten** wurde die Voraussetzungen des Abs. 1 Nr. 2 verneint, da die Ingewahrsamnahme bereits nicht unerlässlich war, um etwaige befürchtete weitere Straftaten zu unterbinden. Im betreffenden Fall wäre ein Platzverweis für das betreffende Stadtgebiet ein milderes Mittel gewesen (VG Kassel BeckRS 2024, 25267 Rn. 44).

21.2 Darüber hinaus sei im betreffenden Fall weder dargelegt noch ersichtlich gewesen, dass von der Betroffenen tatsächlich die **unmittelbar bevorstehende Begehung einer Straftat zu befürchten** gewesen wäre. Die „Klimakleberin" war morgens von der Straße gelöst und zum Polizeirevier gebracht worden. Gründe, weshalb davon auszugehen gewesen wäre, dass sie fast sechs Stunden später (Beginn des Gewahrsams) unmittelbar erneut eine Straftat begehen werde, seien weder vorgetragen noch sonst ersichtlich gewesen. Die Tatsache, dass sie – wie dem Gericht aus anderen Verfahren bekannt war – nach einigen Wochen an anderen Orten **ähnliche Verhaltensweisen** gezeigt hatte, genüge gerade nicht, um einen Gewahrsam nach Abs. 1 zu begründen. Es fehle insoweit an der **Unmittelbarkeit der Straftatbegehung.** Auch die Behörde habe als Begründung für den Gewahrsam selbst, in der Niederschrift lediglich angeführt, dass sich die Betroffene auf der Straße festgeklebt hatte. Anhaltspunkte, weshalb eine **erneute Begehung drohe,** wurden nicht aufgeführt (VG Kassel BeckRS 2024, 25267 Rn. 45).

2. Rechtsfolge

22 Rechtsfolge des Abs. 1 Nr. 2 ist der Gewahrsam. Gerade bei der Bekämpfung bevorstehender Ordnungswidrigkeiten ist dabei ein besonderes Augenmerk auf die Erforderlichkeit und vor allem die **Verhältnismäßigkeit** zu richten (vgl. → Rn. 19; → Rn. 21).

22.1 Die **Freiheitsentziehung als ultima ratio** muss auch hier einer **Abwägung im Einzelfall** sowie der Prüfung von **milderen Mitteln** unterzogen werden. So kann die präventiv-polizeiliche Freiheitsentziehung gegen einen **berufsmäßigen Drogenhändler** zur Verhinderung von unmittelbar bevorstehender Straftaten nicht schon deshalb angeordnet werden, weil zu erwarten ist, dass er sich umgehend nach seiner Entlassung Drogen beschaffen und damit Handel betreiben wird. Es sei nicht hinreichend gewiss, dass die Freiheitsentziehung im betreffenden Fall überhaupt zur Verhinderung irgendwelcher Straftaten geeignet sei, da zu vermuten ist, dass Rauschmittelverbraucher im gleichen Umfang anderswo den Bedarf decken. Verstöße gegen das BtMG würden dadurch nicht vermindert, sondern nur zeitlich, örtlich und in persönlicher Hinsicht verlagert. Für die öffentliche Sicherheit, deren Gewährleistung die Aufgabe des Polizeirechts ist, wäre dadurch hingegen nichts gewonnen. Das Polizeirecht sei nicht dafür da, die zu Straftaten Geneigten vor ihrer Tatschuld zu bewahren, sondern das Polizeirecht diene dazu, die durch Straftaten bedrohten Rechtsgüter zu schützen. Daher wurde die Abwägung der zu schützenden Rechtsgüter (Verlagerung des Marktanteils des Drogenverkaufs auf einen Konkurrenten) in Abwägung zur Freiheitsentziehung verneint. Hierin sei kein polizeilicher Erfolg zu sehen, weshalb die Abwägung und Gesichtspunkte der **Verhältnismäßigkeit** verneint wurden. Ansonsten müsse die Freiheitsentziehung bei Berufs- und Gewohnheitsstraftätern in Form eines präventiven Gewahrsams immer wieder verlängert werden, was eine unausweichliche Neuanordnung der Maßnahme verlangen würde. Das kann nicht richtig sein (LG Berlin NJW 2001, 162 (163 f.) = NVwZ 2001, 237 (berufsmäßigen Rauschgifthändler); daher auch Kritik an der gegenteilig vertretenen Auffassung/Entscheidung OLG Hamburg NJW 1998, 2231 = BeckRS 1997, 22018; zum Verbringungsverfahren gegenüber Angehörigen der Drogenszene vgl. LG Hamburg NVwZ-RR 1997, 537 = BeckRS 1996, 123090).

3. Adressat

23 Wie auch die übrigen Befugnisnormen des § 32 (vgl. Gusy PolR Rn. 295) enthält Abs. 1 Nr. 2 einen spezialgesetzlich geregelten **Normadressaten,** sodass sich ein Rückgriff auf die Bestimmung der §§ 6, 7 und 9 verbietet. Das geht zwar aus dem Wortlaut des Abs. 2 Nr. 2 nicht unmittelbar hervor, liegt aber nahe, wenn man die Bestimmung mit den übrigen Adressatenregelungen des § 32 vergleicht. Es würde zudem gegen Art. 5 Abs. 1 S. 2 lit. c EMRK verstoßen, wollte man diese freiheitsentziehende Maßnahme auch gegen solche

Personen erlauben, von denen keine Gefahr ausgeht, dass sie Straftaten oder Ordnungswidrigkeiten begehen werden (OVG Bremen NVwZ 2001, 221; vgl. zur Konventionskonformität des Präventivgewahrsams insgesamt Hoffmann NVwZ 2015, 720). Adressat des Sicherheitsgewahrsams ist deshalb immer **diejenige Person, von der die Gefahr einer Straftat oder Ordnungswidrigkeit ausgeht** (vgl. BVerwG NJW 1974, 808: „Gewahrsam muss unerlässlich sein, um den Betroffenen an einer mit Strafe bedrohten Tat zu hindern"; Gusy PolR Rn. 295, 305; OVG Bremen NVwZ 2001, 221 = BeckRS 2000, 21098; in diesem Sinne auch OLG Nürnberg NVwZ-RR 1991, 67 = BeckRS 1990, 2810, allerdings den Adressatenkreis sehr weit ausdehnend; insofern dagegen Kingreen/Poscher POR § 16 Rn. 23; wie hier: Schmidt PolR Rn. 466; aA AG Berlin-Tiergarten NVwZ-RR 2005, 715 (717) = BeckRS 2004, 158797).

III. Durchsetzungsgewahrsam (Abs. 1 Nr. 3)

1. Voraussetzungen

Der sog. **Durchsetzungsgewahrsam gem. Abs. 1 Nr. 3** eröffnet (allein) den **Polizeibehörden** die Möglichkeit, Maßnahmen nach **§§ 31, 31a mittels Gewahrsams** durchzusetzen. Dem klaren Wortlaut gemäß umfasst diese Möglichkeit nicht nur Platzverweisungen iSd § 31 Abs. 1, sondern auch Wohnungsverweisungen nach § 31 Abs. 2 und Aufenthaltsverbote nach § 31 Abs. 3. Dabei stellt diese Form der Durchsetzung **keine Zwangsvollstreckung** dar, sondern den Anordnungen nach §§ 31, 31a soll lediglich mit Hilfe der Standardmaßnahme des Abs. 1 Nr. 3 zur Geltung verholfen werden (vgl. Schmidt PolR Rn. 469; Kingreen/Poscher POR § 16 Rn. 32; Kramer HessPolR Rn. 214; aA Lisken/Denninger PolR-HdB/Rachor/Graulich, 6. Aufl. 2018, E Rn. 499, die im Durchsetzungsgewahrsam unmittelbaren Zwang erkennen, was aber im Vergleich mit den Alternativen in § 32 nicht überzeugt). Ob darüber hinaus **Zwang iSd §§ 47 ff.** angewendet wird, entscheidet sich zum einen auf der Ebene der Platzverweisung. Dort kann im Einzelfall ein Zwangsgeld, aber auch der unmittelbare Zwang durchaus eine mildere Maßnahme darstellen als der Gewahrsam. Zum anderen kann der Gewahrsam selbst ebenfalls mit Zwang (unmittelbarer Zwang iSd §§ 55, 52 Abs. 1 S. 1) durchgesetzt werden (vgl. Möller/Warg PolR Rn. 366). 24

Fraglich ist, ob der Gewahrsam eingesetzt werden kann, um eine **bloße Gefahr für die öffentliche Ordnung** abzuwehren. Von seinem Wortlaut her erlaubt Abs. 1 Nr. 3 auch einen Gewahrsam zur Durchsetzung einer Platzverweisung iSd § 31 Abs. 1 S. 1. Dieser wiederum erlaubt Maßnahmen auch zur Abwehr einer Gefahr für die öffentliche Ordnung. Soweit ersichtlich wird die Möglichkeit eines Gewahrsams zu diesem Zwecke ganz überwiegend verneint (vgl. Gusy PolR Rn. 296; Lisken/Denninger PolR-HdB/Rachor/Graulich, 6. Aufl. 2018, E Rn. 507 mwN). Nur ausnahmsweise kommt ein solcher Gewahrsam in Betracht (vgl. BVerfG NJW 2004, 2814 = BeckRS 2004, 23538; Zeitler/Trurnit, Polizeirecht für Baden-Württemberg, 3. Aufl. 2014, Rn. 464). Dieser Ansicht ist aus Gründen der Verhältnismäßigkeit grundsätzlich zuzustimmen. 25

Indes sind durchaus Fälle denkbar, in denen den Polizeibeamten bei uneinsichtigem, aggressivem Auftreten des Gegenübers sehr schnell die Möglichkeiten der Gefahrenabwehr ausgehen. Es ist zwar Rachor/Graulich (Lisken/Denninger PolR-HdB/Rachor/Graulich, 6. Aufl. 2018, E Rn. 507) zuzugeben, dass „in aller Regel" die öffentliche Ordnung nicht ausreicht, um einen Gewahrsam zu rechtfertigen. In extremen Fällen, in denen andere Mittel keine Wirkung zeigen, sollte er aber erwogen werden dürfen. Das könnte dann der Fall sein, wenn anderenfalls der Eindruck entstünde, die Polizei könne sich nicht durchsetzen. Wenn etwa Gäste am Rande eines öffentlichen Platzes oder einer öffentlichen Straße vor einem Café Platz genommen und eine Bestellung aufgegeben haben und immer wieder aggressiv angebettelt werden, ohne dass der Bettler auf gutes Zureden, Platzverweisungen und ähnliches reagiert, immer wieder in die Umgebung des Cafés zurückkehrt und dort Leute belästigt, dann könnte man meines Erachtens als letztes Mittel auch an einen Gewahrsam denken. Ein anderer Fall wäre etwa ein „aggressives und provokantes, die Bürger einschüchterndes Verhalten" von Rechtsextremen in der Öffentlichkeit (vgl. BeckOK PolR BW/Enders BWPolG § 27a Rn. 32 mwN unter Berufung auf BVerfG NJW 2004, 2814 (2815 f.) = BeckRS 2004, 23538). 25.1

Ein sog. **Polizeikessel,** mittels dessen Versammlungsteilnehmer oder ganze Versammlungen so eingeschlossen werden, dass eine freiheitsentziehende Maßnahme in Form eines 26

Gewahrsams bejaht werden muss, kann regelmäßig nicht auf § 32, insbesondere **nicht auf Abs. 1 Nr. 3 gestützt werden.** Das Versammlungsrecht ist polizeifest und erlaubt in der Regel keinen Rückgriff auf Befugnisnormen des allgemeinen Polizeirechts. Eine Anwendung des § 32 im Rahmen einer Versammlung ist deshalb ausgeschlossen. Ein Gewahrsam kann auch **nicht mit einer sog. Minusmaßnahme** gerechtfertigt werden, da er im Vergleich zur Rechtsfolge einer Auflösung (§ 15 Abs. 3 VersammlG iVm § 18 Abs. 1 VersammlG iVm § 13 Abs. 2 VersammlG: Entfernenspflicht) nicht das mildere, sondern das eingriffsintensivere Mittel ist. Im Falle einer **vorangegangenen Auflösung oder eines Ausschlusses einzelner Teilnehmer** einer Versammlung kann ein Gewahrsam nach § 32 (Abs. 1 Nr. 3 nach vorheriger Platzverweisung) als letztes Mittel in Betracht kommen, etwa um befürchtete Gefahren für die öffentliche Sicherheit und Ordnung oder etwa Straftaten zu unterbinden (hM, vgl. KG NVwZ 2000, 468 (469 f.); Hornmann HSOG Rn. 35).

2. Rechtsfolge

27 Rechtsfolge des Abs. 1 Nr. 3 ist der **Gewahrsam.** In Schrifttum und Literatur hat sich in der Vergangenheit immer wieder die Frage nach der Rechtmäßigkeit des sog. **erweiterten Verbringungsgewahrsams** gestellt. Damit bezeichnet man eine hoheitliche Verbringung polizeipflichtiger Personen und ihre Entlassung an einem anderen Ort – etwa anderen Stadtteilen bzw. Stadtrand –, der keine spezielle polizeiliche Gewahrsamseinrichtung ist, um Gefahren für die öffentliche Sicherheit und Ordnung abzuwehren (vgl. Leggereit NVwZ 1999, 263). Zunehmend **verzichtet die Praxis auf dieses Mittel,** wohl auch wegen der Rechtsunsicherheit und des Risikos einer Strafverfolgung der Beamten wegen Freiheitsberaubung und Nötigung (§§ 239, 240 StGB; vgl. LG Hamburg NVwZ-RR 1997, 537 = BeckRS 1996, 123090) oder Aussetzung (§ 221 StGB; BGH NStZ 2008, 395 = BeckRS 2008, 4671). Nr. 32.1.2 VVHSOG ging bis zu ihrer Änderung vom 30.11.2015 (HeStAnz 1226) von der Zulässigkeit des Eingriffs aus. Seitdem darf nach dem Wortlaut von Nr. 32.1.2 VVHSOG eine Person nur noch **mit ihrem Einverständnis** an Orte verbracht werden, zu denen ein **persönlicher Bezug** besteht oder hergestellt werden kann. In Nr. 32.1.2 VVHSOG werden als Beispiele folgende Örtlichkeiten genannt: Wohnsitz, Obdachlosenübernachtungsstätte, Drogenhilfseinrichtung. Die Rechtmäßigkeit der Maßnahme ist indes **in Rechtsprechung und Literatur umstritten.** In der Literatur wird das Konstrukt des **erweiterten Verbringungsgewahrsams** überwiegend abgelehnt (vgl. umfassend Kappeler DÖV 2000, 227 (234) mwN). Ein anderer Teil des Schrifttums (vgl. Götz NVwZ 1998, 679 (682 f.) mwN; offengelassen von Leggereit NVwZ 1999, 263) sowie mehr oder weniger deutlich auch der überwiegende Teil der Rechtsprechung (vgl. OVG Bremen NVwZ 1987, 235 (236) = BeckRS 1986, 1151: obiter dictum; offenbar auch VG Bremen NVwZ 1987, 862; BayObLG BayVBl. 1990, 347 (350) obiter dictum; offengelassen vom BVerwG NVwZ 1988, 250 (251); aA LG Hamburg NVwZ-RR 1997, 537 = BeckRS 1996, 123090; LG Mainz MDR 1983, 1044 (1045)) halten eine solche Maßnahme jedenfalls dann für rechtmäßig, wenn sie sich im Einzelfall als die im Vergleich zum Gewahrsam in einer Polizeidienststelle **mildere Maßnahme** darstellt. Man kann diesen Standpunkt aus dem Verhältnismäßigkeitsprinzip herleiten, mit dem sich die Zulässigkeit sog. **Minusmaßnahmen** (oder auch: **Mindermaßnahmen**) begründen lässt (vgl. etwa BVerwGE 64, 55 = NJW 1982, 1008). Danach ist unter den Tatbestandsvoraussetzungen einer Befugnisnorm nicht nur die darin genannte Rechtsfolge, sondern **erst recht jede mildere Maßnahme** gestattet (vgl. ausf. FLS PolR Hessen K Rn. 130 f.; Leggereit NVwZ 1999, 263 (264)). Bei der Anwendung eines erweiterten Verbringungsgewahrsams ist deshalb sehr genau darauf zu achten, dass mit ihm der Adressat **keinen Gefahren ausgesetzt** wird. Dabei sind insbesondere mögliche Verfügbarkeiten des **Öffentlichen Personennahverkehrs,** eine Möglichkeit zum Erwerb von **Verpflegung, Übernachtungsmöglichkeiten, Tages-** und **Jahreszeit,** konkrete **Witterungsverhältnisse, Alters-** und **Gesundheitszustand** sowie möglicher **Drogeneinfluss** und Ähnliches bei der polizeipflichtigen Person in die Ermessensentscheidung einzubeziehen (vgl. OVG Bremen NVwZ 1987, 235 (237) = BeckRS 1986, 1151). Der Streit dürfte indes seit der Änderung der entsprechenden VVHSOG obsolet geworden sein. Die hessische Polizei wird zukünftig kaum noch einen Verbringungsgewahrsam durchführen.

Folgt man dieser grundsätzlich bejahenden Auffassung, so ist der sog. **erweiterte Verbringungsgewahrsam** von der Rechtsfolge des Abs. 1 Nr. 3 umfasst. 28

Es gibt allerdings auch gewichtige Gegenargumente. So wird dem erweiterten **Verbringungsgewahrsam** entgegengehalten, es sei keine Ermächtigungsgrundlage für ihn erkennbar und ein Rückgriff auf die Generalklausel unzulässig. Er stelle im Vergleich zum Gewahrsam in der Polizeidienststelle kein Minus, sondern ein **Aliud** dar. Ein Rückgriff auf § 32 sei daher nicht möglich. Auch sei eine solche Maßnahme unverhältnismäßig, weil die Verbringung über den Ort der Platzverweisung hinausgehe (vgl. zusf. Götz/Geis PolR § 8 Rn. 42 unter Darstellung auch der jeweiligen Gegenargumente). Insgesamt **überzeugen die Gründe nicht** (vgl. Leggereit NVwZ 1999, 263 (264)). Insbesondere die Annahme einer generellen Unverhältnismäßigkeit des erweiterten Verbringungsgewahrsams gegenüber einer Unterbringung in der Gewahrsamszelle erscheint kaum vertretbar (vgl. Leggereit NVwZ 1999, 263 (264); FLS PolR Hessen K Rn. 128 ff.). 28.1

3. Adressat

Adressat einer Maßnahme nach Abs. 1 Nr. 3 ist immer **diejenige Person, gegen die sich die Maßnahme nach § 31 oder § 31a gerichtet hat.** Dabei ist es gleichgültig, ob sich iRd §§ 31, 31a der richtige Adressat aus §§ 6, 7 oder 9 (§ 31 Abs. 1 S. 1) oder wiederum aus der Befugnisnorm selbst ergeben hat (§ 31 Abs. 1 S. 2, § 31 Abs. 2 und Abs. 3, § 31a Abs. 1, Abs. 2). Ein Rückgriff auf die Regelungen zur Verantwortlichkeit nach §§ 6 ff. ist iRd § 32 Abs. 1 Nr. 3 ausgeschlossen (vgl. Kingreen/Poscher POR § 16 Rn. 23). 29

IV. Vorführungsgewahrsam (Abs. 1 Nr. 4)

1. Voraussetzungen

Der **Vorführungsgewahrsam iSd Abs. 1 Nr. 4** dient dem Schutz privater Rechte wie dies der Wortlaut ausweist. Für die – exklusive – **Zuständigkeit der Polizeibehörden** ist somit neben den Voraussetzungen des § 1 Abs. 1 S. 1 auch zu prüfen, ob die (eine Zuständigkeit einschränkenden) **Bedingungen des § 1 Abs. 3** erfüllt sind. Abs. 1 Nr. 4 greift also nur, wenn das Schutzgut dem reinen Privatrecht, nicht etwa dem Strafrecht oder anderen öffentlich-rechtlichen Normen zuzuordnen ist. Außerdem darf gerichtlicher Schutz nicht rechtzeitig zu erlangen sein (anderenfalls ist allein der Zivilrechtsweg zu beschreiten) und ohne polizeiliche Hilfe muss die Verwirklichung des Anspruchs vereitelt oder wesentlich erschwert sein. Schließlich muss eine **Festnahme** oder **Vorführung** des Adressaten nach **§§ 229, 230 Abs. 3 BGB** zulässig sein. Der Gewahrsam erfolgt danach zur Vorbereitung eines persönlichen Arrestes nach §§ 916, 918 ZPO. Nach § 229 BGB müssen für eine „Festnahme" ein entsprechender **zivilrechtlicher Anspruch** und eine **Fluchtgefahr** bestehen. Auf die Erreichbarkeit obrigkeitlicher Hilfe iSd § 229 BGB kommt es hingegen nicht an (Schmidt PolR Rn. 474). Diese Voraussetzung entfällt schon aus sachlogischen Gründen, denn im Falle des Abs. 1 Nr. 4 ist ja stets die Polizeibehörde die **obrigkeitliche Hilfe,** die zu erlangen ist. Mit Durchführung des persönlichen Arrestes soll dann verhindert werden, dass der Adressat der Ingewahrsamnahme die Durchsetzung der zivilrechtlichen Ansprüche des Gläubigers zunichtemacht. Für den Schutz privater Rechte sind die Polizeibehörden nur **subsidiär zuständig,** zudem ist der Gewahrsam aus **Verhältnismäßigkeitsgründen** eher zurückhaltend anzuwenden. Deshalb kommt der Bestimmung des **Abs. 1 Nr. 4 kaum praktische Relevanz** zu. Denkbar sind etwa Fälle, in denen der Adressat der Maßnahme zur Vereitelung zivilrechtlicher Ansprüche beabsichtigt, sich überraschend ins **Ausland** abzusetzen, um sich so seinen Pflichten zu entziehen. In besonders eiligen Fällen kann es so zu einem Eingreifen der Polizeibehörden nach Abs. 1 Nr. 4 kommen. 30

Nach dem Wortlaut des Abs. 1 Nr. 4 muss auch (und gerade) diese Variante des Gewahrsams **unerlässlich** sein (zum Begriff → Rn. 21). Gerade beim **Schutz privater Rechte** ist dieses Tatbestandsmerkmal mit **besonderer Sorgfalt** zu prüfen. Unter den Voraussetzungen des Abs. 1 Nr. 4 mögen indes besondere Sachverhalte gerade einen Gewahrsam als einzige geeignete Maßnahme erforderlich machen. 31

2. Rechtsfolge

32 Rechtsfolge des Abs. 1 Nr. 4 ist der **Gewahrsam.** Als besonders einschneidende Standardmaßnahme des HSOG ist diese Rechtsfolge nur im Extremfall verhältnismäßig. Das folgt schon aus dem Tatbestandsmerkmal **„unerlässlich“**, das noch einmal gesteigerte Anforderungen an die Erforderlichkeit der Maßnahme stellt (→ Rn. 31). Aber auch der **Grundsatz der Verhältnismäßigkeit im engeren Sinne** (Angemessenheit, Proportionalität) stellt besondere Anforderungen an die Rechtmäßigkeit des Gewahrsams. Es muss sich um **wesentliche Vermögensgüter** handeln, die einen Gewahrsam zu rechtfertigen vermögen. Geringwertige Forderungen scheiden jedenfalls von vornherein aus.

3. Adressat

33 Der Adressat des Abs. 1 Nr. 4 ist in der **Norm spezialgesetzlich geregelt.** Ein Rückgriff auf die allgemeinen Adressatenregelungen (§§ 6, 7, 9) ist daher unzulässig. Das ergibt sich aus dem Wortlaut der Befugnisnorm, wonach nur diejenige Person in Gewahrsam genommen werden darf, bei der auch die Voraussetzungen der §§ 229, 230 Abs. 3 BGB gegeben sind. Es versteht sich von selbst, dass insbesondere ein Gewahrsam von Nichtverantwortlichen nach § 9 nicht in Frage kommt.

V. Gewahrsam bei bedeutenden und hochrangigen Rechtsgütern (Abs. 1 Nr. 5)

1. Voraussetzungen

34 Mit der Tatbestandsvariante des Abs. 1 Nr. 5 können Polizeibehörden unter der Voraussetzung einer **konkreten Gefahr** für die abschließend genannten bedeutenden und hochrangigen Rechtsgüter die Ingewahrsamnahme einer Person anordnen. Die Abwehr der Gefahr muss unerlässlich sein (vgl. auch LT-Drs. 21/1151, 13).

35 Unter die **abschließend genannten bedeutenden und hochrangigen Rechtsgüter** des Abs. 1 Nr. 5 fallen a) der Bestand oder die Sicherheit des Bundes oder eines Landes, b) Leib, Leben oder Freiheit einer Person, c) die sexuelle Selbstbestimmung, soweit sie durch Straftatbestände geschützt ist, die im Mindestmaß mit wenigstens drei Monaten Freiheitsstrafe bedroht sind, oder d) Anlagen der kritischen Infrastruktur sowie Kulturgüter von mindestens überregionalem Rang. Der Gesetzgeber hat sich für eine **strikte, differenzierte Benennung** der Rechtsgüter entschieden.

35.1 Bei massiven Gefährdungslagen müsse als Ultima Ratio auch die Ingewahrsamnahme möglich sein. In der Praxis gehen meist anderweitige Maßnahmen voran, die dem Adressaten sein Fehlverhalten verdeutlichten und die Gefahren abwehren soll. Oftmals werden als mildere Mittel in der Praxis zuvor Aufenthaltsge- und/oder -verbote, die Anordnung einer elektronischen Aufenthaltsüberwachung sowie entsprechende polizeiliche Hinweise bei Gefährderansprachen ergehen (LT-Drs. 21/1151, 13). Zeigt der Betroffene sich dennoch unwillig sein Fehlverhalten zu unterlassen, muss auch eine präventive Ingewahrsamnahme möglich sein.

35.2 Sowohl im Hinblick auf die Freiheit der Person nach Art. 2 Abs. 2 S. 2 GG iVm Art. 104 GG als auch im Hinblick auf die Vorgaben der Europäischen Menschenrechtskonvention (EMRK) sind die Grundrechte zu beachten und in einer einzelfallbezogenen Prüfung abzuwägen. Nach Art. 5 Abs. 1 S. 2b 2. Alt EMRK ist die Freiheitsentziehung zulässig zur „Erzwingung der Erfüllung einer gesetzlichen Verpflichtung“, was die gesetzlich zulässigen Fälle erfasst, einer Person der Freiheit zu entziehen, die bisher ihrer obliegenden Pflicht nicht nachgekommen ist (BVerfG NVwZ 2016, 1079 Rn. 33; Muckel JA 2016, 795).

2. Rechtsfolge

36 Rechtsfolge des Abs. 1 Nr. 5 ist der **Gewahrsam.** Als besonders einschneidende Standardmaßnahme des HSOG ist diese Rechtsfolge nur im Extremfall verhältnismäßig. Das folgt schon aus dem Tatbestandsmerkmal **„unerlässlich“**, das noch einmal gesteigerte Anforderungen an die Erforderlichkeit der Maßnahme stellt (→ Rn. 31). Die Ingewahrsamnahme ist nur zulässig, wenn der Schutz hochwertiger Rechtsgüter unter **strikter Beachtung des Verhältnismäßigkeitsgrundsatzes** erfolgt. Dem Freiheitsanspruch des Adressaten ist das

Sicherheitsbedürfnis der Allgemeinheit entgegen zu halten. Beide sind in einer einzelfallbezogenen Prüfung abzuwägen.

3. Adressat

37 Für den Adressaten bei Abs. 1 Nr. 5 ist auf die allgemeinen Adressatenregelungen Regelungen der §§ 6, 7 und 9 Rückgriff zu nehmen. Die Norm enthält keinen spezialgesetzlich geregelten Adressaten.

VI. Zuführungsgewahrsam (Abs. 2)

1. Voraussetzungen

38 Voraussetzung des Abs. 2 ist, dass sich eine **minderjährige Person** (vgl. § 2 BGB, also unter 18 Jahren) der **Obhut seiner Sorgeberechtigten entzogen** hat. Wer sorgeberechtigt ist, bestimmt sich nach **§§ 1626 ff. BGB.** Es sind in der Regel die **Eltern** des Kindes. Bei nichtehelichen Kindern gilt § 1626a BGB. Danach sind die Eltern jedenfalls dann (nicht abschließend) gemeinsam sorgeberechtigt, wenn sie eine Sorgeerklärung abgeben (§ 1626a Abs. 1 Nr. 1 BGB) oder einander heiraten (§ 1626a Abs. 1 Nr. 2 BGB). Nach § 1626a Abs. 2 BGB überträgt das Familiengericht gem. § 1626a Abs. 1 Nr. 3 BGB auf Antrag eines Elternteils die elterliche Sorge oder einen Teil der elterlichen Sorge **beiden Eltern gemeinsam,** wenn die Übertragung dem Kindeswohl nicht widerspricht. Trägt der andere Elternteil keine Gründe vor, die der Übertragung der gemeinsamen elterlichen Sorge entgegenstehen können, und sind solche Gründe auch sonst nicht ersichtlich, wird vermutet, dass die gemeinsame elterliche Sorge dem Kindeswohl nicht widerspricht. **Im Übrigen** hat nach § 1626a Abs. 3 BGB ansonsten **grundsätzlich** die **Mutter** die elterliche Sorge.

39 Bei einer vollständigen Übertragung des Sorgerechts auf **Dritte** liegt ein Fall der **Vormundschaft** vor (vgl. insbesondere §§ 1793, 1800 BGB).

39.1 Eine gerichtliche Entscheidung nach Art. 104 Abs. 2 S. 1 und S. 2 GG ist auch dann erforderlich, wenn der **Vormund** in Ausübung seines Aufenthaltsbestimmungsrechts den volljährigen Entmündigten in einer **geschlossenen Anstalt** unterbringt (BVerfG BeckRS 1960, 271).

40 Zum Sorgerecht gehört auch das **Aufenthaltsbestimmungsrecht** gegenüber der minderjährigen Person (§ 1631 Abs. 1 BGB).

41 Abs. 2 schützt somit das durch **Art. 6 Abs. 1 GG verbürgte elterliche Erziehungsrecht,** indem diese Befugnisnorm dessen Konkretisierung in Form der privatrechtlichen Vorschriften des BGB im Extremfall mittels Gewahrsams der minderjährigen Person durchsetzt. Es handelt sich somit um einen Fall des **Schutzes privater Rechte,** zumal eine Tangierung dieses Schutzgutes nicht durch repressive Vorschriften (insbesondere) des OWiG oder des StGB sanktioniert ist. Bei der Prüfung der sachlichen Zuständigkeit ist folglich auch auf die Voraussetzungen des § 1 Abs. 3 zu achten. Sind sie (insbesondere die Subsidiarität polizeilichen Einschreitens) nicht gegeben, so müssen die Sorgeberechtigten auf polizeilichen Schutz verzichten.

42 Es ist **nicht erforderlich,** dass von der minderjährigen Person eine **konkrete Gefahr** ausgeht oder dass ihr eine solche droht. Auch das ergibt sich aus dem Schutzgut des elterlichen Sorgerechts (vgl. auch Nr. 32.2 VVHSOG).

42.1 Die Befugnisnorm ist nicht ohne Kritik geblieben. Teilweise wird der Standpunkt vertreten, sie regele lediglich einen Fürsorgeaspekt des Staates zur Durchsetzung des Sorgerechts. Das könne aber nicht Regelungsgegenstand des Polizeirechts sein (vgl. Lisken/Denninger PolR-HdB/Rachor, 5. Aufl. 2012, E Rn. 525; prinzipiell zust. Hornmann HSOG Rn. 40, der aber unter Hinweis auf die durch § 1 Abs. 3 eingeschränkte Zuständigkeit der Polizei Abs. 2 für unbedenklich hält).

43 Minderjährige haben sich der Obhut eines Sorgeberechtigten **entzogen,** wenn sie sich **gegen ihren Willen** für eine **nicht unerhebliche Dauer** aus **ihrem Einflussbereich entfernt** haben bzw. **nicht** in ihn **zurückgekehrt** sind und den Sorgeberechtigten der **Aufenthaltsort unbekannt** ist (vgl. Fredrich Rn. 21). Wenn diese Voraussetzungen nicht erfüllt sind – insbesondere der Aufenthaltsort bekannt ist – müssen die Sorgeberechtigten auf die Hilfe der Polizei verzichten und zunächst aus eigenen Kräften eine Rückkehr der

minderjährigen Person bewirken, solange nicht Umstände hinzutreten, die weitere Gefahren für die öffentliche Sicherheit und Ordnung verursachen (zB Straftaten wie etwa der Straftatbestand des § 239 StGB oder Ähnliches).

2. Rechtsfolge

44 Rechtsfolge des Abs. 2 ist der **Gewahrsam.** Da sie im Ermessen der Polizeibehörde steht, hat diese bei Beachtung des Verhältnismäßigkeitsprinzips zu entscheiden, ob überhaupt ein Gewahrsam erforderlich und angemessen ist oder nicht stattdessen andere, mildere Maßnahmen wie bspw. eine unmittelbare **Verbringung zum Elternhaus** zu ergreifen sind. Insbesondere muss auch eine Entscheidung darüber getroffen werden, ob der Gewahrsam dazu dienen soll, die minderjährige Person den Sorgeberechtigten oder dem Jugendamt zuzuführen. Grundsätzlich sind dabei die **Sorgeberechtigten zu bevorzugen,** es sei denn, es liegen besondere Gründe vor, davon abzusehen. Das können namentlich die in § 42 Abs. 1 SGB VIII aufgezählten sein (verkürzt: ausdrückliche Bitte der minderjährigen Person, dringende Gefahr für die minderjährige Person, unbegleitete Einreise einer ausländischen minderjährigen Person nach Deutschland; vgl. Fredrich Rn. 22; Hornmann HSOG Rn. 42 noch zum Gesetz für Jugendwohlfahrt (JWG), welches von 1961–1990 in Kraft war).

45 Ob ein Minderjährige den Sorgeberechtigten oder dem Jugendamt zugeführt wird, liegt im **pflichtgemäßen Ermessen** der Polizei (vgl. Fredrich Rn. 22). Die **Zuführung** an das **Jugendamt** ist im Hinblick auf **§ 42 Abs. 1 Nr. 1 SGB VIII** geboten, wenn ein Minderjähriger um **Obhut im Jugendamt bittet** (und gerade nicht zu den Sorgeberechtigten zurückgebracht werden möchte).

46 Ansonsten ist unter dem **Gesichtspunkt der Verhältnismäßigkeit** sowie des **Übermaßverbotes** (§ 4 Abs. 1 und Abs. 2) regelmäßig die Zurückführung an die Sorgeberechtigten geboten und zweckmäßig (§ 5 HSOG, § 40 HVwVfG). Denn die Zuführung zum Jugendamt stellt ansonsten meistens den schwereren Eingriff dar (vgl. Hornmann HSOG Rn. 42).

47 Mit dem Zuführungsgewahrsam nach Abs. 2 werden die Befugnisse der Polizei nach § 8 Jugendschutzgesetz (**JuSchG**) ergänzt (vgl. Fredrich Rn. 23). Nach **§ 8 S. 2 Nr. 1 und Nr. 2 JuSchG „Jugendgefährdende Orte"** sind Kinder und Jugendliche, die sich an diesen Orten aufhalten (an dem ihm oder ihr eine unmittelbare Gefahr für das körperliche, geistige oder seelische Wohl droht), dem Erziehungsberechtigten oder dem Jugendamt zuzuführen, sofern die Aufforderung zum Verlassen des Ortes, nicht genügt. Die Norm des § 8 JuSchG geht nach § 3 Abs. 1 S. 2 als **Spezialermächtigung** Abs. 2 vor (vgl. Hornmann HSOG Rn. 41).

3. Adressat

48 Der Adressat des Abs. 2 ist in der Befugnisnorm **spezialgesetzlich geregelt.** Die Vorschrift bestimmt, dass nur diejenigen **Minderjährigen** in Gewahrsam genommen werden dürfen, die sich der **Obhut der Sorgeberechtigten entzogen** haben. Ein Rückgriff auf die Adressatenregelungen der §§ 6, 7, 9 verbietet sich deshalb (vgl. Schenke PolR Rn. 143; Gusy PolR Rn. 295).

VII. Gewahrsam Entwichener (Abs. 3)

1. Voraussetzungen

49 Abs. 3 befugt – exklusiv – die **Polizeibehörden** zur Ingewahrsamnahme von Personen, die sich bestimmten **repressiven Freiheitsentziehungen entzogen** haben. Eine konkrete Gefahr ist nicht explizite Voraussetzung. Abs. 3 zielt in erster Linie darauf, den unbefugten Aufenthalt des Entwichenen zu beenden (vgl. Nr. 32.3 VVHSOG). Die in der Vorschrift genannte Untersuchungshaft liegt nur dann vor, wenn sie auf einem richterlichen Haftbefehl nach §§ 114 ff. StPO ggf. iVm §§ 72 ff. JGG beruht. Eine Haft aufgrund eines Vollstreckungshaftbefehls iSd § 457 StPO oder eine einstweilige Unterbringung aufgrund eines Unterbringungsbefehls nach § 126a StPO bzw. § 73 JGG reicht nicht aus (vgl. Hornmann HSOG Rn. 43; aA bezüglich des Unterbringungsbefehls Fredrich Rn. 24).

Zwar könnte man hier bezüglich des Unterbringungsbefehls an eine Analogie denken. Wegen des Wortlauts des Abs. 3 und fehlender Hinweise auf eine unbewusste Regelungslücke lässt sich eine solche Analogie aber kaum begründen (vgl. Hornmann HSOG Rn. 43). 49.1

Für die in Abs. 3 gemeinte **Freiheitsstrafe** muss eine **richterliche Verurteilung** nach §§ 38 f. StGB bzw. §§ 17 ff. JGG ergangen sein, für die **freiheitsentziehende Maßregel** der **Besserung und Sicherung** eine **richterliche Entscheidung** nach §§ 63 ff. StGB. Der Adressat des Gewahrsams ist **„entwichen“**, wenn er mit Hilfe von Gewalt oder List aus der Haftanstalt oder sonstigen Einrichtung entkommen ist. Abs. 3 greift auch dann, wenn sich der Adressat **„sonst ohne Erlaubnis außerhalb der Justizvollzugsanstalt aufhält“**, er sie also rechtmäßig verlassen hat, aber trotz entsprechender rechtlicher Verpflichtung **nicht wieder in sie zurückgekehrt ist.** Das kann dann der Fall sein, wenn er nach **Freigang** oder **Urlaub** nicht wieder in die Justizvollzugsanstalt zurückkehrt (vgl. § 35 StVollzG). 50

Insgesamt ist umstritten, ob Abs. 3 verfassungsgemäß ist. Nach einer Meinung ist das zweifelhaft, weil die Zielrichtung der Vorschrift repressiv und die Gesetzgebungskompetenz des Landes Hessen wegen der bundesgesetzlichen Regelungen in § 87 StVollzG, § 457 StPO nicht gegeben sei (vgl. detailliert Hornmann HSOG Rn. 44; zweifelnd Kramer HessPolR Rn. 218). Eine andere Auffassung, der im Ergebnis zuzustimmen ist, widerspricht dem mit dem Argument, die Fälle des Abs. 3 stellten auch eine Gefahr für die öffentliche Sicherheit dar, weil dann der Staat mit seinen Einrichtungen und deren Funktionsfähigkeit gestört sei (vgl. Kingreen/Poscher POR § 16 Rn. 22; ähnlich Schenke PolR Rn. 143 mwN; zum engen Anwendungsbereich Gusy PolR Rn. 298). 50.1

Auf ein **Ersuchen der Strafvollzugsanstalt** nach **§ 49 HStVollZG** „Festnahmerecht“ **kommt es nicht an.** Nach § 49 HStVollZG können Gefangene, die entwichen sind oder sich sonst ohne Erlaubnis außerhalb der Anstalt aufhalten, durch die Anstalt oder „auf deren Veranlassung“ hin im Rahmen der Nacheile festgenommen und in die Anstalt zurückgeführt werden. Auf eine solche Veranlassung kommt es aber im Rahmen des Abs. 3 nicht an (vgl. Fredrich Rn. 26). 51

2. Rechtsfolge

Die Rechtsfolge des Abs. 3 ist der **Gewahrsam Entwicherer,** der – wie auch die übrigen Befugnisnormen der Bestimmung – im **Ermessen** der Polizeibehörde steht. Wegen des intensiven Eingriffscharakters der Norm hat insbesondere auf der Ermessens-/Verhältnismäßigkeitsebene eine **eingehende Abwägung** über die **Erforderlichkeit** des Gewahrsams zu erfolgen. Zwar bereitet er wiederum nur eine weitere freiheitsentziehende Maßnahme vor. Es kann aber sein, dass der Gewahrsam entbehrlich ist und eine **direkte Verbringung in die Anstalt** ausreichend ist. 52

3. Adressat

Der Adressat des Abs. 3 ist in der Befugnisnorm **spezialgesetzlich geregelt.** Die Vorschrift bestimmt, dass nur diejenigen Personen in Gewahrsam genommen werden können, die sich aus den genannten Gründen außerhalb der Justizvollzugsanstalt aufhalten. Ein Rückgriff auf die Adressatenregelungen der §§ 6, 7, 9 verbietet sich deshalb. 53

VIII. Gewahrsam PsychKHG

1. Voraussetzungen

Mit Gesetz v. 4.5.2017 (HessGVBl. 66 ff.) hat der Gesetzgeber unter anderem Abs. 4 in das HSOG eingefügt, nachdem das **HessFreihEntzG** (Gesetz über die Entziehung der Freiheit geisteskranker, geistesschwacher, rauschgift- oder alkoholsüchtiger Personen v. 19.5.1952, HessGVBl. I 111) durch das **PsychKHG** ersetzt wurde und die Polizei- und Ordnungsbehörden nach dem PsychKHG nicht länger für freiheitsentziehende Maßnahmen bei psychisch eingeschränkten, kranken oder behinderten Personen zuständig und befugt sind (vgl. dagegen für die alte Rechtslage § 10 S. 1 HessFreihEntzG). Für den vorläufigen Gewahrsam nach Abs. 4 S. 1 müssen die Voraussetzungen für eine **sofortige vorläufige Unterbringung** nach § 17 Abs. 1 S. 1 PsychKHG in ein psychiatrisches Krankenhaus (vgl. 54

§ 10 Abs. 1–3 PsychKHG) gegeben sein, dh die Voraussetzungen für eine Unterbringung nach § 9 PsychKHG müssen mit hoher Wahrscheinlichkeit vorliegen, und es muss Gefahr im Verzug vorliegen. Nach § 9 Abs. 1 PsychKHG kann eine Person nach § 1 PsychKHG dann ohne oder gegen ihren Willen untergebracht werden, wenn und solange infolge einer psychischen Störung eine erhebliche Gefahr für ihr Leben, ihre Gesundheit oder das Leben, die Gesundheit oder andere bedeutende Rechtsgüter Anderer besteht und nicht anders abgewendet werden kann. Die materiellen Voraussetzungen für eine Unterbringung nach dem PsychKHG sind also denen des – außer Kraft getretenen – § 1 HessFreihEntzG sehr ähnlich. Im Fall einer **somatischen Erkrankung** kann auch vorübergehend eine Verbringung in ein Allgemeinkrankenhaus erfolgen. Voraussetzung für ein Zurückbringen von Personen in ein psychiatrisches Krankenhaus durch die Ordnungs- oder Polizeibehörden nach Abs. 4 S. 2 ist lediglich, dass sich eine Person, die nach § 9 Abs. 1 PsychKHG oder § 17 Abs. 1 PsychKHG untergebracht ist, sich ohne Erlaubnis außerhalb des Krankenhauses aufhält.

2. Rechtsfolge

55 Die Rechtsfolgen des **Gewahrsams** nach Abs. 4 S. 1 und S. 2 stehen ebenfalls im **Ermessen** der Ordnungs- bzw. Polizeibehörde. Sie umfassen im Fall des Abs. 4 S. 1 den vorläufigen Gewahrsam und die Verbringung in ein **psychiatrisches Krankenhaus** bzw. bei einer somatischen Erkrankung das vorübergehende Bringen in ein **Allgemeinkrankenhaus.** Rechtsfolge im Falle des Abs. 4 S. 2 ist das **Zurückbringen** der Person in das **psychiatrische Krankenhaus.** Wegen des intensiven Rechtseingriffs gilt für den Gewahrsam nach Abs. 4 S. 1 das bezüglich der Rechtsfolge zu Abs. 3 Gesagte (→ Rn. 52).

3. Adressat

56 Wie die übrigen Befugnisnormen des § 32 enthält auch Abs. 4 sog. **spezialgesetzliche Normadressaten,** die einen Rückgriff auf die allgemeinen Adressatenbestimmungen der §§ 6, 7 oder 9 unterbinden. Im Falle des Abs. 4 S. 1 ist es immer eine **Person,** die von **§ 17 Abs. 1 S. 1 PsychKHG** erfasst wird, im Falle des Abs. 4 S. 2 ist es immer eine **Person,** die nach **§ 9 Abs. 1 PsychKHG** oder nach **§ 17 Abs. 1 PsychKHG** untergebracht ist.

IX. Besondere Verfahrens- und Formvorschriften

57 Besondere Verfahrens- und Formvorschriften für den Gewahrsam enthalten die **§§ 33 ff.,** vgl. die Erläuterungen dort (→ § 33 Rn. 1 ff.). Mit Gesetz v. 4.5.2017 (HessGVBl. 66 ff.) hat der Gesetzgeber allerdings eine besondere Verfahrensvorschrift auch in **Abs. 4 S. 1 Hs. 2** eingefügt, wonach für den Fall des Abs. 4 S. 1 Hs. 1 eine einstweilige Anordnung des zuständigen Gerichts herbeizuführen ist (§ 17 Abs. 1 S. 2 PsychKHG) und eine Ausnahme von dieser Pflicht begründet wird für den Fall, dass die gerichtliche Entscheidung erst nach Wegfall des Grundes für den Gewahrsam ergehen würde (Verweis auf § 33 Abs. 1 S. 2). In der Praxis wird die Ausnahme von dieser Pflicht die Regel sein, denn die Ordnungs- oder Polizeibehörde wird in den eilbedürftigen Fällen des § 17 Abs. 1 S. 1 PsychKHG (Gefahr im Verzug!) die hilfsbedürftige Person kaum so lange in Gewahrsam halten, dass noch Zeit für eine richterliche Entscheidung bleibt (anders etwa im Fall eines voraussehbar langen Transports zum Krankenhaus). Vielmehr wird sie die Person **direkt in das psychiatrische Krankenhaus verbringen,** um eine sofortige Hilfe zu sichern. **Dort enden Zuständigkeit** und **Befugnisse** der **Ordnungs-** bzw. **Polizeibehörden** und ein **Arzt** (vgl. § 11 Abs. 2 PsychKHG) wird im Falle der sofortigen vorläufigen Unterbringung (§ 17 Abs. 1 S. 1 PsychKHG) unverzüglich die gerichtliche Entscheidung einholen (vgl. § 17 Abs. 1 S. 2 PsychKHG; vgl. Hild HPR 5/2017, 25 f.; zur ähnlichen Rechtslage in Baden-Württemberg: BeckOK PolR BW/Hauser BWPolG § 28 Rn. 32). **Anders** liegt der Fall bei der Verbringung in ein **Allgemeinkrankenhaus.** Hier werden Zuständigkeit und Befugnis der Ordnungs- und Polizeibehörden nach dem HSOG nicht vom PsychKHG verdrängt (vgl. § 10 Abs. 1–3 PsychKHG). Wenn und soweit im Allgemeinkrankenhaus die Aufrechterhaltung des Gewahrsams erforderlich ist, obliegt es folglich in diesem Fall der Ordnungs- oder Polizeibehörde, die richterliche Anordnung bezüglich der Unterbringung im Allgemeinkranken-

haus herbeizuführen und – soweit erforderlich – den Verbleib der Person im Allgemeinkrankenhaus durchzusetzen.

58 Die Pflicht iSd Abs. 4 S. 1 Hs. 2 gilt **nicht für den Fall einer Zurückführung** iSd Abs. 4 S. 2, weil dort bereits eine richterliche Entscheidung bezüglich der Freiheitsentziehung ergangen ist (so auch im Fall des **Gewahrsams Entwichener** nach Abs. 3, der vom Wortlaut des § 33 nicht erfasst wird).

58.1 Dies ist auch stringent. In den Fällen, wo bereits eine richterliche Entscheidung über die Freiheitsentziehung ergangen ist, bedarf es gerade keiner (weiteren) richterlichen Entscheidung. Dies wurde durch das 4. HSOG-Änderungsgesetz v. 22.5.2000 (GVBl. 2000 I 278) klargestellt (vgl. Fredrich Rn. 28).

F. Allgemeine Verfahrens- und Formvorschriften

59 Bei einer Ingewahrsamnahme in Form eines Verwaltungsakts iSd § 35 S. 1 HVwVfG (→ Rn. 61) sind insbesondere die Bestimmungen der §§ 28 ff. HVwVfG zu beachten, die jedoch zum Großteil von den besonderen Regelungen der §§ 33 ff. verdrängt werden. So enthält § 34 Abs. 1 eine Spezialregelung gegenüber § 39 HVwVfG.

60 Gemäß § 24 Abs. 3 HVwVfG muss die Polizeibehörde Gehör gewähren sowie Erklärungen oder Anträge des Adressaten entgegennehmen (vgl. Gusy PolR Rn. 302). Nach § 25 HVwVfG ist sie verpflichtet, den Adressaten des Gewahrsams über seine Rechtsbehelfe zu belehren (vgl. Kramer HessPolR Rn. 220), auch darüber, dass er sich nicht zur Sache äußern muss (vgl. Schmidt PolR Rn. 458).

G. Rechtscharakter

61 § 32 schließt die Anordnungsbefugnis zur Kooperation und Duldung des Gewahrsams ein (Kingreen/Poscher POR § 16 Rn. 1; aA Beckmann NVwZ 2011, 842 (846)). Trotz des **tatsächlichen Elements** einer Ingewahrsamnahme wird ihr deshalb regelmäßig ein – zumindest konkludentes – **regelndes Element** im Sinne eines **Verwaltungsakts** nach § 35 S. 1 HVwVfG innewohnen (vgl. VG Augsburg BeckRS 2013, 49586; OVG Saarlouis BeckRS 2009, 41896; VG Frankfurt a. M. NVwZ 1994, 721 = BeckRS 1993, 5969; Kramer HessPolR Rn. 214; Hornmann HSOG § 33 Rn. 15; vgl. zusf. und krit. Finger JuS 2005, 116).

H. Durchsetzung

62 Die Durchsetzung sämtlicher Gewahrsamsarten kann erforderlichenfalls mit den Mitteln des Zwangs erfolgen. Es sind die **allgemeinen Vorschriften des Zwangs** anwendbar (§§ 47 ff.; vgl. zum BayPAG VG Augsburg BeckRS 2013, 49586). Unter bestimmten Voraussetzungen kommen hier die Mittel des **Zwangsgeldes** (§ 50) und des **unmittelbaren Zwangs** (§ 52 Abs. 1 S. 1) in Betracht. Eine Ersatzvornahme scheidet mangels Verlangens einer vertretbaren Handlung als Zwangsmittel von vornherein aus (vgl. § 49 Abs. 1 S. 1). In vielen Fällen, die eilbedürftig sind, wie es regelmäßig bei Maßnahmen nach § 32 der Fall sein wird, verspricht allerdings das **Zwangsgeld** wegen des vergleichsweise gravierenden Eingriffs durch den Gewahrsam, der nötigen Schriftform und des recht langwierigen Verfahrens keinen Erfolg, es ist **zumindest unzweckmäßig** (vgl. § 52 Abs. 1 S. 1). Zuständig für die zwangsweise Durchsetzung des Gewahrsams ist die Ordnungs- bzw. Polizeibehörde. Ist die betroffene Person in das psychiatrische Krankenhaus verbracht, so kann bis zur ärztlichen Anordnung iSd § 17 Abs. 1 S. 1 PsychKHG Zwang sowohl von der Polizei- bzw. Ordnungsbehörde als auch von den Bediensteten des psychiatrischen Krankenhauses (vgl. § 22 PsychKHG) angewendet werden. Nach der Anordnung iSd § 17 Abs. 1 S. 1 PsychKHG geht die Zuständigkeit – auch für die Anwendung von Zwangsmaßnahmen – auf das psychiatrische Krankenhaus und seine Bediensteten über. Das schließt selbstverständlich ein Handeln im Rahmen der **Vollzugshilfe** durch Beamte der Ordnungs- und Polizeibehörden nicht aus. Für die Durchsetzung des Verbleibes in einem Allgemeinkrankenhaus bleibt die Zuständigkeit der Ordnungs- oder Polizeibehörden unberührt (vgl. → Rn. 57).

I. Rechtsschutz

63 Zum Rechtsschutz gegen Maßnahmen nach § 32 ist auf die Kommentierung des § 33 zu verweisen (→ § 33 Rn. 1 ff.).

§ 33 Richterliche Entscheidung

(1) [1]Wird eine Person aufgrund des § 18 Abs. 4, § 25 Abs. 1 Satz 4 oder § 32 Abs. 1 oder 2 festgehalten, haben die Polizeibehörden unverzüglich eine richterliche Entscheidung über Zulässigkeit und Fortdauer der Freiheitsentziehung herbeizuführen. [2]Der Herbeiführung der richterlichen Entscheidung bedarf es nicht, wenn anzunehmen ist, dass die richterliche Entscheidung erst nach Wegfall des Grundes der polizeilichen Maßnahme ergehen würde.

(2) [1]Für die Entscheidung nach Abs. 1 ist das Amtsgericht zuständig, in dessen Bezirk die Person festgehalten wird. [2]Das Verfahren richtet sich nach Buch 7 des Gesetzes über das Verfahren in Familiensachen und in Angelegenheiten der freiwilligen Gerichtsbarkeit. [3]Für die Gerichtskosten gelten die Vorschriften des Gerichts- und Notarkostengesetzes vom 23. Juli 2013 (BGBl. I S. 2586), zuletzt geändert durch Gesetz vom 10. August 2021 (BGBl. I S. 3436).

Überblick

Auszug aus der VVHSOG (nicht an die aktuelle Gesetzeslage angepasst und gem. Erlass des Hessischen Ministeriums des Innern und für Sport v. 29.11.2022 (StAnz. 50/2022, 1384) zum 1.1.2025 mangels eines erneuten Verlängerungserlasses ersatzlos außer Kraft getreten):

Zu § 33

33. Richterliche Entscheidung

33.1 Zu Abs. 1

33.1.1

Die richterliche Entscheidung ist bereits vor der Freiheitsentziehung herbeizuführen, wenn dadurch der Erfolg der Maßnahme nicht gefährdet wird.

33.1.2

Wird die Freiheit einer Person ohne vorherige richterliche Entscheidung entzogen, so ist, falls nicht die Voraussetzungen des Satzes 2 vorliegen, die Entscheidung ohne schuldhafte Verzögerung herbeizuführen. Eine schuldhafte Verzögerung liegt insbesondere dann nicht vor, wenn das zuständige Gericht aus Gründen, die nicht von der Polizeibehörde zu vertreten sind, nicht tätig werden kann. Die Gründe sind schriftlich festzuhalten. Lediglich ein Hinweis auf den Dienstschluss des zuständigen Gerichts reicht nicht aus.

§ 33 regelt das Erfordernis richterlicher Entscheidungen für freiheitsentziehende Maßnahmen nach dem HSOG (→ Rn. 8). Nach Abs. 1 S. 2 ist die Entscheidung unverzüglich herbeizuführen (→ Rn. 9). Unter bestimmten Voraussetzungen kann aber von der Herbeiführung abgesehen werden (→ Rn. 24). Einzelheiten zum Verfahren enthält Abs. 2 (→ Rn. 27). Teilweise umstritten ist die Frage, wie Rechtsschutz nach Beendigung der freiheitsentziehenden Maßnahme zu erlangen ist (→ Rn. 29).

Übersicht

A. Systematische Stellung und Normzweck

1 Systematisch befindet sich die Regelung hinter den in der Norm aufgeführten Maßnahmen § 18 Abs. 4, § 25 Abs. 1 S. 4 sowie § 32 Abs. 1 oder Abs. 2. Der Regelungszusammen-

hang verdeutlicht, dass **grundsätzlich** für das „Festhalten" in Form der Freiheitsentziehung bei jeder dieser Maßnahmen eine **richterliche Entscheidung herbeizuführen** ist. Denn über die **Zulässigkeit** und **Fortdauer einer Freiheitsentziehung** hat nach Art. 104 Abs. 2 S. 1 GG **nur der Richter zu entscheiden.** Bei jeder nicht auf richterlicher Anordnung beruhenden Freiheitsentziehung ist nach Art. 104 Abs. 2 S. 2 GG **unverzüglich** eine richterliche Entscheidung herbeizuführen. Daher sind Polizeibehörden nur zur **vorläufigen** Freiheitsentziehung befugt, wenn der **Richter nicht erreichbar** ist. Normzweck von § 33 ist folglich den Bestimmungen des Art. 104 Abs. 2 GG Rechnung zu tragen (vgl. hierzu auch Art. 104 Abs. 2 S. 4 GG). Die in Art. 2 Abs. 2 S. 2 GG materiell geschützte Freiheit der Person wird durch die in Art. 104 GG geregelten Vorgaben verfahrensrechtlich abgesichert (vgl. BVerfGE 109, 133 (157) = NJW 2004, 739; BVerfG StF 2009, 37). Folglich ist der **Normzweck** die „Grundrechtssicherung durch Verfahren" (vgl. DHS/Mehde GG Art. 104 Rn. 1).

Abs. 1 ist eine **besondere Verfahrensvorschrift** für alle freiheitsentziehenden Maßnahmen des HSOG, also für solche nach § 18 Abs. 4, § 25 Abs. 1 S. 4 und § 32. 2

Eine **Ausnahme** stellt aber zunächst der Gewahrsam nach § 32 Abs. 3 dar, denn hinsichtlich der dort genannten Maßnahmen in der **Justizvollzugsanstalt** ist bereits eine richterliche Entscheidung ergangen. Es wäre somit überflüssig, für den Gewahrsam zum Zwecke der Rückführung eine erneute richterliche Entscheidung zu verlangen. 3

Eine **Ausnahme** enthält auch § 32 Abs. 4 S. 1 Hs. 2 für Fälle des Gewahrsams im Rahmen des **HessPsychKHG** (vgl. → § 32 Rn. 57). 4

Andererseits gilt die **Zuständigkeits-** und **Verfahrensbestimmung** des § 33 Abs. 2 auch für die Maßnahme der **Vorladung,** wenn es zur **zwangsweisen Vorführung** nach § 30 Abs. 4 kommt. Dann allerdings mit der Maßgabe, dass das Amtsgericht örtlich zuständig ist, in dessen Bezirk die Gefahrenabwehr- oder Polizeibehörde ihren Sitz hat (vgl. → § 30 Rn. 1 ff.). Für die hM folgt dies daraus, dass mit unmittelbarem Zwang vorgenommene Vorführungen stets freiheitsentziehende Maßnahmen darstellen (vgl. → § 30 Rn. 1 ff.). § 30 Abs. 4 stellt eine eigenständige Regelung für die richterliche Entscheidung dar, das Verfahren bestimmt sich jedoch nach Abs. 2. 5

Bei **vorgeplanten, freiheitsentziehenden Maßnahmen** ist die richterliche Entscheidung grundsätzlich immer bereits **vor** der Freiheitsentziehung einzuholen. Dies verdeutlicht § 33 und stellt klar, dass gerade nur ausnahmsweise die Polizeibehörden eine nachträgliche richterliche Entscheidung einholen dürfen, wenn der Richter gerade nicht (jederzeit) erreichbar ist. 6

B. Parallelvorschriften

Die Polizeigesetze anderer Bundesländer enthalten ähnliche Bestimmung wie § 33 (vgl. etwa § 33 Abs. 3 f. BWPolG, Art. 18 BayPAG, § 19 NPOG, ausführlicher als im HSOG, oder § 36 PolG NRW). 7

C. Einzelkommentierung

I. Abs. 1

1. Richtervorbehalt

Die besondere Verfahrensvorschrift des Abs. 1 wiederholt den mit **Verfassungsrang ausgestatteten Grundsatz,** dass grundsätzlich **jede Form von Freiheitsentziehung** einer **richterlichen Entscheidung** bedarf (vgl. Art. 104 Abs. 2 S. 1 GG). Das gilt auch für Masseningewahrsamnahmen (vgl. OVG Bremen BeckRS 2015, 48609: ca. 170 Personen). Eine (zeitlich limitierte, vgl. Art. 104 Abs. 2 S. 3 GG) Ausnahme gilt nur dann, wenn die Entscheidung nicht unverzüglich herbeigeführt werden kann (vgl. Art. 104 Abs. 2 S. 2 GG). Ein Verstoß gegen diesen Grundsatz führt zur **Rechtswidrigkeit der Freiheitsentziehung** und der damit verbundenen Pflicht, die **betroffene Person sofort freizulassen** (vgl. VG Karlsruhe BeckRS 2017, 103048 Rn. 39; Kingreen/Poscher POR § 16 Rn. 11 mwN). Eine **Heilung dieses Fehlers nach § 45 HVwVfG ist nicht möglich,** denn das Gericht ist 8 keine „andere Behörde" im Sinne des HVwVfG (vgl. Kingreen/Poscher POR § 16 Rn. 11; vgl. zum Begriff der Behörde die Legaldefinition des § 1 Abs. 2 HVwVfG). Mit „richterlicher Entscheidung" ist gemeint, dass das **Gericht eine eigene Entscheidung** über die freiheitsentziehende Maßnahme zu treffen und nicht etwa nur die polizeiliche Freiheitsentziehung zu bestätigen hat (vgl. VGH Mannheim NVwZ-RR 2012, 346; so auch DHS/Mehde GG Art. 104 Rn. 72 „konstitutiven Charakter", nicht lediglich die Bestätigung einer Entscheidung von Dritten). Das hat unter anderem zur Folge, dass es sich nicht allein auf die Tatsachenbehauptungen der Polizeibehörde stützen darf, sondern gemäß dem **Amtsermittlungsgrundsatz in eigener Sache** den Sachverhalt zu ermitteln hat. Dazu zählt grundsätzlich auch die **persönliche Anhörung des Betroffenen** durch das Gericht (vgl. § 420 Abs. 1 S. 1 FamFG, vgl. LG Köln BeckRS 2016, 13918: eine persönliche Anhörung erfordert eine mündliche Anhörung bei körperlicher Anwesenheit des Betroffenen und des Entscheidungsträgers; nicht ausreichend ist eine fernmündliche Anhörung; vgl. auch OVG Bremen BeckRS 2014, 58372). In **Einzelfällen** kann davon allerdings **abgesehen** werden, wenn nämlich „nach ärztlichem Gutachten hiervon **erhebliche Nachteile für seine Gesundheit zu besorgen** sind oder, wenn er an einer **übertragbaren Krankheit** im Sinne des Infektionsschutzgesetzes leidet" (§ 420 Abs. 2 FamFG). Das bedeutet aber nicht, dass deshalb auf die richterliche Entscheidung verzichtet werden darf (OVG Bremen BeckRS 2014, 58372). Sie hat in solchen Fällen **ohne eine persönliche Anhörung** zu erfolgen (vgl. OVG Bremen BeckRS 2014, 58372; VGH Mannheim NVwZ-RR 2012, 346 (347)). Es kann auch sein, dass auf eine persönliche Anhörung des Betroffenen verzichtet wird, ohne dass ein Fall des § 420 FamFG vorliegt. Sie ist keine unabdingbare Voraussetzung für die richterliche Entscheidung über eine freiheitsentziehende Maßnahme (vgl. VGH Mannheim NVwZ-RR 2012, 346). So ist es möglich, etwa in Fällen der **Volltrunkenheit** der festgehaltenen Person oder anderen **Fällen der Vernehmungsunfähigkeit,** eine einstweilige Anordnung zu erlassen (§ 427 Abs. 1 FamFG) und bei **Gefahr im Verzuge** auf die persönliche Anhörung des Betroffenen zu **verzichten** (§ 427 Abs. 2 FamFG). In solchen Fällen kann die persönliche Anhörung **nachgeholt** werden, wenn die Hinderungsgründe nicht mehr bestehen, auf die richterliche Entscheidung selbst darf aber nicht verzichtet werden (vgl. VGH Mannheim NVwZ-RR 2012, 346).

8.1 Das **Freiheitsgrundrecht** nach **Art. 2 Abs. 2 S. 2 GG** hat einen ganz **besonderen verfassungsrechtlichen Stellenwert.** Es schützt die **tatsächliche körperliche Bewegungsfreiheit vor staatlichen Eingriffen** (BVerfG BeckRS 1996, 21472). Art. 104 GG ist immer einschlägig, wenn es um die **Fortbewegungsfreiheit** geht: Geschützt wird die im Rahmen der geltenden allgemeinen Rechtsordnung gegebene tatsächliche körperliche Bewegungsfreiheit (DHS/Mehde GG Art. 104 Rn. 34). Die Norm schützt aber nicht bei jeglichen als freiheitseinschränkend empfundenen Fällen. Liegen jedoch die Voraussetzungen einer Freiheitseinschränkung vor und ein Eingriff ist zu bejahen, so gelten die verfassungsrechtlichen Vorgaben für alle Einschränkungen und diese sind zu beachten und einzuhalten. Die Entziehung der persönlichen Freiheit muss stets durch gewichtige Gründe gerechtfertigt sein (BVerfG NJW 2002, 3161 = BeckRS 2002, 30259692; NJW 1966, 243 = BeckRS 1965, 106326; BVerfGE 35, 185 (190) = NJW 1973, 1363). Es ist klar zwischen einer Freiheitsbeschränkung und einer Freiheitsentziehung zu unterscheiden. Das BVerfG grenzt diese nach der Intensität des Eingriffs ab (BVerfG NJW 2002, 3161 (3161) = BeckRS 2002, 30259692).

8.2 Eine **Freiheitsbeschränkung** ist bereits dann anzunehmen, wenn jemand durch die öffentliche Gewalt gegen seinen Willen daran gehindert wird, einen Ort aufzusuchen oder sich dort aufzuhalten, der ihm an sich (tatsächlich und rechtlich) zugänglich ist (BVerfG NStZ 2011, 529 Rn. 26 = BeckRS 2011, 49494). Art. 104 Abs. 1 nimmt den schon in Art. 2 Abs. 2 S. 3 GG enthaltenden Gesetzesvorbehalt („In diese Rechte darf nur auf Grund eines Gesetzes eingegriffen werden.") auf und verstärkt ihn für alle Freiheitsbeschränkungen, indem er neben der Forderung nach einem förmlichen Gesetz die Pflicht, die sich aus diesem Gesetz ergebenden Formvorschriften zu beachten, zum Verfassungsrang erhebt (BVerfG NJW 2002, 3161 = BeckRS 2002, 30259692; BVerfG NJW 1960, 811 = BeckRS 1960, 271). Freiheitsbeschränkungen, also **Eingriffe in die körperliche Bewegungsfreiheit,** bedürfen einer materiell-gesetzlichen Grundlage, wobei ein Bundes- oder Landesrecht in Betracht kommt. Hierbei sind bei der jeweiligen Befugnisnorm Inhalt und Reichweite der Formvorschriften eines freiheitsbeschränkenden Gesetzes so auszulegen, dass sie eine der Bedeutung des Grundrechts angemessene Wirkung entfalten BVerfG NJW 2002, 3161 = BeckRS 2002, 30259692; BVerfG BeckRS 1983, 2247; 1997, 22482).

Eine **Freiheitsentziehung** iSd Art. 104 Abs. 2 GG liegt erst dann vor, wenn die tatsächlich und rechtlich gegebene körperliche Bewegungsfreiheit **nach allen Seiten hin, aufgehoben** wird (vgl. BVerfG NStZ 2011, 529 Rn. 26 = BeckRS 2011, 49494; BVerfG BeckRS 1996, 21472). Die Freiheitsentziehung ist der **schwerste Fall der Freiheitsbeschränkung** (vgl. BVerfGE 10, 302 (323) = BeckRS 1960, 271). 8.3

Das **Einsperren** einer Person in eine **Gewahrsamzelle** auf einem Polizeirevier sowie das **Verbringen dorthin mittels Polizeifahrzeug** sowie das **Festhalten in der Zelle,** stellen eine **Freiheitsentziehung** nach Art. 104 Abs. 2 GG dar (BVerfG NStZ 2011, 529 Rn. 26 = BeckRS 2011, 49494; **Sistierung zur Dienststelle:** Freiheitsentziehung bejahend VerfGH Bayern NVwZ 2003, 1375 = BeckRS 2003, 18795; OLG Schleswig NVwZ 2003, 1412 = BeckRS 2003, 30316745; eine nicht nur kurzfristige Fixierung ist eine Freiheitsentziehung (unabhängig davon, an wie vielen Punkten des Körpers die Person festgebunden wird: BVerfG NJW 2018, 2619 Rn. 64 ff.; vgl. auch DHS/Mehde GG Art. 104 Rn. 71). 8.4

Die Entscheidung muss **unverzüglich von den Polizeibehörden herbeigeführt** werden, dh es muss so schnell wie möglich gehandelt werden. Zur Begriffsbestimmung „unverzüglich" wird auf § 121 Abs. 1 S: 1 BGB abgestellt, wonach „unverzüglich" als **ohne schuldhaftes Zögern** zu verstehen ist (vgl. Fredrich Rn. 4; zur Auslegung des Begriffs auch BVerfG NVwZ 2006, 579 = BeckRS 2006, 21366 zu „Castor-Sitzblockade"). 9

Für den **schwersten Eingriff** in das **Recht auf Freiheit der Person** nach Art. 2 Abs. 2 S. 2 GG („Die Freiheit der Person ist unverletzlich"), die **Freiheitsentziehung,** fügt Art. 104 Abs. 2 GG dem Vorbehalt des Gesetzes den weiteren, verfahrensrechtlichen Vorbehalt einer richterlichen Entscheidung hinzu (BGH NJW 2015, 96 Rn. 68 = BeckRS 2014, 19129), welcher nicht zur Disposition des Gesetzgebers steht (BVerfG NJW 1960, 811 = BeckRS 1960. 271). Der Richtervorbehalt dient der verstärkten Sicherung des Grundrechts „Recht auf Freiheit der Person". Alle staatlichen Organe sind verpflichtet, dafür Sorge zu tragen, dass der Richtervorbehalt als Grundrechtssicherung **praktisch wirksam** und **gewährleistet** wird (DHS/Mehde GG Art. 104 Rn. 72). In jedem Fall, in dem die Freiheitsentziehung **ohne vorherige richterliche Entscheidung nur ausnahmsweise zulässig ist,** muss die Entscheidung des Richters grundsätzlich unverzüglich nachgeholt werden. Nur so kann die geforderte **praktische Wirksamkeit** erreicht werden (BVerfG NJW 2002, 3161 = BeckRS 2002, 30259692; BVerfG BeckRS 2009, 39529 jeweils mwN). 9.1

Der Richtervorbehalt sowie die Verlagerung der Entscheidungszuständigkeit auf einen **unabhängigen Richter** dient der **Intensivierung des Grundrechtsschutzes** (vgl. BVerfG BeckRS 2010, 54123; 2005, 22557; 2002, 30259692; DHS/Mehde GG Art. 104 Rn. 72) 9.2

Eine nur ausnahmsweise zulässige **nachträgliche gerichtliche Kontrolle** muss **unverzüglich nachgeholt** werden (BVerfG BeckRS 2006, 21366). Die Polizei ist dazu verpflichtet alle unter den Umständen des Einzelfalls gebotenen Maßnahmen zu ergreifen, um die **nachträgliche richterliche Entscheidung** über die freiheitsentziehende Maßnahme unverzüglich nachzuholen (BVerfG NVwZ 2006, 579 = BeckRS 2006, 21366). 10

Der Begriff „unverzüglich" bindet aber nicht nur die Polizeibehörde, sondern auch das von ihr angerufene **Gericht** (vgl. BVerfG NVwZ 2005, 579). So muss auch die weitere Sachbearbeitung durch den Richter dem **Gebot der Unverzüglichkeit** entsprechen (BVerfG NVwZ 2006, 579 = BeckRS 2006, 21366; mVwa VGH Mannheim NVwZ-RR 2006, 540 = BeckRS 2006, 70363). 11

Auch Nr. 33.1.2 **VVHSOG** stellt bei der Herbeiführung der richterlichen Entscheidung auf ein Handeln **„ohne schuldhaftes Zögern"** an. Die VVHSOG lehnt sich also ebenfalls an die Legaldefinition des § 121 Abs. 1 S. 1 BGB an. 12

Die hM in Rechtsprechung und Literatur definiert die Formulierung bei Freiheitsentziehungen jedoch enger. Wegen des hohen Rechtsguts, dass durch eine Freiheitsentziehung beeinträchtigt wird, geht sie davon aus, dass die Herbeiführung der richterlichen Entscheidung **ohne jede Verzögerung** zu erfolgen hat, die sich nicht aus tatsächlichen oder rechtlichen Gründen rechtfertigen lässt (vgl. BVerfGE 105, 239 (249) = BeckRS 2002, 30259692: Auslegung des Begriffs „ohne jede Verzögerung", die sich nicht aus sachlichen Gründen rechtfertigen lässt; BVerwG BeckRS 1974, 106663; VGH Mannheim NVwZ-RR 2005, 540; BVerwG 45, 51 (63) = BeckRS 2024, 5595; Kramer HessPolR Rn. 219). 13

Die Unterschiede der beiden Sichtweisen dürften in der Praxis kaum eine Rolle spielen; denn Verzögerungen, die sich aus tatsächlichen oder rechtlichen Gründen nicht rechtfertigen 14 lassen, werden in aller Regel auch schuldhaft verursacht worden sein. Jedenfalls sind **organisatorische Maßnahmen** und **Vorkehrungen** für eine zeit- und sachangemessene Wahrnehmung des Richtervorbehalts zu treffen (BVerfG NJW 2002, 3161 = BeckRS 2002, 30259692). **Unvermeidbare Verzögerungen** wie Transport zu Gefangenensammelstelle, Länge des Weges, Komplikationen bei der Verbringung, Registrierung, Protokollierung, renitentes Verhalten und dergleichen hindern die Annahme des Begriffs „unverzüglich" nicht (vgl. BVerfG NVwZ 2005, 579).

15 Es kann aber erforderlich sein, auf einen formellen **schriftlichen Antrag bei Gericht zu verzichten,** um einen effektiven Rechtsschutz zu erlangen (BVerfG NVwZ 2005, 579; ebenso VGH Mannheim NVwZ-RR 2005, 540 (542) = BeckRS 2004, 25105). Dies ist nach Auffassung des VGH Mannheim dann der Fall, wenn die Polizei die Sache bei dem zuständigen Amtsgericht anhängig gemacht hat. Dies umfasst, dass dem Gericht der Sachverhalt mit der Bitte um Entscheidung über die Fortdauer der Freiheitsentziehung mitgeteilt wird (VGH Mannheim NVwZ-RR 2005, 540 (542) = BeckRS 2004, 25105; OVG Münster NJW 1990, 3224 = BeckRS 1989, 4925). Denn regelmäßig liegt in diesen Fällen immer eine regelmäßig gegebene besondere Eilbedürftigkeit vor. Ein formeller schriftlicher Antrag ist immer dann entbehrlich, soweit das Anhängigmachen des Begehrens in den Akten dokumentiert ist und/oder die Identität der in Gewahrsam Genommenen jedenfalls anhand der Akten festgestellt werden kann. Es obliege dann gerade dem Gericht, von Amts wegen die für die Entscheidung erheblichen Tatsachen zu ermitteln (VGH Mannheim NVwZ-RR 2005, 540 (542) = BeckRS 2004, 25105).

16 Zur unverzüglichen Entscheidung gehört auch die **Erreichbarkeit des Richters** (vgl. Kingreen/Poscher POR § 16 Rn. 9). Das BVerfG unterstreicht, dass alle staatlichen Organe dazu verpflichtet sind, dafür Sorge zu tragen, dass der Richtervorbehalt als **Grundrechtssicherung** praktisch wirksam wird (BVerfG NJW 2001, 1121 = BeckRS 2001, 30162811). Daraus folgt für den Staat, die **verfassungsrechtliche Verpflichtung,** die Erreichbarkeit eines zuständigen Richters – jedenfalls zur **Tageszeit** – zu gewährleisten und dem Richter auch eine sachangemessene Wahrnehmung zu ermöglichen (BVerfG NJW 2002, 3161 (3162) = BeckRS 2002, 30259692).

16.1 Die Polizei muss sich bemühen, einen Richter zu erreichen. Die Gründe für die Nichterreichbarkeit müssen dokumentiert werden (vgl. Fredrich Rn. 4). Ein bloßer Hinweis auf den Dienstschluss des zuständigen Amtsgerichts reicht gerade nicht aus, da es allgemein festgelegte richterliche Dienstzeiten nicht gibt (vgl. BVerfG NJW 2002, 3161 = BeckRS 2002, 30259692).

16.2 Nach Auffassung des VGH Mannheim genügt die Polizei dem Gebot zur unverzüglichen Herbeiführung einer richterlichen Entscheidung grundsätzlich dadurch, dass sie die Sache bei dem zuständigen Amtsgericht anhängig macht. Dies umfasst, dass dem Gericht der Sachverhalt mit der Bitte um Entscheidung über die Fortdauer der Freiheitsentziehung mitgeteilt wird (VGH Mannheim NVwZ-RR 2005, 540 (542) = BeckRS 2004, 25105; OVG Münster NJW 1990, 3224 = BeckRS 1989, 4925).

17 Die Erreichbarkeit des zuständigen Richters ist zur Tageszeit auch außerhalb der **üblichen Dienststunden** zu gewährleisten. Die Tageszeiten umfassen dabei ganzjährig die Zeit zwischen 6.00 Uhr und 21.00 Uhr (vgl. Fredrich Rn. 4a; ebenfalls nach heutiger Lebensgewohnheit dargestellt BVerfG NJW 2019, 1428 Rn. 66 = BeckRS 2019, 4521). Zur uneingeschränkten Erreichbarkeit eines (Ermittlungs-)Richters bei **Tag** gehören ausnahmslos auch Samstage, Sonntage und gesetzliche Feiertage (BVerfG NJW 2019, 1428 Rn. 77 im Fazit „Die Zeit der Bequemlichkeit ist vorbei!" = BeckRS 2019, 4521).

17.1 Das BVerfG traf mit der Entscheidung im Jahr 2019 ein in der Praxis seit Jahren erwartetes (von manchen Richtern vielleicht befürchtete) Urteil. Der bis dahin vom Deutsche Richterbunt vertretenen (konservativen) Auffassung „Kein Rund-um-die-Uhr-Eildienst bitte!" ist das BVerfG mit dem Urteil zur **richterlichen Bereitschaftszeit** eines **Ermittlungsrichters** entschieden entgegengetreten. Es dürfte aber auch klar sein, dass es kaum hinnehmbar ist, dass sich Richter trotz einer 24-Stunden-Polizeitätigkeit hinter „beschränkten Eildienstzeiten" in Geschäftsverteilungsplänen verstecken und der Auffassung sein könnten, effektiver Rechtsschutz sei (nachts) nicht ihre Sache (BVerfG NJW 2019, 1428 Rn. 79 = BeckRS 2019, 4521).

18 Sofern eine Erreichbarkeit nicht gewährleistet ist, kann das insbesondere die **Einrichtung eines Bereitschaftsdienstes** erforderlich machen. Das Fehlen eines Bereitschaftsdienstes zur Nachtzeit ist zwar nicht generell zu beanstanden, es muss aber dann ein Richter auch zu

solchen Zeiten zur Verfügung stehen, wenn ein **konkreter Bedarf vorhersehbar** ist (grundsätzlich auch tagsüber am Wochenende: OLG Celle BeckRS 2010, 21500 unter Berufung auf BVerfG NJW 2007, 1444, das sich dort auf einen **Eil-** oder **Notdienst** zur **Tageszeit** bezieht; beachte zudem BVerfG → Rn. 17.1). Das ist etwa dann der Fall, wenn besondere Ereignisse einen solchen Bedarf erforderlich machen können, wie etwa Großdemonstrationen (vgl. Fredrich Rn. 4a; Schmidt PolR Rn. 478a). Folglich ist während der Nachtzeit jedenfalls dann ein richterlicher Bereitschaftsdienst bei Bedarf einzuschalten, wenn der über den Ausnahmefall hinausgeht (BVerfG NJW 2019, 1428 = BeckRS 2019, 4521).

Bei **Massendemonstrationen** mit Masseningewahrsamnahmen sind Umstände zu erwarten, die eine Notwendigkeit der Einrichtung eines richterlichen Eildienstes auch zur Nachtzeit erforderlich machen (BVerfG NVwZ 2006, 579 „Castor-Sitzblockade" = BeckRS 2006, 21366; ebenso vgl. Fredrich Rn. 4a). 18.1

Ansonsten muss **kein Bereitschaftsdienst** eingerichtet werden, wenn die Erforderlichkeit einer richterlichen Entscheidung des Nachts auf **Ausnahmefälle beschränkt** ist. Das ist dann der Fall, wenn es im Zuständigkeitsbereich des Gerichts nur ganz vereinzelt zu Maßnahmen kommt, die eine solche richterliche Entscheidung erforderlich machen (vgl. BVerfG NJW 2004, 1442), somit nicht zur Abendzeit in Großstädten wie zB München (BVerfG NJW 2007, 1444). 19

Für die Entscheidung, **ob** es der **Einrichtung eines Bereitschaftsdienstes** zur **Nachtzeit** bedarf, haben die Gerichtspräsidenten ein **pflichtgemäßes Ermessen** in eigener Verantwortung. Für die Art und Weise der Bedarfsermittlung steht ihnen ein **Beurteilungs- und Prognosespielraum** zu (BVerfG NJW 2019, 1428 = BeckRS 2019, 4521). 20

Ist eine **Rufbereitschaft** des Amtsgerichts eingerichtet, so reicht es nicht aus, wenn sich die Polizeibehörde auf das Versenden eines Bestätigungsantrages per Fax an das Gericht beschränkt (vgl. OVG Bremen BeckRS 2014, 58372). 21

Aus der nur **subsidiären Möglichkeit** einer Freiheitsentziehung durch die Polizei sowie dem klaren Wortlaut von Art. 104 Abs. 2 S. 1 GG und § 33 Abs. 1 S. 1 („Zulässigkeit" und „Fortdauer") folgt, dass die richterliche Entscheidung grundsätzlich einzuholen ist, **bevor** die **freiheitsentziehende Maßnahme beginnt** (ex tunc = von Anfang an; vgl. VG Kassel BeckRS 2024, 25267 Rn. 42). Das gilt dann nicht, wenn dadurch der Erfolg der Maßnahme gefährdet wird (vgl. Nr. 33.1.1 VVHSOG). Bei präventiv-polizeilichen Freiheitsentziehungen ist das regelmäßig der Fall; wenn konkrete Gefahren für Leib und Leben oder gegenwärtige Gefahren für die öffentliche Sicherheit und Ordnung drohen, verbleibt meist keine Zeit, für die richterliche Entscheidung, ohne dass sich die Gefahren realisieren könnten. Besonders deutlich ist das in den Fällen des Schutzgewahrsams nach § 32 Abs. 1 Nr. 1 und des Unterbindungsgewahrsams nach § 32 Abs. 1 Nr. 2 („unmittelbar bevorstehende"). 22

Ein **Schwebezustand,** über den keine gerichtliche Entscheidung ergeht, ist **nicht zulässig.** Denn die richterliche Entscheidung nach Abs. 1 S. 1 ist sowohl hinsichtlich der Zulässigkeit als auch hinsichtlich der Fortdauer des Gewahrsams grundsätzlich abschließend und gilt für freiheitsentziehende Maßnahmen von Anfang an (ex tunc). Die Formulierung von Art. 104 Abs. 2 S. 1 GG oder § 33 besagt nicht, dass eine Ingewahrsamnahme durch Polizeibeamte solange rechtmäßig ist oder sein kann, bis der Richter entschieden hat, dass der Betreffende freizulassen ist. Über die **Fortdauer des Gewahrsams** kann nur dann entschieden werden, wenn eine zuvor **zulässige Ingewahrsamnahme** besteht (DHS/Mehde GG Art. 104 Rn. 84). Der **Anwendungsbereich der Entscheidung** über die **„Fortdauer"** dieser aus Art. 104 Abs. 2 S. 1 GG übernommenen Formulierung dürfte im Gefahrenabwehrrecht mit häufig kurzfristig wegfallenden Gewahrsamsgründen eine geringere Bedeutung spielen als im Strafvollzug und der dortigen Prüfung der Haftfortdauer (VG Kassel BeckRS 2024, 25267 Rn. 42). 23

2. Ausnahme

Nach Abs. 1 S. 2 kann unter bestimmten Voraussetzungen von einer **richterlichen Entscheidung abgesehen** werden. Nach dieser Regelung bedarf es nicht der Herbeiführung der richterlichen Entscheidung, wenn anzunehmen ist, dass die **richterliche Entscheidung erst nach Wegfall des Grundes** der polizeilichen Maßnahme ergehen würde. 24

25 Mit der **Ausnahme der Entbehrlichkeit** der **richterlichen Entscheidung** wird dem hohen Rechtsgut der Freiheit der Person Rechnung getragen. Niemandem soll allein deshalb die Freiheit entzogen werden, weil noch keine richterliche Entscheidung über die Maßnahme ergangen ist.

26 Ob eine richterliche Entscheidung einzuholen ist, kann nur dadurch festgestellt werden, dass die Polizeibehörde prüft, ob die Einholung einer richterlichen Entscheidung länger dauern würde als der (rechtmäßige) Gewahrsam. Beide Zeitrahmen sind nicht mit Verlässlichkeit vorherzusehen, sodass der Beamte eine **Prognose anstellen** muss. Die Dauer einer richterlichen Entscheidung kann etwa durch ein mehr oder weniger weit entfernt gelegenes Gericht, eine mehr oder weniger dauernde Zeit der Anhörung des Betroffenen oder sonstiger Beteiligter, Wartezeit, Zeitdauer zur Entscheidungsfindung und Ausfertigung des Gerichtsentscheides beeinflusst werden. Die Dauer des Gewahrsams hingegen kann bspw. dadurch beeinflusst werden, dass der Betroffene unerwartet renitent wird oder uneinsichtig sein Verhalten wiederholen will. Trotz dieser Unwägbarkeiten ist die Polizeibehörde verpflichtet, einen möglichst verlässlichen **Zeitvergleich** anzustellen, ohne dabei „ins Blaue" zu entscheiden. Die Formulierung des Abs. 1 S. 2 „**wenn anzunehmen ist**" macht dies deutlich. Zwar wird man keine sichere Kenntnis über diese – noch hypothetischen – Zeitabläufe verlangen dürfen (so aber Hornmann HSOG § 32 Rn. 10), doch muss der Beamte eine **ernsthafte** und **realistische Einschätzung** der **Zeitabläufe** vornehmen. Rein spekulative Gründe scheiden für eine Entscheidung iSd Abs. 1 S. 1 aus. Erst recht verhält sich der Beamte rechtswidrig, wenn er überhaupt keine Überlegungen dazu anstellt und den Richtervorbehalt missachtet. Das gilt jedenfalls dann, wenn der Beamte keine konkreten Hinderungsgründe benennen kann (VG Gera BeckRS 2007, 23043). Im Regelfall darf eine **Freiheitsentziehung ohne richterliche Entscheidung kaum über zwei bis drei Stunden** liegen (vgl. VG Gera BeckRS 2007, 23043; OLG Rostock NVwZ-RR 2008, 173 (176 f.)). Kommt der Beamte zu dem Ergebnis, dass eine richterliche Entscheidung grundsätzlich erforderlich ist, so wird diese nicht etwa durch § 35 Abs. 1 Nr. 2 oder Art. 104 Abs. 2 S. 3 GG infrage gestellt, die jeweils zeitliche Höchstgrenzen für freiheitsentziehende Maßnahmen ohne richterliche Entscheidung vorsehen. Innerhalb dieser Zeitrahmen steht es **nicht im Belieben des Beamten,** eine richterliche Entscheidung zu erwirken. Vielmehr bleibt es in solchen Fällen bei der Regelung des § 33 Abs. 1 S. 1, wonach die **richterliche Entscheidung unverzüglich herbeizuführen** ist (vgl. VG Gera BeckRS 2007, 23043).

II. Abs. 2

27 Ein Gewahrsam bedarf grundsätzlich einer richterlichen Entscheidung, die gem. Abs. 2 vom **Amtsgericht,** in dessen Bezirk die Person festgehalten wird, zu treffen ist. Zwar sind für öffentlich-rechtliche Streitigkeiten grundsätzlich die Verwaltungsgerichte sachlich zuständig (vgl. § 40 Abs. 1 S. 1 VwGO). Diese Regelung wird aber durch die **abdrängende landesrechtliche Sonderzuweisung** des § 33 Abs. 2 zulässigerweise verdrängt (vgl. § 40 Abs. 1 S. 2 VwGO), wonach sich das Verfahren nach Buch 7 des Gesetzes über das Verfahren in Familiensachen und in den Angelegenheiten der freiwilligen Gerichtsbarkeit (**FamFG**) richtet. Die Zuständigkeit der Amtsgerichte wird gemeinhin mit der **Ortsnähe** und damit begründet, dass sie auch sonst mit der **Bearbeitung (repressiver) freiheitsentziehender Maßnahmen** betraut sind (vgl. §§ 415 ff. FamFG). Zum Gegenstand der richterlichen Entscheidung zählt nicht nur die Prüfung der Ingewahrsamnahme selbst. Es kann auch sein, dass die ordentlichen Gerichte den Vollzug des Gewahrsams rechtlich zu würdigen und damit die **Behandlung des Festgehaltenen** während der Freiheitsentziehung zu beurteilen haben (in diese Richtung geht BVerfG NVwZ 2006, 579 (582 f.); einen nur eingeschränkten Prüfungsmaßstab befürwortet OLG Celle NVwZ-RR 2006, 254 (255)).

27.1 Die **Zuständigkeit** der **ordentlichen Gerichte** ist auf den ersten Blick nicht ganz widerspruchsfrei geregelt. So könnte man argumentieren, wegen der häufigen Befassung mit freiheitsentziehenden Maßnahmen müsse die Zuständigkeit der ordentlichen Gerichte auch nach Entlassung des Festgehaltenen fortbestehen. Das ist in **Hessen** nicht der Fall. Nach herrschender Meinung geht vielmehr die Zuständigkeit auf die **Verwaltungsgerichte** über (→ Rn. 30). Es kommt hinzu, dass die ordentlichen Gerichte materiell-rechtlich das Verwaltungsrecht anzuwenden haben, was dort anscheinend teilweise Unbehagen auslöst. So hatte sich bereits das BVerfG mit der Frage auseinanderzusetzen, in welchem

Umfang die ordentlichen Gerichte solche Prüfungen vorzunehmen haben (vgl. BVerfG NVwZ 2006, 579 (582)). Dort wird unter anderem auf die Rechtsprechung des OLG Celle eingegangen. Nach ihr könne es „nicht Aufgabe der ordentlichen Gerichte sein, jeden einzelnen mit der Freiheitsentziehung im Zusammenhang stehenden Umstand auf seine Rechtmäßigkeit oder gar auf seine Vereinbarkeit mit Verwaltungsvorschriften wie der Polizeigewahrsamsordnung hin zu überprüfen" (vgl. OLG Celle NVwZ-RR 2006, 254). Im Spagat jedenfalls zwischen der Ortsnähe und dem Umstand, dass die Verwaltungsgerichtsbarkeit auch sonst mit der Bearbeitung verwaltungsrechtlicher Fälle betraut ist, hat der Gesetzgeber sich am Ende wohl zu Recht für eine Zuständigkeit der ordentlichen Gerichte entschieden. Die Zuständigkeit der Verwaltungsgerichte nach Entlassung des Festgehaltenen (ohne vorherige Entscheidung der ordentlichen Gerichte) ist jedenfalls hinsichtlich der Ortsnähe unschädlich, weil im Fortsetzungsfeststellungsverfahren keine Eilbedürftigkeit mehr gegeben ist.

Das Verfahren beginnt regelmäßig mit dem **Antrag der Polizeibehörde.** Auch wenn § 417 Abs. 1 FamFG nur die Behörde nennt, so wird man dem Betroffenen nicht das Recht absprechen können, seinerseits einen Antrag zu stellen, ohne dass damit die Pflicht der Polizeibehörde nach § 33 Abs. 1 in Frage gestellt würde (vgl. Fredrich Rn. 12). § 417 Abs. 2 FamFG stellt bestimmte Anforderungen an die Begründung des Antrags wie zB die Angabe von Tatsachen zur **Identität des Betroffenen,** zur **Erforderlichkeit** und **Dauer der Freiheitsentziehung,** schreibt aber eine bestimmte Form für den Antrag nicht vor. Nach einer Ermittlung der für die Entscheidung erheblichen Tatsachen von Amts wegen – insbesondere durch eine in der Regel persönliche Anhörung des Betroffenen und der sonstigen Beteiligten (vgl. §§ 418, 420 FamFG) – entscheidet der Richter durch **Beschluss** (vgl. § 38 FamFG). Gegen diesen Beschluss ist binnen Monatsfrist (§ 63 FamFG) die **Beschwerde** statthaft (§ 58 FamFG). Gegen den Beschluss des Beschwerdegerichts ist binnen Monatsfrist (§ 71 FamFG) die **Rechtsbeschwerde** statthaft, wenn sie zugelassen wurde (§ 70 FamFG). 28

Da im HSOG eine entsprechende Regelung fehlt, ist eine Entscheidung über den Gewahrsam iSd § 33 **nach Entlassung entbehrlich;** sie ist es auch dann, wenn die Entlassung kurz bevorsteht und die Entscheidung nur zu einer Verlängerung der freiheitsentziehenden Maßnahme führen würde (hM vgl. BVerfG BeckRS 2002, 30259692). 29

Dem kann auch nicht entgegengehalten werden, die Polizei müsse eine richterliche Entscheidung auch dann erwirken, wenn der Betroffene zuvor entlassen werde (vgl. so noch Lisken/Denninger PolR-HdB/Rachor, 5. Aufl. 2012, E Rn. 541 mwN). Das folge insbesondere aus dem konstitutiven Wesen der richterlichen Entscheidung, die nach Art. 104 Abs. 2 GG „Zulässigkeit und Fortdauer" umfasse und ohne die eine freiheitsentziehende Maßnahme nicht verfassungsgemäß sei (vgl. so noch Lisken/Denninger PolR-HdB/Rachor, 5. Aufl. 2012, E Rn. 541). Dem ist allerdings entgegenzuhalten, dass gerade die Formulierung „Zulässigkeit und Fortdauer" gegen diese Auffassung spricht. Mit dem Begriff „Zulässigkeit" wollte der Verfassungsgeber zum Ausdruck bringen, dass die Freiheitsentziehung nur dann rechtmäßig ist, wenn die richterliche Entscheidung vor der Maßnahme ergeht (vgl. DHS/Mehde GG Art. 104 Rn. 23). Mit „**Fortdauer**" kann nur gemeint sein, dass die Freiheitsentziehung im Zeitpunkt der richterlichen Entscheidung **noch andauert.** Der Begriff ist also **in die Zukunft gerichtet** und meint die Entscheidung über den möglicherweise **noch bevorstehenden Rest der Freiheitsentziehung.** Hätte der Verfassungsgeber nicht zwischen diesen beiden Zeiträumen (unter Ausklammerung der Zeit nach Entlassung des Betroffenen) differenzieren wollen, so hätte er auch ganz allgemein von „Zulässigkeit" reden können. Versteht man den Zeitrahmen auf diese Weise, so **endet die Pflicht der Polizeibehörden zur Einholung einer richterlichen Entscheidung mit Entlassung des Festgehaltenen.** Auch der Hinweis auf die niedersächsische Regelung des § 19 Abs. 2 S. 1 NPOG verfängt nicht. Nach dieser Vorschrift entscheidet das Gericht nachträglich nur auf Antrag der festgehaltenen Person, nicht schlechthin oder konstituierend. Mit der Regelung sollte klargestellt werden, dass Festgehaltene auch nach ihrer Entlassung einen Anspruch auf gerichtliche Überprüfung der Freiheitsentziehung haben (vgl. Polizei-Fach-Handbuch, Ausgabe Niedersachsen, Stand: 10/2019, NPOG § 19–21 Rn. 2.2). Die Bestimmung regelt vielmehr abweichend von anderen Landesgesetzen in erster Linie die sachliche Zuständigkeit der Amtsgerichte statt der sonst zuständigen Verwaltungsgerichte. Der Betroffene kann zudem in einem solchen Fall eine Fortsetzungsfeststellungsklage bei dem Verwaltungsgericht erheben (→ Rn. 30). 29.1

Sofern nach Entlassung und Beendigung der freiheitsentziehenden Maßnahme eine gerichtliche Überprüfung herbeigeführt werden soll, betrifft dies dann den Regelfall des § 40 Abs. 1 S. 1 VwGO: Es ist eine **Fortsetzungsfeststellungklage** nach § 113 Abs. 1 S. 4 VwGO analog beim zuständigen **Verwaltungsgericht** zu erheben (vgl. 30

OVG Bremen NVwZ-RR 1994, 474; OVG Münster NJW 1990, 3225; BVerwGE 26, 161 = BeckRS 1967, 103941; Hornmann HSOG Rn. 15; Lisken/Denninger PolR-HdB/Rachor/Graulich, 6. Aufl. 2018, E Rn. 527; Fredrich Rn. 8 mwN und Rn. 14; aA OVG Berlin-Brandenburg NJW 2009, 2695 = BeckRS 2009, 33838 „Rechtswegzuweisung zur ordentlichen Gerichtsbarkeit").

30.1 Die **Zulässigkeit** einer **Fortsetzungsfeststellungsklage** nach § 113 Abs. 1 S. 4 VwGO analog beim Verwaltungsgericht nach bereits erfolgter Entscheidung des Amtsgerichts nach § 33 (so Schenke PolR Rn. 145 mwN) ist zu verneinen, um zu verhindern, dass in ein und demselben Lebenssachverhalt verschiedene Gerichte (möglicherweise verschiedene) Entscheidungen treffen (vgl. OLG Frankfurt a. M. NVwZ-RR 2008, 244 f.; OVG Bremen NVwZ-RR 1994, 474; BVerwG NJW 1982, 536). Rechtsmittel werden nach dem FamFG eingelegt (vgl. § 429 FamFG iVm §§ 58, 63 FamFG) und zwar auch mit dem Ziel einer Fortsetzungsfeststellung (vgl. OLG Frankfurt a. M. NVwZ-RR 2008, 244 noch zum FEVG und dem FGG).

30.2 Das **Rechtschutzbedürfnis** für die Fortsetzungsfeststellungsklage ist zu verneinen, wenn keine schutzwürdigen Interessen verfolgt werden. Das VG Gießen verneinte das Rechtsschutzbedürfnis, weil die betreffende Person in den Medien sowie auf Flugblättern bereits am Tag zuvor auf ihre bei einer Polizeiveranstaltung zu erwartende „Festnahme" hinwies und provozierte. Die **Erhebung der Klage im Nachgang verfolge alleine die Instrumentalisierung des Gerichts** (VG Gießen BeckRS 2005, 26706). Der Kläger habe bewusst und gewollte die polizeilichen Maßnahmen herbeigeführt. Rechtsschutz stehe dem Kläger daher nicht zu. Denn nur, wer schutzwürdige Interessen verfolgt, habe Anspruch auf den Einsatz der den Gerichten übertragenen Ordnungsgewalt des Staates. Die Gerichte sollten jedoch nicht gezwungen werden, für unnütze oder unlautere Zwecke tätig zu werden. (VG Gießen BeckRS 2005, 26706; mVwa Redeker/v. Oertzen, Verwaltungsgerichtsordnung, 17. Aufl. 2022, VwGO § 42 Rn. 28 mwN). Dem Betroffenen sei nichts widerfahren, was er nicht selbst gewollt und beabsichtigt habe. Daher fehle dem Kläger ein schutzwürdiges Interesse an der nachträglichen Festsetzung der Rechtswidrigkeit der Maßnahme (VG Gießen BeckRS 2005, 26706).

31 § 33 Abs. 2 S. 3 verweist bezüglich der Gerichtskosten auf das Gerichts- und Notarkostengesetz (GNotKG).

31.1 S. 3 ist durch das ÄndG-HSOG 2017 in Abs. 2 angefügt worden. Dies war auch sinnvoll und notwendig, da allein aus der in Abs. 2 S. 2 erfolgten Verweisung auf das 7. Buch des FamFG sich nicht zweifelsfrei ergeben hat, dass auch die für die freiwillige Gerichtsbarkeit geltenden kostenrechtlichen Vorschriften zur Anwendung kommen (sollen). Daher ist die statische Verweisung eine notwendige Klarstellung, dass die Gerichtskosten sich auch nach dem GNotKG richten (vgl. Fredrich Rn. 15).

§ 34 Behandlung festgehaltener Personen

(1) Wird eine Person aufgrund des § 18 Abs. 4, § 25 Abs. 1 Satz 4 oder § 32 festgehalten, ist ihr unverzüglich der Grund bekannt zu geben.

(2) [1]Der festgehaltenen Person ist unverzüglich Gelegenheit zu geben, eine Angehörige oder einen Angehörigen oder eine Person ihres Vertrauens zu benachrichtigen, soweit dadurch der Zweck der Freiheitsentziehung nicht gefährdet wird. [2]Unberührt bleibt die Benachrichtigungspflicht bei einer richterlichen Freiheitsentziehung. [3]Die Polizeibehörde soll die Benachrichtigung übernehmen, wenn die festgehaltene Person nicht in der Lage ist, von dem Recht nach Satz 1 Gebrauch zu machen, und die Benachrichtigung ihrem mutmaßlichen Willen nicht widerspricht. [4]Ist die festgehaltene Person minderjährig oder ist für sie eine Betreuerin oder ein Betreuer bestellt, so ist in jedem Fall unverzüglich diejenige Person zu benachrichtigen, der die Sorge für die Person oder die Betreuung der Person nach dem ihr übertragenen Aufgabenkreis obliegt.

(3) [1]Die festgehaltene Person soll gesondert, insbesondere ohne ihre Einwilligung nicht in demselben Raum mit Straf- oder Untersuchungsgefangenen untergebracht werden. [2]Männer und Frauen sollen getrennt untergebracht werden. [3]Der festgehaltenen Person dürfen nur solche Beschränkungen auferlegt werden, die der Zweck der Freiheitsentziehung oder die Ordnung im Gewahrsam erfordert. [4]Die festgehaltene Person kann mittels Bildübertragung offen beobachtet werden, wenn tatsächli-

che Anhaltspunkte die Annahme rechtfertigen, dass diese Maßnahme zum Schutz der Person erforderlich ist.

Auszug aus der VVHSOG:

Zu § 34

34. Behandlung festgehaltener Personen

34.0

Auf die Polizeigewahrsamsordnung wird hingewiesen.

34.1 Zu Abs. 1

Der festgehaltenen Person ist unverzüglich der Grund für das Festhalten bekannt zu geben. Hierzu gehört die Mitteilung, aus welchem Sachverhalt und welcher Rechtsgrundlage die Befugnis zum Festhalten hergeleitet wird. Die Rechtsgrundlage braucht nicht in Einzelheiten dargestellt werden.

34.2 Zu Abs. 2

34.2.1

Die betroffene Person ist auf ihr Benachrichtigungsrecht hinzuweisen.

34.2.2

Wird die Benachrichtigung von der Polizeibehörde übernommen, so hat sie nach Möglichkeit fernmündlich zu erfolgen.

34.2.3

Das Benachrichtigungsrecht der betroffenen Person darf den Zweck der Freiheitsentziehung nicht gefährden. Dies trifft zum Beispiel zu, wenn die Benachrichtigung die Verhinderung einer Straftat (§ 32 Abs. 1 Nr. 2) gefährden würde. Liegen tatsächliche Anhaltspunkte dafür vor, dass durch die Benachrichtigung der Zweck der Freiheitsentziehung gefährdet würde, so hat die Benachrichtigung zu unterbleiben.

34.3 Zu Abs. 3

Nach Satz 3 ist auch die Einbehaltung von Sachen zulässig. § 40 bleibt unberührt.

Überblick

§ 34 regelt die Behandlung festgehaltener Personen. Sie beansprucht Geltung für sämtliche Formen der Freiheitsentziehung nach dem HSOG (Ausnahme: § 30 Abs. 4). Abs. 1 enthält eine Verpflichtung zur unverzüglichen Bekanntgabe des Grundes für die Freiheitsentziehung (→ Rn. 2). Nach Abs. 2 ist der festgehaltenen Person unverzüglich Gelegenheit zu geben, Personen zu benachrichtigen (→ Rn. 3). Abs. 3 S. 1–3 regelt die Art der Unterbringung festgehaltener Personen (→ Rn. 13) und Abs. 3 S. 4 die Beobachtung mittels Bildübertragung (→ Rn. 17).

Übersicht

A. Parallelvorschriften

In den **Polizeigesetzen anderer Bundesländer** finden sich dem § 34 ähnliche Bestimmungen (vgl. Art. 19 BayPAG, § 20 NPOG oder § 37 PolG NRW mit einer Sonderregelung für die Fixierung festgehaltener Personen in § 37a PolG NRW; für Baden-Württemberg vgl. § 1 DVO PolG). 1

B. Einzelkommentierung

I. Unterrichtung (Abs. 1)

2 Nach Abs. 1 ist der festgehaltenen Person **unverzüglich der Grund** für die Freiheitsentziehung **bekannt zu geben.** Diese Pflicht folgt aus der Rechtsschutzgarantie des Art. 19 Abs. 4 GG und dem Rechtsstaatsprinzip des Art. 20 Abs. 3 GG (vgl. Hornmann HSOG Rn. 3). Sie wird sinngemäß auch in Art. 5 Abs. 2 EMRK wiedergegeben. Dort heißt es: „Jeder festgenommenen Person muss unverzüglich in einer ihr verständlichen Sprache mitgeteilt werden, welches die Gründe für ihre Festnahme sind und welche Beschuldigungen gegen sie erhoben werden." Das Erfordernis der für eine festgehaltene Person **verständlichen Sprache** fehlt in Abs. 1. Als Spezialregelung geht aber Art. 5 Abs. 3 EMRK den Regelungen über die Amtssprache (hier: § 23 HVwVfG) vor, sodass zur Vermeidung von Missverständnissen die Vorgabe einer für den Betroffenen verständlichen Sprache in Abs. 1 hätte aufgenommen werden sollen, so wie es etwa in § 114b Abs. 1 S. 1 StPO geschehen ist. Der Grund für die Freiheitsentziehung hat „unverzüglich" (**ohne schuldhaftes Zögern, § 121 Abs. 1 S. 1 BGB analog**) zu erfolgen. Es kann sein, dass der Festgehaltene nicht in der Lage ist, die Unterrichtung zur Kenntnis zu nehmen. Bei Volltrunkenheit etwa, Bewusstlosigkeit, unter Umständen sogar wegen starker Erregung kann deshalb die Pflicht nach Abs. 1 vorübergehend unmöglich sein. In solchen Fällen kann und muss die Unterrichtung **so schnell wie möglich nachgeholt** werden. Es kann im Extremfall sein, dass dem Betroffenen der Grund erst bei seiner Entlassung bekannt gegeben werden kann. Auch in einem solchen Fall darf auf eine Erfüllung dieser Pflicht nicht verzichtet werden, damit dem Festgehaltenen alle Möglichkeiten zur Wahrung seiner Rechte erhalten bleiben. Was unter dem „Grund" im Sinne der Vorschrift zu verstehen ist, ergibt sich aus Sinn und Zweck der Bestimmung. Dazu zählen Angaben darüber, welcher **Sachverhalt** und welche **Rechtsgrundlage** der Freiheitsentziehung zugrunde liegen, wobei die Rechtsgrundlage nicht in allen Einzelheiten dargelegt werden muss (vgl. Nr. 34.1 VVHSOG). Die Darstellung muss aber in einem Umfang erfolgen, der es dem Betroffenen erlaubt, seine **Rechte umfassend in Anspruch nehmen zu können** (vgl. Hornmann HSOG Rn. 4). Deshalb ist dem Festgehaltenen auch mitzuteilen, ob eine richterliche Entscheidung beantragt wurde bzw. welchen Inhalt sie hat. Eine bestimmte **Form** sieht Abs. 1 für die Mitteilung des Grundes nicht vor. Eine schriftliche Bestätigung über die Belehrung ist aber empfehlenswert (vgl. Hornmann HSOG Rn. 2). Sollte sich der Betroffene weigern, so sollte dies ebenfalls dokumentiert werden (vgl. dazu die Parallelvorschrift des § 114b Abs. 1 S. 4 StPO).

II. Benachrichtigung (Abs. 2)

3 Das **Benachrichtigungsrecht** nach Abs. 2 S. 1 soll verhindern, dass Personen im Gewahrsam der Polizei **verschwinden,** ohne dass bekannt wird, wo sie sich aufhalten und was mit ihnen geschehen ist. Deshalb ist ihnen **unverzüglich** (also ohne schuldhaftes Zögern, vgl. § 121 Abs. 1 S. 1 BGB analog) Gelegenheit zu einer Benachrichtigung zu geben, ggf. sind sie auf dieses Recht hinzuweisen (vgl. Nr. 34.2.1 VVHSOG). Der Unverzüglichkeit der Benachrichtigung kommt dabei eine hohe Bedeutung zu, damit Angehörige oder Personen des Vertrauens so schnell wie möglich Gewissheit über den Verbleib des Festgehaltenen erlangen. Die Benachrichtigung kann per **Festnetztelefon, Mobilfunkgerät, Faxgerät** oder durch ein anderes Mittel erfolgen, mit dem die Person Kontakt zu anderen Personen aufnehmen kann. Aus der Formulierung „Gelegenheit geben" folgt, dass die Benachrichtigung grundsätzlich (Ausnahmen sind in Abs. 2 S. 3 geregelt) **vom Betroffenen selbst vorzunehmen** ist. Sie bringt aber auch zum Ausdruck, dass sich die Polizeibehörde nicht immer auf ein rein passives Verhalten beschränken darf, sondern sie muss, um den Zweck der Vorschrift zu sichern, **unter Umständen aktiv an der Benachrichtigung mitwirken,** indem sie bspw. die zur Kommunikation erforderlichen Mittel zur Verfügung stellt (vgl. Hornmann HSOG Rn. 6). Keinesfalls darf die Polizeibehörde unter Berufung auf die richterliche Benachrichtigungspflicht darauf verzichten (vgl. § 34 Abs. 2 S. 2 iVm Art. 104 Abs. 4 GG iVm § 432 FamFG; vgl. auch § 114b Abs. 2 Nr. 6 StPO).

4 Den Begriff „**Angehörigen**" beschränkt die hM nicht auf die Inhalte der § 11 Abs. 1 Nr. 1 StGB, § 52 Abs. 1 StPO oder § 383 Abs. 1 Nr. 1–3 ZPO, sondern versteht darunter

auch alle mit dem Betroffenen **entfernter verwandten Personen** (vgl. Fredrich Rn. 5; Hornmann HSOG Rn. 8; aA DHS/Mehde GG Art. 104 Rn. 171 mwN; BeckOK GG/Radtke GG Art. 104 Rn. 19: § 52 Abs. 1 StPO). Das können zB auch Pflegeeltern, Schwager usw sein (vgl. Fredrich Rn. 5).

Auch wenn nach hier vertretener Auffassung der Begriff des Angehörigen iSd Abs. 2 S. 1 extensiv auszulegen ist, um dem wichtigen Zweck der Bestimmung zu genügen, erübrigt sich ein näheres Eingehen auf den Streit, wie weit der Begriff konkret zu fassen ist. Soweit ein Angehöriger zu verneinen ist, wird es im Zweifelsfall kaum Mühe bereiten, eine „Person des Vertrauens" zu bejahen. **4.1**

Bei der **„Person des Vertrauens"** hängt deren Bestimmung allein vom **subjektiven Empfinden** des **Festgehaltenen** ab. Ein besonderes Näheverhältnis ist nicht erforderlich (BeckOK GG/Radtke GG Art. 104 Rn. 19 mwN). Die Polizeibehörde hat hier somit kaum eine Einflussmöglichkeit, es sei denn, die Ernsthaftigkeit des Begehrens ist offensichtlich nicht gegeben. Meist wird es sich um **Freunde, Berufskollegen, Seelsorger, Vorgesetzte, Rechtsanwälte** (vgl. VG Frankfurt a. M. BeckRS 2020, 35853 Rn. 30; BeckOK GG/Radtke GG Art. 104 Rn. 19; Gusy PolR Rn. 302) oder **andere Personen** handeln, die ein **besonderes Vertrauen** des Betroffenen genießen. 5

Ob mit der Formulierung **„eine" Person** etc die Benachrichtigungspflicht auf tatsächlich nur eine **einzelne Person beschränkt** werden sollte, mag bezweifelt werden (so aber noch Lisken/Denninger PolR-HdB/Rachor, 5. Aufl. 2012, E Rn. 556). Die Vorschrift sollte vielmehr als eine **Mindestanforderung** verstanden werden, die die Polizeibehörden dazu verpflichtet, mindestens eine Person zu benachrichtigen. Das schließt nicht aus, dass der festgehaltenen Person auch die Benachrichtigung weiterer Personen gestattet wird. Hier ist der Polizeibehörde Ermessen eingeräumt. Dieses Ermessen könnte sich in besonderen Fällen sogar reduzieren, etwa dann, wenn sich herausstellt, dass die benachrichtigte Person das vom Festgehaltenen erhoffte Verhalten nicht umsetzen wird. Das kann etwa dann der Fall sein, wenn ein Rechtsanwalt das Mandat nicht übernimmt oder eine Person des Vertrauens nicht bereit ist, dem Wunsch des Festgehaltenen folgend dessen Angehörige zu informieren. 6

Eine **Ausnahme** von der **Benachrichtigungspflicht** besteht nach Abs. 2 S. 1 Hs. 2, wenn der Zweck der Freiheitsentziehung durch die Benachrichtigung gefährdet wird. Es sind allerdings kaum Fälle vorstellbar, in denen das der Fall sein könnte. Allenfalls die hin und wieder vorgetragene Fallkonstellation iRd § 32 Abs. 2 Nr. 2, in der Komplizen mit der Benachrichtigung dazu veranlasst werden, die zunächst verhinderte Straftat etc doch noch zu begehen, mag von der Vorschrift erfasst werden. **„Gefährdet"** im Sinne der Bestimmung bedeutet nicht, dass eine konkrete Gefahr vorliegen muss. **Tatsächliche Anhaltspunkte** sind aber erforderlich (vgl. Nr. 34.2.3 VVHSOG). Liegen sie vor, so steht der Polizeibehörde kein Ermessen zu. Die Benachrichtigung findet dann nicht statt (vgl. Nr. 34.2.4 VVHSOG). 7

Nach **Abs. 1 S. 2** bleibt die **Benachrichtigungspflicht** bei einer **richterlichen Freiheitsentziehung** unberührt. Das bedeutet, dass sich die polizeiliche und die richterliche Benachrichtigungspflicht ergänzen, nicht aber gegenseitig ausschließen dürfen. Letztere obliegt allein dem entscheidenden Richter (vgl. Art. 104 Abs. 4 GG iVm § 432 FamFG; s. auch BVerfG NJW 1963, 1820) bei allen Entscheidungen über Zulässigkeit oder Fortdauer einer Freiheitsentziehung. Die Ausnahme des Abs. 2 S. 1 Hs. 2 gilt für die richterliche Benachrichtigungspflicht nicht (hM, vgl. BeckOK GG/Radtke GG Art. 104 Rn. 18). 8

Aus **Abs. 2 S. 3** kann eine Pflicht der Polizeibehörde erwachsen, die **Benachrichtigung für den Betroffenen zu übernehmen.** Eine erste Voraussetzung dafür ist, dass die festgehaltene Person von sich aus nicht in der Lage ist, die Benachrichtigung selbst vorzunehmen. Das ist etwa dann der Fall, wenn die Person so unter **Drogen-** oder **Alkoholeinfluss** steht, dass sie sich in einem die **freie Willensbestimmung ausschließenden Zustand** befindet. Aber auch andere Fallgestaltungen (meist iSd § 32 Abs. 1 Nr. 1) kommen in Betracht. Weiterhin darf die Benachrichtigung dem mutmaßlichen Willen des Betroffenen nicht widersprechen. Der Gesetzgeber geht folglich davon aus, dass die Benachrichtigung in allererster Linie dem Individualinteresse der festgehaltenen Person dient und diese somit auch auf ihr Recht auf Benachrichtigung wirksam verzichten kann (vgl. aber Abs. 2 S. 4 im Falle Minderjähriger etc). 9

Das ist bei der richterlichen Benachrichtigung nach Art. 104 Abs. 4 GG umstritten. Dort wird die Meinung vertreten, dass bei einem Verzicht der festgehaltenen Person auf ihr subjektives Recht auf **9.1**

Benachrichtigung der Richter die Verzichtsgründe gegen das öffentliche Interesse an einer Benachrichtigung über die Freiheitsentziehung abzuwägen habe, um dann ggf. ausnahmsweise von einer Benachrichtigung absehen zu können (str., vgl. DHS GG Art. 104 Rn. 43; aA BeckOK GG/Radtke GG Art. 104 Rn. 18 mwN: Verzicht lässt sich kaum mit dem Schutzzweck des Art. 104 GG vereinbaren).

10 Es ist also nur dann von der Benachrichtigung abzusehen, wenn **Anhaltspunkte** für einen **entgegenstehenden Willen** vorliegen. Im Zweifel kann allein ein alkohol- oder drogenbedingter Zustand der festgehaltenen Person nicht zu der Annahme führen, eine Benachrichtigung von Angehörigen oder Vertrauenspersonen widerspreche seinem mutmaßlichen Willen, weil ihn das in eine desavouierende Situation bringen könnte. Der Gesetzgeber hat die Pflicht nach Abs. 2 S. 3 als **Sollvorschrift** formuliert. Sie verpflichtet die Polizeibehörde also nicht zwingend, schränkt aber ihr Ermessen ein.

10.1 Solche Sollvorschriften (gemeinsam mit Ausnahmebestimmungen) schränken das Ermessen von Seiten des Gesetzgebers am stärksten ein (vgl. WBSK VerwR I § 31 Rn. 41). Man spricht in solchen Fällen von „Dispensermessen" (WBSK VerwR I § 31 Rn. 41). Es beinhaltet die Verpflichtung der Behörde, in der Regel die Vorschrift zu erfüllen, es sei denn, es liegen hinreichende Umstände vor, die vom typischen Fall der Norm soweit abweichen, dass ein Verzicht auf ihre Rechtsfolge gerechtfertigt erscheint (WBSK VerwR I § 31 Rn. 41). Die Darlegungs- und Beweispflicht obliegt in solchen Fällen der Behörde (WBSK VerwR I § 31 Rn. 41).

11 Liegt kein **atypischer Fall** vor, der ein Absehen von der Benachrichtigung rechtfertigen kann, so ist sie **zur Benachrichtigung verpflichtet.**

12 Ist die **festgehaltene Person minderjährig** (vgl. § 2 BGB, also unter achtzehn Jahren) oder ist für sie eine **Betreuerin** oder ein **Betreuer** bestellt (vgl. §§ 1896 ff. BGB), so hat die Polizeibehörde **keinerlei Ermessensspielräume.** Sie muss unverzüglich eine sorgeberechtigte Person (§§ 1626 ff. BGB) oder die Betreuerin bzw. den Betreuer (im Rahmen des jeweiligen Aufgabenkreises) benachrichtigen. Das ergibt sich für die Eltern aus Art. 6 Abs. 2 GG und wird durch die Formulierung „in jedem Fall" nochmals hervorgehoben. Bei freiheitsentziehenden Maßnahmen gegenüber **Ausländern** muss die Polizeibehörde auf deren Verlangen die konsularische Vertretung unverzüglich unterrichten und das Aufsuchen des Festgehaltenen durch Konsularbeamte gestatten (vgl. Art. 36 Abs. 1 lit. b, c WKÜ (Wiener Konsularübereinkommen v. 24.4.1963, BGBl. 1969 II 1585). Die Benachrichtigung ist aktenkundig zu machen (vgl. zur Benachrichtigungspflicht der Gerichte, deren Missachtung zur Rechtswidrigkeit der Freiheitsentziehung führt BGH FGPrax 2011, 99).

III. Unterbringung (Abs. 3 S. 1–3)

13 Abs. 3 S. 1 schreibt eine **gesonderte Unterbringung** der nach dem HSOG festgehaltenen Person von anderen Personen vor. Sie ist also grundsätzlich allein unterzubringen. Die folgende Formulierung „insbesondere" zeigt, dass es sich bei den genannten Straf- oder Untersuchungsgefangenen zwar um Regelbeispiele, nicht aber um eine abschließende Aufzählung handelt. Auch andere Personen, etwa alkohol- oder drogenabhängige Personen, die nach den Bestimmungen des HessPsychKHG festgehalten werden, fallen darunter (vgl. Hornmann HSOG Rn. 18). Als Anhaltspunkte für eine getrennte Unterbringung von Jugendlichen – auch im präventiv-polizeilichen Gewahrsam – dient § 93 Abs. 1 JGG (vgl. Hornmann HSOG Rn. 18). Es kann aber nach dem Wortlaut des Abs. 3 S. 1 sein, dass die betroffene Person einer gemeinsamen Unterbringung **wirksam zustimmt.** Eine solche Vorgehensweise sollte sich aber auf absolut unumgängliche Fälle beschränken und die seltene Ausnahme bleiben, zumal es zu Problemen führen könnte, wenn im Nachhinein eine vermeintlich freiwillig erteilte Zustimmung bestritten wird. Nach Abs. 3 S. 2 sollen ebenso **Männer und Frauen** getrennt untergebracht werden. Eine **Einwilligung** der Betroffenen ist hier gesetzlich **nicht vorgesehen.** Die getrennte Unterbringung nach Abs. 3 S. 1, S. 2 steht im **Dispensermessen** der Polizeibehörde. Die Formulierung „soll" führt regelmäßig zu einer gebundenen Entscheidung der Behörde im Sinne der Vorschriften und lässt ein Abweichen davon nur in Ausnahmefällen zu. Es kann sein, dass begrenzte Kapazitäten in Einzelfällen – wie zB beim Gewahrsam einer Vielzahl von Personen im Rahmen von Massenveranstaltungen – kurzzeitig zu einem Abweichen von diesen Sollbestimmungen zwingen.

IV. Beschränkungen iSd (Abs. 3 S. 3)

Abs. 3 S. 3 formuliert auf den ersten Blick eine Selbstverständlichkeit, indem die Vorschrift bestimmt, dass der festgehaltenen Person nur solche **Beschränkungen** auferlegt werden dürfen, die der **Zweck der Freiheitsentziehung** oder die **Ordnung im Gewahrsam** erfordert. Letztlich wird aber die Ordnung im Gewahrsam immer auch dem Zweck der Freiheitsentziehung dienen, da sie nicht Selbstzweck sein kann. Immer ist auch ihre Zulässigkeit daran zu messen, ob sie für den Zweck der freiheitsentziehenden Maßnahme erforderlich ist. Nach Nr. 34.3 VVHSOG dient § 34 Abs. 3 S. 3 aber auch als **Ermächtigungsgrundlage** für Grundrechtseingriffe. Nach Nr. 34.3 VVHSOG kann es zB zulässig sein, **Sachen einzubehalten,** ohne dass dafür die Voraussetzungen des § 40 (Nr. 3) vorliegen müssten. 14

Diese Interpretation begegnet verfassungsrechtlichen Bedenken. So verstanden mangelt es der Vorschrift nämlich an der erforderlichen Bestimmtheit. Es kommt hier – ganz anders als zB in der Parallelvorschrift des § 119 StPO – kaum hinreichend klar genug zum Ausdruck, dass es sich bei der Norm überhaupt um eine Eingriffsbefugnis handelt; jedenfalls bleibt unklar, zu welchen Maßnahmen die Bestimmung eigentlich befugen soll. Als Ermächtigungsgrundlage verstanden ist Abs. 3 S. 3 generalklauselartig abgefasst. Es kommen deshalb grundsätzlich nur Eingriffe in Art. 2 Abs. 1 GG in Betracht (vgl. Gusy PolR Rn. 305). Hier hätte der Gesetzgeber, soweit er der Vorschrift den Charakter einer darüber hinausgehenden Ermächtigungsgrundlage wie in § 119 Abs. 1 S. 1 StPO zuweisen wollte, zumindest mit Regelbeispielen deutlich machen müssen, welche Grundrechtseingriffe er mit Abs. 3 S. 3 erlauben wollte, was also insbesondere unter dem Begriff „Beschränkungen" genau verstanden werden soll. Es ist nachvollziehbar, dass bestimmte Maßnahmen zu ergreifen sind, um den Vollzug von Freiheitsentziehungen zu sichern. Es kann auch sein, dass sie im Einzelfall über Eingriffe in Art. 2 Abs. 1 GG hinausgehen müssen. Einen so verstandenen Begriff der „Beschränkungen" hätte der Gesetzgeber aber in Abs. 3 S. 3 deutlich zum Ausdruck bringen müssen. Eingriffsbefugnisse, die über Beeinträchtigungen von Art. 2 Abs. 1 GG hinaus gehen, sind jedenfalls aus gesonderten Bestimmungen herzuleiten wie etwa aus § 40 Nr. 3, der Sicherstellungen zur gefahrlosen Durchführung des Gewahrsams regelt, § 36 Abs. 2 Nr. 1, der solche Sicherstellungen vorbereiten kann oder aus Abs. 3 S. 4, der zu Bildübertragungen zum Schutz der festgehaltenen Person befugt (vgl. Hornmann HSOG Rn. 21). 14.1

Die **Polizeigewahrsamsordnung** als bloßer **Erlass** des Hessischen Innenministers vermag Grundrechtseingriffe nicht zu rechtfertigen. Sie kann lediglich als Auslegungshilfe bereits bestehender gesetzlicher Befugnisnormen dienen. 15

Beschränkungen iSd Abs. 3 S. 3 müssen mit Art. 104 Abs. 1 S. 2 GG in Einklang stehen, wonach festgehaltene Personen weder seelisch noch körperlich **misshandelt** werden dürfen. Unter körperlicher Misshandlung versteht man – wie bei § 223 StGB – jede üble und unangemessene Behandlung, die das körperliche Wohlbefinden oder die körperliche Unversehrtheit beeinträchtigt. Dazu zählen etwa: Einschließungen in zu enge oder feuchte Zellen, grelle Beleuchtung, unzureichende hygienische Verhältnisse, mangelhafte Verpflegung (vgl. DHS GG Art. 104 Rn. 21). Auch die bloße **Androhung von Schmerzen** für den Fall, dass der Aufenthaltsort eines entführten Kindes nicht preisgegeben werde, zählt dazu (vgl. LG Frankfurt a. M. NJW 2005, 692). **Seelische Misshandlungen** sind alle entehrenden und entwürdigenden Behandlungen. Das sind etwa Beleidigungen, Bloßstellungen, Vorenthaltung der Post, unnötige psychologische Testversuche, Entzug jeglicher Literatur oder das Verabreichen von Wahrheitsdrogen oder narcoanalytischen Mitteln (vgl. DHS GG Art. 104 Rn. 22). 16

V. Bildübertragung (Abs. 3 S. 4)

1. Voraussetzungen (Abs. 3 S. 4)

Die Möglichkeit, dass es bei freiheitsentziehenden Maßnahmen, insbesondere in Gewahrsamsräumen, zur **Selbstgefährdung** bis hin zu tödlichen Ausgängen kommen kann, ist bekannt. Das können Personen sein, die aufgrund § 32 Abs. 1 Nr. 1 in Gewahrsam genommen wurden, es kann sich aber auch um Personen handeln, die erst während des Gewahrsams den Entschluss zur Selbstverletzung oder Selbsttötung fassen oder die aufgrund körperlicher Probleme besonderer Obhut bedürfen (vgl. Hornmann HSOG Rn. 22). Um derartigen Gefahren zu begegnen, hat der hessische Gesetzgeber mit Gesetz v. 15.12.2004 17

(HessGVBl. I 444) die Befugnisnorm des Abs. 3 S. 4 eingefügt, wonach die festgehaltene Person mittels Bildübertragung **offen beobachtet** werden kann. Sie war erforderlich, weil ein Eingriff in das Recht auf informationelle Selbstbestimmung (Art. 2 Abs. 1 GG iVm Art. 1 Abs. 1 S. 1 GG) nicht nur dann vorliegt, wenn Bildaufzeichnungen gemacht werden, sondern bereits dann, wenn nach dem sog. **Kamera-Monitor-Prinzip** (auch offen) Aufnahmen „flüchtig" sind und nur eine unmittelbare, sofortige Beurteilung des Geschehens am Monitor erlauben (vgl. OVG Hamburg BeckRS 2010, 50985; VGH Mannheim NVwZ 2004, 498 (500)). Voraussetzung sind **tatsächliche Anhaltspunkte** dafür, dass die Maßnahme zum Schutz der Person erforderlich ist. Eine konkrete Gefahr ist nicht erforderlich. Vielmehr rechtfertigen tatsächliche Anhaltspunkte eine Annahme bereits dann, wenn ein bestimmter Sachverhalt nach polizeilicher Erfahrung möglich erscheint und im konkreten Einzelfall hierfür bestimmte Indizien sprechen (vgl. Fredrich § 12 Rn. 1; näher → § 30 Rn. 13). Die Maßnahme darf also keinesfalls zur Routine werden, weil es immer wieder zu bedauerlichen einschlägigen Fällen im Gewahrsam kommt. Entscheidend sind immer die **Indizien im Einzelfall** und insbesondere die Verhältnismäßigkeit der Maßnahme.

2. Rechtsfolge (Abs. 3 S. 4)

18 Rechtsfolge ist eine **bloße Bildübertragung.** Die Aufzeichnung der Bilder ist von der Rechtsfolge somit nicht gedeckt (vgl. Fredrich Rn. 13). Zudem hat die Übertragung „offen", also für die betroffene Person **deutlich erkennbar** zu erfolgen. Eine verdeckte Übertragung ist unzulässig.

C. Allgemeine Verfahrensvorschriften

19 Neben den in § 34 genannten besonderen Verfahrensvorschriften für Freiheitsentziehungen gelten weitere, allgemeine Verfahrungsvorschriften des **HVwVfG,** denn bei Verwaltungsakten iSd § 35 HVwVfG sind insbesondere die Bestimmungen der §§ 28 ff. HVwVfG zu beachten. Die meisten von ihnen werden indes von den Spezialregelungen der §§ 33 ff. verdrängt.

20 Gemäß § 24 Abs. 3 HVwVfG muss aber die Polizeibehörde **Gehör** gewähren sowie **Erklärungen oder Anträge** des Adressaten entgegennehmen (vgl. Gusy PolR Rn. 302). Eine **Rechtsbehelfsbelehrung** muss nach § 34 – anders als in anderen Bundesländern – nicht erfolgen. Eine allgemeine Verpflichtung, den Adressaten des Gewahrsams über seine Rechtsbehelfe zu belehren, enthält aber § 25 HVwVfG (vgl. Kramer HessPolR Rn. 220). Die Vorschrift umfasst auch eine Belehrungspflicht darüber, dass sich die Person nicht zur Sache äußern muss (vgl. Schmidt PolR Rn. 458).

D. Rechtsfolgen bei Verstößen

21 Verstöße gegen Bestimmungen des § 34 betreffen **regelmäßig nicht die freiheitsentziehende Maßnahme selbst,** sondern deren Vollzug. Sie schlagen nicht notwendigerweise auf die Rechtmäßigkeit der freiheitsentziehenden Maßnahme selbst durch (vgl. BVerfG NVwZ 2006, 579 (582 f.)), können allerdings **Haftungsansprüche** auslösen (vgl. Kramer HessPolR Rn. 220) oder auch **disziplinarische** bzw. **strafrechtliche Folgen** für den Beamten haben. Die Art des Vollzuges einer Unterbringung kann aber in solchen Fällen auf die Rechtmäßigkeit der freiheitsentziehenden Maßnahme selbst durchschlagen, wenn so **schwerwiegende Verletzungen** der Rechte des Festgehaltenen festzustellen sind, dass die Freiheitsentziehung insgesamt als rechtswidrig zu beurteilen ist, obwohl deren gesetzliche Voraussetzungen erfüllt sind; bloße Beschwernisse und Unbequemlichkeiten beeinflussen die Rechtmäßigkeit der Freiheitsentziehung allerdings nicht. Dazu zählen selbst eine zeitweise Überbelegung der Sammelzelle, unzureichende Belüftung und Versorgung mit Getränken, Dauerbeleuchtung und Reglementierung des Toilettengangs (vgl. OLG Celle NVwZ-RR 2006, 254 f.).

§ 35 Dauer der Freiheitsentziehung

(1) [1]Die festgehaltene Person ist zu entlassen,

1. sobald der Grund für die Maßnahme der Gefahrenabwehr- oder der Polizeibehörde weggefallen ist,

2. spätestens vierundzwanzig Stunden nach dem Ergreifen, wenn sie nicht vorher der Richterin oder dem Richter zugeführt worden ist,
3. wenn die Fortdauer der Freiheitsentziehung durch richterliche Entscheidung für unzulässig erklärt wird oder
4. in jedem Falle spätestens bis zum Ende des Tages nach dem Ergreifen, wenn nicht vorher die Fortdauer der Freiheitsentziehung durch richterliche Entscheidung angeordnet ist.

[2]In der richterlichen Entscheidung über eine Freiheitsentziehung aufgrund des § 32 Abs. 1 ist die höchstzulässige Dauer zu bestimmen. [3]Sie darf
1. im Falle des § 32 Abs. 1 Nr. 2 zwölf Tage,
2. im Falle des § 32 Abs. 1 Nr. 3, soweit es sich um Maßnahmen nach § 31a handelt, zwanzig Tage,
3. in den übrigen Fällen des § 32 Abs. 1 vier Tage
nicht überschreiten.

(2) Eine Freiheitsentziehung zum Zwecke der Feststellung der Identität darf die Dauer von insgesamt zwölf Stunden nicht überschreiten.

Überblick

Auszug aus der VVHSOG (nicht an die aktuelle Gesetzeslage angepasst und gem. Erlass des Hessischen Ministeriums des Innern und für Sport v. 29.11.2022 (StAnz. 50/2022, 1384) zum 1.1.2025 mangels eines erneuten Verlängerungserlasses ersatzlos außer Kraft getreten):

Zu § 35

35. Dauer der Freiheitsentziehung

35.1 Zu Abs. 1

Die Polizeibehörden haben von Amts wegen zu prüfen, ob die Voraussetzungen für die Freiheitsentziehung entfallen sind. Sie haben von sich aus darauf hinzuwirken, dass die betroffene Person so bald wie möglich entlassen werden kann.

35.2 Zu Abs. 2

Die Freiheitsentziehung zum Zwecke der Identitätsfeststellung ist für den Bereich der Gefahrenabwehr auf maximal 12 Stunden eingeschränkt. Für die Strafverfolgung ergibt sich dieselbe Frist aus § 163c Abs. 3 StPO.

§ 35 enthält Regelungen über die Dauer freiheitsentziehender Maßnahmen nach dem HSOG. Abs. 1 S. 1 Nr. 1 schreibt eine Entlassung für den Fall vor, dass der Grund für die Maßnahme weggefallen ist (→ Rn. 5). Gemäß Abs. 1 S. 1 Nr. 2 ist spätestens nach vierundzwanzig Stunden zu entlassen (→ Rn. 6) und nach Abs. 1 S. 1 Nr. 3, wenn der Richter die Freiheitsentziehung für unzulässig erklärt (→ Rn. 7). Nach Abs. 1 S. 1 Nr. 4 ist die festgehaltene Person zu entlassen, wenn zuvor keine richterliche Entscheidung bis zum Ende des Tages nach dem Ergreifen eine Fortdauer der Freiheitsentziehung ergangen ist. Nach Abs. 1 S. 2, S. 3 werden dem Richter bestimmte Zeitgrenzen für die Anordnung von Freiheitsentziehungen als gesetzliche Obergrenzen gesetzt (→ Rn. 8). Abs. 2 legt eine Höchstdauer von zwölf Stunden für Freiheitsentziehungen zum Zwecke der Identitätsfeststellung fest (→ Rn. 12).

A. Allgemeines/Verfassungsrecht

§ 35 regelt die **maximale Dauer** von Freiheitsentziehungen nach dem HSOG und differenziert dabei zwischen den verschiedenen Arten des Festhaltens. Der Zeitrahmen wird zum einen mitbestimmt durch Art. 104 Abs. 2 S. 3 GG. Danach darf die Polizei aus eigener Machtvollkommenheit niemanden länger als bis zum Ende des Tages nach dem Ergreifen im eigenen Gewahrsam halten. Mit „eigener Machtvollkommenheit" ist gemeint, dass die Polizei ohne richterliche Entscheidung an diesen Zeitrahmen gebunden ist. Dieser Inhalt wird in Abs. 1 Nr. 4 S. 1 sinngemäß wiederholt. § 35 wird weiter geprägt durch **Art. 19 Abs. 2 S. 1 HessVerf.** Danach ist jeder Festgenommene binnen 24 Stunden seinem Richter zuzuführen, der ihn zu vernehmen, über die Entlassung oder Verhaftung zu befinden und im Falle der Verhaftung bis zur endgültigen richterlichen Entscheidung von Monat zu Monat neu zu prüfen hat, ob weitere Haft gerechtfertigt ist. An diesen Inhalt lehnt sich Abs. 1 Nr. 2 1 an und enthält verdeutlichend eine **Entlassenspflicht,** falls es zu keiner Zuführung innerhalb der bestimmten Frist kommt. Im Übrigen ergibt sich die Höchstdauer der Freiheitsentziehungen iSd § 35 aus dem **Grundsatz der Verhältnismäßigkeit** (vgl. Kingreen/Poscher POR § 16 Rn. 27). Hier gelten wegen des intensiven Grundrechtseingriffs einer Freiheitsentziehung strenge Maßstäbe (vgl. Kingreen/Poscher POR § 16 Rn. 31; BVerfGE 83, 24 (35); BVerwGE 45, 51 = NJW 1974, 807). Das kann nicht nur zur Rechtswidrigkeit einzelner Maßnahmen führen (vgl. EGMR NVwZ 2006, 797 (799): **19 Stunden** können im Fall eines Sicherheitsgewahrsams unverhältnismäßig sein); der Verhältnismäßigkeitsgrundsatz kann auch Zweifel an der generellen Verfassungsmäßigkeit einzelner Vorschriften begründen. Insbesondere § 35 Abs. 1 S. 3 Nr. 1 iVm § 32 Abs. 1 Nr. 2 (zwölf Tage, vgl. Näheres → Rn. 8) wird in diesem Sinne diskutiert. Massive verfassungsrechtliche Zweifel an den Höchstgrenzen insgesamt begründet ausführlich Hornmann (Hornmann HSOG Rn. 2 ff.).

2 Die Prüfung von Gründen, nach denen eine festgehaltene Person freizulassen ist, hat **von Amts wegen** zu erfolgen. Die Polizeibehörde ist demnach verpflichtet, darauf zu achten, ob die Höchstdauer der freiheitsentziehenden Maßnahme abgelaufen ist oder die Gründe für das Festhalten weggefallen sind. Es kann aber auch sein, dass sich während des Festhaltens **neue Gründe** zeigen, die (längere) freiheitsentziehende Maßnahmen nach einer anderen als der ursprünglichen Ermächtigungsgrundlage erlauben. Das kann innerhalb des HSOG geschehen (die betroffene Person wurde bspw. zunächst nach § 18 Abs. 4 festgehalten, es stellen sich dann aber Gründe heraus, die ein Festhalten nach § 32 Abs. 1 Nr. 2 begründen; vgl. Fredrich Rn. 7), möglich ist aber auch eine Befugnisnorm nach anderen Gesetzen wie zB nach der StPO (vgl. Fredrich Rn. 6a).

3 Landesrechtliche Regelungen, nach denen besonders **rückfallgefährdete Straftäter** untergebracht werden dürften und nach denen eine längere Dauer des Festhaltens zulässig sein könnte, existieren in Hessen nicht. Sie wären verfassungswidrig, weil es sich dabei um strafrechtliche Normen iSd Art. 74 Abs. 1 Nr. 1 GG handeln würde. Der Bundesgesetzgeber hat von seiner Gesetzgebungskompetenz insoweit abschließend Gebrauch gemacht (vgl. BVerfG NJW 2004, 750 (751 ff.)).

B. Parallelvorschriften

4 Die Polizeigesetze der anderen Bundesländer enthalten dem § 35 entsprechende Bestimmungen (vgl. etwa knapp: bis zu zwei Wochen: § 33 Abs. 3 BWPolG; bis zu drei Monate (jeweils nicht mehr als einen Monat und kann insgesamt nur bis zu einer Gesamtdauer von zwei Monaten verlängert werden): Art. 20 Abs. 2 S. 2 BayPAG; höchstens 35 Tage (durch Verlängerung): § 21 NPOG oder höchstens 28 Tage (durch Verlängerung): § 38 PolG NRW; vgl. des Weiteren → Rn. 12).

C. Einzelkommentierung – Höchstfristen (§ 35)

5 **Abs. 1 S. 1 Nr. 1** enthält eine Selbstverständlichkeit, wonach festgehaltene Personen zu **entlassen** sind, sobald der **Grund für die Maßnahme weggefallen** ist. Jede andere Verfahrensweise würde gegen das Verhältnismäßigkeitsprinzip verstoßen und wäre damit rechtswidrig. Unter dem Tatbestandsmerkmal „weggefallen" sind in erster Linie solche Fälle zu verstehen, in denen der Grund für die Freiheitsentziehung zunächst bestanden, sich aber im Laufe des Festhaltens erledigt hat (bspw. bei einem Schutzgewahrsam nach § 32 Abs. 1 Nr. 1, wenn der die freie Willensbestimmung ausschließende Zustand vorüber ist). Ein Wegfallen ist erst recht zu bejahen, wenn sich herausstellt, dass der Grund für die Freiheitsentziehung nie existiert hat, die Maßnahme also **zu Unrecht** erfolgte (vgl. Gusy PolR Rn. 306). Das voraussichtliche Wegfallen des Grundes kann auch in die richterliche Entscheidung einfließen, indem der Richter eine Höchstfrist anordnet, nach deren Ablauf die betroffene Person spätestens zu entlassen ist (vgl. Gusy PolR Rn. 306).

6 **Abs. 1 S. 1 Nr. 2** schreibt vor, dass die betroffene Person binnen **24 Stunden** nach dem Ergreifen freizulassen ist, wenn sie nicht vorher dem Richter **zugeführt** worden ist. Sie verkürzt also die Frist des Abs. 1 Nr. 4, die ein Festhalten bis zum Ablauf des auf das Ergreifen folgenden Tages erlaubt, wenn nicht vorher eine richterliche Entscheidung **ergangen** ist. Diese **Unterscheidung** des zwischen der **Zuführung** und der **richterlichen Entschei-**

dung selbst findet sich ähnlich in Art. 104 Abs. 2 S. 2 und Abs. 3 S. 1 GG wieder, aber unter anderem mit dem wichtigen Unterschied, dass dort die Fristen von Vorführung und richterlicher Entscheidung jeweils mit **Ablauf des nächsten Tages** enden. § 35 Abs. 1 S. 1 Nr. 2 folgt aus **Art. 19 Abs. 2 HessVerf** (vgl. Fredrich Rn. 3). Danach ist die festgehaltene Person binnen 24 Stunden dem Richter zuzuführen. Es dürfte kaum Fälle geben, in denen zwischen der Zuführung und der richterlichen Entscheidung bis zu 24 Stunden vergehen. Deshalb und auch, weil § 33 Abs. 1 S. 2 die Polizeibehörden ohnehin zur unverzüglichen Herbeiführung einer richterlichen Entscheidung verpflichtet, ist die Bestimmung des Abs. 1 S. 1 Nr. 2 wohl nur dann von **praktischer Bedeutung,** wenn das zuständige Gericht zur Zeit der Zuführung überlastet ist.

Abs. 1 S. 1 Nr. 3 folgt aus Art. 104 GG, insbesondere aus Art. 104 Abs. 2 S. 1 GG. **7**
Danach hat, von zeitlich begrenzten Ausnahmefällen abgesehen, **nur der Richter** über eine Fortdauer von Freiheitsentziehungen zu entscheiden. Das bedeutet selbstverständlich, dass die Polizeibehörden eine festgehaltene Person sofort zu entlassen haben, wenn die Fortdauer des Festhaltens **vom Gericht für unzulässig erklärt** wird. Die richterliche Entscheidung kann sich naturgemäß immer nur auf solche Tatsachen beziehen, die zur Zeit der Entscheidung bekannt sind. Es kann deshalb durchaus sein, dass nach der Entlassung bei neuen Lebenssachverhalten die Person erneut festgehalten und dem Richter zugeführt wird (vgl. dazu auch Fredrich Rn. 7).

Die Vorschrift des **Abs. 1 S. 1 Nr. 4** erlaubt – weiter als in Abs. 1 S. 1 Nr. 2 – ein **8**
Festhalten ohne richterliche Entscheidung bis maximal zum **Ablauf des Tages nach dem Ergreifen.** Sie wiederholt damit den verfassungsrechtlichen Grundsatz des Art. 104 Abs. 2 S. 2 GG, wonach dies die verfassungsrechtliche Höchstdauer für polizeiliche Freiheitsentziehungen aus **„eigener Machtvollkommenheit"** ist. Selbstverständlich steht auch diese Höchstfrist unter dem Vorbehalt, dass die Polizei unverzüglich versucht, eine richterliche Entscheidung herbeizuführen. Anderenfalls ist die betroffene Person sofort zu entlassen.

Nach **Abs. 1 S. 2** ist in der **richterlichen Entscheidung** über eine Freiheitsentziehung **9**
aufgrund des § 32 Abs. 1 die **höchstzulässige Dauer zu bestimmen.** Die **richterlichen Höchstfristen** für die Fälle des **Gewahrsams nach § 32 Abs. 1** wurden im Laufe der letzten Jahre durch Ergänzungen des § 35 erweitert, zuletzt durch das Gesetz zur Stärkung der Inneren Sicherheit in Hessen v. 18.12.2024 (HessGVBl. 83), wodurch die zuvor geltenden Höchstfristen in **Abs. 1 S. 3 Nr. 1–3** jeweils verdoppelt wurden. In der Gesetzesbegründung ist ausgeführt, dass die Anhebung damit begründet wird, dass in Hessen künftig die **Möglichkeit längerer Präventivhaft** im begründeten Einzelfall nicht von vornherein ausgeschlossen sein soll. Vielmehr soll die Gewahrsamsdauer einzelfallabhängig vom zuständigen Richter am Gewahrsamszweck sowie nach dem Grundsatz der Verhältnismäßigkeit ausgerichtet und festgesetzt werden (LT-Drs. 21/1151, 13).

Nach Abs. 1 S. 3 ist ein Gewahrsam nach § 32 Abs. 1 grundsätzlich **bis zu vier Tage** **10**
erlaubt (vgl. Abs. 1 **S. 3 Nr. 3**), im Falle des Sicherheitsgewahrsams nach § 32 Abs. 1 Nr. 2 **bis zu zwölf Tage** (vgl. Abs. 1 **S. 3 Nr. 2**) und im Falle des § 32 Abs. 1 Nr. 3 iVm § 31a **bis zu zwanzig Tage** (vgl. Abs. 1 **S. 3 Nr. 1**).

In Rechtsprechung und Literatur ist umstritten, wo die **verfassungsrechtliche Zeit-** **11**
grenze für richterlich angeordnete Freiheitsentziehungen nach den Polizeigesetzen liegt. Dem Streit liegt die Überlegung zugrunde, dass präventive Freiheitsentziehungen nach den Polizeigesetzen – anders als repressive Freiheitsentziehungen – grundsätzlich **vorläufiger, kurzfristiger Natur** sind (vgl. Kramer HessPolR Rn. 220; Hornmann HSOG Rn. 5). Das folgt bereits aus den in den Ermächtigungsgrundlagen normierten Zielrichtungen (vgl. zB Schutzgewahrsam nach § 32 Abs. 1 Nr. 1). Längerfristige Freiheitsentziehungen geraten deshalb bald in **Konflikt** mit dem **Verhältnismäßigkeitsprinzip.** Regelungen wie Abs. 1 S. 3 Nr. 1, die eine Gewahrsamsdauer vor dem 18.12.2024 geltenden Höchstdauer von bis zu sechs Tagen vorsahen, sowie nunmehr bis zu zwölf Tagen sind aber verfassungsgemäß (VerfGH Bayern NVwZ 1991, 664; einschränkend VerfGH Sachsen LKV 1996, 273 (278 f.); aA Hornmann HSOG Rn. 4 ff. mwN). Fraglich ist, ob dies auch für die Regelung des Abs. 1 S. 3 Nr. 2 (von früher zehn Tage) auf nunmehr zwanzig Tage gilt. Der VerfGH Bayern bejahte die gesetzliche Höchstdauer **von zwei Wochen** (folglich von 14 Tagen) für eine Freiheitsentziehung nach Vorschriften des Polizeigesetzes (NVwZ 1991, 664).

11.1 Die Auffassung der gesetzlichen Höchstdauer von zwei Wochen ist umstritten. Einigkeit dürfte darin bestehen, dass an die Verhältnismäßigkeitsprüfung und damit auch an die Dauer von Freiheitsentziehungen **besonders strenge Maßstäbe** anzulegen sind. Nach einer Auffassung begegnen deshalb Vorschriften, die Freiheitsentziehungen von mehr als vier Tagen vorsehen, bereits verfassungsrechtlichen Bedenken (vgl. Blankenagel DÖV 1989, 689; Kingreen/Poscher POR § 16 Rn. 28). Bestimmungen, die zwei Wochen erlauben, sollen jedenfalls dann verfassungsgemäß sein, wenn das Festhalten im Rahmen eines Sicherheitsgewahrsams erfolgt (vgl. VerfGH Sachsen LKV 1996, 273 (278 f.); VerfGH Bayern NVwZ 1991, 664 (670)), nicht hingegen dann, wenn das Festhalten dem Schutz der Person, der Identitätsfeststellung oder der Durchsetzung einer Platzverweisung dient (vgl. VerfGH Sachsen LKV 1996, 273 (278 f.)). Es ist durchaus vorstellbar, dass die Verhinderung von Straftaten bis zu sechs Tage in Anspruch nehmen kann. Die Unverhältnismäßigkeit eines Gewahrsams in einem solchen Zeitrahmen erscheint deshalb nicht ohne Weiteres gegeben. Bedenkt man, dass es dabei um schwerste Straftaten gegen Leib und Leben von Personen gehen kann, so erscheint die Auffassung, bereits Regelungen, die einen Gewahrsam von mehr als vier Tagen vorsehen, seien generell verfassungswidrig, nicht überzeugend. Ob dem VerfGH Sachsen (LKV 1996, 273) zuzustimmen ist, wonach die Zwei-Wochen-Regelung auf den Sicherheitsgewahrsam zu beschränken ist, kann hier offenbleiben. Jedenfalls bestehen gegen die Regelung des Abs. 1 S. 3 Nr. 1 keine Bedenken, wonach der Sicherheitsgewahrsam auf maximal zwölf Tage festgesetzt werden darf (vgl. VerfGH Bayern NVwZ 1991, 664; sowie zu der damals noch geltenden gesetzlichen Obergrenze von 6 Tagen Lisken/Denninger PolR-HdB/Rachor/Graulich E Rn. 551).

12 **§ 35 Abs. 2** ist **§ 163c StPO** nachempfunden. Beide Bestimmungen regeln das Verfahren beim Festhalten zum Zwecke von **Identitätsfeststellungen.** In beiden Fällen beträgt die Höchstdauer **zwölf Stunden** (vgl. § 163c Abs. 2 StPO). In vielen Fällen wird sich die Dauer auf ein bloßes Anhalten beschränken. In der Regel dürfte die Identitätsfeststellung innerhalb weniger Minuten erledigt sein. Jedenfalls sind die in Abs. 2 angegebenen zwölf Stunden der **äußerste Zeitrahmen.** Die Identitätsfeststellung hat ohne zeitliche Verzögerung zu erfolgen, darf also nicht unnötig in die Länge gezogen werden oder die freiheitsentziehende Maßnahme fortgesetzt werden, obwohl die Identität bereits feststeht (vgl. BVerfG NVwZ 1992, 767 (768); VG Hannover NVwZ-RR 1999, 578; Fredrich Rn. 7). Durch eine Identitätsfeststellung können Erkenntnisse gewonnen werden, die ein **Festhalten** nach **anderen Bestimmungen** erlauben, sodass letztlich eine Freiheitsentziehung zulässig werden kann, die den Zeitrahmen von zwölf Stunden übersteigt (zB nach § 32 Abs. 1 Nr. 2 iVm § 35 Abs. 1 S. 3 Nr. 1).

§ 36 Durchsuchung und Untersuchung von Personen

(1) Die Gefahrenabwehr- und die Polizeibehörden können eine Person durchsuchen, wenn

1. **Tatsachen die Annahme rechtfertigen, dass sie Sachen mit sich führt, die sichergestellt werden dürfen, oder**
2. **sie sich erkennbar in einem die freie Willensbestimmung ausschließenden Zustand oder sonst in hilfloser Lage befindet.**

(2) Die Polizeibehörden können, außer in den Fällen des § 18 Abs. 4, eine Person durchsuchen, wenn sie

1. **nach diesem Gesetz oder anderen Rechtsvorschriften festgehalten werden kann,**
2. **sich an einem der in § 18 Abs. 2 Satz 1 Nr. 1 genannten Orte aufhält,**
3. **sich in einem Objekt im Sinne des § 18 Abs. 2 Satz 1 Nr. 3 oder in dessen unmittelbarer Nähe aufhält und tatsächliche Anhaltspunkte die Annahme rechtfertigen, dass in oder an diesen Objekten Straftaten begangen werden sollen, durch die in oder an diesen Objekten befindliche Personen oder diese Objekte selbst unmittelbar gefährdet sind, und dies aufgrund der Gefährdungslage oder auf die Person bezogener Anhaltspunkte erforderlich ist,**
4. **sich im räumlichen Umfeld einer Person aufhält, die in besonderem Maße gefährdet erscheint, und tatsächliche Anhaltspunkte die Maßnahme zum Schutz der Person rechtfertigen oder**
5. **zur Gezielten Kontrolle nach § 17 oder einer vergleichbaren Rechtsvorschrift ausgeschrieben ist.**

(3) Die Polizeibehörden können eine Person, deren Identität nach diesem Gesetz oder anderen Rechtsvorschriften festgestellt werden soll, nach Waffen, anderen gefährlichen Werkzeugen und Explosivmitteln durchsuchen, wenn dies nach den Umständen zum Schutz von Polizeivollzugsbeamtinnen und Polizeivollzugsbeamten oder Dritten gegen eine Gefahr für Leib oder Leben erforderlich ist.

(4) Personen dürfen nur von Personen gleichen Geschlechts, von Ärztinnen oder Ärzten durchsucht werden; dies gilt außer im Falle einer mit einer Entkleidung verbundenen körperlichen Durchsuchung nicht, wenn die sofortige Durchsuchung zum Schutz gegen eine Gefahr für Leib oder Leben erforderlich ist.

(5) [1]Zur Abwehr einer Gefahr für Leib oder Leben können Personen körperlich untersucht sowie Blutproben entnommen und andere körperliche Eingriffe, die aus ärztlicher Sicht erforderlich sind und keine Nachteile für die Gesundheit der betroffenen Person befürchten lassen, vorgenommen werden. [2]Maßnahmen nach Satz 1 bedürfen außer bei Gefahr im Verzug der richterlichen Anordnung. [3]Für das Verfahren gilt § 39 Abs. 1 mit der Maßgabe, dass das Amtsgericht zuständig ist, in dessen Bezirk die Polizeibehörde ihren Sitz hat. [4]Bei Gefahr im Verzug darf die Anordnung auch durch die Polizeibehörden erfolgen. [5]Maßnahmen nach Satz 1 dürfen nur von Ärztinnen oder Ärzten durchgeführt werden. [6]Die aufgrund von Maßnahmen nach Satz 1 erhobenen personenbezogenen Daten dürfen über den dort genannten Zweck hinaus nur zum Schutz vor oder zur Abwehr von schwerwiegenden Gesundheitsgefährdungen genutzt werden.

Überblick

Auszug aus der VVHSOG (nicht an die aktuelle Gesetzeslage angepasst und gem. Erlass des Hessischen Ministeriums des Innern und für Sport v. 29.11.2022 (StAnz. 50/2022, 1384) zum 1.1.2025 mangels eines erneuten Verlängerungserlasses ersatzlos außer Kraft getreten):

Zu § 36

36. Durchsuchung und Untersuchung von Personen

36.0.1

§ 36 regelt die Durchsuchung und Untersuchung von Personen zur Gefahrenabwehr. Hinsichtlich der Entnahme von Körperzellen zum Zwecke der Identitätsfeststellung in künftigen Strafverfahren gilt § 81g StPO. Die Durchsuchung und die Untersuchung von Personen in Straf- oder Bußgeldverfahren regeln die §§ 81 bis 81f, 102 ff. StPO bzw. § 46 Abs. 1, 3 und 4 OWiG in Verbindung mit §§ 81a bis 81d, 102 ff. StPO.

36.0.2

Die Durchsuchung von Personen beschränkt sich auf die Suche nach Sachen, die sich in den Kleidern oder an dem Körper der betroffenen Person befinden können. Auch in der Mundhöhle, der Nase und in den Ohren kann erforderlichenfalls nachgesehen werden. Zur körperlichen Untersuchung siehe Nr. 36.5.

36.0.3

Bei einer Durchsuchung aufgefundene Sachen sind bei der betroffenen Person zu belassen, wenn sie weder sichergestellt (§ 40) noch beschlagnahmt (vgl. zum Beispiel §§ 94 ff. StPO) oder nach § 34 Abs. 3 Satz 3 einbehalten werden dürfen.

36.1

Zu Abs. 1

36.1.1

Nr. 1 dient dem Auffinden von Gegenständen, die nach § 40 sichergestellt werden dürfen. Voraussetzung ist, dass entsprechende Tatsachen vorliegen. Bloße Vermutungen reichen nicht aus.

36.1.2

Die Durchsuchung hilfloser Personen nach Nr. 2 erstreckt sich auf die Suche nach Unfallausweisen oder Medikamenten, um Beistand leisten zu können, Hinweisen auf Angehörige, Hausschlüssel o. ä.

36.2

Zu Abs. 2

36.2.1

Die Durchsuchung nach Nr. 1 dient der Suche nach Sachen, die zum Angriff auf Personen oder Sachen oder zur Flucht geeignet sind. Es handelt sich um die wichtigste Form der Durchsuchung zum

Zwecke der Eigensicherung. Eine personenbezogene Gefahrenprognose ist nicht erforderlich, es genügt, dass die Person nach diesem oder einem anderen Gesetz festgehalten werden darf.

36.2.2

Die Nr. 2 bis 5 erlauben die Durchsuchung von Personen an „verrufenen" und „gefährdeten" Orten im Sinne des § 18 Abs. 2 Nr. 1 und 3, von Personen, die sich in der Nähe gefährdeter Personen im Sinne des § 18 Abs. 2 Nr. 4 aufhalten oder die zur Gezielten Kontrolle nach § 17 oder einer vergleichbaren Rechtsvorschrift aus einem anderen Bundesland (zum Beispiel § 25 PolG Baden-Württemberg) oder schengenweit nach Art. 37 Abs. 4 des EU-Ratsbeschlusses 2007/533/JI ausgeschrieben sind. Zweck der Maßnahme ist in erster Linie die Suche nach Sachen, die sichergestellt werden dürfen, an den in § 18 Abs. 2 Nr. 1 genannten Orten auch die Erlangung von Hinweisen auf die Verabredung, Vorbereitung oder Begehung von Straftaten.

36.3

Zu Abs. 3

Die Durchsuchung nach Abs. 3 dient der Eigensicherung und dem Schutz Dritter. Sie steht wie § 36 Abs. 2 Nr. 1 im engen Zusammenhang mit den anderen wichtigen Bestimmungen zur Eigensicherung (§ 40 Nr. 3, § 59).

36.5

Zu Abs. 5

Körperliche Untersuchung ist die Suche nach Sachen im Innern des Körpers einschließlich der nicht ohne weiteres zugänglichen Körperöffnungen (s. auch Nr. 36.0.2). Diese Maßnahme sowie die Entnahme von Blutproben und andere körperliche Eingriffe dürfen nicht nur bei gefährdeten Personen, sondern auch bei Personen erfolgen, die eine Gefahr für andere verursacht haben (zum Beispiel Verletzung einer Polizeibeamtin oder eines Polizeibeamten durch eine Person, bei der die hinreichende Wahrscheinlichkeit besteht, dass sie HIV-positiv ist). Die dabei erhobenen personenbezogenen Daten dürfen nur unter Einschränkungen verwendet werden.

§ 36 formuliert verschiedene Ermächtigungsgrundlagen für die Durchsuchung von Personen (Abs. 1–3; → Rn. 7) und dazu gehörende besondere Verfahrensvorschriften (Abs. 4; → Rn. 24) sowie die Untersuchung von Personen (Abs. 5 S. 1; → Rn. 26) und dazu gehörende besondere Verfahrensvorschriften (Abs. 5 S. 2–5; → Rn. 31). Während Abs. 2 (→ Rn. 11) und Abs. 3 (→ Rn. 21) eine Durchsuchung nach Sachen ausschließen, die der Identitätsfeststellung dienen (vgl. den dortigen Wortlaut „außer in Fällen des § 18 Abs. 4 HSOG" bzw. „nach Waffen" usw), lässt Abs. 1 eine Durchsuchung auch nach solchen Sachen zu (→ Rn. 22).

Übersicht

A. Systematische Stellung

1 Das HSOG enthält **vier Arten der Durchsuchung.** In **§ 18** ist die Durchsuchung zum Zwecke der Identitätsfeststellung geregelt und umfasst Personen und Sachen. In **§ 36** dient sie in erster Linie unmittelbar der Abwehr von Gefahren, die bspw. von gefährlichen mitge-

führten Sachen ausgehen und umfasst lediglich Personen (vgl. insbes. Abs. 2, Abs. 3). In **§ 37** dürfen lediglich Sachen durchsucht werden und in **§ 38** geht es (neben dem Betreten) um die Durchsuchung von Wohnungen. Bemerkenswert ist, dass der Gesetzgeber sich nicht dafür entschieden hat, die Ermächtigungsgrundlagen für Durchsuchungen zum Zwecke der Identitätsfeststellung und zu anderen Zwecken strikt zu trennen (→ Rn. 22). Sämtliche Formen der genannten Durchsuchungen dienen präventiven Zwecken.

B. Normzweck

Unter einer **Durchsuchung** versteht man jedes ziel- und zweckgerichtete Suchen durch staatliche Organe nach Sachen, Personen oder zur Ermittlung eines Sachverhaltes, um etwas Verborgenes aufzuspüren (vgl. Gusy PolR Rn. 244 mwN). Regelmäßig wird das Gesuchte bei lediglich äußerlicher Betrachtung zunächst nicht wahrnehmbar sein. Ist etwa der Ort, an dem sich eine Sache befindet, bekannt, so ist deren Inverwahrungnahme allein auf die Bestimmung über die Sicherstellung (§§ 40 ff.), nicht aber auf § 36 zu stützen. Die Durchsuchung einer Person erstreckt sich auf die **Person selbst** und die von ihr **getragene Kleidung** (vgl. BeckOK PolR Nds/Neuhäuser NPOG § 22 Rn. 11a). Die Durchsuchung der Person selbst umfasst das Suchen an ihrer **Körperoberfläche** (zB nach Tätowierungen, Narben oder anderen Merkmalen) und in den ohne Hilfsmittel einsehbaren **Körperöffnungen** oder **Körperhöhlen** wie etwa Mund, Ohren oder Nase (Schenke PolR Rn. 150). Davon sind allerdings wegen der erhöhten Intensität des Eingriffs besonders intime Körperzonen, wie **Anal-** und **Genitalbereich** ausgenommen, auch wenn eine Nachschau ohne besondere medizinische Hilfsmittel stattfinden soll (vgl. BeckOK PolR Nds/Neuhäuser NPOG § 22 Rn. 11a). Eine Suche in diesen Bereichen wird von der hM stets als **Untersuchung** iSd Abs. 5 gewertet und unterliegt somit ungleich strengeren Voraussetzungen als eine Durchsuchung (VGH München NVwZ-RR 1999, 310: In dem Beschluss hat das Gericht ein Betrachten des Genitalbereichs einer hochschwangeren Frau zu Recht als Untersuchung gewertet; vgl. Schenke PolR Rn. 150). Eine beim Polizeipräsidium bestehende generelle Anordnung, in Gewahrsam genommene Personen zur Entkleidung aufzufordern entbehrt der erforderlichen Einzelfallentscheidung und ist daher rechtswidrig (vgl. VG Köln BeckRS 2016, 40072). Eine Mitwirkung männlicher Polizeivollzugsbeamter an der Entkleidung einer weiblichen Person ist jedenfalls dann rechtlich zu beanstanden, wenn ein Hinzuziehen von Polizeivollzugsbeamtinnen der Behörde möglich und zumutbar gewesen wäre (vgl. VG Köln BeckRS 2016, 40072). Nach dem Wortlaut des Abs. 4 ist dies sogar stets unzulässig. Die Durchsuchung der von einer Person getragenen **Kleidung** gehört ebenfalls zur Durchsuchung einer Person; wird die Kleidung – so wie andere Sachen, etwa ein Koffer, eine Aktentasche, ein Kfz und Ähnliches – **lediglich mit sich geführt** (zB der Mantel am Kleiderhaken, das Sakko über dem Arm), so ist die Durchsuchung auf **§ 37** zu stützen. Auch die Aufforderung, sich **völlig zu entkleiden** und eine Körperdrehung zu machen, ist eine Durchsuchung (vgl. OVG Saarlouis LKRZ 2008, 102 (103 ff.)) Es kann nur ein **lebender Mensch** nach § 36 durchsucht werden, bei Leichen gilt § 37 (vgl. BeckOK PolR Nds/Neuhäuser NPOG § 22 Rn. 11a). 2

Anders als die Durchsuchung einer Person zielt die **Untersuchung nach Abs. 5** darauf ab, Erkenntnisse über das Körperinnere oder den körperlichen Zustand einer Person zu erlangen (vgl. Kingreen/Poscher POR § 17 Rn. 3). Meist wird es dabei zum Einsatz **medizinischer Hilfsmittel** kommen, wie zB Magensonden, Röntgengeräten usw, zwingend ist das aber nicht, wie das Beispiel einer Nachschau im Intimbereich zeigt (→ Rn. 2). 3

C. Grundrechte

Durchsuchung und Untersuchung von Personen greifen in **unterschiedliche Grundrechte** ein. Zwar bedarf es in beiden Fällen auch eines Eingriffs in das Recht auf die Freiheit der Person in Form einer Freiheitsbeschränkung (vgl. Art. 2 Abs. 2 S. 2 GG iVm Art. 104 Abs. 1 GG, sofern der Eingriff nicht ohnehin mit einer freiheitsentziehenden Maßnahme einhergeht, vgl. Möller/Warg PolR Rn. 375), darüber hinaus stellt aber die Durchsuchung im Vergleich zur Untersuchung regelmäßig die mildere Maßnahme dar. Sie wird im Allgemeinen als ein Eingriff in die **allgemeine Handlungsfreiheit** und das **allgemeine Persön-** 4

lichkeitsrecht bzw. die Privat- und Intimsphäre verstanden, weil die Durchsuchung diskriminierenden und stigmatisierenden Charakter haben könne (vgl. Schmidt PolR Rn. 489). Es ist zutreffend, dass es – insbesondere bei rechtswidrigen Übergriffen – zu solchen Grundrechtseingriffen kommen kann. Hauptzielrichtung einer Durchsuchung von Personen (oder Sachen) ist jedoch das Auffinden von Informationen zum Zwecke der Gefahrenabwehr. Die gewonnenen Informationen können den betroffenen Personen zugeordnet werden, sodass bei einer Durchsuchung von Personen (oder Sachen) in erster Linie das Grundrecht auf **informationelle Selbstbestimmung** als Spezialfall des allgemeinen Persönlichkeitsrechts (Art. 2 Abs. 1 GG iVm Art. 1 Abs. 1 GG) betroffen ist (so ausdrücklich für Durchsuchungen von Sachen VerfGH Bayern NVwZ 2006, 1284).

4.1 So hat der VerfGH Bayern (NVwZ 2006, 1284) basierend auf der Rechtsprechung des BVerfG (BVerfGE 65, 41 ff. = NJW 1984, 419 – Volkszählungsurteil) ausgeführt, dass das Recht auf informationelle Selbstbestimmung als Ausfluss der allgemeinen Handlungsfreiheit und der Menschenwürde und als spezielle Ausformung des allgemeinen Persönlichkeitsrechts insbesondere auch vor einer unbegrenzten Erhebung personenbezogener Daten schützt. Der Schutzbereich dieses Grundrechts sei auch bei Durchsuchungen (von Sachen) berührt, weil er nicht auf den Anwendungsbereich von datenschutzrechtlichen Vorschriften beschränkt sei (VerfGH Bayern NVwZ 2006, 1284). Diese Schlussfolgerung des VerfGH Bayern ist auch auf die Durchsuchung von Personen anwendbar, weil es auch bei ihnen um die Erhebung personenbezogener Daten geht, die bei Auffinden der gesuchten Merkmale oder Sachen offenbar werden. Ob zusätzlich auch das allgemeine Persönlichkeitsrecht im Sinne eines allgemeinen Schutzes der Privat- und Intimsphäre betroffen ist, hängt von den Einzelumständen bei der Durchsuchung ab, muss aber nicht in jedem Fall über das Recht auf informationelle Selbstbestimmung hinaus tangiert sein.

5 Bei der Untersuchung von Personen gilt Vergleichbares, allerdings treten hier häufig Eingriffe in die seelische **Persönlichkeitssphäre** (Art. 2 Abs. 1 GG iVm Art. 1 Abs. 1 GG) und, jedenfalls bei körperlichen Eingriffen, in die **körperliche Unversehrtheit** (Art. 2 Abs. 2 S. 1 GG) hinzu.

D. Parallelvorschriften

6 Die Polizeigesetze der anderen Bundesländer enthalten dem § 36 ähnliche Vorschriften, vgl. etwa § 34 BWPolG (auch zum Zwecke der gezielten Kontrolle, vgl. § 34 Abs. 1 Nr. 6 BWPolG), Art. 21 BayPAG (gem. Abs. 1 Nr. 3 auch zur Abwehr einer drohenden Gefahr für ein bedeutendes Rechtsgut), § 22 NPOG (inklusive Untersuchung in § 22 Abs. 4 NPOG) oder § 39 PolG NRW. Der repressiv ausgerichtete § 163b StPO erlaubt eine Durchsuchung von Personen und Sachen zum Zwecke der Identitätsfeststellung, §§ 81a, 81c–81h StPO erlauben körperliche Untersuchungen, Blutproben sowie Entnahmen und molekulargenetische Untersuchungen von Körperzellen zum Zwecke der Strafverfolgung. §§ 102 ff. StPO befugen zur Durchsuchung von Personen und Sachen zum Zwecke der Strafverfolgung, § 111 StPO zur Durchsuchung von Personen und Sachen an Kontrollstellen, § 46 Abs. 1, 4 OWiG zu (eingeschränkten) Maßnahmen zur Verfolgung von Ordnungswidrigkeiten. Nach § 84 StVollzG und § 45 HessJStVollzG ist eine Durchsuchung von Gefangenen im (Jugend-) Strafvollzug und deren Sachen erlaubt.

E. Einzelkommentierung

I. Durchsuchungen (Abs. 1–3)

1. Voraussetzungen (Abs. 1 Nr. 1)

7 Abs. 1 Nr. 1 ist sowohl an die Gefahrenabwehr- als auch die Polizeibehörden gerichtet. Da gegenüber den Verwaltungsbehörden die **Ordnungs-** und die **Polizeibehörden nur subsidiär zuständig** sind, muss (wenn nicht die Zuständigkeit auf § 1 Abs. 4 zu stützen ist) für deren Einschreiten ein **Eilfall iSd § 2 S. 1** gegeben sein. Die Zuständigkeitsabgrenzung zwischen den Ordnungs- und Polizeibehörden wiederum erfolgt über den sog. **Grundsatz der Erstbefassung,** der allerdings gesetzlich nicht ausdrücklich geregelt ist. Die Voraussetzungen des Abs. 1 Nr. 1 sind erfüllt, wenn **Tatsachen die Annahme rechtfertigen,**

dass eine Person Sachen mit sich führt, die **sichergestellt** werden dürfen. Solche Tatsachen sind zu unterscheiden von der an anderer Stelle vom Gesetzgeber verwendeten Formulierung der „tatsächlichen Anhaltspunkte", die bei weniger gravierenden Rechtseingriffen bzw. noch hochrangigeren Schutzgütern Verwendung findet (vgl. etwa § 18 Abs. 2 Nr. 1, → § 30 Rn. 16). Während tatsächliche Anhaltspunkte bereits dann bejaht werden können, wenn Indizien aufgrund polizeilicher Erfahrung die Möglichkeit des Eintritts einer gewissen Gefahrenlage (wie bspw. der Verwirklichung eines Straftatbestandes) begründen, kann von den hier geforderten Tatsachen erst dann gesprochen werden, wenn **überprüfbare (also einem Beweis zugängliche) Fakten** unter Einbeziehung des **polizeilichen Erfahrungswissens** den Schluss auf eine bevorstehende Gefahrenlage (hier: das Mitführen sicherzustellender Sachen) mit einer gewissen **Wahrscheinlichkeit** zulassen. Von Bedeutung ist dabei auch, ob die Tatsachen einen konkreten Bezug zum vorliegenden Einzelfall haben. So sind Straftaten, die der Betroffene in der Vergangenheit begangen hat oder Einträge, die bei einem Datenabgleich im System POLAS zu finden sind, sicherlich als Tatsachen iSd Abs. 1 Nr. 1 zu bewerten, können aber für sich allein gesehen nicht die Annahme rechtfertigen, dass die Person auch im vorliegenden Fall ein ähnliches Verhalten zeigt; das hat insbesondere dann zu gelten, wenn die Taten bereits Jahre zurück liegen.

In diesem Zusammenhang hat das OVG Münster (NVwZ 1982, 46) eine recht extensive Entscheidung getroffen. Es vertritt den Standpunkt, die in Rede stehenden Tatsachen lägen bereits dann vor, wenn nach den Aufklärungserkenntnissen der Polizei und den Erfahrungen mit früheren Versammlungen mit gewalttätigen Aktionen gerechnet werden müsse. Befinde sich ein Versammlungsteilnehmer auf dem Weg zur Versammlung so genügten diese Umstände als Rechtfertigung für eine Durchsuchung. Der Begriff der Tatsachen verlange nicht, dass die erforderlichen Hinweise ausschließlich in der betroffenen Person zu finden seien. Dann sei nämlich ein effektiver Schutz vor Gewalt nicht möglich, weil nur sehr selten das Mitführen sicherzustellender Sachen gerade beim einzelnen Versammlungsteilnehmer zu vermuten sei (OVG Münster NVwZ 1982, 46 (47)). Diese Auffassung geht zu weit. Sie vernachlässigt, dass der Begriff der Tatsachen sich nicht – jedenfalls nicht ausschließlich – auf einen bestimmten Ort oder einen bestimmten Vorgang bezieht (wie etwa die „tatsächlichen Anhaltspunkte" in Abs. 2 Nr. 2, Nr. 3), sondern gerade auf die Person abstellt, bei der die Sachen sichergestellt werden könnten. Diese Nähe zum Adressaten legt es nicht nahe, auch solche Personen zu durchsuchen, die aufgrund eines eher allgemeinen Lagebildes zu einem größeren Kreis von Personen zählen, die sicherzustellende Sachen mit sich führen könnten. Die Auslegung des Abs. 1 Nr. 1 durch das OVG Münster birgt die Gefahr einer ausufernden Anwendung dieser Befugnisnorm in sich. **7.1**

Mit der Sicherstellung sind **sämtliche Formen des § 40** gemeint. Die Durchsuchung ist nur dann rechtmäßig, wenn die Sicherstellung – vorausgesetzt, die von Abs. 1 Nr. 1 geforderte Annahme bestätigt sich – **rechtmäßig erfolgen kann.** Im Rahmen der Ermessensentscheidung ist darüber hinaus zu berücksichtigen, ob eine Sicherstellung auch beabsichtigt ist für den Fall des Auffindens einschlägiger Sachen. Andernfalls wäre die Durchsuchung willkürlich erfolgt. Als Durchsuchungsgegenstände kommen insbesondere in Betracht Gegenstände, die bei Ihrer Anwendung allgemein oder gerade im konkreten Einzelfall besonders geeignet sind, gegenwärtige Gefahren herbeizuführen (§ 40 Nr. 1) wie zB **Waffen** (bei drohendem Missbrauch), **gefährliche Gegenstände** (wie zB Baseballschläger bei Schlägereien), **Kfz-Schlüssel** (bei alkoholisiertem Kfz-Führer). Weiterhin kommen solche Sachen in Betracht, die der Eigentümer verloren hat oder deren Beschädigung droht (§ 40 Nr. 2) wie etwa **Geldbörsen, Brieftaschen, Fahrzeuge** oder **entlaufene Tiere.** Auch solche Sachen sind einschlägig, die geeignet sind, Schäden an Gegenständen, Leib oder Leben zu verursachen oder die Flucht zu ermöglichen, wenn die durchsuchte Person festgehalten wird (§ 40 Nr. 3). Schließlich können solche Sachen Ziel einer Durchsuchung sein, die zur Begehung einer Straftat oder Ordnungswidrigkeit gebraucht oder verwertet werden sollen (§ 40 Nr. 4). Das können etwa **Waffen, gefährliche Sachen, Werkzeuge** oder **Sachen im Sinne des BtMG** sein. **8**

Schließlich müssen Tatsachen die Annahme rechtfertigen, dass die Person die Sachen (also körperliche Gegenstände, vgl. § 90 BGB) **„mit sich führt"**. Das ist dann der Fall, wenn die zu durchsuchende Person einen direkten – also unmittelbaren und sofortigen – **Zugriff** auf die Sachen hat (vgl. FLS PolR Hessen K Rn. 156). Im Rahmen der Rechtsfolge des **9**

Abs. 1 Nr. 1 (Durchsuchung einer „Person“) wird diese Voraussetzung, anders als bei § 37 Abs. 1 Nr. 1 (Durchsuchung von „Sachen“), regelmäßig ohne Weiteres erfüllt sein.

2. Abs. 1 Nr. 2

10 Auch diese Befugnisnorm richtet sich sowohl an die Gefahrenabwehrbehörden (vgl. § 1 Abs. 1 S. 1) wie auch die Polizeibehörden (→ Rn. 7). Sie erlaubt eine Durchsuchung von Personen, die sich erkennbar in einem die freie **Willensbestimmung ausschließenden Zustand** oder sonst in **hilfloser Lage** befinden. Diese Tatbestandsvoraussetzungen sind denen des **§ 32 Abs. 1 Nr. 1 nachempfunden,** ohne jedoch die dort verwendete Formulierung „zum Schutz der Person“ zu übernehmen. Man wird aber nach Sinn und Zweck des Abs. 1 Nr. 2 ebenso wie bei § 32 Abs. 1 Nr. 1 davon auszugehen haben, dass solche Durchsuchungen nur **zum Schutz des Betroffenen** durchgeführt werden können (vgl. Hornmann HSOG Rn. 9). Sie können zB abzielen auf das Auffinden von **Ausweispapieren,** um Angehörige zu verständigen oder die Person nach Hause zu bringen. Auch kann es sinnvoll sein, betroffene Personen nach **Medikamenten** zu durchsuchen, wenn sie sich nicht selbst helfen können. In solchen Fällen kann auch eine Durchsuchung nach Hinweisen auf bestehende **Krankheiten, Blutgruppe** etc hilfreich sein. Bei Personen unter Drogeneinfluss kann es sinnvoll sein, sie nach **Drogen** zu durchsuchen, um weiteren Missbrauch zu unterbinden. Bei suizidgefährdeten Personen kann eine Durchsuchung nach Sachen erforderlich sein, mit denen sich die Person töten könnte (vgl. Hornmann HSOG Rn. 9).

3. Abs. 2 Nr. 1

11 Nach Abs. 2 Nr. 1 können die **Polizeibehörden** (sie sind also exklusiv nach § 1 sachlich zuständig) eine Person durchsuchen, wenn diese Person nach dem HSOG oder anderen Rechtsvorschriften **festgehalten werden kann.** Wie sich aus der Formulierung „außer in den Fällen des § 18 Abs. 4“ ergibt, sind Durchsuchungen nach Abs. 2 zum Zwecke der Identitätsfeststellung nicht erlaubt (→ Rn. 22). Unter dem erforderlichen Festhalten sind nach dem klaren Wortlaut des Abs. 2 Nr. 1 nur solche Maßnahmen zu verstehen, die **freiheitsentziehende Eingriffe** beinhalten (aA aber zB Lisken/Denninger PolR-HdB/Rachor/Graulich E Rn. 562, die für die Durchsuchung nach Abs. 2 Nr. 1 auch freiheitsbeschränkende Maßnahmen ausreichen lassen wollen).

11.1 Es ist zuzugeben, dass hier in den einzelnen Regelungen der Bundesländer keine Einheitlichkeit besteht und dass § 53 Abs. 1 Nr. 2 SOG MV so weit geht, die Durchsuchung einer Person dann zuzulassen, wenn „sie nach diesem Gesetz oder anderen Rechtsvorschriften angehalten oder festgehalten werden kann“. Es wäre zum Zwecke der Eigensicherung der Polizeibeamten als Hauptzweck des Abs. 2 Nr. 1 (vgl. Hornmann HSOG Rn. 11) sicher auch wünschenswert, eine Durchsuchung von Personen auch im Rahmen bloßer freiheitsbeschränkender Maßnahmen zuzulassen. Soweit sich aber die entsprechenden Polizeigesetze der Länder – wie auch Hessen – ausdrücklich auf freiheitsentziehende Maßnahmen beschränken, widerspräche eine Ausdehnung des Anwendungsbereichs dieser Bestimmungen ihrem eindeutigen Wortlaut. Eine Regelungslücke entsteht nach hier vertretener Auffassung kaum: Besteht bei bloßem Anhalten das Erfordernis einer Durchsuchung, so werden regelmäßig die Voraussetzungen des sehr weit gefassten Abs. 3 greifen (→ Rn. 21).

12 Das sind – ausweislich des Wortlauts der § 33 Abs. 1 S. 1 und § 34 Abs. 1 – zunächst sämtliche **Freiheitsentziehungen nach dem HSOG** (vgl. § 18 Abs. 4, § 25 Abs. 1 S. 4 und § 32). Die Durchsuchung kann aber auch im Rahmen von Freiheitsentziehungen aufgrund **anderer Gesetze** erfolgen. Dabei ist es gleichgültig, ob es sich um Vorschriften mit präventiver oder repressiver Zielrichtung handelt. So ist die Durchsuchung etwa auch dann erlaubt, wenn sie im Rahmen einer vorläufigen Festnahme nach § 127 Abs. 2 StPO iVm §§ 112 f. StPO erfolgt.

12.1 Einige Stimmen in der Literatur verlangen über den Wortlaut des Abs. 2 Nr. 1 hinaus, dass das Festhalten iSd Abs. 2 Nr. 1 nicht nur rechtmäßig erfolgen „kann“, sondern die Person tatsächlich festgehalten wird (vgl. Kingreen/Poscher POR § 16 Rn. 11). Es trifft sicherlich zu, dass die Durchsuchung einer Person unverhältnismäßig bzw. ermessensfehlerhaft wäre, wenn sie entgegen Sinn und Zweck der Bestimmung nicht auch auf ein anschließendes gefahrloses Festhalten der Person gerichtet wäre. Um diesen Zweck zu sichern, reicht es aber aus zu verlangen, dass die Person rechtmäßig festgehalten werden soll. Damit sind auch solche Fälle erfasst, in denen eine rechtmäßige Freiheitsentziehung vorgesehen war, diese aber aus unvorhersehbaren Gründen nicht durchgeführt werden konnte.

4. Abs. 2 Nr. 2

Nach Abs. 2 Nr. 2 können Personen von den **Polizeibehörden** (es besteht also eine exklusive sachliche Zuständigkeit nach § 1) durchsucht werden, wenn sich die Personen an einem der in **§ 18 Abs. 2 Nr. 1** genannten Orte aufhalten. Man spricht hier von einer sog. **„Ortshaftung"**, dh es ist weder eine Gefahr noch ein Störer iSd §§ 6, 7, 9 erforderlich. Ebenso wie in Abs. 2 Nr. 1 ist eine Suche nach Sachen zur Identitätsfeststellung nicht zulässig (→ Rn. 22). Es handelt sich um eine klassische Begleitmaßnahme im Rahmen von **Razzien** (vgl. Lisken/Denninger PolR-HdB/Rachor/Graulich E Rn. 565). Es geht also um Durchsuchungen, die dazu führen können, die genannten Straftaten zu bekämpfen. Die in § 18 Abs. 2 Nr. 1 gemeinten Orte sind solche Straßen, Plätze oder Räumlichkeiten, auf oder in denen sich typischerweise Gefahren realisieren. Es wird dabei regelmäßig um **Parkplätze, U-Bahnhöfe, Parks, Großstadtbahnhöfe** und ähnliche Orte gehen. Die Annahme, dass an den in § 18 Abs. 2 Nr. 1 genannten Orten die vermeintlich begangenen Handlungen auch stattfinden, muss sich auf **tatsächliche Anhaltspunkte** stützen lassen. Tatsächliche Anhaltspunkte rechtfertigen eine Annahme bereits dann, wenn ein bestimmter Sachverhalt nach gefahrenabwehrbehördlicher oder polizeilicher Erfahrung möglich erscheint und im konkreten Einzelfall hierfür bestimmte Indizien sprechen (→ § 30 Rn. 16). Zudem muss sich die zu durchsuchende Person an einem solchen Ort **„aufhalten"**. Hierzu reicht ein bloßes Passieren des Ortes nicht aus. Vielmehr muss die Person ein **verweilendes Moment** nach außen erkennbar werden lassen, um eine gewisse Beziehung zu dem Ort zu manifestieren. Nur so kann gewährleistet werden, dass die Befugnisnorm eine Anwendung erfährt, nach der lediglich solche Personen Durchsuchungen unterzogen werden, bei denen für ein Auffinden einschlägiger Sachen ein Mindestmaß an erkennbaren personenbezogenen Anhaltspunkten vorhanden ist. Eine zufällige, kurze Anwesenheit, ein bloßes Passieren des Ortes, wie es für ein „Antreffen" etwa in § 18 Abs. 2 Nr. 5, Nr. 6 ausreicht, genügt hier nicht (vgl. mit überzeugenden Argumenten OVG Hamburg NVwZ-RR 2003, 276 f.; aA HessPolFHa/Wittgruber § 18 Rn. 14). Sinn und Zweck der Ermächtigungsgrundlage ist die Bekämpfung der in § 18 Abs. 2 Nr. 1 genannten Straftaten. Es versteht sich von selbst, dass Durchsuchungen diesem Zweck zu dienen haben und nicht willkürlich an beliebigen dort anwesenden Personen durchgeführt werden dürfen (vgl. zur Offenheit des Tatbestandes und zu den damit verbundenen Bedenken hinsichtlich seiner Bestimmtheit Hornmann HSOG Rn. 1). Dass dies auch vom Gesetzgeber so gewollt war, ist an der Formulierung des Abs. 2 Nr. 3 zu erkennen, in dem ausdrücklich auch **auf die Person bezogene Anhaltspunkte** gefordert werden. Es wird also regelmäßig um das Auffinden solcher Sachen und Merkmale gehen, die geeignet sind, unmittelbar bevorstehende oder künftige Straftaten zu verhindern. 13

5. Abs. 2 Nr. 3

Auch diese Befugnisnorm steht exklusiv den **Polizeibehörden** zu; eine sachliche Zuständigkeit der Gefahrenabwehrbehörden (§ 1 Abs. 1 S. 1) ist nicht gegeben. Eine Durchsuchung zum Zwecke der Identitätsfeststellung ist nicht zulässig (→ Rn. 22). Die Bestimmung schützt – wie auch § 18 Abs. 2 Nr. 3 – die sog. **gefährdeten Objekte** oder Orte und dient in erster Linie der **Verhinderung terroristischer Anschläge** auf Einrichtungen, die für die Versorgung der Bevölkerung von besonderer Bedeutung sind. Das sind die genannten Verkehrsanlagen, also **Bus-, U-** und **S-Bahnanlagen** und **-bahnhöfe, Flughäfen, Parkhäuser** usw, des Weiteren Versorgungsanlagen wie **Kernkraft-, Gas-** und **Wasserwerke, Schlachthöfe** usw und **schließlich Amtsgebäude** (sämtliche Bauwerke, in denen Behörden oder Gerichte untergebracht sind). Die Aufzählung ist nicht abschließend (vgl. die Formulierung „oder einem anderen besonders gefährdeten Objekt"). Es kann sich auch um Einrichtungen **öffentlicher Medien,** noch nicht fertiggestellte Amtsgebäude (vgl. Anschlag auf die Justizvollzugsanstalt Weiterstadt 1993) oder **Energieversorgungsanlagen** sowie **Konsulate** oder **Privatwohnungen Prominenter** handeln (vgl. Fredrich § 18 Rn. 16). Die betroffene Person muss sich entweder in dem Objekt aufhalten oder **zumindest in** 14

dessen unmittelbarer Nähe. Mit dieser Tatbestandsvoraussetzung wird gewährleistet, dass sich die Person so nahe an dem Objekt befindet, dass sie ernsthaft als potenzieller Täter in Betracht kommt, sie also binnen kürzester Zeit das gefährdete Objekte erreichen oder den Anschlag von seinem Aufenthaltsort aus durchführen kann. Eine maximale Entfernung für den Begriff „unmittelbare Nähe" lässt sich aufgrund der unterschiedlichen möglichen Fallgestaltungen nicht festlegen, hängt doch alles vom Einzelfall, namentlich von der Beschaffenheit und Umgebung des Objekts sowie von der Art des jeweils befürchteten Anschlags ab.

15 Die befürchteten Straftaten müssen in oder an den gefährdeten Objekten begangen werden. Es kann also auch sein, dass das **Objekt selbst nicht Zielobjekt** der Straftat ist, die Straftat aber im Objekt begangen wird. Im letzten Fall muss allerdings die Straftat einen gewissen Bezug zur **Funktionsfähigkeit des Objekts** haben (vgl. Fredrich § 18 Rn. 18). Solche Straftaten, die zB nur gelegentlich eines dortigen Aufenthalts begangen werden (Hütchenspieler in U-Bahnhof; Besitz von Betäubungsmitteln in Straßenbahn), erfüllen nicht die Tatbestandsvoraussetzungen des Abs. 2 Nr. 3.

16 Die Straftaten müssen Personen an oder in den Objekten und/oder die Objekte selbst **unmittelbar gefährden.** Nur mittelbare Gefährdungen (wie zB der bloße strafbare Besitz von Waffen in einem Parkhaus) rechtfertigen einen Eingriff nach Abs. 2 Nr. 3 nicht.

17 Die Vorschrift kann eine doppelte Prüfung tatsächlicher Anhaltspunkte erforderlich machen. Sie beziehen sich zum einen auf die erwartete Straftat und deren zu befürchtende Folgen; zum anderen muss die Gefährdungslage die Durchsuchung erforderlich machen oder **auf die Person bezogene Anhaltspunkte.** Die Voraussetzungen unterscheiden sich also von denen des § 36 Abs. 2 Nr. 2 iVm § 18 Abs. 2 Nr. 1. Dort verlangt der Gesetzeswortlaut keine auf die betroffene Person bezogenen Anhaltspunkte. Anders als dort knüpft Abs. 2 Nr. 3 an ein konkretes Geschehen an, ist also ereignisabhängig. Es reicht folglich nicht aus, wenn sich in der Vergangenheit Straftaten nach Art des Abs. 2 Nr. 3 ereignet haben. Tatsächliche Anhaltspunkte rechtfertigen eine Annahme vielmehr erst dann, wenn (hier bezogen auf die Straftaten mit ihren Folgen **und** das Verhalten oder die Merkmale der betroffenen Person) ein bestimmter Sachverhalt nach polizeilicher Erfahrung möglich erscheint und im konkreten Einzelfall hierfür bestimmte Indizien sprechen (vgl. Fredrich § 12 Rn. 1; → Rn. 7). Das Erfordernis der besonderen Gefährdungslage bzw. der auf die Person bezogenen Anhaltspunkte wurde namentlich in Abs. 2 Nr. 3 aufgenommen, weil diese Befugnisnorm einen Rückgriff auf die Vorschriften über die Polizeipflichtigkeit der in Anspruch genommenen Person (§§ 6–9) entbehrlich macht (vgl. amtliche Begründung, LT-Drs. 12/5794, 67). Eine gewissenhafte Prüfung des Verhältnismäßigkeitsgrundsatzes bei Anwendung dieser Vorschrift erscheint daher geboten (vgl. Hornmann HSOG § 18 Rn. 32).

6. Abs. 2 Nr. 4

18 Auch diese Befugnisnorm steht exklusiv den **Polizeibehörden** zu; eine sachliche Zuständigkeit der Gefahrenabwehrbehörden (§ 1 Abs. 1 S. 1) ist nicht gegeben. Eine Durchsuchung zum Zwecke der Identitätsfeststellung ist nicht zulässig (→ Rn. 22). Die Befugnisnorm will Personen schützen, die in besonderem Maße gefährdet erscheinen. Solche sog. **Risikopersonen** können zB Politiker sein oder namhafte Personen aus dem Geschäftsleben, Stars und Sternchen aus dem Showbusiness (vgl. Fredrich § 18 Rn. 20), aber auch im Fokus der öffentlichen Aufmerksamkeit stehende Personen, wenn sie – auch ohne ersichtlichen Grund – ernsthaften Bedrohungen in Leib und Leben ausgesetzt sind. Unter „räumlichem Umfeld" versteht man solche Entfernungen zur Risikoperson, die ihre Gefährdung durch den Adressaten der Durchsuchung erlaubt. Das kann bei Konzerten berühmter Musiker die Konzerthalle oder der Platz sein, auf dem der Auftritt stattfindet. Bei namhaften Politikern das Studio, in dem Interviews oder Talkshows stattfinden usw. Die zu durchsuchende Person muss sich in diesem Umfeld **aufhalten.** Ein bloßes Passieren reicht nicht aus (str., vgl. zur Unterscheidung beider Begriffe → Rn. 13). Schließlich müssen **tatsächliche Anhaltspunkte** (vgl. zum Begriff → Rn. 13) die Maßnahme zum Schutz der Person rechtfertigen. Das kann zB ein Verhalten in Form hartnäckiger Versuche sein, sich der Person „unauffällig" zu nähern oder etwa das Mitführen fragwürdiger Sachen (wie etwa größere Gegenstände, die in Taschen oder unter der Kleidung verborgen werden).

7. Abs. 2 Nr. 5

Ausweislich des Wortlauts der Bestimmung ist die Durchsuchung von Personen nach dieser Norm exklusiv den **Polizeibehörden** gestattet. Die zu durchsuchende Person muss zur Gezielten Kontrolle nach § 17 oder einer vergleichbaren Vorschrift ausgeschrieben sein. Von der Möglichkeit, eine solche Gezielte Kontrolle zu erlauben hat der hessische Gesetzgeber mit Gesetz v. 28.9.2015 (HessGVBl. I 346) Gebrauch gemacht. Sie beruht auf Art. 99 Abs. 5 S. 1 SDÜ, der im „Schengen-Raum" neben einer (verdeckten) polizeilichen Beobachtung (Registrierung) auch eine Ausschreibung zur gezielten Kontrolle erlaubt. Der Gesetzgeber reagiert mit der Gezielten Kontrolle nach § 17 auf verstärkte Aktivitäten weltweit vernetzter extremistischer und terroristischer Straftäter (vgl. Regierungsbegründung, LT-Drs. 19/1979, 35). Mit Einführung des § 17 besteht jetzt die Möglichkeit für die hessischen Polizeibehörden, unabhängig von einer Ausschreibung zur Gezielten Kontrolle im Schengener Informationssystem, eine solche Ausschreibung selbst vorzunehmen. 19

Die Durchsuchung von Personen nach Abs. 2 Nr. 5 setzt entweder eine Ausschreibung zur Gezielten Kontrolle nach § 17 voraus oder nach einer „vergleichbaren Rechtsvorschrift". In Betracht kommen zur Zeit insbesondere Art. 99 SDÜ oder § 25 BWPolG. Maßnahmen gegen Personen, die oder deren von ihnen geführte Kfz zur Gezielten Kontrolle ausgeschrieben sind, sind nur gestattet, wenn jeweils die besonderen rechtlichen Voraussetzungen für diese Maßnahmen erfüllt sind (vgl. § 17 Abs. 3). Aus diesem Grund waren insbesondere die Ergänzungen in § 18 Abs. 2 Nr. 7, § 36 Abs. 2 Nr. 5 und § 37 Abs. 2 Nr. 5 erforderlich. 20

8. Abs. 3

Abs. 3 ist – neben § 59 Nr. 1 – eine der bedeutendsten Ermächtigungsgrundlagen zum Zwecke der **Eigensicherung von Polizeivollzugsbeamten.** Zur Durchsuchung nach Abs. 3 sind nur sie befugt. Als Zuständigkeitsbestimmung kommt daher in erster Linie § 1 Abs. 1 S. 1 oder Abs. 4 in Betracht. Ausweislich der Rechtsfolge der Vorschrift ist eine Durchsuchung nach Sachen oder Merkmalen, die der Identitätsfeststellung dienen, nicht zulässig (→ Rn. 22). Voraussetzung ist zunächst, dass die Identität der zu durchsuchenden Person festgestellt werden soll, was zum einen voraussetzt, dass die **beabsichtigte Identitätsfeststellung rechtmäßig** ergehen kann und auch tatsächlich vorgesehen ist. Auf welche Rechtsgrundlagen die Identitätsfeststellung gestützt werden kann, ist gleichgültig; es kommen sowohl die Vorschriften des § 18, aber auch solche nach anderen Rechtsvorschriften präventiver wie repressiver Art in Frage (zB §§ 163b, 111 StPO, § 49 AufenthG, §§ 16, 19 AsylG usw; vgl. Hornmann HSOG Rn. 13). Die Durchsuchung muss weiterhin dem **Schutz von Leib und Leben** dienen, wobei es ohne Bedeutung ist, ob damit Polizeivollzugsbeamte oder Dritte geschützt werden sollen. Es muss aber **keine konkrete Gefahr** für Leib und Leben bestehen. Vielmehr reicht es aus, dass die „Umstände" die Durchsuchung erforderlich machen. Dieser Begriff findet in den Befugnisnormen des HSOG nur selten Anwendung. Abs. 3 verzichtet mit seiner Verwendung bewusst auf Begriffe wie „tatsächliche Anhaltspunkte" oder „Tatsachen, die die Annahme rechtfertigen" (vgl. → § 30 Rn. 16) und stellt allein auf die **Gesamtumstände des Einzelfalls** vor Ort ab (vgl. VG Frankfurt a. M. BeckRS 2013, 52910 zu § 14 Abs. 6). Der handelnde Polizeibeamte hat den gesamten momentan verwertbaren Lebenssachverhalt zu berücksichtigen, um die Erforderlichkeit der Durchsuchung zu beurteilen. In Betracht kommen etwa unkooperatives Verhalten, schlechte, zB nächtliche, unübersichtliche Sichtverhältnisse, entlegene Orte, Ergebnisse eines Datenabgleichs, beabsichtigte Mitnahme im Dienst-Kfz etc. Kann aufgrund solcher **Gesamtumstände nicht ausgeschlossen** werden, dass es zu Gefahren für Leib und Leben kommt, so darf nach den genannten Gegenständen durchsucht werden. Angesichts des auf die Eigensicherung der Beamten bzw. den Schutz Dritter abzielenden Zwecks der Vorschrift ist diese **extensive Auslegung** des Begriffs **„Umstände"** geboten (vgl. VG Frankfurt a. M. BeckRS 2013, 52910 zu § 14 Abs. 6). Eine Durchsuchung nach Abs. 3 ist dann rechtswidrig, wenn die durchsuchte Person unter realistischer Einschätzung der Umstände keine ernst zu nehmende Gefahr für die Polizeibeamten oder Dritte darstellen kann. 21

9. Rechtsfolgen des Abs. 1–3

22 Die Rechtsfolgen des Abs. 1–3 unterscheiden sich nach den verschiedenen Absätzen der Bestimmung. Nach Abs. 1 kann sowohl nach Sachen oder Merkmalen durchsucht werden, die der Identitätsfeststellung dienen als auch nach anderen Sachen oder Merkmalen. Eine Sonderstellung nimmt Abs. 1 Nr. 2, der nach seinem Sinn und Zweck eine Durchsuchung nur nach solchen Sachen zulässt, die dem Schutz der Person dienen können (→ Rn. 10). Die Rechtsfolgen des Abs. 2 und 3 schränken die Durchsuchung grundsätzlich auf solche Sachen ein, die nicht der Identitätsfeststellung dienen (vgl. Kramer HessPolR Rn. 229; Hornmann HSOG Rn. 9 f.). Abs. 3 beschränkt die Durchsuchung zudem auf Waffen iSd § 1 WaffG sowie andere gefährliche Gegenstände oder Explosivmittel.

10. Adressat der Durchsuchung

23 Sämtliche Befugnisnormen des Abs. 1–3 für die Durchsuchung von Personen enthalten spezialgesetzlich geregelte **Normadressaten,** die vom Gesetzgeber jeweils genau umschrieben sind. Eine Prüfung der §§ 6, 7, 9 ist somit nicht erforderlich (vgl. Schenke PolR Rn. 148; aA Kingreen/Poscher POR § 17 Rn. 10, die mit Ausnahme des Abs. 1 Nr. 2 stets einen Verhaltensstörer annehmen; das ist zweifelhaft, weil die Bestimmungen – anders als §§ 6, 7, 9 – keine konkrete Gefahr verlangen, sondern ein polizeiliches Einschreiten bereits unterhalb deren Schwelle erlauben).

11. Besondere Verfahrensvorschrift für die Durchsuchung (Abs. 4)

24 Abs. 4 schreibt grundsätzlich vor, dass Durchsuchungen nur von Beamtinnen/Beamten gleichen Geschlechts oder von Ärztinnen/Ärzten vorgenommen werden dürfen. Die Vorschrift nimmt damit Rücksicht auf das **allgemeine Persönlichkeitsrecht** (vgl. BVerfG BeckRS 2009, 31732; VG Gießen 27.9.2010 – 9 K 17008/09G) der von Durchsuchungen Betroffenen, die eine gleichgeschlechtliche Durchsuchung regelmäßig vorziehen.

24.1 Das kann aufgrund besonderer Gegebenheiten im Einzelfall anders sein. Um dem gerecht zu werden, sollte auch im Polizeirecht eine **Wahlfreiheit** der betroffenen Person entsprechend § 81d Abs. 1 S. 2 StPO anerkannt werden.

25 Ist die sofortige Durchsuchung durch Angehörige anderen Geschlechts nicht wegen einer **Gefahr für Leib oder Leben** erforderlich (zB bei aggressiven Personen, die nach Waffen oder gefährlichen Gegenständen zu durchsuchen sind), so ist eine Beamtin/ein Beamter gleichen Geschlechts oder eine Ärztin/ein Arzt herbeizurufen. Ärztinnen oder Ärzte können im Wege der **Amtshilfe** oder als sog. **Verwaltungshelfer** tätig werden. Letzteres dürfte – trotz entgegenstehender Praxis – für andere **(Privat-) Personen ausgeschlossen** sein. Das sollte auch dann gelten, wenn die zu durchsuchende Person zustimmt. Gerade Maßnahmen, die den Schambereich des Bürgers tangieren, sollten nur auf Ärztinnen oder Ärzte übertragen werden dürfen. Ansonsten ist auf die Maßnahme zu verzichten. Abs. 4 schreibt seit 2018 nun ausdrücklich die Durchsuchung im Falle einer mit ihr verbundenen Entkleidung nur durch Polizeivollzugsbeamtinnen oder Polizeivollzugsbeamte gleichen Geschlechts oder durch Ärztinnen oder Ärzte vor, in der Praxis also insbesondere dann, wenn die Person bei einer Ingewahrsamnahme nach Waffen oder gefährlichen Gegenständen durchsucht werden soll (→ Rn. 2). Diese Verpflichtung soll selbst dann gelten, wenn die sofortige Durchsuchung zum Schutz gegen eine Gefahr für Leib oder Leben erforderlich ist. Diese recht apodiktische Formulierung des Abs. 4 Hs. 2 erscheint nicht unproblematisch. Es erscheint unter praktischem Aspekt durchaus vorstellbar, dass eine Person entkleidet und durchsucht werden muss, um ernste Angriffe auf das Leben von Beamten abwehren zu können, ohne dass es die Umstände des Einzelfalls erlauben, eine beamtete Person gleichen Geschlechts herbeizuholen. Ein **Verstoß** gegen Abs. 4 führt zur **Rechtswidrigkeit** der Durchsuchung. Er ist **nicht heilbar,** weil die Rechtsverletzung im Nachhinein nicht mehr abwendbar ist (Schmidt PolR Rn. 492a). Bei fortbestehender Sachlage kann aber die Durchsuchung unter Beachtung von Abs. 4 erneut durchgeführt werden (zum Begriff der Durchsuchung und zu ihren Grenzen → Rn. 2).

II. Untersuchung (Abs. 5)

1. Voraussetzungen (Abs. 5)

Abs. 5 wurde im Jahr 2009 (HessGVBl. I 635) ergänzt. Seitdem erlaubt die Norm nicht nur **Untersuchungen,** sondern auch Entnahmen von **Blutproben** und andere **körperliche Eingriffe** (Abs. 5 S. 1). Die Änderung war zur Verbesserung der Eigensicherung von Polizeivollzugsbeamten vorgenommen worden. Sie bezweckt insbesondere deren Schutz, wenn Untersuchungen erforderlich werden, um eine **mögliche Infektion** (etwa mittels des HIV) durch Angreifer zu ermitteln, greift aber auch bei Verletzungen Dritter, etwa bei Vergewaltigungen etc. Deshalb ist es für die Prüfung des Abs. 5 S. 1 ohne Bedeutung, ob die durchsuchte Person selbst gefährdet ist oder ob von ihr eine Gefahr für andere Personen ausgeht. Ein Rückgriff auf § 11 scheidet für solche Maßnahmen nunmehr aus. Außerdem wurde die Vorschrift um ihren S. 5 ergänzt, der eine weitere Nutzung der durch die Untersuchung oder den körperlichen Eingriff gewonnenen **personenbezogenen Daten** nur unter bestimmten Voraussetzungen zulässt. Die übrigen Vorschriften (sämtlich besondere Verfahrensvorschriften) blieben inhaltlich unverändert. 26

Voraussetzung für eine Untersuchung (→ Rn. 3) oder die Entnahme von Blutproben bzw. andere (mit Verletzungen verbundene) körperliche Eingriffe ist eine konkrete, also eine im einzelnen Falle bestehende (vgl. § 11) **Gefahr für Leib oder Leben.** Eine solche Gefahr kann im Falle einer Untersuchung etwa dann vorliegen, wenn die Person **Sachen verschluckt,** um sie dem Zugriff der Beamten zu entziehen, wie etwa Drogen. In solchen Fällen können die erforderlichen Maßnahmen möglicherweise auch auf §§ 81a, 81c StPO gestützt werden, je nachdem, ob sie schwerpunktmäßig präventiven oder repressiven Zielen dient (vgl. zur sog. Schwerpunkttheorie OVG Hamburg DÖV 2019, 37; (vgl. zur sog. Schwerpunkttheorie OVG Hamburg DÖV 2019, 37; zur Möglichkeit präventiver Maßnahmen während eines bereits laufenden Ermittlungsverfahrens vgl. BGH NStZ-RR 2018, 146). Das hängt im Einzelfall insbesondere davon ab wie gravierend die Rechtsgüter Leib und Leben beeinträchtigt werden könnten. Je nach Schwere des Eingriffs kann eine Gefahr auch dann zu bejahen sein, wenn lediglich ein **Gefahrenverdacht** vorliegt. Insbesondere bei Entnahmen von Blutproben und anderen Eingriffen, die dem Schutz Dritter dienen, also bei **typischen Gefahrenerforschungseingriffen** muss ein Gefahrenverdacht ausreichend sein. Der Rechtseingriff kann also selbst dann zulässig sein, wenn etwa die Infektion eines Beamten durch die untersuchte Person eher unwahrscheinlich ist, weil in vielen Fällen nur so eine effektive Hilfe des vermeintlich Infizierten möglich ist. Das ist auch dann noch der Fall, wenn eine Infektion sehr unwahrscheinlich ist, aber nicht ganz ausgeschlossen werden kann (vgl. Lisken/Denninger PolR-HdB/Rachor/Graulich E Rn. 580). 27

Untersuchungen und körperliche Eingriffe setzen nach Abs. 5 S. 1 immer voraus, dass sie **aus ärztlicher Sicht erforderlich** sind. Damit soll ausgeschlossen werden, dass medizinisch laienhafte Einschätzungen durch Opfer oder Beamte die Maßnahme bedingen. Letztlich entscheidet also nicht die – unbegründete – Sorge um Leib und Leben des Opfers, sondern die **medizinisch fundierte Beurteilung der Notwendigkeit** einer Untersuchung/Eingriffs durch einen Arzt. Dieser muss approbiert oder zur vorübergehenden Ausübung des Arztberufs berechtigt sein (§ 2a BÄO iVm § 2 BÄO). Zahnärzte fallen nicht unter die Vorschrift des Abs. 5 S. 1. Auch darf nach Abs. 1 S. 1 **kein Nachteil für die Gesundheit** der betroffenen Person zu befürchten sein. Ein solcher Nachteil muss also mit an Sicherheit grenzender Wahrscheinlichkeit auszuschließen sein (vgl. Meyer-Goßner/Schmitt/Schmitt StPO § 81a Rn. 17). Er ist dann zu bejahen, wenn die Beeinträchtigung des körperlichen Wohlbefindens erheblich über die Untersuchungs- oder Eingriffsdauer hinauswirkt (vgl. Meyer-Goßner/Schmitt/Schmitt StPO § 81a Rn. 17). 28

2. Rechtsfolgen (Abs. 5)

Rechtsfolgen des Abs. 5 sind **Untersuchung und körperliche Eingriffe** inklusive Entnahme von Blutproben (zum Umfang → Rn. 2 f. und → Rn. 27). Sie stellen schwerwiegende Grundrechtseingriffe dar (→ Rn. 5), sodass der rechtmäßigen Ausübung des Ermessens, insbesondere der **Verhältnismäßigkeitsprüfung,** ein besonderer Stellenwert zukommt. Das zeigt bereits die Formulierung von Abs. 5 S. 1, der expressis verbis die 29

Rechtsfolge auf ärztlich erforderliche Maßnahmen beschränkt, die zudem keine Nachteile für die Gesundheit der betroffenen Person befürchten lassen dürfen (→ Rn. 28). Deshalb muss auf Eingriffe nach Abs. 5 S. 1 verzichtet werden, wenn inkorporierte Sachen gefahrlos vom Betroffenen wieder ausgeschieden werden. Insbesondere das Verabreichen von **Brechmitteln** kann erhebliche Gefahren für Leib und Leben der Betroffenen verursachen. Zu Recht wird hier in Rechtsprechung und Literatur auf massive (zum Teil ganz grundsätzliche) rechtliche Zweifel an der Rechtmäßigkeit solcher Maßnahmen hingewiesen, wobei es in der zitierten Rechtsprechung stets um eine Beurteilung nach repressiven Aspekten geht (vgl. OLG Frankfurt a. M. NJW 1997, 1647; EGMR NJW 2006, 3917: kann Misshandlung iSd Art. 3 EMRK sein; vgl. auch BGH NJW 2010, 2595 allerdings dezidiert auf den Einzelfall abstellend; aA OLG Bremen NStZ-RR 2000, 270: keine grundsätzlichen Bedenken; KG JR 2001, 162; BVerfG NStZ 2000, 96, obiter dictum).

3. Adressat der Untersuchung oder des körperlichen Eingriffs

30 Es gelten die **allgemeinen Adressatenbestimmungen** der **§§ 6, 7, 9.** Einen spezialgesetzlich geregelten Normadressaten formuliert Abs. 5 S. 1 nicht. In aller Regel wird es sich bei der betroffenen Person um einen Verhaltensstörer handeln, der durch aktives Tun (zB Verschlucken von Giftstoffen) die Untersuchung (oder den Eingriff) erforderlich gemacht hat.

4. Besondere Verfahrensvorschriften für Untersuchung und körperlichen Eingriff (Abs. 5 S. 2–5)

31 Abs. 5 S. 2–5 enthält **besondere Verfahrensvorschriften** für Untersuchungen und körperliche Eingriffe. Danach bedürfen solche Maßnahmen einer **richterlichen Anordnung,** soweit nicht Gefahr im Verzuge vorliegt (zum Begriff → § 30 Rn. 35). Regelmäßig wird aber genügend Zeit verstreichen bis ein Arzt die Maßnahme umsetzen kann, sodass auch Zeit für die Einholung einer richterlichen Entscheidung gegeben sein wird. Nach Abs. 5 S. 3 gilt für das Verfahren § 39 Abs. 1, der wiederum auf die Vorschriften des FamFG verweist. Es ist aber nach Abs. 5 S. 3 das Amtsgericht zuständig, in dessen Bezirk die Polizeibehörde ihren Sitz hat. Das sichert eine ortsnahe und damit auch zügige Abwicklung des Gerichtsverfahrens (zur Frage der Zuständigkeit der ordentlichen Gerichtsbarkeit statt der Verwaltungsgerichtsbarkeit vgl. → § 33 Rn. 27). Im kaum zu erwartenden Fall einer Gefahr im Verzug darf nach Abs. 5 S. 4 die Entscheidung auch von den **Polizeibehörden** getroffen werden, wobei bereits die Formulierung „darf auch" verdeutlicht, dass es sich dabei um eine **Ausnahme** handelt. Nach Abs. 5 S. 5 dürfen Untersuchungen und körperliche Eingriffe nur von **Ärztinnen und Ärzten** vorgenommen werden (zum Begriff des „Arztes" → Rn. 28). Abs. 5 S. 6 enthält eine **Zweckbindung,** wonach durch Untersuchung oder körperlichen Eingriff gewonnene personenbezogene Daten nur zu dem Zweck verwendet werden dürfen, zu dem sie auch erhoben wurden. Eine **Ausnahme** gilt für den Fall schwerwiegender Gesundheitsgefährdungen, soweit sie dies im Rahmen der Verhältnismäßigkeit rechtfertigen.

F. Rechtscharakter von Durchsuchung, Untersuchung und körperlichem Eingriff

32 Die Befugnisnormen des § 36 berechtigen zu Handlungen der Behörden, die regelmäßig mit sog. Begleitverfügungen einhergehen. Durchsuchungen, Untersuchungen und körperliche Eingriff sind somit **Realakte,** die meist mittels **Verwaltungsakten** vorbereitet werden. Diese Verwaltungsakte können sog. **Duldungsverfügungen** sein, sie können aber **Aufforderungen zu einem bestimmten Tun** enthalten – etwa eine bestimmte Körperhaltung einzunehmen, sich an einen bestimmten Ort zu begeben (diff. Schmidt PolR Rn. 501: Durchsuchung hat Doppelfunktion als Realakt einerseits und konkludente Duldungsverfügung andererseits; ähnlich VG Gießen LKRZ 2010, 463). Die Durchsuchung als bloßer Realakt (vgl. Gusy PolR Rn. 247) kann folgerichtig nicht mit Zwang durchgesetzt werden, Begleitverfügungen hingegen schon.

G. Rechtsschutz

In aller Regel wird die Durchsuchung durch einen **Verwaltungsakt** iSd § 35 S. 1 HVwVfG gegenüber dem Betroffenen bekannt gegeben. Dagegen sind **Anfechtungswiderspruch** (§§ 68 ff. VwGO) und im Hauptverfahren **Anfechtungsklage** (§ 42 Abs. 1 VwGO) statthaft. Da sich die Maßnahme meist innerhalb von Minuten erledigt hat, kommt ein **Eilrechtsschutz** nach § 80 Abs. 5 S. 1 VwGO nicht in Betracht. Vielmehr ist im Hauptverfahren eine **Fortsetzungsfeststellungsklage** zu erheben (vgl. § 113 Abs. 1 S. 4 VwGO analog), die allerdings ein besonderes Feststellungsinteresse voraussetzt (vgl. iE BeckOK VwGO/Decker VwGO § 113 Rn. 85 ff.). 33

§ 37 Durchsuchung von Sachen

(1) Die Gefahrenabwehr- und die Polizeibehörden können eine Sache durchsuchen, wenn
1. sie von einer Person mitgeführt wird, die nach § 36 durchsucht werden darf,
2. Tatsachen die Annahme rechtfertigen, dass sich in ihr eine Person befindet, die widerrechtlich festgehalten wird oder hilflos ist, oder
3. Tatsachen die Annahme rechtfertigen, dass sich in ihr oder an ihr eine andere Sache befindet, die sichergestellt werden darf.

(2) Die Polizeibehörden können, außer in den Fällen des § 18 Abs. 4, eine Sache durchsuchen, wenn
1. Tatsachen die Annahme rechtfertigen, dass sich in ihr eine Person befindet, die in Gewahrsam genommen werden darf,
2. sie sich an einem der in § 18 Abs. 2 Satz 1 Nr. 1 genannten Orte befindet,
3. sie sich in einem Objekt im Sinne des § 18 Abs. 2 Satz 1 Nr. 3 oder in dessen unmittelbarer Nähe befindet und Tatsachen die Annahme rechtfertigen, dass in oder an diesen Objekten Straftaten begangen werden sollen, durch die in oder an diesen Objekten befindliche Personen oder diese Objekte selbst unmittelbar gefährdet sind, und dies aufgrund der Gefährdungslage oder auf die Person bezogener Anhaltspunkte erforderlich ist,
4. es sich um ein Land-, Wasser- oder Luftfahrzeug handelt, in dem sich eine Person befindet, deren Identität nach § 18 Abs. 2 Satz 1 Nr. 5 oder 6 festgestellt werden darf, und in den Fällen des § 18 Abs. 2 Satz 1 Nr. 6 tatsächliche Anhaltspunkte die Annahme rechtfertigen, dass sich in oder an dem Fahrzeug eine Sache befindet, die sichergestellt werden darf; die Durchsuchung kann sich auch auf die in oder an dem Fahrzeug befindlichen Sachen erstrecken oder
5. sie von einer Person mitgeführt wird, die zur Gezielten Kontrolle nach § 17 oder einer vergleichbaren Rechtsvorschrift ausgeschrieben ist, oder es sich um ein derart ausgeschriebenes Kraftfahrzeug handelt; im Falle einer Ausschreibung des Kraftfahrzeugs kann sich die Durchsuchung auch auf die in oder an dem Fahrzeug befindlichen Sachen erstrecken.

(3) [1]Bei der Durchsuchung von Sachen hat die Inhaberin oder der Inhaber der tatsächlichen Gewalt das Recht, anwesend zu sein. [2]Bei Abwesenheit ist, wenn möglich, eine Person, die zur Vertretung befugt ist, oder eine andere Person als Zeugin oder als Zeuge hinzuzuziehen. [3]Der Inhaberin oder dem Inhaber der tatsächlichen Gewalt ist auf Verlangen eine Bescheinigung über die Durchsuchung und ihren Grund zu erteilen.

Überblick

Auszug aus der VVHSOG (nicht an die aktuelle Gesetzeslage angepasst und gem. Erlass des Hessischen Ministeriums des Innern und für Sport v. 29.11.2022 (StAnz. 50/2022, 1384) zum 1.1.2025 mangels eines erneuten Verlängerungserlasses ersatzlos außer Kraft getreten):

Zu § 37

37.0.1

§ 37 regelt die Durchsuchung von Sachen zur Gefahrenabwehr. Die Durchsuchung von Sachen in Straf- und Bußgeldverfahren richtet sich nach §§ 102 ff. StPO bzw. § 46 OWiG in Verbindung mit §§ 102 ff. StPO.

37.0.2

Sache im Sinne dieser Vorschrift ist jeder Gegenstand, sofern es sich nicht um am Körper befindliche Kleidungsstücke und deren Inhalt handelt (vgl. Nr. 36.0.2).

37.0.3

Für die Durchsuchung im befriedeten Besitztum gelten die §§ 38, 39.

37.0.4

Bei einer Durchsuchung aufgefundene Sachen sind bei der betroffenen Person zu belassen, wenn sie weder sichergestellt (§ 40) noch beschlagnahmt (vgl. zum Beispiel §§ 94 ff. StPO) oder nach § 34 Abs. 3 Satz 3 einbehalten werden dürfen.

37.1

Zu Abs. 1

Nach Nr. 1 kann sich unter den Voraussetzungen des § 36 die Durchsuchung der Person auch auf die Sachen erstrecken, die die betroffene Person mitführt, d. h. die in ihrem unmittelbaren und sofortigen Zugriff stehen.

37.2

Zu Abs. 2

37.2.1

Die Nr. 2 und 3 erlauben unter den dort genannten Voraussetzungen die Durchsuchung nicht mitgeführter Sachen, die sich an „verrufenen" oder „gefährdeten" Orten im Sinne von § 18 Abs. 2 Nr. 1 und 3 befinden.

37.2.2

Ist das Fahrzeug, das nach Nr. 4 oder Nr. 5 durchsucht werden kann, auch eine Wohnung, müssen zusätzlich die Voraussetzungen des § 38 vorliegen.

37.2.3

Eine der Gezielten Kontrolle nach § 17 vergleichbare Vorschrift im Sinne der Nr. 5 ist zum Beispiel Art. 37 Abs. 4 des EU-Ratsbeschlusses 2007/533/JI.

37.3

Zu Abs. 3

37.3.1

Die Inhaberin oder der Inhaber der tatsächlichen Gewalt ist auf das Recht, bei der Durchsuchung anwesend sein zu können, hinzuweisen.

37.3.2

Zur Vertretung im Sinne von Satz 2 befugt ist diejenige Person, die von der Inhaberin oder dem Inhaber der tatsächlichen Gewalt zur Vertretung bestimmt wurde oder von der dies den Umständen nach anzunehmen ist. Die Hinzuziehung einer zur Vertretung befugten Person oder anderer Personen als Zeuginnen oder Zeugen ist auch dann geboten, wenn die Inhaberin oder der Inhaber der tatsächlichen Gewalt wegen Störung der Durchsuchung entfernt worden ist. Polizeivollzugsbeamtinnen und Polizeivollzugsbeamte kommen als Zeuginnen oder Zeugen nur in Betracht, wenn andere Personen zu diesem Zweck nicht hinzugezogen werden können.

§ 37 normiert verschiedene Befugnisnormen für die Durchsuchung von Sachen (Abs. 1, Abs. 2, → Rn. 7) sowie diesbezüglich besondere Verfahrens- und Formvorschriften (Abs. 3, → Rn. 18). Die Befugnisnorm des Abs. 1 steht sowohl den Gefahrenabwehr- als auch den Polizeibehörden zur Verfügung. Es gilt also im Rahmen einer sachlichen Zuständigkeit nach § 1 Abs. 1 S. 1 auch § 2 S. 1 nebst dem Grundsatz der Erstbefassung. Eine exklusive Zuständigkeit für die Durchsuchung von Sachen bestimmt § 36 Abs. 2. Ein weiter wesentlicher Unterschied besteht zwischen Abs. 1 und Abs. 2 insofern, als Maßnahmen nach § 37 Abs. 1 auch der Identitätsfeststellung dienen dürfen, während § 36 Abs. 2 dies ausdrücklich ausschließt („außer in den Fällen des § 18 Abs. 4").

Übersicht

A. Systematische Stellung

1 Das HSOG enthält **vier Arten der Durchsuchung.** In § 18 ist die Durchsuchung ausschließlich zum Zwecke der Identitätsfeststellung geregelt und umfasst Personen und Sachen. In § 36 dient sie in erster Linie unmittelbar der Abwehr von Gefahren, die bspw. von gefährlichen mitgeführten Sachen ausgehen und umfasst lediglich Personen (vgl. insbesondere § 36 Abs. 2, Abs. 3). In § 37 dürfen lediglich Sachen durchsucht werden und in § 38 geht es (neben dem Betreten) um die Durchsuchung von Wohnungen. Bemerkenswert ist, dass der Gesetzgeber sich nicht dafür entschieden hat, die Ermächtigungsgrundlagen für Durchsuchungen zum Zwecke der Identitätsfeststellung und zu anderen Zwecken strikt zu trennen. Sämtliche Formen der genannten Durchsuchung dienen präventiven Zwecken.

B. Normzweck

2 Maßnahmen nach § 37 gehen anderen Maßnahmen häufig voraus – so etwa dem Gewahrsam oder der Sicherstellung –, werden aber auch parallel zu anderen Eingriffen vorgenommen – etwa bei der Durchsuchung von Personen – oder dienen der Durchsetzung anderer Ziele der Gefahrenabwehr – zB einer Identitätsfeststellung. Unter einer **Durchsuchung** versteht man jedes **ziel-** und **zweckgerichtete Suchen** durch staatliche Organe nach Sachen, Personen oder zur Ermittlung eines Sachverhaltes, um etwas Verborgenes aufzuspüren (vgl. Gusy PolR Rn. 244 mwN). Regelmäßig wird das Gesuchte bei lediglich äußerlicher Betrachtung zunächst nicht wahrnehmbar sein. Ist etwa der Ort, an dem sich eine Sache befindet, bekannt, so ist deren Inverwahrungnahme allein auf die Bestimmungen der §§ 40 ff. (Sicherstellung), nicht aber auf § 37 zu stützen. Der Begriff **„Sache"** iSd § 37 meint zunächst jeden körperlichen Gegenstand iSd § 90 BGB, zB **Taschen, Koffer, Rucksäcke** oder **andere Behältnisse,** aber **auch Kfz** und deren Inhalt. Das können in bestimmten Fällen auch Datenträger sein (vgl. zur Durchsicht von Datenträgern in polizeilicher Verwahrung VGH Mannheim NVwZ-RR 2019, 901 ff.). **Ausgenommen** sind aber **am Körper befindliche Kleidungsstücke** und deren Inhalt. Diese Sachen fallen unter die Bestimmung des § 36 (Durchsuchung von Personen). **Grundstücke** können unter § 37 fallen, wenn sie nicht §§ 38 f. (Durchsuchung von Wohnungen) zuzuordnen sind. Sie sind § 37 jedenfalls dann zuzuordnen, wenn es sich um unbefriedete Grundstücke handelt (vgl. Möller/Warg PolR Rn. 382). Unter § 37 fallen auch **Wohnwagen, Wohnmobile, Zelte** oder **Schiffe, soweit** sie **nicht bewohnt** werden. Werden Sie bewohnt, so handelt es sich regelmäßig um Wohnungen iSd § 38 (vgl. Fredrich Rn. 2).

C. Grundrechte

3 Nach gängiger Auffassung greifen Durchsuchungen von Sachen in **Art. 14 GG** „Eigentum" ein, weil dadurch das von diesem Grundrecht auch geschützte Besitzrecht mit dem Zugriff auf die Sachen beeinträchtigt wird. Das trifft den Kern des Grundrechtseingriffs aber nur zum Teil. Letztlich wird der Betroffene die Durchsuchung seiner Sachen immer auch und in erster Linie als einen Eingriff in seine **Persönlichkeitssphäre** empfinden, denn

dadurch erhält der Hoheitsträger final Kenntnis von persönlichen Umständen, die der Betroffene für sich behalten will. Dass es dabei zwangsläufig auch zu Eingriffen in Art. 14 GG kommen kann, schließt die Beeinträchtigung anderer Grundrechte nicht aus. Das würde dem Charakter einer Durchsuchung von Sachen nicht gerecht. Es sollte vielmehr regelmäßig auf einen Eingriff in das **allgemeine Persönlichkeitsrecht** iSd Art. 2 Abs. 1 GG iVm Art. 1 Abs. 1 GG abgestellt werden, wobei es sich hier – nicht nur bei dem Zwecke der Identitätsfeststellung dienenden Durchsuchungen – um die Unterform des Rechts auf **informationelle Selbstbestimmung** handeln dürfte (vgl. VerfGH Bayern NVwZ 2006, 1284 (1286)).

3.1 Der VerfGH Bayern hat zurecht entschieden, dass es gerade der Wesenscharakter einer Durchsuchung von Sachen sei, durch ein ziel- und zweckgerichtetes Suchen oder Ausforschen in die private Sphäre des Betroffenen einzudringen (vgl. VerfGH Bayern NVwZ 2006, 1284 (1286)). Jedenfalls nicht oder nur beschränkt einsehbare mitgeführte Sachen, insbesondere verschlossene Behältnisse, aber etwa auch Taschen oder nicht am Körper getragene Kleidung, zählten zur Privat- und Intimsphäre des betroffenen Besitzers (vgl. VerfGH Bayern NVwZ 2006, 1284 (1286)). Durch den stigmatisierenden Charakter der Durchsuchung handele es sich um einen besonders schweren Eingriff in das Recht auf informationelle Selbstbestimmung. Dieses Recht sei nämlich nicht auf den Anwendungsbereich von Datenschutzgesetzen oder datenschutzrechtlichen Sonderregelungen beschränkt (vgl. VerfGH Bayern NVwZ 2006, 1284 (1286) unter Berufung auf BVerfGE 78, 77 (84)).

D. Parallelvorschriften

4 § 37 findet Parallelvorschriften zunächst in den anderen **Polizeigesetzen der Länder** (vgl. zB § 35 BWPolG, auch zum Zwecke der gezielten Kontrolle, vgl. § 30 Nr. 9 BWPolG; vgl. des Weiteren Art. 22 BayPAG (dort auch in Abs. 2 mit einer Regelung für elektronische Speichermedien), § 23 NPOG und § 40 PolG NRW).

5 § 37 Abs. 3 entsprechende besondere Verfahrens- und Formvorschriften finden sich in Art. 22 Abs. 3 BayPAG, § 23 Abs. 2 NPOG und § 40 Abs. 2 PolG NRW. In Baden-Württemberg fehlt eine entsprechende Bestimmung.

6 Im **repressiven Bereich** finden sich Parallelvorschriften in §§ 102 ff. StPO, bei straftatenabhängigen Kontrollstellen in § 111 StPO und eine § 37 Abs. 3 ähnelnde Bestimmung in § 106 StPO.

E. Einzelkommentierung

I. Abs. 1 Nr. 1

7 Voraussetzung für eine Durchsuchung von Sachen (vgl. zum Begriff → Rn. 2) ist, dass diese von einer Person **mitgeführt** wird, die nach **§ 36 durchsucht** werden darf. Die Person führt eine Sache dann mit, wenn sie **unmittelbaren Zugriff** an Ort und Stelle darauf hat (vgl. Lisken/Denninger PolR-HdB/Rachor/Graulich E Rn. 589). Das sind etwa bei einer im Kfz angehaltenen Person zum einen das Kfz selbst als auch alle darin befindlichen Sachen. Denn die in § 36 intendierten Zwecke der Durchsuchungen von Personen könnten in vielen Fällen nicht erreicht werden, wenn nicht auch an Ort und Stelle befindliche Sachen der betroffenen Person mitdurchsucht werden dürften. Außerdem setzt § 37 Abs. 1 Nr. 1 voraus, dass die Person nach § 36 durchsucht werden darf. Das setzt voraus, dass die Durchsuchung der Person formell und materiell rechtmäßig möglich ist. Ob die Durchsuchung der Person der Durchsuchung der Sache zeitlich vorangegangen ist oder ihr nachfolgt, dürfte angesichts des Zwecks von Abs. 1 Nr. 1 (→ Rn. 2) unerheblich sein. Bei einer bereits durchgeführten Durchsuchung nach § 36 wird aber ein enger zeitlicher und sachlicher Zusammenhang zu fordern sein (vgl. FLS PolR Hessen K Rn. 182).

II. Abs. 1 Nr. 2

8 Abs. 1 Nr. 2 lässt eine Durchsuchung von Sachen zu, wenn Tatsachen die Annahme rechtfertigen, dass sich in ihr eine Person befindet, die widerrechtlich festgehalten wird oder hilflos ist. Es geht also um Sachverhalte, in denen **Personen befreit** werden sollen, die sich gegen ihren Willen und ohne rechtfertigenden Grund in der Sache befinden. Die Norm erfasst mithin neben Fällen, in denen eine Person Opfer einer regelmäßig strafrechtlich relevanten **Freiheitsberaubung** wird, auch solche Konstellationen, in denen sich eine Person nicht mehr aus eigener Kraft selbst befreien kann, meist wenn sie aufgrund eines **Unglücksfalls** in eine solche Lage geraten ist. Warum sich eine Person in einer hilflosen Lage befindet, ob selbst-, fremd- oder mitverschuldet, ist ohne Belang. Wohnungen sind keine Sachen iSd § 37, sondern sie werden von § 38 erfasst. Deshalb kommen als Sachen iSd § 37 Abs. 1 Nr. 2 in erster Linie **Fahrzeuge** in Betracht, wenn sie nicht als Wohnungen genutzt werden. Aber auch andere Sachen, die ihrer Beschaffenheit nach dazu geeignet sind, Menschen widerrechtlich festzuhalten oder in hilflosem Zustand zu beherbergen, kommen in Betracht. Das können **Erdlöcher, Schächte** oder andere Sachen (wie etwa **leerstehende Blockhütten, Hochsitze, Ställe, Bauruinen** oder Ähnliches) sein, in denen eine Geisel festgehalten wird oder wo sich eine verunfallte Person in hilfloser Lage befindet.

Weil die Behörden im Zeitpunkt der Durchsuchung nach solchen Personen oft unsichere Prognoseentscheidungen zu treffen haben, verlangt Abs. 1 Nr. 2 keine konkrete Gefahr, sondern lässt **Tatsachen** ausreichen, die die in der Norm genannten Annahmen rechtfertigen können (vgl. zum Begriff näher → § 30 Rn. 18). In beiden Fällen des Abs. 1 Nr. 2 dürfte der Schwerpunkt der Maßnahme regelmäßig präventiver Art sein, sodass das HSOG und nicht die StPO anwendbar ist (vgl. zur sog. Schwerpunkttheorie OVG Hamburg DÖV 2019, 37; zur Möglichkeit präventiver Maßnahmen während eines bereits laufenden Ermittlungsverfahrens vgl. BGH NStZ-RR 2018, 146). 9

In solchen Fällen wird es regelmäßig in erster Linie darum gehen, die in eine missliche Lage geratene Person so schnell wie möglich zu befreien, um Gefahren von ihr abzuwenden. Erst in zweiter Linie wird der Schwerpunkt der Maßnahme im repressiven Bereich liegen. Daran wird sich kaum etwas ändern, wenn die befreite Person in einem möglichen Strafverfahren später als Zeuge aussagen soll (so aber Hornmann HSOG Rn. 6). Das ist allenfalls in solchen Fällen vorstellbar, in denen die Gefahr für die befreite Person gering und kurzfristig war, sodass die Gefahrenabwehr gegenüber der Strafverfolgung in den Hintergrund rückt. 9.1

III. Abs. 1 Nr. 3

Nach Abs. 1 Nr. 3 sind Durchsuchungen zulässig, wenn **Tatsachen die Annahme rechtfertigen** (vgl. zum Begriff → § 30 Rn. 16) dass sich in ihr oder an ihr eine andere Sache befindet, die **sichergestellt** werden darf. Der Anwendungsbereich dieser Befugnisnorm ist gering, weil Sachen bereits dann durchsucht werden können, wenn sie von einer Person mitgeführt werden, die durchsucht werden darf (→ Rn. 7). Es bleiben also nur solche Fälle übrig, in denen die von der Maßnahme betroffene Person selbst nicht durchsucht werden darf oder aber die Sache keiner (anwesenden) Person zugeordnet werden kann. Bei der Sicherstellung muss es sich um eine **präventive Sicherstellung** (vgl. §§ 40 ff.) handeln, denn repressive Maßnahmen dieser Art richten sich nach §§ 94, 111b ff. StPO. 10

Ob die Befugnis zur Durchsuchung auch das Auffinden und die Sicherstellung sog. Zufallsfunde umfasst, lässt der Wortlaut von § 37 Abs. 1 Nr. 3 und § 40 offen (dafür Lisken/Denninger PolR-HdB/Rachor/Graulich E Rn. 593; aA Hornmann HSOG Rn. 7). Eine direkte Anwendung des § 108 StPO scheidet aus, weil sich § 37 Abs. 1 Nr. 3 allein auf präventive Sicherstellungen bezieht (vgl. Lisken/Denninger PolR-HdB/Rachor/Graulich E Rn. 592 f.; Hornmann HSOG Rn. 7). Auch ergibt sich aus § 40 Nr. 4 keine Befugnis, Zufallsfunde sicherzustellen und daher auch nach ihnen zu suchen. Die niedrige Einschreitschwelle der „tatsächlichen Anhaltspunkte" in § 40 Nr. 4 befugt nicht, aufs Geratewohl Sachen sicherzustellen bzw. nach ihnen zu suchen, sondern erlaubt dies eben nur dann, wenn tatsächliche Anhaltspunkte bei einer ganz bestimmten Sache, die bereits gefunden wurde, für einen Gebrauch oder die Verwendung bei Straftaten oder Ordnungswidrigkeiten sprechen. Es lässt sich deshalb aus § 40 Nr. 4 nicht der Schluss auf die Zulässigkeit von Durchsuchungen nach Zufallsfunden herleiten (so aber Lisken/Denninger PolR-HdB/Rachor/Graulich E Rn. 593). 10.1

IV. Abs. 2 Nr. 1

Nach Abs. 2 Nr. 1 können (exklusiv) die **Polizeibehörden** eine Sache durchsuchen, wenn **Tatsachen die Annahme rechtfertigen** (vgl. zum Begriff → § 30 Rn. 16), dass sich in der Sache eine Person befindet, die in **Gewahrsam** genommen werden darf. Das 11 setzt insbesondere voraus, dass der Gewahrsam rechtmäßig durchgeführt werden darf. Diese beabsichtigte freiheitsentziehende Maßnahme muss sich aber auf präventive Rechtsnormen stützen. In Betracht kommt ein Festhalten nach § 18 Abs. 4, § 25 Abs. 1 S. 4 ebenso wie ein Gewahrsam nach § 32. Letztgenannter Fall umfasst folglich nicht nur Konstellationen, in denen Sachen nach § 37 Abs. 1 Nr. 2 durchsucht werden dürfen, weil eine hilflose Person dort aufgefunden werden soll (vgl. den sog. Schutzgewahrsam iSd § 32 Abs. 1 Nr. 1). Gemeint sind vielmehr auch die übrigen Fälle des § 32 (§ 32 Abs. 1 Nr. 2–4, § 32 Abs. 3, Abs. 4), in denen die gesuchte Person durchaus auch selbst die abzuwehrende Gefahr verursacht hat (vgl. näher FLS K PolR Hessen Rn. 157). Auch präventive Freiheitsentziehungen außerhalb des HSOG, wie etwa eine Abschiebungshaft nach § 62 AufenthG oder eine Quarantäne nach § 30 IfSG können eine Durchsuchung nach § 37 Abs. 2 Nr. 1 rechtfertigen, nicht jedoch freiheitsentziehende Maßnahmen mit **repressiver Zielrichtung,** wie etwa eine vorläufige Festnahme nach § 127 StPO, eine Verhaftung nach § 114 StPO oder eine Sicherungshaft nach § 112a StPO. Durchsuchungen von Sachen zu solchen Zwecken richten sich allein nach §§ 102 ff. StPO (vgl. Hornmann HSOG Rn. 9; Lisken/Denninger PolR-HdB/Graulich E Rn. 592 f.).

V. Abs. 2 Nr. 2 und Nr. 3

12 Nach Abs. 2 Nr. 2 und Nr. 3 können Sachen (exklusiv von den **Polizeibehörden**) durchsucht werden, wenn sie sich an einem sog. **gefährlichen** (→ § 36 Rn. 13; s. auch § 18 Abs. 2 Nr. 1) oder **gefährdeten Ort** (→ § 36 Rn. 14; s. auch § 18 Abs. 2 Nr. 3) befinden und Tatsachen bestimmte Annahmen rechtfertigen (zum Begriff → § 30 Rn. 16). Sie müssen sich auf Straftaten beziehen, die in oder an diesen Orten/Objekten begangen werden. Zusätzlich verlangt Abs. 2 Nr. 3 aber, dass die Gefährdungslage oder auf die Person bezogene Anhaltspunkte die Durchsuchung erforderlich machen. Dieses auf „die Person" bezogene Erfordernis kann natürlich nur für solche Fälle gelten, in denen eine Person vor Ort ist, der die Sache zuzuordnen ist. In solchen Fällen ist diese Ermächtigungsgrundlage – jedenfalls für mitgeführte Sachen – überflüssig, weil dann bereits § 37 Abs. 1 Nr. 1 iVm § 36 Abs. 2 Nr. 3 greift.

VI. Abs. 2 Nr. 4

13 Abs. 2 Nr. 4 ergänzt die Bestimmungen des **§ 18 Abs. 2 Nr. 5** und **Nr. 6.** Die Befugnis bezieht sich also auf Kontrollstellen, die zur Verhütung bestimmter Straftaten eingerichtet wurden (§ 18 Abs. 2 Nr. 5) und auf Verkehrseinrichtungen, Straßen und Wasserstraßen mit Bezug zur grenzüberschreitenden Kriminalität (§ 18 Abs. 2 Nr. 6). Sie dient in erster Linie dazu, den **Kofferraum eines Kfz** zu durchsuchen, auch wenn daneben noch **Wasser- und Luftfahrzeuge** genannt sind. Durch die umfassende Aufzählung aller denkbaren Fahrzeuge wurde Klarheit geschaffen, dass eben nicht nur Landfahrzeuge von der Eingriffsgrundlage erfasst werden (vgl. zum früheren Streit über die Frage, ob zum Straßenverkehr iSd § 142 StGB auch der Wasserstraßenverkehr zu zählen ist: BGH NJW 1960, 829).

14 In den Fällen von Durchsuchungen im Rahmen einer sog. Schleierfahndung nach Abs. 2 Nr. 4 iVm § 18 Abs. 2 Nr. 6 hat die Rechtsprechung tatbestandsbegrenzende **zusätzliche Voraussetzungen** für die Durchsuchung von Sachen verlangt. Wegen der im Vergleich zur bloßen Identitätsfeststellung bei der Durchsuchung von Sachen gegebenen höheren Eingriffsintensität sei ein verfassungsrechtlich notwendiger Zurechnungszusammenhang zwischen dem Einzelnen und der abzuwendenden (möglichen) Schädigung bzw. eine „erhöhte abstrakte Gefahr" zu fordern (vgl. VerfGH Bayern NVwZ 2006, 1284 (1286) unter Berufung auf LVerfG Mecklenburg-Vorpommern LKV 2000, 149 (155)). Dem ist der Gesetzgeber in Hessen nachgekommen, indem er auch tatsächliche Anhaltspunkte verlangt, die die Annahme rechtfertigen, dass sich in dem Fahrzeug eine Sache befindet, die sichergestellt werden darf. Darüber hinaus müssen die **Lageerkenntnisse** und die **polizeiliche Erfahrung,** auf die sich die Einschätzung stützt, es handele sich bei den Orten um solche von erheblicher Bedeutung für die grenzüberschreitende Kriminalität, intern durch ein **dokumentiertes Verfahren** nachvollziehbar gemacht werden. Aus diesem Verfahren muss sich ergeben, dass hinreichende Gründe aus Lageberichten oder polizeilicher Erfahrung für die Einbeziehung einer bestimmten Straße herleitbar sind. Die Entscheidung hat eine höhere

Stelle zu treffen und regelmäßig zu überprüfen (vgl. LVerfG Mecklenburg-Vorpommern LKV 2000, 149 (156)). Eine Durchsuchung nach § 37 Abs. 2 Nr. 4 iVm § 18 Abs. 2 Nr. 6 darf sich auch auf Sachen erstecken, die sich **in oder an dem Fahrzeug** befinden.

VII. Abs. 2 Nr. 5

Ausweislich des Wortlauts der Bestimmung ist die Durchsuchung von Sachen nach dieser Norm exklusiv den Polizeibehörden gestattet. Die zu durchsuchende Sache muss von einer Person mitgeführt werden, die zur Gezielten Kontrolle nach § 17 oder einer vergleichbaren Vorschrift ausgeschrieben ist oder es muss sich um ein derart ausgeschriebenes Kfz handeln. Im zweiten Fall kann sich die Durchsuchung – ebenso wie in Abs. 2 Nr. 4 – auf die in oder an dem Fahrzeug befindlichen Sachen erstrecken (vgl. Abs. 2 Nr. 5 Hs. 2). Von der Möglichkeit, eine solche Gezielte Kontrolle zu erlauben, hat der hessische Gesetzgeber mit Gesetz v. 28.9.2015 (HessGVBl. I 355) Gebrauch gemacht. Sie beruht auf Art. 99 Abs. 5 S. 1 SDÜ, der im „Schengen-Raum" neben einer (verdeckten) polizeilichen Beobachtung (Registrierung) auch eine Ausschreibung zur Gezielten Kontrolle erlaubt. Der Gesetzgeber reagiert mit der Gezielten Kontrolle nach § 17 auf verstärkte Aktivitäten weltweit vernetzter extremistischer und terroristischer Straftäter (vgl. LT-Drs. 19/1979, 35). Mit Einführung des § 17 besteht jetzt die Möglichkeit für die hessischen Polizeibehörden, unabhängig von einer Ausschreibung zur Gezielten Kontrolle im Schengener Informationssystem, eine solche Ausschreibung selbst vorzunehmen. Die Durchsuchung von Sachen nach § 37 Abs. 2 Nr. 5 setzt entweder eine Ausschreibung zur Gezielten Kontrolle nach § 17 voraus oder nach einer „vergleichbaren Rechtsvorschrift". In Betracht kommen zur Zeit insbesondere Art. 99 SDÜ oder § 25 BWPolG. Maßnahmen gegen Personen, die oder deren von ihnen geführte Kfz zur Gezielten Kontrolle ausgeschrieben sind, sind nur gestattet, wenn jeweils die besonderen rechtlichen Voraussetzungen für diese Maßnahmen erfüllt sind (vgl. § 17 Abs. 3). Aus diesem Grund waren insbesondere die Ergänzungen in § 36 Abs. 2 Nr. 5 und § 37 Abs. 2 Nr. 5 erforderlich. 15

VIII. Rechtsfolgen (Abs. 1, Abs. 2)

Die Rechtsfolgen des Abs. 1 und Abs. 2 unterscheiden sich kaum. Der Normalfall der Befugnisnormen ist sicherlich das ziel- und zweckgerichtete Suchen durch staatliche Organe nach Sachen (vgl. zur Begriffsbestimmung der Durchsuchung → Rn. 2), die von einer Person mitgeführt wird, die durchsucht werden soll. Regelmäßig wird es sich dabei um Sachen handeln, die mit einfacher Körperkraft bewegt werden können (zB **Taschen, Koffer, Speichermedien wie USB-Stick,** vgl. Möller/Warg PolR Rn. 382). Ausnahmen davon enthalten die Vorschriften des Abs. 1 Nr. 2, Abs. 2 Nr. 1, Nr. 4. Sie erlauben die Durchsuchung von Sachen in denen sich Personen befinden können und Fahrzeugen (vgl. Abs. 2 Nr. 4). Diese Sachen dürfen aber nicht unter die Bestimmung des § 38 fallen (→ Rn. 2). Eine weitere Differenzierung der Rechtsfolgen nimmt § 37 in Abs. 1 und Abs. 2 vor: Während eine Durchsuchung zum Zwecke der Identitätsfeststellung nach Abs. 1 zulässig ist, schließt Abs. 2 dies ausdrücklich aus (vgl. die dortige Formulierung „außer in den Fällen des § 18 Abs. 4"). Aus Gründen der **Verhältnismäßigkeit** ist dem Betroffenen auch die Gelegenheit zu geben, die Sachen selbst vorzuzeigen (vgl. Hornmann HSOG Rn. 15), wenn dadurch keine zusätzlichen Gefahren zu befürchten sind. 16

IX. Adressat der Durchsuchung

Die Frage nach dem richtigen Adressaten der Durchsuchungen nach § 37 beantwortet die Norm in sämtlichen Varianten selbst. Ein **Rückgriff auf die Bestimmungen der §§ 6, 7, 9 verbietet sich** daher nach dem Grundsatz „lex specialis derogat legi generali". Im Rahmen des § 37 Abs. 1 Nr. 1 ist das bereits vom Wortlaut der Norm her evident. Richtiger Adressat ist danach immer diejenige Person, die die Sache mit sich führt und die nach § 36 durchsucht werden darf. Nach welchen Grundsätzen sich die dortige Adressatenprüfung richtet, ist im Rahmen des § 37 nur von mittelbarem Belang. Die übrigen Ermächtigungsgrundlagen in Abs. 1 und Abs. 2 enthalten ebenfalls spezialgesetzlich geregelte Normadressaten, denn sie setzen als Tatbestandsvoraussetzungen keine konkrete Gefahr voraus. Es würde 17 diese Befugnisnormen ad absurdum führen, wollte man das Erfordernis einer solchen konkreten Gefahr über die „Hintertür" einer Adressatenprüfung nach §§ 6, 7 oder 9 verlangen. Richtiger Adressat einer Durchsuchung ist vielmehr regelmäßig diejenige Person, die Inhaber der tatsächlichen Gewalt über die Sache ist, weil allein in deren Besitzrecht (Art. 14 GG) und deren Recht auf informationelle Selbstbestimmung (Art. 1 Abs. 1 GG iVm Art. 2 Abs. 1 GG) eingegriffen wird (ähnlich Schmidt PolR Rn. 507; vgl. zu den genannten Grundrechten → Rn. 3).

X. Besondere Verfahrens- und Formvorschriften (Abs. 3)

18 Nach Abs. 3 S. 1 hat der Inhaber der tatsächlichen Gewalt das Recht, während der Durchsuchung der Sachen **anwesend** zu sein, dh er darf sich in unmittelbarer Nähe des Durchsuchungsorts aufhalten. Das schließt die Pflicht der Gefahrenabwehr- und Polizeibehörden ein, die Person zum Durchsuchungsort zu bitten oder zu holen, wenn dies mit vertretbarem Aufwand möglich ist (vgl. Lisken/Denninger PolR-HdB/Rachor/Graulich E Rn. 599). Stört die Person die Amtshandlungen oder besteht sonst durch ihre Anwesenheit eine Gefahr für die öffentliche Sicherheit oder Ordnung, so kann sie des **Ortes verweisen** werden (vgl. § 31 Abs. 1 S. 1). Die zur **Vertretung** befugte Person iSd § 37 Abs. 3 S. 2 kann sowohl gesetzlicher als auch rechtsgeschäftlicher Vertreter sein (vgl. Fredrich Rn. 11). „Andere Personen", die als Zeugin oder Zeuge hinzuzuziehen sind, können beliebige Personen sein, soweit sie zu diesem Zwecke nicht ungeeignet erscheinen; Beamte der **Gefahrenabwehr- oder Polizeibehörden scheiden aber aus,** weil auch sie durch die Norm vor ungerechtfertigten Vorwürfen geschützt werden sollen (vgl. Lisken/Denninger PolR-HdB/Rachor/Graulich E Rn. 599; Fredrich Rn. 11). Ein Verstoß gegen § 37 Abs. 3 S. 2 führt zur **Rechtswidrigkeit** der Durchsuchung (vgl. Hornmann HSOG Rn. 18). Das Gleiche gilt hinsichtlich Abs. 3 S. 3, wonach der betroffenen Person auf Verlangen eine **Bescheinigung** über die Durchsuchung (mit Angaben über Ort, Zeit, Ergebnis) und über den Grund (mit Angabe der Befugnisnorm) auszustellen ist.

18.1 Die wohl hM lehnt das Konstrukt der „bloßen Ordnungsvorschriften", deren Verletzung die Rechtmäßigkeit von Eingriffsmaßnahmen unberührt lassen, ab. Dem ist zuzustimmen, denn diese Lehre stammt aus dem Strafverfahrensrecht und betrifft Fälle, in denen es um die Frage geht, ob bei Verletzung von Verfahrens- und Formvorschriften gewonnene Beweismittel im Strafverfahren verwertbar sind. Sie ist auf das Verwaltungsverfahren nicht übertragbar (vgl. näher Lisken/Denninger PolR-HdB/Rachor/Graulich E Rn. 602).

19 Auf die Rechte nach Abs. 3 S. 1 und S. 3 ist die betroffene Person von Amts wegen hinzuweisen (vgl. § 25 HVwVfG; so auch Hornmann HSOG Rn. 16; aA Fredrich Rn. 10).

F. Rechtscharakter von Durchsuchungen nach Sachen

20 Die Befugnisnormen des § 37 berechtigen zu Handlungen der Behörden, die regelmäßig mit sog. Begleitverfügungen einhergehen (vgl. Kramer HessPolR Rn. 228; vgl. auch Gusy PolR Rn. 255: Durchsuchung ist immer Realakt). Durchsuchungen sind somit **Realakte,** die meist **mittels Verwaltungsakten vorbereitet** werden. Diese Verwaltungsakte können sog. Duldungsverfügungen sein, sie können aber Aufforderungen zu einem bestimmten Tun enthalten – etwa Sachen abzulegen oder zur Durchsuchung zur Verfügung zu stellen, sich an einen bestimmten Ort zu begeben (diff. Schmidt PolR Rn. 501: Durchsuchung hat Doppelfunktion als Realakt einerseits und konkludente Duldungsverfügung andererseits; ähnlich VG Gießen LKRZ 2010, 463). Die Durchsuchung als bloßer Realakt (vgl. Gusy PolR Rn. 247) kann folgerichtig nicht mit Zwang durchgesetzt werden, Begleitverfügungen hingegen schon.

G. Rechtsschutz

21 In aller Regel wird die Durchsuchung durch einen Verwaltungsakt iSd § 35 S. 1 HVwVfG gegenüber dem Betroffenen bekannt gegeben. Dagegen sind **Anfechtungswiderspruch** (§§ 68 ff. VwGO) und im Hauptverfahren Anfechtungsklage (§ 42 Abs. 1 VwGO) statthaft. Da sich die Maßnahme meist innerhalb von Minuten erledigt hat, kommt ein **Eilrechts-**

schutz nach § 80 Abs. 5 S. 1 VwGO nicht in Betracht. Vielmehr ist im Hauptverfahren eine **Fortsetzungsfeststellungsklage** zu erheben (vgl. § 113 Abs. 1 S. 4 VwGO analog), die allerdings ein besonderes Feststellungsinteresse voraussetzt (vgl. iE BeckOK VwGO/Decker VwGO § 113 Rn. 85 ff.).

§ 38 Betreten und Durchsuchung von Wohnungen

(1) Die Wohnung umfasst die Wohn- und Nebenräume, Arbeits-, Betriebs- und Geschäftsräume sowie anderes befriedetes Besitztum, das mit diesen Räumen in Verbindung steht.

(2) Die Gefahrenabwehr- und die Polizeibehörden können eine Wohnung ohne Einwilligung der Inhaberin oder des Inhabers betreten und durchsuchen, wenn
1. Tatsachen die Annahme rechtfertigen, dass sich in ihr eine Sache befindet, die nach § 40 Nr. 1 sichergestellt werden darf, oder
2. dies zur Abwehr einer gegenwärtigen Gefahr für Leib, Leben oder Freiheit einer Person oder für Sachen von bedeutendem Wert erforderlich ist.

(3) Die Polizeibehörden können eine Wohnung ohne Einwilligung der Inhaberin oder des Inhabers betreten und durchsuchen, wenn Tatsachen die Annahme rechtfertigen, dass sich in ihr eine Person aufhält, die nach § 30 Abs. 4 vorgeführt oder nach § 32 in Gewahrsam genommen werden darf.

(4) Rechtfertigen Tatsachen die Annahme, dass sich in einem Gebäude eine Person befindet, die widerrechtlich festgehalten wird oder hilflos ist und für die dadurch Gefahr für Leib oder Leben besteht, so kann die Polizeibehörde die in diesem Gebäude befindlichen Wohnungen ohne Einwilligung der Inhaberinnen oder der Inhaber betreten und durchsuchen, wenn die Gefahr auf andere Weise nicht beseitigt werden kann.

(5) Während der Nachtzeit (§ 104 Abs. 3 der Strafprozessordnung) ist das Betreten und Durchsuchen einer Wohnung nur in den Fällen des Abs. 2 Nr. 2 und des Abs. 4 zulässig.

(6) Wohnungen dürfen jedoch zur Abwehr dringender Gefahren von den in Abs. 2 genannten Behörden jederzeit betreten werden, wenn
1. aufgrund tatsächlicher Anhaltspunkte anzunehmen ist, dass dort
a) Personen Straftaten verabreden, vorbereiten oder verüben,
b) sich Personen ohne erforderlichen Aufenthaltstitel treffen oder
c) sich Straftäterinnen oder Straftäter verbergen, oder
2. sie der Prostitution dienen.

(7) Arbeits-, Betriebs- und Geschäftsräume sowie andere Räume und Grundstücke, die der Öffentlichkeit zugänglich sind oder zugänglich waren und den Anwesenden zum weiteren Aufenthalt zur Verfügung stehen, dürfen zum Zwecke der Gefahrenabwehr während der Arbeits-, Geschäfts- oder Aufenthaltszeit betreten werden.

Überblick

Auszug aus der VVHSOG (gem. Erlass des Hessischen Ministeriums des Innern und für Sport v. 29.11.2022 (StAnz. 50/2022, 1384) zum 1.1.2025 mangels eines erneuten Verlängerungserlasses ersatzlos außer Kraft getreten):

Zu § 38

38. Betreten und Durchsuchen von Wohnungen

38.0

§ 38 regelt das Betreten und die Durchsuchung von Wohnungen zur Gefahrenabwehr. Zur Durchsetzung von ordnungsbehördlichen oder polizeilichen Verwaltungsakten siehe § 47 Abs. 5. Die Durchsuchung von Wohnungen in Straf- und Bußgeldverfahren richtet sich nach §§ 102 ff. StPO beziehungsweise § 46 OWiG in Verbindung mit §§ 102 ff. StPO.

38.1 Zu Abs. 1
Wohnungen sind auch die zu den genannten Zwecken genutzten beweglichen Sachen wie Schiffe, Wohnwagen und Zelte.
38.2 Zu Abs. 2
38.2.1
Inhaberin oder Inhaber ist, wer rechtmäßig die tatsächliche Gewalt über die Räumlichkeiten ausübt, so auch Mieterin, Mieter, Untermieterin, Untermieter, Hotelgast. Bei Gemeinschaftsunterkünften, Internaten, Obdachlosenunterkünften sind nur die Leiterinnen oder Leiter Inhaberinnen oder Inhaber.
38.2.2
Die Befugnis zum Betreten einer Wohnung schließt die Befugnis ein, von Personen, Sachen und Zuständen, die ohne weiteres wahrgenommen werden können, Kenntnis zu nehmen. Soweit erforderlich, umfasst das Betretungsrecht bei Grundstücken auch das Recht zum Befahren mit Fahrzeugen.
38.2.3
Durchsuchen ist das ziel- und zweckgerichtete Suchen nach Personen, Sachen oder Gefahrenquellen. Die Durchsuchung einer Wohnung hat sich auf Anlass und Zweck der Durchsuchung zu beschränken. Befinden sich in der Wohnung Personen oder Sachen, die durchsucht werden sollen, so sind hierfür die §§ 36, 37 maßgebend.
38.4 Zu Abs. 4
Gebäude im Sinne dieser Vorschrift sind Baulichkeiten, die mehr als eine Wohnung umfassen.
38.7 Zu Abs. 7
Die Vorschrift gestattet auch das Betreten solcher Räumlichkeiten, die nicht mehr öffentlich zugänglich sind, sofern sich darin noch Personen aufhalten, die diese Räumlichkeiten betreten haben, als sie öffentlich zugänglich waren.

§ 38 enthält neben seiner Legaldefinition der Wohnung (Abs. 1; → Rn. 16) und der Nachtzeitregelung als besondere Verfahrensvorschrift (Abs. 5; → Rn. 23) verschiedene Befugnisnormen. Sie können unterteilt werden in solche Vorschriften, die sowohl ein Betreten als auch ein Durchsuchen erlauben (Abs. 2–4; → Rn. 19), die lediglich zu einem Betreten befugen (Abs. 6 und Abs. 7; → Rn. 24). Maßnahmen nach Abs. 2, Abs. 6 und Abs. 7 sind Eingriffsgrundlagen für Gefahrenabwehr- und Polizeibehörden (vgl. § 1 Abs. 1 S. 1). Das bedeutet, dass ein Eingreifen der Ordnungs- oder Polizeibehörden iRd § 1 Abs. 1 nur unter den Voraussetzungen des § 2 S. 1 möglich ist; es muss also ein sog. Eilfall vorliegen. Die Zuständigkeitsabgrenzung unter den Polizei- und Ordnungsbehörden erfolgt dann ggf. nach dem sog. Grundsatz der Erstbefassung. Mittels Abs. 3 und Abs. 4 hingegen werden exklusiv die Polizeibehörden zu Grundrechtseingriffen ermächtigt. Die Bestimmungen des § 38 sind – das Betreten und die Durchsuchung von Wohnungen betreffend – abschließend. Ein Rückgriff auf die Generalklausel des § 11 ist unzulässig (vgl. Hornmann HSOG Rn. 25). Die für Durchsuchungen geltenden besonderen Verfahrens- und Formvorschriften sind in § 39 geregelt.

Übersicht

A. Systematische Stellung

1 Das HSOG enthält **vier Arten der Durchsuchung.** In § 18 ist sie zum Zwecke der Identitätsfeststellung geregelt und umfasst Personen und Sachen; in § 36 dient sie in erster

Linie unmittelbar der Abwehr von Gefahren, die bspw. von gefährlichen mitgeführten Sachen ausgehen und umfasst lediglich Personen (vgl. insbesondere § 36 Abs. 2, Abs. 3); in § 37 dürfen allein Sachen durchsucht werden, und in § 38 geht es (neben dem Betreten) um die Durchsuchung von Wohnungen. Während vom hessischen Gesetzgeber die besondere Verfahrensvorschrift zum Betreten zur Nachtzeit in § 38 aufgenommen wurde, hat er sämtliche Verfahrens- und Formvorschriften hinsichtlich der Durchsuchung von Wohnungen separat in § 39 geregelt (anders als etwa der baden-württembergische Gesetzgeber in § 31 Abs. 5 BWPolG). Sämtliche Formen des Betretens und der Durchsuchung dienen präventiven Zwecken. **§ 47 Abs. 5** enthält unter anderem die Möglichkeit, Wohnungen zu durchsuchen, um **Verwaltungsakte zwangsweise durchsetzen** zu können. So können etwa zum Zwecke einer Sicherstellung von Sachen Räume oder Sachen erforderlichenfalls zwangsweise geöffnet werden.

B. Normzweck

2 Normzweck des § 38 ist der **Schutz von Wohnungen** im Sinne der Legaldefinition des Abs. 1 (vgl. zur Begriffsbestimmung „Wohnung" → Rn. 16), die deklaratorisch den Wohnungsbegriff des Art. 13 GG wiedergibt (vgl. Lisken/Denninger PolR-HdB/Rachor/Graulich E Rn. 604). § 38 soll vor ungerechtfertigten Eingriffen in das Grundrecht der Unverletzlichkeit der Wohnung durch Betreten und Durchsuchen schützen, nicht aber vor dem bloßen **Einsatz technischer Mittel** (vgl. zur Thematik auch Gusy PolR Rn. 253 Fn. 284; Schmidt PolR Rn. 510). Das Betreten kann insbesondere Vorbereitungshandlung für Durchsuchungen (aber auch für Identitätsfeststellungen, Umschau etc) sein, diese sind regelmäßig Vorbereitungshandlungen für Vorführung, Ingewahrsamnahme und Sicherstellung. § 38 dient insoweit denselben Schutzgütern wie die Befugnisnormen dieser Maßnahmen (vgl. Kingreen/Poscher POR § 17 Rn. 32). Des Weiteren dient § 38 aber auch dem Schutz von **Leib, Leben, Freiheit** und **Sachen von bedeutendem Wert** (vgl. Abs. 2 Nr. 2) sowie der Befreiung widerrechtlich **festgehaltener** oder **hilfloser Personen** durch Eingriffe in die Unverletzlichkeit der Wohnung.

C. Grundrechte

3 Betreten und Durchsuchung iSd § 38 greifen in die Unverletzlichkeit der Wohnung nach **Art. 13 GG** ein. Das Grundrecht umfasst die Gewährleistung eines elementaren Lebensraums des Menschen (BVerfGE 42, 212 (219); 51, 97 (110)). In diesem elementaren Lebensraum hat er das Recht, **„in Ruhe gelassen zu werden"** (BVerfGE, 27, 1 (6); 89, 1 (12); OLG Frankfurt a.M., BeckRS 2019, 32264 Rn. 37). Der Wohnungsbegriff des Art. 13 GG gibt den der Polizeigesetze vor, sodass die Legaldefinition des Abs. 1 lediglich deklaratorischen Charakter hat (Lisken/Denninger PolR-HdB/Rachor/Graulich E Rn. 604). Eingriffe durch Betreten und Durchsuchung iSd § 38 werden in Art. 13 Abs. 2 GG (Durchsuchung) und Art. 7 GG (Betreten) geregelt. Dabei wird im Fall der Durchsuchung Art. 13 Abs. 2 GG nicht durch Art. 13 Abs. 7 GG ergänzt, obwohl jede Durchsuchung zwangsläufig ein Betreten voraussetzt (vgl. dazu auch OLG Frankfurt a. M. BeckRS 2019, 32264 Rn 38).

3.1 Das führt zu dem kuriosen Ergebnis, dass die materiellen Voraussetzungen für eine Durchsuchung geringer ausfallen als die für ein bloßes Betreten. Wegen des eingriffsintensiveren Charakters einer Durchsuchung im Vergleich zum Betreten sollten für sie die materiellen Voraussetzungen des Art. 13 Abs. 7 GG erst recht verlangt werden müssen. Auch Erklärungsansätze, die davon ausgehen, dass bei Durchsuchungen die Wohnungen nicht als Asyl von Personen oder Sachen dienen (vgl. Lisken/Denninger PolR-HdB/Rachor/Graulich E Rn. 617) vermögen nicht ganz zu überzeugen. Denn die Durchsuchung tangiert massiv die Rechte des Wohnungsinhabers, ganz gleich ob er der gesuchten Person oder der gesuchten Sache einen Rückzugsbereich vor staatlichen Zugriffen einräumen will oder nicht.

4 Während **Art. 13 Abs. 2 GG** ausdrücklich lediglich **Form- und Verfahrensvorschriften,** insbesondere den Richtervorbehalt, bestimmt, enthält **Art. 13 Abs. 7 GG materielle Anforderungen** an das Betreten von Wohnungen. Dort ist bestimmt, dass Eingriffe im Übrigen (also auch beim Betreten) aufgrund eines Gesetzes insbesondere zur Verhütung dringender Gefahren für die öffentliche Sicherheit und Ordnung zulässig sind. An diesen verfassungsrechtlichen Vorgaben ist § 38 zu messen. Eine solche **dringende Gefahr** liegt

vor, wenn ein Rechtsgut von besonderem Gewicht, also ein erhebliches, wichtiges Rechtsgut gefährdet ist (vgl. BVerfGE 47, 31 (40); 17, 232 (251 f.)). Dazu zählen insbesondere Leib, Leben, Freiheit und bedeutende Sachgüter; auf eine Dringlichkeit im temporären Sinne kommt es nicht an (str., so aber die hM: vgl. Hornmann HSOG Rn. 18; BVerfGE 47, 31 (40); aA etwa Schenke PolR Rn. 78 mwN, der auf eine erhöhte Wahrscheinlichkeit des Schadenseintritts abstellt).

4.1 Ein Verzicht auf das Grundrecht aus Art. 13 GG ist im Einzelfall möglich, wenn er die für seine Wirksamkeit erforderlichen Bedingungen erfüllt (vgl. Jarass/Pieroth GG Vor Art. 1 Rn. 36 f.). Sind mehrere berechtigt (zB Ehepartner), so liegt ein Grundrechtseingriff bei demjenigen vor, der dem Betreten oder Durchsuchen nicht zustimmt, mit der Folge, dass diese Person Adressat der gefahrenabwehrenden Maßnahme ist und die Voraussetzungen des § 38 vorliegen müssen (vgl. Hornmann HSOG Rn. 8; Möller/Warg PolR Rn. 385).

5 Entsprechen die Befugnisnormen des § 38 diesen Anforderungen nicht, so sind sie **verfassungskonform auszulegen** (vgl. Hornmann HSOG Rn. 19). Die Sonderfälle des Einsatzes technischer Mittel (akustische und optische Wohnraumüberwachung, vgl. Art. 13 Abs. 3–6 GG) stellen für sich gesehen keinen Fall des § 38 dar (vgl. zur Thematik Gusy PolR Rn. 253 Fn. 284; Schmidt PolR Rn. 510).

D. Parallelvorschriften

6 § 38 findet Parallelvorschriften zunächst in den anderen **Polizeigesetzen** der **Länder.** Die Legaldefinition des Abs. 1 findet sich – nahezu wortgleich – in Art. 23 Abs. 1 S. 2 BayPAG, § 24 Abs. 1 NPOG und in § 41 Abs. 1 S. 2 PolG NRW wieder. Ähnliche Regelungen fehlen im BWPolG. Das ist unschädlich, weil sich der Wohnungsbegriff ohnehin nach dem des Art. 13 GG richtet.

7 Vorschriften, nach denen Wohnungen zwecks Sicherstellung (oder Beschlagnahme) betreten oder durchsucht werden können, enthalten außer Abs. 2 Nr. 1 insbesondere auch § 36 Abs. 2 Nr. 2 BWPolG, Art. 23 Abs. 1 Nr. 2 BayPAG, § 24 Abs. 2 Nr. 2 NPOG und § 41 Abs. 1 Nr. 2 PolG NRW. Dem Abs. 2 Nr. 2 ähnliche Bestimmungen, welche ein Betreten und Durchsuchen von Wohnungen zur Abwehr gegenwärtiger erheblicher oder dringender Gefahren erlauben, enthalten § 36 Abs. 1 S. 1 BWPolG, Art. 23 Abs. 1 S. 1 Nr. 3 BayPAG, § 24 Abs. 2 Nr. 3 NPOG und § 41 Abs. 1 Nr. 4 PolG NRW.

8 Abs. 3, nämlich das Betreten und Durchsuchen von Wohnung zwecks Vorführung oder Gewahrsams, findet seine Entsprechungen in § 36 Abs. 2 Nr. 1 lit. a BWPolG (bezüglich Gewahrsams und zusätzlich, wenn eine Person eventuell festgehalten wird oder hilflos ist), Art. 23 Abs. 1 S. 1 Nr. 1 BayPAG, § 24 Abs. 2 Nr. 1 NPOG und § 41 Abs. 1 S. 1 Nr. 1 PolG NRW.

9 Befugnisnormen zum Betreten und Durchsuchen von Wohngebäuden zum Zwecke des Auffindens festgehaltener oder hilfloser Personen finden sich in ähnlicher Form neben § 38 Abs. 4 auch in § 36 Abs. 3 BWPolG und § 24 Abs. 3 NPOG (nahezu wortgleich mit Abs. 4). Bayern und Nordrhein-Westfalen haben auf die Aufnahme ähnlicher Vorschriften verzichtet.

10 Die Nachtzeitregelung des Abs. 5 findet ihre Entsprechung in § 31 Abs. 1 S. 2 BWPolG, § 36 Abs. 4 BWPolG, Art. 23 Abs. 2 BayPAG, § 24 Abs. 4 NPOG und § 41 Abs. 2 PolG NRW.

11 Vorschriften, die Abs. 6 entsprechen (Bekämpfung von Straftaten, Aufenthalt ohne Aufenthaltstitel und Prostitution), enthalten insbesondere Art. 23 Abs. 3 BayPAG, § 24 Abs. 5 NPOG (ohne Prostitution) und § 41 Abs. 3 PolG NRW. Baden-Württemberg hat auf eine ähnliche Bestimmung verzichtet.

12 Abs. 7 (Betreten öffentlich zugänglicher Räume) findet sich inhaltlich wieder in § 36 Abs. 6 BWPolG, Art. 23 Abs. 4 BayPAG, § 24 Abs. 6 NPOG und § 41 Abs. 4 PolG NRW. § 24 Abs. 2 Nr. 4 NPOG enthält zudem eine Befugnis zum Betreten und Durchsuchen, wenn Emissionen aus der Wohnung die Gesundheit von Nachbarn schädigen können. Diese Vorschrift wird von Abs. 2 Nr. 2 und den Parallelvorschriften anderer Länder aufgefangen. Vergleiche aber auch § 41 Abs. 1 S. 1 Nr. 2 PolG NRW, der Immissionen mit der Folge erheblicher Belästigung der Nachbarschaft ausreichen lässt.

Spezialnormen im **präventiven Bereich** sind etwa § 17 Abs. 2 HwO, § 16 Abs. 2 IfSG, § 16 Abs. 3 TierSchG, § 49 S. 3 HKJGB, § 139b Abs. 6 GewO, § 22 Abs. 2 GastG und § 53 Abs. 6 S. 1 HBO. **13**

Im **repressiven Bereich** ermächtigen §§ 102 ff., 111 StPO zur Durchsuchung von Personen, Sachen und Wohnungen. Da der Begriff der Wohnung aus Art. 13 GG herzuleiten ist, ergeben sich insoweit keine Unterschiede zwischen den Polizeigesetzen und der StPO (vgl. Möller/Warg PolR Rn. 385). **14**

Art. 8 EMRK garantiert wie Art. 13 GG die Achtung der Wohnung, wenn auch im Vergleich zum Grundgesetz unter weiterreichenden Eingriffsbefugnissen. **15**

E. Einzelkommentierung

I. Legaldefinition des Wohnungsbegriffs (Abs. 1)

Abs. 1 enthält eine Begriffsbestimmung für die „Wohnung". Diese Begriffsbestimmung hat sich am Wohnungsbegriff des Art. 13 GG zu orientieren (→ Rn. 2); ihr kommt daher lediglich deklaratorische Bedeutung zu. Zum einen umfasst der Begriff alle **Wohn- und Nebenräume.** Darunter versteht man die eigentliche Wohnung, also Wohn- und Schlafraum, Küche, Kinderzimmer etc, aber auch Keller, Dachboden, Garage, Innenhof, Vorgarten, Geräteschuppen, Spielhütte, Campingwagen, Zelt, Yacht, Lkw-Schlafkoje (Kingreen/Poscher POR § 17 Rn. 21; zu Wohnmobilen und Wohnwagen vgl. BGH NJW 2017, 1186); auch Räume des Untermieters (vgl. Fredrich Rn. 2) und Hotelzimmer (Gusy PolR Rn. 249) fallen darunter. Eine **Kündigung** des Mietvertrags ändert nichts an der Wohnungseigenschaft, solange der Mieter die Wohnung noch bewohnt. Auf die **Eigentumsverhältnisse** kommt es nicht an (vgl. Schmidt PolR Rn. 513), auch nicht darauf, wer den Mietvertrag unterschrieben hat. Entscheidend ist stets die Zweckbestimmung der Räume als Medium zur Entfaltung von Privatheit (vgl. Gusy PolR Rn. 249). Unter Umständen kann deshalb auch der **Hausbesetzer** Inhaber einer Wohnung sein (vgl. Kingreen/Poscher POR § 17 Rn. 21 mwN; Möller/Warg PolR Rn. 385 aE), nicht hingegen der **Dieb** oder Täter iSd § 123 StGB, weil diese in der Regel nicht die vom Wohnungsbegriff des Art. 13 GG verlangte Privatheit in den Räumen begründen (vgl. Gusy PolR Rn. 250). **16**

Die Wohnung umfasst auch **Arbeits-, Betriebs- und Geschäftsräume** (vgl. Abs. 1; BVerfGE 32, 54 (68 ff.); 76, 83 (88)). Solche öffentlich zugänglichen Gewerberäume fallen jedoch, soweit und solange sie tatsächlich der Öffentlichkeit zugänglich sind, nicht unter die Bestimmung des Art. 13 Abs. 7 GG, sondern unter Art. 2 Abs. 1 GG (vgl. Möller/Warg PolR Rn. 385). Sie dürfen deshalb unter erleichterten Bedingungen betreten, **nicht auch durchsucht** werden, weil sich auch die Öffnung der Räume für die Öffentlichkeit durch den Wohnungsinhaber lediglich auf ein Betreten beschränkt (vgl. Gusy PolR Rn. 253). Dabei ist es unerheblich, ob die Entscheidung des Wohnungsinhabers, die Räume der Öffentlichkeit zugänglich zu machen, einzelfallbezogen oder grundsätzlich ergangen ist (vgl. Schmidt PolR Rn. 514). Wird ein Raum sowohl zu **privaten als auch zu gewerblichen Zwecken** genutzt, so gilt Art. 13 GG uneingeschränkt (vgl. Lisken/Denninger PolR-HdB/Rachor/Graulich E Rn. 629). **17**

Schließlich umfasst der Wohnungsbegriff **anderes befriedetes Besitztum,** das mit den genannten Räumen in Verbindung steht. Das Grundstück muss dann **eingefriedet** sein, bspw. durch Zäune, Hecken oder Gräben. Der Zugang zu ihm muss also durch ein Hindernis zumindest erschwert sein (vgl. Schmidt PolR Rn. 516). Das „befriedete Besitztum" iSd Abs. 1 ist enger als die strafrechtliche Entsprechung iSd § 123 StGB (vgl. Fredrich Rn. 4), wo eine Verbindung mit den Räumen nicht erforderlich ist. Keine Wohnungen sind dagegen **rein wirtschaftlich** genutzte Grundstücke, auch dann nicht, wenn sie befriedet sind. Hier fehlt es an der für den Wohnungsbegriff erforderlichen „räumlichen Privatsphäre" (vgl. Kingreen/Poscher POR § 17 Rn. 19). Daran fehlt es auch bei gewöhnlichen Kfz, Sportstätten, Warteräumen an Haltestellten, Schutzhütten, die vor Blitz schützen etc. (Kingreen/Poscher POR § 17 Rn. 21). Auch **Sammelunterkünfte,** sofern sie allein über Gemeinschaftswohn- und Schlafräume verfügen, gewähren keine räumliche Privatsphäre, sodass der Wohnungsbegriff nicht nur hinsichtlich der Bewohner, sondern auch bezüglich des Trägers der Einrichtung zu verneinen ist (vgl. Gusy PolR Rn. 250; Schenke PolR Rn. 154; vgl. auch BVerfG **18**

NJW 1996, 2643 zum Betreten von Hafträumen ohne Anklopfen). Ermächtigungsgrundlage für das Betreten ist in solchen Fällen die polizeiliche Generalklausel des § 11, Durchsuchungen lassen sich auf § 37 stützen.

II. Abs. 2 Nr. 1

19 Nach Abs. 2 Nr. 1 können Wohnungen von den Gefahrenabwehr- und Polizeibehörden betreten und durchsucht werden. Wollen die Polizei- oder Ordnungsbehörden einschreiten, so muss im Falle einer Zuständigkeit nach § 1 Abs. 1 ein sog. Eilfall iSd § 2 S. 1 vorliegen; die Zuständigkeitsabgrenzung zwischen den Ordnungs- und den Polizeibehörden hat dann nach dem sog. Grundsatz der Erstbefassung zu erfolgen. Die Voraussetzungen für ein Betreten und eine Durchsuchung sind nach dem Wortlaut dieser Vorschrift erfüllt, wenn **Tatsachen** die Annahmen rechtfertigen, dass sich in der Wohnung eine Sache befindet, die nach § 40 Nr. 1 **sichergestellt** werden darf. Das bedeutet, dass die Sicherstellung rechtmäßig sein muss. Ist § 40 Abs. 1 Nr. 1 nicht anwendbar, zB weil Spezialnormen vorgehen, so kann die Wohnung nach Abs. 2 Nr. 1 nicht betreten oder durchsucht werden (vgl. für Sicherstellungen von Waffen, die unter § 46 Abs. 2–4 WaffG fallen: OLG München BeckRS 2019, 23869). Nach § 40 Nr. 1 allerdings kann eine Sache bereits dann sichergestellt werden, wenn eine **gegenwärtige Gefahr** (für die öffentliche Sicherheit oder Ordnung) vorliegt. Hinsichtlich des Betretens entspricht Abs. 2 Nr. 1 folglich nicht den Anforderungen des Art. 13 Abs. 7 GG. Die Verfassungsnorm verlangt dafür vielmehr eine dringende Gefahr – jedenfalls dann, wenn das Betreten nicht unmittelbar auf Art. 13 Abs. 7 GG, sondern auf ein förmliches Gesetz gestützt werden soll (vgl. DHS/Papier GG Art. 13 Rn. 121 ff.). Eine gegenwärtige Gefahr iSd § 40 Nr. 1 verlangt allerdings als Schutzgut kein wichtiges Rechtsgut, wie das bei der dringenden Gefahr der Fall ist (→ Rn. 2). Eine verfassungskonforme Auslegung des Abs. 2 Nr. 1 ergibt deshalb, dass als Voraussetzung eines Betretens nach dieser Vorschrift nur die Rechtsgüter **Leib, Leben, Freiheit** und **Sachen von bedeutendem Wert** in Frage kommen (vgl. Götz/Geis PolR § 8 Rn. 55; zum Begriff der „Tatsachen, die eine Annahme rechtfertigen" → § 30 Rn. 16). Da es sich bei Art. 13 GG um ein bedeutendes Grundrecht handelt, sind an den Begriff – also namentlich die damit verbundene Frage, ob sich die sicherzustellende Sache tatsächlich in der Wohnung befindet – hohe Anforderungen zu stellen (vgl. Lisken/Denninger PolR-HdB/Rachor/Graulich E Rn. 623). Schließlich müssen sämtliche Rechtmäßigkeitsvoraussetzungen einer beabsichtigten Sicherstellung nach § 40 Nr. 1 für den Fall vorliegen, dass sich die Annahme bestätigt. Andernfalls kann die Wohnung nicht betreten oder durchsucht werden (zur Frage, ob die Bestimmung die Durchsuchung eines ausreisepflichtigen Ausländers erlaubt, um dort Ausweispapiere zu finden vgl. OLG Düsseldorf NVwZ-RR 2018, 670).

III. Abs. 2 Nr. 2

20 Die für ein Betreten und Durchsuchen in Abs. 2 Nr. 2 genannten Voraussetzungen, nämlich die Schutzgüter Leib, Leben, Freiheit sowie bedeutende Vermögensgüter, entsprechen denen des Art. 13 Abs. 7 GG (→ Rn. 2). Mit dem Tatbestandsmerkmal der **Gegenwärtigkeit** geht diese Befugnisnorm in ihren Anforderungen noch über die Schrankenregelung des Art. 13 Abs. 7 GG hinaus (vgl. → Rn. 2). Der Begriff der gegenwärtigen Gefahr entspricht dem der **unmittelbaren Gefahr** (etwa iSd § 32 Abs. 1 Nr. 2; vgl. OVG Saarlouis BeckRS 2009, 41896; Götz/Geis PolR § 6 Rn. 27). Er ist nur dann erfüllt, wenn das schädigende Ereignis bereits begonnen hat (und fortdauert) oder in allernächster Zukunft mit an Sicherheit grenzender Wahrscheinlichkeit eintreten wird (vgl. Hornmann HSOG § 9 Rn. 8 mwN; im Einzelnen ist hier einiges umstritten, vgl. Schenke PolR Rn. 78, der eine große Wahrscheinlichkeit ausreichen lässt; vgl. zum Streit Schenke PolR Rn. 78 Fn. 137). Insbesondere **nächtlicher Lärm** kann eine gegenwärtige Gefahr für die Gesundheit iSd Abs. 2 Nr. 2 darstellen. Das kann dann der Fall sein, wenn die Lautstärke der nächtlichen Lärmbelästigung das gewöhnliche Maß erheblich überschreitet und die Nachbarn keinen Schlaf finden, insbesondere dann, wenn das nächtliche Lärmen wiederholt auftritt (vgl. VGH München BeckRS 2015, 50370 Rn. 50 mwN).

IV. Abs. 3

Nach Abs. 3, der exklusiv den Polizeibehörden die Befugnis einräumt, Wohnungen zu betreten und zu durchsuchen, müssen **Tatsachen** die Annahme rechtfertigen, dass sich in der Wohnung eine Person aufhält, die nach § 30 Abs. 4 vorgeführt oder nach § 32 in Gewahrsam genommen werden darf (zum Begriff der „Tatsachen" in diesem Sinne → § 30 Rn. 16). Die Voraussetzungen der Vorführung oder des Gewahrsams müssen, die angenommenen Tatsachen als wahr unterstellt, vorliegen (vgl. Hornmann HSOG Rn. 22). In beiden Fällen muss allerdings die Gefahr, die mit dem Betreten und den Folgemaßnahmen abgewehrt werden soll, dringend sein iSd Art. 13 Abs. 7 GG (→ Rn. 4). 21

V. Abs. 4

Diese exklusiv an die Polizeibehörden gerichtete Befugnisnorm – die insbesondere auf **Entführungsfälle** abzielt – verlangt als Tatbestandsvoraussetzung eine (konkrete, vgl. § 11) Gefahr für Leib und Leben einer Person. Der Schadenseintritt für diese Rechtsgüter muss also im Einzelfall wahrscheinlich sein. Darüber hinaus muss sich die gefährdete Person in einem Gebäude aufhalten, in dem sich **mehrere Wohnungen** befinden (vgl. Nr. 38.4 VVHSOG). Es geht also um Fallkonstellationen, in denen die Polizeibehörde davon ausgeht, dass sich die gefährdete Person in einem Wohngebäude befindet, aber nicht sagen kann, in welcher Wohnung genau das Opfer aufzufinden ist (vgl. Fredrich Rn. 14). Zudem müssen **Tatsachen** die Annahme rechtfertigen (vgl. zum Begriff → § 30 Rn. 16) dass die Person dort widerrechtlich festgehalten wird oder hilflos ist (vgl. zu diesen Begriffen → § 37 Rn. 10). Weiterhin muss eine **Kausalität** zwischen dem Festhalten bzw. der Hilflosigkeit und der Gefahr für Leib oder Leben bestehen („dadurch"). Schließlich kommt die Maßnahme nur als **letztes Mittel** in Betracht. Das ist der Überlegung geschuldet, dass auch Wohnungen betreten und durchsucht werden können, die mit der eigentlichen Gefahr nichts gemein haben, sondern allein durch den Umstand ins Visier der Polizeibehörden geraten, weil sie sich in demselben Wohnhaus befinden wie das eigentliche Zielobjekt. 22

VI. Besondere Verfahrensvorschrift (Abs. 5)

Die besondere Verfahrensvorschrift des Abs. 5 regelt – unvollständig – die Zulässigkeit von Betreten und Durchsuchen nach den Befugnisnormen des § 38 zur **Nachtzeit** (vgl. zur Bedeutung der Nachtzeit im Rahmen des Verhältnismäßigkeitsgrundsatzes bei Durchsuchungen von Wohnungen OVG Bremen NVwZ-RR 2020, 660 (661)). Mit der Regelung soll Rücksicht auf die Nachtruhe genommen werden (vgl. OVG Bremen NVwZ-RR 2020, 660 (661); Hornmann HSOG Rn. 34). Unter „Nachtzeit" im Sinne der Vorschrift sind zwischen dem ersten April und dem dreißigsten September die Stunden von neun Uhr abends bis vier Uhr morgens und vom ersten Oktober bis einunddreißigsten März die Stunden von neun Uhr abends bis sechs Uhr morgens zu verstehen (vgl. **§ 104 Abs. 3 StPO**). **Ausnahmen** von dieser Restriktion enthält Abs. 5 selbst, indem dort Maßnahmen nach Abs. 2 Nr. 2 und Abs. 4 vom Nachtzeitschutz ausgenommen sind. Damit soll ein effektives Einschreiten der Behörden gesichert werden, wenn dringende Gefahren sofort – in besonderen Fällen, wie etwa bei der Ruhestörung, eben auch nachts – abzuwehren sind. Weitere Ausnahmen bilden – wie sich bereits aus der systematischen Stellung des Abs. 5 ergibt – die in **Abs. 6** und **Abs. 7** genannten Tatbestände. Nach Abs. 6 dürfen „jedoch" Wohnungen „jederzeit" und nach Abs. 7 öffentlich zugängliche Räume „während der Arbeits-, Betriebs- und Geschäftszeit" unter den dort jeweils genannten Voraussetzungen betreten werden. 23

VII. Abs. 6

Nach Abs. 6 ist den Gefahrenabwehr- und den Polizeibehörden lediglich ein **Betreten** von Wohnungen erlaubt. Abs. 5 gilt für diese Befugnisnorm nicht (→ Rn. 22). Die Norm verlangt einerseits eine **dringende Gefahr** (→ Rn. 4), andererseits **tatsächliche Anhaltspunkte** (zum Begriff → § 30 Rn. 16), dass in der Wohnung Personen **Straftaten** verabreden, vorbereiten oder verüben, sich dort ohne erforderlichen **Aufenthaltstitel** treffen, sich dort Straftäter verbergen oder die Wohnung der **Prostitution** dient (vgl. Kramer HessPolR Rn. 231, der die letzte Alternative mit dem Argument kritisiert, dass die Prostitution durch 24 das ProstG weitgehend legalisiert sei). Umstritten ist, ob das Erfordernis der dringenden Gefahr durch das der tatsächlichen Anhaltspunkte relativiert wird oder ob sich beide Tatbestandsvoraussetzungen ergänzen (vgl. Lisken/Denninger PolR-HdB/Rachor/Graulich E Rn. 627; zum Meinungsstand und noch ausführlicher Lisken/Denninger PolR-HdB/Rachor, 5. Aufl. 2012, E Rn. 655). Eine Ausweitung des Tatbestandes auf **bloße Anhaltspunkte** mag aus präventiven Gesichtspunkten wünschenswert sein, würde aber gegen Art. 13 GG verstoßen, wonach zum Betreten von Wohnungen eine dringende (konkrete) Gefahr erforderlich ist (→ Rn. 4). Eine Ausnahme von diesem Erfordernis kommt nur für öffentlich zugängliche Räume in Betracht, weil sie nicht den gleichen verfassungsrechtlichen Schutz genießen wie Privatwohnungen (→ Rn. 17). Für solche öffentlich zugänglichen Räume existiert jedoch bereits die Befugnisnorm des Abs. 7.

VIII. Abs. 7

25 Abs. 7 erlaubt den Gefahrenabwehr- und Polizeibehörden lediglich ein Betreten **öffentlich zugänglicher Räume** und **Grundstücke** iSd Abs. 1 unter Verzicht auf eine dringende Gefahr (vgl. → Rn. 4), was wegen des differenzierenden Schutzes der Verfassung hinsichtlich unterschiedlicher Wohnungsarten verfassungsrechtlich unbedenklich ist (→ Rn. 17; sa Götz/Geis PolR § 8 Rn. 56; BVerwGE 121, 345 = NJW 2005, 454; Bedenken äußert Lisken/Denninger PolR-HdB/Rachor/Graulich E Rn. 630 f. mwN zum Meinungsstand). Bei den öffentlich zugänglichen Räumen (vgl. zum Begriff → Rn. 17) handelt es sich regelmäßig um gewerblich genutzte Bereiche, die der Wohnungsinhaber der Öffentlichkeit zur Verfügung stellt. Abs. 7 dient also in erster Linie dem Wirtschaftsaufsichtsrecht (vgl. Götz/Geis PolR § 8 Rn. 56). Gemeint sind **Gaststätten, Diskotheken, Kaufhäuser, Kinos, Schwimmbäder** oder ähnliche Einrichtungen. Öffentlich zugänglich ist ein Raum auch dann, wenn der Zutritt bestimmten Personen oder Personengruppen untersagt ist (vgl. Schmidt PolR Rn. 545). Anders liegt es erst dann, wenn der Zutritt nur bestimmten Personen oder Personengruppen erlaubt ist, wie es zB bei Clubräumen der Fall ist, die nur ein überschaubarer Kreis von Mitgliedern betreten darf. Das ist – auch wenn mit der Namensgebung hin und wieder so etwas wie eine Privatsphäre suggeriert werden soll – bei sog. Swinger- und Saunaclubs oder bei Kantinenräumen und Vereinslokalen regelmäßig nicht der Fall.

26 Umstritten ist, was mit der Formulierung **„zum Zwecke der Gefahrenabwehr“** gemeint ist. Vom Wortlaut her müsste eine abstrakte Gefahr für die öffentliche Sicherheit oder Ordnung ausreichen (vgl. den Wortlaut des § 1 Abs. 1 S. 1). Das ist nach ganz hM aber nicht der Fall. Ein Teil des Schrifttums geht sogar davon aus, dass für ein Betreten nach Abs. 7 eine konkrete Gefahr für die öffentliche Sicherheit oder Ordnung erforderlich sei (vgl. Möller/Warg PolR Rn. 388; Hornmann HSOG Rn. 35). Zu folgen ist der Rechtsprechung des BVerwG, die eine vermittelnde Lösung vertritt. Danach verlangt zwar die Formulierung „zum Zwecke der Gefahrenabwehr“ kein Vorliegen einer konkreten Gefahr. Die abzuwehrenden Gefahren müssen aber die Interessen des Wohnungsinhabers bezüglich seiner Verfügungsgewalt überwiegen (vgl. BVerwG NJW 2005, 454 (456)). Darüber hinaus müssten **präzise, aktuelle** und **dokumentierte Erkenntnisse** vorliegen, wonach sich gerade in dieser Wohnung die befürchteten Gefahren in nicht allzu ferner Zukunft ereignen könnten (vgl. BVerwG NJW 2005, 454 (456)). Mit dieser Auffassung werden unangemessene und willkürliche Eingriffe in Art. 13 GG vermieden.

IX. Rechtsfolge – Betreten und Durchsuchung

27 Rechtsfolge der Ermächtigungsgrundlagen in § 38 sind das Betreten und/oder die Durchsuchung von Wohnungen. Unter einem bloßen Betreten versteht man ein **Eintreten, Verweilen** und **Besichtigen** durch die Beamten; Besichtigen bedeutet die Kenntnisnahme von sich der äußeren Betrachtung darbietenden, ohne weiteres wahrnehmbaren Sachen oder Sachverhalte im Sinne einer sog. **Nach-** oder **Umschau,** wie sie regelmäßig bei Kontrollen im Bereich des Wirtschaftsaufsichtsrechts anzutreffen ist (vgl. Kingreen/Poscher POR § 17 Rn. 25). Die Abgrenzung zur Durchsuchung kann im Einzelfall Schwierigkeiten bereiten. Recht eindeutig sind etwa Fälle des Öffnens und Betretens von Räumen einer Wohnung und deren Nebenräumen wie Badezimmer und Ähnlichem, um Nachschau zu halten, ob sich

dort Verletzte befinden (vgl. VGH München BeckRS 2015, 50370 Rn. 40), des Betretens zur Brand- oder Seuchenbekämpfung, zur Rettung von Personen, zur Besichtigung von Geschäfts- und Arbeitsstätten („Nachschau", BVerwGE 78, 251). Aber auch das Eintreten zwecks Identitätsfeststellung anwesender Personen stellt regelmäßig ein bloßes Betreten dar (vgl. BVerwGE 121, 345 zum Betreten einer Teestube; VG Frankfurt a. M. NVwZ-RR 2004, 748 zum Betreten eines Bordells einschließlich des Öffnens unverschlossener Zimmertüren). Das Gleiche gilt für ein Eintreten in Wohnungen, aus denen Personen mit gefährlichen Gegenständen attackiert werden (vgl. BVerwGE 47, 31; Götz/Geis PolR § 8 Rn. 55) oder das Eintreten in die Wohnung, um Waffen aus einem Waffenschrank sicherzustellen (VG Ansbach BeckRS 2009, 47431; vgl. zur Abgrenzung von auf dem Waffenrecht oder dem Polizeigesetz basierenden Durchsuchungen zum Auffinden von Waffen VG Freiburg BeckRS 2016, 52905).

Das Betreten setzt die körperliche Anwesenheit des Beamten in der Wohnung voraus; 28 deshalb sind die besonderen Fälle des Einsatzes technischer Mittel (akustische und optische Wohnraumüberwachung, vgl. Art. 13 Abs. 3–6 GG) trotz ihrer massiven Eingriffstiefe in Art. 13 GG – für sich gesehen – keine Tatbestände iSd § 38 (vgl. zur Thematik Gusy PolR Rn. 253 Fn. 284; Schmidt PolR Rn. 510). Auch das Räumen einer Wohnung ist kein Fall des § 38, weil nach hM dadurch nicht in die Privatheit der Wohnräume (Art. 13 GG), sondern allein in das Nutzungsrecht an den Wohnräumen (Art. 14 GG) eingegriffen wird (vgl. Gusy PolR Rn. 251; das ist zweifelhaft, vgl. näher → § 31 Rn. 3).

Eine Durchsuchung von Wohnungen umfasst nach der Rechtsprechung des BVerfG „das 29 **ziel-** und **zweckgerichtete Suchen** staatlicher Organe nach Personen oder Sachen oder zur Ermittlung eines Sachverhalts, um etwas aufzuspüren, was der Inhaber der Wohnung von sich aus **nicht offenlegen** oder herausgeben will" (BVerfGE 76, 83 (89); 28, 285 (287 ff.); 47, 31 (36 f.)). „Die Durchsuchung erschöpft sich nicht in einem Betreten der Wohnung, sondern umfasst als zweites Element die Vornahme von Handlungen in den Räumen" (vgl. BVerfGE 76, 83 (89)). Das kann die gezielte Suche nach sich mutmaßlich in der Wohnung versteckenden Personen oder nach Sachen sein, die der Wohnungsinhaber vor den Beamten verbergen will (vgl. VG Oldenburg BeckRS 2012, 51643: Durchsuchung nach abzuschiebendem Ausländer). Die Durchsuchung umfasst das **Öffnen** von Zimmertüren, Schränken, Schubladen und weiteren Behältnissen. Über die Bestimmung des § 47 Abs. 5 kann unter besonderer Beachtung des Verhältnismäßigkeitsgrundsatzes auch das **Zerstören** von Sachen zum Auffinden des Gesuchten zulässig sein (zB Aufbrechen von Behältnissen zum Auffinden von Sachen; Aufreißen von Wand- Decken- oder Fußbodenverkleidungen usw; vgl. Schenke PolR Rn. 153). Insgesamt ist wegen des hohen Ranges von Art. 13 GG besonders auf den Grundsatz der Erforderlichkeit zu achten. Als mildere Maßnahme bei der Suche von Sachen kommt zB die Aufforderung in Betracht, die **Sachen herauszugeben** (vgl. BVerfG NJW 2005, 1640 (1641): Herausgabe angeblicher Fachliteratur in Verfahren wegen Einkommenssteuerhinterziehung; Schenke PolR Rn. 154). Zur Unterbindung wirrer E-Mails an eine Polizeidienststelle kommen statt einer Durchsuchung der Wohnung zum Zwecke der Sicherstellung eines Routers und eines Computers **technische Vorkehrungen** wie das Verschieben der E-Mails in einen separaten Posteingangsordner und die gelegentliche Durchsicht dieser E-Mails in Betracht (OLG Karlsruhe BeckRS 2016, 15813).

X. Adressat des Betretens und der Durchsuchung von Wohnungen

Der richtige Adressat von Eingriffen iSd § 38 ist immer der **Inhaber der Wohnung.** 30 Nur er genießt das Grundrecht aus Art. 13 GG. Es handelt sich hier somit um einen spezialgesetzlich geregelten **Normadressaten.** Ein Rückgriff auf die allgemeinen Adressatenregelungen der §§ 6, 7 und 9 entfällt daher (aA offenbar Kingreen/Poscher POR § 17 Rn. 33). Personen, die sich in der Wohnung aufhalten, ohne Inhaber der Wohnung zu sein (zB **Gäste,** die sich des Abends dort befinden), sind dagegen nicht von Art. 13 GG (vielmehr vom allgemeinen Persönlichkeitsrecht) geschützt und können daher nicht Adressat von Maßnahmen nach § 38 sein (vgl. Hornmann HSOG Rn. 6). Grundrechtsträger und Inhaber der Wohnung ist aber regelmäßig der **Hotelgast** für sein Hotelzimmer, der **Hotelbetreiber** für die übrigen Räume, der **Mieter** für seine Wohnräume und der **Vermieter** für das Treppenhaus (vgl. Gusy PolR Rn. 250). Bei **Familien** sind alle Familienmitglieder, die dort leben, Inhaber der Wohnung iSd § 38.

F. Rechtscharakter des Betretens und der Durchsuchung von Wohnungen

31 Betreten und Durchsuchung sind **Realakte** (vgl. Gusy PolR Rn. 251, 255), die aber regelmäßig mit sog. Begleitverfügungen oder sog. Duldungsverfügungen einhergehen (vgl. etwa VG Ansbach BeckRS 2014, 45593). Betreten und Durchsuchung als Realakte können folgerichtig nicht mittels Zwangs durchgesetzt werden, Duldungs- und Begleitverfügungen iSd § 35 S. 1 HVwVfG hingegen schon.

G. Rechtsschutz

32 Beim Rechtsschutz gegen Maßnahmen nach § 38 ist zu differenzieren. Einerseits kann es um ein bloßes Betreten gehen, das keiner richterlichen Anordnung bedarf, andererseits kann eine Durchsuchung vorliegen, für deren Durchführung eine richterliche Entscheidung eingeholt werden muss (vgl. § 39). Bei einer Durchsuchung wiederum ist zu differenzieren, ob sie mit einer vorherigen richterlichen Entscheidung iSd § 39 Abs. 1 erfolgt ist oder ob auf die Einholung einer richterlichen Entscheidung verzichtet wurde.

33 Im Falle des **Betretens** kommt eine Klage beim zuständigen Verwaltungsgericht in Betracht. Da sich die Maßnahme im Zeitpunkt des Gerichtsentscheids regelmäßig erledigt haben wird, kommt je nachdem, ob man das in Rede stehende Betreten als Verwaltungsakt iSd § 35 S. 1 HVwVfG oder als Realakt qualifiziert als richtige Klageart die **Fortsetzungsfeststellungsklage** nach § 113 Abs. 1 S. 4 VwGO (analog) oder die **Feststellungklage** nach § 43 Abs. 1 VwGO infrage. Bei Durchsuchungen aufgrund richterlicher Entscheidung nach § 39 Abs. 1 können Rechtsmittel nach dem **FamFG** eingelegt werden (vgl. § 39 Abs. 1; zur ähnlichen Fallgestaltung des § 33 → § 33 Rn. 16). Nach Erledigung der Durchsuchung (ohne vorherige richterliche Anordnung) lebt die allgemeine Rechtswegregelung des § 40 Abs. 1 S. 1 VwGO wieder auf. Richtige Klageart ist auch hier – je nach Rechtscharakter der Durchsuchung – die Fortsetzungsfeststellungsklage nach § 113 Abs. 1 S. 4 VwGO (analog) oder die Feststellungsklage nach § 43 Abs. 1 VwGO (vgl. VG Ansbach BeckRS 2009, 47431; SSB/Ehlers/Schneider VwGO § 40 Rn. 626).

§ 39 Verfahren bei der Durchsuchung von Wohnungen

(1) [1]Durchsuchungen bedürfen außer bei Gefahr im Verzug der richterlichen Anordnung. [2]Zuständig ist das Amtsgericht, in dessen Bezirk die Wohnung liegt. [3]Für das Verfahren gelten die Vorschriften des Gesetzes über das Verfahren in Familiensachen und in Angelegenheiten der freiwilligen Gerichtsbarkeit entsprechend, ausgenommen die §§ 13, 39 bis 41.

(2) [1]Bei der Durchsuchung einer Wohnung hat die Wohnungsinhaberin oder der Wohnungsinhaber das Recht, anwesend zu sein. [2]Bei Abwesenheit ist, wenn möglich, eine Person, die zur Vertretung befugt ist, oder eine erwachsene Angehörige, ein erwachsener Angehöriger, eine Hausgenossin oder ein Hausgenosse, eine Nachbarin oder ein Nachbar zuzuziehen.

(3) Der Wohnungsinhaberin, dem Wohnungsinhaber oder der Person, die zur Vertretung befugt ist, ist der Grund der Durchsuchung unverzüglich bekannt zu geben, soweit dadurch der Zweck der Maßnahme nicht gefährdet wird.

(4) [1]Über die Durchsuchung ist eine Niederschrift zu fertigen. [2]Sie muss die verantwortliche Gefahrenabwehr- oder Polizeibehörde, den Grund, die Zeit, den Ort und das Ergebnis der Durchsuchung enthalten. [3]Die Niederschrift ist von einer oder einem durchsuchenden Bediensteten und der Wohnungsinhaberin oder dem Wohnungsinhaber oder der zugezogenen Person zu unterzeichnen. [4]Wird die Unterschrift verweigert, so ist hierüber ein Vermerk aufzunehmen. [5]Der Wohnungsinhaberin, dem Wohnungsinhaber oder der Person, die zur Vertretung befugt ist, ist auf Verlangen eine Durchschrift der Niederschrift auszuhändigen.

(5) Ist die Anfertigung der Niederschrift oder die Aushändigung einer Durchschrift nach den besonderen Umständen des Falles nicht möglich oder würde sie den Zweck der Durchsuchung gefährden, so sind der betroffenen Person lediglich die Durchsuchung unter Angabe der verantwortlichen Gefahrenabwehr- oder Polizeibehörde sowie Zeit und Ort der Durchsuchung schriftlich zu bestätigen.

Überblick

Auszug aus der VVHSOG (gem. Erlass des Hessischen Ministeriums des Innern und für Sport v. 29.11.2022 (StAnz. 50/2022, 1384) zum 1.1.2025 mangels eines erneuten Verlängerungserlasses ersatzlos außer Kraft getreten):

Zu § 39

39. Verfahren bei der Durchsuchung von Wohnungen

39.0

§ 39 regelt das Verfahren bei der Durchsuchung von Wohnungen zur Gefahrenabwehr. Das Verfahren bei der Durchsuchung von Wohnungen in Straf- und Bußgeldverfahren richtet sich nach §§ 105 ff. StPO beziehungsweise § 46 OWiG in Verbindung mit §§ 105 ff. StPO.

39.1 Zu Abs. 1

Erfolgt die Anordnung der Durchsuchung ausnahmsweise durch die Gefahrenabwehr- oder die Polizeibehörde, weil Gefahr im Verzug vorliegt, ist diese Annahme mit auf den Einzelfall bezogenen Tatsachen zu begründen und schriftlich festzuhalten. Lediglich auf behördliche Alltagserfahrungen gestützte Vermutungen reichen nicht aus.

39.2 Zu Abs. 2

39.2.1

Die Wohnungsinhaberin oder der Wohnungsinhaber ist auf das Recht, bei der Durchsuchung anwesend sein zu können, hinzuweisen.

39.2.2

Nr. 37.3.2 Satz 1 gilt entsprechend. Die Hinzuziehung einer zur Vertretung befugten Person oder einer anderen in Satz 2 genannten Person ist auch dann erforderlich, wenn die Inhaberin oder der Inhaber wegen Behinderung der Durchsuchung entfernt worden ist.

§ 39 regelt die meisten (vgl. § 38 Abs. 5) besonderen Verfahrens- und Formvorschriften für Durchsuchungen (und nur für diese) von Wohnungen. Dabei nimmt Abs. 1 insbesondere Bezug auf Art. 13 Abs. 2 GG, wonach Dursuchungen von Wohnungen grundsätzlich durch den Richter anzuordnen sind (→ Rn. 2). Lediglich bei Gefahr im Verzuge ist dies ausnahmsweise auch durch andere Organe erlaubt (→ Rn. 2). Art. 13 Abs. 2 GG schreibt zudem vor, dass Durchsuchungen von Wohnungen nur in der gesetzlich vorgeschriebenen Form durchgeführt werden dürfen. Das wird in Abs. 2–5 konkretisiert (→ Rn. 5). Verstöße gegen § 39 führen zur Rechtswidrigkeit der Durchsuchung (→ Rn. 9).

A. Parallelvorschriften

Parallelvorschriften finden sich innerhalb des HSOG, insbesondere im Rahmen der Durchsuchung von Sachen (vgl. § 37 Abs. 3). Parallelvorschriften finden sich auch in den Polizeigesetzen der übrigen Bundesländer (vgl. zB § 31 Abs. 5, 7, 8 BWPolG, Art. 24 BayPAG, § 25 NPOG, § 42 PolG NRW). Im repressiven Bereich findet die Bestimmung des § 39 Parallelen in den §§ 106 f. StPO. 1

B. Einzelkommentierung

I. Richtervorbehalt (Abs. 1)

Durchsuchungen von Wohnungen bedürfen nach Abs. 1 der richterlichen Entscheidung, wobei für das Verfahren die Vorschriften des FamFG gelten (zu den Rechtsmitteln gegen das Betreten und die Durchsuchung von Wohnungen vgl. iE → § 38 Rn. 32). Von einem Einholen der richterlichen Entscheidung kann nur bei Gefahr im Verzuge abgesehen werden. **Gefahr im Verzuge** in diesem Sinne liegt nur vor, wenn die Beachtung des Richtervorbehalts den Erfolg der Durchsuchung wahrscheinlich gefährden würde (etwas enger Hornmann 2

HSOG Rn. 5: „große Wahrscheinlichkeit"; vgl. auch OLG Frankfurt a. M. BeckRS 2019, 32264 Rn. 43). Sie ist also als **Ausnahme vom Regelfall** zu verstehen, der Begriff ist folglich eng auszulegen (vgl. Fredrich Rn. 1). Die Behörde muss versuchen, eine richterliche Entscheidung herbeizuführen (vgl. BVerfG NJW 2007, 1444). Die Gefahr im Verzug muss mit einzelfallbezogenen Tatsachen begründet werden; reine Spekulationen, hypothetische Erwägungen oder lediglich auf kriminalistische Alltagserfahrungen gestützte, fallunabhängige Vermutungen werden dem Ausnahmecharakter und dem hohen Rechtsgut des Art. 13 GG nicht gerecht (vgl. BVerfG NJW 2001, 1121 (1123); Hornmann HSOG Rn. 5). Auch darf die Behörde die Voraussetzungen einer Gefahr im Verzuge nicht selbst schaffen, etwa durch unnötiges Zögern bei der Einholung der richterlichen Entscheidung (vgl. BVerfG NJW 2001, 1121 (1123)). Der Begriff „Gefahr im Verzuge" ist gerichtlich voll überprüfbar, er eröffnet keinerlei (nur beschränkt überprüfbare) Ermessensentscheidung oder einen Beurteilungsspielraum (vgl. BVerfG NJW 2001, 1121 (1123) mwN).

3 Der Richtervorbehalt nach Abs. 1 verpflichtet die Gerichte, am Tage – auch außerhalb der üblichen Dienstzeiten – **uneingeschränkt erreichbar** zu sein, während der Nachtzeiten jedenfalls dann, wenn grundsätzlich ein praktischer Bedarf dafür besteht (vgl. BVerfG NJW 2001, 1121 (1123)).

4 In der richterlichen Entscheidung – die keine Überprüfung der behördlichen Entscheidung, sondern ein Richterspruch in originärer Zuständigkeit über die Wohnungsdurchsuchung ist (vgl. BVerfG NJW 2005 275 (276)) – müssen **Grund, Ziel** und **Grenzen** der Wohnungsdurchsuchung deutlich werden (vgl. BVerfG NJW 2005, 275 (276)). Eine Durchsuchung mehrere Monate nach der richterlichen Entscheidung ist unzulässig. Das gilt bei zeitnaher Durchsuchung auch dann, wenn sich die der richterlichen Entscheidung zugrunde liegenden Tatsachen geändert haben (vgl. Gusy PolR Rn. 255).

II. Anwesenheitsrecht (Abs. 2)

5 Ähnlich wie § 37 Abs. 3 S. 1 und S. 2 statuiert § 39 Abs. 2 das Recht des Adressaten der Durchsuchung auf Anwesenheit. Auf dieses Recht ist der Betroffene hinzuweisen (vgl. § 25 Abs. 1 S. 2 HVwVfG und Nr. 29.2.1 VVHSOG; so auch Hornmann HSOG Rn. 17; aA Fredrich Rn. 3). Sinn und Zweck des Anwesenheitsrechts können aber nur erreicht werden, wenn **nicht mehrere Räume gleichzeitig** durchsucht werden, es sei denn, es sind Vertreter des Betroffenen anwesend (Fredrich Rn. 3; Hornmann HSOG Rn. 17). Der Wohnungsinhaber ist dann nicht abwesend, wenn er noch rechtzeitig zur Durchsuchung herbeigeholt werden kann.

III. Bekanntgabe des Grundes (Abs. 3)

6 Ähnlich wie in § 37 Abs. 3 S. 2 verlangt § 39 Abs. 3 die Bekanntgabe des Grundes der Durchsuchung. Auch auf dieses Recht ist der Betroffene nach § 25 Abs. 2 S. 1 HVwVfG hinzuweisen. Unverzüglich bedeutet **ohne schuldhaftes Zögern** (vgl. § 121 Abs. 1 S. 1 BGB analog). Adressat der Bekanntgabe ist der Wohnungsinhaber bzw. sein Vertreter. Zugezogene Angehörige, Hausgenossen oder Nachbarn iSd Abs. 2 gehören nicht dazu. Es wird aber die Auffassung vertreten, dass die Bekanntgabe des Grundes an sie zweckmäßig sein könne (vgl. Fredrich Rn. 4). Zur Angabe des Grundes zählt auch die Mitteilung der Befugnisnorm (vgl. Fredrich Rn. 5).

IV. Niederschrift (Abs. 4)

7 Ähnlich wie in § 37 Abs. 3 S. 3 verlangt § 39 Abs. 4 die Fertigung einer Niederschrift über die Durchsuchung der Wohnung. Auch auf dieses Recht ist der Betroffene nach § 25 Abs. 2 S. 1 HVwVfG hinzuweisen. Geregelt sind Inhalt der Niederschrift (Grund, Zeit, Ort, Ergebnis, Abs. 3 S. 1), Unterzeichnungspflicht (durch einen Bediensteten und den Wohnungsinhaber oder eine hinzugezogene Person, Abs. 4 S. 3), Pflicht zum Vermerk bei Verweigerung der Unterschrift (Abs. 4 S. 4) und Pflicht zur Aushändigung einer Durchschrift auf Verlangen (Abs. 4 S. 5). Das Erfordernis des Verlangens schließt die Pflicht der Behörde, auch auf dieses Recht hinzuweisen, nicht aus (vgl. § 25 Abs. 2 S. 1 HVwVfG).

V. Unmöglichkeit der Niederschrift (Abs. 5)

8 Abs. 5 sieht **vereinfachte Niederschriften** für den Fall vor, dass eine regelkonforme Ausfertigung unmöglich ist oder den Zweck der Durchsuchung gefährden würde. In diesen Fällen kann es ausreichen, die Niederschrift mit Bezeichnung der Behörde sowie Zeit und Ort der Durchsuchung schriftlich zu bestätigen. Auf die Angabe des Grundes (dazu gehört auch die Bezeichnung der Befugnisnorm) sollte aber entgegen dem Wortlaut der Vorschrift nur aufgrund der Besonderheiten des Einzelfalls verzichtet werden (zB bei der Gefahr, dass bei Bezeichnung des gesuchten Gegenstandes der Wohnungsinhaber diesen endgültig verschwinden lassen könnte). Es ist kein Grund ersichtlich, darauf auch in den Fällen zu verzichten, in denen zB wegen einer besonderen Gefahrenlage oder aus Zeitgründen die Anfertigung der Niederschrift unmöglich war.

VI. Rechtsfolgen

9 Verstöße gegen § 39 führen zur **Rechtswidrigkeit** der Durchsuchung (vgl. Hornmann HSOG Rn. 23). Die Einordnung des § 39 als bloße **Ordnungsvorschrift**, deren Verletzung die Rechtmäßigkeit der Maßnahme unberührt lasse, wird von der wohl hM zu Recht abgelehnt (→ § 37 Rn. 21).

§ 40 Sicherstellung

(1) Die Gefahrenabwehr- und die Polizeibehörden können eine Sache sicherstellen,

1. um eine gegenwärtige Gefahr abzuwehren,
2. um die Eigentümerin oder den Eigentümer oder die rechtmäßige Inhaberin oder den rechtmäßigen Inhaber der tatsächlichen Gewalt vor Verlust oder Beschädigung einer Sache zu schützen,
3. wenn sie von einer Person mitgeführt wird, die nach diesem Gesetz oder anderen Rechtsvorschriften festgehalten wird, und sie oder ein anderer die Sache verwenden kann, um
   a) sich zu töten oder zu verletzen,
   b) Leben oder Gesundheit anderer zu schädigen,
   c) fremde Sachen zu beschädigen oder
   d) die Flucht zu ermöglichen oder zu erleichtern, oder
4. wenn tatsächliche Anhaltspunkte die Annahme rechtfertigen, dass sie zur Begehung einer Straftat oder Ordnungswidrigkeit gebraucht oder verwertet werden soll.

(2) [1]Die Gefahrenabwehr- und die Polizeibehörden können eine Forderung oder ein anderes Vermögensrecht im Fall des Abs. 1 Nr. 1, 2 oder 4 sicherstellen. [2]Die Vorschriften der Zivilprozessordnung über die Zwangsvollstreckung in Forderungen und Vermögensrechte sowie § 41 Abs. 2 und § 43 gelten entsprechend.

Überblick

Auszug aus der VVHSOG (nicht an die aktuelle Gesetzeslage angepasst und gem. Erlass des Hessischen Ministeriums des Innern und für Sport v. 29.11.2022 (StAnz. 50/2022, 1384) zum 1.1.2025 mangels eines erneuten Verlängerungserlasses ersatzlos außer Kraft getreten):

Zu § 40

40. Sicherstellung

40.0

§ 40 regelt die Sicherstellung zur Gefahrenabwehr. Die Sicherstellung von Sachen, die als Beweismittel in Straf- oder Bußgeldverfahren von Bedeutung sein können, richtet sich nach den §§ 94ff. StPO beziehungsweise § 46 OWiG in Verbindung mit §§ 94ff. StPO. Für die Sicherstellung von Sachen, die der Einziehung unterliegen, gelten die §§ 111bff. StPO beziehungsweise § 46 OWiG in Verbindung mit §§ 111bff. StPO.

40.1
Die Gefahr kann ausgehen von der Sache selbst, von der Person, die die tatsächliche Gewalt über die Sache ausübt (körperlicher und geistiger Zustand) oder von dem Verhalten (der Absicht) der Inhaberin oder des Inhabers der tatsächlichen Gewalt.
40.2
Bei Nr. 3 wird vorausgesetzt, dass die betroffene Person tatsächlich festgehalten wird und die Sache geeignet ist, zu einer der unter Buchst. a bis d bezeichneten Tätigkeiten verwendet zu werden.

§ 40 erlaubt den Gefahrenabwehr- und Polizeibehörden Maßnahmen zur Sicherstellung. Die Voraussetzungen sind in Nr. 1–4 geregelt (→ Rn. 7). Streitig ist dort insbesondere, wie das Abschleppen von Kfz rechtlich zu bewerten ist (→ Rn. 9). Während Nr. 1 und 2 eine konkrete Gefahr voraussetzen (→ Rn. 9, → Rn. 10), ist das weder bei Nr. 3 (→ Rn. 11) noch bei Nr. 4 (→ Rn. 11) der Fall. Forderungen können nach Abs. 2 sichergestellt werden (→ Rn. 14). Die Adressaten der verschiedenen Sicherstellungsformen in § 40 unterscheiden sich grundlegend (→ Rn. 15). Umstritten ist auch der Rechtscharakter der Sicherstellung (→ Rn. 16). Die Sicherstellung kann zwangsweise durchgesetzt werden (→ Rn. 17). Rechtsschutz ist vor den Verwaltungsgerichten zu erlangen (→ Rn. 18).

A. Aufbau der Norm

1 Abs. 1 enthält vier Befugnisnormen, die von einer generalklauselartigen Ermächtigung zur Sicherstellung (Nr. 1) über die Möglichkeit auch zum Schutz privater Rechte Sachen sicherzustellen (Nr. 2), die Sicherstellung von Sachen festgehaltener Personen (Nr. 3) bis hin zur Sicherstellung von Sachen zur Verhütung von Straftaten und Ordnungswidrigkeiten (Nr. 4) reicht. Nach Abs. 2 ist auch die **Sicherstellung von Forderungen** oder anderer Vermögensrechte erlaubt. Die zur Sicherstellung gehörenden besonderen **Verfahrens- und Formvorschriften** sind in die §§ 41–43 ausgelagert.

B. Systematische Stellung

2 Systematisch befindet sich § 40 im Bereich der klassischen Standardmaßnahmen. Die Vorschrift schließt sich an die Befugnisnormen des Gewahrsams (§§ 32 ff.) und die Durchsuchungen von Personen, Sachen und Wohnungen (§§ 36 ff.) an. Sie entspricht damit der **klassischen Chronologie** polizeilichen Vorgehens in der Praxis.

C. Normzweck

3 Sicherstellung iSd **Abs. 1** ist die **Entziehung der tatsächlichen Gewalt** über eine Sache und die Begründung **neuer tatsächlicher Gewalt** über sie durch die Polizei (vgl. VGH Kassel NJW 1995, 2123 (2124); OVG Münster NVwZ-RR 1991, 556 (557)). **Sachen** sind nach § 90 BGB alle körperlichen Gegenstände. Es fallen sowohl **bewegliche** als auch **unbewegliche** Gegenstände darunter. Ob sie wertvoll oder nur von geringem wirtschaftlichen Wert sind spielt zunächst keine Rolle. Mit ihr wird die tatsächliche Verfügungsgewalt entzogen, wenn jemand sie innehatte (vgl. aber § 40 Nr. 2: gilt auch für verlorene Sachen). Die Vorschrift schützt den gesamten Bereich der öffentlichen Sicherheit und Ordnung (Nr. 1), Besitz und Eigentum an Sachen (Nr. 2), vor Beschädigung von Leib, Leben, Sachen sowie vor Flucht festgehaltener Personen (Nr. 3) und soll Straftaten und Ordnungswidrigkeiten verhüten helfen (Nr. 4). Zielrichtung der Sicherstellung sind **Sachen.** Zu den beweglichen Sachen gehört auch Bargeld (vgl. VGH München NVwZ-RR 2012, 686; sa VG Oldenburg DVBl 2010, 1385; vgl. zur Sicherstellung von Datenträgern Michl NVwZ 2019, 1631). Buchgeld, also bloße Geldforderungen sind aber keine Sachen iSd Abs. 1 und zwar selbst dann nicht, wenn die Forderung durch Einzahlung zuvor beschlagnahmten Bargeldes auf ein Konto entstanden ist (vgl. VGH München NVwZ-RR 2016, 779 gegen OVG Lüneburg BeckRS 2013, 58805, das im Wege einer Analogie auch Buchgeld als Sache im Sinne einer Sicherstellung ansieht). Mit Gesetz v. 3.9.2018 wurde **Abs. 2** in das eingefügt, wonach **Forderungen** und **andere Vermögensrechte** im Fall des Abs. 1 Nr. 1, 2 oder 4 sichergestellt werden können. Mithin ist der Streit um die Möglichkeit der Sicherstellung von Forderungen und Vermögensrechten obsolet geworden ist (vgl. → Rn. 14). Es kann zwar nicht ohne Weiteres der Schluss gezogen werden, durch Straftaten erlangte Geldmittel

würden zumindest mit überwiegender Wahrscheinlichkeit zur Begehung weiterer Straftaten eingesetzt (vgl. OVG Lüneburg BeckRS 2015, 48112 Rn. 30). Allerdings wird dies im Bereich der Drogenkriminalität häufig der Fall sein, sodass dann auch eine gegenwärtige Gefahr iSd Nr. 1 bejaht werden kann (vgl. OVG Lüneburg BeckRS 2015, 48112 Rn. 30). Es bedarf grundsätzlich in jedem Einzelfall der Überprüfung und Bewertung der tatsächlichen Umstände. Unbewegliche Sachen (Gebäude, Grundstücke) können nach Abs. 1 durch **Versiegelung** sichergestellt werden (vgl. OVG Münster NVwZ-RR 1994, 549 (550); VGH Kassel NJW 1981, 2270; das OVG Lüneburg NVwZ-RR 2006, 322 sieht in der Versiegelung eine Anwendung unmittelbaren Zwangs).

D. Grundrechte

Mit der Sicherstellung nach § 40 wird in das Grundrecht auf Eigentum nach **Art. 14 GG** eingegriffen. Die Eigentumsverhältnisse an den Sachen werden zwar durch die Sicherstellung allein regelmäßig nicht berührt (vgl. Götz/Geis PolR § 8 Rn. 61; vgl. aber die Möglichkeiten des § 42, der unter anderem die Verwertung der Sachen vorsieht); der Schutzbereich des Art. 14 Abs. 1 GG umfasst aber auch den Besitz (hM, vgl. DHS GG Art. 14 Rn. 202), dessen Entziehung in aller Regel Wesensbestandteil einer Sicherstellung ist (→ Rn. 3). 4

E. Parallelvorschriften

Parallelvorschriften zu den Sicherstellungsbestimmungen der §§ 40–43 finden sich in den **Polizeigesetzen der Länder,** so zB in §§ 37–39 BWPolG (unterteilt in Sicherstellung und Beschlagnahme), in Art. 25–28 BayPAG (in Art. 25 Abs. 3 insbesondere auch zur Sicherstellung von Daten, wobei zu bezweifeln ist, ob diese Bestimmung vollumfänglich erforderlich ist) und in Art. 35 BayPAG (Postsicherstellung), §§ 26–29 NPOG und in §§ 43–46 PolG NRW. 5

Auf Bundesebene finden sich Entsprechungen in §§ 47–50 BPolG. **Repressive Parallelvorschriften** enthalten §§ 94 ff., § 111b StPO. Die Abgrenzung zwischen präventiver und repressiver Sicherstellung/Beschlagnahme richtet sich nach dem Schwerpunkt der Maßnahme (vgl. OVG Hamburg DÖV 2019, 37; VGH Kassel DÖV 1999, 916; Fredrich Rn. 2). Bereichsspezifische Bestimmungen wie etwa § 46 Abs. 2 S. 2, Abs. 3 S. 2 WaffG (Sicherstellung von Munition und Waffen) oder § 8 PassG (Passentziehung) gehen den §§ 40 ff. vor. 6

F. Einzelkommentierung

I. Abs. 1 Nr. 1

Nr. 1 erlaubt den **Gefahrenabwehr- und Polizeibehörden** (deren sachliche Zuständigkeiten sich iRd § 1 Abs. 1 nach dem sog. Eilfall iSd § 2 S. 1 richtet – die Zuständigkeitsabgrenzung zwischen den Polizei- und Ordnungsbehörden erfolgt nach dem Grundsatz der Erstbefassung) die Sicherstellung, wenn eine **gegenwärtige Gefahr** für die öffentliche Sicherheit oder Ordnung vorliegt. Sie dient also dem Schutz sämtlicher polizeilicher Schutzgüter gleichsam einer **Generalklausel** mit der Besonderheit, dass die abzuwehrende Gefahr eine gegenwärtige sein muss (zum Begriff → § 31 Rn. 24). Die Gegenwärtigkeit iSd Nr. 1 wird bisweilen recht großzügig bejaht, was daran liegen mag, dass die mit der Sicherstellung beeinträchtigten Rechtsgüter (in erster Linie Art. 14 GG) nicht den Stellenwert einnehmen, wie das bei Rechtseingriffen mittels anderer Befugnisnormen der Fall ist. So wurde eine gegenwärtige Gefahr bejaht, wenn **Radarwarngeräte** geschäftlich angeboten wurden, deren Verwendung nur zu rechtswidrigen Zwecken infrage kam (VGH Mannheim NVwZ-RR 2003, 117; sa VGH München NJW 2008, 1549: bereits im Kfz angebrachtes Gerät, auch unverkabelt). Gleiches soll gelten, wenn bei **Versammlungsteilnehmern** noch kilometerweit vom Versammlungsort entfernt an einer Kontrollstelle gefährliche Gegenstände gefunden werden (vgl. OVG Münster NVwZ 1982, 46; s. auch VG Braunschweig NVwZ 88, 662, das allerdings das Vorliegen einer Gefahr mangels hinreichenden Verdachts verneint). 7

Die erforderliche Gefahr kann **von der Sache** (vgl. zum Begriff → Rn. 3) selbst ausgehen (zB gefährliches Tier, giftige Chemikalien, beschädigte Waffen oder Munition etc) oder aber erst **durch das Verhalten** des Besitzers verwirklicht werden (Stahlkugeln für Präzisionszwil- 8 len, Farbbeutel für Attacken auf Politiker, Kfz-Schlüssel eines alkoholisierten Kfz-Führers, Bargeld (vgl. zu den Anforderungen → Rn. 3), das für Drogengeschäfte bestimmt ist; vgl. OVG Lüneburg NVwZ-RR 2009, 954; OVG Münster NJW 1988, 2968 (2969); Götz/Geis PolR § 8 Rn. 76).

9 Umstritten ist die Rechtsnatur des polizeilichen Zugriffs auf **verkehrsordnungswidrig abgestellte Kfz.** Unstreitig dürfte zunächst sein, dass das sog. **Umsetzen von Fahrzeugen** auf einen anderen Parkplatz keine Sicherstellung nach § 40 darstellt, weil mit ihm weder der Besitzer von der Einwirkungsmöglichkeit auf das Fahrzeug ausgeschlossen, noch ein Verwahrungsverhältnis durch die Polizei begründet wird (vgl. Gusy PolR Rn. 290). Wie hingegen das **Abschleppen** durch einen privaten Abschleppunternehmer im Auftrag der Gefahrenabwehr- oder der Polizeibehörde rechtlich zu bewerten ist, ist in Rechtsprechung und Literatur nicht abschließend geklärt. Geht man mit der hM davon aus, dass eine Sicherstellung nicht nur auf den Ausschluss von Einwirkungsmöglichkeiten auf die sichergestellte Sache, sondern auch auf die Begründung eines polizeilichen Verwahrungsverhältnisses abzielen muss, dann lassen sich solche Abschleppvorgänge grundsätzlich nicht als Sicherstellung einordnen (vgl. OVG Greifswald LKV 2006, 225; VGH Kassel NVwZ 1988, 655; 1987, 904; OVG Hamburg BeckRS 1993, 09867 Rn. 29; Hornmann HSOG Rn. 8). In Betracht kommt vielmehr eine **Ersatzvornahme** (§ 49), wenn das Fahrzeug verkehrszeichenwidrig abgestellt wurde. Die Straßenverkehrsbehörde setzt dann das Verkehrszeichen (Verwaltungsakt iSd § 35 S. 2 HVwVfG) zwangsweise durch. Nur in den Fällen, in denen kein Verwaltungsakt von der vollstreckenden Behörde erlassen wurde bzw. erlassen werden konnte, kommt statt der Ersatzvornahme eine **unmittelbare Ausführung** nach § 8 in Betracht (vgl. VGH Kassel NVwZ 1999, 23; NVwZ-RR 1995, 29; in anderen Bundesländern mag das ein **Sofortvollzug** sein, vgl. VG Potsdam NZV 2014, 55 für den Fall des Umsetzens; OVG Münster NZV 2001, 94; VG Köln BeckRS 2009, 37638). Der Grund für den Verzicht auf den Erlass eines Verwaltungsakts kann darin liegen, dass das Abschleppen von der Polizeibehörde in Abwesenheit des Fahrzeugführers durchgeführt wurde. In solchen Fällen liegt kein Verwaltungsakt vor, der von der Polizeibehörde zwangsweise durchgesetzt werden könnte, weil die Polizeibehörde den Verwaltungsakt (in Form des Verkehrszeichens) nicht erlassen hat (vgl. § 47 Abs. 3 S. 1; vgl. VG Frankfurt a. M. NVwZ-RR 1994, 90 (91)). Die Verkehrsordnungswidrigkeit kann aber auch in einem Abstellen des Kfz liegen, das allein gegen straßenverkehrsrechtliche Normen verstößt. Auch in solchen Fällen kommt bei Abwesenheit des Kfz-Führers allein eine unmittelbare Ausführung in Betracht, weil ein Verwaltungsakt – der per Ersatzvornahme nach § 49 zwangsweise durchgesetzt werden könnte – nicht existiert (vgl. Lisken/Denninger PolR-HdB/Rachor, 5. Aufl. 2012, E Rn. 733). Es kann darüber hinaus auch Fälle geben, in denen das Abschleppen von Kfz auf § 40 Nr. 2 zu stützen ist, weil mit der Sicherstellung der Verlust oder die Beschädigung des Kfz verhindert werden soll (vgl. VGH München NJW 2001, 1960; VGH Kassel BeckRS 2005, 23183: unverhältnismäßig wegen geringen Werts; VG Frankfurt a. M. NJW 2000, 3224 (3225): keine konkrete Gefahr, wenn an belebter Straße Kfz-Fenster nicht geschlossen werden kann).

10 Die Inanspruchnahme von Wohnräumen zur **Unterbringung von Obdachlosen** gegen den Willen des Berechtigten ist nach einer Auffassung auf die Generalklausel des § 11 zu stützen (vgl. OVG Lüneburg BeckRS 2009, 42420; Hornmann HSOG § 9 Rn. 20 ff. mwN), stellt aber nach anderer Auffassung eine Sicherstellung iSd §§ 40 ff. dar (vgl. Götz/Geis PolR § 8 Rn. 68 mwN). Da es der Behörde aber nicht um die Begründung eines Verwahrungsverhältnisses geht, ist der erstgenannten Auffassung zuzustimmen. Wegen der Polizeifestigkeit der Pressefreiheit können **Presseerzeugnisse** mit strafbarem Inhalt nur nach den abschließenden Bestimmungen der §§ 111m, 111n StPO beschlagnahmt werden (vgl. Götz/Geis PolR § 8 Rn. 69 Fn. 168), es sei denn die Gefahr geht nicht vom Inhalt der Presseerzeugnisse aus (vgl. Fredrich Rn. 6). Sicherstellungen von **Bildaufnahmen nebst Kamera** wegen Verletzung des allgemeinen Persönlichkeitsrechts (§§ 22, 23, 33 KunstUrhG) sind unter bestimmten Voraussetzungen zulässig (vgl. bejahend OVG Koblenz NVwZ-RR 1998, 237; VGH Mannheim NVwZ 2001, 1292; Untersagung des Fotografierens verneinend BVerwG NJW 2012, 2676).

II. Abs. 1 Nr. 2

Nr. 2 soll den Berechtigten **vor Verlust oder Beschädigung seiner Sachen schützen** 11 (vgl. VGH Kassel BeckRS 2005, 23183; VGH München NJW 2001, 1960; VGH Kassel NJW 1999, 3793; OVG Koblenz DVBl 1989, 1011; VGH Kassel NVwZ 1988, 655; 1987, 904; VG Frankfurt a. M. NJW 2000, 3224; Fredrich Rn. 4). Viele der unter diese Befugnisnorm subsumierbaren Fälle werden dem Schutz privater Rechte zuzuordnen sein (vgl. Fredrich Rn. 9a), jedenfalls dann, wenn durch die Sicherstellung nicht zugleich die Wahrung öffentlich-rechtlicher Bestimmungen (etwa Strafrechtsnormen) beabsichtigt ist. Eine Sicherstellung zum **Schutz privater Rechte ist nur unter den Bedingungen des § 1 Abs. 3 zulässig.** Zudem verlangt Nr. 2 eine **konkrete Gefahr** dafür, dass es zum Verlust oder zur Beschädigung der Sachen kommen wird (Fredrich Rn. 9). Daran kann es bspw. dann fehlen, wenn ein **Kfz mit geöffnetem Fenster** auf belebter Straße abgestellt ist und die Polizeibeamten das Fenster nicht schließen können; denn es ist nicht hinreichend wahrscheinlich, dass das Kfz gestohlen wird (vgl. VG Frankfurt a. M. NJW 2000, 3224; aA aber OVG Bautzen NJW 2016, 181 mit guten Gründen, auch gegen eine vorherige Ermittlungspflicht bzgl. des KFZ-Führers). Gemäß **§ 1006 Abs. 1 S. 1 BGB** wird zunächst vermutet, dass der Besitzer der Sache auch der Eigentümer sei. Eine Sicherstellung zugunsten eines anderen vermeintlichen Eigentümers scheidet dann zunächst aus. Unter Umständen kann aber die Eigentumsvermutung auch mithilfe von **Indizien und Erfahrungssätzen** widerlegt werden. Dennoch müssen zumindest Umstände bewiesen werden, die das Eigentum eines Dritten wahrscheinlicher erscheinen lassen als das Eigentum des Besitzers (vgl. VG BeckRS 2016, 52835). Die Sicherstellung von Sachen oder Forderungen **kann nicht länger aufrechterhalten** werden, wenn der Berechtigte die Herausgabe nicht mehr verlangen kann gem. **§ 43 Abs. 2 S. 3.** Die Sachen oder Forderungen stehen dann dem letzten Inhaber zu (vgl. VG Darmstadt BeckRS 2017, 129426).

III. Abs. 1 Nr. 3

Nr. 3 befugt die Gefahrenabwehr- und Polizeibehörden die Sicherstellung einer Sache, 12 wenn sie von einer Person mitgeführt wird, die nach diesem Gesetz oder anderen Rechtsvorschriften festgehalten wird. Mit „Festhalten" sind alle Formen von **Freiheitsentziehung** gemeint. Das sind im HSOG die Fälle der § 18 Abs. 4, § 25 Abs. 1 S. 4 und 32. Mit „anderen Rechtsvorschriften" sind solche außerhalb des HSOG gemeint. Das sind in erster Linie §§ 127, 163b StPO. Die Formulierung „festgehalten wird" stellt klar, dass der Prozess der **Freiheitsentziehung bereits begonnen** hat. Es reicht nicht aus, dass die Person festgehalten werden soll. Andererseits ist es unerheblich, ob das Festhalten zurecht erfolgt oder nicht. Das Ergebnis, dass bei rechtswidrigen Freiheitsentziehungen Sicherstellungen gefährlicher Gegenstände untersagt wären, wäre vom Ergebnis her untragbar. Die Ermächtigungsgrundlage des Nr. 3 verlangt nicht, dass eine konkrete Gefahr für Leib, Leben, Sachen besteht oder eine Flucht wahrscheinlich ist. Es reicht vielmehr aus, dass die Sache dazu verwendet werden kann, eines dieser Schutzgüter zu schädigen oder zu fliehen. Es kommt also lediglich auf die objektive Eignung der Sache an, solche Schäden herbeizuführen (Fredrich Rn. 10). Eine **abstrakte Gefahr ist ausreichend** (Kingreen/Poscher POR § 18 Rn. 10). Solche Sachen können Taschenmesser, Kugelschreiber, Rasierklingen, Werkzeuge und Waffen jeder Art, Gürtel, Schnürsenkel, Nadeln und dergleichen sein. Sie alle wären objektiv geeignet Schäden für die Schutzgüter des Nr. 3 herbeizuführen. Gleichwohl darf die Entscheidung über eine solche Sicherstellung nicht schematisch erfolgen. Im Rahmen des Ermessens und der Verhältnismäßigkeit ist bei jedem Einzelfall zu prüfen, ob und in welchem Umfang eine Sicherstellung angebracht erscheint.

IV. Abs. 1 Nr. 4

Nach Nr. 4 können die **Gefahrenabwehr- und die Polizeibehörden** (vgl. dazu → 13 Rn. 7) eine Sache sicherstellen, wenn tatsächliche Anhaltspunkte die Annahme rechtfertigen (zum Begriff → § 30 Rn. 16), dass sie zur Begehung einer Straftat oder Ordnungswidrigkeit gebraucht oder verwertet werden soll. Die Straftat bzw. die Ordnungswidrigkeit muss **tatbestandsmäßig und rechtswidrig** begangen sein, auf ein Verschulden kommt es nicht an (vgl. Fredrich Rn. 11). Unter dem Gebrauch der Sache versteht man jede Benutzung zur **Durchführung der Tat,** während sich der Begriff der Verwertung auf jede Benutzung zur **Vorbereitung der Tat** bezieht (vgl. Fredrich Rn. 12). Die Anwendung der Bestimmung in Form einer polizeilichen **Anschlusssicherstellung** wird nicht dadurch ausgeschlossen, dass die Sachen (Bargeld, Luxus-Armbanduhr, Sportwagen) zuvor von der Staatsanwaltschaft beschlagnahmt wurden und eine Einziehung im Strafurteil nicht erfolgt (vgl. VGH Kassel DÖV 2018, 672).

V. Abs. 2

14 Abs. 2 lässt seit seiner Einfügung durch Gesetz v. 23.8.2018 (HessGVBl. 374) die Sicherstellung **schuldrechtlicher Forderungen** zu. Nach Abs. 2 können sowohl Forderungen als auch andere Vermögensrechte im Fall des Abs. 1 Nr. 1, 2 oder 4 sichergestellt werden. Umfasst wird nicht nur strafprozessual beschlagnahmtes Bargeld in Form von Buchgeld, nachdem es auf ein Konto eingezahlt wurde, sondern zB auch virtuelle Währungen. Das war bis 2018 umstritten wegen der wohl nicht vorliegenden Voraussetzungen für eine analoge Anwendung von § 40, dessen Wortlaut bis dahin ausdrücklich nur die Sicherstellung von Sachen vorsah (gegen eine Analogie zB VGH München NVwZ-RR 2016, 779; vgl. auch LT-Drs. 19/6053, 25; → Rn. 3). Für das Verfahren gelten die §§ 828 ff. ZPO.

VI. Rechtsfolge des § 40

15 Rechtsfolge des § 40 ist die Sicherstellung der in Rede stehenden Sache, Forderung oder Vermögensrechts. Das ist bei Sachen regelmäßig die **Entziehung** der tatsächlichen Gewalt über die Sache und die Begründung neuer tatsächlicher Gewalt über sie durch die Polizei in Form einer **Verwahrung.** Es kann aber auch sein, dass die Sache niemandem entzogen wird, weil lediglich der Zugriff anderer Personen verhindert werden soll. So kann zB eine verloren gegangene Geldbörse sichergestellt werden, ohne dass dadurch jemandem die tatsächliche Gewalt über sie entzogen wird. In vergleichbaren Fällen (Einsammeln von Sachen am Unfallort, die dem Unfallopfer gehören) ist ebenfalls eine Ermächtigungsgrundlage erforderlich; dieses Erfordernis folgt schon daraus, dass ansonsten die Geltendmachung von Kosten problematisch wäre (vgl. Kingreen/Poscher POR § 18 Rn. 12 f.).

VII. Adressat der Sicherstellung

16 Bei den Adressaten in Nr. 1–4 ist zu differenzieren. Gemäß **Nr. 1** ist eine konkrete Gefahr zum Einschreiten der Behörden erforderlich. Demgemäß fällt der Adressat durch sein Verhalten oder seine tatsächliche Sachherrschaft als Verhaltens-, Zustandsstörer unter die Bestimmungen der §§ 6 oder 7. Auch eine Inanspruchnahme als Nichtstörer nach § 9 kommt in Betracht. Für eine Sicherstellung iSd **Nr. 2** ist ebenfalls eine konkrete Gefahr erforderlich. Sie kann durch ein Verhalten des an der Sache Berechtigten (dann § 6), durch einen Nichtberechtigten, zB einen Dieb (dann ebenfalls § 6) oder durch den Zustand der Sache (dann § 7) verursacht werden. Auch iRd Nr. 2 kommt eine Inanspruchnahme als Nichtstörer nach § 9 in Betracht. Die Heranziehung von Adressaten iSd **Nr. 3** und **4** können nicht auf §§ 6, 7 oder 9 gestützt werden, weil diese Befugnisnormen keine konkrete Gefahr voraussetzen, demzufolge eine Inanspruchnahme über diese Adressatenregelungen ins Leere laufen könnte. Beide Bestimmungen enthalten vielmehr sog. spezialgesetzlich geregelte **Normadressaten,** die die allgemeinen Adressatenregelungen der §§ 6, 7, 9 verdrängen. In § 40 Nr. 3 ist das immer diejenige Person, „die nach diesem Gesetz oder anderen Rechtsvorschriften festgehalten wird". Im Rahmen der Nr. 4 ist die Person richtiger Adressat, die die tatsächliche Sachherrschaft über eine Sache besitzt, die zur Begehung von Straftaten oder Ordnungswidrigkeiten gebraucht oder verwertet werden soll.

VIII. Besondere Verfahrens- und Formvorschriften

17 Besondere Verfahrens- und Formvorschriften enthalten – neben Abs. 2 S. 2 – die §§ 41–43 (s. die Kommentierungen dort → § 41 Rn. 1 ff.; → § 42 Rn. 1 ff.; → § 43 Rn. 1 ff.).

G. Rechtscharakter der Sicherstellung

Die Sicherstellung einer Sache erfolgt regelmäßig durch einen **Verwaltungsakt** (§ 35 S. 1 HVwVfG), der die Sicherstellung anordnet (hM, vgl. Fredrich Rn. 3; Kramer HessPolR Rn. 233; Hornmann HSOG Rn. 10; sa VGH Kassel NVwZ-RR 2008, 784: Auch ohne Verwaltungsakt möglich, dann Sicherstellung im Wege der unmittelbaren Ausführung). Das kann eine Aufforderung zur Herausgabe oder eine Anordnung zur Duldung der Verfügungsbeschränkung sein (vgl. Gusy PolR Rn. 286). In engem rechtlichem Zusammenhang mit einer Sicherstellung zählt auch die Entgegennahme der (beweglichen) Sache. Dabei ist streitig, ob eine solche Entgegennahme von § 40 abgedeckt ist (etwa in Form eines Realakts, vgl. zutr. Kramer HessPolR Rn. 236, Hornmann HSOG Rn. 10) oder bereits als Vollstreckungsmaßnahme anzusehen ist (Gusy PolR Rn. 286 mwN). Die Frage wird in der Rechtsprechung mangels rechtlicher Relevanz zunehmend offengelassen (vgl. OVG Münster NJW 2001, 2035 (2036)). 18

H. Zwangsweise Durchsetzung der Sicherstellung

Die zwangsweise Durchsetzung einer Sicherstellung richtet sich nach §§ 47 ff. bzw. (für die allgemeinen Verwaltungsbehörden) nach §§ 68 ff. HessVwVG (vgl. Hornmann HSOG Rn. 30; Fredrich Rn. 3). In erster Linie wird es in der Praxis um das Mittel des **unmittelbaren Zwangs** gehen, wenn eine sicherzustellende Sache nicht freiwillig herausgegeben wird (vgl. Hornmann HSOG Rn. 30; Götz/Geis PolR § 8 Rn. 61; OVG Münster DVBl 1991, 1371). 19

I. Rechtsschutz

Die Verweisung auf die Bestimmungen der ZPO in Abs. 2 S. 2 hat keine Rechtswegverweisung zum Inhalt, sodass es bei der Zuständigkeit der Verwaltungsgerichte bleibt. Gegen die Sicherstellung als Verwaltungsakt (→ Rn. 18) sind grundsätzlich **Widerspruch** (§§ 68 ff. VwGO) und **Anfechtungsklage** (§ 42 VwGO) statthaft (vgl. VG Frankfurt a. M. BeckRS 2020, 27070 Rn. 14; Hornmann HSOG Rn. 32). Die Anfechtungsklage kann mit einem **Annexantrag auf Herausgabe** der Sache verbunden werden, § 113 Abs. 1 S. 2 VwGO (vgl. Schmidt PolR Rn. 595). Hat sich die Sicherstellung bereits erledigt, so ist die **Fortsetzungsfeststellungsklage** statthafte Klageart (§ 113 Abs. 1 S. 4 VwGO analog). Ist die Sicherstellung sofort vollziehbar (§ 80 Abs. 2 VwGO), so kann nach Einlegung des Widerspruchs ein Antrag nach **§ 80 Abs. 5 S. 1 VwGO** auf Anordnung oder Wiederherstellung der aufschiebenden Wirkung des Widerspruchs beim Verwaltungsgericht gestellt werden. Im Erfolgsfall ist gem. **§ 80 Abs. 5 S. 3 VwGO** auszusprechen, das eine möglicherweise erfolgte Vollziehung der Sicherstellung im Rahmen der Folgenbeseitigung rückgängig zu machen ist (vgl. VG Frankfurt a. M. BeckRS 2020, 27070 Rn. 16; NVwZ 1990, 1100 (1101)). Eine Anwendung des § 80 Abs. 2 S. 1 Nr. 2 VwGO auf Fälle der Sicherstellung ist vorstellbar, soweit sicherstellende Behörde eine Polizeibehörde ist. Ist deren Sicherstellungsverfügung in schriftlicher Form ergangen, so begründet das die - widerlegbare - Vermutung, dass auch eine Anordnung nach § 80 Abs. 2 S. 1 Nr. 4 VwGO hätte ergehen können. Dann ist § 80 Abs. 2 S. 1 Nr. 2 VwGO auf den Fall nicht anwendbar (vgl. VG Frankfurt NVwZ 1990, 1100; Hornmann HSOG Rn. 11). 20

§ 41 Verwahrung

(1) [1]Sichergestellte Sachen sind in Verwahrung zu nehmen. [2]Lässt die Beschaffenheit der Sachen dies nicht zu oder erscheint die Verwahrung bei der Gefahrenabwehr- oder der Polizeibehörde unzweckmäßig, so sind die Sachen auf andere geeignete Weise aufzubewahren oder zu sichern. [3]In diesem Falle kann die Verwahrung auch einer dritten Person übertragen werden.

(2) [1]Der betroffenen Person ist eine Bescheinigung auszustellen, die den Grund der Sicherstellung erkennen lässt und die sichergestellten Sachen bezeichnet. [2]Kann nach den Umständen des Falles eine Bescheinigung nicht ausgestellt werden, so ist

über die Sicherstellung eine Niederschrift aufzunehmen, die auch erkennen lässt, warum eine Bescheinigung nicht ausgestellt worden ist. [3]Die Eigentümerin oder der Eigentümer oder die rechtmäßige Inhaberin oder der rechtmäßige Inhaber der tatsächlichen Gewalt ist unverzüglich zu unterrichten.

(3) [1]Wird eine sichergestellte Sache verwahrt, so hat die Gefahrenabwehr- oder die Polizeibehörde nach Möglichkeit Wertminderungen vorzubeugen. [2]Dies gilt nicht, wenn die Sache durch eine dritte Person auf Verlangen einer berechtigten Person verwahrt wird.

(4) Die verwahrten Sachen sind zu verzeichnen und so zu kennzeichnen, dass Verwechslungen vermieden werden.

Überblick

Auszug aus der VVHSOG (gem. Erlass des Hessischen Ministeriums des Innern und für Sport v. 29.11.2022 (StAnz. 50/2022, 1384) zum 1.1.2025 mangels eines erneuten Verlängerungserlasses ersatzlos außer Kraft getreten):

Zu § 41

41. Verwahrung

41.0.1

Verwahrung im Sinne von § 41 ist die Aufbewahrung einer Sache bei der Gefahrenabwehr- oder der Polizeibehörde oder einer dritten Person im Auftrag der Gefahrenabwehr- oder der Polizeibehörde. Als Verwahrung gilt auch die Sicherung einer Sache auf andere Art (zum Beispiel durch Versiegelung).

41.0.2

Ist die Sicherstellung in Straf- oder Bußgeldverfahren erfolgt, richtet sich die Verwahrung nach § 109 StPO beziehungsweise § 46 OWiG in Verbindung mit § 109 StPO.

41.1 Zu Abs. 1

41.1.1

Die Beschaffenheit einer Sache lässt deren Aufbewahrung bei der Gefahrenabwehr- oder der Polizeibehörde insbesondere dann nicht zu, wenn wegen der Größe oder des Gewichts des Gegenstandes ein Transport undurchführbar ist oder wenn die Sache nur bei besonderen Sicherungsmaßnahmen, die der Gefahrenabwehr- oder der Polizeibehörde nicht möglich sind, gelagert werden kann.

41.1.2

Die Aufbewahrung einer Sache bei der Gefahrenabwehr- oder der Polizeibehörde kann dann unzweckmäßig sein, wenn nach den Umständen zu erwarten ist, dass die erforderliche Art und Weise der Aufbewahrung und die notwendigen Maßnahmen zur Erhaltung der Sache einer dritten Person ohne Gefährdung des Sicherstellungszwecks eher möglich sind als der Gefahrenabwehr- oder der Polizeibehörde. Dies gilt insbesondere für die Verwahrung von Tieren und Kraftfahrzeugen.

41.2 Zu Abs. 2

41.2.1

Die Bescheinigung soll die Rechtsgrundlage der Sicherstellung und eine stichwortartige Kennzeichnung des Sachverhalts enthalten. Die sichergestellte Sache ist möglichst genau zu bezeichnen.

41.2.2

Die Bescheinigung kann insbesondere nicht ausgestellt werden, wenn die betroffene Person nicht rechtzeitig ermittelt werden kann. Die nach Satz 2 erforderliche Niederschrift hat die gleichen Angaben wie die Bescheinigung nach Satz 1 zu enthalten.

41.3 Zu Abs. 3

41.3.1

Die Sorgfaltspflicht nach Satz 1 gilt auch dann, wenn die Gefahrenabwehr- oder die Polizeibehörde eine dritte Person mit der Verwahrung beauftragt hat, es sei denn, dass diese von der berechtigten Person benannt wird (Satz 2).

41.3.2

Die Pflicht, Wertminderungen vorzubeugen, erstreckt sich insbesondere auf sachgerechte Lagerung, Wartung und erforderliche Pflege sowie auf den Schutz gegen Beeinträchtigungen durch dritte Personen. Außergewöhnliche Schutzmaßnahmen und Maßnahmen, deren Kosten den Wert der Sache übersteigen, sind nicht erforderlich. Die Pflege der Sache oder des Tieres kann der betroffenen Person oder einer von ihr beauftragten Person überlassen werden, wenn der Zweck der Sicherstellung dadurch nicht gefährdet wird.

§ 41 enthält einige wichtige Vorschriften, die für eine ordnungsgemäße Abwicklung der Sicherstellung – zum Teil auch für mögliche Amtshaftungsansprüche des von der Sicherstellung Betroffenen – von Bedeutung sein können. Insbesondere die Regelungen über die Verwahrung (Abs. 1, → Rn. 5), die Bescheinigung bzw. Niederschrift (→ Rn. 6) und die Verpflichtung zur Vermeidung von Wertminderungen (→ Rn. 7) zählen dazu.

A. Aufbau der Norm

§ 41 zählt zu den **besonderen Verfahrens- und Formvorschriften** des § 40. Die Bestimmung enthält Regelungen zu Art und Weise der Verwahrung sichergestellter Sachen (Abs. 1), Ausstellung von Bescheinigung oder Niederschrift sowie Benachrichtigungspflicht (Abs. 3), Umgang mit der Sache (Abs. 3) und Verzeichnung und Kennzeichnung der Sache (Abs. 4). 1

B. Systematische Stellung

§ 41 befindet sich im zweiten Abschnitt des HSOG (Befugnisse) bei den klassischen Standardmaßnahmen. Die Vorschrift stellt neben **§§ 42** und **43** die wesentlichen Inhalte des Verfahrens bei Sicherstellungen dar. 2

C. Normzweck

Durch die Sicherstellung einer Sache wird ein **öffentliches Verwahrungsverhältnis** geschaffen (Hornmann HSOG § 40 Rn. 2). Dieses Verwahrungsverhältnis wird durch § 41 konkretisiert. Die Vorschrift dient sowohl dem **Schutz des Betroffenen** wie auch dem **Interesse der Behörde.** 3

D. Parallelvorschriften

Parallelvorschriften finden sich in den Polizeigesetzen der Länder (vgl. etwa §§ 37 ff. BWPolG, Art. 26 BayPAG, § 27 NPOG, § 44 PolG NRW). Bei der Sicherstellung oder Beschlagnahme in Straf- oder Bußgeldverfahren findet die Bestimmung des § 109 StPO – ggf. iVm § 46 OWiG – Anwendung. 4

E. Einzelkommentierung

I. Verwahrung (Abs. 1)

Grundsätzlich werden sichergestellte Sachen in den Diensträumen der zuständigen Behörde aufbewahrt (vgl. Abs. 1 S. 1). Eine Verwahrung kann aber auch auf dem Grundstück – bspw. ein Kfz auf dem Hof – einer Dienststelle stattfinden (vgl. Hornmann HSOG Rn. 3). Ausnahmen sind nach Abs. 1 S. 2 möglich, wenn die Beschaffenheit der Sache die Verwahrung bei der zuständigen Behörde nicht zulässt (Größe, Gewicht oder erforderliche, von der Polizei nicht leistbare Sicherungsmaßnahmen, vgl. Nr. 41.1.1 VVHSOG zB bei Gebäuden, die durch Versiegelung sichergestellt werden können) oder wenn die Verwahrung bei der Dienststelle unzweckmäßig wäre. Sie ist dann unzweckmäßig wenn die sachgerechte Aufbewahrung bei einem Dritten eher möglich erscheint als bei der Gefahrenabwehr- oder der Polizeibehörde (das ist oft der Fall bei Tieren und Kfz, größeren Mengen zu kühlender Lebensmittel usw. vgl. Nr. 41.1.2 VVHSOG). Schäden, die durch einen von der Behörde beauftragten Dritten herbeigeführt wurden, sind bei der Behörde geltend zu machen, nicht beim Beauftragten, weil dieser mit dem von der Sicherstellung Betroffenen keine vertragliche Bindung eingegangen ist (vgl. Fredrich Rn. 4, 5; aA OLG Hamm NJW 2001, 375 für einen Fall nach § 839 BGB iVm Art. 34 GG). 5

II. Bescheinigung, Niederschrift (Abs. 2)

Nach Abs. 2 muss dem von der Sicherstellung Betroffenen eine Bescheinigung ausgestellt werden, die den Grund (also auch die Rechtsgrundlage, vgl. Hornmann HSOG § 40 Rn. 6) der Sicherstellung erkennen lässt und die sichergestellten Sachen so genau bezeichnet, dass 6 eine Verwechslung auszuschließen ist (vgl. Hornmann HSOG Rn. 6). Eine **bloße Niederschrift** reicht nach Abs. 1 S. 2 dann aus, wenn eine Bescheinigung nach den Umständen des Falles nicht ausgestellt werden kann. Das kann dann der Fall sein, wenn der Inhaber der tatsächlichen Gewalt – jedenfalls im Augenblick der Sicherstellung – nicht ermittelt werden kann, es sich um Kinder oder Geisteskranke handelt (vgl. Fredrich Rn. 7) oder die Sache herrenlos ist (vgl. Hornmann HSOG Rn. 6). Die Niederschrift muss eine Erklärung darüber enthalten, warum eine Bescheinigung nicht ausgestellt wurde (vgl. Abs. 2 S. 2). Bescheinigung bzw. Niederschrift sollten unverzüglich erstellt werden, damit sie aus unmittelbarer Erinnerung gefertigt werden können (vgl. auch Fredrich Rn. 9). Nach Abs. 1 S. 3 ist der Eigentümer oder der rechtmäßige Inhaber der tatsächlichen Gewalt unverzüglich (ohne schuldhaftes Zögern, vgl. § 121 Abs. 1 S. 1 BGB) zu unterrichten.

III. Wertminderung (Abs. 3)

7 Abs. 3 begründet die Pflicht der sicherstellenden Behörde zur Vorbeugung von **Wertminderungen** an der Sache. Damit sind nur Minderungen bezüglich der Substanz, nicht des Marktwerts der Sache, gemeint (vgl. Fredrich Rn. 13). Der dafür erforderliche Aufwand ist im angemessenen Rahmen zu halten. Das ist nicht mehr der Fall, wenn die Aufwendungen dafür den Sachwert der Sache übersteigen (Hornmann HSOG Rn. 8). Es ist möglich, dass die sichergestellte Sache auf Verlangen der berechtigten Person von einer bestimmten dritten Person aufbewahrt wird. In diesen Fällen trifft die Behörde keine Pflicht zur Vorbeugung von Wertminderungen (vgl. Abs. 3 S. 2). „Berechtigte Person" iSd § 40 Abs. 3 S. 2 ist der berechtigte Inhaber der tatsächlichen Gewalt. Das kann – muss aber nicht – der Eigentümer sein (vgl. Fredrich Rn. 14). Die dritte Person übernimmt die Aufbewahrung freiwillig. Ausnahmen sind wohl nur unter den Voraussetzungen des § 9 denkbar (vgl. Hornmann HSOG Rn. 5). Die Übertragung der Verwahrung auf sie darf den Zweck der Sicherstellung nicht gefährden (vgl. Nr. 41.3.2 VVHSOG).

IV. Vermeidung von Verwechselungen (Abs. 4)

8 Insbesondere für den Zweck der Herausgabe sichergestellter Sachen ist es wichtig, dass sie nicht mit anderen asservierten Gegenständen verwechselt werden können. Deshalb schreibt § 40 Abs. 4 vor, dass die Sachen in einer für diesen Zweck geeigneten Weise verzeichnet und gekennzeichnet werden.

V. Rechtsfolgen

9 Verstöße gegen § 41 haben die **Rechtswidrigkeit** der Sicherstellung zur Folge. Der Charakter bloßer Ordnungsvorschriften, deren Verletzung die Rechtmäßigkeit der Maßnahme unberührt lasse, wird von der wohl hM zu Recht abgelehnt (vgl. → § 37 Rn. 21; aA Fredrich Rn. 10).

F. Rechtscharakter/Rechtsschutz

10 Während die Sicherstellung selbst von der hM als **Verwaltungsakt** iSd § 35 S. 1 HVwVfG verstanden wird (→ § 40 Rn. 18), handelt es sich bei der Verwahrung um einen **Realakt** (str., vgl. → § 40 Rn. 18; so auch VG Frankfurt a. M. BeckRS 2020, 27070 Rn. 14; zum Rechtsschutz speziell gegen die Verwahrung, → § 40 Rn. 20).

§ 42 Verwertung, Unbrauchbarmachung und Vernichtung

(1) Die Verwertung einer sichergestellten Sache ist zulässig, wenn
1. ihr Verderb oder eine wesentliche Wertminderung droht,
2. ihre Verwahrung, Pflege oder Erhaltung mit unverhältnismäßig hohen Kosten oder mit unverhältnismäßig großen Schwierigkeiten verbunden ist,
3. sie infolge ihrer Beschaffenheit nicht so verwahrt werden kann, dass weitere Gefahren für die öffentliche Sicherheit oder Ordnung ausgeschlossen sind,

4. sie nach einer Frist von einem Jahr nicht an eine berechtigte Person herausgegeben werden kann, ohne dass die Voraussetzungen der Sicherstellung erneut eintreten würden, oder

5. die berechtigte Person sie nicht innerhalb einer ausreichend bemessenen Frist abholt, obwohl ihr eine Mitteilung über die Frist mit dem Hinweis zugestellt worden ist, dass die Sache verwertet wird, wenn sie nicht innerhalb der Frist abgeholt wird.

(2) [1]Die betroffene Person, die Eigentümerin, der Eigentümer und andere Personen, denen ein Recht an der Sache zusteht, sollen vor der Anordnung der Verwertung gehört werden. [2]Die Anordnung sowie Zeit und Ort der Verwertung sind ihnen mitzuteilen, soweit die Umstände und der Zweck der Maßnahme es erlauben.

(3) [1]Die Sache wird durch öffentliche Versteigerung verwertet; § 383 Abs. 3 und § 979 Abs. 1 Satz 2, Abs. 1a und 1b des Bürgerlichen Gesetzbuches gelten entsprechend. [2]Bleibt die Versteigerung erfolglos, erscheint sie von vornherein aussichtslos oder würden die Kosten der Versteigerung voraussichtlich den zu erwartenden Erlös übersteigen, so kann die Sache freihändig verkauft werden. [3]Der Erlös tritt an die Stelle der verwerteten Sache. [4]Lässt sich innerhalb angemessener Frist keine Käuferin oder kein Käufer finden, so kann die Sache einem gemeinnützigen Zweck zugeführt werden.

(4) [1]Sichergestellte Sachen können unbrauchbar gemacht oder vernichtet werden, wenn

1. im Falle einer Verwertung die Gründe, die zu ihrer Sicherstellung berechtigen, fortbestehen oder Sicherstellungsgründe erneut entstehen würden, oder

2. die Verwertung aus anderen Gründen nicht möglich ist.

[2]Abs. 2 gilt entsprechend.

(5) Maßnahmen nach Abs. 2 bis 4 darf nur die Behördenleitung oder eine von dieser beauftragte Bedienstete oder ein von dieser beauftragter Bediensteter anordnen.

Überblick

Auszug aus der VVHSOG (nicht an die aktuelle Gesetzeslage angepasst und gem. Erlass des Hessischen Ministeriums des Innern und für Sport v. 29.11.2022 (StAnz. 50/2022, 1384) zum 1.1.2025 mangels eines erneuten Verlängerungserlasses ersatzlos außer Kraft getreten):

Zu § 42

42. Verwertung, Unbrauchbarmachung, Vernichtung

42.0

Ist die Sicherstellung in Straf- oder Bußgeldverfahren erfolgt, richtet sich die Verwertung der Sache nach § 111l StPO oder nach Maßgabe eines Gerichtsbeschlusses.

42.1 Zu Abs. 1

42.1.1

Unverhältnismäßig hoch sind Kosten, die den Wert der Sache übersteigen; davon ist bei Gegenständen, deren Wertgrenze unter 50 Euro liegt, grundsätzlich auszugehen. Übernimmt die betroffene Person die Kosten, so kommt eine Verwertung nach Nr. 2 nicht in Betracht. Unverhältnismäßig hohe Schwierigkeiten können sich aus dem Umfang oder der Beschaffenheit der Sache ergeben.

42.1.2

Berechtigt im Sinne von Nr. 4 ist jede Person, die Eigentümerin oder Eigentümer der Sache ist oder ein Recht zum Besitz der Sache hat (zum Beispiel als Mieter, Pächterin, Entleiher, Pfandgläubigerin). Die Jahresfrist beginnt mit dem Zeitpunkt der Sicherstellung.

42.1.3

Nr. 5 setzt voraus, dass die Sicherstellungsgründe endgültig entfallen sind und dass die berechtigte Person (vgl. hierzu Nr. 42.1.2) und deren Aufenthaltsort bekannt sind. Sind mehrere berechtigte Personen bekannt, so soll die Mitteilung jeder berechtigten Person zugestellt werden. Die Frist ist so zu bemessen, dass die berechtigte Person in der Lage ist, der Aufforderung nachzukommen. Kann die berechtigte Person nur mit unverhältnismäßig hohem Aufwand ermittelt werden, so ist eine Verwertung nach Nr. 2 zulässig.

42.2 Zu Abs. 2

Die Anhörung kann schriftlich oder fernmündlich durchgeführt werden. Sie kann unterbleiben, wenn sich die berechtigte Person nur mit unverhältnismäßigem Aufwand ermitteln lässt.

42.3 Zu Abs. 3

Die Anordnung des freihändigen Verkaufs sowie dessen Zeit und Ort sind der berechtigten Person mitzuteilen, soweit die Umstände und der Zweck der Maßnahme dies erlauben. Bei Gegenständen mit einer Wertgrenze unter 50 Euro kann grundsätzlich davon ausgegangen werden, dass sich keine Käuferin oder kein Käufer finden lässt.

42.4 Zu Abs. 4

42.4.1

Eine Sache wird unbrauchbar gemacht, wenn sie so verändert wird, dass sie einer mit Gefahren für die öffentliche Sicherheit oder Ordnung verbundenen Zweckbestimmung nicht mehr dienen kann. Nach der Unbrauchbarmachung ist die Sache entweder an diejenige Person herauszugeben, bei der sie sichergestellt worden ist (vgl. § 43 Abs. 1), oder nach Abs. 1 Nr. 5, Abs. 2 und 3 zu verwerten.

42.4.2

Geringwertige bis wertlose, beschädigte oder nicht mehr brauchbare Sachen können nach Abs. 4 Nr. 2 vernichtet werden, weil eine Verwertung aus anderen Gründen nicht möglich ist.

42.4.3

Abs. 4 kann auch Rechtsgrundlage für die Tötung sichergestellter Tiere (siehe Nr. 7.1.1) sein, soweit nicht andere Regelungen vorgehen (zum Beispiel § 16a Abs. 2 TierschutzG, § 24 TierseuchenG).

§ 42 regelt die Voraussetzungen, unter denen sichergestellte Sachen verwertet (→ Rn. 4), unbrauchbar gemacht oder vernichtet werden können (→ Rn. 7). Zu beachten sind dabei besonders die Anhörungs- und Mitteilungspflichten seitens der Behörden (→ Rn. 5).

A. Aufbau der Norm / Normzweck

1 § 42 mit seinen fünf Absätzen enthält im Wesentlichen **besondere Verfahrensvorschriften** der Sicherstellung. Abs. 1 enthält die Voraussetzungen für eine **Verwertung** sichergestellter Sachen, Abs. 2 ein **Anhörungsrecht** der betroffenen Personen, während Abs. 3 das Verfahren der Verwertung beschreibt. Abs. 4 regelt die Voraussetzungen für **Unbrauchbarmachung** und **Vernichtung** sichergestellter Sachen, Abs. 5 die **Anordnungsbefugnis.**

B. Grundrechte

2 Verwertung, Unbrauchbarmachung und Vernichtung greifen in **Art. 14 GG** „Eigentum" ein. Eine Enteignung, die zur Entschädigung berechtigte, ist damit aber nicht gegeben; vielmehr konkretisieren solche Maßnahmen die in Art. 14 Abs. 1 S. 2 GG festgeschriebene Sozialbindung des Eigentums (vgl. Hornmann HSOG Rn. 1).

C. Parallelvorschriften

3 Parallelvorschriften finden sich zunächst in den Polizeigesetzen der anderen Bundesländer (vgl. zB § 37 Abs. 2–4 BWPolG, Art. 27 BayPAG, § 28 NPOG, § 45 PolG NRW). Verwertungen im repressiven Rechtsbereich erfolgen nach den einschlägigen repressiven Bestimmungen (vgl. etwa § 111p StPO).

D. Einzelkommentierung

I. Voraussetzungen der Verwertung (Abs. 1)

4 § 42 unterscheidet zwischen Verwertung (dh Umsetzung in einen Geldbetrag, vgl. Fredrich Rn. 1), Unbrauchbarmachung und Vernichtung (→ Rn. 3). Abs. 1 betrifft allein die **Voraussetzungen für eine Verwertung** sichergestellter Sachen. Abs. 1 Nr. 1 betrifft im Wesentlichen **leicht verderbliche Lebensmittel** wie Obst oder Gemüse (vgl. Fredrich Rn. 2). Abs. 1 Nr. 2 verlangt unverhältnismäßig hohe **Kosten** oder unverhältnismäßig große **Schwierigkeiten** bezüglich der Verwahrung, Pflege oder Erhaltung. Die Kosten sollten deshalb den Wert der Sache nicht übersteigen (das ist grundsätzlich bei einem Wert unter 50 EUR anzunehmen, vgl. Nr. 42.1.1 VVHSOG) und die Sache sollte nicht so groß, sperrig

oder von der Beschaffenheit gefährlich sein, dass daraus größere Schwierigkeiten folgen (vgl. Fredrich Rn. 3). Die Verwertung darf nicht erfolgen, wenn die berechtigte Person die Kosten übernimmt oder die Schwierigkeiten der Verwahrung durch sie ausgeräumt werden können (vgl. Fredrich Rn. 3). Abs. 1 Nr. 3 greift etwa bei explosionsfähigen Stoffen, Chemikalien etc (vgl. Hornmann HSOG Rn. 5). „**Berechtigte Person**" iSd Abs. 1 Nr. 4 kann der Eigentümer oder ein sonstiger zum Besitz an der Sache Berechtigter sein (etwa Mieter, Leihnehmer, Pächter etc). Der **Fristlauf** beginnt mit dem Tag der Sicherstellung (vgl. Fredrich Rn. 5). Voraussetzung für eine Verwertung nach Abs. 1 Nr. 5 ist der vollständige **Wegfall der Sicherstellungsvoraussetzungen,** und eine angemessene, dem Einzelfall Rechnung tragende **Frist** zur Abholung der Sache muss fruchtlos verstrichen sein (vgl. Fredrich Rn. 6). Für Fristberechnung, Wiedereinsetzung in den vorigen Stand und Zustellung gelten die allgemeinen Vorschriften (vgl. §§ 31 f. HVwVfG, § 1 HessVwZG in Verbindung mit dem VwZG; s. Fredrich Rn. 6).

II. Anhörung der betroffenen Person (Abs. 2)

Abs. 2 sieht eine **Anhörungs-** und **Mitteilungspflicht** für die Behörden vor. Die Anhörungspflicht ist weder frist- noch formgebunden (vgl. Hornmann HSOG Rn. 8). Die Anhörungspflicht ist als Sollvorschrift formuliert, dh nur ausnahmsweise darf von ihr abgewichen werden. Sie soll dem Berechtigten Gelegenheit geben, sich zu etwaigen Hinderungsgründen die Verwertung betreffend zu äußern. Sind Ausnahmen von der Anhörungspflicht zu bejahen – etwa wegen unverhältnismäßigen Aufwandes, den Berechtigten zu ermitteln (vgl. Fredrich Rn. 8), so führt der Verzicht auf die Anhörung nicht zur Rechtswidrigkeit der Verwertung. Die Mitteilungspflicht bezüglich Zeitpunkt und Ort der Verwertung findet ihre Grenzen in Umständen und Zweck der Verwertung. Ein **unvertretbar hoher Aufwand** bei der Ermittlung des Berechtigten lassen zB diese Pflicht entfallen (vgl. Fredrich Rn. 9; vgl. auch zum Unterlassen der Pflicht und dessen Auswirkungen auf die Kostenpflicht nach § 43 Abs. 3 OVG Koblenz NJW 2020, 860). 5

III. Öffentliche Versteigerung (Abs. 3)

Grundsätzlich muss die Verwertung der Sache mittels **öffentlicher Versteigerung** durchgeführt werden. Unter bestimmten Voraussetzungen ist aber auch ein **freihändiger Verkauf** zulässig (vgl. Abs. 3 S. 2). Der erzielte Geldbetrag ist herauszugeben (vgl. § 43 Abs. 2). Unter den Voraussetzungen des Abs. 3 S. 4 kann die Sache einem **gemeinnützigen Zweck** zugeführt werden. Das können etwa Kindergärten, Seniorenwohn- oder Jugendheime sein (vgl. Fredrich Rn. 14). Bei einem Wert der Sache unter 50 EUR kann grundsätzlich davon ausgegangen werden, dass sich kein Käufer finden lassen wird (vgl. Nr. 42.3 VVHSOG). 6

IV. Unbrauchbarmachung, Vernichtung, Anordnungsbefugnis (Abs. 4, Abs. 5)

Unbrauchbarmachung iSd Abs. 4 bedeutet, dass die Sache im Ganzen oder teilweise so verändert wird, dass sie **keine Gefahren** für die öffentliche Sicherheit oder Ordnung mehr herbeiführen kann (vgl. Nr. 42.4.1 VVHSOG). **Vernichtung** einer Sache bedeutet, dass ihre Existenz aufgehoben wird (vgl. Fredrich Rn. 15). Unbrauchbarmachung oder Vernichtung kann nach **Abs. 4 S. 1 Nr. 1** erforderlich werden etwa bei Einbruchswerkzeugen, Waffen, gefährlichen Chemikalien, verseuchten oder verdorbenen Lebensmitteln, hochexplosiver Munition oder sonstigen gefährlichen Stoffen, Radarwarngeräten oder Minispionen (vgl. VGH München NZV 1998, 520 zur Vernichtung illegalen Radarwarngeräts; Hornmann HSOG Rn. 14, Fredrich Rn. 16). Unter **Abs. 4 S. 1 Nr. 2** fallen zB im Umfeld einer Versammlung sichergestellte Farbbeutel oder Steine (vgl. Fredrich Rn. 16). Das zur Anhörung iSd Abs. 2 Gesagte gilt hier entsprechend (vgl. Abs. 4 S. 2). Abs. 4 findet auch auf die **Tötung von Tieren** Anwendung (vgl. § 7 Abs. 1 S. 2), es sei denn, spezialgesetzliche Regelungen gehen vor (vgl. § 14 Abs. 2 HessHundeVO; s. zur Tötung von Hunden VGH Kassel BeckRS 2005, 23111; OVG Münster NVwZ 2001, 227). Maßnahmen nach § 42 Abs. 2–4 dürfen nur von der jeweiligen **Behördenleitung** oder von durch sie beauftragte Bedienstete durchgeführt werden. 7

E. Rechtscharakter

8 Die Anordnung der Verwertung, Unbrauchbarmachung oder Vernichtung ist eine behördliche Maßnahme auf dem Gebiet des öffentlichen Rechts zur Regelung eines Einzelfalls mit Außenwirkung und somit ein **Verwaltungsakt** iSd § 35 S. 1 HVwVfG.

F. Rechtsschutz

9 **Widerspruch und Anfechtungsklage** gegen Verwertung, Unbrauchbarmachung und Vernichtung haben **aufschiebende Wirkung** nach § 80 Abs. 1 S. 1 VwGO, denn die Verwertung ist keine Vollstreckungsmaßnahme iSd § 16 HessAGVwGO (vgl. Hornmann HSOG Rn. 18 mwN). Bei einer Anordnung der sofortigen Vollziehbarkeit nach § 80 Abs. 2 S. 1 Nr. 4 VwGO (vgl. Hornmann HSOG Rn. 18) kann nach Einlegung des Widerspruchs ein Antrag nach **§ 80 Abs. 5 VwGO** beim Verwaltungsgericht gestellt werden.

§ 43 Herausgabe sichergestellter Sachen oder des Erlöses, Kosten

(1) [1]Sobald die Voraussetzungen für die Sicherstellung weggefallen sind, sind die Sachen an diejenige Person herauszugeben, bei der sie sichergestellt worden sind. [2]Ist die Herausgabe an sie nicht möglich, können sie an eine andere Person herausgegeben werden, die ihre Berechtigung glaubhaft macht. [3]Die Herausgabe ist ausgeschlossen, wenn dadurch erneut die Voraussetzungen für eine Sicherstellung eintreten würden.

(2) [1]Sind die Sachen verwertet worden, ist der Erlös herauszugeben. [2]Ist eine berechtigte Person nicht vorhanden oder nicht zu ermitteln, ist der Erlös in Verwahrung zu nehmen; § 41 Abs. 1 gilt entsprechend. [3]Der Anspruch auf Herausgabe des Erlöses erlischt drei Jahre nach Ablauf des Jahres, in dem die Sache verwertet worden ist.

(3) [1]Die Kosten der Sicherstellung einschließlich der Kosten der Verwertung, Unbrauchbarmachung und Vernichtung sichergestellter Sachen fallen den nach den §§ 6 oder 7 Verantwortlichen zur Last. [2]Mehrere Verantwortliche haften gesamtschuldnerisch. [3]Es kann bestimmt werden, dass die betroffene Person die voraussichtlichen Kosten der Sicherstellung im Voraus zu zahlen hat. [4]Die Herausgabe der Sache kann von der Zahlung der Kosten oder der voraussichtlichen Kosten abhängig gemacht werden. [5]Eine dritte Person, der die Verwahrung übertragen worden ist, kann ermächtigt werden, Zahlungen der voraussichtlichen Kosten für die Gefahrenabwehr- oder die Polizeibehörde in Empfang zu nehmen. [6]Ist eine Sache verwertet worden, können die Kosten aus dem Erlös gedeckt werden. [7]Die Kosten können im Verwaltungsvollstreckungsverfahren beigetrieben werden.

(4) § 983 des Bürgerlichen Gesetzbuches bleibt unberührt.

Überblick

Auszug aus der VVHSOG (nicht an die aktuelle Gesetzeslage angepasst und gem. Erlass des Hessischen Ministeriums des Innern und für Sport v. 29.11.2022 (StAnz. 50/2022, 1384) zum 1.1.2025 mangels eines erneuten Verlängerungserlasses ersatzlos außer Kraft getreten):

Zu § 43

43. Herausgabe sichergestellter Sachen oder des Erlöses, Kosten

43.0

Ist die Sicherstellung in Straf- oder Bußgeldverfahren erfolgt, richtet sich die Herausgabe der Sache nach § 111k StPO beziehungsweise § 46 OWiG in Verbindung mit § 111k StPO oder nach Maßgabe eines Gerichtsbeschlusses.

43.1 Zu Abs. 1

43.1.1

Die Herausgabe an diejenige Person, bei der die Sache sichergestellt worden ist, ist dann nicht möglich, wenn die betroffene Person oder deren Aufenthaltsort unbekannt und auch nicht mit angemessenem Aufwand zu ermitteln ist.

43.1.2

Machen mehrere Personen ihre Berechtigung im Sinne von Satz 2 glaubhaft, so ist die Sache an diejenige Person herauszugeben, deren Besitzrecht am stärksten erscheint.

43.3 Zu Abs. 3

43.3.1

Sind mehrere Personen nebeneinander nach den §§ 6 oder 7 verantwortlich, so kann nach pflichtgemäßem Ermessen nur eine der verantwortlichen Personen oder anteilig einige oder alle verantwortlichen Personen durch Bescheid als Kostenträgerin oder Kostenträger bestimmt werden. Als Kriterien sind insbesondere die wirtschaftliche Leistungsfähigkeit und die sachliche Nähe zur Gefahrenquelle zu berücksichtigen. Die Erhebung der Kosten erfolgt nach dem HVwKostG in Verbindung mit der VwKostO-MdIS und der Allgemeinen Verwaltungskostenordnung.

43.3.2

Die Gefahrenabwehr- oder die Polizeibehörde kann die dritte Person, der die Verwahrung der Sache übertragen worden ist, ermächtigen, das Zurückbehaltungsrecht nach Satz 4 auszuüben und vor Erlass des (in jedem Fall erforderlichen) Bescheids Zahlungen der voraussichtlichen Kosten für die Behörde in Empfang zu nehmen. Die Ermächtigung kann auch die Entgegennahme einer als Sicherheit zu leistenden Sache umfassen. Die Behörde hat sich vorzubehalten, die schriftlich zu erteilende Ermächtigung jederzeit zu widerrufen. Erfolgt eine Zahlung der voraussichtlichen Kosten, so führt dies zum Erlöschen des Zurückbehaltungsrechts nach Satz 4.

43.4 Zu Abs. 4

43.4.1

Ist die berechtigte Person im Sinne von Abs. 1 oder deren Aufenthaltsort nicht bekannt oder nicht mit angemessenem Aufwand zu ermitteln, so kommt eine Verwertung nur über § 983 BGB in Betracht.

43.4.2

Bei der entsprechenden Anwendung der §§ 979 bis 982 BGB ist wie folgt zu verfahren:

43.4.2.1

Es ist öffentlich bekannt zu machen, dass eine bestimmte Sache öffentlich versteigert wird und gegebenenfalls wer als berechtigte Person in Betracht kommt. In der Bekanntmachung ist der berechtigten Person eine Frist zu setzen, innerhalb der sie ihr Recht anmelden kann. Die Bekanntmachung kann unterbleiben, wenn der Verderb der Sache zu befürchten oder deren Aufbewahrung mit unverhältnismäßig hohen Kosten verbunden ist.

43.4.2.2

Nach Ablauf der Frist kann die Sache öffentlich versteigert werden. Die Behörde kann die Versteigerung selbst vornehmen. Die Versteigerung ist unzulässig, wenn sich ein Empfangsberechtigter rechtzeitig meldet.

43.4.2.3

Ist die vorherige öffentliche Bekanntmachung unterblieben, so ist die Tatsache der Versteigerung nachträglich öffentlich bekannt zu machen. Vom Versteigerungserlös sind die Kosten abzuziehen. Der verbleibende Betrag ist für berechtigte Personen bereitzuhalten.

43.4.2.4

Die öffentliche Bekanntmachung durch Landesbehörden erfolgt im Staatsanzeiger für das Land Hessen oder auf der Internetseite der Polizeibehörde.

43.4.2.5

Sind mit Ablauf der in der öffentlichen Bekanntmachung bestimmten Frist (Nr. 43.4.2.1) oder sind seit der nachträglichen öffentlichen Bekanntmachung der Versteigerung (Nr. 43.4.2.3) drei Jahre verstrichen und hat sich während dieser Frist keine berechtigte Person gemeldet, verfällt der verbleibende Rest dem Fiskus (Träger der Kosten nach §§ 105 ff.).

§ 43 regelt die Herausgabe sichergestellter Sachen bzw. deren Surrogate und die Kosten der Sicherstellung. Bei der Herausgabe der Sachen selbst kommen verschiedene Personen als Empfänger in Betracht (Abs. 1 S. 1, S. 2, → Rn. 4). Auch beim Surrogat sind Verwahrung und Erlöschen des Anspruchs möglich (Abs. 2 S. 1–3, → Rn. 5). Die Kostentragungspflicht richtet sich gegen die Adressaten iSd §§ 6 und 7, denen eine Vorauszahlung – auch durch beauftragte Dritte – auferlegt werden kann (vgl. Abs. 3 S. 1–5, → Rn. 6). Unanbringbare Sachen können versteigert werden (vgl. Abs. 4, → Rn. 7).

A. Systematische Stellung

1 § 43 konkretisiert **Verfahren** und **Ansprüche** im Rahmen von präventiven Sicherstellungen. Die Bestimmung schließt sich an die eigentliche Ermächtigungsgrundlage für die Sicherstellung (§ 40) und die Vorschriften über die Verwahrung (§ 41) sowie Verwertung, Unbrauchbarmachung und Vernichtung sichergestellter Sachen (§ 42) an.

B. Normzweck

2 Normzweck des § 43 ist die Regelung der Herausgabe von sichergestellten Sachen oder ihrer Surrogate. Die Maßnahmen erfolgen von Amts wegen, entsprechende Anträge der betroffenen Personen sind nicht erforderlich (vgl. Fredrich Rn. 1a). Zudem regelt die Norm Kosten und Folgekosten von Sicherstellungsverfahren und schließt damit die Aufzählung umfangreicher Verfahrens- und Formvorschriften bezüglich der Sicherstellung ab.

C. Parallelvorschriften

3 Parallelvorschriften zu § 43 finden sich zunächst in den präventiv-polizeirechtlichen Vorschriften der anderen Bundesländer, so etwa in §§ 37 ff. BWPolG, Art. 28 BayPAG, § 29 NPOG und § 46 PolG NRW. Im repressiven Rechtsbereich gilt §§ 111n f. StPO ggf. iVm § 46 OWiG.

D. Einzelkommentierung

I. Herausgabe (Abs. 1)

4 Der Gesetzgeber knüpft mit § 43 Abs. 1 S. 1 HSOG bezüglich des Herausgabeberechtigten an den Gedanken des Contrarius Actus an. Ein Nachweis des Eigentums an der sichergestellten Sache ist somit zunächst nicht erforderlich (vgl. OVG Berlin-Brandenburg NVwZ-RR 2019, 909 Ls.). Kann die Sache nicht an die Person herausgegeben werden, bei der sie sichergestellt wurde (Abs. 1 S. 1), so kann sie an eine andere Person herausgegeben werden, die ihre **Berechtigung glaubhaft** macht (Abs. 1 S. 2), wenn also aus den dargelegten Umständen auf ihre Berechtigung geschlossen werden kann; eine förmliche Prüfung der Eigentums- oder Besitzverhältnisse ist nicht erforderlich (vgl. Fredrich Rn. 2). Gelingt die Glaubhaftmachung **mehreren Personen,** so erfolgt die Herausgabe an diejenige, die das **stärkere Besitzrecht** glaubhaft gemacht hat (vgl. Nr. 43.1.2 VVHSOG). Sachen iSd Abs. 1 S. 2 – durch deren Herausgabe also die Sicherstellungsgründe erneut entstehen würden – sind zB verbotene Waffen, Flaggen mit nationalsozialistischen Symbolen iSd § 86a StGB, bei Versammlungen sichergestellte Molotowcocktails, Steine oder Farbbeutel.

II. Herausgabe des Erlöses (Abs. 2)

5 Der durch die Verwertung nach § 42 Abs. 1–3 erzielte **Erlös als Surrogat** der sichergestellten Sache ist an die berechtigte Person herauszugeben, es sei denn, die Person ist nicht vorhanden oder nur mit unverhältnismäßigem Aufwand zu ermitteln (vgl. Abs. 2 S. 2; Fredrich Rn. 4); dann ist der Erlös in Verwahrung zu nehmen. Die bis 2018 geltende Regelung, wonach der Erlös nach den Vorschriften des BGB zu hinterlegen war, gestaltete sich in der Praxis aufwändiger, sodass nunmehr die Bestimmung des § 41 Abs. 1 entsprechend gilt. Danach kann der Erlös auch auf ein Konto eingezahlt und dort als Buchgeld geführt werden. Der Herausgabeanspruch **erlischt drei Jahre nach Ablauf des Jahres,** in dem die Sache verwertet wurde, im längsten Fall also nach vier Jahren abzüglich eines Tages.

III. Kosten (Abs. 3)

6 **Abs. 3 regelt die Kosten** der Sicherstellung inklusive Verwahrung, Verwertung, Unbrauchbarmachung und Vernichtung. Sie sind vom Verhaltens- oder Zustandsstörer (Abs. 3 S. 1) ggf. **gesamtschuldnerisch** (§ 421 BGB, vgl. § 43 Abs. 1 S. 2) zu tragen. Umfasst sind auch solche Kosten, die im Zusammenhang mit einer Verwertung entstehen, zB Einstellgebühren für Internetauktionen (OVG Koblenz NJW 2020, 860). Die Auswahl

erfolgt nach pflichtgemäßem Ermessen, insbesondere unter Berücksichtigung von wirtschaftlicher Leistungsfähigkeit, Sachnähe zum Schaden und den Nachteilen, die den Betroffenen durch die Inanspruchnahme entstehen würden (vgl. Fredrich Rn. 7). Gesamtschuldner können einzeln, gemeinsam oder anteilig herangezogen werden (vgl. für die Fälle des behördlichen Gläubigers Jauernig BGB § 421 Rn. 10 mwN). Die Kostenentscheidung ergeht durch **Verwaltungsakt** (§ 35 S. 1 HVwVfG). Nach Abs. 3 S. 3 kann der Kostenbescheid auch eine **Vorauszahlung** bestimmen oder er kann nach Abs. 3 S. 4 die Herausgabe der Sache **von der Zahlung (auch voraussichtlicher) Kosten abhängig machen.** Wurde einer dritten Person die Verwahrung übertragen (vgl. § 41 Abs. 1 S. 3), so kann eine **Inkassovollmacht** erteilt werden (vgl. Fredrich Rn. 9). Gegen eine Ermächtigung gegenüber einem **Abschleppunternehmer** durch die Behörde (sie ist erforderlich, weil zwischen Betroffenem und Abschleppunternehmer keine vertraglichen Beziehungen bestehen), das Kfz nur gegen Zahlung der – voraussichtlichen – Kosten herauszugeben, bestehen **keine grundsätzlichen Bedenken** (vgl. Abs. 3 S. 5; BGH NVwZ 2006, 964 (965); Fredrich Rn. 10 mwN). Der Abschleppunternehmer wird dann – ähnlich wie ein Verwaltungshelfer – für die Behörde tätig (vgl. Hornmann HSOG Rn. 13). Bei Ausübung des Zurückbehaltungsrechts muss der **Verhältnismäßigkeitsgrundsatz** beachtet werden (vgl. Fredrich Rn. 10 mwN). Die **Zahlung** ist auch dann **auf die bestehende Kostenschuld** geleistet, wenn ein **Dritter,** der nicht Adressat nach §§ 6, 7 ist, bei Abholung des Kfz die voraussichtlichen Kosten begleicht (vgl. VGH Kassel BeckRS 2006, 26634 für einen Abschleppvorgang im Wege der unmittelbaren Ausführung, vgl. auch § 8 Abs. 2 S. 3). Die Kosten der Sicherstellung können nach Abs. 3 S. 6 aus dem Erlös einer Verwertung gedeckt (Abs. 3 S. 6) und im Wege der **Verwaltungsvollstreckung (§§ 15 ff. HessVwVG)** beigetrieben werden (Abs. 3 S. 7).

IV. Unanbringbare Sachen (Abs. 4)

Kann eine berechtigte Person nicht ermittelt werden, so gilt § 983 BGB iVm §§ 979 ff. BGB. Die Sache kann dann versteigert werden. 7

E. Rechtscharakter

Die Verwahrung der Sache und des Erlöses sind **Realakte** (vgl. Hornmann HSOG Rn. 15; → § 40 Rn. 16). 8

F. Rechtsschutz

Bei einer Anfechtung der Sicherstellung mittels Widerspruchs oder Anfechtungsklage gilt bezüglich der Herausgabe der Sache das bereits Gesagte (→ § 40 Rn. 18 bezüglich § 113 Abs. 1 S. 2 VwGO, § 80 Abs. 5 S. 2 VwGO). Gegen die Verwahrung der Sache und des Erlöses als Realakte kann aber auch gesondert mittels **Leistungsklage** vorgegangen werden (§ 42 Abs. 1 VwGO), weil eine Aufhebung der Sicherstellungsanordnung für die Herausgabe der Sache nicht zwingend erforderlich ist. Es kann vielmehr auch der Wegfall der Sicherstellungsvoraussetzungen ausreichen (vgl. Abs. 1 S. 1; VGH Kassel BeckRS 2015, 49362 Rn. 19; aA Schmidt PolR Rn. 595, der die Anfechtungsklage für statthaft hält). Mit nachträglichem Wegfall der bei der Sicherstellung erfüllten Voraussetzungen nach § 40 endet das per Dauerverwaltungsakt ergangene Gebot zur Duldung des hoheitlichen Gewahrsams. Die sichergestellte Sache ist herauszugeben, ohne dass es zusätzlich einer Aufhebung des Verwaltungsakts nach § 40 bedarf (VGH Kassel BeckRS 2015, 49362 Rn. 19). 9

Der **Kostenbescheid** (als Verwaltungsakt iSd § 35 S. 1 HVwVfG) kann mit Widerspruch (§ 68 VwGO) und Anfechtungsklage (§ 42 Abs. 1 VwGO, § 113 Abs. 1 S. 1 VwGO) angegriffen werden. Eilrechtsschutz ist dann über § 80 Abs. 5 VwGO, ansonsten (soweit auf Herausgabe gerichtet) über § 123 Abs. 1 VwGO zu beantragen. 10

§ 43a Halten gefährlicher Tiere

(1) [1]Die nicht gewerbsmäßige Haltung eines gefährlichen Tieres einer wild lebenden Art ist verboten. [2]Gefährliche Tiere sind solche, die in ausgewachsenem

Zustand Menschen durch Körperkraft, Gifte oder Verhalten erheblich verletzen können und ihrer Art nach unabhängig von individuellen Eigenschaften allgemein gefährlich sind. [3]Die Bezirksordnungsbehörde kann auf Antrag Ausnahmen von dem Verbot zulassen, wenn die Halterin oder der Halter ein berechtigtes Interesse an der Haltung nachweist. [4]Ein berechtigtes Interesse kann für die Haltung zum Zwecke der Wissenschaft oder Forschung oder für vergleichbare Zwecke angenommen werden.

(2) [1]Das Verbot nach Abs. 1 Satz 1 gilt nicht für zum Zeitpunkt seines Inkrafttretens bereits gehaltene gefährliche Tiere einer wild lebenden Art, wenn die Haltung durch die Halterin oder den Halter bis spätestens zum 30. April 2008 der Bezirksordnungsbehörde schriftlich angezeigt wird. [2]Satz 1 gilt entsprechend für zum Zeitpunkt des Inkrafttretens des Verbots nach Abs. 1 Satz 1 bereits erzeugte Nachkömmlinge.

(3) Die §§ 11 bis 43 bleiben unberührt.

(4) [1]Ordnungswidrig handelt, wer vorsätzlich oder fahrlässig dem Verbot nach Abs. 1 Satz 1 zuwiderhandelt. [2]Die Ordnungswidrigkeit kann mit einer Geldbuße bis zu fünftausend Euro geahndet werden. [3]Tiere, auf die sich die Ordnungswidrigkeit bezieht, und Gegenstände, die zu ihrer Begehung oder Vorbereitung gebraucht worden oder bestimmt gewesen sind, können eingezogen werden. [4]§ 23 des Gesetzes über Ordnungswidrigkeiten in der Fassung der Bekanntmachung vom 19. Februar 1987 (BGBl. I S. 602), zuletzt geändert durch Gesetz vom 5. Oktober 2021 (BGBl. I S. 4607), ist anzuwenden. [5]Verwaltungsbehörde im Sinne des § 36 Abs. 1 Nr. 1 des Gesetzes über Ordnungswidrigkeiten ist die Bezirksordnungsbehörde.

Überblick

Auszug aus der VVHSOG (nicht an die aktuelle Gesetzeslage angepasst und gem. Erlass des Hessischen Ministeriums des Innern und für Sport v. 29.11.2022 (StAnz. 50/2022, 1384) zum 1.1.2025 mangels eines erneuten Verlängerungserlasses ersatzlos außer Kraft getreten):

Zu § 43a

43a. Halten gefährlicher Tiere

43a.1 Zu Abs. 1

43a.1.1

Die Vorschrift sieht ein grundsätzliches Verbot der Haltung gefährlicher Wildtiere außerhalb des gewerblichen Bereichs vor. Vom Verbot erfasst wird allein die hobbymäßige Haltung dieser Tiere durch Privatpersonen.

43a.1.2

Für Ausnahmegenehmigungen nach Satz 2 sind die Regierungspräsidien zuständig. Diese führen eine vom HMdIS in Abstimmung mit dem HMUKLV erstellte Liste von Tierarten, bei denen nach derzeitigem Stand davon auszugehen ist, dass sie in ausgewachsenem Zustand Menschen durch Körperkraft, Gifte oder Verhalten erheblich verletzen können und ihrer Art nach unabhängig von individuellen Eigenschaften allgemein gefährlich sind. [3]Die aktuelle Liste hat den Stand: 28. März 2011.

43a.2 Zu Abs. 2

Im Hinblick auf den Grundsatz der Verhältnismäßigkeit gilt das Verbot nur für die Zukunft.

43a.3 Zu Abs. 3

Bei Vorliegen einer konkreten Gefahr für die öffentliche Sicherheit oder Ordnung (zum Beispiel Verstoß gegen § 121 Abs. 1 Nr. 2 OWiG) können die nach § 1 Satz 2 HSOG-DVO zuständigen Regierungspräsidien und die Polizeibehörden die erforderlichen Maßnahmen nach §§ 11 ff. treffen.

43a.4 Zu Abs. 4

Für die Verfolgung und Ahndung von Ordnungswidrigkeiten sind die Regierungspräsidien zuständig.

Die Bestimmung des § 43a bezweckt die Abwehr von Gefahren, die von der Haltung gefährlicher Tiere ausgehen (→ Rn. 2). Sie verstößt nicht gegen die Grundrechte des Halters (→ Rn. 2). Verboten ist namentlich das hobbyorientierte Halten gefährlicher Tiere durch Privatpersonen (→ Rn. 5), wobei das Gesetz Dispensmöglichkeiten vom Verbot vorsieht (→ Rn. 6). Verstößen gegen das Verbot der Haltung kann mit Maßnahmen nach §§ 11–43 (→ Rn. 8) oder mit einer Geldbuße (→ Rn. 9) begegnet werden.

A. Systematische Stellung

§ 43a wurde vom Gesetzgeber am Ende der Eingriffsbefugnisse (Generalklausel und Standardmaßnahmen) in das HSOG eingefügt. Die Vorschrift enthält ein **Verbot mit Dispensmöglichkeit** (repressives Verbot mit Befreiungsvorbehalt) und einen Bußgeldtatbestand. Eigene Ermächtigungsgrundlagen für gefahrenabwehrende Rechtseingriffe beinhaltet sie nicht. Insoweit ist auf die §§ 11–43 zurückzugreifen (vgl. Abs. 3). 1

B. Normzweck

Die Bestimmung wurde durch das Neunte Gesetz zur Änderung des Hessischen Gesetzes über die öffentliche Sicherheit und Ordnung v. 28.9.2007 (HessGVBl. 634) nachträglich in das HSOG eingefügt. Sie trat am 9.7.2007 in Kraft. Grund war die **sprunghafte Zunahme** der Haltung exotischer, gefährlicher Tiere („Reptilien, Amphibien, giftige Spinnen und Skorpione sowie große Säugetierarten, insbesondere Raubkatzen", vgl. LT-Drs. 16/7033) in den vorangegangenen Jahren. Gründe dafür waren die Osterweiterung der EU mit der Folge eines Zuwachses (illegalen) Tierhandels, der zunehmende Verkauf von Tieren über Kleinanzeigen in Tageszeitungen statt durch qualifizierte Tierhändler sowie der verstärkte Handel durch zweifelhafte Anbieter über das Internet (vgl. LT-Drs. 16/7033). Dadurch ergaben sich **„erhebliche Risiken" für Leib und Leben** von Menschen – verstärkt durch unsachgemäße Haltung der Tiere –, aber auch **Gefährdungen für die Tiere** selbst (vgl. LT-Drs. 16/7033). Diese Gefahren sollen mit dem repressiven Verbot der Haltung solcher Tiere bekämpft werden. Ein Importverbot der Tiere konnte der Landesgesetzgeber mangels **Gesetzgebungskompetenz** nicht erlassen (vgl. Art. 71, 73 Nr. 5 GG), sodass er sich auf das Verbot des Haltens beschränken musste. 2

C. Grundrechte

Es hat verschiedene Versuche gegeben, **§ 43a verfassungsrechtlich anzugreifen.** Sämtliche **Rechtsmittel scheiterten** bislang. In einem Verfahren vor dem BVerfG misslang der Versuch, unmittelbar gegen § 43a Verfassungsbeschwerde zu erheben. Das Gericht nahm die Verfassungsbeschwerde nicht zur Entscheidung an mit der Begründung, der Beschwerdeführer müsse vor Anrufung des BVerfG zunächst eine fachgerichtliche Klärung seines Anliegens herbeiführen (vgl. BVerfG BeckRS 2008, 41313). Der StGH Hessen wies eine Grundrechtsklage – der Antragsteller berief sich auf eine Verletzung der Art. 1 HessVerf (Gleichheit vor dem Gesetz), Art. 2 HessVerf (allgemeine Handlungsfreiheit), Art. 45 HessVerf (Eigentum und Erbrecht) und Art. 20a GG – aus dem gleichen Grund zurück (vgl. StGH Hessen NVwZ-RR 2009, 588). Der VGH Kassel befasste sich mit der Begründetheit einer Klage gegen eine befristete Ausnahmegenehmigung nach § 43a Abs. 1 S. 3, in der dem Kläger unter anderem jährliche Anzeigepflichten über seinen Artenbestand auferlegt wurden. Verstöße gegen Art. 14 GG, den Bestimmtheitsgrundsatz, Eignung und Erforderlichkeit der Regelung sowie Verstöße gegen Art. 2 Abs. 1 GG, Art. 3 Abs. 1 GG erkannte das Gericht nicht (vgl. VGH Kassel NVwZ-RR 2010, 716). 3

D. Parallelvorschriften

Einige **Bundesländer** haben dem § 43a **vergleichbare Vorschriften** geschaffen, vgl. in Bayern Art. 37 LStVG, in Berlin Art. 1 BlnWTHVO (Verordnung über das Halten gefährlicher Tiere wildlebender Arten v. 10.1.2017, BlnGVBl. 183), in Hamburg § 1 HmbGefahrtierG, in Niedersachsen §§ 1 ff. GefTVO, in Nordrhein-Westfalen insbesondere die repressiven Bestimmungen der §§ 8 f. GiftTierG, in Schleswig-Holstein § 29 SchlHLNatSchG und in Thüringen § 3 ThürTier-GefG (vgl. im repressiven Bereich § 121 OWiG). 4

E. Einzelkommentierung

I. Abs. 1

Das Verbot des Abs. 1 S. 1 gilt nicht für die gewerbliche Haltung, verboten ist vielmehr die **hobbyartige Haltung durch Privatpersonen** (vgl. Hornmann HSOG Rn. 4). Zoos 5 fallen daher nicht unter Abs. 1 S. 1, wenn sie der Legaldefinition des Art. 2 Zoo-RL (RL 1999/22/EG v. 29.3.1999, ABl. 1999 L 94, 24; vgl. LT-Drs. 16/7033). Verboten sind gefährliche Tiere wild lebender Art. Welche Tiere als gefährlich gelten, ist in der **Legaldefinition** des Abs. 1 S. 2 geregelt. Danach handelt es sich um solche Tiere, die in ausgewachsenem Zustand Menschen durch Körperkraft, Gifte oder Verhalten erheblich verletzen können und ihrer Art nach unabhängig von individuellen Eigenschaften allgemein gefährlich sind. „Wild lebend" sind solche Tiere, die **nicht domestiziert und kultiviert in der freien Natur** leben (vgl. LT-Drs. 16/7033; Göhler OWiG § 121 Rn. 5). Von der in Abs. 1 S. 2 gegebenen Legaldefinition werden laut einer vom Land Hessen herausgegebenen Liste bspw. **folgende Tiere** erfasst: bestimmte Insekten, Spinnentiere (zB Skorpione), Spinnen (zB Vogelspinnen), Froschlurche, Reptilien (alle Krokodile, bestimmte Echsen, Schlangen und Schildkröten), Menschenaffen (Gorillas, Orang-Utans, Schimpansen) und Raubtiere (insbesondere Großkatzen und Bären).

6 Abs. 1 S. 3, S. 4 sieht **Dispensmöglichkeiten** vom repressiven Verbot des Abs. 1 S. 1 vor. Zuständig dafür ist die **Bezirksordnungsbehörde,** das ist gem. § 85 Abs. 1 Nr. 2 das **Regierungspräsidium.** Voraussetzung für eine Befreiung ist aber der Nachweis eines **berechtigten Interesses** durch den Antragsteller (§ 43a Abs. 1 S. 3). Das kann für die Haltung zum Zwecke der Wissenschaft oder Forschung oder für vergleichbare Zwecke angenommen werden (Abs. 1 S. 4). Die Entscheidung über eine Erteilung der Befreiung liegt im **pflichtgemäßen Ermessen** der Behörde. Es muss eine Abwägung stattfinden unter Berücksichtigung der Gefährlichkeit der Tiere und der Eignung des Halters sowie seines Interesses am Halten der gefährlichen Tiere. Zweifel gehen wegen der Ausgestaltung des § 43a als repressives Verbot mit Befreiungsvorbehalt zu Lasten des Antragstellers (vgl. Hornmann HSOG Rn. 16). Die Entscheidung über den Antrag auf Dispens ist eine behördliche Maßnahme auf dem Gebiet des öffentlichen Rechts zur Regelung eines Einfalls und damit ein **Verwaltungsakt** iSd § 35 S. 1 HVwVfG.

II. Abs. 2

7 Aus Gründen der **Verhältnismäßigkeit** (vgl. LT-Drs. 16/7033) gilt das Verbot des Abs. 1 S. 1 nicht für am 9.10.2007 (Inkrafttreten des Verbots) bereits gehaltene Tiere oder bereits erzeugte Nachkömmlinge.

III. Abs. 3

8 § 43a enthält keine Befugnisnorm zur Durchsetzung des Verbots. Es ist nur folgerichtig, dass die Vorschrift **§§ 11–43 unberührt** lässt (Abs. 3). Das gilt insbesondere für §§ 40 ff. und die damit gegebene Möglichkeit, gefährliche Tiere sicherzustellen. Als ultima ratio kommt auch eine **Tötung des Tieres** in Betracht, vgl. § 42 Abs. 4 Nr. 1 (s. auch Hornmann HSOG Rn. 23). Zuständig ist auch für solche Maßnahmen die Bezirksordnungsbehörde (das Regierungspräsidium), im Eilfall nach § 2 S. 1 auch die Polizeibehörde.

IV. Abs. 4

9 Die in Abs. 4 S. 2 festgeschriebene Ordnungswidrigkeit kann gem. Abs. 4 S. 2 mit einer **Geldbuße bis zu 5.000 EUR** geahndet werden. Tiere, auf die sich die Ordnungswidrigkeit bezieht und Sachen, die zur Begehung oder Vorbereitung der Ordnungswidrigkeit gebraucht worden sind, können gem. § 43a Abs. 4 S. 3 iVm §§ 22, 66 Abs. 1 Nr. 5 OWiG **als Nebenfolge eingezogen** werden. Es gilt § 23 OWiG (erweiterte Voraussetzungen der Einziehung). Verwaltungsbehörde iSd § 36 Abs. 1 Nr. 1 OWiG ist wiederum die **Bezirksordnungsbehörde** (Regierungspräsidium).

F. Rechtsschutz

10 Eine Versagung der Ausnahme nach Abs. 1 S. 3 kann mit den üblichen Rechtsbehelfen und Rechtsmitteln vom Antragsteller überprüft werden (**Widerspruch und Verpflichtungsklage**). Gegen den Bußgeldbescheid nach Abs. 4 S. 2 kann **Einspruch** eingelegt werden (§ 67 OWiG).

§ 43b Strafvorschrift

(1) Mit Freiheitsstrafe bis zu zwei Jahren oder mit Geldstrafe wird bestraft, wer wiederholt einer vollziehbaren Anordnung nach § 31 Abs. 3 Satz 1 oder einer vollstreckbaren gerichtlichen Anordnung nach § 31a Abs. 3 Satz 1 oder einer vollziehbaren Anordnung nach § 31a Abs. 3 Satz 2 zuwider handelt und dadurch den Zweck der Anordnung gefährdet.

(2) Die Tat wird nur auf Antrag der Leitung der nach § 31 Abs. 3 oder § 31a Abs. 3 zuständigen Behörde verfolgt.

Überblick

§ 43b wurde mit Gesetz v. 25.6.2018 (HessGVBl. 302) in das HSOG eingefügt. Mit ihm wurde eine **Strafnorm** für Verstöße im Zusammenhang mit § 31a geschaffen. Zudem wurden mit Gesetz v. 18.12.2024 (HessGVBl. 83) auch Verstöße gegen eine wiederholte Zuwiderhandlung einer vollstreckbaren Anordnung nach § 31 Abs. 3 Abs. 3 unter Strafe gestellt. Abs. 1 legt fest, welche Verstöße unter Strafe gestellt werden und mit welcher Rechtsfolge zu rechnen ist (→ Rn. 8). Abs. 2 regelt ein Strafantragserfordernis (→ Rn. 14).

A. Systematische Stellung

§ 43b ist im ersten Teil „Aufgaben und Befugnisse" im zweiten Abschnitt geregelt. Dort steht die Norm am Ende der (präventiven) Standardmaßnahmen. Ähnlich wie bei der repressiven Bestimmung des § 43a Abs. 4 hat sich der Gesetzgeber aus systematischen Gründen entschieden, diese Vorschriften an das **Ende der (präventiven) Standardmaßnahmen** zu schreiben (zur Problematik strafrechtlicher Normen in Landespolizeigesetzen vgl. Klein GSZ 2020, 168 ff.). 1

B. Normzweck

§ 43b hilft mit seiner Strafandrohung, **Verstößen gegen § 31 Abs. 3 S. 1 oder gegen § 31a** vorzubeugen (vgl. auch § 32 Abs. 1 Nr. 3 mit der Möglichkeit eines Gewahrsams). Ohne diese Strafandrohung würde § 31 Abs. 3 S. 1 sowie § 31a an Gewicht verlieren und die jeweilige Durchsetzbarkeit erschweren. Immerhin geht es auch um das wichtige Ziel der Verhütung von gravierender Straftaten (wie ua in § 31a um terroristische Straftaten). § 43b ist an § 145a StGB angelehnt, der sicherstellen soll, dass Weisungen während der Führungsaufsicht befolgt werden. 2

Die **Gesetzgebungskompetenz** des Landes ist bei der Strafandrohung gewahrt. Bei Verstößen gegen § 31a, weil der Bundesgesetzgeber von seiner Kompetenz in §§ 55, 56, 87 BKAG keinen abschließenden Gebrauch gemacht hat (vgl. Art. 72 Abs. 1 Nr. 1 GG; vgl. LT-Drs. 19/6502, 44). Eine Straftat nach diesen Vorschriften liegt nämlich nur dann vor, wenn das Bundeskriminalamt Anordnungen oder Maßnahmen erlassen hat (vgl. zum Ganzen auch BeckOK PolR BW/Reinhardt BWPolG § 84b Rn. 2). 3

Ebenso ist die Aufnahme einer Strafandrohung bei Verstößen gegen § 31 Abs. 3 in § 42b von der Gesetzgebungskompetenz des Landes gewahrt. Auch hier hat der Bundesgesetzgeber von seiner Kompetenz gem. Art. 72 Abs. 1 iVm Art. 74 Abs. 1 Nr. 1 GG keinen Gebrauch gemacht (vgl. LT-Drs. 21/1448, 11). 4

Zudem ergibt sich auch aus **Art. 3** Einführungsgesetz zum Strafgesetzbuch (EGStGB), dass die **Länder strafrechtliche Regelungen schaffen dürfen.** Nach Art. 3 Abs. 1 Nr. 1 EGStGB dürfen Länder Freiheitsstrafe bis zu zwei Jahren und wahlweise Geldstrafe bis zum gesetzlichen Höchstmaß (§ 40 Abs. 1 S. 2, Abs. 2 S. 3 StGB) als Rechtsfolge vorsehen. Dies wurde in § 43b beachtet und das Höchstmaß von Art. 3 EGStGB wurde in § 43b ausgeschöpft. 5

C. Parallelvorschriften

Auf **Bundesebene** liegt mit § 87 BKAG eine dem § 43b sehr ähnliche Bestimmung vor. Zudem kann § 145a StGB angeführt werden, der sicherstellen soll, dass Weisungen während der Führungsaufsicht befolgt werden. 6

7 Auf **Landesebene** findet sich in § 84b BWPolG eine dem § 43b stark ähnelnde Regelung. § 49a NPOG ahndet Ordnungswidrigkeiten und Straftaten, die gegen §§ 16a ff. NPOG verstoßen. § 34d PolG NRW enthält Strafvorschriften, die sich auf § 34b Abs. 2 S. 1 und S. 3 PolG NRW und auf § 34c Abs. 6 S. 2 PolG NRW beziehen.

D. Einzelkommentierung

8 Verstöße gegen wiederholten Zuwiderhandlungen einer vollziehbaren Anordnung nach § 31 Abs. 3 S. 1 oder gegen vollstreckbare gerichtliche Anordnungen nach § 31a Abs. 3 S. 1 sowie eine vollziehbare Anordnung nach § 31a Abs. 3 S. 2 sind grundsätzlich strafbar, wenn sie den Zweck der Anordnung gefährden (**abstraktes Gefährdungsdelikt**). Die Aufnahme der Strafbarkeit dieser Zuwiderhandlungen hilft Verstöße gegen diese Maßnahmen **vorzubeugen** und die jeweilige präventive Maßnahme **gewinnt an Bedeutung** (vgl. auch LT-Drs. 21/1448, 11). An einer abstrakten Gefährdung dürfte es bei **geringfügigen Verstößen fehlen,** sodass eine Strafbarkeit dann regelmäßig entfallen wird (BeckOK PolR BW/Reinhardt BWPolG § 84b Rn. 4).

I. Verstöße gegen § 31 Abs. 3

9 Seit der Einführung mit Gesetz v. 18.12.2024 (HessGVBl. 83) werden auch Verstöße gegen eine **wiederholte Zuwiderhandlung einer vollstreckbaren Anordnung nach § 31 Abs. 3 S. 1** unter Strafe gestellt.

10 **Eingriffsmindern** sieht die Norm vor, dass der Täter **wiederholt** gegen eine vollziehbare Anordnung nach § 31 Abs. 3 S. 1 verstoßen haben muss (LT-Dr. 21/1448, 11). Unklar ist, wie viele Verstöße hierfür erforderlich sind. Dies bleibt eine Frage des Einzelfalls. Notwendig – aber wie grds. auch an sich ausreichend – ist ein zumindest zweifacher Verstoß.

II. Verstöße gegen § 31a Abs. 3 S. 1 und S. 2

11 Seit der Einführung mit Gesetz v. 25.6.2018 (HessGVBl. 302) werden **Zuwiderhandlungen gegen § 31a Abs. 1 und Abs. 2 iVm Abs. 3** strafbewehrt. Die Vorschrift § 43b lehnt sich an § 145a StGB an. Dort werden Verstöße gegen Weisungen während der Führungsaufsicht unter Strafe gestellt.

III. Vorsätzliche Zweckgefährdung

12 Der jeweilige Tatbestand muss **vorsätzlich** erfüllt sein, Rechtswidrigkeit und schuldhaftes Handeln müssen ebenfalls vorliegen.

13 Durch das Erfordernis der **vorsätzlichen Zweckgefährdung** wird verhindert, dass jeder Verstoß gewissermaßen immer eine Strafbarkeit nach sich zieht. Geringfügige Verstöße und/oder Verstöße, bei denen eine Kausalität für die Gefährdung nicht feststellbar ist, führen gerade nicht zu einer Strafbarkeit (vgl. auch LT-Dr. 21/1448, 11).

IV. Strafantragserfordernis

14 Das in Abs. 2 geregelte **Strafantragserfordernis** der zuständigen Behördenleitung der für die Anordnung nach § 31 Abs. 3 zuständigen Gefahrenabwehr- oder Polizeibehörde bzw. für die elektronische Aufenthaltsüberwachung zuständigen Polizeibehörde gewährleistet, dass nur solche Straftaten verfolgt werden, die aus Sicht der Behörde ausreichend strafwürdig sind.

§ 43c Opferschutzmaßnahmen

(1) [1]Die Polizeibehörden dürfen für eine Person, die Opfer einer Straftat wurde oder bei der davon auszugehen ist, dass sie in absehbarer Zeit Opfer einer Straftat werden kann, Urkunden und sonstige Dokumente zum Aufbau und zur Aufrechterhaltung einer vorübergehend geänderten Identität herstellen, vorübergehend verändern und die entsprechend geänderten Daten verarbeiten, wenn

1. dies zu deren Schutz vor einer Gefahr für Leib, Leben, Freiheit oder für die sexuelle Selbstbestimmung erforderlich ist und

2. die Person für diese Schutzmaßnahme geeignet ist und ihr zustimmt.

[2]Die zu schützende Person darf unter der vorübergehend geänderten Identität am Rechtsverkehr teilnehmen.

(2) Soweit erforderlich, können Maßnahmen nach Abs. 1 auch auf die Angehörigen einer in Abs. 1 genannten Person oder ihr sonst nahestehenden Personen erstreckt werden.

(3) Maßnahmen nach Abs. 1 und 2 darf nur die Behördenleitung oder eine von dieser beauftragte Bedienstete oder ein von dieser beauftragter Bediensteter anordnen.

(4) § 16 Abs. 8 Satz 1 und 2 findet auf die mit dem Schutz betrauten Polizeivollzugsbeamtinnen und Polizeivollzugsbeamten Anwendung, soweit dies zur Vorbereitung, Durchführung, Lenkung oder Absicherung der Schutzmaßnahmen erforderlich ist.

Überblick

Der mit Gesetz zur Stärkung der Inneren Sicherheit in Hessen v. 18.12.2024 (HessGVBl. 83) aufgenommene § 43c regelt Opferschutzmaßnahmen im HSOG. Die Vorschrift erteilt den Polizeibehörden die ausdrückliche Befugnis Opferschutzmaßnahmen zu ergreifen, insbesondere (potenzielle) Opfer von Straftaten, deren Angehörige und die für den Opferschutz zuständigen Polizeivollzugsbeamtinnen und Polizeivollzugsbeamten mit Tarnpapieren straffrei auszustatten, mit denen sie am Rechtsverkehr teilnehmen können.

Die Vorschrift bestimmt in Abs. 1 S. 1 welche Voraussetzungen vorliegen müssen (→ Rn. 14 ff.) sowie welche Opferschutzmaßnahmen ergriffen werden dürfen (→ Rn. 22). Abs. 1 S. 2 erlaubt die Teilnahme der zu schützenden Person am Rechtsverkehr unter der vorübergehend geänderten Identität (→ Rn. 24). Soweit erforderlich, können nach Abs. 2 über die zu schützende Person hinaus, Maßnahmen nach Abs. 1 auch auf die Angehörigen einer in Abs. 1 genannten Person oder ihr sonst nahestehenden Personen erstreckt werden (→ Rn. 35). Nach Abs. 3 dürfen Maßnahmen nach Abs. 1 und 2 nur die Behördenleitung oder eine von dieser beauftragte Bedienstete oder ein von dieser beauftragter Bediensteter anordnet werden (→ Rn. 41). Zudem bestimmt die Vorschrift in Abs. 4, dass § 16 Abs. 8 S. 1 und S. 2 auf die mit dem Schutz betrauten Polizeivollzugsbeamtinnen und Polizeivollzugsbeamten Anwendung findet, soweit dies zur Vorbereitung, Durchführung, Lenkung oder Absicherung der Schutzmaßnahmen erforderlich ist (→ Rn. 38).

Übersicht

A. Systematische Stellung

§ 43c ist im ersten Teil „Aufgaben und Befugnisse" im zweiten Abschnitt geregelt. Dort steht die Norm am Ende der (präventiven) Standardmaßnahmen. 1

Anders als in Hessen hat man sich in anderen Bundesländern entschieden, entsprechende und ähnliche Normen an einer anderen Stelle systematisch zu verorten. Bayern zB hat sich 2 dazu entschieden eine vergleichbare Vorschrift in einem eigenen Abschnitt (VII. Abschnitt „Opferschutz") zu regeln. Dort ist neben Art. 91 PAG auch Art. 92 PAG „Verwendung personenbezogener Daten bei Opferschutz" normiert (→ Rn. 10). Zudem hat sich Brandenburg dazu entschieden mit § 35a BbgPolG „Opferschutzmaßnahmen" eine Regelung innerhalb der „Datenerhebung" zu regeln (→ Rn. 11). Und auch Hamburg hat sich dazu entschieden Opferschutzmaßnahmen in § 33 im Gesetz über die Datenverarbeitung der Polizei (Hamb. PolizeidatenverarbeitungsG – HbgPolDVG) zu regeln, womit sich § 33 HbgPolDVG auch im Kontext zu Datenverarbeitungsmaßnahmen befindet (→ Rn. 12).

3 Denkbar wäre es auch in Hessen gewesen, die Regelung zu den Opferschutzmaßnahmen in den **Kontext datenschutzrechtlicher Vorschriften** zu verorten, folglich im Bereich der §§ 13 ff. Für diese systematische Stellung spricht, dass es sich sowohl bei § 43c also auch bei den entsprechenden und ähnlichen Parallelvorschrift der anderen Bundesländer um Bestimmungen handelt, die auch datenschutzrechtliche Belange betreffen. Allerdings spricht für eine **Verortung am Ende der Standardmaßnahmen,** dass es sich um keinen typischen Eingriff in das Recht auf informationelle Selbstbestimmung handelt, sondern die Maßnahmen des § 43c sich in erster Linie an solche Adressaten wenden, zu deren Gunsten die Maßnahmen wirken sollen (auch Berlin hat sich mit der Regelung „Operativer Opferschutz" in § 41a ASOG Bln dazu entschieden, die Maßnahme am Ende der präventiven Standardmaßnahmen zu verorten, vgl. → Rn. 13).

B. Normzweck

4 Die Regelung des § 43c soll den Polizeibehörden die notwendige ausdrückliche Befugnis für Opferschutzmaßnahmen in herausragenden Gefährdungslagen erteilen. Hierdurch können Polizeibehörden (potenzielle) Opfer von Straftaten, deren Angehörige und die für den Opferschutz zuständigen Polizeivollzugsbeamten mit Tarnpapieren ausstatten. Der Polizei wird durch die Befugnis die Herstellung von unrichtigen und falschen sowie die Verfälschung von echten Urkunden und sonstigen Dokumenten gestattet. § 43c beinhaltet dadurch einen strafrechtlichen Rechtfertigungsgrund, der von der Strafbarkeit wegen Urkundsdelikten (§§ 267 ff. StGB) sowie Missbrauch von Ausweispapieren (§ 281 StGB) befreit (→ Rn. 31).

5 Die Norm gestattet die Möglichkeit des Aufbaus einer **vorübergehenden Tarnidentität** im Bereich des operativen Opferschutzes in herausragenden Gefährdungslagen. § 43c **ergänzt** als landesrechtliche Regelung den bundesrechtlich harmonisierten **Zeugenschutz im Strafverfahren** entsprechend dem Gesetz zur Harmonisierung des Schutzes gefährdeter Zeugen (Zeugenschutz-Harmonisierungsgesetz (ZSHG)).

6 Der Zeugenschutz ist grundsätzlich dem Bereich des Gefahrenabwehrrechts zuzurechnen. Dennoch besteht ein enger Sachzusammenhang mit dem Strafverfahren. Deshalb hat der Bundesgesetzgeber im Jahr 2001 Regelungen mit dem ZSHG getroffen. Die Gefahrenabwehr darf sich aber weder auf den Zeugenschutz iSd StPO noch auf den Anwendungsbereich des ZSHG beschränken, da ein herausragender Gefährdungssachverhalt auch außerhalb des Zeugenschutzes gegeben sein kann. Auch der Bundesgesetzgeber geht davon aus, dass nach Beendigung der Maßnahmen iSd ZSHG – wenn eine Gefährdung gleichwohl fortbesteht – oder wenn das ZSHG aus anderen Gründen nicht zur Anwendung kommt, sich **weitere Schutzmaßnahmen** nach dem Gefahrenabwehrrecht richten und **von den Landespolizeien zu übernehmen sind** (LT-Drs. 21/1448, 11; BT-Drs. 14/6467, 8 f.). Zudem sei es auch unbillig, den Schutz gefährdeter Personen an die Zeugeneigenschaft zu knüpfen, insbesondere da eine Person keinen Einfluss auf die von außen bestimmte Frage der Zeugeneigenschaft hat (vgl. auch BayLT-Drs. 17/20425, 94).

7 Die Norm ist zudem eine weitere gefahrenabwehrrechtliche Möglichkeit zur **Verbesserung des Schutzes vor Gewalt,** insbesondere gegenüber Frauen (LT-Drs. 21/1448, 11). Die Gesetzesbegründung führt weiter aus, dass Gewalt im sozialen Nahraum verhindert werden solle. Dies spiele beim Ausbau und bei der Konzeptionierung des hessischen Gefährdungslagenmanagements (GLM), des Bedrohungsmanagements und der Früherkennung eine zentrale Rolle. Jedes Jahr sei eine große Anzahl an Tötungsdelikten zu verzeichnen, welche es zu verhindern gelte. Diesen Gefährdungslagen könne wirksam aber nur mit **zeugenschutzähnlichen Maßnahmen** begegnet werden, die die gefährdeten Personen dem Zugriff der Gefährderinnen und Gefährdern entziehe (**operativer Opferschutz**).

Teils wird die Auffassung vertreten, dass Opfer vom Staat immer noch allzu oft alleine gelassen werden würden (vgl. Schmidbauer/Steiner/Schmidbauer PAG Art. 91 Rn. 1). 7.1

C. Grundrechte

Mit Opferschutzmaßnahmen nach § 43c wird durch die Identitätsveränderung selbst im hier genannten Kontext zunächst nicht in Grundrechte eingriffen. Vielmehr werden die Grundrechte der betroffenen Person geschützt und ihnen wird zur Geltung verholfen. Zudem verlangt der Wortlaut des Abs. 1 S. 1 Nr. 2 eine Zustimmung, womit ein Grundrechtseingriff grundsätzlich ausgeschlossen ist. 8

D. Parallelvorschriften

Auf **Bundesebene** entspricht die Norm des § 43c der Regelung des **Zeugenschutzes** einer vorübergehenden Tarnidentität nach § 5 ZSHG. 9

Auf **Landesebene** entspricht § 43c in **Bayern** der Norm des **Art. 91 PAG,** der ebenfalls die Möglichkeit von Opferschutzmaßnahmen regelt. Der Wortlaut des § 43c ähnelt dem durch das PAG-Neuordnungsgesetz 2018 eingeführten polizeilichen Befugnis des Art. 91 PAG stark. Art. 91 PAG hat im PAG einen eigenen Abschnitt in VII. „Operschutz" bekommen. Neben Art. 91 PAG ist dort zudem noch Art. 92 PAG „Verwendung personenbezogener Daten bei Opferschutz" geregelt. 10

Zudem regelt **Brandenburg** in § 35a BbgPolG Opferschutzmaßnahmen. Die Regelung wurde im Kap. 2 „Befugnisse der Polizei" im Abschn. 2 „Datenverarbeitung" im UA 1 „Datenerhebung" geregelt. Folglich steht diese Norm in Brandenburg nicht bei den allgemeinen und besonderen Befugnissen, die sich in den §§ 10–28 BbgPolG befinden. Vielmehr steht § 35a BbgPolG zwischen § 35 BbgPolG „Datenerhebung durch den Einsatz Verdeckter Ermittler" und § 35b BbgPolG „Verarbeitung personenbezogener Daten für die Dauer von Opferschutzmaßnahmen sowie Geheimhaltung". Die Norm des § 35a BbgPolG ist im Vergleich zu § 43c etwas umfassender. 11

Auch **Hamburg** regelt Opferschutzmaßnahmen in § 33 im Gesetz über die Datenverarbeitung der Polizei (Hamb. PolizeidatenverarbeitungsG – HbgPolDVG). Dort befindet sich § 33 HbgPolDVG im UA 2 „Besondere Befugnisse zur Datenverarbeitung". 12

Berlin trifft eine entsprechende Regelung in § 41a ASOG Bln „Operativer Opferschutz". Diese Norm steht im Zweiten Abschnitt, erster Unterabschnitt „Allgemeine und besondere Befugnisse", ebenfalls am Ende der präventiven Standardmaßnahmen. Es folgt in diesem Abschnitt lediglich noch § 41b ASOG Bln „Sicherheitsgespräch". Erst danach folgen im zweiten Unterabschnitt die „Befugnisse für die weitere Datenverarbeitung". 13

Allgemein räumt Art. 18 „Schutzanspruch" der RL (EU) 2012/29 v. 25.10.2012 (ABl. 2012 L 315, 57) Opfern von Straftaten und ihren Familienangehörigen einen umfassenden Schutzanspruch ein, der Mitgliedstaaten zu Maßnahmen verpflichtet, um vor sekundärer und wiederholter Viktimisierung, Einschüchterung und Vergeltung zu schützen. 13.1

Opferschutzmaßnahmen richten sich nach dem ZSHG, soweit und solange das Opfer einer Straftat als **Zeuge in einem Strafverfahren** in Betracht kommt (§ 1 Abs. 1 ZSHG). § 1 ZSHG definiert den Begriff des Zeugen, wonach damit Personen gemeint sind, die zur Wahrheitsfindung beitragen sollen. Im Falle einer Zeugenfunktion der Person, geht das Bundesrecht dem § 43c aufgrund der Normenhierarchie vor und es wird deutlich, warum die Bezugnahme des ZSHG (→ Rn. 5 ff.) vorliegend so bedeutsam ist. 13.2

In den Länderpolizeigesetzen hat bislang nur Niedersachen in dem Gefahrenabwehrrecht eine Norm „Grundsätze der Datenerhebung" mit § 30 Abs. 3 NPOG geschaffen, der die Möglichkeit **Tarnpapiere zum Zeugenschutz** herzustellen, ermöglicht. Ähnlich wie oben auf Bundesebene aufgezeigt, bezieht sich diese landesrechtliche Norm ebenfalls nur auf den Schutz von Zeugen. § 30 Abs. 3 NPOG enthält eine ausdrückliche Regelung über das Herstellen, Beschaffen und Verwenden von geeigneten Urkunden und die Vornahme erforderlicher Eintragungen in Register, Bücher oder Dateien zur Abwehr von Gefahren für Leib, Leben oder Freiheit eines Zeugen oder eines Angehörigen des Zeugen. Folglich geht diese Norm sogar über das Herstellen von Urkunden und sonstigen Dokumenten ausdrücklich hinaus und lässt zudem auch die Vornahme erforderlicher Eintragungen in Register, Bücher oder Dateien zu (zu der Überlegung, ob dies auch in § 43c der Fall ist, → Rn. 28). Mithin fallen hierunter auch Eintragungen, wie zB im Handelsregister, Melderegister, Grundbuch, Vereinsregister. Auch die 13.3

Norm des § 36 SächsPVDG regelt zur Abwehr von Gefahren für Leib, Leben oder Freiheit die Verwendung von Tarnpapieren von Zeugen (neu gefasst durch Gesetz v. 5.7.2024 (SächsGVBl. 595)).

E. Einzelkommentierung

I. Voraussetzungen (§ 43c)

1. Konkrete Gefahr für ein bedeutendes Rechtsgut (Abs. 1 S. 1 Nr. 1)

14 § 43c Abs. 1 S. 1 Nr. 1 verlangt zunächst, dass die Maßnahme zum Schutz vor einer **konkreten Gefahr** für die **bedeutsamen Rechtsgüter** Leib, Leben, Freiheit oder für die sexuelle Selbstbestimmung erforderlich sein muss. Eine nur abstrakte Gefährdung reicht gerade nicht aus (vgl. hierzu auch BeckOK PolR Bayern/Unterreitmeier PAG Art. 91 Rn. 15).

15 Hinsichtlich der sexuellen Selbstbestimmung ist es nicht erforderlich, dass die Straftat mit einem Mindestmaß mit wenigstens drei Monaten Freiheitsstrafe bedroht ist (anders zB bei § 31a Abs. 1 S. 1 Nr. 3, → § 31a Rn. 15). Der gewählte **weite Schutzumfang** entspricht – als ausdrücklicher Wille des hessischen Gesetzgebers – dem Ziel des effektiven Schutzes schutzbedürftiger Personen vor (sexualisierter) Gewalt (LT-Drs. 21/1448, 11). Aufgrund der übrigen Tatbestandsvoraussetzungen des S. 1 ist eine Überdehnung des Anwendungsbereichs nicht zu befürchten.

2. Geeignetheit der Person für diese Schutzmaßnahme sowie deren Zustimmung (Abs. 1 S. 1 Nr. 2)

16 Nach Abs. 1 S. 1 Nr. 2 muss die betroffene Person zudem für die Durchführung der Schutzmaßnahme **geeignet** sein und ihr **zustimmen.**

17 Die Geeignetheitsprüfung erfordert eine **strukturierte Beurteilung der Gefährdungslage.** Ist die Person zur Geheimhaltung nicht bereit, macht die zu schützende Person falsche Angaben, werden Zusagen nicht eingehalten, begeht sie Straftaten oder begibt sie sich wissentlich in Gefahr, kann es an einer Geeignetheit fehlen. Zudem fehlt es bereits naturgemäß an einer Eignung, wenn die Person mit einer solchen Maßnahme nicht einverstanden ist (LT-Drs. 21/1448, 11; sowie auch BayLT-Drs. 17/20525, 94).

18 Zudem setzt die Norm voraus, dass die Person mit der Opferschutzmaßnahme **einverstanden** ist, weshalb die Person der Maßnahme **ausdrücklich zustimmen** muss.

18.1 **§ 46** Hessisches Datenschutz- und Informationsfreiheitsgesetz (**HDSIG**) regelt die Einwilligung. Nach § 46 Abs. 1 HDSIG muss der Verantwortliche die Einwilligung der betroffenen Person nachweisen können, soweit die Verarbeitung personenbezogener Daten nach einer Rechtsvorschrift auf der Grundlage einer Einwilligung erfolgen kann.

18.2 Zur **Einwilligung** vgl. auch **Art. 7** Datenschutzgrundverordnung (**DS-GVO**) „Bedingungen für die Einwilligung". Nach Art. 7 Abs. 1 DS-GVO muss der Verantwortliche nachweisen können, dass die betroffene Person in die Verarbeitung ihrer personenbezogenen Daten eingewilligt hat. Nach Art. 7 Abs. 3 DS-GVO hat die betroffene Person das Recht, ihre Einwilligung jederzeit zu widerrufen.

3. Vorübergehende, zeitliche Befristung der Maßnahme

19 Aufgrund der **vorübergehenden, zeitlich befristeten Tarnidentität** bedürfen die Voraussetzungen der Maßnahme einer regelmäßigen Überprüfung. Die polizeilichen Opferschutzmaßnahmen dienen dem Schutz der gefährdeten Personen **für die Dauer ihrer Gefährdung** vor einer Gefahr für Leib, Leben, Freiheit oder für die sexuelle Selbstbestimmung. Die Opferschutzmaßnahmen dürfen nur erfolgen, solange diese **erforderlich** sind.

19.1 Das **Merkmal der „Dauer"** der Tarnidentität nach § 43c unterscheidet sich zu der Legaldefinition der Legende in § 110a Abs. 2 und 3 StPO. Die in **§ 110a StPO** zu Grunde gelegte Definition lautet: „(2) ...unter einer ihnen verliehenen, **auf Dauer angelegten,** veränderten Identität (Legende)... Sie dürfen unter der Legende am Rechtsverkehr teilnehmen. (3) Soweit es für den Aufbau oder die Aufrechterhaltung der Legende unerläßlich ist, dürfen entsprechende Urkunden hergestellt, verändert und gebraucht werden."

20 Aus dem eindeutigen Wortlaut „einer vorübergehend[en]" Verleihung einer Tarnidentität folgt, dass die **Anordnung stets zu befristen** ist. Eine Mindest- oder Höchstgrenze ist gesetzlich allerdings nicht vorgesehen, weshalb die Opferschutzmaßnahmen auch (mehrfach) **verlängert** werden können. Maßgeblich für die Maßnahme bleibt, ob die Voraussetzungen für die Maßnahme weiterhin bestehen, insbesondere folglich, ob die konkrete Gefahr für die genannten bedeutsamen Rechtsgüter weiter fortbesteht (vgl. hierzu auch BeckOK PolR Bayern/Unterreitmeier PAG Art. 91 Rn. 34).

21 Die Regelung ist ein zentraler Bestandteil eines im Einzelfall erforderlichen **Abschottungssystems,** die schon aus Verhältnismäßigkeitsgründen nur **in besonders zu begründenden Einzelfällen Anwendung finden sollte.**

II. Rechtsfolgen (§ 43c)

22 Als Rechtsfolge von Abs. 1 S. 1 können gefährdete Personen (vorübergehend) mit sog. „**Tarnpapieren**" ausgestattet werden, um deren wahre Identität verschleiern zu können. Hierbei handelt es sich um eine einschneidende und aufwändige Maßnahme (vgl. auch BayLT-Drs. 17/20425, 94), mit denen der für die Tarnung angenommene Lebenslauf nachvollzogen werden kann. Auf diese Weise können tatsächliche und rechtliche Verhältnisse fingiert werden, soweit dies notwendig ist.

23 Nach dem Wortlaut des Abs. 1 S. 1 können **Urkunden** und **sonstige Dokumente** zum Aufbau und zur Aufrechterhaltung einer vorübergehend geänderten Identität hergestellt, vorübergehend verändert und die entsprechend geänderten Daten verarbeiten werden. Es handelt sich um den Aufbau einer **vorübergehenden,** also **zeitlich befristeten Tarnidentität.** Aufgrund dieser Befugnis erfolgt die Ausstattung mit Urkunden und Nachweisen, mit denen der für die Tarnung erstellte Lebenslauf nachvollzogen werden kann und welche ansonsten für den Aufbau einer vorrübergehenden Tarnidentität im Einzelfall erforderlich sind. Folglich können Polizeibehörden zur Legendierung straffrei der zu schützenden Person Tarnpapiere ausstellen (→ Rn. 31).

23.1 Für ein „System der Abschottung" kann es zB notwendig werden, Dokumente für die Aufnahme des Arbeitsverhältnisses, für die Ein- oder Umschulung von Kindern abzuändern. Als Urkunden und Dokumente können beispielhaft darüber hinaus angeführt werden: Personalausweis, Reisepass, Führerschein, Berechtigungspapiere, Mitgliedschaftsnachweise, Verträge, Waffenschein, Aufenthaltserlaubnis, Haftentlassungsschein, Lohnsteuerkarte, Zeugnisse, Zulassungsscheine, Kreditkarten, usw.

23.2 Neben der Abschottung durch die Beschaffung von Tarnpapieren dienen beispielsweise weitere Maßnahmen dem Opferschutz: Maßnahmen der psychischen Stabilisierung, Maßnahmen der Verhaltensberatung, psychologische Betreuung, vorübergehende Sicherung des Lebensunterhaltes, Arbeitsplatzsuche, Kinderbetreuung oder zB eine Schutzobservation (vgl. dazu auch BT-Drs. 14/6467, 8).

24 Abs. 1 S. 2 erlaubt die **Teilnahme** der zu schützenden Person **am Rechtsverkehr** unter der vorübergehend geänderten Identität. Hierdurch wird die zu schützende Person ebenfalls straffrei gestellt, wenn diese mit den Tarnpapieren am Rechtsverkehr teilnimmt (zB § 267 Abs. 1 Var. 3 StGB, § 268 Abs. 1 Nr. 2 StGB, § 273 Abs. 1 Nr. 2 StGB).

25 Erst durch diese Nutzbarkeit der Tarnpapiere wird die **Beeinträchtigung der öffentlichen Belange** (Identitätstäuschung bei Vertragsabschlüssen, etc) virulent. Diese Außenwirkung der Tarnidentität dürfte etwa bei Wohnungs- oder PKW-Anmietungen, Kontoeröffnungen bei Geldinstituten oder Eintragungen in öffentliche Bücher und Register zum Tragen kommen.

26 Bei der Verwendung von **Qualifikationsnachweisen** etc kommen daneben aber auch Arbeitgeber als getäuschte Vertragspartner in Betracht. Deshalb dürfen solche Nachweise von öffentlichen und nicht öffentlichen Stellen **keine inhaltlich unzutreffenden Befähigungen und Leistungen enthalten.** Andersfalls käme eine Strafbarkeit der zu schützenden Person wegen Anstellungsbetrugs in Betracht. Bei den Mitarbeitern der Polizeibehörden kämen Beteiligungen (§§ 26, 27 StGB) hieran infrage.

27 Die **Art** der **Urkunde** und der **sonstigen Dokumente,** die hergestellt oder verändert werden dürfen, wird nicht näher beschränkt. Umfasst sind folglich alle Urkunden iSv § 267 StGB, mithin jede verkörperte Gedankenerklärung, die zum Beweis im Rechtsverkehr geeignet und bestimmt ist und ihren Aussteller erkennen lässt (stRspr, BGH BeckRS 2010, 09033 Rn. 4 mwN). Neben den Urkunden im rechtstechnischen Sinne hinaus kommen zudem

grundsätzlich auch alle sonstigen Dokumente als Gegenstand einer Opferschutzmaßnahme in Betracht. Dies unabhängig davon, ob und welche Funktion die sonstigen Dokumente im Rechtsverkehr haben und wer der Aussteller ist.

28 Fraglich ist, ob zu **„sonstige Dokumente"** auch die für die Tarnidentität bedeutsamen **Dateien** und **Register** miteinbezogen werden können. Die hessische Gesetzesbegründung enthält dazu keine Ausführungen. Jedoch lässt sich in der bayrischen Gesetzesbegründung (BayLT-Drs. 17/20425, 94) entnehmen, dass in das System der Abschottung auch die für die Tarnidentität bedeutsamen Dateien und Register miteinbezogen werden müssen. Hierfür spricht auch die Formulierung in Abs. 1 S. 1 wonach „die entsprechend geänderten Daten" verarbeitet werden dürfen, wozu typische Fälle wie die Eintragung in das Handelsregister, Telefonbucheinträge oder Angaben in sozialen Netzwerken zählen (vgl. hierzu auch BeckOK PolR Bayern/Unterreitmeier PAG Art. 91 Rn. 23). Hinsichtlich der Personenstandregister wird jedoch klargestellt, dass diese richtig bleiben müssen (vgl. hierzu auch BeckOK StPO/Hegmann StPO § 110a Rn. 3; Barthe/Gericke, Karlsruher Kommentar zur Strafprozessordnung/Henrichs/Weingast, 9. Aufl. 2023, StPO § 110a Rn. 10; Meyer-Goßner/Schmitt, Strafprozessordnung/Köhler, 66. Aufl. 2023, StPO § 110a Rn. 8). Dies werde bereits dadurch deutlich, dass nur der Aufbau einer vorübergehenden, also zeitlich befristeten Tarnidentität statthaft ist (vgl. hierzu auch BayLT-Drs. 17/20425, 94; BeckOK PolR Bayern/Unterreitmeier PAG Art. 91 Rn. 23). In der Schlussfolgerung kann auch im hessischen Gesetz zu Opferschutzmaßnahmen davon ausgegangen werden, dass unter sonstigen Dokumenten auch bedeutsame Dateien und Register miteinzubeziehen sind. Denn der Wortlaut des § 43c ähnelt dem Wortlaut des Art. 91 PAG angelehnt. Dennoch bleibt festzustellen, dass andere Normen, wie zB § 30 Abs. 3 NdsGefAG ausdrücklich im Wortlaut die Regelung über das Herstellen, Beschaffen und Verwenden von geeigneten Urkunden und die Vornahme erforderlicher **Eintragungen in Register, Bücher oder Dateien** zur Abwehr von Gefahren für Leib, Leben oder Freiheit – wohl deklaratorisch – formuliert haben, wogegen sich der hessische Gesetzgeber entschieden hat (vgl. hierzu auch → Rn. 13.2).

29 Als **zulässige Handlung** nennt der Gesetzgeber ausdrücklich das **Herstellen** und die **inhaltliche Veränderung.** Folglich bezieht sich das Herstellen auf die Anfertigung von (neuen) unechten oder inhaltlich falscher Urkunden und Dokumente. Die inhaltliche Veränderung bezieht sich auf die Abänderung bereits existierender (echter bzw. richtiger) Urkunden und Dokumente.

30 Personalausweise und (Reise-)Pässe dürfen dabei nach den bundesrechtlichen Vorschriften nicht für Personen ausgestellt werden, die nicht Deutscher iSv Art. 116 GG sind (vgl. hierzu auch BayLT-Drs. 17/20425, 94). Dies ist zB aus dem Wortlaut des § 1 Abs. 1 und Abs. 4 Personalausweisgesetz sowie § 1 Abs. 4 Passgesetz zu lesen, wonach sich die jeweilige Norm auf **Deutsche iSd Art. 116 GG** bezieht.

31 Da die Herstellung von Tarnpapieren strafbar sein kann (zB Urkundenfälschung, Missbrauch von Ausweispapieren), bedarf es einer Rechtfertigungsnorm, die mit § 43c vorliegt. Wäre eine grds. Herstellung von Tarnpapieren strafrechtlich relevant, beseitigt die Vorschrift der Opferschutzmaßnahmen nach § 43c die Rechtswidrigkeit der Tat.

32 Die Entscheidung ob und welche Opferschutzmaßnahmen für welche Person für welche Dauer getroffen werden, steht im **pflichtgemäßen Ermessen** der Polizeibehörden. Bei der Ermessensausübung sind die sich aus den Grundrechten ergebenden **staatlichen Schutzpflichten** zu berücksichtigen: Der Staat hat die Aufgabe, die Grundrechte (potenzieller) Opfer vor Verletzungen durch Straftäter zu schützen. Grundsätzlich gilt, je mehr die Gefährdung sich konkretisiert und individualisiert und je stärker sie die Gefährdung elementarer Lebensbereiche betrifft, umso intensiver ist die Schutzpflicht des Staates. Zudem gilt, je existenzieller die Grundrechte für den Einzelnen sind, desto intensiver muss der staatliche Schutz vor der Gefährdung und Beeinträchtigung sein (BVerfGE 109, 133 (186) = NJW 2004, 739; vgl. zudem auch BeckOK PolR Bayern/Unterreitmeier PAG Art. 91 Rn. 28). Da die Opferschutzmaßnahmen nach Abs. 1 S. 1 Nr. 1 nur bei einer konkreten Gefahr für bedeutsame Rechtsgüter möglich sind, wird bei Vorliegen einer solchen regelmäßig das Entschließungsermessen der Polizeibehörden auf Null reduziert sein (vgl. BeckOK PolR Bayern/Unterreitmeier PAG Art. 91 Rn. 28).

III. Adressat

1. (Zivil-)Person, als (potenzielles) Opfer einer Straftat

Abs. 1 S. 1 findet auf (Zivil-)Personen Anwendung, die **Opfer einer Straftat wurden** oder bei denen auf **Grund von tatsächlichen Anhaltspunkten** davon auszugehen ist, dass sie in **absehbarer Zeit Opfer einer Straftat werden können.** Abs. 1 S. 1 beschränkt den Anwendungsbereich zunächst auf diese Personen. Nicht ausreichend ist demnach, dass die Person nur (potenzielles) Opfer einer Ordnungswidrigkeit ist. Weitere Eingrenzungen hinsichtlich der in Betracht kommenden Straftatbestände enthält die Regelung nicht. Folglich kommen grundsätzlich alle Straftatbestände des StGB sowie des Nebenstrafrechts in Betracht. Eine Einschränkung des Anwendungsbereichs der Norm enthält die Regelung zunächst nicht. Eine solche Eingrenzung geht erst durch die Voraussetzungen und den dort geforderten Schutz vor einer Gefahr für die Rechtsgüter Leib, Leben, Freiheit oder für die sexuelle Selbstbestimmung als herausragende Gefährdungslage hervor. Folglich sind die genannten bedeutenden Rechtsgüter sowie der Grad der Gefährdung entscheiden. 33

Im zweiten Fall von Abs. 1 S. 1 bedarf es bei **potenziellen Opfern** einer **tatsachengeschützten Prognoseentscheidung,** dass die Person in absehbarer Zeit Opfer einer Straftat werde. Schutzmaßnahmen können folglich vorgelagert werden, bevor die zu schützende Person Opfer einer Straftat wurde. Erforderlich für eine solche tatsachengeschützte Prognoseentscheidung sind tatsächliche Anhaltspunkte für eine entsprechende Gefährdung, also **objektive Gefährdungsindikatoren.** Bloße Vermutungen der Polizeibehörden oder Annahmen oder Ängste der betroffenen Person reichen hierfür gerade nicht aus. 34

2. Einbeziehung von Angehörige einer in Abs. 1 genannten Person oder ihr sonst nahestehenden Person

Zudem ermöglicht **Abs. 2** im Einzelfall die **Einbeziehung von Angehörigen** einer in Abs. 1genannten Person oder ihr **sonst nahestehenden Personen** in die Maßnahme nach Abs. 1, auch wenn sie selbst nicht gefährdet sind. Der Wortlaut stellt klar, dass Schutzmaßnahmen unter den Voraussetzungen des Abs. 1 auch auf diese Personen **erstreckt** werden können und erweitert somit den Adressatenkreis. 35

Dies kann zB bei einer Wohnsitzverlagerung einer ganzen Familie erforderlich werden (vgl. hierzu auch BayLT-Drs. 17/20425, 94). 35.1

Hinsichtlich des **Begriffs Angehörigen** kann die Legaldefinition in § 11 Abs. 1 Nr. 1 StGB herangezogen werden. Hiernach gehören zu den Angehörigen im Rechtssinne Verwandte und Verschwägerte gerader Linie, der Ehegatte, der Lebenspartner, der Verlobte, Geschwister, Ehegatten oder Lebenspartner der Geschwister, Geschwister der Ehegatten oder Lebenspartner, und zwar auch dann, wenn die Ehe oder die Lebenspartnerschaft, welche die Beziehung begründet hat, nicht mehr besteht oder wenn die Verwandtschaft oder Schwägerschaft erloschen ist sowie Pflegeeltern und Pflegekinder. 36

Zudem können sich Maßnahmen des Opferschutzes nach Abs. 1 auch auf **„alle ihr sonst nahestehenden Personen"** erstrecken. Der Begriff wird gesetzlich weder im Bundes- noch im Landesrecht legal definiert. Es besteht die Ansicht, dass der Begriff **weit zu verstehen** ist, und folglich alle Personen umfasst sind, die zum persönlichen Lebensumfeld der zu schützenden Person gehören (vgl. hierzu auch BeckOK PolR Bayern/Unterreitmeier PAG Art. 91 Rn. 26). Folglich nicht nur der Lebensgefährte, sondern **auch Freunde** und **gute persönliche Bekannte** (vgl. auch Knauer/Kudlich/Schneider, Münchener Kommentar zur Strafprozessordnung/Roggan, 2. Aufl. 2023, ZSHG § 1 Rn. 10; mVwa BVerfG NJW 1995, 1015; zur Anlehnung des Begriffs „Person des besonderen Vertrauens" und BVerfG NJW 2004, 999 „Person des höchstpersönlichen Vertrauens"). 37

3. Einbeziehung von eingesetzten Polizeivollzugsbeamten

Zudem kann nach **Abs. 4** eine Legendierung auch für die zum Schutz der Person nach Abs. 1 und Abs. 2 **eingesetzten Polizeivollzugsbeamtinnen und Polizeivollzugsbeamten** erfolgen, soweit dies zur Vorbereitung, Durchführung, Lenkung oder Absicherung der 38

Schutzmaßnahmen erforderlich ist. Nach dem Wortlaut findet daher **§ 16 Abs. 8 S. 1** und **S. 2** auf die mit dem Schutz betrauten Polizeivollzugsbeamtinnen und Polizeivollzugsbeamten in diesen Fällen Anwendung. Dies trägt dem praktischen Bedürfnis Rechnung und kann zur Einsatzführung und Absicherung erforderlich sein. Denn offenes Auftreten der Polizei könnte das Interesse Dritter wecken und damit das Risiko für die zu schützende Person oder der eingesetzten Polizeivollzugsbeamten erhöhen.

38.1 Dies kann zB die diskrete, gefahrlose Wohnungsanmietung für die vorübergehende Unterbringung der zu schützenden Person betreffen (vgl. hierzu auch BayLT-Drs. 17/20425, 94; BT-Drs. 14/6467, 12 zu § 5 Abs. 4 ZSHG-E)

39 Zu beachten gilt, dass sich die Befugnis hier nicht nach Abs. 1 ergibt, sondern über den **Rechtsgrundverweis** in Abs. 4 nach den für den Einsatz verdeckter Ermittler geltenden Vorschriften in § 16 Abs. 8 S. 1 und S. 2.

40 Nach **§ 16 Abs. 8 S. 1** dürfen soweit es für den Aufbau oder zur Aufrechterhaltung der Legende unerlässlich ist, für den Einsatz von verdeckt ermittelnden Personen (VE-Personen) entsprechende Urkunden hergestellt oder verändert werden. Zudem dürfen nach § 16 Abs. 8 S. 2 VE-Personen unter der Legende zur Erfüllung ihres Auftrags am Rechtsverkehr teilnehmen.

IV. Besondere Form- und Verfahrensvorschriften

41 Die herzustellenden oder zu verändernden Urkunden und die sonstigen Dokumente sowie die zu verarbeitenden Daten müssen in der Anordnung **konkret bezeichnet** werden.

42 Eine besondere **Form** der Anordnung ist gesetzlich nicht vorgeschrieben. Dies weder für die Anordnung der Legendierung noch für das einzuholende Einverständnis des Adressaten.

43 Maßnahmen nach Abs. 1 und Abs. 2 darf nach Abs. 3 nur die Behördenleitung oder eine von dieser beauftragte Bedienstete oder ein von dieser beauftragter Bediensteter anordnen (**Behördenleitungsvorbehalt**). Nach § 6 Abs. 1 S. 1 Nr. 6 HSOG-DVO ist hierfür die Behördenleitung des Hessischen Landeskriminalamtes zuständig (LT-Drs. 21/1448, 11).

44 Im Übrigen gelten die **allgemeinen datenschutzrechtlichen Grundsätze.**

F. Rechtscharakter

45 Da Opferschutzmaßnahmen des § 43c nur mit der Zustimmung des Adressaten erfolgen, handelt es sich grundsätzlich um eine begünstigende Regelung iSd § 35 S. 1 HwVwfG und stellt folglich einen **Verwaltungsakt** dar. Der Aufbau einer vorübergehenden Tarnidentität im Bereich des operativen Opferschutzes in herausragenden Gefährdungslagen stellt einen sog. **Dauerverwaltungsakt** dar, weil die Maßnahmen über eine gewisse Zeit fortwirken. Inhaltlich gestattet der Verwaltungsakt, dass der Adressat mit der vorübergehenden, zeitlich begrenzen Tarnidentität die wahre Identität verschleiern darf und damit auch am Rechtsverkehr teilnehmen darf (Gestattungswirkung). Die Ausstellung und Übergabe von einzelnen Urkunden und Dokumenten stellen **Realakte** dar (VG Gelsenkirchen BeckRS 2009, 34802; ebenso BeckOK PolR Bbg/Hofrichter/Dingelstadt BbgPolG § 35a Rn. 6).

G. Durchsetzung

46 Eine Durchsetzung des Verwaltungsakts ist nicht möglich und auch nicht nötig, da die Maßnahmen nur mit Zustimmung des Betroffenen erfolgen.

H. Rechtsschutz

47 Die **Verpflichtungsklage** nach § 42 Abs. 1 Var. 2 VwGO ist die Klageart im Hauptverfahren, die zum Erlass eines begehrten Verwaltungsakts führen soll. Zur Erlangung effektiven Rechtsschutzes einer eiligen Opferschutzmaßnahme bietet sich das **Eilverfahren** nach § 123 VwGO vor den Verwaltungsgerichten an.

Dritter Abschnitt. Vollzugshilfe

§ 44 Vollzugshilfe

(1) [1]Die Polizeibehörden leisten den allgemeinen Ordnungsbehörden auf Ersuchen Vollzugshilfe, wenn
1. zur Durchführung ordnungsbehördlicher Maßnahmen Vollzugshandlungen erforderlich sind, die diese Behörden mangels eigener befugter Bediensteter nicht selbst vornehmen können, oder
2. zur Feststellung der Identität erkennungsdienstliche Maßnahmen angeordnet worden sind (§ 18 Abs. 3).
[2]Die Ministerin oder der Minister des Innern wird ermächtigt, im Einvernehmen mit der fachlich zuständigen Ministerin oder dem fachlich zuständigen Minister durch Rechtsverordnung Ausnahmen zu bestimmen, bei denen Vollzugshilfe nach Satz 1 Nr. 1 nicht zu leisten ist.

(2) [1]Die Polizeibehörden leisten anderen Behörden auf Ersuchen Vollzugshilfe,
1. wenn unmittelbarer Zwang anzuwenden ist und diese Behörden nicht über die hierzu erforderlichen befugten Bediensteten verfügen oder ihre Maßnahmen nicht auf andere Weise selbst durchsetzen können,
2. bei Vollzugshandlungen dieser Behörden, soweit dies zum Schutz der Vollzugsorgane dieser Behörden, zugezogener Zeuginnen, Zeugen und Hilfspersonen mit Rücksicht auf zu erwartenden Widerstand erforderlich ist, oder
3. wenn zur Feststellung der Identität erkennungsdienstliche Maßnahmen angeordnet worden sind.
[2]Auch wenn eine nach Abs. 1 Satz 2 erlassene Rechtsverordnung bestimmt, dass Vollzugshilfe nach Abs. 1 Satz 1 Nr. 1 nicht zu leisten ist, gilt Satz 1 Nr. 2 entsprechend.

(3) [1]Die Polizeibehörden sind nur für die Art und Weise der Durchführung der Vollzugshilfe verantwortlich. [2]Im Übrigen gelten die §§ 4 bis 8 des Hessischen Verwaltungsverfahrensgesetzes.

Überblick

Auszug aus der VVHSOG (gem. Erlass des Hessischen Ministeriums des Innern und für Sport v. 29.11.2022 (StAnz. 50/2022, 1384) zum 1.1.2025 mangels eines erneuten Verlängerungserlasses ersatzlos außer Kraft getreten):

Zu § 44

44. Vollzugshilfe

44.1 Zu Abs. 1

44.1.1

Die Vorschrift enthält Regelungen über die den allgemeinen Ordnungsbehörden (§ 85 Abs. 1) von den Polizeibehörden auf Ersuchen zu leistende Vollzugshilfe. Vollzugshilfe liegt nicht vor, wenn
die Polizeibehörde innerhalb eines bestehenden Weisungsverhältnisses handelt,
die Hilfeleistung aus einer Handlung besteht, die der Polizeibehörde als eigene Aufgabe obliegt,
die Hilfeleistung in einer Handlung besteht, durch die nicht in die Rechte von Personen eingegriffen wird.

44.1.2

Das Ersuchen kann sich auf einen bestimmten Einzelfall oder mehrere bestimmte Fälle beziehen. Das Ersuchen muss die Umstände aufzeigen, deren Kenntnis für die Prüfung des Ersuchens und dessen Durchführung erforderlich ist.

44.1.3

Vollzugsmaßnahmen können zur Durchführung ordnungsbehördlicher Maßnahmen erforderlich sein, die den allgemeinen Ordnungsbehörden insbesondere aufgrund des § 1 HSOG-DVO, aber auch aufgrund anderer Rechtsvorschriften (zum Beispiel § 10 des Gesetzes über die Entziehung der Freiheit geisteskranker, geistesschwacher, rauschgift- oder alkoholsüchtiger Personen vom 19. Mai 1952 - GVBl. S. 111, zuletzt geändert durch Gesetz vom 15. Juli 1997 - GVBl. I S. 217) obliegen.

44.1.4
Ob die allgemeinen Ordnungsbehörden mangels eigener befugter Bediensteter Vollzugshandlungen nicht selbst vornehmen können, ist nach den tatsächlichen Verhältnissen zum Zeitpunkt des Ersuchens zu beurteilen.
44.1.5
Bei Ersuchen der allgemeinen Ordnungsbehörden als zuständige Behörde für die Verfolgung und Ahndung von Ordnungswidrigkeiten - etwa in Form von Ermittlungen - ist § 44 nicht anzuwenden. Vielmehr gilt § 46 OWiG in Verbindung mit § 161 StPO.
44.1.6
Vollzugshilfe für die allgemeinen Ordnungsbehörden kann ferner entfallen, falls eine Rechtsverordnung nach Satz 2 dies bestimmt.
44.1.7
Die Polizeibehörde darf auch (siehe Abs. 3 Satz 2) in den Fällen des § 5 Abs. 2 HVwVfG, weil sie hierzu aus rechtlichen Gründen nicht in der Lage ist oder durch die Hilfeleistung dem Wohl des Bundes oder eines Landes erhebliche Nachteile bereiten würde, keine Vollzugshilfe leisten. Sie braucht in den Fällen des § 5 Abs. 3 HVwVfG keine Vollzugshilfe zu leisten, wenn
ihr bekannt ist, dass eine andere Behörde diese Hilfe wesentlich einfacher oder mit wesentlich geringerem Aufwand leisten könnte (gilt nicht für die Fälle des Abs. 1 Satz 1 und des Abs. 2 Satz 1 Nr. 3),
sie die Hilfe nur mit unverhältnismäßig großem Aufwand leisten könnte,
sie durch die Hilfeleistung die Erfüllung ihrer eigenen Aufgaben ernsthaft gefährden würde.
44.1.8
Hält die Polizeibehörde ein an sie gerichtetes Ersuchen für unzulässig oder leistet sie aus den Gründen des § 5 Abs. 3 HVwVfG keine Hilfe, so teilt sie dies der ersuchenden Behörde mit. Besteht diese auf der Vollzugshilfe, so entscheidet über die Verpflichtung zur Vollzugshilfe die gemeinsame fachlich zuständige Aufsichtsbehörde. Dulden die Umstände nach Auffassung der ersuchenden Behörde keinen Aufschub bis zu einer Entscheidung durch die Aufsichtsbehörde, so hat die Polizeibehörde dem Ersuchen zu entsprechen und unverzüglich der Aufsichtsbehörde zu berichten.
44.1.9
Die Polizeibehörde darf die Vollzugshilfe nicht deshalb verweigern, weil sie die beabsichtigte Maßnahme für unzweckmäßig hält.
44.1.10
Wird die Polizeibehörde aufgrund eines Vollzugshilfeersuchens tätig, so soll sie dies nach außen zu erkennen geben, sofern es nicht offensichtlich ist.
44.2 Zu Abs. 2
44.2.1
„Andere Behörden" sind – von allgemeinen Ordnungsbehörden abgesehen – alle Stellen, die Aufgaben der öffentlichen Verwaltung wahrnehmen (§ 1 Abs. 2 HVwVfG). Unberührt bleibt die nach besonderen Vorschriften zu leistende Justizhilfe (vergleiche zum Beispiel § 758 Abs. 3 ZPO).
44.2.2
Nr. 44.1.1 Satz 2, 44.1.2, 44.1.4, 44.1.7 bis 44.1.10 sind entsprechend anzuwenden.
44.3 Zu Abs. 3
44.3.1
Die Zulässigkeit der Maßnahme, die durch die Vollzugshilfe verwirklicht werden soll, richtet sich nach dem für die ersuchende Behörde geltenden Recht. Diese Behörde trägt daher die Verantwortung für die Rechtmäßigkeit ihrer Maßnahme. Die Polizeibehörde ist deshalb grundsätzlich nicht verpflichtet, die Rechtmäßigkeit der zu verwirklichenden Maßnahme zu prüfen (vergleiche aber Nr. 46.3). Sie hat nur die Verantwortung für die Art und Weise der Durchführung der Vollzugshilfe. Im Übrigen sind Beanstandungen an die ersuchende Behörde weiterzuleiten. Die betroffene Person ist hiervon zu unterrichten.
44.3.2
Hinsichtlich der in § 5 Abs. 2 und 3 HVwVfG getroffenen Regelung (Satz 2) siehe Nr. 44.1.7 und 44.1.8.

In bestimmten Fällen muss die Polizeibehörde den allgemeinen Ordnungsbehörden Vollzugshilfe leisten, anderen Behörden nur unter konkret benannten Voraussetzungen.

A. Allgemeines

1 Gemäß § 1 Abs. 5 leisten die Polizeibehörden anderen Behörden Vollzugshilfe. Erforderlich ist ein Ersuchen (§ 45 Abs. 1 und Abs. 2) der Behörde, die die Vollzugshilfe in Anspruch nehmen möchte. Das normiert einen weiten Begriff von Vollzugshilfe, der alle Arten von Vollzugshandlungen umfassen kann (Lisken/Denninger PolR-HdB/Bäcker D Rn. 44). Unterschieden wird zwischen allgemeinen Ordnungsbehörden iSd §§ 85 ff. und „anderen Behörden". Entsprechende Vorschriften finden sich in Art. 50 BayPAG, § 51 NPOG, § 47 PolG NRW.

B. Vollzugshilfe für allgemeine Ordnungsbehörden (Abs. 1)

2 Den allgemeinen Ordnungsbehörden ist umfassende Vollzugshilfe zu gewähren, den anderen Behörden ist nur Vollzugshilfe zu leisten, wenn unmittelbarer Zwang erforderlich ist. Beiden Behörden ist aber nur Vollzugshilfe zu leisten, wenn sie nicht durch eigene befugte Bedienstete handeln können.

I. Eigene befugte Bedienstete

3 Die allgemeinen Ordnungsbehörden (§ 85) erlassen gefahrenabwehrrechtliche Verfügungen. Diese werden nach den §§ 47 ff. vollstreckt. Allerdings verfügen die allgemeinen Ordnungsbehörden in der Regel nicht über Bedienstete, die die erforderlich werdenden Zwangsmittel, zB den unmittelbaren Zwang, anwenden dürfen. Falls die allgemeine Ordnungsbehörde über eigene befugte Bedienstete verfügt, etwa weil sie Hilfspolizeibeamte für eine bestimmte Gefahrenabwehraufgabe bestellt hat (§ 63 Abs. 2 Nr. 3 iVm § 99 Abs. 2 S. 1 und § 52), kommt Vollzugshilfe nicht in Betracht.

II. Identitätsfeststellung (§ 18 Abs. 3)

4 Im Falle der Anordnung erkennungsdienstlicher Maßnahmen zur Feststellung der Identität nach § 18 Abs. 3 S. 2 leisten die Polizeibehörden ebenfalls auf Ersuchen Vollzugshilfe. Die allgemeinen Ordnungsbehörden können gem. § 18 Abs. 1, Abs. 3 die Identitätsfeststellung und die dazu erforderlichen erkennungsdienstlichen Maßnahmen anordnen. Nach § 19 Abs. 2 dürfen erkennungsdienstliche Maßnahmen nur von den Polizeibehörden vorgenommen werden.

III. Rechtsverordnungen (Abs. 1 S. 2)

5 Nach Abs. 1 S. 2 kann durch Rechtsverordnung bestimmt werden, in welchen Ausnahmefällen Vollzugshilfe nicht zu leisten ist. Derartige Verordnungen sind bisher in Hessen nicht erlassen worden.

C. Andere Behörden (Abs. 2)

6 Andere Behörden sind Behörden iSd § 1 Abs. 2 HVwVfG, also alle Stellen, die Aufgaben der öffentlichen Verwaltung wahrnehmen, nicht jedoch die allgemeinen Ordnungsbehörden. Dazu zählen Behörden des Bundes und der Länder, Körperschaften, Anstalten und Stiftungen. Diesen Behörden ist Vollzugshilfe zu leisten, wenn unmittelbarer Zwang iSd § 52 anzuwenden ist und der Behörde keine eigenen befugten Bediensteten (vgl. → Rn. 3) zur Verfügung stehen und auch keine anderen Durchsetzungsmöglichkeiten.

D. Einzelheiten der Durchführung (Abs. 3)

7 Die Verantwortlichkeit für die Art und Weise der Durchführung der Vollzugshilfe liegt bei den Polizeibehörden, im Übrigen sind die Vorschriften über die Amtshilfe (§§ 4–8 HVwVfG) zu berücksichtigen. § 5 HVwVfG trifft Regelungen über die Voraussetzungen und Grenzen der Amtshilfe. Nach § 7 Abs. 1 HVwVfG richtet sich die Zulässigkeit der Maßnahme, die durch die Amtshilfe verwirklicht werden soll, nach dem für die ersuchende Behörde geltenden Recht. Die ersuchende Behörde trägt nach § 7 Abs. 2 HVwVfG gegen-

über der ersuchten Behörde, also der Polizeibehörde, die Verantwortung für die Rechtmäßigkeit der zu treffenden Maßnahme. Dass die ersuchende Behörde im Rahmen ihres gesetzlichen Aufgabenkreises handeln muss, folgt aus dem Grundsatz der Gesetzmäßigkeit der Verwaltung gem. Art. 20 Abs. 3 GG.

8 Zweckmäßigkeitserwägungen kann die Polizeibehörde dem Vollzugshilfeersuchen nicht entgegenhalten (§ 5 Abs. 4 HVwVfG), wohl aber Bedenken hinsichtlich der Zulässigkeit. In diesen Fällen teilt sie dies der ersuchenden Behörde mit (§ 5 Abs. 3 HVwVfG). Letztlich entscheidet die gemeinsame fachlich zuständige Aufsichtsbehörde (§§ 96, 97), ob Vollzugshilfe geleistet werden muss. Nur wenn die Umstände nach Auffassung der ersuchenden Behörde keinen Aufschub bis zur Entscheidung der Aufsichtsbehörde dulden, muss die Polizeibehörde dem Ersuchen entsprechen. Sie hat dann unverzüglich der Aufsichtsbehörde zu berichten. Regelungen über die Kosten der Amtshilfe finden sich in § 8 HVwVfG, was insbesondere im Fall von Auslagenersatz Bedeutung erlangen kann.

E. Rechtsbehelfe

9 Rechtsbehelfe gegen die Art und Weise der Durchführung sind gegen die Polizeibehörde zu richten, Rechtsbehelfe gegen die eigentliche Verfügung müssen sich gegen die ersuchende Behörde richten (vgl. zu den Rechtsbehelfen allg. → § 47 Rn. 15).

§ 45 Verfahren

(1) Vollzugshilfeersuchen sind schriftlich zu stellen; sie haben den Grund und die Rechtsgrundlage der Maßnahme zu enthalten.

(2) [1]In Eilfällen kann das Ersuchen formlos gestellt werden. [2]Es ist jedoch auf Verlangen unverzüglich schriftlich zu bestätigen.

(3) Die ersuchende Behörde ist von der Ausführung des Ersuchens zu unterrichten.

Überblick

Auszug aus der VVHSOG (gem. Erlass des Hessischen Ministeriums des Innern und für Sport v. 29.11.2022 (StAnz. 50/2022, 1384) zum 1.1.2025 mangels eines erneuten Verlängerungserlasses ersatzlos außer Kraft getreten):

Zu § 45

45. Verfahren

45.3 Zu Abs. 3

Die Unterrichtung der ersuchenden Behörde kann - je nach der Art der Vollzugshilfe und der Dringlichkeit - fernmündlich, mündlich oder schriftlich erfolgen.

Vollzugshilfe ist schriftlich unter Angabe der Gründe zu beantragen, in Eilfällen genügen formlose Anträge.

A. Allgemeines

1 Entsprechende Vorschriften finden sich in Art. 51 BayPAG, § 52 NPOG, § 48 PolG NRW.

B. Form und Inhalt des Vollzugshilfeersuchens (Abs. 1)

2 Grundsätzlich ist das Ersuchen schriftlich zu stellen, um den Inhalt zu dokumentieren. Ausreichend ist ein Telefax eventuell auch eine E-Mail.

3 Der Grund für das Ersuchen muss angegeben werden, ebenso die Rechtsgrundlage für die beabsichtigte Maßnahme. Zweckmäßig ist es, die zugrundeliegende Verfügung zu übersenden. Außerdem müssen Angaben über die Unanfechtbarkeit des Verwaltungsakts enthalten sein, eventuell ist deshalb auch die Anordnung der sofortigen Vollziehung beizufügen, falls diese separat erfolgt ist.

C. Eilfälle (Abs. 2)

In dringenden Eilfällen kann das Ersuchen formlos gestellt werden, also ohne Beachtung der Schriftform, etwa durch Telefonanruf. Das ist der Fall, wenn der durch die schriftliche Abfassung entstehende Zeitverlust nicht in Kauf genommen werden kann. Auf Verlangen ist das Ersuchen schriftlich zu bestätigen. 4

D. Unterrichtung (Abs. 3)

Die ersuchende Behörde muss von der Ausführung des Ersuchens unterrichtet werden. Dies kann schriftlich erfolgen, aber auch telefonisch. 5

§ 46 Vollzugshilfe bei Freiheitsentziehung

(1) Hat das Vollzugshilfeersuchen eine Freiheitsentziehung zum Inhalt, so ist auch die richterliche Entscheidung über die Zulässigkeit der Freiheitsentziehung vorzulegen oder in dem Ersuchen zu bezeichnen.

(2) Ist eine vorherige richterliche Entscheidung nicht ergangen, so hat die Polizeibehörde die festgehaltene Person zu entlassen, wenn die ersuchende Behörde diese nicht übernimmt oder die richterliche Entscheidung nicht unverzüglich nachträglich beantragt.

(3) Die §§ 34 und 35 gelten entsprechend.

Überblick

Auszug aus der VVHSOG (gem. Erlass des Hessischen Ministeriums des Innern und für Sport v. 29.11.2022 (StAnz. 50/2022, 1384) zum 1.1.2025 mangels eines erneuten Verlängerungserlasses ersatzlos außer Kraft getreten):

Zu § 46

46. Vollzugshilfe bei Freiheitsentziehung

46.1 Zu Abs. 1

Die ersuchende Behörde trägt gegenüber der Polizeibehörde die Verantwortung für die Zulässigkeit der in Vollzugshilfe durchgeführten Freiheitsentziehung. Sie hat deshalb die richterliche Entscheidung herbeizuführen.

46.2 Zu Abs. 2

Übersendet die ersuchende Behörde die richterliche Entscheidung über die Zulässigkeit der Freiheitsentziehung nicht oder bezeichnet sie diese Entscheidung nicht in dem Vollzugshilfeersuchen, so hat die Polizeibehörde die Vollzugshilfe zu verweigern. Dies gilt nicht, wenn die ersuchende Behörde darlegt, dass eine Freiheitsentziehung ohne vorherige richterliche Entscheidung zulässig ist und diese wegen der Dringlichkeit der Maßnahme sofort durchgeführt werden muss.

46.3 Zu Abs. 3

Die Prüfung nach § 35 Abs. 1 Nr. 1 obliegt der ersuchenden Behörde. Die Polizeibehörde hat der ersuchenden Behörde unverzüglich alle Anhaltspunkte mitzuteilen, die für einen Wegfall des Grundes der Freiheitsentziehung sprechen. Hat die Polizeibehörde sichere Kenntnis vom Wegfall des Grundes und ist die ersuchende Behörde nicht erreichbar, so hat die Polizeibehörde die festgehaltene Person zu entlassen.

Eine Freiheitsentziehung erfolgt auf richterliche Entscheidung, die ausnahmsweise nachträglich beantragt werden kann. Die Verantwortung für die Freiheitsentziehung trägt die ersuchende Behörde.

A. Allgemeines

Die Ermächtigung der ersuchenden Behörden zu freiheitsentziehenden Maßnahmen kann sich zB ergeben aus einer Spezialnorm wie § 62 Abs. 2 AufenthG oder aus einer Befugnisnorm des HSOG (wie § 18 Abs. 4, § 25 Abs. 1 S. 4, § 30 Abs. 4, § 32). Entsprechende Vorschriften finden sich in Art. 52 BayPAG, § 53 NPOG, § 49 PolG NRW. 1

B. Richterliche Entscheidung (Abs. 1)

2 Für die Vollzugshilfe bei Freiheitsentziehungen gelten aufgrund Art. 104 GG iVm Art. 2 Abs. 2 S. 2 GG zusätzliche Voraussetzungen. Die Polizeibehörde greift mit der Freiheitsentziehung in die Grundrechte des Betroffenen ein. Weil die ersuchende Behörde die Verantwortung für diese Maßnahme trägt, hat sie auch die richterliche Entscheidung (§ 33) herbeizuführen und der Polizeibehörde vorzulegen. Ist die Vorlage nicht möglich, zB in Eilfällen iSd § 45 Abs. 2 S. 1, genügt es, in dem Ersuchen die richterliche Entscheidung zu bezeichnen.

3 Die Verantwortung der Polizeibehörden nach § 44 Abs. 3 S. 1 für die Art und Weise der Durchführung der Vollzugshilfe umfasst auch die Verpflichtung, die Notwendigkeit der Freiheitsentziehung zu prüfen und die Zulässigkeit der Fortdauer zu überwachen. Übersendet die ersuchende Behörde die richterliche Entscheidung über die Zulässigkeit der Freiheitsentziehung nicht oder bezeichnet sie diese Entscheidung nicht in dem Vollzugshilfeersuchen, so hat die Polizeibehörde die Vollzugshilfe zu verweigern (Nr. 46 ff. VVHSOG).

C. Vollzugshilfe bei Freiheitsentziehung ohne richterliche Entscheidung (Abs. 2)

4 Abs. 2 kann nur Anwendung finden, wenn die Freiheitsentziehung nach § 33 Abs. 1 zunächst ohne richterliche Entscheidung durchgeführt werden durfte. Nur in diesem Fall durfte die Freiheitsentziehung durch die ersuchte Polizeibehörde überhaupt erfolgen. Wenn sodann die ersuchende Behörde die festgehaltene Person nicht übernimmt und auch keine richterliche Entscheidung beantragt, muss die Polizeibehörde die festgehaltene Person entlassen.

D. Anwendung der §§ 34, 35 (Abs. 3)

5 Die Vorschrift des § 34, der Vorgaben über die Behandlung festgehaltener Personen enthält, ist anzuwenden. Außerdem gelten die in § 35 festgelegten Bestimmungen über die Dauer der Freiheitsentziehung.

Vierter Abschnitt. Zwang

Erster Titel. Erzwingung von Handlungen, Duldungen und Unterlassungen

§ 47 Zulässigkeit des Verwaltungszwanges

(1) Der ordnungsbehördliche oder polizeiliche Verwaltungsakt, der auf die Vornahme einer Handlung oder auf Duldung oder Unterlassung gerichtet ist, kann mit Zwangsmitteln durchgesetzt werden, wenn er unanfechtbar ist oder wenn ein Rechtsbehelf keine aufschiebende Wirkung hat.

(2) Der Verwaltungszwang kann ohne vorausgehenden ordnungsbehördlichen oder polizeilichen Verwaltungsakt angewendet werden, wenn dies zur Abwehr einer Gefahr erforderlich ist, insbesondere weil Maßnahmen gegen Personen nach den §§ 6 bis 9 nicht rechtzeitig möglich sind oder keinen Erfolg versprechen, und die Ordnungs- oder die Polizeibehörde hierbei innerhalb ihrer Befugnisse handelt.

(3) [1]Für die Anwendung von Zwangsmitteln ist die Behörde zuständig, die den ordnungsbehördlichen oder polizeilichen Verwaltungsakt erlassen hat. [2]Die Verpflichtung der Polizeibehörden zur Vollzugshilfe (§ 44) bleibt unberührt. [3]Soweit Verwaltungsakte von Ministerien als Landesordnungsbehörden oder vom Ministerium des Innern und für Sport als Landespolizeipräsidium erlassen worden sind,

obliegt die Anwendung von Zwangsmitteln der Ordnungs- oder der Polizeibehörde, die hierzu von der obersten Landesbehörde angewiesen worden ist.

(4) Abs. 1 und 2 gelten auch in den Fällen des § 52 Abs. 1, in denen unmittelbarer Zwang nicht von Polizeibehörden angewendet wird.

(5) [1]Die Ordnungs- und die Polizeibehörden können die Wohnung (§ 38 Abs. 1) einer oder eines Pflichtigen betreten und durchsuchen und die Person oder Sachen der oder des Pflichtigen durchsuchen, soweit es der Zweck der zwangsweisen Durchsetzung des ordnungsbehördlichen oder polizeilichen Verwaltungsaktes erfordert. [2]Bei der Durchsuchung einer Wohnung können auch verschlossene Räume und Behältnisse erforderlichenfalls gewaltsam geöffnet werden. [3]§ 39 gilt entsprechend.

Überblick

Auszug aus der VVHSOG (gem. Erlass des Hessischen Ministeriums des Innern und für Sport v. 29.11.2022 (StAnz. 50/2022, 1384) zum 1.1.2025 mangels eines erneuten Verlängerungserlasses ersatzlos außer Kraft getreten):

Zu § 47

47. Zulässigkeit des Verwaltungszwanges

47.1 Zu Abs. 1

Rechtsmittel gegen Verwaltungsakte haben nach § 80 Abs. 2 Satz 1 Nr. 2 VwGO keine aufschiebende Wirkung, wenn es sich um unaufschiebbare Maßnahmen von Polizeivollzugsbeamtinnen oder Polizeivollzugsbeamten sowie von Hilfspolizeibeamtinnen oder Hilfspolizeibeamten im Rahmen ihrer Aufgaben handelt und das Gericht nicht durch Anordnung die aufschiebende Wirkung des Rechtsmittels ganz oder teilweise anordnet.

47.2 Zu Abs. 2

Die Vorschrift ergänzt § 8 Abs. 1 hinsichtlich der Selbstvornahme und der Anwendung unmittelbaren Zwanges. Sie setzt die Befugnis zu dem Rechtseingriff und die Erforderlichkeit der Zwangsanwendung voraus.

47.5 Zu Abs. 5

47.5.1

Pflichtige Person im Sinne des Satzes 1 ist diejenige Person, die Adressatin eines ordnungsbehördlichen oder polizeilichen, auf die Vornahme einer Handlung, Duldung oder Unterlassung gerichteten Verwaltungsaktes ist.

47.5.2

Die Betretungs- und Durchsuchungsbefugnisse nach Satz 1 richten sich ausschließlich gegen die pflichtigen Personen, nicht jedoch zum Beispiel gegen dritte Personen, die sich in der Wohnung der pflichtigen Person aufhalten.

Wenn die Gefahrenabwehr ein sofortiges zwangsweises Handeln der Ordnungs- oder Polizeibehörde erfordert (→ Rn. 22 ff.), dann ist der vorausgehende Erlass eines Verwaltungsakts entbehrlich, in den übrigen Fällen darf ein Verwaltungsakt nur zwangsweise durchgesetzt werden, wenn er unanfechtbar ist (→ Rn. 15) oder ein Rechtsbehelf keine aufschiebende Wirkung hat (→ Rn. 16 ff.). In beiden Fällen kommt eine Wohnungsdurchsuchung bei dem Pflichtigen in Frage.

Übersicht

A. Allgemeines

1 Für die Vollstreckung stehen grundsätzlich zwei passende Normen zur Verfügung. Diese sind das HessVwVG und die §§ 47 ff. Ihre Anwendungsbereiche sind voneinander zu trennen. § 47 entsprechende Vorschriften finden sich in Art. 53 BayPAG, § 64 NPOG, § 50 PolG NRW.

2 Das HSOG weist den Behörden im Bereich der Gefahrenabwehr Aufgaben zu (§ 1) und verleiht Befugnisse (§§ 11 ff.), auf die die Behörden ihre Maßnahmen stützen können. Für die Anwendung von Zwang zur Durchsetzung der auf diese Befugnisse gestützten Maßnahmen gelten die §§ 47 ff. (vgl. MLH PolR Hessen Rn. 272). Dabei sind als Verwaltungszwang nicht solche Handlungen anzusehen, die schon begrifflich zu einer Maßnahme gehören und ihren bloßen Vollzug darstellen, zB das Wegführen einer Person, die gem. § 32 in Gewahrsam genommen wird oder die Wegnahme einer Sache, die gem. § 40 sichergestellt worden ist (vgl. VGH Kassel NVZ-RR 1994, 89).

3 Ob die Zwangsanwendung auf Seiten des Verpflichteten, also des zu Bezwingenden (Lisken/Denninger PolR-HdB/Graulich E Rn. 902), einen entgegenstehenden Willen voraussetzt, wird unterschiedlich gesehen. In der Literatur wird zum Teil vertreten, das Zwangsverfahren sei notwendig auf die Überwindung eines entgegenstehenden Willens ausgerichtet (vgl. Dienelt NVwZ 1994, 665). Damit würde aber der Anwendungsbereich des Verwaltungszwangs zu stark eingeschränkt. Auch wenn ein entgegenstehender Wille nicht besteht, darf Zwang angewendet werden. Es ist ohne Bedeutung, ob der Betroffene aus Nachlässigkeit, Gleichgültigkeit oder aus anderen Gründen der ihm gegenüber ausgesprochenen Verpflichtung nicht nachgekommen ist (VGH Kassel NVwZ-RR 1999, 23). Maßgeblich ist insoweit nur, dass der mit der Verfügung angestrebte Erfolg nicht eingetreten ist. In dieser Hinsicht unterscheidet sich „polizeilicher" Zwang nicht von der allgemeinen Verwaltungsvollstreckung (Lisken/Denninger PolR-HdB/Graulich E Rn. 902).

B. Abgrenzung zum Strafrecht

4 Im Unterschied zu der Regelung im Gefahrenabwehrrecht wird bei der Verfolgung von Straftaten und Ordnungswidrigkeiten nur zwischen Aufgaben (§ 163 StPO, § 53 OWiG) und Befugnissen (§§ 94, 163b StPO) unterschieden, denn hier gilt der Grundsatz, dass die Befugnis auch zur Anwendung von Zwang zur Durchsetzung der Maßnahme berechtigt (vgl. RSPHFMW HSOG/HundeVO Rn. 1).

5 Während die Bestimmungen der §§ 47–53 (Erzwingung von Handlungen, Duldungen und Unterlassungen) lediglich für den Bereich der Gefahrenabwehr gelten, sind die Bestimmungen der §§ 54–63 (Ausübung unmittelbaren Zwangs) sowohl für den Bereich der Gefahrenabwehr als auch für den Bereich der Verfolgung von Straftaten und Ordnungswidrigkeiten anzuwenden (RSPHFMW HSOG/HundeVO Rn. 1).

C. Abgrenzung zwischen HSOG und HessVwVG

6 Grundsätzlich werden Verwaltungsakte hessischer Behörden nach den Vorschriften des HessVwVG vollstreckt. Soweit das HSOG jedoch für die Vollstreckung von Verwaltungsakten der Ordnungs- und Polizeibehörden besondere Regelungen enthält, gehen diese den Bestimmungen des HessVwVG vor (Lisken/Denninger PolR-HdB/Graulich E Rn. 900). Ein Rückgriff auf die Regelungen des HessVwVG ist immer dann erforderlich, wenn bestimmte Sachverhalte im HSOG nicht geregelt sind, zB die Vollstreckung gegen Behörden und juristische Personen des öffentlichen Rechts (vgl. § 73 HessVwVG), die im Übrigen nur unter bestimmten Voraussetzungen möglich ist. Soweit eine Aufgabe von einer Verwaltungsbehörde in ihrer Funktion als Ordnungsbehörde wahrgenommen wird, sind für die Vollstreckung von Verwaltungsakten anstelle der Bestimmungen des HessVwVG die §§ 47 ff. anzuwenden

(VGH Kassel NVwZ-RR 1994, 89), was sich aus § 1 Abs. 2 S. 1 HessVwVG ergibt (vgl. RSPHFMW HSOG/HundeVO Rn. 1).

Verwaltungsakte, die auf eine Geldforderung gerichtet sind, werden nach dem HessVwVG durchgesetzt (§ 1 Abs. 2 S. 2 HessVwVG). Dies gilt sowohl für Verwaltungsakte der Ordnungsbehörden als auch der Polizeibehörden. Beispiele sind Kosten der unmittelbaren Ausführung (§ 8 Abs. 2), Kosten der Sicherstellung (§ 43 Abs. 3), Kosten der Ersatzvornahme (§ 49 Abs. 2), Zwangsgeld (§ 50 Abs. 3), Kosten des unmittelbaren Zwangs (§ 52 Abs. 1). Ebenso fallen unter diese Kosten auch sonstige Polizeikosten wie etwa Kosten für die Begleitung von Transporten (RSPHFMW HSOG/HundeVO Rn. 1). 7

Soweit es also um Verwaltungsakte der Polizei- und Ordnungsbehörden geht, die auf eine Handlung, Duldung oder Unterlassung mit Ausnahme von Geldleistungspflichten gerichtet sind, finden die §§ 47 ff. Anwendung. Alle übrigen – also die Verwaltungsakte der Polizei- und Ordnungsbehörden, die auf eine Geldleistung gerichtet sind, so zB Leistungsbescheide wegen Forderungen auf Kostenersatz nach § 8 Abs. 2, § 49 Abs. 2 S. 2, § 50 Abs. 3 S. 1 und alle Verwaltungsakte mit jedem Ziel der anderen Landesbehörden (so zB auch Gefahrenabwehrmaßnahmen der Bauaufsichtsbehörden) werden nach dem HessVwVG vollstreckt (Kramer HessPolR § 8 Rn. 262). 8

D. Das Vollstreckungsverfahren nach dem HSOG

I. Einteilung in Verfahrensstufen

Die zwangsweise Durchsetzung der Verwaltungsakte erfolgt grundsätzlich in mehreren Verfahrensstufen: 9

- **(1.)** Androhung von Verwaltungszwang,
- **(2.)** Festsetzung von Verwaltungszwang,
- **(3.)** Anwendung von Verwaltungszwang.

Die Androhung, die Festsetzung und die Anwendung von Verwaltungszwang sind jeweils eigene Verwaltungsakte iSd § 35 HVwVfG und können dementsprechend mit Rechtsbehelfen angefochten werden.

Von dieser grundsätzlich einzuhaltenden Reihenfolge darf lediglich in Fällen besonderer Dringlichkeit abgewichen werden, dann kann direkt Verwaltungszwang angewendet werden (§ 47 Abs. 2, § 53 Abs. 1 S. 4, § 58 Abs. 1 S. 5). Allerdings ist darauf hinzuweisen, dass das dreistufige Vorgehen nicht typisch ist für die vollstreckungsrechtliche Praxis bei der Anwendung polizeilichen Zwangs. Eher charakteristisch ist der sog. sofortige Vollzug, bei dem ohne vorherigen Erlass eines Verwaltungsakts und ohne Androhung und Festsetzung eines Zwangsmittels gehandelt wird, oft in Form des unmittelbaren Zwangs (vgl. Lisken/Denninger PolR-HdB/Graulich E Rn. 927). Je nachdem, wie viele Verfahrensstufen eingehalten werden, lässt sich eine Einteilung wie folgt vornehmen: 10

1. Dreiaktiges Verfahren (gestrecktes Verfahren)

Hier werden die Verfahrensstufen Androhung, Festsetzung und Anwendung von Zwangsmitteln eingehalten. Beim dreiaktigen Verfahren liegt ein vollstreckbarer Verwaltungsakt vor, das Zwangsmittel ist unter Fristsetzung angedroht, anschließend ist das Zwangsmittel festgesetzt und zum Schluss angewendet worden. 11

2. Zweiaktiges Verfahren (gekürztes Verfahren)

Hier werden die Verfahrensstufen Festsetzung und Anwendung des Zwangsmittels eingehalten. Die Androhung darf entfallen, wenn sie eine zeitliche Verzögerung verursachen würde, die die Wirksamkeit der Maßnahme unmöglich machen oder wesentlich beeinträchtigen würde (§ 53 Abs. 1 S. 4, § 58 Abs. 1 S. 2). 12

3. Einaktiges Verfahren (Sofortvollzug)

Der Sofortvollzug ist gekennzeichnet durch die sofortige Anwendung der Zwangsmittel (Abs. 2) bei ganz besonderer Eilbedürftigkeit. 13

II. Voraussetzungen für die Rechtmäßigkeit der Vollstreckung iSd Abs. 1

14 Voraussetzung der Vollstreckung ist die Wirksamkeit des Grundverwaltungsakts im Sinne von § 43 HVwVfG (BVerwG NJW 1984, 2590). Außerdem muss er entweder unanfechtbar sein oder ein Rechtsbehelf darf keine aufschiebende Wirkung entfalten.

1. Unanfechtbarkeit

15 Unanfechtbarkeit ist gegeben, wenn der Verwaltungsakt mit förmlichen Rechtsmitteln nicht mehr angegriffen werden kann. Förmliche Rechtsbehelfe sind Widerspruch (§§ 68 ff. VwGO), Anfechtungsklage (§§ 74 ff. VwGO), Antrag auf Zulassung der Berufung (§§ 124 ff. VwGO), Berufung (§§ 124 ff. VwGO), Revision (§§ 132 ff. VwGO), Beschwerde gegen die Nichtzulassung der Revision (§ 133 VwGO). Unanfechtbarkeit tritt ein mit Ablauf der jeweiligen Rechtsmittelfrist, ohne dass das Rechtsmittel eingelegt worden ist. Allerdings beginnt die Rechtsmittelfrist überhaupt nur dann zu laufen, wenn über die Frist eine schriftliche Rechtsbehelfsbelehrung erteilt worden ist (§ 58 Abs. 1 VwGO); fehlt die Belehrung, wird der Verwaltungsakt erst nach Ablauf eines Jahres seit Zustellung bestandskräftig (§ 58 Abs. 2 VwGO). Unanfechtbarkeit tritt außerdem ein, wenn über den Verwaltungsakt eine bestätigende Gerichtsentscheidung ergangen ist und dagegen kein Rechtsmittel mehr gegeben ist. Wenn zwar noch keine Unanfechtbarkeit, also Bestandskraft, eingetreten ist, ein Rechtsbehelf jedoch keine aufschiebende Wirkung hat, kann ebenfalls aus dem (Grund-) Verwaltungsakt vollstreckt werden.

2. Keine aufschiebende Wirkung

16 Gemäß § 80 Abs. 1 VwGO haben Widerspruch und Anfechtungsklage grundsätzlich aufschiebende Wirkung, dh die durch den Verwaltungsakt getroffene Anordnung muss zunächst einmal noch nicht befolgt werden. Solange über die Rechtsmittel nicht entschieden ist, darf deshalb der Verwaltungsakt noch nicht vollstreckt werden.

17 Etwas anderes gilt allerdings dann, wenn die Voraussetzungen des § 80 Abs. 2 Nr. 1–3 VwGO vorliegen oder wenn die Behörde gem. § 80 Abs. 2 Nr. 4 VwGO die sofortige Vollziehung ihrer Verfügung anordnet.

18 Gemäß § 80 Abs. 2 Nr. 1 VwGO entfällt die aufschiebende Wirkung des Rechtsmittels bei der Anforderung von öffentlichen Abgaben und Kosten, zB Steuern, Gebühren und Beiträge. Die Regelung gilt jedoch nicht für Zwangsgelder, Kosten der Ersatzvornahme (VGH Kassel NVwZ-RR 1998, 534), Kosten für die Anwendung unmittelbaren Zwangs oder Kosten für eine unmittelbare Ausführung (Kopp/Schenke VwGO § 80 Rn. 63).

19 Gemäß § 80 Abs. 2 Nr. 2 VwGO entfällt die aufschiebende Wirkung des Rechtsmittels bei unaufschiebbaren Anordnungen und Maßnahmen von Polizeivollzugsbeamten.

20 Gemäß § 80 Abs. 2 Nr. 3 VwGO entfällt die aufschiebende Wirkung des Rechtsmittels in anderen durch Bundesgesetz oder Landesgesetz vorgesehenen Fällen, zB im Ausländerrecht. Hier haben Widerspruch oder Klage gegen die Ablehnung der Erteilung der Verlängerung einer Aufenthaltsgenehmigung nach § 84 Abs. 1 AufenthG keine aufschiebende Wirkung. Ausgeschlossen ist die aufschiebende Wirkung auch bei einem Widerspruch und einer Anfechtungsklage gegen eine beamtenrechtliche Abordnung oder Versetzung (§ 54 Abs. 4 BeamtStG).

21 Gemäß § 80 Abs. 2 Nr. 4 VwGO entfällt die aufschiebende Wirkung des Rechtsmittels auch in den Fällen, in denen die Behörde die sofortige Vollziehung einer Maßnahme besonders angeordnet hat.

3. Unaufschiebbare Maßnahmen der Vollzugspolizei (§ 80 Abs. 2 Nr. 2 VwGO)

22 Im Bereich des Polizeirechts ist § 80 Abs. 2 Nr. 2 VwGO von Bedeutung, weil die meisten polizeilichen Maßnahmen von vornherein unaufschiebbar sind, ihr Zweck also nicht erreicht werden könnte oder gar endgültig vereitelt würde, wenn zunächst über einen von dem Betroffenen einzulegenden Rechtsbehelf entschieden werden müsste (vgl. Lisken/Denninger PolR-HdB/Buchberger K Rn. 86 f.). Das ist zB der Fall bei der Sicherstellung von Gegenständen, der Wohnungsverweisung, der Regelung des Straßenverkehrs durch Polizeibeamte.

Die Bestimmung betrifft nur Verwaltungsakte der polizeilichen Vollzugsbeamten, nicht der Ordnungsbehörden (Kopp/Schenke VwGO § 80 Rn. 64).

Abgrenzungskriterium für die besondere Eilbedürftigkeit der Maßnahme ist die Möglichkeit, noch einen schriftlichen Bescheid erlassen zu können. Ist dafür noch genügend Zeit vorhanden, so spricht vieles dafür, dass auch noch genügend Zeit für die ausdrückliche Anordnung der sofortigen Vollziehung gegeben war, § 80 Abs. 2 Nr. 2 VwGO also nicht einschlägig ist. Maßgeblich für die Beurteilung sind objektive Gesichtspunkte, ab wann die Polizei hätte einschreiten können (Lisken/Denninger PolR-HdB/Buchberger K Rn. 88). Oftmals begründet die Eilbedürftigkeit auch erst die Kompetenz des Polizeivollzugsdienstes an Stelle der eigentlich zuständigen Behörde (Bader/Funke-Kaiser/Stuhlfauth/v. Albedyll/Funke-Kaiser, VwGO, 7. Aufl. 2018, VwGO § 80 Rn. 35). 23

Im Falle des § 80 Abs. 2 Nr. 2 VwGO kann das Gericht die aufschiebende Wirkung des Rechtsmittels auf Antrag des Betroffenen ganz oder zum Teil anordnen. Voraussetzung dafür ist, dass sich die Maßnahme nicht bereits durch ihren Vollzug oder durch Zeitablauf erledigt hat. Im Falle der Erledigung hat der Betroffene nur noch die Möglichkeit, nachträglichen Rechtsschutz in Anspruch zu nehmen. Regelmäßig kommen dann die Feststellungsklage oder die sog. Fortsetzungsfeststellungsklage in Betracht, wenn die dafür erforderlichen Voraussetzungen gegeben sind (vgl. ausf. Lisken/Denninger PolR-HdB/Buchberger K Rn. 105 ff.). 24

4. Anordnung der sofortigen Vollziehung (§ 80 Abs. 2 Nr. 4 VwGO)

Im Falle des § 80 Abs. 2 Nr. 4 VwGO muss die Behörde die sofortige Vollziehung besonders anordnen. Diese Anordnung kann dann erfolgen, wenn die sofortige Vollziehung im öffentlichen Interesse oder im überwiegenden Interesse eines Beteiligten liegt. Das besondere Interesse ist gem. § 80 Abs. 3 VwGO schriftlich zu begründen und muss über das allgemeine Interesse hinausgehen, welches bereits den Verwaltungsakt rechtfertigt (vgl. Kopp/Schenke VwGO § 80 Rn. 92). Allerdings erfährt dieser Grundsatz im Gefahrenabwehrrecht insofern eine Einschränkung, als die Dringlichkeit der Maßnahme oftmals bereits in der Grundverfügung zur Schadensabwehr zum Ausdruck kommt. In solchen Fällen kann auch die Anordnung der sofortigen Vollziehung auf diese Dringlichkeitsgründe gestützt werden (vgl. VGH Kassel NVwZ 1992, 1111; Lisken/Denninger PolR-HdB/Buchberger K Rn. 90 mwN). Immer jedoch muss die Behörde begründen, warum sie sich für die sofortige Vollziehung entschieden hat, etwa weil eine Störung bereits eingetreten ist und mit der Beseitigung nicht abgewartet werden kann, bis der Verantwortliche die Rechtsmittelfristen ausgeschöpft hat. 25

In allen Fällen des § 80 Abs. 2 VwGO kann die Behörde, die den Verwaltungsakt erlassen hat oder die über den Widerspruch zu entscheiden hat, die Vollziehung aussetzen (§ 80 Abs. 4 VwGO). Auch das Gericht kann auf Antrag gem. § 80 Abs. 5 VwGO die aufschiebende Wirkung von Widerspruch und Anfechtungsklage anordnen bzw. wiederherstellen und dadurch ebenfalls die Vollstreckung aussetzen. Eine Anordnung oder die Herstellung der aufschiebenden Wirkung bindet im Umfang der Entscheidung die am Verfahren Beteiligten (BVerwG NVwZ 2012, 570). Wird ein Antrag auf Anordnung oder Wiederherstellung der aufschiebenden Wirkung abgelehnt, so ist ein erneuter Antrag gem. § 80 Abs. 5 VwGO grundsätzlich unzulässig (Kopp/Schenke VwGO § 80 Rn. 172). Als Rechtsbehelf gegen die Entscheidung kommt die Beschwerde gem. § 146 Abs. 4 VwGO in Betracht. Die Beschwerde hat regelmäßig keine aufschiebende Wirkung, § 149 VwGO, dh, Vollstreckungshandlungen bleiben zulässig. Jedoch kann das Beschwerdegericht auf Antrag oder von Amts wegen die einstweilige Aussetzung verfügen oder sonstige vorläufige Regelungen treffen, die zur Sicherung der Rechte des Antragstellers erforderlich sind (VGH Kassel NVwZ-RR 2004, 388). 26

5. Rechtmäßigkeit des (Grund-) Verwaltungsakts

Streit hat sich über die Frage entsponnen, ob die Zwangsanwendung nur dann rechtmäßig ist, wenn auch die Grundverfügung rechtmäßig ist. 27

Keine Probleme ergeben sich natürlich dann - die Rechtmäßigkeit der Vollstreckung im Übrigen vorausgesetzt - wenn der Grund-Verwaltungsakt rechtmäßig ist. Unabhängig davon sieht die überwiegend vertretene Ansicht die Rechtmäßigkeit der Grundverfügung nicht als 28

Voraussetzung für die Rechtmäßigkeit der Zwangsanwendung an (OVG Schleswig ZfWG 2011, 213; Lisken/Denninger PolR-HdB/Graulich E Rn. 908 mwN; Hornmann HSOG Rn. 22; Kramer HessPolR § 8 Rn. 275). Tragender Grundsatz des Verwaltungsvollstreckungsrechts sei, so das BVerwG, dass die Wirksamkeit und nicht die Rechtmäßigkeit vorausgegangener Verwaltungsakte Bedingung für die Rechtmäßigkeit der folgenden Akte und letztlich der Anwendung des Zwangsmittels sei (BVerwG DVBl 1984, 1172; Lisken/Denninger PolR-HdB/Rachor, 5. Aufl. 2012, E Rn. 832; Hornmann HSOG Rn. 22). Danach darf lediglich ein nichtiger Verwaltungsakt – mangels Wirksamkeit (vgl. § 44 VwVfG) – nicht zwangsweise durchgesetzt werden.

29 Nach einer anderen Ansicht ist zu differenzieren: Sollte der Grund-Verwaltungsakt rechtswidrig sein, komme es auf seine Bestandskraft an. Bei einem bestandskräftigen, wenn auch rechtswidrigen Verwaltungsakt, sei die Vollstreckung rechtmäßig, denn im Falle der Bestandskraft sei dem Aspekt der Rechtssicherheit Vorrang gegenüber der Rechtmäßigkeit des Grundverwaltungsakts einzuräumen (Lisken/Denninger PolR-HdB/Rachor, 5. Aufl. 2012, E Rn. 800). Ist ein rechtswidriger Verwaltungsakt jedoch noch nicht bestandskräftig, so soll die Vollstreckung selbst bei Beachtung aller Vollstreckungsvorschriften rechtswidrig sein. Hier seien rechtsstaatliche Gesichtspunkte vorrangig, es bestehe keine Notwendigkeit, einen rechtswidrigen und nicht einmal bestandskräftigen Verwaltungsakt zu vollstrecken (vgl. RSPHFMW HSOG/HundeVO Rn. 3.2).

30 Tatsächlich dürfte dieser Meinungsstreit sich in der Praxis auflösen, wenn im Rahmen des Rechtsschutzes die Rechtmäßigkeit letztlich überprüft wird (vgl. Lisken/Denninger PolR-HdB/Graulich E Rn. 909).

III. Verwaltungszwang ohne Grundverfügung (Abs. 2)

31 Der Verwaltungszwang kann auch ohne vorausgehenden ordnungsbehördlichen oder polizeilichen Verwaltungsakt angewendet werden, wenn dies zur Abwehr einer Gefahr erforderlich ist. Erforderlichkeit ist anzunehmen, wenn Maßnahmen gegen Personen iSd §§ 6–9 keinen Erfolg versprechen oder keine Zeit mehr dafür verbleibt, weil der Schaden sonst bereits eintreten würde. Regelmäßig muss eine gegenwärtige Gefahr vorliegen (Hornmann HSOG Rn. 24). Rechtmäßig ist der Sofortvollzug, wenn bei regulärem Erlass des Verwaltungsaktes dieser sowohl formell als auch materiell rechtmäßig wäre. Es wird also eine hypothetische Überprüfung des Verwaltungsaktes vorgenommen, der tatsächlich nicht erlassen worden ist. Alle Rechtmäßigkeitsvoraussetzungen müssen erfüllt sein. Eine Androhung des Zwangsmittels gem. § 53 Abs. 1 S. 4, § 58 Abs. 1 S. 2 kann wegen der Dringlichkeit der Maßnahme regelmäßig unterbleiben. Abgrenzung: Anordnung der sofortigen Vollziehung – Sofortvollzug – unmittelbare Ausführung.

32 Die Anordnung der sofortigen Vollziehung bezieht sich auf einen Verwaltungsakt und hebt die aufschiebende Wirkung von Widerspruch oder Klage auf. Die gesetzliche Regelung befindet sich in der Verwaltungsgerichtsordnung (§ 80 VwGO).

33 Beim Sofortvollzug und bei der unmittelbaren Ausführung handelt es sich um Vollzugs- oder Ausführungsmaßnahmen ohne einen vorangegangenen (Gebots-) Verwaltungsakt. Hessen sieht ebenso wie Bayern, Berlin, Mecklenburg-Vorpommern, Rheinland-Pfalz, Sachsen-Anhalt und Thüringen sowohl die unmittelbare Ausführung (§ 8 Abs. 1) als auch den Sofortvollzug (Abs. 2) vor. Sie werden in beiden Fällen dem Verantwortlichen als ihn treffende Eingriffsmaßnahme zugerechnet und haben eine Kostentragungspflicht zur Folge (Götz/Geis PolR § 12 Rn. 19).

34 Die unmittelbare Ausführung einer Maßnahme iSd § 8 Abs. 1 ohne vorausgehenden Verwaltungsakt ist möglich, wenn die Inanspruchnahme des Verantwortlichen durch Erlass eines Verwaltungsakts infolge Abwesenheit, Bewusstseinsstörung oder sonstigen physischen / psychischen Gründen des Verantwortlichen nicht oder nicht rechtzeitig möglich ist (RSPHFMW HSOG/HundeVO Rn. 5.2). Sie ist selbst kein Zwangsmittel und auch nicht Grundlage von Vollstreckungsmaßnahmen, wenn man sie auch der Sache nach als eine Ersatzvornahme ansehen kann (Götz/Geis PolR § 12 Rn. 21 ff.).

35 Vom Sofortvollzug unterscheidet sich die unmittelbare Ausführung nur dann, wenn man für die Zwangsanwendung begrifflich die Überwindung eines entgegenstehenden Willens fordert, wie es einige Vertreter in der Literatur tun. Dieser Meinungsstreit war der Grund für die Einfügung des Instituts der unmittelbaren Ausführung sowohl im MEPolG (§ 5a MEPolG) und auch in einigen Polizeigesetzen, so auch im HSOG (vgl. Götz/Geis PolR § 12 Rn. 21 ff.). Hält man das Merkmal des entgegenstehenden Willens für entbehrlich, hat die unmittelbare Ausführung keinen vom Sofortvollzug abgrenzbaren Anwendungsbereich. Da im HSOG aber beide Institute verankert sind, soll es einen Anwendungsvorrang zugunsten der unmittelbaren Ausführung geben (VGH Kassel DVBl 1995, 370), denn die Nachrangigkeit des Sofortvollzugs ergebe sich schon aus ihrem Wortlaut, der auch die Bestimmung über die unmittelbare Ausführung erfasse (ausf. noch Lisken/Denninger PolR-HdB/Rachor, 5. Aufl. 2012, E Rn. 819). Die unmittelbare Ausführung deckt nur einen engeren Bereich ab, nämlich die vertretbaren Handlungen. Nicht vertretbare Handlungen kann die Polizei nicht anstelle des Pflichtigen ausführen. Auch kann die unmittelbare Ausführung nicht an die Stelle eines Verbotes treten. Der Sofortvollzug lässt nicht nur eine Ersatzvornahme und die mit dieser einhergehenden Einwirkung auf Sachen zu. Auch die Anwendung unmittelbaren Zwangs gegen Personen ist möglich (Götz/Geis PolR § 12 Rn. 24).

IV. Abs. 3

Gemäß Abs. 3 S. 1 ist für die Anwendung von Zwangsmitteln grundsätzlich die Behörde zuständig, die den ordnungsbehördlichen oder polizeilichen Verwaltungsakt erlassen hat. Vollzugshilfe können die Ordnungsbehörden nach Maßgabe des § 44 Abs. 1 jedoch erhalten, wenn Verwaltungsakte mit Zwangsmitteln durchgesetzt werden sollen (Abs. 3 S. 2). Gemäß Abs. 3 S. 3 obliegt die Anwendung von Zwangsmitteln der Ordnungs- oder Polizeibehörde, die hierzu von der obersten Landesbehörde angewiesen worden ist, soweit Verwaltungsakte von Ministerien als Landesordnungsbehörden (§ 85 Abs. 1 Nr. 1) oder vom Ministerium des Inneren und für Sport als Landespolizeipräsidium als oberster Polizeibehörde (§ 91 Abs. 3 Nr. 1) erlassen worden sind. 36

V. Abs. 4

Das Zwangsmittel des unmittelbaren Zwangs darf außer von den Polizeibehörden auch durch die für die Gefahrenabwehrbehörden handelnden Vollzugsbediensteten und sonstigen Personen, denen die Anwendung unmittelbaren Zwangs gestattet ist, angewendet werden, soweit die Voraussetzungen des § 63 erfüllt sind. 37

VI. Abs. 5

Zum Zwecke der zwangsweisen Durchsetzung des Verwaltungsakts darf auch die Wohnung eines Pflichtigen betreten und durchsucht werden, der Pflichtige selbst und auch seine Sachen dürfen durchsucht werden. Zur Wohnung gehören auch Betriebs- und Geschäftsräume sowie das zugehörige befriedete Besitztum. Gemäß Art. 13 Abs. 2 GG bedürfen Durchsuchungen der richterlichen Anordnung. Allerdings darf das Amtsgericht die Durchsuchung einer Wohnung nur anordnen, soweit es der Zweck der zwangsweisen Durchsetzung des Verwaltungsakts erfordert. Der Amtsrichter prüft eigenverantwortlich, ob die im Antrag behaupteten Voraussetzungen erfüllt sind und ob der Grundsatz der Verhältnismäßigkeit beachtet wurde. Die Durchsuchungsanordnung muss hinreichend konkret begründet sein. So müssen zB konkrete Anhaltspunkte dafür vorliegen, dass ein für die Abschiebung benötigter Pass sich in der Wohnung des Betroffenen befindet (vgl. OLG Frankfurt a. M. BeckRS 2006, 11125). Das Recht zur Durchsuchung umfasst auch das Recht zur Öffnung von Räumen und Behältnissen, erforderlichenfalls gewaltsam. Hinsichtlich des Verfahrens ist § 39 zu beachten. Erforderlich ist außer bei Gefahr im Verzug die richterliche Anordnung, zuständig ist das Amtsgericht. Weiterhin gelten die Regeln über das Anwesenheitsrecht, die Bekanntgabe des Durchsuchungszwecks, die Niederschrift über die Durchsuchung. Soweit mit dem Zwangsmittel der Ersatzvornahme vorgegangen wird, etwa weil nach Entzug der Fahrerlaubnis der Führerschein weggenommen werden soll, sind die Bediensteten der Ordnungsbehörde auch zum Betreten der Wohnung befugt. Daher darf in diesem Fall nicht die Polizeibehörde gem. § 44 mit der Wegnahme des Führerscheins beauftragt werden. Anders stellt sich der Fall dar, wenn voraussichtlich unmittelbarer Zwang angewendet werden muss (VGH Kassel NVwZ-RR 1994, 89). 38

§ 48 Zwangsmittel

(1) Zwangsmittel sind:
1. Ersatzvornahme (§ 49),
2. Zwangsgeld (§ 50),
3. unmittelbarer Zwang (§ 52).

(2) Sie sind nach Maßgabe der §§ 53 und 58 anzudrohen.

(3) Die Zwangsmittel können auch neben einer Strafe oder Geldbuße angewandt und solange wiederholt und gewechselt werden, bis der ordnungsbehördliche oder polizeiliche Verwaltungsakt befolgt worden ist oder sich auf andere Weise erledigt hat.

(4) Zwangsmittel dürfen nicht angewendet werden, wenn die Handlung, die erzwungen werden soll, für den Pflichtigen unmöglich ist.

Überblick

Auszug aus der VVHSOG (gem. Erlass des Hessischen Ministeriums des Innern und für Sport v. 29.11.2022 (StAnz. 50/2022, 1384) zum 1.1.2025 mangels eines erneuten Verlängerungserlasses ersatzlos außer Kraft getreten):

Zu § 48

48. Zwangsmittel

48.1 Zu Abs. 1

48.1.1

Die für die Ordnungs- und die Polizeibehörden zulässigen Zwangsmittel sind in Abs. 1 abschließend aufgeführt. Mit anderen Zwangsmitteln dürfen Maßnahmen nicht durchgesetzt werden.

48.1.2

Die für Behörden der allgemeinen Verwaltung zulässigen Zwangsmittel ergeben sich aus dem Hessischen Verwaltungsvollstreckungsgesetz, soweit sondergesetzlich nichts anderes bestimmt ist.

Der Verwaltungsakt darf nur mittels Ersatzvornahme, Zwangsgeld oder unmittelbarem Zwang durchgesetzt werden, unabhängig von Strafe oder Geldbuße, aber nur, wenn die verlangte Handlung dem Pflichtigen auch möglich ist.

A. Allgemeines

1 Die für die Ordnungs- und Polizeibehörden zulässigen Zwangsmittel sind in Abs. 1 abschließend aufgeführt. Mit anderen Zwangsmitteln dürfen Maßnahmen nicht durchgesetzt werden (Nr. 48.1.1 VVHSOG). Es stehen also ausschließlich Ersatzvornahme, Zwangsgeld oder unmittelbarer Zwang zur Verfügung. Die in § 51 genannte Ersatzzwangshaft ist kein eigenständiges Zwangsmittel. Sie darf nur dann angeordnet werden, wenn das angedrohte und festgesetzte Zwangsgeld uneinbringlich ist, um so letztlich die Durchsetzung des Verwaltungsaktes zu erzwingen. Entsprechende Vorschriften finden sich in § 49 BWPolG, Art. 54 BayPAG, § 65 NPOG, § 51 PolG NRW.

B. Anwendungsvorbehalt

2 Gegenüber natürlichen Personen und juristischen Personen des Privatrechts dürfen die genannten Zwangsmittel angewendet werden, wenn sie Verantwortliche iSd §§ 6, 7 sind.

3 Gegenüber Behörden und juristischen Personen des öffentlichen Rechts kann gem. § 73 HessVwVG nur vollstreckt werden, soweit dies aufgrund von Rechtsvorschriften ausdrücklich zugelassen ist (vgl. VGH Kassel BeckRS 2014, 51416). Allerdings haben die Hoheitsträger in eigener Zuständigkeit die Gesetze einzuhalten und sie können auch im Rahmen der Dienst- und Fachaufsicht dazu angehalten werden (Hornmann HSOG § 6 Rn. 16). Soweit rein fiskalisches Handeln des Hoheitsträgers vorliegt, werden zum Teil Zwangsmaßnahmen für zulässig gehalten (vgl. BVerwG NVwZ 2003, 1252; krit. zur fehlenden Verwaltungsakt-Befugnis gegenüber einem anderen Hoheitsträger Götz/Geis PolR § 9 Rn. 82 mwN).

C. Auswahl der Zwangsmittel

Die Ordnungs- oder Polizeibehörde wählt die anzuwendenden Zwangsmittel nach pflichtgemäßem Ermessen aus, die im Gesetz gewählte Reihenfolge gibt nicht die Reihenfolge der Anwendung vor. Allerdings ist der Grundsatz der Verhältnismäßigkeit gem. § 4 zu beachten. Außerdem ist der unmittelbare Zwang, wie sich aus § 52 ergibt, gegenüber den anderen Zwangsmitteln nachrangig. Außerdem ist zu unterscheiden zwischen vertretbaren (→ § 49 Rn. 4) und unvertretbaren (→ § 49 Rn. 5) Handlungen. Bei unvertretbaren, also höchstpersönlichen Handlungen, sind nur Zwangsgeld und unmittelbarer Zwang zulässig. Bei vertretbaren Handlungen, also solchen Handlungen, die auch von einer anderen Person ausgeführt werden können, sind alle drei genannten Zwangsmittel zulässig. 4

Unter Berücksichtigung des Grundsatzes der Verhältnismäßigkeit muss das ausgewählte Zwangsmittel geeignet, erforderlich und angemessen sein. Geeignet ist das Zwangsmittel, wenn es den mit seiner Anwendung verfolgten Zweck erreichen kann, zumindest teilweise. Erforderlich ist das Zwangsmittel, wenn es nach Form und Intensität unter Berücksichtigung der Umstände des Einzelfalles dasjenige Mittel ist, das den Zweck erreichen kann und zugleich die Allgemeinheit und den Einzelnen am wenigsten beeinträchtigt. Angemessen ist das Zwangsmittel, wenn die durch die Zwangsanwendung zu erwartenden Nachteile in keinem offenbaren Missverhältnis zu dem beabsichtigten Erfolg stehen. 5

D. Androhung der Zwangsmittel (Abs. 2)

Die Zwangsmittel sind anzudrohen, wobei im Einzelnen die Voraussetzungen der §§ 53 und 58 zu beachten sind. § 53 enthält die allgemeinen Voraussetzungen der Androhung aller Zwangsmittel, § 58 enthält Ergänzungen für die Androhung unmittelbaren Zwangs. Die Androhung ist Voraussetzung für die formelle Rechtmäßigkeit der Vollstreckung. 6

E. Anwendung neben Strafe oder Geldbuße (Abs. 3)

Die Zwangsmittel sind Beugemittel zur Durchsetzung von ordnungsbehördlichen oder polizeilichen Verwaltungsakten. Sie sollen ein bestimmtes Verhalten des Verantwortlichen erzwingen. Sie können neben Strafe oder Geldbuße angewendet werden, ohne dass das Doppelbestrafungsverbot des Art. 103 Abs. 3 GG verletzt ist. 7

Die Zwangsmittel können auch wiederholt angewendet werden oder ausgewechselt werden, bis der Verwaltungsakt befolgt wird. Die Zwangsmittelanwendung muss sich aber jeweils im Rahmen der Androhung halten (vgl. → § 53 Rn. 6 ff.). Sobald der mit dem Zwangsmittel angestrebte Zweck erreicht ist oder aber nicht mehr erreicht werden kann, ist die Anwendung von Zwangsmitteln einzustellen (VGH Kassel HessVGRspr. 1987, 97; NJW 1964, 2444). Wenn der Verwaltungsakt befolgt worden ist oder sich auf andere Weise erledigt hat, stellt sich die Frage, ob ein lediglich festgesetztes, aber noch nicht beigetriebenes Zwangsgeld noch vollstreckt werden darf. 8

F. Rechtsschutz

Sowohl die Androhung als auch die Anwendung des Verwaltungszwangs sind jeweils eigene Verwaltungsakte. Sie können deshalb jeweils selbständig angefochten werden. Widerspruch und Anfechtungsklage haben in diesen Fällen keine aufschiebende Wirkung (§ 80 Abs. 2 S. 2 VwGO iVm § 16 HessAGVwGO). Deshalb muss der Betroffene die Anwendung des Verwaltungszwangs zunächst dulden (vgl. → § 47 Rn. 15). 9

Die Behörde hat aber im Falle der Einlegung eines Widerspruchs die Möglichkeit, gem. § 80 Abs. 4 VwGO die Vollstreckung auszusetzen. Das Verwaltungsgericht kann gem. § 80 Abs. 5 VwGO auf den Antrag des Betroffenen die aufschiebende Wirkung von Widerspruch und Anfechtungsklage entweder in den Fällen des § 80 Abs. 2 Nr. 1–3 VwGO anordnen oder im Falle des § 80 Abs. 2 Nr. 4 VwGO wiederherstellen. Damit wird ebenfalls die Vollstreckung vorläufig bis zu einer endgültigen Entscheidung in der Hauptsache ausgesetzt. 10

G. Unmöglichkeit der zu erzwingenden Leistung (Abs. 4)

11 Abs. 4 untersagt ausdrücklich die Anwendung von Zwangsmitteln, wenn die zu erzwingende Leistung für den Pflichtigen unmöglich ist. Diese Regelung entspricht nunmehr der zeitlich älteren Regelung des § 74 Abs. 4 HessVwVG.

§ 49 Ersatzvornahme

(1) [1]Wird die Verpflichtung, eine Handlung vorzunehmen, deren Vornahme durch eine andere Person möglich ist (vertretbare Handlung), nicht erfüllt, so können die Ordnungs- oder die Polizeibehörden auf Kosten der betroffenen Person die Handlung selbst oder durch eine beauftragte dritte Person ausführen. [2]Soweit Sachen in Verwahrung genommen werden, gelten die §§ 41 bis 43 entsprechend.

(2) [1]Es kann bestimmt werden, dass die betroffene Person die voraussichtlichen Kosten der Ersatzvornahme im Voraus zu zahlen hat. [2]Zahlt die betroffene Person die Kosten der Ersatzvornahme nicht fristgerecht, so können sie im Verwaltungsvollstreckungsverfahren beigetrieben werden. [3]Die Beitreibung der voraussichtlichen Kosten unterbleibt, sobald die betroffene Person die gebotene Handlung ausführt.

Überblick

Auszug aus der VVHSOG (gem. Erlass des Hessischen Ministeriums des Innern und für Sport v. 29.11.2022 (StAnz. 50/2022, 1384) zum 1.1.2025 mangels eines erneuten Verlängerungserlasses ersatzlos außer Kraft getreten):

Zu § 49

49. Ersatzvornahme

49.1 Zu Abs. 1

49.1.1

Eine Ersatzvornahme liegt auch vor, wenn die Ordnungs- oder die Polizeibehörde die vertretbare Handlung selbst ausführt. Vertretbar ist eine Handlung dann, wenn sie nicht nur von der betroffenen Person persönlich (zum Beispiel Abgabe einer Erklärung), sondern ohne Änderung ihres Inhalts auch von einer anderen Person vorgenommen werden kann.

49.1.2

Die Vorschrift ermächtigt nicht dazu, einer anderen Person die Ausführung der Ersatzvornahme zu gebieten. Eine solche Befugnis kann sich ausnahmsweise aus § 11 in Verbindung mit § 9 ergeben.

49.2 Zu Abs. 2

Die Erhebung der Kosten erfolgt nach dem HVwKostG. Die voraussichtlichen Kosten oder die Kosten der Ersatzvornahme sind durch Bescheid festzusetzen.

Eine vertretbare Handlung kann die Behörde anstelle des Pflichtigen auf dessen Kosten ausführen oder ausführen lassen. Bereits die voraussichtlichen Kosten können beigetrieben werden, es sei denn, der Pflichtige führt die Handlung aus.

A. Allgemeines

1 Ersatzvornahme bedeutet die Ausführung der durch Verwaltungsakt angeordneten Maßnahme auf Kosten des Verantwortlichen. Es muss um eine vertretbare Handlung gehen, die der Verantwortliche nicht oder nicht rechtzeitig vorgenommen hat. Die Ordnungs- oder Polizeibehörde kann die Handlung mit eigenen Mitteln ausführen (Selbstvornahme) oder durch einen beauftragten Dritten ausführen lassen (Fremdvornahme).

2 Ob die Ordnungs- oder Polizeibehörde im Wege der Selbst- oder Fremdvornahme handelt, bleibt ihrem pflichtgemäßen Ermessen überlassen. Zu berücksichtigen sind unter anderem das verfügbare Personal, die Eilbedürftigkeit und die Sachausstattung der Behörde, aber auch die aus einer Beauftragung resultierenden Kosten (RSPHFMW HSOG/HundeVO Rn. 1).

3 Die Ordnungs- und Polizeibehörden sind allerdings nicht berechtigt, einen Dritten zur Ausführung der Maßnahme zu verpflichten. Ausnahmsweise ist dies nur unter den Vorausset-

zungen des § 9 durch Inanspruchnahme des Nichtstörers möglich. Entsprechende Vorschriften finden sich in Art. 55 BayPAG, § 66 NPOG, § 52 PolG NRW.

B. Anwendungsbereich

I. Vertretbare Handlungen

Die Ersatzvornahme kommt nur im Falle vertretbarer Handlungen in Betracht. Vertretbar ist eine Handlung dann, wenn sie nicht nur von der betroffenen Person persönlich (zB Abgabe einer Erklärung), sondern ohne Änderung ihres Inhalts auch von einer anderen Person vorgenommen werden kann (Nr. 49.1.1 VVHSOG). Ein typisches Beispiel ist das Entfernen eines verbotswidrig abgestellten Kfz (vgl. VGH Kassel BeckRS 2013, 48071 für den Fall eines verbotswidrig abgestellten Kfz) oder die Beseitigung eines Schwarzbaus. Bei vertretbaren Handlungen kommt es nicht darauf an, ob der Pflichtige selbst die erforderliche Handlung ausführt oder ob dies eine andere Person tut. Als Ersatzvornahme ist nach Ansicht des VGH Hessen auch die zwangsweise Durchsetzung der Verpflichtung zur Herausgabe eines Führerscheins einzustufen, also die Wegnahme (VGH Kassel NVwZ-RR 1994, 89). 4

II. Unvertretbare Handlungen

Bei unvertretbaren Handlungen, Duldungen und Unterlassungen kommen nur die Zwangsmittel Zwangsgeld oder unmittelbarer Zwang in Frage, nicht aber die Ersatzvornahme. Nicht vertretbar sind höchstpersönliche Verhaltensweisen, zB das Verlassen einer Örtlichkeit nach Erteilung eines Platzverweises. Unterlassungen und Duldungen sind immer höchstpersönlicher Natur. 5

C. Beauftragung Dritter

Beauftragt die Behörde einen Dritten mit der Vornahme der Handlung, entstehen privatrechtliche Beziehungen nur zwischen der Behörde und dem Dritten. In der Regel wird ein Werkvertrag abgeschlossen (§§ 631 ff. BGB). Die Behörde hat die Aufwendungen des Beauftragten zu ersetzen. Der beauftragte Dritte steht in keiner Rechtsbeziehung zu dem Verantwortlichen des Verwaltungsakts. Er hat gegen ihn keinen Anspruch auf Aufwendungsersatz, auch nicht aus dem Institut der Geschäftsführung ohne Auftrag iSd § 683 BGB. Das Polizeirecht und das Verwaltungskostenrecht sind abschließend (Götz/Geis PolR § 14 Rn. 9). 6

D. Kostenersatzanspruch

Aus der Berechtigung der Behörde zur Ersatzvornahme gem. Abs. 1 resultiert ein Kostenersatzanspruch gegen den Verpflichteten. Voraussetzung ist grundsätzlich die Rechtmäßigkeit der Maßnahme. Deshalb sind die Vollstreckungsgrundlagen ebenso zu überprüfen wie die Einhaltung der Verfahrensvoraussetzungen. Der Anspruch auf Kostenersatz umfasst sowohl die eigenen Kosten der Behörde im Falle der Selbstausführung (VGH Kassel DVBl 1995, 370) als auch die Kosten der Fremdvornahme im Falle der Beauftragung eines Dritten. Dies sind die Kosten, die die Behörde ihrerseits dem beauftragten Dritten zu erstatten hat. Der Verantwortliche hat auch die Nebenkosten zu erstatten, die der Behörde unmittelbar durch die Ersatzvornahme entstanden sind, zB Gutachterkosten oder Personalkosten von eingesetzten Bediensteten (VGH Kassel DVBl 1995, 370; VGH München BeckRS 2000, 20223; VGH Kassel FHOeffR 39 Nr. 12335). Zu erstatten hat der Verantwortliche die tatsächlichen Kosten der Ersatzvornahme, auch wenn sie höher sind, als die veranschlagten Kosten (BVerwG DVBl 1984, 1172). Die Behörde muss jedoch eine voraussehbare Kostenüberschreitung dem Verantwortlichen vorher mitteilen, anderenfalls können Amtshaftungsfolgen entstehen. Mehrere Verantwortliche haften für den Ersatzanspruch als Gesamtschuldner (§§ 421 ff. BGB). Die Kosten können von jedem Schuldner ganz oder teilweise durch Kostenbescheid angefordert und im Verwaltungsvollstreckungsverfahren beigetrieben werden. 7

Die Erhebung der Kosten erfolgt nach dem HVwKostG. Die voraussichtlichen Kosten oder die Kosten der Ersatzvornahme sind durch Bescheid festzusetzen (Nr. 49.2 VVHSOG). 8

Die Kostenanforderung fällt nicht unter die Regelungen des § 80 VwGO. Es handelt sich nicht um öffentliche Abgaben und Kosten im Sinne von § 80 Abs. 2 Nr. 1 VwGO (vgl. Kopp/Schenke VwGO § 80 Rn. 63 mwN), denn die Kosten der Ersatzvornahme dienen nicht der Deckung des Finanzierungsbedarfs eines Gemeinwesens.

9 Der Umfang der im Einzelfall zu erstattenden Kosten ist im allgemeinen Verwaltungskostenverzeichnis zur VwKostO-MdIS (Verwaltungskostenordnung für den Geschäftsbereich des Ministeriums des Innern und für Sport v. 7.6.2013, HessGVBl. 410) geregelt. Die Gebühr für die Ersatzvornahme bemisst sich dabei nach dem jeweiligen Zeitaufwand und beträgt je Einzelfall mindestens 60 EUR (VerwKV 544 VwKostO-MdIS = Ersatzvornahme).

10 Die Gebührentatbestände für Ersatzvornahmen gibt es erst seit dem 1.10.1993, für frühere Zeiten besteht insoweit kein Ersatzanspruch (VGH Kassel DVBl 1995, 370 = NJW 1995, 2123). Die öffentlich-rechtlichen Kostenregelungen regeln die Ersatzansprüche abschließend (BVerwG DVBl 2004, 516; VGH Kassel NVwZ 1987, 904 (910)).

11 Bereits in der Androhung der Ersatzvornahme sind die voraussichtlichen Kosten mitzuteilen (§ 53 Abs. 4). Dadurch hat der Verantwortliche die Möglichkeit, durch freiwillige Befolgung des Verwaltungsakts die Kosten abzuwenden.

12 Zwar steht die Erhebung von Kosten der Ersatzvornahme grundsätzlich im Ermessen der Ordnungs- und Polizeibehörden. Regelmäßig ist das Ermessen aber aus Gründen der Gleichbehandlung dahingehend eingeschränkt, dass die durch die Ersatzvornahme entstandenen Kosten zu erheben sind (VGH Hessen NVwZ-RR 1995, 29; VGH Mannheim NJW 1991, 1698).

E. Abgrenzung der Ersatzvornahme

I. Abgrenzung Ersatzvornahme – unmittelbare Ausführung

13 Bei der Ersatzvornahme wird ein (Grund-) Verwaltungsakt gegen den Willen (vgl. → Rn. 3) des anwesenden Verantwortlichen durch die Behörde selbst (Selbstvornahme) oder durch einen beauftragten Dritten (Fremdvornahme) durchgesetzt.

14 Bei der unmittelbaren Ausführung einer Maßnahme iSd § 8 Abs. 1 wird eine Maßnahme ohne vorausgehenden (Grund-) Verwaltungsakt durch die Behörde selbst (Selbstvornahme) oder durch einen beauftragten Dritten (Fremdvornahme) vorgenommen, weil der Verantwortliche unbekannt, nicht zugegen, nicht rechtzeitig erreichbar oder nicht in der Lage ist, die Gefahr rechtzeitig abzuwehren (vgl. → § 47 Rn. 31).

II. Abgrenzung Ersatzvornahme – unmittelbarer Zwang

15 Der Ersatzvornahme und dem unmittelbaren Zwang muss jeweils der Erlass einer Verfügung vorausgehen (RSPHFMW HSOG/HundeVO § 8 Rn. 1). Nur beim Sofortvollzug ergeht keine solche Verfügung, weil Maßnahmen gegen Personen nach den §§ 6–9 nicht rechtzeitig möglich sind oder keinen Erfolg versprechen (§ 47 Abs. 2). Wegen ganz besonderer Eilbedürftigkeit erfolgt die sofortige Anwendung der Zwangsmittel.

16 Darüber, wie die Abgrenzung zwischen Ersatzvornahme und unmittelbarem Zwang vorzunehmen ist, werden unterschiedliche Ansichten vertreten.

17 In der Literatur wird danach differenziert, welche Handlungspflicht dem Betroffenen im Einzelnen konkret obliegt (vgl. Lisken/Denninger PolR-HdB/Graulich E Rn. 954). Nur wenn die Art und Weise der polizeilichen Zwangsanwendung mit der dem Pflichtigen obliegenden Handlung identisch sei, könne sie als deren ersatzweise Vornahme angesehen werden. Gehe sie dagegen über das hinaus, was der Betroffene selbst zu tun verpflichtet war, liege unmittelbarer Zwang vor.

18 Eine andere Ansicht vertritt Folgendes: Die gewaltsame Einwirkung auf Sachen mit körperlicher Gewalt (§ 55 Abs. 2) oder Hilfsmitteln der körperlichen Gewalt (§ 55 Abs. 3) ist als notwendige Handlung im Rahmen der Ersatzvornahme und nicht als unmittelbarer Zwang einzustufen, wenn diese begrifflich mit der Ersatzvornahme verbunden ist und unmittelbar dem bloßen Vollzug der Maßnahme dient (VGH Kassel NVwZ-RR 1994, 89). Soweit jedoch die gewaltsame Einwirkung nicht begrifflich mit der Ersatzvornahme verbunden ist und erst die Voraussetzungen für die Vornahme der Ersatzvornahme schaffen soll, ist die Handlung als unmittelbarer Zwang einzustufen (RSPHFMW HSOG/HundeVO Rn. 7.2).

§ 50 Zwangsgeld

(1) Zwangsgeld wird von der Ordnungs- oder der Polizeibehörde auf mindestens zehn und höchstens fünfzigtausend Euro schriftlich festgesetzt.

(2) Mit der Festsetzung des Zwangsgeldes ist der betroffenen Person eine angemessene Frist zur Zahlung einzuräumen.

(3) [1]Zahlt die betroffene Person das Zwangsgeld nicht fristgerecht, so wird es im Verwaltungsvollstreckungsverfahren beigetrieben. [2]Die Beitreibung unterbleibt, sobald die betroffene Person die gebotene Handlung ausführt oder die zu duldende Maßnahme gestattet.

Überblick

Auszug aus der VVHSOG (gem. Erlass des Hessischen Ministeriums des Innern und für Sport v. 29.11.2022 (StAnz. 50/2022, 1384) zum 1.1.2025 mangels eines erneuten Verlängerungserlasses ersatzlos außer Kraft getreten):

Zu § 50

50. Zwangsgeld

50.1 Zu Abs. 1

Das Zwangsgeld ist in bestimmter Höhe festzusetzen. Hierbei sind Dauer und Umfang des pflichtwidrigen Verhaltens (erster Verstoß oder Wiederholungsfall), die finanzielle Leistungsfähigkeit der betroffenen Person und die Bedeutung der Angelegenheit zu berücksichtigen.

Ein bestimmtes, festgesetztes Zwangsgeld ist binnen angemessener Frist zu zahlen, ansonsten wird es beigetrieben, es sei denn, die verlangte Handlung wird ausgeführt.

A. Allgemeines

Zwangsgeld ist ein Beugemittel zur Durchsetzung eines Verwaltungsakts. Da es sich nicht um eine Strafe handelt, ist Art. 103 Abs. 3 GG nicht tangiert. Das Zwangsgeld eignet sich zur Durchsetzung vertretbarer Handlungen ebenso wie zur Durchsetzung unvertretbarer Handlungen. In erster Linie wird das Zwangsgeld aber bei unvertretbaren Handlungen eingesetzt, zB zur Durchsetzung eines zeitlich befristeten Aufenthaltsverbots. Im Falle einer durch Verwaltungsakt angeordneten Auskunftserteilung nach § 12 oder § 18 kommt zur Durchsetzung ebenfalls das Zwangsgeld in Betracht, denn in diesen Fällen ist gem. § 52 Abs. 2 unmittelbarer Zwang – nicht zuletzt mit Blick auf das absolute Folterverbot (vgl. auch → § 12 Rn. 50) ausgeschlossen. Ein weiterer Anwendungsfall ist die Vorladung zur erkennungsdienstlichen Behandlung (§ 30 Abs. 1 iVm § 19 Abs. 2) oder auch die Durchsetzung des Verbots von Glücksspielen im Internet (vgl. OVG Schleswig ZfWG 2011, 213). 1

Zur Erzwingung eilbedürftiger Maßnahmen eignet sich das Zwangsgeld nicht, denn es muss grundsätzlich angedroht und schriftlich festgesetzt werden. Außerdem ist eine angemessene Frist zur Zahlung einzuräumen. 2

Entsprechende Vorschriften finden sich in Art. 56 BayPAG, § 67 NPOG, § 53 PolG NRW. 3

B. Androhung und Festsetzung

Gemäß § 53 Abs. 5 ist das Zwangsgeld in bestimmter Höhe anzudrohen. Dabei ist der Rahmen von mindestens 10 EUR und höchstens 50.000 EUR einzuhalten. Es genügt also nicht, ein Zwangsgeld „bis zu" einem bestimmten Betrag anzudrohen. 4

Kommt der Adressat der Verfügung nicht innerhalb der in der Androhung festgelegten Frist nach, wird das Zwangsgeld festgesetzt, ohne dass es auf ein Verschulden des Adressaten ankommt. Die Festsetzung erfolgt in bestimmter Höhe. Hierbei sind Dauer und Umfang des pflichtwidrigen Verhaltens (erster Verstoß oder Wiederholungsfall), die finanzielle Leistungsfähigkeit der betroffenen Person und die Bedeutung der Angelegenheit zu berücksichtigen (Nr. 50 f. VVHSOG). Die Festsetzung des Zwangsgeldes erfolgt durch Leistungsbescheid, also einen Verwaltungsakt (BVerwGE 49, 169; Götz/Geis PolR § 13 Rn. 34). Er muss der betroffenen Person eine angemessene Frist für die Zahlung des Zwangsgeldes einräumen. 5

6 Aus dem Beugecharakter des Zwangsgeldes folgt, dass es verschuldensunabhängig ist. Auch gilt das Verbot der Doppelbestrafung gem. Art. 103 Abs. 3 GG nicht, denn das Zwangsgeld ist keine Strafe und es soll nicht begangenes Unrecht ahnden (Götz/Geis PolR § 13 Rn. 30).

7 Gemäß § 48 Abs. 3 kann das Zwangsgeld wiederholt festgesetzt werden, wenn der Betroffene dem Gebot nicht nachkommt. Beruft sich der Pflichtige auf die nachträgliche Unmöglichkeit einer behördlich verfügten Herausgabepflicht, trifft die Glaubhaftmachungslast den Verfügungsadressaten (VGH Kassel BeckRS 2007, 27110).

8 Wenn die Zwangsgeldandrohung mit dem Grundverwaltungsakt verbunden worden ist, muss die Frist zur Vornahme der gebotenen Handlung abgewartet werden, bevor das Zwangsgeld festgesetzt werden kann (RSPHFMW HSOG/HundeVO Rn. 3). Ein weiteres Zwangsgeld kann auch dann festgesetzt werden, wenn zuvor kein Beitreibungsversuch hinsichtlich des vorher festgesetzten Zwangsgeldes erfolgt ist, letztlich ist es eine Frage der Ausübung pflichtgemäßen Ermessens, wie vorgegangen werden soll (VGH Kassel NVwZ-RR 1996, 361; vgl. VG Darmstadt BeckRS 2008, 38915).

C. Beitreibung

9 Wird das Zwangsgeld nicht innerhalb der im Kostenbescheid genannten Frist (Abs. 2) gezahlt, erfolgt die Beitreibung im Verwaltungsvollstreckungsverfahren. Die Beitreibung unterbleibt, sobald die gebotene Handlung ausgeführt wird oder die zu duldende Maßnahme gestattet wird. Das gilt auch dann, wenn die Frist nach Abs. 2 bereits überschritten ist (RSPHFMW HSOG/HundeVO Rn. 4), denn auch in diesem Stadium wird die Begrenzung auf den Beugezweck noch berücksichtigt (Götz/Geis PolR § 13 Rn. 34).

10 Ist das Zwangsgeld aber zur Erzwingung einer Unterlassung angedroht und festgesetzt worden, wird es nicht gem. Abs. 3 S. 2 hinfällig. Es ist bereits eine Zuwiderhandlung gegen das Verbot erfolgt, daher ist eine vollständige Erfüllung der gebotenen Unterlassung nicht mehr möglich (OVG Münster DVBl 1992, 783; RSPHFMW HSOG/HundeVO Rn. 4). Entscheidend ist, dass der Verstoß nach der Androhung und während der Zeit, in der die vollziehbare Ordnungsverfügung noch galt, erfolgt ist (OVG Magdeburg DÖV 1996, 926), denn Pflichtenverstöße, hier gegen die Verpflichtung, ungenehmigte Bauarbeiten einzustellen, bringen eine Pflicht nicht zum Erlöschen. Deshalb ist in derartigen Fällen die Vollstreckung eines festgesetzten Zwangsgeldes nicht einzustellen (VGH Kassel Urt. v. 4.7.1980 – IV OE 27/79).

11 Das OVG Münster (DVBl 1992, 783) nimmt an, dass ein Zwangsgeld auch dann noch festgesetzt und beigetrieben werden darf, wenn gegen ein Verbot mit Zwangsgeldandrohung verstoßen worden ist, ein weiterer Verstoß allerdings nicht mehr möglich ist (ebenso OVG Münster DÖV 1993, 398; NVwZ-RR 1997, 763; OVG Magdeburg DÖV 1996, 926; Götz/Geis PolR § 13 Rn. 36). Zur Begründung wird angeführt, dass anderenfalls die Zwangsgeldandrohung in vielen Fällen ein Schlag ins Leere und eine untaugliche Maßnahme sei (Götz/Geis PolR § 13 Rn. 36).

12 Nach anderer Ansicht darf ein Zwangsgeld, mit dem der Pflichtige angehalten werden soll, eine Handlung zu unterlassen, jedenfalls dann nicht mehr beigetrieben werden, wenn ein weiterer Verstoß gegen das Verbot nicht mehr zu erwarten ist (OVG Lüneburg NVwZ-RR 1990, 605; OVG Greifswald NVwZ-RR 1997, 762; VGH Mannheim DÖV, 1996, 792; Hornmann HSOG § 51 Rn. 14). Zur Begründung wird im Wesentlichen angeführt, wenn ein weiterer Verstoß nicht mehr möglich sei, so sei der Zweck des Vollzuges erreicht und der Wille des Pflichtigen dürfe und könne nicht mehr gebeugt werden.

13 Ein beigetriebenes Zwangsgeld wird nicht erstattet, auch nicht, wenn der Verantwortliche nach erfolgter Beitreibung der gebotenen Handlung, Duldung oder Unterlassung nachkommt (VGH Kassel NVwZ-RR 1995, 118; Hornmann HSOG Rn. 16; RSPHFMW HSOG/HundeVO Rn. 4).

14 Beim Zwangsgeld ist nicht schon seine Festsetzung in Form des Leistungsbescheides als Ausführung dieser Zwangsmaßnahme zu sehen, sondern erst seine Beitreibung. Unter Beitreibung ist das Verfahren über die Vollstreckung von Verwaltungsakten, mit denen eine Geldleistung gefordert wird, zu verstehen. Es ist in den Verwaltungsvollstreckungsgesetzen der Länder geregelt, in Hessen §§ 15 ff. HessVwVG (vgl. Lisken/Denninger PolR-HdB/Graulich E Rn. 941 f.).

Eine Vollstreckung des unanfechtbar festgesetzten Zwangsgeldes bei den Erben des Pflichtigen ist nicht möglich. Die Pflicht zur Zahlung des Zwangsgeldes ist höchstpersönlich und erlischt mit dem Tode des Pflichtigen (RSPHFMW HSOG/HundeVO Rn. 4). 15

§ 51 Ersatzzwangshaft

(1) [1]Ist das Zwangsgeld uneinbringlich, so kann das Verwaltungsgericht auf Antrag der Ordnungs- oder der Polizeibehörde Ersatzzwangshaft anordnen, wenn bei Androhung des Zwangsgeldes hierauf hingewiesen worden ist. [2]Die Ersatzzwangshaft beträgt mindestens einen Tag, höchstens zwei Wochen.

(2) Die Ersatzzwangshaft ist auf Antrag der Ordnungs- oder der Polizeibehörde von der Justizverwaltung nach den Bestimmungen der §§ 802g und 802h der Zivilprozessordnung zu vollstrecken; die Verhaftung kann auch durch eine Vollziehungsbeamtin oder einen Vollziehungsbeamten erfolgen.

Überblick

Auszug aus der VVHSOG (nicht an die aktuelle Gesetzeslage angepasst und gem. Erlass des Hessischen Ministeriums des Innern und für Sport v. 29.11.2022 (StAnz. 50/2022, 1384) zum 1.1.2025 mangels eines erneuten Verlängerungserlasses ersatzlos außer Kraft getreten):

Zu § 51

51. Ersatzzwangshaft

51.1 Zu Abs. 1

Das Zwangsgeld ist dann „uneinbringlich", wenn die Beitreibung ohne Erfolg versucht worden ist oder offensichtlich ist, dass sie keinen Erfolg haben wird.

Ausnahmsweise kann das Verwaltungsgericht Ersatzzwangshaft anordnen, wenn das Zwangsgeld uneinbringlich ist, die Justizverwaltung hat sie zu vollstrecken.

A. Allgemeines

1 Die Ersatzzwangshaft ist kein eigenes Zwangsmittel, deshalb ist sie nicht in § 48 Abs. 1 aufgeführt. Sie ist nur ein nachrangiges Ersatzmittel für den Fall der Uneinbringlichkeit des Zwangsgeldes, welches angedroht und unanfechtbar (OVG Münster NVwZ-RR 1997, 763) festgesetzt worden sein muss (VG Frankfurt a. M. NVwZ 1994, 725). Die Ersatzzwangshaft ist eine Freiheitsentziehung iSv Art. 104 Abs. 2 GG und zugleich ein Eingriff in die Freiheit der Person iSv Art. 2 Abs. 2 S. 2 GG (vgl. Hornmann HSOG Rn. 2). Sie kommt nur in Betracht, wenn alle anderen Zwangsmittel ausgeschöpft sind (OVG Münster NVwZ-RR 1997, 764; NJW 1976, 1284). Entsprechende Vorschriften finden sich in Art. 57 BayPAG, § 68 NPOG, § 54 PolG NRW.

B. Anwendungsfälle

2 Die praktische Bedeutung der Ersatzzwangshaft ist eher gering, sie kommt in Frage in den Fällen, in denen Aufenthaltsverbote gegen Angehörige der offenen Drogenszene oder gegen Stadtstreicher verhängt und mit Zwangsgeldandrohungen verbunden waren, zu deren Vollstreckung es kommt (OVG Münster NVwZ-RR 2009, 516; VGH München NVwZ-RR 1998, 310). Ihr Ziel ist aber nicht die Beitreibung des Zwangsgeldes. Vielmehr soll die Durchsetzung der durch den Grundverwaltungsakt aufgegebenen Handlung, Duldung oder Unterlassung erreicht werden (RSPHFMW HSOG/HundeVO Rn. 1). In aussichtslosen Fällen kann die Geeignetheit selbst dieser letzten und schärfsten Zwangsmaßnahme jedoch zweifelhaft sein (Götz/Geis PolR § 13 Rn. 37; ähnlich MLH PolR Hessen Rn. 285). Unverhältnismäßig kann die Anordnung der Ersatzzwangshaft sein, wenn der Verstoß gegen eine Ordnungspflicht lange zurückliegt (hier drei Jahre), ohne dass das Zwangsgeld beigetrieben wurde (OVG Münster NVwZ-RR 2009, 516).

3 Uneinbringlich ist das Zwangsgeld insbesondere dann, wenn der Verantwortliche keine Vermögenswerte besitzt. Der Nachweis dafür ist erbracht, wenn alle in Betracht kommenden

Pfändungsversuche erfolglos geblieben sind. Regelmäßig ist die Abgabe der eidesstattlichen Versicherung des Vollstreckungsschuldners zu fordern. Im Falle des Bezuges von Sozialhilfe ist grundsätzlich von der Uneinbringlichkeit des Zwangsgeldes auszugehen (VGH München NVwZ-RR 1998, 310).

C. Hinweis in der Androhung

4 Auf die Möglichkeit der Ersatzzwangshaft muss in der Zwangsgeldandrohung hingewiesen worden sein, anderenfalls ist sie nicht zulässig (VG Frankfurt a. M. NVwZ 1994, 725).

D. Anordnung und Vollstreckung

5 Zuständig für die Anordnung der Ersatzzwangshaft sind die Verwaltungsgerichte, denen ein Ermessen zusteht („kann") und die auch die Dauer der Ersatzzwangshaft bestimmen. Den Ordnungs- und Polizeibehörden steht ein Antragsrecht bei den Verwaltungsgerichten zu. Die Vollstreckung richtet sich nach §§ 904–910 ZPO (vgl. Lisken/Denninger PolR-HdB/Graulich E Rn. 947 f.). Da die Anordnung der Ersatzzwangshaft eine Freiheitsentziehung iSd Art. 104 Abs. 2 GG ist, darf sie nach Maßgabe des Art. 104 Abs. 2 GG nur durch einen Richter angeordnet werden. Das Verwaltungsgericht entscheidet nach seinem freien richterlichen Ermessen in Ansehung aller Umstände des konkreten Falles und unter Beachtung des Grundsatzes der Verhältnismäßigkeit (OVG Münster NVwZ-RR 2004, 786).

6 Die Verweisung auf die Vorschriften der ZPO schafft die rechtliche Grundlage für den Erlass eines Haftbefehls durch das Verwaltungsgericht. Der Haftbefehl enthält den Gläubiger, den Schuldner und den Grund der Verhaftung. Er muss vor seiner Vollstreckung nicht zugestellt werden (RSPHFMW HSOG/HundeVO Rn. 4). Die Verhaftung kann durch den Gerichtsvollzieher (§ 909 BGB) erfolgen aber auch durch die Vollziehungsbeamten der Vollstreckungsbehörden (§ 6 HessVwVG).

E. Rechtsschutz

7 Gegen die Anordnung der Ersatzzwangshaft durch das Verwaltungsgericht ist die Beschwerde beim VGH Kassel zulässig (§ 146 ff. VwGO).

§ 52 Unmittelbarer Zwang

(1) [1]Unmittelbarer Zwang kann von den Polizeibehörden sowie nach Maßgabe des § 63 von Vollzugsbediensteten, die nicht Polizeivollzugsbeamtinnen oder Polizeivollzugsbeamte sind, und sonstigen Personen, denen die Anwendung unmittelbaren Zwanges gestattet ist, angewendet werden, wenn andere Zwangsmittel nicht in Betracht kommen oder keinen Erfolg versprechen oder unzweckmäßig sind. [2]Für die Art und Weise der Anwendung unmittelbaren Zwanges gelten die §§ 54 bis 63. [3]Für die Kosten gilt § 8 Abs. 2 entsprechend.

(2) Unmittelbarer Zwang zur Abgabe einer Erklärung ist ausgeschlossen.

Überblick

Auszug aus der VVHSOG (gem. Erlass des Hessischen Ministeriums des Innern und für Sport v. 29.11.2022 (StAnz. 50/2022, 1384) zum 1.1.2025 mangels eines erneuten Verlängerungserlasses ersatzlos außer Kraft getreten):

Zu § 52

52. Unmittelbarer Zwang

52.1 Zu Abs. 1

52.1.1

Unmittelbarer Zwang (Definition in § 55 Abs. 1) kommt vor allem zur Durchsetzung unvertretbarer Handlungen, Duldungen und Unterlassungen in Betracht.

52.1.2
Andere Zwangsmittel sind auch dann unzweckmäßig, wenn sie der betroffenen Person einen größeren Nachteil verursachen würden als die Anwendung unmittelbaren Zwanges.
52.2 Zu Abs. 2
Für die Erzwingung von Erklärungen kommt nur Zwangsgeld in Betracht (§ 50). Die Erhebung der Kosten erfolgt nach dem HVwKostG.

Als nachrangiges Zwangsmittel darf unmittelbarer Zwang nur von Polizeibehörden oder anderen Beteiligten angewendet werden, wenn andere Zwangsmittel ungeeignet sind, jedoch nicht zur Abgabe einer Erklärung.

A. Allgemeines

Unmittelbarer Zwang ist in § 55 Abs. 1 definiert als die Einwirkung auf Personen oder 1 Sachen durch körperliche Gewalt (§ 55 Abs. 2), durch ihre Hilfsmittel (§ 55 Abs. 3) und durch Waffen (§ 55 Abs. 4).

Eingegriffen wird in das Grundrecht auf körperliche Unversehrtheit nach Art. 2 Abs. 2 2 S. 1 GG, eventuell liegen Eingriffe in die Versammlungsfreiheit gem. Art. 8 GG oder in das Eigentumsrecht gem. Art. 14 Abs. 1 S. 1 GG vor.

Der unmittelbare Zwang ist ein Beugemittel. Als solcher ist er abzugrenzen von behördli- 3 chen Handlungen, die begrifflich zum Wesen einer Maßnahme gehören und unmittelbar dem bloßen Vollzug dieser Maßnahme dienen (RSPHFMW HSOG/HundeVO Rn. 1). Da der unmittelbare Zwang nur zur Durchsetzung von Verwaltungsakten dient, ist er auch abzugrenzen von Maßnahmen der Strafverfolgung, der Verfolgung von Ordnungswidrigkeiten und dem Strafvollzug.

Unzulässig ist die Anwendung gem. Abs. 2 zur Erzwingung der Abgabe einer Erklärung. 4 Dafür kommt das Zwangsgeld in Betracht.

Der unmittelbare Zwang kommt in Betracht zur Erzwingung unvertretbarer Handlungen, Duldungen oder Unterlassungen.

Die Anwendung ist gem. Abs. 1 den Polizeibehörden erlaubt. Außerdem unter den in 5 § 63 genannten Voraussetzungen den Vollzugsbediensteten und sonstigen Personen. Die Anwendung unmittelbaren Zwangs durch andere Behörden oder Personen ist nicht zulässig (VGH Kassel DÖD 1985, 256). Andere Behörden müssen vielmehr die Vollzugshilfe gem. § 44 Abs. 2 in Anspruch nehmen. Die Art und Weise der Anwendung ergibt sich im Einzelnen aus den §§ 54–63. Entsprechende Vorschriften finden sich in §§ 50–52 BEPolG, Art. 58 BayPAG, § 69 NPOG, § 55 PolG NRW.

B. Subsidiarität

Gemäß Abs. 1 darf der unmittelbare Zwang nur angewendet werden, wenn andere 6 Zwangsmittel, also Ersatzvornahme oder Zwangsgeld, nicht in Betracht kommen, keinen Erfolg versprechen oder unzweckmäßig sind.

Nicht in Betracht kommen andere Zwangsmittel, wenn das Vollstreckungsziel außerhalb 7 des Anwendungsbereichs von Zwangsgeld oder Ersatzvornahme liegt (Hornmann HSOG Rn. 10). So scheidet das Zwangsgeld aus, wenn das gebotene Verhalten sofort durchgesetzt werden muss. Die Ersatzvornahme scheidet aus, wenn eine unvertretbare Handlung durchgesetzt werden muss.

Keinen Erfolg versprechen andere Zwangsmittel, wenn der beabsichtigte Zweck nach 8 den Umständen des Einzelfalles nicht, nicht vollständig oder nicht rechtzeitig erreichbar ist (RSPHFMW HSOG/HundeVO Rn. 5).

Unzweckmäßig sind andere Zwangsmittel, wenn die Effizienz von Zwangsgeld und 9 Ersatzvornahme gegenüber dem unmittelbaren Zwang unter Beachtung des Verhältnismäßigkeitsgrundsatzes erheblich geringer ist (Hornmann HSOG Rn. 12) oder wenn sie der betroffenen Person einen größeren Nachteil verursachen würde als die Anwendung unmittelbaren Zwangs.

C. Kostenersatz

10 Gemäß § 52 Abs. 1 S. 3 iVm § 8 Abs. 2 können Kosten des unmittelbaren Zwangs zur Gefahrenabwehr erhoben und beigetrieben werden. Der Anspruch besteht gegenüber den Verantwortlichen iSd §§ 6 und 7. Die Festsetzung erfolgt durch Kostenbescheid.

D. Rechtsschutz

11 Androhung, Anordnung / Festsetzung und Anwendung unmittelbaren Zwangs sind jeweils im Ermessen stehende Verwaltungsakte. Rechtsschutz ist daher durch Anfechtungsklage und eventuell Fortsetzungsfeststellungsklage möglich. Eilrechtsschutz kommt in Frage durch einen Antrag auf Anordnung der aufschiebenden Wirkung von Widerspruch oder Anfechtungsklage.

§ 53 Androhung der Zwangsmittel

(1) [1]Zwangsmittel sind anzudrohen. [2]Die Androhung soll möglichst schriftlich erfolgen. [3]Der betroffenen Person ist in der Androhung zur Erfüllung der Verpflichtung eine angemessene Frist zu bestimmen; eine Frist braucht nicht bestimmt zu werden, wenn eine Duldung oder Unterlassung erzwungen werden soll. [4]Von der Androhung kann abgesehen werden, wenn die Umstände sie nicht zulassen, insbesondere wenn die sofortige Anwendung des Zwangsmittels zur Abwehr einer Gefahr notwendig ist.

(2) [1]Die Androhung kann mit dem ordnungsbehördlichen oder polizeilichen Verwaltungsakt verbunden werden, durch den die Handlung, Duldung oder Unterlassung aufgegeben wird. [2]Sie soll mit ihm verbunden werden, wenn ein Rechtsbehelf keine aufschiebende Wirkung hat.

(3) [1]Die Androhung muss sich auf bestimmte Zwangsmittel beziehen. [2]Werden mehrere Zwangsmittel angedroht, so ist anzugeben, in welcher Reihenfolge sie angewandt werden sollen.

(4) Wird Ersatzvornahme angedroht, so sollen in der Androhung die voraussichtlichen Kosten angegeben werden.

(5) Das Zwangsgeld ist in bestimmter Höhe anzudrohen.

(6) [1]Die Androhung ist zuzustellen. [2]Dies gilt auch dann, wenn sie mit dem zugrunde liegenden ordnungsbehördlichen oder polizeilichen Verwaltungsakt verbunden ist und für diesen keine Zustellung vorgeschrieben ist.

Überblick

Auszug aus der VVHSOG (gem. Erlass des Hessischen Ministeriums des Innern und für Sport v. 29.11.2022 (StAnz. 50/2022, 1384) zum 1.1.2025 mangels eines erneuten Verlängerungserlasses ersatzlos außer Kraft getreten):

Zu § 53

53. Androhung der Zwangsmittel

53.1 Zu Abs. 1

Zum Zeitpunkt der Androhung müssen alle Voraussetzungen für die Anwendung des Zwangsmittels vorliegen. Eine schriftliche Androhung ist zum Beispiel dann nicht möglich, wenn durch die hierdurch bewirkte Verzögerung der Anwendung des Zwangsmittels die Gefahr nicht rechtzeitig abgewehrt würde. Ist eine schriftliche Androhung möglich, so ist sie zuzustellen (Abs. 6).

53.5 Zu Abs. 5

Bei der Androhung des Zwangsgeldes ist darauf hinzuweisen, dass das Verwaltungsgericht Ersatzzwangshaft anordnen kann, wenn das Zwangsgeld uneinbringlich ist.

Außer in Eilfällen sind Zwangsmittel regelmäßig schriftlich anzudrohen, und zwar unter Fristsetzung und Ankündigung eines bestimmten Zwangsmittels, was auch zugleich mit dem Grundverwaltungsakt erfolgen kann bzw. soll. Die Androhung ist zuzustellen.

A. Allgemeines

Gemäß § 48 Abs. 2 sind die Zwangsmittel nach Maßgabe der §§ 53 und 58 anzudrohen. Dadurch soll erreicht werden, dass der Betroffene die von ihm geforderte Handlung nunmehr vornimmt oder er zu der Duldung oder Unterlassung veranlasst wird. Gleichzeitig wird ihm vor Augen geführt, welche Folgen eine weitere Weigerung haben wird. Die Androhungspflicht folgt aus dem Rechtsstaatsprinzip des Art. 20 Abs. 3 GG. 1

§ 53 enthält die allgemeinen Regeln für die Androhung aller Zwangsmittel. In § 58 sind zusätzlich die besonderen Voraussetzungen für die Androhung unmittelbaren Zwangs geregelt, insbesondere für den Gebrauch von Schusswaffen. 2

Die Androhung kann selbstständig ausgesprochen werden. Sie kann aber auch mit dem ordnungsbehördlichen oder polizeilichen Verwaltungsakt verbunden werden, der ursprüngliche Verwaltungsakt muss also noch nicht unanfechtbar sein, um ein Zwangsmittel androhen zu können. Es ist auch nicht erforderlich, dass die sofortige Vollziehung angeordnet wurde. Erforderlich ist jedoch, dass die gebotene Handlung, Duldung oder Unterlassung von dem Betroffenen rechtlich und tatsächlich erbracht werden kann (VGH Kassel FHOeffR 30 Nr. 7051). 3

Die Androhung ist ein Verwaltungsakt iSd § 35 S. 1 HVwVfG (BVerwG NVwZ 1990, 69). 4

Entsprechende Vorschriften finden sich in Art. 59 BayPAG, § 70 NPOG, § 56 PolG NRW. 5

B. Bestimmtheit der Androhung

Gemäß Abs. 3 muss sich die Androhung auf bestimmte Zwangsmittel beziehen, sie müssen also konkret bezeichnet werden (VGH Kassel FHOeffR 36 Nr. 6892), was aus dem Bestimmtheitsgrundsatz folgt. Bei der Androhung mehrerer Zwangsmittel ist anzugeben, in welcher Reihenfolge sie angewendet werden sollen. Die Behörde darf sich nicht die Auswahl zwischen mehreren Zwangsmitteln vorbehalten (RSPHFMW HSOG/HundeVO Rn. 7). Nach § 55 Abs. 6 S. 2 PrPVG konnte bei Verboten das Zwangsmittel im Vorhinein für jeden Fall der Nichtbefolgung angedroht werden. Im findet sich eine solche Regelung nicht und auch die übrigen Polizei- und Verwaltungsvollstreckungsgesetze enthalten keine entsprechende Bestimmung, mit Ausnahme von § 17 Abs. 6 S. 2 BremVwVG und § 62 Abs. 3 S. 2 RhPfLVwVG. Daraus folgt die Unzulässigkeit der Androhung von Zwangsgeld „für jeden Fall der Zuwiderhandlung", also „auf Vorrat", wie das BVerwG ausführt (BVerwG NVwZ 1998, 393). Eine solche Androhung kann auch nicht in dem Sinne aufrechterhalten werden, dass sie jedenfalls eine einzige Zwangsgeldfestsetzung ermöglicht (BVerwG NVwZ 1998, 393). Auch bei einem Handlungsgebot ist die Androhung eines Zwangsmittels „für jeden Fall der Zuwiderhandlung" unzulässig (VGH Mannheim VBlBW 1982, 97; Götz/Geis PolR § 13 Rn. 17). 6

I. Androhung der Ersatzvornahme

Gemäß Abs. 4 sollen die voraussichtlichen Kosten der Ersatzvornahme angegeben werden. 7

II. Androhung von Zwangsgeld

Gemäß Abs. 5 ist ein genau bestimmter Betrag anzugeben. Das Zwangsgeld darf von mindestens 10 EUR bis zu 50.000 EUR betragen. 8

C. Zustellung

Eine schriftliche Androhung ist zuzustellen (Abs. 6). Die Zustellung erfolgt nach den Vorschriften des HessVwZG (Hessisches Verwaltungszustellungsgesetz v. 14.2.1957, HessGVBl. I 9) in der Regel durch Zustellungsurkunde (§ 3 HessVwZG), Empfangsbekenntnis (§ 5 HessVwZG) oder auch durch eingeschriebenen Brief (§ 4 HessVwZG). 9

Die Zustellung erfolgt an den Adressaten des Verwaltungsakts. Ist ein Verfahrensbevollmächtigter bestellt, muss die Zustellung an diesen erfolgen (§ 8 Abs. 1 S. 2 HessVwZG). Eine fehlerhaft erfolgte Zustellung kann nicht nach § 9 Abs. 1 HessVwZG geheilt werden (VGH Kassel NVwZ-RR 1989, 452). 10

D. Fristsetzung

11 Gemäß Abs. 1 S. 3 ist grundsätzlich eine angemessene Frist zur Erfüllung des gebotenen Verhaltens zu setzen. Im Falle der angeordneten Duldung oder Unterlassung kann von der Fristsetzung abgesehen werden.

12 Für die Bemessung der Frist ist die Dringlichkeit des gebotenen Verhaltens von Bedeutung. Außerdem muss der Verantwortliche genügend Zeit zur Verfügung haben, um das gebotene Verhalten zu erfüllen oder aber Rechtsbehelfe zu ergreifen (RSPHFMW HSOG/HundeVO Rn. 4).

13 Die Rechtsmittelfrist hat dann keine besondere Bedeutung für die Behörde, wenn die sofortige Vollziehung angeordnet worden ist, oder wenn es sich um eine unaufschiebbare Anordnung von Polizeibeamten iSd § 80 Abs. 2 Nr. 2 VwGO handelt.

14 Ist die Frist zur Erfüllung des gebotenen Verhaltens abgelaufen, bevor der Verwaltungsakt bestandskräftig geworden ist, die Rechtsbehelfsfrist also noch läuft, ist die Frist gegenstandslos und es muss nach Eintritt der Bestandskraft des Verwaltungsaktes eine neue Frist gesetzt werden (BVerwG NJW 1980, 2033).

15 Wenn die Androhung im Wege der Ersatzzustellung zugestellt worden ist und dem Betroffenen erst nach Fristablauf bekannt wird, ist eine Festsetzung von Zwangsmitteln unzulässig (RSPHFMW HSOG/HundeVO Rn. 4).

16 Fehlt eine Fristsetzung, ist die Androhung von Zwangsmitteln nichtig (VGH Kassel NVwZ 1982, 514).

E. Absehen von der Androhung

17 In Fällen besonderer Eilbedürftigkeit kann von der Androhung abgesehen werden. Das ist bei Vorliegen der Voraussetzungen des § 47 Abs. 2 der Fall, also wenn die sofortige Anwendung des Zwangsmittels zur Abwehr einer Gefahr geboten ist. Ein anderer denkbarer Fall ist der drohende Verlust des polizeilichen Überraschungsmoments, zB bei Vollstreckung der Pflicht zur Herausgabe eines Passes (VGH Mannheim VBlBW 2005, 386).

F. Rechtsschutz

18 Da es sich bei der Androhung von Zwangsmitteln um einen Verwaltungsakt handelt, kann sie mit den Rechtsbehelfen der VwGO angefochten werden. Soweit die Androhung unabhängig, also gesondert von dem eigentlichen polizeilichen Verwaltungsakt ergangen ist, kann sie auch selbstständig angefochten werden. Soweit die Androhung zusammen mit dem zugrundeliegenden Verwaltungsakt ergangen ist, kann sie nur zusammen mit diesem angefochten werden (vgl. RSPHFMW HSOG/HundeVO Rn. 6).

Zweiter Titel. Ausübung unmittelbaren Zwanges

§ 54 Rechtliche Grundlagen

(1) Sind die Polizeibehörden nach diesem Gesetz oder anderen Rechtsvorschriften zur Anwendung unmittelbaren Zwanges befugt, gelten für die Art und Weise der Anwendung die §§ 55 bis 62 und, soweit sich aus diesen nichts Abweichendes ergibt, die übrigen Vorschriften dieses Gesetzes.

(2) Die zivil- und strafrechtlichen Wirkungen nach den Vorschriften über Notwehr und Notstand bleiben unberührt.

Überblick

Auszug aus der VVHSOG (gem. Erlass des Hessischen Ministeriums des Innern und für Sport v. 29.11.2022 (StAnz. 50/2022, 1384) zum 1.1.2025 mangels eines erneuten Verlängerungserlasses ersatzlos außer Kraft getreten):

Zu § 54
54. Rechtliche Grundlagen
54.0
Der 2. Titel gilt sowohl für die Gefahrenabwehr als auch die Verfolgung von Straftaten und Ordnungswidrigkeiten, soweit die StPO keine Regelungen über unmittelbaren Zwang enthält.
54.1 Zu Abs. 1
Der Hinweis auf die übrigen Vorschriften dieses Gesetzes gilt insbesondere für die Beachtung des Grundsatzes der Verhältnismäßigkeit und die Ausübung des pflichtgemäßen Ermessens (§§ 4, 5).
54.2 Zu Abs. 2
Zivil- und strafrechtliche Vorschriften über Notwehr und Notstand begründen keine polizeilichen Befugnisse. Dennoch können Maßnahmen, die nach diesem Gesetz rechtsfehlerhaft sind und deshalb disziplinarrechtliche Folgen haben können, nach den zivil- und strafrechtlichen Vorschriften über Notwehr und Notstand gerechtfertigt oder entschuldigt sein.

Innerhalb des ersten Teils des HSOG (Aufgaben und Befugnisse) eröffnet die Vorschrift des § 54 im vierten Abschnitt (Zwang) den zweiten Titel, der sich der Regelung der Ausübung unmittelbaren Zwangs widmet.

Übersicht

A. Allgemeines

I. Zweck und systematischer Zusammenhang der Norm

1 Die Vorschriften des zweiten Titels der Regelungen über den (Verwaltungs-) Zwang (§§ 54–63) ersetzen seit 1990 die Normen des durch § 113 Abs. 1 Nr. 2 aufgehobenen HessUZwG (Gesetz über die Anwendung unmittelbaren Zwanges bei Ausübung öffentlicher Gewalt v. 11.11.1950, HessGVBl. 247; vgl. → SystVorbPolRH Rn. 17, → SystVorbPolRH Rn. 41).

2 Die einleitende Vorschrift des § 54 knüpft dabei an §§ 47, 48, 52, 53 an, die die allgemeinen Voraussetzungen für die zwangsweise Durchsetzung von Maßnahmen der Polizei- und Ordnungsbehörden und sonstigen befugten Behörden und Personen regeln (§ 47), den unmittelbaren Zwang als Zwangsmittel vorsehen (§ 48 Abs. 1 Nr. 3), allgemeine Grundsätze und Verbote für das Verfahren statuieren (§ 48 Abs. 2–4, § 52 Abs. 2, § 53 Abs. 1–3, Abs. 6) sowie die allgemeinen materiellen Voraussetzungen für die Anwendung unmittelbaren Zwanges vorgeben (§ 52 Abs. 1).

3 Schon daraus, vor allem aber aus der Formulierung des Abs. 1 selbst („nach diesem Gesetz oder anderen Rechtsvorschriften […] befugt, […] Art und Weise der Anwendung […]") erhellt, dass die Regelungen des § 54 – ebenso wie die ihnen nachfolgenden Vorschriften – keine Befugnisnormen bzw. Ermächtigungsgrundlagen für die Zwangsanwendung darstellen.

4 Sie setzt vielmehr eine solche – also eine das „Ob" der Anwendung unmittelbaren Zwangs regelnde Norm – voraus, um sodann für das „Wie" auf die Vorgaben der §§ 55–62 zu verweisen sowie auf die übrigen Vorschriften des HSOG, soweit jene keine abweichenden Regelungen enthalten.

5 Bei der das „Ob" der Anwendung regelnden Befugnisnorm muss es sich um ein förmliches Gesetz handeln; dies ergibt sich verfassungsrechtlich aus Art. 2 Abs. 2 S. 3 GG, der – auch mit Blick auf die Wesentlichkeitslehre des BVerfG (→ § 11 Rn. 7, → SystVorbPolRDe Rn. 30) – als Vorbehalt des hinreichend bestimmten Parlamentsgesetzes zu lesen ist.

6 Der zweite Titel des vierten Abschnitts regelt somit nur das Verfahren des unmittelbaren Zwangs, in dem er – bei gegebener Ermächtigung – die Anwendung und ihre Grenzen in vielfältiger Hinsicht konkretisiert und dabei vor allem Beschränkungen unterwirft.

7 Trotz der (prima facie: lediglich) verfahrensrechtlichen Bedeutung, sind diese Beschränkungen vom Regelungsgegenstand her jedoch materieller Art, sodass auf sie etwa die „verfahrensrechtlichen Erleichterungen" der §§ 45, 46 HVwVfG keine Anwendung finden (vgl. zu den sich insoweit stellenden Abgrenzungsfragen Kopp/Ramsauer VwVfG § 46 Rn. 7, 10 ff.).

8 Da die Ausübung unmittelbaren Zwangs regelmäßig in Eingriffen in die Grundrechte auf Leben und – weit häufiger – auf körperliche Unversehrtheit (Art. 2 Abs. 2 GG, vgl. § 10 Alt. 1; → § 10 Rn. 5) besteht, stellen sich die Beschränkungen vielmehr vor allem als Konkretisierung des Grundsatzes der Verhältnismäßigkeit (§ 4) dar und sind damit nicht weniger als ein Ausdruck des Demokratie- und Rechtsstaatsprinzips (→ § 4 Rn. 2).

8.1 Grundlegend ist insoweit schon die in den allgemeinen Bestimmungen über den Zwang getroffene Aussage des § 52 Abs. 1, nach der der unmittelbare Zwang stets die ultima ratio der (vor allem polizeilichen) Zwangsmittel zu sein hat (vgl. → § 52 Rn. 11; Lisken/Denninger PolR-HdB/Graulich, 6. Aufl. 2018, E Rn. 861: „Der unmittelbare Zwang ist das schärfste Machtmittel der Polizei.").

II. Parallelvorschriften

9 Parallelvorschriften, die die rechtlichen Grundlagen der Anwendung unmittelbaren Zwangs regeln finden sich in den meisten Landespolizeigesetzen bzw. Gesetzen über den unmittelbaren Zwang (vgl. nur Art. 77 BayPAG, § 71 NPOG, § 57 PolG NRW). Inhaltlich weichen die Normen teilweise von der hessischen Rechtslage ab.

10 Eine bundesrechtliche Entsprechung zu § 54 liegt in § 1 UZwG vor.

B. Einzelkommentierung

11 Die Vorschrift des § 54 schreibt die Anwendung der §§ 55–62 für die Anwendung unmittelbaren Zwangs nur für die Polizeibehörden (→ § 91 Rn. 1) vor, nicht für andere Gefahrenabwehr- oder sonstige Behörden.

12 Bei anderen Behörden richtet sich die Anwendbarkeit dieser Normen – soweit sie zur Anwendung unmittelbaren Zwangs befugt sind – nach § 52 Abs. 1 S. 1 und S. 2, § 63, wobei Abs. 1 für die Polizeibehörden die Regelung des § 52 Abs. 1 S. 2 – mit Ausnahme des letzten Hs. – wiederholt.

13 Abs. 1 erfasst zum einen unmittelbaren Zwang, der durch die Polizeibehörden aufgrund von Befugnisnormen aus dem HSOG ausgeübt wird, zum anderen unmittelbaren Zwang, der aufgrund von Befugnisnormen aus anderen Rechtsvorschriften ausgeübt wird.

14 Von der Systematik her sind andere Rechtsvorschriften iSd Abs. 1 nur solche aus speziellen Gefahrenabwehrgesetzen; für Zwangsanwendung der Polizeibehörden im Bereich der Strafverfolgung gilt die – insoweit allerdings inhaltsgleiche – Vorschrift des § 3 Abs. 3 (vgl. auch Meixner/Fredrich Rn. 3, allerdings widersprüchlich zu Meixner/Fredrich Rn. 2).

15 Danach sind bei der Verfolgung von Straftaten und Ordnungswidrigkeiten die Vorschriften der §§ 55–62 über die Art und Weise des unmittelbaren Zwangs anzuwenden, soweit die Strafprozessordnung keine abschließende Regelung enthält.

15.1 Diese Regelung ist in ihrem Zusammenspiel mit den defizitären Vorschriften des StPO über die Anwendung repressiven unmittelbaren bis heute unter rechtsstaatlichen Gesichtspunkten überaus unbefriedigend (vgl. iE Lorei, Studien zum Schusswaffeneinsatz: Schiessen/Bäuerle, 2014, 59 ff. (62 ff.) mwN; vgl. auch Hornmann HSOG § 3 Rn. 12).

I. Befugnisse der Polizeibehörden zur Anwendung unmittelbaren Zwangs

16 Die Verweisung des Abs. 1 auf die nachfolgenden Vorschriften setzt somit voraus, dass die Polizeibehörden entweder nach dem HSOG oder nach anderen Rechtsvorschriften, die der Gefahrenabwehr dienen, zur Anwendung unmittelbaren Zwangs befugt sind.

1. Befugnisse nach dem HSOG

Die entsprechenden Rechtsgrundlagen im HSOG sind die Vorschriften der §§ 47, 48 Abs. 1 Nr. 1 Nr. 3, §§ 2–4, 52 (→ Rn. 2). 17

2. Befugnisse nach anderen Rechtsvorschriften

Als andere Rechtsvorschriften im genannten Sinne werden in der Literatur (vgl. Hornmann HSOG Rn. 3; Meixner/Fredrich, 12. Aufl. 2016, Rn. 2) – neben solchen aus der StPO (vgl. → Rn. 15) – genannt: §§ 176 ff. GVG, §§ 58 ff. AufenthG, §§ 25 ff. IfSG, §§ 17–19 GeschlKrG, §§ 18 ff. TierSG, §§ 17, 31a StVZO, § 46 HessBKG, § 10 HessFreihEntzG. 18

Dieser Aufzählung ist zum einen nicht mehr aktuell (das GeschlKrG wurde 2001 durch das IfSG ersetzt, das TierSG 2013 durch das TiergesG und das HessFreihEntzG 2017 durch das HessPsychKHG), zum anderen unzutreffend, weil sie mit der StVZO ein nicht förmliches Gesetz (vgl. → Rn. 5) und mit den Vorschriften des IFSG, des HessBKG und des GVG auf Normen verweist, die eine solche Befugnis ausdrücklich nicht enthalten und in die sie auch im Wege der Auslegung kaum hineingelesen werden kann. 19

Richtigerweise ist davon auszugehen, dass auf diese Vorschriften ggf. ein polizeilicher Verwaltungsakt gestützt werden kann, der dann seinerseits gem. §§ 47 ff., 54 ff. mit unmittelbarem Zwang durchgesetzt werden kann; bei der Durchführung der Sitzungspolizei nach §§ 176 ff. GVG kann die Polizei insoweit unter Umständen im Wege der Amtshilfe tätig werden (vgl. Meyer-Goßner/Schmitt GVG § 176 Rn. 14; BGH NJW 1980, 249). 19.1

Von den genannten Vorschriften verblieben danach als in Betracht kommend tatsächlich nur die des § 10 HessFreihEntzG, die durch Inkrafttreten des HessPsychKHG inzwischen entfallen ist (vgl. nunmehr § 32 Abs. 4) sowie die der §§ 58 ff. AufenthG iVm § 70 Abs. 5 AufenthG, wobei im letztgenannten Fall praktisch überwiegend auf die Vollzugshilfe iSd §§ 44–46 zurückgegriffen wird. 20

II. Geltung der §§ 55–62 für die Art und Weise der Anwendung

Sind die Polizeibehörden nach diesen Vorschriften zur Anwendung unmittelbaren Zwangs befugt, gelten die §§ 55–62 für die Art und Weise der Anwendung. 21

Mit der Wendung „für die Art und Weise der Anwendung" ist keine Einschränkung der Geltung der §§ 55–62 dergestalt verbunden, dass sie – gleichsam für andere Teile der Anwendung – nicht gelten würden. 22

Ausgedrückt wird vielmehr nur, dass das „Ob" der Anwendung in einer eigenen Befugnisnorm vorgesehen sein muss (→ Rn. 3). Ist dies der Fall, sind die Vorschriften der §§ 55–62 – die die „Art und Weise" regeln – uneingeschränkt einzuhalten. 23

Ausweislich des Abs. 1 gilt insoweit auch kein Subsidiaritätsgrundsatz zugunsten von Regelungen in den Befugnisnormen der anderen Rechtsvorschriften im genannten Sinne (so aber Hornmann HSOG Rn. 4). Ein Vorrang kann sich allenfalls unter dem Gesichtspunkt der Spezialität dieser Normen ergeben. 24

III. Subsidiäre Geltung der übrigen Vorschriften des HSOG

Subsidiär („soweit sich aus diesen" – also §§ 55–62 – „nichts anderes ergibt") gelten allerdings darüber hinaus die übrigen Vorschriften des HSOG. 25

Damit sind – was auch ohne ausdrücklichen gesetzlichen Hinweis gelten würde – vor allem die Vorschriften des § 4 (Verhältnismäßigkeit) und des § 5 (Ermessen, Wahl der Mittel) gemeint. 26

Praktisch stellen die sich aus diesen Normen ergebenden Grundsätze nicht selten das zentrale Problem bei der Anwendung unmittelbaren Zwanges dar. Hinsichtlich ihrer Anwendung ergibt sich aus den §§ 55–62 auch „nichts anderes". 27

Schon vor Eingreifen der §§ 54 ff. war zu prüfen, ob überhaupt Zwang anzuwenden ist und ggf., welche der drei Arten des Zwangs ausreichend ist. Da unmittelbarer Zwang das letzte Mittel ist, um eine polizeiliche Verfügung durchzusetzen (§ 52 Abs. 1) kommt dieser nur in Betracht, wenn alle anderen Möglichkeiten erschöpft sind oder keinen Erfolg versprechen. 27.1

28 Im Rahmen des Auswahlermessens haben Polizeivollzugsbeamtinnen und -beamte danach auch bei der Zwangsanwendung zunächst das (legitime und geeignete) Ziel festzulegen – und damit die Intensität der Gefahrenabwehr in Relation zum Grad eines Restrisikos – und sodann unter dem Gesichtspunkt der Erforderlichkeit das mildeste Mittel zur Erreichung des in dieser Weise definierten Zieles anzuwenden; dieses Mittel muss zudem angemessen sein.

29 Insbesondere in Bezug auf den Schusswaffengebrauch werden diese Vorgaben durch die §§ 60 ff. weiter konkretisiert.

IV. Verhältnis zu den „Notrechtsvorbehalten" (Abs. 2)

30 Die Regelung des Abs. 2 steht im Zusammenhang mit der vormals umfassend geführten rechtswissenschaftlichen Debatte um die Anwendbarkeit straf- oder zivilrechtlicher Not- oder Jedermannrechte als Ermächtigungsgrundlagen für hoheitliches Handeln (ausf. nachgezeichnet bei Jahn, Das Strafrecht des Staatsnotstands, 2004, 273 ff. (339 ff.) mwN).

31 Als deren weitgehend konsentiertes Ergebnis kann inzwischen festgehalten werden, dass straf- oder zivilrechtliche Nothilferechte nicht als Rechtsgrundlagen für hoheitliches Handeln herangezogen werden können; dafür bedarf es vielmehr stets öffentlich-rechtlicher Befugnisnormen. Nur auf der Grundlage solcher Vorschriften – die nicht durch Vorschriften über Notwehr und Notstand ersetzbar sind – kann hoheitliches, insbesondere polizeibehördliches Handeln rechtmäßig sein (vgl. statt vieler Lisken/Denninger PolR-HdB/Graulich, 6. Aufl. 2018, E Rn. 973; Hornmann HSOG Rn. 8; Fredrich Rn. 5, jeweils mwN; aus der älteren Lit. Kirchhof NJW 1978, 969; Amelung NJW 1977, 833; Schwabe NJW 1977, 1902; vgl. auch BVerfGE 33, 1 (9 ff.); 40, 237 (246 ff.); vgl. allerdings für die Gegenthese aus dem politischen Raum den Nachweis bei Hornmann HSOG Rn. 151 ff.).

32 Soweit Abs. 2 – in Übereinstimmung mit § 35 Abs. 2 MEPolG (Musterentwurf für ein einheitliches Polizeigesetz; vgl. → SystVorbPolRH Rn. 16.1, → SystVorbPolRH Rn. 37) – feststellt, dass die zivil- und strafrechtlichen Wirkungen nach den Vorschriften über Notwehr und Notstand unberührt bleiben, heißt das vor diesem Hintergrund vor allem, dass die Vorschriften über Notwehr und Notstand keinerlei Aussage über die Rechtmäßigkeit des zugrunde liegenden polizeibehördlichen Handelns aus öffentlich-rechtlicher Perspektive treffen.

33 Diese auf Verfassungsrecht beruhende gesetzgeberische Wertung ist nicht zuletzt deshalb treffend, weil die Vorschriften über Notwehr und Notstand ausschließlich das Verhältnis der Bürger untereinander regeln, indem sie eng begrenzte Ausnahmen von dem für diese geltenden Gewaltverbot in Situationen zulassen, in denen der Staat seiner Schutzpflicht (vgl. → SystVorbPolRDe Rn. 13) nicht nachkommen kann.

34 Den damit zugrunde liegenden Gedanken auf den – das Gewaltmonopol gleichsam als schutzpflichtbedingte Kehrseite der bürgerlichen Friedensplicht innehabenden – Staat anwenden zu wollen, wäre widersinnig.

35 Demgegenüber kann auch die gerne bemühte schlichte Feststellung, es könne dem Staat nicht verboten sein, was dem Bürger erlaubt sei, nicht in Stellung gebracht werden: Staatliches Handeln ist – unter mehreren Gesichtspunkten und nicht nur hier – strengeren Rechtsmaßstäben zu unterwerfen, als das Handeln des Bürgers (vgl. nur Kirchhof NJW 1978, 972; Lisken/Denninger PolR-HdB/Graulich, 6. Aufl. 2018, E Rn. 973 mwN).

36 Erlauben also Notrechte dem einzelnen, nicht professionell vorbereiteten Bürger in Ausnahmesituationen eine prinzipiell verbotene Handlung vorzunehmen, verpflichtet der Sicherungsauftrag der Polizei diese zu ständigem Bewirken des Rechts, wobei präzise Eingriffsgrundlagen und professionelle Ausbildung sie zur Erreichung dieses Ziels in die Lage (zu) versetzen (haben).

37 Notwehr- und Notstandsvorschriften können deshalb nicht zur hoheitlichen Abwehr von Gefahren für Dritte herangezogen werden; gleichwohl bleiben freilich die handelnden Polizeivollzugsbeamten und Polizeivollzugsbeamtinnen in solchen Ausnahmesituationen neben ihrer Eigenschaft als Amtswalter Menschen mit zivil- und strafrechtlichen Verantwortlichkeiten. Dieser Seite – und nur dieser – ihres Handelns Rechnung zu tragen, ist Regelungsgegenstand des Abs. 2.

38 Überschreitet ein Polizeivollzugsbeamter also in Anwendung unmittelbaren Zwangs die Grenzen von §§ 4, 5 und/oder §§ 55–62, bleibt sein Handeln (als „Arm des Staates") öffentlich-rechtlich rechtswidrig mit allen Konsequenzen.

Rechtmäßiges fiskalisches Verwaltungshandeln soll jedoch bei Verteidigung des Privateigentums an öffentlichen Sachen unter Umständen unter dem Gesichtspunkt des sog. flankierenden Verwaltungsschutzes angenommen werden können (vgl. Amelung NJW 1977, 833 (839)). 38.1

Wird er deswegen als Person straf- oder zivilrechtlich zur Verantwortung gezogen, können die Vorschriften über Notwehr und Notstand zur persönlichen Rechtfertigung gleichwohl herangezogen werden. 39

Die einschlägigen straf- und zivilrechtlichen Regelungen über die Notwehr sind die der §§ 32, 33 StGB, § 15 OWiG und des § 227 BGB; die straf- und zivilrechtlichen Regelungen über den Notstand finden sich in §§ 34, 35 StGB, § 16 OWiG und in §§ 228, 904 BGB. 40

Bei der Anwendung dieser Vorschriften, die ggf. Rechtswidrigkeit oder Schuld und damit Strafbarkeit oder Schadensersatzpflicht entfallen lassen, sind allerdings bei Polizeivollzugsbeamtinnen mit Blick auf ihre professionelle Ausbildung im Umgang mit Gefahrensituationen die Anforderungen an das Vorliegen der Notrechte tendenziell höher anzusetzen (Hornmann HSOG Rn. 11 mwN). 41

Auch entfällt durch Abs. 2 nicht die etwaige disziplinarrechtliche Relevanz eines öffentlich-rechtlich rechtswidrigen, aber straf- und/oder zivilrechtlich gerechtfertigten oder entschuldigten Handelns. 42

Da es sich bei den Notwehr- und Notstandsrechten ausschließlich um Individualrechte handelt, können Polizeivollzugsbeamten und Polizeivollzugsbeamtinnen zudem dienstlich nicht angewiesen werden, davon Gebrauch zu machen; eine solche Anweisung wäre stets rechtswidrig (Fredrich Rn. 6; Hornmann HSOG Rn. 9 mwN). 43

Im Einzelnen lässt sich zum Verhältnis der Maßstäbe hoheitlichen Handelns zu denen unter dem Gesichtspunkt von Notwehr und Notstand folgendes sagen: Notrechtsaktivitäten können weiter gehen als die amtl. Befugnisse in den öffentlich- rechtlichen Vollstreckungsnormen - nur dann erlangen sie ja Bedeutung - und zwar sowohl was Anlass und Mittel wie auch was die Zuständigkeit betrifft. Denn im Polizeirecht gilt der Grundsatz der Verhältnismäßigkeit umfassend - Erforderlichkeit und Angemessenheit müssen stets vorliegen. 43.1

Im Rahmen der Notwehr gilt neben dem Gebot der Erforderlichkeit nur ein Rechtsmissbrauchsverbot - Verhältnismäßigkeit im Sinne von Proportionalität zwischen dem gefährdeten und dem durch die Verteidigung verletzten (das Rechtsgut muss bei der Notwehr nicht beachtet werden). Auch ist das Polizeirecht bei den Schusswaffenvoraussetzungen enger. So dürfen bspw. Schusswaffen gegen Personen in einer Menschenmenge stets nur nach Androhung gebraucht werden (§ 58 Abs. 3 S. 2). Schließlich kann zwar die Anwendung polizeilicher Zwangsmittel von Vorgesetzten angeordnet werden, § 56, eine Anweisung zur Nutzung individueller Notrechte ist unzulässig (→ Rn. 43). Bei Einschreiten unter dem Gesichtspunkt flankierenden Verwaltungsschutzes (→ Rn. 38.1) soll eine Weisung allerdings zur Nothilfe gegenüber einem in Not geratenen Amtswalter möglich sein, da insoweit Verwaltungshandeln vorliege. Dies ist jedenfalls gegenüber dem individuellen Notrecht vorrangig, soweit die Gefahrenlage in Beziehung zur Amtsausübung steht. 43.2

Auf den schuldausschließenden Notstand wird sich der Polizeibeamte nur berufen können, soweit er nicht aufgrund seiner besonderen Berufspflicht verpflichtet ist, sich solchen Gefahren auszusetzen. 43.3

Im Falle des Handelns aus Notwehr oder im Notstand dürfen neben den in § 55 aufgeführten Mitteln auch nicht zugelassene Waffen verwendet werden. Die Vorschriften des § 55 finden hier zwar grundsätzlich keine Anwendung, jedoch wird man davon ausgehen müssen, dass der Beamte vor Gebrauch der Schusswaffe den Angreifer zu warnen hat, soweit dies ohne Gefährdung der Person des Angegriffenen möglich ist (vgl. § 58), und dass unter den gleichen Voraussetzungen auch auf den Grundsatz der Angemessenheit zu achten ist. Dies ergibt sich aus den besonderen Berufspflichten des Beamten, insbesondere der zum Ertragen besonderer Gefahrenlagen. 43.4

Im Falle eines gegenwärtigen Angriffs auf den Beamten greift stets das Selbstverteidigungsrecht in Notwehr ein. §§ 60, 61 treffen auf diese Fälle nicht immer zu. Sind jedoch die Voraussetzungen für einen Schusswaffengebrauch nach HSOG erfüllt, ist diese Zwangsanwendung vorrangig. Der Schusswaffengebrauch als Notwehr ist auch zulässig, wenn an dem Beamten lediglich ein Vergehen (zB Körperverletzung) begangen werden soll. Allerdings muss dem Beamten im Einzelfall auch hier das Ertragen berufsüblicher Gefahren (→ Rn. 43.4) zugemutet werden. So darf deshalb zB bei einer Wirtshausschlägerei der Beamte auch zur Selbstverteidigung nicht ohne weiteres zur Schusswaffe greifen. An die Erforderlichkeit sind besonders strenge Anforderungen zu stellen, da es sich um einen professionellen Nothelfer bzw. Notwehrübenden handelt (→ Rn. 41). 43.5

43.6 Besonders zu beachten ist bei der Notwehr, dass unter mehreren Abwehrmitteln, die mit Sicherheit den Angriff sofort beenden, das am wenigsten schädliche zu wählen ist. In bestimmten Fällen ist dem Angegriffenen auch ein Ausweichen zuzumuten zB bei Beleidigungen, ferner bei Unzurechnungsfähigen oder Kindern; außerdem bei Vorliegen eines krassen Missverhältnisses zwischen den beteiligten Rechtsgütern. In jedem Falle muss der Gebrauch der Schusswaffe als schärfstes Zwangsmittel auf die Fälle dringendster Notwehr beschränkt bleiben.

§ 55 Begriffsbestimmung, zugelassene Waffen

(1) Unmittelbarer Zwang ist die Einwirkung auf Personen oder Sachen durch körperliche Gewalt, durch ihre Hilfsmittel und durch Waffen.

(2) Körperliche Gewalt ist jede unmittelbare körperliche Einwirkung auf Personen oder Sachen.

(3) Hilfsmittel der körperlichen Gewalt sind insbesondere Fesseln, Wasserwerfer, technische Sperren, Diensthunde, Dienstpferde, Dienstfahrzeuge sowie zum Sprengen bestimmte explosionsfähige Stoffe (Sprengmittel).

(4) [1]Als Waffen sind Reiz- oder Betäubungsstoffe, Schlagstock, Pistole, Revolver, Gewehr und Maschinenpistole zugelassen. [2]Andere Waffen können durch Verwaltungsvorschriften zugelassen werden, wenn sie keine größeren Wirkungen als Schusswaffen nach Satz 1 haben.

(5) [1]Wird die Bundespolizei im Lande Hessen zur Unterstützung der Polizeibehörden nach § 102 Abs. 3 in Verbindung mit § 102 Abs. 1 Satz 1 Nr. 2 eingesetzt, so sind für die Bundespolizei auch die in Abs. 4 nicht genannten Waffen, die sie aufgrund Bundesrechts führen darf, zugelassen (besondere Waffen). [2]Die besonderen Waffen dürfen nur nach den Vorschriften dieses Gesetzes eingesetzt werden.

Überblick

Auszug aus der VVHSOG (gem. Erlass des Hessischen Ministeriums des Innern und für Sport v. 29.11.2022 (StAnz. 50/2022, 1384) zum 1.1.2025 mangels eines erneuten Verlängerungserlasses ersatzlos außer Kraft getreten):

Zu § 55

55. Begriffsbestimmung, zugelassene Waffen

55.1 Zu Abs. 1

Die drei Formen des unmittelbaren Zwanges sind in Abs. 1 abschließend aufgeführt.

55.2 Zu Abs. 2

55.2.1

Unmittelbare körperliche Einwirkung auf Personen ist zum Beispiel die Anwendung von Polizeigriffen.

55.2.2

Auf Sachen wird unmittelbar körperlich eingewirkt zum Beispiel durch das Einschlagen von Fensterscheiben.

55.3 Zu Abs. 3

55.3.1

Die Aufzählung ist nur beispielhaft. Außer den ausdrücklich genannten Gegenständen kommen Nachschlüssel, Brechstangen oder ähnliche Gegenstände in Betracht. Es sind nur solche Gegenstände als Hilfsmittel der körperlichen Gewalt zu verwenden, deren Wirkung in einem angemessenen Verhältnis zu dem angestrebten Erfolg steht.

55.3.2

Wegen der Anwendung von Fesseln vergleiche Nr. 59.

55.3.3

Der Einsatz von Wasserwerfern kommt insbesondere in Betracht, wenn eine unfriedliche Menschenmenge aufgelöst werden soll und mildere Mittel keinen Erfolg versprechen.

55.3.4
Als technische Sperren zum Absperren von Straßen, Plätzen und anderem Gelände kommen zum Beispiel Fahrzeuge, Container, Sperrgitter, Sperrzäune, Seile, Stacheldraht, Nagelböden oder Nagelbänder in Betracht.
55.3.5
Diensthunde und Dienstpferde müssen für ihre polizeilichen Aufgaben besonders abgerichtet sein. Sie dürfen nur von besonders ausgebildeten Polizeivollzugsbeamtinnen oder Polizeivollzugsbeamten eingesetzt werden.
55.3.6
Dienstfahrzeuge dürfen gegen Personen (Ansammlungen) eingesetzt werden, um Straßen, Plätze oder anderes Gelände zu räumen. Der Einsatz ist möglichst so durchzuführen, dass niemand verletzt wird.
55.3.7
Sprengmittel dürfen nur gegen Sachen angewendet werden (vergleiche § 61 Abs. 3).
55.4 Zu Abs. 4
55.4.1
Die zugelassenen Waffen sind nicht abschließend im Gesetz genannt. Welche Kaliber und Munitionsarten zugelassen sind, wird durch gesonderte Verwaltungsvorschrift bestimmt.
55.4.2
Zu dem Gebrauch von Reiz- und Betäubungsstoffen gehört auch die Verwendung von Tränengas- und Nebelkörpern sowie Reizstoffsprühgeräten mit Capsaicin (Pfefferspray).
In geschlossenen Räumen dürfen - ausgenommen in Fällen der Notwehr und des Notstandes - Tränengas- und Nebelkörper nur gegen Personen eingesetzt werden, die sich gegen eine Festnahme/Ingewahrsamnahme gewaltsam, insbesondere mit Waffen, zur Wehr setzen. In besonderen Erlassen getroffene Regelungen bleiben unberührt.
55.4.3
Schläge mit Schlagstöcken sollen gegen Arme oder Beine gerichtet werden, um schwerwiegende Verletzungen zu vermeiden.
55.4.4
Wegen des Gebrauchs von Schusswaffen vergleiche §§ 58 und 60.

Die Vorschrift des § 55 enthält neben Begriffsbestimmungen in Bezug auf den unmittelbaren Zwang die Aufzählung von sog. Hilfsmitteln und die Festlegung der für das polizeiliche Handeln zugelassenen Waffen.

Übersicht

A. Allgemeines

Da der unmittelbare Zwang das schärfste der zulässigen Zwangsmittel ist (vgl. → § 54 Rn. 8), wird er in allen Polizeigesetzen in einem eigenen Abschnitt geregelt, an dessen Anfang eine in allen Ländern gleichlautende Definition steht (vgl. die Aufzählung der Parallelvorschriften zu § 55 bei Lisken/Denninger PolR-HdB/Graulich, 6. Aufl. 2018, E Rn. 861). 1

I. Zweck und Bedeutung der Regelung

1. Anwendungsbereich

2 Die Vorschrift des § 55 gilt insoweit ausweislich des § 54 Abs. 1 zunächst für die präventivpolizeiliche Anwendung unmittelbaren Zwangs aufgrund des HSOG oder aufgrund anderer Rechtsvorschriften.

3 Kraft der Verweisung des § 3 Abs. 3 (vgl. zu deren Problematik → § 54 Rn. 14, → § 54 Rn. 15.1) gilt sie zudem für die Anwendung unmittelbaren Zwangs durch die Polizeibehörden im Rahmen der Verfolgung von Straftaten und Ordnungswidrigkeiten.

2. Abschließende Aufzählung und Abstufung der Formen unmittelbaren Zwangs

4 Indem Abs. 1 den unmittelbaren Zwang als Einwirkung auf Personen oder Sachen durch körperliche Gewalt, ihre Hilfsmittel oder Waffen definiert, umschreibt diese Vorschrift dessen zulässige Formen abschließend (Hornmann HSOG Rn. 3; Fredrich Rn. 2).

5 Daher fallen etwa psychische Gewalt und/oder hypnotische Einwirkung nicht darunter, die somit – da sie auch nicht zu den anderen der ebenfalls abschließend aufgeführten Zwangsmitteln (→ § 48 Rn. 1) gehören – als Mittel des (unmittelbaren) Zwangs gänzlich ausgeschlossen sind (vgl. zu dem – insoweit phänomenologisch „verwandten" – Verbot, unmittelbaren Zwang zur Durchsetzung von Auskunftspflichten einzusetzen die Regelung des § 52 Abs. 2; → § 52 Rn. 6; eingehend Lisken/Denninger PolR-HdB/Graulich, 6. Aufl. 2018, E Rn. 880 ff.).

6 Die Aufzählung in § 55 Abs. 1 ist dabei als Abstufung dergestalt zu verstehen, dass die (einfache) körperliche Gewalt die mildeste und die Anwendung von Waffen die schärfste Form des unmittelbaren Zwangs ist (Fredrich Rn. 2; Hornmann HSOG Rn. 3).

6.1 Als Hilfsmittel und Waffen von vorneherein absolut verboten sind selbstverständlich Mittel, die selbst für Kriegszwecke nicht benutzt werden dürfen. Das sind nach dem – seit dem Beitritt des Deutschen Reichs 1929 – in Deutschland geltenden Genfer Protokoll v. 17.6.1925 erstickende, giftige oder gleichartige Gase sowie ähnliche Flüssigkeiten, Stoffe oder Verfahrensarten und bakteriologische Kampfmittel (aA für die Anwendbarkeit des Protokolls VGH München DIE POLIZEI 1989, 70 unter Hinweis auf eine fehlende innerstaatliche Wirkung). Das vormals in Hessen als Reizstoff eingesetzte sog. Chemical-Mace dürfte insoweit erst nach der Umstellung seiner Zusammensetzung – nur CN (= omega-Chloracetophenon) kein CS (= ortho-Chlorbenzyliden-malodinitrilf) mehr – unbedenklich gewesen sein (großzügiger BVerwG NVwZ 1989, 872).

3. Doppelbedeutung des Begriffs des unmittelbaren Zwangs

7 Bei Begriff und Definition des unmittelbaren Zwangs ist – trotz der auch alltagssemantisch guten Verständlichkeit – auf den jeweiligen Verwendungszusammenhang zu achten.

8 Der Begriff des unmittelbaren Zwangs hat insoweit eine Doppelbedeutung, als er zum einen jeden tatsächlichen physischen Zwang durch die Polizeibehörden kennzeichnet, er zum anderen aber auch der Sammelbegriff für alle Vollstreckungsmaßnahmen ist, die nicht als Ersatzvornahme oder Zwangsgeld zu qualifizieren sind.

9 Die Frage, in welchem Sinn der Begriff jeweils verwendet wird, ist insbesondere für die Abgrenzung des unmittelbaren Zwangs, zur Ersatzvornahmen und die Vollzugshilfe iSd § 44 Abs. 2 Nr. 1 („wenn unmittelbarer Zwangs anzuwenden ist") von Bedeutung.

II. Parallelvorschriften

10 Parallelvorschriften, die Begriffsbestimmungen in Bezug auf den unmittelbaren Zwang vorsehen, finden sich in allen anderen Landespolizeigesetzen bzw. Gesetzen über den unmittelbaren Zwang (vgl. nur Art. 78 BayPAG, § 64 Abs. 1 BWPolG, § 69 NPOG, § 58 PolG NRW). Inhaltlich weichen die Normen teilweise von der hessischen Rechtslage ab.

11 Eine bundesrechtliche Entsprechung zu § 55 enthält § 2 UZwG.

B. Einzelkommentierung

12 Nachdem Abs. 1 den unmittelbaren Zwang als Einwirkung auf Personen und Sachen durch körperliche Gewalt, durch ihre Hilfsmittel und durch Waffen definiert hat, konkretisieren die Regelungen in Abs. 2–4 jeweils was unter körperlicher Gewalt, deren Hilfsmitteln und Waffen zu verstehen ist.

I. Begriff der (einfachen) körperlichen Gewalt (Abs. 2)

13 Die als unmittelbare körperliche Einwirkung auf Personen oder Sachen definierte körperliche Gewalt, die mangels Einsatzes von Hilfsmitteln oder Waffen auch als einfache körperliche Gewalt bezeichnet werden kann, umfasst die physische Einwirkung auf Personen und Sachen durch alleinigen Einsatz der Körperkräfte.

1. Unmittelbare körperliche Einwirkung auf Personen oder Sachen

14 Dazu gehören etwa das Abdrängen, Festnehmen, Wegziehen am Arm, Pressen, Schieben, auch Beinstellen und Wegtragen. Boxhiebe und sog. Polizeigriffe fallen ebenfalls hierherunter. Körperliche Gewalt ist ferner (vgl. aber bezüglich der Abgrenzung zur Ersatzvornahme → Rn. 2) das Aufbrechen, Einschlagen (zB von Fenstern), Umwerfen, regelmäßig auch das Wegnehmen von festgehaltenen Sachen (zB einer brennenden Zigarette oder eines gefährlichen Gegenstands; ebenso das Wegräumen und das Öffnen zum Zwecke der Vornahme der Vollstreckungshandlung.

14.1 Das Aufbrechen etwa eines Schreibtischs, in dem sich ein Führerschein befindet, dessen angeordnete Herausgabe verweigert wird, ist indessen nach § 47 Abs. 5 S. 2 zu beurteilen.

15 Körperliche Gewalt ist nicht psychische Gewalt; deren Ausübung ist unzulässig (→ Rn. 5). Die physische Gewalt darf auch nicht als Mittel psychischer Gewalt eingesetzt werden. So wäre es unzulässig, eine festgenommene Person zu schlagen, um sie zum Mitgehen zu veranlassen; insoweit kommt lediglich das Tragen oder Wegziehen der Person in Betracht.

15.1 Dieses Ergebnis folgt allerdings nicht nur aus dem Begriff der körperlichen Gewalt, sondern auch aus Art. 1 und 104 Abs. 1 S. 2 GG sowie aus dem Grundsatz der Verhältnismäßigkeit.

16 Eine psychische Einwirkung durch die Androhung von Zwangsmitteln nach §§ 53, 58 ist allerdings zulässig und regelmäßig vor der Anwendung physischer Gewalt auch erforderlich.

17 Die körperliche Einwirkung im genannten Sinne kann gem. Abs. 1 und Abs. 2 auf Personen oder Sachen bezogen sein. Insoweit erweckt die Vorschrift den Eindruck, dass von ihr jedwede Art der Anwendung körperlicher Gewalt durch die Polizeibehörden erfasst ist.

18 Während dies für die unmittelbare körperliche Einwirkung auf Personen tatsächlich zutrifft (vgl. Lisken/Denninger PolR-HdB/Graulich, 6. Aufl. 2018, E Rn. 858 mwN), ist hinsichtlich der körperlichen Einwirkung auf Sachen zu differenzieren. Hier sind Fälle denkbar, in denen – trotz körperlicher Einwirkung – kein unmittelbarer Zwang iSd Abs. 1 und Abs. 2 vorliegt (vgl. insoweit zur Doppelbedeutung des Begriffs → Rn. 7).

2. Abgrenzung zur Ersatzvornahme bei Einwirkung auf Sachen

19 Namentlich kommt eine unmittelbare körperliche Einwirkung auf Sachen auch im Rahmen des Zwangsmittels der Ersatzvornahme (§ 48 Abs. 1 Nr. 1, § 49) in Betracht, wenn etwa eine Tür durch die Polizeibehörden gewaltsam geöffnet wird. Dies machten auch die für die Vollstreckung durch die Verwaltungsbehörden geltenden Vorschriften der Landesverwaltungsvollstreckungsgesetze – in Hessen § 74 Abs. 2 HessVwVG – deutlich.

19.1 Die ersten beiden Absätze des § 74 HessVwVG (Ersatzvornahme) lauten:

„(1) Wird die Verpflichtung zu einer Handlung, die auch ein anderer als der Pflichtige vornehmen kann (vertretbare Handlung), nicht oder nicht vollständig erfüllt, so kann die Vollstreckungsbehörde die Handlung auf Kosten des Pflichtigen vornehmen oder vornehmen lassen.

(2) Ist die Handlung notwendig mit der gewaltsamen Einwirkung auf Sachen verbunden, so kann die Vollstreckungsbehörde die Anwendung körperlicher Gewalt und ihrer Hilfsmittel anordnen."

20 Für diese Fälle ist eine Abgrenzung zwischen unmittelbarem Zwang und Ersatzvornahme erforderlich.

20.1 Anders als in anderen Bundesländern ist diese Unterscheidung in Hessen allerdings nicht schon wegen unterschiedlicher Kostenfolgen (vgl. Gusy PolR Rn. 446) erforderlich, weil nach dem HSOG nicht nur für die Ersatzvornahmen, sondern nach § 53 Abs. 1 S. 3 auch für die Anwendung unmittelbaren Zwangs Kosten erhoben werden können.

21 Insoweit kann zunächst festgehalten werden, dass es in diesen Fällen qua Definition der Ersatzvornahme stets um die Vollstreckung vertretbarer Handlungen geht (vgl. Lisken/Denninger PolR-HdB/Graulich E, 6. Aufl. 2018, Rn. 858; unklar Gusy PolR Rn. 446).

21.1 Nach allgemeinem Vollstreckungsrecht kann zwar bei unvertretbaren Handlungen gem. § 75 HessVwVG die Vollstreckungsbehörde auf Kosten des Pflichtigen die erforderlichen Maßnahmen treffen oder treffen lassen, um weitere Zuwiderhandlungen zu verhindern, wenn der Pflichtige einer Duldungs- oder Unterlassungspflicht zuwiderhandelt, zB ein Schloss auswechseln oder ein Tor Zumauern zur Durchsetzung von Betretungsverboten. Insoweit wird es sich nach der systematischen Stellung des § 75 HessVwVG um einen Unterfall der Ersatzvornahme handeln, nicht um unmittelbaren Zwang. Ob dies auch für die polizeiliche Vollstreckung gelten kann, ist jedoch sehr fraglich.

22 Im Übrigen ist diese Abgrenzung im Einzelnen seit längerem umstritten (vgl. die verschiedenen Ansätze bei Hornmann HSOG Rn. 2; Lisken/Denninger PolR-HdB/Graulich, 6. Aufl. 2018, E Rn. 858 f.; Hoffmann-Riem DÖV 1967, 299; Mende HPR 1/1984, 38; Gusy PolR JA 1990, 229; Patella NVwZ 1992, 248; VGH Kassel NVwZ-RR 1994, 89 f.; OLG Bremen NJW 1977, 160).

23 Richtigerweise wird auf einen Vergleich zwischen der Handlung, die der Polizeipflichtige schuldet und der Handlung, die durch die Behörde vorgenommen wurde, abzustellen sein. Nur wenn beide identisch sind, kann von einer ersatzweisen Vornahme ausgegangen werden; unterscheiden sie sich, liegt unmittelbarer Zwang vor (vgl. mit Beispielen Lisken/Denninger PolR-HdB/Graulich, 6. Aufl. 2018, E Rn. 858 f.).

24 Ist ein Erfolg herbeizuführen – sodass die genau geschuldete Handlung nicht bestimmt werden kann – ist darauf abzustellen, wer den geschuldeten Zustand im Ergebnis herbeigeführt hat: War es (auf Druck der Polizeibehörde) der Pflichtige, liegt unmittelbarer Zwang vor, war es die Polizeibehörde, liegt eine Ersatzvornahme vor (vgl. mit Beispielen Gusy PolR Rn. 446).

II. Hilfsmittel der körperlichen Gewalt (Abs. 3)

25 Bezüglich der Hilfsmittel der körperlichen Gewalt verzichtet § 55 auf eine Definition; Abs. 3 sieht lediglich eine hervorhebende Aufzählung („insbesondere") vor.

26 Abstrakt lassen sich als Hilfsmittel der körperlichen Gewalt alle Mittel umschreiben, die beim polizeilichen Einsatz zur Unterstützung der Körperkraft verwendet werden, nicht von Abs. 4 erfasst sind und deren Besitz und / oder Verwendung nicht nach (sonstigen) öffentlich-rechtlichen Vorschriften verboten ist.

27 Die Aufzählung in Abs. 3 ist nicht abschließend. Neben den – gleichsam als Regelbeispielen – genannten Hilfsmitteln (Fesseln, Wasserwerfer, technische Sperren, Diensthunde, Dienstpferde, Dienstfahrzeuge sowie zum Sprengen bestimmte explosionsfähige Stoffe (Sprengmittel) kommt also – ohne dass es einer dienstlichen Zulassung bedürfte – auch die Verwendung von Werkzeugen oder sonstigen technischen Hilfsmitteln aller Art in Betracht.

28 Nr. 55.3.1 VVHSOG nennt als solche – wiederum beispielhaft – Nachschlüssel, Brechstangen oder ähnliche Gegenstände. Mit Blick auf die Verhältnismäßigkeit beschränkt diese Regelung das Repertoire dabei allerdings zu Recht auf solche Gegenstände, deren Wirkung in einem angemessenen Verhältnis zu dem angestrebten Erfolg steht.

29 Die erwähnten technischen Sperren (zum Absperren von Straßen, Plätzen und anderem Gelände) werden in Nr. 55.3.4 VVHSOG beispielhaft konkretisiert als Fahrzeuge, Container, Sperrgitter, Sperrzäune, Seile, Stacheldraht, Nagelböden oder Nagelbänder.

30 Dienstpferde und Diensthunde sind Tiere, die nach einer Prüfung durch den Dienstherrn als geeignet für den Polizeidienst anerkannt wurden. Durch besondere Ausbildung von Tier und Reiter oder Hundeführer muss die Gewähr dafür gegeben sein, dass ihr Einsatz keine

Schäden zur Folge hat, die außer Verhältnis zum beabsichtigten Erfolg stehen (vgl. Nr. 55.3.5 VVHSOG).

Dienstfahrzeuge als Hilfsmittel der körperlichen Gewalt dürfen zB als Sperre oder zur Anhaltung von Fahrzeugen eingesetzt werden. Ein weiterer Einsatz – etwa zur Räumung, zum Ausbremsen oder Abdrängen ist – im Rahmen der Verhältnismäßigkeit – möglich (vgl. Nr. 55.3.6 VVHSOG). 31

Wasserwerfer dürfen zum Räumen – Durchsetzung eines Platzverweises – eingesetzt werden, wenn ein Abdrängen oder Wegtragen nicht in Betracht kommt. Dies gilt grundsätzlich auch nach der Auflösung einer Versammlung, und zwar unabhängig von der Rechtmäßigkeit der zugrundeliegenden Verfügung wegen der besonderen Situationsgebundenheit (vgl. BVerfG NVwZ 1999, 290). 32

Zum Sprengen bestimmte explosionsfähige Stoffe (Sprengmittel) dürfen nur gegen Sachen angewandt werden (vgl. § 61 Abs. 3 und Nr. 55.3.7 VVHSOG); anderenfalls wären sie als Waffen zu qualifizieren. 33

Unter dem Gesichtspunkt der Verhältnismäßigkeit und mit Blick auf die abschließende Regelung des Abs. 4 dürfen die Hilfsmittel der körperlichen Gewalt nicht als Waffen – also mit der Zielrichtung im Kampf Verletzungen beizubringen – eingesetzt werden (vgl. Hornmann HSOG Rn. 7 mit Beispielen; zur Abgrenzung Hilfsmittel / Waffe auch Lisken/Denninger PolR-HdB/Graulich, 6. Aufl. 2018, E Rn. 878). 34

III. Waffen (Abs. 4)

Auch bezüglich der Waffen verzichtet § 55 auf eine Definition; Abs. 4 S. 1 zählt aber die als Waffen zugelassenen Gegenstände – zunächst abschließend – auf. 35

Nach den einschlägigen Bestimmungen des Waffenrechts sind Waffen Gegenstände, die ihrer Natur nach dazu bestimmt sind, im Kampf als Angriffs- und Verteidigungsmittel zu dienen und Verletzungen beizubringen. 36

Die zulässigen Waffenarten sind als Reiz- oder Betäubungsstoffe, Schlagstock, Pistole, Revolver, Gewehr und Maschinenpistole erschöpfend determiniert. Deren einheitliche Beschaffung sowie typ- und ggf. Lage- oder einsatzabhängige Verwendung wird durch das Hessische Ministerium des Innern und für Sport durch Erlass weiter konkretisiert. 37

Die Reiz- und Betäubungsstoffe sind seit 2004 als Waffen erfasst, zuvor waren sie als Hilfsmittel in Abs. 3 aufgeführt. 37.1

Es handelt sich um polizeitypische Waffen, die sich dadurch auszeichnen, dass ihre Handhabung kontrollierbar ist und nicht mit Wahrscheinlichkeit zum Tod der betroffenen Person führt (Hornmann HSOG Rn. 10). 38

Die Auswahl der Munition ist zwar in § 55 nicht geregelt, hat sich jedoch daran zu orientieren, also polizeitypisch in diesem Sinne zu sein (Hornmann HSOG Rn. 12; Lisken/Denninger PolR-HdB/Rachor, 5. Aufl. 2012, E Rn. 850). 39

Praktisch gehören zu den derzeit – neben den Schusswaffen – dienstlich ausgegebenen und eingesetzten Waffen als Reizstoffe Pfefferspray, Tränengaswurfkörper, Tränengasgranaten und Tränengasbeimischungen beim Einsatz von Wasserwerfern; als Betäubungsstoff die sog. Blendgranaten; als Hiebwaffe insbesondere der Gummiknüppel (Schlagstock) – inzwischen auch als sog. Einsatzmehrzweckstock bzw. als (eine besondere Ausbildung voraussetzender) sog. Tonfa. 40

Die Verwendung weder vorgesehener noch nach Abs. 4 S. 2 durch Verwaltungsvorschrift zugelassener Waffen (dazu → Rn. 42) ist rechtswidrig. Dies gilt etwa für jede Verwendung von Stoß-, Stich- oder Schlagwaffen (wie zB Seitengewehr oder Säbel) für den Dienstgebrauch. Als Schusswaffen kommen entsprechend der Aufzählung ausschließlich Pistole, Revolver, Gewehr und Maschinenpistole in Betracht. 41

Weitere Waffen können nach Abs. 4 S. 2 unter den dort genannten Voraussetzungen von durch Verwaltungsvorschrift zugelassen werden. Diese Regelung ist verfassungsrechtlich im Hinblick auf die sog. Wesentlichkeitslehre des Bundesverfassungsgerichts (→ Rn. 42.1) in höchstem Maße bedenklich (unter verfassungsrechtlichen Gesichtspunkten überaus kritisch auch Hornmann HSOG Rn. 13). 42

42.1 Vgl. BVerfGE 150, 1 (96 f.): „Die Entscheidung wesentlicher Fragen ist vor diesem Hintergrund dem parlamentarischen Gesetzgeber vorbehalten (vgl. BVerfGE 45, 400 [417 f.]; 47, 46 [78 ff.]; 48, 210 [221]; 49, 89 [126 f.]; 58, 257 [269 ff.]; 61, 260 [275]; 83, 130 [142, 151 f.]; 101, 1 [34]; 108, 282 [311]; 136, 69 [114 Rn. 102]; 139, 19 [45 Rn. 52]). Damit soll gewährleistet werden, dass Entscheidungen von besonderer Tragweite aus einem Verfahren hervorgehen, das der Öffentlichkeit Gelegenheit bietet, ihre Auffassungen auszubilden und zu vertreten, und das die Volksvertretung dazu anhält, Notwendigkeit und Ausmaß von Grundrechtseingriffen in öffentlicher Debatte zu klären. Geboten ist ein Verfahren, das sich durch Transparenz auszeichnet und das die Beteiligung der parlamentarischen Opposition gewährleistet (vgl. BVerfGE 139, 19 [46 Rn. 53])."

43 Der Gesetzgeber dürfte seiner Pflicht, alles Wesentliche selbst zu regeln, kaum nachgekommen sein, als er die Entscheidung über die polizeiliche Verwendung von Waffen, die „keine größeren Wirkungen als Schusswaffen" haben – deren Einsatz also ggf. schwere Verletzungen oder den Tod zur Folge haben – der Exekutive überlassen hat.

44 Damit sollte künftigen technischen Entwicklungen Rechnung getragen, die Aufzählung der Waffen aber nur „nach unten" geöffnet werden (vgl. zu Distanzelektroimpulsgeräten („Taser") etwa Lisken/Denninger PolR-HdB/Graulich, 6. Aufl. 2018, E Rn. 875; Hornmann HSOG Rn. 14).

44.1 Das Hessische Innenministerium hatte im April 2019 bekanntgegeben, dass die hessische Polizei nach einer zweijährigen erfolgreichen Testphase landesweit mit Distanzelektroimpulsgeräten („Tasern") ausgerüstet werde. Die erforderliche Verwaltungsvorschrift liegt noch nicht vor (vgl. dazu zutreffend Lisken/Denninger PolR-HdB/Graulich, 6. Aufl. 2018, E Rn. 875: Zulassung sollte dem Gesetzgeber vorbehalten bleiben).

44.2 Im Januar 2022 standen dem Polizeidienst nach Auskunft des Hessischen Innenministeriums 43 Geräte zur Verfügung, die bis zu diesem Zeitpunkt in 48 Fällen eingesetzt worden waren; in weiteren 52 Fällen wurde der Einsatz angedroht (vgl. LT-Drs. 20/6656).

45 Einstweilen ist die Regelung zumindest dergestalt verfassungskonform auszulegen, dass nur Waffen durch Verwaltungsvorschrift zugelassen werden dürfen, die ein deutlich geringeres Verletzungs- oder Tötungsrisiko als Schusswaffen nach Abs. 4 S. 1 aufweisen. Das Hessische Innenministerium wäre jedoch gut beraten, derartige Entscheidungen dem Gesetzgeber zu überlassen (→ Rn. 42 ff.).

IV. Besondere Waffen (Abs. 5)

46 Ob die Verwendung von Maschinengewehren und Granatwerfern (sog. „besondere" oder „schwere Waffen" eingebürgert) – zu denen auch Explosivmittel wie zB Blendgranaten gerechnet werden können – im polizeilichen Einsatz grundsätzlich zulässig wäre, ist bis heute umstritten (vgl. Lisken/Denninger PolR-HdB/Graulich, 6. Aufl. 2018, E Rn. 846 unter Verweis auf eine entsprechende Regelung im BayPAG; Hornmann HSOG Rn. 11, aus der älteren Lit. Mangelsdorff DVBl 1965, 189; Ule DVBl 1967, 1165 (1170)).

47 Der hessische Gesetzgeber hat davon abgesehen, besondere Waffen für die (Landes-) Polizei zuzulassen, jedoch durch Abs. 5 die Möglichkeit zu deren Einsatz durch die Bundepolizei (vormals: den Bundesgrenzschutz) für bestimmte Fälle eröffnet.

48 Die in Bezug genommene Vorschrift des § 102 Abs. 3, Abs. 1 S. 1 Nr. 2 regelt den Einsatz von Polizeivollzugsbeamten des Bundes auf Anforderung oder Weisung zunächst in Fällen des Art. 35 Abs. 2 und Abs. 3 GG (Amtshilfe zur Aufrechterhaltung oder Wiederherstellung der öffentlichen Sicherheit oder Ordnung in besonderen Fällen, bei Naturkatastrophen oder besonders schweren Unglücksfälle).

48.1 Insoweit ist es nach dem BVerfG (BeckRS 2006, 21046) der Bundesregierung indessen untersagt, die Streitkräfte bei der Bekämpfung von Naturkatastrophen und besonders schweren Unglücksfällen mit spezifisch militärischen Waffen einzusetzen.

49 Des Weiteren kommt nach § 102 Abs. 3, Abs. 1 S. 1 Nr. 2 der Einsatz der Bundespolizei im Fall des Art. 91 GG in Betracht, der die Abwehr von Gefahren für den Bestand des Bundes regelt. Es muss sich dabei um die Abwehr einer drohenden Gefahr für den Bestand oder die freiheitliche demokratische Grundordnung des Bundes oder eines Landes handeln. Das Land kann dann unter anderem Polizeikräfte anderer Länder sowie der Bundespolizei anfordern.

In diesen beiden Fällen darf die Bundespolizei somit die nach dem für sie geltenden Bundesrecht zugelassenen besonderen Waffen – namentlich Handgranaten und Maschinengewehre – in Hessen führen, allerdings nur nach Maßgabe des HSOG (§§ 60–63) einsetzen (vgl. zum Ganzen auch ausf. Hornmann HSOG Rn. 17 ff.; Lisken/Denninger PolR-HdB/Graulich, 6. Aufl. 2018, E Rn. 879 mwN). 50

§ 56 Handeln auf Anordnung

(1) [1]Die Polizeivollzugsbeamtinnen und Polizeivollzugsbeamten sind verpflichtet, unmittelbaren Zwang anzuwenden, der von einer oder einem Weisungsberechtigten angeordnet wird. [2]Dies gilt nicht, wenn die Anordnung die Menschenwürde verletzt oder nicht zu dienstlichen Zwecken erteilt worden ist.

(2) [1]Eine Anordnung darf nicht befolgt werden, wenn dadurch eine Straftat begangen würde. [2]Wird die Anordnung trotzdem befolgt, so trifft die Polizeivollzugsbeamtin oder den Polizeivollzugsbeamten eine Schuld nur, wenn sie oder er erkennt oder wenn es nach den ihr oder ihm bekannten Umständen offensichtlich ist, dass dadurch eine Straftat begangen wird.

(3) Bedenken gegen die Rechtmäßigkeit der Anordnung hat die Polizeivollzugsbeamtin oder der Polizeivollzugsbeamte der anordnenden Person gegenüber vorzubringen, soweit dies nach den Umständen möglich ist.

Überblick

Auszug aus der VVHSOG (gem. Erlass des Hessischen Ministeriums des Innern und für Sport v. 29.11.2022 (StAnz. 50/2022, 1384) zum 1.1.2025 mangels eines erneuten Verlängerungserlasses ersatzlos außer Kraft getreten):

Zu § 56

56. Handeln auf Anordnung

56.0

Die Vorschrift ist eine Sonderregelung gegenüber § 36 BeamtStG. Die Verpflichtung, die Anordnung zu befolgen, wird nur eingeschränkt durch Abs. 1 Satz 2 und Abs. 2. Bedenken gegen die Zweckmäßigkeit der Anordnung berühren die Gehorsamspflicht nicht.

56.1 Zu Abs. 1

56.1.1

Bei einem Einsatz von mehreren Polizeivollzugsbeamtinnen oder Polizeivollzugsbeamten ist die den Einsatz leitende Beamtin oder der den Einsatz leitende Beamte befugt, unmittelbaren Zwang anzuordnen, einzuschränken oder zu untersagen. Ist eine Einsatzleiterin oder ein Einsatzleiter nicht bestimmt oder fällt sie oder er aus, ohne dass eine Vertretung bestellt ist, so tritt die dienstranghöchste oder der dienstranghöchste, bei gleichem Dienstrang die dienstälteste anwesende Polizeivollzugsbeamtin oder der dienstälteste anwesende Polizeivollzugsbeamte aus dem Einsatzbereich an ihre oder seine Stelle. Ist nicht sofort feststellbar, wer das ist, darf jede oder jeder der hiernach in Betracht kommenden Beamtinnen oder Beamten die Führung einstweilen übernehmen; sie oder er hat dies bekannt zu geben.

56.1.2

Vor Beginn eines Einsatzes sind die Polizeivollzugsbeamtinnen oder Polizeivollzugsbeamten über die jeweiligen Weisungsverhältnisse zu unterrichten. Insbesondere muss jeder eingesetzten Polizeivollzugsbeamtin oder jedem eingesetzten Polizeivollzugsbeamten bekannt sein, wer den Einsatz leitet, wer Stellvertreterin oder Stellvertreter und wer sonst zu Weisungen befugt ist.

56.1.3

Die Befugnis höherer Vorgesetzter oder eines Staatsanwalts (siehe hierzu in der Anlage 1 die Gemeinsamen Richtlinien der Justizminister/-senatoren und Innenminister/-senatoren des Bundes und der Länder über die Anwendung unmittelbaren Zwanges durch Polizeibeamte auf Anordnung des Staatsanwalts), die Anwendung unmittelbaren Zwanges anzuordnen, einzuschränken oder zu untersagen, bleibt unberührt. Bei Einsätzen, die von einer zentralen Befehlsstelle geführt werden, darf der Gebrauch von Schusswaffen nur durch die den Gesamteinsatz leitende höhere Vorgesetzte oder den den Gesamteinsatz leitenden höheren Vorgesetzten angeordnet werden.

56.1.4
Befindet sich die oder der Anordnende nicht am Ort des Vollzugs, so darf sie oder er unmittelbaren Zwang nur anordnen, wenn sie oder er sich ein so genaues Bild von den am Ort des Vollzugs herrschenden Verhältnissen verschafft hat, dass ein Irrtum über die Voraussetzungen der Anwendung unmittelbaren Zwanges nicht zu befürchten ist. Der Gebrauch von Schusswaffen darf nur an Ort und Stelle angeordnet werden. Dies gilt nicht für die einen Gesamteinsatz leitende höhere Vorgesetzte oder den einen Gesamteinsatz leitenden höheren Vorgesetzten, wenn sich diese Person in einer zentralen Befehlsstelle aufhält (Nr. 56.1.3). Ändern sich zwischen der Anordnung und ihrer Ausführung die tatsächlichen Verhältnisse und kann die oder der Anordnende vor der Ausführung nicht mehr verständigt werden, so entscheidet die am Ort leitende Polizeivollzugsbeamtin oder der am Ort leitende Polizeivollzugsbeamte über die Anwendung unmittelbaren Zwanges. Dies gilt auch in den Fällen der Nr. 56.1.3 Satz 2, in denen der Gebrauch von Schusswaffen angeordnet worden ist. Die oder der Anordnende ist unverzüglich zu verständigen. Für die Anordnung des Schusswaffengebrauchs bei Einsätzen, die von einer zentralen Befehlsstelle geführt werden, verbleibt es bei der in Nr. 56.1.3 getroffenen Regelung.

56.1.5
Eine Einsatzleiterin oder ein Einsatzleiter oder eine sonstige Polizeivollzugsbeamtin oder ein sonstiger Polizeivollzugsbeamter, die oder der einen Auftrag erhalten hat und sich nicht mehr in unmittelbarem Einwirkungsbereich ihres oder seines Vorgesetzten befindet, muss in eigener Verantwortung prüfen, ob sich die Lage geändert hat und dadurch andere Maßnahmen notwendig geworden sind. Insbesondere ist dann zu prüfen, ob die Anwendung unmittelbaren Zwanges noch notwendig ist oder ob mildere Maßnahmen als die befohlenen ausreichen.

Die Vorschrift des § 56 regelt die Weisungsgebundenheit von Polizeivollzugsbeamten und -beamtinnen für den Bereich der Anwendung unmittelbaren Zwangs in Abweichung von den allgemeinen beamtenrechtlichen Regelungen über die Weisungsgebundenheit und rechtliche Verantwortung (§§ 35, 36 BeamtStG).

Übersicht

A. Allgemeines

I. Zweck und Hintergrund der Norm

1 Die Vorschrift des § 56 stellt eine Spezialregelung zu den allgemeinen Vorschriften des Beamtenrechts über die Weisungsgebundenheit und rechtliche Verantwortung der Beamten und Beamtinnen dar. Eine solche Spezialregelung findet sich in fast allen Landespolizeigesetzen (→ Rn. 7, vgl. dazu auch Lisken/Denninger PolR-HdB/Denninger, 5. Aufl. 2012, D Rn. 190 mwN).

2 Die Notwendigkeit dieser speziellen Vorschriften ergibt sich aus den faktischen Besonderheiten der Anwendung unmittelbaren Zwangs gegenüber dem klassischen Handlungsspektrum von Beamten und Beamtinnen: Unmittelbarer Zwang ist durch die Polizei häufig in besonders eilbedürftigen Situationen und außerhalb von Dienststellen anzuwenden und ist zudem als Eingriff in das Recht auf Leben und körperliche Unversehrtheit tatbestandlich in aller Regel strafbar.

3 Die Vorschrift des § 56 trägt dabei dem Umstand Rechnung, dass sie die allgemeine beamtenrechtliche Regelung über Verfahren und Grundsätze bei Bedenken gegen die Rechtmäßigkeit der Weisung eines Vorgesetzten modifiziert und die strafrechtlichen Konsequenzen zum Teil konkretisiert.

3.1 Die Regelung des BeamtStG von der durch § 56 abgewichen wird (und nach § 35 S. 2 BeamtStG abgewichen werden kann) ist § 36 BeamtStG. Nach § 36 Abs. 1 BeamtStG tragen Beamtinnen und Beamte für die Rechtmäßigkeit ihrer dienstlichen Handlungen die volle persönliche Verantwortung.

Bedenken gegen die Rechtmäßigkeit dienstlicher Anordnungen haben sie unverzüglich auf dem Dienstweg geltend zu machen (§ 36 Abs. 2 BeamtStG). Wird die Anordnung gleichwohl aufrechterhalten, haben sie sich bei fortbestehenden Bedenken an die nächst höhere Vorgesetzte oder den nächst höheren Vorgesetzten zu wenden. Erst wenn die Anordnung dann bestätigt wird, müssen die Beamtinnen und Beamten sie ausführen, sind aber von der eigenen Verantwortung befreit. Dies gilt nicht, wenn das aufgetragene Verhalten die Würde des Menschen verletzt oder strafbar oder ordnungswidrig ist und die Strafbarkeit oder Ordnungswidrigkeit für die Beamtinnen oder Beamten erkennbar ist. Die Bestätigung hat auf Verlangen schriftlich zu erfolgen. Letzteres gilt auch, wenn von Beamtinnen oder Beamten die sofortige Ausführung der Anordnung wegen Gefahr im Verzug verlangt wird und die Entscheidung der oder des höheren Vorgesetzten nicht rechtzeitig herbeigeführt werden kann (§ 36 Abs. 3 BeamtStG).

Die besondere Bedeutung des § 56 für die innerdienstlichen Abläufe und ihr Zusammenhang mit beamtenrechtlichen Vorschriften wird auch daran deutlich, dass mit Nr. 56 VVHSOG nebst Anlage eine ungewöhnlich detaillierte Verwaltungsvorschrift zu der Norm geschaffen worden ist. 4

Infolge der Dienstrechtsreform wurde § 56 im Jahr 2013 dahingehend geändert, dass die bis zu diesem Zeitpunkt in Abs. 4 vorgesehene Regelung („§ 71 Abs. 2 des Hessischen Beamtengesetzes ist nicht anzuwenden.") gestrichen wurde. 5

Der Verweis ging nämlich inzwischen ins Leere, da sich die vormals in § 71 Abs. 2 HBG vorgesehene Regelung nunmehr als Bundesrecht in § 36 Abs. 2 BeamtStG (→ Rn. 3.1) befindet. 6

II. Parallelvorschriften

Parallelvorschriften, die das Handeln auf Anordnung für den Fall der Anwendung unmittelbaren Zwangs regeln, finden sich – mit Ausnahme des BWPolG und das SächsPolG – in allen anderen Landespolizeigesetzen bzw. Gesetzen über den unmittelbaren Zwang (vgl. etwa Art. 79 BayPAG, § 72 NPOG, § 59 PolG NRW, vgl. auch BeckOK PolR Bayern/Buggisch PAG Art. 79 Rn. 4). Inhaltlich weichen diese und die weiteren Normen teilweise von der hessischen Rechtslage ab. 7

Eine bundesrechtliche Entsprechung zu § 56 enthält § 7 UZwG. 8

B. Einzelkommentierung

Im Einzelnen sieht in Abs. 1 eine Weisungsgebundenheit und Gehorsamspflicht für Polizeivollzugsbeamten und -beamtinnen für Anordnungen der Anwendung unmittelbaren Zwangs vor; Abs. 2 enthält die als Handlungsverbot formulierte Grenze der Gehorsamspflicht und eine Regelung über die strafrechtliche Verantwortung für den Fall seiner Verletzung; Abs. 3 regelt schließlich das Verfahren bei Bedenken gegen die Rechtmäßigkeit einer Anordnung iSd Abs. 1. 9

Die Regelung gilt nach § 54 Abs. 1 und § 3 Abs. 3 sowohl für den präventiven als auch für den repressiven Bereich polizeibehördlichen Handelns (vgl. auch Frerichs Rn. 2, 3; Hornmann HSOG Rn. 1; Lisken/Denninger PolR-HdB/Denninger, 5. Aufl. 2012, D Rn. 192). 10

I. Weisungsgebundenheit und Gehorsamspflicht (Abs. 1)

Mit Abs. 1 S. 1 statuiert das Gesetz zunächst die Weisungsgebundenheit und die korrespondierende Gehorsamspflicht von Polizeibeamten und -beamtinnen für den Fall, dass die Anwendung unmittelbaren Zwangs von einem oder einer Weisungsberechtigten angeordnet wird. 11

Da in diesen Fällen von den Beamten und Beamtinnen in der Regel die sofortige Ausführung einer Anordnung verlangt wird, ist es meist unmöglich, dass Bedenken gegen die Rechtmäßigkeit auf dem Dienstweg geltend gemacht werden (vgl. § 36 Abs. 2 BeamtStG; → Rn. 3.1). 12

Allerdings sind Polizeibeamten und -beamtinnen von der Gehorsamspflicht nach Abs. 2 S. 2 entbunden, wenn die Anordnung die Menschenwürde iSd Art. 1 GG verletzt oder nicht zu dienstlichen Zwecken erteilt worden, also von privaten Motiven überlagert ist. 13

14 Soweit Beamten und Beamtinnen von der Gehorsamspflicht entbunden sind, sind sie, wenn sie eine Anordnung gleichwohl befolgen, für ihre dienstlichen Handlungen verantwortlich; sind sie von der Gehorsamspflicht nicht entbunden, so sind sie von der Verantwortung befreit, dh die Anordnung hat strafrechtlich die Wirkung eines Rechtfertigungsgrundes.

15 Die Frage, inwieweit eine Entbindung von der Gehorsamspflicht vorliegt oder nicht, sagt indessen noch nichts über das Verschulden des Beamten aus, das Voraussetzung für eine straf- oder disziplinarrechtliche Heranziehung ist.

16 Dass der / die Anordnende selbst dem Polizeivollzugsdienst angehört, ist nicht erforderlich. Er/sie muss jedoch zu derartigen Anordnungen befugt sein (zB als Polizeipräsident, vgl. § 91, als Einsatzleiter oder Vorgesetzter).

16.1 Vergleiche zur Unzulässigkeit einer Anordnung zur Ausübung von Notwehr und -hilferechten → § 54 Rn. 43.

17 Zu den Einzelheiten der Befehlskompetenz innerhalb der Polizei, zB auch bei Ausfall des Vorgesetzten, Änderung der Lage und Führung von einer zentralen Befehlsstelle, kann auf die VVHSOG verwiesen werden (vgl. Nr. 56.1.1–56.1.5 VVHSOG).

18 Im Fall der Strafverfolgung ist Weisungsberechtigter iSd § 56 Abs. 1 S. 1 gem. § 152 Abs. 1 GVG auch der zuständige Staatsanwalt (Hornmann HSOG Rn. 4; Fredrich Rn. 3).

19 Zu den Einzelheiten der Anordnungskompetenz für diesen Bereich vgl. auch die Gemeinsame Richtlinien der Justiz- und Innenminister über die Anwendung unmittelbaren Zwangs auf Anordnung des Staatsanwaltes (Anlage 1 VVHSOG; abgedruckt auch bei Meyer-Goßner/Schmitt Anlage A zu Anhang 12 (RiStBV) Rn. 2279 ff.)

20 Abs. 1 regelt mit der Gehorsamspflicht nur jeweils den konkreten Inhalt von erteilten Anordnungen. Für eine Überschreitung des Inhalts von Weisungen in diesem Sinne bleibt es bei dem Grundsatz des § 36 Abs. 1 BeamtStG, wonach Beamten und Beamtinnen die volle persönliche Verantwortung für die Rechtmäßigkeit ihrer dienstlichen Handlungen tragen (vgl. Meixner/Fredrich Rn. 9).

II. Handlungsverbot (Abs. 2)

21 Die Vorschrift des Abs. 2 S. 1 lässt nicht nur die Gehorsamspflicht entfallen, sondern errichtet auch ein beamtenrechtliches Handlungsverbot für den Fall, dass sich die Ausführung einer Anordnung, unmittelbaren Zwangs anzuwenden, als Straftat (nicht: Ordnungswidrigkeit; krit. Hornmann HSOG Rn. 7) darstellen würde.

21.1 Damit unterscheidet sich die Norm von der allgemeinen Regelung des § 36 Abs. 2 S. 4 BeamtStG, die in diesen Fällen nur von der Gehorsamspflicht befreit.

22 Straftat im Sinne der Regelung ist jedes nach StGB oder Nebenstrafrecht tatbestandsmäßige und rechtswidrige Handeln von Polizeivollzugsbeamten und -beamtinnen in Ausführung der Anordnung; auf die Schuld kommt es nicht an (Hornmann HSOG Rn. 6 mwN).

23 Insoweit gilt, dass die Anwendung unmittelbaren Zwanges regelmäßig tatbestandsmäßig die Begehung einer Straftat ist (zB Nötigung, Körperverletzung, Freiheitsberaubung, Totschlag oder Sachbeschädigung) darstellt (→ Rn. 2), das Vorliegen einer rechtmäßigen Diensthandlung jedoch einen Rechtfertigungsgrund darstellt.

24 Ist jedoch die Handlung wegen rechtmäßiger Dienstausübung gerechtfertigt, liegt auch keine Straftat iSd Abs. 2 S. 1 vor. Für diesen Rechtfertigungsgrund ist allerdings der öffentlich-rechtliche und nicht etwa der eingeschränkte strafrechtliche Rechtmäßigkeitsbegriff des § 113 StGB heranzuziehen (vgl. Fischer, StGB, 71. Aufl. 2024, StGB § 113 Rn. 11 f.).

25 Es müssen also alle formellen und materiellen Voraussetzungen für eine hoheitliche Zwangsanwendung – nach zutreffender Ansicht einschließlich rechtmäßiger Grundverfügung (vgl. → § 47 Rn. 34) – vorliegen.

26 Fehlt eine dieser Voraussetzungen, liegt eine tatbestandsmäßige und rechtswidrige Straftatverwirklichung vor und der Beamte ist auch nicht nach Abs. 1, Abs. 2 gerechtfertigt. Liegen alle Voraussetzungen vor, ist der Beamte schon wegen rechtmäßiger Dienstausübung gerechtfertigt; der Regelung des § 56 kommt insoweit also lediglich deklaratorischer Charakter zu.

27 Als Entschuldigungsgrund normiert Abs. 2 S. 2, dass ein Verschulden des Beamten oder der Beamtin im Fall der Befolgung der Anordnung entgegen dem Handlungsverbot des

Abs. 2 S. 1 nur vorliegt, wenn er / sie den Fehler in den formellen und materiellen Voraussetzungen tatsächlich erkennt oder aber tatsächlich zwar nicht erkennt, es jedoch nach den ihm / ihr bekannten Umständen offensichtlich ist, dass formelle oder materielle Mängel bei Grundverfügung oder Zwangsanwendung gegeben sind und damit keine rechtmäßige Dienstausübung vorliegt.

Das dürfte insbesondere dann der Fall sein, wenn es ohne eingehende Prüfung und Überlegung schlechthin offensichtlich ist, dass keine rechtmäßige Diensthandlung vorliegen kann. **28**

III. Remonstration (Abs. 3)

Bedenken gegen die Rechtmäßigkeit der angeordneten Zwangsanwendung müssen Beamten und Beamtinnen – insoweit in Übereinstimmung mit der beamtenrechtlichen Verpflichtung zur Beratung und Unterstützung der Vorgesetzten nach § 35 S. 1 BeamtStG – dem Anordnenden gegenüber vorbringen, wenn dieser erreichbar ist und das Einschreiten nicht so dringlich ist, dass sofort gehandelt werden muss. **29**

Ansonsten liegt Unmöglichkeit vor, die auch diese – gegenüber der in § 36 Abs. 2 BeamtStG (→ Rn. 3.1) statuierten deutlich eingeschränkte – Remonstrationspflicht entfallen lässt. **30**

Wie im allgemeinen Beamtenrecht gilt auch hier, dass Bedenken gegen die Zweckmäßigkeit einer Anordnung nicht erfasst und erst recht für die Entbindung von der Gehorsamspflicht nicht ausreichend sind. **31**

Der Umstand des Vorbringens von Bedenken gegen die Rechtmäßigkeit ist ein Indiz, dass der Beamte erkannt hat, dass keine rechtmäßige Dienstausübung vorliegt. Nur wenn seine Zweifel von dem Anordnenden überzeugend beseitigt wurden, wird er sich daher auf die fehlende Schuld gem. Abs. 2 S. 2 berufen können. **32**

§ 57 Hilfeleistung für Verletzte

Wird unmittelbarer Zwang angewendet, ist Verletzten, soweit es nötig ist und die Lage es zulässt, Beistand zu leisten und ärztliche Hilfe zu verschaffen.

Überblick

Auszug aus der VVHSOG (gem. Erlass des Hessischen Ministeriums des Innern und für Sport v. 29.11.2022 (StAnz. 50/2022, 1384) zum 1.1.2025 mangels eines erneuten Verlängerungserlasses ersatzlos außer Kraft getreten):
Zu § 57
57. Hilfeleistung für Verletzte
Die Verpflichtung, Verletzten Beistand zu leisten und ärztliche Hilfe zu verschaffen, kann vordringlicher sein als die Beweissicherung und kann auch Berichtspflichten vorgehen.

Die Regelung des § 57 konstituiert für den Fall der Anwendung unmittelbaren Zwangs für die handelnden Behörden eine Amtspflicht zur Beistands- und Hilfeleistung gegenüber verletzten Personen.

A. Allgemeines

I. Zweck und Hintergrund der Norm

Eine allgemeine Pflicht zur Hilfeleistung gegenüber verletzten Personen ergibt sich bereits aus § 323c StGB sowie – im Fall pflichtwidrigen Vorverhaltens – aus Ingerenz (vgl. dazu Fischer, StGB, 71. Aufl. 2024, StGB § 13 Rn. 11 f., 47 ff.; vgl. zur bayerischen Parallelvorschrift auch BeckOK PolR Bayern/Buggisch PAG Art. 80 Rn. 17). **1**

Darüber hinaus gehört die Verpflichtung zur Beistands- und Hilfeleistung – nicht zuletzt unter dem Gesichtspunkt der aus den Grundrechten abzuleitenden staatlichen Schutzpflichten (vgl. → SystVorbPolRDe Rn. 13) – auch zu den allgemeinen Aufgaben der Gefahrenabwehr nach § 1 Abs. 1. **2**

3 Diese Pflicht wird durch § 57 explizit auch zu einer Amtspflicht der handelnden Behörden, wenn Verletzungen auf die Anwendung unmittelbaren Zwangs nach §§ 55 ff. zurückzuführen sind.

4 Die Vorschrift gilt – selbstverständlich – sowohl für die präventiv-polizeiliche als auch für die repressiv-polizeiliche Zwangsanwendung (vgl. auch Fredrich Rn. 1; Hornmann HSOG Rn. 1).

5 Ist bei einem gefahrenabwehr- oder polizeibehördlichen Einsatz mit Verletzungen von Personen zu rechnen, verlangt § 57 als Ausdruck der staatlichen Schutzpflicht die antizipierende Bereitstellung bzw. Veranlassung medizinischer Versorgung durch die Behörde im Rahmen der Einsatzplanung (vgl. Hornmann HSOG Rn. 1).

II. Parallelvorschriften

6 Parallelvorschriften, die die Pflicht zur Hilfeleistung für Verletzte im Fall der Anwendung unmittelbaren Zwangs regeln, finden sich – mit Ausnahme des BWPolG und das SächsPolG – in allen anderen Landespolizeigesetzen bzw. Gesetzen über den unmittelbaren Zwang (vgl. etwa Art. 80 BayPAG, § 73 NPOG, § 60 PolG NRW).

7 Eine bundesrechtliche Entsprechung zu § 57 enthält § 5 UZwG.

B. Einzelkommentierung

8 Die Verpflichtung aus § 57 besteht gegenüber verletzten Personen und umfasst das das Leisten von Beistand und das Verschaffen von ärztlicher Hilfe.

9 Zur Erfüllung der letztgenannten Pflicht muss ein Arzt entweder herbeigerufen oder herbeigeholt oder der Verletzte zu einem Arzt gebracht werden.

10 Beistand leisten ist jedes Handeln, das geeignet ist, die Lage des Verletzten zu verbessern, zB das Leisten Erster Hilfe, das Lagern, Abdecken / Wärmen, Verbringen an einen geschützten Ort etc.

11 Diese Pflicht zur Hilfe- und Beistandsleistung entfällt, wenn die Hilfeleistung nicht nötig ist, zB weil es sich um geringfügige Verletzungen handelt oder der Betroffene bereits durch Hilfs- oder Rettungsdienste versorgt wird.

12 Die Pflicht entfällt darüber hinaus, wenn die (polizeiliche) Lage ihre Erfüllung nicht zulässt, was nach den Umständen des Einzelfalls zu beurteilen ist (Fredrich Rn. 2; Hornmann HSOG Rn. 4, vgl. für die bayerische Parallelvorschrift auch BeckOK PolR Bayern/Buggisch PAG Art. 80 Rn. 9 f.).

13 Dies kann insbesondere dann der Fall sein, wenn die Pflicht zur Hilfe- und Beistandsleistung mit anderen Pflichten kollidiert, die als gleich- oder höherwertig einzustufen sind.

14 Dabei ist insbesondere an Maßnahmen zur Abwehr von (weiteren) Gefahren zu denken; nicht von vorneherein ausgeschlossen sind aber auch Maßnahmen der Strafverfolgung, der Beweissicherung oder die Erfüllung von Berichtspflichten.

15 Insoweit ist im Einzelfall eine Abwägung erforderlich, in die die Art und Schwere der Verletzungen und das Gewicht der kollidierenden Aufgaben einzustellen sind.

16 Im Zweifel ist der Verpflichtung zur Beistands- und Hilfeleistung Vorrang einzuräumen. Kommt ihr im konkreten Fall kein Vorrang zu, wirkt die polizeiliche Lage in diesem Sinne strafrechtlich als „andere wichtige Pflicht" nach § 323c StGB (Hornmann HSOG Rn. 4).

16.1 Den grundsätzlichen Vorrang der Pflichten aus § 57 möchte auch die Regelung der Nr. 57 VVHSOG zum Ausdruck bringen, wenn sie ausführt, dass die Verpflichtung, Verletzten Beistand zu leisten und ärztliche Hilfe zu verschaffen, vordringlicher sein können als die Beweissicherung und auch Berichtspflichten vorgehen können.

§ 58 Androhung unmittelbaren Zwanges

(1) [1]Unmittelbarer Zwang ist vor seiner Anwendung anzudrohen. [2]Von der Androhung kann abgesehen werden, wenn die Umstände dies nicht zulassen, insbesondere wenn die sofortige Anwendung des Zwangsmittels zur Abwehr einer Gefahr notwendig ist. [3]Als Androhung des Schusswaffengebrauchs gilt auch die Abgabe eines Warnschusses.

(2) Schusswaffen dürfen nur dann ohne Androhung gebraucht werden, wenn dies zur Abwehr einer gegenwärtigen Gefahr für Leib oder Leben erforderlich ist.

(3) [1]Gegenüber einer Menschenmenge ist die Anwendung unmittelbaren Zwanges möglichst so rechtzeitig anzudrohen, dass sich Unbeteiligte noch entfernen können. [2]Vor dem Gebrauch von Schusswaffen gegen Personen in einer Menschenmenge ist die Androhung zu wiederholen. [3]Bei Gebrauch von technischen Sperren und Dienstpferden kann von der Androhung abgesehen werden.

Überblick

Auszug aus der VVHSOG (gem. Erlass des Hessischen Ministeriums des Innern und für Sport v. 29.11.2022 (StAnz. 50/2022, 1384) zum 1.1.2025 mangels eines erneuten Verlängerungserlasses ersatzlos außer Kraft getreten):

Zu § 58

58. Androhung unmittelbaren Zwanges

58.1 Zu Abs. 1

58.1.1

Unmittelbarer Zwang kann grundsätzlich in jeder Form angedroht werden. Die Androhung muss unmissverständlich sein.

58.1.2

Der Schusswaffengebrauch wird in der Regel mündlich angedroht durch den vernehmlichen Ruf: „Polizei! Keine Bewegung - oder ich schieße“ oder (vor allem gegenüber Fliehenden) „Polizei! Halt - oder ich schieße“ oder eine ähnliche Aufforderung. Das Wort „Polizei“ kann im Anruf unterbleiben, wenn ohne weiteres erkennbar ist, dass es sich um den Einsatz von Polizeivollzugsbeamtinnen oder Polizeivollzugsbeamten handelt. Wenn die Umstände es zulassen oder wenn Zweifel bestehen, ob die Person den Anruf verstanden hat, ist er zu wiederholen. Der Schusswaffengebrauch kann auch durch Lautsprecher angedroht werden.

58.1.3

Ist eine mündliche Androhung nicht möglich, weil zum Beispiel die Entfernung zu groß ist oder weil aus sonstigen Gründen anzunehmen ist, dass der Anruf nicht verstanden wird oder verstanden worden ist, so können ein oder mehrere Warnschüsse abgegeben werden.

58.1.4

Warnschüsse dürfen nur abgegeben werden, wenn die Voraussetzungen für den Schusswaffengebrauch selbst gegeben sind. Warnschüsse sind nach Möglichkeit steil in die Luft zu richten.

58.1.5

Der Alarmschuss (Signalschuss) ist nicht als Schusswaffengebrauch im Sinne des Gesetzes anzusehen. Wegen der Verwechslungsgefahr mit Warnschüssen oder mit Schüssen eines Rechtsbrechers kommt er nur in Betracht, wenn eine Verwechslungsgefahr nicht besteht, eine Alarmierung unbedingt erforderlich und auf andere Weise nicht möglich ist.

58.1.6

Zwischen der Androhung der Zwangsmaßnahme und ihrer Anwendung soll eine den Umständen nach angemessene Zeitspanne liegen.

58.1.7

Personen, gegen die nach Begründung des amtlichen Gewahrsams unter den in § 61 Abs. 1 Nr. 4 genannten Voraussetzungen von der Schusswaffe Gebrauch gemacht werden darf, sollen zu Beginn des Gewahrsams darauf hingewiesen werden. Um einen Schusswaffengebrauch zu vermeiden, ist auf eine sorgfältige Sicherung dieser Personen zu achten. Das gilt vor allem bei Transporten. Die Belehrung ersetzt nicht die Androhung des Schusswaffengebrauchs im Einzelfall. Bei Notwehr und Nothilfe ist eine Androhung nicht erforderlich, falls die Umstände sie nicht zulassen; soweit möglich, ist die Angreiferin oder der Angreifer jedoch zu warnen.

58.1.8

Mit Schusswaffen kann beispielsweise eine entschlossene Schießhaltung nach PDV 211 Nr. 5.4.4 (Pistole) beziehungsweise 5.5.4 (Maschinenpistole) eingenommen werden, wenn dies nach den Umständen zum Schutz von Polizeivollzugsbeamtinnen und Polizeivollzugsbeamten oder von Dritten gegen eine Gefahr für Leib oder Leben erforderlich ist. Diese Maßnahme stellt für sich allein noch keine Androhung des Schusswaffengebrauchs dar.

58.3 Zu Abs. 3

58.3.1

Zwischen der wiederholten Androhung des Schusswaffengebrauchs gegen Personen in einer Menschenmenge und dem Gebrauch der Schusswaffe soll so viel Zeit liegen, dass sich insbesondere Unbeteiligte aus der Menge entfernen können.

58.3.2

Die Androhung hat grundsätzlich durch Lautsprecher zu erfolgen. Standort und Art des Lautsprechers sind zu dokumentieren. Der Androhung soll alsdann durch Warnschüsse oder auf andere unmissverständliche Weise Nachdruck mit dem Ziele verliehen werden, letztlich den Schusswaffengebrauch auf Personen in der Menschenmenge zu vermeiden.

58.3.3

Auf eine Androhung des Schusswaffengebrauchs gegen Personen in einer Menschenmenge kann nur verzichtet werden, wenn die sofortige Anwendung der Schusswaffe zur Abwehr einer gegenwärtigen Gefahr für Leib oder Leben erforderlich ist (vergleiche § 58 Abs. 2).

Die Vorschrift des § 58 enthält – in Ergänzung der allgemeinen Regelungen der § 48 Abs. 2, § 53 über die Androhung von Zwangsmitteln – spezielle Vorgaben für die Androhung des unmittelbaren Zwangs.

Übersicht

A. Allgemeines

I. Zweck und systematischer Zusammenhang der Norm

1 Gemäß der Grundnorm des § 48 Abs. 2 sind Zwangsmittel nach Maßgabe der §§ 53 und 58 anzudrohen.

2 Während die Vorschrift des § 53 die allgemeinen Regeln für die Androhung aller Zwangsmittel enthält, sieht § 58 zusätzlich besondere Anforderungen an die Androhung unmittelbaren Zwangs vor, die die Regelungen des § 53 teilweise ergänzen; teilweise finden diese auf den unmittelbaren Zwang aber ausdrücklich keine Anwendung oder werden implizit durch Vorgaben des § 58 ersetzt.

3 § 58 sucht insoweit vor allem der faktischen Besonderheit des unmittelbaren Zwangs Rechnung zu tragen, der – zumeist im Gegensatz zu Ersatzvornahme und Zwangsgeld – durch die Polizeibehörden regelmäßig in ad-hoc-Situationen „auf der Straße" angewandt wird und damit weniger bürokratischen Routinen folgt als die anderen Zwangsmittel.

4 Hinsichtlich der grundsätzlichen Androhungspflicht und den Voraussetzungen eines Absehens von der Androhung wiederholt § 58 im Wesentlichen die Vorgaben des § 53.

5 Im Übrigen bezieht sich § 58 insbesondere auf die Androhung des Gebrauchs von Schusswaffen, die die Vorgaben der Abs. 1 S. 2, Abs. 2 und Abs. 3 S. 2 zum Gegenstand haben.

6 Die Androhung soll erreichen, dass der Adressat eine von ihm geforderte Handlung vornimmt, eine Handlung unterlässt oder eine gefahrenabwehr- oder polizeibehördliche Maßnahme duldet. Zu diesem Zweck wird ihm vor Augen geführt, welche Folgen eine (weitere) Weigerung oder Betätigung eines entgegenstehenden Willens haben wird (vgl. → § 53 Rn. 1).

7 Die Androhung ist insoweit mehr als eine bloße Ankündigung; sie hat schärferen Charakter und soll den Betroffenen veranlassen, der polizeilichen Anordnung zu folgen, und so die

Anwendung des unmittelbaren Zwangs überflüssig machen (zB: „Wenn Sie jetzt nicht endlich weggehen, muss ich körperliche Gewalt anwenden.").

Die Androhung ist jedoch kein selbständiges Zwangsmittel zur Erreichung polizeilicher Zwecke. Das hat Auswirkungen auf die Rechtmäßigkeit von Androhungen (→ Rn. 19). 8

Die Zwangsmittelandrohung ist ein – von dem zugrundeliegenden Verwaltungsakt (der sog. Grundverfügung) zu trennender – eigenständiger Verwaltungsakt iSd § 35 S. 1 HVwVfG (→ § 53 Rn. 6; BVerwG NVwZ-RR 1989, 337; Hornmann HSOG § 53 Rn. 4 mwN und einer Übersicht über die resultierenden Folgen für Rechtsschutz und Rechtmäßigkeit). 9

II. Parallelvorschriften

Parallelvorschriften, die die Pflicht zur Androhung unmittelbaren Zwangs speziell regeln, finden sich auch in allen anderen Landespolizeigesetzen bzw. Gesetzen über den unmittelbaren Zwang, wobei diese Vorschriften inhaltlich zum Teil von der des § 58 abweichen (vgl. zu den Unterschieden auch Lisken/Denninger PolR-HdB/Graulich Rn. 1003); so ist die Regelung im UZwG Bln (Gesetz über die Anwendung unmittelbaren Zwanges bei der Ausübung öffentlicher Gewalt durch Vollzugsbeamte des Landes Berlin v. 22.6.1970, BlnGVBl. 921) nur auf den Schusswaffengebrauch bezogen und in den Polizeigesetzen Mecklenburg-Vorpommerns und Schleswig-Holsteins ist terminologisch abweichend von „Warnung" die Rede (vgl. im Übrigen etwa Art. 81 BayPAG, § 66 Abs. 2 BWPolG, § 74 NPOG, § 61 PolG NRW). 10

Eine bundesrechtliche Entsprechung zu § 58 enthält § 13 UZwG, der sich allerdings – wie in Berlin – nur auf den Schusswaffengebrauch bezieht. 11

B. Einzelkommentierung

I. Anwendungsbereich

Die Regelung des § 58 findet auf die Anwendung unmittelbaren Zwangs sowohl im präventiven Bereich (sei es aufgrund des oder aufgrund anderer Rechtsvorschriften (→ § 54 Rn. 18) als auch im repressiven Bereich (vgl. § 3 Abs. 3) Anwendung (vgl. Hornmann HSOG § 58 Rn. 1; Fredrich Rn. 1). 12

II. Verhältnis zu den Regelungen des § 53

Für das Verhältnis des § 58 zur allgemeinen Androhungsvorschrift des § 53 (vgl. → Rn. 2) ist nach den einzelnen in den Normen enthaltenen Regelungen zu differenzieren. 13

Während die Vorgaben des § 53 Abs. 4 und Abs. 5 von vornherein keine Anwendung auf den unmittelbaren Zwang finden, bleibt § 53 Abs. 3 S. 1 insoweit anwendbar, als er – wie auch Abs. 1 S. 1 – konkret die Androhung des Mittels „unmittelbarer Zwang" verlangt (vgl. zu den weiteren Bestimmtheitsanforderungen an die Androhung → Rn. 27 f.). 14

Auf den unmittelbaren Zwang nicht anwendbar ist die Soll-Vorgabe des § 53 Abs. 1 S. 2; selbst wenn man dies anders sehen wollte, wäre die Möglichkeit zur schriftlichen Androhung („möglichst") regelmäßig nicht gegeben (vgl. auch Fredrich Rn. 6: Die Schriftform „wird bei der Androhung unmittelbaren Zwangs zur Ausnahme. In aller Regel erfolgt eine mündliche Androhung, […]"). Das Schriftlichkeitserfordernis passt insoweit nicht zur faktischen Besonderheit des unmittelbaren Zwangs (→ Rn. 3). 15

Regelmäßig unanwendbar ist damit auch die Zustellungsvorschrift des § 53 Abs. 6, die – anders als der Wortlaut suggeriert – schon begrifflich (vgl. § 1 Abs. 1 HessVwZG iVm § 2 Abs. 1 VwZG) nur auf schriftliche Verwaltungsakte (also Androhungen) Anwendung findet (vgl. auch Hornmann HSOG § 53 Rn. 6, 18; Fredrich § 53 Rn. 9). 16

Auch für die Androhung unmittelbaren Zwangs anwendbar bleibt dagegen neben § 58 die Regelung des § 53 Abs. 2, die ohne weiteres auch auf mündlich erlassene Verwaltungsakte und Androhungen passt (vgl. Fredrich § 53 Rn. 6). 17

Grundsätzlich ebenfalls anwendbar bleibt § 53 Abs. 1 S. 2; insoweit kann allerdings mit Blick auf die faktische Besonderheit des unmittelbaren Zwangs die angemessene Frist – ausdrücklich oder konkludent – auf beinahe Null reduziert sein. 18

18.1 So enthält zB der Satz „Hände hoch oder ich schieße!" eine konkludente angemessene Fristbestimmung im Sinne eines „sofort!".

III. Ungeschriebene Voraussetzung jeder Androhung unmittelbaren Zwangs

19 Obwohl die Vorschrift des § 58 dies nicht explizit regelt, setzt die Rechtmäßigkeit einer Androhung unmittelbaren Zwangs stets voraus, dass die Voraussetzungen für Anwendung der angedrohten Form des Zwangs gegeben sind (vgl. Hornmann HSOG Rn. 2; Fredrich Rn. 2; → Rn. 8).

20 Es wäre rechtsstaatlich nicht tragfähig, wenn die Polizei- und Gefahrenabwehrbehörden den Bürger unter Verweis auf den geplanten Einsatz eines Mittels „unter Druck" setzen könnten, dessen anschließende Anwendung ihm gesetzlich versagt ist (vgl. Lorei/Clemens, Studien zum Schusswaffeneinsatz: Warnschüsse/Bäuerle, 2012, 17 (22 f.)).

21 Die Androhung unmittelbaren Zwangs ist somit immer nur dann zulässig, wenn dessen Anwendung zulässig wäre (vgl. Nr. 58.1.4 VVHSOG für den Schusswaffengebrauch).

IV. Androhungspflicht (Abs. 1 S. 1)

22 Die grundsätzliche Pflicht zur Androhung von Zwangsmitteln ergibt sich schon aus § 48 Abs. 2. In § 53 wird diese Pflicht in Abs. 1 S. 1 wiederholt; darüber hinaus sind hier Inhalt und Form der Androhung geregelt sowie Ausnahmen von der Androhungspflicht.

23 Die Spezialnorm des § 58 für den unmittelbaren Zwang verlangt in Abs. 1 S. 1 grundsätzlich ebenfalls zwingend dessen Androhung und ergänzt dies um die Wendung, dass eine solche „vor seiner Anwendung" zu erfolgen hat.

24 Ohne weiteres verzichtet werden kann auf die Androhung nach Abs. 3 S. 3 lediglich beim Gebrauch von technischen Sperren und Dienstpferden gegenüber einer Menschenmenge; dort sieht das Gesetz die Androhung wegen der Offenkundigkeit des Vorgehens als entbehrlich an; der Verzicht auf sie bleibt gleichwohl eine Ermessensentscheidung.

24.1 Diese Ausnahme muss erst Recht im – noch offenkundigeren – Fall eines Einsatzes gegenüber Einzelpersonen gelten, der jedoch praktisch nicht vorkommen dürfte.

25 Im Einzelfall kann auf die Androhung darüber hinaus nach Abs. 1 S. 4 verzichtet werden, wenn die Umstände die Androhung nicht zulassen (→ Rn. 34).

V. Form und Bestimmtheit, zeitliche Nähe, Entbehrlichkeit (Abs. 2 S. 2, S. 3)

26 Unmittelbarer Zwang kann formfrei – also mündlich (eventuell durch Lautsprecher), schriftlich oder in sonstiger Weise – angedroht werden (→ Rn. 15; Meixner/Fredrich Rn. 6). Das Regelbeispiel für eine Androhung in sonstiger Weise enthält Abs. 1 S. 3.

27 Als Verwaltungsakt muss die Androhung unmittelbaren Zwangs – über die Vorgabe des § 53 Abs. 3 S. 1 hinaus – gem. § 37 Abs. 1 HVwVfG hinreichend bestimmt sein. Für die Androhung unmittelbaren Zwangs bedeutet dies insbesondere, dass das konkrete Mittel des unmittelbaren Zwangs zu benennen ist, das zur Anwendung kommen soll (str., wie hier VGH Kassel GewArch 1983, 263; Hornmann HSOG § 53 Rn. 7; aA BGH MDR 1975, 1006; vgl. auch Nr. 58.1.1 VVHSOG: „Die Androhung muss unmissverständlich sein."; vgl. zum Ganzen auch BeckOK PolR BW/Kastner PolG § 52 Rn. 14 mwN).

28 Gemäß diesem Bestimmtheitsgrundsatz ist also die Art des beabsichtigten unmittelbaren Zwangs – insbesondere der Einsatz von Waffen oder Hilfsmitteln iSd § 55 Abs. 3 und 4 – grundsätzlich im Einzelnen anzudrohen (zB „…, sonst werde ich von dem Schlagstock Gebrauch machen."). Das Zeigen von Schlagstock oder Schusswaffe genügt insoweit grundsätzlich nicht.

29 Hinsichtlich der Androhung „körperlicher Gewalt" iSd § 55 Abs. 2 ohne Waffen und Hilfsmittel (im Polizeijargon: „einfache körperliche Gewalt") muss zwar grundsätzlich die Art und Weise, wie diese ausgeübt werden soll, nicht im Einzelnen dargelegt werden. Soll jedoch etwa eine besonders schmerzhafte Form der körperlichen Einwirkung erfolgen, muss dies gesondert angedroht werden (vgl. OVG Lüneburg NJW 2017, 1626 (Rn. 22 f.)) bzw. die Androhung sich insoweit von vorneherein auf diese Technik beziehen.

Die Androhung gemäß diesen Vorgaben muss zwar nicht zugestellt werden (→ Rn. 16), sie muss jedoch – auch im Sinne der Bekanntgabe eines Verwaltungsakts nach §§ 41, 43 HVwVfG – „zugehen", dh der Betroffene muss die Möglichkeit haben, sie zu verstehen. **30**

Zeitlich hat die Androhung unmittelbaren Zwangs gem. Abs. 1 S. 1 „vor seiner Anwendung" zu erfolgen. **31**

Das bedeutet einerseits, dass dem Betroffenen so viel Zeit verbleiben muss, dass er auf die Androhung im polizeilich gewünschten Sinne reagieren kann (vgl. → Rn. 18 und Nr. 58.1.6 VVHSOG). **32**

Anderseits darf zwischen Androhung und Anwendung nicht mehr Zeit verstreichen, als durch den natürlichen Vorgang bedingt ist. Anderenfalls wird die Androhungswirkung „verbraucht" und es muss erneut angedroht werden. **33**

Dies gilt zB nach einem längeren Wortwechsel zwischen Polizei und Betroffenen, ohne dass es zur Anwendung von Zwang gekommen ist (vgl. iE auch Lorei/Clemens, Studien zum Schusswaffeneinsatz: Warnschüsse/Bäuerle, 2012, 17 (27)). **33.1**

Die Androhung kann – wie auch schon in § 53 Abs. 1 S. 4 vorgesehen – nach Abs. 1 S. 2 unterbleiben, wenn die Umstände sie nicht zulassen, insbesondere wenn die sofortige Anwendung des Zwangsmittels zur Abwehr einer Gefahr notwendig ist (vgl. → § 53 Rn. 17). **34**

Dies ist zB bei besonderer Eilbedürftigkeit des Einschreitens und bei Situationen gegeben, in denen eine Androhung ihr Ziel nicht erreichen kann, etwa wegen Taubheit oder schwerer Trunkenheit des Betroffenen, großem Lärm, aber auch bei drohendem Verlust eines polizeilich notwendigen Überraschungsmoments (VGH Mannheim VBlBW 2005, 386). **35**

Als Regelbeispiel stellt Abs. 1 S. 2 auf die auch in § 47 Abs. 2 beschriebene Lage ab (eing. → § 47 Rn. 37). Auch in diesen Fällen ist der Verzicht auf die Androhung indessen nicht generell vorgesehen, sondern steht im pflichtgemäßen Ermessen. **36**

VI. Androhung des Schusswaffengebrauchs (Abs. 1 S. 3, Abs. 2)

Gemäß Abs. 2 ist die vorherige Androhung des Schusswaffengebrauchs immer vorgeschrieben, es sei denn, dass zusätzlich zu dem in Abs. 1 S. 2 genannten Ausnahmetatbestand ein Schusswaffengebrauch zur Abwehr einer gegenwärtigen Gefahr für Leib oder Leben vorliegt. **37**

Beim Schusswaffengebrauch wird indessen zumeist, zumindest eine Androhung durch Abgabe eines Warnschusses (Abs. 1 S. 3) möglich sein. Ausnahmen sind im – in der Sache deckungsgleichen (vgl. aber zum Verhältnis der Notwehr zu hoheitlichen Befugnissen → § 54 Rn. 30) – Fall von Notwehr möglich. In der Regel sollte aber auch hier eine Androhung erfolgen (vgl. Nr. 58.1.7 aE VVHSOG). **38**

Auch für die Androhung des Schusswaffengebrauchs ist eine bestimmte Form nicht vorgeschrieben. Grundsätzlich wird die Androhung mündlich zu erfolgen haben. **39**

Die Anrufe „Halt, Polizei, oder ich schieße!" oder: „Keine Bewegung oder ich schieße!" haben sich als zweckmäßig erwiesen und eingebürgert (vgl. Nr. 58.1.2 VVHSOG). Andere eindeutige Anrufe sind freilich ebenfalls zulässig. **40**

Das Gesetz lässt in Abs. 1 S. 3 auch die Androhung durch Warnschüsse zu (zur Abgrenzung zum sog. Signalschuss vgl. Nr. 58.1.5 VVHSOG; zum Ganzen auch Lorei/Clemens, Studien zum Schusswaffeneinsatz: Warnschüsse/Bäuerle, 2012, 17 ff.). **41**

Nr. 58.1.3 VVHSOG bestimmt insoweit, dass die mündliche Androhung, soweit sie nicht möglich ist, durch einen oder mehrere Warnschüsse ersetzt werden kann. Warnschüsse sind demnach – zumindest innerdienstlich – nur ausnahmsweise zulässig. **42**

Eine mündliche Androhung ist zB nicht möglich, wenn die Gefahr besteht, dass der Betroffene den Anruf des Beamten infolge größerer Entfernung oder wegen starken Lärms nicht hören kann. Solche Umstände liegen zB nicht vor, wenn ein Beamter sich in seiner Wohnung einer Person gegenübersieht, die er für einen Einbrecher hält, und sich bedroht fühlt. Dies schließt jedoch nicht aus, dass der Beamte in dieser Situation nach mündlicher Androhung etwa bei weiterem Vorrücken des Störers zunächst „vor die Füße in den Boden schießt", um seine Entschlossenheit zum Schusswaffengebrauch zu dokumentieren. **42.1**

43 Ein Warnschuss ist ein scharfer Schuss, der grundsätzlich steil in die Luft zu richten ist, niemanden gefährden darf und durch die psychologische Schockwirkung des Geschossknalls das polizeiliche Androhungsziel erreichen soll (vgl. zu den Einzelheiten Lorei/Clemens, Studien zum Schusswaffeneinsatz: Warnschüsse/Bäuerle, 2012, 17 ff.).

44 In Übereinstimmung mit dem allgemeinen vollstreckungsrechtlichen Grundsatz (→ Rn. 19 ff.) sieht Nr. 58.1.4 VVHSOG ausdrücklich vor, dass Warnschüsse nur zulässig sind, wenn die Voraussetzungen zum Schusswaffengebrauch selbst vorliegen.

45 Bei Abgabe des Warnschusses muss somit nicht nur eine der Fallgruppen des § 61 greifen, sondern es dürfen auch nicht die Vorgaben der §§ 60, 4 entgegenstehen. Der Warnschuss ist insoweit insbesondere kein selbständiges Zwangsmittel, das etwa nach dem Grundsatz der Wahl des milderen Mittels angewendet werden dürfte, ohne dass die Voraussetzungen des § 61 vorliegen.

45.1 So dürfen insbesondere gegen Personen, die lediglich durch besondere Umstände – zB durch scheues Verhalten bei Nacht oder durch Weglaufen auf Anruf – auffallen, ohne dass feststeht, ob die Voraussetzungen der §§ 61, 60 und 4 vorliegen, auch keine Warnschüsse abgegeben werden.

46 In bestimmten Lagen, wie sie auch in § 47 Abs. 2, § 58 Abs. 1 S. 2 beschrieben sind (gegenwärtige Gefahr für Leib oder Leben), kann ausnahmsweise auch die Androhung des Schusswaffengebrauchs unterbleiben.

47 Daraus ergibt sich der Umkehrschluss, dass ein repressiv-polizeilicher Schusswaffengebrauch ohne Androhung stets rechtswidrig ist (vgl. iE Lorei, Studien zum Schusswaffeneinsatz: Schießen/Bäuerle, 2014, S. 59, 62 ff. mwN).

VII. Androhung des unmittelbaren Zwangs gegen eine Menschenmenge (Abs. 3)

48 Die Regelung des Abs. 3 enthält Spezialvorschriften für die Androhung, wenn der unmittelbare Zwang gegen eine Menschenmenge gerichtet werden soll (vgl. zu dem Begriff → § 62 Rn. 6 ff.).

49 Die besonderen Verhältnisse in dieser Situation bestehen darin, dass sich dort unbeteiligte Personen befinden (können), die aus Zufall oder Neugier in die Situation gekommen sind, ohne dass ihnen das gerade bestehende Gefahren- oder Störungspotential zuzurechnen ist.

50 Diesem Personenkreis soll und muss Gelegenheit gegeben werden, sich vor Zwangsanwendung zu entfernen. Rechtzeitigkeit im Sinne der Vorschrift liegt somit vor, wenn die Zeitspanne zwischen Androhung und Anwendung zur Entfernung ausreicht.

51 Dem Schusswaffengebrauch gegen Personen in einer zu zerstreuenden Menschenmenge (vgl. § 62) sollte eine dreimalige erfolglose Aufforderung, sich zu entfernen, vorausgehen, vgl. auch § 113 OWiG. Eine solche Aufforderung kann durch Lautsprecher, unter Umständen zusätzlich durch Tafeln oder Ähnliches erfolgen. Diese Aufforderung kann nicht durch Warnschüsse ersetzt werden und ist zu unterscheiden von der Androhung des Waffengebrauchs nach Abs. 3.

52 Ist die Aufforderung, sich zu entfernen, oder eine Untersagungsverfügung erfolglos geblieben und soll jetzt von der Schusswaffe Gebrauch gemacht werden, ist der Schusswaffengebrauch gem. Abs. 3 S. 2 wiederholt anzudrohen. Diese Androhung kann wiederum durch Warnschüsse ersetzt werden.

53 Die grundsätzliche Pflicht zur Wiederholung unmittelbar vor dem Gebrauch ergibt sich aus dem Verhältnismäßigkeitsprinzip; es soll eine „allerletzte" Chance eingeräumt werden.

54 Denkbar sind auch Fälle, in denen es zweckmäßig und zulässig ist, die Aufforderung nach § 113 OWiG mit der Schusswaffengebrauchsandrohung nach Abs. 3 S. 2 zu verbinden.

55 In bestimmten – allerdings eher praxisfernen, weil bürgerkriegsähnlichen – Lagen, wie sie in § 47 Abs. 2, § 58 Abs. 1 S. 2, Abs. 2 beschrieben sind (gegenwärtige Gefahr für Leib oder Leben), können die Aufforderung und die Androhung schließlich auch unterbleiben.

56 Ohne Weiteres verzichtet werden kann auf die Androhung nach Abs. 3 S. 3 beim Gebrauch von technischen Sperren und Dienstpferden gegenüber einer Menschenmenge; dort ist die Androhung wegen der Offenkundigkeit des Vorgehens entbehrlich (vgl. → Rn. 24). Der Verzicht auf die Androhung steht allerdings auch hier im pflichtgemäßen Ermessen.

§ 59 Fesselung von Personen

Eine Person, gegen die nach diesem Gesetz oder anderen Rechtsvorschriften unmittelbarer Zwang angewendet werden darf, darf gefesselt werden, wenn Tatsachen die Annahme rechtfertigen, dass sie
1. Polizeivollzugsbeamtinnen, Polizeivollzugsbeamte oder Dritte angreifen, Widerstand leisten oder Sachen beschädigen wird,
2. fliehen wird oder befreit werden soll oder
3. sich töten oder verletzen wird.

Überblick

Auszug aus der VVHSOG (gem. Erlass des Hessischen Ministeriums des Innern und für Sport v. 29.11.2022 (StAnz. 50/2022, 1384) zum 1.1.2025 mangels eines erneuten Verlängerungserlasses ersatzlos außer Kraft getreten):
Zu § 59
59. Fesselung von Personen
59.1
Im Sinne der Nr. 1 leistet Widerstand, wer sich einer polizeilichen Anordnung aktiv widersetzt; passives Verhalten (zum Beispiel Stehenbleiben, Fallenlassen) reicht hierfür nicht aus.
59.2
Grundsätzlich werden die Arme auf dem Rücken mit den Handflächen nach außen mit den hierfür vorgesehenen Hilfsmitteln der körperlichen Gewalt gefesselt (vergleiche Leitfaden 371 „Eigensicherung"). Sind die vorgesehenen Hilfsmittel nicht vorhanden oder reichen sie nicht aus, so sind andere Maßnahmen zu treffen, die eine ähnliche Behinderung wie Fesseln gewährleisten. Es ist darauf zu achten, dass gesundheitliche Schäden (zum Beispiel Blutstauungen, Erfrierungen oder Luftnot aufgrund einer bestimmten Körperhaltung – „Positional-Asphyxia-Phänomen" –) nicht eintreten.
59.3
Mehrere Personen sollen nicht zusammengeschlossen werden, wenn ein Nachteil für Ermittlungen in einer Strafsache zu befürchten ist, durch die Zusammenschließung die Gesundheit einer der betroffenen Personen gefährdet oder dies eine erniedrigende Behandlung bedeuten würde.
59.4
Personen verschiedenen Geschlechts sollen möglichst nicht zusammengeschlossen werden.
Die Vorschrift des § 59 regelt mit der Fesselung von Personen eine Form der Anwendung unmittelbaren Zwangs unter Einsatz eines Hilfsmittels der körperlichen Gewalt.

Übersicht

A. Allgemeines

I. Zweck und Hintergrund der Norm

1 Die Vorschrift des § 59 ist innerhalb des zweiten Titels des vierten Abschnitts die einzige, die den Einsatz eines Hilfsmittels der körperlichen Gewalt (vgl. § 55 Abs. 3) – über die allgemeinen Voraussetzungen der §§ 52, 55 hinaus – speziell regelt.

2 Die Notwendigkeit einer speziellen Regelung ergibt sich aus der Tatsache, dass mit der Fesselung von Personen gravierende Eingriffe in die Freiheit der Person (Art. 2 Abs. 2 GG), zumeist Freiheitsentziehungen (Art. 104 GG) verbunden sind.

3 Praktisch bedeutet Fesselung, dass der betroffenen Person durch den Einsatz von Hand- und / oder Fußfesseln der Gebrauch ihrer Extremitäten oder eines Teils ihrer Extremitäten unmöglich gemacht wird (Hornmann HSOG Rn. 1).

4 Bis zur Gesetzesänderung v. 15.12.2004 (HessGVBl. I 444) war es nach § 59 Voraussetzung für eine Fesselung, dass der betroffenen Person die Freiheit iSd Art. 104 GG entzogen wurde.

4.1 Die vorherige Formulierung lautete: „Eine Person, die nach diesem Gesetz oder anderen Rechtsvorschriften festgehalten wird, darf gefesselt werden, wenn Tatsachen die Annahme rechtfertigen, daß sie (...)"

5 Motiv der Gesetzesänderung war die Erwägung des Gesetzgebers, dass auch in Fällen einer bloßen Freiheitsbeschränkung ein Bedürfnis zu fesseln bestehe, etwa bei der Abschiebung von Ausländern.

5.1 Die Begründung lautete: „Nach § 59 darf eine Fesselung nur bei einer festgehaltenen Person erfolgen. Ein Festhalten im Sinne dieser Vorschrift liegt nur dann vor, wenn die Maßnahme im Rahmen einer Freiheitsentziehung erfolgt. Findet bei einer Abschiebung keine Unterbringung in einem Gewahrsamsraum statt, sondern sind die Einschränkungen der Bewegungsfreiheit des Abzuschiebenden -Transport von der Wohnung zum Flughafen, übliche Wartezeit am Flughafen - lediglich unvermeidliche Folge der Durchführung der Abschiebung, liegt lediglich eine Freiheitsbeschränkung vor. Die polizeiliche Praxis hat gezeigt, dass auch im Zusammenhang mit einer Freiheitsbeschränkung Fesselungen zuweilen erforderlich werden. Die Gesetzesänderung zielt darauf ab, die Fesselung auch im Rahmen von freiheitsbeschränkenden Maßnahmen zu ermöglichen, und entspricht damit einem Wunsch der polizeilichen Praxis." (LT-Drs. 16/3170, 2).

6 Da bei der Abschiebung nach der – insoweit durchaus fragwürdigen – Rechtsprechung in der Tat die Beeinträchtigung der körperlichen Bewegungsfreiheit, die in diesen Fällen notwendigerweise mit der Anwendung von unmittelbarem Zwang verbunden ist – und damit die gesamte Zwangsausreise – nur als Freiheitsbeschränkung zu werten ist (vgl. BVerwG BeckRS 1981, 05582 = DVBl 1981, 1108), war die Fesselung im Rahmen der Abschiebung mit dem früheren Gesetzestext nicht vereinbar.

7 Dem Bedürfnis, gleichwohl fesseln zu können, sollte die Neufassung gerecht werden, indem als grundsätzliche Voraussetzung nur noch die Zulässigkeit der Anwendung unmittelbaren Zwangs gegen die zu fesselnde Person verlangt wird.

8 Aus Sicht der polizeilichen Praxis stellt sich die Fesselung regelmäßig als Maßnahme der sog. Eigensicherung dar, für die innerdienstlich der polizeiliche Leitfaden 371 Richtlinien enthält (vgl. auch Nr. 59.2 VVHSOG); mit diesen Richtlinien und den Praxisbedürfnissen lassen sich die gesetzlichen Vorgaben des § 59 nicht in allen Fällen in Übereinstimmung bringen.

II. Parallelvorschriften

9 Vorschriften, die die Voraussetzungen für die Fesselung von Personen durch die Polizei regeln, finden sich – mit Ausnahme des BWPolG und das SächsPolG – auch in den anderen Landespolizeigesetzen bzw. Gesetzen über den unmittelbaren Zwang, wobei diese inhaltlich zum Teil von § 59 abweichen (vgl. nur Art. 82 BayPAG, § 75 NPOG, § 62 PolG NRW).

10 Eine bundesrechtliche Entsprechung zu § 59 enthält § 8 UZwG.

B. Einzelkommentierung

11 Die Fesselung von Personen nach § 59 ist eine besondere Form der Anwendung unmittelbaren Zwangs unter Einsatz eines Hilfsmittels der körperlichen Gewalt.

I. Anwendungsbereich

12 Die Regelung des § 59 findet nach § 54 Abs. 1 und § 3 Abs. 3 sowohl auf präventivpolizeiliche als auch auf repressiv-polizeiliche Zwangsausübung Anwendung.

13 Allerdings richtet sich die Fesselung von verhafteten Personen (§§ 114, 126a StPO) nach Spezialvorschriften. Diese waren bis zu den Änderungen infolge der Föderalismusreform aus dem Jahr 2006 in der Regelung des § 119 Abs. 5 StPO vorgesehen, nach der die Fesselung grundsätzlich unter einem Richtervorbehalt stand (vgl. § 119 Abs. 6 StPO aF).

In Hessen ist an die Stelle dieser Regelung mittlerweile § 35 HUVollzG (Hessisches Untersuchungshaftvollzugsgesetz v. 28.6.2010, HessGVBl. I 185) aus dem Jahr 2010 (verkündet als Art. 2 des Gesetzes zur Schaffung und Änderung hessischer Vollzugsgesetze v. 28.6.2010, HessGVBl. I 185, 208) getreten. 14

Hier nicht relevante Sonderregelungen für Fesselungen im Strafvollzug enthalten zudem das HessJStVollzG (Hessisches Jugendstrafvollzugsgesetz v. 19.11.2007, HessGVBl. I 758), das HStVollzG (Hessisches Strafvollzugsgesetz v. 28.6.2010, HessGVBl. I 185) und das HSVVollzG (Hessisches Sicherungsverwahrungsvollzugsgesetz v. 5.3.2013, HessGVBl. 46). 14.1

II. Zulässigkeit der Anwendung unmittelbaren Zwangs (Hs. 1)

Als grundsätzliche Voraussetzung für alle Fälle der Fesselung wird seit der Neufassung (→ Rn. 4) des § 59 (nur noch) die Zulässigkeit der Anwendung unmittelbaren Zwangs gegen die zu fesselnde Person verlangt. 15

Das heißt, es müssen die Voraussetzungen der § 52 für die Anwendung unmittelbaren Zwangs gegenüber der betroffenen Person gegeben sein, womit auch die allgemeinen Voraussetzungen für eine Zwangsanwendung gem. §§ 47 ff. vorliegen müssen. Es muss also regelmäßig ein vollziehbarer Verwaltungsakt erlassen worden sein, den die betroffene Person zu befolgen nicht bereit ist und für dessen Durchsetzung andere Zwangsmittel nicht in Betracht kommen, keinen Erfolg versprechen oder unzweckmäßig sind (§§ 47 Abs. 1, 52 Abs. 1). 16

III. Vorliegen der Voraussetzungen (Hs. 2 Nr. 1, Nr. 2 oder Nr. 3)

Des Weiteren müssen Tatsachen die Annahme rechtfertigen (vgl. → § 1 Rn. 73.2; → § 15 Rn. 44 ff.), dass zumindest eine der in Hs. 2 Nr. 1–3 genannten Voraussetzungen gegeben ist. 17

1. Drohende Gewaltanwendung (Hs. 2 Nr. 1)

Nach der ersten Alternative ist die Fesselung ferner nur zulässig, wenn Tatsachen die Annahme rechtfertigen, dass der Betroffene Polizeivollzugsbeamte, Polizeivollzugsbeamtinnen oder Dritte angreifen, Widerstand leisten oder Sachen beschädigen, kurz: dass er gewalttätig wird. 18

Innerdienstlich nimmt Nr. 59.1 VVHSOG insoweit die gebotene Einschränkung vor, dass iSd Nr. 1 nur Widerstand leistet, wer sich einer polizeilichen Anordnung aktiv widersetzt, dass also passives Verhalten (wie Stehenbleiben, Fallenlassen) hierfür nicht ausreicht. 19

Die Anhaltspunkte für die drohenden Gewalttätigkeiten können sich vor allem aus dem aktuellen Verhalten ergeben, unter Umständen aber auch aus früheren Verhaltensweisen oder Erklärungen. 20

2. Flucht- oder Befreiungsgefahr (Hs. 2 Nr. 2)

Die zweite Alternative setzt eine Flucht- und Befreiungsgefahr in Bezug auf die betroffene Person voraus. Für die – praktisch relevantere – Fluchtgefahr kann ebenfalls primär das bisherige Verhalten sprechen. 21

Ob im Fall einer Festnahme allein schon die drohende Schwere der Strafe ausreicht ist fraglich; insoweit sind jedenfalls auch alle Umstände zu bedenken, die der Annahme einer Flucht entgegenstehen können. 22

3. Selbstverletzungs- oder Suizidgefahr (Hs. 2 Nr. 3)

Die dritte Alternative regelt den Fall der Gefahr von Selbstverletzung oder Suizid. Eine solche kann etwa aus entsprechenden Androhungen, depressiver Veranlagung oder früheren Suizidversuchen abgeleitet werden. 23

Zu der daraus resultierenden (praktisch wenig relevanten) Debatte, inwieweit – schon allgemein, aber auch durch Fesselung nach dieser Alternative – polizei- und gefahrenabwehrbehördlich gegen Selbstgefährdung oder -tötung in voller Eigenverantwortlichkeit vorgegangen werden kann oder muss (vgl. Lisken/Denninger PolR-HdB/Denninger, 6. Aufl. 2018, 24

D Rn. 31 ff. mwN; Lisken/Denninger PolR-HdB/Bäcker D Rn. 57 ff.; Fredrich § 1 Rn. 15, 3).

IV. Androhung, Art und Weise der Fesselung

25 Da es sich bei der Fesselung um die Ausübung unmittelbaren Zwangs unter Einsatz eines Hilfsmittels der körperlichen Gewalt handelt, ist diese nach Maßgabe der §§ 53, 58 anzudrohen.

25.1 In Verbindung mit der Grundverfügung könnte die Androhung bei einer Widerstand leistenden Person etwa lauten: „Unterlassen Sie weitere Gegenwehr, oder ich werde Sie fesseln!"

26 Dieses Erfordernis bringt für die polizeiliche Praxis immer dann Schwierigkeiten mit sich, wenn die betroffene Person auf die Androhung reagiert (etwa die Gegenwehr einstellt), jedoch davon auszugehen ist (oder davon ausgegangen wird), dass dieser Erfolg nur vorübergehend eingetreten ist.

27 Der Folge einer Rechtswidrigkeit der Fesselung kann in diesen Fällen nur entgangen werden, wenn man entweder die Entbehrlichkeit der Androhung wegen der Umstände nach § 58 Abs. 1 S. 2 annimmt, oder das Reagieren auf die Androhung als Täuschung interpretiert, um das Fortbestehen der Voraussetzungen des Nr. 1 anzunehmen. Im diesem Fall wird die Androhung jedoch widersinnig.

28 Die Vorschrift des § 59 enthält selbst keine Vorgaben für die Art und Weise der Fesselung, sodass gesetzlich lediglich die Vorgaben des Verhältnismäßigkeitsgrundsatzes (§ 4) heranzuziehen sind (vgl. auch BeckOK PolR Bayern/Buggisch PAG Art. 82 Rn. 21 ff.; BeckOK PolR Bbg/Hofrichter/Fickenscher BbgPolG § 65 Rn. 32).

29 In Nr. 59.2–59.4 VVHSOG sind innerdienstlich jedoch konkretisierende Regelungen für die Art und Weise der Fesselung getroffen. Danach ist darauf zu achten, dass gesundheitliche Schäden nicht eintreten; mehrere Personen dürfen bei Verdunkelungs- oder Gesundheitsgefahr grundsätzlich nicht zusammengeschlossen werden; gleiches gilt, wenn dies als erniedrigend empfunden werden könnte und für Personen verschiedenen Geschlechts.

30 Im Übrigen ist § 4 insbesondere im Hinblick auf den Schutz des allgemeinen Persönlichkeitsrechtes und Art. 1 GG zu beachten; das bedeutet vor allem, dass die Ausstrahlung der Fesselung in die Öffentlichkeit möglichst gering zu halten ist (vgl. auch BeckOK PolR Bayern/Buggisch PAG Art. 82 Rn. 21 ff., der mwN auch die Frage diskutiert, inwieweit bei der Fesselung insoweit eine besonders Anwendung des Verhältnismäßigkeitsgrundsatzes geboten ist).

31 Jedenfalls hat die Fesselung möglichst unauffällig zu erfolgen und darf insbesondere nicht eingesetzt werden, um den Betroffenen „an den Pranger" zu stellen (Lisken/Denninger PolR-HdB/Graulich E Rn. 969 mwN; SGR/Ruthig UZwG § 8 Rn. 6).

§ 60 Allgemeine Vorschriften für den Schusswaffengebrauch

(1) [1]Schusswaffen dürfen nur gebraucht werden, wenn andere Maßnahmen des unmittelbaren Zwanges erfolglos angewendet sind oder offensichtlich keinen Erfolg versprechen. [2]Gegen Personen ist ihr Gebrauch nur zulässig, wenn der Zweck nicht durch Schusswaffengebrauch gegen Sachen erreicht werden kann.

(2) [1]Schusswaffen dürfen gegen Personen nur gebraucht werden, um angriffs- oder fluchtunfähig zu machen. [2]Ein Schuss, der mit an Sicherheit grenzender Wahrscheinlichkeit tödlich wirken wird, ist nur zulässig, wenn er das einzige Mittel zur Abwehr einer gegenwärtigen Lebensgefahr oder einer gegenwärtigen Gefahr einer schwerwiegenden Verletzung der körperlichen Unversehrtheit ist.

(3) [1]Gegen Personen, die dem äußeren Eindruck nach noch nicht vierzehn Jahre alt sind, dürfen Schusswaffen nicht gebraucht werden. [2]Dies gilt nicht, wenn der Schusswaffengebrauch das einzige Mittel zur Abwehr einer gegenwärtigen Gefahr für Leib oder Leben ist.

(4) [1]Der Schusswaffengebrauch ist unzulässig, wenn für die Polizeivollzugsbeamtin oder den Polizeivollzugsbeamten erkennbar Unbeteiligte mit hoher Wahr-

scheinlichkeit gefährdet werden. [2]Dies gilt nicht, wenn der Schusswaffengebrauch das einzige Mittel zur Abwehr einer gegenwärtigen Lebensgefahr ist.

Überblick

Auszug aus der VVHSOG (gem. Erlass des Hessischen Ministeriums des Innern und für Sport v. 29.11.2022 (StAnz. 50/2022, 1384) zum 1.1.2025 mangels eines erneuten Verlängerungserlasses ersatzlos außer Kraft getreten):

Zu § 60

60. Allgemeine Vorschriften für den Schusswaffengebrauch

60.1 Zu Abs. 1

60.1.1

Der Schusswaffengebrauch gegen Personen ist die schwerwiegendste Maßnahme des unmittelbaren Zwanges. Die Polizeivollzugsbeamtin oder der Polizeivollzugsbeamte hat vorher die Rechtmäßigkeit und Verhältnismäßigkeit besonders sorgfältig zu prüfen. Bestehen rechtliche oder tatsächliche Zweifel, ob die Voraussetzungen für den Schusswaffengebrauch vorliegen, ist von der Schusswaffe kein Gebrauch zu machen. Auch der Schusswaffengebrauch gegen Sachen ist auf das erforderliche Mindestmaß zu beschränken. Ein Schusswaffengebrauch gegen Sachen ist nicht zulässig, wenn mit Wahrscheinlichkeit damit gerechnet werden muss, dass hierdurch Personen verletzt werden. Der Schusswaffengebrauch gegen Kraftfahrzeuge ist daher nur zulässig, wenn die Verletzung von Personen unwahrscheinlich ist oder die Voraussetzungen des Schusswaffengebrauchs gegen Personen vorliegen. Beim Schusswaffengebrauch gegen ein Kraftfahrzeug ist anzustreben, das Fahrzeug fahruntüchtig zu machen, weil hierdurch in der Regel der Zweck der Maßnahme, nämlich die Festnahme der Rechtsbrecherin oder des Rechtsbrechers, erreicht werden kann. Daher ist grundsätzlich auf Bereifung, Motor oder Kühler zu zielen. Vom Schusswaffengebrauch ist abzusehen, wenn das Fahrzeug sich mit hoher Geschwindigkeit bewegt, erkennbar explosive oder ähnlich gefährliche Güter befördert oder nach seiner Kennzeichnung zur Beförderung solcher Güter bestimmt ist. Diese Einschränkungen gelten nicht, wenn durch die Weiterfahrt größere Gefahren zu entstehen drohen als durch den Schusswaffengebrauch.

60.1.2

Bei Wasserfahrzeugen ist die Schusswaffe nach Möglichkeit auf die Antriebsanlage, die Ruderanlage oder die Bordwand in Höhe der Wasserlinie, jedoch nicht auf Räume zu richten, in denen sich regelmäßig Personen aufhalten.

60.1.3

Der Schusswaffengebrauch gegen Tiere ist zulässig, wenn von ihnen eine Gefahr ausgeht, sie insbesondere Menschen bedrohen, und die Gefahr nicht auf andere Weise zu beseitigen ist. Verletzte oder kranke Tiere dürfen im Wege der unmittelbaren Ausführung nach § 8 auch dann getötet werden, wenn die Befürchtung besteht, dass sie sonst unter Qualen verenden würden und weder die Eigentümerin oder der Eigentümer beziehungsweise die Tierhalterin oder der Tierhalter noch eine Tierärztin oder ein Tierarzt oder eine jagdausübungsberechtigte Person kurzfristig zu erreichen ist. Die Tötung erfolgt im Wege der Ersatzvornahme (§ 49), wenn der nach § 7 Abs. 1 an sich verantwortlichen Person die Mittel zur sachgerechten Umsetzung der Verfügung fehlen oder ihr aus ethischen Gründen die Ausführung nicht zuzumuten ist. Falls diese Personen polizeilichen Schusswaffengebrauch erbitten, ist nach pflichtgemäßem Ermessen zu entscheiden. Das Töten eines herrenlosen verletzten oder kranken Tieres, insbesondere von Wild, stellt einen Realakt dar.

60.2 Zu Abs. 2

Um angriffs- oder fluchtunfähig zu machen, ist, wenn die Umstände es zulassen, auf die Beine zu zielen, vor allem bei Fliehenden. Zur Abwehr einer gegenwärtigen Lebensgefahr einer Person oder einer gegenwärtigen Gefahr einer schwerwiegenden Verletzung der körperlichen Unversehrtheit ist als letztes Mittel auch ein gezielter tödlich wirkender Schuss auf die Angreiferin oder den Angreifer zulässig.

60.3 Zu Abs. 3

Bestehen Zweifel, ob jemand noch im Kindesalter ist, so ist davon auszugehen, dass es sich um ein Kind handelt.

60.4 Zu Abs. 4

Der Schusswaffengebrauch ist – vorbehaltlich des Satzes 2 – grundsätzlich auch verboten, wenn nur eine unbeteiligte Person mit hoher Wahrscheinlichkeit gefährdet wird. Die Polizeivollzugsbeamtin oder der Polizeivollzugsbeamte hat nicht nur auf Fußgängerinnen oder Fußgänger, sondern auch auf fahrende und haltende Fahrzeuge mit Insassen sowie auf Wohnungen und Geschäfte zu achten. Kann das

Schussfeld wegen der örtlichen Verhältnisse, bei Dunkelheit oder bei sonstiger Sichtbehinderung nicht überblickt werden, ist besondere Vorsicht und Zurückhaltung geboten.

Die Vorschrift des § 60 enthält die allgemeinen Vorgaben für den polizeilichen Schusswaffeneinsatz; im Übrigen ist dieser Gegenstand der spezielleren Regelungen in §§ 61, 62 und 63 ist.

Übersicht

A. Allgemeines

I. Zweck und Hintergrund der Norm

1 Der polizeiliche Schusswaffengebrauch ist das schärfste Zwangsmittel der Polizei; deshalb ist er im HSOG – wie in allen anderen Polizeigesetzen – eingehend geregelt (vgl. die Übersichten über die Parallelvorschriften → Rn. 9 f., → § 61 Rn. 4 f., → § 62 Rn. 4 f. sowie Lisken/Denninger PolR-HdB/Graulich, 6. Aufl. 2018, E Rn. 917 ff., 919, 923, 929, 934, 941 ff. und 983).

2 Die Vorschriften des § 60, die die Regelungen über den Schusswaffengebrauch mit allgemeinen Vorgaben einleitet, die in jedem Fall des Gebrauchs der Waffe einzuhalten sind, finden sowohl auf den Schusswaffengebrauch mit präventiver Zielrichtung, als auch auf einen solchen mit repressiver Zielrichtung Anwendung (vgl. § 54 Abs. 1, § 54 Abs. 3).

3 Schusswaffen im Sinne der Vorschrift sind gem. § 55 Abs. 4 Pistole, Revolver, Gewehr und Maschinenpistole.

4 Des Weiteren können vergleichbare Waffen durch Verwaltungsvorschrift nach § 55 Abs. 4 S. 2 zugelassen werden; derzeit gibt es in Hessen jedoch keine solche Verwaltungsvorschrift.

5 Einer wesentlichen Änderung wurde § 60 im Jahr 2004 durch die Anfügung des Abs. 2 S. 2 unterzogen. Der Gesetzgeber beendete damit die Debatte darüber, ob ein gezielter polizeilicher Todessschuss überhaupt zulässig ist und wenn, ob dann – wie nach vorheriger Rechtslage in Hessen – auch ohne ausdrückliche gesetzliche Ermächtigung (vgl. eingehend und mwN aus und zu der Debatte Lisken/Denninger PolR-HdB/Graulich, 6. Aufl. 2018, E Rn. 949 ff.; Pausch/Dölger PolR Hessen Rn. 277 ff.; Fredrich Rn. 6 ff.; Hornmann HSOG Rn. 14 ff.; Droste DIE POLIZEI 1995, 145; Becker DP 3/1998, 27; Göddecke NVwZ 2001, 1232; Borchardt DIE POLIZEI 2003, 319, Kutscha NVwZ 2004, 801, aus der frühen Lit. Krey/Meyer ZRP 1973, 1 ff.).

6 Während die erste Frage – auch mit Blick auf die Entscheidung des BVerfG zum Luftsicherheitsgesetz (BVerfGE 115, 118 (140 ff.)) zu bejahen ist, war die zweite – im Hinblick die höchste Intensität des Eingriffs – klar zu verneinen.

7 Insofern war es insbesondere unbefriedigend, dass es zwar in Hessen für den gezielten polizeilichen Todesschuss keine ausdrückliche gesetzliche Ermächtigung gab, dieser jedoch in der Nr. 60.2.1 VVHSOG aF gleichwohl für zulässig erklärt wurde (dazu zu Recht zynisch Hornmann HSOG, 1. Aufl. 1997, Rn. 18: „In Hessen soll offenbar nach Verwaltungsvorschrift erschossen werden").

7.1 Die Argumentation, auf die sich diese Regelung stützte, verlief etwa wie folgt: Das Ziel des Schusswaffengebrauchs könne es nur sein, angriffs- oder fluchtunfähig (vgl. Abs. 2 aF) zu machen, das ergebe sich auch schon aus seinem polizeilichen Charakter. Wenn demnach in einer Extremsituation, zB bei Geiselnahmen, die Angriffsunfähigkeit nur durch einen – auf das Kleinhirn – gezielten tödlichen Schuss erreichbar sei, könne auch dieser gerechtfertigt sein. In extremen Situationen, in denen eine andere Möglichkeit der Unschädlichmachung des Täters nicht bestehe, bedeute der Begriff „Angriffsunfähigkeit“ somit auch gezielte Tötung. Tötung sei die radikalste Form der Bekämpfung und Ausschaltung der Angriffsfähigkeit. Das gelte, wenn der Angriff nach Lage des Falles und insbesondere seiner Intensität anders nicht abgewehrt werden könne (vgl. etwa Sundermann NJW 1988, 3192).

Alle diese Fragen sind nun durch die § 41 Abs. 2 S. 2 MEPolG (Musterentwurf eines einheitlichen Polizeigesetzes) nachgebildete Formulierung des Abs. 2 S. 2 geklärt. 8

Womit nach der amtlichen Begründung lediglich den „vereinzelt in der Literatur vorgetragenen Bedenken“ Rechnung getragen werden sollte (LT-Drs. 16/2352, 26). 8.1

II. Parallelvorschriften

Parallelvorschriften, die die allgemeinen Voraussetzungen für den polizeilichen Schusswaffengebrauch regeln, finden sich auch in allen anderen Landespolizeigesetzen bzw. Gesetzen über den unmittelbaren Zwang, wobei diese Vorschriften inhaltlich zum Teil von der des § 60 abweichen (vgl. etwa Art. 83 BayPAG, §§ 67, 68 Abs. 2 BWPolG, § 76 NPOG, § 63 PolG NRW). 9

Eine bundesrechtliche Entsprechung zu § 60 enthält § 12 UZwG. 10

B. Einzelkommentierung

Im Einzelnen regelt die Vorschrift des § 60 den Schusswaffengebrauch dergestalt, dass sie ihn zur ultima ratio erklärt und einen Vorrang des Schusswaffengebrauchs gegen Sachen vor dem gegen Personen vorschreibt (Abs. 1), die Zielrichtung vorgibt (Abs. 2) sowie die Verbote des Schusswaffengebrauchs gegen Kinder bzw. einer Gefährdung Unbeteiligter aufrichtet und Ausnahmen davon regelt (Abs. 3 und Abs. 4). 11

Alle diese Regelungen stellen sich letztlich als Ausprägungen des Verhältnismäßigkeitsgrundsatzes dar. 12

I. Schusswaffengebrauch als ultima ratio (Abs. 1 S. 1)

Die Regelung des Abs. 1 S. 1 stellt klar, dass der Gebrauch der Schusswaffe die ultima ratio der Anwendung unmittelbaren Zwanges ist. Im Hinblick auf die schwerwiegenden Folgen darf von der Schusswaffe erst Gebrauch gemacht werden, wenn andere Mittel, also körperliche Gewalt, deren Hilfsmittel einschließlich Reiz- und Betäubungsstoffe sowie Schlagstockeinsatz erfolglos waren oder sein würden, was prognostisch nach Lage des Einzelfalles zu beurteilen ist. 13

Für die Frage, ob die Anwendung anderer Mittel offensichtlich nicht zum Ziel führt, ist also die sachgerechte Beurteilung entscheidend, dass andere Zwangsmaßnahmen aussichtslos sind (zB wegen des Erregungszustandes des Betroffenen oder der Menge oder des sonstigen Verhaltens). Ein tatsächlicher Versuch, mit anderen Mitteln zum Ziel zu kommen, wird bei einer solchen Sachlage nicht verlangt. 14

II. Vorrang des Schusswaffengebrauchs gegen Sachen (Abs. 1 S. 2)

Nach Abs. 1 S. 2 ist vor dem Schusswaffengebrauch gegen Personen zunächst zu prüfen, ob das Ziel durch Schusswaffenanwendung gegen Sachen (zB Fahrzeuge (§ 90 BGB) oder Tiere (§ 90a BGB)) erreicht werden kann. 15

Der Schusswaffengebrauch gegen Sachen kommt zur Durchsetzung polizeilicher Verfügungen oder zur Durchführung strafprozessualer Maßnahmen in Betracht (vgl. zur Wirkung der Notrechtsvorbehalte → § 54 Rn. 30). 16

Der Schusswaffengebrauch gegen Sachen unterliegt insoweit nicht den strengen Beschränkungen des § 61. Er darf jedoch ebenfalls nur angewendet werden, wenn andere Mittel erfolglos sind und ist unter den Voraussetzungen des Abs. 4 S. 1 ausgeschlossen. 17

Muss mit Wahrscheinlichkeit – dh diese Folge ist eher wahrscheinlich als unwahrscheinlich – damit gerechnet werden, dass bei dem Schusswaffengebrauch gegen Sachen Personen verletzt werden, ist der Schusswaffengebrauch als ein solcher gegen Personen zu qualifizieren und damit nur unter den Voraussetzungen des § 61 zulässig. 18

Auf Kraftfahrzeuge darf daher nur geschossen werden, wenn entweder die Voraussetzungen für den Schusswaffengebrauch gegen (alle im Fahrzeug befindlichen) Personen nach §§ 60, 19

61, oder aber die Verletzung von Personen ganz unwahrscheinlich ist, wobei bei Zweifeln von der Schusswaffe kein Gebrauch zu machen ist (vgl. Nr. 60.1.1 VVHSOG).

20 Bei wegfahrenden Fahrzeugen ist daher ein Schuss mit Ziel „Fluchtunfähigkeit" nur zulässig, wenn beim „Halten" auf den Reifen ein Kopf- oder Rumpftreffer weitestgehend ausgeschlossen ist, was bei davonfahrenden Fahrzeugen nur selten der Fall sein dürfte.

21 Bei Fahrzeugen ist deren Fahruntauglichkeit herbeizuführen (zB Zielen auf Reifen oder Motor). Ist anzunehmen, dass sich im Fahrzeug bspw. explosive Güter befinden, ist der Schusswaffengebrauch unzulässig, es sei denn, dass andernfalls der Allgemeinheit eine größere Gefahr droht (zB durch Sprengstoffattentat; vgl. Nr. 60.1.1 VVHSOG; zum Schusswaffengebrauch gegen Schiffe und Luftfahrzeuge vgl. Nr. 60.1.2 VVHSOG, zum Schusswaffengebrauch gegen Tiere Nr. 60.1.3 VVHSOG).

III. Zulässige Ziele des Schusswaffengebrauchs (Abs. 2)

22 Erweist sich nach Abs. 1 S. 1 (und unter Beachtung des Grundsatzes der Verhältnismäßigkeit des § 4) der Schusswaffengebrauch gegen Personen als unerlässlich, ist weiter zu beachten, dass sein Ziel nach Abs. 2 nur sein darf, angriffs- oder fluchtunfähig zu machen.

23 Auch diese Regelung stellt eine spezielle Ausprägung des Verhältnismäßigkeitsgrundsatzes dar. Im Einzelnen gilt insoweit Folgendes: Grundsätzlich ist – wenn das Schießen auf Menschen notwendig ist – auf die Beine zu zielen. Das Zielen auf Arme oder Hände birgt eine erheblich größere Gefahr tödlicher Verletzungen in sich.

24 Deshalb kann ein Schuss mit Zielrichtung der Fluchtunfähigkeit nur dann als rechtmäßig anerkannt werden, wenn auf die Beine gezielt wird und ein Rumpf- oder Kopftreffer sehr unwahrscheinlich ist. Kann ein solcher Treffer angesichts der Sicht- und Bewegungsverhältnisse, der Erregung, der Schießfertigkeit und der Entfernung nicht weitestgehend ausgeschlossen werden, hat der Schusswaffengebrauch mit dieser Zielrichtung zu unterbleiben (vgl. zum Ganzen rechtlich und faktisch eingehend Lorei, Studien zum Schusswaffeneinsatz: Schießen, 2014).

24.1 Lediglich völlig unvorhersehbare Kausalverläufe können insoweit außer Betracht bleiben, gehen also nicht „zu Lasten" der Polizeibehörde.

25 Bei einem Schuss mit der Zielrichtung der Angriffsunfähigkeit ist der Zielpunkt des Schusses je nach der Art des Angriffes und verbleibender Reaktionszeit festzulegen. Orientiert am Erforderlichkeitsprinzip kommen Schüsse auf Beine, Arme, Rumpf und Kopf in Frage, ggf. sogar der ungezielte sog. Deutschuss.

26 Dieser Fall ist vom gezielten Todesschuss zu unterscheiden, den der Gesetzgeber in Abs. 2 S. 2 nunmehr ausdrücklich geregelt hat (vgl. ausf. → Rn. 5).

27 Mit dieser Normierung ist eine gesetzliche Grundlage geschaffen, die den Anforderungen von Art. 2 Abs. 2 S. 1 GG auch unter Beachtung des Gebots der Normenbestimmtheit gerecht wird. Durch die strenge Bindung an das ultima-ratio-Prinzip und das Erfordernis, dass sich Rechtsgüter von höchstem Wert in einer gegenwärtigen Gefahr befinden müssen, ist dem Verhältnismäßigkeitsgrundsatz ausreichend Rechnung getragen (vgl. zur ethischen Rechtfertigung in der Überlegung, dass in solchen Fällen Leben gegen Leben steht und der Staat nur für ein Leben streiten könne, er sich angesichts seiner vorrangigen Schutzpflicht für das unschuldig in Gefahr gebrachte Leben entscheiden müsse, während es der Aggressor selbst in der Hand habe, durch Aufgabe seiner kriminellen Pläne sein eigenes Leben zu schonen etwa Sundermann NJW 1988, 3192; verfassungsrechtlich und fundierter BVerfGE 115, 118 (140 ff.)).

28 Verfassungsrechtlich zweifelhaft bleibt dagegen, ob bereits die gegenwärtige Gefahr einer schwerwiegenden Körperverletzung ausreicht; hier ist jedenfalls eine einschränkende Interpretation dahingehend erforderlich, dass die drohende Verletzung so schwerwiegend sein muss, dass sie – in strafrechtlichen Kategorien – das Gewicht einer gefährlichen Körperverletzung iSd § 223a StGB oder eine schweren Körperverletzung iSd § 224 StGB hat.

IV. Schusswaffengebrauch gegen Kinder (Abs. 3)

29 Abs. 3 beinhaltet eine Schutzvorschrift für Kinder. Insoweit stellt das Gesetz für die Frage, ob es sich um ein Kind handelt und die Norm zu beachten ist, mangels anderer geeigneter Kriterien auf den äußeren Eindruck ab.

Dieser ist freilich nicht entscheidend, wenn dem handelnden Polizeivollzugsbeamten sowie der handelnden Polizeivollzugsbeamtin das wahre Alter der betroffenen Person bekannt ist. In Zweifelsfälle ist davon auszugehen, dass es sich um ein Kind handelt. 30

Die Schutzvorschrift des Abs. 3 gilt nicht unter den Voraussetzungen des S. 2; in diesen Fällen stuft das Gesetz das Interesse an der Unterbindung des rechtswidrigen Angriffs als gewichtiger ein als die körperliche Unversehrtheit des Kindes. 31

V. (Keine) Gefährdung Unbeteiligter (Abs. 4)

Eine weitere Einschränkung enthält Abs. 4 S. 1, wonach nicht geschossen werden darf, wenn dadurch unbeteiligte Dritte mit hoher Wahrscheinlichkeit (was mehr ist als die bloße Möglichkeit oder Wahrscheinlichkeit; → Rn. 18) gefährdet würden. 32

Es wird insoweit auf die hohe Wahrscheinlichkeit einer Gefahrenlage, nicht die einer Verletzung abgestellt. Es wird ein höherer Grad an Wahrscheinlichkeit verlangt als für die polizeiliche Gefahr, bei der eine hinreichende Wahrscheinlichkeit genügt (vgl. BeckOK PolR BW/Kastner BWPolG § 53 Rn. 14). Es ist also insbesondere nicht erforderlich, dass die Gefährdung Unbeteiligter völlig ausgeschlossen ist, zumal dieses Erfordernis – als striktes verstanden – bei der Unberechenbarkeit von Querschlägern oder Abprallern den Waffeneinsatz etwa innerhalb eines Bereichs geschlossener Bebauung unmöglich machen würde, was der Gesetzgeber wohl nicht intendiert (vgl. Nr. 60.4 VVHSOG). 33

Für Beurteilung der Wahrscheinlichkeit sind die Gegebenheiten der Umgebung, in der geschossen werden soll, die ballistischen Charakteristika der eingesetzten Schusswaffe und die Gefahr von Querschlägern zu berücksichtigen, aber auch die Schießfertigkeit des handelnden Beamten (vgl. BeckOK PolR BW/Kastner BWPolG § 53 Rn. 14 mwN). 33.1

Umstritten ist die Frage, wer als unbeteiligt im Sinne der Norm anzusehen ist. Eine Ansicht qualifiziert nur solche Personen als Unbeteiligte, die an der Handlung bzw. Tat, gegen die sich die Maßnahme richtet, nicht mitwirken, wobei als Mitwirken auch die psychische Unterstützung durch Meinungskundgabe oder sonstiges Verhalten reichen können soll (vgl. schon früh BGH NJW 1954, 715; Sundermann NJW 1988, 3192; zum Ganzen Lisken/Denninger PolR-HdB/Graulich, 6. Aufl. 2018, Rn. 921 ff. mwN; Lisken/Denninger PolR-HdB/Graulich E Rn. 981; BeckOK PolR BW/Kastner BWPolG § 53 Rn. 13.1). 34

Eine dergestalt verengte Definition des Unbeteiligten vermag indessen nicht zu überzeugen: Selbst wenn man Personen, die in diesem Sinne mitwirken, als polizeiliche Störer ansehen wollte, unterläuft diese Ansicht doch die gesetzlichen Vorgaben über den Schusswaffengebrauch gegen Personen, die einen solchen gerade nicht gegenüber jedem Störer zulassen (BeckOK PolR BW/Kastner BWPolG § 53 Rn. 13.1). Als Unbeteiligte sind daher alle Personen anzusehen, bei denen die Voraussetzungen für den Schusswaffengebrauch im konkreten Fall nicht vorliegen (so auch zutr. BeckOK PolR BW/Kastner BWPolG § 53 Rn. 13.1; Lisken/Denninger PolR-HdB/Rachor/Graulich, 6. Aufl. 2018, E Rn. 922). 35

Eine Ausnahme von der Einschränkung des Abs. 4 S. 1 gilt nur unter den Voraussetzungen des Abs. 4 S. 2. In diesem Fall hat das Risiko der Gefährdung Unbeteiligter nach der Wertung des Gesetzgebers hinter dem Interesse an dem Schutz des Lebens (nicht: Leib) der gefährdeten Person zurückzustehen. 36

§ 61 Schusswaffengebrauch gegen Personen, Sprengmittel

(1) Schusswaffen dürfen gegen Personen nur gebraucht werden,

1. um eine gegenwärtige Gefahr für Leib oder Leben abzuwehren,

2. um die unmittelbar bevorstehende Begehung oder Fortsetzung eines Verbrechens oder eines Vergehens unter Anwendung oder Mitführung von Schusswaffen oder Explosivmitteln zu verhindern,

3. um eine Person anzuhalten, die sich der Festnahme oder Identitätsfeststellung durch Flucht zu entziehen versucht, wenn sie

a) eines Verbrechens dringend verdächtig ist oder

b) eines Vergehens dringend verdächtig ist und Tatsachen die Annahme rechtfertigen, dass sie Schusswaffen oder Explosivmittel mit sich führt,

4. zur Vereitelung der Flucht oder zur Ergreifung einer Person, die in amtlichem Gewahrsam zu halten oder ihm zuzuführen ist
a) aufgrund richterlicher Entscheidung wegen eines Verbrechens oder aufgrund des dringenden Verdachts eines Verbrechens oder
b) aufgrund richterlicher Entscheidung wegen eines Vergehens oder aufgrund des dringenden Verdachts eines Vergehens, sofern Tatsachen die Annahme rechtfertigen, dass sie Schusswaffen oder Explosivmittel mit sich führt, oder

5. um die gewaltsame Befreiung einer Person aus amtlichem Gewahrsam zu verhindern oder in sonstigen Fällen des § 54 Abs. 3 des Hessischen Strafvollzugsgesetzes vom 28. Juni 2010 (GVBl. I S. 185), zuletzt geändert durch Gesetz vom 12. November 2020 (GVBl. S. 778), des § 54 Abs. 3 des Hessischen Sicherungsverwahrungsvollzugsgesetzes vom 5. März 2013 (GVBl. S. 46), geändert durch Gesetz vom 12. November 2020 (GVBl. S. 778), des § 39 Abs. 2 des Hessischen Untersuchungshaftvollzugsgesetzes vom 28. Juni 2010 (GVBl. I S. 185, 208), zuletzt geändert durch Gesetz vom 12. November 2020 (GVBl. S. 778), sowie des § 53 Abs. 2 des Hessischen Jugendstrafvollzugsgesetzes vom 19. November 2007 (GVBl. I S. 758), zuletzt geändert durch Gesetz vom 12. November 2020 (GVBl. S. 778).

(2) Schusswaffen dürfen nach Abs. 1 Nr. 4 nicht gebraucht werden, wenn es sich um den Vollzug eines Jugendarrestes oder eines Strafarrestes handelt oder wenn die Flucht aus einer offenen Anstalt verhindert werden soll.

(3) Sprengmittel dürfen gegen Personen nicht angewendet werden.

Überblick

Auszug aus der VVHSOG (nicht an die aktuelle Gesetzeslage angepasst und gem. Erlass des Hessischen Ministeriums des Innern und für Sport v. 29.11.2022 (StAnz. 50/2022, 1384) zum 1.1.2025 mangels eines erneuten Verlängerungserlasses ersatzlos außer Kraft getreten):

Zu § 61

61. Schusswaffengebrauch gegen Personen, Sprengmittel

61.0

Soweit es für den Schusswaffengebrauch darauf ankommt, ob eine rechtswidrige Tat ein Verbrechen oder ein Vergehen darstellt, richtet sich dies nach § 12 StGB nach der für die Straftat angedrohten Mindeststrafe. Hierbei ist nur der Regelstrafrahmen maßgebend. Schärfungen und Milderungen nach dem Allgemeinen Teil des StGB (zum Beispiel bei Versuch, Beihilfe, verminderter Schuldfähigkeit) oder für besonders schwere (zum Beispiel § 243, § 263 Abs. 3, § 266 Abs. 2 StGB) oder minder schwere Fälle (zum Beispiel § 225 Abs. 4, § 226 Abs. 3 StGB) bleiben außer Betracht.

61.1 Zu Abs. 1

61.1.1

Die Berechtigung zum Schusswaffengebrauch nach Nr. 1 setzt mindestens die Gefahr einer schwerwiegenden Körperverletzung voraus.

61.1.2

Die zu verhindernde Straftat im Sinne der Nr. 2 muss unmittelbar bevorstehen. Die Verhinderung der Fortsetzung bedeutet insbesondere die Verhinderung weiterer Tathandlungen oder bei Dauerdelikten die Beendigung des strafbaren Zustandes. Die Handlung muss sich den Umständen nach als Verbrechen oder als ein Vergehen der genannten Art darstellen. Es kommt also darauf an, wie die Polizeivollzugsbeamtin oder der Polizeivollzugsbeamte die Situation unter Berücksichtigung aller im Augenblick gegebenen Erkenntnismöglichkeiten beurteilt. Sie oder er hat hierbei, trotz der Notwendigkeit, schnell zu handeln, besonders sorgfältig vorzugehen.

61.1.3

Explosivmittel im Sinne der Nr. 2, 3 und 4 Buchst. b sind Stoffe, die explosionsfähig sind.

61.1.4

§ 100 des Strafvollzugsgesetzes wendet sich nur an Bedienstete der Justizvollzugsanstalten. Durch Nr. 5 werden diese Befugnisse zum Teil auch auf die Polizeibehörden übertragen. Danach dürfen Polizeivollzugsbeamtinnen oder Polizeivollzugsbeamte Schusswaffen gebrauchen - gegen Gefangene, die eine Waffe oder ein anderes gefährliches Werkzeug trotz wiederholter Aufforderung nicht ablegen, -

gegen Gefangene, die eine Meuterei (§ 121 StGB) unternehmen, oder - gegen Personen, die es unternehmen, gewaltsam in eine Vollzugsanstalt einzudringen.

61.3 Zu Abs. 3

Sprengmittel sind zum Sprengen bestimmte explosionsfähige Stoffe (§ 55 Abs. 3).

Die Regelung des § 61 enthält die tatbestandlichen Voraussetzungen für den polizeilichen Schusswaffengebrauch gegenüber Personen. Abs. 1 Nr. 5 wurde geändert durch Gesetze v. 4.5.2017 (HessGVBl. 66) und v. 29.6.2023 (HessGVBl. 456). Die zu § 61 erlassene Verwaltungsvorschrift (Nr. 61 ff. VVHSOG) befand sich bis zu ihrem Außerkrafttreten zum 1.1.2025 auf dem Stand v. 10.11.2015 (StAnz 1226), hatte also die Änderungen nicht nachvollzogen.

Übersicht

A. Allgemeines

I. Zweck und Hintergrund der Norm

Neben den allgemeinen Voraussetzungen für den unmittelbaren Zwang (§§ 47 ff., 52) und den allgemeinen Voraussetzungen für polizeilichen Schusswaffeneinsatz (§ 60) muss für einen Schusswaffengebrauch gegen Personen stets eine der Tatbestandsalternativen des Abs. 1 erfüllt sein. **1**

Die Vorschrift des § 61 regelt insoweit die öffentlich-rechtliche Rechtmäßigkeit polizeilichen Schusswaffengebrauchs tatbestandlich abschließend (vgl. zu den Wirkungen der Notrechtsvorbehalte → § 54 Rn. 30). **2**

Auch § 61 ist insoweit eine Ausprägung des Verhältnismäßigkeitsgrundsatzes (vgl. → § 60 Rn. 12, → § 60 Rn. 1), als er die Fälle, in denen die Polizei von der Schusswaffe gegen Personen Gebrauch machen darf, weiter einengt. **3**

II. Parallelvorschriften

Parallelvorschriften, die die Voraussetzungen für den polizeilichen Schusswaffengebrauch gegen Personen regeln, finden sich auch in allen anderen Landespolizeigesetzen bzw. Gesetzen über den unmittelbaren Zwang (vgl. nur Art. 84 BayPAG, § 68 Abs. 1 BWPolG, § 77 NPOG, § 64 PolG NRW), wobei die Vorschriften der anderen Länder inhaltlich zum Teil von der des § 61 abweichen. **4**

Eine bundesrechtliche Entsprechung zu § 61 enthalten §§ 10, 11 UZwG. **5**

B. Einzelkommentierung

I. Anwendungsbereich

Die Regelung des § 61 findet nur auf die in § 55 Abs. 4 vorgesehenen Schusswaffen (Pistolen, Revolver, Gewehre und Maschinenpistolen) Anwendung (vgl. → § 60 Rn. 3; → § 55 Rn. 37, → § 55 Rn. 42). **6**

7 Für den Einsatz von ebenfalls als Waffen zugelassene Reizstoffsprühgeräten und Schlagstöcken gilt sie nicht; bei Waffen, die nach § 55 Abs. 4 S. 2 durch Verwaltungsvorschrift zugelassen werden – was bisher nicht erfolgt ist –, wäre auf die Definitionen und Abgrenzungen des WaffG (§§ 1, 12 Abs. 4 WaffG iVm Anlage 1 WaffG) abzustellen.

8 § 61 gilt darüber hinaus nur für den jeweils bestimmungsgemäßen Gebrauch dieser Schusswaffen durch Abfeuern von einem oder mehreren Schüssen; für den Einsatz der Schusswaffen etwa als Schlagwerkzeug gilt er ebenfalls nicht (Hornmann HSOG Rn. 3).

9 Die Vorschrift des § 61 findet sowohl auf den Schusswaffengebrauch gegen Personen mit präventiver Zwecksetzung als auch auf einen solchen zu repressiven Zwecken Anwendung.

10 Dies folgt nicht nur aus § 54 Abs. 1, § 3 Abs. 3, sondern ergibt sich auch aus den zugelassenen Zielsetzungen des § 60 Abs. 2 S. 1, die mit der **Angriffsunfähigkeit** die erste Zielrichtung und der **Fluchtunfähigkeit** deren zweite umschreiben (vgl. Lisken/Denninger PolR-HdB/Graulich, 6. Aufl. 2018, E Rn. 932, der allerdings praktische Abgrenzungsschwierigkeiten sieht; Lorei, Studien zum Schusswaffeneinsatz: Schiessen/Bäuerle, 2014, 59 ff. (62 ff.) mwN).

11 Auch die Struktur des Abs. 1 folgt schließlich insoweit der Unterscheidung zwischen gefahrenabwehrenden und strafverfolgenden Zielen, als vier der fünf der dort normierten Fallgruppen recht klar einer der beiden Zwecksetzungen zugeordnet werden können:

12 Abs. 1 Nr. 1 und Nr. 2 sehen die zulässigen Fälle des Schusswaffengebrauchs gegen Personen zum Zweck der Gefahrenabwehr vor, während Abs. 1 Nr. 3 und Nr. 4 den Schusswaffeneinsatz zu Zwecken der Strafverfolgung regeln.

II. Die Fallgruppen, in denen zum Schießen auf Personen ermächtigt wird (Abs. 1)

13 Die in Abs. 1 umschriebenen Fallgruppen decken sich weitgehend, aber nicht vollständig mit denen der anderen Landes- und der Bundespolizeigesetze (Lorei, Studien zum Schusswaffeneinsatz: Schiessen/Bäuerle, 2014, 59 (74) Fn. 82).

1. Abwehr gegenwärtiger Leibes- und Lebensgefahren (Abs. 1 Nr. 1)

14 In der ersten präventiven Fallgruppe greift das Gesetz in Abs. 1 Nr. 1 erneut auf den Begriff der gegenwärtigen Gefahr für Leib oder Leben zurück (vgl. schon § 58 Abs. 2 S. 2, § 60 Abs. 3 S. 2).

15 Bei einer Leibesgefahr muss zumindest die Gefahr einer schwerwiegenden Körperverletzung gegeben sein (vgl. Nr. 61.1.1 VVHSOG).

15.1 Der Schusswaffengebrauch ist nicht davon abhängig, dass sich der Angriff als ein Verbrechen oder Vergehen unter Mitführung von Schusswaffen oder Explosivmitteln darstellt. Insoweit ermöglicht die Alternative einen umfassenden Schutz der körperlichen Integrität durch die Polizei.

16 Ziel des Schusswaffengebrauchs ist hier stets die Angriffsunfähigkeit iSd § 60 Abs. 2.

2. Verhinderung der Begehung oder Fortsetzung bestimmter Straftaten (Abs. 1 Nr. 2)

17 Im Fall des Abs. 1 Nr. 1 dient der Schusswaffengebrauch der Straftatverhinderung oder ihrer Unterbindung im Fall schon begonnener Taten.

18 Hier ist – in Abgrenzung zur Fallgruppe des Abs. 1 Nr. 1 – auch der Sachgüterschutz umfasst.

19 Die Begehung steht unmittelbar bevor, wenn sie in allernächster Zeit zu erwarten steht. Die Anforderungen an die zeitliche Dringlichkeit und die Wahrscheinlichkeit der Begehung sind insoweit enger als bei der gegenwärtigen Gefahr (vgl. Lisken/Denninger PolR-HdB/Graulich, 6. Aufl. 2018, E Rn. 935; Hornmann HSOG Rn. 7 f.).

20 Eine Fortsetzung liegt vor, wenn bereits tatbestandsmäßig gehandelt wurde und noch keine Beendigung – die abzugrenzen ist von der Vollendung – vorliegt; denn auch in der Phase zwischen Vollendung und Beendigung greift unter Umständen noch die Zielrichtung, den strafbewehrten Angriff auf das geschützte Rechtsgut zu verhindern (vgl. Nr. 61.1.2 VVHSOG).

Die rechtswidrige Tat muss in der ersten Alternative des Abs. 1 Nr. 2 ein Verbrechen sein. Für die Abgrenzung zum Vergehen ist im Hinblick auf § 12 StGB von der im Regelstrafrahmen angedrohten Mindeststrafe auszugehen (vgl. Nr. 61.0 VVHSOG). 21

Nach der zweiten Alternative ist ein Vergehen nur dann ausreichend, wenn Schusswaffen oder Explosivmittel (explosionsfähige Stoffe) angewendet oder mitgeführt werden. 22

Um den Umstand des Anwendens oder Mitführens der Waffe oder des Mittels muss der handelnde Polizeivollzugsbeamte sowie die handelnde Polizeivollzugsbeamtin wissen, da der Gesetzgeber hier im Gegensatz zu Abs. 1 Nr. 3 entsprechende Tatsachen, die die Annahme rechtfertigen, nicht ausreichen lässt. 23

In Zweifelsfällen wird man jedoch die Grundsätze über die Anscheinsgefahr (→ § 1 Rn. 67) auch hier zu Anwendung bringen müssen (vgl. zu den Angrenzungsfragen bei Scheinwaffen Lisken/Denninger PolR-HdB/Graulich, 6. Aufl. 2018, E Rn. 936). 23.1

Zudem muss ein innerer Zusammenhang zwischen dem zu verhindernden oder zu unterbindenden Vergehen und dem Mitführen der Waffe oder des Explosivmittels bestehen (Lisken/Denninger PolR-HdB/Graulich, 6. Aufl. 2018, E Rn. 937; Hornmann HSOG Rn. 8). 24

Das Ziel des Schusswaffengebrauchs ist auch hier Angriffsunfähigkeit iSd § 60 Abs. 2 S. 1. 25

3. Anhalten zur Strafverfolgung (Abs. 1 Nr. 3)

Der Schusswaffengebrauch nach Abs. 1 Nr. 3 dient dem Anhalten einer Person im Interesse der Strafverfolgung (vgl. zur rechtlichen und faktischen Problematik des repressiv motivierten polizeilichen Schusswaffengebrauchs eingehend Lorei/Clemens, Studien zum Schusswaffeneinsatz: Schiessen/Bäuerle, 2014, 59 ff. mwN). 26

Voraussetzung ist hier ein bereits erfolgter Fluchtversuch sowie eine unmittelbar bevorstehende oder bereits begonnene Festnahme gem. § 127 StPO oder ggf. § 163b StPO. 27

Zusätzlich muss die Person eines Verbrechens dringend verdächtig sein (dringender Tatverdacht iSd § 112 StPO) oder aber eines Vergehens (→ Rn. 21), wobei Tatsachen die Annahme rechtfertigen müssen, dass die Person Schusswaffen oder Explosivmittel mit sich führt (→ Rn. 22). 28

Ziel des Schusswaffengebrauchs darf hier nur die Fluchtunfähigkeit iSd § 60 Abs. 2 S. 1 sein. 29

4. Fluchtvereitelung und (Wieder-) Ergreifung (Abs. 1 Nr. 4)

Der Schusswaffengebrauch nach Abs. 1 Nr. 4 dient der Fluchtvereitelung oder der Ergreifung einer Person, wenn diese sich bereits in amtlichem Gewahrsam – Strafvollzug, Untersuchungshaft oder vorläufige Festnahme – befindet, befunden hat oder diesem zugeführt werden soll. 30

In jedem dieser drei Fälle muss dem Gewahrsam entweder eine richterliche Entscheidung zugrunde liegen (Verurteilung wegen eines Verbrechens oder Vergehens) oder aber es müssen der Verdacht eines Verbrechens oder Vergehens und zudem im letzten Fall im Zeitpunkt des Einschreitens die genannten Begleitumstände vorliegen (Haftbefehl nach § 114 StPO oder Festnahme nach § 127 StPO). 31

Obwohl der Wortlaut dies nicht ganz deutlich werden lässt, müssen diese besonderen Begleitumstände auch bei einer Verurteilung wegen eines Vergehens vorliegen (vgl. Hornmann HSOG Rn. 11; Fredrich Rn. 10; vgl. auch LG Ulm NStZ 1991, 83); das folgt auch aus einem Vergleich von Abs. 1 Nr. 2 und Nr. 3. 32

Nach Abs. 1 Nr. 4 ist damit – anders als nach früherer Rechtslage – ab dem Zeitpunkt einer Festnahme durch die Polizei, während des Festhaltens bei der Polizei, auf dem Weg zu einem Gericht oder zu einer Justizvollzugsanstalt und während des Aufenthalts in und – bei Überführungen – außerhalb einer Justizvollzugsanstalt sowie auch nach geglückter Flucht der Schusswaffengebrauch unter den genannten Einschränkungen im Interesse der Strafverfolgung und der Strafvollstreckung zulässig. 33

Das zugrundeliegende Festnahmerecht kann sich aus §§ 127 StPO, 114 StPO, § 49 HStVollzG, § 457 StPO und – in Einzelfällen – auch lückenausfüllend aus § 32 Abs. 3 ergeben. 34

Allerdings gelten für diese Fälle die Einschränkungen des Abs. 2 (vgl. → Rn. 45). 35

36 Ziel des Schusswaffengebrauchs darf auch in dieser Fallgruppe nur die Fluchtunfähigkeit iSd § 60 Abs. 2 S. 1 sein.

5. Verhinderung von Befreiung aus amtlichem Gewahrsam (Abs. 1 Nr. 5)

37 Der Schusswaffengebrauch nach Abs. 1 Nr. 5 dient der Verhinderung einer gewaltsamen Befreiung von Personen aus amtlichem Gewahrsam (Gefangenenbefreiung).

38 Nach Abs. 1 Nr. 5 Alt. 1 kann der Versuch, eine Person, die sich – als Strafgefangener, Festgenommener oder Untergebrachter – in amtlichem Gewahrsam befindet, zu befreien, mit Hilfe der Waffe unterbunden werden.

39 Da das Gesetz insoweit keinen Unterschied zwischen Strafgefangenen und Festgenommenen macht, fällt unter Abs. 1 Nr. 5 auch die Freiheitsentziehung durch einen Polizeibeamten oder eine Polizeibeamtin.

40 Der Befreiungsversuch muss sich jedoch auf einen behördlich Festgenommenen, zB nach den Vorschriften der § 127 Abs. 2 StPO, § 49 HStVollzG, oder einen Gefangenen iSd § 120 Abs. 1 StGB oder einen Untergebrachten beziehen.

41 Festgenommene sind nicht Personen, die von Privatpersonen nach § 127 Abs. 1 StPO festgenommen worden sind.

42 Erfasst werden ferner alle sonstigen Fälle des Gewahrsams aufgrund einer gesetzlichen Freiheitsentziehungsbestimmung unter Einschluss des präventiven Bereichs wie zB Personen, die nach § 32 oder anderen präventiv-polizeilichen Vorschriften wie § 62 AufenthG in Verwahrung genommen wurden (vgl. § 120 Abs. 4 StGB).

43 In Abs. 1 Nr. 5 Alt. 2 werden die Befugnisse der Bediensteten von Justizvollzugsanstalten zum Schusswaffengebrauch gegen Gefangene und Personen, die gewaltsam in eine Justizvollzugsanstalt einzudringen versuchen, in dem bezeichneten Rahmen auf Polizeivollzugsbeamte und -beamtinnen übertragen. Die Verweisung auf die hessischen Strafvollzugsgesetze wurde durch Art. 2 Nr. 5 des Gesetzes zur Regelung des Rechts der Hilfen und Unterbringung bei psychischen Krankheiten v. 4.5.2017 (HessGVBl. 66) aktualisiert, indem das HessFreihEntzG (Freiheitsentziehungsgesetz v. 19.5.1952, HessGVBl. I 111) durch das HessPsychKHG (Psychisch-Kranken-Hilfe-Gesetz v. 4.5.2017, HessGVBl. 66) ersetzt wurde (vgl. auch § 32 Abs. 4).

44 Der Gesetzgeber hat damit eine langjährige Fehlverweisung in dieser Alternative des § 61 Abs. 1 korrigiert: Der in der Regelung bisher in Bezug genommene § 100 StVollzG (des Bundes) war nach der Föderalismusreform zwischen 2007 und 2013 sukzessive durch die jetzt genannten hessischen Gesetze ersetzt worden. Die einschlägige Verwaltungsvorschrift (Nr. 61.1.4 VVHSOG) ist allerdings bisher an diese Korrektur nicht angepasst worden.

44.1 Die bisherige Verweisung auf § 100 StVollzG war lange Zeit ein weiteres Beispiel für die an vielen Stellen problematische Verweisungstechnik des hessischen Gesetzgebers (vgl. zur Problematik → § 15 Rn. 142, → § 15a Rn. 86 sowie BeckOK PolR Hessen/Bäuerle, 7. Ed. 2017, Rn. 44 mwN).

45 Durch Gesetz v. 29.6.2023 (HessGVBl. 456) wurde nunmehr auch der Änderungsstand der genannten Gesetze, der ebenfalls veraltet war, aktualisiert. Anders als in anderen Fällen (→ § 14a Rn. 107, → § 15a Rn. 97, → § 21 Rn. 63, → § 26 Rn. 58.1) war der jetzt genannte Gesetzesstand zum Zeitpunkt des Inkrafttretens am 12.7.2023 noch aktuell (vgl. zur Problematik der Verweisungstechnik im HSOG auch → Rn. 44.1).

6. Einschränkung des Schusswaffengebrauchs für den Fall der Fluchtvereitelung und (Wieder-) Ergreifung (Abs. 2)

46 Der Schusswaffengebrauch zum Zweck der Fluchtvereitelung und (Wieder-) Ergreifung nach Abs. 1 Nr. 4 ist gem. Abs. 2 ausgeschlossen, wenn sich der Flüchtende oder zu Ergreifende im Jugendarrest (§ 16 JGG) oder Strafarrest (§§ 12–16 WStG) befindet oder es sich um die Flucht aus einer offenen Anstalt (also offenen Vollzug nach § 13 Abs. 1, Abs. 3 HStVollzG, § 71 Abs. 2 Nr. 2 HStVollzG) handelt.

7. Verbot des Einsatzes von Sprengmitteln gegen Personen (Abs. 3)

47 Das durch Abs. 3 aufgerichtete Verbot der Anwendung von Sprengmitteln gegen Personen steht systematisch an einer unglücklichen Stelle, da Sprengmittel nach § 55 Abs. 2 als Hilfsmit-

tel der körperlichen Gewalt klassifiziert sind (dazu und zur Definition → § 55 Rn. 33), hier jedoch in ihrer Anwendung am Ende der auf den Schusswaffengebrauch zugeschnittenen Regelungen der §§ 60, 61 beschränkt werden.

In der Sache ist die Regelung gleichwohl überzeugend, zum einen wegen des unberechenbaren Verletzungs- und Tötungspotentials von Sprengmitteln, zum anderen weil diese als Waffe iSd § 55 Abs. 4 zu qualifizieren gewesen wären, wenn ihre Anwendung gegenüber Personen hätte zulässig sein sollen. 48

§ 62 Schusswaffengebrauch gegen Personen in einer Menschenmenge

(1) [1]Der Schusswaffengebrauch gegen Personen in einer Menschenmenge ist unzulässig, wenn für die Polizeivollzugsbeamtin oder den Polizeivollzugsbeamten erkennbar Unbeteiligte mit hoher Wahrscheinlichkeit gefährdet werden. [2]Dies gilt nicht, wenn der Schusswaffengebrauch das einzige Mittel zur Abwehr einer gegenwärtigen Lebensgefahr ist.

(2) Unbeteiligte sind nicht Personen in einer Menschenmenge, die Gewalttaten begeht oder durch Handlungen erkennbar billigt oder unterstützt, wenn diese Personen sich aus der Menschenmenge trotz wiederholter Androhung nach § 58 Abs. 3 nicht entfernen.

Überblick

Auszug aus der VVHSOG (gem. Erlass des Hessischen Ministeriums des Innern und für Sport v. 29.11.2022 (StAnz. 50/2022, 1384) zum 1.1.2025 mangels eines erneuten Verlängerungserlasses ersatzlos außer Kraft getreten):

Zu § 62

62. Schusswaffengebrauch gegen Personen in einer Menschenmenge

Die Vorschrift regelt die Voraussetzungen für den Schusswaffengebrauch gegen Personen in einer Menschenmenge. Sie ergänzt § 61.

In § 62 hat der polizeiliche Gebrauch von Schusswaffen gegen Personen in einer Menschenmenge eine spezielle Regelung gefunden.

A. Allgemeines

I. Zweck und systematischer Zusammenhang der Norm

§ 62 regelt mit dem Schusswaffengebrauch gegen Personen in einer Menschenmenge eine besonders problematische Form des polizeilichen Schusswaffeneinsatzes, die jedoch praktisch bisher nicht relevant geworden ist. 1

In Hinblick auf die besondere Bedenklichkeit einer solchen Maßnahme ist es zu begrüßen, dass der HSOG-Gesetzgeber die Regelung gegenüber der vorher geltenden (§ 5 Nr. 4 UZwG) dahingehend eingeschränkt hat, dass der Schusswaffeneinsatz nicht mehr gegenüber der Menschenmenge als solcher, sondern nur noch gegenüber Personen in einer Menschenmenge erfolgen darf. 2

Die Regelung ergänzt die vorgängigen Vorschriften über den unmittelbaren Zwang mit Waffen. Für einen Schusswaffengebrauch gegen Personen in einer Menschenmenge müssen daher neben den Voraussetzungen des § 62 zunächst die allgemeinen Voraussetzungen für den unmittelbaren Zwang (§§ 47 ff., 52) und die allgemeinen Voraussetzungen für polizeilichen Schusswaffeneinsatz (§ 60) vorliegen; zudem muss auch hier stets eine der Tatbestandsalternativen des § 61 Abs. 1 erfüllt sein. 3

II. Parallelvorschriften

Parallelvorschriften, die die Voraussetzungen für den polizeilichen Schusswaffengebrauch gegen Personen in einer Menschenmenge regeln, finden sich in fast allen anderen Landespolizeigesetzen bzw. Gesetzen über den unmittelbaren Zwang (vgl. etwa Art. 85 BayPAG, § 68 4

Abs. 3 BWPolG, § 78 NPOG, § 65 PolG NRW), wobei die Regelungen der anderen Länder inhaltlich zum Teil von der des § 62 abweichen (vgl. auch Lisken/Denninger PolR-HdB/Graulich, 6. Aufl. 2018, E Rn. 923 mwN).

5 Eine (sehr weitgehende) bundesrechtliche Parallelnorm zu § 62 enthält § 10 Abs. 2 UZwG.

B. Einzelkommentierung

6 Eine Menschenmenge iSd Abs. 1 ist eine größere Anzahl von Personen. Die Anzahl muss so groß sein, dass jeder Einzelne nicht mehr in der Lage ist, mit jedem anderen Einzelnen in unmittelbare Kommunikation zu treten, dass also die Personengruppe in ihrer Zusammensetzung nicht mehr überschaubar ist (Fredrich Rn. 2; vgl. auch vgl. Lisken/Denninger PolR-HdB/Graulich, 6. Aufl. 2018, E Rn. 925).

7 Entsprechend dem Zweck der Norm muss die Menge demzufolge so beschaffen sein, dass sie schon kraft der Anzahl der Personen eine Gefährdung der öffentlichen Sicherheit und Ordnung herbeiführen könnte (vgl. Hornmann HSOG § 58 Rn. 9).

8 Dazu ist auch eine gewisse räumliche Konzentration bzw. Verdichtung (begriffs-) notwendig. Nicht erforderlich ist jedoch, dass der Versammlungsbegriff erfüllt ist (Hornmann HSOG § 58 Rn. 9) oder dass sonst ein innerer Zusammenhang zwischen den Personen besteht (Fredrich Rn. 2).

I. Beschränkung des Schusswaffengebrauchs bei Gefährdung Unbeteiligter (Abs. 1)

9 Dass auch in dieser Situation die Regelung des § 60 Abs. 4 über die Gefährdung Unbeteiligter gilt, macht Abs. 1 dadurch deutlich, dass er sie wiederholt (vgl. insoweit ausf. → § 60 Rn. 32 ff.).

10 Bei der Konzentration einer größeren Anzahl von Menschen bedarf jedoch der Begriff des Unbeteiligten einer besonderen Definition, wenn nicht die Vorschrift – soweit nicht die Voraussetzungen einer Ausnahme nach Abs. 1 S. 2 vorliegen (vgl. → § 60 Rn. 34) – unanwendbar werden soll; in dieser Situation sind zwangsläufig neben der Person, gegen die sich der Waffengebrauch richten soll, immer auch andere Personen gefährdet.

II. Definition des (Un-)Beteiligten (Abs. 2)

11 Abs. 2 bestimmt daher, wann eine Person in einer Menge nicht mehr als Unbeteiligter anzusehen ist. Es muss sich um eine Menge handeln, die Gewalttaten begeht oder durch Handlungen erkennbar billigt oder unterstützt.

12 Gewalttätigkeiten sind grundsätzlich mit Strafe bedrohte Handlungen aller Art, die unter Anwendung physischer Kraft, aber auch mit Werkzeugen oder Waffen aller Art gegen Personen oder Sachen begangen werden.

13 Diese Handlungen müssen des Weiteren eine Erheblichkeitsschwelle überschreiten: Gewalt gegen Sachen reicht nur aus, wenn die Sachen von erheblichem Wert sind; des Weiteren genügen etwa das Werfen mit ungefährlichen Gegenständen (Tomaten, Eiern, Schneebälle), das Umwerfen von Mülltonnen, das Besprühen von Wänden oder das Werfen von Farbbeuteln auf Sachen nicht (Hornmann HSOG Rn. 4; vgl. auch Lisken/Denninger PolR-HdB/Graulich, 6. Aufl. 2018, E Rn. 926).

14 Die „Menge" begeht Gewalttaten in diesem Sinne, wenn große Teile ihrer Angehörigen sich an den Gewalttaten aktiv – strafrechtlich als Täter oder Mittäter – durch eigene Beiträge beteiligen. Ein „erkennbares Billigen oder Unterstützen durch Handlungen" umschreibt Fälle der Teilnahme – wiederum im strafrechtlichen Sinne – zB durch Förderung physischer oder psychischer Art, wie Abdecken der Sicht, Anfeuern oder auch ein „Abschirmen" iSd § 125 StGB (Meixner/Fredrich, 12. Aufl. 2016, Rn. 2; Hornmann HSOG Rn. 4; zu letzterem auch OLG Hamm BeckRS 2013, 3293).

15 Das unmittelbare Bevorstehen von Gewalttätigkeiten in diesem Sinne ist nicht ausreichend; diese müssen bereits begangen werden.

16 In einer solchen Menschenmenge wird – kraft gesetzlicher Fiktion – nur derjenige vom Unbeteiligten zum Beteiligten, der sich trotz Aufforderung und wiederholter Androhung des Gebrauchs von Schusswaffen nach § 58 Abs. 3 nicht entfernt, wobei eine angemessene Frist zum sich Entfernen vorausgesetzt wird.

Danach unterstellt das Gesetz, dass alle in der Menge Anwesenden, selbst wenn sie zuvor keinerlei Tatbeiträge geleistet haben, sich mit den Gewalttätigkeiten identifizieren und damit kraft eigener Willensentscheidung Beteiligte sind (vgl. Lisken/Denninger PolR-HdB/Graulich, 6. Aufl. 2018, E Rn. 928 f.). **17**

Gleichwohl bleibt der Schusswaffengebrauch auch jetzt immer nur gegen eine bestimmte oder wenige bestimmbare Personen zulässig (→ Rn. 2). **18**

§ 63 Ausübung unmittelbaren Zwanges durch Vollzugsbedienstete

(1) Vollzugsbedienstete, die nicht Polizeivollzugsbeamtinnen oder Polizeivollzugsbeamte sind, und sonstige Personen, denen die Anwendung unmittelbaren Zwanges gestattet ist (Abs. 2 und 3), haben bei der in rechtmäßiger Ausübung ihres Dienstes zulässigen Anwendung unmittelbaren Zwanges nach den Vorschriften dieses Gesetzes zu verfahren, soweit die Anwendung unmittelbaren Zwanges oder die Art und Weise seiner Anwendung nicht in anderen Rechtsvorschriften geregelt ist.

(2) Die Anwendung unmittelbaren Zwanges durch körperliche Gewalt, durch ihre Hilfsmittel oder durch Waffen (§ 55 Abs. 2 bis 4) ist nur

1. Bediensteten bei Forst- und Fischereibehörden, die im Forst- oder Jagdschutz oder bei der Fischereiaufsicht verwendet werden,

2. Personen, denen durch Gesetz zur Erfüllung ihrer besonderen dienstlichen Aufgaben die Rechte und Pflichten von Polizeivollzugsbeamtinnen oder Polizeivollzugsbeamten zuerkannt sind, oder

3. Hilfspolizeibeamtinnen oder Hilfspolizeibeamten nach Maßgabe des § 99 Abs. 2 Satz 2 bis 4, Abs. 4 Nr. 2

gestattet.

(3) [1]Den in Abs. 2 Nr. 1 und 2 genannten Personen ist der Gebrauch von Schusswaffen nur gestattet, wenn sie hierzu besonders ermächtigt sind. [2]Zuständig für die Erteilung der Ermächtigung ist das fachlich zuständige Ministerium im Einvernehmen mit dem Ministerium des Innern. [3]Die Ministerinnen und Minister können die Befugnisse der Ministerien durch Rechtsverordnung auf andere Behörden übertragen.

(4) Die Vorschriften des Fünften Abschnitts sind entsprechend anzuwenden.

Überblick

Auszug aus der VVHSOG (nicht an die aktuelle Gesetzesfassung angepasst und gem. Erlass des Hessischen Ministeriums des Innern und für Sport v. 29.11.2022 (StAnz. 50/2022, 1384) zum 1.1.2025 mangels eines erneuten Verlängerungserlasses ersatzlos außer Kraft getreten):

Zu § 63

63. Ausübung unmittelbaren Zwanges durch Vollzugsbedienstete

63.1 Zu Abs. 1

63.1.1

Die Vorschrift erstreckt den Anwendungsbereich des Gesetzes (§§ 54 bis 62) auf Vollzugsbedienstete, die nicht Polizeivollzugsbeamtinnen oder Polizeivollzugsbeamte sind, und sonstige Personen, denen die Anwendung unmittelbaren Zwanges gestattet ist (Abs. 2).

63.1.2

„Andere Rechtsvorschriften" enthalten insbesondere das Hessische Strafvollzugsgesetz und das Gesetz über die Wahrnehmung von sicherheits- und ordnungsrechtlichen Befugnissen bei Gerichten und Staatsanwaltschaften vom 10. Mai 1982 (GVBl. I S. 97).

63.2 Zu Abs. 2

63.2.1

Personen, denen durch Gesetz die Rechte und Pflichten von Polizeivollzugsbeamtinnen oder Polizeivollzugsbeamten zuerkannt sind (Nr. 2), sind insbesondere die bestätigten Jagdaufseherinnen oder Jagdaufseher nach § 25 Abs. 2 BJagdG.

63.2.2

Im Rahmen der Anwendung der Nr. 3 ist § 99 Abs. 2 Satz 2 und Abs. 4 Nr. 2 zu beachten. Eine besondere Ermächtigung von Hilfspolizeibeamtinnen oder Hilfspolizeibeamten ist nur bei der Anwendung unmittelbaren Zwanges durch Hilfsmittel der körperlichen Gewalt oder durch Waffen vorgesehen.

Die Vorschrift des § 63 regelt die Ausübung unmittelbaren Zwangs durch Vollzugsbedienstete, die nicht Polizeivollzugsbeamtinnen oder Polizeivollzugsbeamte sind, und durch sonstige Personen, denen die Anwendung unmittelbaren Zwanges aufgrund von Rechtsnormen gestattet ist.

A. Allgemeines

I. Zweck und systematischer Zusammenhang der Norm

1 Die Bestimmungen der §§ 54–62 über die Ausübung unmittelbaren Zwangs richten sich an die Bediensteten der Polizeibehörden (§ 91) und damit an Polizeivollzugsbeamten und -beamtinnen. Neben den Polizeivollzugsbeamten und -beamtinnen haben jedoch auch Hilfspolizeibeamte iSd § 99 – unabhängig davon, ob sie Bedienstete (Beamte oder Angestellte) des Landes, der Kreise, der Gemeinden oder einer sonstigen Körperschaft oder Anstalt des öffentlichen Rechts sind – die Bestimmungen über die Ausübung unmittelbaren Zwang zu beachten.

2 Das gleiche gilt gem. Abs. 1 für sonstige Vollzugsbedienstete und ihnen gleichgestellte Personen, denen die Anwendung unmittelbaren Zwanges gestattet ist, sie also nach ihrer durch § 63 Abs. 2, Abs. 3, § 99 oder ein Spezialgesetz eingeräumten Rechtsstellung dazu befugt sind.

3 Dem entsprechend bezieht schon § 52 Abs. 1 diesen Personenkreis unter Verweis auf § 63 in die Befugnis zur Anwendung unmittelbaren Zwangs ein (vgl. → § 52 Rn. 5).

4 Die Geltung der §§ 54–62 für diesen Personenkreis steht jedoch nach Abs. 1 letzter Hs. unter dem Vorbehalt, dass keine spezialgesetzlichen Regelungen für die Art und Weise der Anwendung vorliegen, wie sie etwa für die Bediensteten des Strafvollzuges in §§ 53, 54 HStVollzG (Hessisches Strafvollzugsgesetz v. 28.6.2010, HessGVBl. I 185) oder die Bediensteten der Gerichte und der Staats- und Amtsanwaltschaften im GerOrdG (Gesetz über die Wahrnehmung von sicherheits- und ordnungsrechtlichen Befugnissen bei Gerichten und Staatsanwaltschaften v. 10.5.1982, HessGVBI. I 97) gegeben sind.

II. Parallelvorschriften

5 Die Ausübung unmittelbaren Zwangs durch Vollzugsbedienstete ist nur in wenigen Bundesländern im Rahmen der Polizeigesetze bzw. Gesetze über den unmittelbaren Zwang geregelt (so in Berlin, Mecklenburg-Vorpommern, Rheinland-Pfalz und Schleswig-Holstein).

6 Bundesrechtliche Parallelnormen zu § 63 enthalten jedoch §§ 6, 9 UZwG.

B. Einzelkommentierung

7 Die durch Abs. 1 vorgeschriebene Anwendung der Vorschriften dieses Gesetzes über die Ausübung unmittelbaren Zwangs hat in Abs. 2 und Abs. 3 eine nach Personengruppen differenzierende Ausgestaltung gefunden. Durch das Zweite Gesetz zur Änderung des Maßregelvollzugsgesetzes v. 29.4.2015 (HessGVBl. 202) sind die Befugnisse der vormals in Abs. 3, Abs. 4 und Abs. 6 geregelten Bediensteten des Maßregelvollzugs von öffentlichen psychiatrischen Krankenhäusern und Entziehungsanstalten mit forensischen Abteilungen aus dem HSOG gestrichen und in § 7b HessMaßrVollzG aufgenommen worden (vgl. zur Begründung LT-Drs. 19/1195, 16, 20).

I. Der Personenkreis spezieller Verwaltungsbehörden (Abs. 2)

8 Der in Abs. 2 genannte Personenkreis kann grundsätzlich alle Formen des unmittelbaren Zwangs anwenden; die Schusswaffe dürfen die gleichgestellten Personen nach Abs. 2 Nr. 2

allerdings nur unter den weiteren Voraussetzungen des Abs. 3 verwenden, der eine besondere Ermächtigung hierzu verlangt.

Bei den in Nr. 2 genannten Gesetzen handelt es sich um § 25 Abs. 2 BJagdG (als Jagdaufseher bestätigte private Forstbedienstete) und – in eingeschränktem Umfang (nur körperliche Gewalt nach § 55 Abs. 2, vgl. § 2 Abs. 1 S. 2 und S. 3 HFPG) – die Angehörigen des freiwilligen Polizeidienstes. 9

Die polizeilichen Befugnisse der Beauftragten der Eichbehörden nach § 18 EichG aF sind mit Inkrafttreten des MessEG entfallen (vgl. nunmehr §§ 12 Abs. 1, 40 Abs. 5, 56 MessEG). 9.1

Abs. 2 Nr. 3 nimmt Bezug auf § 99 Abs. 2 S. 2–4, § 99 Abs. 4 Nr. 2, wonach für die Anwendung von Hilfsmitteln der körperlichen Gewalt oder von Waffen eine weiter gehende Ermächtigung von Hilfspolizeibeamten durch Rechtsverordnung des Ministers des Inneren oder durch die bestellende Behörde erforderlich ist. 10

II. Wegfall der Regelung für Einrichtungen nach HessFreihEntzG durch Inkrafttreten des HessPsychKHG

Durch Art. 2 Nr. 6 des Gesetzes zur Regelung des Rechts der Hilfen und Unterbringung bei psychischen Krankheiten v. 4.5.2017 (HessGVBl. 66) wurde der vormalige Abs. 3, der die Anwendung unmittelbaren Zwangs durch Bedienstete von Einrichtungen nach dem HessFreihEntzG geregelt hatte, gestrichen. Die Regelung war durch die Schaffung einer entsprechenden Vorschrift in § 22 HessPsychKHG, die am 1.8.2017 in Kraft getreten ist, entbehrlich geworden. 11

Inhaltlich entspricht die Neuregelung in § 22 HessPsychKHG im Wesentlichen der in § 62 Abs. 3 aF. Die VVHSOG bedurfte infolge der Streichung des § 62 Abs. 3 aF keiner Anpassung, da sie keine Regelungen hierzu vorgesehen hatte. 12

III. Einschränkungen für den Schusswaffengebrauch (Abs. 3)

Für die Personenkreise nach Abs. 2 Nr. 1 und Nr. 2 macht Abs. 3 den Gebrauch der Schusswaffe von einer gesonderten Ermächtigung abhängig (→ Rn. 8) und regelt deren Erteilung. 13

IV. Haftungsrechtliche Gleichstellung (Abs. 4)

Die Regelung des Abs. 5 stellt für die Ausübung unmittelbaren Zwangs durch die in Abs. 2 und Abs. 3 geregelten Personenkreise eine Gleichstellung in entschädigungsrechtlicher Hinsicht her, indem die für das Handeln der Gefahrenabwehr- und Polizeibehörden insoweit geltenden Vorschriften für anwendbar erklärt werden. 14

Fünfter Abschnitt. Schadensausgleich, Erstattungs- und Ersatzansprüche

§ 64 Zum Schadensausgleich verpflichtende Tatbestände

(1) [1]Erleidet eine Person infolge einer rechtmäßigen Inanspruchnahme nach § 9 einen Schaden, so ist ihr ein angemessener Ausgleich zu gewähren. [2]Das Gleiche gilt, wenn eine Person durch eine rechtswidrige Maßnahme der Gefahrenabwehr- oder der Polizeibehörden einen Schaden erleidet.

(2) Ein Ersatzanspruch besteht nicht, soweit die Maßnahme zum Schutz der Person oder des Vermögens der geschädigten Person getroffen worden ist.

(3) Der Ausgleich ist auch Personen zu gewähren, die mit Zustimmung der Gefahrenabwehr- oder der Polizeibehörden bei der Wahrnehmung von Aufgaben dieser Behörden freiwillig mitgewirkt oder Sachen zur Verfügung gestellt und dadurch einen Schaden erlitten haben.

(4) Weitergehende Ersatzansprüche, insbesondere aus Amtspflichtverletzung, bleiben unberührt.

Überblick

Auszug aus der VVHSOG (gem. Erlass des Hessischen Ministeriums des Innern und für Sport v. 29.11.2022 (StAnz. 50/2022, 1384) zum 1.1.2025 mangels eines erneuten Verlängerungserlasses ersatzlos außer Kraft getreten):

Zu § 64

64. Zum Schadensausgleich verpflichtende Tatbestände

64.0

Erleidet jemand bei der Erforschung und Verfolgung von Straftaten oder Ordnungswidrigkeiten als unbeteiligte Person durch eine rechtmäßige polizeiliche Maßnahme einen Schaden, so ist ihr ein Ausgleich nach den Grundsätzen der Aufopferung und/oder des enteignenden Eingriffs zu gewähren.

64.1 Zu Abs. 1

Rechtswidrige Maßnahme im Sinne des Satzes 2 kann auch eine rechtswidrige Maßnahme bei der Erforschung und Verfolgung von Straftaten oder Ordnungswidrigkeiten sein.

Die dem Staatshaftungsrecht zuzuordnende Vorschrift des § 64 enthält drei haftungsbegründende Tatbestände (Abs. 1, Abs. 3; → Rn. 10), denen gemeinsam ist, dass es auf ein Verschulden des Schadensverursachers nicht ankommt. Ein Verschulden steht den Ansprüchen zwar nicht entgegen, die Haftung hängt aber – anders als vor allem im Fall des Amtshaftungsanspruchs (§ 839 BGB iVm Art. 34 GG) – nicht von ihm ab. Abs. 1 S. 1 regelt den Anspruch des rechtmäßig in Anspruch genommenen Nichtstörers (→ Rn. 14), Abs. 1 S. 2 sieht einen Entschädigungsanspruch rechtswidrig betroffener Personen vor (→ Rn. 25), nach Abs. 3 erhält der Nothelfer eine Entschädigung (→ Rn. 33). Abs. 2 enthält einen Ausschlusstatbestand (→ Rn. 48). Abs. 4 trifft eine Aussage über Anspruchskonkurrenzen (→ Rn. 3). § 64 ist dabei in engem Zusammenhang mit den §§ 65 ff. zu sehen, die den Inhalt, die Art und den Umfang der durch Abs. 1, Abs. 3 begründeten Ansprüche ausgestalten und damit die detaillierten Rechtsfolgenregelungen zu § 64 treffen.

Übersicht

A. Allgemeine Charakterisierung und rechtlicher Rahmen

I. Das gefahrenabwehrrechtliche Entschädigungsrecht als besonderes Staatshaftungsrecht

1 Maßnahmen zur Gefahrenabwehr sind „schadensgeneigt“: Sie erfolgen häufig im direkten Kontakt mit dem Bürger und betreffen oft wichtige (höchstpersönliche) Rechtsgüter; um effektiv zu handeln, bleibt den staatlichen Akteuren regelmäßig wenig Zeit, schadensminimierende Überlegungen anzustellen; die **Gemeinwohlbezogenheit der Gefahrenabwehr** lässt Partikularinteressen im Wege der Abwägung zurücktreten. In einem auf dem Indivi-

duum und seinen (Grund-) Rechten fußenden Rechtsstaat darf dies nicht ohne **Kompensation** bleiben. Es entspricht vielmehr einer langen Tradition des deutschen Polizeirechts, neben den klassischen Ermächtigungsgrundlagen auch Entschädigungsansprüche zu regeln (DWVM Gefahrenabwehr 664 ff.). Bereits die §§ 70 ff. PrPVG (Preußisches Polizeiverwaltungsgesetz v. 1.6.1931, PrGS 77) enthielten detaillierte Vorschriften über einen speziellen polizeirechtlichen Schadensausgleich. Hieran anknüpfend sah auch der MEPolG (Musterentwurf eines einheitlichen Polizeigesetzes, abgedruckt bei Heise/Riegel, Musterentwurf eines einheitlichen Polizeigesetzes, 2. Aufl. 1978, 130 ff.) in den §§ 45 ff. MEPolG Regelungen zur Entschädigung vor.

Das gefahrenabwehrrechtliche Entschädigungsrecht, das für Hessen in den §§ 64 ff. formuliert wird (zur letzten Gesetzesnovelle mit erheblichen Auswirkungen im Bereich der §§ 64 ff. s. Rumpf NVwZ 1992, 250 ff.), ist Teil des **Staatshaftungsrechts,** das sich längst als eigenständige Rechtsmaterie etabliert hat (grdl. Ossenbühl/Cornils 2 ff.) und das im Ergebnis Ausdruck einer **gerechten finanziellen Risikoverteilung** zwischen Bürger und Staat ist. Die gefahrenabwehrrechtlichen Entschädigungsansprüche bilden dabei gewissermaßen einen besonderen Teil des Staatshaftungsrechts, der im Gegensatz zu den meisten anderen Bereichen der Staatshaftung den Vorteil hat, weitgehend kodifiziert zu sein. Wie die unterschiedlichen dogmatischen Hintergründe der einzelnen Ansprüche belegen (→ Rn. 14, → Rn. 25, → Rn. 33), fügt sich allerdings auch das gefahrenabwehrrechtliche Entschädigungsrecht – wie das Staatshaftungsrecht im Allgemeinen – nicht zu einem geschlossenen System zusammen. 2

II. Parallelnormen – Konkurrenzen (Abs. 4)

Die **Gefahrenabwehrgesetze aller Bundesländer** enthalten – trotz der Unterschiede im Einzelnen – im Kern übereinstimmende Anspruchsgrundlagen (§ 55 BWPolG, Art. 87 BayPAG, Art. 11 BayLStVG, § 80 NPOG, § 39 NRWOBG, § 67 PolG NRW; vgl. auch § 51 BPolG), die auf die gefahrenabwehrrechtliche Tätigkeit der jeweiligen Landes- und Kommunalbehörden Anwendung finden. Zu einem Konkurrenzverhältnis kann es wegen der unterschiedlichen räumlichen Geltungsbereiche der Gefahrenabwehrgesetze insofern nicht kommen. Anders ist dies im Verhältnis zu Ansprüchen, die nicht in den landesrechtlichen Gefahrenabwehrgesetzen geregelt sind. 3

Abs. 4 stellt ausdrücklich klar, dass die Anwendung des § 64 „weitergehende Ansprüche" unberührt lässt. Lediglich beispielhaft („insbesondere") erwähnt wird dabei der **Amtshaftungsanspruch** (§ 839 BGB iVm Art. 34 GG); es handelt sich insoweit um einen Fall echter Anspruchskonkurrenz (BGH NVwZ 1993, 1228; BGHZ 136, 172 = NJW 1998, 544; OLG Frankfurt a. M. NVwZ-RR 1997, 510; FLS PolR Hessen Kap. M Rn. 24). Dies hat etwa im Fall einer Verletzung des Allgemeinen Persönlichkeitsrechts Konsequenzen, da hier die §§ 839, 847 BGB über § 65 Abs. 2 hinausgehende immaterielle Schäden abdecken. 4

Aus der exemplarischen Erwähnung des Amtshaftungsanspruchs folgt, dass grundsätzlich auch **andere Ausgleichs- und Entschädigungsansprüche** neben die gefahrenabwehrrechtlichen Entschädigungsansprüche treten können. Bei den insoweit in der einschlägigen Kommentarliteratur als Anwendungsfälle genannten Vorschriften (vgl. die Übersichten bei Hornmann HSOG Rn. 16; RSPHFMW HSOG/HundeVO § 64 Anm. 4) ist allerdings Vorsicht geboten, da sich ihr Anwendungsbereich zumeist nicht mit den haftungsbegründenden Tatbeständen des § 64 deckt. So erfasst § 2 StrEG **strafprozessuale Maßnahmen** der Polizei, aber gerade nicht das präventivpolizeiliche Handeln (so Ossenbühl/Cornils 527 f.), auf das § 64 – trotz der vorsichtigen Erweiterungen, die der Aufgabenbereich der Polizei durch § 1 mittlerweile erfahren hat – noch immer zugeschnitten ist (Ossenbühl/Cornils 488 ff.). Das Gleiche gilt für Ansprüche aus **Art. 5 Abs. 5 EMRK** (BGH DÖV 2006, 830). Liegen die Voraussetzungen eines Anspruchs aus **§ 1 OEG** vor, werden Ansprüche aus Abs. 1 regelmäßig schon deshalb nicht in Betracht kommen, weil in den praktisch denkbaren Fällen gleichzeitig der Ausschlusstatbestand des Abs. 2 eingreifen wird (Lisken/Denninger PolR-HdB/Buchberger/Rachor M Rn. 129). Nachdem das **Tumultschadensgesetz** (Gesetz über die durch innere Unruhen verursachten Schäden v. 12.5.1920, RGBl. I 941) Ende 2007 ersatzlos aufgehoben worden ist (Art. 2 Nr. 5 des Gesetzes v. 17.12.2007, GVBl. I 911), hat sich das Konkurrenzverhältnis zu § 64 ebenfalls erledigt (zum Konkurrenzverhältnis zwischen Abs. 3 und den Ansprüchen nach Unfallversicherungsrecht → Rn. 33.1). 5

6 Zu Überschneidungen mit § 64, die eine Klärung der Konkurrenzsituation erforderlich machen, kann es somit vor allem in zwei Richtungen kommen: Zum einen kann das besondere Gefahrenabwehrrecht der Fachgesetze eine auf die spezifische Gefahr zugeschnittene Entschädigungsregelung enthalten; zum anderen ist das Verhältnis zu den ungeschriebenen Haftungsinstituten des Staatshaftungsrechts zu klären.

7 Auf eine **spezifische Gefahrensituation** zugeschnitten sind bspw. die **landesrechtlichen Entschädigungsregelungen** für die Verursachung von Schäden, die bei der Bekämpfung von Bränden oder Katastrophen eintreten (§ 11 Abs. 12, § 40 HessBKG). Das **Bundesrecht** regelt Entschädigungstatbestände insbesondere im Fall von Tierverlusten nach § 15 TierGesG, Vernichtung von Pflanzen (§ 54 PflSchG), Impfschäden (§§ 60 ff. IfSG) sowie bei Verdienstausfall infolge von Beschränkungen der Erwerbstätigkeit (§§ 56 ff. IfSG). Sofern es hier zu Überschneidungen kommt – die genannten Tatbestände regeln teilweise auch Ansprüche des Störers, der nach § 64 ohnehin nicht anspruchsberechtigt wäre –, wird die Frage nach dem Konkurrenzverhältnis zu § 64 durch § 3 Abs. 1 S. 2 beantwortet: Regelt das besondere Gefahrenabwehrrecht einen auf die spezielle Haftungssituation zugeschnittenen Entschädigungsanspruch, geht dieser als **lex specialis** § 64 vor (Lisken/Denninger PolR-HdB/Buchberger/Rachor M Rn. 133). Dies soll nach der Rechtsprechung ausdrücklich auch dann gelten, wenn der spezialgesetzliche Anspruch nicht anwendbar ist, weil dessen Voraussetzungen fehlen, er aber von seinem „Regelungsthema" her einschlägig ist (OLG Düsseldorf BeckRS 2010, 24510; vgl. BGH DVBl 1998, 521 ff.). Allerdings setzt die **Sperrwirkung** des speziellen Gesetzes immer voraus, dass es für den relevanten Sachverhalt eine abschließende Regelung trifft (BGHZ 136, 172 (174); vgl. dazu auch § 3 Abs. 1 S. 3). Ob dies der Fall ist, ist letztlich eine Wertungsfrage. Dass der Geschädigte bei der Anwendung des Spezialgesetzes eine geringere Entschädigung erhält als nach der Anwendung der allgemeinen gefahrenabwehrrechtlichen Haftungsgrundlage, ist jedenfalls allein noch kein Grund anzunehmen, dass der Gesetzgeber die Entschädigung einer Haftungssituation nicht abschließend regeln wollte (BGHZ 136, 172 (177 f.)).

8 Das Verhältnis zwischen § 64 und dem **allgemeinen ungeschriebenen Staatshaftungsrecht** steht unter gleichsam umgekehrten Vorzeichen: Als kodifiziertes (besonderes) Staatshaftungsrecht verdrängt § 64 die (allgemeinen) richterrechtlichen bzw. gewohnheitsrechtlich anerkannten Haftungsansprüche aus **enteignendem** (Ossenbühl/Cornils 325 ff.) und **enteignungsgleichem** (Ossenbühl/Cornils 259 ff.) **Eingriff.** (DWVM Gefahrenabwehr 675; Lisken/Denninger PolR-HdB/Buchberger/Rachor M Rn. 132; FLS PolR Hessen Kap. M Rn. 24; Ossenbühl/Cornils 527; Kingreen/Poscher POR § 26 Rn. 35) Auch andere ungeschriebene Entschädigungsansprüche – etwa aus **Aufopferungsgewohnheitsrecht** (BVerfG NVwZ 1998, 271; allg. zu diesen Ansprüchen Ossenbühl/Cornils 131 ff.) – werden von der speziellen Regelung des § 64 verdrängt. Sofern die Ansprüche aus § 64 im Umfang hinter den Ansprüchen des allgemeinen Staatshaftungsrechts zurückbleiben, wird der kodifizierten Entschädigungsregelung allerdings keine abschließende Wirkung zuerkannt; die ungeschriebenen Grundsätze des Staatshaftungsrechts sollen insoweit anwendbar bleiben (Lisken/Denninger PolR-HdB/Buchberger/Rachor M Rn. 132; FLS PolR Hessen Kap. M Rn. 24), wofür auch die ausdrückliche Freistellung „weitergehender" Ansprüche in Abs. 4 spricht. Etwas Anderes gilt für die „Modalitäten" (so Lisken/Denninger PolR-HdB/Buchberger/Rachor M Rn. 132) der Geltendmachung des Entschädigungsanspruchs, also insbesondere dessen Durchsetzbarkeit (zB Verjährung); insofern ist ein Rückgriff auf das ungeschriebene Staatshaftungsrecht ausgeschlossen (BGH DVBl 1979, 34 f.; Lisken/Denninger PolR-HdB/Buchberger/Rachor M Rn. 132). Wenn also etwa der Anspruch aus § 64 verjährt ist (§ 67), darf die fehlende Durchsetzbarkeit nicht durch einen gewohnheits- bzw. richterrechtlichen Anspruch mit eventuell längeren Verjährungsfristen umgangen werden (Peine, Allgemeines Verwaltungsrecht, 12. Aufl. 2018, Rn. 1248).

9 Keine Konkurrenzsituation besteht zum richterrechtlich entwickelten allgemeinen **Folgenbeseitigungsanspruch** (Gusy/Eichenhofer PolR Rn. 467; Lisken/Denninger PolR-HdB/Buchberger/Rachor M Rn. 137 ff.). Der Folgenbeseitigungsanspruch ist auf die **tatsächliche Wiederherstellung** eines rechtmäßigen Zustands gerichtet, gewährt also von seiner Rechtsfolge her kein Geld. Somit ist seine Zielrichtung anders als die des Entschädigungsanspruchs; der Anspruchsteller begehrt hier gegenüber der Entschädigung ein **aliud,** sodass es nicht zu einer Überschneidung kommen kann. Das Gleiche gilt auch für den (im

Vorfeld einer Rechtsbeeinträchtigung wirkenden) **öffentlich-rechtlichen Unterlassungsanspruch** (Gusy/Eichenhofer PolR Rn. 467; Laubinger VerwArch 1989, 261 ff.).

B. Einzelerläuterungen

I. Grundsatz: Kein Entschädigungsanspruch des rechtmäßig in Anspruch genommenen Störers

§ 64 sieht **keinen Anspruch des rechtmäßig in Anspruch genommenen Störers** 10 vor. Wer also als Handlungsverantwortlicher (§ 6) oder Zustandsverantwortlicher (§ 7) einer rechtmäßigen gefahrenabwehrrechtlichen Maßnahme ausgesetzt ist, muss die Schäden, die mit ihr unter Umständen einhergehen, selbst tragen (Meixner/Fredrich Rn. 6; RSPHFMW HSOG/HundeVO Anm. 1.1); hierin liegt gerade der tiefere Sinn der (gefahrenabwehrrechtlichen) Verantwortlichkeit als eines individuellen Verursachungs- und Zurechnungszusammenhangs. Die Eigentumsgarantie (Art. 14 GG) wird hier zwar regelmäßig berührt, jedoch insoweit durch Gesetz – das HSOG – rechtmäßig eingeschränkt (BVerwGE 38, 209 (218); BGHZ 40, 355 (361); 45, 23 ff.; Götz/Geis PolR § 15 Rn. 2; Schenke PolR Rn. 679).

Allerdings ist es dem eigenen Gestaltungsspielraum des Gesetzgebers überlassen, durch 11 **sondergesetzliche Bestimmungen** auch geschädigten Störern Ansprüche einzuräumen (Hoeft, Die Entschädigungsansprüche des Störers im allgemeinen Polizei- und Ordnungsrecht, 1995). So leistet der Staat etwa nach § 15 TierGesG eine Entschädigung, wenn die Tötung eines Tiers behördlich angeordnet worden ist bzw. Tiere an bestimmten Krankheiten verenden. Nach den gefahrenabwehrrechtlichen Kategorien ist der Tierhalter zwar als Zustandsstörer zu qualifizieren, der bei ansonsten rechtmäßiger Inanspruchnahme keinen Entschädigungsanspruch aufgrund des HSOG hätte. Die Vorschrift des § 15 TierGesG verdrängt hier indes den allgemeinen gefahrenabwehrrechtlichen Grundsatz. Hintergrund hierfür sind wirtschafts- und sozialpolitische Erwägungen. Durch eine im Sinne des TierGesG tatbestandsmäßige Seuche wird häufig die Existenz landwirtschaftlicher Betriebe in Frage gestellt. Zudem zahlen die Tierhalter (Zwangs-) Beiträge in die Tierseuchenkasse (§ 20 TierGesG iVm § 5 HAGTierGesG) ein, die Entschädigung nimmt also den Charakter einer (Sozial-)Versicherungsleistung an (BVerfGE 20, 351). Einen vergleichbaren Entschädigungsanspruch sieht § 56 Abs. 1 S. 1 IfSG zum Schutz von übertragbaren Krankheiten beim Menschen vor: Wer insbesondere als Ausscheider oder Ansteckungsverdächtiger abgesondert wird und dadurch einen Verdienstausfall erleidet, wird in Geld entschädigt.

Fraglich ist, ob ein Störer in besonderen Konstellationen ausnahmsweise auch ohne spezi- 12 elle gesetzliche Grundlage nach Abs. 1 zu entschädigen ist (Schmidt-Aßmann/Friauf, Besonderes Verwaltungsrecht, 10. Aufl. 1995, 237 f.; Schoch JuS 1993, 724 (727); Scholler/Broß DÖV 1976, 472 ff.; dagegen Schenke PolR Rn. 679 ff.; Schenke FS Friauf, 1996, 455 (495)). Eine derartige Entschädigungspflicht wird etwa erwogen, wenn ein Störer aus Anlass einer gegen ihn gerichteten rechtmäßigen Gefahrenabwehrmaßnahme einen Schaden erleidet, der nicht unmittelbar im Zusammenhang mit seiner Gefahrenbeseitigungspflicht steht (in diese Richtung Ossenbühl/Cornils 492). Als Paradebeispiel dient der Fall, dass sich beim rechtmäßigen Abschleppen eines Kraftfahrzeugs ein Verkehrsunfall ereignet, bei dem das Fahrzeug des Störers beschädigt wird (Lisken/Denninger PolR-HdB/Buchberger/Rachor M Rn. 52). In engem Zusammenhang hiermit stehen Konstellationen, in denen die Gefahrenbeseitigungspflicht den Zustandsverantwortlichen in existenzbedrohender Weise trifft, obwohl sich dieser eigentlich selbst in der **Opferrolle** befindet. Dies wurde bspw. vor dem Inkrafttreten der bodenschutzrechtlichen Regelungen für den Fall erwogen, dass nach einem Tanklastwagenunfall der Eigentümer des Grundstücks, auf dem das ausgelaufene Öl versickert ist, als einziger Sanierungsverantwortlicher übrig ist, weil man der anderen Störer nicht habhaft werden kann bzw. diese nicht solvent sind (Schmidt-Aßmann/Friauf, Besonderes Verwaltungsrecht, 10. Aufl. 1995, 237).

Zu bezweifeln ist jedoch, ob es sich in den genannten Fällen tatsächlich um ein Problem 13 des Entschädigungsrechts handelt. Die Belastung des Staates mit der Verantwortlichkeit für **„Exzess"-Schäden** (so Würtenberger/Heckmann/Tanneberger, Polizeirecht in Baden-Württemberg, 7. Aufl. 2017, Rn. 864), die ein Störer im Rahmen eines rechtmäßigen Einsatzes erleidet, erscheint nämlich nur gerechtfertigt, wenn den Behörden ein fehlerhaftes Verhalten vorzuwerfen ist, beim Abschleppen eines Kraftfahrzeugs etwa eine Unachtsamkeit beim Transport. Dieses rechtswidrige Verhalten lässt sich aber durchaus von dem ansonsten rechtmäßigen Einsatz isolieren und führt insofern zu einer Unrechtshaftung (Lisken/Denninger PolR-HdB/Buchberger/Rachor M Rn. 52). Im Übrigen – wenn den Behörden also auch bei der Durchführung der Maßnahme keinerlei Vorwurf zu machen ist – liegt die Schädigung im Rahmen eines adäquaten Geschehensverlaufs und erscheint durchaus vom Zweck der Gefahrenbeseitigungspflicht gedeckt. Dies ist in den Fällen, in denen der Verantwortliche durch Erfüllung seiner Pflicht in eine existenzbedrohende Opferrolle gerät, zwar anders; auch hier liegt eine sinnvolle Lösung jedoch nicht in der Einräumung vom Gesetz nicht vorgesehener Entschädigungsansprüche. Sofern der Gesetzgeber diesen Fällen durch entsprechende Regelungen nicht schon selbst die Härte genommen hat, werden sie sich regelmäßig durch eine schutzzweckorientierte Kausalitätsfeststellung bzw. die Betonung von Billigkeits- und Abwägungsgesichtspunkten im Störerauswahl- und Kostenbereich angemessen bewältigen lassen.

II. Der Entschädigungsanspruch des Nichtstörers (Abs. 1 S. 1)

1. Dogmatischer Hintergrund

14 Auf den ersten Blick scheint es dem soeben beschriebenen Grundsatz zu widersprechen, dass Abs. 1 S. 1 einen Entschädigungsanspruch nach einer rechtmäßigen Inanspruchnahme vorsieht. Allerdings geht diesem Anspruch die Inanspruchnahme eines Nichtstörers (§ 9) – und damit eines eigentlich Nichtverantwortlichen – voraus. Hintergrund dieses Anspruchs ist der **Aufopferungsgedanke,** nach dem ein Betroffener zu entschädigen ist, wenn ihm – rechtmäßig – ein besonderes Opfer zum Wohle der Allgemeinheit abverlangt wird, das schon aus Gründen der Gleichbehandlung einer Kompensation bedarf (Ossenbühl/Cornils 492: „reine Verkörperung und Ausprägung des alten Aufopferungsgedankens"; vgl. ferner Gusy/Eichenhofer PolR Rn. 468; Lisken/Denninger PolR-HdB/Buchberger/Rachor M Rn. 33).

14.1 Der Aufopferungsanspruch ist erstmals in den §§ 74, 75 der Einleitung zum Allgemeinen Landrecht für die Preußischen Staaten (1794) positiviert worden. Hierin hieß es: „Einzelne Rechte und Vortheile der Mitglieder des Staats müssen den Rechten und Pflichten zur Beförderung des gemeinschaftlichen Wohls wenn zwischen beyden ein wirklicher Widerspruch (Collision) eintritt, nachstehn. […] Dagegen ist der Staat denjenigen, welcher seine besonderen Rechte und Vortheile dem Wohle des gemeinen Wesens aufzuopfern genöthigt wird, zu entschädigen gehalten." (abgedruckt in Hattenhauer, Allgemeines Landrecht für die Preußischen Staaten von 1792, 1994).

14.2 In Anlehnung an dieses Vorbild sind – neben dem im vorliegenden Zusammenhang interessierenden gefahrenabwehrrechtlichen Anspruch – etwa die Entschädigungsansprüche wegen Enteignung (Art. 14 Abs. 3 GG) und wegen enteignenden Eingriffs entwickelt worden. Gemeinsam ist diesen Ansprüchen, dass die anspruchsbegründenden staatlichen Maßnahmen rechtlich einwandfrei sind, die mit ihnen einhergehenden Schäden jedoch aus Gerechtigkeitsgründen vom Staat ausgeglichen werden müssen.

14.3 Ob der gefahrenabwehrrechtliche Entschädigungsanspruch wegen seiner Anlehnung an Art. 14 Abs. 3 GG ein verfassungsrechtliches Desiderat ist, was jede Beschneidung der Reichweite dieses Anspruchs verbieten würde, ist eine dogmatisch interessante, derzeit aber lediglich theoretische Frage. Sofern es sich bei der Nichtstörer-Schädigung gleichzeitig um eine Enteignung handelt, fordert Art. 14 Abs. 3 GG eine ausnahmslose Entschädigung. In den übrigen Fällen – die in der Praxis der Regelfall sein dürften – steht dem Geschädigten eine Aufopferungskompensation dagegen nur relativ nach Abwägung des Verhältnisses zwischen Grundrechtsbeeinträchtigung und Gemeinwohlbetroffenheit zu (ausf. Ossenbühl/Cornils 493 Fn. 40).

15 Da sie dieselbe dogmatische Wurzel haben und die gleichen Konstellationen erfassen, werden der Anspruch aus **enteignendem Eingriff** und die gefahrenabwehrrechtliche Regelung der Entschädigung des Nichtverantwortlichen in einen engen Zusammenhang gestellt, wobei der letztere Anspruch der speziellere ist (BGHZ 72, 273 (277); Knemeyer PolR SuP Rn. 298; Lisken/Denninger PolR-HdB/Buchberger/Rachor M Rn. 33).

2. Anspruchsvoraussetzungen – Anspruchsbegründung

16 **Anspruchsberechtigt** ist jede (natürliche oder juristische) Person, die unter den Voraussetzungen des § 9 – also als Nichtverantwortlicher – rechtmäßig in Anspruch genommen wird.

Eine „**Inanspruchnahme**" kann im Wortsinn nur durch eine zielgerichtete hoheitliche Maßnahme (FLS PolR Hessen Kap. M Rn. 10; Ossenbühl/Cornils 493), also vor allem durch einen Verwaltungsakt, aber auch durch einen gezielten Realakt erfolgen. Dass der Betroffene anwesend ist, während der Realakt seine Wirkungen entfaltet, ist nicht zwingend notwendig. Auch die unmittelbare Ausführung kann in tatbestandsmäßiger Weise haftungsbegründend wirken, da es für die Finalität nur darauf ankommt, ob gezielt auf die Rechtsgüter des Anspruchstellers zugegriffen wird (Ossenbühl/Cornils 493). 17

Im Zusammenhang mit dem Finalitätserfordernis ist intensiv diskutiert worden, ob **Bitten, Empfehlungen oder Appelle** von Behördenmitarbeitern an Bürger als „Inanspruchnahme" zu qualifizieren sind. Wiesen Äußerungen des BGH, nach denen bereits dann eine Inanspruchnahme vorliegen sollte, wenn die Behörde auf den Bürger „bewusst, zielgerichtet und erfolgreich einwirkt" (BGH NJW 1996, 3151), zunächst auf ein weites **Finalitätsverständnis** hin, nach dem die schriftliche oder telefonische Auskunft ausreichen konnte, wenn mit ihr zumindest auch eine Beeinflussung gewollt war, ist die höchstrichterliche Rechtsprechung später auf eine eher zurückhaltende Linie eingeschwenkt. Danach soll in einer „bloßen Bitte" der Ordnungsbehörde, die an die „Eigenverantwortlichkeit" des Bürgers „appelliert", noch keine Inanspruchnahme liegen. Komme der Bürger dieser Bitte „kritiklos" nach, stehe ihm daher grundsätzlich keine Entschädigung zu (BGHZ 138, 15). Dass eine derartige, am Einzelfall orientierte Betrachtung erhebliche Abgrenzungsschwierigkeiten verursachen kann, liegt auf der Hand (vgl. die Kritik bei Ossenbühl/Cornils 494). Bevor aus Billigkeitserwägungen voreilig das Finalitätserfordernis aufgeweicht wird, sollte ferner nicht vergessen werden, dass in vielen der in diesem Zusammenhang thematisierten Konstellationen unter Umständen ohnehin ein Anspruch aus Abs. 3 in Betracht kommt. 18

Umstritten ist, ob der **zufällig** – rein faktisch – durch eine rechtmäßige Maßnahme Geschädigte einen Anspruch aus Abs. 1 S. 1 herleiten kann. Klassische Beispiele sind der Fall eines Passanten, der bei einem rechtmäßigen Schusswaffeneinsatz der Polizei gegen einen Geiselnehmer zufällig von einem abirrenden Projektil getroffen wird bzw. – weniger dramatisch – die durch die Kugel zufällig beschädigte Schaufensterscheibe (BGHZ 7, 81; 20, 81). Von einer (gezielten) „Inanspruchnahme" kann in diesen Fällen nicht die Rede sein, vielmehr wird der Passant bzw. der Eigentümer der Scheibe ungewollt (als „**Unbeteiligter**") in das Geschehen hineingezogen. 19

Da hier individuelle Rechtsgüter – zwar nicht gezielt, aber letztlich kalkulierbar – aus Gemeinwohlgründen preisgegeben werden – also der hinter Abs. 1 S. 1 stehende Aufopferungsgedanke bestimmend ist –, wird teilweise für eine analoge Anwendung der Anspruchsgrundlage plädiert (DWVM Gefahrenabwehr 666; Schoch JuS 1995, 504 (509); Sydow JURA 207, 7 (9)). Für diese Lösung spricht auch, dass beide Fallkonstellationen außerhalb Hessens teilweise ausdrücklich gleichgestellt werden (§ 51 Abs. 2 Nr. 2 BPolG). Eine andere Auffassung sieht in den richterrechtlich entwickelten Haftungsinstituten des enteignenden Eingriffs bzw. des allgemeinen Aufopferungsanspruchs ausreichende Regelungen, sodass es an der für eine Analogie zu Abs. 1 S. 1 begriffsnotwendigen Regelungslücke fehle (Lisken/Denninger PolR-HdB/Buchberger/Rachor M Rn. 40; Ossenbühl/Cornils 499 ff.; Schenke PolR Rn. 691). Auch der BGH schließt sich in einer späteren Entscheidung dieser Ansicht an (BGH NJW 2011, 3157). Auf dem Boden der „Lehre vom Erfolgsunrecht" (→ Rn. 30) stehend, gibt schließlich eine dritte Auffassung der Anwendung des Abs. 1 S. 2 mit dem Argument den Vorzug, dass die Schädigung als rechtswidriger Erfolg anzusehen sei (Gusy/Eichenhofer PolR Rn. 477). In der Praxis dürfte der Streit – da nach allen Ansätzen dem Grunde nach ein Entschädigungsanspruch besteht – kaum Bedeutung haben (Kingreen/Poscher POR § 26 Rn. 9); im Einzelfall sind aber bei der Zugrundelegung der allgemeinen Haftungsinstitute abweichende Ergebnisse denkbar, da es ihnen an dem für Abs. 1 kennzeichnenden „Sonderopfer-Automatismus" (so Ossenbühl/Cornils 493) fehlt. 20

Für die Feststellung der **Rechtmäßigkeit** der Inanspruchnahme sind inzidenter – neben dem Vorliegen des Tatbestands und der Einhaltung des Rechtsfolgenrahmens (namentlich der Ermessensgrenzen) der Rechtsgrundlage – insbesondere die strengen tatbestandlichen Voraussetzungen des § 9 zu prüfen (Ossenbühl/Cornils 493). Eine Regelungslücke für Ansprüche rechtswidrig herangezogener Nichtstörer, die eine analoge Anwendung der auf rechtmäßig in Anspruch genommene Nichtstörer zugeschnittenen Vorschriften bzw. einen Rückgriff auf das allgemeine Staatshaftungsrecht (DWVM Gefahrenabwehr 666 f.; Schoch 21

JuS 1995, 504 (510)) erforderlich machen könnte, besteht in Hessen nicht. Insoweit findet Abs. 1 S. 2 Anwendung.

22 Durch die Inanspruchnahme muss dem Anspruchsteller ein **Schaden** entstanden sein. Zur Definition des Schadens ist auf zivilrechtliche Begriffe zurückzugreifen. Unter einem Schaden versteht man danach jede objektive Minderung des vorhandenen Bestands an geschützten Gütern (Grüneberg/Grüneberg BGB Vor § 249 Rn. 9). Da die Einzelheiten des ersatzfähigen Schadens in §§ 65 und 66 geregelt sind, reicht im Rahmen der Anspruchsbegründung diese weitgefasste Begriffsbestimmung aus; der Schadensumfang im Einzelnen wird üblicherweise auf der Rechtsfolgenseite der Norm thematisiert (Gusy/Eichenhofer PolR Rn. 473; Kingreen/Poscher POR § 26 Rn. 24 ff.).

23 Die gefahrenabwehrrechtliche Inanspruchnahme muss für den Schaden **kausal** sein („infolge einer [...] Inanspruchnahme"). Bei der Feststellung des Verursachungszusammenhangs geht es nicht in erster Linie um die – selbstverständlich als Ausgangspunkt dienende – naturwissenschaftliche Kausalität im Sinne der Bedingungslehre („conditio sine qua non") und auch nicht nur um die Adäquanz. Vielmehr kommt dem Kausalitätserfordernis wegen der Verschuldensunabhängigkeit des Anspruchs eine erhebliche haftungsbegrenzende Funktion zu. Da es sich bei Abs. 1 S. 1 um eine spezielle Ausprägung des enteignenden Eingriffs handelt, wird zu diesem Zweck die zu dem allgemeinen Haftungsinstitut – und parallel zum enteignungsgleichen Eingriff – entwickelte Rechtsfigur der „Unmittelbarkeit" (grdl. BGHZ 37, 44 (47); ferner BGHZ 56, 40 (42); 92, 34 (41); 102, 350 (358); 131, 163 (166)) auf die Feststellung der Kausalitätsbeziehung zwischen Gefahrenabwehrmaßnahme und Schaden übertragen (BGHZ 131, 163 (166); BGH NVwZ 2011, 1150 f.; Lisken/Denninger PolR-HdB/Buchberger/Rachor M Rn. 19; Ossenbühl/Cornils 521 f.). Die Frage, ob sich ein Schaden als unmittelbare Auswirkung des gefahrenabwehrrechtlichen Handelns darstellt, ist danach nicht formal im Sinne der zeitlich letzten Ursache zu beantworten, sondern im Wege der wertenden Zurechnung von Schadensfolgen nach Verantwortlichkeiten und Risikosphären zu beurteilen. Erforderlich ist ein innerer Zusammenhang mit der Maßnahme, dh es muss sich in dem Schaden eine Gefahr realisieren, die bereits in der Eigenart der hoheitlichen Maßnahme selbst angelegt ist (BGHZ 131, 163 (166); BGH NVwZ 2006, 963). Durch das Kriterium der „Eigenart der hoheitlichen Maßnahme" soll das „allgemeine Lebensrisiko" von einem „Sonderopfer" abgegrenzt werden, das dem Geschädigten auferlegt wird. Ein derartiges Sonderopfer wird von der Rechtsprechung bspw. regelmäßig in den „Obdachlosenfällen" bejaht: In der (Wieder-) Einweisung einer durch Kündigung obdachlos gewordenen Person in ihre frühere Mietwohnung ist der dem Eigentümer entstehende Schaden als besonders belastendes Sonderopfer angelegt (BGH NJW 1996, 315). Da es sich bei der Feststellung des Unmittelbarkeitserfordernisses letztlich um eine Wertung handelt, ist die Zurechnung damit im Ergebnis eine „Frage des Einzelfalls" (so BGHZ 138, 15 (21); vgl. ferner Lisken/Denninger PolR-HdB/Buchberger/Rachor M Rn. 19).

3. Rechtsfolge – Anspruchsinhalt

24 Für den entstandenen Schaden ist ein **„angemessener Ausgleich"** zu gewähren. Während der Schadensersatzanspruch die Funktion hat, den Geschädigten so zu stellen, wie er stünde, wenn das schädigende Ereignis nicht stattgefunden hätte (§ 249 Abs. 1 BGB), ist eine Naturalrestitution im Fall des allgemein als „Entschädigungsanspruch" bezeichneten Ausgleichs ausgeschlossen; der Anspruch aus Abs. 1 S. 1 ist von vornherein auf Geld gerichtet (vgl. § 65 Abs. 2; ferner Gusy/Eichenhofer PolR Rn. 473; Ossenbühl/Cornils 526). Auch kann die Höhe des Entschädigungsanspruchs grundsätzlich hinter der vollen Schadenskompensation zurückbleiben (BGHZ 7, 331 (334); 22, 43 (50); Hornmann HSOG Rn. 14). Dies bedeutet indes nicht, dass der Anspruchsinhaber immer einen pauschalen „Abschlag" (Lisken/Denninger PolR-HdB/Buchberger/Rachor M Rn. 103) hinnehmen muss. Vielmehr bedarf es dafür einer besonderen Rechtfertigung (Lisken/Denninger PolR-HdB/Buchberger/Rachor M Rn. 103). Die einzelnen Parameter für die Höhe der Entschädigungsleistung sind in den §§ 65 ff. geregelt. Falls sich diese Regelungen bei der Berechnung der Entschädigungssumme im konkreten Fall als lückenhaft erweisen sollten – was bislang nicht festgestellt werden kann –, ist auf die allgemeinen Grundsätze der Aufopferungsentschädigung zurückzugreifen (Sydow JURA 2007, 7 (11)).

III. Der Entschädigungsanspruch wegen rechtswidriger Maßnahmen (Abs. 1 S. 2)

1. Dogmatischer Hintergrund

Die systematische Verknüpfung des Anspruchs aus Abs. 1 S. 2 mit der Aufopferungsentschädigung aus S. 1 darf nicht darüber hinwegtäuschen, dass dieser Anspruch dogmatisch völlig anders – nämlich als staatliche **Unrechtshaftung** – einzuordnen ist (zw. daher Hornmann HSOG Rn. 2; RSPHFMW HSOG/HundeVO Anm. 1; in beiden Kommentaren wird undifferenziert der Aufopferungsgedanke als Wurzel der Ansprüche aus Abs. 1 zugrunde gelegt). 25

Rechtsnormen geben den Behörden Handlungsmaßstäbe vor; halten sie diese Maßstäbe ein, handeln sie rechtmäßig. Angesichts der Komplexität und des Umfangs öffentlicher Aufgaben ist es jedoch nicht zu vermeiden, dass diese Maßstäbe mitunter verfehlt werden. Dieses Risiko ist bei der Gefahrenabwehr besonders hoch, da die Maßnahmen hier oft sehr eilbedürftig sind. Der Betroffene kann zwar Rechtsschutz in Anspruch nehmen, der – wenn die Maßnahme nicht mehr abgewehrt werden kann – auf Feststellung der Rechtswidrigkeit des (vergangenen) Verwaltungshandelns gerichtet ist. Allerdings gibt es Konstellationen, in denen der (primäre) Rechtsschutz durch die Verwaltungsgerichte dem Betroffenen nicht hilft bzw. nicht ausreicht, weil bereits ein Schaden entstanden ist, an dem auch ein Rechtswidrigkeitsurteil nichts ändern würde. Der in der verfassungsrechtlichen Rechtsschutzgarantie (Art. 19 Abs. 4 GG) verankerte primäre Rechtsschutz ist dementsprechend durch die Pflicht des Staates zu flankieren, für Schäden einzustehen, die aufgrund rechtswidrigen Behördenhandelns entstanden sind. Hieraus erklärt sich im Übrigen auch die Einordnung des Staatshaftungsrechts als sekundärer Rechtsschutz des Bürgers, der ihm offen steht, wenn der primäre Rechtsschutz seinen Zweck verfehlt (Erbguth, Allgemeines Verwaltungsrecht, 8. Aufl. 2016, § 36 Rn. 1; Ipsen AllgVerwR Rn. 1239). Dem Einzelnen wird also im Fall der rechtswidrigen Inanspruchnahme kein Sonderopfer abverlangt. Im Gegenteil: Wäre es dem Betroffenen (rechtzeitig) möglich gewesen, sich gegen die Maßnahme gerichtlich zur Wehr zu setzen, hätte er gerade nicht mit ihr belastet werden dürfen. 25.1

Mit anderen Worten sieht Abs. 1 S. 2 eine Entschädigung für staatliches (Verwaltungs-) Unrecht vor und steht damit in einer dogmatischen **Nähe zum enteignungsgleichen Eingriff** (BGH NJW 1979, 34 (35 f.); Ossenbühl/Cornils 512), die sich in der parallelen Auslegung der Anspruchsvoraussetzungen bemerkbar macht. 26

2. Anspruchsvoraussetzungen – Anspruchsbegründung

Abs. 1 S. 2 setzt voraus, dass eine Person durch die rechtswidrige Maßnahme einer Gefahrenabwehr- oder Polizeibehörde einen Schaden erleidet. Die Eingangsformulierung der Norm („Das Gleiche gilt […]") bezieht sich nur auf die gleiche Rechtsfolge, nicht auf den Tatbestand, da es ansonsten keinen Sinn ergäbe, dass Abs. 1 S. 2 den Anspruch explizit jeder geschädigten **„Person"** einräumt (zur weiten Fassung der Anspruchsberechtigung Ossenbühl/Cornils 516; Lisken/Denninger PolR-HdB/Buchberger/Rachor M Rn. 71). Im Gegensatz zu Abs. 1 S. 1 ist die gefahrenabwehrrechtliche Unrechtshaftung damit nicht auf die Haftung gegenüber Nichtverantwortlichen begrenzt. Zwar wird der **rechtswidrig in Anspruch genommene Nichtstörer** vereinzelt von der Anspruchsberechtigung ausgenommen und unter den Entschädigungsanspruch des rechtmäßig in Anspruch genommenen Nichtstörers subsumiert (Götz/Geis PolR § 15 Rn. 4). Diese Vorgehensweise verbietet sich jedoch schon wegen des Wortlauts des Abs. 1. Vielmehr können auch Personen, die zwar grundsätzlich in die Nichtstörerkategorie fallen würden, die aber rechtswidrig in Anspruch genommen werden (weil sie etwa den Tatbestand der Rechtsgrundlage nicht erfüllen oder unverhältnismäßig belastet worden sind), diesen Anspruch geltend machen (OLG Köln MDR 1990, 921) Das Gleiche gilt für **Unbeteiligte,** die zufällig infolge eines rechtswidrigen Behördenhandelns einen Schaden erleiden (Ossenbühl/Cornils 517). Unbeteiligte, die ungewollt Opfer einer rechtmäßigen Maßnahme werden, könnten zwar insoweit ebenfalls unter den Wortlaut der Vorschrift subsumiert werden („Person"), überwiegend wird ihre Anspruchsberechtigung – wegen fehlender Rechtswidrigkeit – aber aus dem Aufopferungsgedanken hergeleitet (→ Rn. 14), was auch durch die VVHSOG zu § 64 unterstrichen wird. 27

Institutioneller Anknüpfungspunkt für den Anspruch aus Abs. 1 S. 2 ist die Maßnahme einer **„Gefahrenabwehr- oder Polizeibehörde"**. Nach der Legaldefinition in § 1 Abs. 1 28

S. 1 zählen zu den Gefahrenabwehrbehörden neben den Ordnungsbehörden auch die **(allgemeinen) Verwaltungsbehörden,** die § 82 näher definiert (also Gemeinden und Landkreise). Damit ist das Problem, ob auch die Behörden der allgemeinen Verwaltung bei Maßnahmen der Gefahrenabwehr der Haftungsregelung des Abs. 1 S. 2 unterfallen (Ossenbühl/Cornils 512 f.), in Hessen **de lege lata** in einem bejahenden Sinne gelöst (Rumpf NVwZ 1992, 250), was – auch ohne ausdrückliche institutionelle Anknüpfung im Rahmen des Anspruchs aus Abs. 1 S. 1 Wirkung entfaltet, da für eine unterschiedliche Behandlung beider Konstellationen kein sachlicher Grund ersichtlich ist. Eine andere Frage ist, ob die Anspruchsgrundlage auch dann anwendbar ist, wenn die allgemeinen Verwaltungsbehörden aufgrund einer **Rechtsgrundlage des besonderen Gefahrenabwehrrechts** (zB des Bauordnungsrechts, des Ausländerrechts, des Gewerberechts oder des Naturschutzrechts) tätig werden und die einschlägige Norm nicht auf das Entschädigungsrecht des allgemeinen Gefahrenabwehrrechts verweist. Im Gegensatz zu anderen Bundesländern (Ossenbühl/Cornils 513 ff. mwN, wobei insofern die Anwendbarkeit auf die Sonderordnungsbehörden im Vordergrund steht; die Problematik der Sonderordnungsbehörden verschiebt sich in Hessen wegen des andersartigen Behördenaufbaus in Richtung der dargestellten Frage des Handelns aufgrund einer anderen Rechtsgrundlage) existiert hierzu in Hessen keine gefestigte Rechtsprechung. Auch insofern hilft jedoch eine Besinnung auf den Wortlaut des Abs. 1 S. 2. Da diese Vorschrift einerseits ein weites Verständnis des Begriffs der Gefahrenabwehrbehörden zugrunde legt und andererseits nicht auf die Rechtsgrundlage Bezug nimmt, aufgrund derer gehandelt wird, sondern ausdrücklich nur an die „Maßnahme" der Behörde anknüpft, ist die Anwendung der Norm nicht auf die Fälle beschränkt, in denen die Rechtsgrundlage aus dem HSOG stammt. Ansprüche aus Abs. 1 S. 2 sind somit auch denkbar, wenn die genannten Behörden aufgrund einer außerhalb des HSOG vorgesehenen Rechtsgrundlage tätig werden und hierdurch ein Schaden entstanden ist. Dass dieses Handeln dabei zum Zweck der Gefahrenabwehr erfolgen muss, ist angesichts der Festlegung des Anwendungsbereichs des HSOG durch § 1 Abs. 1 S. 1 ohnehin selbstverständlich (in diesem Sinne bezeichnen Ossenbühl/Cornils 515, die Anwendbarkeit in den meisten Bundesländern als „Regelfall", für den gleichsam eine Vermutung spreche; vgl. ferner OLG Düsseldorf NVwZ-RR 1991, 360; Rumpf NVwZ 1992, 250; anders Lisken/Denninger PolR-HdB/Buchberger/Rachor M Rn. 3 ff.).

29 Die Haftung aus Abs. 1 S. 2 setzt eine (rechtswidrige) **„Maßnahme"** voraus. Einigkeit besteht darüber, dass der Begriff der Maßnahme gegenüber dem Begriff des „Eingriffs", den das allgemeine Staatshaftungsrecht parallel verwendet, eine Erweiterung darstellt (BGHZ 99, 249 (251); 138, 15 (19 f.); Meixner/Fredrich Rn. 5; FLS PolR Hessen Kap. M Rn. 19; Kingreen/Poscher POR § 26 Rn. 20; Schoch JuS 1995, 504 (510)). Wie im Allgemeinen Verwaltungsrecht wird der Begriff der Maßnahme extensiv verstanden und ist nicht auf bestimmte verwaltungsrechtliche Handlungsformen (Hoffmann-Riem/Schmidt-Aßmann/Voßkuhle, Grundlagen des Verwaltungsrechts/Hoffmann-Riem, 2. Aufl. 2012, § 33 Rn. 1 ff.; Stein DVBl 2008, 1546 (1548 ff.)) festgelegt. Maßnahme im Sinne der Anspruchsgrundlage ist bspw. sowohl der Verwaltungsakt (BGHZ 131, 163; BGH NVwZ 2006, 963) als auch der Realakt mit Eingriffscharakter (zB im Verwaltungszwangsverfahren als Anwendung eines Zwangsmittels, s. BGHZ 99, 249; Lisken/Denninger PolR-HdB/Buchberger/Rachor M Rn. 18; Kingreen/Poscher POR § 26 Rn. 20 f.). Wie weit der Maßnahmenbegriff in das Vorfeld behördlicher Tätigkeit – namentlich im Fall von Auskünften, Erklärungen und Warnhinweisen – verlagert werden kann, ist dabei noch nicht abschließend geklärt (BGHZ 92, 302; BGH NJW 1994, 2087; Überblick bei Ossenbühl/Cornils 517). Im Gegensatz zu der parallelen Problematik bei dem Tatbestandsmerkmal der „Inanspruchnahme" nach Abs. 1 S. 1 (→ Rn. 17) dürfte hier die Schwelle zur Tatbestandsmäßigkeit eher überschritten sein, da die Finalität kein Begriffsmerkmal der Maßnahme ist. **Maßnahme** ist mithin „jede nach außen wirkende Handlung" (OLG Brandenburg BeckRS 2011, 06917 unter II 2 b.) der Polizei- oder Gefahrenabwehrbehörde. Ein **Unterlassen** – die Polizei verhindert bspw. einen Schaden nicht, obwohl eine Pflicht zum Einschreiten bestand – soll nach überwiegender Auffassung keine Maßnahme darstellen (BGH NJW 1971, 1171; Lisken/Denninger PolR-HdB/Buchberger/Rachor M Rn. 14; FLS PolR Hessen Kap. M Rn. 19; zweifelnd Ossenbühl/Cornils 518; bejahend dagegen Gusy/Eichenhofer PolR Rn. 477).

30 Die Maßnahme ist **rechtswidrig,** wenn sie mit der Rechtsordnung nicht übereinstimmt (Ossenbühl/Cornils 518). Unerheblich ist dabei die Art des Fehlers: Haftungsbegründend wirken alle Fehler, die nach den Grundsätzen des Allgemeinen Verwaltungsrechts zur Rechtswidrigkeit führen, unabhängig davon, ob sie als (nicht geheilte) formelle oder materielle Fehler zu qualifizieren sind (Gusy/Eichenhofer PolR Rn. 477; FLS PolR Hessen Kap. M Rn. 21). Dabei spielt die Kontroverse, ob die Rechtswidrigkeit im Sinne eines **Erfolgs-** oder im Sinne eines **Handlungsunrechts** zu verstehen ist, in den meisten Fällen keine Rolle. Etwas anderes gilt vor allem bei der im Rahmen eines rechtmäßigen Einsatzes eintretenden unbeabsichtigten Schädigung eines Unbeteiligten (→ Rn. 19). Falls man Abs. 1 S. 2 mit der in der Literatur teilweise vertretenen Auffassung hier als Anspruchsgrundlage heranziehen will, gelangt man nur mit einer erfolgsbezogenen Betrachtung zu einer Anspruchsberechtigung, da die Handlung als solche rechtmäßig ist.

Die **erfolgsbezogene** Betrachtungsweise wählt die Perspektive des Geschädigten. Während das Handeln rechtmäßig sei, sei der eingetretene Erfolg – etwa die Verletzung des unbeteiligten Dritten – nicht durch das Recht gedeckt und verstoße ihm gegenüber gegen den Verhältnismäßigkeitsgrundsatz. Der eingetretene Schaden wird damit von der Rechtsordnung missbilligt, obwohl das Handeln rechtmäßig ist (Kasten JuS 1986, 450 (453); Papier DVBl 1975, 567 (573); Gusy/Eichenhofer PolR Rn. 477). Gegen die am Erfolgsunrecht orientierte Betrachtung wird eingewandt, dass die aus Art. 20 Abs. 3 GG resultierende Bindung der Exekutive an Gesetz und Recht nur einheitlich und nicht abhängig von der jeweils eingenommenen Perspektive beurteilt werden dürfe. Sei für das behördliche Handeln eine Rechtsgrundlage vorhanden und erfülle es auch alle anderen Rechtmäßigkeitsvoraussetzungen, so sei es als insgesamt rechtmäßig zu qualifizieren (Lisken/Denninger PolR-HdB/Buchberger/Rachor M Rn. 39). **30.1**

Hintergrund der Kontroverse ist der im Zivilrecht über den Bezugspunkt des Rechtswidrigkeitsurteils geführte Streit. Nach der im Zivilrecht entwickelten „**Lehre vom Erfolgsunrecht**" ist mit der Beeinträchtigung des Rechtsguts (vgl. § 823 Abs. 1 BGB) die Rechtswidrigkeit indiziert, was grundsätzlich auch dann gelten soll, wenn für das Handeln keine Gebotsverletzung festzustellen ist. Die neuere Zivilrechtsdogmatik zieht diesen Ansatz allerdings zunehmend in Zweifel. Nach ihr reicht es nicht, nur einen Zustand bzw. Erfolg auf dessen Übereinstimmung mit der Rechtsordnung zu überprüfen, sondern es sei ein Unwerturteil über menschliches Verhalten erforderlich. Allein die adäquate Herbeiführung eines von der Rechtsordnung missbilligten Erfolgs genüge nicht, diese müsse vielmehr durch ein entsprechendes **Handlungsunrecht** flankiert werden (Überblick über den Meinungsstand bei Grüneberg/Sprau BGB § 823 Rn. 24). **30.2**

Für die „Lehre vom Erfolgsunrecht" spricht, dass der Erfolg sichtbar und somit ein Rechtswidrigkeitsurteil vergleichsweise einfach zu fällen scheint. Allerdings ist auch im Zivilrecht für die sog. „offenen Tatbestände" (zB die Verletzung des allgemeinen Persönlichkeitsrechts) und für den Bereich des Unterlassens anerkannt, dass die Rechtswidrigkeit positiv bestimmt werden muss (BGHZ 3, 270 (279); 29, 65 (70)), sodass die Grenzen zwischen Erfolgs- und Handlungsunrecht verschwimmen. Auch das Zivilrecht ist also weit entfernt von einer abschließenden Lösung; vielmehr ist die Diskussion hier nach wie vor im Fluss. Wenn man das über die Anwendung des Abs. 1 S. 2 entscheidende Rechtswidrigkeitsurteil an den Kriterien des zivilrechtlichen Erfolgs- bzw. Handlungsunrechts orientieren will, muss man sich dieser unsicheren Prämissen bewusst sein. **30.3**

Der BGH hat noch nicht abschließend Stellung genommen, welcher Bezugspunkt für das Rechtswidrigkeitsurteil des gefahrenabwehrrechtlichen Entschädigungsanspruchs zugrunde zu legen ist. Nachdem das Gericht für die ebenfalls verschuldensunabhängige Unrechtshaftung nach § 1 StGH DDR auf die Pflichtwidrigkeit – mit anderen Worten das Handlungsunrecht – abgestellt hatte (BGH UPR 1992, 438 f.), wird in einer späteren Entscheidung zu derselben Vorschrift die objektive Rechtsnormverletzung betont (BGHZ 166, 22), was darauf hindeutet, dass nunmehr das Erfolgsunrecht maßgeblich sein soll (Ossenbühl/Cornils 519). Dabei ist allerdings zu berücksichtigen, dass die einschlägigen Entscheidungen den spezifischen Zusammenhang des § 1 StGH DDR betreffen – eine Norm, die dem landesrechtlichen Entschädigungsanspruch strukturell zwar vergleichbar ist, aber in einem singulären, historisch zu erklärenden Kontext steht. Zudem schränkt der BGH die erfolgsbezogene Sichtweise selbst ein, indem er die Haftung verneint, wenn die Rechtsverletzung kein subjektives Recht des Geschädigten betrifft, wofür der Schutzzweck der verletzten Norm sowie die Schutzwürdigkeit des Vertrauens des Geschädigten in das Unterlassen des Rechtsverstoßes entscheidend sein soll (BGHZ 123, 191; 166, 22). Im Ergebnis werden damit gleichsam durch die „Hintertür" wiederum Elemente des Handlungsunrechts in die Bewertung eingeführt. **30.4**

Angesichts dieses unklaren Befundes stellt sich vor allem die Frage, ob sich die zivilrechtlichen Kriterien überhaupt sinnvoll auf das Recht der öffentlich-rechtlichen Ersatzleistungen übertragen lassen. Eine Regelvermutung, wie sie die „Lehre vom Erfolgsunrecht" für die Rechtsgutbeeinträchtigung **30.5** aufstellt, mag zwar das Verhältnis zwischen Privaten angemessen beschreiben. Die Exekutive ist jedoch gem. Art. 20 Abs. 3 GG an das Gesetz gebunden, dem seinerseits die Verfassung Grenzen setzt; das behördliche Handeln ist ausschließlich an diesem Maßstab zu messen, für Indizien ist hier kein Raum (BGHZ 123, 191; 166, 22). Wo öffentlich-rechtliche Vorschriften allein die Bewertung eines Erfolgs als rechtmäßig bzw. rechtswidrig voraussetzen, muss das Gesetz dies folglich deutlich machen. Abs. 1 S. 2 knüpft den Anspruch aber an eine „Maßnahme", also an das Verhalten der Polizei- oder Gefahrenabwehrbehörde. Ihre Rechtswidrigkeit – und nicht die Rechtswidrigkeit des Erfolgs – wirkt anspruchsbegründend. Hinzu kommt, dass das behördliche Handeln – auch und gerade beim Bürger – an Vorhersehbarkeit und Klarheit einbüßt, wenn man eine Maßnahme als (eigentlich) rechtmäßig qualifiziert, sie entschädigungsrechtlich jedoch als rechtswidrig behandelt. Diese Konsequenz erscheint für das wegen seiner Schutzfunktion in besonderer Weise auf Transparenz und Berechenbarkeit angewiesene Staatshaftungsrecht unangemessen.

31 Auch im Rahmen des Anspruchs aus Abs. 1 S. 2 ist die **Kausalität** zwischen der Maßnahme der Behörde und dem – nach denselben Grundsätzen wie im Rahmen des Anspruchs aus Abs. 1 S. 1 festzustellenden (→ Rn. 22) – Schaden erforderlich („durch eine rechtswidrige Maßnahme"). Maßgeblich für diesen Zusammenhang ist ebenfalls die „**Unmittelbarkeit**" der Schadenverursachung. Wegen der andersartigen dogmatischen Verankerung passt hier allerdings das Kriterium des Sonderopfers nicht in gleicher Weise als Argumentationstopos (so der berechtigte Hinweis von Ossenbühl/Cornils 522). Nach dem Vorbild des enteignungsgleichen Eingriffs (BGHZ 125, 19) sind vielmehr nur solche Schäden als unmittelbar zu qualifizieren, die sich als Realisierung gerade des durch die Maßnahme gesetzten oder erhöhten Risikos darstellen und nicht nur zufällig zwar auch durch diese Maßnahme mitverursacht sind, die aber eigentlich wertungsmäßig in den Verantwortungsbereich eines Dritten oder des Geschädigten selbst fallen. Mit derselben haftungsbegrenzenden Zielsetzung postuliert die Rechtsprechung daneben auch den Gedanken des „Schutzzwecks der verletzten Norm". Dieser Gedanke ist ursprünglich im Rahmen der Amtshaftung entwickelt und zunehmend auch auf andere Bereiche der staatlichen Unrechtshaftung ausgedehnt worden (BGHZ 86, 356 (361 f.); 109, 380 (393); 123, 191 (198); OLG Brandenburg BeckRS 2008, 25056 unter II. 3. a.9) Er besagt, dass die Ersatzpflicht nur für die Schadensfolgen gilt, die vom Schutzzweck der verletzten Norm erfasst sind, deren Eintritt gerade die verletzte Norm verhindern soll. Der „**Schutzzweckzusammenhang**" und der im Sinne eines Rechtswidrigkeitszusammenhangs verstandene „Unmittelbarkeitszusammenhang" stellen damit im Ergebnis „Veranschaulichungen derselben Sache" (so Ossenbühl/Cornils 523) dar.

3. Rechtsfolge – Anspruchsinhalt

32 Der Anspruch gem. Abs. 1 S. 1 ist auf einen angemessenen **Ausgleich** des Schadens – also Entschädigung, nicht Schadensersatz – gerichtet, wofür die gleichen Kriterien maßgeblich sind wie für den Anspruch aus Abs. 1 S. 1 (→ Rn. 24).

IV. Der Entschädigungsanspruch des Nothelfers (Abs. 3)

1. Dogmatischer Hintergrund

33 **Ratio legis** des Ausgleichsanspruchs des freiwilligen Nothelfers nach Abs. 3 ist, dass derjenige, der aus eigenem Antrieb eine Hilfeleistung erbringt, bei der er einen Schaden erleidet, nicht schlechter gestellt werden soll als der Nichtstörer, der sich zur Hilfeleistung erst verpflichten lässt. Der Nothelfer befindet sich aufgrund der Freiwilligkeit seines Verhaltens nicht in einer Sonderopfersituation (Schoch JuS 1995, 509). Dogmatische Wurzel ist demnach nicht der Aufopferungsgedanke, sondern das **Sozialstaatsprinzip** (Lisken/Denninger PolR-HdB/Buchberger/Rachor M Rn. 62) Der Staat schützt durch diese Kompensationsmaßnahme die Rechtsgüter seiner Bürger; gleichzeitig werden uneigennützige Verhaltensweisen gewissermaßen belohnt und der solidarische Gedanke gefördert. Die Verwurzelung im Sozialstaatsprinzip kommt auch darin zum Ausdruck, dass in den von Abs. 3 erfassten Situationen häufig auch ein **Unfallversicherungsschutz** nach dem SGB VII eintritt. Die in Frage kommenden Ansprüche stehen neben dem gefahrenabwehrrechtlichen Ausgleichsanspruch; ein Spezialitätsverhältnis wird wegen der andersartigen Rechtsfolge – einerseits gesetzlicher Versicherungsschutz, andererseits eine bloße Anspruchsberechtigung – weder in die eine

noch in die andere Richtung angenommen (Hornmann HSOG Rn. 13; Meixner/Fredrich Rn. 8; RSPHFMW HSOG/HundeVO Anm. 3).

Gemäß § 2 Abs. 1 Nr. 13 lit. a SGB VII sind Personen kraft Gesetzes in der Unfallversicherung versichert, die bei Unglücksfällen oder gemeiner Gefahr oder Not Hilfe leisten oder einen anderen aus erheblicher gegenwärtiger Gefahr für seine Gesundheit retten. Die Vorschrift ist an § 323c StGB angelehnt und stellt Versicherungsschutz in erster Linie für die Personen bereit, die in Erfüllung ihrer strafrechtlichen Verpflichtung Hilfe leisten; der Anwendungsbereich der Vorschrift ist auch ohne die Einschlägigkeit der Strafdrohung eröffnet (Ossenbühl/Cornils 497). Einen speziellen Fall der Hilfeleitung regelt § 2 Abs. 1 Nr. 13 lit. c SGB VII. Danach tritt Versicherungsschutz auch für Personen ein, die sich bei der Verfolgung oder Festnahme einer Person, die einer Straftat verdächtig ist, oder zum Schutz eines widerrechtlich Angegriffenen persönlich einsetzen. Wie im Fall des § 2 Abs. 1 Nr. 13 lit. a SGB VII ist hier keinerlei Zutun der unterstützten Behörde erforderlich. Dies ist anders bei den nach § 2 Abs. 1 Nr. 11 lit. a SGB VII Versicherten, die von einer juristischen Person des öffentlichen Rechts zur Unterstützung einer Diensthandlung herangezogen werden und dabei einen Schaden erleiden. Zwar werden hier nur freiwillige Helfer erfasst, die „Heranziehung" setzt aber ein zumindest stillschweigendes Einverständnis der Behörde voraus (Lisken/Denninger PolR-HdB/Buchberger/Rachor M Rn. 65). Die Versicherungsleistungen umfassen insbesondere die Heilbehandlungskosten (§§ 26 ff. SGB VII). **33.1**

2. Anspruchsvoraussetzungen – Anspruchsbegründung

Anspruchsberechtigt sind Personen, die mit Zustimmung der Gefahrenabwehr- oder Polizeibehörden bei der Wahrnehmung von Aufgaben dieser Behörden freiwillig mitgewirkt oder Sachen zur Verfügung gestellt und dadurch einen Schaden erlitten haben. **34**

Wie die anderen gefahrenabwehrrechtlichen Entschädigungsansprüche setzt auch der Anspruch aus Abs. 3 voraus, dass zum **Zweck der Gefahrenabwehr** gehandelt wird („Wahrnehmung von Aufgaben **der Gefahrenabwehr- oder Polizeibehörden**"). Zu der Wahrnehmung dieser Aufgaben muss der Anspruchsteller in tatbestandsmäßiger Weise beigetragen haben. Sein Beitrag kann entweder in einer **Mitwirkung** (Alt. 1) oder darin bestanden haben, dass er **Sachen zur Verfügung gestellt** hat (Alt. 2). Bei genauerem Hinsehen stellt dabei die Überlassung einer Sache auch eine Form der Mitwirkung dar. Die Mitwirkung (Alt. 1) ist also gleichsam der Oberbegriff, für den immer dann (allein) Raum ist, wenn es sich um körperliche Hilfeleistungen handelt, bei denen keine Sachen zur Verfügung gestellt werden. Selbstverständlich können auch beide Alternativen nebeneinander zur Anwendung kommen (zB wenn der Nothelfer die eigene Leiter benutzt, um selbst eine Person aus dem brennenden Haus zu retten). **35**

Die Hilfe muss **freiwillig** geleistet werden. Der Begriff der „Freiwilligkeit" gewinnt Konturen durch seinen Gegenbegriff: Unfreiwillig ist eine Mitwirkung dann, wenn sie verbindlich gefordert wird. Dies ist unproblematisch der Fall, wenn die Polizei- oder Gefahrenabwehrbehörde den Betroffenen rechtsförmlich – durch Verwaltungsakt – zum Handeln auffordert. Je nach Rechtmäßigkeit bzw. Rechtswidrigkeit der Aufforderung kommt hier ein Anspruch aus Abs. 1 S. 1 oder Abs. 1 S. 2 in Betracht. Ebenso unfreiwillig ist die vertragliche Übernahme einer Hilfeleistungspflicht namentlich gegen Zahlung einer Geldsumme (Hornmann HSOG Rn. 12). Zwar nimmt der Vertragspartner der Behörde beim Vertragsschluss Privatautonomie für sich in Anspruch und handelt insofern freiwillig. Der Vertrag verpflichtet ihn jedoch rechtlich zum Handeln, sodass insofern nicht mehr von einer freiwilligen Mitwirkung die Rede sein kann. **36**

Die **Grenze zwischen Freiwilligkeit und Unfreiwilligkeit** ist indes nicht immer derart einfach zu ziehen. Wo die Behörde auf den Hilfeleistenden in einer Weise einwirkt, die keinen Regelungscharakter aufweist (zB Rat, Appell an das Gewissen) ist genauso gut möglich, dass es sich bereits um die „Inanspruchnahme" eines Nichtstörers handelt. Die im Zusammenhang mit diesem in Abs. 1 S. 1 enthaltenen Merkmal behandelte Problematik (→ Rn. 18) kehrt hier also mit umgekehrten Vorzeichen wieder. Eine tragfähige Lösung muss vom konkreten Einzelfall ausgehen und klären, wie intensiv die Einwirkung auf den Willen des Betroffenen gewesen ist (Lisken/Denninger PolR-HdB/Buchberger/Rachor M Rn. 63). **37**

Während bei einer durch einen staatlichen Akteur konkretisierten Aufforderung zur Hilfe zu klären ist, wann die Grenze zum Zwang überschritten wird, stellt sich im Hinblick auf **§ 323c StGB** die Frage, ob die abstrakte gesetzliche Pflicht zur Hilfeleistung die Freiwilligkeit **38** ausschließt. Hier argumentiert die wohl hM, dass derjenige, der nur deshalb handelt, weil er im Falle seines Nichthandelns eine Bestrafung riskiert, sich zum Handeln gezwungen sehe und demnach von einer Freiwilligkeit keine Rede sein könne. Der Helfer erfülle hier seine für jedermann geltende Solidarpflicht (in diese Richtung Götz/Geis PolR § 15 Rn. 30; Ossenbühl/Cornils 498; Schenke PolR Rn. 694). Bei dieser Auslegung bleibt jedoch kaum noch ein Anwendungsbereich für Abs. 3, da die in dieser Vorschrift beschriebenen Hilfeleistungen typischerweise in Situationen erbracht werden, die gleichzeitig als Unglücksfall bzw. gemeine Gefahr oder Not zu qualifizieren sind. Auch ist nicht ganz einzusehen, warum jemandem ausgerechnet aufgrund seines rechtstreuen Verhaltens ein Anspruch verweigert werden soll (vor diesem Hintergrund bezieht § 59 Abs. 1 Nr. 3 ASOG Bln den nach § 323c StGB Hilfspflichtigen ausdrücklich in den Anwendungsbereich des Entschädigungsanspruchs ein; vgl. auch Hornmann HSOG Rn. 12). Schließt man sich dieser Deutung nicht an, ist jedenfalls für die Schäden, die ein nach § 323c StGB Hilfspflichtiger erleidet und die über das in diesen Situationen typische Ausmaß hinausgehen, ein allgemeiner Aufopferungsanspruch denkbar (Ossenbühl/Cornils 498).

39 Um zu verhindern, dass den Behörden private Hilfe aufgedrängt wird, macht Abs. 3 die Anspruchsberechtigung von der **Zustimmung** der Gefahrenabwehr- bzw. Polizeibehörden abhängig. Im Interesse des Anspruchsstellers wird diese Voraussetzung extensiv ausgelegt. Neben einer förmlichen vorherigen Einwilligung oder nachträglichen Genehmigung reicht hierfür auch eine stillschweigende Duldung (Ossenbühl/Cornils 498; Lisken/Denninger PolR-HdB/Buchberger/Rachor M Rn. 64). Damit läuft diese Tatbestandsvoraussetzung letztlich auf eine Vermutung hinaus: Wenn die Behörde keine Hilfeleistung wünscht, muss sie dies deutlich zum Ausdruck bringen (also den Betroffenen bspw. zum Verlassen des Orts des Geschehens auffordern), andernfalls ist von ihrer Zustimmung auszugehen.

40 Anders als die Ansprüche aus Abs. 1 ist die Konzeption des Abs. 3 darauf angelegt, dass **unmittelbare Schadensursache** das tatbestandsmäßige eigene Verhalten des Geschädigten ist. Die zur Kausalität im Rahmen des Anspruchs aus Abs. 1 entwickelten wertenden Kriterien (→ Rn. 23) haben demnach mit dem Geschädigten einen anderen Bezugspunkt, sind aber der Sache nach auch auf den Anspruch des freiwilligen Helfers anwendbar.

3. Rechtsfolge – Anspruchsinhalt

41 Dem Anspruchsberechtigten steht **Entschädigung** in demselben Umfang zu wie nach Abs. 1 (→ Rn. 24).

V. Sonderfälle

1. Entschädigung in den Fällen der Anscheinsgefahr und des Gefahrenverdachts

42 Da die **Anscheinsgefahr** und der **Gefahrenverdacht** keine gesetzlichen, sondern von der Rechtsprechung und Literatur entwickelten Gefahrenkategorien sind, kann das HSOG selbstverständlich auch die Entschädigungsansprüche der Urheber dieser Gefahrenlagen nicht ausdrücklich regeln. Beide Gefahrenbegriffe liegen außerhalb des von den gefahrenabwehrrechtlichen Ermächtigungsgrundlagen vorausgesetzten Begriffs der objektiven Gefahr, bei der die aufgrund einer Sachlage von einem Behördenmitarbeiter abgegebene Prognose, es werde ein Schaden für die öffentliche Sicherheit oder Ordnung eintreten, zutrifft. Sowohl die Anscheinsgefahr als auch der Gefahrenverdacht sind demgegenüber durch subjektive Vorstellungsbilder geprägt. Im Fall der **Anscheinsgefahr** stellt sich die vermeintlich sichere – und bei verständiger Würdigung des Sachverhalts auch objektiv vernünftige – Prognose nachträglich als falsch heraus. Beim **Gefahrenverdacht** ist sich der Mitarbeiter von vornherein in seiner Prognose unsicher, der Gefahrenverdacht erweist sich im Nachhinein als unbegründet, womit auch in diesem Fall von Anfang an keine (objektive) Gefahr vorlag; wenn sich der Gefahrenverdacht dagegen nachträglich als richtig erweist, handelt es sich um eine objektive Gefahrenlage, bei der sich die Frage nach einer Entschädigung nicht stellt. In beiden Fällen kann die Behörde nach dem subjektiven Gefahrenbegriff der Rechtsprechung und des überwiegenden Teils der Literatur aus Gründen der effektiven Gefahrenabwehr gegen den Verursacher der Situation wie gegen einen Störer vorgehen: Der Anscheinsstörer

wird dem „echten" Störer gleichgestellt; der Gefahrenverdacht erlaubt zumindest Gefahrerforschungseingriffe gegen den Verursacher des Verdachts.

Überträgt man diese Grundsätze auf die **entschädigungsrechtliche Sekundärebene,** kämen Ansprüche des Anscheinsstörers bzw. Verdächtigen grundsätzlich nicht in Betracht – sie werden ja wie Störer rechtmäßig in die Pflicht genommen. Nur wenn ihre Inanspruchnahme aus Gründen, die ihre Ursache nicht in der Gefahrenlage haben – also zB wegen Unverhältnismäßigkeit der Maßnahme oder im Fall des Gefahrenverdachts wegen des endgültigen Charakters des Eingriffs –, rechtswidrig wäre, entstünde eine Entschädigungspflicht, und zwar gem. Abs. 1 S. 2. Bei konsequenter Fortschreibung der zur Anscheinsgefahr und zum Gefahrenverdacht entwickelten Grundsätze auf der Sekundärebene müsste der Geschädigte den Schaden also kompensationslos hinnehmen, obwohl der eigentliche Fehler in der Sphäre der Behörde lag. 43

Zu einem anderen Ergebnis gelangt man, wenn man die Situation aus der ***ex-post*-Perspektive** betrachtet: Der Anscheinsstörer und der Verursacher eines (später nicht bestätigten) Gefahrenverdachts haben in Wahrheit keine „echte" Gefahrenlage geschaffen; demgemäß wären sie nach den gefahrenrechtlichen Verursachungskategorien eigentlich als Nichtstörer zu qualifizieren. Allerdings nimmt die Behörde sie gerade nicht gezielt als Nichtstörer in Anspruch; die Tatbestandsvoraussetzungen des § 9 dürften auch im Übrigen nur in den seltensten Fällen vorliegen. Vor diesem Hintergrund hat sich der BGH für eine entsprechende Anwendung des dem Nichtverantwortlichen zustehenden gefahrenabwehrrechtlichen Entschädigungsanspruchs auf den Anscheinsstörer bzw. Verdächtigen ausgesprochen (grdl. BGHZ 117, 303 Rn. 22; nachdem der BGH den Begriff der „Analogie" in dieser Entscheidung zunächst noch vermied, bekannte er sich später ausdrücklich zu dieser Auslegungsmethode, BGHZ 126, 279). Zwar soll es auf der Primärebene bei der **ex-ante-Sicht** bleiben; gegen Anscheinsstörer und Verursacher eines (nicht bestätigten) Gefahrenverdachts darf daher wie gegen einen Störer vorgegangen werden. Die entschädigungsrechtliche Sekundärebene wird dann aber von der Primärebene gleichsam abgekoppelt. Hier soll die **ex-post-**Sicht maßgeblich sein, denn der Aspekt der effektiven Gefahrenabwehr, der auf der Primärebene die Gleichstellung des Anscheinsstörers und des Verdächtigen mit einem Störer verlange, sei für den gerechten Schadensausgleich irrelevant. 44

Der Gerechtigkeitsgedanke wirkt allerdings nicht nur anspruchsbegründend, sondern kann den **Anspruch auch ausschließen.** Dies ist der Fall, wenn dem Anscheins- bzw. Verdachtsstörer die Verantwortlichkeit für das Entstehen der Fehlvorstellung zugerechnet werden muss; der BGH spricht in diesem Zusammenhang davon, dass der Geschädigte den Schaden „in zurechenbarer Weise zu verantworten" hat (so BGHZ 117, 303 Rn. 23). Wie im Staatshaftungsrecht allgemein üblich, reicht hierfür ein einfacher objektiver Kausalzusammenhang nicht aus; vielmehr muss der Geschädigte in besonderer, nicht alltäglicher Weise zur Schadensverursachung beigetragen haben. Dies soll namentlich dann der Fall sein, wenn er Kenntnis von den gefahrbegründenden Umständen hatte oder diese zumindest hätte erkennen können (BGHZ 117, 303 Rn. 23). Damit ist der Weg frei für eine wertende Betrachtung im Rahmen der Anspruchsbegründung (ausf. Ossenbühl/Cornils 509 ff.). Hierdurch wird gleichzeitig ein erheblicher Teil denkbarer Konstellationen aus dem Anwendungsbereich des § 65 Abs. 5 iVm § 254 BGB herausgenommen: Statt also über § 254 BGB zu einer anteiligen Kürzung des Anspruchs zu gelangen, entfällt bei einer **Zurechnung zum Verantwortungsbereich** des Geschädigten der Anspruch vollständig (auf diese Konsequenz weisen hin: Ossenbühl/Cornils 510 f.). 45

Obwohl die Abkopplung der Sekundär- von der Primärebne zwangsläufig zu dogmatischen Unstimmigkeiten führt (Schoch JuS 1993, 724 (727)), stimmt die Literatur dem BGH überwiegend zu, da sich mit diesem Ansatz in der Praxis sachgerechte Ergebnisse erzielen lassen (Schoch JuS 1995, 504 (510); Götz/Geis PolR § 15 Rn. 15 f.; Gusy/Eichenhofer PolR Rn. 470; Lisken/Denninger PolR-HdB/Buchberger/Rachor M Rn. 42 ff., FLS PolR Hessen Kap. M Rn. 14 ff.; Ossenbühl/Cornils 503 ff.). Andere Lösungen setzen – mit dem gleichen Ergebnis – vor allem auf der Primärebene an, wo die Kategorien des Anscheinsstörers und des Verursachers eines Gefahrenverdachts anders gedeutet werden (Ipsen NdsPolR Rn. 162 ff., der die Existenz der Gefahrenkategorie des Anscheinsstörers verneint; Schenke PolR Rn. 685 f., verlangt für die Annahme eines Anscheinsstörers bereits auf der Primärebene, dass der Anschein durch eigenes Verhalten gesetzt wurde; andernfalls soll es sich um die Inanspruchnahme eines Nichtverantwortlichen handeln, für den Abs. 1 S. 1 ohnehin unmittelbar gilt). 45.1

45.2 Für den in der Praxis besonders bedeutsamen Fall der Altlasten sieht § 24 Abs. 1 S. 2 BBodSchG mittlerweile eine gegenüber dem allgemeinen Gefahrenabwehrrecht spezielle Regelung vor. Zwar kann nach dem Bodenschutzrecht bspw. der Grundstückseigentümer bei Verdachtsfällen in Anspruch genommen werden. Erweist sich der Verdacht aber im Nachhinein als unbegründet, kann er aus § 24 Abs. 1 S. 2 BBodSchG Kostenerstattung verlangen, wenn er die den Verdacht begründenden Umstände nicht zu vertreten hat (FLS PolR Hessen Kap. M Rn. 17).

2. Entschädigungsansprüche des „Jedermann"?

46 Die gesetzlichen Ausgleichstatbestände stoßen an ihre Grenzen, wo es nach dem HSOG für die Eingriffsberechtigung **nicht auf die Störereigenschaft** iSd §§ 6 ff. ankommt, was zB bei der Identitätsfeststellung (§ 18) der Fall sein kann. Versäumt zB der an einer überfüllten (rechtmäßig eingerichteten) Kontrollstelle angetroffene Geschäftsmann infolge der Kontrolle einen wichtigen Termin, ist fraglich, wer für den hieraus resultierenden Vermögensschaden aufzukommen hat (Lisken/Denninger PolR-HdB/Buchberger/Rachor M Rn. 55). Die unmittelbare Anwendung des Abs. 1 S. 1 ist hier nicht möglich, da sich die Ermächtigungsgrundlage (§ 18 Abs. 2 Nr. 5) den herkömmlichen Störer- bzw. Nichtstörerkategorien entzieht. Der Betroffene kann dem Nichtstörer auch nicht als Unbeteiligter gleichgestellt werden (→ Rn. 19), da die Kontrollmaßnahme keine unbeabsichtigte Nebenfolge darstellt, sondern gezielt erfolgt.

47 Teilweise wird in diesen Fällen eine **analoge Anwendung des Abs. 1 S. 1** vorgeschlagen (Möllers NVwZ 2000, 382 (386); Kingreen/Poscher POR § 26 Rn. 10; Schenke PolR Rn. 692), da dem Adressaten aufgrund besonderer Umstände ein Sonderopfer auferlegt werde und somit eine Abs. 1 S. 1 vergleichbare Regelungssituation vorliege. Dagegen spricht jedoch nicht nur, dass davon auszugehen ist, dass der Gesetzgeber die Adressateneigenschaft der jeweiligen Standardmaßnahme bewusst unter Ausschluss der allgemeinen Störervorschriften abschließend geregelt hat. Vielmehr ist vor allem zu berücksichtigen, dass die gegen jedermann zulässigen Maßnahmen diesem kein Sonderopfer auferlegen, sondern sich in ihnen ein allgemeines Lebensrisiko realisiert, das individuell unterschiedliche Folgen haben kann (Lisken/Denninger PolR-HdB/Buchberger/Rachor M Rn. 53 ff.; skeptisch auch Ossenbühl/Cornils 502 f.). Damit geht die Situation aber an dem für einen derartigen Anspruch leitenden Aufopferungsgedanken vorbei; eine für die Analogie erforderliche Vergleichbarkeit der Situation ist nicht gegeben. Belastet die Maßnahme den Betroffenen übermäßig, wird sie sich regelmäßig ohnehin als rechtswidrig darstellen; der für diese Konstellationen vorgeschlagene Rückgriff auf den allgemeinen Aufopferungsanspruch (Ossenbühl/Cornils 502) ist also nicht erforderlich.

VI. Ausschlusstatbestand (Abs. 2)

48 Abs. 2 statuiert einen Ausschlusstatbestand, der sich aus systematischen und teleologischen Gründen nur auf die anspruchsbegründenden Tatbestände des Abs. 1 beziehen kann. Danach besteht ein Ersatzanspruch (nach der in § 64 gewählten Terminologie müsste es eigentlich „Ausgleichsanspruch" bzw. „Entschädigungsanspruch" heißen) nicht, wenn die Maßnahme **zum Schutz der Person oder des Vermögens** der geschädigten Person getroffen worden ist. Maßgeblich ist dabei die Absicht der für die Behörde handelnden Personen und ob die Maßnahme im Interesse des Geschädigten lag (so auch Lisken/Denninger PolR-HdB/Buchberger/Rachor M Rn. 114 ff.; Ossenbühl/Cornils 525 f.; anders etwa Gusy/Eichenhofer PolR Rn. 473; FLS PolR Hessen Kap. M Rn. 32; fraglich ist das Verhältnis zur fast identischen Regelung in § 65 Abs. 5 S. 1 Hs. 2, vgl. → § 65 Rn. 17). Hintergrund dieses Ausschlusses ist, dass die Gefahrenabwehrmaßnahme, die zum Schutz des Geschädigten erfolgt, für diesen zwar eine Belastung, aber keine ungerechtfertigte Belastung bedeutet (DWVM Gefahrenabwehr 673). Der Anspruch kann ferner auch nur teilweise ausgeschlossen sein („soweit").

C. Rechtsschutz

49 Die für die Ansprüche aus § 64 relevanten Rechtsschutzfragen werden in der Kommentierung zu § 70 (→ § 70 Rn. 1) erörtert.

§ 65 Inhalt, Art und Umfang des Schadensausgleichs

(1) [1]Der Ausgleich nach § 64 wird grundsätzlich nur für Vermögensschaden gewährt. [2]Für entgangenen Gewinn, der über den Ausfall des gewöhnlichen Verdienstes oder Nutzungsentgeltes hinausgeht, und für Nachteile, die nicht in unmittelbarem Zusammenhang mit der Maßnahme der Gefahrenabwehr- oder der Polizeibehörde stehen, ist ein Ausgleich zu gewähren, wenn und soweit dies zur Abwendung unbilliger Härten geboten erscheint.

(2) Bei einer Verletzung des Körpers oder der Gesundheit oder bei einer Freiheitsentziehung ist auch der Schaden, der nicht Vermögensschaden ist, angemessen auszugleichen.

(3) [1]Der Ausgleich wird in Geld gewährt. [2]Hat die zum Ausgleich verpflichtende Maßnahme die Aufhebung oder Minderung der Erwerbsfähigkeit oder eine Vermehrung der Bedürfnisse oder den Verlust oder die Beeinträchtigung eines Rechtes auf Unterhalt zur Folge, so ist der Ausgleich durch Entrichtung einer Rente zu gewähren. [3]§ 760 des Bürgerlichen Gesetzbuches ist anzuwenden. [4]Statt der Rente kann eine Abfindung in Kapital verlangt werden, wenn ein wichtiger Grund vorliegt. [5]Der Anspruch wird nicht dadurch ausgeschlossen, dass eine andere Person der geschädigten Person Unterhalt zu gewähren hat.

(4) Stehen der geschädigten Person Ansprüche gegen Dritte zu, so ist, soweit diese Ansprüche nach Inhalt und Umfang dem Ausgleichsanspruch entsprechen, der Ausgleich nur gegen Abtretung dieser Ansprüche zu gewähren.

(5) [1]Bei der Bemessung des Ausgleichs sind alle Umstände zu berücksichtigen, insbesondere Art und Vorhersehbarkeit des Schadens und ob die geschädigte Person oder ihr Vermögen durch die Maßnahme der Gefahrenabwehr- oder der Polizeibehörden geschützt worden ist. [2]Haben Umstände, die die geschädigte Person zu vertreten hat, auf die Entstehung oder Ausweitung des Schadens eingewirkt, so hängt die Verpflichtung zum Ausgleich sowie der Umfang des Ausgleichs insbesondere davon ab, inwieweit der Schaden vorwiegend von der geschädigten Person oder durch die Gefahrenabwehr- oder die Polizeibehörden verursacht worden ist. [3]§ 254 des Bürgerlichen Gesetzbuches gilt entsprechend.

Überblick

§ 65 gestaltet die Rechtsfolge der gefahrenabwehrrechtlichen Entschädigung näher aus. Abs. 1 und Abs. 2 konkretisieren, welche Art Schäden auszugleichen sind (→ Rn. 2). Abs. 3 regelt, wie die Entschädigungsleistung zu erbringen ist (→ Rn. 9). Abs. 4 begründet ein Leistungsverweigerungsrecht zugunsten der öffentlichen Hand (→ Rn. 11): Diese hat nur gegen Abtretung der Ansprüche zu leisten, die dem Geschädigten gegenüber Dritten zustehen. Abs. 5 normiert schließlich Einzelheiten zur Vorteilsausgleichung sowie eine Einschränkung der Ersatzpflicht unter dem Aspekt des Mitverschuldens (→ Rn. 15).

A. Allgemeine Charakterisierung und rechtlicher Rahmen

§ 65 (entsprechend § 55 BWPolG, Art. 87 BayPAG, Art. 11 BayLStVG, § 81 NPOG, 1
§ 40 NRWOBG, § 67 PolG NRW) regelt die Details, wie und in welcher Höhe der **„angemessene Ausgleich“** (→ § 64 Rn. 24) nach § 64 zu leisten ist. Da es sich somit um eine Regelung handelt, die die Rechtsfolge der anspruchsbegründenden Norm näher ausgestaltet, setzt die Anwendbarkeit des § 65 voraus, dass einer der drei zum Schadensausgleich verpflichtenden Tatbestände des § 64 erfüllt ist (Hornmann HSOG Rn. 1).

B. Einzelerläuterungen

I. Der auszugleichende Schaden (Abs. 1, Abs. 2)

Auszugleichen ist gem. Abs. 1 S. 1 grundsätzlich nur der **Vermögensschaden.** Dass über- 2
haupt ein **Schaden** als objektive Minderung des vorhandenen Bestands an geschützten

Gütern (→ § 64 Rn. 22) vorliegt, ist bereits im Rahmen des anspruchsbegründenden Tatbestands festzustellen; Abs. 1 S. 1 grenzt den Kreis der geschützten Güter – und damit den ersatzfähigen Schaden – nun weiter auf das „**Vermögen**" ein. Was hierzu zählt, ist in Anlehnung an die im Zivilrecht entwickelten Kriterien zu ermitteln. Nachdem der BGH zunächst davon ausgegangen war, dass zum Vermögen alle Lebensgüter gehören, die im wirtschaftlichen Verkehr gegen ein Entgelt erworben werden können (BGHZ 40, 347; 45, 218; 63, 98; 65, 170), reicht nach der neueren Rechtsprechung eine kommerzielle Bewertungsmöglichkeit allein nicht aus. Vielmehr ist zusätzlich im einzelnen Fall eine umfassende Abwägung vorzunehmen (BGHZ 98, 212; 98, 222; 106, 31), was im Ergebnis auf ein umfangreiches case law hinausläuft, auf das im vorliegenden Zusammenhang lediglich hingewiesen werden kann (vgl. die Fallgruppen bei Grüneberg/Grüneberg BGB Vor § 249 Rn. 10 ff.). Zu den vermögenswerten Gütern zählen jedenfalls nicht nur absolute Rechte wie das Eigentum und die beschränkt dinglichen Rechte, sondern auch relative Rechte wie schuldrechtliche Forderungen (Hornmann HSOG Rn. 2). So sind bspw. Forderungen aus einem Bewirtungsvertrag, die der Gaststättenbetreiber wegen der polizeilichen Räumung seines Lokals nicht mehr geltend machen kann, zum ersatzfähigen Schaden gezählt worden (Lisken/Denninger PolR-HdB/Buchberger/Rachor M Rn. 98). Durch Abs. 1 S. 1 umfasst wird sowohl die Verminderung des Aktivvermögens als auch die Vermehrung des Passivvermögens (Hornmann HSOG Rn. 2).

3 Im Gegensatz dazu sind **immaterielle Schäden,** also Einbußen, die jemand an nicht vermögenswerten Rechtsgütern erleidet – mit Ausnahme der in Abs. 2 ausdrücklich geregelten Fälle –, nicht auszugleichen. Zu beachten ist allerdings, dass die Verletzung eines solchen Rechtsguts unmittelbar eine Vermögensminderung zur Folge haben kann, die ihrerseits einen auszugleichenden Vermögensschaden darstellt. So sind etwa die ärztlichen Behandlungskosten, mit der jemand infolge einer Körperverletzung belastet wird, als Vermögensschaden zu qualifizieren (Hornmann HSOG Rn. 2). Kein Vermögensschaden liegt dagegen vor, wenn lediglich ein persönliches Affektionsinteresse betroffen ist (Hornmann HSOG Rn. 1).

4 Aus Abs. 1 S. 2 Alt. 1, wonach der **Anspruch auf entgangenen Gewinn,** der über den Ausfall des gewöhnlichen Verdienstes oder Nutzungsentgelts hinausgeht, nur ausnahmsweise ersetzt wird, folgt im Umkehrschluss, dass der „übliche" entgangene Gewinn als Vermögensschaden auszugleichen ist. Wann sich ein Gewinn im Rahmen dessen bewegt, was nach dem gewöhnlichen Lauf der Dinge zu erwarten – also „üblich" – ist, kann dabei nicht abstrakt bestimmt werden, sondern erfordert eine Bewertung des einzelnen Falls. So ist bspw. an den Eigentümer, in dessen Wohnung der gekündigte Mieter wegen drohender Obdachlosigkeit eingewiesen wird, die ortsübliche Vergleichsmiete zu entrichten (Lisken/Denninger PolR-HdB/Buchberger/Rachor M Rn. 108). Dass hier gewisse Auslegungsunsicherheiten bestehen (Lisken/Denninger PolR-HdB/Buchberger/Rachor M Rn. 108: begriffliche „Unschärfen"), ist angesichts der auf Prognosen angewiesenen wertenden Bestimmung des „üblichen" entgangenen Gewinns nicht zu ändern. Hilfreich ist insofern ein Rückgriff auf die Grundsätze, die zu § 252 BGB und § 287 ZPO entwickelt worden sind, da in diesen Vorschriften entsprechende Begriffe verwendet werden.

5 Der Geschädigte soll aus seinem Schadensfall „kein Geschäft machen" (so Lisken/Denninger PolR-HdB/Buchberger/Rachor M Rn. 108). Daher ist der **Ausgleich von entgangenem Gewinn, der außerhalb des gewöhnlichen Verdienstes oder Nutzungsausfalls** liegt, nach Abs. 1 S. 2 Alt. 1 nur dann zu gewähren, wenn und soweit dies zur Abwendung **unbilliger Härten geboten** erscheint. Der Gesetzgeber hat hier gleich zwei unbestimmte Rechtsbegriffe miteinander kombiniert: die „unbillige Härte" und das „Gebotensein". Zwar sind diese Begriffe – wie grundsätzlich alle derartigen Begriffe – gerichtlich voll überprüfbar. Gleichwohl ist zu ihrer Konkretisierung eine Bewertung erforderlich, was zwangsläufig zu gewissen behördlichen Spielräumen führt. Die „unbillige Härte" stellt auf eine besondere Situation des Geschädigten ab (zB eine existenzielle wirtschaftliche Lage), in die er ohne einen Ausgleich geraten würde; ob und in welcher Höhe („wenn und soweit") in diesem Fall der Ausgleich tatsächlich „geboten" erscheint, ist dann unter Abwägung aller Umstände – auch eventuell gegenläufiger (öffentlicher) Interessen – zu ermitteln.

6 Auch **mittelbare Nachteile** sind gem. Abs. 1 S. 2 Alt. 2 nur auszugleichen, wenn und soweit dies zur Abwendung unbilliger Härten geboten erscheint. Mittelbare Nachteile sind Vermögensminderungen, die in keinem direkten Zusammenhang mit der Gefahrenabwehr-

maßnahme stehen (Hornmann HSOG Rn. 4; Lisken/Denninger PolR-HdB/Buchberger/Rachor M Rn. 107). Als Beispiel für einen – auszugleichenden – mittelbaren Nachteil wird etwa der Fall eines Wohnungsinhabers angeführt, in dessen Wohnung Feuchtigkeitsschäden entstehen, weil begonnene Klempnerarbeiten wegen eines aus der Wohnung heraus operierenden Sondereinsatzkommandos der Polizei nicht fortgeführt werden können (Lisken/Denninger PolR-HdB/Buchberger/Rachor M Rn. 107). Aus dem Ausnahmecharakter der Regelung der Ausgleichspflicht für mittelbare Schäden wird im Umkehrschluss gefolgert, dass unmittelbare Nachteile prinzipiell uneingeschränkt auszugleichen sind (Hornmann HSOG Rn. 4).

Allerdings dürfte die Unterscheidung zwischen unmittelbaren und mittelbaren Schäden durch die neuere Rechtsprechung des BGH zur kausalen Verursachung des Schadens ihre Bedeutung weitgehend eingebüßt haben (Lisken/Denninger PolR-HdB/Buchberger/Rachor M Rn. 107). Nach dieser Rechtsprechung setzen die haftungsbegründenden Tatbestände des § 64 voraus, dass die Schädigung **„unmittelbar"** im Sinne eines inneren Zusammenhangs mit der Maßnahme erfolgt, dh es muss sich in dem Schaden eine Gefahr realisieren, die bereits in der hoheitlichen Maßnahme selbst angelegt ist (→ § 64 Rn. 23). Wenn es hier nicht zu einem Wertungswiderspruch kommen soll, muss die Unmittelbarkeit bzw. Mittelbarkeit iRd Abs. 1 S. 2 Alt. 2 ebenfalls in diesem Sinne verstanden werden. Hierfür spricht auch, dass diese Vorschrift keine selbständige Anspruchsgrundlage ist, sondern auf § 64 aufbaut. Damit bleiben aber im Ergebnis keine nach Abs. 1 S. 2 Alt. 2 auszugleichenden mittelbaren Nachteile übrig: Entweder es handelt sich um einen kausalen – und damit im Sinne der Rechtsprechung unmittelbaren – Schaden, der in jedem Fall auszugleichen ist, oder der haftungsbegründende Tatbestand wird bereits verneint, womit es nicht mehr zu einer Anwendung des § 65 als der lediglich die Rechtsfolge ausgestaltenden Norm kommt. 7

Abs. 2 enthält die bereits erwähnte Ausnahmebestimmung zu dem in Abs. 1 verankerten Grundsatz, dass nur Vermögensschäden auszugleichen sind. Nach dieser Vorschrift ist auch für den Schaden, der **Nichtvermögensschaden** ist, eine Kompensation zu leisten. Dies gilt jedoch nur, wenn durch die gefahrenabwehrrechtliche Maßnahme eines der drei in § 65 aufgezählten Rechtsgüter betroffen ist: der Körper, die Gesundheit oder die Freiheit eines Menschen (BVerfG NJW 2010, 433; OLG München NJW-RR 1992, 279; OLG Koblenz NJW 2000, 279). Der Körper oder die Gesundheit müssen verletzt worden sein; die Freiheit muss entzogen worden sein, woraus gleichzeitig folgt, dass hier die persönliche Fortbewegungsfreiheit iSd Art. 104 GG – und nicht etwa die allgemeine Handlungsfreiheit – gemeint ist. Die Aufzählung ist wegen ihres Ausnahmecharakters enumerativ zu verstehen, Einbußen an anderen immateriellen Rechtsgütern wie bspw. an der persönlichen Ehre oder am allgemeinen Persönlichkeitsrecht sind nicht auszugleichen (Hornmann HSOG Rn. 6). Die Einbeziehung bestimmter immaterieller Schäden in die Entschädigungspflicht läuft somit auf einen Schmerzensgeldanspruch hinaus, der zwar hinsichtlich der in Frage kommenden Rechtsgüter hinter § 253 Abs. 2 BGB zurückbleibt, auf den aber im Übrigen die für diese Norm geltenden Auslegungskriterien anwendbar sind. 8

II. Art des Schadensausgleichs (Abs. 3)

Abs. 3 S. 1 stellt klar, dass der durch § 64 begründete Ausgleichsanspruch nicht auf Naturalrestitution iSd § 249 S. 1 BGB, sondern auf **Geld** gerichtet ist (→ § 64 Rn. 24). Es geht also nicht darum, den Geschädigten so zu stellen, wie er stünde, wenn das schädigende Ereignis nicht stattgefunden hätte, sondern um eine Kompensation zugefügter Nachteile. 9

Die folgenden Sätze des Abs. 3 stimmen fast wörtlich mit **§ 843 BGB** überein; die zu dieser Norm entwickelten Grundsätze sind entsprechend anwendbar. Abs. 3 S. 2–5 treffen Sonderregelungen für den Fall, dass die gefahrenabwehrrechtliche Maßnahme die Aufhebung oder Minderung der Erwerbsfähigkeit oder eine Vermehrung der Bedürfnisse oder den Verlust oder die Beeinträchtigung eines Rechts auf Unterhalt zur Folge hat, was regelmäßig nur bei einer Verletzung des Körpers oder der Gesundheit in Frage kommen dürfte. Hier ist die Entschädigung in Form einer Rente zu leisten (Abs. 3 S. 2). Auf diesen Rentenanspruch ist § 760 BGB anzuwenden (Abs. 3 S. 3), wo eine Vorauszahlungspflicht geregelt ist. Wenn ein wichtiger Grund vorliegt – was etwa im Fall einer geringen Lebenserwartung des Geschädigten denkbar ist (Hornmann HSOG Rn. 8) –, kann eine Kapitalisierung des 10

Anspruchs verlangt werden (Abs. 3 S. 4), der Rentenberechtigte wird also durch eine einmalige Geldsumme abgefunden. Abs. 3 S. 5 schließlich stellt klar, dass sich der Anspruchsberechtigte, auf den die Voraussetzungen des Abs. 3 zutreffen, nicht entgegenhalten lassen muss, dass ihm eine andere Person unterhaltspflichtig ist; der Anspruch wird hierdurch ausdrücklich nicht ausgeschlossen. Zweck dieser Bestimmung ist es zu verhindern, dass der Staat von dem ihm zuzurechnenden Schaden durch die Unterhaltspflicht eines Dritten entlastet wird (Hornmann HSOG Rn. 9).

III. Leistungsverweigerungsrecht (Abs. 4)

11 Der Ausgleichsanspruch ist gegenüber anderweitigen (Ersatz-) Ansprüchen nicht subsidiär. Selbstverständlich ist jedoch – obwohl das HSOG keine ausdrückliche Regelung hierzu enthält (dagegen § 39 Abs. 2 lit. a NRWOBG, § 38 Abs. 2 lit. a BbgOBG) –, dass ein Geschädigter, der bereits von dritter Seite Ersatz erhalten hat, nicht zusätzlich die gefahrenabwehrrechtliche Entschädigung verlangen kann (DWVM Gefahrenabwehr 672; Götz/Geis PolR § 15 Rn. 9). Abs. 4 setzt zeitlich sogar eher an, nämlich bevor der Geschädigte von dritter Seite Ersatz erhalten hat: Wenn der geschädigten Person Ansprüche gegen Dritte zustehen, so ist, soweit diese nach Inhalt und Umfang dem Ausgleichsanspruch entsprechen, der Ausgleich nur gegen Abtretung dieser Ansprüche zu leisten. Der ausgleichspflichtigen Körperschaft wird also ein **Leistungsverweigerungsrecht** eingeräumt, das eine Doppelkompensation verhindern soll. § 64 Abs. 4 weist damit eine deutliche Parallele zu § 255 BGB auf, der mit derselben Zielsetzung ein Zurückbehaltungsrecht begründet.

12 Nach seinem **Inhalt** entspricht der **Anspruch gegen einen Dritten** nur dann dem Ausgleichsanspruch, wenn er auf Geld gerichtet ist und in dem Geschehen wurzelt, in dessen Zusammenhang auch die Gefahrenabwehrmaßnahme stattfand. Dies kann etwa der Fall sein, wenn der geschädigte Nichtstörer nur deshalb in Anspruch genommen worden ist, weil der Störer nicht anwesend war. Stehen hier dem Nichtstörer zivilrechtliche Schadensersatzansprüche gegen den Störer zu, kann die ausgleichspflichtige Körperschaft ihre Leistung bis zur Abtretung dieser Ansprüche verweigern. Unterhaltsansprüche gegen Dritte dienen dagegen nicht der Kompensation eines Schadens und entsprechen dem Inhalt des Ausgleichanspruchs nicht; zudem wird durch Abs. 3 S. 5 explizit angeordnet, dass sie den Ausgleichsanspruch nicht ausschließen.

13 Mit dem **Umfang** des **Anspruchs gegen den Dritten,** der zur Begründung eines Leistungsverweigerungsrechts dem Ausgleichsanspruch entsprechen muss, ist der durch die Regelungen des § 65 statuierte Umfang – namentlich die Höhe – des hier geregelten Anspruchs gemeint. Das Leistungsverweigerungsrecht kann auch nur hinsichtlich eines Teilbetrags bestehen („soweit"), nämlich dann, wenn die Forderung gegen den Dritten hinter dem gefahrenabwehrrechtlichen Anspruch zurückbleibt.

14 § 69 schreibt das Leistungsverweigerungsrecht aus Abs. 4 fort, jedenfalls dann, wenn Dritter ein nach § 6 oder § 7 Verantwortlicher ist. Wenn die ausgleichspflichtige Körperschaft dem Geschädigten gegenüber geleistet hat, ohne ihr Leistungsverweigerungsrecht geltend zu machen – weil der Verantwortliche bspw. zunächst unbekannt war –, hat sie nach § 69 einen entsprechenden Rückgriffsanspruch.

IV. Entschädigungshöhe (Abs. 5)

15 Gemäß Abs. 5 wirken sich bestimmte Faktoren anspruchsmindernd aus; die Vorschrift trifft also eine Regelung über die **Höhe der Entschädigungssumme.**

16 Abs. 5 S. 1 Hs. 1 enthält eine Art Generalklausel, nach der bei der Bemessung des Ausgleichs „alle Umstände" zu berücksichtigen sind, was auf eine **umfassende Interessenabwägung** hinausläuft (Hornmann HSOG Rn. 10). Exemplarisch („insbesondere") werden im Folgenden einige dieser Umstände aufgezählt. Abs. 5 S. 1 Hs. 2 nennt zunächst **Art und Vorhersehbarkeit des Schadens.** Von Einfluss ist namentlich auch, ob die geschädigte Person oder ihr Vermögen durch die Gefahrenabwehrmaßnahme geschützt worden ist. Der Geschädigte hat in dieser Situation zugleich Vorteile erlangt („**Schutz**"), die seinen Anspruch mindern.

17 Fraglich ist im Hinblick auf den zuletzt genannten Aspekt das **Verhältnis zu § 64 Abs. 2,** wonach der Ausgleichsanspruch ausgeschlossen ist, soweit die Maßnahme zum Schutz der

Person oder des Vermögens der geschädigten Person getroffen worden ist. Wenn man beiden Vorschriften eine identische Bedeutung beimessen wollte, würde die diesbezügliche Bestimmung in Abs. 5 S. 1 Hs. 2 leerlaufen, da ein Anspruch, der ausgeschlossen ist, nicht mehr gemindert werden kann. Genau gelesen, bietet der Wortlaut beider Bestimmungen allerdings durchaus Anhaltspunkte für einen abweichenden Sinn: Während § 64 Abs. 2 davon spricht, dass die Gefahrenabwehrmaßnahme „zum Schutz" getroffen worden ist, heißt es in Abs. 5 S. 1 Hs. 2, dass durch die Maßnahme das entsprechende Rechtsgut „geschützt worden ist". Dementsprechend kommt es bei § 64 Abs. 2 nicht darauf an, ob der Geschädigte tatsächlich einen Vorteil erlangt hat, sondern nur darauf, ob der Schutz des Betroffenen von der Behörde beabsichtigt war und in dessen Interesse lag. Abs. 5 S. 1 Hs. 2 verlangt dagegen einen tatsächlichen Schutzerfolg (Lisken/Denninger PolR-HdB/Buchberger/Rachor M Rn. 114 ff.; Ossenbühl/Cornils 525 f.; anders etwa FLS PolR Hessen Kap. M Rn. 32). Wenn die Polizei oder Gefahrenabwehrbehörde also handelt, ohne sich darüber im Klaren zu sein, dass der Einsatz (zugleich) dem Schutz einer Person dient, die bei dem Einsatz einen Schaden erleidet, ist der Entschädigungsanspruch zwar nicht ausgeschlossen, wohl aber nach Abs. 5 S. 1 Hs. 2 zu mindern. Ein eigenständiger Anwendungsbereich erwächst Abs. 5 S. 1 Hs. 2 ferner dadurch, dass der Anspruch nach § 64 Abs. 2 nur teilweise ausgeschlossen sein kann („soweit"); hinsichtlich des nicht ausgeschlossenen Teils ist dann bei Eintritt eines Schutzerfolgs eine Herabsetzung der Entschädigungssumme möglich. Stürmt bspw. die Polizei eine Wohnung, um eine Geisel aus der Hand von Entführern zu befreien und erleidet die Geisel hierbei wegen Unverhältnismäßigkeit der Mittel schwerwiegende Gesundheitsschäden, tritt kein Haftungsausschluss ein, da die Polizei mangels eines „insoweit" bestehenden Nutzens keine Maßnahme zum Schutz des Geschädigten trifft. Gleichwohl ist hier Raum für die Anwendung des Abs. 5 S. 1 Hs. 2 (Lisken/Denninger PolR-HdB/Buchberger/Rachor M Rn. 114).

Hintergrund der Anspruchsminderung für den Fall, dass die Maßnahme dem Schutz eigener Rechtsgüter dient, ist der Rechtsgedanke der **Vorteilsausgleichung** nach dem Vorbild des zivilrechtlichen Schadensersatzanspruchs (zum Grundsatz der Vorteilsausgleichung im Zivilrecht, vgl. Grüneberg/Grüneberg BGB Vor § 249 Rn. 67 ff.): Wo das Schadensereignis dem Geschädigten zugleich einen Vorteil gebracht hat, muss er sich diesen anrechnen lassen. Eine Herabsetzung des gefahrenabwehrrechtlichen Entschädigungsanspruchs im Wege der Vorteilsausgleichung ist angesichts des nicht abschließenden Charakters der in Abs. 5 ausdrücklich erwähnten Konstellationen aber auch in anderen Fällen denkbar, bspw. wenn der Geschädigte durch das Schadensereignis Aufwendungen erspart hat. 18

Abs. 5 S. 3 erklärt **§ 254 BGB** für entsprechend anwendbar, führt also den Gedanken des **Mitverschuldens** in die Bemessung des Ausgleichsanspruchs ein. Mitverschulden iSd § 254 BGB wird nicht als rechtswidrige und vorwerfbare Handlung einer gegenüber einem Dritten oder der Allgemeinheit bestehenden Pflicht verstanden, sondern meint den vorwerfbaren Verstoß gegen das eigene Interesse. Der Geschädigte, der die Sorgfalt außer Acht lässt, die nach Lage des Falls erforderlich erscheint, um sich selbst vor Schaden zu bewahren, muss demnach eine Kürzung seines Anspruchs hinnehmen, die sogar bis zu einem völligen Verlust gehen kann (BGHZ 45, 290 (294 ff.); Lisken/Denninger PolR-HdB/Buchberger/Rachor M Rn. 109). Abs. 5 S. 2 konkretisiert diesen Gedanken, indem die Verpflichtung zum Ausgleich sowie der Umfang des Ausgleichs davon abhängig gemacht werden, ob Umstände, die die geschädigte Person zu vertreten hat, auf die Entstehung oder Ausweitung des Schadens eingewirkt haben; als Beispiel („insbesondere") wird hier die Feststellung genannt, inwieweit der Schaden vorwiegend von der geschädigten Person oder durch die Gefahrenabwehr- oder die Polizeibehörde verursacht worden ist. Damit wird im Ergebnis die Möglichkeit für eine umfassende Abwägungsentscheidung eröffnet, für die die zu § 254 BGB entwickelten Grundsätze entsprechend gelten. 19

Häufig wird der **Grad des Mitverschuldens** von der Art der Gefahrenverursachung abhängen: Ein Störer wird regelmäßig eher die Verminderung seines Anspruchs hinzunehmen haben als ein Nichtstörer oder ein Unbeteiligter. Zwingend ist diese Konsequenz aber nicht. Als Gegenbeispiel wird etwa der sich leichtfertig in Gefahr begebende Unbeteiligte genannt, dem ein größeres Mitverschulden anzulasten ist als dem lediglich leicht fahrlässig handelnden Anscheinsstörer (Lisken/Denninger PolR-HdB/Buchberger/Rachor M Rn. 109). Im Rahmen des Mitverschuldens spielt auch die Überlegung eine Rolle, ob es 20 dem Geschädigten nicht möglich (und zumutbar) war, eine rechtswidrige Maßnahme durch Einlegung von Rechtsbehelfen abzuwehren. Hierin kommt auch der für den Amtshaftungsanspruch ausdrücklich in § 839 Abs. 3 BGB normierte **Vorrang des Primärrechtsschutzes** zum Ausdruck (Hornmann HSOG Rn. 11; Ossenbühl/Cornils 526).

§ 66 Ansprüche mittelbar Geschädigter

(1) [1]Im Falle der Tötung sind die Kosten der Bestattung derjenigen Person auszugleichen, der die Verpflichtung obliegt, diese Kosten zu tragen. [2]Bei der Bemessung des Ausgleichs ist § 65 Abs. 5 entsprechend anzuwenden.

(2) [1]Stand die getötete Person zur Zeit der Verletzung zu einer dritten Person in einem Verhältnis, aufgrund dessen sie dieser gegenüber kraft Gesetzes unterhaltspflichtig war oder unterhaltspflichtig werden konnte, und ist der dritten Person infolge der Tötung das Recht auf Unterhalt entzogen, so kann die dritte Person insoweit einen angemessenen Ausgleich verlangen, als die getötete Person während der mutmaßlichen Dauer ihres Lebens zur Gewährung des Unterhalts verpflichtet gewesen wäre. [2]§ 65 Abs. 3 Satz 3 bis 5 und Abs. 5 ist entsprechend anzuwenden. [3]Der Ausgleich kann auch dann verlangt werden, wenn die dritte Person zur Zeit der Verletzung gezeugt, aber noch nicht geboren war.

Überblick

§ 66 erweitert für den Fall der Tötung den Kreis der nach § 64 Anspruchsberechtigten. Dritte können Bestattungskosten (→ Rn. 3) und Unterhaltskosten (→ Rn. 4) geltend machen.

A. Allgemeine Charakterisierung und rechtlicher Rahmen

1 § 66 (entsprechend Art. 87 Abs. 3 BayPAG, § 82 NPOG) regelt eine Ausnahme von dem Grundsatz, dass nur der in eigenen Rechtsgütern Verletzte einen Ausgleichsanspruch hat. Die Norm setzt das Vorliegen eines anspruchsbegründenden Tatbestands iSd § 64 voraus, dh namentlich auch, dass die Schädigung unmittelbare Folge der gefahrenabwehrrechtlich relevanten Handlung sein muss (→ § 64 Rn. 23, → § 64 Rn. 31). Die Besonderheit besteht hier darin, dass die Schädigung in der **Tötung** einer Person liegt; der eigentlich Anspruchsberechtigte also nicht mehr als Anspruchsteller in Betracht kommt. Für diesen Fall räumt § 66 anderen Personen als dem Getöteten eine **originäre Anspruchsberechtigung** ein.

B. Einzelerläuterungen

2 § 66 ist nahezu wortgleich **§ 844 BGB** nachgebildet worden; wegen der Einzelheiten ist daher auf die Kommentierungen zu dieser Vorschrift zu verweisen (vgl. Grüneberg/Sprau BGB § 844 Rn. 1 ff.).

I. Ausgleich der Bestattungskosten (Abs. 1)

3 Gemäß Abs. 1 kann die Person, die verpflichtet ist, die **Bestattungskosten** zu tragen, diese von der ausgleichspflichtigen Körperschaft ersetzt verlangen. Es kommt hierbei nicht darauf an, ob diese Verpflichtung aus gesetzlichen Vorschriften folgt (zB § 1968 BGB) oder vertraglich begründet worden ist (Grüneberg/Sprau BGB § 844 Rn. 4). Bestattungskosten sind nur die Kosten, die in unmittelbarem Zusammenhang mit dem Bestattungsvorgang selbst stehen (zB Sarg, Trauerfeier, Grabstätte), nicht aber Folgekosten wie die Grabpflege (Hornmann HSOG Rn. 2). Eine Einschränkung des Anspruchs ist nach Maßgabe des § 65 Abs. 5 möglich, auf den Abs. 1 S. 2 verweist.

II. Unterhaltsansprüche (Abs. 2)

4 Hinterbliebene der getöteten Person, die unterhaltsberechtigt sind – was sich aus den allgemein im Zivilrecht geltenden Regelungen ergibt –, können gem. Abs. 2 S. 1 einen

angemessenen Ausgleich für die nicht mehr realisierbaren **Unterhaltsleistungen** verlangen. Entsprechendes gilt gem. Abs. 2 S. 3 für den im Zeitpunkt der Tötung gezeugten, aber nicht geborenen Menschen (§ 1923 Abs. 2 BGB), den sog. **nasciturus.** Da die Anspruchsberechtigung der hinterbliebenen Person nicht weiter gehen soll als die der getöteten Person zu ihren Lebzeiten, werden § 65 Abs. 3 S. 3–5 und Abs. 5 für entsprechend anwendbar erklärt (Abs. 2 S. 2).

§ 67 Verjährung des Ausgleichsanspruchs

[1]Der Anspruch auf den Ausgleich verjährt in drei Jahren. [2]§ 199 des Bürgerlichen Gesetzbuchs gilt entsprechend.

Überblick

Auszug aus der VVHSOG (gem. Erlass des Hessischen Ministeriums des Innern und für Sport v. 29.11.2022 (StAnz. 50/2022, 1384) zum 1.1.2025 mangels eines erneuten Verlängerungserlasses ersatzlos außer Kraft getreten):

Zu § 67

67. Verjährung des Ausgleichsanspruchs

Auf die Vorschriften des BGB über die Hemmung, Ablaufhemmung und den Neubeginn der Verjährung (§§ 203 ff. BGB) wird hingewiesen.

§ 67 regelt die Einzelheiten der Verjährung der aus §§ 64 ff. resultierenden Ausgleichsansprüche.

A. Allgemeine Charakterisierung und rechtlicher Rahmen

Die in § 67 (entsprechend § 83 NPOG, § 41 NRWOBG) geregelte Verjährung stellt ein **Leistungsverweigerungsrecht** gegenüber den Ausgleichsansprüchen iSd §§ 64 ff. dar. Die Vorschrift ist 2004 an das seit dem SchRModG (**Schuldrechtsmodernisierungsgesetz** v. 26.11.2001, BGBl. I 3138) geltende zivilrechtliche Verjährungsrecht angepasst worden (Achtes Gesetz zur Änderung des Hessischen Gesetzes über die öffentliche Sicherheit und Ordnung v. 15.12.2004, HessGVBl. 444). Die enge Anlehnung der Norm an das Zivilrecht unterstreicht die Nähe des gefahrenabwehrrechtlichen Ausgleichsanspruchs zu Schadensersatzansprüchen. 1

B. Einzelerläuterungen

I. Verjährungsfrist (S. 1)

Die **regelmäßige Verjährungsfrist** für die Ausgleichsansprüche gem. §§ 64 ff. beträgt drei Jahre (S. 1; zur Länge dieser Frist unter verfassungsrechtlichen Aspekten, vgl. BGHZ 45, 58 (73 f.); 72, 273 (276 f.)). Die Frist entspricht somit der in § 195 BGB normierten regelmäßigen Verjährungsfrist. Durch die ergänzende Verwaltungsvorschrift wird klargestellt, dass die Vorschriften des BGB über die Hemmung, Ablaufhemmung und den Neubeginn der Verjährung (§§ 203 ff. BGB) wegen der vergleichbaren Interessenlage anwendbar sind (Hornmann HSOG Rn. 3; RSPHFMW HSOG/HundeVO § 67). 2

II. Verjährungsbeginn, Verjährungshöchstfristen (S. 2)

Für den **Verjährungsbeginn** verweist § 67 auf § 199 BGB. Danach beginnt die dreijährige Verjährungsfrist grundsätzlich mit dem Schluss des Jahres, in dem der Anspruch entstanden ist und der Gläubiger von den den Anspruch begründenden Umständen und der Person des Schuldners Kenntnis erlangt oder ohne grobe Fahrlässigkeit hätte Kenntnis erlangen müssen (§ 199 Abs. 1 BGB). Gläubiger des Anspruchs aus §§ 64 ff. ist die geschädigte oder die nach § 66 anspruchsberechtigte Person. Schuldner ist die nach § 68 ausgleichspflichtige Körperschaft (so Hornmann HSOG Rn. 4). 3

4 **Ohne Rücksicht auf die Entstehung des Schadens und die Kenntnis oder fahrlässige Unkenntnis** des Schuldners verjährt der Ausgleichsanspruch dreißig bzw. zehn Jahre nach der Begehung der Handlung, der Pflichtverletzung oder dem sonstigen, den Schaden auslösenden Ereignis (§ 199 Abs. 2–3a BGB). Für die Einzelheiten sind die Kommentierungen zu § 199 BGB heranzuziehen. **§ 199 Abs. 4 BGB,** wonach für andere Ansprüche als Schadensersatzansprüche eine zehnjährige Verjährungshöchstfrist gilt, ergibt im Zusammenhang mit S. 2 dagegen keinen Sinn, da nur Schadensersatzansprüche die erforderliche strukturelle Gleichheit mit den gefahrenabwehrrechtlichen Ausgleichsansprüchen aufweisen (Hornmann HSOG Rn. 6). Die Regelung des **§ 199 Abs. 5 BGB,** durch die das Unterlassen in die gesetzliche Systematik eingepasst wird, ist dagegen auch iRd § 67 grundsätzlich anwendbar, spielt hier aber – wegen der die Praxis der Gefahrenabwehr regelmäßig dominierenden Fälle aktiven Tuns – eine geringe Rolle.

§ 68 Ausgleichspflicht, Erstattungsansprüche

(1) Ausgleichspflichtig ist die Körperschaft, in deren Dienst die Bedienstete oder der Bedienstete steht, die oder der die Maßnahme getroffen hat (Anstellungskörperschaft).

(2) Hat die Bedienstete oder der Bedienstete für die Behörde einer anderen Körperschaft gehandelt, so ist die andere Körperschaft ausgleichspflichtig.

(3) Ist in den Fällen des Abs. 2 ein Ausgleich nur wegen der Art und Weise der Durchführung der Maßnahme zu gewähren, so kann die ausgleichspflichtige Körperschaft von der Anstellungskörperschaft Erstattung ihrer Aufwendungen verlangen, es sei denn, dass sie selbst die Verantwortung für die Art und Weise der Durchführung trägt.

Überblick

§ 68 bestimmt, wer Schuldner der Ausgleichsansprüche aus §§ 64 ff. ist, enthält also eine Regelung der Passivlegitimation. Die Vorschrift ist so aufgebaut, dass Abs. 1 die grundsätzliche Bestimmung der Passivlegitimation trifft (→ Rn. 2). Abs. 2 regelt die Ausnahme zu diesem Grundsatz (→ Rn. 3); Abs. 3 sieht für diesen Ausnahmefall einen internen Erstattungsanspruch vor (→ Rn. 5).

A. Allgemeine Charakterisierung und rechtlicher Rahmen

1 § 68 (entsprechend § 56 BWPolG, Art. 87 Abs. 6, 88 BayPAG, § 84 NPOG, § 42 Abs. 1 NRWOBG) trifft eine differenzierte Regelung der **Passivlegitimation,** die im Bereich der Amtshaftung fehlt und die dort nach wie vor umstritten ist (Ossenbühl/Cornils 112 ff.). Insoweit kann die gefahrenabwehrrechtliche Lösung durchaus als **Modell für Amtshaftungsansprüche** gelten. Mit der Regelung der Passivlegitimation ist gleichzeitig vorgegeben, wer im Fall der gerichtlichen Geltendmachung eines Anspruchs der richtige **Klagegegner** (§ 78 VwGO) ist.

B. Einzelerläuterungen

I. Grundsätzliche Regelung der Passivlegitimation (Abs. 1)

2 Ausgleichspflichtig ist nach Abs. 1 die **Anstellungskörperschaft,** also die Körperschaft, in deren Dienst die Person steht, die die ausgleichsrelevante Maßnahme getroffen hat (Abs. 1). Auf den dienst- bzw. arbeitsrechtlichen Status des Bediensteten kommt es dabei nicht an. Die Vorschrift gilt gleichermaßen für Beamte, Angestellte und Arbeiter (Hornmann HSOG Rn. 2). Anstellungskörperschaft der Landespolizeibeamten ist das Land Hessen (§§ 1, 107 ff. HBG; FLS PolR Hessen Kap. M Rn. 34). Dass das Gesetz hinsichtlich der Gefahrenabwehrbehörden zwischen den (allgemeinen) Verwaltungsbehörden und den Ordnungsbehörden unterscheidet (§ 1 Abs. 1 S. 1, §§ 82 ff., 85 ff.) und die von diesen Behörden zu erfüllenden

Aufgaben in verschiedene kommunalrechtliche Aufgabenkategorien fallen, wirkt sich auf die Feststellung der Anstellungskörperschaft nicht aus. Sofern **Bedienstete der allgemeinen Verwaltungsbehörden** handeln – also kommunalrechtlich eine Aufgabe zur Erfüllung nach Weisung wahrgenommen wird (§ 82 Abs. 1 S. 1 iVm § 4 Abs. 1 HGO bzw. § 4 Abs. 1 HKO) –, ist die kommunale Gebietskörperschaft (Gemeinde, Landkreis) Anstellungskörperschaft iSd Abs. 1. Das Gleiche gilt aber auch, wenn der Bürgermeister (Oberbürgermeister) bzw. Landrat als **Ordnungsbehörde** tätig wird und damit eine Auftragsangelegenheit erfüllt (§ 85 Abs. 1 S. 2 iVm § 4 Abs. 2 HGO bzw. § 4 Abs. 2 HKO). Im Gegensatz zur früheren kommunalrechtlichen Rechtslage handelt es sich bei Auftragsangelegenheiten nämlich nicht mehr um eine Organleihe des Landes, sondern die Bürgermeister (Oberbürgermeister) und Landräte werden als Behörden der kommunalen Gebietskörperschaften tätig (RRSSBERS HGO § 4 Anm. 3.3).

II. Ausnahmen bei der Bestimmung der Passivlegitimation (Abs. 2)

Von dem Prinzip, dass die Anstellungskörperschaft ausgleichspflichtig ist, wird durch Abs. 2 abgewichen. Danach ist in dem Fall, dass der Bedienstete für eine andere Körperschaft gehandelt hat, diese andere Körperschaft ausgleichspflichtig. Es kommt somit hier nicht auf das formal zu bestimmende Kriterium der Anstellung an, sondern in welcher **Funktion der Bedienstete** gehandelt hat. Die Körperschaft, die die Vorteile der Personalressourcen einer anderen Körperschaft nutzt, soll also auch die eventuellen Nachteile einer finanziellen Einstandspflicht zu tragen haben. 3

Nach hessischem Recht erfolgt das in Abs. 2 vorausgesetzte Handeln für eine andere Körperschaft im Fall der **Amtshilfe** (§§ 4 ff. HVwVfG), der **Vollzugshilfe** (§ 44), des **Selbsteintrittsrechts** der allgemeinen Ordnungsbehörden (§ 88 Abs. 2), der Amtshandlungen der Polizei anderer Länder und des Bundes (§ 102) sowie bei Amtshandlungen der hessischen Polizei außerhalb des Landes Hessen (§ 103; Hornmann HSOG Rn. 3; FLS PolR Hessen Kap. M Rn. 35 f.). 4

Obwohl auch im Rahmen des **Amtshaftungsanspruchs** (§ 839 BGB iVm Art. 34 GG) Ausnahmen von dem dort ebenfalls zugrunde gelegten Prinzip der Haftung der Anstellungskörperschaft anerkannt sind, hat das OLG Frankfurt a. M. für den Fall einer **Amtspflichtverletzung durch Polizeibeamte in Wahrnehmung länderübergreifender Zuständigkeiten** die Anstellungskörperschaft als passivlegitimiert angesehen (OLG Frankfurt a. M. NVwZ-RR 1995, 553). Zur Begründung wurde darauf verwiesen, dass eine derartige Ausnahme für den Amtshaftungsanspruch bislang nicht ausdrücklich durch die Rechtsprechung des BGH formuliert worden sei, die insofern anerkannten Fallkonstellationen aber als abschließend gewertet werden müssten. In der Konsequenz dieser Ansicht liegt es, dass der Geschädigte für den Fall, dass „fremde" Polizeibeamte im Land Hessen tätig werden, seinen gefahrenabwehrrechtlichen Aufopferungsanspruch gegen das Land Hessen (§ 68 Abs. 2 iVm § 102), den Amtshaftungsanspruch aber gegen die Anstellungskörperschaft geltend machen muss. Diese Spaltung der Passivlegitimation eng zusammenhängender Ansprüche ist nicht im Sinne eines transparenten effektiven Rechtsschutzes und durch die nicht enumerativ zu verstehende Rechtsprechung des BGH auch nicht geboten (Lisken/Denninger PolR-HdB/Buchberger/Rachor M Rn. 124). 4.1

III. Erstattungsansprüche (Abs. 3)

Abs. 3 begründet zugunsten der nach Abs. 2 im Außenverhältnis ausgleichspflichtigen Körperschaft einen **Erstattungsanspruch gegen die Anstellungskörperschaft,** wenn ein Ausgleich nur wegen der Art und Weise der Durchführung der Maßnahme zu gewähren ist. Damit sind die Fälle gemeint, in denen die Maßnahme an sich gerechtfertigt ist, einzelne Vollzugsmaßnahmen (etwa wegen Verstoßes gegen den Grundsatz der Verhältnismäßigkeit) jedoch als rechtswidrig zu qualifizieren sind. Dies gilt allerdings nicht, wenn die gegenüber dem Geschädigten ausgleichspflichtige Körperschaft selbst die Verantwortung für die Art und Weise der Durchführung trägt, also bspw. ausdrücklich Weisungen für die Anwendung eines Zwangsmittels erteilt hat. 5

§ 69 Rückgriff gegen Verantwortliche

(1) Die nach § 68 ausgleichspflichtige Körperschaft kann von den nach den §§ 6 oder 7 Verantwortlichen Ersatz ihrer Aufwendungen verlangen, wenn sie aufgrund des § 64 Abs. 1 Satz 1 oder Abs. 3 einen Ausgleich gewährt hat.

(2) Sind mehrere Personen nebeneinander verantwortlich, so haften sie gesamtschuldnerisch.

Überblick

§ 69 begründet zugunsten des im Außenverhältnis einstandspflichtigen Staates einen Regressanspruch (→ Rn. 2) gegenüber – gesamtschuldnerisch haftenden (→ Rn. 6) – Verantwortlichen.

A. Allgemeine Charakterisierung und rechtlicher Rahmen

1 Die Inanspruchnahme des Nichtstörers (§ 9) findet ihre Rechtfertigung darin, dass Maßnahmen gegen den Störer nicht (rechtzeitig) möglich oder nicht erfolgversprechend sind. Dies ändert aber nichts daran, dass eigentlich der Störer verantwortlich ist; da die gefährliche Situation vorbei ist, kann sich diese Verantwortung nur noch darin ausdrücken, dass der Störer endgültig die finanziellen Folgen zu tragen hat. Zwar soll der Geschädigte mit der öffentlichen Hand im Außenverhältnis zunächst einen solventen Schuldner erhalten. Diese kann jedoch den Verantwortlichen nach § 69 (entsprechend § 57 BWPolG, Art. 89 BayPAG, § 85 NPOG, § 42 Abs. 2 NRWOBG) in Regress nehmen. Eine vergleichbare Interessenlage kann auch bei einem Anspruch aus § 64 Abs. 3 bestehen: Der freiwillige Polizeihelfer kann Ausgleich vom Staat verlangen; es erscheint jedoch nur gerecht, dass – soweit vorhanden – letztlich der für die Situation Verantwortliche die finanziellen Nachteile trägt. Dementsprechend begründet § 69 für die Fälle der Einstandspflicht des Staates aus § 64 Abs. 1 S. 1 und § 64 Abs. 3 einen **Rückgriffsanspruch.** Folgerichtig besteht dieser Anspruch aber nicht im Fall des § 64 Abs. 1 S. 2: Hier haftet der Staat für das durch ihn verursachte Unrecht; die unterschiedlichen dogmatischen Hintergründe der Ausgleichsansprüche spiegeln sich also in der (Nicht-) Anwendbarkeit des § 69 wider.

B. Einzelerläuterungen

I. Der Rückgriffsanspruch (Abs. 1)

2 **Anspruchsberechtigt** ist nach § 69 die Körperschaft (§ 68), die aufgrund des § 64 Abs. 1 S. 1 oder aufgrund des § 64 Abs. 3 einen Ausgleich gewährt hat. Inzident ist demnach zunächst zu prüfen, ob die Voraussetzungen eines der beiden in Bezug genommenen Ansprüche vorliegen. Zudem muss die ausgleichspflichtige Körperschaft den Ausgleich bereits erbracht haben („gewährt hat"), also gleichsam in **Vorleistung** getreten sein (Hornmann HSOG Rn. 1). **Anspruchsgegner** ist der nach §§ 6 oder 7 Verantwortliche; auch die Voraussetzungen der Verantwortlichkeit sind also inzident zu prüfen.

3 **Rechtsfolge** ist, dass die ausgleichspflichtige Körperschaft Ersatz ihrer **Aufwendungen** verlangen kann. Der Begriff der „Aufwendungen" ist hier nicht im streng rechtlichen Sinne zu verstehen. Von Aufwendungen im Rechtssinn spricht man eigentlich nur bei der freiwilligen Aufopferung von Vermögenswerten im Interesse eines Anderen (Grüneberg/Grüneberg BGB § 256 Rn. 1). Von einer „freiwilligen" Leistung an den Geschädigten kann in den vorliegenden Fällen aber nicht die Rede sein. Vielmehr ist die ausgleichspflichtige Körperschaft nach § 64 Abs. 1 S. 1, Abs. 3 zum Ausgleich verpflichtet.

4 Die Geltendmachung des Rückgriffsanspruchs steht dabei im **Ermessen** der ausgleichspflichtigen Körperschaft („kann"; Hornmann HSOG Rn. 1). Das Ermessen bezieht sich sowohl auf das „Ob" der Geltendmachung des Anspruchs als auch auf dessen Höhe.

5 Für die konkrete **Geltendmachung** der zu erstattenden Leistung bleibt nur die Handlungsform eines Verwaltungsakts (Leistungsbescheid), gegen den Widerspruch und Anfechtungsklage statthaft sind (Hornmann HSOG Rn. 5). Allerdings wäre es wünschenswert, dass

der Landesgesetzgeber die Verwaltungsaktsbefugnis explizit regeln würde, wie es andere Länder angesichts der hierum geführten Kontroverse (Ipsen AllgVerwR Rn. 623 f. mwN) bereits getan haben.

II. Gesamtschuldnerische Haftung mehrerer Verantwortlicher (Abs. 2)

Abs. 2 bestimmt, dass mehrere Verantwortliche als Gesamtschuldner haften. Für die Einzelheiten der Ausgestaltung des Rechtsverhältnisses gelten also die **§§ 421 ff. BGB** (Hornmann HSOG Rn. 4). Das **Ermessen** erstreckt sich auch auf die Inanspruchnahme der Gesamtschuldner, sodass hier differenzierte Kostenverteilungsmodelle möglich sind. 6

§ 70 Rechtsweg

Für Ansprüche auf Schadensausgleich ist der ordentliche Rechtsweg, für die Ansprüche auf Erstattung und Ersatz von Aufwendungen nach § 68 Abs. 3 oder § 69 der Verwaltungsrechtsweg gegeben.

Überblick

§ 70 regelt den Rechtsweg für die durch §§ 64 ff. begründeten Ansprüche.

A. Allgemeine Charakterisierung und rechtlicher Rahmen

Die Rechtswegzuweisungen des § 70 (entsprechend § 58 BWPolG, Art. 90 BayPAG, § 86 NPOG, § 43 NRWOBG) stehen zu den Generalklauseln der § 40 VwGO und § 13 GVG im Verhältnis der Spezialität. 1

B. Einzelerläuterungen

I. Rechtsweg für Ausgleichsansprüche (Hs. 1)

Für Streitigkeiten über Ansprüche auf **Schadensausgleich** sind gem. Hs. 1 die **ordentlichen Gerichte** zuständig. Ansprüche auf Schadensausgleich sind die in § 64 geregelten Ansprüche. 2

Mit Hs. 1 macht der Landesgesetzgeber von der ihm durch § 40 Abs. 1 S. 2 VwGO eingeräumten Ermächtigung Gebrauch, durch Landesrecht eine sog. **„abdrängende Sonderzuweisung“** (HK-VerwR/Unruh VwGO § 40 Rn. 185 ff.; Wysk VwGO § 40 Rn. 56 f.) vorzusehen. Für die Ansprüche aus § 64 Abs. 1 würde sich die Zuständigkeit der ordentlichen Gerichte allerdings auch ohne die Regelung des § 70 Hs. 1 – und zwar aus § 40 Abs. 2 S. 1 VwGO – ergeben, da es sich hierbei um einen vermögensrechtlichen Anspruch aus Aufopferung für das gemeine Wohl (§ 64 Abs. 1 S. 1) bzw. eine Art Schadensersatzanspruch wegen der Verletzung öffentlich-rechtlicher Pflichten (§ 64 Abs. 1 S. 2) handelt. Lediglich für den Anspruch des Polizeihelfers, der eine andere dogmatische Wurzel hat (→ § 64 Rn. 33), ergibt sich somit eine eigenständige Bedeutung der gefahrenabwehrrechtlichen Rechtswegzuweisung. 3

Die **erstinstanzliche Zuständigkeit** liegt bei den Landgerichten (§ 71 Abs. 1, Abs. 3 GVG iVm Art. 20 HessGVGAG; Hornmann HSOG Rn. 3). 4

II. Erstattungs- und Rückgriffsansprüche (Hs. 2)

Hs. 2 weist die **Erstattungsansprüche** der ausgleichspflichtigen Körperschaft (§ 68 Abs. 3) und die **Rückgriffsansprüche** gegenüber dem Störer (§ 69) den Verwaltungsgerichten zu. Diese Bestimmung hat lediglich deklaratorische Bedeutung, da § 40 Abs. 1 S. 2 VwGO die Landesgesetzgeber nur zu einer „abdrängenden“, nicht aber zu einer „aufdrängenden“ Sonderzuweisung ermächtigt (Ipsen AllgVerwR Rn. 1021; zum Teil werden derartige Regelungen wegen Verstoßes gegen die Kompetenzordnung sogar für ungültig gehalten – so etwa Wysk VwGO § 40 Rn. 58; sofern man sie allerdings lediglich in einem 5 deklaratorischen Sinne versteht, beeinträchtigen sie die Kompetenzordnung nicht und sind daher unbedenklich).

Sechster Abschnitt. Gefahrenabwehrverordnungen

§ 71 Allgemeines

Gefahrenabwehrverordnungen enthalten Gebote oder Verbote, die für eine unbestimmte Anzahl von Fällen an eine unbestimmte Anzahl von Personen gerichtet und die zur Gefahrenabwehr erforderlich sind.

Überblick

Auszug aus der VVHSOG (nicht an die aktuelle Gesetzeslage angepasst und gem. Erlass des Hessischen Ministeriums des Innern und für Sport v. 29.11.2022 (StAnz. 50/2022, 1384) zum 1.1.2025 mangels eines erneuten Verlängerungserlasses ersatzlos außer Kraft getreten):

Zu § 71 und § 71a

71. Gefahrenabwehrverordnungen – Allgemeines, Gefahrenabwehrverordnung Hunde

71.1

Gefahrenabwehrverordnungen sind allgemein verbindliche Anordnungen, durch die Rechte und Pflichten begründet, geändert oder aufgehoben werden. Sie dürfen deshalb nicht erlassen werden, wenn die Gefahr auch durch Maßnahmen gegenüber bestimmten Personen oder einem bestimmten Personenkreis abgewehrt werden kann.

71.2

Als Voraussetzung für den Erlass einer Gefahrenabwehrverordnung genügt grundsätzlich eine abstrakte Gefahr. Eine Gefahrenabwehrverordnung kann aber auch der Vorsorge gegen die von Hunden ausgehenden Gefahren für Menschen und Tiere dienen (siehe hierzu die HundeVO vom 22. Januar 2003 - GVBl. I S. 54, geändert durch Verordnung vom 16. Dezember 2008 - GVBl. I S. 1028, sowie die dazu ergangenen Durchführungshinweise vom 16. März 2009 - StAnz S. 824).

§ 71 legt den möglichen Inhalt von Gefahrenabwehrverordnungen fest. Gleichzeitig stellt die Norm die nach dem rechtsstaatlichen Grundsatz vom Vorbehalt des Gesetzes erforderliche Ermächtigungsgrundlage für den Erlass entsprechender Verordnungen dar und sieht damit auch Rechtmäßigkeitsanforderungen vor. Die Ermächtigungsgrundlage ist allerdings in dem Sinne „unvollkommen", dass ihre Anforderungen durch die folgenden Vorschriften ergänzt werden. So regeln die §§ 72–74 die sachlichen Zuständigkeiten für den Verordnungserlass; § 78 legt fest, welche weiteren formellen Anforderungen dabei zu beachten sind. Demgegenüber regeln §§ 75 und 76 weitere Voraussetzungen der materiellen Rechtmäßigkeit. Flankiert werden die Vorschriften zum Verordnungserlass durch eine Regelung zu Ordnungswidrigkeiten (§ 77) und Vorschriften zu zeitlichen (§ 79) und räumlichen (§ 80) Geltungsbedingungen.

Übersicht

A. Allgemeine Charakterisierung und rechtlicher Rahmen

I. Tatsächliche Ausgangslage

1 Mit Gefahrenabwehrmaßnahmen reagieren die Behörden typischerweise auf eine konkrete Situation: Es wird gegen (eine) bestimmte Person(en) eingeschritten, um in einer Situation, die sich bereits bedrohlich zugespitzt hat, einen Schaden abzuwenden. Die Rechtsordnung sieht hierfür die **Handlungsformen** des Verwaltungsakts und des Realakts vor; den hierzu ermächtigenden Rechtsgrundlagen (§§ 11 ff., §§ 47 ff.) ist gemeinsam, dass sie eine konkrete bzw. entsprechende Gefahr voraussetzen. Damit wird allerdings zugleich ein Nachteil dieser Handlungsformen deutlich: Es muss immer erst ein **konkreter Einzelfall** abgewartet werden, auf den **re**agiert wird, dh der Staat kann nicht zu einem beliebigen Zeitpunkt selbst – gestaltend – in Aktion treten.

2 Demgegenüber kann durch **Rechtsetzung** bereits zu einem sehr frühen Zeitpunkt verhaltenssteuernd auf ein Geschehen eingewirkt werden; die Rechtsnorm schreibt unabhängig vom einzelnen Fall ein „Sollen" für eine unbestimmte Anzahl von Personen vor (Ipsen AllgVerwR Rn. 87). **Rechtsnormative Handlungsmöglichkeiten** der Verwaltung im Außenverhältnis sind dabei die **Rechtsverordnung** und – im Selbstverwaltungsbereich – die **Satzung** (zur Rechtsverordnung im Allgemeinen, vgl. Ipsen/Kaufhold/Wischmeyer, Staatsrecht I, 34. Aufl. 2022, Rn. 788 ff.; zur Satzung, vgl. Detterbeck AllgVerwR Rn. 94 ff.). Durch § 71 (entsprechend § 10 BWPolG, § 55 NPOG, § 25 NRWOBG; das bayerische Landesrecht kennt nur Spezialermächtigungen für den Erlass von Gefahrenabwehrverordnungen, vgl. Art. 16–41 BayLStVG) hat der Gesetzgeber die Ministerien, Regierungspräsidien und Kommunen zum Erlass von Rechtsverordnungen im Gefahrenabwehrbereich ermächtigt. Die Vorschrift geht zurück auf den nahezu wortgleichen § 24 PrPVG; die dort geregelten „Polizeiverordnungen" sind nach der Entpolizeilichung des Gefahrenabwehrrechts terminologisch zu „Gefahrenabwehrverordnungen" geworden (Götz/Geis PolR § 22 Rn. 1; Lisken/Denninger PolR-HdB/Graulich E Rn. 43).

II. Die Rechtsverordnung als verwaltungsrechtliche Handlungsform

1. Verfassungsrechtliche Ausgangslage

3 Eine **Rechtsverordnung** ist eine Rechtsnorm, die von Organen der Exekutive aufgrund einer gesetzlichen Ermächtigung erlassen wird (Ipsen/Kaufhold/Wischmeyer, Staatsrecht I, 34. Aufl. 2022, Rn. 788). Einerseits hat die Rechtsverordnung als Rechtsnorm definitionsgemäß grundsätzlich (anders nur die sog. „formellen Rechtsverordnungen", Detterbeck AllgVerwR Rn. 91) einen **abstrakt-generellen Regelungsinhalt** (Gesetz im „materiellen Sinne"), andererseits ist **Normgeber** die Exekutive, was sie von den formellen Gesetzen (Parlamentsgesetzen) unterscheidet (Detterbeck AllgVerwR Rn. 90). Im Gegensatz zu Verwaltungsvorschriften besitzt die Rechtsverordnung Außenwirkung (Kingreen/Poscher POR § 23 Rn. 1).

4 Da eine Rechtsetzungsbefugnis der Exekutive vor allem unter dem Aspekt des **Gewaltenteilungsgrundsatzes** verfassungsrechtlich nicht unproblematisch ist, gelten für Rechtsverordnungen besonders strenge rechtliche Anforderungen. Sie dürfen nur erlassen werden, wenn ein formelles Gesetz zu ihnen ermächtigt; für dieses formelle Gesetz formuliert **Art. 80 GG,** soweit es um bundesrechtliche Rechtsverordnungen geht, enge Voraussetzungen, namentlich muss das die Rechtsetzungsbefugnis übertragende Gesetz nach **Inhalt, Zweck und Ausmaß** der erteilten Ermächtigung bestimmt genug sein (Art. 80 Abs. 1 S. 2 GG). Die auf Landesrecht beruhenden Rechtsverordnungen sind zwar nicht unmittelbar am Maßstab des Art. 80 GG zu messen. Sofern die einschlägige Landesverfassung nicht ohnehin eine im Wortlaut mit Art. 80 Abs. 1 GG übereinstimmende Vorschrift enthält – was in Hessen nicht der Fall ist –, gelten aber die Anforderungen des Art. 80 Abs. 1 GG entsprechend (BVerfGE 55, 207 (226); 58, 257 (277); 73, 388 (400); zum hessischen Landesverfassungsrecht auch Hecker, Staats- und Verfassungsrecht, 2002, Rn. 384).

5 Folglich müssen die §§ 71 ff., die in Hessen die parlamentsgesetzliche Grundlage für Rechtsverordnungen im Bereich der Gefahrenabwehr darstellen, also vor allem den **speziellen Bestimmtheitsgrundsatz** wahren. Da die zentrale Ermächtigungsgrundlage des § 71

bereichsunspezifisch lediglich allgemein zu den „zur Gefahrenabwehr erforderlichen" Verordnungen ermächtigt, könnte man an der erforderlichen Bestimmtheit zweifeln. Das BVerfG hat allerdings die Verfassungsmäßigkeit derartiger Generalklauseln wegen der jahrzehntelangen Präzisierung, die Inhalt, Zweck und Ausmaß ihres Anwendungsbereichs durch Rechtsprechung und Lehre erfahren haben, ausdrücklich bestätigt (BVerfGE 54, 143 (144)). Auch der Hessische Staatsgerichtshof hält die §§ 71 ff. für verfassungsrechtlich unbedenklich; insbesondere soll durch Art. 118 HessVerf, der die Landesregierung zum Erlass von Rechtsverordnungen ermächtigt, nicht ausgeschlossen sein, dass der Landesgesetzgeber auch anderen Exekutivorganen die Befugnis zum Erlass von Rechtsverordnungen überträgt (StGH Hessen DÖV 1960, 341; 1969, 634).

2. Abgrenzung zu anderen verwaltungsrechtlichen Handlungsformen

6 Die **verwaltungsrechtlichen Handlungsformen** müssen präzise voneinander **abgegrenzt** werden, da für sie unterschiedliche Voraussetzungen, Rechtswidrigkeitsfolgen sowie Rechtsschutzformen gelten. Abgrenzungsfragen können die gefahrenabwehrrechtlichen Verordnungen in ihrem Verhältnis zur Satzung, vor allem aber zum Verwaltungsakt in Form der Allgemeinverfügung aufwerfen.

7 **Satzungen** und **Rechtsverordnungen** haben den **Rechtsnormcharakter** gemeinsam, beide Handlungsformen enthalten abstrakt-generelle Regelungen. **Satzungsgeber** sind juristische Personen des öffentlichen Rechts, die zwar in den Staat eingegliedert sind, gleichwohl aber eine gewisse Eigenständigkeit besitzen (Detterbeck AllgVerwR Rn. 95, 97; Ipsen AllgVerwR Rn. 117); **Verordnungsgeber** sind demgegenüber in die staatliche Hierarchie eingegliederte Exekutivorgane (Detterbeck AllgVerwR Rn. 90). Zu Überschneidungen hinsichtlich des Normgebers kommt es vor allem bei den **kommunalen Satzungen:** Den Kommunen wird als Teil der verfassungsrechtlich verankerten Selbstverwaltungsgarantie das Recht zum Satzungserlass eingeräumt (Art. 28 Abs. 2 GG, Art. 137 HessVerf, §§ 5, 19 Abs. 2 HGO, § 5 HKO); gleichzeitig sind sie nach §§ 73, 74 für den Erlass von Gefahrenabwehrverordnungen zuständig. Zumindest im Bereich der kommunalen Rechtsetzung ist der Normgeber als alleiniges Abgrenzungskriterium demnach ungeeignet. Vielmehr lässt sich die Abgrenzung hier nur nach dem Inhalt der geregelten Angelegenheit vornehmen. Satzungen regeln danach Angelegenheiten, um derentwillen der Selbstverwaltungskörperschaft ihre Satzungsautonomie verliehen worden ist (Detterbeck AllgVerwR Rn. 98). Im Bereich der kommunalen Satzungen verläuft die Trennlinie zur Rechtsverordnung dementsprechend entlang der jeweiligen **kommunalen Aufgabenart: Selbstverwaltungsaufgaben** werden durch Satzung geregelt, staatlicher Aufgaben nimmt sich der Normgeber in Form der Rechtsverordnung an. Da die Gefahrenabwehr nach § 81 eine **staatliche Aufgabe** ist, die durch die Kommunen grundsätzlich entweder als **Aufgabe zur Erfüllung nach Weisung** (§ 82 Abs. 1 S. 1 iVm § 4 Abs. 1 HGO bzw. § 4 Abs. 1 HKO) oder als **Auftragsangelegenheit** (§ 85 Abs. 1 S. 2 iVm § 4 Abs. 2 HGO bzw. § 4 Abs. 2 HKO) wahrgenommen wird, scheint die Abgrenzung eindeutig: Der Gefahrenabwehr entspricht die normative Handlungsform der Rechtsverordnung.

8 Diese Zuordnung hält einem kritischen Blick jedoch nicht in jedem Fall stand. Schon die Praxis zeigt, dass Gefahrenabwehr ausnahmsweise auch als Selbstverwaltungsaufgabe zu qualifizieren sein kann. So werden etwa der Brandschutz und der Rettungsdienst aus historischen Gründen als Selbstverwaltungsaufgabe verstanden (§ 2 Abs. 2 HessBKG). Die nicht ganz eindeutige Zuordnung hat einen verfassungsrechtlichen Hintergrund. Da die kommunale Selbstverwaltung verfassungsrechtlich garantiert ist (Art. 28 Abs. 2 GG, Art. 137 HessVerf), ist der Maßstab für die Qualifizierung der kommunalen Aufgabenart ebenfalls der Verfassung zu entnehmen. Zwar kann der Gesetzgeber aufgrund des verfassungsrechtlichen Gesetzesvorbehalts – wie durch das HSOG geschehen – eine Festlegung der Aufgabenart vornehmen. In den **Kern der Selbstverwaltungsgarantie** darf er jedoch nicht eingreifen. Zu diesem Kern gehört nach der Rechtsprechung des BVerfG für die Gemeinden auch ein Kernbereich von Selbstverwaltungsaufgaben sowie die „Universalität des eigenen Wirkungskreises" also die Befugnis der Gemeinden, sich grundsätzlich aller Angelegenheiten der örtlichen Gemeinschaft anzunehmen (grdl. BVerfGE, 79, 127 (151 f.) – Rastede; vgl. dazu ausf. aus der Perspektive des hessischen Landesrechts RRSSBERS HGO § 1 Anm. 2.3).

Dementsprechend können im konkreten Fall durchaus Zweifel daran bestehen, ob für die normative Ordnung von im weitesten Sinne gefahrenabwehrrechtlichen Angelegenheiten, die in besonderer Weise **örtlich radiziert** sind, nicht die Satzung die adäquate Handlungsform darstellt. Insbesondere die rechtliche Aufstellung kommunaler „Werteordnungen", die in neuerer Zeit eine Renaissance erlebt hat (Lisken/Denninger PolR-HdB/Graulich E Rn. 50 ff.), erscheint unter diesem Blickwinkel problematisch. Eine Lösung ist nur im Wege der Einzelbetrachtung möglich, die den **Schwerpunkt** des Regelwerks in den Fokus nehmen muss (Hornmann HSOG Rn. 3).

Die Abgrenzung der Gefahrenabwehrverordnung zum (gefahrenabwehrrechtlichen) **Verwaltungsakt** (§ 35 S. 1 HVwVfG) erfolgt entlang der Trennlinie zwischen Rechtsnorm und Verwaltungsakt: Verkürzt gesagt stehen sich die Rechtsnorm als **generell-abstrakte** und der Verwaltungsakt als **konkret-individuelle** Regelung gegenüber (Ipsen AllgVerwR Rn. 340). Während die Abgrenzung in diesem idealtypischen Fall regelmäßig gut funktioniert, kann die Abgrenzung zur adressatenbezogenen Allgemeinverfügung, die einen konkreten Sachverhalt gegenüber einem nur nach allgemeinen Merkmalen bestimmten oder bestimmbaren Personenkreis regelt und die nach § 35 S. 2 Alt. 1 HVwVfG ebenfalls als Verwaltungsakt zu qualifizieren ist, durchaus schwierig sein. In Anlehnung an die Entscheidung im sog. „Endiviensalat-Fall" (BVerwGE 12, 87), in der das BVerwG die **„Bestimmbarkeit"** des Adressatenkreises im Ergebnis aus der engen Verknüpfung mit dem konkreten Sachverhalt hergeleitet hat, soll nach Teilen der Literatur für die Abgrenzung der Handlungsformen leitend sein, ob die Maßnahme eine konkrete oder abstrakte Gefahr regelt (Götz/Geis PolR § 22 Rn. 16 ff.; Lisken/Denninger PolR-HdB/Graulich E Rn. 44 ff.). Dieses Unterscheidungsmerkmal ist allerdings bereits maßgeblich für die Frage, ob es sich um einen konkreten oder abstrakten Sachverhalt handelt; die gleichsam „doppelte" Anwendung, die sich in der zusätzlichen Bezugnahme auf den Adressatenkreis äußert, erscheint methodisch fragwürdig, wenngleich in der Praxis hiermit meistens durchaus nachvollziehbare Ergebnisse zu erzielen sind (Lisken/Denninger PolR-HdB/Graulich E Rn. 47). Die erkenntnistheoretischen Grundfragen, die durch die Abgrenzungsproblematik berührt werden, können und sollen hier nicht weiter vertieft werden. 9

III. Konkurrenzen

Bei § 71 handelt es sich um eine **Generalklausel,** die von ihrem Anwendungsbereich her grundsätzlich alle gefahrenabwehrrechtlich relevanten Sachverhalte abdeckt. Die Vorschrift ist demnach § 11 vergleichbar: Während § 11 die gefahrenabwehrrechtliche Verfügung zum Inhalt hat, thematisiert § 71 die Gefahrenabwehr durch Rechtsetzung. 10

Nach dem allgemein anerkannten methodischen Grundsatz der **Spezialität** gehen gleichzeitig **besondere Verordnungsermächtigungen** zur Gefahrenabwehr der Verordnungsgeneralklausel vor. Beispiele für **bundesrechtliche** spezielle Rechtsgrundlagen sind etwa § 42 Abs. 5 und Abs. 6 WaffG, § 2a TierSchG, § 26 TierGesG, § 17 Abs. 4 IfSG und Art. 297 Abs. 1 EGStGB (Sperrbezirksverordnungen; BVerwG NVwZ 2005, 597; Rhein/Zitzen NWVBl. 2008, 266). Vor dem Hintergrund der Ansteckungsgefahr mit dem Coronavirus haben unlängst die mittlerweile erweiterten Verordnungsermächtigungen des Infektionsschutzgesetzes große Bedeutung erlangt (§§ 28, 28a, 32 IfSG). Ebenso rücken die waffenrechtlichen Möglichkeiten zur Einrichtung sog. „Waffenverbotszonen" (§ 42 Abs. 5 und Abs. 6 WaffG) zunehmend in den Fokus der politischen und rechtlichen Diskussion. Auch das hessische Fachrecht enthält spezielle Verordnungsermächtigungen (so zB § 9 HGastG, § 39 HFischG, § 43 HJagdG). Eine spezielle **landesrechtliche** Ermächtigungsgrundlage stellt auch § 71a dar (→ § 71a Rn. 1); hier wird durch eine Vorschrift des allgemeinen Gefahrenabwehrrechts – ähnlich wie bei den Standardbefugnissen – durch Rechtsetzungsbefugnisse auf eine spezielle Gefahr (gefährliche Hunde) reagiert. Angesichts der Tendenz des Gesetzgebers zu einer fortschreitenden „Durchnormierung" aller Lebensbereiche durch formelle Gesetze oder spezielle Verordnungsermächtigungen nimmt die Bedeutung der Verordnungsgeneralklausel ab (Hornmann HSOG Rn. 1; Lisken/Denninger PolR-HdB/Graulich E Rn. 49). 11

Bei der Feststellung eines Spezialitätsverhältnisses ist jedoch – wie immer bei der Anwendung des Spezialitätsgrundsatzes – genau auf den **Anwendungsbereich** der jeweiligen Ver- 12 ordnung zu achten. So ermächtigt bspw. Art. 297 EGStGB die Landesregierungen zu Rechtsverordnungen, die es zum Schutze der Jugend oder des öffentlichen Anstands für bestimmte Gemeinden oder Gemeindegebiete verbieten, der Prostitution nachzugehen (BVerfG NVwZ 2009, 905). Nur auf die Generalklausel können dagegen Verordnungen gestützt werden, die darüber hinaus das Verbot vorsehen, innerhalb des Sperrbezirks zu Prostituierten, die gegen die Sperrbezirksverordnung verstoßen, Kontakt aufzunehmen, um sexuelle Handlungen gegen Entgelt zu vereinbaren (VGH Mannheim NVwZ 2001, 1299). Ob eine spezielle Regelung demgegenüber als abschließend zu verstehen ist, ist eine nicht immer einfach zu beantwortende Auslegungsfrage des Einzelfalls.

B. Einzelerläuterungen

I. Tatbestandsmerkmale

1. Abstrakte Gefahr

13 Gemäß § 71 enthalten Gefahrenabwehrverordnungen Gebote oder Verbote, die für eine **unbestimmte Anzahl von Fällen** an eine **unbestimmte Anzahl von Personen** gerichtet und die zur Gefahrenabwehr erforderlich sind. Den für Ermächtigungsgrundlagen typischen Eingriffscharakter lässt diese Vorschrift auf den ersten Blick nicht erkennen; sprachlich steht der Definitionscharakter im Vordergrund. Auch sucht man vergeblich nach der für vergleichbare Ermächtigungsgrundlagen anderer Landesrechtsordnungen zentralen Tatbestandsvoraussetzung der „abstrakten Gefahr" (vgl. nur § 55 NPOG). Gleichwohl besteht allgemein Einigkeit darüber, dass es sich bei § 71 um die allgemeine Verordnungsermächtigung des hessischen Gefahrenabwehrrechts handelt, die auch in Hessen eine **abstrakte Gefahr** voraussetzt (Hornmann HSOG Rn. 6; FLS PolR Hessen Kap. J Rn. 78; RSPHFMW HSOG/HundeVO Anm. 2.1), was durch die zu § 71 erlassenen Verwaltungsvorschriften bestätigt wird. Am Wortlaut der gesetzlichen Bestimmung kann dieses Ergebnis nur dadurch festgemacht werden, dass man das Ziel der beschriebenen Verordnung heranzieht („Gefahrenabwehr") und dieses Ziel zu dem ebenfalls beschriebenen Rechtsnormcharakter („Gebote oder Verbote, die für eine unbestimmte Anzahl von Fällen an eine unbestimmte Anzahl von Personen gerichtet [...] sind") in Beziehung setzt. In der Konsequenz der abstrakt-generellen Struktur der Rechtsnorm liegt es, das Vorliegen einer abstrakten Gefahr zu verlangen.

14 Da das hessische Recht keine Legaldefinition der abstrakten Gefahr enthält, bleibt insofern nichts Anderes übrig, als deren Inhalt aus den Gemeinsamkeiten mit und gleichzeitig aus dem Gegensatz zur „konkreten Gefahr" zu entwickeln. Die konkrete Gefahr lässt sich im Wesentlichen auf zwei Elemente reduzieren, nämlich die **Sachlage,** aufgrund der die **Wahrscheinlichkeit** besteht, dass in absehbarer Zeit ein Schaden für die öffentliche Sicherheit oder Ordnung eintreten wird (FLS PolR Hessen Kap. G Rn. 70). Der Unterschied zwischen den beiden Gefahrenformen kann nicht die gefährdeten Schutzgüter („öffentliche Sicherheit", „öffentliche Ordnung"; Kingreen/Poscher POR § 23 Rn. 15), sondern nur die **Sachlage** betreffen: Die Sachlage der abstrakten Gefahr gehört (noch) nicht der realen Welt an, sondern ist nur (abstrakt) **möglich** (so ausdrücklich Ipsen NdsPolR Rn. 136; in diesem Sinne schon BVerwG DÖV 1970, 713 (715); aus neuerer Zeit grdl. BVerwGE 116, 347 (351 f.)). Da die aus dieser **gedanklichen Antizipation der Gefahr** folgende Abstraktion im Ergebnis dazu führen könnte, dass der Bürger mit einem engmaschigen Geflecht gefahrenabwehrrechtlicher Vorschriften überzogen werden könnte – also im Extremfall sein gesamtes Verhalten mit präventiver Zielsetzung reglementierbar wäre –, darf die abstrakte Gefahr dabei nicht lediglich denkbar, sondern sie muss nach allgemeiner Lebenserfahrung oder den Erkenntnissen fachkundiger Stellen **möglich** sein. Demgemäß ordnet der Verordnungsgeber „Gebote und Verbote als Rechtsfolgen künftiger – ‚gedachter' – Sachverhalte an, die im Falle ihres Eintritts nach dem der Gefahrenprognose zugrunde liegenden Erfahrungswissen typischerweise (aber nicht notwendig in jedem Einzelfall) eine konkrete Gefahr bedeuten würden" (Götz/Geis PolR § 22 Rn. 4; im Anschluss an DWVM Gefahrenabwehr 496).

15 Damit stellt sich aber zwangsläufig die Frage, wo die mit dem Begriff der abstrakten Gefahr verbundene **Vorverlagerung** der **Gefahrenprognose** ihre Grenze findet. Schwerpunkt der hierüber geführten Diskussion sind in neuerer Zeit vor allem zwei Bereiche gewesen: die

Verordnungen zur **Bekämpfung gefährlicher Hunde** und die Verordnungen zur Bekämpfung der negativen **Folgen von Alkoholkonsum** im öffentlichen Raum. Diese beiden Fallgestaltungen stehen allerdings nur exemplarisch für die strukturelle Grundsatzfrage, wie weit die Vorsorge vor (noch) nicht konkret gewordenen Gefahren gehen kann bzw. gehen darf.

Als im Jahr 2000 ein Kind nach dem Angriff eines Hundes starb (zum tatsächlichen Hintergrund, vgl. Götz/Geis PolR § 22 Rn. 26; Lisken/Denninger PolR-HdB/Graulich E Rn. 53), nahm Hessen dies – wie auch die anderen Bundesländer – zum Anlass, die Rechtslage insofern zu verschärfen (Hessische Gefahrenabwehrverordnung über das Halten und Führen von gefährlichen Hunden v. 15.8.2000, HessGVBl. 411). Nach einer höchstrichterlichen Grundsatzentscheidung, mit der die vergleichbare niedersächsische Gefahrenabwehrverordnung in wesentlichen Teilen auch deshalb für nichtig erklärt wurde, weil die Verordnungsgeneralklausel nicht zu vorsorglichen Regelungen ermächtigte (BVerwGE 116, 347; weitere Entscheidungen bei Lisken/Denninger PolR-HdB/Graulich E Rn. 53), fügte der hessische Landesgesetzgeber die spezielle Verordnungsermächtigung des § 71a in das HSOG ein (Sechstes Gesetz zur Änderung des HSOG v. 26.11.2002, HessGVBl. I 704) und stützte hierauf die bis heute im Wesentlichen unverändert geltende HessHundeVO (Gefahrenabwehrverordnung über das Halten und Führen von Hunden v. 22.1.2003, HessGVBl. I 54). Der VGH Kassel die Rechtmäßigkeit dieser Verordnung bestätigt, aber gleichzeitig betont, dass es sich um eine Verordnung zur **Gefahrenvorsorge** handele (BeckRS 2004, 21455). **15.1**

Während die Problematik der Vorverlagerung des (abstrakten) Gefahrenbegriffs für Gefahren, die potentiell von bestimmten Hunden ausgehen, durch den Erlass des § 71a entschärft worden ist, besteht sie im Hinblick auf die Bekämpfung der negativen Auswirkungen des Alkoholkonsums fort; eine § 71a entsprechende Vorschrift existiert in Hessen – anders als teilweise in anderen Bundesländern (zB § 10a BWPolG, § 9a SächsPolG) – bislang nicht. **15.2**

(Öffentlicher) Alkoholkonsum wurde lange Zeit primär als lediglich gesundheitspolitisches Phänomen wahrgenommen, das nur dann eine gefahrenabwehrrechtliche Dimension entfaltete, wenn unter Alkoholeinfluss Straftaten oder Ordnungswidrigkeiten begangen wurden (zum Alkoholkonsum als gefahrenabwehrrechtliches Problem, vgl. aus neuerer Zeit nur Albrecht DIE POLIZEI 2011, 117; Finger KommJur 2006, 441; Hecker NVwZ 2010, 359; Ruder KommJur 2009, 46; Stein NdsVBl. 2010, 193 ff.; Wohlfahrt LKRZ 2009, 47; zusf. Köppert, Alkoholverordnungen in der Rechtspraxis, 2011). Dabei ist zu berücksichtigen, dass sich der öffentliche Raum in den letzten Jahrzehnten insgesamt zu einem Raum des öffentlichen Konsums gewandelt hat: Während es früher undenkbar gewesen wäre, in der Öffentlichkeit zu essen oder zu trinken, gehört dies heute zum Alltagsbild in Fußgängerzonen, auf Straßen, Plätzen und in Parks; zahlreiche neue Formen der Outdoor-Gastronomie runden dieses Bild ab. Die Tendenz zum öffentlichen Konsum ist nicht nur weitverbreitet und allgemein akzeptiert, sondern wird von Städten und Gemeinden durch eine großzügige Genehmigungspraxis sogar gefördert, wenn es etwa um Stand- oder Ausschankgenehmigungen geht. Alkoholkonsum wird grundsätzlich durch die Gesellschaft akzeptiert – jedenfalls dann, wenn das Konsumverhalten maßvoll ist. Dies gilt sowohl für den Alkoholgenuss innerhalb von Räumlichkeiten als auch unter freiem Himmel. Alkohol ist keine heimliche Droge; er wird nicht nur hinter verschlossenen Türen, sondern häufig in der Öffentlichkeit konsumiert (Stein NdsVBl. 2010, 193 (196)). **15.3**

Die Probleme fangen an, wenn der Alkoholkonsum mit Verhaltensweisen einhergeht, die alles andere als gern gesehen werden. Dabei sind es nicht länger allein Obdachlose oder Angehörige bestimmter Szenen, die den Kommunen das Leben schwer machen. Vielmehr werden immer mehr Sehenswürdigkeiten (zB Brunnen und Denkmäler) in den Städten zu beliebten Treffpunkten zum sog. „Vorglühen" insbesondere Jugendlicher; öffentliche Parks werden zu Toiletten „umgewidmet"; am Rande der sog. „Partymeilen" der Städte ist eine Wohnnutzung infolge von Lärm- und Geruchsbelästigungen manchmal nur noch schwer möglich. Hierdurch sehen nicht nur die Stadtplaner ihre Ziele (zB Aufwertung der Innenstädte, Tourismus) konterkariert. Vielmehr kommt es an diesen Orten auch zu durchaus aggressiven Verhaltensweisen mit massiven Verdrängungseffekten und Belästigungen (Stein NdsVBl. 2010, 193; zur parallelen Problematik der offenen Drogenszenen, vgl. Cramer NVwZ 2001, 1218). Sofern die entsprechenden Verhaltensweisen mit Gesetzesverletzungen einhergehen, können sie als Straftaten bzw. Ordnungswidrigkeiten geahndet werden; präventiv kann im konkret gefährlichen Einzelfall aufgrund gefahrenabwehrrechtlicher Verfügungen eingeschritten werden. **15.4**

Zahlreiche Kommunen verfolgen jedoch daneben eine neue Strategie: Sie wollen bereits **vor** dem unerwünschten Verhalten ansetzen und dessen Ursache bekämpfen, die sie ganz allgemein im Alkoholgenuss sehen. Als probates Mittel erscheint ihnen unter anderem die anlassunabhängige Ausweisung alkoholfreier Zonen. Grundlage für die Prognose einer abstrakten Gefahr kann dabei nicht der öffentli- **15.5** che Alkoholkonsum als solcher sein, aber etwa dass in der Vergangenheit an den betroffenen Orten ein **exzessiver Alkoholkonsum** beobachtet worden ist oder dass – bspw. wegen der besonderen Situation vor Ort – mit diesem gerechnet werden kann. Abgesehen von der nicht ganz einfachen Frage, welche gefahrenrelevanten Schutzgüter möglicherweise betroffen sind, ist das Vorgehen durch Gefahrenabwehrverordnung aber vor allem deshalb problematisch, weil die Verordnung die untersagte Verhaltensweise in rechtlich nicht zu beanstandender Weise möglichst genau umschreiben muss. Wenn man hier ganz allgemein das Trinken von Alkohol in der Öffentlichkeit verbietet – wie dies in etlichen Kommunen geschehen ist (grdl. zum sog. Freiburger „Bermudadreieck", VGH Mannheim NVwZ-RR 2010, 55; vgl. ferner die Beispiele bei Stein NdsVBl. 2010, 193 Fn. 5) –, dann fällt hierunter auch das mäßige Trinken von Alkohol, das eigentlich rechtlich nicht zu beanstanden ist. Unabhängig davon, wer, wo, wie viel Alkohol trinkt, und unabhängig davon, wie der Staat hiergegen letztlich einschreiten darf (oder sogar muss): Das Trinken von Alkohol fällt in den Schutzbereich des Grundrechts auf allgemeine Handlungsfreiheit (Art. 2 Abs. 1 GG). Um zu diesem Ergebnis zu gelangen, braucht man – wie es in Stellungnahmen zur Cannabis-Entscheidung des BVerfG (BVerfGE 90, 145) verschiedentlich der Fall gewesen ist – nicht erst ein „Recht auf Rausch" zu bemühen (Hohmann/Matt JuS 1993, 370 (373)). Vielmehr genügt es schon, die Grundsätze anzuwenden, die das BVerfG in ständiger Rechtsprechung für die Auslegung des Art. 2 Abs. 1 GG entwickelt hat. Art. 2 Abs. 1 GG schützt danach menschliches Verhalten in einem umfassenden, nicht durch qualitativ-wertende Merkmale eingegrenzten Sinne (BVerfGE 6, 32 (36); 80, 137 (152); 90, 145 (171); 91, 335 (338); 95, 267 (303)). Das Trinken von Alkohol ist damit dem Bereich der privaten – freien – Lebensgestaltung zuzurechnen; es ist trotz seiner jedenfalls für den Konsum größerer Mengen nachgewiesenen Gesundheitsschädlichkeit durch Art. 2 Abs. 1 GG geschützt (BVerwGE 86, 349 (351)). Wo die Konsumenten von Alkohol aus dem öffentlichen Raum entfernt – also zum Verlassen eines Ortes bewegt bzw. von einem Ort ferngehalten – werden sollen, ist zudem das gegenüber der allgemeinen Handlungsfreiheit spezielle Grundrecht der Freizügigkeit (Art. 11 Abs. 1 GG) in Betracht zu ziehen, in das sogar nur unter noch engeren Voraussetzungen, als sie für Art. 2 Abs. 1 GG gelten, eingegriffen werden darf. Dass eine Betätigung in den Schutzbereich eines Grundrechts fällt, bedeutet zwar bekanntlich nicht, dass sie uneingeschränkt zulässig ist (zu den Stufen der Grundrechtsprüfung, vgl. nur Ipsen, Staatsrecht II, 24. Aufl. 2021, Rn. 118 ff.): Die Grundrechte sollen Freiheiten sichern; dies bedeutet zwangsläufig, dass die Freiheit des Einen nicht zur Unfreiheit des Anderen werden darf, was auch für die (grund-) rechtliche Bewertung des Alkoholkonsums gilt.

15.6 Das Trinken von Alkohol als solches beeinträchtigt aber Dritte – anders als etwa das Rauchen – nicht zwangsläufig unmittelbar; nur der mit exzessivem Trinken typischerweise verbundene Steuerungsverlust ist dafür prädestiniert, letztlich auch Dritte in Mitleidenschaft zu ziehen. Erwachsene Menschen haben – jedenfalls soweit sie andere Personen nicht beeinträchtigen – das Recht, sich selbst zu schaden; die vollständige Umdeutung von Staat und Gesellschaft in eine umfassende Schutzpflichtordnung steht dem freiheitlichen Ansatz der Grundrechte diametral entgegen (speziell zu Selbstschädigungen im Gefahrenabwehrrecht, vgl. Lisken/Denninger PolR-HdB/Denninger D Rn. 32 ff.). Dementsprechend haben die Gerichte Verordnungen, die den öffentlichen Alkoholkonsum in bestimmten Bereichen undifferenziert einem Verdikt unterstellten, bislang am Verhältnismäßigkeitsprinzip scheitern lassen (VGH Mannheim VBlBW 1999, 101, zu dem allgemeinen Alkoholverbot in einer Polizeiverordnung der Stadt Ravensburg). Macht man die Ausweisung einer alkoholfreien Zone hingegen von bestimmten Konsummengen abhängig, ergibt sich ein anderes Problem: Die Feststellung, wann Konsummengen als „mäßig" oder „exzessiv" anzusehen sind, erscheint willkürlich, da zu wenig auf individuelle Faktoren Rücksicht genommen würde; im Übrigen dürften Abstufungen in der Praxis kaum zu kontrollieren sein.

15.7 Damit bleibt nur eine Anknüpfung an die Verhaltensweisen, die am Ende der eigentlichen Kausalkette ansetzt, also etwa die möglichst genaue Umschreibung bestimmter Zustände der Trunkenheit, die für einen Betrunkenen selbst in rechtlich relevanter Weise die Schwelle zur Gefährlichkeit überschreiten (wegen Verlusts der Einsichts- und Steuerungsfähigkeit) bzw. für dessen Umwelt erhebliche Beeinträchtigungen mit sich bringen. Hier besteht allerdings die Schwierigkeit, bloße Belästigungen, die – da sie nicht die polizeirechtliche Gefahrenschwelle überschreiten – hinzunehmen sind, von einem sozial abträglichen Verhalten, das das menschliche Miteinander empfindlich stört, abzugrenzen. Abgesehen davon, dass hier wohl nur noch schwerlich von echter Prävention die Rede sein kann, ist im Einzelfall mitunter die Lebensfremdheit derartiger Bestimmungen kaum zu übersehen.

15.8 Am Beispiel der Ausweisung alkoholfreier Zonen durch Gefahrenabwehrverordnung werden somit die Schwierigkeiten deutlich, die die Erweiterung des Gefahrenbegriffs in den Bereich vorbeugender Gefahrenabwehr mit sich bringt. Mag eine Vorverlagerung **polizeilicher** Tätigkeiten – und damit die Installierung eines dritten Aufgabenkreises neben der klassischen Repression und Prävention – in ausgewählten Bereichen angesichts neuer Bedrohungspotentiale (zB organisiertes Verbrechen, Terrorismus) durchaus rechtlich zulässig und möglich sein (§ 1 Abs. 4), erscheint eine Verordnung des allgemeinen Gefahrenabwehrrechts nicht als adäquate Handlungsform zur Gefahrenvorsorge. Dass Spezialermächtigungen die rechtliche Problematik nicht zwangsläufig lösen, zeigt das Beispiel Sachsen-Anhalts: Das LVerfG Sachsen-Anhalt hat die spezielle Ermächtigungsgrundlage für Alkoholverbotsverordnungen (§ 94a SOG LSA) für unverhältnismäßig und somit für verfassungswidrig erklärt (BeckRS 2014, 58392).

2. Verantwortlichkeit

Die Vorschriften über die gefahrenabwehrrechtliche Verordnung des allgemeinen Gefahrenabwehrrechts enthalten **keine eigenen Bestimmungen zur Verantwortlichkeit,** sodass ein Rückgriff auf die §§ 6 ff. schon aus systematischen Gründen naheliegend ist (Hornmann HSOG Rn. 8). Dabei darf jedoch nicht vergessen werden, dass es in der abstrakten Begriffsnatur der Rechtsverordnung liegt, sich zunächst einmal an jeden zu wenden, den es angeht; der Regelungsadressat ist anhand der konkreten Situation zwangsläufig individualisierungsbedürftig, da es sich sonst nicht um eine Verordnung handeln kann. Unter diesem Vorbehalt ist der Aussage, Verordnungen dürften grundsätzlich nur die allgemein gefahrenabwehrrechtlich Verantwortlichen in die Pflicht nehmen (Götz/Geis PolR § 22 Rn. 7; Gusy/Eichenhofer PolR Rn. 408; Kingreen/Poscher POR § 23 Rn. 18; Schenke PolR Rn. 627), zuzustimmen (präzise daher Kingreen/Poscher POR § 23 Rn. 18, die das Beispiel anführen, dass sich eine Hygieneverordnung im Friseurgewerbe notwendig an alle Friseure richtet, auch an diejenigen, die keinen Anlass zur Beanstandung gegeben haben; die aufgrund einer derartigen Verordnung getroffenen Maßnahmen ergehen dann freilich nur an die Störer und nicht an die hygienisch einwandfrei Arbeitenden). Beachtet man die strukturelle Verschiedenheit von gefahrenabwehrrechtlicher Verordnung und Verfügung, kann es ferner auch einen abstrakten Notstand geben, für den eine Verordnung nach Maßgabe des § 9 die Eingriffsermächtigung enthält (Kingreen/Poscher POR § 23 Rn. 18 f. mit dem Beispiel, dass eine Verordnung für den Fall einer Katastrophe Hausbesitzer zur Aufnahme von Evakuierten verpflichtet; die gegenteilige Auffassung – BVerwGE 22, 26; Hornmann HOG Rn. 8 – führt an, dass die Voraussetzungen einer Notstandsinanspruchnahme nicht vorliegen könnten, da die Gefahr bei Erlass einer entsprechenden Verordnung nicht gegenwärtig und die Abwehr noch auf andere Weise möglich sei; das Beispiel zeigt jedoch, dass es durchaus anlassbedingte Verordnungen gibt, bei denen diese Voraussetzungen erfüllt sind. Eine konsequente Anwendung der Gegenauffassung müsste im Übrigen den Erlass von Verordnungen auch unter den Voraussetzungen der §§ 6 und 7 ablehnen, da bei Erlass der Verordnung gerade – noch – keine Handlungs- oder Zustandsstörer vorhanden sind; dass die Konkretisierung erst anhand des Einzelfalls erfolgt, ist begriffsnotwendig für die abstrakte Gefahr). 16

3. Weitere formelle und materielle Rechtmäßigkeitsanforderungen

Weitere formelle und materielle Rechtmäßigkeitsanforderungen finden sich in den folgenden Normen, wobei hier zum Teil lediglich die ohnehin nach allgemeinem Verwaltungs- und Verfassungsrecht zu beachtenden Vorgaben konkretisiert und bekräftigt werden. 17

II. Rechtsfolge

Da der Verordnungserlass naturgemäß nicht verpflichtend sein kann und zudem § 5 das Ermessen nicht auf eine bestimmte verwaltungsrechtliche Handlungsform verengt, kann der Verordnungsgeber selbst entscheiden, ob und mit welchem Inhalt er eine Gefahrenabwehrverordnung erlassen will (die verwaltungsrechtliche Grundkategorie des Ermessens ist eigentlich auf den Verwaltungsakt zugeschnitten. Bei der Übernahme der insofern entwickelten Grundsätze ist also Zurückhaltung geboten, Kopp/Schenke VwGO § 47 Rn. 115 ff.; zu Besonderheiten vgl. Kahl/Waldhoff/Walter/Schenke, Bonner Kommentar zum Grundgesetz, GG Art. 19 IV Rn. 594 ff.). Er muss namentlich den **Verhältnismäßigkeitsgrundsatz** beachten, dessen Überschreitung einen Ermessensfehler darstellt (die dogmatische Einordnung des Verhältnismäßigkeitsgrundsatzes ist nach wie vor uneinheitlich, vgl. zur Systematisierung der Ermessensfehler Alexy JZ 1986, 701; die rechtskonstruktive Bewertung ändert aber nichts an dem Ergebnis, dass dieser Grundsatz zu beachten ist). Auch ohne ausdrückliche 18

Bestimmung müsste der gefahrenabwehrrechtliche Verordnungsgeber aus rechtsstaatlichen Gründen verhältnismäßig handeln; die Geltung des Verhältnismäßigkeitsgrundsatzes wird durch § 4 und die Formulierung des § 71 („ […] zur Gefahrenabwehr erforderlich sind") lediglich besonders betont (Lisken/Denninger PolR-HdB/Graulich E Rn. 89; Kingreen/Poscher POR § 23 Rn. 20; Schenke PolR Rn. 626). Die Verordnung muss demnach geeignet, erforderlich und angemessen sein, um ein legitimes Ziel zu erreichen, was der üblichen Verhältnismäßigkeitsprüfung entspricht (Detterbeck AllgVerwR Rn. 229 ff.). Kein legitimes Ziel verfolgt dabei eine Verordnung, die lediglich der Erleichterung der den Gefahrenabwehrbehörden obliegenden Aufsicht dient (BVerfGE 23, 265; Hornmann HSOG Rn. 8). Obwohl § 71 – anders als andere vergleichbare landesrechtliche Bestimmungen (zB § 28 Abs. 1 S. 2 BbgOBG; § 56 Abs. 1 S. 1 ASOG Bln; § 45 Abs. 1 RhPfPOG) – keine diesbezügliche ausdrückliche Regelung trifft, ist dies allgemein anerkannt (Kingreen/Poscher POR § 23 Rn. 20; Schenke PolR Rn. 626).

19 Die Verordnung wird durch ihren Erlass Teil der Rechtsordnung; ein Verstoß gegen sie begründet demgemäß eine **Gefahr für die öffentliche Sicherheit,** aufgrund derer im Wege der Einzelverfügung gegen den Verantwortlichen vorgegangen werden kann. Die entsprechende Verfügung kann notfalls durch **Vollstreckungsmaßnahmen** durchgesetzt werden. Im Gegensatz zum Verwaltungsakt, für den das Prinzip der Trennung von Rechtmäßigkeit und Rechtswirksamkeit gilt (Ipsen AllgVerwR Rn. 662 ff.), führt der Verstoß gegen formelle oder materielle Rechtmäßigkeitsanforderungen **ipso iure** zur **Unwirksamkeit,** dh die rechtswidrige Verordnung entfaltet keine Rechtsfolgen (Kingreen/Poscher POR § 23 Rn. 28; grdl. zu diesem Unterschied zwischen Verordnung und Verfügung, vgl. Ipsen, Rechtsfolgen der Verfassungswidrigkeit von Norm und Einzelakt, 1980). Auch besteht keine Vorlagepflicht nach Art. 100 Abs. 1 GG, wenn ein Gericht die Verordnung für unwirksam hält; das Gericht kann die Verordnung aus eigener Kompetenz außer Anwendung lassen (zu dieser Konsequenz, vgl. Ipsen/Kaufhold/Wischmeyer, Staatsrecht I, 34. Aufl. 2022, Rn. 935 mwN). Etwas anderes gilt allerdings, wenn das Gericht der Auffassung ist, dass die Verordnung nicht vereinbar ist mit der Hessischen Verfassung. In diesem Fall ist die Verordnung gem. Art. 133 HessVerf dem StGH Hessen vorzulegen.

C. Rechtsschutz

20 Für den Rechtsschutz gegen eine gefahrenabwehrrechtliche Verordnung stehen zwei Wege zur Verfügung: Zum einen kann die Verordnung selbst (abstrakt) Prüfungsgegenstand eines **verwaltungsgerichtlichen Verfahrens** sein, zum anderen ist eine inzidente Kontrolle möglich.

21 Die Verordnung wird unmittelbar Prüfungsgegenstand, wenn gegen sie ein **verwaltungsgerichtliches Normenkontrollverfahren** nach § 47 VwGO angestrengt wird. Der hessische Gesetzgeber hat von der Möglichkeit der Eröffnung eines Normenkontrollverfahrens gegen unter dem Rang förmlicher Gesetze stehende Normen (§ 47 Abs. 1 Nr. 2 VwGO) durch § 15 HessAGVwGO Gebrauch gemacht; folglich entscheidet der VGH Kassel als Oberverwaltungsgericht des Landes Hessen über die Gültigkeit der auf § 71 gestützten Verordnungen. Vorläufiger Rechtsschutz ist in diesem Verfahren durch einstweilige Anordnung nach § 47 Abs. 6 VwGO möglich.

22 Außer der abstrakten Normenkontrolle nach § 47 VwGO kann die gefahrenabwehrrechtliche Verordnung auch in einem **Rechtsschutzverfahren** eine Rolle spielen, das **gegen** einen auf sie gestützten **Verwaltungsakt** geführt wird (§ 42 Abs. 1 VwGO, §§ 68 ff. VwGO). Die Rechtmäßigkeit des Verwaltungsakts setzt voraus, dass seine Rechtsgrundlage – also hier die gefahrenabwehrrechtliche Verordnung – rechtmäßig ist. Ist dies nicht der Fall, ist auch der sie konkretisierende Einzelakt rechtswidrig.

§ 71a Gefahrenabwehrverordnung Hunde, Haftpflichtversicherung

(1) [1]Gefahrenabwehrverordnungen können auch Gebote und Verbote zur Vorsorge gegen die von Hunden ausgehenden Gefahren für Menschen und Tiere enthalten und insbesondere die Vermehrung von Hunden untersagen. [2]Zu diesem Zweck können sie Rassen und Gruppen von Hunden und deren Kreuzungen

bestimmen, bei denen aufgrund von statistischen Erhebungen, Erfahrungen, rassenspezifischen Merkmalen, Zucht, Haltung, Ausbildung oder Abrichtung eine über das natürliche Maß hinausgehende Kampfbereitschaft, Angriffslust, Schärfe oder aufgrund einer anderen in ihrer Wirkung vergleichbaren menschen- oder tiergefährdenden Eigenschaft eine Gefährlichkeit vermutet wird. [3]In diesen Gefahrenabwehrverordnungen können auch Kenntnisse und Fähigkeiten zur Haltung und zum Führen von Hunden verlangt sowie eine elektronisch lesbare Kennzeichnung und Registrierung, mit der auch Dritte beauftragt werden können, vorgeschrieben werden.

(2) Die Halterin oder der Halter eines erlaubnispflichtigen Hundes im Sinne einer Gefahrenabwehrverordnung ist verpflichtet, eine Haftpflichtversicherung über mindestens 500 000 Euro abzuschließen und aufrecht zu erhalten, die den Schaden abdeckt, der durch den erlaubnispflichtigen Hund verursacht worden ist und nach gesetzlichen Vorschriften einer dritten Person zu erstatten ist.

Überblick

Auszug aus der VVHSOG (nicht an die aktuelle Gesetzeslage angepasst und gem. Erlass des Hessischen Ministeriums des Innern und für Sport v. 29.11.2022 (StAnz. 50/2022, 1384) zum 1.1.2025 mangels eines erneuten Verlängerungserlasses ersatzlos außer Kraft getreten):

Zu § 71 und § 71a

71. Gefahrenabwehrverordnungen - Allgemeines, Gefahrenabwehrverordnung Hunde

71.1

Gefahrenabwehrverordnungen sind allgemein verbindliche Anordnungen, durch die Rechte und Pflichten begründet, geändert oder aufgehoben werden. Sie dürfen deshalb nicht erlassen werden, wenn die Gefahr auch durch Maßnahmen gegenüber bestimmten Personen oder einem bestimmten Personenkreis abgewehrt werden kann.

71.2

Als Voraussetzung für den Erlass einer Gefahrenabwehrverordnung genügt grundsätzlich eine abstrakte Gefahr. Eine Gefahrenabwehrverordnung kann aber auch der Vorsorge gegen die von Hunden ausgehenden Gefahren für Menschen und Tiere dienen (siehe hierzu die HundeVO vom 22. Januar 2003 - GVBl. I S. 54, geändert durch Verordnung vom 16. Dezember 2008 - GVBl. I S. 1028, sowie die dazu ergangenen Durchführungshinweise vom 16. März 2009 - StAnz S. 824).

§ 71a enthält Regelungen zum Schutz vor gefährlichen Hunden. Abs. 1 enthält eine Verordnungsermächtigung (→ Rn. 3); Abs. 2 statuiert die Pflicht zum Abschluss einer Haftpflichtversicherung (→ Rn. 8).

A. Allgemeine Charakterisierung und rechtlicher Rahmen

Mit der Einfügung der speziellen Verordnungsermächtigung des § 71a in das HSOG 1
(Sechstes Gesetz zur Änderung des HSOG v. 26.11.2002, HessGVBl. I 704; entsprechende Regelung in Art. 37 BayLStVG) hat der Hessische Landesgesetzgeber auf eine Entscheidung des BVerwG aus dem Jahr 2002 reagiert (BVerwGE 116, 347). Das oberste deutsche Verwaltungsgericht hatte sich in dieser Entscheidung mit der Frage auseinanderzusetzen, ob die niedersächsische Verordnungsgeneralklausel den Erlass einer Gefahrenabwehrordnung rechtfertigte, die belastende Regelungen für Hundehalter allein an die Tatsache knüpfte, dass der gehaltene Hund einer in der Verordnung aufgeführten Rasse angehörte. Das Gericht hat diese Frage verneint: Allein mit der Zugehörigkeit zu einer Rasse lasse sich die für den Verordnungserlass nach der Generalklausel unverzichtbare „abstrakte Gefahr" nicht begründen (BVerwGE 116, 347). Nach Ansicht des Gerichts handelte es sich somit in der Sache um eine **Regelung zur Gefahrenvorsorge,** die von der Verordnungsermächtigung nicht gedeckt war (zur Problematik der Vorverlagerung der abstrakten Gefahr in den Bereich der Gefahrenvorsorge, → § 71 Rn. 15). Im Anschluss an diese Entscheidung kam es zu einer Welle von Gesetzesnovellen in den Ländern, da die niedersächsische Gefahrtierverordnung lediglich exemplarisch für ähnliche Regelungen in anderen Bundesländern stand. Während einige Landesgesetzgeber den Bedenken des Bundesverwaltungsgerichts durch eine Vergesetzlichung der Hundehaltung Rechnung zu tragen suchten, wählte Hessen den Weg einer

speziellen Verordnungsermächtigung, auf die dann die bis heute im Wesentlichen unverändert geltende **HessHundeVO** gestützt wurde (Gefahrenabwehrverordnung über das Halten und Führen von Hunden v. 22.1.2003, HessGVBl. I 54). Als eine zentrale Bestimmung enthält diese Verordnung in § 2 Abs. 1 S. 2 HessHundeVO eine Aufzählung bestimmter Hunderassen, für die eine Gefährlichkeit vermutet wird. Der Hessische Verwaltungsgerichtshof hat die Rechtmäßigkeit dieser Verordnung bestätigt, aber gleichzeitig betont, dass es sich um eine – nach Einfügung des § 71a in das HSOG allerdings nunmehr zulässige – Verordnung zur Gefahrenvorsorge handele (VGH Kassel BeckRS 2004, 21455). Die Problematik der Vorverlagerung des (abstrakten) Gefahrenbegriffs für Gefahren, die potentiell von bestimmten Hunden ausgehen, ist somit durch den Erlass des § 71a entschärft worden, was aber nicht bedeutet, dass die politische und rechtliche Diskussion um die geltenden Regelungen beendet wäre.

2 Als **spezielle Regelung** verdrängt § 71a die Generalklausel des § 71. Die §§ 72 ff. gelten dagegen auch für die auf § 71a gestützten Verordnungen. Dies folgt zum einen daraus, dass die §§ 72 ff. lediglich generell von „Gefahrenabwehrverordnungen" sprechen, zum anderen aus der systematischen Stellung des § 71a in dem Abschnitt über Rechtsverordnungen.

B. Einzelerläuterungen

I. Verordnungsermächtigung (Abs. 1)

3 Verordnungen nach Abs. 1 enthalten – wie die auf § 71 gestützten Verordnungen – Gebote oder Verbote zur Gefahrenabwehr. Aus dem Verordnungscharakter folgt, dass die Vorschriften ebenfalls **generell-abstrakt** gefasst sein müssen (ausf. → § 71 Rn. 13). Die abzuwehrende Gefahr erfährt durch Abs. 1 S. 1 gegenüber der Verordnungsgeneralklausel sowohl eine Einengung als auch eine Erweiterung.

4 Während § 71 die Schutzgüter der öffentlichen Sicherheit und Ordnung in ihrer ganzen Bandbreite abdeckt, ist die zulässige Zielrichtung der auf § 71a gestützten Verordnungen enger: Es geht allein um **Gefahren für Menschen und Tiere,** wobei wegen der drittschützenden Intention des § 71a hier „andere" Tiere und nicht der gefährliche Hund selbst gemeint sind. Somit sind Verordnungen zulässig, die etwa darauf abzielen, Leben und Gesundheit zu schützen, nicht aber Verordnungen, die Schäden am Eigentum (außer an anderen Tieren) verhindern sollen. Auch die Gefahrenquelle ist genau festgelegt: Die Gefahr muss zwingend von einem Hund ausgehen.

5 Die zentrale **Erweiterung gegenüber § 71** liegt in der Absenkung der Schwelle für die **Gefahrenprognose.** Statt einer „abstrakten Gefahr" – die selbstverständlich nach § 71a erst recht ausreicht – kann die Verordnung nach dem ausdrücklichen Wortlaut des Abs. 1 S. 1 auch der „Vorsorge" vor den bezeichneten Gefahren dienen. Während die abstrakte Gefahr dadurch gekennzeichnet ist, dass eine Situation nach allgemeiner Lebenserfahrung oder den Erkenntnissen fachkundiger Stellen jederzeit in eine **konkrete Gefahr umschlagen** kann (→ § 71 Rn. 14) – was auf Hunde bezogen beispielsweise durch Regelungen verhindert werden kann, die sicherstellen sollen, dass sie nicht unbeaufsichtigt bleiben dürfen oder dass sie in Menschansammlungen an der Leine geführt werden müssen –, kommt es bei der Gefahrenvorsorge nicht auf das Vorliegen einer typischerweise gefährlichen Situation an. Vielmehr können hier Maßnahmen unabhängig von Gefahrensituationen gegenüber Personen getroffen werden, deren Hunde lediglich potentiell gefährlich sind.

6 Diese **potentielle Gefährlichkeit** kann dabei zum einen durch in der Vergangenheit liegende **Vorkommnisse** belegt sein (zB wenn ein Hund „in gefahrdrohender Weise" Menschen angesprungen hat – § 2 Abs. 2 Nr. 1 Alt. 2 HessHundeVO – oder wenn es zu Beißzwischenfällen gekommen ist – § 2 Abs. 2 Nr. 1 Alt. 1 HessHundeVO, § 2 Abs. 2 Nr. 2 HessHundeVO). Zum anderen – und dies ist die vergleichsweise problematischere Alternative (Lisken/Denninger PolR-HdB/Graulich E Rn. 53 ff.) – kann bei der **Zugehörigkeit des Tieres zu einer bestimmten Rasse** die Gefährlichkeit vermutet werden. Zur Aufstellung einer derartigen **Vermutung** wird der Verordnungsgeber durch Abs. 1 S. 2 ausdrücklich ermächtigt. Die Verordnungsermächtigung gibt dabei auch selbst das Verfahren und die Kriterien für die Aufnahme in die Liste gefährlicher Hunderassen vor: Aufgrund von statistischen Erhebungen, Erfahrungen, rassenspezifischen Merkmalen, Zucht, Haltung, Ausbil-

dung oder Abrichtung muss die Vermutung einer über das natürliche Maß hinausgehenden Kampfbereitschaft, Angriffslust oder Schärfe bestehen oder aufgrund einer anderen in ihrer Wirkung vergleichbaren menschen- oder tiergefährdenden Eigenschaft muss die Gefährlichkeit vermutet werden können. Da der Gesetzgeber § 71a bewusst in Richtung der Gefahrenvorsorge geöffnet hat, dürfen die Erwartungen an den Verordnungsgeber dabei nicht überspannt werden. Es ist nicht zu verlangen, dass er über abschließende Erkenntnisse verfügt, sondern er darf auch bei umstrittenen oder ungeklärten Erfahrungsgrundlagen handeln. Dagegen reichen bloße Vermutungen, Hypothesen oder vage Hinweise, die jeder tatsächlichen Grundlage entbehren, nicht aus (VGH Kassel BeckRS 2004, 21455). Der Verordnungsgeber hat von der Ermächtigung durch die Aufzählung in § 2 Abs. 1 S. 2 HessHundeVO Gebrauch gemacht.

Dennoch ist fraglich, ob die Aufzählung nicht gegen das verfassungsrechtliche Gleichheitsgrundrecht (Art. 3 Abs. 1 GG) verstößt, da Hunderassen, die statistisch gesehen mindestens genauso häufig – oder sogar häufiger – an Beißzwischenfällen beteiligt sind (vgl. die Statistiken bei: Verband für das deutsche Hundewesen/Unshelm, „Kampfhunde?", Gefährliche Hunde?, 1997, 20 ff.), nicht erwähnt werden. Die überwiegende Auffassung weist diese Bedenken unter Hinweis auf die Einschätzungsprärogative des Gesetzgebers und das Ermessen der Verwaltung als unbegründet zurück: Eine als notwendig erkannte Gefahrenabwehrmaßnahme werde nicht dadurch unzulässig, dass weitergehende, möglicherweise ebenfalls notwendige Maßnahmen nicht getroffen würden (so ausdrücklich Götz/Geis PolR § 22 Rn. 30; vgl. auch Hornmann HSOG Rn. 9). Damit wird im Ergebnis eine Argumentationslinie verfolgt, die sich im Rahmen der klassischen Verhältnismäßigkeitsprüfung bewegt, jedoch die spezifische Schutzstruktur der Gleichheitsgrundrechte vernachlässigt. Zwar findet nach der Rechtsprechung des BVerfG auch im Rahmen der Gleichheitsprüfung eine Abwägungsentscheidung statt, die sich an die Verhältnismäßigkeitskriterien anlehnt (sog. „Neue Formel", vgl. etwa BVerfGE 55, 72 (88)). Die Tripolarität des Rechtsverhältnisses bei Gleichheitsgrundrechten (Ipsen, Staatsrecht II, 24. Aufl. 2021, Rn. 800) zwingt aber zunächst zur Auswahl des richtigen Differenzierungskriteriums, das erst in einem zweiten Schritt in den Abwägungsprozess eingestellt wird. Richtiges Differenzierungskriterium kann nur ein Kriterium sein, das sich am Zweck der Ermächtigungsgrundlage orientiert. Für § 71a ist dies allein die Gefahrenabwehr; ob die gewählte Maßnahme – hier die Rasseliste – für die Erreichung dieses Ziels in Betracht kommt, beurteilt sich aufgrund von Tatsachen, deren Grundlage hier die entsprechenden Schadensstatistiken sind. Diese weisen aber gerade für die nicht aufgeführten Rassen Schäferhund, Rottweiler, Dobermann und Boxer eine hohe Schadenshäufigkeit auf (Verband für das deutsche Hundewesen/Unshelm, „Kampfhunde?", Gefährliche Hunde?, 1997, 20 ff.). Zwar besitzen Gesetzgeber und Verwaltung – nunmehr auf der Abwägungsebene – einen Entscheidungsspielraum, ob sie diese Rassen aufnehmen, eine negative Entscheidung verlangt wegen der Tripolarität des Rechtsverhältnisses aber jedenfalls einen sachlichen Grund, warum dies nicht geschieht. Diese Hunde nur deshalb nicht einzubeziehen, weil dies wegen ihres häufigen Vorkommens einen hohen Verwaltungsaufwand bedeuten würde (VerfGH Bayern NVwZ-RR 1995, 266 f.) oder gar deshalb darauf zu verzichten, weil sie sich traditionell großer Beliebtheit – bei potentiellen Wählern – erfreuen (Lisken/Denninger PolR-HdB/Graulich E Rn. 70), steht in keinem Bezug zur Gefahrenabwehr als Zweck der Verordnungsermächtigung. In diesem Zusammenhang vermag auch nicht der Hinweis auf die Rechtsprechung des BVerfG zu überzeugen, das ein Einfuhr- und Verbringungsverbot für Hunde bestimmter Rassen und sowie deren Kreuzungen bestätigt hat (BVerGE 110, 141 (159 ff.); Möstl JURA 2005, 48; Pestalozza NJW 2004, 1840). Zum einen betraf diese Entscheidung mit ihrer außenwirtschaftsrechtlichen Zielrichtung lediglich die Chance, bestimmte Hunde veräußern und erwerben zu dürfen, nicht aber den einzelnen Hundehalter, der bereits einen Hund besitzt und damit wesentlich intensiveren Einschränkungen unterliegt. Zum anderen waren die maßgeblichen Statistiken noch nicht in der Weise vorhanden, wie dies heute der Fall ist, was das Gericht auch ausdrücklich festgestellt und somit unter veränderten Bedingungen ein abweichendes Ergebnis indirekt für möglich gehalten hat (BVerfGE 110, 141 (159 ff.)). 6.1

Wie die Verordnungsgeneralklausel eröffnet Abs. 1 dem Verordnungsgeber die Möglichkeit, Gebote oder Verbote vorzusehen. Die Rechtsfolgenanordnung ist also nicht auf eine ganz bestimmte Maßnahme eingegrenzt, sondern der Verordnungsgeber ist – im Rahmen der allgemeinen Schranken, die die Rechtsordnung ihm immer setzt – frei, seine Reaktionen auf gefährliche Hunde festzulegen. Dementsprechend sieht die Hessische Hundeverordnung ein ganzes Maßnahmenbündel vor (zB einen Erlaubnisvorbehalt (§ 1 Abs. 3 HessHundeVO), einen Leinen-und Maulkorbzwang (§ 9 HessHundeVO) sowie die Sicherstellung und Tötung (§ 14 HessHundeVO; Einzelheiten zur HessHundeVO bei Hornmann HSOG § 13 ff.). 7

Dass die Vermehrung von gefährlichen Hunden untersagt werden kann – was durch § 13 HessHundeVO umgesetzt worden ist –, dient lediglich der Klarstellung („insbesondere"). S. 3 ist der Vorschrift durch das Änderungsgesetz v. 25.6.2018 (HessGVBl. 302) angefügt worden. Durch die Ergänzung wird die Option geschaffen, zur Gefahrenvorsorge in der HessHundeVO Sachkunderegelungen für das Halten und Führen aller Hunde zu treffen sowie eine Chip- und Registrierungspflicht vorzusehen (vgl. Begründung, LT-Drs. 19/6502). Damit werden im Ergebnis die Vollzugs- und Kontrollmöglichkeiten verbessert. Mit der Registrierung können auch nichtstaatliche Stellen beauftragt werden. Bislang hat der Verordnungsgeber von dieser Ermächtigung noch nicht Gebrauch gemacht.

II. Haftpflichtversicherung (Abs. 2)

8 Die Pflicht zum Abschluss einer Haftpflichtversicherung, die mindestens eine Deckungssumme von 500.000 EUR vorsehen muss (Abs. 2), hat **keine präventive gefahrenabwehrrechtliche Zielsetzung** im klassischen Sinn. Vielmehr dient diese Pflicht dazu, die Folgen eines Schadenseintritts **auszugleichen,** indem sichergestellt werden soll, dass der durch einen gefährlichen Hund Geschädigte einen zahlungskräftigen Schuldner erhält. Die Vorschrift ermächtigt dabei nicht den Verordnungsgeber zu einer entsprechenden Regelung, sondern wirkt selbst unmittelbar pflichtenbegründend. Die Begründung der Versicherungspflicht setzt allerdings ihrerseits voraus, dass der Verordnungsgeber eine Bestimmung über die Erlaubnispflicht gefährlicher Hunde getroffen hat (Hornmann HSOG Rn. 12), was durch § 1 Abs. 3 HessHundeVO geschehen ist.

§ 72 Gefahrenabwehrverordnungen der Ministerinnen, Minister und Regierungspräsidien

(1) Die Ministerin oder der Minister des Innern und für Sport und im Benehmen mit ihr oder ihm die zuständigen Ministerinnen und Minister können Gefahrenabwehrverordnungen für das ganze Land oder Teile des Landes, die über das Gebiet eines Regierungspräsidiums hinausgehen, erlassen.

(2) Die Regierungspräsidien können Gefahrenabwehrverordnungen für den gesamten Regierungsbezirk oder Teile ihres Regierungsbezirks, die über das Gebiet eines Landkreises oder einer kreisfreien Stadt hinausgehen, erlassen.

Überblick

§ 72 regelt – wie auch die beiden folgenden Vorschriften (§§ 73, 74) – Zuständigkeiten im Bereich der Gefahrenabwehrverordnungen.

A. Allgemeine Charakterisierung und rechtlicher Rahmen

1 Die Vorschrift (entsprechend § 13 BWPolG, Art. 42 BayLStVG, § 55 NPOG, § 26 NRWOBG) gilt ihrem Wortlaut („Gefahrenabwehrverordnungen") und ihrer systematischen Stellung entsprechend sowohl für die auf **§ 71** als auch für die auf **§ 71a** gestützten **Verordnungen.** Ferner ist die Vorschrift – entgegen ihrem Wortlaut – nicht nur auf den (erstmaligen) Erlass, sondern auch auf die **Änderung** und **Aufhebung** (=**actus contrarius**) einer Verordnung anwendbar, was im Übrigen auch auf § 73 zutrifft. Ein Verstoß gegen die Zuständigkeitsvorschriften führt zur formellen Rechtswidrigkeit und damit zur Unwirksamkeit der Verordnung, da bei Rechtsverordnungen nicht zwischen Rechtmäßigkeit und Rechtswirksamkeit zu trennen ist (→ § 71 Rn. 19).

2 Gefahrenabwehrverordnungen können von verschiedenen Stufen der **Behördenhierarchie** erlassen werden, sodass auf „lokale Besonderheiten" (so Lisken/Denninger PolR-HdB/Graulich E Rn. 81) reagiert werden kann. Die Anwendbarkeit der jeweiligen Zuständigkeitsvorschrift richtet sich nach dem Prinzip der **Subsidiarität:** Die Zuständigkeit der in der Behördenhierarchie übergeordneten Behörde setzt jeweils voraus, dass der räumliche Bereich der nachgeordneten Behörde überschritten wird. Die §§ 72–76 stellen damit zugleich Rege-

lungen der **instanziellen** wie auch der **räumlichen Zuständigkeit** (zu den Zuständigkeitsarten, vgl. Ipsen AllgVerwR Rn. 228 ff.) dar. Zudem wird auch die sachliche Zuständigkeit festgelegt (zu restriktiv daher RSPHFMW HSOG/HundeVO § 72). So ist den Zuständigkeitsvorschriften etwa gemeinsam, dass nur die Gefahrenabwehrbehörden (§ 1 Abs. 1 S. 1, §§ 82 ff.), nicht aber die Polizeibehörden für zuständig erklärt werden (FLS PolR Hessen Kap. J Rn. 89). § 72 legt die Zuständigkeit der obersten (Ministerien: Abs. 1) und mittleren (Regierungspräsidien: Abs. 2) Behördenstufe fest.

B. Einzelerläuterungen

I. Gefahrenabwehrverordnungen der Minister (Abs. 1)

Abs. 1 Alt. 1 weist der Ministerin bzw. dem Minister des Innern und für Sport die Zuständigkeit für Gefahrenabwehrverordnungen zu. Der Gesetzgeber hat demnach hier von der ihm durch Art. 107 HessVerf eingeräumten Möglichkeit Gebrauch gemacht und statt der Landesregierung einer **einzelnen Ministerin** bzw. einem **einzelnen Minister** die Rechtsverordnungskompetenz übertragen (Hornmann HSOG Rn. 2). Sonstige „zuständige" Ministerinnen oder Minister können nach Abs. 1 Alt. 2 ebenfalls Rechtsverordnungen erlassen, allerdings nur im „Benehmen" mit der Ministerin oder dem Minister des Innern. Ob eine sonstige Ministerin oder ein Minister „zuständig" ist, richtet sich nach dem Beschluss über die Zuständigkeit der einzelnen Minister (v. 9.3.2009, HessGVBl. I 140), der aufgrund des Art. 104 Abs. 2 S. 1 HessVerf ergangen ist. Der Begriff des „Benehmens" findet sich erst seit 2002 (Erstes Gesetz zur Verwaltungsstrukturreform v. 20.6.2002, HessGVBl. I 342) im Gesetz, zuvor war ein „Einvernehmen" mit der Ministerin bzw. dem Minister des Innern erforderlich. Einvernehmen bedeutet mehr als Benehmen: Während das Einvernehmen eine positive Zustimmung – ein Einverständnis – verlangt, reicht für die Herstellung des Benehmens bereits eine „gegenseitige Fühlungnahme" (BVerwG NVwZ-RR 2006, 337 in Anknüpfung an BVerwGE 22, 342 = NJW 1966, 513) – also im Ergebnis eine Information – aus (widersprüchlich Hornmann HSOG Rn. 3 einerseits und Rn. 4 andererseits). Da diese Begriffsauslegung – etwa aus dem Kommunalrecht (§ 58 Abs. 5 S. 1 HGO; RRSSBERS HGO/Schmidt HGO § 58 Rn. 5) – allgemein bekannt sein dürfte, ist die Entscheidung des Gesetzgebers als **bewusste Stärkung der Entscheidungskompetenz** der sonstigen zuständigen Ministerinnen und Minister im Verhältnis zum Innenressort zu werten. 3

Ferner setzt die Zuständigkeit der Ministerialebene in jedem Fall voraus, dass es sich um eine Gefahrenabwehrverordnung handelt, die für das **ganze Land** oder zumindest **für Teile** davon, die über das Gebiet eines Regierungspräsidiums hinausgehen, gelten soll. Ob letzteres der Fall ist, richtet sich nach dem RegPräsBezG (Gesetz über die Regierungspräsidien und Regierungsbezirke des Landes Hessen v. 16.9.2011, HessGVBl. I 420). 4

II. Gefahrenabwehrverordnungen der Regierungspräsidien (Abs. 2)

Durch Abs. 2 wird der verwaltungsorganisationsrechtlichen **Mittelinstanz** eine Zuständigkeit für Gefahrenabwehrverordnungen übertragen. Die Regierungspräsidien können danach für ihren Regierungsbezirk oder für Teile ihres Regierungsbezirks, die über das Gebiet eines Landkreises oder einer kreisfreien Stadt hinausgehen, Gefahrenabwehrverordnungen erlassen (bzw. diese ändern oder aufheben). Auch insofern ist für die räumliche Festlegung das RegPräsBezG (Gesetz über die Regierungspräsidien und Regierungsbezirke des Landes Hessen v. 16.9. 2011, HessGVBl. I 420) maßgeblich (Hornmann HSOG Rn. 6). 5

§ 73 Gefahrenabwehrverordnungen der Landkreise

[1]Die Landkreise können Gefahrenabwehrverordnungen für den ganzen Kreis oder mehrere kreisangehörige Gemeinden erlassen. [2]Die Gefahrenabwehrverordnungen der Landkreise werden vom Kreistag beschlossen. [3]Vor dem Erlass einer Gefahrenabwehrverordnung für mehrere kreisangehörige Gemeinden sind diese zu hören.

Überblick

§ 73 trifft Zuständigkeits- und Verfahrensregelungen im Bereich der Gefahrenabwehrverordnungen für die untere – überörtliche – Verwaltungsebene.

A. Allgemeine Charakterisierung und rechtlicher Rahmen

1 § 73 (entsprechend § 13 BWPolG, Art. 42 BayLStVG, § 55 NPOG, § 27 NRWOBG) ist im Zusammenhang mit §§ 72, 74 zu sehen, die entsprechende Regelungen für Gefahrenabwehrverordnungen der anderen Verwaltungsebenen treffen (vgl. zur Systematik → § 72 Rn. 2).

B. Einzelerläuterungen

2 S. 1 weist den **Landkreisen** die Zuständigkeit für Gefahrenabwehrverordnungen zu, die für den ganzen Kreis oder auf dem Gebiet mehrerer kreisangehöriger Gemeinden gelten. Neben der **instanziellen** und **räumlichen Zuständigkeit** ist hiermit eine Regelung der **sachlichen Zuständigkeit** in Form der **Verbandszuständigkeit** (näher Ipsen AllgVerwR Rn. 230 f.) verbunden. Die räumliche Anknüpfung ist wörtlich zu verstehen: Sofern sich der Geltungsbereich einer Verordnung nur auf **eine** kreisangehörige Gemeinde erstrecken soll, ist der Landkreis nicht zuständig (Hornmann HSOG Rn. 1); eine andere Auslegung würde eine Umgehung der gerade auf diesen Fall zugeschnittenen Vorschrift des § 74 darstellen.

3 Innerhalb des Landkreises ist der **Kreistag** für den Beschluss über Gefahrenabwehrverordnungen zuständig (S. 2). Das Gefahrenabwehrrecht enthält insofern auch eine Bestimmung zur **Organzuständigkeit.** Für die Beschlussfassung selbst sind die Vorschriften der HKO einzuhalten (§§ 21 ff. HKO; Hornmann HSOG Rn. 2; RSPHFMW HSOG/HundeVO § 73).

4 Falls eine Gefahrenabwehrverordnung (lediglich) für mehrere Gemeinden gelten soll, sind die **betroffenen Gemeinden zu hören.** Da Rechtsverordnungen inhaltlich durch staatliche Aufgaben gekennzeichnet sind, erklärt sich diese Verfahrensvorschrift nur aus dem in Hessen geltenden Modell des monistischen Wirkungskreises (§ 2 S. 1; ausf. RRSSBERS HGO § 2 Anm. 1.2); die verfassungsrechtliche Selbstverwaltungsgarantie ist durch Gefahrenabwehrverordnungen gerade nicht betroffen. Warum dann aber das Anhörungserfordernis wörtlich verstanden wird und gerade für den Fall nicht gelten soll, in dem eine Verordnung für das gesamte Kreisgebiet Geltung beansprucht (so die allgA, vgl. etwa Hornmann HSOG Rn. 4; RSPHFMW HSOG/HundeVO § 73), ist nur schwer verständlich. Konsequenterweise müsste man auch hier eine Anhörung durchführen. Da die Anhörung nur dann ihr Ziel einer politischen Mitsprache der Gemeinden erreichen kann, wenn die anzuhörenden Gemeinden die Möglichkeit bekommen, mit ihren Argumenten vom Kreistag wahrgenommen zu werden, ist der Entwurf des Beschlusses des Kreistags den Gemeinden in angemessener Zeit vor der Beschlussfassung zuzuleiten (Hornmann HSOG Rn. 4). Ob das Anhörungserfordernis nur für den Erlass oder auch die **Änderung** bzw. **Aufhebung** einer Gefahrenabwehrverordnung gilt, ist bislang nicht thematisiert worden, jedoch von seinem Zweck her zu bejahen. Ein Verstoß gegen die Anhörungsverpflichtung führt zur Unwirksamkeit der betroffenen Verordnung (Hornmann HSOG Rn. 4).

5 Eine **Genehmigung** der Gefahrenabwehrverordnung durch die **Kommunalaufsichtsbehörde** ist seit dem Dritten Gesetz zur Rechts- und Verwaltungsvereinfachung (v. 17.12.1998, HessGVBl. I 562) nicht mehr erforderlich.

§ 74 Gefahrenabwehrverordnungen der Gemeinden

[1]Die Gemeinden können für ihr Gebiet Gefahrenabwehrverordnungen erlassen. [2]Die Gefahrenabwehrverordnungen werden von der Gemeindevertretung beschlossen.

Überblick

§ 74 regelt die Zuständigkeit für Gefahrenabwehrverordnungen auf der – kleinsten – örtlichen Ebene.

A. Allgemeine Charakterisierung und rechtlicher Rahmen

Die Vorschrift (entsprechend § 13 BWPolG, Art. 42 BayLStVG, § 55 NPOG, § 27 NRWOBG) ist im Zusammenhang mit den Zuständigkeitsvorgaben für die anderen Verwaltungsebenen zu sehen (vgl. zur Systematik → § 72 Rn. 2). 1

B. Einzelerläuterungen

Für den Fall, dass eine Gefahrenabwehrverordnung nur auf dem Gebiet einer einzelnen Gemeinde gelten soll, ist diese Gemeinde zuständig (S. 1). Die Vorschrift gilt dabei **für alle Gemeinden,** also gleichermaßen für kreisfreie Städte, Sonderstatusstädte und sonstige kreisangehörige Gemeinden. Während S. 1 der Vorschrift – neben der **örtlichen** und **instanziellen** – die **sachliche Zuständigkeit** in Form der **Verbandszuständigkeit** festlegt, regelt S. 2 die **Organzuständigkeit** innerhalb der Gemeinde (zu den Zuständigkeitsarten, vgl. Ipsen AllgVerwR Rn. 228 ff.). Danach beschließen die Gemeindevertretungen über die Gefahrenabwehrverordnungen. Die Beschlussfassung unterliegt den kommunalrechtlichen Rechtmäßigkeitsanforderungen (§§ 49 ff. HGO; Hornmann HSOG Rn. 2). 2

Eine **Genehmigung** der Gefahrenabwehrverordnung durch die **Kommunalaufsichtsbehörde** ist seit dem Dritten Gesetz zur Rechts- und Verwaltungsvereinfachung (v. 17.12.1998, HessGVBl. I 562) nicht mehr erforderlich. 3

§ 75 Verbot des Widerspruchs zu anderen Rechtsvorschriften

(1) [1]Gefahrenabwehrverordnungen dürfen keine Bestimmungen enthalten, die zu Gesetzen oder Rechtsverordnungen in Widerspruch stehen. [2]Gefahrenabwehrverordnungen der Gemeinden dürfen keine Bestimmungen enthalten, die in Widerspruch zu den Gefahrenabwehrverordnungen der Ministerinnen und der Minister, des Regierungspräsidiums oder des Landkreises stehen. [3]Entsprechendes gilt für die Gefahrenabwehrverordnungen der Regierungspräsidien und der Landkreise.

(2) [1]Ist eine Angelegenheit durch Gefahrenabwehrverordnung einer Ministerin oder eines Ministers geregelt, so darf sie nur insoweit durch Gefahrenabwehrverordnung eines Regierungspräsidiums, eines Landkreises oder einer Gemeinde ergänzend geregelt werden, als die Gefahrenabwehrverordnung der Ministerin oder des Ministers dies ausdrücklich zulässt. [2]Entsprechendes gilt für die Gefahrenabwehrverordnungen der Regierungspräsidien und der Landkreise.

Überblick

§ 75 trifft Regelungen für den Fall der Kollision einer Gefahrenabwehrverordnung mit anderen Rechtsvorschriften.

A. Allgemeine Charakterisierung und rechtlicher Rahmen

Die in § 75 (entsprechend § 11 BWPolG, Art. 45 Abs. 1 BayLStVG, § 28 NRWOBG) geregelten Folgen ergeben sich bereits weitgehend aus dem **Verfassungsrecht;** insoweit hat § 75 lediglich eine **klarstellende Funktion.** Eine eigenständige Bedeutung erlangt § 75 teilweise dadurch, dass die Vorschrift auch das Verhältnis der Gefahrenabwehrverordnungen der in §§ 72 ff. bestimmten Verordnungsgeber untereinander regelt. 1

B. Einzelerläuterungen

I. Kollision einer Gefahrenabwehrverordnung mit Gesetzen und sonstigen Rechtsverordnungen (Abs. 1 S. 1)

2 Gefahrenabwehrverordnungen dürfen nicht mit Gesetzen oder (anderen) Rechtsverordnungen in Widerspruch stehen (Abs. 1 S. 1). Für gesetzliche Regelungen (des Bundes oder des Landes) im Sinne förmlicher Gesetze versteht sich dies von selbst, da insoweit der **rechtsstaatliche Grundsatz vom Vorrang des Gesetzes** gilt (Art. 20 Abs. 3 GG). Dass die Verfassungen (GG, HessVerf) als besondere förmliche Gesetze und höchste Stufe der innerstaatlichen „Normenpyramide" Vorrang genießen, ist ebenfalls im Rechtsstaatsprinzip angelegt und selbstverständlich (zur Rechtsquellenlehre, vgl. Ipsen AllgVerwR Rn. 96 ff.). **Rechtsverordnungen** stehen dagegen auf derselben Normenstufe, sodass der Rang in der Normenhierarchie insoweit keine Rolle spielen kann. Da das Verhältnis der Gefahrenabwehrverordnungen der durch §§ 72 ff. bestimmten Normgeber in Abs. 1 S. 2 und S. 3 speziell geregelt ist, werden durch Abs. 1 S. 1 nur die Rechtsverordnungen erfasst, die nicht auf §§ 71 ff. gestützt werden. Für die **Rechtsverordnungen des Bundes** ergibt sich ein Vorrang vor den Gefahrenabwehrverordnungen allerdings bereits aus **Art. 31 GG.** Auch insofern handelt es sich bei Abs. 1 S. 1 lediglich um eine Klarstellung. Die (sonstigen) Rechtsverordnungen, die dem **Landesrecht** zugerechnet werden, können von Abs. 1 S. 1 jedoch nur dann erfasst werden, wenn es sich um die Verordnung einer übergeordneten Behörde handelt, da ansonsten der allgemeine Kollisionsgrundsatz, dass eine höherrangige („lex superior") eine Norm niedrigeren Rangs („lex inferior") verdrängt, verletzt würde (ohne das Problem direkt anzusprechen auch Hornmann HSOG Rn. 2). Entgegen seinem Wortlaut räumt Abs. 1 S. 1 also nur den Rechtsverordnungen gegenüber einer Gefahrenabwehrverordnung Vorrang ein, deren Normgeber in der **Behördenhierarchie höherrangig** ist. So genießt die sonstige Rechtsverordnung eines Regierungspräsidiums niemals Vorrang vor einer ministeriellen Gefahrenabwehrverordnung. Bei einem Normgeber derselben Stufe ist dagegen auf andere **allgemeingültige Kollisionsgrundsätze** zurückzugreifen (zB die „lex-posterior-Regelung"). Im Ergebnis kommt Abs. 1 S. 1 somit eine bloß deklaratorische Funktion zu.

3 Zu einem „Widerspruch" zu Gesetzen oder höherrangigen Verordnungen kommt es nicht nur bei **divergierenden Regelungen,** sondern auch wenn der Wille des vorrangigen Gesetz- oder Verordnungsgebers darauf gerichtet ist, die **Materie abschließend zu regeln** (Hornmann HSOG Rn. 3). Ob dies der Fall ist, muss durch Auslegung ermittelt werden, wobei die im Bereich der konkurrierenden Gesetzgebung entwickelten Grundsätze (dazu der Überblick bei Ipsen/Kaufhold/Wischmeyer, Staatsrecht I, 34. Aufl. 2022, Rn. 561 ff.) eine Hilfestellung bieten können. Aus Gründen der **Rechtsklarheit** erscheint es ferner angezeigt, auch eine Wiederholung vorrangiger Regelungen durch Gefahrenabwehrverordnung als unzulässig anzusehen.

II. Kollision der Gefahrenabwehrverordnungen verschiedener Normgeber (Abs. 1 S. 2 und S. 3)

4 Abs. 1 S. 2 und S. 3 ist die Konsequenz aus der Bestimmung verschiedener Verwaltungsträger und Organe zu Normgebern von Gefahrenabwehrverordnungen (§§ 72 ff.). Die Vorschriften bestimmen dabei ein **striktes Rangverhältnis:** Die Gefahrenabwehrverordnungen der Ministerinnen und Minister bilden die höchste Stufe, danach folgen in dieser Reihenfolge die Verordnungen der Regierungspräsidien, der Landkreise und der Gemeinden (Hornmann HSOG Rn. 5). Eine entsprechende Rangfolge hätte sich allerdings ebenfalls infolge der schlichten Anwendung des Kollisionsgrundsatzes „lex superior derogat legi inferior" ergeben. Hinsichtlich der Feststellung eines „Widerspruchs" zwischen den Regelungen ist grundsätzlich auf die Ausführungen zu Abs. 1 S. 1 zu verweisen. Allerdings wird die Klärung der Frage, ob eine abschließende Regelung gewollt war, durch Abs. 2 erleichtert.

III. Ergänzende Regelungen (Abs. 2)

5 Die Kollisionsregel des Abs. 1 S. 2 und S. 3 wird durch Abs. 2 fortgeschrieben (so auch Hornmann HSOG Rn. 6). Danach dürfen Gefahrenabwehrverordnungen einer niedrigeren

Stufe die Regelung einer höheren Stufe nur dann **ergänzen,** wenn die Gefahrenabwehrverordnung der höheren Stufe dies ausdrücklich zulässt, also eine entsprechende Ermächtigung enthält.

§ 76 Inhalt

(1) [1]Gefahrenabwehrverordnungen müssen in ihrem Inhalt bestimmt sein. [2]Hinweise auf Anordnungen außerhalb von Gefahrenabwehrverordnungen sind unzulässig, soweit diese Anordnungen Gebote oder Verbote von unbeschränkter Dauer enthalten.

(2) [1]Soweit Gefahrenabwehrverordnungen, deren Geltungsbereich sich über das gesamte Gebiet des Landes erstreckt, bauliche sowie sonstige technische Anlagen oder Geräte betreffen, kann in ihnen hinsichtlich der technischen Vorschriften auf Bekanntmachungen besonderer sachverständiger Stellen verwiesen werden. [2]Die Art der Veröffentlichung dieser Bekanntmachungen ist zu bestimmen. [3]Auf die Art der Veröffentlichung ist im Staatsanzeiger für das Land Hessen hinzuweisen.

Überblick

Abs. 1 S. 1 (→ Rn. 2) statuiert mit dem Bestimmtheitsgrundsatz eine Tatbestandsvoraussetzung für die materielle Rechtmäßigkeit von Gefahrenabwehrverordnungen. Die Vorschrift sieht gleichzeitig Ausnahmen von der Geltung dieses Grundsatzes vor (→ Rn. 5).

A. Allgemeine Charakterisierung und rechtlicher Rahmen

1 Die Überschrift der Vorschrift („Inhalt“) ist insofern missverständlich, als die hier formulierten inhaltlichen Voraussetzungen **nicht abschließend zu verstehen** sind; so stellen bspw. auch die „abstrakte Gefahr“ oder der Verhältnismäßigkeitsgrundsatz inhaltliche Anforderungen an Gefahrenabwehrverordnungen auf. Ein Verstoß gegen § 76 (entsprechend § 57 NPOG, § 29 NRWOBG) hat die **Nichtigkeit** der Verordnung zur Folge (Hornmann HSOG Rn. 1).

B. Einzelerläuterungen

I. Bestimmtheitsgrundsatz (Abs. 1 S. 1)

2 Der Inhalt einer Gefahrenabwehrverordnung muss bestimmt (genug) sein (Abs. 1 S. 1). Der **Bestimmtheitsgrundsatz** ergibt sich bereits aus dem **Rechtsstaatsprinzip** (Art. 20 Abs. 3 GG) und gilt für alle Normenkategorien (BVerfGE 59, 104 (114) mwN); auch ohne ausdrückliche Normierung müssten Gefahrenabwehrverordnungen aus Gründen der **Rechtssicherheit** und **-klarheit** folglich das Bestimmtheitserfordernis wahren. Aus der expliziten Bestimmung wird teilweise geschlossen, dass dem Verordnungsgeber im Bereich der Gefahrenabwehr engere Grenzen gesetzt seien als auf sonstigen Regelungsfeldern (so etwa Hornmann HSOG Rn. 3). Was diese engeren Grenzen ausmachen soll, wird jedoch nicht weiter konkretisiert. Sofern hier nur eine besondere Sensibilität des Verordnungsgebers angemahnt wird, ist diese Mahnung jedenfalls nicht zwingend notwendig: Auch bei der Umsetzung des allgemeinen Bestimmtheitsgrundsatzes steigen nämlich die Anforderungen, wenn – was bei gefahrenabwehrrechtlichen Geboten und Verboten regelmäßig der Fall ist – besonders wesentliche (Grund-)Rechtsgüter betroffen sind (VGH Kassel NVwZ 1989, 484 (490); VGH München NJW 1982, 2570). Demnach enthält Abs. 1 S. 1 **keinen besonderen Bestimmtheitsgrundsatz mit eigenem Inhalt,** sondern ist lediglich als **Wiederholung** des allgemeinen Bestimmtheitsgrundsatzes zu verstehen, die den Verordnungsgeber an seine rechtsstaatliche Bindung **erinnern** soll.

3 Aus dem Bestimmtheitserfordernis folgt, dass der Normadressat aus der Vorschrift genau erkennen können muss, **welches Verhalten** ihm ver- oder geboten wird (aus neuerer Zeit, vgl. nur BVerfGE 107, 396 (416); vgl. ferner Götz/Geis PolR § 22 Rn. 44; Gusy PolR

Rn. 408), was die hinreichende Bestimmtheit sowohl des Tatbestands als auch der Rechtsfolge voraussetzt (Hornmann HSOG Rn. 2). Das Bestimmtheitsgebot schließt allerdings die Verwendung **unbestimmter Rechtsbegriffe** nicht aus. Diese sind zwar begriffsnotwendig auslegungsbedürftig (ausf. Ipsen AllgVerwR Rn. 462 ff.). Es reicht aber aus, dass sich aus dem Wortlaut, der Zielsetzung und dem Regelungszusammenhang der Norm **objektive Kriterien** dafür gewinnen lassen, was von dem Normadressaten erwartet wird (BVerwGE 96, 110; Hornmann HSOG Rn. 2), wobei selbstverständlich kein juristisches Spezialwissen unterstellt werden kann. Unter Heranziehung dieser Kriterien ist bspw. die Formulierung in einer Verordnung, nach der es verboten war, sich auf öffentlichen Straßen „nach Art eines Land- oder Stadtstreichers herumzutreiben", für zu unbestimmt gehalten worden (VGH Mannheim NJW 1984, 507). Ebenfalls als zu unbestimmt wurde das Verbot angesehen, zum Zwecke des Alkoholkonsums an einem Ort zu lagern oder zu verweilen, wenn „die Auswirkungen geeignet sind, Dritte zu belästigen" (VGH Mannheim NVwZ-RR 2010, 55).

4 Ein Element des Bestimmtheitsgebots ist die **Vollständigkeit** der Gefahrenabwehrverordnung. Die Verordnung muss also grundsätzlich alle Regelungen selbst – in ihrem Wortlaut – treffen und darf nicht auf andere Texte wie zB ein Antragsformular verweisen (Götz/Geis PolR § 22 Rn. 38; Hornmann HSOG Rn. 4). Hiervon ausgenommen sind allerdings Verweise auf andere genau bezeichnete gesetzliche Bestimmungen, soweit sie lediglich ergänzende Tatbestandsmerkmale (zB Einzelheiten zum Ort, zur Zeit oder Art der vorzunehmenden oder zu unterlassenden Handlung; vgl. schon PrOVGE 105, 138 (140)), nicht aber das grundsätzliche Ge- oder Verbot an sich enthalten (DWVM Gefahrenabwehr 507, 509; Hornmann HSOG Rn. 4 unter Hinweis auf BVerfGE 5, 25; 8, 274). Weitere Ausnahmen ergeben sich aus den folgenden Bestimmungen der Norm (→ Rn. 5).

II. Einschränkungen des Bestimmtheitsgebots

1. Verweise auf Anordnungen von beschränkter Dauer (Abs. 1 S. 2)

5 Bei Abs. 1 S. 2, wonach Hinweise auf dauerhafte Anordnungen von Ge- oder Verboten außerhalb einer Gefahrenabwehrverordnung unzulässig sind, handelt es sich zunächst einmal um eine **Konkretisierung des Vollständigkeitsgebots.** Als „Anordnungen" werden amtliche Verlautbarungen wie Verbotstafeln oder Signale qualifiziert, nicht jedoch gesetzliche Bestimmungen, für die ohnehin eine Ausnahme vom Vollständigkeitsgebot gelten soll (→ Rn. 4). Im Umkehrschluss folgt aus Abs. 1 S. 2 ferner, dass Verweise auf derartige Anordnungen, die lediglich eine **beschränkte zeitliche Dauer** haben sollen, zulässig sind (Hornmann HSOG Rn. 5). Eine feste Größenordnung für die Bestimmung einer „beschränkten Dauer" existiert naturgemäß nicht. Der Ausnahmecharakter gebietet indes ein enges Verständnis, sodass es sich allenfalls um auf Monate angelegte Anordnungen handeln darf (DWVM Gefahrenabwehr 508). Da gesetzliche Bestimmungen über eine höhere demokratische Legitimation verfügen als die in Abs. 1 S. 2 bezeichneten „Anordnungen", muss diese Ausnahme erst recht für gesetzliche Bestimmungen gelten. Somit ist auch der zeitlich beschränkte Verweis einer Gefahrenabwehrverordnung auf nicht bloß ergänzende Rechtsnormen, die ein Ver- oder Gebot enthalten, zulässig.

2. Verweis auf technische Bestimmungen (Abs. 2)

6 Eine weitere Ausnahme vom Vollständigkeitsgebot findet sich in Abs. 2 S. 1. Danach kann in Gefahrenabwehrverordnungen, deren Geltungsbereich sich auf das gesamte Gebiet des Landes erstreckt, hinsichtlich der **technischen Vorschriften** auf Bekanntmachungen besonderer sachverständiger Stellen verwiesen werden, wenn die Gefahrenabwehrverordnung bauliche oder sonstige technische Anlagen oder Geräte betrifft. Der Anwendungsbereich dieser Ausnahmevorschrift ist in zweifacher Hinsicht beschränkt. Zum einen werden nur ministeriale Gefahrenabwehrverordnungen erfasst, da nur sie einen Geltungsbereich haben können, der das gesamte Land betrifft (§ 72 Abs. 1 Alt. 1; Hornmann HSOG Rn. 6). Zum anderen ist der Regelungsgegenstand der unter Abs. 2 S. 1 fallenden Verordnungen auf die Normen begrenzt, die technische Anlagen oder Geräte betreffen. Anlagen sind dabei typischerweise ortsfest; Geräte (zB Maschinen und Fahrzeuge) sind dagegen ortsveränderlich (vgl. § 3 Abs. 5

BImSchG, wo das ortsveränderliche „Gerät" allerdings als Unterfall der Anlage verstanden wird). Auch die Rechtsfolge der Ausnahmebestimmung ist beschränkt: Falls es sich um eine derartige Verordnung handelt, darf ausschließlich hinsichtlich der technischen Vorschriften auf Bekanntmachungen sachverständiger Stellen verwiesen werden, also mit anderen Worten nicht hinsichtlich des Ge- oder Verbots an sich. Derartige Bekanntmachungen sind etwa die DIN-Vorschriften und die Bekanntmachungen der Technischen Überwachungsvereine oder des VDI (so Hornmann HSOG Rn. 6). Hintergrund der **Ausnahmevorschrift** ist, dass diese Regelwerke Ausdruck eines speziellen technischen Sachverstands sind, auf den sich der Gesetzgeber grundsätzlich verlassen muss (zur Problematik DWVM Gefahrenabwehr 509 ff.). Falls sich die technischen Vorschriften ändern, ist die Verordnung entsprechend anzupassen; ein dynamischer Verweis wird für unzulässig gehalten (DWVM Gefahrenabwehr 510; Hornmann HSOG Rn. 6; RSPHFMW HSOG/HundeVO Anm. 2).

Damit der Normadressat auch im Fall dieser Ausnahmebestimmung die Folgen seines Handelns einschätzen kann (DWVM Gefahrenabwehr 511), ist nach Abs. 2 S. 1 die **Art der Veröffentlichung der Bekanntmachung der technischen Vorschrift** zu bestimmen. Auf die Art der Veröffentlichung ist im Hessischen Staatsanzeiger hinzuweisen (Abs. 2 S. 3). **7**

§ 77 Ordnungswidrigkeiten

(1) Ordnungswidrig handelt, wer vorsätzlich oder fahrlässig den Geboten oder Verboten einer aufgrund dieses Gesetzes erlassenen Gefahrenabwehrverordnung zuwiderhandelt, soweit die Gefahrenabwehrverordnung für einen bestimmten Tatbestand auf diese Bußgeldvorschrift verweist.

(2) [1]Die Ordnungswidrigkeit kann mit einer Geldbuße bis zu fünftausend Euro geahndet werden. [2]Ist eine Ordnungswidrigkeit nach Abs. 1 begangen worden, so können

1. Gegenstände, auf die sich die Ordnungswidrigkeit bezieht, und
2. Gegenstände, die zu ihrer Begehung oder Vorbereitung gebraucht worden oder bestimmt gewesen sind,

eingezogen werden, soweit die Gefahrenabwehrverordnung für einen bestimmen Tatbestand auf diese Bestimmung verweist. [3]§ 23 des Gesetzes über Ordnungswidrigkeiten ist anzuwenden.

(3) [1]Verwaltungsbehörde im Sinne des § 36 Abs. 1 Nr. 1 des Gesetzes über Ordnungswidrigkeiten ist die örtliche Ordnungsbehörde. [2]Für Gefahrenabwehrverordnungen, die die Ministerin oder der Minister des Innern oder eine andere Ministerin oder ein anderer Minister erlässt, kann eine hiervon abweichende Zuständigkeitsregelung nach § 36 Abs. 2 des Gesetzes über Ordnungswidrigkeiten getroffen werden.

Überblick

Auszug aus der VVHSOG (gem. Erlass des Hessischen Ministeriums des Innern und für Sport v. 29.11.2022 (StAnz. 50/2022, 1384) zum 1.1.2025 mangels eines erneuten Verlängerungserlasses ersatzlos außer Kraft getreten):

Zu § 77

77. Ordnungswidrigkeiten

Abs. 2 eröffnet die Möglichkeit der Einziehung, sofern eine Gefahrenabwehrverordnung für einen bestimmten Tatbestand auf diese Bestimmung verweist.

§ 77 flankiert die präventiv-steuernde Zielsetzung des Verordnungserlasses durch eine Sanktionsandrohung nach Maßgabe des Ordnungswidrigkeitenrechts.

A. Allgemeine Charakterisierung und rechtlicher Rahmen

Verkürzt gesagt ermächtigt § 77 (entsprechend § 18 BWPolG, § 59 NPOG, § 31 NRWOBG) den Verordnungsgeber dazu, Sanktionen für den Fall vorzusehen, dass ein Normadressat gegen die in der Verordnung bestimmten Ge- und Verbote verstößt. Diese **Sanktionsandrohung** sichert zwar nicht zwangsläufig die Einhaltung der Verordnung, ent- **1** faltet jedoch eine gewisse abschreckende Wirkung und dient somit letztlich der **Durchsetzung der Verordnung.** Hierbei handelt es sich wegen der strikten Formalisierung des Strafrechts (§§ 1, 11 Abs. 1 Nr. 5 StGB) nicht um eine Strafandrohung; die für Strafen bestehenden verfassungsrechtlichen Konsequenzen (zB Art. 92 GG) gelten demgemäß nicht. Vielmehr dient die ordnungswidrigkeitenrechtliche Sanktionierung der Ahndung sog. Verwaltungsunrechts.

2 Gegenüber dem allgemeinen Ordnungswidrigkeitenrecht trifft § 77 einige **vorrangig anzuwendende Bestimmungen.** Soweit es an speziellen Bestimmungen im Hinblick auf Gefahrenabwehrverordnungen fehlt, gelten jedoch nach § 2 OWiG die Bestimmungen des Gesetzes über Ordnungswidrigkeiten. Auf die einschlägigen Kommentierungen hierzu wird insofern verwiesen (vgl. nur Göhler/Gürtler OWiG § 2 Rn. 1 ff.). Durch § 77 wird die Regelungsbefugnis des Verordnungsgebers somit erweitert, indem sie auf die Bestimmung von Ordnungswidrigkeiten erstreckt wird. Durch die Vorgabe bestimmter Anforderungen werden dem Verordnungsgeber aber gleichzeitig Grenzen gesetzt, die für die materielle Rechtmäßigkeit der Verordnung zu beachten sind.

B. Einzelerläuterungen

I. Ermächtigung zur Bestimmung einer Ordnungswidrigkeit (Abs. 1, Abs. 2)

3 Durch Abs. 1 S. 1 werden die Verordnungsgeber (§§ 72–74) dazu ermächtigt, für den Fall in ihrer Gefahrenabwehrverordnung eine **Geldbuße** vorzusehen, dass gegen ein dort vorgesehenes Ge- oder Verbot verstoßen wird; wer einem bestimmten Tatbestand vorsätzlich oder fahrlässig zuwiderhandelt, begeht eine Ordnungswidrigkeit. Abs. 1 S. 1 erhebt den Rechtsverstoß also nicht selbst zur Ordnungswidrigkeit, sondern überlässt diese Festlegung dem Verordnungsgeber (Hornmann HSOG Rn. 4: „Blankettvorschrift"). Die insoweit eröffnete Regelungsbefugnis des Verordnungsgebers ist allerdings – ebenso wie es die anderen Modalitäten im Zusammenhang mit der Ausgestaltung der Ordnungswidrigkeit sind – am Grundsatz der Verhältnismäßigkeit zu orientieren (Hornmann HSOG Rn. 4).

4 Die Sanktionsandrohung muss sich auf einen „bestimmten Tatbestand" beziehen, wodurch die Geltung des rechtsstaatlichen Bestimmtheitsgrundsatzes unterstrichen wird (→ § 76 Rn. 2). In Ausfüllung des § 10 OWiG wird der Verordnungsgeber ferner auf der **subjektiven Tatbestandsseite** ermächtigt, neben der Ahndung vorsätzlichen Verhaltens auch die **fahrlässige** Handlungsweise zu ahnden.

5 Auf der **Rechtsfolgenseite** der Norm sieht Abs. 2 S. 1 eine Bußgeldandrohung bis 5.000 EUR vor. Da im Höchstmaß nicht zwischen vorsätzlichem und fahrlässigem Handeln differenziert wird, darf ein fahrlässiges Handeln im Höchstmaß nur mit der Hälfte des Höchstbetrags – also hier 2.500 EUR – geahndet werden. Eine gemeinsame Untergrenze ergibt sich in Ermangelung einer speziellen Vorschrift aus § 17 Abs. 1 OWiG, wonach das Bußgeld mindestens 5 EUR betragen muss. Auch bei der Ausgestaltung des Bußgeldrahmens ist dem **Verhältnismäßigkeitsgrundsatz** Rechnung zu tragen; Kriterien für die Zumessung der Geldbuße im konkreten Fall ergeben sich aus § 7 Abs. 2 und Abs. 3 OWiG.

6 Neben der „Haupt"-Sanktion des Bußgelds kann nach dem seit dem Achten Gesetz zur Änderung des Hessischen Gesetzes über die öffentliche Sicherheit und Ordnung (v. 15.12.2004, HessGVBl. I 444; zur Entstehungsgeschichte näher Hornmann HSOG Rn. 7) geltenden Abs. 2 S. 2 als **Nebenfolge die Einziehung bestimmter Gegenstände** vorgesehen werden. Damit macht der Hessische Gesetzgeber von der ihm durch § 22 Abs. 1 OWiG eingeräumten Möglichkeit Gebrauch. Die Einziehungsbefugnis kann zum einen auf Gegenstände – Sachen (§ 90 BGB), Tiere (§ 90a BGB), Rechte (Hornmann HSOG Rn. 9) – erstreckt werden, bei denen die Innehabung selbst die Ordnungswidrigkeit darstellt bzw. von denen die Ordnungswidrigkeit ausgeht („auf die sich die Ordnungswidrigkeit bezieht", Abs. 2 S. 2 Nr. 1). Zum anderen können Gegenstände der Einziehungsbefugnis unterstellt werden, die als Werkzeug zur Begehung oder Vorbereitung der Ordnungswidrigkeit dienen (Abs. 2 S. 2 Nr. 2). Die Grenzen zwischen diesen beiden Alternativen können in der Praxis fließend sein. So kann schon der Besitz eines gefährlichen Raubtiers bei entsprechender Bestimmung zu dessen Einziehung aufgrund des Abs. 2 S. 2 Nr. 1 berechtigen. Wenn das Tier gleichzeitig dazu verwendet werden soll, eine Ordnungswidrigkeit zu begehen, ist die

Einziehung aber auch aufgrund des Abs. 1 S. 2 Nr. 2 möglich. Eine trennscharfe Abgrenzung ist jedoch entbehrlich, da für beide Alternativen keine unterschiedlichen Voraussetzungen oder Folgen gelten.

Der Verordnungsgeber ist ferner in seiner Entscheidungsbefugnis durch **§ 22 Abs. 2 OWiG** gebunden. Der Verweis des § 77 Abs. 2 S. 3 auf § 23 OWiG ermöglicht es ihm allerdings über die Grenzen des § 22 Abs. 2 Nr. 1 OWiG hinaus die Einziehung der Gegenstände zu regeln; eine Erweiterung gegenüber § 22 Abs. 2 Nr. 2 OWiG bedeutet § 22 Abs. 3 OWiG. 7

II. Zuständigkeit und Verfahren

Zur **sachlich zuständigen Behörde** für die Verfolgung und Ahndung von Ordnungswidrigkeiten wird durch § 77 Abs. 3 S. 1 iVm § 36 Abs. 1 Nr. 1 OWiG die örtliche Ordnungsbehörde bestimmt; der Verordnungsgeber hat eine dementsprechende Regelung zu treffen. Dies sind nach § 85 Abs. 1 S. 1 Nr. 4 iVm § 4 Abs. 2 S. 1 HGO die Bürgermeister (Oberbürgermeister). Eine Ausnahme sieht Abs. 3 S. 2 für ministerielle Gefahrenabwehrverordnungen (§ 72 Abs. 1) vor: Hier kann in Wahrnehmung der Abweichungsbefugnis des § 36 Abs. 2 OWiG eine andere Zuständigkeit in der Verordnung bestimmt werden. Die örtliche Zuständigkeit richtet sich in allen Fällen nach § 37 OWiG (Hornmann HSOG Rn. 14). 8

Da das HSOG die **Einzelheiten des Verfahrens** nicht näher regelt, gelten die Bestimmungen des OWiG. Insbesondere auf den Rechtsschutz findet das in §§ 67 ff. OWiG vorgesehene Einspruchsverfahren Anwendung. Hiervon darf der Verordnungsgeber nicht abweichen. 9

§ 78 Formerfordernisse

Gefahrenabwehrverordnungen müssen
1. **eine ihren Inhalt kennzeichnende Überschrift tragen,**
2. **in der Überschrift als Gefahrenabwehrverordnung bezeichnet werden,**
3. **sich im Eingang auf dieses Gesetz beziehen; handelt es sich um eine Gefahrenabwehrverordnung, die aufgrund eines besonderen Gesetzes erlassen werden darf, so ist auch auf dieses Bezug zu nehmen,**
4. **den örtlichen Geltungsbereich bezeichnen,**
5. **soweit die Zustimmung oder Anhörung anderer Stellen gesetzlich vorgeschrieben ist, die Stellen angeben, mit deren Zustimmung oder nach deren Anhörung sie erlassen sind,**
6. **im Falle der Androhung einer Geldbuße den Höchstbetrag angeben und auf § 77 Abs. 1 verweisen,**
7. **den Zeitpunkt des Erlasses und des In-Kraft-Tretens angeben,**
8. **die Stelle bezeichnen, die die Verordnung erlässt.**

Überblick

Auszug aus der VVHSOG (gem. Erlass des Hessischen Ministeriums des Innern und für Sport v. 29.11.2022 (StAnz. 50/2022, 1384) zum 1.1.2025 mangels eines erneuten Verlängerungserlasses ersatzlos außer Kraft getreten):

Zu § 78

78. Formerfordernisse

Die Außerachtlassung eines Formerfordernisses führt zur Ungültigkeit der gesamten Gefahrenabwehrverordnung.

§ 78 legt für die Form von Gefahrenabwehrverordnungen Rechtmäßigkeitsanforderungen fest.

A. Allgemeine Charakterisierung und rechtlicher Rahmen

Die Vorschrift (entsprechend Art. 45 Abs. 2 BayLStVG, § 58 NPOG, § 30 NRWOBG) 1
ist **Ausdruck verfassungsrechtlicher Postulate,** die letztlich im **Rechtsstaatsprinzip**

wurzeln. Sofern die Verordnung auch nur gegen eines der in § 78 normierten Erfordernisse verstößt, ist sie unwirksam (Hornmann HSOG Rn. 1; RSPHFMW HSOG/HundeVO Rn. 1).

2 Ergänzend gelten die Formerfordernisse des **Verkündungsgesetzes des Landes Hessen** (Gesetz über die Verkündung von Rechtsverordnungen und anderen Rechtsvorschriften v. 2.11.1971, HessGVBl. I 258); nach diesem Gesetz richten sich auch die Einzelheiten der Verkündung bzw. Bekanntmachung der Verordnung.

B. Einzelerläuterungen

3 Nr. 1 und Nr. 2 betreffen die **Überschrift der Verordnung.** Da die Gefahrenabwehrverordnung auf den ersten Blick als solche erkennbar sein soll, ist für sie die Bezeichnung „Gefahrenabwehrverordnung" zu wählen (Nr. 2). Durch entsprechenden Zusatz ist ferner ihr **spezifischer Regelungsbereich** – und damit ihre Zielsetzung – zu kennzeichnen (zB „Gefahrenabwehrverordnung gegen das Füttern verwilderter Haustauben").

4 Am Beginn der Gefahrenabwehrverordnung muss die **Rechtsgrundlage** genau bezeichnet werden, auf die die Verordnung gestützt wird. Hierzu gehören die Nennung der Norm und des Gesetzes, aus dem sie stammt, sowie das Datum und die Fundstelle des Gesetzes (DWVM Gefahrenabwehr 506; Hornmann HSOG Rn. 3). Der Sache nach wird damit das Zitiergebot des Art. 80 Abs. 1 S. 3 GG nachvollzogen.

5 Da der räumliche Geltungsbereich einer Gefahrenabwehrverordnung von ihrem Normgeber, seiner Regelungsmacht und seinem Regelungswillen abhängt, ist nicht nur der **Normgeber** (Nr. 8), sondern auch der **räumliche Geltungsbereich** (Nr. 4) genau zu bezeichnen. Hierzu können unter Einhaltung der Erfordernisse des § 6a HessVerkG auch Landkarten verwendet werden (VGH Kassel NVwZ-RR 1989, 627).

6 Soweit die **Zustimmung oder die Anhörung einer anderen Stelle** gesetzlich vorgeschrieben ist, ist sie anzugeben und damit auch zu bestätigen, dass die entsprechende Zustimmung erteilt bzw. die entsprechende Anhörung durchgeführt worden ist (Nr. 5). Nachdem das Genehmigungserfordernis in §§ 73, 74 aF weggefallen ist (Drittes Gesetz zur Rechts- und Verwaltungsvereinfachung v. 17.12.1998, HessGVBl. I 562), ist die Bedeutung dieses Formerfordernisses zurückgegangen. Nach wie vor ist jedoch das Anhörungserfordernis nach § 73 von Bedeutung. Zudem sehen möglicherweise Spezialgesetze eine entsprechende Beteiligung vor.

7 Nr. 6 knüpft an die durch § 77 eröffneten **Sanktionsmöglichkeiten** an. Sofern der Verordnungsgeber eine Geldbuße vorsehen will, ist ihr Höchstbetrag anzugeben und auf § 77 Abs. 1 zu verweisen.

8 Damit die **zeitliche Geltung** im Hinblick auf § 79 feststeht, sind der Zeitpunkt des Erlasses und des Inkrafttretens der Verordnung anzugeben (Nr. 7).

§ 79 Geltungsdauer

[1]Gefahrenabwehrverordnungen sollen eine Beschränkung ihrer Geltungsdauer enthalten. [2]Die Geltung darf nicht über dreißig Jahre hinaus erstreckt werden. [3]Gefahrenabwehrverordnungen, die keine Beschränkungen der Geltungsdauer enthalten, treten dreißig Jahre nach ihrem In-Kraft-Treten außer Kraft.

Überblick

Auszug aus der VVHSOG (gem. Erlass des Hessischen Ministeriums des Innern und für Sport v. 29.11.2022 (StAnz. 50/2022, 1384) zum 1.1.2025 mangels eines erneuten Verlängerungserlasses ersatzlos außer Kraft getreten):

79. Geltungsdauer

Verordnungen, die eine Gefahrenabwehrverordnung ändern oder ergänzen, haben keine eigene Geltungsdauer.

§ 79 begrenzt die zeitliche Geltungsdauer von Gefahrenabwehrverordnungen: Der Gesetzgeber wird aufgefordert, eine diesbezügliche Regelung zu treffen; zudem schreibt die Vorschrift zeitliche Obergrenzen vor.

A. Allgemeine Charakterisierung und rechtlicher Rahmen

Die Vorschrift (entsprechend § 17 BWPolG, Art. 50 BayLStVG, § 61 NPOG, § 32 NRWOBG) stellt sich im Ergebnis als eine **Konkretisierung des Verhältnismäßigkeitsgrundsatzes** dar (Kingreen/Poscher POR § 23 Rn. 22). Die begrenzte Geltungsdauer soll ferner verhindern, dass das örtlich oder regional begrenzt gesetzte Gefahrenabwehrrecht mit der Zeit „versteinert", da dies zur Folge haben könnte, dass es nicht mehr beachtet und durchgesetzt wird (DWVM Gefahrenabwehr 516). 1

B. Einzelerläuterungen

In der Gefahrenabwehrverordnung soll ihre **zeitliche Geltungsdauer** angegeben werden (S. 1). Da es sich lediglich um eine **„Soll"-Vorschrift** handelt, führt ihre Verletzung nicht zur Unwirksamkeit der Verordnung. Dies folgt auch daraus, dass S. 3 eine Regelung für den Fall trifft, dass eine zeitliche Begrenzung fehlt; diese Regelung wäre im Fall der Unwirksamkeit überflüssig. 2

Für die Geltungsdauer legt S. 2 eine **Obergrenze** von dreißig Jahren fest. Maßgeblich für die **Berechnung** ist dabei der Zeitpunkt des Inkrafttretens der Verordnung, der in der Verordnung gem. § 78 Nr. 7 anzugeben ist (Hornmann HSOG Rn. 2). Wird die Geltungsdauer auf weniger als dreißig Jahre festgelegt, kann sie während dieses Zeitraums bis zu dieser Obergrenze verlängert werden. Sollen die Vorschriften der Verordnung nach Ablauf von dreißig Jahren aufrechterhalten werden, muss eine neue Verordnung – gegebenenfalls mit gleichem Inhalt – erlassen werden (DWVM Gefahrenabwehr 516). Die Festlegung einer längeren Geltungsdauer bzw. die Verlängerung über diesen maximalen Zeitraum hinaus haben die Unwirksamkeit der Verordnung zur Folge (Hornmann HSOG Rn. 2). 3

Die Einhaltung der Obergrenze von dreißig Jahren wird dadurch sichergestellt, dass S. 3 ihr **Außer-Kraft-Treten nach 30 Jahren** vorsieht, ohne dass es dazu einer Bestimmung in der Verordnung bedarf. 4

§ 80 Wirkung von Gebietsänderungen

(1) [1]Wird ein Regierungsbezirk, das Gebiet eines Landkreises oder einer Gemeinde durch Eingliederung neuer Gebietsteile erweitert, so werden die in dem ursprünglichen Bezirk oder Gebiet geltenden Gefahrenabwehrverordnungen mit der Erweiterung in den neu eingegliederten Gebietsteilen wirksam. [2]Die in den eingegliederten Teilen geltenden Gefahrenabwehrverordnungen treten außer Kraft.

(2) Werden aus Regierungsbezirken, den Gebieten von Landkreisen oder Gemeinden oder Teilen von ihnen ein neuer Regierungsbezirk, ein neuer Landkreis oder eine neue Gemeinde gebildet, so treten die in den einzelnen Teilen geltenden Gefahrenabwehrverordnungen zwei Jahre nach der Neubildung außer Kraft.

(3) Die in Abs. 1 und 2 getroffenen Regelungen gelten nur, soweit andere Rechtsvorschriften nichts Abweichendes bestimmen.

Überblick

§ 80 regelt die Auswirkungen von Gebietsänderungen auf die Geltung von Gefahrenabwehrverordnungen.

A. Allgemeine Charakterisierung und rechtlicher Rahmen

Die Regelung (entsprechend § 37 PolG NRW) betrifft **nicht die ministeriellen Verordnungen,** deren Geltungsbereich sich auf das ganze Land Hessen erstreckt (§ 72 Abs. 1 Alt. 1). Nach ausdrücklicher Bestimmung (Abs. 3) gehen den Regelungen des Abs. 1 und Abs. 2 **andere (spezielle) Rechtsvorschriften** vor. Eine derartige Regelung ist etwa § 25 NeuglG BID/MR (Gesetz zur Neugliederung der Landkreise Biedenkopf und Marburg und der Stadt Marburg v. 12.3.1974, HessGVBl. I 154) gewesen (weitere Beispiele bei Hornmann HSOG Rn. 5). 1

B. Einzelerläuterungen

I. Auswirkungen der Eingliederung von Gebieten (Abs. 1)

2 Die **Eingliederung neuer Gebiete** stellt einen **Unterfall** der – für die Gemeinden exemplarisch in § 16 HGO geregelten – **Gebietsänderung** dar, bei der Gebietsteile in einem anderen Gebiet aufgehen. Insbesondere bildet sich also kein neuer Rechtsträger, sondern ein Rechtsträger wird lediglich räumlich erweitert (exemplarisch für die Eingliederung einer Gemeinde in eine andere, SDRR HGO/Lüll Anm. 10). Abs. 1 regelt die Auswirkungen für den Fall, dass eine derartige Änderung einen Regierungsbezirk, das Gebiet eines Landkreises oder einer Gemeinde betrifft. S. 1 der Bestimmung ordnet an, dass die Wirkungen der Gefahrenabwehrverordnungen des „Altgebiets" (so Hornmann HSOG Rn. 3) – also des Gebiets, in das eingegliedert wird – in diesem Fall auch das neue Gebiet erfassen. Einer ausdrücklichen Erstreckung auf das eingegliederte Gebiet bedarf es ebenso wenig wie einer neuen Verkündung; die Geltung tritt automatisch mit Wirksamwerden der Gebietsänderung ein (Hornmann HSOG Rn. 3). Gleichzeitig treten die in den eingegliederten Gebietsteilen ursprünglich geltenden Verordnungen außer Kraft (Abs. 1 S. 2).

II. Neubildung eines Verwaltungsträgers (Abs. 2)

3 Ebenfalls ein **Unterfall der Gebietsänderung** ist die **Neubildung** eines Verwaltungsträgers (im Gegensatz zu Kommunen fehlt den Regierungspräsidien die eigene Rechtsfähigkeit und insofern die für den Verwaltungsträger begriffsnotwendige Rechtsfähigkeit – Ipsen AllgVerwR Rn. 206 – wegen der Vergleichbarkeit der Situation bei Gebietsänderungen ist hier aber die Zuordnung eines Regierungsbezirks zum Regierungspräsidium entsprechend zu behandeln). Hier geht nicht ein – regelmäßig kleiner Gebietsteil – in einem anderen – regelmäßig größeren – auf, sondern aus mehreren Gebieten entsteht ein neuer Regierungsbezirk, ein neuer Landkreis oder eine neue Gemeinde (exemplarisch für den Zusammenschluss von Gemeinden, SDRR HGO/Lüll Anm. 10). Während bei der Eingliederung von vornherein ein Gebietsteil der gleichsam „herrschende" ist, erfolgt bei der Neubildung keine eindeutige Schwerpunktsetzung. Ein Anwendungsfall aus neuerer Zeit ist der Zusammenschluss der Stadt Beerfelden sowie der Gemeinden Hesseneck, Rothenberg und Sensbachtal zur neuen Stadt Oberzent (Grenzänderungsvertrag v. 2.5.2018). Abs. 2 sieht in derartigen Fällen eine zweijährige Übergangsfrist für eine Fortgeltung der „eigenen" Gefahrenabwehrverordnungen in den jeweiligen Gebietsteilen vor. Danach treten die Verordnungen automatisch außer Kraft.

Zweiter Teil. Organisation und Zuständigkeiten

Erster Abschnitt. Allgemeines

§ 81 Gefahrenabwehr als staatliche Aufgabe

Die Gefahrenabwehr ist Angelegenheit des Landes, soweit andere Rechtsvorschriften nichts Abweichendes bestimmen.

Überblick

§ 81 legt als Grundsatz fest, dass die Gefahrenabwehr eine Angelegenheit des Landes Hessen und damit eine staatliche Aufgabe ist (→ Rn. 1).

Übersicht

A. Allgemeines

I. Gefahrenabwehr als Aufgabe des Landes

Die **Gefahrenabwehr** ist **Aufgabe** des **Landes,** soweit dem Land die Aufgaben der Gefahrenabwehr nach dem GG zukommen. Nicht umfasst von § 81 sind also die Gefahrenabwehraufgaben des Bundes, die durch besondere Behörden wie die Bundespolizei oder das Bundeskriminalamt wahrgenommen werden. Die Gefahrenabwehr ist – sowohl als Bundes- als auch als Landesaufgabe – zugleich Hoheitsaufgabe iSd Art. 33 Abs. 4 GG (→ Rn. 12 und → Rn. 37). 1

Die Überschrift des § 81 verspricht hinsichtlich des Staatlichkeit der Gefahrenabwehr mehr als die staatliche Praxis hält: Tatsächlich werden Maßnahmen zur Gefahrenabwehr in großem Umfang auch und gerade von kommunalen Behörden veranlasst (→ Rn. 10, → Rn. 13), da es normativ viele Ausnahmen vom Grundsatz der Staatlichkeit iSd „soweit"-Satzes gibt (→ Rn. 9). Faktisch dringen zudem zunehmend Private in den Bereich der Gefahrenabwehr vor (→ Rn. 25, → Rn. 30, → Rn. 33) und auch die hessischen Regelungen zum Brandschutz (→ Rn. 43), Rettungsdienst (→ Rn. 51), Katastrophenschutz (→ Rn. 54) und Zivilschutz (→ Rn. 54) weisen eine enge Verbindung zur Gefahrenabwehr auf (→ Rn. 39). 2

Bei der Verantwortlichkeit für die Durchführung der Gefahrenabwehr ist insoweit vor allem zwischen staatlichen und kommunalen Verantwortlichkeiten zu unterscheiden (→ Rn. 19). 3

II. Parallelvorschriften

4 Die Polizei- und Ordnungsgesetze der Länder Baden-Württemberg (BWPolG), Bayern (BayLStVG, BayPAG, BayPOG), Niedersachsen (NPOG) kennen keine § 81 entsprechende Vorschrift. In Bayern ist der Freistaat Bayern Träger der Polizei (§ 1 Abs. 2 BayPOG). Ebenso bestimmt § 1 POG NRW ausdrücklich, dass die Polizei Aufgabe des Landes ist. In diesen beiden Bundesländern ist mit Polizei die Vollzugspolizei gemeint.

B. Einzelkommentierung

I. Aufgabenumfang bei der Gefahrenabwehr, Grundsatz und Ausnahmen

5 Nach § 81 sind die Aufgaben der Gefahrenabwehr somit grundsätzlich **staatliche Aufgaben,** es gibt aber **Ausnahmen** davon (→ Rn. 9) und im Hinblick auf die Aufgabenwahrnehmung viele Verzahnungen, insbesondere mit der kommunalen Ebene (Gemeinden und Landkreise, → Rn. 10).

6 § 81 meint sämtliche Aufgaben, die unter dem Begriff der **Gefahrenabwehr** verstanden werden, also die Abwehr von Gefahren für die öffentliche Sicherheit und Ordnung nach § 1 S. 1. Aufgaben der Gefahrenabwehr werden wahrgenommen von den allgemeinen Verwaltungsbehörden (§ 82), den Ordnungsbehörden (§§ 85, 90) und den Polizeibehörden (§ 91). Die allgemeinen Verwaltungsbehörden und die Ordnungsbehörden werden in § 1 S. 1 unter dem Begriff **Gefahrenabwehrbehörden** zusammengefasst.

7 Bis Ende 1973 gab es in den fünf kreisfreien Städten Darmstadt, Frankfurt a. M., Kassel, Offenbach und Wiesbaden noch eine kommunale Vollzugspolizei. Diese kommunalen Vollzugspolizeien wurden zum 1.1.1974 in die staatliche Vollzugspolizei übergeleitet (vgl. §§ 66, 67, 88 HSOG 1972 v. 26.1.1972, HessGVBl. I 24 ff.).

8 In der Praxis ist inzwischen jedoch zunehmend zu beobachten, dass sich die Vollzugspolizei (§ 91) aus der innerstädtischen Gefahrenabwehr zurückzieht und klassische vollzugspolizeiliche Aufgaben den Hilfspolizeibeamten der Städte und Gemeinden (§ 99) überlässt (vgl. Lisken/Denninger PolR-HdB/Rachor, 5. Aufl. 2012, C Rn. 41; Informationen Hessischer Städtetag Nr. 07/2013, 8). In diesem Zusammenhang wird inzwischen von der Existenz einer Stadtpolizei gesprochen (vgl. Lisken/Denninger PolR-HdB/Rachor, 5. Aufl. 2012, C Rn. 39; Fenger/Tohidipur/Tuscherer LKRZ 2013, 451).

II. Ausnahmen vom Grundsatz der Staatlichkeit der Gefahrenwehr

9 Hessen hat nicht alle Gefahrenabwehraufgaben als staatliche Aufgaben ausgestaltet. So wird etwa der Brandschutz von den Gemeinden und Landkreisen **als Selbstverwaltungsaufgabe** wahrgenommen (§ 2 HessBKG; → Rn. 39 und → Rn. 51).

III. Landesrechtliche Übertragung von Gefahrenabwehraufgaben auf die Kommunen

10 Aufgaben der Gefahrenabwehr überträgt das Land im Übrigen auf zwei Wegen auf die Kommunen (Gemeinden und Landkreise):

- einmal als Aufgabe zur Erfüllung nach **Weisung** (§ 4 Abs. 1 HGO, § 4 Abs. 1 HKO). Zuständig ist insoweit der Gemeindevorstand bzw. der Kreisausschuss (§ 82);
- zum anderen als **Auftragsangelegenheit** nach § 4 Abs. 2 HGO, § 4 Abs. 2 HKO. In diesem Fall werden der Bürgermeister (Oberbürgermeister) oder der Landrat als Ordnungsbehörde nach § 85 Abs. 1 Nr. 3 oder Nr. 4 tätig.

11 Außerhalb des Behördenaufbaus des Landes Hessen sind daher auf den Ebenen der Gemeinden und des Kreises jeweils zwei Behörden nebeneinander für die Erfüllung von Aufgaben der Gefahrenabwehr zuständig.

1. Gefahrenabwehr als hoheitliche Aufgabe, Funktionsvorbehalt des Art. 33 Abs. 4

12 Die Durchführung der Gefahrenabwehr, die in der Regel Eingriffsverwaltung darstellt, ist eine hoheitliche Aufgabe, die nach Art. 33 Abs. 4 GG durch **Beamte** zu erfolgen hat

(vgl. Hornmann HSOG Rn. 12). Für den Bereich der Vollzugspolizei wird dieser Grundsatz in Hessen auch durchgehalten. Bei der **Wachpolizei** und dem **freiwilligen Polizeidienst** (→ Rn. 37) wird dieser Grundsatz hingegen durchbrochen und es werden Angestellte bzw. ehrenamtlich Tätige eingesetzt. Bei den Hilfspolizeibeamten der Städte, Gemeinde und Landkreise handelt es sich zumeist ebenfalls um Angestellte, obwohl sie umfangreiche Aufgaben der Gefahrenabwehr wahrnehmen; ein Verstoß gegen Art. 33 Abs. 4 GG durch diese Praxis ist daher nicht von der Hand zu weisen (vgl. Hornmann HSOG § 99 Rn. 3; Fenger/Tohidipur/Tuscherer LKRZ 2013, 451, (455)). Die Aufsichtsbehörden kennen diese Situation, lassen sie bisher jedoch unangetastet, vermutlich aus Respekt vor der kommunalen Personal- und Organisationshoheit beim Einsatz von Hilfspolizeibeamten (zur Problematik der Mitwirkung von Privaten bei Geschwindigkeitskontrollen → Rn. 34).

2. Organisation der Gefahrenabwehr in Hessen im Überblick

Die Gefahrenabwehr in Hessen besteht aus verschiedenen **Säulen:** der staatlichen Vollzugspolizei einschließlich Wachpolizei nach § 91, § 13 HSOG-DVO, den kommunalen Behörden der allgemeinen Verwaltung (§ 82), den kommunalen Ordnungsbehörden einschließlich Hilfspolizeibeamten (§§ 85, 99), den freiwilligen Polizeihelfern, den privaten Sicherheitsdiensten, den Beliehenen und den Hilfeleistungsorganisationen (zB Feuerwehr, Rettungsdienste). Hinzu kommen noch die Sonderordnungsbehörden nach § 90 (→ § 90 Rn. 1) und die Regierungspräsidien als staatliche Stellen des Landes Hessen, die Aufgaben der Gefahrenabwehr wahrnehmen, etwa auf den Gebieten des Arbeitsschutzes, der Sicherheitstechnik, der Produktsicherheit und des Medizinprodukterechts (vgl. die Regelungen in der ArbSchZV – Arbeitsschutzzuständigkeitsverordnung v. 11.8.2014, HessGVBl. 196). **13**

Der **Verfassungsschutz** bzw. die **Nachrichtendienste** werden nicht zu den Säulen der polizeilichen Gefahrenabwehr gezählt, da es eine verfassungsrechtlich indizierte **Trennung** von Polizei und Nachrichtendiensten gibt (→ SystVorbPolRDe Rn. 1 ff.; Lisken/Denninger PolR-HdB/Denninger, 5. Aufl. 2012, B Rn. 40 f.). **14**

In den meisten Städten und Gemeinden gibt es die klassischen **Ordnungsämter,** in denen die verschiedenen Gefahrenabwehraufgaben, seien es Weisungsangelegenheiten oder Auftragsangelegenheiten, gebündelt wahrgenommen werden. Auf der Landkreisebene gibt es ebenfalls Kreisordnungsämter, die die klassischen Aufgaben der Gefahrenabwehr auf Kreisebene erledigen, zB Ausländerbehörde, Waffenbehörde, Jagdbehörde, Straßenverkehrsbehörde. Der Bereich der Bau-, Umwelt- und Wasserverwaltung ist oft in einem eigenen Amt oder Fachbereich organisiert, ebenso der Brand- und Katastrophenschutz. Aufgrund der kommunalen Organisationshoheit finden sich hier viele Formen. Der Begriff **Ordnungsamt** ist jedenfalls keine Bezeichnung aus dem HSOG, sondern traditionell überkommen, eine juristische Bedeutung kommt dem Begriff nicht zu. **15**

Als **Polizeiarten** sind vorzufinden: Die Vollzugspolizei, die Wachpolizei und die Hilfspolizei (in Landkreisen und Gemeinden ist für letztere auch die Bezeichnung „Ordnungspolizei" zulässig, § 99 Abs. 1; ebenfalls verwendet wird der Begriff der Stadtpolizei (→ Rn. 6). Polizeiliche Aufgaben nehmen zudem Bedienstete der Fischerei- und Forstverwaltung, der Lebensmittel-, Preis- und Gewerbeüberwachung und der Gesundheits- und Veterinäraufsicht) und der freiwillige Polizeidienst wahr. **16**

3. Informelle Strukturen

Aufgrund der dargestellten vielfältigen Strukturen der Gefahrenabwehr haben sich in der Praxis informelle Strukturen der Gefahrenabwehrbehörden mit gleicher örtlicher Zuständigkeit gebildet, um untereinander Fragen der Gefahrenabwehr zu klären. Hier geht es insbesondere um sog. **Sicherheitspartnerschaften** zwischen der staatlichen Vollzugspolizei und den kommunalen Gefahrenabwehrbehörden (allgemeine Verwaltungsbehörde, örtliche Ordnungsbehörde einschließlich Hilfspolizei, Feuerwehr, vgl. auch Lisken/Denninger PolR-HdB/Rachor, 5. Aufl. 2012, C Rn. 141). **17**

Im Hinblick auf die Zuständigkeit der Bundespolizei für Bahnhöfe und Bahnanlagen (vgl. § 3 BPolG), kann es in größeren Städten sinnvoll sein, die **Bundespolizei** in diese **Sicherheitspartnerschaften** mit einzubeziehen (vgl. zur Frage, wann sich die Bundespolizei **18** bei polizeilichen Maßnahmen auf Bahnanlagen noch im Rahmen ihrer Zuständigkeit bewegt, BVerwG NVwZ 2015, 91; Kramer DVBl 2014, 318; Gnüchtel NVwZ 2015, 37).

IV. Verantwortlichkeiten

19 Bei den Verantwortlichkeiten für die Durchführung der Gefahrenabwehr ist zwischen der Verantwortlichkeit der Landesregierung und der Verantwortlichkeit anderer Träger von Gefahrenabwehraufgaben zu unterscheiden.

1. Verantwortlichkeit der Landesregierung

20 Da die Gefahrenabwehr staatliche Aufgabe ist, besteht zunächst eine **Verantwortung** der Landesregierung nach Art. 102 S. 2 HessVerf (vgl. Hornmann HSOG Rn. 7). Damit diese Verantwortlichkeit wahrgenommen werden kann, bestehen im Rahmen der Übertragung von Gefahrenabwehraufgaben auf die Kommunen Aufsichts- und Weisungsbefugnisse den Gemeinden und Landkreisen gegenüber (vgl. §§ 84, 87).

2. Verantwortlichkeit anderer Träger von Gefahrenabwehraufgaben

21 Die Verantwortlichkeit der Landesregierung schließt aber nicht aus, dass die Amtswalter der Kommunen, die Aufgaben der Gefahrenabwehr ausüben, ihren kommunalen Organen gegenüber verantwortlich sind und von diesen kontrolliert werden. § 50 Abs. 2 HGO bzw. § 29 Abs. 2 HKO sehen ausdrücklich vor, dass die **gesamte Verwaltung** von der jeweiligen Vertretungskörperschaft **überwacht** wird. Seit der HGO-/HKO-Reform 2012 (HessGVBl. 2011 I 786 ff.) sind die Auftragsangelegenheiten durch die Änderung des § 50 Abs. 2 HGO/ § 29 Abs. 2 HKO dieser Überwachungszuständigkeit entzogen.

22 Nach der alten Rechtslage waren sie ebenso, wie es die Weisungsaufgaben heute noch sind, Gegenstand der Überwachungszuständigkeit der kommunalen Vertretungskörperschaft (vgl. PdK-Hessen/Sommer/Euler HKO § 29 Erl. 4.3). Persönlich verantwortlich für die ordnungsgemäße Erledigung der **Auftragsangelegenheiten** ist der Bürgermeister (Oberbürgermeister) bzw. der Landrat, die allerdings hauptamtliche Beigeordnete zu ständigen Vertretern bestimmen können (§ 4 Abs. 4 HGO/§ 4 Abs. 4 HKO iVm § 85 Abs. 4 HKO; → § 85 Rn. 44).

23 Für die Erledigung von Weisungsangelegenheiten ist der Gemeindevorstand bzw. der Kreisausschuss zuständig. Wegen der Regelung in § 70 Abs. 2 HGO (§ 44 Abs. 2 HKO), die dem Bürgermeister bzw. Landrat die Erledigung der laufenden Verwaltungsangelegenheiten zuweist, liegt die **Verantwortung** für die **ordnungsgemäße** Erledigung der Weisungsaufgaben bei dem/der **Bürgermeister** bzw. **Landrat.**

V. Begriff der Gefahrenabwehr

24 Zum Begriff der Gefahrenabwehr kann auf § 1 S. 1 sowie die Erläuterungen zu § 1 (→ § 1 Rn. 1 ff.) verwiesen werden.

VI. Gefahrenabwehr durch Private

25 Neben der Gefahrenabwehr durch das Land Hessen (Vollzugspolizei, Wachpolizei Regierungspräsidien, Ministerien) und den kommunalen Gebietskörperschaften (Gemeinden und Landkreise) erfolgt Gefahrenabwehr faktisch auch noch durch Private.

1. Private Sicherheitsdienste

26 Private Sicherheitsdienste stehen **außerhalb** der staatlichen Sicherheitsarchitektur (zum Begriff s. Hornmann HSOG § 1 Rn. 136), gewinnen aber im täglichen Leben immer mehr an Bedeutung (vgl. Hornmann HSOG Rn. 89).

27 **Rechtspolitisch** wird die zunehmende Zahl von privaten Sicherheitsdiensten zu Recht **kritisch** betrachtet, da sie eine Gefahr für das staatliche Gewaltmonopol darstellen (vgl. Lisken/Denninger PolR-HdB/Lisken/Denninger, 5. Aufl. 2012, B Rn. 172 f.) und Exzesse von Notwehr und Nothilfe beobachtet werden (vgl. Hornmann HSOG Rn. 63). Den priva-

ten Sicherheitsdiensten stehen keine **hoheitlichen Befugnisse** zu, sie sind bei ihren Handlungen auf die **Jedermannsrechte** zur Gefahrenabwehr beschränkt (vgl. Hornmann HSOG Rn. 60).

Als solche Rechte kommen in Betracht die zivilrechtlichen Selbsthilferechte wie §§ 859, 227 ff. BGB, die Notwehrrechte aus dem StGB, §§ 32 ff. StGB und das Verfolgungs- und Festnahmerecht aus § 127 StPO (zur Problematik der **Fahrausweiskontrollen** durch Mitarbeiter von Verkehrsbetrieben → Rn. 32.1). Werden private Sicherheitsdienste von öffentlichen Stellen etwa zur Wahrung des Hausrechts eingesetzt, unterliegen sie den öffentlich-rechtlichen Bindungen ihres Auftraggebers (vgl. Ernst NVwZ 2015, 333; zur Ausübung des Hausrechts bei Justizgebäuden → § 90 Rn. 19, → § 90 Rn. 20.1). **28**

Werden private Sicherheitsdienste als **Bewachungsunternehmen** nach § 34a GewO tätig, bedürfen sie einer **gewerberechtlichen** Erlaubnis. Unter den Voraussetzungen des § 28 WaffG können einem Bewachungsunternehmer und seinem Bewachungspersonal waffenrechtliche Erlaubnisse erteilt werden (vgl. zB VGH Mannheim GewA 2010, 304). **29**

2. Beliehene

Natürliche oder juristische Personen des Privatrechts, denen durch Gesetz oder aufgrund eines Gesetzes hoheitliche Aufgaben zur Erledigung im eigenen Namen übertragen sind, werden als **Beliehene** bezeichnet (vgl. Tettinger/Erbguth/Mann, Kommunalrecht, Polizei- und Ordnungsrecht, Baurecht, 11. Aufl. 2012, § 6 Rn. 22). **30**

Der **Einsatz** von Beliehenen zur Gefahrenabwehr wird in der Literatur durchaus **kritisch** gesehen (vgl. zB Hippeli DVBl 2014, 1281 unter Bezugnahme auf die Entscheidung des BVerfG zur Zulässigkeit der Privatisierung des hessischen Maßregelvollzugs, BVerfG NJW 2012, 1563). **31**

Beliehene sind im Außenverhältnis Behörde iSv § 1 Abs. 4 HVwVfG (vgl. Kopp/Ramsauer VwVfG § 1 Rn. 63). Im Rahmen der Gefahrenabwehr sind insoweit zB der **Jagdaufseher** nach § 25 Abs. 2 BJagdG (→ § 90 Rn. 16) oder der **Luftsicherheitsassistent** nach § 5 Abs. 5 LuftSiG (vgl. Kopp/Ramsauer VwVfG § 1 Rn. 61) zu nennen. **32**

Keine Beliehenen sind die Mitarbeiter von öffentlichen Verkehrsbetrieben oder von Eisenbahnunternehmen wie der Deutschen Bahn AG, die sog. Fahrgastkontrollen wahrnehmen. Sie werden privatrechtlich als Mitarbeiter des Verkehrsunternehmens tätig und nehmen keine übertragenen hoheitlichen Befugnisse wahr. Fahrgastkontrolle bedeutet, dass von Mitarbeitern des betreffenden Unternehmens überprüft wird, ob der Fahrgast für die Benutzung des betreffenden Verkehrsmittels über einen gültigen Fahrschein verfügt, vgl. zB § 6 Abs. 1 der Beförderungsbedingungen der Verkehrsunternehmen im Nordhessischen Verkehrsverbund (NVV) oder § 5 Abs. 1 der gemeinsamen Beförderungsbedingungen des Rhein-Main-Verkehrsverbundes (RMV). Der Fahrschein ist nach den Beförderungsbedingungen dem Betriebspersonal auf Anforderung vorzuzeigen, vgl. zB § 6 Abs. 4 der Beförderungsbedingungen des NVV. Hat der Fahrgast einen solchen Fahrschein nicht, kann die Pflicht zur Zahlung eines höheren Beförderungsentgeltes ausgelöst werden, vgl. zB § 9 Abs. 2 S. 1 BefBedV (Verordnung über die Allgemeinen Beförderungsbedingungen für den Straßenbahn- und Omnibusverkehr v. 27.2.1970 idF der Verordnung v. 21.5.2015, BGBl. I 782) in Verbindung mit den Beförderungsbedingungen des Verkehrsanbieters (zB § 8 der Beförderungsbedingungen des RMV). **32.1**

Problematisch wird die Situation dann, wenn der Fahrgast keinen Fahrschein vorzeigen will oder kann und auch seine Identität gegenüber dem Kontrollpersonal nicht preisgeben möchte (vgl. Mitsch NZV 2014, 545). Strafrechtlich ist das sog. „Schwarzfahren" durch § 265a Abs. 1 StGB sanktioniert (s. dazu zB BGH NJW 2009, 211; KG NJW 2011, 2600; OLG Köln BeckRS 2015, 16686; OLG Frankfurt a. M. BeckRS 2016, 112425), allerdings ist umstritten, welche Mittel den Kontrolleuren zur Verfügung stehen, die Identität des „Schwarzfahrers" zu ermitteln (vgl. Mitsch NZV 2014, 545 (546 f.)). Halten die Kontrolleure den Fahrgast bis zum Eintreffen der Polizei fest, weil er seine Identität nicht preisgibt, kommen als Rechtfertigungsgründe für die Kontrolleure § 32 StGB, das Festnahmerecht aus § 127 Abs. 1 StPO, das Selbsthilferecht aus § 229 BGB oder vertragliche Befugnisse in Betracht (vgl. Mitsch NZV 2014, 545 (547)). Hier ist im Einzeln vieles streitig, überwiegend wird ein Festhalterecht aus § 229 BGB (so zB BayObLG NJW 1991, 934 für den vergleichbaren Fall des zahlungsunwilligen Lokalgastes) oder aus vertraglicher Grundlage angenommen (so zB Mitsch NZV 2014, 545 (547 f.); zur Frage, wann durch das Einsteigen ohne Fahrkarte in einen Zug, ein Beförderungsvertrag zustande kommt, s. EuGH BeckRS 2019, 26980). **32.2**

3. Inanspruchnahme von privaten Hilfspersonen / Verwaltungshelfer

33 Von den Beliehenen werden die **privaten Hilfspersonen** und **Verwaltungshelfer** unterschieden (vgl. Tettinger/Erbguth/Mann, Kommunalrecht, Polizei- und Ordnungsrecht, Baurecht, 11. Aufl. 2012, § 6 Rn. 23). Sie werden lediglich im Auftrag der Gefahrenabwehrbehörde tätig und haben keine Entscheidungsbefugnis (vgl. Kopp/Ramsauer VwVfG § 1 Rn. 64). Schülerlotsen oder Bauunternehmer, die auf Anweisung der Straßenverkehrsbehörde Straßen absperren, sind Verwaltungshelfer (vgl. Kopp/Ramsauer VwVfG § 1 Rn. 64).

34 Durch eine **Änderung** der Allgemeinen Verwaltungsvorschrift zur Straßenverkehrsordnung (BAnz. AT 29.5.2017 B8) sollen bei standardisierten Schwertransporten zur Sicherung des Verkehrsablaufs **keine** Polizeikräfte mehr eingesetzt werden, sondern **Verwaltungshelfer** (vgl. Rn. 122 der VwV-StVO zu § 29 StVO; BAnz. AT 29.5.2017 B8). Die Polizei soll nur noch bei vorhersehbaren schwierigen Verkehrssituationen zum Einsatz kommen (vgl. Rn. 134 ff. der VwV-StVO zu § 29 StVO; BAnz. AT 29.5.2017, B8). Dies führt zu einer Verlagerung der Aufgaben von der Polizei zu den Straßenverkehrsbehörden, da die Verwaltungshelfer keine eigene Entscheidungsbefugnis zur Verkehrsregelung haben und ggf. Mitarbeiter der Straßenverkehrsbehörde vor Ort sein müssen. Um eine ausreichende Verkehrsregelung bei Schwertransporten zu gewährleisten, wäre es daher **sinnvoll,** Mitarbeiter der privaten Begleitunternehmen **zu beleihen** und ihnen somit eine eigene Entscheidungsbefugnis zur Regelung des Verkehrs zu geben.

35 Bei der Inanspruchnahme von privaten Firmen bei **Geschwindigkeitsmessungen** ist darauf zu achten, dass die messende Behörde durch ihre eigenen Mitarbeiter **„Herrin"** des Mess- und Auswertungsverfahrens bleibt, da die Feststellung von Ordnungswidrigkeiten eine typische Kernaufgabe staatlichen Handelns ist (vgl. OLG Frankfurt a. M. BeckRS 2003, 30323784; NJW 2016, 3318; DAR 2017, 386; BeckRS 2019, 27630; (zu **strafrechtlichen** Aspekten bei der Überlassung von Blanko-Messprotokollen an die private Dienstleister siehe OLG Frankfurt a. M. NStZ-RR 2020, 44; OLG Hamm BeckRS 2016, 13323). Private Firmen müssen auf reine **Hilfstätigkeiten** beschränkt bleiben (vgl. Ziff. 4.5 Erlass des Hessischen Ministeriums des Innern und für Sport v. 5.2.2015, – LPP 1 – 66 k 07 – 15/001, StAnz 2015, 182).

36 **Streitig** ist, ob Beschäftigte, die im Rahmen einer Arbeitnehmerüberlassung bei der Gemeinde tätig sind, Geschwindigkeitsmessungen vornehmen dürfen. Sofern sie der vollen Weisungsgewalt des gemeindlichen Arbeitgebers unterliegen und auch als Hilfspolizeibeamter bestellt sind (vgl. § 99 Abs. 3), liegt eine Eingliederung in die Gemeindeverwaltung vor und die Gemeinde ist daher als Behörde Herrin des Verfahrens. Insofern **bestanden** nach bisheriger Auffassung **keine** Bedenken gegen ihren Einsatz (siehe zB LT-Drs. 20/2177). Dies ist allerdings dann **nicht** mehr der Fall, wenn die Messauswertung **vollständig** von privater Seite erfolgt und **keine** hoheitliche Datenerhebung zur Beweissicherung durchgeführt wird (vgl. die Fallgestaltung bei OLG Frankfurt a. M. DAR 2017, 386; BeckRS 2019, 27630). Inzwischen hat sich das OLG Frankurt a. M. **abschließend** zum Einsatz von privaten Dienstleistern bei der Überwachung des Verkehrs geäußert: der **Einsatz** ist **unzulässig** (OLG Frankfurt a. M. NJW 2020, 696 mAnm Brenner NJW 2020, 700). Die Bestellung von **privaten** Personen nach § 99 zu Hilfspolizeibeamten ist **gesetzeswidrig** (OLG Frankfurt a. M. NJW 2020, 696). Somit dürfen private Dienstleister **weder** bei der Überwachung des **ruhenden** Verkehrs noch des **fließenden** Verkehrs **eingesetzt** werden (OLG Frankfurt a. M. NJW 2020, 696 = NStZ 2017, 588).

4. Freiwilliger Polizeidienst in Hessen

37 Hessen hat durch das HessFPG (Gesetz für die aktive Bürgerbeteiligung zur Stärkung der inneren Sicherheit v. 13.6.2000, HessGVBl. I 294) einen freiwilligen Polizeidienst eingeführt. Ähnliche Einrichtungen gibt es in Baden-Württemberg, Bayern und Sachsen (vgl. Lisken/Denninger PolR-HdB/Rachor, 5. Aufl. 2012, C Rn. 53). Die **Zulässigkeit** der Einführung eines freiwilligen Polizeidienstes ist **umstritten,** da die **Polizeifreiwilligen** in keinem öffentlich-rechtlichen Dienst- und Treueverhältnis zum Land Hessen stehen (s. aber § 4 Abs. 1 HessFPG) und daher ein Verstoß gegen Art. 33 Abs. 4 GG gesehen wird (vgl. Hermes/Groß, Landesrecht Hessen/Hebeler/Reimer, 7. Auflage 2011, § 5 Rn. 8a; Hornmann

HSOG Rn. 28 ff.; Lisken/Denninger PolR-HdB/Rachor, 5. Aufl. 2012, C Rn. 54; → § 99 Rn. 6.1).

Die freiwilligen Polizeihelfer werden bei den Polizeibehörden eingesetzt (§ 1 HessFPG). Ihre **Befugnisse** sind in § 2 HessFPG geregelt, im Rahmen ihrer Befugnisse haben sie die Rechte und Pflichten von Polizeivollzugsbeamten (§ 2 Abs. 1 S. 2 HessFPG). Die Anwendung **unmittelbaren Zwanges** durch Hilfsmittel der körperlichen Gewalt oder durch Waffen ist ihnen jedoch **nicht** gestattet (§ 2 Abs. 1 S. 3 HessFPG). Ihr Einsatz erfolgt auf der Grundlage eines öffentlich-rechtlichen Vertrages zwischen dem Land und der Kommune, in deren Gebiet sie eingesetzt werden (§ 8 HessFPG). Die Kommune zahlt auch die **Aufwandsentschädigung** für den Einsatz (§ 8 S. 1 HessFPG). Die Aufwandsentschädigung beträgt 7 EUR je angefangener Stunde (§ 20 HSOG-DVO). 38

VII. Hilfeleistungsrecht

1. Allgemeines

Die Tätigkeit der Rettungsdienste, der Feuerwehr, des Katastrophenschutzes und des Zivilschutzes und ihr jeweiliger Rechtsrahmen werden als **Hilfeleistungsrecht** bezeichnet (zB Lisken/Denninger PolR-HdB/Kniesel, 5. Aufl. 2012, J Teil V Rn. 1). Da Rettungsdienst, Feuerwehr, Katastrophen- und Zivilschutz Aufgaben der Gefahrenabwehr wahrnehmen, ist das Verhältnis des Hilfeleistungsrechts zum allgemeinen Polizei- und Ordnungsrecht zu betrachten. 39

Das **Hilfeleistungsrecht** ist dem besonderen Ordnungsrecht zuzuordnen und geht dem allgemeinen Polizei- und Ordnungsrecht **vor,** soweit es besondere Regelungen für Maßnahmen der Gefahrenabwehr enthält (vgl. Lisken/Denninger PolR-HdB/Kniesel, 5. Aufl. 2012, J Teil V Rn. 2 ff.). 40

Diese dogmatische Einordnung geht allerdings **nicht** mit der gesetzlichen Konzeption des Hilfeleistungsrechts in Hessen einher. Ausgehend von dem Grundsatz des § 81, dass Gefahrenabwehr Sache des Landes ist, müsste die Wahrnehmung des Hilfeleistungsrechts durch die Kommunen als Weisungs- oder Auftragsangelegenheit ausgestaltet sein (vgl. zB § 2 Abs. 2 NRWBHKG). Dies ist aber nicht der Fall, vielmehr hat sich der Gesetzgeber für ein **Mischsystem** aus Selbstverwaltungsangelegenheiten (zB bei Rettungsdienst und beim Brandschutz) und staatlichen übertragenen Aufgaben (beim Katastrophenschutz und beim Zivilschutz) entschieden. 41

Dies hat gerade in Bezug auf den Brandschutz sicherlich eine historische Bedeutung, da der Brandschutz schon immer den **überkommenen** Angelegenheiten der **kommunalen Selbstverwaltung** zugeordnet wurde. Das gelegentlich vorgebrachte Argument, Rettungsdienst und Feuerwehr seien kommunale öffentliche Einrichtungen der Daseinsvorsorge, da sie Gefahren mit eigenen Kräften begegneten und keine Verfügungen erließen (vgl. Lisken/Denninger PolR-HdB/Kniesel, 5. Aufl. 2012, J Teil V Rn. 3), ist für die Einordnung ihrer Aufgabenwahrnehmung als Gefahrenabwehrrecht **unerheblich,** da sie nämlich durch ihre Tätigkeiten Gefahren für die öffentliche Sicherheit abwehren (Lisken/Denninger PolR-HdB/Kniesel, 5. Aufl. 2012, J Teil V Rn. 3). So bestimmt etwa § 1 HessRDG ausdrücklich, dass der Rettungsdienst eine öffentliche Aufgabe der Gefahrenabwehr ist. 42

2. Der Rettungsdienst und seine Organisation

Als Rettungsdienst wird der bodengebundene Rettungsdienst sowie die Berg-, Luft- und Wasserrettung betrachtet (§ 3 Abs. 1 HessRDG idF des Gesetzes v. 12.9.2018, HessGVBl. 580). Die Boden-, Berg- und Wasserrettung einschließlich der notärztlichen Versorgung nach § 3 Abs. 5 HessRDG ist den Landkreisen und kreisfreien Städten als **Selbstverwaltungsangelegenheit** übertragen (§ 5 Abs. 1 HRDG). Die Aufgabe der **Zentralen Leitstelle** nach § 6 Abs. 1 HessRDG ist den Landkreisen und kreisfreien Städten (vgl. § 4a Abs. 1 HGO) als Aufgabe zur Erfüllung nach Weisung nach § 4 Abs. 1 HGO/§ 4 Abs. 1 HKO zugewiesen (§ 6 Abs. 3 HessRDG). 43

Die Landkreise können mit den kreisangehörigen **Sonderstatus-Städten** (vgl. § 4a Abs. 2 HGO) Vereinbarungen über den Betrieb von Zentralen Leitstellen schließen, § 1 Abs. 3 RettDGV. Träger der **Luftrettung** ist das Land (§ 5 Abs. 4 S. 1 HessRDG). Zuständige 44

Behörde für die Durchführung der Luftrettung ist das Regierungspräsidium Darmstadt (§ 5 Abs. 5 HessRDG).

45 § 5 Abs. 2 HessRDG **ermächtigt** die kreisfreien Städte und Landkreise ausdrücklich, sich bei der Erfüllung ihrer Rettungsdienstaufgaben Dritter zu bedienen und dabei vorrangig die auf Landesebene im Katastrophenschutz tätigen Hilfsorganisationen zu berücksichtigen. In § 5 Abs. 2 HessRDG sind die Organisationen nunmehr ausdrücklich benannt (vgl. LT-Drs. 19/6547, 7). Die Beauftragung der Hilfsorganisationen zur Erbringung von **Rettungsdienstleistungen** erfolgt durch Verwaltungsakt und öffentlichen Vertrag (§ 11 Abs. 1 HessRDG).

46 Bei der Auswahl der Leistungserbringer ist dem Grunde nach Vergaberecht zu beachten (vgl. EuGH NVwZ 2010, 949; zu möglichen Ausnahmen EuGH KommJur 2015, 72 sowie → Rn. 49). Da die Dritten (seien es Hilfsorganisationen oder private Unternehmen, s. Lisken/Denninger PolR-HdB/Kniesel, 5. Aufl. 2012, J Teil V Rn. 53) beim Krankentransport nicht hoheitlich tätig werden (vgl. EuGH NVwZ 2010, 949 Ls. 2), sind sie bei der Ausübung des Rettungsdienstes **keine** Beliehenen, sondern **Verwaltungshelfer.**

47 Für Hessen ist allerdings darauf hinzuweisen, dass die Rettungsdienstleister ihr Entgelt nicht unmittelbar von den Aufgabenträgern erhalten, sondern von den Sozialversicherungsträgern (sog. **Konzessionsmodell,** vgl. VGH Kassel LKRZ 2012, 502). Damit sind die Rettungsdienstleistungen als Dienstleistungskonzessionen einzuordnen, deren Vergabe ebenso wie der Vergabe von öffentlichen Aufträgen wettbewerblich und **diskriminierungsfrei** zu erfolgen hat (→ Rn. 49; vgl. auch EuGH GewArch 2011, 223; VGH Kassel LKRZ 2012, 502 (503 f.) zur Anwendbarkeit des § 97 Abs. 7 GWB bei der Vergabe von Rettungsdienstleistungen).

48 Nach der Beschlusslage des Europäischen Parlamentes bei der Vergabe von Notfallrettungsdienstleistungen unterliegen diese Dienstleistungen nicht den europäischen Vergaberichtlinien (vgl. Eildienst des Hessischen Städte- und Gemeindebundes 11/2014, 16. In seiner Entscheidung v. 21.3.2019 hat der EuGH zudem festgestellt, dass der Transport von Notfallpatienten durch gemeinnützige Organisationen **nicht** öffentlich **ausgeschrieben** werden muss (vgl. EuGH BeckRS 2019, 3869). Allerdings dürfen diese Organisationen keine **Gewinnerzielungsabsicht** verfolgen (EuGH BeckRS 2019, 3869).

49 Durch die Neuregelung in § 107 Abs. 1 Nr. 4 GWB sind Dienstleistungen des Katastrophenschutzes, des Zivilschutzes und der Gefahrenabwehr, die von gemeinnützigen Organisationen erbracht werden, vom Vergaberecht **freigestellt** (vgl. zur Neuregelung im HessRDG LT-Drs. 19/6547, 6 f.). Hierunter fällt auch der Rettungsdienst (vgl. Portz HSGZ 2016, 146 (149); Brohm Der Landkreis, 2016, 210; umfassend zur Vergabe von Konzessionen im Rettungsdienst Risch KommJur 2017, 89 ff.; 2017, 129 ff.; Müller NVwZ 2016, 266 ff.; Bühs NVwZ 2019, 1410 ff. und der Vorlagebeschluss des OLG Düsseldorf an den EuGH BeckRS 2017, 118265 und die Entscheidung des EuGH BeckRS 2019, 3869).

3. Brandschutz

50 Die Aufgaben des Brandschutzes und der Allgemeinen Hilfe erfüllen die Gemeinden und Landkreise als **Selbstverwaltungsangelegenheit** (§ 2 Abs. 2 HessBKG). Brandschutz und Allgemeine Hilfe sind Maßnahmen der Gefahrenabwehr (§ 1 Abs. 1 Nr. 1 und Abs. 2 HessBKG). Beim abwehrenden Brandschutz und der Allgemeinen Hilfe obliegt die Gesamteinsatzleitung dem Gemeindevorstand bzw. dem Kreisausschuss. Ihnen steht dabei für die Erfüllung der Aufgaben der Gefahrenabwehr eine **Generalklausel** zur Einleitung aller notwendigen Maßnahmen zur Verfügung (§ 21 Abs. 1 HessBKG, § 1 Abs. 2 S. 2 HessBKG).

4. Katastrophenschutz

51 Die Katastrophenschutzbehörden (zum Begriff der Katastrophe s. § 24 HessBKG) haben die Aufgabe, Vorbereitungen zur Abwehr von Katastrophen sowie abwehrende Maßnahmen bei einer Katastrophe zu treffen (§ 29 Abs. 1 HessBKG, § 33 Abs. 1 HessBKG). **Untere Katastrophenschutzbehörde** ist in den Landkreisen der Landrat und in den kreisfreien Städten der Oberbürgermeister (§ 25 Abs. 1 Nr. 1 HessBKG).

Besteht bei einer Katastrophe auf gemeindlicher Ebene keine Verbindung zur Katastrophenschutzbehörde, nimmt der Bürgermeister der betreffenden Gemeinde für die Zeit der Verbindungslosigkeit die Aufgaben der Katastrophenschutzbehörde wahr. **52**

Die Aufgabe des Katastrophenschutzes wird als **Auftragsangelegenheit** nach § 4 Abs. 2 HGO/§ 4 Abs. 2 HKO wahrgenommen (§ 25 Abs. 3 HessBKG). Obere Katastrophenschutzbehörde ist das jeweilige Regierungspräsidium, oberste Katastrophenschutzbehörde das für den Katastrophenschutz zuständige Ministerium. Die Katastrophenabwehr erfolgt auf der Grundlage der Generalklausel in § 33 Abs. 1 HessBKG. **53**

5. Zivilschutz

Bundesrechtlicher Rahmen für den **Zivilschutz ist das Zivilschutz- und Katastrophenhilfegesetz (ZSKG).** Der Zivilschutz wird von den Ländern einschließlich der Gemeinden und Landkreise als **Bundesauftragsverwaltung** nach Art. 85 Abs. 1 GG wahrgenommen (§ 2 ZSKG). Die Aufgaben des Zivilschutzes ergeben sich aus § 1 ZSKG. Der Zivilschutz ist Teil der zivilen Verteidigung (Lisken/Denninger PolR-HdB/Kniesel, 5. Aufl. 2012, J Teil V Rn. 63). Zuständig ist in den kreisfreien Städten der Oberbürgermeister als **Kreisordnungsbehörde** (§ 1 ZivVertZustG – Gesetz zur Regelung der sachlichen Zuständigkeit zur Ausführung von Bundesrecht im Rahmen der zivilen Verteidigung v. 26.9.2007, HessGVBl. I 635), in den Landkreisen ist die Zuständigkeit dem Landrat als **Auftragsangelegenheit** übertragen (Art. 1 § 1 Abs. 2 des Gesetzes zur Kommunalisierung des Landrats sowie des Oberbürgermeisters als Behörden der Landesverwaltung v. 21.3.2005, HessGVBl. I 229), ohne sie gleichzeitig als ordnungsbehördliche Zuständigkeit auszugestalten (vgl. zu dieser unterschiedlichen Regelung der Zuständigkeit für kreisfreie Städte und Landkreise PdK-Hessen/Sommer/Drexelius HKO § 4 Erl. 5.3, 5.5). **54**

Zweiter Abschnitt. Gefahrenabwehrbehörden

Erster Titel. Behörden der allgemeinen Verwaltung

§ 82 Aufgaben zur Erfüllung nach Weisung

(1) [1]Aufgaben der Gefahrenabwehr, die nach § 2 Satz 2 und 3 von den Landkreisen und Gemeinden wahrgenommen werden, sind Aufgaben zur Erfüllung nach Weisung im Sinne von § 4 Abs. 1 der Hessischen Landkreisordnung und § 4 Abs. 1 der Hessischen Gemeindeordnung; dies gilt auch für die damit im Zusammenhang stehenden Aufgaben der Verfolgung und Ahndung von Ordnungswidrigkeiten. [2]Sie können in gemeinsamen örtlichen Verwaltungsbehördenbezirken und Kreisverwaltungsbehördenbezirken wahrgenommen werden; § 85 Abs. 2 und 3 sowie § 106 Abs. 1 Nr. 4 gelten entsprechend.

(2) [1]Unberührt bleiben die Rechtsvorschriften über die Zuweisung von Zuständigkeiten an die Landkreise und Gemeinden; soweit nichts anderes bestimmt ist, ist der Gemeindevorstand sachlich zuständig. [2]Unberührt bleiben ferner die allgemeinen Vorschriften der Hessischen Landkreisordnung und der Hessischen Gemeindeordnung über die Zuständigkeit des Kreistags und der Gemeindevertretung. [3]Die Landesregierung wird ermächtigt, die Zuständigkeiten des Kreisausschusses und des Gemeindevorstandes durch Rechtsverordnung neu gegeneinander abzugrenzen.

Überblick

Auszug aus der VVHSOG (nicht an die aktuelle Gesetzeslage angepasst und gem. Erlass des Hessischen Ministeriums des Innern und für Sport v. 29.11.2022 (StAnz. 50/2022, 1384) zum 1.1.2025 mangels eines erneuten Verlängerungserlasses ersatzlos außer Kraft getreten):

Zu § 82
82. Aufgaben zur Erfüllung nach Weisung
82.1 Zu Abs. 1
Satz 2 ermöglicht eine Zusammenarbeit der Verwaltungsbehörden in den Gemeinden und Kreisen im Bereich der Gefahrenabwehr nach den gleichen Regelungen, die für die örtlichen Ordnungsbehörden und die Kreisordnungsbehörden (§ 85 Abs. 2 und 3) gelten.

Die Regelung knüpft an die Aufgabennormen der §§ 1, 2 an und kategorisiert die Gefahrenabwehraufgaben im kommunalrechtlichen Sinne. Die Vorschrift ist durch Gesetz v. 25.6.2018 (HessGVBl. 82) geändert worden. Die zu § 82 erlassene Verwaltungsvorschrift (Nr. 29 ff. VVHSOG) befand sich vor dem Außerkrafttreten zum 1.1.2025 auf dem Stand v. 10.11.2015 (StAnz 1226), hatte also die Änderungen nicht nachvollzogen.

Übersicht

A. Allgemeines

I. Zweck und systematischer Zusammenhang der Norm

1 Von den in § 1 Abs. 1 S. 1 aufgeführten Gefahrenabwehrbehörden (Verwaltungsbehörden, Ordnungsbehörden, Polizeibehörden) gehören nur die Polizeibehörden zur unmittelbaren Staatsverwaltung (vgl. zur Unterscheidung zur mittelbaren Staatsverwaltung Detterbeck AllgVerwR Rn. 175 ff.). Die Ordnungs- und Verwaltungsbehörden sind als Behörden der Gemeinden und Landkreise – und damit mittelbare Staatsverwaltung – dem kommunalen Bereich zuzuordnen, in dem neben den Selbstverwaltungsaufgaben traditionell auch staatliche Aufgaben wahrgenommen werden (vgl. zur Gefahrenabwehr als staatlicher Aufgabe → § 81 Rn. 1 ff.).

2 Insoweit sind in § 4 HGO und § 4 HKO unterschiedliche Aufgabentypen geregelt sind. Diesen die Aufgaben der Gefahrenabwehr zuzuordnen, ist Zweck der Regelung des § 82.

3 Abs. 1 qualifiziert die Aufgaben der allgemeinen Gefahrenabwehr, die nach § 2 S. 2 und S. 3 von den Landkreisen und Gemeinden wahrgenommen werden, als Aufgaben zur Erfüllung nach Weisung iSv § 4 Abs. 1 HKO und § 4 Abs. 2 HGO. Abs. 1 S. 2 lässt seit der HSOG-Novelle 2009 die gemeinsame Aufgabenwahrnehmung durch mehrere Gebietskörperschaften in sog. örtlichen Verwaltungsbehördenbezirken und Kreisverwaltungsbehördenbezirken zu.

4 Abs. 2 stellt klar, dass sonstige Aufgabenzuweisungen in Spezialgesetzen zur allgemeinen Gefahrenabwehr von den Regelungen des § 82 unberührt bleiben und dass mit der Vorschrift auch nicht in die gebietskörperschaftsinterne Zuständigkeitsverteilung zwischen Kreisausschuss und Kreistag bzw. Gemeindevorstand und Gemeindevertretung eingegriffen wird. Von der Verordnungsermächtigung aus Abs. 2 S. 3 hat das Land bisher keinen Gebrauch gemacht.

5 Durch eine Ergänzung des § 82 Abs. 1 im Rahmen des Gesetzes zur Neuausrichtung des Verfassungsschutzes in Hessen (v. 25.6.2018, HessGVBl. 302; vgl. LT-Drs. 19/5412, 44) wurde **klargestell**t, dass es sich bei der Verfolgung und Ahndung von Ordnungswidrigkeiten,

die im Zusammenhang mit Aufgaben der Gefahrenabwehr stehen, auch um **Weisungsaufgaben** handelt.

II. Parallelvorschriften

In Baden-Württemberg werden die Aufgaben der Ortspolizeibehörden von den Gemeinden zur Erfüllung nach Weisung wahrgenommen (§ 107 Abs. 4 BWPolG). In Bayern gibt es keine § 82 entsprechende Vorschrift. In Niedersachsen nehmen die Gemeinden und Landkreise die Aufgaben der Gefahrenabwehr nach § 97 Abs. 1 NPOG als Aufgaben des übertragenen Wirkungskreises wahr (§ 97 Abs. 6 NPOG, § 6 Abs. 1 NKomVG und § 6 Abs. 2 NKomVG). Sie erfüllen die Aufgaben nach Weisung der Fachaufsichtsbehörden (§ 6 Abs. 2 NKomVG). In Nordrhein-Westfalen werden die Aufgaben der Ordnungsbehörden von den Gemeinden, Kreisen und kreisfreien Städten als Pflichtaufgaben zur Erfüllung nach Weisung wahrgenommen (§ 3 Abs. 1 NRWOBG, § 9 Abs. 1 NRWOBG). 6

B. Einzelkommentierung

Die allgemeinen Aufgaben der Gefahrenabwehr (zum Begriff der Gefahrenabwehr → § 1 Rn. 8) werden von den Gemeinden und Landkreisen als **Aufgaben zur Erfüllung nach Weisung** iSv § 4 Abs. 1 HGO bzw. § 4 Abs. 1 HKO wahrgenommen. Da die Gefahrenabwehr nach § 81 Angelegenheit des Landes (also staatliche Aufgabe) ist, war es folgerichtig, den Gemeinden und Landkreisen die von ihnen nach § 2 S. 2 und S. 3 wahrzunehmenden Aufgaben der Gefahrenabwehr als Weisungsangelegenheiten im Sinne des Kommunalrechts zu übertragen. 7

I. Wesen der Weisungsaufgaben

Das hessische Kommunalrecht kennt an **Arten** der Aufgaben der Gemeinden und Landkreise freiwillige und pflichtige Selbstverwaltungsaufgaben (Art. 137 Abs. 3 HessVerf, § 2 HGO, § 2 HKO), Weisungsaufgaben nach § 4 Abs. 1 HGO bzw. § 4 Abs. 1 HKO und Auftragsangelegenheiten nach § 4 Abs. 2 und Abs. 3 HGO bzw. § 4 Abs. 2 und Abs. 3 HKO). Bei den Pflichtaufgaben zur Erfüllung nach Weisung handelt es sich um staatliche Aufgaben, die von den kommunalen Gebietskörperschaften erledigt werden, es sind daher **keine** Selbstverwaltungsangelegenheiten der Kommunen (vgl. VGH Kassel NVwZ 1991, 1015 (1016); BeckRS 2016, 43184 Rn. 31). 8

In der praktischen Erledigung der Weisungsaufgaben gibt es aber durchaus **Überschneidungen** mit der kommunalen Selbstverwaltung, da die Weisungsangelegenheiten durch den Gemeindevorstand / Kreisausschuss (§ 66 Abs. 1 HGO, § 41 Abs. 1 HKO) ausgeführt werden und das Verwaltungsorgan dabei von der kommunalen Vertretungskörperschaft nach § 50 Abs. 2 HGO/§ 29 Abs. 2 HKO **überwacht** wird (vgl. PdK-Hessen/Sommer/Drexelius HKO § 4 Erl. 4.6); auch sind die sonstigen kommunalrechtlichen Zuständigkeitsregelungen insbesondere im Hinblick auf die Bereitstellung von **Haushaltsmitteln** zu beachten (vgl. PdK-Hessen/Sommer/Drexelius HKO § 4 Erl. 4.6). 9

II. Weisungsarten

Hinsichtlich Art und Umfang möglicher Weisungen an die Kommunen bei der Erfüllung der Gefahrenabwehraufgaben findet sich in § 82 keine Regelung; eine solche trifft aber § 84, der der allgemeinen Vorgabe aus § 4 Abs. 1 S. 2 HGO/§ 4 Abs. 1 S. 2 HKO folgend zwischen allgemeinen Weisungen und Einzelweisungen unterscheidet und die jeweiligen Voraussetzungen festlegt; § 84 **geht** insoweit den kommunalrechtlichen Regelungen **vor** (→ § 84 Rn. 21). 10

1. Allgemeine Weisungen

Allgemeine Weisungen sind abstrakte und generelle **Vorgaben** der Aufsichtsbehörden an die nachgeordneten Gefahrenabwehrbehörden. Sie ergehen in der Form von Erlassen oder auch von Verwaltungsvorschriften wie zB der Verwaltungsvorschrift zum HSOG (StAnz 2015, 1226 ff.). Sie stehen im Rang unterhalb der Gesetze und Rechtsvorschriften und 11 können den Adressaten Hilfen zur Anwendung des geben oder auch ermessensleitend sein (vgl. zu den Einzelheiten → § 84 Rn. 1 ff.).

2. Einzelweisung

12 Die Einzelweisung einer Aufsichtsbehörde bezieht sich auf einen konkreten **Einzelfall,** in dem es um Gefahrenabwehr geht (zu den Voraussetzungen der Einzelweisung und ihrem Rechtscharakter → § 84 Rn. 17).

III. Rechtsschutz gegen Weisungen

13 Da Weisungen der Aufsichtsbehörden in Bezug auf die Erledigung von Weisungsaufgaben von den Aufsichtsbehörden potentiell in den eigenen Wirkungskreis der Gemeinden und Landkreise hineinreichen, stellt sich die Frage, ob die Kommunen gegen Weisungen der Aufsichtsbehörde **Rechtsschutz** erlangen können. Diese Frage ist **umstritten** (zum Meinungsstand und den Lösungsansätzen s. PdK-Hessen/Sommer HKO § 4 Erl. 4.3; VGH Kassel BeckRS 2016, 43184; → § 84 Rn. 16, → § 84 Rn. 20). Die Kommunen können jedenfalls dann **Rechtsschutz** gegenüber Weisungen erlangen, wenn der Weisungsrahmen durch die Weisung überschritten wird oder die Weisung in kommunale Hoheiten wie etwa die Personal- oder Organisationshoheit eingreift.

IV. Kostentragung bei Erfüllung von Weisungsaufgaben

14 Nach § 105 haben die Gemeinden und Landkreise die **Kosten,** die durch die allgemeine Gefahrenabwehr entstehen, **selbst** zu tragen (→ § 105 Rn. 1). Sie sind außerdem verpflichtet, das zur Aufgabenerfüllung erforderliche Personal und die notwendigen Einrichtungen zur Verfügung zu stellen (§ 4 Abs. 1 S. 3 HGO/§ 4 Abs. 1 S. 3 HKO).

V. Unberührtheit der Zuständigkeiten nach HGO und HKO

15 Wiewohl die Weisungsaufgaben staatliche Aufgaben sind, werden sie in **kommunaler Trägerschaft** erledigt. Mit der Erledigung sind also keine staatlichen Amtswalter betraut. Für die Organisation sowie die Erledigung von Aufgaben im Rahmen der gesetzlichen Vorgaben und der erteilten Weisungen (vgl. § 84, § 4 Abs. 1 S. 2 HGO, § 66 Abs. 1 S. 3 Nr. 1 HGO, § 4 Abs. 1 S. 2 HKO, § 41 Abs. 1 S. 1 Nr. 1 HKO) gelten deswegen die kommunalrechtlichen Regelungen aus der HGO und HKO (§ 82 Abs. 2 S. 2). Im Rahmen des Erlasses der Haushaltssatzung kann die **Gemeindevertretung** (vgl. § 51 Nr. 7 HGO, § 97 Abs. 3 HGO; der **Kreistag,** § 30 Nr. 6 HKO, § 52 Abs. 1 HKO, § 97 Abs. 3 HGO) durch Mittelzuweisungen und Stellenzuweisungen im Rahmen der Haushaltansätze mittelbar Einfluss auf den Grad und die Qualität der Erledigung von Weisungsaufgaben nehmen.

16 Da die gesamte Gemeindeverwaltung von der Gemeindevertretung **überwacht** wird (§ 50 Abs. 2 S. 1 HGO, für die Landkreise: § 29 Abs. 2 HKO) unterliegt auch die Erledigung der Weisungsangelegenheiten der Überwachung durch die Gemeindevertretung und es können **Anfragen** an den Gemeindevorstand (Kreisausschuss) gestellt und **Akteneinsichtsausschüsse** eingesetzt werden. Die Erledigung der Weisungsaufgaben unterliegt auch der Unterrichtungspflicht durch den Gemeindevorstand bzw. durch den Kreisausschuss (§ 50 Abs. 3 HGO, § 29 Abs. 3 HKO; Hornmann HSOG Rn. 8). **Ausgenommen** hiervon sind nur die ordnungsbehördlichen Aufgaben als **Auftragsangelegenheiten.**

VI. Spezialgesetzliche Zuständigkeitszuweisungen, insbesondere Zuständigkeiten zur Durchführung des ProstSchG

17 Nach Abs. 2 S. 1 bleiben sonstige Rechtsvorschriften, die Aufgaben der Gefahrenabwehr den Landkreisen und Gemeinden zuweisen, von den Regelungen des § 82 unberührt. Soweit nichts anderes festgelegt ist, liegt die Aufgabenerledigung beim Gemeindevorstand / Magistrat (auf Kreisebene: Kreisausschuss; Abs. 2 S. 1 Hs. 2).

18 Sonstige Zuständigkeiten nach Abs. 2 S. 1 Hs. 1 sind (**Auswahl**):

- Die Aufgaben der **Bauaufsicht** (kreisfreie Städte, § 4a Abs. 1 HGO, kreisangehörige Sonderstatus-Städte nach § 4a Abs. 2 HGO und Landkreise; § 60 Abs. 1 HessBO 2018).

- Die Aufgaben der unteren **Gesundheitsbehörde** einschließlich Infektionsschutz nach dem IfSG (kreisfreie Städte, § 4a Abs. 1 HGO, und Landkreise; § 2 Abs. 1 und Abs. 2 HGöGD, § 5 HGöGD). Soweit in den sog. **Corona-Verordnungen** der Landesregierung darüber hinaus Zuständigkeiten der örtlichen Ordnungsbehörden für die Überwachung der Pflichten aus den Corona-Verordnungen festgelegt sind, erweisen sich diese Regelungen als überflüssig, da die örtlichen Ordnungsbehörden aus ihrer **Eilfallzuständigkeit** nach § 2 S. 1 bei Verstößen gegen die Regelungen der Corona-Verordnungen bereits originär zuständig sind (vgl. → § 89 Rn. 17).
- Die Aufgaben des **Meldewesens** (Gemeinden; § 1 HessBMGAG). Nach der Änderung des Hessischen Ausführungsgesetzes zum Bundesmeldegesetz (HessGVBl. 2020, 762) hat der Gesetzgeber nunmehr in § 1 HessBMGAG festgelegt, dass die Aufgaben der Meldebehörde vom Gemeindevorstand als Gefahrenabwehrbehörde nach § 82 wahrgenommen werden.
- An die Stelle des HessFreihEntzG (Freiheitsentziehungsgesetz v. 19.5.1952, HessGVBl. I 111) ist am 1.8.2017 das HessPsychKHG (**Psychisch-Kranken-Hilfe-Gesetz** v. 4.5.2017, GVBl. 66) getreten. Nach § 16 Abs. 2 HessPsychKHG ist der Gemeindevorstand zuständige Verwaltungsbehörde für den Antrag auf Unterbringung einer Person in einem Krankenhaus. Für die sofortige vorläufige Unterbringung einer Person nach § 17 Abs. 1 HessPsychKHG ist jetzt in § 32 Abs. 4 eine Eilzuständigkeit der örtlichen Ordnungsbehörden (§ 85 Abs. 1 S. 1 Nr. 4; → § 85 Rn. 19) und der Polizeibehörden (§ 91) geschaffen worden, die damit das Erforderliche veranlassen können.
- Die Aufgaben nach dem HAGThUG (Hessisches Ausführungsgesetz zum **Therapieunterbringungsgesetz** v. 27.6.2013, HessGVBl. 442; § 9 HessAGThUG).
- Die Aufgaben der **Unteren Wasserbehörde** (Kreisfreie Städte und Landkreise; § 64 Abs. 3 HessWG).
- Die Aufgaben der **Unteren Naturschutzbehörde** (kreisfreie Städte, § 4a Abs. 1 HGO, kreisangehörige Sonderstatus-Städte, § 4a Abs. 2 HGO und Landkreise; § 1 Abs. 3 HAGBNatSchG).
- **Abfallrechtliche** Aufgaben (§§ 1, 2, 3, 18 Nr. 3 HAKrWG; Gemeinden).
- Die Aufgaben als **Gewerbe- und Gaststättenbehörde** (Gemeinden und Landkreise; § 1 Abs. 1 und Abs. 3 HessGewZustV – Verordnung über die Zuständigkeiten nach der Gewerbeordnung und dem Hessischen Gaststättengesetz und dem Hessischen Spielhallengesetz v. 20.6.2002, HessGVBl. I 395, zuletzt geändert durch Verordnung v. 18.5.2018, HessGVBl. 191).

Bis zum Januar 2018 hatte das Land für die Durchführung des **ProstSchG** (Prostituiertenschutzgesetz v. 21.10.2016, BGBl. I 2372) keine Zuständigkeitsregelung durch Rechtsverordnung getroffen. Die Gesundheitsämter der Landkreise und kreisfreien Städte sind für die gesundheitliche Beratung der Prostituierten kraft bundesrechtlicher Regelung zuständig (§ 10 ProstSchG iVm § 2 Abs. 1 Nr. 1 HGöGD). Die weitere Zuständigkeit für die Durchführung des ProstSchG lag nach Auffassung des Hessischen Ministeriums für Soziales und Integration (Erlass v. 27.6.2017 – 52t100-0001/2017, nv; Erlass v. 29.9.2017 – 52t0100-0002/2017/001, nv) bei den Städten und Gemeinden, da der Prostitutionsschutz dem Gefahrenabwehrrecht zuzuordnen sei. Die Zuständigkeit folge daher aus §§ 2 S. 3, 82 Abs. 2 S. 1 und werde als Pflichtaufgabe zur Erfüllung nach Weisung wahrgenommen. **19**

Inzwischen wurde durch die ProstSchGZustV (Verordnung zur Bestimmung von Zuständigkeiten für den Vollzug des Prostituiertenschutzgesetzes v. 24.10.2018, HessGVBl. 19) geschaffen. Nach § 1 ProstSchGZustV sind für den Vollzug des ProstSchG die Bürgermeister (Oberbürgermeister) als örtliche Ordnungsbehörden zuständig. In Gemeinden mit weniger als 7.500 Einwohnerinnen und Einwohnern wird die Aufgabe vom Landrat als Kreisordnungsbehörde (→ § 85 Rn. 17) wahrgenommen. Dies entspricht der Regelung der Zuständigkeiten bei der Wahrnehmung der Aufgaben nach dem VersammlG (vgl. § 1 S. 1 Nr. 2 HSOG-DVO). Nach § 2 ProstSchGZustV sind die Behörden, die die Zuständigkeit nach § 1 ProstSchGZustV haben, auch zuständige Behörde für die Ahndung von Ordnungswidrigkeiten nach § 33 ProstSchG. **20**

Das Land hatte in dem Erlass v. 27.6.2017 allerdings angekündigt, eine Rechtsverordnung zur Umsetzung des ProstSchG zu erlassen. Diese Verordnung solle allerdings keinen zuständigkeitsbegrün- **20.1** denden Charakter haben, sondern die Zuständigkeit der Städte und Gemeinden lediglich klarstellen (vgl. Erlass v. 27.9.2017). Danach hatte das Hessische Ministerium für Soziales und Integration den kommunalen Spitzenverbänden (vgl. § 147 HGO) einen Verordnungsentwurf zur Regelung der Zuständigkeiten für die Durchführung des ProstSchG zugeleitet, der anschließend verabschiedet wurde.

21 § 1 Abs. 2 **ProstSchGZustV** sieht vor, dass der Landrat als Kreisordnungsbehörde Aufgaben für die Gemeinden aus § 1 Abs. 1 ProstSchGZustV nach Maßgabe des HessKGG übernehmen kann. Diese Verweisung auf das HessKGG vermag nicht zu überzeugen: Das HessKGG hat nur Aufgaben der kommunalen Selbstverwaltung und der Weisungsaufgaben nach § 4 Abs. 1 HGO im Blick, für ordnungsbehördliche Aufgaben gilt das HSOG (→ § 85 Rn. 26) oder die Regelung in § 25a HessKGG (die wiederum nicht in das System des HessKGG passt).

22 Somit hätte es einer Regelung bedurft, die Ordnungsbehördenbezirke zwischen Gemeinden und Landkreisen zulässt und auch die gegenseitige Aufgabenübertragung zwischen Landkreis (Landrat als Kreisordnungsbehörde) und Ordnungsbehördenbezirken für möglich erklärt, insbesondere dann, wenn ein örtlicher Ordnungsbehördenbezirk (→ § 85 Rn. 26 ff.) von einem Bürgermeister wahrgenommen wird, dessen Gemeinde weniger als 7.500 Einwohnerinnen und Einwohner hat, aber Städte und Gemeinden umfasst, die mehr als 7.500 Einwohnerinnen und Einwohner haben.

23 Keine spezialgesetzliche Zuweisung iSv Abs. 2 S. 1 ist die Zuständigkeitsregelung in § 5 HessSperrV (aA Hornmann HSOG Rn. 7). Da die Aufgaben der **Sperrzeitfestsetzung** den Ordnungsbehörden übertragen sind (vgl. § 1 S. 1 Nr. 8 HSOG-DVO), handelt es bei der Bestimmung des § 5 HessSperrV um eine Rechtsvorschrift nach § 89 Abs. 1 S. 2.

VII. Verwaltungsbehördenbezirke - kommunale Zusammenarbeit bei der Gefahrenabwehr

24 Durch die HSOG-Novelle 2009 (HessGVBl. I 635 (639), s. Hornmann NVwZ 2010, 292 ff.) wurde Abs. 1 um S. 2 und S. 3 ergänzt. Diese Ergänzung erlaubt die **interkommunale Zusammenarbeit** bei allgemeinen Gefahrenabwehraufgaben in örtlichen Verwaltungsbehördenbezirken und Kreisverwaltungsbehördenbezirken. Die Erweiterung des Abs. 1 wurde auf ausdrücklichen Wunsch des Hessischen Städte- und Gemeindebundes aufgenommen, weil die irrige Auffassung bestand, allgemeine Gefahrenabwehraufgaben könnten nicht mit den Instrumenten des HessKGG interkommunal betrieben werden (vgl. LT-Drs. 18/861, 19). Für die gemeinsame Wahrnehmung von allgemeinen Gefahrenabwehraufgaben stand und steht bisher schon die öffentlich-rechtliche Vereinbarung nach § 24 HessKGG bereit (→ Rn. 33).

25 In Anlehnung an die bisher schon zulässigen örtlichen Ordnungsbehördenbezirke nach § 85 Abs. 2 besteht nun im Rahmen des HSOG für Gemeinden die Möglichkeit, Aufgaben der allgemeinen Gefahrenabwehr (also nicht die der ordnungsbehördlichen Gefahrenabwehraufgaben) in **Verwaltungsbehördenbezirken** zu erledigen. Abs. 1 S. 1 verweist insoweit auf die Regelungen, die für die Bildung von örtlichen Ordnungsbehördenbezirken gelten.

1. Örtliche Verwaltungsbehördenbezirke

26 Nach § 82 Abs. 1 S. 2 Hs. 2, § 85 Abs. 2 S. 1 kann das zuständige Regierungspräsidium (zu einzelnen **Abgrenzungsfragen** hinsichtlich der Zuständigkeit eines Regierungspräsidiums bei regierungspräsidiumsübergreifender interkommunaler Zusammenarbeit → § 85 Rn. 34) nach Anhörung der betroffenen Kommunen Gemeinden eines Landkreises sowie eine angrenzende kreisfreie Stadt oder Gemeinden eines benachbarten Landkreises zu einem örtlichen **Verwaltungsbehördenbezirk** zusammenfassen.

27 Für die Zusammenfassung ist die Zustimmung aller betroffenen Gemeinden notwendig (§ 82 Abs. 1 S. 2 Hs. 2, § 85 Abs. 2 S. 1). Nach der Zusammenfassung der Gemeinden zu einem Verwaltungsbehördenbezirk werden die dem Bezirk übertragenen Aufgaben von dem Gemeindevorstand einer Gemeinde für den gesamten Verwaltungsbehördenbezirk erledigt. Dieser Gemeindevorstand ist dann innerhalb des Verwaltungsbehördenbezirks die örtlich und sachlich zuständige Behörde für die Aufgabenerledigung und für die ordnungsgemäße Erledigung der dem Verwaltungsbehördenbezirk übertragenen Aufgaben verantwortlich (zur

Problematik der zuständigen Aufsichtsbehörde beim Verwaltungsbehördenbezirk → § 83 Rn. 11).

Die **Anordnung** des Regierungspräsidiums zur Zusammenfassung idS ist im Staatsanzeiger zu **veröffentlichen** (§ 82 Abs. 2 S. 2 Hs. 2, § 85 Abs. 2 S. 2; 28

Vergleiche zB die Anordnung des Regierungspräsidiums Kassel im StAnz 2013, 480 zur Bildung des Verwaltungsbehördenbezirks der Städte und Gemeinden Bad Emstal, Breuna, Habichtswald, Zierenberg, Naumburg, Gudensberg und Niedenstein oder die Anordnung des Regierungspräsidiums Gießen im StAnz 2017, 1508 zur Bildung des Verwaltungsbehördenbezirks der Städte und Gemeinden Grebenau, Romrod, Feldatal und Schwalmtal). 28.1

Die beteiligten Gemeinden haben gem. Abs. 1 S. 2 Hs. 2 nach § 106 Abs. 1 Nr. 4 eine öffentlich-rechtliche Vereinbarung über die **Verteilung** der **Kosten** des Bezirks auf die einzelnen teilnehmenden Kommunen abzuschließen. Als **Verteilungsmaßstab** kommen zB die Einwohnerzahlen der jeweiligen Kommune in Betracht (so die gesetzliche Regelung in § 106 Abs. 1 Nr. 4 aF vor der Änderung durch das Dritte Gesetz zur Verwaltungsstrukturreform, HessGVBl. 2005 I 674; → § 106 Rn. 11). 29

Als **Aufgaben,** die vom örtlichen Verwaltungsbehördenbezirk wahrgenommen werden, kommen in erster Linie die Aufgaben des Gaststätten- und Gewerberechts in Betracht. Denkbar sind aber auch weitere Aufgabenübertragungen auf den Verwaltungsbehördenbezirk wie Aufgaben nach dem HLÖG, dem HessFreihEntzG (aufgehoben und ersetzt durch das HessPsychKHG, vgl. → Rn. 17) oder nach dem Feld- und Forstschutzgesetz (vgl. zB die Anordnung des Regierungspräsidiums Darmstadt v. 1.3.2010, StAnz 2010, 905). 30

2. Kreisverwaltungsbehördenbezirke

Entsprechend der Möglichkeit, auf der örtlichen Ebene bei der Ausübung der Gefahrenabwehr zusammenzuarbeiten, kann eine Zusammenarbeit auch auf der Ebene der Landkreise, der kreisfreien Städte und der Sonderstatus-Städte (vgl. § 4a Abs. 2 HGO) stattfinden. Es können daher nach § 82 Abs. 1 S. 2 Hs. 2 iVm § 85 Abs. 3 **Kreisverwaltungsbehördenbezirke** errichtet werden. 31

Die Anordnung erfolgt nach Anhörung der beteiligten Landkreise, kreisfreien Städte und Sonderstatus-Städte durch das zuständige Regierungspräsidium; die Anordnung ist im Staatsanzeiger zu veröffentlichen (§ 82 Abs. 1 S. 2 Hs. 2, § 85 Abs. 3). Eine besondere **praktische** Bedeutung hat diese Regelung **nicht,** Kreisverwaltungsbehördenbezirke sind bisher nicht gebildet worden. 32

VIII. Zusammenarbeit nach dem HessKGG

Im Rahmen der §§ 24, 25 HessKGG, die **nicht** von den Vorschriften des HSOG **verdräng**t werden, haben die Gemeinden auch ohne die Bildung eines **Verwaltungsbehördenbezirkes** die Möglichkeit, Gefahrenabwehr **interkommuna**l zu betreiben. Sie können hierzu eine **öffentlich-rechtliche Vereinbarung** nach Maßgabe der §§ 24 ff. HessKGG schließen. Öffentlich-rechtliche Vereinbarungen zwischen Gemeinden können sowohl über Selbstverwaltungsaufgaben wie auch über Weisungsaufgeben geschlossen werden. 33

Insoweit wird in erster Linie eine **Delegation** nach § 24 Abs. 1 S. 1 Nr. 1 HessKGG in Betracht kommen, mit denen die federführende Gemeinde die durchzuführenden Aufgaben der Gefahrenabwehr in ihre eigene Zuständigkeit übernimmt. Bei der **Mandatierung** nach § 24 Abs. 1 S. 1 Nr. 2 HessKGG führt die übernehmende Gemeinde die Aufgaben lediglich durch, ohne das die anderen Gemeinden ihre originäre Zuständigkeit verlieren. 34

Nach § 26 Abs. 1 S. 1 HessKGG ist die **Delegation** von Gefahrenabwehraufgaben durch die Aufsichtsbehörde **genehmigungspflichtig,** während die **Mandatierung** der Aufsichtsbehörde nur **angezeigt** werden muss (§ 26 Abs. 2 S. 1 HessKGG). Die zuständige Aufsichtsbehörde ergibt sich aus § 35 Abs. 4 und Abs. 2 HessKGG, bei den Gemeinden ist dies der Landrat als Behörde der Landesverwaltung (§ 55 HKO), wenn die Gemeinden alle demselben Landkreis angehören. 35

Bei **kreisüberschreitender** kommunaler Zusammenarbeit ist das Regierungspräsidium Aufsichtsbehörde (§ 35 Abs. 4 HessKGG und § 35 Abs. 2 Nr. 2 HessKGG). Das Regierungspräsidium kann allerdings eine andere Behörde bestimmen, die Aufsicht auszuüben, zB einen 36

Landrat eines Landkreises, deren Gemeinde an der Vereinbarung beteiligt ist. Die **Delegation** ist **öffentlich** bekanntzumachen (§ 26 Abs. 1 S. 3 HessKGG, § 11 HessKGG), die **Mandatierung** kann auch **ohne** öffentliche Bekanntmachung wirksam werden (vgl. § 26 Abs. 2 S. 2 HessKGG).

IX. Verordnungsermächtigung für die Landesregierung

37 Von der **Verordnungsermächtigung** nach Abs. 2 S. 3, die sich nur auf die Zuständigkeiten der allgemeinen Gefahrenabwehrbehörden bezieht (Hornmann HSOG Rn. 9), wurde bisher **kein** Gebrauch gemacht.

§ 83 Aufsichtsbehörden, Aufsicht

(1) Aufsichtsbehörden der Landkreise und Gemeinden sind, soweit sie Aufgaben der Gefahrenabwehr oder damit im Zusammenhang stehende Aufgaben der Verfolgung und Ahndung von Ordnungswidrigkeiten erfüllen und in besonderen Rechtsvorschriften nichts anderes bestimmt ist,
1. für die Landkreise, kreisfreien Städte und Sonderstatus-Städte nach § 4a Abs. 2 der Hessischen Gemeindeordnung das Regierungspräsidium und die zuständigen Ministerien,
2. für die übrigen Gemeinden der Landrat, das Regierungspräsidium und die zuständigen Ministerien.

(2) Für die Aufsicht im Übrigen gelten die Vorschriften des § 54 der Hessischen Landkreisordnung und des Siebenten Teils der Hessischen Gemeindeordnung.

(3) Die zunächst zuständige Aufsichtsbehörde nach Abs. 1 Nr. 2 ist zugleich nächsthöhere Behörde im Sinne von § 73 Abs. 1 Satz 2 Nr. 1 der Verwaltungsgerichtsordnung.

Überblick

§ 83 trifft eine Regelung über die Aufsichtsbehörden und die Modi der Aufsicht hinsichtlich der Wahrnehmung von Gefahrenabwehr aufgaben durch die Gemeinden und Landkreise.

Übersicht

A. Allgemeines

I. Gegenstand der Regelung

Die Vorschrift des § 83 bestimmt die Aufsichtsbehörden über die allgemeinen Behörden der Gefahrenabwehr nach § 82 und deren Aufsichtsmittel. Sie legt zugleich die nächsthöhere Behörde iSv § 73 Abs. 1 S. 2 Nr. 1 VwGO für die Gemeinden fest, also die Behörde, die ggf. den Widerspruchsbescheid erlässt (Widerspruchsbehörde). 1

II. Parallelvorschriften

In Baden-Württemberg gibt es eine § 83 entsprechende Vorschrift nicht. Aufsichtsrechtliche Regelungen finden sich in §§ 108–110 BWPolG. In Bayern richtet sich die Aufsicht über die Sicherheitsbehörden iSv Art. 6 BayLStVG (Gemeinden und Landratsämter) nach den kommunalrechtlichen Regelungen (Art. 109 Abs. 2 BayGO und Art. 95 Abs. 2 BayLKrO), da diese Aufgaben von den Kommunen im übertragenen Wirkungskreis wahrgenommen werden. § 98 NPOG regelt die Aufsicht über die Verwaltungsbehörden als Gefahrenabwehrbehörden. In Nordrhein-Westfalen werden die örtlichen Ordnungsbehörden vom Landrat als untere staatliche Verwaltungsbehörde beaufsichtigt (§ 7 Abs. 1 NRWOBG). Die Aufsicht über die kreisfreien Städte als örtliche Ordnungsbehörden und die Kreisordnungsbehörden übt die Bezirksregierung (in Hessen: Regierungspräsidium) aus (§ 7 Abs. 2 NRWOBG). 2

B. Einzelkommentierung

I. Struktur der Aufsichtsbehörden

Bei den Aufsichtsbehörden ist zwischen den Aufsichtsbehörden der **Landkreise,** der **kreisfreien Städte** und der **Sonderstatus-Städte** (§ 4a Abs. 2 HGO) einerseits und den Aufsichtsbehörden der übrigen Gemeinden andererseits zu unterscheiden. Die Struktur der Aufsichtsbehörden über die allgemeinen Behörden der Gefahrenabwehr folgt im Prinzip der Struktur der Kommunalaufsichtsbehörden nach § 136 HGO, § 54 Abs. 2 HKO. 3

Die Existenz von **Aufsichtsbehörden** folgt daraus, dass das Land den Kommunen Aufgaben zur Erfüllung nach Weisung übertragen hat und daher Behörden vorgesehen werden müssen, die die weisungsgemäße Erfüllung der übertragenen Aufgaben im Sinne des Auftraggebers überwachen. 4

§ 83 Abs. 1 wurde durch Gesetz v. 25.6.2018 (HessGVBl. 82) hinsichtlich der Verfolgung und Ahndung von Ordnungswidrigkeiten ergänzt. Es handelt sich dabei um eine Folgeänderung der Ergänzung des § 82 (dazu → § 82 Rn. 5). 5

II. Aufsichtsbehörden für die Landkreise, kreisfreien Städte und Sonderstatus-Städte

Aufsichtsbehörden über die Landkreise, kreisfreien Städte und Sonderstatus-Städte nach § 4a Abs. 2 HGO sind die Regierungspräsidien und die zuständigen Ministerien (Abs. 1 Nr. 1). 6

Die **örtliche** Zuständigkeit des jeweiligen Regierungspräsidiums ergibt sich aus § 2 HessRegPräsBezG (Gesetz über die **Regierungspräsidien** und Regierungsbezirke des Landes Hessen v. 16.9.2011, HessGVBl. I 420). 7

Die **sachliche** Zuständigkeit der einzelnen Ministerien wird durch den Beschluss der Landesregierung nach Art. 104 Abs. 2 HessVerf festgelegt (vgl. zB HessGVBl. 2019, 56 ff.). Besondere Rechtsvorschriften über die Festlegung von Aufsichtsbehörden nach Abs. 1 S. 1 sind zB die Bestimmungen aus § 60 Abs. 1 S. 1 Nr. 2 und Nr. 3 HessBO 2018 oder § 64 Abs. 1 HWG. 8

III. Aufsichtsbehörden über die übrigen Gemeinden

Für die **übrigen** Gemeinden in Hessen, die nicht zur Aufzählung nach Abs. 1 S. 1 Nr. 1 gehören, sind der jeweilige Landrat, die Regierungspräsidien und die zuständigen Ministerien 9

Aufsichtsbehörden. Durch die Streichung des Zusatzes „als Behörde der Landesverwaltung" beim Landrat im Rahmen des **KomLBNOG** (Kommunalisierungsgesetz v. 21.3.2005, HessGVBl. 229; vgl. Art. 7 KomLBNOG) wurde die Aufsichtszuständigkeit vom staatlichen Landrat, der nach der Kommunalisierung als Kommunalaufsichtsbehörde weiter besteht (§ 55 Abs. 2 HKO) auf den kommunalen Landrat übertragen, der die Aufsicht als **Auftragsangelegenheit** iSv § 4 Abs. 2 HKO wahrnimmt (vgl. LT-Drs. 16/3314, 26; zur Frage, ob diese Regelung systematisch gelungen ist → Rn. 15).

10 Die **örtliche** Zuständigkeit der Landräte ergibt sich aus der Zugehörigkeit der Gemeinden zum jeweiligen Landkreis (§ 13 HKO; vgl. zB § 14 NeuglG HOG/KS/WOH – Gesetz zur Neugliederung der Landkreise Hofgeismar, Kassel und Wolfhagen v. 11.7.1973, HessGVBl. I 225).

11 Haben sich Gemeinden oder Landkreise zu einem **örtlichen Verwaltungsbehördenbezirk** oder **Kreisverwaltungsbehördenbezirk** zusammengeschlossen, werden die vom Bezirk zu erledigenden Aufgaben von einem Gemeindevorstand oder Kreisausschuss für die anderen Mitglieder des Verwaltungsbehördenbezirks wahrgenommen (§ 82 Abs. 1 S. 2 Hs. 2, § 85 Abs. 2 und Abs. 3). Aufsichtsbehörde für den jeweiligen Verwaltungsbehördenbezirk ist dann die Aufsichtsbehörde, die auch die **Aufsicht** über den die Aufgaben wahrnehmenden Gemeindevorstand oder Kreisausschuss **führt.**

IV. Aufsichtsmittel

12 Neben der Zuständigkeit für die Ausübung der Aufsicht enthält Abs. 2 Regelungen zu den Aufsichtsmitteln der Aufsichtsbehörden nach Abs. 1. Hierzu verweist die Vorschrift auf § 54 HKO und den Siebenten Teil der HGO. Die **Aufsichtsmittel** der Aufsichtsbehörden nach Abs. 1 entsprechen daher den Aufsichtsmitteln der Kommunalaufsicht in Hessen (iE → Rn. 20), haben allerdings in der Praxis keine große Bedeutung (→ Rn. 22).

1. Abgrenzung Aufsichtsmittel – Weisung (§ 84)

13 § 84 gestattet es den Aufsichtsbehörden, nach § 83 mittels **allgemeinen Weisungen** und **Einzelweisungen** in die Aufgabenerledigung der nachgeordneten Behörden einzugreifen. Mit den Weisungen kann somit die Aufgabenausführung aktiv gesteuert werden. Durch die Aufsichtsmittel hingegen wird die Aufgabenerledigung im Hinblick auf eine zweckmäßige und rechtmäßige Aufgabenerledigung kontrolliert. Die Aufsicht nach §§ 83, 84 ist daher Fachaufsicht.

14 Die Anwendung der **Aufsichtsmittel,** insbesondere die Unterrichtung (→ Rn. 21) kann natürlich dazu führen, dass Handlungsbedarf zum Erlass einer allgemeinen Weisung oder einer Einzelweisung gesehen wird. Die Klammer ist dann § 135 S. 1 HGO, der besagt, dass die Ausübung der Kommunalaufsicht auch sicherstellen soll, dass die im Rahmen der Gesetze erteilten Weisungen bei Weisungsangelegenheiten nach § 4 HGO/§ 4 HKO auch von den nachgeordneten Behörden befolgt werden. Damit sind auch die Weisungen nach § 84 gemeint. Allerdings muss die HSOG-Aufsichtsbehörde für die Vollstreckung von nicht befolgten Weisungen den Weg über die **Kommunalaufsichtsbehörde** wählen (→ Rn. 17), insofern sind §§ 138 ff. HGO für die Aufsicht nach § 83 in der Praxis weitgehend **ohne** Bedeutung (insbes. → Rn. 22 f.).

2. Anwendung der kommunalrechtlichen Vorschriften bei der Ausübung der Aufsicht

15 Gleichwohl es sich bei den Aufgaben zur Erfüllung nach Weisung um staatliche Aufgaben handelt, werden sie von kommunalen Organen ausgeführt und können daher als **kommunale** Tätigkeiten betrachtet werden (vgl. Hornmann HSOG § 82 Rn. 4), **ohne** jedoch Selbstverwaltungsangelegenheiten zu sein.

16 Es liegt daher zunächst nahe, wegen des kommunalen Bezuges auf die kommunalrechtlichen Aufsichtsmittel zu verweisen. Fraglich ist, wie **systemgerecht** der Verweis in Abs. 2 auf die Aufsichtsmittel der allgemeinen Kommunalaufsicht ist, wenn die Aufsicht nicht mehr vom Landrat als Behörde der Landesverwaltung nach § 55 Abs. 2 HKO wahrgenommen

wird, sondern vom kommunalen Landrat als Auftragsangelegenheit. Die insoweit entstehende **Inkonsistenz** lässt sich an zwei Problemlagen verdeutlichen:

- Wegen der Regelung des § 73 HessVwVG iVm § 145 HGO dürfen **fachaufsichtliche Anweisungen** nur von der Kommunalaufsichtsbehörde nach § 55 Abs. 2 HKO, § 136 Abs. 3 HGO vollstreckt werden (vgl. PdK-Hessen/Sommer/Drexelius HKO § 4 Erl. 4.2; → § 84 Rn. 23), da Abs. 2 keine ausdrückliche Vollstreckungsklausel enthält. Da die Aufsicht nach Abs. 1 vom kommunalen Landrat als Auftragsangelegenheit (→ Rn. 9) wahrgenommen wird, muss er sich zur Vollstreckung von nicht befolgten Weisungen der Kommunalaufsicht nach § 55 Abs. 2 HKO, § 136 Abs. 3 HGO bedienen, die wiederum mit den Aufsichtsmitteln der HGO vollstreckt. 17
- Da die Verweisung in Abs. 2 sich auch auf § 142 HGO erstreckt, könnte der Eindruck entstehen, gegen erteilte Weisungen der HSOG-Aufsicht nach § 84 stehe der Kommune unbeschränkter Rechtsschutz zu. Dies ist aber nicht der Fall (vgl. PdK-Hessen/Sommer/Drexelius HKO § 4 Erl. 4.3). **Rechtsschutz** kann die Kommune nur erlangen, wenn der Weisungsrahmen **überschritten** wird oder in sog. kommunale Hoheiten (zB Organisationshoheit) durch die Weisung eingegriffen wird (vgl. VGH Kassel BeckRS 2016, 43184; PdK-Hessen/Sommer/Drexelius HKO § 4 Erl. 4.3; Hornmann HSOG Rn. 12). 18

Wegen der dargestellten Probleme und der Regelung in § 135 S. 1 HGO wäre es **systematisch** stimmiger gewesen, der Kommunalaufsicht nach § 136 Abs. 3 HGO die Aufsicht über die Gemeinden als allgemeine Gefahrenabwehrbehörden nach § 82 zu übertragen. 19

Durch die **Komplettverweisung** auf § 54 HKO und den siebenten Teil der HGO gelten grundsätzlich die sämtlichen dort genannten Aufsichtsmittel für die Ausübung der Aufsicht über die allgemeinen Gefahrenabwehrbehörden. Die Ausübung der Aufsicht nach den §§ 137 ff. HGO unterliegt dem Opportunitätsprinzip (vgl. Hornmann HSOG Rn. 5). Ihre Anwendung steht daher im **pflichtgemäßen** Ermessen der Aufsichtsbehörde. Inwieweit es zu einer Ermessenreduzierung auf Null und damit zu einer Pflicht zum Einschreiten kommen kann, ist eine Frage des **Einzelfalls.** 20

3. Unterrichtung

Die Unterrichtung nach § 137 HGO umfasst das **Informationsrecht** der Aufsichtsbehörde gegenüber dem Gemeindevorstand und dem Kreisausschuss. Zu den Informationsformen zählen nach der abschließenden Aufzählung des § 137 HGO: Kontrolle vor Ort, Berichtsanforderung, Akteneinsicht, Teilnahme an den Sitzungen des Gemeindevorstandes und des Kreisausschusses und Recht auf Einberufung einer Sitzung des Gemeindevorstandes oder Kreisausschusses. Im **Gegensatz** zur Ausübung der allgemeinen Kommunalaufsicht kann von dem Informationsrecht anlasslos Gebrauch gemacht werden, da die Kommunen staatliche Aufgaben ausüben und insoweit auf ihr Selbstverwaltungsrecht **keine** Rücksicht zu nehmen ist (aA Hornmann HSOG Rn. 6). 21

4. Beanstandung

Die Beanstandung nach § 138 HGO zielt darauf ab, einem **rechtswidrigen** aktiven Tun des Gemeindevorstandes oder des Kreisausschusses zu begegnen. Sie hat im Rahmen der Ausübung der Aufsicht allerdings keine praktische Bedeutung, da sie von der Aufsichtsbehörde nicht vollstreckt werden kann (→ Rn. 17). Einem rechtswidrigen Handeln des Gemeindevorstandes oder des Kreisausschusses wird die Aufsichtsbehörde daher zunächst mit einer Weisung nach § 84 begegnen. 22

5. Anweisung

Ebenso wie die Beanstandung hat auch die Anweisung nach § 139 HGO mangels Vollstreckbarkeit keine **praktische** Bedeutung. Im Übrigen kann die Aufsichtsbehörde bei einem Unterlassen der Verwaltungsbehörde bereits nach § 84 Weisungen erteilen. 23

6. Bestellung eines Beauftragten

Die Bestellung eines Beauftragten nach § 141 HGO ist in der Praxis **nicht bedeutsam,** da er nur für die Angelegenheiten der allgemeinen Gefahrenabwehr nach § 82 bestellt werden 24 dürfte und die sonstigen Aufsichtsmittel zur Beseitigung des rechtswidrigen Zustandes bisher nicht ausgereicht haben dürften.

7. Auflösung der Gemeindevertretung

25 Da Adressat von Weisungen und ausführendes Organ innerhalb der Kommune der Gemeindevorstand bzw. der Kreisausschuss sind, hat § 141a HGO für den Bereich des HSOG **keine** Bedeutung.

8. Anwendbarkeit des § 141b HGO

26 Das **Selbsteintrittsrecht** nach § 141b HGO darf nicht mit dem Selbsteintrittsrecht nach § 88 **verwechselt** werden. Das Selbsteintrittsrecht nach § 141b HGO betrifft das Verhältnis von verschiedenen Aufsichtsstufen, nicht das Selbsteintrittsrecht von verschiedenen Ordnungsbehörden wie bei § 88. Handelt eine Kommune im Bereich der allgemeinen Gefahrenabwehr rechtswidrig und die zunächst zuständige Aufsichtsbehörde unternimmt dagegen nichts, dann kann die höhere Aufsichtsbehörde den Selbsteintritt vornehmen und die Aufsichtsmittel der zunächst zuständigen Aufsichtsbehörde einsetzen. Die höhere Aufsichtsbehörde kann daher bei Untätigkeit der zunächst zuständigen Aufsichtsbehörde zwar Weisungen erteilen, ist aber für ihre Durchsetzung auf die Mitwirkung der Kommunalaufsicht angewiesen. Daher bleibt § 141b HGO in der Praxis auch ohne Bedeutung.

V. Rechtsschutz gegen Aufsichtsmittel

27 Werden **förmliche** Aufsichtsmittel auf Veranlassung der HSOG-Aufsichtsbehörde von der Kommunalaufsichtsbehörde gegenüber den Kommunen eingesetzt, dann ist das ein Verwaltungsakt gegenüber der Kommune, dem sie mit der **Anfechtungsklage** begegnen kann. Allerdings muss sie für die Zulässigkeit der Klage die Verletzung von **eigenen Rechten** geltend machen (vgl. VGH Kassel BeckRS 2016, 43184, PdK-Hessen/Sommer/Drexelius HKO § 4 Erl. 4.3; → Rn. 18).

28 Im Verhältnis Gemeinde zu Landrat ist zunächst gegen die kommunalaufsichtliche Anweisung Widerspruch einzulegen, während der Kreisausschuss bei dem Gebrauch von Aufsichtsmitteln durch das Regierungspräsidium wegen § 16a Abs. 2 HessAGVwGO unmittelbar klagen kann. Die Klage hat nur dann **Erfolg,** wenn die Weisung, die mit den Mitteln der Kommunalaufsicht umgesetzt werden soll, den Weisungsrahmen verlässt oder unzulässig in das Selbstverwaltungsrecht der Kommune eingreift.

VI. Bestimmung der zuständigen Widerspruchsbehörde für die Gemeinden, Widerspruchsverfahren

29 Abs. 3 bestimmt, wer bei den Gemeinden nach § 83 Abs. 1 Nr. 2 die nächsthöhere Behörde nach § 73 Abs. 2 S. 1 Nr. 1 VwGO, also die **Widerspruchsbehörde** ist. Für die Gebietskörperschaften nach § 83 Abs. 1 Nr. 1 bedurfte es einer Bestimmung der Widerspruchsbehörde **nicht,** da sie aufgrund der Regelung des § 16a Abs. 4 HessAGVwGO ihre Widerspruchsbescheide selbst erlassen (→ Rn. 32 f.).

1. Regelungsbereich des § 16a HessAGVwGO

30 Mit § 16a HessAGVwGO hat der Gesetzgeber in Hessen von den Ermächtigungen in § 68 Abs. 1 S. 2 VwGO und § 73 Abs. 1 S. 3 VwGO Gebrauch gemacht. Nach diesen Vorschriften kann die Notwendigkeit der Überprüfung eines Verwaltungsaktes im **Widerspruchsverfahren** entfallen (§ 68 VwGO), wenn dies durch Gesetz vorgesehen ist, und der Erlass des Widerspruchsbescheides kann durch gesetzliche Regelung auch auf die Ausgangsbehörde übertragen werden (§ 73 VwGO).

2. Wegfall des Vorverfahrens nach der Anlage zu § 16a HessAGVwGO

31 In Nr. 2 Anlage HessAGVwGO sind verschiedene Gebiete aus dem Bereich der Öffentlichen Sicherheit und Ordnung verzeichnet, bei denen die Durchführung eines Widerspruchs-

verfahrens **ausgeschlossen** ist; hierzu zählen etwa Entscheidungen aus dem Bereich der Sperrzeitverordnung, des Hessischen Glücksspielgesetzes und des Aufenthaltsrechts. Auch im Bereich des Straßenverkehrsrechts (vgl. Nr. 11.1 Anlage HessAGVwGO), etwa bei der Anordnung einer Fahrtenbuchauflage nach § 31a StVZO, oder straßenverkehrsbehördlichen Maßnahmen, **entfällt** das Widerspruchsverfahren.

3. Wegfall der Funktion des Regierungspräsidiums als Widerspruchsbehörde

§ 16a Abs. 4 HessAGVwGO lässt die Funktion des Regierungspräsidiums als Widerspruchsbehörde (**„nächsthöhere Behörde“** nach § 73 Abs. 2 S. 1 Nr. 1 VwGO) entfallen. Demnach gibt es unterschiedliche Widerspruchsbehörden bei den Gebietskörperschaften nach Abs. 1 Nr. 1 und bei den sonstigen Gemeinden nach Abs. 1 Nr. 2. 32

4. Widerspruchsbehörde bei Landkreisen, kreisfreien Städten, und Sonderstatus-Städten

Nächsthöhere Behörde ist bei den Landkreisen, kreisfreien Städten und Sonderstatus-Städten im Rahmen des hessischen Verwaltungsaufbaus das **Regierungspräsidium.** Da die Regierungspräsidien nach § 16a Abs. 4 HessAGVwGO keine Widerspruchsbescheide mehr erlassen, sind die Landkreise, kreisfreien Städte und Sonderstatus-Städte **selbst** für den Erlass des Widerspruchsbescheides zuständig. In Hessen besteht noch die **Besonderheit,** dass vor dem Erlass des Widerspruchsbescheides das Anhörungsverfahren nach §§ 7 ff. HessAGVwGO durchzuführen ist. 33

5. Widerspruchsbehörde bei den sonstigen Gemeinden

Wird gegen Verwaltungsakte der sonstigen Gemeinden Widerspruch eingelegt, tritt der **Hochzonungseffekt** aus § 73 Abs. 2 S. 1 Nr. 1 VwGO wie bisher ein: der Widerspruchsbescheid wird nach erfolgloser Durchführung des Anhörungsverfahrens nach §§ 7 ff. HessAGVwGO vom Landkreis als **nächsthöherer** Behörde erlassen. Zuständig innerhalb des Landkreises ist der Landrat (Auftragsangelegenheit), da Abs. 3 **ausdrücklich** anordnet, dass die Aufsichtsbehörde (→ Rn. 9) auch Widerspruchsbehörde ist. 34

In diesem Zusammenhang ergibt sich in Hessen ein besonderes **Problem** hinsichtlich der Frage, welche Behörde **Widerspruchsbehörde** ist, wenn mangels gesetzlicher Regelung nicht eindeutig feststeht, ob der betroffene Bereich zur **Gefahrenabwehr** iSv § 82 gehört: 35

Die Regelung des § 82 bezieht sich in ihrer Zuständigkeitszuweisung auf die allgemeinen Gefahrenabwehraufgaben nach § 2 S. 2 und S. 3. Damit korrespondierend verpflichtet § 1 Abs. 1 die Verwaltungsbehörden zur Gefahrenabwehr, legt aber gleichzeitig fest, dass die Verwaltungsbehörden noch weitere, ihnen durch Gesetz zugewiesene Aufgaben zu erledigen haben. Die allgemeine Aufgabenzuweisung aus § 1 Abs. 1 wird daher durch spezielle Aufgabenzuweisungen verdrängt (vgl. Hornmann HSOG § 1 Rn. 8). Eine besondere **Aufgabenzuweisungsnorm** ist zB die HessGewZustV (Gewerberecht-Zuständigkeitsverordnung v. 20.6.2002, HessGVBl. I 395; zuletzt geändert durch Verordnung v. 18.5.2018, HessGVBl. 191). 36

Es fragt sich nun, ob die **besonders** zugewiesenen Gefahrenabwehraufgaben aus dem Bereich Gewerberecht und HGastG sowie Hessischen HessSpielhG Gefahrenabwehraufgaben iSv §§ 1, 2, 82 sind. Wäre das der Fall, wären Widersprüche aus diesen Sachgebieten durch den Landrat zu bescheiden. Sind sie hingegen Gefahrenabwehraufgaben eigener Art, dann ist nächsthöhere Behörde im Sinne der VwGO der Landrat als Kommunalaufsichtsbehörde nach § 55 Abs. 2 HKO. Dies folgt aus der Rechtsprechung des VGH Kassel, wonach immer die **Kommunalaufsichtsbehörde Widerspruchsbehörde** ist, wenn die Fachaufsicht nicht spezialgesetzlich geregelt ist (vgl. VGH Kassel NVwZ 1990, 677). 37

Aufgrund der weiten Fassung der §§ 2, 82 und des Umstands, dass in der HessGewZustV nichts über die Aufgabenqualität gesagt ist, weil diese für die allgemeinen Gefahrenabwehraufgaben umfassend in § 82 Abs. 1 geregelt wurde, spricht vieles dafür, dass § 82 Abs. 1 **sämtliche** Gefahrenabwehraufgaben meint und über Abs. 3 daher eine allumfassende Zuständigkeit des Landrates für den Widerspruchsbescheid (als Auftragsangelegenheit) ausgelöst wird. 38

39 Da die Aufgaben nach der Gewerbeordnung und nach dem Hessischen Gaststättengesetz sowie dem Hessischen Spielhallengesetz inhaltlich **unzweifelhaft** Gefahrenabwehraufgaben sind, unterfallen sie trotz der sondergesetzlichen Aufgabenzuweisung in der Gewerberecht-Zuständigkeitsverordnung der Generalnorm des § 82 Abs. 1 und Widersprüche aus diesen Sachgebieten werden vom Landrat als **Auftragsangelegenheit** beschieden.

6. Kostenpflicht bei Widerspruchsentscheidungen (§ 14 HessAGVwGO)

40 Nach § 14 Abs. 1 HessAGVwGO sind für die Zurückweisung eines Widerspruchs Kosten (Gebühren und Auslagen) nach Maßgabe des HVwKostG zu erheben. Somit ist die Zurückweisung eines Widerspruchs in Gefahrenabwehrangelegenheiten in Hessen **gebührenpflichtig.**

41 Maßgebliche Gebührenvorschrift für die Widerspruchsgebühren ist § 4 Abs. 3 und Abs. 5 HVwKostG. Was insoweit Auslagen sind, bestimmt § 9 HVwKostG. Da die Aufgaben der allgemeinen Gefahrenabwehr Weisungsaufgaben sind, müssen die Kommunen bei der Aufgabenwahrnehmung die Verwaltungskostenordnungen des Landes Hessen anwenden (§ 1 Abs. 2 HVwKostG) und dürfen nicht auf ihre im Rahmen der kommunalen Selbstverwaltung erlassenen **Gebührensatzungen** (vgl. § 5 HGO, § 5 HKO, § 2 HessKAG) zurückgreifen.

7. Anhörungsverfahren nach § 7 ff. HessAGVwGO

42 Vor dem **Erlass** des Widerspruchsbescheides in Widerspruchsverfahren bei Gemeinden und Landkreisen wegen Aufgaben der allgemeinen Gefahrenabwehr ist nach § 7 Abs. 3 HessAGVwGO ein **Anhörungsverfahren** durchzuführen.

§ 84 Weisungsbefugnisse

[1]Die Aufsichtsbehörden können den Kreisausschüssen und Gemeindevorständen allgemeine Weisungen erteilen. [2]Im Einzelfall können Weisungen erteilt werden, wenn die Aufgaben der Gefahrenabwehr nicht im Einklang mit den Gesetzen erfüllt oder die erteilten allgemeinen Weisungen nicht befolgt werden.

Überblick

§ 84 regelt die Weisungsbefugnisse der in § 83 genannten Aufsichtsbehörden gegenüber den Gemeindevorständen und Kreisausschüssen.

Übersicht

A. Allgemeines

I. Gegenstand der Regelung

1 § 84 ermächtigt die durch § 83 bestimmten Aufsichtsbehörden mittels allgemeiner Weisungen und Einzelweisungen in die Aufgabenerledigung der Gemeinden und Landkreise

einzugreifen. Mit Weisungen kann die Aufgabenausführung aktiv gesteuert werden. Die Aufsicht nach §§ 83, 84 ist daher Fachaufsicht (vgl. → § 83 Rn. 13 f.).

Weisungen iSd § 84 sind abzugrenzen von den Aufsichtsmitteln (dazu → § 83 Rn. 12 ff.) durch die die Aufgabenerledigung im Hinblick auf eine zweckmäßige und rechtmäßige Aufgabenerledigung kontrolliert wird. 2

Die Regelung zwischen allgemeinen Weisungen (S. 1) und Weisungen im Einzelfall (S. 2). Die Weisungsrechte sind in § 84 abschließend geregelt (vgl. → Rn. 21). 3

II. Parallelvorschriften

§ 110 Abs. 1 BWPolG regelt das Weisungsrecht gegenüber den allgemeinen Polizeibehörden. Die Ortspolizeibehörden können nach § 119 Abs. 1 BWPolG den Polizeidienststellen Weisungen erteilen. 4

In Bayern richten sich die Weisungsrechte gegenüber den Sicherheitsbehörden (vgl. Art. 6 BayLStVG) nach den kommunalrechtlichen Regelungen in der BayGO bzw. BayLKrO (vgl. Art. 116 Abs. 1 S. 2 BayGO und Art. 102 Abs. 1 S. 2 BayLKrO). Insoweit kennt Bayern keine dem § 84 entsprechende Vorschrift. 5

Im NPOG gibt es keine Regelungen zu Weisungen entsprechend § 84, in Niedersachsen ist insoweit das Kommunalrecht maßgeblich (vgl. § 6 Abs. 2 S. 1 NKomVG). 6

§ 9 NRWOBG regelt die Weisungsrechte der Aufsichtsbehörde gegenüber den örtlichen Ordnungsbehörden und Kreisordnungsbehörden. 7

B. Einzelkommentierung

I. Allgemeine Weisung (S. 1)

§ 84 **ermächtigt** die in § 83 aufgeführten Aufsichtsbehörden zunächst, den Gemeindevorständen und Kreisausschüssen **allgemeine** Weisungen zu erteilen. Davon zu unterscheiden ist die Einzelweisung nach S. 2 (→ Rn. 17). 8

1. Begriff und Rechtsnatur

Als **allgemeine Weisungen** bezeichnet man generell-abstrakte Instruktionen einer vorgesetzten Behörde an nachgeordnete Behörden (vgl. Hornmann HSOG Rn. 2). Allgemeinen Weisungen idS betreffen also keinen konkreten Einzelfall betreffen; sie ergehen in Form einer Verwaltungsvorschrift, eines Erlasses oder einer Rundverfügung. **Zuständig** für den Erlass von allgemeinen Weisungen sind gegenüber den Kreisausschüssen, den kreisfreien Städten und den Sonderstatus-Städten nach § 4 Abs. 2 HGO die fachlich zuständigen Ministerien und die Regierungspräsidien (§ 83 Abs. 1 Nr. 1). 9

Allgemeine Weisungen gegenüber den Gemeindevorständen können vom Landrat (als Auftragsangelegenheit), vom Regierungspräsidium und von dem zuständigen Ministerium ausgesprochen werden (§ 83 Abs. 1 Nr. 2). 10

Eine **allgemeine** Weisung eines Ministeriums an die nachgeordneten allgemeinen Gefahrenabwehrbehörden war zB die GewAnzVwV (Hessische Verwaltungsvorschrift zum Vollzug der Gewerbeordnung v. 3.12.2008, StAnz 2008, 3471; zuletzt geändert am 30.7.2013, StAnz 2013, 1076). 10.1

Als **Verwaltungsvorschriften** sind allgemeine Weisungen keine Rechtssätze mit Außenwirkung, sondern haben lediglich **Binnenwirkung** (vgl. Eyermann/Rennert VwGO § 114 Rn. 28). In der Normenhierarchie stehen sie **unter** Gesetzen und Rechtsverordnungen und dürfen diesen daher nicht widersprechen. 11

Eine mittelbare **Außenwirkung** von Verwaltungsvorschriften kann sich dadurch ergeben, dass gleichgelagerte Fälle, für die Regelungen in Verwaltungsvorschriften bestehen, nicht ohne sachlichen Grund unterschiedlich behandelt werden dürfen, da ansonsten Art. 3 GG verletzt wäre (vgl. Tettinger/Erbguth/Mann, Kommunalrecht, Polizei- und Ordnungsrecht, Baurecht, 11. Aufl. 2012, § 27 Rn. 7). Durch gleichartige Anwendung von Verwaltungsvorschriften kann eine **Selbstbindung** der Gefahrenabwehrbehörden entstehen, gleiche Fälle auch immer gleich zu behandeln (vgl. Hornmann HSOG Rn. 3; Eyermann/Rennert VwGO § 114 Rn. 28). 12

2. Weisungserteilung als Ermessensentscheidung

13 Die Zulässigkeit der Erteilung von allgemeinen Weisungen ist für die befugten Behörden als **Ermessenstatbestand** ausgestaltet. Es besteht somit zunächst keine Pflicht der Aufsichtsbehörden, allgemeine Weisungen in Form von Verwaltungsvorschriften zu erlassen. Wenn sich allerdings ergibt, dass ein **landeseinheitlicher Vollzug** von Vorschriften zur Wahrung unter Gleichheitsgesichtspunkten erforderlich ist, kann sich das **Ermessen auf Null** verdichten und daraus eine Pflicht zum Erlass von allgemeinen Weisungen erwachsen (vgl. PdK-Hessen/Sommer/Drexelius HKO § 4 Erl. 4.2).

3. Allgemeine Weisung in Form ermessenslenkender Verwaltungsvorschriften

14 Es ist anerkannt, dass vorgesetzte Behörden ihrerseits sog. **ermessensleitende** Verwaltungsvorschriften erlassen können (vgl. Tettinger/Erbguth/Mann, Kommunalrecht, Polizei- und Ordnungsrecht, Baurecht, 11. Aufl. 2012, § 27 Rn. 2; Kopp/Ramsauer § 40 Rn. 51; BeckOK VwVfG/Aschke VwVfG § 40 Rn. 70); die Ermächtigung durch § 84 S. 1 kann also auch für ermessenslenkende allgemeine Weisungen genutzt werden. Ermessenslenkende Verwaltungsvorschriften dienen der **Sicherung** einer einheitlichen und gleichmäßigen Ausübung des Ermessens – hier durch die Gefahrenabwehrbehörden – in bestimmten Fällen (vgl. BeckOK VwVfG/Aschke VwVfG § 40 Rn. 70).

15 Liegen solche ermessenslenkenden Verwaltungsvorschriften vor, stellt sich die Frage von deren Rechtswirkung in Bezug auf die konkrete Ermessensausübung der Gefahrenabwehrbehörde im Einzelfall wirken (vgl. die Überlegung bei Hornmann HSOG Rn. 4). Insoweit gilt, dass auch bei der Existenz ermessenslenkender Verwaltungsvorschriften im Einzelfall geprüft werden und entschieden werden muss, ob die in der Verwaltungsvorschrift **intendierte Ermessensausübung** gerade auf den konkreten Fall passt oder ob insoweit andere Ermessenserwägungen anzustellen sind (vgl. BeckOK VwVfG/Aschke VwVfG § 40 Rn. 70; Kopp/Ramsauer VwVfG § 40 Rn. 51).

4. Rechtsschutz gegen allgemeine Weisungen

16 Für einen **gerichtlichen** Rechtsschutz von Gemeinden und Landkreisen gegenüber allgemeinen Weisungen dürfte in der Regel kein Raum sein, da Rechte der Kommunen durch die fachlichen Anweisungen nicht betroffen sind. Etwas **anderes** kann nur gelten, wenn die allgemeine Weisung in die **kommunale Hoheit** wie etwa die Organisationshoheit eingreift oder die Verwaltungsvorschrift von den Kreisausschüssen oder Gemeindevorständen ein rechtswidriges Handeln verlangt. Dann liegt eine **Überschreitung** des Weisungsrahmens vor, gegen den sich die Kommunen gerichtlich zur Wehr setzen können (vgl. VGH Kassel BeckRS 2016, 43184, PdK-Hessen/Sommer/Drexelius HKO § 4 Erl. 4.3; zur **Amtshaftung** bei rechtswidrigen Weisungen und ihrer Befolgung s. BGH NVwZ 2015, 1309).

II. Einzelweisung (S. 2)

17 Von den allgemeinen Weisungen nach S. 1 sind die Einzelweisungen nach S. 2 zu unterscheiden.

1. Begriff der Einzelweisung

18 Eine Einzelweisung liegt vor, wenn sich der Inhalt der Weisung auf einen **konkreten** Einzelfall bezieht und der nachgeordneten Behörde vorschreibt, wie sie in dem Einzelfall zu handeln hat. Anlass für eine Einzelweisung kann ein anfragender Bericht der nachgeordneten Behörde sein, wie sie sich im konkreten Fall verhalten soll. Es können aber auch eigene Erkenntnisse der vorgesetzten Behörde (zB Beschwerden aus der Bevölkerung, **Petitionen,** Presseberichte) sein, die den Erlass einer Einzelweisung gegenüber der nachgeordneten Behörde auslösen.

2. Voraussetzungen für den Erlass einer Einzelweisung

19 **Einzelweisungen** im Rahmen der Gefahrenabwehr sind gegenüber den Kreisausschüssen oder Gemeindevorständen dann **zulässig,** wenn entweder die Aufgaben der Gefahrenabwehr

nicht **rechtrechtmäßig** (nicht „im Einklang mit den Gesetzen") ausgeführt werden oder erteilte allgemeine Weisungen nicht befolgt werden. Einzelweisungen können daher erteilt werden, wenn bei der Gefahrenabwehr durch die Kreisausschüsse und Gemeindevorstände Rechtsnormen nicht beachtet werden oder die Gefahrenabwehr nicht nach Maßgabe der erlassenen Verwaltungsvorschriften erfolgt. Liegen die vorgenannten Voraussetzungen nicht vor, ist die Einzelweisung **unzulässig.**

3. Rechtsschutz gegen Einzelweisungen

Ebenso wie bei den allgemeinen Weisungen wird in der Regel auch bei den Einzelweisungen **kein** gerichtlicher Rechtsschutz für die Kreisausschüsse und Gemeindevorstände zu erlangen sein. Etwas anderes gilt nur, wenn die Einzelweisung in eine kommunale Hoheit eingreift, zB die **Personal- oder die Organisationshoheit,** oder die Weisung des gesetzlichen Rahmen verlässt, also die Voraussetzungen für den Erlass der Einzelweisung nach S. 2 nicht vorliegen oder von der Kommune ein rechtswidriges Handeln verlangt wird (vgl. Hornmann HSOG Rn. 7; PdK-Hessen/Sommer/Drexelius HKO § 4 Erl. 4.3). Neben der Inanspruchnahme von gerichtlichem Rechtsschutz steht es dem Kreisausschuss oder dem Gemeindevorstand selbstverständlich frei, entsprechend der beamtenrechtlichen **Remonstration** die Bedenken gegen die Rechtmäßigkeit der Weisung gegenüber der vorgesetzten Behörde geltend zu machen, um **Amtshaftungsansprüche** zu vermeiden (vgl. BGH NVwZ 2015, 1309 (1310)). 20

III. Abgrenzungsfragen zu § 4 HGO, § 4 HKO und §§ 137 ff. HGO

In der Regelung des Weisungsrechts gegenüber den Kreisausschüssen und den Gemeindevorständen ist eine gesetzliche Vorgabe hinsichtlich des **Umfangs** des Weisungsrechts nach § 4 Abs. 1 HKO/§ 4 Abs. 1 HGO zu sehen. Die Bestimmungen des § 84 **gehen** daher den Regelungen der HKO und HGO **vor** (vgl. Hornmann HSOG Rn. 5). 21

Unterrichtungsverpflichtungen der Kreisausschüsse und Gemeindevorstände sieht § 84 nicht. Die im damaligen HSOG-Gesetzentwurf (vgl. LT-Drs. 12/5794) vorgesehene Unterrichtungspflicht wurde nicht Gesetz (vgl. Hornmann HSOG Rn. 1). Bei den Weisungsaufgaben nach § 4 Abs. 1 HKO/§ 4 Abs. 1 HKO fehlt es auch an der Möglichkeit des Selbsteintrittes der Aufsichtsbehörden (vgl. VGH Kassel HSGZ 1982, 259 (260)), daher sieht § 84 einen Selbsteintritt auch nicht vor. 22

Werden aufsichtsbehördliche Weisungen nicht befolgt, kann ihre Befolgung nur über die Kommunalaufsichtsbehörden im Wege der **Kommunalaufsichtsmittel** nach § 137 ff. HGO erreicht werden, da dem insoweit für die **Durchsetzung** der Weisungen an die allgemeinen Gefahrenabwehrbehörden die sog. **Vollstreckungsklausel** (erforderlich wegen § 145 HGO und § 73 HessVwVG) **fehlt** (vgl. PdK-Hessen/Sommer/Drexelius HKO § 4 Erl. 4.2, Erl. 4.3). Im Übrigen kann die **Kommunalaufsicht** mit ihren Mitteln gegenüber den Kommunen tätig werden, wenn diese ihre Aufgaben im Bereich der Gefahrenabwehr nicht erfüllen (§ 135 S. 1 HGO; vgl. zur Problematik der Verweisung in § 83 Abs. 2 auf die Vorschriften über die Kommunalaufsicht → § 83 Rn. 13 ff.). 23

Zweiter Titel. Ordnungsbehörden

§ 85 Allgemeine Ordnungsbehörden

(1) [1]Allgemeine Ordnungsbehörden sind

1. die fachlich zuständigen Ministerien als Landesordnungsbehörden,
2. die Regierungspräsidien als Bezirksordnungsbehörden,
3. die Landräte in den Landkreisen und die Oberbürgermeister in kreisfreien Städten als Kreisordnungsbehörden,
4. die Bürgermeister (Oberbürgermeister) als örtliche Ordnungsbehörden.

[2]Aufgaben der Gefahrenabwehr, die von den Landräten und Bürgermeistern (Oberbürgermeistern) wahrzunehmen sind, sind Auftragsangelegenheiten im Sinne des

§ 4 Abs. 2 der Hessischen Gemeindeordnung und des § 4 Abs. 2 der Hessischen Landkreisordnung.

(2) [1]Die Regierungspräsidien können nach deren Anhörung Gemeinden eines Landkreises sowie eine angrenzende kreisfreie Stadt oder Gemeinden des benachbarten Landkreises mit deren Zustimmung zu einem gemeinsamen örtlichen Ordnungsbehördenbezirk zusammenfassen, in dem die Aufgaben der örtlichen Ordnungsbehörde ganz oder teilweise durch den Bürgermeister (Oberbürgermeister) einer dieser Gemeinden für den gemeinsamen örtlichen Ordnungsbehördenbezirk zu erfüllen sind. [2]Die Anordnung ist im Staatsanzeiger für das Land Hessen zu veröffentlichen.

(3) [1]Die Regierungspräsidien können nach Anhörung der beteiligten kreisfreien Städte und Landräte benachbarte Kreisordnungsbehörden zu einem gemeinsamen Kreisordnungsbehördenbezirk zusammenfassen, in dem die Aufgaben der Kreisordnungsbehörden ganz oder teilweise durch einen Oberbürgermeister oder einen Landrat für den gemeinsamen Kreisordnungsbehördenbezirk zu erfüllen sind. [2]Satz 1 gilt entsprechend für die Zusammenfassung von kreisfreien Städten und Landräten mit Sonderstatus-Städten nach § 4a Abs. 2 der Hessischen Gemeindeordnung zu gemeinsamen Ordnungsbehördenbezirken. [3]Abs. 2 Satz 2 gilt entsprechend.

(4) [1]Für die Erfüllung ihrer Aufgaben als Ordnungsbehörde können der Bürgermeister (Oberbürgermeister) hauptamtliche Beigeordnete sowie der Landrat hauptamtliche Kreisbeigeordnete zu ihren ständigen Vertretern bestimmen. [2]Diese werden auch bei Anwesenheit des Bürgermeisters (Oberbürgermeisters) oder des Landrats an deren Stelle tätig, soweit diese sich nicht vorbehalten, selbst tätig zu werden. [3]Die hauptamtlichen Beigeordneten sind dem Bürgermeister (Oberbürgermeister) sowie die hauptamtlichen Kreisbeigeordneten dem Landrat für die ordnungsgemäße Erfüllung der Aufgaben verantwortlich. [4]Die Bestellung der ständigen Vertreter kann jederzeit widerrufen werden.

Überblick

Auszug aus der VVHSOG (gem. Erlass des Hessischen Ministeriums des Innern und für Sport v. 29.11.2022 (StAnz. 50/2022, 1384) zum 1.1.2025 mangels eines erneuten Verlängerungserlasses ersatzlos außer Kraft getreten):

Zu § 85

85. Allgemeine Ordnungsbehörden

85.2 Zu Abs. 2

Bei den zu einem gemeinsamen örtlichen Ordnungsbehördenbezirk zusammenzufassenden Gemeinden muss es sich nicht um benachbarte Gemeinden handeln, wenngleich dies aus Gründen der Zweckmäßigkeit angebracht ist.

§ 85 enthält in Anknüpfung an § 1 Abs. 1 S. 1 und § 2 S. 1 die Regelung zur Bestimmung der Ordnungsbehörden.

Übersicht

A. Allgemeines

I. Gegenstand der Regelung

§ 85 bestimmt in Abs. 1 zunächst die allgemeinen Ordnungsbehörden. Abs. 2 und 3 ermöglichen außerdem die Bildung von örtlichen Ordnungsbehördenbezirken und von Kreisordnungsbehördenbezirken. Schließlich regelt Abs. 4 die ständige Vertretung des Bürgermeisters und des Landrates bei der Wahrnehmung von ordnungsbehördlichen Aufgaben. Die Aufgaben der Ordnungsbehörden ergeben sich aus §§ 1 Abs. 1 S. 1, 2 S. 1 iVm §§ 11 ff. Vorschriften. 1

II. Parallelvorschriften

In Baden-Württemberg wird eine § 85 entsprechende Unterscheidung zwischen allgemeinen Gefahrenabwehrbehörden und Ordnungsbehörden nicht getroffen, es gibt dort die Gemeinden als Ortspolizeibehörden nach § 107 Abs. 4 S. 1 BWPolG. 2

Bayern kennt für die Gemeinden und Landkreise nur den Begriff der Sicherheitsbehörden nach Art. 6 BayLStVG. 3

Im NPOG gibt es keine § 85 entsprechende Regelung. 4

In Nordrhein-Westfalen sind die Ordnungsbehörden im NRWOBG geregelt. Es wird zwischen örtlichen Ordnungsbehörden und Kreisordnungsbehörden unterschieden (§ 3 Abs. 1 NRWOBG). Die Bezirksregierungen sind Landesordnungsbehörden (§ 3 Abs. 2 NRWOBG). § 3 Abs. 5 GO NRW lässt die interkommunale Zusammenarbeit bei der Erledigung von Ordnungsaufgaben zu. 5

B. Einzelkommentierung

I. Die Ordnungsbehörden als weitere Kategorie der Gefahrenabwehrbehörden

Dass mit den Regelungen der §§ 1 Abs. 1 S. 1, 2 S. 1 iVm §§ 88, 90 für die Wahrnehmung der Aufgaben der Gefahrenabwehr zwischen den allgemeinen Verwaltungsbehörden nach § 82 und den Polizeibehörden nach § 91 ff. noch die allgemeinen und besonderen **Ordnungsbehörden** installiert wurden, wird in der Literatur durchaus **kritisch** gesehen (vgl. SDRR HGO § 4 Anm. 7c; Rumpf NVwZ 1990, 315 (320 f.)). Dadurch werde die **Organisation** der Gefahrenabwehr insbesondere auf der kommunalen Ebene **undurchsichtig.** 6

Der Gesetzgeber hat an dieser Konzeption indessen in Kenntnis der Problematik im KomLBNOG (Kommunalisierungsgesetz v. 21.3.2005, HessGVBl. 229) **festgehalten** und in § 4 Abs. 2 HGO/§ 4 Abs. 2 HKO ausdrücklich festgelegt, dass Bürgermeister, Oberbürgermeister und Landrat die Aufgaben der Ordnungsbehörden als **Auftragsangelegenheit** wahrnehmen (vgl. SDRR HGO § 4 Anm. 7d; PdK-Hessen/Sommer/Drexelius HKO § 4 Erl. 5.2). 7

1. Abgrenzung zu den allgemeinen Gefahrenabwehrbehörden (Verwaltungsbehörden)

8 Bei den Gefahrenabwehrbehörden ist also auf einer ersten Ebene zwischen den **allgemeinen** Gefahrenabwehrbehörden (= Verwaltungsbehörden) nach § 82 und den **Ordnungsbehörden** nach §§ 85, 90 zu differenzieren. Die Aufgabenabgrenzung folgt insoweit zunächst aus §§ 1 Abs. 1 S. 1, 2 S. 1 (die Ordnungsbehörden sind – wie die Polizeibehörden – nur subsidiär im sog. Eilfall zuständig (→ § 2 Rn. 1 ff.)). Diese Regelung gilt aber nur, wenn den allgemeinen Ordnungsbehörden nicht nach § 89 Abs. 1 durch Rechtsverordnung bestimmte Gefahrenabwehraufgaben zugewiesen wurden (vgl. die entsprechenden Zuweisungen in § 1 HSOG-DVO); diese Aufgaben haben sie dann nach § 1 Abs. 2 exklusiv zu erfüllen.

2. Abgrenzung zu den Polizeibehörden

9 Die dritte Ebene der Gefahrenabwehrbehörden bilden die in § 91 ff. geregelten Polizeibehörden. Deren Aufgaben werden nach § 2 HSOG-DVO gemeinsam von der (uniformierten) **Schutzpolizei** und der **Kriminalpolizei** wahrgenommen. Personell spricht das HSOG diese als Polizeivollzugsbeamte an (vgl. §§ 14 Abs. 6, 16 Abs. 1, 36 Abs. 3, 52, 56, 59, 60 Abs. 4, 62 Abs. 1, 91 Abs. 3). Anders als die Verwaltungs- und Ordnungsbehörden sind die Polizeibehörden Teil der unmittelbaren Staatsverwaltung (→ § 81 Rn. 1).

10 Hinsichtlich der Aufgabenabgrenzung zwischen Ordnungs- und Polizeibehörden konstituiert § 2 eine (subsidiäre) **Doppelzuständigkeit,** die in der Praxis durch den ungeschriebenen **Grundsatz der Erstbefassung** aufgelöst wird (→ § 2 Rn. 7). Zu beachten ist aber, dass die Inanspruchnahme zahlreicher der in §§ 11 bis 43 vorgesehenen Ermächtigungen zu Maßnahmen gegenüber den Bürgern den Polizeibehörden vorbehalten sind, sodass insoweit aus den Befugnissen auch eine „Exklusivzuständigkeit" der Polizei für solche Maßnahmen folgt (vgl. → SystVorbPolRH Rn. 57).

3. Unvollständige Abbildung der Akteure der Gefahrenabwehr in Hessen in § 1 Abs. 1

11 Soweit § 1 Abs. 1 den Schluss nahelegt, mit den Gefahrenabwehrbehörden und den Polizeibehörden sei die Organisation der Gefahrenabwehr in Hessen insgesamt dargestellt, trügt der Schein. Die gesetzliche Regelung kann insoweit nicht als abschließend verstanden werden, als es etwa mit **freiwilligen Polizeihelfern** und **Beliehenen** weitere rechtlich vorgesehene **Säulen der Gefahrenabwehr** in Hessen gibt (vgl. → § 81 Rn. 13 ff.).

II. Die einzelnen Ordnungsbehörden (Abs. 1)

12 Die Ordnungsbehörden entsprechen in ihrer Gliederung dem **Verwaltungsaufbau** in Hessen, der **dreistufig** ist und aus **zwei staatlichen** Ebenen und der kommunalen Ebene besteht (vgl. Hermes/Reimer/Hermes, Landesrecht Hessen, 10. Aufl. 2011, § 3 Rn. 12 ff.). Die Ebene der Landkreise und Gemeinden ist als **eine** Ebene zu betrachten, da der Landkreis als zusammenfassende Klammer der kreisangehörigen Städte und Gemeinden auch teilweise Gemeindeaufgaben übernimmt, die kleinere Gemeinden aufgrund ihrer fehlenden Verwaltungskraft nicht erledigen können.

13 Daher rührt auch die **Ergänzungs- und Ausgleichsfunktion** der Landkreise aus § 2 HKO. Kommunalverfassungsrechtlich sind die Landkreise eine eigene Ebene mit dem Recht auf Selbstverwaltung, das im Rahmen der Gesetze ebenso garantiert ist wie das Recht der Gemeinden auf Selbstverwaltung (vgl. PdK-Hessen/Sommer/Drexelius HKO § 1 Erl. 1). Es gibt somit **staatliche** Ordnungsbehörden (Ministerien, Regierungspräsidien) und **kommunale** Ordnungsbehörden (Landräte, Oberbürgermeister und Bürgermeister).

1. Landesordnungsbehörden

14 Die **fachlich** zuständigen Ministerien sind **Landesordnungsbehörden** nach Abs. 1 S. 1 Nr. 1. Die fachliche Zuständigkeit des einzelnen Ministeriums wird durch den Beschluss der hessischen Landesregierung nach Art. 104 Abs. 2 HessVerf festgelegt (vgl. zB HessGVBl. 2019, 56 ff.).

15 Der VGH Kassel hat etwa aus der Funktion des Hessischen Kultusministeriums als Landesordnungsbehörde dessen **Zuständigkeit** abgeleitet, einen rechtswidrigen Streik von beamteten Lehrern an hessischen Schulen zu untersagen (vgl. VGH Kassel NVwZ 1990, 386). Das Hessische Ministerium für Wissenschaft und Kunst kann in seiner Funktion als Landesordnungsbehörde keine **antiken Fundmünzen** nach § 40 sicherstellen (vgl. VG Gießen BeckRS 2012, 53856). Aufgaben nach dem Kulturgüterrückgabegesetz zählen **nicht** zu den Aufgaben der allgemeinen Ordnungsbehörden (vgl. VG Gießen BeckRS 2012, 53856).

2. Bezirksordnungsbehörden

16 Die Regierungspräsidien Darmstadt, Gießen und Kassel sind nach Abs. 1 S. 1 Nr. 2 Bezirksordnungsbehörden.

3. Kreisordnungsbehörden

17 Die **Landräte** in den Landkreisen und die **Oberbürgermeister** in den kreisfreien Städten nehmen die Aufgaben der Kreisordnungsbehörden war (Abs. 1 S. 1 Nr. 3). Sie erfüllen diese Aufgaben als Auftragsangelegenheit nach § 4 Abs. 2 HGO/§ 4 Abs. 2 HKO, § 85 Abs. 1 S. 2 und **nicht** als untere Landesbehörde nach § 55 Abs. 1 HKO.

18 Bei **Klageverfahren** gegen Verwaltungsakte des Landrates als Kreisordnungsbehörde ist daher der Landkreis, vertreten durch den **Landrat** (nicht den Kreisausschuss), richtiger Klagegegner (vgl. VGH Kassel ESVGH 21, 74; PdK-Hessen/Sommer/Drexelius HKO § 4 Erl. 5.10). Entsprechendes gilt für Verwaltungsakte des Oberbürgermeisters oder der Oberbürgermeisterin als Kreisordnungsbehörde; in diesen Klageverfahren ist richtiger Klagegegner die kreisfreie Stadt, vertreten durch den **Oberbürgermeister/die Oberbürgermeisterin.**

4. Örtliche Ordnungsbehörden

19 Die Aufgaben der örtlichen Ordnungsbehörden werden von den Bürgermeistern und Oberbürgermeistern ebenfalls als **Auftragsangelegenheiten** wahrgenommen (Abs. 1 S. 1 Nr. 4). Auch hier gilt: bei Klageverfahren um die Rechtmäßigkeit von der örtlichen Ordnungsbehörde erlassenen Verwaltungsakten wird die betreffende Gemeinde/Stadt verklagt und von Bürgermeister oder Oberbürgermeister vertreten (vgl. VGH Kassel ESVGH 21, 74).

III. Die Aufgaben der Ordnungsbehörden

20 Die Aufgaben der einzelnen Ordnungsbehörden ergeben sich zum einen aus § 2 S. 1 **(Eilzuständigkeit,** → § 2 Rn. 1 ff., → Rn. 8) und zum anderen aus **sondergesetzlichen** Aufgabenzuweisungen (§ 89 Abs. 1 S. 1). Eine Reihe von Aufgaben, die von den allgemeinen Ordnungsbehörden wahrzunehmen sind, hat die Landesregierung in der HSOG-DVO **zusammengefasst** (→ § 89 Rn. 1 ff., → Rn. 8).

21 Darüber hinaus gibt es weitere Zuständigkeitszuweisungen, zB für die örtliche Ordnungsbehörde in § 16 HessHundeVO. Nicht ganz widerspruchsfrei ist die Zuständigkeit für die Durchführung der **HessSperrV** geregelt: § 1 Abs. 1 Nr. 3 HessGewZustV überträgt den Vollzug des HGastG und der darauf beruhenden Rechtsverordnungen dem Gemeindevorstand. Die HessSperrV ist aufgrund § 9 HessGastG erlassen worden. In § 5 HessSperrV wird in Übereinstimmung mit § 1 S. 1 Nr. 8 HSOG-DVO die örtliche Ordnungsbehörde für zuständig erklärt. Diese **abweichende** Festlegung der Zuständigkeit ist zwar von § 1 S. 1 letzter Hs. HessGewZustV gedeckt, macht aber die Zuständigkeit nicht gerade **transparent.** Nach § 5 Abs. 2 HessSperrV sind für **kreisübergreifende** Sperrzeitregelungen die Bezirksordnungsbehörden (Regierungspräsidien) zuständig und für **gemeindeübergreifende** Regelungen die Kreisordnungsbehörden (Landräte als Auftragsangelegenheit).

22 Den Landräten sind verschiedene Aufgaben als **Kreisordnungsbehörde** übertragen; sie sind insoweit zB Waffenbehörde, Aufenthaltsbehörde (Ausländerbehörde, s. AuslBehZustVO – Ausländerbehörden-Zuständigkeitsverordnung v. 4.6.2018, HessGVBl. 251, die Aufgaben von den Kreisordnungsbehörden auf die Bezirksordnungsbehörden **verlagert** hat; → Rn. 24), Straßenverkehrsbehörde, Kfz-Zulassungsbehörde, Versammlungsbehörde für Gemeinden unter 7.500 Einwohnern, Gefahrgutüberwachung und die Aufgaben des Veteri-

närwesens und der Lebensmittelüberwachung (vgl. PdK-Hessen/Sommer/Drexelius HKO § 4 Erl. 5.2, Erl. 5.3).

23 Nach § 16 Abs. 2 Nr. 1 HGlüG ist die Kreisordnungsbehörde für die Erteilung bestimmter Lotterieerlaubnisse zuständig; außerdem besteht eine Zuständigkeit der Kreisordnungsbehörde für die Aufsicht über Wettvermittlungsstellen nach § 9 GlüStV, § 16 Abs. 3 und Abs. 6 HGlüG (zur Problematik der Zuständigkeitsregelung zur Durchführung des **ProstSchG** → § 82 Rn. 17 f.).

24 Den Regierungspräsidien als Bezirksordnungsbehörden ist die Durchführung des § 43a (**Halten von wildlebenden Tieren**) übertragen (§ 1 S. 2 HSOG-DVO). Das Regierungspräsidium Darmstadt ist als Bezirksordnungsbehörde für das gesamte Land Hessen für die **Kampfmittelräumung** zuständig (§ 1 S. 2 HSOG-DVO). Durch die geänderte AuslBehZustVO (Verordnung über die Zuständigkeiten der Ausländerbehörden und zur Durchführung des Aufenthaltsgesetzes und des Asylgesetzes v. 4.6.2018, HessGVBl. 251) haben die Regierungspräsidien als Bezirksordnungsbehörden **erweiterte** Zuständigkeiten im Aufenthaltsrecht, etwa bei **Ausweisungen,** erhalten.

25 Zu den an die Bürgermeistern, Oberbürgermeistern und Landräten durch die HSOG-DVO zugewiesenen Aufgaben (→ Rn. 20) gehört auch das **Versammlungswesen** (§ 1 Nr. 2 HSOG-DVO). In ihrer Funktion als Versammlungsbehörde (Abs. 1 S. 1 Nr. 3 und Nr. 4, § 1 S. 1 Nr. 2 HSOG-DVO) ist es ihnen – mit Blick auf die damit einhergehenden Pflicht zur **neutralen Amtsführung** (vgl. § 33 Abs. 1 BeamtStG) – **untersagt,** bei angemeldeten Versammlungen öffentlich zu **Gegendemonstrationen** aufzurufen (vgl. VGH Kassel LKRZ 2013, 329; NVwZ-RR 2015, 508; HSGZ 2017, 289; BVerwG NVwZ 2018, 433 mAnm Stuttmann, vgl. auch PdK-Hessen/Sommer/Drexelius HKO § 8 Erl. 6).

25.1 Nach **zutreffender** Auffassung des VGH Kassel können sich Bürgermeister (Oberbürgermeister / Landräte) insoweit nicht darauf berufen, als direkt gewählte Amtswalter unterlägen sie nur **eingeschränkten** Neutralitätspflichten. Da sie das Versammlungswesen als **Auftragsangelegenheit** für das Land wahrnehmen, werden sie insoweit **nicht** als politisch agierende Beamte wie in ihrer kommunalrechtlichen Funktion tätig. Diese Fallkonstellation zeigt aber auch, dass Rolle und Funktion der direkt gewählten Bürgermeister (Oberbürgermeister / Landräte) in Hessen vom Gesetzgeber nicht völlig **konfliktfrei** ausgestaltet wurden.

IV. Die Bildung von Ordnungsbehördenbezirken (Abs. 2, 3)

26 Durch die Regelungen in § 85 ermöglicht es der Gesetzgeber, dass sich Kommunen zur **gemeinsamen** Erledigung von ordnungsbehördlichen Aufgaben **zusammenschließen** (**Ordnungsbehördenbezirke**). Damit wird dem Umstand Rechnung getragen, dass oft kleine Gemeinden aufgrund ihrer Verwaltungskraft und ihrer finanziellen Möglichkeiten **nicht** in der Lage sind, die ihnen übertragenen ordnungsbehördlichen Aufgaben in ausreichender Art und Güte zu erfüllen (zB Geschwindigkeitsüberwachung oder Gefahrgutüberwachung). Es existieren auch **Kreisordnungsbehördenbezirke** (→ Rn. 35).

27 **Verfahrensmäßig** erfolgt die Bildung eines Ordnungsbehördenbezirks durch eine **Anordnung des Regierungspräsidiums,** die im Staatsanzeiger des Landes Hessen bekanntzumachen ist (Abs. 2). Die beteiligten Gemeinden sind vorher **anzuhören,** die früher **erforderliche** Zustimmung des Kreistages des Landkreises, zu dem die betroffenen Gemeinden gehören, ist durch Art. 1 Nr. 21 des Gesetzes zur Änderung des Hessischen Gesetzes über die öffentliche Sicherheit und Ordnung und anderer Gesetze v. 14.12.2009 (HessGVBl. I 635) **entfallen.**

28 In der **Praxis** geht die **Initiative** zur Bildung von Ordnungsbehördenbezirken in der Regel von den Kommunen aus und das Regierungspräsidium ordnet dann die Bildung des Ordnungsbehördenbezirkes wie von den Kommunen **gewünscht** an. Obwohl die Bildung des Ordnungsbehördenbezirkes **alleine** von den jeweiligen Bürgermeistern / Oberbürgermeistern / Landräten beim Regierungspräsidium beantragt werden könnte, ist im Hinblick auf die Regelung in **§ 106 Abs. 1 Nr. 4** (→ § 106 Rn. 13) eine **Einbindung** der jeweiligen Vertretungskörperschaften (Gemeindevertretung/Kreistag) **erforderlich,** da die den gemeinsamen Ordnungsbehördenbezirk tragenden Kommunen einen öffentlich-rechtlichen Vertrag über die Kostentragung schließen müssen und damit die **Budgethoheit** der Vertretungskörperschaften (§ 30 Nr. 6 HKO, § 51 Nr. 7 HGO) berührt wird.

Bei den Ordnungsbehördenbezirken ist **zwischen** den örtlichen Ordnungsbehördenbezirken (Abs. 2 → Rn. 30 ff.) und den Kreisordnungsbehördenbezirken (Abs. 3 → Rn. 35 ff.) zu **unterscheiden.** 29

V. Örtliche Ordnungsbehördenbezirke (Abs. 2)

Im Rahmen der örtlichen Ordnungsbehördenbezirke werden Aufgaben, die der örtlichen Ordnungsbehörde obliegen, für verschiedene Gemeinden von einem **Bürgermeister** des Ordnungsbehördenbezirks für **sämtliche** Gemeinden erledigt (Abs. 2 S. 1). 30

1. Örtliche Ordnungsbehördenbezirke kreisangehöriger Gemeinden einschließlich Sonderstatusstädte

Örtliche Ordnungsbehördenbezirke können einmal von Gemeinden gebildet werden, die einem Landkreis angehören (Abs. 2 S. 1). Da auch die **Sonderstatus-Städte** nach § 4a Abs. 2 HGO **kreisangehörig** sind, können auch sie dem örtlichen Ordnungsbehördenbezirk angehören. 31

2. Örtliche Ordnungsbehördenbezirke kreisangehöriger Gemeinden und kreisfreier Stadt

Abs. 2 S. 1 **erlaubt** es auch, örtliche Ordnungsbehördenbezirke zwischen den Gemeinden eines Landkreises und einer kreisfreien Stadt, die an den Landkreis angrenzt, zu bilden. Übernimmt die kreisfreie Stadt in dem Ordnungsbehördenbezirk die **Federführung,** ist das zuständige **Regierungspräsidium** Aufsichtsbehörde nach § 86 Abs. 1. 32

3. Örtliche Ordnungsbehördenbezirke kreisangehöriger Gemeinden verschiedener Landkreise innerhalb eines Regierungsbezirks

Gemeinden können sich auch **landkreisübergreifend** zu örtlichen Ordnungsbehördenbezirken zusammenfassen lassen. **Zuständig** für die Anordnung ist das Regierungspräsidium, in dessen Dienstbezirk die Gemeinden liegen. Die **Aufsicht** über den Ordnungsbehördenbezirk wird von dem **Landrat** ausgeübt, in dessen Landkreis die federführende Gemeinde ihren **Sitz** hat (vgl. zB § 4 der Anordnung des Regierungspräsidiums Kassel v. 13.3.2013, HeStAnz 480). 33

4. Örtliche Ordnungsbehördenbezirke kreisangehöriger Gemeinden verschiedener Landkreise in zwei Regierungsbezirken

Schließlich ist es denkbar, dass ein **Ordnungsbehördenbezirk** zwischen Gemeinden **verschiedener Landkreise** gebildet wird, die zudem noch verschiedenen Regierungsbezirken angehören. **Fraglich** ist, welches Regierungspräsidium für den Erlass der Anordnung zuständig ist. **Mangels** gesetzlicher Regelung dieser **Problemstellung** bieten sich **zwei** Lösungen an: Entsprechend der Regelung in § 35 Abs. 2 Nr. 3 HessKGG wird die Anordnung vom Innenministerium erlassen. Oder die beteiligten Regierungspräsidien treffen eine **gemeinsame** Anordnung. Die zweite Lösungsmöglichkeit entspricht dem Wortlaut des Abs. 2 S. 1 („Die Regierungspräsidien"), ihr ist daher der **Vorzug** zu geben. 34

VI. Kreisordnungsbehördenbezirke

Ebenso wie für die Aufgaben der örtlichen Ordnungsbehörden können auch Ordnungsbehördenbezirke für die Aufgaben der **Kreisordnungsbehörden** gebildet werden (Abs. 3). 35

1. Kreisordnungsbehördenbezirk zwischen Landkreisen innerhalb eines Regierungsbezirks

Es ist **zulässig,** die Aufgaben von zwei oder mehreren Kreisordnungsbehörden zu einem **Kreisordnungsbehördenbezirk** zusammenzufassen. Wenn die Landkreise demselben Regierungsbezirk angehören, dann gibt es hinsichtlich des für die Anordnung zuständigen 36

Regierungspräsidiums **keine** Schwierigkeiten, da das zuständige Regierungspräsidium feststeht.

2. Kreisordnungsbehördenbezirk zwischen zwei Landkreisen, die zu verschiedenen Regierungsbezirken gehören

37 Es ist **denkbar,** dass Landkreise, die verschiedenen Regierungsbezirken zugehörig, aber benachbart sind (zB Landkreis Marburg-Biedenkopf und Landkreis Waldeck-Frankenberg) einen **Kreisordnungsbehördenbezirk** bilden möchten. **Zuständige** Aufsichtsbehörde nach § 86 Abs. 1 ist das Regierungspräsidium, in dessen Bezirk der **federführende** Landkreis liegt (für die Anordnung zur Zusammenfassung gilt → Rn. 34).

3. Kreisordnungsbehördenbezirk zwischen Landkreis und einer kreisfreien Stadt

38 Ein **Landkreis** kann mit einer benachbarten **kreisfreien Stadt** einen **Kreisordnungsbehördenbezirk** bilden. Die Stadt Kassel und der Landkreis Kassel sind zB zu einem Kreisordnungsbehördenbezirk zusammengefasst, in dem vom Oberbürgermeister der Stadt Kassel die Aufgaben der **Kfz-Zulassungsbehörde** und der **Ausländerbehörde** für beide Gebietskörperschaften wahrgenommen werden (vgl. die Anordnung in HeStAnz 2006, 1523).

4. Ordnungsbehördenbezirk zwischen Landkreis / kreisfreier Stadt und Sonderstatus-Stadt

39 Sonderstatus-Städte (vgl. § 4a Abs. 2 HGO) können nach Abs. 3 mit kreisfreien Städten und Landkreisen zu Ordnungsbehördenbezirken zusammengefasst werden.

VII. Sonderfall der Beauftragung nach § 25a HessKGG

40 § 25a HessKGG ermöglicht es, dass ein **Landrat** einen benachbarten Oberbürgermeister oder den Bürgermeister einer kreisangehörigen Gemeinde mit der **Durchführung** von Auftragsangelegenheiten **beauftragt.** Darunter fallen auch ordnungsbehördliche Aufgaben iSv § 85. Die **Beauftragung** kann auch vom Oberbürgermeister auf den Landrat erfolgen. Neben der zu beauftragenden Behörde müssen die **Vertretungskörperschaft** der Gebietskörperschaft, die von der Beauftragung betroffen ist, und die Aufsichtsbehörde **zustimmen.** Über § 25a HessKGG können zB Aufgaben der Kfz-Zulassung vom Landrat auf eine kreisangehörige Gemeinde übertragen werden.

VIII. Die Vertretung des (Ober-) Bürgermeisters / Landrates bei der Wahrnehmung von ordnungsbehördlichen Aufgaben

41 Abs. 4 enthält Regelungen zur **Vertretung** des **(Ober-) Bürgermeisters und Landrates** bei der Erfüllung von ordnungsbehördlichen Aufgaben. Daneben gibt es noch eine Regelung in § 4 Abs. 4 HGO/§ 4 Abs. 4 HKO, die für die **ständige** Vertretung auf Abs. 4 verweist. Bei der **Vertretungsproblematik** ist dem Grunde nach zwischen der Abwesenheitsvertretung und der ständigen Vertretung zu **unterscheiden.**

1. Abwesenheitsvertretung (§ 47 HGO bzw. § 44 Abs. 4 HKO)

42 Eine **Abwesenheitsvertretung** liegt vor, wenn Bürgermeister / Oberbürgermeister / Landrat aus dienstlichen oder persönlichen Gründen an der Ausübung seines Amtes gehindert ist (zB mehrtägige Dienstreise, Urlaub, Krankheit) und die zuständige Person für die Dauer der Abwesenheit die Vertretung des verhinderten Amtswalters übernimmt. Diese **Abwesenheitsvertretung** ist in Abs. 4 **nicht** geregelt.

43 Für die Abwesenheitsvertretung von Bürgermeister / Oberbürgermeister / Landrat gelten die **allgemeinen** Regelungen aus § 47 HGO bzw. § 44 Abs. 4 HKO. Im Fall der Abwesenheit werden Bürgermeister / Oberbürgermeister / Landrat vom Ersten Beigeordneten vertreten, gleichgültig, ob er oder sie hauptamtlich tätig ist oder nicht. Ist auch der Erste Beigeordnete verhindert, dann ist der Beigeordnete zur Vertretung berufen, der nach der vom Gemeindevorstand oder Kreisausschuss bestimmten Reihenfolge an der Reihe ist (§ 47 S. 2

und S. 3 HGO/§ 44 Abs. 4 S. 2 und S. 3 HKO). Auch dies gilt unabhängig von der Haupt- bzw. Nebenamtlichkeit der Aufgabenwahrnehmung.

2. Ständige Vertretung (Abs. 4)

Der Fall der Abwesenheitsvertretung ist von dem der **ständigen Vertretung** von Bürgermeister / Oberbürgermeister / Landrat/Landrätin in ordnungsbehördlichen Angelegenheiten iSv § 85 zu unterscheiden, der in Abs. 4 geregelt ist. 44

Ständige Vertretung bedeutet, dass der Vertreter auch bei Anwesenheit des Bürgermeisters (Oberbürgermeisters) oder Landrates tätig wird, es sei denn, dieser hat sich **nicht** vorbehalten, **selbst** tätig zu werden (Abs. 4 S. 2). 45

Den Bürgermeistern (Oberbürgermeistern) und Landräten ist es auch **gestattet,** mehrere **hauptamtliche** Beigeordnete zu ständigen Vertretern zu bestellen (die **Bestellung** von **ehrenamtlichen** Beigeordneten ist nach dem klaren Wortlaut des Gesetzes **nicht zulässig**). So ist **denkbar,** dass ein hauptamtlicher Beigeordneter den Oberbürgermeister bei der Wahrnehmung der Gefahrenabwehraufgaben nach der HSOG-DVO ständig vertritt, während ein **anderer** hauptamtlicher Beigeordneter den Oberbürgermeister ständig in den Angelegenheiten des **Veterinärwesens** vertritt, das seit der Änderung des VetWAufgVG v. 17.11.2011 (HessGVBl. I 683; nunmehr VLEVollzG – Gesetz zum Vollzug von Aufgaben auf den Gebieten des Veterinärwesens, der Lebensmittelüberwachung und der Ernährungssicherstellung und -vorsorge; vgl. LT-Drs. 20/1054 und HessGVBl. 2019, 430) auch **ordnungsbehördlich** wahrgenommen wird (vgl. dazu PdK-Hessen/Sommer/Drexelius HKO § 4 Erl. 5.3). 46

Sind ständige Vertreter bestellt, ist für die Ausübung einer **Abwesenheitsvertretung** (→ Rn. 42) **kein** Raum mehr. **Zustimmungen** der Aufsichtsbehörde zur Bestellung oder zum Widerruf der Bestellung sind in der aktuellen Fassung des HSOG **nicht** mehr vorgesehen (vgl. Hornmann HSOG Rn. 18). Nach Abs. 4 S. 4 kann die Bestellung jederzeit **ohne** Angabe von Gründen **widerrufen** werden. Grund hierfür dürfte das besondere Vertrauensverhältnis zwischen (Ober-) Bürgermeister/Landrat und ständigem Vertreter sein (vgl. Hornmann HSOG Rn. 20), auf dessen **Störungen** der Bürgermeister / Landrat **sofort** reagieren können muss. 47

Ständige Vertreter sind dem Bürgermeister (Oberbürgermeister) bzw. dem Landrat für die ordnungsgemäße Erfüllung der Aufgaben **verantwortlich.** Daher können Bürgermeister (Oberbürgermeister) bzw. der Landrat auch jederzeit von dem ständigen Vertreter **Auskünfte** über seine Tätigkeit im übertragenen Bereich verlangen, um überprüfen zu können, ob die Aufgaben **ordnungsgemäß** erfüllt werden. 48

Die Regelungen der § 4 Abs. 4 HGO und § 4 Abs. 4 HKO verweisen für die ständige Vertretung des (Ober-) Bürgermeisters / Landrates in anderen als ordnungsbehördlichen Auftragsangelegenheiten auf Abs. 4. Diese Regelung ist systematisch nicht konsistent: Da § 4 Abs. 2–4 HGO/§ 4 Abs. 2–4 HKO die Auftragsangelegenheiten **allgemein** regeln, wäre **dort** Platz für Vertretungsregelungen (sowohl Abwesenheitsvertretung wie auch ständige Vertretung) bei Auftragsangelegenheiten gewesen und eine Regelung in Abs. 4 wäre entbehrlich gemacht worden. Der Gesetzgeber hat aber den **umgekehrten** Weg eingeschlagen (vgl. die **Kritik** bei PdK-Hessen/Sommer/Drexelius HKO § 4 Erl. 5.9). 49

§ 86 Aufsichtsbehörden, Aufsicht

(1) Aufsichtsbehörden sind

1. **für die Bezirksordnungsbehörden die zuständigen Ministerien,**
2. **für die Kreisordnungsbehörden, die örtlichen Ordnungsbehörden in kreisfreien Städten und in Sonderstatus-Städten nach § 4a Abs. 2 der Hessischen Gemeindeordnung das Regierungspräsidium und die zuständigen Ministerien,**
3. **für die örtlichen Ordnungsbehörden in den übrigen Gemeinden der Landrat, das Regierungspräsidium und die zuständigen Ministerien.**

(2) Das Ministerium des Innern übt im Benehmen mit dem fachlich zuständigen Ministerium die Dienstaufsicht aus.

(3) Die fachlich zuständigen Ministerien üben die Fachaufsicht aus.

(4) Die übrigen Aufsichtsbehörden üben die Dienst- und die Fachaufsicht aus.

(5) Die zunächst zuständige Aufsichtsbehörde nach Abs. 1 Nr. 3 ist zugleich nächsthöhere Behörde im Sinne von § 73 Abs. 1 Satz 2 Nr. 1 der Verwaltungsgerichtsordnung.

Überblick

§ 86 legt fest, welche Behörden die Aufsicht über die in § 85 festgelegten einzelnen Ordnungsbehörden ausüben.

Übersicht

A. Allgemeines

I. Gegenstand und systematischer Zusammenhang der Regelung

1 § 86 legt in Abs. 1 zunächst die **Aufsichtsbehörden** der Ordnungsbehörden gegliedert nach deren Ebenen fest. Abs. 2–4 differenzieren dies dann für die **staatlichen und kommunalen Ordnungsbehörden** hinsichtlich der Aufsichtsarten der Dienstaufsicht einerseits und der Fachaufsicht andererseits aus. Regelungen zu den Aufsichtsmitteln enthält § 86 nicht; solche finden sich in §§ 87, 88, in Spezialvorschriften sowie im Kommunalrecht (vgl. → Rn. 13 ff.). Schließlich bestimmt Abs. 5 die zuständige Widerspruchsbehörde bei ordnungsbehördlichen Verwaltungsakten der Gemeinden.

2 Dass die Regelung des § 86 im Vergleich mit der des § 83 eine zusätzliche Aufsichtsebene enthält, ist darauf zurückzuführen, dass auch die Aufsicht über die Regierungspräsidien als Bezirksordnungsbehörden zu regeln war, während § 83 nur die Aufsichtsbehörden für die Landkreise und Gemeinden für die Aufgaben der allgemeinen Gefahrenabwehr festzulegen hatte. Für die Landesordnungsbehörden nach § 85 Abs. 1 Nr. 1 (Ministerien) sind keine Aufsichtsbehörden vorgesehen; diese sind daher nach Art. 102 S. 2 HessVerf unmittelbar **dem Parlament verantwortlich** (vgl. Hornmann HSOG Rn. 2).

II. Parallelvorschriften

§§ 108, 109 BWPolG regeln die Dienstaufsicht und die Fachaufsicht über die Landes-, Kreis- und Ortspolizeibehörden in Baden-Württemberg. Mangels vergleichbarer Strukturen besteht aber keine § 86 entsprechende Vorschrift. **3**

In Bayern gibt es im BayLStVG keine § 86 entsprechende Regelung, aufsichtsrechtliche Befugnisse folgen aus den kommunalrechtlichen Regelungen in Art. 116 BayGO bzw. Art. 102 BayLKrO. **4**

In Niedersachsen ist die Aufsicht über die Verwaltungsbehörden als Gefahrenabwehrbehörden in § 98 NPOG geregelt, da die Strukturen aber insoweit nicht mit Hessen vergleichbar sind, findet sich auch keine § 86 entsprechende Vorschrift. **5**

§ 7 NRWOBG legt die Aufsichtsbehörden der Ordnungsbehörden fest, dies ist der Landrat als untere staatliche Verwaltungsbehörde gegenüber den örtlichen Ordnungsbehörden, die Bezirksregierung gegenüber den kreisfreien Städten als örtliche Ordnungsbehörden und Kreisordnungsbehörden. Die Bezirksregierung ist auch für die kreisangehörigen Gemeinden als örtliche Ordnungsbehörden obere Aufsichtsbehörde (§ 7 Abs. 2 S. 2 NRWOBG). Das jeweils zuständige Ministerium ist oberste Aufsichtsbehörde (§ 7 Abs. 3 NRWOBG). **6**

B. Einzelkommentierung

I. Aufsicht über die Bezirksordnungsbehörden (Abs. 1 Nr. 1)

Die **Aufsicht** über die Bezirksordnungsbehörden (Regierungspräsiden, § 85 Abs. 1 Nr. 2) wird von den **zuständigen** Ministerien ausgeübt (Abs. 1 Nr. 1). Das jeweils fachlich zuständige Ministerium ergibt sich aus dem **Beschluss** der Hessischen Landesregierung nach **Art. 104 Abs. 2 HessVerf** (→ § 83 Rn. 6). **7**

II. Aufsicht über die Kreisordnungsbehörden sowie die örtlichen Ordnungsbehörden in kreisfreien Städten und in Sonderstatus-Städten (Abs. 1 Nr. 2)

Nach Abs. 1 Nr. 2 wird die **Aufsicht** über die **Kreisordnungsbehörden,** die örtlichen Ordnungsbehörden in den **kreisfreien Städten** und in den **Sonderstatus-Städten** nach § 4a Abs. 2 HGO von den Regierungspräsidien und den zuständigen Ministerien ausgeübt. Die **Zuständigkeit** des jeweiligen Regierungspräsidiums ergibt sich aus dem Gesetz über die Regierungspräsidien und Regierungsbezirke des Landes Hessen (→ § 83 Rn. 6). **8**

Eine **Abweichung** von der Aufsichtsstruktur des Abs. 1 **bestand** für die **Veterinärverwaltung (vgl. auch** → Rn. 17). In § 2 VetWAufgVG waren **eigene** Strukturen geschaffen worden (vgl. PdK-Hessen/Sommer/Drexelius HKO § 4 Erl. 5.3). Durch das Zweite Gesetz zur Änderung des Gesetzes zum Vollzug von Aufgaben auf den Gebieten des Veterinärwesens und der Lebensmittelüberwachung (v. 13.12.2019, HessGVBl. 430; vgl. LT-Drs. 20/1054) wurden diese Sonderstrukturen **aufgegeben** und es **gelten** die allgemeinen Aufsichtsstrukturen auch für die **Veterinärverwaltung.** Das VetWAufgVG heißt **nunmehr VLEVollzG** (Gesetz zum Vollzug von Aufgaben auf den Gebieten des Veterinärwesens, der Lebensmittelüberwachung und der Ernährungssicherstellung und -vorsorge, vgl. HessGVBl. 2019, 430) Für besondere Maßnahmen, die auf **Europarecht** beruhen, ist das Regierungspräsidium Darmstadt **Fachaufsichtsbehörde** (→ § 87 Rn. 24). **8.1**

III. Aufsicht über die örtlichen Ordnungsbehörden in sonstigen Städten und Gemeinden (Abs. 1 Nr. 3)

Bei den **sonstigen kreisangehörigen** Gemeinden ist der Landrat des jeweiligen Landkreises, das jeweilige Regierungspräsidium sowie das jeweils zuständige Ministerium Aufsichtsbehörde (Abs. 1 Nr. 3). Der Landrat nimmt diese Aufgabe als Auftragsangelegenheit wahr. **9**

IV. Aufsicht über Ordnungsbehördenbezirke

Bei den Aufsichtsbehörden von **Ordnungsbehördenbezirken** ist zwischen den örtlichen Ordnungsbehördenbezirken und den Kreisordnungsbehördenbezirken zu **unterscheiden.** **10**

1. Aufsicht bei örtlichen Ordnungsbehördenbezirken

11 Die **zuständige** Aufsichtsbehörde bei örtlichen Ordnungsbehördenbezirken bestimmt sich danach, wer im Ordnungsbehördenbezirk die **Federführung** hat (→ § 85 Rn. 33).

2. Aufsicht bei Kreisordnungsbehördenbezirken

12 Auch bei den Kreisordnungsbehördenbezirken richtet sich die Aufsichtsbehörde danach, **welche** Behörde im Kreisordnungsbehördenbezirk für die Aufgabenerledigung **zuständig** ist (→ § 85 Rn. 37).

V. Aufsichtsmittel

13 Klassische **Aufsichtsmittel** wie – die in §§ 137 ff. HGO vorgesehenen – sind bis auf den Selbsteintritt nach § 88 im HSOG **nicht** geregelt (zur **Problematik** der Verweisung des § 83 Abs. 2 auf die Mittel der Kommunalaufsicht bei der Erledigung der allgemeinen Gefahrenabwehraufgaben durch die Landkreise und Gemeinden → § 83 Rn. 15). Bei den **Ordnungsbehörden** steht als Steuerungsmittel die **Weisungsmöglichkeit** nach **§ 87** im Vordergrund (→ § 87 Rn. 1).

1. Die Regelung in § 4 Abs. 3 HGO/§ 4 Abs. 3 HKO

14 § 4 Abs. 3 S. 1 HGO und § 4 Abs. 3 S. 1 HKO **erlauben** als allgemeine gesetzliche Regelungen, den **Fachaufsichtsbehörden** bei der Erledigung von **Auftragsangelegenheiten** die Erteilung von **Einzelweisungen** (→ § 87 Rn. 12) an die zuständigen Behörden.

15 In § 4 Abs. 3 S. 2 bestimmen die HGO und die HKO für die Erledigung der Auftragsangelegenheiten durch die Gemeinden und Landkreise jeweils, dass die Aufsichtsbehörden im **Einzelfall** die Befugnisse der unter ihrer Aufsicht stehenden Behörden ausüben können und regeln damit grundsätzlich ein **Selbsteintrittsrecht** der Fachaufsichtsbehörden. **Spezialgesetzliche** Selbsteintrittsregelungen finden sich in § 88.

2. Selbsteintrittsrecht (§ 88)

16 § 88 enthält **besondere** Regelungen für den **Selbsteintritt** in gefahrenabwehrrechtlichen und ordnungsbehördlichen Angelegenheiten (zu Einzelheiten → § 88 Rn. 1 ff.).

3. Sonderfall Veterinärverwaltung

17 § 2 Abs. 2 **VetWAufgVG** enthielt eine **besondere** Regelung zur Zulässigkeit von Einzelweisungen und regelte das Selbsteintrittsrecht der Aufsichtsbehörden in besonderen **Krisenfällen.** Diese Sonderregelungen wurden **aufgehoben** (→ Rn. 8). Außerdem **ermächtigt** § 3 VetWAufgVG (nunmehr **VLEVollzG,** → Rn. 8) die **Aufsichtsbehörden,** den Einsatz von Veterinärfachpersonal und Sachmitteln bei anderen Gebietskörperschaften als bei denen das Personal beschäftigt ist bzw. die Sachmittel vorgehalten werden, **anzuordnen.**

4. Sonderfall Katastrophenschutz

18 Die Aufgaben des **Katastrophenschutzes** werden als Auftragsangelegenheit erledigt (§ 25 Abs. 3 HessBKG), sie zählen zur Gefahrenabwehr (→ § 81 Rn. 39), **ohne** jedoch von einer **Ordnungsbehörde** wahrgenommen zu werden. § 59 Abs. 4 S. 1 HessBKG erlaubt es den Aufsichtsbehörden, den unteren Katastrophenschutzbehörden Weisungen im **Einzelfall** zu erteilen. § 59 Abs. 4 S. 2 HessBKG verweist wegen der Aufsichtsausübung auf die Vorschriften der HGO. Die Zulässigkeit eines **Selbsteintrittes** in Katastrophenschutzangelegenheiten dürfte sich dann wieder aus § 4 Abs. 3 S. 2 HGO/§ 4 Abs. 3 S. 2 HKO iVm § 35 Abs. 2 HessBKG ergeben.

5. Rechtsschutz gegen Aufsichtsmittel

19 Vergleiche zu Fragen des Rechtsschutzes gegenüber der Ausübung der Aufsicht → § 87 Rn. 26. Zum **Rechtsschutz** von kommunalen Behörden bei der Ausübung des Selbsteintritts → § 88 Rn. 25.

VI. Dienst- und Fachaufsicht (Abs. 2–4)

Abs. 2–4 enthalten Regelungen zur Ausübung der **Dienst- und Fachaufsicht** bei den Ordnungsbehörden. Sie knüpfen damit an die überkommenen verwaltungsrechtlichen Aufsichtskategorien an; hinsichtlich Ausübung der **Dienstaufsicht unterscheiden sie** danach, ob eine staatliche oder eine kommunale Behörde ordnungsbehördliche Aufgaben wahrnimmt. 20

1. Unterscheidung zwischen Dienst- und Fachaufsicht

Bei den Arten von Aufsicht unterscheidet man zwischen **Rechtsaufsicht, Fachaufsicht** und **Dienstaufsicht** (vgl. Tettinger/Erbguth/Mann, Kommunalrecht, Polizei- und Ordnungsrecht, Baurecht, 11. Aufl. 2012, § 6 Rn. 25). Im Rahmen der Aufsicht im **ordnungsbehördlichen** Bereich sind die Dienstaufsicht und die Fachaufsicht von **Bedeutung.** 21

Dienstaufsicht ist die Aufsicht in **personalrechtlichen** und **organisationsrechtlichen** Angelegenheiten (vgl. Hermes/Reimer/Hermes § 3 Rn. 33, 35). Sie umfasst auch die Aufsicht darüber, dass die im Sachgebiet eingesetzten Mitarbeiterinnen und Mitarbeiter ihre **dienstrechtlichen** Pflichten **ordnungsgemäß** erfüllen (vgl. Hormann HSOG Rn. 7). 22

Fachaufsicht bezieht sich auf das **fachlich** ordnungsgemäße Verwaltungshandeln. Die Fachaufsicht kann daher die **Rechtmäßigkeit** und die **Zweckmäßigkeit** von Verwaltungshandeln überprüfen (vgl. Tettinger/Erbguth/Mann, Kommunalrecht, Polizei- und Ordnungsrecht, Baurecht, 11. Aufl. 2012, § 6 Rn. 25). 23

2. Dienstaufsicht bei staatlichen Ordnungsbehörden

Nach Abs. 2 übt das Hessische Ministerium des Innern im Benehmen mit dem fachlich zuständigen Ministerium die **Dienstaufsicht** aus. Die Ausübung der Dienstaufsicht bezieht sich aber **nur** auf **staatliche** Behörden wie etwa das Regierungspräsidium als Bezirksordnungsbehörde, da aufgrund der **Personalhoheit** der Kommunen auch bei der Erledigung von staatlichen Aufgaben eine Dienstaufsicht des Landes gegenüber kommunalen Bediensteten **nicht** besteht (zur Aufsicht über Bürgermeister / Oberbürgermeister / Landrat → Rn. 26). 24

Eine Ausnahme von dieser Regel ist lediglich in der Vorschrift des **§ 86 Abs. 3 HDiG,** vorgesehen, wonach die Aufsichtsbehörde Dienstvorgesetze im kommunalen Bereich anweisen kann, ein **Disziplinarverfahren** einzuleiten und bei einer **Weigerung** die Möglichkeit hat, es selbst einzuleiten. 24.1

Bei der Ausübung der Dienstaufsicht muss das Innenministerium **nur** das **Benehmen** mit den Fachministerien herstellen, also besteht für die Fachministerien **lediglich** ein Anhörungsrecht, aber kein **Mitbestimmungsrecht** (vgl. Hornmann HSOG Rn. 6). 25

3. Dienstaufsicht bei kommunalen Ordnungsbehörden

Bei **kommunalen Ordnungsbehörden** (zB Bürgermeister als örtliche Ordnungsbehörde) liegt für die dort eingesetzten Mitarbeiterinnen und Mitarbeiter die **Dienstaufsicht** beim Bürgermeister (Oberbürgermeister) bzw. bei Landrat (§ 73 Abs. 2 HGO, § 46 Abs. 2 HKO). Die **Dienstaufsicht** über Bürgermeister (Oberbürgermeister) bzw. Landrat führt nach § 3 Abs. 1 S. 1 KDAVO die **Kommunalaufsichtsbehörde** nach § 136 HGO, § 54 Abs. 2 HKO. 26

Vor diesem Hintergrund erweist sich die **Regelung des Abs. 4 als irreführend,** da das Regierungspräsidium als Bezirksordnungsbehörde **keine** Dienstaufsicht über den Landrat führen kann und der Landrat als Kreisordnungsbehörde (kommunaler Landrat im Wege der Auftragsangelegenheit) **keine** Dienstaufsicht über die Bürgermeister führt, **sondern** die Aufsicht jeweils in der Eigenschaft als **Kommunalaufsichtsbehörde** nach §§ 54 Abs. 2, 55 Abs. 2 HKO, § 136 Abs. 3 HGO ausgeübt wird (vgl. auch → Rn. 31). 27

4. Fachaufsicht bei staatlichen Ordnungsbehörden

Die **Fachaufsicht** wird bei den staatlichen Ordnungsbehörden von den **fachlich** zuständigen Ministerien ausgeübt (Abs. 3). Die **fachliche** Zuständigkeit des einzelnen Ministeriums 28 folgt aus dem **Beschluss** der Hessischen Landesregierung nach Art. 104 Abs. 2 HessVerf (→ § 83 Rn. 6).

29 Eine **besondere** Regelung zur Ausübung der **Fachaufsicht** findet sich in **§ 3 ProstSchGZustV** (→ § 82 Rn. 17): hier werden **besondere** Fachaufsichtsbehörden bestimmt (s. iE § 3 ProstSchGZustV).

5. Fachaufsicht bei kommunalen Ordnungsbehörden

30 **Ebenso** wie bei den staatlichen Ordnungsbehörden wird die Fachaufsicht bei den kommunalen Ordnungsbehörden von **fachlich** zuständigen Ministerien ausgeübt (vgl. für das ProstSchG auch → Rn. 29).

6. Dienst- und Fachaufsicht im Übrigen (Abs. 4)

31 Nach Abs. 4 üben die sonstigen Aufsichtsbehörden die **Dienst-** und **Fachaufsicht** aus. Dies sind die Regierungspräsidien und die Landräte (als kommunale Auftragsangelegenheit, aA Hornmann HSOG Rn. 10: der staatliche Landrat nach § 55 Abs. 2 HKO). Im Verhältnis zu den unter → Rn. 24 dargestellten Regelungen **muss** die Vorschrift so gelesen werden, dass die **Fachaufsicht** über die Kreisordnungsbehörden von den Regierungspräsidien als Bezirksordnungsbehörden wahrgenommen wird und die Landräte als **Kreisordnungsbehörden (Auftragsangelegenheit)** die **Fachaufsicht** über die örtlichen Ordnungsbehörden wahrnehmen. Für die Ausübung der **Dienstaufsicht** gegenüber den Landräten, Oberbürgermeistern und Bürgermeistern gelten hingegen die Regelungen aus der **KDAVO** (vgl. auch → Rn. 27).

VII. Bestimmung der Widerspruchsbehörde bei Verwaltungsakten der (örtlichen) Ordnungsbehörden (Abs. 5)

32 Abs. 5 legt fest, dass der **Landrat** als Aufsichtsbehörde über die örtlichen Ordnungsbehörden zugleich **nächsthöhere** Behörde nach § 73 Abs. 1 S. 2 Nr. 1 VwGO **(Widerspruchsbehörde)** ist und somit bei **Widersprüchen** gegen ordnungsbehördliche Verwaltungsakte der Bürgermeister als örtlicher Ordnungsbehörde den **Widerspruchsbescheid** erlässt.

1. Auswirkungen der Regelung des § 16a HessAGVwGO

33 Für die Kreisordnungsbehörden und die örtlichen Ordnungsbehörden in den kreisfreien Städten und Sonderstatus-Städten nach § 4a Abs. 2 HGO bedurfte es einer Festlegung der **Widerspruchsbehörde** nicht, da sie aufgrund der Regelung in § 16a Abs. 4 HessAGVwGO ihre Widerspruchsbescheide **selbst** erlassen (vgl. für die Parallelproblematik bei den allgemeinen Gefahrenabwehrbehörden → § 83 Rn. 34).

34 Mit 16a HessAGVwGO hat der Gesetzgeber zudem von der Möglichkeit des § 68 Abs. 1 S. 2 VwGO Gebrauch gemacht und für bestimmte **Sachbereiche** das Widerspruchsverfahren **entfallen** lassen (→ § 83 Rn. 32 sowie → Rn. 35).

35 Nach Nr. 2 Anlage **HessAGVwGO** entfällt das Widerspruchsverfahren zB bei Entscheidungen nach der HessSperrV, nach dem HGlüG und des Aufenthaltsrechts. Nr. 11.1 Anlage HessAGVwGO lässt zudem bei der Anordnung von **Fahrtenbuchauflagen** nach § 31a StVZO das Widerspruchsverfahren wegfallen.

36 Nach § 16 Abs. 4 HessAGVwGO erlassen die **Regierungspräsiden** zudem im Geltungsbereich der VwGO **keine Widerspruchsbescheide;** ihre Funktion als Widerspruchsbehörde ist vielmehr entfallen. Somit erlassen die **Behörden,** bei denen das Regierungspräsidium nachhöhere Behörde nach § 73 Abs. 1 S. 2 Nr. 1 VwGO wäre, die Widerspruchsbescheide **selbst.**

2. Widerspruchsbehörde bei Kreisordnungsbehörden, örtlichen Ordnungsbehörden der kreisfreien Städte und Sonderstatusstädte

37 Vor diesem Hintergrund (→ Rn. 36) gilt, dass die **Kreisordnungsbehörden** (Landräte, Oberbürgermeister) und die **örtlichen Ordnungsbehörden** der kreisfreien Städte und Sonderstatus-Städte nach § 4a Abs. 2 HGO Widerspruchsbescheide **selbst** erlassen.

3. Widerspruchsbehörde bei örtlichen Ordnungsbehörden der sonstigen Gemeinden

Bei den sonstigen Gemeinden ist der **Landrat** nach Abs. 5 für den Erlass der **Widerspruchsbescheide** (als Auftragsangelegenheit) zuständig. 38

4. Kostenpflicht bei Widerspruchsentscheidungen (§ 14 HessAGVwGO)

Der Erlass von Widerspruchsbescheiden, die den Widerspruch **zurückweisen,** ist nach § 14 HessAGVwGO **kostenpflichtig.** Die Höhe der Kosten ergibt sich aus § 4 Abs. 3 HVwKostG. 39

5. Anhörungsverfahren nach §§ 7 ff. HessAGVWGO

Vor dem Erlass des Widerspruchsbescheides in ordnungsbehördlichen Widerspruchsverfahren bei Gemeinden und Landkreisen ist nach § 7 Abs. 3 HessAGVwGO ein **Anhörungsverfahren** durchzuführen. 40

§ 87 Weisungsbefugnisse, Unterrichtungspflichten

(1) Die Aufsichtsbehörden können innerhalb ihrer Zuständigkeit den ihrer Aufsicht unterstellten allgemeinen Ordnungsbehörden Weisungen auch für den Einzelfall erteilen.

(2) Die allgemeinen Ordnungsbehörden unterrichten die zuständige Aufsichtsbehörde unverzüglich über wichtige Ereignisse auf dem Gebiet der Gefahrenabwehr.

Überblick

§ 87 regelt Weisungsbefugnisse der in § 86 bestimmten Aufsichtsbehörden und eine Unterrichtspflicht der allgemeinen Ordnungsbehörden gegenüber den Aufsichtsbehörden

Übersicht

A. Allgemeines

I. Gegenstand der Regelung

Die Regelung des § 87 konkretisiert in Abs. 1 die Weisungsbefugnisse der Aufsichtsbehörden nach § 86 im Rahmen der Ausübung der Dienst- und Fachaufsicht und unterscheidet implizit Weisungsarten. Für die Erteilung von Weisungen ergeben sich insoweit Unterschiede zwischen Weisungen an staatliche und kommunale Behörden (vgl. → Rn. 17 ff.). 1

2 Des Weiteren verpflichtet § 87 in Abs. 2 die allgemeinen Ordnungsbehörden, die jeweils zuständige Aufsichtsbehörde über wichtige Ereignisse auf dem Gebiet der Gefahrenabwehr zu unterrichten.

II. Parallelvorschriften

3 Aus § 110 BWPolG ergeben sich die Weisungsbefugnisse der Ortspolizeibehörden gegenüber den Polizeidienststellen. Nach § 110 Abs. 3 BWPolG haben die Polizeidienststellen die weisungsbefugten Stellen von sachdienlichen Wahrnehmungen zu unterrichten.

4 Die ordnungsrechtlichen Vorschriften in Bayern enthalten keine § 87 entsprechende Vorschrift. Weisungs- und Unterrichtungsrechte leiten sich aus dem Kommunalrecht ab, zB Art. 116 BayGO und Art. 102 BayLKrO. Art. 10 S. 2 BayLStVG gibt den Sicherheitsbehörden ein Weisungsrecht gegenüber der Polizei.

5 In Niedersachsen gibt keine § 87 entsprechende Vorschrift im NPOG.

6 In Nordrhein-Westfalen ist das Weisungsrecht gegenüber den örtlichen Ordnungsbehörden und den Kreisordnungsbehörden in § 9 NRWOBG geregelt, § 8 NRWOBG gibt den Aufsichtsbehörden ein Unterrichtungsrecht.

B. Einzelkommentierung

I. Weisungsrechte als Konkretisierung der Ausübung der Dienst- und Fachaufsicht

7 In § 86 Abs. 2–4 werden die für die **Dienst-** und **Fachaufsicht** zuständigen Aufsichtsbehörden benannt. Abs. 1 konkretisiert die Befugnis zur Ausübung der Dienst- und Fachaufsicht dadurch, dass er der zur Aufsicht berufenen Behörde Weisungsrechte gegenüber den zu beaufsichtigenden Behörden verleiht. Ein von Weisungen zu unterscheidendes **Selbsteintrittsrecht** der Aufsichtsbehörden ist in § 88 **besonders** geregelt (→ § 88 Rn. 1).

II. Arten von Weisungen

8 Dass auch bei Weisungen nach § 87 – wie bei solchen nach der Regelung des § 84 – zwischen wird **allgemeinen Weisungen** und Weisungen im Einzelfall (**Einzelweisungen**) zu unterscheiden ist, bringt der Wortlaut – anders als der des § 84 – nur noch durch das Adverb „auch“ zum Ausdruck; die Norm setzt also die Differenzierung nach diesen Weisungsarten in Anknüpfung an § 84 voraus (vgl. Hornmann HSOG Rn. 1).

1. Allgemeine Weisungen

9 Allgemeine Weisungen sind **generelle** und **abstrakte Anweisungen** an die der Aufsicht unterstehenden Behörden (vgl. Hornmann HSOG § 84 Rn. 2). Sie können auch für die nachgeordneten Behörden **ermessensleitend** sein, allerdings dürfen sie nicht so weit gehen, dass den nachgeordneten Behörden keine Möglichkeit mehr für die **einzelfallbezogene** Ermessensausübung bleibt (vgl. Hornmann HSOG § 84 Rn. 4 sowie → § 84 Rn. 14).

10 Allgemeine Weisungen unterliegen dem Vorrang des Gesetzes aus Art. 20 Abs. 3 GG. In der Praxis werden sie Verwaltungsvorschrift, Erlass, Rundschreiben oder Rundverfügung genannt. **Adressaten** von allgemeinen Weisungen sind nur die Behörden, **nicht** die Bürger (vgl. Tettinger/Erbguth/Mann, Kommunalrecht, Polizei- und Ordnungsrecht, Baurecht, 11. Aufl. 2012, § 27 Rn. 6). Es sind allerdings Fälle denkbar, dass die Anwendung von Weisungen in Form von Verwaltungsvorschriften **mittelbare** Außenwirkung erzeugt (vgl. Tettinger/Erbguth/Mann, Kommunalrecht, Polizei- und Ordnungsrecht, Baurecht, 11. Aufl. 2012, § 27 Rn. 7).

11 Insbesondere wenn sich durch die Anwendung von Verwaltungsvorschriften eine **sog. Verwaltungspraxis** gebildet hat, sind die Behörden daran gebunden und müssen wegen Art. 3 GG gleichgelagerte Fälle auch gleich behandeln (**Selbstbindung** der Verwaltung; vgl. Tettinger/Erbguth/Mann, Kommunalrecht, Polizei- und Ordnungsrecht, Baurecht, 11. Aufl. 2012, § 27 Rn. 7; Hornmann HSOG § 84 Rn. 1 ff.; → § 84 Rn. 11, vgl. auch Hermes/Reimer/Hermes § 3 Rn. 31 ff.).

2. Einzelweisungen

Bei der Einzelweisung greift die Aufsichtsbehörde einen **konkreten,** einzelnen Fall auf und erteilt eine Weisung an die nachgeordnete Behörde. **Anlass** hierzu kann eine Petition, eine Beschwerde oder auch eine routinemäßige Geschäftsprüfung durch die Aufsichtsbehörde sein. 12

Ein Tätigwerden der Aufsichtsbehörde bei Beschwerden kann dann **problematisch** sein, wenn der betroffene Bürger diesen Weg wählt, um ggf. ein **kostenpflichtiges Widerspruchsverfahren** (vgl. § 14 HessAGVwGO sowie → § 86 Rn. 39) zu umgehen. Im Hinblick auf andere Bürger, die bei einer vermeintlichen Rechtswidrigkeit des ordnungsbehördlichen Handelns den Rechtsweg beschreiten, ist die Aufsichtsbehörde dann gehalten, zu **prüfen,** ob es aufgrund der Beschwerde einen Anlass zur Einzelweisung gibt, oder ob es der **Gleichbehandlungsgrundsatz** nicht gebietet, den Beschwerdeführer auf den **Rechtsweg** zu verweisen. 13

III. Weisungen gegenüber Behörden des staatlichen Bereichs

Bei den Weisungen gegenüber Behörden des staatlichen Bereichs ist zwischen Weisungen im Rahmen der **Dienstaufsicht** und im Rahmen der **Fachaufsicht** zu unterscheiden. 14

1. Weisungen im Rahmen der Dienstaufsicht

Für die Erteilung von Weisungen im Rahmen der **Dienstaufsicht** ist das Hessische Innenministerium zuständig (§ 86 Abs. 2). Es hat vor der Erteilung einer Weisung, sofern keine Behörden aus dem Geschäftsbereich des Innenministeriums betroffen sind, das **Benehmen** mit dem zuständigen Fachministerium herzustellen, das Fachministerium muss vorher die Gelegenheit zur Stellungnahme erhalten, hat aber kein abschließendes **Mitentscheidungsrecht** (§ 86 Abs. 2: „im Benehmen"). 15

2. Weisungen im Rahmen der Fachaufsicht

Weisungen der Fachaufsicht werden von den fachlichen zuständigen Ministerien erteilt, § 86 Abs. 3. 16

IV. Weisungen gegenüber Behörden des kommunalen Bereichs

Bei den Weisungen der staatlichen Aufsichtsbehörden an die **kommunalen** Ordnungsbehörden sind **Besonderheiten** zu beachten, wenn die Weisungen den staatlichen Bereich **verlassen** und in die Sphäre einer eigenständigen juristischen Person des öffentlichen Rechts (Gemeinden, Landkreise) eingreifen. 17

1. Weisungsrechte versus kommunale Selbstverwaltung

Während **fachlich** motivierte Weisungen der staatlichen Aufsichtsbehörden gegenüber kommunalen Ordnungsbehörden wegen der Regelung in Abs. 1 in der Regel **unproblematisch** sind, stehen mögliche Weisungen im Rahmen der im Gesetz geregelten Dienstaufsicht in einem Spannungsverhältnis zur **Personal- und Organisationshoheit** der Kommunen, die ihnen aufgrund der **kommunalen Selbstverwaltung** gewährleistet ist. 18

Staatlichen Aufsichtsbehörden steht gegenüber kommunalen Bediensteten, die für Ordnungsangelegenheiten eingesetzt werden, **keine** Dienstaufsicht zu, da Anstellungsbehörde dieses Personenkreises der Gemeindevorstand bzw. Kreisausschuss ist (vgl. § 73 Abs. 1 HGO, § 46 Abs. 1 HKO) und die **Dienstaufsicht** vom Bürgermeister (Oberbürgermeister) und vom Landrat ausgeübt wird (§ 73 Abs. 2 HGO, § 46 Abs. 2 HKO). Daher können auch **keine** Weisungen im Rahmen der Dienstaufsicht von staatlichen Behörden für diesen Personenkreis ausgesprochen werden. § 86 Abs. 2 und Abs. 4 laufen in diesem Fall **leer.** 19

Ebenso verhält es sich, wenn der kommunale Landrat (Auftragsangelegenheit) als Aufsichtsbehörde nach § 86 Abs. 1 Nr. 3 tätig wird: auch er ist **kein** Dienstvorgesetzter von gemeindlichen Mitarbeiterinnen und Mitarbeitern und kann daher auch keine Weisungen im Rahmen der Dienstaufsicht erteilen. Die **Dienstaufsicht** gegenüber dem Bürgermeister (Oberbürgermeister) wird von der **Kommunalaufsichtsbehörde** ausgeübt (→ Rn. 21). 20

2. Weisungen im Rahmen der Dienstaufsicht

21 Das Land Hessen übt die **Dienstaufsicht** über **Bürgermeister (Oberbürgermeister),** Landrat und die Beigeordneten aus, § 73 Abs. 2 S. 2 HGO iVm § 3 Abs. 1 S. 1 KDAVO (§ 46 Abs. 2 S. 2 HKO iVm § 3 Abs. 1 S. 1 KDAVO). Ausgeübt wird diese Dienstaufsicht von der **Kommunalaufsichtsbehörde** (Regierungspräsidium, § 136 Abs. 2 HGO, § 54 Abs. 2 HKO, und staatlicher Landrat, § 55 Abs. 2 HKO, § 136 Abs. 3 HGO), die bei der Ausübung der Dienstaufsicht **Rechtsaufsicht** ausübt und daher lediglich darauf zu achten hat, dass Bürgermeister (Oberbürgermeister) und der Landrat bei ihrer Dienstausübung **rechtmäßig** handeln.

22 **Zweckmäßigkeitserwägungen** haben deshalb bei der Ausübung der Dienstaufsicht **außer Betracht** zu bleiben. Die Aufsichtsregelungen nach § 86 Abs. 2 und Abs. 4 laufen für diesen Bereich ebenfalls **leer** (vgl. auch → Rn. 19).

3. Weisungen im Rahmen der Fachaufsicht

23 Bei der Ausübung der Fachaufsicht durch Weisungen gegenüber kommunalen Ordnungsbehörden gibt es **keine** Besonderheiten. Solange sie sich im **fachlichen Rahmen** halten, sind sie zulässig und können sowohl Rechtmäßigkeits- als auch Zweckmäßigkeitsaspekte beinhalten.

4. Weisungen an die Veterinärbehörden

24 Für die als **Kreisordnungsbehörde** tätig werdenden Veterinärbehörden (vgl. § 1 Abs. 1 VetWAufgVG) gab es in § 2 Abs. 2 **VetWAufgVG** eine besondere Vorschrift für die Erteilung von Weisungen.

24.1 In **Abweichung** von § 4 Abs. 3 HGO/§ 4 Abs. 3 HKO und § 87 Abs. 1 **konnten** die Aufsichtsbehörden dem Landrat oder dem Oberbürgermeister **nur** Einzelfallweisungen erteilen, wenn eine Krisengefahr drohte oder Fälle von kreisübergreifender oder besonderer Bedeutung vorlagen. Diese Einschränkung galt nach § 2 Abs. 2 letzter Hs. VetWAufgVG dann nicht, wenn das **Regierungspräsidium Darmstadt** im Rahmen europarechtlicher Vorschriften die Fachaufsicht ausübte.

25 Durch das Zweite Gesetz zur Änderung des Gesetzes zum Vollzug von Aufgaben auf den Gebieten des Veterinärwesens und der Lebensmittelüberwachung (v. 13.12.2019, HessGVBl. 430; vgl. LT-Drs. 20/1054) wurde das VetWAufgVG in „**VLEVollzG** – Gesetz zum Vollzug von Aufgaben auf den Gebieten des Veterinärwesens, der Lebensmittelüberwachung und der Ernährungssicherstellung und -vorsorge" umbenannt und die Einschränkungen nach § 2 Abs. 2 VetWAufgVG **ersatzlos** gestrichen. Somit gelten für Weisungen an die **Veterinärbehörden** nunmehr die allgemeinen Vorschriften.

5. Rechtsschutz gegenüber Weisungen

26 Weisungen iRd Abs. 1 sind wie **innerdienstliche Weisungen** zu behandeln und es besteht eine **Befolgungspflicht.** Zweifel an der **Rechtsmäßigkeit** einer erteilten Weisung müssen ähnlich der beamtenrechtlichen **Remonstration** (vgl. § 36 Abs. 2 BeamtStG) auf dem Dienstweg gegenüber der Aufsichtsbehörde geltend gemacht werden (vgl. BGH NVwZ 2015, 1309 (1310)).

27 Eine **andere** Beurteilung im Hinblick auf den Rechtsschutz kann sich ergeben, wenn Weisungen an kommunale Ordnungsbehörden erteilt werden und sie den Weisungsrahmen **verlassen** und / oder in kommunale Hoheiten wie die Organisations- oder Personalhoheit **eingreifen** (vgl. → Rn. 18 ff. sowie VGH Kassel BeckRS 2016, 43184; PdK-Hessen/Sommer/Drexelius HKO § 4 Erl. 5.8). Werden **kommunale Hoheiten,** die Ausfluss des Rechts der Kommunen auf Selbstverwaltung sind, durch die Weisung **berührt,** kann entsprechender Rechtsschutz **zulässig** sein (vgl. VGH Kassel BeckRS 2016, 43184; PdK-Hessen/Sommer/Drexelius HKO § 4 Erl. 5.8).

V. Unterrichtungspflicht (Abs. 2)

28 Für die allgemeinen Ordnungsbehörden besteht im Gegensatz zu den allgemeinen Gefahrenabwehrbehörden eine **Unterrichtungspflicht** über wichtige Angelegenheiten gegen-

über der **zuständigen** Aufsichtsbehörde (Abs. 2). Die Wichtigkeit des Ereignisses kann sich aus dem **medialen** Interesse an ihm ergeben oder an der **politischen** Bedeutung der Angelegenheit.

Es kann sich auch um Angelegenheiten von grundsätzlicher Bedeutung oder besonderer Tragweite handeln (vgl. Hornmann HSOG Rn. 4). Einen Anhaltspunkt kann der sog. **WE-Erlass** des Hessischen Innenministeriums (HeStAnz 2021, 466) geben, der in seiner Anlage **wichtige Ereignisse** (WE) auflistet, über die die Polizeibehörden zu berichten haben. 29

§ 88 Selbsteintritt

(1) [1]Die Aufsichtsbehörden können, wenn es den Umständen nach erforderlich ist, die Befugnisse der ihnen nachgeordneten oder ihrer Aufsicht unterstehenden allgemeinen Ordnungsbehörden ausüben; diese können bei gegenwärtiger Gefahr die Befugnisse der übergeordneten allgemeinen Ordnungsbehörden ausüben. [2]Die zuständige allgemeine Ordnungsbehörde ist unverzüglich zu unterrichten.

(2) [1]Die allgemeinen Ordnungsbehörden können in eigener Zuständigkeit die erforderlichen unaufschiebbaren Maßnahmen treffen, wenn andere Behörden, die Aufgaben der Gefahrenabwehr zu erfüllen haben, nicht oder nicht rechtzeitig tätig werden können. [2]Diese Behörden sind unverzüglich zu unterrichten. [3]Auf deren Verlangen haben die allgemeinen Ordnungsbehörden ihre Maßnahmen aufzuheben.

Überblick

§ 88 trifft Regelungen zum Selbsteintritt der Aufsichtsbehörden gegenüber den allgemeinen Ordnungsbehörden (Abs. 1) sowie der allgemeinen Ordnungsbehörden gegenüber anderen Behörden (Abs. 2).

Übersicht

A. Allgemeines

I. Gegenstand der Regelung

Die Regelung des § 88 enthält Bestimmungen zum vertikalen und zum horizontalen Selbsteintritt von Ordnungsbehörden. Dabei wird unterschieden zwischen dem Selbsteintritt der Aufsichtsbehörden (Abs. 1) und der nachgeordneten Ordnungsbehörden (Abs. 2). Letztgenannter ist abzugrenzen von der sog. Eilfallzuständigkeit nach § 2 (vgl. → Rn. 36). In formeller Hinsicht geht der Selbsteintritt mit Unterrichtungspflichten einher. 1

II. Parallelvorschriften

2 Das BWPolG enthält Regelungen zum Selbsteintritt von Behörden in polizei- und ordnungsrechtlichen Angelegenheiten in §§ 22, 110 Abs. 2 BWPolG und § 122 Abs. 2 BWPolG (s. auch § 122 BWPolG zur besonderen sachlichen Zuständigkeit mit der Abs. 2 S. 2 korrespondierenden Unterrichtungspflicht).

3 Bayern hat in Art. 3b BayVwVfG eine Regelung zum Selbsteintritt von staatlichen Behörden, im Polizei- und Ordnungsrecht gibt es keine entsprechenden Regelungen zu § 88.

4 In Niedersachsen gibt es im NPOG ebenfalls keine der Vorschrift des § 88 entsprechende Regelung.

5 Im NRWOBG findet sich eine Regelung zum Selbsteintritt in § 10 NRWOBG, der für die Durchführung auf § 123 Abs. 2 GO NRW (Ersatzvornahme) verweist. Voraussetzung für den Selbsteintritt ist die Nichtbefolgung einer Weisung nach § 9 Abs. 4 NRWOBG, insoweit ist Abs. 1 deutlich weiter gefasst (→ Rn. 11) als die Regelung in Nordrhein-Westfalen. Das NRWOBG kennt auch noch das Instrument der „Außerordentlichen Zuständigkeit" in § 6 NRWOBG, mit dem die Ordnungsbehörden bei Gefahr im Verzug für andere Ordnungsbehörden tätig werden können. Eine Unterrichtungspflicht entsprechend der Regelung in Abs. 2 S. 2 ist in § 6 Abs. 3 NRWOBG vorgesehen.

B. Einzelkommentierung

6 § 88 regelt die Zulässigkeit des **Selbsteintritts** und stellt damit eine Durchbrechung des Grundsatzes dar, dass eine Behörde nur **innerhalb** ihres Zuständigkeitsbereichs tätig werden darf (vgl. Hornmann HSOG Rn. 2).

I. Begriff des Selbsteintritts

7 Unter Selbsteintritt iSv § 88 versteht man die **Befugnis** einer Ordnungsbehörde, **anstelle** einer an sich zuständigen Ordnungsbehörde bei Vorliegen der gesetzlichen Voraussetzungen aus eigenem Entschluss tätig zu werden. Es wird zwischen **vertikalem** und **horizontalem Selbsteintritt** unterschieden (vgl. Lisken/Denninger PolR-HdB/Denninger, 5. Aufl. 2012, D Rn. 65; vgl. auch Lisken/Denninger PolR-HdB/Rachor/Roggan C Rn. 33).

1. Vertikaler Selbsteintritt

8 Ein vertikaler Selbsteintritt liegt vor, wenn eine **Aufsichtsbehörde** anstelle der nachgeordneten Ordnungsbehörde tätig wird (Abs. 1 S. 1 Hs. 1). Ein vertikaler Selbsteintritt liegt aber auch dann vor, wenn die nachgeordnete Ordnungsbehörde für eine übergeordnete Ordnungsbehörde tätig wird (Abs. 1 S. 1 Hs. 2). Diese beiden Möglichkeiten des Selbsteintritts unterscheiden sich nur durch die **unterschiedlichen** Zulässigkeitsvoraussetzungen (vgl. Lisken/Denninger PolR-HdB/Denninger, 5. Aufl. 2012, D Rn. 65; vgl. auch Lisken/Denninger PolR-HdB/Rachor/Roggan C Rn. 33).

2. Horizontaler Selbsteintritt

9 Von **horizontalem Selbsteintritt** spricht man, wenn eine **nebengeordnete** Gefahrenabwehrbehörde für eine andere Behörde, die Gefahrenabwehraufgaben zu erfüllen haben, eintritt (Abs. 2; vgl. Lisken/Denninger PolR-HdB/Denninger, 5. Aufl. 2012, D Rn. 65; vgl. auch Lisken/Denninger PolR-HdB/Rachor/Roggan C Rn. 33). Es kann sich dabei um allgemeine Gefahrenabwehrbehörden, Ordnungsbehörden, Sonderordnungsbehörden oder auch Polizeibehörden nach § 91 handeln (vgl. Hornmann HSOG Rn. 12).

9.1 Vergleiche zur Frage, ob ein **horizontaler** Selbsteintritt vorliegt, wenn eine Behörde, zB der Bürgermeister, für eine **andere** Behörde eintritt, die derselben juristischen Person des öffentlichen Rechts angehört, zB den Gemeindevorstand, → Rn. 36.

II. Der vertikale Selbsteintritt (Abs. 1)

10 Abs. 1 regelt den **vertikalen Selbsteintritt,** also einen solchen „von oben nach unten" (durch die Aufsichtsbehörde) bzw. „von unten nach oben" (durch eine nachgeordnete Ordnungsbehörde).

1. Selbsteintritt der Aufsichtsbehörde (Abs. 1 Hs. 1)

Der **Selbsteintritt** der **Aufsichtsbehörde** nach Abs. 1 S. 1 Hs. 1 ist dann zulässig, wenn er den Umständen nach **erforderlich** ist. Insoweit wird zu Recht **kritisiert,** dass es sich bei dieser Formulierung um eine **sehr weit** gefasste Generalklausel handelt (vgl. Lisken/Denninger PolR-HdB/Denninger, 5. Aufl. 2012, D Rn. 65; Hornmann HSOG Rn. 5), die der Aufsichtsbehörde dem Wortlaut nach einen sehr weiten Spielraum zum Selbsteintritt lässt. 11

Im Hinblick auf den Charakter des Selbsteintritts als **Ausnahmetatbestand,** der nur zum Tragen kommt, wenn die zuständig Behörde nicht tätig werden will oder tätig werden kann oder bestehende Weisungen nicht befolgt, muss der Ermächtigungstatbestand **eng** ausgelegt werden (vgl. Hornmann HSOG Rn. 5). **Erforderliche** Voraussetzung für den Selbsteintritt ist deshalb, dass eine Notwendigkeit zum Handeln besteht und die zuständige Behörde in Kenntnis der Situation **untätig** bleibt. 12

Ein Selbsteintritt ist etwa dann unzulässig, wenn die untätige Behörde durch eine Weisung nach § 87 zum Handeln angehalten werden kann, da der **Selbsteintritt** den **Ausnahmetatbestand** im Verhältnis zur Weisung darstellt. Geht die betroffene Behörde die durch den Selbsteintritt der Aufsichtsbehörde veranlassten Maßnahmen rechtlich vor, können die Voraussetzungen des Selbsteintrittes voll gerichtlich überprüft werden, da es sich um einen **unbestimmten Rechtsbegriff** handelt („den Umständen nach erforderlich", vgl. auch die Fallgestaltung bei → Rn. 15.1). 13

2. Selbsteintritt der unmittelbar vorgesetzten Aufsichtsbehörde als Regelfall

Regelfall ist der Selbsteintritt der unmittelbar vorgesetzten Aufsichtsbehörde, denn sie ist in der Regel der **Gefahrenabwehrsituation** am nächsten und hat wegen des betreffenden Sachverhalts schon mit der nachgeordneten Ordnungsbehörde Kontakt gehabt und kennt die dortigen Verhältnisse am besten. 14

Zur Entscheidung des VG Gießen (BeckRS 2012, 49980) zum Selbsteintritt der Aufsichtsbehörde im **Versammlungsrecht / Feiertagsrecht** → Rn. 15.1. 15

Gegenstand der Entscheidung des VG Gießen v. 5.4.2012 (BeckRS 2012, 49980) war der Selbsteintritt des Regierungspräsidiums Gießen in einer versammlungsrechtlichen Angelegenheit. Die Stadt Gießen als zuständige Versammlungsbehörde sah sich nicht in der Lage, für eine am Karfreitag geplante Tanzdemonstration, die sich gegen das Tanzverbot an Karfreitag (vgl. § 8 Abs. 1 Nr. 1 und Nr. 3 HFeiertagsG) richten sollte, ein Verbot auszusprechen. Daraufhin machte das Regierungspräsidium Gießen als Bezirksordnungsbehörde vom Selbsteintrittsrecht Gebrauch und erließ an Stelle der Stadt Gießen die Verbotsverfügung. Das VG Gießen hat die Voraussetzungen des Selbsteintrittes mit der Begründung bejaht, das Regierungspräsidium Gießen habe nachvollziehbar die Umstände dargelegt, die aus Sicht des Regierungspräsidiums den Selbsteintritt erforderten. Damit hat das Gericht indessen nicht auf die objektiven Voraussetzungen abgestellt, sondern die subjektive Sicht der eintretenden Behörde genügen lassen. Diese Verkennung des Prüfungsmaßstabs mag dem Eilverfahren geschuldet gewesen sein, das zudem unter einem besonderes medialen Interesse stattfand. 15.1

Vergleiche zu den Rechtsfolgen eines **fehlerhaften** Selbsteintrittes → Rn. 23. 16

Die an sich **zuständige** Ordnungsbehörde ist über den Selbsteintritt unverzüglich zu **unterrichten** (Abs. 1 S. 2). Eine **besondere** Form dafür ist nicht vorgeschrieben. Zur Gewährleistung einer umfassenden Information der an sich zuständigen Ordnungsbehörde bietet es sich an, eine komplette **Kopie** des Aktenvorganges zu übersenden (vgl. Hornmann HSOG Rn. 8). 17

3. Stufenübergreifender Selbsteintritt

Aus dem Wortlaut des Abs. 1 folgt, dass auch ein **stufenübergreifender Selbsteintritt** (zB Bezirksordnungsbehörde für eine örtliche Ordnungsbehörde) zulässig ist (vgl. Hornmann HSOG Rn. 4). 18

4. Verhältnis von § 88 Abs. 1 zu § 4 Abs. 3 HGO/§ 4 Abs. 3 HKO

Abs. 1 entspricht inhaltlich den allgemeinen Regelungen in § 4 Abs. 3 HGO bzw. § 4 Abs. 3 HKO zum Selbsteintrittsrecht der Aufsichtsbehörden bei der Erledigung von Auftrags- 19 angelegenheiten durch die Kommunen. Abs. 1 S. 1 Hs. 1 kommt insoweit eine **eigenständige Bedeutung** zu, als dort auch das Selbsteintrittsrecht der **staatlichen** Ordnungsbehörden untereinander geregelt ist.

5. Selbsteintritt aufgrund besonderer gesetzlicher Regelungen

20 Eine Befugnis zum vertikalen Selbsteintritt kann auch in spezialgesetzlichen Regelungen vorgesehen sein. Eine solche enthielt § 2 Abs. 2 VetWAufgVG. Hiernach war ein Selbsteintritt der Aufsichtsbehörden gegenüber dem Landrat oder dem Oberbürgermeister **nur** zulässig, wenn eine **Krisengefahr** drohte oder es sich um Fälle von kreisübergreifender oder besonderer Bedeutung handelte.

20.1 In § 2 Abs. 2 VetWAufgVG war **ausdrücklich** formuliert, dass die Regelungen in **Abweichung** von § 4 Abs. 3 HGO/§ 4 Abs. 3 HKO und § 87 Abs. 1 (für Einzelweisungen) gelten sollten und somit eine **Sonderregelung** darstellten. Die Nichterwähnung des Abs. 1 dürfte ein **Redaktionsversehen** gewesen sein, insofern war die Regelung des Selbsteintrittsrecht in § 2 Abs. 2 VetWAufgVG eine abschließende **Sonderregelung** zu Abs. 1 und ging § 88 vor (vgl. PdK-Hessen/Sommer/Drexelius HKO § 4 Erl. 5.3 aE).

21 Durch das Zweite Gesetz zur Änderung des Gesetzes zum Vollzug von Aufgaben auf den Gebieten des Veterinärwesens und der Lebensmittelüberwachung (v. 13.12.2019, HessGVBl. 430) wurde das VetWAufgVG in „**VLEVollzG** – Gesetz zum Vollzug von Aufgaben auf den Gebieten des Veterinärwesens, der Lebensmittelüberwachung und der Ernährungssicherstellung und -vorsorge" (vgl. HessGVBl. 2019, 430 sowie LT-Drs. 20/1054) **umbenannt** und die **Sonderregelungen** des § 2 Abs. 2 VetWAufgVG **ersatzlos** gestrichen. Daher **gilt** auch für den Selbsteintritt in der Veterinärverwaltung **nunmehr** die Regelung des § 88.

6. Kosten des Selbsteintritts

22 Die **Kosten,** die durch den Selbsteintritt entstehen, hat die an sich **zuständige** allgemeine Ordnungsbehörde zu tragen (§ 106 Abs. 3 und Abs. 2; vgl. → § 106 Rn. 14).

7. Rechtsfolgen eines fehlerhaften Selbsteintritts

23 Lagen die gesetzlichen Voraussetzungen für einen Selbsteintritt nach Abs. 1 nicht vor, hat eine **unzuständige** Behörde gehandelt. Da die Einhaltung von **Zuständigkeitsregelungen** zwingend für die Rechtmäßigkeit von behördlichem Handeln ist (vgl. Kopp/Ramsauer VwVfG § 3 Rn. 12), führt ein **Verstoß** gegen Zuständigkeitsregelungen zur **Rechtswidrigkeit** der behördlichen Maßnahme (vgl. Hornmann HSOG Rn. 2).

24 Im Hinblick auf mögliche Rechtsbehelfe stellen sich die im Wege des Selbsteintrittes getroffenen Maßnahmen als Maßnahmen der handelnden Behörde dar (vgl. LT-Drs. 12/5794, 101, Hornmann HSOG Rn. 9; aA VGH Mannheim NVwZ-RR 2015, 408), **Rechtsbehelfe** sind deshalb gegen die Behörde zu richten, die die Gefahrenabwehrmaßnahmen **veranlasst** hat (vgl. auch die Fallgestaltung bei → Rn. 15.1).

8. Rechtsschutz für die vom Selbsteintritt betroffene Behörde

25 Macht eine staatliche Aufsichtsbehörde gegenüber einer kommunalen Ordnungsbehörde von ihrem **Selbsteintrittsrecht** Gebrauch, ist **fraglich,** ob sich die kommunale Ordnungsbehörde gegen den staatlichen Selbsteintritt gerichtlich **zur Wehr** setzen kann. Gelingt es der Kommune, eine **Verletzung** ihrer Personal- oder Organisationshoheit durch den Selbsteintritt der staatlichen Aufsichtsbehörde **darzutun,** ist gerichtlicher Rechtsschutz indessen **zulässig** (vgl. VGH Kassel BeckRS 2016, 43184; PdK-Hessen/Sommer/Drexelius HKO § 4 Erl. 5.8).

9. Sonderfall des Selbsteintritts einer nachgeordneten Ordnungsbehörde (Abs. 1 Hs. 2)

26 Abs. 1 S. 1 Hs. 2 ermöglicht den Selbsteintritt einer **nachgeordneten Ordnungsbehörde** für eine übergeordnete Ordnungsbehörde, zB die örtliche Ordnungsbehörde für die

Kreisordnungsbehörde. Ebenso wie bei Abs. 1 S. 1 Alt. 1 (→ Rn. 18) kann der Selbsteintritt auch **stufenübergreifend** erfolgen (vgl. Hornmann HSOG Rn. 6).

Voraussetzung für den Selbsteintritt der nachgeordneten Ordnungsbehörde ist eine **gegenwärtige Gefahr** für die öffentliche Sicherheit und Ordnung. Diese Selbsteintrittsvoraussetzung ist **wesentlich enger gefasst** als die Voraussetzung zum Selbsteintritt aus Abs. 1 S. 1 Hs. 1 und macht deutlich, dass der Selbsteintritt nach Abs. 1 S. 1 Alt. 2 die Ausnahme ist (vgl. Hornmann HSOG Rn. 7). Eine Gefahr ist dann **gegenwärtig,** wenn mit an Sicherheit grenzender Wahrscheinlichkeit in allernächster Zeit ein Schadenseintritt zu erwarten ist (vgl. Lisken/Denninger PolR-HdB/Graulich E Rn. 148 ff.). Unter den Begriff der **gegenwärtigen Gefahr** fällt auch eine bereits eingetretene und fortwirkende Störung der öffentlichen Sicherheit und Ordnung (vgl. Hornmann HSOG Rn. 7). Weitere Voraussetzung für den Selbsteintritt ist, dass die an sich zuständige, übergeordnete Ordnungsbehörde der gegenwärtigen Gefahr **nicht** wirksam begegnen kann. Bei dem Begriff der **„gegenwärtigen Gefahr"** handelt sich um einen unbestimmten Rechtsbegriff, der bei einer Überprüfung der im Wege des Selbsteintritts getroffenen Maßnahmen der **vollen** gerichtlichen Überprüfung unterliegt. 27

Auch bei einem Selbsteintritt der nachgeordneten Ordnungsbehörde gilt eine unverzügliche **Unterrichtungspflicht** über die getroffenen Maßnahmen gegenüber der an sich zuständigen übergeordneten Ordnungsbehörde (Abs. 1 S. 2). Die Pflicht wird etwa durch die Übersendung einer **Aktenkopie** erfüllt (→ Rn. 17). 28

Die Kosten des Selbsteintritts richten sich hier nach § 106 Abs. 2; sie sind demnach von der an sich zuständigen übergeordneten Ordnungsbehörde zu tragen (→ § 106 Rn. 15). 29

Die **Rechtsfolgen** eines fehlerhaften Selbsteintritts nach Abs. 1 S. 1 Hs. 2 entsprechen denen der Alt. 1 (→ Rn. 23). Lagen die Voraussetzungen nicht vor, hat die unzuständige Behörde gehandelt und die Maßnahme ist mangels Zuständigkeit der handelnden Behörde **rechtswidrig.** Rechtsmittel sind gegen die handelnde nachgeordnete Ordnungsbehörde zu richten (→ Rn. 24). 30

III. Der horizontale Selbsteintritt (Abs. 2)

Abs. 2 regelt **den horizontalen Selbsteintritt.** Horizontaler Selbsteintritt bedeutet, dass eine Ordnungsbehörde für eine **andere** Behörde im Rahmen der Gefahrenabwehr tätig wird, die auf **derselben** Verwaltungsstufe steht (**str.,** wie hier Lisken/Denninger PolR-HdB/Denninger, 5. Aufl. 2012, D Rn. 65; aA Hornmann HSOG Rn. 12). 31

Eine Ordnungsbehörde kann, wenn die **gesetzlichen** Voraussetzungen vorliegen, **an der Stelle** von anderen Gefahrenabwehrbehörden tätig werden. Andere Gefahrenabwehrbehörden sind: die Behörden der allgemeinen Verwaltung nach § 82, die Sonderordnungsbehörden, § 90 und die Polizeibehörden nach § 91 (vgl. Hornmann HSOG Rn. 13). 32

1. Voraussetzungen (Abs. 2 S. 1)

Voraussetzung für den Selbsteintritt einer Ordnungsbehörde ist das Bestehen einer **Gefahr,** die von der zuständigen Gefahrenabwehrbehörde **nicht** oder nicht rechtzeitig **abgewehrt** werden kann. Daher ist beim horizontalen Selbsteintritt die **Gefahr im Verzug** der **entscheidende** Faktor für den Selbsteintritt (vgl. Lisken/Denninger PolR-HdB/Denninger, 5. Aufl. 2012, D Rn. 65). **Anders** als bei § 2 S. 1 muss bei Abs. 2 **objektiv** feststehen, dass das Handeln der zuständigen Behörde nicht möglich ist. § 2 S. 1 verlangt hingegen, dass das rechtzeitige Handeln **nicht** möglich erscheint (vgl. Hornmann HSOG Rn. 11). 33

Macht die allgemeine Ordnungsbehörde von dem Selbsteintrittsrecht nach Abs. 2 Gebrauch, dann darf sie zur Gefahrenabwehr nur die **erforderlichen unaufschiebbaren** Maßnahmen treffen, die Gefahrenabwehr ist also auf das **notwendige** Mindestmaß zu beschränken. 34

2. Zurechnung der veranlassten Maßnahmen

Bei einem **Selbsteintritt** nach Abs. 2 nehmen die allgemeinen Ordnungsbehörden die Maßnahmen in **eigener** Zuständigkeit wahr. Somit werden sie ihnen **zugerechnet** und mögliche Rechtsbehelfe sind gegen die **eingetretene** Ordnungsbehörde zu richten. 35

3. Verhältnis § 2 zu § 88 Abs. 2

36 **Fraglich** ist, in welchem Verhältnis § 2 S. 1 und § 88 Abs. 2 zueinanderstehen. Der VGH Kassel nimmt etwa an, dass bei der **Obdachloseneinweisung** durch den Bürgermeister (zuständig ist im Regelfall der Gemeindevorstand als allgemeine Verwaltungsbehörde) im Eilfall ein Selbsteintritt nach Abs. 2 vorliegt (vgl. VGH Kassel NVwZ 1992, 503; ESVGH 42, 158). Hornmann meint, bei unaufschiebbaren Maßnahmen im Bereich der Obdachloseneinweisung kämen als Ermächtigungsgrundlage § 2 S. 1 oder § 88 Abs. 2 in Betracht (vgl. Hornmann HSOG § 9 Rn. 20).

37 **Richtigerweise** wird es sich nicht um einen Selbsteintritt nach Abs. 2 handeln, sondern um eine **originäre** Eilfallzuständigkeit des Bürgermeisters aus § 2 S. 1. Zum einen ist Abs. 2 eine **Ausnahmevorschrift,** während § 2 S. 1 originäre **Ermächtigungsgrundlage** für das Einschreiten der Ordnungsbehörden im Verhältnis zu den allgemeinen Verwaltungsbehörden darstellt. Schließlich gehört der Bürgermeister als Vorsitzender des Gemeindevorstandes und als örtliche Ordnungsbehörde derselben juristischen Person des öffentlichen Rechts an. **Abs. 2** scheint hingegen eher auf die Fälle **beschränkt** zu sein, in denen eine Behörde einer juristischen Person in den **Zuständigkeitsbereich** einer Behörde einer anderen juristischen Person des öffentlichen Rechts auf der gleichen Verwaltungsstufe **eingreift.**

4. Unterrichtungspflicht der handelnden Behörde

38 Nach Abs. 2 S. 2 hat die **eintretende** Behörde die zuständige Gefahrenabwehrbehörde unverzüglich über den Selbsteintritt zu **unterrichten.**

5. Recht auf Aufhebung der veranlassten Maßnahmen

39 Nach Abs. 2 S. 3 kann die **zuständige** Behörde **verlangen,** dass die allgemeine Ordnungsbehörde die veranlassten Maßnahmen **aufhebt.** Diese Regelung beruht darauf, dass die handelnde Ordnungsbehörde in keinem Über- und Unterordnungsverhältnis zur an sich zuständigen Behörde steht und die an sich zuständige Behörde daher **verlangen** können muss, das getroffene Maßnahmen in ihrem originären Zuständigkeitsbereich wieder aufgehoben werden.

6. Kosten des Selbsteintritts

40 Für den Selbsteintritt nach Abs. 2 sieht § 106 **keine** Kostenregelung vor. Daher sind die Kosten der Maßnahmen von der **handelnden** allgemeinen Ordnungsbehörde zu tragen (vgl. Hornmann HSOG Rn. 16).

§ 89 Sachliche Zuständigkeit

(1) [1]Die Landesregierung bestimmt durch Rechtsverordnung, welche Aufgaben der Gefahrenabwehr durch die allgemeinen Ordnungsbehörden erfüllt werden. [2]Besondere Rechtsvorschriften, die den allgemeinen Ordnungsbehörden Aufgaben der Gefahrenabwehr zuweisen, bleiben unberührt. [3]Die für die Kampfmittelbeseitigung zuständige Behörde kann einen Dritten mit der Erfüllung dieser Aufgabe beauftragen. [4]Die Verantwortlichkeit der zuständigen Behörde für die Erfüllung der Pflichten bleibt hiervon unberührt.

(2) [1]Soweit durch Rechtsvorschrift keine andere allgemeine Ordnungsbehörde als zuständig bestimmt ist, sind die örtlichen Ordnungsbehörden sachlich zuständig. [2]Die Rechtsvorschriften über die Zuweisung der Zuständigkeiten an die allgemeinen Ordnungsbehörden der verschiedenen Verwaltungsstufen bleiben unberührt.

(3) Die Landesregierung wird ermächtigt, im Einvernehmen mit den fachlich zuständigen Ministerinnen oder Ministern die Zuweisung der Zuständigkeiten zwischen den Verwaltungsstufen durch Rechtsverordnung neu gegeneinander abzugrenzen.

Überblick

§ 89 enthält Regelungen zur sachlichen Zuständigkeit der allgemeinen Ordnungsbehörden. Die Vorschrift ergänzt insoweit die allgemeine Vorgabe für die sachliche Zuständigkeit in § 2, die nur maßgeblich ist, wenn speziellere – etwa auf § 89 beruhende – Zuweisungs- oder Zuständigkeitsregelungen fehlen.

Übersicht

A. Allgemeines

I. Gegenstand der Regelung

Die Vorschrift des § 89 regelt die sachliche(n) Zuständigkeit(en) der allgemeinen Ordnungsbehörden (vgl. zu den besonderen Ordnungsbehörden § 90) bezüglich der Aufgaben der Gefahrenabwehr nicht selbst, sondern ermächtigt in Abs. 1 S. 1 die Landesregierung, diese durch Rechtsverordnung zu bestimmen. Eine solche lässt besondere Rechtsvorschriften unberührt (Abs. 1 S. 2). 1

Abs. 1 S. 3 ermächtigt die für die Kampfmittelbeseitigung zuständige Behörde zur Beauftragung Dritter mit der Erfüllung dieser Aufgabe. Abs. 2 bestimmt, dass jeweils die örtlichen Ordnungsbehörden sachlich zuständig sind, soweit keine andere Regelung getroffen. Abs. 3 ermächtigt schließlich die Landesregierung, die Zuweisung der Zuständigkeiten zwischen den Verwaltungsstufen neu gegeneinander abzugrenzen. 2

II. Parallelvorschriften

In Baden-Württemberg sind nach § 111 Abs. 2 BWPolG die Ortspolizeibehörden sachlich zuständig, soweit nichts anderes bestimmt ist. Diese Regelung entspricht insoweit Abs. 2 S. 1. 3

In Bayern gibt es keine § 89 entsprechende Vorschrift. 4

§ 97 Abs. 3 NPOG ermächtigt die Landesregierung, durch Verordnung Zuständigkeiten für die Gefahrenabwehr durch die Kommunen und sonstigen Behörden festzulegen, wenn die Wahrnehmung der Aufgaben durch die Gemeinden unverhältnismäßigen Verwaltungsaufwand mit sich bringen würde oder unzweckmäßig wäre. Diese Verordnungsermächtigung ist enger gefasst als Abs. 1 S. 1. 5

§ 5 Abs. 1 NRWOBG überträgt die sachliche Zuständigkeit für die Gefahrenabwehr auf die örtlichen Ordnungsbehörden und entspricht insoweit Abs. 2 S. 1. Eine Verordnungsermächtigung für die Landesregierung in Nordrhein-Westfalen enthält er nicht. 6

B. Einzelkommentierung

Die Landesregierung hat nach Abs. 1 S. 1 durch **Rechtsverordnung** (vgl. Art. 107 HessVerf) zu bestimmen, welche Aufgaben der Gefahrenabwehr durch die allgemeinen Ordnungsbehörden wahrgenommen werden. Dieser Verpflichtung (vgl. Hornmann HSOG Rn. 2: „Ermächtigung") ist die Landesregierung durch den Erlass der **HSOG-DVO** (Verordnung zur Durchführung des Hessischen Gesetzes über die öffentliche Sicherheit und Ordnung und zur Durchführung des Hessischen Freiwilligen-Polizeidienst-Gesetzes v. 12.6.2007, 7

HessGVBl. I 323; zuletzt geändert durch Verordnung v. 10.12.2020, HessGVBl. 926) nachgekommen.

7.1 Mit Erlass der HSOG-DVO wurde die **ZuwVO** (Zuweisungsverordnung v. 18.7.1972, HessGVBl. I 255) **aufgehoben,** die Aufgaben der Gefahrenabwehr den allgemeinen Ordnungsbehörden übertragen hatte.

I. Durchführungsverordnung zum HSOG (HSOG-DVO)

8 § 1 HSOG-DVO regelt also die **sachliche Zuständigkeit** für die Aufgabenwahrnehmung der allgemeinen Ordnungsbehörden. In den weiteren Vorschriften dieser Norm finden sich Bestimmungen zu den **Polizeibehörden,** zur Ausbildung und Bestellung von **Hilfspolizeibeamten,** zur polizeilichen **Datenspeicherung** und zum **freiwilligen Polizeidienst.**

1. Nach HSOG-DVO übertragene Aufgaben

9 Folgende **Aufgaben** werden nach § 1 HSOG-DVO von den allgemeinen Ordnungsbehörden (§ 85) wahrgenommen:

- **Pass-, Personalausweis- und Ausländerwesen** (§ 1 Nr. 1 HSOG-DVO), soweit es nicht durch besondere Rechtsvorschriften anderen Behörden übertragen ist, siehe dazu die AusBehZustVO und → § 85 Rn. 24. Durch das Hessische Ausführungsgesetz zum **eID-Karte-Gesetz,** zum Personalausweisgesetz und zum Paßgesetz (HessGVBl. 2020, 713) sind die Personalausweisbehörden auch eID-Karten-Behörden und nehmen diese Aufgabe als **Auftragsangelegenheit** nach § 4 Abs. 2 HGO wahr (vgl. § 1 des zitierten Ausführungsgesetzes).
- **Versammlungswesen,** mit der Maßgabe, dass in Gemeinden unter 7.500 Einwohnern die Kreisordnungsbehörde zuständig ist (§ 1 Nr. 2 HSOG-DVO),
- **Waffenwesen,** soweit es Erwerb, Führung, Besitz und Einfuhr von Waffen und Munition betrifft und es nicht durch besondere Rechtsvorschriften anderen Behörden übertragen ist, sowie Entgegennahme der Anzeige von Sprengungen (§ 1 Nr. 3 HSOG-DVO),
- Zulassung von Personen und Fahrzeugen zum **Straßenverkehr** und Angelegenheiten der Straßenverkehrsordnung, soweit sie nicht durch besondere Rechtsvorschriften anderen Behörden übertragen sind (§ 1 Nr. 4 HSOG-DVO),
- unbeschadet der Zuständigkeit der Polizeibehörde die **Überwachung** des **Straßenverkehrs,** auch durch Verwendung technischer Mittel, soweit nichts anderes bestimmt ist (§ 1 Nr. 5 HSOG-DVO),
- Aufsicht über die Beförderung **radioaktiver Stoffe,** sowie über die Beförderung und Lagerung gefährlicher Güter, soweit sie nicht durch besondere Rechtsvorschriften anderen Behörden übertragen ist (§ 1 Nr. 6 HSOG-DVO),
- **Lärmbekämpfung,** soweit sie nicht durch besondere Rechtsvorschriften anderen Behörden übertragen ist (§ 1 Nr. 7 HSOG-DVO; → Rn. 12),
- Festsetzung der **Sperrzeit** (§ 1 Nr. 8 HSOG-DVO),
- Bekämpfung der **verbotenen Prostitution** (§ 1 Nr. 9 HSOG-DVO; vgl. zu den Zuständigkeiten nach dem ProstSchG → § 82 Rn. 17).

10 Darüber hinaus trifft § 1 S. 2 HSOG-DVO eine Zuständigkeitsregelung für die Durchführung des § 43a (**Halten gefährlicher Tiere**). Diese Aufgabe ist den Regierungspräsidien als Bezirksordnungsbehörde übertragen.

11 Zentral zuständig für das ganze Bundesland Hessen ist das Regierungspräsidium Darmstadt für die **Kampfmittelbeseitigung** (§ 1 S. 2 HSOG-DVO). Durch die Änderung des § 89 Abs. 1 (Art. 2 Nr. 7 des Gesetzes v. 4.5.2017, HessGVBl. 66 (76)) kann sich das Regierungspräsidium Darmstadt **Dritter** zur Erfüllung dieser Aufgaben bedienen, bleibt jedoch für die Erfüllung der Kampfmittelräumungspflichten verantwortlich (§ 89 Abs. 1 S. 4). Damit wird die bisherige Verfahrenspraxis, private Kampfmittelräumdienste zu beauftragten, legalisiert (vgl. LT-Drs. 19/3744, 31; zu den Kosten der Kampfmittelräumung → § 106 Rn. 20).

12 Im Hinblick auf die **Lärmbekämpfung** (§ 1 S. 1 Nr. 7 HSOG-DVO) gab es bis 1.1.2005 in Hessen die HessLärmVO (Gefahrenabwehrverordnung gegen Lärm v. 16.6.1993, HessGVBl. I 257) die durch Verordnung v. 19.10.2004 (HessGVBl. I 326) aufgehoben wurde. In § 11 HessLärmVO war für deren Durchführung die Zuständigkeit der örtlichen Ord-

nungsbehörde angeordnet und es **gab** auf der gemeindlichen Ebene eine **einheitliche** Zuständigkeit zur Lärmbekämpfung.

Durch die Aufhebung der HessLärmVO sind die Zuständigkeiten nunmehr aufgeteilt: Für Ordnungswidrigkeitenverfahren nach **§ 117 OWiG** besteht eine Zuständigkeit der örtlichen Ordnungsbehörde (vgl. § 1 Abs. 1 Nr. 3 OWiZustVO-MdIS – Verordnung über Zuständigkeiten für die Verfolgung und Ahndung von Ordnungswidrigkeiten im Geschäftsbereich des Ministeriums des Innern und für Sport v. 6.9.2007, HessGVBl. I 571; Art. 5 Gesetz zur Neuregelung des Versammlungsrechts in Hessen v. 22.3.2023 (GVBl. 150 (159)). **13**

Daneben bestehen Zuständigkeiten für den Immissionsschutz, zB für die 32. BImSchV (Geräte- und Maschinenlärmschutzverordnung v. 29.8.2002, BGBl. I 3478) oder für Theater- und Rundfunkdarbietungen im Freien; zuständig ist hier der Kreisausschuss als allgemeine Gefahrenabwehrbehörde (vgl. §§ 4, 5 ImSchZuV – Immissionsschutz-Zuständigkeitsverordnung v. 26.11.2014, HessGVBl. I 331). Die Aufhebung der HessLärmVO hat daher zu einer **Zuständigkeitszersplitterung** geführt und eine einheitliche Lärmbekämpfung erschwert. **14**

2. Neben der Durchführungsverordnung weiterbestehende Vorschriften

Neben der Durchführungsverordnung besteht die Preußische Verordnung zur Regelung von Zuständigkeiten der Landes- und Kreispolizeibehörde v. 1.10.1931 idF des Gesetzes v. 6.2.1962 (HessGVBl. I 21, 101) weiterhin fort. Die Verordnung über die Verteilung der Aufgaben auf der Kreisstufe v. 24.3.1953 (HessGVBl. I 39) wurde durch Art. 33 Nr. 1 des Dritten Gesetzes zur Verwaltungsstrukturreform v. 17.10.2005 (HessGVBl. I 674, 687) aufgehoben (**irreführend** insoweit der Hinweis bei Hornmann HSOG Rn. 4, der von einer Geltung der Verordnung ausgeht). **15**

II. Zuweisung von Zuständigkeiten durch besondere Rechtsvorschriften

Besondere Aufgabenzuweisungen finden sich in weiteren Zuständigkeitsverordnungen, die auch die Zuständigkeiten der Verwaltungsstufen **gegeneinander** abgrenzen. Beispiele sind: **16**

- Durchführung des **WaffG** (§ 1 WaffGDurchfVO – Verordnung zur Durchführung des Waffengesetzes v. 17.12.2007, HessGVBl. I 926; zuletzt geändert durch Verordnung v. 29.32023 (GVBl. 227); § 1 S. 1 Nr. 3 HSOG-DVO);
- Aufgaben der **Straßenverkehrsbehörde** (§ 1 S. 1 Nr. 4 HSOG-DVO, § 10 Abs. 1 Nr. 2 lit. d VRZustVO),
- Aufgaben der **Fahrerlaubnisbehörde** (§ 1 S. 1 Nr. 4 HSOG-DVO, § 7 Nr. 2 VRZustVO),
- Aufgaben der **Kraftfahrzeugzulassungsstelle** (§ 1 S. 1 Nr. 4 HSOG-DVO, § 13 Abs. 1 Nr. 2 VRZustVO),
- Aufgaben der **Versammlungsbehörde** für Gemeinden mit weniger als 7.500 Einwohnern (§ 1 S. 1 Nr. 2 HSOG-DVO),
- Aufgaben der **Gefahrgutüberwachung** (§ 1 S. 1 Nr. 6 HSOG-DVO, § 33 Nr. 1 lit. b lit. bb VRZustVO, § 35 VRZustVO, § 39 Abs. 1, § 44 VRZustVO),
- Aufgaben der **Ausländerbehörde** (§ 1 S. 1 Nr. 1 HSOG-DVO, § 1 AuslBehZustVO – Verordnung über die Zuständigkeiten der Ausländerbehörden und zur Durchführung des Aufenthaltsgesetzes und des Asylgesetzes v. 4.6.2018, HessGVBl. 251; die Neufassung hat **Aufgaben** von den Kreisordnungsbehörden auf die Bezirksordnungsbehörden **verlagert** → § 85 Rn. 24).
- Nach § 8 Abs. 1 HFbV (**Hessische Fahrberechtigungsverordnung** v. 16.2.2012, HessGVBl. 22) sind die Kreisordnungsbehörden für die Erteilung der **Fahrberechtigung** für die ehrenamtlich Tätigen der Freiwilligen Feuerwehren, der anerkannten Rettungsdienste, des Technischen Hilfswerks und der sonstigen Einheiten des Katastrophenschutzes zuständig.
- Aufgaben zum Vollzug des **ProstSchG** (§ 1 ProstSchGZustV – Prostituiertenschutzgesetz-Vollzugsverordnung v. 24.1.2018, HessGVBl. 19; → § 82 Rn. 17). Zuständig sind die Bürgermeister (Oberbürgermeister) als örtliche Ordnungsbehörden, in Gemeinden unterhalb von 7.500 Einwohnerinnen und Einwohnern der Landrat als Kreisordnungsbehörde

(vgl. zu der Frage der interkommunalen Zusammenarbeit beim ProstSchG → § 82 Rn. 18).

16.1 Die vorgenannten Aufgaben sind bis auf die Ausländerangelegenheiten (hier besteht auch eine Zuständigkeit der Sonderstatus-Städte nach § 4a Abs. 2 HGO als örtliche Ordnungsbehörde und der Regierungspräsidien als Bezirksordnungsbehörde (→ Rn. 16) der **Kreisordnungsbehörde** übertragen. **Ausnahmen** hinsichtlich der Zuständigkeit der Kreisordnungsbehörde gibt es auch noch bei den Aufgaben der Straßenverkehrsbehörde, der Gefahrgutüberwachung und des Prostituiertenschutzgesetzes (vgl. → § 82 Rn. 17)

17 Im Rahmen der sog. **Corona-Pandemie** im Jahr 2020 hatte die Landesregierung auf der Grundlage von § 32 IfSG zahlreiche Rechtsverordnungen zur **Einschränkung** des öffentlichen Lebens erlassen, um eine Verbreitung der Viruserkrankung zu verhindern. Auf der Grundlage von § 89 Abs. 1 S. 1 wurden auch **Überwachungszuständigkeiten** zur Einhaltung dieser Vorschriften für die örtlichen Ordnungsbehörden geschaffen, die im **Eilfall** neben der **originären** Zuständigkeit der **Gesundheitsbehörden** nach dem IfSG iVm § 5 HGöGD für diese Aufgaben bestehen (vgl. zB Art. 1 Nr. 2 VO v. 22.3.2020, HessGVBl. 183).

18 Ob diese **Zuständigkeitszuweisung** an die örtlichen Ordnungsbehörden **erforderlich** war, darf wegen der Eilfallzuständigkeit der örtlichen Ordnungsbehörden aufgrund von § 2 S. 1 **bezweifelt** werden, zumal die Polizeibehörden im Rahmen der Corona-Pandemie auf der Grundlage von § 2 S. 1 auch **ohne** ausdrückliche Zuständigkeitszuweisung in Infektionsschutzangelegenheiten tätig werden konnten (vgl. auch → § 82 Rn. 17).

III. Sachliche Zuständigkeit der örtlichen Ordnungsbehörden (Abs. 2)

19 Abs. 2 S. 1 bestimmt, welche Verwaltungsstufe **sachlich** zuständig ist.

1. Zuständigkeit der örtlichen Ordnungsbehörden als Regelfall

20 Nach Abs. 2 S. 1 ist immer die **örtliche Ordnungsbehörde** sachlich zuständig. Die Zuständigkeit einer **anderen** allgemeinen Ordnungsbehörde muss **ausdrücklich** per Rechtsverordnung angeordnet sein (→ Rn. 21).

2. Bestimmung der Zuständigkeit von anderen allgemeinen Ordnungsbehörden

21 Rechtsverordnungen, die die Zuständigkeit einer anderen allgemeinen Ordnungsbehörde bestimmen, sind die bereits (→ Rn. 16) aufgeführten Zuständigkeitsbestimmungen.

IV. Verordnungsermächtigung zur Abgrenzung der Zuständigkeiten zwischen den verschiedenen Verwaltungsstufen

22 Abs. 3 ermächtigt die **Landesregierung** im Einvernehmen (Zustimmung) des fachlich zuständigen Ministers die Zuweisung der Zuständigkeiten zwischen den Verwaltungsstufen durch Rechtsverordnung gegeneinander **abzugrenzen.** Solche Regelungen sind zB § 1 S. 1 Nr. 2 HSOG-DVO oder die bereits (→ Rn. 16) genannten Zuständigkeitsverordnungen.

§ 90 Sonderordnungsbehörden

[1]Sonderordnungsbehörden sind Behörden außerhalb der allgemeinen Verwaltung, denen durch besondere Rechtsvorschriften Aufgaben der Gefahrenabwehr zugewiesen sind. [2]Sie bleiben in ihrer Organisation und besonderen Zuständigkeit unberührt. [3]Abweichend von Satz 1 können auch Ministerien Sonderordnungsbehörden sein.

Überblick

§ 90 enthält Bestimmungen zu den Sonderordnungsbehörden in Hessen.

Übersicht

A. Allgemeines

I. Gegenstand der Regelung

Die Regelung des § 90 knüpft an die in § 2 S. 1 vorgenommene Unterteilung der Ordnungsbehörden in allgemeine und Sonderordnungsbehörden an. Sie definiert letztere (S. 1) und trifft eine Aussage zu deren Organisation und Zuständigkeit (S. 2). Mit S. 3 sieht sie schließlich eine Ausnahme von der Definition in S. 1 vor. 1

II. Parallelvorschriften

Das Polizei- und Ordnungsrecht in Baden-Württemberg kennt keine Sonderordnungsbehörden. Gleiches gilt für Bayern und Niedersachsen. 2

§ 12 NRWOBG bezeichnet als Sonderordnungsbehörden die Behörden, denen durch eine besondere Regelung auf bestimmten Sachgebieten Aufgaben der Gefahrenabwehr übertragen sind. Eine Regelung wie in Hessen, dass die Sonderordnungsbehörden außerhalb der allgemeinen Verwaltung stehen, enthält § 12 NRWOBG nicht. Für die Sonderordnungsbehörden in Nordrhein-Westfalen gelten die Vorschriften des NRWOBG, soweit nichts anderes bestimmt ist (§ 12 Abs. 2 NRWOBG). 3

B. Einzelkommentierung

I. Begriff der Sonderordnungsbehörde

Unter **Sonderordnungsbehörden** versteht das Gesetz Behörden, die **außerhalb** der allgemeinen Verwaltung stehen und denen durch besondere Rechtsvorschriften Aufgaben der **Gefahrenabwehr** zugewiesen sind. Behörden der **allgemeinen** Verwaltung sind die Behörden, die Verwaltung im klassischen Behördenaufbau wahrnehmen (zB die Gemeinden, Art. 137 Abs. 1 HessVerf, die Landkreise und die Regierungspräsidien, vgl. § 1 RegPräsBezG: „Das Regierungspräsidium ist Behörde der allgemeinen Landesverwaltung […].") und nicht in eine Sonderbehördenhierarchie eingegliedert. 4

So wie **Hessen-Mobil** mit seinen Außenstellen, vgl. → Rn. 13 (früher: Hessisches Landesamt für Straßen- und Verkehrswesen, vgl. Hermes/Groß, Landesrecht Hessen, 7. Aufl. 2011, § 3 Rn. 18 sowie Art. 2 des Gesetzes zur Änderung straßenrechtlicher Vorschriften v. 16.12.2011, HessGVBl. I 817 f.). 4.1

Daher sind zB die **Regierungspräsidien** bei der Wahrnehmung der Aufgaben nach der ArbSchZV (Arbeitsschutzzuständigkeitsverordnung v. 11.8.2014, HessGVBl. 196; → § 81 Rn. 13) **keine** Sonderordnungsbehörden (vgl. auch → Rn. 22). 5

Welche Behörden innerhalb des hessischen Verwaltungsaufbaus im Einzelnen (noch) Sonderordnungsbehörden iSd § 90 sind, ist nicht unumstritten → Rn. 7 ff). 6

II. Verbliebener Bestand an Sonderordnungsbehörden

7 Die Entwicklung der Sonderordnungsbehörden ist in Hessen seit Mitte der neunziger Jahre durch deren Reduzierung gekennzeichnet; zahlreiche vormalige Sonderordnungsbehörden mit speziellen Aufgaben der Gefahrenabwehr wurden seither in die allgemeine Verwaltung eingegliedert (vgl. Hornmann Rn. 3; Fredrich Rn. 3; zum vormaligen Bestand an Sonderordnungsbehörden Meixner/Fredrich, 9. Aufl. 2001, Rn. 3).

1. Die Eichdirektion

8 Unstreitig um eine Sonderordnungsbehörde handelt es sich bei der hessischen **Eichdirektion** (vgl. Hermes/Groß, Landesrecht Hessen/Hebeler/Reimer, 7. Aufl. 2011, § 5 Rn. 198; Hornmann HSOG Rn. 2; RSPHFMW HSOG/HundeVO Rn. 2.1).

2. Das Nationalparkamt als untere Jagd- und Fischereibehörde

9 Soweit in der Literatur die **Forst-, Jagd-** und **Fischereibehörden** als Sonderbehörden angesehen werden (vgl. MLH PolR Hessen Rn. 15), trifft dies größtenteils nicht zu.

10 Die Fischereibehörden sind **keine** Sonderordnungsbehörden, da diese Aufgabe der Fischereiverwaltung vom Kreisausschuss zur Erfüllung nach Weisung nach § 4 Abs. 1 S. 1 HKO wahrgenommen wird und die Fischereibehörde damit Teil der allgemeinen Verwaltung ist (§ 44 Abs. 3 S. 1 HFischG).

11 Die Forstbehörden sind ebenfalls **keine** Sonderordnungsbehörden, da für die Forstverwaltung in Hessen eine Behördenstruktur **innerhalb** der allgemeinen Verwaltung besteht (vgl. § 23 HWaldG) und die Forstämter der **Aufsicht** der Regierungspräsidien als oberer Forstbehörde unterstehen. **Gleiches** gilt für die unteren Jagdbehörden nach § 38 Abs. 3 S. 1 HJagdG.

12 Eine Ausnahme besteht jedoch insoweit, als das **Nationalparkamt** in Nationalparks die Aufgaben der unteren Fischereibehörde und der unteren Jagdbehörde wahrnimmt (§ 44 Abs. 3 S. 2 HFischG, § 38 Abs. 3 S. 2 HJagdG) und daher als **Sonderordnungsbehörde** tätig wird.

3. Straßenbaubehörden, soweit nicht kommunal organisiert

13 Zu den Sonderordnungsbehörden werden darüber hinaus die Straßenbaubehörden gezählt (vgl. Hornmann HSOG Rn. 2); richtigerweise sind diese jedoch nur insoweit als solche anzusehen, als nicht die Gemeindevorstände oder Kreisausschüsse als Straßenbaubehörden vorgesehen sind (vgl. § 46 Abs. 3 HessStrG). Daher kommt als Sonderordnungsbehörde im Bereich des HessStrG (Hessisches Straßengesetz v. 8.6.2003, HessGVBl. I 166) nur **Hessen-Mobil** nach § 46 Abs. 2 HessStrG in Betracht.

13.1 Nach § 10 Abs. 1 Nr. 1 HessVRZustVO ist Hessen-Mobil für Straßen mit besonderer Verkehrsbedeutung nach § 9 Abs. 2 HessVRZustVO Straßenverkehrsbehörde nach § 44 Abs. 1 S. 1 StVO. Diese Aufgabe nimmt sie auch als Sonderordnungsbehörde war.

4. Ministerium und Ärztekammern bezüglich des Atom- und Strahlenschutzrechts

14 Auch der Vollzug des **Atom- und Strahlenschutzrechts** ist zunächst der allgemeinen Verwaltung – also nicht Sonderordnungsbehörden – zugewiesen (anders wohl Hornmann, Rn. 2): Nach § 1 AtStrlSchZV (Verordnung zur Regelung von Zuständigkeiten auf dem Gebiet des Atom- und Strahlenschutzrechts v. 2.12.2021 (GVBl. 2021, 788)) sind die **Regierungspräsidien** zuständige Behörde für den Vollzug des AtG und der aufgrund des AtG erlassenen Rechtsverordnungen, soweit nicht andere Regelungen getroffen sind. Die Regierungspräsidien nehmen diese Aufgabe als Behörde der allgemeinen Verwaltung wahr.

15 Etwas **anderes** gilt indessen für die Zuständigkeiten des **Ministeriums** für Umwelt, Klimaschutz, Landwirtschaft und Verbraucherschutz als oberster Landesbehörde nach § 2 AtStrlSchZV und der **Landesärztekammern** nach § 3 AtStrlSchZV. Die dort aufgeführten Aufgaben werden vom Ministerium und den Ärztekammern jeweils als Sonderordnungsbehörde wahrgenommen (vgl. hinsichtlich des Ministeriums auch die in S. 3 vorgesehene Ausnahme bezüglich der Nichteingliederung in die Verwaltung).

Vergleiche zu den Zuständigkeiten auf dem Gebiet der Beförderung von **radioaktiven Stoffen** s. § 4 AtStrlSchZV. 15.1

5. Jagdschutzberechtigte nach § 25 Abs. 2 BJagdG

Zu den Sonderordnungsbehörden gehören des Weiteren die **Jagdschutzberechtigten** nach § 25 Abs. 2 BJagdG. Diese sind **Beliehene** (Kopp/Ramsauer VwVfG § 1 Rn. 61; Hornmann HSOG § 81 Rn. 57), die als Behörde iSv § 1 Abs. 4 HVwVfG handeln. Da sie Aufgaben der Gefahrenabwehr wahrnehmen und nicht in die Behördenhierarchie eingegliedert sind – sie unterstehen lediglich der Dienstaufsicht der **Unteren Jagdbehörde** (§ 31 Abs. 2 S. 2 HJagdG) –, unterfallen sie dem Sonderordnungsbehördenbegriff nach § 90 BJagdG (vgl. auch RSPHFMW HSOG/HundeVO Rn. 2.2). 16

6. Der Präsident des Hessischen Landtages als Sonderordnungsbehörde

Nach Art. 86 S. 4 HessVerf übt der Präsident des Hessischen Landtages im Landtagsgebäude die **Polizeigewalt** (s. Friehe DÖV 2016, 521) aus. Er übt damit die volle polizeiliche Gefahrenabwehr unter Ausschluss der Zuständigkeit der örtlich zuständigen Polizeibehörden aus. Er kann somit alle **präventivpolizeilichen Maßnahmen** zur Abwehr von Gefahren im Landtagsgebäude ergreifen, die der örtlichen zuständigen Polizei nach dem auch erlaubt wären (vgl. DHS/Klein GG Art. 40 Rn. 152 für die vergleichbare Polizeigewalt des Bundestagspräsidenten, zur **Reichweite** der Polizeigewalt des Parlamentspräsidenten gegenüber **Abgeordneten** s. zB BVerfG BeckRS 2020, 13857). 17

Da der Präsident des Hessischen Landtages **kein** Teil der Verwaltung ist, sondern das gewählte Parlament repräsentiert und dabei auch Gefahrenabwehraufgaben wahrzunehmen hat, ist er **Sonderordnungsbehörde** nach § 90 (vgl. auch RSPHFMW HSOG/HundeVO Rn. 2.3). 18

7. Sitzungspolizeigewalt der Gerichte als Tätigkeit von Sonderordnungsbehörden

Während der **Sitzungen** von Gerichten gilt die sog. **Sitzungspolizeigewalt** des jeweiligen Vorsitzenden des Spruchkörpers nach §§ 176 ff. GVG (vgl. Lisken/Denninger PolR-HdB/Denninger, 5. Aufl. 2012, D Rn. 23; Kees NJW 2013, 1929 (1930)). **Außerhalb** der Sitzungen hat der jeweilige Behördenleiter (Direktor oder Präsident des jeweiligen Gerichts) das Hausrecht gegen mögliche Störer (vgl. Lisken/Denninger PolR-HdB/Denninger, 5. Aufl. 2012, D Rn. 23). 19

In Hessen wird die Sitzungspolizei idS durch das **GerOrdG** (Gesetz über die Wahrnehmung von sicherheits- und ordnungsrechtlichen Befugnissen bei Gerichten und Staatsanwaltschaften v. 10.5.1982, HessGVBl. I 97) näher ausgestaltet, das den Bediensteten der Gerichte und der Staats-(Amts)anwaltschaften auch die Befugnis verleiht, zur Ausübung des Hausrechts und zur Vollziehung von sitzungspolizeilichen Maßnahmen **unmittelbaren** Zwang anzuwenden (§ 1 GerOrdG; zum Problem der **Einlasskontrollen** bei Justizgebäuden → Rn. 20.1). Da die Gerichte und Staatsanwaltschaften **nicht** Teil der allgemeinen Verwaltung sind und durch die Sitzungspolizei und die Ausübung des Hausrechts Gefahrenabwehraufgaben wahrgenommen werden, sind diese Aktivitäten als Tätigkeit von **Sonderordnungsbehörden** nach § 90 anzusehen. 20

Im Rahmen des Hausrechts bei Gerichten sind die sog. **Einlasskontrollen** für Rechtsanwälte bei Justizgebäuden immer wieder Thema (s. zB Riemer DVBl 2013, 1619; Günther DVBl 2015, 1147 (1154)). In der Judikatur werden sie für zulässig gehalten (zB BVerfG NJW 2012, 1863; BVerwG NJW 2011, 2530; OVG Berlin-Brandenburg NJW 2011, 1093; OVG Münster DVBl 2013, 1619; OVG Schleswig BeckRS 2013, 53619). In Hessen besteht an dem Bestehen des Hausrechts aufgrund der gesetzlichen Regelung im GerOrdG für den Leiter des Gerichts kein Zweifel. Wie alle staatlichen Maßnahmen muss sich die konkrete Ausübung des Hausrechts auch bei der Durchführung von Einlasskontrollen am Grundsatz der **Verhältnismäßigkeit** messen lassen. Werden bei solchen Kontrollen private Sicherheitsdienste eingesetzt, unterliegen sie bei der Ausübung der Kontrollen der öffentlich-rechtlichen Bindungen ihrer Auftraggeber (→ § 81 Rn. 26). 20.1

III. Luftverkehr- und Luftsicherheit, Bergverwaltung, Arbeitsschutz und Seilbahnaufsicht als nicht (mehr) sonderordnungsbehördlich wahrgenommene Aufgaben

21 Aufgaben der Luftfahrtbehörden obliegen dem Land nach dem LuftVG (Luftverkehrsgesetz v. 10.5.2007, BGBl. I 698), dem **LuftSiG** (Luftsicherheitsgesetz v. 11.1.2005, BGBl. I 78) und **FluglärmG** (Gesetz zum Schutz gegen Fluglärm v. 31.10.2007, BGBl. I 2550); die hessischen Luftfahrtbehörden werden - mit einer Ausnahme für den Verkehrsflughafen Frankfurt a. M. - von den Regierungspräsidien Darmstadt und Kassel wahrgenommen (vgl. § 4 LVkZVO – Verordnung zur Bestimmung von luftverkehrsrechtlichen Zuständigkeiten und Zuständigkeiten nach dem Luftsicherheitsgesetz sowie dem Gesetz zum Schutz gegen Fluglärm v. 6.10.2011, HessGVBl. I 526, zuletzt geändert durch Art. 1 Dritte ÄndVO v. 21.3.2023 (GVBl. 2023, 170)).

22 Da die Regierungspräsidien Teil der allgemeinen Verwaltung sind, haben sie im Hinblick auf den **Luftverkehr** (vgl. Hornmann HSOG Rn. 3) **nicht** den Status einer Sonderordnungsbehörde. Gleiches gilt für die Aufgaben der **Bergverwaltung** und der **Arbeitsschutzverwaltung** sowie für weitere Zuständigkeiten des Regierungspräsidiums wie die **Seilbahnaufsicht** nach § 21 Abs. 2 HSeilbG.

IV. Anwendbarkeit des HSOG für die Sonderordnungsbehörden

23 Für die Tätigkeit der Sonderordnungsbehörden gelten zunächst die **besonderen** bundes- und landesrechtlichen Regelungen, die ihnen die Aufgaben der Gefahrenabwehr zuweisen. Als Ordnungsbehörde im Rahmen des HSOG gelten für sie aber nach § 3 Abs. 1 S. 2 die dessen Vorschriften, soweit die anderen Rechtsvorschriften keine abschließenden Regelungen beinhalten (Hornmann HSOG Rn. 1; vgl. auch Hermes/Reimer/Reimer, § 5 Rn. 223).

Dritter Abschnitt. Polizeidienststellen

§ 91 Polizeibehörden

(1) Die polizeilichen Aufgaben werden von Polizeibehörden des Landes wahrgenommen.

(2) Es sind

1. oberste Polizeibehörde das Ministerium des Innern und für Sport als Landespolizeipräsidium,

2. Polizeibehörden

a) die Polizeipräsidien,

b) das Hessische Landeskriminalamt,

c) das Hessische Polizeipräsidium Einsatz,

d) das Hessische Polizeipräsidium für Technik,

e) die Hessische Hochschule für öffentliches Management und Sicherheit, soweit sie Aufgaben nach § 95 Abs. 2 wahrnimmt.

(3) [1]Die Leiterinnen und Leiter der Polizeibehörden sind polizeiliche Vorgesetzte der ihnen zugewiesenen Polizeivollzugsbeamtinnen und Polizeivollzugsbeamten. [2]Sie bestimmen die polizeiliche Maßnahme sowie die Art und Weise ihrer Durchführung.

(4) Die Ministerin oder der Minister des Innern wird ermächtigt, durch Rechtsverordnung Polizeibehörden zu errichten oder aufzulösen sowie Teile von Polizeibehörden einzugliedern oder zu einer neuen Behörde zusammenzufassen.

Überblick

Die DVO-HSOG ist hinsichtlich der Polizeibehörden nicht an die aktuelle Gesetzeslage angepasst.

Auszug aus der VVHSOG (nicht an die aktuelle Gesetzeslage angepasst und gem. Erlass des Hessischen Ministeriums des Innern und für Sport v. 29.11.2022 (StAnz. 50/2022, 1384) zum 1.1.2025 mangels eines erneuten Verlängerungserlasses ersatzlos außer Kraft getreten):

Zu § 91

91. Polizeibehörden

Weitere grundsätzliche Bestimmungen zur Organisation und zu den Aufgaben der Polizeipräsidien, insbesondere zur Errichtung der sieben Polizeipräsidien und der Festlegung der Dienstbereiche für diese Präsidien, enthalten die §§ 2 bis 9 HSOG-DVO. Die Rahmenorganisation und die regionale und örtliche Zuständigkeit der Polizeibehörden sind in den Organisationserlassen und den Rahmen-Organisationsplänen geregelt.

Abs. 1 stellt klar, dass die polizeilichen Aufgaben (→ Rn. 6) von den Polizeibehörden des Landes (→ Rn. 8; → Rn. 10) wahrgenommen werden. Aus der Aufzählung in Abs. 2 ergibt sich, dass diese sich auf zwei Ebenen der Landesverwaltung (→ Rn. 7) befinden: Die oberste Polizeibehörde des Landes Hessen ist das Landespolizeipräsidium als eine Abteilung des Hessischen Ministeriums des Innern und für Sport (→ Rn. 10), dem sieben örtlich begrenzte Polizeipräsidien als sog. Flächenpräsidien sowie mit landesweiter Zuständigkeit das Hessische Landeskriminalamt, das Hessische Polizeipräsidium Einsatz, das Hessische Polizeipräsidium für Technik sowie die Hessische Hochschule für öffentliches Management und Sicherheit nachgeordnet sind (→ Rn. 17). Aufgrund von Abs. 4 ist der Minister oder die Ministerin des Innern ermächtigt, durch Rechtsverordnung Polizeibehörden zu errichten oder aufzulösen sowie Teile von Polizeibehörden einzugliedern oder zu einer neuen Behörde zusammenzufassen (→ Rn. 38). Aus Abs. 3 ergibt sich, dass jede dieser Polizeibehörden einen Leiter oder eine Leiterin hat, die als polizeiliche Vorgesetzte die polizeilichen Maßnahmen sowie die Art und Weise ihrer Durchführung bestimmen.

Übersicht

A. Blick in andere Bundesländer

I. Baden-Württemberg

Zum Jahr 2014 hat in Baden-Württemberg eine umfassende Polizeireform stattgefunden. 1
Der Aufbau ist nunmehr zweistufig. Als Polizeidienststellen wurden die regionalen Polizeipräsidien und das Polizeipräsidium Einsatz, für den Polizeivollzugsdienst zudem noch das Präsidium Technik, Logistik und Service der Polizei errichtet (§ 1 PolSG). Einschlägig ist im Übrigen §§ 59 ff. BWPolG (zuletzt geändert durch das zum 1.1.2020 in Kraft getretene Polizeistrukturgesetz 2020 v. 26.3.2019, BWGBl. 93): Neben den oben genannten Polizeidienststellen gibt es ein Landespolizeipräsidium als oberste Führungsstelle und Abteilung des Innenministeriums, die Hochschule für Polizei Baden-Württemberg und das Landeskriminalamt Baden-Württemberg. Die jüngsten Änderungen finden sich im PolSG2020 (Gesetz zur Umsetzung der Polizeistruktur 2020 v. 26.3.2019, BWGBl. 93).

II. Bayern

In Bayern gibt es das BayPOG (Polizeiorganisationsgesetz (POG) in der in der Bayerischen 2
Rechtssammlung (BayRS 2012-2-1-I) veröffentlichten bereinigten Fassung) sowie die

DVPOG (Verordnung zur Durchführung des Polizeiorganisationsgesetzes v. 10.3.1998, BayGVBl. 136; 2014, 105; 2019, 76; 2024, 4). Träger der Polizei ist nach Art. 1 Abs. 2 BayPOG der Freistaat Bayern. Oberste Dienstbehörde und Führungsstelle der Polizei ist das Staatsministerium des Innern, für Bau und Verkehr (Staatsministerium; Art. 1 Abs. 3 S. 2 BayPOG). Zuständig ist die Abteilung IC – Öffentliche Sicherheit und Ordnung. Bayern verfügt über eine Landespolizei, die den Polizeipräsidien zugeordnet ist (Art. 4 Abs. 2 BayPOG). Die Wahrnehmung grenzpolizeilicher Aufgaben ist in Art. 4 Abs. 3 BayPOG und ergänzend in der Verordnung zur Änderung der Verordnung zur Durchführung des Polizeiorganisationsgesetzes v. 12.6.2018 (BayGVBl. 514; BayGVBl. 2024, 462) geregelt (zur bayerischen Grenzpolizei s. Kingreen/Schönberger NVwZ 2018, 1825).

3 Zudem gibt es ein landesweit zuständiges Präsidium der Bayerischen Bereitschaftspolizei (Art. 6 BayPOG), ein Landeskriminalamt (Art. 7 BayPOG) und ein Polizeiverwaltungsamt (Art. 8 BayPOG).

III. Niedersachsen

4 Der Aufbau der niedersächsischen Polizei ist in den §§ 87–94 NPOG und im Polizeiorganisationsrunderlass (Runderlass Niedersächsisches Ministerium für Inneres und Sport v. 3.3.2021 – 21.11-01512 – (Nds. MBl. 546) VORIS 21021) nebst Anlagen geregelt. In Niedersachsen ist der Aufbau der Polizei ebenfalls zweistufig. Oberste Behörde ist das Landespolizeipräsidium als eine Abteilung des Ministeriums für Inneres und Sport. Diesem sind die Polizeidirektionen, die Polizeibehörde für zentrale Aufgaben (Zentrale Polizeidirektion Niedersachsen), das Landeskriminalamt Niedersachsen und die Polizeiakademie Niedersachsen unterstellt. Polizeidirektionen sind errichtet in Braunschweig, Göttingen, Hannover, Lüneburg, Oldenburg und Osnabrück. Ihnen jeweils zugehörig ist eine zentrale Kriminalinspektion sowie eine Polizeiinspektion nebst Polizeistationen. Zudem gibt es den Polizeiinspektionen zugeordnete Polizeikommissariate, die allerdings nicht am Sitz der Inspektion eingerichtet sind. Gleichfalls einer Inspektion zugeordnet sind die Autobahnpolizeikommissariate. Näheres ergibt sich aus dem Polizeiorganisationsrunderlass. Die Dienst- und Fachaufsicht obliegt dem niedersächsischen Ministerium für Inneres und Sport (§ 94 NPOG).

IV. Nordrhein-Westfalen

5 Nordrhein-Westfalen hat ein gesondertes POG NRW (Gesetz über die Organisation und die Zuständigkeit der Polizei im Lande Nordrhein-Westfalen v. 5.7.2002, GV. NRW. 308; zuletzt geändert durch Art. 1 2. ÄndG v. 8.10.2020; GV. NRW, 1008) geschaffen. Gemäß § 1 POG NRW ist die Polizei Angelegenheit des Landes. Dementsprechend haben die Landesregierung und das Innenministerium als oberste Verwaltungsebene die Ermächtigung zum Erlass von weitergehenden Organisationsverordnungen (§ 2 Abs. 2 und Abs. 3 POG NRW). Polizeibehörden sind nach § 2 Abs. 1 POG NRW das Landeskriminalamt, das Landesamt für Zentrale Polizeiliche Dienste sowie das Landesamt für Ausbildung, Fortbildung und Personalangelegenheiten der Polizei (vgl. Gemeinsame Geschäftsordnung für das Landesamt für Ausbildung, Fortbildung und Personalangelegenheiten, das Landeskriminalamt und das Landesamt für Zentrale Polizeiliche Dienste der Polizei des Landes Nordrhein-Westfalen (GGO LOBPolNRW) v. 28.10.2020, MBl. NRW 2052). Hinzu kommen die Kreispolizeibehörden, also die Polizeipräsidien in Polizeibezirken mit mindestens einer kreisfreien Stadt und die Landrätinnen und Landräte, soweit das Kreisgebiet gem. Rechtsverordnung nach Abs. 2 zu einem Polizeibezirk bestimmt wird. Näheres ist in dem Runderlass des Ministeriums für Inneres und Kommunales v. 11.1.2022 (MBl. NRW. 58) zur Organisation der Kreispolizeibehörden des Landes Nordrhein-Westfalen geregelt. Die Dienst- und Fachaufsicht über die Polizeibehörden obliegt dem Innenministerium (§ 5 POG NRW).

B. Wahrnehmung polizeilicher Aufgaben

6 Polizeiliche Aufgaben sind nach § 2 Abs. 1 HSOG-DVO die Abwehr von Gefahren für die öffentliche Sicherheit und Ordnung nach §§ 1 und 2 S. 1 sowie die Erforschung von Straftaten und Ordnungswidrigkeiten nach § 1 Abs. 2 iVm § 163 StPO und § 53 OWiG. Zudem nehmen alle Polizeibehörden Anzeigen von Straftaten und Ordnungswidrigkeiten

entgegen und treffen in eigener Zuständigkeit alle erforderlichen Maßnahmen, soweit die zuständige Stelle nicht (rechtzeitig) tätig werden kann und unterrichten unverzüglich die zuständige Stelle (§ 2 Abs. 2 HSOG-DVO).

Näheres ergibt sich aus dem Polizeipräsidien-Organisationserlass (Erlass des Ministeriums des Innern und für Sport v. 22.12.2016, StAnz 2017, 154), dem Landeskriminalamt-Organisationserlass (Erlass des Ministeriums des Innern und für Sport v. 3.1.2022, StAnz 146), dem Bereitschaftspolizeipräsidium-Organisationserlass (Erlass des Ministeriums des Innern und für Sport v. 13.8.2015, StAnz 914) in Verbindung mit dem Gesetz zur Umorganisation der hessischen Bereitschaftspolizei v. 1.1.2023 (Teil des Gesetzes zur Änderung sicherheitsrechtlicher Vorschriften und zur Umorganisation der hessischen Bereitschaftspolizei, GVBl. 2023, 456), dem Erlass über Organisation und Zuständigkeit des Hessischen Polizeipräsidiums für Technik (Erlass des Ministeriums des Innern und für Sport v. 12.9.2019, StAnz 1070) und dem Hessischen Hochschulgesetz in der Fassung v. 30.9.2021 (GVBl. 2021, 931). 7

C. Aufgabenwahrnehmung durch die Polizeibehörden des Landes

Diese Regelung geht auf eine umfassende Polizeireform im Jahr 2000 für das Jahr 2001 zurück. Die Tatsache, dass die Polizeibehörden gesondert, also nicht mehr der allgemeinen Verwaltung zugehörig, polizeiliche Aufgaben wahrnehmen, war seinerzeit neu. Bis dato war die Polizei nämlich in die allgemeine Landesverwaltung eingegliedert gewesen und zumeist Teil der Regierungspräsidien bzw. Landkreise. 8

Ziel des HPUOG (Hessisches Gesetz über die Umorganisation der Polizei v. 22.12.2000, HessGVBl. I 577) war es, eine moderne und leistungsfähige Polizeiorganisation zu schaffen, die über klare und effiziente Führungsstrukturen verfügt. Aus dem dreigliedrigen Aufbau (Landrat, Regierungspräsidium, Ministerium) wurde mittels § 1 HPUOG ein zweistufiger, bestehend aus dem Ministerium und den ihm unmittelbar nachgeordneten Polizeibehörden. 9

Dies entspricht den Vorgaben des Gesetzgebers zum HPUOG (LT-Drs. 15/1571, 1): „Die Polizei muss so organisiert sein, dass eine effiziente und flexible Aufgabenerledigung möglich ist, die sich an den Sicherheitsbedürfnissen der Bürgerinnen und Bürger orientiert und zugleich die Belange der in der Organisation tätigen Menschen berücksichtigt. Das Spektrum der polizeilichen Leistungen muss für die Bürgerinnen und Bürger möglichst orts- und zeitnah verfügbar sein und erfordert eine ganzheitliche und qualifizierte Aufgabenwahrnehmung." In LT-Drs. 15/1571, 13 heißt es dann noch: „ Neben zusätzlichen Möglichkeiten polizeilichen Einschreitens […], der aktiven Bürgerbeteiligung durch Einrichtung eines Freiwilligen Polizeidienstes […] sowie der Schaffung der Wachpolizei […] soll dieses Ziel [gemeint: die Sicherheit der Bürgerinnen und Bürger in Hessen] durch eine moderne und leistungsfähige Polizeiorganisation mit klaren und effizienten Führungsstrukturen erreicht werden. Die Organisationsstrukturen werden flach und im Aufbau möglichst gleichartig erstellt; Ressourcen bindende Doppelarbeit wird vermieden. An der Spitze der äußeren Organisationsstruktur der hessischen Polizei soll künftig ein Landespolizeipräsidium stehen, dem die Polizeibehörden sowie die Hessische Polizeischule als Polizeieinrichtung unmittelbar nachgeordnet sind. Die Regierungspräsidien und die Landräte als Behörden der Landesverwaltung nehmen keine polizeilichen Aufgaben mehr wahr." 9.1

D. Die hessischen Polizeibehörden (Abs. 2)

I. Die oberste Verwaltungsebene: Das Landespolizeipräsidium

Abs. 2 Nr. 1 geht auf § 1 Abs. 1 HPUOG zurück: „Das Hessische Ministerium des Innern und für Sport nimmt die von ihm zu erfüllenden polizeilichen Aufgaben als Landespolizeipräsidium wahr." Damit ist die obere Verwaltungsebene etabliert. In § 4 Abs. 1 HSOG-DVO ist der aktuelle Stand festgehalten: „Das Landespolizeipräsidium nimmt als Abteilung des Ministeriums des Innern und für Sport die Aufgaben der obersten Polizeibehörde und des Lagezentrums der Hessischen Landesregierung wahr." 10

Aus § 4 Abs. 2 HSOG-DVO ergeben sich folgende Aufgaben des Landespolizeipräsidiums: Durchführung der unmittelbaren Personenschutzaufgaben und Umfeldmaßnahmen bei den Mitgliedern der Verfassungsorgane des Landes; optional kommt der Schutz anderer Personen hinzu. Es kann auch die Bearbeitung von Strafsachen, die sich allein oder unter anderem gegen Polizeibedienstete des Landes richten, an sich ziehen, wenn es dies wegen der Bedeu- 11 tung der Tat für erforderlich hält. § 5 Abs. 8 HSOG-DVO erklärt die Wahrnehmung von Aufgaben des Personenschutzes und des Zeugenschutzes für dienstbereichsübergreifend.

12 § 96 Abs. 1 S. 1 legt fest, dass dem Landespolizeipräsidium die anderen Polizeibehörden als untere Verwaltungsebene unmittelbar nachgeordnet sind. Daher übt es nach § 96 Abs. 1 S. 2 sowie Abs. 2 S. 3 auch die Dienst- und Fachaufsicht über diese aus – wobei gem. § 96 Abs. 1 S. 2 die jeweilige innerbehördliche Dienst- und Fachaufsicht unberührt bleibt.

13 § 97 Abs. 1 ermächtigt das Landespolizeipräsidium zudem, den ihm nachgeordneten Behörden, also den anderen Polizeibehörden (§ 96 Abs. 1 S. 1), weitere Aufgaben zu übertragen sowie Weisungen auch für den Einzelfall zu erteilen. Diese Weisungsbefugnis verdrängt im Einzelfall die Weisungsbefugnis der polizeilichen Vorgesetzten iSv Abs. 3.

14 Das Landespolizeipräsidium bestimmt für gemeinsame Einsätze von Polizeibehörden die Einsatzleitung (§ 2 Abs. 4 HSOG-DVO).

15 Zudem kann es zur Bewältigung von Sonderlagen einzelne Polizeibehörden mit einer dienstbereichsübergreifenden Aufgabenwahrnehmung beauftragen (§ 2 Abs. 5 HSOG-DVO).

16 Der Abteilungsleitung in Person des Landespolizeipräsidenten stehen neben dem Abteilungsstab sieben Fachreferate zur Seite (Stand: Organigramm 16.9.2019): Einsatz (LPP1), Recht (LPP2), Personal (LPP3 – landesweite Zuständigkeit für den höheren Dienst), Grundsatz/Organisation/Internationale Polizeiangelegenheiten (LPP4), Technik (LPP5), Rückführung (LPP6), Informationsstrategie und -technik der Polizei (LPP7).

II. Die untere Verwaltungsebene: Die unmittelbar nachgeordneten Polizeibehörden

1. Die Polizeipräsidien

17 Der Begriff ist gegenüber den unter Abs. 2 Nr. 2 lit. c und lit. d abzugrenzen, da es sich auch beim Polizeipräsidium Einsatz und dem Hessischen Polizeipräsidium für Technik um „Präsidien" handelt. Erfasst werden unter Abs. 2 Nr. 2 lit. a die sog. Bereichs- oder auch Flächenpräsidien, die sich durch ihre regionale Zuständigkeit ausweisen. Das Polizeipräsidium Einsatz und auch das Hessische Polizeipräsidium für Technik hingegen verfügen über eine landesweite Zuständigkeit.

18 Die Polizeipräsidien wurden aus den bisherigen, den Regierungspräsidien zugewiesenen Polizeipräsidien sowie den Polizeidirektionen bei den Landräten als Behörden der Landesverwaltung einschließlich der polizeilichen Außenstellen gebildet (§ 1 Abs. 2 HPUOG). Die polizeilichen Aufgaben bei den Regierungspräsidien wurden den Polizeipräsidien und dem Landespolizeipräsidium übertragen. Die Polizeipräsidien unterstehen unmittelbar dem Landespolizeipräsidium (§ 96 Abs. 1 S. 1) und unterliegen dessen Dienst- und Fachaufsicht (§ 96 Abs. 1 S. 2), wobei innerbehördlich die Dienst- und Fachaufsicht der Behördenleitung obliegt. Das Landespolizeipräsidium kann weitere Aufgaben übertragen und Weisungen im Einzelfall erteilen (§ 97 Abs. 1). Soweit Aufgaben der Kriminalitätsbekämpfung wahrgenommen werden, wird die Fachaufsicht nachrangig vom Hessischen Landeskriminalamt wahrgenommen, das auch befugt ist, die erforderlichen Weisungen im Einzelfall zu erteilen (§ 97 Abs. 2).

19 Die Polizeibehörden sind gem. § 94 und § 5 Abs. 1 HSOG-DVO grundsätzlich für die Erfüllung aller polizeilichen Aufgaben (§ 2 HSOG-DVO) zuständig, soweit diese nicht einer anderen Polizeibehörde, also dem Landespolizeipräsidium oder einer Polizeibehörde iSd Abs. 2 Nr. 2 lit. b–e, übertragen sind.

20 Die örtliche Zuständigkeit ist in § 101 Abs. 3 sowie § 5 HSOG-DVO und dem Polizeipräsidien-Organisationserlass (Erlass des Ministeriums des Innern und für Sport v. 22.12.2016, StAnz 2017, 154) geregelt.

21 Vorgesehen in § 5 Abs. 2 HSOG-DVO und errichtet gemäß dem Polizeipräsidien-Organisationserlass sind die Polizeipräsidien Nordhessen mit Dienstsitz in Kassel, Osthessen mit Dienstsitz in Frankfurt a. M., Mittelhessen mit Dienstsitz in Gießen, Westhessen mit Dienstsitz in Wiesbaden, Frankfurt a. M. mit Dienstsitz ebenda, Südosthessen mit Dienstsitz in Offenbach und Südhessen mit Dienstsitz in Darmstadt. Ihnen sind nach § 5 Abs. 2 HSOG-DVO Dienstbereiche zugewiesen, die wiederum nach § 5 Abs. 3 HSOG-DVO in regionale

Dienstbezirke eingeteilt sind. Hier sind die den Polizeipräsidien zugewiesenen Polizeidirektionen angesiedelt. Diesen unterstellt sind nach § 5 Abs. 4 HSOG-DVO die Polizeistationen bzw. -reviere in den örtlichen Dienstbezirken. Die Errichtung oder Auflösung der Polizeidirektionen, Polizeistationen, Polizeireviere, Polizeiautobahnstationen (§ 5 Abs. 5 HSOG-DVO) und weiterer Organisationseinheiten sowie die Festlegung der regionalen und örtlichen Dienstbezirke obliegt dem Landespolizeipräsidium im Wege von Verwaltungsvorschriften (§ 5 Abs. 6 HSOG-DVO). Die Polizeipräsidien wiederum sind über § 5 Abs. 7 HSOG-DVO ermächtigt, Polizeiposten oder Polizeiautobahnposten als Teile ihrer jeweiligen Stationen oder Reviere zu errichten.

Der Polizeipräsidien-Organisationserlass sieht in Anlage 2 für alle Flächenpräsidien grundsätzlich den gleichen Aufbau vor. Eine Ausnahme bildet das Polizeipräsidium Frankfurt a. M., das zusätzlich noch mit der Polizeidirektion Flughafen für den gesamten Bereich des Großflughafens zuständig ist. 22

2. Das Hessische Landeskriminalamt

Dem Hessischen Landeskriminalamt obliegt landesweit die Kriminalitätsbekämpfung. Dies ergibt sich aus § 92 sowie § 6 HSOG-DVO. In diesem Bereich nimmt es nach § 96 Abs. 2 auch die Fachaufsicht über die dem Landespolizeipräsidium nachgeordneten Behörden (§ 96 Abs. 1 S. 1) wahr. Innerhalb der Fachaufsicht steht ihm die Befugnis zu, diesen Behörden Weisungen auch für den Einzelfall zu erteilen. Näheres ist im Landeskriminalamt-Organisationserlass (Erlass des Ministeriums des Innern und für Sport v. 3.1.2022, StAnz 146) geregelt. 23

Ungeachtet der oben genannten Aufsichtsbefugnis über die dem Landespolizeipräsidium nachgeordneten Behörden im Bereich der Kriminalitätsbekämpfung untersteht auch das Hessische Landeskriminalamt der Dienst- und Fachaufsicht des Landespolizeipräsidiums (§ 96 Abs. 2 S. 3). 24

3. Das Hessische Polizeipräsidium Einsatz

Im Rahmen der Polizeireform wurde die Direktion der Hessischen Bereitschaftspolizei infolge von § 1 Abs. 5 in „Hessisches Bereitschaftspolizeipräsidium" umbenannt. Dieses ist landesweit zuständig und nimmt seine Aufgabe der Unterstützung der Polizeidienststellen (§ 93 Abs. 1) mit Hilfe von vier Abteilungen wahr. Die 2023 erfolgten Änderungen sind im Gesetz zur Umorganisation der hessischen Bereitschaftspolizei vom 1.1.2023 als Teil des Gesetzes zur Änderung sicherheitsrechtlicher Vorschriften und zur Umorganisation der hessischen Bereitschaftspolizei (GVBl. 2023, 456) geregelt. 25

Bei der Bereitschaftspolizei ist nach § 7 Abs. 4 auch der Polizeiärztliche Dienst unter Leitung des Leitenden Polizeiarztes oder der Leitenden Polizeiärztin angesiedelt. In grundsätzlichen polizeiärztlichen Angelegenheiten übt es die Fachaufsicht über die dem Landespolizeipräsidium nachgeordneten Polizeibehörden (§ 96 Abs. 1 S. 1) aus und kann in diesem Zusammenhang auch Weisungen für den Einzelfall erteilen. 26

Ungeachtet dessen untersteht das Hessische Polizeipräsidium Einsatz der Dienst- und Fachaufsicht des Landespolizeipräsidiums (§ 96 Abs. 1 S. 2). Organisation und Zuständigkeit des Hessischen Bereitschaftspolizeipräsidiums waren bis Ende 2022 im Bereitschaftspolizeipräsidium-Organisationserlass (Erlass des Ministeriums des Innern und für Sport v. 13.8.2015, StAnz 914) geregelt. Änderungen in Zuständigkeit und Organisation finden sich im Gesetz zur Umorganisation der hessischen Bereitschaftspolizei (GVBl. 2023, 456). Die Aktualisierung des Organisationserlasses sowie die Anpassung der VV und der DVO stehen noch aus. 27

4. Das Hessische Polizeipräsidium für Technik

Das Hessische Polizeipräsidium für Technik wurde mittels Art. 1 Abs. 6–8 HPUOG errichtet und mit der Wahrnehmung von Aufgaben des früheren Polizeiverkehrsamtes sowie des früheren Polizeiverwaltungsamtes betraut. Beide werden durch Art. 1 Abs. 4 HPUOG aufgelöst. Nach § 95 Abs. 1 ist es die zentrale Dienststelle für die polizeiliche Informations- und Kommunikationstechnik nebst sonstiger Einsatztechnik sowie für die Ausstattung, Beschaffung und Verwaltung. Besonders hervorzuheben ist die Zuständigkeit für den Digitalfunk der Behörden und Organisationen mit Sicherheitsaufgaben wie den Brand- und Kata- 28 strophenschutz, denen gegenüber es in technischer Hinsicht auch Weisungen im Einzelfall erteilen kann.

29 Im Bereich der polizeilichen Informations- und Kommunikationstechnik ist ihm gem. § 8 HSOG-DVO die Fachaufsicht über die dem Landespolizeipräsidium nachgeordneten Polizeibehörden (§ 96 Abs. 1 S. 1) übertragen. Innerhalb dieses Rahmens ist es befugt, auch Weisungen im Einzelfall zu erteilen. Dabei untersteht es allerdings weiterhin der Dienst- und Fachaufsicht des Landespolizeipräsidiums.

30 Näheres zu Aufbau und Aufgaben ist im Erlass über Organisation und Zuständigkeit des Hessischen Polizeipräsidiums für Technik (Erlass des Ministeriums des Innern und für Sport v. 16.8.2021, StAnz 1154) und im Rahmenorganisationsplan geregelt.

5. Die Hessische Hochschule für öffentliches Management und Sicherheit

31 Die Polizeiakademie Hessen wurde zunächst als Hessische Polizeischule errichtet und zum 1.1.2022 mit der Hochschule für Polizei und Verwaltung zusammengeschlossen. Zu ihren Aufgaben als Polizeibehörde gehört nach § 95 Abs. 2:

1. die polizeiliche Aus- und Fortbildung aller Polizeibediensteten des Landes bis auf die berufliche Grundqualifizierung des gehobenen Dienstes,
2. das Nachwuchsmanagement und die Einstellung von Polizeianwärterinnen und -anwärtern,
3. die Beratung und Unterstützung der Polizeibehörden,
4. die Leistung polizeipsychologischer Dienste,
5. die Mitwirkung bei der Fortentwicklung polizeilicher Führungs- und Einsatzmittel,
6. die Verantwortlichkeit für die Koordinierung und Durchführung internationaler polizeilicher Ausbildungs- und Ausstattungshilfe.

32 Für diesen Bereich nimmt sie gem. § 9 Abs. 1 S. 1 HSOG-DVO die Fachaufsicht über alle dem Landespolizeipräsidium nachgeordneten Polizeibehörden (§ 96 Abs. 1) wahr. Hinsichtlich dezentraler polizeiinternen Fortbildungen beschränkt sich ihr Weisungsrecht nach § 9 Abs. 1 S. 2 HSOG-DVO auf allgemeine Anordnungen.

33 Über den ihr zugewiesenen Zentralen Polizeipsychologischen Dienst übt sie gem. § 9 Abs. 4 HSOG-DVO über die oben genannte Behörden in grundsätzlichen polizeipsychologischen Angelegenheiten die Fachaufsicht aus und kann in diesem Rahmen auch Weisungen für den Einzelfall erteilen.

34 In beiden Fällen untersteht die Hessische Hochschule für öffentliches Management und Sicherheit allerdings weiterhin der Dienst- und Fachaufsicht des Landespolizeipräsidiums, in Fragen und Forschung und Lehre hat das Landespolizeipräsidium nach § 101 Abs. 1 HessHG die Rechtsaufsicht.

35 Näheres hinsichtlich der Organisation und Zuständigkeit der Hessischen Hochschule für öffentliches Management und Sicherheit ist im HessHG (GVBl. 2021, 931) geregelt.

E. Leitungen der Polizeibehörden als polizeiliche Vorgesetzte

36 Die Leiterinnen und Leiter der Polizeibehörden iSd Abs. 2 sind nach Abs. 3 zugleich die polizeilichen Vorgesetzten der ihrer Behörde zugewiesenen Polizeivollzugsbeamtinnen und Polizeivollzugsbeamten sowie der Mitarbeiterinnen und Mitarbeiter der Wachpolizei. Als solche sind sie befugt, auch Weisungen im polizeilichen Einzelfall zu erteilen.

36.1 Unabhängig davon üben sie nach § 96 Abs. 1 S. 3 die innerbehördliche Dienst- und Fachaufsicht über ihre Bediensteten aus. Hierzu gehören nicht nur die Polizeivollzugsbeamten und -beamtinnen, sondern auch die Mitarbeiterinnen und Mitarbeiter der Wachpolizei, die Verwaltungsbeamtinnen und -beamten sowie die nicht polizeilichen Beschäftigten nach dem TV-H.

37 Abzugrenzen hiervon sind die sog. „Polizeiführer vom Dienst" nach der PDV 100. Diese sind erfahrene Polizeivollzugsbeamtinnen und -beamte, üblicherweise im Spitzenamt der Laufbahn des gehobenen Dienstes, und im Wechselschichtdienst tätig. Sie übernehmen die Polizeiführung in den Lagen, die während ihres Dienstes auftreten. Ihr Handeln richtet sich nach der jeweils einschlägigen Polizeidienstvorschrift. Auch sie sind als polizeiliche Vorgesetzte weisungsbefugt.

F. Verordnungsermächtigung

Über Abs. 4 wird die Ministerin oder der Minister des Innern ermächtigt (beachte Art. 104 Abs. 2 S. 1 HessVerf), die Polizeibehörden umzuorganisieren: Neue Behörden dürfen errichtet, bestehende aufgelöst werden. Desgleichen ist die Eingliederung von Teilen möglich oder aber auch die Zusammenfassung von Teilen zu einer neuen Behörde. Voraussetzung für eine wirksame Umorganisation ist eine entsprechende Rechtsverordnung iSd § 114 S. 1. 38

Sind neue Polizeibehörden eingerichtet oder aber durch Zusammenfassung von Teilen entstanden bzw. umgegliedert, ist es nach § 5 Abs. 6 HSOG-DVO Sache des Landespolizeipräsidiums, durch Verwaltungsvorschrift iSd § 114 Abs. 1 Polizeidirektionen, Polizeistationen, Polizeireviere, Polizeiautobahnstationen oder weitere Organisationseinheiten zu errichten oder aufzulösen und die jeweiligen regionalen und örtlichen Dienstbezirke festzulegen. Den Präsidien ist es sodann gestattet, soweit dies polizeilich erforderlich ist, Polizeiposten und Polizeiautobahnposten als Teile von Polizeistationen und Polizeiautobahnstationen zu errichten (§ 5 Abs. 7 HSOG-DVO). 38.1

§ 92 Hessisches Landeskriminalamt

(1) Das Hessische Landeskriminalamt ist die zentrale Dienststelle der Kriminalpolizei des Landes im Sinne von § 1 Abs. 2 Satz 1 und die zuständige Landesbehörde für den Geschäftsbereich des für die Polizei zuständigen Ministeriums im Sinne von § 4 Abs. 2 Satz 1 Nr. 1 und § 17 Abs. 1 Satz 1 des Bundeskriminalamtgesetzes.

(2) [1]Dem Hessischen Landeskriminalamt obliegt die Bearbeitung von Strafsachen, wenn die Ministerin oder der Minister des Innern und für Sport es allgemein durch Rechtsverordnung oder das Ministerium des Innern und für Sport aus besonderen Gründen im Einzelfall anordnen. [2]Es kann Strafsachen selbst bearbeiten, wenn die zuständige Polizeibehörde darum ersucht oder es dies wegen der Bedeutung der Tat für erforderlich hält. [3]Es ist ferner für die fachliche Ausbildung der Nachwuchsbeamtinnen und Nachwuchsbeamten der Polizei zuständig, soweit diese nicht anderen Stellen übertragen wird.

(3) Dem Hessischen Landeskriminalamt obliegt die Gefahrenabwehr einschließlich der vorbeugenden Bekämpfung von Straftaten, soweit es in Strafverfahren tätig wird oder es im Falle der Tatbegehung die polizeilichen Ermittlungen übernehmen könnte und ein eigenes Tätigwerden für geboten hält.

(4) Reichen die Kräfte einer Polizeibehörde zur Durchführung einer Maßnahme der Kriminalitätsbekämpfung nicht aus, so kann das Hessische Landeskriminalamt unter seiner Leitung Bedienstete zur Durchführung dieser Maßnahme zusammenfassen.

Überblick

VVHSOG und DVO-HSOG sind nicht an die aktuelle Gesetzeslage angepasst; die VVHSOG ist zudem gem. Erlass des Hessischen Ministeriums des Innern und für Sport v. 29.11.2022 (StAnz. 50/2022, 1384) zum 1.1.2025 mangels eines erneuten Verlängerungserlasses ersatzlos außer Kraft getreten.

Als der zentralen Dienststelle der Kriminalpolizei des Landes im Sinne des BKAG (→ Rn. 4) kommt dem Hessischen Landeskriminalamt mit Sitz in Wiesbaden in der Kriminalitätsbekämpfung eine landesweit wirkende Rolle (→ Rn. 7) nicht nur in Bezug auf die wahrzunehmenden Aufgaben (→ Rn. 11), sondern auch in der fachlichen Ausbildung der Nachwuchsbeamtinnen und -beamten zu.

Übersicht

A. Blick in andere Bundesländer

1 Parallelnormen zu § 92 finden sich auch in anderen Bundesländern (→ Rn. 1.1 ff.).

1.1 **Baden-Württemberg:** Das Landeskriminalamt als Polizeidienststelle iSd § 70 Abs. 1 Nr. 3 BWPolG hat grundsätzlich ebenfalls landesweite Zuständigkeit (§ 76 Abs. 2 und Abs. 3 BWPolG sowie VwVBKAG – Gemeinsame Verwaltungsvorschrift des Innenministeriums und des Justizministeriums über die zuständigen Landesbehörden nach dem Gesetz über das Bundeskriminalamt und die Zusammenarbeit des Bundes und der Länder in kriminalpolizeilichen Angelegenheiten v. 1.6.2017, GABl.).

1.2 **Bayern:** Rechtsgrundlage und Zuständigkeitsnorm für das Landeskriminalamt ist Art. 7 BayPOG. Es ist der Landespolizei gegenüber fachlich weisungsbefugt, soweit es sich um die polizeiliche Verfolgung von gesondert bezeichneten Straftaten handelt (Art. 7 Abs. 4 S. 3 BayPOG). Zudem ist es nach Art. 7 Abs. 5 BayPOG die zentrale Stelle für den Digitalfunk der Behörden und Organisationen mit Sicherheitsaufgaben in Bayern. In Angelegenheiten des polizeilichen Rechtshilfeverkehrs entscheidet gem. § 84 BayZustV (Zuständigkeitsverordnung v. 16.6.2015, BayGVBl. 184; BayGVBl. 2024, 458) grundsätzlich das Landeskriminalamt.

1.3 **Niedersachsen:** Das niedersächsische Landeskriminalamt ist ebenfalls für das gesamte Landesgebiet zuständig (§ 87 Abs. 2 NPOG). Die Vorschrift wird ausgefüllt durch den Polizeiorganisationsrunderlass (Runderlass Niedersächsisches Ministerium für Inneres und Sport v. 3.3.2021 – 21.11-01512 (Nds. MBl. 546) VORIS 21021).

1.4 **Nordrhein-Westfalen:**

- Ebenso wie in Hessen ist das nordrhein-westfälische Landeskriminalamt für das gesamte Landesgebiet zentral zuständig. Seine Aufgaben sind gesondert in § 13 POG NRW und der LKAAufgVO (Verordnung über weitere polizeiliche Aufgaben des Landeskriminalamts bei der Gefahrenabwehr sowie der Erforschung und Verfolgung von Straftaten (Aufgabenverordnung LKA – LKAAufgVO) vom 26.11.2020 (GV. NRW. 1117) SGV. NRW. 205) geregelt. Dem Landeskriminalamt unterstellt sind die sog. Kriminalhauptstellen bei den Polizeipräsidien. Ihre Errichtung beruht auf der KHSt-VO (Verordnung über die Bestimmung von Polizeipräsidien zu Kriminalhauptstellen v. 26.8.2013, GV. NRW. 502; geändert durch Verordnung v. 18.4.2018, GV. NRW. 204). Die Kriminalitätsbekämpfung und -prävention ist nach der Gemeinsamen Geschäftsordnung für das Landesamt für Ausbildung, Fortbildung und Personalangelegenheiten, das Landeskriminalamt und das Landesamt für Zentrale Polizeiliche Dienste der Polizei des Landes Nordrhein-Westfalen (GGO LOBPolNRW) v. 28.10.2020, MBl. NRW 2052, eine Kernaufgabe der Kreispolizeibehörden (zur Organisation des Landeskriminalamtes s. Gemeinsame Geschäftsordnung für das Landesamt für Ausbildung, Fortbildung und Personalangelegenheiten, das Landeskriminalamt und das Landesamt für Zentrale Polizeiliche Dienste der Polizei des Landes Nordrhein-Westfalen (GGO LOBPolNRW) v. 28.10.2020, MBl. NRW 2052).

B. Stellung des Hessischen Landeskriminalamtes gegenüber dem Bundeskriminalamt

2 Das Bundeskriminalamt dient der Zusammenarbeit des Bundes und der Länder in kriminalpolizeilichen Angelegenheiten (§ 1 Abs. 1 BKAG).

3 Zur Sicherung dieser Zusammenarbeit unterhalten die Länder für ihr Gebiet zentrale Dienststellen der Kriminalpolizei, die gem. § 1 Abs. 2 S. 1 BKAG „Landeskriminalämter" heißen.

4 Nach § 4 Abs. 2 Nr. 1 BKAG nimmt das Bundeskriminalamt die polizeilichen Aufgaben auf dem Gebiet der Strafverfolgung wahr, wenn „eine zuständige Landesbehörde darum

ersucht". Gemeint ist hiermit das Landeskriminalamt. Das Bundeskriminalamt kann dem zuständigen Landeskriminalamt auch Weisungen für die Zusammenarbeit geben (§ 4 Abs. 4 S. 1 BKAG); die zuständige oberste Landesbehörde, also in Hessen das Landespolizeipräsidium (§ 91 Abs. 2 Nr. 1 und § 96 Abs. 1 S. 1), ist unverzüglich zu benachrichtigen (§ 4 Abs. 4 S. 2 BKAG).

Umgekehrt kann das Bundeskriminalamt nach § 35 ff. BKAG „Bedienstete zu den Polizeibehörden in den Ländern entsenden, wenn die zuständige Landesbehörde darum ersucht oder wenn dies den Ermittlungen dienlich sein kann." Gemeint ist auch hier das Landeskriminalamt. Die originäre Zuständigkeit der Polizeibehörden in den Ländern bleibt hierbei unberührt. Die zuständige oberste Landesbehörde, in Hessen also das Landespolizeipräsidium (§ 91 Abs. 2 Nr. 1 und § 96 Abs. 1 S. 1), ist unverzüglich zu benachrichtigen (zur Organisation der Terrorismusbekämpfung s. Bäcker GSZ 2018, 213). 5

C. Stellung des Hessischen Landeskriminalamtes innerhalb Hessens

Das Hessische Landeskriminalamt untersteht der Dienst- und Fachaufsicht des Landespolizeipräsidiums als oberster Polizeibehörde (§ 91 Abs. 2 Nr. 1, Nr. 2 lit. b und § 96 Abs. 1 S. 1 und Abs. 2 S. 3). Zugleich übt es die Fachaufsicht über die dem Landespolizeipräsidium nachgeordneten Polizeibehörden (§ 91 Abs. 2 Nr. 2 und § 96 Abs. 1 S. 1) aus, soweit diese Aufgaben der Kriminalitätsbekämpfung zu erfüllen haben (§ 96 Abs. 2 S. 1). In diesem Zusammenhang kann es die erforderlichen Weisungen auch für den Einzelfall erteilen (§ 96 Abs. 2 S. 2). In Fragen der Polizeitechnik untersteht es den Weisungen des Hessischen Polizeipräsidiums für Technik § 8 HSOG-DVO. Hinsichtlich der Aus- und Fortbildung sowie in polizeipsychologischen Angelegenheiten untersteht es der Fachaufsicht der Hessischen Hochschule für öffentliches Management und Sicherheit (§ 9 Abs. 1 und Abs. 4 HSOG-DVO). Nach § 7 Abs. 4 HSOG-DVO untersteht es in polizeiärztlichen Angelegenheiten der Fachaufsicht des beim Hessischen Polizeipräsidium Einsatz angesiedelten Polizeiärztlichen Dienstes. In allen diesen Fällen bleibt allerdings die Dienst- und Fachaufsicht des Landespolizeipräsidiums unberührt. 6

Hinsichtlich Organisation und Zuständigkeit des Hessischen Landeskriminalamtes wird auf den Landeskriminalamt-Organisationserlass v. 3.1.2022 (StAnz 146) verwiesen. 6.1

Die Regelung über die Zusammenarbeit mit der Staatsanwaltschaft und dem Verfassungsschutz im Bereich der politischen und organisierten Kriminalität findet sich in einem Gemeinsamen Runderlass zur Zusammenarbeit von Polizei, Verfassungsschutz, Justiz- und Maßregelvollzug in Fällen der Politisch motivierten und Organisierten Kriminalität sowie zur Bekämpfung extremistischer Bestrebungen (Gemeinsamer Runderlass des Hessischen Ministeriums der Justiz, des Hessischen Ministeriums des Innern und für Sport und des Hessischen Ministeriums für Soziales und Integration v. 12.4.2021, StAnz 674). 6.2

Eine weitere Form der Zusammenarbeit zwischen Polizei und Staatsanwaltschaft ist in den Gemeinsamen Richtlinien über die Zusammenarbeit von Staatsanwaltschaft und Polizei bei der Vermögensabschöpfung (Gemeinsamer Runderlass des Hessischen Ministeriums des Innern und für Sport und des Hessischen Ministeriums der Justiz v. 24.4.2021, StAnz 672) geregelt. 6.3

D. Aufgaben des Hessischen Landeskriminalamtes

Das Hessische Landeskriminalamt ist unter den gesetzlich normierten Voraussetzungen mit der Bearbeitung von Strafsachen (Abs. 2 S. 1 und S. 2), der fachlichen Ausbildung von Nachwuchsbeamtinnen und -beamten (Abs. 2 S. 3) und der Gefahrenabwehr einschließlich der vorbeugenden Bekämpfung von Straftaten (Abs. 3) betraut. 7

I. Bearbeitung von Strafsachen (Abs. 2 S. 1 und S. 2)

Bearbeitung von Strafsachen meint insbesondere die Erforschung des Sachverhalts nach §§ 161, 163 StPO. 8

Abs. 2 sieht hierfür mehrere Möglichkeiten vor: 9

- Allgemeine Anordnung durch Rechtsverordnung der Ministerin oder des Ministers des Innern und für Sport (Abs. 2 S. 1 Alt. 1).

10 Die nähere Ausgestaltung ist in § 6 HSOG-DVO erfolgt. Die Aufgaben der Kriminalitätsbekämpfung als zentrale Dienststelle des Landes sind in § 6 Abs. 1 HSOG-DVO umfassend geregelt. Damit das Hessische Landeskriminalamt seinen Aufgaben nachkommen kann, sind die Polizeibehörden nach § 6 Abs. 4 HSOG-DVO verpflichtet, „dem Hessischen Landeskriminalamt die zur Erfüllung seiner Aufgaben erforderlichen Informationen und Unterlagen zu übermitteln."

- Anordnung der Ministerin oder des Ministers des Innern und für Sport aus besonderen Gründen im Einzelfall (Abs. 2 S. 1 Alt. 2).

Eine solche Anordnung erfolgt im Wege eines Erlasses.

- Bearbeitung auf Ersuchen der zuständigen Polizeibehörde (Abs. 2 S. 2 Alt. 1)
- Bearbeitung, wenn das Hessische Landeskriminalamt dies wegen der Bedeutung der Tat für erforderlich hält (Abs. 2 S. 2 Alt. 2).

II. Fachliche Ausbildung von Nachwuchsbeamtinnen und Nachwuchsbeamten (Abs. 2 S. 3)

11 Die Ausbildung der Nachwuchsbeamtinnen und -beamten erfolgt bei der Hessischen Fachhochschule für Polizei und Verwaltung. Die dort vermittelten theoretischen Kenntnisse werden im Rahmen von Praktika, für Bewerberinnen und Bewerber des Laufbahnzweiges Kriminalpolizei unter anderem auch beim Hessischen Landeskriminalamt, vermittelt.

III. Gefahrenabwehr (Abs. 3)

12 Deutlich wird hier der enge Bezug zur Verfolgung von Straftaten, der es dem Hessischen Landeskriminalamt ermöglicht, im Rahmen der Gefahrenabwehr tätig zu werden.

12.1 Eine nähere Ausformung sieht § 6 Abs. 1 S. 2 HSOG-DVO für die Verkehrsprävention vor. Andere Maßnahmen der Gefahrenabwehr sind in § 6 Abs. 1 S. 1 HSOG-DVO geregelt; so zB Nr. 6 (Koordination der polizeilichen Kriminalprävention), Nr. 9 (Durchführung kriminalistischer und kriminologischer Forschungen) oder Nr. 10 (Sammlung und Auswertung von Informationen und Unterlagen für die polizeiliche Kriminalitätsbekämpfung).

12.2 Zur Zuständigkeit des Hessischen Landeskriminalamtes, sich Daten bestimmter Studierender zum Zwecke der Terrorismusabwehr im Wege der Rasterfahndung übermitteln zu lassen (vgl. VG Gießen Beschl. v. 8.11.2002 – 10 G 4463/02, 10 G 4510/02, vgl. becklink 78328: Zuständigkeit abgelehnt, da das Hessische Landeskriminalamt bei terroristischen Straftaten nicht befugt sei, selbst die Ermittlungen zu übernehmen; VGH Kassel Beschl. v. 30.1.2003 – 10 TG 3113/02; BeckRS 2005, 22995; abl. Auseinandersetzung bei Hornmann HSOG Rn. 13).

IV. Zuständigkeiten bei der Erhebung und Löschung von Daten

13 § 6 Abs. 2 HSOG-DVO bestimmt das Hessische Landeskriminalamt als zuständige Stelle für die Erteilung der Zustimmung zur Datenerhebung durch Observation über einen Zeitraum von mehr als drei Monaten nach § 15 Abs. 3 S. 2.

14 Ferner entscheidet das Hessische Landeskriminalamt über einen Antrag auf Löschung der über die antragstellende Person gespeicherten Daten, wenn es diese automatisiert verarbeitet hat und die dazugehörigen Unterlagen bei verschiedenen Polizeibehörden geführt werden.

15 Nach Art. 2 Abs. 2 lit. d DS-GVO findet diese keine Anwendung „auf die Verarbeitung personenbezogener Daten, […] durch die zuständigen Behörden zum Zwecke der Verhütung, Ermittlung, Aufdeckung oder Verfolgung von Straftaten oder der Strafvollstreckung, einschließlich des Schutzes vor und der Abwehr von Gefahren für die öffentliche Sicherheit." Anwendbar sind hier also weiterhin die Datenschutzbestimmungen des Landes Hessen und des Bundes.

§ 93 Hessisches Polizeipräsidium Einsatz

(1) [1]Dem Hessischen Polizeipräsidium Einsatz obliegt als Bereitschaftspolizei die Unterstützung der Polizeibehörden, insbesondere bei geschlossenen Einsätzen. [2]Darüber hinaus obliegen ihm die Bearbeitung polizeilicher Einsatzlagen sowie die

Bearbeitung weiterer polizeilicher Aufgaben von landesweiter Bedeutung, wenn die Ministerin oder der Minister des Innern und für Sport es allgemein durch Rechtsverordnung oder das Ministerium des Innern und für Sport es aus besonderen Gründen im Einzelfall anordnet. [3]Es ist ferner für die fachliche und technische Ausbildung der Nachwuchsbeamtinnen und Nachwuchsbeamten der Polizei zuständig, soweit diese nicht anderen Stellen übertragen wird.

(2) Dem Hessischen Polizeipräsidium Einsatz obliegt als Wasserschutzpolizei die Erfüllung polizeilicher Aufgaben auf Wasserflächen, die in erheblichem Umfang mit Wasserfahrzeugen befahren werden oder auf denen Güterumschlag betrieben wird, einschließlich Häfen, Wasserbauwerken, Werften, Inseln, Kai- und Umschlaganlagen.

Überblick

VVHSOG und DVO-HSOG sind nicht an die aktuelle Gesetzeslage angepasst; die VVHSOG ist zudem gem. Erlass des Hessischen Ministeriums des Innern und für Sport v. 29.11.2022 (StAnz. 50/2022, 1384) zum 1.1.2025 mangels eines erneuten Verlängerungserlasses ersatzlos außer Kraft getreten.

Das Hessische Polizeipräsidium Einsatz (→ Rn. 2) mit Sitz in Mainz-Kastell hat landesweite Zuständigkeit bei der Unterstützung der Polizeidienststellen. Es erfüllt eine Vielzahl von Aufgaben (→ Rn. 3). Hierbei kann es auf vier Abteilungen in Kassel, Mühlheim, Lich und Mainz-Kastell (Wiesbaden) zurückgreifen. Eine besondere Bedeutung kommt der Wasserschutzpolizei (→ Rn. 8) zu, die für die hessischen Wasserwege und deren Anlagen im weiteren Sinne zuständig ist. Zudem ist das Hessische Polizeipräsidium Einsatz auch für die fachliche und technische Ausbildung der Nachwuchsbeamtinnen und Nachwuchsbeamten sowie der Spezialeinheiten der Polizei zuständig (→ Rn. 9).

A. Blick in andere Bundesländer

Parallelnormen zu § 93 enthalten auch andere Bundesländer (→ Rn. 1.1 ff.). 1

Bayern: Die bayerische Bereitschaftspolizei wird auf Weisung des Staatsministeriums (Art. 1 Abs. 3 S. 2 BayPOG) aus besonderem Anlass zum Schutz oberster Staatsorgane und Behörden sowie lebenswichtiger Einrichtungen und Anlagen, zur Unterstützung anderer Teile der Polizei sowie zur Katastrophenhilfe tätig (Art. 6 Abs. 1 BayPOG). Anders als in Hessen nimmt die bayrische Bereitschaftspolizei auch die Aufgabe der Qualifizierung, Aus- und Fortbildung wahr (Art. 6 Abs. 2 und Abs. 4 BayPOG). Zudem besteht bei ihr gem. Art. 6 Abs. 3 BayPOG eine Hubschrauberstaffel, die nach Weisung des oben genannten Staatsministeriums eingesetzt wird. 1.1

Baden-Württemberg: Dem hessischen Polizeipräsidium Einsatz vergleichbar ist das Polizeipräsidium Einsatz. Näheres findet sich im PolG. 1.2

Niedersachsen: Die Aufgaben der Bereitschaftspolizei werden in Niedersachsen durch die Polizeibehörde für zentrale Aufgaben wahrgenommen. Dies ergibt sich aus dem Runderlass des Ministeriums für Inneres und Sport (Runderlass Niedersächsisches Ministerium für Inneres und Sport v. 3.3.2021 – 21.11-01512 – (Nds. MBl. 546) VORIS 21021). Der Einsatz der Bereitschaftspolizei Niedersachsen sowie die brennpunktorientierte Unterstützung des polizeilichen Einzeldienstes ist im Runderlass des Ministeriums für Inneres und Sport v. 11.12.2019 geregelt (Nds. MBl. 1760). Die Regelung zu Organisation und Aufgaben der Polizeihubschrauberstaffel Niedersachsen findet sich im Runderlass des Ministeriums für Inneres und Sport v. 13.11.2018 (Nds. MBl. 1192). 1.3

Nordrhein-Westfalen: Nordrhein-Westfalen hat mit § 3 POG NRW eine eigene Regelung für die Wasserschutzpolizei getroffen. Diese ist dem für den Standort Duisburg zuständigen Polizeipräsidium zugewiesen. Näheres ergibt sich aus dem Runderlass des Ministeriums für Inneres und Kommunales zur Organisation der Kreispolizeibehörden des Landes Nordrhein-Westfalen v. 11.1.2022, MBl. NRW 58 und der WSPVO (Wasserschutzpolizeiverordnung v. 27.7.2013, GV. NRW. 483). 1.4

B. Stellung des Hessischen Polizeipräsidiums Einsatz

Das Hessische Polizeipräsidium Einsatz ist unmittelbar dem Landespolizeipräsidium unterstellt (§ 96 Abs. 1 S. 1). Dieses kann jenem Weisungen auch für den Einzelfall erteilen (§ 97 2

Abs. 1). Soweit das Hessische Polizeipräsidium Einsatz Aufgaben der Kriminalitätsbekämpfung wahrnimmt, untersteht es zudem der Fachaufsicht des Hessischen Landeskriminalamtes (§ 96 Abs. 2). In Fragen der Polizeitechnik untersteht es den Weisungen des Hessischen Polizeipräsidiums für Technik (§ 8 HSOG-DVO). Hinsichtlich der Aus- und Fortbildung sowie in polizeipsychologischen Angelegenheiten untersteht es der Fachaufsicht der Hessischen Hochschule für öffentliches Management und Sicherheit (§ 9 Abs. 1 und Abs. 4 HSOG-DVO). Nach § 7 Abs. 4 HSOG-DVO untersteht es in polizeiärztlichen Angelegenheiten der Fachaufsicht des beim Hessischen Polizeipräsidium Einsatz angesiedelten Polizeiärztlichen Dienstes. In allen diesen Fällen bleibt allerdings die Dienst- und Fachaufsicht des Landespolizeipräsidiums unberührt.

C. Aufgaben

3 Das mit seinen vier Abteilungen landesweit vertretene Hessische Polizeipräsidium Einsatz unterstützt üblicherweise die Flächenpräsidien Nordhessen, Osthessen, Mittelhessen, Südosthessen, Frankfurt a. M., Westhessen und Südhessen, soweit dies erforderlich und personell möglich ist. Unterstützung wird insbesondere bei geschlossenen Einsätzen, also größeren Einsätzen wie Demonstrationen, Castor-Transporten oder Sportereignissen gewährt.

4 Durch das Gesetz zur Umorganisation der hessischen Bereitschaftspolizei sind zudem die Aufgaben der Direktionen Spezialeinheiten der Polizeiprädien Nordhessen und Frankfurt sowie des Mobilen Einsatzkommandos des Landespolizeipräsidiums auf das Polizeipräsidium Einsatz übergegangen. Dieses ist jetzt auch anstelle der Hessischen Hochschule für Öffentliche Verwaltung und Sicherheit für die Aus- und Fortbildung der benannten Einheiten zuständig. Die Kräfte unterstehen nunmehr nicht nur einer einheitlichen Dienst- und Fachaufsicht, sondern auch einer einheitlichen Führungsphilosophie. Dies dient auch einem gemeinsamen Selbstverständnis und der Stärkung der Kooperation und Kompatibilität (LT-Drs. 20/8129).

5 Die weiteren wahrzunehmenden Aufgaben ergeben sich aus § 7 HSOG-DVO und dem Erlass über Organisation und Zuständigkeit des Hessischen Polizeipräsidiums Einsatz v. 13.5.2015 (StAnz 2015, 914) nebst Rahmenorganisationsplan:

6 § 7 Abs. 1 HSOG-DVO hebt hervor, dass dem Hessischen Polizeipräsidium Einsatz nicht nur die Wasserschutzpolizei nach Abs. 2 angehört, sondern darüber hinaus auch die Polizeifliegerstaffel Hessen mit Sitz in Egelsbach und die Polizeireiterstaffel mit Sitz in Frankfurt a. M.

7 Aus § 7 Abs. 4 HSOG-DVO ergibt sich zudem, dass der Polizeiärztliche Dienst vom Hessischen Polizeipräsidium Einsatz unterhalten wird. Die Leitung ist einer Leitenden Polizeiärztin oder einem Leitenden Polizeiarzt übertragen. In grundsätzlichen polizeiärztlichen Angelegenheiten übt das Hessische Polizeipräsidium Einsatz mittels des Polizeiärztlichen Dienstes die Fachaufsicht über die dem Landespolizeipräsidium nachgeordneten Behörden (§ 96 Abs. 1 S. 1) aus, wobei allerdings die Dienst- und Fachaufsicht des Landespolizeipräsidiums unberührt bleibt. Der Polizeiärztliche Dienst ist mit Außenstellen zudem in Kassel und Frankfurt a. M. ansässig.

7.1 Überdies verfügt das Hessische Polizeipräsidium Einsatz über das Landespolizeiorchester und die zugehörige Big Band der Hessischen Polizei. Die Entgeltordnung zum TV-H ermöglicht die Eingruppierung in den Entgeltgruppen 8–11 (StAnz 2016, 1041).

7.2 Das Hessische Polizeipräsidium Einsatz ist mit der Durchführung der Spitzensportförderung der Hessischen Polizei betraut, s. insoweit die Richtlinien Spitzensportförderung in der hessischen Polizei v. 31.10.2011 (StAnz 2011, 243). Die Förderung und Koordination des Sports in der Hessischen Polizei erfolgt über den Hessischen Polizeisportausschuss. Diese Aufgabe ist ebenfalls dem Hessischen Polizeipräsidium Einsatz zugewiesen (s. die Richtlinien für den Hessischen Polizeisportausschuss v. 31.1.2011, StAnz 2011, 244).

7.3 Mit Erlass v. 31.8.2015 (StAnz 2015, 914) wurde das Präsidialbüro in fünf Sachgebiete aufgeteilt. An neuen Aufgaben wurden insbesondere die Zuständigkeiten für den Hessentag, Arbeits- und Brandschutz, Gefahrgut und Abfall, IZEMA(=Integriertes **ZE**it**MA**nagement)-Administration und das Landespolizeiorchester hinzugefügt. Die Verwaltung hat neben Recht, Personal und Finanzen noch zwei Hauptsachgebiete (Allgemeine Verwaltung und Aus- und Fortbildung nebst Polizeisport) hinzubekommen (zur bisherigen Organisationsstruktur s. Erlass v. 27.4.2011, StAnz 2011, 707).

D. Die Wasserschutzpolizei

Diese ist mit Sitz in Wiesbaden nach Abs. 2 mit der Erfüllung polizeilicher Aufgaben auf in erheblichem Umfang mit Wasserfahrzeugen befahrenen Wasserflächen und auf Wasserflächen, auf denen Güterumschlag betrieben wird, betraut. Zu letzteren gehören nach Abs. 2 auch die Wasserbauwerke, Werften, Kai- und Umschlaganlagen. Hier hat sich gem. § 7 Abs. 3 HSOG-DVO „bei Aufgaben des Gewässerschutzes alle mit Strafe oder Geldbuße bedrohten Verstöße gegen Umweltvorschriften auf den Wasserflächen des Dienstbereiches zu bearbeiten.“ Der Wasserschutzpolizei ist nach § 7 Abs. 2 HSOG-DVO ein festgelegter Dienstbereich zugewiesen. Dem Landespolizeipräsidium obliegt es nach dieser Vorschrift, innerhalb dieses Dienstbereichs regionale Dienstbezirke festzulegen und Wasserschutzpolizeistationen und Wasserschutzpolizeiposten zu errichten, die für diese Dienstbezirke zuständig sind. Wasserschutzpolizeistationen befinden sich in Frankfurt, Wiesbaden, Gernsheim und Rüdesheim. Wasserschutzpolizeiposten wurden in Kassel, Waldeck und Weilburg errichtet. 8

Zur räumlichen Abgrenzung s. insbesondere das Verwaltungsabkommen zwischen dem Land Hessen und dem Land Niedersachsen über die Wahrnehmung der wasserschutzpolizeilichen Aufgaben in den Stromgebieten von Weser, Fulda und Werra v. 12.12.2012 (StAnz 2012, 8); das Verwaltungsabkommen mit Baden-Württemberg über die Wahrnehmung wasserschutzpolizeilicher Aufgaben in dem Stromgebiet Neckar v. 24.11.1997/15.12.1997 (StAnz 1998, 169); die Bekanntmachung der Häfen und Umschlagstellen, für die die Hafenpolizeiverordnung vom 29.6.1989 gilt v. 7.10.2005 (StAnz 2005, 4205). 8.1

Die Regelung über die Verteilung der Zuständigkeiten zwischen der Wasserschutzpolizei und den Flächenpräsidien ist unter Nr. 2.7 im Erlass über die Organisation und Zuständigkeit der hessischen Polizeipräsidien v. 22.12.2016 (StAnz 2017, 154) zu finden. 8.2

E. Ausbildung der Nachwuchsbeamtinnen und Nachwuchsbeamten

Dem Hessischen Polizeipräsidium Einsatz obliegt nach Abs. 1 S. 2 die fachliche und technische Ausbildung der Nachwuchsbeamtinnen und Nachwuchsbeamten, soweit diese nicht anderen Stellen übertragen ist. Das Studium an der Hessischen Hochschule für öffentliches Management und Sicherheit wird durch diverse Praktika ergänzt, in denen die theoretisch erworbenen Kenntnisse mit praktischen Erfahrungen zusammengeführt werden. Neu hinzu gekommen durch § 1 des Gesetzes zur Umorganisation der hessischen Bereitschaftspolizei ist die Aus- und Fortbildung für die Spezialeinheiten. Die entsprechende Kräfte werden durch § 2 dieses Gesetzes mit dessen Inkrafttreten an das Hessische Polizeipräsidium Einsatz versetzt. 9

Dem Hessischen Polizeipräsidium Einsatz kommt aber auch später noch gesonderte Bedeutung zu, weil es eine der Dienststellen ist, an die die frisch Ausgebildeten neben Südhessen, Frankfurt, Südosthessen und Westhessen grundsätzlich zuerst zugewiesen werden – und wo sie ihre Mindestverweildauer von drei Jahren vor der Möglichkeit einer Versetzung in die anderen Präsidien (Mittelhessen, Osthessen und Nordhessen) absolvieren können. 10

Im Übrigen gilt der Erlass des HMdIS vom 31.7.2023 zur Rotation von Polizeivollzugsbeamtinnen und -beamten in der hessischen Polizei, der regelmäßige Wechsel vorgibt und die Förderung von angemessenen Rotationen zur Führungsaufgabe macht. 11

§ 94 Polizeipräsidien

[1]Die Polizeipräsidien erfüllen in ihren Dienstbereichen die polizeilichen Aufgaben, soweit sie nicht durch Gesetz oder aufgrund eines Gesetzes anderen Polizeibehörden zugewiesen sind. [2]Sie sind ferner für die fachliche Ausbildung der Nachwuchsbeamtinnen und Nachwuchsbeamten der Polizei zuständig, soweit diese nicht anderen Stellen übertragen wird.

Überblick

VVHSOG und DVO-HSOG sind nicht an die aktuelle Gesetzeslage angepasst; gem. Erlass des Hessischen Ministeriums des Innern und für Sport v. 29.11.2022 (StAnz. 50/2022, 1384) ist die

VVHSOG zudem zum 1.1.2025 mangels eines erneuten Verlängerungserlasses ersatzlos außer Kraft getreten.

Die Polizeipräsidien (→ Rn. 2) sind jeweils für einen bestimmten Dienstbereich (→ Rn. 4) zuständig, in dem sie grundsätzlich die anfallenden polizeilichen Aufgaben erfüllen – es sei denn, diese sind durch Gesetz oder aufgrund eines Gesetzes anderen Polizeidienststellen zugewiesen (→ Rn. 8). Zudem sind sie für die fachliche Ausbildung der Nachwuchsbeamtinnen und Nachwuchsbeamten zuständig – auch hier allerdings nur insoweit, als diese Aufgabe nicht anderen Stellen übertragen wird (→ Rn. 10.1).

A. Regelungen in anderen Bundesländern

1 Mit § 94 HSOG vergleichbare Regelungen finden sich auch in anderen Bundesländern (→ Rn. 1.1 ff.).

1.1 **Baden-Württemberg:** Als dem Innenministerium unterstellte Polizeidienststellen gibt es in Baden-Württemberg ebenfalls regionale Polizeipräsidien (§ 70 Abs. 1 Nr. 1 BWPolG. Zu Dienstsitzen und Dienstbezirken wird auf das PolSG2020 – Gesetz zur Umsetzung der Polizeistruktur 2020 - v. 26.3.2019 (BWGBl. 93) verwiesen.

1.2 **Bayern:** Die bayerischen Polizeipräsidien sind ebenso wie in Hessen dem Innenministerium direkt unterstellt. Mittels der ihnen unterstellen Inspektionen und Stationen nehmen sie Aufgaben der Schutzpolizei, der Kriminalpolizei und der Verkehrspolizei wahr (Art. 4 Abs. 2 Nr. 1 BayPOG in Verbindung mit der Verordnung nach Art. 4 Abs. 5 BayPOG, der DVPOG (Verordnung zur Durchführung des Polizeiorganisationsgesetzes v. 10.3.1998, BayGVBl. 136; zuletzt geändert mit Verordnung vom 3.12.2019, BayGVBl. 762).

1.3 **Niedersachsen:** Den hessischen Polizeipräsidien vergleichbar sind die niedersächsischen Polizeidirektionen, deren Zuständigkeit sich aus § 90 NPOG nebst Runderlass des Ministeriums für Inneres und Sport (Runderlass Niedersächsisches Ministerium für Inneres und Sport v. 3.3.2021 – 21.11-01512 (Nds. MBl. 546) VORIS 21021) ergibt.

1.4 **Nordrhein-Westfalen:**

- Eine Entsprechung zu den hessischen Polizeipräsidien als solchen gibt es in Nordrhein-Westfalen nicht. Die Kreispolizeibehörden (§ 2 Abs. 1 POG NRW) entsprechen eher den früheren hessischen Polizeidirektionen. Ihre Zuständigkeit ergibt sich aus § 11 POG NRW. Näheres: Runderlass des Ministeriums des Innern zur Organisation der Kreispolizeibehörden des Landes Nordrhein-Westfalen v. 11.1.2022 (MBl. NRW 58).
- Für die Autobahnpolizei enthält § 12 POG NRW eine eigene Regelung. Diese wird ergänzt durch die Verordnung über die örtliche Zuständigkeit der Autobahnpolizei zur Überwachung des Straßenverkehrs auf Bundesautobahnen und auf autobahnähnlichen Straßen mit Anschluss an das Bundesautobahnnetz (AutobahnPolZustVO – Autobahnpolizeizuständigkeitsverordnung v. 2.1.2007, GV. NRW 2 und GV. NRW 2015, 947).

B. Stellung der Polizeipräsidien

2 Die Polizeipräsidien sind in Hessen nach § 96 Abs. 1 S. 1 dem Landespolizeipräsidium unmittelbar nachgeordnet. Dieses ist jenem gegenüber weisungsbefugt auch für den Einzelfall (§ 97 Abs. 1). Im Rahmen ihrer Fachaufsicht weisungsbefugt sind das Hessische Landeskriminalamt (§ 96 Abs. 2), das Hessische Bereitschaftspolizeipräsidium (§ 7 Abs. 4 HSOG-DVO), das Hessische Polizeipräsidium für Technik (§ 8 Abs. 1 HSOG-DVO) und die Hessische Hochschule für öffentliches Management und Sicherheit (§ 9 Abs. 1 und Abs. 4 HSOG-DVO).

C. Örtliche Zuständigkeit

3 Es gibt in Hessen sieben sog. Flächenpräsidien, deren Sitz und Zuständigkeit sich aus § 5 Abs. 2 HSOG-DVO und dem Erlass über die Organisation und Zuständigkeit der hessischen Polizeipräsidien v. 22.12.2016 (StAnz 2017, 154) ergeben:

- Nordhessen mit Sitz in Kassel
- Osthessen mit Sitz in Fulda
- Mittelhessen mit Sitz in Gießen
- Westhessen mit Sitz in Wiesbaden
- Frankfurt mit Sitz ebenda

• Südosthessen mit Sitz in Offenbach
• Südhessen mit Sitz in Darmstadt

Ihnen sind mittels § 5 Abs. 2 HSOG-DVO Dienstbereiche zugewiesen, für die diese zuständig sind.

Die Dienstbereiche der Polizeipräsidien sind in regionale Dienstbezirke unterteilt, für die nach § 5 Abs. 3 HSOG-DVO jeweils Direktionen zuständig sind. Innerhalb dieser liegen die örtlichen Dienstbezirke nach § 5 Abs. 4 HSOG-DVO in der Zuständigkeit der Polizeistationen und Polizeireviere. Welche Bezeichnung geführt wird, geht auf historische Gründe zurück. Analog hierzu werden auch auf den Bundesautobahnen örtliche Dienstbezirke ausgewiesen, für die nach § 5 Abs. 5 HSOG-DVO die Polizeiautobahnstationen zuständig sind. Die Festlegung der regionalen und örtlichen Dienstbezirke erfolgt ebenso wie die Errichtung der Polizeidirektionen, Polizeistationen, Polizeireviere und Polizeiautobahnstationen durch das Landespolizeipräsidium im Wege von Verwaltungsvorschriften (§ 5 Abs. 6 HSOG-DVO). Die Präsidien selbst können nach § 5 Abs. 7 HSOG-DVO Polizeiposten und Polizeiautobahnposten als Teile von Stationen oder Revieren errichten, wenn zwingende polizeiliche Gründe vorliegen. Ein solcher ist bspw. die Verkürzung von Wegen der Bürgerinnen und Bürger zu ihrer Polizei in der Fläche. 4

D. Aufgaben

§ 94 stellt klar, dass die Polizeipräsidien die polizeilichen Aufgaben wahrnehmen. Für eine Tätigkeit der Regierungspräsidien und Landräte in diesem Bereich ist bei dieser Formulierung kein Raum mehr. Sie ist Ausfluss der Polizeireform zum 1.1.2001 (LT-Drs. 15/1571, 1, 18). 5

Die grundsätzlich von den Polizeibehörden wahrzunehmenden Aufgaben definiert § 2 HSOG-DVO mit Gefahrenabwehr, Erforschung von Ordnungswidrigkeiten und Straftaten, Entgegennahme von Anzeigen, Treffen von Sofortmaßnahmen und Unterrichtung der zuständigen Stelle. 6

Diese Aufgaben sind umfassend und detailliert in dem oben genannten Erlass über die Zuständigkeit und Organisation der hessischen Polizeipräsidien geregelt (→ Rn. 3). Schon der Blick in das Organigramm (Anlage 2 des Erlasses über die Organisation und Zuständigkeit der hessischen Polizeipräsidien v. 22.12.2016, StAnz 2017, 154) zeigt, dass das gesamte Spektrum der Schutzpolizei, Kriminalpolizei und Verkehrspolizei vertreten ist. 7

Auffallend ist, dass das Polizeipräsidium Frankfurt a. M. ein eigenes Organigramm besitzt, während die anderen Präsidien den gleichen Aufbau zeigen. Frankfurt zeichnet sich nicht nur durch seinen verhältnismäßig großen Personalkörper aus. Es ist auch als Luftsicherheitsbehörde iSd §§ 7 und 10 LuftSiG mit einer eigenen Direktion für den Flughafen zuständig. Zudem verfügt es unter anderem im Bereich der Verwaltung über die anderen Präsidien hinaus über einen Polizeiärztlichen Dienst (Außenstelle des Polizeiärztlichen Dienstes), die Prüfgruppe Luftverkehrsgesetz und ein eigenes Hauptsachgebiet „Amtsdelikte". Die Verkehrsüberwachung durch örtliche Ordnungsbehörden und Polizeibehörden ist im Erlass v. 5.2.2015, StAnz 2015, 182 umfassend geregelt. 7.1

Die Polizeipräsidien sind also grundsätzlich umfassend zuständig, alle in ihrem Bereich anfallenden polizeilichen Aufgaben wahrzunehmen. Einige Aufgaben sind aber durch Gesetz anderen Polizeibehörden zugewiesen (vgl. § 92 – Hessisches Landeskriminalamt, § 93 – Hessisches Polizeipräsidium Einsatz, § 95 Abs. 1 – Hessisches Polizeipräsidium für Technik, § 95 Abs. 2 – Hessische Hochschule für öffentliches Management und Sicherheit). Andere Aufgaben nehmen diese Behörden aufgrund eines Gesetzes wahr: So erhebt bspw. das Hessische Polizeipräsidium für Technik Kosten nach § 98 Abs. 1 Nr. 2 iVm § 8 Abs. 2 Nr. 2 und Nr. 3 HSOG-DVO. 8

Die Polizeipräsidien sind gem. § 5 Abs. 1 HSOG-DVO zur engen Zusammenarbeit mit den Kreisordnungsbehörden verpflichtet. 9

E. Fachliche Ausbildung der Nachwuchsbeamtinnen und Nachwuchsbeamten

Zuständig für die Ausbildung des polizeilichen Nachwuchses sind die Hessische Fachhochschule für Polizei und Verwaltung, die Hessische Hochschule für öffentliches Management 10 und Sicherheit (§ 95 Abs. 2), das Hessische Landeskriminalamt (§ 92 Abs. 2) und das Hessische Polizeipräsidium Einsatz insbesondere auch im technischen Bereich (§ 93 Abs. 1). Die Polizeipräsidien dienen den Nachwuchsbeamtinnen und Nachwuchsbeamten im Rahmen von Studienpraktika zum Erwerb erster praktischer Erfahrungen in der Fläche.

10.1 Die Ausbildung des polizeilichen Nachwuchses ist den Polizeipräsidien mit der Polizeireform bewusst übertragen worden (LT-Drs. 15/1571, 1, 18): „Es ist erklärtes Ziel dieser Organisationsreform, die Verantwortlichkeit der Bereichspräsidien für Belange der Aus- und Fortbildung zu stärken. Dies vor allem auch deshalb, weil da Praktikum II zukünftig nur noch von Berufsanfängern absolviert wird und deswegen eine Ausbildung „nur nebenbei" (wie bisher mit den Aufstiegsbeamten) nicht mehr möglich sein wird."

§ 95 Hessisches Polizeipräsidium für Technik, Hessische Hochschule für öffentliches Management und Sicherheit

(1) [1]Das Hessische Polizeipräsidium für Technik ist

1. zentrale Dienststelle für
   a) die polizeiliche Informations- und Kommunikationstechnik sowie die sonstige Einsatztechnik,
   b) die Ausstattung, Beschaffung und Verwaltung,

2. Autorisierte Stelle für den Digitalfunk der Behörden und Organisationen mit Sicherheitsaufgaben in Hessen.

[2]Ihm obliegt die Abwehr von Gefahren für die Verfügbarkeit der Digitalfunkversorgung der Behörden und Organisationen mit Sicherheitsaufgaben in Hessen. [3]Es kann den Behörden und Organisationen mit Sicherheitsaufgaben, die an dem Digitalfunk in seinem Netzabschnitt teilnehmen, die für den Betrieb erforderlichen technischen Weisungen, die zur Aufrechterhaltung der Funktionsfähigkeit des Digitalfunknetzes notwendig sind, auch für den Einzelfall erteilen.

(2) Die Hessische Hochschule für öffentliches Management und Sicherheit nimmt folgende Aufgaben wahr:

1. die polizeiliche Aus- und Fortbildung aller Polizeibediensteten des Landes bis auf die berufliche Grundqualifizierung des gehobenen Dienstes sowie die Aus- und Fortbildung der Spezialeinheiten,
2. das Nachwuchsmanagement und die Einstellung von Polizeianwärterinnen und -anwärtern,
3. die Beratung und Unterstützung der Polizeibehörden,
4. die Leistung polizeipsychologischer Dienste,
5. die Mitwirkung bei der Fortentwicklung polizeilicher Führungs- und Einsatzmittel,
6. die Verantwortlichkeit für die Koordinierung und Durchführung internationaler polizeilicher Ausbildungs- und Ausstattungshilfe.

Überblick

VVHSOG und DVO-HSOG sind nicht an die aktuelle Gesetzeslage angepasst; gem. Erlass des Hessischen Ministeriums des Innern und für Sport v. 29.11.2022 (StAnz. 50/2022, 1384) ist die VVHSOG zudem zum 1.1.2025 mangels eines erneuten Verlängerungserlasses ersatzlos außer Kraft getreten.

Die Norm behandelt zwei Polizeibehörden, die beide ihren Sitz in Wiesbaden haben und landesweit zuständig sind: Die eine, das Hessische Polizeipräsidium für Technik als die zentrale Dienststelle für die Polizeitechnik einschließlich des Digitalfunks der Behörden und Organisationen mit Sicherheitsaufgaben in Hessen sowie die Ausstattung der Polizeibehörden, die zentrale Beschaffung und Verwaltung (→ Rn. 2 ff.), die andere, die Hessische Hochschule für öffentliches Management und Sicherheit als die zentrale Aus- und Fortbildungsstätte des Landes auch für die Ausbildung der Polizeianwärterinnen und -anwärter (Nachwuchsbeamtinnen und Nachwuchsbeamten) sowie seit dem 1.11.2023 auch für die Aus- und Fortbildung der Spezialeinheiten (→ Rn. 15 ff.).

Übersicht

A. Blick in andere Bundesländer

Parallelnormen zu § 95 finden sich auch in anderen Bundesländern (→ Rn. 1.1 ff.). 1

Baden-Württemberg: Die Hochschule für Polizei Baden-Württemberg und das Präsidium Technik, Logistik, Service der Polizei sind gem. § 70 Abs. 2 BWPolG Einrichtungen für den Polizeivollzugsdienst. Zentrale Beschaffungsbehörde nicht nur für die Polizei, sondern auch für den Justizvollzugsdienst, andere Behörden und öffentliche Stellen ist das Logistikzentrum Baden-Württemberg. Näheres ist in der Verwaltungsvorschrift des Innenministeriums über den Landesbetrieb „Logistikzentrum Baden-Württemberg (LZBW)" v. 5.5.2022 (GABl. 415) zu finden. Zudem gibt es das Präsidium Technik, Logistik, Service der Polizei, das für die Polizeitechnik zuständig ist und zudem den Polizeiärztlichen Dienst unterhält. Dies ergibt sich aus der Verwaltungsvorschrift des Innenministeriums über die Organisation des Polizeivollzugsdienstes des Landes Baden-Württemberg v. 9.7.2015 (GABl. 402). Dort ist auch Näheres zur Hochschule für Polizei Baden-Württemberg zu finden. Diese ist ebenso wie das Präsidium Technik, Logistik, Service der Polizei im Wege der Neustrukturierung errichtet worden (Art. 1 § 2 PolRG). 1.1

Bayern: Die zentralen Verwaltungsaufgaben der Polizei werden in Bayern vom Polizeiverwaltungsamt wahrgenommen (Art. 8 BayPOG). Bayern hat anders als Hessen die Aufgaben der Aus- und Fortbildung der Bereitschaftspolizei zugewiesen (Art. 6 Abs. 2 und Abs. 4 BayPOG). 1.2

Niedersachsen: Die Aufgaben des Hessischen Polizeipräsidiums für Technik werden in Niedersachsen im Wesentlichen von der Polizeibehörde für zentrale Aufgaben wahrgenommen. Dort ist auch der Medizinische Dienst angesiedelt. Rechtsgrundlage ist der Polizeiorganisationsrunderlass (Runderlass Niedersächsisches Ministerium für Inneres und Sport v. 3.3.2021 – 21.11-01512 – (Nds. MBl. 546) VORIS 21021). Niedersachsen unterhält eine Polizeiakademie. Dies regeln das PolAkadG (Gesetz über die Hochschule für öffentliches Management und Sicherheit Niedersachsen v. 13.9.2007, Nds. GVBl. 444) sowie der Polizeiorganisationsrunderlass. 1.3

Nordrhein-Westfalen: Das Landesamt für Zentrale Polizeiliche Dienste nimmt unter anderem ebenfalls Aufgaben wahr, die dem Hessischen Polizeipräsidium für Technik übertragen sind. Dies ergibt sich aus § 13a POG NRW (zur Zusammenarbeit zwischen dem Landesamt für Ausbildung, Fortbildung und Personalangelegenheiten, dem Landeskriminalamt und dem Landesamt für Zentrale Polizeiliche Dienste der Polizei des Landes Nordrhein-Westfalen s. die Gemeinsame Geschäftsordnung für das Landesamt für Ausbildung, Fortbildung und Personalangelegenheiten, das Landeskriminalamt und das Landesamt für Zentrale Polizeiliche Dienste der Polizei des Landes Nordrhein-Westfalen (GGO LOB-PolNRW) v. 28.10.2020, MBl. NRW 2052, sowie den Runderlass des Ministeriums des Innern zur polizeilichen Kriminalprävention v. 9.5.2019, MBl. NRW. 181). §§ 1 und 4 PolAufsichtsVO (Verordnung über die Wahrnehmung von Aufsichtsaufgaben durch das Landesamt für Ausbildung, Fortbildung und Personalangelegenheiten der Polizei, das Landeskriminalamt und das Landesamt für Zentrale Polizeiliche Dienste v. 19.6.2012, GV. NRW. 206) regelt die Unterrichtungspflicht der Kreispolizeibehörden sowie die Weisungsbefugnisse des Landesamtes für Zentrale Polizeiliche Dienste gegenüber den Kreispolizeibehörden. § 5 PolAufsichtsVO gibt ihm zudem eine zeitlich befristete örtliche Zuweisungsbefugnis in Verkehrs- und Versammlungsrechtsangelegenheiten. Die Aufgaben des Landesamtes für Ausbildung, Fortbildung und Personalangelegenheiten der Polizei (§ 13b POG NRW) sind mit denen der hessischen Hochschule für öffentliches Management und Sicherheit vergleichbar. §§ 1 und 3 PolAufsichtsVO regeln die Unterrichtungspflicht der Kreispolizeibehörden (s. zum Landesamt für Ausbildung, Fortbildung und Personalangelegenheiten der Polizei Nordrhein-Westfalen zudem Nr. 2 des Runderlasses zur Organisation der Landesoberbehörden der Polizei v. 30.1.2018, MBl. NRW. 52). 1.4

B. Das Hessische Polizeipräsidium für Technik

I. Stellung des Hessischen Polizeipräsidiums für Technik

2 Das Hessische Polizeipräsidium für Technik ist dem Landespolizeipräsidium unmittelbar unterstellt (§ 96 Abs. 1 S. 1). Dieses ist jenem gegenüber weisungsbefugt auch im Einzelfall. Hinzu kommen im Rahmen der diesen Behörden zugewiesenen Fachaufsicht Weisungsbefugnisse des Hessischen Landeskriminalamtes (§ 96 Abs. 2), der Hessischen Bereitschaftspolizei (Polizeiärztlicher Dienst; § 7 Abs. 4 HSOG-DVO) und der Hessischen Hochschule für öffentliches Management und Sicherheit (§ 9 Abs. 1 und Abs. 4 HSOG-DVO).

3 Dem Hessischen Polizeipräsidium für Technik kommt seinerseits nach § 8 Abs. 1 HSOG-DVO im Bereich der polizeilichen Informations- und Kommunikationstechnik die Fachaufsicht über die dem Landespolizeipräsidium nachgeordneten Behörden (§ 96 Abs. 1 S. 1) zu. Diese erstreckt sich auf die Informations- und Kommunikationssysteme. In diesem Bereich kann es auch Weisungen für den Einzelfall erteilen. Unberührt bleibt allerdings die Dienst- und Fachaufsicht des Landespolizeipräsidiums.

4 Neu hinzugekommen ist eine umfassende Weisungsbefugnis im technischen Bereich gegenüber allen Behörden und Organisationen mit Sicherheitsaufgaben in Hessen auch im Einzelfall (näheres → Rn. 10.1 ff.).

II. Aufgaben des Hessischen Polizeipräsidiums für Technik

5 Die Aufgaben des Hessischen Polizeipräsidiums für Technik sind in § 8 Abs. 2 HSOG-DVO geregelt: grundsätzliche Bewirtschaftung der Mittel der Polizei, Erhebung der Kosten von Maßnahmen der Polizeibehörden nach dem Hessischen Gesetz über die öffentliche Sicherheit und Ordnung sowie nach anderen Vorschriften des Verwaltungskostenrechts für Amtshandlungen der Polizei.

5.1 In diesem Zusammenhang sei auf die Verwaltungskostenordnung für den Geschäftsbereich des Ministeriums des Innern und für Sport v. 7.6.2013 (HessGVBl. I 410, 417, zuletzt geändert durch VO vom 6.1.2022, HessGVBl. I 18) verwiesen.

6 Im Erlass über die Organisation und Zuständigkeit des Hessischen Polizeipräsidiums für Technik (HPT) v. 16.8.2021 (StAnz 1154) werden unter Nr. 4 ff. die weiteren Aufgaben und Zuständigkeiten deutlich, die nach Nr. 9 grundsätzlich für alle hessischen Polizeibehörden bestehen.

7 Grundsätzliche Zuständigkeiten (Nr. 4 Erlass v. 16.8.2021):
- operative Umsetzung der Informations- und Kommunikationstechnik sowie der technischen Ausstattung,
- Erarbeitung und Umsetzung von Standards im technischen Bereich,
- Koordination, Überwachung und Umsetzung der Vorgaben in der IKT-Sicherheit,
- Betrieb und technische Betreuung des Analogfunks,
- Planung und Bedarfsermittlung,
- Planung und Durchführung von Projekten,
- Produktberatung für polizeiliche Anwendungen,
- technische Koordination der hessischen Callcenter und Betrieb des eigenen Callcenters,
- Fachaufsicht über die dem Landespolizeipräsidium nachgeordneten Polizeibehörden bezüglich der Informations- und Kommunikationssysteme und der technischen Ausstattung mit Weisungsbefugnis im Einzelfall (wobei die Dienst- und Fachaufsicht des Landespolizeipräsidiums unberührt bleibt).

8 Zur Zusammenarbeit mit den Hessischen CyberCompetenceCenter (Hessen3C) wird auf den Erlass über dessen Einrichtung (v. 17.4.2019, StAnz 490) verwiesen.

9 Das Hessische Polizeipräsidium für Technik ist nach Nr. 4 Abs. 3 Erlass v. 16.8.2021 autorisierte Stelle für den operativen Betrieb des Digitalfunks der Behörden und Organisationen mit Sicherheitsaufgaben in Hessen. Diese Zuständigkeit ist durch das Gesetz zur Änderung des Hessischen Brand- und Katastrophenschutzgesetzes und des Hessischen Gesetzes über die Öffentliche Sicherheit und Ordnung v. 3.9.2018 (HessGVBl. 374) deutlich in den Vordergrund getreten. Dem Hessischen Polizeipräsidium für Technik obliegt die Abwehr von Gefahren für die Verfügbarkeit der Digitalfunkversorgung und es kann die für den

Betrieb erforderlichen technischen Weisungen, die zur Aufrechterhaltung der Funktionsfähigkeit des Digitalfunknetzes notwendig sind, auch für den Einzelfall erteilen.

Nachdem dem HPT zunächst auch die Koordinierung oblag, ist seit 2023 die Landeskoordinierungsstelle für Digitalfunk der Behörden und Organisationen mit Sicherheitsaufgaben wieder in das Hessische Ministerium des Innern und für Sport verlagert worden. Damit wird der gewachsenen Bedeutung des Themas Rechnung getragen (LT-Drs. 20/8129). 10

In der Gesetzesbegründung heißt es dazu: „Schutzgut der öffentlichen Sicherheit ist auch die Funktionsfähigkeit der staatlichen Einrichtungen. Diese hängt im Falle der Behörden und Organisationen mit Sicherheitsaufgaben (BOS), wie Polizei, Feuerwehr und Rettungsdienste, wesentlich von einer funktionierenden Funkversorgung ab. Wird die Funkversorgung z. B. durch eine unzureichend entstörte elektrische Anlage gestört, muss diese Anlage durch eine Verfügung nach § 11 im Betrieb beschränkt oder ggf. ganz stillgelegt werden. Für derartige Fälle, in denen die Verfügbarkeit der Funkversorgung gefährdet ist, erklärt Satz 2 das Hessische Polizeipräsidium für Technik (HPT) für zuständig. Mit der Einführung des Digitalfunks in Hessen ist es erforderlich geworden, eine sogenannte „Autorisierte Stelle" einzurichten (neuer Abs. 1 Satz 1 Nr. 2). Sie stellt in operativ-betrieblicher Hinsicht die Schnittstelle zwischen dem von der Bundesanstalt für den Digitalfunk der Behörden und Organisationen mit Sicherheitsaufgaben (BDBOS) beauftragten technischen Betrieb und den Digitalfunk nutzenden örtlichen Behörden und Organisationen mit Sicherheitsaufgaben dar. Je Land gibt es nur eine Autorisierte Stelle, was bedingt, dass dieser Stelle Weisungsbefugnisse eingeräumt werden müssen, die sich nicht auf die Polizei beschränken können, sondern auch die sonstigen Nutzer wie Feuerwehren und Rettungsdienste einbeziehen müssen. Das geschieht durch den neuen Abs. 1 Satz 3. Die Landeskoordinierungsstelle nimmt übergreifend für alle Behörden und Organisationen mit Sicherheitsaufgaben grundsätzliche und strategische Aufgaben sowie Aufgaben in der Zusammenarbeit mit der Bundesanstalt für den Digitalfunk der Behörden und Organisationen mit Sicherheitsaufgaben (BDBOS) und den Koordinierenden Stellen des Bundes und der anderen Länder wahr. Sie ist als übergeordnete Stelle mit BOS-übergreifenden Kompetenzen zur strategischen Interessenvertretung Hessens eingerichtet." 10.1

Dass es sich ungeachtet dieser übergreifenden Befugnis um eine Polizeibehörde des Landes Hessen handelt, spiegelt sich in dem neuen Namen Hessisches Polizeipräsidium für Technik (anstelle von Präsidium für Technik, Logistik und Verwaltung) wider. 10.2

Hingewiesen sei noch auf den neu eingefügten § 108 Abs. 4, aus dem sich eine entschädigungslose Duldungspflicht für Gebäudefunkanlagen ergibt. 10.3

Beschaffungsmanagement des Landes Hessen für Lieferungen und Leistungen (Nr. 4.1 Erlass Beschaffungsmanagement der hessischen Polizei v. 12.2.2024; Stanz 302): 11

- zentrale Beschaffungsstelle der Polizei einschließlich Beschaffung der Dienstkleidung auch für die Justiz,
- notwendige Unterstützung der Bedarfsstellen als zuständige Beschaffungsstelle bei der Beschaffung,
- unterstützt bei der Festlegung technischer Anforderungen und des mengenmäßigen Bedarfs, wenn Beschaffungen zuständigkeitshalber durch andere zentrale Beschaffungsstellen (HCC-ZB, HZD-ZB) durchgeführt werden und eine zuständige Fachstelle gem. Nr. 4.3 im HPT vorhanden ist
- hat die Bündelungsfunktion hinsichtlich gleichgelagerter Beschaffungen.

Näheres ergibt sich aus dem Erlass „Beschaffungsmanagement sowie grundsätzliche technische Rahmenvorgaben und Standards in der hessischen Polizei" v. 1.4.2016 (StAnz 443). 11.1

Kosten und Forderungen (Nr. 6 Erlass v. 16.8.2021): 12

- Erhebung der Kosten von Maßnahmen der Polizeibehörden nach dem HSOG (§ 8 Abs. 2 Nr. 2 HSOG-DVO),
- Erhebung von Kosten nach anderen Vorschriften des Verwaltungskostenrechts für Amtshandlungen der Polizei (§ 8 Abs. 2 Nr. 3 HSOG-DVO),
- Prüfung und Durchsetzung zivilrechtlicher Forderungen des Landes Hessen aus übergegangenem Recht und Abtretung nach den Bestimmungen des BGB und anderer Spezialgesetze (insbesondere Ansprüche in Zusammenhang mit Dienstunfällen und außerdienstlichen Unfällen sowie bei der Beschädigung von Landeseigentum; Ersatzansprüche bei Sachschadensersatzleistungen an Bedienstete).

Rechnungswesen, Bauplanungskoordination, Arbeitsschutz und Schießstandsachverständigenstelle (Nr. 7 Erlass v. 16.8.2021). Dazu gehört unter anderem: 13

- Fachaufsicht über die dem Landespolizeipräsidium nachgeordneten Polizeibehörden für die zentralen Aufgaben im Rechnungswesen mit Weisungsbefugnis im Einzelfall (wobei die Dienst- und Fachaufsicht des Landespolizeipräsidiums unberührt bleibt),
- Fachaufsicht der Schießstandsachverständigenstelle gegenüber den Polizeibehörden bei technischen und baulichen Angelegenheiten der Einsatztrainingsstätten,
- Zulassungsbehörde für Fahrzeuge der hessischen Polizei und für landeseigene Fahrzeuge der Feuerwehren und der anderen Einheiten und Einrichtungen des Katastrophenschutzes,
- Aussonderung und Verwertung von Dienstkraftfahrzeugen der hessischen Polizei,
- Fahrerlaubnisbehörde und Fahrlehrer-Erlaubnisbehörde der hessischen Polizei,
- technische Prüfstelle,
- Ausnahmen nach § 70 Abs. 1 Nr. 2 StVZO.

14 Zuständigkeiten auch für andere Behörden (Nr. 10 Erlass v. 16.8.2021):

- Wartung, Instandsetzung und Eichung mobiler und stationärer Verkehrsüberwachungstechnik auch für Kommunen, sofern es sich um Verkehrsüberwachungstechnik handelt, die auch bei der hessischen Polizei eingesetzt wird,
- Verwertung von Asservatenwaffen, auch für Justizbehörden,
- Beschaffung von Dienstkleidung, auch für Justizbehörden.

C. Die Hessische Hochschule für öffentliches Management und Sicherheit

15 Die Hessische Hochschule für öffentliches Management und Sicherheit ist der zum 1.1.2022 erfolgte Zusammenschluss der Hessischen Polizeiakademie und der Hessischen Hochschule für Polizei und Verwaltung (§ 114 Abs. 1 HessHG).

16 Die nähere Ausgestaltung ergibt sich aus § 9 HSOG-DVO und dem Hessischen Hochschulgesetz (GVBl. 2021, 931).

I. Stellung der Hessischen Hochschule für öffentliches Management und Sicherheit

17 Die Hessische Hochschule für öffentliches Management und Sicherheit ist dem Landespolizeipräsidium unmittelbar unterstellt (§ 96 Abs. 1 S. 1). Dieses ist jener gegenüber weisungsbefugt auch im Einzelfall, soweit sie als Polizeibehörde tätig wird. Dies gilt nach § 95 Abs. 2 für:

- die polizeiliche Aus- und Fortbildung aller Polizeibediensteten des Landes bis auf die berufliche Grundqualifizierung des gehobenen Dienstes,
- das Nachwuchsmanagement und die Einstellung von Polizeianwärterinnen und -anwärtern,
- die Beratung und Unterstützung der Polizeibehörden,
- die Leistung polizeipsychologischer Dienste,
- die Mitwirkung bei der Fortentwicklung polizeilicher Führungs- und Einsatzmittel,
- die Verantwortlichkeit für die Koordinierung und Durchführung internationaler polizeilicher Ausbildungs- und Ausstattungshilfe.

Hinzugekommen ist durch § 1 des Gesetzes für die Umorganisation der hessischen Bereitschaftspolizei 2023 die Zuständigkeit für die Aus- und Fortbildung der Spezialeinheiten.

18 In Fragen von Lehre und Forschung übt das Landespolizeipräsidium nach § 101 Abs. 1 HessHG die Rechtsaufsicht aus. Nach § 76 Abs. 2 HessHG ist dieses auch für die Festlegung des Umfangs der dienstrechtlichen Lehrverpflichtung des wissenschaftlichen Personals mit zuständig. Nach § 110 Abs. 1 Nr. 4 HessHG ist die Polizei mit einer Vertreterin oder einem Vertreter des Hessischen Bereitschaftpolizeipräsidiums im Kuratorium vertreten.

19 Hinzu kommen im Rahmen der diesen Behörden zugewiesenen Fachaufsicht Weisungsbefugnisse des Hessischen Landeskriminalamtes (§ 96 Abs. 2), der Hessischen Bereitschaftspolizei (Polizeiärztlicher Dienst; § 7 Abs. 4 HSOG-DVO) und des Präsidiums für Technik, Logistik und Verwaltung (§ 8 Abs. 1 HSOG-DVO).

20 Die Hessische Hochschule für öffentliches Management und Sicherheit ihrerseits übt die Fachaufsicht über die dem Landespolizeipräsidium nachgeordneten Behörden (§ 96 Abs. 1 S. 1) bezüglich der Aus- und Fortbildung und in grundsätzlichen polizeipsychologischen Angelegenheiten aus (§ 9 Abs. 1 und 4 HSOG-DVO). In beiden Fällen ist sie weisungsbefugt. Unberührt bleibt in beiden Fällen die Dienst- und Fachaufsicht des Landespolizeipräsidiums.

Nach § 9 Abs. 5 HSOG-DVO ist sie befugt, Außenstellen zu errichten. 21

II. Aufgaben der Hessischen Hochschule für öffentliches Management und Sicherheit

Die von der Hessischen Hochschule für öffentliches Management und Sicherheit wahrzunehmenden polizeilichen Aufgaben ergeben sich aus § 95 Abs. 2 sowie § 9 HSOG-DVO. Aus § 4 Abs. 5 HessHG obliegt ihr zudem die Aus- und Fortbildung der Beamtinnen und Beamten für den gehobenen allgemeinen Verwaltungsdienst, den gehobenen Polizeidienst und der zur Ausbildung für den gehobenen allgemeinen Verwaltungsdienst zugelassenen Tarifbeschäftigten des Landes, der Gemeinden, Gemeindeverbände und sonstigen der Aufsicht des Landes unterstehenden Körperschaften, Anstalten und Stiftungen des öffentlichen Rechts sowie die Fortbildung der Beschäftigten der hessischen Landesverwaltung. 22

Aus § 9 Abs. 1 S. 1 HSOG-DVO ergibt sich, dass die Hessische Hochschule für öffentliches Management und Sicherheit die zentrale Dienststelle für die Aus- und Fortbildung aller Polizeibediensteten, also auch der Wachpolizei und der zivilen Tarifangestellten sowie der Verwaltungsbeamten, nach der beruflichen Grundqualifizierung ist. 23

Der Gemeinsame Runderlass zur Zusammenarbeit von Polizei, Verfassungsschutz, Justiz- und Maßregelvollzug in Fällen der Politisch motivierten und Organisierten Kriminalität sowie zur Bekämpfung extremistischer Bestrebungen v. 12.4.2021 (StAnz 674) erweitert den Aus- und Fortbildungskatalog entsprechend. Zudem regelt er die Unterstützung der Aus- und Fortbildungsmaßnahmen durch das Hessische Landeskriminalamt und das Landesamt für Verfassungsschutz mit Fachvorträgen. 23.1

Ungeachtet dessen ist sie nach § 9 Abs. 2 Nr. 1 HSOG-DVO die zuständige Behörde für die Werbung, Auswahl und Einstellung von Polizeinachwuchskräften. Das Verfahren richtet sich nach der Richtlinie „Auswahl von Bewerberinnen und Bewerbern zur Einstellung in den gehobenen Polizeivollzugsdienst" v. 31.5.2013 (StAnz 738). 24

Die Ausbildungs- und Prüfungsordnung für den gehobenen Polizeivollzugsdienst für die Studiengänge Bachelor of Arts Polizeivollzugsdienst „Schutzpolizei" und „Kriminalpolizei" v. 30.8.2022 ist im Staatsanzeiger für das Land Hessen (StAnz 1030) veröffentlicht. 24.1

Die Studienordnung für die Studiengänge Bachelor of Arts (Polizeivollzugsdienst „Schutzpolizei" und „Kriminalpolizei") v. 5.9.2016 ist im Staatsanzeiger für das Land Hessen (StAnz 998, zuletzt aktualisiert am 20.3.2021, StAnz 521 und 3.6.2022, StAnz 754) zu finden (für den höheren Polizeivollzugsdienst s. die Richtlinien für die Auswahl von Bewerberinnen und Bewerbern vor der Zulassung zum Studium für den höheren Polizeivollzugsdienst v. 28.12.2021, StAnz 22, 99). 24.2

Die Anforderungen an die persönliche Eignung für den Polizeivollzugsdienst unterliegen einem ständigen Wandel und sind immer wieder Gegenstand von Gerichtsentscheidungen (Masuch DöV 2018, 697; ein Brustimplantat stellt nach VG München BeckRS 2016, 51982 nicht per se ein Einstellungshindernis dar; zu den in Bund und Ländern unterschiedlichen Mindestgrößen (Hessen: 160 cm) nebst Rechtsgrundlage s. Masuch ZBR 2017, 81; Lüttmann ZBR 2023, 292 zu „Die verschiedenen Ausprägungen der beamtenrechtlichen Eignung und entsprechender Eignungsmängel" → Rn. 24.1). Der VGH Kassel hat sich in jüngerer Zeit wiederholt mit der Frage der charakterlichen Eignung befasst, soweit Kontakte zum Drogenmilieu bestehen (→ Rn. 25.2). 25

Der VGH Kassel hat zuletzt am 25.8.2016 im Wege eines Beschlusses entschieden (BeckRS 2016, 51392), dass „die Festsetzung einer Mindestkörpergröße von 1,60 m für die Einstellung in den Polizeivollzugsdienst […] sachlich gerechtfertigt [sei], um eine störungsfreie Wahrnehmung polizeilicher Aufgaben zu gewährleisten". Am 8.8.2017 hat das VG Düsseldorf im Wege eines Urteils das Land Nordrhein-Westfalen verpflichtet, eine mit 161,5 cm 1,5 cm zu kleine Bewerberin für die Einstellung in den gehobenen Polizeidienst zuzulassen (VG Düsseldorf NVwZ 2017, 1396). Der entsprechende Erlass sei unwirksam. In Einklang zu bringen seien die Gleichberechtigung von Mann und Frau einerseits und der Grundsatz der Bestenauslese andererseits. Das OVG Münster hat die Festlegung von 1,63 m als einheitliche Mindestgröße für männliche und weibliche Bewerber für den gehobenen Polizeidienst in Nordrhein-Westfalen mit Urteil v. 28.6.2018 (BeckRS 2018, 16111) unter intensiver Auseinandersetzung mit der bestehenden Rechtsprechung bestätigt. Das VG Aachen hatte demgegenüber im Wege eines Eilbeschlusses am 31.1.2017 an der Begründung des Erlasses Zweifel bekundet (BeckRS 2017, 101179; vgl. VG Gelsenkirchen BeckRS 2016, 44057). Anders hatte das VG Berlin im Wege eines 25.1

Urteils am 1.6.2017 (BeckRS 2017, 114353) im Fall einer mit 154 cm 6 cm zu kleinen Bewerberin entschieden und festgestellt, dass die Vorgaben des Landes nicht zu beanstanden seien. So auch das OVG Berlin-Brandenburg mit Beschluss v. 27.1.2017 (BeckRS 2017, 101524). Mit Urteil v. 18.10.2017 hat sich der EuGH zur Frage der Zulässigkeit einer Mindestgröße befasst (BeckRS 2017, 128183 – Kalliri): Danach ist die Festlegung einer Mindestgröße nicht von vorneherein zu beanstanden, wenn sie ein rechtmäßiges Ziel verfolgt – wie bspw. das Funktionieren der Polizei – und die Mittel zum Erreichen dieses Zwecks angemessen und erforderlich seien (einen Überblick bietet Baden PersV 2018, 164).

25.2 Der Beschluss des VGH Kassel v. 9.1.2020 (VGH Kassel BeckRS 2020, 3243) ist kurz im Leitsatz zusammengefasst: „Der nach Art. 33 Abs. 2 GG bestehende Beurteilungsspielraum erlaubt dem Dienstherrn hohe Anforderungen an die charakterliche Eignung von Bewerbern um die Einstellung in den Polizeidienst zu stellen. Zu diesen Anforderungen zählt auch die Erwartung, dass die Bewerber sich von Kontakten zum Drogenmilieu fernhalten und Straftaten Anderer im BtM-Bereich nicht tolerieren." Von der Verfolgung gem. § 31a BtMG wurde letztlich gem. § 45 Abs. 1 JGG abgesehen, da die Schuld des Betroffenen als gering anzusehen und die sichergestellte Menge zum Eigenverbrauch bestimmt gewesen sei. Der VGH wies unter Bezugnahme auf weitere Entscheidungen darauf hin, dass eine Ablehnung der Eignung nicht die Feststellung voraussetze, dass ein Bewerber ungeeignet ist. Es genügten berechtigte Zweifel an seiner charakterlichen Eignung. Für die Einstellung in den Polizeidienst seien hohe Anforderungen an die Gesetzestreue zu stellen, denn die Verhinderung und Verfolgung von Straftaten und Ordnungswidrigkeiten gehöre zu den Kernaufgaben des Polizeivollzugsdienstes. Eigene Verstöße in diesem Bereich seien grundsätzlich geeignet, Zweifel an der persönlichen Eignung des Bewerbers zu begründen. Dies umfasse auch Verstöße, die nicht zu einer Verurteilung führten. Die Einstellungsbehörde dürfe weder strafrechtliche Verurteilungen aus der charakterlichen Eignung ausblenden noch müsse sie Sachverhalte mit strafrechtlicher Relevanz außen vorlassen, nur weil sie zu keiner Verurteilung geführt hätten. Selbst ein einmaliges Fehlverhalten könne Zweifel an der charakterlichen Eignung begründen, wenn es charakterliche Mängel des Bewerbers deutlich zu Tage treten lasse.

25.3 Ebenso schon VGH Kassel BeckRS 2019, 39473.

25.4 Das Verwaltungsgericht Kassel hat mit Beschluss v. 19.4.2021 (1 L 245/20. KS) den Eilantrag eines wegen Betäubungsmittel-Delikten vorbestraften potentiellen Anwärters zurückgewiesen.

25.5 Der VGH Mannheim hat mit Beschluss v. 4.8.2020 (NVwZ-RR 2021, 265) die Entlassung eines Anwärters nicht bestätigt: „Wird die Entlassung eines Widerrufsbeamten auf die fehlende charakterliche Eignung wegen Postings auf einem Instragram-Account gestützt, setzt der Rückschluss auf die innere Einstellung des Beamten eine Gesamtwürdigung seines Verhaltens auf unter Berücksichtigung aller Umstände des Einzelfalls voraus."

26 Nach § 9 Abs. 2 Nr. 2 HSOG-DVO obliegt der Hessischen Hochschule für öffentliches Management und Sicherheit zudem die Koordinierung und Durchführung internationaler polizeilicher Ausbildungs- und Ausstattungshilfe.

27 Beratende und unterstützende Funktion kommt ihr nach § 9 Abs. 3 HSOG-DVO gegenüber den Polizeibehörden des Landes zu. Sie wirkt in diesem Zusammenhang insbesondere bei der Fortentwicklung polizeilicher Führungs- und Einsatzmittel mit.

28 Eine nicht zu unterschätzende Rolle kommt dem bei der Hessischen Hochschule für öffentliches Management und Sicherheit angesiedelten Zentralen Polizeipsychologischen Dienst zu (§ 9 Abs. 4 HSOG-DVO). Nach Nr. 1.5 Hochschule für öffentliches Management und Sicherheit Hessen-Organisationserlass (Erlass über die Organisation und Zuständigkeit der Hochschule für öffentliches Management und Sicherheit Hessen v. 6.1.2014, StAnz 70) ist dieser in den Bereichen Eignungsauswahl, Psychologische Einsatz- und Ermittlungsunterstützung, psychosoziale Unterstützung und Grundsatzangelegenheiten zuständig. In Nr. 2.2 Hochschule für öffentliches Management und Sicherheit Hessen-Organisationserlass wird klargestellt, dass er im Rahmen seiner Aufgabenstellung allen Polizeibediensteten und Polizeibehörden zur Verfügung steht. Erwähnenswert ist noch, dass der Zentrale Polizeipsychologische Dienst keine Gutachten über Bedienstete im Auftrag von Polizeibehörden oder des Polizeiärztlichen Dienstes erstellt. Psychologische Begutachtungen werden über den Polizeiärztlichen Dienst extern in Auftrag gegeben.

§ 96 Dienst- und Fachaufsicht

(1) [1]Dem Landespolizeipräsidium sind die anderen Polizeibehörden unmittelbar nachgeordnet. [2]Es übt Dienst- und Fachaufsicht aus. [3]Die Dienst- und Fachaufsicht

über die Hessische Hochschule für öffentliches Management und Sicherheit wird durch das Landespolizeipräsidium nur ausgeübt, soweit diese Aufgaben nach § 95 Abs. 2 als Polizeibehörde wahrnimmt. [4]Die innerbehördliche Dienst- und Fachaufsicht bleibt unberührt.

(2) [1]Das Hessische Landeskriminalamt übt die Fachaufsicht über die dem Landespolizeipräsidium nachgeordneten Polizeibehörden aus, soweit diese Aufgaben der Kriminalitätsbekämpfung zu erfüllen haben. [2]Das Hessische Landeskriminalamt kann, soweit ihm die Fachaufsicht zusteht, die erforderlichen Weisungen auch für den Einzelfall erteilen. [3]Die Dienst- und Fachaufsicht des Landespolizeipräsidiums bleibt unberührt.

Überblick

VVHSOG und DVO-HSOG sind nicht an die aktuelle Gesetzeslage angepasst; gem. Erlass des Hessischen Ministeriums des Innern und für Sport v. 29.11.2022 (StAnz. 50/2022, 1384) ist die VVHSOG zudem zum 1.1.2025 mangels eines erneuten Verlängerungserlasses ersatzlos außer Kraft getreten.

Das Landespolizeipräsidium ist die oberste Polizeibehörde des Landes Hessen (→ Rn. 2). Gegenüber den anderen ihm nachgeordneten Polizeibehörden übt es ungeachtet der innerbehördlichen Dienst- und Fachaufsicht (→ Rn. 4) die Dienst- und Fachaufsicht aus (→ Rn. 5). Eine Sonderposition nimmt das Hessische Landeskriminalamt ein, indem es die Fachaufsicht über die nachgeordneten Polizeibehörden für den Bereich der Kriminalitätsbekämpfung wahrnimmt. In diesem Rahmen ist es befugt, auch die erforderlichen Weisungen für den Einzelfall zu erteilen. Unabhängig davon untersteht es der Dienst- und Fachaufsicht des Landespolizeipräsidiums.

A. Parallelvorschriften in anderen Bundesländern

Parallelvorschriften zu § 96 enthalten auch andere Bundesländer (→ Rn. 2.1 ff.). 1

Baden-Württemberg: Oberste Führungsstelle ist in Baden-Württemberg das Landespolizeipräsidium als Abteilung des Innenministeriums (vgl. § 77 BWPolG) nebst zugehöriger VwV-PolG (Verwaltungsvorschrift des Innenministeriums zur Durchführung des Polizeigesetzes v. 18.7.1997, GABl. 406). Die Aufsichtsbefugnisse sind in §§ 63 und 64 BWPolG für die allgemeinen Polizeibehörden sowie §§ 72 und 73 BWPolG nebst zugehöriger Verwaltungsvorschrift für den Polizeivollzugsdienst geregelt. 1.1

Bayern: Oberste Aufsichtsbehörde ist das Staatsministerium des Innern. 1.2

Niedersachsen: Für Niedersachsen ist die Dienst- und Fachaufsicht in § 94 NPOG geregelt. Sie obliegt dem für Inneres und Sport zuständigen Ministerium. Die zuständige Abteilung ist das Landespräsidium für Polizei, Brand- und Katastrophenschutz. Rechtsgrundlage ist der Polizeiorganisationsrunderlass (Runderlass Niedersächsisches Ministerium für Inneres und Sport v. 3.3.2021 – 21.11-01512 (Nds. MBl. 546) VORIS 21021). 1.3

Nordrhein-Westfalen: Die Dienst- und Fachaufsicht über die Polizeibehörden und -einrichtungen wird in Nordrhein-Westfalen vom Innenministerium wahrgenommen (§ 5 POG NRW). In dienstrechtlichen Angelegenheiten führt das Landesamt für Ausbildung, Fortbildung und Personalangelegenheiten der Polizei die Aufsicht über die Kreispolizeibehörden (§ 5 Abs. 4 POG NRW). 1.4

B. Dienst- und Fachaufsicht des Landespolizeipräsidiums und Parallelvorschriften in anderen Bundesländern

Das Landespolizeipräsidium ist als Abteilung des Hessischen Ministeriums des Innern und für Sport (§ 4 Abs. 1 HSOG-DVO) die oberste Polizeibehörde des Landes Hessen (§ 91 Abs. 2 Nr. 1). Deutlich wird der mit der Polizeireform im Jahr 2000 eingeführte zweistufige Verwaltungsaufbau. Es übt die Dienst- und Fachaufsicht über die unmittelbar nachgeordneten Dienststellen (§ 91 Abs. 2 Nr. 2) aus. Hierzu gehört auch die Befugnis, Weisungen im Einzelfall zu erteilen (§ 97 Abs. 1). Die Wahrnehmung der Dienst- und Fachaufsicht wird durch umfangreiche Berichtspflichten der nachgeordneten Behörden gewährleistet. 2

Näheres siehe Erlass „Berichtspflicht der Dienststellen" vom 21.10.2022, StAnz 1276. 2.1

2.2 In diesem Zusammenhang gehören auch die Richtlinien über die Erteilung von Aussagegenehmigungen in der hessischen Polizei (v. 16.8.2017, StAnz 910): Nr. 3 der Richtlinien über die Erteilung von Aussagegenehmigungen in der hessischen Polizei führt Tatbestände auf, die von einer generellen Aussagegenehmigung gedeckt sind. Gegebenenfalls kann vom Dienstvorgesetzten eine erweiterte Aussagegenehmigung nach Nr. 4 der Richtlinien bzw. eine spezielle Aussagegenehmigung im Einzelfall nach Nr. 5 der Richtlinien erteilt werden. Letztere erfordert bei einer außergerichtlichen Stelle eine Entscheidung des Dienstvorgesetzten in Benehmen mit der obersten Dienstbehörde, also dem Landespolizeipräsidium. Die Zuständigkeit zur Erteilung einer sog. Sperrerklärung für den Fall der Versagung der Aussagegenehmigung obliegt dem Landespolizeipräsidium als der obersten Dienstbehörde.

3 Hierzu gehört auch, dass – wie in § 4 Abs. 3 HSOG-DVO geregelt – das Landespolizeipräsidium Strafsachen, die sich gegen Polizeibedienstete des Landes richten, selbst bearbeiten kann, wenn es dies wegen der Bedeutung der Tat für erforderlich hält.

C. Innerbehördliche Dienst- und Fachaufsicht

4 Die Behördenleitung ist oberster Dienstvorgesetzter seiner Mitarbeiterinnen und Mitarbeiter. Als solchem ist es ihm vorbehalten, disziplinar- bzw. arbeitsrechtliche Maßnahmen zu ergreifen. Zudem sind die Vorgesetzten für ihren jeweiligen Zuständigkeitsbereich in der Dienst- und Fachaufsicht für die ihnen zugewiesenen Mitarbeiterinnen und Mitarbeiter. Sie führen die erforderlichen Dienstaufsichtsgespräche. Hieraus ergibt sich für das Landespolizeipräsidium, dass auch dieses einer Dienst- und Fachaufsicht untersteht – nämlich der der jeweiligen Behördenleitung des Hessischen Ministeriums des Innern und für Sport.

D. Fachaufsicht des Hessischen Landeskriminalamtes

5 Die Fachaufsicht des Hessischen Landeskriminalamtes ist auf den Bereich der Kriminalitätsbekämpfung beschränkt. Sie stellt insofern eine Besonderheit dar, als das Hessische Landeskriminalamt ebenso wie die Polizeipräsidien, die Bereitschaftspolizei, das Hessische Polizeipräsidium für Technik und die Hessische Hochschule für öffentliches Management und Sicherheit dem Landespolizeipräsidium direkt unterstellt und im zweistufigen Verwaltungsaufbau mit ihnen gleichrangig ist. Die Übertragung der Fachaufsicht korrespondiert mit der besonderen Stellung des Hessischen Landeskriminalamtes als zentrale Dienststelle der Kriminalitätsbekämpfung (§ 92 iVm § 6 HSOG-DVO). Folge der Fachaufsicht ist die Befugnis, Weisungen für den Bereich der Kriminalitätsbekämpfung auch für den Einzelfall zu erteilen. Damit korrespondiert die Verpflichtung der Polizeibehörden aus § 6 Abs. 4 HSOG-DVO, dem Hessischen Landeskriminalamt die zur Erfüllung seiner Aufgaben erforderlichen Informationen und Unterlagen zu übermitteln. Ungeachtet dessen untersteht das Hessische Landeskriminalamt – so wie die ebengleichen anderen Polizeibehörden auch – der Dienst- und Fachaufsicht des Landespolizeipräsidiums.

E. Weitere Behörden mit landesweiten Sonderaufgaben im Rahmen der Fachaufsicht

6 In polizeitechnischen Angelegenheiten obliegt die Fachaufsicht dem Hessischen Polizeipräsidium für Technik (§ 8 HSOG-DVO), das zudem noch als Zentralstelle Rechnungswesen und bei technischen und baulichen Angelegenheiten der Einsatztrainingsstätten die Fachaufsichtsbehörde ist.

7 Hinsichtlich der Aus- und Fortbildung sowie in polizeipsychologischen Angelegenheiten ist die Hessische Hochschule für öffentliches Management und Sicherheit als Fachaufsichtsbehörde zuständig (§ 9 Abs. 1 und Abs. 4 HSOG-DVO).

8 Nach § 7 Abs. 4 HSOG-DVO in polizeiärztlichen Angelegenheiten obliegt die Fachaufsicht dem beim Hessischen Polizeipräsidium Einsatz angesiedelten Polizeiärztlichen Dienst.

9 In allen diesen Fällen bleibt die Dienst- und Fachaufsicht des Landespolizeipräsidiums unberührt.

§ 97 Weisungsbefugnisse, Unterrichtungspflichten

(1) Das Landespolizeipräsidium kann den ihm nachgeordneten Polizeibehörden, der Hessischen Hochschule für öffentliches Management und Sicherheit, soweit sie Aufgaben nach § 95 Abs. 2 wahrnimmt, Weisungen auch für den Einzelfall erteilen.

(2) [1]Die Polizeibehörden unterrichten, die Hessische Hochschule für öffentliches Management und Sicherheit, soweit sie Aufgaben nach § 95 Abs. 2 wahrnimmt, unterrichtet im Rahmen ihrer Zuständigkeit die zur Erteilung von Weisungen befugten Behörden unverzüglich über wichtige Ereignisse. [2]Die Polizeipräsidien sind ferner verpflichtet, die zuständige örtliche Ordnungsbehörde oder Kreisordnungsbehörde unverzüglich über wichtige polizeiliche Ereignisse zu unterrichten.

Überblick

VVHSOG und DVO-HSOG sind nicht an die aktuelle Gesetzeslage angepasst; gem. Erlass des Hessischen Ministeriums des Innern und für Sport v. 29.11.2022 (StAnz. 50/2022, 1384) ist die VVHSOG zudem zum 1.1.2025 mangels eines erneuten Verlängerungserlasses ersatzlos außer Kraft getreten.

Dem Landespolizeipräsidium steht eine Weisungsbefugnis auch für den Einzelfall (→ Rn. 2) zu. Es kann zudem den Aufgabenkatalog der Polizeidienststellen erweitern (→ Rn. 6). Mit dieser Weisungsbefugnis korrespondiert die in Abs. 2 statuierte Verpflichtung der Polizeidienststellen, im Rahmen ihrer Zuständigkeit die zur Erteilung von Weisungen befugten Behörden unverzüglich über wichtige Ereignisse zu unterrichten (→ Rn. 7). Hinsichtlich wichtiger polizeilicher Ereignisse besteht darüber hinaus die Verpflichtung, auch die zuständige örtliche Ordnungsbehörde oder Kreisordnungsbehörde unverzüglich zu unterrichten (→ Rn. 8).

A. Blick in andere Bundesländer

Mit § 97 teilweise vergleichbare Regelungen finden sich auch in anderen Bundesländern (→ Rn. 1.1 ff.). 1

Baden-Württemberg: Der Umgang mit der Presse ist in der Verwaltungsvorschrift des Innenministeriums über die Verhaltensgrundsätze zwischen Presse und Polizei zur Vermeidung von Behinderungen bei der Durchführung polizeilicher Aufgaben und der freien Ausübung der Berichterstattung v. 8.2.2002 (GABl. 2002, 220) nebst Anlage geregelt. Die Weisungsbefugnis sowie die Unterrichtungspflichten sind in § 65 BWPolG für die allgemeinen Polizeibehörden und in § 74 BWPolG geregelt. 1.1

Bayern: Bayern hat mit Art. 9 BayPOG eine umfassende Regelung der Zusammenarbeit zwischen den Dienststellen der Polizei und anderen zur Gefahrenabwehr zuständigen Stellen sowie den Sicherheitsbehörden getroffen (näher s. Meldungen wichtiger Ereignisse durch die Polizei v. 20.4.2016, AllMBl. 1556). Diese können der Landespolizei Weisungen im polizeilichen Aufgabenbereich erteilen. 1.2

Niedersachsen: In Niedersachsen gibt es einen Runderlass des Ministeriums für Inneres und Sport zur Meldung wichtiger Ereignisse und Erstattung von Verlaufsberichten v. 11.12.2019 (Nds. MBl. 1757). Die Öffentlichkeitsarbeit der Polizei sowie die Zusammenarbeit von Polizei und Medien ist ebenfalls in einem Runderlass des Ministeriums für Inneres und Sport (v. 26.11.2018, Nds. MBl. 2019, 328) geregelt. Für die Mitteilung von Todesfällen durch die Polizei gilt der gleichnamige Erlass v. 2.11.2015 (Nds MBl. 1406). Zur Zusammenarbeit von Staatsanwaltschaft und Polizei siehe den gleichnamigen Erlass v. 1.1.2019 (Nds MBl. 3). 1.3

Nordrhein-Westfalen: Neben § 5 PolG NRW regelt insbesondere die PolAufsichtsVO (Verordnung über die Wahrnehmung von Aufsichtsaufgaben durch das Landesamt für Ausbildung, Fortbildung und Personalangelegenheiten, das Landeskriminalamt und das Landesamt für Zentrale Polizeiliche Dienste v. 2.7.2007, GV. NRW. 214) die Weisungsbefugnisse der vorgesetzten und die Unterrichtungspflichten der nachgeordneten Behörden (zur Presse- und Öffentlichkeitsarbeit der Polizei Nordrhein-Westfalen s. deren Runderlass v. 15.11.2011, MBl. NRW. 3; zur Zusammenarbeit mit den Medien s. § 45 GGO LOBPolNRW; zur Zusammenarbeit der Landesoberbehörden der Polizei und zum Dienstverkehr mit den Kreispolizeibehörden s. § 46 GGO LOBPolNRW). Zur Meldung wichtiger Ereignisse (WE-Meldung) s. RdErl. d. Ministeriums des Innern des Landes NRW v. 2.11.2018 – 412 – 60.23.02 –, MBl. NRW. 627; SMBl. NRW 2054. 1.4

B. Weisungsbefugnis im Einzelfall

2 Das Landespolizeipräsidium ist als Abteilung des Hessischen Ministeriums des Innern und für Sport (§ 4 Abs. 1 HSOG-DVO) die oberste Polizeibehörde des Landes Hessen (§ 91 Abs. 2 Nr. 1). Es übt die Dienst- und Fachaufsicht über die unmittelbar nachgeordneten Dienststellen (§ 91 Abs. 2 Nr. 2) aus. Zusätzlich steht es ihm zu, nach seinem Ermessen, nicht nur allgemeine Weisungen, sondern auch solche für den Einzelfall zu erteilen. Ein Selbsteintrittsrecht, wie § 88 Abs. 1 S. 1 es für die Aufsichtsbehörden der Ordnungsbehörden regelt, ist für das Landespolizeipräsidium nicht vorgesehen. Deutlich wird der mit der Polizeireform im Jahr 2001 eingeführte zweistufige Verwaltungsaufbau.

C. Abgrenzung zur Weisungsbefugnis der Leiterinnen und Leiter der Polizeidienststellen

3 Eine Weisungsbefugnis für den Einzelfall steht nach § 91 Abs. 4 auch den Leiterinnen und Leitern der Polizeidienststellen als polizeilichen Vorgesetzten zu. Diese können ebenfalls nicht nur die Maßnahme selbst, sondern auch die Art und Weise ihrer Durchführung festlegen. Dieses Weisungsrecht wird durch das Weisungsrecht des Landespolizeipräsidiums verdrängt.

D. Abgrenzung zur Weisungsbefugnis anderer nachgeordneter Behörden

4 Das Hessische Landeskriminalamt hat im Rahmen seiner Fachaufsicht für den Bereich der Kriminalitätsbekämpfung ebenfalls ein Weisungsrecht (§ 96 Abs. 2 S. 3). § 96 Abs. 2 S. 4 stellt allerdings auch hier klar, dass die Dienst- und Fachaufsicht des Landespolizeipräsidiums unberührt bleibt. Das Landespolizeipräsidium kann sogar, wie sich aus § 4 Abs. 3 HSOG-DVO ergibt, Strafsachen gegen Polizeibedienstete des Landes selbst bearbeiten, „wenn es dies wegen der Bedeutung der Tat für erforderlich hält".

5 Gleiches gilt für die Fachaufsicht des Hessischen Polizeipräsidiums für Technik bezüglich der Informations- und Kommunikationstechnik (§ 8 Abs. 1 S. 2 HSOG-DVO) sowie als Zentralstelle Rechnungswesen und bei technischen und baulichen Angelegenheiten der Einsatztrainingsstätten. Hinsichtlich der Aus- und Fortbildung sowie in polizeipsychologischen Angelegenheiten gibt es eine Fachaufsicht der Hessischen Hochschule für öffentliches Management und Sicherheit (§ 9 Abs. 1 und Abs. 4 HSOG-DVO). Nach § 7 Abs. 4 HSOG-DVO nimmt in polizeiärztlichen Angelegenheiten der beim Hessischen Polizeipräsidium Einsatz angesiedelten Polizeiärztliche Dienst die Fachaufsicht wahr. In allen diesen Fällen bleibt allerdings die Dienst- und Fachaufsicht des Landespolizeipräsidiums unberührt.

E. Befugnis zur Übertragung weiterer Aufgaben

6 Das Landespolizeipräsidium kann den Polizeidienststellen im Verordnungswege weitere Aufgaben übertragen.

F. Unterrichtungspflichten gegenüber Behörden

7 Die wichtigen Ereignisse sind in einem Erlass v. 22.3.2021 (StAnz 466 – „WE-Erlass") geregelt. Die Unterrichtungspflicht soll sicherstellen, dass das Landespolizeipräsidium unverzüglich, also so zeitnah wie möglich, in die Lage versetzt wird, über die Ausübung seines Weisungsrechtes im Einzelfall zu entscheiden.

7.1 Ziel des WE-Erlasses ist es, bei potentiell medienwirksamen Ereignissen „eine schnelle interne Meldung zu gewährleisten. Sie soll in enger zeitlicher Nähe zu Medienveröffentlichungen erfolgen; die zeitnahe Meldung ist einer weitestgehend abgesicherten Meldung vorzuziehen." Meldepflichtige Ereignisse sind insbesondere: Besondere Gefahrensituationen und Gefährdungserkenntnisse, Versammlungen, Veranstaltungen, extremistische oder verfassungsfeindliche politische Betätigungen, schwere Straftaten, Ereignisse unter Beteiligung von Beschäftigten der Polizei oder anderer Angehörigen von Behörden der Kommunen, des Landes, des Bundes oder ausländischer Streitkräfte in Ausübung des Dienstes oder in Zusammenhang mit dem Dienst, Gefahren in Zusammenhang mit im Luftraum befindlichen Luftfahrzeugen, bedeutsame Vorfälle im Rocker- und Türstehermilieu, Feststellung tatsächlicher

Anhaltspunkte, die eine Gefährdung für die verfassungsmäßige Ordnung darstellen, Unfälle von besonderer Bedeutung und vergleichbare andere Ereignisse oder Straftaten.

Über wichtige polizeiliche Ereignisse sind zudem der (Ober-) Bürgermeister als gem. § 85 Abs. 1 Nr. 4 zuständige örtliche Ordnungsbehörde bzw. der Landrat/Oberbürgermeister einer kreisfreien Stadt als gem. § 85 Abs. 1 Nr. 3 zuständige Kreisordnungsbehörde zu unterrichten. Hierdurch werden sie in die Lage versetzt, als Gefahrenabwehrbehörde tätig zu werden. Zudem kann ein eventuell erforderliches gemeinsames Vorgehen abgestimmt werden. Denn nach § 1 Abs. 6 S. 1 haben alle Behörden bei der Gefahrenabwehr zusammenzuarbeiten. 8

Von Bedeutung sind hier vor allem Fälle von Verstößen gegen das Waffengesetz oder Fälle, in denen die Eignung zum Führen von Kraftfahrzeugen in Frage steht. 8.1

G. Unterrichtung der Medien

Die Unterrichtung der Medien ist in Angelegenheiten grundsätzlicher oder politischer Bedeutung ausschließlich dem Pressereferat des Ministeriums vorbehalten. Näheres ergibt sich aus den Richtlinien über Mitteilungen der Polizei an die Presse und den Rundfunk v. 9.2.2011 (StAnz 502). Soweit sich das Ministerium die Unterrichtung der Medien nicht vorbehalten hat, obliegt die entsprechende Mitteilung den Polizeibehörden im Rahmen ihrer Aufgabengebiete. 9

§ 98 Ermächtigung

(1) Die Ministerin oder der Minister des Innern wird ermächtigt, durch Rechtsverordnung zu regeln

1. die Organisation sowie die Zuständigkeit und die Zusammenarbeit der Dienstzweige und der Polizeibehörden,

2. die Zuständigkeit für die Erhebung von Kosten der Polizeibehörden nach diesem Gesetz oder anderen Vorschriften des Verwaltungskostenrechts.

(2) [1]Beamtinnen und Beamte der Schutzpolizei, der Bereitschaftspolizei und der Wasserschutzpolizei sind grundsätzlich verpflichtet, während des Dienstes Dienstkleidung zu tragen. [2]Die polizeilichen Vorgesetzten können im Einzelfall aus besonderen Gründen etwas anderes anordnen.

Überblick

Die DVO-HSOG ist nicht an die aktuelle Gesetzeslage angepasst.

Auszug aus der VVHSOG (nicht an die aktuelle Gesetzeslage angepasst und gem. Erlass des Hessischen Ministeriums des Innern und für Sport v. 29.11.2022 (StAnz. 50/2022, 1384) zum 1.1.2025 mangels eines erneuten Verlängerungserlasses ersatzlos außer Kraft getreten):

Zu § 98

98. Ermächtigung

98.2 Zu Abs. 2

Polizeivollzugsbeamtinnen und Polizeivollzugsbeamte haben während der Ausübung ihres Dienstes den Dienstausweis mitzuführen. Auf Verlangen der von einer Maßnahme betroffenen Person, bei Dienstausübung in ziviler Kleidung unaufgefordert, haben sie sich auszuweisen. Namenskarten sind auf Verlangen der von einer Maßnahme betroffenen Person auszuhändigen. Diese Pflichten gelten nur, soweit der Zweck der Maßnahme dadurch nicht beeinträchtigt wird.

Abs. 1 enthält eine Ermächtigungsnorm für die Ministerin oder den Minister des Innern, durch Rechtsverordnung Organisation, Zuständigkeit und Zusammenarbeit der Dienstzweige Schutz- und Kriminalpolizei und der Polizeibehörden untereinander (→ Rn. 3) sowie die Zuständigkeit zur Erhebung von Kosten der Polizeibehörden (→ Rn. 3) zu regeln. Abs. 2 S. 1 statuiert die Verpflichtung zum Tragen von Dienstkleidung während des Dienstes für Beamtinnen und Beamte der Schutzpolizei, der Bereitschaftspolizei und der Wasserschutzpolizei (→ Rn. 5). Ausgenommen sind die Beamtinnen und Beamten der Kriminalpolizei. Nicht hier erwähnt, aber trotzdem während des Dienstes zum Tragen von Dienstkleidung verpflichtet, sind die Beschäftigten der Wachpolizei sowie sog. Hilfspolizeibeamte iSd § 99 und des Freiwilligen Polizeidienstes. Eine von Abs. 2 S. 1 abweichende Anordnung aus besonderen Gründen ist im Einzelfall dem polizeilichen Vorgesetzten (§ 91 Abs. 3) vorbehalten (→ Rn. 10). Die VVHSOG verpflichtet die Polizeibediensteten zudem zum Mitführen des Dienstausweises.

Übersicht

A. Blick in andere Bundesländer

1 Regelungen in Bezug auf das Erscheinungsbild, Dienstkleidung und Dienstausweise finden sich auch in anderen Bundesländern (→ Rn. 1.1 ff.).

1.1 **Bayern** hat in Bezug auf das Erscheinungsbild und die politische Betätigung in Art. 2 Abs. 3 BayPOG eine klare Regelung getroffen: „Dienstkräfte der Polizei dürfen sich während des Dienstes, in Dienst- oder Unterkunftsräumen oder in Dienstkleidung parteipolitisch nicht betätigen. In Dienstkleidung dürfen die Dienstkräfte politische Veranstaltungen nur dienstlich besuchen. Politische Abzeichen dürfen während des Dienstes und an der Dienstkleidung nicht getragen werden."

1.2 Der **VGH Mannheim** hat mit Entscheidung v. 27.10.2015 die dortigen Leitlinien des Innenministeriums zur Dienst- und Zivilkleidung sowie zum äußeren Erscheinungsbild bezüglich der unter Nr. 3.3 der Leitlinien getroffenen Regelung zu Tätowierungen als mit § 55 Abs. 1 BWLBG und dem Grundsatz für Verhältnismäßigkeit vereinbar erklärt (BeckRS 2015, 54972). Danach ist ein Verbot von Tätowierungen, die einen vertrauensunwürdigen Eindruck erwecken und im Dienst sichtbar sind, mit höherrangigem Recht vereinbar.

1.3 **Nordrhein-Westfalen** hat den Umgang mit Polizeidienstausweisen, Kriminaldienstmarken und Visitenkarten im gleichlautenden Runderlass v. 12.4.2010 geregelt (MBl. NRW. 578).

B. Regelung der Organisation, Zuständigkeit und Zusammenarbeit

2 Der Gesetzgeber hat mit der HSOG-DVO, hier insbesondere §§ 2–9 HSOG-DVO, eine entsprechende Verordnung erlassen. Diese ergänzt die §§ 91 ff. und enthält darüber hinaus noch eine Regelung der Prüffristen bei gefahrenabwehrbehördlicher und polizeilicher Datenspeicherung.

C. Zuständigkeit zur Erhebung von Kosten

3 Die Zuständigkeit zur Erhebung von Kosten liegt nach § 8 Abs. 2 Nr. 2 und Nr. 3 HSOG-DVO beim Hessischen Polizeipräsidium für Technik. Kostenvorschriften des sind bspw. § 8 Abs. 2, § 43 Abs. 3 (Kosten der unmittelbaren Ausführung) und § 49 Abs. 1 (Kosten der Ersatzvornahme). Bedeutendster Anwendungsfall sind hier Abschleppkosten. Zu nennen ist hier auch § 43 Abs. 3, der die Kostenpflichtigkeit der Sicherstellung regelt.

4 Zudem hat das Ministerium des Innern und für Sport in der VwKostO-MdIS (Verwaltungskostenordnung für den Geschäftsbereich des Ministeriums des Innern und für Sport v. 7.6.2013, HessGVBl. I 410, zuletzt geändert durch VO v. 6.1.2022, HessGVBl. I 18) für seinen Bereich diverse kostenpflichtige Sachverhalte geregelt.

D. Pflicht zum Tragen von Dienstkleidung während des Dienstes

Das Bekleidungswesen der hessischen Polizei ist gesondert in der Verwaltungsvorschrift über die Dienstkleidung der hessischen Polizei und andere mit der Dienstkleidung in Zusammenhang stehende Regelungen (VVHSOG-Dienstkleidung) geregelt. Von einer Veröffentlichung dieser nach § 114 erlassenen Verwaltungsvorschrift wurde abgesehen. Die Beschaffung der Dienstkleidung erfolgt über das Hessische Polizeipräsidium für Technik. 5

Zweck der Uniform ist es nach der Rechtsprechung (vgl. VGH Kassel BeckRS 9998, 50127 unter Berufung auf BVerwGE 84, 287 (290)), „daß der Beamte sichtbar in Wahrnehmung einer staatlichen Funktion auftritt, und zwar in einer Form, die der Erfüllung des ihm obliegenden gesetzlichen Auftrags i.S. des § 1 HessSOG gerecht wird.“ 6

E. Absehen von der Verpflichtung, Dienstkleidung während des Dienstes zu tragen

I. Anordnung (Abs. 2 S. 2)

Abs. 2 S. 2 gestattet die Anordnung im Einzelfall aus einem besonderen Grund durch die oder den polizeilichen Vorgesetzten. Diese oder dieser bestimmt nach § 91 Abs. 3 S. 2 die polizeiliche Maßnahme sowie die Art und Weise ihrer Durchführung. Hieraus ergibt sich, dass es sich um eine Anordnung aus einsatztaktischen Gründen handelt. 7

Hinsichtlich der Befugnis des polizeilichen Vorgesetzten, per Anordnung die Haartracht eines Beamten zu regeln s. oben genannte Entscheidung des VGH Kassel (BeckRS 9998, 50127 unter Berufung auf BVerwGE 84, 287 (290); → Rn. 8.1) sowie Gärditz/Abdulsalam (ZBR 2022, 289) und von Roetteken (ZBR 2022, 296). 8

In diesem Rechtsstreit hatte der VGH Kassel darüber zu befinden, inwieweit der Vorgesetzte einem Polizeivollzugsbeamten eine dienstliche Weisung in Bezug auf die Länge der **Haartracht** erteilen kann. Streitgegenstand war ein sog. „Lagerfeld-Zopf“. Das Gericht führt hierzu aus: „[…] Gedanke vom „Staatsbürger in Uniform“ […], der besagt, dass […] in der uniformierten Polizei Randgruppen und Individualisten in einem vergleichbaren Anteil wie in der Gesellschaft selbst vertreten sind. Es besteht kein objektiver Anlass zu der Annahme, die Allgemeinheit könnte im Rahmen der Anschauung über das Erscheinungsbild der uniformierten Polizei Personen ausgrenzen, die bei ihrer Haartracht lediglich einen individuellen modischen Wunsch verwirklicht haben, ohne dabei die Toleranz gegenüber Modeerscheinungen übermäßig zu beanspruchen.“ 8.1

Hessen billigt **Tätowierungen,** wenn sie kaum auffallen, von minderer Größe sind, keine besondere Symbolik aufweisen und weltanschaulich neutral sind (LPP1 Kl 7 a 02/04, 12/2013; bestätigt durch Erlass v. 19.5.2016, LPP 33 HB-08b01-01-15/001, nv; zur Akzeptanz von Tätowierungen s. Baßlsperger PersR 2013 401; Losert Die Polizei 2014, 286; Baßlsperger PersR 2023, 49 (56 ff.)). Während für die Bundespolizei ein strenger Maßstab angelegt wird (VGH Kassel BeckRS 2014, 54859), schließen die Länder Tätowierungen nicht von vorneherein aus (vgl. stellvertretend: VG Darmstadt BeckRS 2014, 51897; VG Frankfurt a. M. BeckRS 2002, 21014; OVG Münster BeckRS 2014, 56687; VG Düsseldorf BeckRS 2014, 55376; OVG Berlin-Brandenburg BeckRS 2013, 52340). Entscheidungskriterien sind die Größe der Tätowierung, das Motiv und der Gesamteindruck sowie die Möglichkeit, die Tätowierung ggf. durch lange Ärmel verdecken zu können. Entscheidend ist, ob durch die Tätowierung mangelnde Akzeptanz oder gar Misstrauen bei den Bürgerinnen und Bürgern hervorgerufen werden könnte. Das hoheitliche Erscheinungsbild und der hoheitliche Charakter der Maßnahmen dürfen nicht in Frage gestellt werden. In seiner Entscheidung v. 12.9.2018 (NZA-RR 2018, 628) schließt sich das OVG Münster der Entscheidung des BVerwG v. 17.11.2017 (NJW 2018, 1185) an, indem es feststellt, dass es für die Versagung der Einstellung eines Bewerbers in den Polizeivollzugsdienst wegen einer Tätowierung einer hinreichend bestimmten gesetzlichen Grundlage bedarf. Mit Urteil vom 14.5.2020 hat das BVerwG (2 C 13.19) erstmals über eine gesetzliche Regelung (hier: Bayern) entschieden und diese bestätigt (NVwZ 2020, 1526 = ZBR 2020, 426 = BVerwGE 186, 129): „Das in Art. 75 Abs. 2 Satz 2 BayBG normierte Verbot für Polizeivollzugsbeamte, sich an Kopf, Hals, Händen und Unterarmen tätowieren oder vergleichbar behandeln zu lassen, verletzt weder das Persönlichkeitsrecht dieser Beamten noch verstößt es gegen den Grundsatz der Verhältnismäßigkeit. Denn dieses Verbot ist geeignet und erforderlich, das vom Gesetzgeber vorgegebene Ziel eines einheitlichen Erscheinungsbildes der Polizei zu fördern.“ Das VG Düsseldorf hat mit Beschluss v. 14.9.2021 unter dem Az. 2 L 1822/21 einen 8.2

Bewerber mit Totenkopftattoo auf dem Oberarm die Einstellung in den Polizeivollzugsdienst ermöglicht (VG Düsseldorf BeckRS 2021, 26183).

8.3 Das BVerwG (NJW 2018, 1185) hat mit Urteil v. 17.11.2017 festgestellt, dass ein Polizeivollzugsbeamter, der Tätowierungen mit verfassungswidrigem Inhalt trägt und den sog. „Hitlergruß" zeigt, aus dem Beamtenverhältnis entfernt werden kann (ZBR 2018, 257; siehe hierzu auch Elbel: Commissarius ornamentalis – Zur Verfassungsmäßigkeit von Regelungen zur Beschränkung vom Körperschmuck bei Polizeipersonal, ZBR 2020 190; Günther ZBR 2020, 413; Lüttmann ZBR 2023, 292 (293)). Die Regelung des zulässigen Ausmaßes bedürfe wegen des Grundrechtseingriffs in das in Art. 2 Abs. 1 GG geregelte allgemeine Persönlichkeitsrecht einer bestimmten gesetzlichen Ermächtigung. Zu den Anforderungen an einen Bewerber s. OVG Rheinland-Pfalz Beschl. v. 8.12.2022 – 2 B 10974/22, mAnm Nitschke ZBR 2023, 174.

8.4 Der Bundesgesetzgeber hat mit § 34 Abs. 2 BeamtStG eine gesetzliche Regelung zur Umsetzung dieser Entscheidung getroffen (BGBl. 2021 I 2250). Näheres zur Begründung findet sich in BT Drs 19/26839 vom 19.2.2021. Siehe auch Bretschneider/Peter PersV 2021, 382 ff. Hessen hat die Zuständigkeit für Entscheidungen über Einschränkungen oder Untersagungen in Bezug auf das Erscheinungsbild der Beamtinnen und Beamten in Ausübung ihres Dienstes oder bei einer Tätigkeit mit unmittelbarem Dienstbezug nach § 34 Abs. 2 S. 2–4 BeamtStG mit § 45 HBG der obersten Dienstbehörde, also dem Hessischen Ministerium des Innern und für Sport, übertragen.

8.5 Mit Beschl. v. 18.5.2022 liegt unter dem Az. 2 BvR 1667/20 eine erste Entscheidung des BVerfG vor (BVerfG JA 2022, 960 = BayVBl 2022, 672), die sich allerdings mit der Auslegung von Art. 75 Abs. 2 S. 2 BayBG befasst. Das BVerfG rügt eine zu weite Auslegung dieser Vorschrift durch das BVerwG in Bezug auf die Genehmigungsfähigkeit einer Tätowierung am Unterarm.

II. Gestattung

9 Hier sind mehrere Fälle denkbar:

10 Es gibt keine Dienstkleidung, die als Umstandskleidung geeignet wäre. Schwangere Beamtinnen tragen dementsprechend zu gegebener Zeit Zivilkleidung.

11 Eine Beamtin oder ein Beamter kann aufgrund funktionsbezogener Tätigkeitseinschränkungen nicht mehr hoheitlich tätig werden und versieht ausschließlich Innendienst.

III. Sonderfälle: Tragen der Dienstkleidung außerhalb des Dienstes

12 Bei der Beerdigung von Kolleginnen oder Kollegen ist es üblich, Uniform zu tragen.

13 Das VG Wiesbaden hatte im Jahr 2003 darüber zu befinden, ob ein Polizeivollzugsbeamter seine Uniform außerhalb des Dienstes zum Zwecke der Teilnahme an einer Demonstration gegen Gehaltskürzungen und Arbeitszeitverlängerungen bei den Beschäftigten der hessischen Landesverwaltung teilnehmen dürfe (VG Wiesbaden NVwZ 2004, 635). Das VG Wiesbaden stellt hier klar, dass das Tragen der Uniform auf dem Weg zum und vom Dienst nicht zu beanstanden ist. Gleichzeitig führt es unter Berufung auf die bundesverfassungsgerichtliche Rechtsprechung aus, dass das Recht der freien Meinungsäußerung, der Versammlungsfreiheit, der Vereinigungsfreiheit und der speziellen koalitionsmäßigen Betätigung gerade nicht die Befugnis umfasse, dieses Recht in Uniform auszuüben.

14 Zur Neutralitätspflicht s. Bretschneider/Peter ZBR 2023, 297.

§ 98a Legitimations- und Kennzeichnungspflicht

(1) Auf Verlangen der von einer Maßnahme betroffenen Person haben sich Polizeivollzugsbeamtinnen und Polizeivollzugsbeamte sowie Angehörige der Wachpolizei und des Freiwilligen Polizeidienstes des Landes Hessen auszuweisen.

(2) [1]Polizeivollzugsbeamtinnen und Polizeivollzugsbeamte sowie Angehörige der Wachpolizei und des Freiwilligen Polizeidienstes des Landes Hessen tragen bei Amtshandlungen an ihrer Dienstkleidung ein Namensschild (namentliche Kennzeichnungspflicht). [2]Das Namensschild wird beim Einsatz geschlossener Einheiten durch eine zur nachträglichen Identifizierung geeignete fünfstellige numerische Kennzeichnung ersetzt. [3]Zweck der Kennzeichnungspflicht nach Satz 1 und 2 ist die Sicherstellung einer auch nachträglichen Identifizierung der Polizeivollzugsbeamtinnen und Polizeivollzugsbeamten sowie der Angehörigen der Wachpolizei und

des Freiwilligen Polizeidienstes des Landes Hessen bei der Durchführung von Amtshandlungen.

(3) Die Legitimations- und die Kennzeichnungspflicht nach Abs. 1 und 2 gelten nicht, soweit der Zweck der Maßnahme oder Amtshandlung oder überwiegende schutzwürdige Belange der Polizeivollzugsbeamtinnen und Polizeivollzugsbeamten sowie der Angehörigen der Wachpolizei und des Freiwilligen Polizeidienstes des Landes Hessen dadurch beeinträchtigt werden.

(4) Das Ministerium des Innern und für Sport regelt Inhalt, Umfang und Ausnahmen von dieser Verpflichtung sowie zum Schutz der personenbezogenen Daten durch Verwaltungsvorschriften.

Überblick

Auszug aus der VVHSOG (nicht an die aktuelle Gesetzeslage angepasst und gem. Erlass des Hessischen Ministeriums des Innern und für Sport v. 29.11.2022 (StAnz. 50/2022, 1384) zum 1.1.2025 mangels eines erneuten Verlängerungserlasses ersatzlos außer Kraft getreten):
Zu § 98
98. Ermächtigung
98.2 Zu Abs. 2
Polizeivollzugsbeamtinnen und Polizeivollzugsbeamte haben während der Ausübung ihres Dienstes den Dienstausweis mitzuführen. Auf Verlangen der von einer Maßnahme betroffenen Person, bei Dienstausübung in ziviler Kleidung unaufgefordert, haben sie sich auszuweisen. Namenskarten sind auf Verlangen der von einer Maßnahme betroffenen Person auszuhändigen. Diese Pflichten gelten nur, soweit der Zweck der Maßnahme dadurch nicht beeinträchtigt wird.

Die Vorschrift dient einerseits der Transparenz und Bürgerfreundlichkeit polizeilichen Handelns, andererseits der Identifizierbarkeit der handelnden Personen für den Fall des Verdachts rechtswidrigen Verhaltens. Das polizeiliche Gegenüber soll wissen, mit wem man es zu tun hat, zugleich kann dem informationellen Selbstbestimmungsrecht der handelnden Personen Rechnung getragen werden.

A. Mitführen des Dienstausweises

Während des Dienstes besteht nicht nur grundsätzlich die Verpflichtung zum Tragen der Uniform. Die Polizeivollzugsbeamtin oder der Polizeivollzugsbeamte hat auch den Dienstausweis mitzuführen und nach Maßgabe von Nr. 98 VVHSOG vorzulegen. Gleiches gilt auch für die Mitarbeiterinnen und Mitarbeiter der Wachpolizei, die weiteren Hilfspolizeibeamtinnen und -beamten und die Angehörigen des Freiwilligen Polizeidienstes. 1

B. Kennzeichnungspflicht

Mit Abs. 2 liegt jetzt eine gesetzliche Regelung der Kennzeichnungspflicht vor. Grundsätzlich ist nach S. 1 ein Namensschild zu tragen. Beim Einsatz in geschlossenen Einheiten kann das Namensschild durch eine fünfstellige numerische Kennzeichnung ersetzt werden, wenn diese eine nachträgliche Identifizierung ermöglicht. Nach Abs. 3 gibt es Ausnahmen beispielsweise bei Gefährdung der Maßnahme oder Amtshandlung oder zum Schutz der handelnden Personen vor Nachstellung. 2

Die Pflicht gilt nur gegenüber hessischen Beamtinnen und Beamten, auswärtigen Kräften gegenüber hat der hessische Gesetzgeber keine Regelungskompetenz. Werden also Kräfte aus Bundesländern, in denen es keine Kennzeichnungspflicht gibt, in Hessen aktiv, können diese ggf. auf ohne Kennzeichnung ihren Dienst verrichten. 3

Eine entsprechende Regelung hatte zum Tragen einer unverwechselbaren Kennzeichnung für Polizisten hatte der EGMR schon 2017 befürwortet (EGMR Urt. v. 9.11.2017 – 4774/15). 4

CDU und BÜNDNIS 90/DIE GRÜNEN haben im Koalitionsvertrag für die 19. Wahlperiode Folgendes vorgesehen: „Um den Bürgerinnen und Bürgern offen gegenüberzutreten und eine eindeutige Identifizierung zu ermöglichen, werden hessische Polizeibeamtinnen und Polizeibeamte grundsätz- 4.1

lich ein Namensschild tragen. Um ihre Sicherheit nicht zu gefährden, haben sie das Recht, ihr Namensschild gegen eine Nummer zu tauschen. Es wird sichergestellt, dass geeignete Vorkehrungen getroffen werden, damit keine unbefugten Personen aus der Nummer auf den Namen der Beamtin oder des Beamten schließen können und dies nur dem Dienstherrn bzw. den Strafverfolgungsbehörden möglich ist." (CDU und BÜNDNIS 90/DIE GRÜNEN, Koalitionsvertrag für die 19. Wahlperiode, 2013, S. 38). Dem ist mit der vorliegenden Regelung Rechnung getragen worden, vgl. auch LT Drs. 20/8129.

4.2 Mit Erlass v. 15.12.2014 wurde die entsprechende Änderung der Verwaltungsvorschrift über die Dienstkleidung der hessischen Polizei und andere mit Dienstkleidung in Zusammenhang stehende Regelungen v. 12.12.2013 bekannt gegeben. Danach ist das Namensschild grundsätzlich zu tragen. Eine Abweichung ist möglich, wenn aufgrund von Tatsachen eine Gefährdung persönlicher Rechtsgüter der Polizeivollzugsbeamtin oder des Polizeivollzugsbeamten zu befürchten ist. Anders verhält es sich auch bei geschlossenen Einsätzen wie Fußballspielen oder größeren Versammlungslagen. Hier ist die individuell zugewiesene numerische Kennzeichnung zu tragen. Hierauf kann in begründeten Einzelfällen ebenfalls verzichtet werden.

4.3 Das BVerfG hat sich mit Beschl. v. 4.11.2022 unter dem Az. 2 BvR 2202/19 gegen die Annahme einer Verfassungsbeschwerde gegen § 9 BbgPolG ausgesprochen (NVwZ 2023, 159; mwN)), da die Verfassungsbeschwerde keine hinreichende Aussicht auf Erfolg erkennen ließ. Zuvor hatte ua das BVerwG mit Urteil v. 26.9.2019 – 2 C 32.18 (BVerwG BeckRS 2019, 29881; 2019, 29882) die Kennzeichnungspflicht in Brandenburg für rechtmäßig erklärt (zu dieser Entscheidung Kalthoff ZBR 2020, 245 und zur „Kennzeichnung von Polizeivollzugsbeamten aus nationaler und EMRK-Perspektive" s. Guckelberger DöV 2018, 421). Die in diesen Entscheidungen benannten Gesichtspunkte lassen sich auf Hessen übertragen. Einen gewissen Überblick bietet auch Ertl, Die Kennzeichnungspflicht für Polizeibedienstete auf dem Prüfstand, DöV 2016, 23.

§ 99 Hilfspolizeibeamtinnen und Hilfspolizeibeamte

(1) [1]Zur Wahrnehmung bestimmter Aufgaben der Gefahrenabwehr oder zur hilfsweisen Wahrnehmung bestimmter polizeilicher Aufgaben können Hilfspolizeibeamtinnen und Hilfspolizeibeamte bestellt werden; in den Landkreisen und Gemeinden können sie die Bezeichnung Ordnungspolizeibeamtin oder Ordnungspolizeibeamter führen. [2]Die Bestellung ist widerruflich.

(2) [1]Hilfspolizeibeamtinnen und Hilfspolizeibeamte haben im Rahmen ihrer Aufgaben die Befugnisse von Polizeivollzugsbeamtinnen und Polizeivollzugsbeamten. [2]Zur Anwendung unmittelbaren Zwanges durch Hilfsmittel der körperlichen Gewalt oder durch Waffen (§ 55 Abs. 3 und 4) sind sie nur befugt, wenn sie hierzu ermächtigt werden. [3]Soweit die Ermächtigung nicht durch Rechtsverordnung erfolgt, kann sie mit der Bestellung zur Hilfspolizeibeamtin oder zum Hilfspolizeibeamten oder zu einem späteren Zeitpunkt vorgenommen werden. [4]Die Ermächtigung ist widerruflich.

(3) [1]Zu Hilfspolizeibeamtinnen und Hilfspolizeibeamten können bestellen
1. die kreisfreien Städte und Landkreise eigene Bedienstete,
2. die Polizeibehörden eigene Bedienstete,
3. die Landräte eigene Bedienstete und Bedienstete kreisangehöriger Gemeinden,
4. die Regierungspräsidien
   a) Bedienstete sonstiger Körperschaften oder Anstalten des öffentlichen Rechts,
   b) Privatforstbedienstete, die als Forstschutzbedienstete amtlich bestätigt worden sind, und, soweit in sonstigen Rechtsvorschriften nichts anderes bestimmt ist, Bedienstete von Unternehmen, die dem öffentlichen Verkehr dienen,
   c) amtlich verpflichtete Fischereiaufseherinnen und Fischereiaufseher,
   d) sonstige Bedienstete des Landes,
   e) andere Personen.

[2]Bestellungen von Bediensteten kreisangehöriger Gemeinden sowie Bestellungen nach Satz 1 Nr. 4 Buchst. a bis c erfolgen auf Antrag.

(4) Die Ministerin oder der Minister des Innern kann durch Rechtsverordnung

1. **bestimmen, dass Bedienstete der Gemeinden, sonstiger Körperschaften oder von Anstalten des öffentlichen Rechts sowie Bedienstete des Landes zur Wahrnehmung bestimmter Aufgaben der Gefahrenabwehr oder zur hilfsweisen Wahrnehmung bestimmter polizeilicher Aufgaben allgemein Hilfspolizeibeamtinnen und Hilfspolizeibeamte sind,**
2. **Hilfspolizeibeamtinnen und Hilfspolizeibeamte zur Anwendung unmittelbaren Zwanges durch Hilfsmittel der körperlichen Gewalt oder durch Waffen (§ 55 Abs. 3 und 4) ermächtigen,**
3. **die Zusammenarbeit der Hilfspolizeibeamtinnen und Hilfspolizeibeamten mit den Polizeibehörden und die Ausbildung der Hilfspolizeibeamtinnen und Hilfspolizeibeamten regeln, soweit dies nicht in Laufbahnvorschriften festgelegt ist.**

(5) Das Hessische Berufsqualifikationsfeststellungsgesetz vom 12. Dezember 2012 (GVBl. S. 581), zuletzt geändert durch Gesetz vom 5. Oktober 2017 (GVBl. S. 294) findet keine Anwendung.

Überblick

Die DVO-HSOG ist nicht an die aktuelle Gesetzeslage angepasst.

Auszug aus der VVHSOG (ebenfalls nicht an die aktuelle Gesetzeslage angepasst und gem. Erlass des Hessischen Ministeriums des Innern und für Sport v. 29.11.2022 (StAnz. 50/2022, 1384) zum 1.1.2025 mangels eines erneuten Verlängerungserlasses ersatzlos außer Kraft getreten):

Zu § 99

99. Hilfspolizeibeamtinnen und Hilfspolizeibeamte

99.0

Die Ausbildung ist in § 10 HSOG-DVO geregelt.

99.1 Zu Abs. 1

99.1.1

Zu Hilfspolizeibeamtinnen und Hilfspolizeibeamten (in den Landkreisen und Gemeinden können sie die Bezeichnung „Ordnungspolizeibeamtin" oder „Ordnungspolizeibeamter" führen) aufgrund des § 99 Abs. 3 sind nur Personen zu bestellen, die persönlich zuverlässig und geeignet sind, bestimmte Aufgaben der Gefahrenabwehr oder hilfsweise bestimmte polizeiliche Aufgaben wahrzunehmen. Sie sollen mindestens 21 Jahre alt sein und müssen nach ihrer Persönlichkeit und ihrem bisherigen Verhalten die Gewähr dafür bieten, dass sie von ihren Befugnissen keinen unzulässigen Gebrauch machen. Geeignet sind nur solche Personen, die körperlich und geistig in der Lage sind, die ihnen übertragenen Aufgaben ordnungsgemäß wahrzunehmen. Dies ist durch ein amts- oder betriebsärztliches Gutachten feststellen zu lassen.

99.1.2

In einer Bestellungsverfügung sind die Aufgaben zu bezeichnen, die die Hilfspolizeibeamtinnen und Hilfspolizeibeamten wahrzunehmen haben, und festzuhalten, ob sie oder er durch die Verwaltungsbehörde ermächtigt worden ist, im Außendienst Verwarnungen zu erteilen und Verwarnungsgelder zu erheben (§ 56, § 57 Abs. 1 OWiG). Der Dienstherr oder Arbeitgeber ist ferner befugt, die Hilfspolizeibeamtin oder den Hilfspolizeibeamten zu ermächtigen, bei allen geringfügigen Ordnungswidrigkeiten, unabhängig davon, welche Verwaltungsbehörde für die Verfolgung und Ahndung zuständig ist, Verwarnungen zu erteilen und Verwarnungsgelder zu erheben (§ 57 Abs. 2, § 58 Abs. 1 OWiG). Auch diese Ermächtigung ist in der Bestellungsverfügung festzuhalten. Die Bestellung ist mit Wirkung für die Zukunft zu widerrufen, wenn die persönlichen oder sachlichen Voraussetzungen nicht mehr vorliegen. Im Interesse einer einheitlichen Verwaltungsübung wird empfohlen, das als Anlage 2 abgedruckte Muster einer Bestellungsverfügung zu verwenden. Für die Hilfspolizeibeamtin oder den Hilfspolizeibeamten ist ein Dienstausweis auszustellen. Die Ausstellung obliegt der Behörde, die die Bestellung vornimmt; in Fällen, in denen die Bestellung durch Rechtsvorschrift erfolgt, dem Dienstherrn oder dem Arbeitgeber der oder des Bediensteten. Die Ausweise sind auf festem Papier oder anderem geeigneten Material nach dem als Anlage 3 abgedruckten Muster herzustellen.

Werden sie im „Scheckkartenformat" hergestellt, kann auf die Angaben „Unterschrift" und „Gültigkeitsvermerk" verzichtet werden; sie haben dann eine Gültigkeit von fünf Jahren. In der Bestellungsverfügung und dem Dienstausweis kann – soweit es sich um Bedienstete der Landkreise oder Gemeinden handelt – die Bezeichnung Ordnungspolizeibeamtin oder Ordnungspolizeibeamter verwendet werden.

99.1.3

Kraftfahrzeuge, die von Hilfspolizeibeamtinnen und Hilfspolizeibeamten ausschließlich zur Wahrnehmung der Aufgaben nach § 99 Abs. 1 Satz 1 benutzt werden, dürfen mit Kennleuchten für blaues Blinklicht und Einsatzhorn ausgerüstet werden; sie dürfen nicht als Werbeträger genutzt werden. Blaues Blinklicht und Einsatzhorn darf nur von solchen Hilfspolizeibeamtinnen und Hilfspolizeibeamten verwendet werden, die an der Polizeiakademie Hessen erfolgreich eine entsprechende Ausbildung absolviert haben. Das Regierungspräsidium kann Ausnahmen zulassen, wenn die erforderlichen Kenntnisse auf andere Weise erworben worden sind oder erworben werden können. Die Berechtigung ist in der Bestellungsverfügung festzuhalten.

99.1.4

Für die der Wachpolizei (§ 13 HSOG-DVO) angehörenden Hilfspolizeibeamtinnen und Hilfspolizeibeamten gilt die VVWaPol in der jeweils geltenden Fassung.

99.2 Zu Abs. 2

99.2.1

Soweit die Ermächtigung zur Anwendung unmittelbaren Zwanges durch Hilfsmittel der körperlichen Gewalt oder durch Waffen (§ 55 Abs. 3 und 4) nicht generell durch Rechtsverordnung (Abs. 4 Nr. 2) erfolgt, kann sie mit der Bestellung (vergleiche Nr. 99.1.1 und 1.2) oder zu einem späteren Zeitpunkt nach Satz 2 und 3 durch Einzelakt vorgenommen werden. Bei Schusswaffen ist sie auf Pistolen zu beschränken; das Regierungspräsidium kann Ausnahmen zulassen. Hilfspolizeibeamtinnen und Hilfspolizeibeamte dürfen nur ermächtigt werden, wenn sie die erforderlichen theoretischen und praktischen Kenntnisse über die Anwendung unmittelbaren Zwanges erworben haben. Zum Erwerb der Kenntnisse über die Anwendung unmittelbaren Zwanges durch Hilfsmittel der körperlichen Gewalt, durch Reizstoffsprühgeräte mit natürlichem Capsaicin (Pfefferspray) oder durch den Hartgummistock beziehungsweise den Teleskopschlagstock ist ein Lehrgang bei dem Hessischen Verwaltungsschulverband erforderlich; das Regierungspräsidium kann Ausnahmen zulassen, wenn die erforderlichen Kenntnisse auf andere Weise erworben worden sind oder erworben werden können. Die Ermächtigung zur Anwendung unmittelbaren Zwanges durch Schusswaffen oder durch Reiz- oder Betäubungsstoffe mit Ausnahme von Pfefferspray setzt die erfolgreiche Teilnahme an einem von der Polizeiakademie Hessen durchgeführten Lehrgang voraus. Beabsichtigen Landrätinnen oder Landräte, Anträgen zur Ermächtigung von Bediensteten kreisangehöriger Gemeinden, die die vorgeschriebenen Lehrgänge erfolgreich absolviert haben, nicht zu entsprechen, haben sie die vorherige Zustimmung des Regierungspräsidiums einzuholen. Die Ermächtigung zur Anwendung unmittelbaren Zwanges durch Schusswaffen bedarf der vorherigen Zustimmung des Regierungspräsidiums. Für Hilfspolizeibeamtinnen und Hilfspolizeibeamte bei den Polizeibehörden werden besondere Regelungen getroffen. Die Ermächtigung wird von der für die Bestellung zuständigen Behörde erteilt; im Falle des § 99 Abs. 4 Nr. 1 von der Anstellungsbehörde.

99.2.2

Die Ermächtigung zur Anwendung unmittelbaren Zwangs durch Schusswaffen ist nach einer Prüfung im Einzelfall mit sofortiger Wirkung für die Zukunft zu widerrufen, wenn die Hilfspolizeibeamtin oder der Hilfspolizeibeamte die sichere Handhabung der Schusswaffe nicht mehr gewährleisten kann. In Zweifelsfällen können Sachverständige der hessischen Polizei beratend hinzugezogen werden.

Die Gewährleistung der Handhabungssicherheit von Schusswaffen nach einer Grundeinweisung nach Nr. 99.2.1 an der Polizeiakademie Hessen obliegt der Verantwortung der jeweiligen Behörde, die die Ermächtigung erteilt hat. Das hierzu notwendige Übungsschießen orientiert sich an den aktuellen für die Wachpolizei geltenden Regelungen zum einsatzmäßigen Übungsschießen. Es findet im Rahmen der gegebenen Möglichkeiten und vorbehaltlich der vorrangigen Erfüllung polizeiinterner Bedürfnisse grundsätzlich bei der Polizei durch entsprechend ausgebildete Kräfte nach den jeweilig geltenden Standards statt.

99.2.3

Das Regierungspräsidium kann Ausnahmen von Nr. 99.2.2 zulassen, wenn die erforderlichen Kenntnisse auf andere Weise erworben worden sind oder erworben werden können. Dies ist dann der Fall, wenn

– nachgewiesen wird, dass für das Übungsschießen Schießtrainerinnen und Schießtrainer mit analoger Qualifizierung gemäß geltender Regelung für hauptamtliche Schießtrainerinnen und Schießtrainer der Polizei eingesetzt werden und

– sich die Anzahl der im Kalenderjahr zu absolvierenden Schießtermine und die Art der Schießübungen an der aktuellen Regelung für die Wachpolizei zum einsatzmäßigen Übungsschießen orientiert.

Für das Schießtraining dürfen nur Anlagen verwendet werden, die die einschlägigen Sicherheitsbestimmungen erfüllen und darüber hinaus den Standards für die Anlagen der Polizei entsprechen. Die

Anlagen müssen nach Art und Ausstattung für das notwendige Übungsschießen geeignet sein. Hierzu ist die oder der Koordinierende Schießstandssachverständige der hessischen Polizei beim Hessischen Polizeipräsidium für Technik vorher einzubeziehen.

99.2.4

Beim Umgang mit dienstlich zugelassenen Schusswaffen und Munition im Dienst ist Folgendes zu beachten:

99.2.4.1

Schusswaffen und Munition sind so zu behandeln, dass sie jederzeit funktionsfähig sind und keine Beschädigungen entstehen. Es dürfen daran keine Veränderungen oder sonstige Manipulationen vorgenommen werden. Schusswaffen müssen regelmäßig gereinigt werden. Sie sind so aufzubewahren, daß sie gegen Abhandenkommen und unbefugten Zugriff wirksam gesichert sind. In den Dienstgebäuden sind sie grundsätzlich in Waffenschränken oder -behältnissen unter Verschluss zu halten. In Räumen und Fluren, die von Unberechtigten unkontrolliert direkt betreten werden können, dürfen Schusswaffen und Munition nur dann aufbewahrt werden, wenn geeignete Sicherheitsvorkehrungen vorhanden sind und eine Genehmigung der Behördenleitung vorliegt. In unbeaufsichtigten verschlossenen Dienstfahrzeugen dürfen Schusswaffen und Munition nur kurzfristig und in nicht einsehbaren Waffenbehältnissen verschlossen aufbewahrt werden. Schusswaffen und Munition sind ausschließlich in den dienstlich gelieferten oder den dienstlich zugelassenen Tragevorrichtungen zu führen.

Die Behördenleitung hat sicherzustellen, dass die Vollzähligkeit der Schusswaffen und Munition halbjährlich überprüft wird.

99.2.4.2

Der Umgang mit Schusswaffen (insbesondere das Führen) und Munition nach dem Genuss alkoholischer Getränke oder nach der Einnahme von Mitteln, welche die geistige oder körperliche Leistungsfähigkeit beeinträchtigen, ist untersagt.

Die Vorgesetzten können aus begründetem Anlass das Führen von Schusswaffen ganz oder zeitweise untersagen (zum Beispiel bei Bedenken hinsichtlich der persönlichen Eignung im Sinne des § 6 WaffG oder Einschränkungen der physischen Leistungsfähigkeit).

99.2.4.3

Über den Inhalt der Nr. 99.2.4.1 und 99.2.4.2 sind die betroffenen Personen jährlich zu belehren. Die Belehrung ist aktenkundig zu machen.

Diese Vorschrift ermöglicht es den Gefahrenabwehr- und Polizeibehörden, Mitarbeiter (→ Rn. 2) mit besonderen Befugnissen im Bereich der Gefahrenabwehr und, wie sich aus Abs. 2 ergibt, zur Ausübung **einfacherer** polizeilicher Aufgaben (→ Rn. 9) auszustatten. Wer bestellt werden kann (→ Rn. 18), ergibt sich aus Abs. 3. Die Ermächtigungsnorm für eine generelle Regelung enthält Abs. 4 (→ Rn. 23). Der Gesetzgeber hat daraufhin nicht nur die oben genannte VVHSOG erlassen, sondern auch in der DVO ergänzende Regelungen getroffen (vgl. aber zu deren Aktualität und Fortgeltung oben). Zudem gibt es eine VVWaPol (Verwaltungsvorschrift zur Ausführung des § 13 HSOG-DVO v. 23.2.2017, StAnz 330). Nicht zu den nach dieser Vorschrift erlassenen Verordnungen gehört das HFPG.

Übersicht

A. Parallelvorschriften in anderen Bundesländern

Parallelvorschriften zu § 99 finden sich in anderen Bundesländern (→ Rn. 1.1 ff.). **1**

Bayern: Art. 2 Abs. 1 BayPOG stellt klar, dass als Dienstkräfte des polizeilichen Vollzugsdienstes nur Beamte verwendet werden dürfen. Art. 2 Abs. 2 BayPOG gestattet die Ermächtigung von Angestellten zur Verwarnung von Verkehrsteilnehmern nach § 57 OWiG wegen Zuwiderhandlungen gegen Vorschriften des Straßenverkehrsrechts. **1.1**

1.2 **Baden-Württemberg:** § 80 BWPolG ermöglicht es den Ortspolizeibehörden, sich zur Wahrnehmung bestimmter auf den Gemeindebereich beschränkter polizeilicher Aufgaben gemeindlicher Vollzugsbediensteter zu bedienen. Diese haben bei der Erledigung ihrer polizeilichen Dienstverrichtungen die Stellung von Polizeivollzugsbeamten im Sinne des BWPolG.

1.3 **Niedersachsen:** § 95 NPOG sieht die Bestellung von Hilfspolizeibeamtinnen und -beamten zur Wahrnehmung polizeilicher Aufgaben vor und berechtigt diese insoweit auch zur Ausübung polizeilicher Befugnisse. Näheres ergibt sich aus den zugehörigen Ausführungsbestimmungen. Niedersachsen hat hiervon bislang keinen Gebrauch gemacht.

B. Systematische Stellung des § 99

2 Auffallend ist, dass § 99 in den dritten Abschnitt „Polizeidienststellen" des HSOG Aufnahme gefunden hat; geht es in der Regelung doch vor allem um die Möglichkeit der Ordnungsbehörden, Hilfspolizeibeamtinnen und -beamte zu bestellen. Die Polizeibehörden als solche sind erstmals in Abs. 3 Nr. 2 erwähnt, Abs. 4 Nr. 3 gibt der Ministerin oder dem Minister des Innern die Ermächtigung, durch Rechtsverordnung die Zusammenarbeit der Hilfspolizeibeamtinnen und -beamten mit den Polizeidienststellen zu regeln. Polizeidienststellen sind im Gesetzentwurf der Landesregierung für ein Hessisches Gesetz über die Umorganisation der Polizei (LT-Drs. 15/1571, 18) definiert als Polizeibehörden und die Polizeieinrichtung (gemeint ist hiermit die damalige Hessische Polizeischule, die heute als Hessische Polizeiakademie ebenfalls Behördenstatus erlangt hat und zum 1.1.2022 in der Hessischen Hochschule für öffentliches Management und Sicherheit aufgegangen ist). Inhaltlich ist diese Vorschrift der Polizeireform im Jahr 2000 geschuldet. Während zunächst die Regierungspräsidien kraft eigener Zuständigkeit auch im Polizeibereich die Bestellungen vornehmen konnten, ist diese Befugnis nach der Polizeireform den Polizeipräsidien übertragen worden (vgl. LT-Drs. 15/1571).

C. Rechtsstellung der Hilfspolizeibeamtinnen und Hilfspolizeibeamten

3 Wer bestellt werden kann, ergibt sich aus Nr. 99.1.1 VVHSOG. Voraussetzung der Bestellung ist in jedem Fall ein amts- oder betriebsärztliches Gutachten. Liegen die persönlichen oder sachlichen Voraussetzungen der Bestellung nicht mehr vor, ist diese nach Nr. 99.1.2 VVHSOG zu widerrufen.

4 Zunächst ist eine Begriffsklärung vorzunehmen. Es handelt sich nämlich bei den betroffenen Personen nicht notwendig um Mitarbeiterinnen und Mitarbeiter im Beamtenstatus iSd Art. 33 GG. Ungeachtet dessen sind sie Amtsträger im strafrechtlichen Sinne gem. § 11 Abs. 1 Nr. 2 StGB und Beamte im staatshaftungsrechtlichen Sinne gem. Art. 34 GG iVm § 839 BGB.

5 Die Ordnungspolizeibeamtinnen und -beamten sind üblicherweise im Angestelltenverhältnis bei den Landkreisen und Gemeinden tätig, für die den Polizeibehörden zugehörigen Beschäftigten der Wachpolizei, die gem. § 13 HSOG-DVO ebenfalls Hilfspolizeibeamtinnen und -beamte sind, gilt gem. Nr. 1 VVWaPol der TV-H.

6 Nicht erfasst von § 99 ist der sog. Freiwillige Polizeidienst. Hierbei handelt es sich um eine ehrenamtliche Tätigkeit gegen Aufwandsentschädigung, §§ 7 und 8 HFPG iVm § 20 HSOG-DVO und Nr. 11 und 12 VVFPolD. Die derart engagierten Personen sind Polizeihelferinnen und Polizeihelfer und stehen nicht in einem Arbeitsverhältnis.

6.1 Die Verfassungsmäßigkeit des Freiwilligen Polizeidienstes ist nicht unumstritten (vgl. Hornmann HSOG § 81 Rn. 28 ff.). In diesem Zusammenhang sei auf den Beschluss des VerfGH Berlin v. 1.11.2004 (BeckRS 9998, 41903) verwiesen, in dem dieser über die Auflösung des freiwilligen, ehrenamtlichen Polizeidienstes zu befinden hatte. Das Gericht befasst sich hierbei insbesondere mit der Gestaltungsfreiheit und dem Prognosespielraum des Gesetzgebers. Die Frage der Verfassungswidrigkeit wird nicht behandelt. Eine Bejahung dieser Frage hätte die Entscheidung allerdings erheblich verkürzen können.

7 Die Hilfspolizeibeamtinnen und -beamten sind nach Nr. 3.1 VVWaPol, weil keine Polizeivollzugsbeamten, auch keine Hilfsbeamten der Staatsanwaltschaft iSd § 152 GVG.

7.1 Einzelheiten hierzu enthält die StAErmittPVO (Verordnung über die Ermittlungspersonen der Staatsanwaltschaft v. 26.9.2011, HessGVBl. I 582).

Für die Vergütung der Wachpolizei sah Nr. 2.4 VVWaPol zunächst grundsätzlich die Entgeltgruppe 6 des TV-H vor, bei Vorliegen der tarifrechtlichen Voraussetzungen kommt auch eine Vergütung nach Entgeltgruppe 8 in Betracht. Zwischenzeitlich haben sich die Tarifvertragsparteien dahingehend geeinigt, dass die TV-H-EntgeltO um einen Abschnitt II Nr. 18.2 („Beschäftigte der Wachpolizei") ergänzt wird. Mit Wirkung v. 1.6.2015 sind die Beschäftigten der Wachpolizei nunmehr grundsätzlich der Entgeltgruppe 8 zuzuordnen, in besonders benannten Fällen kommen auch eine Eingruppierung in die Entgeltgruppe 9 in Betracht. **8**

Die Entgeltgruppe 9 ist vorgesehen für Beschäftigte, „deren Tätigkeit sich dadurch aus der Entgeltgruppe 8 heraushebt, dass sie schwierig ist." (Abschnitt II Nr. 18.2 Entgeltgruppe 9 Nr. 1 TV-H-EntgeltO) bzw. „denen mindestens fünf Beschäftigte durch ausdrückliche Anordnung ständig unterstellt sind." (Abschnitt II Nr. 18.2 Entgeltgruppe 9 Nr. 2 TV-H-EntgeltO). Die schwierigen Tätigkeiten iSv Abschnitt II Nr. 18.2 Entgeltgruppe 9 Nr. 1 TV-H-EntgeltO sind sodann in den Protokollerklärungen beispielhaft aufgeführt: **8.1**

- Tätigkeiten im kriminalpolizeilichen Erkennungsdienst, die die eigenverantwortliche Tatortarbeit vor Ort, die Durchführung der Spurensicherung, die labortechnische Spurensuche einschließlich der Fertigung von Spurensicherungsberichten umfassen;
- eigenverantwortliche Vorbereitung und Durchführung des Verkehrsunterrichts im Rahmen der Jugendverkehrserziehung;
- die verantwortliche Leitung der technischen Verkehrsüberwachung einschließlich des Geschwindigkeitsmaßtrupps;
- Koordination der Objektschutzmaßnahmen;
- koordinierende Aufgaben im Erkennungsdienst;
- Vornahme selbständiger Urkundenprüfungen nach entsprechender Ausbildung;
- Streifengang.

Die Vergütung war lange Zeit nicht unumstritten. So hat das BAG (BeckRS 2012, 72170) einem Hamburger Ordnungspolizisten die Entgeltgruppe 9 des TV-L im Wege des Bewährungsaufstiegs zugestanden, da aufgrund seines Arbeitsvorgangs „Streifengang" die nach Vergütungsgruppe Vc Fallgruppe 1a BAT erforderlichen Tatbestandsmerkmale „gründliche und vielseitige Fachkenntnisse" sowie „selbständige Leistungen" in rechtserheblichem Ausmaß erfüllt seien. Ähnlich hat auch das LAG Berlin-Brandenburg entschieden (vgl. bspw. LAG Berlin-Brandenburg BeckRS 2014, 66252; 2014, 66230). **8.2**

Die nunmehr getroffene Regelung in der Entgeltordnung des TV-H gilt erst ab dem 1.6.2015. Sie entfaltet keine Rückwirkung zugunsten bis dahin eingegangener Anträge auf Überprüfung der Eingruppierung und entsprechend anhängiger arbeitsgerichtlicher Auseinandersetzungen. Die Streitigkeiten waren mit der Änderung der Entgeltordnung zum TV-H also nur teilweise befriedet. **8.3**

Die erstinstanzlichen Verfahren sind zwischenzeitlich weitgehend abgeschlossen. In den meisten Fällen ist das Land unterlegen. Das LAG Hessen hat die Urteile des ArbG Wiesbaden bestätigt, dass Objektschutz und Liegenschaftssicherung ein einheitlicher Arbeitsvorgang seien (LAG Hessen BeckRS 2016, 123270; 2016, 123266; 2016, 123265; 2016, 124184; 2016, 123829). **8.4**

Eine Ausnahme in der erstinstanzlichen Rechtsprechung bilden drei Urteile des ArbG Fulda aus dem Dezember 2015 (2 Ca 98/15, 2 Ca 99/15 und 2 Ca 100/15): Das Gericht sprach den Klägern rundweg zu, Tätigkeiten zu verrichten, die als „selbständige Leistungen" qualifiziert werden können und „gründliche und vielseitige Fachkenntnisse" erfordern. Den Klägern ist es allerdings nicht gelungen, das Gericht von den erforderlichen Zeitanteilen zu überzeugen. **8.5**

Hilfspolizeibeamtinnen und -beamten ist nach Nr. 99.1.2 VVHSOG ein Dienstausweis auszustellen. **8.6**

D. Aufgaben

Die Hilfspolizeibeamtinnen und -beamten werden entweder zur Wahrnehmung bestimmter Aufgaben im Rahmen der Gefahrenabwehr oder zur hilfsweisen Wahrnehmung bestimmter polizeilicher Aufgaben eingesetzt. **9**

Die Aufgaben der Gefahrenabwehr bestimmen sich nach dem jeweiligen Zuständigkeitsbereich der bestellenden Behörde. Besonders benannt werden in Abs. 3 die Bereiche Forst und Fischereiaufsicht. Zudem unterstützen Hilfspolizeibeamtinnen und -beamte in manchen Städten zB als sog. „Stadtpolizei" das Ordnungsamt. Die wahrzunehmenden Aufgaben sind nach Nr. 99.1.2 VVHSOG in der Bestellungsverfügung genau zu bezeichnen. Hierzu gehört insbesondere auch die Verfolgung von Ordnungswidrigkeiten (§ 57 Abs. 1 und Abs. 2 OWiG sowie § 58 Abs. 1 OWiG). **10**

10.1 Für die Stadtpolizei in Kassel bedeutet das gemäß Verfügung vom 6.5.2020 beispielsweise: Wahrnehmung von allgemeinen Aufgaben der Gefahrenabwehr einschließlich Verkehrsüberwachung, -regelung und -lenkung, Erforschung von Straftaten einschließlich des Treffens von unaufschiebbaren Anordnungen (§ 163 StPO), Erforschung von Ordnungswidrigkeiten einschließlich des Treffens von unaufschiebbaren Anordnungen (§ 53 Abs. 1 OWiG), Erteilung von Verwarnungen (nebst Ausweispflicht, §§ 56, 57 Abs. 1 OWiG), vorläufige Ingewahrsamnahmen (§ 17 Abs 1 S. 1 PsychKG iVm § 32 Abs. 4 HSOG), körperliche Durchsuchungen zum Zwecke der Eigensicherung (§ 36 Abs. 3), vorläufige Festnahmen (§ 127 Abs. 4 StPO), vorläufige Ingewahrsamnahmen (§ 32 Abs. 1 Nr. 1 und Nr. 2, Abs. 2), Festhalten zwecks Identitätsfeststellung (§ 45 Abs. 1–3 OWiG, §§ 160, 163b StPO). Sie sind zudem zu Vollziehungsbeamten bestellt (§ 6 Abs. 1 iVm § 68 Abs. 1 HVwVG).

11 Die polizeilichen Aufgaben ergeben sich aus der VVWaPol (Verwaltungsvorschrift zur Ausführung des § 13 HSOG-DVO v. 23.2.2017, StAnz 330). Es handelt sich hierbei gem. Nr. 2.1 VVWaPol ausdrücklich um Aufgaben, „für die der Einsatz von Polizeivollzugsbeamtinnen und Polizeivollzugsbeamten nicht zwingend erforderlich ist. Die Übertragung von Aufgaben an die Wachpolizei ist deshalb nur unter dem Aspekt einer Entlastung möglich, damit sich die Polizeivollzugsbeamtinnen und Polizeivollzugsbeamten ihren Kernaufgaben widmen können." Ungeachtet dessen unterliegen sie nach § 98a HSOG der gleichen Legitimations- und Kennzeichnungspflicht wie Polizeivollzugsbeamte.

11.1 Die Aufgaben sind in Nr. 2.2 VVWaPol konkretisiert: zB Objektschutz nach PDV 129, Unterstützung bei Abschiebungen und Vorführungen (Näheres s. Gefangenentransportvorschrift (GTV) vom 10.3.2020, StAnz 426 sowie die Ergänzenden Bestimmungen des Landes Hessen (EBGTV) vom 17.12.2021 (StAnz 2022, 4)), Durchführung von erkennungsdienstlichen Behandlungen und Tatortarbeit, Gewahrsamsdienst, Sicherungsaufgaben an polizeilichen Liegenschaften, Unterstützung bei Veranstaltungen und Lagen aus besonderem Anlass, anlassbezogene Begleitung des Öffentlichen Personennahverkehrs, Verkehrsüberwachung, Fußstreifenpräsenz, sonstige einsatzbegleitende Unterstützung wie Begleitung von Schwertransporten oder Unterstützung von Unfallaufnahmen. Nr. 2.4 VVWaPol eröffnet den Behördenleitungen die Möglichkeit, durch Dienstanweisung unter bestimmten klar definierten Voraussetzungen weitere Aufgaben zu übertragen, soweit sie mit Nr. 2.1 VVWaPol vereinbar sind.

11.2 Aus Nr. 2.5 VVWaPol ergibt sich noch eine Eilzuständigkeit der Wachpolizei: „Die Beschäftigten sind verpflichtet, im Zusammenhang mit der Wahrnehmung ihrer Aufgaben Straftaten zu erforschen und im Rahmen ihrer Befugnisse alle keinen Aufschub gestattenden Anordnungen zu treffen, um die Verdunkelung einer Sache zu verhüten, soweit für die Anordnung der Maßnahme die Ermittlungspersoneneigenschaft der Staatsanwaltschaft nicht erforderlich ist. Dies gilt nach § 53 Abs. 2 des Gesetzes über Ordnungswidrigkeiten auch für die Verfolgung von Ordnungswidrigkeiten." Deutlich hervorgehoben werden auch hier wieder die engen Grenzen, innerhalb derer sich das Wirken der Wachpolizei bewegt.

11.3 Aufgabengebiet und Einsatz der Wachpolizei werden derzeit überprüft (LT-Drs. 19/2368).

11.4 Ein Tätigwerden der Wachpolizei über die Grenzen Hessens hinaus in ein anderes Bundesland ist nach Nr. 2.6 VVWaPol iVm § 103 Abs. 1 nur dann möglich, wenn das andere Land dieses auch vorsieht.

E. Befugnisse im Rahmen der Aufgaben

12 Aus Abs. 2 ergibt sich, dass die Hilfspolizeibeamtinnen und -beamten im Rahmen ihrer in Abs. 1 bestimmten Aufgaben die Befugnisse von Polizeivollzugsbeamtinnen und Polizeivollzugsbeamten haben. Die Grenzen dieser Befugnisse ergeben sich also aus den übertragenen Aufgaben, seien es also bestimmte Aufgaben der Gefahrenabwehr wie bspw. die Fischereiaufsicht oder die hilfsweise Wahrnehmung bestimmter polizeilicher Aufgaben.

13 Da die Hilfspolizeibeamtinnen und -beamten im Rahmen ihrer Aufgaben die Befugnisse von Polizeivollzugsbeamtinnen und -beamten haben, sind ihre Anordnungen nach § 80 Abs. 2 S. 1 Nr. 2 VwGO sofort vollziehbar; ein Widerspruch hat keine aufschiebende Wirkung.

14 Die Befugnisse der Wachpolizei sind in Nr. 3 VVWaPol geregelt. Sie dürfen von den Befugnissen von Polizeivollzugsbeamtinnen und Polizeivollzugsbeamten allerdings gem. Nr. 3.1 VVWaPol nur dann Gebrauch machen, wenn ihnen zuvor die erforderlichen Kenntnisse vermittelt wurden. Im Zweifel ist die Entscheidung des oder der Vorgesetzten einzuholen. Diese ist entbehrlich, wenn es um die Wahrnehmung von Sonderrechten und Wegerechten beim Führen von Dienstfahrzeugen geht. Hierzu ist eine besondere Schulung durch die Hessische Hochschule für öffentliches Management und Sicherheit gemäß den Richtlinien über die Berechtigung zum

Führen von Dienstkraftfahrzeugen und die Dienstfahrerlaubnis zum Führen von Kraftfahrzeugen der hessischen Polizei erforderlich. Wer diese nicht besitzt, ist nicht befugt, Sonder- und Wegerechte in Anspruch zu nehmen (sa Nr. 3.5 VVWaPol, die die Befugnis zum Führen von Dienstkraftfahrzeugen der hessischen Polizei gesondert regelt).

Hinsichtlich der Hilfspolizeibeamtinnen und -beamten, die nicht der Wachpolizei angehören, wird zur Nutzung von Sonderrechten iSd § 35 StVO auf Nr. 99.1.3 VVHSOG verwiesen. Die entsprechende Bestellung ist in der Verfügung festzuhalten. 14.1

Die Anwendung unmittelbaren Zwangs bedarf gem. Abs. 2 S. 2 und S. 3 einer gesonderten Ermächtigung, die mittels Rechtsverordnung oder auch im Einzelfall vorgenommen werden kann. Diese Ermächtigung ist nach Abs. 2 S. 4 widerruflich. 15

Die VVWaPol hat hierfür auf der Grundlage von § 99 und § 13 HSOG-DVO unter Nr. 3.2 VVWaPol eine gesonderte Regelung getroffen. Insbesondere wird hier klargestellt, dass § 32 StGB (Notwehr) und § 227 BGB (Nothilfe) von der Regelung der Befugnis zur Ausübung unmittelbaren Zwangs unberührt bleiben. 16

Unmittelbarer Zwang kann danach angewendet werden durch körperliche Gewalt gegen Personen, Tiere oder Sachen. Pistole, Schlagstock oder das Reizstoffsprühgerät „RSG 3" können zudem als Waffen gegen Tiere oder Sachen eingesetzt werden. Der Einsatz gegen Personen ist nur unter den Voraussetzungen des § 61 Abs. 1 Nr. 1 (Abwehr einer gegenwärtigen Gefahr für Leib oder Leben) und § 61 Abs. 1 Nr. 4 lit. a (zur Vereitelung der Flucht oder zur Ergreifung einer Person, die in amtlichem Gewahrsam zu halten oder ihm zuzuführen ist aufgrund richterlicher Entscheidung wegen eines Verbrechens oder aufgrund des dringenden Verdachts eines Verbrechens) gestattet. 17

Voraussetzung für die Befugnis zur Anwendung unmittelbaren Zwangs ist eine entsprechende Ausbildung an der Hessischen Hochschule für öffentliches Management und Sicherheit. So statuiert Nr. 7 VVWaPol, dass Ausbildungsinhalt neben der Vermittlung von Kenntnissen des präventiven und repressiven Eingriffsrechts unter anderem auch die Teilnahme an der Schießausbildung ist. Die Ausbildung wird durch die Richtlinien für die Durchführung der Aus- und Fortbildung der Wachpolizei (v. 2.8.2017, StAnz 996) geregelt und gliedert sich wie folgt: **Unterrichtsfächer mit Leistungsnachweis,** der nach Nr. 3 Wachpolizei-Ausbildung-Durchführungsrichtlinie in schriftlicher, mündlicher oder praktischer Form angefordert werden kann: 17.1

- Präventives Eingriffsrecht,
- Repressives Eingriffsrecht,
- Verkehrsrecht,
- Schießen,
- Waffensachkunde,
- Einsatztraining.

Unterrichtsfächer ohne Leistungsnachweis:

- Waffenrecht,
- Urkundenrecht / Ausländerrecht,
- Dienstrecht,
- Staatsbürgerliche Bildung,
- Jugendschutz,
- Verhaltenstraining,
- Interkulturelle Sensibilisierung im Streifendienst,
- Polizeidienstkunde,
- Polizeiliche EDV-Systeme,
- Sport.

Ausbildungsbestandteile:

- Einführungspraktikum (bei den Personalbewirtschaftern),
- Fortführungspraktikum (bei den Personalbewirtschaftern),
- Kraftfahrausbildung,
- Erste-Hilfe-Ausbildung.

Auch Hilfspolizeibeamtinnen und -beamte, die nicht der Wachpolizei angehören, können unter den Voraussetzungen von Nr. 99.2.1 VVHSOG und Nr. 99.2.2 VVHSOG zum Schusswaffengebrauch ermächtigt werden. Kann die oder der Hilfspolizeibeamtin oder -beamte die sichere Handhabung der Schusswaffe nicht mehr gewährleisten, so ist nach Nr. 99.2.2 VVHSOG die Ermächtigung zur Anwendung unmittelbaren Zwangs durch Schusswaffen mit sofortiger Wirkung zu widerrufen. Es handelt sich 17.2

hierbei um eine gebundene Entscheidung im Interesse der öffentlichen Sicherheit. Die erforderlichen Kenntnisse können entweder nach Nr. 99.2.1 VVHSOG an der Hessischen Hochschule für öffentliches Management und Sicherheit oder nach Nr. 99.2.3 VVHSOG anderweitig erworben werden. Jedenfalls gilt entsprechend Nr. 99.2.4 VVHSOG der Erlass über den Umgang mit dienstlichen Schusswaffen bei der hessischen Polizei in entsprechender Weise.

17.3 Aber auch nach abgeschlossener Ausbildung dürfen Hilfspolizeibeamtinnen und -beamte von der Schusswaffe nur zum Zwecke der Notwehr oder Nothilfe iSd § 32 StGB Gebrauch machen – ansonsten läge hoheitliches Handeln vor, das Polizeivollzugsbeamtinnen und -beamten vorbehalten bleibt. Die Befugnis von Hilfspolizeibeamtinnen und Hilfspolizeibeamten zur Ausübung unmittelbaren Zwangs ergibt sich aus § 63 Abs. 2 Nr. 3. Für die Kasseler Stadtpolizei bedeutet das laut Verfügung vom 6.5.2020, dass sie unmittelbaren Zwang durch körperliche Gewalt ausüben können (§§ 99 Abs. 2 S. 2, 55 Abs. 4 und 63 Abs. 2 Nr. 3 HSOG). An Hilfsmitteln stehen ihnen Fesseln, Reizsprühstoffgerät und Schlagstock zur Verfügung (§ 99 Abs. 2 S. 2, § 55 Abs. 3 und 4, § 63 Abs. 2 Nr. 3 HSOG). Zudem sind sie befugt, Verkehrsteilnehmer im Rahmen von Kontrollen anzuhalten (§§ 99 Abs. 2 S. 1 HSOG iVm § 36 Abs. 5 S. 1 StVO).

F. Zur Bestellung befugte Behörden

18 Zur Bestellung eigener Bediensteter sind die kreisfreien Städte und Landkreise (Abs. 3 S. 1 Nr. 1), die Polizeibehörden (Abs. 3 S. 1 Nr. 2) und die Landräte befugt (§ 99 Abs. 3 S. 1 Nr. 3). Letztere können zudem Bedienstete kreisangehöriger Gemeinden bestellen (Abs. 3 S. 1 Nr. 3). Die Bediensteten der Polizeibehörden gehören mit ihrer Bestellung der Wachpolizei an, § 13 HSOG-DVO iVm Nr. 1 VVWaPol.

19 Weitreichender sind dagegen die Befugnisse der Regierungspräsidien: Sie können nicht nur auf Antrag Bedienstete sonstiger Körperschaften oder Anstalten des öffentlichen Rechts, Privatforstbedienstete oder Bedienstete von Verkehrsunternehmen, Fischereiaufseher und sonstige Bedienstete des Landes bestellen. Während gem. § 11 S. 1 Nr. 1 HSOG-DVO im Forstbereich auch Angestellte bestellt werden können, muss es sich bei der Fischereiaufsicht nach § 11 S. 1 Nr. 2 HSOG-DVO um Beamtinnen oder Beamte handeln.

20 Abs. 3 S. 1 Nr. 4 lit. e eröffnet den Regierungspräsidien zudem die Möglichkeit der Bestellung auch anderer Personen. Bei den unter Abs. 3 S. 1 Nr. 4 lit. a–d benannten Personen handelt es sich um „Bedienstete", also Personen, die in einem öffentlich-rechtlichen Dienst- oder Arbeitsverhältnis stehen. Streitig ist, was mit „anderen Personen" nach Abs. 3 S. 1 Nr. 4 lit. e gemeint ist.

20.1 Hornmann (HSOG Rn. 34 ff. mwN) möchte die Vorschrift verfassungskonform dahingehend auslegen, dass „Privatpersonen, die nicht bereits Bedienstete des Landes oder von Körperschaften oder Anstalten des öffentlichen Rechts oder Beliehene sind, nicht „andere Personen im Sinne der Vorschrift sein können." Angesichts dessen hält er insbesondere die Verkehrsüberwachung durch Private für unzulässig. Nach Fredrich/Meixner Rn. 8 steht einer Übertragung auch der Verkehrsüberwachung auf Private nichts entgegen, weil die „Feststellung von Parkverstößen nicht zum Kernbereich hoheitlichen Handelns gehört." Diese Auffassung vertritt auch Pausch/Dölger PolR Hessen 58 f.

21 Auch die Hilfspolizeibeamtinnen und -beamten, die nicht der Wachpolizei zugehörig sind und somit unter die Nr. 1, Nr. 3 und Nr. 4 fallen, bedürfen nach § 10 HSOG-DVO einer entsprechenden Ausbildung (sa Nr. 99.0 VVHSOG).

22 Aufgrund von § 12 HSOG-DVO werden schließlich „Bedienstete der Gemeinde, des Landkreises oder des Landes, die in der Gewerbe-, Preis- oder Lebensmittelüberwachung, der Gesundheits- oder Veterinäraufsicht im Außendienst tätig sind, im Rahmen der Vollzugsaufgaben auf dem Gebiet der Gefahrenabwehr sowie der hilfsweisen Wahrnehmung von Aufgaben auf dem Gebiet der Verfolgung von Straftaten und Ordnungswidrigkeiten" hinsichtlich ihrer Befugnisse den Hilfspolizeibeamtinnen und -beamten gleichgestellt.

G. Verordnungsermächtigung

23 Abs. 4 Nr. 1 ist die Ermächtigungsnorm für die Regelungen der §§ 10 ff. HSOG-DVO.

24 Der Minister des Innern und für Sport hat gem. § 99 Abs. 4 Nr. 2 HSOG und § 13 HSOG-DVO die Wachpolizei durch Verordnung zur Ausübung unmittelbaren Zwangs durch Hilfsmittel der körperlichen Gewalt oder durch Waffen ermächtigt (Nr. 3.2 VVWaPol).

25 Abs. 4 Nr. 3 ist bislang noch nicht zur Anwendung gekommen.

Vierter Abschnitt. Örtliche Zuständigkeit

§ 100 Zuständigkeit der Gefahrenabwehrbehörden

(1) [1]Die örtliche Zuständigkeit der Gefahrenabwehrbehörden ist auf ihren Amtsbereich beschränkt. [2]Zuständig ist die Behörde, in deren Amtsbereich eine Aufgabe der Gefahrenabwehr wahrzunehmen ist.

(2) [1]Die nach Abs. 1 zuständige Behörde kann eine Maßnahme der Gefahrenabwehr auch in einem anderen Amtsbereich treffen
1. bei Gefahr im Verzuge,
2. zur Fortsetzung einer in ihrem Amtsbereich begonnenen Maßnahme oder
3. mit Zustimmung der für den anderen Amtsbereich zuständigen Behörde, wenn die Wahrnehmung von Aufgaben die Maßnahme in dem anderen Amtsbereich erfordert.
[2]In den Fällen des Satz 1 Nr. 1 und 2 unterrichtet sie unverzüglich die für den anderen Amtsbereich zuständige Behörde.

(3) [1]Bedienstete einer Gefahrenabwehrbehörde können mit Zustimmung der zuständigen Gefahrenabwehrbehörde Amtshandlungen in einem anderen Amtsbereich vornehmen. [2]Ihre Maßnahmen gelten als Maßnahmen derjenigen Gefahrenabwehrbehörde, in deren örtlichem oder sachlichem Zuständigkeitsbereich sie tätig geworden sind; sie unterliegen insoweit deren Weisungen.

(4) Kann eine Aufgabe der Gefahrenabwehr zweckmäßig nur einheitlich geregelt werden, so bestimmt die übergeordnete Behörde die zuständige Behörde.

Überblick

§ 100 enthält Bestimmungen zur örtlichen Zuständigkeit der Gefahrenabwehrbehörden.

Übersicht

A. Allgemeines

I. Gegenstand der Regelung

1 § 100 regelt die **örtliche Zuständigkeit** der Gefahrenabwehrbehörden, also der Verwaltungsbehörden nach § 82, der allgemeinen Ordnungsbehörden nach § 85 und der Sonderord-

nungsbehörden nach § 90 (vgl. auch § 1 Abs. 1 S. 1), indem er diese als Grundsatz auf den jeweiligen Amtsbereich beschränkt (Abs. 1).

1.1 Die **örtliche** Zuständigkeit der **Polizeibehörden** wird in **§ 101** geregelt; für diese erstreckt sich die Zuständigkeit naheliegender Weise auf das **gesamte** Landesgebiet.

2 § 100 Abs. 2 regelt sodann, unter welchen Voraussetzungen Gefahrenabwehrbehörden auch außerhalb ihrer Zuständigkeit tätig werden dürfen (→ Rn. 19); Abs. 3 erlaubt darüber hinaus den Einsatz von Bediensteten einer Gefahrenabwehrbehörde im Zuständigkeitsbereich einer anderen Gefahrenabwehrbehörde (→ Rn. 30; zu vergleichbaren Vorschriften in anderen Bundesländern → Rn. 3). Abs. 4 enthält schließlich eine Entscheidungsregel für den Fall, dass eine Aufgabe der Gefahrenabwehr in mehreren Amtsbereichen wahrzunehmen ist, aber einheitlich geregelt sein sollte.

II. Parallelvorschriften

3 Das BWPolG enthält keine § 100 vergleichbare Vorschrift. §§ 113, 114, 120, 121 BWPolG treffen Regelungen zur örtlichen Zuständigkeit und zu den Dienstbezirken der Polizeidienststellen. Eine besondere Regelung für das Tätigwerden des Innenministeriums in Baden-Württemberg beinhaltet § 122 BWPolG.

4 In Bayern gibt es im Polizei- und Ordnungsrecht keine § 100 entsprechende Vorschrift.

5 § 100 NPOG regelt die örtliche Zuständigkeit der Verwaltungsbehörden und der Polizeibehörden und enthält auch Bestimmungen zum Tätigwerden außerhalb des Dienstbezirks (Hessen: Amtsbereich) der jeweiligen Behörde (§ 100 Abs. 3 NPOG). § 100 Abs. 4 NPOG trifft ähnlich wie Abs. 4 eine Regelung für die einheitliche bezirksübergreifende Wahrnehmung von Gefahrenabwehraufgaben.

6 § 4 Abs. 1 NRWOBG regelt die örtliche Zuständigkeit der Ordnungsbehörden in Nordrhein-Westfalen: zuständig ist die Ordnungsbehörde in deren Bezirk (Hessen: Amtsbereich) Gefahrenabwehrmaßnahmen erforderlich sind. § 4 Abs. 2 NRWOBG hat ähnlich wie Abs. 4 eine Bestimmung zur bezirksübergreifenden einheitlichen Aufgabenwahrnehmung der Ordnungsbehörden getroffen.

B. Einzelkommentierung

I. Beschränkung auf den Amtsbereich als Grundsatz (Abs. 1)

7 Die örtliche Zuständigkeit der jeweiligen Gefahrenabwehrbehörde ist auf ihren **Amtsbereich** beschränkt. Ausnahmen von dem Grundsatz finden sich in Abs. 2 und Abs. 3.

II. Begriff des Amtsbereichs, Amtsbereiche einzelner Behörden (Abs. 1 S. 1)

8 Amtsbereich ist der räumliche Bereich, für den die Zuständigkeit der betreffenden Gefahrenabwehrbehörde besteht. Der **Amtsbereich** bestimmt sich nach dem jeweiligen **Organisationsrecht,** das für die betreffende Gefahrenabwehrbehörde gilt.

9 Nachfolgend werden die Amtsbereiche der wichtigsten nachgeordneten Gefahrenabwehrbehörden dargestellt. Soweit Ministerien als Gefahrenabwehrbehörden tätig werden, erstreckt sich ihr Amtsbereich auf das gesamte Landesgebiet von Hessen.

1. Regierungspräsidien

10 Der **Amtsbereich** der hessischen Regierungspräsidien ergibt sich aus § 2 RegPräsBezG (Gesetz über die Regierungspräsidien und Regierungsbezirke des Landes Hessen v. 16.9.2011, HessGVBl. I 420). In § 2 Abs. 2–4 RegPräsBezG ist für den jeweiligen Regierungsbezirk festgelegt, welche kreisfreien Städte und Landkreise er umfasst. Diese Aufzählung stellt den **Amtsbezirk** des jeweiligen Regierungspräsidiums dar.

2. Landkreise

11 Für die **Gefahrenabwehrbehörden** auf **Landkreisebene** (allgemeine Verwaltungsbehörde, Kreisordnungsbehörde) leitet sich ihr Amtsbezirk aus dem Territorium des jeweiligen

Landkreises ab. Nach **§ 13 HKO** besteht der Landkreis aus den Gemeinden und gemeindefreien Grundstücken, die nach geltendem Recht zum Landkreis gehören. Der heutige Zuschnitt der hessischen Landkreise basiert auf den Gebietsreformen der 1970er Jahre, mit denen jeweils neue Landkreise gebildet wurden, zB der Landkreis Kassel durch § 14 NeuglG HOG/KS/WOH (Gesetz zur Neugliederung der Landkreise Hofgeismar, Kassel und Wolfhagen v. 11.7.1972, HessGVBl. I 225) oder der Landkreis Fulda durch § 18 NeuglG FD/HÜN (Gesetz zur Neugliederung der Landkreise Fulda und Hünfeld und der Stadt Fulda v. 11.7.1972, HessGVBl. I 220).

3. Gemeinden

Der **Amtsbereich** des Gemeindevorstandes (Magistrates) als allgemeiner Gefahrenabwehrbehörde nach § 82 und des Bürgermeisters (Oberbürgermeisters) als örtlicher Ordnungsbehörde nach § 85 leitet sich ebenso wie auf der Kreisebene vom **Gebietsstand** der jeweiligen Gemeinde ab. Nach § 15 Abs. 1 HGO umfasst die Gemeinde die Grundstücke, die nach geltendem Recht zu ihr gehören und ihre **Gemarkung** bilden. Viele Gemeinden haben sich im Rahmen der **Gebietsreform** freiwillig durch Gebietsänderungsverträge (vgl. § 16 Abs. 3 HGO) zusammengeschlossen, es gab aber auch Zusammenschlüsse per Gesetz (zB die Eingliederung der Gemeinden Nieder-Mörlen und Steinfurth in die Stadt Bad Nauheim, § 2 NeuglG BÜD/FB – Gesetz zur Neugliederung der Landkreise Büdingen und Friedberg v. 11.7.1972, HessGVBl. I 230). Bei **Zweifeln** über den Amtsbereich einer Gemeinde ist der jeweilige **Gebietsänderungsvertrag** oder das **Eingliederungsgesetz** zur Ermittlung des Gebietsstandes zu Rate zu ziehen. 12

4. Kreisordnungsbehörden- und Kreisverwaltungsbehördenbezirke

Werden Kreisordnungsbehördenbezirke (→ § 85 Rn. 35) oder Kreisverwaltungsbehördenbezirke (→ § 82 Rn. 25) gebildet, dann umfasst der **Amtsbereich** des jeweiligen Behördenbezirks die **Gebiete** der dem Bezirk angehörigen Gebietskörperschaften. 13

5. Örtliche Ordnungsbehörden- und Verwaltungsbehördenbezirke

Bei örtlichen Ordnungsbehördenbezirken (→ § 85 Rn. 26) und Verwaltungsbehördenbezirken (→ § 82 Rn. 26) umfasst der **Amtsbereich** des jeweiligen Bezirks die dem Bezirk angehörigen Städte und Gemeinden. 14

6. Amtsbezirk bei einer Beauftragung nach § 25a HessKGG

Bei einer **Beauftragung** eines Landrates oder eines Oberbürgermeisters nach § 25a Hessisches Gesetz über kommunale Gemeinschaftsarbeit (HessKGG), erstreckt sich der **Amtsbereich** des beauftragten Amtswalters auf seinen eigentlichen Amtsbezirk und den **Gebietsstand** des Auftraggebers. 15

Nach § 25a HessKGG kann der Landrat oder der Oberbürgermeister einer kreisfreien Stadt den Landrat eines angrenzenden Landkreises, den Oberbürgermeister einer angrenzenden kreisfreien Stadt oder den Bürgermeister einer kreisangehörigen Gemeinde mit dessen Zustimmung mit der Durchführung von Auftragsangelegenheiten – also auch ordnungsbehördlichen Aufgaben – beauftragen, vgl. auch → § 85 Rn. 40. 15.1

7. Sonderordnungsbehörden

Bei den Sonderordnungsbehörden nach § 90 ergibt sich der **Amtsbereich** aus dem jeweiligen **Organisationsrecht** der betreffenden Sonderordnungsbehörde (vgl. zB die HEDV – Hessische Eichdirektions-Verordnung v. 5.10.2011, HessGVBl. I 661). 16

III. Ort der Gefahr als Anknüpfungspunkt für die örtliche Zuständigkeit

Der Begriff der **örtlichen Zuständigkeit** bezieht sich auf den Ort, in dem eine **gefahrenabwehrrechtlich** relevante Situation besteht, also Aufgaben der Gefahrenabwehr vorzunehmen sind. Es kommt daher **nicht** darauf an, wo der Störer, der Gefahrenabwehrmaßnah- 17 men auslöst, seinen Wohnsitz oder seinen ständigen Aufenthalt hat (vgl. Hornmann HSOG Rn. 4).

18 Die örtliche Zuständigkeit bei **Obdachlosigkeit** richtet sich insoweit danach, in welchem Amtsbereich einer Gefahrenabwehrbehörde sich der Obdachlose gerade aufhält und bei der er um **Unterbringung** bittet; wo die Obdachlosigkeit eingetreten ist und ob sich der Obdachlose vorher in einem anderen Amtsbereich einer Gefahrenabwehrbehörde aufgehalten hat, bleibt **ohne** Belang (vgl. VGH Kassel NVwZ 2003, 1402).

IV. Gefahrenabwehr außerhalb des Amtsbereichs (Abs. 2)

19 Abs. 2 regelt die **Zulässigkeit** des Tätigwerdens einer Gefahrenabwehrbehörde **außerhalb** ihres Amtsbereiches. Abs. 2 wurde eingefügt durch Art. 2 Nr. 30 des Gesetzes zur Umorganisation der Hessischen Polizei v. 22.12.2000 (HessGVBl. I 577, 581). Durch die Normierung der Tatbestände zum Tätigwerden **außerhalb** des **eigenen Amtsbereiches** wird die Gefahrenabwehrbehörde von der Notwendigkeit der Einholung einer Entscheidung nach Abs. 4 durch die übergeordnete Behörde **freigestellt,** falls es Bedarf zum Tätigwerden außerhalb des Amtsbereiches gibt (vgl. Hornmann HSOG Rn. 5).

20 Abs. 2 enthält **drei** Tatbestände, die es einer Gefahrenabwehrbehörde erlauben, außerhalb ihres Amtsbereiches tätig zu werden (zu den Rechtsfolgen, die bei einem Tätigwerden außerhalb des Amtsbereichs eintreten, wenn die Tatbestände des Abs. 2 nicht vorliegen → Rn. 18).

21 Die Gefahrenabwehrbehörde darf außerhalb ihres Amtsbereichs tätig werden, wenn entweder **Gefahr im Verzug** vorliegt oder eine **begonnene Gefahrenabwehrmaßnahme** fortgesetzt werden soll oder die an sich örtlich zuständige Behörde dem Tätigwerden **zugestimmt** hat.

1. Gefahr im Verzug (Abs. 2 S. 1 Nr. 1)

22 **Gefahr im Verzug** ist gegeben, wenn die gesetzlich vorgeschriebene Einschaltung eines Richters oder einer anderen Behörde nicht rechtzeitig vor Eintritt des zu erwartenden Schadens erfolgen kann und **sofortiges** Einschreiten notwendig ist (vgl. Hermes/Reimer/Reimer § 5 Rn. 82). Somit kann eine Gefahrabwehrbehörde im **fremden** Amtsbereich Gefahrenabwehrmaßnahmen treffen, um unmittelbar bevorstehende Schadenseintritte zu verhindern.

2. Fortsetzung einer begonnenen Maßnahme (Abs. 2 S. 1 Nr. 2)

23 Die zuständige Gefahrenabwehrbehörde hat in ihrem Amtsbereich Maßnahmen der Gefahrenabwehr eingeleitet und der Störer **verlässt** im Laufe der Maßnahmen den Amtsbereich dieser Gefahrenabwehrbehörde, ohne dass die bisherigen Gefahrenabwehrmaßnahmen Erfolg gezeitigt haben. Dann darf sie die Gefahrenabwehrmaßnahmen im **fremden Amtsbereich** nach Abs. 2 S. 1 Nr. 2 fortsetzen, wenn sie als Fortsetzung der im eigenen Amtsbereich begonnenen Maßnahmen zu sehen sind, also mit diesen in einem unmittelbaren Zusammenhang stehen.

3. Zustimmung der im anderen Amtsbereich zuständigen Behörde (Abs. 2 S. 1 Nr. 3)

24 Schließlich darf eine Gefahrenabwehrbehörde in einem fremden Amtsbereich tätig werden, wenn die an sich zuständige Gefahrenabwehrbehörde vorher **zustimmen** konnte, und die Gefahrenabwehraufgabe das Tätigwerden im fremden Amtsbereich erfordert (Abs. 2 S. 1 Nr. 3). Diese **Option** dürfte praktisch gegenüber Abs. 2 S. 1 Nr. 1 und Nr. 2 nicht wesentlich ins Gewicht fallen.

4. Unterrichtungspflicht

25 Macht eine Gefahrenabwehrbehörde von den Möglichkeiten nach Abs. 2 S. 1 Nr. 1 und Nr. 2 Gebrauch, dann hat sie die an sich zuständige Behörde **unverzüglich** über ihr Tätigwerden zu **unterrichten** (Abs. 2 S. 2). **Unverzüglich** bedeutet, dass jede Verzögerung unzulässig ist, die sich nicht aufgrund von Tatsachen sachlich oder rechtlich rechtfertigen lässt (vgl.

Hornmann HSOG § 33 Rn. 5). Insofern wird die im fremden Amtsbereich tätig werdende Gefahrenabwehrbehörde unmittelbar beim Tätigwerden im fremden Amtsbereich versuchen müssen, die zuständige Gefahrenabwehrbehörde **telefonisch** über ihren Einsatz zu **informieren.**

V. Rechtsfolgen von Verstößen gegen § 100 Abs. 1, 2

Veranlasst oder trifft eine Gefahrenabwehrbehörde Maßnahmen der Gefahrenabwehr **außerhalb** ihrer örtlichen Zuständigkeit, stellt sich die Frage nach den **Rechtsfolgen** des **Verstoßes.** 26

Ein solcher Verstoß liegt vor, wenn entgegen Abs. 1 S. 1 außerhalb des Amtsbereichs gehandelt wurde und die Voraussetzungen des Abs. 2 für ein Einschreiten **außerhalb des Amtsbereichs** nicht vorlagen. Die Rechtsfolgen sind in diesem Fall dem allgemeinen Verwaltungsverfahrensrecht zu entnehmen (vgl. Hornmann HSOG Rn. 2; Lisken/Denninger PolR-HdB/Rachor, 5. Aufl. 2012, L Rn. 126). 27

Ein Verwaltungsakt, der unter **Verletzung** der Vorschriften über die örtliche Zuständigkeit erlassen wurde, ist **rechtswidrig,** aber nicht nichtig (§ 44 Abs. 3 Nr. 1 HVwVfG). Die **Aufhebung** des Verwaltungsaktes kann allerdings dann **nicht** begehrt werden, wenn die Verletzung des Amtsbereichsprinzips **keinen** Einfluss auf die Sachentscheidung hatte (§ 46 HVwVfG; vgl. Lisken/Denninger PolR-HdB/Rachor, 5. Aufl. 2012, L Rn. 126). 28

Dies wird immer der Fall sein, wenn es sich um gebundene Entscheidungen gehandelt hat oder eine Ermessensreduzierung auf Null vorlag (vgl. Hornmann HSOG Rn. 2; zur Möglichkeit, in diesen Fällen die **Rechtswidrigkeit** des behördlichen Handelns mit der **Feststellungsklage** nach § 43 VwGO oder einer **Fortsetzungsfeststellungsklage** nach § 113 Abs. 1 S. 4 VwGO feststellen zu lassen, s. Lisken/Denninger PolR-HdB/Rachor, 5. Aufl. 2012, L Rn. 127; Kopp/Ramsauer VwVfG § 46 Rn. 43). 29

VI. Amtshandlungen von Bediensteten in einem anderen Amtsbereich (Abs. 3)

Abs. 3 schafft die Möglichkeit, Bedienstete einer Gefahrenabwehrbehörde im **Amtsbereich** einer **anderen** Gefahrenabwehrbehörde Amtshandlungen vornehmen zu lassen. Der Hessische Städtetag hatte auf die Einführung einer solchen Möglichkeit gedrängt, um bei **Einzelfallereignissen,** bei denen die eigenen Personalkapazitäten nicht ausreichen, Dienstkräfte benachbarter Kommunen zur Gefahrenabwehr einsetzen zu können (vgl. LT-Drs. 16/2352, 27). 30

Die Personalüberlassung darf nur **einzelfallbezogen** erfolgen, da für die dauerhafte Zusammenarbeit der Verwaltungsbehördenbezirk (→ § 82 Rn. 24) oder Ordnungsbehördenbezirk (→ § 85 Rn. 26) zur Verfügung stehen (vgl. Hornmann HSOG Rn. 8). Abs. 3 schafft für benachbarte Kommunen die Möglichkeit, sich gegenseitig schnell und unbürokratisch bei **größeren Gefahrenlagen** mit Personal auszuhelfen, da die Vorschrift keine Genehmigungsvorbehalte enthält. 31

Fraglich ist, wie **lange** die Personalüberlassung an die andere Gefahrenabwehrbehörde dauern darf. Da sie nur einzelfallbezogen erfolgen darf, sind „Dauerausleihungen" von Bediensteten unzulässig. Selbst bei Dauererkrankungen von Bediensteten der anfragenden Gefahrenabwehrbehörde, etwa zur Gewährleistung der stetigen Geschwindigkeitsüberwachung, darf der Überlassungszeitraum **vier bis sechs Wochen** nicht überschreiten. In diesem Zeitrahmen muss es gelingen, neues Personal zu gewinnen oder im Wege der kommunalen Zusammenarbeit zu anderen Lösungen zu kommen. Allerdings muss angemerkt werden, dass – da es keine Genehmigungsvorbehalte gibt – sich ein Verstoß gegen die Vorschrift mangels Kenntnis der Aufsichtsbehörde nur schwer sanktionieren lassen wird. 31.1

1. Voraussetzungen

Der Einsatz von Bediensteten in einem **anderen** als dem eigenen Amtsbezirk setzt eine **Anforderung** der Gefahrenabwehrbehörde voraus, in deren Amtsbezirk sie tätig werden sollen. In dieser Anforderung ist zugleich die **Zustimmung** zur Vornahme von Amtshandlungen nach Abs. 3 S. 1 zu sehen. Daneben sind **personalrechtliche Maßnahmen** zwischen den betroffenen Gefahrenabwehrbehörden zu treffen, etwa eine Abordnung der einzusetzenden Bediensteten oder ein Personalgestellungsvertrag nach § 4 TVöD. Es bietet sich auch 32 an, einen **Unterstützungsvertrag** nach § 54 HVwVfG zu schließen, in dem zwischen den handelnden Gefahrenabwehrbehörden **Kostenregelungen** getroffen und **Haftungsfragen** geregelt werden (vgl. Hornmann HSOG Rn. 9).

2. Zurechenbarkeit der Amtshandlungen, Weisungsgebundenheit

33 Die Maßnahmen, die die im **fremden Amtsbereich** eingesetzten Bediensteten im Rahmen der Gefahrenabwehr treffen, werden der Gefahrenabwehrbehörde **zugerechnet,** in deren Amtsbereich sie tätig werden (Abs. 3 S. 2). Daher unterliegen die eingesetzten Bediensteten bei ihrem Einsatz auch den Weisungen der dortigen Gefahrenabwehrbehörde (Abs. 3 S. 2 Hs. 2; zur **Haftung** der Körperschaft für Amtshandlungen, die der im fremden Amtsbereich eingesetzte Bedienstete vollzogen hat, s. § 68 Abs. 2; → § 68 Rn. 4).

VII. Bestimmung einer zuständigen Gefahrenabwehrbehörde durch die übergeordnete Behörde (Abs. 4)

34 Abs. 4 enthält eine **Konfliktlösungsmöglichkeit** für den Fall, dass eine Aufgabe der Gefahrenabwehr in mehreren Amtsbereichen wahrzunehmen ist und das Amtsbereichsprinzip aus Abs. 1 S. 2 zu einer Paralleltätigkeit von mehreren Gefahrenabwehrbehörden führen würde. Kann daher eine Aufgabe der Gefahrenabwehr nur **einheitlich** geregelt werden, dann **bestimmt** die übergeordnete Behörde die zuständige Behörde für die Erledigung der betreffenden Aufgabe der Gefahrenabwehr.

35 Die übergeordnete Behörde wird in der Regel eine zuständige Behörde für **insgesamt** zuständig erklären (vgl. Hornmann HSOG Rn. 11). Welche Behörde die übergeordnete Behörde ist, bestimmt sich nach § 83 oder § 86, je nachdem, ob eine Aufgabe der allgemeinen Gefahrenabwehr oder eine ordnungsbehördliche Aufgabe einheitlich wahrzunehmen ist.

§ 101 Zuständigkeit der Polizeibehörden

(1) [1]Die Polizeibehörden sind im ganzen Landesgebiet zuständig. [2]Die Polizeipräsidien und das Hessische Polizeipräsidium Einsatz als Wasserschutzpolizei sollen in der Regel in ihrem Dienstbereich tätig werden.

(2) [1]Polizeibehörden, Polizeivollzugsbeamtinnen und Polizeivollzugsbeamte können auch für andere Polizeibehörden insbesondere tätig werden
1. zur Abwehr einer gegenwärtigen Gefahr,
2. zur Verfolgung von Straftaten oder Ordnungswidrigkeiten, insbesondere auch zur Vernehmung von beschuldigten Personen, betroffenen Personen, Zeuginnen oder Zeugen,
3. zur Verfolgung und Wiederergreifung entwichener Personen oder
4. auf Weisung, auf Anforderung oder mit Zustimmung einer zuständigen Stelle.
[2]Die nach Abs. 1 Satz 2 zuständigen Polizeibehörden sind unverzüglich zu unterrichten.

(3) [1]Den Polizeipräsidien und dem Hessischen Polizeipräsidium Einsatz als Wasserschutzpolizei werden Dienstbereiche zugewiesen. [2]Regelmäßig haben sich die Grenzen der Dienstbereiche der Polizeipräsidien mit den Grenzen der kreisfreien Städte und Landkreise sowie die Grenzen von Teilen der Dienstbereiche (Dienstbezirke) mit den Gemeindegrenzen zu decken. [3]Abweichende Regelungen dürfen nur aus besonderen Gründen getroffen werden.

Überblick

VVHSOG und DVO-HSOG sind in Bezug auf die Zuständigkeiten nicht an die aktuelle Gesetzeslage angepasst; gem. Erlass des Hessischen Ministeriums des Innern und für Sport v. 29.11.2022 (StAnz. 50/2022, 1384) ist die VVHSOG zudem zum 1.1.2025 mangels eines erneuten Verlängerungserlasses ersatzlos außer Kraft getreten.

Die Vorschrift regelt die örtliche Zuständigkeit der hessischen Polizei. Als Grundsatz gilt gem. Abs. 1 die Zuständigkeit der hessischen Polizeivollzugsbeamtinnen und -beamten im ganzen hessischen Landesgebiet. Allerdings sollen „in der Regel" die Polizeipräsidien (→ Rn. 2) und das Hessische Polizeipräsidium Einsatz als Wasserschutzpolizei (→ Rn. 3) in ihrem Dienstbereich tätig werden. Die Dienstbereiche werden, wie sich aus Abs. 3 ergibt, zugewiesen. In Abs. 2 sind die wichtigsten Fälle festgehalten, in denen Polizeivollzugsbeamte über ihren Zuständigkeitsbereich hinaus landesweit tätig werden können (→ Rn. 4). Mit dem Tätigwerden geht eine unverzügliche Unterrichtungspflicht gegenüber der zuständigen Polizeibehörde einher.

A. Blick in andere Bundesländer

Regelungen zur örtlichen Zuständigkeit finden sich auch in den anderen Bundesländern (→ Rn. 1.1 ff.). 1

Baden-Württemberg: § 68 BWPolG regelt die örtliche Zuständigkeit der Polizeibehörden. Diese beschränkt sich auf den jeweiligen Dienstbezirk. Zum Zwecke der Verwaltungsvereinfachung enthält § 67 Abs. 2 S. 2 BWPolG eine Verordnungsermächtigung zur abweichenden Regelung. § 67 Abs. 2 BWPolG sieht eine Art „Nachbarschaftshilfe" nebst Unterrichtungspflicht bei Gefahr im Verzuge vor. Jüngste Änderungen finden sich im PolSG2020 (Gesetz zur Umsetzung der Polizeistruktur 2020 v. 26.03.2019, BWGBl. 93). § 75 BWPolG regelt die grundsätzliche Allzuständigkeit der Polizeidienststellen im ganzen Landesgebiet, sieht aber in S. 2 die Regelzuständigkeit auf den jeweiligen Dienstbezirk beschränkt. Nach § 75 Abs. 2 BWPolG haben sowohl das Landeskriminalamt als auch das Polizeipräsidium Einsatz das Landesgebiet als Dienstbezirk. Für bestimmte Fälle kann das Innenministerium nach § 75 Abs. 3 BWPolG abweichende Dienstbezirke bestimmen. 1.1

Bayern: Art. 3 Abs. 1 BayPOG normiert die grundsätzliche Allzuständigkeit des im Vollzugsdienst tätigen Beamten für das gesamte Staatsgebiet. Ungeachtet dessen sind sie nach Art. 3 Abs. 2 BayPOG in Dienstbereichen eingesetzt, werden aber unter der hessischen Regelung im Wesentlichen vergleichbaren Umständen auch in anderen Dienstbereichen tätig. 1.2

Niedersachsen: § 100 Abs. 1 NPOG beschränkt die Zuständigkeit der Polizeibehörden auf ihren Bezirk. Dieser ergibt sich aus §§ 90 und 100 Abs. 2 NPOG in Verbindung mit der entsprechenden Ausführungsbestimmung und Zuweisungsverordnung. Grundsätzlich wird an den Bezirk angeknüpft, in dem die zu schützenden Interessen verletzt oder gefährdet werden. Kommt es zu Auswirkungen in einen anderen Bezirk, so wird hiermit auch die Zuständigkeit der Behörde ausgelöst, in deren Bezirk die Person wohnt, sich aufhält oder ihren Sitz hat. Näheres zur bezirksübergreifenden Zusammenarbeit ergibt sich aus § 100 Abs. 3–6 NPOG nebst der zugehörigen Ausführungsbestimmung. § 100 Abs. 5 NPOG entspricht dabei § 101 Abs. 2. Niedersachsen hat mit § 102 NPOG zudem eine Regelung für die außerordentliche sachliche Zuständigkeit getroffen. 1.3

Nordrhein-Westfalen: Die Zuständigkeit wird mittels § 7 Abs. 1 POG NRW grundsätzlich auf den eigenen Bezirk beschränkt. § 7 Abs. 2 POG NRW regelt die bezirksübergreifende Zuständigkeit in bestimmten Fällen. In weiteren besonders geregelten Fällen kann jeder Polizeivollzugsbeamte landesweit Amtshandlungen durchführen (§ 7 Abs. 3 POG NRW). Eine Abs. 2 Nr. 4 vergleichbare Regelung ist im POG NRW nicht vorgesehen. Allerdings ist die außerordentliche Zuständigkeit bei Gefahr in Verzug sowie für Aufgaben von überörtlicher Bedeutung in § 14 POG NRW gesondert geregelt. 1.4

B. Örtliche Zuständigkeit der Polizeipräsidien

Als Grundsatz steht fest: Alle hessischen Polizeibehörden (§ 91 Abs. 2) sind landesweit zuständig. Dies gilt uneingeschränkt für das Landespolizeipräsidium als oberste Polizeibehörde, das Hessische Landeskriminalamt, das Hessische Polizeipräsidium für Technik, die Hessische Hochschule für öffentliches Management und Sicherheit und das Hessische Polizeipräsidium Einsatz – letzteres allerdings mit Ausnahme der Wasserschutzpolizei. Diese soll – ebenso wie die sieben Flächenpräsidien – in der Regel in ihrem Dienstbereich tätig werden. Die Grenzen eines Dienstbereichs sollen sich nach Abs. 3 mit den Grenzen der kreisfreien Städte und Landkreise decken. Damit greift der Gesetzgeber auf die Zuständigkeitsbereiche der Direktionen und Präsidien vor der Polizeireform im Jahr 2000 zurück. Näheres regeln § 5 Abs. 2 und Abs. 3 S. 1, S. 2 HSOG-DVO sowie der Erlass über die Organisation und Zuständigkeit der hessischen Polizeipräsidien v. 22.12.2016 (StAnz 2017, 154). Die Ermächtigungsgrundlage für das Landespolizeipräsidium, die Dienstbezirke festzulegen, ist § 5 Abs. 6 HSOG-DVO. Die nähere Ausgestaltung ist in der Anlage 1 zum Erlass v. 22.12.2016 festgehalten. 2

2.1 Üblicherweise entsprechen die Grenzen der Dienstbereiche und der kreisfreien Städte bzw. Landkreise einander. Eine Ausnahme gibt es seit August 2012 für den Landkreis Groß-Gerau (s. Erlass v. 23.8.2012): Während der eingefriedete Teil des Flughafens Frankfurt noch zum Zuständigkeitsbereich des Polizeipräsidiums Frankfurt a. M. gehört, ist der andere Teil dem Polizeipräsidium Südhessen zugewiesen. Anlass waren die Ausbaumaßnahmen am Flughafen Frankfurt. Die Alleinzuständigkeit eines Präsidiums für den Flughafen ist ein besonderer Grund iSd Abs. 3 S. 3.

2.2 Die Zuständigkeit für die Hessische Abschiebehafteinrichtung in Darmstadt-Eberstadt liegt konsequent beim Polizeipräsidium Südhessen.

C. Örtliche Zuständigkeit der Wasserschutzpolizei

3 Die Wasserschutzpolizei wird gem. § 7 Abs. 2 HSOG-DVO ebenfalls in einem festgelegten Dienstbereich tätig. Dieser ergibt sich aus Nr. 3.2 des Erlasses über die Organisation und Zuständigkeit des Hessischen Bereitschaftspolizeipräsidiums v. 27.4.2011. Die Ermächtigungsgrundlage für das Landespolizeipräsidium, die Dienstbezirke festzulegen, ist § 7 Abs. 2 S. 3 HSOG-DVO. Hiervon hat das Landespolizeipräsidium in dem Erlass v. 27.4.2011 unter Nr. 3.2 Gebrauch gemacht.

D. Tatbestände für eine Zuständigkeit über den Dienstbereich hinaus (Abs. 2)

4 In Abs. 2 sind vier Ausnahmetatbestände geregelt, die „insbesondere" auf eine nicht an einen Dienstbereich gebundene Zuständigkeit abstellen. Die Wortwahl „insbesondere" zeigt, dass dieser Katalog nicht abschließend ist.

5 In Abs. 2 Nr. 1 wird der besonderen Eilbedürftigkeit Rechnung getragen. Denn eine gegenwärtige Gefahr liegt vor, wenn die Verletzung des Schutzguts bereits eingetreten ist oder unmittelbar mit an Sicherheit grenzender Wahrscheinlichkeit bevorsteht.

5.1 Eine gegenwärtige Gefahr ist in folgende Vorschriften von Belang: § 15 (Datenerhebung durch Observation und Einsatz technischer Mittel), § 15a (Datenerhebung durch Telekommunikationsüberwachung), § 15b (Telekommunikationsüberwachung an informationstechnischen Systemen), § 20 (Datenspeicherung und sonstige Datenverarbeitung), § 31 (Platzverweisung), § 38 (Betreten und Durchsuchen von Wohnungen), § 40 (Sicherstellung), § 58 (Androhung unmittelbaren Zwangs), § 60 (Allgemeine Vorschriften für den Schusswaffengebrauch), § 61 (Schusswaffengebrauch gegen Personen, Sprengmittel), § 62 (Schusswaffengebrauch gegen Personen in einer Menschenmenge). § 9 lässt bei einer gegenwärtigen erheblichen Gefahr die „Inanspruchnahme nicht verantwortlicher Personen" zu.

6 Abs. 2 Nr. 2 ermöglicht die Ermittlung wegen Straftaten (§ 12 StGB) und Ordnungswidrigkeiten auch über den Dienstbereich hinaus, insbesondere wenn es um Vernehmungen geht. Hier liegen Zweckmäßigkeitsgesichtspunkte zugrunde: Die Verfahren sollen „von einer Hand" bearbeitet werden.

7 Abs. 2 Nr. 3 regelt die Fälle der sog. „Nacheile". Auch hier wird wieder der besonderen Eilbedürftigkeit der Angelegenheit Rechnung getragen – allerdings nur über den Dienstbereich hinaus innerhalb der hessischen Landesgrenze. Über die Landesgrenze hinaus ist die Nacheile durch § 167 GVG gedeckt.

7.1 Ermächtigungsgrundlage für die Vornahme von Amtshandlungen außerhalb der hessischen Landesgrenze ist das Abkommen über die erweiterte Zuständigkeit der Polizei der Länder bei der Strafverfolgung v. 8.11.1991, dem Hessen beigetreten ist (StAnz 1992, 2975).

8 Abs. 2 Nr. 4 schließlich regelt die Fälle der Amtshilfe auf Weisung, Anforderung oder mit Zustimmung einer zuständigen Stelle.

9 Dem Tätigwerden in einem fremden Dienstbereich steht die Verpflichtung gegenüber, die zuständige Polizeibehörde unverzüglich, also ohne schuldhaftes Zögern, zu unterrichten.

9.1 Im Erlass über die Organisation und Zuständigkeit der hessischen Polizeipräsidien v. 22.12.2016 (StAnz 2017, 154) ist unter Nr. 2.7 zudem die Zuständigkeitsverteilung zwischen den Flächenpräsidien und dem Hessischen Bereitschaftspolizeipräsidium geregelt.

§ 102 Amtshandlungen von Dienstkräften der Polizei anderer Länder und von Polizeivollzugsbeamtinnen und Polizeivollzugsbeamten des Bundes

(1) [1]Dienstkräfte der Polizei eines anderen Landes der Bundesrepublik Deutschland können im Lande Hessen Amtshandlungen vornehmen
1. auf Anforderung oder mit Zustimmung der zuständigen Polizeibehörde,
2. in den Fällen der Art. 35 Abs. 2 und 3 und Art. 91 Abs. 1 des Grundgesetzes,
3. zur Abwehr einer gegenwärtigen erheblichen Gefahr, zur Verfolgung von Straftaten auf frischer Tat sowie zur Verfolgung und Wiederergreifung entwichener Personen, wenn die zuständige Polizeibehörde die erforderlichen Maßnahmen nicht rechtzeitig treffen kann,
4. zur Erfüllung polizeilicher Aufgaben bei Gefangenentransporten oder
5. zur Verfolgung von Straftaten und Ordnungswidrigkeiten und zur Gefahrenabwehr in den durch Verwaltungsabkommen mit anderen Ländern geregelten Fällen.

[2]In den Fällen des Satz 1 Nr. 3 bis 5 ist die zuständige Polizeibehörde unverzüglich zu unterrichten.

(2) [1]Werden Dienstkräfte der Polizei eines anderen Landes der Bundesrepublik Deutschland nach Abs. 1 tätig, haben sie die gleichen Befugnisse wie die des Landes Hessen. [2]Ihre Maßnahmen gelten als Maßnahmen derjenigen Polizeibehörde, in deren örtlichem und sachlichem Zuständigkeitsbereich sie tätig geworden sind; sie unterliegen insoweit deren Weisungen.

(3) Abs. 1 und 2 gelten für Polizeivollzugsbeamtinnen und Polizeivollzugsbeamte des Bundes sowie für Vollzugsbeamtinnen und Vollzugsbeamte der Zollverwaltung, denen der Gebrauch von Schusswaffen bei Anwendung des unmittelbaren Zwanges nach dem Gesetz über den unmittelbaren Zwang bei Ausübung öffentlicher Gewalt durch Vollzugsbeamte des Bundes in der im Bundesgesetzblatt Teil III, Gliederungsnummer 201-5, veröffentlichten bereinigten Fassung, zuletzt geändert durch Verordnung vom 19. Juni 2020 (BGBl. I S. 1328), gestattet ist, entsprechend; in den Fällen des Art. 35 Abs. 3 des Grundgesetzes besteht kein Weisungsrecht.

(4) [1]Abs. 1 und 2 gelten auch für Bedienstete von Polizeibehörden und -dienststellen, die außerhalb der Bundesrepublik Deutschland ihren Sitz haben, entsprechend, wenn Gegenseitigkeit gewährleistet ist oder das Ministerium des Innern Amtshandlungen dieser Polizeibehörden und -dienststellen in Hessen allgemein oder im Einzelfall zustimmt. [2]Die Bestimmungen des Beschlusses 2008/615/JI des Rates vom 23. Juni 2008 zur Vertiefung der grenzüberschreitenden Zusammenarbeit, insbesondere zur Bekämpfung des Terrorismus und der grenzüberschreitenden Kriminalität (ABl. EU Nr. L 210 S. 1), sind bei der polizeilichen Zusammenarbeit mit den Mitgliedstaaten der Europäischen Union anwendbar.

Überblick

Die DVO-HSOG ist nicht an die aktuelle Gesetzeslage angepasst.

Auszug aus der VVHSOG (ebenfalls nicht an die aktuelle Gesetzeslage angepasst und gemäß Erlass des Hessischen Ministeriums des Innern und für Sport vom 29.11.2022 (StAnz. 50/2022 S. 1384) zum 1.1.2025 mangels eines erneuten Verlängerungserlasses ersatzlos außer Kraft getreten):

Zu § 102

102. Amtshandlungen von Dienstkräften der Polizei anderer Länder und von Polizeivollzugsbeamtinnen und Polizeivollzugsbeamten des Bundes

102.1 Zu Abs. 1

102.1.1

Unberührt bleiben die Befugnisse in den Fällen der Nacheile nach § 167 Abs. 1 GVG.

102.1.2

Die Unterrichtung nach Satz 2 hat in der Regel fernschriftlich oder fernmündlich zu erfolgen. Über die fernmündlich erfolgte Unterrichtung ist ein Aktenvermerk zu fertigen.

102.3 Zu Abs. 3

Auch Vollzugsbeamtinnen und Vollzugsbeamte der Zollverwaltung können nach Maßgabe der Abs. 1 und 2 Amtshandlungen in Hessen vornehmen. Ob Gegenseitigkeit gewährleistet ist, stellt das Landespolizeipräsidium fest.

Die Vorschrift regelt die Vornahme von Amtshandlungen durch landesfremde Polizeikräfte (→ Rn. 2) im Land Hessen. Der Tatbestandskatalog des Abs. 1 ist abschließend (→ Rn. 7). Die landesfremden Polizeikräfte sind in ihrem Handeln den landeseigenen Polizeikräften gleichgestellt (→ Rn. 19). Das Weiterführen und der Ausbau der länderübergreifenden Zusammenarbeit von Polizei und Behörden zum Zwecke einer effektiven Strafverfolgung sind Ziele der hessischen Landesregierung.

Übersicht

A. Regelungen in anderen Bundesländern

1 Mit § 102 vergleichbare Regelungen finden sich auch in anderen Bundesländern (→ Rn. 1.1 ff.).

1.1 **Baden-Württemberg:** § 78 BWPolG ist weitgehend identisch mit der hessischen Regelung. In § 78 Abs. 1 Nr. 4 BWPolG ist zusätzlich zum Transport von Personen noch der Transport von Sachen erfasst. § 78 Abs. 1 S. 2 BWPolG entspricht ebenfalls der hessischen Regelung, ist allerdings als ein Grundsatz gefasst, der nach § 78 Abs. 1 S. 3 und S. 4 BWPolG auch eine anderweitige Regelung aufgrund von Verwaltungsabkommen und Rechtsverordnung vorsieht. § 78 Abs. 3 S. 1 BWPolG erweitert den Anwendungsbereich auf Polizeibeamte des Bundes und Vollzugsbeamte der Zollverwaltung, denen der Gebrauch von Schusswaffen bei Anwendung des unmittelbaren Zwangs nach dem Gesetz über den unmittelbaren Zwang bei Ausübung öffentlicher Gewalt gestattet ist. Soweit ausländische Polizeivollzugsbedienstete in Baden-Württemberg tätig werden, nimmt § 78 Abs. 3 S. 2 BWPolG ausdrücklich Bezug auf völkerrechtliche Vereinbarungen und den Prümer Ratsbeschluss (B 2008/615/JI v. 23.6.2008, ABl. 2008 L 210, 1) sowie ggf. die allgemeine oder einzelfallbezogene Zustimmung des Innenministeriums.

1.2 **Bayern:** Die vergleichbare Regelung findet sich in Art. 11 Abs. 3 und Abs. 4 BayPOG. Soweit Dienstkräfte anderer Länder oder des Bundes zur Gefahrenabwehr angefordert werden, obliegt die Zuständigkeit hierfür dem Bayerischen Ministerpräsidenten (Art. 1 Abs. 1 BayPOG). Art. 11 Abs. 2 BayPOG enthält noch eine Sonderregelung zur Zuständigkeit für Ersuchen an das Bundeskriminalamt.

1.3 **Niedersachsen:** Niedersachsen hat mit § 103 NPOG eine entsprechende Regelung getroffen.

1.4 **Nordrhein-Westfalen:** Nordrhein-Westfalen hat mit § 9 POG NRW eine vergleichbare Regelung getroffen. Über die hessische Regelung hinaus enthält § 9 Abs. 4 POG NRW zusätzlich noch die Rechte und Pflichten von Angehörigen des Polizeidienstes anderer Staaten und von Mitgliedsstaaten der EU.

B. Handelnde Personen

2 Der Begriff „Dienstkräfte der Polizei eines anderen Landes der Bundesrepublik Deutschland" ist bewusst weit gefasst. Darunter fallen auch Angehörige der Wachpolizei, die insbesondere bei Gefangenentransporten auch grenzüberschreitend tätig sein können.

2.1 Näheres ergibt sich aus der Gefangenentransportvorschrift (GTV) vom 10.3.2020 (StAnz 426), den Ergänzenden Bestimmungen des Landes Hessen (EBGTV) vom 17.12.2021 (StAnz 2022, 4) und dem Staatsvertrag über die erweiterte Zuständigkeit der mit der Begleitung aufenthaltsbeendender Maßnahmen betrauten Bediensteten in den Ländern vom 1.9.2019 nebst hessischem Begleitgesetz vom 29.5.2020, GVBl. 363. Vertragspartner sind Hessen, Niedersachsen, Nordrhein-Westfalen, Rheinland-Pfalz, Sachsen-Anhalt, Schleswig-Holstein und Hamburg. Der Vertrag ist seit dem 6.7.2020 in Kraft (GVBl. 540).

3 Polizeivollzugsbeamtinnen und Polizeivollzugsbeamte des Bundes gehören gem. § 1 Abs. 1 S. 2 BPolG als Polizei des Bundes zum Geschäftsbereich des Bundesministeriums des Innern. Als solche nehmen sie bundesweit eigene polizeiliche Befugnisse wahr, die unter anderem

im BPolG näher ausgeführt sind. Hieraus ergibt sich, dass vor einer Anwendung des § 102 zunächst zu prüfen ist, ob die Bundespolizei originäre Zuständigkeit besitzt.

Verwiesen sei hier bspw. auf § 64b Abs. 3 EBO, der die Zuständigkeit der Bundespolizei für die Verfolgung und Ahndung von Ordnungswidrigkeiten nach § 28 AEG statuiert. **3.1**

Zum Informationsanspruch des Bundestages hinsichtlich Unterstützungseinsätzen der Bundespolizei nach Art. 35 Abs. 1 GG: BVerfG NVwZ 2015, 1377, danach besteht eine Auskunftspflicht nur hinsichtlich der Umstände, „für die eine Behörde des Bundes auf Grund ihrer Eigenschaft als Dienstherr der eingesetzten Beamten die Verantwortung trägt". Dies gelte auch für ein etwaiges rechtswidriges Verhalten von Polizeivollzugsbeamtinnen und -beamten des Bundes, da diese über Art. 20 Abs. 3 GG an Gesetz und Recht gebunden sind. Die Gefahrenabwehr verbleibe in der Zuständigkeit und Verantwortung der Länder (Art. 30, 70, 83 GG). Dies gilt auch für die Verantwortung der Einsatzleitung für die Weisungen gegenüber den ihr unterstellten Beamtinnen und Beamten. **3.2**

Hinzu kommen die Polizeivollzugsbeamtinnen und -beamten des Bundeskriminalamtes (§ 37 BKAG). **4**

Seit 1.11.2015 sind auch die Vollzugsbeamtinnen und -beamten der Zollverwaltung erfasst, soweit ihnen bei Anwendung unmittelbaren Zwangs der Gebrauch von Schusswaffen nach dem UZwG gestattet ist. Nach § 9 Nr. 2 UZwG ist dies der Fall bei „den Beamten des Grenzaufsichtsdienstes und denen des Grenzabfertigungsdienstes, wenn sie Grenzaufsichtsdienst verrichten, des Zollfahndungsdienstes und des Bewachungs- und Begleitdienstes". Ausgenommen sind die „übrigen Beamten der Bundesfinanzbehörden, die mit Vollzugsaufgaben betraut sind, wenngleich auch sie – wie ihre soeben benannten Kollegen – zu den Vollzugsbeamten des Bundes nach § 6 Nr. 2 UZwG gehören. **5**

Bedienstete von Polizeibehörden und -dienststellen, die außerhalb der Bundesrepublik Deutschland ihren Sitz haben, sind ebenfalls unter den Voraussetzungen des Abs. 3 S. 2 handlungsbefugt. **6**

C. Tatbestände

Die einschlägigen Tatbestände sind abschließend in Abs. 1 S. 1 geregelt: **7**

Abs. 1 S. 1 Nr. 1: „Auf Anforderung" bedeutet, dass die landesfremden Kräfte mit Wissen und Wollen der nach § 101 zuständigen Polizeibehörde tätig werden. „Mit Zustimmung" erfordert die vorhergehende Anfrage. Da zunächst die eigenen Kräfte einzusetzen sind, handelt es sich in diesen Fällen regelmäßig um Lagen, die hiermit nicht (mehr) zu bewältigen sind. Beispiele aus jüngerer Zeit sind Blockupy in Frankfurt a. M. oder Fußballwelt- bzw. -europameisterschaften. **8**

Abs. 1 S. 1 Nr. 2: In Art. 35 GG ist die gegenseitige Rechts- und Amtshilfe aller Behörden und der Länder geregelt. Es geht, wie sich aus Art. 35 Abs. 2 GG ergibt, insbesondere um die Aufrechterhaltung oder Wiederherstellung der öffentlichen Sicherheit oder Ordnung in besonderen Fällen, um Naturkatastrophen oder besonders schwere Unglücksfälle. Polizeikräfte anderer Länder oder der Bundespolizei können angefordert werden; in den letzten beiden Fällen sogar Streitkräfte. Bei einer Naturkatastrophe oder einem besonders schweren Unglücksfall kann die Anforderung auch auf Weisung der Bundesregierung erfolgen. **9**

Der Bundesregierung ist es allerdings nach der Rechtsprechung des BVerfG (NJW 2006, 751) verwehrt, die Streitkräfte bei der Bekämpfung von Naturkatastrophen und besonders schweren Unglücksfällen mit spezifisch militärischen Waffen einzusetzen. Insbesondere kommt der Abschuss eines Luftfahrzeugs durch unmittelbare Einwirkung mit Waffengewalt nicht in Betracht. **10**

Art. 91 GG regelt die Abwehr von Gefahren für den Bestand des Bundes. Es muss sich – wie Art. 91 Abs. 1 GG klarstellt – um die Abwehr einer drohenden Gefahr für den Bestand oder die freiheitliche demokratische Grundordnung des Bundes oder eines Landes handeln. Das Land kann dann unter anderem Polizeikräfte anderer Länder sowie der Bundespolizei anfordern. Deren Einsatz kann gem. Art. 91 Abs. 2 GG auch auf Weisung der Bundesregierung erfolgen. **11**

Abs. 1 S. 1 Nr. 3 regelt mehrere Tatbestände, die alle eine Situation darstellen, die durch eine besondere Eilbedürftigkeit gekennzeichnet ist. Die Abwehr einer gegenwärtigen erheblichen Gefahr setzt allerdings engere Grenzen als die Abwehr einer erheblichen Gefahr in § 101. **12**

12.1 Die Abwehr einer gegenwärtigen erheblichen Gefahr ist erforderlich in folgenden Vorschriften: § 15 (Datenerhebung durch Observation und Einsatz technischer Mittel), § 15a (Datenerhebung durch Telekommunikationsüberwachung), § 20 (Datenspeicherung und sonstige Datenverarbeitung sowie die Inanspruchnahme nicht verantwortlicher Personen gem. § 9).

13 Auch die beiden anderen Tatbestände, Verfolgung von Straftaten auf frischer Tat und Verfolgung und Wiederergreifung entwichener Personen, unterliegt einer besonderen Eilbedürftigkeit. Hier ist jedoch Voraussetzung, dass die zuständige Polizeibehörde die erforderlichen Maßnahmen nicht rechtzeitig selbst treffen kann. Fremde Polizeivollzugsbeamtinnen und -beamte sind also nur subsidiär zuständig. Denkbar ist eine Zuständigkeit bspw. im ersten Angriff. Werden sie tätig, verpflichtet Abs. 1 S. 2 zur unverzüglichen Unterrichtung der zuständigen Polizeibehörde. Nach Nr. 102.1.2 VVHSOG hat diese Unterrichtung fernschriftlich oder fernmündlich nebst Aktenvermerk zu erfolgen.

14 Die Länder haben untereinander bereits am 8.11.1991 ein Abkommen über die erweiterte Zuständigkeit der Polizei der Länder bei der Strafverfolgung abgeschlossen (BayGVBl. 1992, 720).

15 Erfasst sind auch grenzüberschreitende Gefangenentransporte und grenzüberschreitende Abschiebungstransporte nach der GTV und den EBGTV. Mit der Vornahme von Amtshandlungen wie einem Gefangenentransport korrespondiert die Verpflichtung aus Abs. 1 S. 2 zur unverzüglichen Unterrichtung der zuständigen Polizeibehörde. Nach Nr. 102.1.2 VVHSOG hat diese Unterrichtung fernschriftlich oder fernmündlich nebst Aktenvermerk zu erfolgen.

16 Zu Nr. 5 bestehen Verwaltungsabkommen mit allen Nachbarländern Hessens:

- Verwaltungsabkommen zwischen dem Land Baden-Württemberg und dem Land Hessen über die Zusammenarbeit ihrer Polizeikräfte v. 3./17.5.1979 (StAnz 1231)
- Verwaltungsabkommen zwischen dem Lande Rheinland-Pfalz und dem Lande Hessen über die Zusammenarbeit ihrer Polizeikräfte v. 22.8./12.9.1980 (StAnz 1710)
- Verwaltungsabkommen zwischen dem Land Hessen und dem Freistaat Bayern über die Zusammenarbeit ihrer Polizeikräfte v. 10.10./4.11.1980 (StAnz 2148)
- Verwaltungsabkommen zwischen dem Land Niedersachsen und dem Land Hessen über die Zusammenarbeit ihrer Polizeikräfte v. 14./19.1.1981 (StAnz 275)
- Verwaltungsabkommen zwischen dem Land Hessen und dem Land Thüringen über die Zusammenarbeit ihrer Polizeikräfte v. 19./28.8.1991 (StAnz 2201)
- Abkommen über die erweiterte Zuständigkeit der Polizei der Länder bei der Strafverfolgung v. 8.11.1992 (StAnz 1992, 2975)
- Staatsvertrag über die erweiterte Zuständigkeit der mit der Begleitung aufenthaltsbeendender Maßnahmen betrauten Bediensteten in den Ländern vom 1.9.2019 nebst hessischem Begleitgesetz vom 29.5.2020 (GVBl 363). Vertragspartner sind Hessen, Niedersachsen, Nordrhein-Westfalen, Rheinland-Pfalz, Sachsen-Anhalt, Schleswig-Holstein und Hamburg.

17 Das Tätigwerden der Dienstkraft einer nichthessischen Polizeibehörde verpflichtet zur unverzüglichen Unterrichtung der zuständigen Polizeibehörde. Nach Nr. 102.1.2 VVHSOG hat diese Unterrichtung fernschriftlich oder fernmündlich nebst Aktenvermerk zu erfolgen.

18 Der Tatbestandskatalog schließt zudem gem. Nr. 102.1.1 VVHSOG die Nacheile gem. § 167 GVG nicht aus. Hier handelt es sich um eine originäre Zuständigkeit der handelnden Person.

D. Rechtlicher Rahmen

19 Dienstkräfte der Polizei eines anderen Bundeslandes haben gem. Abs. 2 S. 1 die gleichen Befugnisse wie ihre hessischen Kolleginnen und Kollegen – es gilt also hessisches Landesrecht. Die sachlich und örtlich zuständige Polizeibehörde muss sich gem. Abs. 2 S. 2 die an ihrer Stelle getroffenen Maßnahmen zurechnen lassen, ist im Gegenzug aber auch – in der Sache – weisungsbefugt. Durch die Zurechnungsregelung wird klargestellt, dass eventuelle Rechtsbehelfe, Beschwerden oder Schadensersatzansprüche gegenüber der zuständigen hessischen Polizeibehörde geltend zu machen sind.

20 Für Dienstkräfte der Bundespolizei sowie die Vollzugsbeamtinnen und -beamten der Zollverwaltung gelten Abs. 1 und Abs. 2 entsprechend. Diese sind in den ihnen zugewiesenen

Bereichen ohnehin bundesweit zuständig. Ein Weisungsrecht besteht allerdings nicht für den Fall des Art. 35 Abs. 3 GG. Hier ist das Weisungsrecht der Bundesregierung vorbehalten.

Der rechtliche Rahmen für nichtdeutsche Polizeikräfte ist entweder eine bestehende Gegenseitigkeit oder aber eine generelle oder für den Einzelfall erteilte Zustimmung des Hessischen Ministeriums des Innern und für Sport. Die Gewährleistung der Gegenseitigkeit stellt gem. Nr. 102.3 VVHSOG das Landespolizeipräsidium fest. Eine Zuständigkeit ergibt sich insbesondere auch aus Art. 39 ff. SDÜ. Für die innereuropäische Zusammenarbeit ist Abs. 4 durch das Gesetz zur Neuausrichtung des Verfassungsschutzes in Hessen (v. 25.6.2018, HessGVBl. 302) neu eingeführt worden. **21**

§ 103 Amtshandlungen von Dienstkräften der Polizei außerhalb des Zuständigkeitsbereichs des Landes Hessen

(1) [1]Dienstkräfte der Polizei des Landes dürfen im Zuständigkeitsbereich eines anderen Landes der Bundesrepublik Deutschland oder des Bundes nur in den Fällen des § 102 Abs. 1 Satz 1 Nr. 1 bis 5 und des Art. 91 Abs. 2 des Grundgesetzes und nur dann tätig werden, wenn das jeweilige Landesrecht oder das Bundesrecht es vorsieht. [2]Die Polizeivollzugsbeamtinnen und Polizeivollzugsbeamten des Landes dürfen im Zuständigkeitsbereich von Polizeibehörden oder -dienststellen, die außerhalb der Bundesrepublik Deutschland ihren Sitz haben, tätig werden, wenn es das für diese Polizeibehörden oder -dienststellen maßgebliche Recht vorsieht.

(2) [1]Einer Anforderung von Polizeivollzugsbeamtinnen und Polizeivollzugsbeamten durch ein anderes Land der Bundesrepublik Deutschland ist zu entsprechen, soweit nicht die Verwendung der Beamtinnen und Beamten im eigenen Land dringender ist als die Unterstützung der Polizeibehörden oder -dienststellen des anderen Landes. [2]Einer Anforderung von Polizeivollzugsbeamtinnen und Polizeivollzugsbeamten durch Polizeibehörden oder -dienststellen, die außerhalb der Bundesrepublik Deutschland ihren Sitz haben, sowie deren Aufsichtsbehörden kann unter den Voraussetzungen des Satz 1 entsprochen werden [3]Die Anforderung soll alle für die Entscheidung wesentlichen Merkmale des Einsatzauftrags enthalten.

Überblick

Die DVO-HSOG ist nicht an die aktuelle Gesetzeslage angepasst.
Auszug aus der VVHSOG (ebenfalls nicht an die aktuelle Gesetzeslage angepasst und gem. Erlass des Hessischen Ministeriums des Innern und für Sport v. 29.11.2022 (StAnz. 50/2022, 1384) zum 1.1.2025 mangels eines erneuten Verlängerungserlasses ersatzlos außer Kraft getreten):
Zu § 103
103. Amtshandlungen von Dienstkräften der Polizei außerhalb des Zuständigkeitsbereichs des Landes Hessen
103.1 Zu Abs. 1
Ob die Voraussetzungen für ein Tätigwerden hessischer Polizeivollzugsbeamtinnen und Polizeivollzugsbeamter nach Satz 2 vorliegen, stellt das Landespolizeipräsidium fest.

Die Vorschrift spiegelt § 102 für den Einsatz von hessischen Polizeibediensteten im nichthessischen Bereich. Geregelt ist zum einen der Einsatz in anderen Bundesländern (→ Rn. 2), zum anderen der Einsatz im Ausland (→ Rn. 8). Hierzu gehören auch internationale Friedensmissionen und Hilfsprojekte (→ Rn. 10).

Übersicht

A. Regelungen in anderen Bundesländern

1 Mit § 103 vergleichbare Regelungen finden sich auch in anderen Bundesländern (→ Rn. 1.1 ff.).

1.1 **Bayern** hat eine entsprechende Regelung in Art. 10 Abs. 2 und Abs. 3 BayPOG getroffen.

1.2 **Baden-Württemberg** verfügt ebenfalls mit § 79 BWPolG. In § 79 Abs. 1 S. 2 BWPolG wird für die Tätigkeiten außerhalb der Bundesrepublik Deutschland ebenso wie in § 78 Abs. 3 BWPolG Bezug auf völkerrechtliche Vereinbarungen und den Prümer Ratsbeschluss (B 2008/615/JI v. 23.6.2008, ABl. 2008 L 210, 1) sowie das Recht des jeweiligen Staates genommen. Eine Abs. 2 S. 2 und S. 3 entsprechende Regelung ist nicht vorgesehen.

1.3 In **Niedersachsen** gibt es mit § 104 NPOG eine vergleichbare Regelung, die durch den Erlass „Internationale polizeiliche Zusammenarbeit, Initiierung, Koordination und Durchführung von Auslandsbeziehungen der Polizei des Landes Niedersachsen" (v. 23.12.2016, Nds. MBl. 2017, 78) ergänzt wird.

1.4 Eine vergleichbare Regelung findet sich für **Nordrhein-Westfalen** in § 8 POG NRW.

B. Tätigkeit in einem anderen Land der Bundesrepublik Deutschland

2 Abs. 1 S. 1 gilt für Dienstkräfte der hessischen Polizei und damit grundsätzlich auch für die Wachpolizei.

2.1 Hier ist allerdings Nr. 2.6 VVWaPol zu beachten: „Angehörigen der Wachpolizei ist ein Tätigwerden außerhalb Hessens im Rahmen ihrer Aufgaben, insbesondere im Zusammenhang mit der Durchführung von Gefangenentransporten, Vorführungen und Abschiebungen aufgrund der aktuellen Rechtslage nicht gestattet." Diese Formulierung schließt ein Tätigwerden iSd Abs. 1 nicht aus, verdeutlicht aber noch einmal, dass ein Tätigwerden von dem entsprechenden Land oder dem Bund auch vorgesehen sein muss. Dies ist erfolgt im Staatsvertrag über die erweiterte Zuständigkeit der mit der Begleitung aufenthaltsbeendender Maßnahmen betrauten Bediensteten in den Ländern vom 1.9.2019 nebst hessischem Begleitgesetz vom 29.5.2020, GVBl. 363. Vertragspartner sind Hessen, Niedersachsen, Nordrhein-Westfalen, Rheinland-Pfalz, Sachsen-Anhalt, Schleswig-Holstein und Hamburg. Der Vertrag ist am 6.7.2020 in Kraft getreten (GVBl. 540).

2.2 Dementsprechend können Angehörige der Wachpolizei in Uniform das Freifahrtangebot der Deutschen Bahn AG auch nur in deren Zügen innerhalb Hessens nutzen. Das Tragen von Dienstkleidung sowie das Führen der Dienstwaffen ist außerhalb Hessens nicht zulässig (Erlass v. 14.4.2014 – LPP 11 kl – 7 s 02/04).

3 Ihnen stehen mit dem Verweis auf § 102 Abs. 1 S. 1 Nr. 1–5 sowie Art. 91 Abs. 2 GG innerhalb Deutschlands dieselben Befugnisse zu wie fremden Kräften in Hessen – allerdings nur dann, wenn das jeweilige Landesrecht bzw. Bundesrecht es vorsieht.

3.1 Art. 91 Abs. 2 GG regelt den Einsatz jeweils fremder Polizeikräfte auf Weisung der Bundesregierung zur Abwehr einer drohenden Gefahr für den Bestand oder die freiheitlich-demokratische Grundordnung des Bundes oder eines Landes und stellt damit selbst schon einen Fall dar, in dem Bundesrecht den Einsatz vorsieht.

4 Einschlägiges Recht ist dann das Recht des Landes, in dem die Dienstkräfte tätig geworden sind.

5 Soweit eine Anforderung durch ein anderes Land erfolgt, ist ihr gem. Abs. 2 S. 1 grundsätzlich zu entsprechen. Eine Ausnahme besteht dann, wenn die Verwendung der angeforderten Kräfte dringlicher im eigenen Land erfolgt.

6 Wiederum bleibt der Fall der Nachteile gem. § 167 GVG unberührt.

7 Soweit Polizeikräfte der Länder Aufgaben der Bundespolizei in deren Zuständigkeitsbereich wahrnehmen, greift § 64 BPolG: Das jeweilige Landesrecht ist maßgeblich.

C. Tätigkeit außerhalb der Bundesrepublik Deutschland

8 Eine solche ist Polizeivollzugsbeamtinnen und Polizeivollzugsbeamten vorbehalten. Der Einsatz der Wachpolizei ist nicht vorgesehen. Der Wortlaut ist insoweit eindeutig. Auch hier ist erforderlich, dass das jeweils maßgebliche Recht einen solchen Einsatz vorsieht. Die

Feststellung, ob dies der Fall ist, obliegt gem. Nr. 103.1 VVHSOG dem Landespolizeipräsidium.

Art. 41 SDÜ bleibt auch hier unberührt. 8.1

Voraussetzung für eine Anforderung ist, dass diese die wesentlichen Teile des Einsatzauftrages enthält. Ob das Land Hessen der Anforderung stattgibt, ist eine Ermessensentscheidung. Vorrangig ist jedenfalls die Dringlichkeit des Einsatzes im eigenen Land. 9

D. Exkurs: Internationale Polizeimissionen

Hier handelt es sich um einen Fall des Abs. 2 S. 2 und S. 3. Maßgeblich ist der Grundsatzerlass zum Einsatz von Polizeivollzugsbeamtinnen und -beamten (PVB) im Rahmen internationaler Friedensmissionen und bilateraler Hilfsprojekte v. 21.4.2016 (StAnz 510, berichtigt 2016, 657): 10

Hessen nimmt mit dem Bund und den anderen Ländern an internationalen Missionen und Projekten teil. Mandatsgeber für Missionen sind die Vereinten Nationen, die Europäische Union, die Westeuropäische Union und Organisation für Sicherheit und Zusammenarbeit in Europa. Der Erlass betont dabei das Trennungsgebot: „In keinem Fall obliegt es internationalen, zivilen Polizeikontingenten, Einsätze bewaffneter Streitkräfte zu ersetzen oder militärische Operationen durchzuführen. Die Unterstellung von Polizeikräften unter militärisches Kommando ist ausgeschlossen.“ 11

Während der Bund die eine Hälfte des Kontingents stellt, obliegt die andere Hälfte den Ländern. Die Verteilung erfolgt nach dem sog. Königsteiner Schlüssel, was für Hessen einen Beitrag von 7,2 % bedeutet. 12

Seitens des Landespolizeipräsidiums werden regelmäßig Bewerberinnen und Bewerber gesucht, die sich für den Einsatz im Ausland interessieren. Der Einsatz unterliegt ausdrücklich dem Gebot der Freiwilligkeit. 13

Das Anforderungsprofil an die sog. „Diplomatinnen und Diplomaten in Uniform“ ist umfangreich: unter anderem acht Jahre Einzeldiensterfahrung, ausgeprägte englische Sprachkenntnisse in Wort und Schrift, stabile soziale Verhältnisse, hohe physische und psychische Belastbarkeit. Wer das Anforderungsprofil erfüllt, muss sich einem eintägigen Auswahlverfahren stellen, zu dem ein Persönlichkeitsstrukturtest, die Überprüfung der Englischkenntnisse, der Cooper-Test und ein Einzelgespräch mit der Auswahlkommission gehören. 14

Zudem kann schon ein Wunschgebiet oder eine Wunschmission bezeichnet werden. Daran anschließend finden für diejenigen, die sich bewährt haben, diverse Vorbereitungsseminare – auch unter Einbeziehung der Angehörigen – statt. Die Anforderung, der sog. Call, erfolgt sodann binnen sechs Monaten bis zu zwei Jahren nach Abschluss des Auswahlverfahrens. Da dieser von der internationalen Organisation über das Bundesinnenministerium und das Hessische Innenministerium / Landespolizeipräsidium weitergeleitet wird, ist es nicht unüblich, dass nur wenige Tage zwischen Call und Abreise liegen. Der Personalrat ist daher im Rahmen der vertrauensvollen Zusammenarbeit schon frühzeitig in das Verfahren einzubinden. Denn die Beamtin oder der Beamte sind zunächst an das Bundespolizeipräsidium abzuordnen. Von dort erfolgen dann die weitergehenden Verfügungen. Die Einsatzdauer liegt üblicherweise bei zwölf Monaten. Nach Rückkehr findet ein Rückkehrergespräch und ein Nachbereitungsseminar statt, um frühzeitig Auffälligkeiten festzustellen und bei deren Bewältigung zu unterstützen. Während des Einsatzes erhält die Beamtin oder der Beamte weiterhin seine Bezüge vom Land Hessen zzgl. einer Zulage und genießt Dienstunfallschutz. Zudem steht ihm ein erhöhter Urlaubsanspruch zu. Im Gegenzug wird von ihm strikte Neutralität erwartet. Für die psychische Betreuung steht ein Kriseninterventionsteam zur Verfügung (zu weiteren Rechtsgrundlagen der deutschen Polizeientwicklungshilfe in anderen Ländern, außerhalb der Polizeikooperation der EU, s. Zabel Die Polizei 2014, 337). 15

Zu internationalen Polizeimissionen s. auch Lisken/Denninger PolR-HdB/Aden M Rn. 1 ff. 16

Dritter Teil. Kosten

§ 104 Begriff der Kosten

Kosten im Sinne der §§ 105 bis 108 sind die Personal- und Sachausgaben für die Gefahrenabwehr sowie die Ausgaben, die durch die Tätigkeit der Gefahrenabwehrbehörden und der Polizeibehörden entstehen.

Überblick

§ 104 definiert den Begriff der Kosten (→ Rn. 9) für die Tätigkeiten der Gefahrenabwehr- und Polizeibehörden.

Übersicht

A. Allgemeines

I. Gegenstand der Regelung

1 Die Vorschrift des § 104 eröffnet den nicht weiter unterteilten dritten Teils des HSOG, der die Kostenträgerschaft für die Gefahrenabwehr- und Polizeibehörden regelt. Sie enthält die für die nachfolgenden Vorschriften maßgebliche Definition der Kosten.

2 Nicht Gegenstand des Abschnitts ist die Kostenerhebung für Amtshandlungen gegenüber Bürgern. Diese ist im HessVwKostG geregelt, auf dessen Grundlage (§ 2) eine Allgemeine Verwaltungskostenordnung und sechs spezielle Verwaltungskostenordnungen für die Geschäftsbereiche einzelner Ministerien erlassen worden sind, ua die Verwaltungskostenordnung des Innenministeriums (VwKostO-MdIS v. 7.6.2013, zuletzt geändert durch Art. 3 der Verordnung v. 27.6.2024 (GVBl. 2024 Nr. 27)).

2.1 In Nr. 54 ff. der als Anlage der VwKostO-MdIS beigefügten Verwaltungskostenverzeichnis finden sich die Gebührentatbestände für Amtshandlungen nach dem HSOG. Im HSOG selbst sind Kostenpflichten zB in §§ 8 Abs. 2, 43 Abs. 2, 49 und 52 Abs. 1 S. 3 vorgesehen. Vergleiche für Kostenerhebung im Bereich von Versammlungen, Ansammlungen und von Aufrufen in sozialen Netzwerken → Rn. 18 f.

3 Ebenso wenig regeln die §§ 104 ff. Kostenansprüche der Bürger gegenüber Gefahrenabwehr- und Polizeibehörden; sie stellen insoweit insbesondere keine **Ermächtigungsgrundlagen** dar. Als solche kommen die Regelungen der §§ 64 ff. und weitere Vorschriften des Staatshaftungsrechts in Betracht.

II. Parallelvorschriften

4 § 127 Abs. 3 BWPolG definiert den Begriff der Kosten im Polizeirecht Baden-Württemberg.

5 In Bayern sind in Art. 76 BayPAG Kostenregelungen enthalten, die aber die Erhebung von Kosten (Gebühren und Auslagen) betreffen und daher mit § 104 nicht vergleichbar sind.

6 § 105 NPOG enthält Bestimmungen zu den Kosten der Gefahrenabwehr, ohne jedoch wie § 104 die Kosten begrifflich zu bestimmen.

Das NRWOBG enthält in §§ 45, 46 NRWOBG Kostenregelungen, ohne jedoch den Begriff der Kosten zu definieren. 7

B. Einzelkommentierung

Der **Kostenbegriff** aus § 104 ist für die Regelungen zur **Kostenträgerschaft** in den §§ 105–108 verbindlich. Gefahrenabwehrbehörden sind die Behörden der allgemeinen Verwaltung (§ 82), die Ordnungsbehörden (§ 85) und die Sonderordnungsbehörden (§ 90), vgl. auch § 1 Abs. 1. 8

Bis zur Änderung des § 104 durch G v. 23.8.2018 (GVBl. 374) fand sich anstelle des Begriffs der Polizeibehörden, der der **Polizeidienststellen,** den des HSOG im Übrigen schon seit dem ÄndG v. 14.12.2009 (HessGVBl. I 635) nicht mehr verwendete und stattdessen einheitlich von **Polizeibehörden** sprach. Insofern dürfte es sich bei der Beibehaltung des Begriffs in § 104 bis 2018 um ein Redaktionsversehen gehandelt haben (vgl. auch RSPHFMW HSOG/HundeVO Rn. 1 ff.; die Regelungen der §§ 108, 109 waren bereits 2009 sprachlich angepasst worden). Daher waren mit dem Begriff der Polizeidienststellen zwischen 2009 und 2018 die Polizeibehörden iSv § 91 gemeint. 8.1

I. Begriff der Kosten

§ 104 versteht unter Kosten die **Ausgaben** der Gefahrenabwehr- und Polizeibehörden, die diesen bei ihrer Tätigkeit im Rahmen der Gefahrenabwehr für Personal, Sachmittel und sonstige Maßnahmen der Gefahrenabwehr entstehen. 9

II. Kostenarten

§ 104 **unterscheidet** hinsichtlich der Kostenarten zwischen Personalausgaben, Sachausgaben und sonstigen Ausgaben, die aufgrund von Gefahrenabwehrmaßnahmen zu leisten sind. 10

1. Personalkosten

Personalkosten sind die Ausgaben, die den Gefahrenabwehr- und Polizeibehörden für die Anstellung von Beamten und Beschäftigen entstehen. Hierzu zählen **insbesondere** Dienstbezüge, Reisekosten, Versorgungsbezüge und Ähnliches (vgl. zB die Aufzählung bei Hornmann HSOG Rn. 2). 11

2. Sachkosten

Sachkosten sind die Ausgaben, die für die Anschaffung und Unterhaltung von **Sachmitteln** entstehen, die für die Gefahrenabwehr erforderlich sind. Hierzu **zählen** insbesondere Grundstücke, Gebäude, Kraftfahrzeuge, Telekommunikationsmittel, Büroausstattung, stationäre und mobile Geschwindigkeitsmessanlagen, Mieten, Pachten und Leasingkosten für Sachmittel, Waffen, Munition, Löschmittel usw. Negativ kann man die Sachkosten von den Personalkosten dadurch abgrenzen, dass **Sachausgaben** all diejenigen Ausgaben sind, die nicht den **Personalausgaben** zugerechnet werden (vgl. Hornmann HSOG Rn. 3). 12

3. Kosten der Gefahrenabwehr

Mit Kosten der Gefahrenabwehr sind die Ausgaben gemeint, die den Gefahrenabwehr- und Polizeibehörden durch konkrete **Gefahrenabwehrmaßnahmen** entstehen. Dies können Kosten für **Zwangsmaßnahmen,** zB verauslagte Kosten für eine Ersatzvornahme oder Abschiebungskosten, sein. Rückgriffsmöglichkeiten etwa nach § 69 ändern nichts an der Kosteneigenschaft einer Ausgabe iSv § 104 (vgl. Hornmann HSOG Rn. 4; RSPHFMW HSOG/HundeVO Rn. 1 ff.). 13

III. Einnahmen

Keine Regelung trifft das HSOG zu den Einnahmen der Gefahrenabwehrbehörden (allgemeine Verwaltungsbehörden, Ordnungsbehörden, → § 81 Rn. 6). Für die Polizeibehörden ist eine Bestimmung zum **Zufluss** der Einnahmen an das Land in § 109 S. 1 getroffen (→ 14

§ 109 Rn. 1). Für **Geldbußen und Verwarngelder** im Rahmen von Ordnungswidrigkeitenverfahren, die von kommunalen Behörden festgesetzt werden, enthält § 60 HessFAG eine Regelung (→ § 109 Rn. 19).

15 Einnahmen der Gefahrenabwehrbehörden sind alle **Geldzuflüsse,** die den Trägern der Gefahrenabwehrbehörden (Land, Kommunen) im Rahmen von Gefahrenabwehrmaßnahmen zustehen. Dies können **Verwaltungsgebühren, Auslagen, Zwangsgelder** oder festgesetzte Ersatzleistungen bei einer Ersatzvornahme (vgl. zB § 49 Abs. 2) sein. Besondere Regelungen im gibt es hierzu nicht, somit fließen die Einnahmen dem jeweiligen Träger der Gefahrenabwehrbehörde zu, bei den Kommunen also den Gemeinden, Städten und Landkreisen.

16 Die Aufgaben der allgemeinen Gefahrenabwehrbehörden werden nach § 82 von den Gemeinden und Landkreisen als **Weisungsaufgaben** wahrgenommen. Für die Gebührenerhebung im Rahmen dieser Tätigkeit gelten dann nicht die von der Kommune aufgrund von § 5 HGO/§ 5 HKO, § 2 HessKAG erlassenen **Gebührenregelungen;** vielmehr ist bei der Erledigung von Weisungsaufgaben das HVwKostG nebst den dazu ergangenen Verwaltungskostenordnungen **maßgeblich** (§ 1 Abs. 2 HVwKostG). Für die **Bauaufsicht** besteht insoweit eine **Besonderheit,** als die Bauaufsichtsbehörden nach § 1 Abs. 4 HVwKostG von der entsprechenden Verwaltungskostenordnung **abweichende Bauaufsichtsgebühren** erheben können, sofern eine entsprechende Bauaufsichtssatzung von der Kommune erlassen wurde (vgl. PdK-Hessen/Sommer HKO § 4 Erl. 4.5).

17 Die kommunalen Ordnungsbehörden **erheben** bei der Durchführung von Gefahrenabwehrmaßnahmen ebenso wie die allgemeinen Gefahrenabwehrbehörden Verwaltungskosten nach dem **HVwKostG** (§ 1 Abs. 2 HVwKostG). Für den **Veterinärbereich** wurde durch das Gesetz zur Neuregelung des Gebührenrechts im Bereich der Hygiene bei der Gewinnung von Frischfleisch (v. 17.10.2014, HessGVBl. I 237) die Befugnis für die Landkreise und kreisfreien Städte geschaffen, für bestimmte Veterinärgebühren durch eine **kommunale Satzung** nach § 9 HessKAG von der staatlichen Verwaltungskostenordnung **abweichende** Gebühren zu erheben (vgl. auch LT-Drs. 18/944).

IV. Insbesondere: Erhebung von Kosten im Bereich von Versammlungen und Ansammlungen nach Aufrufen in sozialen Netzwerken

18 Immer wieder diskutiert wurde die Frage der Erhebung von Kosten die durch Gefahrenabwehrmaßnahmen anlässlich von Versammlungen und Ansammlungen entstehen (vgl. schon Weichert KJ 1984, 314 ff.), in jüngerer Zeit auch im Zusammenhang mit Aufrufen in sozialen Netzwerken.

1. Versammlungen nach dem VersammlG

19 Aufzüge unter freiem Himmel sind nach § 14 Abs. 1 VersammlG der zuständigen Behörde anzuzeigen (Örtliche Ordnungsbehörde bzw. Kreisordnungsbehörde für Gemeinden unter 7.500 Einwohnern, § 1 S. 1 Nr. 2 HSOG-DVO). Die Versammlungsbehörde kann nach § 15 Abs. 1 VersammlG **Auflagen** verhängen, die zur Abwehr von Gefahren für die öffentliche Sicherheit und Ordnung dienen.

20 In Hessen sah die VwKostO-MdI 2003 (Verwaltungskostenordnung für den Geschäftsbereich des Ministeriums des Innern und für Sport v. 16.12.2003, HessGVBl. I 250 (vgl. dazu auch → Rn. 2.1) in Nr. 472 des als Anlage zur VwKost-MdI beigefügten Verwaltungskostenverzeichnisses vor, dass für die Festsetzung von versammlungsrechtlichen Auflagen Verwaltungsgebühren erhoben werden konnten.

21 Nachdem sich die Rechtsprechung mit dieser Gebührenziffer zu Recht **kritisch** auseinandergesetzt hatte (vgl. BVerfG NVwZ 2008, 414; VGH Kassel NVwZ-RR 2007, 6), ist diese Gebührenziffer in der **aktuellen** VwKostO-MdIS (Verwaltungskostenordnung für den Geschäftsbereich des Ministeriums des Innern und für Sport v. 7.6.2013, HessGVBl. 410; geändert durch Verordnung v. 11.12.2018, HessGVBl. 717, berichtigt HessGVBl. 2019, 25) nicht mehr enthalten. Lediglich für die **Ermächtigung** zum Tragen von Waffen kann nach VerwKV 461 VwKostO-MdIS eine Verwaltungsgebühr erhoben werden.

2. Ansammlungen

Ansammlungen sind **Zusammenkünfte** von Menschen aus einem äußeren Anlass heraus, **ohne** einen gemeinsamen Zweck zu verfolgen (vgl. § 113 OWiG); der gemeinsame Zweck des Zusammenkommens ist ein Wesensmerkmal einer **Versammlung** nach Art. 8 GG (vgl. DHS/Depenheuer GG Art. 8 Rn. 46; Lisken/Denninger PolR-HdB/Kniesel/Poscher J Rn. 52). 22

Insoweit sieht Nr. 512 des Verwaltungskostenverzeichnisses zur VwKostO-MdIS (Verwaltungskostenordnung für den Geschäftsbereich des Ministeriums des Innern und für Sport v. 7.6.2013, HessGVBl. 410; zuletzt geändert durch Art. 3 der Verordnung v. 27.6.2024 (GVBl. 2024 Nr. 27) Gebührentatbestände in Nr. 511 f. vor. 23

Danach werden Gebühren nach **Zeitaufwand** fällig werden, wenn Einsätze **notwendig** sind wegen einer öffentlichen Ansammlung aufgrund eines Aufrufes oder dessen Weiterverbreitung in einem **Sozialen Netzwerk,** wenn die aufrufende oder den Aufruf weiterverbreitende Person die öffentliche Ansammlung **schuldhaft** herbeigeführt hat und die Behörde den die Ansammlung bildenden Personen eine **Platzverweisung** nach § 31 Abs. 1 S. 1 erteilt hat. 24

§ 105 Kosten der Behörden der allgemeinen Verwaltung

Die bei den Behörden der allgemeinen Verwaltung entstehenden Kosten der Gefahrenabwehr werden von diesen getragen.

Überblick

§ 105 legt fest, dass die Behörden der allgemeinen Verwaltung (§ 82) die ihnen bei der Gefahrenabwehr entstehenden Kosten selbst zu tragen haben.

A. Allgemeines

I. Gegenstand der Regelung

1 § 105 legt den Behörden der allgemeinen Verwaltung nach § 82 (Gemeinden und Landkreisen) die Verpflichtung auf, die **Kosten,** die bei Maßnahmen der Gefahrenabwehr in ihrem Zuständigkeitsbereich entstehen, selbst zu tragen. Welche Aufgaben die Behörden der allgemeinen Verwaltung im Rahmen der Gefahrenabwehr zu erledigen haben, ergibt sich aus § 1 Abs. 1 und 2.

1.1 Sonstige Aufgaben der Gefahrenabwehr sind zB die Unterbringung von **Obdachlosen** oder die Vergabe von **Hausnummern** (vgl. die Beispiele bei Hornmann HSOG § 2 Rn. 11).

2 Die Behörden der allgemeinen Verwaltung müssen die Kosten der Gefahrenabwehr auch dann tragen, wenn sie im Einzelfall aufgrund einer Weisung der Aufsichtsbehörde nach § 84 tätig werden (vgl. Hornmann HSOG Rn. 2). § 4 Abs. 1 S. 3 HGO/§ 4 Abs. 1 S. 3 HKO **verpflichten** die Gemeinden und Landkreise darüber hinaus, für die Erfüllung der Aufgaben der Gefahrenabwehr (Weisungsaufgabe nach § 4 Abs. 1 HGO/§ 4 Abs. 1 HKO) das erforderliche Personal und die notwendigen Einrichtungen zur Verfügung zu stellen.

II. Parallelvorschriften

3 Nach § 127 Abs. 1 BWPolG werden die Kosten der Ortspolizeibehörden von den Kommunen getragen, insoweit stimmt die Regelung mit der hessischen Rechtslage überein.

4 Das BayLStVG enthält keine Bestimmungen zu den Kosten der Sicherheitsbehörden.

5 In Niedersachsen trägt die Körperschaft die Kosten für die Gefahrenabwehr, deren Behörde für die Erfüllung der Aufgaben zuständig ist (§ 105 Abs. 1 NPOG). Somit müssen die Kommunen die Kosten tragen, die ihnen als Verwaltungsbehörden (vgl. § 97 Abs. 1 NPOG) für Gefahrenabwehraufgaben entstehen.

6 § 45 Abs. 1 S. 2 NRWOBG bestimmt, dass die Gemeinden, kreisfreien Städte und Kreise die Kosten tragen, die ihnen als Kreisordnungsbehörden und örtliche Ordnungsbehörden (vgl. § 3 NRWOBG) entstehen.

B. Einzelkommentierung

I. Verhältnis zu § 4 Abs. 1 HGO und § 4 Abs. 1 HKO

7 § 4 Abs. 1 S. 1 Hs. 2 HGO und § 4 Abs. 1 S. 1 Hs. 2 HKO verlangen, dass ein **Gesetz** die Aufbringung der Mittel regelt, mit denen die Erledigung der Weisungsaufgaben durch die Gemeinden und Landkreise **finanziert** wird. Die Aufbringung der Mittel muss **nicht** notwendig im **Aufgabenübertragungsgesetz** geregelt sein, Festlegungen im Rahmen des kommunalen Finanzausgleichs sind ausreichend (vgl. PdK-Hessen/Sommer HKO § 4 Erl. 4.1). Die Aufbringung der Mittel für die Erledigung der Weisungsaufgaben erfolgt in Hessen im kommunalen **Finanzausgleich** (vgl. § 1 Abs. 1 HessFAG).

II. Kosten von Verwaltungsbehördenbezirken

8 Für die **Kosten** von **Verwaltungsbehördenbezirken** nach § 82 Abs. 1 S. 2 gilt § 106 Abs. 1 Nr. 4 entsprechend. Die beteiligten Kommunen haben daher einen öffentlich-rechtlichen Vertrag über die **Kostentragung** innerhalb des Verwaltungsbehördenbezirks zu schließen (vgl. → § 106 Rn. 11).

§ 106 Kosten der allgemeinen Ordnungsbehörden

(1) Unbeschadet des § 108 werden getragen

1. die Kosten der örtlichen Ordnungsbehörden von den Gemeinden,

2. die Kosten der Kreisordnungsbehörden in den kreisfreien Städten und Landkreisen jeweils von diesen,

3. die Kosten der übrigen allgemeinen Ordnungsbehörden vom Land,

4. die Kosten der örtlichen Ordnungsbehörden und der Kreisordnungsbehörden für die gemeinsam zu erfüllenden Aufgaben der Ordnungsbehördenbezirke (§ 85 Abs. 2 und 3) von den beteiligten Gemeinden und Landkreisen nach Maßgabe eines öffentlich rechtlichen Vertrages.

(2) Zu den von den allgemeinen Ordnungsbehörden zu tragenden Kosten nach Abs. 1 gehören auch die durch Selbsteintritt nach § 88 Abs. 1 entstehenden Kosten.

(3) Inwieweit den Landkreisen die Kosten der Kreisordnungsbehörde zu erstatten sind, wird durch Gesetz geregelt.

Überblick

Die Vorschrift trifft Kostenregelungen hinsichtlich der Kosten der allgemeinen Ordnungsbehörden.

Übersicht

A. Allgemeines

I. Gegenstand der Regelung

§ 106 legt in Abs. 1 Nr. 1 und 2 den örtlichen Ordnungsbehörden und den Kreisordnungsbehörden die Verpflichtung auf, die bei Maßnahmen der Gefahrenabwehr in ihrem Zuständigkeitsbereich entstehenden Kosten, selbst zu tragen; bei den übrigen allgemeinen Ordnungsbehörden ist das Land Kostenträger (Abs. 1 Nr. 3). Abs. 1 Nr. 4 verpflichtet die Träger der Ordnungsbehördenbezirke zur Regelung der Kostenanteile in einem öffentlich-rechtlichen Vertrag. 1

Abs. 2 legt den allgemeinen Ordnungsbehörden auch die durch einen Selbsteintritt nach § 88 Abs. 1 entstehenden Kosten auf. Abs. 3 sieht vor, dass eine gesetzliche Regelung zur Erstattung Kosten der Kreisordnungsbehörde an die Landkreise zu treffen ist. 2

II. Parallelvorschriften

In den Bundesländern Baden-Württemberg, Bayern, Niedersachsen und Nordrhein-Westfalen gibt es eine dem Bundesland Hessen entsprechende Organisation der Gefahrenabwehr nicht, daher finden sich dort auch keine § 106 entsprechenden Bestimmungen. 3

Für die Ortspolizeibehörden in Baden-Württemberg ist § 127 Abs. 1 BWPolG einschlägig. 4

Für die Ordnungsbehörden in Nordrhein-Westfalen gilt hinsichtlich der Kosten § 45 NRWOBG (vgl. insoweit auch → § 105 Rn. 6). 5

B. Einzelkommentierung

§ 106 regelt die die **Kostentragungspflicht** für die allgemeinen Ordnungsbehörden und die Ordnungsbehördenbezirke, während § 107 Regelungen zu den Kosten der Sonderordnungsbehörden enthält, § 108 die Kostenregelungen für die Polizeibehörden beinhaltet. 6

I. Kosten der örtlichen Ordnungsbehörden

Örtliche Ordnungsbehörden sind nach § 85 Abs. 1 S. 1 Nr. 4 die Bürgermeister und Oberbürgermeister. Deren **Kosten** sind von ihren jeweiligen Städten und Gemeinden zu tragen. Die **Kostenerstattung** für die Wahrnehmung dieser staatlichen Aufgabe hat der Gesetzgeber in § 1 Abs. 1 HessFAG geregelt: sie erfolgt im Rahmen des **kommunalen Finanzausgleichs.** 7

II. Kosten der Kreisordnungsbehörde

Die Aufgaben der **Kreisordnungsbehörde** werden in den **Landkreisen** vom Landrat und in den **kreisfreien Städten** (Darmstadt, Frankfurt a. M., Kassel, Offenbach, Wiesbaden, § 4a Abs. 1 HGO) vom Oberbürgermeister wahrgenommen (§ 85 Abs. 1 S. 1 Nr. 3). Dementsprechend haben die **Landkreise** und die **kreisfreien Städte** die **Kosten** der Kreisordnungsbehörden zu **tragen.** 8

Für die kreisfreien Städte wird die Kostenerstattung durch das Land für die Aufgabenwahrnehmung über den **kommunalen Finanzausgleich** sichergestellt (§ 1 Abs. 1 HessFAG; zur Kostenerstattung an die Landkreise → Rn. 18; zur **Kostenerhebung** für die Durchführung von **Veterinäraufgaben** → § 104 Rn. 17). 9

III. Kosten der sonstigen Ordnungsbehörden

Sonstige **allgemeine Ordnungsbehörden** sind die Regierungspräsidien als Bezirksordnungsbehörden und die fachlich zuständigen Landesministerien als Landesordnungsbehörde (§ 85 Abs. 1 S. 1 Nr. 1 und Nr. 2). Da es sich dabei um **Landesbehörden** handelt, werden deren Kosten vom Land getragen (Abs. 1 Nr. 3; zur Problematik der **Kampfmittelräumung** und der damit verbundenen Kosten → Rn. 20). 10

IV. Kosten der Ordnungsbehördenbezirke

11 Ordnungsbehörden können durch eine Anordnung des zuständigen Regierungspräsidiums zu örtlichen Ordnungsbehördenbezirken oder Kreisordnungsbehördenbezirken zusammengefasst werden (→ § 85 Rn. 26). Abs. 1 Nr. 4 enthält hierzu eine Bestimmung, wer die **Kosten** der gemeinsamen Aufgabenerfüllung zu tragen hat.

1. Frühere Regelung

12 Nach der früheren Regelung, die durch Art. 3 Nr. 6 des Dritten Gesetzes zur Verwaltungsstrukturreform (v. 17.10.2005, HessGVBl. I 674 (676)) geändert wurde, waren die jeweiligen Einwohnerzahlen der an dem Ordnungsbehördenbezirk beteiligten Kommunen für die **Kostenverteilung** zugrunde zu legen. Diese Regelung wurde in der Praxis als zu **starr** empfunden (aA wohl Hornmann HSOG Rn. 7), daher kam es dann zur aktuellen Bestimmung, die eine **vertragliche** Regelung erfordert.

2. Aktuelle Regelung

13 Abs. 1 S. 4 in der aktuellen Fassung ermöglicht es den an einem Ordnungsbehördenbezirk beteiligten Kommunen die Kosten nach Maßgabe eines **öffentlich-rechtlichen Vertrages** zu verteilen. Durch diese Möglichkeit wird vom **starren** einwohnerbezogenen Maßstab Abstand genommen und die beteiligten Kommunen können im **Verhandlungswege** örtlich passende Lösungen finden. Da in dem öffentlich-rechtlichen Vertrag regelmäßig Zahlungspflichten der jeweiligen Kommune festgeschrieben werden, die haushaltsmäßig relevant sind, bedarf der Vertrag der Zustimmung der **Vertretungskörperschaften** der beteiligten Gebietskörperschaften (§ 50 Abs. 1 S. 1 HGO, § 51 Nr. 7 HGO, § 29 Abs. 1 S. 1 HKO, § 30 Nr. 6 HKO).

13.1 Durch den Abschluss des öffentlich-rechtlichen Vertrages nach Abs. 1 S. 4 entfällt die Notwendigkeit, noch Regelungen nach dem HessKGG für die ordnungsbehördliche Zusammenarbeit zu treffen. § 106 Abs. 1 S. 4 ist insoweit eine Sonderregelung und verdrängt die §§ 24 ff. HessKGG. Da § 106 Abs. 1 S. 4 nur die Kostenregelungen betrifft, kann es aber notwendig sein, neben dem Vertrag nach Abs. 1 S. 4 noch personalrechtliche Maßnahmen für den Einsatz von Personal im Ordnungsbehördenbezirk zu treffen, etwa eine Abordnung bei Beamten oder der Abschluss eines Personalgestellungsvertrages nach § 4 TVöD bei Tarifpersonal.

V. Kosten bei Selbsteintritt (§ 88) und bei erteilten Weisungen (Abs. 2)

14 Abs. 2 enthält eine Regelung zur Kostentragung bei einem **Selbsteintritt** nach § 88 Abs. 1. **Nicht** in § 106 geregelt ist die Kostentragung bei einem Selbsteintritt nach § 88 Abs. 2 und bei einem Tätigwerden der Ordnungsbehörden aufgrund der Weisung der Aufsichtsbehörde.

1. Kosten bei Selbsteintritt

15 Entstehen bei einem **Selbsteintritt** der Aufsichtsbehörde oder einer nachgeordneten Ordnungsbehörde nach **§ 88 Abs. 1** Kosten, so sind diese von der durch den Selbsteintritt betroffenen Ordnungsbehörde nach Abs. 2 zu tragen. Für einen Selbsteintritt nach **§ 88 Abs. 2** gibt es **keine** gesetzliche Regelung, daher trägt die handelnde Behörde die Kosten (vgl. Hornmann HSOG Rn. 9).

2. Kosten bei Tätigwerden auf Weisung

16 Kosten, die entstehen, weil eine Ordnungsbehörde aufgrund einer **Weisung** einer vorgesetzten Behörde tätig geworden ist, hat die **handelnde Ordnungsbehörde** sie zu tragen, da es ihre eigene Maßnahme ist (vgl. Hornmann HSOG Rn. 8).

17 **Ersatzansprüche** gegen die anweisende Aufsichtsbehörde sind **weder** in § 106 noch in §§ 86 f. **vorgesehen.** Gegebenenfalls können sich **Amtshaftungsansprüche** der angewiesenen Behörde gegenüber der anweisenden Behörde ergeben, wenn die Ausführung der

Anweisung bei der angewiesenen Behörde zu einem Schaden geführt hat und die Anweisung **rechtswidrig** war (vgl. Grüneberg/Sprau BGB § 839 Rn. 30).

VI. Erforderliche Regelung zu Kostenerstattung an die Landkreise (Abs. 3)

Abs. 3 verlangt, dass eine **gesetzliche Regelung** zu der Frage geschaffen, inwieweit den Landkreisen die Kosten der Kreisordnungsbehörde durch das Land zu erstatten sind. Diese Bestimmung hängt damit zusammen, dass die Kreisordnungsbehörde bis zur **Kommunalisierung** des Staatlichen Landrates (vgl. KomLBNOG – Gesetz zur Kommunalisierung des Landrats sowie des Oberbürgermeisters als Behörden der Landesverwaltung v. 21.3.2005, HessGVBl. I 229) vom Landrat als Behörde der Landesverwaltung wahrgenommen wurde. Zumindest die **Personalkosten** lagen insoweit beim Land, da beim Landrat als Behörde der Landesverwaltung überwiegend Landesbeamte eingesetzt waren, die sodann durch das KomLBNOG dann zu den kommunalen Landkreisen übergeleitet wurden. 18

Die in Abs. 3 angesprochene gesetzliche Regelung ist in Art. 1 § 5 KomLBNOG getroffen worden (vgl. LT-Drs. 16/3314, 27) und sieht die Zahlung von **Personalkostenpauschalen** an die Landkreise vor. Für die **Sachkosten** der Kreisordnungsbehörde gibt es **keine** Erstattung durch das Land, da die Sachkosten des früheren staatlichen Landrats bereits nach altem Recht von den kommunalen Kreisen zu tragen waren (vgl. PdK-Hessen/Sommer/Drexelius HKO § 4 Erl. 5.6). 19

VII. Insbesondere: Kosten der Kampfmittelräumung

Für die **Kampfmittelräumung** (Kampfmittelbeseitigung) ist nach § 1 S. 2 HSOG-DVO das Regierungspräsidium Darmstadt zuständig (vgl. → § 89 Rn. 11). Daher trägt zunächst das Land Hessen die **Kosten,** da das Regierungspräsidium Darmstadt eine Ordnungsbehörde nach Abs. 1 Nr. 3 ist. Dem Land kann aber gegenüber dem Bund ein Erstattungsanspruch aus Art. 120 Abs. 1 S. 1 GG (**Kriegsfolgelasten**) zustehen (vgl. BVerwG NVwZ-RR 2012, 787; zur Kostentragung des Bundes bei Kampfmittelfunden auf Bahntrassen VG Düsseldorf BeckRS 2015, 41261). 20

Seit der Änderung des § 89 Abs. 1 durch Art. 2 Nr. 7 des Gesetzes zur Regelung des Rechts der Hilfen und Unterbringung bei psychischen Krankheiten (v. 4.5.2017, HessGVBl. 66 (76) kann sich das Regierungspräsidium Darmstadt auch Dritter bei der Erfüllung der Aufgabe der Kampfmittelräumung bedienen (vgl. → § 89 Rn. 11). 20.1

§ 107 Kosten der Sonderordnungsbehörden

Die Kostenregelung für die Sonderordnungsbehörden ergibt sich aus den für diese Behörden geltenden besonderen Vorschriften.

Überblick

§ 107 trifft eine Kostenregelung für die Sonderordnungsbehörden

A. Allgemeines

I. Gegenstand der Regelung

Die Vorschrift des § 107 schafft für die Sonderordnungsbehörden iSd § 90 eine Ausnahme von dem durch §§ 104–107 für die Gefahrenabwehrbehörden im Übrigen errichteten Kostenträgersystem. 1

II. Parallelvorschriften

In den Bundesländern Baden-Württemberg, Bayern und Niedersachsen gibt es keine Sonderordnungsbehörden, daher sind auch keine Kostenregelungen vorhanden. 2

3 Nordrhein-Westfalen hat Sonderordnungsbehörden (§ 12 NRWOBG), hat jedoch keine Kostenregelungen für sie getroffen, daher gelten für deren Kosten §§ 45, 46 NRWOBG.

B. Einzelkommentierung

4 § 107 **schließt** eine Anwendung der Kostenvorschriften des HSOG auf die Sonderordnungsbehörden nach § 90 (→ § 90 Rn. 7 ff.) **aus.** §§ 104–106 finden daher weder direkt noch analog **Anwendung** auf die Tätigkeit der Sonderordnungsbehörden (vgl. Hornmann HSOG Rn. 1; RSPHFMW HSOG/HundeVO Rn. 1 ff.). Die für sie geltenden Kostenvorschriften sind daher in den jeweiligen besonderen Vorschriften zu suchen.

§ 108 Kosten der Polizeibehörden, Bereitstellungs- und Duldungspflichten

(1) Die Kosten der Polizeibehörden trägt unbeschadet der Vorschriften in Abs. 2 das Land.

(2) Verbleiben Polizeibehörden oder deren Außenstellen in Gemeinden mit ehemals kommunaler Vollzugspolizei, so haben die Gemeinden auf ihre Kosten diejenigen gemeindeeigenen Grundstücke, Diensträume und Garagen zur unentgeltlichen Nutzung bereitzustellen, die am 1. Januar 1972 für vollzugspolizeiliche Zwecke genutzt worden sind; soweit sie für diese Zwecke nicht mehr genutzt werden, sind sie den Gemeinden zurückzugeben.

(3) [1]Verkehrsflughäfen stellen den für die Wahrnehmung der Aufgaben nach § 1 zuständigen Polizeibehörden die erforderlichen Diensträume sowie Parkplätze für Dienstkraftfahrzeuge zur Verfügung und halten diese Einrichtungen in ordnungsgemäßem Zustand. [2]Hierdurch entstehende Mehrkosten vergütet das Land den Verkehrsflughäfen auf Antrag, soweit der Aufwand nicht über das für die Einrichtungen der Polizeibehörden übliche Maß hinausgeht.

(4) [1]Die Eigentümerin, der Eigentümer, die Besitzerin, der Besitzer oder eine sonstige Nutzungsberechtigte oder ein sonstiger Nutzungsberechtigter einer baulichen Anlage, innerhalb der eine Funkverbindung zwischen der Leitstelle des örtlich zuständigen Polizeipräsidiums und den Einsatzkräften nicht sichergestellt ist, ist verpflichtet, das Anbringen einer Gebäudefunkanlage oder von Teilen davon für Zwecke der Gefahrenabwehr entschädigungslos zu dulden. [2]Die Verpflichtung umfasst insbesondere die Bereitstellung eines Antennenstandorts und von abgeschlossenen Räumlichkeiten für die Systemtechnik, die Verkabelung der Anlage sowie die Stromversorgung. [3]Soweit aufgrund des § 45 Abs. 1 Nr. 6 des Hessischen Brand- und Katastrophenschutzgesetzes in der Fassung der Bekanntmachung vom 14. Januar 2014 (GVBl. S. 26), zuletzt geändert durch Gesetz vom 23. August 2018 (GVBl. S. 374), oder anderer Rechtsvorschriften eine Verpflichtung zur Duldung, Einrichtung oder zum Unterhalt von Gebäudefunkanlagen nur für bestimmte Behörden und Organisationen mit Sicherheitsaufgaben besteht, gilt diese auch für solche der Polizeibehörden.

Überblick

§ 108 enthält Regelungen zu den Kosten der Polizeibehörden nach § 91 Abs. 2.

Übersicht

A. Allgemeines

I. Gegenstand der Regelung

Die Vorschriften in Abs. 1 und 2 stellen klassische (interne) Kostenträgerregelungen in Bezug auf die Polizeibehörden dar. Mit den Vorschriften der Abs. 3 und 4 werden darüber hinaus Bereitstellungs- und Duldungspflichten privater Dritter in Bezug auf die polizeiliche Aufgabenerfüllung begründet. 1

Durch den im Jahr 2009 angefügten Abs. 3 werden die Betreiber von Verkehrsflughäfen verpflichtet, für die Polizeibehörden zur Erfüllung ihrer Aufgaben nach § 1 Diensträume und Parkplätze zur Verfügung zu stellen; zudem enthält Abs. 3 eine Regelung zu den dadurch für die Flughafenbetreiber entstehenden Mehrkosten. 2

Die Regelung des Abs. 4 wurde 2018 in das Gesetz eingefügt und regelt die Verpflichtung von Gebäudeeigentümern zur Duldung des Einbaus von Gebäudefunkanlagen für Zwecke der Gefahrenabwehr. 3

II. Parallelvorschriften

1. Abs. 1 und 2

In Baden-Württemberg werden die Kosten für die allgemeinen Polizeibehörden und den Polizeivollzugsdienst vom Land getragen (§ 127 Abs. 2 BWPolG); das ist eine dem Land Hessen entsprechende Regelung. 4

In Bayern finden sich weder im BayPAG noch im BayPOG Kostenregelungen, die § 108 entsprechen. Durch die Trägerschaft des Landes für die Polizei (§ 1 Abs. 2 BayPOG) fallen dem Freistaat Bayern auch die entsprechenden Kosten zur Last. 5

Nach § 105 Abs. 1 NPOG trägt das Land die Kosten für die Vollzugspolizei (vgl. §§ 1, 87 NPOG). Für Kosten der polizeilichen Vollzugshilfe in Niedersachsen enthält § 105 Abs. 3 NPOG eine Bestimmung. 6

Durch die Regelung in § 1 POG NRW, dass die Polizei Angelegenheit des Landes ist, muss das Land Nordrhein-Westfalen auch die Kosten der Vollzugspolizei tragen. 7

2. Abs. 3 und 4

Zu den Abs. 3 und 4 finden sich soweit ersichtlich keine Parallelvorschriften in den Landespolizeigesetzen. Im Bundesrecht findet sich eine etwas anders gefasste Parallelvorschrift zu Abs. 3 in § 62 Abs. 3 BPolG. 8

B. Einzelkommentierung

I. Kostenträgerschaft des Landes (Abs. 1)

Von den in § 108 geregelten Kosten der **Polizeibehörden** nach § 91 Abs. 2 sind die der **Gefahrenabwehrbehörden** (allgemeine Verwaltungsbehörden, Ordnungsbehörden) zu unterscheiden. Die Kosten der Polizeibehörden hat nach Abs. 1 der Vorschrift grundsätzlich das Land zu tragen. In Abs. 2 regelt die Norm die Inanspruchnahme von gemeindlichen Liegenschaften durch die Polizeibehörden bei Gemeinden mit ehemals kommunaler Vollzugspolizei 9

Für die Kosten der Polizeibehörden nach § 91 gilt der **Kostenbegriff** des § 104 (→ § 104 Rn. 1). 10

Das Land trägt die **Kosten** der in § 91 Abs. 2 bestimmten **Polizeibehörden.** Diese sind: 11

- als oberste Polizeibehörde das Ministerium des Innern und für Sport als Landespolizeipräsidium.
- Als sonstige Polizeibehörden
  - die Polizeipräsidien,
  - das Hessische Landeskriminalamt,
  - das Hessische Polizeipräsidium Einsatz,
  - das Hessische Polizeipräsidium für Technik,
  - die Hessische Hochschule für öffentliches Management und Sicherheit, soweit sie Aufgaben nach § 95 Abs. 2 wahrnimmt.

12 Die **Kostenträgerschaft** für Kosten, die der Polizei anlässlich von **Abschiebungen** von ausreisepflichtigen Ausländerinnen und Ausländern entstehen, ist vom Hessischen Innenministerium per Erlass geregelt (siehe die entsprechende Verwaltungsvorschrift „Kosten der Polizeibehörden anlässlich der Abschiebung von Personen" idF v. 18.12.2020, StAnz. 2021, 2).

II. Nutzung von Liegenschaften der Gemeinden durch die Polizeibehörden (Abs. 2)

13 Abs. 2 regelt den Fall, dass in **Gemeinden** mit eigener **Vollzugspolizei** (→ § 81 Rn. 6) nach deren Verstaatlichung staatliche Polizeibehörden in den vollzugspolizeilich genutzten Gebäuden verbleiben. In diesem Fall muss die Gemeinde die Grundstücke, Diensträume und Garagen, die am 1.1.1972 vollzugspolizeilich genutzt worden sind und in ihrem Eigentum standen, den staatlichen Polizeibehörden auf Kosten der Gemeinde unentgeltlich zur Verfügung stellen. Diese Verpflichtung gilt für die Gemeinde solange die betreffenden Liegenschaften **vollzugspolizeilich** genutzt werden (VGH Kassel BeckRS 2005, 23153 = ESVGH 50, 97).

14 Ein **Veräußerungsverbot** dieser Liegenschaften ist für die Gemeinden mit Abs. 2 nicht verbunden. Bei der Veräußerung müssen die Gemeinden allerdings durch Vereinbarung mit dem Käufer sicherstellen, dass die Liegenschaften dem Land weiterhin iSv Abs. 2 zur Verfügung gestellt werden können (VGH Kassel BeckRS 2005, 23153 = ESVGH 50, 97 (100)). Gibt das Land die vollzugspolizeiliche Nutzung der gemeindlichen Liegenschaften auf, sind sie der Gemeinde zurückzugeben.

III. Räumlichkeiten für die Polizei an Verkehrsflughäfen (Abs. 3)

15 Abs. 3 wurde durch Art. 1 Nr. 29 des Gesetzes zur Änderung des Hessischen Gesetzes über die öffentliche Sicherheit und Ordnung und anderer Gesetze (v. 14.12.2009, HessGVBl. I 635) in das HSOG eingefügt. Die Vorschrift soll sicherstellen, dass die Vollzugspolizei ihre Aufgaben auf **Verkehrsflughäfen** ortsnah wahrnehmen kann (LT-Drs. 18/861, 19).

16 Abs. 3 normiert die Verpflichtung von Betreibern von **Verkehrsflughäfen** (→ Rn. 17) für die Polizeibehörden in Erfüllung deren Aufgaben aus § 1 die erforderlichen Diensträume sowie Parkplätze für die Dienstfahrzeuge zur Verfügung zu stellen und die Räumlichkeiten in einem ordnungsgemäßen Zustand zu halten. Darüber hinaus wird eine **Kostenregelung** hinsichtlich des Aufwandes für die Betreiber der Verkehrsflughäfen getroffen.

1. Begriff des Verkehrsflughafens

17 Ob ein Flugplatz ein Verkehrsflugplatz ist, folgt aus § 6 LuftVG iVm § 38 LuftVZO. Danach sind Flughäfen Flugplätze, die nach Art und Umfang des Flugbetriebes einer Sicherung durch einen **Bauschutzbereich** nach § 12 LuftVG bedürfen (§ 38 Abs. 1 LuftVZO). Nach § 38 Abs. 2 Nr. 1 LuftVZO sind Verkehrsflughäfen Flughäfen, die dem allgemeinen Verkehr dienen, also keine Sonderflughäfen sind (vgl. § 38 Abs. 2 Nr. 2 LuftVZO).

18 In Hessen gehören dazu der Flughaben Frankfurt a. M. und seit 2013 der Flughafen Kassel-Calden.

2. Umfang der Bereitstellungspflicht

19 Der Betreiber des **Verkehrsflughafens** hat die Räumlichkeiten im erforderlichen Umfang bereit zu stellen und sie in einem ordnungsgemäßen Zustand (§ 62 Abs. 3 BPolG: „gutem Zustand") zu halten. Es handelt sich dabei um **unbestimmte** Rechtsbegriffe, die im Streitfall

der vollen richterlichen Überprüfung unterliegen. Im Hinblick auf die inhaltliche Ausfüllung der Begrifflichkeiten wird man sich an den **Maßstäben** orientieren, die ansonsten für die Diensträume der Polizeibehörden gelten (zB durchschnittliche Quadratmetergröße pro Büroarbeitsplatz, durchschnittliche Renovierungshäufigkeit, durchschnittliche Größe der Sozialräume).

3. Kostenregelungen für das Vorhalten von Räumen und Parkplätzen

Auf Antrag erhält der Betreiber des **Verkehrsflughafens** die **Mehrkosten,** die durch die Bereitstellung der Räumlichkeiten und Parkplätze entstehen, ersetzt. Unter Mehrkosten sind die Geldbeträge zu verstehen, die dem Betreiber ohne die Benutzung durch die Polizeibehörden nicht entstanden wären (LT-Drs. 18/861, 19). 20

Die Mehrkosten werden insoweit begrenzt, als nur der **Aufwand** erstattet wird, der in vergleichbaren Fällen für Einrichtungen der Polizeibehörden üblich wäre. Der Gesetzgeber geht davon aus, dass diese Regelungen mit **Art. 14 GG vereinbar** sind (vgl. LT-Drs. 18/861, 19; zur Kostentragung für Kontrolleinrichtungen an Flughäfen s. VG Köln BeckRS 2015, 50004). 21

IV. Duldung von Gebäudefunkanlagen (Abs. 4)

1. Änderung des Gesetzes 2018

Abs. 4 wurde durch Art. 2 Nr. 9 des Gesetzes zur Änderung des Hessischen Brand- und Katastrophenschutzgesetzes und des Hessischen Gesetzes über die öffentliche Sicherheit und Ordnung (v. 23.8.2018, HessGVBl. 374) in § 108 eingefügt. 22

Durch das Gesetz wurde auch die Überschrift der Vorschrift um die Wörter „Bereitstellungs- und Duldungspflichten" ergänzt. Mit dem neuen Abs. 4 wird eine **Duldungspflicht** für Eigentümer, Besitzer oder Nutzungsberechtigte einer baulichen Anlage eingeführt, entschädigungslos das Anbringen einer **Gebäudefunkanlage** (oder Teilen davon) zum Zwecke der Gefahrenabwehr hinnehmen zu müssen. **Ähnliche** Duldungsregelungen finden sich in **§§ 45, 46 HessBKG.** 23

2. Gesetzesbegründung

Begründet wurde die Einfügung des Abs. 4 mit der **Umstellung** des Polizeifunks auf Digitalfunk (vgl. LT-Drs. 19/6053, 26). Die Funkversorgung im Rahmen von **Digitalfunk** sei innerhalb größerer Gebäudeobjekte (zB Einkaufszentren) schwieriger sicherstellen als beim Analogfunk. Die Installation einer Gebäudefunkanlage in einer solchen baulichen Anlage gewährleiste dann, dass **Einsatzkräfte** der Polizei in dem Gebäude mit der Leitstelle des zuständigen Polizeipräsidiums per Funk **kommunizieren** können. 24

3. Umfang der Duldungspflichten

In Abs. 4 S. 2 wird der **Umfang** der Duldungspflichten **konkretisiert.** Der aus S. 1 Verpflichtete muss auch den Stromanschluss der Anlage an das Stromnetz des betroffenen Gebäudes dulden und damit auch die **Stromkosten** der Anlage tragen (vgl. LT-Drs. 19/6053, 26). 25

In S. 3 wird die **Duldungspflicht** auf Gebäudefunkanlagen der Polizei **erweitert,** wenn aufgrund des § 45 Abs. 1 Nr. 6 HessBKG oder einer anderen Rechtsvorschrift bereits eine Pflicht besteht, eine **Gebäudefunkanlage** für eine Behörde oder Organisation mit Sicherheitsaufgaben einzurichten und zu unterhalten oder zu dulden. 26

§ 45 Abs. 1 Nr. 6 HessBKG kennt insoweit bezüglich Funkanlagen zwar eine Einrichtungs- und Unterhaltungspflicht, nicht aber eine Duldungspflicht. Eine entsprechende (reine) Duldungspflicht folgt indessen aus der Regelung des § 46 Abs. 5 HessBKG, die mit der gleichen Gesetzesänderung im Jahr 2018 geschaffen, aber in Abs. 4 nicht explizit in Bezug genommen wurde. 27

§ 46 Abs. 5 lautet: „Eigentümerinnen und Eigentümer, Besitzerinnen und Besitzer sowie sonstige Nutzungsberechtigte von Grundstücken und baulichen Anlagen sind verpflichtet, das Anbringen von 27.1

technischen Einrichtungen zur Warnung der Bevölkerung und Unterstützung der Kommunikation und Alarmierung der Einsatzkräfte der Feuerwehren und des Katastrophenschutzes auch dann zu dulden, wenn diese technischen Einrichtungen zur Versorgung des öffentlichen Raumes benötigt werden. Die Verpflichtung umfasst insbesondere die Bereitstellung des Antennenstandortes und von abgeschlossenen Räumlichkeiten für die Systemtechnik, die Verkabelung der Anlage sowie der Energie- und Datenversorgung. Der durch die Duldung entstehende angemessene Aufwand ist zu entschädigen."

28 Als andere Behörden oder Organisationen sind nach § 45 Abs. 1 Nr. 6 iVm § 5 Abs. 1 Nr. 7 HessBKG der Brandschutz, der Katastrophenschutz und der Rettungsdienst vorgesehen.

28.1 Nach § 45 Abs. 1 Nr. 6 HessBKG sind Eigentümer von Gebäuden verpflichtet, auf eigene Kosten zum Zwecke der Verhütung oder Bekämpfung von Bränden, Explosionen und sonstigen gefahrbringenden Ereignissen entsprechend den örtlichen Erfordernissen eine Gebäudefunkanlage einzurichten, zu unterhalten und auf einem den Funkanlagen nach § 5 Abs. 1 Nr. 7 entsprechenden Stand der Technik zu halten. Nach § 5 Abs. 1 Nr. 7 muss es sich um „ein gemeinsames Funknetz für den Brandschutz, den Katastrophenschutz und den Rettungsdienst" handeln.

29 Die **Duldungspflicht** der nach Abs. 4 S. 1 Verpflichteten wird durch einen entsprechenden **Verwaltungsakt** der Polizeibehörde konkretisiert; dieser hat auch den Standort der Anlage im Gebäude und der abgeschlossenen Räumlichkeiten nach S. 2 zu bestimmen hat.

30 Eine **entschädigungslose Duldungspflicht** in Bezug auf Einrichtungen der Gefahrenabwehr bei/an Gebäuden ist grundsätzlich rechtlich **unbedenklich** (vgl. BVerwG BeckRS 2013, 54740 Rn. 20).

31 Ob dies uneingeschränkt auch für die recht weitereichende Konkretisierung der Duldungspflicht in Abs. 4, namentlich die (wirtschaftlich nicht unerhebliche) Bereitstellung von abgeschlossenen Räumlichkeiten für die Systemtechnik, die Verkabelung der Anlage sowie die Stromversorgung und die Tragung von deren Kosten gilt, darf indessen bezweifelt werden.

32 Das BVerwG hatte seine Aussage zur entschädigungslosen Duldungspflicht unter dem Vorbehalt getroffen, dass dem „Eigentümer und Besitzer aufgrund […] lediglich eine zusätzliche, von ihm bislang nicht aktualisierte und als wirtschaftlich unergiebig betrachtete Nutzung (zum Beispiel des Daches seines Hauses für die Anbringung einer Feuersirene) aufgezwungen" wird (BVerwG BeckRS 2013, 54740 Rn. 21).

33 Über eine solche nicht aktualisierte und wirtschaftlich unergiebige Nutzung gehen die Verpflichtungen des Abs. 4 unter Umständen deutlich hinaus. Im Hinblick auf die Pflicht zur Bereitstellung von Räumlichkeiten beschränken sie sich ggf. auch nicht auf Duldungen. Vor diesem Hintergrund dürfte sich eine Ergänzung der Norm um eine dem Vorbild des § 46 Abs. 5 S. 3 (→ Rn. 27.1) folgende Aufwandsentschädigungsregelung empfehlen.

§ 109 Einnahmen

[1]Sind mit der Tätigkeit der Polizeibehörden Einnahmen verbunden, fließen diese dem Kostenträger zu. [2]Die Vorschriften des Finanzausgleichsgesetzes bleiben unberührt.

Überblick

Die Vorschrift ordnet etwaige Einnahmen der Polizeibehörden fiskalisch zu.

Übersicht

A. Allgemeines

I. Gegenstand der Regelung

§ 108 legt fest, dass Einnahmen, die durch die Polizeibehörden generiert werden, dem Land als Kostenträger zufließen (S. 1), etwaige Ausgleichsansprüche der Kommunen nach dem HessFAG aber unberührt bleiben (S. 2). 1

Die Regelung steht im Zusammenhang mit der Problematik der Kostenhaftung für polizeiliche Einsätze, zu denen die VwKostO-MdIS Regelungen getroffen hat (vgl. → Rn. 14 f.). 2

II. Parallelvorschriften

In Baden-Württemberg fließen die Einnahmen der Polizei ebenso wie in Hessen dem Kostenträger, also dem Land zu (§ 128 BWPolG). 3

In Bayern gibt es keine § 109 entsprechende Vorschrift. 4

§ 105 Abs. 4 NPOG entspricht in seiner Regelung § 109. 5

Weder das POG NRW noch das PolG NRW enthalten Vorschriften, die § 109 entsprechen. 6

B. Einzelkommentierung

I. Kostenträger, Begriff der Einnahmen

Da das **Land** nach § 108 Abs. 1 **Kostenträger** für die **Kosten** der Polizeibehörden ist, fließen ihm auch die Einnahmen zu. 7

Einnahmen der Polizeibehörden sind alle **Geldzuflüsse,** die ihnen im Rahmen ihrer Aufgabenerfüllung zustehen. Dies können **Verwaltungsgebühren, Auslagen, Zwangsgelder** oder auch festgesetzte Kosten einer Ersatzvornahme nach § 49 Abs. 2 oder einer Ersatzvornahme nach § 8 Abs. 2 S. 1 sein (vgl. zum Begriff der Einnahmen auch → § 104 Rn. 15). 8

II. Kostenhaftung für polizeiliche Tätigkeit

Die Erzielung von Einnahmen durch die Tätigkeit der Polizeibehörden ist verbunden mit der Frage, inwieweit der Staat für Tätigkeiten auf dem Gebiet der Gefahrenabwehr, die auch dem öffentlichen Interessen dienen, **Gebühren** von einzelnen Personen oder Institutionen erheben **darf** (**Kostenhaftung,** vgl. die Beispiele bei Lisken/Denninger PolR-HdB/Buchberger J Rn. 89). 9

1. Grundsätzliche Problematik

Die **grundsätzliche Problematik** der Kostenhaftung ergibt sich aus der Frage, inwieweit Kosten der Gefahrenabwehr, die dem **öffentlichen Interesse** dienen, auf Personen oder Institutionen abgewälzt werden dürfen. Das **öffentliche Interesse** an der Gefahrenabwehr ist die **inhaltliche** Schranke für die Gebührenerhebung für Gefahrenabwehrmaßnahmen (vgl. Lisken/Denninger PolR-HdB/Buchberger J Rn. 95). 10

Insofern ist es konsequent und zutreffend, dem öffentlichen Interesse an der Gefahrenabwehr eine **selbstständige** Bedeutung für die **Begrenzung** der Kostenhaftung des Einzelnen beizumessen (vgl. BVerwG NVwZ 2001, 801 (803); Lisken/Denninger PolR-HdB/Buchberger J Rn. 95). Daher kommt die Inanspruchnahme von Einzelnen für Kosten von Gefahrenabwehrmaßnahmen grundsätzlich nur dann **in Betracht,** wenn die Tätigkeit der Gefahrenabwehrbehörde dem Einzelnen individuell **zurechenbar** ist (Lisken/Denninger PolR-HdB/Buchberger J Rn. 95). 11

Im Einzelnen ist hier allerdings vieles **streitig,** wie etwa die Kritik an der Entscheidung des BVerfG zur **Luftsicherheitsgebühr** (BVerfG DVBl 1998, 1220) zeigt (vgl. auch Lisken/Denninger PolR-HdB/Buchberger J Rn. 195); vgl. auch zur Zulässigkeit von Gebühren für Polizeieinsätze bei sog. **Hochrisiko-Fußball-Spielen** BVerwG BeckRS 2019, 16734 mwN). 12

2. Kostentatbestände der VwKostO-MdIS

13 Die Kostenerhebung für Amtshandlungen gegenüber Bürgern ist im HessVwKostG geregelt, auf dessen Grundlage (§ 2) eine Allgemeine Verwaltungskostenordnung und sechs spezielle Verwaltungskostenordnungen für die Geschäftsbereiche einzelner Ministerien erlassen worden sind.

14 Für die Tätigkeit der Polizeibehörden ist die Verwaltungskostenordnung des Innenministeriums (VwKostO-MdIS - Verwaltungskostenordnung für den Geschäftsbereich des Ministeriums des Innern und für Sport v. 7.6.2013, HessGVBl. I 410, zuletzt geändert durch Art. 3 der Verordnung v. 27.6.2024 (GVBl. 2024 Nr. 27) einschlägig. In dem dieser als Anlage beigefügten Verwaltungskostenverzeichnis finden sich die Gebührentatbestände für Amtshandlungen nach dem HSOG (Ziff. 54 ff.).

15 Im HSOG selbst sind Kostenpflichten zB in §§ 8 Abs. 2, 43 Abs. 2, 49 und 52 Abs. 1 S. 3 vorgesehen (vgl. für Kostenerhebung im Bereich von Versammlungen, Ansammlungen und von Aufrufen in sozialen Netzwerken → § 104 Rn. 18).

16 Hier findet sich eine Reihe von polizeilichen Tätigkeiten, die **gebührenpflichtig** gemacht wurden, namentlich

- Einsätze bei Veranstaltungen und **Ansammlungen** (VerwKV 51 VwKostO-MdIS; → § 104 Rn. 22),
- **Transportbegleitung** durch die Polizei (VerwKV 52 VwKostO-MdIS),
- Polizeieinsatz bei Alarmierung (VerwKV 53 VwKostO-MdIS), insbesondere bei **Falschalarm** (VerwKV 531 und 532 VwKostO-MdIS, s. zB OVG Lüneburg NVwZ-RR 2013, 145, VGH Kassel NJW 1984, 73),
- Durchführung einer **unmittelbaren** Ausführung nach § 8 (VerwKV 541 VwKostO-MdIS; → Rn. 17),
- Durchführung einer **Sicherstellung** nach § 40 (VerwKV 542 VwKostO-MdIS),
- Anwendung von **unmittelbarem** Zwang (VerwKV 5453 VwKostO-MdIS),
- Polizeieinsätze bei Streitigkeiten und **Ruhestörungen** (VerwKV 561 VwKostO-MdIS) und
- die polizeiliche **Gewahrsamsnahme** von verantwortlichen Personen nach § 32 (VerwKV 562 VwKostO-MdIS).

3. Sonderfall Abschleppkosten

17 **Falschgeparkte** Kraftfahrzeuge werden von den Polizeibehörden bei Unerreichbarkeit des Fahrers im Wege der **unmittelbaren Ausführung** nach § 8 abgeschleppt, der in § 8 Abs. 2 auch eine **Kostenhaftungsvorschrift** enthält. Bei der **Verwahrung** des abgeschleppten Kraftfahrzeugs gelten die §§ 41–43 (vgl. BGH NVwZ 2014, 1184; zum Dreiecksverhältnis Polizeibehörde, Kostenschuldner und Abschleppunternehmer s. zB VGH Kassel LKRZ 2007, 63; BGH NVwZ 2014, 1184).

III. Das Land Hessen als Kostenträger

18 Der Begriff des **Kostenträgers** ist **nicht** im betriebswirtschaftlichen Sinn zu verstehen, sondern bezieht sich auf die (fiskalische) **Kostenträgerschaft** des Landes aus § 108 (→ § 108 Rn. 1, → § 108 Rn. 11).

IV. Die Regelungen des HessFAG (S. 2)

19 Das Hessische Finanzausgleichsgesetz (**HessFAG**) v. 23.7.2015, zuletzt geändert durch Art. 1 des Gesetzes v. 12.12.2022 (GVBl. 2022, 750) enthält in § 59 und 60 HessFAG Bestimmungen zu Einnahmen bei der Tätigkeit des Landrates als Behörde der Landesverwaltung und der Kommunen bei Ordnungswidrigkeitenverfahren.

20 Nach der **Kommunalisierung** des Staatlichen Landrates durch das KomLBNOG (Gesetz zur Neuordnung der Aufgaben des Landrats sowie des Oberbürgermeisters als Behörden der Landesverwaltung v. 21.3.2005, HessGVBl. I 229), bei dem als Zuständigkeiten für den staatlichen Landrat nur die Kommunalaufsicht (§ 55 Abs. 2 HKO) und die Aufgabe des Anhörungsausschusses nach §§ 7 ff. HessAGVwGO verblieben sind, hat § 59 HessFAG keine große praktische Bedeutung mehr.

Geldbußen und Verwarngelder, die von kommunalen Gefahrenabwehrbehörden festgesetzt wurden, fließen den Kommunen zu (§ 60 Abs. 1 HessFAG). Im Gegenzug müssen die Kommunen die notwendigen Auslagen tragen, soweit sie einem Betroffenen zu erstatten sind (§ 60 Abs. 2 HessFAG). Im Übrigen ist die systematische Stellung der Regelungen in S. 2 schwer nachvollziehbar. Hier hätte es sich angeboten, in § 104 eine Regelung zu den Einnahmen zu treffen und dabei die Regelungen der §§ 59, 60 HessFAG einzubeziehen. 21

Vierter Teil. Übergangs- und Schlussvorschriften

§ 110 Versorgungslasten, Wohnungsfürsorgemaßnahmen

(1) [1]Versorgungslasten, die im Zeitpunkt des Übergangs polizeilicher Aufgaben von den Gemeinden auf das Land bestanden haben, verbleiben bei dem im Zeitpunkt des Aufgabenübergangs zuständigen Kostenträger. [2]Die Vorschriften des Finanzausgleichsgesetzes über die Verteilung der Polizeiversorgungslasten bleiben unberührt.

(2) Wohnungsfürsorgemaßnahmen, die die Gemeinden zugunsten der vom Land übernommenen Bediensteten bis zum 31. Dezember 1971 getroffen haben, bleiben zu ihren Lasten aufrechterhalten.

Überblick

§ 110 regelt die versorgungsrechtlichen Folgen der Verstaatlichung der kommunalen Polizei aus den Jahren 1964 und 1972.

A. Allgemeines

I. Gegenstand der Regelung

1 Die in § 110 getroffene Regelung der Versorgungslasten für vormals kommunale Polizeibeamte ist eine Konsequenz der in Hessen in den Jahren 1964 und 1972 vorgenommenen Verstaatlichung der kommunalen Polizei (vgl. §§ 66 Abs. 3, 86 HSOG 1964 v. 17.12.1964, HessGVBl. I 209 ff. sowie §§ 66, 67, 88 HSOG 1972 v. 26.1.1972, HessGVBl. I 24 ff.).

II. Parallelvorschriften

2 Baden-Württemberg, Bayern und Nordrhein-Westfalen haben keine § 110 entsprechenden Bestimmungen.

3 § 110 NPOG enthält wie Abs. 1 eine Regelung zu Versorgungsfällen von früheren Polizeivollzugsbeamten der Gemeinden.

B. Einzelkommentierung

I. Verteilung der Versorgungslasten (Abs. 1 S. 1)

4 Nach Abs. 1 S. 1 verbleiben die in Bezug auf die vormals kommunalen Beamten entfallenden Versorgungslasten, die zum Zeitpunkt des Übergangs von Polizeiaufgaben von den Gemeinden auf das Land bestanden haben, bei dem im Zeitpunkt des Aufgabenübergangs zuständigen Kostenträger; die Aufgabenübertragung änderte daher an der **Kostenträgerschaft** nichts (vgl. auch § 84 Abs. 1 S. 2 HSOG 1972 v. 26.1.1972, HessGVBl. I 24 ff.).

II. Regelung im Finanzausgleichsgesetz (Abs. 1 S. 2)

5 Nach Abs. 1 S. 2 bleiben die Vorschriften im Finanzausgleichsgesetzes über die Verteilung der Polizeiversorgungslasten unberührt. Dies bezieht sich auf die Regelungen in § 46 HessFAG 2007 (Finanzausgleichsgesetz 2007 v. 29.5.2007, HessGVBl. I 310) über die Tragung von Versorgungslasten. Das seit 1.1.2016 geltende HessFAG (Finanzausgleichsgesetz v. 23.7.2015, HessGVBl. 298 (vgl. dazu auch → § 109 Rn. 19 ff.) enthält **keine** Regelung mehr zu den **Polizeiversorgungslasten.**

III. Wohnungsfürsorgemaßnahmen (Abs. 2)

6 Hatten die Gemeinden vom Land Bedienstete übernommen und bis zum 31.12.1971 zugunsten dieser **Bediensteten** Wohnungsfürsorgemaßnahmen getroffen, bleiben die

Gemeinden auch über diesen Zeitpunkt hinaus **Kostenträger** (vgl. § 85 Abs. 2 HSOG 1972 v. 26.1.1972, HessGVBl. I 24 ff.).

§ 111 Übergangsvorschriften

(1) [1]In den bis zum In-Kraft-Treten dieses Gesetzes erlassenen Gefahrenabwehrverordnungen (Polizeiverordnungen) treten an die Stelle der Vorschriften über Bußgeldandrohungen nach dem Hessischen Gesetz über die öffentliche Sicherheit und Ordnung in der Fassung vom 26. Januar 1972 (GVBl. I S. 24), zuletzt geändert durch Gesetz vom 18. Dezember 1989 (GVBl. I S. 469, 1990 I S. 36), die entsprechenden Vorschriften dieses Gesetzes. [2]§ 77 Abs. 2 findet jedoch auf Verordnungen, die vor In-Kraft-Treten dieses Gesetzes erlassen worden sind, keine Anwendung.

(2) Waren zum Zeitpunkt des In-Kraft-Tretens dieses Gesetzes nach § 115 Abs. 1 Nr. 2 personenbezogene Daten oder Bewertungen gespeichert, ist § 20 Abs. 4 und 6 nicht anzuwenden.

Überblick

§ 111 beinhaltet Übergangsvorschriften für Bußgeldandrohungen, die sich in Verordnungsrecht befinden, das auf der Grundlage des HSOG in seiner Fassung vor 1990 geschaffen wurde.

A. Allgemeines

I. Gegenstand der Regelung

Als Übergangsvorschrift trifft § 111 Regelungen zu Bußgeldandrohungen, die aufgrund von alten HSOG-Vorschriften in Polizeiverordnungen (heute: Gefahrenabwehrverordnungen) erlassen wurden sowie für bis zum Inkrafttreten dieses Gesetzes gespeicherte personenbezogenen Daten oder Bewertungen. 1

II. Parallelvorschriften

Im BWPolG idF v. 6.10.2020 findet sich in § 135 eine Übergangsvorschrift für die Datenverarbeitung. Im Übrigen fehlt eine § 111 vergleichbare Regelung. 2

Art. 60 BayLStVG enthält für Bayern Regelungen zum Fortbestand alten Verordnungsrechts auf dem Gebiet der Gefahrenabwehr. 3

§ 109 Abs. 2 NPOG trifft Bestimmungen zur Fortgeltung von alten Polizeiverordnungen in Niedersachsen. 4

In Nordrhein-Westfalen gibt es keine § 112 entsprechende Vorschrift. 5

B. Einzelkommentierung

I. Bußgeldandrohungen aufgrund von Polizeiverordnungen (Abs. 1)

Die im HSOG 1972 enthaltenen Vorschriften zu **Bußgeldandrohungen** in Polizeiverordnungen (§§ 40 ff. HSOG 1972 v. 26.1.1972, HessGVBl. I 24 ff.), die den heutigen **Gefahrenabwehrverordnungen** (§§ 71 ff.) entsprechen, werden für die geltenden Polizeiverordnungen durch die Vorschriften des jetzigen HSOG ersetzt. 6

Allerdings gilt für diese Polizeiverordnungen, die vor Inkrafttreten des jetzigen HSOG erlassen worden sind, die Regelung des § 77 Abs. 2 nicht. Diese sieht eine Begrenzung des **Bußgeldes** auf 5.000 EUR vorsieht. Es verbleibt daher bei dem Bußgeldrahmen, der in der Polizeiverordnung festgelegt war (vgl. § 41 Nr. 6 HSOG 1972 v. 26.1.1972, HessGVBl. I 24 ff.). Für die betreffenden Polizeiverordnungen gelten also nur § 77 Abs. 1 und Abs. 3 (vgl. Hornmann HSOG Rn. 2). 7

II. Altdaten und Altbewertungen (Abs. 2)

8 Abs. 2 regelt den Umgang mit gespeicherten personenbezogenen Daten und Bewertungen (sog. **Altdaten** und Altbewertungen, vgl. Hornmann HSOG Rn. 3), die sich vor dem Inkrafttreten des HSOG (1.1.1991) im Datenbestand befunden haben. Auf sie sind die Regelungen der § 20 Abs. 4–6 (dazu → § 20 Rn. 101 ff.) nicht anzuwenden.

§ 112 Änderung von Rechtsvorschriften

(vollzogen)

1 Die Änderungen der in dem Paragraphen genannten Vorschriften (Hessisches Verwaltungsvollstreckungsgesetz, Hessische Gemeindeordnung, Hessisches Wassergesetz, Hessisches Personalvertretungsgesetz und Hessisches Abfallwirtschafts- und Altlastengesetz) wurden vollzogen.

2 Es handelt sich bei § 112 um eine landesspezifische Vorschrift, insoweit erübrigt sich auch ein Blick auf Parallelvorschriften in anderen Bundesländern.

§ 113 Aufhebung und Fortgeltung von Rechtsvorschriften

(1) Es werden aufgehoben:

1. **das Hessische Gesetz über die öffentliche Sicherheit und Ordnung in der Fassung vom 26. Januar 1972 (GVBl. I S. 24), zuletzt geändert durch Gesetz vom 18. Dezember 1989 (GVBl. I S. 469, 1990 I S. 36),**
2. **das Gesetz über die Anwendung unmittelbaren Zwanges bei Ausübung öffentlicher Gewalt vom 11. November 1950 (GVBl. S. 247), zuletzt geändert durch Gesetz vom 3. Dezember 1981 (GVBl. I S. 414),**
3. **die Polizeikostenverordnung vom 13. Juli 1973 (GVBl. I S. 267),**
4. **die Polizeibekleidungsverordnung vom 19. Dezember 1973 (GVBl. 1974 I S. 34).**

(2) [1]Besondere Rechtsvorschriften für einzelne Bereiche der Gefahrenabwehr und Rechtsvorschriften, die aufgrund der in Abs. 1 aufgehobenen Gesetze erlassen worden sind, bleiben unberührt. [2]Bisher von allgemeinen Polizeibehörden, Sonderpolizeibehörden und den Dienststellen der Vollzugspolizei wahrgenommene Aufgaben, die diesen Behörden durch besondere Rechtsvorschriften zugewiesen worden sind, sind von den allgemeinen Ordnungsbehörden, den Sonderordnungsbehörden und den Polizeibehörden zu erfüllen. [3]Die von den bisherigen Polizeipräsidien und den Landräten als Behörden der Landesverwaltung, soweit ihnen polizeiliche Aufgaben übertragen sind, wahrgenommenen Aufgaben, die diesen Behörden durch besondere Rechtsvorschriften zugewiesen worden sind, sind von den Polizeipräsidien zu erfüllen. [4]Bisher von der Hessischen Polizeischule wahrgenommene Aufgaben, die dieser durch besondere Rechtsvorschriften zugewiesen worden sind, sind von der Polizeiakademie Hessen zu erfüllen. [5]Anlagen nach § 14 Abs. 3 Satz 3, auch in Verbindung mit § 14 Abs. 4 Satz 3, die vor dem 1. Januar 2009 in Betrieb waren, können unabhängig davon, ob die Voraussetzungen für ihre Errichtung weiter vorliegen, bis zum 31. Dezember 2011 betrieben werden.

(3) Soweit in anderen Rechtsvorschriften oder in Verwaltungsakten auf Vorschriften des Hessischen Polizeigesetzes vom 10. November 1954 (GVBl. S. 203) oder auf Gesetze Bezug genommen wird, die in Abs. 1 aufgehoben werden, treten an die Stelle der aufgeführten Vorschriften die entsprechenden Vorschriften dieses Gesetzes.

(4) Die vor dem 4. September 2018 dem Präsidium für Technik, Logistik und Verwaltung aufgrund besonderer Rechtsvorschrift zugewiesenen Aufgaben gelten als dem Hessischen Polizeipräsidium für Technik übertragen.

(5) Die vor dem 31. Dezember 2021 von der Polizeiakademie Hessen wahrgenommenen Aufgaben sind von der Hessischen Hochschule für öffentliches Manage-

ment und Sicherheit zu erfüllen, soweit diese als Polizeibehörde Aufgaben nach § 95 Abs. 2 wahrnimmt.

Überblick

Mit § 113 enthält Aufhebungs- und Weitergeltungsvorschriften sowie Folgeregelungen zur Umbenennung von Behörden.

A. Allgemeines

I. Gegenstand der Regelung

Die Vorschrift des § 113 trifft Regelungen zur Aufhebung von Rechtsvorschriften (Abs. 1), regelt Rechtsfolgen von Umbenennungen von Behörden (Abs. 2 S. 2–4, Abs. 4) sowie die Weitergeltung von Vorschriften, die aufgrund der durch Abs. 1 aufgehobenen Vorschriften erlassen wurden (Abs. 2 S. 1). 1

In Abs. 2 S. 5 und Abs. 3 finden sich zudem (inzwischen abgelaufene bzw. überholte) Übergangsregelungen, zum einen für die Bezugnahme auf aufgehobene Gesetze, zum anderen für Videoüberwachungsanlagen, die vor der Änderung des § 14 Abs. 3, 4 HSOG im Jahr 2009 in Betrieb genommen worden waren. 2

II. Parallelvorschriften

§ 113 entsprechende Vorschriften sind wegen des landesrechtlichen Bezuges der Bestimmung in Baden-Württemberg, Bayern, Niedersachsen und Nordrhein-Westfalen nicht vorhanden. 3

B. Einzelkommentierung

I. Aufhebung von Vorschriften (Abs. 1)

Durch Abs. 1 wurden **aufgehoben:** 4

- das HSOG 1972 (Abs. 1 Nr. 1), da es durch dieses Gesetz ersetzt wurde;
- das Gesetz über die Anwendung unmittelbaren Zwanges bei Ausübung öffentlicher Gewalt (v. 11.11.1950, HessGVBl. 247; Abs. 1 Nr. 2); die Vorschriften über die Ausübung des unmittelbaren Zwanges wurden in das HSOG integriert (vgl. §§ 54 ff.). Daher konnte das Gesetz aufgehoben werden;
- die Polizeikostenordnung (v. 13.7.1973, HessGVBl. I 267; Abs. 1 Nr. 3); Polizeikosten werden nunmehr nach dem HVwKostG, der HessAllgVwKostO (Allgemeine Verwaltungskostenordnung v. 11.12.2009, HessGVBl. I 763) und der VwKostO-MdIS (Verwaltungskostenordnung für den Geschäftsbereich des Ministeriums des Innern und für Sport, VerwKV 5 VwKostO-MdIS; → § 109 Rn. 16) erhoben;
- die Polizeibekleidungsverordnung (v. 19.12.1973, HessGVBl. I 34; Abs. 1 Nr. 4).

II. Weitergeltung von Vorschriften (Abs. 2 S. 1)

Nach Abs. 2 S. 1 blieben besondere für das Gebiet der Gefahrenabwehr erlassene Vorschriften, die ihre Rechtsgrundlage in den durch Abs. 1 aufgehobenen Gesetzen hatten, unberührt. 5

Hierzu **zählten** insbesondere die ZuwVO (Zuweisungsverordnung v. 18.7.1972, HessGVBl. I 255), die HipoVO (Hilfspolizeibeamtenordnung v. 18.3.2002, HessGVBl. I 51), die PolOrgVO (Polizeiorganisationsverordnung v. 1.12.2004, HessGVBl. I 393) und die HessPrüffristVO (Prüffristenverordnung v. 26.6.1996, HessGVBl. I 322). Diese **Verordnungen** wurden inzwischen sämtlich durch § 21 HSOG-DVO (HessGVBl. 2007 I 323 (329)) **aufgehoben.** 6

III. Rechtsfolgen der Umbenennung von Behörden (Abs. 2 S. 2–4, Abs. 4)

7 Abs. 2 S. 2 regelt, dass **bisherige** Aufgabenzuweisungen an Behörden durch die Änderung der **Behördenbezeichnungen** unberührt bleiben (→ § 104 Rn. 1); Abs. 2 S. 3 und S. 4 sind durch das HPUOG (Hessisches Gesetz über die Umorganisation der Polizei v. 22.12.2000, HessGVBl. I 577) eingefügt worden und sind **notwendige** Folgeänderungen der Umorganisation der hessischen Polizei (vgl. Hornmann HSOG Rn. 7).

8 Abs. 2 S. 4 wurde wegen der Umbenennung des Präsidiums für Technik, Logistik und Verwaltung in Hessischen **Polizeipräsidium** für **Technik** (§ 95; vgl. LT-Drs. 19/6053 und LT-Drs. 19/6648 sowie HessGVBl. 2018, 374) gestrichen, der **Organisationserlass** für das Polizeipräsidium für Technik, der auf der Grundlage von § 114 erlassen wurde (→ § 114 Rn. 13) findet sich in StAnz 2019, 1070 ff.

9 Abs. 4 enthält eine **Folgeänderung** der Änderung des § 95 (Umbenennung des Präsidiums für Technik, Logistik und Verwaltung in Hessischen Polizeipräsidium für Technik; vgl. LT-Drs. 19/6053 und LT-Drs. 19/6648 sowie HessGVBl. 2018, 374).

IV. Übergangsvorschriften (Abs. 2 S. 5 und Abs. 3)

10 In Abs. 2 S. 5 und Abs. 3 finden sich Übergangsregelungen, die heute keine Bedeutung mehr haben, zum einen für die Bezugnahme auf aufgehobene Gesetze, zum anderen für Videoüberwachungsanlagen, die vor der Änderung des § 14 Abs. 3, 4 HSOG im Jahr 2009 in Betrieb genommen worden waren.

V. Wahrnehmung der Aufgaben der vormaligen Hessischen Polizeiakademie (Abs. 5)

11 Der durch Gesetz v. 30.9.2021 (GVBl. 622) mWv 1.1.2022 angefügte Abs. 5 ist insofern deklaratorischer Natur, als sein Regelungsgehalt bereits aus der in Bezug genommenen Vorschrift des § 95 Abs. 2 folgt.

12 Die vormals als Polizeieinrichtung ausgestaltete, für die polizeiliche Fortbildung zuständige Hessische Polizeiakademie, die 2009 von einer Einrichtung der Polizei zu einer Polizeibehörde umgestaltet worden war, ist durch Gesetz v. 30.9.2021 (GVBl. 622) zum 1.1.2022 zum Teil der neu gegründeten Hessischen Hochschule für öffentliches Management und Sicherheit geworden. Sie hat allerdings – als der Teil der Hochschule, der Aufgaben nach § 95 Abs. 2 wahrnimmt – durch diese Fusion mit der vormaligen Hessischen Hochschule für Polizei und Verwaltung ihren Status als Polizeibehörde nicht verloren (vgl. § 91 Abs. 2 Nr. 2 lit. e, § 9 HSOG-DVO).

12.1 Vergleiche zu den erheblichen verfassungsrechtlichen und rechtssystematischen Bedenken gegen die damit geschaffene Konstruktion einer Körperschaft des öffentlichen Rechts, die zugleich Hochschule und Polizeibehörde ist → § 20 Rn. 142.4.

§ 114 Ausführungsvorschriften

[1]Die zur Ausführung dieses Gesetzes erforderlichen Rechtsverordnungen erlässt die Ministerin oder der Minister des Innern, die zur Ausführung dieses Gesetzes erforderlichen Verwaltungsvorschriften erlässt das Ministerium des Innern, jeweils, soweit erforderlich, im Einvernehmen mit der Ministerin, dem Minister oder dem Ministerium der Finanzen. [2]Die Ermächtigung der fachlich zuständigen Ministerin oder des fachlich zuständigen Ministers zum Erlass einer Rechtsverordnung nach § 63 Abs. 3 Satz 3 bleibt unberührt.

Überblick

§ 114 enthält Regelungen zum Erlass von Ausführungsvorschriften zum HSOG.

A. Allgemeines

I. Gegenstand der Regelung

Die Vorschrift des § 114 enthält Regelungen zu Rechtsverordnungen und zu Verwaltungsvorschriften zum HSOG (zu vergleichbaren Vorschriften in anderen Bundesländern → Rn. 2). 1

II. Parallelvorschriften

§ 130 BWPolG enthält eine Ermächtigung für das Innenministerium in Baden-Württemberg, Rechtsverordnungen zur Gefahrenabwehr zu erlassen. Die zu regelnden Gegenstände sind in § 130 Abs. 1 BWPolG enumerativ aufgezählt. § 130 Abs. 2 BWPolG erhält die Ermächtigung zum Erlass von Verwaltungsvorschriften durch das Innenministerium. Ebenso wie in Hessen ist ggf. das Einvernehmen mit dem fachlich zuständigen Ministerium herzustellen. 2

In Bayern war das Staatministerium des Innern, für Bau und Verkehr ermächtigt, die zur Ausführung des Vierten und Fünften Teils des BayLStVG erforderlichen Vorschriften (Art. 57 BayLStVG) zu erlassen. Die Regelung wurde jedoch inzwischen aufgehoben. 3

Niedersachsen und Nordrhein-Westfalen haben keine § 114 entsprechenden Vorschriften, § 20 POG NRW beinhaltet eine Befugnis zum Erlass von Verwaltungsvorschriften durch das Innenministerium. 4

III. Verfassungsmäßigkeit

Die Verordnungsermächtigung des § 114 Abs. 1 S. 1 ist im Hinblick auf ihre Unbestimmtheit verfassungsrechtlich nicht unproblematisch (vgl. zum folgenden mwN StGH Hessen BeckRS 2020, 1557 Rn. 99 ff.): 5

Bundesrechtliche Verordnungsermächtigungen sind an Art. 80 Abs. 1 S. 2 GG zu messen sind, wonach Inhalt, Zweck und Ausmaß der Ermächtigung im Gesetz bestimmt werden müssen. Eine Ermächtigung darf daher nicht so unbestimmt sein, dass nicht mehr vorausgesehen werden kann, in welchen Fällen und mit welcher Tendenz von ihr Gebrauch gemacht werden wird und welchen Inhalt die auf Grund der Ermächtigung erlassenen Verordnungen haben können (BVerfGE 139, 19 Rn. 55). 6

Für landesgesetzliche Verordnungsermächtigungen ist Art. 80 Abs. 1 GG zwar nicht unmittelbar anwendbar. Die dargelegten Grundsätze sind jedoch – da sie aus Rechtsstaats- und Demokratieprinzip des Grundgesetzes folgen – nach Art. 28 Abs. 1 S. 1 GG auch für die Landesgesetzgebung verbindlich (BVerfGE 139, 19 Rn. 56). 7

Vor diesem Hintergrund sind bereits die in Hessen nach Art. 107, 118 HessVerf geltenden Anforderungen an die Detailliertheit der Vorgaben des Gesetzgebers in der Verordnungsermächtigung gestellt werden nicht ganz unbedenklich (vgl. DHS/Remmert GG Art. 80 Rn. 9, 41). 8

Diese enthalten eine andere Konkretisierung, die nur bei entsprechender Auslegung dem nach Art. 28 Abs. 1 S. 1 GG von den Ländern zu beachtenden und im Übrigen der Hessischen Verfassung auch selbst immanenten Gewaltenteilungsprinzip genügt (vgl. BVerfGE 34, 52 (58 f.), juris Rn. 27; StGH Hessen BeckRS 2016, 50895 Rn. 13 = StAnz. 1956, 552 (553); Urt. v. 15.7.1970 – P.St. 548/563, StAnz. 1970, 1669 (1679), juris Rn. 86 f.; Beschl. v. 1.2.1995 – P.St. 1187, StAnz. 1995, 1057 (1060) = juris Rn. 25; Urt. v. 4.10.1995 – P.St. 1170, StAnz. 1995, 3391 (3416), juris Rn. 339; BeckRS 2020, 1557 Rn. 99 ff.). 8.1

Soweit Art. 107 und 118 HessVerf, ebenso wie das Grundgesetz in Art. 80 GG, den Gesetzgeber ermächtigen, der Landesregierung oder einem einzelnen Minister durch Gesetz die Befugnis zum Erlass von Verordnungen über bestimmte einzelne Gegenstände, nicht aber die Gesetzgebungsgewalt im Ganzen oder für Teilgebiete zu übertragen (vgl. StGH Hessen Urteil v. 4.12.1968 – P.St. 514, 520, StAnz. 1969, 33 (36 f.), juris Rn. 34, 41, 43, 49–103), muss der Gesetzgeber beachten, dass die Bestimmtheit der Ermächtigungsnorm der Grundrechtsrelevanz der Regelung entsprechen muss, zu der ermächtigt wird: Je erheblicher diese in die Rechtsstellung des Betroffenen eingreift, desto höhere Anforderungen müssen an den Bestimmtheitsgrad der Ermächtigung gestellt werden (StGH Hessen 8.2

Urt. v. 4.10.1995 – P.St. 1170, StAnz. 1995, 3391 (3416), juris Rn. 340; BVerfGE 139, 19 Rn. 55–104.

8.3 Für Ermächtigungsnormen gelten insofern die allgemeinen Auslegungsgrundsätze, so dass es genügt, wenn sich die dort geforderte Bestimmtheit durch Auslegung nach den allgemein gültigen Auslegungsmethoden ermitteln lässt. Zur Klärung von Inhalt, Zweck und Ausmaß der Ermächtigung können - wie auch sonst bei der Auslegung einer Vorschrift - der Sinnzusammenhang der Norm mit anderen Bestimmungen und das Ziel, das die gesetzliche Regelung insgesamt verfolgt, ebenso wie die Entstehungsgeschichte der Norm berücksichtigt werden (vgl. BVerfGE 58, 257 (277), juris Rn. 62; BVerfGE 85, 97 (105), juris Rn. 29).

9 Legt man für die Verordnungsermächtigung des § 114 Abs. 1 S. 1 die verfassungsgerichtlichen konkretisierten, aus Rechtsstaats- und Demokratieprinzip und dem Gewaltenteilungsgrundsatz folgenden Anforderungen zugrunde, ergibt sich, dass die Wendung „zur Ausführung dieses Gesetzes erforderlichen Rechtsverordnungen" hinsichtlich der Erforderlichkeit eng auszulegen ist und dass die darauf gestützten Rechtsverordnungen keine Grundrechtseingriffe enthalten oder zu solchen ermächtigen dürfen.

10 Die bisher auf § 104 Abs. 1 S. 1 gestützten Rechtsverordnungen (→ Rn. 12 ff.) dürften diesen Rahmen wohl noch einhalten.

B. Einzelkommentierung

I. Rechtsverordnungen (S. 1 Alt. 1)

11 S. 1 überträgt die Befugnis zum Erlass der für die Ausführung des HSOG erforderlichen Rechtsverordnungen auf den Innenminister (vgl. auch Art. 107 HessVerf).

12 **Wichtige** Rechtsverordnungen nach S. 1 sind:
- die HSOG-DVO (vgl. → § 89 Rn. 1),
- die HundeVO (Gefahrenabwehrverordnung über das Halten und Führen von Hunden v. 22.1.2003, HessGVBl. I 54) sowie VVHundeVO (Hinweise für die Durchführung der Gefahrenabwehrverordnung über das Halten und Führen von Hunden v. 5.11.2014, StAnz 2014, 1000 sowie StAnz 2019, 1291, Verlängerungserlass),
- die BLKGefAbwVO (Gefahrenabwehrverordnung gegen das Aufsteigenlassen von ballonartigen Leuchtkörpern v. 16.7.2009, HessGVBl. I 275).

Der Erlass der HundeVO und der BLKGefAbwVO wird von der Landesregierung auch auf § 72 gestützt (Gefahrenabwehrverordnungen der Ministerien).

II. Verwaltungsvorschriften (Abs. 1 Alt. 2)

13 Das Hessische Innenministerium hatte eine **Verwaltungsvorschrift** zum HSOG erlassen (VVHSOG), die im Staatsanzeiger für das Land Hessen (StAnz 2015, 1226 ff.) veröffentlicht worden war. Diese Verwaltungsvorschrift wurde – obwohl sie etliche wichtige Änderungen des HSOG seit ihrem Inkrafttreten (vgl. die Übersicht bei → § 115 Rn. 7) noch nicht nachvollzogen hat – am 19.10.2020 in ihrer Geltungsdauer bis zum 31.12.2022 (StAnz 45/2020, 1158) und am 29.11.2022 bis zum 31.12.2024 verlängert (StAnz. 50/2022, 1384). Mangels eines weiteren Verlängerungserlasses ist die VVHSOG nunmehr seit dem 1.1.2025 außer Kraft.

14 Die Verwaltungsvorschrift zur **HessHundeVO** (VVHundeVO) findet sich im StAnz 2014, 1000, die Verlängerungserlasse hierzu in StAnz 2019, 1291; StAnz 2021, 1203; StAnz 2022, 1279; StAnz 2024, 1026.

15 Die Verwaltungsvorschrift für die Kostentragung der Polizeibehörden bei Abschiebungen (Vwv zu Abschiebungskosten) ist im StAnz 2015, 618 veröffentlicht (→ § 108 Rn. 12). Der auf der Grundlage von § 114 erlassene Organisationsplan des Hessischen **Polizeipräsidiums** für **Technik** ist im StAnz. 2019, 1070 ff. veröffentlicht. Am 12.3.2023 wurde darüber hinaus die Verwaltungsvorschrift zur Ausführung des § 25a HSOG (**VV § 25a HSOG**) erlassen (StAnz. 2023, 946).

16 Daneben gibt es noch eine Reihe einzelner Verwaltungsvorschriften, die teils unveröffentlicht sind, teils im Staatsanzeiger bekanntgemacht wurden (s. die Beispiele bei RSPHFMW HSOG/HundeVO Rn. 2). Die Verwaltungsvorschriften aus dem Polizeibereich finden sich im **Gültigkeitsverzeichnis** des Staatsanzeigers unter Gliederungsnummer 31. Bei Verwaltungsvorschriften mit finanzieller Bedeutung kann das **Einvernehmen** des Finanzministers erforderlich sein (S. 1).

III. Rechtsverordnung nach § 63 Abs. 3 (S. 2)

S. 2 legt fest, dass die spezielle **Ermächtigungsnorm** des § 63 Abs. 3 zum Erlass von Rechtsverordnungen durch § 114 unberührt bleibt. 17

§ 115 Inkrafttreten, Außerkrafttreten

[1]Es treten in Kraft

1. § 27 Abs. 4 Satz 1, § 44 Abs. 1 Satz 2, § 63 Abs. 4 Satz 3, § 82 Abs. 2 Satz 3, § 89 Abs. 1 Satz 1 und Abs. 3, § 91 Abs. 5, § 92 Abs. 2 Satz 1, § 95 Abs. 3 Satz 3, § 98 Abs. 1, § 99 Abs. 4 und § 114 am Tage nach der Verkündung dieses Gesetzes,

2. die übrigen Vorschriften am 1. Januar 1991.

[2]§ 20a Abs. 4 Satz 2 tritt mit Ablauf des 31. Dezember 2029 außer Kraft.

Überblick

§ 115 regelt das Inkrafttreten des HSOG.

A. Allgemeines

I. Gegenstand der Regelung

1 § 115 regelt das Inkrafttreten des HSOG idF v. 26.6.1990 (HessGVBl. I 197, 534). Durch Gesetz zur Änderung des Hessischen Gesetzes über die öffentliche Sicherheit und Ordnung und des Gesetzes über das Landesamt für Verfassungsschutz (v. 27.6.2013, HessGVBl. I 444) wurde das HSOG entfristet.

II. Parallelvorschriften

2 In Baden-Württemberg ist 2020 das neue BWPolG erlassen worden, dessen Inkrafttreten Art. 5 des Gesetzes zur Umsetzung der Richtlinie (EU) 2016/680 für die Polizei in Baden-Württemberg und zur Änderung weiterer polizeirechtlicher Vorschriften v. 6.10.2020 (GBl. 735, ber. 1092) regelt. Die vormalige Inkrafttretensvorschrift des § 86 BWPolG aF ist damit entfallen.

3 In Bayern ist das Inkrafttreten der Gefahrenabwehrgesetze in Art. 62 LStVG, Art. 95 BayPAG und Art. 15 BayPOG geregelt.

4 Das Nds. SOG wurde am 20.5.2019 geändert und dabei in Niedersächsisches Polizei- und Ordnungsbehördengesetz (NPOG) umbenannt. Das Inkrafttreten ist in Art. 7 des Gesetzes zur Änderung des Niedersächsischen Gesetzes über die öffentliche Sicherheit und Ordnung und anderer Gesetze geregelt (GVBl. Nds. 2019, 88 ff.).

5 In Nordrhein-Westfalen ist die Regelung zum Inkrafttreten des Gesetzes (§ 21 aF) ist mit der Änderung durch Gesetz vom 21.6.2013 (GV. NRW. 375) weggefallen; das PolG NRW hat damit keine Regelung zum Inkrafttreten mehr. Das NRWOBG trifft in § 52 S. 1 eine Bestimmung zum Inkrafttreten.

B. Einzelkommentierung

I. Änderungshistorie

6 **Wesentliche Fassungen** des HSOG waren (vgl. auch Hornmann HSOG Einl. Rn. 44 ff.):

- Hessisches Polizeigesetz 1954 (v. 10.11.1954, HessGVBl. I 203),
- HSOG 1964 (Hessisches Gesetz über die öffentliche Sicherheit und Ordnung v. 17.12.1964, HessGVBl. I 209),

- HSOG 1972 (Hessisches Gesetz über die öffentliche Sicherheit und Ordnung v. 26.1.1972, HessGVBl. I 24),
- HSOG 1990 (Hessisches Gesetz über die öffentliche Sicherheit und Ordnung v. 26.6.1990, HessGVBl. I 197),
- HPUOG 2000 (Hessisches Gesetz über die Umorganisation der Polizei v. 22.12.2000, HessGVBl. I 577),
- HSOG 2005 (Hessisches Gesetz über die öffentliche Sicherheit und Ordnung v. 14.1.2005, GVBl. 2005 I 14).

7 Änderungen der letzten Jahre waren (**Übersicht):**

- §§ 83, 85, 86, 106 geändert durch Art. 7 des Gesetz zur Kommunalisierung des Landrats sowie des Oberbürgermeisters als Behörden der Landesverwaltung (v. 21.3.2005, HessGVBl. 229, 235),
- §§ 27, 71a, 83, 85, 86, 106 geändert durch Art. 3 des Dritten Gesetzes zur Verwaltungsstrukturreform (v. 17.10.2005, HessGVBl. I 674),
- Übersicht geändert, § 43a eingefügt durch das Neuntes Gesetz zur Änderung des Hessischen Gesetzes über die öffentliche Sicherheit und Ordnung (v. 28.9.2007, HessGVBl. 634),
- § 48 geändert durch Art. 4 des Gesetzes zur Änderung verwaltungsvollstreckungsrechtlicher und anderer Rechtsvorschriften (v. 19.11.2008, HessGVBl. 970, 975),
- mehrfach geändert durch Art. 1 des Gesetzes zur Änderung des Hessischen Gesetzes über die öffentliche Sicherheit und Ordnung und anderer Gesetze (v. 14.12.2009, HessGVBl. 635), hier wurde auch § 108 Abs. 3 eingefügt,
- § 99 geändert durch Art. 3 des Gesetzes zur Verbesserung der Feststellung und Anerkennung im Ausland erworbener Berufsqualifikationen (v. 12.12.2012, HessGVBl. 581),
- § 56 geändert durch Art. 15 2. DRModG (Zweites Gesetz zur Modernisierung des Dienstrechts in Hessen v. 27.5.2013, HessGVBl. 218),
- §§ 15a, 115 geändert durch Art. 1 des Gesetzes zur Änderung des Hessischen Gesetzes über die öffentliche Sicherheit und Ordnung und des Gesetzes über das Landesamt für Verfassungsschutz (v. 27.6.2013, HessGVBl. 444),
- §§ 13a, 13b neu eingefügt, §§ 14, 14a, 17, 18, 20, 36, 37, 102 geändert durch Art. 7 des Gesetzes zur Änderung des Melderechts, des Hessischen Gesetzes über die öffentliche Sicherheit und Ordnung und des Hessischen Glücksspielgesetzes (v. 28.9.2015, HessGVBl. 346),
- §§ 15, 32, 33, 51, 61, 63, 89, 114 geändert durch Art. 2 des Gesetzes zur Regelung des Rechts der Hilfen und Unterbringung bei psychischen Krankheiten (v. 4.5.2017, HessGVBl. 66),
- die Änderungen durch Art. 18 DSRAnpG (Hessisches Gesetz zur Anpassung des Hessischen Datenschutzrechts an die Verordnung (EU) Nr. 2016/679 und zur Umsetzung der Richtlinie (EU) Nr. 2016/680 und zur Informationsfreiheit v. 3.5.2018, HessGVBl. 82), durch das Gesetz zur Neuausrichtung des Verfassungsschutzes (v. 25.6.2018, HessGVBl. 302) und das Gesetz zur Änderung des Hessischen Brand- und Katastrophenschutzgesetzes und des Hessischen Gesetzes über die öffentliche Sicherheit und Ordnung (v. 23.8.2018, HessGVBl. 374). Geändert wurden die §§ 83, 82 (Gesetz zur Neuausrichtung des Verfassungsschutzes), §§ 104, 108, 113 (Gesetz zur Änderung des Hessischen Brand- und Katastrophenschutzgesetzes und des Hessischen Gesetzes über die öffentliche Sicherheit und Ordnung) und § 115 (DSRAnpG),
- die Änderung des § 18 Abs. 2 durch Gesetz zur Anpassung des Hessischen Brand- und Katastrophenschutzgesetzes und des Hessischen Gesetzes über die öffentliche Sicherheit und Ordnung (v. 23.8.2018, HessGVBl. 374),
- die Änderungen der §§ 83, 85, 86 in Art. 10 des HGO-Reformgesetzes 2020 v. 7.5.2020 (HessGVBl. 317, 326), mit dem die Vorschriften dem geänderten § 4a HGO angepasst worden sind (nunmehr besteht eine **ausdrückliche** Bestimmung der **kreisfreien Städte** und der **Sonderstatus-Städte** in der HGO).
- durch Art. 3 des Hessischen Versammlungsrecht-Neuregelungsgesetz v. 22.3.2023 (GVBl. 150) wurde sodann § 18 Abs. 2 geändert,
- die Änderung durch das Gesetz zur Änderung sicherheitsrechtlicher Vorschriften v. 29.6.2023 (GVBl. 456), das neben Änderungen des HSOG umfangreiche Umgestaltungen des Hessischen Verfassungsschutzgesetzes enthielt und schließlich

- die umfangreichen Änderungen durch das Gesetz zur Stärkung der Inneren Sicherheit in Hessen (GVBl. 2024, Nr. 83), durch das nicht nur vier neue Vorschriften geschaffen, sondern auch zahlreiche der bestehenden modifiziert und erweitert wurden.

II. Inkrafttreten des HSOG 1990

Die in Nr. 1 genannten Vorschriften traten am Tage nach der Verkündung in Kraft, 8
während das übrige Gesetz gem. § 115 Nr. 2 am 1.1.1991 in Kraft trat.

III. Entfristung

Mit dem Vierten Gesetz zur Änderung des Hessischen Gesetzes über die öffentliche 9
Sicherheit und Ordnung (v. 22.5.2000, HessGVBl. I 278) wurde das HSOG befristet (§ 115 Abs. 2 aF). Durch das Gesetz zur Änderung des Hessischen Gesetzes über die öffentliche Sicherheit und Ordnung und des Gesetzes über das Landesamt für Verfassungsschutz v. 27.6.2013 (HessGVBl. I 444) wurde Abs. 2 aufgehoben und das Gesetz **entfristet.** Damit wurde eine entsprechende Beschlussfassung der Landesregierung aus dem Jahr 2011 umgesetzt (vgl. LT-Drs. 18/7137, 4).

IV. Änderung 2018

§ 115 wurde im Hinblick auf die Geltungsdauer des § 20a Abs. 4 S. 2 geändert (vgl. 10
Hessisches Gesetz zur Anpassung des Hessischen Datenschutzrechts an die Verordnung (EU) Nr. 2016/679 und zur Umsetzung der Richtlinie (EU) Nr. 2016/680 und zur Informationsfreiheit v. 3.5.2018, HessGVBl. 82, 159 sowie LT-Drs. 19/5728, 229).

Sachverzeichnis